Wilhelm Vollmer

Wörterbuch der Mythologie

aller Völker

REPRINT – VERLAG
LEIPZIG

Reprint der Originalausgabe von 1874
nach dem Exemplar des Verlagsarchives

Volker Hennig, Goseberg 22–24, 37603 Holzminden
ISBN 3-8262-2200-8

Lektorat: Andreas Bäslack, Leipzig
Einbandgestaltung: Helmut Wunderlich, Leipzig
Gesamtfertigung: Westermann Druck Zwickau GmbH

DR. VOLLMER'S

Wörterbuch der Mythologie

ALLER VÖLKER.

Neu bearbeitet

von

Dr. W. Binder.

Mit einer Einleitung in die mythologische Wissenschaft

von

Dr. Johannes Minckwitz,

Professor an der Universität Leipzig.

Dritte Auflage.

Mit 303 Illustrationen.

Stuttgart.

Hoffmann'sche Verlagsbuchhandlung.

1874.

Einleitung.

I.

Ursprung und Bedeutung der Mythologie im Allgemeinen.

Inhalt der Mythologie. Alter derselben. Die Naturwissenschaften. Die Materialisten. Darwin und Häckel. Die Affen und die Menschen. Die geistige Anlage der Menschen und ihre Entwicklung. Das erste Ahnen eines Gottes. Anerziehung und Anlage. Das Gewissen. Die Religion und die Priester.

Unter dem altgriechischen Worte «Mythologie» begreifen wir die «Sagengeschichte» der Menschheit oder den Inhalt der geistigen Vorstellungen, welche in alten Zeiten die Völker des Erdbodens, ehe sie in die «Geschichte» eintraten, von aussergewöhnlichen Wesen hatten und fortpflanzten, die Vorstellungen von Göttern und Göttinnen, Halbgöttern und Halbgöttinnen, Helden und Heldinnen, Riesengeschlechtern und Wundern. Man erkannte in ihnen unsichtbare und sichtbare Gestalten oder Erscheinungen. An der Spitze stehen vorzugsweise die Gebilde der Götter und Göttinnen, welche von diesem oder jenem Volke verehrt wurden, zufolge der Annahme eines Vielgötterreiches, das meistentheils ein Oberhaupt hatte: so können wir denn die Mythologie im Allgemeinen als die «Götterlehre» der frühsten Menschengeschlechter bezeichnen: eine Lehre, welche die zum Theil noch geltenden Religionen der verschiedensten Völker an den verschiedensten Orten seit der Urzeit umfasst, ehe das Christenthum seinen neuen Himmel brachte. Zu diesem Vielgötterthum rechnet man ausserdem noch Alles, was man sonst, im Laufe der Zeiten, für etwas Heiliges und über das alltägliche Mass Erhabenes, für etwas Wunderbares und Anstaunenswerthes erachtet, angebetet, gefeiert, gefürchtet hat, und was noch heutzutag bei manchen Völkern sein Ansehen fortbehauptet, bei wilden sowohl als solchen, die eine grössere oder geringere Civilisation aufzuweisen haben. Denn man war ehedem der Ueberzeugung, dass Alles, was durch offene oder geheimnissvolle Macht sich auszeichnete, mit Göttern und göttlichen Wesen in Verbindung stehen müsse.

Oberflächlich pflegt man aber zu sagen: das ist «Heidenthum», was die alten Völker sich vorstellten! So nämlich drückt man sich seit der Erscheinung des Christenthums aus und nennt die Summe dessen, was die nicht zum Christenthum bekehrten Menschen lehren, schlechthin und verächtlich eine «Irrlehre». Dabei vergisst man indessen, dass auch diese Völker, die Heiden, für ihre Anschauungen das bedeutungsvolle Gepräge einer Religion beanspruchen, die man zu achten hat, mag sie immerhin eine blosse Naturreligion zu heissen sein. Denn in der That, der Name Naturreligion ist ein sehr würdiger Name, zwar dem Namen der «geoffenbarten» Religion der Christen gegenübergestellt, aber durchaus nicht zur Schmähung oder Beschimpfung der ersteren. Die Natur und die Begriffe von der Natur, wie wir endlich eingesehen haben, stehen viel zu hoch, als dass Jemand berechtigt wäre, einer aus der Quelle der Natur entsprossenen Vorstellung des Göttlichen übermüthige und achtungslose Blicke zuzuwerfen. Der Christ wäre sehr voreilig, das zu thun; im Gegentheil ist er verpflichtet, vor allen Dingen dasjenige, was andern Völkern wahrhaft ehrwürdig erschienen ist oder noch immer ehrwürdig erscheint, um seiner eigenen Religion willen mit keinen spöttischen Augen herabwürdigend zu betrachten. Aus dem Nachfolgenden wird diess für Jedermann deutlich erhellen.

Zunächst wenden wir uns zu der doppelten Frage: erstens, wie alt ist die Mythologie oder wann hat sie begonnen, und zweitens, wie ist sie entstanden? Denn mit ihrem Alter möchte wohl zugleich auch die Art und Weise ihrer Entstehung verknüpft sein. Die Antwort auf diese beiden Fragen ist schwierig, wie wir gleich sehen werden. Denn wir sind gezwungen, einen kleinen Versuch zu machen, in die fernsten, dunkelsten und unabsehbarsten Zeiträume zurückzuschauen und einzudringen.

Sagen wir kurz: das Alter der Mythologie zu bestimmen, würde einzig und allein dann möglich sein, wenn es uns gelingen sollte, die Frage über das Alter und den Ursprung des Menschengeschlechts selbst, wenigstens einigermassen zur Befriedigung unserer Wissbegierde, auf eine irgendwie wahrscheinliche Weise zu lösen. Freilich, die geringste Andeutung auf dem Gebiete der Menschenerschaffung setzt sich den mannigfaltigsten Zweifeln des Denkers aus, davon abgesehen, ob nicht vielleicht diese ganze Frage so beschaffen ist, dass sie in ein ewiges Räthsel für unser sterbliches Auge eingehüllt bleiben wird. Die heutigen Naturforscher nehmen allerdings die tiefsinnigsten und interessantesten Anläufe zur Ergründung des organischen Lebens auf diesem Erdball und zur Erklärung der Entstehung, Fortpflanzung und Umwandlung der Geschöpfe, in der Hoffnung, das allmälige Werden der Formen, Gattungen und Arten, die uns bis auf diesen Tag entgegentreten, schliesslich entziffern zu können. Allein trotz der Ausnützung aller seitheriger Erfahrungen, wie sie die Wissenschaft an die Hand giebt, sind sie in den wesentlichsten Punkten auf Vermuthungen (Hypothesen) angewiesen, und diese Vermuthungen begegnen immer und immer wieder vielfachen Einwendungen oder stossen auf unausfüllbare Lücken in dem Gewebe der kühnsten aller sterblichen Untersuchungen. Gelänge ihnen die erhabene Aufgabe, einen halbwegs sicheren Grund für ihre Annahmen zu entdecken, und den Schleier auch nur eines einzigen Punktes zu lüften, der von durchgreifender Wichtigkeit wäre, so würden wir uns auch in den Stand gesetzt sehen, die Anfänge dessen, was wir oben als den Inhalt der Mythologie zusammengefasst haben, mit grösserer Sicherheit zu beleuchten und besser als seither den Gang der frühsten geistigen Entwicklung der Menschen zu verfolgen, zu errathen und festzustellen. So lange aber die Schritte der Naturforschung nicht weiter vorgerückt sind, wird uns nichts übrig bleiben, als auf dem Gebiete der Mythologie gleichfalls vermuthungsweise zu verfahren, das Glaubliche mit leichten Strichen zu zeichnen, und zur Stütze die mündliche und schriftliche Ueberlieferuug der Zeiten zu nehmen, im Uebrigen aber den Flug der Phantasie einzuschränken, selbst wenn sie von den Schwingen der Philosophie getragen würde.

Die Naturforscher bieten uns ein Bild von den frühsten Zuständen der Erde. Wahrnehmung reihte sich an Wahrnehmung und man zog Schlüsse aus dem, was man gefunden hatte, mit einer Zuversichtlichkeit, als ob Augenzeugen zugegen gewesen wären in den langen Zeiträumen, innerhalb welcher, allem Anscheine nach, die Gestalt unseres Planeten sich entwickelte und so ausbildete, wie sie gegenwärtig vor uns tritt. Kühn genug sind diese Schlüsse, da es bisher kaum verstattet war, einige wenige Buchstaben in dem grossen und unerschöpflichen Buche der irdischen Dinge zu lesen und zu deuten. Das müssen wir uns bescheiden eingestehen, ohne dass wir damit die Erhabenheit des Zeitalters verkennen, in welchem wir leben, die riesenhaften Anstrengungen gelehrter Untersucher und die Ergebnisse, die sie schon erzielt haben, die gewaltigen neuen Entdeckungen auf allen Gebieten der Naturwissenschaft und die Fortschritte der Kenntnisse für weitere Erfolge. Ebenso achten wir die Aufopferung zahlloser muthiger Männer zu Land und zu Wasser, die bemüht sind, die seither unerschlossenen Strecken der bewohnten und unbewohnbaren Erdtheile aufzuschliessen und zugänglich zu machen. Wie elend erscheinen diesem Bestreben gegenüber die wilden Bewegungen des Mittelalters, die wechselseitigen räuberischen Anfälle der Völker, die jammervollen, blutverschwendenden Kreuzzüge, die gesetzlosen Mordfehden im Innern und das Gebahren des Stärkeren im Niedertreten des Schwächeren. Die Menschen glichen damals weit und breit jenen Raubthieren, die einst unter einander wüthend die Erde überschwemmt hatten; nur waren sie schlimmer als Raubthiere und gefährlicher, weil sie höhere Kräfte besassen. Es kommt uns jetzt wahrlich vor, als ob die Sonne Jahrhunderte lang über Europa verfinstert gewesen wäre, dieselbe Sonne, die in antiken Zeiten so vielen Völkern ungleich heller geleuchtet hatte. Selbst die geographischen Gränzen früher bekannter Landstriche und wohlvertrauter Meere waren den Lebenden gleichsam unter den Händen wieder verloren gegangen. Die traurige Lage der Menschen änderte sich endlich durch die Entdeckungen des fünfzehnten und sechszehnten Jahrhunderts, die allbekannt sind; diesen Entdeckungen, welche nach und nach eine glückliche Morgendämmerung der Kultur zurückführten, stehen die gewonnenen, herrlichen Aufschlüsse unseres neunzehnten Jahrhunderts würdig zur Seite. Mit Recht bestaunen wir die tagtäglich sich mehrenden wundervollen Erfindungen im Reiche der Natur und die erweiterten Blicke des Geistes in die Wissenschaften. Wir sind an Erkenntniss dem Himmelsgewölbe mit seinen in weitester Ferne glänzenden Sternen und unserem eigenen Sonnensysteme näher getreten; wir haben die unter unsern Füssen rollende Erde weiter und weiter beschritten und die Zügel der Herrschaft über dieselbe straffer angezogen, als je zuvor und als man je geahnt hatte.

Demungeachtet fehlt noch zu viel, als dass die heutigen Forscher pochen könnten auf das Erreichte und ihrer Ansicht nach schon Begründete. Die Weisesten gerade sind es, die nie vergessen, mit Zurückhaltung zu urtheilen, weil sie die Ungewissheit anerkennen, die ihre Fusstapfen umgiebt. Noch vieles ist ja wie mit sieben Siegeln verschlossen; Nordpol und Südpol des Erdkörpers, wie auch zahlreiche Striche des Festlandes sowohl, als der Inseln, sind uns noch vollkommen unbekannt, noch ist die Erdrinde kaum in ihrer alleräussersten Oberfläche und obendrein erst an wenigen Stellen aufgedeckt worden, während die Grundfeste des die Hochlande umfluthenden ungeheuren Wasserspiegels dem Untersucher fast ganz unzugänglich erscheint. Wie viel dürfte noch von der zwar weit gediehenen, aber noch nicht vollständigen Einsicht in die Beschaffenheit des fernen Sonnenlichts abhängen, wie viel möchte uns eine zuverlässigere Kenntniss der nahen Mondscheibe nützen, wie heilsam möchten so manche erst leichthin erkannten Naturkräfte auf die Loose der

Menschheit einwirken! Wie wenig andererseits ist der Geist selbst erforscht, der in unserem Innern lebt und waltet, und der unbestreitbar das Ding der Dinge ist, an welchem uns liegen kann! Genug, wir sehen daraus, dass für künftige Thätigkeit das weiteste, ja, unbegränzteste Feld offen steht, und wohl ist uns vergönnt zu hoffen, dass dermaleinst die jetzigen Ansichten, so weit sie vernünftig sind, eine immer festere oder genauere, oder auch vielleicht eine ganz andere Grundlage erhalten werden.

Darauf aber warten diejenigen nicht, die auf der Oberfläche schwimmen. Sie werfen das kecke Wort hin: «wir wissen bereits so viel und zugleich sicher und zuverlässig, dass es jetzt möglich ist, abzuschliessen mit allem seit Jahrtausenden Geglaubten, Gedachten, Gewähnten.» Sie rufen ohne Weiteres aus: «wir dürfen aus den neuen Untersuchungen abnehmen, dass jenes Ziel erreicht ist, welches uns nicht blos erlaubt, sondern sogar gebietet, alle vormaligen Ueberlieferungen als veraltete Irrthümer abzustreifen; Tröpfe sind jene, welche vor den jetzt bewiesenen Thatsachen die Augen verschliessen und die Konsequenz der aus ihnen ziehbaren Folgerungen länger abläugnen wollen.» Denn nach ihrer Behauptung «sind wir nun im Stande, die Tiefe jener Geheimnisse, die so lange für unergründlich galten, sattsam zu erleuchten, nachdem die Materie oder der Stoff, welcher mit dem Geiste seine Verbindung hat, so weit durchschaut und blossgelegt worden ist.» Von der Zukunft erwarten sie keine Widerlegung, sondern sie setzen vielmehr voraus, dass durch fortschreitende Forschung das von ihnen erkannte Ergebniss, unter Beihülfe neuer Thatsachen, die vollste Bestätigung erfahren werde. So bringen sie denn die bestimmtesten Schlüsse über Sein und Nichtsein zu Markte, stellen eine scheinbar hochgesetzliche, in Wahrheit aber verkehrte Weltordnung auf und tragen kein Bedenken, die Fortdauer des Menschengeistes zu verneinen, sintemal das Leben des Menschen an den irdischen Organismus geknüpft sei, mit diesem entstehe und zerfalle, auch überhaupt in seiner zeitweiligen Dauer an ihn gebunden sich offenbare. Also sei der Geist nichts Selbstständiges oder ausser dem Körper Denkbares, sondern hänge ganz und gar von der zufälligen Beschaffenheit des Organismus ab, namentlich des Gehirns, dessen Produkt er lediglich sei. Mit stolzer Zufriedenheit versichern sie: »das ist die Wahrheit, alles Andere Blendwerk und Selbsttäuschung.» Das Höhere und Höchste, was eine Menschenbrust ahnt und hofft, geben sie für lächerlich aus, für eitel und erlogen; sie wollen nichts von ewigen Dingen wissen, das Grosse ist in ihren Seelen erloschen und erstorben, vorausgesetzt, dass sie je befähigt waren, göttliche Gedanken zu fassen und den Himmel wie die Erde aus gesunden Sinnen anzuschauen, also wenigstens den Heiden gleichzukommen, die diese Fähigkeit hatten. Sie stehen daher den Heiden nach, da sie nichts gelten lassen wollen, ausser was sie, wie man zu sagen pflegt, mit Händen greifen können. Der Name Materialisten ist der Ehrenname, den sie selbst sich beilegen.

Erschreckliche Gedanken, müssen wir zugestehen; Gedanken, die uns bange machen würden, wenn sie neu wären und von gründlicher Seite ausgingen. Das ist aber nicht der Fall; denn diese Geistesrichtung ist alt und die modernen Anhänger derselben sind entweder leichte Vogelsteller oder einseitige Schatzgräber. Unter die tüchtigen und vollgültigen Naturforscher zählt keiner von ihnen. Wir haben uns also vor ihren Weisheitslehren nicht zu fürchten. Was sie vorbringen, ist das schwache Resultat ihrer unbeholfenen Folgerungen, und sie erfreuen sich an der Seifenblase ihrer Behauptungen wie spielende Kinder, während sie selbst in dem Wahne stecken, dass sie mannhaft mit Kanonen schiessen. Wenn man sich dabei über etwas wundern könnte, so wäre es die nicht alltägliche Anmassung, die diese

Flunkerer, ohne zu merken, dass sie flunkern, zur Schau tragen. Sie glauben die Wahrheit ihrer Aussprüche zu beweisen, wenn sie sich an gewisse Einzelnheiten anklammern, die theils unbedeutend sind, theils, wenn sie eine Wichtigkeit haben, in ihren Augen für vollständig erforscht gelten, obgleich sie der Forschung noch unterliegen. Dergleichen Einzelnheiten, aus ihrem Zusammenhange herausgegriffen, nehmen sie für das Ganze, um das Ganze über das Knie zu brechen und zu sagen, dass die Sache entschieden sei. Nach ihrer Meinung sind sie weiser als alle Vormenschen und pochen darauf, dass sie tausendjährige Irrthümer zerstören; die früheren Denker hätten nichts von der Natur gewusst, sondern wären im Ungewissen herumtappende Phantasten gewesen. Wir müssen daraus schliessen, dass sie ihr eigenes, modernes Gehirn für ein weit vollkommener organisirtes ausgeben, als dasjenige, welches in den Schädeln so vieler ausgezeichneter Personen, die man seit dem Anfange der Weltgeschichte kennt, gewohnt und gearbeitet hat. Denn um das Gehirn dreht sich, nach ihrer Entdeckung, die Hauptfrage. Ein Geist des Individuums, wie oben gesagt, existirt nicht, sondern jene millionenfachen Aeusserungen, worin wir einen ununterbrochen im Körper wirksamen und thätigen Geist erblicken, sollen die glücklichen oder unglücklichen Erzeugnisse der feingestalteten und vielverflochtenen Masse sein, die im Schädel eingeschlossen ist, des Gehirnes. Man sollte freilich meinen, dass diese kostbare Masse einen Urheber haben müsse. Aber von einem Schöpfer des genannten Organs ist bei den Materialisten keine Rede; ebenso wenig von einem Geiste, der hinter dem Gehirn stecke, ebenso wenig von einem selbsteigenen Leben innerhalb des gesammten Organismus, ebenso wenig von einem Fortbestand der Lebenserscheinung, nachdem der Organismus wieder zerbrochen ist, ebenso wenig von einer unsichtbaren Seele überhaupt. Man begreift dabei nicht recht, woher das spätere weise Gehirn seine Kräfte hergenommen haben soll, das frühere dumme Gehirn zu widerlegen. Wir wollen verschweigen, was man ausserdem aus diesen unsinnigen Anschauungen flacher Köpfe geschlossen hat. Ihnen zufolge giebt es keinen Gott, kein höchstes Wesen, keinen Geist ohne Körper; der Mensch selbst ist ein zufälliges Geschöpf ohne Zweck und Ziel, ein vorübergehendes Traumbild.

Leichtfasslich steht diese Hirngeburt der Materialisten da. Sie macht demjenigen, der sich mit ihr beschäftigt, kein Kopfzerbrechen. Heutzutag glauben an dergleichen Scheinentdeckungen, die um die Mitte des neunzehnten Jahrhunderts eine Zeitlang Modegeltung erlangten, nur noch wenige Menschen von gleicher Oberflächlichkeit wie diejenigen, welche den ganzen Schwindel in Bewegung gesetzt haben. Einem jeden einfachen Urtheiler drängt sich die Frage auf, wie es komme, dass alle anders denkenden Sterblichen von Narrheiten besessen sein sollen, nur diese Materialisten selbst nicht, die doch auch ihrerseits nichts Besseres als das Instrument des Gehirnes haben, also gleichfalls der Spielball ihres Gehirnes sein müssen. Freilich, es bleibt ihnen eine sehr bescheidene Ausrede. Sie dürfen sich nur rühmen, dass gerade sie von der Natur mit dem feinsten Gehirn ausgestattet worden sind, mit einem Gehirn, welches dazu auserlesen war, die Lüge von der Wahrheit zu unterscheiden! Sagen wir, das Vorhandensein alles Göttlichen zu verneinen!

Die Materialisten selbst haben nichts entdeckt, was von irgend einer Wichtigkeit wäre. Sie beschränkten sich darauf, die Gärten der Philosophie, Erdkunde, Physiologie und Chemie zu plündern, um so viele Zweifel als möglich aufzusammeln, die sie für ihre Meinung brauchen konnten. Unbekümmert um dieses Treiben, hat die auf wissenschaftliche Grundlage gestützte ächte Naturforschung ihre erhabenen Bestrebungen glücklich fortgesetzt. Eingestehen müssen wir freilich wiederholt, dass es den Meistern dieses weltumfassenden Faches auch bis heute noch nicht gelungen ist, jene allgemeinen und tiefen Fragen, die von jeher dem nachdenkenden Menschengeschlechte als Räthsel entgegengetreten sind, zu irgend einer Entscheidung zu bringen, wenn es auch nur eine vorläufige wäre. Ja, gerade diejenigen Fragen, welche dem Menschen allezeit mehr als andere Dinge am Herzen gelegen haben, sind absichtlich und mit weisem Vorbedacht von Seiten der besten Forscher übergangen worden, sei es, weil sie ihre Beantwortung für verfrüht ansahen, oder weil sie glaubten, dass der Sterbliche immerdar auf die Erhellung gewisser unbegreiflich erscheinender Dinge verzichten müsse. Diese Zurückhaltung gereicht ihnen nicht zum Vorwurfe, sondern zum Lobe. Denn sie weisen auf die Schranken hin, welche dem hochfliegenden Menschengeiste, was man ihm auch zutrauen möge, gesteckt scheinen: Schranken des Irdischen, deren Durchbrechung selbst im blossen Versuche sich strafen würde, sobald der Versuchende, seine Kraft überschätzend, zu weit ginge. Zerrüttung der Seelenkräfte würde wohl die Strafe allzuverwegenen Unterfangens unausbleiblich sein. Doch mögen wir diese Sachlage beklagen oder nicht beklagen, die einsichtsvollsten Naturgelehrten schweigen, wenn wir sie angehen mit den Fragen: woher oder woraus das Leben stamme, wann und auf welche Weise das Leben auf der Erde enstanden sei, und durch welche Kräfte es habe entstehen und in den Organismen auftreten können. Ferner verhalten sie sich stumm gegenüber den Fragen: «giebt es eine Fortdauer des in den Organismen vorhandenen und thätig gewesenen Lebens, eine Unsterblichkeit, eine Ewigkeit? Ist Alles ein kurzes Spiel? Ein flüchtiger Scherz? Besteht ein Wesen, das wir Gott nennen, ein Weltregierer, nach dessen Gesetzen das Grösste wie das Kleinste geht, ein allmächtiger Herrscher, wie er auch beschaffen sein möge, ein Richteramt desselben? Giebt es Belohnungen und Strafen in einem Jenseits, wo wir fortleben? Oder ist es mit dem geborenen und gestorbenen Menschen nach dem Tode aus?» Die bedächtigen Forscher kümmern sich neuerdings mit nichten um die sofortige Erklärung solcher Punkte, sondern fahren einfach in ihren auf Materie und Lebensentwicklung gerichteten Untersuchungen fort, soweit sie glauben vorrücken zu können. Ob in das jetzt Unergründliche jemals ein sterblicher Lichtstrahl hineinfallen wird oder nicht, lassen sie dabei ruhig dahingestellt sein.

Auch für uns wäre es zu weitläuftig, auf das Ebenerwähnte an diesem Orte näher einzugehen, zumal unser Zweck es nicht dringend erfordert. Nur eine einzige Laienbemerkung sei uns gestattet, um den Zweiflern an einem Fortleben zu antworten. Sicher und gewiss ist es freilich, dass auf dieser Erde der Geist ohne eine Körperhülle kein Dasein hat, nicht bestehen, nicht sich offenbaren kann. Aber wie nicht das kleinste Atom der Materie je vergeht, nämlich nie und unter keinem Machtdruck vollständig vertilgbar ist, so dass es nicht mehr bestände: so ist offenbar auch der geistige Theil, der in dem Organismus sich entfaltet, zum allermindesten ebenso stark an Urkraft, wie der materielle Theil, welcher ihn aufgenommen hat: also gleichunvertilgbar, wie dieser letztere. Eine Folgerung, sollte ich meinen, die obenhin zu missachten Willkür oder Leichtfertigkeit wäre. Denn die Annahme einer solchen Gleichstellung zwingt uns der gesunde Menschenverstand auf, der uns keineswegs lehrt, dass der Geist oder die den Körper belebende Seele ein blosses Nichts sei, die Materie dagegen Alles. Wer in aller Welt gäbe uns denn das Recht, den blossen Stoff so hoch zu stellen, oder vielmehr höher? Wenn der Leib zerfallen ist, so nimmt der darin wohnende Geist eine andere Hülle an. Eine neue Hülle, welcher Art sie immer sein möge! Was aus dem aufgelösten, getrennten, zerstobnen Organismus wird, kann uns bei dieser Frage ganz gleichgültig sein.

Vernichtbar in dem Grade, dass er nicht mehr vorhanden wäre, ist der Stoff nimmermehr. Keine Kraft des Menschen (sicherlich auch keine Kraft der Natur) reicht hin, ein Sandkorn oder ein Baumblatt so zu vernichten, dass nichts übrig bliebe; ein Rest muss schlechterdings greifbar, fühlbar, sehbar, wenigstens als ein Stäubchen oder als ein Hauch seiner Wesenheit, jeglichem Angriffe trotzen und seine Fortdauer auf irgend eine Weise behaupten. Wesshalb aber sollte es um den geistigen Inhalt des Organismus anders stehen? Auch er kann unmöglich einer vollständigen Vernichtung unterliegen!

Denn sobald die Meinung wahr wäre, dass es kein fortdauerndes Leben gäbe, sondern nur ein vernichtbares und bis auf den leisesten Hauch wieder verschwindendes, so würde alles und jedes Leben, das wir in den Organismen gewahren, eigentlich nichts anderes als eine oberflächliche und zeitweilige Gaukelei vorstellen, einen blossen Schein; in der Wirklichkeit gäbe es kein Leben, das diesen Namen verdiente. Daraus würde dann folgen, die Natur (die Schöpfung, wie sie gewöhnlich genannt wird) sei todt. Was aber wäre eine todte Natur? Eine bunte Masse von Stoffen, ohne allen Halt und Anhalt, ohne Gesetz und Ordnung. Aber wir sehen ja das Gegentheil vor sichtlichen Augen, so dass wir die Wirklichkeit greifen können! Alles in der Natur zeigt die wunderbarste und für unsere menschlichen Begriffe vollkommenste Gesetzlichkeit bis in das Geringste auf, so weit es uns sichtbar wird, eine stete, feste, unwandelbare Gesetzlichkeit überall und ohne Ausnahme. Wohin wir schauen, augenblicklich tritt uns die Wirksamkeit einer sich unabänderlich vollziehenden und stets gleichen Vorschrift wie von selbst entgegen, im Licht und Schatten, im Steigen und Versinken, in jeglicher Wendung der Dinge, der grössten wie der kleinsten.

Woher stammt aber diese unübertreffliche, nie wankende und nie fehlende Gesetzlichkeit? Augenscheinlich doch wohl von einer über Allem stehenden Gewalt, mögen wir sie Gott oder Schöpfer oder Herrn oder sonst mit einem Namen bezeichnen. Um den Wortausdruck wollen wir nicht hadern. Irgend Etwas, wie man es auch nenne, muss existiren, was der grosse Beherrscher des Stoffes ist, wie auch der Mittelpunkt alles Lebens, aller Bewegung, aller Kraft, aller Vernunft, Ordnung, Regel. Wer darf je aussprechen, dass das All todt sei? Was hätte eine todte, ohne Gesetz gelassene Natur (Schöpfung) zu bedeuten, wenn eine solche überhaupt möglich wäre? Nichts als ein Chaos, und selbst dieses müsste von Grund aus starr und regungslos erscheinen. Denn eine jede etwanige Regung der Materie, auch eine zufällige, würde ein unwiderlegbares Zeichen vorhandenen Lebens sein; denn selbst der angenommene Zufall verträte zum mindesten eine Aeusserung dessen, was Leben genannt werden muss, eine Art Herrschaft, wenn auch eine blinde. Ein todtes Chaos indessen wäre überhaupt etwas Unmögliches, etwas das nicht existiren könnte. Halten wir also daran fest, dass die Welt ein lebendurchdrungenes All ist, dessen Lenker am wenigsten der Zufall sein kann, der die Macht besitze, jene von unsern Augen angestaunte ewige Ordnung zu bewirken; denn sonst müssten wir unbedingt den Zufall als den Urheber dieser Ordnung betrachten, ihn den unvergleichlichen Meister der Natur nennen, welchem der Name Gott gebühren würde.

Sehen wir von einem Zufallsherrscher ganz ab und erklären weiter, dass der Mensch keine Wahl hat, als festzuhalten an dem von keinem wahren Weisen noch verworfenen Satze, dass die Vernunft das Zepter der Welt führe und ewiglich obenan stehe. Denn ein jeglicher Mensch würde sich selbst beschimpfen, wenn er der Vernunft diese Stellung in der Natur versagen wollte, weil er damit auch seine eigene Vernunft herabsetzte und ihre Würde läugnete. Ist doch das Höchste, was der Mensch hat, die Vernunft. Nichts Anderes darf er ihr vorziehen, ohne von der gesunden Bahn abzuirren. So ist es auch mit der Forderung, dass die Welt durch die Vernunft regiert werde: wir müssen schlechterdings annehmen, dass die Vernunft das Ganze lenkt, wenn wir anders nicht den Zufall zum König erheben wollen. Des letztern Missgriffes aber können wir uns, wie oben dargethan worden, nicht schuldig machen; wir müssen vielmehr der Vernunft in der Natur die Krone zuerkennen, wie wir sie auch unserer eigenen Vernunft zuzuerkennen gezwungen sind, gemäss unserer unveräusserlichen Würde. Es wäre daher eine gränzenlose Thorheit, den Willen an die Spitze des Weltalls stellen zu wollen, wie es neuerdings versucht worden ist, in der Absicht, anscheinende Unvollkommenheiten der Dinge auf die leichteste und verständlichste Weise zu erklären. Gebrechen (Unvollkommenheiten) giebt es aber nur für unsere menschlichen Begriffe und bei einseitiger Auffassung. Denn auch in dem, was uns mangelhaft dünken mag, herrscht das unwandelbarste aller Gesetze, nach welchem der von uns erblickte Mangel sich erklärt und aufhebt, das Urgesetz. Nichts kann sich vollziehen ohne Gesetz, also muss auch dasjenige, was wir Sterblichen für gebrechlich ansehen, aus dem festen Gesetze folgen, welches unausweichlich seine Wirkung geltend macht. Der eintretende Fehler, den wir gewahren, ist ein durch das Gesetz bedingter, also natürlicher und unabwendbarer. Dem allmächtigen Handhaber der Bestimmungen, welche den Inhalt seines Gesetzes bilden, ist nicht zuzumuthen, dass er die Folge des von ihm Bestimmten abändere oder aufhebe. Wenn irgend eine Schwäche nach den festgesetzten Urbedingungen vorauszusetzen ist, so kann es nicht fehlen, dass diese Schwäche eintritt, also dasjenige, was wir das Böse, das Schlechte, das Leiden nennen; in das Gegentheil kann es vom Gesetzgeber nicht ausnahmsweise verkehrt werden, da er, ohne selbst in Schwäche zu verfallen, seine eigenen Gesetze nicht umstossen könnte: folglich wird er es auch nicht thun. Die Sonne sinkt am Horizont, also sinkt sie, wie es bestimmt ist. Niemand darf eine Veränderung ihrer Bahn fordern. Den Menschen erwartet, nachdem er geboren ist, Krankheit, Elend, Unglück, Tod. Von diesen Unannehmlichkeiten entspriesst die eine wie die andere aus den vorausbestimmten Gesetzen, welche die Erdenwelt beherrschen; sie sind demzufolge keine blinden Leiden, sondern nur natürliche Folgen. Aussergesetzlich trägt sich nichts zu; im Gegentheil wäre das Verlangen, die Uebel auszuschliessen, eine an den Gesetzgeber gestellte Forderung, derselbe solle auf ein ungesetzliches Gebahren sich einlassen. Dazu kommt, dass die Menschen selbst an vielem Unheil Schuld sind, an Krankheit, Schädigung, Verderben, Mord und frühzeitigem Untergange. Soll auch in diesen zahllosen Fällen die allmächtige Hand sich aussergesetzlich ausstrecken, um die Thorheiten der Menschen zu verhindern? Die Erfüllung einer solchen Zumuthung würde die Erde zu einem Schauplatz hohler Puppen erniedrigen, die offenbar nicht verdienten, geboren zu werden. Was haben die Menschen zu thun? Sie sollen die Augen selbst öffnen lernen, um die ewig bleibenden Gesetze zu erkennen und mit dieser Erkenntniss den ihrer Wohlfahrt drohenden Gefahren zu entgehen und zwar allen Gefahren so weit als möglich, nur den Eintritt des Lebensendes ausgenommen, den Tod, welcher in das irdische Reich eingeschlossen ist, weil dasselbe ein Reich ist, worin Alles aufblüht und wieder abblüht. Wie ein Baum frühzeitig verdorrt, wenn er einen Schaden leidet oder in irgend einem Punkte mangelhaft ausgestattet dasteht, ebenso ergeht es auch dem Menschen: andernfalls grünen Bäume wie Menschen bis zum regelrechten Ablauf ihres Organismus, welcher letztere auf Erden, wie gesagt, kein ewig dauerhafter sein kann, weil es das Urgesetz nicht mit sich bringt, dass hier die Unsterblichkeit eintrete! Wenn wir den Satz aufstellen: Alles hienieden und die ganze sichtbare Welt ist schlecht, so sprechen wir nicht allein gegen unsere sinnliche Wahrnehmung und gegen unsere Erfahrung, sondern wir werfen zugleich jede Betrachtung und Philosophie kurzweg über Bord. Denn wozu sollte ein weiteres Nachdenken frommen? Wenn die menschliche Gesellschaft glaubte, dass Alles auf der Erde so schlecht sei als es nur sein könne (man hat es behauptet), so verdiente sie kein anderes Loos, als so schnell als möglich zu Grunde zu gehen; ja, sie würde sich auch nicht lange mehr halten.*) Denn ein höchstes Wesen zu läugnen, ein allvernünftiges, wäre der kürzeste Schritt, der die Menschen zu Thieren herabbrächte; die Menschen würden bald keine Menschen mehr sein, sondern gefährliche Raubthiere werden, um so gefährlichere Geschöpfe, da ihrer sonstigen Eigenschaften wegen Niemand so gefährlich sein könnte, wie sie. Die fernsten Jahrtausende werden ohne allen Zweifel diesen Ausspruch für richtig erklären.

Wiederholen wir das Letztgesagte in kurzer Uebersicht. Der von der Vernunft ausgehende Denker sieht das All anders an, als die Materialisten und diejenigen, welche an Gott und Unsterblichkeit zweifeln. Er findet, so weit der menschliche Verstand und die menschliche Erfahrung heutzutag blickt, überall Ordnung in allen Stücken, überall Gesetz und Richtschnur. Er findet eine vollkommene Natur nach festen und unwandelbaren Normen: er findet bei dieser Wahrnehmung auch ein vernünftiges Ziel der Dinge, so weit er dem Gange der Natur nachzurechnen vermag, ein Ziel, auf welches eine vernünftige, allwaltende Macht augenscheinlich hinsteuert, um diejenigen Zwecke zu erreichen, welche die besten sind. Wir haben bei solcher Anschauung nicht nöthig, den göttlichen Lenker des Alls in die Materie zu verstecken, wie es die neueren Materialisten zu thun pflegen, indem sie Stoff und Kraft amalgamiren, ohne sagen zu können, w a s der Stoff ist, und w i e die Kraft mit dem Stoffe verfährt. Ferner, der vernünftige Denker jammert nicht über die menschlichen Loose. Was wir hier auf der kleinen Erde für Mängel ansehen oder für unerfreuliche Vorgänge halten mögen, die man Leiden nennt, das verschwindet gegen jene harmonische Erscheinung der nächsten wie fernsten Natur (Schöpfung) wie ein leichter Nebel. Denn zum Ganzen hat dieser Nebel nichts zu sagen, wenn wir uns nicht thörichterweise einbilden, der Menschen wegen existire die Gesammtheit des unendlichen Weltalls, und nicht anmassend daraus folgern, auch den armen Erdenbewohnern gegenüber hätte es das nicht geben sollen, was wir insgemein Unvollkommenheiten, Qualen, Uebel heissen, indem wir verlangen, das irdische Dasein hätte wenigstens ganz anders gestaltet sein müssen, als in der Weise, die uns so unbegreiflich wechselvoll oder so oft ganz zufällig däucht. Menschen, die an der regelrechten Gestaltung der Dinge zweifeln, übersehen muthwillig, dass auf allmächtigen und wandellosen Gesetzen Alles beruht, was in und unter dem Himmelsgewölbe sich zeigt, gedeiht, untergeht, sich wandelt und erneuert. Gerade weil diese Gesetze eine ewige Geltung haben und haben mussten, kann auch die Natur der Erde keine andere sein, als sie uns sich darstellt. Wankten und schwankten die Gesetze, oder würden sie willkürlich gehandhabt, so müsste eine fabelhafte Unordnung sowohl auf unserer Erde, als im weitesten Weltall hausen, während wir doch rings, in nächster Nähe wie in weitester Ferne, eine so klare Ordnung walten sehen, dass bei gleichen Verhältnissen der nämliche Fall, auch wenn er zum tausendsten und millionstenmale einträte, auf die nämliche Weise vor unsern Augen passirt, so genau wie zum ersten Male und mit unfehlbarer Pünktlichkeit; bei veränderten Verhältnissen dagegen sehen wir, dass augenblicklich auch derselbe Fall sich ändert und zwar jedesmal wiederum auf die gesetzmässigste Weise und sofort einer jeglichen Veränderung entsprechend. Zuletzt wiederholen wir, dass es ein Gebot unsers Verstandes ist, die Fortdauer des Lebens vorauszusetzen, wie sie seit ältesten Zeiten schon vorausgesetzt worden ist; wir haben nämlich darauf hingewiesen, dass die zweifellose Gewissheit, der Stoff könne nicht unauslöschbarer sein als der Geist, der in dem Stoffe gewohnt hat, unserem Verstande den natürlichen Gedanken der Unsterblichkeit aufnöthigt.

Die ächte Naturforschung also strebt, wie gesagt, nicht dahin, das Wesen der Gottheit unmittelbar zu entdecken und jene obigen Fragen von unermesslicher Tragweite, zum Heile des Menschengeschlechts, ehebaldigst abzuschliessen. Sicher und gewiss ist es ausserdem, dass keine umsichtigen Denker die Hoffnung hegen, selbst in den fernsten Jahrtausenden werde sich einmal die Aufhellung der letzten Geheimnisse erreichen lassen. Demungeachtet sind die Ziele der wahren Forscher die erhabensten, welche je der Menschengeist sich stellen kann. Denn worauf ist diese Forschung, diese ununterbrochene Arbeit, diese unermüdliche Sorge gerichtet? Auf die tiefste Erkennung der Erde wie des Himmels, auf die Betrachtung der Erscheinungen des letztern und auf die Prüfung der grössten und kleinsten Organismen, deren Vorhandensein auf der Erdrinde und innerhalb derselben wahrgenommen wird. Ferner will der Forscher Alles aufgreifen und aufhellen, was immer die unorganische Materie in sich verborgen halten mag, um aus ihren Bestandtheilen jeden Funken herauszulocken, welcher dem Menschen dienlich sein kann und geeignet ist, seine Wohlfahrt, seine Bildung und seine von ihm angetretene Herrschaft über das Erdenrund zu erweitern. Eine Menge Räthsel giebt es, die noch nicht gelöst sind, ausserdem unzählige, an deren Lösung man noch nicht einmal gedacht hat: ja, sie häufen sich in das Endlose mit jeder neuen Lösung selbst. Dass Fortschritte gemacht werden, erkennen wir sattsam aus den Entdeckungen, die von Jahr zu Jahr sich mehren. Auf welcherlei Fortschritte aber dürfen wir uns berufen, die mit unserer Betrachtung der Mythologie in Verbindung zu bringen wären? Was verdanken wir der heutigen Naturwissenschaft, wenn es sich um Ursprung, Alter und Werthschätzung des mythologischen Reiches handelt? Eine äusserst wichtige Anschauung für das letztere.

Wir knüpfen an das neue System an, dessen Urheber der Engländer Darwin und dessen vornehmster Vertreter unser Landsmann Häckel ist. Die beiden ausgezeichneten Forscher haben, um kurz zu reden, eine wissenschaftliche Grundlage geschaffen, welche über die Entstehung und Entwicklung der thierischen Organismen, also auch des Menschengeschlechts, den entscheidendsten und durchgreifendsten Aufschluss darbietet. Aus ihren Nachweisungen, die alle Gründe der Thatsachen und des Scharfsinns benützen, erhalten wir die sicherste Ueberzeugung, dass erstens die gesammten lebenden Geschöpfe, die Menschen nicht ausgeschlossen, in eine unendlich ferne Zeit zurückreichen, in jene frühe Epoche der Erde, wo die ersten Keime des Lebens aufgehen konnten. Zweitens erfahren wir, dass die Geschöpfe der Erde eine lange Reihe von Perioden, in welchen sie sich allmälig entwickelt haben, stufenweise durchlaufen sind. Drittens, dass die Geschöpfe im Allgemeinen körperliche sowohl als geistige Fortschritte machten und sich vollkommener ausbildeten, während sie theilweise «im Kampfe um das Dasein» untergingen oder auch von der früheren Ausstattung abfallend und zurückgerathen verkümmerten. Unter diesem Kampfe um das Dasein versteht man das Ringen der lebendig freien Organismen untereinander, entweder um sich gegen die durch Widersacher ihnen drohenden Angriffe zu wehren, oder Nahrung zu ihrer Erhaltung zu gewinnen. Die am vortheilhaftesten ausgebildeten Individuen siegten in diesem Streite über die geringeren, sei's mittelst ihrer Leibesstärke, oder ihrer vorzüglicheren Organe, oder weil sie überhaupt begabter waren. Die besten Arten, Geschlechter und Gattungen blieben übrig, erhielten sich unversehrt und setzten, unter Bewältigung der ihnen entgegentretenden Hindernisse, ihre Nachkommenschaft, ihre weitere Bildung und Veredlung glücklich fort, von Epoche zu Epoche ihre Eigenthümlichkeiten entwickelnd, abwandelnd und ihre Formen umgestaltend. Die Wahl ihrer Geselligkeit führte diese und jene Geschöpfe zur Züchtung, nämlich zu einer vortheilhafteren Fortpflanzung, wodurch sie unter ihres Gleichen eines höheren Ranges theilhaftig wurden, einerseits eine grössere Sicherheit für ihr Fortbestehen, andererseits die Möglichkeit zu einer immer schöneren Entfaltung ihrer Anlagen empfingen. Daraus entsprangen auch mannigfaltige Unterschiede unter solchen Arten, die eigentlich nicht verschieden waren.

Der Laie hat keine Veranlassung, das Darwin'sche System an diesem Orte sorgfältiger zu schildern und näher zu beleuchten. Es kommt für ihn ebenso wenig darauf an, das Ganze wie die Einzelnheiten schon als sicher und erwiesen hinzunehmen. Aber es kann dem vorsichtigen Urtheiler keineswegs entgehen, dass die Riesenaufgabe nicht erschöpft ist, sondern dass mancherlei Lücken in jener ebenso sinnreichen als verwickelten Darstellung dieses Naturgebietes sich herausstellen, und dass nach mehrfacher Seite hin allerlei Bedenken erwachen, die selbst diesem und jenem erprobten Fachkenner und Mitforscher ein schwerer Stein des Anstosses sind. So hat denn schon Agassiz die Möglichkeit zurückgewiesen, dass eine Eigenart aus einer andern Eigenart entstehen könne: er hat die ganze Untersuchung Darwins und seiner Mitstreiter einen wissenschaftlichen Missgriff gescholten, der sehr nachtheilig wirken müsse. Der letztere Vorwurf dürfte sich jedoch als ein unverdienter ausweisen. Denn es ist leicht möglich, dass die Mängel der Darwin'schen Lehre sich durch spätere Berichtigungen ausgleichen lassen, und dass man den Fingerzeig findet, der schliesslich auf den rechten Weg hingeleitet.

Was uns an dem neuen System auffällt, ist Folgendes. Darwin hat angenommen, dass die ursprüngliche Erzeugung der freien Organismen (wenn wir so sagen dürfen), die erste Erzeugung derselben, aus etlichen wenigen Zellen vor sich gegangen sei; fabelte man doch früher sogar blos von einer einzigen Zelle! Beweisen lässt sich die Sache nicht, der grosse Gelehrte stellt eine wohlbedachte Hypothese auf. Wenn es indessen für die Richtigkeit einer Hypothese spricht, dass ihre Grundlage durchweg eine nothwendige sei, eine solche, die es gestattet, eine Menge weiterer Folgerungen mit Recht an sie anzuknüpfen und dieselben ebenso sicher festzustellen, so scheint es im vorliegenden Falle hier und da etwas misslich auszusehen. Vor Allem fühlt man sich versucht, die Voraussetzung, dass äusserst wenige ursprüngliche Zellen genügten, für eine willkürliche und an sich unwahrscheinliche Annahme zu halten. Warum sollen denn nicht mehr als etwa ein Halbdutzend Zellen das erstaunliche und unermessliche Werk begonnen haben? Warum nicht eine weit grössere Menge derselben? Der Erdkörper mit der Mutter Sonne fing seine erste natürliche Fruchtbarkeit schwerlich mit etlichen zerstreuten Urzellen an; eine solche Beschränkung der Macht darf man, weil es nicht den geringsten Grund dafür giebt, der Natur nicht zumuthen und aufbürden; denn das hiesse nichts anderes, als einen winzigen und blos menschlichen Massstab an das Unendliche anlegen. Wahrscheinlicher ist es bei den allmächtigen Kräften, die wir der Natur zutrauen müssen, weil sie unerschöpflich und unberechenbar wirkt, dass auf allen Punkten der Erdenmaterie, im Bereich des Festlandes wie im Wasser, unter mehr oder weniger günstigen Verhältnissen, eine Unzahl von Zellen nebeneinander und ziemlich zu gleicher Zeit sich gebildet und entwickelt habe. Wäre es wenigstens nicht einigermassen geboten, für die entschiedenen Eigenarten der Organismen, so weit sie uns als solche bekannt geworden sind, auch ebenso viele verschiedene Urzellen anzunehmen, die zwar ähnlich, aber doch vielfach anders ausgestattet oder befruchtet waren? Und sollte aus dieser Verschiedenheit der letztern nicht der Stammbaum der werdenden und gewordenen Formen sich weit leichter, einfacher nnd zuverlässiger herleiten lassen, als wenn wir die unsäglichen Abweichungen zahlloser Organismen, mögen sie sonst noch so viele gemeinsame Zeichen ihres Erdenursprungs aufweisen, aus einer nahezu einheitlichen Quelle nicht ohne äussersten Zwang erklären wollen? Sträubt sich die Wissenschaft gegen diesen Vorschlag mit Recht? Auf gute Gründe mag sich wohl die Hypothese Darwins berufen; aber auf ausreichende und vollgültige Gründe, möchte sich doch bestreiten lassen. Der Satz, man müsse stets auf die möglichste Einfachheit zurückgehen, ist richtig und nicht genug zu schätzen; nur möchte es bisweilen gefährlich sein, dieses Prinzip zu übertreiben und auf den Kopf zu stellen. In besagter Untersuchung möchten wir denn rathen, den Horizont für den Ausblick nicht allzueng zu setzen; wir meinen, man solle sich hüten, diese oder jene Momente gering zu schätzen, damit man nicht gezwungen werde, das Ungleichartige ohne Noth für gleichartig aufzuführen. Auch die Erde macht auf uns Menschen häufig den Eindruck von etwas Unendlichem. In ihrem Körper liegt die Allmacht der Zeugung noch heutzutag. Gediegene Forscher behaupten sogar, einst sei diese Kraft der Erde noch ungleich frischer, jugendlicher, schneller und reicher aufgetreten; sie habe sich im Laufe der Jahrtausende aus mancherlei Ursachen abgeschwächt. Wenn sie Recht haben sollten, was nicht unwahrscheinlich ist, um so weniger hätten wir es dann nöthig, die Geburtsstätten für die Organismen auf eine so unerhört geringe Zahl von Zellen zu beschränken. Die Fläche der Erde, unterstützt von Sonne und Mond, grünte und blühte, lebte und webte in jener ersten Epoche, wo sie zeugungsfähig geworden war, vermuthlich allerwärts auf Höhen und in Tiefen über und über; hier traten diese Kräfte, dort jene hervor, mannigfaltig im weitesten Sinne, bald das Uebergewicht erringend, bald minder begünstigt und unterdrückt. Man braucht nicht allzukünstlich und allzuängstlich auszuholen, um den merkwürdigen Vorgang der ersten Zeugung begreiflich zu machen. Dieser Vorgang muss ein so gewaltiger und weitausgedehnter gewesen sein, dass es eine Spitzfindigkeit wäre, ihn so überaus winzig oder dürftig zu machen, damit man ihn ja sich als einen recht natürlichen vorstellen könne. Setzen wir daher eine unbeschränkte Zahl von dergleichen Lebenskeimen voraus, zumal da wir ungemein viele Geschöpfe noch nicht kennen, so verflachen wir einerseits die hohe Aufgabe keineswegs, deren man sich unterzieht zur Erklärung der Art und Weise, wie die thierischen Organismen aus dem Schoosse der Erde geboren worden sind; es bleibt noch genug der Mühe übrig, um die beständige Entwicklung der Arten im Kampf um das Dasein und die Ursachen ihres Untergangs bei schlechten und ihrer Fortpflanzung bei günstigen Verhältnissen so einleuchtend als möglich vorzuführen. Zweitens haben wir dann einen besseren Grund und Boden, um dem Charakter der Eigenarten nachzuspüren und den Wahn zu entfernen, dass es keine Eigenarten gebe, sondern nur Arten, die durch irgend eine unter ihnen stattgefundene Vermischung und Fortbildung eine neue, besondere, einigermassen verschiedene Art hervorgebracht hätten. Bei welcher letztern Ansicht man auf den allgemein angenommenen Satz sich beruft, dass in der Natur keine Sprünge vorkommen.

Und da sind wir denn bei der Behauptung angelangt, dass die Menschen mit den Affen verwandt wären, und nicht allein verwandt, sondern aus den Affen, als ihren Vorvätern, entsprossen wären. So schlechtweg drücken sich die Forscher, an ihrer Spitze Darwin und Häckel, neuerdings zwar nicht mehr aus; aber sie glauben einen plausibelern Weg einzuschlagen, wenn sie die Hypothese aussprechen, dass die

Menschen nicht unmittelbar von den Affen abstammten, sondern nur einem Seitenzweige der äffischen Aeste angehörten und allerdings den vollkommensten Schössling derselben ausmachten. Es habe nämlich ehemals eine Zwischenart der heutigen Affen und Menschen gegeben; dieses zwischen beiden Arten vermittelnde Zwischenglied, besser als der Affe und geringer als der Mensch, sei indessen ausgestorben, untergegangen, kurz, nicht mehr vorhanden. Folglich nähmen wir heutzutag eine Lücke in der Entwicklung der obersten Thierorganismen wahr; eine solche Lücke müsse unbedingt statuirt werden, weil wir sonst in der Entwicklung einen Sprung vorfänden, ein Sprung aber im Gange der Natur nicht statuirt werden dürfe. Was richtig sein würde, wenn es nicht wahrscheinlicher wäre, dass besagter Sprung kein Sprung ist, sobald wir, einem angeblich verlorenen Zwischengliede gegenüber, zu jener einfachen Annahme einer Vielzahl von Urzellen greifen, wodurch eine jegliche Eigenart in ihrem selbstständigen Charakter geschützt wird, wie auch in ihrer besonderen Entfaltung. Wir brauchen dann, wenn das Menschengeschlecht unter die Eigenarten gehört, das Zwischenglied nicht mehr, um dem Vorwurfe zu entgehen, dass wir einen Sprung für möglich hielten. In den Urzellen lag gewisslich schon die verschiedene Begabung der verschiedenen Organismen; also in der Urzelle des Menschen eine Begabung, welche den Menschen von dem Affen gleich Anfangs getrennt hat, eine bessere Ausstattung von Seiten der Natur. Auf diese so glaubliche Voraussetzung gestützt, läugnen wir, dass jemals ein Uebergang der Affengeschlechter in Menschengeschlechter auf wahrscheinliche und natürliche Weise stattgefunden habe, oder dass ein solcher überhaupt habe stattfinden müssen. Wir wollen übrigens nicht fragen, wer das vermuthete Affenzwischenglied ausgerottet haben solle, ob das heutige Affengeschlecht, oder die einst mit den Affen und andern Thieren in Kampf verwickelten Menschenfäuste. Beides ist nicht im Entferntesten glaubhaft, nach dem Gesagten auch gleichgültig. Wir wollen nebenbei einräumen, dass eine gewisse Verwandtschaft zwischen Affen und Menschen bestehe, aber nur in einem einzigen Punkte, im Körper. Denn was den Geist anlangt, sind beide Arten himmelweit verschieden: der Affe steht, dem Menschen gegenüber, als ein blosser Schatten desselben da. Gewiss ist, von den kleinsten wie von den grössten Geschöpfen, auch von dem Affen, den man ihm am nächsten zu setzen wagt, scheidet sich der Mensch durch seine Begabung und durch das Bewusstsein dessen, was er ist, unermesslich ab; die Trennung ist so gross, dass wir sagen müssen: zwischen ihm und der gesammten Thierwelt findet sich eine unübersteigbare Scheidewand gezogen, die ihm gewordene Leuchte seines Innern, die höchste Zierde, die ihn vor jedem andern Organismus auszeichnet. Mögen immerhin jene Affenzwischenglieder, wenn es wirklich welche gegeben haben sollte, ihrerseits ausgerüstet gewesen sein mit einer grösseren geistigen Fähigkeit, als sie die gescheidtesten Affengeschlechter bis auf den heutigen Tag offenbaren, von dem Menschen würden sie immer so ungeheuer weit abgestanden haben, dass es äusserst unbesonnen wäre, in ihnen Zwischenglieder zu erkennen, die genützt hätten, jene Lücke in geistiger Begabung auszufüllen und durch Fortzeugung einen sanften Uebergang zur Menschenseele zu bewirken. Selbst den Buschmännern und russischen Waldmenschen können sie an Talent nicht geglichen haben; denn die letztern werden wir doch für wirkliche Menschen halten müssen. Auch sie weisen zu viel Menschliches auf, als dass wir glauben könnten, eine Thierart habe jemals gleiche Vorzüge besessen. Doch auch sonst ist die Dazwischenschiebung höherer Affengattungen eine sehr bedenkliche Sache. Denn erstens würden dergleichen Affen, bei den ihnen zugeschriebenen reichen Gaben, wodurch sie sich dem Menschen genähert hätten, dem Menschen viel gefährlicher gewesen sein als alle übrigen wilden Thiere, die von ihm bewältigt wurden und um seiner Selbsterhaltung willen bewältigt werden mussten: wie leicht konnte es in diesem Falle geschehen, dass der Mensch selbst den furchtbaren Affenvätern ganz und gar unterlag. Zweitens, und das ist viel bedeutsamer, sehen wir uns verwundert um, dass sich von gedachten Affen heutzutag nirgends auch nur die geringste Spur vorfindet. Wie kommt es, dass von ihnen nicht eine Anzahl Exemplare zur Gegenwart gerettet worden sind? Oder sollten wir es für möglich halten, dass sie von ihren ungleich reicher begabten Abkömmlingen, den Menschenkindern, sammt der Wurzel undankbar ausgerottet worden seien, als es den Kampf um das Dasein galt? Eine so vollständige Vertilgung eines angeblich so talentvollen Organismus, der auf so hoher Stufe gestanden hätte, ist durchaus unwahrscheinlich. Wenigstens etliche Subjekte dieser geistigen Ahnenschaft müssten doch irgendwo auf einem Winkel der weiten Erde übrig geblieben sein. Denn so viel Geist lässt sich nimmermehr aus der Welt fortschaffen. Das sehen wir an den Menschen bestätigt, die ein unausrottbares Geschlecht sind, wie schon Homer sagt; und an Kämpfen hat es ihnen, wie wir weiter unten finden werden, wahrlich nicht gemangelt.

Was indessen auch den Fachkenner wie dem Laien an dem Darwin-Häckelschen Systeme der Organismenentwicklung ungenügend erscheinen mag (erklärt sich doch auch unter anderm das Vorhandensein der zahllosen Infusorien daraus wohl kaum), anerkannt muss allseitig ohne Widerrede werden, dass auf diesem Gebiete durch jene beiden Forscher ein durchgreifender Fortschritt geschaffen und ein Ergebniss gewonnen worden ist, dessen Einflüsse auf die wahre Erkenntniss der Dinge vorläufig noch unberechenbar sind. Die allgemeine Grundlage der neuen Hypothese steht fest, dagegen treten die Gespinnste vorausgegangener und eine Zeitlang geglaubter Vermuthungen für immer aus ihrer bisherigen Geltung zurück. Was die Erfahrung hin und her tappend anstrebte, ist jetzt in der Hauptsache festgestellt, und was die Philosophie träumend zu ergänzen suchte, zerfliesst in Nebel und hat den Halt verloren, so dass sie, um wieder Fuss zu fassen, in die Lage gesetzt ist, eine andere Wendung zu nehmen. Vor allem Andern, um es wiederholt zu sagen, ist es klar geworden, dass erstens die thierischen Organismen und ebenso die menschlichen ohne Unterschied und Ausnahme in eine undenkliche Vorzeit zurückreichen, und zweitens, dass sie sammt und sonders erst durch unzählige Epochen der Zeugung, Mischung und Fortbildung so geartet sind, wie wir sie heute vor uns erblicken, nach Körperform, Charakter, Lebensentfaltung, Geist. Der Glaube, dass der Schöpfer des Weltalls zeitweise nach ganz besonderer Absicht in dieses Gebiet eingegriffen habe, ist veraltet und für jeden besonnenen Denker augenscheinlich beseitigt; eigentliche neue Schöpfungen, solche, die durch eine höhere Hand von frischem gemacht worden wären, können niemals und in keiner Periode sich zugetragen haben. Alles auf dem Erdenrund ist von Anfang an seinen gesetzmässigen Gang gegangen, und zwar gerade so, wie es sicher und gewiss weiter gehen wird, so viel oder so wenig vor unsern Blicken sich zu verändern scheint oder in Zukunft sich verändert zeigen mag. Die Entwicklung der Dinge schreitet auf vorgeschriebenen Bahnen fort.

Das Licht jener Forschung nun, das auf den Ursprung der Menschen gefallen ist, dehnt sich auch über das Reich der Mythologie aus. Freilich, ein bestimmer Termin, auf welchen dieser Ursprung unseres Geschlechts zu verlegen sei, ist, wie schon oben gesagt worden, weder aufgefunden, noch dem Vermuthen nach jemals auffindbar. Die Zeit ist hierin für uns eine Ewigkeit. Aber eine strenge Fixirung des Momentes, wo die Menschen wurden, ist nicht gerade nothwendig; wir haben die sicherste Ueberzeugung erlangt, dass es keineswegs ein Zeitraum von etlichen Jahrtausenden ist, seit welchem dieselben geboren worden sind und über den festen Boden sich verbreitet haben, sondern dass sie sammt allen thierischen Organismen in jene unabsehbare Urzeit hineingehören, wo es zuerst möglich war, dass sich ein selbstständiges Leben in freien Formen entwickelte. Sagen wir also, die Menschen sind so alt wie die Welt, wenn wir uns die Erde als eine Welt vorstellen dürfen. Mit den ersten Geschöpfen haben auch sie ihren Ursprung empfangen und alsdann die Stufen ihrer Entwicklung angetreten; wir ahnen die Schritte, die sie machten, aber kennen sie nicht, sondern sehen die Menschen nur vor uns, wie sie seit dem Eintritt in die Geschichte bis heute sich darstellen, ohne dass wir angeben können, wie sie das geworden, was sie sind, und nicht geworden, was sie vielleicht schon längst sein sollten. Das Ziel, welches, wie es scheint, vor ihnen liegt, lassen wir unberührt. Denn wir haben lediglich die frühe Vergangenheit unsers Geschlechts zu betrachten. Und selbst auf diese können wir nur vermuthungsweise hindeuten, allgemeine Umrisse über die Entfaltung des Menschen zeichnend. soweit es uns an diesem Ort angeht.

Wenn die Menschen, wie wir gesagt haben, so alt wie die Welt sind, dann wagen wir nichts, wenn wir die Behauptung aussprechen, dass die Mythologie ebenso alt ist. Denn die Reihen von Vorstellungen, welche den Inbegriff der Mythologie ausmachen, hängen unmittelbar mit dem geistigen Erwachen des Menschengeschlechts zusammen und gehen Hand in Hand mit diesem Erwachen, in der Seele sich einfindend und wachsend, sich vermannigfaltigend und vertiefend. Wie mag das zugegangen sein? Ein langer Prozess war es jedenfalls, indem das Erwachen des Geistes kein plötzliches sein konnte, sondern den Naturgesetzen, wie Alles, unterworfen war. Wie viele Jahrtausende mögen verlaufen sein, ehe sich der Anfang einer solchen innerlichen Bewegung zu bilden vermochte! welcher unübersehbare Zeitraum mag dazu gehört haben, einige wenige Einzelnheiten des Gedachten und Erkannten in halbwegs feste Umrisse zu bringen! Denn mächtige Hindernisse thürmten sich, wie der körperlichen, so auch der geistigen Entwicklung jenes Geschöpfes, welches zum obersten Range berufen war, Schritt vor Schritt entgegen! Geboren in gleicher Lage wie die Thiere, mussten die Menschen sich aus dem dunkeln Schlamme ihres Geburtsbettes, wenn ich mich so ausdrücken darf, zunächst herausarbeiten und einigermassen die Kräfte sammeln, welche die Natur in sie gelegt hatte. Alsdann harrte ihrer der schreckliche «Kampf um das Dasein,» worin sie den grausamsten Gewalten sich gegenüber befanden, dem anscheinend gesetzlosen Gebahren der unorganischen Natur und dem rohen Andrängen der mitgebornen thierischen Organismen, einem überaus bunten, unzähligen Heergetümmel; wir dürfen mit Sicherheit hinzufügen, auch die Menschen unter einander haderten und fochten, Art mit Art, Stamm mit Stamm. Das unbeschreibliche Wirrsal, wer möchte sagen, wie viele Zeitalter hindurch es angedauert hat, das blinde Rasen eines unaufhörlichen Krieges? Indessen hatte dieses entsetzliche Ringen für die menschlichen Streiter die glückliche Folge, dass sie von den Gaben, die ihnen angeboren waren, Gebrauch machen lernten und ihre Umsicht schärften; sie mussten es, um Sieger zu bleiben. Mit ihren Leibeskräften einzig und allein durften sie nicht hoffen, die Arten jener wilden thierischen Kolosse, die in der Urzeit neben ihnen lebten, in Schranken zu halten und niederzuschlagen; auch wenn wir voraussetzen, dass sie selbst einen gegen die heutigen Gestalten verhältnissmässig gigantischen Körperbau hatten, schwächer waren sie von Leibe jedenfalls, um den stärkeren Ungeheuern mit blosser physischer Gliederkraft auf die Dauer widerstehen zu konnen. Daher waren sie bald genöthigt, zu allen Waffen zu greifen, die ihnen der

Verstand darreichte, die überlegene Mitgift ihrer Geburt, die Klugheit, die List. Sie dachten nach, wie sie ihrer sonst übermächtigen Gegner sich am besten entledigten, sie merkten sorgfältiger auf die verderblichen Ausbrüche der Elemente, und wie sie jene zu schlagen sich bemühten, so wichen sie diesen aus, nach Massgabe ihrer Berechnung. So suchten sie wohl auch Verstecke auf oder wählten Wohnplätze von grösserer Sicherheit. Der gefährlichste Widersacher des Menschen mochte freilich der Mensch sein, weil im ausgebrochenen Hader und im Sturme wilder Begierden Ebenbürtigkeit gegen Ebenbürtigkeit stritt; doch ist es selbst in diesen Wuthschlachten wahrscheinlich, dass die edleren Arten seines Geschlechts sich durchschlugen, die schlechteren untergingen, zur Seite wichen und ihre Macht verloren. Jene Arten wuchsen, die letztern blieben verkümmert.

Die Nöthen des Daseins also waren die harte Schule der Menschen, die wesentlich dazu beitrug, dass sie geistig erwachten und die Fähigkeiten der Seele übten, erst zum äusseren Widerstand aufgerafft, dann zur ernstlichen Betrachtung angefeuert, endlich durch das Vergnügen geleitet, das sie im Nachsinnen fanden. Langsam ging denn anfänglich ihr Denken von Statten, auf den kleinen Kreis weniger Bedürfnisse gerichtet; überschauten sie doch in den ersten Zeiten gewiss nur ein winziges Stück unserer Erde, die für sie die Bedeutung einer unendlichen Erscheinung haben musste, da sie ihnen grösser sich darstellte, als der darüber gelagerte Himmel selbst. Allmälig aber vermehrten sich die Eindrücke, die sie von aussen schöpfend in die Seele aufnahmen und nach aussen zurückgaben. Gleichwie zuerst am frühen Osthimmel, wann die Sonne sich nähert, wenige vereinzelte helle Strahlen heraufschiessen, dann aber die Lichtstreifen dichter und weiter sich ausspannen, bis der ganze Morgenäther glänzt und zu lodern scheint, so tauchten auch, im Laufe von Myriaden Jahren, mühsam die ersten leuchtenden Funken im Innern der Menschen auf, Begriffe weckend, Betrachtungen und Gefühle anregend, worauf neue Gedanken folgten und zu einem immer helleren Lichtkreise sich ansammelten, je weiter die Linie des Horizonts vor den spähenden Augen gleichsam fliehend zurückwich. Die Bilder des Erdenbereiches, freundliche und unfreundliche, freudvolle und schreckliche, nahmen die gesteigerte Aufmerksamkeit nicht einzig und allein in Anspruch. Ausgezeichnet durch den aufrechten Gang, zu welchem ihr Körper vorzugsweise geschickt war, wandten die Menschen gleichzeitig ihr Antlitz aufwärts und prüften den Luftraum, seine Wetter und Phänomene, und darüber das Himmelsgewölbe und seine wundersamen Sterne. Sie suchten ein hohes, unbekanntes Etwas, das ihnen vorschwebte, als ob sie es hinter Bergen und Thälern oder im fernen All endlich anzutreffen hoffen dürften. Es war die geistige Sonne, nach der sie forschten, aber diese entschleierte sich vor ihnen so wenig, als wir Sterblichen wohl jemals auf Erden einen vollen Lichtstrahl derselben für uns zu erwarten haben.

Das erste Ahnen von dem Dasein eines Gottes, um deutlich zu reden, stieg in ihrem Innern auf, und ausser Zweifel steht es, dass schon in der Urzelle, aus welcher die Menschen mit ihrer Begabung hervorgegangen sind, auch die Anlage zu einem Gottesbewusstsein ihnen mitgegeben war. Denn sonst hätten sie niemals vermocht nach dem grossen Unbekannten zu suchen. Keine Lehre, keine Erziehung konnte ihnen den Trieb einflössen, einen Gottesbegriff zu gewinnen; woher sollte die Lehre, die Erziehung kommen? Es musste doch zuvor Menschen geben, die selbst bereits diese Lehre, diese Erziehung empfangen hatten, und von wem sollten denn die ersten unterwiesen und erzogen worden sein? Von Haus aus vielmehr hatte der Trieb in den Menschen gelegen, ein allgewaltiger Trieb, der seine Ausbildung folgerecht und vernunftmässig forderte. Und das ist der beste und stärkste Beweis unter allen Beweisen für das Gottesdasein. Die Mythologie zeigt, dass ein solches Suchen schon durch die frühesten Menschengeschlechter gegangen ist.

Zuerst blieb es freilich bei blossen Ahnungen, bei blossen Träumen der Seele. Die Menschen kümmerten sich nach und nach um die Zwecke ihres Selbst, emsig bemüht, die erwachenden Fragen um Herkunft, Dasein, Tod und Fortdauer zu beantworten, so gut sie konnten. Das Diesseits deuchte ihnen doch in jeder Beziehung unzulänglich: so viel erkannten die meisten schon sehr lange vor der geschichtlichen Epoche, die heutzutag uns überschaubar ist. Das tiefe Bedürfniss irgend eines befriedigenden Anhalts drängte sich ihren gesunden Sinnen auf. Die einzelnen Stämme, die sich zusammengethan, pflanzten nun die Erfahrungen ihres eigenen Suchens auf spätere Geschlechter fort, diese hielten die Ueberlieferungen der Vorfahren fest, fügten neue Ideen hinzu, die einen änderten gelegentlich diesen, die andern jenen Zug, je nachdem es der Fortschritt ihrer innern Bewegung, ihr glücklicheres oder unglücklicheres Loos mit sich brachte. Die Mythologie führt uns dergleichen Wandlungen und Fortschritte vor.

Wie kam es aber, dass der Geist der Menschen so vieler und unermesslicher Zeit bedurfte, um irgend einen Gedankenkranz zu flechten? Abgesehen von den äusseren Hindernissen, auf welche sie stiessen, wie wir oben angedeutet haben, mussten sie erst mancherlei Hülfsmittel erringen, die es ihnen möglich machten, aus der Sphäre der mit ihnen entstandenen thierischen Organismen herauszutreten und höhere Bahnen einzuschlagen. Natürliche Urbegabung kam ihnen auch hier zu Statten. Eins der allerwichtigsten Hülfsmittel war die Sprache, die kunstvolle Weise, ein Verständniss unter ihres Gleichen herbeizuführen und mit möglichster Klarheit dasjenige, was in dem Innern unsichtbar lebte und webte, von Mund zu Mund sich wechselseitig zu jeder Frist mitzutheilen. Sicherlich eine der schwersten Aufgaben, deren allmälige Lösung ihnen nur durch eine ausgezeichnete körperliche und geistige Naturanlage gelingen konnte. Anfangs auf Geberden und einfache Töne (Schreien) beschränkt, gebrauchten sie allmälig Laute, die in Folge langer Uebung genauer und bestimmter wurden. So entstanden denn unter verschiedenen Gesellschaften, auch durch die Verschiedenheit der Zonen bedingt, mancherlei verschiedene Sprachen, in frühester Zeit roh und arm, bis die Zunahme der Bildung hier und dort das Gepräge der Worte verfeinerte und den Ausdruck bereicherte. Nichts wurde den Menschen heilsamer als diese Erfindung, das unsichtbare Reich des Geistes zu versichtbaren. Die Laute der Thiere konnten schon desswegen nicht mit der Sprache des höher begabten Geschlechts wetteifern, weil sie der blosse Ausdruck einer Natursprache blieben, die auf keiner ebenbürtigen geistigen Grundlage fusste. In diesem Punkte also hatten die Menschen, so nahe den Zellen anderer Geschöpfe sie entsprossen waren, einen unberechenbaren Vorzug nicht blos erhalten aus ihrer Urwurzel, sondern ihn auch auszubilden verstanden. Ein zweites Hülfsmittel, kaum unwichtiger für das Gedeihen ihres gesellschaftlichen Zusammenlebens, war der musikalische Ton. Welche Werkzeuge sie anfangs hatten, lässt sich ungefähr errathen. Das einfachste Ding versuchte man, ob es für irgend einen Klang taugte, und der schauderhafteste Schall, aus ihm hervorgelockt, mochte ihrem horchenden Ohre vormals wohllautend erscheinen. Der Ruf vermittelst einer Muschel oder eines Horns diente ihnen wohl zum Zeichen schneller Versammlung, sei's für kriegerische, sei's für friedliche Zwecke. Sie liefen aus Höhlen, Schluchten und Urwäldern herbei, um sich zu Haufen zu schaaren, und als sie nachmals gemeinsame Rotten bildeten, die eine zeitweilige Wohnstatt hatten, so genügten Instrumente aus kunstlosesten Bestandtheilen, um sie zur Geselligkeit zu locken, ihre Gefühle zu beleben und eine harmonische Vereinigung der Seelen zu fördern. Auch ohne Instrumente versuchte man wenigstens eine oberflächliche Gesangesweise, wie sie noch heutzutag bei uncivilisirten Völkerschaften angetroffen wird, selbst bei solchen, die keine höhere Stufe der Kultur zu erklimmmen im Stande sind, da die klimatische Beschaffenheit ihrer Wohnorte eisern auf ihnen lastet.

Nicht befremdlich wäre es daher, wenn man in Folge dieser Betrachtung die Ansicht ausspräche: die Bildung ist dem Menschen nach und nach anerzogen worden, sowohl hinsichtlich des Körpers als des Geistes. Denn eine solche Meinung ist bis zu einem gewissen Grade richtig. Nur Eines darf dabei nimmermehr übersehen werden, das entscheidende Moment, dass Anfang und Fortschritt der Kultur einzig und allein den Menschen möglich wurde durch den wundervollen Kern, der in ihnen schon bei ihrem Werden lag. Das muss über allen Zweifel erhaben gelten! Aus nichts wird nichts; also, wie oben gesagt, ohne Anlage konnte es weder zu einer körperlichen Ausbildung, noch zu einer Unterweisung von Gott und Unsterblichkeit kommen. Ebenso steht es um das Gewissen. Wenn Virchow neulich die Behauptung aufgestellt hat, das Gewissen der Menschen sei nichts als etwas Anerzogenes, sintemal es viele Menschen ohne irgend eine Spur von Gewissen gebe, so können wir diesem nackten Satz ebenso wenig beitreten, als wir den Sätzen beitreten konnten, dass die Begriffe von Gott und Unsterblichkeit dem Menschengeschlechte blos nach und nach anerzogen worden. Eine jede Anerziehung setzt schlechterdings auch eine Anlage voraus, welche den Schüler befähigt, diess oder jenes sich anerziehen zu lassen. Welchem Menschen wird es je einfallen, einem Thiere, welches Thier es auch sei, die Begriffe von Gott und Unsterblichkeit anerziehen zu wollen? Warum wird es Niemandem einfallen? Weil Jedermann weiss, dass seine Mühe an der bodenlosen Ungelehrigkeit des Thieres in alle Ewigkeit scheitern würde. Nun sagt man zwar, die Menschen hätten die ersten Gottesideen aus der Natur abgeleitet, was ganz richtig ist, wie wir unten noch näher sehen werden; aber dieser Einwand hebt sich von selbst auf, weil es am Tage liegt, dass den Menschen von jeher die Fähigkeit innewohnen musste, solche Ableitungen aus den Erscheinungen der Natur zu machen, wie sie kein einziges anderes Geschöpf machen konnte. Unumstösslich ist diese Folgerung, sollte ich meinen, und keine blosse Hypothese! Lassen wir die modernen Federfuchser fortfahren, das Gegentheil zu behaupten; sie haben keine Logik und vertheidigen desshalb oder verwerfen Alles in das Blaue hinein, um geistreich zu erscheinen und für die wahren Weisen zu gelten, wenn sie einmal Gelegenheit haben, in einem gelesenen Zeitungsblatt ihre tiefsinnigen Urtheile auszuschütten. Die Menschen sollen auf einmal nichts vor den Thieren voraushaben, damit ja die neuere Amalgamirung von Stoff und Kraft, welche kein denkender Mensch verstehen kann, für den Stein der Weisen erkannt werde.

Um auf das Gewissen zurückzukommen, erachten wir die Gabe desselben, das Vermögen, zwischen Recht und Unrecht zu unterscheiden, ebenfalls für eine Mitgabe des Menschen, so hoch wie alle andern Mitgaben und selbst der angeborenen Fähigkeit gleich, einen Gottesbegriff zu erfassen. Es würde ebenso vergebens sein, das Gewissen durch eine Art von gesellschaftlichem Uebereinkommen in der Brust eines Menschen erzeugen und anfachen zu wollen, als es unmöglich sein würde, dem Thiere ein solches beizubringen. Alle Menschen, die Urahnen wie die heutigen Nachkömmlinge, besassen und besitzen die Anlage zu einem Gewissen; selbst der wildeste Indianische Häuptling, wie uns berichtet wird, trägt dieses geheimnissvolle Etwas mit sich, um zu fühlen und zu erkennen, dass er unrecht handelt, wenn er im Rausche blinder Leidenschaft eine schlechte Handlung begeht. Freilich, abschrecken lässt sich der Indianer nicht immer durch die Stimme der Mahnung in seinem Innern. Denn es kommt lediglich auf die grössere oder geringere Ausbildung des Gewissens an, ob letzteres sich geltend macht oder nicht: kurz, als der Mensch geistig erwachte, so ward auch das Gewissen in ihm rege und verstärkte sich bei wachsendem Verstande und zunehmender Erfahrung. Nur die Rohheit unterdrückt es mit solchem Erfolg, dass der Rohe kein Gewissen zu haben scheint. Die Behauptung Virchows also läuft auf einen Scherz hinaus; er wollte offenbar die moderne Barbarei, welche dem Gewissen trotzt, und die Bosheit so vieler Individuen ironisch zeichnen.

Auf die Regung des Gewissens geht vielleicht die Annahme eines guten und bösen Princips in der Mythologie zurück. Die Weisen der verschiedensten Generationen haben ein solches Doppelwesen der Natur statuirt, welches bei den meisten Völkern eine Hauptrolle spielt. Die Aegypter, die Perser, die Germanen, auch die Inder entwickeln eine derartige Zweitheilung der Weltherrschaft. Bei den Griechen sind wenigstens die bestimmtesten Vorstellungen von den Folgen des Rechts und Unrechts, von Lohn und Strafe, von Glückseligkeit und Verdammniss, mit den hellsten Farben ausgemalt worden. Eine Reihe unkultivirter Völkerschaften sehen wir noch heutigen Tags an dem Glauben hangen, dass ein gütiger Geist über den Menschen schwebe und ein finsteres Wesen sie verfolge, dessen Macht ihnen Unheil bereite auf Schritt und Tritt.

Tiefere und tiefere Gedanken also erfüllten die aus Nacht sich losringenden Menschen, welche ihr Sehnen zu schildern suchten, ihr Hoffen und Fürchten. Getragen von den Flügeln einer schöpferischen Phantasie, arbeiteten sie ruhelos und unermüdlich darauf hin, das unbefriedigende Diesseits mit einem schöneren Jenseits zu verbinden. Sie ersannen ein Reich von höheren und höchsten Göttern, Geistern und Dämonen, welche in das Diesseits hineinragten, Einfluss ausübten auf den Ursprung von Sein und Werden, die Geschicke beherrschten, belohnten und straften und irgend ein Fortleben nach dem Tode erwarten liessen. Der endliche Sieg des Guten wurde fast ohne Ausnahme vorausverkündigt, besonders bei den Persern und Germanen. In der Wirklichkeit gab es freilich weder Götter noch Geister, aber man glaubte an sie, wähnte sie zu sehen oder gesehen zu haben, mit ihnen zu verkehren und ihre Hand zu empfinden. Man rief sie betend an, um die einen zu versöhnen, die andern zu beschwören und unschädlich zu machen. Selbst die äussere Natur glaubte man ihnen unterworfen, die Fruchtbarkeit und Unfruchtbarkeit der Erde; Krankheit und Tod, Gesundheit und Leben, Sieg und Niederlage ruhten in ihren Entschliessungen und Befehlen, in ihrer Gnade und in ihrem Zorn. Das, was man Religion heisst, baute sich allmälig zusammen. Warnungen, Vorschriften und Gebräuche erhielten Geltung, allerlei theils sinnreiche, theils unsinnige Moden wurden gäng und gäbe, freiwillige Peinigungen, Opfer, heilige Einrichtungen, priesterliche Dienste, Bekenntnisse der Sünden und deren Vergebungsweisen. Es trat sehr frühzeitig eine religiöse Knechtung auf. Das schöne Trachten nach Entwilderung des Menschengeschlechts wurde durch eine willkürliche Beherrschung des Geistes häufig wieder zurückgedämmt. Der Glaube artete aus, die Finsterniss erneute sich, welche einst geherrscht hatte, und die Völker versanken in ihre vormalige Rohheit der Sitten zurück, um dem Untergange anheimzufallen, welchem ihre Ahnen zu entgehen bemüht gewesen waren, als sie über ihr Selbst nachsannen. Eine ähnliche Kampfperiode, wie jene, wo die Menschen mit der Ueberlegenheit der Bestien gefochten hatten, brach an; es gab schliesslich einen Kampf um die Kultur, in welchem die Barbarei beinahe abermals obsiegte, einen grausenhaften langen Kampf.

Das ist der Gang und Verlauf der Mythologie, welche mit dem ersten geistigen

Erwachen beginnt, und ein Produkt unzähliger Geschlechter ist. Ein weiter, ein sehr weiter Schritt war es, von der Verehrung irgend eines Dinges, das verehrungswürdig schien, bis zur erhabenen Annahme eines Gottes emporzusteigen oder sich ein unsichtbares Wesen vorzustellen, welches die Welt beherrscht.

II.

Nähere Entwicklung des Ursprungs und Fortgangs der Mythologie.

Der Fetischdienst. Der Gottesdienst. Der Sterndienst. Schelling und seine Philosophie der Mythologie. Der Sonnendienst. Die Vielgötterei. Der Gott der Israëliten. Die griechische Mythologie.

Womit hub die Verehrung von etwas Ausserordentlichem unter den Menschen an? Das Allererste war etwas Greifbares, das sie vor sich erblickten, und das sie anstaunten, entweder besonders schätzten oder auch — fürchteten. Da die freundliche Seite der Natur aber, wie es scheint, uns Menschen minder in das Auge fällt, als die dunkle, so dürfen wir sagen: die Furcht war der erste und vorherrschende Beweggrund, dass sie vor einem aussergewöhnlichen Gegenstande sich demüthigten, aus Erkenntniss ihrer eigenen Unzulänglichkeit und Schwäche. Wenn es ihnen nicht leicht möglich war mit einem Dinge fertig zu werden, so legten sie ihm wunderbare Eigenschaften bei, es mochte etwas Lebendes oder etwas Lebloses sein. Gewöhnlich deuchte ihnen ein solcher Gegenstand gefährlich, oder sie meinten doch, dass eine bedenkliche Gefahr von ihm ausgehe, wenn es auch in Wirklichkeit nicht der Fall war. Ein eigenthümlicher Zauber schien an derartigen Auffälligkeiten zu haften. So glaubte man, ein seltsam geformter Steinblock trage die Schuld, wenn in dessen Nähe sich etwas Räthselhaftes ereignet hatte, welches man für die Wirkung einer übernatürlichen Kraft, einer Art von Hexerei ansah; demzufolge hütete man sich vor dem verdächtigen Felsen für ein andermal, wich der Gegend aus, oder nahte sich, wenn es sein musste, unter ängstlichen Geberden und Bitten. Namentlich aber vor gefährlichen Thieren machte sich jene Scheu geltend, die zur Verehrung derselben führte, vor riesigen Ungethümen aller Art, vor den sogenannten Flusspferden, vor scheusslichen Krokodilen und Alligatoren, vor sehr grossen oder giftigen Schlangen und schädlichen Pflanzen. Man griff zur Beschwörung derselben und suchte ihren Zauber abzuwenden, um seine Haut vor Verderben und Nachtheil zu schützen.

Ein zweiter Beweggrund, um etwas Aussergewöhnliches zu feiern und hochzuhalten, entsprang aus der Wahrnehmung vom Gegentheil, nämlich aus der Erkenntniss des Nützlichen und Heilsamen, das ein Gegenstand für die Menschen hatte. Wir dürfen es vielleicht eine dankbare Bewunderung nennen, die man dergleichen Dingen zollte, nachdem die Erfahrung gelehrt hatte, dass in ihnen eine segensreiche Eigenschaft, ein wohlthätiges Etwas, eine Hülfe gegen Gefahr sich biete. So geschah es denn, dass man den Ichneumon oder die Pharaonsmaus anbetete, ein Raubthier, welches die Eier des Krokodils verzehrte, ferner den Ibis, einen reiherartigen Sumpfvogel, dem man die Vertilgung giftiger Schlangen zuschrieb, den Stier, den Bock, die Jagdwaffen, Bogen und Pfeil, alle Mittel, welche dem Hunger vorzubeugen geeignet waren. Noch heutzutag leben in vielen Ländern, wie im hohen Norden Europa's, so in Afrika, Amerika, Australien und auf den Inseln der Südsee eine Menge

Völkerschaften, die fast nichts Anderes für heilig und göttlich erachten, als dergleichen äusserliehe Gegenstände, Organismen und allerlei oft mit roher Kunst geformte Dinge von plumper Gestalt. Ein solches Objekt der Anbetung heisst ein Fetisch, der ganze Dienst selbst Fetischismus. Eine eigentliche Vielgötterei lässt sich darunter nicht verstehen, da auf dieser Stufe der Erkenntniss an die Festsetzung eines bestimmten Gottes oder an mehrere Götter noch nicht gedacht wurde, sondern blos an etwas Uebermenschliches, vor welchem man Schauer empfand, Scheu, Angst, Ehrfurcht. In diesen Regungen der Seele möchten wir, ohne Zweifel mit Recht, das früheste Aufdämmern der Ahnung sehen, dass es ausserhalb der Menschen gleichsam etwas Unendliches gebe, das sich dem endlichen Geist als unbegreiflich aufdringe. Also würde im besten Sinne die Fetischverehrung den allerersten Anlauf zu einer Religion bezeichnen. Freilich verbirgt sich dahinter auch der gleichzeitige Ursprung des Glaubens an Zauberei, Hexerei und Geisterseherei; was sehr entschuldbar und durchaus nicht auffällig ist. Denn die Menschengeschöpfe jener weit entlegenen Vorzeit waren mit der Natur noch so wenig vertraut, dass es ihnen in den meisten Fällen, zuerst wohl überall, an einer jeglichen Erklärung dessen gebrechen musste, was in ihren Augen wunderbar schien, eigentlich aber gesetzlich und ganz einfach zugegangen war. An das Kindesalter ihrer Bildung dürfen wir keine sonderlichen Anforderungen stellen, noch weniger wäre die Meinung derer begründet, welche ohne Bedenken den kalten Ausspruch wagten: die heutigen Völkerschaften und wildlebenden Horden, die jenem Glauben an die Fetische bis auf diese Stunde ergeben sind, bewiesen damit ihre gänzliche Unfähigkeit zur Kultur. Das hiesse diesen armen Barbaren schweres Unrecht thun. Sie verdienen kein härteres Urtheil, als dass wir sagen, sie seien auf den frühesten Anfängen der Menschenbildung zurückgeblieben, während es sogar zweifelhaft erscheine, ob das Klima der Region, worin sie leben, hier die Hitze, dort der Frost, ihnen je gestatten werde über ihre geistig tiefen Zustände hinauszugelangen. Das können wir vom allgemeinen Standpunkt der Menschheit aus bedauern. Dagegen nicht bedauernswerth ist es, sondern bitter und niederschlagend, wenn wir wahrnehmen, dass selbst innerhalb der gesellschaftlichen Kreise, die einen achtungswerthen Grad der Civilisation errungen zu haben sich brüsten, noch immer eine Masse Personen vorhanden sind, die sich die Existenz übernatürlicher Einwirkungen nicht ausreden lassen, an Geistererscheinungen glauben, an Geheimnisse der Zauberei und an die Schreckgestalten von Gespenstern. Keine Belehrung fruchtet bei dieser Gattung von Menschen, im tiefsten Innern taucht der alte Wahn immer wieder auf und pflanzt sich, wie wir unten sehen werden, von Generation zu Generation fort. Denn die ihnen gebotene Aufklärung erachten sie entweder nicht für stichhaltig, oder sie kommen bei jedem neuen Anlass, gegen ihre bessere Ueberzeugung und mit Kopfschütteln, auf ihre alte Befangenheit zurück. Das geschieht bald harmlos und ohne Schaden, bald zum Nachtheil jener geistigen Entwicklung, deren Zielpunkte fort und fort angestrebt werden müssen, damit man den Feinden des Menschengeschlechts, den Finsterlingen, endlich das Mittel raube, die menschliche Schwäche zu benutzen, die Unwissenheit zu verewigen und das geistige Leben auf der Erde zu ersticken.

Diejenigen Völker, die so glücklich waren, zur Kultur sich aufzurichten, warfen den armseligen Fetischdienst ab. Die Weise ihres Daseins gestaltete sich tröstlicher, ihre Augen lernten schärfer sehen, und es gelang ihnen, durch aufmerksamere Beobachtung der um sie her ausgebreiteten Natur einen höheren Begriff dessen, was göttlich sein möge, zu fassen. Man fing an, ein Wesen zu suchen, von welchem Alles ausgehe und regiert werde. Wir müssen dieses Suchen der Menschen das

Umschauen nach einem **Gottesbegriff** nennen. War diese Neigung eine gesunde oder thörichte? Giebt es, wie so Manche neuerdings zweifelnd fragen, einen Gott? Darauf ersparen wir uns nach dem im ersten Abschnitt Gesagten die Antwort. Hier genügt es zu wiederholen, dass die Neigung von jeher vorhanden gewesen ist: ein Umstand, der in der Schätzung des achtsamen Forschers eine schwerwiegende Bedeutung hat, die ihn stets verhindern wird, leichtfertig über diese als uralt erwiesene Richtung hinwegzuhuschen. Wenn der moderne Hochmuth mit Gelassenheit das Wort hinwirft, die Menschen wären von Anfang an in diesem Punkte irre umhergetappt, so besagte das offenbar, den Menschen einen angeborenen Irrthum zuzuerkennen, welcher jetzt klar zu Tage liege, einen schon in der Urzelle ihnen mitgegebenen falschen Trieb. Die Erfahrung lehrt uns allerdings, dass es oft lange Zeit vergeblich ist, einen tiefeingerosteten Wahnglauben aus den kranken Köpfen der Thoren wegzuschaffen; gesetzt also, für einen solchen Wahn wäre das Suchen der Menschen nach einem Gott zu erachten, so müssten doch die Streiter, die solches jetzt behaupten, siegreiche Gründe mancher Art in das Feld führen können, um einem Jeden zu beweisen, dass ein sonderbarer Weltirrthum bisher obgewaltet habe. Denn das Sehnen nach einem Gott und den Glauben an einen solchen, sagen sie, sei ein Zeichen blosser menschlicher Ohnmacht und Angst, nicht aber vernünftiger Einsicht.

Allein an so wuchtigen Gründen gebricht es durchaus. Die Forschungen sowohl als die darauf gebauten Schlüsse entbehren des Haltes, wie schon oben bemerkt worden ist; jene sind bei weitem noch unzulänglich, diese daher luftig, weil sie aus unzulänglichem Wissen gezogen worden. Nicht besser steht es um die Erfahrung. Auf diese nämlich beruft man sich ebenfalls, auf die Mittheilung, es glaubten keineswegs alle Menschen der Erde an einen Gott, auch heutzutag noch nicht; das Bedürfniss also, irgend einen Gott sich vorzustellen, sei nicht durchweg und allgemein vorhanden. Auch diese Folgerung ist ebenso schief, wie die oben erwähnte, welche den Scherz Virchow's betraf, dass eine Menge Menschen ohne einen Funken von Gewissen wären. Denn die Ausnahme zur Regel erheben zu wollen, ist Blödsinn von ähnlicher Art, als wenn wir behaupten wollten, die Erde sei kalt, weil sie an gewissen Flecken kalt ist. Freilich treffen wir noch heute mit mancherlei rohen Völkerschaften zusammen, die kein Wissen haben von einem Gott, einem sogenannten Schöpfer der Welt, einem höchsten Wesen, das sie verehren möchten. Aber was kommt auf diese Thatsache an? Nicht das mindeste! Wir haben schon oben gesehen, dass in mehreren Erdgegenden sich noch einzelne Horden befinden, die gleichsam im frühen Naturstande verkümmernd fortleben, so dass sie seither die unterste Stufe menschenwürdiger Bildung in keinem Punkte überschritten haben. Unter diesen trifft man denn auch solche Stämme, bei welchen der Begriff von einem Gott noch nicht lebendig geworden, oder doch zu keiner Geltung gekommen ist. Nichtsdestoweniger wäre es eine Verwegenheit, diesen Klassen von Menschen schlechthin die Befähigung abzusprechen, einen Gottgedanken in ihrem Innern zu spüren, sobald sie zu einer glücklicheren Lebensweise sich aufraffen könnten. Blosse thierische Regungen ihnen zuzutrauen, wäre eine Herabsetzung derselben ohne irgend einen vernünftigen Grund. Vergessen wir nicht, dass einst, nach ihrem Hervorgehen aus der Zelle, unstreitig alle Menschen so elend und armselig vegetirten; wobei nicht zu läugnen ist, dass von Anfang an edlere Arten existirt haben mögen, die um so früher und schneller aus der Thierheit erstanden, je günstiger ihre äussere Umgebung war, ein milder Himmel mit gesundem Klima, ein fruchtbares Stück Festland oder eine gesegnete Insel, ein wohlgesicherter Wall, kurz, ein Erdfleck, wo sie alle jene

Erfordernisse, die zur Zeit des Aufblühens ihnen den «Kampf um das Dasein» erleichtern konnten, reichlich vorfanden.

Die Thiere irgend einer Menschenart gleichzustellen, hat es nie ein Recht gegeben, und wird es nie eines geben! Sehen wir die Affen an, unsere vorgeblichen Seitenverwandten. Die Geschichte seit etwa sechstausend Jahren hat uns keine Sylbe davon gemeldet, dass diese Thiere in ihrer vollkommensten Art einmal zu irgend einer Zeit eine Spur verrathen hätten, ein leises Anzeichen, dass sie mehr als Thiere wären und einen Fortschritt anbahnten, der auf Weiteres als auf die Erhaltung ihres Leibes sich erstrecke. Und hätten die Affen innerhalb dieses Zeitraums, der kein so ganz kurzer ist, irgend eine geistige Bewegung offenbart, die einen Unterschied von ihrem heutigen Charakter aufzeigte, so müssten wir nicht allein davon gehört haben, sondern auch ohne allen Zweifel noch heute, sei's jährlich, sei's täglich, als Augenzeugen bemerken können, dass diese thierischen Organismen einen wenn auch noch so momentanen Anlauf nähmen, um aus ihrer bisherigen, stumpfen Sphäre einen einzigen, wenigstens lilliputischen Schritt hinauszuthun. Die Umwandlung der Formen und ihre Weiterzeugung müsste sich doch, wenn Darwin und Häckel so ganz Recht hätten, in die Gegenwart hinein ein Bischen fortsetzen und nicht seit der Epoche, wohin Mythologie und Geschichte reicht, durch die gesammte Affenwelt in's Stocken gerathen sein! Sicher steht es, dass Niemand das Experiment machen wird, den Affen einen Gottesgedanken anzuerziehen; sicher steht es, dass kein vernünftiger Mensch, der die Affengeschichte durchgeht, auf den Einfall gerathen wird, einen Affen und einen Buschmann gleichzeitig in die Lehre zu nehmen, mit der Zuversicht, der erstere werde durch nachhaltige Unterweisung dem letztern mindestens bis zu einem gewissen Grade gleichkommen. Und man unterschätze die Buschmänner nicht über alle Massen. Denn es wird uns über sie, wie auch über ihre Nachbarn, die Hottentotten, zuverlässig berichtet, dass diese rohen Seelen Bekanntschaft mit Zauberei haben, also doch an das Vorhandensein ausserordentlicher Einflüsse denken, welche dem Fetischglauben verwandt sind. Ein ernsthaftes Gottsuchen aber darf von den Buschmännern Niemand erwarten; das Geschlecht derselben besitzt keine festen Niederlassungen, sondern es streift rottenweise in ebenso unfruchtbaren als unkultivirten Landstrichen umher, und wie sollten dergleichen Barbaren auf den Gedanken an einen göttlichen Lenker verfallen, da sie noch nicht einmal so weit sind, dass sie einen Häuptling aus ihrer Mitte oder ein gesellschaftliches Oberhaupt über sich gesetzt haben, um irgend einer Leitung zu gehorchen? Ob sie immer in dieser jämmerlichen Lage verharren werden, ist ungewiss; aussterben aber sammt und sonders werden sie schwerlich, damit ein später Naturforscher sagen könnte, in ihnen sei eine Unterart der Menschenart erloschen.

Aus dem Obigen erhellt, dass wir die frühesten Vorstellungen, welche die Mythologie von göttlichem Wesen bringt, keineswegs aus einer willkürlichen Erziehung, die werthlos sein würde, herzuleiten haben. Auf eine regelrechte logische strenge Gedankenfassung jener Urgeschlechter dürfen wir indessen nicht gleich anfangs zählen. Nach Abwerfung des kindischen Fetischglaubens wurde die im Innern auftauchende Idee, dass es einen Allwalter aller Dinge geben müsse, weiter verfolgt; zunächst trat ein unsicheres Vermuthen und Schliessen ein, hier so, dort anders beschaffen, bald ein Vorwärtstappen, bald ein Zurückweichen, eine ungewisse Bewegung, die erklärlich ist aus der Getrenntheit der Völker und aus der lange fortdauernden Jugendlichkeit des menschlichen Nachdenkens. Der erste Gottesbegriff konnte daher wegen des Mangels an anderweitigen Hülfsmitteln nur ein sehr beschränkter sein. Von der Betrachtung der sichtbaren Dinge ausgehend, wandte man seine Augen zum Firmament. Und da werden wir uns wohl einigermassen verwundern müssen, dass man nicht sogleich und auf den ersten Blick von Seiten der damaligen Weltweisen allgemein in dem Gedanken zusammengetroffen ist, ein Etwas, das Jedermann schaute, für das gesuchte Götterwesen anzuerkennen, die Sonne. Denn Einer wie der Andere, sollten wir meinen, hätte sich fragen müssen: was giebt es Grösseres ausser ihr? Die Sonne war es, die man täglich am hohen Firmamente lichtverbreitend aufgehen, hinwandeln und wieder hinter den Horizont versinken sah, eine feurige Scheibe mit unvergleichlicher Strahlenpracht, die Alles erwärmte und belebte, was unter ihr auf der Erde war, vom geringsten Halm bis zum Menschen hinauf. Nahe lag es, diese Erscheinung der Natur sich wegzudenken. Und wenn sie ausblieb und fehlte, was musste da eintreten? Verderben, Tod und Vernichtung alles dessen, was webte und lebte, und zwar in kürzester Frist. Gleichwohl kam sie immer wieder, fortleuchtend von Geschlecht zu Geschlecht, mit unfehlbarer Pünktlichkeit und unverändert. Also konnte es doch wahrhaftig nicht schwer sein, im wandelnden Sonnenrunde endlich den gesuchten Gott zu vermuthen, dessen unermesslichen Segen man tagtäglich inne ward, selbst erlebte und überall umher erblickte. Ein wohlthätiges Wesen musste es überdiess sein, weil man sah, dass ein jegliches Heil von dieser leuchtenden Gestalt ausging und abhing. Der Mond war die nächstbedeutende Erscheinung, die am Firmament sich zeigte. In seinem Aussehen dem Sonnenrund am ähnlichsten unter allem, was man schaute, konnte auch diese lichtspendende Scheibe nichts Anderes bedeuten als ein göttliches Wesen, das im Luftraum hinschwebte und Herrschaft über die Erde ausübte, über jedes Ding derselben. Der Mensch allein hatte die Begabung mitgebracht, dergleichen Gedanken zu denken und aus sich heraus zu nehmen.

Der Kultus von Sonne und Mond war denn der erste, der sich in der gottsuchenden Menschheit Geltung verschaffte. Gleichwohl drang er, so weit wir zurückschauen können, nicht überall durch, wie man doch seiner Natürlichkeit wegen erwarten sollte. Die ersten Spuren und Berichte von dieser Verehrung erhalten wir von einzelnen Völkerstämmen des Morgenlandes; die Langsamkeit, womit der Gottesbegriff vorrückte, erklärt sich, wie erwähnt, aus dem Umstande, dass die Menschen in jener Epoche einen sehr geringen geistigen Austausch hatten, da sie einzelne Gesellschaften bildeten, die durch Land und Wasser von einander abgeschlossen lebten, oder auch nomadisch umherirrten. Ein neugewonnener Gedanke, so klar er sein mochte, bedurfte langer Jahrtausende zu seiner Verbreitung; er blieb einstweilen ein Sondergut derjenigen, die so viel Verstand hatten, ihn zu fassen und sich anzueignen.

Die Sonne hätte eigentlich, als man ihre vorwiegende Bedeutung erkannte, der höchste Weltherrscher und die alleinige Gottheit sein sollen. Doch schon die Betrachtung des Mondes, wie gesagt, brachte sie von dem Kultus eines einzigen Wesens ab. Bald traten noch andere Sterne hinzu, die Planeten, so viele man deren aus dem Heere der Sterne mit der blossen Schärfe des Auges, auf die man damals angewiesen war, herauserkannte. Eine sorgfältige Beobachtung hatte die Folge, dass man fünf Planeten fand, und unter Hinzurechnung von Sonne und Mond ein göttliches Siebenregiment aufstellte. Unterdessen aber hatten die Menschen auch wahrgenommen, dass auf der Erde Gutes und Böses sich zutrug; sie setzten daher ein doppeltes Prinzip fest und theilten die Planeten in solche, die glückbringend, und in solche, die unglückbringend sein sollten. Unter die erstern zählte man die Wandelsterne Venus und Jupiter, unter die letztern Mars und Saturnus; von jenen stammte Friede, Liebe und Wohlfahrt, von den andern Krieg, Hass, Zerstörungslust und Unfriede. Doch unverändert blieben die Eigenschaften nicht, die man den sieben göttlichen Wesen zugetheilt hatte; im Kultus fing der Charakter derselben zu schwanken an, und selbst die ursprüngliche Milde der für wohlthätig erachteten Himmelslenker wurde wahnsinnig ausgedeutet: was Heil zu verleihen geschienen hatte, schlug den Bekennern zu einem grausenhaften Fluch ohne Gleichen aus. Besonders der Dienst von Sonne und Mond, wie er in Vorderasien ausartete, haftet als ein ewiger Schandfleck am Menschengeschlechte. Die Verwilderung nahm eine andere und zwar schrecklichere Gestalt an, als sie je zuvor gezeigt hatte; denn sie ist offenbar über die Rohheit hinausgegangen, die in der Urzeit unter den Menschen hauste. Das entsetzliche Regiment der Priester hatte begonnen!

Von den Erscheinungen der Natur also angeregt, waren die Menschen in dem Prozesse ihrer geistigen Entwicklung bis zu dem Sterndienste vorgedrungen, der lange eine gewaltige Rolle bei den Zendvölkern, Persern, Phöniziern und Aegyptern spielte, auch nach dem glücklichen Arabien sich verpflanzte, wo ein Volk mit Namen Sabäer wohnte. Von diesem soll, der gewöhnlichen Annahme nach, die Benennung Sabäismus herrühren, die man dem Sterndienste beigelegt hat. Die Sabäer waren allerdings auch Sternverehrer, aber umgekehrt erhielten sie wohl von diesem Kultus erst ihren Namen, wie Schelling*) dargethan hat. Zunächst weist dieser Philosoph auf das hebräische und arabische Wort «Zaba» hin. Das Wort Zaba, sagt er, bedeutet das Heer (exercitus), insbesondere das «himmlische Heer,» und davon komme auch der alttestamentliche Name Zebaoth, Herr der Heerschaaren, her. Doch von letzterer Anführung können wir an dieser Stelle keinen Gebrauch machen. Begnügen wir uns mit dem, was Schelling hinzufügt: «Von dem Wort Zaba heisst im Arabischen ein Sternverehrer Zabi oder nach der gelinderen Aussprache Sabi, die Sternverehrung selbst Zabiah (also Sabiah); woraus erhellt, dass die richtige Form des Wortes Zabiismus, zusammengezogen Zabismus ist.» Also sei die bekannte und angenommene Form Sabeismus (Sabäismus) nicht ganz richtig. Genug, Schelling pflegt die Sternverehrung Zabismus zu nennen, aber er thut diess hauptsächlich desshalb, um einen einfachen Ausdruck zu haben für die Bezeichnung der Art und Weise, wie er selbst die Entstehung und Bedeutung des Sterndienstes fasst. Einen Ausdruck wünschte er, der sofort auf den Unterschied seiner eigenen philosophischen Beurtheilung von der gewöhnlichen, die man seither hatte, aufmerksam mache.

Der berühmte Philosoph nämlich holt in diesem Gebiete anders aus, als es vor ihm geschehen war, und im Obigen von uns geschehen ist: er verwirft den Ursprung göttlicher Begriffe aus der sinnlichen Naturanschauung. Dem geistigen Prozess, den die Menschen durchmachten, giebt er einen, wie er offenbar meint, tieferen Hintergrund. Einen Gott nimmt er an, der ausser der Natur ist, in der Natur und durch die Natur seine Urmacht zur Geltung bringt. So dringt Gott denn auch in den Menschen und durch die Menschen auf Erkenntniss seines Selbst hin. Gott ist erst ohne die Natur und wird durch die Natur, was er ist, und theilt sich schaffend mit, immer weiter vorschreitend, um in unserem Bewusstsein klarer und heller hervorzutreten. Schelling will durch sein philosophisches System, wenn ich recht sehe, aus der Mythologie den Beweis führen, dass Gott seine Hand unmittelbar und ununterbrochen über die Menschen halte und in ihr Bewusstsein übergehe: was successive der Fall sei. Auf diesem Wege gelangt er denn auch, wie es wohl sein Hauptzweck war, zur Erklärung der Offenbarung Gottes im Christenthum.

Diesem System zufolge konnte es nicht fehlen, dass Schelling die Sternver-

*) Schelling, Philosophie der Mythologie. — Im Obigen wollen wir sein System kurz andeuten und zeigen, welche Bedenken es angesichts der Naturwissenschaft habe.

ehrung, den Zabismus, wie er für Sabäismus sagt, nach Ursprung und Verlauf anders zeichnet. Seine Sätze lauten folgendermassen. Zuvörderst erklärt er den Zabismus für die ältеste Religion, die er auch eine astrale Religion nennt; eine begleitende Erscheinung derselben sei das Nomadenleben gewesen (ein früheres Leben der Menschen kennt er also nicht), welches in der ersten Menschheit stattgefunden habe. Und diese erste Menschheit betrachtet er als eine **unzertrennte**, die noch nicht zum Völkerleben übergegangen, und deren natürlicher Aufenthalt die Wüste gewesen, worin sie, vor dem Eintritt in die Geschichte, unstät, umherschweifend, ohne feste bleibende Wohnsitze, also nomadisch umhergeirrt wären, sich selbst fremd und zugleich Fremdlinge auf der Erde. heimathlos, mit einem nur beweglichen Eigenthum, ihrer Heerde. Denn, sagt er merkwürdig genug, «für das Bewusstsein gab es noch gar keine Aussenwelt, die Natur war für den Menschen wie gar nicht vorhanden»; wie soll man sich das vorstellen? Wie konnte es Nomaden ohne ein Auge für die Natur geben? Setzen wir hinzu, dass Schelling ausdrücklich bemerkt, der mythologische Prozess sei «ein allgemeiner (!) gewesen, von dem die ganze Menschheit ergriffen war; wesshalb auch die Offenbarung ihre Sprache (?) und zum Theil selbst den Inhalt ihrer Lehre den verschiedenen Stufen und Momenten jenes Prozesses gleichsam hätte annähern müssen», sintemal «alle Offenbarung nur eine successive, nicht auf einmal enthüllende sei». Also die ganze damals noch ungetrennte Menschheit, glaubt er, soll an diesem Prozess betheiligt gewesen sein, der allgemein durchgegriffen habe und dergestalt erfolgt sei, dass er durchzugreifen vermochte. Denn hören wir weiter, er sagt: «der Zabismus beruhte nicht auf einer blos subjektiven Vorstellung, sondern auf einer realen Gewalt, der das Bewusstsein unterworfen war»; diese Gewalt habe «nicht blos die Vorstellung, sondern ebenso wohl das Leben der ältesten Menschheit bestimmt und beherrscht,» und dadurch (!) sei die ruhelose Bewegung in dem äusseren Leben derselben hervorgebracht worden, die nomadische Wanderung ohne Haus und Herd. So hätten wir denn zu denken, dass Gott sich im Bewusstsein der Menschen gewaltsam, wenn auch allmälig, zur Erkenntniss durchgearbeitet habe, jeden Gedanken hervorrufend, wie zugleich Schritt und Tritt bedingend. Wahrhaftig, ein sonderbares Völkchen mit einem sonderbaren Gott über ihm!

Was aber folgt daraus für die Sternverehrung? Schelling nimmt nicht ein Erkennen durch die Sinne an, sondern einen — von dem Urgöttlichen ausgehenden Einfluss auf das allmälig eintretende Erkennen des göttlichen Wesens, ein Erkennen, welches im innern Bewusstsein des ältesten Menschengeschlechts wie in der Wirkung auf die Aussenseite desselben sich offenbart habe. Daher meint er: dass die astrale Religion «ganz von innen heraus, durch eine innere Nothwendigkeit entstanden sei»; ferner sagt er geradezu: «nicht von den wirklichen, den sinnlich erkannten Sternen ging das Bewusstsein aus, um sie zu vergöttern»; denn es habe in diesem ersten Moment, wie oben schon angeführt wurde, für das Bewusstsein noch gar keine Aussenwelt gegeben. «Alles ist,» fährt er fort, «ein innerer, ganz nur im Innern vorgehender Prozess; zu eigentlichen Sterngöttern entschliesst das Bewusstsein sich erst später,» oder, wie er an einer andern Stelle sich ausdrückt, es ist «eine spätere Ausartung, als gewisse Völker die materiellen Sterne selbst anbeteten.» Kurz, seine Meinung geht dahin, dass die astrale Religion (der erste Polytheismus) «nicht sowohl die Sterne als Götter, sondern umgekehrt die Götter als Sterne ansah.» Denn aus seiner ganzen (philosophischen) Ableitung erhelle, dass «er nicht gemeint sei, die sogenannte Sternverehrung von aussen, durch eine empirische Anschauung und darauf erfolgte Vergötterung der wirklichen, noch dazu etwa als körperlich vorgestellten Sterne, entstehen zu lassen.» Diess sei die «gewöhnliche» Erklärung. Man sage: «die wohlthätigen und mächtigen Wirkungen der Himmelskörper (zunächst doch wohl nur der Sonne und des Monds) mussten den noch sinnlichen Menschen veranlassen, diesen Himmelskörpern eine besondere Verehrung zuzuwenden.» Schelling giebt zwar «die gerühmte Leichtigkeit» dieser Erklärung zu, die wenig Mühe mache, aber behauptet seinerseits, «es sei gegen alle Natur, dass die Gestirne erst für blosse materielle Lichter oder Körper gehalten, — dann vergöttert worden». Gegen alle Natur, behauptet er, nämlich wie er selbst den Gang der Natur sich denkt und darstellt. Schliesslich wollen wir noch bemerken, was Schelling ausserdem über die Sabier sagt, weil seine Worte einen für den ganzen Begriff des Sterndienstes, wie er diesen aufgefasst hat, erläuternden näheren Zusatz enthalten. Er versichert: das Wort Zabier (wie er sie statt Sabier nennt) «bedeutet ursprünglich kein besonderes Volk, sondern die ältesten Verehrer des ausschliesslichen (und in diesem Sinne Einen) Gottes, des kosmischen, des Weltgottes, und so mittelbar auch der Sterne als derjenigen Elemente, in welchen die innerliche, noch ungebrochene Kraft dieses Gottes gegenwärtig ist.» Wir müssen für unsere Leser die letztere Charakterisirung des Einen Gottes im Dunkel lassen; denn es würde zu weit führen, auf den von Schelling vorgetragenen Beweis seiner Ansichten, auf die gesammte Grundlage seiner Philosophie, näher einzugehen.

Was uns sofort an der abweichenden Meinung des berühmten Denkers auffällt, ist hauptsächlich Folgendes. Abgesehen davon, dass die gewöhnliche Erklärung der Sternverehrung, wie er selbst zugesteht, eine leichte und mühelose ist, also mit Recht auch für die einfachste erachtet werden könnte, stossen wir uns an der historischen Auffassung, die er dem mythologischen Prozesse gegeben hat. Erstens soll die älteste Menschheit eine ungetrennte oder noch ungetheilte gewesen sein. Das ist nichts als eine willkürliche Annahme, die sich höchstens auf die mosaische Ueberlieferung stützen könnte. Heutzutage sehen wir diesen Standpunkt, vermöge des neueren Ergebnisses der Naturforschung, wovon Schelling freilich nichts ahnen konnte, für einen veralteten an. Zweitens soll diese älteste Menschheit ein nomadisches Leben geführt haben, wie denn «die Vorväter der Israëliten lange noch Nomaden geblieben seien, als andere Völker schon zum geschichtlichen Leben übergegangen waren.» Ein Nomadenleben ist allerdings bekanntermassen eingetreten, aber nur nicht gleich in jener Urzeit, als die menschlichen Organismen sich zu entwickeln anfingen; oder sagen wir lieber: in dem nomadischen Umherziehen kann man keineswegs die erste Bewegung der frühesten Menschen erblicken, vielmehr bedeutet dasselbe eine schon beginnende Kultur und eine Epoche, wo die Wildheit der Thiere eingeschränkt war. Wenn (nebenbei gesagt) die ältesten Israëliten, von welchen man Kunde hat, noch lange fortnomadisirten, so mochte ihnen das bequem dünken, aber augenscheinlich waren sie in der Bildung gegen andere Völkerstämme zurückgeblieben und hatten sich von ihren Nachbarn ausgeschlossen, oder sie waren von diesen «im Kampfe um das Dasein» vertrieben worden. Drittens behauptet Schelling nach seinem System etwas für uns Seltsames. Diese angeblich älteste Menschheit, die ungetrennte, nomadisirende und vorgeschichtliche, soll dem Zabismus gehuldigt haben, dem «schlechthin ältesten» Religionssystem derselben, und dieser sogenannte Sternkultus soll wiederum auf der einen Seite «dem Menschen die Erde entzogen, ihn verhindert haben auf der Erde sich anzubauen, ihn einen Fremdling auf Erden sein lassen»: was nicht viel anderes besagen würde, als dass diese Religion ein Hemmschuh für die Entwicklung der Menschheit gewesen sein müsste. Und gleichwohl soll andererseits die besagte Religion nichts Geringeres als die Einheit eines Gottes aufgenommen haben, von dem man späterhin wieder abgefallen sei, um in Vielgötterei zu gerathen. Wir sind ausser Stande, den Verlauf dieses Prozesses für einen nothwendigen zu betrachten, wofür ihn Schelling hält, um aus Gott das Werden der Natur zu erklären. Lassen wir den im religiösen Sinne gebrauchten Ausdruck «Abfall» bei Seite. Von Rückschritten ganzer Völker ist die Weltgeschichte voll, nur gehen die Rückschritte schwerlich von Gott aus.

Vergebens sucht Schelling die seltsame Struktur seines Gebäudes durch die Einwendung zu stützen, dass «man es nicht anders als absurd nennen könne,» wenn man dem Menschen den umgekehrten Weg zutraue, ihn erst in ein freies und besonnenes Verhältniss zur Natur setze, also ihn die Sterne als blosse Naturgegenstände empfinden und hernach erst sie willkürlich vergöttern lasse. Allein die Schlussfolgerung scheint verfehlt, da der Satz nicht richtig ist, wonach wir dem ersten Menschengeschlecht, welches zum Gottbegriff vordrang, ein freies und besonnenes Verhältniss zur Natur beimessen sollen. So weit gehen wir nicht, besonders nicht heutzutag; wir weisen blos auf die wohlthätigen Wirkungen hin, die nach und nach die Menschen empfinden und schätzen lernten; diese Wirkungen mussten doch einen Urheber haben, und desshalb geriethen die besten und klügsten Beobachter auf die einfachste aller Vermuthungen, dass hier wohl Götter ihre Macht entfalten dürften. Offene sinnende Augen gehörten zu dieser Erkennung der Verhältnisse, weiter nichts; solche Augen aber waren den Menschen mitgegeben worden, und nur diesen. Sie konnten sehen lernen.

Ebenso wenig dient es dem Vorgehen unsers Philosophen zur Stütze, wenn er den Satz aufstellt, dass «der Mensch, indem er dem mythologischen Prozess anheimfiel, den sein Bewusstsein sich zugezogen» hatte, «nicht in die Natur zurückgefallen, dass er vielmehr der Natur entrückt, durch eine wahre Verzauberung ausser die Natur versetzt worden sei, in das geistige Prius aller Natur, das die Natur als solche für ihn aufgehoben» habe.*) Ein solcher Vorgang wäre dem Menschen gegenüber eine Art von Wunder, aber kein Prozess successiver geistiger Entwicklung, wie wir ihn, mindestens heutzutag, für natürlich und nothwendig ansehen. Freilich, Schellings System brachte eine derartige Anschauung der Dinge mit sich und erleichterte ihm so manche Schlussfolgerung, die wir nicht anerkennen können. Namentlich aber in historischer Beziehung scheidet er nicht sorgfältig genug ältere und jüngere Thatsachen, sondern verbindet bei seiner reichen Belesenheit allerlei Notizen, um sie theils für seine Ideen zu verwenden oder nach seinem Sinne zu erklären. Aeusserst fremdartig muthet es uns an, wenn er «in der vorgeschicht-«lichen Zeit eine Ruhe und Stille statuirt, die nur der tiefen, feierlichen Stille «des Himmels vergleichbar ist. Denn wie der Himmel keine Ereignisse kennt und «in lautloser Stille ist, heute wie vor Jahrtausenden, so jene Zeit.» Eine derartige Epoche, das wissen wir jetzt, hat auf der Erde niemals existirt, am wenigsten von dem Augenblicke an, wo das Leben, wenn man so sagen darf, sich erzeugte, rührte und regte in seinen unzähligen, körperlichen Einfassungen! Uebrigens ist es sehr auffällig, dass Schelling die Masse seiner ältesten Menschheit, wie es scheint, durchweg für gleichbegabt ansieht und an keine hervorragenden Individuen denkt, welche in ihr jene Religion angefangen, gefördert, verbreitet hätten. Vielmehr sagt er frank und frei, dass «die älteste Menschheit den Mächten des Himmels diente», und «nicht

*) Das Schelling'sche Prius der Natur ist der Gott ausser der Natur, der durch die Natur seiend wird, seien könnend u. s. w. Der Ausdruck „aufgehoben“ ist sehr gewählt und soll wohl bedeuten: „zurückgelassen“ oder dergleichen.

zufällig» sei dies geschehen, sondern «eine höhere Macht habe sie unter dem Gesetz dieser Religion erhalten». Schon desshalb wäre der Vorgang einer solchen allgemeinen Entwicklung ein ausserordentliches Wunder, ganz abgesehen von dem angeblichen höheren Eingreifen in die Entwicklung. Selbst eine ungetrennte Masse zählte ohne Zweifel verschiedene Köpfe unter sich, also auch bunte, schwache, verkehrte Meinungen, die mit jenem Prius unvereinbar sein würden.

Von welcher Seite wir auch die von Schelling vorgelegte Erklärung der geistigen Entwicklung prüfen, aus dem Gesagten ergiebt sich ihre vollständige Unhaltbarkeit von selbst. Wir können seine Darstellung von der ältesten Religion und der angenommenermassen durch sie beherrschten ältesten Menschheit für nichts Anderes erachten, als für eine Dichtung des grossen Philosophen, die einen schönen und anmuthigen Hintergrund hat, aber die Geltung, die sie in seinen Tagen beanspruchen durfte, nicht länger behaupten kann, nachdem durch die neuere Naturforschung so viele alte Mährchen zu Wasser geworden sind.

Unter den Göttern des Sternkultus, welcher die erste Vielgötterei erzeugte, hat sich die Anbetung der Sonne, wie wir vor allen Dingen bemerken wollen, nicht nur am weitesten über die Erde ausgebreitet, sondern auch, obwohl mehr oder weniger modifizirt und geringer geschätzt, am längsten erhalten. Denn die Sonne wurde von sehr späten Völkern immer noch als ein Gott betrachtet, nachdem von ihnen bereits andere Götter angenommen und an die Spitze gesetzt worden waren, die man nun als höhere und mächtigere Wesen verehrte, so dass die Sonne ihrer obersten Stellung verlustig ging. Wir treffen sie namentlich bei den Indern, Persern, Griechen, Römern und Germanen als eine fort und fort gefeierte männliche Gottheit an. Oberster Gott blieb sie, wie es scheint, bei den Aegyptern, dagegen in Indien wich der Indra, wie sie hiess, neuen Obergöttern; also verlor sie an Ansehen gegenüber andern Göttern der genannten Völker. Unerwähnt lassen wir die scheussliche Ausartung des Sonnendienstes unter den syrischen und phönizischen Stämmen, deren Gott Moloch oder Baal hiess, ein hohles in Glut gesetztes ehernes Bild, welches zahllose Opfer von Knaben und Mädchen verbrannte, während Pauken und Flöten das Jammergeschrei der in entsetzlicher Weise Gemarterten übertönten. Verbunden war diese ruchlose Mordgier mit einer unbeschreiblichen Verwilderung der Sitten gegenüber einer weiblichen Gottheit, der speerbewaffneten, jungfräulichen Astarte. Unmenschliche Grausamkeit und bestialische Wollust paaren sich durch eine eigenthümliche Verwandtschaft, laut der Geschichte, zu allen Zeiten. Barbarische Kriege, die Inquisition des Mittelalters (durch die Jesuiten so lange als möglich gepflegt), und die Mörderei der Franzosen am Ende des achtzehnten Jahrhunderts sind Kleinigkeiten gegen den eingeführten Massenmord des Sonnengottesdienstes, der eine geraume Epoche gedauert hat. Wir finden mit ihm nur einen einzigen Vergleich: die Wildheit des alten Mexikanervolks, welche Cortez am Gestade von Verakruz gelandet antraf; leider sollte diese unmenschliche Verirrung der Azteken durch die Verrücktheit spanischen Christenthums ersetzt werden. Die Menschenfresserei in Mexiko und anderwärts hatte aber wenigstens eine Entschuldigung, das Bedürfniss, den Appetit mit solchem Fleische zu befriedigen, welches einst das schmackhafteste schien. Das war bei dem Sonnengottesdienst eines Moloch oder Baal nicht einmal der Fall. Die Verehrer desselben weihten unschuldige Kinder dem unbarmherzigsten Feuertode, einer Tödtungsart, gegen welche die Ertränkung neugeborner Sprösslinge in China, von der man noch bis zur heutigen Stunde hört, so mild ist wie die Ersäufung junger Katzen, die man vornimmt, um das Ueberwuchern dieser Thiergattung zu verhüten. Die Bosheit der Priester erfand diese Scheusslichkeit des Molochdienstes, damit sie ihre Herrschaft stärkten und befestigten, wie sie überall zu thun suchten, wo sie einmal an das Ruder gelangt waren; bei den Persern dürfen wir nur an den Trug der Magier erinnern. Die Priester rissen, wo sie konnten, unter dem Deckmantel der Religion jeglichen Einfluss an sich, indem sie den Menschenmord nach Gutdünken heiligten. So brachten denn die Molochdiener das Mährchen auf, die Menschen müssten die verzehrende Glut des Sonnengottes versöhnen; eine von gränzenloser Verruchtheit ausgedachte Erfindung, welche Schelling, wie wir sehen werden, gewissermassen natürlich erachtet und nach seinem System verarbeitet.

Wir gehören nicht zu den Gottesläugnern, die neuerdings sich aufgethan haben, weil es äusserst bequem ist, Alles zu verneinen. Vielmehr glauben auch wir an einen allgewaltigen Urgeist, der durch das Al sich offenbart hat und über dem All schwebt, auf den von ihm ausgegangenen unwandelbaren Gesetzen ruhend, die einem ewigen Fortbau der Natur zu Grunde liegen. Nichts Anderes als die Vervollkommnung kann das Ziel sein, nach welchem hingesteuert wird, und welches für das Menschenauge in eine ebenso unabsehbare Ferne verschwimmt, wie es unabsehbar hinter ihm liegt. Ein ewiges Suchen aber ist der Menschheit vergönnt und ist gerechtfertigt. Wir nehmen also ein solches Numen in und mit dem All unbedingt an. Wäre es nicht von Uranfang oder vielmehr ohne Anfang vorhanden gewesen, so müsste uns die Gesammtheit der Dinge als ein Werk des Zufalls erscheinen, und einen Zufallsgott, wie gesagt, weisen wir mit guten Gründen ab.

Demungeachtet sind wir ausser Stande, uns mit dem Schelling'schen Numen zu befreunden. Unser Philosoph räumt demselben einen übernatürlichen Einfluss auf die gesammte Natur ein, der nicht gesetzmässig wäre, sondern mit der Handhabung der Gesetze sehr seltsam verführe. Denn wie sollten wir uns die sonderbare Annahme erklären, dass dieses Numen erst auf die ungetrennte älteste Menschheit mit so erhabenem Geiste eingewirkt und gleichsam die Glückseligkeit eines Paradieses ausgespendet habe, wie es in der früheren Epoche der Sternverehrung der Fall gewesen sei, in der späteren aber nicht, als die Menschheit getrennt war. Wir könnten dann nicht umhin, auf die Meinung zu verfallen, dass jenes Numen eine ziemliche Zeit lang sein Antlitz abgewandt, achtlos oder mit Absicht die Ausübung seiner Einwirkung unterlassen hätte, obendrein in einem solchen Grade von der Erde sich zurückgezogen haben müsste, dass der grösste Jammer ausgebrochen, der elendeste Rückschritt zur Thierheit eingetreten sei. Die Schelling'sche Erklärung genügt mit nichten, um die Nothwendigkeit einer derartigen Wendung darzuthun. Wir sehen, die Menschheit zertrennte sich (mit unserm Philosophen vorausgesetzt, dass sie einst unzertrennt war) in einzelne Rotten, und die Priesterschaft führte diese Rotten an, so dass die schauderhaftesten Rohheiten, die wir oben angedeutet haben, weithin auf der Erde einrissen. Warum, muss man fragen, hat das Numen dergleichen Rückschritte gestattet, seine Allgewalt nicht fortgesetzt, sondern gleichsam seine Hand fallen lassen, die es ehedem über die Sterblichen gehalten hatte? Was Schelling's System von Gegensätzen, Widerstreit oder Spannung der Potenzen spricht, ist eine künstliche Ausflucht. Denn war Gott durch das All geworden, so musste er auch seine Gesetze nach wie vor in der ihn offenbarenden Natur walten lassen und den Geist der Menschen sammt ihrem äusseren Leben so zu beherrschen fortfahren, dass sie nicht von der bereits gewonnenen Erkenntniss eines höchsten Wesens abfielen; er musste ihnen einen Riegel vorschieben, dass sie ihre ganze Begabung, ihre Sinne und ihr Nachdenken nicht auf Scheusslichkeiten der ärgsten Art richteten. Das Schelling'sche Numen hat diess nicht gethan oder konnte es nicht thun; dem Wesen desselben fehlt es an demjenigen, was wir Konsequenz, Aufmerksamkeit, Treue nennen! Ein solches mangelhaftes Numen aber konnte es niemals geben. Daraus folgt, dass wir den Einfluss der göttlichen Urmacht auf die menschliche Entwicklung anders fassen müssen, nämlich so, dass die Menschen sich unter dem für das All und für sie gegebenen Gesetze des Prius fortbewegten, nach den ihnen verliehenen Kräften und nach der äusseren Umgebung ihre Bildung verfolgten, hier schneller, dort langsamer vorrückten oder auch — wieder zurückschritten. Alles nach gesetzlicher Regelung in allen Fällen.

Wie gelangte man nun überhaupt zur eigentlichen Vielgötterei? Ganz wohl hat Schelling eingesehen, dass an einen plötzlichen Wolkenbruch der Mythologie, der über die Menschheit zur Bereicherung ihrer Vorstellungen hereingebrochen wäre, nicht zu denken sei. Auch nach ihm, wie gesagt, war die Entwicklung geistiger Ideen eine successive, nicht eine, die Alles auf einmal in raschem Wurfe gebracht hätte. Eines knüpfte sich an das Andere, so oder so. Aber freilich versteht er diese Successivität der Entwicklung auf seine Weise, nicht auf unsere, wenn er sich folgendermassen darüber hören lässt. Verwerflich und unhistorisch dünken ihm die seitherigen Theorien, nach welchen zur Erklärung der Mythologie nichts weiter erforderlich werde, als dass eine willkürliche Phantasie, nach Belieben oder nach zufälliger Einsicht, jetzt diesen, jetzt einen andern Gegenstand aus der Natur heraushebe, um eine Eigenschaft oder irgend ein Vermögen desselben persönlich zu machen (zu personifiziren). Nach einer solchen Theorie gebe es, wie man leicht sehe, keine gesetzliche Aufeinanderfolge, keine bestimmte Abstufung in der Entstehung der mythologischen Vorstellungen. Gewöhnlich lasse man dieses Personifiziren von den nächsten Erscheinungen und Kräften anfangen, wie diess auch (eine solche Entstehungsweise angenommen) ganz natürlich sein würde, indess geschichtlich die Mythologie in der That vom Entferntesten, vom Himmel angefangen habe. Das Letztere indessen ist eine Schelling'sche Behauptung, die wir im Obigen für das Gegentheil erklären mussten, für ungeschichtlich. Umsonst fügt er daher zur Begründung seiner gegen die gewöhnliche Theorie gerichteten Zweifel hinzu: «so früh sich auch dem Menschen der wohlthätige Einfluss der Himmelslichter bemerklich gemacht haben möge, andere konkrete Gegenstände hätten ihm doch materiell näher gelegen.» Letzteres ist sehr richtig, denn wir haben gesehen, dass die Verehrung der Fetische von solchem Punkte ausgeht. Schelling fährt fort: «gesetzt, man liesse dieses Personifiziren zufällig vom Himmel anfangen, entweder dass die Weltkörper selbst, oder die sie bewegenden und umtreibenden Kräfte als Götter vorgestellt wurden, so wäre doch kein Verweilen. Dieses willkürliche Personifiziren, einmal im Zug, würde nicht säumen, auch mit den andern, mehr speziellen Naturkräften dasselbe zu thun; es würde also der ganze Haufe der mythologischen Vorstellungen im bunten Durcheinander auf einmal entstehen.» Davon ist die Nothwendigkeit keineswegs einzusehen. Auch das, was «in den Zug» kam, konnte ja auf die langsamste und natürlichste Weise nach und nach vervollständigt werden, je nachdem begabte Individuen die Vorstellungen ihres Geistes von Zeitalter zu Zeitalter fortsetzten und erweiterten. Daher fällt auch die angeknüpfte Behauptung in sich selbst zusammen: ein solches Aufeinmalentstehen im bunten Durcheinander sei «gegen alle Geschichte und ein neuer Beweis, wie sehr jene Theorien, die sich angeblich auf dem rein empirischen Standpunkt halten, vielmehr der wahren Erfahrung, welche hier die wahre Geschichte sei, entgegenstünden. Denn die Geschichte zeige mit unwiderleglicher Bestimmtheit, dass in der Mythologie verschiedene Systeme nacheinander hervorgegangen wären, eines dem andern gefolgt, und je das frühere dem spätern zu Grunde gelegt worden sei.» Der letztere Satz lässt sich heutzutag ebenso gut auf die gewöhnlichen

Theorien anwenden, und durch diese wird der geschichtliche Verlauf nirgends bestritten, wie wir oben gezeigt haben, indem wir auf die allmälige geistige Entwicklung des Menschengeschlechts hinwiesen, die ihre Anfänge unendlich weiter zurückzudatiren hatte, als Schelling ahnte. Das Personifiziren hing von der Einsicht einzelner Völker ab; was hier gefunden war, ging später dahin oder dorthin über, ohne dass wir dadurch genöthigt sind, auf Gleichzeitigkeit und auf Gleichmässigkeit der wirkenden Phantasie hinauszukommen. Es versteht sich also von selbst, dass wir auch in der empirischen Theorie keine «gesetzlose Entwicklung» der Mythologie statuiren, sondern das Gegentheil, wie unser Standpunkt darthut. Denn wir läugnen nochmals entschieden, dass «mit der Anregung durch sinnliche Eindrücke und auf dieselbe gebaute Schlüsse«, wie unser Philosoph an einer andern Stelle wiederholt versichert, «eine zufällige Entstehung nothwendig verbunden sei.» Für die Feststellung seines Systems bedurfte er freilich dieser Behauptung, die er jedoch ausser Stande war zu erweisen. Denn er kannte nicht das Ergebniss der heutigen Naturforschung, welche die leibliche und geistige Entwicklung der Menschen endlich vor unser Auge geführt hat; von Zufälligkeit kann nicht mehr gefabelt werden, sondern gesichert ist die klare Gesetzlichkeit, nach welcher sich das Innere und Aeussere von jeher entfaltet hat und immerdar entfalten wird.

Wie aber gelangen wir nun auf den Weg, die Entstehung der Vielgötterei zu erklären? Durch folgende natürliche und einfache Annahme. Als die Menschheit, vom Fetischismus ausgehend, im Bewusstsein die Existenz eines Gottes aufnahm, nachdem sie weiter und tiefer nachgesonnen hatte, so liegt es doch handgreiflich vor, dass sie mit klugen Augen die Sonne bemerkte, die klar und wohlthätig am Himmel glänzte, ja, die man auch für sehr nahe halten mochte, da man von Entfernungen noch gar keine Vorstellung und Erfahrung hatte. Ein Gott war denn aufgefunden, und die Entdeckung eines solchen verbreitete sich von einem Beschauer zum andern, man fing an eine Gottheit sich zu denken, und was man glaubte, griff hier durch und ging dort auf andere Völkerschaften oder Horden über. Wiederum dachten Einzelne im Verlauf der Zeit weiter nach, als der erste Gott, der Sonnengott, so entschieden erkannt war, dass sein göttlicher Rang ausser allem Zweifel stand. Mit dem Einen Weltherrscher begnügte man sich nicht mehr, auch vor andern Erscheinungen am Himmel fühlte man Ehrfurcht und Furcht, und so blieb nichts Anderes übrig, als dass man auch in ihnen göttliche Wesen sah und auf den Gedanken gerieth, untere Götter zweiten Rangs oder Nebengötter von besonderem Machtbereich in die Weltregierung einzusetzen.

Schelling dagegen träumte von einem überirdischen Zwange, der auf den Geist der Menschheit ausgeübt worden sei. Diesen Traum lassen wir nicht gelten, sondern sehen hier nur die Folge einer natürlichen Fähigkeit im Menschen, den ersten Gottesbegriff auszudehnen und weiter zu begründen: man hatte für's Erste keinen Grund, blos mit Einem vorlieb zu nehmen. Nach Schelling war der Zabismus (Sabäismus) selbst «für sich noch unmythologisch und ungeschichtlich»; denn, sagt er, «jene «Götter, die im Zabismus verehrt wurden, waren noch weit von menschenähnlichen «Göttern und solchen, die man durch Bilder darstellen zu können glaubte, ent- «fernt.» Der Zabismus nämlich sei anfangs keine Idolatrie gewesen.

Was den letzteren auf den Sterndienst bezüglichen Punkt anlangt, so hat er seine Richtigkeit, aber er erklärt sich auf das einfachste aus dem Umstande, dass die Menschen einer so frühen Epoche noch nicht die Fähigkeit hatten, Bilder irgend einer Art zu formen, ja, dass sie wohl nicht einmal die Möglichkeit ahnten, Bildnisse zu verfertigen von sich und andern Organismen, geschweige denn von unsichtbaren Wesen. Bei der weiteren Entwicklung der mythologischen Elemente, die auf den Sterndienst gefolgt sind, fand sich dann diese Möglichkeit, und der Versuch blieb nicht aus, die Gestalten jener mit Hülfe ihrer Phantasie entdeckten Gottheiten durch allerlei besondere Formen zu versinnlichen, so schlecht sie zunächst auch ausfallen mochten. Nun hatte man etwas Sichtbares vor sich, das man anbeten konnte; alsdann tauchten die Priester auf, die sich den Beruf aneigneten, die gesammte Götterverehrung in ihre Hand zu nehmen, sie zu leiten und zu beherrschen. An den Bildern, die sie machten oder machen liessen, hatten sie noch keinen genügenden Anhalt; sie erfanden desshalb eine Menge für den Kultus nützlicher oder anwendbarer Dinge, schrieben Ceremonien, Opfer und Gebräuche vor, wählten feste Stätten aus, wo der Dienst des einen und des andern Gottes statthaben sollte, und befahlen die Gründung von Hainen, den Bau von Altären und Tempelhäusern, die Einrichtung von feierlichen Versammlungen, prächtigen Aufzügen und heiligen Festtagen.

Zu verschiedenen Zeiten wechselten modenartig die getroffenen Veranstaltungen, die Bildungsstufe der einzelnen Völker anzeigend, eine hohe oder niedere, eine aufsteigende oder zur Verwilderung zurückkehrende. Meistentheils aber gingen, wie es scheint, unsinnige Bestimmungen voraus, ganz abgesehen von den Mitteln, welche die Herrschsucht der Priester zur Unterjochung der armen Menschheit ausbrütete; es dauerte lange, bis hier und da ein Staatsthum sich durch angemessene Entfaltung des religiösen Kultus hervorthat. Es scheint fast unmöglich, die Wechselwirkung der Menschenzüge, die hier sich niederliessen oder dorthin wanderten, heutzutag zu erforschen, um im Einzelnen zu zeigen, was die eine Horde von der andern annahm, was man mitbrachte oder vorfand. Unter etlichen Hauptschichten der Völker stellten sich endlich besondere und doch in manchen Stücken ähnliche mythologische Systeme zusammen; es sind ihrer nur wenige, welche denkwürdige Erscheinungen bieten, so dass sie ausgebildete Kreise der Mythologie genannt werden können. Zu diesen gehören vor allen andern die Religionen der Inder, Aegypter, Perser, Griechen, Römer und Altgermanen, sammt und sonders abgeschlossene Vielgöttersysteme. Der Begriff eines alleinigen im Himmel waltenden Gottes dagegen, die Verehrung eines solchen oder die Annahme eines höchsten Wesens, das allein Alles geschaffen habe und allein zugleich beherrsche, zeigt sich mit bestimmten Umrissen nur bei dem Geschlecht der Israeliten oder Juden. Ob Schelling diesen Gott, der einst, wie es heisst, mit den Urvätern des letztern Volkes persönlich verkehrt hat, aus der Himmelsverehrung der Sterndienstzeit ableitet oder nicht, mag dahingestellt sein: so viel ist bis heute ausgemacht, dass eine gleiche Gottanschauung, wie sie durch die Israeliten gegangen und bewahrt worden ist, in den Ueberlieferungen keines zweiten Volkes gefunden wird, weder was die Gesammtauffassung, noch insbesondere die Alleinigkeit des Gottwesens betrifft. Den Israeliten muss die Menschheit dankbar das Verdienst zuerkennen, den ersten einfachsten Begriff der Gottheit gewonnen und zu den folgenden Geschlechtern übergeleitet zu haben, woher sie ihn auch geschöpft haben mochten. Von den Ahnungen anderer Völker in dieser grossartigen Vorstellung müssen wir absehen; denn zu einem wirklichen Kultus der göttlichen Einheit kam es bei keinem von ihnen, wenn auch Einzelne an einen höchsten Gott dachten und ihm eine schrankenlose Machtvollkommenheit beilegten. Sie hielten immer noch Untergötter daneben hoch.

Die Entstehung der Vielgötterei zu erklären, wollen wir, wenigstens ihren frühsten Anfängen nach, auf Schelling Rücksicht nehmen. Zu dem aufgefundenen einen Gott, sagten wir, gesellte man neue hinzu. Der erste Gott, so sucht nun dieser Philosoph zu beweisen, «konnte dem Bewusstsein nur als männlich erscheinen»; worauf ein «Uebergang» eingetreten sei, der sich dem Bewusstsein nicht wohl anders habe darstellen können, als «wie ein Uebergang vom Männlichen zum Weib«lichen, das heisse, wie ein weiblich Werden des erst Männlichen, vermöge «einer durchaus natürlichen, ja nothwendigen Vorstellung.» Wir unterlassen hier anzuführen, mit welchen Ausdrücken er «diesen Uebergang von Männlichkeit zu Weiblichkeit, von dem männlichen Gott zu einer weiblichen Gottheit» nachgewiesen hat; wir erwähnen nur, dass er versichert, nicht er mache diese Ausdrücke, sondern die Mythologie selbst drücke sich so kühn aus. Die gewöhnliche Erklärung bringe eine künstliche, blos willkürliche, poetisirende Einkleidung (also gerade das, was wir unserem Philosophen selbst vorwerfen); kurz, er stützt sich auf die seinem System zu Grunde gelegten Sätze von einem sich materialisirenden Urgott, den wir freilich als ein sehr schwankendes Prius gefunden haben. Auf das zeugende sei das gebärende Prinzip gefolgt. Und wie äussere sich dieses? An die Stelle des himmlischen Herrschers, jenes Königs des Himmels, der im Zabismus ausschliesslich verehrt worden sei, trete jetzt die Himmelskönigin, und jener Uebergang, von welchem eben die Rede war, sei in allen Mythologien der Vorwelt dadurch bezeichnet, dass an die Stelle des himmlischen Herrschers jene weibliche Gottheit trete, die unter verschiedenen Namen als Mylitta, als Astarte, als Urania von so vielen Völkern verehrt worden. Urania sei nach dieser Ableitung nur Uranos selbst in weiblicher Gestalt, der weiblich gewordene Uranos.

Wir können hier die Erklärung dieser als nothwendig angenommenen Verwandlung (deren Nothwendigkeit wir kurz abweisen) nicht weiter verfolgen. Doch scheint es nicht unangemessen, noch anzuführen, wie Schelling die Sache im Verhältniss zu den Griechen deutet. Denn bei letztern begegnen wir einer Vorstellung, die seinen obigen Ansichten ein wenig zu Statten kommt. Die griechische Mythologie, sagt er, gehöre zwar einem viel späteren Momente, ja, dem letzten Momente der mythologischen Entwicklung an, aber sie habe darum die früheren Momente nicht weniger in sich aufgenommen, nur, wie sich verstehe, auf eigenthümliche Art. Er kommt nämlich auf die von der Entmannung des Uranos erzählte Mythe. Der Uebergang vom Männlichen zum Weiblichen, meint er denn, «konnte ja auch vorgestellt werden als ein entmännlicht, entmannt Werden des zuerst ausschliesslich herrschenden Gottes.» So sei der Uebergang in der hellenischen Mythologie vorgestellt, wo Uranos entmannt werde durch Kronos, der ihm in der Herrschaft folge (was einer anderweitigen Erklärung bedürfe). Hierdurch unterscheide sich also die hellenische von der asiatischen Vorstellung, welche an die Stelle des männlichen Gottes unmittelbar eine weibliche Gottheit, die Urania, setze; aber die wesentliche Identität der hellenischen Vorstellung mit der asiatischen zeige sich darin, dass die griechische Theogonie aus dem Schaum der abgeschnittenen und in's Meer geworfenen Zeugungstheile des Uranos die Aphrodite entstehen lasse, die in der That nur das hellenische Gegenbild der asiatischen Himmelskönigin sei, und insofern ja ebenfalls Urania heisse. Hier sei also Aphrodite oder Urania wenigstens mittelbar Folge der Entmannung des Uranos; auf jeden Fall gehe ihr diese voraus.

Man sollte denken, dass hier nichts als Poesie vorliege. Nachdem aber Schelling der Urania eine bestimmte Stellung angewiesen zu haben glaubt, will er diese Stellung auch historisch rechtfertigen. Dieselbe werde hauptsächlich dadurch bestätigt, dass Herodotos, ein Schriftsteller, der unser grösstes «Vertrauen» verdiene, diese Verehrung der Urania gerade von den ältesten geschichtlichen Völkern herkommen lasse, das heisse, von denen, die zuerst aus der Einheit der ursprünglichen Menschheit ausgeschieden (eine grundfalsche Annahme Schellings, wie oben dargethan worden), den Assyriern, Arabern, Persern. Bei den Persern sei diese Stellung am deutlichsten. Herodotos berichte nämlich, die Perser hätten den ersten, den höchsten Gott in dem lebendigen «Himmelsumschwung» erkannt und verehrt, und dann erst an zweiter Stelle als untergeordnete Naturen Sonne, Mond, ferner dann auch das Feuer, das Wasser, die Winde, das heisse, die Luft in ihren Bewegungen, kurz, die Elemente. Endlich sei auch die Erde, nicht als Element, sondern unmittelbar als Gestirn von ihnen verehrt worden. Von Tempeln, Altären, Götterbildern, überhaupt menschenartigen Göttern, wie es scheine, wüssten die Perser nichts. Sie hätten auf den Gipfeln der Berge vorzüglich dem Himmelsumschwung (so erklärt Schelling den griechischen Ausdruck) geopfert, auch der Sonne und dem Mond, wenigstens anfänglich nur diesen; dazu hätten sie aber auch von den Assyriern und Arabern gelernt der Urania opfern, welche die ersten Mylitta, die zweiten Astarte, sie selbst Mitra nennten. Der Name Mitra, merkt Schelling an, bedeute nichts anderes als die Mutter, nämlich die erste, die höchste Mutter.

Doch wir müssen auf weitere Nachweisungen des berühmten Philosophen verzichten. Ohnehin werden unsere Leser wenig einverstanden sein mit dieser Erläuterung der Theogonie oder des Ursprungs der Vielgötterei. Denn auch in diesem Punkte leuchtet ein, dass die eigentliche Grundlage seines Gebäudes eine künstliche und rein dichterische ist; künstlich, weil er aus einer höchsten geistigen Urgewalt Alles fliessen lässt, was die Menschen sich in ihrem Innern, und zwar unabhängig vom menschlichen Bewusstsein, eingebildet haben sollen; rein dichterisch, weil er die Menschheit nach Ursprung und Geschichte so hinstellt, als hätte sie sich ununterbrochen im Laufe der aufeinanderfolgenden Perioden nach derjenigen Richtung hin entwickelt, die ihr Unterworfensein unter ein unabwendbares Schicksal mit sich brachte, die also die natürliche war und nicht anders sein konnte. Geht er doch so weit in seiner Beharrlichkeit auf dem von ihm eingenommenen Standpunkte, dass er alle nur erdenklichen Momente zusammenspeichert, um selbst jene Scheusslichkeiten, welche im Sonnendienste kleinasiatischer Völkerschaften verübt worden sind, aus der Konsequenz seiner Grundanschauung herzuleiten und gewissermassen zu beschönigen. Daher hält er die beispiellosen Kindertödtungen dieser entmenschten Horden für nichts anderes als für «Versöhnopfer», die sie dem Gott dargebracht hätten, um seinen himmlischen Zorn abzuwenden, der sonst Alles verzehre, auch den Friedenspender und Heilgeber Melkarth verschlinge, den eigenen Sohn des höchsten Gottes. Anstatt einen so thierischen Rückfall aus der namenlosen Bosheit des Priestergezüchts zu erklären und mit solchen Farben zu malen, dass die späteste Welt vor dem Jammerbilde sich entsetze, greift Schelling, wie kein Zweifel bleibt, auf seinen Gott zurück, der vor der Natur beschlossen habe, durch die Natur sich zu materialisiren; ja, um in diesen Abgrund Licht zu bringen, erkennt er, wenn ich recht sehe, in den verworfenen Aufstellungen der Pfaffen ein erstes Aufblitzen christlicher Ideen. Denn wie schildert man das erfundene Trugspiel? Die Tyrier und Phönizier müssen beständig fürchten, dass ihr Gott, ein verzehrender Feuergott, ihnen den Heiland rauben werde, seinen eigenen Sohn, den Melkarth, der sie seither schütze; daher verbrennen sie ihm, dem Sonnengott und Urgott, ihre theuern Kinder, die doch sonst auch, sammt dem Melkarth, eine Beute der Vernichtung sein würden, wie der ganze Stamm.

Diesen von Ungeheuern teuflisch ausgesonnenen Götzendienst, welcher das Verderben jener Staaten ward, verbindet man überdies noch mit der griechischen Mythologie. Unter dem Melkarth nämlich versteht man den tyrisch-phönizischen Herakles (Herkules), ein Götterwesen, welches, wie auch Schelling für ausgemacht betrachtet, mit dem griechischen Herakles identisch sei. In der That, eine sehr unbegründete Identität. Denn für die Vergleichung bietet dieser Gottessohn höchstens einige Pinselstriche dar, die gemeinsam sind, aber doch einen ganz verschiedenen Hintergrund aufweisen, wie es häufig bei mythologischen Gebilden ist, die ein Volk nachgeahmt hat. Von dem Herakles der Griechen, einer Nation, die immer das Fremde selbstschöpferisch verarbeitet hat, wird lediglich berichtet, dass er ein von Zeus erzeugter Held gewesen sei, der sich durch den Zorn der Hera gezwungen sah, den ihm vorenthaltenen Rang eines Heros (Halbgottes) und die Aufnahme in den Himmel durch schwere Abenteuer zu erkämpfen. Das ist etwas ganz Anderes; einen Gottessohn, der in der eigentlichen Absicht erschienen wäre, um für die Menschheit als Retter zu leiden, stellt er keineswegs vor; er ist nur ein tapferer Streiter für die Götter und Menschen, nebenher auch ein Kämpfer für die Ausrottung der Barbarei, eine den Griechen nützliche Heldenerscheinung. Mehr in diesen Hauptheros der Hellenen hineinzulegen, wäre ein Missgriff philosophischen Tiefsinns, der so weit über die Schnur hauen würde, dass er auf eine schlimmere Oberflächlichkeit hinausliefe, als diejenige wäre, welche man dem gewöhnlichen Gesichtspunkte vorwerfen möchte. Die Griechen in ihrer Blüthezeit wissen keine Sylbe von einem halbchristlichen Heiland; auch haben sie ihrem Herakles nicht gerade sonderliche Ehren dargebracht, geschweige denn Menschenopfer.

Verfolgen wir unsere eigene Ansicht weiter. In ihrem Bewusstsein waren manche Völker, die einen Weg zur Kultur anstrebten, auf die Stufe der Vielgötterei vorgeschritten, gemäss ihrer steigenden Berücksichtigung der sie umgebenden Natur. Sie dachten, dass ausser ihnen und über ihnen ein Götterreich bestehe, welches sie so gestalteten, dass sie ihm die Einrichtungen ihres irdischen Haushalts zu Grunde legten und auf höhere Wesen ihre eigenen Gewohnheiten, Leidenschaften und besonderen Züge übertrugen, im Denken und Handeln. Schon aus dieser Wahrnehmung ergiebt sich, dass Alles aus ihrer Phantasie selbstständig hervorwuchs, was sie von den Göttern glaubten; denn daher kam es, dass sie denselben zwar einen ausserordentlichen und überirdischen Wirkungskreis anzuweisen für nöthig hielten, aber nicht umhin konnten, das göttliche Gebahren nach ihren menschlichen Vorstellungen menschlich zu bemessen. Was die Gestalten der Körper anbelangt, liebte die morgenländische Phantasie, ihnen das Entsetzliche und Verzerrte, ja, das Ungeheuerliche aufzuprägen; bei andern Völkern begegnen wir zuerst unförmlichen, dann verfeinerten Bildern, obgleich es häufig vorkam, dass sie irgend etwas Geschmackloses, Kauderwelsches und Absonderliches zur Auszeichnung der Figuren beibehielten, vermittelst welcher die Götter versichtbart wurden. Endlich rückten die Griechen auf den Schauplatz, und diese führten nach und nach die Aufgabe durch, das Schöne aus der Unform herauszuarbeiten und die Göttergestalten so zu idealisiren, dass man zu dem Ausspruche berechtigt ist: sie schufen die Götter nach ihrem eigenen Bilde, indem sie den in der Körperform vollendeten Menschen darstellten, wie er, wenn nicht leiblich, doch geistig vor ihrem Auge stand, gross, herrlich, erhaben, sinnvoll. Die religiöse Aufgabe bahnte ihnen den Weg zur Kunst, und wiederum an der Gestaltung dessen, was ihnen als göttlich vorschwebte, stärkten sie das Kunstgefühl, so dass sie auf dem Gebiete der Kunst die Lehrer der Menschheit geworden sind. Denn sie verstanden es am besten, im Buche der Natur zu lesen, demzufolge ihren Geist zu schärfen und die Kühnheit ihrer Phantasie zu zügeln; sie waren eines der begabtesten Geschlechter, die aus dem innern Orient an die Gestade des westlich gelegenen Mittelmeeres vorgedrängt wurden, wo sie unter einem reichgesegneten Himmel glücklicher gediehen als irgend ein zweites Volk der Erde. Von ihren

Göttern streiften sie daher die grellen und wunderlichen Merkmale, auf die wir anderwärts stossen, frühzeitig ab; ebenso die barbarischen und ungeheuerlichen Träumereien von dem geistigen Wesen derselben. Denn die Mythologie der Griechen, wie Schelling mit Recht bemerkt hat, bildet «das Ende» eines langen Prozesses, in welchem die Mythologie entstanden ist. Wir dürfen hinzusetzen, dass die vorzüglichen Denker unter den Hellenen, ehe die Glanzepoche dieses Volks abgelaufen war, durch Tiefsinn und Scharfblick über die von ihren Vorgeschlechtern geglaubten Göttergestalten selbst, also über den mythologischen Prozess hinausgetreten sind. Die Philosophie derselben lehrte sie den Lichtstrahl einer andern Weltordnung, sie wurde die Mutter der neueren Philosophie.

Wohin wir auch blicken, in allen Hauptmythologien finden wir ein Götterreich, mit einem Oberhaupt, welches das Regiment vorzugsweise führt. Die Familienordnung auf Erden wurde, wie oben gesagt, auf die Einrichtung des himmlischen Hofes angewandt, am genauesten in den grossen Systemen der Griechen, Römer und Germanen; die Götter zeigten dieselben Vorzüge und Mängel wie die Menschen. Dem Befehle eines obersten Weltgebieters mussten sämmtliche andere Mitgötter sich fügen, von denen ein jeder zwar eine eigene abgegrenzte Machtsphäre hatte, worin er selbstständig wirken konnte, aber nicht unabhängig hingestellt war; denn auch in diese besonderen Sphären durfte der Oberherr eingreifen, so oft es ihm beliebte, während er wiederum an sie einzelne seiner Machtbefugnisse zeitweilig überlassen konnte. Wie der Hauptgott fast immer vermählt zu sein pflegte, so gab es auch unter den Nebengöttern Gemahlinnen, Söhne, Töchter, ehelose und verehlichte Männer, auch Jungfrauen, die jeden Liebesbund von sich ausschlossen. Noch mehr; der Hauptgott galt hier und da für den Schöpfer alles dessen, was ausser ihm lebte; man führte die Abstammung sämmtlicher Götter auf ihn zurück, wie auch die Erschaffung der sterblichen Wesen, wesshalb er der Vater der Götter und Menschen hiess, so namentlich Zeus bei den Griechen, Odin bei den alten Germanen. Ausserdem reihten sich an die mächtigeren Gottheiten geringere Götterwesen an, die allerlei Verpflichtungen hatten, ferner zahllose Meergötter, Flussgötter, Berggötter, Flurgötter, zahllose sogenannte Nymphen, Göttinnen der Quellen und Bäume, Hausgötter, Genien. Man glaubte die Natur in allen ihren Erscheinungen und Organismen von höheren Wesen erfüllt und belebt.

Ebenso knüpfte man die Fortdauer nach dem Tode, wo sie nicht im Himmel sein sollte, an eine von Göttern und Göttinnen beherrschte Unterwelt an, die ebenfalls ein selbstständiges, doch von dem obersten Gott des Lichtes nicht immer unabhängiges Haupt hatte. Im Uebrigen vermöchte man schwerlich die ausserirdischen Gestalten zu zählen, die nach dem Traum der verschiedenen Mythologien eine Existenz haben sollten, die theils von ewiger, theils von beschränkter Dauer war. Wer ferner könnte die Dämonen zählen, die überall auftauchen, und die Heroen, die bald von Vatersseite, bald von Mutterseite göttlichen Ursprungs waren und durch Thaten auf der Erde als Halbgötter in das Reich des Himmels sich emporrangen?

III.

Die vergleichende Mythologie. Uebersicht einzelner Hauptmythologien. Nachwirkung oder Fortbestand der Mythologie bis in die neuesten Zeiten. Das Christenthum. Bleibender Werth der Mythologie.

Die Trilogien der Götter. Die ägyptische Mythologie und der Thierdienst derselben. Die indische Götterlehre, die persische, die deutsch-nordische, die griechisch-römische. Wichtigkeit der vergleichenden Mythologie und die Aufgabe derselben. Die Ausartung des Christenthums. Hinweisung auf den bleibenden Werth der Mythologie und den Nutzen derselben.

Wenn wir in der Betrachtung, welche der zweite Abschnitt enthält, sogleich fortfahren wollten, so würden wir zur vergleichenden Mythologie gelangen, auf die wir jedoch erst nach einigen Zwischenschritten eingehen können. Zunächst sei vorauszubemerken gestattet, dass wir hier und da eine Dreiheit von Göttern antreffen, nämlich ausser dem Hauptgott noch zwei, deren Preis so hoch angesetzt wurde, dass man sie dem Hauptgott entweder gleichstellte oder sie doch in häufiger Verbindung mit demselben verehrte, als ob sie nicht minder einflussreich und mächtig wären, als jener, und dass es desshalb wohlgethan sein möchte, sie gemeinschaftlich anzurufen, sei's zur Hülfe, sei's zum Danke. Die Dreiheit der Inder indessen gehört nicht eigentlich hieher. Denn die drei Obergötter Brahma, Wischnu und Schiwa standen nicht gleichzeitig nebeneinander, sondern sie wechselten in ihrer Oberherrschaft ab, da einer dem andern, hier früher, dort später folgte, während Brahma, von manchen Stämmen zurückgedrängt, seine Hoheit bei andern Stämmen fort und fort behauptete. Dagegen bei den Hellenen gab es eine Dreiheit, die oft aus der Zahl der übrigen Götter herausgenommen und gemeinschaftlich angebetet wurde, ohne dass man die eine Gottheit der andern nachsetzte. Zeus natürlich, als der Oberherr Aller, durfte in der Dreizahl nicht fehlen, die man für die mächtigste und heiligste schätzte; zu ihm gesellte man seinen Sohn Phoibos Apollon und die seinem Haupt entsprossene Tochter Pallas Athene. Bei den Römern, welche die griechische Mythologie im Wesentlichen reproduzirt haben, wiederholte sich diese Stellung, nur mit der Abänderung, dass Hera für Apollon eingesetzt wurde; daher bestand die römische Dreiheit in Jupiter, Juno und Minerva. Die deutsch-nordische Mythologie stellt mehrfache Trilogien auf; Odin als oberster Gott war bei jeder, auch bei der ältesten, welche die drei Urgötter Odin, Wili und We umfasste. Uebrigens versteht es sich von selbst, dass manche Stämme eines Volks sich aus der Götterzahl eine besondere Lieblingsgottheit aussuchten, und dass in mehreren Mythologien die obersten Rollen vertauscht wurden.

Abgesehen von den schon erwähnten Gestalten des eigentlichen Sterndienstes, möchte es jetzt angemessen sein, in einer kurzen Uebersicht die vorzüglichsten Götter aufzuzählen, welche in den verschiedenen Systemen der Mythologie vorgefunden werden. Wir dürfen uns dabei an Schelling anschliessen, ohne dass wir uns an seine philosophischen Deutungen kehren, deren Berücksichtigung zu weit führen würde. Mit der in sehr vielen Punkten noch dunkeln ägyptischen Mythologie beginnen wir, da sie jedenfalls eine der ältesten, wo nicht die älteste ist. Denn zwischen Aegypten, Indien und China dauert die Untersuchung noch fort, welche Alter, Bevölkerung und Kultur dieser Erdstriche aufhellen soll. Vielleicht waren diejenigen Völkerstämme, welchen Klima und gesicherte Oertlichkeit eine gute Wohnstatt geboten hatten, auch die ältesten oder vielmehr die am frühsten zu einer menschlichen Kultur vorgedrungenen Gattungen.

Die ganz entschiedene «Vielgötterei» war zuerst in der ägyptischen und indischen Mythologie «hervorgebrochen». Als die Hauptgottheit der Aegypter betrachtet Schelling den Osiris-Typhon, ein Doppelwesen, welches sonst gemeinhin als zwei gesonderte Persönlichkeiten vorgestellt und genannt werde, indem man annehme, Osiris sei der wohlwollende, der gute, der freundliche Gott, dem namentlich alle diejenigen Wohlthaten zugeschrieben würden, welche die Hellenen ihrem Dionysos zugeschrieben hätten; Typhon dagegen, eine der ägyptischen Mythologie eigene Gestalt, sei das alles austrocknende, verzehrende, feuerähnliche Prinzip, also die alles im Wüsten und Leeren erhaltende Macht, die dem freien, gesonderten Leben abholde Figur. Unter der Herrschaft des Typhon stehe die Wüste mit dem aus ihr hervordringenden, alles versengenden Gluthwind; seine andere Behausung sei das ebenso wüste als öde Meer; das bepflanzte, durch Ackerbau verschönerte Aegypten zwischen der Sandwüste und dem Meer sei ein dem Typhon abgewonnenes Land. Das ihm geweihte Thier sei der wilde (oder vielleicht der stöckische) Esel, der auch im Alten Testamente vorzugsweise das Thier der Wüste sei, so dass sein Name zum Namen des Wilds überhaupt geworden. Die Vielgötterei habe stattgefunden durch eine Zerreissung oder Zerstücklung des Osiris, des guten Gottes; aus Angst vor dem Typhon und gleichsam um sich zu verbergen, hätten die Götter sich in die Leiber der Ibisse, der Hunde, der Habichte und anderer Thiere verwandelt. Bekannt ist, dass die ägyptischen Götter von ganz thierischer oder doch blos halbmenschlicher Gestalt waren.

An der Seite des Osiris und des Typhon trete die Isis auf, die nach der einen Erzählung für die Gemahlin des Erstern gilt; sie beweine den von Typhon zerrissenen Gemahl und suche seine Glieder wieder zusammen. Nach einer andern Erzählung dagegen sei Isis die Schwester des Osiris und die Gattin des Typhon; aber Osiris habe mit ihr geheime Liebe gepflogen, und erst desshalb sei die Zerreissung desselben durch den erzürnten Typhon erfolgt. Das Ende der Sage behaupte dann, dass Typhon zuletzt durch Horos, den ächten Sohn des Osiris und der Isis, besiegt worden und lebendig in die Hände desselben gefallen sei, und darauf sei es Isis gewesen, die ihn wieder befreit und seiner Fesseln entledigt habe. Mit Recht bemerkt Schelling, dass die Fabel Widersprüche in sich schliesse; woraus hervorgehe, dass die Aegypter selbst über ihre Vorstellungen von Osiris und Typhon vollkommen unklar gewesen wären. Die von ihm versuchte Lösung bequemt er seinem Systeme an.

Nach seiner Zerreissung wird Osiris Herrscher der Unterwelt, und als der schon genannte Sohn Horos erwachsen ist und den Typhon bezwungen hat, folgt ihm auch Isis in das Reich der Todten nach, und Horos tritt an die Stelle des Osiris, welcher als «der Herr alles Werdens» erscheint. Dem Horos zur Seite steht wiederum dessen Schwester Bubastis, die sich «zu diesem ebenso verhält, wie Isis sich zu Osiris verhält». Uebrigens sei Horos «die höhere Einheit, das, worin Typhon wie Osiris im höheren Sinne ausgeglichen sind». Doch wir müssen von Schellings Erörterung absehen, zumal ein kurzer Abriss derselben unverständlich ausfallen würde; ebenso wollen wir von der ägyptischen Theogonie oder Erzeugung der Vielgötterei nichts mehr anfügen, sondern uns hier mit der Nennung der einzelnen Namen begnügen. Ausser den schon Erwähnten finden wir den Gott Thot (Thoyt oder Thauth), den ägyptischen Hermes, die Göttin Athor, von den Griechen die ägyptische Aphrodite genannt, endlich die Göttin Neith zu Sais, welche die Griechen mit ihrer Athene vergleichen. Somit hätten wir jene Achtzahl, die Herodotos für die erste älteste Götterordnung der Aegypter aufgestellt hat, gewonnen. Eine zweite Götterordnung soll nach diesem Historiker aus einer Zwölfzahl bestehen, zu welcher namentlich ein Herakles gezählt werde, Osiris aber nicht, und darum auch nicht, wie Schelling bemerkt, die mit Osiris entschieden gleichzeitigen Götter. Wir übergehen das Nähere, ebenso die Betrachtung einer dritten, jüngsten Götterordnung, von welcher Herodotos redet, unter sie einen Dionysos zählend; wir übergehen die weitere Ausführung, sage ich, weil die Deutung der Hieroglyphen, jener heiligen Schriftart, aus welcher eine bestimmte Angabe zu erwarten wäre, auch heutzutag noch keine ganz sichere ist. Die Hieroglyphen waren die Schrift der Priester, die überdiess, ähnlich den indischen Priestern, alle Wissenschaft in ihrem Verschluss hielten, so dass es fraglich ist, ob ein Grieche die Geheimschrift lesen durfte. Es bleiben noch mehrere Gestalten unberührt, deren wir sonst gedenken müssten, wie der Göttin Nephtys, welche zur Gemahlin des Typhon gemacht wird und diesem «entsprechen» soll, ferner des Gottes Anubis und eines sehr alten Gottes Pan, welchem eine ungemeine Macht beigemessen wurde.

Nur zweierlei möchten wir diesen Berichten, die, wie man sieht, noch sehr dunkel sind, anfügen. Vor Osiris soll ein Urgott verehrt worden sein, genannt Amun. Was hat man unter diesem Götterwesen verstanden? Wie Schelling die Sache fasst, war Amun der erste höchste Gott, ehe man die übrigen höchsten Götter erkannt hatte; nach seinem philosophischen Systeme war er der Gott in der ursprünglichen Verborgenheit, der unsichtbare und verborgene, wie sein Name besage, ein Gott jedoch, der sich offenbaren und aus sich selbst herausgehen könne, und den desshalb die Aegypter aufgerufen und ermahnt hätten sichtbar zu werden und sich ihnen zu offenbaren. Kurz, er sei der Gott vor der Weltschöpfung. Die Griechen hätten ihn Ammon ausgesprochen und den Namen Zeus hinzugefügt, so dass sie ihn Zeus Ammon (die Römer Jupiter Ammon) nannten; wie denn die Griechen gewohnt waren, jeden fremden höchsten Gott mit dem Namen ihres Zeus zu schmücken. Amuns Sitz war die hundertthorige Stadt Theben, die Homer als ein Weltwunder beschrieben hat; nach den religiösen Erzählungen der Aegypter soll sie von Osiris gegründet worden sein, worauf sie dergestalt aufblühte, dass sie zuletzt die ganze Breite des Nilthals ausfüllte. Ein riesiger Tempel und ungeheure Monumente, darunter Obelisken aus den gewaltigsten Blöcken, legten «ein äusserliches und innerliches» Zeichen davon ab, dass man hier in Amun wirklich das höchse Wesen verehrte. Schelling meint dann, dass sich das System der ägyptischen Theologie in einer Trias (Dreiheit) entwickelt habe. Auf Ammon, den Gott der Verborgenheit, sei Phtha gefolgt, der Gott im Moment der Expansion (Entfaltung), welchen schon Herodotos mit dem griechischen Namen Hephästos ausgestattet habe; auf diesen sei der Gott der verwirklichten Einheit hervorgetreten, Kneph genannt (auch Chnubis und Chumis), also ein dritter Gott, der zur ursprünglichen Einheit wiedergekommen und mit Amun gewissermassen identisch sei. Die Griechen hätten diesen Kneph als Agathodämon, den guten Geist, bezeichnet. Durch die so zusammengesetzte Trias will denn Schelling den natürlichen Ursprung höherer ägyptischer Theologie nachweisen, immer bemüht, auch hier zu zeigen, dass sein System der mythologischen Entwicklung sich bewähre. Wir haben gesehen, er setzt einen Gott, der Gott wird seiend, aber nicht so wie er sollte, und wird dann doch in dritter Erscheinung, was er zuerst war, aber nicht gleich sein konnte. Nur zweifeln wir, dass auf diese Weise irgend einmal schon oder bis heute der rechte Gott offenbar geworden sein möge.

Zweitens erübrigt uns noch, auf das «schwere Problem» des ägyptischen Thierdienstes unsern Blick zu richten. Ein paar Sätze von Schelling werden zur Erklärung dieser Erscheinung dienen, doch führen wir nur Allgemeines an, um nicht wieder auf sein System, dessen wir oben gedacht haben, Rücksicht nehmen zu müssen, auf ein System, welches läugnet, dass irgend ein Gegenstand aus der Natur herausgegriffen und seiner Nützlichkeit oder Schädlichkeit wegen vergöttert worden sei. Denn im Allgemeinen müssen wir entgegnen, dass er den Menschen, der, wie wir jetzt wissen, unter den Thieren aufgewachsen ist, überhaupt zu hoch gestellt hat, besonders in dem Punkte, dass unser Philosoph eine älteste Menschheit statuirt, die von Haus aus an die Einheit eines einzigen, geistigen, unsichtbaren Urgottes geglaubt und unter dieses Gottes geistiger Lenkung gestanden habe, bis die — Vielgötterei sich entwickelte, also, nach unserem Dafürhalten, ein entsetzlicher Rückschritt eingetreten wäre. Aehnliches sei den Aegyptern begegnet, die zwar nach allgemeiner Uebereinstimmung der Berichte den Thierkreis am Himmel erfunden hätten, doch könne diess nicht eher geschehen sein, als nachdem in dieses Volkes Bewusstsein der Gedanke an die Vielgötterei schon eingedrungen sei.

«Unstreitig,» sagt Schelling im Eingange seiner Untersuchung treffend, «ist «das unsern Begriffen und Gefühlen am meisten Widerstrebende in der ägyptischen «Religion die religiöse Pflege, die sie manchen Thieren zu Theil werden liessen, und «die ganz oder doch zum Theil thierische Gestalt mancher Götter.» Er sage zum Theil; denn es sei grösstentheils nur der Kopf (der intelligible Theil), der in die thierische Form, z. B. eines Schakal- oder Vogelkopfes, verhüllt ist. Darauf sucht er diese sonst ohne sein System unbegreifliche Erscheinung begreiflich zu machen, nämlich durch die schon früher von uns abgelehnte Behauptung, dass der Aegypter, dem «die Thiere nicht waren, was sie uns sind», nicht etwa von einer Beobachtung der Thiere ausgegangen sei, um sie dann zu vergöttern, doch giebt er nun zu, freilich sei dieser Bezug ihrer Nützlichkeit oder Schädlichkeit nicht ausgeschlossen gewesen. Denn z. B. erscheine der Ibis in Aegypten mit dem wachsenden, steigenden Nil zugleich und verzehre dann später die Schlangen und die den Saaten verderblichen Insekten, die die Ueberschwemmungen des Nils zurückgelassen. Diese Umstände aber hätten nicht ausgereicht, um die Verehrung dieses Vogels zu erzeugen, sondern die Aegypter hätten früher das Göttliche z. B. in den Gestirnen gesehen, und dann habe der theogonische Prozess es mit sich gebracht, dass sie das Göttliche jetzt in den Thieren sahen. Also, meint er, jene natur-historischen Umstände hätten nur im Zusammenhange mit der religiösen Stimmung der Aegypter überhaupt eine solche Wirkung geäussert, im Zusammenhange mit ihrer ganzen Ansicht der natürlichen und göttlichen Dinge, einer Ansicht, die ihnen entstanden sei durch innere Nothwendigkeit (also Einfluss des Urgotts), unabhängig von jenen äusseren geschichtlichen Thatsachen. Denn in dem periodischen Steigen und Fallen des Nils selbst hätten die Aegypter nur eine Scene der sich ihnen jährlich wiederholenden Geschichte ihrer Götter, des Typhon und des Osiris, erkannt, und jene besondere Eigenschaften des Ibis wären wohl etwa der Grund gewesen, und könnten zur Erklärung dienen, warum der Aegypter unter den verschiedenen Vögeln seines Landes gerade den Kopf dieses Vogels ausgewählt habe, um den Gott der Wissenschaft, der Intelligenz und also auch der Voraussicht damit zu bezeichnen.

Zur Stütze dieser Erklärung, die wir haltlos finden, fährt Schelling später fort: «Die Thierreihe stellt den Uebergang des realen Gottes als solchen dar. Als Gott gestorben, lebt er in den Thieren. Die Thiere sind dem Aegypter die zuckenden Glieder des Typhon. Den Menschen sieht der Aegypter für «den als Geist, als seiner selbst vollkommen mächtigen, wieder auferstandenen Gott» an; — was freilich seltsam genug klingt. Wir übergehen Schellings Untersuchung von jenen Thieren, die man in ihren Begräbnissstätten als Mumien völlig ebenso wie menschliche Leichname behandelt vorgefunden habe; so wären in der Nähe des Bubastistempels Mumien angetroffen worden, die zu dem Katzengeschlecht gehörten (Katzen, Löwen, Tiger), und Bubastis habe sich, wie die ägyptische Mythologie erzähle, aus Furcht vor Typhon in eine Katze verwandelt: die Katze sei eine Erscheinung der Bubastis gewesen. Worauf seine philosophische Ansicht von dem Charakter der letztern Göttin folgt, welche «das Bewusstsein des bereits überwundenen Typhon» sei; und diesem Bewusstsein, das schon während des Kampfes hervortrete, würden eben die reissenden Thiere zugeeignet, so dass es in diese verhüllt gedacht werde: nach seiner Meinung bezeichnend und bedeutend. Denn »auch in der Natur,» sagt er, «gehen die reissenden Thiere, welche wir vorzugsweise die Willensthiere nennen könnten, unmittelbar vor dem Menschen her.» Dem letzteren Zusatz wird man heutzutag ebenso wenig beistimmen, als man sich in jenes eigenthümliche Durchbrechen des Bewusstseins finden kann, ein Durchbrechen, auf welches das System dieses Philosophen gebaut ist, zu dem Zwecke, den Prozess des Werdens zu erklären.

Wenden wir uns zu einem andern Thierkultus, der, nach Schellings Dafürhalten, einen für sich abgeschlossenen Kreis bildet, zur Verehrung des heiligen Stieres, des Apis oder, nach der Angabe einiger Autoren, der drei Apis. Wir wollen es bei dem heiligen Stiere in Memphis bewenden lassen, dem einzigen, von welchem Herodotos, der beste Berichterstatter, Kenntniss hat. Man suchte den Stier nach besonderen Kennzeichen aus: er musste ein weissgezeichnetes Dreieck auf der Stirn, einen ebenso gezeichneten Halbmond auf der einen Seite und eine dem heiligen Käfer ähnliche Erhöhung unter der Zunge haben. War ein solches Individuum nach dem Ableben eines früheren Apis glücklich aufgefunden, so pflegte man das Thier (als Mnevis) in einer gegen Morgen offenen Halle zu Heliopolis vier Monate lang; dann erst wurde der neue Apis feierlich in den Tempel des Phtha nach Memphis gebracht. Mit diesem Stierdienst nun hatte es, wie Schelling bemerkt, eine eigene Bewandtniss. Denn «erstens wurde hier das Individuum als solches verehrt; zweitens war damit die besondere Idee von einer reinen Empfängniss verbunden (die Kuh, die den Apis warf, sollte von einem Sonnenstrahle befruchtet worden sein), und drittens verband sich damit die Vorstellung von einer Transmigration (Uebersiedelung) der Seele dieses Apis. So oft nämlich ein Apis starb, wanderte die Seele des verstorbenen in einen neuen Apis.» Diess scheine nun, meint Schelling, gar nicht ägyptisch, auch mit der sonst angenommenen Seelenwanderungslehre der Aegypter hänge es nicht zusammen (nach dieser gehe die Seele nicht in den Leib eines andern Individuums derselben Art, sondern stets in ein Thier von anderer Art über). Diese letzte Idee habe etwas Fremdes an sich, sie erinnere an die Lamaischen Religionen; denn auch in diesen, wenn ein verkörperter Buddha sterbe, wandere seine Seele in seinen Nachfolger. Wenn also der Apis, wie Plutarch sagt, als ein lebendiges Bild des Osiris betrachtet wurde, oder wenn er ein verkörperter Osiris war, so scheint es unserem Philosophen, dass hier ein Kultus anderer Art nur mit dem ägyptischen in Verbindung gesetzt ist, dass also jener Kultus ursprünglich einer der ägyptischen Religion eigentlich fremden Richtung angehörte, die jedoch nicht völlig besiegt oder beseitigt werden konnte, und daher mit ägyptischen Ideen in Verbindung gesetzt wurde. Besonders merkwürdig sei in dieser Hinsicht die unüberwindliche Anhänglichkeit des israelitischen Volks an die Verehrung des Stiers, obwohl dasselbe diesen Stier (das Kalb, wie es auch Herodotos nennt) blos im Bild verehrt habe, während in Aegypten ein lebendiger verehrt worden. Aber der im Bild verehrte, muthmasst Schelling, sollte wahrscheinlich nur Bild des ächten und lebenden sein. Und nun führt unser Philosoph den Ursprung dieser Verehrung, welche in Aegypten dem Stier selbst gegolten habe, auf die Anfänge des Ackerbaues zurück. Denn er brauche nicht zu sagen, dass es nicht der wilde Stier, sondern der gezähmte, bereits in den Dienst des Menschen getretene und ihm unterworfene Stier sei, den man im Apis gemeint habe; dieser Stier diene als Symbol des Uebergangs vom Nomadenleben zum ackerbauenden Zustande. Sogenannte Hirtenstämme (Hiksos) hätten eine eigene Stadt gegründet, Heliopolis, wo sie den Stier verehrten, ehe man ihn nach Memphis brachte. Diese Stämme wären also, wie es scheine, nicht mehr reine Nomaden gewesen. Dasselbe «gelte wohl auch von den Israeliten, wenigstens in der letzten Zeit ihres Aufenthalts in Aegypten; selbst nach ihrem Auszuge wären sie noch vierzig Jahre in der Wüste, d. h. im Zustande des Nomadenlebens, erhalten worden, offenbar um vor Idololatrie (Vielgötterei) bewahrt zu werden und den reinen Glauben, sowie die Sitten der Nomaden, die sie in Aegypten verlernt hatten, wieder sich anzugewöhnen.» Aber die Israeliten traten ja nicht als Nomaden auf, als sie das gelobte Land erreicht hatten! Also fällt die ganze Vermuthung weg. Es liegt vielmehr in der Gewohnheit ungebildeter Menschen, etwas Sichtbares als Gott zu verehren; gerade wie es heutzutage noch mit der Masse der römisch-katholischen Bekenner ist, die auch nicht ohne Heiligenbilder existiren können. Richtig mag im Uebrigen Schellings Folgerung sein, die dahin geht, dass der Apisdienst durch eine besondere religiöse Richtung in einem Theile Aegyptens mit der Osirislehre in Verbindung gesetzt worden sei, durch eine religiöse Richtung, deren Spur, wie er meint, nicht zu verwischen gewesen. Genug, der heilige Stier sei von Heliopolis nach Memphis gebracht und später für das beseelte Bild des Osiris erklärt worden, des Gottes, welchen man als den Stifter des Ackerbaues verehrt habe.

In der ägyptischen Mythologie ist Schelling geneigt, die erste und älteste der vollständigen Mythologien zu erblicken. Die Letztern indess stünden, trotz ihrer Vollständigkeit, gleichwohl einander dergestalt parallel, dass zwischen denselben noch eine Aufeinanderfolge gedacht werden könne. Ohne Bedenken verwirft er die Meinung, dass die indische Götterlehre das Ursystem aller Mythologien enthalte, das Ursystem, das sich in den andern zersplittert hätte; vielmehr habe er es vorgezogen, unter den vollständigen Götterlehren den ersten Platz der ägyptischen anzuweisen. Die gewichtigen Gründe, die er für die Stellung der Inder und Aegypter in der Weltgeschichte anführt, mögen unsere Leser in seinem geistvollen philosophischen Systeme der mythologischen Betrachtung selbst nachschlagen. Um diese Stellung desto genauer zu bestimmen, müssen wir zugleich die kritischen Untersuchungen befragen, welche später Christian Lassen in seinem gewaltigen Werke «der Indischen Alterthumskunde» über den Ursprung des indischen Volkes niedergelegt hat. Zuerst versichert dieser grosse Geschichtsschreiber: «Die Inder glauben sich, wie die meisten Völker der alten Welt, Autochthonen; ihre heilige Sage versetzt die Schöpfung der Urväter und ihre Thaten nach Indien selbst, und es findet sich bei ihnen keine Erinnerung eines Ursprungs aus einem Nichtindischen Lande, eines früheren Wohnens ausserhalb ihres Bhâratavarsha's,» nämlich des eigentlichen Indien. Denn letzteres hat von der Brahmanischen Kosmographie obigen Namen erhalten, einen Namen, welcher das im Süden des Himalaja gelegene Land, also das heutige Indien in seiner ganzen Ausdehnung mit seinen wirklichen Bergen, Flüssen und Völkern bezeichnet. Alsdann aber widerlegt Lassen diesen Traum der Inder von ihrer Erdgeburt, indem er unter mehrfachen Erwägungen sich für die Ansicht entscheidet, dass die Inder einst aus anderen Ursitzen nach Indien eingewandert sind, von irgend einem Mittelpunkte, welcher die Verbreitung der Völker aus gemeinschaftlichen Ursitzen nach verschiedenen Weltgegenden wahrscheinlich mache. Die Inder waren nur ein Glied der ganzen Kette, und zwar das äusserste, als die sicherlich in Pausen sich vollziehende Trennung eines zahlreichen Volkes stattfand.

Dabei dürfen wir freilich nach der Darwin'schen Forschung mit Recht vermuthen, dass die Einwanderer auch in Indien schon eine Menschenklasse vorfanden, die sich aus dem Thierzustande herausgearbeitet hatte. Der hochgesegnete Erdstrich, später Indien genannt, konnte doch nicht ohne die Wirkung der Urzellen geblieben sein, also menschenleer und öde angetroffen werden, als neue Geschlechter im Kampf um das Dasein einrückten.

Wir müssen uns über die Mythologie der Inder kurz fassen. Die Wohnungen der meisten ihrer Götter verlegten sie nach dem Norden in den Himalaja und darüber hinaus; der wundervolle heilige Weltberg Mêru wurde im fernsten Norden gesucht. Unser Lassen ist überzeugt, dass diese Vorstellungen sich erst in Indien selbst entwickelt haben und aus der eigenthümlichen Natur des nördlichen Gebürgs abzuleiten sind: «der tägliche Anblick der weit in die Ebenen hinabstrahlenden und im eigentlichsten Sinne unersteigbaren Schneegipfel des Himalaja, die Kunde von der ganz verschiedenen Natur der jenseitigen Hochfläche mit ihren weiten, stillen Gebieten, der klaren wolkenlosen Luft und den eigenthümlichen Naturerzeugnissen, mussten diesen Norden zum Sitze der Götter und der Wunder machen. Die Heiligkeit erklärt sich aus einer unabweisbaren Einwirkung der umgebenden Natur auf das Gemüth.»

So äussert sich Lassen, freilich nicht im Sinne der Schelling'schen Philosophie, sondern ähnlich der einfachen Ansicht, die wir im Obigen, zumal nach der neueren Naturforschung, vorziehen mussten. Folgen wir ihm weiter in der Aufführung der indischen Götter, wobei er die Sage mehr berücksichtigt als die spätere Geschichte, welche allzu trümmerhaft sich ausnehme. Nachdem er die allgemeine Benennung Gottes nach der ältesten Wurzel in den sogenannten sanskritischen Sprachstämmen historisch verfolgt hat, gelangt er zu dem Ergebniss, dass Dêva von div, leuchten, herkomme; welches beweise, dass bei den indogermanischen Völkern der Begriff des Göttlichen aus dem des Lichts sich gebildet hatte, und dass der Gegenstand ihrer ältesten Götterverehrung die Erscheinungen und Wirkungen des Lichts waren. «Diese,» sagt er, «traten am deutlichsten und wohlthätigsten in dem die Erde erleuchtenden und befruchtenden Tageslichte der Sonne hervor; in der feierlichen Stille der Nacht strahlt es dem Menschen aus geheimnissvoller Ferne entgegen in den zahllosen Sternen des Himmels. Seine furchtbare und zerstörende Kraft zeigt sich in dem Blitze bei den Gewittern, die aber auch eine wohlthätige Wirkung ausüben, indem sie den befruchtenden Regen bringen, und der Blitz, welcher das Gewölk zerreisst, musste der einfachen Naturanschauung der ältesten Menschen als That eines zugleich mächtigen, furchtbaren und gütigen Gottes erscheinen. Man erklärt sich hieraus, warum die Sitze der Götter in die Luft und in den Himmel verlegt wurden. Auf der Erde unter den Menschen und in ihren Wohnungen ist das

Feuer mit seiner Flamme der Stellvertreter des Lichts, und es lag daher nahe, neben dem Lichte ebenfalls das Feuer als eine Wirkung einer göttlichen Macht zu betrachten.» Die Vorstellung Lassens entspricht unserer obigen Vorstellung des theogonischen Prozesses, aber nicht dem philosophischen Systeme Schellings, welcher die nach seiner Ansicht ältesten Menschen so darstellt, als ob sie nicht sähen und hörten, weil sie unter dem geistigen Einflusse des von ihm gesetzten Urgottes, wenn ich so sagen darf, gleichsam blind, taub und willenlos dagestanden hätten, bis sie ihr heutiges Bewusstsein erlangten, das ein anderes sei. So viel ist allerdings ausgemacht, wir schauen heutzutag durch die Natur zu Gott, während Schelling in Betreff seiner frühesten Menschen die Sache umkehrt, behauptend, die Gottheit habe sich ihnen offenbart, ohne dass sie auf die Natur achteten, aus sich selbst heraus und durch sich selbst unmittelbar.

Und so sagt denn Lassen weiter: «diese Anschauungen der Natur treten deutlich hervor in den ältesten und höchsten der Vêdischen Götter,» derjenigen Götter, die in den heiligen Vedabüchern genannt werden. «Der höchste unter allen ist Indra, der Gott des leuchtenden Himmels, der blauen Luft, von welcher er seinen gewöhnlichen Namen erhalten hat, und der Gewitter. Er ist vor den andern Unsterblichen geboren, die er mit Kraft geschmückt hat. Er hat die schwankende Erde festgemacht und die erschütternden Berge eingerammt, er hat dem weiten Luftkreise Masse gegeben und den Himmel gestützt.» Seine Gattin heisst Çakî, die Macht, er selbst Çakra, der mächtige; denn er führt den Blitz oder den Donnerkeil, mit welchem er die bösen Geister erschlägt, welche die Gewässer des Himmels gefangen halten. Bei seinem Aufsuchen der bösen Geister wird Indra von der Götterhündin Saramâ begleitet, welche die Kühe aufsucht, die den Göttern aus dem Himmel entführt worden waren, und die man in den Bergeshöhlen gefangen hielt, bis sie Indra, mit seinem Blitze die Höhlen spaltend, wieder zurückbringt. Die Kühe bedeuten die hinter den Bergen verschwindenden und in ihren Höhlen gefangen geglaubten Wolken, und Indra führt sie zurück, damit sie ihren Regen ergiessen. Sonach ist, meint Lassen, Indra der kämpfende Gott, welcher die bösen Geister der finstern Gewölke besiegt und der Erde, den Heerden und den Menschen den befruchtenden und erfrischenden Regen bringt, der mächtigste der Götter, der Beschützer und der Schätze verleihende. Er ist der Gott der Schlachten, zu welchem er, vom Somatranke berauscht, auf seinem mit falben Rossen bespannten Wagen auszieht und die Feinde überwindet. Die Inder, bemerkt Lassen weiter, verehrten auch einen besondern Gott des Regens, einen Gott, der zu den allerältesten gehöre, weil sein indischer Name Parganja sich bei den Litthauern als Perkunas finde, bei den Kelten als Perkons und bei den Slaven als Perun. Zweitens finden wir unter den Vedischen Göttern einen Gott, mit Namen Varuna, welcher der Gott des äussersten, die Luft umschliessenden Himmelsgewölbes ist, und daher seinen Namen Umfasser erhalten hat. Mit ihm stimmt, nach Lassens Ansicht, der griechische Name des Himmels, Uranos, des griechischen Gottes, der ein Sohn des Erebos und der Gäa ist; eigentlich sei Varuna entstellt aus Varana (Urana), und daraus ergebe sich eine beachtenswerthe Verwandtschaft in der ältesten Götterlehre der Griechen und der Inder. Uebrigens hat Varuna Beziehungen zu dem Lichte und ist ein sehr mächtiger Gott, besonders im Nachtgebiet, so dass man seinen Zorn durch Gebete und Opfer abzuwenden sucht: ein geheimnissvolles, unsichtbares, allgegenwärtiges Wesen, welches selbst in den Zuständen der Menschen sein Walten bethätigt. «Unter den Vedischen Göttern nähert sich Varuna am meisten dem Begriff eines höchsten oder Allgottes; die Ansichten von ihm sind die würdigsten und höchsten, die Ordnung in dem Leben der Welt und der Menschen steht in seiner Hand.» Eine durchweg seinem Charakter ähnliche Figur bietet uns der Zeus der Griechen, wie ihn Aeschylos aufgefasst hat. Als dritter unter den Vedischen Göttern wird von Lassen Agni bezeichnet, der Gott des Feuers. Er ruft die Götter, weckt und führt sie zu dem Opfer herbei, und diese lassen sich dabei nieder auf seinem mit rothen Stuten bespannten Wagen, das Opfer zwischen den Menschen und Göttern vermittelnd, Haus und Gemeinde beschützend, Schätze und Nahrung den Menschen bringend. Kurz, Agni «wurde früh in menschlicher Weise als die Grundlage aller Götter, die nur seine Modifikationen sind, und als die Grundlage des die Welt durchdringenden Lebens angeschaut.»

Diese drei vornehmsten Vedischen Götter hatten auch Frauen, deren Namen Indrâni, Varunâni und Agnâji lauten. Unter den übrigen Naturgöttern, sagt Lassen weiter, treten besonders die Lichtgötter hervor, zuerst die Sonne, vor welcher die Gestirne mit den Nächten wie Räuber entfliehen, und welche den Göttern wie den Menschen das reinigende Licht bringt und damit die ganze Welt erfüllt. Seine (des Lichtes) Strahlen tragen den Sonnengott empor oder die sieben rothen Pferde, welche er vor seinen Wagen spannt. Doch gab es neben dem einzigen Sonnengotte, dem himmlischen, Namens Sûra oder Sûrja (auch Savitar), ausserdem noch zwölf einzelne Sonnengötter, darunter Mitra, die Mittagssonne, Pusham, der Ernährer, und Aditja, der Sohn der Aditi. Eine der heiligsten Gottheiten ferner war Ushas, die Morgenröthe, deren Name sich wiederfindet in der Zendsprache (Ushas), bei den Griechen (Eos und Auos statt Ausos), bei den Römern (Aurora) und bei den Litthauern (Austrâ). «Sie ist die Tochter des Himmels und öffnet dessen Thore; sie ist zugleich Tochter der Sonne und wird von der Nacht geboren; sie ist alt, wird aber stets wieder geboren und wandelt die Wege der vergangenen Morgenröthen, sie, die erste der zukünftigen, die sich ewig folgen werden. Ihr Licht ist das erste der Lichter; sie vertreibt die Nacht und die Finsterniss, bei ihrer Ankunft gehen die Vögel, die Thiere und die Menschen hervor; es wird alles beseelt und belebt, wenn sie hervorglänzt; sie treibt an zu wahren Reden, sie holt auf einem Wagen, der mit rothen Kühen oder auch mit Pferden bespannt ist, alle Götter herbei zum Soma-Tranke.» In den Lichtkreis gehören noch andere Wesen, namentlich die Winde (Marut), während der Mond und die Planeten nicht als Vedische Götter betrachtet werden können. Daraus wäre zu folgern, dass es lange gedauert hat, ehe es zum eigentlichen Sterndienst unter den Völkern gekommen ist, ein Umstand, der auch nicht zu Gunsten des Schelling'schen Systemes spricht.

Es wäre unmöglich, den Wechsel der indischen Götterkreise hier weiter zu beschreiben. Selbst Indra blieb nicht der höchste Gott, sondern die Sonne ward es, welche man als die Seele des Alls fasste; nur bei dem Volke behauptete Indra seine höchste Stelle und wurde in der nach-vedischen Zeit zum obersten Gott der Dêwa erhoben, der Höchststehende genannt; ein Titel jedoch, der auf den höchsten Gott der Spekulation, den Brahmâ, überging. Die alten Götter sanken in der Vorstellung der späteren Zeit zu einer erniedrigten Stellung herab, wie es die epische Dichtung bezeugt. Man fing endlich an, eine Benennung für den höchsten persönlichen Gott zu suchen; man nannte das höchste Göttliche, das ein Unbekanntes und Allgemeines war, mit einem bestimmteren Ausdruck das **Brahma**, welches für das erklärt wurde, «aus welchem alle Wesen entstehen, durch welches sie, wenn geboren, leben, wohin sie streben, und in welches sie wieder eingehen, für die Erkenntniss und Seligkeit.» Der ursprüngliche Begriff des Wortes, der des Gebets und der Andacht, sagt Lassen, ist zuerst zu dem einer religiösen Handlung überhaupt und dann zu dem des höchsten Göttlichen erweitert worden. Lange suchte man nach einer Benennung des höchsten persönlichen Gottes, und der Name «Brahmâ hatte den Vorzug, auch die Priester zu bezeichnen, deren höchster Gott und Schöpfer er war.» Doch «ist er nie ein Gott des Volks geworden und hat daher nie einen Kultus erhalten,» selten nur eine Feier durch Feste.

Neben Brahmâ wurden noch zwei höchste Götter verehrt, Vischnu (Wischnu) und Çiva (Schiwa). Man legte ihnen mancherlei Namen bei, die ihren Charakter bald so, bald anders ausdrücken sollten. Brahmâ, der in den vorepischen Schriften als der einzige höchste Gott dastand, erhielt den Namen Nârâjana, weil er für den Schöpfer galt; doch ist Nârâjana ebenfalls «kein Gott des Volks gewesen, sondern der Brahmanenschulen.» Die Schöpfung des Brahmâ wurde auch dargestellt als «ein von allen Göttern verrichtetes Opfer, bei welchem aus den Theilen seines Körpers alle Dinge und Wesen entstanden.» Um die Erhebung Wischnu's zu einem Gotte des höchsten Ranges sich zu erklären, erinnert Lassen daran, dass seine Stelle am Himmel die höchste war, und dass die Sonne auch als höchste Gottheit betrachtet worden ist; und Wischnu hiess zwar der jüngste der Sonnengötter, zu denen auch Indra gehörte, aber zugleich der höchste: wesshalb man ihn oft mit Indra zusammen anrief, seltener mit den eigentlichen Sonnengöttern, ein Zeichen, dass letztere ihm nicht gleichgestellt wurden. Die Eigenschaft jenes Nârâjana ging nunmehr auf Wischnu über, und da von Nârâjana die Ansicht galt, dass er sich zum Opfer hingab, um die Welt zu erschaffen, so konnte diese Ansicht, wie Lassen meint, leicht dahin sich erweitern, dass Wischnu seiner göttlichen Natur sich entäusserte, um die Welt von Uebeln zu befreien. Diese letzte Thätigkeit, bemerkt er, ist ihm unter den drei grossen Göttern des spätern Systems eigenthümlich. Eine Menge Verkörperungen oder Herabsteigungen (Avatara) wurden ihm nach und nach zugeschrieben, zuerst in den epischen Gedichten; ein Beweis gegen Schelling, welcher von dem Einflusse der Dichter auf die Mythologie nicht viel wissen mag, gemäss seinem Systeme, welches auf eine unmittelbare Gotteseinwirkung gerichtet ist und desshalb die Phantasie der Dichter gewissermassen ausschliesst. Wir können auf diese Verkörperungen des Wischnu hier nicht eingehen, sondern müssen uns begnügen, auf ihre kritische Erörterung Lassens zu verweisen. Bemerkt sei noch, dass «die Verehrung des Wischnu in der Zeit zwischen Buddha und Kandragupta eine weite Verbreitung unter dem Volke gefunden haben muss, weil man sich nicht anders erklären kann, dass die Brahmanen ihn als einen der grossen Götter in ihr System aufgenommen haben,» während in den epischen Gedichten seiner noch selten gedacht wurde.

Die Verehrung des Schiwa endlich hatte, wie Lassen darthut, ebenfalls eine sehr weite Verbreitung. Ein Hauptsitz derselben war Gangâdvâra im Himalaja, dann das nördliche Hochland; frühzeitig wurde ferner sein Kultus in Kaçmîra eingeführt. An den Thron im Himalaja erinnernd, heisst seine Gattin Pârvatì (die Berggeborene) und Durga (Gebürgspass): sie ist eine Tochter des Gebürgs. Auch nahm er die vom Himmel herabfallende Gangâ auf. Sein Name bedeutet «wahrscheinlich» den Wachsenden: er ist «der Gott der gewaltigen Zeugungskraft der Natur, vor dieser fürchten sich sogar die Götter.» Er gilt für den Herrn der Thiere, und der Stier ist ihm als Symbol gegeben worden; wesshalb er der Stierbannerträger heisst. Andere Namen beweisen, dass er als ein grosser Gott verehrt wurde; denn er hiess erstens der Herrscher (Içvara), zweitens der grosse Gott (Mahâdêva), drittens der Gott der Götter (Dêvadêva) und der Herr aller Götter (Sarvadêweça). Als besondere Waffe führt er den Dreizack (Triçûla), welcher die Gewalt bedeutet, und ein Netz (Pâça), welches ein Symbol seiner besonderen Herrschaft über die Thiere ist. Ihm allein von den Göttern brachte man ein Thieropfer dar. Ausserdem fehlt es nicht an Namen, die einerseits seine Wohlthätigkeit oder seine schöpferische Kraft bezeichnen; wie ihm denn Sôma mit seiner die Natur befruchtenden Kraft beigegeben wurde. Andererseits machte man den Schiwa, dadurch, dass man die Ansichten von Agni und Rudra (Sturmgott) auf ihn übertrug, zur zerstörenden Gottheit, zum Gott des Todes, der als solcher eine Halskette von Todtenschädeln trägt. Wie dem dreiäugigen Rudra legte man ihm auch ein drittes Auge bei, welches, wie Lassen vermuthet, die Allgegenwart des Gottes andeuten sollte. Indess war Schiwa «keineswegs ausschliesslich der zerstörende Gott,» vielmehr auch ein Vertilger der bösen Geister. Seine Verehrung unter dem Bilde des Linga (Phallus) bleibe unbesprochen; sie fand besonders im südlichen Indien statt, und war, nach Lassens Meinung, wahrscheinlich von den Urbewohnern dieses Gebiets, wo das Linga sich vorfand, auf diesen Gott übertragen worden. Die Menschen achteten frühzeitig auf den Charakter der Zeugung, zwar mit thierischem Interesse, aber auch hierin von den Thieren sich wesentlich unterscheidend, die alle nur dem blinden Instinkt gehorchen. Doch möge es bei diesen Einzelnheiten bewenden.

Wir legen das Ganze mit Lassen noch in folgender kurzer Uebersicht hier vor. Bei Schiwa, bemerkt der grosse Alterthumsforscher, muss wie bei Wischnu angenommen werden, dass er ursprünglich als höchster Gott bei seinen Verehrern galt, und dass die Verehrung dieser Götter bei dem Volke zu tief eingewurzelt war, um wieder verdrängt werden zu können. Es ergab sich daher für die Brahmanen die Nothwendigkeit, sie als solche anzuerkennen und ihnen eine solche Stellung zu verleihen, dass ihr eigener Gott Brahmâ neben ihnen seine Würde behaupten könnte. Das Mittel, alle drei nebeneinander bestehen zu lassen und sie unter eine höhere Einheit zusammenzufassen, bot die in dem Veda ausgesprochene Ansicht dar, dass das höchste Wesen drei Zustände habe, Schöpfung, Fortbestehen und Zerstörung; dass die Welt ewig in ihm sei, aus ihm hervorgehe und sich wieder in ihm auflöse. Brahmâ wurde der Schöpfer, Wischnu der Erhalter, Schiwa der Zerstörer. Die epische Poesie erkennt diese drei Götter als die höchsten nebeneinander an, ihre Einheit tritt aber nicht entschieden hervor, und die Lehre von dem Trimurti, der Einheit der drei grossen Götter, muss erst der nachfolgenden Zeit zugeschrieben werden. Ob bereits in der Epoche, wo Buddha auftrat, das System der drei grossen Götter ein abgeschlossenes war oder nicht, weiss man aus den Ueberlieferungen nicht mit Sicherheit, doch hält es Lassen für wahrscheinlicher, dass mit dem Auftreten des Buddha die Ansicht von drei grossen Göttern die herrschende war. Ueber die Frauen der letztern waltet die gleiche Unsicherheit ob. Nur von der Gattin des Schiwa könne man, wie Lassen meint, mit Grund annehmen, dass sie zu Buddha's Zeit festgestellt gewesen sei. Wie von ihrem Gemahl, so gelte von ihr ebenfalls, dass Namen und Vorstellungen von älteren Göttinnen auf sie übertragen worden; von der Gattin des Brahmâ, der Sarasvatî, könne man das Nämliche vermuthen, dagegen sei die Gemahlin des Wischnu, die Laxmî, ohne Zweifel entstanden durch die Vereinigung mehrerer früherer getrennter Göttinnen zu einer einzigen Gestalt, ganz wie es mit ihrem Gemahle selbst der Fall gewesen sein möge.

Eine Menge Sagen von geringeren Göttern erwähnt und beurtheilt Lassen nebenher, wie die von dem Göttervogel Garuda (Garutmat), welcher, obwohl er ein Gott war, doch von Wischnu zu seinem Diener gemacht wurde, nämlich zu seinem Träger durch die Lüfte. Ferner gedenkt er der uralten Sitte, die Götter durch Opfer zu verehren, zunächst des weitverbreiteten und frühe schon bei den Arischen

Indern gebräuchlichen Soma-Opfers; letzteres war auch bereits vor Zoroaster bei den Anhängern seiner Lehre eingeführt worden und ging von Baktrien zu den Medern über. Alsdann erwähnt er das Feueropfer der Inder, worin man die ausgelassene Butter heiliger Kühe darbrachte, das Werthvollste, was man zur Zeit des Hirtenlebens besass. Aber auch Thieropfer wurden gefeiert und — Menschenopfer. Unter den Thieropfern war am meisten geschätzt das Pferdeopfer, dann folgten Rinder, Ziegen und Schafe. Es galt «die Ansicht, dass der Verrichter eines Thieropfers sich dadurch von der Sünde loskaufe, und dass die Wirksamkeit des Opfers desto grösser sei, je vornehmer das Thier sei. Da nun der Mensch «der Herr der Geschöpfe und das vornehmste Thier ist», so schritt man auch zu Menschenopfern, wenigstens in der frühesten Epoche, wie neuerdings nachgewiesen ist. Doch wurde nach den ältesten Quellen nur ein einzelner Mensch geopfert. Nicht blos Brahmanen, die stets als Oberpriester fungirten, auch Könige konnten ein solches Opfer veranstalten. Ferner gab es Allopfer, bei welchen alle fünf Opfer vorkamen (also Mensch, Pferd, Rind, Ziege und Schaf). Endlich scheint es, dass man Mittel aufsuchte, das wirkliche Menschenopfer zu beseitigen; man ersetzte es durch einen Opferkuchen, durch ein goldenes oder irdenes Bild statt eines wirklichen Menschen, und man schuf — Legenden, in denen zum Opfertode bestimmte Menschen von Göttern gerettet werden. Wenn übrigens, bemerkt Lassen, «die alten Inder nicht von dem Vorwurf freigesprochen werden können, die Gräuel der Menschenopfer zugelassen zu haben, so theilen sie dieses Schicksal mit den Römern, den heidnischen Deutschen, Skandinaviern und Slaven.» Wir dürfen hinzufügen, dass es selbst bei den Griechen in ihrer sogenannten heroischen Epoche, laut ihrer Poeten, einzelne Menschenopfer gegeben hat, bis sie, bei gesteigerter Kultur, von den boshaften, dahinzielenden Vorschlägen ihrer Priester sich lossagten. Aus Allem geht hervor, dass die alten Inder nicht in die masslose Verruchtheit jenes Molochdienstes verfallen sind, dessen wir oben gedacht haben, und dessen abscheuliche Ausartung durch keine Philosophie jemals eine Abgleichung finden wird, die mehr als eine elende Vertuschung wäre.

In den obigen Sätzen führen wir Christian Lassen fast durchweg mit seinen eigenen Worten an. Er sichtet mit historischer Strenge die Ueberlieferungen, und wir bedauern nur, aus Mangel an Raum, seine Kritik der indischen Kasten und die (wie er sagt) deutlich nachweisbare Entstehung derselben ausschliessen zu müssen. Doch sei uns gestattet, eines seiner Worte über die indischen Götterbilder anzufügen. Die ältoste Erwähnung derselben, berichtet er, finde sich in dem «Adbhuta Brahmana», wo von ihnen gemeldet werde, «dass sie lachon, schreien, singen, tanzen, schwitzen und blinzeln»; nämlich das Volk glaubte, dass dio in Tempeln aufgestellten Götterbilder «von den Gottheiten belebt waren, welche sie darstellten.»

Schliesslich heben wir noch ein Wort von dem interessanten Ergebniss seiner Untersuchung über das Himmelreich aus, wie man dasselbe nach dem Veda zur indischen Urzeit sich träumte. Es sollte eine Heimath geben, in welche die Menschen ohne Ausnahme nach ihrem Tode eingehen, und die ihnen nicht wieder genommen wird. Jama heisst der König und Versammler der Menschen, die nun selig sind; er ist selbst den Weg des Todes gegangen, er gilt «für den ersten Ankömmling im Reiche der Unsterblichen», und erscheint daher als das natürliche Oberhaupt derer, die ihm nachfolgten. Bei den Irâniern ist aus dem himmlischen Paradiese, nach Umänderung der indischen Sage, ein irdisches und aus dem seligen Leben der Verstorbenen im Himmel ein glückliches Zeitalter auf der Erde geworden.

Lassen kommt zu dem Ergebniss: «die alten Inder glaubten frühe an die Unsterblichkeit, dachten sich aber ihr Leben auf eine einfache, etwas sinnliche Weise. Die Unsterblichen lebten fort in ungetrübter Freude unter einem schön behellten Baume. Den Himmel dachten sie sich im Innersten des Weltraums oder auch in den heiligen Räumen der Götterwelt.»

Schelling deutet (wir wundern uns nicht darüber) die indische Mythologie anders, nämlich seinem Systeme entsprechend. Wir können jedoch von der Entwicklung seiner Ansichten hier nichts beibringen; sie laufen darauf hinaus, dass er, wahrscheinlich noch unbekannt mit den von Lassen geführten, historischen und sprachlichen Nachweisungen, eine Trias (Trimurti) der drei grossen Götter als eine ursprüngliche und feste statuirt, dabei aber den Schiwa zum Mittelgliede macht, ihn vor Wischnu setzend. Obgleich Schellings Behauptung richtig ist, dass die Ideen der Menschen oftmals über die ältesten Ueberlieferungen und Schriftwerke hinausreichen und in ein höheres Alterthum zurückgehen, so drängt sich uns im vorliegenden Falle doch das Bedenken auf, dass er dem höchsten Alterthume eine solche Vorstellung zutraut, eine Vorstellung, die offenbar auf eine sehr vollkommene erste Anschauung hinweisen würde. Und gleichwohl sollte in den Sagen und Büchern der Inder auch nicht die leiseste Spur von diesem Kultus zurückgeblieben sein? Glauben wir vielmehr, dass Schelling auch hier künstelt, um sein System beharrlich durchzuführen. Nur seine Ansicht über Buddha wollen wir noch mittheilen. Der Buddhismus, sagt er, ist durchaus keine blosse Einheitslehre, obgleich er etwas sehr Bestimmtes und Positives sei. Der Grundbegriff besage, dass «Buddha der Gott ist, der nicht nur keinen seinesgleichen, sondern der Nichts ausser sich hat.» Oder indem er auf den Koran (freilich ein gewaltiger Sprung in der Geschichte!) hinsieht, wo Gott der Schöpfer (Anfänger) Himmels und der Erde heisst, erkennt er darin die Bedeutung der Buddha-Idee ganz und gar wieder und behauptet: «Buddha ist der schlechthin nichts ausser sich selbst Voraussetzende, keiner Materie, keines Stoffes ausser sich zu seinen Hervorbringungen Bedürftige; denn er ist sich selbst Materie, indem er der sich selbst materialisirende Gott ist.» Wie der berühmte Philosoph weiterhin den Buddhismus mit der Zendlehre in Verbindung bringt und zu zeigen sucht, dass der erstere einen Dualismus in sich schliesse, aber nicht gerade den persischen Gegensatz zwischen dem guten und bösen Prinzip: das in Ueberlegung zu ziehen, wollen wir dem Leser anrathen, der tiefer in diese Fragen zu tauchen Lust hat.

Für eigentliche Mythologien erklärt Schelling die vielgötterischen. In der persischen Götterlehre sieht er denn eine der Mythologie feindliche oder widerstrebende. Zur Vielgötterei im Sinne anderer Völker sind die Perser allerdings nicht vorgeschritten, aber an Götterwesen mangelt es ihnen keineswegs. Ueber den beiden Vertretern des guten und bösen Prinzips, den schon oben erwähnten Göttern Ormuzd und Ahriman, soll ein Urgott gestanden haben, ein höchstes Wesen, wie man es auch auffassen und nennen möge. Schelling meint nun, dem persischen Bewusstsein habe von Anfang an «der ausschliessliche Gott» vorgeschwebt, der, wie es bei den andern Völkern der Fall gewesen sei, in diesem Bewusstsein den Uebergang gefunden habe zu dem Gotte, welcher «der Mannichfaltigkeit Raum gebe»; er nimmt daher einen «Allgott» der Perser, da deren Bewusstsein sich dem successiven Polytheismus versagt habe, in dem «Mithras» an. Letzterer ist denn ein einziger Gott, er ist, nach diesem System, «die beiden» Götter zusammen, der relativ geistige und zugleich der ungeistige Gott; er ist die beiden, «die er, obgleich sie sich beständig bekämpfen, nicht auseinander lässt.» Von dem Mithras indessen weiss

Herodotos merkwürdigerweise keine Sylbe. Er kennt vielmehr, wie Schelling den historischen Bericht des Griechen von der persischen Götterlehre deutlich zusammenfasst, «nur jene alten, ohne Tempel, Altäre und Bilder angebeteten Götter, welche auch in der späteren persischen Geschichte noch immer als die altväterlichen Götter, dei patrii, und demnach im Gegensatz mit jüngeren Göttern erwähnt werden: er kennt also nur jenen höchsten Gott des Himmels, den auch andere Griechen den persischen Zeus nennen, Sonne und Mond sammt den Elementen.» Kyros bete daher bei Xenophon: «O väterlicher Zeus und die Sonne und alle Götter, nehmt diess an». Es erhelle aus dieser und ähnlichen Stellen, dass jene alten Götter in Persien nicht antiquirt gewesen, sondern noch immer verehrt worden wären, und daraus sei zu schliessen, dass die spätere religiöse Entwicklung in Persien nicht denselben Weg wie unter anderen Völkern, z. B. den Griechen, genommen habe, welche auf Verehrung von Sonne und Mond als barbarisch herabgesehen hätten. Letzteres ist allerdings richtig, nur mit der Einschränkung, dass in Apollon (Phöbus, Helios) und in Artemis Sonne und Mond durch Götter ersten Rangs vertreten waren. Dass übrigens Herodotos Kenntniss hat von einer Mitra, also einer weiblichen Gottheit, ist für uns an diesem Orte gleichgültig; Schelling unterlässt es jedoch nicht, den Zusammenhang zwischen Mithra und Mithras nach seiner Weise zu erschwingen. Wir heben lediglich nochmals hervor, dass es zutreffend ist, mit diesem Philosophen geschichtlich anzuerkennen, dass «die Perser noch zu Herodots Zeiten den Himmel, Sonne, Mond und die Elemente, tempel- und bilderlos, auf eine Weise verehrten, wie sie weder von den Phönikern, noch von den Aegyptern, Indern oder Griechen verehrt wurden». Die späteren Momente, setzt Schelling hinzu, fehlen in der persischen Mythologie ganz, nämlich die Momente, wie sie sich im Göttersystem der Phöniker, Karthager, Aegypter, Inder und selbst der Griechen entwickelt haben. Nach der macedonischen Eroberung Persiens (also geraume Zeit nach Herodot) reden spätere griechische Berichte von dem Mithras als dem Hauptgott der Perser, und wir weisen noch darauf hin, dass sich der Mithrasdienst nachmals weit über das Abendland und das römische Reich hin verpflanzt hat, ein Kultus mit mystischen Weihen, öffentlichen und allgemeinen Freudenfesten, fröhlichen Volkstänzen und Schwelgereien. Von dem Ursprung und Wandel dieser Verehrung handelt Schelling ausführlich. Doch können wir dem, was er über den Charakter der persischen Mythologie als einer unmythologischen Götterlehre behauptet, desswegen nicht schlechthin beistimmen, weil wir nicht vergessen, dass die Perser, wie es scheint, zu allen Zeiten an untergeordneten Götterwesen, Geistern, Genien Ueberfluss hatten. Ihre Mythologie war eben eine eigenartige.

In mehreren Grundzügen hatte sie mit der deutsch-nordischen (nordisch-germanischen) eine grosse Aehnlichkeit, im gewaltigen Wettkampfe eines guten und bösen Prinzips, im scheinbaren Siege des letztern, in der Vergänglichkeit der Götter, im Untergange der Erde durch Feuer und im schliesslichen Wiedererstehen einer vollkommenen Welt. Wir führen blos die Hauptgötter dieses im Norden Europa's verbreiteten Sagenkreises auf. In diesem giebt es ebenfalls einen Urgott, der über der Erde, den Göttern und dem Weltall steht, den Allvater (Alfadur). Mit diesem Namen freilich wird auch Odin beschenkt, der oberste Gott und zugleich unter den Göttern der erste, der da war und bis an das Ende fortherrschte; sonst auch Wodan (Wuotan) genannt. Seine Gemahlin hiess Frigg, die Tochter eines Joten (Riesen), und aus ihrer Ehe entsprossten sechs Söhne, die unter die vorzüglichsten Götter gerechnet wurden, Thorr, Tyr, Hermodr, Bragi, Baldur und Hödur. Die Zahl dieser acht Götter erhöhte sich auf zwölf; denn es traten hinzu: Heimdal, ein Sohn des Odin aus einer andern Ehe, und drei Götter, die einem besonderen Geschlecht angehörten, der Meergott Oegir, und das Geschwisterpaar Freyr (der Sonnengott) und Freyja (die Göttin der Liebe und des Frühlings), beide herübergenommen aus einem Stamme, der ehedem ein feindlicher war, nämlich aus dem heute noch nicht näher bekannten Stamme der Wanen. Sie selbst nannten sich in ihrer nunmehrigen Zwölfzahl Asen, von Asaheim, einem Lande, das im Osten liegen sollte. Doch blieb es nicht bei diesen Mitgliedern des unter den nordischen Völkern Europa's geträumten Götterreiches, neue kamen hinzu und eine zahllose Menge Persönlichkeiten untergeordneten Rangs, namentlich weibliche, vermehrten die Summe unsterblicher Wesen. Odin beherrschte vorzugsweise die männliche, Frigg die weibliche Götterschaft. Das irdische Leben wurde im himmlischen Reiche gleichsam unter Verschönerung fortgesetzt.

Den guten weltregierenden Gottheiten aber standen böse, feindliche und grässliche gegenüber, die sich zum Sturze des Asenchores verbanden und mit gemeinschaftlichen Kräften den Untergang der Welt vorbereiteten und endlich herbeiführten. Sie stammten sammt und sonders aus furchtbaren Riesengeschlechtern; die vornehmsten waren Loki mit seiner entsetzlichen Sippschaft und Surtur, jener der Gott des Feuers, dieser der König von Muspelheim, einer Feuerwelt. Ausserdem nahm Hel, eine scheussliche Tochter des Loki, einen ausgezeichneten Rang ein; denn sie war die Königin des Todtenreichs, einer besonderen Welt in der Tiefe des Alls, wie denn auch das Reich des persischen Ahriman in der dem Himmel entgegengesetzten Richtung unterhalb der Erde lag. Das Reich dieser schrecklichen Göttin hiess Helheim.

Wir haben hier schon die Namen zweier Weltgebiete berührt, des muspelheimischen und helheimischen. Das All nämlich, wie es sich die Völkerschaften des europäischen Nordens vorstellten, hatte mehrere Abtheilungen; diese wurden in ähnlicher Weise, wie man die Personen der Götter vermehrte, durch die Phantasie einzelner Köpfe fortgebildet und auf die Zahl von neun Gebieten oder Reichen gebracht, deren jedes seine bestimmten Gränzen, Naturverhältnisse und Bewohner angewiesen erhielt.

Am höchsten Himmel befand sich Asgard, der heimische Sitz der Asen, der Olymp des Nordens, ein Reich mit herrlichen Pallästen und schönen ebenen Fluren; in gerader Linie unmittelbar unter Asgard lag Licht-Alfheim, eine von den guten Alfar oder von den lichten Elfen bewohnte Welt; der letztern schloss sich unterhalb wieder Midgard (der Mittelgarten) an, so geheissen, weil diese Welt den Mittelpunkt des Alls ausmachte: sie war der Wohnsitz der Menschen, also die Erde mit ihren Thälern, Gebürgen, Meeren und Flüssen. Nach unten wiederum, in gleicher Richtung mit Erde, Licht-Alfheim und Asgard gelegen, dachte man sich Schwarz-Alfheim, das lichtlose Reich der schwarzen oder bösen Elfen. Diesem endlich folgte in der äussersten Tiefe des Alls, den entgegengesetzten Pol vom obersten Asgard bildend, das finstere kalte Reich des Todes, der Nacht und des Elends, Helheim, ein Gebiet, welches, wie gesagt, von der obenerwähnten Hel beherrscht und benannt wurde, und das alle Menschen in sich aufnahm, die nicht durch ehrenvollen Schlachtentod, durch Fallen im Streit und Krieg, den Vorzug genossen, nach dem himmlischen Asgard versetzt zu werden. Die an Krankheit Gestorbenen lebten unten fort, kläglich und jammervoll.

Die übrigen vier Welten lagen seitwärts von diesen in senkrechter Linie aufgethürmten fünf andern; nämlich zwei derselben rechts und links von Asgard, doch eine Strecke tiefer unter dem letztern, dem Himmelsreiche: im Norden Niflheim oder Nebelheim, ein eiskaltes und stürmisches Gebiet, oft verwechselt, wie es scheint, mit Helheim; im Osten dann Jotunheim, der Aufenthalt der Joten (Riesen). Die letzten zwei Reiche hatten ihren Platz zur rechten und linken Seite von Helheim, dem tiefsten Reiche, aber eine Strecke oberhalb desselben: im Westen Vanaheim (Wanaheim), das Land der ziemlich räthselhaften Vanen (Wanen), die in der Urzeit dem Asengeschlechte verfeindet waren, und im Süden Muspelheim, die Feuerwelt, bewohnt von den Muspelsöhnen mit ihrem Könige Surtur, welche oft hervorbrechen, um den Sitz der Asen in Brand zu stecken. Wir wollen die Lage der vier Seitenwelten noch näher bezeichnen: Niflheim und Jotunheim erstreckten sich oben seitwärts zwischen Asgard und Licht-Alfheim hin, dagegen Vanaheim und Muspelheim seitwärts in der Tiefe zwischen Helheim und Schwarz-Alfheim, so dass zwischen den beiden oberen und den beiden unteren Reichen eine ziemliche Entfernung war, die jedoch zu der im Mittelpunkte gelegenen Erde sich gleich verhielt.

Das so getheilte Universum aber dachte man sich gehalten und getragen von einer ungeheueren Esche, welche mit ihrem Stamm und ihren Zweigen sich durch alle die genannten Welten hinzog und drei Hauptwurzeln hatte, die eine in Midgard, die zweite in Niflheim und die dritte in Jotunheim steckend, während ihr in die Lüfte strebender Wipfel, Namens Läradh, die Zinne von Asgard überragt und die Asen täglich unter seinem Schatten versammelt. Dieser grösste und schönste Baum, der zugleich unvergänglich ist und selbst die einstige Verbrennung der Welt überdauert, führt die Benennung Yggdrasil (wörtlich die Schreckensträgerin). Den Ursprung dieser Vorstellung anlangend, haben wir in der riesigen Esche wohl, nach einer von dem Verfasser dieser Zeilen ausgesprochenen Vermuthung, die am Himmel glänzende Milchstrasse zu erkennen, welche in den wolkenlosen Nächten des kalten Nordens besonders hell schimmert, so dass ihre unübersehbare Gestalt auf die Phantasie den Eindruck eines die Welt umklammernden Riesenbaums hervorbringen mochte.

Das Leben der nordischen Götter, ihr verschiedenartiges Walten, ihre Mängel und Missgriffe, welche letztern die Götterdämmerung Ragnarokr oder das Weltende zur Folge haben, können wir hier ebenso wenig schildern als das Loos der Erdenbewohner, ihren Verkehr mit den Asen, Riesen, Alfen, guten und bösen Dämonen. Die nordisch-deutsche Mythologie, so durchgebildet sie sonst erscheinen mag, charakterisirt eine gewisse trübe Färbung, welche sich ziemlich weit entfernt von der heiteren Anschauung, die im Allgemeinen die griechische Götterlehre auszeichnet. Jene entspricht dem dunkeln und rauhen Himmel, unter dem sie ersonnen ward, diese dem lichten und lachenden Firmament der glücklicheren Mittelmeerküsten.

Ueberhaupt zeigt sich uns das griechische Göttersystem als das vollkommenste unter allen andern Vielgöttersystemen. Die Mythologie der Griechen ist die letzte, oder sie bildet, nach der schon erwähnten Ansicht Schellings, «das Ende eines Prozesses, in welchem die Mythologie entsteht», und zwar, wie dieser Denker meint, eines den Menschen durch Urgewalt aufgedrungenen Prozesses, welcher verschiedene Systeme nach einander gebracht habe, so dass je das frühere dem spätern zu Grunde gelegt worden sei. In wie weit diess geschehen, ist eine schwere Frage, zumal in Bezug auf die Hellenen, die alles Fremde selbstständig zu verarbeiten pflegten. Wir müssen hier nicht allein das übergehen, was Schelling von der altgermanischen und skandinavischen Götterlehre geäussert hat, sondern auch seine Betrachtungen über die Entfaltung und Vollendung des griechischen Systems. Und von dem letztern darf der Abriss sehr kurz ausfallen, wenn es mir erlaubt ist auf meinen »Katechismus der Mythologie aller Kulturvölker zu verweisen*), worin man eine bei aller Gedrungenheit hoffentlich genügende Uebersicht der griechisch-römischen Vielgötterei vorgelegt findet. Unter Verzicht auf Vollständigkeit der Darstellung sei daher hier nur so viel auseinandergesetzt. Bei den Griechen treffen wir drei nacheinander auftretende Götterherrschaften, von welchen die dritte und letzte sich fortan behauptete. In der ersten führten Uranos und Gäa das Zepter, in der zweiten Kronos und Rhea; Kronos entthronte nebst seiner Mutter den Uranos, seinen Vater. Ihn und Rhea wiederum verdrängte Zeus, der jüngste Sohn dieses Paares; er gründete nun das dritte Regiment, welches als ein milderes sich darstellt und desshalb dauernd wurde, bestehend aus ihm und seiner Familie, deren Mitglieder fernerhin die «jüngeren» Götter hiessen, im Gegensatz zu den gestürzten älteren. Als der Streit entschieden war, kam es zuvörderst zu einer Theilung des Weltalls, wie sie von Zeus bestimmt wurde, dem Oberhaupte der dritten Herrschaft. Da der letztere zwei ältere Brüder hatte, den Poseidon und Pluton, deren Ansprüche vorzugsweise berücksichtigt werden mussten, gränzte er drei besondere Reiche ab, den Himmel (mit der festen Erde), das Meergebiet und die Unterwelt (den Hades). Er selbst las für sich den Himmel aus, während Poseidon mit dem Wasserreich, Pluton mit der Unterwelt vorlieb nehmen musste: ein Jeder war Oberhaupt in seinem ihm angewiesenen Bezirke, nur dass Zeus die höchste Entscheidung über Alles fortbehauptete, nach Gutdünken vom Himmel her seinen Willen verkündigend. Denn im Himmel (Olympos) schlug er selbst seinen Thron auf, umgeben von Obergöttern, deren Zahl auf zwölf festgesetzt wurde, ihn selbst mitgerechnet. Auch Poseidon gehörte in diese Zwölfzahl, weil er sein Reich im Sonnenlichte der Oberwelt hatte; der unterirdische Pluton dagegen blieb von der Theilnahme an diesem Kreise ausgeschlossen. In Folge dessen pflegte man die Götter häufig in zwei Rubriken zu theilen, in obere und untere, in Superi und Inferi, in Lichtgötter und in Nachtgötter. Die zwölf Gottheiten des Himmels stellten einen abgeschlossenen Götterstaat vor; sie hiessen nach ihren griechischen und römischen Namen: Zeus (Jupiter), Hera (Juno), Phoibos Apollon (Phöbus Apollo), Artemis (Diana), Pallas Athene (Minerva), Hermes (Mercurius), Ares (Mars), Aphrodite (Venus), Hephästos (Vulcanus), Demeter (Ceres), Hestia (Vesta) und Poseidon (Neptunus). Zeus also stand an der Spitze der Gesammtheit, die übrigen Mitglieder erhielten besondere Aemter; ihr König jedoch machte sich nach allen Seiten geltend, auch sonst waren keine unverletzbaren Gränzen für die einzelnen Felder eines Jeden gezogen. Denn sie hatten zwar, wie gesagt, ihre eigenen Funktionen, aber mehrere unter ihnen griffen, wenn es die Umstände mit sich brachten, in die Wirksamkeit der Mitgötter über, mochte auch zuweilen Hader daraus entbrennen; manche aus der Zwölfzahl wurden nach und nach immer reicher ausgestattet, indem diejenigen, die sie riefen, ihnen zeitweise den Machteinfluss anderer Gottheiten zuschrieben. Nicht so verhielt es sich mit Zeus, der als oberster Herrscher seine ihm allein zustehenden Befugnisse unveräusserlich festhielt und seine Gewalt über Alles erstreckte, über das Grösste und Kleinste, das Nächste und Fernste. Wie gross man sich seine Erscheinung dachte, erfahren wir schon aus der Ilias des Homer; aber im erhabensten Bilde, fast dem alleinigen Gott der Christen gleich, zeigt ihn uns Aeschylos, wenn er im Tone der Psalmen singt:

---

*) Katechismus der Mythologie aller Kulturvölker. Leipzig 1874, dritte Auflage.

Strophe.	Gegenstrophe.
Heilvoll walte der Ewigen Obmacht	Siegreich wandelt indessen und aufrecht
Die Beschlüsse des Zeus zwar sind stets unerforschlich;	Das vollendete Werk, das Zeus' Stirne hervorrief!
Gleichwohl strahlen sie rings	Durch Einöden ja läuft
Auch in Nacht, und Blindheit ward zu Theil	Seines Willens Pfad, durch Wolkennacht
Dem gebeugten Staubsohn.	Und verhüllten Abgrund.

Strophe.

In Staub wirft sein Geschoss
Der armen Tagsöhne thurmhohen Wahn;
Er siegt ohne Panzer sturmschnell,
Himmlisch und leicht, ohne Beschwer; Alles vollführt er blossen Winks,
Nimmer verlassend seinen Thron, prangend in hehrem Lichtglanz.

Ausserhalb jener Zwölfzahl standen mehrere mächtige Gottheiten, Eros, Dionysos und Pan; der letztere auf ein ägyptisches Vorbild zurückweisend. Dem Zeus aber und andern Obergöttern war eine grössere oder kleinere Zahl von Untergöttern zugeordnet, ein Gefolge von Dienern oder Dienerinnen, von welchen einzelne eine grosse, einzelne eine minder bedeutsame Macht ausübten: sie vervollständigten durch ihre Mitwirkung den Götterstaat oder das mythologische System der Griechen. Den Glanz vermehrend traten auch die Halbgottheiten hinzu: denn mancherlei Helden und Heldinnen (Heroen und Heroinen) eroberten sich entweder den Himmel oder erlangten ein solches Ansehen, dass man sie göttlich verehrte. Den untersten Rang endlich nahm ein buntes Heer von Nymphen ein, theils auf dem Lande, theils im Wasser lebend und mit den Menschen verkehrend. Bei den Griechen geht die Welt nicht zu Grunde, der Gedanke der Unsterblichkeit lebt in ihnen; denn sie halten nicht blos die Götter für ewig, sondern nehmen auch das Fortleben der Menschen nach ihrem Tode an, wie schon die Vorstellung von der Unterwelt oder dem Schattenreiche, das sie geträumt haben, darthut; letzteres ist ein doppeltes, ein lohnendes und ein strafendes. Ueber dieses Gebiet herrschte besagtermassen Pluton, und die Bösen wurden nach dem Tartaros, dem Strafort des Todtenreiches, verwiesen, die Guten dagegen in das Elysium, das Eiland der Seligen, aufgenommen. Nicht blos ein Fortleben also, sondern auch Lohn und Strafe in diesem Fortleben gab es nach der Ansicht der Griechen. Sonstige Sagen, wie den Raub der Persephone (Proserpina), einer Tochter der Demeter (Ceres), den Mysteriendienst, der mit ihnen verbunden war, und die Deutung, Erklärung und Auslegung dieser und anderer Religionsgebräuche, den Kultus einzelner Gottheiten und die Heroengeschichten lassen wir unerörtert; denn theilweise herrscht in diesem Gebiete noch ein Dunkel, dessen Lösung, wenn sie überhaupt moglich ist, erst von erweiterter Kenntniss der Ueberlieferung zu hoffen sein würde.

Wir schliessen diese flüchtige Berührung der griechischen Mythologie mit der Bemerkung ab, dass die Römer in der Hauptsache durch und durch, ohne wesentliche Veränderungen, die Religion der Hellenen zu der ihrigen machten. Selbstschöpferisch war die Phantasie des eigentlichen Römervolkes niemals. Wenn die Begründer Roms als Kolonisten von Griechenland herkamen und einen einheimischen Urgott, wie den Janus, ihren mitgebrachten Göttern zugesellten, so thaten sie im Grunde nur das Nämliche, was einst ihre griechischen Stammväter gethan hatten, welche einerseits die bei ihrer Einwanderung vorgefundenen Umrisse altpelasgischer Gottheiten nicht schlechthin von der Hand wiesen, andererseits mancherlei ägyptische Typen bei der allmäligen Gestaltung ihres Göttersystems verwendeten, das gleichwohl eigenthümlich genug ausgefallen ist. Zu entscheiden aber oder auch nur mit irgend einer Sicherheit anzugeben, was und wie viel die Griechen, nach ihrer Niederlassung am Mittelmeer, von dem benachbarten Kleinasien oder Aegypten auf religiösem Gebiete sich angeeignet haben, um das Fremde gleichsam in das Griechische zu übersetzen, das wird augenscheinlich nicht eher möglich sein, als bis das Buch der Mythologie ein weltumfassendes geworden ist durch die Sammlung und Vergleichung aller Sagen, von den frühsten Ueberlieferungen bis zu den spätesten; nur dadurch würde es dem Forscher gelingen, seinen Blick mit Klarheit auch auf die letzte Götterlehre, die griechische, zu richten.

Die Betrachtung, auf blosse Bruchstücke beschränkt, wie sie seither war, schliesst einen Ueberblick des Ganzen aus, und ein solcher ist vonnöthen, wenn wir die gesammte religiöse Bewegung des Menschengeschlechts mit gutem Erfolge erklären wollen bezüglich ihrer Anfänge, ihrer successiven Weiterverbreitung, ihrer Nachahmung, Umbildung, Verwandtschaft. Das Gespinnst dieses ungeheuern Gedankennetzes zu zerlegen und zu ergründen, ist die Aufgabe der vergleichenden Mythologie, einer Wissenschaft, welche die Schöpfung deutschen Geistes ist, indem sie ihre Grundlage vornehmlich durch Adalbert Kuhn erlangt hat. Christian Lassen, der das hohe Verdienst dieses Gelehrten anerkennt, bemerkt ausserdem, dass diese Wissenschaft erst seit der Bekanntschaft mit dem Rigveda, dem ältesten literarischen Denkmale der Indokelten, möglich geworden sei; durch dieses inhaltreiche Werk nämlich wären wir in den Stand gesetzt worden, in mehreren Fällen die Götter der stammverwandten Völker und die Mythen von ihnen auf ihre ursprüngliche Bedeutung zurückzuführen. Darauf zieht Lassen ein vorläufiges Ergebniss, dessen wir, seiner Wichtigkeit wegen, wörtlich gedenken wollen. «Die mehr oder weniger diesen Völkern gemeinschaftlichen Gottheiten sind mit ihren indischen Namen die folgenden: Indra oder Djupati oder Divaspati, Sarameja, Parganja, Saranjû, Varuna, Sûrja oder Savitar, Ushas, Idâ oder Ilâ, Gandharva und Ribhu. Mitra und Soma wurden nur von den Indern und den Iraniern verehrt, dagegen lässt sich die Vorstellung von einem Stammvater, Namens Manu, bei vielen Indogermanen nachweisen. Von den übrigen Uebereinstimmungen mögen hier nur zwei hervorgehoben werden, weil sie zu den am weitesten verbreiteten gehören. Die erste ist der Mythos von der Herabkunft des Feuers und des Göttertranks. Bei den verschiedenen Völkern treten dabei andere Personen auf; auch sind die Vögel verschieden, welche das Feuer vom Himmel herab bringen. Da es zu weit führen würde, wenn ich dieses im Einzelnen nachweisen wollte, will ich mich auf die Bemerkung beschränken, dass der Name Prometheus aus dem Sanskritworte pramâtha, an sich reissen, zu erklären ist; die Deutung dieses Namens durch voraussehend ist auf griechischem Boden entstanden. Die zweite Sage ist die des Kampfes des Gottes der Lufterscheinungen mit den bösen Geistern, welche die Kühe, d. h. die Wolken gefangen halten. Bei den Griechen erscheint Apollon in dieser Eigenschaft, wenn er die entführten Kühe aufsucht. Weiter ist der griechische Mythos von Herakles und Geryones und der römische von Herkules und Cacus auf Indras Kampf mit Vritra zurückzuführen; den letzten nennen die Griechen Orthros und dachten sich ihn als zweiköpfig. Der Glaube des deutschen Volks an den wilden Jäger und das wüthende Heer ist eine Entstellung der Vorstellung, dass Wodan auf einem weissen Rosse reitend und von Hunden begleitet durch die Luft stürmt, um die bösen Geister zu bekämpfen. Hiermit stimmt überein, dass Indra von dem Götterhunde Sarameja begleitet wird und auf dem weissen Rosse Ukkaihçravas reitet; mit diesem Rosse lässt sich das Blitz- und Donnerross Pegasos des Zeus vergleichen. In der deutschen Heldensage tritt endlich Siegfried an die Stelle des Siegmund, welches ein Beiname des Odin ist und welchem die Tödtung eines Drachen zugeschrieben wird, wie dem Indra die der Schlange Ahi.»

So weit Lassen. Die zuletzt von ihm erwähnte Siegfriedsage, im nordisch-germanischen Alterthum die berühmteste und weitverzweigteste, die häufig sogar auf verworrene Weise, plump und widerspruchsvoll ausgesponnen worden ist, hat bekanntlich im Nibelungenliede ihren besten Abschluss gefunden. Den Gang derselben sehen wir durch eine fleissige Schrift von Karl Steiger, die so eben erschienen ist, sorgfältig erörtert; der talentvolle junge Gelehrte führt den Ursprung der Sage von Siegmund oder Siegfried, anscheinend ohne die obige Stelle Lassens zu kennen, auf den Mythus von dem obgedachten Sonnengotte Freyr unter beachtungswerthen Gründen zurück.

Der Bedeutsamkeit der vergleichenden Mythologie entzieht sich auch Schelling nicht. Wir dürfen geradezu sagen, dass seine «Philosophie der Mythologie» im Grunde nichts anderes ist als eine Vergleichung der vornehmsten Richtungen, welche im gesammten mythologischen Prozesse hervorgetreten sind. Die Grundlage seines Systems war freilich, wie wir uns oben nicht verhehlen konnten, eine willkürliche und desshalb verfehlte; das von ihm gegebene Beispiel aber wird fortwirken und neue Versuche zur Aufhellung der Art und Weise, wie die Menschheit in ihrem Kindesalter sich geistig entwickelt hat, hervorrufen. Denn der vergleichenden Mythologie steht ein endloses Feld offen.

Erstens liegt dem Forscher ob, die Hauptzüge zu untersuchen, welche nicht blos den Indokelten gemeinschaftlich sind, sondern auch bei den Bewohnern fast aller Himmelsstriche sich wiederfinden, namentlich die Vorstellung des Göttlichen oder eines göttlichen Urwesens, mit welchem die Existenz des Weltalls verknüpft sei. Zweitens sind jene Hauptzüge in das Auge zu fassen, die bei einer Reihe von Völkern, meist nachgeahmt oder umgebildet, wiederkehren: die Vorstellung eines guten und bösen Prinzips, eines Götterwohnorts, eines Paradieses, eines unsterblichen Fortlebens nach dem Tode, eines Elysiums und Straforts, eines Untergangs der Welt oder der Schöpfung. Drittens kommt es darauf an, diejenigen Göttergestalten aus den Vielgöttersystemen herauszunehmen, die unter sich verwandt zu sein scheinen, den Charakter, die Wirksamkeit und die Züge, die von ihnen berichtet werden, nach ihrer Besonderheit oder Aehnlichkeit zu erwägen und vor allem die bekanntesten Götterwesen zu beleuchten, die man in der Vorstellung der meisten Völker antrifft: den Liebesgott, die Liebesgöttin, den Gott des Himmels, den Sonnengott, den Donnergott, den Schlachtengott, den Siegesgott, gewisse gute und böse Dämonen. Viertens müssen die Heldensagen in ihren Ursprüngen, Uebertragungen und Veränderungen ermittelt werden, soweit sie irgend einen Zusammenhang mit einander zu haben scheinen. Denn Recken von gutem und schlechtem Charakter, Riesen und Kämpfer von ungewöhnlicher Stärke, gewaltige Wunderthiere der verschiedensten Gattung und Art, die uns als Phantome erscheinen, gehen durch die Mythologien des Orients und Occidents. Wir hatten keinen Raum, jener Figuren im Obigen besonders zu gedenken; aber die vergleichende Mythologie wird nicht umhin können, auf diese Erscheinungen eine entschiedene Rücksicht zu nehmen. Es will uns bedünken, dass viele mächtige Wesen, die wir für Geburten der Fabel anzusehen pflegen, einen realen Hintergrund haben dürften; wir vermuthen nämlich, dass den fernen und späten Nachkommen der Menschengeschlechter eine dunkle Zurückerinnerung an so mancherlei ausserordentliche Gestalten geblieben ist, welche von Auge zu Auge in urgrauen Epochen ihre Vorfahren begleitet und umgeben haben. Berichte der letztern von ihren ehemaligen Gefahren, Kämpfen und Thaten pflanzten sich ohnstreitig von Geschlecht zu Geschlecht und von Land zu Land durch unendliche Zeiträume fort. Wenn erwiesenermassen jene Riesenthiere existirt haben, Mammuth, Mastodon, Plesiosaurus, Megalosaurus, Iguanodon und vielerlei andere Arten, wovon Elephant, Krokodil, Wallfisch und afrikanische Waldschlangen die letzten Beispiele sind: warum sollte es thöricht sein, an die urzeitliche Existenz eines Greif, eines Vogel Rock, eines Einhorn zu glauben? Die heutige Naturforschung nimmt die seither bestandenen Zweifel augenscheinlich weg; die Sphinx war ehedem ein Räthsel, jetzt ist sie lebendig geworden! Wir dürfen zugleich auf diesem Standpunkte schliessen, dass es vormals auch Männer und Frauen von gigantenhaftem Leibe gegeben hat, die befähigt waren, den Streit mit jenen zeitgenossischen Ungeheuern siegreich aufzunehmen und im Kampfe um das Dasein sich und ihre Kinder zu beschützen. Was also weiter? Aus solcher uralter Kunde hatte sich die fortlaufende Vorstellung von Riesen mit sowohl gutem als bösem Charakter entwickelt; denn unter diesen mächtigen Individuen wird es neben den edleren schwerlich an rohen Unholden gemangelt haben, die selbst ihres Gleichen nicht schonten, da sie an Wildheit den thierischen Ungeheuern in keiner Weise nachstanden, sobald sie die schwächeren Mitmenschen verschlingen konnten. Erkannten sich doch damals die Menschen unstreitig noch nicht für ein Geschlecht an, das eine eigene und mehr als thierische Berechtigung habe. Ja, wir gehen nur einen Schritt weiter, wenn wir den alten Mythus von Wassernymphen, Nereïden, Tritonen, Flussgöttern aus der Wirklichkeit geschöpft wähnen, indem wir vermuthen, dass es in der frühesten Urzeit menschliche Organismen gegeben hat, die amphibisch gebildet waren, also sowohl im Wasser als auf dem Lande zu leben vermochten; späterhin konnten sich ja die Organe der Menschen allmälig anders, in Folge anderer Lebensweise, ausbilden. Die Naturwissenschaft, wenn sie ihre jetzt aufgestellte Entwicklungstheorie festhält, möchte diese Annahme wohl kaum zurückweisen. Ebenso wagen wir mit nichten zu viel, wenn wir in der Sage von den Dryaden, den Nymphen der Bäume und Wälder, eine Erinnerung an die Wirklichkeit sehen: einst, wie nicht zu zweifeln steht, haben sich die von thierischen Mitgeschöpfen gefährdeten Menschen auf die hohen Stämme der Bäume und unter die Decke laubiger Aeste zurückgezogen, wo sie ihre Wohnstatt, gleich den Affen, entfernt von dem platten Boden aufschlugen. So mochten vorzugsweise die schwächeren Frauen sich und ihre junge Familie vor den Krallen feindlicher Geschöpfe sichern wollen: die Bäume und Wälder deuchten noch lange nachher belebt. Ferner, das einst geglaubte Vorhandensein von Riesen in Höhlen und Bergklüften bietet seine Erklärung aus einer ähnlichen Erinnerung dar; denn die Urmenschen wählten häufig auch, was ganz natürlich war, ihr Lager in dergleichen festen und geschützten Schlupfwinkeln, wie die Schlangen und andere wilde Thiere, um vor Angriffen besser geschützt zu sein. Es war leicht, in den Bewohnern solcher Verstecke eine Sorte Berggeister zu erblicken, die eine wunderbare Kraft und Gestaltung hatten. Endlich fühlen wir uns versucht, auch in den Seilenen und Bocksfüsslern keine blosse Schöpfung einer überspannten Einbildungskraft zu wittern, sondern sind der Meinung, dass ihre Gestalten in das urzeitliche Hirtenleben wilder Gemeinschaften zurückreichen, in der Kulturzeit aber nicht ganz vergessen waren, sondern unter einer phantastischen Ausschmückung ihr Andenken forterhielten. Namentlich die geschlechtliche Sinnenlust, die man ihnen als einen nicht vortheilhaften Charakterzug nachsagte, weis't auf eine Epoche hin, wo noch an keine ehliche Ordnung gedacht wurde, sondern die Willkür des Stärkern über das schwächere Geschlecht leidenschaftlich herfiel; lange mochte dies dauern und nicht einmal in besseren Zuständen aufhören. Das menschliche Zusammenleben erhob sich anfänglich kaum über die Vergesellschaftung der Thiere im rohen Naturzustande.

Die Phantasie der Menschen indessen war und ist unerschöpflich. Daher möchten wir nicht behaupten, dass nicht zu den eben erwähnten wirklichen Erscheinungen viel hinzugefabelt worden sei. Ausserdem wollen wir gerne zugestehen, dass man ohne eine weitere thatsächliche Veranlassung auch dahin geschritten ist, die Welt mit einer Art von wunderbaren Geschöpfen zu bevölkern, welche an Gestalt den Riesen und Giganten, ja, ihrem eigenen Körpermasse schnurstracks entgegengesetzt waren, nämlich mit Zwergen, Gnomen, Elfen, Blumengeistern und wie sie sonst in den verschiedenen Mythologien heissen. Der Gegensatz gegen jene hat sie wahrscheinlich hervorgerufen, wie man auch Feen, gute und böse Geister sich schuf und gesehen haben wollte; sonst wäre wohl ihre Erfindung nicht erklärbar. Auch bis in die neuere Zeit und selbst bis in die Gegenwart fährt die Phantasie fort, dergleichen Träumereien theils zu erzeugen, theils festzuhalten und weiter zu tragen.

Wir kommen hier auf den allgemeinen Volksglauben zu sprechen. Der stille Gedanke an Zauberei und übernatürliche Wirkungen dauert bekanntlich noch immer fort. Der europäische Matrose achtet auf sogenannte «Katharinen-Hühnchen», die einem Schiffe nachfolgen; wie er glaubt, deuten sie an, dass ein Mörder an Bord sei, oder dass ein Mord im Schiffe stattfinden werde. Ebenso wenig sind in Deutschland die Sagen von den Hexen des Harzes und von dem Rübezahl des Riesengebürgs, von Elfen und Elfenköniginnen, Nixen, Kobolden der Berge, Heinzelmännchen und andern wunderthätigen guten und bösen Wesen aus dem Gedächtniss der Menge verschwunden. Die Erinnerungen an die traumhaften Vorstellungen der alten germanisch-nordischen Völker tauchen unverlöschbar bis in unsere Tage hinein. So phantasirt der Dichter, dass es Sommernächte giebt, wie sie einst über altschwedische Seen sich gelegt haben sollen, von Göttergestalten heimlich belebt und durchwallt, von wunderbarem Dämmerlichte erhellt. Monddurchglänzte Nebelfahnen treiben dann, weiss und licht, in einzelne Streifen zerreissend, gleich einem Elfenschwarm der Edda, über einen See hin und umschweben den Kahn des Schiffers im sanften Spiele der Wellen. Die Sagen von Wasserfrauen und Nixen, noch heutzutag gäng und gäbe, knüpfen sich wahrscheinlich mehr an die Ueberlieferung von antiken Nymphen und an den Glauben von der Allbelebtheit der materiellen Natur an; ein Glaube, der oben geschildert worden ist.

Die wilden Völker sind von dergleichen Vorstellungen nicht frei. Die Hottentotten hängen an uralten Täuschungen. Schlaue Gesellen aus ihrer Mitte rühmen sich, mit Zauberkräften begabt zu sein, theils wissentliche, theils selbstüberzeugte Betrüger, die eine oberflächliche Kenntniss von Natur und Arznei zu ihrem persönlichen Vortheile verwenden. Man erwähnt von ihnen, sie hätten die Macht, Blitz, Donner, Regen, Sturm sowohl hervorzurufen als abzuhalten. Glückt die Beschwörung zufällig, desto besser; schlägt sie fehl, so hat man Entschuldigungen bei der Hand und fängt die Sache gelegentlich von vorn an. Sie verfahren, mit Einem Worte, in derselben Weise wie so viele Pfaffen in Europa seit dem Mittelalter zu verfahren pflegen, die sich auf Wundergesichte, Erscheinungen der heiligen Jungfrau, Orakel und Prophezeiungen stützen, um den grossen Haufen für ihre menschenfeindlichen Zwecke zu beherrschen.

Die durchgreifendste Rolle behauptet noch überall das böse Prinzip, der Teufel. Nur ein einziges Beispiel davon. Die Wotjaken, die ein Theil des grossen finnischen Volksstammes sind, behalten ihre Gebräuche wie ihre Trachten seit undenklicher Zeit unverändert bei, ebenso ihren krassen Aberglauben, der einen unsäglichen

Einfluss auf alle ihre Handlungen übt. Dass sie an gute und böse Tage glauben, haben sie freilich mit der Mehrzahl der Bewohner des europäischen Westens und Südens gemein; desgleichen ist es nichts Besonderes, dass sie das Schreien eines Vogels im Walde auf Glück oder Unglück deuten. Aber die Furcht vor dem «Schaitan» (Teufel) geht bei ihnen über Alles. Ein Wetterstrahl, der einen Baum zerschmettert, tödtet nach ihrer Meinung einen darin wohnenden Teufel. Ein Pferdedieb fällt dem Teufel anheim; der letztere kocht die Seele eines solchen, wenn er gestorben ist, in einem Pechkessel. Gleichwohl, da sie ausserordentliche Liebhaber von schönen Pferden sind, stehlen sie Pferde, wo sie können, in der Hoffnung, nicht entdeckt zu werden.

Doch kehren wir zur vergleichenden Mythologie zurück. Fünftens nämlich, wenn Orient und Occident des heidnischen Alterthums so gründlich als möglich überschaut, und die vielgestaltigen Sagen der neuen Welt, sowie der oceanischen Inseln ebenfalls zu einer umfassenden Würdigung gelangt sind, da wird der Zeitpunkt erscheinen, wo diese Wissenschaft die höchste und letzte Aufgabe zu erfüllen hat. Wir irren schwerlich, wenn wir sagen: der Forscher, ausgerüstet gleichsam mit den aus den verschiedensten Zeitaltern herbeigeholten Waffen, wird nicht blos die Neigung, sondern nach unserem Dafürhalten auch die Nothwendigkeit fühlen, das Christenthum oder die geoffenbarte Religion gleichfalls dem Probierstein einer eingehenden Kritik zu unterwerfen. Er wird unnachsichtlich zu untersuchen haben, ob die christliche Lehre eine selbstständige ist, eine neue ausserordentliche Lehre, womit die Menschen beschenkt worden sind. Kein Bedenken darf ihn abhalten, eine genaue Prüfung anzustellen, ob der Inhalt des Christenthums nicht theilweise eine Frucht des Heidenthums ist, oder mit andern Worten, ob die Lehre vom alleinigen Gott, der an die Stelle der Vielgötterei getreten ist, ausserhalb der Mythologie steht oder nicht. Denn es sind mancherlei Merkmale vorhanden, die uns auf die Meinung bringen könnten, der mythologische Prozess schliesse keineswegs, wie Schelling ausgesprochen hat, mit der altgriechischen Lehre ab, sondern, um uns kurz auszudrücken, das Christenthum habe einen solchen Zusammenhang mit der Vorwelt, dass dasselbe nicht mehr bedeute als eine neue Mythologie! Allerdings eine erschreckende Meinung, wenn wir vor Augen sehen, dass die gesammte Kultur der gegenwärtigen Menschheit, die Kultur in ihrer für jetzt höchsten Blüthe, auf der christlichen Lehre ruht. Etwas Besseres als die letztere kennen wir nicht; die Fortschritte sind staunenswerth, welche sie seit fast zwei Jahrtausenden auf Erden bewirkt hat. Friede, Freiheit, Beseligung ziehen mit ihr in die Herzen derjenigen Menschen ein, die, wahrhaft durch sie geleitet, nach ihr handeln und wandeln. Der reinste Humanismus ist ihre Folge, das wahre Menschenthum ihr Ziel.

Den Spruch der Kritik indessen muss das Christenthum sich gefallen lassen, und gerade die vergleichende Mythologie hat hier ein schwerwiegendes Wort mitzusprechen, wie aus Folgendem erhellen wird. Nur leicht sei ihre Aufgabe angedeutet. Die Weltübersicht, die ihr zu Gebote stehen muss, wird diese Wissenschaft in den Stand setzen, erstens die Summe der heidnischen Elemente zu bezeichnen, welche aus den asiatischen Mythologien, und die jüdischen, die aus der Religion der Juden in das Christenthum schon zu der Zeit eingedrungen sind, als die Apostel lehrend auftraten. Denn es steht nicht zu bezweifeln, dass die letztern durchaus nicht in allen Zügen das reine Bild des grossen Weltlehrers aufgestellt haben, sondern dass sie, durch ihre edle Begeisterung hingerissen oder aus irgend einer Rücksicht auf die Steigerung ihres Wirkens, auf den Eindruck der neuen Lehre, den sie unter den damals tief gesunkenen Völkern hervorzubringen wünschten, — dass die Apostel, sage ich, hier die Persönlichkeit des göttlichen Meisters und die von ihm verrichteten Thaten so wunderbar als möglich ausschmückten, dort die ursprüngliche Form seiner Worte nach dem Geschmack der Orientalen und Israeliten gestalteten, nicht aber immer einfach und deutsch. Wir gestehen gerne zu, dass sie arglos verfuhren, und dass ihr Verfahren ein nothwendiges und der Zeit entsprechendes war, wenn sie den geheimen Bund der Christen erweitern und befestigen, die Herzen der gemeinen Leute gewinnen und gegen äussere Angriffe in Noth und Tod stählen wollten. Allein heutzutag, wo wir keine Feinde mehr zu fürchten brauchen, nachdem die evangelische Freiheit durch Luther zurückerobert worden ist, dürfen wir tiefere Fragen stellen; unser Verstand fordert unabweislich, dass wir die Grundwahrheiten aus den Schlacken sondern und den Kern der Lehre suchen, um derentwillen ihr erhabener Schöpfer als Erlöser, Heiland, Beglücker und Retter des Menschengeschlechts gepriesen wird, in einem ungleich höheren Sinne, als je ein Gott der Heiden gepriesen wurde. An Redensarten der Prediger halten wir uns nicht mehr; das allgemeine Losungswort unsers Zeitalters ist: Klarheit in allen Dingen! Die Mythologie kann also einen in seinem Werthe für die Religion unberechenbaren Beitrag liefern. Theologische Nebel müssen zerstreut werden; der blosse Glaube bessert die Welt nicht nur nicht, sondern wirft sie wieder und immer wieder in das alte Irrsal des Menchengeschlechts zurück. Derjenige, der das Heidenthum umfassend kennt und mit dem Christenthum vergleicht, ist berufen, eine Sichtung vorzunehmen, die vielleicht allein genügen könnte, den ebenso flachen als trotzigen Einwürfen gegen das Christenthum einen Damm zu setzen, ein für allemal.

Zweitens aber (und das ist verhältnissmässig leicht) hat die Wissenschaft der vergleichenden Mythologie nach allen Seiten hin festzustellen, was aus dem hehren Christenthum geworden ist, seit es in die Hände des römischen Bischofs und seiner Nachfolger im Mittelalter fiel. Der Umstand, dass von Rom aus einstmals die Welt beherrscht wurde, brachte die römische Priesterschaft auf den übermüthigen Gedanken, dass ihr Oberhaupt berufen sei, Christi Stellvertreter in allen Landen zu spielen und das höchste weltliche Zepter auf der Erde zu schwingen, nicht blos über alle Geistliche, sondern auch über alle Bekenner des christlichen Glaubens sammt ihren Staaten und deren Regenten. Der geheime Bund der Christen schlug, als er allmälig erstarkt war und heldenmüthig für das Wohl der Menschheit gekämpft hatte, in die ärgste und ruchloseste Tyrannei über. Unsägliche Blutströme sind in Folge des Papstthums, zu welchem das Christenthum geworden war, im Laufe der Jahrhunderte geflossen; der alte Moloch Asiens gleichsam war wiedergekehrt, um Massenopfer für seinen Schlund zu fordern und die Blume der Menschheit schlimmer abzusengen, als es je im Heidenthume geschehen war. Denn im letzteren gab es eine blosse Schlächterei und thierischen Leibermord, zum Beweise errungener Herrschaft; im Papstthum galt es die absichtliche und absolute Vernichtung des Menschengeistes, wenn eine solche möglich wäre, damit man die Völker, nach Köpfung der edelsten Häupter, zu gedankenlosen Heerden mache, zum Gegentheil dessen, was der Stifter des Christenthums gewollt hatte. Und weit war die ungeheure Verderbniss schon vorgerückt. Nur unter den urkräftigen, germanischen Völkerstämmen vermochte die römische Brutalität zum eigentlichen Siege nicht zu gelangen. Deutscher Geist brach den Zauber.

Genug, es trat eine lange Epoche ein, worin das Christenthum lediglich desshalb auf die Erde gekommen zu sein schien, um die Unmenschlichkeit des barbarischen Heidengeschlechts zu überbieten. Wie aber wurde ein solcher Missbrauch der christlichen Lehre möglich? Darauf hat die vergleichende Mythologie zu antworten, und sie wird die Antwort nicht länger schuldig bleiben, wenn sie sieht, dass auch heute noch die Gefahr des Menschengeschlechts nicht vorüber ist. Sie hat Punkt für Punkt nachzuweisen, wie jenes von den Aposteln fortgepflanzte Christenthum durch die römischen Päpste und deren über die fernsten Zonen verbreitete Heerschaar zum blanken und puren Heidenthum verkehrt worden ist, indem man mit beispielloser Hinterlist das uralte Pfaffenziel verfolgte, die neue Lehre zur Machtentfaltung blinder Priesterherrschaft zu benutzen; wobei den Pfaffen die Göttlichkeit und die ewige Wahrheit dessen, was Christus gebracht hatte, vollkommen gleichgültige Nebensache war. So schmuggelte man von Rom aus, dem Kochheerde der Ränke, von Epoche zu Epoche das Christenthum mit dem Heidenthum mehr und mehr vermischend, alle Schandgebräuche des Orients in die Abendländer und in die neuentdeckten Erdtheile unter die dummen und zur Verdummung bestimmten Völkermassen ein, ihnen des Himmels Seligkeit versprechend, aber die Hölle auf Erden bereitend. Die Wissenschaft der vergleichenden Mythologie hat also darzuthun, wie von den Bischöfen Roms mit orientalischem Garne das gewaltige Netz ausgesponnen wurde, worin man jenen grossen, anfangs zu guten Zwecken bekehrten Theil der Menschheit zu verketten suchte: wie man die besondere Heiligkeit der Priester aussprach, den römischen Bischof zum Herrn Aller erklärte, nach dem Beispiele des Orients die eine Zeitlang nützlichen Klöster für Mönche und Nonnen baute, geistliche Orden und Ordenshäuser gründete, die scheussliche und stets käufliche Sündenvergebung, die lächerliche Fürbitte mit Segenspendung und Strafandrohung, den hässlichen Beichtstuhl, das abscheuliche Cölibat einsetzte: Alles, wie es längst im heidnischen Orient bestanden hatte. Desgleichen entlehnte man geistlose Gebetsformeln mit dem Gebrauche des Rosenkranzes, absonderliche Bussübungen, die Anordnung allgemeiner Wallfahrten und Prozessionen dem Bonzengezücht des fernen Morgenlands, wohin das Christenthum noch nicht vorgedrungen war; der römische Papst selbst setzte sich die dreifache Mütze (Krone) der orientalischen Papstungeheuer auf, und — die Vielgötterei kehrte wieder! Denn ganz treffend ist der bekannte Ausspruch, dass die Päpste für Alles Heilige machen, die angebetet werden, wie die antiken Völker einst und ihre Priester für Alles Götter machten. Und so liefe die Sache darauf hinaus, dass der Vorwurf gerechtfertigt ist, wenn von dem Christenthum, besonders von dem päpstlichen, behauptet wird, dasselbe sei eine neue Mythologie.

Nicht genug, dem römischen Christenthume ist in unsern Tagen schliesslich die heidnische Krone aufgesetzt worden. Die christliche Welt hat am 18. Juli 1870 in dem römischen Papste einen sichtbaren Götzen erhalten! Somit ist das orientalische Lama endlich vollends zu Stande gekommen, oder das goldene Kalb ist wieder erstanden, welches Moses einst, vom Berge Sinai steigend, zornig in Stücke schlug. Man staunt, zu erleben, dass es heutzutag im kultivirten Europa noch Menschen giebt, welche keine Scham fühlen, einen Mitmenschen als ein unfehlbares Götterwesen zu betrachten und zu verehren. Doch freilich, der ganze Römerkultus ist — Schein.

Welche Bewandtniss es habe mit der Ausbreitung der römischen Papstreligion unter den Heiden, zeigen uns mehr als zur Genüge amerikanische Beispiele. Die Frage, ob überhaupt der Versuch zur Bekehrung der Indianer und anderer Völkerschaften nothwendig und nicht vielmehr verfrüht, voreilig, unnütz gewesen sei, lassen wir zur Seite. Erfolgreich für die Kultur sind die Bekehrungen nicht ausgefallen; im Gegentheil scheint es, dass es besser gewesen sein würde, jene Naturmenschen bei einer Religon zu lassen, die nicht schlechter war als die, welche man ihnen aufzuzwingen suchte. Der Grund und Boden zu so rascher Bekehrung fehlte. Mit vollem Rechte pflegte sich mancher Indianer, wenn man ihm den christlichen Gott aufdisputirt hatte, über die Persönlichkeit desselben zu wundern; denn früher sah und hörte der Wilde seinen Gott, wie alle Heiden, zunächst in den Wolken, im Windesbrausen, im Blitz und Donner. Nun vermag er nirgends mehr einen Gott zu finden. Ein anderes Bedenken stellen die Bewohner der mitten im stillen Meere gelegenen Toncha-Inseln auf, wie uns Friedrich Gerstäcker neuerdings berichtet hat. Diese kindlichen Seelen hegen von ihren Vätern her den Glauben, dass die besagten Toncha-Inseln allesammt aus der Tiefe herausgeangelt worden seien. Wenn sie nun von den Missionären hören, dass der christliche Gott die ganze Welt mit einem einzigen Worte erschaffen habe, so schütteln sie den Kopf mit der Einwendung: «wie sollen wir das glauben, wenn ihr uns einerseits nicht einmal glauben wollt, dass einer von unsern Göttern die kleine Insel, auf der wir wohnen, mit einer Angel aus dem Meer heraufgezogen habe? Ihr könnt ja den Platz noch deutlich sehen, in welchem der Haken eingegriffen hat!» Dabei zeigen sie auf eine Höhle, die sich in irgend einem Felsen des Eilands befindet, und versichern, das sei der Platz, wo man die Spur, dass der von dem Gotte niedergelassene Angelhaken gefasst habe, noch heute sehen könne.

Doch wie ist das Bild der Religion beschaffen, die jene Bekehrer (vornehmlich Jesuiten) zum Heile der Sterblichen nach Amerika transportirt haben? Zwei Beispiele wollen wir anführen, das eine von Mexiko, das andere von Chili, beide äusserst ähnlich. Ein Augenzeuge schildert uns in der Allgemeinen Zeitung (28. September 1870) die erstaunenswerthe Herrlichkeit des unter den Mexikanern angezündeten römischen Gottesdienstes oder vielmehr Vielgötterdienstes. Nachdem vorausgeschickt worden ist, dass die auserwählten Diener Gottes, die abgesandten Prediger-Mönche und später auch die Weltgeistlichen, sehr kluge und praktische Gesellen waren, die es trefflich verstanden haben, die Gebräuche des altmexikanischen Kultus den ihrigen anzupassen und einzelne der alten Götter mit den neuen Heiligen zu verschmelzen, giebt unser Augenzeuge die folgende Erklärung davon, wie es den Pfaffen gelungen ist, diesen Barbaren das Heil der Seele und die ewige Seligkeit anzuweisen. «Die alten Azteken,» sagt er, «verehrten neben einem höchsten Wesen von grösster Vollkommenheit und Reinheit dreizehn Hauptgottheiten und mehr als zweihundert geringere, welche über die Elemente, den Wechsel der Jahreszeiten, die verschiedenen Beschäftigungen der Menschen walteten, deren jeder besondere Tage und Feste geheiligt waren, und deren meist abschreckend hässliche Nachbildungen die Penaten jedes Hauses bildeten. Was war natürlicher, als dass die mexikanischen Indianer in dem katholischen Heiligendienst, dessen Bedeutung ihnen verborgen blieb, den Bilderdienst ihrer alten Religion wiederfanden? Die Unzufriedenheit der Eingebornen mit ihren eigenen Göttern, die das Land nicht zu schützen vermocht hatten, und ein merkwürdiges Zusammentreffen einzelner Lehren und Gebräuche ihrer Religion mit den Glaubenssätzen und Bräuchen der Eroberer erleichterten den Uebergang zum Christenthum. Auch der Hauptgott der Azteken, Huitzilopóchtli, der mexikanische Mars, soll von einer unbefleckten Jungfrau geboren sein. Auch sie kannten eine Art von Taufe und Communion. Stirn und Lippen der neugebornen Kinder wurden bei Ertheilung eines Namens mit Wasser benetzt, mit Blut gemischtes Maisbrot, Fleisch der Gottheit, wurde bei festlicher Gelegenheit unter das Volk ausgetheilt. Das Kreuz war ihnen Emblem des ersehnten Regens. Ihr Todtenfest fiel fast auf denselben Tag wie das Allerheiligenfest. Kann es Wunder nehmen, dass der heilige Geist mit dem heiligen Adler der Azteken, der Apostel St. Thomas, welcher von Peru nach Mexiko gekommen sein soll, mit ihrer edelsten Gottheit — Quetzalcoatl — identifizirt ward, die, als sie der Sage nach das Land verliess, ihre spätere Rückkehr verkündet hatte, und dass man sogar den Namen Mexiko für fast identisch mit dem hebräischen Namen des Messias erklärte? Dann fügt der Berichterstatter hinzu: «nicht durch Aufklärung, sondern durch den Glanz der Ceremonie und das Bild des leidenden Erlösers riss der katholische Missionär seine ungebildeten Zuhörer mit sich fort;» wie denn schon A. von Humboldt bemerkt habe: «Dogma ist nicht auf Dogma gefolgt, sondern Ceremonie auf Ceremonie; die Eingebornen wissen nichts von Religion als die äusseren Formen des Gottesdienstes.» So erkläre sich leicht, wie auch heute noch das übertünchte Heidenthum vielfach in den nur der katholischen Kirche in Mexiko eigenthümlichen Gebräuchen hervortrete; ebenso erkläre sich daraus die Rolle, welche Tänze, Pantomimen und seltsame Verkleidungen an christlichen Festen, selbst während der Prozessionen und sogar vor und nach der Messe, in der Kirche spielen. Um nur einer von diesen Schaustellungen zu gedenken, «am Jahrestage der heiligen Jungfrau von Guadalupe werden in der Kirche selbst die groteskesten Indianertänze zwischen den gottesdienstlichen Handlungen aufgeführt. Männer und Weiber und mit Pferdefuss, Hörnern und Schweif angethane Teufel springen zur Erheiterung der andächtigen Gemeinde, nicht immer mit anständigen Geberden, vor dem Altar umher, und Teufel und Weiber bekommen manchmal die grosse Peitsche zu fühlen, womit die Männer sich den Takt zum Tanze schlagen.» So viel aus der Mittheilung unsers Augenzeugen, der immer noch mit der Sprache etwas zurückhält; denn seine Worte lassen in dieser Kritik des mexikanischen Gebahrens den Hintergrund offen, als ob in dem «katholischen Heiligendienst» wirklich eine «Bedeutung» stecke, die sich losmachen könne, und als ob «das katholische Christenthum» anderwärts, wenn auch nicht in Mexiko, irgend einen Anspruch auf den Namen reinen Christenthums habe. Nur so freilich ist der Berichterstatter im Stande, von «übertünchtem Heidenthum» zu reden. Die Sache ist zu ernst, als dass man dergestalt über Religion sich äussern sollte, vorausgesetzt, dass derjenige welche hat, der sie so bespricht, nämlich oberflächlich oder halbironisch.

Das zweite Beispiel von Chili nimmt sich keineswegs christlicher aus. Wir wollen als Gewährsmann einen Franzosen reden lassen, den Schriftsteller Gustave Aimard, also einen Mann unserer Tage, der sicherlich ein ächter Katholik ist. «In Chili,» schreibt er wörtlich, «ist die katholische Religion so zu sagen ganz äusserlich; ihr Kultus besteht aus zahlreichen Festen, die mit Pomp in den von Lichtern, Gold, Silber und Edelsteinen schimmernden Kirchen gefeiert werden, und aus endlosen Prozessionen, die sich unter einem Blumenregen mitten durch die Wolken von ununterbrochen brennendem Weihrauch hinziehen. In diesem von der Sonne geliebten Lande ist die Religion ganz Liebe (!); die feurigen Herzen, welche es bevölkern, kümmern sich nicht um theologische Streitigkeiten: sie lieben Gott, die Jungfrau und die Heiligen mit der Anbetung, Selbstverläugnung (!) und Hinreissung, welche sie in alle ihre Handlungen legen.» Also sind sie doch die herrlichsten Christen, die es geben könnte, — sollte man denken. Allein Herr Aimard fährt harmlos fort: «der Katholicismus ist für sie, ohne dass sie es ahnen, in eine Art Heidenthum umgestaltet, das (setzt Aimard mit ächter Logik eines sehr klugen Franzosen hinzu) nicht begründet ist, aber dessen Existenz nicht geläugnet werden kann. So gestehen sie stillschweigend dieselbe Macht irgend einem Heiligen wie der Gottheit selbst zu, und wenn die meisten unter ihnen ihr Gebet an die Jungfrau richten, ist es nicht Maria, die Mutter des

Erlösers, welche sie bitten, sondern Nuestra Señora-de-los-Dolores, Nuestra Señora-del-Carmen, Nuestra Señora-de-Quadalupe, Nuestra Señora-de-la-Soledad, Nuestra Señora-del-Pilar, Nuestra Señora-de-Quamantanga und zehntausend andere Unserer Frauen! Eine Chilenin würde nicht unschlüssig sein, mit völliger Ueberzeugung zu sagen, dass sie der Nuestra Señora-de-la-Sierra ergeben ist, weil sie viel mächtiger sei, als die Nuestra Señora-del-Carmen und ebenso andere. Wir erinnern uns, eines Tages in der Kirche der Nuestra Señora-de-la-Merced zu Valdivia gehört zu haben, dass ein würdiger Haciendero andächtig Gott den Vater bat, sich für ihn bei der Nuestra Señora-del-Pilar zu verwenden, damit er eine gute Ernte erhalte.» Ausser vielem andern bemerkt noch Herr Aimard, dass Alle für Alles um Hülfe angerufen werden, selbst für das Gelingen der Rache; und «dass die Zahl der Geistlichen von allen Sorten und Farben, Mönchen und Nonnen, eine unendliche» sei.

So weit der genannte Franzose, der sich, wie aus einzelnen Sätzen hervorgeht, über die sonst «so wunderbar entwickelte» Religion der südlichen Völker im Grunde seines Herzens lustig zu machen scheint; aber sieht es etwa, diesen von ewigen Bürgerkriegen durchwühlten Reichen gegenüber, im «schönen» Frankreich selbst viel besser aus? Wahrlich, eine treffendere Satire als diese hätte Herr Aimard auf «die grosse Nation» nicht schreiben können. Luxus statt der Kultur, Trug statt der Wahrheit, und statt der Sittlichkeit eine gränzenlose Verwilderung der Sitten verrathen sich rings, wo die römische Lehre mit ihrer Entstellung des Christenthums zur neuesten Mythologie sich eingenistet hat.

Eins ist gewiss: der Klerus drängt unter dem Vorwande der Religion seit langen Jahrtausenden überall zur absoluten Herrschaft über die Völker, ein jedes Mittel ist ihm dazu recht, das Ziel der Menschheit fremd und gleichgültig. Die heutige Civilisation kämpft mit ihm abermals «den Kampf um das Dasein». Die Naturwissenschaft ist die neue grosse Waffe, die uns Gott zum Siege verliehen hat. Was würde aus Deutschland geworden sein, wenn die hinter den Kriegen stehenden Jesuiten 1866 ihr Spiel gewonnen hätten, oder vollends 1870, wo gleichzeitig mit dem ruchlosesten aller Friedensbrüche der römische Götze fertig gemacht worden war? Wohin schaute dieser Götze bereits mit verlangenden Blicken? Auf die Zertrümmerung des tüchtigen germanischen Menschenstammes; und wäre diese geglückt, so würden bald die Scheiterhaufen über ganz Europa wieder angezündet worden sein, um eine Barbarei herbeizuführen, die verhältnissmässig entsetzlicher ausgefallen sein würde, als irgend eine, die je zuvor in alten Zeiten die Menschheit umnachtet hat. Denn im Heidenthum erhoben sich wenigstens einzelne Völker, bei welchen eine hohe Kultur blühen konnte. Unsere Kultur dagegen, einmal zerschmettert, würde bis auf die letzte Blume ausgerottet worden, und so lange ausgerottet geblieben sein, bis die Völker unter einem namenlosen Blutregen sich wieder aufgerafft hätten.

Aus den obigen Abschnitten leuchtet denn die allgemeine Wichtigkeit ein, welche die Mythologie hat, zumal wenn sie zur vergleichenden Wissenschaft wird. Der absolute Werth derselben für das Menschengeschlecht ist unbeschreiblich. Erstens bildet sie eine allbedeutsame Vorgeschichte, welche in die Geschichte selbst hineinragt. Zweitens ermöglicht uns ihre Kenntniss die gründliche Auffassung so vieler klassischer Schriftwerke, welche von den alten Nationen glücklich zur heutigen Welt gedrungen sind; ja, diese Kenntniss ist für das volle Verständniss nicht nur dieser Klassiker, sondern auch der modernen Schriftwerke geradezu unentbehrlich, da die letztern von jenen antiken Erinnerungen durch und durch erfüllt sind.

Drittens dehnt sich die Nothwendigkeit, den Inhalt der Mythologie zu kennen, auf das Verständniss und die Schätzung der Werke aus, welche dem Reich anderer schöner Künste angehören, der Malerei, Bildhauerei und Architektur. Und zwar gilt der dritte Punkt ebenso von den zur Nachwelt überlieferten Resten als von den Leistungen der neueren Meister auf diesen drei Kunstgebieten.

Wir wollen hier nur auf das Verständniss der griechischen und römischen Klassiker einen Blick werfen. Wer könnte ohne Einblick in das hellenische Göttersystem einen Homer, Pindar und die dramatischen Dichter Athens begreifen? Wer könnte sich rühmen, dass er den lateinischen Text des Virgilius fasse, ohne mit dem mythologischen Hintergrunde des Ganzen und seiner tausendfältigen Einzelnheiten, kurz, mit der Anschauung der alten Welt möglichst bekannt zu sein? Lesen wir unter anderm den ersten Gesang der Aeneïde, eines Gedichts, worin nicht blos von der trojanischen Epoche erzählt wird, sondern der ganze damalige Himmel Griechenlands und Roms ausgespannt ist: wie könnte ein Deutscher ohne Einsicht in die Götterlehre und das Sagenthum beider Völker folgende Stellen verstehen, die wir nach der vortrefflichen Uebersetzung des Virgilius von Wilhelm Binder mittheilen? Räthselhaft würden einem solchen Leser diese Darstellungen klingen, oder vielmehr, man würde sie — ungelesen lassen. Juno tritt erzürnt auf, als sie den aus Troja entkommenen Aeneas mit seinen Genossen über das Mittelmeer nach Italien segeln sieht:

»Auch nicht waren des Zorns Ursachen, die grausamen Schmerzen
Ihrem Gemüth entfallen: in innerster Seele bewahrt sie
Paris' richtenden Spruch und die Schmach der verachteten Schönheit
Und das verhasste Geschlecht und das Amt Ganymeds, des Entführten?

Was thut daher die Juno? Sie wendet sich an Aeolus, den Gott der Winde, damit er einen Sturm errege, der die Schiffe verschlinge:

. . . . . . Dort zähmet in räumiger Bergkluft
Aeolus kämpfende Wind' und die laut auftosenden Wetter
Durch obherrschende Macht und zwingt sie mit Band und Gefängniss.
Unmuthsvoll umtoben bei lautem Gemurmel des Berges u. s. w.

Aeolus gehorcht und entfesselt die Winde. Neptun bemerkt es und mischt sich zu Gunsten der Troer in die Sache; die Schiffe werden von der spitzigen Klippe weggedrängt.

. . . . . . Neptun enthebet sie selbst mit dem Dreizack,
Oeffnet des Sands ungeheueren Wall und beruhigt die Wasser,
Gleitet dann über den Spiegel dahin auf geflügeltem Wagen.

Die mit Aeneas geretteten hungrigen Troer gewinnen das Ufer und zünden ein Feuer an, um die Mahlzeit zuzurüsten.

Ceres' Geschenk, von den Fluthen verletzt, und Geräthe der Ceres
Holen die völlig Erschöpften herbei, das gerettete Korn dann
Rösten sie flugs an der Flamm' und zermalmen es zwischen den Steinen.

Darauf werden Jupiter, Venus, Ceres, Amor und andere Götter sammt der Königin Dido vorgeführt. Wie soll ein Deutscher, der in dieses Gedicht blickt, eine Ahnung von dem Sinne haben, wenn ihm jene Gestalten fremd wären? Was soll er sich von Juno, Jupiter, Aeneas, Neptun, Ceres, Venus, Amor denken? Was von Aeolus, von Paris, Ganymedes, Bacchus und Triton? Wie soll ihm eine Darstellung klar werden, die ihm nicht gleichgültig sein kann, da ihr Stoff von welthistorischem Interesse ist und die Gründung Roms betrifft? Die antike Welt würde vor ihm wie mit Brettern verschlossen bleiben.

Nicht besser, eher noch schlimmer, müsste es uns mit den Werken der andern Künste ergehen. Betrachten wir ein Paar Gemälde eines grossen, neueren

Meisters. Das eine bietet «den Kampf der Trojer und Achäer um den Leichnam des Patroklos.» Zur Rechten sehen wir den siegreichen Hektor mit seiner Schaar bis zur Umwallung der an den Strand geschobenen griechischen Schiffe vorgedrungen, während die von Ajax geführten Achäer zurückweichen. Auf der Zinne des Walles aber steht Achilles, die Feinde bedrohend, die ihm den Freund getödtet haben: Pallas umloht den zürnenden Helden mit den Blitzen des Jupiter. Das zweite Gemälde schliesst «die Unterwelt der Griechen» vor unsern Blicken auf. In der Mitte des Reiches thronen der Gott des Hades Pluton und seine traurig finstre Gemahlin Persephone (Proserpina); zur Linken wachen die Todtenrichter, welche den durch Charon übergeschifften Seelen der Schatten ihr nunmehriges Loos bestimmen. Eben naht sich der Sänger Orpheus dem Throne; er ist in die Unterwelt gestiegen, um seine gestorbene Gemahlin Eurydice auf die Oberwelt zurückzuholen, wenn die Bitte erhört werden sollte. Er schlägt die Leier, in deren Saiten Eros (Amor) beseligend eingreift; die melodischen Klänge bezaubern das ganze Todtenreich, die furchtbaren Erinnyen (Furien) schlummern ein, die Danaïden rasten in ihrer vergeblichen Arbeit, der Kerberos selbst lässt stumm seine Köpfe hängen, und Eurydice lauscht auf ein Zeichen des Pluton, das ihr gestatte, den geliebten Gatten an das Licht zurückzubegleiten.

Beide Darstellungen des Malers würden einem Jeden, der in die Götterlehre und Sagengeschichte der Griechen uneingeweiht ist, ein verworrenes Räthsel bleiben, ihrem gesammten Gegenstande nach, wie sehr der Beschauer auch die Kunst anstaunen möchte, die auf die Ausführung des Stoffes verwendet worden ist. Oder meint man, dass dergleichen Stoffe überhaupt von dem Pinsel der Neuzeit abzuweisen wären, weil sie uns fremd und gleichgültig erscheinen müssten?

Im Gegentheil; denn viertens müssen wir kurz, aber nachdrücklich, um den absoluten Werth der Mythologie zu kennzeichnen, auf die Vortheile aufmerksam machen, welche namentlich die Poesie und Kunst aus der Benützung der mythologischen Quellen nicht blos heute zieht, sondern immerdar ziehen wird. Der Inhalt derselben umfasst einen unerschöpflichen Schatz von Vorstellungen, Ideen, Bildern, Gleichnissen und Redewendungen, welche hie und da sich vortrefflich eignen, unseren Gedanken und Gefühlen schmuckreiche Züge zu verleihen, die, obgleich der fernliegenden Urzeit entnommen, eines bleibenden Reizes für das Heut sowohl als für die späteste Zukunft sicher sind. Die Dichter und Redner haben das unbeschränkteste Feld: sie dürfen aus allen Zonen und Zeiten Alles von unseren Urvorfahren Gedachte zusammentragen und auswählen, was sie für ihren momentanen Gebrauch nützlich und werthvoll erachten; die einzige Forderung, die dabei an sie gestellt werden muss, ist, dass sie dem Verständniss und dem Geschmack Rechnung tragen. Dem Maler dagegen und dem Bildhauer bieten vorzugsweise die Griechen ihre Ideale, ebenso dem Architekten, der aus den Trümmern ihrer Meisterhand sich unterrichtet. Bekannt ist, dass die mythologischen Quellen ebenso originell als interessant fliessen. Was nöthigt uns jemals, diese Bereicherung und Verschönerung menschlichen Gedankenflugs aus unsern Gärten abzuweisen? Es wäre nur die Beschränktheit, die ein solches Ansinnen aus dem Grunde stellte, das Alterthum nicht kennen lernen zu müssen, weil es eine lästige Zugabe sei! Unter anderm, warum sollten wir nicht einen fortdauernden Gebrauch machen von dem Charakter des Ormuzd und Ahriman, von der Erwähnung der persischen Lichtgeister und ihrer Kämpfe mit den Höllengeistern? Warum schweigen von dem Walten des Odin, des Thorr und Loki, von dem Einfluss der Nornen, von dem Amt der Walkyren, von dem Loose Siegfrieds und Chriemhilds? Warum nicht mehr reden von der

Macht des Jupiter, von junonischer Schönheit, von dem Liebreiz der Aphrodite (Kypris, Venus), von den Pfeilen des Amor, von Musen, Grazien und Furien, von Parzen und Gorgonen, von Helden wie Herkules, Theseus und Achilleus, kurz, von Myriaden anderer grosser und erhabener Erscheinungen, welche die Mythologie berichtet? Könnte man nicht, mit gleichem Rechte, ein Aufgeben der Geschichte und ihrer Personen, Charakterzüge und Lehren fordern? Alle diese Fragen stellen wir den Gegnern der Mythologie, den Unkennern derselben, den einseitigen Verächtern alles dessen, worin sie eine fremde, der eigenen Nation nicht angehörige Vorstellung wittern. Als ob irgend eine Nation gut thun würde, sich loszusagen von der früheren Menschheit und von den mitlebenden Völkern! Aus den Banden der Gemeinsamkeit kann sich Niemand ohne Schaden zurückziehen. Ein Entsagen auf dem Gebiete der Mythologie wäre eine muthwillige Selbstberaubung; nach allen obigen Andeutungen liegt keine vernünftige oder beachtenswerthe Veranlassung vor, dass man sich aus Grundsatz und absichtlich zahlloser Geistesfunken und Lichtblüthen, welche aus der Vorzeit stammen, wie welker und todter Blätter entäussern und begeben müsse. Selbst die Volkspoesie, die manche Menschen für die höchste Stufe der Dichtung schätzen, würde ihre Zweige kahl machen, wenn sie innerhalb der Schranken ihrer vier heimischen Pfähle sich festbannen und auf die schmuckreichen Gaben alter und fremder Geschlechter, ebenso eigensinnig als kurzsichtig, verzichten wollte.

Fünftens möchte es uns vielleicht erlaubt sein, auch den Naturforschern einen Wink zu geben, dass die Mythologie eine Weltbedeutung habe. Vortrefflich sind Experimente, wodurch sie in die Natur eindringen; vieles Unverhoffte und Wundervolle erläutern sie zum Heile der Menschheit. Aber was sie durch Experimente erreichen, ist noch bei weitem nicht die volle Wahrheit selbst; denn die Wahrheit befindet sich auch in Regionen, die nicht handgreiflich sind. Möchten sie nebenher ihren Fleiss mit gleichem Ernste auf die Betrachtung und Erforschung des Geistes richten, nicht blos der organischen und unorganischen Materie. Wie wenig hat man den Menschen nach seinem geistigen Theile, der so uralt ist wie der Körper, geprüft, erforscht und begriffen! Will man seine Unsterblichkeit bezweifeln? Nun, er macht sich ja durch die gewonnene Fixirung seiner Gedanken, seiner Gefühle, seines innern Wesens schon auf dieser Erde gewissermassen unsterblich; die Existenz eines Geistes erhält sich, durch Worte gesichert, auf ferne Jahrtausende hinaus! Dem Materialisten werden wir dann glauben, dass es keinen Geist giebt, wenn er uns mit Beibringung überzeugender und vollgültiger Beweise sagen wird, was eigentlich die Sonne ist, oder was der Mond. Und der Geist, den sie verneinen, ist mehr als Sonne und Mond. Bis auf diesen Tag weiss weder ein Materialist noch sonst Jemand zu erklären, was ein blosses Baumblatt ist, geschweige denn, dass eine Menschenhand ein solches erzeugen, schaffen, machen könnte. Wo also will diese heutige menschliche Ueberhebung und Anmassung hinaus? Inzwischen sind wir so frei, zu behaupten, dass die meisten Naturforscher unseres Zeitalters, wie sehr sie sich brüsten mögen, nicht in Harmonie mit Natur und Geist sich befinden, sondern in Disharmonie. Man möchte sagen, sie haben die Fähigkeit für die Einsicht in die ewigen Gesetze der Dinge verloren. Die Vollkommenheit der Weltharmonie ahnt und begreift einzig und allein der wahre Dichter, in welchem Alles Harmonie ist; er vernimmt den göttlichen Klang, in welchem der menschliche Geist und das unsichtbare Leben der Seele sich ausdrückt und seine irdische Form gewinnt.

Leipzig, am Neujahrstage 1874.

Johannes Minckwitz.

A.

Aeaea. (Gr. M.) Beiname der Circe (s. d.) von ihrem Aufenthalt, der Insel Aea. Ulysses gelangte von den furchtbaren Lästrygonen zu ihr.

Aeaciden. (Gr. M.) Die von Aeacus Abstammenden, hauptsächlich Peleus, dessen Sohn Achilles und Enkel Pyrrhus.

Aeacus. (Gr. M.) Nachdem Jupiter als Stier die schöne Königstochter Europa über das Meer entführt hatte, verband er sich mit derselben, und die Frucht dieser Liebe waren Aeacus, Minos, Sarpedon und Rhadamanthys; andere Dichter geben dem Ersten eine andere Mutter, Aegina, eine Tochter des Flussgottes Asopus, um derenwillen Jupiter sich in einen Adler, und bei ihrer Umarmung in Feuer verwandelte. Den Vater, welcher der entführten Tochter nacheilte, scheuchte Jupiter durch Blitze zurück. Die Alten umgaben Aeacus mit Wundern von der Geburt an, durch welche die Grösse des künftigen Helden verkündigt werden sollte. Er ward Beherrscher der nach seiner Mutter benannten Insel, und regierte dieselbe so gerecht und weise, dass selbst die Götter ihn achteten und ehrten, wovon er in seinem Leben, wie nach seinem Tode Beweise empfing; so erzählt Diodor bei Gelegenheit der Ermordung des jungen Androgeus, Sohnes des Minos, dass durch ganz Attica, wegen der ungebüssten Blutschuld, eine schreckliche Dürre und Hungersnoth entstand. »Die Fürsten der Städte kamen zusammen und fragten das Orakel, auf welche Art sie dieser Plage ledig werden könnten; dieses erwiderte, sie sollten zu Aeacus und zu Aegina gehen und sie auffordern, für der Griechen Volk Bitten bei den Göttern einzulegen. Es geschah, und alsbald hörte in ganz Attica die Dürre auf.« In Aegina ward zur Erinnerung an dieses Ereigniss ein Denkmal aus weissem Marmor errichtet, das sogenannte Aeaceum. Juno aber, alle Kinder ihres Gatten so wie deren Mütter hassend, selbst die Länder, welche ihren Namen trugen, mit ihrem Zorn und ihrer Rache bedrohend, sandte auf das Gebiet von Aegina eine schreckliche Plage herab, welche A. bei Ovid, Verwandl 7, 521—547, dem Cephalus, der viele frühere Bekannte auf Aegina vermisst, des Nähern schildert und zu Jupiter fleht, dass er ihm die Seinen zurückgeben oder ihn selbst sterben lassen wolle. Auf diese Bitte antwortete Zeus mit einem Blitz, welchen jener für ein Zeichen der Gewährung hielt. Da trat er zu einem mächtigen heiligen Eichbaum, aus dodonischem Samen entsprossen, an diesem sah er geschäftig durch die geborstene Rinde Ameisen auf und ab laufen und einen grossen Haufen aufbauen. So viele der Bewohner wünschte er sich; ein zweiter Donnerschlag ertönte, und betend, doch ohne Hoffnung der Erfüllung, warf er sich nieder vor der geahneten Nähe des mächtigen Gottes. Nachts aber, in dem verödeten Königspalast ruhend, erwacht er von Stimmen vieler Menschen, deren er sich beinahe schon entwöhnt hatte, und sein Sohn Telamon eilt herzu und verkündet ein Wunder; denn zahllose Männer und Frauen entströmen der heiligen Eiche, in Menschen verwandelt sind die Ameisen, und geschäftig, wie diese, führen sie ein arbeitsames, friedliches Leben, Myrmidonen benennt sie der König, zur Erinnerung an ihren Ursprung (*Myrmex*, die Ameise), theilt unter sie die Häuser und Aecker der Verstorbenen aus, und herrschte nunmehr über ein junges, neues Geschlecht. Dieser von den Göttern so hoch begünstigte und geehrte Sterbliche genoss noch einer andern ehrenden Auszeichnung: er durfte nämlich in Gesellschaft des Apollo und Neptun die Mauern von Troja erbauen, doch freilich konnte das Werk des Menschen dem der Götter nicht gleich kommen; ein Wunderzeichen verkündete seinen Untergang. Als nämlich der Bau vollendet war, kamen drei gewaltige Schlangen vom Meere heran; sie suchten sich auf die Mauer zu schwingen, zwei derselben fielen zurück, die dritte aber kam in die Stadt; der prophetische Gott Apollo erklärte dieses Zeichen so: an der Stelle, welche die Arbeit eines S t e r b l i c h e n sei, werde die Stadt erstiegen werden, und zwar zweimal, und beide Male unter Mitwirkung von Nachkommen des A. — Wirklich eroberten noch sein Sohn Telamon und seine Urenkel Pyrrhus und Epöus, der Erbauer des berühmten trojanischen Rosses, Troja zu verschiedenen Zeiten. Die drei gewaltigen Schlangen oder Drachen sollen Pyrrhus, Achilles und Ajax andeuten, von denen der erste die Stadt eroberte, während die anderen vor den Mauern starben. — A. war vermählt mit der Tochter des Centauren Chiron, Endeis, welche ihm die beiden hochberühmten Helden, Peleus und Telamon, gebar, noch berühmter durch ihre Söhne, Achilles und Ajax. Von der Nereïde Psamathe hatte A. noch einen Sohn, Phocus, den er den beiden andern vorzog, wesshalb jene beschlossen, sich des lästigen Nebenbuhlers zu entledigen. Bei einem Spiel mit dem Discus schwang Telamon denselben so, dass er auf den Kopf des Phocus fiel und ihn erschlug, wesshalb dann Telamon und sein Bruder fliehen mussten, worauf Psamathe in ihre Heerden einen Wolf schickte, der dieselben bis auf das letzte Stück hinwürgte, und dann erst von ihr auf Bitten der Thetis in Stein verwandelt wurde. Des A. grosse Gerechtigkeitsliebe machte ihn so zum Liebling der Götter, dass ihm auch das Richteramt in der Unterwelt mit Minos und Rhadamanthys übertragen wurde.

Aeanteen. (Gr. M.) Ein Fest des telamonischen Ajax, das diesem auf der Insel Salamis, wo er geboren war, und die er als National-Heros schirmte, gefeiert wurde. Er hatte daselbst einen Tempel, in welchem seine Bildsäule von Ebenholz stand. Auch in Athen und auf dem Vorgebirge Rhöteum wurde er verehrt.

Aeantides. (Gr. M.) Sohn des telamonischen Ajax und seiner Gattin Glauca.

Aeantis. (Gr. M.) Beiname der Minerva, unter dem sie auf der Burg von Megara einen Tempel hatte, der ihr von dem telamonischen Ajax errichtet worden sein soll.

Abadir. (Phön. M.) Name kegelförmiger Steine, welche die ältesten Symbole der Gottheiten gewesen zu sein scheinen. S. B ä t y l i e n.

Abaeus. (Gr. M.) Beiname Apollo's von der Stadt Abä in Phocis, wo er einen Tempel und ein bekanntes Orakel hatte. Der Tempel war seiner uralten Statuen wegen so geschätzt, dass er nach zweimaliger Zerstörung im persischen und im heiligen Kriege wieder aufgebaut wurde.

Aban. (Pers. M.) Genius des Wassers.

Abantiaden. (Gr. M.) Nachkommen des Abas, Königs von Argos, vornämlich sein Sohn Acrisius und dessen Enkel Perseus, sodann die folgenden Könige von Argos.

Abarbarea. (Gr. M.) Eine Najade. Bucolion, Sohn des Laomedon, Königs von Troja, als Hirte bei den Schafen lebend, gewann nach Ilias 6, 22 die Neigung der jungen Nymphe, und sie ward von ihm Mutter der

Zwillinge Aesepus und Pedasus. Beide blieben vor Troja von der Hand des Euryalus.

Abarimon. (Gr. M.) Ein grosses Thal im Gebirge Imaus, wo Menschen mit rückwärts gekehrten Fusssohlen wohnen sollen, welche ausserordentlich schnell laufen und mit den Thieren des Waldes herumstreifen. Man glaubte, dass sie unter keinem andern Himmelsstriche zu athmen vermöchten, daher sie weder zu dem grossen Alexander, noch auch nur zu einem der benachbarten Könige gebracht wurden.

Abaris. (Gr. M.) 1) Ein Priester des Apollo, dem dieser einen goldenen Pfeil schenkte, mittelst dessen er die ganze Erde umfliegen konnte. Er war ein berühmter Arzt und Wunderthäter, soll von den Hyperboreern zur Zeit des Crösus nach Griechenland gekommen sein und dasselbe von einer furchtbaren Pest, doch nur unter der Bedingung befreit haben, dass die Athener für alle andere Nationen freundliche Gelübde darbrächten. Auch soll er der Proserpina, der Retterin, zu Sparta einen Tempel erbaut haben. Die Nachrichten über ihn sind höchst widersprechend, doch scheinen wirklich historische Begebenheiten denselben zum Grunde zu liegen. Strabo nennt ihn einen Mann von aufrichtigem, biederem und sanftem Charakter, und Diodor erzählt, dass er nach Griechenland gegangen sei, um eine Freundschaft, welche seit lange zwischen seinem Volke und dem Delos bestanden, zu erneuern. Herodot (IV, 36) scheint übrigens nicht an ihn zu glauben. — 2) Ein Genosse des Königs Turnus, der gegen Aeneas in Italien stritt, ward von Euryalus erschlagen. 3) Ein Bewohner des Caucasus ward von Perseus, als er seine Vermählung mit der Andromeda feierte, mittelst eines ungeheuren Bechers erschlagen.

Abarnis. (Gr. M.) Die Gegend um Lampsacus in Kleinasien, berühmt als Geburtsstätte des Priapus, der auch daselbst besonders verehrt wurde. Venus hatte ihn von Bacchus empfangen, setzte ihn jedoch seiner Missgestalt wegen aus und verläugnete ihn, daher der Name Abarnis (Lügenfeld).

Abas. (Gr. M.) 1) König von Argos, hauptsächlich durch seinen Grossenkel, Perseus (erzeugt von seiner Enkelin Danaë und Jupiter als goldenem Regen), berühmt. Sein Vater war Lynceus, die Danaïde Hypermnestra seine Mutter, mithin der grausame Danaus sein Grossvater. A. brachte dem Lynceus die Nachricht von des Danaus Tode, und wurde dafür mit einem kostbaren Schilde beschenkt, den einst Danaus der Juno geweiht hatte. Selbst nach seinem Tode durfte man diesen Schild nur den empörten tributpflichtigen Völkern zeigen, um sie zu beruhigen. — 2) Sohn des Neptun und der Flussnymphe Arethusa, welche, den Verfolgungen des Alpheus zu entgehen, die Diana um Hülfe gebeten hatte, und von ihr zuerst in eine Wolke gehüllt, dann in Wasser verwandelt worden war. — 3) Sohn des Melampus und der durch diesen vom Wahnsinn geheilten Tochter des Prötus, Iphianassa. — 4) Ein Centaur (Ovid, Verwandl. 12, 306). — 5) Gefährte des Diomedes; er wurde von Venus in einen Sturmvogel verwandelt. — Bei der Hochzeit des Perseus mit der Andromeda und bei der des Pirithous erscheinen noch zwei andere, deren letzterer ein Centaur war, Sohn des Ixion und der an Juno's Statt ihm untergeschobenen, wie die Göttin geformten Wolke.

Abaskanton. Ein Amulet, welches die Griechen trugen, um nicht bezaubert, verhext zu werden.

Abdal, heissen in der Sprache orientalischer Mystiker die in Gott versunkenen Heiligen, welche die Reisebeschreiber sonst Santons nennen.

Abderus. (Gr. M.) Sohn des Mercur oder des Thronius, Locrer aus Opus, Liebling des Hercules. Nach Andern ein Diener des Diomedes, Königs der Bistonen in Thracien, sammt seinem Herrn und dessen vier Menschenfleisch fressenden Rossen von Hercules getödtet.

Abdul Chenis. (Orient. Sage.) D. h. Diener der Sonne, nannte sich nach den arabischen Erzählungen der dritte Sohn des Ikthan (ein Nachkomme des Propheten Eber), weil er und die Seinen Sonnenanbeter waren, d. h. diess Gestirn als eine Gottheit verehrten.

Abellio. Eine Gottheit der Gallier, erwähnt auf einigen gallischen, bei Cominges im südlichen Frankreich gefundenen Altar-Inschriften. Man vergleicht ihn bald mit dem Mars, bald mit dem Apollo der Römer, Letzteres, weil bei den Cretern Abelios die Sonne hiess.

Abels Grab. Ein Grabmal auf Ceylon, welches schon lange vor Einführung des Christenthums und des Islam (der letztere erkennt, wie bekannt, auch den Stammvater des Menschengeschlechtes und seine Nachkommen als Erzväter und Patriarchen) den Namen geführt haben soll, welches jedoch wahrscheinlich nur durch eine Verstümmelung des Wortes zu der jetzigen Bedeutung gelangt ist, wie Adamspic und Adamsbrücke, s. d., welche ihre Entstehung lediglich den Portugiesen verdanken, da Rama (der Gott Wischnu in einer seiner Verkörperungen) derjenige ist, dessen Namen sie tragen. Vergl. Rama avataram.

Abeona. (Röm. M.) Eine Göttin, welcher man die aus einem Orte, einer Familie scheidenden Wanderer zu empfehlen pflegte.

Abesta. S. Zend-Avesta.

Abgotts-Schlange. Die Riesenschlange, welche von einigen wilden Völkern göttlich verehrt wird. Dass die amerikanischen Wilden sie anbeten, scheint nicht bewiesen; dagegen thun es die Negerstämme im Innern von Afrika: sie werfen sich vor jeder Schlange auf die Kniee, bedecken ihr Gesicht mit beiden Händen und legen so das Haupt auf den Boden, bis die Schlange davon gelaufen ist. Die Portugiesen, denen wir die ältesten Nachrichten hierüber verdanken, haben dann die grösste von allen zur Abgotts-Schlange gemacht.

Abgrunds-Engel. Von dem Mythus ausgehend, dass Satanas ein gefallener Engel ist, heisst derselbe in der Bibel so.

Abhijit. (Ind. Religionslehre.) Nach den Verordnungen des Menu eines derjenigen Opfer, welche zugleich mit sehr kostbaren Geschenken ein König oder Rajah zur Aussöhnung darbringen kann, wenn er einen Priester ohne Vorsatz oder Kenntniss seiner Classe um's Leben gebracht hat.

Abia. (Gr. M.) Amme des Hyllus, erbaute dem Vater ihres Pfleglings, Hercules, aus eigenem Vermögen einen Tempel zu Ira in Messenien, wesshalb der Heraclide Cresphontes ihr zu Ehren diese Stadt Abia benannte.

Abida. (Mong. M.) Fig. 1. Eine Gottheit der Kalmücken, die viel Aehnlichkeit mit dem Schiwa der Indier

Fig. 1.

hat. A. herrscht über die Seelen der Verstorbenen, gibt den Guten die Erlaubniss, in's Paradies zu wandeln, sendet aber die Schlechten wieder zurück auf die Erde in andere Geschöpfe. Der Götze wohnt im Himmel, wohin ein Weg ganz von Silber führt. Er wird von Flammen umgeben abgebildet, wie er über den Rücken eines Löwen, der einen Menschen zerreisst, einen andern hinwegführt, um ihn in seinen Schutz zu nehmen.

Abjia goni. (Ind. M.) Gebärer der Wolken und des Mondes — ein Name des Brahma. Dieser nämlich, als Erde, gerieth bei der Umdrehung des Berges Mandar, im Milchmeere (um die Amritta zu bereiten, von den Riesen und Göttern bewirkt), so heftig in Schweiss, dass derselbe wolkenweise von ihm aufstieg und sich ein Feuerfunken, der Mond, von ihm ablöste.

Abimurgan. (Pers. M.) Eine Wunderquelle in Kohistan, um welche eine Art Vögel, genannt Samarmar, beständig herumfliegen. Wird eine Gegend von den Heuschrecken heimgesucht, so darf man nur etwas von dem Wasser dieser Quelle dahin bringen, und die Vögel folgen nach und vernichten die Heuschrecken.

Abiponer. (Rel. der —.) Ein Nomadenvolk in der Ebene von Paraguay in Südamerika, schön, kräftig, kriegerisch, durch die Grausamkeit der Europäer bis auf wenige Tausend Seelen geschmolzen. Es theilt seine religiösen Ansichten und Gebräuche mit den meisten Urvölkern von Amerika, welche noch keinen eigentlichen, die Naturreligion verachtenden Cultus haben. Aharaigichi (s. d.) ist der Name ihres höchsten Gottes, den sie ihren Urvater nennen, und ausser dem sie keinen andern erkennen. Sie suchen in den Plejaden sein Bild. Bei Finsternissen an Sonne und Mond befürchten sie das Verlöschen dieser Gestirne. Sie glauben an die Unsterblichkeit der Seele und nehmen an, dass die Seelen nach dem Tode die Beschäftigung fortsetzen, welche sie im Leben hatten, und Nachts in Gestalt einer Art kleiner Enten unter traurig tönendem Gezische umherfliegen, auch das Echo verursachen. Sie haben gute und böse Zauberer, halten Krankheit und Tod für von den Letzteren verursachte Uebel, schneiden daher den Gestorbenen Herz und Zunge aus, und geben beides einem Hunde zu fressen, wodurch sie zu bewirken glauben, dass derjenige, welcher den Tod des Verblichenen verursacht, auch bald sterbe. Der Verstorbene wird in einem Walde mit seinen Geräthschaften begraben, ihm wird acht Tage lang ein Klaggeschrei gehalten, seine Hütte und alles ihm Gehörige wird verbrannt, die Familie zieht von dem Orte ihres Wohnsitzes fort, und der Name des Todten wird nie wieder ausgesprochen.

Ablaikit. Städtchen in dem russischen Gouvernement Orel, an dem Bache gleichen Namens, merkwürdig durch einen daselbst befindlichen Götzentempel des Fürsten Ablai (eines Kalmücken-Khans), in welchem man viele tatarische (kalmückische und mongolische) Inschriften gefunden hat.

Abobas. (Gr. M.) Von dem Worte Abuba (Flöte) hergeleiteter Beiname des Adonis bei den Pergäern in Pamphylien.

Aborigines. (Ital. M.) Das Volk, welches in vorhistorischer Zeit, aus seinen Wohnsitzen im Innern des Apennin, um den See Fucinus und den Berg Velinus, von den Sabinern verdrängt, gegen die westliche Ebene vordrang, die da wohnenden Siculer theils verdrängte, theils mit ihnen verschmolz, und so den Latinern und Römern den Ursprung gab. Sie sollen im goldenen Weltalter, frei von Herrschaft und Knechtschaft, von Alter und Tod, in ungestörtem Wohlsein den reichen Segen des Landes unter den väterlich milden Königen Saturnus und Janus genossen haben.

Abraha. (Arab. M.) Statthalter des abyssinischen Kaisers Negiaschi im glücklichen Arabien, liess in der Hauptstadt seiner Provinz, Sanna, einen prächtigen Tempel bauen, um die Araber von der Besuchung des Tempels zu Mekka abzuhalten. Obgleich nun die Völker jener Zeit so sehr an dem Hergebrachten hingen, dass sie selbst mit den Steinen, welche auf den Feldern um Mekka lagen, Abgötterei trieben, so bemerkten doch die Priester der Kaaba eine Abnahme der Pilger, und veranlassten daher eine Verunreinigung des neu gebauten Tempels, so dass er von den Arabern verachtet wurde. Dieses zu rächen, überzog A. Mekka mit Krieg; allein das Heer der Elephanten, seine vornehmste Macht, ward scheu vor den glänzenden Mauern, und eine ungeheure Anzahl grosser Vögel kam von dem Meere her, die hatten ein jeder drei Steine, einen im Schnabel und zwei in den Klauen, und auf jedem derselben stand der Name desjenigen, der davon getroffen werden sollte; diese liessen sie fallen, als sie über dem Heere des A. waren, so dass keiner davon kam, als der Heerführer selbst, der an den Hof des Kaisers floh, am Fusse seines Thrones ihm die Schreckensnachricht verkündete, und dort von einem solchen Steine getödtet wurde, den ihm ein Vogel bis in den Kaiserpalast nachgetragen hatte.

Abraham. Mehrere Gelehrte sind geneigt, diesen berühmten Patriarchen des jüdischen Volkes entweder zum Gott Brahma selbst, oder zu einem Bramanen zu machen, welcher in dem Streit zwischen Schiwaiten und Brahma-Verehrern Indien verlassen musste. — In der That ist viel vorhanden, was auf eine solche Vermuthung führen könnte; im Sanskrit kommt für das Wort Erde Brahm, oft Abrahm vor. Sara hiess Abrahams Gattin, und Frau Sara (Saraswati) heisst Brahma's Gattin. Die ganze Erzählung von A. ist selbst durch die Rabbinen auf ächt indische Weise ausgeschmückt. Die Stadt, aus welcher der Patriarch nach Canaan zog, heisst Ur, diess bedeutet Stadt des Feuers — Ort, wo das Feuer (das Symbol des Zerstörers Schiwa) verehrt wird. Sie geben — wie die Indier ihren frühesten Vorfahren — dem A. eine ungeheure Grösse, und lassen ihn für seine Kinder eine eiserne Stadt bauen, so hoch, dass die Sonne nicht über die Mauern scheinen konnte. Sara war so glänzend, dass sie, als sie nach Aegypten kam, Alles erleuchtete, wie es nach indischen Fabeln Saraswati, der Mond, thut etc.

Abrakadabra. (Rel. der Magier.) Ob dieses Wort und das Wesen desselben wirklich zur Religionslehre der Parsen und Feueranbeter gehörte, müssen wir dahin gestellt sein lassen; doch ward von denjenigen, welche es als Amulet und Zaubermittel brauchten, dieses gesagt. Ein Nachfolger des aus der Ketzergeschichte bekannten Basilides, der Arzt Serenus Sammonicus, bediente sich desselben in gefährlichen Fiebern: theils ward es auf einen Zettel geschrieben in folgender Gestalt:

A b r a k a d a b r a
a b r a k a d a b r
a b r a k a d a b
a b r a k a d a
a b r a k a d
a b r a k a
a b r a k
a b r a
a b r
a b
a

aber auch hinten und vorne um einen Buchstaben verkürzt. So in ein leinenes Tuch gethan und um den Hals gebunden, schrieb man ihm entschieden heilsame Wirkung zu.

Abraxas. Mit diesem Namen bezeichnete Basilides, ein ägyptischer Gnostiker (100 n. Chr.), das ewige Urwesen, aus welchem die fünf Urkräfte, Geist, Wort, Vorsehung, Weisheit, Macht, hervorgegangen sein sollten. Es haben sich in Aegypten, Asien, Spanien, da, wo diese Lehre Eingang gefunden hatte, eine Menge sogenannter A.-Gemmen gefunden, d. h. geschnittene Steine, auf denen sich räthselhafte Zusammenstellungen von Menschen-, Thier- und Pflanzengestalten und Schriftzügen befinden.

Abretia. (Gr. M.) Eine Nymphe, nach welcher die Landschaft Abrettene in Mysien benannt ward. Von letzterer hat Jupiter, der daselbst besonders verehrt wurde, den Beinamen Abrettenus.

Abrizeykan. (Pers. M.) Ein — im Junius (am 13. des Monats Tir) gefeiertes — Fest der Chaldäer, Armenier und Perser. Es ist der Jahrestag eines alten Friedensschlusses zwischen Manutscheher und Afrasiab. Ein Pfeil, von dem Bogenschützen Arecch unter dem Beistande der Götter abgesendet, sollte die Gränze der beiden Reiche bestimmen. Der Fluss Oxus oder Amu, bei welchem er niederfiel, ward darnach die Gränze.

Abron. (Gr. M.) Ein griechischer Heros, Vater des Melissus, und durch diesen Grossvater des Actäon, doch nicht des von Diana verwandelten, sondern eines andern, der durch seine grosse Schönheit, die seinen Tod herbeiführte, berühmt war.

Abruz. (Pers. Rel.) Der heilige Berg in Persien, auf welchem die Götter das Feuer aufbewahrt hatten; daher Gegenstand der Anbetung. Es stehen noch jetzt viele Tempelruinen auf demselben, und in früheren Zeiten war die ganze Gegend von den eifrigsten Parsen bewohnt.

Abruzanum. (Pers. M.) Eine nach der Meinung der Perser von einem Liebesgeiste bewohnte Pflanze, daher sie dieselbe bei ihren Liebes- und Zaubertränken anwenden.

Abseus. (Gr. M.) Ein Gigant, Sohn des Tartarus und der Gäa. (s. dd.)

Absyrtus, (Gr. M.) Bruder der Medea, (s. d.) Es sind verschiedene Sagen über ihn vorhanden. Die eine erzählt, er sei bei Medea's Flucht noch ein Kind gewesen, und diese habe ihn mitgenommen, weil sie des Vaters Verfolgung befürchtet. Um nun dieser zu entkommen, habe sie ihren Bruder ermordet, zerrissen, und die einzelnen Stücke seines Leibes zerstreut, damit der Vater bei denselben verweile und sie Zeit gewinne, in Sicherheit zu kommen. Nach der zweiten Erzählung war A. bei ihrer Flucht schon erwachsen; der Vater trug ihm die Verfolgung des Räubers Jason und der Geraubten auf; der Bruder ereilte die Flüchtlinge bei dem Könige der Phäaken, Alcinous, dieser jedoch wollte das dem Jason verliehene Gastrecht nicht verletzen, und machte wegen der Herausgabe der Medea zur Bedingung, dass diese nur dann erfolgen sollte, wenn die Fremdlinge noch nicht vermählt wären. Des Königs Gattin Arete benachrichtigte die Liebenden von dieser Uebereinkunft, und sie feierten ihre Verbindung noch in derselben Nacht. Daher musste A. ohne Erfolg abziehen; allein er gab darum die Hoffnung, zum Ziele zu gelangen, nicht auf, zog dem jungen Paare nochmals nach, und holte sie auf einer Insel des adriatischen Meeres wieder ein, indem sie der Diana opferten. Hier blieb A. im Kampf gegen Jason.

Abudad. (Pers. M.) Der Stier, welchen Ormuzd zuerst erschuf, und in welchem die Keime aller andern Dinge lagen. — Ahriman, (s. d.) sandte zwei böse Genien aus, die den Stier tödteten; sterbend weissagte er den einstigen Untergang des Bösen am Weltende. Aus seinem rechten Vordertheil entstand nun der erste Mensch, aus dem linken der Grundbegriff aller Thiere (Kajomorts und Gosch), aus den übrigen Theilen verschiedene Pflanzen. Die Genien nahmen zwei Dritttheile des Samens und übergaben sie dem Monde, während ein Dritttheil der Erde blieb. Aus dem ersten — durch das Mondlicht geläuterten — erschuf Ormuzd wieder zwei Stiere, aus denen sich die Thierwelt entwickelte. Ahriman erreichte seinen Zweck nicht, und musste den Geschöpfen des guten Gottes gleich mächtige des bösen Princips entgegen setzen, wodurch sich dann der furchtbare, alle Weltalter überdauernde Streit entspann, in welchem sich die persische Mythologie bewegt.

Abujahja. Nach dem Islam der Todesengel, welcher die Seelen von den Körpern trennt.

Abulis. Bei den Arabern der Name der bösen Dämone.

Abundantia. (Röm. M.) Auch Ubertas genannt, römische Gottheit des Ueberflusses. Sie wurde nach dem Ideale der Ceres gebildet, nur hat sie noch ein mit der Oeffnung nach unten gekehrtes Füllhorn. Auf römischen Kaisermünzen erscheint sie oft, auch sind noch Bildsäulen von ihr erhalten.

Aburza Suburgan. (Kalmückische Rel.) Der geheiligte Raum, in welchem die Kalmücken ihre Götterbilder aufstellen. Er besteht aus einer runden Nische, die auf einer Blume zu ruhen scheint. Der mittlere Theil dieser Blume trägt einen kleinen Altar, auf dem das Idol steht, umgeben von Strahlen, doppelten Heiligenscheinen etc.

Abutto. (Jap. M.) Der Gott des Wohlseins; Kranke und Reisende flehen seinen Beistand an; er gehört zu der zweiten Klasse der grossen Götter, ist wegen seiner Macht sehr geehrt, und wird daher besonders von Schiffern um günstigen Wind angerufen. Diese werfen einige Gold- oder Silbermünzen, an ein Stückchen Holz gebunden, so dass sie schwimmend erhalten werden, in die Flüsse, welche sie befahren, als Geschenke für den Gott, oder für seine Priester, welche an den Flüssen wohnen, und das Geld, das sonst kein Mensch anrühren darf, auffangen. Es kommt nach ihrer Angabe direkt in die Hände des Gottes, doch begeben sie sich stets auf die vorbeisegelnden Schiffe, um diesen Tribut einzuholen.

Abydus. Zwei hochberühmte Städte des Alterthums: durch die Liebe der Hero und des Leander die eine, in Asien am Hellespontus, da, wo jetzt die Dardanellenschlösser stehen; die andere in Aegypten, wo man einen Königspalast des Memnon (s. d.), so wie einen Tempel und ein Grabmal des Osiris zeigte.

Abyla. (Gr. M.) Die eine Säule des Hercules, nach der Annahme, dass dieser das Gebirge, welches die Verbindung zwischen dem mittelländischen und atlantischen Meere in ältester Zeit unterbrochen haben sollte, geöffnet, und als Reste davon zwei Felsen, Abyla (h. z. T. Ximiera) auf der africanischen, Calpe (h. z. T. Gibraltar) auf der europäischen Seite zurückgelassen habe, die man nun Säulen des Hercules nannte.

Abzendeykani, die von Alexander vergeblich gesuchte Quelle der ewigen Jugend, welche nach einer alten Tradition tief im Osten in einer rauhen, düstern Gegend liegen und dem, der von ihr trinkt, Unsterblichkeit verleihen sollte. Die Muhamedaner haben diese Fabel in ihre Religionssätze aufgenommen.

Acacallis (Gr. M.), 1.) Tochter des Minos und der Pasiphaë, (s. dd.) Geliebte des Mercur und des Apollo. Ersterem gebar sie den Lydon, von Letzterem empfing sie den Miletus, welchen sie, aus Furcht vor ihrem Vater, aussetzte, worauf ihn Apollo durch Wölfe bewachen und nähren liess; ferner den Amphithemis oder Garamas. 2.) eine andere Geliebte des Apollo, welche von ihm Mutter von Phylacis und Phylander wurde. In Delphi stand ein ehernes Bild einer Ziege, welche jene Kinder säugte.

Acacesius. (Gr. M.) Beiname des Mercur, welcher nach einer Sage von dem König Acacus in Arcadien in der Stadt Acacesium oder auf einem Hügel Acacesius, unter welchem jene Stadt lag, erzogen worden sein sollte; doch vielleicht ist der Beiname einerlei mit

Acacetes, Abwender des Bösen, welchen Beinamen Mercur öfter führt.

Acadinus. (Gr. M.), ein Brunnen in Sicilien, welcher zu einer Art Gottesurtheil gebraucht wurde. Personen, die einen Eid geleistet hatten, dessen Wahrheit zweifelhaft war, mussten die Worte des Schwures auf ein Brettchen schreiben und in den Brunnen werfen; sank dasselbe unter, so galt der Eid für falsch.

Acalanthis. (Gr. M.) Eine der Pieriden (Kinder des Pierus, Königs von Emathia), die sich in einen Wettgesang mit den Musen einliessen, für welche Keckheit sie dadurch gestraft wurden, dass die Musen sie nach Ovid in Elstern, nach Anderen aber in verschiedene Vögel verwandelten. Acalanthis heisst auf Deutsch Stieglitz.

Acalle, s. Acacallis.

Acamas. (Gr. M.) 1) Ein Held der Ilias, welcher mit Ulysses, Epeus (s. d.) und Anderen in den Bauch des hölzernen Rosses vor Troja stieg und zur Nachtzeit die Stadtthore öffnete. Er war ein Sohn des Theseus und der Phädra, und gewann die Liebe der Laodice, Tochter des Priamus, als er mit Diomedes in die Stadt geschickt wurde, um Helena zurückzufordern. Die Frucht dieser Liebe war Munitus. Man schreibt dem A. die Erbauung der phrygischen Stadt Acamantium zu, und leitet den Namen des athenischen Stammes Acamantis von ihm ab. — 2) A., Sohn des Antenor (Gastfreundes des Ulysses, von welchem man glaubt, er habe die Stadt verrathen); er blieb von der Hand des Meriones, nachdem er mit seinem Bruder Archelous und mit Aeneas den vierten Heerhaufen befehligt und den gefallenen Bruder durch den Tod des Promachus gerächt hatte. — 3) A., Sohn des Eusorus, Führer der Thracier nach Troja, war so tapfer, dass Mars selbst seine Gestalt annahm, um die Troer zur Schlacht zu ermuthigen. Er blieb von Ajax Telamonius Hand, der ihm mit dem Speer die Stirne durchbohrte. — 4) A., ein Diener des Vulcan.

Acanthis. (Gr. M.) Tochter des Autonous und der Hippodamia, wurde, sowie ihre Eltern und ihre drei Brüder wegen ihrer tiefen Trauer um den Tod des vierten Bruders von den Göttern in einen Vogel verwandelt.

Acanthus. (Gr. M.) Einer der Brüder der Acanthis.

Acarnan. (Gr. M.) Sohn des Alcmäon und der Callirrhoë, ein Jüngling, den die Götter auf seiner Mutter Flehen aus einem Knaben plötzlich einen Mann werden liessen, (s. d.) um den Tod seines Vaters an dessen Mördern zu rächen. Nachdem diess geschehen, wanderte er mit seinem Bruder Amphoterus und seiner Mutter nach Epirus aus, und nach ihm erhielt die Landschaft den Namen Acarnanien.

Acasch. (Ind. M.) Der feinste Urstoff, der Aether, welcher die Welt erfüllt und durch grosse Verdichtung in die übrigen vier Urstoffe, Luft, Feuer, Wasser, Erde, übergeht. Im Menschen ist nach dieser Lehre das Knochengebäude Erde, Fleisch und Blut Wasser, thierische Wärme Feuer, Athem Luft, und die Seele, oder der Raum, den der Mensch einnimmt — ist A., Aether. Auch die Töne, welche in die Ohren dringen, so wie die bewegte Luft, sind A., wobei noch zu bemerken ist, dass, obwohl die übrigen vier Elemente ganz von diesem verschieden, sie dennoch durch allmälige, stufenweise Verdichtung desselben entstanden sind.

Acaste. (Gr. M.) Tochter des Oceanus und der Tethys, eine der Oceaniden.

Acastus. (Gr. M.) Sohn des Pelias (s. d.) und der Tochter des Bias, Anaxibia, war ein Genosse der calydonischen Jagd und des Argonautenzuges; er vertrieb Jason und Medea aus Jolcus und stellte seinem Vater zu Ehren Leichenspiele an. Seine Töchter waren Laodamia, Gemahlin des Protesilaus, (s. d.) und Sterope oder Sthenele, des Patroclus Mutter.

Acca Larentia, auch Laurentia. (Röm. M.) Die Frau des Hirten Faustulus, welche in die mythische Geschichte von Romulus und Remus verwebt ist, deren erste Pflegerin sie war, und der zu Ehren Romulus die Larentalia, ihr Leichenfest, einsetzte. Man erzählt von ihr oder einer andern gleichen Namens, dass sie sich zu Hercules in seinem Tempel gesellt, der ihr rieth, dem ersten Manne, welcher ihr, aus seinem Tempel gehend, begegne, ihre Hand zu reichen. Diess war ein gewisser Carutius oder Taruntius, ein Mann von ungeheurem Vermögen, welcher sie heirathete, ihr seine Schätze hinterliess, die sie wiederum dem römischen Volke vermachte, wofür dasselbe sie vergötterte.

Acelles. (Gr. M.) Erbauer der Stadt Acele in Libyen, soll ein Sohn des Hercules und der Malis, einer der Sklavinnen der Omphale, gewesen sein.

Acesius. (Gr. M.) (Der Rettende), Beiname des Appollo, unter dem er, seiner Arzneikunde wegen, von den Völkern in Elis verehrt wurde.

Acessamenus. (Gr. M.) Vater der Periböa, welche die Geliebte des macedonischen Flussgottes Arius war, und von diesem den Pelegon empfing. Ein Sohn des Letztern, Asteropäus, führte dem Priamus Hilfsvölker aus Päonien zu.

Acestes. (Röm. M.) Sohn des sicilischen Flussgottes Crimissus, welcher, in einen Hund verwandelt, ihn mit der Segesta erzeugte. Da diese des Trojaners Hippotas Tochter war, so fanden die Trojaner, welche mit Aeneas nach Sicilien kamen, bei deren Sohn eine freundschaftliche Aufnahme.

Acestor. (Gr. M.) 1) (Der Heilende), Beiname des Apollo. — 2) Sohn des griechischen Königs Ephippus von Tanagra; soll von Achilles erlegt worden sein.

Acestoriden. Ein Geschlecht in Argos, aus dem die jungfräulichen Priesterinnen der Minerva gewählt wurden.

Achäa. (Gr. und Röm. M.) Wegen des Verlustes ihrer Tochter Proserpina ward Ceres die Klagende, die Betrübte genannt, und von den Böotiern unter diesem Namen verehrt. Minerva hatte unter demselben Namen in Apulien einen Tempel, in welchem die Waffen des Diomedes aufbewahrt wurden.

Achämenes. Ahnherr des altpersischen Königshauses, Stifter des Geschlechtes der Achämeniden, die in dem vornehmsten Stamme der Perser, den Pasargaden, die edelste Familie bildeten.

Achaus, (Gr. M.) Halbbruder des Ion; von ihm haben die Achäer, wie von Ion die Ionier, den Namen. Beider Mutter war Creusa, Tochter des Erechtheus; Ion's Vater aber war Apollo, und A. war der Sohn des nachher mit ihr vermählten Xuthus. In späteren Jahren eroberte er nach des Aeolus Tod Phthiotis, und nannte dieses Königreich nach sich Achäa.

Achareus. (Gr. M.) Ein Ringer, mit welchem Hercules in Olympia den Ring- und Faustkampf kämpfte.

Achates. (Röm. M.) Ein Held der Aeneis, welcher den Aeneas auf allen seinen Zügen als getreuer Gefährte begleitete. Sein Name wird sprichwörtlich für einen treuen Freund gebraucht, wie der des Mentor für einen weisen Führer.

Acheloïden (Gr. M.), hiessen die Sirenen (s. d.) als Töchter des Flussgottes Achelous.

Achelous. (Gr. M.) Nach den Einen der älteste von den 3000 Söhnen des Oceanus und der Tethys; nach Anderen Sohn des Sonnengottes oder des Oceanus und der Gäa. A. ist besonders durch seinen Kampf mit Hercules um die schöne Deïanira merkwürdig geworden. Diese war die Tochter des Oeneus oder des Dionysos und der Althäa. So heldenmüthig als schön, reizte sie den Hercules und den Flussgott A. zur Liebe, und ihr Vater entschied sich dahin, dass derjenige sie erhalten sollte, der im Kampf dem andern obsiegen würde. Dieses hatte einen gewaltigen Streit zur Folge, in welchem Hercules all' seine Kraft brauchte, um nicht zu unterliegen, denn da A. sich ihm in menschlicher Gestalt nicht gewachsen fühlte, so verwandelte er sich in eine ungeheure Schlange, welche den Hercules umwand, und dann in einen Stier, der ihn zu zerreissen drohte; doch Hercules brach ihm ein Horn ab, das er ihm dann um den Preis des Hornes der Amalthea zurückgab, oder (wie uns Ovid sagt,) aus welchem die Nymphen das Füllhorn machten. Eine Reihe von fünf Inseln, die Echinaden, danken ihm ihr Entstehen, indem er ein Stück Landes, worauf vier Nymphen opferten, ohne seiner zu gedenken, abriss und in's Meer schleuderte, und die Nymphen in Inseln verwandelte. Die fünfte Insel entstand aus seiner Geliebten Perimela, der Tochter des Hippodamas, die ihr Vater im Zorn über ihre Entehrung in's Meer gestürzt, Neptun aber auf A. Bitte in eine Insel verwandelt hatte. Von einer der Musen hatte er die Sirenen, und von seiner Gattin, der Tochter des Aeolus, Perimede, die beiden Söhne Orestes und Hippodamas.

Achemenides. (Röm. M.) Ein Gefährte des Ulysses, der ihn bei seiner Flucht vor Polyphemus auf der Insel Sicilien zurückliess, wo ihn Aeneas fand und aus dem jammervollsten Zustand erlöste.

Acheron. (Gr. M.) 1) Sohn der Sonne und der Erde, versah die Titanten, welche gegen den Olymp kämpften, mit Wasser, und ward daher in einen Fluss, dessen Wasser schlammig ist, verwandelt und in die Unterwelt verwiesen. Nach Andern war er der Ceres Sohn, auf Creta geboren, konnte das Tageslicht nicht ertragen und ging desshalb selbst in die Unterwelt. Die Seelen der Abgeschiedenen wurden durch Charon (s. d.) über diesen Fluss geführt. Sprichwörtlich heisst, über den Acheron gehen, — sterben, ohne Rettung verloren sein, weil die Seelen, welche ihn überschritten, keine Hoffnung der Wiederkehr hatten. 2) A., ein Fluss in Thesprotien, einer Landschaft in Epirus, der durch den Sumpf Acherusia (s. d.) fliesst, den Cocytus aufnimmt und sich in der süssen Bucht in das jonische Meer mündet. Sein Wasser ist bitter und die sumpfige Umgegend voll giftiger Dünste. — 3) A., Fluss im Lande der Bruttier in Unteritalien; hier wurde Alexander, König der Epiroten, das Opfer eines missverstandenen Orakels, welches ihm gesagt hatte, er möchte sich vor dem A. hüten. Alexander verstand jenen A. in Epirus und ging nach Italien, um den Tarentern gegen die Lucanier und Bruttier zu Hilfe zu kommen, ward aber von einem Lucanier am Acheron getödtet. — 4) A., Fluss in Elis im Peloponnes, der sich mit dem Alpheus vereinigt. — 5) A., Fluss in Bithynien bei Heraclea, an dessen Mündung eine acherusische Halbinsel mit einer Höhle ist, (s. d. folg. Art).

Acherusia. (Gr. M.) 1) Der See, aus welchem der Acheron in Epirus entspringt, oder durch welchen er streicht. 2) A., Ein See bei Cumä in Italien. 3) A., Eine Höhle in der Nähe der Stadt Heraclea in Bithynien, durch welche Hercules in die Unterwelt hinabgestiegen sein soll; zur Zeit des Xenophon zeigte man noch die Wahrzeichen dieses Unternehmens. 4) A., Ein See bei Memphis, über welchen die Aegypter nach vorhergegangenem Todtengericht ihre Todten führten, um sie entweder auf einer Insel zu begraben, oder in's Wasser zu stürzen.

Achilles. (Gr. M.) Der Held der Ilias, Sohn der Thetis und des Königs Peleus (s. d. d.) Fig. 2—4. Die Göttin tauchte ihn in die Styx, um ihn unverwundbar zu machen, aber die Ferse, an welcher sie den Knaben hielt, ward nicht benetzt und blieb somit verwundbar. Der Centaur Chiron war sein Lehrer, und Phönix unterrichtete ihn in der Heilkunde, der Musik und im Reiten. Als der trojanische Krieg ausbrach, sollte er daran Theil nehmen, weil der Seher Calchas verkündet hatte, dass ohne ihn Troja nicht erobert werden könnte. Thetis wusste, dass er dort seinen Tod finden würde, und verbarg ihn in Mädchenkleidern an dem Hofe des Königs Lycomedes auf der Insel Scyros, woselbst er unter dem Namen Pyrrha mit den Töchtern dieses Königs erzogen wurde, und mit einer derselben, Deïdamia, den Pyrrhus erzeugte. Ulysses aber entdeckte den Verborgenen. Er war als Kaufmann an den Hof gekommen, und bot den Mädchen Schmuck und Waffen an. A. griff nach dem Schwert, ward daran von dem schlauen Ithaker erkannt und zur Theilnahme an dem Kampfe beredet. Seine Thaten füllen die Bücher

Fig. 2.

Fig. 3.

Fig. 4.

dér Ilias, in welchen er als der Tapferste und Schönste der Griechen erscheint. Er führte 50 Schiffe nach Troja, zerstörte mit seinen Myrmidonen 23 Städte, und ward bei allen seinen Unternehmungen von Pallas Athene (Minerva) und Hera (Juno) geschützt. Nur wenn er im Kampfe war, siegten die Griechen. Agamemnon hatte ihn dadurch erzürnt, dass er ihm die schöne Briseïs genommen; A. zog sich vom Kampfe zurück, und nun raffte unter Hectors Anführung die Feldschlacht der Griechen Tapferste dahin; Patroclus, A. vielgeliebter Freund, ging an der Spitze der Myrmidonen, in A. Rüstung, dem Trojanerheer entgegen, ward aber von Hector erschlagen und der Waffen beraubt. Nun erwachte die wildeste Rachsucht in A. Brust; Thetis brachte ihm neue Waffen, von Vulcan selbst geschmiedet; er versöhnte sich mit Agamemnon, und führte bei der nächsten Schlacht seine Völker selbst zum Kampf. Nur Rache an Hector suchte er, warf sich mit seiner ganzen Stärke auf diesen, tödtete ihn und schleifte seinen Leichnam, mit den Fersen an seinen Wagen gebunden, um die Mauern von Troja. Auf die Bitten des vor ihm knieenden Greises Priamus (s. d.), gewährte er gegen unermessliche Geschenke die Auslösung und die Bestattung des Feindes. So weit Homer. Nach Späteren verliebt sich A. nachher in eine Tochter des Priamus und wirbt um sie, indem er verspricht, Troja an Hectors Stelle zu vertheidigen, wenn man ihm Polyxena zum Weibe gäbe. Im Tempel des Apollo vor dem Altar stehend, um seine Vermählung zu feiern, tödtete ihn Paris durch einen Pfeil, den Apollo selbst in die verwundbare Ferse lenkte.

Ueber seine Todesart sind die Meinungen sehr verschieden; dass Homer von seiner Unverwundbarkeit nichts gewusst hat, geht daraus hervor, dass er ihn verschiedene Male verwundet werden lässt. — Nach Anderen soll ihn im Tempel des Thymbräischen Apollo, wohin er sich begeben hatte, um über den Besitz der Polyxena zu unterhandeln, Deïphobus wie in voller Freude umfasst, Paris ihm aber ein Schwert durch den Leib gerannt haben. So fanden ihn Ulysses und Ajax noch lebend; er erzählte den Freunden, was sich begeben, und verschied, während Ajax ihn zum Lager der Griechen zurück trug. Sein Körper sollte, nach des Paris Willen, unbeerdigt ein Raub der Vögel werden, doch die Griechen lösten ihn mit so viel Gold aus, als man für den Körper des Hector gezahlt. Die Musen und Nymphen beweinten den schönsten der Helden, den Liebling der Götter; die Griechen stellten ihm prächtige Leichenspiele an und begruben ihn am sigeïschen Vorgebirge bei Patroclus. Nach der Eroberung der Stadt soll, als die Griechen heimkehrten, sich aus dem Grabe eine Stimme haben vernehmen lassen, welche Theil an der gemachten Beute verlangte. So ward beschlossen, ihm die gefangene Polyxena zu opfern, welches Opfer sein Sohn, der rauhe Pyrrhus, vollzog, indem er die schönste Jungfrau des zerstörten Troja auf dem Grabe seines Vaters durchstach. — Eine Insel im schwarzen Meer, Leuce, ward nach ihm Achillea genannt; dort sollte er mit anderen Lieblingen der Götter, selbst ein Gott, ein seliges Leben führen. In ganz Griechenland wurde er als Heros verehrt, und ihm nicht nur an den meisten Orten ein Heroon, sondern auch in einer und der andern Stadt ein Tempel gebaut, wie in Lacedämon; dieser ward von allen Jünglingen der Lacedämonier, sobald sie sich in der Führung der Waffen zu üben begannen, besucht, A. um Beistand angerufen und ihm jährlich geopfert, wie diess auch von den Frauen zu Elis, jederzeit vor Anfang der olympischen Spiele, geschah. Auch Alexander der Grosse erwies ihm grosse Ehre, indem er mit allen seinen Heerführern sein Grabmal umwandelte und ihm Trankopfer brachte. — Die alte Kunst hat sich mit diesem hochgefeierten Heldenbilde in vielfachen Darstellungen beschäftigt, wovon wir einige Nachbildungen geben: wie er den gefallenen Patroclus beweint; wie ihm Briseïs von Agamemnon zurückgegeben wird; wie er den Pfeil aus seiner verwundeten Ferse zieht.

Achinaon, Der Gott der Winde bei den Karaiben.

Achirroë, Anchinoë oder Anchirroë (Gr. M.), Tochter des Nil oder des Proteus und Gemahlin des Belus, der mit ihr den Aegyptus und Danaus zeugte. Nach Andern erzeugte Ares (Mars) mit ihr den Sithon. Wieder

Andere geben ihr den Sithon zum Gemahl und die Pallene und Rhötea zu Töchtern.

Achkaudin, die höchsten Personen der Leibwache, welche den König der Mexicaner umgaben; sie bildeten einen Militärorden, welchem grosse Auszeichnungen verliehen waren.

Achlys (Gr. M.), die Urnacht, welche schon vor dem Chaos da gewesen ist, und aus welcher die Götter entsprungen sind. Die Alten haben neben diesem noch einen andern Begriff mit dem Worte verbunden: Elend, Dürftigkeit, Hunger, Thränen, zerkratzte Wangen, lange Nägel. Man findet sie so auf dem Schilde des Hercules.

Aechmagoras (Gr. M.) Sohn der Phillo, der Tochter des Alcimedon, eines Arcadiers, und des Hercules. Der zornige Vater liess Kind und Enkel auf einem Berge aussetzen. Hercules wurde zum Glück durch einen Häher an diesen Ort gelockt und vermochte so seine Geliebte sammt dem Kinde zu retten.

Acholoë (Gr. M.), eine von den Harpyien, welche von den Söhnen des Boreas, als diese mit den Argonauten nach dem Pontus zogen, vom Mahle des Königs Phineus verjagt wurden.

Achor (Gr. M.), Gott der Fliegen, Fliegentödter. Nach Plinius N. G. X, 28 verehrten ihn die Bewohner von Cyrene durch Gebete und Opfer, um von den lästigen Fliegen befreit zu werden, welche nicht nur die Menschen quälten, sondern häufig ansteckende Krankheiten verbreiteten. Indess beruht dieser Name wahrscheinlich auf einer falschen Leseart.

Achtariel (Jüd. M.), einer der drei Engel, welche die in hebräischer Sprache gehaltenen Gebete in Kränze binden und diese auf das Haupt des heiligen und einzigen Gottes setzen. Die beiden andern heissen Matatron (s. d.) und Sandalfon.

Achugulap, nach der Mythologie der Mongolen das heilige erste Weltalter, in welchem alle Menschen gut und tugendhaft waren und ihr Leben auf 80,000 Jahre brachten. Tausend dieser Heiligen stiegen lebendig in den Himmel; als aber der Sündenfall eintrat, verschwand die Heiligkeit, und die Lebensdauer sank auf 20,000 Jahre herab. Dadurch, dass sie die Götterspeise, die süsse Schima, gegessen hatten, waren sie der Heiligkeit verlustig geworden; nun nahm gar diese Speise ab, und sie mussten sich von Erdharz und Schilf nähren, und als dieses auch verzehrt war, nothgedrungen sich auf den Ackerbau legen; aber dann schwanden alle Tugenden, das Laster regierte, und die Dauer des menschlichen Lebens sank auf 100 Jahre und wird sinken, bis sie nur noch 10 Jahre beträgt, und die Menschen zu Zwergen zusammengeschrumpft sind.

Achynayarerax, das höchste Wesen bei den Ureinwohnern von Teneriffa, den Guanchos. Nur bei anhaltender Dürre wurden ihm Opfer geweiht welche aus Lämmern und jungen Ziegen bestanden.

Acidalia (Gr. M.), eine Quelle bei Orchomenus in Böotien, deren Anmuth Venus und die Grazien bewog, sich oft darin zu baden, wovon Venus den Beinamen A. erhielt.

Acidusa (Gr. M.) eine Quelle in Böotien, welche von der ebenso genannten Gemahlin des Königs Scamander zu Eleon in Böotien ihren Namen erhielt.

Acis (Gr. M.), Sohn des Faunus und der Symäthis. Die schönste der Nymphen, Galathea, war seine Geliebte. Der riesige Cyclop Polyphem liebte ebenfalls die reizende Nereïde und verfolgte dieselbe überall. Da sah er einst das schöne Paar bei einander in dem Schatten eines kleinen Gehölzes ruhen; voll Grimm und Eifersucht warf er einen ungeheuren Felsblock auf dasselbe, dem nur mit Mühe die junge Göttin entging, während er den Geliebten derselben zermalmte, der dann in einen unter dem Felsen hervorsprudelnden Fluss A. oder Acinius verwandelt wurde.

Acmëtes (Gr. M.) (die Frischgrünenden), Beiname der jungen Wald- und Quell-Nymphen zu Elis.

Acmon (Gr. M.), 1) Begleiter des Diomedes, aus Pleuron in Böotien, welcher sich erdreistete, die Venus zu schmähen, wesshalb er und diejenigen, welche an dem Frevel Theil genommen, in Sturmvögel verwandelt wurden. 2) Sohn des Clytius von Lyrnessus in Phrygien, Gefährte des Aeneas.

Acmonides (Röm. M.), ein Cyclop und Gehülfe Vulcans.

Acoetes (Gr. M.), 1) Steuermann eines tyrrhenischen Schiffes, das auf Naxos gelandet war. Die Schiffsleute brachten ihm ein wunderschönes Kind, welches er mitnehmen sollte. Dessen Bildung betrachtend, hielt er es für ein Götterkind und wollte seine Einwilligung nicht zu der Entführung geben, allein die Uebrigen zwangen ihn, abzusegeln, und das schlafende Kind blieb in dem Schiffe. Bald darauf erwachte es und verlangte, als es sich in dieser fremden Gesellschaft fand, sogleich nach Naxos zurückgebracht zu werden, was die Schiffer zwar versprachen, aber nicht thaten. Da stand das fortsegelnde Schiff plötzlich still, Weinranken wuchsen aus dem Meere herauf und umgaben dasselbe; Bacchus erschien auf einem Tiger reitend, von Löwen umgeben, und verwandelte die Entführer alle, bis auf A., in Delphine, welche sich in's Meer stürzten, während der Steuermann ihn nach Naxos zurückführte. Später erzählte derselbe dieses Abenteuer dem Könige Pentheus von Theben, der den Schiffer dafür in's Gefängniss stecken liess; allein Bacchus befreite seinen Liebling, die Thüren sprangen von selbst auf, ungehindert ging A. davon und feierte auf Naxos die Mysterien seines Beschützers. — 2) Des Laocoon Vater (nach Anderen hiess derselbe Antenor). — 3) Der Waffenträger des Königs Evander, welchen dieser seinem Sohne Pallas als Aufseher mitgab, da er ihn zum Beistand des Aeneas abschickte.

Acontes (Gr. M.), Sohn des grausamen Königs Lycaon von Arcadien, welchen der zürnende Jupiter in einen Wolf verwandelte, während er seine Söhne, mit Ausnahme des jüngsten, Nyctimus, durch den Blitz erschlug.

Aconteus (Gr. M.), Begleiter des Perseus bei seiner Vermählung mit Andromeda (s. d.), wurde durch den Anblick des Gorgo-Hauptes versteinert.

Acontius (Gr. M.), ein schöner, doch armer Jüngling von der Insel Ceos, bekannt durch die List, welche ihm den Besitz seiner Geliebten, Cydippe aus Athen, eines Mädchens von hohem Stand und grossem Reichthum, verschaffte. Er schrieb nämlich auf einen schönen cydonischen Apfel die Worte: »ich schwöre bei Diana, dass ich A. zum Gatten nehme.« Der Apfel rollte zu den Füssen der die Cydippe begleitenden Sklavin, welche, wie A. richtig geschlossen, nicht lesen konnte; sie gab daher den Apfel der Gebieterin, welche laut die Schrift las und so den verhängnissvollen Schwur aussprach. — Der Vater des Mädchens, dieses nicht wissend, verlobte sie einem Andern; sie ward gefährlich krank, entdeckte, was durch Zufall von ihrer Seite geschehen, und genas, als sie ihren Schwur erfüllen durfte.

Acräa (Gr. M.), 1) häufig wiederkehrender Beiname griechischer Göttinnen, den alle theilten, die hohe Felsen zum Sitze hatten, wie die Acropolis zu Athen oder Corinth, oder deren Tempel auf Felsenkuppen standen. — 2) Tochter des Flussgottes Asterion bei Mycenä. Sie und ihre beiden Schwestern, Prosymna und Euböa, waren die Ammen der Juno.

Acräpheus (Gr. M.), Erbauer der Stadt Acräphia in Böotien, wird für einen Sohn des Apollo gehalten.

Acräus (Gr. M.) Für männliche Gottheiten dasselbe, was Acräa (s. d.) für weibliche.

Acratophorus (Gr. M.). Unter diesem Namen hatte Bacchus, der Spender reinen, unvermischten Weines, in Arcadien bei der Stadt Phigalea einen Tempel.

Acratopotes (Gr. M.), ein Localgott, welcher zu Munychia, der Hafenstadt Athens, ein Heroon hatte. Sein Name lässt auf einen tüchtigen Zecher schliessen, denn er bedeutet: »der Trinker unvermischten Weines.«

Acratus (Gr. M.), Gefährte des Bacchus, der in Athen verehrt wurde. Da der Name A. »unvermischt« bedeutet, was auf den unvermischten Wein hinweist so ist diese mythische Figur vielleicht nur eine besondere Auffassung des Bacchus selbst.

Acrias (Gr. M.), ein unglücklicher Freier der Hippodamia, welchem der Vater derselben das Leben nahm, da er ihn im Wettlauf besiegt hatte.

Acrisioneïs und **Acrisioniades** (Gr. M.), Danaë und Perseus, von Acrisius, ihrem Vater und Grossvater, so genannt.

Acrisius (Gr. M.), König in Argos, Urenkel des Danaus, Enkel des Lynceus, Sohn des Abas und der Ocalea, einer Tochter des Mantineus, die auch Aglaja genannt wird. Seinen Zwillingsbruder Prötus vertrieb er, nachdem er schon im Mutterleibe mit ihm gestritten, als er erwachsen war, aus dem Reiche, musste aber, als dieser mit Hülfe seines Schwiegervaters, des Lycier-Fürsten **Jobates**, zurückkehrte, die Herrschaft mit ihm theilen, so dass A. Argos, Prötus Tiryns behielt. Acrisius war durch Eurydice, Tochter des Lacedämon, Vater der Danaë, (s. d.) welche durch **Jupiter** in Gestalt eines goldenen Regens befruchtet wurde.

Acrorites (Gr. M.) (Bewohner eines Berggipfels) ein Name, unter welchem Bacchus in Sicyon verehrt wurde, von dem hohen Berge, auf welchem sein Tempel stand.

Actäa (Gr. M.), 1) eine Nereïde, eine der fünfzig Töchter des Nereus und der Doris. Der Name bedeutet »Uferbewohnerin«, und ist daher auch Beiname der Ceres in Attica, dem Ufergelände, woselbst sie besonders hoch verehrt wurde. — 2), eine der fünfzig Töchter der Danaus (s. d.).

Actäon (Gr. M.), Fig 5. Sohn des Aristäus und der Autonoë (Tochter des Cadmus), war einer der berühmtesten Helden Thebens, erzogen in der Heldenschule des Centauren Chiron s. d.). Der Tod dieses berühmten Jägers hat der Poesie zu vielen schönen Werken Veranlassung gegeben; die Mythe lautet in der Hauptsache wie folgt: Diana badete mit ihren Nymphen im gargaphischen Thale, als A. dort jagte; er sah die Göttin und blieb gefesselt von dem Anblick stehen, was Diana so sehr erzürnte, dass sie ihn in einen Hirsch verwandelte, dem nichts Menschliches, als das in solcher Lage Entsetzlichste, die Besinnung blieb. A. floh, doch seine eigenen schnellfüssigen Hunde ereilten ihn auf dem Berge Cithäron und zerrissen ihn dort; darauf aber suchten sie ihren Herrn im ganzen Lande, bis ihnen Chiron ein Bild desselben aufstellte, bei welchem sie ruhig liegen blieben. Etwas abweichend hievon ist die Erzählung: Diana habe nicht nur die Neugier, sondern die frevelhafte Zumuthung des Sterblichen bestrafen wollen, welcher ihr Gewalt anzuthun versucht. Wieder nach Andern soll ihn Diana desshalb verwandelt und zu Tode gehetzt haben, damit er die Semele, welche er zur Gattin wünschte, nicht erhalte. — Unser Bild zeigt uns A. todt hingestreckt; seine Mutter Autonoë beugt sich klagend über ihren Sohn und erhebt seinen linken Arm. Seine alte Amme fasst ihn bei den Füssen, um ihn aufzuheben. Oben auf dem Berge erscheint ein Hund des unglücklichen Jägers.

Fig. 5.

Actaeonsquelle (Gr. M.). In Böotien, nahe am Cithäron, zwischen Platäa und Megara, sprudelte eine Quelle, welche man für diejenige ausgab, bei der Actäon (s. d.) die Göttin der Jagd gesehen habe und von ihr verwandelt worden sei.

Actaeus (Gr. M.), 1) ein alter Stammheld von Attica, erster König dieses Landes. In seinem und seiner Kinder Namen hat man eine blosse allegorische Andeutung des Ackerbaues zu finden geglaubt. Er soll heissen: der am Ufer Wohnende; seine Tochter Agraulos — Acker und Hürde; sein Enkel Erysichthon — der Pflüger; Herse — der Thau; Pandrosos — die alles Bethauende etc. — 2) A., angeblich Vater des Telamon und Grossvater des Ajax.

Actische Spiele. Auf dem Vorgebirge Actium in Acarnanien, am ambracischen Meerbusen, hatte Apollo einen uralten Tempel, wo ihm alle drei Jahre ein Fest mit Wettspielen und Seekämpfen gefeiert wurde. Beim Beginn dieses Festes wurde ein Ochse geschlachtet und den Fliegen preisgegeben, damit sie, von seinem Blute gesättigt, die Festversammlung nicht belästigten. Diesen Tempel und dieses Fest erneuerte Augustus zur Verherrlichung seines Sieges bei Actium über Antonius.

Actis (Gr. M.), Sohn des Sonnengottes und der Rhode, Bruder der Electryone, war hoch erfahren in der Sternkunde, bildete sie zu einer Wissenschaft aus und lehrte sie, als er nach Aegypten kam, in Heliopolis die Eingeweihten in die Mysterien, die Priester, daher die Aegypter für Erfinder der Sterndeuterei angesehen wurden. Der Söhne des Sonnengottes waren sieben (s. Heliaden), welche alle die Sternkunde trieben.

Actius (Gr. M.), Beiname des Apollo von seiner Verehrung auf dem Vorgebirge Actium. (S. den vor. Art.)

Actor, 1) Grossvater des Patroclus, (s. d.) seine Gemahlin war Aegina, sein Sohn Menötius, der Vater des Patroclus. — 2) A., Gemahl der Molione und Vater des Eurytus und Cteatus, welche als Bundesgenossen ihres Vater-Bruders Augias mit Hercules kämpften und von ihm erschlagen wurden. Nach einer Sage sollte ihre Mutter sie von Neptun empfangen haben. — 3) A., bei Virgil (Aen. 12, 94 ffg.) der »aurunkische«, »gewaltige« genannt, dessen Speer an Turnus gekommen war. — 4) Gefährte des Aeneas (Virgil Aen. 9, 500).

Actorides (Gr. M.), Beiname des Patroclus, abgeleitet von dem Grossvater des Helden, Actor (s. d.)

Actoriones (Gr. M.), werden die Söhne des obigen zweiten Actor, Eurytus und Cteatus, genannt.

Ad (Arab. M.), Sohn des Aus, des Sohnes Aram, des Sohnes Sem, wohnte im peträischen Arabien. Sein ganzer Stamm, die Aditen, waren Männer von riesenartiger Statur und Stärke. Nach der babylonischen Sprachverwirrung liessen sie sich in der Provinz Hadramaut nieder, waren dort mächtig und beherrschten die umwohnenden Völker. Ihr erster König war Scheddad, der Sohn des Ad; dieser bauete eine überaus prächtige Stadt mit den herrlichsten Palästen und Gärten, und verehrte mit dem ganzen Volke falsche Götter. Der Prophet Hud predigte ihnen den einen wahren Gott, doch sie liessen nicht von ihrer Götzendienerei, wofür ihnen eine dreijährige Dürre und Hungersnoth geschickt wurde. Gesandte gingen nach den heiligen Hügeln (wo Mekka späterhin erbaut wurde), um sich Hilfe zu erflehen. Der Beherrscher derselben rieth ihnen, von der Götzendienerei zu lassen, weil sonst keine Rettung für sie zu hoffen wäre; sie liessen sich jedoch nicht warnen, gingen zum heiligen Berge, und Gott sandte ihnen drei Wolken — von weisser, rother und schwarzer Farbe — und hiess sie wählen; die gewählte schwarze Wolke verbreitete aber statt des Regens verwüstende Stürme, welche das ganze Land verheerten und Allen den Untergang brachten, die Wenigen ausgenommen, welche dem Propheten Hud Folge geleistet hatten, wodurch eine neue Generation entstand, welche jedoch, auch abtrünnig, zur Strafe in Meerkatzen verwandelt wurde.

Ada. Syrische Mondgöttin, verwandt oder einerlei mit Mylitta (s. d. u. Astarte.)

Adad. Syrischer Sonnengott, dessen Attribut der Granatapfel war.

Adam (Orient. Sage). Die biblische Geschichte dieses Urvaters des Menschengeschlechtes ist allgemein bekannt, minder bekannt jedoch, was die Perser, Türken, Araber etc. von ihm melden. Nach den Sagen dieser Völker nahm Gott den Staub, aus dem er ihn bildete, von der ganzen Erde zusammen, und es entstand ein Mannweib mit doppeltem Angesicht, so wie auch der Urmensch der Perser beschaffen ist, beide Geschlechter in sich vereinigend, bis Gott sie trennte (was selbst die Bibel in gewissem Sinne annimmt, indem sie Eva aus einem Theile Adams entstehen lässt). Adams Grösse war unermesslich, sein Haupt ragte bis zur Veste des Himmels; wenn er sich niederlegte, reichte er vom Aufgang bis zum Niedergang — sein Antlitz überstrahlte die glänzende Sonne, vor seiner Grösse und Macht beugten sich selbst die Engel, und alle Geschöpfe der Erde hielten ihn für ihren Schöpfer und wollten ihn anbeten, doch A. belehrte sie, dass er ein Geschöpf sei, wie sie, den Händen des Allmächtigen entsprungen; er beugte sich vor diesem und betete ihn an, und die Engel überzeugte der Herr selbst von seiner Schwäche — denn als A. eingeschlafen war, nahm Gott die einzelnen Glieder von ihm und zerstückelte ihn gänzlich, so dass er seine riesige Grösse verlor. Dem Erwachenden befahl er, diese Glieder auf der ganzen Erde zu zerstreuen, damit sie von ihm befruchtet würde. — So blieb dem unerreichbar Grossen nur seine Weisheit, welche noch durch des Herren Güte vermehrt ward — denn Gott schenkte ihm durch den Engel Rafiel ein Buch, welches jede Frage gelöst enthielt. Jetzt bildete Gott ihm ein Weib aus Erde, Lilith; allein von demselben Stoffe gebildet, wie A., wollte sie ihm nicht unterthan sein, und sprach daher die Formel Schem-Hammeforasch (Name des Gesegneten), den Namen Gottes, und entfloh mittelst dieses Zaubers in die Luft. A. klagte sein Leid dem Schöpfer, welcher die Engel nach der Entflohenen aussandte, und, da sie nicht mit denselben zu ihrer Pflicht zurückkehren wollte, ihr die Strafe auferlegte, dass täglich 300 von ihren Kindern sterben sollten. Gott bildete nun aus A.s Rippe ihm ein Weib, schön, und mit einer Anmuth übergossen, welche selbst die Engel zu Wünschen verleitete, und brachte sie zu Adam, sprach seinen Segen über das erste Paar und lud dasselbe zum Festmahl, an welchem die Chöre der Engel Theil nahmen; aber ein Tisch von lauter Edelsteinen war mit von Engeln bereiteten Speisen besetzt, an diesem sassen, hoch geehrt von Allen, A. und Eva. Da beschloss der böse Neid seinen Fall. Der Seraph Sammael sah A.s Herrlichkeit mit Unwillen, und versuchte es, mit Hülfe anderer, ihn zu verführen; er selbst stieg vom Himmel herab, ritt auf einer Schlange, welche die Gestalt eines Kameels hatte, zur schönen Eva, und suchte sie zu bereden, eine Frucht des verbotenen Baumes zu essen; zum Beweise, dass nicht, wie ihr gedroht war, der Tod auf sie warte, legte er seine Hand an den Stamm, Eva folgte seinem Beispiel, doch kaum hatte sie diess gethan, als sie auch schon den Todesengel auf sich zuschreiten sah. Liebe zu A. bewog sie, nun auch ihren Gatten zu gleichem Unrecht zu bewegen, auf dass sie nicht durch den Tod von ihm getrennt würde. Der Herr verstiess nun Sammael aus dem Himmel; der Schlange nahm er die Beine, sie musste auf dem Bauch kriechen und alle sieben Jahre ihre Haut mit grossen Schmerzen abstreifen; A. und Eva trieb er aus dem Paradiese auf die unterste der sieben Erden, woselbst A. in ewiger Finsterniss lebte und das wunderbare Buch der Weisheit verlor, welches wieder zum Himmel hinaufflog. Dann kam er auf die zweite Erde Adamah (s. d.), woselbst er, (getrennt von Eva, welche dadurch besonders für ihre Absicht, Adam zu verführen, gestraft wurde) mit Lilith 130 Jahre lang lebte, und wider seinen Willen mit ihr in dieser ganzen Zeit Riesen und böse Geister erzeugte, was auch der Eva widerfuhr, die mit Sammael verbunden wurde. Nach dieser Zeit gebar Eva erst von A. Kain, Abel und Seth, dann durfte er sich aus dem Orte der Verdammniss durch die übrigen Erden bis zur siebenten, Tebhel, erheben, welche wir bewohnen — allein — obgleich sein Zustand ein viel besserer war, als irgend einer nach seinem Falle, so war er doch untröstlich über den Verlust seines kostbarsten Schatzes, seines Buches; er ging daher in den Fluss Gihon, um sich zu ertränken, allein das Wasser machte nur seinen Leib unscheinbar und nahm ihm seinen Glanz. Gott sah seine Trauer, erbarmte sich seiner und liess ihn das Buch wieder finden, welches sich bis auf seine spätesten Nachkommen vererbte und zu Abraham gelangte. Die sämmtlichen Geheimnisse der Kabbalah sind darin enthalten gewesen, und Alles, was das menschliche Gedächtniss weiss, entstammt dieser Quelle; doch sie selbst, mit dem übrigen Unschätzbaren, mit dem eigentlichen Kern der Weisheit, ist versiegt. Das Buch ging verloren; indess behaupten die Indier, es zu besitzen in den heiligen Büchern, welche Brama den Menschen vom Himmel gebracht. — Sehr ähnlich ist dieser Mythe die Tradition der Muhamedaner. Nach derselben wollte Gott der Erde einen Statthalter setzen. Diese war schon Jahrhunderte lang von Engeln, Genien, höheren Geistern bewohnt, welche einen aus reinem Feuer gebildeten Körper hatten. Nun sollten sie einem Wesen gehorchen, dessen Körper aus Thon, dessen Geist allein aus Feuer gemacht war. Diess verdross den Eblis, den einzigen der Engel, in dessen Busen eine Leidenschaft, der Hochmuth, war. Als daher Gott den A. den Geschöpfen zum Herren vorgesetzt, verweigerte Eblis, während sich die andern Engel demüthigten, ihm den Zoll der Ehrfurcht, ja er verführte Eva zum Genuss der verbotenen Frucht und bewirkte ihre Verstossung aus dem Paradies. — Die Entstehung A.s wird von dem einen Volke mehr, von dem andern weniger ausgeschmückt, je nachdem es sich mehr oder minder zum Phantastischen hinneigt. — So erzählen die Perser, Gott habe den Engel Gabriel ausgeschickt, ihm von jeder der sieben Schichten der Erde eine Handvoll zu bringen; die Erde, den Fluch, welcher späterhin eintraf, kennend, bat den Engel, ihre Klagen vor Gott zu bringen und ihn zu bitten, dass er sie dieser Noth überhebe; der Engel erfüllte ihr Begehr, ebenso Michael und Asrafel. Da sandte Gott den Engel Azrael hinab, welcher sich an die Bitten der Erde nicht kehrte, sondern mit eiserner Strenge die Handvoll Erde jedem Erdgürtel entriss und dem Herrn brachte, welcher ihn für diese Strenge zum Todesengel machte. Die Erde ward nun dahin gebracht, wo später Mekka erbaut wurde; dort mischten Engel dieselbe sorgfältig, und Gott bildete den Menschen daraus, gab dem Geiste die höchsten Vollkommenheiten, dem erdgebornen Körper eine wundervolle Hülle, und die Engel bewiesen dem Geschöpfe des Herrn alle Ehrfurcht, nur Eblis trug sein Haupt aufrecht; dafür ward er aus dem Paradiese verstossen, dieses dem A. gegeben, und ihm Eva beigesellt. Aber Eblis wollte sich rächen, der eitle Pfau und die listige Schlange waren seine Gehülfen — das neue Menschenpaar ward verführt zur Untreue gegen die Gebote des Herrn — da fielen die Kleider von demselben, es ward aus dem Paradiese (dem Himmel, nicht dem irdischen Garten Eden) herabgestürzt auf die tief unter ihm liegende Erde, und lebte dort getrennt über 200 Jahre. Reue und Scham erfassten A., er flehte zu dem Herrn um Gnade, und dieser liess ihn nach der Stelle des späteren Mekka bringen, und dort von dem Engel Gabriel den ersten Menschen in dem Dienste des höchsten Wesens unterrichten. — Treulich des Herrn Gebote erfüllend, ward er nach 200jähriger Prüfungszeit auf das Gebirge Arafat gebracht, wo er seine Gattin Eva wieder fand. 900 Jahre lebte er, dann ward er bei Mekka begraben, und der Berg Aburais ist sein Grabhügel — oder — Noah nahm ihn mit in die Arche und begrub ihn da, wo später Jerusalem stand, darum die Heiligkeit dieser Orte bei den Bekennern des Islam.

Adamah (Pers. M.), der traurige Aufenthalt Adams (s. d.) nach seiner Verstossung, — die zweite der sieben Erden, von der untersten, wo ewige Finsterniss herrscht, angefangen. Hier erleuchtet ein Licht am Firmament den Boden; auch wachsen Früchte daselbst, doch keine von den sieben köstlichsten des Landes Israel.

Adamantea (Gr. M.), auch Amalthea, Aega, Adrastea, die Amme Jupiters. Sie verbarg den jungen Gott vor den Nachforschungen des Saturn, (s. d.) und damit dieser seinen Sohn nicht fände, hing sie ihn in seiner Wiege in die dichte Belaubung eines Baumes.

Adamastus (Gr. M.), 1) Beiname des Mars sowohl, als des Hercules, „der Unbezwingliche". 2) der Vater des Achemenides, welchen Ulysses auf seiner Flucht vor den Cyclopen zurücklassen musste, und der späterhin durch Aeneas aus seinem Exil hinweggeführt wurde.

Adamsbrücke, eigentlich Ramabrücke (Ind. M.), eine seichte, 8—10 Seemeilen lange Klippe und Sandbank zwischen der südlichen Spitze Vorderindiens und der Insel Ceylon; die versunkene Verbindung der beiden Länderstrecken. Die Portugiesen haben aus der Ramabrücke die Adamsbrücke gemacht, und dazu gefabelt, Adam sei so gross gewesen, dass er bequem von Fels zu Fels habe schreiten können. Rama, der Mensch gewordene Gott Wischnu, ging mit einem mächtigen Heere von Waldbewohnern (Satyrn) durch Indien nach Ceylon; der Fabel nach hat sein Heer diese Brücke gebaut.

Adamspic, der höchste Berg auf Ceylon, mit einigen Höhlungen in einer Felsplatte (welche Aehnlichkeit mit den riesigen Fussstapfen eines Menschen haben), und zwei angeblichen Grabmälern. Die Portugiesen haben aus dem Namen Hamalel oder Ramalel — Adamsberg gemacht, und sagen, die Fussstapfen stammen von Adam her, und dieser, so wie Eva und Abel, seien dort begraben. Allein schon daraus, dass der Buddhadienst diesen Berg für heilig achtet, dorthin Wallfahrten anstellt etc., geht die Unrichtigkeit dieser Sage hervor. —

Adar (Pers. Religionslehre.). Der Duft oder Hauch des heiligen Feuers, auch dieses selbst, der Geist, der es beseelen soll. Es ist das sichtbare Bild des Ormuzd, und heisst daher auch der Sohn desselben. Von dem heiligen Feuer gibt es elf Arten: 1) Berezeseny, Feuer in der Erde, durch die brennenden Naphta-Quellen bewiesen; 2) Wofreian, das Feuer im lebenden Wesen (thierische Wärme); 3) Oruazescht, das Feuer in den Pflanzen; 4) Wazescht, das Feuer in den Wolken (Blitz); 5) das Feuer in den Häusern, Küchen etc. welches Speneseht hiess, eigentlich zu 3) gehörig. 6) Spenescht, das Feuer Nr. 5, welches nur einer Reinigung bedurfte, um auf die Altäre der Pyreen (Feuertempel) kommen zu dürfen. 7) Ormuzd, das reine, auf den Altären brennende, dessen höchste Potenz das Behram-Feuer war. 8) Berezeseny, das Erdfeuer Nr. 1, gereinigt und an drei heiligen Stätten Persiens besonders verehrt. 9), 10) und 11) drei heilige Feuer, von Herrschern zur Verehrung aufgestellt; nämlich das neunte, Ferobun, durch Dschemschid; das zehnte, Goschasp, durch Kosru, und das elfte, Burzin Matun, durch Zerdust eingeführt. Das letztere heisst auch das Mithra- oder Sonnen-Feuer. Dem heiligen Feuer mit der Hand zu nahen, es durch seinen Hauch anzufachen, war eine Verunreinigung, welche selbst wenn ein Priester sich dieselbe zu Schulden kommen liess — mit dem Tode bestraft wurde.

Addi Puson (Ind. M.), ein Fest zu Ehren der Göttin Parwati, der Gattin Schiwa's, im Monat Addi; man feiert es in den Tempeln des Schiwa. Die Göttin wird dabei auf einem Wagen, festlich geschmückt, durch die Strassen der Stadt gefahren.

Adeona (Röm. M.), die Göttin der Ankunft, welche zwar keine Tempel hatte, der jedoch von Reisenden oft Gelübde zur Beförderung einer glücklichen Rückkehr in ihre Heimat dargebracht wurden.

Adephagia (Gr. M.), die Gefrässigkeit; hatte einen Tempel in Sicilien, woselbst sie mit der Ceres zugleich verehrt wurde.

Adephagus (Gr. M.), der Gefrässige, Beiname des Hercules, der zu zwei verschiedenen Malen einen Ochsen sammt den Knochen, und einmal sogar zwei Ochsen auf eine Mahlzeit verspeist haben soll. Milo von Croton ahmte ihn darin nach, dass er einen wilden Stier bezwang, und ihn darauf schlachtete und verspeiste.

Adhab al Kabi (Muham. Rel.), die Strafe im Grabe. Die Bekenner des Islam nehmen an, dass der Verstorbene sogleich gerichtet werde, und seine Strafe schon im Grabe noch vor der Auferstehung beginne.

Adikos (Gr. M.), »die Ungerechte« ein Beiname, unter dem Venus in Libyen verehrt wurde.

Adils (Nord. M.), ein mächtiger König in Schweden, über Upsala herrschend, bekannt durch seinen Stiefsohn, Rolf Krake, den Dänenkönig, welcher ihm in einem Kriege gegen König Ali von Upsala Beistand geleistet, und nun durch Hinterlist um seinen Lohn gebracht werden sollte; Rolf streute jedoch etwas von dem gewonnenen Golde aus, wodurch A. und sein Gefolge sich aufhielten, und Rolf Zeit gewann, mit dem Hauptschatze zu entfliehen.

Adilsi (Nord. M.), ein Berserker, riesig und von unbesiegbarer Stärke; er diente dem Rolf Krake. (s. d. vor. Art.).

Adiraden (Ind. M.), König aus dem Geschlechte der Mondkinder, stiftete eine Dynastie, deren Haupt von einer Jungfrau geboren wurde; dieser war der gewaltige Karnon, welchen seine Mutter Kundi von einem Engel empfing. Die letztere vermählte sich später mit dem gleich heiligen Pandu.

Adith, das in eine Salzsäule verwandelte Weib Loths. Die Steinmassen am Ufer des todten Meeres halten die Bewohner der Umgegend für verstümmelte Statuen, und bringen sie mit Loths Weib in Verbindung; ihrer wird als existirend im Buche der Weisheit (10, 6 u. 7) erwähnt.

Aditi (Ind. M.), eine der beiden Gemahlinnen des Kasyapa (s. d.), das Licht, die Helle (die andere heisst Diti, die Dunkle, die Nacht), ist eine Personification des Tages, und als solche Tochter des Altvaters Dakscha und Mutter der zwölf Adityas. A. und Kasyapa stammen von Enkeln Brama's (Maritschi, Vater des Kasyapa, und Dakscha, Vater der Aditi), und werden desshalb Kinder Gottes, wegen ihres hohen Lichtes aber Quell des Glanzes genannt, und offenbaren sich als solche in den zwölf Sonnen, welche jährlich die Erde umkreisen. A. und Kasyapa sind die Eltern des Indra, (s. d.) des ersten der zwölf Adityas (s. den folg. Art.). Diese Letzteren wurden durch die Söhne der Riesen in einem furchtbaren Kriege hart bedrängt, A. wandte sich an ihren Gemahl mit Bitten um Rath und Hülfe; dieser sagte ihr, sie solle ein grosses Sühnopfer zu Ehren Wischnu's bringen, welcher dann als ihr Sohn geboren werden und die Riesen vertilgen würde; es geschah, und so gebar A. Wischnu in der Verkörperung des Zwerges Wamana.

Aditya (Ind. M.), Kinder der Aditi und des Kasyapa (s. d. vor. Art.), die zwölf Sonnen, welche die Monate des Jahres regieren; ihre symbolische Bedeutung ist wohl keine andere, als dass sie die zwölf Standpunkte der Sonne in den zwölf Bildern des Thierkreises, welche dieselbe während eines Jahres durchläuft, darstellen. Unter ihnen ist Indra, (s. d.) der höchste, der Regent des ganzen Sonnencyclus, doch nicht der Führer der Sonne, der Wagenlenker, dieser heisst Matali. Die Namen derselben werden sehr verschieden angegeben, je nachdem man sie aus der Profangeschichte, aus dem heiligen Gedichte Mahabharat, oder aus dem canonischen Werke Baghawat Purana entlehnt. — So wie Diti und Aditi, Tag und Nacht, zusammengehören, so sind auch die A.s alle zwölf eins, d. h. sie bilden ein Ganzes — die Sonne, oder das Jahr. A. in einfacher Zahl bedeutet das erst erschaffene, das Urlicht.

Adler, der König der Vögel, das Symbol der Weisheit und der Kraft. Bei den Griechen und Römern war er der stete Begleiter des Götterkönigs, entweder wachsam an seinem Throne ruhend, oder seine Blitze tragend, seine Befehle überbringend; ebenso verehrten ihn die alten Germanen, die nordischen Völker, denen allen er ein günstiges Augurium war. In der griechischen und römischen Mythologie spielt er eine grosse Rolle; er raubt den Ganymedes (s. d.), begleitet den Götterkönig gegen die Titanen, bestraft des Prometheus Uebermuth etc. Auch war er das Symbol der Verklärung, so dass man bei den Leichenfeierlichkeiten der Könige oder grosser Helden, und namentlich der alten römischen Kaiser, einen A. aus dem brennenden Scheiterhaufen aufwärts fliegen liess, die Seele, welche sich zum Himmel erhebt, bildlich darstellend; ebenso brauchten die Römer den A. als Heereszeichen, jede Legion hatte einen solchen statt der Fahne. Von da aus hat er sich in die Heraldik eingedrängt, und gehört unter den Wappenthieren zu den am allgemeinsten verbreiteten — halb, ganz, doppelt — roth, weiss, schwarz, golden etc. etc. Auch in der skandinavischen Mythologie ist der A. des höchsten Gottes Lieblingsvogel, und auf der Esche Ygdrasil, auf dem Lebensbaume, sitzt ein allwissender A. — Ein Sternbild am nördlichen Himmel führt ebenfalls diesen Namen, es ist der A. des Zeus, oder der in einen A. verwandelte Merops, König der Insel Cos. Dieser A. steht in der Milchstrasse, nahe am Aequator, nördlich von demselben; er ist an drei Sternen, welche in einer geraden Linie fast gleich weit von einander stehen, und davon der mittelste, Atair, ein Stern erster Grösse ist, kenntlich. Der A. hat einen Stern erster Grösse, zwei dritter, fünf vierter und elf sechster Grösse.

Admapu (Mythol. der Andes-Völker.), eine traditionelle Gesetzsammlung der Araucos, welche diese von dem ersten Menschenpaare erhalten zu haben behaupten; sie besteht aus Fäden mit nach gewissen Anordnungen darein geknüpften Knoten, aus denen derjenige, welcher die Sprache dieser Knoten (Quipos) versteht, lesen kann, wie aus einem gedruckten Buche, wofür zum Beweise dient, dass alle, welche dieser Sprache mächtig sind, denselben Fadenbüschel auf dieselbe Art übersetzen oder auslegen.

Admete (Gr. M.) 1) Tochter des Oceanus und der Tethys. — 2) A., Tochter des Eurystheus, welcher ihr den Gürtel der Amazonenkönigin, den Hercules holen musste, übergab, war Priesterin der Juno zu Argos, und entfloh von da mit dem Bilde der Göttin nach Samos. Die Argiver verhiessen demjenigen eine grosse Belohnung, der jenes Bild aus dem Tempel zu Samos wieder bringen würde. Seeräuber versuchten dieses, brachten die Statue glücklich auf ihr Schiff, doch als sie damit in See stechen wollten, stand ihr Schiff unbeweglich fest. Das böse Omen für eine Strafe der Götter nehmend, umflochten sie die Bildsäule mit Kränzen und brachten sie wieder an das Land, worauf sie die Fahrt ungehindert fortsetzen konnten. A. entdeckte den Raub, welcher in der Stille der Nacht geschehen war, beim Frühopfer; nun meldete sie die Entweichung der Göttin, und voll Verzweiflung suchte das Volk dieselbe, bis man sie endlich am Gestade fand, und in der Meinung, sie habe zu den Cariern entfliehen wollen, die Statue an einem Baume festband; A. aber befreite sie von den Fesseln, reinigte sie und führte dieselbe wieder in den Tempel, worauf diese Begebenheit jährlich in dem sogenannten Bandfest gefeiert wurde. A. war auch die Erste, welche dem Hercules göttliche Ehre erwies.

Admeto (Gr. M.), Tochter des Pontus und der Thalassa (s. d.)

Admetus (Gr. M.), Sohn des Pheres, Königs zu Pherä, Freund des Apollo und Hercules, war in seiner Jugend bei den calydonischen Jägern und den Argonauten. Alceste (s. d.) ward von ihm geliebt und von ihrem Vater Pelias zur Gattin erbeten. Sie ward ihm auch verheissen, doch unter der schweren Bedingung, einen Löwen und einen Eber vor denselben Wagen zu spannen. Apollo half ihm diese Aufgabe erfüllen; als jedoch A. zu seiner Gattin in das Brautgemach trat, lag ein ganzer Klumpen gewaltiger Drachen darin, welche Diana geschickt, da man ihr zu opfern vergessen hatte. Apollo versöhnte die Göttin, und die Liebenden wurden nach diesen schweren Prüfungen vereint. A. war so schön, dass Apollo ihm geneigt war, wie einst dem Hyacinthus, darum wählte er auch ihn, als er, für die Ermordung der Cyclopen bestraft, ein Jahr auf der Erde zubringen musste, zum Herrn, dem er als Hüter der Heerden diente. Er leistete ihm noch einen andern Dienst: die kurze Lebenszeit, welche die Parcen dem A. gesetzt, verlängerte er dadurch, dass er von ihnen das Versprechen erlangte, seiner zu schonen, wenn Jemand von seinen nächsten Verwandten sich für ihn freiwillig dem Tode opfern wollte. A. ward krank; Alceste, voll heftiger Liebe zu dem Gatten, übergab sich selbst den Schicksalsschwestern, und A. genas — doch Verzweiflung erfasste sein Herz, als er erfuhr, mit welchem Verlust sein Leben erkauft worden. Hier trat nun Hercules' Freundschaft vermittelnd ein, denn der Held stieg in die Unterwelt hinab und holte Alceste aus dem Tartarus herauf.

Adon (Phön. Myth.), („Herr"); unter diesem Namen ward vornämlich in Byblus eine Incarnation der Sonne, aber die überreife, ermattende Sonne nach der Sonnenwende, verehrt; daher der Zusammenhang mit dem frühe sterbenden Adonis (s. d.).

Adonai. (Biblisch.) Der Name, welchen die Hebräer für Jehova, den Unaussprechlichen, gebrauchen.

Adonaea oder Adonias (Gr. M.), Beiname der Venus, abgeleitet von Adonis, „die mit Adonis Vermählte".

Adone (Arab. M.), nannten zur Zeit des Heidenthums die Araber die Sonne; sie beteten dieselbe an und opferten ihr täglich Myrrhen und Weihrauch. Wahrscheinlich hängt der Name mit dem hebräischen Adon (s. d.) zusammen.

Adoneus (Gr. M.), Beiname des Bacchus in Kleinasien.

Adonien (Gr. M.), Feste, dem Adonis zu Ehren, die aus einem Trauertage — dem Verschwinden — und aus einem freudigen — dem Wiederfinden des Gottes gewiedmet — bestehen. Es wurden dabei mit Erde und Sämereien gefüllte Gefässe unter Gesängen der Trauer umhergetragen. (s. Adonisgärten). Die Frauen überliessen sich den wildesten Ausbrüchen zügellosen Schmerzes, zerrauften das Haar, zerrissen sich die Brust und weinten Trauerlieder. Zu Byblus mussten sie sich das Haar abschneiden oder im Haine der Venus sich dem, der ihrer begehrte, einen Tag lang gänzlich überlassen. In Alexandrien ward dieses Fest mit der höchsten Pracht gefeiert, indem dabei die Herrscher aus dem Stamme der Ptolemäer all ihre Reichthümer zur Schau brachten. Am Tage des Trauerfestes trug man in einem pomphaften Aufzuge, dem selbst die Königin beiwohnte, das Bild des Adonis zum Meere, um es darin zu versenken.

Adonis, Sohn der Myrrha oder Smyrna und ihres eigenen Vaters, des Königs Thias von Assyrien. Myrrha war überaus schön, so dass sie sich für schöner hielt, als Venus, wofür diese sie auf das Härteste bestrafte, indem sie sie in ihren eigenen Vater verliebt machte. Bemüht, diese verbrecherische Neigung zu unterdrücken, ward sie von ihrer Amme verführt, derselben nachzugeben; allein nach vollbrachtem Verbrechen entflieht sie schaudernd und bittet die Götter um Hülfe, welche sie in einen Baum verwandeln, dessen immerfort fliessende Thränen das köstliche Myrrhenharz sind. Aus dem Baume trat, seine Rinde sprengend, A. in göttlicher Schönheit hervor. Den holden Knaben barg Venus in einem Kästchen und übergab dasselbe der Proserpina zur Aufbewahrung, doch diese verweigerte die Rückerstattung, worauf Jupiter dahin entschied, dass beide Göttinnen sich in des Jünglings

Besitz theilen sollten, ein Drittel des Jahres aber A. zu freier Verfügung bleibe; dieses schenkte er der Venus, so dass er nun acht Monate auf der Oberwelt und vier bei Proserpina zubrachte. Mars ward eifersüchtig auf ihn, und sandte dem jagdlustigen jungen Helden einen Eber zu, mit dem er einen Kampf einging, in welchem der Eber zwar erlegt, doch vorher A. tödtlich verwundet wurde. Venus eilte auf die Nachricht von dem Unglück so schnell herbei, dass sie nicht einmal der zarten Füsse schonte, denen, von Dornen geritzt, Blut entquoll, wovon die bis dahin weissen Rosen roth wurden; allein die Göttin kam zu spät, sie konnte nur um ihren Liebling weinen und sein Blut mit Nectar besprengen, worauf aus demselben Anemonen entsprangen. Doch erlangte sie von Jupiter, dass er nach seinem Tode die Hälfte jedes Jahres bei ihr im Olymp zubringen durfte. Die Trauer der Venus um Adonis Tod ist vielfältig Gegenstand der antiken Kunst geworden; Fig. 6. nebenan sehen wir die Nachbildung eines dahin gehörigen alten Gemäldes. Von Venus' Liebe

Fig. 6.

zu A. schreibt sich der gemeinschaftliche Dienst her, den Beide an mehreren Orten hatten; auch hatte A. nicht selten Capellen in dem Tempel anderer Götter, wie zu Argos in dem des Jupiter Servator. — Die Mythographen weichen in ihren Angaben über Adonis sehr von einander ab: so gibt man ihm bald Cinyras und Metharme, bald Phönix und Alphesiböa, bald Thias und Myrrha zu Eltern. Syrien und daselbst besonders Byblus war der Hauptsitz der Verehrung dieses Gottes, welche erst später unter bedeutenden Modificationen nach Griechenland wanderte, wesshalb man annehmen darf, dass sein Name mit dem hebräischen Adon, (Herr) zusammenhängt. Wahrscheinlich versinnbildlicht der Mythus von A. und Venus ursprünglich die Idee von der alljährlich absterbenden und sich wieder erneuernden Vegetation der Erde, welche von der Einwirkung der Sonne abhängt, worauf auch die Zeiten der Adonis-Feste hinweisen, welche in Phönicien und Aegypten um die Sommer-Sonnenwende, in Griechenland um die Frühlings-Tag- und Nachtgleiche Statt fanden. Da von Aegypten bei diesem Feste ein Schiff nach Byblus geschickt wurde, welches bei seiner Rückkehr die Nachricht von der Wiederfindung des A. mitbrachte, und ganz derselbe Zusammenhang beider Länder in der Sage von Osiris' zerstücktem, auf dem Meere nach Byblus getriebenem und wiederbelebtem Leichnam vorkommt, so deutet diess stark auf die ursprüngliche Einheit des Adonis und des Osiris hin.

Adonisgärten (Gr. M.), flache Gefässe von verschiedenen, oft sehr kostbaren Stoffen, welche Erde enthielten, die mit leicht keimenden Samen besäet wurde, um beim Adonisfeste als Symbole des schnellen Emporblühens und eben so raschen Vergehens zu dienen.

Adorea (Röm. Götterdienst.), die leichten, flachen Kuchen aus Mehl und Salz, welche man beim Opfer darbrachte, theils um sie zu verbrennen, theils zum Gebrauch der Priester. Das Opfer, welches nur aus solchen Kuchen bestand, hiess Adorea sacrificia.

Adoscht (Pers. M.), ein ungefähr ½ Fuss hoher, heilig gehaltener, roher Stein in den Feuertempeln der alten Guebern (Feueranbeter, d. h. sogenannte, denn sie beten nicht das Feuer an, sondern verrichten ihr Gebet nur in Gegenwart des Feuers).

Adrammelech (Phön. Myth.), ein blutiger, Menschenopfer verlangender Götze der Sapharwäher, welche als Colonisten nach Samarien geführt wurden. Man opferte

Fig. 7.

ihm Kinder; spätere Forscher wollen in ihm die Sonne erkennen.

Adranus (Ital. M.), Gott der sicilischen Völker, dessen Haupttempel bei Adranum stand. Dieser Tempel war von einer grossen Schaar abgerichteter Hunde bewacht, von denen man sagt, dass sie Trunkene geleiteten, aber schlechte Menschen zerrissen.

Adrasta, auch Adresta (Gr. M.), Dienerin der Helena, nachdem diese aus Troja wieder nach Lacedämon zurückgekehrt war. Homer erwähnt ihrer bei der schönen Schilderung der Erscheinung jener Fürstin, als Telemachus, seinen Vater suchend, bei Menelaus verweilte, Odyssee 4, 120 ffg.

Adrastea (Gr. M.), die „Rächerin, Unentfliehbare", 1) Tochter des Oceanus, oder des Erebus, und der Nacht, einerlei mit Nemesis, (s. d.) Abgebildet wird sie mit einem Steuerruder oder mit einem Rade. Wir geben hier eine Abbildung nach einem sehr schönen antiken Basrelief, welches bei Rom gefunden wurde, Fig. 7. Einige leiten den Namen A. von Adrast her, welcher, zum Andenken an den Eteocles, der Nemesis bei Theben einen berühmten Tempel gründete. — 2) A., Tochter des cretischen Königs Melissus, welcher von der Mutter Jupiters, Rhea, dieser als neugebornes Kind in der dictäischen Höhle auf Creta zur Erziehung übergeben wurde.

Adrastus, Fig. 8, (Gr. M.), 1) König von Sicyon, war nach Herodot V, 67 der Tochtersohn des Polybus, und erhielt, weil Polybus ohne Kinder starb, von diesem sein Königreich. A. war nämlich früher König von Argos gewesen, welches Reich ihm seine Aeltern, Talaus und Lysimache, hinterlassen hatten, allein ein von Amphiaraus veranlasster Aufstand vertrieb ihn, und er wandte sich zu seinem nächsten Verwandten Polybus. Nach einer glücklichen Regierung in Sicyon söhnte er sich mit seinen Feinden aus, kehrte nach Argos zurück, und gab zum Zeichen seiner wiederkehrenden Freundschaft seine Schwester Eriphyle dem Amphiaraus zur Gattin. — A. war mit Amphithea vermählt, Aegialeus und Cyanippus waren seine Söhne, Aegialea, Argia und Deïpyle seine Töchter. Die beiden Letzteren hatte ein Orakelspruch einem Löwen und einem Eber zu Gattinnen bestimmt. A. vermählte sie an Tydeus und Polynices, (s. dd.) wodurch dann das Orakel in Erfüllung ging, indem Tydeus zum Andenken an die calydonische Jagd seinen Helm oder seinen Schild mit einem Eberkopf, Polynices aber wegen seiner Abstammung von Hercules, denselben mit einem Löwenkopf geschmückt hatte. — Der König Adrast wurde durch den, wegen seines Schwiegersohns Polynices unternommenen Zug gegen Theben, (s. d. Art. Sieben Helden vor Theben)

Fig. 8.

dessen Führer er war, sowie durch den Zug der Epigonen, (s. d.) welchen er ebenfalls befehligte, berühmt. Unser Bild zeigt uns A. mit noch vier seinen Mitgenossen (Amphiaraus, Polynices, Tydeus, Parthenopäus), wie sie sich über den Feldzug berathen. — An mehreren Orten, zu Athen, zu Megara, vor allen aber zu Sicyon, wurde A. göttlich verehrt; auf dem Markte der letztern Stadt stand ein Heiligthum des A., weil er das Volk so väterlich regiert hatte, dass man in ihm einen Gott zu sehen glaubte. Berühmt ist auch A.s Ross Arion, (s. d. 2.) das nach Einigen von Neptun und Ceres erzeugt sein sollte, und das dem A. bei dem ersten Zuge der sieben Helden durch seine Schnelligkeit das Leben rettete; es war so bekannt, dass seine Kraft sprichwörtlich wurde; selbst die Ilias (23, 344 ffg.) erwähnt seiner als göttlichen Ursprungs. — 2) A., Sohn des Hercules. — 3) A., Sohn des Merops, der mit seinem Bruder Amphius die Bewohner von Adrastea und Apäsus auf Pityea und Terea den Trojanern zu Hülfe führte, trotz des Vaters Warnung, den der von Apollo verliehene Blick in die Zukunft ihr Ende voraussehen liess. Diomedes tödtete Beide.

Adwaia, Adwodscha (Ind. M.) „der sich selbst Aehnliche", Beiname des Brama, (s. d.) der nur sich selbst ähnlich ist, weil er keinen seinesgleichen hat.

Adwan (Ind. M.), einer der fünf Ströme, worein sich das allgemeine Lebensprincip nach dem Glauben der Indier theilt. Die Wärme des Lebens wird dadurch erhalten und gleich vertheilt, sie spricht sich aus in dem geistigen Licht der Erkenntniss, in dem Licht der Augen und in der Wärme der inneren Theile. Man glaubte, dass bei dem Tode A. den Menschen durch die grossen Halsvenen verlasse.

Adytum, „Das Unzugängliche", eine geheime Abtheilung in den Tempeln der Alten, das Allerheiligste bei den Juden, das nur der Hohepriester, und selbst dieser jährlich nur einmal, betreten durfte, und worin die Bundeslade stand.

Aëdon, (Gr. M.) Tochter des Pandareus (s. Itys und Procne). Durchaus verschieden von der, in den zwei bezeichneten Artikeln enthaltenen, (der gewöhnlichen) Sage ist folgende, nach welcher A. mit Polytechnus, einem Künstler zu Colophon in Ionien, so glücklich vermählt war, dass Beide sich rühmten, sich mehr zu lieben, als Jupiter und Juno einander. Darauf schickte Juno die Eris ab, um Zank unter den Glücklichen zu erregen. Eine verlorne Wette gab dem Gatten auf, seiner Frau eine Sklavin zu schenken; er reiste fort, jedoch nicht, um eine solche zu kaufen, sondern um zu Pandareus zu gehen und ihn zu bitten, ihm seine zweite Tochter Chelidonis zur Gesellschafterin für A. zu geben. Auf der Heimreise entehrte er sie, drohete, ihr das Leben zu nehmen, wenn sie ihn verrathen würde, und brachte nun die von seiner Gattin viele Jahre lang nicht gesehene Schwester als Sklavin zu ihr. Die Furcht fesselte der Unglücklichen Zunge, ein Zufall nur führte die Entdeckung herbei, und jetzt beschlossen die Schwestern Rache. Des Polytechnus und der A. Sohn ward geschlachtet und dem Vater zum Mahl aufgesetzt — darauf aber ihm entdeckt, was er gegessen. Mit dem Schwerte verfolgte der entsetzte Polytechnus die Verbrecherinnen bis zur fernen Heimat, dort aber fand er den Tod, denn Pandareus liess ihn, mit Honig bestrichen, den Insekten hinlegen. A. wollte ihn befreien und ihr Bruder sie desshalb ermorden. Die Götter verwandelten alle in Vögel: Polytechnus in einen Pelikan, seine Gattin in eine Nachtigall, die Schwester in eine Schwalbe und den Bruder in einen Wiedehopf. Auch das ältere Ehepaar ward verwandelt, Pandareus ward ein Meeradler und seine Gattin ein Eisvogel.

Aëlla (Gr. M.), eine der Amazonen, die erste, mit welcher Hercules kämpfte, als er den Gürtel ihrer Königin zu holen kam. Sie ward von des Helden Arm erschlagen.

Aëllo (Gr. M.) 1) „Die Sturmschnelle", Name einer der Harpyien. Ihre Mutter war Electra, des Ocean und der Tethys Tochter; sie war mit Thaumas vermählt, von welchem sie diese schrecklichen Kinder und eine ihnen ganz unähnliche Tochter, die liebliche Iris, empfing. — 2) ein Hund des Actäon (s. d.)

Aëllopus (Gr. M.) „Sturmfüssig"; 1) einerlei mit Aëllo (s. d.) — 2) Beiname der Iris.

Aëromantie, die angebliche Kunst, aus den Bewegungen der Luft, der Wolken, aus der Richtung des Windes wahrzusagen.

Aërope (Gr. M.), 1) Tochter des Königs Catreus von Creta, Enkelin des Minos. Ihr Vater, der das Orakel erhalten hatte, dass er durch eines seiner Kinder das Leben verlieren würde, übergab sie und ihre Schwester Clymene (s. d.) dem Nauplius, sie in fremde Länder zu verkaufen. A. heirathete den Plisthenes, des Atreus Sohn, und gebar ihm den Menelaus und den Agamemnon. Weil aber Plisthenes frühe starb, nahm Atreus selbst seine Schwiegertochrer zur Gemahlin und ihre Söhne als seine Kinder an. A. brach aber die Ehe mit Thyestes (s. d.) — 2) A., Tochter des Cepheus. Mars liebte dieselbe, sie ward von ihm Mutter, starb aber während der Geburt. Der Gott legte das Kind noch an der Todten Brust und fügte es so, dass es noch reichlich Nahrung fand. Dasselbe erhielt den Namen Aëropus und wurde Vater des Echemus (s. d.).

Aeetes (Gr. M.), König in Colchis, als Phrixus das goldene Vliess dahin brachte, und Jason es wieder entführte; Vater der Medea. (S. d. und Argonauten, Jason).

Aëthlius (Gr. M.), Jupiters oder Aeolus' Sohn von der Protogenia; seine Gattin Calyce war des Aeolus und der Enarete Tochter; er wurde von ihr Vater des Endymion (s. d.)

Afer (Röm. M.), Sohn des Hercules und Stammvater der Africaner.

Afrasiab (Orient. M.), ein fabelhafter Fürst der Perser, der neunte aus der Dynastie der Pischdadier. Er war ein Türke und beherrschte alle Länder jenseits des Oxus oder Gihon; das Land hiess Turan (Gegensatz von Iran), jetzt Turkestan, und obgleich König dieses Reiches, stammt er doch aus Persien, von Tus, einem Sohne des Königs Feridun, wesshalb er Ansprüche an die Krone machte, den Regenten des Landes, Manugeher, mit Krieg überzog und nach langen Kämpfen ihn nöthigte, in die Gebirge von Hyrcanien sich auf sein festes Schloss Tabaristan zurückzuziehen. Sein Sieg machte ihn jedoch nicht übermüthig, und er schenkte dem Fürsten Frieden, ihm erlaubend, in seine Staaten zurückzukehren, nachdem vorher die Grenze festgesetzt worden war, welche beide Reiche, Iran und Turan, fernerhin trennen sollte. Manugeher erhielt, so lange er lebte, den Frieden, allein sein Sohn gerieth wieder in Streit mit A., die Türken kamen mit einem ungeheuren Heere über den Gihon, überfielen den Schach (Nandar); eine einzige Schlacht entschied das Schicksal des Reiches, und dieses, führerlos, unterwarf sich ohne Widerstand dem Sieger, welcher zwölf Jahre lang dessen Herr blieb. Da erhob sich der heldenmüthige Sohn eines der berühmtesten Heroen der persischen Geschichte, Zaal, Sohn des Sam Neriman; er veranlasste einen Aufstand und schlug A. wieder über den Gihon zurück, worauf er einen Sprössling der Regentenfamilie, den Prinzen Zu, auf den Thron setzte, welcher zwar nur kurze Zeit, doch glücklich regierte, indessen sein Sohn und Nachfolger, Kischtasp, abermals von A. des Reiches beraubt und daraus vertrieben wurde, worauf er bald sein Leben verlor, und mit ihm die Dynastie der Pischdadier in Persien erlosch. Zaal aber und sein Sohn Rustam, im Lande Sistan oder Segestan lebend, dachten wieder darauf, Persien von den unwillkommenen Gästen zu befreien, bis Kaikobad. der Stifter der zweiten Dynastie persischer Regenten, sich erhob, den beiden Helden den Befehl über die Heere anvertraute, gegen A. aufbrach und diesen wieder aus dem Reiche schlug, worauf Kaikobad und dessen Sohn ruhig herrschten, bis des Ersteren Enkel abermals von A. angegriffen wurde; allein das stets wechselnde Glück hatte dem Barbarenhaupt jetzt ganz den Rücken gewendet; er und sein Bruder Garschiawez wurden in dem Gebirge von Aderbidschan gefangen und bald darauf hingerichtet, worauf die Dynastie der Pischdadier auch in Turan unterging. — Diese Geschichte zeigt übrigens deutlich, dass unter A. nicht eine Person, sondern wahrscheinlich ein Titel zu verstehen sei, wie Pharao in Aegypten etc., denn sonst müsste der Beherrscher von Turan 500 Jahre gelebt haben: ein Alter, welches ihm indessen die persischen Geschichtschreiber wirklich beilegen; doch schon die frühesten Schriftsteller, welche nur einigermassen aufgeklärt sind, wie der Dichter Ferdusi (Schach Nameh), sagen, dass diese Periode der Geschichte völlig dunkel sei.

Africana (Röm. M.), Beiname der Ceres, unter welchem sie in mehreren Städten in Africa Tempel besass, welche keine Priester, sondern Priesterinnen und zwar solche hatten, die Wittwen und nicht mehr zu heirathen gesonnen waren.

Afu, die von dem Koran eingeschärfte Vergebung bei den Arabern. Gott lässt sie den Menschen angedeihen; um so viel als möglich ihm sich zu nähern, soll der Mensch ein Gleiches thun.

Aega (Gr. M.), Tochter des Olenus, welche mit ihrer Schwester Helice den von seiner Mutter dem Verschlingen durch Saturnus entzogenen jungen Jupiter erzog, und später von ihm aus Dankbarkeit unter die Sterne versetzt wurde. (Capella im Sternbild des Fuhrmanns.) Ae. hatte einen so ausserordentlichen Glanz, dass sie die Titanen blendete, als diese den Himmel zu stürmen unternahmen, welche daher ihre Mutter baten, sie möchte das Gestirn verfinstern. Gäa verbarg darauf die Ae. in eine Höhle auf Creta, woselbst sie dann erst später Jupiters Amme wurde. — Nach einer andern Erzählung war Ae. die Gattin des Pan, welche von Jupiter den Aegipan gebar. — Eine dritte Erzählung macht Ae. zu einer Tochter der Sonne; sie soll eine Ziege von so fürchterlicher Gestalt gewesen sein, dass, wer sie sah, sich vor ihr entsetzte; wesshalb die Titanen ihre Mutter Gäa baten, sie zu verbergen. Nun ward sie in die Höhle gebracht, in welcher Amalthea sie brauchte, um mit ihrer Milch den jungen Jupiter zu ernähren. Sie ward dann von ihm unter die Sterne versetzt, ihr Fell zog er aber über seinen Schild — die berühmte Aegis oder Aegide.

Aegaea (Gr. M.), Beiname der Venus von ihrer besonders ausgezeichneten Verehrung auf den Inseln des ägäischen Meeres. Sie hiess auch »die Bewohnerin der Inseln«, denn auf den meisten Inseln opferte man ihr mehr als andern Göttern.

Agacles (Gr. M.), ein myrmidonischer Held, dessen Sohn Epigeus im trojanischen Kriege von Hector getödtet wurde.

Agali (Ind. M.), eine Fürstin aus dem Geschlechte der Kinder des Mondes, Gattin des Kudamen, Mutter des Sadanandi.

Aegaeeus. (Gr. M.) Nach Strabo ein Beiname Neptuns, von Aega, einer Stadt in Euböa, woselbst ihm auf einem Berge ein Tempel errichtet war.

Agamarschana (Ind. Religionslehre.), ein Spruch aus den heiligen Büchern der Indier, welchen diese hersagen, um sich von schweren Sünden zu reinigen. So findet man auch hier, wie in andern Religionen, den Glauben, dass Gebete hersagen Gott wohlgefällig sei und den Sünder von der Strafe befreie.

Agame, Vorgebirge bei Troja, auf dessen äusserster Spitze Hesione (s. d.) dem von Neptun gesendeten Ungeheuer ausgesetzt wurde.

Agamede (Gr. M.), 1) älteste Tochter des Augias, und vermählt an den Speerwerfer Mulius. Sie kannte so viele Kräuter, als das nährende Erdreich hervorbringt. Von Neptun gebar sie den Dictys. — 2) A. Tochter der Macaria, einer Tochter des Hercules; ein Ort auf Lesbos soll nach ihr benannt sein.

Agamedes (Gr. M.), 1) Sohn des Erginus, Königs der Minyer. Er und sein Bruder Trophonius waren berühmte Baumeister; sie bauten den Tempel zu Delphi und die Schatzkammer des Hyrieus, setzten aber bei der letztern einen Stein so künstlich ein, dass sie durch Herausnahme desselben in die Schatzkammer gelangen konnten. Die häufig wiederholten Räubereien wurden entdeckt, durch den Besitzer der Schätze eine Falle gestellt, und der Erstere der Brüder darin gefangen; um nicht verrathen zu werden, hieb ihm Trophonius den Kopf ab. Nach anderen Nachrichten erbaten sich die beiden von Apollo für Erbauung des Delphischen Tempels eine Belohnung, welche ihnen in sieben Tagen verheissen wurde, während welcher Zeit sie sich ihres Lebens möglichst freuen sollten: — am Ende dieser Frist waren beide todt. Trophonius erhielt ein Orakel, bei welchem A. immer mit angerufen wurde. — 2) A., stammte von Stymphalus und war Vater des Cercyon und Grossvater des Hippothous, Königs in Arcadien.

Agamemnon, Fig. 9 (Gr. M.), König von Mycenä, durch den trojanischen Krieg berühmt, galt für einen Sohn des Atreus (s. d.); sein wirklicher Vater aber war dessen Sohn Plisthenes, seine Mutter Aërope, (s. d.) seine Geschwister Menelaus und Anaxibia. Als A. erwachsen war, trug sein Vater ihm auf, seinen Oheim Thyestes, Atreus Bruder, aufzusuchen, den Atreus zuvor wegen seines Ehebruches mit Aërope aus dem Lande vertrieben hatte, nunmehr aber, um sich noch härter an ihm zu rächen, wieder zu sich zu locken suchte. A. führte diesen Auftrag aus, und Atreus wollte nun den Thyest durch dessen eigenen Sohn Aegisthus (s. d.) ermorden lassen. Diess führte zur Entdeckung des Verbrechens, welchem Aegisth das Dasein verdankte; die Mutter gab sich den Tod, und der Sohn ermordete nicht, wie er gesollt, den Vater, sondern denjenigen, der ihm den Auftrag gegeben, den Atreus. Nunmehr aber verjagte A. die beiden Männer des Unglücks von seinem Hofe, und darauf, allein Herrscher, begann er die Völker rings umher sich zu unterwerfen. Der Bruder A.s, Menelaus, (s. d.) Gemahl der wunderschönen Helena (s. d.), erbat sich bald darauf seine Hilfe zur Wiedergewinnung der von Paris (s. d.) nach Troja Entführten. A.s Macht und sein Gold brachten den Feldzug zu Stande, und bewirkten auch, dass man ihn zum Führer des ganzen Heeres wählte. An der Spitze von 1000 Schiffen verliess er seine Gattin Clytämnestra und seine drei Kinder Iphigenia, Electra und Orest. — Als die Schiffe sich in Aulis versammelt hatten, sandte Diana, welche

Fig. 9.

auf A. zürnte, weil er in ihrem heiligen Haine eine Hirschkuh erlegt und übermüthige Reden gegen die Göttin geführt hatte, eine völlige Windstille und eine Pest über das Heer, und der Seher Calchas erklärte, Diana habe diese Strafe geschickt, weil A. gegen sie gefrevelt, und nur seiner Tochter Iphigenia (s. d.) Leben sei vermögend, die zürnende Göttin zu versöhnen. Den sich Sträubenden überredet Ulysses, und er lässt es sich gefallen, dass man seine Tochter unter dem Vorwande, sie mit Achilles zu vermählen, in's Lager hole; nun soll sie geopfert werden, aber dem Opferstahle entrückt die Göttin selbst das Mädchen, und führt Iphigenia durch die Lüfte nach Tauris. — Die Pest liess nach, frischer Wind erhob sich, das Heer segelte nach Troja. Im zehnten Jahre entspann sich der Streit zwischen Achilles und A. Letzterer hatte die Tochter des Chryses, eines Priesters des Apollo, geraubt. Apollo schickte eine Pest unter das Heer, und A. musste seinen Raub zurückgeben; dafür verlangte er die Briseïs, die Geliebte des Achilles (s. d.), dem sie aus der Beute des Krieges als Ehrengeschenk zu Theil geworden war — ja, er liess sie durch Herolde von ihm holen. — Hierüber erzürnt, zieht Achilles sich vom Kampf zurück. Erst nachdem Hector Achills geliebtesten Freund Patroclus (s. d.) getödtet hatte, lässt sich Achill durch A.s Geschenke und durch die Rückgabe der Briseïs versöhnen, zieht in den Kampf, erlegt den Hector und Troja fiel. — Die Beute wird vertheilt, und dem A. fällt Cassandra (s. d.) zu, mit welcher er glücklich in der Heimath anlangt. — Hier wartet seiner das traurigste Loos. Betrogen von der Gattin, wird er ein Raub des Todes, denn Aegisth, (s. d.) sein Nahen befürchtend, hat schon seit Jahren eine Wache im Hafen, damit sie ihn sogleich von der Ankunft des Völkerfürsten A. benachrichtige. Bei der Nachricht hievon eilt Aegisth mit Clytämnestra dem Gefürchteten entgegen. Ein Schmaus wird ihm zu Ehren gegeben; bei demselben überfällt eine gedungene Mörderrotte den Helden, und er erliegt unter ihren Messern. Nach Anderen soll Aegisth im Bade ein Netz über ihn geworfen, Clytämnestra ihn mit einer Axt vor die Stirne geschlagen und Aegisth ihn sodann erdolcht haben. Auf obenstehendem Bilde sehen wir Clytämnestra, wie sie mit einem Beile, das sie in beiden Händen schwingt, eben den tödtlichen Streich auf A. führt. — A. war auch ein Beiname des Jupiter, unter welchem er in Sparta verehrt wurde.

Aganice, auch Aglaonice (Gr. M.), Tochter des Fürsten Hegetor in Thessalien, war der Verfinsterungen des Mondes kundig und gab vor, den Mond durch Zauberei vom Himmel herunter ziehen zu können.

Aganippe (Gr. M.), 1) Quelle auf dem Helicon, wie die Hippocrene (s. d.); sie begeisterte den, der von ihr trank, zum Dichter. Nach ihr nennt man die Musen Aganippiden. Nach Anderen ist die Nymphe der Quelle eine Tochter des Flussgottes Permessus. — 2) A., die Mutter der Danaë, Gemahlin des Königs Acrisius (s. d.).

Aegaeon (Gr. M.) 1) ein hundertarmiger, fünfzigköpfiger Riese, den die Götter Briareus, (den furchtbaren, gewaltigen) nannten, Sohn des Uranus und der Erde. Er und seine Brüder Cottus und Gyges wurden von dem Vater, aus Furcht vor ihrer Stärke, gefesselt und in Höhlen eingesperrt, bis Jupiter im Kriege gegen die Titanen sie befreite und mit ihrem Beistande jene besiegte. Einst hatten die Götter sich gegen Jupiter verschworen, Neptun, Juno und Minerva wollten ihn binden; da holte Thetis den A. herauf in den Olymp, wo sie ihm einen Platz neben Jupiter anwies; vor der furchtbaren Gestalt entsetzten sich die Götter so, dass sie ihr Vorhaben aufgaben. — 2) Ae., einer der ruchlosen Söhne des arcadischen Königs Lycaon; Jupiter, nachdem er den Vater in einen Wolf verwandelt, erschlug die Söhne mit dem Blitz.

Agapenor (Gr. M.), Sohn des Ancäus, welcher die Völker von Arcadien in 60 Schiffen nach Troja führte. Sie waren der See unkundig, desshalb hatte ihnen die hochgebordeten Schiffe Agamemnon geliehen. Als Troja erobert war, wollte A. heimkehren; doch der Götter Zorn liess die meisten Führer der Griechen nicht in die Heimath gelangen, und so kam auch A. nicht dahin; er liess sich in Cyprus nieder, baute die Stadt Paphus, bevölkerte die Insel und starb alsdann daselbst. Seine Tochter Laodice baute in Tegea der Venus von Paphus einen Tempel.

Agasthenes (Gr. M.), Sohn des Augias und Vater des Polyxenus, eines der Freier der Helena, welcher unter den vier Helden der Epeer war, deren Jeder zehn wohl bemannte Schiffe vor Troja führte.

Agastrophus (Gr. M.) Sohn des Päon; unter den Kämpfern für Troja. Er ward von Diomedes mit eherner Lanze am Hüftbein getroffen und starb, da sein Wagen nicht nahe genug war, um ihn aus dem Kampfgewühl zu tragen.

Agathalyus (Gr. M.) „Der Freudetödter", Beiname des Pluto (s. d.).

Agathodaemon (Gr. M.), Griechischer Name für die ägyptische Knuph-Schlange (s. Asculapius); dann auch ein guter Gott, zu dessen Ehren man am Ende der Mahlzeit einen Becher ungemischten Weines trank, und dem in Arcadien ein Tempel geweiht war.

Agathon (Gr. M.), Sohn des Priamus (s. d.).

Agathyrnus (Gr. M.), Sohn des Aeolus, Beherrschers der liparischen und äolischen Inseln, Erbauer der Stadt Agathyrnum in Sicilien.

Agatkon, bei den Irokesen das, was Naut-e-na bei den nordamericanischen Völkern überhaupt heisst. (S. diesen Art.).

Agave (Gr. M.), 1) Tochter des Phöniciers Cadmus, welcher sich, nachdem er einen Drachen, der ein Sohn des Mars war, getödtet und dafür ihm acht Jahre als Sklave gedient hatte, mit Harmonia, der Tochter dieses Gottes und der Venus, vermählte und sich in Böotien niederliess. Dieser Ehe entsprangen Agave, Semele, Polydorus, Ino und Autonoë. (s. d. d.). Jupiter liebte Semele, und dieser Neigung göttliche Frucht war Bacchus, welchen jedoch Agave nicht als Gott anerkennen wollte, sondern behauptete, er sei der Sohn eines Sterblichen, und nur der Semele List habe, mit Hülfe des Vaters, es dahin gebracht, dass man glaube, Jupiter sei der Vater; dieser selbst aber habe die Frevlerin im Zorne durch den Blitz getödtet. Der Agave Sohn, Pentheus, nur wenig jünger als Bacchus, war, von seiner Mutter gereizt, Willens, den angeblichen Gott und seine Begleiterinnen, die Mänaden, zu vernichten, wesshalb er auszog, um ein Fest, das sie auf dem Berge Cithäron begingen, zu stören. Da machte der Gott alle Begleiter und Begleiterinnen des Pentheus rasend, sie sahen diesen für einen Eber an, fielen, seine eigene Mutter A. an der Spitze, über ihn her und zerrissen ihn. Die Mutter entfloh, als ihr die Besinnung zurückkehrte, kam von Theben nach Illyrien, und vermählte sich an den König Lycotherses, tödtete ihn aber später, um ihrem Vater seinen Thron zu verschaffen. — 2) A., eine der Danaiden (s. d.), welche ihren Gemahl Lycus, Sohn des Aegyptus, in der Brautnacht tödtete. — 3) A., eine der vielen Töchter des Nereus.

Agdistis (Kleinas. u. gr. M.), ein Zwitter, durch einen Traum Jupiters von der Cybele, wobei er die Erde befruchtete, entstanden. Die Götter beraubten ihn seiner männlichen Kennzeichen, aus welchen ein Mandelbaum emporwuchs, von dem die Tochter des Flusses Sangarius, Nana, einige Früchte pflückte und durch dieselben Mutter des Attes wurde, der so schön war, dass selbst A. sich in ihn verliebte; und da sie bei seiner Vermählungsfeier sich einfand, befiel ihn Wahnsinn und er entmannte sich selbst. Nach Strabo beteten die Bewohner Kleinasiens, und zwar besonders die Phrygier und Trojaner, die Rhea unter verschiedenen Namen an, darunter auch der Name A., demnach wäre also A. mit Cybele und Rhea identisch. Eine andere Fabel von dieser A. ist folgende: Als Deucalion und Pyrrha in Phrygien von dem Felsen Agdus Steine nahmen, um daraus neue Menschen zu schaffen, entstand unter anderen auch die grosse Göttermutter, welche Jupiter liebte; doch die Göttin widerstand ihm, und der Fels Agdus empfing statt ihrer die Beweise von Jupiters Neigung, woraus dann A. entstand — ein Wesen, ohne Furcht vor Göttern und Menschen, nur achtend auf die eigenen unzähmbaren Begierden. Dieses Geschöpf ward von Bacchus entmannt. — Nun folgt dieselbe Befruchtung der Nana (nur durch die Früchte eines Granatbaums), welche den Attes gebar, um den sich Cybele und A. stritten.

Ageberen, ein guter Gott der Tscheremissen, welchem sie das Gedeihen ihrer Feldfrüchte zuschreiben, daher sie ihm vor der Ernte Opfer bringen und nach derselben ein Dankfest halten.

Agel. Nach dem Koran ist jedem Wesen ein bestimmtes Ziel des Daseins gegeben, welches man weder heranziehen noch entfernen kann: dieses heist A.

Agelastus (Gr. M.), Beiname des ernsten Beherrschers der Unterwelt, des nie lachenden Pluto.

Agelaus (Gr. M.), 1.) Name dreier Helden der Ilias und Odyssee: eines Griechen welchen Hector; eines Trojaners welchen Diomedes erlegte, und eines von den Freiern der Penelope, welcher, da ihm die Anführung derselben gegen den sie mordenden Ulysses übertragen wurde, sie in zwei Abtheilungen trennte, von denen nur immer eine ihre Speere auf den Schrecklichen warf. — 2) A., Sohn des Oeneus und der Tochter des Thestius, Althäa; — seine Brüder waren Toxus, Thyreus, Clymenus, und von Mars Meleager; — seine Schwestern, Gorge und Deïanira (s. d.) Meleager hatte den calydonischen Eber erlegt, die ihm als Siegeszeichen zuerkannte Haut und den Kopf des Thieres aber der Atalante abgetreten, welche den Eber zuerst verwundet hatte. Hierüber entstand ein förmlicher Krieg, in welchem auch A. blieb. — 3) A., Sohn des Hercules und der Omphale, auch ein Enkel desselben, ein Sohn des Heracliden Temenus, des Anführers aller jener Helden, als sie den Peloponnes eroberten. A. sollte mit seinen Brüdern von der Thronfolge ausgeschlossen werden, welche dem Gatten ihrer Schwester, Deïphontes, zugedacht war, wesshalb sie ihren Vater durch die Titanen um Lohn ermorden liessen. Das Reich von Argos fiel jedoch gleichwohl an Deïphontes. — 4) A., welcher den Paris gross zog, der ihm zum Aussetzen übergeben worden war. Er hatte zwar den Befehl vollzogen, allein als er nach fünf Tagen das Kind von einer Bärin gesäugt und unversehrt traf, dieses für ein Zeichen der Götter gehalten und den Knaben zu sich genommen; so war er es, der Troja's Untergang veranlasste.

Agelea und **Ageleïs.** (Gr. M.), Beides Beinamen der Minerva, „die Beutebringerin."

Agenor (Gr. M.), Vater des Cadmus und der von Jupiter entführten Europa (s. d.), sowie des Phönix und Cilir. A. war ein Sohn der Libya (Tochter des Epaphus und der Memphis, von welcher Libyen benannt war) und des Neptun, dem sie auch den Belus (s. d.) gebar. Jupiter entführte dem A. seine Tochter, und dieser befahl seinen Söhnen, die Schwester zu suchen und nicht ohne dieselbe zurückzukehren; so kam denn keiner zurück. — 2) A., einer der fünfzig Söhne des Aegyptus, verlobt mit Enippe, einer Tochter des Königs Danaus, und von ihr in der Brautnacht ermordet. 3) A., Sohn der Niobe, von Apollo erschossen. — 4) A., Sohn des Antenor, welcher die griechischen Verschanzungen stürmen half, den dabei fallenden Echepolus vertheidigte, den Hector verband, und endlich gar, ermuthigt durch Apollo, den Achilles angriff, doch ihn nicht verwunden konnte. Achilles stürmte wüthend auf ihn ein, da umhüllte Apollo ihn mit einer Wolke, nahm selbst seine Gestalt an, so dass Achilles ihn, an des wahren A. Stelle, verfolgte, und dieser mit dem Heere sich in die Stadt zurückziehen konnte. Er fiel zulezt von Neoptolemus Hand. — 5) A., ein grausamer König von Argos, Sohn des Triopas, vor welchem der Hierophant der Ceres, Trochilus, nach Eleusis floh. — 6) A., Sohn des Phegeus, Königs von Psophis in Arcadien, er ermordete; mit Hülfe seines Bruders, den Gemahl seiner Schwester Arsinoë, Alcmäon, der diese verstossen hatte, und wurde getödtet von den durch Jupiters Gunst plötzlich aus Knaben zu Jünglingen erwachsenen Söhnen der zweiten Gattin Alcmäons, Callirrhoë (s. d.) — 7) A., Sohn des Pleuron und der Xanthippe, war mit Epicaste, Tochter des Calydon, vermählt und Vater des Porthaon, der Demonice und des Thestius, Vaters der Leda.

Agenoria, auch **Agerona** (Röm. M.), eine Göttin der Thätigkeit, welcher man die Kraft zuschrieb, zu Unternehmungen anzutreiben; sie soll auf dem aventinischen Hügel ein Heiligthum gehabt haben.

Agenorides (Gr. M.), Bezeichnung der Nachkommen des Agenor, z. B. des Cadmus.

Ageoneus (Gr. M.), Sohn des Priamus.

Agesander, auch **Agesilaus**, (Gr. M.), Beiname des Männer-versammelnden Pluto.

Agetes (Gr. M.), Name des Priesters, welcher den Dienst bei dem Feste (die Carneen) versah, welches dem Apollo von den Dorern gefeiert ward und neun Tage dauerte.

Agetor (Gr. M.), „Der Führer", ein Beiname, welchen die Griechen dem Jupiter, dem Apollo (Führer der Sonne) und dem Mercur (Führer der Seelen in die Unterwelt) gaben. Die Priester der Venus auf der Insel Cypern führten denselben Namen.

Aegeus (Gr. M.), König in Athen, Vater des Theseus (s. d.). Vermählt mit Meta, der Tochter des Hoples, hoffte A. vergeblich auf Kinder; das Orakel ertheilte ihm eine Antwort, die ihm dunkel war, und über die er daher seinen Gastfreund, den König Pittheus von Trözen, um Rath fragte, der ihm seine eigene Tochter Aethra zuführte. — Aegeus hinterliess der Aethra Schwert und Schuhe, welche er unter einem Felsblock verbarg, mit dem Bedeuten, dass er dereinst an diesen seinen Sohn erkennen wolle. Die Frucht jener Zusammenkunft war Theseus, der später an den mitgebrachten Zeichen von seinem Vater erkannt wurde. — A. hatte Athen als Erbreich von seinem Vater Pandion erhalten, war jedoch nur durch einen Krieg, den er mit seinen Brüdern Lycus, Pallas und Nisus gegen die Metioniden unternahm, welche seinen Vater des Thrones beraubt hatten, zur Herrschaft gelangt. Kaum war er im Besitz seines Reichs, als er von Neuem in einen Krieg verwickelt wurde. Bei den Panathenäen (s. d.) war der Sohn des Minos, Androgeus, durchgängig Sieger gewesen; diess erzürnte den König, und er sandte ihn gegen den marathonischen Stier, von dem er getödtet wurde. Minos kam zur Rache mit gewaltiger Heeresmacht nach Athen, und A. wurde vom Feinde zur Annahme der schimpflichsten Bedingungen gezwungen: er musste dem Minos alle sieben Jahre einen Tribut von sieben Jünglingen und sieben Jungfrauen entrichten, die dem Minotaurus (s. d.) vorgeworfen wurden. — Jetzt traf Theseus bei seinem Vater ein; er unterdrückte zuerst den Aufstand der Pallantiden, der 50 Söhne des Pallas, Bruders des Pandion, welche Ansprüche auf die Herrschaft machten, und machte dann dem schimpflichen Tribut an Minos ein Ende. (S. Theseus.) Auf der Heimfahrt von Creta vergass er den Auftrag seines Vaters, im Falle des Gelingens das schwarze Segel seines Schiffes mit einem weissen zu vertauschen, und A. stürzte sich, als er das schwarze Segel wieder erblickte, verzweiflungsvoll in das Meer, welches von ihm den Namen des ägäischen bekam.

Aghdi (Ind. M.), Enkelin des Brama, Tochter der Satarupa und des Suajambu. Letzterer war der erste Menu, und beide Gatten waren Zwillings-Geschwister, Kinder Brama's. A. war die Gemahlin eines berühmten Braminen Ruschi; zwei Könige wagten es, um ihre Hand zu werben, doch da sie viel höher stand, als diese, wurde ihnen die ungeheure Kühnheit streng verwiesen und sie einem armen Priester zu Theil, welcher als Bramine an Rang ihr gleich war.

Aegialea (Gr. M.) Nach Einigen Tochter, nach Anderen Enkelin des Adrastus (s. d.) und Gattin des Diomedes wurde, durch Venus verführt (sie war dem Diomedes unter allen Griechen besonders feind, weil derselbe sie verwundet hatte), dem fernen Gemahl untreu, liess sich mit Cometes in verbrecherischen Umgang ein und beschloss zuletzt, aus Furcht vor der ihr drohenden Strafe, den rückkehrenden Gatten umzubringen; sie hätte dieses Vorhaben auch vollführt, wenn er nicht zum Altare der Juno, und später aus dem Lande nach Italien geflohen wäre.

Aegialeus (Gr. M.), 1) Sohn des Adrastus (s. d.). Als sein Vater den zweiten Zug der Sieben gen Theben, den der sogenannten Epigonen, führte, begleitete er denselben, blieb aber bald, bei einem Ausfalle von dem Sohne des Eteocles getödtet. 2) A., Sohn des Inachus und seiner Schwester, der Oceanide Melia. Sicyon und Achaja, zu einem Reiche verbunden, erhielten von ihm den Namen Aegialea. Ihm soll sein Sohn Europs in der Regierung gefolgt sein.

Aegide. S. Aegis.

Aegina (Gr. M.), Geliebte des Jupiter, welcher dieselbe in Gestalt eines Adlers entführte, und als Feuer umarmte. Ihr Vater, der Flussgott Asopus, suchte lange vergebens die spurlos Verschwundene, bis Sisyphus ihm den Thäter entdeckte, welchen er dann auf das Heftigste verfolgte, sich vermessend, mit seinen Wogen den Olympus zu stürmen, ein Vorhaben, von welchem er indess abstehen musste, da der mächtige Gott allzu gewaltig mit Blitzen nach ihm warf. Jupiter brachte nun A. nach der Insel Oenone, welche er nach der Geliebten benannte, die ihm hier den Aeacus gebar, der späterhin König der Insel wurde. Nach einer andern Sage ist dieser König ein Sohn des Jupiter und der von ihm in Gestalt eines Stieres entführten Europa. — Später ward A. die Gattin Actors, dem sie den Menötius gebar. — Die Insel Aegina ist hochberühmt geworden durch eine eigene Kunstschule, welche ihren Namen führt, die Aeginetische. Als ihr Stifter wird Smilis, des Dädalus Zeitgenosse, genannt. Die einzigen erhaltenen Werke derselben befinden sich unter dem Namen der Aegineten in der Glyptothek zu München.

Aeginaea (Gr. M.), war die Diana zu Sparta benannt.

Aegipan (Gr. M.), ein junger Gott, welcher entweder Jupiters Gespiele und Milchbruder, oder sein eigener Sohn von Pans Gattin, Aega, ist. Der Name scheint nicht auf diese Abstammung zu führen, denn er scheint zusammengesetzt aus Pan und Aega, wie Hermaphroditus aus dem Namen seiner beiden Eltern. A. war ein kräuterkundiger, heilender Gott; er war es, welcher die von Typhon dem Zeus ausgeschnittenen und wohlverwahrten Sehnen mit Hülfe des Mercur stahl, und dem Kroniden wieder einsetzte. Auch in der Mehrzahl dachte man sich die Aegipane als ländliche Wald- und Berg-Götter unter der Gestalt kleiner, haariger Menschen, die gehörnt waren und Ziegenfüsse hatten; ältere Fabeln machten sie zu Ungeheuern mit Ziegenbart und Fischschwanz, welche Libyen bewohnen sollten.

Aegir (Nord. M.), der Gott des Meeres, Sohn des Urstoffs, Bruder der Luft und des Feuers. Er wird noch unter die älteren Naturgötter gezählt, und dient, den Ocean in seiner Grösse und Milde zu bezeichnen. Er hat seinen Herrschersitz auf der Insel Lessö im Kattegat aufgeschlagen. Sein Weib ist Ran, aus dem Riesengeschlechte stammend, im Gegensatz mit A. die tückische, feindselige Natur des Meeres. Die Wellenmädchen Himingläfa, Dufa, Hadda, Hefring, Udur, Hrönn, Bylgia, Bara und Kolga sind jenes Paares Töchter. Seine Diener heissen Fimafengur und Eldir. — Als A. einst nach Asgard kam, ward er von den Göttern mit einem glänzenden Gastmahl empfangen. A.s. Tischnachbar Braga trank ihm fleissig zu und erzählte ihm viel von den Thaten der Asen, so dass A. in die heiterste Stimmung versetzt wurde, und endlich auch die Götter zu einem grossen Gastmahl einlud. Diese waren verdrossen über eine solche Kühnheit, daher sie ihm aufgaben, sein Versprechen alsbald zu erfüllen, widrigenfalls sie ihn als einen Verächter und Spötter ihrer Majestät bestrafen würden. A. verlangte nun von Thor einen grossen Kessel, um das Bier für seine Gäste darin zu brauen, und Thor sammt Tyr entwenden mit List und Gewalt dem Riesen Hymir einen Kessel, der die Tiefe einer ganzen Meile hatte. Nun ward das Mahl von A. angeschafft, und alle Götter versammelten sich zu demselben, bald von ihrer üblen Meinung zurückkommend, denn man konnte nicht mehr erwarten, als geleistet wurde. Loke (s. d.) aber, voll Neid desshalb, kam mit den Göttern in Streit, und erschlug dabei A. einen Diener, Fimafengur; die Asen (s. d.) erhoben ihre Schilde, drangen auf ihn ein und folgten dem Fliehenden bis an einen Wald, dann kehrten sie zu dem Gastmahl zurück, wohin auch Loke wieder kam und die Götter so lange schmähete und neckte, bis er von diesen ergriffen und getödtet wurde.

Aegis (Gr. M.), der Schild Jupiters und der Minerva, allegorisch jede schützende Bedeckung. Der Name lässt sich entweder von dem griechischen Namen der Ziege, da bei der einfachen Bewaffnung der ältesten Völker Ziegenfelle zum Schutze gebraucht wurden, oder von einem ähnlich lautenden Worte, welches stürmische Bewegung bedeutet, ableiten. Bei Homer ist sie der furchtbar strahlende und leuchtende Schild, den Jupiter, der Wolkenversammler, in der Linken schüttelt, wenn er, Sturm und Gewölk erregend und mit der Rechten Blitze schleudernd, Schrecken verbreiten will. Von diesem Schilde heisst Jupiter Aegiochus, der Aegis-Schwinger. Oft gibt er ihn der Minerva, zuweilen dem Apollo. Das Haupt der Gorgo Medusa (s. d.) ist darauf zu sehen. — Später erscheint die A. als eigenthümliche Bewaffnung der Minerva, aber bald als Schild, bald als Harnisch, jedoch immer mit dem Gorgonen-Haupt in der Mitte, und es tritt ein neuer Mythus über die Herkunft dieser Waffe auf: A., ein von der Erde hervorgebrachtes feuerspeiendes Ungeheuer, verheerte Phrygien, Indien, Aegypten, Libyen, und wurde endlich von Minerva erlegt, die sich mit dem Fell des Thieres als einer Schutzwaffe rüstete.

Aegisdrekka (Nord. M.), Aegirs Trinkgelag, ein berühmtes Gedicht, in welchem Loke (s. d.), mit den Asen bei Aegir zum Mahle geladen, diesen ihre wahren oder auch nur angedichteten Vergehungen vorwirft, worauf er von ihnen insgesammt mit Schmähungen von der Tafel gejagt wird.

Aegis Hjalmr (Nord. M.), der Schreckenshelm, die Wehr des furchtbaren, Gold hütenden, von Sigurd (Siegfried) erschlagenen Drachen Faffnir; wer sie trug, war geschützt vor jedem Angriff, denn Niemand vermochte den furchtbaren Anblick des so Bewehrten zu ertragen; noch jetzt ist der Aegis-Helm in Schweden und Norwegen sprüchwörtlich.

Aegisthus (Gr. M.). Atreus (s. d.) hatte seinen Bruder Thyestes, weil dieser seine Gattin Aërope verführt hatte, aus Mycenä verdrängt. Um sich einen Rächer zu verschaffen, erzeugte Thyestes, nach Anweisung eines Orakelspruches, mit seiner eigenen Tochter Pelopia, von dieser unerkannt, einen Sohn, den seine Mutter nach der Geburt aussetzte. Hirten fanden ihn, liessen ihn durch eine Ziege aufsäugen, und nannten ihn A. Pelopia hatte ihrem Vater in der Nacht, da er sie umarmte, sein Schwert entwandt, und es später dem A. gegeben. Als an diesem Schwerte A. als Sohn des Thyestes erkannt wurde, tödtete sich Pelopia in Verzweiflung. Zuvor aber hatte sich Atreus mit Pelopia vermählt, A. als Sohn angenommen und ihm aufgetragen, Thyestes, den er unterdessen wieder in's Land gelockt und eingekerkert hatte, im Gefängniss zu tödten. Jetzt erkennt Thyestes an dem Schwerte den A. als seinen Sohn, und in seines Vaters Auftrag ermordet nun A. den Atreus. — Agamemnon, Atreus Sohn oder Enkel, ging nach Troja; und A. verführte die zurückgebliebene Gattin desselben, Clytämnestra. Um von dem Völkerfürsten nicht überrascht zu werden, hielt er eine Wache am Meeresstrand, welche ihn von der Ankunft des Agamemnon benachrichtigen musste; sobald er diese erfuhr, ging er ihm mit seiner Buhlerin entgegen, lud ihn zu einem Gastmahl, liess ihn aber während desselben überfallen und umbringen. Auch Cassandra, die Agamemnon als Beute aus Troja mitgebracht, ward von Clytämnestra ermordet, auf ihrem Grabe aber schlachtete A. die beiden Kinder derselben und des Agamemnon, Pelops und Teledamus; — er wollte auch die der Clytämnestra, Orest und Electra (s. dd.) tödten, doch ihre Amme Arsinoë rettete sie, und flüchtete mit ihnen zum Könige Strophius in Phocis. Nach diesen Verbrechen ereilte endlich das Schicksal den A.. und er fiel von der Hand des Orestes, der zugleich seine Mutter Clytämnestra erschlug, um sie für die Ermordung seines Vaters zu bestrafen.

Agkri Depe (Muham. Religionslehre), »der starke oder grosse Berg«; das Gebirge Ararat, auf welchem sich, der Sage nach, Noahs Arche niederliess.

Aglaja (Gr. M.), 1) Tochter des Zeus und der Eurynome, eine der Grazien, nach Anderen auch die Mutter der Grazien und die Gattin Vulcans. — 2) A., eine der fünfzig Thespiaden, Geliebte des Hercules und von ihm Mutter des Antiades. — 2) A., Gemahlin des Charopus und Mutter des Nireus, der von der Insel Syme eine kleine Schaar gegen Troja führte.

Aglaope (Gr. M.), Name einer der Sirenen.

Aglaopes (Gr. M.), »der schön Glänzende«, Beiname des Aesculap bei den Doriern.

Aglaophonus (Gr. M.), »die schön Tönende oder Singende«, Name einer Sirène.

Aglauros (Gr. M.), Tochter des Erechtheus, mit seiner Tochter Procris in blutschänderischem Umgang erzeugt.

Aglaus, der arme Bürger, welcher, nahe an Alcmäons Grabe zu Psophis in Arcadien einfach, fromm und anspruchslos lebend, von dem delphischen Orakel für den glücklichsten Sterblichen erklärt wurde, als Crösus nach einem solchen fragte, in der stolzen Hoffnung, den eigenen Namen zu hören.

Aegle (Gr. M.), 1) eine Hesperide. Die anderen hiessen Arethusa, Erythia und Hestia. Herculus musste die goldenen Aepfel ihrer Gärten, welche ein hundertköpfiger Drache hütete, nach Griechenland holen. — 2) A., eine Tochter des Aesculap. — 3) A., die schönste Najade, Tochter des Jupiter und der Neära (Virgil Ecl. 6, 20). — 4) A., Schwester des Phaëthon, Tochter des Sonnengottes und der Clymene. Sie war über den Tod des Bruders so betrübt, dass sie in Thränen zerfloss; die mitleidigen Götter verwandelten diese Zeichen inniger Liebe in köstlichen Bernstein.

Aegleis (Gr. M.), Tochter des Hyacinthus, eines Spartaners, welcher nach Athen eingewandert war, und dessen Töchter, nach einem grausamen Befehl des Orakels, dem Cyclopen Gerästus geopfert wurden, um damit das Unglück abzuwenden, welches der Stadt durch Minos' Belagerung, durch gleichzeitige Hungersnoth und Pest drohete.

Aegletes (Gr. M.), »der Strahlensender«, Beiname des Apollo auf der Insel Anaphe, woselbst die Argonauten ihm opferten.

Aglibolus (Syr. M.), Beiname des Sonnengottes in Palmyra. Er ward als solcher als Jüngling mit hochaufgeschürztem Rock, in der Hand eine Rolle oder einen Stab haltend, vorgestellt. Man vermuthet, er stelle die Sommersonne vor, wozu ein Relief mit einer Inschrift, von Palmyra nach Rom gebracht, Grund gibt.

Agnar (Nord. M.), Bruder des Gothenkönigs Geïrrod, welcher nach dem Tode seines Vaters, des Königs Hrödung, von Jenem, der der Jüngere war, des Thrones beraubt wurde. Geïrrod entging der Strafe nicht, denn Odin, in Menschengestalt, machte eine Reise auf die Erde, kam zu Geïrrod und nannte sich dort Grimmer, ward aber von dem König ergriffen, der Lüge beschuldigt und zwischen zwei Feuern aufgehängt. A. tröstete den Fremdling, welcher sich's anfangs nicht anfechten liess; doch nachdem er acht Tage in der martervollen Lage verweilt, gestand er, dass er Odin sei. Der König eilte nun herzu, um den Gefesselten zu befreien, stürzte dabei und fiel in sein eigenes Schwert. A. ward für sein Mitleid von dem Gott belohnt und wieder auf den erledigten Thron gesetzt. Die Mythologen betrachten ihn als eine Personification des Sommers.

Agni (Ind. M.), der Gott des Feuers, Sohn des Kasyapa und der Aditi (s. d.). Beherrscher der südöstlichen Weltgegend. Ihm wird vor allen andern Götter an dem Feuer, das jeder Bramine in seiner Wohnung für die Himmlischen unterhält, zuerst geopfert. Er wird, auf einem Widder reitend, mit vier Armen, deren zwei Dolche halten, den Kopf von Flammen umgeben, dargestellt. Nach seiner Bestimmung (als Feuer) hat er verschiedene Beinamen: Vidihotra (Opferfeuer), Vaischwanara (das Alles durchdringende), Hiranjereda (das vom Himmel kommende), Pawaka (das reinigende) etc. etc.

Agnidagdas (Ind. M.), die Voraltern der Braminen, welche vom Feuer verzehrt werden können; sie sind heilig, und nur diejenigen, welche Anagnidagdas sind (d. h. die vom Feuer nicht verzehrt werden können, die lebendig in den Himmel kommen, ohne ihren Körper abzulegen), werden für noch heiliger gehalten.

Agniloga (Ind. M.), der Wohnsitz, der Himmel des Agni (s. d.).

Agni purana (Ind. M.), das Buch des Feuers. Bei den Indiern sind die Purana's so heilige Bücher, wie die Veda's, und dieses Purana des Feuers ist es besonders darum, weil es von der Schöpfung handelt.

Agnischrut (Ind. M.), das Sühnopfer eines Fürsten, welcher unvorsätzlich und, ohne dessen erhabenen Stand zu kennen, einen Braminen erschlagen hat.

Agnischwattas (Ind. M.), die Kinder des Lichts, welche die Urältern der guten Genien, der Götter sind. Die Braminen halten sie der Ehre werth, dieselben unter ihre Ahnen aufzunehmen.

Agnites (Gr. M.), Beiname des Aesculap in Lacedämon.

Agnius oder **Hagnius** (Gr. M.), Vater des Argonauten-Steuermanns Tiphys aus Böotien.

Aegobolus (Gr. M.), »Ziegentödter«, Beiname des Bacchus, in Potniä in Böotien, dem daselbst jährlich eine Ziege geopfert wurde. — Die Potniäer hatten einst im Rausche eines Festes seine Priester ermordet; um ihn zu versöhnen, brachte man ihm einen Knaben dar, und später, wie die barbarischen Menschenopfer aufhörten, statt desselben eine Ziege.

Aegoceros (Gr. M.), »der Ziegengehörnte«, Beiname des Pan.

Agochinutiskein (M. der nordamericanischen Völker), das Seelenfest, das in Zwischenräumen von zehn bis zwölf Jahren oder dann wiederkehrt, wann der ganze Stamm die Gegend, in welcher er sich aufgehalten hat, verlassen will. Es werden dann die Leichname der bis dahin Begrabenen aus der Erde genommen, gereinigt, gewaschen, vom Fleisch entblösst, letzteres verbrannt und die Asche mitgenommen. Die Gerippe werden mit den besten Kleidern, welche die Familie hat, versehen, und mit feierlichem Pomp trägt jede Familie die ihr gehörigen Leichen zu dem oft viele Tagreisen entfernten Begräbnissort des ganzen Volksstammes. Ein gemeinschaftliches Grab nimmt alle irdischen Reste auf, und die Zurückgebliebenen legen in dasselbe Alles, was sie für das Beste in ihrem Besitze halten.

Aegolius (Gr. M.). Jupiter war von seiner Amme Amalthea (s. d.) in eine Höhle auf Creta gebracht worden, wo sich die bekannte Aege (s. d.) befand. In diese Höhle trugen Bienen Honig in reichlicher Fülle, und A., ein Bewohner von Creta, wollte denselben mit Hülfe mehrerer seiner Landsleute rauben, wesshalb sie sich alle in Erz hüllten und in die Höhle drangen. Der aufgeschreckte, erzürnte Gott liess das Erz von ihrem Leibe fallen, ja er wollte sie durch den Blitz vernichten, verwandelte sie jedoch auf der Themis Bitte nur in Vögel.

Agon, »der Kampf.« So nannten die Griechen ihre Wettkämpfe, in denen nicht allein mit Kraft und Geschicklichkeit, sondern auch mit künstlerischen und rein geistigen Leistungen um Preise gerungen wurde; die berühmtesten A.en waren die pythischen zu Delphi, die auf dem Isthmus, zu Nemea und zu Olympia. — Man verehrte aber unter dem Namen A. auch einen Schutzgott der Wettkämpfe, dessen Bildsäule, kenntlich durch die Schwunggewichte, die man beim Springen anwandte, in Olympia stand.

Agonalia (Röm. M.), ein Opferfest zu Ehren des Janus, welches Numa Pompilius bei den Römern einführte, und das am 9. Januar, 20. Mai und 10. December gefeiert wurde.

Agonius, auch **Enagonius.** (Gr.-röm. M.), Beiname der grossen Götter, sofern sie im Kampfe schützen; besonderer Beiname des Jupiter, als Lenkers des Kampfes, und des Mercur, als Vorstehers der Kampfspiele; endlich eine besondere, nicht näher zu bestimmende römische Gottheit, den Arbeiten und Geschäften der Menschen vorstehend, vielleicht Beiname des Janus, dem die Agonalia (s. d.) gefeiert wurden.

Aegophagos (Gr. M.), »Ziegenesserin«, Beiname der Juno, welchen diese erhielt, als sie in der Schlacht des Hercules gegen die Söhne des Hippocoon nicht wider ihn handelte. Um ihr zu danken, wollte Hercules ein Opfer anstellen, fand jedoch nichts dazu, als eine Ziege, daher der Name, unter welchem man ihr zu Sparta Verehrung erzeigte.

Agoraea und **Agoraeus** (Gr. M.), Beiname der Gottheiten, welche die Volksversammlungen beschützten, des Jupiter, der Minerva, der Diana, des Mercur.

Agotkon (M. der nordamericanischen Völker). Die Irokesen geben den Bewohnern des untern Himmels, den Geistern der zweiten Ordnung, obigen Namen, welchen auch die Zauberer und Wahrsager erhalten, die sich des Umganges mit diesen Geistern rühmen. Auch nennt man die letzteren Agotsinnaches, achtet sie gar hoch und zieht sie beinahe in allen, selbst minder wichtigen Angelegenheiten stets zu Rathe, denn sie vermögen jedem Unternehmen glücklichen Ausgang zu verschaffen.

Agoyeh, der Fetisch der Neger von Widah, ein missgestaltetes, affenähnliches Bild von schwarzem Thon, welches auf einem rothen Stuhl sitzt, der mit rother Decke, so wie der Götze selbst mit rothen Schnüren, Tüchern, Eidechsen, Federn etc. etc. geziert ist. Sein Kopf trägt die Spitze eines Wurfspiesses, der eine Eidechse durchbohrt. Der Oberpriester bewahrt diesen Götzen, vor dessen Sitze drei Schalen mit kleinen Kugeln stehen, welche zu Orakeln dienen. — Nachdem der Fragende dem Götzen und dann noch besonders dem Priester geopfert hat, wirft Letzterer die Kügelchen in die Schalen, aus einer in die andere, diess unter Hermurmeln von Gebeten wiederholend, bis es ihm genug scheint; dann wird die Quantität der in einer Schaale befindlichen Kugeln gezählt; kommt nach öfter erneuerten Versuchen immer dieselbe Zahl zum Vorschein, so fällt das Unternehmen glücklich aus; wenn die Opfer jedoch nicht reich genug waren, so bleibt das Orakel stumm.

Agraeus (Gr. M.), »der Jäger«. Acathous, des Pelops Sohn, tödtete den Löwem vom Berge Cithäron, für dessen Erlegung König Megareus von Megara die Hand seiner Tochter Euächme und die Nachfolge in seinem Reich zum Preis ausgesetzt hatte, und erbaute dann dem Apollo A., der Diana Agrotera (dem Jäger und der Jägerin) einen Tempel in Megara.

Agraule (Gr. M.), »die Ländliche«, Beiname der Minerva, vielleicht von der attischen Gemeinde gleiches Namens hergenommen

Agraulos (Gr. M.), Gemahlin des Cecrops (s. d.) und Tochter des ersten attischen Königs Actäus. Sie hatte von ihrem Gatten drei Töchter: Herse, Pandrosos, Agraulos, und einen Sohn Erysichthon. Von der eben genannten jüngern Agraulos sind mehrere Mythen vorhanden. Mercur liebte die Schwester der A., die schöne Herse. Diese wohnte, abgesondert von den übrigen Hausgenossen, mit A. und Pandrosos in drei aneinander stossenden Gemächern von grosser Pracht. Die links wohnende A. bemerkte einst den nahenden Gott, hielt ihn auf, frug ihn, wer er sei, wohin er wolle, und liess sich das Schweigen mit vielen Schätzen bezahlen. Hierüber ward Minerva sehr erbittert, sie schickte den Neid ab, welcher nun des Mädchens Brust erfüllte, worauf sie sich auf des Gemaches Schwelle setzte und dem Gotte sagte, er solle von hinnen weichen, und sie werde nicht eher aufstehen, als bis er das Haus verlassen. Da verwandelte der Zürnende sie in einen Stein, der schwarz war, wie ihr Gemüth, und so blieb sie an der Schwelle sitzen, ein warnendes Denkmal späteren Geschlechtern. — Nach einer andern Sage hatte Minerva ihr und den Schwestern das Kästchen anvertraut, in welchem der junge Erichthonius lag, und trotz des Verbotes öffneten sie dasselbe. Die erzürnte Göttin machte sie rasend, und alle drei stürzten sich, als sie im Kästchen einen Drachen erblickten, in das Meer, oder von dem Felsen der Acropolis zu Athen herab. Eine dritte Sage ist folgende: In einem langwierigen Kriege erhielten die Athener den Orakelspruch, der Krieg werde enden, wenn sich Jemand freiwillig für die Stadt opfere. A. opferte sich. Dafür ward ihr ein Heiligthum errichtet, in welchem die mannbar gewordenen Jünglinge in voller Waffenrüstung schwören mussten, bis zum Tode für das Vaterland kämpfen zu wollen.

Agresbur (M. der nordamericanischen Völker), der Kriegsgott der Irokesen, zugleich ihr höchster Gott.

Agreus (Gr. M.), »der Jäger«, Beiname des Pan und des Aristäus (s. dd.).

Agriania (Gr. M.), ein Todtenfest in Argos; ebenso hiessen gewisse Wettkämpfe bei den Argivern.

Agrianome (Gr. M.), Gattin des Leodacus und Mutter des Oileus, welcher den Argonautenzug mitmachte und dessen Sohn Ajax (s. d.) vor Troja kämpfte.

Agrionien (Gr. M.), ein Fest des Bacchus Agrionius, welches zu Orchomenus in Böotien nur von Frauen und Priestern während der Nacht begangen wurde. Es bestand darin, dass die Frauen lange den Bacchus als einen Entflohenen suchten, dann einander zuriefen, er sei zu den Musen geflohen und halte sich dort verborgen. Darauf bereiteten sie sich ein Gastmahl, und nach diesem unterhielten sie sich mit Räthselauflösen. Ein eigenthümlicher Gebrauch dabei war, dass Jungfrauen aus dem Geschlechte des Minyas sich vor dem Tempel des Bacchus versammelten, dann von da flohen, und von einem Priester mit dem Schwerte verfolgt wurden, der diejenige, die er erreichen konnte, tödten durfte.

Agriope (Gr. M.), die Gattin des Orpheus, die gewöhnlich Eurydice heisst.

Agriskowé, eine Ausrufung der Irokesen und Huronen, welche Letztere Areskowi sprechen. Man war lange zweifelhaft, was dieses Wort bedeute, bis man durch die Verwandtschaft desselben mit Agresbur, dem Kriegs- und obersten Gott dieser Völker, darauf kam, dass es ein Hülferuf sei; sie bedienen sich desselben besonders in der Schlacht.

Agrius (Gr. M.), 1) Sohn des Porthaon und Bruder des Oeneus, Melas, Leucopeus und Alcathous. Ihre Mutter war Euryte, Hippodamus' Tochter. Der Vater herrschte in Aetolien und hinterliess das Reich dem Oeneus; doch die Söhne des A., Prothous, Onchestes, Celeutor, Melanippus, Lycopeus und Thersites, verjagten den Oeneus von dem ererbten Throne während des trojanischen Krieges und erhoben ihren Vater darauf. Als aber Diomedes, Enkel des Oeneus von seinem Sohne Tydeus, nach zehnjähriger Abwesenheit zurückkam half er seinem vertriebenen Grossvater wieder zur Herrschaft und erschlug des A. Söhne, worauf sich der Vater selbst tödtete. Nach Anderen fand auch dieser mit seinen Söhnen den Tod von derselben Hand. — 2) A., Sohn des Ulysses von der Circe, welcher einen Theil von Italien beherrschte. — 3) A., einer von den Centauren, welche den Hercules überfielen, als derselbe bei dem wackeren Centauren Pholus war, den Wein kostend, welchen Bacchus für ihn schon vor vier Menschenaltern dagelassen. — 4) A., einer der Giganten, in der Schlacht derselben gegen die Götter durch eine eiserne Keule von einer der Parcen erschlagen.

Agron (Gr. M.), Sohn des Eumelus, der auf der Insel Cos wohnte, Bruder der Meropis und der Byssa, theilte das Schicksal der Seinigen, als diese durch Minerva, Mercur und Diana in Vögel verwandelt wurden. Sie hatten nämlich jene drei Götter beschimpft, und wollten überhaupt keinen Gott, ausser der nährenden Erde, erkennen, wesshalb die Erzürnten ihnen die menschliche Gestalt nahmen.

Agrostinen (Gr. M.). Einerlei mit Bergnymphen, Oreaden (s. d.).

Agrotera, Beiname der Diana, welcher Alcathous, weil sie, eine grosse Jägerin, ihm beigestanden, als er den Löwen vom Cithäron erlegte, unter diesem Namen einen Tempel erbaute. Auch im Flecken Agrä hatte sie einen

Tempel, in welchem ihr jährlich 500 Ziegen geopfert wurden. Als nämlich Xerxes in Griechenland einfiel, gelobte ihr der Polemarch Callimachus, so viele Ziegen zu opfern, als Feinde fallen würden. Deren fiel nun eine solche Zahl, dass man in ganz Griechenland nicht genug Ziegen auftreiben konnte, und daher das Gelübde dahin abänderte, dass ihr, bis die Quantität voll wäre, jährlich 500 dargebracht wurden.

Agrypnis (Gr. M.), Name eines Festes, welches zu Arabela in Sicilien dem Bacchus jährlich gefeiert wurde.

Aguffi, Fig. 10, ein Heiliger der Kalmücken, wird in Menschengestalt, auf einem Stuhle sitzend, mit einem Becher in der Hand abgebildet.

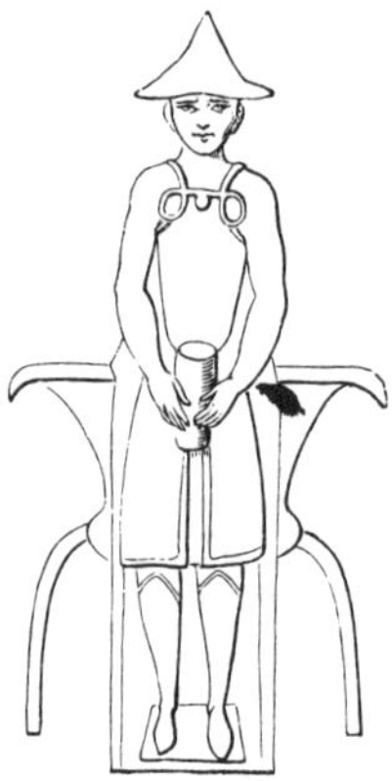

Fig. 10.

Agyieus (Gr. M.), Beiname des die Strassen schützenden Apollo. Die Hermen, welche, ohne Weihung für einen benannten Gott, auf den Plätzen, an den Kreuzwegen etc. standen, waren ihm geheiligt.

Aegypius (Gr. M.), ein junger Mann aus Thessalien, welcher vertrauten Umgang mit einer schönen Wittwe, Timandra, der Mutter des Neophron, hatte. Letzterer wollte dieses nicht leiden, bewog des A. Mutter Bulis zu gleicher Gunst gegen ihn, und da sie ihn einst besuchte, brachte er sie in der Timandra Bett, wodurch A. zu seiner eigenen Mutter gerieth. Die Unglückliche wollte, da sie ihre Schande entdeckte, sich ermorden, die Götter aber verwandelten die ganze Familie in Vögel.

Aegypten. Das uralte mächtige Reich, welches die Pharaonen und Ptolemäer beherrschten, hatte in seiner grössten Ausdehnung ungefähr 6000 Quadratmeilen; es liegt in der nordöstlichsten Ecke von Africa, ist von dem breiten Nil, dem es seinen ganzen Segen verdankt, in seiner vollen Länge durchströmt, und von zwei Gebirgen gegen Osten und Westen begränzt. Die üppigste Fruchtbarkeit wohnt hier neben den schrecklichsten Erscheinungen der Wüste: im Nilthal ein unerschöpflicher Boden, ausserhalb desselben eine dürre, unendliche Sandebene. Diese Gegensätze prägten sich in den Bewohnern aus, und gaben der Mythologie des Landes ihre eigenthümliche Richtung. — Der Raum zwischen der östlichen und westlichen Bergkette hat eine Breite von 3 bis 4 Meilen, gegen Norden öffnet sich das Land, die Berge treten zurück, der Nil hat sich aus seinem eigenen Schlamm eine Gränze gebildet, welche er nur mit Mühe überschreitet, das Delta zwischen den zahlreichen Mündungen des mächtigen Stromes; ehemals so bedeckt mit unzähligen Städten, wie jetzt mit Ruinen. Jeder Fuss breit Landes war benutzt — weil nur wenig Boden da war — darum gab es auch keine Begräbnissplätze, sondern Begräbnisshöhlen in dem westlichen Gebirge, welches das Land vor der Wüste verwahrte; während der östliche Strich die Steine zu den noch jetzt Bewunderung und Staunen erregenden Bauwerken lieferte, deren Masse, deren Zahl und deren Grösse stieg, je weiter man aufwärts an dem Strome kam. Die ungeheuren Pyramiden, und die, ganze Tagereisen lange Strecken bedeckenden Tempeltrümmer, danken alle der Eigenthümlichkeit des Landes ihr Entstehen. Die Todtenwohnungen sollten geschützt werden vor dem Eindringen des Wassers, die Priesterwohnungen vor dem Eindringen der Sonnenglut, daher diese Aufhäufung der gewaltigsten Massen, daher ein Cultus, welcher die Haupterscheinungen des Jahreswechsels zum Fundament hat. — Die alten Griechen und Römer geben an, dass der Urstamm der Bewohner negerartig, mit krausem wolligem Haar, gewesen sei, und auf vielen der alten Intaglios – (Bildwerke im Gegensatz von Relief, nicht erhaben auf dem Stein ausgearbeitet, sondern vertieft), welche die Tempelruinen bedecken und durch den Sand der Wüste vor der Zerstörung geschützt sind, erblickt man wirklich unzählige Gestalten, welche ganz eine Negerphysiognomie, und wo die Luft oder Menschenhand das Pigment nicht weggewischt, auch noch die Farbe der Neger tragen. Zu diesen Schwarzen wanderte ein hellfarbiger Stamm aus Meroë ein, welcher in politischer und religiöser Hinsicht der herrschende ward, aber wahrscheinlich nicht auf jener mächtigen Nilhalbinsel zu Hause war, sondern aus Indien Weisheit und Cultur dahingebracht hatte; eine Meinung, welche sich nach dem berühmten Feldznge in A. (unter Napoleon) auffallend bestätigte. — Jene Bewohner von Meroë brachten die Kasten-Eintheilung nach A. Die Priester-Kaste war im Besitz aller Wissenschaft, Kunst und Geschicklichkeit, stand den Königen, ihre Gewalt vielfach beschränkend, zur Seite und verwaltete alle Staats-Aemter. Das Volk ward von den Priestern in Krieger, Kaufleute, Gewerbetreibende, Ackerbauer, Hirten und Schiffer getheilt. — Anfangs war das Land in kleinere Königreiche getheilt; sie waren durch Priester-Colonien entstanden, welche von Meroë kamen, Tempel und Städte gründeten, sich die rothen Einwohner unterwarfen, und als das ganze Land unter einem Herrscher vereint war, das Land in 36 Nomen (Kreise) eintheilten. Das tropische Klima, das regelmässige Steigen und Fallen des Segen bringenden Nil, die Abhängigkeit dieser Erscheinungen von den Jahreszeiten etc. musste bei dem Urvolke eine Religion erzeugen, welche sich auf Pflanzen-, Thier- und Sternen-Dienst gründete, wobei das Wohlthätigste, der Nil selbst, der grösste Fetisch ward. Nun kamen die fremden Priester, brachten eine neue Mythologie mit, modificirten aber dieselbe nach dem schon vorhandenen, und neben dem rohen Fetischismus entwickelte sich eine Priesterreligion, welche sich in ihren Symbolen genau mit jener bestehenden verband, die Verehrung der heiligen Thiere dadurch, dass ihnen höhere Begriffe unterlegt wurden, sanctionirte, aber auch die Hauptgottheiten, Isis und Osiris, als Geber alles Guten einführte, und ihrem Dienst alles andere unterwarf. — Der Ackerbau war die wichtigste Beschäftigung des Aegypters, darum mussten sich seine Gottheiten hauptsächlich auf diesen beziehen und den Landmann lehren, das Nomadenleben, welches der Cultur so sehr hinderlich ist, zu verlassen. — Die richtige genaue Bestimmung der Jahreszeiten war das erste Bedürfniss für den Ackerbau treibenden Staat, dessen Gedeihen von der periodisch wiederkehrenden Nilfluth abhing. Daher die vorgerückte Kenntniss der Gestirne, der Astronomie überhaupt; und aus der Nothwendigkeit, gewisse Erscheinungen mit Bestimmtheit voraussagen zu können, erklärt sich der Wunsch, diese Prognostica noch weiter auszudehnen, und so entstand die Astrologie, welche den grössten Einfluss auf das practische Leben erhielt. — Die alten Aegypter dachten sich eine Classe von Göttern, welche, als der erste Ausfluss des alleinigen, höchsten Gottes, erhaben stehen über dem irdischen Sein, und noch nicht in die Körperwelt eingetreten sind: Kneph, das Urlicht, das überall vorwaltende befruchtende Princip; Athor, die Urnacht, das älteste empfangende, urweibliche Princip; Phtha, das Urfeuer, der erste Odem, Lebenshauch — und das zweite männliche Princip, vergesellschaftet mit der goldenen Venus, dem zweiten Weiblichen, Empfangenden; Mendes, das Erzeugende im dritten Grade (der Himmel oder Pan, oder der Phallus des Phtha) und Neïth, das Weibliche in dritter Abstufnng, die aus der Feuchtigkeit aufgestiegene

Erde; ferner **Sonne** und **Mond** als zeugende und empfangende Kraft im vierten Grade. Osiris und Isis (s. dd.) sind die angebeteten Beherrscher des Reichs; allein die Mensch gewordenen Götter sind allen Gebrechen, allen Unbilden der Menschennatur ausgesetzt, darum haben sie auch von dem bösen Typhon viel zu dulden, unterliegen ihm eine Zeit lang, besiegen ihn aber endlich vollständig. In dem Stiere Apis (s. d.) wird der Entwilderer der Menschheit, der Lehrer des Ackerbaues, in dem Bock Mendes der Ernährer, der Hüter des Viehes, im Crocodil der gefährliche Feind des Fischers, im Ichneumon der Vertilger dieses Feindes, in der Schlange die Feindin der Reisfelder, in dem Ibis der wohlthätige Vogel, welcher die junge Brut dieses bösen Wesens verzehrt etc. etc. angebetet; vor allen aber ist der Nil ein Gegenstand der höchsten Verehrung. — Wie die alten Traditionen fast aller Völker, sprechen auch die der Aegypter von einem frühesten Unschuldszustand. Allein die menschliche Natur war nicht rein genug, um den Lockungen des Sinnenreiches zu widerstehen; die Begierde zog sie in die tieferen Sphären des Irdischen, und zur Strafe wurden sie in irdische Körper eingeschlossen, um durch einen Jahrtausende dauernden Kampf mit den Uebeln der Materie sich wieder zu reinigen, bis wohin sie in der Körperwelt, und den Gesetzen derselben vollkommen unterworfen, von Geschöpf zu Geschöpf wandern, um endlich, durch solch eine Prüfung geheiligt, reif zu werden zur Wiederkehr in den Himmel. Muthmasslich war indessen dieser Glaube an Seelenwanderung bloss Eigenthum der Priesterkaste, denn sonst bliebe der Widerspruch zwischen einem solchen Volksglauben und der allgemein herrschenden Sitte der Einbalsamirung der Todten unerklärbar, durch welche die Aegypter offenbar die Fortdauer des menschlichen Individuums als gebunden an die Fortdauer der körperlichen Hülle bezeichneten. Die einbalsamirten Leichname, Mumien, wurden theils in grossen Begräbniss-Grüften beigesetzt, theils von den Angehörigen im eigenen Hause verwahrt, ja sogar bei Gastmählern ausdrücklich zu dem Zwecke herbeigebracht, um die Gäste fröhlich zu stimmen, worin der Glaube sich ausspricht, dass die Gewissheit, auf solche Weise unaufhörlich fortzudauern, der grösste Trost gegen alle Uebel sei. — Das Leben der jetzt bestehenden Welt dauert, nach der Mythologie der Aegypter, ein grosses Jahr — eine astronomische Periode von 30,525 gewöhnlichen Sonnenjahren. Ein ungeheurer Brand verzehrt dann das Vorhandene; eine neue, verjüngte Welt geht aus der Asche der zertrümmerten hervor. Ihr Kalender war genau ausgebildet, die Jahreslänge von 365¼ Tagen hatten die Aegypter gefunden, und sie führte zu der sogenannten Sothis-Periode von 1461 Jahren, nach welcher der Sirius (bei den Aegyptern Sothis) wieder am ersten Tage des Jahres **vor** der Sonne aufging. Auch die Periode von 25 Jahren, nach welcher Neu- und Vollmonde wieder auf dieselben Tage des Jahres fallen, war ihnen bekannt. Planeten zählten sie sieben, nämlich Saturn, Jupiter, Mars, Sonne, Venus, Mercur, Mond. Diese Planeten waren die Beherrscher der Tagesstunden, so dass der erste den **ganzen Tag**, die folgenden aber immer eine Stunde nach der andern regierten. So haben nun denn schon hier unsere sieben Wochentage vom Sonnabend angefangen, wie sie in Griechenland, Rom, und von da aus in ganz Europa noch jetz genannt werden. — Die Priester-Kaste, deren Geschäft es war, alle Beobachtungen zu machen, aufzubewahren und in Denkmälern auf die Nachwelt zu bringen, setzte ihre Erfindungen und die Erfinder, oder die Heroen jener Zeit, die Wohlthäter der Menschheit, in Sterngruppen an den Himmel — so bevölkerte derselbe sich bald mit Menschen und Thieren, welche letzteren zu Symbolen der Götter umgeformt wurden, bis endlich die Götter selbst in Thiergestalt erschienen; auf Holz und Stein, auf Papyrus und Pergament wurden nun diese Thiergestalten mit anderen Zeichen, Attributen, oder ihre Eigenschaften näher bestimmenden Gegenständen gezeichnet, und es entwickelte sich aus diesen Göttervorstellungen eine Thierschrift, eine Hieroglyphenschrift: Hermes oder Thot (Thaut), d. h. die Priestercorporation, hatte sie den Menschen überliefert. Wie früh die Bewohner A.s übrigens diese ersten Schritte schon gemacht haben, so scheinen sie doch stehen geblieben zu sein, wie die Chinesen; das einmal Bestehende war ihnen unantastbar, und höchstens konnte es eine etwas veränderte Einkleidung erhalten: eine Erscheinung, wie sie uns bei allen morgenländischen Nationen noch bis auf den heutigen Tag entgegentritt.

Aegyptische Tage, Unglückstage, an welchen kein Aegypter irgend etwas Bedeutendes unternahm.

Aegyptus (Gr. M.), Sohn des Belus (s. d.) und der Anchinoë oder Anchiroë. Belus hatte vier Söhne, zwei waren Zwillinge, Danaus und Aegyptus: die beiden andern sind zweifelhaft, Cepheus und Phineus. Dem Danaus übergab der Vater Libyen, dem A. trug er die Eroberung von Arabien auf, statt dessen er sich aber Aegypten, das Land der Melampoden, eroberte und es von da an beherrschte; allein auch Libyen wollte er haben, und stellte seinem Bruder Danaus und dessen fünfzig Töchtern nach dem Leben. Doch dieser, durch einen Orakelspruch gewarnt, floh aus dem Lande, ging nach Argos und beherrschte dieses, bis seines Bruders fünfzig Söhne auf Befehl ihres Vaters ihn auch dahin verfolgten und in Argos belagerten. Nun versprach er ihnen, wenn sie vom Kampf ablassen wollten, seine Töchter zu Frauen, und als sie darauf eingingen, gab er seinen Töchtern den Befehl, ihre Gatten in der Brautnacht zu ermorden, welches alle thaten, bis auf Hypermnestra (s. d.). — Pausanius, welcher die Gegend von Argos besuchte, sah daselbst noch das Grabmal der Erschlagenen in der Nähe der Acropolis.

Agyrtes (Kleinas. u. gr. M.), 1) Priester der Cybele, welche auf den Strassen umherliefen, durch Rufen den Pöbel um sich versammelten, ihm unzüchtige Lieder vorsangen und ihn dadurch für den Tempel beizusteuern vermochten. Sie wurden zugleich für Wahrsager gehalten, gaben auf offener Strasse Orakel, und brachten so die eigentlichen Orakel in Abnahme. — 2) A., einer der zu des Phineus Partei gehörigen Streiter auf der Hochzeit des Perseus; er war als Vatermörder verrufen, und liess bei jenem Kampfe das Leben.

Ahalya (Ind. M.), Tochter des Brama von blendender Schönheit, dass der Sonnengott Indra sich in sie verliebte, und in Gestalt ihres Gatten, Gautama, eines Priesters, ihre Gunst erlangte. Der betrogene Gatte entdeckte seine Schmach und verwünschte den Gott zu einer eigenthümlichen Strafe; über seinen ganzen Körper wuchsen ihm nämlich tausend Phalli hervor. Sein Flehen um Schonung erweichte den Priester wieder; die Phalli fielen ab, und statt deren erhielt der Gott eben so viele Augen, daher sein Baname Sahasrakscha, »der Tausendäugige.«

Aham (Ind. M.), das Grundprincip der Erkenntniss, das Ich. Sobald ein Wesen zu sich selbst **Ich** sagen kann, so setzt es sich als seiend, und vermag nunmehr wirkend und schaffend aufzutreten. Alles Materielle und Geistige war vor der Schöpfung in dem formlosen, über das Weltall verbreiteten, Leben und Tod, Erschaffung und Vernichtung in sich tragenden Haranguesbehad vorhanden. Als dieses Urprincip der schaffenden Kräfte sich selbst erkannte, sagte es A. zu sich, und nun ward es thätig nach Aussen, schöpferisch wirksam.

Aharaigichi, das höchste Wesen bei den Abiponern, das sie auch Keebet oder Groaperikie (Grossvater) nennen, und sowohl für **ihren** Schöpfer als den des feindlichen weissen Volkes, der Spanier, halten; doch sie sind dessen Lieblingssöhne, denn Jenen hat er nur schöne Kleider, Silber und Gold gegeben, den Abiponern aber Muth, Unerschrockenheit, Stärke. Die Plejaden sind ihnen sein Sinnbild, sie halten ihn für krank, wenn jene verschwinden, und feiern mit Gesang und kriegerischen Tänzen deren Wiedererscheinen, oder des Gottes Genesung. Sie haben nicht Priester, wohl aber Zauberinnen, welche bei diesem Feste in hohem Ansehen sind und andere Frauen zu ihrem Gewerbe einweihen.

Ahastara (Ind. M.), Beiname der Sonne: »die den Tag Heranführende.«

Ahavanya (Ind. M.), das Opferfeuer, welches die Indier anbeten, ohne Feueranbeter sein zu wollen.

Ahermann (Orient. M.), ein Berg nördlich von Persien, im Lande Turan (Land des Bösen, im Gegensatz von Iran). Von dort aus regiert Ahriman die Dämonen der Welt; es ist sein Thron und sein Palast.

Ahkat ein Theil der arabischen Wüste, welcher nach der Fabellehre von einem Riesenvolke bewohnt wurde, das die Sündfluth ausrottete.

Ahriman (Pers. M.), das böse Princip nach Zerdusts oder Zoroasters Religionssystem. Der ewige, alleinige

Gott Zeruane Akerene brachte Licht und Finsterniss, oder Ormuzd und Ahriman, hervor, welche beide unendlich, nur durch sich selbst begrenzt waren. Die beiden Urwesen lebten einsam in ihren Reichen, Ormuzd im Licht, A. in der Finsterniss; da schuf Gott die Welt, damit das Gute im Kampf mit dem Bösen verherrlicht werde, und dieses Letztere durch das Gute untergehe. Der Welt gab er eine Dauer von vier grossen Perioden, eine jede von 3000 Jahren: in der ersten sollte das Licht herrschen, in der zweiten die Finsterniss unter der siegenden Gewalt des Lichtes, in der dritten Ormuzd und A. gemeinschaftlich, in der vierten wieder beide, doch das böse Princip als Sieger den Untergang der Welt, damit aber auch seinen eigenen Untergang bewirkend. Ormuzd schuf im ersten Weltalter alles Sichtbare, durch die Sinne Wahrnehmbare. A. stellte derselben eine furchtbare Schöpfung der Finsterniss entgegen; doch selbst im Zweifel über seine Stärke, wagte er im ganzen ersten Zeitraum keinen, und, selbst aufgefordert von seinen bösen Genien, auch im zweiten noch nicht einmal einen Kampf, wozu er sich erst am Ende desselben stark genug fühlte und dem Himmel Krieg bot; er drang selbst, doch allein, in diesen Himmel ein, ward aber, von Entsetzen ergriffen, auf die Erde herabgestürzt, kam bis in ihren Mittelpunkt, tödtete den Urstier, verunreinigte das Feuer durch Rauch und Dampf, verheerte mit seinen Genossen Alles gänzlich,

Fig. 11.

und stürzte Alles in finstere Nacht, bis er durch Ormuzd und die Fervers, d. h. die von Gott geschaffenen, geistigen Vorbilder, die Ideale vollkommener Menschen und Dinge, zurückgeschlagen und in den Abgrund der Verdammniss gestürzt war. — Dennoch raffte sich A. wieder auf, drang vor bis zur Erde und machte sie zu seinem Wohnsitz. Jetzt beginnt die dritte Periode, während welcher Gutes und Böses gleich getheilt herrscht; jedem guten Geschöpf des Ormuzd setzt A. ein böses entgegen, nur dem Urmenschen Kajomorts vermag er nichts entgegen zu setzen, daher er ihn mit allen seinen Kräften angreift und nach einem dreissig Jahre dauernden Kampf überwindet, darauf die ersten Menschen Meschia und Meschiane verführt. Im vierten Weltalter gewinnt er die Obergewalt, lässt einen Cometen auf die Erde herabstürzen, welcher sie in Brand setzt und in einen glühenden Metallstrom verwandelt, der hierauf in den Abgrund Duzakh, A.s Reich. hinabfliesst und ihn völlig ausbrennt, ein Loos, das dann zuletzt auch A. und seine bösen Geister trifft. — Hiermit wird das Reich der Finsterniss zum Reiche des Lichts, die bösen Geister werden rein gebrannt, sie erscheinen mit A. an Ormuzds Seite vor dem Throne Gottes; die sündhaften Menschen, gleichfalls gereinigt, bewohnen die gereinigte, hell strahlende Erde, das Gute herrscht allein.

Ahuta (Ind. M.), eines der fünf grossen Sacramente, welche die Braminen in Indien täglich verrichten müssen. Dieses A. ist das Lesen der heiligen Bücher.

Aï (Nord. M.), ein Zwerg aus der Classe derer, welche, wie die Edda sagt, von Swains Haugi nach Orwanga auf der Insel Jornwall gezogen sind.

Ajardeh (Pers. M.), Commentar über alle Bücher des Zoroaster, von einem weisen Schüler desselben geschrieben.

Ajataa (M. der Finnen), ein böser, weiblicher Geist, welcher alle diejenigen in's Verderben führt, denen er erscheint; er bringt die Wanderer auf Abwege, führt sie in Sümpfe, worin sie ersticken, oder in Wälder, in denen sie verhungern, wenn sie nicht früher der Wölfe Beute werden, und hat überhaupt an nichts Freude, als am Schaden thun.

Ajax, Fig. 11, (Gr. M.). Zwei mächtige Helden dieses Namens bei Homer. 1) A., der Sohn des Oïleus, Königs in Locris, und der Eriopis, oder der Nymphe Rhene, der kleinere von beiden. Als vormaliger Freier der Helena (s. d.) zog er mit vierzig Schiffen nach Troja. Dort zeichnet er sich als einer der vorzüglichsten Helden aus, kämpft in der Schlacht bei den Schiffen in den vordersten Reihen und tödtet auf der Verfolgung die Meisten. Er ist besonders geübt im Speerwurf, und nächst Achilles der beste Läufer im Heere. Nach Späteren soll er nach Eroberung Troja's Cassandra (s. d.), von der Bildsäule der Minerva, die sie flehend umfasst hatte, gewaltsam weggeschleppt, oder gar die Jungfrau im Tempel entehrt haben. Darum hasste ihn Minerva tief, und auf ihre Vorstelluug trieb Neptun sein Schiff bei der Heimfahrt an einen Felsen; doch rettete er sich auf diesen. Die neue Lästerung, dass er, trotz der Götter Zorn, der eigenen Kraft sein Leben verdanke, brachte den Meeresbeherrscher so auf, dass er mit seinem Dreizack den Felsen spaltete, und A. in's Meer sank. Seine Tapferkeit übrigens war sprüchwörtlich geworden, und er ward von seinen Landsleuten zu Locris und deren Abkömmlingen, den Bürgern von Locri in Unteritalien, hoch verehrt; ja in ihren Schlachten liessen sie zwischen dem geschlossenen Heere eine Lücke für den Helden, die er auch jederzeit einzunehmen pflegte; denn als einstmals Autoleon, der Polemarch von Croton, in dieselbe eindringen wollte, ward er dort von dem Schatten des A. unheilbar verwundet. — 2) A., der Sohn Telamons, Königs von Salamis, und Enkel des Aeacus, noch berühmter, als der Vorige. Seine Eltern waren lange kinderlos gewesen, und hatte seine Mutter ihn erst auf Hercules' Vorbitte bei den Göttern empfangen. Der Halbgott kam, als eben Telamon opferte, zu ihm, nahm den Knaben A. auf seinen Arm, umhüllte ihn mit seiner Löwenhaut und bat die Götter, ihn so unverwundbar sein zu lassen, wie diese Haut es sei. Die olympischen Herrscher gewährten seine Bitte. A. war ebenfalls unter den Freiern der Helena, folglich auch unter den Belagerern von Troja, wohin er mit zwölf Schiffen zog. Hier zeichnete er sich durch Muth und Edelmuth in gleich hohem Grade aus; er war es, der im Zweikampf dem königlichen Hector gegenüber stand und ihn am Halse verwundete, worauf die Herolde Frieden unter ihnen stifteten, und die beiden Helden sich zur Erinnerung an diese gefahrvolle Stunde beschenkten: Hector den A. mit einem silberverzierten Schwert und Wehrgehäng, A. den Hector mit einem purpurstrahlenden Gürtel. Dem Heldenmuthe dieses A. dankten die Griechen die Erhaltung ihrer Flotte, dankten sie den Leichnam des Patroclus, den er deckte, so wie die Rosse und den Streitwagen des Achilles, welche er den triumphirenden Trojanern wieder abjagte. Dennoch erhielt er nach Achilles Tode nicht die Waffen dieses Helden, wie er ganz gewiss gehofft, sondern der listige Ulysses, worüber er rasend wurde und sich in sein Schwert stürzte, oder, wie Andere wollen, durch Agamemnon und Menelaus, mit Hülfe des Ulysses — heimlich ermordet wurde. Die tiefste Trauer erfasste bei dem Tode dieses Helden alle Griechen; man bestattete ihn mit allem Pomp und brachte seine Asche in einer goldenen Urne späterhin nach dem rhöteischen Vorgebirge. Ulysses freute sich seines Sieges nicht, denn ein Schiffbruch beraubte auf der Heimkehr ihn der Waffen, welche, trotz ihrer Schwere, das Meer durchschwammen und zu dem würdigeren Besitzer an den Fuss des Berges gelangten, auf welchem A.s Aschen-Urne stand. Salamis baute ihm zu Ehren einen Tempel, eines der schönsten Denkmale jener Zeit. Um die Ehre, ihn zum

Ahnherrn zu haben, stritten sich die ausgezeichnetsten Männer des Alterthums; auch Alcibiades wollte von einer Geliebten desselben, Tecmessa, abstammen. — Nach der vergeblichen Bewerbung um die schöne Helena vermählte sich A. mit der Glauca, von der er einen Sohn, Ajantides, hatte; vor Troja aber begleitete ihn seine Geliebte, die Tochter des phrygischen Königs Theutras, welchen er besiegt, und welchem er sie als Beute abgenommen. Sie war ein Muster zärtlicher Liebe und gab sich alle Mühe, den A. von dem Selbstmorde abzuhalten. — Die alte Kunst hat sich besonders mit A. dem Telamonier beschäftigt; Auf unserem Bilde scheint Minerva dem A. zum Nachgeben in dem Streit um Achills Waffen zu rathen.

Aidia (Ind. M.), die moralische Natur des Menschen. Sie ist der Zurechnung fähig, was die beiden andern Naturen des Menschen (welcher deren drei hat), die grobe und feine, nicht sind. Alle Verbrechen, welche der Mensch begeht, hat daher allein sie zu vertreten.

Aïdoneus (Gr. M.), 1) Beiname des Pluto, »der Unsichtbare.« 2) A., nach Pausanias, ein am Fusse des Ida entspringender Fluss. 3) A., ein König der Molosser Von diesem erzählt Plutarch die alte Sage von dem Raub der Proserpina in historischer Einkleidung. Theseus zieht mit Pirithous nach Epirus, um für seinen Freund die Tochter des Königs A. und seiner Gemahlin Proserpina, Core, zu entführen. A., der sie für Freier hält, bedingt zuerst einen Kampf mit seinem Hunde Cerberus. Da er aber die Absicht der beiden Ankömmlinge erfährt, so lässt er sie greifen und den Pirithous durch den Cerberus tödten.

Aijukal, Fig. 12 (M. der Mongolen), einer der vier obersten Götter, vielleicht dem Wischnu der Indier verwandt. Bilder, welche man theils in Erz, theils von edeln

Fig. 12.

Metallen getrieben findet, und welche in China gemacht werden, geben ihm drei Köpfe und zehn Hände; er sitzt, wie die meisten orientalischen Götzen, mit untergeschlagenen Füssen auf seinem Thron.

Aijkthyrner (Nord. M.), ein Hirsch, der in Walhalla steht und von den Zweigen des Baumes Lerad frisst. Aus seinem Horne fliessen so viele Tropfen in den Brunnen Hvergelmir, der in Niflheim ist, dass daraus siebenunddreissig Flüsse entstehen.

Ailekes Olmak (M. der Lappländer), drei Gottheiten, welche sie für Begleiter der Sonne ansehen, und daher Götter der heiligen Tage nennen. Ihnen waren Freitag, Sonnabend und Sonntag heilig. Ein Lappe, der an einem derselben Holz fällte, sah Blut aus dem Stamme fliessen. Einzeln heissen diese Götter Frit Ailek, Lawa Ailek und Schodnobriw Ailek, auf einander folgend, wie die drei Tage, welche ihnen geweiht waren. Nach anderen Berichten soll ihnen nur der Sonntag heilig sein.

Ailley (Ind. M.), Tochter des Bonden, eines indischen Königs aus der Dynastie der Kinder der Sonne; ihre Mutter hiess Kudrassi und war durch den Fleiss berühmt, mit welchem sie eigenhändig Kleider für Bonzen und Fakirn verfertigte. A. vermählte sich mit Wassirwassu, und gebar ihm den Kuberen.

Aimak (M. der Tartaren), Penaten oder Hausgötter, denen sie in häuslichen Unglücksfällen kleine Thiere opfern.

Aimo (M. der Lappländer, der Ort, an welchem die abgeschiedenen Seelen wohnen; er liegt in den heiligen Bergen, und der Aufenthalt der Seelen ist unter Zwergen, welche zwar an Gestalt und Lebensart den Menschen ähnlich sind, doch weit über diesen stehen. Der Ort A. hat verschiedene Abtheilungen, wie die Region des Teufels, Mubben Aimo; die schwarze Region, Zhiab Aimo; Saimo Aimo, Sarakka Aimo, Wohnung der schlechten Jäger und der schlechten Fischer, welche ihre Familien haben darben lassen; Zabme Aimo, Wohnung der falschen Beschwörer, von Zabme Kerul abgeleitet, einem der gewaltigsten Geister, welcher die Zauberer belehrt, aber wenn sie ihre Werke schlecht vollbringen, auch bestraft. Dagegen ist Raien A der Himmel der Gottheit, in welchen diese Zauberer täglich einkehren, wenn sie Beschwörungen vorzunehmen haben, in welchem sie auch nach ihrem Tode bleiben, falls sie ihr Gewerbe redlich trieben.

Aimon (gewöhnlich Heimon), ein alter französischer Fürst, Herzog der Ardennen, dem Sagengebiete angehörig, Vater der vier Helden, Reinhold, Adelhard, Ritsart und Writsart, welche die Heimonskinder heissen, und nur ein Ross Bayard besassen, auf welchem sie ihre tapferen Thaten verrichteten. Reinhold oder Renaud war der älteste dieser Söhne; er ward ein christlicher Märtyrer, und ihm zu Ehren ist die Kirche St. Renaud bei Köln erbaut.

Airaput (Ind. M.), der gewaltige, weisse Elephant, welcher von dem Gotte Indra geritten wird und die Welt, das Firmament trägt. Als die Götter Amritta, den Unsterblichkeitstrank, bereiten wollten und desshalb den Berg Mandar umdreheten, stieg dieser Elephant aus dem Ocean hervor.

Aïs (Gr. M.), Abkürzung für Aïdes oder Hades, das Reich der Todten, auch der Beherrscher desselben.

Aisa (Gr. M.), Griechischer Name für das Schicksal, bald gedacht als ewige, selbst über den Göttern waltende Macht, bald als einerlei mit dem Rathschluss des Jupiter; bei den Römern Fatum.

Aitwaros (Litth. M.), ein Spuckgeist, welcher zu denjenigen gehört, die im Freien, an Hecken und Zäunen wohnen (daher noch jetzt kein Litthauer sich in die Nähe eines Zaunes schlafen legt), sich gerne neckend an Menschen hängen und sie nach Art des Alp plagen.

Aiuschi, Fig. 13 (Kalm. M), ein Götzenbild, das man gewöhnlich aus Messingblech getrieben findet, und das, mit vieler Kunst gemacht, beweist, bis zu welcher mechanischen Fertigkeit es diese rohen Völker gebracht haben. Mit gekreuzten Beinen sitzend, scheint er auf dem geöffneten Kelch einer Blume zu ruhen. Chappe d'Auteroche hat eine Zeichnung desselben gegeben — die Füsse kommen bei dem gekreuzten Sitzen so in die Höhe, dass man die ganzen unteren Fussblätter sieht: die Hüften sind mit einem Gewand umgeben, der obere Theil des Körpers ist nackend, das Haupt mit einer pyramidalen Krone geziert, alles reich mit Schmuck versehen.. Der Gott wird von alten Leuten mit der Bitte angegangen, sie zu verjüngen, denn man schreibt ihm die Macht zu, Gesundheit, langes Leben und Lebenserneuerung zu ertheilen.

Ajus Locutius (Röm. M.), »der ansagende Sprecher«. Im J. 390 v. Chr. wurde in Rom auf der neuen Strasse eine Stimme gehört, welche vor der Ankunft der Gallier warnte. Man achtete nicht auf sie, und die Gallier zerstörten die Stadt. Um die Gottheit zu versöhnen, die in jener Stimme gesprochen hatte, errichtete man nachher auf jener Strasse dem A. L. einen Tempel.

Ajussa (Ind. M.), ein alter Fürst berühmten Stammes, Sohn des Puru und Vater des Nahuscha; nur aus den Gedichten der Indier bekannt und nicht durch grosse Thaten ausgezeichnet.

Aiyapas (Ind. M.), die Söhne des Palustya, von welchen die Vaisyas (die Kaste der Feldbauer und Kaufleute) abstammen. Die A. wohnen im Monde und werden zu den grossen Voreltern gezählt.

Akambue (M. der Karaiben), die Geister und Genien überhaupt, welche sie in gute und böse theilen, Opoyen und Mapyen.

Ak Baba (Orient. M.), ein fabelhafter Vogel, besonders in den Mährchen den Araber, Türken und Perser

Fig. 13.

vorkommend; er soll die Gestalt eines Geiers haben und über 1000 Jahre leben.

Akdah (Orient. M.). Vor Muhamed bedienten sich die Araber häufig der Wahrsagerei und der Orakel. Davon waren besonders die Orakel durch die heiligen Pfeile, deren sich sieben in Mekka befanden, berühmt. Wer etwas erfahren, wer sich zu irgend etwas nicht entschliessen, wer sich durch die Götter bestimmen lassen wollte, der wandte sich an die Priester des Tempels, in dem diese sieben A. verwahrt wurden, beschenkte sie und erhielt nun das Orakel, welches darin bestand, dass drei der Pfeile (ohne Spitze und ohne Federn) in einen Sack gesteckt und durch Priesterhand einer davon herausgezogen wurde. Der erste Pfeil war mit »thue es« bezeichnet, der zweite mit »thue es nicht«, der dritte hatte gar keine Inschrift und diesen hielt der Fragende für ein Zeichen, dass das Unternehmen sowohl vortheilhaft, als nachtheilig ausfallen könne.

Aklima (Orient. Sage). Nach den Traditionen und Büchern der Perser und Muhamedaner gebar Eva dem Adam jederzeit Zwillinge; A. war die Zwillingsschwester Kains, von diesem heiss geliebt, doch durch Adam dem Abel bestimmt, und so die unschuldige Ursache des ersten Brudermordes.

Akny (Ind. M.), ein indischer Fürst aus dem Geschlechte der Sonnenkinder. Sein Vater hiess Nereyanen.

Aknydrawen (Ind. M.), Sohn des indischen Fürsten Pravetiten, König der Insel Schamban, war kinderlos, reiste daher zum Berge Meru und bat dort Brama um Nachkommen. Der Gott befahl einer seiner blühendsten Jungfrauen, des Fürsten Gemahlin zu werden; sie beschenkte ihn mit neun Söhnen, welche der Mutter Schönheit und des Vaters Tapferkeit und Klugheit erbten, und daher auch Erben des grossen Reiches wurden. Ihre Mutter kehrte nach Sathalogam, Brama's Wohnsitz, zurück; der König liess sich lebendig verbrennen, um ihr nachzugehen, weil er ohne sie nicht leben konnte.

Akrat (Islam.), das ewige Leben, welches die Muhamedaner glauben und nach ihrer Weise für die Männer sehr reizend ausschmücken. Die armen Frauen sind ganz darin übersehen, obgleich ihre Stellvertreterinnen, die reizenden, nie alternden, stets jungfräulich reinen Houris eine grosse Rolle darin spielen. Nur e i n e Aussicht haben die Frauen, in dasselbe zu gelangen; wenn sie sich nämlich in ihrem Leben dem Gatten so angenehm gemacht haben, dass derselbe sie sich an Stelle seiner Houris wünscht.

Akschara, »unmöglich«, ein indisches Wort, das des mystischen O m Bedeutung bezeichnen soll. Om ist das Symbol der drei höchsten Offenbarungen der höchsten Gottheit in Brama, Wischnu und Schiwa.

Akuman (Pers. M.), der erste böse Geist, welchen Ahriman schuf, ihn dem ersten Geiste des Lichtes entgegensetzend. Er ist der schrecklichste unter allen, ist ganz Gift und plagt die guten Menschen entsetzlich. Sieben solcher Scheusale setzte der Fürst der Finsterniss den sieben Amschaspands entgegen. Mit ihm kämpfte der Perser Rustan sieben Tage und Nächte. Rustan ward von A. in's Meer geworfen, erhob sich jedoch wieder und besiegte das Ungeheuer endlich. Ein mächtiger Fels am persischen Meerbusen bezeichnet die Stelle des Kampfes, und heisst noch jetzt As. Grabmal.

Al (Ind. M.), der berühmte Baum in Brama's Paradies, welcher alle Früchte der Welt trägt.

Alabandus (Gr. M.), Erbauer der Stadt Alabanda in Carien, Sohn eines Cariers Euippus und der Tochter des Mäander, Callirrhoë, der in Alabanda als Heros hoch verehrt wurde.

Alagonia (Gr. M.). Als Jupiter die Europa (s. d.) in Gestalt eines Stieres entführt hatte, erzeugte er mit ihr mehrere Kinder: Minos, Rhadamanthus und Sarpedon, und eine Tochter, A., nach welcher eine Stadt in Laconien genannt ist.

Alaka (Ind. M.), der Wohnsitz des Putastya, des Plutus der Indier.

Alala (Gr. M.), das Kriegsgeschrei der Griechen; es wurde als Tochter des Kriegsgottes personificirt.

Alalcomeneïs (Gr. M.), Beiname der Minerva, entweder wegen der Bedeutung des Wortes: »die kräftig Wehrende«, oder weil sie von dem Böotier Alalcomenes in der von ihm gegründeten Stadt Alalcomenä erzogen sein sollte.

Alalcomenia (Gr. M.), Tochter des Ogyges, des ältesten Königs, den die griechische Mythologie kennt. Ihre Mutter war Thebe, Tochter des Jupiter und der Jodame. A. wurde, wie ihre Schwestern Thelxinöa und Aulis, als heilige Eidgöttin verehrt. Die Schwestern hatten zusammen ein Heiligthum am tilphusischen Berge in Böotien, wurden bloss in Kopfbildern verehrt, und erhielten bloss Thierköpfe zum Opfer.

Alam (Ind. M.). Um den Berg Meru liegen vier andere Berge, deren jeder durch einen besonders schönen Baum geschmückt ist, welcher A. heisst und immer Blüthen und Früchte trägt.

Alaenus (Gr. M.), unehelicher Bruder des Diomedes, der, vom König Daunus in Italien in einem Streite zwischen Daunus und Diomedes zum Schiedsrichter aufgerufen sich zum Nachtheil seines Bruders aussprach, und dafür von diesem verflucht wurde.

Alastor (Gr. M.), 1) Beiname des Jupiter, der Furien und anderer Dämonen, als Bestrafer des Bösen. — 2) A., Sohn des Neleus und der Chloris, welcher die Harpalyce, Tochter des Clymenus, Königs von Argos oder Arcadien, heirathete, die ihm aber sein Schwiegervater, der in seine eigene Tochter verliebt war, später wieder entriss. — 3) A., ein Gefährte des Sarpedon, wird von Ulysses erschlagen. — 4) A., eines der Pferde des Pluto.

Albadaran (Orient. Religionslehre), ein Knöchelchen des menschlichen Körpers, welches nicht mit den übrigen Theilen desselben in Verwesung übergehen, sondern, seiner grossen Härte wegen, zurückbleiben soll; es ist von Grösse und Form einer Erbse und bildet den Keim des Körpers, welcher die menschliche Seele nach ihrer Auferstehung bekleiden wird.

Alborak, nennen die Muhamedaner das Silberpferd des Erzengels Gabriel, auf welchem Muhamed in einer Nacht von Mekka nach Jerusalem von dort durch alle sieben Himmel und von da zurück nach Mekka so schnell geritten ist, dass ein Wasserkrug, welchen er umgestossen, als er abreiste, noch nicht ganz ausgeflossen war, als er wieder zurückkam.

Albordschi (Pers. M.), ein Urberg, welcher die Grundveste, der Mittelpunkt der Erde ist; vor allen andern von Ormuzd geschaffen, hat er alle andere Berge aus sich erzeugt, so wie die Erde selbst; er brauchte zu seinem Entstehen und völligen Ausbilden über 800 Jahre, deren 15 erste zur Befestigung seines Grundes erforderlich waren; dann wuchs er 800 Jahre, im ersten Viertel bis zum Himmel der Sterne, im zweiten zum Himmel des Mondes, im dritten zu dem der Sonne, und in den letzten 200 Jahren zu dem Himmel des Urlichtes; seinen in ewige Klarheit gehüllten Scheitel nahm Ormuzd zum Wohnsitz; er ist so hoch, dass die Gestirne ihm niemals untergehen, Tag und Nacht entstehen nur dadurch, dass Sonne und Mond um ihn herwandeln. Auf ihm ist kein Uebel, keine Krankheit, kein Tod, nur ewiges Blühen und Bestehen in der höchsten Vollkommenheit. 244 Berge sind von diesem Urberg ausgegangen, welche mit ihm zusammenhängen, wie die Adern des Menschen mit dem Herzen; der grösste derselben heisst Huguer, seine Grundveste Tschebat Daeti, seine Tiefe ist 10,000 Menschenlängen, er gränzt an des Abgrunds finstere Thore, um welche die bösen Genien schwärmen; dort ist auch die Brücke Tschinerad, welche das Reich der Finsterniss von dem des Lichtes scheidet. Aus hundert Millionen Oeffnungen des A. strömen alle Wasser der Erde; um ihn her liegen die sieben Theile der Erde.

Albunea (Röm. M.), eine Nymphe, deren gleichnamige Quelle unweit Tibur floss. In ihrer Grotte soll Faunus, der Vater des Latinus, diesem seinem Sohne ein Orakel, den nahenden Aeneas und dessen Vermählung mit Lavinia betreffend, ertheilt haben. Der Nymphe wurden zahlreiche Opfer gebracht, und auf den Fellen der geschlachteten Thiere schlafend, erwartete der Fragende einen Traum, in welchem ihm Antwort und Auskunft werden sollte. Von Einigen wird A. auch als die zehnte Sibylle (s. d.) bezeichnet; ihr Tempel steht noch heute in Tibur, (j. Tivoli,) über dem Abgrund, in den der Anio, (j. Teverone) sich hinabstürzt.

Alcaeus (Gr. M.), 1) Sohn des Perseus und der Andromeda (s. d.), vermählte sich mit Hipponome, der Schwester der unglücklichen Jocaste und des thebanischen Königs Creon, welche von ihm Mutter des Amphitryon (s. d.) wurde. — 2) A., Feldherr des Rhadamanthus, erhielt von diesem zur Belohnung seiner Verdienste die Insel Paros. — 3) A., Sohn des Hercules, von welchem der lydische König Candaules abstammen sollte.

Alcander (Gr. M.), Sohn des Munichus, Königs der Molosser, welcher ihn und seine Geschwister, Hyperippe, Megaletor und Philäus, mit Lelanta, seiner Gattin, erzeugte. Auf dem Lande sich aufhaltend, ward einst die ganze Familie von Räubern überfallen; sie flüchteten in einen Thurm, doch diesen steckten die Schelme in Brand, aber die Götter, bei denen die Familie wegen ihrer Frömmigkeit in hoher Gnade stand, verwandelten Alle, um sie vom Flammentode zu retten, in Vögel. (Die Ilias und die Aeneis führen noch zwei A. an, von denen nichts merkwürdig ist; der Eine wurde von Ulysses, der Andere von Turnus getödtet).

Alcandra (Gr. M.), Gemahlin des Polybus, eines überaus reichen Mannes zu Theben in Aegypten. Als Helena mit Menelaus dahin verschlagen ward, beschenkte der Thebaner den König auf das Herrlichste, und Helena empfing von A. ein silbernes Körbchen mit goldenem Rande und einer goldenen Spindel.

Alcanor (Gr. M.), 1) Bruder des Mäon und des Numitor; ein tüchtiger Streiter im Rutulerheere, von Aeneas mit einem Wurfspiess verwundet. — 2) A., ein Trojaner, der Vater des Pandarus und Bitias, welche den Aeneas nach Italien begleiteten.

Alcathoea, ein Fest, welches dem Alcathous (s. d.) zu Ehren gefeiert wurde.

Alcathoë (Gr. M.), Tochter des Minyas (s. d.). Sie und ihre Schwestern Arsippe und Leucippe vergassen das Fest des Bacchus zu feiern und blieben statt dessen emsig an ihren Webestühlen sitzen; der Gott forderte sie selbst zur Theilnahme an der Feier auf, und da sie nicht sogleich Folge leisteten, erschreckte er sie dadurch, dass er sich in einen Stier, in einen Panther, und zuletzt gar in einen Löwen verwandelte. Alsbald wurden die Schwestern wahnsinnig. In der Meinung, es sei ein Opferthier, schlachtete Leucippe ihren eigenen Sohn, und so schwärmten sie in der Raserei umher, bis Mercur sie alle in Vögel verwandelte.

Alcathous (Gr. M.), 1) Sohn des Aetoliers Porthaon und der Euryte (Hippodamas' Tochter), ward von Tydeus erschlagen, der desswegen nach Argos zum Könige Adrastus floh, sich mit dessen Tochter Deïpyle vermählte, und dann an dem Zuge der Sieben gegen Theben Theil nahm. — 2) A., ein tapferer Trojaner, von welchem Aeneas erzogen wurde, Sohn des Aesyetes und Gemahl der Hippodamia, Schwester des Aeneas; sein Tod ward durch Neptun veranlasst, welcher ihn blendete und ihm die Glieder lähmte, so dass er sich von Idomeneus, dem der Gott zu helfen beschlossen, widerstandslos musste würgen lassen. — 3) A. Von ihm erzählt uns die Aeneis, dass er den Helden derselben auf seinen Zügen begleitete, bis er von der Hand des Cädicus fiel. — 4) A., des Pelops Sohn von Hippodamia, (s. d.) der alle Freier seiner Tochter im Wettrennen überwand und tödtete. Er kam aus Elis nach Megara und erlegte den cithäronischen Löwen, der den Euippus, den Sohn des megarischen Königs Megareus, zerrissen hatte, worauf die Hand der Euächme, Tochter des Königs, und die Nachfolge im Reich als Preis für die Erlegung des Ungethüms ausgesetzt worden war. A. gewann also diesen Preis und erbaute darauf dem Apollo Agräus und der Diana Agrotera, (s. dd.) einen Tempel; auch stellte er die Mauern von Megara wieder her, die früher die Creter unter Minos niedergerissen hatten. Apollo half ihm bei der Arbeit und legte seine Leier auf einen Stein, welcher von derselben den Klang annahm. A.' Söhne waren Echepolis und Callipolis, seine Töchter Iphinoë, Periböa und Automedusa. Sein zweiter Sohn ward von ihm selbst erschlagen, da er ihm die Nachricht von dem Tode des ältesten brachte.

Alce (Gr. M.). Cybele war, bevor sie sich mit Jasion vermählte, die Gattin des Olympus, und von diesem Mutter der A.

Alcestis (Alceste) (Gr. M.), Tochter des Pelias und der Anaxibia, die einzige von den Töchtern dieses Königs, welche an seinem Morde nicht Theil nahm, um ihm neues Leben und frische Jugend zu verschaffen, wie sie auf der Medea Zusicherung erwarten durfte. Sie ward mit Admet, König zu Pherä, vermählt, und ist, wie durch ihre kindliche, so auch durch ihre aufopfernde eheliche Liebe Gegenstand der Bewunderung aller Zeiten geworden. Admet war ein Freund des Apollo, und dieser hatte den Parcen das Versprechen abgewonnen, des Königs zu schonen, wenn sich Jemand für ihn dem Tode hingeben wolle. Als nun Admet krank wurde, und A. von diesem Vergleiche erfuhr, weihete sie sich dem Tode, und ihr Gatte genas. — Hercules trat als ihr Retter auf, er stieg zur Unterwelt hinab und befreite die treue Liebende aus den Fesseln des Hades.

Alcidamas (Gr. M.), ein reicher Mann aus Julis auf der Insel Ceos. Seine Tochter Ctesylla verband sich durch einen unfreiwilligen Eid dem Hermochares, welcher diesen Eid auf einen Apfel geschrieben, den er ihr im Tempel der Diana vor die Füsse rollte. A. versprach sie demselben, doch später einem Andern, und die Tochter, von Hermochares geraubt und mit ihm vermählt, musste den Zorn der Diana über des Vaters Meineid durch einen frühen Tod büssen.

Alcidamea (Gr. M.), von Mercur Mutter des Bunus, welcher von Aeetes die Herrschaft über Corinth erhielt und der Juno einen Tempel unter dem Beinamen Bunäa erbaute.

Alcides, Beiname des Hercules vor seiner Vergötterung, vom Namen seines Grossvaters Alcäus (s. d.) gebildet.

Alcidice (Gr. M.), Tochter des Aleus und Gattin des Salmoneus, Königs von Elis, von welchem sie Mutter der Tyro wurde, welche nachmals von ihrer bösen Stiefmutter Sidero gequält ward.

Alcimache (Gr. M.) »die tapfer Kämpfende«, Beiname der Minerva.

Alcimede (Gr. M.), Gattin des Aeson, und von ihm Mutter des Jason (s. d.). Ihre Abkunft wird indessen so verschieden angegeben, wie der Name der Mutter dieses kühnen Abenteurers.

Alcimedon (Gr. M.), 1) ein arcadischer Landmann, reich an Heerden. Seine Tochter Phillo hütete dieselben, ward von Hercules gesehen, gewann ihn lieb und ward von ihm Mutter. Nicht achtend des Göttersohnes, liess A., als er den Fehltritt seiner Tochter erfuhr, dieselbe sammt ihrem Kinde aussetzen; doch wurden beide von Hercules gefunden und gerettet. S. Aechmagoras. — 2) A., einer jener tyrrhenischen Schiffer, welche den jungen Bacchus entführen wollten, und die er dafür alle, bis auf den Steuermann, in Delphine verwandelte. — 3) A., der Führer der fünften Schaar der Myrmidonen, welche mit Achilles nach Troja gezogen waren.

Alcimenes (Gr. M.), 1) Sohn des Königs Glaucus von Corinth. Sein Bruder Hipponous (bekannter unter seinem späteren Namen Bellerophon) ermordete ihn unvorsätzlich. Andere Mythographen nennen den Erschlagenen Belleros, und leiten den Namen Bellerophon von diesem Todtschlag ab. — 2) A., ältester Sohn des Jason und der Medea, wurde, nebst seinem Bruder Tisander, von Medea ermordet. Auf Befehl des Orakels setzte man die Leichen im Tempel der Juno bei und verehrte sie als Heroen.

Alcinoë (Gr. M.), 1) Enkelin des Perseus und der Andromeda (s. d.), Schwester des Eurystheus, des bekannten furchtsamen Gebieters des Hercules. — 2) A., eine Corintherin, welche der Nicandra, die für sie Webereien besorgt, den Lohn verweigerte, wofür die von jener angerufene Göttin Minerva sie rächte, indem sie A. in einen jungen Mann von Samos verliebt machte, mit dem sie entfloh; auf der Fahrt aber von Reue ergriffen, stürzte sie sich in's Meer.

Alcinous, Fig. 14. (Gr. M.), 1) König der Phäaken, auf der Insel Scheria, die man gewöhnlich für einerlei hält mit dem späteren Corcyra, (heutigen Korfu), und die damals zwölf Könige hatte, die ihn als den ersten unter ihnen, als ihr gemeinschaftliches Oberhaupt erkannten. Von der ausserordentlichen Pracht seines Palastes und Hofes erzählt uns Homer Odyss. 7, 84 ffg. A. war mit

Fig. 14.

Arete, der Tochter seines Bruders Rhexenor, vermählt; ihre Kinder waren Laodamas, Halius, Clytoneus und die schöne Nausicaa. Der König war berühmt nicht nur durch seine Pracht, seinen Reichthum, sondern auch durch edlere Eigenschaften, durch die herzlichste Gastfreundschaft, durch Wohlthätigkeit, Ehr- und Wahrheits-Liebe; so nahm er unter Anderen die Argonauten hilfreich auf, und da Absyrtus dieselben wegen der durch Jason entführten Medea verfolgte und die Auslieferung derselben von A. verlangte, schloss dieser einen ehrenvollen Vertrag für Alle mit dem Verfolger: es sollte nämlich Jason die Geliebte zurückgeben, falls sie noch nicht ihre Verbindung vollzogen hätten; wäre diess jedoch bereits geschehen, so sollte man die Liebenden ungehindert weiter ziehen lassen. — Arete hatte diesen Beschluss erfahren, hinterbrachte Jason, was geschehen, und so machte er noch in derselben Nacht das Band unauflöslich. — Auch Ulysses hatte Ursache des Königs Freigebigkeit zu rühmen. Er war nackend an der Insel gelandet, nachdem er Schiff und Mannschaft verloren, und nachdem er, todtmüde von den auf dem Meere erlittenen Mühen, am Ufer sich in einen Haufen dürrer Blätter verborgen hatte und in einen tiefen Schlaf gesunken war, weckte ihn das Geschrei, das Nausicaa und ihre Mägde, nachdem sie am Meere gewaschen, beim Ballspiele erhoben. Als eine Grauengestalt tritt er hervor; die anderen Mädchen entflohen, nur des Königs Tochter hatte den Muth, den Fremdling zu erwarten; sie reichte dem Flehenden ein Gewand und nahm ihn mit an des Vaters Hof, wo derselbe auf das freundlichste empfangen ward und, mit Geschenken überhäuft, von da nach Ithaca zurückkehrte. Unser Bild zeigt uns den Abschied des Ulysses von A., welch Letzterer seinen Fuss auf die Basis eines Cippus setzt, der die Statue einer Meeresgottheit trägt. — 2) A., Sohn des Hippocoon, welcher in Verbindung mit seinen elf Brüdern und seinem Vater den Icarius und Tyndareus aus Sparta vertrieb. Hercules erschlug sie alle und setzte die Vertriebenen wieder in ihr Reich ein.

Alcippe (Gr. M.), 1) Tochter des Alcyoneus, eines der drachenfüssigen Giganten. Da dieser im Kampf mit den Bewohnern des Olymp durch Jupiter mit dem Blitze erschlagen worden, war seine Tochter so betrübt, dass sie sich in's Meer stürzte. Die Göttin des Meeres verwandelte sie in einen Eisvogel. — 2) A., eine Amazone, welche Hercules tödtete. — 3) A., Gattin des Atheners Metion, dessen Söhne, die Metioniden, den Pandion vom Throne vertrieben. A. war durch ihren Sohn Eupalamus Grossmutter des Dädalus. — 4) A.) Tochter des Mars und der Agraulos, welcher von Halirrhotius, dem Sohne des Neptun und der Nymphe Euryte, Gewalt angethan wurde, wesshalb ihn Mars erschlug. Der Vater klagte den Mörder vor dem Rathe der Götter an, die Himmlischen liessen sich in Athen auf einen Hügel nieder, hielten Gericht über Mars und sprachen ihn frei. Vom griechischen Namen des Mars, Ares, bekam der Hügel den Namen Areopagus. — 5) A., des Asträus Schwester, welche dieser im Dunkeln unerkannt umarmte. Als er durch einen Ring, den er der Geliebten genommen, sein Verbrechen kennen lernte, stürzte er sich in einen Fluss, welcher seinen Namen erhielt und später Caicus genannt wurde.

Alcis (Gr. M.), »die Starke«, 1) Beiname der Minerva, unter welchem sie in Macedonien verehrt wurde. — 2) A., einer von den Söhnen des Aegyptus, (s. d.) der von Glauce, seiner Braut, in der Brautnacht ermordet wurde.

Alcis. S. Holzy.

Alcmaon (Gr. M.), Sohn des Thestor, jedoch nicht desselben, der der Vater der Theonoë und der Leucippe war, (s. Thestor.). Er fiel vor Troja von der Hand des Sarpedon.

Alcmaeon (Gr. M.), Sohn des Amphiaraus und der Eriphyle (s. d.), welch Ersterer als Seher wusste, dass ihm der Zug, den der aus Theben vertriebene Polynices gegen seinen Bruder Eteokles zu Stande zu bringen suchte, unheilbringend sein würde; daher verbarg er sich vor den Gesandten, welche ihn dazu auffordern sollten; allein seine Gattin, bestochen durch das prachtvolle Halsband der Harmonia, (s. d.) verrieth den Aufenthalt des Gemahls, und Amphiaraus ging mit, trug jedoch seinem Sohne Rache an der Mutter auf. — Der Zug der sieben Helden fiel unglücklich aus, und man beschloss einen neuen Zug. Wie das erste Mal von Polynices durch das Halsband, so ward Eriphyle dieses Mal durch das Gewand der Harmonia bestochen, welches ihr Thersander, der Sohn des Polynices, brachte, damit sie den A. zu dem Zuge der Epigonen (s. d.) bereden möchte. — A., der des Vaters Befehl noch nicht ausgeführt, frug nun das Orakel in beiden Angelegenheiten um Rath, und Apollo sagte ihm, er solle den Zug nach Theben sowohl, als auch des Vaters Rachegeheiss vollziehen, da die Mutter sich nicht nur zum Verderben des Vaters, sondern auch zum Untergang des Sohnes habe erkaufen lassen. Die Epigonen waren Sieger und zerstörten Theben. Eine Tochter des Tiresias, Manto, ward des A. Gattin, die ihm den Amphilochus und die Tisiphone gebar, welche beide Creon, König von Corinth, zur Pflege übernahm. Tisiphone, von ausserordentlicher Schönheit, schien der Gemahlin des Creon gefährlich, sie verkaufte daher dieselbe, und so kam es, dass A. seine eigene Tochter als Sklavin erhandelte, da er nach Corinth kam, um seine Kinder abzuholen. — Jetzt beschloss er, den lange verzögerten Befehl des Vaters auszuführen: die Mutter starb von seiner Hand. Er, von den Furien verfolgt, entfloh mit dem Halsband und dem Mantel der Harmonia nach Psophis in Arcadien, woselbst König Phegeus ihn vom Morde reinigte und ihm seine Tochter Arsinoë oder Alphesiböa zur Gattin gab. Das verhängnissvolle Halsband und den

Mantel schenkte er der Neuvermählten. Allein weder die Veränderung des Ortes, noch des Vaters Sühnopfer konnte ihn von einem finstern Wahnsinn, als verfolge ihn seine Mutter, heilen; überdiess wurde das Land um Psophis von den Göttern um seiner Schuld willen mit Unfruchtbarkeit bestraft. Er entfloh, frug das Orakel um Rath, und dieses sagte, er würde Ruhe finden, sobald er ein Land anträfe, das noch nicht da gewesen, als seine Mutter alles Land verflucht habe, das ihn aufnehmen würde. — Lange irrte er umher, bis er auf eine Insel des Achelous kam, welche der Fluss erst kürzlich angesetzt hatte. Dort ward er wirklich von den Furien befreit, und heirathete die Tochter des Flussgottes, Callirrhoë, mit welcher er den Acarnan und den Amphoterus erzeugte. — Die junge Frau hatte viel von dem Halsband und dem Mantel der Harmonia gehört, und wünschte diese Schätze zu bekommen. A. liess sich bewegen, an den Hof seines Schwiegervaters Phegeus zu gehen, und unter dem Vorwande, man habe ihm gerathen, beides dem delphischen Apollo zu opfern, sich diese kostbaren Geschenke wieder geben zu lassen. Er bekam dieselben ohne Schwierigkeit, doch da der König den wahren Grund der Zurücknahme seiner früheren Geschenke erfuhr, sandte er ihm seine beiden Söhne nach, welche Alcmäon tödteten. Callirrhoë bat die Götter, ihre Söhne plötzlich zu Männern werden zu lassen, damit sie den Vater rächen könnten. Ihr Wunsch ward erhört, und die ganze Familie des Phegeus, Vater, Söhne und Töchter, wurden ein Raub des Todes. — Nach seinem Tode wurde A. als Heros verehrt; man erbaute ihm zu Theben auf dem Wege zur Cadmea (Burg von Theben) einen Altar.

Alcmene (Alcumena), (Gr. M.) Gemahlin des Amphitryon, (s. d.) und von Jupiter Mutter des Hercules, ward von der eifersüchtigen Juno mit sieben Tagen langen Geburtsschmerzen heimgesucht, nach deren Verlauf die Geburt des Hercules erfolgte; eine Nacht später gebar A. den Iphicles, (s. d.) den sie von Amphitryon empfangen hatte. Nach dem Tode ihres Gemahls vermählte sie sich zum zweiten Male mit einem Freunde ihres Hauses, Rhadamanthus. In Megara befand sich A.s Grabmal. Agesilaus liess dasselbe öffnen; man fand darin ein ehernes Halsband, zwei Amphoren aus Thon, mit Erde gefüllt, eine Tafel von Erz, welche viele den ägyptischen ähnliche Schriftzeichen enthielt, die man jedoch auch in Aegypten, wohin eine Abschrift gesandt wurde, vergeblich zu entziffern suchte. Man erwies der A. zu Theben göttliche Ehre, weil Jupiter sie nach dem Tode sogleich auf die Inseln der Seligen hatte führen lassen.

Alcon (Gr. M.), 1) Sohn des Hippocoon, welcher mit seinen Söhnen den Tyndareus aus Sparta vertrieb. Er war unter den calydonischen Jägern, und wurde nach der Eroberung von Sparta durch Hercules, welcher die Verjagten wieder in ihr Reich einsetzte, getödtet — 2) A., Sohn des Mars, gleichfalls bekannt durch seine Theilnahme an der Jagd auf den calydonischen Eber. — 3) A., Sohn des Atheuer-Königs Erechtheus. — 4) A., aus Creta, Gefährte des Hercules, war ein so geschickter Bogenschütze, dass er ein Haar mit dem Pfeile spalten konnte, und, als einst eine Schlange seinen Sohn umschlang, diese tödtete, ohne den Sohn zu verletzen.

Alcyone (Gr. M.), 1) Tochter der Aegiale von Aeolus, als Muster zärtlicher Liebe bekannt. Ihr Gatte Ceyx führte mit ihr das glücklichste Leben, und trennte sich nach mehreren Jahren ununterbrochener Freuden nur von ihr, um ein Orakel zu befragen. Das Meer verschlang ihn und sein Schiff. A. opferte täglich der Juno für die glückliche Rückkehr des Geliebten; die Göttin wollte nicht Opfer annehmen für eine Bitte, deren Erfüllung schon längst unmöglich war, und veranlasste daher Pluto, den Schatten aus der Unterwelt heraufzusenden, damit er seine Gattin von seinem Tode benachrichtige. Es geschah, und voll Verzweiflung stürzte sich A. in das Meer, als die Fluth eben den Leichnam des Ceyx an's Land trug. Die Götter verwandelten beide in Eisvögel (Halcyonen), während deren Brutzeit stets eine gänzliche Windstille herrschen soll; daher der Ausdruck: halcyonische Tage, für Tage heiterer Ruhe. — 2) A., Tochter des Atlas und der Mutter der Plejaden, Pleïone, ward von Neptun Mutter mehrerer Kinder: der Aethusa, des Hyrieus (Vater des Orion), des Hyperenor und des Anthas. — 3) A., ein Nebenname der Cleopatra, der Gattin Meleagers, des berühmten Siegers über den calydonischen Eber.

Alcyoneus (Gr. M.), 1) ein berghoher Riese, welcher auf dem Isthmus von Corinth sein Wesen trieb und alle Vorübergehenden beraubte und ermordete. Er lebte von zahlreichen Heerden, die er durch die Rinderheerde des Geryon zu vermehren gedachte, mit welcher Hercules über den Isthmus zog, daher er diesem und seinen Begleitern auflauerte; auch zerschlug er ihm 12 Wagen und 24 Männer mit einem Felsstück. Als er denselben Stein nach Hercules selbst schleuderte, wandte dieser mit der Keule den Wurf ab und tödtete den Riesen. — 2) A., ein drachenfüssiger Gigant, Sohn der Gäa (s. d.), erzeugt durch das Blut des entmannten Uranus, war unter allen seinen Brüdern nach dem Porphyrion der stärkste, zu Pallene geboren, woselbst er auch hauste und wohin er die Rinderheerde des Sonnengottes aus Erythea weggetrieben hatte. Hercules suchte ihn auf, und seiner Götterstärke unterlag das Ungeheuer; allein kaum war es zu Boden geworfen, als es von seiner Mutter, der Erde, wieder neue Kräfte erhielt, und einen neuen Kampf mit Hercules begann. Da gab diesem Letzteren Minerva ein, den Giganten aus Pallene zu schleppen, und sobald er jenseits der Grenze nicht mehr auf seinem Mutterlande war, verliessen ihn seine Kräfte und sein Leben. Er hatte sieben schöne Töchter, die Alcyoniden, welche Anthe, Alcippe, Asteria, Drimo, Methone, Pallene und Phthonia hiessen. Sie stürzten sich nach ihres Vaters Tod alle in's Meer, und wurden von den mitleidigen Göttern in Vögel verwandelt.

Alea (Gr. M.), Beiname der Minerva zu Tegea in Arcadien, abgeleitet von Aleus, Sohn des Königs Aphidas von Arcadien, der den zu Tegea befindlichen Tempel der Minerva Alea zuerst erbaut haben sollte. Als dieser Tempel abgebrannt war, ward er von Scopas, einem der berühmtesten Bildhauer Griechenlands, weit prachtvoller wieder aufgeführt. Pausanias erzählt, dass die Bildsäule der Göttin so schön gewesen, dass Augustus sie nach Rom entführte.

Alebion (Gr. M.), Sohn des Neptun und Bruder des Dercynus, bewohnte mit Letzterem einen höhlenreichen Wald in der Nähe des alten Massilia (Marseille), und beide lebten vom Raube. Als Hercules (s. d.) die schönen Heerden des Königs Geryon geholt hatte, trieb er sie durch das Land der Massilier, und die Brüder lauerten ihm mit ihren Gehülfen auf, um sie ihm abzunehmen. Hercules bestand einen furchtbaren Kampf; allein als er aus Mangel an Pfeilen bereits nahe daran war, zu unterliegen, liess Jupiter um und neben ihm Steine herabregnen, mit denen er die Räuber zurücktrieb. Ein Feld zwischen Marseille und der Rhone, mit Steinen übersät, wird noch jetzt als das Schlachtfeld gezeigt.

Alecto (Gr. M.), eine Furie, Tochter des Aether und der Erde.

Alector (Gr. M.), 1) Vater des Lëitus, welch letzterer am Argonauten-Zuge Theil hatte, und vor Troja einer der vier Heerführer der Böotier war. — 2) A., Sohn des Anaxagoras, Enkel des Megapenthes und Urenkel des Prötus, war Beherrscher von Argos, hinterliess dieses seinem Sohne, Iphis, der es seinem Enkel Iphis vermachte. — 3) A., Schwiegervater des Megapenthes (eines Sohnes des Menelaus und der Sklavin Pieris). — 4) A., Sohn des Epeus, wurde König in Elis; da er sich jedoch zu schwach fühlte, um sich gegen Pelops zu behaupten, so verband er sich mit Phorbas aus Olenus und nahm dessen Tochter Diogenea zur Gattin; so befestigte er sein Reich, welches er seinem Sohne Amarynceus hinterliess.

Alectorischer Stein (Gr. M.), steinartige Substanz, von welcher die Alten glaubten, dass sie sich im Magen oder wohl gar in der Leber der Hähne befinde. Man mass diesem Steine glückbringende Kräfte zu; er sollte fest machen, Liebe erregen, vor jeder Gefahr schützen, Beredtsamkeit verleihen, Reichthümer spenden etc. Von Pericles, Demosthenes und andern berühmten Griechen glaubte man, dass sie solche Steine besässen.

Alectryomantie, Wahrsagung aus dem Fressen der Hähne, in Griechenland üblich. In einem Kreise wurden die Buchstaben des Alphabets verzeichnet, auf jeden ein Gerstenkorn gelegt, und ein Hahn in diesen Kreis gesetzt: man gab nun Acht, von welchen Buchstaben er die Körner wegnahm, und setzte daraus Worte zusammen.

Alectryon (Gr. M.), 1) ein Diener des Mars, welcher ihn bei einem Besuche, den er der Venus abstattete, als Wächter vor die Thüre stellte. A. schlief ein, der aus dem Meere auftauchende Sol überraschte das Paar, und verrieth dessen verstohlene Freuden dem Vulkan, welcher ein unsichtbares Netz um dasselbe schlang und darauf alle Götter herbeirief, meinend, die Liebenden zum Gespötte zu machen, während er selbst der Verlachte war. Mars verwandelte, als er befreit wurde, den schlechten Wächter in einen Hahn. — 2) A., derselbe mit dem Alector 1).

Alemon (Gr. M.), ein Argiver, Vater des Myscelus, des Gründers der Stadt Croton in Unter-Italien.

Alemone (Röm. M.), die Göttin, welcher man die Ernährung des Kindes im Leibe der Mutter zuschrieb.

Aleschdan (Pers. Rel.), das Gefäss, in welchem das heilige Feuer der Guebern brennt; es steht auf dem Stein Adoscht in der Feuerkapelle Ateschgat des Tempels.

Alesius (Gr. M.), Sohn des Scillus, Freier der Hippodamia, von dem Vater derselben, Oenomaus, im Wettlauf besiegt und getödtet. Die Stadt Alesium in Elis soll von ihm benannt worden sein.

Aletes (Gr. M.), 1) ein Nachkomme des Hercules. Sein Vater war Hippotes, der ihn in der Verbannung erzeugte. Hippotes hatte nämlich den acarnanischen Seher Carnus getödtet. Um ihn zu rächen, schickte Apollo die Pest in das Lager der Heracliden, und Hippotes ward auf zehn Jahre verbannt. A. nahm später Korinth ein. — 2) A., Sohn des Icarius und Bruder der Gattin des Ulysses, Penelope. Die Najade Periböa war deren Mutter. — 3) A., Sohn des schändlichen Aegisthus (s. d.), bemächtigte sich des Trohnes von Mycenä, als er die falsche Nachricht erhalten hatte, dass Orestes gestorben sei, fand aber von der Hand des Wiederkehrenden den Tod. — 4) A., Begleiter des Aeneas und einer der angesehensten Trojaner.

Alethea (Gr. M.), 1) die Göttin der Wahrheit, Tochter des Jupiter, nach Anderen des Saturn. — 2) A., eine der Ammen des Apollo.

Aletis (Gr. M.), Beiname der Erigone, »die Umherirrende«, weil sie ihren von Hirten erschlagenen Vater, den Athener Icarius, lange vergeblich suchte, bis sie endlich sein Grab fand. Nachdem sie sich hierauf aus Betrübniss erhängt hatte, stiftete man zur Sühnung des an ihrem Vater begangenen Frevels ein Schaukelfest, wobei ihr und ihrem Vater Früchte zum Opfer dargebracht wurden. S. Icarius und Erigone.

Aletriden, Müllerinnen, hiessen in Athen Ehrenjungfrauen, die bei Opfern das Mehl zu den Opferkuchen bereiteten.

Aleuromantie (Gr. Götterdienst.), die Weissagung aus dem Knistern des Mehles, welches man zu diesem Behuf in das Opferfeuer warf; daher auch Aleuromantis, ein Beiname des Apollo von diesem Wahrsagen aus dem in's Feuer geworfenen Opfermehl.

Aleus (Gr. M.), König von Arcadien, welcher von Arcas, dem ersten Beherrscher Arcadiens, abstammt, indem dessen Sohn Apihdas sein Vater war. Bei der Theilung des Reiches hatte dieser Tegea erhalten, welches er dem A. hinterliess. Letzterer erbaute der Minerva einen Tempel, in deren Hain seine Tochter Auge ein Kind, das sie von Hercules empfangen, aussetzte, und dadurch eine Hungersnoth über sein Land brachte. A. übergab, voll Zorn, die Auge und ihr Kind dem Nauplius, der sie zu Teuthras, König in Mysien, brachte; dieser, da er kinderlos war, nahm sie an Kindes Statt an.

Aleuas (Gr. M.), ein Nachkömmling des Hercules durch dessen Sohn Thessalus, war der Stammvater der von ihm so benannten Aleuaden, welche in Thessalien herrschten.

Alexandra, (Gr. M.) einerlei mit Cassandra. S. d.

Alexandros (Gr. M.), »der Männerbeschützer«, 1) ein Name, den Paris später erhielt, weil er Räuber vertrieb und Hirten beschützte. — 2) A., Sohn des Eurystheus, des bekannten Herrschers und Feindes seines Verwandten Hercules. In der Schlacht bei den scironischen Felsen, welche die Athener dem Eurystheus lieferten, verlor der Vater mit allen seinen Söhnen das Leben, denn Macaria, eine Tochter Hercules' und der Deïanira, hatte sich freiwillig für das Wohl der Heracliden geopfert.

Alexanor (Gr. M.), Sohn des Machaon (s. d.). Seinem Grossvater Aesculap baute A. zu Titane in Sicyonien einen Tempel. Auch er selbst ward dort verehrt und hatte eine Bildsäule, der man nach Sonnenuntergang opferte.

Alexiares (Gr. M.), Sohn des Hercules und der Hebe, der Göttin der Jugend.

Alexidamus (Gr. M.), Sohn eines äthiopischen Königs, bewarb sich um die Hand der Alceïs oder Barce, der Tochter des Libyers Antäus, der in Irasa, im Gebiet von Cyrene, herrschte. Wer sich um sie bewarb, musste mit ihr einen Wettlauf halten, und von seinem Siege hing das Gelingen seiner Wünsche ab. A. errang den Preis, und die schnellfüssige Schöne ward seine Gattin.

Alexicacus (Gr. M.) »Unheil-Abwehrer«, in Athen Beiname des Apollo, weil er die Stadt von einer verheerenden Pest befreit haben sollte.

Alexiraea (Gr. M.), Geliebte des Bacchus, und von ihm Mutter des Carmon, der auf der Jagd von einem Eber getödtet wurde.

Alexirrhoë (Gr. M.), Tochter des Flussgottes Granicus, wird von Einigen als Mutter des Aesacus von Priamus genannt; sonst heist die Mutter des Aesacus Arisbe. S. Aesacus.

Alfablot (Nord. M), eine Opferfeierlichkeit, bei welcher von den Bewohnern der skandinavischen Halbinsel den Licht-Elfen geopfert wurde; diess geschah des Abends, mit vielen Ceremonien, doch so heimlich, dass nie ein Uneingeweihter daran Antheil nehmen konnte.

Alfadur (Nord. M.), der höchste Gott des nordischen Alterthums, und ein Beweis, dass jene Völker, welche Schweden und Norwegen, so wie die eine Hälfte von Deutschland bewohnten, die reinste Gottesverehrung als Basis ihrer Religion erkannt hatten, denn alle edeln Eigenschaften, welche die mosaische Urkunde dem unaussprechlichen, welche die christliche Religion dem einzigen Gott beilegt, finden wir in diesem wieder. Er ist Schöpfer, Ordner und Lenker des Weltalls, sein Hauch weht durch alle Zeiten, unerforschlich ist seine Grösse, seine Macht, und Niemand vermag sich ihn vorzustellen, denn niemals hat er sich einem Sterblichen gezeigt, und wenn sein Geist auf der Erde weilt, so ist es im Schatten geheimnissvoller Haine, stiller, ihm geheiligter Wälder. Sein Wille herrscht über Alles, und was nicht Er ist, das ist ihm unterthan, denn Alles ging aus seinem Schöpferwort hervor. — Dieses Urwesen, welches war, bevor die Welt stand, welches sein wird, wenn sie längst vergangen ist, wird zuweilen mit Odin (s. d.) verwechselt.

Alfen. S. Elfen.

Alfenfuss, Alfenkreuz (Skand. M.). das bekannte Pentagramm, der Drudenfuss.

Alfheim (Nord. M.), der Wohnsitz der Licht-Elfen (-Alfen), von den Asen dem Gotte Frey oder Freyr geschenkt, als er den ersten Zahn erhielt. Da Frey der Gott der Fruchtbarkeit war, so mussten die Lichtstrahlen, d. h. die Elfen des Lichts, ihm unterthan und mithin das Reich derselben, Alfheim, sein Eigenthum sein. A. liegt zunächst an Thrudheim, dem Reiche des Donnergottes Thor.

Alfhild (Nord. M.), ein gefeierter und berühmter Frauenname; die Gattin des Königs Waldar, Tochter Iwar Widfame's, die Mutter des gewaltigen Ragnar Lodbrog etc. etc. hiessen so.

Alfroedull (Nord. M.), ein Elfstrahl, d. i. der erste Lichtstrahl oder Elementarstrahl des Tages, mit welchem alle Geister der Finsterniss entfliehen müssen.

Algos (Gr. M.), »der Schmerz«, Tochter der Eris (s. d.), die Enkelin der Nacht, eine poetische Personification.

Ali oder Vali (Nord. M.), ein Frühlingsgott, das Symbol des wachsenden Tageslichtes im Norden. Odin und Rinda, (s. dd.) sind seine Aeltern; Valaskialf ist sein kristallhelles Schloss. Er ist tapfer im Streit und ein guter Schütze.

Ali (Nord. M.), König in Upsala. Da er mit König Adils in Norwegen in Fehde gerieth, wurde er von den Berserkern erlegt, die Rolf Kraki seinem Stiefvater Adils zu Hülfe sandte.

Aliacmon (Gr. M.), Sohn des Palästinus, eines Sohnes des Neptun; da sein Vater krank war, führte er das Heer desselben allzu kühn gegen den Feind und blieb im Treffen, wesshalb sein Vater sich in den Fluss Conozus stürzte, der darauf Palästinus, später Strymon genannt wurde.

Aliger (Röm. M.) »Flügelträger«, Beiname geflügelter Gottheiten, des Mercur, des Cupido etc.

Alilat (Arab. M.), eine vor Muhamed hoch verehrte Göttin, deren Bild in einem berühmten Tempel Nakkla stand; der neue Religionsstifter vernichtete das Bild. A. ist ohne Zweifel mit Lilith, der ersten Frau des Adam (nach dem Talmud), einerlei. Man vermuthet, dass A. zu den Griechen übergegangen sei. und glaubt sie in der Ilithyia wieder zu finden.

Alipes (Röm. M.), Beiname des Mercur, weil er Flügel an den Füssen hat.

Alipheraea (Gr. M.), Beiname der Minerva von der Stadt Aliphera in Arcadien, welche, von Alipherus, einem Sohne Lycaons, südlich vom Strome Alpheus auf einem Berge gegründet, sich rühmte, der Geburts- und Erziehungsort der Minerva zu sein, die hier einen prachtvollen Tempel und eine eherne Statue hatte.

Alipherus (Gr. M.), Sohn des gottlosen Lycaon, welchen Jupiter in einen Wolf verwandelte, während er seine Söhne, bis auf einen, mit dem Blitz erschlug.

Alistra (Gr. M.), Mutter des ältesten attischen Königs, Ogyges, von Neptun.

Aliterius (Gr. M.), Beiname der Straf- und Rache-Gottheiten.

Alitta (Arab. M.), Göttin der Beduinen, welche Herodot mit Venus und Urania vergleicht, die Mylitta der Assyrer, Mitra der Perser, vielleicht auch die Astarte der Phönicier und Anaïtis der Armenier. Die Araber stellten von jeher diese Göttin durch einen schwarzen, dreieckigen, vier Fuss hohen, zwei Fuss breiten Kopf oder Stein vor, der auf einem goldenen Gestelle ruhte, in der Kaaba zu Mekka aber, wo er sich noch befindet, durch die spätere Erklärung, als rühre er von Abrahams Füssen her, als er die heilige Kaaba nach dem von den Engeln zur Zeit der Sündfluth in den Himmel getragenen Urbilde wieder erbaute, dem späteren Cultus angepasst worden ist.

Alla ekber, das Gebet, mit welchem die Perser ihren Gottesdienst anfangen.

Allah, bei den Anhängern des Islam der Name Gottes.

Allah Taala, nach der vormuhammedanischen Religion der alten Araber das allmächtige Urwesen, der wahre, einzige Gott, im Gegensatz zu Al Glahat, den Gottheiten, welche man zwar als Mitgenossen seiner Macht, doch weit unter ihm stehend, und unumschränkt von ihm beherrscht, betrachtet.

Alla Mapraha, ein alter indischer Lehrer der Religion, ein heiliger Büsser, welcher das Tragen des Lingams (s. d.) befahl, und an die Befolgung dieser Weisung die Vergebung der Sünden knüpfte.

Allermannsharnisch, eine gewisse Pflanze, welche zur Gattung der Lauche gehört, und von welcher ein uralter Aberglaube behauptet, dass sie nicht nur vor jeder Wunde, sondern selbst vor dem Teufel schütze. Sie hat ihren Namen davon erhalten, dass ihre zwiebelartige Wurzel mit einer Art von Harnisch umgeben ist. Wegen der Eigenschaften, welche ihr der Aberglaube zuschreibt, führt sie auch den Namen Heilwurz, Siegwurz.

Alloprosallos (Gr. M.), ein Beiname des Mars: »der sich bald dem Einen, bald dem Andern Zuwendende«, weil das Kriegsglück so schwankend ist.

Alma (Röm. M.) »die Nahrung Spendende«, Beiname mehrerer Göttinnen in Rom, doch besonders der ernährenden Ceres.

Almops (Gr. M.), Sohn des Neptun und der Tochter des Königs Athamas, der bekannten Helle, deren Name der Hellespont trägt, das Meer, in welches sie stürzte, als sie auf dem Widder, der das goldene Vliess trug, mit ihrem Bruder Phrixus über jene Meerenge setzen wollte. A. war ein Riese, welcher in dem bergigen Macedonien hauste; von ihm ist die Landschaft Almopia benannt.

Almweig, eine der nord. Mythen-Geschichte angehörige Königin, Gemahlin Halfdans, von Hringarik. Sie gebar dem Könige achtzehn Söhne, von welchen die Skioldunger, Skilfinger, Authlinger und Ynglingas abstammen, daher sie die Ahnfrau all jener hochberühmten Geschlechter ist.

Alobos hiess im Alterthum bei den Juden ein Opferthier, dem ein Leberlappen fehlte, was als ungünstige Vorbedeutung galt.

Aloée (M. der Andesbewohner.), der böse Geist, welchen die Bewohner von Chile als den Urheber alles Bösen und Verderblichen betrachten und verabscheuen; sie glauben auch, dass sie ewig leben würden, wenn sie nicht von diesem Geiste fortgeholt würden.

Alocus (Gr. M.). 1) A., Sohn des Sonnen-Gottes und der Circe (s. d.); von ihm stammt, durch seinen Sohn Epopeus, jener Marathon, von welchem der Landstrich in Attica den Namen hat. — 2) A., Sohn des Neptun und der Canace (s. d.), welche ihm fünf Söhne, unter diesen den A., gebar. Er vermählte sich mit seines Bruders Triops Tochter, Iphimedia; diese aber liebte den Neptun so, dass sie sich immerfort im Meere badete, oder Meerwasser in ihren Busen goss, bis sie von dem mächtigen Gott die beiden Söhne Otus und Ephialtes empfing, welche Aloïden heissen. Sie waren ungeheure Riesen, welche jährlich zwölfmal so viel wuchsen, als andere Erdgeborne. — Ephialtes warb um Juno, Otus um Diana; den Mars fesselten sie und hielten ihn 13 Monate lang gefangen, bis ihn Mercur mit List entführte. Sie sollen auch den Musen-Dienst am Helicon gegründet haben. — Nach Homer tödtete sie Apollo. Nach Anderen fielen sie einer durch des andern Hand, indem Diana auf Naxos sich in eine Hirschkuh verwandelte, und zwischen ihnen hindurch sprang, worauf beide ihre Speere warfen, das Thier aber fehlten und sich gegenseitig trafen.

Alope (Gr. M.), Tochter des Cercyon, der nach Einigen in Arcadien, nach Anderen in Attica wohnte, und Grausamkeiten gegen Alle ausübte, die nicht mit ihm ringen wollten. A. war gezwungen worden, dem Neptun ihre höchste Gunst zu gewähren; sie gebar ein Kind, das sie aussetzen liess, doch die Kleider verriethen die Mutter, und Cercyon liess sie hinrichten. Neptun verwandelte die Geliebte in eine Quelle. Die Stadt A. in Thessalien trug ihren Namen, der jedoch, nach Einigen, von einer anderen A., Tochter des Actor, herkommen soll.

Alopius (Gr. M.), Sohn des Hercules und einer von den fünfzig Thespiaden, Antiope.

Alos (Gr. M.), eine Dienerin des Athamas, die diesem verrieth, dass seine Gemahlin das zur Saat bestimmte Getreide gedörrt habe. Ihr zu Ehren ward die Stadt A. in Thessalien, später ein Besitzthum des Achilles, benannt.

Aloza, »die Mächtige«, Name einer Göttin, welche in Arabien, besonders von einigen Stämmen, als Tochter Gottes verehrt wurde. Ihr war die Akazie als Symbol geheiligt. Der Araber Dalem soll diesen Baum ihr zuerst gewidmet und als ihr sichtbares Bild aufgestellt haben; er baute ihr einen Tempel und bestellte ihr eine Priesterin. Der Tempel soll von melodischen Klängen durchschwebt worden sein, wenn Jemand seine Schwelle betrat. Als Muhamed den Islam einführte, zerstörte er den Tempel, hieb den Baum um und tödtete die Priesterin.

Alp (Incubus), Nachtmähre, Nachtgespenst, Nachtgeist, der die Menschen durch Drücken im Schlafe quält; ein Unhold, welcher in Gestalt einer Katze, eines Bären, oder eines andern, meist sehr hässlichen, Thieres sich auf schlafende Menschen legt, sie am Athemholen hindert und auf solche Weise furchtbar ängstigt. Der gemeine Mann nennt ihn Schrottlein (die Wenden und Slaven Kodolta), Drud (der Drud im Mascul., zum Unterschiede von: die Drude, welches eine Hexe bedeutet), Wichtel, Maser etc. Das Wort A. ist einerlei mit dem nordischen Alf und dem aus England zu uns gekommenen Elf, und somit ist der im Schlafe quälende Alp nur ein letzter Ueberrest des bei allen altgermanischen und celtischen Völkern verbreitet gewesenen Glaubens an die grosse Familie der Elfen und Zwerge.

Alpheaea, auch Alpheonia (Gr. M.), Beiname der Diana, abgeleitet von dem Flussgotte Alpheus (s. d.), vor dessen Verfolgung sie sich einst unter die Nymphen von Letrini verbergen musste, und sich das Gesicht mit Schlamm schwärzte, damit der Flussgott sie nicht wiederfinde. Dieser Diana A. war ein Tempel an der Mündung des Alpheus erbaut, woselbst zum Andenken an die erzählte Begebenheit ihre Bildsäule aus schwarzem Marmor aufgestellt war.

Alphenor (Gr. M.), Sohn der unglücklichen Niobe (s. d.), von Apollo getödtet.

Alphesiböa (Gr. M.), 1) A., die Gattin des Alcmäon, welcher sie heirathete, nachdem ihr Vater ihn von der Schuld des Muttermordes gereinigt, den er auf Befehl seines Vaters Amphiaraus begangen hatte. (S. Alcmäon und Amphiaraus.) — 2) A., Tochter des Bias (Bruders des Sehers Melampus) und der schönen Pero, Tochter des Neleus, vermählte sich mit dem Sohne Neptuns, Pelias.

Andere nennen diese Tochter des Bias und Gattin des Pelias Anaxibia. — 3) A., des Adonis Mutter, von Phönix. — 4) A., eine indische Nymphe, die Bacchus liebte und vergebens mit seinen Bitten und Anträgen verfolgte, bis er sie in Gestalt eines Tigers so ängstigte, dass sie sich von ihm über den Sollax setzen liess, welcher Fluss von da an Tigris geheissen wurde.

Alpheus (Gr. M.), ein Flussgott, Sohn des Oceanus und der Tethys, bekannt durch seine Abenteuer mit der Nymphe Arethusa, welche sich in dem Flusse, den er beherrschte, badete, und von ihm gesehen und geliebt wurde. Sie versagte ihm Gehör und floh, mit Zurücklassung ihrer Gewänder, doch A. schwang sich aus dem Strome ihr nach, und schon fühlte sie seinen Athem sie umwehen, als sie zu Diana flehete, welche sie in eine Wolke hüllte. Doch auch diese ward von A. verfolgt, da zerfloss sie plötzlich in Wasser; von den Händen, dem Gesicht, den Haaren floss es hernieder, und sie war eine Quelle. A. verwandelte sich nun selbst in seine Flussgestalt, um sich mit dem Wasser der Arethusa zu vermischen; Diana versetzte sie nach der Insel Ortygia, doch A. bahnte sich unter dem Meere hindurch einen Weg und kam neben ihr zum Vorschein. Solcher Liebe konnte Arethusa nicht widerstehen, und sie erlaubte dem Gott, sein Gewässer mit dem ihrigen zu vereinen. — Von dem Zusammenhange der beiden Quellen erzählen uns die Alten viel; so soll eine zu Olympia in den A. geworfene Opferschale in der Arethusa zum Vorschein gekommen sein, und letztere soll sich roth färben, wenn zu Olympia das Blut der geopferten Rinder in den A. fliesst etc. — Auch soll A. seinen Bruder Cercaphus erschlagen, und sich aus Verzweiflung in den Fluss Nyctimus gestürzt haben, der von da an des A. Namen erhalten. Das Wasser sollte die Eigenschaft haben, den Seelen der Verstorbenen völlige Vergessenheit alles Vergangenen zu verschaffen, gleich der Lethe. Der A., (jetzt Alfeo, auch Rofeo und Ryfo Carbon), entspringt an der Südgrenze von Arcadien und durchläuft Elis im Peloponnes.

Alpiel, nennt der Talmud den Schutzgeist oder Genius, welcher über die fruchttragenden Bäume wachen soll.

Alraun (Germ. M.), die Wurzel, die mit griechischem Namen Mandragoras heisst. Sie steht unter allen berühmten Wurzeln oben an, und ihr Name ohne Zweifel mit dem jener weisen Alrunen (s. d.) im engsten Zusammenhang. Sie wird beschrieben als menschenähnlich gestaltet, und über das Verfahren, womit man sie auszureissen hat, gilt folgende Vorschrift: Wenn ein Dieb, der noch reiner Jüngling ist, gehängt wird, und das Wasser oder den Samen fallen lässt, wächst unter dem Galgen die breitblättrige, gelbblumige A. Beim Ausgraben ächzt und schreit sie so entsetzlich, dass der Grabende davon sterben muss. Man soll also Freitags vor Sonnen-Aufgang, nachdem die Ohren mit Baumwolle oder Wachs verstopft sind, einen ganz schwarzen Hund, an dem kein weisses Härchen ist, mitnehmen, drei Kreuze über die Alraun machen und rings herum graben, dass die Wurzel nur noch an dünnen Fasern hänge. Dann werden diese mit einer Schnur an den Schwanz des Hundes gebunden, dem Hund ein Stück Brod gezeigt und eiligst weggelaufen. Der Hund, nach dem Brode gierig, folgt und zieht die Wurzel aus, fällt aber von ihrem ächzenden Wehruf getroffen todt hin. Hierauf wird die Wurzel aufgehoben, mit rothem Wein gewaschen, in weisse und rothe Seide gewickelt, in ein Kästlein gelegt, alle Freitage gebadet und alle Neumonde mit neuem weissem Hemdlein angethan. Fragt man sie nun, so offenbart sie künftige und heimliche Dinge zu Wohlfahrt und Gedeihen, macht reich, entfernt alle Feinde, bringt der Ehe Segen, und jedes über Nacht zu ihr gelegte Geldstück findet man Morgens früh verdoppelt. Stirbt ihr Besitzer, so erbt sie der jüngste Sohn, muss aber dem Vater ein Stück Brod und Geld in seinen Sarg legen. Stirbt er vor dem Vater, so geht die A. über auf den ältesten Sohn, der aber seinen jüngsten Bruder ebenso mit Brod und Geld begraben soll.

Alrunen (Germ. M.), weissagende Frauen, denen die alten Germanen priesterliche Würden zuerkannten und die höchste Ehrfurcht bewiesen. Der gothische Geschichtschreiber Jornandes erzählt, um den Ursprung des Hunnen-Volkes zu erklären, Folgendes: »Der gothische König Filimer fand unter seinem Volke gewisse Zauber-Weiber, die er selbst in der Sprache seines Volkes Aliorumnen nannte;« (Andere lesen Aliorunen) »und da sie ihm verdächtig waren, so verwies er sie aus der Mitte des Volkes, jagte sie weit vom Heere hinweg und zwang sie, in der Einöde herumzuirren. Und da nun die Waldmenschen, die man Feigen-Faunen nennt, sie in der Wüste umherschweifend fanden und sich zu ihnen gesellten, so brachten sie dieses entsetzlichste Geschlecht von Menschen hervor.« Mit dieser ältesten Spur, die einen ähnlichen Namen wie Alrune enthält, stellen nun Andere die Aurinia zusammen, von welcher Tacitus in seiner Germania sagt: »Wir haben unter der Regierung Vespasians Weleda gesehen, die lange allgemein wie eine Gottheit verehrt wurde. Aber auch früher schon haben die Germanen Aurinia und mehrere andere Weiber verehrt, nicht aus Schmeichelei, und nicht als ob sie sie zu Göttinnen machten.« Nun ist es aber eines Theils nicht so ganz klar, dass in dem Namen Aurinia der Name Alrune versteckt sei, andern Theils scheint die Aurinia des Tacitus Eigen-Name einer bestimmten Person, nicht Benennung einer ganzen Classe von Frauen zu sein.

Alsvidur, »allversengend«, in der nordischen Mythologie das eine von den beiden Rossen, welche den Sonnenwagen ziehen; das andere führt den Namen Arwakur, »früh wach«. Unter dem Bug dieser Rosse brachten die Götter einen Windschlauch, Isarnkol an, um sie abzukühlen, daher die Morgenluft so frisch ist.

Alta (Gr. M.), von Neptun Mutter des Ancäus, eines Königs der Leleger auf Samos.

Altan Dschidakti Burchan (M. der Mongolen), »der Goldene, der Unverwesliche«, einer jener Heiligen oder Burchanen, welche von Zeit zu Zeit dem Himmel entstiegen, um die Menschen zu warnen und zu ermahnen. Er erschien in dem Zeitraum, als die schon tief im Laster versunkenen Menschen nur noch ein Alter von 30,000 Jahren erreichten.

Altan gatusun, ein Götze, den die Kalmücken verehren, wird wie eine Schlange mit vier Füssen abgebildet. Das Tragen solch' eines Bildes soll fest gegen jede Verwundung machen.

Altanus (Röm. M.), ein südwestlicher Wind, von welchem man glaubte, dass er ein Sohn der Tellus sei, weil er aus der Erde kommen sollte.

Altar, bei den alten Völkern derjenige Opferherd, der sowohl zum Anzünden des Opferfeuers, als auch zu den übrigen Verrichtungen bei Opfern gebraucht wurde. Unter dem A. war eine Höhle angebracht, in welche man das übrigbleibende Opferblut goss. In der Nähe war ein Brunnen (bei den Germanen, Blotkelda oder Blotabrunnen geheissen), der zum Waschen der Blutopfer diente, und rings um den A. lief eine Einfassung von gelegten Steinen. Man errichtete die Altäre gewöhnlich auf Anhöhen und Hügeln, so wie in geheiligten Hainen, indem man einen platten, breiten Stein, der einen Tisch vorstellte, auf andere Steine legte. Als man bei steigender Cultur eigentliche Tempel erbaute, wurden auch die Altäre schöner und kostbarer aus Stein oder Erz und mit vielfachen Verzierungen verfertigt. Sie waren gegen Morgen gerichtet und standen vor der Bildsäule des Gottes, dem der Tempel geheiligt war.

Altercatio (Röm. M.), eine allegorische Figur, die personificirte Untugend des Zankes.

Altes (Gr. M.), König der Leleger, Vater der Laothoë, einer der Frauen des Königs Priamus. Ihre Söhne hiessen Polydorus und Lycaon; sie fielen von Achilles' Hand. A. wohnte auf der luftigen Burg Pedasus am Ufer des Satnioïs.

Althaea (Gr. M.), Tochter des ätolischen Königs Thestius und der Eurythemis. Man vermählte sie an Oeneus, den Sohn des Königs Porthaon zu Calydon, dem sie viele Kinder schenkte; zwei derselben, die berühmtesten, sollten jedoch nicht die seinigen sein. Bacchus kehrte einst bei ihm ein, und beschenkte ihn mit dem Freude bringenden Weinstock. A. soll nun nach Einigen von dem Gotte Deïanira geboren haben, welche später Hercules' Gattin wurde. Einen andern Besuch soll ihr Mars abgestattet haben, dessen Frucht Meleager (s. d.) wurde. Als dieser Knabe sieben Tage alt war und die Mutter mit ihm am Kamine sass, trat eine der Parcen zu ihr und sagte, so lange der Feuerbrand, welcher jetzt glimme, noch nicht verzehrt wäre, würde Meleager nicht sterben. A. verwahrte denselben nunmehr sorgfältig, und Meleager erwuchs zu dem kühnsten Helden. Das grosse

Jagdunternehmen auf den calydonischen Eber war beendet, Meleager erhielt den Preis, trat ihn jedoch an die schöne und kühne Atalante (s. d.) ab. Darüber entbrannte ein wilder Streit zwischen den Aetoliern und Cureten. Meleager erschlug zwei Brüder seiner Mutter, welche der geliebten Atalante das Siegeszeichen abgenommen, und A. warf bei der Nachricht vom Morde ihrer Brüder den Feuerbrand, an dem des Sohnes Leben hing, in's Feuer, erhängte sich aber nach der That.

Althemenes (Gr. M.), Sohn des cretischen Königs Catreus. Ihm war vom Orakel verkündet worden, dass er der Mörder seines Vaters werden würde. Um diesem schrecklichen Geschick zu entgehen, verliess er Creta, schiffte sich mit seiner Schwester Apemosyne nach der Insel Rhodus ein und liess sich daselbst nieder, in der Nähe von Camirus. Auf dem Berge Atabyris erbaute er dem Jupiter Atabyrius einen Tempel. A. war von den Einwohnern geehrt und geachtet, und lebte in Fried' und Ruhe mit denselben; sein Vater aber, der ihn sehr liebte, verursachte ihm grosses Leid. Catreus, um ihn wieder zu sehen, und ihm, da er sonst keine Söhne hatte, sein Reich zu übertragen, reiste nach Rhodus; das Schicksal wollte, dass er in der Nacht ankam, und mit den Einwohnern, welche sein Schiff für ein Seeräuberschiff ansahen, in Zwist gerieth. A. kam den Ueberraschten zu Hülfe, warf in der Dunkelheit seine Lanze, und diese durchbohrte seines Vaters Brust, so dass des Orakels Spruch erfüllt wurde. Als er erfuhr, was er gethan, vermochte er das Leben nicht länger zu tragen, der Gram verzehrte ihn. Nach seinem Sterben ward er von den Rhodiern als Heros verehrt.

Althepus (Gr. M.), Sohn des Neptun aus einer geheimen Neigung zwischen diesem und der Leïs, Tochter des Königs Orus von Trözen. Von ihm bekam die Landschaft von Trözen den Namen Althepia.

Althiofi (Nord. M.), einer der Urzwerge, welche die Götter zuerst schufen, berühmt wegen seiner Geschicklichkeit in Metallarbeiten.

Altius (Gr. M.), Beiname Jupiters von dem heiligen Haine Altis bei Olympia.

Altor (Röm. M.), Beiname des Pluto.

Alwée (M. der Andesvölker), der grosse böse Geist, welchen die heidnischen Chilesen über alles verabscheuen. Er ist der Zerstörer alles Guten und auch der Mörder jedes Gestorbenen; sie behaupten, vordem sei ihnen der Tod ganz unbekannt gewesen, und nur die Weissen (Spanier) hätten diess Scheusal zu ihnen gebracht.

Alwis (Nord. M.), ein Zwerg, der sich durch seine Kunst die Tochter des Thor (s. d.) geneigt gemacht, und sich heimlich mit ihr verlobt hatte. Thor, der gewaltige Held, verbiss seinen Zorn, suchte aber die bereits angesetzte Vermählung zu verzögern, bis es Tag wurde und die Sonne den Zwerg beschien, wodurch derselbe zu Stein ward, indem die Zwerge, im Dunkel der Erde wohnend, das Licht des Tages nicht ertragen können.

Alwitra (Nord. M.), eine Heldin und Schildjungfrau, Gesellschafterin der Walkyren.

Alxion (Gr. M.), nach Einigen der Vater des Oenomaus, welcher, um die Freier seiner Tochter Hippodamia zurückzuscheuchen (weil ihm der Tod von dem Gatten derselben prophezeit war), ihnen ein Wettrennen auflegte, welches stets mit dem Tode des Bewerbers endete. Andere geben an, dass Mars Oenomaus' Vater gewesen sei.

Alymnius (Gr. M.), Beiname des Mercur von der Stadt Alymne, einem Sitze seiner Verehrung.

Alysius (Gr. M.), Beiname des Jupiter von einem Berge Alysus auf Creta, wo er verehrt wurde.

Alzes, S. Holzy.

Ama (Ind. M.), Volksname der Göttin Bhavani oder Parwati.

Amaea (Gr. M.), »die Schnitterin«, war in Trözen der Beiname der Ceres.

Amalthea (Gr. M.). Die Angaben der Dichter von den ältesten Zeiten an schwanken darüber, ob unter diesem Namen eine Ziege, die das Kind Jupiter säugte, oder eine Nymphe, die dasselbe mit der Milch einer Ziege aufzog, zu verstehen sei. Nach Einigen also ist sie die Ziege, die Jupiter zum Lohn ihrer Ammendienste unter die Sterne versetzte, nachdem er ihr ein Horn abgebrochen, das er den Töchtern des cretischen Königs Melissus gab, indem er in dasselbe einen solchen Segen legte, dass es mit Allem, was sie wünschen mochten, sich anfüllte. Nach Anderen ist sie eine Nymphe, entweder Tochter des Oceanus, oder des Sonnen-Gottes, oder des Melissus, oder des Hämonius, oder des Olenus, eines Sohnes des Vulcan. Die Ziege, mit deren Milch sie den Jupiter nährte, brach einst eines ihrer Hörner an einem Baume ab, die Nymphe füllte es mit grünen Kräutern und Obst, und brachte es so dem Jupiter, der es unter die Sterne versetzte. Wieder nach Anderen geht dieses Horn, dem fortwährend die Kraft inwohnt, Speise oder Trank im Ueberflusse anzuschaffen, aus den Händen der A. in anderen Besitz über; z. B. Mercur gibt es dem Hercules, als er auszieht, um die Rinder des Geryon zu holen; oder es ist im Besitze des Stromgottes Achelous, der es dem Hercules abtreten muss als Preis der Rückgabe seines eigenen Hornes, das ihm, nachdem er sich in einen Stier verwandelt, Hercules im Kampfe abgebrochen hatte. Eine andere Erzählung ist, dass der libysche König Ammon eine ausgezeichnet schöne Jungfrau, A., die er heirathete, zur Beherrscherin eines sehr fruchtbaren Landstriches gemacht habe, der die Gestalt eines Kuhhornes hatte und von seiner Königin den Namen Horn der A. bekam, welcher dann auf jedes fruchtbare Land übergetragen wurde. Dieses Horn wurde in der bildenden Kunst der Alten vielfach angewendet, und findet sich besonders bei den Darstellungen der Glücksgöttin als Symbol ihrer überreichen Gaben.

Amani, ein heiliges Buch der Moslems, welches die Vorschriften zu einem wohlgeordneten, vernünftigen Leben enthält.

Amano Watta (Jap. M.), eine Höhle in Japan in einem Berge der Provinz Isje, nahe am Meere, in welcher sich der oberste ihrer Götter, Ten Sio Dai Dun, verbarg, um zu beweisen, dass er der oberste Gott sei, von welchem alles Licht ausgeht; denn als er sich verborgen hatte, erlosch das Licht der Sterne, welche ihren Glanz nur von seinem Wiederscheine empfingen. In der Höhle befindet sich ein Götzenbild, auf einer Kuh sitzend, welches die grosse Sonnengestalt (Dai Nitz No Rai) genannt wird. Man wallfahrtet häufig nach dieser Höhle.

Amara (Ind. M.), ein hochgeehrter Weiser am Hofe des Königs Wikramaditja, der dessen Liebling war und seiner ausgezeichneten Eigenschaften wegen mehrere Beinamen hatte, als: der Göttliche, der Löwe. Er lebte zwölf Jahre in einem Walde ganz einsam in der grössten Enthaltsamkeit, weil er dort den Wohnort des Buddha entdeckt hatte, gründete an einem Orte, genannt Buddhagaja, einen Tempel und schmückte denselben mit vielen Götterbildern aus. Er hat Werke geschrieben, von denen Uebersetzungen in lateinischer und englischer Sprache erschienen, und die für die Kenntniss der Sanskritsprache vom höchsten Werth sind.

Amaracus (Gr. M.), ein Lieblingsknabe des Königs von Cyprus, Cynaras, welcher ein köstliches Alabastergefäss, mit noch köstlicherer Salbe, zerbrach, und aus Betrübniss darüber starb. Die Götter verwandelten ihn in eine duftreiche Pflanze, die seinen Namen führte.

Amarawati (Ind. M.), Wohnort des Sonnengottes Indra, wörtlich: unsterblicher Aufenthalt.

Amardwali (Ind. M.), Tochter des Wischnu und der Bakschnie; ward die Gattin des Subramanja, eines Sohnes des Schiwa.

Amarsar (Ind. M.), Hauptstadt der Sihks in der Provinz Lahore. Unweit derselben befindet sich der Teich Amretsir, d. h. Nectar-Quelle, Quelle der Unsterblichkeit, ein mit gebrannten Ziegeln eingefasstes Becken, mit einem dem Guhro Gowind Singh geweihten Tempel, der von 5—600 Priestern bedient und von zahlreichen Wallfahrern besucht wird. Aus diesem Teiche soll einst die Amrita (s. d.) für die Sterblichen geflossen sein.

Amaryncеus (Gr. M.), Genosse des Augias (s. d.), als dieser gegen Hercules Krieg führte, von welchem er dann auch zum Mitregenten angenommen wurde. Nach Einigen zog er mit 19 Schiffen von Mycene nach Troja, nach Homer aber nicht er, sondern sein Sohn Diores. An seinem Leichenfest stellten seine Söhne Wettspiele an, an denen Nestor Theil genommen hatte.

Amarynthia (Gr. M.), Beiname der Diana von der Stadt Amarynthus (s. d.) in Euböa, wo ihr auch glänzende Feste gefeiert wurden, die denselben Namen hatten.

Amarynthus (Gr. M.), ein Jäger der Diana, nach welchem der Ort Amarynthus in Euböa benannt worden sein soll.

Amata (Röm. M.), 1) des italischen Königs Latinus Gattin, Mutter der vom Geschick dem Aeneas bestimmten Lavinia; allein nicht dem Fremdling, »dem elenden Häuptling einer flüchtigen Horde«, sondern ihrem Schwestersohne Turnus wollte sie die Hand der Tochter geben. Sie versuchte daher alles Mögliche, die bevorstehende Verbindung nichtig zu machen, hetzte den Turnus zum Kriege wider Aeneas und ihren eigenen Gatten auf, und endlich, da nichts den Lauf des Geschickes hemmen konnte, erhängte sie sich selbst. — 2) A., der Name, welchen jede Vestalin erhielt, wenn sie vom Pontifex Maximus gewählt wurde, angeblich desshalb, weil die erste, von Numa Pompilius eingesetzte Vestalin so hiess.

Ama Teru Oon Gami (Jap. M.). Isanagi und Isunami, die Erzeuger des ganzen Menschengeschlechtes, waren seine Eltern; demnach stammt er von dem siebenten Geschlecht der himmlischen Götter; er ist aber überdiess unter den fünf Geschlechtern der Erdgötter der Erste, er war der älteste und allein fruchtbare Sohn des Götterpaares, und seine Kinder sind die Japaner, doch zu einer Zeit erzeugt, wo sie, des göttlichen Ursprungs werth, selbst Halbgötter waren und unendlich viel länger lebten, als die jetzigen Menschen. In directer Linie stammen die Kaiser von Japan von ihm ab, daher auch sein Name A. etc., welcher bedeutet: »der grosse Gott des himmlischen erbkaiserlichen Geschlechts«. Er selbst regierte eine Viertel Million Jahre; während dieser Zeit verrichtete er die grössten Wunder und bewies sich als den wahren und alleinigen Gott. Die Provinz Isje ist sein Hauptwohnort, dort steht auch der berühmteste Tempel; das grosse Fest, das ihm gefeiert wird, heisst Matzuri. Sein Nachfolger im Reich war sein Sohn Osi-Mo-Nino Mikoll.

Amathea (Gr. M.), eine Nereïde, welche mit Thetis den nahen Tod des Achilles beklagt.

Amathes (Gr. M.), einer der Heracliden, welchem die Stadt Amathus auf der Insel Cypern Entstehung und Namen verdankt. Hievon stammen die beiden Beinamen Amathuntia und Amathusia, welche Venus von der Stadt Amathus erhielt, wo sie vorzugsweise verehrt wurde.

Amathus oder **Amathunt** (Gr. M.), ein Hauptsitz der Verehrung der Venus, an der Südküste der Insel Cyprus (s. d. vor. Art.

Amazonen, Figur 15—17 (Gr. M.). Nach Diodor wohnte am Flusse Thermodon ein von Weibern regiertes Volk, das sich, gleich den Männern, kriegerischen Beschäftigungen widmete. Eine dieser Frauen, welche durch

Fig. 15.

Fig. 16.

Tapferkeit und Stärke sich auszeichnete und der königlichen Gewalt genoss, brachte ein ganzes Heer von Weibern zusammen, mit denen sie Kriegsübungen anstellte und darauf einige Völker der Nachbarschaft bezwang. Sie unternahm hierauf immer weitere Kriegszüge, sich, stolz auf das ihr treu scheinende Glück, eine Tochter des Mars nennend, wies den Männern Wollespinnen und andere häusliche Verrichtungen, sonst von den Weibern ausgeführt, an, erniedrigte sie zur tiefsten Knechtschaft, verstümmelte den neugebornen Knaben Hände und Füsse, um sie zum Kriegsdienst untauglich zu machen, und stellte die Führung der Waffen als ein Vorrecht der Weiber fest, denen in zarter Jugend noch die rechte Brust hinweggenommen wurde, damit sie ihnen dereinst nicht im Spannen des Bogens und Schwingen des Schwertes hinderlich werde, woher der Name »Amazones«, Brustlose. Diese Königin der A. hielt in ihren Feldzügen sorgfältig auf gute Ordnung, gründete die Stadt Themiscyra an der Mündung des Thermodon, und beschloss dann ihr thatenreiches Leben rühmlich auf dem Schlachtfelde. — Ihr folgte in der Regierung ihre Tochter, welche die Eigenschaften der Mutter alle in noch höherem Grade besass. Von frühester Jugend härtete sie die Mädchen zu allen Entbehrungen und Mühen des Krieges ab, stiftete dem Mars und der Diana (unter dem Beinamen Tauropolos) glänzende Feste, versah ihr Volk mit tüchtigen Gesetzen, und zog dann gegen die Völker jenseits des Don zu Felde, alle Länder bis gegen Thracien erobernd. Nun kehrte sie heim, pflegte die Künste des Friedens, baute den genannten Gottheiten prachtvolle Tempel und erwarb sich durch eine treffliche, milde Regierung die Liebe ihres ganzen Volkes, welches sie jedoch bald darauf auf die entgegengesetzte Seite ihres Reiches zu neuen Eroberungen führte, sich ganz Kleinasien, Syrien etc. unterwerfend. Von einer weiblichen Verwandtin dieser Herrscherin zur andern ging die Krone, und der Ruhm des Volkes erhöhte sich immer mehr, bis Hippolyta Königin ward und Hercules von Eurystheus den Auftrag erhielt, das goldene Wehrgehäng derselben zu holen. Er schlug ein Lager in der Nähe der Stadt Themiscyra auf, woselbst sich die Burg der Hippolyta befand, und forderte sie auf, ihm das Wehrgehäng zu geben. Da die Forderung abgeschlagen wurde, stellte Hercules sein Heer in Schlachtordnung und ein allgemeiner Kampf begann, in welchem die A. mit seinen Begleitern stritten, die stärksten aber sich dem Helden selbst entgegen stellten. Die erste derselben hiess Aëlla (Windsbraut); die zweite Philippis, sie fiel, im ersten Angriff tödtlich verwundet; Proloë, welche sieben Mal im Zweikampf gesiegt, war die dritte, und Euryböa, welche nie des Beistandes bedurfte, unterlag, auch jetzt Beistand verschmähend, als die vierte. Celäno, Eurybia und Phöbe, sonst trefflich im Werfen des Speeres, fehlten diessmal ihres Zieles und wurden, da sie einander gegenseitig mit ihren Schilden zu decken suchten, von Hercules niedergemacht. Es kam nun Deïanira, Marpe, Asteria, Tecmessa, Alcippe und endlich auch die Anführerin Melanippe an die Reihe; alle fielen von der Hand des Hercules, bis auf die Letztere, welche gefangen und gegen das Wehrgehäng der Königin wieder ausgewechselt wurde. Eine der A., Antiope, schenkte Hercules dem Theseus; nach Anderen war es Hippolyta, die Königin selbst, von welcher der unglückliche Hippolytus stammte. Durch diesen Krieg war das Volk seiner Heldinnen beraubt und so entkräftet worden, dass es von den Nachbarn nicht mehr geachtet und aus Rache für die früheren Unbilden bekriegt wurde, bis endlich selbst der Name des Amazonenstammes vertilgt war. Noch eine Heldin, Penthesilea, zeichnete sich aus in der mythischen Geschichte der A.; sie kämpfte, nachdem sie ihr Vaterland, dessen Beherrscherin sie war, eines Mordes wegen verlassen, für Troja, nach Hectors Fall, tödtete viele der Griechen, indem sie mit dem höchsten männlichen Muthe die grösste Kraft verband, und fiel von Achilles' Händen. Herodot erzählt unter Anderem noch Folgendes von den A.: »Als die Hellenen kriegten wider die A., so schifften sie, nachdem sie gesiegt in der Schlacht am Thermodon, von dannen und nahmen mit auf dreien Fahrzeugen Alles, was sie von A. lebendig gefangen. Diese aber legten auf der hohen See Hand an die Männer und brachten sie um; sie kannten aber keine Schiffe und verstanden weder den Gebrauch des Steuers, noch der Ruder, sondern nachdem sie die Männer umgebracht, liessen sie sich treiben von Wind und Wellen und gelangten nach Cremni an dem See Mäotis im Lande der Scythen. Die Letzteren konnten sich die Sache gar nicht erklären, denn weder das Volk, noch die Sprache, noch die Kleidung war ihnen bekannt; sie waren daher sehr verwundert, wo jene hergekommen, glaubten auch, es wären lauter Männer, welche gegen sie stritten, aber aus dem Streit bekamen die Scythen etliche Todte in ihre Hand, und da sahen sie, dass es Weiber waren. Da beschlossen sie, fürder auf keine Art sie zu tödten, sondern die jüngsten aus ihren Leuten, und eben so viele, als es der Frauen waren, an sie abzuschicken; diese sollten sich in ihrer Nähe lagern und alles thun, was sie jene thun sähen, und wenn sie von ihnen verfolgt wür-

Fig. 17.

den, sollten sie nicht kämpfen, sondern fliehen, und wenn sie nachliessen, sich ihnen wieder nähern und ihr Lager aufschlagen. Diess beschlossen die Scythen in der Absicht, Nachkömmlinge von jenen tapfern Weibern zu erhalten. Als die A. merkten, dass die Jünglinge nicht in feindlicher Absicht gekommen waren, bekümmerten sie sich nicht um jene; ein Lager kam aber dem andern von Tag zu Tag näher, auch lebten beide auf demselben Fusse, nämlich von Jagd und Raub. Nun zerstreuten sich die A. zur Mittagszeit immer zu eins und zwei, und entfernten sich nach allen Seiten; als auch diess die Scythen gemerkt, thaten sie gerade so, und einer machte sich an ein Mädchen, das ganz allein war; die A. sträubte sich nicht, bedeutete ihm auch, er solle des andern Tages wieder an den nämlichen Ort kommen und noch einen Jüngling mitbringen, sie würde dessgleichen thun. Diess geschah auch, und die A. wartete schon mit einer andern an dem bestimmten Ort. Die übrigen Jünglinge, als sie diess erfuhren, machten die Mädchen auch zahm, sie vereinigten ihre beiden Lager, und jeder behielt diejenige A. zum Weibe, welche er zuerst kennen gelernt. — Nun wollten die Jünglinge mit den also Genommenen in ihre Heimat zurückkehren; diese aber erwiderten ihnen: »Wir werden mit euren Weibern nicht leben können, denn sie haben nicht dieselben Sitten, wie wir. Wir würden uns also nicht mit ihnen vertragen können; aber wenn ihr uns zu euren Weibern haben wollt, so gehet zu euren Aeltern, holet euch von euren Gütern euer Theil, und dann kommt her, dann wollen wir für uns selber leben.« Die Jünglinge thaten also, und nachdem sie von ihren Gütern erhalten, was ihnen zukam, kehrten sie zurück zu den A. Die Weiber aber sprachen zu ihnen: Wir sind in Furcht und Angst, dass wir in diesem Lande hier leben sollen, weil wir euch eurer Väter beraubt, und eurem Lande vielen Schaden zugefügt; lasst uns aufbrechen, über den Tanaïs ziehen und allda wohnen. Auch darin gehorchten die Jünglinge; sie gingen über den Tanaïs; und als sie in die Gegend kamen, da sie jetzt wohnen, schlugen sie daselbst ihre Zelte auf, und daher haben die Weiber der Sauromaten noch ihre alten Sitten, und gehen zu Pferde auf die Jagd aus, mit den Männern und ohne die Männer, und gehen in den Krieg, und haben dieselbige Kleidung, wie die Männer.« — Strabo sagt von den A.: »Die Geschichte der A. zeigt viel Eigenthümliches; in allen andern Fällen kann man das Wahre von dem Falschen ziemlich leicht unterscheiden, dahingegen wird von den A. noch jetzt eben dasselbe berichtet, wie vor alten Zeiten, obgleich diese Erzählungen so abenteuerlich sind und sich so sehr von dem Anschein der Wahrheit entfernen, als nur immer möglich; denn wer sollte wohl glauben, dass ein Heer, eine Stadt oder ein ganzes Volk von Weibern ohne Männer bestehen könne, ja über die Nachbarn geherrscht und durch Kriege seine Macht bis Jonien und bis nach Attica erstreckt habe? Ephesus, Smyrna, Cumä, Myrina, Paphos und viele andere Städte mehr sollen von ihnen erbaut und benannt worden sein, und was Themiscyra und die um den Thermodon liegende Gegend betrifft, so werden diese überall das Land der A. genannt, und alle Schriftsteller kommen darin überein, dass sie aus diesen Gegenden vertrieben worden; doch nur wenige Schriftsteller sagen uns etwas von ihrem späteren Aufenthalt, und auch diese Nachrichten sind nichts weniger als gewiss. So ist z. B. die Geschichte von der Thalestris, einer Königin der Amazonen, die nach Hyrcanien zog, um von Alexander dem Grossen Kinder zu bekommen, durchaus nicht erwiesen, und die glaubwürdigsten Schriftsteller über Alexander erwähnen hievon nichts.« Diodor erzählt: »Nach der gewöhnlichen Meinung hat es ausser den A. am Flusse Thermodon keine anderen gegeben; allein dieses ist unrichtig, die libyschen gehören nur einer viel früheren Zeit an, haben aber auch ausserordentliche Thaten vollführt. Im westlichen Theile Libyens gab es nämlich ein Volk, das unter Weiberherrschaft stand, und eine von der unserigen sehr verschiedene Lebensweise befolgte. Das Kriegführen war ein Geschäft der Weiber, sie mussten eine gewisse Zeit lang die Dienste der Krieger versehen und Jungfrauen bleiben; waren die Jahre dieser Dienstpflichtigkeit vorüber, so verbanden sie sich zwar mit Männern, um ihr Geschlecht fortzupflanzen, die öffentlichen Aemter jedoch und die Regierung des Landes behielten sie sich allein vor. Die Männer aber lebten dort, wie bei uns die Frauen, in häuslicher Zurückgezogenheit, hatten mit Krieg und Staatsverwaltung nichts zu thun, durften überhaupt nirgends öffentlich auftreten. Gleich nach der Geburt wurden die Kinder den Männern übergeben, welche dieselben mit Milch und andern Nahrungsmitteln aufziehen mussten. Wenn ein Mädchen geboren wurde, brannte man ihr die Brüste aus, damit sie zur Zeit der Reife sich nicht erheben möchten, weil man dieses als ein bedeutendes Hinderniss bei der Waffenführung ansah. — Sie sollen eine Insel im tritonischen See bewohnt haben, die Hespera genannt wurde, weil sie weit gegen Westen, in der Nähe des die Welt umfliessenden Oceanus liegt. Der See hat seinen Namen von dem Flusse Triton, der in denselben fällt. Ihr kriegerischer Muth trieb die A., zuerst die Städte der Insel zu erobern, mit Ausnahme einer einzigen, welche Mene hiess, für heilig galt und von den äthiopischen Ichthyophagen bewohnt war. Nachdem die Amazonen die Insel erobert hatten, gingen sie auf Abenteuer aus, und es kam sie die Lust an, einen grossen Theil der Welt zu durchwandern. Nachdem sie zuerst in das Land der Atlantiden eingefallen, besiegten sie die Bewohner von Cerne in einer Schlacht und eroberten die Stadt, indem sie mit den Fliehenden zugleich in die Thore derselben drangen. Um Schrecken bei den Nachbarn zu verbreiten, verfuhren sie grausam, tödteten die junge Mannschaft und führten Weiber und Kinder als Gefangene fort. Hierdurch in Furcht gesetzt, übergaben die Atlanteer ihnen die Städte, vor denen sie erschienen, und versprachen, alle Bedingungen, die ihnen vorgeschrieben würden, zu erfüllen. Myrina aber, die Königin der A., behandelte sie mit Milde, schloss ein Freundschaftsbündniss mit den Atlanteern, und baute, statt der zerstörten, eine neue Stadt, welche den Namen der Königin erhielt. Dahin durften auch die Gefangenen ziehen, und wer sonst noch wollte. Dafür wurden der Myrina Ehrenbezeugungen und kostbare Geschenke im Namen des ganzen Volkes gebracht, welche Huldigung sie günstig aufnahm und fernere Freundschaft versprach. Nun waren die Einwohner häufig von den Gorgonen, einem benachbarten Weibervolke, bedroht, mit welchem sie überhaupt in Fehde lebten. Auf die Bitte der Atlanteer fiel daher Myrina in der Gorgonen Gebiet, und lieferte ihnen eine Schlacht, in welcher die A. die Oberhand behielten. Die Gorgonen wurden alle niedergemetzelt, die gefallenen A. aber auf drei grossen Scheiterhaufen verbrannt und ihnen als Grabmäler drei Hügel aufgeworfen, die noch jetzt A.hügel heissen. In der Folgezeit wuchs die Macht der Gorgonen wieder, sie wurden jedoch abermals überwunden, durch Perseus; zuletzt aber vertilgte Hercules sowohl die A. als die Gorgonen gänzlich. — Die Grundlage des A.-Mythus ruht ohne Zweifel in einem uralten vorderasiatischen Mond-Cultus, oder der Verehrung einer Mondgöttin in einem fanatischen Dienste, so dass uns die A. als Ergänzung der Corybanten oder Gallen (s. d.) erscheinen. Wie in jenen entmannten Priestern in dem Männlichen sich das Weibliche darstellte, so zeigt sich in den A. das entgegengesetzte Verhältniss der Darstellung des Männlichen im Weiblichen. Die Auffassung stimmt mit dem Namen A., die Brustlosen, überein, in welchem die Idee der vernichteten Weiblichkeit und Mütterlichkeit leicht zu finden ist. Auf jenen Mondcultus, als dessen Priesterinnen demnach die ursprünglichen A. zu fassen wären, weist Mehreres hin: ihre Verbindung mit der ephesischen Diana, einer Mondsgöttin, ihre Verschonung der Stadt Mene, d. h. Monds-Stadt, der halbmondförmige Schild, den sie trugen. Je mehr dieser Mondcultus sich ausbreitete, desto mehr lässt der Mythus das kriegerische Volk der A. erobernd vordringen; je mehr aber der Dienst der Sonne über den des Mondes das Uebergewicht gewann, desto mehr werden die A. zurückgedrängt und endlich vernichtet. — Die griechische Kunst hat die A. dargestellt als kräftige Jungfrauen, wie die Nymphen der Diana, mit Speer, Streitaxt, mondförmigem Schild, Kriegergurt um die Hüften, Bogen, Köcher, dem Schwert an einem Wehrgehänge, das über die Brust läuft, nie mit einer, immer mit zwei Brüsten.

Amazonius (Gr. M.), Beiname des Apollo, ungewiss, welches Ursprungs, unter welchem der Gott zu Pyrrhichus in Laconien ein Heiligthum hatte.

Ambaruschtenen (Ind. M.), Vater des berühmten Kissuwanden, und durch seinen Vater Sandy von dem Geschlechte der Sonenkinder, einer ehemals in Indien sehr mächtigen Dynastie, von welcher abzustammen alle Helden sich rühmten.

Ambarvalia, Fig. 18, ein Fest, das die Römer zur Abwendung des Unglücks von den Getreidefeldern mit Umwandlung um dieselben im April zu Ehren der Ceres, des Bacchus und anderer Feldgötter begingen. Die Priester, die den mit Opfern verbundenen Umzug leiteten, wobei sie Aehrenkränze mit weissen Wollenbinden trugen, hiessen arvalische Brüder und waren 12 an der Zahl. Unser Bild gibt eine Versinnlichung dieser Procession nach einem geschnittenen Steine, doch ist dieses, wie begreiflich, nur eine Scene des langen Zuges.

Ambest nennen die Indier den Lebensbaum, d. h. den Baum der Unsterblichkeit; er wächst auf dem Berge Meru in der Hauptstadt Indra's, Amarawati.

Ambracia (Gr. M.), Tochter des Melaneus, Königs der Dryoper, Sohnes des Apollo. Die Stadt A. soll von ihr den Namen haben.

Ambrax (Gr. M.), Sohn des Thesprotus, Enkel des Lycaon; soll die Stadt Ambracia gebaut haben.

Ambrosia (Gr. M.), 1) der Name der Götterspeise, welche ewige Jugend und Unsterblichkeit gewährte. Eigentlich heisst der Name selbst nichts anderes als Unsterblichkeit: dieser blosse Begriff also wurde von der reichen Phantasie der ältesten Griechen stoffartig aufgefasst, und so ist A. nicht bloss Speise der Götter, wie bei Homer, sondern auch ihr Getränk, wie bei Späteren, ja bei Homer wird sie auch besonderen Lieblingen der Götter, wie dem Achilles, gereicht, und auch Thiere werden damit erquickt. Aber auch Salbe der Götter, welche die Kraft der Reinigung im höchsten Grade besitzt, ist A. Da nun die Göttersalbe natürlich auch köstlich duften musste, so wird ambrosisch für stark und lieblich Duftendes gebraucht. — 2) A., eine der Plejaden, Tochter des Atlas und der Pleïone.

Ambryssus (Gr. M.), ein Heros, Erbauer einer Stadt in Phocis, welche seinen Namen trug.

Ambulia (Gr. M.). Sparta verehrte Minerva unter diesem Namen, so wie auch die Dioscuren (s. d.) Ambulii genannt wurden und Jupiter Ambulius hiess. Die Bedeutung des Namens ist unbekannt.

Amburbien (Röm. M.), ein Entsündigungsfest, wodurch die Römer in eben der Weise die Stadt Rom reinigten, wie durch die Ambarvalien (s. d.), ihr Gebiet. Die zum Opfer bestimmten Thiere und Gegenstände wurden vorher durch die ganze Stadt herumgeführt. Diese Feierlichkeit wurde besonders dann begangen, wenn man

Fig. 18.

aus schlimmen Vorbedeutungen auf ein die Stadt bedrohendes Unglück schliessen zu können glaubte.

Ameisen. Von einer Gattung dieser Thiere erzählt Herodot: Sie wohnen in der Wüste, welche Persien von Indien trennt, sind so gross wie Füchse, und stark und schnell über allen Begriff. Sie wühlen Goldsand aus dem Innern der Erde empor und bauen daraus ihre Wohnungen. Die Indier rauben diesen Goldsand auf folgende Weise: ein Mutterkameel, dessen Junges man zu Hause lässt, wird mit zwei männlichen Kameelen zusammengebunden; wenn nun in der Mittagshitze die A. nicht mehr im Freien weilen können, laden die Indier so viel des Goldsandes als möglich auf ihre Thiere und eilen davon; erreichen sie ihre Wohnung nicht, so sind sie verloren, doch das weibliche Kameel hilft hierzu; dieses nämlich ist in unaufhaltsamer Flucht nach dem verlassenen Jungen begriffen, und reisst so die beiden andern Thiere mit sich fort.

Amelot vom Garten, ein fabelhafter Held der Walfinger.

Amelung, ein berühmter Kämpfer unter den Walfingern, dessen das Heldenbuch erwähnt.

Amelungen, »die Fleckenlosen«, nennt das Heldenbuch die Ostgothen nach ihrem Königsstamme, den Amalern.

Amenthes, das Todtenreich, der Hades der Aegypter. Anubis leitet die Abgeschiedenen dahin, welche Osiris richtet. Die manchfaltige Aehnlichkeit der agyptischen Vorstellungen von einer Unterwelt mit den entsprechenden griechischen, hat, bei der übrigen so grossen Kluft zwischen der Geistesart beider Völker, viel Auffallendes. Wie bei den Griechen Pluto und Proserpina, so beherrschen bei den Aegyptern Osiris und Isis die Schatten; wie dort Mercur, so ist hier Anubis Führer der Todten. Da dieser in Hundsgestalt, wenigstens hundsköpfig, gebildet wird, so erinnert er überdiess an Cerberus. Da nun aber die Aegypter auf die Einbalsamirung der Leichname so hohen Werth legten, dass sie die Fortdauer des Individuums an die Erhaltung seiner Mumie geknüpft dachten, so können wir obige Vorstellungen hiemit nicht in reine Uebereinstimmung bringen. Es ist daher eine sehr wahrscheinliche Vermuthung neuerer Gelehrten, dass der Unterweltsglaube der Aegypter, ebenso wie ihre Verehrung des Osiris, etwas ihrem ursprünglichen Religionssystem Fremdes und erst von aussen Eingeführtes sei. Hiefür spricht auch der Umstand, dass Osiris von Herodot einer der jüngeren Götter der Aegypter genannt wird, so wie, dass der Mythus von seinen Schicksalen mit dem phönicisch-griechischen von Adonis (s. d.) so grosse Aehnlichkeit hat. So wäre also vielleicht Phönicien als Vermittlungsglied zwischen den ägyptischen und griechischen Vorstellungen vom Todtenreich anzusehen.

Amerdad (Pers. M.), einer der sieben Amschaspands, der Schutzgeist aller Gewächse. Als Ormuzd den ersten Baum geschaffen, übergab er denselben dem Geiste, welcher ihn pflegte, begoss, an die Quelle Arduisar pflanzte und ihm Gedeihen verschaffte. Dieses war der Lebensbaum Hom, von welchem alle übrigen heilsamen Pflanzen stammen. A. steht dem siebenten Tage jeden Monats vor, segnet auch die Vermehrung der Heerden; sein Name bedeutet den »Unsterblichkeit Schenkenden.«

Amestrius (Gr. M.), Sohn des Hercules und der Thespiade Eone.

Amicitia. (Gr. und röm. M.), übersetzt aus dem griechischen Φιλία, die Freundschaft. Unbegreiflich ist die Dichtung, nach welcher sie die Tochter des Erebus und der Nacht sein soll, wenn man nicht sagen will, sie sei von Anfang an da gewesen, also ein Kind der unerschaffenen Nacht.

Amida (Jap. M.), der höchste Gott, der Herrscher in den Regionen der Seligkeit, Vater und Beschützer aller Geister, ohne Anfang und ohne Ende. Er schuf das Universum, regiert die ganze Welt, war selbst verkörpert auf der Erde über tausend Jahre, that die grössten Wunder und belehrte und bekehrte die Menschen. Ein sonderbarer Widerspruch liegt darin, dass er nun freiwillig stirbt, dadurch erst zur Götterwürde übergeht, und nunmehr als Vermittler zwischen Menschen und Gott dasteht, etwas, das ihn seiner Götterwürde eigentlich entsetzt. Durch ihn allein und seine Vermittlung können die Menschen selig werden. Nach ihrem Tode kommen sie auf eine gewisse Zeit in die Hölle, aus welcher jedoch die Fürbitten der Priester gegen Geschenke, welche man dem Tempel macht, sie befreien können, worauf sie auf diese Welt zurückkehren, um eine neue Wanderung anzutreten. A. hat sieben Häupter, welche auf die 7000 Jahrhunderte seiner Weltregierung deuten sollen; er beisst in einen grossen goldenen Reif, welchen seine rechte Hand hält, und reitet auf einem siebenköpfigen Pferde.

Amid Aba (M. der Kalmücken), die Blumengöttin; sie vermag durch ihren blossen Willen die Blumen in Menschen zu verwandeln. Sie wird, ähnlich Herli Kan und Jamandaga, im Kreise mehrerer anderer Göttinnen vorgestellt, inmitten einer grossen Glorie schwebend, doch nicht, wie jene, auf einem zermalmten Menschen, sondern auf einer prachtvollen Blume sitzend.

Amimitl (Mex. M.), ein Gott der Fischerei, welchen die Völker des Isthmus alle, aber ganz besonders die Bewohner von Kuitlahuar, einer Insel im See Chalko, hoch verehrten und anbeteten.

Amin Dewa oder **Jamindiw**, eine der vier Hauptgottheiten der Mongolen.

Aminius (Gr. M.), ein schöner Jüngling, bekannt durch seine Liebe zu Narcissus und sein trauriges Schicksal. Narciss theilte seine Neigung nicht, verhöhnte ihn, und sandte ihm auf die Bitte um ein Liebeszeichen ein Schwert. Mit den heftigsten Verwünschungen gegen den Spröden stürzte er sich vor der Thüre des Narcissus in das Schwert. A.' Fluch ging an Narcissus in Erfüllung, denn er verliebte sich in sich selbst, in sein eigenes Spiegelbild, und starb vor Sehnsucht.

Amisodarus (Gr. M,), ein König in Lycien. Als Typhon mit der Echidna die furchtbare Chimära (s. d.) erzeugt hatte, gab er dieselbe dem A. zur Erziehung. Das Unthier verwüstete Lycien, bis Bellerophon es bezwang. Die Söhne dieses Königs, Atymnius und Maris, zogen den Trojanern zu Hülfe und wurden beide hinter einander durch Antilochus und Trasymedes, Söhne des Nestor, getödtet.

Ammas (Gr. M.). 1) Beiname der Cybele sowohl, als der Ceres. — 2) A., Amme der Diana.

Ammon, Fig. 19, der Jupiter der Aegypter, wird mit Widderhörnern zu beiden Seiten des Kopfes vorgestellt. Der ursprüngliche ägyptische Name war Amun und soll einen Heerde- oder Weide-Gott bedeuten. Am höchsten wurde A. in Theben in Ober-Aegypten verehrt, wo die noch jetzt vorhandenen staunenswerthen Ruinen Ueberreste seines Tempels sind. Da nun Theben der Südgrenze Aegyptens nahe liegt, also nach Meroë in Aethiopien hinweist, wo Amun ebenfalls verehrt wurde, und von wo aus Theben nach allen Spuren gegründet worden ist, so haben wir die Widderhörner höcht wahrscheinlich so zu deuten, dass dadurch an die uralte Schafzucht der nomadischen Aethiopier erinnert werden soll, in der ihr bester Reichthum bestand. Bemerkenswerth erscheint besonders auch das Verhältniss des Amun-Dienstes in Ober-, zum Apis-Dienst in Mittel- und Unter-Aegypten. Dort galt noch das Schaf, der Mittelpunkt des Nomadenlebens, hier schon der Stier, der Träger des Ackerbaues, als Symbol des höchsten Gutes. Von Meroë und Theben ging der Amun- oder A.-Dienst mit einer priesterlichen Colonie nach der grossen Oase in der libyschen Wüste über, heutzutage Siwah, von den Römern Ammonium genannt. Hier lernten ihn die Griechen und Römer durch ihre nahe gelegenen Colonien, vornämlich Cyrene, kennen, erklärten den afrikanischen Gott für einerlei mit der höchsten ihnen bekannten Gottheit und verehrten ihn als Jupiter A., dessen Dienst nun auch in mehrere griechische Städte überging. Auch das Sternbild des Widders im Thierkreis wurde mit diesem Cultus in Verbindung gesetzt. Die alten Historiker machten aus diesem Gotte eine geschichtliche Person. Bei Diodor ist A. ein König in Libyen, der des Uranus Tochter, Rhea, zur Gattin gewählt hatte. Eine Untreue, welche er sich mit der schönen Amalthea erlaubte, offenbarte sich durch einen Sohn, den Bacchus, wesshalb A. der Geliebten einen Landstrich schenkte, der seiner gekrümmten Form und Fruchtbarkeit wegen »das Horn des Ueberflusses« hiess. Um der Eifersucht seiner Gattin zu entgehen, schaffte der König das Kind der Liebe nach Nysa (von welcher Stadt dasselbe auch den Namen bekam, der Gott von Nysus, Dio Nysus). Erwachsen, that Bacchus sich durch kühne, grosse Thaten hervor, und Rhea zerfiel um seinetwillen mit ihrem Gatten, verliess ihn, heirathete Saturnus, ihren Bruder, und von diesem ward nun A. angegriffen, nach Creta zu fliehen genöthigt, wohin ihn jedoch auch Saturn verfolgte; Ammon entging durch seinen Sohn Dionysus und Minerva noch grösserem Unglück, indem er nach Libyen zog. Nach seinem Tode unter die Götter des Landes aufgenommen, ward ihm in der fruchtreichen Oase, welche den Namen Ammonitis schon vor seiner Ankunft getragen haben soll, der prachtvollste aller Tempel gebaut, und A. war der höchste Gott der Aegypter. Die ihm als Kennzeichen zugetheilten Hörner sind Symbole der Kraft, der Macht, des Glanzes, und da dieselben in sich selbst zurückgebogen erscheinen, so bedeuten sie »den in sich selbst zurückgezogenen«, den Gott vor seiner Offenbarung, wie etwa der Parabrama der Indier, worauf auch die Mythe deutet, dass Jupiter, den sein Sohn Hercules bat, sich ihm zu zeigen, nach langem Weigern sich endlich in das Fell eines geopferten Widders hüllte, indem nur unter einer Hülle die Sterblichen Gott schauen können, da sie den Glanz seiner Majestät nicht zu ertragen vermögen. — An den Festen des A. ward seine Bildsäule mit Edelsteinen auf das Reichste und Blendendste geschmückt, in feierlicher Procession dem Volke zur Schau umhergetragen, in einem Schiffe sitzend', unter Absingung feierlicher Hymnen. Er erscheint hier als oberster Lenker des Weltschiffes, von welchem alle Bewegungen des Weltalls ausgehen.

Fig. 19.

Fig. 20.

Ammonia (Gr. M.), Beiname der Juno zu Elis, wohin ihr Gottesdienst aus Aegypten gekommen sein soll.

Ammonstempel, dem Gotte Ammon (s. d.) geweihte Tempel, deren es mehrere gab, theils in Griechenland, theils in Africa. Der berühmteste stand auf der fruchtbaren, grossen Oase Ammonitis in Africa, 12 Tagereisen westlich von Memphis, fünf Tagereisen südlich von Parätonium. Dort war der Sitz eines uralten Ammons-Dienstes, mit einem hochgeehrten Orakel. Dieser grosse Tempel soll nach einer Sage von Hercules oder Bacchus an der Stelle gegründet sein, wo ihm, als er auf seinem Zuge nach Indien durch Wassermangel umzukommen fürchtete, sein Vater Jupiter auf sein Gebet durch einen Widder eine Quelle gezeigt hatte. — Dieser Tempel war noch zu Alexanders Zeiten wegen seines Orakels hoch berühmt; mit Gefahr, sein ganzes Heer in der Wüste einzubüssen, ging der grosse Held dahin und ward für den Sohn des Jupiter Ammon erklärt. Späterhin, unter der Herrschaft der Römer, sanken Tempel und Orakel allmälig in Vergessenheit.

Amnisides (Gr. M.), die Quellnymphen des Stromes Amnisus in Creta.

Amopaon (Gr. M.), ein Trojaner, der von Teucer, Telamon's Sohne, getödtet wurde.

Amor, Fig. 20—22, bei den Griechen Eros, der Gott der Liebe, der mächtigste der Götter der Schöpfer alles

Erschaffenen, der Götter und der Menschen Herrscher, wie ihn Sophocles nennt. Die Kosmogonien und Theogonien weichen über seine Abkunft bedeutend ab; die Dichter machen ihn zum Sohn der Venus, aber nach Hesiod war zuerst das Chaos, dann die Erde, dann der Tartarus, dann Eros, d. h. A., der schönste unter den Göttern, der Glieder Lösende, der bei Göttern und Menschen den Sinn und klugen Rath bewältigt. Nach Aristophanes ist er aus einem Ei hervorgegangen, welches die Nacht von dem befruchtenden Winde geboren hat. Aber seine Herkunft

Fig. 21.

wird sonst noch auf die verschiedenste Weise angegeben Bald ist er ein Sohn des Uranus und der Gäa (s. d.), bald des Saturn, bald der Ilithyia (s. d.), bald des Mercur und der Diana, bald des Mercur und der Venus, bald des Mars und der Venus, bald des Zephyrus und der Iris, bald des Jupiter und der Venus, bald heisst es, seine Aeltern seien unbekannt, bald, er habe wohl eine Mutter, aber keinen Vater. — Je mehr sich indess die alte Vorstellung von A., als uraltem und schöpferischem Gott, in die leichtere,

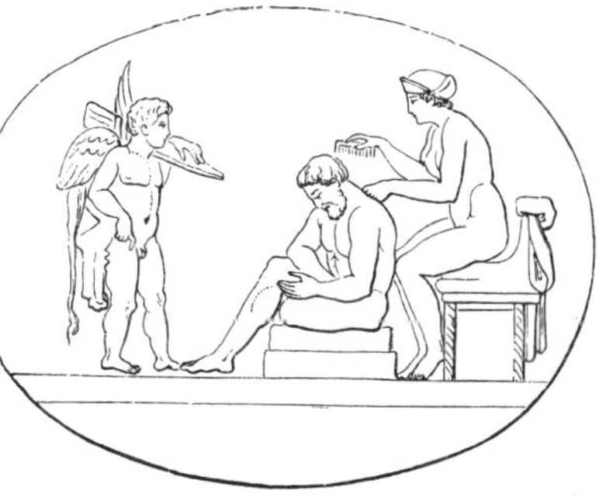

Fig. 22.

heiterere Volksvorstellung von ihm als dem schalkhaften Götterknaben umwandelte, desto allgemeiner befestigte sich auch der Glaube, dass Venus seine Mutter sei, und wie man nun diese bald als die höhere, sittlichere, als Venus Urania, bald als die niedere, die Göttin der sinnlichen Liebeslust fasste, so sprach man in demselben Sinne auch von einem doppelten A. — Im Uebrigen ist bekannt genug, wie die Dichter den Sagenkreis von dem schönen, anmuthigen Bösewicht ausgebildet haben, vor dessen List und Grausamkeit kein lebendes Wesen, selbst seine eigene Mutter nicht, sicher ist. — Noch vermochte A. nicht ohne Hülfe zu gehen, als er sich schon einen Bogen und Pfeile schnitzte, seine Kunst zuerst an allen Thieren des Feldes, dann aber an den Menschen selbst übte; seine Pfeile haben entweder goldene oder bleierne Spitzen, wodurch sie angenehme oder unangenehme Gefühle erwecken; er ward immer kühner und wagte zuletzt selbst die Götter anzugreifen; er nahm Jupiter den Blitz, Apollo die Pfeile, die Keule dem Hercules, die Fackel der Luna; Mars, Neptun und Bacchus mussten ihm Helm, Dreizack und Thyrsus geben, und dem Mercur nahm er die Flügelschuhe, und so wird er denn mit Recht der Menschen und Götter Besiegende genannt. — Anmuthig ist die Sage, dass das Kind A. nicht eher wuchs, als bis Venus den A n t e r o s (die Gegenliebe) gebar, und ihn dem A. zum Spielgesellen gab. Die Dichter lassen auch Eros mit Himeros (Liebe und Sehnsucht), von der Venus begleitet gehen, auch Eros und Pothos (Liebe und Verlangen) sind häufig bei einander, auch Bacchus (der Freudenspender), Jocus (der Scherz), Hymen (der Ehestifter) und Fortuna sind in seinem Gefolge: ferner fehlen in seinem Geleite Peitho (Ueberredung), die Grazien (Anmuth) und die Musen (Poesie und Musik) nicht. — Die ihm geweihten Feste waren so hoch geehrt, als irgend andere; am glänzendsten waren die alle fünf Jahre sich wiederholenden Erotien, die man in Thespiä in Böotien mit Spielen und Kämpfen aller Art feierte. Geweiht waren ihm unter den Blumen die Rose, unter den Thieren der Hase, der Hahn und der Ziegenbock. Auch die Herrschaft, welche er über das menschliche Herz ausübt, wurde häufig sinnbildlich dargestellt. So zeigt ihn eine unserer Abbildungen als Löwenbändiger; eine andere in zärtlicher Vereinigung mit Psyche; eine dritte als Sieger über Hercules. – Unzählig sind die herrlichen Kunstwerke, welche ihn zum Gegenstand haben. Eine der sinnvollsten unter den Dichtungen, die ihn betreffen, ist die von A. und P s y c h e (s. d.). Zahlreich ist die Schaar der Begleiter gleiches Alters und gleicher Gestalt, die dem A. beigegeben wird, der A m o r e t t e n, bei den Griechen Eroten; sie sind entweder, wie A., Söhne der Venus, oder Kinder der Nymphen, oder sie kommen, wie Vöge', aus den Eiern in A.s Neste gekrochen.

Ampatisei (Ind. M.), die liebreizende Tochter einer Waldgöttin, der ein indischer König auf der Jagd genaht; sie erzog ihr Kind mit treuer Liebe und bildete dasselbe eines Königs würdig aus; so fand sie Wissitraverien, ein mächtiger Raja aus der Dynastie der Kinder des Mondes, und wählte sie zur Gattin. Er starb, und ihr blühte das unendlich höhere Glück, die Gattin eines Braminen-Bettlers, des weisen Wiasa, zu werden, von dem sie Mutter des Pandu wurde. Dieser erhielt fünf Söhne, nach ihm Pandu's genannt, Lieblinge der Götter in so hohem Grade, dass Krischna (s. d.) ihnen persönlich in dem verderblichen Kriege gegen die Kuru's beistand, auch den Sieg auf ihre Seite lenkte.

Amphialus (Gr. M.), 1) Sohn eines edeln Phäaken, des Polyneus, und Enkel des Tecton. Als Ulysses auf der Insel war, liess Alcinous (s. d.) fröhliche Kampfspiele halten, und A. errang den Sieg im Springen. — 2) A., Sohn der Andromache, den sie von Neoptolemus empfing, nachdem dieser sie als Beute aus dem zerstörten Troja hinweggeführt.

Amphianax (Gr. M.). Ein König in Lycien. Als Acrisius (s. d.) seinen Zwillingsbruder Prötus, mit dem er sich schon im Mutterleibe gezankt, aus seinem Reiche zu Argos vertrieben hatte, wandte der Letztere sich zu A., welcher ihn wieder in sein Reich einsetzte. A. gab dem Prötus sein Kind, die Antia oder Stheneböa, zur Gattin, welche durch ihre Liebe zu Bellerophon (s. d.) zu einer traurigen Berühmtheit gelangte.

Amphiaraeum (Gr. M.), Orakel des Amphiaraus, der seine Orakelsprüche den Fragenden im Traume ertheilte, wenn sie sich auf dem Felle eines dem vergötterten Helden geopferten Widders zum Schlafe niederlegten. Ein solches Orakel war in Theben, ein anderes bei Oropus in Attica, neben welchem eine Quelle entsprang, in welche diejenigen, die durch die hier empfangenen Eingebungen von einer Krankheit geheilt worden waren, eine Gold- oder Silber-Münze warfen.

Amphiaraus (Gr. M.), ein berühmter Seher, Liebling der Götter, wird bald ein Sohn des Apollo, bald des Oïcles genannt; seine Mutter war entweder Clytämnestra oder Hypermnestra (Tochter des ätolischen Königs Thestius).

Er war Abkömmling eines alten argivischen Seher-Geschlechtes, der Melampodiden, nahm an dem Zuge der Argonauten, so wie früher an der calydonischen Jagd Antheil, kehrte dann nach Argos, woher er stammte, zurück, und erhielt von Adrastus (s. d.), nachdem er sich mit ihm ausgesöhnt hatte, dessen Schwester Eriphyle zur Gattin. Beide wurden so gute Freunde, dass Adrast den A. das Auge seines Heeres nannte. Unterdessen waren, nach dem entsetzlichen Schicksal des Oedipus (s. d.), dessen Söhne, Polynices und Eteocles, um die Herrschaft in Streit gerathen. Polynices floh vor Eteocles aus Theben und suchte bei Adrast Schutz; dasselbe that Tydeus, Sohn des Oeneus, der eines Brudermordes wegen flüchtig geworden war. Beide erhielten Töchter des Adrast zu Gattinnen, und um den Polynices in sein Reich einzusetzen, begann der Zug der sieben Helden gegen Theben (s. d.). A. weigerte sich, daran Theil zu nehmen, weil er, ein Seher, sein und des ganzen Zuges unglückliches Ende voraus wusste. Polynices bewog nun seine Gattin dadurch, dass er ihr das Halsband der Harmonia schenkte, zum Verrath an A.; er musste mitziehen, trug aber seinem Sohne Alcmäon (s. d.) auf, ihn an der Mutter zu rächen. — Während des Kampfes vor Theben rächte sich A. furchtbar an Tydeus, den er als den Anstifter des ganzen ihm so tief verhassten Zuges ansah. Tydeus hatte im Zweikampf mit Melanippus diesen zwar erschlagen, war aber selbst von dem unterliegenden Gegner tödtlich verwundet worden. Da nun A. als Seher wusste, dass Minerva herbeieile, um Tydeus zu heilen und unsterblich zu machen, so brachte er ihm das abgeschlagene Haupt des Melanippus, und veranlasste ihn, das Hirn seines Feindes zu trinken; da schauderte Minerva und entfloh mit ihrem Heilmittel. — Als jede Aussicht auf Sieg verschwunden, und Adrast und A. allein von den sieben Fürsten noch übrig waren, floh Letzterer, von Periclymenus verfolgt, dem Fluss Ismenus zu, und ehe ihn des Verfolgers Wurfspiess erreichte, eröffnete sich nach Jupiters Fügung die Erde, und verschlang den Helden mit seinem Wagen und Gespann, der nun in die Gefilde der Seligen entrückt, von den Anwohnern aber göttlich verehrt wurde. — Eine bei dem württembergischen Dorfe Köngen am Neckar gefundene altgriechische Bronze-Statue wird für eine Darstellung des Amphiaraus gehalten.

Amphidamas (Gr M.), 1) Sohn des Busiris, Königs von Aegypten, welcher alle Fremden, die in sein Reich kamen, den Göttern opfern liess, wobei er selbst den obersten Priester machte. A. war bei diesen Gräueln seines Vaters getreuer Helfer. So wurde denn auch Hercules ergriffen und zum Opfer-Altar geführt, allein er zerriss seine Bande und erschlug Vater und Sohn. — 2) A., Vater der Naupidame, die von Einigen als Mutter des Augias, Königs in Elis, genannt wird. — 3) A., König zu Euböa. Gegen die Erythräer kämpfend, blieb er auf dem Schlachtfelde; ihm zu Ehren wurden von seinen Söhnen grosse Leichenspiele gehalten, bei denen Hesiod den Preis als Dichter erhielt. Dieser A. gehört also, genau genommen, nicht mehr der Mythologie, sondern schon der Geschichte an. — 4) A., Sohn der Cleophile und des arcadischen Lycurgus, der sich durch seinen Sieg über den Areïthous bekannt machte. Er war Vater des Melanion und der Antimache, welche Letztere Gattin des Eurystheus wurde; einige Schriftsteller zählen denselben zu den Argonauten. — 5) A., aus Scandia auf der Insel Cythere, Freund des am Parnassus wohnenden Fürsten Autolycus, von dem er den ledernen Helm bekam, den dieser von Amyntor erbeutet hatte. — 6) A., durch die Geschichte des Patroclus bekannt. Dieser Letztere erschlug nämlich als Knabe im Jähzorn des A. Sohn Clysonymus beim Würfelspiel und wurde desshalb von seinem Vater nach Phthia zu König Peleus in Sicherheit gebracht, wo die bis zum Tode der Helden dauernde Freundschaft zwischen ihm und Achilles sich begründete.

Amphidicus (Gr. M.), ein Held der Thebaner, welcher in dem Kriege der Sieben vor Theben einen der Führer, den Parthenopäus, als er das electrische Thor angriff, tödtete.

Amphidromia (Gr. Rel.), ein Familienfest der Athener, einige Tage nach der Geburt eines Kindes gefeiert, wobei dieses um den Herd getragen (woher der Name) und auf diese Art der Familie und den Hausgöttern vorgestellt wurde; zugleich ward dem Kinde der Name beigelegt, den es führen sollte; das ganze Haus ward feierlich geschmückt, eine Schmauserei beschloss das Ganze.

Amphietes (Gr. M.), »der Jährige« ein Beiname, den Bacchus von seinen in Athen jährlich, in Theben alle zwei Jahre wiederkehrenden Festen erhielt.

Amphigyeïs (Gr. M.) »der auf beiden Beinen Hinkende«, Beiname des Vulkan. Er hatte einst seiner Mutter beistehen wollen, als Jupiter sie zu strafen gedachte; für diesen Frevel fasste ihn der Gott an der Ferse und schleuderte ihn hinab auf die Erde, wo er, nachdem er von Morgen bis Abend gefallen, auf der Insel Lemnos anlangte: — beide Beine waren ihm vom Sturze gelähmt.

Amphiclus (Gr. M.), ein Trojaner, der von Meges, dem Sohne des Phyleus, getödtet wurde.

Amphictyon (Gr. M.), entweder ein Autochthon (s. d.), oder ein Sohn des Deucalion und der Pyrrha. Er war vermählt mit des attischen Königs Cranaus Tochter, Cranächme, vertrieb den Vater seiner Gattin vom Throne, ward aber selbst wieder davon vertrieben, als er ihn zehn Jahre besessen, indem Erichthonius ihn mit Krieg überzog. Einige Schriftsteller machen ihn zum Gatten der Chthonopatra, welche von ihm Mutter des Aetolus geworden sein soll. Gilt letztere Angabe, so war er durch seinen Enkel Physcus Urgrossvater des Locrus, von welchem die Landschaft Locris den Namen hat. Auch war er Stifter des berühmten Amphictyonen-Gerichts, an dessen Versammlungsort er ein Heiligthum hatte.

Amphictyonis (Gr. M.), Beiname der Demeter (Ceres) von einem Tempel, der zu Anthela, nahe bei den Thermopylen, dort, wo sich die Amphictyonen versammelten, stand.

Amphilochus (Gr. M.), 1) Sohn des Amphiaraus und der Eriphyle; (s. dd.) war, wie sein Vater, ein berühmter Seher. Noch ein Kind, als sein Vater vor Theben zog, und kaum erwachsen, da sein Bruder Alcmäon mit Adrast die Epigonen (s. d.) aufbrachte und mit ihnen nach dem Grabe ihrer Väter ging, um diese zu rächen, half er demselben doch bei dem Morde, den Alcmäon nach seiner Heimkehr auf Befehl seines Vaters und des darum befragten Orakels an Eriphyle, ihrer beiderseitigen Mutter, beging. — Er befand sich später unter den Bewerbern um die Hand der Helena (s. d.) und ging folglich auch mit den Griechen vor Troja. Dort knüpfte er ein Freundschaftsbündniss mit dem Seher Mopsus (einem Nebenbuhler des Calchas), und erbaute, nachdem Troja zerstört worden, mit Mopsus vereint, die Stadt Mallus in Cilicien. Von hier ging er nach Argos, und da er den Stand der Dinge nicht so fand, wie er gehofft, kehrte er nach Mallus zurück. Mopsus weigerte sich jedoch, den ehemaligen Gefährten als Mitregenten anzuerkennen. Hierüber ward er von A. zu einem Zweikampf herausgefordert, der für beide Parteien gleich unglücklich ablief, indem beide todt auf dem Platze blieben. Sie wurden einander gegenüber in der Nähe des Flusses Pyramus begraben. Späterhin ward ihm zu Mallus ein berühmtes Orakel errichtet, auch hatte er gemeinschaftlich mit Amphiaraus einen Altar zu Oropus. — 2) A., Sohn des Alcmäon und der Manto, der mit seiner Schwester Tisiphone bei dem Könige Creon von Corinth erzogen wurde. Tisiphone ward ihrer Schönheit wegen von der eifersüchtigen Gattin des Creon als Sklavin verkauft, und der unglückliche Vater kaufte, als er seine Kinder abholen wollte, dieses schöne Mädchen, seine eigene Tochter, für sich. — 3) A., Sohn des Dryas, war vermählt mit Alcinoë, (s. d. 2.).

Amphilogiae (Gr. M.) »die Widersprüche«, von Hesiod in seiner Theogonie als Kinder der Eris personificirt.

Amphimachus (Gr. M.), 1) Sohn des Cteatus und der Theronice, ging als einer der vier Anführer der Epeer mit vierzig Schiffen vor Troja, wo er durch Hectors gewaltigen Speer, der seine Brust durchbohrte, getödtet ward. — 2) A., Sohn der Anaxo und des Electryon, fand in der Schlacht mit den Teleboërn (den alten Bewohnern der Inseln bei Acarnanien) seinen Tod. — 3) A., Sohn des Nomion, führte mit seinem Bruder Nastes die barbarischen Völker, die Miletus umwohnen und die bewaldeten Felsberge der Phthirer, so wie des Mäanders Fluth und die luftigen Bergscheitel von Mycale, den Trojanern zu Hülfe. — Seine goldene Rüstung schützte ihn nicht vor der furchtbaren Hand des Achilles, der ihn im Flusse Xanthus tödtete und seines Schmuckes beraubte. — Calchas und Mopsus, zwei Nebenbuhler im Seher-Berufe, hatten sich seinetwegen mit Orakeln bemüht; Calchas hatte ihn bewogen, vor Troja zu ziehen, und Mopsus ihm gesagt, er werde dort sterben. Als dieses nun eintraf, soll sich Calchas im Zorn über die Erfüllung der Weissagung erhängt haben.

Amphimarus (Gr. M.), Sohn des Neptun und Liebling der Muse Urania, welche von ihm den Linus empfing, den ältesten Barden Griechenlands, den Apollo, aus Eifersucht über seinen zauberischen Gesang, erschlagen haben soll.

Amphimedon (Gr. M.), 1) Sohn des Melaneus, einer der Freier der Penelope. Er erzählt als Geist in der Unterwelt dem Geiste des Agamemnon die Geschichte von dem Ende der Freier; er selbst fand seinen Tod von der Hand des Telemachos. — 2) A., ein Libyer, focht auf der Hochzeit des Perseus und der Andromeda für den Phineus, und wurde von Perseus niedergemacht.

Amphineus (Gr. M.), Sohn des Hector von der Andromache, nicht von Homer, sondern nur von späteren Sagenschreibern angeführt, war unter seinen Geschwistern der Einzige, der dem Tode oder der schimpflichen Knechtschaft entging.

Amhpinome (Gr. M.), 1) eine Nereïde, welche, nebst ihren Schwestern, das Gefolge der trauernden Thetis bildete, und mit ihr den nahen Tod des Achilles beweinte. — 2) A., eine der Töchter des unglücklichen Pelias, welche ihren Vater umbrachten, in der Hoffnung, ihn durch Zaubereien der Medea wieder verjüngt zu sehen; sie wurde von Jason mit Andrämon vermählt. — 3) A., Mutter des Jason, Gattin des durch Pelias seines Thrones beraubten Königs Aeson. Als sie durch Pelias umgebracht werden sollte, floh sie an den Herd des Königs, wünschte ihm fluchend, was seine Frevel verdienten, und stiess sich dann selbst ein Schwert in die Brust.

Amphinomus (Gr. M.), 1) Vater der Thyria, einer Geliebten des Apollo, welche von ihm Mutter des Cygnus wurde. — 2) A., einer der Freier der Penelope. Er rieth den Uebrigen von dem Morde des Telemach ab, fiel aber später von der Hand des Heldenjünglings.

Amphion (Gr. M.), 1) der berühmte griechische Barde, welcher so vortrefflich die Lyra spielte', dass sich nach dem Klange derselben die Steine bewegten, Sohn des Jupiter und der Antiope (s. d. 1), ward nebst seinem Zwillingsbruder Zethus gleich nach der Geburt ausgesetzt, von Hirten gefunden und gross gezogen. A., durch Schönheit und Muth ausgezeichnet, ward von Apollo oder den Musen mit der Lyra beschenkt, welche er auf bewundernswürdige Weise spielen lernte; auch ward er durch die Gunst der Himmlischen ein trefflicher Dichter, und entzückte bald Alles durch Spiel und Gesang, obwohl er dabei immer noch Hirt und Jäger blieb. Da kam Antiope zufällig zu dem Erzieher ihrer Kinder, welche sie als die ihrigen erkannte, und von jetzt an wendete sich das Schicksal der Brüder und ihrer Mutter; denn voll Zorn auf Lycus und Dirce, welche Antiope bisher so schändlich behandelt hatten, vereinigten sich Erstere zu deren Bestrafung mit den Hirten der Umgegend, ein rüstiges Heer überfiel Theben, und Lycus blieb von Zethus' Händen. Die Burg von Theben, Cadmea, ward noch mehr befestigt, und die Stadt selbst durch Doppelmauern mit bedeckten Gängen mit der Akropolis verbunden. — Hier, sagt man, habe A. die Steine nach den Tönen seiner Lyra bewegt, so dass sie sich selbst zusammengefügt und die Mauern geschlossen hätten. Nun vermählte A. sich mit Niobe (s. d.); die Ehe war höchst glücklich, denn Niobe war edel und schön, so schön, dass sie, nachdem sie 14 Kinder geboren, nur das älteste unter diesen Geschwistern schien; doch ihr Glück machte sie übermüthig, und sie pries sich höher, als Latona, welche nur zwei Kinder hatte. Zur Rache dafür erlegten die Kinder der Latona, Apollo und Diana, mit ihren Pfeilen alle Kinder der Niobe. — 2) A., einer von den Befehlshabern der Epeer, welche zusammen mit 40 Schiffen vor Troja zogen; — 3) A., ein Argonaute, welcher mit seinem Bruder Asterius an dem Zuge Theil nahm; beide waren Söhne des Hyperasius aus Pellene. — 4) A., König von Orchomenus, Sohn des Jasus. Berühmt wegen ihrer hohen Schönheit war seine Tochter Chloris.

Amphius (Gr. M.), 1) Sohn des Sehers Merops aus Percote in Mysien, der gegen seines Vaters Willen mit Adrastus, seinem Bruder, den Trojanern zu Hülfe zog, die Einwohner von Adrastea, Apäsus etc. anführend. Sie fielen von Diomedes' Hand. — 2) A., Sohn des Selagus aus Päsus, den Ajax der Telamonier erlegte.

Amphipyros (Gr. M.) »Fackelträgerin«, Beiname der Diana.

Amphiro (Gr. M.), eine Oceanide.

Amphissa (Gr. M.), eine Geliebte des Apollo, welche er, in der Nähe von Amphissa in Phocis jagend, auf dem Felde traf, war die Tochter des Macareus, und eine Enkelin des Aeolus.

Amphissus (Gr. M.), Sohn der Dryope und des Apollo. Seine Mutter, die Tochter des Dryops (nach Ovid des Eurytus), hütete auf dem Berge Oeta ihres Vaters Schafe, und war eine Gespielin der Hamadryaden. Apollo liebte sie, näherte sich ihr in der Gestalt einer Schildkröte, und verwandelte sich dann plötzlich in eine Schlange, worauf die Nymphen entflohen, der Gott aber nunmehr seine wahre Gestalt annahm, und mit ihr den A. zeugte. Dieser erbaute die Stadt Oeta auf dem Berge gl. N. und einen Tempel des Apollo. Seine Mutter ward unterdessen mit Andrämon vermählt, flüchtete sich jedoch vor der Vollziehung der Ehe in diesen Tempel, ward von den Hamadryaden daraus geholt und unter die Unsterblichen versetzt, worauf A. der Vergötterten feierliche Spiele einsetzte.

Amphistratus (Gr. M.), ein Lacedämonier, mit seinem Bruder Rheces Wagenlenker der Dioscuren (s. d.). Beide führten die Heniocher an, und besetzten mit ihnen, bei Gelegenheit der Fahrt des Jason, einen Theil der asiatischen Küste.

Amphithea (Gr. M.), 1) Gemahlin des Adrast, Königs von Argos, und durch ihn Mutter des Aegialeus und Cyanippus, so wie der Argia, Aegialea, Deïpyle, Hippodamia. — 2) A., Grossmutter des Ulysses, welche, an den verschlagenen Autolycus vermählt, ihm die Anticlea gebar, mit welcher Laërtes, nach Einigen Sisyphus, den Ulysses erzeugte. — 3) A., von Lycurgus, dem König von Nemea, Mutter des Opheltes; dieser kam durch Nachlässigkeit seiner Amme Hypsipyle um's Leben, als die sieben Helden vor Theben zogen; sie setzten ihm zu Ehren die nemeïschen Spiele ein und nannten ihn Archemorus.

Amphithemis (Gr. M.), Sohn des Apollo und der Acacallis, der Tochter des Minos und der Pasiphaë (s. dd.), verliebte sich in die Nymphe Tritonis, welche von ihm Mutter des Nasamon und des Cephalion oder Caphaurus ward.

Amphithoë (Gr. M.), eine der Töchter des Nereus, welche mit Thetis um Achilles' Tod klagten.

Amphitrite (Gr. M.), eine Nereïde oder Oceanide, die Gemahlin des Neptun. Um der Ehe mit Neptun zu entgehen, entfloh sie und verbarg sich im westlichen Africa bei Atlas. Neptun schickte nach allen Seiten seine Boten, welche sie zu finden sich bemühten, und unter ihnen den Delphin, dem es gelang, sie zur Unterredung mit Neptun zu bewegen, worauf dieser sie beredete, ihm als Königin des Meeres zu folgen. Den Delphin versetzte der Gott unter die Sterne. — A. gebar dem Neptun den Triton, der mit seinen Aeltern auf dem Grunde des Meeres in goldenem Palaste wohnt. Als ihr Gemahl mit Scylla Umgang pflog, verwandelte A. diese in ein Ungeheuer mit sechs Köpfen und zwölf Füssen. A. ist bei den Dichtern die Personification des Mittelmeers. In der plastischen Darstellung trägt sie eine netzartige Haube und Seekrebsscheeren am Scheitel.

Amphitryon oder Amphitruo (Gr. M.), Sohn des Alcäus (s. d.) und der Hipponome, ein Nachkomme des Perseus, zeichnete sich schon in seiner Jugend durch Heldenmuth und männlichen Ernst aus und kam seinem Oheim Electryon (s. d.) zu Hilfe, als diesem die Söhne des Pterelaus, Königs der Teleboër, seine Heerden wegtrieben und ihn mit Krieg überzogen. Electryon versprach dem A. hiefür die Hand seiner Tochter Alcmene (s. d.) und sein Königreich. Siegreich kehrte A. aus dem Kampfe gegen die Teleboër zurück, und Electryon ging dem Freunde, welcher die wiedergenommenen Rinder vor sich hertrieb, freudig entgegen. Da geschah es, dass eines der Thiere aus den Reihen sprang; A. warf mit seiner Keule nach demselben, diese prallte aber von den Hörnern ab, und erschlug den Electryon. Dieser unvorsätzliche Mord vertrieb den A. aus Tiryns, und er floh nebst seiner Gattin Alcmene nach Theben zu Creon, dem Bruder seiner Mutter. Dieser nahm sie freundlich auf, und verhiess dem A. Beistand, wenn er zuvor die Gegend von Theben von dem wüthenden teumessischen Fuchse, den der erzürnte Bacchus zur Verheerung des Landes gesandt hatte, befreit haben würde. Der Fuchs war jedoch so schnell, dass diese Aufgabe nur mit Hülfe des Hundes des Atheners Cephalus, dem nichts zu entgehen im Stande war, vollführt werden konnte. A. holte denselben daher von Cephalus ab, bewog diesen, an der Jagd Theil zu nehmen, und nach langem Laufen war der Hund daran, den Fuchs einzuholen, als die Götter beide in Stein verwandelten. Nach anderer Sage versetzte Jupiter beide Thiere unter die Gestirne. Nunmehr begann der Krieg gegen die Teleboër, in welchem A. zwar Vortheile, aber keinen vollständigen Sieg errang, bis Comätho, des Pterelaus Tochter, aus Liebe zu dem Helden, ihm durch Ermordung des eigenen Vaters half. Das Leben dieses Letztern hing nämlich an einem goldenen Haare, welches unter den übrigen auf seinem Haupte wuchs — und Comätho riss dieses aus, wofür A. sie hinrichten liess, und von seinem Siege nur Gebrauch machte, um das Land seinem Gefährten Cephalus zu schenken, für sich aber nichts behielt, als einen goldenen Becher, welcher von Neptun stammte, dessen Enkel Pterelaus war. — Noch nicht vom Morde des Electryon gereinigt, und in Krieg verwickelt, hatte A. bisher nicht gewagt, seine Gattin Alcmene zu berühren; diese war aber von so wunderbarer Schönheit, dass Jupiter sich in sie verliebte, und da er nicht hoffte, durch seine Verführungskunst ihrer Meister zu werden, nahm er die Gestalt ihres Gatten an, und brachte so die Botschaft von dem Siege über Pterelaus in das Haus des A., wo er mit Alcmene eine Nacht zubrachte, die er zu drei Nächten verlängerte. Einen Tag später kam der wirkliche A., und war erstaunt, als er von seiner Gemahlin nicht wie ein Neuangekommener begrüsst wurde, bis ihm der Seher Tiresias über das Vorgefallene die Augen öffnete. Alcmene gebar von Jupiter den Hercules, und von A. dessen Zwillingsbruder Iphicles. A. begleitete den jungen Hercules auf seinem ersten Feldzuge gegen die Orchomenischen Minyer, denen die Thebaner zinsbar waren, eine Schmach, welcher Hercules seine Vaterstadt nicht länger unterworfen wissen wollte — und hier war es, wo A. auf dem Schlachtfelde blieb. —

Amphitryonides, auch Amphitryoniades (Gr. M.). So wurde, nach seinem Pflegevater Amphitryon — so wie Alcides nach seinem Grossvater Alcäus — Hercules genannt.

Amphoterus (Gr. M.), 1) einer von den vielen Trojanern, welche der tapfere Patroclus, in Achilles' Rüstung gehüllt, erschlug, nachdem er die Feinde von den brennenden Schiffen vertrieben. — 2) A., einer der Söhne der Callirrhoë und des Alcmäon (s. dd.), war noch ein Kind, als sein Vater durch die Brüder seiner ersten Gattin erschlagen wurde, worauf Callirrhoë den Jupiter bat, ihren Söhnen Kraft zu geben, um sie zu rächen, was auch geschah, indem A. und Acarnan plötzlich aus Knaben zu Männern erwuchsen.

Amphrysus (Gr. M.), ein Flussgott, Bewohner des Flusses desselben Namens, in dem steinigen Alope. An seinen Ufern ward Aethalides, der Sohn des Mercur und der Eupolemia, geboren.

Ampycus (Gr. M.), 1) auch Ampyx genannt, war mit Aregonis vermählt, welche ihm den Mopsus gebar, einen Seher, den Andere einen Sohn des Apollo und der Himantis nennen. — 2) A., ein Nachkomme des Japetus und Priester der Ceres, wurde auf der Hochzeit des Perseus von Pettalus erstochen.

Ampyx (Gr. M.), Name zweier Kämpfer auf den beiden blutigen Hochzeiten, des Perseus mit Andromeda, und des Pirithous mit Hippodamia. Ersterer war von des Phineus Partei, und ward von Perseus durch das Haupt der Medusa in Stein verwandelt; der Andere, einer der Lapithen, auf der Seite des Pirithous, tödtete den Centauren Oëclus.

Amra (Ind. M.), einer der schönsten Bäume Indiens, von kaum beschreiblicher Blüthenpracht, spielt in der Mythologie der Indier eine grosse Rolle: man nennt ihn bildlich den Bräutigam; seine Blumen sind dem Liebesgotte (Kamadewa) geweiht, welcher die Knospen derselben als Spitzen seiner Pfeile braucht; die Madhawi-Winde, welche sich gerne an dem schönen Stamme aufrankt, heisst davon die Braut.

Amrita (Ind. M.), der Trank der Unsterblichkeit, der Nektar, welchen die Götter auf dem Berge Meru trinken, um ihr Leben und ihre Jugend zu verlängern, denn unsterblich sind sie, neben Brama, nicht. Die Götter und Riesen sollen den Berg Mandar in das Milchmeer getragen, die Schlange Ananden darum gewickelt und den Berg so lange in Wirbeln umhergedreht haben, bis die Milch zu Butter geronnen, aus welcher der Mond, das Glück, der Ueberfluss, die Wissenschaften und die Künste emporstiegen; zuletzt kam noch ein Genius, welcher Danawandi hiess; er trug ein kostbares Gefäss, mit der heiligen A. gefüllt; dieses verursachte einen gewaltigen Kampf zwischen den Göttern und Riesen, welchen Wischnu zum Vortheil der Ersteren entschied; die Riesen wurden in den Abgrund gestürzt, und die Götter genossen der A. in Ruhe auf dem Berge Meru. Die Symbolik sieht in dieser Mythe die Axendrehung der Erde, in der um den Berg gewundenen Schlange die Andeutung des Aequators, sucht in dem Kampfe eine Erdrevolution, auf welche nach wiederhergestellter Ruhe die Cultur des Menschengeschlechtes folgt. — A. wird auch dasjenige genannt, was, als Nahrungsmittel brauchbar, von einem Opfer übrig bleibt; wer sich nur davon nährt, erhält ohne Busse Vergebung seiner Sünden.

Amschaspands (Pers. M.), die sieben höchsten reinen Geister, welche die Religion des Zoroaster verehren lehrt, in deren Zahl Ormuzd mit eingeschlossen ist, obwohl er sie, und zwar unter allen geistigen Geschöpfen zuerst, wirklich hervorgebracht hat. Auf Gottes Befehl schufen sie die Erde, den sichtbaren Himmel und alle Geschöpfe zwischen Himmel und Erde; sie sind fortwährend thätig und bilden den Rath des höchsten Wesens, dessen Beschlüsse durch niedere Geister, die Izeds, ausgeführt werden. Ahriman, welcher jedem Geschöpfe des Ormuzd eines von seiner Erfindung entgegenstellte, schuf sechs böse Geister, welche den sechs A. begegnen sollten, während er selbst mit dem siebenten und höchsten derselben, mit Ormuzd, zu streiten gedachte. Man nimmt mitunter auch sieben gute Geister, ohne Ormuzd, an; alsdann macht das Feuer des Ormuzd, als selbstständiges Wesen, die Zahl voll. Die Namen der übrigen sechs A. sind: Bahman, Ardibeheschet, Schahriver, das weibliche Wesen Sapandomad, Khordad oder Averdad, Amerdad. Die ihnen gegenüber stehenden sechs Fürsten Ahrimans heissen: Akuman, Ander, Savel, Tarmad, Tarikh, Zaretsch.

Amsrud (Ind. M.), einer der schönsten Helden der Indier, Krischna's (s. d.) Enkel, Sohn des Purdman und der Rheta. Der König von Benares, Phanassar, ein gewaltiger Riese und vertrauter Freund Schiwa's (s. d.), hatte eine unendlich schöne Tochter, welcher von einem überaus reizenden Gatten träumte. Sie schwur, keine Speise zu sich zu nehmen, bevor sie denselben gefunden. A. war es, wie sie durch eine Zauberin erfuhr, welche denselben auch zu ihr brachte; doch die wachsamen Diener benachrichtigten den Vater von dem Besuch, und dieser liess A. in ein tiefes Gefängniss werfen. Krischna eilte seinem Enkel zu Hülfe, besiegte den Riesen, welchem Schiwa beistand, schenkte ihm jedoch das Leben unter der Bedingung, dass er seiner Tochter Hand in die seines Enkels lege.

Amswartnir (Nord. M.), eine Insel im See Lynge, war der Schauplatz des Sieges der Asen über den Fenriswolf, welcher dort mit dem unzerreissbaren, obwohl schwach aussehenden Bande Gleipner gefesselt wurde. Der Ase Tyr verlor dabei seine Hand, die er dem Ungeheuer zum Pfande, dass man es wieder entfesseln wolle, in den Rachen gesteckt.

Amtatusemis (M. der Mongolen), eine Wurzel, von welcher jene Menschen und Geister leben sollen, die jenseits des Weltberges Sömmer Ola wohnen.

Amulet, irgend ein Gegenstand, Ring, Kreuz, Täfelchen, Anhängsel, welches getragen wird in der Meinung, dass man durch dessen Besitz Böses von sich abwenden konne: eine uralte Sitte, welche aus dem Heiden- und Judenthum in das Christenthum übergegangen ist, und sich bis auf die jetzige Zeit erhalten hat. Steine mit oder ohne Charaktere, doch meistens mit einem Spruche des Koran bezeichnet, trägt jeder Türke, wie früher jeder Aegypter einen Scarabäus (geschnittenen Stein) in Form des Rückens eines Käfers. Die Christen sahen noch vor der Mitte des achtzehnten Jahrhunderts die Wirkung der A.e als ausgemacht an; man sollte dadurch sich fest machen, gegen Krankheiten schützen, Krankheiten heilen können u. s. w.; noch jetzt glaubt man in Russland, Polen, Böhmen, Ungarn, dem grössten Theil von dem deutschen Oesterreich, in Baiern, Italien, Griechenland, Spanien, Frankreich und England daran; nur im protestantischen Deutschland, Schweden und Dänemark hat der Glaube fast ganz aufgehört, wenn man nicht den Glauben an sympathetische Mittel und an Besprechungen hierher rechnen will, welcher wohl unter dem Volke, selbst der aufgeklärtesten Nation, nie ganz auszurotten sein wird. Das Wort findet sich in lateinischer Form (amuletum) zuerst in der Naturgeschichte des Plinius. Hammer leitet es ab von dem arabischen Hamalet, Anhängsel. Bei den Persern und Arabern heissen die Amulete auch Talismane.

Amulius (Röm. M.), ein uralter König von Alba Longa, Bruder des Numitor, und also Oheim der Rhea Sylvia, welche Numitors Tochter war. Damit diese keine Kinder bekäme, welche ihm einst den gewaltsam an sich gerissenen Thron streitig machen könnten, liess er Rhea zur Vestalin weihen; dennoch wusste Mars mit ihr das Zwillingspaar Romulus und Remus zu erzeugen. Die Mutter wurde nun in's Gefängniss geworfen und ihre Kinder ausgesetzt. Das Weitere s. bei Romulus.

Amurdwali (Ind. M.), Tochter des Wischnu, aus unerlaubter Liebe zu der schönen Lakschmi (Göttin der Liebe und Schönheit) entsprungen; diese war nämlich vermählt mit Subramanja, einem Sohn des Schiwa; doch bewirkte Wischnu, dass Schiwa nichts davon erfuhr.

Amycla (Gr. M.), Tochter der Niobe, welche mit ihrer Schwester Meliböa und ihrem Bruder Amphion von der furchtbaren Rache des göttlichen Geschwisterpaares allein verschont blieb. S. Niobe.

Amyclas (Gr. M.), 1) einer der ältesten Beherrscher von Lacedämon war von Diomede Vater des Hyacinthus, des Lieblings des Apollo, und gründete die Stadt Amyclä nahe bei Sparta. — 2) A., nach Einigen Vater der Nymphe Daphne, in welche sich Apollo verliebte; bei Anderen heisst er Peneus. — 3) A., Vater der Leanira, die sich mit Arcas, einem der ältesten Stammhelden Griechenlands, einem Sohne oder Enkel des berüchtigten, in einen Wolf verwandelten Lycaon vermählte, von welchem sie zwei Söhne, den Elatus und den Aphidas, empfing.

Amyclaeus, Fig. 23 (Gr. M.), Beiname Apollo's von der Stadt Amylcä in Laconien, wo eine eherne Bildsäule des Gottes stand, die den Anfängen der plastischen Kunst angehörte; nur der Kopf (mit einem Helm bedeckt), Arme und Füsse waren frei, alles Uebrige glich einer ehernen Säule. In den Händen trug die Statue Lanze und Bogen; sie stand auf dem Sarkophag des Hyacinthus (s. d.), um sie her war der berühmte Thron, das Amycläum, aufgeführt, ein Werk des Bathycles. Eine Nachbildung des bewunderungswürdigen Werkes gibt unsere Abbildung. Hier wurden die so hoch gehaltenen Hyacinthien gefeiert. Das Denkmal stand noch vier Jahrhunderte nach Chr. In einem Hause, das nahe bei dem Heiligthum stand und zur Weberei eingerichtet war, webten die Mädchen von Sparta alljährlich ein kostbares Gewand für den Gott. Unser Bild zeigt den Thron von Amyclä so, wie denselben Quatremere de Quincy in seinem Prachtwerke: »Le Jupiter Olympien, ou l'art de lá sculpture antique«, darstellt.

Amycus (Gr. M.), 1) Sohn des Neptun und der bithynischen Nymphe Melia, König der Bebryker in Bithynien, hatte einen Bruder Mygdon, welcher, wie er, von ausserordentlicher Stärke war, doch auch so, wie er, ein Opfer seiner Prahlerei wurde; diesen nämlich erschlug Hercules, und A., welcher für den Erfinder des Cästus gilt, ward von Pollux getödtet, indem er jeden Fremdling zum Cästuskampfe herausforderte und dieses auch bei den Argonauten nicht unterliess, dafür aber dem Pollux weichen musste, der ihm that, wie er schon oft Andern gethan. — 2) A., Vater des Mimas, eines Begleiters des Aeneas, Gatte der Theano. Mimas ward von Mezentius erlegt. — 3) A., ein Begleiter des Aeneas. In der letzten Schlacht gegen Turnus stürzte dieser ihn und seinen Bruder Diores vom Pferde, hieb beiden die Köpfe ab und hing sie an seinen Wagen. — 4) A., ein Centaur, welcher auf der Hochzeit des Pirithous vorkommt; bei dem Streit zwischen den Lapithen und Centauren erschlug er den Celadon mit einem Leuchter, und ward selbst von Belates erschlagen.

Amymone (Gr. M.), eine der Danaïden, bekannt durch ein Abenteuer mit Neptun. Danaus musste vor seinem Bruder Aegyptus nach Griechenland fliehen, und gerieth in Argolis in Noth, indem es an Wasser fehlte; er schickte seiner Töchter mehrere aus, um eine Quelle zu suchen. A. war unter diesen — ein Hirsch verlockte sie, ihren Wurfspiess nach ihm zu versenden, wobei sie einen schlafenden Satyr traf, welcher nun auf sie zusprang und Entschädigung für den Schreck verlangte, und, da sie ihm dieselbe nicht willig gab, Gewalt zu brauchen im Begriff war. Die junge Schöne rief Neptun um Hülfe an — dieser erschien, warf seinen Dreizack nach dem Satyr, welcher verschwand, worauf der Gott erlangte, was jener gewünscht. Dann hiess er A. den Dreizack aus dem Felsen ziehen, in welchen er bei dem Wurfe gefahren — und den Eisenspitzen folgten drei Quellen, welche den

Fig. 23.

Namen der A. erhielten. Der Sohn des Gottes und der A. hiess Nauplius, ward ein berühmter Seemann und erbaute die Stadt Nauplia.

Amyntor (Gr. M.), Sohn des Ormenus aus Eleon in Thessalien. Autolycus raubte ihm seinen ledernen, mit Eberzähnen besetzten Helm, der von Hand zu Hand an Meriones kam, welcher ihn vor Troja dem Ulysses gab. A. ist Vater des Phönix, den er verfluchte und aus dem Hause trieb, weil er mit As. Kebsweib verbotenen Umgang hatte. Nach Anderen war A. König von Ormenium in

Thessalien, blendete seinen Sohn Phönix wegen der angeführten Beschuldigung, und wurde von Hercules erschlagen, dem er den Durchmarsch durch sein Land und die Hand seiner Tochter Astydamia verweigerte. Nach einer dritten Sage war er Beherrscher der Doloper, wurde von Peleus im Kriege besiegt und musste ihm seinen Sohn Crantor als Geisel geben, der später des Peleus Waffenträger wurde.

Amythaon (Gr. M.), Sohn des Cretheus, Erbauers und Beherrschers von Jolcus, der sich mit der Tochter seines Bruders Salmoneus, Tyro, vermählt hatte, welche ihm die Söhne Aeson, Amythaon und Pheres, und eine Tochter Hippolyta gebar. A. war der Begleiter des Jason, als dieser gegen Pelias die Ansprüche seines Vaters Aeson auf den Thron von Jolcus geltend machen wollte. Schon früher hatte er sich mit seines Bruders Pheres Tochter, Idomene, vermählt. Dieser Ehe entsprossten Melampus, Bias und Aeolia, mit welcher letztern sich Calydon, des Aetolus und der Pronoë Sohn, verband, der von ihr Epicaste und Protogenia zu Töchtern erhielt. Man nennt den A. auch unter den Erneuerern der olympischen Spiele.

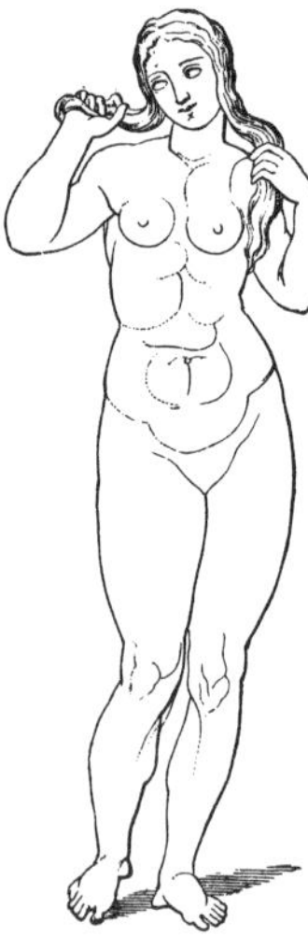

Fig. 24.

Ana (Bras. M.), Name eines bösen Dämons, welcher in den finstern Urwäldern in Höhlen wohnt, und welchen die wilden Völker Brasiliens sehr fürchten.

Anaea (Gr. M.), eine Amazone, welche in Carien, in dem Orte A., begraben lag. Sie fiel im Kampfe gegen Hercules; zu ihrem Andenken gab man jenem Städtchen ihren Namen.

Anacalypterien (Gr. Festbrauch), die Festlichkeiten, welche an dem Tage gehalten wurden, an welchem die Braut sich zum ersten Male ohne Schleier zeigte, wobei sie von dem Bräutigam, den Aeltern und den sie besuchenden Freunden Geschenke bekam. Die Geschenke selbst hiessen ebenso.

Anacea (Gr. M.), Feste, welche den Dioscuren als Herrschern, A n a k t e n, unter manchfaltigen Opfern begangen wurden. Der Tempel dieser Götter in Athen hiess selbst A n a c e u m, das Herrenhaus. In Argos hatten sie einen Tempel, worin die Bildsäulen ihrer Gattinnen Hilaira und Phöbe, und ihrer Söhne Anaxis und Mnasinous aus Ebenholz, Werke der Künstler Dipönus und Scyllis, aufgestellt waren.

Anactotelestae (Gr. M.), hiessen die Vorsteher in den Mysterien der Corybanten.

Anadyomene, Fig. 24 (Gr. M.), »die Auftauchende«, Beiname der Venus, welche, aus Schaum geboren, die dem Meere Entstiegene genannt wurde. Apelles hatte diesen Moment in einem Gemälde dargestellt, das die höchste Bewunderung der alten Welt genoss. Venus, unbekleidet, drückte ihre triefenden Haare mit der Hand aus, ein Motiv, das man in der bei Pontailliers im Jahre 1802 gefundenen Bronze-Statue der Venus wieder erkennt, wovon wir hier eine Nachbildung geben. Das Bild des Apelles wurde von den Bewohnern der Insel Cos im Tempel des Aesculap als ihr höchstes Kleinod bewahrt. Es hatte schon an seinem untern Theile etwas gelitten, als der Kaiser Augustus dasselbe sah, und um den ungeheuren Preis von 1 0 0 T a l e n t e n (= 150,000 Thalern) kaufte.

Anagnidagdas (Ind. M.), Voráltern der Braminen, welche nicht durch das Feuer verzehrt werden können.

Anagogia (Gr. M.), »Fest der Abreise«. Solche wurden mehreren Göttern gefeiert, welche verschiedene Hauptsitze ihrer Verehrung hatten, und von denen man daher glaubte, dass sie sich bald da, bald dort aufhielten: am berühmtesten aber waren die A. der Venus auf dem Berge Eryx in Sicilien. Zu einer gewissen Zeit im Jahre flogen die zahlreichen Tauben der Umgegend hinweg, um, wie man glaubte, die Göttin, die sich jetzt nach Libyen begebe, zu begleiten, und man brachte daher der Göttin Opfer, welche ebenfalls A. hiessen. Nach neun Tagen kehrten die Tauben wieder, und an ihrer Spitze eine röthliche, besonders schön gezeichnete. Dann wurden die Catagogien gefeiert. (S. d.)

Anahid (Pers. M.), Name des weiblichen Genius (Ized) des Morgen- und Abendsterns, welcher den Reigen der Sterne mit sonnenstrahlenbesaiteter Lyra anführt. Der Name ist aus dem indischen Anahut abgeleitet, welches das Pulsen des Blutes in den zugehaltenen Ohren bedeutet, worin der indische Derwisch den Pulsschlag der Sphären zu vernehmen glaubt. — A. war ursprünglich keine Göttin, sondern eine Sterbliche; zwei gefallene Engel, Harut und Marut, suchten sie zu verführen, doch die Jungfrau widerstand jeder Verlockung, und dafür ward sie der Ehre, eine Göttin zu sein, würdig befunden. Sie ward an den Himmel versetzt, wo nun ihre braunen, reichen Locken von Ambra und Moschus duften, und das ihre elfenbeinernen Glieder umschliessende Gewand im Glanze des Morgensternes schimmert.

Anaideia (Gr. M.), »die Schamlosigkeit«, welcher man, um ihren Einfluss abzuwenden, zu Athen einen Tempel erbaute.

Anaïtis (Pers. M.). Die Cappadocier, Armenier, Perser und Meder beteten unter diesem Namen eine Göttin der Liebe an, welche die Römer und Griechen mit Venus verglichen. Sie hatte zu Sacasene in Armenien ein Heiligthum, das sie mit zwei persischen Dämonen (Omanus und Anadatus) theilte, und das wahrscheinlich den persischen Heeren, vielleicht auch den grossen Handels-Carawanen zu Gefallen angelegt wurde. In der Nachbarschaft von Bactriana ward nämlich ein Felsen durch Erdwälle und Mauern befestigt, um als Stützpunkt des Heeres zu dienen, und bald entstand daselbst ein Tempel der A. mit hinlänglicher weiblicher Priesterschaft, so dass die Stadt Zela in Pontus in der Nähe ganz von Priesterinnen bewohnt war, was wohl weiter nichts sagen will, als dass jedes Mädchen daselbst sich dem Dienste dieser Göttin widmete. Strabo erzählt: »Wenn die Mädchen eine Zeitlang in dem Tempel der Göttin sich ihrem Dienste gewidmet hätten, würden sie verheirathet, und Niemand halte es für eine Schande, solch ein Mädchen, das Jahrelang sich einem Jeden preisgegeben, zur Gattin zu wählen.« — Der eigentliche Begriff der A. ist schon aus dem Grunde schwer zu bestimmen, weil wir nur griechisch-römische Berichte über sie haben. Wenn wir uns aber an den allgemeinen Charakter der asiatischen Naturreligion erinnern, der immer ein männliches und ein weibliches Princip alles Naturlebens neben einander setzt (Wischnu und Bhavani, Baal und Astarte, Isis und Osiris, Venus und Adonis, Attes und Cybele); wenn wir ferner beachten, dass A. ihr Heiligthum mit zwei männlichen Dämonen Omanus und Anadatus theilt, so kann wohl auch hier bloss wieder eine weitere Form jener allgemeinen asiatischen Naturanschauung gefunden werden.

Anaka, ein böser Geist, welchen mehrere brasilianische Völker verehren.

Anakri (M. der Karaiben), Opfer, in Früchten und Getränken bestehend, welche jene Völker besonders nach einer Krankheit anstellen.

Ananda (Ind. M.), »der Unendliche«, Beiname des Parabrama (s. d.).

Ananda Wuerdon (Ind. M.), ein Fest, welches zur Herbstzeit gefeiert wird, wozu jedoch nur diejenigen verpflichtet sind, welche es von ihren Vorfahren ererbt oder dessen Feier selbst sich auferlegt haben, denn einmal begonnen, muss es jährlich wiederholt werden. Es wird dabei gefastet, mit Gebet wird Tag und Nacht zugebracht, während welcher Zeit man nur ein Mal ein wenig Speise zu sich nimmt. Die Braminen versammeln sich in dem Hause dessen, der es begeht, und rufen die drei grossen Götter, Brama, Wischnu und Schiwa, denen zu Ehren es gestiftet ist, herab.

Ananden (Ind. M.), die grosse Schlange, welche die Last der Erde trägt. Die Bilder der indischen Priester stellen sie zusammengeringelt vor, den fünffachen Kopf emporreckend. Wischnu ruht auf ihr, wie auf einem Polsterthron, und die ausgebreiteten Häupter bilden einen Baldachin. Wischnu soll einst auf zwei ihrer Häupter seinen Kopf gelegt, den dritten zum Pfühl gebraucht und auf den vierten und fünften seine Hände gelegt haben; nun habe die Schlange wissen wollen, was er machen würde, wenn ihr noch ein neuer Kopf würde; es stieg ein sechster empor, und siehe! aus dem Rumpfe Wischnu's wuchs eine dritte Hand, welche den Kopf niederbeugte; ein siebenter erhob sich, und gleich war eine neue Hand da, um ihn zu demüthigen, bis zu tausend neuen Köpfen tausend Hände gekommen waren, und die Schlange es für gut fand, sich auf keinen ferneren Wettkampf mehr einzulassen. Jedes Haupt der Schlange erglänzt von einem prachtvollen Edelstein, in dessen polirten Flächen sich Wischnu's Bild tausendfältig spiegelt. A. war die grosse Schlange, welche um den Berg Mandar gewickelt wurde, damit man denselben zur Bereitung der Amrita (s. d.) in dem Milchmeere umdrehen könne. In den Kriegen zwischen den guten und bösen Göttern spielt sie eine grosse Rolle. (Vergl. Mandar und Wischnu.)

Anandatus (Altpers. M.). Die Saken unternahmen, nach Art der Cimmerier, beständig Streifereien selbst in entlegene Länder, und dehnten diese bis Bactriana und Cappadocien aus. Als sie nach einer solchen Unternehmung sich bei einem Feste erfreuten, wurden sie von den persischen Heerführern zur Nachtzeit überfallen und nieder gemacht. Zum Andenken an diese That haben sie einen Felsen mit einem Walle umgeben, so dass er die Gestalt eines runden Hügels hatte, und diesen mit einer Mauer umzogen, in deren Bereich ein Tempel den persischen Gottheiten Anais, Omanus und A. erbaut wurde. Omanus soll das Urlicht sein, Anandatus eine Offenbarung, eine Fleischwerdung desselben.

Ananga (Ind. M.), »der Körperlose«, Beiname Kamadewa's, des Liebesgottes. Die Brasilianer haben denselben Namen für Ana, den bösen Geist.

A. N. A. N. I. S. A. P. T. A., zusammengezogen Ananisapta, soll die Anfangsbuchstaben der Worte: Antidoton Nazareni Auferat Necem Intoxationis, Sanctificet Alimenta Pocula Trinitas Alma enthalten. Ein Amulet, das, nach dem Aberglauben der früheren Zeiten, die trefflichsten Dienste, besonders gegen Zahnschmerzen, leisten sollte; es musste am Halse getragen werden. Auch dreimaliges Aussprechen des Wortes A. war schon von guter Wirkung.

Ananke (Gr. M.), »die Nothwendigkeit«, eine Personification dieses Begriffes in der orphischen Weltschöpfungslehre. — A. war eine Geliebte des Weltschöpfers und gebar das Verhängniss. Auch die Parcen werden ihre Töchter genannt. Um ihre Spindel, an der ein Wirtel ist, in welchem acht andere eingeschachtelt sind, dreht sich die Welt. Sie ist eine mächtige Göttin, gegen welche die Götter selbst nicht kämpfen. Auf Acrocorinth war ein Tempel der A. und der Bia (Gewalt), in welchen Niemand eintreten durfte.

Ananya (Ind. M.), »der Stolze«. Der Liebesgott Kamadewa (s. d.).

Anar (Nord. M.), der zweite von den drei Gatten der Riesentochter Not (Nacht), welchem sie die Göttin Jörd (Erde) gebar. Das Wort bedeutet Arbeit, Bearbeitung, worunter vielleicht eine dunkle Idee von dem Bildungstrieb oder der Formkraft verborgen liegt.

Anaronien (Ind. M.), ein Fürst aus dem Geschlechte der Sonnenkinder, Mitkämpfer auf dem gewaltigen Siegeszuge des Rama nach Ceylon, wo er gegen die Riesen stritt. Nach dem alten Gedichte, welches den Zug des Rama beschreibt, glaubt man den des Bacchus nach Indien darin zu finden.

Anarten (Ind. M.), Fürst aus dem Geschlechte der Sonnenkinder, berühmt durch seine Heldenthaten; doch theilte er nicht mehr den Zug des Rama nach Ceylon, welcher um ein halb Weltalter früher gewesen, als er. Sein Vater hiess Sangiadi; er selbst hatte einen besonders berühmten Sohn Raiwaden.

Anastatus (Gr. Festbrauch), eine eigene Art von Kuchen, die in Athen an den Arrhephorien (s d.) gebacken wurden.

Anatole (Gr. M.), eine der Horen (s. d.).

Anax, in der Mehrzahl Anaktes (Gr. M.), »Beherrscher«, 1) Beiname der Götter überhaupt, besonders aber der Dioscuren (s. d.), und in den Geheimnissen der samothracischen Religion der Söhne der Cybele. Ihr Vater war unbekannt, und ward nur den in die Mysterien Eingeweihten mitgetheilt, welche den Namen, bei Strafe des augenblicklichen Todes, Niemanden verrathen durften. — 2) A., Sohn des Uranus und der Ge (s. dd.), Beherrscher der Landschaft Anactoria, welche später von dem Creter Miletus den Namen Milesia bekam. A. hatte einen gewaltigen Riesen, den zehn Ellen langen Asterius, zum Sohne; dieser beherrschte einen Theil der Insel Lede, und gab ihr den Namen Asteria.

Anaxandra (Gr. M.), Tochter des Spartaners Thersander, Zwillingsschwester der Lathria. Beide wurden an die Zwillingssöhne des Heracliden Aristodemus, Procles und Eurysthenes, vermählt, und erhielten nach ihrem Tode ein Heroon, einen Altar hinter dem Tempel des Lycurgus.

Anaxarete (Gr. M.), von Cypern gebürtig und von Teucer abstammend, war von blendender Schönheit, aber von eben so grosser Herz- und Lieblosigkeit. Sie hatte einen gewissen Iphis mit der heftigsten Liebe erfüllt, ohne dieselbe im geringsten zu erwidern; er erntete für seine Neigung nur Spott und Hohn, und erhängte sich daher endlich vor ihrer Thüre. Als seine Leiche zu Grabe getragen wurde, sah sie von dem Dache ihres Hauses ungerührt dem traurigen Schauspiele zu. Diess war der Beherrscherin der Insel, Venus, zu viel Trotz geboten, sie verwandelte die Lieblose in einen Stein. Man behauptet, dass derselbe zu Salamis in einem Tempel, unter dem Namen Venus prospiciens, gestanden sei.

Anaxias (Gr. M.), Sohn des Castor und der Hilaira, Bruder des Anogon und des Mnasinus.

Anaxibia (Gr. M.), 1) Tochter des Bias und Enkelin des Amythaon und der Idomene. Ihre Mutter war Pero, des Neleus Tochter. A. ward an den König Pelias vermählt, welcher mit ihr fünf Kinder erzeugte: den Acastus, die Alcestis, Pisidice, Hippothoë und Pelopea. — 2) A., Tochter des Cratieus und nach Einigen Gattin des Nestor, welchem sie den Perseus, Pisistratus, Thrasymedes, Antilochus, Aretus, Stratichus, Echephron und die Töchter Pisidice und Polycaste gebar. — 3) A., Schwester Agamemnons, war mit Strophius vermählt und gebar demselben den Pylades. Einige Schriftsteller machen diese und die vorige A. zu einer Person. — 4) A., eine Nymphe, welche der Sonnengott bis zum Tempel der Diana Orthia am Ganges verfolgte, wo sie verschwand. Da sie der Gott nicht fand, fuhr er von diesem Orte auf, der nun Anatole, d. h. Aufgang, genannt wurde.

Anaxiroë (Gr. M.), Tochter des Coronus, vermählt mit Epeus, welchem sie die Hyrmina gebar.

Anaxithea (Gr. M.), eine der Töchter des Danaus, mit welcher Jupiter den Olenus zeugte, nach welchem die achäische Stadt Olenus benannt war.

Anaxo (Gr. M.), Tochter des Alcäus und der Hipponome, Gattin des Electryon, Mutter der Alcmene (s. d.).

Anbeheh (Ind. M.), das unendliche, uferlose Meer, das Urwasser, welches aus sich selbst entstand und nirgends begrenzt war.

Ancaeus (Gr. M.), 1) Sohn des arcadischen Lycurgus und der Eurynome, oder Cleophile, oder Antinoë, Bruder des Amphidamas, Epochus und Jasus, Genosse des Argonautenzuges und der calydonischen Jagd, bei welcher er von dem Eber getödtet wurde. — 2) A., aus Pleuron gebürtig. Als Amaryncens, König der Epeer, zu Buprasion in Elis starb, hielten seine Söhne ihm prächtige Leichenspiele, grosse Preise den Kämpfern aussetzend. Dort ward dieser A. von Nestor im Ringen überwunden. — 3) A., Sohn Neptuns und der Astypalaea, einer Tochter des Phönix, König der Leleger. Er hatte Reben gepflanzt, und ein Seher weissagte ihm, er werde nicht von dem Safte seiner Reben trinken. Als nun der Weinberg die ersten Trauben trug, liess er den Saft davon in einen Becher drücken, und setzte diesen, indem er den Seher verspottete, an die Lippen. Da sagte dieser: »Vieles ist zwischen dem Becher und zwischen dem Rande der Lippen.« In demselben Augenblick kam die Nachricht, dass ein wilder Eber seine Fluren verwüste. A. setzte den Becher nieder, zog gegen das Thier aus und ward von demselben getödtet. Da wurde jener Spruch des Sehers zu einem Sprüchwort für unerwartete Ereignisse. — Die Söhne des A. waren Stammhelden der Samier, sie hiessen: Alitherses, Enudus, Perilaus und Samus; mit seiner Tochter Parthenope erzeugte Apollo den Lycomedes.

Anbert (Ind. M.), die Frucht des ewigen Lebens von dem Baume Parajeti, welcher auf dem Berge Meru wächst.

Ancha Dijan, nach dem Glauben der Bewohner von Thibet wohlthätige Geister, welche in den drei Himmeln herrschen.

Ancharia (Röm. M.), eine Localgottheit der Bewohner von Fäsulä in Etrurien, vielleicht der Nemesis entsprechend.

Anchesmius (Gr. M.), Beiname des Jupiter, von dem Hügel Anchesmus in Attica, auf welchem er verehrt wurde.

Anchiale (Gr. M.), Tochter des Japetus, Mutter des Stromgottes Cydnus. In der Nähe dieses cilicischen Flusses lag die Stadt A., welche von ihr erbaut und benannt sein sollte.

Anchialus (Gr. M.), 1) ein griechischer Held, welcher vor Troja von Hector erschlagen wurde. — 2) A., einer der Phäaken, welche bei den Spielen, die Alcinous dem Ulysses zu Ehren gab, sich durch ihre Schnellfüssigkeit auszeichneten, und Vater des Mentes, Königs des ruderliebenden Taphos, ein Freund des Ulysses.

Anchinoë (Gr. M.), Tochter des Flussgottes Nilus, welche mit dem ägyptischen Könige Belus vermählt wurde, und ihm die in der mythischen Geschichte Griechenlands berühmten Söhne Danaus und Aegyptus (s. dd.) gebar. Sie heisst auch Anchiroë, darf dann jedoch nicht verwechselt werden mit der Tochter des Erasinus (s. Anchiroë).

Anchiroë (Gr. M.), Tochter des Erasinus in Argos, Schwester der Byze, Melite und Mära. Zu diesen Schwestern kam die cretische Nymphe Britomartis, Tochter des Jupiter und der Carme, als sie vor den stürmischen Zumuthungen des Minos entfliehen musste.

Anchises (Gr. M.), Sohn des dardanischen Königs Capys und der Themis, des Ilus Tochter, hütete, wie so häufig die königlichen Helden des Alterthums, die Rinderheerden seines Vaters am Ida. Jupiter selbst legte ihm und der Venus sehnsüchtiges Verlangen in die Herzen, und die Frucht ihrer Neigung war Aeneas (s. d.). Die Göttin weissagte dem A. das Schicksal dieses ihres Sohnes, und verlangte, dass er ihn für den Sohn einer Nymphe ausgebe, wenn er nicht wolle, dass Jupiters Blitz ihn zerschmettere. A. verschaffte sich heimlich sechs Füllen von den Pferden, welche Jupiter dem Trojaner-Könige Laomedon zum Ersatz für den geraubten Ganymedes gegeben, und erzog zwei dieser Thiere zu Schlachtrossen, welche er später den Aeneas als sein Gespann für den Streitwagen gab. Die Liebe der Göttin verschloss er lange in seiner Brust, bis er einst, vom Weine erhitzt, ausplauderte, was am Ida geschehen; Venus eilte zu Jupiter, dieser schleuderte seinen Donnerkeil nach dem Frevler, allein die liebende Göttin hielt noch seinen Arm auf, so dass nur Lähmung, nicht Tod, die Wirkung des schrecklichen Geschosses war. Ueber seinen Tod und den Ort, wo er begraben wurde, sind die Schriftsteller uneins; in Sicilien stiftete Aeneas seinem Vater feierliche Leichenspiele. Eine Tochter des A., doch von einer andern Mutter, war Hippodamia, Gemahlin des Trojaners Alcathous, welchen Idomeneus tödtete.

Anchisiades (Gr. M.), Benennung des Aeneas, vom Namen seines Vaters Anchises abgeleitet.

Anchius (Gr. M.), ein Centaur. Als Hercules auf dem Wege, den erymanthischen Eber zu erlegen, in Thessalien war, kam er zu dem Centauren Pholus, welcher auf dem Berge Pholoë wohnte; bei diesem übernachtend, ward er von den in Thessalien wohnenden Centauren überfallen, unter denen auch A. war. Die meisten, so auch dieser, wurden von Hercules mit Feuerbränden, die andern mit seinen vergifteten Pfeilen erlegt oder verjagt.

Anchurus (Gr. M.), Sohn des Königs Midas in Phrygien. Die Stadt Celänä kam durch ein furchtbares Erdbeben in grosse Noth: es öffnete sich ein breiter Spalt, welcher viele Häuser in die Tiefe riss. Das Orakel sagte, diess würde nicht aufhören, bevor man das Kostbarste in den Schlund geworfen hätte. Nachdem diess vergeblich mit vielem Golde und Silber versucht worden war, stürzte sich A. in den Abgrund, weil er schloss, ein Menschenleben sei das Kostbarste: eine That, welche späterhin auch der Jüngling Curtius in Rom vollbrachte.

Ancile (Röm. M.), nannte man in Rom den kleinen, ovalen, aber an den Seiten eingeschnittenen Schild, welcher unter Numa's Regierung vom Himmel gefallen sein sollte, und an dessen Erhaltung die Nymphe Egeria und die Musen das Wohl der Stadt geknüpft hatten, daher derselbe in einem besonderen Heiligthum auf dem palatinischen oder capitolinischen Berge aufbewahrt wurde. Mamurius Veturius musste elf andere, diesem ersten ganz gleiche Schilde verfertigen, damit der ächte nicht herausgefunden und entwendet werden könnte. Diese zwölf Schilde wurden jährlich einmal von den salischen Priestern (s. d.) in feierlichem Aufzuge durch die Stadt getragen.

Anculi und **Anculae** (Röm. M.), hiessen die Schutzgötter der Sklaven und Sklavinnen in Rom.

Ancylometes (Gr. M.), »der Verschlagene, Ränke Aussinnende«, Beiname des griechischen Kronos, den die Römer mit ihrem Saturn identificirten.

Ancyor (Gr. M.), einer der Söhne des arcadischen Königs Lycaon, welchen Jupiter in einen Wolf verwandelte, während er seine Söhne alle, bis auf einen, den Nyctimus, mit dem Blitz erschlug.

Andate oder Andraste (Brit. M.), eine Göttin des Sieges, welche die alten Britannier besonders verehrt haben sollen. Im Lande der Trinobanten (ein Volk der Grafschaft Essex) war ihr aus unbehauenen Baumstämmen ein grosser Tempel erbaut, den ein weiter Hain umgab; dorthin wurden die Kriegsgefangenen gebracht und geopfert.

Ander (Pers. M.), ein Geschöpf Ahrimans, einer der höchsten bösen Geister, ward dem Amschaspand Ardibehescht, dem Genius des reinen Feuers, entgegengesetzt und bedeutet mithin das rauchende, dunkle, irdische Feuer.

Andes (Gr. M.), einer der Titanen, Sohn des Uranus und der Gaea (s. dd.).

Andeschan (Chald.-Pers. Religionsdienst), Name des ersten Opfer- und Hohenpriesters, den Nimrod zu seinem Feuerdienst anstellte. Er soll es gewesen sein, welcher auf Nimrods Befehl den Abraham in einen Feuerofen werfen liess, indem derselbe den König von seinem Götzendienst zum wahren Gottesdienst führen wollte. Das Feuer aber liebkoste den heiligen Mann, statt ihn zu verletzen, und diess Wunder bekehrte selbst das Herz des verstockten Priesters.

Andhatasmira (Ind. M.), eine der einundzwanzig Unterabtheilungen des Nark der Indier oder ihrer Hölle, welcher der finstere Gott Dschama vorsteht, der durch einen Spiegel alle Thaten der Menschen sieht.

Andhrimner (Nord. M.), der Koch, der in Walhalla den Eber Sährimner für die Einheriar zubereitet. Sein Kessel heisst Eldhrimner und ist so gross, dass die ganze Göttersippschaft an einer solchen Mahlzeit genug hat; der Eber besitzt die Eigenschaft, dass er an jedem Abend, nachdem er verzehrt worden, aus den übrig gebliebenen Knochen wieder lebendig wird, um sich am nächsten Tage von neuem schlachten und speisen zu lassen.

Andigaren (Ind. M.), ein Fürst aus der Dynastie der Mondskinder, Vater des Helden Sumadi.

Andirena (Gr. M.), Beiname der Cybele von der Stadt Andira in Troas, wo sie einen Tempel von ausgezeichneter Pracht besass. Dieser Bau lag unterhalb der

Stadt, nahe bei einer heiligen, der Göttermutter geweihten Höhle, welche sich von Andria bis nach Paläa, 130 Stadien weit, erstreckte. Dass dem wirklich so sei, ward durch eine Ziege entdeckt, die sich bei Andira in die Höhle verlaufen hatte, und die ein Hirt, der zu dem Tempel der Cybele wollte, in der Nähe von Paläa am Ausgang jener Höhle wieder fand.

Andlangur (Nord. M.), »der sich weit Erstreckende«; ein Himmel, welcher noch höher, als der Himmel der Asen, und zwar südlich von demselben, liegt; er wird die Götter nach dem furchtbaren Welt-Untergange aufnehmen.

Andraemon (Gr. M.), 1) ein Held der Aetolier, welcher sich mit Gorge, der Tochter des Königs Oeneus und der Althaea, vermählte. Gorge gebar dem A. den Thoas, welcher die Aetolier zu dem trojanischen Kriege führte. Agrius' Söhne, die Neffen des Oeneus, stiessen diesen vom Throne, und erst später gelang es seinem Enkel Diomedes, ihm wieder zur Herrschaft zu verhelfen, welche er darauf dem A. überliess. Dieses Letztern Grabmal, vereint mit dem seiner Gattin, welche sich darüber todtgrämte, dass sie von ihrem eigenen Vater Oeneus Mutter des Tydeus wurde, war bei Amphissa erbaut. — 2) A., Sohn des Oxylus und vermählt mit Dryope, welche von Apollo den Amphissus gebar. — 3) A., Gefährte des Jason auf dem Argonautenzuge, und von ihm mit einer Tochter des Pelias, Amphinome, vermählt.

Andraste. S. Andate.

Andreus oder Andrus (Gr. M.), Feldherr in dem Heere des Rhadamanthus, dem der Letztere für seine Dienste die Insel Andros geschenkt haben soll.

Androcles (Gr. M.), Sohn des Aeolus, Beherrscher eines Theiles von Sicilien, von der Meerenge bis gegen Lilybäum hin.

Androctasiae (Gr. M.), »Männerermordungen«, die personificirten Schlachten und Kämpfe, Töchter der Eris.

Androdamas, ein Edelstein, dessen sich die Magier zu Zaubereien bedient haben sollen. Er sollte (was sein Name sagt) die Männer bändigen, ihren Zorn stillen, desshalb er häufig von Frauen, zu allerlei Schmuck verarbeitet, getragen wurde.

Androgeonia (Gr. Festbrauch), Jährliche, im Ceramicus zu Athen dem Androgeos (s. d.) zu Ehren gefeierte Spiele.

Androgeos (Gr. M)., Sohn des Minos und der Pasiphaë (s. dd.), dessen Tod Ursache war, dass die Athener dem Minotaurus (s. d.) den Tribut der sieben Jungfrauen und Jünglinge entrichten mussten. A. war in allen männlichen Uebungen so geschickt, dass er am Feste der Panathenäen in Athen alle Preise errang. Diess gewann ihm die Freundschaft der Pallantiden (Söhne des Pallas), zog ihm aber den tödtlichen Hass des Aegeus (s. d.) zu, welcher ein solches Bündniss für gefährlich hielt, indem er glaubte, Minos möchte die Pallantiden unterstützen und ihn vom Throne stossen; daher liess er dem A. bei Oenoë in Attica durch die Bewohner jener Gegend auflauern und ihn ermorden. Sobald Minos diess erfuhr, kam er nach Athen, um Genugthuung für den Frevel zu erlangen, bekam jedoch kein Gehör, bat daher den Jupiter um Rache und überzog Athen mit Krieg. Auf sein Flehen entstand in Attica Hungersnoth und Pest, welche nicht eher aufhörten, als bis man, nach des Orakels Befehl, dem Minos Genugthuung wegen des Mordes an seinem Sohne gab; diese bestand darin, dass ihm alle neun Jahre sieben Jungfrauen und sieben Jünglinge zur Nahrung für den Minotaurus geliefert wurden.

Androgynen (Gr. M.), Mannweiber, mit vier Armen, vier Beinen, zwei Köpfen und einer Vereinigung männlicher und weiblicher Kräfte, dabei kühn bis zum Uebermuth, so dass sie es wagten, Jupiter im Olymp zu bestürmen, wobei ihre Schnelligkeit ihm nicht wenig zu schaffen machte, da sie sich kreisförmig wie ein rollendes Rad fortbewegten. Jupiter wollte sie nicht zerschmettern, wie die Giganten; er theilte sie daher nur, schied die männliche Hälfte von der weiblichen, und ertheilte dem Apollo den Auftrag, die so Geschiedenen zu heilen; von der Art, wie diess geschehen, trägt der Mensch noch im Nabel die Spur: er band nämlich die verletzte Haut über der entblössten Stelle zusammen. Mit der Theilung ging ihre ursprüngliche Kraft verloren, sie wurden Menschen; allein die schönste der Tugenden, die Liebe, und die mildeste und mächtigste Regung, die Sehnsucht, dankt ihr Entstehen dieser Theilung.

Andromache (Gr. M.), die berühmte Gattin des trojanischen Helden Hector, Tochter des Königs Eetion von Theben. Die rührendsten, anmuthigsten Stellen der Ilias (VI, 390 ffg.) haben die hingebende Liebe der A. zu Hector zum Gegenstande, und beweisen, mit welchem Gefühl der Dichter selbst dieses Thema aufgefasst. Ihr Schicksal war höchst traurig. Den Gatten musste sie von dem wüthenden Achilles durch das weite Feld um Troja schleifen, ihren Sohn von einem Thurme herabstürzen sehen, dann warf das Loos sie in die Hände des Sohnes ihres fürchterlichsten Feindes, in die Hände des Pyrrhus, der sie als seine Sklavin behandelte, und nachdem er mit ihr den Pergamus, Molossus und Pielus erzeugt, sie, um seiner eigenen Verheirathung mit Hermione willen, an seinen Sklaven, den Helenus, Hectors Bruder, verheirathete. Dennoch schwebte die noch immer sehr schöne Frau in Gefahr, ein Opfer der Eifersucht der Hermione zu werden, hätte nicht das Volk sie laut in Schutz

Fig. 25.

genommen. Wenig änderte sich ihre Lage dadurch, dass Orestes mit seinen Ansprüchen an Hermione auftrat, den Pyrrhus tödtete und die Geliebte mit sich hinwegführte. Doch später ward sie befreit und ihr mit ihrem Gatten Chaonien in Epirus zum Wohnsitz angewiesen, wo sie ein kleines Reich beherrschten. Virgil lässt den Aeneas sie dort besuchen; er traf A., wie sie dem unvergessenen Gatten ein Denkmal aus Rasen und zwei Altäre erbaut hatte und seine Manen herrief zu dem leeren Grabmal. Zuletzt soll A. mit ihrem Sohne Pergamus nach Asien zurückgegangen und dort gestorben sein; sie ward nach ihrem Tode vergöttert.

Andromeda, Fig. 25 (Gr. M.). Cepheus, der Sohn des äthiopischen Königs Belus, war vermählt mit Cassiopeja, welche ihre Schönheit so stolz machte, dass sie den Nereïden den Vorzug bestritt. Diese klagten dem Neptun ihr Leid: der Gott erhob aus den Meereswellen das zornige Haupt, überschwemmte Aethiopien, und schickte ein furchtbares Ungeheuer ab, welches das ganze Land verwüstete. Das Orakel des Jupiter Ammon sagte, man müsse dem Unthier die A. (die Tochter des Cepheus und der Cassiopeja), welche, zur Strafe für die Prahlerei der Mutter, mit rückwärts gebogenen Armen an einen Felsen gefesselt war, opfern. Dort traf sie Perseus (s. d.) und fragte die Jungfrau nach der Ursache ihrer verzweifelten Lage. Um ihn nicht in dem Glauben zu lassen, als straften die Götter sie wegen eigener Verbrechen so hart, erzählte A. dem Perseus, wesshalb sie zu dieser Qual verdammt sei. Kaum hatte sie geendet, als auch schon von ferne das Meer aufrauscht und das Ungethüm heranstürmt; die verzweifelnden Aeltern sehen jammernd den Tod ihrer Tochter sich nahen; da fragt Perseus, ob ihm, wenn er sie rette, die Hand der Tochter werden solle? Gern wird ihm diess und des Reiches beste Hälfte versprochen; schon ist das Ungeheuer nicht weiter entfernt, als das Blei von der balearischen Schleuder fliegt, da erhebt sich Perseus mit den Flügelschuhen, welche Mercur ihm geliehen, und mit dem versteinernden Haupt, das er der Gorgone Medusa abgeschlagen, hält dieses dem Ungeheuer entgegen und verwandelt es in Stein. Jetzt ward das Beilager gehalten; hier aber erregte Phineus, der Bruder des Cepheus, dem A. versprochen war, blutigen Streit; er wollte sich die Braut wieder erobern, und Perseus hatte allen Muth nöthig, um sich vor dem andringenden Feinde zu schützen, zuletzt aber holte er unter dem bergenden Mantel das Medusenhaupt hervor, dessen Anblick Alles versteinerte. Perseus entführte darauf die Schöne, welche dem tapfern Manne gar hold war, in sein Vaterland, und sie beschenkte ihn mit einer zahlreichen Nachkommenschaft. Die Götter versetzten die ganze Familie, Cepheus, Perseus, Andromeda und Cassiopeja unter die Sterne.

Androphonus (Gr. M.), »Menschenmörder,« nicht nur Beiname des Mars, sondern auch der Venus, weil sie zuliess, dass die schöne Buhlerin Laïs in einem ihrer Tempel in Thessalien von den dortigen Frauen gesteinigt wurde.

Androsphinx (Aegypt. M.). Nach Herodot errichtete Amasis, ein ägyptischer König, Sphinx-Statuen von männlicher Bildung, welche man A. nannte; die gewöhnlichen sind an den Brüsten als weibliche kenntlich.

Andrus (Gr. M.), Sohn des Anius, Königs von Delos, und der Dorippe. Sein Vater war ein berühmter Seher und Sohn des Apollo, welcher diese Kunst auch auf den Sohn übertrug. Dieser ging nach der Insel A., welche den Namen von ihm bekommen haben sol'

Fig. 26.

Andwari (Skand. M.), ein Zwerg, welchen Loke (s. d.) fing, um durch dessen Gold die Asen von einem Morde zu sühnen, für welchen sie dem Vater des Getödteten, dem Hreidmar, verfallen waren. A. gab alles her, was er besass, und verbarg nur einen kleinen Ring, an welchem die Eigenschaft hing, dass er Gold herbeizauberte, so viel der Besitzer desselben wollte. Loke hatte diess bemerkt und nahm auch noch den Ring; da belegte ihn A. mit dem Fluch, dass er stets das Verderben des Besitzers herbeiführen solle. Der Ring kam in Hreidmars Hände, und seine Söhne tödteten ihn um des Goldes willen; alsbald entstand Zwist unter den Mördern und einer tödtete den andern.

Andwari fors (Skand. M.), der Wasserfall, an welchem der Zwerg Andwari (s. d.) wohnte, und in welchem Loke ihn in Fischgestalt fing.

Andwari's naut (Skand. M.), der Ring des Zwerges Andwari (s. d.), welcher von ihm mit dem Fluche belegt war, seinen Besitzer jederzeit zu tödten.

Aeneas, Fig. 26 (Gr. u. röm. M.), Sohn des Anchises (s. d.) und der Venus. Diese liess ihren Sohn Aeneas von Dryaden erziehen, und brachte ihn erst im fünften Jahre seinem Vater, worauf Alcathous, ein Schwager des Aeneas, der Gemahl seiner Schwester, dessen Erziehung übernahm. Zu Dardanus am Fusse des Idagebirges wohnend, scheint Anchises anfangs keinen Theil am trojanischen Kriege genommen zu haben, bis Achilles den A. bei den Heerden überfiel, Letzterer nur mit Mühe sich durch die Flucht nach Lyrnessus retten konnte, doch auch hier durch Achilles vertrieben, seiner Rinder beraubt und so in den Krieg verflochten wurde. Dann erst führte er die Bewohner von Dardanus, Ophrynium, Bebrycia etc. nach Troja, woselbst man ihn — wahrscheinlich aus Eifersucht — anfangs nicht einmal gut empfing, bis die steigende Noth seinen Heldenmuth in Anspruch nehmen lehrte. A. war ein Liebling der Götter, die ihn jeder drohenden Gefahr, besonders den Angriffen des Achilles, entrückten. In dem Streit mit Diomedes lenkte A. die Rosse am Wagen des Pandarus — dieser fällt, verwundet, A. sucht ihn zu retten, wird aber von einem schweren Steine getroffen und sinkt gleichfalls; da schlingt Venus ihr Gewand um ihn, bringt ihn aus dem Gefecht, und da Diomedes sie verfolgt und verwundet, bringt Apoll ihren Sohn zum Tempel nach Pergamus, heilt ihn mit Hülfe der Diana und ihrer Mutter, täuscht aber durch ein Trugbild die Kämpfer auf dem Schlachtfelde, welche sich um A.' Körper zu schlagen glauben, bis der Held genesen wieder erscheint und die Feinde zurückweichen. — Bei dem Angriff auf die Verschanzungen der Griechen führte A. die vierte Schaar, das Gefecht ward wild und stürmisch; Alcathous, des A. Erzieher, fiel; sein Zögling half ihn decken und tödtete dabei den Oenomaus und Aphareus; als darauf Hector von Ajax niedergeworfen wurde, eilte A. ihm zu Hülfe und befreite ihn aus der Gefahr, gefangen zu werden, indem er Jasus und Medon erlegte. Er kämpfte später um die Leiche des Sarpedon, führte ein anderes Mal die Trojaner wiederholt zum Kampfe um den Leichnam des Patroclus, tödtete den Leocritus, suchte die Rosse des Achilles zu fangen, und wagte sich zuletzt sogar an diesen Halbgott selbst, obwohl erst durch Apollo dazu ermuntert. Als jedoch Achilles zum Schwerte griff, da umgab Neptun ihn mit einer dichten Wolke und entführte ihn hinter die Reihen des trojanischen Heeres — A. war nach Hector der tapferste Streiter unter den Trojanern. Er suchte bei Eroberung der Stadt die Feinde noch zurückzutreiben, und als er diess unmöglich fand, zog er sich auf die Burg zurück und vertheidigte dieselbe so lange, bis er sah, dass ein bedeutender Theil der Bürger sich durch ein geheimes Thor auf das Idagebirge gerettet hatte; nun erst nahm er seinen kranken und völlig wehrlosen Vater auf die Schultern und floh aus der brennenden Stadt, zu der er dann noch einmal mit der augenscheinlichsten Lebensgefahr zurückkehrte, um seine im Gedränge verlorene Gattin Crëusa zu suchen. — Nach Virgil baute A. mit den Trojanern im ersten Jahre zwanzig Schiffe, segelte im zweiten Jahre aus dem Hafen Antandrus ab und suchte in Thracien eine Stadt zu gründen; allein die Götter wiesen ihn von dort hinweg, und er segelte im Frühjahr des dritten Jahres nach der Insel Delos, wo er, von dem Gastfreunde seines Vaters, Anius, freundlich aufgenommen, das Orakel über seine fernere Reise um Rath fragte. Die Antwort desselben missverstehend, ging er nach Creta, woselbst er eine Stadt, Pergamea, zu bauen anfing, bis ihn die Pest vertrieb. Nach einem fürchterlichen Sturme landete er bei den Strophaden, und endlich, im fünften Jahre seiner Reisen, bei dem Vorgebirge Actium, woselbst er dem Apollo zu Ehren Kampfspiele hielt, und den Winter über blieb, um im sechsten Jahre nach Buthrotum zu gehen, woselbst er Andromache (s. d.) wiederfand. Er setzte dann seine Reise nach Italien fort und landete bei Drepanum in Sicilien, wo Anchises stirbt. Im darauf folgenden Jahre wollte A. endlich das ihm zum Königreich verheissene Italien zu erreichen suchen, allein ihn trieb ein gewaltiger Sturm nach der Küste von Africa, nach Carthago. Dido, Königin von Carthago, nahm den fremden Helden huldvoll auf, und in beider Herzen entbrannte heisse Liebe. Unser Bild zeigt nach einem alten Gemälde, wie sie sich des Mahles freuen. Auf einer Jagdpartie überfiel sie ein Unwetter, sie suchten in einer Höhle Schutz, und Venus vereinigte hier die Liebenden, doch nur zu ihrem Unglück, denn Jupiter sandte Mercur an den in Carthago gerne säumenden Helden, und befahl ihm, seine Abreise zu beschleunigen. A. schied mit schwerem Herzen von der ihm unendlich theuer gewordenen Dido, und diese wollte seine Flucht nicht überleben: sie liess sich einen Scheiterhaufen errichten und erstach sich auf demselben mit dem Schwerte des Aeneas. Dieser ward abermals von Stürmen verfolgt, und musste auf Sicilien landen, wo ihn Acestes (s. d.) gastfreundlich aufnahm, und wo er zum Andenken seines Vaters Leichenspiele hielt. Die Weiber waren der langen Reise überdrüssig und steckten die Flotte in Brand, wobei vier Schiffe verloren gingen. A. sollte dadurch gezwungen werden, in Sicilien zu bleiben, doch liess er nur einen Theil seiner Trojaner hier, nachdem er für sie die Stadt Aceste (Segesta) gebaut; darauf ging er mit den übrigen nach Italien und landete bei Cumä, wo er mit der Sibylle durch den Schlund des Avernus zur Unterwelt hinabstieg. Er war jetzt dem Ziel seiner Reise nahe, und landete endlich in der Mündung der Tiber, woselbst sogleich eines der Orakel in Erfüllung ging, nach welchem er die Stelle erkennen sollte, die ihm vom Schicksal als sein künftiger Wohnsitz ausersehen sei. Eine Gesandtschaft an den König des Landes, Latinus, wird von diesem freundlich aufgenommen, und dem A. die Hand der Lavinia, der Tochter des Latinus, zugesagt. Allein Juno reizte durch die Furie Alecto des Königs Gemahlin Amata (s. d.) und den König der Rutuler in Ardea, Turnus, zum Widerstand auf. Beide Theile suchen sich Bundesgenossen und der Krieg entbrennt. In offenem Felde bleibt das Kriegsglück unentschieden, aber im Zweikampfe fällt Turnus durch A.' Hand. So weit Virgil. Nach weiteren Sagen vermählte sich A. mit Lavinia, baute eine Stadt, die er nach ihrem Namen Lavinium nannte, und vereinigte seine Trojaner und die Einwohner des Landes, die Aboriginer, zu einem Volke, das er Latiner nannte, und bis an seinen Tod glücklich beherrschte, nach welchem er vergöttert wurde. Seinen Sohn Ascanius, durch den er der Sage nach Ahnherr des Romulus, und somit Gründer des römischen Volkes, auch insbesondere der Familie des Julius Cäsar wurde (da Ascanius auch Julus hiess), hatte ihm nach Virgil seine erste Gattin Crëusa, nach Andern die zweite, Lavinia, geboren.

Anebis (Phön. M.), Sohn des Königs Babius von Babylon, Enkel des Belus, lebte über 2000 Jahre v. Chr. und zwei Generationen vor dem Eroberer Ninus, welcher seinen Enkel Arbelus bekriegte und ihm das Reich abnahm, das er mit dem seinen zu dem assyrischen vereinigte.

Anemotis (Gr. M.), »die Beherrscherin der Winde«. Unter diesem Beinamen baute Diomedes der Minerva einen Tempel zu Mothone in Messenien, weil furchtbare Stürme, welche lange Zeit das Land verwüsteten, durch seine Beschützerin Minerva beschwichtigt worden waren.

Anesidora (Gr. M.), Beiname der Ceres: »die Geschenke herauf Sendende« (nämlich aus dem Schoos der Erde).

Aenesius (Gr. M.), Beiname des Jupiter, von dem Berge Aenos in Cephalonia, woselbst ein prächtiger Tempel dieses Gottes stand.

Aenetus (Gr. M.), Sohn des Deïon oder Deïoneus, Königs in Phocis, und der Diomede, Tochter des Xuthus.

Angamarayen (Ind. M.), ein Herrscher, direct von Brama abstammend, Sohn des Puscheparana. Seiner Abstammung wegen gehört er in das erste Weltalter. Da er keine Kinder besass, die Götter also ihre Gegenwart zu dem grossen Opferfeste Jagam verweigerten, stellte er ein anderes an, worauf ihm von seiner Gattin Sunandi Wonan geboren ward und er nun das Opfer Jagam unter Beistand der Götter vollziehen konnte.

Angarassen. Nach der ind. Götterlehre schuf Menu Sayamo Huwa, ein Enkel Brama's, von dem Wunsche beseelt, Menschen hervorzubringen, zehn Rischi's oder Herren erschaffener Wesen, deren einer A. war. Des Letzteren Gattin gebar ihm vier Töchter und einen Sohn, welcher der Ahnherr der Kriegerkaste, der Kschatrias, ist.

Angarayen (Ind. M.), ein Fürst, von den Mondskindern abstammend. Seine Söhne Kalengan, Pandiren, Ankren und Wangaraschen beherrschten grosse Reiche, welche ihren Namen trugen.

Angas (Ind. M.), heilige Bücher, den Schastras zugehörig. Es sind deren sechs über die Aussprache der Vocale, über die religiösen Gebräuche, über Grammatik, über Zaubersprüche, über Sternkunde und eine Erklärung schwerer Ausdrücke der Veda's.

Angat, der Teufel der Bewohner von Madagaskar. Wenn sie Gott opfern, wird diesem bösen Geiste etwas von dem Opfer aufbewahrt.

Angekok, unter den Grönländern und Eskimo's die Aerzte, Zauberer und Geisterbeschwörer; Priester kann man sie nicht nennen, denn von einem eigentlichen Gottesdienst ist unter diesen Völkern nicht die Rede. Die A.s geben vor, mit den Geistern in einem Verständniss zu leben, und wissen durch mancherlei Ceremonien und Gebräuche dieses Vorgeben zu unterstützen, so dass man grosse Furcht vor ihnen hat und sie bei allen wichtigen Sachen zu Rathe zieht, auch sie nie ohne Geschenke entlässt. Um ein A. zu werden, bedarf es vieler Mühe und Umstände. Derjenige, welcher es werden will, muss den grossen Geist bitten, ihm einen Torngak, d. h. einen Genius (Spiritus familiaris) zu senden, und hierzu bereitet er sich vor, indem er ferne von allen menschlichen Wohnungen sich in eine öde Gegend begibt, wo er, ohne Schlaf und Nahrung, oft Wochen hindurch die Ankunft des Torngaks erwartet. — Einen der erschienenen Geister wählt der A. zu seinem steten Begleiter, und nunmehr hat er alle Weisheit, deren er bedarf; er kann Kranke heilen oder ihren Tod vorhersagen, Wetter machen, guten Fischfang geben, in den Himmel steigen und in die Unterwelt hinabfahren. Bei solchen Gelegenheiten zeigen die A.s gewöhnlich alle ihre Künste. Während der tiefsten Nacht, mitten im Winter, wenn nach ihrer Aussage die Geister alle in ihren Wohnungen sind und der Regenbogen, der niedrigste Himmel, ganz nahe an der Erde ist, versammeln sich die Angehörigen um denjenigen, für welchen eine Beschwörung angestellt wird; alle Lampen werden, bis auf eine, verlöscht, bei deren Schimmer sich der A.s nach vielem Trommeln, Schreien und Singen, von seinem Schüler den Kopf zwischen die Beine, die Hände auf den Rücken binden, und Trommel nebst Klöpfel an seine Seite legen lässt; nun wird das letzte Licht ausgelöscht und dann befreit sich der A. in einem Augenblicke von seinen Banden, trommelt und singt wieder eine Beschwörungsformel, in welche alle Anwesenden einstimmen; hierauf aber fällt er wie todt nieder, denn seine Seele ist ausgefahren, und nur der bewegungslose Körper ist zurückgeblieben. Wenn er wiederkehrt, so ist es immer mit seinem Torngak, welcher sich durch allerlei wunderliches Geräusch zu erkennen gibt, worauf der Geist dunkle Orakelsprüche ertheilt, welche die Anwesenden nach ihrem Belieben auslegen können. Wenn das, was sie vorausgesetzt, nicht eintrifft, so liegt es nicht an dem Torngak, sondern an ihnen, welche nicht richtig auffassten, was er sagte. Wenn ein solcher Geisterbeschwörer zehn Mal vergeblich nach seinem Torngak gerufen, so muss er sein Amt niederlegen; war sein Rufen jedoch nie vergeblich, so kann er A.-Poglit (s. d.) werden.

Angekok Poglit, ein grosser Weiser, Arzt und Geisterbeschwörer höheren Grades bei den Grönländern. Um dieses zu werden, begibt der Angekok (s. d.) sich in eine einsame Hütte und trägt dem grossen Geist der Grönländer, Torngarsuk, sein Verlangen vor. Dieser erscheint als weisser Bär, zieht den Weisen nach dem Meere hin, stürzt sich mit ihm hinein, wird sammt ihm von einem Walross aufgefressen und dann stückweise in den einzelnen Knochen an's Land geworfen, worauf die entflohene Seele den Körper wieder belebt und derselbe nun jeder Ehre würdig ist, unter anderen auch der, an einem langen Riemen in den Himmel zu klettern, oder sich daran in die Unterwelt hinabzulassen. Letzteres ist nicht so leicht; es geschieht, um die von der bösen Regentin der Hölle zurückgehaltenen Seethiere zu befreien, und kann nie anders als in Gesellschaft des Torngak zurückgelegt werden, denn der Poglit muss ein spiegelblankes, schmales Rad von Eis, welches sich mit reissender Schnelligkeit umdreht, als Brücke gebrauchen, um über den Abgrund zu gelangen, und über ein schwankendes Seil führen lassen, welches allein einen zweiten Abgrund zugänglich macht. Wenn er in die Wohnung der Göttin tritt, fährt diese in Entsetzen und Grimm auf, um ihn zu vernichten; allein sie wird ergriffen, ehe sie ihr Vorhaben ausführt; die Amulete, welche die Seethiere bei ihrer Wohnung zurückhalten, werden ihr abgerissen, und sie wird mit den Haaren an einen Pflock festgebunden, damit die Beschwörer Zeit haben, zurückzukehren, welches dann auch sogleich bewerkstelligt wird. Die Seehunde und Fische sind unterdessen schon oben angelangt, haben den Sieg über die böse Hexe verkündigt und lassen sich gutwillig von den Menschen fangen.

Angelia (Gr. M.), »die Verkündigung«, Tochter des Mercur und der Metis (Klugheit).

Angelica (Gr. M.), »die Verkündigerin«, Beiname der Aurora, welche die Ankunft der Sonne verkündet.

Angelos (Gr. M.), »Bote«, Beiname mehrerer Gottheiten: des Mercur, der Diana, der Hecate, und zugleich Name eines Sohnes des Neptun und einer Nymphe auf der Insel Chios, Bruders des Melas.

Angerbode (Nord. M.), eine gewaltige Riesin, ein Jetten- oder Jotenweib, des bösen Gottes Loke Gattin, und von ihm Mutter dreier furchtbarer Ungeheuer, der scheusslichen Todesgöttin Hel (Hela), des Fenris, eines Wolfes, dessen aufgesperrter Rachen Himmel und Erde zugleich berührt, und der Erdschlange Jormungand.

Angeya (Nord. M.), eine von den neun Joten- oder Riesen-Jungfrauen, welche den Gott Heimdall am Rande der Erde gebaren. Sie alle waren seine Mütter; Odin war der Vater.

Angerona oder A n g e r o n i a (Röm. M.), eine Göttin, über welche sich die widersprechendsten Nachrichten finden, wiewohl sich die meisten dahin vereinigen, dass sie die Göttin der Angst und Besorgniss ist, welche diese Gemüthszustände erregt, aber auch davon befreit, oder nur das Letztere thut. Sie wurde mit verbundenem und versiegeltem Munde dargestellt, wovon als Ursache angegeben wird, dass man durch Verschweigen und Verheimlichung von Angst und Sorge befreit werde. Ihre Bildsäule stand in Rom auf dem Altar der Volupia, Göttin des Vergnügens, durch welche sie gleichsam beherrscht und gebändigt werden sollte. Man glaubt auch, sie sei die Befreierin von der Halsbräune, lat. angina, gewesen, und davon benannt worden. Endlich findet sich noch die Annahme, ihr verschlossener Mund deute die Heimlichkeit an, womit der verborgene Name der Stadt Rom verschwiegen werden musste.

Angissamanden (Ind. M.), ein Fürst, von den Sonnenkindern abstammend, regierte mit grossem Ruhm, trat das Reich seinem Sohne Tilibien ab und ward ein Büsser, um die 60,000 Kinder seines Grossvaters wieder in's Leben zu rufen, welches dadurch möglich war, dass die in der Luft schwebenden Wasser des Ganges durch Gebete herab zur Erde gezogen wurden. Er war jedoch hierzu noch nicht heilig genug, erst sein Enkel Bragiraden vermochte es.

Angitia (Röm. M.), »die Würgerin«, eine Göttin der Umwohner des fucinischen Sees, welche den Gebrauch von Giften und Gegengiften gelehrt, und ihren Namen davon erhalten hatte, dass sie durch ihre Zaubergesänge Schlangen erwürgte. Spätere haben gemeint, sie in der griechischen Mythologie unterbringen zu müssen, und sie daher für eine Tochter des Aeetes (s. d.), also für eine Schwester der Medea, oder auch für diese selbst ausgegeben, welche von jenem fernen Ostlande zu den Marsern gekommen sei, um sie ihre Künste zu lehren.

Anguaraguen (Ind. M.), der Planet Ciowa oder Mongalen (unser Mars); ebenso der Genius (Diw), welcher ihn beherrscht und durch seine weite Bahn leitet.

Angud (Ind. M.), Sohn des Bali, eines Usurpators, welcher den eigenen Bruder, Sukri, seines Reiches beraubte. Rama (Wischnu in seiner siebenten Verkörperung) tödtete den Eroberer, setzte den rechtmässigen Fürsten ein und nahm des Getödteten Sohn zu seinem ersten Vezier. Rama kriegte gegen Rawana, Sukri stand ihm mit seinem ganzen Affen- und Satyrn-Heere bei; A., als Botschafter an Rawana abgesendet, suchte den Frieden zu vermitteln. Wischnu verliess den Körper des Rama und ward in der achten Awatara zum Gottmenschen Krischna; A. in eben dieser Zeit in Folge der Seelenwanderung ein Jäger. Krischna schlief mit blossen Füssen unter einem Baum, und der Glanz des himmlischen Zeichens unter Krischna's Fusssohlen lockte den Jäger Jura zum Schuss, wodurch er Krischna tödtete und so Wiedervergeltung für die Ermordung seines e h e m a l i g e n Vaters Bali übte.

Anguli mala (Ind. M.), die Bücher, welche die Indier sonst Karrick nennen, so genannt nach einem frommen Heiligen und Weisen, den Buddha selbst in seiner Lehre unterrichtet hatte.

Anicetus (Gr. M.), »der Unüberwindliche«, Name eines Sohnes des Hercules, den er nach seiner Erhebung in den Himmel mit Hebe (s. d.) erzeugte.

Anigrides (Gr. M.), ein Fluss bei Samicum in Elis, der sich in's jonische Meer mündet, unfern einer Grotte, die man den Nymphen dieses Flusses, den Anigriden, geheiligt hatte, und in welcher man Hautkrankheiten durch Waschungen in dem schwefelhaltigen Wasser der darin entspringenden Quelle heilte. Der Fluss A. floss mit übelriechendem Wasser durch eine mephitische Sumpfgegend, was man zum Theil davon ableitete, dass Hercules ihn durch die Ställe des Augias geleitet; zum Theil davon, dass die von Hercules in der Höhle des Pholus verwundeten Centauren das Gift der lernäischen Hydra in dem A. abzuwaschen gesucht; endlich davon, dass Melampus die Prötiden in dem Wasser dieses Flusses oder in der heiligen Quelle gebadet, um sie von dem Aussatz und dem Wahnsinn zu heilen, den Juno und Bacchus über sie verhängten, weil sie dieser Götter Dienst verachtet hatten.

Anindi (Ind. M.), ein Ehrentitel guter, edler Frauen. Er ist aus dem Sanskrit entlehnt und bedeutet »die Nichtverschmähte, die Geachtete«.

Anion (Gr. M.), einer der Heerführer des Rhadamanthus, welchen dieser für seine Dienste durch die ihm verliehene Insel Delos belohnte.

Aniran (Pers. M.), ein Ized, Genius des reinen Urlichts und das geistige Princip des verbundenen Feuers und Wassers, in welcher Gestalt er das Gewölbe des Himmels umgibt und nur durch dessen Oeffnungen auf den Urberg Albordi, von dem alle übrigen Berge ausgegangen sind, herabströmt. Dieser Genius steht den Hochzeiten vor, und ihm ist der 30ste Tag jedes Monats heilig, welcher auch nach ihm benannt und als Festtag begangen wird.

Anitis. Auf den Marianen-Inseln im stillen Meer herrscht der Glaube, dass die Geister der abgeschiedenen

Menschen (Anitis) besondere Wesen seien, welche die Zurückgebliebenen plagen; daher stellt man Blumentöpfe oder Körbe neben die Leiche und bittet die Seele, sich darin niederzulassen; man sucht sie auch durch Fasten von sich fern zu halten, weil sie, wenn sonst nicht, so doch wenigstens im Traume, die Menschen auf das Sinnreichste zu quälen wissen.

Anius (Gr. M.). 1) Staphylus, Sohn des Bacchus und der Ariadne, hatte von seiner Gattin Chrysothemis drei Töchter, Molpadia, Rhöo und Parthenus. Apollo liebte Rhöo, und der Vater, welcher die Folgen dieser Neigung entdeckte, ohne zu glauben, dass ein Gott der Urheber derselben sei, liess die Tochter in einen Kasten sperren und in das Meer werfen. Apollo lenkte denselben nach Delos, wo er auf das Ufer getragen und Rhöo gerettet wurde, welche bald darauf einen Knaben gebar. Sie nannte denselben A. und weihete ihn dem Apollo, den Gott bittend, sich seiner anzunehmen, wenn er der Vater wäre. Apollo verlieh ihm die Weissagekunst und machte ihn zum Beherrscher von Delos. A. vermählte sich mit der Nymphe Dorippe auf Delos, und sie gebar ihm einen Sohn, Andrus, und vier Töchter: Lavinia, Spermo, Oeno und Elaïs. Lavinia ward durch Apollo's Gunst eine Seherin, vermählte sich mit dem auf der Insel landenden Aeneas, gebar ihm einen Sohn A. und ging mit ihm nach Italien, wo sie starb. Die drei andern Töchter des A. wurden von Bacchus mit herrlichen Gaben beschenkt; sie konnten, was sie wollten, in Wein, Oel oder Getreide verwandeln, so dass A. aus den so hervorgebrachten Vorräthen das Griechenheer vor Troja, während der neun ersten Jahre dieses Feldzuges, mit den genannten Lebensmitteln versorgt haben soll. — 2) A., ein sonst unbekannter Schutzgott, den man zu Elis verehrte.

Anka (Morgenl. M.), ein ungeheurer Vogel, mit Vernunft und Sprache begabt; er wohnt auf dem Gebirge Kaf und war schon vor Adam auf der Welt (wie nach der mosaischen Urkunde alle Thiere). Die Perser nennen ihn Simorg, der Talmud Jukneh.

Anacus (Phön. Sage). Man vermuthet in A. den Henoch der Bibel; nach den syrischen Mythen war er ein König dieses Landes, ward 300 Jahre alt, lebte vor Deucalion und sagte, durch göttliche Offenbarung, die grosse Wasserfluth vorher, indem er zur Besserung und Busse ermahnte. Die Götter nahmen ihn lebendig in den Himmel auf.

Annan (Ind. M.), ein gelehrter Schüler des Buddha, der mit einem Freunde, gleich hochberühmt und gelehrt, Buddha's Religions- und Moral-Gesetze in ein Buch gesammelt hat, welches Foki Kio, das Buch schöner Blumen, heisst. Die Bilder beider Weisen stehen in den Buddha-Tempeln immer neben dem Bilde des erhabenen Stifters.

Anna Perenna (Röm. M.), eine Göttin oder Nymphe, welche die Römer durch ein fröhliches Fest ehrten, das auf den 15. März fiel, wird oft mit Anna, Schwester der Dido (s. d.), verwechselt, oder ihre Geschichte mit der jener Fürstin vereinigt. Man erzählt, als nach dem Tode der Dido der König der Gätuler, Jarbas, Carthago eingenommen, sei A. zu Battus, König von Malta, geflohen, und als ihr Bruder Pygmalion sie und Battus mit Krieg bedrohte, von da nach Italien zu Aeneas, der sie freundlich in sein Haus aufnahm; doch auch hier drohte ihr Gefahr von der Eifersucht der *Lavinia. Durch Dido, welche ihr im Traume erschien, gewarnt, stürzte sich A. in den Fluss Numicius, und ward nun als Nymphe dieses Flusses unter dem Namen A. P. verehrt. Auch soll, als bei der Flucht des römischen Volkes auf den heiligen Berg Mangel an Nahrungsmitteln entstand, eine alte Frau aus einem benachbarten Orte, Namens A., Brod unter das Volk ausgetheilt haben, und ihr dafür nach der Rückkehr in die Stadt ein Heiligthum errichtet worden sein. Andere halten die A. P. für die Mondsgöttin, Andere für eine Nymphe, die den Jupiter ernährt. Da indessen A. nur die weibliche Form des Wortes annus (das Jahr) ist, welches auch in dem zusammengesetzten Beinamen P., der übrigens Fortdauer bedeutet, wieder enthalten ist, so ist sie wohl ursprünglich nur eine altitalische Gottheit des immer wiederkehrenden Jahres: ihr Fest, das in den Frühlingsanfang fällt, von wo an das Jahr wieder Nahrung zu spenden beginnt, lässt schliessen, dass jener Zug der Sage, wornach sie Brod austheilt, zu den ältesten Vorstellungen von ihrem Wesen gehört, und dass ihre Auffassung als Flussnymphe die befruchtende Kraft des Wassers andeutet, so dass ihre Vermengung mit der carthagischen A. nur als willkürliches Spiel dichterischer Einbildungskraft erscheint.

Annedoti (A n i d o t i) (Chald. M.), vier heilige Wesen, zur Hälfte von Menschen-, zur Hälfte von Thiergestalt, welche aus dem Meere an die Ufer in der Nähe von Babylon kamen, um die Menschen zu belehren. Das erste derselben hiess Oannes und unterrichtete sie in Gott gefälligen Dingen, gab ihnen Religion, Gesetze, Wissenschaft und Cultur; die anderen suchten durch Wiederholung dieser Lehren die Menschen in ihren Fortschritten zu erhalten.

Annenberg (Germ. Alterth.), ein Berg bei Schöningen im Braunschweigischen, welcher einen heidnischen Opferaltar trägt; der Aberglaube des Volkes sieht dort, wie auf dem Brocken, die Geister der Vorältern ihre nächtlichen Reigentänze halten, und viele Fabeln von Erscheinungen derselben sind in der Umgegend zu hören.

Anninga (Grönl. M.), der personificirte Mond, der Bruder der Malina (Sonne). Wie beinahe alle Götter der Grönländer, so waren auch diese einst Menschen; A. verliebte sich in seine schöne Schwester, und um ihr unerkannt nahen zu können, löschte er bei Spielen, welche er nebst seinen Freunden häufig veranstaltete, alle Lampen aus, und suchte dann Malina auf. Diese, um ihren unbekannten Liebhaber zu entdecken, schwärzte einst ihre Hände mit Russ und fuhr dem sie in die Arme Schliessenden über das Gesicht und den schönen, weissen Seehundspelz; darauf eilte sie aus der Hütte und zündete Moos an, um den Geschwärzten zu sehen; dieser aber eilte ihr nach, und sie musste entfliehen, da sie ihn erkannte und er seine bisherigen Freuden nicht aufgeben wollte. Das brennende Moos beleuchtete ihren Pfad; ein Büschel desselben, das er anzündete, um ihr zu folgen, verlöschte bald, so dass er nur bei i h r e m Lichte ihr nachkam, daher der Mond weniger leuchtet, als die Sonne; sie erhob sich endlich zum Himmel und ward zur Sonne, während er, sie stets umkreisend, zum Monde ward. Von seiner Leidenschaft gequält, vergisst er Essen und Trinken und wird mager (letztes Viertel), bis er ganz verschwindet (Neumond); dann geht er auf den Seehundsfang und kommt darauf, stärker werdend von der genossenen Nahrung, wieder zurück (erstes Viertel), bis er wieder in all' seiner Schönheit und Fettigkeit dasteht (Vollmond). Die Flecken desselben sind die Striche von Russ, die ihm Malina auf das Gesicht und den Pelz gemacht hat, und das Aufglühen seines Moosbüschels, welches nicht brennt, aber auch nicht völlig verlöscht, macht, dass er zuweilen glühend roth erscheint.

Annona (Röm. M.), die Segensgöttin des Jahresertrages: sie wurde um reiche Gaben des Feldes und wohlfeile Preise der Lebensmittel angerufen; abgebildet wurde sie als weibliche Gestalt, die rechte Schulter mit dem Arm entblösst, übrigens bekleidet, in der Rechten einen Aehrenbüschel, in der Linken das Füllhorn.

Anogon (Gr. M.), Sohn des Castor und der Hilaïra, der Tochter des Leucippus, Bruder des Anaxias und des Mnasinus.

Anonymus (Gr. M.), Sohn der Erde, ein Gigant, furchtbar und ungeheuer an Gestalt, der mit Pyripnous der Juno nachstellte und von Hercules getödtet wurde.

Anos (Chald. Phil.), nebst Illinos und Aos eine der drei Urkräfte, denen Alles seine Entstehung verdankt: alle drei waren von Kisara und Asoron erzeugt, welche selbst dem Nichts entsprungen sind.

Anosia (Gr. M.), s. A n d r o p h o n u s. Nach dem dort erzählten Mord bauten die thessalischen Frauen der Venus Anosia (Frevlerin) einen Tempel zur Sühnung der Frevelthat.

Anschanum (Ind. M.), ein Fürst aus der berühmten Dynastie der Mondskinder, Sohn des Kukurajen, zeichnete sich durch eine Unzahl der tapfersten Thaten aus.

Ansewa (A n s o w a) (Ind. M.), Tochter des Kartamen (eines der indischen Alt- oder Urväter), war mit Atri vermählt, doch so keusch, dass sie ihrem Gatten nie gestattete, sie zu berühren, daher Wischnu, Brama und Schiwa sie mit dreien Kindern beschenkten, welche sie ohne Zeugung, durch Beschattung des Geistes dieser Gottheiten, empfing. Brama's Sohn war Schandra, Wischnu's Tibaterien, und Schiwa's Daruwassen. A. soll mit Anussuya (s. d.) eins sein.

Anta Calpa (Ind. M.), der zwanzigste Theil der Dauer der Welt, und der achtzigste eines Calpa, der vierfachen Weltdauer.

Antaea (Gr. M.), »an die man sich mit Gebeten wendet«; Beiname der Ceres, der Cybele und der Hecate.

Antaeus (Gr. M.), ein sechzig Ellen langer Riese, Sohn des Neptun und der Gäa (s. d.). Libyen war sein Reich und Irasa am tritonischen See sein Wohnsitz. Durch seine Stärke machte sich A. allen Fremden furchtbar, denn diese forderte er stets zum Zweikampf auf, in welchem er sie besiegte und erwürgte. Auch dem Hercules drohte diese Gefahr, denn obwohl er den A. schon mehrmals zur Erde geworfen hatte, gewann dieser doch stets neue Kraft, so wie er seine Mutter, die Erde, berührte; daher hob ihn Hercules empor und drückte ihn, in der Luft schwebend, todt. Viele Kunstwerke haben diesen Sieg des Göttersohnes zum Gegenstand; unter den neueren ist nicht ohne Interesse eine Doppelstatue im grossen Hofe der kaiserlichen Burg in Wien. Aus den Schädeln der überwundenen Feinde hatte A. seinem Vater Neptun ein Haus bauen wollen. Mit des A. Weibe Iphinoë zeugte Hercules den Palämon. Die Gebeine des Ueberwundenen brachte der Sieger nach Olympia.

Antaeushuegel. Nahe am Meere, im westlichen Theile Africa's, befand sich ein langgestreckter, Grabhügelähnlicher Berg, welchen man für das Grab des Antäus (s. d.) hielt, und wovon man sagte, wenn man etwas Erde davon hinwegnehme, so regne es so lange, bis die Lücke wieder ausgefüllt sei.

Antara (Ind. M.). 360 unserer Jahre bilden ein Götterjahr, 12,000 Götterjahre ein Götterzeitalter, und solche 71 Zeitalter ein A., d. h. 306,720,000 unserer Jahre, welches jedoch nicht mit den Tagen des Brama zu verwechseln ist, da einer derselben 4320 Millionen unserer Jahre, und Tag und Nacht des Brama doppelt so lange, also 8640 Millionen Jahre dauert. (S. Narajana.)

Antea (Gr. M.), auch Stheneböa, Tochter des lycischen Königs Jobates und Gemahlin des Prötus, Königs von Argos. Bellerophon (s. d.) floh das väterliche Reich und suchte Aufenthalt bei dem Gastfreunde in Argos. Dieser nahm ihn gerne auf und schenkte ihm seine ganze Zuneigung. Doch nicht allein er, sondern auch seine Gattin A. liebte den schönen Jüngling, und da dieser ihre Liebe nicht erwiderte, verläumdete sie ihn bei ihrem Gemahl, fordernd, er solle den Verwegenen, der ihr Unrechtes zugemuthet habe, tödten lassen. Weiteres s. unter Bellerophon.

Anteas (Gr. M.), Sohn des Ulysses und der Circe. Die Stadt Antea oder Antium in Italien soll von ihm benannt sein.

Antenor (Gr. M.), ein angesehener Trojaner, Sohn des Aesyetes und der Cleomestra, war ein erfahrener, verständiger Mann, und schon vor dem trojanischen Krieg von Priamus nach Griechenland geschickt, um seine von den Griechen geraubte Schwester Hesione zurückzufordern, ward aber überall mit seiner Forderung abgewiesen. Als aber Menelaus und Ulysses als Gesandte wegen des Raubes der Helena nach Troja kamen, nahm er sie gastlich in sein Haus auf, und rettete sie, als die Söhne des Priamus Verrath gegen sie aussannen. Während des trojanischen Krieges fuhr er mit Priamus in das griechische Lager, um den Vertrag wegen des Zweikampfes zwischen Menelaus und Paris abzuschliessen; später rieth er, aber vergeblich, Helena mit ihren Gütern zurückzugeben. Er war vermählt mit der Tochter des Cisseus, Theano, einer Priesterin der Minerva; von ihr hatte er eine Tochter Crino und zwölf Söhne, welche zu den tapfersten Vertheidigern Troja's gehörten, und alle von den Händen der berühmtesten griechischen Helden in der Vertheidigung der Stadt fielen. So Homer. Nach Späteren soll er den Griechen mit einer Leuchte von der Mauer her das Zeichen zum Einbruch gegeben, ihnen das Palladium ausgeliefert, selbst das entsetzliche hölzerne Pferd geöffnet und, der Verabredung gemäss, sein Haus durch ein zum Fenster herausgehängtes Pantherfell bezeichnet haben. Auch will man wissen, dass er, nach Eroberung der Stadt, mit Menelaus und Helena Troja verliess. Auf dieser Reise ward er mit seinem neuen Freunde nach Libyen verschlagen, und blieb in Cyrene, woselbst man sein Grab oder einen Hügel der Antenoriden zeigte, auf welchem jährlich Todtenopfer gehalten wurden. Nach noch anderen Angaben wäre er mit den Henetern über Thracien nach Oberitalien gezogen, hätte hier am innersten Winkel des adriatischen Meeres sich niedergelassen und sein Volk den Namen Veneter angenommen, welcher in dem Namen der späteren Stadt Venetia (Venedig) noch erhalten ist.

Anteros (Gr. M.), Personification der »Gegenliebe«. Sohn der Venus, und zwar einer dritten, neueren. Andere setzen hinzu, Eros (= Amor) habe nicht wachsen können, bis seine Mutter noch einen Sohn, den A., geboren, da denn beide schnell zugenommen. Nach den ältesten Vorstellungen indessen war A. nicht die erwidernde Gegenliebe, sondern der rächende Genius verschmähter Liebe.

Anterverta, auch Antevorta (Röm. M.), eine Gottheit, welche das Wissen der Vergangenheit, wie ihre Schwester Postverta das Vorauswissen darstellt. Beide werden Schwestern oder Begleiterinnen der weissagenden und heilenden Göttin Carmenta genannt, zuweilen als einerlei mit dieser, oder auch nur als Personificationen zweier Eigenschaften derselben aufgefasst. Nach einer abweichenden Annahme sollten sie dagegen Göttinnen sein, die mit der Geburt der Kinder zu schaffen hätten, indem A. die Geburten mit dem Kopfe voran, Postverta die mit den Füssen voran besorge.

Anthas (Gr. M.), Sohn des Neptun und der Alcyone, einer Tochter des Atlas, König der Trözenier, und Gründer der Stadt Anthea im trözenischen Gebiet. Auch die Stadt Anthedon in Böotien am euböischen Meere wurde mit seinem Namen in Verbindung gebracht.

Anthatasmira (Ind. M.), Nark, oder die Hölle, zerfällt in 21 Unterabtheilungen, deren eine Anthatasmira heisst.

Anthe (Gr. M.), eine der Alcyoniden. (S. d.)

Anthea (Gr. M.), »die Blumenfreundin«, Beiname, unter welchem Juno in Argos, und Venus in Gnossus auf Creta verehrt wurde.

Antheas (Gr. M.), Sohn des Eumelus, eines Königs von Paträ. Triptolemus kehrte bei ihm ein, und wollte für die freundliche Aufnahme, welche er erhielt, seinem Wirthe die Wohlthat des Getreidebaues schenken; als nun Triptolemus einst schlummerte, spannte A. die Drachen desselben an, und wollte, wie Triptolemus, von der Höhe herab säen, fiel jedoch von dem Wagen, brach die Halswirbel entzwei und starb. Triptolemus, voll Trauer, den Tod des Jünglings verursacht zu haben, baute im Verein mit dessen Vater die achäische Stadt Anthea.

Anthedon (Gr. M.), eine Quellnymphe in Böotien, von welcher man ebenso, wie von Anthas (s. d.) sagt, dass sie der Stadt Anthedon den Namen gegeben habe.

Antheïs (Gr. M.), eines Spartaners Hyacinthus Tochter, der in Athen eingewandert war, und dessen Töchter auf dem Grabe des Cyclopen Gerästus geopfert wurden, um das Verbrechen des Königs Aegeus, welcher Minos' Sohn hatte ermorden lassen, abzubüssen. Hunger und Pest drückten das Land, und Minos überzog dasselbe mit Krieg, da befahl das Orakel das Opfer der unglücklichen Fremden. Eine Schwester der A. war Aegleïs, (s. d.).

Anthela, eine in der Sagenzeit der Griechen höchst berühmte, obwohl nicht grosse Stadt, nicht weit von Thermopylä, der gewöhnliche herbstliche Versammlungsort des Amphictyonengerichts, welches sich im Frühling gewöhnlich in Delphi versammelte, war der Ceres geweiht, welche daoon den Beinamen Amphictyonis hatte.

Antheus (Gr. M.), 1) Sohn des Neptun und der Astyphile. — 2) A., Gefährte des Aeneas, welchen er auf seiner ganzen Reise begleitete. — 3) A., Beiname des Bacchus, und in diesem Sinne vielleicht abzuleiten von dem griechischen Worte ἄνθος, Blume, »der Blumenfreund«.

Anthesphoria (Gr. Festbrauch.), ein Fest, welches in Sicilien der geraubten Proserpina geweiht war, und welches seinen Namen von ἄνθος (Blume) und φέρω (ich trage) erhielt, weil bei diesem Feste die Jungfrauen Blumen zum Andenken der Proserpina trugen, die beim Blumenpflücken von Pluto geraubt worden war. Das Fest galt als Feier der Wiederkehr der geraubten Tochter zu ihrer Mutter im ersten Frühling, wo die Blumen sprossen. Auch die Argiver feierten ein Fest desselben Namens zu Ehren der Juno Anthea.

Anthesterien (Gr. Festbrauch.), eines der verschiedenen Feste des Bacchus, welches die Athener jährlich im Monat Anthesterion, der am sechzehnten Februar be-

begann, feierten, in welchem also in Griechenland die Blumen wieder sprossen, wovon der griechische Name des Monats. Das Fest war eine Art Dankfest für den nunmehr im Fasse ausgegohrenen jungen Wein, daher auch der erste Tag desselben Pithögia, d. h. Fassöffnung, hiess. Der zweite Tag hiess die Choën, von den grossen Massen reinen Weines so benannt, die an diesem Tage beim öffentlichen Gastmahle die Gäste vor sich stehen hatten. Dabei wurden Wettkämpfe im Trinken angestellt, wobei der Sieger entweder einen Schlauch oder einen Kuchen als Preis bekam. Der dritte Tag waren die Chytren, von den Töpfen benannt, in welchen man den Unterirdischen Opfer darbrachte.

Anthinus (Gr. M.), Quelle bei Eleusis, an welcher Ceres sich niedersetzte, als sie den Himmel mied, zürnend, weil Jupiter zugegeben hatte, dass Pluto ihre Tochter Proserpina raubte. Dort trafen sie die Töchter des Celeus und nahmen sie mit in ihres Vaters Haus.

Anthippe (Gr. M.), Tochter des Königs Thespius, welcher sie, so wie neunundvierzig Schwestern derselben, den Umarmungen des Hercules übergab, um ein kräftiges Geschlecht zu erzielen.

Anthos (Gr. M.), Sohn des Autonous und der Hippodamia, Bruder der Acanthis, der von seines Vaters Pferden zerrissen wurde, worauf die Götter die ganze trauernde Familie in Vögel verwandelten, und zwar den A. in einen solchen, der das Geschrei der Pferde nachahmt und beständig vor ihnen flieht.

Anthracia (Gr. M.), »die Kohlschwarze« (ἄνθραξ, die Kohle), eine arcadische Nymphe.

Anthropomorphosiren, »in menschliche Gestalt verwandeln, Gott eine menschliche Gestalt beilegen«, wie unsere Bildner, Maler etc. immer thun, da sie keine edlere Gestalt kennen.

Anthyr (Germ. M.), der älteste fabelhafte König der Vandalen und Heruler. Ein altes gothisches Lied, welches bei einer Plünderung der Abtei Dobberan während des dreissigjährigen Krieges aufgefunden wurde, erzählt von diesem Herrscher, von welchem Mecklenburg sein Wappen, den Ochsenkopf und den Greif, ableitet, er sei der Sohn einer scythischen Amazone und in Alexanders des Grossen Heer ein berühmter Krieger gewesen. Nach dem Tode dieses Königs verliess er Kleinasien auf einem Schiffe, das Bucephalus (Ochsenkopf) genannt war, und das einen O c h s e n k o p f in der Flagge, am Vordertheil aber einen G r e i f e n führte. — In das atlantische Meer, und von dort in die Nord- und Ostsee verschlagen, landete er in Mecklenburg und gründete daselbst mehrere Städte, vermählte sich darauf mit einer gothischen Prinzessin, Symbulla, und zeugte mit ihr einen Sohn, Anana, der sein Nachfolger wurde, worauf er selbst aus den mythischen Geschichten des Landes verschwindet.

Antiades (Gr. M.), Sohn des Hercules und der Thespiade Aglaia.

Antianira (Gr. M.), 1) eine Nymphe, mit welcher Apollo den Idmon erzeugte, dem der Gott die Sehergabe verlieh, so dass nichts ihm verborgen blieb. Obwohl er seinen Tod voraus wusste, machte er doch den Argonautenzug mit. — 2) A., Geliebte des Mercur, Tochter des Menetus. Ihre Kinder waren Echion und Eurytus; beide waren unter den Argonauten, der Erstere als Kundschafter.

Antias (Ital. M.), Beiname der Fortuna, von der Stadt Antium in Italien, wo sie besonders verehrt wurde und auch Orakel gab.

Antica, nannten die Augurn (s. A u g u r i u m) die südliche Gegend am Himmel (postica, die nördliche, s. d.), wenn sie das Templum mit dem Gesichte absteckten. Nach Osten und Westen ward dieser Theil des Himmels in antesinistra und antedextra getheilt. Man ging bei diesen Benennungen von der Voraussetzung aus, dass die Götter im Norden wohnten, und bezeichnete nun aus ihrem so gedachten Gesichtspunkte die Himmelsgegenden. Darum ist Süden vor, Norden hinten, Osten links, Westen rechts.

Anticlea (Gr. M.), 1) Gemahlin des Machaon (Sohnes des Aesculapius), dem sie zwei Söhne, Nicomachus und Gorgasus, gebar, Tochter des Diocles, Königs zu Pherä. — 2) A., Tochter des am Parnassus wohnenden Autolycus, Gemahlin des Laërtes und von ihm Mutter des Ulysses und der Ctimene. Sie starb aus Gram um ihren lang abwesenden Sohn, der, als er auf seinen Irrfahrten in die Unterwelt gelangte, unter den Schatten zuerst seine Mutter zu sich heraufsteigen sah. In der späteren Sagenbildung wird sie als Braut des Laërtes mit Sisyphus vertraut, empfängt von ihm den Ulysses und wird, mit diesem schwanger, an Laërtes verkauft oder vermählt. Beim Eintreffen einer falschen Nachricht vom Tode ihres Sohnes gibt sie sich selbst den Tod. — 3) A., Mutter des epidaurischen Räubers Periphetes, entweder von Vulkan oder von Neptun, vielleicht eins mit der vorigen.

Anticlus (Gr. M.), ein Achäer, welchen wir durch Homer kennen lernen, wo er den Menelaus seiner Gattin Helena und seinem Gastfreunde Telemachus von einer Scene in dem trojanischen Pferde erzählen lässt. Dort sass er mit Ulysses und anderen Helden, unter denen auch A. sich befand. Helena ging mit Deïphobus um das Ross, und rief die darin Sitzenden mit Namen, indem sie die Stimmen ihrer Frauen nachahmte. A. wollte durchaus antworten, da rettete Ulysses alle vom Verderben, indem er jenem den Mund zuhielt, bis Helena hinweg war.

Antigone (Gr. M.), 1) Tochter des Oedipus (s. d.), Enkelin des Laius. Dieser Letztere, mit Jocaste vermählt, ward durch das Orakel gewarnt, dass, wenn er einen Sohn bekommen sollte, dieser ihn um's Leben bringen würde. Laius liess daher, als ihm seine Gemahlin einen Sohn geboren hatte, diesen aussetzen; er wurde von Hirten gefunden und Oedipus genannt, und was er am Vater vielleicht nie begangen hätte, das beging der F r e m d l i n g an dem unerkannten Fremdling, der ihm in einem Hohlwege begegnete und, eingedenk seiner Königswürde, mit rauhem Ungestüm Entfernung forderte. Dem Laius war ferner prophezeit worden, sein Sohn werde die eigene Mutter ehelichen. Als die furchtbare Sphinx Theben verwüstete, setzte Creon, der Jocaste Bruder, welcher im Namen der verwittweten Königin regierte, die Hand derselben und ihre Krone demjenigen zum Preise aus, der das Räthsel der Sphinx lösen und das Land von ihr befreien würde. Oedipus erfüllte die Bedingung, und bestieg mit der eigenen Mutter das Brautbett, eine Verbindung, der vier Kinder, Eteocles, Polynices, Ismene und A. entsprangen. Durch den alten Diener, der ihn ausgesetzt hatte, offenbarte sich Alles; man entsetzte sich vor den geschehenen Freveln; — Oedipus stach sich selbst die Augen aus; doch man vertrieb ihn, trotz der harten Busse, aus Theben; er verfluchte sein ganzes Geschlecht, und verliess, geleitet von seiner Tochter A., das Reich, sich nach Colonus bei Athen wendend, wo er mit den Göttern versöhnt starb. — Die kindliche A., welche dem Vater in's Elend gefolgt war, stand nun rath- und führerlos da; sie kehrte traurig nach Theben zurück zu Eteocles, welcher, indem bereits des Vaters Fluch zur Erfüllung reifte, seinen Bruder Polynices vertrieben hatte. Hämon, der Sohn des Creon, entbrannte in heftiger Liebe zu ihr, doch durften beide ihre Neigung nicht zeigen, weil des Geliebten Vater der Verbindung nicht gewogen schien. Unterdessen brach der Krieg der sieben Helden gegen Theben los; Polynices und Eteocles waren beide im Wechselmorde gefallen; Creon bemächtigte sich des Reiches und verbot bei Todesstrafe, die gefallenen Argiver zu begraben. A. achtete des Verbotes nicht, und gab dem geliebten Bruder ein friedliches Grab. Creon trug seinem Sohne Hämon auf, sie zu tödten, welcher zwar die Geliebte zu retten wusste, so dass sie, bei einem Schäfer verborgen, seine Gattin ward und ihn mit einem Sohne beschenkte, doch nur, um sie später noch als Opfer der Tyrannei seines Vaters fallen zu sehen. Der A. Sohn fand sich nämlich bei den feierlichen Kampfspielen ein, ward an einem in seiner Familie erblichen Zeichen erkannt, und so wurde auch seine Mutter entdeckt. Diese nun übergab Creon schonungslos dem Tode, obgleich Hercules selbst für ihr Leben bat, und Hämon erstach sich auf ihrem Grabe. — 2) A., Tochter des Eurytion, Königs der Myrmidonen in Thessalien. Zu ihm kam Peleus, nachdem er, ohne es zu wollen, seinen Halbbruder Phocus ermordet, und liess sich von demselben mit den Göttern versöhnen. Eurytion gewann den jungen Helden lieb und gab ihm seine Tochter A. zur Gattin, und mit ihr den dritten Theil seines Landes. Bald darauf gingen Peleus und Eurytion zur calydonischen Jagd, und hier hatte der junge Held das Unglück, einen unfreiwilligen Mord zu begehen: indem er nach dem Eber warf, traf er seinen Schwiegervater. Desshalb musste er abermals fliehen, und kam zu Acastus, dem König von Jolcus, der abermals die Blutschuld von ihm nahm. Des Königs Gemahlin Astydamia verliebte sich in ihn, und da er ihren Anträgen widerstand, schrieb die Königin an die entfernte A., Peleus stehe im Begriff, sich mit Acastus' Tochter Sterope zu vermählen. Der Brief war für das liebende Weib ein tödtliches Gift: — sie erhängte sich und Peleus fand nur Trost in einem zarten Kinde, das sie ihm hinterlassen, in seiner Tochter Polydora. — 3) A., Tochter des Pheres, Gattin des Pyremus, von welchem sie einen Sohn, den Argonauten Asterion, empfing. — 4) A., des Königs Laomedon von Troja Tochter, war sehr schön, aber besonders stolz auf ihr überaus reiches, langes Haar, wesshalb sie sich höher schätzte als Juno, von der sie daher in einen Storch verwandelt wurde.

Antileon (Gr. M.), einer der vielen Söhne des Hercules von Procris, einer der fünfzig Töchter des Thespius.

Antilochus (Gr. M.), einer der tapfersten Streiter vor Troja, Sohn des Nestor und der Eurydice oder der Anaxibia. Nestor befrug seinetwegen das Orakel, und dieses sagte, A. solle sich vor einem Aethiopier hüten. Desshalb gab ihm sein Vater den Chalcon aus Cyparissia zum Gesellschafter, dem er den Auftrag ertheilte, seinen Sohn stets vor dem Aethiopier zu warnen. Als Chalcon, aus Liebe zur Penthesilea, der Amazonen-Königin, zu den Trojanern überging, ereilte den Pflegebefohlenen sein Schicksal. — Antilochus war ein Freier der Helena, und musste desshalb an dem trojanischen Kriege Antheil nehmen, welchen er bis nach des Patroclus Tod mitmachte; diess letzte Ereigniss zeigte er, ein Busenfreund des Achilles, dem Helden an. Bei den Leichenspielen, die dieser dem Gefallenen veranstaltete, that A. sich als kundig der Rosse und der Lenkung des Wagens hervor, so dass er den zweiten Preis gewann. Bald darauf kam Nestor, des A. Vater, in grosse Gefahr. Eines seiner Rosse war von Paris verwundet worden, konnte nicht schnell genug das Schlachtfeld verlassen, und der Aethiopier Memnon ereilte den Greis. Da trat A. vor den gewaltigen Krieger und fiel, dem unentfliehbaren Verhängniss zu Folge, von dessen Hand. Achilles rächte auch diesen Freund, indem er den Memnon erlegte, feierliche Leichenspiele veranstaltete, und Memnons Waffen und Haupt auf dem Scheiterhaufen des A. verbrannte. Seine Asche ward neben der des Achilles und Patroclus in einem gemeinschaftlichen Grabmal beigesetzt, und im Hades wandelte sein Schatten mit diesen beiden. Nach anderer Sage theilte seine Seele mit der des Achilles den Aufenthalt auf der Helden-Insel Leuce.

Antimache (Gr. M.), Gemahlin des Eurystheus (s. d.), Tochter des Amphidamas, Sohnes des Lycurgus, und Schwester des durch seinen Sieg über Atalante (s. d.) berühmten Milanion.

Antimachus (Gr. M.), 1) ein Trojaner, welcher, von Paris bestochen, den Vorschlag des Antenor, Helena mit ihren geraubten Gütern dem Menelaus zurückzugeben, hintertrieb, ja sogar darauf drang, dass man die Gesandten der Griechen, Ulysses und Menelaus, erschlagen solle. Aus Rache dafür tödtete Agamemnon seine beiden Söhne Hippolochus und Pisander, nachdem er sie in der Schlacht bezwungen, trotz des Anerbietens grosser Lösegelder. — 2) A., Sohn des Aegyptus, durch seine Braut, die Danaïde Idea, ermordet. — 3) A., ein Centaur, der auf des Pirithous Hochzeit unter den Streitern war, und von dem Lapithen Cäneus getödtet ward. — 4) A., Sohn des Hercules und der Megara, den sein Vater im Wahnsinn in's Feuer warf.

Antimenes (Gr. M.), Sohn des Deïphontes und der Hyrnetho, der Tochter des argolischen Königs Temenus.

Antinoë (Gr. M.), 1) eine der Töchter des Königs Pelias von Jolcus (s. d. und Medea). — 2) A., des Arcadiers Lycurgus (Sohnes des Aleus und der Neära) Gattin, mit welcher er Amphidamas, Ancäus, Epochus und Jasus erzeugte. An ihre Stelle setzen einige Schriftsteller theils die Eurynome, theils die Cleophile. — 3) A., Geliebte des Hercules, dem sie den Palämon gebar. — 4) A., Tochter des Cepheus, welcher ein Sohn des Aleus und Bruder des arcadischen Lycurg und Genosse der calydonischen Jagd war. Sie soll es gewesen sein, welche auf Befehl des Orakels die Stadt Mantinea in Arcadien von dem Orte, auf dem sie früher stand, nach jenem versetzte, an welchem sie bis zu ihrer Zerstörung blieb. Eine Schlange soll die ganze Colonie an den Ort ihrer Bestimmung geführt haben.

Antinous (Gr. M.), 1) Sohn des Eupithes, eines mächtigen Mannes auf Ithaca, befand sich unter den Freiern um Penelope, und trachtete nicht blos nach ihrer Hand, sondern auch nach der Herrschaft über die Insel. Homer schildert ihn als finsteren Sinnes, von schwarzer Galle umströmt sein Herz, und so handelt er auch, denn er ist es, der die Freier bewegt, ein Schiff auszurüsten, um dem Telemach zwischen Ithaca und Samos aufzulauern. Der Herold Medon belauschte die Verabredung und hinterbrachte sie der Penelope, welche den Freiern Vorwürfe darüber machte; dennoch ward vollführt, was beschlossen war, und A. wartete am Tage, hinter einem Felsen verborgen, auf den Jüngling, der seinen Vater zu suchen nach der sandigen Pylos gegangen war, und Nachts kreuzte das Schiff auf der See, immerfort seinen Weg durchschneidend. Da dieser Anschlag dennoch misslang, wollte er den Telemach auf seinem Rückwege von dem Sauhirten Eumäus tödten, dafür war er der Erste, welchen Ulysses erschoss, indem er ihm, während er trank, den Pfeil durch die Kehle sendete. — 2) A., ein Jüngling, den der Kaiser Hadrian aus Bithynien mitgebracht und zu seinem Liebling gemacht hatte. Er starb in den Wellen des Nils eines räthselhaften Todes; nach Einigen aus Schwermuth, nach Andern in einem religiösen Wahne dem Wohle seines Gebieters sich opfernd. Hadrian baute dem Jünglinge Tempel, liess ihn als Gott verehren, brachte ihm Opfer, setzte für ihn feierliche Spiele ein, und erbaute eine Stadt in Aegypten, welche seinen Namen trug. Die verfallene, um jene Zeit für eine kurze Dauer wieder auflebende Kunst hat ihn, um dem Kaiser zu schmeicheln, häufig zum Gegenstande ihrer Darstellungen gemacht, besonders, indem man ihn mit den Attributen des Bacchus bekleidete. Auch hat man ihn an den Himmel versetzt, daher heisst A. auch ein Sternbild der nördlichen Halbkugel. Dasselbe hat 19 Sterne, davon drei der dritten, sechs der vierten, sechs der fünften und vier der sechsten Grösse: einer davon ist veränderlich.

Antioche. S. Antiope.

Antioches (Gr. M.), Sohn des Melas aus Aetolien (abstammend von Porthaon und Euryte). Er und seine Brüder, Euryalus, Hyperlaus, Eumedes, Sthenelus, Sternops und Xanthippus, stellten dem Bruder ihres Vaters, Oeneus, nach Krone und Leben; A. ward gefangen und lange in Banden gehalten, bis des Tydeus Sohn, Diomedes, ein Enkel des Oeneus, ihn befreite und wieder in sein Reich einsetzte, welches er jedoch, da er sich selbst zu alt fühlte, seinem Schwiegersohne Andrämon überliess.

Antiochus (Gr. M.), 1) Sohn des Hercules von der Midea, einer Tochter des Phylas, Königs der Dryoper, welchen Hercules mit Hülfe der Melier überwand und ihn dafür bestrafte, dass er an dem Heiligthum zu Delphi gefrevelt. — 2) A., Sohn des Pterelaus, Königs der Teleboer auf der Insel Taphos, der mit seinen Brüdern den Electryon aus Mycenä vertreiben wollte, und in dem darüber sich erhebenden Kampfe gegen die Söhne des Letzteren fiel.

Antion (Gr. M.), Sohn des Periphas, eines Sohnes des Lapithes von Astyagia, der Tochter des Hypseus, nahm Amythaons Tochter Perimele zur Gattin und erzeugte mit ihr den Ixion (s. d.).

Antiope, Fig. 27 (Gr. M.), 1) Mutter des Amphion und Zethus von Jupiter, Tochter des Nycteus aus Hyria; nach Anderen des Flussgottes Asopus (s. d.). Jupiter stieg zu ihr nieder; als sie jedoch die Folgen seiner Liebe empfand, floh sie vor dem Zorn ihres Vaters zu Epopeus, König von Sicyon, welcher sie freundlich aufnahm. Nycteus überzog ihn desshalb mit Krieg, ward aber verwundet und starb, nachdem er seinem Bruder Lycus die Rache übertragen, welche derselbe auch auf das Grausamste vollzog, indem er den Epopeus ermordete, A. hinwegführte, die beiden Kinder, welche sie unterwegs gebar, aussetzte, und die unglückliche Mutter noch unglücklicher machte, indem er sie seiner Gattin Dirce als Sklavin übergab, welche sie zwanzig Jahre lang misshandelte, nach Verlauf welcher Zeit sie endlich Gelegenheit fand, zu entfliehen. Amphion und Zethus waren von Hirten aufgenommen und erzogen worden. Zu diesen kam sie, gab sich ihnen als ihre Mutter zu erkennen und flehte sie um Hülfe an. Jene zweifelten, bis Dirce kam, A. gewaltsam aus der ärmlichen Hütte hinwegreissen, als ihre Sklavin züchtigen

Fig. 27.

und dann ermorden wollte; da erkannten die Söhne ihre Mutter, und rächten alle ihr zugefügten Martern, indem sie die Königin mit den Haaren an die Hörner eines wilden Stieres banden und sie zu Tode schleifen liessen. Diese Scene ist durch die beiden Bildhauer von Rhodus, Apollonius und Tauriscus (Brüder), auf das Trefflichste ausgeführt; es ist das grösste Bildhauerwerk, das aus dem Alterthum erhalten ist, und führt jetzt den Namen des farnesischen Stieres. Wegen der grausamen Rache an Dirce versetzte übrigens Bacchus die A. in Raserei, in welcher sie ganz Griechenland durchirrte. — 2) A., eine der fünfzig Thespiaden, welche von Hercules den Alopius gebar. — 3) A., Tochter des Pylaon, welche sich mit Eurytus, dem Könige von Oechalia, vermählte, und ihm zwei Söhne, Iphitus und Clytius, Genossen des Argonautenzuges, und eine überaus schöne Tochter, Jole, gebar, welche später des Hercules Beute und Veranlassung zu seinem qualvollen Tode ward. Indessen wird die Gemahlin dieses Eurytus von Andern auch Antioche, Tochter des Aubolus, genannt. — 4) A., Tochter des Mars und der Otrera, Schwester der Amazonen-Königin Hippolyte, ward, als Hercules die Amazonen besiegt hatte, gefangen und nach ihrer Gefangennehmung dem Theseus zu Theil, welcher sich mit ihr vermählte, sie zur Königin von Athen machte und den Hippolytus mit ihr erzeugte. Während Hercules, den letzten Auftrag seines Herrn zu erfüllen, sich in Africa befand, sammelten sich die aus der Schlacht übrig gebliebenen Amazonen am Flusse Thermodon, um sich an den Griechen wegen der Niederlage, die sie durch Hercules erlitten, zu rächen; vorzüglich waren sie gegen die Athener erbittert, weil Theseus die Königin der Amazonen zur Sklavin gemacht hatte. Da sich die Scythen an die Amazonen anschlossen, kam eine bedeutende Heeresmacht zusammen, mit welcher die Heerführerinnen der Amazonen über den cimmerischen Bosporus und durch Thracien hinzogen. Endlich, nachdem sie einen grossen Theil von Europa durchstreift, kamen sie nach Attica und errichteten ein Lager an dem Platze, welcher von ihnen den Namen Amazoneum erhalten hat. — Sobald Theseus erfuhr, dass die Amazonen anrückten, ging er ihnen entgegen mit seinen einheimischen Truppen und mit A., welche ihm einen Sohn, Hippolytus, geboren hatte; er lieferte den Amazonen eine Schlacht, in welcher die Athener sich durch ihre Tapferkeit auszeichneten, auf deren Seite auch der Sieg blieb. Die Amazonen wurden theils niedergemacht, theils aus Attica verjagt. Die Entkommenen kehrten nicht mehr in ihr Vaterland zurück, sondern vermählten sich mit den Scythen. A., die an der Seite ihres Gatten muthvoll kämpfte starb den Heldentod in der Schlacht.

Antiphas (Gr. M.), Sohn des Laocoon, welcher mit seinem Vater und seinem Bruder durch die furchtbaren, von Minerva gesendeten Meerschlangen getödtet wurde. (S. Laocoon.)

Antiphates (Gr. M.), 1) König der Lästrygonen in der Stadt Telepylus, den Ulysses auf seiner Irrfahrt zu seinem Schrecken kennen lernte. In einen geräumigen, rings von Felsen umschlossenen Hafen einlaufend, sandte er zwei Männer nebst einem Herold zur Erkundigung des Landes aus und um gastlich Obdach zu suchen. Diese trafen ein Mädchen, des A. Tochter, welche am Brunnen Artacia Wasser schöpfte. Sie führte die Fremden in des Vaters Wohnung, wo die riesige Frau des A. ihnen entgegentrat und sie mit Grausen erfüllte, doch noch mehr entsetzten sie sich, als diese den König selbst herbeirief, welcher, an Grösse ein Gigant, sogleich den Herold auffrass; die beiden andern entflohen, doch der König, mit Gebrüll, regte die Stadt auf; die Flotte der Fremdlinge, nebst der darauf befindlichen Mannschaft, wurde durch von Felsen herabgestürzte Steine vertilgt; von zwölf Schiffen blieb nur das eine des Ulysses übrig. — 2) A., Sohn des Sarpedon und einer Thebanerin, wurde, wie uns Virgil in der Aeneis (9, 696 ffg.) erzählt, von Turnus getödtet. — 3) A., Sohn des Melampus, welcher durch Schlangen, die seine Ohren ausgeleckt hatten, die Sprache aller Thiere verstehen gelernt. Sein Sohn Oïcles war der Vater des berühmten Amphiaraus (s. d.).

Antiphatea (Gr. M.), Gemahlin des Crissus, Sohnes des Phocus, dem sie den Strophius, den Vater des Pylades, gebar.

Antiphera (Gr. und röm. M.), eine schöne ätolische Sklavin, von Athamas (s. d.) geliebt. Aus Eifersucht darüber ward seine Gemahlin Ino wahnsinnig, und tödtete ihren eigenen Sohn Melicertes. Daher entstand die Sitte, dass am Feste der Leucothea (Ino als Meeresgöttin) zu Chäronea der Priester des Tempels mit einer Peitsche auf die Tempelstufen trat und rief: »Kein Knecht trete ein und keine Magd, kein Aetolier und keine Aetolierin!«

Antiphonus (Gr. M.), einer der Söhne des Priamus, welche dieser schmähend aus der Halle zu den Ställen jagte, ihm die Rosse vor den Wagen zu spannen, damit er dem Achilles die Lösung für den Leichnam seines Sohnes Hector brächte.

Antiphus (Gr. M.) 1) Sohn des Pylämenes und der Nymphe Gygäa, mit welcher er diesen und noch einen zweiten Sohn, Mesthles, erzeugte, welche beide als Anführer der Lydier aus der Gegend von Tmolus den Trojanern zu Hülfe kamen. — 2) A., Sohn des Priamus, warf im Kampfe mit Ajax eine Lanze nach diesem Helden, traf ihn zwar nicht, doch einen andern bedeutenden Krieger, einen Freund des Ulysses, Leucus, welcher soeben einen erlegten Trojaner fortschleifen wollte, um ihn zu plündern. Ulyssss kam herzu, um ihn zu rächen, doch entging A. diessmal dem Tode, um ihn von der Hand des Agamemnon zu finden, welcher später ihn und seinen Bruder Isus, der die Rosse des Streitwagens lenkte, zugleich tödtete. — 3) A., Sohn des Thessalus (Sohnes des Hercules), und Bruder des Phidippus. Sein Vater besass die Inseln Calydna und Nisyrus, die seinen Söhnen verblieben, welche ihre Macht auch noch über Cos, Crapathus und Casus erstreckten, und mit den waffenfähigen Männern von diesen auf dreissig Schiffen vor Troja zogen. — 4) A., Gefährte des Ulysses, Sohn des alten, erfahrenen Helden Aegyptius auf Ithaca, war mit Ulysses nach Troja gezogen, und dann auf seinen Irrfahrten von dem Cyclopen Polyphem in dessen Höhle zur Bereitung des letzten Schmauses geschlachtet. — 5) A., nebst Mentor und Halitherses Freund des Ulysses und väterlicher Berather des verlassenen Telemachus. — 6) A., Sohn des Myrmidon, eines Sohnes des Jupiter und der Pisidice, Tochter des Aeolus (s. d.).

Antippus (Gr. M.), Vater der Hippea, und durch sie, welche sich mit dem thessalischen Fürsten Elatus vermählte, Grossvater der Argonauten Cäneus und Polyphemus, welche Nestor in seiner Jugend gesehen hatte, und zu den stärksten Männern der Vorzeit zählte.

Antores (Gr. M.), Freund und Gefährte des Hercules, welchen er auf vielen seiner Züge begleitete, bis er von demselben bei dem alten latinischen Heros und König Evander zurückgelassen wurde, um diesen gegen die Einfälle der räuberischen Hirten zu schützen. Als später Aeneas nach Italien kam, erklärte sich Evander für diesen Helden, und schickte ihm seinen Sohn mit einer Schaar auserlesener Leute zu Hülfe, unter denen sich auch der Argiver A. befand. Doch blieb er, so wie der Sohn des Evander, in der ersten Schlacht.

Antumalgumen, eine Göttin der freien Arauganos in Chile, wird als Gemahlin des Sonnengottes verehrt.

Antrimp, ein Meergott bei den Wenden und Preussen, gehört zu den zwölf grossen Göttern, welche man für die Symbole der Monate hält.

Anubis (Aegypt. M.), eine der ersten Gottheiten der Aegypter, doch nicht zu den acht alten, sondern zu den vier neueren gehörig. Nephthys liebte den Osiris, und brachte es durch List dahin, dass er in ihren Armen ruhte, ohne sie zu erkennen, indem er sie für seine Gemahlin Isis hielt. Aus dieser Umarmung ging A. hervor, welchen seine Mutter aussetzte; der Kranz von Lotosblumen, welchen Osiris trug, war ihm, als er von der Schwester Lager aufstand, entfallen; an diesem erkannte Isis, wer des neugebornen Kindes Vater sei, sie liess es aufsuchen, und durch Hülfe wohl abgerichteter Hunde gelang es, dasselbe zu finden; die edle Schwester und Gattin nahm sich des Kindes treu und freundlich an, und erzog sich in demselben einen unwandelbaren Freund und Tröster, welcher auch späterhin der Göttin seine Dankbarkeit durch Aufsuchung des Osiris zeigen konnte. A. wird in Menschengestalt mit einem Hundekopf abgebildet, Fig. 28, und daher auch seine verschiedenen Benennungen, Hundsgesicht, Hundskopf etç. Die Art der Darstellung leitet man entweder davon ab dass

Fig. 28

er durch Hunde aufgesucht worden, oder dass er mit solchen die zerstreuten Glieder des Osiris gefunden, oder endlich davon, dass er den Osiris auf seinen Kriegszügen begleitet, und sich dabei eines Helmes bedient habe, welcher mit einem Hundskopf überzogen gewesen. Am natürlichsten nimmt man an, dass der Dienst des A. ein Ueberrest der ursprünglichen ägyptischen Religion, einer ganz einfachen Thierverehrung, ist. So wäre denn A. der göttliche Repräsentant des Hundegeschlechtes und der Wohlthaten, die es dem Menschengeschlechte erweist.

Anunen (Ind. M.), ein Fürst in Indien, dritter Sohn des Ejadien und der Dairenei, aus dem Geschlechte der Kinder des Mondes stammend.

Anurat, Schüler des siamesischen Heiligen Sommona Khodom, wird als Engel angebetet, denn in einen solchen ward er während einer Predigt des Sommona verwandelt.

Anussuya (Ind. M.), Tochter des Altvaters Kartamen und der Dewayhdi, nach Anderen eine der fünfzig Töchter des Dakscha. Sie war die Gemahlin des Atri, allein so keusch, dass sie seine Umarmung, so wie die Liebe des Gottes Indra, verschmähte; dafür schenkte ihr Bhawani drei Kinder ohne Erzeugung, welche sie nach einander ihrem Gemahl gebar. Aus dem Wesen des Brama entstand Schandren, aus dem des Wischnu der Tibaterien, und aus Schiwa's Wesen Duruwassen.

Anxur (Röm. M.), Bundesgenosse des aus der Aeneïs bekannten Turnus, kämpfte mit Aeneas, der ihm die linke Hand sammt dem ganzen Rande des Schildes abhieb.

Anylawruden (Ind. M.), einer von den neun Söhnen des in der mythischen Geschichte Indiens bekannten Fürsten Abnidrawen.

Anytus (Gr. M.), einer der Titanen, der Söhne des Uranus und der Gäa, welcher Juno erzogen haben sollte, daher sein Bild in einem arçadischen Tempel neben dem dieser Göttin stand.

Aoede (Gr. M.) »Gesang«, eine der drei Musen des frühesten pelasgischen Cultus; die beiden anderen waren Melete (die Einübung) und Mneme (das Gedächtniss). Die Aloïden Otus und Ephialtes sollen ihren Dienst in Böotien eingeführt haben.

Aeolia (Gr. M.), Amythaon, ein Freund des Jason, war vermählt mit Idomene, der Tochter seines Bruders Pheres. Die Kinder dieser Ehe waren Bias, Melampus und Ae. Diese verband sich mit Calydon, dem Sohne des Aetolus und der Pronoë, aus welcher Ehe Protogenia und Epicaste hervorgingen. Erstere wurde durch Mars Mutter des Oxylus, Letztere wurde die Gemahlin des Augias.

Aeolius (Gr. M.), ein Freier der Hippodamia, welcher von der Hand ihres Vaters Oenomaus getödtet wurde, nachdem dieser ihn zuvor im Wettrennen, welches über der Tochter Hand entscheiden sollte, überwunden hatte.

Aeolus (Gr. M.), 1) einer der Stammhelden des hellenischen Volkes, Sohn des Hellen und der Nymphe Orseïs, Herrscher im thessalischen Magnesia; seine Brüder sind Dorus und Xuthus. Ae. verband sich mit des Deïmachus Tochter Enarete, und aus dieser Ehe entsprangen sieben Söhne: Deïon, Cretheus, Magnes, Perieres, Salmoneus, Sisyphus und Athamas, und fünf Töchter: Canace, Alcyone, Pisidice, Calyce und Perimede. — 2) Ae., der Beherrscher der Winde. Die Höhle, in welcher die Winde ihren Sitz haben, wird von dem Einen nach Thracien, von dem Andern nach Sicilien, und nach den äolischen oder liparischen Inseln von einem Dritten und Vierten versetzt. Der letzteren Meinung sind auch Homer und Virgil (vgl. Aen. 1, 50 ffg.). Plinius (N. G. 3, 14) ergänzt die Nachricht, indem er die bei Sicilien liegenden Liparias, Hephästiaden, oder vulcanischen Inseln, als die ehemals äolischen bezeichnet, und Strongyle als die Residenz des Ae. angibt. — Bei Homer erzählt Ulysses am Anfange des zehnten Gesanges der Odyssee, dass er zu der Insel des Ae. gelangt sei, beschreibt sie als schwimmend und von einer ehernen Mauer ganz umschlossen. In einem Palaste sind dem Ae. sechs Söhne, Astyochus, Xuthus, Androcles, Pharämon, Jocastus und Agathyrnus, und sechs Töchter geboren, welche, mit einander verheirathet, stets bei ihm bleiben und ihre Zeit mit Schmausen zubringen, denn unzählbare Speisen sind ihnen aufgestellt. Ae. nimmt den Fremden gastfreundlich auf, beherbergt ihn einen Monat lang, und entsendet ihn dann mit günstigem Winde in die Heimath, während er ihm die feindseligen Stürme, in den Schlauch von einem neunjährigen Rinde gesperrt, mitgibt, und sie selbst mit silbernem Seile im Schiffe festbindet. Allein der Gefährten Neugier bringt ihn wieder in's Unglück, denn schon im Angesichte von Ithaca entschlummert der Held, und die Andern, meinend, dass Schätze in jenem Schlauch verborgen seien, öffnen ihn, zurück fliehen die Stürme, und reissen das Schiff mit sich fort zu des Ae. Insel, wo Ulysses diessmal keine so gute Aufnahme findet, indem der König ihn für einen Verworfenen, von den Göttern Verstossenen hält, und seine unglückbringende Nähe von sich weist. — Wie Plinius, beschreibt auch Strabo die Inseln des Ae., nur bevölkert er dieselben auf andere Weise; er sagt von ihnen, es habe sich ein Sohn des Königs Auson, Namens Liparus, durch einen Aufstand seiner Brüder genöthigt, mit Schiffen und Soldaten auf die nach ihm benannte Insel Lipara geflüchtet und die Stadt desselben Namens gegründet, so wie die übrigen Inseln bebaut. Er war schon alt, als Ae., ein Sohn des Hippotas, mit einigen Begleitern auf Lipara landete. Dieser vermählte sich mit der Tochter des Königs, verschaffte seinen Leuten gleiche Rechte mit den Eingebornen und wurde endlich selbst König. Der Historiker erklärt diesen Ae. für denjenigen, zu welchem Ulysses auf seiner Irrfahrt kam; er nennt ihn fromm und gerecht, gegen die Fremden freundlich. Er war es ferner, der den Gebrauch der Segel bei der Schifffahrt einführte, und aus Vorzeichen, die er an dem Feuer beobachtete, den Einwohnern die Winde genau voraussagte, daher ihn die Fabel zum Gebieter der Winde gemacht hat. — 3) Ae., ein Gefährte des Aeneas, ein Phrygier, welcher in der Schlacht gegen Turnus von dieses Fürsten Hand fiel, obgleich Aeneas zu seiner Rettung erschien.

Aon (Gr. M.), Sohn des Neptun, Vater des Dymas, ein alter böotischer Landeskönig, nach welchem eines der böotischen Urvölker Aonier, und einst ganz Böotien Aonia genannt worden sein soll.

Aoniden (Gr. M.), im frühesten Alterthum Name der Musen, weil sie besonders in Aonien verehrt wurden.

Aora (Gr. M.), eine Nymphe von Creta, nach welcher die Stadt Aorus in Creta benannt sein sollte.

Aos. Nach der Götterlehre der Chaldäer gibt es drei Grundprincipien der Welterhaltung, davon A. eines ist; seine Kraft durchdrang die Daukä und erzeugte den Belus.

Aozos, der opfernde Tempeldiener bei den Griechen.

Apalexicacus (Gr. M.), Beiname des Aesculap, »Abwender des Bösen, des Uebels«.

Apan (Ind. M.). Der Lebenshauch, welcher den Menschen beseelt, heisst nach der Lehre der Indier Pran. Die verschiedenen Theile desselben tragen verschiedene Namen; derjenige, welcher die Ausscheidung verschiedener unnützer Stoffe aus dem Körper des Menschen bewirkt, heisst A.

Apanchomene (Gr. M.), Beiname der Diana, welcher »die Erwürgte« bedeutet, und ihr beigelegt wurde, weil ein Schwarm spielender Kinder der in einem Haine stehenden Bildsäule dieser Göttin eine Schnur um den Hals gelegt hatte. Die Bewohner von Caphyä in Arcadien, in deren Nähe diess geschehen war, wollten die beleidigte Ehre der Göttin rächen, und steinigten alle diese Kinder. Die Göttin strafte diese Barbarei dadurch, dass sie alle Weiber der Caphyäer zu früh gebären liess. Die Arcadier fragten daher das Orakel zu Delphi um Rath, und dieses befahl ihnen die ermordeten Kinder feierlich zu bestatten und ihnen ein jährliches Todten-Opfer zu bringen. Seitdem nannten die Caphyäer die Diana mit obigem Beinamen.

Aparchae, Erstlinge, die als Opfer dargebracht wurden; auch die Stirnhaare und äussersten Gliedmassen des Opferthiers, die zuerst abgeschnitten und in's Feuer geworfen wurden.

Apasson (M. der Chaldäer), das zeugende Grundprincip alles Vorhandenen, welches mit dem empfangenden Princip, mit Tanthe, die Ursache alles Seins ist, indem aus beiden Moumis, der Vater aller Geschöpfe, hervorging.

Apate (Gr. M.), »die Täuschung.« Personification, Tochter der Nacht und Schwester der Träume.

Apaturien (Gr. Festbrauch.), ein athenisch-jonisches Volksfest, dessen Name von ungewisser Entstehung ist. Am wahrscheinlichsten nimmt man an, dass der Name mit dem der Phratrien, den Unterabtheilungen der athenischen Volksstämme, zusammenhängt, und ein Vereinigungs-Fest dieser Phratrien anzeigt, die an diesem Feste ihre gemeinschaftlichen Verhältnisse auf ähnliche Art ordneten, wie an den Amphidromien (s. d.) die Familien die ihrigen. Dass es dabei an Schmausereien und gutem Weine nicht fehlen durfte, versteht sich nach dem Charakter der griechischen Feste von selbst. Das Fest fiel in den Monat Pyanepsion, der um die Mitte Septembers begann, währte drei Tage und gehörte den Athenern und allen von Athen ausgezogenen Joniern, mit Ausnahme der Ephesier und Colophonier, gemeinschaftlich an. — Der Begriff von Apate (Täuschung, Betrug) liegt dem Beinamen Apaturia zu Grunde, den wir sowohl der Venus, als der Minerva beigelegt finden. Man sagte nämlich von Venus, sie sei in der Gegend von Phanagoria im taurischen Chersones von den Giganten angefallen worden und habe den Hercules zu Hülfe gerufen, der dann die Göttin in einer Höhle verbarg, in der sie die nach einander ihr nahenden Giganten dem Hercules übergab, um sie auf diese Art durch Betrug umzubringen; von Minerva aber, sie habe Aethra, die Tochter des Königs Pittheus von Trözen, durch einen Traum getäuscht, in welchem sie sie aufforderte, in ihren Tempel auf der Insel Sphäria zu kommen, wo dann Neptun der Aethra beiwohnte. Ohne Zweifel verdanken beide Mythen ihre Entstehung dem Glauben, dass jene Göttinnen, in Phanagoria Venus, in Trözen Minerva, zur Stiftung und Erhaltung der Geschlechter, Phratrien, mitgewirkt haben und noch mitwirken. Desshalb mussten auch die trözenischen Jungfrauen vor ihrer Verheirathung im Tempel der Minerva Apaturia dieser Göttin ihren Gürtel weihen.

Apeliotes, Fig. 29. (Gr. M.), »der Ostwind,« wird dargestellt, wie er, horizontal fliegend, an dem Thurm der Winde in Athen zu sehen war, in leichtem Mantel, worin er Blumen und Früchte trägt, mit lockigem Haar und freundlicher, offener Stirne in die Welt ausschauend. Der Ostwind brachte den Griechen über die See her gelinden

Fig. 29.

und fruchtbaren Regen, daher wird er in so heiterer Weise aufgefasst.

Apemius (Gr. M.), »Schaden-Abwender,« ein Beiname, unter welchem Jupiter auf dem Berge Parnes in Attica verehrt wurde.

Apemosyne (Gr. M.), Tochter des Königs Catreus von Creta, die mit ihrem Bruder Althemenes nach Rhodus ging. Dort wurde sie von Mercur schwanger, worauf der erzürnte Bruder, der ihrer Angabe, dass der Gott ihr Geliebter gewesen sei, keinen Glauben schenkte, die Unglückliche durch einen Fusstritt tödtete.

Aperta (Röm. M.), Beiname des Apollo, »der Offene,« weil seine Orakel, nach der Erklärung eines alten Schriftstellers, vom freistehenden Dreifuss aus gegeben worden seien. Andere meinen, es liege ein verstümmeltes griechisches Wort zu Grunde, welches bedeuten würde: »der vom Festland (Griechenland) Herübergekommene.«

Apesantius (Gr. M.), Beiname des Jupiter, von dem Berge Apesas bei Nemea; der Berg selbst sollte seinen Namen von Apesas, einem alten Heros und König in Nemea, haben.

Apewesch (Pers. M.), einer jener gewaltigen, bösen Genien, welche Ahrimann schuf, um sie den lichtvollen, herrlichen Schöpfungen des Ormuzd entgegen zu setzen. Dieser Genius streitet im Kampfe, der den Weltuntergang herbeiführt, mit Taschter. Letzterer ist das Urflüssige, das Wasser, der mit ihm kämpfende Dämon die Dürre (nicht das Feuer, welches heilig ist), und wird endlich überwunden.

Apfel (Nord. M.). Der Mythus der Skandinavier erzählt uns, dass Iduna, die Göttin der Jugend, köstliche Ae. in ihrer Verwahrung gehabt, von denen die Asen öfters essen mussten, weil sie ohne dieses alterten. Unbekannt ist der Ort, an welchem diese Ae. wachsen, doch höchst wichtig ihre Erhaltung den Asen (vergl. Iduna), daher sie, als einst Juduna mit ihrer kostbaren Speise von dem Riesen Thiassa entführt worden war, Loke mit den härtesten Strafen bedrohten, wenn er sie nicht wieder herbeischaffen würde.

Aphaea (Gr. M.), Beiname der Britomartis (s. d.), den sie in Aegina bekam.

Aphacitis (Gr. M.), Beiname der Venus von dem Orte Aphaca, zwischen Heliopolis und Byblus in Syrien, wo sie einen Tempel mit einem berühmten Orakel hatte. Nicht weit von dem Heiligthume befand sich ein kleiner See mit einem versteckten Ableitungsgraben. In diesen See warfen die Pilger, welche das Orakel besuchten, ein Geschenk; war dieses der Göttin angenehm, so sank es unter, im entgegengesetzten Falle blieb es auf der Oberfläche schwimmend. Mehrere wunderbare Erscheinungen, die sich dort oft bei Nacht sehen liessen, brachten den Tempel besonders in Ruf, welcher sich erhielt, bis der christliche Kaiser Constantin d. Gr. denselben zerstören liess.

Aphareus (Gr. M.), 1) ein Messenier, besonders durch seine Söhne Idas und Lynceus berühmt, von denen der Erstere mit Apollo zu kämpfen wagte, bis Jupiter die Streitenden trennte, bei der calydonischen Jagd, bei dem Argonautenzug war, und endlich den einen der Dioscuren, Castor, tödtete, welcher der Beute wegen Streit mit ihm begonnen, wobei ihm sein Bruder Lynceus, Bootsmann der Argonauten, half. Er baute eine Stadt, die er nach seiner Gemahlin Arene benannte, wie auch eine Quelle in Messenien ihren Namen trug. — 2) A., ein Centaur, welcher auf der Hochzeit des Pirithous seines Freundes Dictys Tod an dessen Mörder Pirithous rächen wollte, und desshalb einen ungeheuern Felsblock nach ihm zu werfen im Begriffe stand, als Theseus ihm mit einem Eichenpfahl den Arm zerschmetterte.

Aphesius (Gr. M.), »der Erlöser, Befreier,« Beiname des Jupiter, unter welchem er in einem Tempel auf einem Berge bei Megara, zur Erinnerung an die auf des Aeacus Gebet erfolgte Befreiung von allgemeiner Dürre, verehrt wurde.

Aphetor (Gr. M.), Beiname des Apollo, »der Schütze;« ferner der Titel des Oberpriesters des Apollo zu Delphi.

Aphidas (Gr. M.) 1) Sohn des Areas und der Nymphe Erato, der Auslegerin der Orakel des Pan, welche ihm drei Söhne gebar, Azan, Elatus und A. Arcas theilte sein Land unter diese drei Söhne, doch so, dass Elatus die Oberherrschaft behielt. Des A. Sohn war Aleus. — 2) A., ein Centaur, welcher auf der Hochzeit des Pirithous von Phorbas im Schlaf erschlagen wurde. — 3) A., Sohn des Königs von Alybas, Polypemon, Vater des Eperitus, für den Ulysses sich ausgab, als er unerkannt nach Ithaca zurückkehrte.

Aphidnus (Gr. M.), 1) Gefährte des Aeneas, welcher in der Schlacht gegen Turnus von diesem letzteren neben Antiphates erlegt wurde. — 2) A., ein Freund des Theseus.

Aphiraphe (Gr. M.), Tochter des Titanen Cöus und seiner Schwester und Gemahlin Phöbe. A. war nach dieser Abstammung Schwester der Latona und Asteria.

Aphneus (Gr. M.), »der Vorrath-Spender,« Beiname des Mars davon, dass er seinen Sohn Aëropus noch an die Mutterbrust der geliebten Aërope legte, als sie bei der Geburt gestorben war, und bewirkte, dass das Kind auch so noch Muttermilch fand.

Aphrodisien (Gr. M.), Feste der Venus, (Aphrodite, s. d.) die zwar überall in Griechenland, ganz besonders aber auf der dieser Göttin eigenthümlich geweihten Insel Cyprus gefeiert wurden.

Aphrodite oder Aphrogenea (Gr. M.), die aus dem Schaume des Meeres Gestiegene, Geborene. Der griechische Name der Venus.

Apia (Scyth. M.), die Göttin der Erde, welche bei den das schwarze Meer nördlich umwohnenden Völkern hoch verehrt wurde, Tochter eines ihrer Hauptgötter, des Stromes Borysthenes, Gattin des Papäus, des mächtigen Vaters aller Menschen, das heisst des Himmels; in diesen beiden, in Erde und Himmel, waren also die Urprincipien der Weltschöpfung enthalten, die weibliche und die männliche Natur.

Api doma (Alt-slavische M. [von **Dom**, das Haus]), »der Beschützer des Hauses,« ein Gott der Slaven, welchen sie anriefen und um Beistand baten, wenn sie ihr Haus verliessen, um ein anderes zu beziehen.

Apis, Fig. 30. (Aegypt. M.), 1) der berühmte Stier zu Memphis, der in ganz Aegypten göttliche Verehrung genoss. Er war von durchaus schwarzer Farbe, trug jedoch einen viereckigen weissen Fleck auf der Stirne, auf der rechten Seite einen weissen Fleck mit den Hörnern des Mondes, wenn er zu wachsen anfängt, einen schwarzen Knoten unter der Zunge, ähnlich einem Käfer, und im Schweif zweierlei Haare. Man verehrte ihn wie einen König, liess ihn durch Priester und eine zahlreiche Dienerschaft auf das Sorgfältigste pflegen, tränkte und speiste ihn aus goldenen Gefässen, führte ihm die schönsten Kühe zu, liess ihn öfters vor dem Volke sehen, zeigte ihn auch Fremden in einem besondern verschlossenen Hofe, und liess sich Orakel von ihm ertheilen. — Alljährlich wurde dem A. ein glänzendes Fest, seine Theophanie

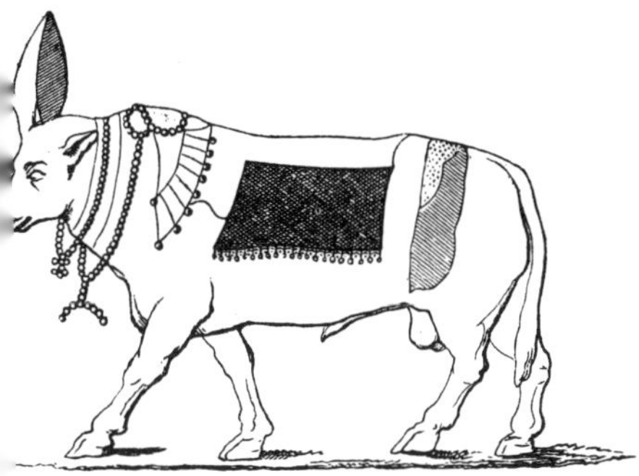

Fig. 30.

(Gotteserscheinung) genannt, in ganz Aegypten gefeiert das die ganze Zeit vom Beginne der Nilfluth bis zum Aufgange des Hundssterns, zu welcher Zeit das neue Jahr der Aegypter begann, oder einen Monat von 29 Tagen, einnahm. An das Ende dieses Zeitraums fiel auch das Geburtsfest des A. Dabei erschien der Gott im festlichen Schmuck. So stellt ihn, mit einer Art Tiara, mit gestickter Decke und Schnüren von köstlichen Steinen bedeckt, unsere Abbildung dar; hierbei ward er von reich gekleideten Jünglingen geführt, von Priestern und zahllosem Volk begleitet. Dann wurden goldene und silberne Schalen als Opfer in den Nil geworfen, und während dieser Zeit waren die Crokodile so zahm, dass man sich neben ihnen im Nil baden konnte, ohne dass sie gefährlich wurden; mit der sechsten Stunde des achten Tages aber kehrte ihre Wildheit zurück: so Herodot. Die Orakel, welche A. ertheilte, wurden auf verschiedene Weise gegeben. So war z. B. um seinen gewöhnlichen Aufenthalt her ein öffentlicher Spielplatz für Kinder; die Aussprüche dieser Kleinen waren Orakel, die man auf folgende Weise einholte: Nach reichlich gespendeten Geschenken ward der Fragende im Tempel geweiht, hielt ein Gebet und verstopfte sich sorgfältig die Ohren, worauf er sich auf den Spielplatz in der Nähe des A. begab; hier öffnete er seine Ohren wieder, und was er nun zuerst vernahm, das galt für heiligen Götterspruch, weil die Kinder dem Gotte geweiht und in seiner Nähe gottbegeistert waren. Wenn A. von seinen zwei Gemächern in das eine eintrat, so galt es für ein gutes, wenn in das andere, für ein böses Zeichen; ebenso war es eine üble oder gute Vorbedeutung, wenn er aus der Hand eines Fremden Futter entweder verschmähte oder annahm. — Opfer wurden dem A. nur selten gebracht. Die Farbe des Typhon, des Feindes des Osiris, verdammte alle rothen Stiere zur Schlachtbank, doch keine anderen; auch wenn A. starb, ward ihm ein rother Stier und ein oder das andere Thier, das dem Typhon heilig war, in das Grab gegeben, um diesem Geist der Wüste die Freude über den Tod des A. dadurch zu verderben, dass auch ihm angenehme Thiere sterben mussten. So freudig die dem A. gegebenen Feierlichkeiten waren, so betrübt war das ganze Land, wenn er eines natürlichen Todes starb, und die Trauer ward nicht eher aufgegeben, als bis man den neuen A. gefunden; den alten aber setzten die Priester, köstlich einbalsamirt, in kostbaren Särgen den früher verstorbenen bei. — Nach des A. Tode reisten die Priester in Aegypten umher, um den neuen Gott zu suchen; hatte man ein Kalb von den angegebenen Zeichen gefunden, so verschwand die Trauer, Freude kehrte in alle Gemüther ein, und unbegrenzter Jubel feierte die Rückkehr des Gottes zur verlassenen Erde. — Der aufgefundene junge A. wurde mit grossem Pomp zu Schiffe nach Memphis geführt, in den Tempel gebracht, vierzig Tage durch seine Mutter gesäugt, und dann, nebst dieser selbst, auf das Prächtigste genährt und verpflegt, denn die Kuh, welche das Kalb geboren, genoss gleichfalls hoher Ehre. Merkwürdig ist aber, dass, so viel Trauer bei seinem natürlichen Tode gezeigt wurde, die Priester doch keine Umstände machten, wenn er ihnen zu lange lebte; er durfte nämlich nur das fünfundzwanzigste Jahr erreichen, so wie dieses vorüber war, ersäufte man ihn in einem Brunnen und setzte ihn in aller Stille bei. — Was die Bedeutung des A. betrifft, so gehört er ohne Zweifel ursprünglich nur der ganz einfachen ältesten Thierverehrung der Aegypter an, und lässt sich in dieser Hinsicht mit dem Widder Ammon und dem Hunde Anubis zusammenstellen. Später, als die Bildung der Priester zunahm und geistigere Elemente in die Religion eindrangen, ward der Stier gleich anderen Thieren zum Symbol für astronomische und physicalische Ideen. Nach Einigen war er dem Monde, nach Anderen der Sonne geheiligt, am häufigsten aber ist die Angabe, dass er dem Osiris heilig, oder dass er ein Bild der Seele des Osiris gewesen sei: in Osiris aber verehrten die Aegypter ganz entschieden die Sonne. Da aber die Sonne in Aegypten nicht wirkt ohne die Nil-Schwellung, so ist Osiris auch eben so sehr der Nil-Gott, und darum steht auch das Fest des A. mit der Nilfluth in Verbindung. — Der A.-Dienst blieb in Ansehen bis auf die Zeit, da das Christenthum Staatsreligion des römischen Reiches wurde; wenigstens stand er unter dem Kaiser Septimius Severus, (von 193 bis 211 n. Chr.), noch in hohen Ehren. — 2) A., Sohn des Phoroneus, Königs von Argos, und der Nymphe Laodice, Bruder der Niobe, der im Peloponnes, den er nach sich Apia nannte, eine Gewaltherrscheft zu gründen suchte, aber einer Verschwörung von Thelxion und Telchin unterlag, und nach seinem Tode unter dem Namen Serapis vergöttert wurde. — 3) A., Sohn des Telchin in Aicyon, Vater des Thelxion, nach welchem ebenfalls der Peloponnes Apia genannt worden sein sollte. — 4) A., Sohn des Jason, welchen Aetolus bei den dem Azan, Sohne des Arcas, gefeierten Leichenspielen mit dem Viergespann aus Unvorsichtigkeit überfuhr und tödtete, und dafür von den Söhnen des A. aus dem Peloponnes vertrieben wurde. — 5) A., Sohn des Apollo, Arzt und Weissager aus Naupactus, der Argos von schädlichen Thieren reinigte.

Apisaon (Gr. M.), 1) Sohn des Phausias, den Homer einen Volkshirten, d. h. König nennt, ward von Eurypylus vor Troja durch einen Wurfspiess erlegt, Paris aber rächte seinen Tod, indem er den Mörder durch einen Pfeil schwer verwundete. — 2) A., Sohn des Hippasus, kam aus Päonien gleichfalls nach Troja, um die Feinde zu bekämpfen, ward aber von Lycomedes erlegt, nachdem Patroclus gefallen war.

Apollo, Fig. 31—33. (Gr. u. röm. M.), Sohn des Jupiter und der Latona (s. d.), Zwillingsbruder der Diana, einer der zwölf grossen Götter der Griechen und Römer. — Vielfache religiöse Vorstellungen fliessen im Begriffe des A. zusammen. Er ist 1) strafender und verderbender Gott, daher es eine sehr gewöhnliche, übrigens immer zweifelhafte Erklärung seines Namens war, ihn von dem griechischen Zeitwort *ἀπολλύω*, ich verderbe, abzuleiten. Als solcher ist er mit Bogen und Pfeilen bewaffnet, heisst daher »der Fernhintreffer, der Silberbogner,« und bestraft jeglichen Uebermuth, erlegt den Drachen Python, die Söhne der Niobe, und sendet Tod und Verderben ins Lager der Griechen vor Troja. Wie er aber Verderben sendet, so vermag er es 2) auch abzuwenden, ist »der Abwehrer des Uebels, der heilbringende Arzt,« daher auch der Vater des Aesculapius, und heisst als solcher Päon oder Päan. Er ist 3) »der Gott der Weissagung,« verkündigt den Willen Jupiters und heisst desshalb Prophet des Vaters Jupiter. Als solcher nimmt er das Orakel zu Delphi in Besitz, dessen Wächter zuvor der von ihm erlegte Drache Python war, und das vorher Gäa (s. d.) mit Neptun, und dann Themis besessen hatte. Weil seine Orakelsprüche den Menschen theilweise dunkel sind, heisst er Loxias, der Verworrene; aber zugleich, da er Alles durchschaut, Lyceus, der Lichthelle. Ausser Delphi sind als seine Orakelorte am berühmtesten: Abä in Phocis, Delos, Didyma bei Milet, Ichnä in Macedonien, Clarus bei Colophon in Jonien, Thymbra in Troas, das Ismenium, Tempel des Apollo am Flusse Ismenus bei Theben. Von jedem dieser Orte führt er einen Beinamen. Ferner ist er 4) Gott des Gesangs und Saitenspiels, der die Menschen durch Musik zum Guten und Rechten antreibt, vornämlich durch die von ihm erfundene Phorminx oder Cither. Nach Einigen soll er auch

Fig. 31.

die Leyer erfunden haben, nach der gewöhnlichen Annahme aber ist diese eine Erfindung des Mercur, der sie dem Apollo erst abgetreten hat. Er spielt die Phorminx bei den Schmäusen der Götter, unterrichtet die Sänger, siegt in musikalischen Wettstreiten über Pan und Marsyas, und wird in der späteren Dichtung Oberhaupt und Führer der Musen, daher Musagetes genannt. A. gehört 5) zu den Hirten-Göttern, und sendet sowohl Seuchen unter die Heerden, als er sie auch abwendet. Er mehrt die Fruchtbarkeit und tödtet die Wölfe. Er weidet, von Jupiter gesandt, die Rinder des Laomedon am Ida, und tritt als Hirte besonders im Dienste des Admetus, (s. d.) auf. Einige wollen in dieser Dienstbarkeit des A. die Idee von der Sühnung des Menschen von Schuld und Sünde durch freiwillige Selbstverläugnung ausgesprochen finden, indem sie den A. vorzugsweise als Reiniger des menschlichen Gemüthes auffassen, wofür sie sich besonders auch auf seine musikalische Wirksamkeit berufen, und in dieser Hinsicht die apollinische Musik, als die zu reiner und besonnener Begeisterung führende, derjenigen, die im Bacchus- und Cybele-Dienst geübt wurde, als der betäubenden, verwirrenden und verwildernden, auf das Schärfste entgegensetzen. 6) A. ist Gründer der Städte und Colonien, und gibt den Staaten weise Verfassungen. Darauf wirkt er sowohl durch seine Orakel, als durch die Kraft der Musik hin. Durch sein Saitenspiel wurden schon die Steine zum Bau der Mauern der Stadt Troja zusammengefügt; er half dem Alcathous bei der Erbauung der Mauern von Megara. Als Führer beim Auszug neuer Colonien verehrte ihn ganz besonders der dorische Stamm der Griechen. So war auch Delphi hauptsächlich durch die hingebende Ehrfurcht der Dorier vor diesem Heiligthum zu seinem Ansehen gelangt. — Bekanntlich ist A. 7) auch Sonnengott: ob aber diese Vorstellung zu seinem ursprünglichen Begriffe gehöre, oder erst später durch willkürliche Vermengung in denselben hineingetragen sei, darüber sind die Alterthumsforscher im Streit; doch ist die grössere Wahrscheinlichkeit auf letzterer Seite, da es entschieden ist, dass die

Fig. 32.

ältesten griechischen Dichter und die ganze griechische Volksreligion einen selbstständigen Sonnengott, Helios, kennen, den sie mit A. durchaus in keine Verbindung bringen. Die erste Spur der Vermengung beider Gottheiten findet sich vielleicht bei Aeschylus, also um 500 v. Chr. Von dieser Zeit an scheint sich die Vorstellung von der Einheit A.s und des Sonnengottes in stetigem Fortschritt ausgebreitet zu haben, so dass sie zur Zeit der Blüthe der römischen Literatur zu allgemeiner Anerkennung gelangt war. Für die entgegengesetzte Ansicht spricht indessen doch, dass man nur durch Zurückgehen auf die Sonne zu einem Punkte gelangt, in welchem möglicher Weise die vielfältigen Vorstellungen von A. alle in ihren Keimen beschlossen liegen können. — Mit dem Streit über diesen Punkt hängt auf's Engste zusammen der über die ursprüngliche Herkunft des A.dienstes. Diejenigen, die A. von Anfang als die Sonne fassen, leiten seinen Dienst von Asien oder Aegypten her, ihre Gegner von Norden, als der Seite, von woher überhaupt die griechische, insbesondere die dorische Cultur nach Süden vorgerückt ist. Sie bringen diese Ansicht mit den zahlreichen Sagen von einer Verbindung des A. mit den Hyperboreern in Zusammenhang. Unter diesen dachte man sich ein Volk, das jenseits des Punktes wohnt, von wo der Nordwind herweht, das daher von diesem nicht berührt wird, und sich desshalb des herrlichsten, fruchtbarsten Landes erfreut. Von ihnen sollte das delphische Heiligthum gegründet sein; von ihnen kam Latona in Gestalt einer Wölfin nach Delos; bei ihnen weilt A. von der Frühlings-Nachtgleiche bis zum Frühaufgang der Plejaden, und kommt von dort nach Delphi um die Mitte des Sommers.

Fig. 33.

— Was die Verehrung des A. betrifft, so wurden ihm hauptsächlich unblutige Opfer, Weihrauch und Kuchen, letztere in allerlei Formen, dargebracht; einen Haupttheil seines Dienstes bildeten aber die Sühnfeste, die ihm in Athen und bei den Ioniern unter dem Namen Thargelien im Monat Thargelion, der um die Mitte Mai's beginnt, gefeiert wurden. Ueberdiess gehörten zu seinen wichtigsten Festen die von Delphi, Creta und Theben, die alle nach einer bestimmten, neunjährigen Periode geordnet waren, weil immer nach 99 Mond-Monaten der Frühaufgang der Plejaden, der einen Hauptpunkt in der apollinischen Festfeier bildete, wieder mit derselben Mondsphase zusammenfällt, wornach man dann Regelmässigkeit in den Kreislauf der Feste zu bringen wusste. — Die Verehrung A.s fand frühe auch in Rom Eingang; der erste Tempel wurde ihm daselbst 430 v. Chr. errichtet, nachdem er, wie man glaubte, die Stadt von einer Pest befreit hatte. Glänzend wurde sein Dienst in Rom indessen erst unter den Kaisern. Augustus schrieb ihm vorzüglich seinen Sieg über Antonius am Vorgebirge Actium zu, baute ihm daher sowohl dort, als in Rom auf dem palatinischen Berge einen Tempel, und stiftete zu seiner Ehre die actischen Spiele. Auch erneuerte er die schon in den sibyllinischen Büchern anbefohlenen, aber in Verfall gerathenen hundertjährigen Spiele zur Ehre A.s und seiner Schwester Diana, zu deren Feier Horaz eines seiner berühmtesten Gedichte verfasst hat. — In der Kunstdarstellung erscheint er als vollendete männliche Schönheit, durch geistigen Ausdruck von Bacchus unterschieden. Das unbärtige Gesicht bildet ein sehr längliches Oval. Am Vorderhaupt zeichnet ihn ein Lockenpaar aus; sein mächtiger Haarwuchs fliesst sanft herab; hoch und schlank ist die Gestalt, die Muskeln nur gelind ausgearbeitet, die Hüften im Verhältniss zur Brust schmal. Als Musagetes ist er bekleidet, sonst nackt, oder er trägt nur die Chlamys, das griechische Kriegerkleid. Das berühmteste erhaltene Bild ist der sogenannte A. von Belvedere in der vaticanischen Sammlung zu Rom, das im Jahr 1503 zu Nettuno gefunden wurde. Dieser Apoll heisst der Pythische, als Besieger des pythischen Drachen. Unser zweites Bild stellt den lycischen Apollo dar; in einem dritten kniet Marsyas gebunden vor Apollo, der, lorbeerbekränzt, selbst die Strafe an jenem vollziehen will. Ein junger Phrygier, der Bogen und Pfeil hält, scheint für Marsyas zu bitten; in der Mitte steht die Statue des Gottes auf einer Säule: Nachbildung eines alten Vasengemäldes. — Attribute A.s sind Bogen und Köcher, die ihn als strafenden Gott; der Hirtenstab, der ihn als Weidegott; die Cither sammt dem Plectrum, womit sie gespielt wird, die ihn als Gott des Gesanges; der Dreifuss, der ihn als Weissage-Gott verkündigt. Geweiht sind ihm, aus dem Thierreich: der Schwan, der Greif, der Rabe, der Hahn, der Habicht, die Cicade, der Wolf, die Schlange; aus dem Pflanzenreich: der Lorbeer, die Palme, der Oelbaum, die Tamariskenstaude.

Apomyius (Gr. M.), »der Fliegenvertreiber,« Beiname des Jupiter in Elis. Als einst Hercules in Olympia von Fliegen gewaltig belästigt wurde, opferte er dem Jupiter, wodurch die Fliegen vertrieben wurden. Von da an blieb es Sitte, zur Vertreibung der Fliegen aus Olympia dem Jupiter diess Opfer zu bringen.

Aponimma (Gr. M.), das heilige Wasser, womit sowohl der Verbrecher durch den das Sühnopfer Verrichtenden entsündigt, als auch der Leichnam eines Verstorbenen gereinigt wurde.

Aponus (Röm. M.), ein warmer Quell bei Patavium (Padua), wo Orakel ertheilt wurden, hiess Quell des A. Der Name ist griechisch und bedeutet schmerzstillend.

Aporrhanterion, ein Wassergefäss bei den alten Griechen, woraus man zur Reinigung und Weihung Wasser sprengte, bevor man in den Tempel trat; ein Weihkessel.

Aporrheta (Gr. M.), die heiligen Gegenstände, mit welchen die in die eleusinischen Mysterien Einzuweihenden bekannt gemacht wurden. Sie waren theils Symbole der Segnungen der eleusinischen Gottheiten, theils eine Art Reliquien, und wurden dann den Einzuweihenden bei der Einweihung vorgezeigt und von ihnen berührt und geküsst.

Apostrophia (Gr. M.), »die Abwenderin«. Beiname der Venus, als der Göttin, welche die Begierde zu sündlichem Liebesgenuss aus dem Herzen vertreiben sollte. Dieser Dienst sollte in Theben von Harmonia, der Gemahlin des Cadmus, eingeführt worden sein. Vergleiche die Verticordia der Römer.

Apotaphos oder Ataphos, bei den Griechen Einer, der ausserhalb des Begräbnissplatzes seiner Familie begraben war; oder der Unglückliche, dessen Gebeine unbegraben blieben.

Apotheosis (Griechische u. römische Religionslehre.), »Vergötterung«. Diese widerfuhr in Griechenland nur Wohlthätern der Menschheit, im engeren Sinne Wohlthätern des Volkes, des Stammes; grosse Helden besonders wurden als solche betrachtet und ihre Vergötterung durch das Orake ausgesprochen; ein solcher hiess dann Heros, und der Altar, der kleine Tempel, der ihm geweiht war, Heroon. Bei den Römern bestimmte die Vergötterung ein Senatsbeschluss, und der so Geehrte erhielt den Titel Divinus, manchmal auch einen besondern Namen, wie Romulus nach seiner Apotheose Quirinus hiess. Der Erste, welcher in Rom vergöttert wurde, war Romulus, und in dem langen Zeitraume von 700 Jahren kein Zweiter, bis auf Cäsar. Von seiner Zeit an aber wurde es zur herrschenden Sitte, diejenigen verstorbenen Kaiser zu vergöttern, die der Senat oder der Nachfolger dieser Ehre für würdig erklärte. Der Leichnam des zu Vergötternden wurde auf dem Marsfelde mit grossem Pomp verbrannt; zuletzt flog ein Adler aus einem wohlverwahrten Kasten, und auf Bildwerken stellte man den Vergötterten, von einem Adler (Frauen oft von dem heiligen Vogel der Juno, dem Pfau) getragen, vor. Tempel, Priester, Opfer wurden dem neuen Gott bestellt, das Volk rief ihn um Schutz und Hülfe an, und ein eigenes Fest ward ihm eingesetzt.

Apotropaeus (Gr. M.), »der Abwendende«, dasselbe, was Alexicacus sagt; ein Beiname aller Gottheiten, die man als Unheil abwendende verehrte.

Appias (Röm. M.), die Nymphe des appischen Brunnens, der in Rom auf dem Forum Julius Cäsars, nicht weit von dem Tempel der Venus Genitrix, befindlich war. — In einem seiner Briefe gibt Cicero, um dem Appius Pulcher zu schmeicheln, auch einer Minerva den Beinamen A.

Apsaras (Ind. M.), die 600 Millionen himmlischer Jungfrauen, welche, trotz ihrer überschwenglichen Schönheit, doch unvermählt bleiben mussten, weil sie nicht die gesetzmässig nothwendige Läuterung empfangen hatten. Als die Götter den Berg Mandar in das Milchmeer brachten und denselben darin umdrehten, um den Unsterblichkeitstrank zu bereiten, entstanden diese reizenden Göttermädchen, aus lauter Aetherduft und Wohlgerüchen gebildet. Ihre Führerinnen heissen Ranka, Urbekri, Kertschi und Mänka, jede derselben gebietet über 150 Millionen solcher zarten Wesen. Der mächtige Beherrscher von Lankas, Raja Rawen, entführte sie aus dem Himmel an seinen Königshof und lebt nun in ihrer Gesellschaft seit vielen Millionen Jahren ein heiteres Leben.

Apsara syr'tha (Ind. M.), ein den Nymphen geheiligter See in Indien.

Apseudes (Gr. M.), Tochter des Nereus und der Doris (Nereïde).

Apsund und **Sund** (Ind. M.), Zwei Brüder, die früher gute Geister waren, jedoch, verführt durch die Lust am Irdischen, von Gott abfielen, sich gegen ihn empörten, und dafür, verstossen, in die Patals, die Höllen der Indier, gebannt wurden. Alle Kriege, welche Indra und seine Diws oder Dejolas zu bestehen haben, rühren von diesen bösen Dämonen her, welche immer an der Spitze der ihm feindlich gesinnten Heere von Geistern stehen.

Apteros (Gr. M.), »die Flügellose,« die sonst stets geflügelte Nike oder Victoria war in Athen, damit sie die Stadt nicht verlasse, ihr nicht entfliehe, ohne Flügel dargestellt.

Aepytus (Gr. M.) 1) Sohn des Elatus, welcher zu Phäsana das Volk der Arcadier beherrschte. Er starb am Biss einer giftigen Schlange. Am Abhang des cyllenischen Berges zeigte man sein Grabmal. — 2) A., Sohn des Cresphontes und der Merope, also ein Heraclide, der dritte dieses Stammes, welcher in Messenien regierte. Dass er bei seinem Grossvater Cypselus erzogen wurde, rettete ihm das Leben, um welches alle seine Brüder kamen, da der Heraclide Polyphontes sich des Reiches bemächtigte und sie, wie ihren Vater, umbrachte. Seine Mutter ward gezwungen, des Usurpators Hand anzunehmen, doch als A. gereift war, übergab ihm sein Grossvater ein Heer, mit welchem er sein Erbreich wieder eroberte und den Thronräuber ermordete.

Aquarius. S. Wassermann.

Aquicolus (Röm. M.), ein Rutuler, der gegen Aeneas' befestigtes Lager andrang, und von Pandarus und Bitias unter dem absichtlich geöffneten Thore des Lagers nebst vielen stürmenden Feinden erschlagen wurde.

Aequitas (Röm. M.), die personificirte Billigkeit, welche man häufig auf Gemmen und Münzen abgebildet findet, als ernste Jungfrau, gestaltet nach dem Ideale der Minerva, im linken Arme das Füllhorn, im rechten die Wage.

Ara (Röm. u. gr. Astronomie), der Altar, ein Sternbild am südlichen Himmel, südlich vom Scorpion, südwestlich vom Schützen, gegen den südlichen Polarkreis zu. Die Einen stellen diess Sternbild als Opfertisch, Andere als Rauchfass dar. Die Cyclopen sollen diesen Altar gemacht, und die Götter auf ihm vor dem Kampfe gegen die Cyclopen geopfert haben. Er soll nach Einigen vier Sterne zählen, nach Andern sieben.

Arabia (Gr. M.), eine der vielen Gattinnen des Aegyptus, mit denen zusammen er die fünfzig Söhne erzeugte, welche von den fünfzig Töchtern des Danaus ermordet wurden.

Arabus oder Arabius (Gr. M.), Sohn Apollo's und einer Nymphe Babylonia; er soll eine Tochter Cassiopeja gehabt haben, welche entweder von ihrem Gemahle Phönix (Bruder der Europa, nach Anderen Vater derselben), oder von Jupiter den Atymnius empfing.

Arachne (Gr. M.), Tochter eines Purpurfärbers Idmon von Colophon in Jonien. Sie wohnte in Hypäpä; dorthin kamen häufig die Nymphen vom Berge Tmolus, und aus Phrygien vom Flusse Pactolus, um die Jungfrau zu bewundern, welche als Weberin so geschickt war, dass sie selbst der Minerva nicht nachzustehen glaubte, und mit dieser einen Wettkampf einging. Die Göttin rieth in der Gestalt einer alten Frau der A. von ihrem Vorhaben ab, diese aber wies den Rath von sich; da enthüllte sich die Göttin und nahm den Wettkampf an. Beide verfertigten ein prachtvolles Gewebe: Minerva ihren Streit mit Neptun um die cecropische Burg in Athen; wobei sie sich selbst und die Götter alle einwebte in den Grund des Zeuges, und das Kunstwerk mit Oelzweigen kränzte. A. wählte Jupiters Liebesglück auf der Erde bei den Töchtern der Menschen; sie zeichnete ihn, wie er als Stier Europa, als Adler Asteria, als Amphitryon Alcmene, als Satyr Antiope, als Hirte Mnemosyne, als Feuer Aegina, als Gold Danaë, als Schlange Proserpina überwunden etc.; das Ganze umschlang ein Blumen- und Epheu-Gewinde. Da nun Minerva selbst an dem Gemälde nichts tadeln konnte, schlug sie, erzürnt über ihre Niederlage, der Unglücklichen das Webeschiff um den Kopf. A. erhängte sich aus Gram; Minerva erhielt sie am Leben, besprizte sie jedoch mit einem Zaubersaft und verwandelte sie in eine Spinne, und erklärte, dass auch auf alle Zukunft hinaus ihre ganze Nachkommenschaft von demselben Strafurtheil betroffen bleiben solle.

Aracia (Gr. M.), eine Insel im persischen Meerbusen mit einem dem Neptun heiligen Berge; jetzt Charedsch oder Karek.

Aracus (Gr. M.), einer der letzten Griechen, welche vergöttert, für Heroen erklärt wurden (405 Jahre v. Chr.), ward mit Lysander gegen die Athener geschickt, und erhielt in Delphi ein Heroon mit einer Bildsäule.

Aracynthias (Gr. M.), Beiname der Minerva vom Berge Aracynthus in Böotien.

Arael (Talm. M.), der Engel, welcher über das Heer der Vögel gesetzt ist.

Araf (Muham. M.), eine Art Fegfeuer, eine Mittelstufe zwischen dem eigentlichen Paradies und der eigentlichen Hölle; wenigstens kommen keine Sünder hinein, sondern nur solche, die für ihr Unglück nicht können: z. B. Christen-Kinder; Erwachsene nicht, weil diese ihr sündhaftes Verharren im Unglauben einsehen und sich, wenn sie selig werden wollen, zum Islam wenden müssen. Alle im A. Aufgenommenen werden am Ende der Welt durch Niederwerfen vor Gott selig, des muhamedanischen Paradieses theilhaftig.

Arafa (Muham. Rel.), der neunte Tag im letzten Monat des türkischen Jahres. An diesem Tage verrichten die Pilger, welche zur Kaaba nach Mekka wallfahrten, ihre Andacht und ihre Bussübungen auf dem Berge Arafat, und werden dort durch Adams Bitten entsündigt.

Arafat (Muham. Rel.), ein den Bekennern des Islam besonders heiliger Berg bei Mekka. Adam war, nach dem Sündenfalle aus dem Paradiese verbannt, nach der Insel Ceylon verwiesen: von dort führte Gabriel, der Erzengel, ihn nach Mekka, und auf dem Berge A. fand Adam seine Eva nach mehrhundertjähriger Trennung wieder, und dort erst empfing sie von ihm die Kinder, welche Stammältern des Menschengeschlechts wurden.

Arakil Vanéh (Talm. M.), ein Kloster am Ararat. Auf den Gipfel dieses Berges hat sich die Arche gesenkt, und man glaubt, sie noch dort in riesigen Trümmern zu sehen; an der Stelle des Klosters aber soll Noah sich zuerst häuslich niedergelassen haben.

Arambe (Ind. M.), eine schöne Nymphe des niedern Himmels, Tochter des Kassyapa und der Arete, welche bei Bereitung der Amrita, der Götterspeise, aus dem Milchmeere entstand. Ihre Schönheit und Anmuth war so gross, dass die Götter sie zu ihrer ersten Tänzerin machten.

Aramech (Arab. M.), einer der grössten Helden aus der mythischen Geschichte dieses Volkes; er ward an den Himmel versetzt und ist das Sternbild, welches wir Bootes nennen. Noch jetzt heisst dasselbe, und besonders der Stern Arcturus in demselben, also.

Aramtschanba (Rel. der Kalmücken), ein hoher Priestergrad bei den sich zum Lamaismus bekennenden Zweigen dieser Nation.

Arara Sennin (Jap. M.), ein alter Weiser, Büsser und Einsiedler. Er lebte auf dem Berge Dandokf in der Landschaft Dandaktsia, an dem Flusse Batto Daiga, und war durch 940 Jahre Lehrer des Weisen Sjaka, eines Religionsstifters, oder genauer, eines Lehrers der Moral.

Aras (Gr. M.), ein Autochthon, (s. d.) den die Einwohner von Phlius als einheimischen Heros verehrten. Seine Tochter Aräthyrea war eine Geliebte des Bacchus und empfing von diesem den Phlias, welcher die eben genannte Stadt gründete und nach sich benannte. A. und sein Sohn Aoris gründeten im Gebiet von Phlius die erste Stadt Arantia, an dem arantinischen Hügel, wo dem Vater und den beiden Geschwistern ein Heroon errichtet und alle drei am Feste der Ceres angerufen wurden. Da diese jedoch einging, erhielten die Nachbarn, die Bewohner von Phlius, den Namen der Stifter dadurch, dass sie den Berg, in dessen Nähe die Stadt gestanden, den arantinischen nannten, und dem A. daselbst ein Heroon errichteten. Eben dort ward auch Aräthyrea neben ihrem Bruder begraben.

Aratea (Gr. Festbrauch), ein Fest, welches dem Aratus, Befreier von Sicyon, jährlich zweimal, an dem Tage, da er die Stadt errettet, und an seinem Geburtstage gefeiert wurde. Ihm waren, als einem Heros, Tempel und Altäre geweiht und Priester bestellt, welche zum Andenken an den blutigen Tag Stirnbinden mit purpurrothen Flecken trugen.

Araucanos, ein mächtiges Volk, das vom Beginn der Unterjochung America's durch die Spanier bis auf die neuesten Zeiten sich frei und unabhängig erhalten, in den Hochgebirgen von Chile, auf dem Rücken der Andes. Seine unbesiegbare Tapferkeit machte es den Spaniern nicht selten furchtbar, daher wir nur Weniges von den innern Einrichtungen und der Religion dieses Volkes wissen; es beschränkt sich darauf, dass sie eine einfache Naturreligion haben und nur ein höchstes Wesen anerkennen, jedoch neben demselben eine Menge Untergottheiten anbeten, welche ihren Verrichtungen, Geschäften, Tugenden und Lastern, vorstehen. Auch bei ihnen hat sich das Andenken an eine Sündfluth und ein einziges Menschenpaar, von welchem sie abstammen, erhalten. Sie glauben an eine Unsterblichkeit der Seele und an ein Wiederfinden jenseits des Grabes; doch nur in sehr materieller Form, darum geben sie ihren Todten, gleich den nordamerikanischen Wilden, allerei Waffen und Utensilien mit in das Grab.

Araeus (Gr. M.), Beiname des Jupiter als Empfängers der Gebete.

Arbitrator (Röm. M.), »Herr, Herrscher,« Beiname, unter welchem Jupiter in der zehnten Region der Stadt Rom ein Heiligthum, genannt Pentapylon, hatte.

Arbius (Gr. M.), Beiname Jupiters von dem Berge Arbius auf der Insel Creta, woselbst ihm ein Tempel errichtet war.

Arcadius (Gr. M.), Beiname des Pan, weil Arcadien die Heimat seines Dienstes war.

Arcas (Gr. M.) 1) Sohn Jupiters und einer Tochter des Lycaon, deren Name sehr verschieden angegeben wird: Themisto, Megisto, Callisto etc. Die Mutter ward von der eifersüchtigen Juno verfolgt und in eine Bärin verwandelt; Jupiter brachte das neugeborne Kind zu Maja, welche dasselbe erzog. — Nach Andern ward A. von Lycaon geschlachtet und dem Jupiter vorgesetzt, um zu versuchen, ob der fremde Gast ein Gott sei. Jupiter verwandelte den unnatürlich grausamen Wüthrich in einen Wolf, setzte die Glieder des Knaben zusammen und belebte sie wieder, worauf A. einem Ziegenhirten zur Erziehung übergeben wurde. Herangewachsen, sah A. im Walde eine Bärin; diess war seine von Juno verwandelte Mutter; sie floh, ihn erkennend, den Pfeil des Jägers, im Tempel des lycäischen Jupiter Schutz suchend, wohin ihr auf dem Fusse der Sohn folgte. Somit war Beider Loos entschieden, denn bei Todesstrafe durfte kein Mensch diesen Tempel betreten; allein Jupiter versozte Beide an den Himmel, Callisto als grossen Bären und A. als Arctophylax, d. h. Bärenhüter. Er ist der erste Stammheld der Arcadier. — 2) A., Beiname des Mercur, der auf dem Berge Cyllene in Arcadien geboren war.

Arce (Gr. M.), Tochter des Thaumas und Schwester der Iris, wie diese, mit bunten Flügeln versehen, welche ihr jedoch durch Jupiter abgenommen wurden, da sie im Kriege der Götter mit den Titanen sich den Letzteren angeschlossen hatte. Thetis erhielt dieselben als Brautgeschenk, während die frühere Besitzerin zur Strafe ihrer Frevel in den Tartarus gestürzt wurde. Achilles soll von diesen Flügeln seine Schnelligkeit und seinen Beinamen Podarkes erhalten haben, indem seine Mutter ihm die Flügel an die Füsse heftete.

Arcens (Ital. M.), ein Sicilier, der am Flusse Symäthus in Sicilien wohnte. Er hatte einen seiner Söhne mit Aeneas nach Italien gesandt, den Mezentius durch eine geschleuderte Bleikugel erlegte.

Arceophon (Gr. M.), ein reicher Mann von der Insel Cypern, wo sein Vater Minyrridas wohnte. Eine unglückliche Neigung zog ihn zu der schönen Arsinoë, der Tochter seines Königs Nicocreon, hin; seines niedern Standes wegen wurde er jedoch von der Geliebten abgewiesen, und die Amme derselben musste sich, nachdem ihr Nase, Ohren und Finger abgeschnitten waren, aus dem Hause des Königs gestossen sehen, weil sie versucht hatte, Arsinoë für A. günstig zu stimmen. Dieser hungerte sich desshalb zu Tode. Die spröde Schöne aber, welche spöttisch aus dem Fenster sah, als seine Leiche vorübergetragen wurde, ward von der Göttin der Liebe in Stein verwandelt.

Arcesilaus (Gr. M.), Sohn des Lycus und der Theobule, mit Peneleos, Leitus, Clonius und Prothoënor Heerführer der Böotier vor Troja. In dem Kampfe, welchen Apollo, vor Hector herschreitend, den Achäern anbot, und in welchem diese letzteren weichen mussten, tödtete Hector zuerst den Stichius und dann den A. Leitus soll seine Gebeine in das Vaterland zurückgebracht und in einem ihm geweihten Heroon beigesetzt haben.

Arcesius (Gr. M.), Grossvater des Ulysses, Sohn des Jupiter und der Chalcomedusa; nach Anderen Sohn des Cephalus und der Procris, oder desselben Helden und einer Bärin, indem er auf des Orakels Befehl sich mit dem ersten weiblichen Wesen, das ihm begegnete, vermischte; diese Bärin verwandelte sich dann in ein schönes Weib, welches ihm den A. gebar.

Archander (Gr. M.), Sohn des Achäus, des Stammvaters der Achäer; er kam mit seinem Bruder Architeles aus Phthiotis in Thessalien nach Argos, wo sie Schwiegersöhne des Danaus wurden, und einige Zeit zu Argos und Lacedämon herrschten, woher die Einwohner auch dieser Landschaften den Namen Achäer annahmen.

Archebates (Gr. M.), Sohn des Königs Lycaon von Arcadien, den Jupiter seiner Grausamkeit wegen in einen Wolf verwandelte; A. ward von ihm mit dem Blitze erschlagen.

Archedice (Gr. M.), eine der fünfzig Töchter des Thespius, welche Hercules zu Müttern machte; diese gebar ihm den Dynastes.

Archedicus (Gr. M.), des Hercules und der Eurypyle, der Tochter des Thespius, Sohn.

Archegetes (Gr. M.), Führer bei Städtegründungen, Beiname sowohl des Apollo, als auch seines Sohnes Aesculapius. Ersterer wurde unter demselben in Naxus in Sicilien und in Megara, Letzterer in Tithorea in Phocis verehrt.

Archelaus (Gr. M.). 1) Einer der fünfzig Söhne des Aegyptus. — 2) A., Sohn Electryons, des Königs von Mycenä, der im Kampfe gegen die Söhne des Pterelaus fiel. — 3) A., ein Heraclide, Sohn des Temenus. Von seinen Brüdern vertrieben, kam er zum König Cisseus von Macedonien, der ihm seinen Thron und die Hand seiner Tochter versprach, wenn er ihm in einem zweifelhaften Kampfe beistehen wollte, was A. that. Statt aber sein Wort zu halten, hatte der verrätherische König sich vorgenommen, den Helden in eine glühende Kohlengrube zu stürzen; A. kam jenem zuvor, liess ihn selbst in dem Flammengrabe umkommen, entfloh und erbaute darauf eine Stadt, zu der ihm eine vorausgehende Ziege die Stelle bezeichnete, wesswegen er sie Aegä nannte.

Archelochus (Gr. M.), Sohn des Trojaners Antenor. Polydamas hatte den Prothoenor erschlagen; Ajax, des Telamon Sohn, wollte ihn rächen, doch seine Lanze traf ihn nicht, sondern den A. oben am Wirbelgelenk, und durchschnitt ihm beide Sehnen, so dass sein Haupt eher das Erdreich berührte, als die wankenden Kniee.

Archemachus (Gr. M.) 1) Sohn einer der fünfzig Töchter des Thespius, der Delis, von Hercules. — 2) A., Sohn des trojanischen Königs Priamus.

Archemorus (Gr. M.), der Name, welchen die sieben Helden, da sie nach Theben zogen, dem jungen Opheltes, Sohn des in Nemea herrschenden Lycurgus und der Eurydice, gaben. Dieser war von seiner Amme Hypsipyle, welche die Helden zu einer Quelle führen wollte, verlassen worden; man fand ihn bei der Rückkehr zu dem Platze von einer Schlange getödtet. Die Helden erschlugen zwar die Schlange und bestatteten den Knaben, aber Amphiaraus sprach: »Da haben wir ein Vorzeichen, wie es uns gehen wird.« Darum nannten sie den Knaben Archemorus, »Vorgänger im Geschick,« und stifteten ihm zu Ehren die nemeïschen Spiele.

Archeptolemus (Gr. M.), Sohn des Iphitus, Freund und Wagenführer des Hector, der, die Rosse des Helden lenkend, von einem Pfeil des Teucer in die Brust geschossen wurde. Hector übergab die Zügel einem Andern, sprang vom Wagen und warf einen mächtigen Feldstein nach Teucer, mit welchem er ihm die Bogensehne zerriss, gerade als er einen neuen Pfeil auf ihn absenden wollte, und ihn selbst zur Erde niederstreckte.

Archetius (Röm. M.), ein Gefährte des Turnus im Kampfe gegen Aeneas; er blieb, niedergehauen durch die tapfere Hand des Mnestheus.

Archia (Gr. M.), Tochter des Oceanus. Man gibt ihr den ältesten König von Argos, Inachus, zum Bruder und zum Gemahl, von dem sie Mutter des Phoroneus ward.

Archigallus (Röm. Religionsdienst), Titel des Oberpriesters der Cybele.

Archirrhoe (Gr. M.), eine Nymphe, die zu Megalopolis in Arcadien verehrt wurde.

Architeles (Gr. M.), Sohn des Achäus und Bruder des Archander, Vater des Knaben Eunomus, welchen Hercules beim Gastmahl von ungefähr tödtete. Obgleich ihm der Vater verzieh, ging Hercules doch freiwillig in Verbannung.

Archius (Gr. M.), Sohn des Cephalus, der Vater des Laërtes.

Archkauthli (Mex. M.), Titel des Oberhauptes der tlaskalaischen Priester, der Tlamakazqui's.

Arcitenens (Röm. M.), »den Bogen führend, Beiname des A p o l l o und der D i a n a.

Arctea (Gr. M.), ein Fest der Diana, das man in dem attischen Demos Brauron alle fünf Jahre feierte. Von einem der Diana heiligen Bären (Arktos) war ein Mädchen zerrissen worden, und als die Brüder derselben ihn tödteten, brach die Pest aus. Das Orakel gebot zur Sühne das Bärenfest, A. Junge Mädchen, nicht jünger als fünf, nicht älter als zehn Jahre, wurden dabei jedesmal der Göttin geweiht und mit dem festlichen Safrangewande angethan; eine Ziege ward geschlachtet, und während des Opfers trug ein Rhapsode Gesänge aus der Ilias vor. Kein Athener durfte eine Frau nehmen, die nicht auf diese Weise der Diana geweiht war.

Arctophylax. S. A r c a s.

Arctus (Gr. M.), ein Centaur, welcher bei dem Kampfe auf der Hochzeit des Pirithous gegen die Lapithen stritt.

Arcturus, ein Stern in dem Bilde des Bootes mit röthlichem Schein. Die Araber nennen ihn Hüter des Himmels (H a r i s el S e m ä); auch das ganze Sternbild wird manchmal, anstatt Bootes, A. genannt.

Arcula avis (Röm. M.), nannten die Augurn einen Vogel von unglücklicher Vorbedeutung.

Arculus (Röm. M.), ein Gott, der die Kasten bewahren sollte; ihm empfahl man daher die bewegliche Habe.

Ard (Pers. M.), »der Starke, Mächtige,« ein Genius oder Ized des Geistes, des erleuchtenden Verstandes; er spendet dem Günstlinge Geschicklichkeit, Gelahrtheit, verleiht Wissenschaftlichkeit und Klugheit, Lebensweisheit, und ist daher der Schutzgeist der Perser, welche vorzugsweise die Wissenschaften pflegen.

Ardala Hoeg (Skand. M.), ein Hügel bei Ardala in Südermannland, mit Trümmern alter Bauten. Die frühern Bewohner hielten dort ihren Odinsdienst sowohl, als auch weltliche Gerichte, denen eine besondere Stätte geweiht war.

Ardalus (Gr. M.), Sohn des Vulcan, welcher den Dienst der Musen zuerst in Trözen eingeführt haben soll, daher diese hier den Beinamen A r d a l i o t i d e s oder A r d a l i d e s bekamen.

Ardeas (Gr. M.), Sohn des Ulysses und der Circe, der die Hauptstadt der Rutuler in Latium, Ardea, erbaut haben sollte.

Ardescus (Gr. M.), ein Stromgott, Sohn des Oceanus und der Tethys.

Ardettus (Gr. M.), ein Ort am Flüsschen Ilissus in der Nähe Athens, benannt von einem attischen Heros A., welcher an jenem Flusse die streitenden Parteien bei einem Aufruhr versöhnte. Die Richter des grossen attischen Gerichtshofes Heliäa mussten dort bei Jupiter, Apollo und Ceres einen Eid leisten, nach Recht und Gewissen zu richten.

Ardibeheschat (Pers. M.), eine der Amschaspands, der sieben höchsten reinen Wesen, der unsterblichen Weisen, welche O r m u z d aus reinem Lichte erschuf, und welche zur Existenz der Welt nöthig sind, denen aber A h r i m a n sieben böse Geister von gleich grosser, entgegengesetzter Macht, zum Trotz erschuf. A. gibt der Welt das rothglänzende, wärmende Feuer, und schenkt den Geschöpfen der Erde Gesundheit und Gedeihen; ja er hat, nach einer andern Tradition, alle Wesen der Welt geschaffen.

Ardschasp (Pers. M.), ein gewaltiger König von Turan, stets im Kampf mit Iran und mächtigster Gegner des Zoroaster, war ein Sohn des Afrasiab, führte lange Zeit Krieg mit Kischtasp, ward endlich von diesem gänzlich geschlagen, floh aber, von dessen Sohn auf das Eifrigste verfolgt, in das unersteigliche eherne Schloss Rujin Diz; dort überlistete ihn Asfendjar, Kischtasp's Sohn, indem er als Kaufmann verkleidet dasselbe betrat und ihn ermordete.

Arduinna (Röm. M.), ein nur in einigen Inschriften vorkommender Beiname der im Ardennenwalde verehrten Diana.

Area (Gr. M.) 1) Tochter des Cleochus, welche von Apollo den Miletus empfing, welcher ein Liebling des Minos und seines Bruders Sarpedon war. Mit Letzterem floh er nach Asien und erbaute die Stadt, welche seinen Namen trug. — 2) A., Beiname der Minerva von einem Altar, den ihr Orestes erbaute, da er von dem Areopagus zu Athen von dem Muttermorde freigesprochen ward. — 3) A., Beiname der Venus zu Sparta, wo sie als solche einen Tempel hatte.

Aregonis (Gr. M.), Gemahlin des Ampycus, Mutter des Sehers Mopsus.

Areïlycus (Gr. M.) 1) Vater des Prothoënor, eines der Anführer der böotischen Hülfsvölker vor Troja. — 2) A., ein Trojaner; ihm ward von Patroclus mit der Lanze der Schenkel durchbohrt, so dass er niederstürzte.

Areïthous (Gr. M.), Gemahl der schönaugigen Philomedusa, der Keulenschwinger genannt, Vater des Menesthius, welchen Paris erschlug. Er ward von dem arcadischen Lycurgus mit dem Speere erstochen, nachdem dieser ihn in einen Hohlweg gelockt hatte, in dessen beschränktem Raume er die Keule nicht brauchen konnte.

Areïus (Gr. M.), Sohn des Bias und der schönen Pero, der Tochter des Neleus, welcher unter den Argonauten aufgezählt wird.

Areksch (Pers. M.), der personificirte Neid, ein Geschöpf des finstern Ahriman, den Tugenden des Ormuzd entgegengesetzt.

Arekscham (Ind. M.), ein indischer Fürst (Raja, Radscha) aus mythologisch-historisch berühmtem Geschlecht, Sohn des Waiwassuden Sraladewen.

Arene (Gr. M.), Tochter des Oebalus und der Gorgophone, einer Tochter des Perseus und der Andromeda. Sie vermählte sich mit dem messenischen Könige Aphareus, von welchem sie den Idas, Lynceus und Pisus empfing, und der eine Stadt, die er erbaute, und eine Quelle in Messenien nach ihr benannte.

Areos (Gr. M.), Name eines der Centauren, der auf der Hochzeit des Pirithous von dem Lapithen Dryas getödtet wurde.

Ares (Gr. M.), Name des Mars bei den Griechen.

Ares, nach der Philosophie des Paracelsus ein mächtiger Naturgeist, welcher aus den für ganze Geschlechter geschaffenen Formen, welche Archeus, ein noch grösserer Geist, bildete, die einzelnen Geschöpfe macht.

Aresandanum (Ind. M.), ein prachtvoller Baum mit unzähligen und mannigfaltigen Früchten, welcher aus dem Milchmeere emporwuchs, als die Götter durch Umdrehung des Berges Mandar die Amrita (s. d.), bereiteten.

Aresch (Pers. M.), der berühmteste Bogenschütze in den beiden Heeren des Manuscheher und des Afrasiab (Iran und Turan). Die schon vierhundert Jahre lange dauernden Grenzstreitigkeiten und wilden Kriege sollten beendet werden; man beschloss, da die Parteien sich nicht vereinigen konnten, ein Gottesgericht: A. sollte von dem Berge Damarend einen bezeichneten Pfeil abschiessen, und wo dieser niederfallen werde, da sollte die Grenze zwischen den beiden Reichen sein. Der Pfeil fiel am Flusse Gihon, der alten Grenze zwischen Iran und Turan, nieder, und endete so den Krieg.

Arester (Gr. Religionsbrauch.), Honigkuchen, welche die ein Orakel Suchenden dem Trophonius vor seiner Höhle opfern mussten.

Arestor (Gr. M.), Gemahl der Mycene, der Tochter des Inachus, Vater des A r g u s (s. d.).

Arestorides (Gr. M.), Beiname des Argus, von seinem Vater Arestor abgeleitet.

Arete (Gr. M.), Gemahlin des Phäaken-Königs Alcinous (s. d.). Der Rath, welchen Minerva dem Ulysses ertheilte, sich der A. zuerst zu nahen, war es, der ihm die günstigste Aufnahme verschaffte; auch dem Jason (s. d.) stand A. freundlich bei, als er von dem Bruder der Medea verfolgt wurde.

Arethusa (Gr. M.), 1) eine der Hesperiden, welche die goldenen Aepfel bewachten, die Hercules zu holen hatte. — 2) A., eine der Nereïden, welche uns Virgil als schön und blond, aus dem Meere auftauchend, schildert; zugleich Nymphe einer Quelle auf der Insel Ortygia.

Aretia (Phön. M.), nach einigen der älteren Mythographen Name der Göttin der Erde.

Aretus (Gr. M.), 1) Sohn des Priamus. Er wollte in Gesellschaft des Hector Achilles' Rosse entführen, wurde aber von Automedon mit einem Speere getroffen, so dass derselbe den stierhäutigen Schild und den Gürtel durchbohrte, und tief in den Leib drang. — 2) A., einer der Söhne des Nestor, welche den alten Vater nach seiner Rückkehr aus dem trojanischen Kriege freudig empfingen.

Arez (Pers. M.), einer von den zehn mächtigen Fischgeistern (Agathodämonen in Fischgestalt), welche Ormuzd schuf, um den Lebensbaum Gorgad, welcher in dem See Ferakhand steht, gegen ein Ungeheuer des Ahriman zu schützen; dieses hat die Gestalt einer furchtbar grossen Kröte, es bemüht sich, den Baum zu benagen und die Fische zu verschlingen, welches jedoch unmöglich ist, da diese des Unthiers Kopf selbst einnehmen. A. ist das belebende Princip im Wasser, daher bildlich, Vater der Wasserthiere; auch wird A. der König über alle Völker des Meeres genannt.

Arferia (Röm. M.), das Wasser, welches man bei Todtenopfern, als Libation für die unterirdischen Götter, ausgoss. Denselben Namen führte auch ein zu diesen Opfern bestimmtes Weingefäss.

Argaeus (Gr. M.), Sohn des Apollo und der Cyrene.

Argalus (Gr. M.), Sohn des Amyclas, Königs von Sparta, und der Diomede, Bruder des Hyacinthus und Cynortas.

Arganthone (Gr. M.), eine schöne Jungfrau in Mysien am Flusse Cius, welche die Jagd liebte. Der junge thracische König Rhesus, der als Bundesgenosse den Trojanern gegen die Griechen zu Hülfe gekommen war, bat sie um die Gunst, ihr auf ihren Streifereien folgen zu dürfen; sie gestattete es ihm; er gewann ihre Liebe, und sie vermählten sich mit einander. Als Rhesus später von Diomedes vor Troja erschlagen wurde, grämte sich A. zu Tode. Das arganthonische Gebirge in Mysien soll von ihr benannt sein.

Arge (Gr. M.), eine gewandte Jägerin; sie ward bei Verfolgung eines Hirsches von dem Sonnengotte in eine Hindin verwandelt, weil sie dem gejagten Thiere zugerufen hatte: es möge so schnell sein wie die Sonne, so wolle sie es doch erreichen.

Argea (Gr. M.), 1) Beiname der Juno (bei den Römern auch A r g i a, A r g i v a), abgeleitet von Argos, wo sie nach einer Angabe geboren sein sollte, und jedenfalls die glänzendste Verehrung genoss. — 2) A., Tochter des Adrastus und Gattin des aus Theben von seinem Bruder Eteocles vertriebenen Polynices. Als in dem Kriege der sieben Helden gegen Theben ihr Gatte geblieben war, verbrannte sie, trotz des Creon Verbot, mit Hülfe der Antigone, den Leichnam des Polynices. Dabei überrascht, ward Antigone ergriffen und lebendig begraben, A. aber entkam. — 3) A., Gemahlin des Inachus und Mutter der Io. — 4) A., Gemahlin des Polybus und Mutter des Argus, welcher das Argonautenschiff erbaute. — 5) A., Tochter des Autesion und Gemahlin des Heracliden Aristodemus.

Argela (Gr. M.), Tochter des Thespius, welche von Hercules den Cleolaus empfing.

Argennus (Gr. M.), Liebling des Agamemnon, welcher bei der Heimkehr aus dem trojanischen Kriege im Flusse Cephissus beim Baden ertrank. Der König errichtete der Venus auf dem Grabe des Verstorbenen einen Altar und gab dieser Göttin, seinem Freunde zu Ehren, den Beinamen A r g e n n i s.

Argentinus (Röm. M.), der Gott der Silbermünzen, Sohn des Aesculanus, und zwar wohl nur desshalb, weil Münzen aus Erz, Aes (daher Aesculanus), früher im Gebrauch waren, als Silbermünzen.

Arges (Gr. M.), Sohn des Uranus und der Gäa, ein Cyclop, in welchem der Blitz personificirt zu sein scheint, denn A. heisst »der Leuchtende«. Vermählt war er mit einer phrygischen Nymphe, welche ihm den Deusus, den Atron und die Atrene gebar.

Argestes. S. A s t r ä u s.

Argeus (Gr. M.), ein Centaur, welcher des Centauren Pholus Höhle stürmen half, als Hercules sich daselbst aufhielt; er fiel von der Hand des Halbgottes. — 2) A., Sohn des Pelops. — 3) A., des Licymnius Sohn, eines Sohnes des Electryon, begleitete den Hercules in den Kampf gegen Eurytus, fiel bei Oechalia und wurde von Hercules feierlich bestattet.

Argiceraunus (Gr. M.), »der Schleuderer funkelnder Blitze«, Beiname Jupiters.

Arginussa, Beiname der Venus Urania bei den Scythen, nach einer Stelle des Herodot, wo übrigens der Name unsicher ist, da man auch Artimpasa, Argimpassa und Aripassa liest.

Argiope (Gr. M.), 1) eine Nymphe am Parnassus, in welche sich der Sänger Philammon, der Sohn des Apollo und der Chione, verliebte; sie empfing von ihm den Thamyris; allein da Philammon sie nicht als Gattin in sein Haus aufnehmen wollte, so begab sie sich in das Land der Odryser in Thracien. Ihr Sohn Thamyris bewährte seine Abkunft dadurch, dass er als Sänger seinen Vater noch übertraf. — 2) A., Tochter des Königs Teuthras in Mysien, mit deren Hand Telephus die Nachfolge im Reich des Teuthras bekam. — 3) Gemahlin des Agenor, Sohnes des Neptun und der Libya, Königs von Phönicien.

Argiphontes (Gr. M.), Beiname des Mercur, »der Argustödter,« weil dieser Gott den hundertäugigen Argus überlistete, indem er als Schäfer zu ihm kam, auf der Panflöte ihm so lange vorspielte, bis er einschlief, und ihm dann den Kopf abhieb.

Argius (Gr. M.), einer von den Söhnen des Aegyptus, welcher von seiner Braut, der Danaïde Evippe, in der Brautnacht ermordet wurde.

Argo (Gr. M.). Das Schiff, welches unter dem Schutze der dem Jason freundlich gesinnten Minerva für den Argonautenzug von Argus erbaut wurde, woher Einige den Namen Argo ableiten, welcher jedoch auf die verschiedenste Weise erklärt wird, und immer von unsicherer Bedeutung bleibt, vielleicht desswegen, weil er nicht ursprünglich griechich war. Es war ein fünfzigrudriges Schiff, nach den Sagen der Griechen das erste, welches die offene See zu halten wagte. Von der redenden Eiche zu Dodona hatte Minerva ein Brett genommen und dasselbe in das Hintertheil der Argo gesetzt, woher es kam, dass dieses Schiff selbst sprach und weissagte. Obschon reich verziert und stark gebaut, hatte es doch so wenig Gewicht, dass die Argonauten (s. dd.) auf ihrer Wunderfahrt es zwölf Tagereisen über Land tragen konnten. Zur Verewigung seines Ruhmes versetzte es Minerva unter die Sterne. Es ist ein südliches Sternbild, westwärts beim grossen Hund in der Milchstrasse.

Argonauten, Fig. 34 (Gr. M.), die Schaar griechischer Helden, welche unter der Anführnng des Jason es unternahmen, das goldene Widderfell aus Colchis zu holen. Die Hauptberichte hierüber sind die von Pindar, von Apollonius aus Rhodus, von einem Unbekannten, der sich mit dem grossen Namen Orpheus schmückte, von Apollodor und von Valerius Flaccus. Das Wesentliche ist, möglichst in Uebereinstimmung gebracht, folgendes: Phrixus war der Sohn des Athamas, Königs von Orchomenus in Böotien, und der Nephele, welche dem Athamas auch noch die Helle gebar, dann aber, gekränkt durch den Vorzug, den er der Ino gab, sich von ihm entfernte. Ino quälte ihre Stiefkinder auf das Grausamste, und stellte ihnen sogar nach dem Leben; sie verursachte Misswachs im Lande, dadurch, dass sie die Keime des Saatgetreides tödtete, indem sie dasselbe dörrte. Das von ihr bestochene Orakel sagte, der König müsse seine beiden Kinder erster Ehe opfern. Schon war er dazu

Fig. 34.

bereit, als Nephele mit dem goldvliessigen Widder erschien, der ihr von Mercur geschenkt worden, und den Gemisshandelten zur Flucht half, wobei jedoch Helle in das Meer stürzte, welches davon den Namen Hellespontus erhielt. Phrixus kam auf seinem Widder, der über Luft und Meer wandelte, und mit Sprache begabt war, in Aea in Colchis bei König Aeetes an, opferte dem Jupiter das rettende Thier und hängte das Fell in einem dem Mars geheiligten Haine an einem Baume auf, wo es ein nie schlummernder Drache bewachte. — In Griechenland hatte unterdessen Cretheus, Bruder des Athamas, sich die Herrschaft von Jolcus in Thessalien erworben, und diese auf seinen älteren Sohn, Aeson, vererbt, der jüngere Bruder aber, Pelias, hatte den älteren verdrängt. Aesons Sohn, Jason, war auf dem Lande als Landwirth aufgewachsen. Pelias war durch ein Orakel vor demjenigen, der mit einem Schuh zu ihm kommen würde, gewarnt worden; als er nun einst opferte, fand sich Jason, zum Schmause geladen, mit nur einem Schuhe ein, den anderen hatte er beim Durchwaten eines Flusses verloren; der erschreckte König erzählte dem Fremdling das Orakel, und frug ihn selbst, wie er mit einem Menschen, der ihm so gefahrdrohend wäre, verfahren würde? Auf der Juno Eingebung erwiderte Jason, er würde ihm den Auftrag ertheilen, das goldene Vliess aus Colchis zu holen. Pelias nahm den Jüngling beim Wort, und Jason machte sich auf, Gefährten zu diesem Zuge zu suchen. Die ersten Helden Griechenlands schlossen sich ihm an, die Dioscuren und Hercules unter ihnen; dann ward das Schiff Argo gebaut und nun in die See gestochen. Unser Bild, die A. in ihrem Schiffe darstellend, ist nach einem, in der Sammlung des Herrn Casali befindlichen Fragment aus gebrannter Erde angefertigt. — Ungehindert durchschifften die Helden den Hellespont und kamen zu den Dolionen, von deren König Cyzicus sie freundlich aufgenommen und reich beschenkt wurden. In der Nacht nach ihrer Abfahrt trieb sie ein Sturm wieder dahin zurück; die Einwohner glaubten, es seien Seeräuber, widersetzten sich ihrer Landung, und im Gefecht blieb der König. Ihm wurden zwar Opfer und Leichenspiele gefeiert, doch die Göttin Rhea zürnte den unfreiwilligen Frevlern; sie hielt das Schiff zwölf Tage lang unbeweglich fest, schickte einen schrecklichen Sturm, und liess sich erst durch ein grosses Opfer von Orpheus versöhnen. Hercules kam hier von dem Zuge der Argonauten ab. Er hatte sein Ruder zerbrochen; von Hylas, seinem Liebling, begleitet, ging er an's Land, um sich ein neues zu holen, da ward der reizende Jüngling von drei schönen Quellnymphen entführt und in ihre crystallenen Wohnungen in der Tiefe der Gewässer gezogen. Hercules und Polyphem gingen, ihn zu suchen, unterdessen verliess das Schiff die Ufer, und die beiden Fremdlinge blieben zurück. Auf ihrem ferneren Zuge wurden die A. im Lande der Bebryker von deren König Amycus zum Faustkampf aufgefordert. Pollux tödtete den Prahler, und dessen Volk erlitt von den griechischen Helden eine Niederlage. Dann befreiten sie den blinden Seher und König Phineus in Salmydessus in Thracien von den scheusslichen Harpyien, wesshalb derselbe ihnen guten Rath für die ihnen bevorstehende Durchfahrt zwischen den Symplegaden ertheilte. Er rieth ihnen, eine Taube vorausfliegen zu lassen, und nach deren Schicksal das ihrige zu ermessen. Als sie nun wirklich an die Stelle kamen, und die Taube bloss die Spitze des Schwanzes verlieren sahen, ruderten sie mit Hülfe der Juno schnell hindurch, und die Symplegaden standen, nachdem sie bloss die Verzierungen am Hintertheil des Schiffes abgeschlagen hatten, von da an gänzlich still. Später trafen sie auf der Insel Aretias die stymphalischen Vögel an, menschenfressende Raubvögel mit ehernen Flügeln und Federn, die sie wie Pfeile abschiessen konnten; diese wurden von ihnen durch das Geräusch zusammengeschlagener Waffen vertrieben. Ebendaselbst trafen die Söhne des Phrixus mit ihnen zusammen. Sie wurden von den A. aufgenommen und mit nach Colchis geführt, wo sie in der Nacht ankamen und, den Fluss Phasis hinauffahrend, vor der Hauptstadt Aea landeten. Nicht wenig erstaunt über der Helden Beginnen und Verlangen, machte ihnen Aeetes die härtesten Bedingungen: Jason sollte die feuerspeienden Stiere des Vulcan vor einen Pflug spannen, mit denselben vier Morgen Landes umackern, die Drachen-Zähne aussäen, welche Minerva dem König geschenkt hatte, und die daraus erwachsenden bewaffneten Männer bekämpfen. Allem unterzog sich der Held, doch nichts hätte er ohne die Liebe der Tochter des Aeetes, der Zauberin Medea (s. d.), vermocht; diese machte ihn durch eine Salbe unempfindlich gegen das Feuer, so dass er im Stande war, die Stiere zu fesseln und anzuspannen; er pflügte das Landstück, säete die Drachenzähne und warf Steine unter die emporwachsenden Bewaffneten, worauf diese einander selbst angriffen und tödteten. Aeetes hatte nicht geträumt, dass es möglich sei, seinen Forderungen zu genügen; er weigerte die Erfüllung seines Versprechens, und beschloss, das Schiff der A. während der Nacht in Brand zu stecken. Medea verrieth dem Jason den Plan, half ihm den Drachen, welcher das goldene Vliess bewachte, bezaubern und entfloh mit dem Räuber, nachdem sie noch ihren Bruder Absyrtus (s. d) mitgenommen, den sie ermordete, als ihr Vater sie verfolgte, denn sie hoffte, wenn sie ihn zerstückte und seine Glieder verstreute, würde sie, während der Vater diese zusammensuchte, einen Vorsprung vor ihm gewinnen, was auch gelang. — Hinsichtlich der Rückfahrt der A. weichen die Angaben völlig von einander ab, so dass der Eine die A. über England und die Säulen des Hercules, dann zwischen Sicilien und Italien hindurch nach Hause ziehen lässt, während ein Anderer sie durch Asien, Africa, die libysche Wüste etc. führt. Darin stimmen jedoch die meisten Nachrichten überein, dass sie in der sicilianischen Meerenge nur durch die Gunst der Thetis gerettet wurden, dass Orpheus durch seine Leier die Sirenen besiegte, dass sie auf dem Eiland der Phäaken bei König Alcinous landeten, und dass Jason dort erst sein Beilager mit Medea hielt.

Argus (Gr. M.) 1) A., von welchem Mercur den Beinamen Argiphontes (s. d.) hat, war über den ganzen Leib mit Augen bedeckt (daher Panoptes, der Allsehende, genannt), von denen nur immer die Hälfte schlief; man konnte daher keinen bessern Hüter wählen, um so mehr, als er zugleich sehr stark war, wovon er durch Besiegung eines Satyrs, eines ungeheuern Stiers und der berüchtigten Echidna Beweise gegeben hatte. — Ihm ward die Bewachung der in eine Kuh verwandelten Io (s. d.) anvertraut; A. band sie an einen Oelbaum, sich selbst unfern desselben auf eine Anhöhe setzend, von welcher er die Gefilde rings umher wohl überschauen konnte. Jupiter trug dem Mercur auf, die Geliebte zu befreien, was bei des A. angeführten Eigenschaften keine leichte Aufgabe schien; dem Listigsten der Götter aber gelang es, dieselbe zu lösen. Als Hirt, mit der Panflöte und einem Schwert unter dem Mantel, ging er zu A., erzählte ihm viel, spielte auf seiner Flöte, und entlockte derselben zuletzt so liebliche, zarte Töne, dass der Hundertäugige entschlummerte. Da liess Mercur den Mantel fallen und hieb ihm mit seinem Schwerte den Kopf ab. Juno setzte des erschlagenen Hüters Augen in den Schweif ihres Lieblingsvogels, des Pfauen. Die Aeltern des A. sind durchaus zweifelhaft; Arestor, Argus, Agenor, Inachus, werden als Väter, Ismene als Mutter genannt. — 2) A., Sohn entweder des Alector, oder des Polybus von Argea, der Erbauer des berühmten fünfzigrudrigen Schiffes für Jason und seine Genossen. — 3) A., Sohn des Jupiter und der Niobe, der Tochter des Phoroneus, folgte dem Phoroneus in der Herrschaft über den Peloponnes, den er nach seinem Namen Argos nannte. — 4) A., einer der Söhne des Phrixus, welche auf der Insel Aretias als Schiffbrüchige mit den Argonauten zusammentrafen.

Arguta exta (Röm. Glaube), redende Eingeweide, in denen ein Augur Anzeichen zu einer Weissagung fand, im Gegensatz zu denen, welche kein Anzeichen gaben, und welche man m u t a, stumme, nannte.

Argyphia oder A r g y p h e (Gr. M.), Gattin des durch seine fünfzig Söhne und deren unglückliches Schicksal bekannten Aegyptus.

Argyra (Gr. M.), eine achäische Quellnymphe, welche den Selemnus, einen schönen Hirtenknaben, auf einem ihrem Walde benachbarten Hügel bei seinen Rinderheerden entschlafen fand, und sich von seiner Schönheit so hingerissen fühlte, dass sie ihm ihre Gunst schenkte. Als aber nach mehrjähriger Dauer eines höchst glücklichen Verhältnisses die ewig jung und ewig reizend bleibende Nymphe bemerkte, dass ihr Geliebter altere, verliess sie denselben, und er verging vor Gram. Venus verwandelte ihn in einen Fluss; aber auch als solcher liebte er fort, bis ihn Venus endlich mit Vergessenheit beglückte. Daher die Sage, wer im Selemnus bade, vergesse seine Liebesschmerzen.

Argyrotoxos (Gr. M.), Beiname des Apollo, »der Führer des silbernen Bogens«.

Ariadne, Fig. 35 (Gr. M.), Tochter des Minos und der Pasiphaë (s. dd.). Des Königs Sohn war in Athen erschlagen worden. Minos zwang den Beherrscher zu dem bekannten schimpflichen Tribut, den er ihm durch Uebersendung von sieben Jungfrauen und sieben Jünglingen für den furchtbaren Minotaurus entrichten musste. Bei der zweiten Sendung befand sich Theseus unter den Jünglingen (s. d.) A. sah ihn und ward durch des Liebesgottes Pfeil getroffen; sie beschloss, ihn dem Tode, der seiner harrte, zu entreissen. Theseus, welcher freiwillig mit dem Tribut bringenden Schiffe nach Creta gegangen war, beabsichtigte, den Minotaurus zu tödten, und so sein Vaterland von der schmählichen Abgabe zu befreien, ergriff daher die sich darbietende Gelegenheit zur Flucht nicht, wohl aber das einzige Mittel, um sich aus den verschlungenen Gängen des Labyrinths heraus zu finden, einen Fadenknäuel, den ihm A. gab, und den er am Eingange in das Labyrinth befestigen und abwickeln, beim Zurückkehren aber wieder aufwinden sollte. — Theseus fand den Minotaurus, erlegte ihn, kehrte durch der A. Hülfe zurück und entfloh mit ihr; allein falsche Scham hielt ihn ab, das reizende Mädchen, das sich ihm hingegeben, nach Hause zu bringen, da es eine Schande war, ein fremdes Weib als Ehefrau nach Athen zu bringen; er verliess daher in der Nacht die schöne A. und gab sie auf dem

Fig. 35.

wüsten Felsen von Naxos allen Schrecknissen der Verlassenheit Preis, und verzweiflungsvoll machte sie ihrem Leben ein Ende. Indessen weichen die Sagen hier sehr von einander ab: nach dem Einen soll Diana die A. mit plötzlichem Tode hinweggerafft, nach Andern Bacchus die V e r l a s s e n e gefunden, entzückt von ihrer Schönheit sich mit ihr verbunden, sie zu seiner Gemahlin gemacht haben, und so stellen auch viele Gemälde, geschnittene Steine, Reliefs von der ausgezeichnetsten Schönheit, so stellen antike Gruppen A. in Gesellschaft des Bacchus dar. Dieser nahm sie darauf mit sich auf seinen Zügen, ging mit ihr nach Indien (so entstand das neueste Kunstwerk über diesen Gegenstand, Ariadne, von Dannecker, auf einem Panther sitzend, jetzt in Frankfurt), und erhielt von ihr drei Söhne, Oenopion, Staphylus und Evanthes. Des Gottes Liebe war nicht so vergänglich, als die des Menschen; bis zu ihrem Tode blieb er ihr getreu, und um auch dann ihrer nicht verlustig zu gehen, vermochte er Zeus, sie unter die Götter aufzunehmen. Unser Bild zeigt eine Statue der Ariadne, eine Trinkschale in der Linken haltend und mit Epheu und Weintrauben bekränzt.

Aricia (Griech. u. röm. M.), eine Nymphe, mit der sich Hippolytus vermählte, nachdem ihn Diana von den Todten auferweckt und nach Italien versetzt hatte.

Aricina (M. der Lateiner). Bei Aricia, an der appischen Strasse, hatte Diana einen Hain, von welchem sie obigen Beinamen bekam. Der Priester dieses Heiligthums musste ein seinem Herrn entsprungener Sklave sein, welcher jedoch nicht zu dieser Würde gelangen konnte, wenn er nicht den vorigen Priester meuchelmörderisch oder im Zweikampf umgebracht hatte. Er musste ferner mit Jedem einen Kampf bestehen, der ihn dadurch dazu aufforderte, dass er von einem gewissen Baume in diesem Hain einen Zweig abbrach. Man glaubte, dass dieser barbarische Dienst durch Orestes von Taurien dahin gebracht worden sei. Richtiger aber wird er für alt-etruskisch gehalten. — Ein in eben dem Haine verehrter italischer Nationalheld, Virbius, wird entweder für den Sohn des Hippolytus und seiner Gemahlin, der Nymphe Aricia, oder für den von den Todten wieder erstandenen Hippolyt selbst gehalten.

Aricores, eine südamerikanische, die Nordseite des Marannon in der Provinz Quito bewohnende Völkerschaft, die noch jetzt fast ganz in einem glücklichen Naturzustande lebt. Von ihren Religionsansichten weiss man nur, dass sie Sonne und Mond anbeten, den Vatipa für den höchsten, Alles regierenden Gott ansehen, im Uebrigen sehr abergläubig sind, und aus Furcht vor ihren Zauberern von diesen sich aufbinden lassen, was dieselben nur wollen.

Arimasper (Gr. M.), ein in mythisches Dunkel gehülltes Volk, welches auf der Ostseite des Caucasus rings um das caspische Meer gewohnt haben soll. Sie werden als einäugige, kriegerische Menschen geschildert, die mit Griechen um den Besitz von Goldlagern kämpfen. Die Meisten glauben in diesen Sagen eine Andeutung eines kriegerischen Volkes zu finden, das in einer goldhaltigen Gegend wohnte und in der Gewinnung dieses Metalls erfahren war.

Arindodi (Ind. M.), eine hochgeehrte Halbgöttin der tamulischen Indier, welche in ihrem Leben als Muster der Häuslichkeit und Tugend galt, und auch noch jetzt im Himmel den Gang der häuslichen Geschäfte ordnet: sie wird jedem jungen Mädchen, das sich verheirathet, als Vorbild zur Nacheiferung angerühmt, und ihr Bild als Amulet getragen.

Arion (Gr. M.), 1) ein ausgezeichneter Citherspieler aus Methymna auf Lesbos, der sich durch seine seltenen Sänger- und Dichter-Gaben auf weiten Reisen grosse Reichthümer erwarb, Liebling des Tyrannen Periander von Corinth, bei dem er lange verweilte, worauf er, um seine Kunst in weitern Kreisen hören zu lassen, Italien und Sicilien durchzog. Auf der Rückkehr machten seine Schätze die Schiffer lüstern, und sie beschlossen, ihn umzubringen. A., wohl sehend, dass Bitten sein Leben nicht fristen würden, forderte nur noch von ihnen, dass sie ihm gestatteten, ein Lied zum Abschiede von dem Leben zu singen. Diess wurde ihm gewährt; er trat an das Vordertheil des Schiffes, rührte seine Lyra und sang so schön, dass die Delphine herzukamen und das Schiff umschwärmten. Dieses hatte er gehofft: er vertraute sich den menschenfreundlichen Thieren, indem er sich raschen Sprunges in das Meer warf. Ein Delphin nahm ihn auf seinen Rücken und trug ihn sicher und wohlbehalten zu dem Vorgebirge Tänarus, von wo er nach Corinth ging. Als die Schiffer ebenfalls dort ankamen, fragte sie der König nach A.; während sie vorgaben, er sei wohlbehalten in Tarent zurückgeblieben, trat der hinter einem Vorhang bis dahin verborgene Sänger vor sie, und von der siegenden Gewalt der Wahrheit überwunden, gestanden sie ihr Verbrechen ein, worauf Periander sie kreuzigen liess. A. liess darauf auf dem Vorgebirge, wo er gelandet hatte, in der Nähe des Tempels des Neptun, als Denkmal an diese Begebenheit einen von Erz gegossenen Delphin errichten, der einen Mann auf dem Rücken trug. — 2) A., ein berühmtes Pferd, welches Adrast zuletzt besass, dem es in dem berühmten Kriege der sieben Helden vor Theben das Leben rettete. Diess Thier war von Neptun und Ceres erzeugt, indem diese jenem Gotte in Gestalt einer Stute entgehen wollte, worauf er selbst sich in ein Ross verwandelte.

Arion Idaetae (Mong. M.), berühmter König der Mongolen, Beherrscher des Stammes Euelkäk und Vater des Gottes Dschakschiamuni, als dieser in einer Verkörperung zur Erde herabstieg. Er war vermählt mit Mach-Mommä, einer Königstochter aus tatarischem Stamme, welche ihm den jungen Gott gebar, der auch Sudadarf genannt wird, weil sein menschlicher Vater bisweilen diesen Namen führte.

Arisbe (Gr. M), 1) erste Gemahlin des Priamus, Tochter des Merops, die dem Priamus den Aesacus gebar. Später trennte er sich von ihr, um die Hecuba (s. d.) zu heirathen, und trat sie dem Hyrtacus ab. — 2) A., Tochter des Teucer, Gemahlin des Dardanus, nach welcher die troïsche Stadt A. benannt sein sollte. — 3) A., Tochter eines Macar (s. d.), nach welcher die Stadt A. auf Lesbos benannt worden sein soll.

Aristarche (Gr. M.), die erste Priesterin der Diana in Massilia, von dieser Göttin selbst aufgefordert, ihren Wohnsitz Ephesus zu verlassen und den Dienst der Diana zu verbreiten, daher sie sich mit Phocäern nach Massilia einschiffte und dort jenen Priesterdienst stiftete.

Aristaeus (Gr. M.), Beschirmer der Herden, des Ackerbaues, Wein- und Oel-Baues, der Jagd und Bienenzucht, Abwender zerstörender Hitze und anderer die Fluren verödender Uebel. So verschieden, als die Sagen von seiner Herkunft, die ihn bald zum Sohne des Uranus und der Gäa, bald des Centauren Chiron, bald des Apollo und der Nymphe Cyrene machen, so manchfaltig waren die Stätten seiner Verehrung: Thessalien, Cyrene, Arcadien, Ceos, Böotien. Von Chiron soll er erzogen, von den Musen in der Heil- und Weissagekunst unterrichtet, von den Horen sogar mit dem Wesen des Jupiter und des Apollo vereinigt worden sein; Eurydice, die Gattin des Orpheus, soll er verfolgt haben, so dass sie auf der Flucht auf die Schlange trat, die sie zum Tode verwundete, auch die Kunst erfunden haben, aus dem Leibe eines geschlachteten Rindes Bienenschwärme zu erzeugen. Er durchzog viele Länder, und ging endlich nach Thracien, wo er am Berge Hämus den Augen der Sterblichen entrückt wurde. Als seine Gemahlin nennt man Autonoë, Tochter des Cadmus, mit welcher er den Actäon zeugte; ausserdem werden ihm noch zwei Söhne, Charmus und Callicarpus (Freude und Schönfrucht), und eine Tochter Nysa oder Macris gegeben, welche die Amme des Bacchus gewesen sein soll.

Aristobula (Gr. M.), »die am besten Rathende«, Beiname der Diana, unter welchem ihr von Themistocles in Athen ein Tempel erbaut wurde, in welchem auch ein Bild des Themistocles selbst stand.

Aristodeme (Gr. M.), eine der Töchter des Priamus. Ferner die Mutter des Sicyoniers Aratus, die diesen mit Aesculap in Gestalt eines Drachen erzeugt haben sollte. Ihr Bild mit dem Drachen hing in Sicyon im Tempel des Aesculap.

Aristodemus (Gr. M), 1) Sohn des Hercules und der Creonide Megara, welcher von dem rasend gewordenen Vater ermordet wurde. — 2) A., ein Heraclide, Sohn des Aristomachus, versuchte mit den übrigen Abkömmlingen von Hercules den Peloponnes zu erobern, kam aber dabei um, entweder von den Söhnen des Pylades und der Electra ermordet, oder durch den Blitz erschlagen. Er war vermählt mit Argea, Tochter des Autesion, welche ihm den Eurysthenes und Procles gebar, welche die beiden ersten heraclidischen Könige von Sparta waren und hier zwei Linien von Königen stifteten.

Aristomache (Gr. M.), Tochter des Priamus, Gemahlin des Critolaus, Sohnes des Hicataon.

Aristomachus (Gr. M.), 1) Urenkel des Hercules und Sohn des Cleodäus, leitete den dritten Versuch der Heracliden, sich in den Besitz des Peloponnes zu setzen, welches jedoch erst seinen Söhnen Temenus, Aristodemus und Cresphontes gelang. — 2) A., Sohn des Talaus und der Lysimache, Bruder des Adrast und Vater des Hippomedon, eines der sieben Führer gegen Theben. — 3) A., einer der Freier der Hippodamia; er starb von der Hand ihres Vaters Oenomaus.

Arite (Ind. M.), eine von den schönen Töchtern des Dakscha. Sie ward vermählt mit Kasyapa, und durch ihn Mutter zwölf überaus schöner Töchter, deren älteste Arambe hiess; von dieser erzählt übrigens eine andere Fabel, dass sie bei Bereitung der Götterspeise durch Umrühren des Milchmeeres aus der gewonnenen Amrita hervorgegangen sei.

Arithschandren (Ind. M.), lebte im Anfange des ersten Zeitalters, war mit einer frommen Königstochter vermählt, und beherrschte mit ihr voll Weisheit und Liebe die sieben Inseln der Glückseligkeit. Indra, Beherrscher des Himmels, fürchtete, dass die ausserordentliche Frömmigkeit dieses Glaubenshelden ihn dahin bringen werde, dereinst Beherrscher des himmlischen Reiches zu werden, daher sendete er einen Muri, einen halb guten, halb bösen Geist zu A. und seiner Gattin Tara, um beide zu versuchen. In der Gestalt eines furchtbaren Ebers fuhr er hernieder, verwüstete die Felder von A.s Unterthanen und lockte ihm das Versprechen ab, dem Geiste 100 Tonnen Goldes zu schenken, wenn er von seinem bösen Beginnen abstehen wollte. Um das Versprochene zu erhalten, reichten die Schätze seiner Gattin, der Verkauf seiner Güter und seines beweglichen Eigenthums nicht zu; er musste sich daher selbst sammt den Seinigen als Sklaven verkaufen, um die Summe zu füllen. Seine Redlichkeit ging noch weiter. Er ward als Sklave Aufseher über den Platz zur Verbrennung der Todten, und nahm dort eine kleine Abgabe für seinen Herrn ein; da starb sein eigener Sohn, und als seine Gattin denselben zur Verbrennungsstätte brachte, doch wegen der drückenden Armuth, in welche A. sich gestürzt, nicht im Stande war, die Abgabe zu zahlen, verweigerte er seinem eigenen Sohne die letzte Ehre. Solche Redlichkeit und Frömmigkeit rührte die

Himmlischen, und sie beendigten seine Prüfung. Der nur scheintodte Sohn erwachte, A. erhielt seine Güter, seine Schätze wieder zurück, und sollte mit seiner Familie, seinen Unterthanen, seinem ganzen Reiche in das Paradies versetzt werden, und befand sich bereits auf dem Götterwagen, welcher gen Himmel schwebte, als eine kleine Anregung von Stolz sein Herz erfasste; augenblicklich stand der Wagen still und schwebt seitdem zwischen Himmel und Erde. Doch ist der Weise so fromm, dass man seiner bei jeder Bestattung eines Todten gedenkt, und ein Stern, auf dem Verbrennungsplatze aufgestellt, seine Gegenwart vertritt.

Arius (Gr. M.), König von Theutrania in Mysien, welcher von Pergamus, dem Sohne des Pyrrhus und der Andromache, im Zweikampf getödtet wurde, worauf Pergamus die Stadt nach sich benannte, und seiner Mutter ein Heroon daselbst errichtete.

Arka (Talm. M.), eine von den sieben Erden, welche von den Abkömmlingen des Brudermörders Kain bewohnt wird; stets ausser dem Masse der gewöhnlichen Menschen, sind sie entweder sehr klein, oder sehr gross, haben immer zwei Köpfe, und in diesen guten und bösen Sinn, wovon jedoch der letztere vorherrschend ist, daher sie nicht anders auf unsere Erde kommen, als um Uebles zu stiften.

Arkin (Mong. M.), eine bei den meisten Orientalen übliche Form der Zeichen, naeh denen man eine Anzahl Gebete hersagt; Korallenschnüre, an denen die Mongolen die verschiedenen Namen Gottes und seine Eigenschaften herzählen.

Arkjam (Ind. M.), ein Opfer, welches aus den schönsten Blumen besteht, die unter Hersagung von Gebeten über das Götterbild gestreut werden.

Arkona (Nord. M.), eine uralte, stark befestigte Burg auf dem nordöstlichsten Vorgebirge der Insel Rügen, Hauptsitz des Götterdienstes der Ranen, eines slavischen Volksstammes, der die Insel Rügen bewohnte. Hier befand sich der grösste Tempel ihres Hauptgottes, des Swantewit. Von der ungemeinen Festigkeit der Burg zeugen noch jetzt, nachdem sie schon seit dem J. 1168 zerstört ist, die Ueberbleibsel der Erdwälle, und doch waren diese nur die äusserste Circumvallation; ihr folgte noch eine mächtige Steinmauer und darauf eine hölzerne, fast unübersteigliche Wand. Letztere ist bei der endlichen Zerstörung durch König Waldemar I. von Dänemark und den Bischof Absalom von Roskild verbrannt, die Mauer zertrümmert und die Erdhügel ab- und darüber hingetragen worden. Ein hohes Dach, von breiten Pfeilern getragen, umschloss das Heiligthum, welches aus vier Balken bestand, die mit Teppichen umspannt waren, in deren Mitte sich das riesige, hölzerne Bild des vierköpfigen Swantewit erhob. Die Burg selbst war die Wohnung des Oberpriesters, der andern Götzenpriester, des heiligen Rosses und der Besatzung; ein starker Tempelschatz hatte sich daselbst angehäuft, indem der dritte Theil aller Kriegsbeute dem Gotte zukam, von jedem Bewohner jährlich ein Kostgeld erhoben wurde, jeder Beherrscher des Reichs, so wie der Nachbarvölker, bei dem Antritte seiner Regierung ein Geschenk geben musste, die Völker, zu denen die Ranen erobernd kamen, stark besteuert wurden, und eine heilige Schaar von 300 Reitern ganz allein dem Gotte bestimmt war, und Alles, was sie raubte oder eroberte, ihm gehörte und vom Oberpriester bewahrt wurde. Diess erklärt, wie es möglich war, dass Waldemar nach Eroberung der Burg aus dem Tempelschatze zwölf christliche Kirchen auf Rügen erbauen konnte. — Das Vorgebirge A. gehört jetzt in das Kirchspiel Altenkirchen auf der Halbinsel Wittow, welche durch die sandige Landenge Schabe mit der Halbinsel Jasmund, und mittelst dieser auch mit der eigentlichen Insel Rügen zusammenhängt. Unter dem Volke geht die Sage, dass von Zeit zu Zeit das Bild der zerstörten Burg auf den Wellen des Meeres erscheine. Dieser Volksglaube hat mehreren deutschen Dichtern Stoff zu sehr anmuthigen Gedichten von einer versunkenen Stadt gegeben.

Armenius (Gr. M.), Freund und Begleiter des Jason; man gibt ihm bald Rhodus, bald Armenium in Thessalien zur Heimath. Nach dem Argonautenzuge liess er sich in Armenien nieder, welchem Lande er den Namen ertheilte.

Armillus (Jüd. M.), Name eines künftigen falschen Messias, den eine colossale, steinerne Jungfrau in Rom gebären wird. Die Israeliten aber werden ihn besiegen, sich seiner bemächtigen und ihn tödten.

Armilustrium (Röm. Festbrauch), »Waffenreinigung, Waffenweihe«; ein jährlich am 18. October gefeiertes Fest, bei welchem man bewaffnet auf dem Armilustrum, einem Platze in der 13. Region der Stadt, opferte und die Waffen ruhen liess.

Arnaeus (Gr. M.), ein Bettler von mächtigem Knochenbau aber ungemeiner Feigheit, im Hause des Ulysses, so dass er bei der Rückkehr des als Bettler erscheinenden Ulysses keine Lust hatte, mit ihm um den Platz an der Schwelle zu kämpfen, und da es halb mit Zwang dennoch geschah, auch sogleich den Kürzern zog. Er wurde gewöhnlich Irus genannt, doch war sein eigentlicher Name der obige. — 2) A., Vater der Megamede, welche sich mit dem Thespius vermählte und Mutter der bekannten 50 Thespiaden wurde.

Arne (Gr. M.), 1) Enkelin des ersten, Tochter des zweiten Aeolus, und durch Neptun Mutter des dritten desselben Namens. Ihr zweiter Sohn war Böotus; beide wurden mit ihrer Mutter von Aeolus dem Zweiten verstossen. Ein Fremdling aus Metapontum nahm sich ihrer an, doch die Gattin desselben, Autolyte, quälte die fremde Frau so, dass einst die Söhne dieselbe schlugen und desshalb fliehen mussten. Ihr Grossvater, zu dem sie sich wandten, nahm sie nunmehr freundlich auf. — 2) A., von welcher Ovid erzählt, dass sie um des Goldes willen ihr Vaterland, die Insel Syphnos, an Minos verrathen habe, und desswegen von der Göttin in eine, das blanke Metall liebende Dohle verwandelt worden sei.

Arngrim (Nord. M.), der durch den Besitz des vortrefflichen Schwertes Tristing berühmte nordische Kämpfer, aus Bolmsö in Småland gebürtig, Enkel des achthändigen Starkoder und der schönen Alfhilde. Er hatte im Zorn so übermenschliche Kräfte, dass er stets ungeharnischt in's Gefecht ging, und sein Grimm die Bewaffnung ersetzte; von dieser Eigenschaft schreibt sich der Name Berserker (besser: Bar Serker) her; er bedeutet: »bar Panzer, ohne Panzer.«

Arno (Gr. M.), die Amme des Neptun, die das neugeborne Kind seinem Vater Saturn ableugnete, als dieser es aufsuchte, um es zu fressen. Die Stadt A. in Böotien hatte von ihr den Namen.

Aroëus (Gr. M.), Beiname des Bacchus von der Stadt Aroa in Achaja, später Paträ genannt, unter welchem er daselbst verehrt wurde.

Arot und **Marot** (Muham. M.), zwei Engel, welche auf der Erde erschienen, um die Menschen vor dem Bösen zu warnen. Diese sollen aber selbst bei einer schönen Frau eingekehrt, und, durch Wein erwärmt, derselben ihre verbotene Liebe erklärt haben. Das Weib klagte sie bei Gott an, die Engel erhielten eine harte Strafe, den Muhamedanern aber wurde, diesem Vergehen zu Folge, der Wein ganz verboten.

Arrhephoria (Gr. Festbrauch), ein Fest der Minerva, das in Athen im Monat Scirophorion gefeiert wurde, der um die Mitte Juni's begann. Vier Mädchen zwischen 7 und 11 Jahren wurden jährlich aus den vornehmsten Familien gewählt, von welchen zwei dem Weben des heiligen Peplos, eines Gewandes der Göttin, vorstanden, die beiden andern die geheimen Heiligthümer der Minerva zu tragen hatten. Diese letzteren verweilten ein ganzes Jahr auf der Burg unter Obhut der Priester, und wenn das Fest herangekommen war, legte ihnen die Priesterin der Minerva Polias (Stadtbeschirmerin) Gefässe auf den Kopf, deren Inhalt weder ihnen, noch der Priesterin selbst bekannt war. Mit diesen begaben sich die Mädchen in einen gewissen ummauerten Bezirk, wo sich eine natürliche Höhle befand, in welche sie hinabstiegen und das Getragene niederlegten; dafür nahmen sie etwas Anderes zurück und brachten es verhüllt herauf. Damit endigten sich ihre Verrichtungen; sie wurden entlassen und andere Mädchen an ihrer Statt auf die Burg geführt. Man nannte diese Mädchen Arrhephoren; sie trugen weisse Gewänder, geschmückt mit Gold, welches der Göttin anheimfiel.

Arruns (Röm. M.), ein Streiter im Heere des Aeneas. Als die streitbare Camilla mit ihren Heldinnen dem Turnus zu Hülfe zog, betete A. zu Apollo, ihm das Glück zu verleihen, die mächtige Feindin zu tödten; mit Arglist umschwärmte er dieselbe, bis es ihm glückte, aus einem Hinterhalt ihr einen Speer in die Brust zu werfen, als sie eben den Chloreus, den Priester der Cybele, verfolgte. Sie starb, doch die Götter selbst übernahmen es, den Tod der Heldin zu rächen; A. stahl sich möglichst leise hinweg, aber Opis, eine Nymphe der Diana, sah ihn und sendete einen Pfeil auf ihn ab, der seinem Leben ein schnelles Ende machte.

Arseh (Arab. M.), einer der beiden Throne Gottes. Er soll auf dem Wasser ruhen, von 8000 Säulen getragen werden und 300,000 Stufen haben, deren jede nur in eben so viel Jahren zu überschreiten ist. Engel sind bestimmt, denselben zu unterstützen und im Gleichgewicht zu erhalten, während andere Schaaren von Engeln zu beiden Seiten desselben gereihet sind. Der zweite Thron heisst Korsi.

Arselis (Gr. M.), Beherrscher von Carien, aus Mylasa gebürtig, anfänglich nicht zum Throne bestimmt, doch durch sein Glück darauf berufen. Er half dem Gyges (dem Liebling des Königs Candaules, der diesem gestattete, seine wunderschöne Gattin unbekleidet zu sehen, wofür er Krone und Leben einbüsste) auf den Thron und erhielt zum Dank von demselben die Streitaxt, welche Hercules der Amazonenkönigin abgenommen, und die in dem lydischen Königshause erblich war. A. baute dem Jupiter einen Tempel und weihte ihm diese Trophäe. Der Besitz dieser Axt verschaffte dann dem A. selbst den Thron.

Arsiel. Nach dem Talmud einer der Fürsten der Hölle.

Arsinoë (Gr. M.), 1) Gattin des Alcmäon, des Sohnes des Amphiaraus (s. d.), der auf seines Vaters Befehl dessen Tod an seiner Mutter Eriphyle gerächt hatte und darauf zum König Phegeus in Arcadien kam, sich durch denselben von dem Verbrechen reinigen liess und dessen Tochter A. zur Gattin gewann; bald aber verliess er sie, um sich mit Callirrhoë zu verbinden, worauf ihn der gekränkten Gattin Brüder umbrachten. In der Brust der jungen Frau war die Liebe zu dem Ungetreuen nicht erloschen: sie beweinte dessen Tod und verwies den Brüdern ihr Thun, wofür dieselben sie in einen Kasten sperrten und nach Tegea zu dem König Agapenor brachten, vorgebend, die Gefangene sei die Mörderin des Alcmäon. — 2) A., Amme des Orestes. Sie verbarg das von Clytämnestra und ihrem Buhlen Aegisthus (s. d.) dem Tode geweihte Kind und flüchtete sich mit demselben zu König Strophius in Phocis, dem Oheim des jungen Königssohnes, woselbst er mit Pylades, dem Sohne des Strophius, erzogen wurde. — 3) A., eine der Töchter des Hyas und der Böotia, eine Hyade. — 4) A., Tochter des Leucippus, Fürsten in Messenien und der Philodice, ward von Apollo Mutter des Aesculap und der Eriopis. Phöbe und Hilaïra, ihre Schwestern, waren mit den Dioscuren vermählt. — 5) A., die spröde Geliebte des Arceophon (s. d.)

Arsippe (Gr. M.), Schwester der Alcathoë (s. d.) und Genossin ihres Schicksals.

Arsippus (Gr. M.). Nach Einigen hatte nicht Apollo, sondern A. mit Arsinoë, der Tochier des Leucippus, den Aesculapius gezeugt.

Arta Narissura (Ind. M.), eine Darstellung des Schiwa, wo er, mit seiner Gemahlin Parwati in eine Gestalt vereinigt, halb Mann, halb Weib geformt ist. Schiwa soll nämlich beide Geschlechter in sich vereinigen, als Mann Schiwa, als Weib Parwati sein; zwar sind die indischen Mythen sehr verwickelt, doch selten widersprechen sie sich so, wie hier, denn Parwati wird fast immer abgesondert von ihm vorgestellt.

Artemiche (Gr. M.), Tochter des Clinis, eines reichen Mannes, der bei Babylon wohnte. Apollo nahm das Opfer von Eseln, das ihm Clinis nach der Weise der Hyperboreer brachte, und wovon die Söhne desselben, Lycius und Harpasus, auch dann nicht abstanden, als es ihnen der Gott ausdrücklich untersagt hatte, so ungnädig auf, dass er die Esel rasend machte, welche nun die ganze Familie anfielen. Da verwandelten die Götter diese aus Erbarmen in Vögel, A. in eine Piphinx, einen uns unbekannten Vogel.

Artemidobletus (Gr. M.), »von Artemis, d. i. Diana, getroffen«, hiessen Personen, die von gewissen, der Diana zugeschriebenen Weiberkrankheiten betroffen wurden.

Artemis (Gr. M.), der griechische Name der Diana.

Artemisia (Gr. M.), Name aller Feste, welche in Griechenland der Artemis, d. i. Diana, gefeiert wurden; am bekanntesten sind die zu Ephesus in Kleinasien und die zu Delphi gehaltenen.

Artemisium (Gr. M.), jeder der Diana geweihte Ort; besonders hiess so ein Gebirge in Argolis, an der Grenze von Arcadien, und ein Vorgebirge auf der Nordküste von Euböa; beide Plätze hatten prächtige Dianentempel. Bei dem letztern fiel die bekannte Seeschlacht zwischen Themistocles und den Persern vor.

Arthur oder Artus (Britt. M.). Ein König der Siluren in England, halb historische, halb mythische Person, deren wirkliche Existenz der Eine aus der Zusammensetzung von mehr als sechshundert Ortsnamen mit Arthur abzuleiten sucht, während der Andere sie gänzlich läugnet, und in Arthur nur den grossen Bären (Arkturos), und in der Tafelrunde den Kreis, den derselbe um den Pol beschreibt, sehen will. — A. war der Sohn des Uther Pendragon, Oberfeldherrn der Britten und Freundes des Zauberers Merlin, welcher die schöne Ingerna, die Gemahlin des Fürsten von Cornwales, liebte und Erhörung bei ihr fand, so dass sie von ihm den Knaben A. gebar. Dieser wuchs zu einem herrlichen Helden auf, begleitete seinen Vater zu Schlachten und Siegen, und zeichnete sich so gewaltig aus, dass man nach des Erstern Tode ihn selbst zum Heeresfürsten der Engländer erhob. Jetzt zog er gegen die Sachsen, besiegte dieselben unter der Anführung des Cerdic zwei Mal, zog nach Schottland und Irland, unterwarf sich beide Reiche, zog nach Norwegen, Dänemark, Flandern und Frankreich, besiegte bei Paris ein römisches Heer, zog dann gegen die spanischen Riesen, deren er die meisten niedermachte, und ging darauf nach England zurück, weil sein Neffe Modred sich gegen ihn empört und seine Gattin, die schöne Guanhumara (Guniver, Ginevra), verführt hatte. Kaum auf Englands Boden angelangt, schlug A. diesen Neffen und nahm ihm seine bisher gemachten Eroberungen ab. Auf den Rath seines Freundes, des Zauberers Merlin, stiftete er nun die berühmte Tafelrunde, eine Gesellschaft von neunundvierzig der ausgezeichnetsten Helden, welche er auf seinen Heereszügen kennen gelernt; sie versammelten sich um ihn und hielten fröhliche Mahlzeiten an einer runden Tafel von polirtem Marmor, um welche her Sitze standen, bezeichnet mit den Namen derjenigen, denen die Ehre dieser Auszeichnung gebührte. Nach dem Tode eines Mitgliedes erschien an seinem erledigten Sitz von selbst, auf des Zauberers Merlin Veranstaltung, der Name desjenigen, der nun seine Stelle einnehmen sollte. — Ein Ritter wagte es, sich auf einen leeren Sessel niederzulassen, und versank sammt demselben unter den Boden des Saales; man hörte einen furchtbaren Schrei, und bald darauf kam der Stuhl wieder empor, auf dem ein Häufchen noch glimmender Asche, mit einigen glühenden Knochenstücken vermischt, zu sehen war. Niemand hatte fortan Lust, sich zu setzen, wenn er nicht seinen Namen in grossen, goldenen Buchstaben auf der Rücklehne des Stuhles glänzen sah. — Innig verbunden mit der Geschichte von der Tafelrunde und A. ist die Schwester desselben, die Fee Morgana (Tochter Uther Pendragons), und der Zauberer Merlin (s. dd.); die Lanze Rol, auf welche A. jedesmal 24 Feinde spiesste, die er dann von sich schleuderte, sein Schwert Caliburn, womit er in einer Schlacht 840 Feinde tödtete, sein Schild Pridwen, welcher undurchdringlich war etc. etc. Der König führte ein langes, thatenreiches und glückliches Leben, und fiel endlich in ehrenvollem Kampfe und nach errungenem Siege, in einer Schlacht auf der Insel Awalon (nach Anderen Camlan) im J. 542. Man will auf dieser Insel auch unter Heinrich II. von England sein Grab entdeckt haben. Die Bewunderung der Britten für diesen Helden war so gross, dass sie lange Jahrhunderte glaubten, er werde wiederkommen und sein Volk vom Joche der Angelsachsen befreien. Die Sagen-Geschichte von A. ward schnell in allen Ländern, selbst bis Island verbreitet, und aus den A.-Romanen wurden hernach von französischen Rittersängern die Helden seiner runden Tafel einzeln besungen, so dass Sir Gawein, Lancelot vom See, Irwin, Percival und andere edle Kampfgefährten A.s allgemein als Muster der fahrenden Ritterschaft bewundert wurden. — Höchst wahrscheinlich steht mit dieser Fabel der sogenannte Artus-Hof in Thorn und Danzig in Verbindung; beide haben auch den Namen Junkerhof, was an die jungen Herren Ritter erinnert; gewiss sind sie nicht zu dem Zwecke erbaut, zu welchem sie jezt dienen.

Artschimandi (Ind. M.), Gemahlin des Wischnu in seiner Verkörperung als Pradu, daher sie gewöhnlich nur des Pradu Gattin genannt wird. A. war eine sehr fromme Frau, welche mit ihrem Gatten sich in die Einsamkeit begab, um durch ein heiliges, beschauliches Leben der Seligkeit theilhaftig zu werden (auch der verkörperte Gott unterliegt den Gebrechen der irdischen Wesen, wenn er einmal ihre Gestalt angenommen hat). Sie ward Mutter des Schidaswan, Atiebschen, Wragulan, Dakschanen und Tumagedu, welche alle durch das heilige Leben ihrer Aeltern der Anschauung des Weltschöpfers gewürdigt wurden.

Artschunen (Ind. M.), einer der fünf Söhne des Pandu und der Kundi. Krischna's (s. d.) Freund, ward er von diesem in allen seinen Unternehmungen getreulich unterstützt. Er war Anführer der Pandu's in der berühmten Schlacht zwischen diesen und den Kuru's, und durch den Gott so begünstigt, dass er sie, trotz der ungünstigsten Umstände, gewann. 14 Jahre alt, vermählte er sich mit Dropadi, welche er durch einen meisterhaften Bogenschuss gewonnen hatte; doch besass er dieselbe nicht allein zur Gemahlin, sondern gemeinschaftlich mit seinen fünf Brüdern, hatte aber ausser dieser noch vier andere Weiber allein. Auch er soll eine Verkörperung des Wischnu gewesen sein. A. hatte einen Sohn Abimunen, welcher sich als Fürst aus der Dynastie der Mondskinder berühmt machte.

Arueris (Aegypt. M.), entweder mit Osiris Sohn des Sonnen-Gottes und der Rhea, oder Sohn des Osiris und der Isis, die ihn, als Geschwister, schon im Mutterleibe der Rhea mit einander hervorbrachten; er wird für Eins erklärt mit dem ältern Horus, dem Apollo der Aegypter.

Arun (Ind. M.), der Wagenführer der Sonne; ein aus einem Ei hervorgekommener, nur am Oberleibe vollendeter Sohn des Kasyapa und der Adidi. Er sitzt vor Surya, dem Gott der Sonne, und leitet die sieben grünen Pferde, welche den Wagen ziehen, während Genien ihn umflattern und Loblieder singen. Nach den Verordnungen des Menu scheint er zugleich die Schutzgottheit der Morgen- und Abenddämmerung zu sein. Sein Bette ist der östliche Ocean; und das Schauspiel Sakontala sagt von ihm, er zerstreue die Schatten der Nacht, weil ihn der Gott mit tausend Strahlen vor den Wagen des Tages gesetzt habe.

Arupa (Ind. M.), die körperlosen, reinen Geister, eine der drei Classen der lebenden Wesen. Sie zerfallen wieder in vier Abtheilungen, deren jede eine besondere Wohnung hat, und deren letzte so hoch über der Erde ist, dass ein Stein vier Jahre zu fallen hätte, bis er zu uns käme. Die Seelen frommer Menschen werden gleich als A. wiedergeboren, und bedürfen keiner Wanderung durch verschiedene Stufen, um zur Seligkeit zu gelangen; sie steigen unmittelbar nach ihrer Wiedergeburt als selige Geister in den Himmel, welcher den Fuss des Berges Meru umgibt.

Arvakur (Nord. M.), »früh wach;« ein Sonnenross, das mit noch einem zweiten, Alswidur (alles versengend), an den Sonnenwagen gespannt ist.

Arvales fratres (Arvalische Brüder). In Rom ein Collegium von zwölf Priestern, dessen Stiftung mit der Sage von Acca Larentia zusammenhängt, indem diese an die Stelle eines von zwölf Söhnen, den sie verloren hatte, den Romulus annahm, der nun sich und den übrigen den obigen Namen beilegte. Sie hatten das Fest zu leiten, das Ambarvalia (s. d.) hiess. Ihre Würde war lebenslänglich und konnte selbst durch Verbannung nicht verloren gehen.

Arvisgah (Pers. M.), ein Platz in den Feuertempeln, wo das Izeschne gebetet wird. Es ist dieses gewissermassen der Hochaltar der Pyreen: dort steht der steinerne Stuhl für den heiligen Magus, ein Pult mit den zum Gottesdienst gehörigen Büchern und der Stein Arvis, der von den Priestern nur nach einer mit religiösen Ceremonien verbundenen Abwaschung berührt werden darf.

Arwidsweirs (Nord. M.), eine eigene Kaste unter den Barden der alten Isländer, welche eigentlich nicht Sänger, sondern nur gelehrte Genealogen waren; ihnen lag ob, den Geschlechtern angesehener Isländer so weit als möglich nachzuspüren, und sie machten Stammbäume, welche bis auf Aeneas, Bel, Noah und Adam zurückliefen.

Aryawerta (Ind. M.), das von lauter tugendhaften Menschen bewohnte Land zwischen dem Ost- und West-Meere; es soll im Süden von dem Gebirge Windhia, im Norden von dem Gebirge Himawad begrenzt sein.

Arzc (Pers. M.). Nach der Lehre der Magier war die Erde in sieben Haupttheile, Keschwans, getheilt, davon hiess der nordwestlichste A.

Asa und **Asaël** nennt der Talmud zwei Engel, welche sich unterfingen, mit Gott darüber zu rechten, dass er sündige Menschen geschaffen. Der Herr verwies sie in Menschengestalt zur Erde, und sie verfielen in ein sündhaftes Leben; zurückgekehrt in den Himmel, wurden sie von Gott verstossen, und gefesselt in die finstern Berge gegen Osten geschickt, woselbst sie die Menschen in der Zauberei unterrichteten. Bileam und Salomo waren ihre Schüler.

Aesacus (Gr. M.), Sohn des Priamus und der Arisbe, (s. dd.). Priamus trennte sich von Arisbe, und wählte die Hecuba zur Gattin. Als diese mit dem Paris schwanger ging, träumte ihr, dass sie eine Fackel geboren habe, welche Troja in Brand stecke. A., der die Gabe der Traumdeutung besass, deutete den Traum dahin, dass die Königin eines Kindes entbunden werde, das Troja's Untergang verursachen würde, wesshalb der König Paris aussetzen liess. Wie bekannt, wurde diese Voraussagung vollständig erfüllt.

Asaf (Arab. M.), Sohn des Amru, aus dem Stamme Iotham. Weil er seine Geliebte Mayelah in der heiligen Kaaba umarmte, wurden beide in Bildsäulen verwandelt.

Asaheim (Nord. M.), das fern im Osten gelegene Land, aus welchem die Asen (s. d.) stammen; man ist zweifelhaft, wohin man dasselbe legen soll. Mone will die Asen nach dem alten Troja weisen, und glaubt, sie seien nach der Zerstörung von dort ausgewandert. Ob man der Wahrheit viel näher rückt, wenn man behauptet, A. liege am Don, und von dorther seien die Asen unter Odins Anführung nach dem Norden von Europa gewandert, wäre noch zu entscheiden. A. muss man nicht mit Asgard verwechseln: diess ist der Palast, in welchem die nordischen Götter wohnen bis zum Weltuntergange; in A. wohnten sie, bevor sie nach Skandinavien kamen.

Asamal (Nord. M.), die Asen- oder Götter-Sprache, d. h. diejenige Sprech- oder Schreibart, deren sich nur die Dichter, die Skalden und Priester der nordischen Völker bedienten; eine Art Sanskrit, dem Volke unzugänglich, ein erbliches Eigenthum des Gelehrtenstammes.

Asambu Barascha (M. der mongol. Völker), ein Baum, welcher im Mittelpunkt der Erdfläche, an dem Strome Dso Maloiba steht. Seine Früchte sind von ausserordentlicher Grösse und Vortrefflichkeit, doch kommen sie den Menschen nicht zu Gute, denn sie fallen in den Strom und werden von diesem dem Meere zugeführt, woselbst sie der Drache Luchan verspeist.

Asasel (Jüd. und muham. M.), der Fürst der Teufel, der die ersten Menschen verführte, auch Sammael (Samiel) genannt. Die Bibel führt ein Looswerfen über zwei Böcke an, welche zum Opfer bestimmt waren; man stellte zwei Böcke vor den Oberpriester, und zwischen beide eine Urne mit den Loosen; das eine war überschrieben: dem Jehovah, das andere: dem A.; brachte der Priester das Loos für Jehovah heraus, so war Gott versöhnt. Auch den A. versöhnte man mit einem Bocke, damit er am grossen Versöhnungstage das Opfer nicht entweihe. Die sprüchwörtliche Redensart: »ein Sündenbock,« kommt eben daher, indem auf jenen dem Teufel geopferten Bock alle Sünden des Volkes geladen wurden.

Asathor (Nord. M.), Thor der Asen, Asengott, ein sehr ehrenvoller Beiname, welchen die Edda dem Thor gibt.

Asbamaeus (Gr. M.). Unweit Tyana in Cappadocien, dem Geburtsorte des berühmten Philosophen Apollonius, befand sich ein Tempel des Jupiter, an einer Quelle, welche dann und wann heiss aufwallte, so dass sie zu sieden schien, Asbamäum hiess, und dem Jupiter, als Schützer des Eides, geweiht war, der von ihr daselbst den Beinamen A. trug. Redlichen Leuten war das Wasser hold und süss, aber Meineidigen brachte es Krankheiten an Augen, Händen und Füssen.

Asbolus (Gr. M.), ein Centaur, welcher auf der Hochzeit des Pirithous gegen die Lapithen focht, ein Vogelschauer war, desshalb auch seinen eigenen Fall voraussah, und auch seine Brüder vor dem Streite warnte, indem er ihnen dessen unglückliches Ende und die gänzliche Ausrottung ihres Stammes verkündete.

Ascalabus (Gr. M.), Sohn der Misme, der Knabe, welchen Ceres in eine Eidechse verwandelte, als er über sie, die hastig Trinkende, lachte, und den Andere Abas, Sohn der Metanira, nennen.

Ascalaphus (Gr. M.), 1) Sohn des Mars und der Astyoche, führte mit seinem Zwillingsbruder Jalmenus die Völker von Orchomenus und Aspledon nach Troja, zeichnete sich unter den Helden der Griechen durch grosse Tapferkeit aus und ward von Deïphobus erlegt, als er mit Idomeneus gegen Aeneas um den Leichnam des Alcathous stritt. Homer gibt uns ein etwas grelles Bild von dem Zorne des Mars bei der Todesnachricht: er schlug mit der Hand auf seine nervigen Hüften und rief, er wolle den Fall des Sohnes rächen, müsste er auch durch Jupiters Blitz zerschmettert dahin sinken. — 2) A., Sohn des Acheron und der Nymphe Orphne, oder der Gorgyra, welcher Schuld daran war, dass Proserpina in der Unterwelt bleiben musste. Als nämlich Ceres ihren Aufenthalt entdeckt, klagte sie den Räuber Pluto an, und dieser ward verurtheilt, sie zurückzugeben, wenn sie in der Unterwelt noch nichts gegessen hätte. Nun hatte sie aber ein Paar Kerne eines Granatapfels gegessen, und A., der dieses gesehen, trat als Zeuge dafür auf, daher musste Proserpina bei Pluto verweilen. Ceres warf im Zorn einen mächtigen Stein auf ihn, unter welchem er lag, bis Hercules denselben erhob und ihn so befreite; allein der Mutter Zorn war noch nicht erkaltet, sie verwandelte den kaum Erlösten in eine Eule.

Ascalus (Gr. M.), Sohn des Hymenäus, Bruder des Tantalus, Feldherrn des lydischen Königs Aciamus, in dessen Dienste er Syrien eroberte und daselbst eine Stadt erbaute, die er nach seinem Namen Ascalon benannte.

Ascanius (Gr. u. röm. M.), Sohn des Aeneas, den der Letztere an der Hand aus dem brennenden Troja führte; seine Mutter war Crëusa. Schon als Knabe zeichnete er sich durch seinen Muth aus, stritt in Italien in manchem harten Kampf an der Seite des Vaters, bis dieser endlich zum ruhigen Genuss des wohl erworbenen Reiches kam. Früh schon verlor er den Vater; die gute Lavinia, seine zweite Mutter, wollte ihm das Reich Latium bewahren, doch überliess er es derselben und ging nach Alba longa, woselbst er ein neues Königreich stiftete, dessen erster Herrscher er wurde. Die Römer behaupteten, er habe auch Iulus geheissen, und leiteten das julische Geschlecht von ihm ab.

Aschan (Nord. M.), ein Autochthon (s. d.), der erste sächsische König (A. ist wohl unverkennbar verwandt mit Esche), soll in einem Walde, in der Nähe eines Springbrunnens, aus dem Felsen des Harzgebirges emporgewachsen sein.

Aschapiri (Ind. M.), Name des höchsten, unsichtbaren Gottes; er bedeutet: der Körperlose. Denselben Namen führt auch Kamadewa, der Liebesgott der Indier.

Aschatasaetru (M. der Siamesen.), Sohn des uralten und berühmten Königs von Pimpisaam, welcher zu den grössten Heiligen dieses Volkes gehörte, bis Tewehdat denselben zur Sünde verführte.

Aschauer, das wichtigste muhamedanische Fest bei den Persern. Es ward zum Andenken an die beiden Söhne ihres Propheten gestiftet. Dieser Prophet war nicht Mahomed, sondern Ali, dessen Schwiegersohn. Die beiden Söhne, zu deren Ehre das Fest angestellt wird, heissen Hussein und Hozen. Es dauert zehn Tage, und Almosen austheilen, Kranke pflegen ist dabei die Hauptbeschäftigung aller derer, die in den Himmel kommen wollen. Die Muhamedaner glauben, dass während dieser zehn Tage die Thore des Paradieses offen stehen, und ein Jeder, der in dieser Zeit stirbt, unmittelbar in den Himmel komme.

Asche. Bei mehreren Völkern der Vorzeit war die Asche, welche sich beim Verbrennen des Opfers auf den Altären sammelt, Gegenstand heiliger Verehrung. Anfangs war es eine Ehre, diese A. vom Altare wegfegen zu dürfen, welche nur den Priestern zu Theil ward, und welche von diesen derjenige erlangte, der zuerst nach einem angestellten Wettlaufe den Altar erreichte; späterhin ward das Loos darüber geworfen. Die A. von einer völlig rothen, auf dem Oelberg bei Jerusalem von dem Hohenpriester geschlachteten und verbrannten Kuh war so heilig, dass sie, mit Wasser vermischt, zur Reinigung der Leviten und des Volkes diente: eine Weihe, welche durch Besprengen geschah, wie mit dem Weihwasser. — Um bussfertigen Sinn zu zeigen, streute man sich A. auf das Haupt, setzte oder legte man sich in A. (Busse thun in Sack und in der A., ist ganz buchstäblich zu nehmen). Die Indier bestreichen noch täglich, nach dem Bade, viele Theile ihres Körpers mit heiliger A., aus verbranntem Miste der Pagodenkühe bereitet.

Ascherah (Phön. M.), eine im hebräischen Text des alten Testaments öfter vorkommende, von Luther unrichtig mit »Hain« übersetzte Benennung einer phönicischen Göttin, welche nach neueren gründlichen Untersuchungen völlig einerlei mit A s t a r t e (s. d.) ist.

Ashesching (Pers. M.), ein Symbol der himmlischen Weisheit, ein Gehülfe der Sapandomad, wenn dieser weibliche Amschaspand die Erde andeutet. Er ist der Geber aller natürlichen Wohlthaten, mit denen die Letztere bedacht wird.

Aschmedai (Jüd. M.), König der bösen Geister; seine Wohnung ist im Berge Horeb, ein versiegelter Brunnen. Jeden Tag steigt er herauf, um Weisheit am Firmament oder auf der Erde zu lernen. Als ihn einst Salomo fesselte, stahl A. demselben seinen Ring, schleuderte ihn in's Meer und befreite sich dadurch. Lange irrte der König arm und unerkannt umher, bis der Ring in dem Magen eines Fisches wieder gefunden und er zur früheren Macht erhöht wurde.

Aschmoph (Pers. M.), der Zwietrachtstifter und Erzlügengeist, ein böser Geist, welchen Ahriman schuf, um ihn dem Weisen Bahman, einer Schöpfung des Ormuzd, entgegen zu setzen.

Aschreïs (Gr. M.), Tochter des Königs Thespius von Thespiä, die dem Hercules den Leucones gebar.

Aschtad (Pers. M.), Vorsteher des 26. Tages jedes Monates, Ized des Ueberflusses, Gehülfe Oschems. Der 26. Tag führt von ihm den Namen A.

Aschtewassukels (Ind. M.), Herrscher über die acht Himmelsregionen, ein mächtiger und hoch geehrter Diw oder Genius, doch kein Gott.

Aschweit. Die alten Preussen verehrten ihn als einen Gott der Gesundheit und Krankheit.

Asciburgum (Nord. M.), Name zweier römischen Vesten am Niederrhein, die eine bei der Trennung des Rheins auf der deutschen Seite, wo der Drusus-Canal in die Yssel geht, also bei Duisburg, die andere südlich von Xanten auf dem westlichen Rheinufer, etwa bei Essenberg zu suchen. Wenn Ask die Esche ist, so bedeutet A. wohl ganz richtig Eschenburg.

Ascolia (Gr. Festbrauch), eine Ergötzlichkeit bei den alljährlichen kleinen oder ländlichen Dionysien, d. h. Bacchus-Fest in Attica. Das Fell einer geopferten Ziege wurde zu einem Schlauche gemacht, mit Wein gefüllt und mit Oel bestrichen; auf diesen an den Boden gelegten Schlauch sprangen die jungen Hirten, und wer darauf, ohne auszugleiten und von dem Schlauche herabzufallen, auf einem Beine stehen konnte, erhielt einen gewissen ausgesetzten Preis.

Ascra (Gr. M.), eine Nymphe, von Neptun Mutter des Oeoclus. Dieser verband sich mit zwei andern Söhnen des Meergottes, Otus und Ephialtes, den riesigen Aloaden, um in Böotien eine Stadt zu erbauen, welche den Namen seiner Mutter, A., bekam. Von diesem Orte erhielt Jupiter den Beinamen Ascräus.

Aesculanus (Röm. M.), eine Münz-Gottheit, der Gott der römischen Kupfermünze. Als sein Sohn galt Argentinus, der Gott der Silbermünze, weil Kupfermünzen früher als Silbermünzen im Gebrauch waren.

Aesculapius, Fig. 36. 37, gr. A s k l e p i o s (Gr. M.), Sohn des Apollo und der Coronis, welche der Gott tödtete, als er erfuhr, dass sie sich mit Ischys vermählen wollte. Mercur rettete auf dem Scheiterhaufen das Kind. Nach Andern gebar ihn seine Mutter im Gebiet von Epidaurus, und setzte ihn am Berge Titthium aus, wo ihn eine Ziege nährte und ein Hirte fand, der ihn an dem Schein, der sein Haupt umgab, für einen Gott erkannte und erzog. Nach einer dritten Sage war seine Mutter Arsinoë, die Tochter des Leucippus, Fürsten in Messenien. Nach Homer ist er k e i n G o t t, sondern nur ein weiser Arzt. Er rettete so vielen Menschen das Leben, dass Pluto — Entvölkerung seines Reiches fürchtend — sich bei Jupiter beklagte, der ihn dafür, dass er den Gang des Schicksals aufhalten wollte, mit dem Blitz erschlug, wogegen Apoll wieder die Cyclopen, die Verfertiger des Blitzes, tödtete. Bald nach seinem Tode ward er göttlich verehrt. Seine Attribute sind: der Hahn, der Schlangenstab, oder eine Schale, aus welcher eine Schlange, das Sinnbild der Verjüngung, trinkt. Dem A. zu Ehren wurden zu Epidaurus Feste — den pythischen Spielen ähnlich — gehalten, die alle fünf Jahre Statt fanden, wobei Sänger und Tonkünstler in Wettstreiten auftraten, und festliche Umzüge und Wettkämpfe gehalten wurden. A. hatte prachtvolle Tempel, deren berühmtester bei Epidaurus in einem weiten Haine stand, wo keine Frau gebären, kein Mensch sterben durfte. Als 293 v. Chr. Rom von einer furchtbaren Pest heimgesucht worden war, befahl das Orakel, den A. aus Epidaurus zu holen; man schickte eine Gesandtschaft von zehn vornehmen Männern dahin, welche sich in jenen Tempel begaben; als sie, dort angelangt, die prachtvolle Statue des Gottes bewunderten, kroch unter dem Altar hervor eine grosse Schlange, welche bei den erstaunten Gesandten vorbei, zum Tempel hinaus und geraden Weges nach dem Hafen und nach dem Schiffe der Römer ging, wo sie sich in dem Raum, welchen die Gesandten der Römer bewohnten, zusammenrollte. Diese nahmen das Phänomen für ein höchst günstiges, und die Schlange, des Gottes Zeichen, für den Gott selbst, reisten ab und langten ohne Unfall

Fig. 36.

Fig. 37.

in Italien an, bis wohin die Schlange ganz ruhig liegen blieb; nun aber besuchte sie den Tempel des A. zu Antium, und in Rom verliess sie das Schiff, indem sie auf eine Tiberinsel kroch und daselbst im Schilfe liegen blieb, von welchem Augenblick an die Pest aufhörte. Dort erbauten die Römer nunmehr dem A. einen Tempel. Häufig brachte man Kranke hierher, um sie zu heilen; gelang dieses, so waren sie gehalten, nebst ansehnlichen Opfern, ihre Krankheitsgeschichte und die Mittel, welche ihnen geholfen, auf ein Täfelchen zu zeichnen und in dem Tempel aufzuhängen, von welchen nicht selten die Aerzte wieder Gebrauch machten, indem sie daraus ihre Heilmittellehren zusammensetzten. — Gewöhnlich stellte man den Gott als einen Mann in reifen Jahren dar, sitzend, mit entblösstem Oberleib, den Mantel, welcher die untern Theile bedeckt, nur leicht über eine Schulter geworfen; das Antlitz ist ernst, tiefdenkend, doch mild und freundlich; das Haar, lang gescheitelt, erhebt sich über die Stirne und fliesst in dicken Locken bis auf die Schultern; ein runder Bart schmückt sein Kinn. Die Hand hält einen Stab, mit einer Schlange umwunden, auf welchen er sich, wenn er stehend abgebildet wird, zu stützen pflegt, an dessen Stelle auch oft eine abgebrochene Säule, eine Herme, befindlich ist, gegen welche er sich lehnt, und um welche sich die Schlange windet; ein anderes Attribut ist der Hahn, welcher die Wachsamkeit des Arztes anzeigen soll; häufig sieht man neben ihm einen kleinen Knaben, mit einem Mantel bis auf die Füsse verhüllt, mit einer phrygischen Mütze auf dem Kopf; es ist dieses der Gott Telesphorus, welcher mit dem ägyptischen Harpocrates nahe verwandt scheint. Abgebildet sehen wir hier den Kopf des Aesculap, sowie seine ganze Gestalt. Dem A. werden mehrere Frauen zugeschrieben; nach Einigen war Hygiea seine Gemahlin, nach den meisten Schriftstellern war sie seine Tochter, so wie Aegle, Panacea und Iaso. Seine erste Gattin soll Epione, Machaon und Podalirius ihre Söhne — seine zweite soll die Tochter des Sol, Lampetia, ihre Söhne sollen Janiscus und Alexenor gewesen sein. Die Beinamen, welche A. bei den Griechen erhielt, sind, nebst vielen andern, vorzüglich folgende: Aglaopes, Apalexicacus, Archegetas, Aulonius, Demänetus, Epidaurius, Gortynius, Agnites, Causius, Coronides, Cotyleus, Philolaus, Soter und Triccäus; die Römer dagegen nannten ihn Augustus, Auxiliator, Dominus, Opifer, Salutifer, Sanctus oder Servator; man sieht, dass die griechischen Namen mehr von Orten, in denen er Tempel hatte und einer besondern Verehrung genoss, die römischen aber von ihm zugeschriebenen Eigenschaften abzuleiten sind.

Ascus (Gr. M.), ein Riese, welcher, in Verbindung mit dem Könige Lycurgus in Thracien, den Bacchus in dem heiligen Haine zu Nysa in Thracien verfolgte, die Mänaden niederhauen liess und den Bacchus selbst gebunden in das Meer warf. Mercur befreite seinen Halbbruder, worauf dieser dem Riesen die Haut abzog und aus ihr einen Weinschlauch (Griechisch: ἄσκος) machte.

Asen (Nord. M.), allgemeiner Name der Götter des Nordens. Nach Einigen soll schon bei Sueton eine Spur ihres Namens zu finden sein, welcher im Leben des Augustus sagt: »Unter die Vorboten von Augusts Tode und seiner darauf folgenden Vergötterung ist auch der Umstand zu zählen, dass an einer ihm erbauten Ehrensäule der Blitz das C an seinem Titel (Namen) verlöschte, so dass statt CAESAR Augustus nunmehr AESAR übrig blieb, welches Wort in der etruskischen Sprache die Götter bedeutet (Isländisch: As, Plural: Asir), und es ist offenbar hierdurch angezeigt worden, dass Augustus binnen C (hundert) Tagen zn den Göttern versetzt werden würde.« Wenn nun auch nicht zu läugnen ist, dass die Aehnlichkeit des etruskischen AESAR mit dem isländischen Aesir auffallend genannt werden muss, so steht dieses Beispiel doch so ganz vereinzelt da, dass wir schwerlich berechtigt sind, darauf fortzubauen, um so weniger, als es uns an weiteren Beweisen der Sprach- und Religionsverwandtschaft fehlt. Erst 300 Jahre später finden wir das Wort A. wieder bei Hesychius, welcher sagt: »Ἄσοι θεοὶ ἀπὸ Τυῤῥένων,« die Asen, Götter bei den Tyrrhenern. Noch 300 Jahre später (550 n. Chr.) hören wir von Jornandes, dass die Gothen nach einem glänzenden Siege über das Heer des Domitian ihre Feldherren für Götter hielten und A. nannten. Dazu kommt, dass sich noch in mehreren Sprachen, z. B. der galischen, ostiakischen, assanischen, das Wort As als Bezeichnung der höchsten Gottheiten nachweisen lässt; ja, darf man den Sprachforschern trauen, so heisst Mithr-As, der oberste Gott der Perser, im Persischen nichts weiter, als der herrliche, der grosse Ase. Desto auffallender ist es, von einem der ältesten Schriftsteller des skandinavischen Nordens, Snorri Sturleson, zu hören, dass dieser Göttername auch zugleich Name eines in frühem Alterthum im Norden eingewanderten Volkes sein soll. Er sagt: »Der Fluss Tanaquisl (Tanais, Don) theilt die Welt in drei Theile; ostwärts heisst sie Asia, westwärts Europa. Das Land im Osten hat man Asaheim, und die Hauptstadt Asaburg genannt. In dieser Burg befand sich der bekannte Häuptling Odin. Es war dort eine grosse Opferstätte und zwölf Tempelvorsteher, die als Oberpriester über die Opfer und zugleich über die Rechtspflege des Landes gesetzt waren; man nannte sie Diar oder Drottnar (Götter oder Herren), und alles Volk muss ihnen dienen und hohe Verehrung bezeugen. In dem Türkenlande hatte Odin grosse Besitzungen. Zu der Zeit breiteten die Häuptlinge der Römer ihre Waffen über die ganze Welt aus, und zwangen alle Völker unter ihre Botmässigkeit; es flohen daher manche Häuptlinge aus ihrem Lande. Da Odin ein Prophet war, so wusste er, dass seinen Nachkommen bestimmt sei, in der Nordhälfte der Welt zu wohnen; er setzte daher seine Brüder We und Wili über sein Reich, und zog mit den zwölf Diar aus dem Lande, erst nordwärts nach Garda-riki (Russland, wo man noch viele Spuren einer früheren Beherrschung durch Normänner findet), und von da südwärts nach Sachsen. Odin liess seine Söhne in den Ländern, die er sich erobert, als Beherrscher zurück, er selbst aber ging zur See, nordwärts, und nahm seinen Wohnsitz auf einer Insel, welche jetzt Odins-ei (Odensee) heisst. Nun schickte er Gefion (eine der vier höchsten Göttinnen der A.) aus, um neues Land zu suchen; sie kam zu Gylfe, welcher ihr so viel Land anwies, als sie in einem Tage mit vier Stieren würde umpflügen können. Da sie von einem Riesen aus Jotunheim vier Söhne hatte, verwandelte sie diese in Stiere, und sie zogen an dem Pfluge so gewaltig, dass sie ein mächtiges Stück Land von dem Reiche der Gylfe abrissen und in die See brachten; dieses hiess man Seeland, hier wohnte sie und vermählte sich mit Odins Sohne Skiold. Wo aber dieses Stück Land vorher gewesen war, entstand nun der Mälersee, in welchem daher eben so viele Buchten sind, als Vorgebirge an Seeland. Odin hörte von der Trefflichkeit des Landes und ging dahin, wählte sich einen Platz zum Wohnsitz und führte dort einen grossen Tempel nach Sitte der A. auf, gab jedem der zwölf Tempelvorsteher eine Wohnung, Noatun dem Niord, Upsal dem Freyr, Himinbiorg dem Heimdal, Theudwang dem Thor, Breidablik dem Balder etc. So wurden denn, wie in Asien, so nun im Norden, dem Odin und seinen zwölf Begleitern, als eben so vielen Göttern, Opfer gebracht, und man betete sie lange Zeit als Götter an.« So wären denn, nach der Ansicht des ältesten nordischen Historikers, die A. ein im Norden eingewandertes, gebildetes Hirtenvolk, das durch seine Tapferkeit sich die Länder, und durch seine geistige Ueberlegenheit die Gemüther unterwarf, Künste und Wissenschaften verbreitete, und so sein göttliches Ansehen befestigte. Die A. männlichen Geschlechts waren: Odin, das Oberhaupt derselben; Thor, der Stärkste von Göttern und Menschen; Freyr, der Gütigste, der Sonnenschein, Regen und gedeihliche Witterung verleiht; Vidar, der Verschwiegene; Balder, der Beste, von glänzender Gestalt; Ali oder Vali, der geschickte Bogenschütze; Niord, der den Gang des Windes leitet; Heimdal, der Wächter an der Himmelspforte; Uller, ein muthiger Krieger; Forsete, ein Schlichter aller Uneinigkeiten; Tyr, der Gott der Kühnheit und Unerschrockenheit; Braga, Gott der Dichtkunst; Hoder, der Blinde. Die weiblichen A. heissen: Frigga, Odins Gemahlin; Iduna, Göttin der Unsterblichkeit; Freya, Göttin der Liebe; Jord (Erde), mit Frigga dieselbe Person und Thors Mutter; Gerda, Freyrs Gattin; Laga, Odins Gesellschafterin; Rinda, Vali's Mutter; Gefiona, Göttin der Jungfrauen; Fulla, Dienerin und Vertraute der Frigga; Löben oder Lofn, Göttin der ehelichen Liebe; Eira, Göttin der Arzneikunde; Siöna oder Siöfna, Göttin der Zärtlichkeit; Surtra, Göttin der Klugheit; Syn, Göttin der Gerechtigkeit; Vör, Göttin der Herzensprüfung, die alle Geheimnisse kennt; Var, Göttin der Treue und Wahrheit; Alyn, Freundin der Frigga und Schutzgöttin der Menschen; Gna, Botin der Götterkönigin Frigga; Sol, die Sonne; Beyla oder Bil, Freya's Dienerin. Auch müssen hierzu noch die Nornen, Göttinnen der Zeit und des Schicksals, und die Walküren, Göttinnen der Schlacht, gerechnet werden. Aber so mächtig auch alle diese Göttinnen sind, und so unbedingt sie im Himmel und auf Erden gebieten, werden sie doch am Ende der Welt vernichtet. Alfadur allein, dessen Wirksamkeit weder an Zeit noch an Raum gebunden ist, herrscht ewig; allein er ist auch kein sterblicher Ase, sondern ein unsterblicher, ewiger Gott.

Asenpferde (Nord. M.). Die Asen (s. d.) konnten selbst in ihrem Himmel der Pferde nicht entbehren, denn ihr Hauptzeitvertreib bestand in ritterlichen Spielen; daher hatte denn auch Odin ein besonders schönes Pferd, Sleipner, welches acht Füsse hatte und nie ermüdete, indem vier derselben immer ausruhten; so hatte Balder ein prächtiges Ross, das bei seiner Leichenfeier mit ihm verbrannt wurde; so gehört das Ross Goldtoppr (Goldhaar oder Goldzopf) dem Heimdal etc.; überhaupt sind deren zwölf bekannt; welchen von den Göttern sie aber gehörten, weiss man nicht, eben so wenig, wie Balders Pferd genannt wurde. Die übrigen neun sind: Gladr (Munter), Fallhofner, Letsete, Gjel, Glenr, Gyller (Goldig), Siner, Skejdbrimer und Silfrintoppr (Silberhaar oder Silberzopf). Auch die Sonne, der Tag, die Nacht, die Walküren etc. hatten Götterpferde mit besonderen Namen, wie Skinfax, Rhimfax etc. etc.

Asepus (Gr. M.), Sohn des Oceanus und der Tethys, Flussgott des Grenzflusses A. zwischen Mysien und Troas, der vom Ida kommt und bei Cyzicus in den Hellespont fällt.

Asgard (Nord. M.), wird theils die Hauptstadt des fabelhaften Landes Asaheim, theils der eigentliche Göttersitz der Asen genannt. In letzterem Sinne ist es eine Stadt oder ein prachtvolles, ausgedehntes Schloss, welches die Asen sich mitten in der Welt erbaut haben. Rund um diesen Prachtsitz sind die lieblichsten, immergrünen Haine, in denen nach dem Mahl oder nach ihren heitern, immer wiederkehrenden Kämpfen sich die Götter ergehen; diess dauert fort, bis Ragnarok hereinbricht, die grosse Nacht, worin die Götter vergehen müssen. Einer der Paläste in A. ist Walhalla (s. d.). Noch ein anderer Palast steht in A., Walaskialf, Odins Wohnung, in welcher ihm und seiner Gattin Frigga ein hoher Thron bereitet ist, von dem er die ganze Welt überschauen kann. Wingolf, ebendaselbst, ist der freundliche Wohnsitz der Göttinnen, und Glaadsheim der grösste Platz in A., auf welchem jeder der zwölf Götter einen Ehrensitz hat, über die alle jedoch der dreizehnte, Odins Ehrensitz, hervorragt. Dort halten sie Gericht über Menschen und Götter.

Asia, nach den jüdischen Kabbalisten eine der vier Welten; die andern sind Aziluth, Briah, Erzirah.

Asia (Gr. M.), 1) Gemahlin des Japetus, eines der Titanen, Tochter des Oceanus und der Tethys, ward die Mutter berühmter Titaniden, des Prometheus, Epimetheus, des Menötius und des Trägers der Welt, des Atlas. Von ihr sollte der Welttheil Asien seinen Namen erhalten haben. — 2) A., eine der Nereïden. — 3) A., Beiname der Minerva bei den Colchiern, deren Dienst Castor und Pollux von dort mit in ihre Heimat brachten und ihr zu Las in Laconien einen Tempel errichteten.

Asiah (Muham. M.), Tochter des Mozahem und Gemahlin des Pharao, der zu Moses' Zeiten lebte. Als sie Moses Gehör schenken wollte, liess sie Pharao martern, aber die Engel linderten ihre Qualen und nahmen sie in's Paradies auf. Die Muhamedaner verehrten sie göttlich, als eine von den vier Weibern, welche zur Vollkommenheit gelangten. Für so untergeordnet sehen sie das Weib an, dass gegen alle Männer nur vier Frauen der Seligkeit theilhaft werden.

Asimah (Phön. M.), ein Götze, welchen die aus Hemath nach Samaria gezogenen Auswanderer mitbrachten und welcher meistentheils als Affe, doch auch als Bock oder als Lamm dargestellt worden sein soll.

Asinarien, ein Fest, von dem Flüsschen Asinarus in Sicilien so genannt, das die Syracuser zum Andenken an ihren Sieg über die Athener unter Nicias und Demosthenes (413 v. Chr.) feierten.

Asius (Gr. M.), 1) ein Held, Sohn des Hyrtacus, welcher die Bewohner von Sestus, Percote, Practium, Abydus und Arisbe ordnete, um den Trojanern mit denselben zu Hülfe zu eilen. Idomeneus durchstiess ihm mit der Lanze den Hals unter dem Kinn; Antilochus tödtete seinen Wagenführer, und Rosse und Streitwagen wurden der Sieger Beute. — 2) A., Bruder der Hecuba, Oheim des Hector. Apollo nahm dessen Gestalt an, um den zögernden Hector zum Kampf gegen Patroclus aufzumuntern. Er blieb gegen Ajax. — 3) A., ein Wunderthäter zur Zeit des Königs Tros, des ältesten Monarchen, welcher diesem Könige ein Palladium verfertigte, mit dem Bedeuten, dass, so lange es im Besitz irgend einer Stadt sei, diese nicht zu erobern wäre (daher die Griechen sich alle Mühe gaben, dasselbe aus Troja zu holen). Tros nannte sein Land aus Dankbarkeit nach diesem Magus Asia. — 4) A., Sohn des Imbrasus, stritt bei dem Sturm der Rutuler auf die Verschanzungen der Begleiter des Aeneas in Gesellschaft des Thymötes, des Thymbris und Anderer vor den zagenden Trojanern voran, welche nur noch in dünnerem Kranze die Mauern umzogen. — 5) A., Beiname Jupiters von der Stadt Asia auf Creta, wo er ein uraltes Heiligthum hatte.

Ask (Nord. M.), der erstgeschaffene Mann. Die drei mächtigen Asen Odin, Wile und We kamen aus einer heitern Versammlung an den Meeresstrand. Sie fanden dort zwei Bäume, eine Esche und eine Erle, schicksalslos, ohne Zukunft und ohne Vergangenheit. Odin gab ihnen Athem und Leben, Wile (oder Hönir) Geist und Beweglichkeit, We (oder Lodur) Blut, Sprache, Schönheit, Gehör und Gesicht. Die Asen nannten das eine Geschöpf Ask (Esche) und das andere Embla (Erle). So entstand der erste Mann und das erste Weib.

Askana Dai Miosin (Jap. M.), der siebenundzwanzigste Kaiser von Japan, Kei Tei, wird unter diesem Namen göttlich verehrt.

Asklepiaden (Gr. M.), die Nachkommen des Asklepios oder Aesculap, welche zum Theil den Peloponnes, zum Theil die Insel Cos bewohnten, und ihre Kenntnisse in den medicinischen Wissenschaften als heiliges Geheimniss vom Vater auf den Sohn fortpflanzten; sie verbanden sich hiezu in ihren Mysterien durch einen von Hippocrates aufbewahrten Schwur; doch später, als der Orden sich über die ganze bekannte Welt ausbreitete, wurden auch nicht zu ihrem Geschlecht Gehörige aus besonderer Gunst in die Geheimnisse eingeweiht, wie denn überhaupt, sobald man Aesculap nicht als historische Person auffasst, von eigentlichen Nachkommen nicht die Rede sein kann, sondern die A. dann nur als ein geschlossener, einer Priesterkaste ähnlicher, medicinischer Orden gelten können, der sich des Aesculap als seines Stifters rühmte.

Asklepieen (Gr. M.), die dem Aesculap zu Ehren in Epidaurus gefeierten fünfjährigen Feste, welche vier Tage nach den isthmischen Kampfspielen eintraten. Die Feierlichkeiten bestanden hauptsächlich in prächtigen Prozessionen mit der Bildsäule des Gottes, welche von Centauren gezogen und von jubelnden, fackelschwingenden Priestern begleitet wurden, die während derselben heilige Gesänge anstimmten. Im Tempel ward an einem der ersten Tage als Symbol des Gottes eine um den bekannten Stab des Aesculap sich windende Schlange gezeigt. Nach diesen heiligen Feierlichkeiten kamen Spiele mancher Art, Opfer und Wettkämpfe.

Asklepieum (Gr. M.), Tempel des Aesculap; es gab deren viele: zu Athen, Pergamus, Sicyon, Tricca, Megalopolis, Messene, Cyrene etc., doch die berühmtesten waren zu Cos und zu Epidaurus. Dieser letztere war da erbaut, wo Aesculap als Kind gefunden war, zwischen zweien Bergen an der Strasse nach Argos. Er war mit einem Hain umgeben, in welchem kein Kranker sich aufhalten durfte, und umschloss in seinem innersten Heiligthum die prächtige, kolossale Bildsäule des Gottes, welche des Rufes der grössten Heiligkeit genoss. Krankenhäuser umgaben den Tempel und viele Säulen, an welchen die Votivtafeln der Hülfesuchenden befestigt waren; bedeckte Säulengänge, Wasserleitungen, Theater etc. bildeten eine Stadt aus lauter Prachtpalästen. — Auch zu Rom auf einer Tiberinsel stand ein A., sowie auch in mehreren Städten Italiens.

Asklepios (Gr. M.), Griechischer Name des Aesculap (s. d.).

Asmag (Pers. M.), Gott der Zwistigkeiten und Feindschaften, einer der bösesten Geister, von Ahriman geschaffen, um den sieben Amschaspands des Ormuzd entgegen zu treten.

Asman (Pers. M.), ein Ized, Vorsteher des 27. Tages jedes Sonnenmonates; auch der Himmel und der Genius desselben führen diesen Namen.

Asmodi (Bibl. M.), ein böser Geist. Er tödtete die sieben Männer der Sara, der Tochter Raguels. Durch Gebet hielt der junge Tobias ihn von sich ab und sein Schutzgeist Raphael bannte ihn in die Wüste. Von älteren Dichtern wird er der boshafte Eheteufel genannt, neuere, wie Lesage, Wieland und Andere, machen ihn zum schalkhaften Spassvogel und geben ihm oft die Eigenschaften des Cupido.

Aso (Aegypt. M.), eine mächtige Königin der Hirten- und Wüstenvölker, mit dem Typhon gegen den Osiris verschworen, und desshalb mit diesem bösen Geist der Wüste in den untersten Theil des Abgrundes verbannt.

Asopis (Gr. M.), eine der Töchter des Thespius, welche von Hercules Mutter des Mentor wurde.

Asopus (Gr. M.), ein Flussgott, in dessen mythischen Verhältnissen zwei Flüsse A. häufig verwechselt werden, von denen der eine, entsprungen unweit Platää in Böotien, in das euböische Meer, der andere, vom Berge Carneates unweit Phlius her an Sicyon vorbeifliessend, in den corinthischen Meerbusen sich ergiesst. Als seine Kinder werden Ismenus und Pelasgus, ferner Cleone, Salamis, Sinope, Pirene, Oenia, Thebe, Asopis, Thespia, Chalcis und Tanagra genannt, welche er von Metope, Tochter des Ladon, bekam. Andere Schriftsteller geben ihm 20 Töchter, unter denen sich Cercyra und Aegina befinden. Die Letztere entführte ihm Jupiter; da wollte er mit seinen Wogen den Olymp stürmen, allein der Gott der Götter schleuderte seine Blitze nach ihm und trieb ihn in sein altes Bette zurück. — Sinope wurde dem A. von Apollo geraubt und nach Sinope (welches von ihr den Namen erhielt) gebracht. Cercyra ward dem Flussgott von Neptun entführt, welcher sie auf die Insel gleiches Namens (bei den Römern Corcyra, jetzt Corfu) brachte und mit ihr den Phäax, den Stammherrn der Phäaken, erzeugte.

Asor (Ind. M.), böse Geister; zum Lehrer und Regenten haben sie den Schukra, den Planeten Venus. Sie zeigen sich in furchtbaren, riesenmässigen Gestalten, sehen Menschen gleich, haben überhaupt alles Menschliche an sich, verheirathen sich, bekommen Nachfolger etc.

Nach dem Tode ihrer Körper gehen ihre Geister in andere über. Ihr Aufenthalt ist die Unterwelt. Alle Gestalten können sie annehmen. Die Vornehmsten von ihnen sind Moisasur und Rhabun. Zauberei ist besonders ihre Beschäftigung, und ihre ganze Weisheit beschränkt sich darauf und auf irdische Dinge. Durch Bussübungen können sie wohl Schiwa's Gunst erlangen, so dass er ihnen zur Herrschaft über einen Welttheil verhilft; doch dauert diess niemals lange, indem sie sich stets wieder durch ihre Verbrechen seiner Gnade unwerth machen.

Asorath, ein muhamedanisches, sehr wichtiges Religionsbuch, ein Katechismus der Religionslehren, durch den ersten Kalifen und die grössten Gelehrten seiner Zeit verfasst. Es folgt im Ansehen gleich auf den Koran, welchen es zum Theil commentirt.

Asoron (Chald. Phil.), das erste Unerschaffene, dem Chaos Entspringende, welches mit Kisara, einem gleichfalls unerschaffenen Wesen, die drei Grundprincipien Anos, Illinos und Aos erzeugte.

Aspalis (Gr. Sage), Tochter des Argäus, deren Gunst Tartarus, Tyrann von Melite in Phthia, erzwingen wollte, wesshalb sie sich erhängte. Ihr Bruder nahm ihre Kleider, bevor der Bösewicht ihren Tod erfuhr, ging in denselben zu ihm und ermordete ihn. Des tugendhaften Mädchens Körper wurde vergebens gesucht; allein neben dem Bilde der Diana fand man eine neue Statue, welche A. darstellte. Es ward diess als ein Zeichen angesehen, dass die Göttin sie in ihren besondern Schutz genommen, und so ward ihr jährlich am Feste der Diana eine junge unberührte Ziege geopfert.

Aspelckji (Slav. M.), hiess in dem heidnischen Polen eine jener Hausgöttinnen, mit denen die Wohnungen der Menschen bevölkert waren; man glaubte, sie halten sich in ganz dunkeln Winkeln auf.

Asphalius oder Asphalieus (Gr. M.), »der Festhaltende, der Befestiger«, ein Beiname, unter welchem Neptun, der Erderschütterer, der Begründer neuen Landes, angerufen wurde, um Erdbeben, welche man ihm zuschrieb, abzuwenden.

Aspledon (Gr. M.). Uneinig über seine Abkunft, geben die Schriftsteller diesem Erbauer der Stadt A. in Böotien entweder den Presbon, den Orchomenus oder den Neptun zum Vater; im letztern Falle ist seine Mutter die Nymphe Midea, nach welcher eine Stadt in Argolis Midea heisst.

Asporena (Gr. M.), Beiname der Cybele von einem Tempel, den sie zu Asporenum bei Pergamus hatte.

Assabinus (Aeth. M.), Beiname des Sonnengottes Sabis oder Sabbas, welcher der Ernte vorstand. Die Aethiopier liessen von der Zimmeternte den dritten Theil als Opfer für ihn auf freiem Felde liegen, und behaupteten, dieses Opfer entzünde sich dann von selbst.

Assamannschen (Ind. M.), Sohn des Sagaran, ein Herrscher aus der Dynastie der Sonnenkinder. Er war ein frommer Büsser, doch tödtete er einst im Zorn die Kinder einer ganzen Stadt. Den Zorn seines Vaters fürchtend, erweckte er sie zwar alle wieder, doch verzieh ihm Wischnu 30,000 Jahre lange nicht, während welcher Zeit er ganz abgeschieden leben musste.

Assaon (Gr. M.). Nach einer abweichenden Sage war Niobe, sonst Tochter des Tantalus und Gemahlin des Amphion, die Tochter des A. und Gemahlin des Philottus. Zur Strafe des Uebermuths, den sie gegen Latona bewies, wurde ihr Gemahl auf der Jagd von wilden Thieren zerrissen, und nun begehrte ihr Vater sie zum Weibe. Als sie seine Anträge mit Abscheu von sich wies, verbrannte er ihre Kinder, und sie stürzte sich von einem Felsen herab.

Assaracus (Gr. M.), Sohn des Tros und der Callirrhoë, von welcher der Letztere noch den Ilus, den Ganymedes und die Cleopatra hatte. Nach Einigen war Ilus, nach Anderen A. der Nachfolger seines Vaters. A. vermählte sich mit der Tochter des trojanischen Flussgottes Simoïs, Hieromneme; sie ward von ihm Mutter des Capys, Vaters des Anchises (s. d.).

Assesia (Gr. M.), Beiname der Minerva, von einem Tempel, den sie in der Stadt Assesus in Jonien hatte, und den Alyattes, ein lydischer König, im Kriege zerstörte, worauf er so lange mit Krankheit gestraft wurde, bis er für den verbrannten Tempel zwei neue erbaute.

Assuthama, ein in der indischen Sagenlehre berühmter Held; er stammt von Dronatschiris, dem Feldherrn der Kuru's, ab. Denselben Namen führte ein sehr starker Elephant. Er fiel in dem Kriege der Kuru's und Pandu's. Krischna liess dem Dronatschiris den Namen des Gefallenen zurufen, und dieser, durch die Aehnlichkeit der Namen getäuscht, glaubte seinen Sohn getödtet, stürzte sich in die Schlacht, und sein Tod entschied den Sieg für die Pandu's.

Assur (Ind. M.), böse Geister im Allgemeinen, welche in Geschlechter getheilt werden, z. B. die Kinder Danu, die Kinder Keilaneni.

Astacus (Gr. M.), 1) ein Thebaner, dessen vier Söhne, Ismarus, Leades, Melanippus und Amphidicus, sich als tapfere Vertheidiger der Stadt gegen die sieben Fürsten auszeichneten. Melanippus tödtete den Mecisteus und verwundete den Tydeus tödtlich, ward jedoch dann von diesem noch erschlagen. — 2) A., Sohn des Neptun und der Nymphe Olbia, Gründer und Beherrscher der Stadt seines Namens in Bithynien.

Astaroth, nach der Mythologie der Magier ein Geist des Abends; er konnte einem Jeden das Vermögen, sich in die Gunst der Grossen zu schleichen, ertheilen. Nur Mittwochs flehte man zu ihm.

Astarte Fig. 38. 39. (Phön. M.), bei den griechischen und römischen Schriftstellern Name derselben phönicischen Göttin, die im Alten Testament unter den gleichbedeutenden Benennungen Ascherah, Astaroth, Astoreth, oft erwähnt wird, ohne dass uns dadurch eine nähere Einsicht in ihren Begriff oder in die Form ihrer Verehrung verschafft würde. Da die griechischen und römischen Quellen über den Dienst dieser Göttin äusserst spärlich fliessen, überdiess einander in Einzelheiten vielfach widersprechen, von ächt phönicischen Nachrichten über sie aber lediglich Nichts auf uns gekommen ist, so ist es nicht zu verwundern, dass wir mit Sicherheit von ihr Nichts weiter wissen, als dass sie eine der zahlreichen Gestalten ist, unter denen das allen vorderasiatischen Völkern gemeinsame weibliche Natur- oder Welt-Princip zur Erscheinung kommt, dass sie folglich in ihrem letzten Grunde Eins und dasselbe ist mit der ägyptischen Isis, der babylonischen Mylitta, der arabischen Alitta, der armenisch-cappadocischen Anaïtis, der phrygischen Cybele, der persischen Mitra. So wie allen diesen weiblichen oder mütterlichen Göttinnen eine männliche Gottheit als Ergänzung zur Seite steht, mit welcher

Fig. 38.

zusammen sie die Gesammtheit der von diesen Völkern persönlich gefassten Naturkräfte darstellen, so hat auch A. ihre männliche Hälfte als Moloch, Molech, Melkart, neben sich, aus welchem, da er auch Adon (Herr) hiess, die Griechen ihren Adonis gemacht haben. Eben damit ist gesagt, dass sie auch in A. ihre Aphrodite (Venus) erkennen mussten, wenn nicht vielmehr anzunehmen ist, dass Aphrodite selbst nur von den Phöniciern zu den Griechen gekommen ist, die dann nur in Folge ihres ganz selbstständigen Zuges zu einem reichern, freiern, individueller belebten Polytheismus einerseits den weitumfassenden Begriff auf eine engere Gränze beschränkten, indem sie ihre Aphrodite ausschliesslich als Ideal weiblichen Liebreizes fassten, andererseits die so gewonnene Göttin mit einer reichen Sagen-Geschichte ausstatteten, und künstlerisch als die reine Vollendung der weiblichen Schönheit darstellten. — A. ist sowohl Himmelskönigin, Mondgöttin, neben Molech, Melkart, der Sonne, als auch Mutter alles Lebens auf der Erde, wie im Wasser; denn, was das Letztere betrifft, so war sie nach bedeutenden Spuren

Fig 39.

auch Fischgöttin, und dann Eins mit Atergatis (s. d.). — Unter dem unbestimmten Namen der syrischen Göttin führen die Griechen ein Wesen an, das zu Mabog (Bambyce, Hierapolis) in Syrien ganz besonders verehrt wurde, und nothwendig entweder A. oder Atergatis sein muss, welche beide am Ende doch wieder Eins sind. Von dem Dienste dieser Göttin erfahren wir Folgendes: Ihre orgiastischen Feste wurden von verschnittenen Priestern geleitet (gerade wie die der Cybele). Unter Trommelschlag, Flötenton, Aufführung wilder Tänze, geisselten sich die Andächtigen gegenseitig blutig, ja legten selbst in der Ausschweifung festlicher Tollheit, vor den Augen des Volkes Hand an ihren eigenen Leib und beraubten sich der Mannheit. Mehr als 300 Priester waren bei einem Opfer beschäftigt. Sie hatten weisse Kleider an und Hüte gegen die Sonne auf ihren Köpfen. An ihrer Spitze stand ein Oberpriester, der seine Würde ein Jahr lang behielt, und durch Purpurkleid und Tiare äusserlich kenntlich war. Der Zufluss vieler Fremden brachte dem Tempel ausserordentlichen Reichthum. Die Bildsäule der Göttin hält in der einen Hand einen Scepter, in der andern einen Spinnrocken; auf dem Haupte trägt sie einen Thurm und ist mit Strahlen umgeben. Auch ist sie mit einem Gürtel geschmückt, welcher sonst der Venus Urania ausschliesslich eigen ist. — Dass A. in die mächtigste phönicische Pflanzstadt, Carthago, als höchste weibliche Gottheit überging, ist sehr natürlich; ebenso, dass die Römer, als sie mit den Carthagern in Berührung kamen, sie nur von der Seite ihrer göttlichen Herrlichkeit auffassend, sie durchaus nur die carthagische Juno nannten. Von unsern Bildern stellt das erste die tyrische, das andere die carthagische A. vor.

Asteria (Gr. M.), 1) eine Titanin, Tochter des Cöus und der Phöbe, Schwester der Latona, vermählte sich mit dem Sohne des Titanen Crius, und gebar von ihm die Hecate. Vor Jupiters Verfolgungen fliehend, bat sie die Götter, sie zu verwandeln; ihre Bitte ward erhört, sie sah ihren Körper mit Gefieder sich umgeben, und flog als Wachtel über das Meer; doch Jupiter, voll Zorn wegen ihrer Sprödigkeit, verwandelte sie in einen Fels, als welcher sie in das Meer fiel und dort verborgen lag, bis die Erde der Juno den Schwur geleistet, Latona nirgends aufzunehmen, ihr keine Stelle zum Gebähren zu gestatten; da erhob sich der Fels und auf ihm ward Latona ihrer Last entbunden. So entstand die Insel Delos, welche lange Zeit A. hiess, bevor sie ihren späteren Namen erhielt. — 2) A., eine Amazone, welche bei dem Kriege des Hercules gegen die Amazonen von diesem Helden gefangen wurde. — 3) A., Tochter des Alcyoneus, eines Giganten, den Hercules besiegte, indem er ihn aus seinem Mutterlande Pallene schleppte, worauf ihn die Kräfte verliessen und er erwürgt ward. Seine Töchter, Alcippe, Anthe, Asteria, Drimo, Methone, Pallene und Phthonia, flohen den gewaltigen Helden und stürzten sich von dem Vorgebirge Canasträum, der südlichsten Spitze der Halbinsel Pallene, in's Meer; wegen ihrer treuen Tochterliebe erhielten die Götter sie am Leben, indem sie dieselben in Eisvögel (Alcyonen) verwandelten; nach Anderen wurden sie zu den Inseln, welche das canasträische Vorgebirge kränzen. — 4) A., Tochter des Atlas, die mit Mars den Oenomaus, Vater der Hippodamia, zeugte. — 5) A., Tochter des Hydis, die von Bellerophon den Hydissus gebar, nach welchem die Stadt Hydissus in Carien benannt ward.

Asterion (Gr. M.), 1) ein Held aus uraltem, berühmtem Geschlecht. Tectamus, Sohn des Dorus, Enkel des Hellen und Urenkel des Deucalion, kam mit einer äolischen und pelasgischen Colonie nach Creta, und ward Beherrscher dieser Insel; er vermählte sich mit der Tochter des Cretheus, und sie gebar ihm den A., welcher seinem Vater in der Herrschaft über Creta folgte. Während seiner Regierung brachte Jupiter die entführte Europa auf die Insel, und sie gebar von ihm die Söhne Minos, Rhadamanthus und Sarpedon (nach Einigen auch den Aeacus, der nach Anderen wieder ein Sohn des Jupiter und der Aegina ist). A. vermählte sich darauf mit Europa und nahm ihre Kinder als die seinigen auf. — 2) A., Sohn des Minos, blieb im Kampfe gegen Theseus, als derselbe den Minotaurus besiegte. — 3) A., ein Flussgott bei Mycenä. Juno ward von dessen Töchtern, Arcäa, Euböa und Prosymna erzogen. — 4) A., Sohn des Cometes und der Antigone (der Tochter des Pheres, nicht mit der Antigone des Oedipus zu verwechseln), Genosse des Argonautenzuges.

Asterius (Gr. M.), 1) Sohn des Hyperasius, aus Pallene, Bruder des Amphion, und mit diesem beim Argonautenzug. — 2) A., Sohn des Anax, eines Sohnes der Erde, der auf der kleinen Insel Lade bei Milet begraben lag, und dessen Leichnam zehn Ellen mass. — 3) A., Sohn des Neleus und der Chloris, Bruder des Nestor.

Asterodia (Gr. M.), soll nach Pausanias die Gattin des Endymion geheissen haben.

Asteropaeus (Gr. M.), Sohn des Pelegon, Enkel des macedonischen Flussgottes Axius, ein tapferer, gewaltiger Kämpfer; er rühmte sich, gegen Achilles auftretend, göttlicher Abkunft, warf auch, da er den linken Arm so gut brauchte, wie den rechten, zwei Speere auf einmal nach Achilles, deren einer diesen am Gelenke des rechten Armes verwundete. Achilles' Lanze fehlte darauf den A.; als aber dieser den Speer des Achilles, welcher bis zur Hälfte seiner Länge in den Boden des Flussufers gefahren war, herausziehen wollte, hieb ihm Achilles den Bauch auf, dass die Eingeweide herausfielen, worauf er ihm den Todesstoss gab und ihn der Waffen beraubte.

Asterope (Gr. M.), Tochter des Flussgottes Cebren, Schwester der Oenone (Paris' erster Gattin), und Gemahlin des Aesacus, Sohnes des Priamus. Aesacus liebte seine junge Gattin über alles, und beweinte ihren Tod so innig und lange, dass die Götter ihn aus Mitleid in einen Taucher verwandelten.

Asteropea (Gr. M.), 1) eine der Töchter des Pelias, welche ihren Vater auf Zureden der Medea schlachteten und kochen wollten, um ihn zu verjüngen. — 2) A., Tochter des Königs Deïon in Phocis (eines Sohnes des Königs Aeolus); dieser war mit der Tochter des Xuthus, Diomede, vermählt, welche ihm unter fünf Kindern auch die A. gebar; ihre Brüder hiessen: Aenetus, Actor, Cephalus und Phylacus.

Astra (Gr. M.), die Sterne, Gestirne, Kinder des Asträus und der Aurora (Eos).

Astraea (Gr. M.), »die Billigkeit, Redlichkeit.« Ihre Abkunft wird verschieden angegeben; sie ist entweder eine Tochter des Jupiter und der Themis, oder des Asträus und der Hemera (Tages-Göttin), oder des Apollo und der Chrysothemis, oder wird mit andern Gottheiten, z. B. Ceres, Isis, Fortuna, Themis, für einerlei erklärt. Im goldenen Zeitalter verwaltete sie unter den Menschen Recht und Gerechtigkeit; als dieses dahingeschwunden war, verliess sie die Erde und wurde als Sternbild der Jungfrau an den Himmel versetzt.

Astrabacus (Gr. M.), Sohn des Irbus, Bruder des Alopecus, aus dem Geschlechte des Agis, eines Sohnes des Eurysthenes. Er und sein Bruder hatten im Gesträuche das Bild der Diana Orthia gefunden und waren von dem Anblick wahnsinnig geworden: die Lacedämonier aber verehrten später den A. als Landesheros. Sein Heiligthum stand neben der Hausthüre des Königs Ariston: daher glaubte man später, als die Gemahlin dieses Königs einen Sohn gebar, den Ariston nicht als den seinigen anerkannte, sie habe das Kind von einer nächtlichen Erscheinung des A., der die Gestalt des Ariston angenommen, empfangen.

Astraeus (Gr. M.), 1) Vater der Asträa (s. d.), ein Titan, Sohn des Titanen Crius und der Eurybia, des Pontus Tochter. Man schreibt ihm mehrere Verbindungen zu; mit Aurora soll er den Zephyrus, Boreas, Notus, d. h. den West-, Nord- und Südwind, den Morgenstern, und die Gestirne, mit der Hemera, Göttin des Tages, die Asträa erzeugt haben. — 2) A., ein junger Mysier, welcher eine überaus schöne Schwester hatte. Einst in dunkler Nacht mit einem Mädchen zusammentreffend, bewog er dasselbe, ihm ihre Gunst zu schenken, und nahm zum Zeichen seines Sieges derselben einen Ring, an welchem er dann erkannte, dass es seine Schwester Alcippe gewesen, die er umarmt. Aus Verzweiflung über sein Verbrechen stürzte er sich in den Fluss Zauräus, der dann seinen Namen A. erhielt.

Astratea (Gr. M.), »Abwenderin des Kriegs«, ein Ehrenname der Diana, welche man für die Beschützerin von Lacedämon hielt, indem bei ihrem Tempel, nahe an der Stadt Pyrrhichus, die siegreich vordringenden Amazonen umgekehrt waren.

Astreus (Gr. M.), ein Genosse des Phineus, auf der Hochzeit des Perseus getödtet.

Astrologus (Gr. M.), Beiname des Hercules, weil er von Atlas die Sternkunde erlernt haben sollte, und zwar wollte ihm dieser durch den ertheilten Unterricht seinen Dank für die Befreiung seiner Töchter aus den Händen des Busiris beweisen.

Astronoë (Phön. M.), eine von den Phöniciern verehrte Mutter der Götter, welche sich in den Esmun verliebte und ihm Unsterblichkeit verlieh. Letztern deutete man bald auf Aesculap, bald auf Attes.

Astudschat, Astujat (Pers. M.), ein böser, von Ahriman abgeschickter Dämon, welcher den Seelen der Gestorbenen auflauert, um sie zu fangen und in die Unterwelt zu bringen; um dieses zu verhindern, müssen die nächsten Verwandten des Verstorbenen drei Tage nach seinem Tode wachen und unaufhörlich gewisse Gebete hersagen.

Astur (Röm. M.), ein Krieger im Heere des Aeneas, Anführer der Streiter aus Cäre, Pyrgi und Graviscä, durch seine herrlichen Rosse und seine farbenspielende Rüstung ausgezeichnet.

Astyagea (Gr. M.), Tochter des Hypseus, Königs der Lapithen, vermählte sich mit einem Lapithen, Periphas, dem Sohne des Lapithes und der Orsinome; aus dieser Verbindung gingen acht Söhne hervor, deren ältester Antion sich mit Perimele, der Tochter des Amythaon, verband, und den bekannten Ixion (s. d.) erzeugte.

Astyages (Gr. M.). Auf der Hochzeit des Perseus mit der Andromeda erschien Phineus, ein früherer Freier derselben, mit zahlreichem Gefolge; unter diesem war auch A. Als Aconteus, ein Freund des Perseus, durch den unversehenen Anblick des Medusenhauptes zu Stein erstarrt war, schwang A., ihn noch für lebend haltend, das Schwert nach ihm, wurde aber gleichfalls in Stein verwandelt.

Astyanassa (Gr. M.), eine Dienerin der Helena. Der Letztern hatte Juno den Gürtel der Venus geschenkt, welcher die Eigenschaft hatte, Jedes, das er schmückte, unwiderstehlich liebreizend zu machen. A., mit diesem Vorzuge bekannt, entwendete denselben, aber Venus nahm ihn ihr wieder ab und behielt ihn.

Astyanax (Gr. M.), der einzige Sohn des Trojaners Hector und dessen Gattin Andromache (s. dd.). — Ilions einzige Hoffnung, ward A. ein Raub des unerbittlichen Todes; denn Calchas (s. d.) hatte die Griechen davon unterrichtet, dass er es sei, der Troja wieder aufbauen, beherrschen und zum vorigen Glanze erheben würde. So ward er denn, trotz des Flehens der unglücklichen Mutter, von dem Thurme, von welchem sie oft des Gatten Heldenmuth bewundert, herabgestürzt und am Felsen zerschmettert.

Astybias (Gr. M.), Sohn des Hercules von einer der fünfzig Töchter des Königs Thespius, Claametis.

Astycratia (Gr. M.), Tochter Amphions und der Niobe, welche durch den Pfeil der Diana erlegt wurde, weil ihre Mutter sich höheren Kinder-Glückes gerühmt, als Latona.

Astydamia (Gr. M.), 1) Tochter des Amyntor, Königs der Doloper, und Geliebte des Hercules, von welchem sie den Tlepolemus gebar, der des Faustkämpfers Diagoras Ahnherr war. Nach Anderen gebar sie dem Hercules den Ctesippus. — 2) A., Gattin des Königs Acastus von Jolcus, zu welchem Peleus floh, um sich durch ihn von einem unvorsätzlichen Morde reinigen zu lassen. A. entbrannte für den Fremdling, und um ihn gegen seine Gattin Antigone aufzubringen, schrieb sie an diese, Peleus werde Acastus' Tochter Sterope heirathen und sie verstossen, eine Nachricht, welche jene zu irgend einer Unbesonnenheit verführen und des Gatten Zorn gegen sie reizen sollte. Der Brief hatte jedoch zur Folge, dass die Unglückliche sich erhängte. A. bewarb sich nun desto eifriger um des Peleus Gunst, ward aber mit Verachtung zurückgewiesen, worauf sie den Letztern bei ihrem Gatten dessen anklagte, was sie ihm zugemuthet. Voll Zorn nahm Acastus den Fremden mit sich auf die Jagd, und liess ihn, der nach tagelangem Umherstreifen in bahnloser Wildniss eingeschlafen war, der Waffen beraubt, hülflos liegen. Chiron fand den Umherirrenden, rettete ihn vom Hungertode und von der Gefahr, von den wilden Bergcentauren erschlagen zu werden, und führte ihn aus dem Urwalde. Darauf sammelte Peleus ein Heer, überzog Acastus mit Krieg, nahm Jolcus ein und A. gefangen, liess diese in Stücke zerhauen, und über dem verstümmelten Körper sein Heer in die Stadt rücken.

Aestyer (Germ. M.), eine Völkerschaft, die Tacitus als an der Ostsee wohnend anführt, und von der er berichtet, dass sie eine Mutter der Götter angebetet habe, und das Bild eines Ebers als Amulet gebrauchte, um sich fest zu machen.

Astygites (Gr. M.), Sohn des Argäus zu Melite. Seine Schwester Aspalis ward ihrer Schönheit wegen von dem Tyrannen Tartarus verfolgt; sie erhängte sich, um seinen Zumuthungen zu entgehen. Bevor der grausame Herrscher diess wusste, versprach A. demselben im Namen seiner Schwester eine Zusammenkunft, begab sich in den Kleidern der Entseelten zu ihm und stiess ihm einen Dolch in die Brust, wofür ihn die Bürger der Stadt mit einer Krone beschenkten.

Astylus (Gr. M.), ein Seher unter den Centauren, welcher den unglücklichen Ausgang des Kampfes mit den Lapithen voraussagte, doch vergebens vom Streit abmahnte, der mit dem Tode beinahe aller Centauren endete.

Astynome (Gr. M.), 1) Tochter der Niobe, von Diana getödtet; ihren Namen trug eines der sieben Thore von Theben. — 2) A., des Argonauten Talaus Tochter, Gemahlin des Hipponous, welchem sie den Capaneus gebar, der in der Folge ein berühmter Held, aber auch bei der Belagerung von Theben durch die sieben Fürsten ein Opfer seiner Verwegenheit wurde, indem ihn Jupiter, als er die Mauer schon erstiegen hatte, durch den Blitz zerschmetterte. — 3) A., der eigentliche Name der Chryseis, welche nur nach ihrem Vater Chryses Chryseis genannt wurde.

Astynous (Gr. M.), 1) Sohn des Trojaners Protiaon, von Neoptolemus getödtet. — 2) A., Sohn des Phaëton, Vater des Sandacus, Grossvater des Cinyras.

Astyoche (Gr. M.), 1) Tochter des Königs Phylas zu Ephyra in Epirus. Hercules eroberte ihres Vaters Reich, machte sie zu seiner Gefangenen, sie ward von ihm Mutter des Tlepolemus. (Vergl. d. Art. Astydamia, welche nach Anderen für die Mutter des Tlepolemus gilt.) — 2) A., Tochter der unglücklichen Niobe, von Diana erschossen. — 3) A., Tochter des berühmten trojanischen Flusses Simois, welche von Erichthonius (s. d.) den Tros, den Stammvater der Trojaner, gebar. — 4) A., Tochter des Laomedon (s. d.), heirathete den Telephus, König in Mysien, und gebar ihm den Eurypylus. Eine andere Nachricht nennt diese A. eine Tochter des Priamus.

Astyochia (Gr. M.), 1) Andere Form des vorhergehenden Namens. 2) Gemahlin des Königs Strophius von Phanote am Parnassus, von ihm Mutter des Pylades. Man nennt indessen als Gemahlin des Strophius auch Anaxibia, sowie Cydragora.

Astyochus (Gr. M.), Sohn des Beherrschers der liparischen oder äolischen Inseln, folgte seinem Vater in der Regierung dieses Inselreiches. Die Sage vermählt ihn, wie seine anderen fünf Brüder, mit einer seiner Schwestern.

Astypalaea (Gr. M.), Tochter des Phönix und der Perimede, Schwester der von Jupiter entführten Europa, eine Geliebte des Neptun; ihre Söhne waren: Ancäus, Steuermann der Argonauten, und Eurypylus, König der Insel Cos; Letzterer ward von Hercules erschlagen.

Astypalacus (Gr. M.), Beiname des Apollo, den er von seinem Tempel auf der Insel Astypaläa erhielt, wo er besonders hoch verehrt wurde.

Astyrene (Gr. M.), Beiname der Diana, von dem Flecken Astyra in Kleinasien, Landschaft Troas, woselbst sie einen Tempel und einen heiligen Hain hatte.

Asuman (Pers. M.), einer der guten Genien, dessen Schutz sich jedoch nur auf den siebenundzwanzigsten jedes Monates, der daher auch seinen Namen trägt, erstreckt. Widersprechend scheint die Nachricht zu sein, dass die Magier ihn für den Engel des Todes angesehen, denn dieser ist nicht an gewisse Tage gebunden.

Asvarna (Ind. M.), der allgemeine Name aller bösen Geister, »die Nichtschlummernden.»

Aswamedha-Jaga (Ind. M.), ein uraltes Pferdeopfer der Indier. Sie lassen nämlich ein einfarbiges Pferd 12 Monate frei laufen. Nach Verfluss dieser Zeit kehrt es freiwillig zurück; hierauf opfert man es nebst anderen Thieren dem Brama, Wischnu, Schiwa und den 10 Schutzgöttern der Erde. Das Opfer ist der vielen Leute wegen, welche zum Hüten des keineswegs völlig freien Thieres nöthig sind, der Geschenke wegen, welche die Priester erhalten müssen etc., sehr kostbar, wird daher nur von reichen Leuten, und von diesen nur, um einen unvorsätzlichen Mord an einem Braminen zu sühnen, angestellt.

Aswattha (Ind. M.), der heilige Feigenbaum, der an allen Tempeln angepflanzt wird. Sprösslinge von den Aesten senken sich gerade zur Erde herab, fassen Wurzeln, und es entstehen hierauf neue Bäume. Daher verehrten ihn die Indier als Symbol der Wiedergeburt, als erhabenes Zeugniss des ewigen Wanderns aller Dinge aus der Gottheit, und ihres Wiedereingehens in dieselbe.

Aswin und **Kumar** (Ind. M.), Zwillingssöhne der Surya, d. h. der Sonne und der Seyene. Ihre Mutter gebar dieselben in der Gestalt einer Stute, durch einen Sonnenstrahl befruchtet. Sie wurden sehr gelehrte Aerzte und dienten als solche den Göttern.

Asylas (Röm. M.), Bundesgenosse des Aeneas in Italien; ein berühmter Opferschauer und Wahrsager.

Aesymnetes (Gr. M.), Beiname des Bacchus; sonst bezeichnet das Wort einen Vorsteher von Kampfspielen.

Aetae (Gr. M.), gleichbedeutend mit Litä (s. d.)

Asynien (Nord. M.), allgemeiner Name sowohl der Göttinnen aus dem Geschlechte der Asen selbst, als auch der Jungfrauen in dem Gefolge der Ersteren, ferner der Nornen und der Walküren (s. Asen.)

Atabyrius (Gr. M.), Beiname des Jupiter auf Rhodus von dem atabyrischen Berge, dem höchsten jener Insel. Die Veranlassung hiezu war das Orakel, welches dem Althämenes, dem Sohne des Königs Catreus von Creta, sagte: es sei ihm vom Schicksal bestimmt, der Mörder seines Vaters zu werden, worauf dieser, um sich vor solcher Gräuelthat zu sichern, Creta mit mehreren Andern, die sich ihm anschlossen, verliess und nach Rhodus auswanderte. Er landete bei Camirus, und erbaute auf dem Berge Atabyris dem Jupiter einen Tempel, welcher noch zur Zeit Augusts in hohem Ansehen stand. Er lag auf der äussersten Bergspitze, von welcher man Creta sehen konnte. Jupiter soll auf demselben zwei eherne Rinder aufgestellt haben, welche, sobald der Insel ein Unglück drohte, zu brüllen begannen.

Atachon (M. der nordam. Völker.), Name des obersten Gottes, des Gottes der Schöpfung bei den Agonquinas.

Ata-entsik (M. der nordam. Völker.), die Stamm-Mutter der Menschen; sie lebte im Himmel, wurde aber, weil sie sich vom Hogouaho verführen liess, in's Meer gestürzt. Eine Schildkröte nahm sie auf den Rücken, und die Fische bauten ihr aus Thon eine Insel, die Erde. Sie ist die Göttin des Todes, feindselig allen lebenden Wesen, und nährt sich nur von Schlangen und ausgesogenem Blut. Als Königin der Seelen wohnt sie im Reiche der Geister, und bekommt von ihnen das, was man mit ihnen begräbt, als Tribut.

Atahokan (M. der nordam. Völker.), »der grosse Hase«; ein seltsamer Beiname des Schöpfers der Erde bei den Irokesen. Er heisst sonst Michabu. Die Völker, welche die grossen Seen am Lorenz-Strom bewohnen, glauben, er habe den Obersee gemacht, damit man Biber fangen könne, und die Felsstücke, welche an dem Canal liegen, wodurch derselbe mit dem Huronsee verbunden ist, sind nach ihrer Meinung Ueberbleibsel des Dammes, durch welchen er entstanden ist; daher bringt man ihm nach einem glücklichen Fischfang Dankopfer. Wegen seines Ursprungs hält man auch diesen See für heilig, und die grossen Stücke gediegenen Kupfers, welche an seinem Ufer gefunden werden, bewahren seine Anwohner sorgfältig als Geschenke des Gottes, doch ohne sie zu brauchen. Nach Einigen hat er mit seinem ganzen Hofstaat, lauter Thieren der manchfaltigsten Art, auf dem Wasser geschwebt, dann aus der Tiefe ein Sandkörnchen geholt, und aus diesem die Erde gebildet, worauf er dieselbe mit den Körpern der gestorbenen Thiere bevölkerte, nachdem er dieselben in Menschen verwandelt hatte.

Atalante (Gr. M.), Zwei Heldinnen dieses Namens sind aus dem Alterthume uns bekannt geworden. — 1) Die arcadische A., Tochter des Königs Iasus (Iasius oder Iasion) im arcadischen Schönus oder Scirus. Schon waren demselben mehrere Töchter geboren worden; er wünschte sich einen Erben, und seine Gattin Clymene brachte ihm abermals ein Mädchen zur Welt. Zornig über die vereitelte Hoffnung, liess er dasselbe aussetzen. Hülflos in dem Waldgebirge Parthenion liegend, wurde es durch eine Bärin erhalten, der die Jäger ihre Jungen geraubt hatten, und die nun das Kind saugte und dadurch rettete. Nach mehreren Jahren fanden es Jäger und führten es mit sich hinweg; unter diesen rauh erzogen, gewann A. eine unbesiegbare Vorliebe für alle männliche Beschäftigungen, wurde überaus stark und so schnell, dass sie einen Hirsch einzuholen im Stande war. Ihre Schönheit reizte zwei Centauren, Rhöcus und Hyläus, sich ihrer mit Gewalt zu bemächtigen; sie entwand sich ihnen und erlegte beide mit ihren Pfeilen. Später unternahm die edelste Jugend Griechenlands, Meleager (s. d.) an ihrer Spitze, eine allgemeine Jagd auf den calydonischen Eber. A. fehlte bei diesem Zuge nicht, und war so glücklich, dem Thiere den ersten Stoss beizubringen. Das Ungeheuer zerriss mehrere der Krieger, bis es von Meleagers Hand erlegt wurde. Allgemein erkannte man ihm den Siegespreis zu: die Haut des Ebers, welche er öffentlich als Zeichen seines Muthes tragen durfte; doch Meleager, welcher A. liebte, nahm den Umstand, dass sie dem Eber die erste Wunde versetzt, als Vorwand, den Siegespreis der jungen Heldin zuzuwenden. Des Thestius Söhne, Brüder von Meleagers Mutter, fanden es unrecht, dass dieser die Eberhaut nicht angenommen, und sagten, wenn er ihn ausschlage, so gebühre Niemand als ihnen der Preis. Ohne Umstände bemächtigten sie sich desselben, allein Meleager, um die Geliebte zu rächen, erschlug seine Oheime, gab das Fell der Geliebten und verliess mit ihr den Kampfplatz. Als die Frucht ihrer Liebe wird Parthenopäus genannt, der nachmals einer der Sieben gegen Theben war. — Als darauf die ersten Helden Griechenlands sich zu dem Argonautenzuge versammelten, schloss A. sich ihnen an. Nach der Beendigung des Zuges war sie auch bei den Leichenspielen für Pelias zugegen und überwand dabei den Peleus im Ringen. Dort erfuhr man erst, wer sie war; ihre Abkunft enthüllte sich, und mit Freuden nahmen die Aeltern ihre berühmte Tochter wieder auf. Sie vermählte sich, um ihr Heldengeschlecht fortzupflanzen, mit Milanion. — 2) Die böotische A. war eine Tochter des böotischen Königs Schöneus, eines Sohnes des Athamas, dessen Wohnsitz nicht bestimmt angegeben wird. Einige wollen, dass die Stadt Schönus, am Flusse Schönus, unweit Theben, nach ihm benannt gewesen sei. Von dieser A. wird erzählt, dass sie von bezaubernder Schönheit war, aber auch ihre Jungfrauschaft in so hohem Preise hielt, dass sie alle ihre Freier die Lust, sie zu gewinnen, mit dem Leben büssen liess. Sie war die schnellste Läuferin, und machte ihren Freiern zur Bedingung, mit ihr einen Wettkampf zu halten; wenn sie die Siegerin blieb, so durchbohrte sie den Mitkämpfer mit ihrem Speere; wenn er Sieger ward, so sollte ihre Hand der Lohn sein. Schon waren Mehrere ihrer Härte zum Opfer gefallen, als Hippomenes, des Megareus Sohn, sich um sie bewarb. Dieser hatte die Venus um ihren Beistand angefleht, und die Göttin hatte ihm drei goldene Aepfel geschenkt, welche Hippomenes nun einen nach dem andern fallen liess, sobald A. nahe daran war, ihn einzuholen. Diese, überrascht durch den seltenen Fund, hob sie auf, versäumte dadurch die Zeit und beschwerte sich mit einer Last, welche sie am Laufen hinderte, so dass Hippomenes das Ziel vor ihr erreichte. A. war also die Seine. Der liebestrunkene Jüngling vergass aber, der rettenden Venus zu opfern; diese, erzürnt, erregte in ihm und der Braut eine unbesiegbare Sehnsucht, der die Unglücklichen in dem Haine der Cybele, in dessen Nähe der Wettlauf geschehen war, nachgaben. Die Göttermutter, erzürnt ob der Entweihung ihres Heiligthums, bestrafte das frevelnde Paar augenblicklich dadurch, dass sie es in Löwen verwandelte, welche sie alsdann vor ihren Wagen spannte. — Indess bleibt es bedenklich, die Annahme zweier verschiedenen A.n consequent durchzuführen; denn mit Ausnahme der Namen der Personen und der Oertlichkeiten, mit denen sie in Verbindung gebracht werden, wird von beiden vollkommen dasselbe erzählt.

Ataplok (Ind. M.), eine von den sieben obern Welten, welche das Reich der Geister sind, der Himmel überhaupt.

Atargatis oder **Atergatis** (Phön. M.), scheint im Allgemeinen mit Astarte Eins zu sein. Das Unterscheidende scheint nur das zu sein, dass A. ausdrücklich als Fischgöttin beschrieben wird, was von Astarte zweifelhaft bleibt. Noch mehr ist jenes der Fall mit Derketo, welchen Namen Einige bloss als dialectliche Abweichung von A. betrachten. Daher wurde A. oder Derketo auch bildlich dargestellt mit dem Oberleib einer Frau, an welchen ein Fischleib sich anschliesst. Hauptsitz ihrer Verehrung soll das phönicische Ascalon (im Lande der Philister) gewesen sein. Man dichtete, als man anfing, den Götterglauben rationalistisch aufzuklären, von A., sie sei eine Königin von Syrien gewesen und habe zuvor Gatis geheissen. Da sie gern Fische ass, habe sie den Befehl ergehen lassen, ausser Gatis solle Niemand Fische essen, und so bedeute A. — ausser Gatis. Ferner: die Königin A. habe streng geherrscht, und sich alle Fische, die man fing, bringen lassen, um sie allein zu essen, woher es komme, dass man der Göttin goldene und silberne Fische darbringe, und dass die Priester gesottene und gebratene Fische vor das Bild derselben stellen, die sie dann selbst essen.

Ate (Gr. M.), 1) die Personification der »Schuld«. Als Göttin gefasst, bethört sie nicht bloss die Menschen, sondern auch die Götter, ja selbst ihren Vater Jupiter, der sie zur Strafe hiefür aus dem Olymp auf die Erde herabschleuderte. — Bei den griechischen Tragikern ist A. die Richterin böser Thaten, und bringt nach dem Willen der Götter über den Uebermüthigen, den Verbrecher, seine Freunde und Nachkommen, die gerechte Strafe. Ihr Begriff nähert sich daher sehr dem der Themis, der Nemesis, der Furien. — 2) Name einer Phrygierin unbekannter Abkunft, bei deren Grabe Ilium erbaut wurde. Ilos nämlich sollte eine Stadt dort erbauen, wo ein ihm vorangehender Stier sich niederlegen würde; diess geschah an dem Grabe der A. — Diese A. hielten indess Einige für einerlei mit der vorigen, und nahmen an, dass das erwähnte Grab der Ort sei, wo die von Jupiter aus dem Himmel Geschleuderte niedergefallen sei.

Aterbabeth, ein heiliges Buch der Indier.

Aeternitas (Röm. M.). Allegorische Gottheit der Römer, »die Ewigkeit,« häufig abgebildet als eine ernste, weibliche Gestalt, mit den Attributen der langen oder endlosen Dauer, wie der Schlange, welche sich in den Schweif beisst, dem Phönix, der Kugel (ohne Anfang und Ende) — wohl auch mit Löwen oder Elephanten fahrend.

Atesch (Pers. M.), das heilige Feuer, welches aus den Naphta-Quellen hervorbricht und, als von Ormuzd selbst entzündet, besonders hoch verehrt wird. In Folge dieser hohen Achtung sind mehrere andere Worte mit A. zusammengesetzt, wie A.-Behram, das Gebet, welches zu fünf verschiedenen Tageszeiten, beim Anlegen des Holzes zum Feuer, hergesagt wird; A.-dan, ein Metallgefäss in Form einer Vase, mit einem eben so grossen Deckel, zur Aufbewahrung des heiligen Feuers; A.-Gah, der kleine Tempel, die Kapelle im Tempel, darin das heilige Feuer im Atesch-dan brannte; A.-Kaneh, der Feuertempel selbst etc.

Athaionne, »die Leichenbesorger.« Bei den nordamerikanischen Völkern ist in jeder Familie ein Mitglied, welches sich zur Pflicht gemacht hat, die Leichen zu waschen, zu kleiden, das Grab zu graben, und späterhin bei dem allgemeinen Seelenfest die Knochen der wieder ausgegrabenen Leichen zu säubern, zu bleichen, zu färben etc. Diese Leute werden in den Familien hoch geehrt, weil man sie für besondere Günstlinge der Verstorbenen hält.

Aethalides (Gr. M.), der Herold der Argonauten (s. d.), dem Mercur von Eupolemia, einer Tochter des Myrmidon, geboren. Er hatte von dem Götterboten die Eigenschaft eines vortrefflichen Gedächtnisses und die Erlaubniss, sich abwechselnd unter den Todten und den Lebenden aufzuhalten, bekommen. Seine Seele kam nach mehreren Wanderungen in den Körper des Pythagoras.

Aethalion (Gr. M.), einer der tyrrhenischen Pelasger, welche auf ihrer Fahrt nach Naxus den jungen Bacchus entführen wollten, aber alle, bis auf den Steuermann, in Delphine verwandelt wurden.

Athamas (Gr. M.), König von Böotien, Sohn des Aeolus und der Enarete, beherrschte ein kleines Reich um Orchomenus, und hatte sich auf Geheiss der Juno vermählt mit Nephele, deren Abkunft uns nicht angegeben wird, und welche ihm den A., den Phrixus und die Helle gebar. A. liebte des Cadmus Tochter Ino, und verstiess daher seine Gemahlin, um jene zu nehmen, welche von ihm den Learchus und den Melicertes gebar. Als böse Stiefmutter sann Ino auf Ränke, die Kinder der Nephele aus dem Wege zu räumen. Sie veranlasste Misswachs dadurch, dass sie das Saatgetreide dörrte, und die Frauen des Landes beredete, ihr diess nachzuthun, so dass es nicht keimen und wachsen konnte. A. liess das Orakel nach der Ursache fragen, und die durch Ino bestochenen Boten brachten die Antwort, die Kinder der Nephele seien Verächter der Götter und müssten diesen geopfert werden. A., zugleich oberster Priester seines Reiches, sollte selbst das schreckliche Opfer verrichten, als Nephele vom Olymp herabstieg und ihren Kindern Rettung brachte, indem sie ihnen einen Widder mit goldenem Fell zuführte, welcher reden konnte und durch die Luft flog. Dieser entführte auf seinem Rücken die unglücklichen Schlachtopfer, doch Helle stürzte in den Pontus, welcher nach ihr Hellespontus genannt ward, und ertrank, während Phrixus nach Colchis kam. Eine Dienerin der Ino verrieth die Betrügerei. Der König kam hierüber in den wildesten Zorn, so dass er nach einer Sage, die von der Flucht des Phrixus und der Helle nichts weiss, Ino und deren beide Kinder dem Phrixus übergab, um sie zu tödten. Ehe jedoch dieses geschehen konnte, wurden die Bedrängten von Bacchus aus Dankbarkeit dafür, dass Ino ihn aufgezogen, ihrem Feinde entrückt. Nach anderer Sage, welche von der Entdeckung des Betruges der Ino nichts erwähnt, verliert A. Ino und ihre Kinder durch den Zorn der Juno, den sein Haus gerade dadurch auf sich geladen hatte, dass in demselben Bacchus, das Kind der der Juno verhassten Semele von Jupiter, erzogen worden war. Sie machte beide Gatten rasend, so dass A. seinen Sohn Learchus für ein Reh ansah und erschoss, oder ihn für einen Löwen hielt und ihn an einem Steine zerschmetterte, die Mutter aber mit ihrem zweiten Sohne, Melicertes, von einem Felsen des Isthmus in das Meer sprang, in dessen Schooss sie, auf Bacchus' Bitte, von Neptun lebend aufgenommen und dann als Meeresgöttin Leucothea, Melicertes aber als Palämon verehrt wurde. — A. musste nun der Blutschuld wegen flüchtig werden, und fragte desshalb das Orakel, wo er sich niederlassen sollte. Die Antwort war: da, wo er von wilden Thieren würde gastlich bewirthet werden. Nach langem Umherirren traf er Wölfe an, die Schafkeulen verzehrten. Als sie ihn sahen, verliessen sie ihre Beute und flohen. An diesem Punkte baute er sich daher an, nannte das Land Athamantia, und vermählte sich mit Themisto, einer Tochter des Hypseus, Königs der Lapithen, und erzeugte mit ihr Schöneus, Erythrius, Leucon und Ptous. — Eine vom Vorigen abweichende weitere Sage erzählt, Ino, statt im Meere als Göttin zu walten, sei vielmehr mit den Bacchantinnen in den Schluchten des Parnassus umhergeirrt. Als A. diess erfuhr, liess er sie heimlich holen. Themisto, hierüber zornig, beschloss, die Kinder der Ino zu ermorden; daher liess sie dieselben in einer Nacht mit schwarzen Decken zudecken, während die ihrigen unter weissen schliefen. Ino verwechselte diese Abzeichen; Themisto ermordete in der Nacht ihre eigenen Kinder, und erhängte sich dann aus Gram über ihre Frevelthat. — Nach diesem schrecklichen Ende war es Venus, welche Neptun bat, Ino, der Göttin Enkelin, aufzunehmen unter die Götter, was er that, ihr den Namen Leucothea und ihrem Sohne den des Palämon beilegend. Schon bei Homer kommt die vergötterte Ino als Leucothea vor, ein Beweis vom hohen Alter der Sage. — A.s Namen führt noch einer seiner Enkel, von welchem jedoch weiter nichts bekannt ist, als dass er eine Colonie der Orchomenier nach Asien, nach der Stadt Teos führte.

Atharvan, Atharveda (Ind. M.), der vierte Theil der Vedas, früher verloren, wieder aus der Tradition ersetzt und für canonisch gehalten, enthält Gebete zur Versöhnung der Götter und Verwünschungen der Feinde u. s. w.

Aethe (Gr. M.), eine Stute des Agamemnon, welche er mit dem Hengste Podargus an seinen Streitwagen spannte.

Athenaea (Gr. M.), die Feste, welche man der Minerva feierte, die Panathenäen und die Chalceen.

Athenaïs (Gr. M.), Tochter des Hippobotes, Gemahlin des Alalcomenes (s. Alalcomeneïs), Mutter des Glaucops.

Athene (Gr. M.), Name der Minerva bei den Griechen.

Aether (Gr. u. röm. M.). Nach der Cosmogonie Hygin's wird A. nebst der Nacht, dem Tage und dem Erebus von dem Chaos und der Caligo (Finsterniss) erzeugt; aus der Verbindung des A. mit der Erde gehen dann die personificirten Laster, so wie die Giganten und Titanen hervor. Nach Hesiod wird A. von Erebus und der Nacht erzeugt, welche beide Kinder des Chaos sind. Nach Beiden aber ist der A. eine der Grundsubstanzen, aus denen sich das Weltall gebildet. Später wird er als der Himmelsraum gedacht und erscheint als Wohnung der Götter; Herr des A. ist nunmehr Jupiter. Mit diesem wird aber A. auch identificirt, und als allbefruchtender Gott in einem ehelichen Verhältnisse mit der Erde dargestellt.

Atheras (Gr. M.), ein Bewohner der Stadt Hermione in Argolis, der mit seinem Nachbar Mysius die trauernde Ceres, welche auf der Erde umherwanderte, um Proserpina (s. d.) zu suchen, gastfrei aufnahm und wohl bewirthete.

Aetheria (Röm. M.), Tochter des Sol und der Clymene, Schwester des Phaëthon, über dessen Schicksal sie sich zu Tode grämte; sie zerfloss in Thränen, oder stürzte sich in's Meer, und wurde von den Göttern in Bernstein verwandelt.

Aethilla (Gr. M.), Tochter des Königs von Troja, Laomedon, ward bei Vertheilung der trojanischen Beute dem Protesilaus gegeben, welchen sie veranlasste, die Stadt Scione zu bauen und zu bevölkern. Er ging nämlich mit der ganzen Mannschaft seiner Schiffe auf der Halbinsel Pallene an's Land, um Wasser zu holen, da brachte A. die Weiber dazu, die ganze Flotte zu verbrennen, worauf den Griechen nichts übrig blieb, als sich dort niederzulassen und die genannte Stadt Scione zu erbauen.

Aethion (Gr. M.), 1) ein Streiter, der auf der Hochzeit des Perseus und der Andromeda dem Phineus, einem Mitbewerber um die Hand der Schönen, beistand, aber von Perseus erschlagen wurde. — 2) A., Sohn einer Nymphe vom Helicon, welcher bei dem Zuge der Sieben gegen Theben blieb.

Aethiopaes (Gr. M.), Beiname des Bacchus, wovon man nicht weiss, ob er von einer ägyptischen schwarzen Statue (also der Neger) hergenommen ist, oder ob er nur die von Dichtern ihm beigelegte Eigenschaft, »der Glühende«, bezeichnen soll.

Aethiopen (Gr. M.), ein grosses und mächtiges Reich am äussersten Rande der Erde gen Süden, wo die Sonne Alles schwarz brennt. Die Bezeichnung der A. bei Homer: »zwiefach getheilt«, bezieht sich auf die Lage des Landes, welches man vom arabischen Meerbusen gespalten dachte, so dass die eine Hälfte desselben östlich, die andere westlich von dem Meeresarme liege, die erstere also in Asien, die andere in Africa. Jope soll die Hauptstadt gewesen sein, Homer nennt die A. auch »die Untadligen«, deren Fest-Hecatomben sich die Götter vorzüglich gut gefallen lassen. Diess deutet doch wohl auf ein uraltes und im Wohlstande lebendes Culturvolk hin. Ob es die Stammväter der jetzigen Araber und Aegypter, ob diesen verwandte Völker waren, ist nicht zu ermitteln, namentlich macht die schwarze Farbe der A. Schwierigkeit, wenn wir sie arabische Völker, caucasischen Ursprungs, sein lassen wollen; die hieroglyphischen Denkmale der Aegypter, ihre riesigen Intaglio's auf ganzen Fels- und Bergwänden, der Sculpturschmuck ihrer Tempel, zeigen viele Tausende von ganzen langen Reihen menschlicher Gestalten, welche durchgängig die Negerphysiognomie unverkennbar an sich tragen. Was Herodot von dem Tisch der Sonne erzählt, scheint die homerische Schilderung von den Aethiopen zu bestätigen. — »Cambyses beschloss, zu den A. zuvörderst Kundschafter zu senden, die sollten nach dem Tisch der Sonne sehen, der bei diesen A. sein soll, und dazu das Uebrige auskundschaften, zum Vorwande aber sollten sie dem Könige derselben Geschenke bringen. Mit dem Tisch der Sonne soll es diese Bewandtniss haben: es ist eine Wiese dicht vor der Stadt, die ist voll gekochten Fleisches von allen vierfüssigen Thieren; bei Nacht legen nämlich immer diejenigen Bürger, an welchen die Reihe ist, sorgsam das Fleisch darauf, bei Tage aber gehet hinzu, wer Lust hat, und isset, und die Leute des Landes sagen, das käme jedesmal aus der Erde selber hervor etc.« — Was Herodot ferner von ihnen erzählt, schildert sie als einfache, kräftige und edel denkende Menschen, welche ihrer Nahrung und Lebensweise ein langes Leben, und einer Quelle mit äusserst mildem Wasser unerschütterliche Gesundheit verdankten. Astronomische, medicinische Kenntnisse — eine sehr geordnete Religion — waren bei ihnen heimisch, und wenn die Priestercolonieen, welche Aegypten urbar machten, das Steigen und Fallen des Nils ordneten, das Volk entwilderten, auch wirklich, wie man zu vermuthen Ursache hat, aus Indien nach Africa gekommen sind, so kamen sie doch unstreitig zunächst aus Aethiopien nach Aegypten, so dass dieses Land und dieses Volk das früher gebildete war. Uninteressant dürfte nicht sein, was man noch zu Plinius' Zeiten von diesem Volke fabelte: »Der äthiopischen Könige sollen jetzt 45 sein. Das gesammte Volk hiess erst das ätherische, dann das atlantische, und zuletzt vom Sohne Vulcans, Aethiops, das äthiopische.« — Dass sehr wunderbare Thier- und Menschengestalten an seiner Grenze erzeugt werden, ist kein Wunder, denn die Bewegbarkeit des Feuers ist in der Bildung der Körper und Formirung der Gestalten sehr kunstreich. Man erzählt für gewiss, dass in dem innern, östlichen Theile Völker leben, die keine Nasen und ein ganz glattes Gesicht haben, anderswo sind welche ohne Oberlippe, und in einer andern Gegend fehlt ihnen die Zunge. Eine Art hat einen zugewachsenen Mund und keine Nase, soll durch eine einzige Oeffnung athmen, trinkt vermittelst eines Haferhalmes und zieht durch denselben auch die Körner dieses Hafers, der wild wächst, als Nahrung in sich. Einige winken, statt zu sprechen, oder machen mit den Gliedern eine Bewegung. Nach einigen Schriftstellern wohnen zwischen den Sümpfen, aus welchen der Nil entspringt, die Völker der Pygmäen: auf der Küste aber, wo wir stehen, liegen Gebirge, die so roth aussehen, als stünden sie im Brande. Die Troglodyten und das rothe Meer schliessen die ganze Strecke von Meroë ein. — Die Insel der Semberriten im Nil steht unter der Herrschaft einer Königin, und acht Tagreisen von ihr wohnen die nubischen Aethiopier; auf der Seite von Africa die Ptoembarer und Ptoemphaner. Die Letzteren haben einen Hund zu ihrem Könige, und schliessen aus seiner Bewegung auf seine Befehle. — Gegen Abend liegen die Nigröer, ihr König hat ein Auge vor der Stirn; die Agriophagen, die von Panther- und Löwen-Fleisch leben; die Pamphagen, die Alles, und die Anthropophagen, die Menschen-Fleisch essen; die Cynamolger mit Hundsköpfen; die Artabatiten, welche wie wilde vierfüssige Thiere herumlaufen; ferner die Hesperier und Perorser, welche wir an der Grenze von Mauritanien anführten. Die Schiffe, welche aus dem rothen Meere auslaufen, sollen, der Hitze wegen, über gewisse Inseln nicht fortkommen können.

Aethiopia (Gr. M.), »Göttin des feurigen Angesichts«, Beiname der Diana, sofern sie als einerlei mit der Hecate oder Mondgöttin gedacht wurde.

Aethiops (Röm. M.), 1) Beiname des Jupiter, unter welchem derselbe bei den Bewohnern von Chios verehrt worden sein soll. — 2) A., eines der Sonnenpferde, dem die Alten das Reifen der Früchte zuschrieben. — 3) A., Sohn des Vulcan, von welchem die Aethiopier ihren Namen haben.

Athis (Gr. M.), ein junger Indier, den die Tochter des Ganges, Lemnate, in crystallener Grotte gebar; er wird als ausserordentlich schön, als trefflicher Speerwerfer und noch besserer Bogenschütze beschrieben, war mit Phineus zur Hochzeit des Perseus und der Andromeda gekommen, und spannte seinen nie fehlenden Bogen gegen Perseus; doch der Held nahm einen Feuerbrand von dem Opferaltar in der grossen Halle, und zerschmetterte damit das Antlitz des Jünglings. Er war des Assyriers Lycabas Liebling; dieser versuchte es, ihn zu rächen, doch sein Pfeil traf Perseus nicht, und er ward von dem Helden mit der krummen Wehr, die der Medusa Blut gekostet, durchstochen.

Aethon (Gr. M.), Vater des bekannten Königs von Phrygien, Tantalus, dessen Geschlecht jedoch häufig verändert und ganz abweichend angegeben wird. Die Odyssee belehrt uns, dass der umherirrende Held Ulysses, endlich auf Ithaca landend und vor Penelope erscheinend, ihr sagt: »sein rühmlicher Name sei A.« Uebrigens führen noch verschiedene Thiere diesen Namen, wie das Leibpferd des Pallas, Sohnes von Evander, ein Pferd der Aurora, des Pluto, des Hector, der Adler, welcher Prometheus' Leber frass etc.

Athor oder **Athyr** (Aegypt. M.), eine Göttin, »die Urnacht«, die als solche zugleich der verborgene Ursprung aller Dinge war. Sie wurde hauptsächlich zu Athribis im Delta verehrt, welche Stadt von ihr den Namen haben sollte. Auf Münzen von Athribis kommt sie vor als weibliche Figur mit einem Spiess in der Linken, einem Vogel in der Rechten. Die Aegypter erklärten ihre A. für die Aphrodite der Griechen, die Venus der Römer. Daher ist der Vogel in ihrer Hand ohne Zweifel die auch der Venus geheiligte Taube, als Symbol fruchtbarer Brütung.

Athos (Gr. M.), einer jener furchtbaren Giganten, welche einen Empörungskrieg gegen die Götter führten. Sie waren Söhne der Erde, erzeugt durch das Blut, welches dem von seinem Sohne Saturnus verstümmelten Uranus entfloss. Ein Berg, den er bei jenem Kriege gegen den Himmel warf, der aber, durch Jupiters Blitze zurückgeschleudert, auf seine jetzige Stelle fiel, erhielt von ihm den Namen.

Athous (Gr. M.), Beiname des Jupiter von dem berühmten Tempel, der ihm zur Erinnerung an seinen Kampf mit den Giganten auf dem Berge Athos erbaut wurde.

Aethra (Gr. M.), Tochter des Pittheus, war die Braut des Bellerophon, doch dieser musste eines unvorsätzlichen Mordes wegen flüchtig werden, und so blieb die Tochter daheim. Aegeus kam, um sich eines Orakels wegen Rathes bei Pittheus zu erholen; dieser legte dem Gastfreunde die eigene Tochter bei, und sie gebar von ihm den Theseus. Pittheus erzog diesen bis zum reifen Alter, als aber derselbe Helena entführte, und ihre Brüder, die Dioscuren, sie wieder befreiten, gerieth die Mutter des Theseus in Gefangenschaft, in welcher sie bei der Helena in allen Lagen ihres wechselvollen Lebens verweilte, bis bei der Eroberung von Troja einer ihrer Enkel sie befreite.

Aethrius (Gr. M.), Beiname des Jupiter, von seinem Wohnsitze, »dem heitern Himmel«.

Aethusa (Gr. M.), Tochter Neptuns von Alcyone (Tochter des Atlas und der Pleïone). Ihre Brüder waren Hyrieus, Vater des Orion, Hyperenor, Anthas und Hyperes. Von Apollo gebar sie den Eleuther.

Athvian (Pers. M.), neun Nachkommen des uralten Königs Dschemschid, deren jeder hundert Jahre regierte, also zusammen, einschliesslich des Urvaters, tausend Jahre. Der Sohn des neunten war Feridun. Die neun Herrscher gehören ganz zur Mythologie, so wie die Beschreibung ihres Reichthums an das hohe Alter der Fabel erinnert, denn sie werden besonders ihrer grossen Rinderheerden wegen gepriesen. Während ihrer Herrschaft ward Persien (Iran) durch Zohak unterdrückt und tributpflichtig erhalten.

Aethyia (Gr. M.), ein Name, unter welchem in Megara die Minerva als Erfinderin der Schifffahrt verehrt wurde. Das Wort heisst »Taucher«, ein Vogel, in dessen Gestalt Minerva selbst sich verwandelt haben sollte.

Atla (Nord. M.), eine Riesenjungfrau, welche mit ihren acht Schwestern, am Rande des Meeres schlummernd, von Odin überrascht und durch ihn Mutter wurde; sie alle neun gebaren den Gott Heimdal.

Atlaibos (Slav. M.), ein Hausgott der heidnischen Polen, zu ihren Laren und Penaten gehörig.

Atlantiden (Gr. M.), S. Plejaden. Von ihrem Vater Atlas hatten sie den ersten, von Pleïone, ihrer Mutter, den letzten Namen.

Atlantis, eine Insel im Ocean, westlich von den Säulen des Hercules, reich bevölkert und mit allen Seligkeiten eines goldenen Zeitalters begabt. Die mächtigen Fürsten von A. sollen die Herrschaft über Libyen und einen Theil von Europa erlangt haben, bis sie durch die Athener vertrieben wurden. Später versanken die Bewohner in Laster; ein Erdbeben, mit Ueberschwemmungen verbunden, begrub in Einem Tage und Einer Nacht die ganze Insel im Meere, daher der Ocean an jener Stelle schlammig und nicht schiffbar ist. Neuere halten die Azoren und Canarien für Ueberbleibsel jenes versunkenen Welttheils; Andere benützten die Sage zur Ausschmückung ihrer Allegorieen, unter denen »die neue Atlantis« des Baco von Verulam die merkwürdigste ist. Letzterer gab vor, er sei auf eine Insel des atlantischen Oceans verschlagen worden, und habe dort eine Gesellschaft grosser Naturforscher gefunden, welche den Verein der sechs Tagewerke oder das salomonische Haus gestiftet.

Atlantius (Gr. M.), Sohn des Mercur und der Venus, gewöhnlich Hermaphroditus genannt.

Atlas (Gr. M.), 1) Sohn des Titanen Iapetus und der Clymene (Tochter des Oceanus und der Tethys), Bruder des Prometheus und Epimetheus, theilte die Empörung der Titanen gegen die Götter, und diese legten ihm zur Strafe die ganze Last des Himmels auf. — Die Fabellehre weist ihm am Ende der Welt, d. h. am nordwestlichsten Ende von Africa, seinen Sitz an; diess war für die Alten ein unerforschtes Gebiet; über die Meerenge von Gibraltar, die Säulen des Hercules, hinaus wagten sich in dem Zeitalter, worin die griechischen Mythen entstanden sind, nur phönicische Schiffer, und diese verbreiteten die allerwunderlichsten und schrecklichsten Erzählungen über das Land, damit Niemand es wagen möge, ihnen zu folgen und ihre vortheilhaften Handelsunternehmungen zu theilen. Dort stand nun ein gewaltiger Berg, der höchste der bekannten Erde, daher sich denn sehr leicht die Idee, er stütze den Himmel, an diese Beobachtung knüpfte. Seine Kinder sind die Hyaden, die Plejaden oder Atlantiden, und viele Einzelne, wie Calypso, Hyas, Hesperus etc. Die Fabel macht

Diodor zur Historie, indem er sagt: — »Nach Hyperions Tode theilten die Söhne des Uranus das Reich unter sich, die angesehensten waren Cronus und A. Dieser A. erhielt die Länder am Oceanus und nannte die Bewohner Atlanteer, auch dem höchsten Gebirge desselben gab er den Namen Atlas. Er hatte mehrere Söhne, unter denen einer, Hesperus, sich durch Frömmigkeit, Leutseligkeit und Gerechtigkeit auszeichnete; dieser verschwand einmal plötzlich, von einem heftigen Sturme fortgeführt, als er den Gipfel des A. bestieg, um die Sterne zu beobachten. Das Volk, den Verlust des Edeln bedauernd, erwies ihm göttliche Ehre, und nannte den hellsten Stern am Himmel nach seinem Namen. A. hatte auch sieben Töchter, welche, nach ihrem Vater, zusammen Atlantiden hiessen.« Sie vermählten sich mit den erhabensten Heroen und Göttern, und wurden die Stamm-Mütter von einem grossen Theile des Menschengeschlechtes. Maja, die älteste, gebar dem Jupiter den Mercur. Eben so wurden die Söhne der andern Atlantiden entweder als Stammväter von Völkern oder als Erbauer von Städten berühmt, daher galten auch bei den Griechen, wie bei einigen auswärtigen Völkern, die meisten Heroen der Urzeit für Abkömmlinge von den Atlantiden. Nach ihrem Tode würdigte man sie göttlicher Ehre und versetzte sie an den Himmel unter dem Gesammtnamen der Plejaden. — Dieser von Diodor historisirte Mythus wurde von den Alten viel weiter ausgeführt, und namentlich mit den beiden grossen Helden Hercules und Perseus in Verbindung gebracht. In der Nähe des A. nämlich waren die Gärten der Hesperiden, der Töchter oder Enkelinnen des A. Hercules war beauftragt, die goldenen Aepfel aus den Gärten dieser Götterjungfrauen zu holen (s. Hercules.). Anders jedoch, als in der Mythe von Hercules die Sache erzählt wird, lautet auch hier der Bericht Diodors. »Die Töchter des Atlas waren äusserst schön, von ihnen hatte der ägyptische König Busiris gehört, er trug Seeräubern die Entführung derselben auf. Der Befehl ward vollzogen, und die Seeräuber hatten die Jungfrauen, wie sie eben in einem Garten spielten, entführt, sich schnell mit ihnen auf die Schiffe geflüchtet, und waren davon gesegelt. Hercules kam auf dem Rückwege aus Aegypten an die Ausführung seines Auftrages (die Aepfel der Hesperiden zu holen), und traf die Jungfrauen, von den Seeräubern bewacht, am Ufer bei einer Mahlzeit. Sie erzählten ihm ihr Schicksal; Hercules tödtete die Räuber alle und brachte dem A. seine Töchter zurück. Zum Danke für den Dienst gab ihm A. nicht nur, was er zu der ihm aufgetragenen Arbeit nöthig hatte, sondern theilte ihm auch seine Kenntnisse von den Gestirnen mit.« — Unglückbringend war für A. seine Zusammenkunft mit Perseus. Dieser Letztere kam auf dem Rückwege von den Gorgonen zu Atlas, und bat um gastliche Aufnahme; sie ward ihm verweigert, ein Verbrechen, das in jenen gastlichen Zeiten eines der ärgsten genannt wurde, und wofür Perseus dem greisen Riesen das Medusenhaupt hinhielt, so dass er augenblicklich versteinert wurde. — 2) A., Sohn der Oceanide Thia, Bruder des Candulus. Beide waren unter dem Namen Cercopen als betrügliche Schälke bekannt; sie unterliessen auch am Hercules selbst ihre Spitzbübereien nicht, wofür er sie gebunden der Omphale brachte.

Atma (Ind. M.), Beiname des Brama als des Alles durchdringenden Weltgeistes. Alle Seelen stammen von A. ab, gehen in das Herz des bewohnten Körpers, sind Ursache aller Sinnes- und Willens-Thätigkeiten, und müssen daher belohnt oder bestraft werden für das, was der Mensch, während sie ihn belebten, Gutes oder Böses gethan.

Aetna (Gr. M.), Tochter des Uranus und der Gäa, von welcher der Berg gleichen Namens in Sicilien benannt worden sein soll. Nach Anderen ist sie eine Tochter des hundertarmigen Aegäon (die Götter nannten ihn Briareus); Ceres und Vulcan wählten sie zur Schiedsrichterin, als sie um den Besitz der Insel stritten. Unter dem Berge A. ruht entweder Enceladus oder Typhon; von den auf ihn geschleuderten Blitzen raucht der Berg noch immer. Ueberdiess ist im A. die Werkstätte der Cyclopen (s. d.).

Aetnaeus (Gr. M.), Beiname Jupiters und Vulcans. Dem Ersteren gehört er, weil derselbe den Berg Aetna auf die den Himmel stürmenden Giganten schleuderte; dem Zweiten, weil man den Aetna für den Rauchfang von Vulcans Schmiedeesse hielt und glaubte, wenn er Feuer auswarf, der Gott arbeite daselbst mit seinen Cyclopen.

Aetola (Gr. M.), Beiname der Diana zu Naupactus, wo sie mit gehobenem Arme und geschwungenem Speere dargestellt war.

Aetolus (Gr. M.), 1) Sohn des Endymion. Er tödtete den Sohn des Jason, Apis, beim Wagenrennen in den olympischen Spielen, verliess desshalb sein Vaterland Elis und ging an den Achelous, wo er sich niederliess. Seine Gattin war des Phorbus Tochter Pronoë, welche ihm den Calydon und den Pleuron gebar. — 2) A., Sohn des Amphictyon, welcher das Amphictyonen-Gericht stiftete und an dem Versammlungsort desselben, zu Anthela bei den Thermopylen, einen Tempel hatte.

Atonatiuh (Mex. M.), das Zeitalter des Wassers, das erste Weltalter bis zur allgemeinen Sündfluth.

Atrax (Gr. M.), Vater der Cänis oder des Cäneus, einer Geliebten des Neptun (erster Name), welche er auf ihre Bitten in einen Mann verwandelte (zweiter Name) und unverwundbar machte. Als Vater des Cäneus wird auch Elatus angegeben. A. war ein Sohn des Peneus von der achäischen Nymphe Bura, welche eine Tochter des Ion und der Helice war, erbaute eine Stadt in Thessalien und gab ihr seinen Namen.

Atreus (Gr. M.), Sohn des Pelops, Königs zu Elis, und der Hippodamia, und Bruder des Thyestes. Axioche, eine Geliebte des Pelops, hatte ihm einen Knaben von wunderbarer Schönheit, den Chrysippus, geboren. Hippodamia, von Eifersucht getrieben, reizte ihre beiden Söhne, diesen Halbbruder zu tödten; sie thaten es und warfen den Leichnam in einen Brunnen. Die Entdeckung dieses Verbrechens nöthigte die Theilhaber zur Flucht, und sie wendeten sich zu ihrem Schwager Sthenelus, König von Mycenä, Vater des Eurystheus, der ihnen Midea in Argolis zum Aufenthalt anwies. Nach dem Tode des Sthenelus zog Eurystheus in den Krieg gegen die von den Athenern unterstützten Heracliden, und blieb in der Schlacht gegen die Verbündeten sammt allen seinen Söhnen, so dass Mycenä ohne Herrn war, wozu sich der reiche und mächtige A. aufwarf, seinem Bruder Thyestes den südlichen Theil dieses Reiches übertragend. As.' Gattin Aërope hatte ein Liebesverständniss mit Thyestes, wesshalb der Bruder, als er es entdeckte, den Thyestes verstiess. Dieser, welcher den Sohn seines Bruders, Plisthenes, erzogen hatte, ohne dass Vater und Sohn einander kannten, trug dem Plisthenes auf, seinen eigenen Vater zu ermorden, doch Plisthenes selbst verlor dabei das Leben von As.' Hand. — Nach einer anderen Sage nahm A., als er seiner Gattin Untreue und seines Bruders Schuld entdeckte, des Letztern beide Söhne zu sich, schlachtete sie, gab ihr Blut dem Vater zu trinken, und setzte ihre Glieder, als Speisen zubereitet, demselben vor. Die Sonne entsetzte sich über diese unmenschliche Handlung, und lenkte ihren Lauf zurück, Thyestes aber floh den Barbaren und begab sich zu dem Könige Thesprotus nach Epirus. Die Götter straften das Land, in welchem der Frevler wohnte, mit schrecklicher Hungersnoth, welche, wie das Orakel sagte, nicht aufhören würde, bevor der Bruder versöhnt in das Reich des A. zurückgekehrt wäre. Der Letztere machte sich nach einigen Jahren auf, allein schon zu spät, um die erzürnten Götter zu versöhnen, denn Thyestes hatte um einen Rächer gebeten, und das Orakel ihm gerathen, sich in einem Sohne einen solchen zu verschaffen, und desshalb sich des ersten Weibes zu bemächtigen, das ihm begegnen würde. Thyestes vollzog den Befehl, und seine eigene Tochter ward durch ihn Mutter des Aegisthus. Sie, Pelopia, hatte dem Räuber ihrer Ehre das Schwert entrissen, um daran den Uebelthäter zu erkennen, den Knaben aber, ohne dass ihr vermeinter Vater Thesprotus es wusste, aus dem Hause bringen und Hirten zur Erziehung anvertrauen lassen. Nun kam A., um seinen Bruder aufzusuchen, verliebte sich dabei in Pelopia, welche für Thesprotus' Tochter galt, nahm sie zur Ehe und ihren Sohn Aegisthus an Kindes Statt an, und führte sie mit diesem und Thyestes in sein Reich zurück. Die neue Freundschaft dauerte nicht lange, Thyestes ward nach einiger Zeit in ein Gefängniss geworfen, und schmachtete dort lange genug, um seinen Tod zu wünschen, welcher ihm denn auch werden sollte, indem A. dem inzwischen herangewachsenen Aegisthus auftrug, den Thyestes zu ermorden. Dieser wollte den

Blutbefehl vollziehen, als sein Vater das Schwert, welches Aegisthus trug, für das seine erkannte und ihn frug, wie er dazu gekommen? So löste sich das entsetzliche Geheimniss, und Thyestes erfuhr, dass seine eigene Tochter Mutter durch ihn geworden. Es war das Unglückskind, welches vom Orakel zu seinem Rächer bestimmt worden war. Pelopia, schaudernd vor dem Verbrechen, welches sie begangen, stiess sich das ihrem Vater geraubte Schwert in die Brust. Thyestes entdeckte seinem Sohne, was A. gethan, und beschwur ihn, an dem Unmenschen und seinen Kindern die begangenen Frevel zu rächen, worauf Aegisthus mit dem vom Blute seiner Mutter rauchenden Schwerte den A. erstach, als er am Meeresufer opferte. Aërope war, bevor sie As. Gattin wurde, entweder die Frau seines eigenen Sohnes Plisthenes, so dass sie ihre zwei Söhne von diesem, Agamemnon und Menelaus, dem A. schon zubrachte, oder sie empfing jene Söhne erst von A. Jedenfalls werden sie immer Artiden genannt.

Atridr (Nord. M.), Beiname des obersten der Asengötter, des Odin.

Atrómus (Gr. M.), Sohn des Hercules von Stratonice, einer der fünfzig Töchter des Thespius.

Atropos (Gr. M.), »die Unwandelbare«; eine der Parcen, und zwar diejenige, welche den von den beiden andern Schwestern, Clotho und Lachesis, gesponnenen Faden unerbittlich abschneidet, sobald das Schicksal befiehlt, die eigentlich Todbringende. Sie wird gewöhnlich als ein altes Mütterchen mit einer Scheere abgebildet, doch hat die heitere griechische Kunst auch diesem Gegenstande eine schöne Seite abzugewinnen gewusst. S. Parcen.

Attabeira (M. der Antillenvölker). Die alten Haytibewohner verehrten A. als die Mutter des allmächtigen, unsichtbaren Wesens. Ihre Diener waren Schutzgeister der Jahreszeiten, der Jagd, Gesundheit, Fischerei etc. Die Gottheit selbst aber hatte keinen eigenen Cultus.

Atterien (Ind. M.), einer jener Altväter, welche Brama und sein Sohn gemeinschaftlich geschaffen haben. Er lebte in heiliger Betrachtung inmitten eines düstern Waldes, bloss von Luft; diess machte ihn des Umganges der Götter werth, und er bat sie, sich ihm zu offenbaren, worauf eine solche hohe Flamme aus seinem Haupte stieg, dass die Götter erschracken und zu Wischnu, Brama und Schiwa flohen, welche sich vor die Flüchtlinge stellten, dem heiligen Büsser entgegen tretend. Letzterer warf sich vor ihnen nieder und sagte, dass er nur ein höchstes Wesen anerkenne, sie möchten ihm also verkündigen, wer von ihnen der Erste sei. Sie sagten ihm, dass es unter ihnen keinen Unterschied gebe, dass sie alle nur verschiedene Gestalten desselben Gottes seien, und dass ihrer einen verehren, alle verehren heisse. Sie versprachen ihm hierauf Kinder, und Wischnu beschattete des A. Gattin, ihr den Tibaterien; Brama, ihr den Schandra, und Schiwa, ihr den Duruwassen schenkend, welche ihrer Väter Eigenschaften hatten, und von denen alle Genien abstammen.

Attes oder **Atys** (Kleinas. M.), Sohn der Nana, der Tochter des Flussgottes Sangarius in Phrygien, die ihn, befruchtet durch die Früchte eines gewissen Mandelbaums (s. Agdistis), gebar; ausgesetzt, von einem Bocke gepflegt, von Hirten erzogen und der Cybele als Priester geweiht, unter der Bedingung immerwährender Keuschheit. Als er diese verletzt hatte, wurde er von der Göttin in Wahnsinn versetzt und entmannte sich selbst. Als er darauf sich entleiben wollte, verwandelte ihn die Göttin in eine Fichte, die ihr heilig blieb, und verordnete, dass zu seinem Andenken ihre Priester Eunuchen sein sollten. Dem A. wurde jährlich im Frühlingsanfang ein grosses Fest gefeiert, an dessen erstem Tage (dem Trauerfeste) man eine Pinie umhieb, welche sein Bild trug; sie wurde in den Tempel der Cybele gebracht, man bezeichnete diesen Tag mit dem Namen »arbor intrat«. Der zweite ward unter rauschender Hornmusik hingebracht; am dritten suchten die Priester, unter lärmenden Gesängen und bacchantischer Raserei, in den Wäldern umherirrend, sich selbst Wunden beibringend, ja sich entmannend, den A. mit brennenden Fackeln, bis er am Abend gefunden war; wilde Tänze der bewaffneten Priester endeten die seltsame Feier. Nach den Angaben Anderer wurde A. seiner Schönheit wegen von einem phrygischen Könige verfolgt bis in den Hain der Göttin; hier, durch die Nähe derselben ermuthigt, bestand er einen Kampf mit dem Verfolger, und um ihn zu strafen, machte er ihn unfähig, ferner noch Jemand zu schaden; doch der schwer Verwundete hatte noch Kräfte genug, sich auf gleiche Weise zu rächen. — Diess Alles scheint nur darauf berechnet, durch irgend eine Erfindung, wie sie auch sei, die Sitte der Selbstentmannung zu erklären, welche die Priester der Cybele fortwährend übten.

Atthis (Gr. M.), Tochter des reichen und mächtigen Atheners Cranaus, welcher nach Cecrops' Tode König von Athen wurde. Ihre Mutter war Pedias, Tochter des Menys von Lacedämon; sie gebar ihrem Gatten noch zwei Töchter, Cranaë und Cranächme, A. aber war ihm die geliebteste, und da sie unvermählt starb, gab er seinem ganzen Reiche den Namen A.

Attius oder Attus Nävius, s. Nävius.

Attusch Kutta (Pers. M.), brennende Naphta-Quellen, welche, mit Tempeln überbaut, den Parsis oder Feueranbetern als heilige Orte ihres Gottesdienstes gelten.

Atymnius (Gr. M.), 1) Sohn des Amisodarus, Königs in Lycien, welcher die von Echidna und Typhon erzeugte Chimära erzog. Er zog den belagerten Trojanern zu Hülfe, ward aber von Antilochus schwer verwundet und blieb, nebst seinem Bruder Maris, auf dem Schlachtfelde. — 2) A., Sohn des Jupiter von der schönen Cassiopeja, einer Tochter des Arabus und Gemahlin des Phönix, welchen Letztern Einige auch den Vater dieses A. nennen. Er soll ein Geliebter des Sarpedon, Sohnes des Jupiter und der Europa, gewesen sein. — 3) A., ein Abkömmling des Tithonus und der Aurora, indem sein Vater Emathion, König in Arabien, dieses Götterpaares Sohn war. Emathion liebte die Nymphe Pedasis, und die Frucht dieser Neigung war A.

Atys (Gr. M.), 1) s. Attes. — 2) A., ein Trojaner, der noch als Knabe Troja mit Aeneas verliess und diesen auf seinen Zügen begleitete. Virgil nennt bei Gelegenheit der Kampfspiele, welche Aeneas auf Sicilien hielt, ihn und seine Nachkommen, die Atier, und man glaubt, es sei diess desshalb geschehen, weil des Augustus Mutter, Atia, aus diesem Geschlechte war. Die Atier wohnten in Aricia in Latium, am Fusse des albanischen Berges, vier Meilen von Rom, an der appischen Strasse. Jetzt heisst die Stadt Riccia.

Atz hiegadze (M. der Lappländer), Schutzgeist der Rennthiere und Beschützer gegen Feinde, einer ihrer ältesten und grössten Götter, ein Diener der Allmacht, welcher den Donner personificirt, und als solcher Toraturos bodne, Donner des Himmels, heisst. Er kämpfte gegen die Feinde der Lappen, kehrte aber, wenn er diesen nicht schaden konnte, seinen Blitz gegen den Zauberer, der ihn beschworen. Ihm wurden so reiche Opfer gebracht, dass die Lappen dadurch verarmten.

Audros. Die heidnischen Polen und Schlesier verehrten ihn als einen Gott des Wassers, der Flüsse und des Meeres.

Audumla oder **Audumbla** (Nord. M.), eine Kuh, die entstand, als das Eis in Ginnungagap, dem nordischen Chaos, nach der Erschaffung der Welt aufthaute. Diese A. beleckte die salzigen Eisfelsen, und leckte dadurch den ersten Gott Bur hervor; dieser erzeugte den Bör, welcher Odins Vater war. Diese Abstammung zeigt deutlich, dass die Asen keine selbstständigen, unendlichen Götter sind, wie sie denn auch altern, und nur durch Iduna's verjüngende Aepfel bei dauernder Jugendblüthe zu erhalten sind, und ihnen bestimmt ist, in der grossen Nacht unterzugehen, wie alle erschaffene Wesen.

Audur (Nord. M.), Sohn der dunkeln Not (die Nacht) und des Naglfari (Luft oder Aether). Es ist unbekannt, in welcher Beziehung sein Name Audur (Stoff, Vorrath) zu der Lehre von der Weltschöpfung steht.

Auge (Gr. M.), Tochter des Königs zu Tegea in Arcadien, Aleus, und der Neära, war eine Priesterin der Minerva, doch schützte die Göttin sie nicht vor der siegenden Gewalt des Hercules; dieser, von einem Feldzuge gegen die Söhne des Hippocoon zurückkehrend, verweilte bei Aleus und liess A., als er weiter nach Calydon zog, schwanger zurück. Ihr Vater, erzürnt, glaubte nicht, dass Hercules ihr Gewalt angethan, und übergab sie seinem Freunde Nauplius, damit er sie in's Meer werfe. Das schöne Weib erregte des Letzteren Mitleid, so dass er sie dem Könige Teuthras in Mysien brachte, der sie an Kindes Statt annahm. Vorher aber, auf der Landreise durch Arcadien bis zum Meere, war sie von einem Knaben entbunden worden, welchen sie in dem Haine der Minerva, auf dem Berge Parthenius, aussetzte, wo er von einer Hindin gesäugt und so von Hirten gefunden wurde. Diese gaben ihm den Namen Telephus, und brachten das Kind zu ihrem Herrn, dem Könige Corythus, welcher es als sein eigenes erzog und zu einem Helden bildete. Telephus reiste, erwachsen, nach Mysien, wohin ihm das delphische Orakel auf seine Frage nach seiner Mutter zu gehen geboten hatte, und fand den König Teuthras in einen Krieg mit Idas, des Aphareus Sohn, verwickelt und nahe daran, sein Reich zu verlieren. Telephus erschien mit seinen Begleitern dem Teuthras ein willkommener Gehülfe, und dieser versprach ihm, wenn er ihn von seinen Feinden befreite, die Hand seiner ältesten Tochter, nebst seinem Reiche. Telephus siegte und A. ward ihm als Braut zugeführt, doch weigerte sie sich durchaus, des viel jüngern Mannes Gattin zu werden, und drohte noch in der Hochzeitnacht, ihn zu ermorden. Doch die Götter schickten eine furchtbare Schlange ab, welche sich zwischen die Kämpfenden drängte; A. entsetzte sich, so dass sie ihr Schwert fallen liess, welches nun Telephus ergriff, um sie zu ermorden. Da rief A. ihren Geliebten, den Hercules, um Hülfe an, und hierdurch entdeckte Telephus, dass seine Braut seine Mutter war. Voll Freude, die lang Gesuchte gefunden zu haben, meldete er dieses dem Könige, welcher ihm für die verlorene Braut in seiner Tochter Argiope Ersatz bot.

Augeas oder **Augias** (Gr. M.), König der Epeer und berühmt als einer der Argonauten, doch noch weit mehr bekannt durch sein Verhältniss zu Hercules (s. d.), der an seinem Stalle die Kräfte, welche Jupiter ihm verliehen, versuchen musste. Seine Abstammung ist sehr zweifelhaft, man gibt ihm den Sonnengott oder Neptun und verschiedene Nymphen zu Eltern, doch allgemeiner verbreitet ist die Angabe, nach welcher er ein Sohn des Phorbas, eines rhodischen Heros, und der Hyrmine ist. Nach dem Argonautenzuge liess er sich in Elis nieder und machte sich durch tausendfältige Bedrückungen seiner Unterthanen sehr verhasst, beunruhigte seine Nachbarn, trieb ihre Heerden hinweg, beraubte die Durchreisenden, stahl dem Neleus ein Gespann trefflicher Pferde, welches dieser zum Wettrennen nach Elis schickte, und begann einen Krieg wider die Pylier, welche sich unterstanden hatten, Gleiches mit Gleichem zu vergelten. — Hercules, in die schmachvolle Dienstbarkeit des Eurysthenes (s. d.) gekommen, musste unter Anderm auch den Stall des A. reinigen. Er vollbrachte diess bekanntlich dadurch, dass er d e beiden Ströme Alpheus und Peneus durch die Stallungen hindurchleitete. Die Art, auf welche Hercules die Reinigung vornehmen sollte, war nicht bestimmt worden, daher konnte er sich auf Richterspruch berufen, und als A. seinen eigenen Sohn Phyleus zum Schiedsrichter vorschlug, auch dieses eingehen, wie denn dieser des Hercules Vertrauen auch nicht täuschte und ihm Recht gab, worauf A., voll Zorn, Beide vertrieb; Phyleus ging nach Dulichium, Hercules nach Olenus. Hercules vollzog nun zunächst die letzten seiner Arbeiten, dann dachte er auf Rache an dem Verräther A. Er überzog ihn mit Krieg, mit einem Hülfsheer, das von Tirynth zu ihm stiess, und hoffte auf gewissen Sieg; allein A. hatte an Cteatus und Eurytus, zwei Söhnen des Neptun und der Molione, welche zusammengewachsen waren, nicht minder mächtige Hülfe. Da entschloss sich Hercules zur List; er verbarg sich in einen Hinterhalt bei Cleonä in Argolis, als die Brüder dahin kamen, um den Göttern auf den isthmischen Spielen zu opfern, überfiel und tödtete sie; nun griff er den verrätherischen König nochmals an, und entblösst von dem Beistande, den ihm die Molioniden geleistet, unterlag A. dem Helden und fand endlich den Tod von dessen Hand. Unermessliche Schätze fielen dem Sieger zu, welche er jedoch nur anwendete, um die prächtigsten Kampfspiele, die olympischen, zu stiften. Das Reich selbst übergab er dem Sohne des Besiegten, Phyleus.

Augurium (Röm. Religion), die Wahrsagung aus dem Fluge der Vögel, dann weiter ausgedehnt, aus vielen andern Zeichen am Himmel, aus den Wolken, dem Blitze, dem Donner; ferner bei den Vögeln nicht allein aus ihrem Fluge, sondern auch aus ihrem Fressen, ihrem Gesang oder Geschrei; endlich besonders auch aus den Eingeweiden der Opferthiere. Man leitet das Entstehen dieser Art von Verkündigung des Willens der Götter von Numa Pompilius, nach Anderen schon von Romulus ab. Die Priester, denen das Geschäft der Wahrsagung oblag, hiessen Augurn, wurden bei allen wichtigen Verhandlungen zu Rathe gezogen, konnten durch die Gewalt ihres Ansehens selbst Senatsbeschlüsse rückgängig machen. Die Augurnwürde sollte nur untadelhaften Männern verliehen werden; wer sie jedoch einmal besass, den machten auch Verbrechen ihrer nicht verlustig. Die Feldherren, die Heere, die Kaiser hatten eigene Augurn, welche sie begleiteten. Das Verfahren der Augurn beim Wahrsagen war dieses: in einem eigenen priesterlichen Ornate verfügte der Augur sich auf den einmal bestimmten Platz, theilte mit seinem Stabe den Himmel in vier Theile: vor sich, hinter sich, zur Rechten und zur Linken, und betrachtete nach vorherigem Opfer und Gebete schweigend den Himmel; die Zeichen, welche er wahrnahm, deutete er sodann nach seiner politischen Ansicht.

Augutorrah Rhade Schaista (Ind. M.), »die achtzehn Bücher göttlicher Worte«, eine Auslegung der heiligen Bücher der Indier; die Veda's, welche dieses Werk commentirt, sind ungefähr 3000 Jahre v. Chr. geschrieben, A. ungefähr 1500 Jahre später, und was jene einfach erzählen, umweben diese mit den buntesten Allegorieen.

Aulestes (Röm. M.), König der Tyrrhener. Als Aeneas dort gelandet war und der Befestigung seines neuen Reiches nur des Turnus unaufhörliche Kriege im Wege waren, schloss A. sich an den Trojaner an; doch musste er seine Bereitwilligkeit, dem Fremdling zu helfen, mit dem Leben büssen.

Aulis (Gr. M.), eine der Praxidiken oder Eidgöttinnen, welche mit ihren Schwestern Alalcomenia und Thelxinöa von den Böotiern am tilphusischen Berge verehrt wurde, Tochter des Ogyges, Erbauers von Eleusis, des ältesten Königs, welchen die fabelhafte Geschichte Griechenlands nennt, und der Thebe, einer Tochter des Jupiter und der Iodame. Die Stadt Aulis, bei welcher die Opferung der Iphigenia (s. d.) vor sich gehen sollte, hatte von dieser jungfräulichen Göttin den Namen.

Aulon (Gr. M.), Sohn eines griechischen Helden, des Tlesimenes, nicht minder heldenhaft als dieser, daher ihm, wie andern berühmten Kriegern und Heerführern, in Laconien ein Altar erbaut wurde.

Aulonius (Gr. M.), Beiname des Aesculap von einem kleinen Tempel, welchen derselbe in einem Aulon, d. h. Thale, in Messenien hatte.

Aulruna (Nord. M.), eine Heldenjungfrau, eines norwegischen Königs Tochter, nach ihrem Tode unter die Walküren aufgenommen.

Aundlang (Nord. M.). Die Cosmogonie der alten nordischen Völker nimmt einen dreifachen Himmel an: der unterste, in welchem sich die Götter und Helden bis zu dem Untergange der Welt aufhalten, heisst Asgard; der zweite ist A., in welchem die Asen, so viel ihrer den furchtbaren Kampf mit den Söhnen Muspelheims überdauern, nach der grossen Nacht Ragnarok wohnen werden, und Gimle (s. d.), der dritte eigentliche Himmel.

Aunus (Röm. M.), ein Ligurer, dessen Sohn von der Heldin Camilla angegriffen wurde, als Aeneas sich das Reich zu erobern suchte, das ihm vom Schicksal bestimmt war.

Aura (Gr. M.), Gefährtin der Diana, Tochter des arcadischen Königs Lelas und der Nymphe Periböa, war so schnellfüssig, dass kein Thier des Feldes ihr entging. Bacchus liebte das schöne Mädchen, ward aber spröde zurückgewiesen; ihm half Venus, indem sie A. durch einen Traum so lüstern machte, dass diese den jungen Gott gern in ihre Arme nahm, von dem sie ein Zwillingspaar empfing; nachdem sie dieses geboren, ward die Unglückliche rasend, frass eines ihrer Kinder im Wahnsinn auf und stürzte sich dann in das Meer.

Aurbode (Nord. M.), eine Riesenfrau, Gattin des Riesen Gymer und Mutter der schönsten Riesen-Jungfrau, Gerda, welche Freir zur Gemahlin wählte.

Auriga (Astrol. M.), »der Fuhrmann«, eines der Sternbilder des nördlichen Himmels. Diess sollte der attische König Erichthonius sein, welcher das Viergespann erfunden hatte. Der A. steht zum Theil in der Milchstrasse, ostwärts vom Perseus, zwischen den Plejaden und dem grossen Bären. Er wird abgebildet als ein knieender Mann, der in der rechten Hand Steigbügel und Zaum trägt, an der linken zwei junge, und auf der linken Schulter eine alte Ziege hält. Das Sternbild zählt 66 Sterne, unter denen einer erster Grösse fast der glänzendste am ganzen Himmel ist, die Capella genannt, weil er dort steht, wo die Ziege auf der Schulter des A. sich befindet.

Aurigena (Gr. M.), »der Goldgeborne«, Beiname des Perseus, weil derselbe durch einen goldenen Regen (in dessen Gestalt Jupiter die gefangene Danaë besuchte) erzeugt worden ist.

Aurinia (Germ. M.), eine weise, hoch und göttlich verehrte Frau, welche bei allen Unternehmungen um Rath gefragt, deren Aussprüche wie Orakel betrachtet wurden. Vergl. Alrunen.

Aur Koengur (Nord. M.), »der König der Pfeile«, ein ehrender Beiname des Hänir (s. d.) von seiner ausserordentlichen Geschicklichkeit im Pfeilschiessen.

Aurmt (Nord. M.), einer von den Weltströmen, die Eliwagar heissen und in ihrer Mitte den Giftstrom einschliessen, der, sobald er erhartete, zu Eis ward, das durch Befruchtung einiger Feuerfunken aus Muspelheim den Eisriesen Ymir gebar.

Aurophite (Gr. M.), Gattin des Ocitus, eines griechischen Königs, welcher mit ihr einen Sohn Cycnus erzeugte, der zu dem trojanischen Kriege mit zweiundsiebenzig Schiffen ging.

Aurora, Fig. 40, griechisch Eos (Gr. u. röm. M.), die Göttin des Frühroths, welche die Tageshelle aus der Morgen-Gegend heraufführt; Tochter des Titanen Hyperion und seiner Schwester Thia, oder seiner Schwester Euryphaëssa, Schwester des Helios (Sonnengottes) und der Selene (Mondgöttin); stete Begleiterin des Sonnengottes, dem sie mit Rosenfingern die goldene Pforte öffnet und Rosen auf den Pfad streut. Dem Asträus gebar sie die Winde Zephyrus, Boreas und Notus, ferner den Hesperus und die Gestirne. Ausserdem hat sie noch vier Sterbliche begünstigt und von ihnen zum Theil Kinder geboren: der erste war Orion, dessen Liebe sie jedoch nur kurze Zeit genoss, indem Diana ihn mit ihren Pfeilen erlegte; ein anderer Clitus, des Mantius Sohn, den sie seiner Schönheit wegen zum Sitz der unsterblichen Götter entführte; ein dritter Tithonus (s. d.), Sohn des Laomedon, Königs von Troja; der vierte Cephalus, den sie seiner Gattin Procris entführte und später wieder zurückgab, und dem sie einen Sohn Phaëthon gebar.

Auschend, eine Gottheit der alten Preussen und Litthauer, welche wenig bekannt ist, von der man aber glaubt, sie sei von den Kranken um Hülfe angerufen worden.

Auska (Slav. M.), eine Göttin, welche zu dem Gefolge des Donnergottes Perun oder Perkun gehört. Sie

Fig. 40.

personificirt die Morgen- und Abendröthe, und bildet mit Betschlea, der Dämmerung, und Breksta, der Nacht, den vierundzwanzigstündigen Zeitraum, welchen wir Tag nennen.

Auson (Röm. M.), Sohn des Ulysses und der Circe oder der Calypso, welcher der Stammvater des italischen Volkes der Ausonen gewesen sein und ihm den Namen gegeben haben soll.

Auspicium (Röm. Religion), ein Theil der Vorherverkündigungen der Augurn (s. Augurium), nämlich derjenige, welcher aus dem Fluge, dem Fressen, dem Geschrei der Vögel entnommen ward. Bei den Griechen war die rechte Seite (bei dem Augurium), bei den Römern hingegen die linke Seite die glückliche; bei beiden jedoch war es dieselbe Himmelsgegend, nämlich der Osten; diess kam daher, dass die griechischen Vogelschauer mit dem Gesichte nach Norden, die römischen aber nach Süden sahen, wenn sie den Himmelsraum absteckten; so erschien den letzteren Osten links, den Griechen rechts. Eine Unzahl verschiedener Zeichen machte das A. und Augurium zu einem förmlichen Studium.

Ausschweyt, einer der zwölf Götter der alten Preussen und Litthauer, welchen sie bei schlechter Ernte um Hülfe anriefen, damit er bei den übrigen Göttern Fürbitte einlege und diese einem Jeden sein täglich Brod geben möchten.

Auster (Röm. M.), der lateinische Name für Notos, den Südwind; einer der vier Hauptwinde, Sohn der Aurora und des Asträus. Er ist warm und bringt häufig Regen, darum wird er gewöhnlich mit umgestürztem Kruge, sonst, seiner Wärme wegen, nur leicht bekleidet und jugendlich dargestellt.

Austri (Nord. M.). Die Cosmogonie der nordischen Völker lehrt, dass das sichtbare Himmelsgewölbe aus der Hirnschale des Riesen Ymir bestehe, welche die Söhne Börs, Odin, Wili und We dazu verwandten, nachdem sie den Riesen getödtet. Sie erhoben diesen Himmel mit vier Ecken über die Erde, und setzten unter jede Ecke einen Zwerg, A., Sudri, Westri, Nordri (Ost, Süd, West, Nord).

Ausweikis, ein Gott der alten heidnischen Preussen; er war ihr Aesculap, spendete Gesundheit, half Kranken und Gebrechlichen.

Autesion (Gr. M.), Sohn des Tisamenus, welch' letzteren, den Enkel des Polynices, man nicht mit dem Sohne des Orest und der Hermione verwechseln darf. A., von Oedipus abstammend, musste die Gegend von Theben verlassen, weil man dort das ganze Geschlecht des unglücklichen Gatten seiner eigenen Mutter verabscheute; er ging in den Peloponnes zu den Heracliden und verband sich mit diesen. Ihm ward ein Sohn und eine Tochter geboren; der erste, Theras, machte sich durch die Bevölkerung und Regierung der nach ihm benannten Insel Thera berühmt. A.s Tochter hiess Argea; sie ward des Heracliden Aristodemus Gattin, und gebar ihm den Eurysthenes und den Procles, Stammväter der beiden Dynastieen in Sparta.

Autochthonen (Gr. M.), »Erdgeborne«, allgemeiner Name der Urbewohner eines jeden Landes, derjenigen, von welchen man nicht die Herüberkunft aus einem andern Lande nachweisen konnte; vorzugsweise nannten die Arcadier sich so, als Söhne der Erde, als Proseleniten, d. h. Menschen, deren Stammältern schon vor dem Monde vorhanden gewesen wären; auch die Athener machten Ansprüche auf diesen Titel.

Authocus (Gr. M.), Sohn der schönen und muthigen Cyrene, welche Apollo vom Berge Pelion entführte und nach Libyen brachte, wo ihr zu Ehren die Stadt Cyrene gegründet und benannt wurde. Er soll sich mit seinen Brüdern nach Thessalien begeben haben, um seines Grossvaters Hypseus Reich in Besitz zu nehmen.

Autolaus (Gr. M.), Sohn des Arcas, des Stammhelden der Arcadier, von einer Nymphe, ein tüchtiger Jäger; er durchstrich die telphussischen Felder und fand dort den Aesculap, von Schlangen umspielt: an dem Scheine, der sein Haupt umgab, erkannte er ihn für einen Göttersohn, nahm ihn auf, und wandte allen Fleiss auf seine Erziehung, bis er ihn später dem Centauren Chiron übergab.

Autoleon (Gr. M.), Anführer der Heeresmacht von Croton in Unteritalien. Die Locrer in Italien hielten den Ajax, des Oileus Sohn (s. d.), für den ersten Heroën ihrer Nation, und desshalb liessen sie in der Mitte ihrer Schlachtordnung stets einen Platz für diesen Helden offen. A. nun wollte, als die Crotaniaten und Locrer im Kriege lagen, die Schwäche, die sich dadurch in der Stellung der Feinde ergab, benutzen und hier einzudringen versuchen; allein der Schatten des Ajax verwundete ihn schwer in der Hüfte; und die Verletzung heilte jahrelang nicht, bis er auf der Insel Leuce dem Helden ein Opfer gebracht hatte.

Autolycus (Gr. M.), ein griechischer Held, durch ausgezeichnete Schlauheit hoch berühmt, entweder der Sohn des Mercur oder des Dädalion, und entweder der Chione oder der Philonis, oder der Telauge, Gemahl der Amphithea, oder der Neära, Vater der Anticlea, der Mutter des Ulysses, und des Aesimus, Vaters des Sinon; seinen Wohnsitz hatte er am Parnass. — Dem Sisyphus trieb er seine Schafheerden hinweg; dieser jedoch, der seine Thiere an den Füssen bezeichnet hatte, erkannte sie wieder und holte sie zurück. Bei dieser Gelegenheit sollte, nach einer sehr späten Erdichtung, Anticlea den Ulyss von Sisyphus empfangen haben. A. raubte ferner die Rinder des Iphitus, und den berühmten ledernen Helm des Amyntor aus Eleon; auch besass er die Gabe, sich selbst und die gestohlenen Gegenstände zu verwandeln. Den Hercules unterrichtete er im Ringen. — Manche haben ihn mit einem andern A. verwechselt, der ein Sohn des Deïmachus aus Thessalien war, und sich zuerst an den Zug des Hercules gegen die Amazonen, dann an den Argonauten-Zug anschloss.

Autolyte (Gr. M.), die Frau eines Bürgers aus Metapontum, welcher die unglückliche, mit ihren beiden von Neptun empfangenen Söhnen verstossene Arne aufnahm. Eifersucht reizte die A. zu wiederholten Ungerechtigkeiten, so dass endlich der Arne Kinder, Böotus und Aeolus, sie schlugen, und sich dann wegen dieses Verbrechens flüchtig machten.

Automatia (Gr. M.), Beiname der Fortuna (s. d.), insofern sie ohne Zuthun und Verdienst der Menschen Alles lenkt. Timoleon hatte ihr in seinem Hause in Syracus ein Heiligthum geweiht und schrieb ihr in edler Bescheidenheit das Verdienst seiner Thaten zu.

Automedon (Gr. M.), Sohn des Diores (des Sohnes von Amarynceus, Königs von Buprasion), welcher mit zehn Schiffen von Scyros gegen Troja zog. Er scheint Wagenführer des Achilles geworden, und zugleich der Vertraute des Patrocles gewesen zu sein. Als muthigen Helden charakterisirt ihn besonders sein Kampf mit dem Aretus und sein kühnes Hervortreten bei der Stürmung der Feste Ilium.

Automedusa (Gr. M.), Tochter des Alcathous, Sohnes des Pelops und der Pyrgo, Gemahlin des Iphicles, des Halbbruders des Hercules. Der aus dieser Verbindung hervorgegangene Spross hiess Iolaus, und ward der beständige und untrennbare Gefährte des eben genannten Helden.

Autonoë (Gr. M.), 1) Tochter des phönicischen Helden Cadmus und der Harmonia; sie vermählte sich mit Aristäus und ward durch ihn Mutter des Polydorus und Actäon. Des unglücklichen Pentheus Ende soll sie mit ihrer Schwester Agave, dessen Mutter, in bacchantischer Raserei herbeigeführt haben, indem sie ihn für einen wilden Eber hielt, ihn mit ihren Gefährtinnen überfiel und zerriss. — 2) A., des Argonauten Cepheus Tochter, welche bei Mantinea begraben sein sollte und sonst Antinoë genannt wird. — 3) A„ des Pireus Tochter, Geliebte des Hercules und von ihm Mutter des Palämon.

Autonous (Gr. M.), 1) ein Troer, von Patroclus erlegt. — 2) A., Gemahl der Hippodamea, Vater der A c a n t h i s (s. d.).

Auxesia (Gr. M.), »die Wachsthumgeberin«, eine mythische Jungfrau, welche mit einer Freundin Damia aus Creta nach Trözen kam und daselbst in einem Volksaufstande gesteinigt wurde. Eine Hungersnoth überzog darauf das Land, welche nicht aufhörte, bis man auf des Orakels Befehl diesen Jungfrauen zwei Bildsäulen, und zwar aus feinem Oelbaumholze, setzte und ihnen auch ein eigenes Fest, die Lithobolien, stiftete. Die Athener wollten diese Bilder von der Insel Aegina, wo sie später aufgestellt waren, in ihre Stadt bringen; und da die Aegineten sich weigerten, sie abzutreten, schlangen die Athener Stricke um die Bildsäulen, um sie von ihrem Standorte zu ziehen; da fielen die Bilder auf die Kniee und blieben nachmals in dieser Stellung. Wahrscheinlich sind A. und Damia Eins mit Proserpina und Ceres.

Auxo (Gr M.). In den ältesten Zeiten kannte man in Athen nur z w e i Grazien: A., d. h. Wachsthummehrerin, und Hegemone, Führerin. — Auch eine der Horen, Tochter des Jupiter und der Thetis, führte den Namen A.; die andern hiessen Dice, Irene, Thallo, Carpo, Titanis, Eunomia, Pherusa, Euporia, Orthosia.

Auxtheias Wisagist (Slav. M.), ein dem frühesten Heidenthume der Polen und Schlesier angehöriger Gott, von welchem man vermuthet, dass er das höchste Wesen, den obersten Lenker der Dinge bedeutet habe.

Avaddon (Talmud. M.), die Wohnung im untersten Raume der Hölle; alle Unreinigkeit, welche die Hölle in sich aufnimmt und an sich zieht, fällt dort hinunter; das Gift der Schlange, welche sich mit der Eva vermischt hat, liegt daselbst, und die unreinen Seelen sind dahin verwiesen.

Avadoutos (Ind. M.), Fakirs, welche, fast ganz nackend an den Flüssen umher liegend, für heilig gehalten werden. Man bringt ihnen Lebensmittel im Ueberfluss, indem, was ihnen gegeben, als den Göttern geopfert angesehen wird. Fehlt es ihnen an irgend etwas, so gehen sie in das nächste Haus, strecken die Hand aus, und alsbald wird jeder ihrer Wünsche befriedigt.

Avatar (Ind. M.), die Verkörperung irgend eines Gottes in Gestalt eines erdgebornen Wesens, nicht bloss in der eines Menschen. Vorzugsweise heissen die zehn Verkörperungen des W i s c h n u so.

Aventina (Röm. M.), Beiname der Diana in Rom, von ihrem Tempel auf dem aventinischen Hügel. Derselbe war nach dem ersten Bündniss zwischen den Römern und Latinern unter Servius Tullius auf gemeinschaftliche Kosten erbaut worden. Am Eingange waren die Hörner einer ausserordentlich grossen und schönen Kuh befestigt, zum Andenken an folgende Begebenheit: Von einer sehr schönen Kuh, welche ein Sabiner aufgezogen, hatte das Orakel gesagt: wer dieselbe der Diana opfern würde, dessen Nation solle die Oberherrschaft erlangen. Der Sabiner führte nun das Thier auf den aventinischen Berg, und war im Begriff, das Opfer zu verrichten, als der römische Oberpriester ihn erinnerte, dass es unschicklich und der Göttin unangenehm sei, wenn er die Kuh opfere, ohne sich vorher in der Tiber gewaschen zu haben. Der bethörte Sabiner ging, und der Römer opferte das Thier, so seiner Nation die Oberherrschaft zu versichern hoffend.

Aventinus (Röm. M.), Sohn des Hercules und der Rhea, war im Kampfe der Latiner gegen Aeneas auf des Turnus Seite; seine Schaar führte Wurfspiesse und mit Stacheln besetzte Speere und längliche Dolche; er selbst trug eine Löwenhaut als Panzer, deren Mähne ihn umflatterte, deren zahniger Rachen sein Haupt bedeckte.

Aventiure, ursprünglich das lateinische adventura, woraus auch das deutsche Abenteuer geworden, wird im Nibelungen-Liede noch rein sächlich, für Capitel oder Abschnitt der Erzählung, gebraucht, wurde aber dann von den Minnesängern des 13. Jahrhunderts personificirt, welche eine Frau A. über Land zu des Sängers Hütte ziehen lassen, wo sie anklopft und Einlass begehrt, und nun die Muse ist, die ihn zum Heldengesange begeistert. Ein solcher Dichter stellt eine Erscheinung der Frau Aventiure im Wald auf blühender Aue dar; sie war als Frau Ehren-Bote durch das Land zu Königen und Fürsten gewandert, und stattet Bericht ab; einen goldenen Ring an den Finger steckend verschwindet sie.

Avernus (Röm. M.), ein See in Unteritalien, nahe bei Bajä, welcher ehemals, als den Göttern der Unterwelt heilig, von Fremden und Einheimischen der Orakel wegen häufig besucht wurde, aber schon zu Augustus Zeiten seine frühere Ehrwürdigkeit verloren hatte. Strabo sagt von ihm: »Es ist der A. eigentlich nichts, als ein eng mündender Meerbusen, tief und gross genug, um alle Eigenschaften eines sichern Hafens zu haben, dessen man sich jedoch, des lucrinischen Meerbusens wegen, der vor ihm liegt, nicht als eines solchen zu bedienen pflegt. Er ist von schroffen Felsen umgeben, welche überall, ausser bei seiner Einfahrt, über ihn herabhängen, die aber gegenwärtig urbar sind und besäet werden; eben so ist auch gegenwärtig der grosse Wald, welcher sonst diesen See umgab und mit düsteren Schatten überzog, ausgerodet worden. Mancherlei Mährchen wurden von den Anwohnern verbreitet, so zum Beispiel, dass die Vögel, die über ihn hinwegfliegen wollten, der giftigen Ausdünstungen wegen, welche von ihm aufstiegen, es nicht vermöchten, sondern getödtet hineinfielen« (daher der dem Griechischen entlehnte Name Avernus oder Aornos, d. h. vogellos, wie dieses auch bei anderen, dem Pluto geweihten Oertern erzählt zu werden pflegte). »Es ist ehemals ein Orakel hier gewesen, und der Grund von der Fabel des Pyriphlegethon soll in nichts Anderem, als in den warmen Bädern in der Nachbarschaft von Acherusia liegen. Ephorus ist der Meinung, dass die Cimmerier in dieser Gegend gewohnt hätten; er sagt: sie waren Troglodyten, die in unterirdischen Gebäuden lebten, welche sie Argillen nannten. Diese Gebäude sind unter einander durch unterirdische Gänge verbunden, mittelst deren ihre Bewohner einander gegenseitig aufsuchen können. Das Orakel, welches sie haben, liegt gleichfalls unter der Erde, und die Fremden, die dasselbe besuchen, müssen sich eben dieser unterirdischen Wege bedienen, welche die Bewohner selbst gebrauchen. Sie leben von ihren Metall-Gruben und demjenigen, was sie von den Fremden bekommen, die ihr Orakel befragen. Bei denjenigen, die um dieses Orakel her leben, ist es eine von den Vätern ererbte Gewohnheit, die Sonne niemals zu sehen, sondern nur zur Nachtzeit aus ihren Höhlen hervorzugehen. In der Folge wurden diese Cimmerier von einem Könige, den ihr Orakel getäuscht hatte, vertrieben, ihr Orakel selbst aber an einen andern Ort versetzt, an welchem es noch jetzt fortdauern soll. Dieses — fährt Strabo fort — sind Fabeln gewesen, welche die Schriftsteller, die vor unserer Zeit gelebt, ausgesonnen; denn diess haben wir in unseren Tagen erfahren, da Agrippa den Wald, der um den A. herumstand, niederhauen und an dessen Stelle Häuser aufführen, auch einen unterirdischen Gang vom A. bis nach Cumä hin ausgraben liess, unerachtet ich glaube, dass Coccejus, der Baumeister, welcher diesen Gang ausführte, diese Altenweibermährchen für wahr gehalten, denn es wäre wohl kein unterirdischer Gang vom A. nach Cumä geführt worden, wofern nicht Coccejus dafür gehalten, die Ehre dieses Ortes erfordere, die Wege unter der Erde wegzuführen, da sie bei andern Völkern über dieselbe gehen.« — Nach den Schilderungen neuerer Reisenden liegt der A. in schöner, aber ungesunder Gegend, ist sehr tief, von Hügeln umgeben, in seiner Nähe ein alter Apollo-Tempel, eine lange Höhle, welche die Einwohner von Puzzuoli für den alten Eingang zur Unterwelt halten, und die Grotte der cumäischen Sibylle. Von dem Canale, der ihn mit dem Lucriner-See vereinigte, ist jetzt nichts mehr zu sehen, da die Gegend im Jahre 1538 durch ein Erdbeben sehr verändert wurde.

Averruncus (Röm. M.), eine Gottheit, welche man zur Abwendung irgend eines gefürchteten Unglücks anrief.

Avesta. S. Zend-Avesta.

Awaddu Kadda Pulleiar (Ind. M.), Beiname des Gottes Ganesa Pulear, des Gottes mit dem Elephantenrüssel. Man hält ihn für Unglück bringend sowohl als verhütend.

Awani-Aoton (Ind. M.), ein dem Schiwa geweihtes Fest im August. Die Indier der drei ersten Classen versammeln sich, beschneiden sich die Haare, baden sich in geweihten Teichen und bitten Gott um Verzeihung der Sünden, welche sie in dem verwichenen Jahre begangen haben.

Awani-Mulon (Ind. M.), gleichfalls ein dem Schiwa geweihtes Fest, das in dieselbe Zeit fällt, zum Andenken eines Wunders, das er zu Gunsten seines Verehrers Manikawasser vollbrachte.

Awa Se Dsuno Mikotto (Japan. M.), Beherrscher von Japan und Halbgott. Mit ihm schloss sich das silberne Zeitalter der Gottmenschen. Er war der fünfte Regent aus dem zweiten Geschlechte der ältesten Kaiser von Japan, welche alle Halbgötter waren, und regierte 836,042 Jahre.

Awethi, eine Hölle der Siamesen, 656 Meilen gross. In diese Hölle ward Dewahda, der beständige Widersacher des Stifters der lamaitischen Religion, gestossen; er war durch eiserne Stangen, welche nach drei Richtungen durch seinen Körper gingen und von einem Ende der Hölle bis zum andern reichten, gefesselt und konnte sich nicht rühren; sein Haupt, bis zu den Schultern herab, steckt in einem Kessel voll Feuer, seine Füsse brennen in Ewigkeit.

Awirpassey (Ind. M.), eine von den neun Töchtern des Kartamen und der Dewayhdi; sie ward Gemahlin des Altvaters Pulastien.

Axamenta (Röm. Rel.), im saturnischen Versmass abgefasste religiöse Gesänge, welche jährlich von den Saliern abgesungen wurden.

Axieros (Gr. M.), Tochter des Cadmilus, eine der drei samothracischen Cabiren, Eins mit der Ceres.

Axinomantie (Gr. Aberglaube), eine Art, den zweifelhaften Urheber eines Verbrechens zu entdecken, ein Gottesgericht. In einen senkrecht stehenden Pfahl ward eine Axt so leicht eingehauen, dass sie zwar im Gleichgewicht war, doch nur eben zur Noth ihr eigenes Gewicht trug. Die Namen aller der bösen That Verdächtigen wurden nun genannt: derjenige, bei dessen Namen die Axt sich bewegte, ward als der Schuldige bezeichnet.

Axiocersa (Gr. M.), der mystische Name der Proserpina, so wie Axiocersus der heilige Name des Pluto in den samothracischen Mysterien der Cabiren.

Axion (Gr. M.), 1) Sohn des Phegeus, welcher mit seinem Bruder Temenus den Gatten seiner Schwester Arsinoë, den Alcmäon, wegen einer an dieser Letztern begangenen Untreue, umbrachte. — 2) A., Sohn des Priamus, welcher in dem langen Kriege von der Hand des Eurypylus blieb.

Axiopoena (Gr. M.), »die Bestraferin nach Verdienst«. Nachdem Hercules den Hippocoon mit Krieg überzogen und wegen der manchfaltigen Frevel, die sich derselbe erlaubt, alle seine Söhne zu Sklaven gemacht oder getödtet hatte, erbaute er zu Sparta der Minerva einen Tempel unter obigem Beinamen.

Axiothea (Gr. M.), eine der Gattinnen des Prometheus, Mutter des Deucalion.

Axius (Gr. M.), Flussgott in Macedonien, Gemahl der Periböa, einer Tochter des Acessamenus, Vater des Pelegon, der den Asteropäus, einen der griechischen Helden vor Troja, zeugte.

Axones, viereckige, pyramidenförmige Säulen aus weiss angestrichenen Brettern, auf welche Solons Gesetze geschrieben waren. Anfangs standen sie auf der Burg zu Athen, später auf dem Markte, wo sie um eine senkrechte Axe gedreht werden konnten, um allem Volk von allen Seiten lesbar zu sein.

Axurus oder **Anxurus** (Röm. M.), Name des höchsten Gottes bei den Volskern; man hält ihn für eins mit dem Vejovis, einem etruskischen Gott von gefährlicher Wirksamkeit. Er wurde jugendlich und bewaffnet gebildet.

Axylus (Gr. M.), einer der vielen Helden der Ilias, welche von des Diomedes Hand fielen. Er war ein Sohn des Teuthras von Arisbe in Troas, und hatte den Troern eine tapfere Schaar zugeführt.

Ayar Kachi, Ayar Vehu und **Ayar Sauka** (Peruan. M.), drei Brüder des Manko Kapak; ihre Namen mögen Salz, Pfeffer und Ergötzen bedeuten. Es werden viele wunderbare Fabeln von ihnen erzählt.

Ayenar (Ind. M.), Sohn des Schiwa und des Wischnu, welch' letzterer die Mutter war, indem er die Gestalt der Nymphe Moyeni angenommen hatte, wird von den Indiern als Schutzherr der Welt, jedoch nur in kleinen Tempeln verehrt; man opfert ihm Ziegenböcke und Hähne, so wie Pferde, aus Thon gemacht.

Aygnan (M. der südamerik. Völker.), Urheber aller Krankheiten und sonstigen Uebel; man fürchtet ihn sehr und opfert ihm Kleinigkeiten, welche in fliessendes Wasser geworfen werden. Die Lastern Ergebenen, die Freunde der Weissen, so wie natürlich diese selbst, die Feigen etc.

kommen nach dem Tode in seine Gesellschaft, um von ihm auf die sinnreichste Weise gequält zu werden.

Azabe-Kaberi, nach dem Koran eine Strafe der Bösen, die sie schon im Grabe erdulden; ihr Gesellschafter ist ein gräuliches Ungeheuer, mit welchem sie unter fortwährenden Geisselungen durch Engel des Gerichts die Zeit bis zur Auferstehung aushalten müssen, bei welcher sie dann sogleich in die Hölle gestossen werden.

Azad, nach den Religionslehren der Orientalen die erste Erzeugung des allerhöchsten Wesens, das Grundwesen der Vernunft, welches ganz Lichtglanz ist. Die zweite Erzeugung, der Geist, geht von dieser ersten aus.

Azan (Gr. M.), Sohn des Arcas, von welchem die Landschaft Arcadiens, die ihm als Erbe zufiel, den Namen Azanien erhielt.

Azear, ein Götzenbild, das Abrahams Vater Tharah verehrte. Weil Abraham dieses und andere Götzenbilder zerbrach, ward er vom Vater bei dem Fürsten Nembrod verklagt, und als Gotteslästerer in einen glühenden Ofen geworfen, was ihn jedoch nicht verletzte.

Azara, ein Heiligthum der Mitra, der persischen Artemis, in dem alten Susiana.

Azaziel (Muham. Rel.), gewaltige Geister, die dem Throne des höchsten Gottes zunächst stehen.

Azesia (Gr. M.), Beiname sowohl der Ceres, als der Proserpina.

Azeus (Gr. M.), Sohn des Clymenus aus Orchomenus, Vater des Actor; zog mit seinen Brüdern, unter Anführung des ältesten, Erginus, gegen Theben, um Blutrache wegen ihres von den Thebanern erschlagenen Vaters zu nehmen.

Azizus (Syrische M.), zu Edessa in Syrien wurde der Sonnengott mit Monimus, welcher Mercur, und mit A., welcher Mars sein soll, als ihm verbundenen Gottheiten verehrt. Durch Monimus scheint Wechsel, durch A. Stärke der Sonne angedeutet zu sein.

Azoni (Gr. M.), nennt Servius, der Erklärer des Virgil, Götter, die nicht einzelne Zonen des Himmels hätten, sondern allgemein und überall verehrt würden. Als Beispiel führt er die Göttermutter Cybele an.

Azorus (Gr. M.), soll Steuermann der Argonauten gewesen sein. Man schreibt ihm die Erbauung der Stadt A. in Pelagonien, einer Landschaft Macedoniens, zu.

Azozescht, ein Vogel, den die Parsen vergötterten; er ist ein Diener des Bahman, und vermag das himmlische Wort zu sprechen.

Azrail, nach dem Talmud der Todesengel. Weil er die Bitten der Erde nicht erhörte, welche wünschte, dass nicht ein Theil ihres Stoffes gen Himmel gebracht werde, da sie wusste, dass Gott Menschen daraus formen und sie um derentwillen verflucht werden würde, sondern der Engel, ohne ihr Flehen vor den Thron des Höchsten zu tragen, seinen Auftrag hartherzig erfüllte, übergab ihm Gott das Amt des Todesengels. Die Araber nennen ihn Abu Jahja, die Parsen Mordad.

Azran, Tochter des Adam, Abels Braut. Kain verliebte sich in sie und erschlug den Abel desswegen.

B

Baal Fig. 41. (Syr.-phönic.-babyl. M.) Ursprünglich bloss Name für Herr, und im weitern Sinne der höchste

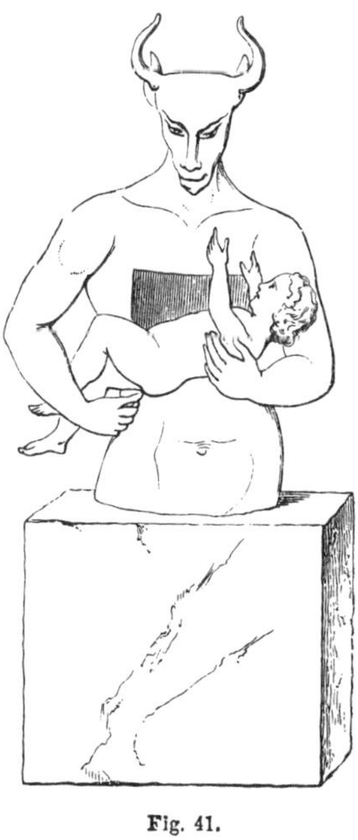

Fig. 41.

Beherrscher der Welt, König des Himmels und vorzugsweise Sonnengott. Ueber seine Verehrung in Babylon haben wir durch griechische Schriftsteller, die den Namen in der Form Belus (s. d.) auffassten, manche Nachrichten erhalten, während wir über seine Anbetung in Phönicien fast nur auf die Angaben des alten Testamentes beschränkt sind. Der Hauptsitz der Verehrung dieses Gottes war in Phönicien Tyrus, und die Phönicier verbreiteten dessen Cultus über ganz Kleinasien, Carthago und alle anderen Colonien, vornehmlich auch nach Sicilien und Sardinien. In Sicilien ist der bekannte Stier des Phalaris gewiss nur ein letzter Ausläufer des vor der griechischen Colonisation hier herrschend gewesenen und vornehmlich durch Menschenopfer gefeierten B.-Dienstes. Aus Sardinien soll der Name »sardonisches Gelächter« für ein krampfhaftes Lachen in dem Sinne herstammen, dass man ursprünglich die Gesichtsverzerrungen der unglücklichen Schlachtopfer, während sie den Feuertod erlitten, als Lachen deutete, um die Vorstellung des Schrecklichen von dem Gottesdienste fern zu halten. Dass die Carthager bis an's Ende ihres Staates Menschenopfer beibehielten, ist natürlich auch bloss Folge davon, dass der Dienst des B. als erster und heiligster, von ihren Stammeltern, den Phöniciern, auf sie übergegangen war. Da B. Herr, Moloch König bedeutet, und die Verehrung dieser beiden Götter gleicher Weise aus Phönicien gemeldet wird, so ist sicher anzunehmen, dass sie wesentlich Eins sind. (S. Moloch.) — Ein grässliches, stierköpfiges Bild, von Erz gegossen, mit empor gestreckten Armen, um die Opfer zu empfangen, sollte den Baal vorstellen; es war hohl, und hatte vor der Brust eine Oeffnung, gross genug, um ein Kind hinein fallen zu lassen. Das Götzenbild ward glühend gemacht, und das arme Geschöpf, welches dem Ungeheuer bestimmt war, auf die Arme des Götzen gelegt; die Mutter des Kindes musste bei dem Opfer zugegen sein und in die freudigen Gesänge der roth gekleideten Priester, welche um den Altar her tanzten, einstimmen. Die schmerzhaften Zuckungen des Kindes wurden für Wonne ausdrückende Geberden gehalten; durch seine eigenen Bewegungen rollte es endlich in den glühenden Schlund des Ofens hinab. Um das fürchterliche Schauspiel weit umher sichtbar zu machen, waren die Opferstätten gewöhnlich auf Bergen angelegt.

Baal-Beryth (Phön. M.), ein zu Berythus in Phönicien verehrter Gott, Erbauer jener Stadt, Symbol der Wintersonne; er hatte auch zu Sichem einen Tempel, welcher zugleich eine starke Festung war.

Baal-Gad (Phön. M.), ein Gott, von welchem die Stadt Gad am Berge Hermon den Namen erhalten haben soll, Symbol des Mondes, Lenker des Schicksals; wie es scheint, ein Glücksgott in astrologischer und horoscopischer Beziehung.

Baali (Ind. M.), Stifter des Staates Iran, ein frommer Mann, empfing von Gott die vier heiligen Bücher, und theilte sein Volk in fünf Kasten. Er ist mit Brama wahrscheinlich dieselbe Person, so wie auch mit dem Bel der Assyrier und dem Sohne des Kusch. Er war der Mann des einfachen Naturgesetzes, und herrschte in seliger Unschuld vor der grossen Sündfluth, bis der rohere Cultus des Schiwa ihn verdrängte.

Baal Peor (B. Phegor, Beel, Bel Phegor), berühmte Gottheit der Moabiter, die auf dem Berge Peor oder Phegor hauptsächlich verehrt wurde. Sie drückte das Symbol der Zeugungskraft der Sonne aus, daher sie einen Phallus im Munde trug, und die ihr gefeierten Feste den priapischen ähnlich waren.

Baal Thares, ein Name, welcher wahrscheinlich nichts weiter als Herrscher von Thares oder Tarsus bedeutet, jedoch von einigen Archäologen für einen besonderen Gott gehalten wird.

Baaltis, Fig. 42, (Phön. M.), weibliche Form des Namens Baal, die Herrscherin, Himmelskönigin, Mondgöttin, Eins mit Astarte, für deren Schwester Andere sie halten. Hauptsitz ihrer Verehrung war Byblus; die Carthager wie die Phönicier beteten sie unter beiden Namen an.

Fig. 42.

Baal Zamen (Phön. M.), Beel Semen, Herr des Himmels (die Sonne).

Baal Zebub oder **Sebub** (der Gott der Fliegen). Offenbar Beelzebub; nach Einigen ein schimpflicher Beiname, den die Hebräer dem Baal Zamen gaben, weil sie die Götzen überhaupt Sebub (Koth) nannten; nach Anderen aber eine besondere Gottheit, zu Ekron verehrt, der Fliegenabwehrer, der Vertreiber der Pest; endlich, aus dem obigen abgeleitet, ein Name des Satan.

Baal Zephon, Herr der Mitternacht, der Finsterniss; Baal als Gott des Nordens, des Polarsterns.

Baau, nach der Cosmogonie der Phönicier die Urnacht, Gattin des Geistes Kolpia, des ersten Odems, und von ihm Mutter des Aeon, des Erstgebornen der Zeit, aus welchem Genos und Geneia entstanden, d. i. die Gattungen der Dinge.

Bab, bei den Persern der Name des Feuers, als Symbol der Gottheit; das Wort heisst in der Sprache der Feueranbeter Vater.

Babia (Syr. M.), soll bei den Bewohnern von Damascus die Göttin der Kindheit, der schützende Genius der Neugebornen, genannt worden sein.

Babilos, eine heidnische Gottheit der alten Polen und Schlesier. Man schrieb ihr die Erfindung der Bienenzucht zu, daher man bei den roh angelegten Bienenstöcken im Walde häufig ihr Bild, aus Holz geschnitzt, gefunden hat.

Babitschand. S. Wawidschansa.

Baby (Aegypt M.), Beiname des bösen Gottes Typhon, der den guten Osiris ermordete; soll eigentlich bedeuten: »der in unterirdischen Höhlen eingeschlossene Wind«.

Babylonia (Gr. M.), eine Nymphe, welche von Apollo den Arabus (s. d.), den Erfinder der Arzneikunde, gebar.

Babylonier (Rel. der). Eines der gebildetsten Völker des Alterthums war das der B., und so war ihre Religion, obwohl noch mit rohen Zügen gemischt, doch eine der am tiefsinnigsten durchdachten, ein geläuterter Sabäismus; die sichtbaren Offenbarungen der Gottheit waren Sonne, Mond und Gestirne; dem Volke erschienen sie freilich als die Götter selbst. Die Priester der B., ein eigener Stamm, Chaldäer genannt, lehrten, dass die Göttin Omorka das Chaos geschaffen und beherrscht, und dass nach ihr Baal dasselbe entwirrt und Licht und Finsterniss geschieden, indem er Omorka in zwei Hälften zerschnitten, deren eine sofort den Himmel, die andere die Erde gebildet habe. Er opferte sich für seine Schöpfung, liess sich das Haupt abschlagen, und aus seinem mit der Erde gemischten Blute entstand alles Lebende, dem er nach vorher geschriebenen Gesetzen ein sicheres Dasein bestimmte. Diese Gesetze wurden den Menschen durch Oannes, ein mächtiges, redendes Seeungeheuer, geoffenbart, welches täglich aus den grünen Fluthen kam, um sie zu lehren; auch Künste und Wissenschaften brachte Oannes mit, so wie Religion und Weisheit. Nach dieser Lehre verehrten die B. in Baal und Baaltis (s. dd.) die schaffenden und gebärenden Kräfte, worauf sich auch der höchst üppige Dienst bezog, welcher forderte, dass jedes Weib der Göttin opfere, wie man der Venus auf Cyprus sich hingab.

Babylonischer Thurm. Nach der, vielfachen Deutungen unterworfenen Stelle, I. Buch Mose, Kap. 11. V. 1—9, bauten Noa's Nachkommen in einer Ebene, Sinear, einen Thurm, welcher bis in den Himmel reichen sollte und zum Zweck hatte, ihnen ein Mittelpunkt der Vereinigung zu sein. Da nun Gott fürchtete, dass die Menschen ihren Vorsatz ausführen möchten, so verwirrte er ihre Sprache, und sie konnten sich nun einander nicht mehr verständlich machen. Diesen Thurm hält man gewöhnlich für einerlei mit dem von griechischen Geschichtschreibern geschilderten Tempel des Belus zu Babylon, dessen Ruinen noch jetzt sichtbar sind.

Bacchanalien, allgemeiner Name der dem Bacchus gefeierten Feste, bei den Griechen Dionysien genannt. In Rom führte ein besonders zügellos begangenes Fest vorzugsweise obigen Namen, bis P. Aebutius im Jahr 186 v. Chr. die in seiner Gegenwart dabei vorgenommenen Schändlichkeiten entdeckte, und der Senat sie sodann auf das Strengste verbot.

Bacchanten, Bacchantinnen, Fig. 43. 44. (Gr. u. röm. M.) Die letztere Benennung ist von doppelter Bedeutung; sie bezeichnet 1) Weiber, die der Volksglaube sich als Begleiterinnen des Gottes Bacchus während seiner Thaten und Schicksale auf Erden dachte, und 2) diejenigen, die in der Wirklichkeit die Feste jenes Gottes feierten: nur in letzterem Sinne kann der erstere, das männliche Geschlecht betreffende Name gebraucht werden. Jene Begleiterinnen des Bacchus auf seinem Zuge nach Indien werden sonst auch Mänaden, Thyiaden, Mimalloniden, Lenä, Bassariden genannt. Sie kränzten sich mit Weinlaub, hängten um die Schultern ein Rehfell oder das

Fig. 43.

eines Tigers, und trugen in der Hand einen Stab mit Weinreben umflochten (den Thyrsus). Bacchus ertheilte ihnen die Gabe, viele Wunder zu thun. Sie konnten Schlangen in ihre Haare flechten, wilde Thiere mit den Händen leiten, mit einem Schlage ihres Thyrsus der Erde Milch und Honig entströmen lassen. Als Bacchus aus Indien zurückkam, fing Lycurg diese Weiber auf, der Gott aber machte ihn rasend, die B. kamen wieder los, und theilten ihre Raserei andern griechischen Weibern mit. Auf Werken des Alterthums, besonders auf Basreliefs und Vasengemälden, erscheinen sie sehr häufig; die eine unserer Abbildungen zeigt eine einzelne Bacchantin, die andere einen ganzen Bacchantenzug.

Bacchus, Fig. 45—53 (Gr. u. röm. M.), Sohn des Jupiter und der Semele, einer Tochter des aus Phönicien eingewanderten Königs Cadmus von Theben. Semele ward von Juno in Gestalt einer alten Amme beredet, der Fremdling, dem sie ihre Liebe geschenkt und welcher sich für Jupiter ausgebe, sei nicht dieser, sondern ein Betrüger; um sich davon zu überzeugen, möge sie von ihm verlangen, dass er ihr in seinem Götterglanz erscheine, so, wie er Juno umarme. Jupiter hatte der Unglücklichen, welche ahnungslos in die Schlinge ging, beim Styx geschworen, ihr Begehren zu erfüllen. Semele ward durch den Feuerglanz seiner göttlichen Erscheinung vernichtet; das Knäblein jedoch, welches sie in ihrem Schoosse trug, rettete Jupiter und barg es in seiner Hüfte, aus welcher es nach drei Monaten zum zweiten Mal geboren ward. (S. die Abbildung Nro. 45.) Nachdem dieses geschehen, empfing ihn die Schwester der Semele, Ino, die Gattin des Athamas, zur Erziehung; diese beiden Gatten wurden jedoch durch die eifersüchtige Juno rasend gemacht, und Mercur musste nun den jungen Gott nach dem Berge Nysa in Thracien bringen, aus dessen Namen man den ältern griechischen Namen des B., Dionysus, ableiten will. Hier erzogen ihn Nymphen in einer Höhle, die später von Jupiter zum Danke als Hyaden unter die Gestirne versetzt wurden. Indessen nennt man als seine Erzieher und Erzieherinnen die verschiedensten göttlichen Wesen, die Musen, auch Cybele und die Satyrn, vornehmlich den ältesten derselben, Silenus, und die Panen oder Panisken welche letzteren die Römer Faunen nannten. In Beziehung auf diese Idee sind die mannigfaltigsten Werke der bildenden Kunst

Fig. 44.

entstanden, von denen wir hier ein Nachbild geben. — Noch ein Kind, verrichtete B. schon grosse Wunder; so sollte er als Sklave verkauft werden, und tyrrhenische Schiffer führten den schlafenden Knaben davon; als er

Fig. 45.

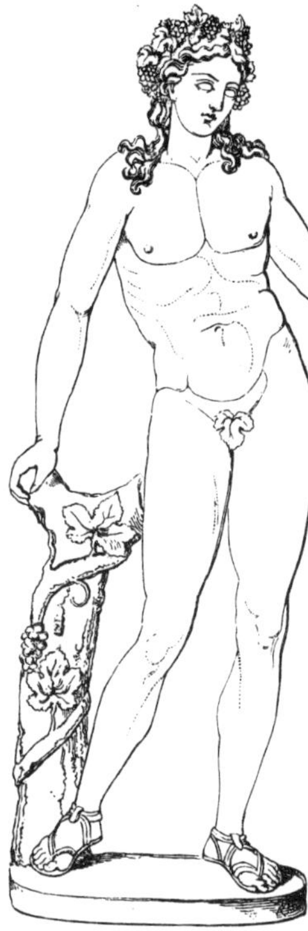

Fig. 47.

Fig. 46.

erwachte, forderte er, dass man ihn nach Naxos bringe. Nur Acoëtes, der Steuermann, wollte seinem Willen nachkommen und ermahnte die Schiffsleute, das Kind, welches er wegen seiner ausserordentlichen Schönheit als ein Götterkind erkannte, nicht weiter hinwegzuführen; doch achteten diese auf des Steuermannes Warnung nicht; da stand das Schiff plötzlich festgewurzelt im Meere, aus dem Kiel wuchsen Wein- und Epheuranken, welche Ruder und Masten umgaben, das Kind verwandelte sich in einen Löwen, welcher die Schiffer in das Meer scheuchte, wobei selbst sie zu Delphinen wurden; der Steuermann führte nun allein das Schiff gen Naxos und ward der erste Priester des jungen Gottes. — Dieser führte nun überall den Weinbau ein, zog, das Menschengeschlecht beglückend, umher, durch die verschiedensten Länder der Welt, beschenkte überall die Bewohner mit dem Sorgen verscheuchenden Weine, bestrafte diejenigen, welche sich seinen Absichten widersetzten, zog durch Thracien, Phrygien, Syrien, Aegypten nach Indien, bald auf einem Tiger, bald auf einem Löwen oder Elephanten reitend, bald in einem

Fig. 48.

Fig. 49.

Fig 51.

Wagen, der mit Panthern, Luchsen oder Tigern bespannt war, daher ziehend, und ward immer von einem Schwarm lärmender Mänaden, von Thyrsus schwingenden Satyrn, betrunkenen Silenen, begleitet, und erlebte selbst dabei manches Abenteuer. So beschenkte er den Midas, König in Phrygien, der ihn freundlich aufgenommen, auf seine Bitte mit der Gabe, Alles, was er berührte, in Gold zu verwandeln, welcher Wunsch dem König beinahe das Leben kostete, indem auch seine Speisen zu Gold wurden; so bestrafte er Lycurgus und Pentheus, welche sich gegen ihn erklärt, dadurch, dass er sie zerreissen liess, jenen durch Pferde, diesen durch seine eigene, in Raserei versetzte Mutter Agave und die mit ihr schwärmenden Bacchantinnen; so machte er die Weiber von Argos rasend, weil sie sich ihm und seinen Mänaden widersetzt hatten; so verband er sich mit Althäa, Gemahlin des Oeneus, welche die Deïanira; mit der Nymphe Chthonophyle, die den Phlias; mit Physcoa, die den Narcäus; mit Nicäa, die die Telete von ihm gebar. Auch Venus gebar ihm mehrere Kinder, den Hymenäus, die Charitinnen und den Priapus. Vermählt war er mit Ariadne, welche, von Theseus auf Naxos treulos verlassen, von dem Gotte gefunden und zu seiner Gemahlin erhoben ward, und ihm den Oenopius, den Evanthes und den Staphylus gebar. Nachdem er den Kreis seiner Thaten auf Erden vollendet, stieg B. in die Unterwelt hinab, um seine Mutter Semele heraufzuholen, worauf diese unter dem Namen Thyone mit ihrem Sohne und Ariadne in den Olymp aufgenommen wurde. — Zu diesem Hauptmythus gesellen sich noch mehrere andere, nach denen ein B. in Indien gelebt, den

Fig. 50.

Fig. 52.

Obst- und Weinbau und die Veredlung der Früchte gelehrt; ein Sohn des Jupiter und der Proserpina (oder ihrer Mutter, der Ceres), dem Menschengeschlecht den nützlichen Stier gebracht und dasselbe zur Vervollkommnung des Ackerbaues geführt haben soll; ferner gab es einen Sohn des Ammon und der Amalthea, welcher in einem Kriege gegen die Giganten diese besiegte, und späterhin das so hochberühmte Ammonorakel stiftete. Diese Mehrheit der Personen rührt vornehmlich davon her, dass verschiedene Völker ihre Landesgottheiten mit B. identificirten; wie zu Dusare, einer Bergfeste im glücklichen Arabien, sich ein Tempel des Dusares befand, den man für den Dionysus der Griechen hielt; wie in Phrygien Sabazius einen dem Dienst des Bacchus ähnlichen Cultus hatte, der lange genug sich erhalten hat, um noch den ältesten Kirchenvätern bekannt zu sein; wie Osiris in Aegypten, der zerstückelte und wieder lebendig gemachte; in Phönicien der getödtete und in den Himmel erhobene Adonis, mit B. in nächster Berührung stehen. — Dem B. war ein üppiger Naturdienst gewidmet: denn er ist nichts anderes als die zeugende, in üppiger Fülle überströmende, den Menschen aus dem nüchternen Gange der Bildung und des geistigen Strebens herausreissende, berauschende Kraft der Natur. Somit ist der reinigende, zur Besonnenheit in der Begeisterung führende Dienst des Apollo ein natürlicher Gegensatz gegen den B.-dienst, und darauf deuten ohne Zweifel die erwähnten Sagen von den Gewaltthaten, unter welchen der letztere in Griechenland eingeführt wurde. In den neuesten Zeiten glaubt man den ganzen Bacchusdienst bis nach Indien, als seiner eigentlichen Wiege, verfolgen zu können, und sieht in Dionysus den Diwanischi (Schiwa) der Indier, welcher einen ausschweifenden Lingam- (Phallus-) Cultus hat. — B. ist der ewig junge und heitere Gott, daher seine Darstellung zu den schönsten Aufgaben der plastischen Kunst gehört; die Gesichtszüge, Geberden Bewegungen, die

Fig. 53.

ganze Gestalt drücken mehr Weiches, Rundes, Anmuthiges, als Kraftvolles aus. Man betrachte unsere Abbildung des B. in ganzer Figur 47; unverkennbar spricht sich hier weibliche Fülle und Rundung der Glieder aus, welche sichtbar mit den Formen anderer jugendlich gedachten Götter, wie Apollo und Mercur, contrastirt. Auf einigen Reliefs und besonders auf Münzen, auch Büsten, findet man Bacchus mit kurzen Hörneransätzen gebildet. Wir geben, ausser den schon erwähnten, noch folgende Darstellungen: B. ruhend, wahrscheinlich auf dem Gipfel des Parnass hingestreckt, wo man ihm Opfer brachte. (Statue.) B. mit einer Strahlenkrone, auf einem Panther sitzend. B. als Symbol der Sonne und Gott der Jahreszeiten, von den geflügelten Genien der letzteren umgeben. (Basrelief.) Hochzeitlicher Festzug des Bacchus und der Ariadne, nach einem Sarcophag-Relief. B. mit Ceres, von Centauren gezogen. — Des Gottes Attribute sind: die Stirnbinde, die Bekränzung des Hauptes mit Epheu und Weinranken, in denen gewöhnlich noch Trauben sind; der Thyrsus, ein gerader Stab mit Weinranken und einem Fichtenzapfen an der Spitze; Trinkgefässe, vom rohesten, ältesten, dem Horne, bis zum vollendetsten Kunstwerk, dem geschnitzten Elfenbein- oder dem getriebenen Goldbecher; ein Korb und eine Wanne, in den Mysterien von tiefer Bedeutung; ferner Fackeln, tragische und comische Masken. Unter den Thieren sind Panther, Tiger, Löwe, Bock und Esel; unter den Halbgöttern die Satyrn, Panen und Panisken; unter den Menschen die Mänaden, Bacchanten und Bacchantinnen. seine Begleiter. Immer ist der Zug derselben wild und lärmend; Cymbeln, Handtrommeln, Pauken, Klapperbleche, Schellen, Castagnetten, Tambourins, Panflöten, Tibien werden gespielt, geschwungen, geschlagen, und scheinen das Accompagnement zu den dithyrambischen Gesängen zu machen, welche stets bei seinen Zügen angestimmt wurden. Ueber die Feste, die ihm gefeiert wurden, s. die Artikel Bacchanalien und Dionysien.

Bachtan (M. d. Araber), der Stein, auf welchem Hagar von dem Sohne Abrahams, Ismael, entbunden worden sein soll, und an welchem Abraham sein Kameel anband, als er Isaak opfern wollte. Die Araber, welche sich für direkte Nachkommen Abrahams durch Ismael halten, verehren diesen Stein, wie jenen in der Kaaba zu Mekka.

Bacis (Aegypt. M.), 1) ein zu Hermonthis in Oberägypten heilig gehaltener Stier, auch Onuphis genannt und nicht mit dem Apis in Memphis zu verwechseln, war mit borstigem Haare bewachsen, das stündlich seine Farbe änderte. — 2) B, einer der frühesten Seher Griechenlands. Er wohnte zu Heleon in Böotien, und die Nymphen der corycischen Grotte begabten ihn, nachdem er alternd von seinen Freunden Abschied genommen, mit der Gabe der Wahrsagung. Indessen war der Name ohne Zweifel ursprünglich nur allgemeine Bezeichnung eines Wahrsagers, wesswegen mehrere B., namentlich noch ein arcadischer, auch weissagende Frauen desselben Namens, erwähnt werden.

Bacoti, das Haupt der Götzenpriesterinnen in Tunkin. Der Titel geht von einer dieser weiblichen Dalai Lama's auf die andere über. Man hält sie für vollkommene Wahrsagerinnen, und sie stehen bei dem Volke in grosser Achtung.

Bacurdus, eine celtische Localgottheit, deren Namen man in den in der Stadt Cöln gefundenen Inschriften entdeckte, von der aber ausserdem nichts bekannt ist.

Badai (M. der), Name einer tatarischen Horde, von welcher uns nichts mitgetheilt ist, als der paradoxe Satz, dass sie die Sonne oder ein in die Luft gehängtes rothes Tuch anbete.

Badiat al Gin (Pers. M.), »Wüste der Dämonen«. Die Geister, denen Gott die Regierung der Welt übergab, hiessen Gin (Dschin); sie zogen sich seine Ungnade zu und wurden in die Wüste vertrieben, welche daher Badiat al Gin genannt wird, davon auch Dschinistan, Reich der Geister, abstammt.

Badma Suerken (M. der Mongolen), »Herz der Badma«; der Gott Dschaëschik, welcher aus dem Kelche der Badma, einer ausserordentlich schönen, rothen Seeblume, emporwuchs.

Baduhenna (M. der Friesen.), eine Göttin, welcher die wilden Friesen 900 gefangene Römer zum Opfer schlachteten. Man setzt den Hain, wo diess geschah, an das jetzige Holtkade in Westfriesland.

Badumna, eine Göttin der Jagd und Wälder bei den Friesen und Gothen. Sie ward mit einem Köcher und Pfeilen und Bogen abgebildet; jedoch sind die Bilder, welche wir von ihr haben, offenbar aus einer viel späteren Zeit, also durchaus unzuverlässig.

Bag, eine persische Gottheit; sie soll Bagdad den Namen gegeben haben; ihr ward von der Gattin des Königs Cyrus ein Tempel gebaut.

Bagawadam (Ind. M.), eines von den achtzehn Purana's oder heiligen Büchern, welches ausschliesslich zur Verherrlichung des Erhalters, des Gottes Wischnu, bestimmt ist.

Bagaeus (Gr. M.), Beiname Jupiters in Phrygien.

Bagdut (Ind. M.), ein mächtiger Rajah, einer der obersten Anführer im Heere der Kuru's gegen die Pandu's; er besass den berühmten Elephanten Assuthama, ward jedoch, trotz der mächtigen Hülfe desselben, vom Bhima erschlagen und auch der Elephant von diesem getödtet.

Bage, nach der Lehre des Zoroaster das geheimnissvolle, heilige Schweigen, welches beim Waschen und Essen beobachtet werden musste. Es scheint, als habe Pythagoras diese Lehre gekannt und sie seinem Systeme der Philosophie einverleibt.

Baghero (Ind. M.), der oberste Gott bei den Barjesu in Nepaul. Seine Abstammung ist dunkel; man vermuthet den Krischna in ihm. Er hat zu Lelit Patan einen Tempel, dessen ungeheure Reichthümer die des berühmten Schach Dschehan zu Delhi noch übertroffen haben sollen. Sein grosses Fest heisst Jatra.

Bagiraden (Baghirut) (Ind. M.), ein gewaltiger Fürst aus dem berühmten Geschlechte der Sonnenkinder, Sohn des Telibien und Vater des Wissuraden. Sein Leben, welches in das erste Weltalter fällt, war so heilig, seine dreitausend Jahre währenden Büssungen so streng und verdienstvoll, dass die Götter erlaubten, dass die heiligen Wasser der Ganga, welche noch im Himmel schwebten, auf die Erde fielen, um die Gebeine der Kinder Sagurs, deren sechzigtausend durch einen Blick des Büssers Kabiler in Asche verwandelt waren, wieder zu beleben.

Bagistanus (Babyl. M.), ein dem Jupiter geheiligter, medischer Berg; Semiramis soll ihr Bild, nebst dem von 1000 Kriegern, in demselben haben ausmeisseln lassen. Man weiss nicht mehr, wo man den B. zu suchen hat, doch wird vermuthet, dass er zwischen Kermanscha und Hamadan gelegen habe.

Bahman (Pers. M.), nach Ormuzd der Erstgeschaffene unter den sieben Amschaspands, Vorsteher und Beschützer der übrigen, König des Lichtes und Genius des Wohlwollens. Jeder zweite Tag eines Monats und der ganze zweite Wintermonat sind ihm heilig. Wenn Ahriman und Ormuzd um den Besitz der Welt kämpfen werden, streitet B., nebst Mah, Gosch und Ram, gegen die bösen Dämonen Aschmoph, Akuman und Tarmad.

Bahmangeh (Pers. M.), das grosse Fest, welches am zweiten Tage des zweiten Wintermonats dem Bahman (s. d.) mit grossem Pomp gefeiert wird.

Bahram. S. Behram.

Baias (Ind. Religionslehre.), einer der grössten Weisen, Sohn des Porosor und der Sotti Obotti. Die Zeit, in welcher er lebte, ist nicht zu bestimmen, von seiner Weisheit aber zeugen die Vedas (s. d.), welche er sammelte, ordnete und in Bücher und Kapitel theilte.

Bajas (Ind. M.), die dritte Verkörperung des Brama im dritten Zeitalter. Seine Mutter war John Ghandari, welche ihn vier Stunden nach der Umarmung eines Rischi gebar. Gleich nach seiner Geburt verliess er seine Mutter und begab sich in einen Wald, um seinen Betrachtungen nachzuhängen; sein Vater, durch Offenbarung von seinem Dasein unterrichtet, suchte ihn auf und machte ihn zu einem Propheten; als solcher heisst er Muny; er ist der Dichter des Mahabharat, Bhagawat und anderer Gedichte, die er unter dem Namen Wiasa schrieb. Sein Sohn Sukadewa übertraf den Vater noch an Reinheit und Keuschheit, so dass die himmlischen Apsaras, 600 Millionen lieblicher, ätherischer Mädchen, kein Bedenken trugen, sich in seiner Gegenwart zu baden, jedoch schnell nach ihren Kleidern griffen, wenn der Vater erschien.

Bajadere (Ind. M.), ein aus dem portugiesischen Worte Balladeiras verstümmelter Name der indischen Götterdienerinnen, welche religiöse Gesänge und Tänze ausführen müssen. Im Indischen heissen sie Dewadasis und theilen sich in mehrere Klassen. Die ersten wohnen in dem Tempel Wischnu's und Schiwa's; sie tanzen und singen bei den Feierlichkeiten des Gottesdienstes. Die aus der zweiten Klasse heissen Natsches und haben ähnliche Bestimmungen, wie obige, sind jedoch keiner besondern Pagode angehörig; die aus der dritten Vestiatris und aus der vierten Cancenis. Die Letzteren stehen unter der Aufsicht einer alten Frau, und werden von dieser einzeln oder in grösserer Zahl vermiethet, um Festlichkeiten zu verherrlichen. Sie tragen Beinkleider von streifigem Zeuge, ein seidenes Leibchen mit Halbärmeln, Blumenkränze, goldene Ketten um Hals und Brust, welche durch das eng anschliessende Leibchen nur obenher leicht bedeckt, von der Mitte aber bis auf die Taille ganz frei ist. Die Schönsten sind durch die Geschenke ihrer Liebhaber gewöhnlich sehr reich, ihre Geberden und Tänze von der höchsten Anmuth beseelt, und nicht im mindesten unanständig.

Baiban (Ind. M.), der glänzende, von geflügelten Greifen gezogene, ätherische Himmelswagen, auf welchem die Seelen der Guten in das Paradies am Berge Meru fahren.

Bainier (Ind. M.), Priester der Mariatale, zur Kaste der Paria's gehörig. Ihren Namen haben sie von ihrem Instrumente Baini, mit dem sie ihren Gesang begleiten, vor dem Tempel ihrer Göttin bettelnd.

Baiwe (Lappländ. M.), die von den Lappen angebetete Sonne, weiblichen Geschlechts; der Mond wird als ihr Gatte gedacht; sie ist Mutter aller Thiere, und besonders Beschützerin des Rennthiers. Man brachte ihr weibliche Rennthier-Kälber zum Opfer. Die Knochen der ihr geopferten Thiere legte man, als ihr Sinnbild, im Kreise auf den Tisch.

Bakschi (Mongol. M.), »Lehrer«, ein Ehrentitel der ältesten mongolischen Priester, der Gellongs, von Lama mit Genehmigung des Khan ihnen beigelegt; sie hielten geistliche Schulen, waren sehr geehrt und sowohl durch Opferspenden als durch zahllose Heerden sehr reich.

Baku (Pers. M.), ein alter, berühmter Held in Iran, nach welchem, um das Andenken an seine Thaten zu bewahren, die Stadt B. am caspischen Meere benannt ist.

Balacho (Ind. M.). Der Weise Schigemuni hatte 500 Schüler ausgesandt, um die Welt zu bekehren; die bösen Geister aber, welche fürchteten, dass die Welt entsündigt werden würde, hatten die Gestalt reizender Peri's, lieblicher Mädchen, angenommen, und so alle die Abgesandten des Weisen verführt. Schigemuni sah diess in seiner weit blickenden Weisheit, bekehrte die Gefallenen, und um sie zurückzuführen, verwandelte er sich in ein ungeheures Pferd Namens B., auf welchem sie alle Platz hatten. Leider war bei vielen derselben die Frömmigkeit nicht tief genug in's Herz gedrungen, sie sahen sich bekümmert nach den verlassenen Geliebten um, und alsbald waren sie, vom Rücken des Pferdes verschwunden, in die Krallen der bösen Dämonen gestürzt. Die Lama-Geistlichen, denen diese Fabel gleichfalls bekannt ist, essen desshalb kein Pferdefleisch, welches in Tübet und der Tatarei ein allgemeines Nahrungsmittel ist.

Bala Naels (M. der Karaiben.), die Europäer, von den Karaiben »Meermänner« genannt. Sie werden für Geschöpfe böser Meergeister gehalten, welche, ganz so wie sie sind, aus der Tiefe der See emporsteigen, auch gleich die fertigen Schiffe als Wohnung bei sich haben.

Balapatren (Ind. M,), ein Avatar des Wischnu, lebte als Büssender, selbst nicht wissend, dass er der Gott Wischnu sei, suchte die Menschen zum Guten und zur Verehrung der Götter zu lenken, und vernichtete die Riesen, z. B. den Wrutarassuram, welchen er mit einer Pflugschaar zerschnitt. Andere indische Schriftsteller nennen ihn auch Bala Rama.

Bala-Rama oder **Balabhadra-Rama** (Ind. M.), Sohn des Wasudewa und der Schäferin Rogani, Stiefbruder des Krischna; nach Einigen eine Verkörperung der Weltschlange Addisseschen, nach Anderen eine Verkörperung des Wischnu selbst, in welchem Falle er einerlei mit Balapatren ist. Er war ein Freund Krischna's, aber auch des Duryodun, Haupt der Kuru's, wesshalb er sich Mühe gab, den Krieg zwischen beiden zu verhindern. Weil er einen Braminen erschlug, musste er zur Büssung eine lange Pilgerschaft beginnen, während welcher er seine Thaten vollführte. Unterdessen begann der verderbliche Krieg zwischen seinen Freunden, an dem er jedoch auch nach seiner Rückkehr keinen Theil nahm. Aus dem Untergange des ganzen Geschlechts der Gadawer sah er sein und Krischna's Ende vorher und zog sich in die Einsamkeit zurück, wo ihn dann die angenommene Menschengestalt verliess und er lebend zum Paradiese aufflog.

Fig. 54.

Baldur, Fig. 54 (Nord. M.), Sohn des Odin und der Frigga, hochgeehrt als der schönste und gütigste der Asen; seine Schönheit ist so ausserordentlich, dass ihn stets leuchtendes Feuer umstrahlt, dass sein Haupt wie die Sonne erglänzt. Er war voll Beredtsamkeit und so gerecht, dass ein Urtheil, welches er aussprach, nicht mehr geändert werden konnte; dabei war er tapfer und furchtlos, doch beunruhigten ihn zu einer Zeit sehr ängstliche Träume, wesshalb seine Mutter alle Dinge der Welt schwören liess, B.n nicht zu schaden. Diess war auf Odins Rath geschehen, denn besorgt um seinen Sohn, hatte er einen Ritt nach der Unterwelt gemacht, um die Nornen der Träume wegen zu befragen, und diese hatten ausgesagt, das Schicksal habe B.s Untergang beschlossen, worauf Odin hoffte, durch obigen Rath demselben zu begegnen; allein dem Schicksal unterliegen selbst die Götter, und so konnte auch B. demselben so wenig entgehen, als Odin ihm entgehen wird. Von Frigga waren unter Anderem alle Pflanzen in Eid genommen, nur der junge zarte Baumspross Misteltein schien der Göttin noch zu schwach und zu unbedeutend, um ihn einen so ernsten Schwur ablegen zu lassen: Loke (s. d.) hatte der Götter-Königin diess Geheimniss entlockt, indem er in der Gestalt eines alten Weibes sie treuherzig machte; auf seine Veranstaltung wuchs der Baum schnell empor, und als einstmals, seiner Unverletzlichkeit sich bewusst, B. den Asen ein Fest gab, bei welchem sie nach ihm schossen, hieben, mit Steinen und Lanzen warfen, ohne dass ihm dieses schadete, mischte sich Loke unter die Spielenden, gab dem blinden, überaus starken Hödur, Bruder B.s, den ausgerissenen Misteltein, lenkte seinen Arm dahin, wo B. stand, und dieser fiel durchbohrt zu Boden. Jetzt war seine Wohnung Breidablik ein Aufenthalt der tiefesten Trauer; die Götter vermochten nicht einmal Rache zu nehmen an dem schändlichen Loke, denn der Aufenthalt in Asgard war eine so heilige Freistätte, dass sie selbst den grossen Verbrecher schützte, doch ward er aus ihrer Versammlung gebannt. — Um dem jungen Gotte die letzte Ehre zu erweisen, wollte man ihn auf seinem Schiffe, dem schönsten, das je erbaut worden, dem glänzenden Ringhorn, verbrennen; allein ehe die Götter dazu schritten, sollte ihre Trauer noch vermehrt werden, indem die liebliche Nanna, B.s Gattin, vor Gram über des Geliebten Verlust plötzlich starb. Es wurden nun auf dem Schiffe zwei Scheiterhaufen errichtet, und die Leichen der Liebenden darauf gelegt; dann wollte man das Schiff in's Meer schieben, und es, von allen Seiten angezündet, den Wogen überlassen; allein es war nicht von der Stelle zu bewegen, obwohl Thor Rollen und Hebel unter dasselbe gesetzt hatte; in dieser Verlegenheit sandten die Asen nach der Riesin Hyrokian, welche eine grosse Zauberin war; sie kam auf einem Wolfe angeritten, welchen vier

Berserker in ihrer höchsten Zornesstärke nur dann halten konnten, als die Riesin selbst ihn zu Boden geworfen hatte; nun trat diese an das Schiff, und gab ihm einen solchen Stoss, dass es flott wurde und weit in die See flog, und die untergelegten Hölzer, durch die gewaltige Reibung, in Brand geriethen. Thor ergrimmte hierüber in wilder Eifersucht, und hätte die Riesin mit seinem Hammer Miölner zermalmt, wenn die übrigen Asen nicht dazwischen getreten wären; allein da sein einmal erwachter Zorn schwer ohne Blutvergiessen zu stillen war, so musste ihm auch hier ein Opfer fallen: das war der Zwerg Litur, der ihm, während er die Scheiterhaufen entzündete und mit seinem Hammer weihete, zwischen die Füsse kam; sogleich ergriff er denselben und warf ihn in die Gluth. — Alle Asen, viele Joten, Rhimtussen und Zwerge waren bei der Feierlichkeit zugegen. Sie opferten B., indem jeder etwas ihm Werthvolles in die Flamme warf; auch Odin legte einen kostbaren Goldring in's Feuer, doch fand man denselben unversehrt wieder, da die Asche gesammelt wurde, und B.s Geist hatte, um seinen Vater zu erfreuen, demselben die Eigenschaft ertheilt, dass in jeder neunten Nacht acht gleich schöne Goldringo von demselben herunter träufelten, wovon er den Namen Drupner (Tröpfler) bekam. — Nach dem Leichenbegängniss sagte Frigga, wer ihre ganz besondere Gunst verdienen wolle, der möchte zur Hela (Todesgöttin) herniedersteigen, um ihr ein Lösegeld für B. anzubieten, damit er wieder zur Oberwelt zurückkehren dürfe. Hermode, Odins Sohn', bot sich hiezu an, und erhielt des Vaters achtfüssiges Wunderpferd Sleipner, auf welchem er neun Tage und neun Nächte durch tiefe, finstere Thäler und Höhlen ritt, bis er an den Höllenfluss Giall und dessen Brücke kam, über die er, zum Schrecken der sie hütenden Jungfrau Modgudur, sprengte. Er wünschte zu wissen, ob sie B. nicht auf Hela's Wegen gesehen? Er ritt gestern über die Brücke des Giall, sagte diese; willst du den Todten suchen, so musst du dich weiter rechts auf der Todtenstrasse wenden. Das that Hermode, und kam an die Hecke, welche die Hölle umschloss; da gürtete er sein Pferd fester, nahm einen Ansatz, sprengte hinüber und fand dort auch seinen Bruder B. auf erhabenem Throne in der Wohnung der Hela. Letztere ward nun gebeten, den jungen Gott mit dem Bruder zur Oberwelt zurückkehren zu lassen, und Alles an Lösegeld zu fordern, was sie nur wünsche. Hela erwiderte, sie verlange kein Lösegeld; wenn Alles um B. traure, wie Hermode gesagt, solle er frei zurückkehren, doch wenn irgend ein lebendes oder lebloses Geschöpf der Erde ihn nicht beweine, müsse er in Helwed bleiben. Mit reichen Geschenken und schlechtem Troste kehrte Hermode von B. und Nanna zurück, doch zu seinem Staunen schien der Asen Wunsch in Erfüllung zu gehen, denn die ausgesandten Boten kehrten zurück, sagend, selbst die Steine weinten um B.; aber der letzte der Boten fand in einer abgelegenen Höhle ein Jotenweib mit Namen Tok, welche auf seine Forderung, ihm ein ,Trauerzeichen um B. zu geben, diess entschieden verweigerte. — Der schadenfrohe Loke soll unter dieser Gestalt verborgen gewesen sein, und so tödtete seine Arglist nicht nur den edlen Gott, sie verhinderte auch seine Auferstehung; daher muss B. in Helaheim bleiben, bis zur grossen Götterdämmerung, dann werden sich auch die Pforten der Unterwelt öffnen und der Gott daraus hervorgehen, um mit seinen Brüdern das neue Asgard, Gimle (Himmel), aufzubauen. — Unser Bild zeigt die Scene, wo Baldur von Hödur getroffen wird, in rohen Umrissen, wie ein alter Runenstein sie uns bewahrt hat, ermangelnd aller Schönheit der Form, hart und ungestaltet, fast kindisch.

Bal-Eswara (Ind. M.), Beiname des Schiwa, unter welchem der Schiwa-Cultus sich weit nach Westen verbreitet hat. Der befruchtende Theil des Gottes, der Lingam, soll, in 31 Theile zerstückelt, in alle Gegenden der Erde vertheilt worden sein. Der vorzüglichste kam, unter dem Namen B.-Lingam, an das Ufer des Kamud-vati (Euphrat). Dieser Mythus soll wohl nur ausdrücken, dass der Lingam des Herrschers Bal (Baal), als B. von neuem geboren sei, d. h. es entstand aus seinem Cultus der ihm verwandte des Baal. Er herrschte, von Allen angebetet, unter dem Namen Lil-Eswara (der Freude Gebende), in Ninive (als König Ninus). Seine Gemahlin Parawadi hatte sich wegen seiner Untreue von ihm getrennt, und war nach dem Nordland entflohen, wo sie als Feuer Königin in dem Samibaum als Samirama (Semiramis) eingeschlossen, verehrt wurde. B. fand sie in Askalastan (Askalon) wieder; sie vereinigten sich und wohnten am Ufer des Hradanieta (Tigris). Andere erzählen, sie hätten in Taubengestalt, unter dem Namen Kapot Eswara und Kapot Esi, ihren Segen über wilde Gegenden verbreitet.

Baletus (Gr. M.), Beherrscher einer Landschaft in Tyrrhenien, dessen Tochter Baletia von Hercules einen Sohn, Brettus genannt, gebar, von welchem die tyrrhenische Stadt gleiches Namens benannt sein sollte.

Bali (Ind. M.), ein mächtiger Beherrscher Indiens, welcher im zweiten Zeitalter regierte, und weil er ein grosser Weiser und Schüler der Sakra war, auch den Namen Mahabeli Sakrawati führt. Er stammte aus dem Geschlechte der Erunien und Eruniakschen, war ein Enkel des Pragaladen und wird für identisch mit Baali gehalten. B. war ein Günstling Brama's, und eroberte durch dessen Hülfe die ganze Erde, ja er hätte den Himmel erobert, wenn Wischnu nicht dem Sonnengotte Indra zu Hülfe gekommen wäre. B. erkannte seine Nichtigkeit, ward demüthig und fromm, und bat Wischnu, seine Kniee umfassend, stets in seiner Nähe bleiben zu dürfen, welche Bitte der Gott erhörte, auch machte er ihn zum Beherrscher der Unterwelt, welche nach ihm Balisatma heisst. Sein beständiger Wohnsitz ist nun diese Unterwelt; doch ist während der kalten Jahreszeit Brama, die schaffende Kraft, bei ihm, während der heissen, die Alles tödten würde, ist Wischnu sein Beistand; der Erhalter und der Zerstörer Schiwa tritt an seine Seite, während der Regen Alles überschwemmt; da aber Schiwa, Wischnu und Brama eine und dieselbe Gottheit ist, so hat er Wischnu stets in seiner Nähe. Sein grosses Fest, das unter lautem Jubel begangen wird, fällt in den September, in welchem auf Malabar der Frühling beginnt. In den Ruinen von Mawalipuram, und in dem Flusse Mawaliganga glaubt man seinen Namen zu erkennen und glaubt, dass B. eine halb historische Person, ein mächtiger Eroberer sei. — Verwandt mit dem eben genannten, oder gar mit ihm identisch, ist B., der König der Affen, eine Verkörperung des Gottes Indra, der Sonne. Hanuman, der frühere Affenkönig, wird durch Bali vom Throne gestossen und klagt diess dem Schri Rama (Wischnu in einer Menschwerdung), als er auf seinem Heereszuge gegen Rawana zu ihm kommt; Schri Rama tödtet B., und setzt Hanuman wieder in sein Reich. B. aber, der Wischnu erkannt und sich demüthig gegen ihn gezeigt hat, steigt entsündigt in das Paradies. In einer spätern Menschwerdung erscheint Wischnu als Krischna, und dort wird der Tod des B. durch den Jäger Jura, eine Wiedergeburt des B., gerächt, indem Jura einen Pfeil auf die leuchtenden Zeichen unter den Fusssohlen des schlafenden Gottes schiesst, und ihn tödtet.

Balius (Gr. M.), »Schecke«, eines der unsterblichen Pferde, welche Zephyrus mit der Harpyie Podarge zeugte; das andere hiess Xanthus.

Balkis (Orient. M.), Name der Königin von Saba, nach Traditionen der Araber. Sie war die Tochter des Hadhad, des einundzwanzigsten Königs von Jemen. Durch den Vogel Hudhud schrieben Salomo und die Königin einander die feurigsten und zärtlichsten Briefe, bis endlich B. sich aufmachte und in einem Zuge, den die Phantasie der Orientalen als den prächtigsten beschreibt, den Menschen und Götter je gesehen, zu Salomo kam, worauf die beiden mächtigen Herrscher einander heiratheten.

Baell (Ind. M.), ein Geist mit drei Köpfen, der im Osten der Hölle herrscht; er lehrt die Kunst, sich unsichtbar zu machen. 66 Legionen Geister sind seine Diener.

Balleygr (Nord. M.), »der Schönäugige«, Beiname des Odin, weil er überaus schöne, feurige Augen hat.

Balmung (Deutsche Sage), Name des trefflichen Schwertes, welches der starke hörnerne Siegfried führte.

Banianen, Handelskaste in Ostindien; sie glaubt an Seelenwanderung, und isst desshalb kein Fleisch. Treue, Redlichkeit und Gutmüthigkeit sollen sie auszeichnen, doch wollen viele Reisende von ihnen betrogen worden sein; Ansiedelungen derselben findet man in Arabien, Persien, China, am caspischen, ja Spuren derselben sogar am baltischen Meere, daher es wohl möglich ist, dass die sanften, gebildeten Völker, welche nach dem Zeugniss der Alten mitten unter den Scythen wohnten, Abkömmlinge jener indischen Auswanderer waren. Der nach

Indien Reisende muss sich ganz unbedingt ihnen überlassen, sie haben die Führung der Reisenden, wie alle Handelsgeschäfte, zu ihrem ausschliesslichen Erwerbszweige gemacht, und es gibt kein Mittel, sich dem zu entziehen.

Banira, wahrscheinlich eine gallische Localgottheit bei Lausanne; ihrer wird nur auf einer dort gefundenen Inschrift erwähnt.

Bankputtis, der Gott des Meeres bei den alten Preussen, »der Schaumerregende, der Wellenbeweger« (s. Preussen, Mythologie der etc.).

Banta (Ind. M.), s. Winneta.

Bantsching Rimbotse (Tübet. M.), der Regent und oberste, Gott selbst repräsentirende Priester Bogdo Lama (s. d.).

Baeotis (Gr. M.), Beiname der Venus in Syracus.

Baphomet (Baffomet, Bappemejus), das Götzen- oder Teufels-Bild, von welchem behauptet wird, dass es die Tempelherren angebetet. Höchst wahrscheinlich ein Missverständniss, welches durch die Absicht, den Orden zu stürzen, widersinnig verdreht und gegen ihn benützt worden ist. Hammer, der berühmte Orientalist, behauptet, das Wort B. müsse heissen Baphi-meta, baphische Taufe, Feuertaufe, dass die Templer Abtrünnige, Unchristen, schändlicher Liebe ergeben gewesen wären, und dass der B., ihr Symbol, noch häufig in Antiquitätensammlungen als kleine weibliche Figur, mit bärtigem Männerkopfe, mit einer Schlange umwunden, aus Bronce gegossen, gefunden würde. Diese ungründliche Behauptung ist gründlich widerlegt und gezeigt worden, dass B. wahrscheinlich nichts Anderes sei, als der verstümmelte Name des Mahomet. Die Fignr ist wohl nichts, als ein gnostischer Aeon oder eine Isis (s. d.), welche beide ungefähr wie die beschriebene Figur dargestellt werden.

Baptae (Gr. M.), »Taucher«, Benennung der Personen, welche die Feste der thracischen Göttin Cotys oder Cotytto (s. d.) begingen, von den Waschungen und Reinigungen, welche ursprünglich dabei vorkamen.

Barabara-Wasfu, der unerschaffene, höchste Gott der Malabaren.

Baraden (Ind. M.), 1) ein Raja einer der neun Provinzen der Erde, Sohn des Ricklaben und einer Tochter des Indra. Indien nannte sich nach ihm Baradegandam, weil er weise und fromm acht Millionen Jahre regierte. Er rettete einem Hirsch das Leben, und da er aus Liebe zu demselben die Andachtsgebete vergass, ward er nach seinem Tode in einen Hirsch verwandelt, mit menschlichem Bewusstsein. Er bereute sein Vergehen und ward nunmehr wieder der Sohn eines Braminen, widmete sich einem beschaulichen Leben, übernahm die beschwerlichsten Dienste und gelangte zu wirklicher Vollkommenheit. — 2) B., Sohn des Dschumanta und der Sakontala, aus dem Geschlechte der Kinder des Mondes abstammend, besiegte alle Reiche der Welt, selbst die Unterwelt. Auch von ihm hiess Indien das Land des Bharat. Er ward kinderlos und nahm daher den Witten an Sohnes Statt an.

Barara-Kied oder Radien Kieddie, nach der Mythologie der Lappen Sohn des Radien Atzié, des Ersten der Götter, nach seinem Vater der höchste Gott, und hat von diesem die Schöpferkraft erhalten, das Weltall hervorzubringen. Die Zauberer der Lappen stellen ihn auf ihren Trommeln unter der Gestalt eines grossen Hauses dar.

Baraschnom (Pers. M.), die grösste Reinigungsceremonie. Ein heiliger, in dem göttlichen Dienste wohl unterrichteter Mann wusch den zu Reinigenden auf einem geweihten Platze; dieser blieb zuerst drei, dann neun Nächte an einem abgesonderten, einsamen Ort, wo er mit Waschungen fortfuhr, um die begonnene Reinigung zu vollenden.

Barawa-Feuer, eine indische Erfindung, dem griechischen Feuer ähnlich, indem es unter dem Wasser selbst fortbrennt. Beschukerma oder Wiswakarma soll dasselbe nebst Röhren, unsern Kanonen ähnlich, um damit Metall und Steinmassen zu werfen, erfunden haben, als die guten Genien, Dewa's, gegen die bösen, Assurs, Krieg führten.

Barbata (Röm. M.), Beiname der Venus, als man ihr eine bärtige Votivstatue setzte, indem, wie die Sage erzählt, den Römerinnen nach einer epidemischen Krankheit die Haare ausgingen, und sie durch Errichtung einer solchen Bildsäule das Uebel abzuwenden suchten. Venus hatte auf Cyprus ein bärtiges Bild mit weiblichem Gewande, aber männlicher Gestalt und einem Scepter in der Hand.

Barbatus, eine Beiname, den der asiatische Bacchus bei den Römern erhielt, weil er, abweichend von seiner sonstigen jugendlichen Darstellung, hier männlich, bekleidet und bärtig abgebildet wird. Vergl. Bacchus.

Barbelo, bei den Gnostikern die Mutter alles Lebenden; von dem häufigen Wiederholen des Wortes beim Gebet erhielten sie den Beinamen Barbeliten. Auch die Nicolaiten verstanden darunter ein göttliches Wesen, welches, überaus mächtig und erhaben, den ganzen achten Himmel beherrscht. Der Sohn desselben ist Saboth, Herr und König des siebenten Himmels.

Barden, geheiligte Sänger der Gallier, welche die Krieger in's Feld begleiteten und ihre Thaten verherrlichten. Ihr Instrument war eine Art Leyer, wahrscheinlich mit fünf Saiten bespannt. Ob die alten Deutschen den Namen B. gekannt, ist zweifelhaft, das Wesen aber, die Dichter und ihre Gesänge, theilten die Deutschen mit den andern alten Völkern des nördlichen Europa's. Carl der Grosse liess solche deutsche Heldengesänge sammeln, Papst Silvester aber liess Alles verbrennen, was er davon auffinden konnte. Am längsten erhielt sich das Bardenwesen in Schottland, wo es noch neben dem Christenthum bestand, wo dann die B. Philosophen und Priester wurden. Macpherson benützte diese Thatsache, um einem von ihm erdichteten Sänger Ossian eine Reihe werthvoller Dichtungen unterzuschieben.

Bardewitt, ein wendischer Gott, besonders in Wolgast verehrt; er hatte fünf Köpfe und war der Gott des Friedens, des Handels und der fünf Sinne.

Barditus, der Schlachtgesang der Germanen, den sie mit an den Mund gehaltenen Schilden leise murmelnd begannen und zum lautesten Donner steigerten, und aus dessen Klange sie den Erfolg des Kampfes ahnen zu können glaubten. Später führten ihn, um seiner mächtigen Wirkung willen, auch die Römer bei sich ein.

Bareipisasu, ein malaischer Feld- und Schutz-Gott, namentlich der Soldaten.

Barge (Gr. M.), eine Geliebte des Herçules. Sie gebar ihm einen Sohn, Bargasus, welcher die nach ihm benannte Stadt Bargasa in Carien gegründet haben soll. Er ward später von einem seiner Halbbrüder, dem Lamus, Sohn des Hercules und der Omphale, vertrieben.

Bargylus (Gr. M.), Gefährte des Bellerophon (s. d.), der zu seinem Andenken die Stadt Bargyla in Carien baute.

Barhischads (Ind. M.), untergeordnete Gottheiten, die zu den Gesellschaften der grossen Pitris gehören. Sie nennen sich selbst Nachkommen des Atri. Ihre Nachkommen sind die Cinarras, Dailas, Danawas, Gandharwas, Garudas, Jabschas, Raischasas und Uragas, lauter Geister höherer oder Götter niederer Ordnung.

Barjesu (Ind. Rel.), eine Religionssecte in dem nordindischen Reiche Nepal, welche in grossen Klöstern, unverheirathet, doch nicht ohne Umgang mit Frauen lebt, viele jüdische Glaubenslehren hat, doch aus Tübet stammen soll. Ihre Tempel haben ungeheure Reichthümer an Kleidern für ihre Götzen, und an Götzenbildern selbst, welche von den theuersten Edelsteinen zusammengesetzt sind. Bei ihrem Hauptfeste, welches Jatra heisst, wird der erste ihrer Götzen, Baghero, in Begleitung des Königs und aller hohen Staatsbeamten zur Schau getragen.

Bar-Juchneh, nach dem Talmud ein sehr grosser Vogel, zur Mahlzeit der Gerechten im Himmel bestimmt. Ein Ei von ihm fiel einst vom Himmel und überschwemmte, als es zerbrach, 60 Dörfer durch seine Flüssigkeit.

Barrimiit (Mong. M.), Name der sechs Vollkommenheiten, welche die Priester der Religion des Lama zu erreichen suchen müssen, nämlich: Absonderung vom Weltlichen, wahrer Eifer, Heiligkeit, Keuschheit, Andacht, Weisheit.

Barsom (Pers. Cultus), ein Bündel geweihter Zweige, welche der Priester beim Lesen des Zend Awesta in der linken Hand hält; sie sind mit einem besonders geheiligten Bande von Palmblättern umwunden, welches Evanguin heisst. Die Baumgattung, von der die Zweige genommen, ist nicht bestimmt; die Zahl richtet sich nach dem Theile der Bücher, welche der Priester liest.

Barstucke, Berstucke (Lith. M.), Namen gewisser Mittelwesen zwischen den Untergöttern und Menschen: Kobolde, Gnomen. Der Oberste unter ihnen war Puschkeit, welcher die Erde und die ihr entsprossenen Gewächse beherrschte. Unter Hollunderbäumen trieben diese Gnomen besonders ihr Wesen, daher diese ihnen geheiligt sind.

Barthrouherri (Ind. M.), ein Weiser, der ein Buch, Sprüchwörter enthaltend, schrieb, welches bei den Braminen in grossem Ansehen steht. Sie meinen, dass B. unsichtbar noch auf der Erde wandle.

Barzakh nennen die Muhamedaner die Zeit und den Zustand der Seele vom Tode bis zur Auferstehung. Die Seelen der Gläubigen geniessen dann in einem der untern Himmel oder auch bei ihren Gräbern schon einen Theil der nachfolgenden Seligkeit, während die Ungläubigen zur siebenten Erde, an den Ort ihrer Strafe, hinuntergestossen werden. B. bedeutet zuweilen auch überhaupt den Zustand der Seele nach dem Tode. Die Seelen der Propheten gehen übrigens, ohne solchen Zwischenzustand, sogleich in das Paradies, die Märtyrer aber bewohnen den Leib schöner, grüner Vögel, welche sich an den Früchten des Paradieses erlaben.

Barzo (Pers. M.), Genius des Urberges Albordji und des von ihm ausfliessenden Wassers, welchem auch Taschter, ein mächtiger Geist, vorsteht, dessen Gehülfe also B. ist.

Basan, Basanwow (Nord. M.), ein König und Priester der Sigambern, weise und von den trefflichsten Eigenschaften, doch für einen Priester zu sehr eroberungslustig. Er unterwarf sich von 264 bis 240 v. Chr. alle britannischen Könige und erhielt daher den Titel des grossen B. Dem Götzendienste sehr ergeben, ward er nach seinem Tode als Kriegsgott verehrt und in allen Liedern der alten Barden gepriesen.

Basany (Ind. M.), Gattin des Waisya, aus Brama's linker Hüfte geschaffen, daher schon zu einer der niederen Kasten gehörig, indem die Braminen aus dem Haupte, die Kschetry aus den Schultern Brama's entsprungen sind, doch als Geschöpf und Ausfluss der Gottheit selbst von unendlicher Heiligkeit.

Basilea (Gr. M.), »Königin«. Uranus erzeugte mit mehreren Gemahlinnen 45 Kinder, unter diesen mit der Titäa allein 18, welche von ihrer Mutter den Namen T i t a n e n haben. B. war die älteste, welche auch ihre Brüder erzog, und als ihr Vater unter die Götter versetzt war, die Regierung des Reiches übernahm. Sie war damals noch Jungfrau, allein der Wunsch, das Reich eigenen Kindern zu hinterlassen, bewog sie, einen ihrer Brüder, den Hyperion, zu ehelichen; Helios und Selene waren ihre Kinder. Die Furcht, Hyperion möchte einmal die Herrschaft an sich reissen, bewog die Brüder zu einer abscheulichen Frevelthat. Sie ermordeten den Gatten, ertränkten Helios im Eridanus, und Selene stürzte sich in Verzweiflung vom Dache des Hauses herab. Ein Traum tröstete die unglückliche Mutter. Helios verkündete ihr, er und seine Schwester seien als Sonne und Mond an den Himmel versetzt, die Titanen aber werde gerechte Strafe treffen. B., wegen ihrer Güte auch B o n a D e a genannt, verkündete dem Volke, was geschehen, und dieses trug die Namen ihrer Kinder auf die beiden leuchtenden Himmelskörper über, sie selbst aber ward wahnsinnig, schweifte mit dem Spielzeug ihrer Tochter, Trommel und Cymbeln, umher, und ward endlich auch zu den Göttern erhoben. Von ihrem Umherirren mit den genannten Instrumenten schreibt sich ihre Verehrung und der ihr geweihte lärmende Dienst her. — Venus wurde häufig als B. verehrt, ohne jedoch mit der obigen identificirt zu werden.

Basileus (Gr. M.), »König«, Beiname mehrerer Götter, besonders des Jupiter, des Neptun und des Apollo. Neptun wurde unter diesem Namen besonders zu Trözen verehrt.

Basilisk (Aberglaube des Mittelalters), ein fabelhaftes Thier, das aus dem Ei, welches ein dreissigjähriger Hahn gelegt, und welches eine Kröte auf dem Wasser ausgebrütet, entstehen soll, furchtbar gross, hat einen Hahnenkörper, ehernen Schnabel und eherne Krallen, so wie einen langen Schweif, der wie drei Schlangen gestaltet und dreifach gespitzt ist. Dass dieses Unthier sowohl durch seine Stärke als durch sein Gift gefährlich ist, versteht sich von selbst, das Uebelste aber ist, dass es durch seinen blossen Anblick tödtet, und selbst unverwundbar ist, daher man nur durch Vorhalten eines Spiegels ihm etwas anhaben kann; es erschrickt dann über sich selbst so sehr, dass es platzt.

Basmagut (Ind. M.), ein böser Dämon (Danawa). Für das Opfer Homa, wobei er seinen eigenen Körper zerstückelte, und das er dem Schiwa darbrachte, verlieh ihm dieser die Macht, Alles in Asche zu verwandeln, was er berührte. Als er aber, in Parwati verliebt, seine verderbliche Macht gegen Schiwa selbst wenden wollte, entfloh dieser zu Wischnu, welcher dem geängstigten Gott Hülfe und Rache zusicherte. Er erschien nunmehr dem B. in Gestalt der Parwati, und versprach ihm, seine Bitten zu erhören, wenn er den üppigen Tanz ihres Gatten lernen wollte, den sie ihm vortanzte. B. machte die Bewegungen nach, und Wischnu umnebelte durch die Wolke der Maja seine Sinne dergestalt, dass er, wie es ihm Wischnu (als Parwati) vormachte, die Hand auf seinen Kopf legte und dadurch sich selbst vernichtete.

Bassareus (Gr. M.), Beiname des Bacchus von dem Gewande, welches die Bacchanten trugen, und das Bassara hiess, entlehnt von dem Fuchs (Bassaris), der früher sein Fell zu diesem Kleide geben musste, bis es durch andere Gewänder verdrängt wurde. So hiessen B a s s a r i d e s die Bacchantinnen aus derselben Ursache.

Baswa (Ind. M.), »Stier«, Name des Darmadewa, des Gottes der Tugend, weil er als Stier vorgestellt wird.

Batala. Auf den Philippinen beten die noch nicht bekehrten Völker den Schöpfer aller Dinge unter obigem Namen an.

Batea (Gr. M.), 1) Tochter des Teucer und Gemahlin des Dardanus, von welchem sie den Ilus und Erichthonius gebar. Mit Dardanus erhielt sie nach ihres Vaters Tode das Königreich Troja. Nach ihr soll die troïsche Stadt B. benannt sein. Sie heisst nach Anderen Arisbe und soll auf Creta geboren sein. — 2) B., eine Najade, Mutter des Tyndareus, Hippocoon und Icarion, von dem Spartaner Oebalus.

Bathen (E b n a l B a t h e n, d. h. innere Wissenschaft, Muham. Rel.), das innere, geistige Leben, das in Reinigung und Aufklärung des Herzens besteht. Von den mystischen Secten unter ihnen wird die Uebung dieses inneren Lebens Tharikat und Habikat, d. h. der Weg und die Wahrheit, genannt.

Bath Kol (Rabbinisch). Die Propheten, und mit ihnen die Offenbarungen durch dieselben, sind von der ihrer unwürdigen Erde verschwunden, doch zu Zeiten lässt sich noch eine Stimme vom Himmel hören, welche die Menschen warnt, die Geweihten unterrichtet, dem Frommen eine Offenbarung ist; diese Stimme heisst B. K., d. h. Tochter der Stimme, ein Name, den im Hebräischen auch das Echo führt.

Baton (Gr. M.), einer von den vielen Helden, welche mit den sieben Fürsten Griechenlands vor Theben zogen, Wagenlenker des Amphiaraus; er versank mit diesem Fürsten lebendig in die Erde, als Jupiters Blitz dieselbe vor ihnen spaltete; ein Heroon zu Argos und eine Statue zu Delphi ehrten ihn als unter die Götter versetzt.

Battus (Gr. M.) 1) König der Insel Malta, lebte zu Zeiten der Dido von Carthago. Als diese ein Opfer ihrer Liebe geworden, floh Anna, ihre Schwester, aus der von Jarbas eroberten Stadt, und kam zu B., der sie freundlich aufnahm. Doch Pygmalion, ihr Bruder, drohte, ihn mit Krieg zu überziehen, wenn er ihr Schutz verleihe, und so musste Anna des gastfreien Königs Haus verlassen. — 2) B., Sohn des Polymnestus auf der Insel Thera und der Phronime, einer verstossenen Tochter des Etearchus, Beherrschers von Axus auf Creta. Er soll gestottert, und dieser Krankheit wegen das Orakel um Rath gefragt haben, welches ihm befahl, eine Colonie nach Libyen zu führen, indem es ihn dreimal den von Gott verordneten Fürsten von Cyrene nannte. Er befolgte den Rath nicht und behielt seinen Fehler, frug jedoch später bei einem Unglück, das die Insel Thera betraf, das Orakel abermals um Rath, und dieses wiederholte seine Weisung, worauf er mit einer Colonie abreiste und sich auf der Insel Platea, zunächst der africanischen Küste, niederliess. Hier erblickte er plötzlich zum ersten Male einen Löwen, und entsetzte sich darüber so, dass er laut aufschrie und eine ungehemmte und starke Stimme bekam. Nun ging er, des Orakels Weisheit erkennend, auf das feste Land, um auch den zweiten Theil seines Ausspruches in Erfüllung zu bringen. Er liess sich an der Quelle Cyre, die dem Apollo heilig war, nieder, gründete Cyrene und ward Beherrscher der Umgegend. — 3) B., von Ovid in den Metamorphosen angeführt. Mercur hatte dem Apollo seine Rinder geraubt; Niemand als Battus, der Hüter der Rosse des Neleus, hatte es gesehen und Mercur ihm eine Kuh geschenkt für seine Verschwiegenheit.

Baetylien, Kegel- oder keilförmige Steine, die als Symbole der Gottheit an merkwürdigen Orten aufgerichtet, und zum Zeichen der Verehrung mit Wein, Blut, besonders aber mit Oel gesalbt wurden; ein Ueberrest eines uralten Fetisch-Dienstes. Man findet sie bei den Hebräern, Phöniciern, Griechen und Römern. Von manchen glaubte man, dass sie vom Himmel gefallen seien, und von einem, unweit des delphischen Tempels befindlichen, dass es derselbe sei, den Saturn anstatt seines neugebornen Kindes Jupiter verschlungen und wieder ausgespieen habe.

Baubo (Gr. M.), ein altes Weib in Eleusis, bei welcher Ceres, als sie ihre Tochter Proserpina suchte, auf ihrer Wanderung einsprach. B. reichte ihr einen Mischtrank. Als aber die Göttin diesen aus Niedergeschlagenheit ausschlug, machte B., gereizt durch diese Verachtung ihrer Gabe, eine unanständige Geberde. Das erheiterte die Göttin und sie nahm den Trank. Nach Andern fügte Jacchus, der Knabe der Alten, eine zweite unanständige Geberde hinzu, womit der Mythus an den von Abas anstreift, der von Ceres in eine Eidechse verwandelt wurde.

Baucis (Gr. M.). Jupiter, mit Mercur die Erde in menschlicher Gestalt durchwandelnd, kam an ein reiches Dorf in Phrygien bei Nacht, um Aufnahme bittend, doch verschlossen war jede Thüre, nur die ärmste Hütte, in welcher Philemon und B. wohnten, öffnete sich den Fremdlingen und es wird ihnen ein frugales Mahl bereitet. Jupiter gibt sich den beiden Gatten kund, führt sie an einem Hügel hinauf und zeigt ihnen, wie er Gastlichkeit belohne: die ganze Gegend ist in einen wallenden See verwandelt, nur ihre Hütte steht noch, aber sie wird zu einem säulengetragenen, goldgedeckten Tempel. Auf ihre Bitte werden die guten Alten Hüter desselben, und damit nicht Eines das Andere sterben sehe, werden sie, nachdem sie ein sehr hohes Alter erreicht, Beide in gleicher Stunde, vor dem Tempel stehend, in Bäume verwandelt, er in eine Eiche, sie in eine Linde.

Baudwildur oder **Boedwildur** (Nord. M.), eine überaus schöne und kühne Schildjungfrau, Tochter des Königs Nidudr. Dieser Beherrscher von Schweden überfiel den kunstreichen Völundr, lähmte ihn und liess ihn für sich kostbare Sachen arbeiten. Völundr rächte sich furchtbar, indem er Nidudrs Söhne tödtete, aus ihren Zähnen Schmuck machte und B., als sie ihm einen zerbrochenen Ring zum Ausbessern brachte, entehrte.

Bauge oder **Baugi** (Nord. M.), ein Jote, Bruder des Suttung, welcher den köstlichsten Meth, dem Dichtkunst und Wohlberedtsamkeit ihren Ursprung verdanken, besass. Odin wünschte denselben zu haben, machte jedoch vergebens dem Riesen freundliche Vorschläge. Hierauf verwandelte er sich in Knechtsgestalt, tödtete neun, auf einer Wiese für B. arbeitende Knechte, und erbot sich demselben, ihre Arbeit zu verrichten, wenn er ihm zu einem Trunk von dem Dichtermeth verhelfen wollte. B. versprach es, und führte nach vollzogener Bedingung den Gott zu dem Berge, in welchem sein Bruder wohnte. Der Eingang war durch einen Felsen verschlossen, welchen Odin dem B. zu durchbohren befahl; mehrmals sagte derselbe, es sei geschehen, allein Odin liess sich nicht täuschen, er bliess in das Bohrloch, und da der Staub ihm in's Gesicht flog, sah er, dass der Fels keineswegs durchbohrt sei; endlich fiel der Staub in die Höhle hinein, Odin verwandelte sich in eine Schlange und kroch hindurch, und als B. mit dem Bohrer nach ihm stach, sah er, wie wenig er sich getäuscht, als er dessen Hinterlist fürchtete. Er verwandelte sich nun in den schönsten Mann, gewann durch seine Gesänge und seine Gestalt die Liebe der Gunlöde, Tochter des Suttung, und sie ergab sich ihm während dreier Nächte, ihm auch noch drei Züge von dem Dichtermeth erlaubend, welchen sie bewachte. Odin trank mit diesen Zügen all' ihren Vorrath aus, und entfloh in Gestalt eines Adlers, doch nicht ohne Gefahr, denn Suttung suchte ihn in derselben Gestalt zu ereilen. Schon hatte Odin Asgard erreicht, allein der Adler war ihm so nahe, dass er etwas von dem Meth von hinten verlor; diesen bekamen die schlechten Dichter. Den übrigen genossenen Meth spuckte Odin in Gefässe aus; die Götter verwahrten ihn und gaben nur selten, und nur ihren Lieblingen, etwas davon.

Baulius (Gr. M.), Beiname des Hercules von einem Tempel, den er bei Bauli in Italien hatte, wo er auf seinem Zuge mit den Rindern des Geryon verweilte, um die erschöpften Thiere weiden zu lassen.

Baulthorn oder **Boelthorn** (Nord. M.), ein Ahnherr Odins mütterlicher Seite. Seine Tochter hiess Bestla, und ward mit Bör, dem Sohne Bures (des aus den Salzsteinen geleckten ersten Gottes), vermählt. B. ward durch Bestla Grossvater des Odin, des Wile und des We.

Baum. Nach den Mythen der Alten waren einzelne Bäume Wohnsitze gewisser Gottheiten, oder ihre besonderen Lieblinge. Solche Bäume standen unter dem Schutze derselben, und wurden desswegen von dem frommen Volkswahne für heilig gehalten. Es wurden Opfer unter ihnen gebracht, und aus dem Rauschen ihrer Blätter oder dem Vogelgesange auf ihren Wipfeln wollten die Opfernden die Stimme des Gottes vernehmen. Die Naturansicht der früheren Völker fand alles Wunderbare leicht erklärlich durch Götter, welche sie zur Ursache dieses Wunderbaren machten. So wohnten Dryaden in den Wäldern und einzelnen Bäumen, welche schützten, was ihrer Obhut übergeben war, und die an ihrem Heiligthume Frevelnden bestraften. Die Dichtkunst bemächtigte sich des reichhaltigen Stoffes, und schuf die Fabeln von dem Oelbaum der Minerva, dem Lorbeer des Apollo, dem Granatbaum der Proserpina, dem Fichtenbaum Neptuns, dem Myrtenbaum der Venus, der Eiche des Jupiter u. s. w.; so wurden verschiedene Bäume den einzelnen Gottheiten geweiht: die Esche dem Mars, weil man aus ihrem Holze Speere machte; die Cypresse dem Pluto, weil die Gräber damit bepflanzt wurden, die Pappel dem Hercules, die Erle dem Silvan, die Ceder den Eumeniden. — Den nordischen Völkern war die majestätische, weithin schattende Eiche ein Gegenstand der Verehrung; die Preussen hatten viele heilige Eichen, in deren Dunkel die Bilder der drei grossen Götter standen, und welche zu berühren den unmittelbaren Tod zur Folge hatte, so wie auch sterben musste, wer einen heiligen Wald betrat. Auch die skandinavischen Völker verehrten Bäume, und selbst bis auf die neueste Zeit hat sich diese Verehrung erhalten; man schützt einzeln stehende, grosse Bäume durch Einzäunungen, man wählt sie zu Stellen für merkwürdige Versammlungen, überträgt ihnen Denkmale, pflanzt dauerhafte Bäume, wie die Eiche, die Linde u. a. zum Andenken u. s. w.

Baeus (Gr. M.), des Ulysses Steuermann, von welchem der Berg Bäa auf der Insel Cephallenia, und die Stadt Bajä in Italien benannt sein sollten.

Bawor (Nord. M.), ein Zwerg, der mit seiner Sippschaft in Steinen wohnte, und nie an das Tageslicht kam.

Bayart (Mittelalterl. Sage), das berühmte Ross der vier Heimonskinder, auf welchem sie alle vier sassen und dessen Schnelligkeit, Muth und Stärke sie dem Könige von Frankreich so gefährlich machte, dass die Verzeihung für viele Freveltbaten an die Bedingung geknüpft ward, dieses Ross zu opfern. Der älteste der Söhne des Heimon, Renaud, musste ihm einen Mühlstein um den Hals knüpfen, und es so in die Seine stürzen; es arbeitete sich jedoch ohne Mühe empor, und als es seinen Herrn erblickte, wieherte es freudig und schwamm dem Ufer zu. Das Gewicht wurde verdoppelt, vervierfacht, doch immer gewann es neue Kraft durch den Anblick seines heldenmüthigen Herrn; endlich band man ihm einen Mühlstein an jedes Bein und zwei an den Kopf, und hiess Renaud fortgehen; das Ross arbeitete sich, trotz der ungeheuern Last, aus der Tiefe des Wassers empor, schaute sich um, da es aber seinen Herrn nicht erblickte, verliessen die Kräfte das edle Thier und es sank unter.

Baza (Pers. Rel.). Die Perser legen den Sünden ein gewisses Gewicht bei, welches durch gleichfalls in's Gewicht fallende gute Thaten oder Bussübungen aufgewogen werden muss. B. ist nun ein Gewicht Sünden von 90 Staters oder 22½ arabischen Drachmen.

Bazur, ein orientalischer Zauberer. Nach seinem Namen werden alle Amulete von den Persern Bazuband genannt.

Bebryce (Gr. M.), eine Danaïde, Mörderin des Chthonius; von ihr sollen die Bebryker, ein Volk in Bithynien, ihren Namen erhalten haben.

Becher, in Aegypten, Medien, Persien und Syrien ein Symbol der Nahrung für Seele und Leib, so wie des physischen Werdens, welche Bedeutung wahrscheinlich von dem Becken der Quellen, welche als erzeugende, nährende und Ueberfluss spendende Gottheiten betrachtet wurden, abzuleiten ist. Man findet den B. als Attribut mehrerer Gottheiten; so wird er unter den Spielsachen des Bacchus genannt und gehört auch besonders dem ägyptischen Hermes, dem Freunde des Osiris, dem Spender der Weisheit, zu. Das spätere Aegypten, das gräcisirte, nahm den B. gleichfalls als Symbol, und zwar in doppelter Bedeutung, auf; der höchste Demiurg mischte nämlich in einem Becher die Stoffe, aus denen die Weltseele und die menschliche Seele bestehen sollte, in einem andern aber die gröberen der Sinnenwelt, die zur Sinnlichkeit und zum niedern Erdenleben führen, daher die alexandrinische Philosophen-Schule von einem doppelten Becher spricht, den die Seelen für ihre Wanderung auf der Erde mit erhalten, davon der eine erhebt, der andere aber niederzieht zum Thierischen. In Aegypten wurde aus Bechern wahrgesagt, indem man Wasser hinein goss und die Figuren betrachtete, welche hineinfallende Lichtstrahlen bildeten, oder indem man unter feierlichen Beschwörungen der guten und der bösen Götter Goldplättchen oder edle Steine, mit Charakteren bezeichnet, in den mit Wasser gefüllten B. warf, und nun entweder in Worten oder in Zeichen Antwort auf die vorgelegten Fragen erhielt, oder auch durch die Figuren, welche in die Flüssigkeit gegossenes, siedendes Wachs machte (daher stammt unser Bleigiessen in der Dreikönigsnacht). Von grosser Heiligkeit ist der Becher, welchen der König Dschemschid bei Gründung der Götterstadt Isthakar (Palmyra) fand; derselbe hiess Giam (Dschiam), war aus einem einzigen Türkis und war gefüllt mit dem kostbarsten Unsterblichkeits- und Weisheits-Tranke. — Die Astronomie hat den B. des Apollo verewigt, mit welchem er seinen Raben aussandte, um Wasser zu holen; der Rabe brachte keines und ward desshalb aus einem weissen in einen schwarzen verwandelt; er und der B. stehen auf der Wasserschlange, der B. am südlichen Himmel, westlich von der Jungfrau, nordwestlich vom Raben, ungefähr 170° grader Aufsteigung und 15° südlicher Abweichung. Er enthält 121 Sterne, worunter jedoch nur acht der vierten Grösse.

Becherzählung (Römische Brauch). An dem Feste der Anna Perenna (s. d.) trank man ungemischten Wein nach der Zahl der Becher und glaubte, dass die Göttin dem Trinker noch so viele Jahre schenken würde, als er Becher auf ihr Wohlsein leerte. Auch tranken Liebende auf das Wohl ihrer Geliebten so viele Becher, als ihr Name Buchstaben hatte.

Beeltha, eine Göttin der Sabäer, welche man für identisch mit Baaltis (s. d.) hält.

Beelzebub, ein schimpflicher Beiname, den die Juden dem Baal gegeben, und da sie dafür hielten, der Götzendienst sei das Werk böser Geister, so verstanden sie hauptsächlich unter diesem Namen den Satan. (S. Baal Sebub.)

Beflügelung (Gr. u. röm. M.). Die Genien, die Seelen, die Liebesgötter (Eroten, Amoretten), die bacchischen Dämonen und die Winde, ferner einzelne Gottheiten: Mercur, Amor, Iris und Nice (Victoria) wurden, theils um ihre Schnelligkeit zu versinnlichen, theils um ihr Streben nach einer höhern Welt anzudeuten, mit Flügeln versehen, daher die Beinamen Aliger, Ales, Alipes etc.; eine sonst geflügelte Gottheit, ohne Flügel dargestellt, sollte andeuten, dass sie diesen Ort nicht verlassen dürfe (so die Nice apteros in Athen).

Begawen (Ind. M.), ein Rajah aus dem Geschlechte der Sonnenkinder, Sohn des Wissuraden und Vater des Sindudiben.

Behallok (Ind. M.), die zweite Abtheilung der Unterwelt (Atal), der finstere Aufenthalt böser Dämonen.

Behemoth (Hebr. M.), ein grosser, gleich im Anfange erschaffener Stier. Sein Wohnort sind 1000 Berge, welche, täglich von ihm abgeweidet, allnächtlich wieder bewachsen werden. Es wurde bloss ein Paar erschaffen, aber unfruchtbar, damit sie nicht die Erde zerstörten. In der Bibel (Hiob 40, 10) scheint unter B. der Elephant oder das Nilpferd verstanden zu sein.

Behescht (Pers. M.), der Zustand der Seligkeit in den Wohnungen des Ormuzd, welche die Seelen der Frommen erlangen, während die Sünder zu dem Reiche des Ahriman hinabgestossen werden.

Behra (Ind. M.), das jeden Badenden verjüngende Meer in Brama's Wohnung (Bramaloga).

Behram (Pers. M.), der Ized des Feuers, der lebendigste und wirksamste unter allen, König der Wesen, mit einem glänzenden Leibe, Gehülfe des Ardibehescht gegen die Dews. B. erscheint in allen möglichen Gestalten und wird als die Alles durchdringende, belebende und befruchtende Kraft dargestellt: so in dem Körper des Windes mit mildem Hauch die Fesseln des Winters auflösend; als Stier (welcher die edelste Gestalt ist, die der Orient kennt), das Böse zermalmend mit seiner Stärke; als Eber; als Lamm (Symbol des Ueberflusses, weil in Schafheerden der Reichthum der Hirtenvölker besteht); als Ross (Sinnbild der Schnelligkeit); als Kameel; als Ormuzdvogel; endlich in höchster Potenz als Jüngling mit Flammenaugen, stets im siegenden Kampfe gegen das Böse, und daher als einer der mächtigsten Genien auf der Seite des Lichts. B. ist auch der Planet Mars.

Beiggwir (Nord. M.), Diener des Gottes Freyr, so wie Beyla, seine Gattin, auch eine Dienerin desselben Gottes war. Als Aegir den Göttern das Gastmahl gab, bei welchem Loke so arge Zänkereien verursachte, trugen Beide so viel als möglich zur Freude des Mahles bei.

Bein (Veda, Vena, Ind. M.), ein böser, gottloser König, der den Gottesdienst verachtete und verbot, Sohn Neitmans. Er wurde von den Braminen, nachdem er durch Vermischung der verschiedenen Kasten allgemeine Verwirrung erregt hatte, getödtet. Weil er keinen Erben hatte, rieben die Priester seine Hände zusammen und peitschten sein Blut, woraus ein Sohn, Part-hu (Prithu, Prithau), hervorging.

Beitschwanr Atma (Ind. M.), das Feuer des Weltalls. Es hat sein Haupt in beiden Welten, die Sonne ist sein Auge, der Wind sein Athem, der Aether sein Gedanke, das Wasser sein Mark, die Erde sein Fuss; es ist also die Alles durchdringende Welt-Seele.

Beissar (M. der Orientalen), Sohn des Kham (Ham) und Schwiegersohn des Essilimun, eines mächtigen Astrologen, welcher sich die Herrschaft über alle Anderen, seiner Kunst Beflissenen, erworben. Er rettete sich mit seiner ganzen Familie in Noahs Arche. Der berühmteste seiner Söhne hiess Mizraim, welcher Stammvater von 26 ägyptischen Königen ward, und Memphis, ihren Hauptsitz, erbaute.

Beit Ghomdan, ein alter arabischer, sehr berühmter Planeten-Tempel in der Stadt Sanaa, der Venus geheiligt.

Bekem (Ind. M.), ein mächtiger Fürst von Kantapur, Schwiegervater des Krischna, dessen erste Gemahlin Rukumani B.s jüngste Tochter, war. Obwohl der Vater in diese Vermählung gewilligt, so war sie doch dem Sohne desselben, Rokem, nicht angenehm, weil er seinen Stamm dadurch entehrt glaubte, indem er Krischna nicht als Gott, sondern nur als den Sohn Wasudewas kannte. Er überredete daher B., sein Wort zurückzunehmen, und die schöne Rukumani dem gewaltigen Radscha Suspal von Chanderi zu geben. Krischna, erzürnt, brachte ein Heer zusammen, schlug die vereinigten Armeen des Rokem und des Suspal und entführte die Braut an ihrem Hochzeittage.

Bela (Nord. M.), ein Riese, den Gott Freir im Zweikampf tödtete, indem er mit einem Hirschgeweih ihm den Kopf zerschmetterte.

Belakscham (Bilakscham, Ind. M.), eine Insel jenseits des Salzmeeres. Ihr Umfang beträgt 200,000 Gossinei (zu 4 Meilen); auf ihr wächst ein Baum 1100 Gossinei hoch; sie hat viel grosse Berge und Ströme; ihre Einwohner leben 1000 Jahre, sind Feueranbeter, und ihre Frauen werden bloss durch das Ansehen der Männer befruchtet; sie ist ringsum von süssem Wasser umgeben.

Belates (Gr. M.), ein Lapithe aus Pella. Er erschlug den Centauren Amycus bei der Hochzeit des Pirithous, indem er dem aus Ahorn gemachten Tisch einen Fuss ausbrach, mit einem Schlage ihm das Kinn auf die Brust schmetterte, so dass er mit dunklem Blut vermischt die Zähne ausspie und seinen Geist aufgab.

Belatucadr (Celt. M.), Beiname des Kriegsgotts, nur durch eine Inschrift »Marti Belatucadro«, und einige dürftige Nachrichten bekannt, nach denen er in Britannien verehrt wurde.

Belbog, Bolbog (Wend. M.). Der weisse Gott des Guten. Zu Julin verehrte man ihn besonders hoch und bildete ihn dort, wie in Jüterbog, als alten, weiss gekleideten Mann, mit einem Lorbeerzweige gekrönt, in der Rechten einen Palmzweig haltend, ab. Ihm wurden überall Opfer gebracht, damit er vor den bösen Einflüssen des Tschernebog schütze. Bei den Russen hiess er Bielbog, und hatte seinen Tempel in Kiew, wo er auch als Donnergott galt.

Belenus, Belinus oder **Belis,** Beiname des Apollo auf zwei Inschriften von Aquileja. Der Name ist vielleicht verwandt mit dem cretisch-pamphylischen Abelius, dem gallischen Abellio, und dem laconischen Worte Bela, Glanz, Sonnenglanz.

Beli (Ind. M.), s. Bali. Ferner: (Nordische M.) s. Bela.

Belides (Gr. M.) heissen die Danaïden von ihrem Grossvater Belus (s. d.), dem Vater des Aegyptus und des Danaus.

Belinuncia (Gall. M.), eine Giftpflanze von zauberkräftiger Wirkung, dem Belenus oder Belinus heilig, daher ihr Name. Sie soll, wenn sie von einer reinen Jungfrau zur Mitternachtszeit, während des Neumondes, ausgegraben war, Regen und Unwetter, hingegen beim Vollmond Trockenheit hervorgebracht haben. Die Gallier vergifteten ihre Pfeile und Lanzenspitzen damit; man vermuthet, dass es das Bilsenkraut gewesen, doch wohl nur der entfernten Namens-Aehnlichkeit wegen, indem dieses nicht von so gefährlicher Wirkung ist, dass man Pfeile damit vergiften könnte.

Belinus. S. Belenus.

Belis. S. Belenus.

Fig. 55.

Belisana (Gallische M.). Erfinderin der Künste und, wie man glaubt, eine von den Galliern verehrte Gottheit; alle Angaben hierüber sind zweifelhaft, eben so wie die, dass sie auf der bekannten achteckigen Säule bei Cussi la Colonne (Départ. de côte d'or in Frankreich), welche viele Abbildungen von römischen und andern Göttern trägt, in Gestalt einer auf einem Baumstamme sitzenden Jungfrau vorgestellt sei.

Bellerophon oder **Bellerophontes,** Fig. 55 (Gr. M.), Sohn des corinthischen Königs Glaucus und der Eurymede, tödtete aus Unvorsichtigkeit seinen Bruder und flüchtete deswegen zum Könige Prötus nach Argos. Da sich aber dessen Gemahlin Antea oder Stheneböa in ihn verliebte und er ihre Leidenschaft nicht erwiderte, gab sie bei ihrem Gemahl an, dass er ihre Ehre zu verletzen gesucht habe. Dieser wollte sich nicht selber an seinem Gaste rächen, sondern schickte ihn mit einem Briefe zu Stheneböa's Vater, dem Könige Jobates in Lycien, mit der Bitte, den B. hinrichten zu lassen. Jobates wollte ihn als Gast eben so wenig umbringen lassen, setzte ihn jedoch solchen Gefahren aus, von denen zu vermuthen war, dass er ihnen unterliegen würde. Die Götter standen ihm seiner Unschuld wegen bei und schickten ihm das geflügelte Pferd Pegasus (s. d.), auf welchem er die Solymer, eine asiatische Nation, die Amazonen und die Chimära glücklich bezwang. Hierdurch wurde Jobates so gerührt, dass er ihm seine Tochter Philonoë zur Gemahlin gab und ihn zu seinem Nachfolger ernannte. Nicht so glücklich, als sein Leben, war sein Ende. Die Götter, welche in ihm einen zu hoch geehrten Liebling der Menschen sahen, begannen ihn zu hassen und stürzten ihn, da er einst sich auf dem Pegasus zum Olymp emporschwingen wollte, herab; gelähmt irrte er einsam umher, sein Herz abzehrend in bitterem Kummer und die Pfade der Menschen fliehend. Philonoë gebar ihm drei Kinder, den Isander, Hippolochus und die Laodamia. Mars tödtete den Isander in einer Schlacht gegen die Solymer; Diana raubte ihm die Tochter, Hippolochus aber erbte des Vaters Reich. Auf unserem Bilde bekämpft der Held die Chimära; hinter ihm steht Jobates, Minerva beschützt ihn unsichtbar.

Bellona (Gr. u. röm. M.), des Mars Schwester, oder Amme, oder Gemahlin, oder Tochter, Göttin des Kriegs. Wenn Mars zu Felde zog, richtete sie ihm den Wagen und die Pferde zu. Ihr Tempel in Rom war sehr berühmt; der Senat versammelte sich darin, wenn für einen siegreichen Feldherrn ein Triumph beschlossen, oder mit feindlichen Gesandten Unterhandlungen gepflogen werden sollten. Die Priester dieser Göttin waren Ausländer; bei ihren Festen ritzten sie sich mit Messern und liessen in einer Art von Raserei Orakelsprüche von sich hören, wesswegen sie der Pöbel für heilige Leute hielt. B. hatte noch zwei andere berühmte Tempel in den beiden Städten Comana in Pontus und in Cappadocien.

Bellonarii (Röm. Gottesdienst), die Priester der Bellona (s. d.), welche die Göttin mit wilden Geberden verehrten, sich bluthig ritzten, und dann sich und Andere mit dem Blute zu besprengen, es als Opfer darzubringen oder selbst zu trinken pflegten. Diese Feier, die auch mit Weissagungen verbunden war, fand besonders am 24. März Statt, der daher Bluttag hiess.

Bellum (πόλεμος), bei den Griechen und Römern der personificirte Krieg; ein Ungeheuer, das mit hundert eisernen Riegeln verwahrt werden musste, oder auch gefesselt mit auf den Rücken gebundenen Händen gedacht wurde.

Belomantia (Gr. M.), eine eigene Art der Wahrsagung aus geheiligten, mit allerlei Charakteren versehenen Pfeilen. Sie wurden entweder in einem geweihten Köcher gemischt und dann wie ein Loos gezogen, oder es ward ein einzelner in die Luft geworfen und der Richtung der Spitze gefolgt.

Belone (Gr. M.), die Erfinderin der Nähnadeln.

Belus (Orient. M.). Das Wort bedeutet bei den Morgenländern Herr und ist der Beiname von Göttern und Königen. So hiess bei den Babyloniern die Sonne B. S. Baal. Mythische Personen, welche diesen Namen führten, sind uns drei bekannt: 1) B., der erste König von Assyrien, welcher die Cultur dieses Landes begründet hat; er trocknete die Sümpfe aus, leitete stehende Gewässer ab, grub Canäle und machte dadurch das Land bewohnbar und fruchtbar; er bestimmte die Zeitrechnung und liess seine Beobachtungen, in gebrannte Thontafeln eingegraben, in dem sogenannten babylonischen Thurme aufbewahren. Dieser scheint häufig mit dem Gott Baal identificirt oder verwechselt zu sein. — 2) B., der bekannte ägyptische, nach der griechischen Sage Sohn des Neptun und der Libya, Vater des Danaus und des Aegyptus, nach Einigen auch des Cepheus und des Phineus. Dieser B. führte nach Diodor eine Colonie nach Babylon, und könnte daher wohl eins sein mit dem vorher angeführten. — 3) B., der Vater der Dido und der Anna, so wie des Pygmalion.

Bemilucius (Celt. M.), wird von Einigen als gallische Nationalgottheit, von Andern als örtlicher Beiname Jupiters aufgeführt. Es ist bei Flamigny in Burgund eine Statue gefunden worden welche diesen Namen eingegraben trug.

Ben (Nord. M.), der Meeresgott der alten Angeln und Sachsen.

Benan Hascha (Orient. M.), »die Gesellschaft Gottes«; die Araber verstehen darunter alle die Götter, welche sie vor der Stiftung des Islam durch Mahomet anbeteten.

Bendis (Gr. M.), eine Mondgöttin in Thracien, bald mit Diana, bald mit Proserpina zusammengestellt. Sie führte den Beinamen Dilonchos, »die Göttin mit dem doppelten Speere«, weil sie im Laufe mit zwei Speeren in der Hand abgebildet war. Ihr Dienst verbreitete sich von Thracien aus über Lemnos nach dem übrigen Griechenland; im Piräus bei Athen feierte man ihr jährlich am 4. Junius ein Fest, Bendidea genannt.

Benseiten (Jap. M.), Göttin der Blumen und Früchte, der zu Ehren man die Pfirsichfeste feiert, deren eines bei der Blüthe dieses Baumes, das andere aber bei Reife der Früchte beginnt, und mit heiteren Spielen, Festgelagen und Tänzen mehrere Tage dauert.

Benthesicyme (Gr. M.), Tochter Neptuns und der Amphitrite, ward die Erzieherin des Eumolpus, eines Sohnes des Neptun von Chione, der Tochter des Boreas, welche das Kind, um der Schande zu entgehen, ins Meer warf, aus dem es aber durch den Vater gerettet und der B. zur Erziehung übergeben ward. Sie hatte sich mit einem Libyer vermählt und hatte zwei Töchter von demselben, deren eine Eumolpus zur Gattin erhielt und den Ismarus mit ihr erzeugte.

Bentis (Slav. M.), eine Gottheit der Polen, der sich die Reisenden durch Opfer und Gelübde empfahlen.

Berecynthia (Gr. M.), gewöhnlicher Beiname der Cybele, von dem Gebirge Berecynthus in Phrygien, wo sie hauptsächlich verehrt wurde.

Beren (**Jura**) (Ind. M.), der Jäger, welcher Krischna, ohne es zu wissen, tödtete, indem der Gott, unter einem Baume schlafend, vergessen hatte, die leuchtenden Zeichen seiner Göttlichkeit unter den Fusssohlen durch Sandalen zu verbergen, und Jura, nach diesem Scheine zielend, so Wischnu, in seiner höchsten Verkörperung, des Lebens beraubte.

Berenice (Gr. M.). Tochter des Königs Ptolemäus Philadelphus von Aegypten und der Arsinoë, ward mit ihrem Bruder Ptolemäus Euergetes vermählt. Als dieser nach Syrien in den Krieg zog, gelobte B., welche ihn innig liebte, der Venus ihr Haupthaar, wenn er glücklich wiederkehren würde, und als diess erfolgte, schnitt sie dasselbe wirklich ab, und legte es im Tempel der Aphrodite Zephyritis nieder. Folgenden Tags ward dasselbe vermisst, und der samische Astronom Conon sagte, es sei unter die Sterne versetzt. Dort findet man unter dem Namen »Haupthaar der B.« eine Sterngruppe nahe am Schweife des Löwen, am nördlichen Himmel von 176° bis zu 203° gerader Aufsteigung und von 16° zu 33° nördlicher Abweichung; es hat nur Sterne von vierter Grösse an abwärts, und viele Nebelflecken.

Berezeseng (Pers. M.), eine der fünf Arten von Feuer, das in allen Geschöpfen Ormuzds sowohl, als in der Erde, den Bergen, den Naphtaquellen etc. verbreitet ist. Dieses Feuer war es vorzüglich, dessen Cultus sich über einen grossen Theil von Asien ausschliesslich verbreitet hatte. und wovon Strahlen bis nach Indien, Tübet, der Mongolei und der Türkei drangen. Baku mit seinen Naphtaquellen scheint der Hauptsitz der Feueranbeter gewesen zu sein.

Berge. Der Glaube, dass man auf Bergen dem Himmel näher stände, machte sie schon frühe bei vielen Völkern zum Gegenstande der Verehrung. So verehrten die Indier den Meru, die Perser den Albordi; so wurde Baal auf Höhen verehrt, so war bei den Griechen der Olymp Wohnsitz der Götter, so war bei den Juden der Ararat hochheilig, und wird noch jetzt von den Armeniern und Türken verehrt; so ist der Ramaberg (Adamspic) auf Ceylon, der Himalaja und der Caucasus noch verehrt, ja selbst in Deutschland wird der Brocken noch mit scheuer Ehrfurcht, wenigstens von dem Volke, betrachtet. Aus dieser alten, tiefgewurzelten Sitte entstand auch die Gewohnheit, Tempel und Kirchen auf erhöhten Plätzen anzulegen.

Bergelmer (Nord. M.), Sohn Aurgelmers, ein gewaltiger Rhimthusse, Bergriese. Lange vor Erschaffung der Welt lebte schon dieser mächtige vornjotnische Gott, bis die Erde durch Ymers Blut überschwemmt war, und das ganze Rhimthussengeschlecht unterging. Er war der Einzige, welcher sich mit seiner Gattin in einem Boot rettete und nachher die Welt wieder bevölkerte.

Berggeist. S. Bergmännchen und Rübezahl.

Berginus (Celt. M.), ein nur aus einigen Inschriften bekannter Gott der Cenomanen, einer celtischen oder gallischen Völkerschaft. Weil jene Inschriften in der Nähe von Bergamo gefunden wurden, so schliesst man, dass diese Stadt von demselben ihren Namen erhalten hat.

Bergion (Gr. M.), Anführer der Ligurer, die er mit seinem Bruder Alebion gegen Hercules bei dessen Rückkehr mit den geraubten Rindern des Geryon mit so grosser Kühnheit führte, dass dieser zu seiner Vertheidigung sich von Jupiter Hülfe erbat, worauf neben ihm mächtige Steine niederfielen, mit denen er die Feinde zurücktrieb. Ein Feld bei Marseille, mit Steinen übersäet, wird für den Kampfplatz gehalten.

Bergmännchen oder **Berggeister.** An ihr Dasein glauben die Bergleute allenthalben: ein Aberglaube, worin sie sich nicht stören lassen, ja den sie für ächt christlich halten, so dass sie denjenigen, welcher nicht daran glaubt, für einen Unchristen ansehen, und ihm nicht gestatten, ihr Bergwerk zu befahren, indem der Teufel ihm dasselbe über dem Haupte zusammenstürzen würde. Das B. ist ein altes graues Zwerglein voll boshafter Launen und Tücken; eifersüchtig auf die Schätze, welche die Bergleute ihm rauben, sucht es ihnen zu schaden wo es kann, verursacht böse Wetter, lässt sie von herabrollendem Gesteine erschlagen, bläst ihnen das Grubenlicht aus etc. Doch soll es auch gute B. geben, Gnomen, welche besonders einzelnen Menschen, die sie sich zu ihren Lieblingen erwählen, Goldadern zeigen, im Stillen ihre Arbeit fördern etc. Jedes Bergwerk hat in der Regel einen Geist besondern Namens, vor dem die Bergleute tiefen Respect haben.

Bergriesen (Nord. M.), Waldgötter, beschützen Wald und Gewild, und beherbergen müde Wanderer, sind aber die gebornen Feinde der Asen, weil diese sie aus ihrem Reiche und aus der Verehrung des Volkes getrieben haben; sie würden Asgard stürmen, doch ist die Brücke Bifröst (der Regenbogen), welche Asgard mit der Erde verbindet, zu schwach, um sie zu tragen.

Berhut (Muham. M.), eine unübersteiglich hohe Mauer aus ehernen Quadern, welche in Arabien und Aegypten sich in der Gegend der Strasse Bab el Mandeb befinden soll; sie ward von dem Propheten aufgeführt, um die Gläubigen (Moslems) von den Ungläubigen (Giaurs) zu sondern.

Beroë (Gr. M.), 1) Tochter der Venus von Adonis, welche, nachdem Neptun vergeblich um sie geworben, Bacchus erhielt. — 2) B., die Amme der unglücklichen Semele (s. d.); in sie verwandelte sich die eifersüchtige Juno, als sie ihre Nebenbuhlerin beredete, dass ihr Geliebter ein Betrüger sei, und sie aufforderte, ihm zur Bedingung ihrer Liebe zu machen, dass er, wenn er Jupiter sei, sich ihr in seiner Göttergestalt zeige. — 3) B., eine der Oceaniden. — 4) B., eine der Frauen, welche dem Aeneas aus Troja nach Italien folgten, Gattin des Doryclus. Iris nahm auf der Juno Befehl ihre Gestalt an, und beredete die Weiber, als sie in Sicilien waren, die Flotte in Brand zu stecken, um ihren Reisen ein Ziel zu setzen.

Berserker (Nord- M.), Mächtige Kampfhelden, welche in der nordischen Mythologie eine wichtige Rolle spielen. Starkadder, ein Riese mit acht Händen, vermählte sich mit Alfhilde, mit dem Beinamen der Allerschönsten. Ihr Sohn (nach Andern ihr Enkel) Arngrim war der Erste, welchen man B., d. h. ohne Panzer, nannte, weil er, von übermenschlicher Stärke, stets ohne Rüstung in den Kampf zog, und durch seine Wuth den fehlenden Schutz des Harnisches ersetzte. Er tödtete den König Swafurlam, vermählte sich mit des Ermordeten Tochter, und bekam von ihr zwölf Söhne, welche alle seine Kampfeswuth und Stärke erbten. Weil sie gleichfalls ohne Panzer in die Schlacht gingen, erhielten sie, wie ihr Vater, den Namen Bar- oder Berserker. Es schien sich die angeerbte Wuth bei ihnen noch gesteigert zu haben; es begegnete ihnen sogar nicht selten in solchen Anfällen, dass sie, weder sich noch Andere kennend, ihre eigenen Leute umbrachten, daher sie, sobald sie Annäherung des Anfalls fühlten, sich in Wälder und Gebirge begaben, um ihren Grimm an den Felsen und Bäumen auszulassen; war dieser dann vertobt, so erschienen sie abgemattet, schwach und hülflos. — Die Götter bedienten sich ihrer zu den gewagtesten, tollkühnsten Unternehmungen; aber eben so waren sie auch verabscheut und gefürchtet, denn selbst die Trollen, Bergriesen und Gnomen, die Jotnen und andere gescheute Gäste, setzten bei ihrer Erscheinung weniger in Angst als die B., denn sie heulten und bissen mit den Zähnen wie die Wölfe, zerbissen oft Schwerter und Schilde ihrer Feinde, stürzten sich in die Flamme brennender Schiffe unversehrt, zermalmten, was in den Bereich ihrer Arme kam u. s. w. Ihr Untergang ward durch ihre Raserei selbst herbeigeführt. Einer von ihnen, Hiörnart, wollte die Tochter des schwedischen Königs Zegbug sich erkämpfen, und forderte seine Genossen auf, ihm zu helfen; aber das schwedische Heer war so stark, dass es noch nicht völlig vertilgt war, als ihre B.-wuth nachliess, und nun gewann der Ueberrest desselben die Schlacht, indem wenige Kräfte dazu gehörten, kampfesmüde B. umzubringen; alle Brüder und Verwandte derselben fielen, und das ganze Geschlecht war ausgerottet.

Berstuk (Slav. M.), ein Waldgott der Slaven und Wenden, auch Zlebog, zornige Gottheit, genannt; er beherrscht die Feld- und Waldgeister und Gnomen als unumschränkter Herr, wird als bocksfüssiger Halbmensch gedacht und unter die bösen oder schwarzen Götter gerechnet.

Beruth (Phönic. M.), »Tanne«; sie wurde auf den Höhen des Libanon verehrt und wird für einerlei mit Astarte (s. d.) gehalten. Von ihr soll die Stadt Berythus (h. z. T. Beirut) den Namen erhalten haben.

Besa (Aegypt. M.), eine Gottheit, deren Dienst erst in späteren Zeiten entstanden zu sein scheint. Sie wurde in Antinoopolis und Abydus von Priestern bedient, und diese theilten in ihrem Namen Orakel in versiegelten Briefen aus. Constantin d. G. stellte desswegen eine genaue Untersuchung an, indem viele von den Hofleuten sich dieses Orakels bedient und es um Rath gefragt haben sollten.

Bestla (Nord. M.), Tochter des Joten Baulthor, Gattin des Bör (s. d.), und von ihm Mutter des Odin, Wile und We.

Beyla (Nord. M.), Freyrs Dienerin, Beiggwirs Gattin, und Freundin Laufeia's, der Mutter Lokes, welches sie bewog, den bösen Asen, als er bei Aegirs Trinkgelag alle Götter schmähete und verläumdete, zu bitten, dieser, seiner Mutter, zu schonen.

Bezauberung. Nach dem Aberglauben aller Völker konnte man vermittelst Anwendung übernatürlicher Mittel Andern Schaden, Krankheit, oder gar den Tod verursachen. Sie wurde namentlich in Angelegenheiten der Liebe angewendet, und bestand dann in Liebesknoten, Liebestränken, Amuletten u. dgl. Nach christlichen Gesetzen war sie ein todeswürdiges Verbrechen, und wurde mit Verbrennen bei lebendigem Leibe nach vorhergegangener Folterung bestraft.

Bezla (Slav. M.), bei den Wenden die Göttin der Dämmerung, im Gefolge des Sonnengottes Perun.

Bhadrakoli (Ind. M.). S. Wadrakali.

Bhadrasena (Ind. M.), ein fabelhafter Feldherr eines fabelhaften Königs Duschmanta; in der indischen Götterlehre hoch berühmt.

Bhagavat (Ind. M.), »der Selige«, Beiname des höchsten Gottes, Wischnu, wenn er als Krischna verehrt wird, welches eine Verkörperung des Wischnu ist. Das von ihm handelnde Buch (Purana) führt den Titel Bh.-Purana.

Bhagawat Geta (Dschita), ein berühmtes indisches Gedicht, welches man für einen Theil des Gedichtes Maha Bharata, mitunter aber auch für ein selbstständiges Werk hält. Es ist in Dialogform geschrieben, und handelt von der Einheit und Grösse Gottes, so wie von der Nichtigkeit aller übrigen Dinge.

Bhagwadi (Ind. M.), Beiname des Dakscha oder Tekschen, eines der zehn Herrn erschaffener Wesen, aus Brama's grosser Zehe entsprungen; B. war auch zugleich Beiname der Bhawani, einer Gemahlin Schiwa's, wenn sie als Wadrakali verehrt wird.

Bhanasser, Indischer Rajah (von Benares), sehr mächtig, aus einem gefürchteten Dämonengeschlecht stammend, und von Mahadewa (Schiwa in einer Menschwerdung), mit ausserordentlicher Kraft begabt. Udka, seine Tochter, verliebte sich in Krischna's Enkel, Amsrud, liess diesen zu sich entführen, sah sich jedoch von dem Vater, der dieses Verständniss entdeckte, des Geliebten beraubt, indem er durch B. gefangen gesetzt wurde. Von Krischna bekämpft und besiegt, obwohl Schiwa (Mahadewa) ihm mit seiner ganzen Macht beistand, willigte er endlich in die Heirath, und ward Krischna's eifrigster Verehrer.

Bharawi (Ind. M.), ein alter Dichter, angeblicher Verfasser eines hochgeschätzten Gedichts, Kiratardschunija, welches eine berühmte Heldensage von Artschunen, dem die Götter himmlische Waffen zum Kriege gegen die Kuru's gaben, erzählt; indess ist die Person des Dichters selbst so zweifelhaft, als die Helden seiner Sage.

Bhascha (Ind. M.), »Göttin der Sprache«, Beiname der Sarahswadi, der Gattin des Ganges.

Bhasma (Ind. Religionsl.), eine Mischung aus dem Staube des Sandelholzes und getrocknetem Kuhmist. Man macht mit ihm das heilige Zeichen Terunama, durch welches sich die Bekenner der verschiedenen Glaubenslehren von einander unterscheiden, auf die Stirne.

Bhawa (Ind. M.), Beiname des Schiwa; er bedeutet das Erzeugende, und gebührt daher weit eher der Alles erzeugenden Urkraft Brama, als dem Zerstörer Schiwa.

Bhawani (Ind. M.), einer der ehrendsten Bezeichnungsnamen der Gattin des Schiwa, »die Alles Gebärende, die Dasein Gebende.« Sie ist identisch mit der mächtigen Göttin Maja, der Alles erweckenden Liebe, die von der absoluten Gottheit getrennte weibliche Urkraft, die erste Mutter, und die zuerst aus der Gottheit selbst Gewordene. Die Mythen der Indier erzählen, sie sei sowohl Mutter als Gemahlin der grossen Götterdreieinheit, Brama, Wischnu und Schiwa, gewesen; die Gottheit unterredete sich mit ihr, der Urwirksamkeit (Schakli), über die ferneren Schöpfungen, erhielt ihre Zustimmung, und ihr schaffendes Wort (Om, es sei, oder es werde so), war zugleich Bestätigung und Schöpfung. Sie schlug freudig die Hände zusammen, und hieraus entstanden drei Blasen, die sich zu den Göttern gestalteten, oder es entfielen ihrem Schoosse drei Eier, mit denen das Nämliche vorging. Die am meisten geglaubte Fabel sagt, sie habe nur Wischnu geboren, aus dessen Nabel eine Lotosblume erwuchs, in deren Mittelpunkt Brama ruhete, und aus dieses Letztern Blut ging Schiwa hervor; denn stets wird Brama's Geburt so vorgestellt, und wenn B., welche alle Zerstörungen des Weltalls überdauert, aus ihrem Schoosse den Keim aller Dinge ausschüttet, die sie vor deren beginnendem Untergang in sich aufnahm, so erwächst immer wieder Brama aus der genannten Lotosblume. — B. ist Spenderin aller Glückseligkeit, darum sie auch durch mehrere Feste hoch geehrt ist, wie durch das Fest Egadaschi, bei welchem die Frauen, nach dem jeder religiösen Ceremonie vorhergehenden Reinigungsbade, sich durch Braminen das Zeichen des Mondes (der Fruchtbarkeit) auf die Stirne zeichnen lassen, hierauf aber fasten und opfern. Allein wie die meisten indischen Gottheiten, hat auch diese ihre Schattenseite, nach welcher sie zu der furchtbaren Kali wird. Wie nämlich ihr Gatte Schiwa zugleich der Erzeuger (nicht Schöpfer, das ist Brama) und der Zerstörer ist, so ist auch seine Gattin als Kali oder Wadrakali (s. d.) die furchtbare Rächerin, deren Feuerblicken keine That entgeht. S. Wadrakali.

Bheret (Ind. M.), einer der berühmtesten Könige, aus der Zeit, da die Götter noch auf der Erde wandelten, Sohn des Duschmanta. In den Sanskritbüchern heisst er Bheretkhant oder Bheretwersch. Seine Nachkommen theilten sich in zwei Linien, die Kuru's und die Pandu's, welche lange Kriege mit einander führten, die, von der Göttergeschichte durchwebt, den Inhalt eines grossen Heldengedichtes, Maha Bharat, ausmachen. Er ist derselbe, dessen unter Baraden erwähnt ist.

Bhikschu (Ind. Rel.), der höchste der vier Grade der Braminenkaste, in welchen jeder Bramine mit seinem zweiundsiebenzigsten Jahre tritt, wenn er sich zu den ihm mit dieser Würde auferlegten Entbehrungen entschliessen kann. Man betrachtet ihn dann wie einen vollkommenen Heiligen, dem zum unmittelbaren Eingang in das Paradies nichts fehlt, als der Tod, welcher daher auch nicht betrauert wird, da er ihm die Pforte der ewigen Seligkeit öffnet. Um B. zu werden, entsagt der Bramine allem gesonderten Besitz, lässt sich den Haarzopf abschneiden, zum Zeichen, dass er auch nicht mehr Priester sei, lässt sich entkleiden und ein leinenes Tuch, und zu Ehren Schiwa's ein Tigerfell, sein Bette, um die Schultern hängen, und dann das Opfer Homa verrichten, worauf er in den Pflichten seines neuen Standes unterrichtet wird. Als B. muss er nun sein einziges Kleid, das Leintuch, selbst waschen, stets ein kupfernes Gefäss in Händen haben, um die erbettelten Speisen darin zu reinigen, den Stab Damdam mit sieben Astknoten tragen, und diese, zur Erinnerung an die sieben grossen Heiligen Indiens, täglich mit Wasser benetzen, was ihn auch gegen allen Einfluss böser Genien schützt; dann muss er gegen alle bösen Lüste und Leidenschaften kämpfen, sich täglich dreimal baden, dreimal Stirn und Brust mit der Asche aus heiligem Kuhmist bezeichnen, und im Lande umherwandern, nur durch Ausstrecken der Hand, nicht durch Worte betteln. Solcher Braminen gibt es viele Tausende, welche nur von der Milde des Volkes leben, das sie wie Götter verehrt, mit ihnen nur knieend mit vorgehaltener Hand spricht, sich ihnen nur kriechend, auf den Boden ausgestreckt, nahet, und sie als vollendete Geschöpfe betrachtet. Selbstpeinigung, den ältesten Gesetzen entgegen, wird von den jetzigen häufig geübt (s. Iogi). Begraben werden sie in einer mit Salz gefüllten Grube in sitzender Stellung, man zerschmettert ihnen mit einer Kokosnuss den Kopf, und vertheilt Stückchen der Hirnschale als Reliquien an die Umstehenden.

Bhima (Ind. M.), »der Furchtbare, der Schreckliche«, Beiname des Schiwa. Denselben Namen führen zwei andere mythologische Figuren, ein Schüler des Schiwa, wegen seiner Gefrässigkeit sowohl als wegen seiner Stärke berühmt, und ein Sohn des Pandu (Nachkomme des Puru, dessen Söhne, die Pandus, mit den Nachfolgern des Letztern, den Kurus, in einen furchtbaren Vertilgungskrieg geriethen), gleichfalls von übernatürlicher Stärke. Als der verderbliche Krieg ausbrach, rettete er seine Brüder und deren Anhänger vom Feuertode. Später zeichnete er sich von neuem durch Unerschrockenheit und Tapferkeit aus, indem er den Duryodun besiegte, den mächtigen Elephanten Assuthama tödtete, und die Schlacht zum Vortheil der Pandus entschied. Als diese sich nun nach dem heiligen Berge Hermandschel begaben, um lebendig in das Paradies zu gehen, konnte er nicht mit; er stürzte in einen Abgrund, weil er seiner Stärke mehr vertraut hatte, als Gott.

Bhima Sains Dewry (Ind. M.), ein grosses, dem Schiwa geweihtes Gebäude von Backsteinen, pyramidenähnlich, mit Erde und Moos bedeckt. Seine Höhe beträgt 93 Fuss. Auf ihm befindet sich noch ein Cylinder von 65 Fuss Höhe und 64 Fuss im Durchmesser. Man kennt den Zweck dieses seltsamen Gebäudes nicht, vermuthet jedoch, es sei ein Lingam, welches um so eher möglich ist, als der Cultus der Schiwaiten den Phallus als Symbol von Schiwa's Kraft verehrt.

Bhogavati (Ind. M.), eine Stadt der Unterwelt, nur von Schlangen bewohnt, in der die Verächter der Gesetze durch Schlangenbisse gequält werden.

Bhom (Bhum, Bhumi), (Ind. M.), Name des Dienstags. Der Gott Mongult (Mangalen), ein Sohn der Erde, regiert denselben, so wie die Erde überhaupt, daher der Name B. »Erd-Tag.«

Bhowerlok (Ind. M.), der Himmel des Mondes, der zweite der Surgs (Regionen des Himmels); in diesem durchläuft der Mond, auf einer schlanken Gazelle reitend, allmonatlich die siebenundzwanzig Häuser seiner grossen Wohnung: offenbar eine Anspielung auf das astronomische Verhältniss des Mondes zur Erde, indem der erstere seinen siderischen Umlauf binnen 27 Tagen vollendet.

Bhrigu (Ind. M.), einer der zehn Maharischis oder grossen Weisen, der Söhne Brama's, Verfasser mehrerer Bücher. Er setzte die drei grossen Götter auf die Probe, welcher der liebevollste sei, um diesen alsdann als den vorzüglichsten zu verehren. Brama war in das Studium der heiligen Bücher vertieft, und liess den Weisen gar nicht vor sich; Schiwa in der Verkörperung des Mahadewa empfing ihn freundlich, ward aber durch einige beleidigende Worte des B. so in Zorn gebracht, dass nur die schnellste Flucht ihn vom Tode retten konnte; jetzt war noch Wischnu, der Erhalter, übrig: um diesen zu prüfen, weckte er den Schlafenden durch einen heftigen Fussstoss, doch war derselbe so wenig zornig, dass er im Gegentheile den Weisen frug, ob er sich nicht am Fuss Schaden gethan, da sein (Wischnu's) Körper sehr hart sei. B. fiel vor dem Gotte auf das Angesicht, erklärte die Ursache seiner That, und bat wegen der Prüfung um Verzeihung, welche er denn auch von dem liebevollen Gotte leicht empfing, worauf dieser von den Rischis für den allgemeiner Anbetung Würdigsten erklärt wurde.

Bhuda's (Budha's, Bhudon), (Ind. M.), Diener des Schiwa, wenn er als Richter und Bestrafer erscheint.

Bhulok (Bhurlok) (Ind. M.), der unterste der sieben Surgs oder Himmel, uns der nächste, die Region der Erde. Die Sonne (Surya), ist sein Regent, so wie der Mond der des nächstfolgenden zweiten, Bhowerlok.

Bhumasser (Ind. M.), ein gewaltiger Riese, ein stolzer Dämon, welcher alle Himmel beherrschen wollte, und die sieben Surgs mit seinem Heere überschwemmte und ihren König Indra unterjochte. 16,000 schöne Königstöchter wurden bei diesem Zuge seine Beute, und in seiner Residenz verschlossen, welche er mit einem siebenfachen Gürtel von unersteiglichen Verschanzungen umgab. Suthama, Krischna's (Wischnu's) Gemahlin, wünschte die liebreizenden Königstöchter zu sehen, allein B. verweigerte ihr und ihrem Gatten den Eintritt. Diese Beleidigung hatte einen furchtbaren Krieg zur Folge, in welchem zahllose Dämonen auf beiden Seiten kämpften, bis Krischna die Oberhand behielt, nun mit B. selbst stritt und ihn tödtete, worauf die sieben Verschanzungen schwanden, und der junge Gott in die Veste einzog. Die schönen Prinzessinnen hatten nur den Ort und den Herrn gewechselt, denn Krischna behielt sie alle 16,000 als Gemahlinnen, führte sie nach seiner Residenz Dwarka, wo er ihnen 16,000 Paläste erbaute und ein glückliches Leben führte. Die Erde, Mutter des B., bat bei Krischna für dessen Sohn, und diesen setzte der Gott in des Vaters erobertes Land ein.

Bhur (Ind. M.), eines der geheimnissvollen Werke, welche von Brama aus den Vedas gemelkt wurden (die heiligen Bücher unter dem Symbol Milch gebender Kühe gedacht): es bezeichnet die Erde, deren mystisches

Abbild es ist; diese hat fünf Eigenschaften, wodurch sie allen fünf Sinnen wahrnehmbar ist: Geruch, Geschmack, Farbe, Gefühl und Ton, während die andern Elemente, Wasser, Feuer, Luft und Aether, abwärts immer eine Eigenschaft weniger haben, als das vorige: dem Wasser fehlt der Geruch, dem Feuer auch noch der Geschmack, der Luft das Gefühl, sie hat nur noch Ton und Farbe, dem Aether bleibt allein der Ton übrig.

Bhut (Ind. M.), allgemeiner Ausdruck für die zehn Elemente, aus denen der menschliche Körper zusammengesetzt ist. Sie trennen sich in zarte und grobe; die ersteren heissen: Aether, Feuer, Luft, Wasser, Erde; die groben sind zwar die nämlichen, allein in anderer Form, unterschieden durch die Reinheit und Einfachheit der ersteren, während die andern zusammengesetzt sind.

Bhut Akasch (Ind. M.), Personification des höchsten und reinsten Elementes, dessen ungefähr, was wir Aether nennen, doch mit dem Unterschiede, dass der Aether der Indier körperlich genug ist, um den Schall fortzupflanzen, das Einzige, wodurch er den Sinnen wahrnehmbar ist. Er umfasst Alles, in ihm befindet sich Alles: Sterne, Sonne, Erde, Mond, das ganze Weltall. Eine zweite Eigenschaft, wodurch B. A. sich vom Aether unterscheidet, ist, dass aus ihm Alles entsteht: zuerst durch Verdichtung in der Nähe der Erde Luft, aus dieser Wärme (Feuer), aus dieser Wasser (indem Wärme Feuchtigkeit hervorlockt), aus dem Wasser Erde (Niederschlag des selten reinen Wassers), und aus dieser letztern alles animalische und vegetabilische Leben.

Bhuta (B u t t a) Fig 56. (Ind. M.), ein böser Geist, welcher an den Pforten des Tempels des Manar Wache

Fig. 56.

hält; eine Gottheit, deren Cultus bei den Indiern des T a m u l stammes sehr ausgebreitet ist. Abgebildet wird er als eine colossale Bildsäule, einen sitzenden Krieger darstellend, welcher einen Menschen in den Boden tritt, das Ganze von Ziegelsteinen aufgemauert und mit weissem Kalkstuck überzogen. Der Gott Manar heisst in der Sanskritsprache ›grosser Herr‹ (Swami), und wird von Einigen für den Mahadewa, von Andern für Wischnu selbst gehalten. Allgemeiner ist eine dritte Ansicht, er sei eine Incarnation des Sabramanya, eines Sohnes des Schiwa; die Braminen verachten den Manar, räumen ihm keine Stelle unter den Göttern Indiens ein, opfern auch niemals in seinem Tempel, doch hat er viele Verehrer, und seine Priester gehören zu dem zahlreichen Stamme der Pallis, tamulischen Ursprungs. Sie sind so wenig geehrt als ihr Gott, obgleich sie sich einer gar vornehmen Abkunft rühmen. Die kleinen, nichtansehnlichen Tempel dieses Cultus, findet man häufig auf den weiten Ebenen Indiens; sie enthalten einen Lingam den Gott Manar, und weil er den Titel eines Gottes der Jungfrauen führt, gewöhnlich zwölf Mädchenbilder, die ihn umgeben. Vor diesen Tempeln steht nun die riesige Statue des B. als Hüter der schönen Jungfrauen.

Bhut-atma (Ind. M.), der menschliche Körper, so genannt wegen seiner Zusammensetzung aus den fünf Elementen (Bhut), und dem Geiste (Atma).

Bhuvay (Ind. M.), eines der vier geheimnissvollen Worte, welche Brama aus den drei Vedas melkte, nämlich L u f t; die andern heissen Bhur, Erde, Swer, Himmel, und Om, die Einheit der drei göttlichen Formen oder Manifestationen, unter denen die Indier das höchste Wesen anbeten, nämlich Brama, Wischnu und Schiwa.

Bia (Gr. M.), ›Stärke‹, Tochter des Titanen Pallas und der Styx; ihre Geschwister heissen: Zelos (Kriegsruhm), Kratos (Gewalt), und Nike (Sieg.).

Biadice, andere Lesart statt D e m o d i c e. (S. d.)

Biag-Oimai (M. der Lappen), Gott des Sturmes, Gebieter des ganzen Luftraumes; derjenige, den die Zauberer vorzüglich um günstige Wetterveränderung anrufen.

Bialban (Orient. M.) Nach den Sagen der Perser und Araber gab es v o r Adam Geschöpfe, welche von dem Menschen durch Gestalt, Sprache und Charakter unterschieden waren; jede Generation ward von einem Herrscher, Soliman, regiert, deren siebenzig einander folgten und in ihren Eigenschaften gleich waren, während die damaligen Leute ihre Form und Sprache etc. mit jeder Generation änderten.

Bian (Ind, M.), einer der fünf Genien, von denen der menschliche Körper bewohnt ist, welche seine Lebenskräfte leiten, in Bewegung setzen; er hat seinen Sitz im Herzen und treibt das Blut durch die Adern.

Bianor (Gr. M.), 1) ein Centaur, den Theseus auf des Pirithous Hochzeit erlegte. — 2) B., ein mantuanischer Heros, Sohn des Tiberis und der Manto, sonst auch Ocnus oder Aucnus genannt, der nach seiner Mutter die von ihm erbaute Stadt Mantua benannte.

Biarki (Nord. M.), ein berühmter Berserker (s. d.), Sohn des Arngrim. König Rolf Kraki in Hledra bediente sich seiner und seiner elf Brüder in vielen Kriegen. B. führte auch dem König Adils von Upsala in seinem Kriege gegen Ali, König von Norwegen, ein Heer und seine Brüder zu, wodurch sich der Sieg auf des Erstern Seite neigte.

Bias (Gr. M.), Sohn des Amythaon und der Idomene aus Pylus. Er warb um Pero, die Tochter des Neleus. Dieser versprach bei der Menge von Freiern, welche seine Tochter umlagerten, sie demjenigen, der ihm die Rinderheerden des Iphiclus bringen würde. Sie befanden sich bei Phylace in Thessalien, unter der Obhut eines Hundes, welcher weder Menschen noch Thiere denselben nahen liess. Melampus (s. d.), des B. Bruder, ward von diesem um Hülfe gebeten, verstand sich dazu, sagte jedoch, der Dieb werde ertappt werden, allein, nach einem Jahre Gefängniss befreit, in den Besitz der Rinder kommen. Melampus wurde gefangen, erhielt aber für seine Sehergabe die Freiheit und die Rinderheerden, welche er nach Pylus trieb, worauf B. sich mit Pero vermählte. Kinder aus dieser Ehe waren: Talaus, Areïus, Perialces und Alphesiböa. B. vermählte sich zum zweiten Male, als Melampus die Töchter des Prötus von dem Wahnsinn heilte, der sie befallen, da sie die Bildsäule der Juno geschändet hatten, mit einer der Prötiden, Lysippe, mit welcher er den dritten Theil des Königreichs Argos erhielt.

Bickh (Ind. M.), eine Bereitung der Amrita (s. d.) aus dem Milchmeere, durch Umdrehung des Berges Mandar; in demselben entwickelte sich aus den aufsteigenden Dünsten ein äusserst feines, sehr heftiges Gift, dessen Feuer alles zerstört haben würde, daher es wünschenswerth war, dasselbe fortzuschaffen. Schiwa verstand sich dazu, es zu verschlucken, doch selbst er fürchtete dessen Wirkungen und liess es nicht bis zum Magen kommen; das im Halse stecken bleibende Gift durchdrang nun diesen und färbte ihn blau, wovon Schiwa den Mamen Nilkunt, Blauhals, hat.

Bicorniger (Gr. M.), ›der Doppeltgehörnte‹, lateinische Uebersetzung des griechischen Wortes Dikeros, mit welchem Bacchus bezeichnet wird, wenn er gehörnt erscheint.

Bidi (Ind. M.), die Schicksals-Gottheit auf der Küste Malabar; man bildet sie mit drei Köpfen, Gegenwart, Vergangenheit und Zukunft bedeutend, ab.

Biel (Germ. M.), ein Götze der alten Sachsen und Thüringer, auf der B.s-höhe unweit des Klosters Ilfeld besonders angebetet und durch einen mit seiner Statue gezierten Altar geehrt, soll ein Beschützer der Wälder, ein Beförderer des Wachsthums gewesen sein, nach Andern die Sonne vorgestellt haben; entschieden ist, dass die Schützen und Waidmänner ihre Waffen von den Priestern dieses Gottes weihen liessen. Es scheint, als habe sich sein Dienst weit über die nördlichen Gauen verbreitet, denn auch der waldige Harz erkannte ihn als einen mächtigen Gott. Die eben genannte Bielshöhe trägt eine Klippe, auf welcher der h. Bonifacius das Evangelium predigte, nachdem er den B. von seinem Altar gestürzt. Kaum aber war Bonifacius fort, als die Thüringer ihren Gott wieder aufrichteten. Noch findet man Ruinen eines Altars und einer Priesterwohnung im Harz bei Blankenburg auf dem B.-steine. Ein anderer Ort, gleichfalls B.-stein geheissen, in der Nähe von Rübeland, zeigt ebenfalls altes Gemäuer, welches auf die Behausung des Götzenpriesters schliessen lässt; auch erzählen die Einwohner von den Götzen manches Wunderbare, aus dem Munde der Voraltern Uebertragene, und zeigen noch die Stelle, wo das Götzenbild gestanden. Wie überall in dem nördlichen Europa, wurden auch diesem Gotte blutige und Menschen-Opfer gebracht, und er mit dem Blute der Geopferten überstrichen. Die nahe dabei gelegene B.s-höhle soll nach Einigen ihren Namen davon haben, dass man ein Bild dieses Gottes darin gefunden.

Biflinde (Nord. M.), »der Bewegliche«, ein Beiname des Alfadur, deren er zwölf hat.

Biformis (Gr. M.), lateinische Uebersetzung des griechischen Wortes δίμορφος, »zweigestaltig«; Beiname mehrerer mythischer Wesen, z. B. des Minotaurus, der Centauren, des Ianus, auch des Bacchus, weil er bald als Jüngling, bald als bärtiger Mann abgebildet wurde.

Bifrost, Bif-raust (Nord. M.), die Brücke, welche den Himmel mit der Erde verbindet, der Regenbogen. Die Asen reiten darüber zu ihrer Versammlungsstätte an Urdars Brunnen. Der weithin tönende Heimdall mit seinem Gjalderhorne bewacht sie, damit die Asen nicht unvermuthet überfallen werden. Sie ist ungemein fest und kunstvoll aus Luft, Wasser und Feuer gebaut, welche Elemente sich in ihren Farben aussprechen: das Grüne ist das Wasser, blau die Luft und roth das Feuer. Die beiden ersten Bestandtheile würden sie für die Asen stark genug machen, doch hat man das Feuer hinzugefügt, damit die Bergriesen nicht über dieselbe reiten können. Trotz ihrer Stärke bricht sie doch unter den gewaltigen Söhnen von Muspelheim zusammen, damit diese von Asgard abgehalten werden, aber sie durchschwimmen Flüsse und Meere, und langen in dem Sitz der Asen an, um ihn zu zerstören.

Bifur (Nord. M.), »der Zitternde«, ein Zwerg, aus Erde geschaffen und in der Erde wohnend.

Bigoë, Begoë (Ital. M.), eine etrurische Nymphe; sie soll ein Buch über die Deutung der Blitze geschrieben haben, das man in Rom aufbewahrte.

Bikki (Nord. M.), ein böser, heimtückischer Bube, den der König Iormunrekur als Rathgeber brauchte. Dieser sandte seinen Sohn zu König Iönakur, der Gudrun geheirathet, und ihre Tochter erster Ehe (von Sigurd), die schöne Swanhildur bei sich hatte. Randver, Iormunrekurs Sohn, sollte für den Vater um des Mädchens Hand werben, B. rieth ihm, sie für sich zu nehmen, weil beide jung seien, was Randver that, worauf der Verräther zum Vater ging und erzählte, was der Sohn verübt; erzürnt befahl Iormunrekur, seinen Sohn zu tödten, dieser gab sich willig darein, weil er sich der Schuld bewusst war, eines Hundes (Bikki heisst Hund) Rath gefolgt zu haben; doch sandte er seinem Vater noch einen Falken, dem er die Federn ausgerupft, in welchem traurigen Bilde der Vater sein eigenes hülfloses Alter erkannte.

Bil (Nord. M.), ein Mädchen, das der Mond mit seinem Bruder Hinke von der Erde raubte und in seine Scheibe versetzte, als diese Kinder nach Wasser zu dem Brunnen Byrgir gesandt waren.

Bilawanden (Ind. M.), ein Rajah aus dem Sonnenkindergeschlechte, Sohn des Washien und Vater des Trangesehen.

Bilgenschneider, ein Gespenst des Aberglaubens, welches den armen Landleuten noch vor vollkommener Reife des Getreides die Aehren abschneiden soll.

Bilskirner (Nord. M.), Palast des Gottes Thor in seinem Reiche Thrudwanger, das grösste Gebäude der Welt; er hatte 540 Säle, war aber voller Krümmungen und Winkel, so dass derjenige, welcher sich ohne Führer hineinwagte, sich nicht leicht wieder herausfand.

Bimasenen (Ind. M.), ein Raja aus dem Geschlechte der Mondskinder. Sein Vater war Rugen, sein Sohn Pradiben.

Bimatris (Gr. M.), lateinische Uebersetzung des griechischen Dimetor; Bezeichnung des Bacchus, weil er von zwei Müttern, zuerst von Semele, dann von Jupiter, der ihn in seine Hüfte nähte, geboren sein sollte.

Bimatschi-Dahri (Mong. M.), der Grösste und Mächtigste der Assuri; ihn begeisterte der zweite Strahl der sechs glänzenden Lichter, die von Boddisaddo-Chutuktu, dem Erlöser der Menschen, ausgingen, so dass er nunmehr gleichfalls zu ihrer Erlösung mitwirkte.

Biozuni Fig. 57. (Slav. M.), Götzenbild der Moscoviter, das sie noch im neunten Jahrhundert verehrten; es wird abgebildet als ein Kuhkopf mit zwei Hörnern und lang ausgestreckter starker Zunge, sitzend auf einem nackten Körper mit grossen Weiberbrüsten.

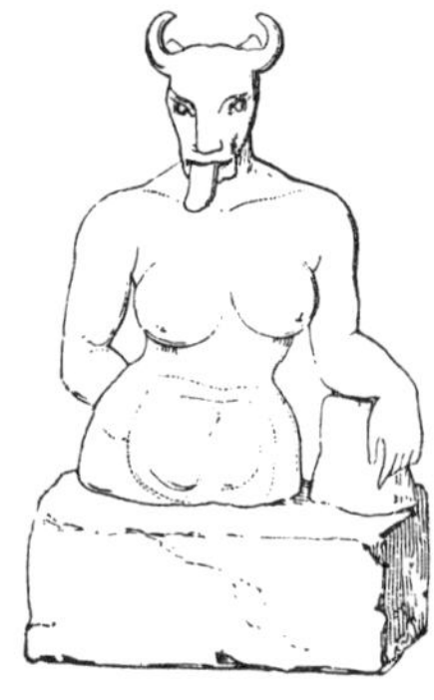

Fig. 57.

Birapatren (Ind. M.), einer der beiden Jünglinge, welche Schiwa der aus seinem Feuerblick entstandenen furchtbaren Wadrakali schenkte (der andere hiess Quetraquel), um die ihm verderblich werdende Wuth derselben zu stillen, mit der sie sich, nach sieghaftem Kampf gegen den Riesen Daridu, zu Schiwa wendete und ihm eine schwere goldene Kette in's Gesicht warf, von welcher er unzählige Pockennarben bekam; sie liess sich durch Fleisch und Blut nicht entfernen, erst das Opfer der beiden Jünglinge stellte die schreckliche Göttin zufrieden.

Birid (Mong. M.), allgemeiner Name der Ungeheuer. Ihr Reich, Biridien Orron, liegt 500 Meilen unter unserer Welt, und ihr Herrscher, Obtorgoin-Sang (Luft-Elephant), ist einer von den Assuri, auf den der fünfte Strahl von den sechs Strahlen des Boddisaddo-Chutuktu, des Erlösers der Menschen, fiel. Herli Khan, der Beherrscher der Unterwelt, wohnt dort in einem von 16 eisernen Mauern umgebenen Palast, und dieser liegt in der Hauptstadt, welche die Mitte dieses Reiches einnimmt.

Birmanen (M. der). Die Religion dieses Volkes nähert sich dem Cultus der Hindus in einigen Beziehungen, insoferne Polytheismus dessen Basis ist, und Buddha (s. d.) als die höchste Gottheit angesehen wird, obwohl die B. nichts davon zu wissen scheinen, dass Buddha und Wischnu eine und dieselbe Person sind. Buddha beherrscht die Götter von Birma als höchstes Wesen unter dem Namen Godma. Ihm untergeben sind zunächst drei erhabene Gottheiten, Sigiami, Thasimi und Mahasundera; die letztere scheint die mächtigste derselben, sie ist weiblichen Geschlechts, Erhalterin der Erde für die Zeit, während welcher sie nach Godma's Gesetzen bestehen soll, dann aber diejenige, welche sie selbst vernichtet; ihr Bild befindet sich als Hauptidol in dem berühmten Pyramidentempel zu Pegu. Zu diesen vier Göttern gesellen sich noch drei andere Dämonen: der Luft, des Feuers und des Wassers. Auch in Birma ist die Lehre von der Seelenwanderung zu Hause, und dieser sind die Götter so gut unterworfen als die Menschen; fünf von den erstern haben auch bereits ihre Wanderung durch menschliche Körper zurückgelegt und sind als Lehrer und als Muster der Tugend auf der Erde gewesen, die beiden Andern werden noch erwartet, und sollen das goldene Zeitalter herbeiführen. Die B. theilten die Ansicht der Indier von dem Berg Meru als Wohnsitz der Guten; ihre religiösen Gesetze gebieten den Fürsten Wachsamkeit für die Tugendhaftigkeit des Volkes und versprechen denselben ein Neuntel des Lohnes, welcher die Tugenden trifft, die durch sie erweckt worden; aber auch von der Strafe des Lasters, welches ihre Unvorsichtigkeit gestattete, trifft sie ein gleicher Theil. Die Priester scheinen keine streng gesonderte Kaste zu bilden; sie sollen thätig, gut und gastfreundlich sein, häufig klosterartig vereint leben, doch stets in nützlicher Beschäftigung und bei offener Thüre, damit ein Jeder sehen könne, wie es bei ihnen zugeht. Ihre Zeiteintheilung richtet sich nach dem Monde, dessen vier Haupt-Phasen sie feiern, still daheim sitzend, ohne irgend eine Beschäftigung.

Birzuli (Slav. M.), ein nur dem Namen nach bekannter Götze der Wenden und Polen; man glaubt, er sei ein blosser Hausgötze (Lar) gewesen.

Bisaltes (Gr. M.), ein Thracier, Sohn des Sonnengottes und der Erde; Theophane war seine Tochter; ihre Schönheit bewog Neptun, sie auf die Insel Crinissa zu entführen. Da ihre Freier sie dort aufsuchten, so verwandelte Neptun alle Einwohner der Insel in Thiere, Theophane in ein Schaf und sich in einen Widder; als solcher erzeugte er mit ihr den bekannten Chrysomallus, den goldhaarigen Widder, welchen Nephele dem Phrixus brachte, um ihn und Helle von dem Tode zu retten, der ihnen von Ino zugedacht war.

Bischtmen (Ind. M.), ein Fürst aus dem berühmten Halbgöttergeschlechte der Mondskinder. Sein Vater Sandanen war ein Liebling des Gottes Schiwa und oft bei ihm zum Besuch. In einer frühern Verkörperung, im Paradiese bei Schiwa, verliebte Sandanen sich in des Gottes Gattin Ganga, fand Gegenliebe, ward aber auch sogleich durch den Gott bestraft, indem ihn dieser in einen Affen verwandelte und Ganga verstiess, welche des Affen Gattin werden musste. Reuevoll enthielten beide sich jedes Umganges mit einander, glaubend, Schiwa zu versöhnen, doch fand das Entgegengesetzte statt; als Gott der erzeugenden Kräfte fand er es unrecht, dass sie den Naturgesetzen nicht Folge geleistet, und beide mussten noch einmal die Welt in einer neuen Verkörperung betreten. Hier ward Ganga als Tochter des Königs von Kanoja geboren, und Sandanen, selbst König, erhielt sie zur Gemahlin. Ganga ergab sich jedoch dem Gatten nur unter der Bedingung, dass sie mit ihren Kindern machen könne, was sie wolle, und nun trug sie dieselben gleich nach der Geburt in den Ganges, wo sie zwar nicht umkamen, sondern von den Braminen der Unterwelt erzogen wurden, doch für den Vater verloren waren; der siebente seiner Söhne endlich ward gerettet, und dieses war B.; allein nun entfernte sich Ganga sogleich von ihrem Gatten, weil sie, eine Göttin, sich schämte, von einem Sterblichen Kinder zu haben. B. übertraf an Stärke, Gewandtheit in Führung der Waffen, wissenschaftlicher, sittlicher und physischer Bildung alle Anderen seiner Kaste, doch konnte er sich nicht entschliessen zu heirathen und seinen Stamm fortzupflanzen; er widmete sich dem Studium der Religion, ward Pfleger der drei Söhne des Wissikrawerion, des Drudu Rakschaden, des Bider und des Pandu, suchte auch auf jede Weise den Krieg zwischen den Kurus und den Pandus zu verhindern, und nahm niemals Theil daran, obwohl er wegen seiner Fertigkeit im Bogenschiessen mehrere Male dazu aufgefordert wurde; diese war so gross, dass er in einem Wettkampf den Parasurama (Wischnu in einer Avatara) überwand und die Götter ihm den Preis zugestanden.

Bisnow (Ind. Rel.), eine religiöse Secte in Ostindien, welche grösstentheils von Pflanzen und Milch lebt; die meisten der Banianen bekennen sich zu ihr. Nie wird von ihnen ein Thier getödtet; jedes kranke Thier, sogar Ungeziefer, pflegen sie sorgfältig in Spitälern, welche eigens dazu erbaut sind. Um Flöhe, Wanzen etc. zu füttern, miethen sie Bettler, welche, an Händen und Füssen gebunden, diesen Thieren für einige Stunden zur Nahrung überlassen werden. Ihren Gott, Ram-Ram, verehren sie durch Tanz und Musik, ohne Opfer.

Biston (Gr. M.), Sohn des Mars und der Callirrhoë, von welchem die Bistonen, eine thracische Völkerschaft, den Namen haben sollen.

Bithynis (Gr. M.), eine Nymphe, mit welcher Neptun den Amycus erzeugte. Dieser ward König der Bebryker und fiel im Cästuskampfe durch Pollux.

Bithynus (Gr. M.), Sohn des Jupiter und der Titanide Thrace, ging mit einer cretischen Colonie nach Kleinasien, liess sich in der Gegend des Pontus nieder, und gab derselben den Namen Bithynien.

Bjelbog. S. Belbog.

Bitja (Talm. M.), Tochter des Königs Pharao, unter welchem Moses lebte, welchen sie als ausgesetztes Kind aus dem Nil zog, wofür Gott, als er den Todesengel über Aegypten sandte, sie den Qualen desselben entrückte, so dass sie, ohne den Tod zu kennen, zu den Freuden des Paradieses einging.

Bitias (Gr. M.), Sohn des Alcanor, ein Trojaner, welcher mit seinem Bruder Pandarus den Aeneas nach Italien begleitete. Als Turnus die Verschanzungen der Trojer bestürmte, öffneten sie das ihrer Hut anvertraute Thor, stellten sich mit ihren Waffen zu beiden Seiten desselben und schmetterten Alles nieder, was sich ihnen nahte; doch büssten sie ihre Kühnheit endlich mit dem Leben. B. ward von einem Felsblock zerschmettert, den Turnus auf ihn warf, Pandarus aber fiel von seinem Schwerte mit gespaltetem Haupte.

Bitra (Ind. M.), die feinen, zarten Geister, welche ein unmittelbarer Ausfluss Brama's, Erzeugte seiner Ausdünstung sind; sie sind so leicht, dass sie nie zur Ruhe kommen; sie bedürfen auch keiner Nahrung, sondern leben nur vom Dufte der Opfer.

Biugwoer (Nord. M.), eine Höllenjungfrau, sitzend an Helas Thüre auf einem schreienden Stuhle; das eiserne Blut, das ihr aus der Nase fällt, erregt Hass, Zwietracht, Feindschaft und Krieg.

Blakylle (Nordgerm. M.), Beherrscherin der Meere bei den Cimbern. Da das Vorgebirge Kylle oder Kulle in Schonen von den Schiffern mit abergläubischer Scheu verehrt wird, so vermuthet man, dass sie ihren Namen von diesem Orte habe, oder umgekehrt.

Blaubart. Ein bekanntes Mährchen erzählt von einem König, der einen blauen Bart hatte, und dem sechs Frauen schnell hinter einander starben; er vermählt sich mit einer siebenten, verreist, und gibt ihr unter den Schlüsseln zu allen Gemächern der Burg auch einen goldenen, mit dem Bedeuten, diesen, so werth ihr seine Liebe sei, nicht zu gebrauchen. Die Neugier überwand die junge Frau: sie öffnet die verbotene Thüre, und sieht entsetzt ihre sechs Vorgängerinnen ermordet darin hängen. Vor Schrecken entfällt der Schlüssel ihrer Hand, wird von dem vergossenen Blute besudelt, und sie ist nicht im Stande, ihn wieder zu reinigen. An dem befleckten Schlüssel erkennt der rückkehrende Gatte, dass sein Verbot übertreten ist, und will auch sie ermorden, als plötzlich ihre Brüder ankommen und sie befreien, der Frevel aber an's Tageslicht gebracht und B. getödtet wird.

Blikandeböll (Nord. M.), die von Gift und giftigem Gewürme triefende Decke in der gewölbten Wohnung der Todesgöttin Hela.

Blixbuller (Nord. M.), Name des Donnergottes Thor (Blitzdonnerer) bei den Diethmarschen, überhaupt im Holsteinischen.

Bloetgodar (Nord. M,), wurden von dem Worte At-Blota, »blutige Opfer«, die Priester des nordischen Heidenthums genannt. Ihnen lag die Opferung der Thiere und der Menschen ob; die Weissagung pflegten meistens Frauen zu verrichten, doch auch sie waren von der Opferung, d. h. von dem Schlachten der Gefangenen, nicht befreit. Die Priester wohnten gewöhnlich bei den Tempeln, die Priesterinnen meistens einsam in Wäldern. Es war schwer, diesen blutigen Götterdienst aufzuheben, und es dauerte Jahrhunderte, bevor er ganz vertilgt war.

Bludne Sweczki (Slav. M.), Irrlichter, bei den Wenden für umherirrende Geister angesehen.

Bluttrank (Nord. M.). Man trank sein eigenes Blut, um sich gegen Zauberei zu verwahren, und Anderer Blut, sowohl um den Bund ewiger Treue und Freundschaft zu stiften, als auch in mancher anderen, theils religiösen, theils mysteriösen Bedeutung. Die Slaven, Wenden, Deutschen, die Litthauer, Russen, Ungarn, so wie Gallier und Bretonen kannten diese Sitte zu Zeiten der Römer, und früher war sie als Freundschaftszeichen schon bei den Scythen üblich.

Boa (M. der Tungusen), Name des obersten Gottes, des Herrn über Himmel und Erde. Die Verwandtschaft ihrer Religionslehre mit dem Buddhaismus lässt vermuthen, dass dieser B. Niemand anders als Buddha selbst sei.

Boarmia (Gr. M.), »Stier-Anspannerin«, ward Minerva in Böotien zubenannt, weil man sagte, dass sie es gewesen, die den Menschen gelehrt, den Stier an den Pflug zu spannen.

Bobuns (Ind. M.), die einzelnen Regionen des Weltalls, deren fünfzehn sind, sieben unter, sieben über der Erdfläche (die Erde selbst als fünfzehnte Region zwischen ihnen); dort werden die gefallenen Geister gestraft, in den oberen geläutert, gebessert.

Bochuta Fig. 58. (Slav. M.), ein schlesischer Götze, dessen Bedeutung uns verloren gegangen ist. Ihn zeigt unsere Abbildung nach einer Statue gezeichnet, welche man unweit Liegnitz beim Ausgraben eines Brunnens gefunden haben soll. Das Gesicht hat einen Bocksbart und Bockshörner, seine rechte Hand trägt einen grossen Ring; hieraus wollen die Erklärer schliessen, dass er ein Ehestandsgötze gewesen, der Bocksbart und die Hörner auf die Fruchtbarkeit deuten, und der Ring das Zeichen ehelichen Gelöbnisses sei.

Fig. 58.

Bocksweihe (Litth. Rel.), ein Versöhnungsfest, das lange nach Einführung des Christenthums sich noch bei den Litthauern, Liev- und Kurländern erhalten hat. Die Bewohner eines Dorfes versammelten sich in der geräumigsten Scheuer; während die Frauen den Teig zu den Festkuchen kneteten, hielt der Priester einen schwarzen Bock bei den Hörnern, die Männer legten ihre rechte Hand auf dessen Rücken und beichteten laut ihre üblen Thaten; darauf ward Jeder der Beichtenden, nach Massgabe seiner Sünden, von dem Priester geschlagen, bei den Haaren gerauft oder auf eine andere Art empfindlich gestraft. Nun schlachtete der Priester den mit Sünden beladenen Bock, besprengte die Bauern mit dem Blute desselben, um sie zu entsündigen, und nahm das Fleisch nach Hause, um es den Göttern zu opfern — wie er sagte. Hierauf ward getrunken und von dem Priester Heldenthaten der Vorfahren erzählt, bis vor Trunkenheit er nicht mehr sprechen konnte.

Bodn (Nord. M.), eines von den drei Gefässen, in welchen die Zwerge Fialar und Galar das Blut des von ihnen ermordeten weisen Quaser auffassten, worauf sie es mit Honig vermischten und daraus den Weisheits- oder Götter-Trank, Quasersblod, bereiteten.

Boëdromia (Gr. M.), ein in Attica jährlich zum Andenken an die Hülfe, welche Ion, oder nach Anderen dessen Vater Apollo, den Athenern gegen Eleusis geleistet, gefeiertes Fest; es fiel in den Monat Boëdromion, der um die Mitte des August begann.

Boëdromius (Gr. M.), »der auf den Ruf Herbeieilende«, Beiname, unter welchem Apollo von den Athenern verehrt wurde; nach Einigen eingeführt von König Erechtheus, welcher, von den Eleusiniern unter Eumolpus angegriffen, auf Eingeben des Apollo mit einem furchtbaren Geschrei die Schlacht eröffnete, was die Feinde so sehr in Schrecken setzte, dass sie eiligst flohen; nach Andern von Theseus, dem Apollo zu Hülfe eilte, um die in das Gebiet von Attica eingedrungenen Amazonen zurückzuschlagen.

Bog, slavisch: Gott, woher die vielen mit dieser Sylbe zusammengesetzten Götternamen, wie: Czernebog, Ipabog u. s. w. Insbesondere scheint als oberster Gott von den slavischen Völkern B.-Triglaw verehrt worden zu sein; indessen ist durchaus kein Bildniss desselben unter den Denkmälern des wendischen, insbesondere obotritischen Heidenthums gefunden worden, die man im Anfang des siebenzehnten Jahrhunderts bei Prilwiz in Mecklenburg-Streliz, auf der Stelle des alten berühmten Rethra, der Hauptstadt der Obotriten, gefunden hat, daher sehr zu vermuthen, dass B.-Triglaw als ein unbekannter Gott gedacht, und, da seine Verehrung nicht unmittelbar zeitliche Vortheile versprach, auch am wenigsten verehrt worden ist.

Bogdo Lama (Mong. Rel.), die Personification, die ewig dauernde Menschwerdung des Gottes Xaka oder Fo. Er ward 1000 Jahre vor unserer Zeitrechnung von einer reinen Jungfrau ohne Erzeugung geboren, verbreitete eine gereinigte Lehre, und ging lebendig in den Himmel ein, sein Geist aber senkte sich auf einen unschuldigen Knaben, welcher seitdem, in stets sich wiederholender Palingenesie, den B. L. vorstellt. Die Mitte von Asien, Kaschmir als die westliche, Japan von Niphon als die östliche Grenze, ist der Sitz des weit verbreiteten Lamaismus, welcher früher dadurch heftige Religionskriege verursachte, dass sich mehrere Personen für die gottbegeisterten Repräsentanten des Fo ausgaben; doch jetzt regieren diese alle friedlich neben einander, jeder in seinem Reiche als der sichtbare Gott verehrt, jeder überzeugt, dereinst alle Anderen seine Unter-Lama's zu nennen, so auch der B. L., von welchem eine Weissagung verkündet, er werde über das Weltmeer nach dem paradiesischen Lande Schambala gehen, während der Dalai Lama (s. d.) alle westlich gelegenen Länder unterjochen wird; endlich besiegt aber B. L. diesen letzten Nebenbuhler, und regiert alle Völker. Der seit Jahrtausenden lebende B. L. pflanzt, wenn er alt und hinfällig wird, sein Ich auf einen andern jüngern fort, welcher diesen Gott nunmehr in sein Innerstes aufnimmt, als Lama verehrt wird, sich anbeten lässt, durch Kopfnicken segnet, und eine durchaus passive Rolle spielt, bis er, alt geworden, wiederum den inwohnenden Geist auf einen neuen Körper überträgt. Der B. L. gebietet über zahlreiche Mönchs- und Nonnen-Klöster, sowie über weltliche Geistliche, und sein Reich ist eine wohleingerichtete Hierarchie, in welcher die Priester Beichte hören, Segen spenden, mit dem Fegfeuer oder mit der Hölle drohen, wie sie mit dem Paradiese und der Fürbitte bei Heiligen belohnen; in welcher sich überhaupt manche Aehnlichkeit mit gewissen Lehren und Gebräuchen der christlichen Kirche nachweisen lassen, was man dadurch erklären will, dass 250 Jahre nach Christi Geburt Manes, und später (800) die vertriebenen Nestorianer sich nach Asien gewendet, und seit 1000 Jahren ihre Lehre dort verbreitet haben, so dass der Lamaismus für ein ausgeartetes Christenthum anzusehen wäre.

Boies, die Zauberer der Karaiben. Sie bilden eine Zunft; die Lehrlinge erhalten förmlichen Unterricht in ihren Heil- und andern Künsten, müssen sich durch Fasten Monate lang dazu vorbereiten, dann werden sie durch Haifischzähne verwundet, durch Tabakssaft berauscht, mit Oel eingerieben und mit Federn bestreut, um den grossen Geist zu versöhnen, und um zu demselben fliegen zu lernen; hierauf erst beginnt der Unterricht. Sie rufen die Geister an, um den Ausgang einer Krankheit, um den Verlauf einer Schlacht zu erfahren; die Beschwörung geschieht nur Nachts in völlig verfinsterter Hütte.

Bolina (Gr. M.), eine achäische Jungfrau, welche Apollo's Leidenschaft erregte, aber ihn floh, und da die Götter sie nicht verwandelten, sich in's Meer stürzte.

Apollo fing ihren Geist auf und verlieh ihm Unsterblichkeit. Eine Stadt in Achaja soll von ihr den Namen erhalten haben.

Boelwerk (Nord. M.), ein Name, welchen Odin sich beilegte, als er in Knechtsgestalt in Dienste des Baugi trat, um durch dessen Beistand Eingang in die Höhle zu gewinnen, in welcher die schöne Gunlöde, eine Riesenjungfrau, den Dichtermeth bewachte. B. kam in Gestalt einer Schlange zu ihr, verwandelte sich in einen herrlichen Jüngling, gewann ihre Liebe und blieb drei Nächte bei ihr, wofür sie ihm erlaubte, drei Züge von dem Meth zu trinken; mit diesen drei Zügen leerte er alle Gefässe, welche den köstlichen Trank enthielten, und entfloh.

Bombur (Nord. M.), einer jener Zwerge, deren zahlreiches Geschlecht, aus Erde geschaffen, in der Erde wohnt.

Bona Dea (Röm. M.), eine Göttin von geheimnissvollem Wesen, die am meisten Aehnlichkeit mit Ceres zu haben scheint, auch für einerlei mit Maja, der Erde, Semele, Medea, Hecate, Proserpina, erklärt wird, eigentlich aber Fauna geheissen haben, und eine Schwester, Gattin oder Tochter des Faunus gewesen sein soll. Den Nachstellungen ihres Vaters Faunus widerstand sie beharrlich, und wurde desshalb von ihm mit einem Myrtenzweige gepeitscht; doch vereinigte er sich mit ihr, nachdem er sich in eine Schlange verwandelt. Desshalb durfte kein Myrthenzweig in ihren Tempel gebracht werden, kein Mann den Tempel betreten, und nur Frauen feierten das grosse Fest der Göttin am ersten Mai, jedesmal im Hause desjenigen Consuls, der gerade die Zeichen der Regierungs-Gewalt, die Fascen, besass. Bekannt ist der Frevel des Publius Clodius, der sich in Weiberkleidern zu diesem Feste einschlich, um mit Pompeja, der Gemahlin Julius Cäsars, zusammenzukommen, mit welcher er ein Liebes-Verständniss hatte. Bei späterer, noch grösserer Entartung der Sitten wurde das Fest der Schauplatz der grössten Ausschweifungen.

Bonden (Ind. M.), ein Fürst aus dem Geschlechte der Sonnenkinder. Sein Vater hiess Rassawarten und war ein mächtiger Raja, dessen Zepter weithin anderer Fürsten Völker beherrschte. B. war mit Kudrassi vermählt, welche ihm einen Sohn Trunawendu und eine Tochter Aillei schenkte; Letztere ward des Wassirwarku Gemahlin, und als solche Mutter des Kuberen.

Bonus Eventus (Röm. M.), eine ländliche Gottheit, welche in der neunten Region Roms einen Tempel hatte, und glückliches Gedeihen der Feldfrüchte und Heerden schenken sollte; er erscheint als jugendlicher Heros, auf geflügeltem Drachenwagen, in der Rechten eine Opferschale, in der Linken Mohnhäupter und Kornähren, zuweilen auch mit Fruchthorn und Altar.

Bonzen, nennen die Europäer die Priester des chinesischen und tübetanischen Gottes Fo, eine Bezeichnung, welche man auch wohl auf die japanischen, mongolischen und tatarischen Priester ausdehnt. Sie heissen in China Seng oder Ho Schang, bei den Siamesen Talapoinen, bei den Tataren und in Tübet, der Mongolei etc. Lamas, sind gewöhnlich höchst unwissende Menschen, haben jedoch mitunter einen nicht unbedeutenden Grad von Verschlagenheit, wo es ihr Vortheil mit sich bringt. Sie leben theils einzeln zerstreut, theils in Klöstern vereint; es gibt B. und Bonzinnen; viele sind darauf angewiesen, zu betteln, und den Erwerb ihren Klöstern zuzuwenden, wozu sie sich oft der seltsamsten Mittel bedienen.

Bootes (Gr. M.), »Ochsenhirt.« Icarius, der Hirt, von Bacchus im Weinbau unterrichtet, verlor dadurch sein Leben, dass er einigen Schäfern Wein zu trinken gab, welche dann im Rausch ihn todtschlugen. Er ward in einen Brunnen geworfen und mit Steinen zugedeckt, doch sein treuer Hund Mära war Veranlassung zur Entdeckung der Frevelthat, indem er den Ort nicht verlassen wollte, bis Erigone, Icarius' Tochter, den Leichnam ihres Vaters fand. Sie erhängte sich aus Betrübniss, und ward nun mit ihrem Vater und dem treuen Thiere unter die Sterne versetzt. Der Hund ist der grössere, der Sirius, Erigone ist die Jungfrau im Thierkreise, und Icarius ist das Sternbild, welches wir unter dem Namen B. oder Arctophylax, d. h. Bärenhüter, kennen.

Boeotia (Gr. M.), nach Späteren von Hyas die Mutter der Hyaden, welche sonst Töchter des Atlas und der Aethra oder der Pleïone genannt werden.

Boeotus (Gr. M.)- Arne, die Tochter des Aeolus, war eine Geliebte Neptuns, und gebar aus seiner Umarmung den B. und Aeolus. Aeolus, ihr Vater, wollte nicht glauben, dass Neptun der Vater sei, schalt die Verführte, und übergab sie einem Fremden aus Gross-Griechenland, aus der Stadt Metapontum, damit er sie bei sich behalte. Dort gebar Arne die oben genannten Zwillingskinder. Der Fremde nahm, einem Orakelspruch zu Folge, die Kinder als die seinen an. Erwachsen, rissen sie die Regierung der Stadt an sich, und herrschten längere Zeit vereint, bis in einem Streit zwischen ihrer Mutter und der Gattin ihres Pflegvaters, Autolyte, sie der Erstern beistanden, und Autolyte erschlugen. Nunmehr verliessen sie mit ihrem Anhange die Stadt. Aeolus nahm die Inseln im tyrrhenischen Meere in Besitz, welche er die äolischen nannte, und erbauete Lipara; er ist der Beherrscher der Winde. B. aber ging nach Aeolien zu seinem Grossvater, ward von diesem an Kindesstatt angenommen, gelangte zur Regierung, nannte das Land nach seiner Mutter, Arne, und das Volk nach sich, Böotier. Er hatte einen Sohn Itonus, und die Nachkommen desselben zogen als Anführer der Böotier in den trojanischen Krieg.

Boer (Nord. M.), Sohn des Bure; seine Gemahlin war ein Jotenweib Bestla, Tochter des Baulthorn; sie gebar ihm die Söhne Odin, Wili und We. Durch diese ward der Riese Ymer erschlagen, dessen Blut die Welt ersäufte, und aus dessen Leib sie dann eine neue schufen; die Knochen wurden Berge und Felsen, das Blut Meer, und die Hirnschale der gewölbte Himmel.

Borak (Muham. M.), das Wunderross, das den Muhamed mit solcher Schnelligkeit durch alte sieben Himmel trug, dass er bei der Wiederkehr den Wasserkrug, den das Thier beim Aufbruch umgestossen, noch nicht ganz ausgelaufen fand.

Boreaden (Gr. M.), die Söhne des Boreas, Zetes und Calaïs.

Boreas Fig. 59. (Gr. M.), ein Titane, Sohn des Asträus und der Aurora, einer der vier Hauptwinde (seine

Fig. 59.

Brüder waren Zephyrus und Notus) gehörte zu den Wohlthätern der heissen Länder, denn sein Hauch brachte Kühlung und erquickenden Regen. Seine Wohnung war eine Höhle des rhipäischen Gebirges in der Nähe der Hyperboreer. Er ward von den Athenern hoch verehrt und ihm ein kleiner Tempel erbaut, weil er die Flotte des Xerxes beschädigt hatte. Er liebte des attischen Königs Erechtheus Tochter Orithyia, und da er sie nicht gewinnen konnte, entführte er sie gewaltsam, eine Begebenheit, welche von den griechischen Künstlern häufig dargestellt wurde. Die Boreaden Zetes und Calaïs waren seine Söhne von dieser Orithyia, welche ihm auch noch eine Tochter Cleopatra gebar, die sich mit Phineus, König zu Salmydessus in Thracien, Sohn des phönicischen Königs Agenor, vermählte. Auch Chloris ward von ihm entführt; die Nymphe Pitys aber, welche ihn nicht erhörte, sondern den Pan begünstigte, aus Eifersucht gegen einen Felsen geschleudert, so dass sie davon starb. Viele der berühmtesten Rosse des Alterthums dankten ihm die Entstehung; so von der Harpyie Aëllopus: Xanthus und Podarce, und von den Rossen des

Erichthonius zwölf windschnelle Füllen. Auf dem Thurme der Winde zu Athen war er als bärtiger Mann dargestellt; seine Bekleidung erinnert an die Kälte, die er bringt, sein Meerhorn an den hohlen Ton, den das Wehen dieses Windes hervorruft.

Boreasmi (Gr. Cultus), Feste, welche in Athen zu Ehren des Boreas gefeiert wurden.

Borghildur (Nord. M.), die in den nordischen Heldensagen berühmte Mutter Hamunds und des Hundingtödters Helgis; sie war vermählt mit Sigmund dem Volsungen, der sie jedoch verstiess, da sie ihren Stiefsohn Sinfiotli vergiftet hatte, um den an ihrem Bruder Gumar begangenen Mord zu rächen.

Borus (Gr. M.), Sohn des Perieres; er heirathete Polydora, des Peleus Tochter, und bekam von derselben einen Sohn Menesthius, der aber eigentlich den Fluss Sperchius zum Vater hatte.

Borysthenes (Gr. M.), König der Scythen und Vater des Thoas, Königs von Taurien, zu welchem Iphigenia gebracht wurde, als Diana sie dem Opferstahle des Calchas entführte.

Boschasp (Pers. M.), einer der sieben Erzdews, welche Ahriman den sieben Amschaspands des Ormuzd entgegensetzt; dieser tödtet den Urstier Abudad durch seine einschläfernde Kraft, und kämpft mit Schariwer, dem Lichtgenius des Ormuzd.

Botachus (Gr. M.), Sohn des Iocritus, Enkel des arcadischen Lycurgus, von welchem eine Gemeinde Botachidä, im Gebiet von Tegea in Arcadien, den Namen führte.

Botres (Gr. M.), Sohn des Eugnotus, der es wagte, von dem Gehirn eines dem Apollo geopferten Lammes, ehe es noch auf den Altar gelegt war, zu essen. Sein Vater gerieth hierüber in so heftigen Zorn, dass er mit einem Brande des Opferfeuers seinen Sohn erschlug; doch Apollo, der ihm wegen der vielen Spenden sehr gewogen war, verwandelte den Knaben in einen Vogel Aërops (Bienenfresser), der in einem unterirdischen Neste brütet und immer flattert.

Bottiaeisches Fest (Gr. Götterdienst), ein Fest, welches die Bottiäer in Macedonien feierten, um sich ihres Ursprungs aus Athen zu erinnern. Um die Bildsäule der Minerva tanzten die Jungfrauen, der Göttin Blumen spendend und ein Lied singend, dessen wiederkehrende Anfangszeilen hiessen: »Lasst nach Athen uns ziehen.»

Boeus (Gr. M.), Sohn des Hercules, Erbauer der Stadt Böä in Laconien, die er mit Colonisten aus Elis, Aphrodisias und Side bevölkerte.

Boze Sedleschko (Slav. M.), »die Weheklage«, eine Gottheit der Sorben und Wenden, welche in der Gestalt eines kleinen, nichtgekleideten Kindes verehrt wird.

Brachmanen. Die alten Griechen erzählen von einer indischen Secte, in der wir fast ganz diejenigen Braminen erkennen, welche sich Jogis nennen. Sie wurden damals, vor 2000 Jahren, mit dem Namen Gymnosophisten belegt, sollten nackend gehen, in Wäldern einsam wohnen, auf dem Felle eines Thieres schlafen und sich zu grausamen Büssungen verpflichten. Alles, wie wir es noch jetzt bei den Jogis finden. Damit passt nicht zusammen, dass sie sich angelegentlich mit den Wissenschaften, besonders mit Astronomie, Lesung heiliger Bücher beschäftigten, bei den Regenten des Landes in hohem Ansehen standen und von ihnen stets zu Rathe gezogen wurden, bei jedem Opfer zugegen waren, zahlreiche Schüler um sich versammelten, denen sie ihre Weisheit mittheilten, zwei Weiber heirathen durften etc. Wohl aber passt dieses Zug für Zug auf die eigentlichen Braminen, so dass man wohl sieht, diese und die Jogis wurden mit einander verwechselt, welches um so eher denkbar erscheint, als die Jogis durchgehends Braminen sind, nur dass sie mit ihrem 72sten Jahre aus der Priesterkaste scheiden und in eine höhere, heiligere Genossenschaft eintreten. (S. d. Art. B h i k s c h u.)

Braga oder **Bragi** (Nord. M.), Sohn Odins und der Frigga, Gott der Beredtsamkeit und Dichtkunst, der weiseste unter den Asen. Odin übergab jedem der Asen irgend eine Eigenschaft, welche derselbe wieder an seine Lieblinge verleihen konnte: so dem Thor die Stärke, der Freia die Liebe, dem Baldur die Schönheit, und so auch dem B. den begeisternden Dichtermeth; nun bewahrt B. denselben, spendet ihn jedoch nur an wenige Erlesene, macht aber selbst häufig Gebrauch davon, so dass seinem Munde kein geistloses Wort entflieht und Alles, was er sagt, Weisheit im Gewande der Schönheit ist. Den Ankommenden in Walhalla geht er entgegen in Gesellschaft des Hermode, sie mit dem Göttergrusse empfangend: »Tretet ein in Walhalla, geniesst Einheriarfrieden und trinket geheiligten Meth mit den Asen.« Des Gottes Zunge ist mit Runen bezeichnet, und so wird er zum Erfinder der Sprache. Seine Gattin ist die jugendliche Itun (nach moderner Schreibart Iduna); sie besitzt die Aepfel der Unsterblichkeit: wem daher ihr Gatte Dichtermeth gibt, dem schenkt sie ewiges Leben im Andenken des Volkes. Der Gott war so hoch geehrt, dass Gelübde, bei seinem Becher abgelegt, unverbrüchlich gehalten wurden; auch bei dem Regierungsantritt eines Fürsten spielte dieser Becher (Bragafull) eine wichtige Rolle. Wenn die Leichenfeierlichkeiten für den verstorbenen Herrscher gehalten wurden, sass der neue König nicht auf dem Thron, sondern auf einem Stuhle vor demselben, bis von dem Priesterchor der Bragafull gebracht wurde; nun erhob er sich, ging demselben entgegen, ergriff ihn zum Preise des Gottes, legte irgend ein wichtiges, auf seine Regierung Bezug habendes Gelübde ab, und leerte ihn mit einem Zuge; musste er absetzen, so war diess ein sehr übles Vorzeichen. Nun erst bestieg er den Thron. — Merkwürdig ist, dass dem B. bei Aegirs Gastmahl aller Muth und alle kriegerische Tapferkeit durch den tückischen Loke abgesprochen wird, ohne dass diess seinem Ruhme Abbruch thut.

Brahaspadi, auch **Brisput** oder **Vyasa** (Ind. M.), der Planet Jupiter oder der ihn beherrschende und bewohnende Genius. Er ist Schutzgott der Gelehrsamkeit, und unterrichtet die guten Dämonen in den Wissenschaften, welche die heiligen Bücher enthalten. Seine Gemahlin war Tarci; sie hatte mit einem Freunde ihres Gatten, mit dem Genius des Mondes, Tschanderma, ein Liebesverständniss, welchem Buddha entsprang, den B., lange getäuscht, für seinen Sohn hielt, bis eine göttliche Offenbarung ihn belehrte, dass Buddha nicht mehr als er und nicht seiner Kraft entsprossen sei.

Brahm (Ind. M.), wohl zu unterscheiden von Brama, der Name des höchsten Wesens, des eigentlichen einzigen Gottes, während alle übrigen, Schiwa, Wischnu, Brama u. s. f. nur Manifestationen irgend einer seiner Eigenschaften sind; die hohe Idee, welche die Indier an B. knüpfen, geht aus den Beinamen hervor, mit denen sie ihn belegen: der Höchstvollkommene, der Anfanglose und Endlose, der Unbeschreibliche, der Alles Schauende, die Urseele des Weltalls. B. ist das einzig Bestehende, »nur in ihm leben, weben und sind wir;« die Welt, wie sie besteht, ist nur der Abglanz seines erhabenen Bildes, nur eine Offenbarung seiner Macht, und wenn sie aufhört, so geht sie nur zurück in sein Wesen, dessen Ausfluss sie war. Dennoch ist er und die Welt nicht eins, sondern sobald er sie als seinen Schatten gesetzt hat, ist sie vollkommen getrennt von ihm; um sich ihr zu nähern, nicht übermächtig, unbegreiflich und unanschaubar vor ihr zu stehen, schuf er ein Wesen voll Schönheit und Liebe, welches Maja heisst und die Göttin der Liebe, die Mutter dessen, was da ist, genannt werden muss; mit diesem Wesen verband sich B., und der Verbindung entsprangen drei seiner erhabensten Kräfte: Brama, der Schöpfer alles Lebenden, Wischnu, der Erhalter, und Schiwa, der Vernichter. Sie sind alle drei eins, sind die Trimurti, die Dreieinigkeit, und nicht von einander, noch von Gott unterschieden, dessen Kräfte sie sind. Hiedurch war Gott den Menschen näher getreten, und sie beteten nun eine seiner Offenbarungen an, und so bildeten sich die drei Secten des Brama, Schiwa und Wischnu aus, von denen jedoch die erstere bald durch die beiden andern verdrängt wurde.

Brama Fig. 60. (Ind. M.), der schaffende Gott, ein mächtiges Glied der indischen Dreieinigkeit (Schöpfer, Erhalter, Zerstörer, Brama, Wischnu, Schiwa.) B. heisst die Wissenschaft der Gesetze, weil er nach ewig waltenden Gesetzen die Natur ordnete, nach welchen er auch der Lenker des Schicksals ist, in unwandelbarer Richtung die angefangene Schöpfung fortsetzt, Zeit und Dauer des Daseins bestimmt, und so nicht nur Leben, sondern auch Tod gibt. Er ist der Offenbarer der Veda's, seine Verehrung und Anbetung ist der älteste Cultus dieses Landes; ihm ist der Schwan unter den Thieren am heiligsten; mehrere andere sind ihm geweiht; er hatte vier Häupter und übersah die vier Richtungen der Zeit; ein Riese, mit welchem er kämpfte, riss ihm eines derselben ab und setzte es sich auf, daher hat die Zeit nur noch drei Richtungen, Gegenwart, Zukunft und Vergangenheit. Nach einer andern Fabel entfloh dem B. seine Schwester, ein schönes Weib, und um ihr nach allen Weltgegenden nachzuspähen, schaffte er sich fünf Köpfe an; einen derselben riss ihm Schiwa ab, seine fleischliche Begierde zu bestrafen, und setzte sich denselben als Trophäe auf seine Tiara. Aus seinem Haupte sind die Braminen entsprungen. Gewöhnlich wird er sitzend, mit fünf Köpfen abgebildet; oft auch nur mit vier Köpfen, um die Strafe anzudeuten, welche er für seine Lüsternheit erlitt; unser Bild zeigt ihn so neben seiner Gattin Saraswati. B.s Entstehung wird sehr verschieden erzählt; nach einer dieser Mythen war er ein Sohn des Brahm und der Maja, nach einer andern eine Schöpfung Brahm's ausser sich, welcher mit ihm zugleich die anderen unteren und oberen Götter schuf; ein dritter Mythus lässt ihn aus einem Ei entstehen, das glänzend auf der Oberfläche des Urwassers schwebte, und woraus B. gleich nach seiner Geburt die Erde, den Himmel, das Meer und den Aether bildete; ein vierter lässt ihn auf einer Lotosblume aus des schlafenden Wischnu Nabel wachsen etc. Als B. geboren war, begann er, seinen hohen Beruf durch Erschaffung der Materie, der Elemente, der Geistes- und Sinnesvermögen zu erfüllen; dann gaben sein Haupt, seine Arme, seine Hüften und seine Füsse den vier Kasten, den Braminen, den Kschetrias, den Banianen oder Waischia und den Schudras (die fünfte, verworfene Kaste der Parias stammt nicht von B.), die Entstehung, denn aus diesen Theilen seines Körpers entsprangen sie, und nachdem nun sein Hauptgeschäft vollendet war, ging er wieder zurück in die Unendlichkeit Gottes. Allein diese Würde war nicht so schnell erreicht; er brauchte dazu hundert Jahre, jedes von 365 Tagen und Nächten. Diess scheint für einen indischen Gott nicht lange zu sein;

Fig. 60.

die Sache gewinnt aber ein anderes Ansehen, wenn man erfährt, dass jeder Tag Brama's aus 1000 Sadrijugams besteht, davon ein jedes vier Jugs hat, welche, unter sich verschieden, zu 4, 3, 2 und 1,000 Götterjahren, zusammen die Summe von 4,320,000 menschlicher Jahre betragen, woraus sich 158 Billionen und 680,000 Millionen ergeben, was dann mit den eben so lange dauernden Nächten 317,360,000,000,000 Jahre ausmacht. Nach jedem Sadrijugam geht die Erde unter; nach je tausend solchen Sadrijugs schläft B. ein, dann wird die ganze Welt vernichtet, die grosse Zerstörung (Mahapralaya) tritt ein; mit ihr sinken auch die Gestirne, die Götter und Genien in ihr Nichts, bis auf die oberen Götter, welche während dieser Nacht schlummern, wie er; mit seinem Erwachen wird Alles wieder belebt. Erst sein Tod zerstört, vernichtet für immer. — B. erscheint jetzt den Indiern nicht mehr als der höchste Gott, sondern der furchtbare Schiwa. Die Mythen, welche diesen Umstand erklären sollen, sind folgende: B., Wischnu und Schiwa, als Ausflüsse derselben Gottheit, waren gleich gross, gleich mächtig und unendlich, doch glaubte B. höher zu sein, als Wischnu und Schiwa; daraus entstand zuvörderst ein furchtbarer Kampf zwischen den beiden Ersteren, dem Schiwa dadurch ein Ende machte, dass er, auf Bitten der Genien, welche den Untergang der Welt befürchteten, sich als unendliche Feuersäule vor sie hin stellte, und um zu entscheiden, wer von ihnen der grössere sei, erproben wollte, welcher von beiden das Ende der Feuersäule erreichen könne. Wischnu grub als Eber in die Erde, und grub in jedem Augenblick 2000 Meilen tief, und grub so 1000 Jahre hindurch, dann ward er müde und liess von seiner Arbeit ab. B. erhob sich als Schwan in die Lüfte, durchzog in jedem Augenblick 4000 Meilen, und flog so 100,000 Jahre lang eben so vergeblich; allein sein Stolz liess das Geständniss nicht zu, er kehrte zurück und sagte, er habe das Ende der Feuersäule erreicht. Da trat Schiwa aus der Feuersäule und schalt B. einen Lügner. Wischnu erhielt, weil er sich demüthigte, Verzeihung, B. aber verlor zur Strafe für seinen Hochmuth alle öffentliche Verehrung. Einem andern Frevel folgte eine noch härtere

Strafe; um seine Wohnung zu vergrössern, stahl er nach Erschaffung des Weltalls ein Stück von diesem, was jedoch Wischnu entdeckte; mit seiner Wohnung ward er dafür von Brahm in den Abgrund der Finsterniss gestürzt, und büsste dort Millionen Jahre lang seine Schuld, bis ihm endlich der Ewige verzieh; doch musste er in jedem Jug einmal als Mensch geboren werden und sterben, und Wischnu's Thaten aufschreiben, auch ward Bramaloga (Brama's Paradies) um das gestohlene Stück kleiner.

Bramajagnam (Ind. Religionslehre), ein feierliches Opfer, welches die Braminen dem in ihrem Cultus fast vergessenen Brama bringen. Nach vorher genommenem Bade kleiden sie sich ganz weiss, halten Opfergesänge und lesen mehrere Stellen aus den Veda's, während welcher Zeit die jüngsten unter ihnen das Feuer mit wohlriechendem Sandelholz bereiten; nun tröpfeln sie Cocosöl oder zerlassene Butter hinein und werfen Blumen und Räucherwerk darauf; das einzige Opfer, welches man dem erhabenen Brama darbringt.

Bramaismus (Ind. M.), die älteste Religion Indiens, zu der sich mehr als 80 Millionen Menschen bekennen. Ihre heiligen Bücher, die vier Vedas, welche den B., wenn auch nicht in seiner ursprünglichen Reinheit, enthalten, stellen doch die trefflichsten ästhetischen und moralischen Grundsätze auf, erheben die wahre innere Andacht über allen äusseren Schein, und machen die Tugenden und den Glauben zur Bedingung künftiger Seligkeit.

Bramakiari (Ind. Religionslehre), der Stand der Braminen von ihrer Kindheit bis zur erlangten Mannbarkeit, d. h. bis zum zwölften Jahre. Während dieser Zeit ist der junge Bramine Schüler eines Lehrers, welcher ihn in Allem unterrichtet, was er dereinst zu wissen braucht, und welcher, so lange er lebt, von dem Jünglinge oder Manne wie ein Heiliger verehrt wird, nach dessen Tode derselbe verpflichtet ist, für die Hinterbliebenen desselben, wie für seine eigenen Eltern oder Geschwister, zu sorgen.

Bramaloga (Ind. M.), die überaus prachtvolle Wohnung des Brama mitten in seinem Paradiese; sie liegt dem höchsten Himmel am nächsten, und Brama überschaut von dort das ganze Weltall; diejenigen, welche ihn während ihres Lebens vorzugsweise verehrt haben, gelangen nach ihrem Tode ohne Seelenwanderung dahin.

Bramalossey (Ind. M.), eine himmlische Tänzerin und Geliebte des Indra (Sonnengottes). Sie ist vorzugsweise sein Günstling, und während er in den kältesten Tagen alle Begleitung verschmäht, darf sie allein täglich um ihn sein.

Bramanda (Ind. M.), das Ei, aus welchem, nach einigen Erzählungen, Brama (s. d.) entstand; es hat eine goldene Schale, aus deren einer Hälfte der kaum geborne Brama den Himmel machte, während die andere die Erde bildete. B. ist eigentlich der in diesem Ei enthaltene Urstoff.

Bramanen, Braminen, die vornehmste unter den vier edeln Kasten der Indier, die Priesterkaste, welche aus dem Haupte Brama's entsprang. Sie stehen in so hohem Ansehen, dass sie fast für alle Verbrechen straflos ausgehen; die höchste Strafe, die sie treffen kann, ist Landesverweisung ohne Einziehung der Güter. Einen B. zu tödten, ist etwas so Unerhörtes, dass kein Gesetz über eine solche That existirt. Der unwissendste B. ist eine mächtige, fast dämonische Gewalt, von seiner Geburt an ist er selbst für die Götter im Himmel ein Gegenstand höchster Verehrung; die Menschen vollends haben ihn nur anzubeten und in Demuth zu befolgen, was er befiehlt. Der König, welcher eines B. unrechtmässig erworbene Güter einziehen wollte, würde sogleich verflucht und mit Allem, was ihn umgibt, in's Verderben gestürzt werden. Ihr Geschäft ist: die heiligen Bücher lesen und erklären, Almosen geben, wenn sie reich, nehmen, wenn sie arm sind, Opfer verrichten und Andern beim Opfer beistehen. Sie leben gewöhnlich in der höchsten Ueppigkeit, sind unumschränkte Herren aller Einkünfte der Pagoden, besitzen (angeblich Dienerinnen der Götter) ganze Schaaren der schönsten Tänzerinnen, welche sie vom neunten Jahre an in ihre Tempel aufnehmen, unterrichten lassen, und in ihrem sechzehnten Jahre wieder entlassen, um sie durch neue ersetzt zu sehen. Von ihren Nahrungsmitteln ist alles Fleisch ausgeschlossen. Das Alterthum beschreibt die B. als heilige, einem beschaulichen Leben sich widmende Einsiedler; die Neueren sind von diesen höchst verschieden, und Alles, was sie glauben thun zu müssen, ist, dass sie die Vedas fleissig lesen, und die Schüler darin unterrichten. Die Kaste der B. zerfällt, nach ihrem Lebensalter, in vier Abtheilungen: bis zum zwölften Jahre sind sie Schüler, Bramakiari, dann treten sie in den Ehestand und in das bürgerliche Leben, treiben neben ihrer Priesterschaft bürgerliche Geschäfte, und heissen bis zum 45sten Jahre Grahasta; dann ziehen sie sich gewöhnlich von dem bürgerlichen Treiben zurück, wohnen mit ihren Familien abgesondert und heissen dann Einsiedler (Wunaprasta), bis sie nach dem 72sten Jahre zu Heiligen (Bhikschu, Sanyassi, Jogi) werden. Die Glaubensbekenntnisse der B. weichen sehr von einander ab: sie zerfallen in acht Secten, wovon diejenige, der sie alle ihren Namen danken, und welche Brama als das höchste Wesen verehrt (Bramabhakter), die am mindesten zahlreiche ist. Eine zweite verehrt Wischnu (Wischnubhakter), eine dritte Schiwa (Schiwabhakter) als höchstes Wesen, und von einer vierten (Smarta) wird Wischnu und Schiwa als Eins angesehen; eine fünfte Secte nennt sich Paschandis, und würde bei uns zu den Atheisten gezählt werden; die sechste verehrt als höchste Offenbarung der Gottheit die Göttin Bhawani oder Schakti, und ihre Bekenner nennen sich nach derselben Schaktis; die siebente nimmt zwar eine Gottheit, den Sarwagnia, an, jedoch als machtlos, und lässt die Erde ohne Einfluss derselben, durch die einmal vorhandenen göttlichen und menschlichen Gesetze, sonst aber durch den Zufall regieren; die achte ist die Secte der Buddhaisten, welche sich besonders auf Ceylon findet und Buddha als höchste Gottheit betrachtet.

Bramapatnam (Ind. M.), die Stadt des Brama, welche auf dem Gipfel des Berges Meru liegt. Sie ist ein Aufenthalt seliger Geister, doch ihr Ausfluss erstreckt sich bis zu uns herab, denn aus den vier Thoren derselben ergiessen sich vier mächtige Ströme: Alaguei, Sadasson, Sadalam und Patram, welche sich in der Quelle des Ganges vereinigen, daher sein Wasser so überaus heilig ist.

Bramarschi (Land der) (Ind. M.), der Wohnsitz der alten weisen Bramen, an beiden Ufern der Jamuna, und zwischen dieser und dem obern Ganges. Von den Brachmanen oder Bramen, welche dort geboren sind, sollen alle Menschen der Erde ihre verschiedenen Gebräuche gelernt haben. Es ist das schönste, herrlichste Land Indiens, von dessen Schönheit die Dichter aller Jahrhunderte in begeisterten Liedern gesungen haben. Wahrscheinlich ging von diesem glücklichen Landstriche alle Bildung aus; dort erhielt Menu's heiliges Gesetzbuch seine jetzige Gestalt; es war das Reich, aus welchem die Dynastie der Kinder des Mondes hervorging.

Bramen (die zehn) (Ind. M.), die sogenannten Rischis, die Herren der Schöpfung, die Urväter; sie heissen, Angiras, Atri, Bhrigu, Dakscha, Krata, Maritschi, Narada: Pulaha, Pulastya und Wasischta, und gingen bei der Weltschöpfung aus Brama's Wesen selbst hervor. Da sie von unbeschreiblicher Demuth und Andacht waren, verlieh ihnen Brama eben so grosse Heiligkeit und Macht, vermöge deren sie Götter, Menschen und Thiere (der Ersteren bis auf 70,000 Billionen) hervorbrachten. Die Interpreten vermuthen in diesen Bramen oder Rischis Weise, Gesetzgeber, Wohlthäter der Menschheit, welche anfänglich besonderer Verehrung und später völliger Vergötterung genossen.

Brami (Ind. M.), Beiname der Gattin Brama's, der Saraswati, welche zugleich Brama's Tochter ist; sie führt diesen Beinamen als Göttin der Sprache und der Wissenschaften überhaupt.

Bramibamey (Ind. M.), die Gemahlin des Druwen, eines der ältesten Könige des Menschengeschlechtes, Tochter des Sengumara Brama: sie war so fromm als schön, welche Eigenschaft Wischnu durch 10,000 Kinder belohnte.

Bramin (Ind. M.), Sohn des Brama, aus dessen Munde er hervorging; er ist der Stammvater der ganzen Braminen-Kaste.

Bramyahuta (Ind. Religionswesen), die Hochachtung, welche man einem Gaste vom Stamme der Braminen erweisen muss; ein förmliches Sacrament, nicht mit der blossen Gastfreundschaft zu verwechseln. So wie die Braminen in allen Religionsübungen den übrigen Kasten vorangehen müssen, so ist auch ihnen die B. vorzugsweise Pflicht, und zwar eine von den fünf höchsten ihres ganzen Lebens.

Branchus (Gr. M.), ein Wahrsager, der Erste, welcher zu Didyme bei Milet in Ionien Orakel gab, daher die Priester des späterhin dort errichteten Tempels Branchiden hiessen. Er war ein Liebling Apollo's oder gar ein Sohn desselben, indem seine Mutter des Kindes Entstehung so angab, dass sie, auf offenem Felde schlafend, geträumt habe, die Sonne sei durch ihre Kehle in ihr Inneres gedrungen. Wegen seiner Schönheit liebte ihn Apollo so sehr, dass er ihm die Gabe der Weissagung gab.

Brangas (Gr. M.), Sohn des Flussgottes Strymon in Thracien, Bruder des Rhesus, des Olynthus und der Terina (einer Geliebten des Mars). Als Olynthus auf der Jagd im Kampfe mit einem Löwen gefallen war, liess ihn B. auf dem Kampfplatze bestatten, und benannte nach ihm die Stadt, die er später in Sithonia, einer Landschaft Macedoniens, baute.

Braesia (Gr. M.), Tochter eines Sohnes und Lieblings des Apollo, des cyprischen Königs Cinyras und der Metharme, soll sich in Folge des Grolles der Venus fremden Männern ergeben haben, dann nach Aegypten gekommen und dort gestorben sein.

Brauronia (Gr. M.), Beiname der Diana, von der attischen Gemeinde Brauron, wo ein ihr geweihter Tempel stand. Orestes, welcher bei dem Orakel zu Delphi Rath wegen seines Wahnsinnes gesucht, hatte den Befehl erhalten, dem Gotte die Schwester aus Taurien zu bringen; er hatte diess so verstanden, als solle er des G o t t e s Schwester, also das Bild der Diana, rauben, und that diess auch; zugleich brachte er aber auch seine eigene Schwester Iphigenia von dort zurück und landete mit ihr in Brauron, wo sie das mitgebrachte Bild der Göttin aufstellten, das nun hier heilig verehrt wurde, bis Xerxes es als Beute hinwegführte. Das Fest, welches dieser B. gefeiert wurde, trug denselben Namen, hiess aber auch Arctea (s. d.), und es kehrte alle fünf Jahre wieder.

Breidablik (Nord. M), der Theil des Asen-Aufenthaltes, worin Balder sein Schloss Glittnir hatte: die herrlichste Gegend des ganzen Himmels; der Name bedeutet entweder die weit Schauende oder die weit Glänzende.

Breksta (Slav. M.), die Göttin der Dämmerung oder der Nacht; sie gehört zum Gefolge des Sonnengottes Perun (Donner) und geht seinem Aufgange vorher, so wie sie seinem Untergange folgt.

Brentus (Gr. M.), Sohn des Hercules (die Mutter ist unbekannt), welcher mit einer Colonie nach Grossgriechenland ging und die Stadt Brentesion (Brundusium, jetzt Brindisi) baute.

Brepun Goomba (Lamaische Rel.), eines der beiden Klöster, welche zu beiden Seiten der Stadt Chassa in Tübet liegen, und wechselsweise dem Dalai Lama zum Aufenthalt dienen. Es enthält zahllose Wohnungen für die Unterpriester und einen Palast für den Dalai Lama selbst; mit grossem Pomp verlässt er bei dem Wechsel der Jahreszeiten das bewohnte, geht mit endloser Prozession um die Stadt und bezieht das andere. Dieses ist die einzige Gelegenheit, bei welcher er selbst etwas Anderes, als die vergoldeten Wände seines Gefängnisses sieht.

Bretannus (Gr. M.), ein König im südlichen Gallien, durch dessen Länder Hercules zog, als er des Geryon Rinderheerden geraubt hatte. Seine Tochter Celtine verliebte sich in den Helden, entwendete ihm einige der Rinder und gab sie nur um den Preis seiner Liebe zurück. Ihr Sohn ward Celtus genannt; nach ihm sollen die Celten (Gallier) benannt sein.

Brettus (Gr. M.), Sohn des Hercules und der Baletia, ging mit einer Colonie nach Tyrrhenien und gründete die Stadt, welche seinen Namen trägt.

Brevis (Röm. M.), »die Kurze«, Beiname der Fortuna, der, so wie der eben so häufig vorkommende, Parva, die Kleine, an die Flüchtigkeit des Glücks oder an die unbedeutenden Kleinigkeiten erinnern sollte, mit denen oft ihr Erscheinen verknüpft ist.

Breysing (Nord. M.), ein grosser, reich verzierter, goldener Halsschmuck der Göttin Freia (s. d.). Vier geschickte Schmiede des Zwergen-Geschlechtes hatten ihn verfertigt; Loke stahl denselben, um ihn Odin zu bringen, welcher Freia damit beschenkte, die nunmehr der Liebe des Gottes nicht länger zu widerstehen vermochte.

Briah (Kabbala), eine der vier Welten, aus denen das Universum bestehen soll.

Briareus (Gr. M.), der Name, welchen die Götter dem furchtbaren hunderthändigen Riesen Aegäon (s. d.) beilegten.

Brimner (Nord. M.), der Saal in Gimle, oder Okolni, wo es das herrlichste Getränke in Fülle gibt, einer der guten, angenehmen Aufenthaltsorte für die abgeschiedenen Seelen.

Brimo (Gr. M.), Beiname der Hecate (s. d.); er bedeutet entweder »die Zürnende« oder »die Zähneknirschende,« weil sie einst zähneknirschend Mercur empfing, oder »die mit Fackeln, woran das Feuer prasselt, Auftretende.« Uebrigens führen auch Ceres und Cybele denselben Beinamen.

Brisaeus (Gr. M.), ward Bacchus besonders auf Lesbos häufig B. zubenannt, entweder, weil eine Nymphe Brisa ihn erzogen, oder weil er auf einem Vorgebirge von Lesbos, Brisa, einen Tempel hatte.

Briseïs (Gr. M.), die schöne Sklavin des Achilles, um deren willen der Streit zwischen diesem und Agamemnon entstand. Sie hiess eigentlich Hippodamia, und wird nur von Homer nach der gewöhnlichen Art, die Kinder nach ihren Eltern zu bezeichnen, B. genannt, da sie die Tochter des Brises, Königs von Pedasus, oder Priesters des Apollo zu Lyrnessus war.

Britomartis (Gr. M.), Tochter des Jupiter und der Carme, ein Liebling der Diana, mit welcher selbst sie später verwechselt wurde, eine gortynische Nymphe, rüstige Jägerin. Ihre Schönheit zog den Minos, König von Creta, an; er verfolgte sie, allein sie entzog sich seiner Liebe, floh nach Argos, von da nach der Insel Cephalonia und von da nach Aegina. Sie fand hier freundliche Aufnahme bei einem Fischer, dessen Töchter sie pflegten und sie ihre liebste Gespielin nannten; doch des Vaters unziemliche Zumuthungen nöthigten sie endlich, auch diesen Aufenthalt zu verlassen; sie stürzte sich in das Wasser und wurde in des Fischers ausgespannten Netzen, doch nicht mehr lebend, aufgefangen; im Haine der Diana ward nun ihre Bildsäule aufgestellt. Nach einer andern Erzählung ertrank sie nicht, sondern floh in den Tempel der Diana auf Aegina und verschwand im Heiligthum, worauf sie unter dem Beinamen A p h ä a göttlich verehrt wurde. Nach Anderen nimmt Diana von ihrer Freundin B. diesen Namen an und wird unter demselben in Creta verehrt, oder beide sind eins, auch führt B. noch den Namen Dictynna von den Fischernetzen, worein sie fiel, und erscheint somit als Beschirmerin der Fischerei; daher fand man auf vielen Küstenplätzen Tempel der Diana Dictynna.

Brizo (Gr. M.), eine Localgottheit der Insel Delos, Beschützerin der Seefahrer. Man opferte ihr daher nichts, was aus der See kam, sondern nur Landthiere und Früchte. Ihre Orakel ertheilte sie, wie Trophonius, im Traume.

Brok (Skand. M.), ein Zwerg, Bruder des Sindri, beide sehr geschickt in Metallarbeiten. Iwaldes Söhne, gleichfalls Zwerge, hatten den Asen drei grosse Kostbarkeiten verfertigt: goldenes Haar, welches, sobald es auf eines Asen Kopf kam, fest wuchs; den immer treffenden Speer Gungnar, und das stets günstigen Wind habende Schiff Skidbladner. Mit B. wettete Loke, dass sein Bruder Sindri nicht ähnliche Kostbarkeiten verfertigen könne; der Preis war Loke's Kopf. Sindri machte sich an's Werk, legte ein Eberfell in das Schmiedefeuer und hiess B. blasen, bis er wiederkäme; während Sindri aber fort war, kam Loke in Gestalt einer Bremse und stach ihn in die Hand, allein B. hielt diess aus, und Sindri erlöste ihn, indem er einen goldenen Eber aus dem Feuer nahm, dessen Borsten im Dunkeln leuchteten, und auf welchem man schneller als mit dem schnellsten Rosse über Land und Meer reiten konnte; jetzt legte er ein Stück Gold in's Feuer, B. musste wieder blasen, und die Bremse stach ihn noch viel heftiger; allein der Zwerg hielt auch dieses aus, und Sindri nahm einen Goldring aus dem Feuer, von welchem sich in jeder neunten Nacht acht gleich kostbare Ringe lösten. Nun übergab er ihm die letzte Arbeit, mit dem Bemerken, dass, wenn er jetzt zu blasen aufhöre, alles verloren sei; Loke blieb auch diessmal nicht aus, er setzte sich auf des armen B. Augenbraue, und stach so heftig, dass ihm das Blut über die Wangen lief, und er nichts mehr sah; da griff er nach der Bremse, den Blasebalg stehen lassend, und Sindri kam; die Arbeit war nicht vollkommen, er nahm einen Hammer aus den Kohlen, dessen Stiel zu kurz gerathen war; er sagte: hättest du einen Augenblick früher losgelassen, so wäre er ganz unbrauchbar, doch jetzt ist er noch immer gut; er trifft, wohin man ihn wirft, er zermalmt, was ihm im Wege steht, und kehrt immer zu den Händen seines Besitzers zurück. Jetzt lass uns sehen, wer die Wette gewonnen hat. Mit ihren Schätzen begaben sie sich zu den Asen, und Freir, Odin und Thor waren die Richter, deren ersterer den goldenen Eber, der andere den Ring Draupner, der dritte aber den Hammer Miölner bekam. Dieser Letztere erhielt von allen Geschenken als das werthvollste den Preis, und die Götter hofften davon gute Dienste bei der Schlacht, welche der Welt Ende herbeiführen wird. B. wollte nun dem bösen Loke den Kopf abschneiden, dieser bot viel Lösegeld, allein B. hatte den Schmerz, den ihm der Bösewicht verursacht, noch nicht vergessen, und verlangte Loke's Kopf. Nun, so nimm mich! sprach Loke; als aber B. ihn greifen wollte, war er weit fort, denn er hatte Schuhe an, mit denen er auf Luft und Wasser so gut laufen konnte, als auf der Erde. Thor ergriff ihn und gab ihn dem B., allein Loke behauptete, er habe nur den Kopf, nicht den Hals verwettet, und liess sich daher den Hals nicht abschneiden; nun nähete der Zwerg dem bösen Asen mittelst seines Bruders Ahle und eines starken Riemens die Lippen zusammen.

Brome (Gr. M.), eine der Nymphen, denen Mercur nach dem Unglück, welches die Erzieher des Bacchus, Ino und Athamas, betroffen, den jungen Gott zur Pflege überbrachte. Sie wohnten am Berge Nysa und wurden als Hyaden unter die Sterne versetzt.

Bromius (Gr. M.), »der Lärmende«, Beiname des Bacchus, entweder von der Nymphe Brome (s. d.), oder davon, dass er unter Donner und Blitz, bei der Erscheinung des Jupiter in seinem Götterglanz, geboren wurde, oder, und diess ist wohl das Richtigste, von dem laut rauschenden (βρόμος) Jubel bei seinen Festen.

Bromus (Gr. M.), ein Centaur, von Cäneus bei der Hochzeit des Pirithous nebst noch vier Andern getödtet. Cäneus war eine der schönsten thessalischen Jungfrauen gewesen, doch durch Neptuns Gunst in einen Mann verwandelt und unverwundbar gemacht.

Bronte (Gr. M.), eines der vier Sonnenpferde.

Brontes (Gr. M.), ein Cyclope, Sohn des Uranus und der Erde; seine beiden Brüder heissen Arges und Steropes.

Broteas (Gr. M.), 1) Sohn des Vulcan und der Minerva, der aus Lebensüberdruss sich selbst verbrannte. — 2) B., ein berühmter Cästuskämpfer, ward nebst seinem Bruder Ammon auf der Hochzeit des Perseus mit der Andromeda von Phineus erschlagen. — 3) B., ein Lapithe, fiel bei dem Gefecht der Lapithen und Centauren, indem der Letztern einer, Gryneus, den Hausaltar erhob, mitten unter die Lapithen schleuderte und den Broteas, so wie den Oreus zerschmetterte. — 4) B., Verfertiger der ältesten Bildsäule der Göttermutter; sie stand auf dem Felsen Coddinus im Lande der Magnesier, welche auf der Nordseite des Sipylus wohnen. Er soll ein Sohn des Tantalus gewesen sein.

Brownie (Schott. M.), ein Poltergeist, der seinen Namen (Brauner) von der Farbe seiner Kleidung hat, welche die eines Knechtes, aber von Kopf zu Füssen braun ist. Man hält ihn für gutmüthig, dienstfertig, findet von ihm häufig Arbeiten des Hauses, in dem er sich aufhält, verrichtet, und wendet sich in vielen Angelegenheiten um Rath an ihn. So gut er gewöhnlich ist, soll er doch Neckereien nicht ertragen können, und sich meistens hart an dem Beleidiger rächen.

Brudu (Ind. M.), ein Raja aus dem Geschlechte der Kinder des Mondes, wegen seiner Tapferkeit im Kriege der Kurus und Pandus berühmt. Sein Vater hiess Wrussunanden; mit einer schönen Sklavin aus Indra's Paradies erzeugte er den heldenhaften Sitraden.

Brulca (Tübet. M.). Die Religion der Lamaiten lehrt, dass vor Entstehung der Welt in dem Raume, welchen diese jetzt einnimmt, sich 16 Plätze befanden, welche alle von himmlischen Geistern bewohnt waren; einer dieser 16 Plätze hiess B., und zwar wegen der Freude, welche die Welt hatte, als die Geister daselbst so grosse Wunderwerke verrichteten. An diesem Orte pflanzen sich die Seligen durch blosses Anlächeln fort.

Brunhild (M. des Nibelungenliedes), eine Heldenjungfrau von dämonischer Kraft und Kühnheit, Königin von Isenland. Der starke hörnerne Siegfried warb für Günther, König der Burgunder, zu Worms um sie, und die Thaten in dem Kampf um sie waren so ungeheuer, dass Siegfried seine Tarnkappe brauchte, welche ausser der Unsichtbarkeit ihm siebenfache Kräfte gab, um ihr Widerstand zu leisten oder sie zu übertreffen. Günther erhielt sie zur Gemahlin, doch in der Brautnacht knüpfte sie, statt sich ihm zu ergeben, den König an ihrem Gürtelbande auf, und liess ihn trotz Bitten und Flehen lange genug hängen, bis sie, um seine Schande zu verhüten, ihn losband; in der folgenden Nacht musste Siegfried sich unsichtbar an der Königin Seite legen, während Günther sich in einem Winkel des Gemaches verbarg; und nun begann von neuem ein Kampf der höchsten Männerkraft, versiebenfacht gegen einer Jungfrau Muth, und es war nahe daran, dass auch Siegfried an ihrem Gürtel gehangen hätte, doch unterlag sie ihm endlich, und ward von da an Günthers (den sie für ihren Sieger gehalten) bescheidene Magd. Siegfried übergab später den ihr abgerungenen Gürtel seiner Gattin Chriemhild, dadurch kam der Betrug zur Sprache, und B. liess Siegfried durch Hagen tödten. Unter dem Namen Brunhildenbett zeigt man auf dem Felsberg in Hessen eine Felsmasse, die einem Grabe ähnlich ist, unter welcher B. ruhen soll.

Brusos (Gr. M.), des Emathius Sohn, nach welchem die Landschaft Brusis in Macedonien benannt worden sein soll.

Brynhildur (Nord. M.), eine Schildjungfrau und Walküre, Budlis Tochter. In einen Zauberschlaf versenkt, im Gebirge inmitten eines einzelnen Hauses wohnend, ward sie durch den starken Sigurd befreit, indem dieser den Panzer, welcher sie fesselte, zerhieb. Sigurd fand die Jungfrau überaus schön, verlobte sich mit ihr, ward jedoch in Gjuki's Haus, wohin er kam, durch einen Zaubertrank, den ihm des Letztern Gattin Grimhild gab, bewogen, der Geliebten zu vergessen und sich mit Grimhilds Tochter Gudrun zu vermählen. B. wollte nun unvermählt bleiben, und knüpfte darum ihre Hand an eine Bedingung, welche Niemand erfüllen zu können schien; sie verhiess sich nämlich demjenigen, welcher durch den Feuerstrom Waffurlogi, den Odin rings um ihr Haus geleitet, reiten werde. Gudruns Bruder Gunnar wünschte B. zu besitzen, wagte jedoch nicht, das Abenteuer zu bestehen; da machte sich in Gunnars Gestalt der muthige Sigurd auf den Weg, setzte über den Feuerstrom und bestieg mit B. das Ehebett, legte jedoch sein Schwert zwischen sich und die Braut seines Schwagers. Am andern Morgen wechselten sie Ringe (wobei in B.s Hand der Unglück bringende Ring, den Loke von Andwari empfangen, gelangte) und Sigurd mit Gunnar wieder die Gestalt, und Alles schien im rechten Geleis, bis ein stolzes Wort B.s des Ringes Verderben bringende Kraft weckte. Die beiden Schwägerinnen badeten sich im Fluss, da ging B. weiter hinein als Gudrun, und sagte, das Wasser, das aus Gudruns Haar träufte, wolle sie nicht auf ihrem Haupte tragen, weil sie einen viel bessern Mann habe; Gudrun meinte, was diess anbelange, dürfte sie kecklich das Haar in demselben Wasser waschen, das ihr gedient, weil sie in Sigurd einen Mann habe, der nicht schlechter sei als Gunnar, und an Stärke komme ihm keiner gleich, denn er habe Fafnir und Reigen erschlagen und beerbt. B. antwortete darauf: es war wohl mehr werth, dass Gunnar durch Waffurlogi setzte, das wagte Sigurd nicht. Da lachte Gudrun und sprach: glaubst du, dass Gunnar diess gethan? ich glaube, dass der an deiner Seite ruhete, der mir diesen Ring gab! — und hiermit zeigte sie der entsetzten B. den Ring, welchen sie in der Hochzeitnacht dem vermeinten Gunnar gegeben, — der Ring aber, welchen du an der Hand trägst, heisst Andwaranautur, und ich glaube nicht, dass es mein Bruder Gunnar war, der ihn auf Gnitaheide suchte. B. beschloss, sich für den Betrug zu rächen; ihre Liebe verwandelte sich in Hass; sie bewog Gunnar und Högni, den Sigurd zu ermorden, sich selbst aber erstach sie und ward mit Sigurd auf einem Scheiterhaufen verbrannt.

Buabin (M. der Tonkinchinesen), ein Gott, welcher die Wohnungen der Menschen beschützt, den man daher besonders bei Erbauung eines neuen Hauses um Beistand anruft.

Buate (Pers. M.), einer der bösen Dews, welche Ahriman den Lichtschöpfungen des Ormuzd entgegensetzte; er bringt die ansteckenden Krankheiten hervor.

Bubastis (Aegypt. M.), gleichbedeutend mit der griechischen Artemis und der römischen Diana, Tochter des Osiris und der Isis, die von den Griechen und Römern mit Bacchus und Ceres, und Schwester des Horus, der mit Apollo zusammengestellt wird. Isis übergab sie zugleich mit Horus der Buto (von den Griechen Leto, Latona, genannt) zum Schutze vor dem bösen Gotte Typhon, dem Verfolger des Osiris und seines Geschlechtes. Ueber die Bedeutung oder den Wirkungskreis der B. ist uns nur wenig bekannt; Göttin der Jagd, der Berge und Wälder war sie in keinem Falle, dagegen scheint sie Mondsgöttin und Geburtsgöttin gewesen zu sein, welche Rollen allerdings theilweise auch der Diana zugetheilt waren. Indessen war B. jedenfalls eine hoch gefeierte Göttin; in der Stadt Bubastus hatte sie einen Tempel, dessen weite Vorhöfe mit sechs Klafter hohen Statuen angefüllt waren und einer zahllosen Menschenmenge Raum gewährten, welche den Nil herab- oder heraufkamen, um das alljährliche, heitere und mitunter ausgelassene Fest der Göttin zu feiern. Die Katze, das hieroglyphische Schriftzeichen des Mondes, war der Göttin geheiligt; die Göttin selbst wurde unter dem Bilde der Katze verehrt, woraus die Sage stammen mochte, die sich bei Griechen und Römern findet, dass Diana, als die Götter vor Typhon flohen, sich in Katzengestalt verborgen habe. Auf alten Monumenten finden sich Bilder der Göttin mit einem Katzenkopf. In der Stadt Bubastus war der Sammelplatz aller Katzen-Mumien; diese Thiere wurden, wenn sie starben, mit grosser Trauer in den Tempel gebracht, und dort sorgfältig balsamirt.

Bubona (Röm M.), eine Göttin, welche die Heerden, besonders die der Rinder, schützen sollte.

Bucolion (Gr. M.), 1) einer von den Söhnen des Lycaon, deren Apollodor neun und vierzig namentlich anführt; sie alle, mit Ausnahme eines einzigen, wurden durch Jupiters Blitze erschlagen, der Vater aber in einen Wolf verwandelt. — 2) B., Sohn Laomedons von der Nymphe Calybe, und von der Nymphe Abarbarea Vater zweier Söhne, Aesepus und Pedasus.

Bucolus (Gr. M.), 1) Sohn des Hercules von der Thespiade Marse, welche Apollodor nebst allen andern Kindern des Gottes und seine Geliebten namentlich anführt. — 2) B., Sohn des Hippocoon; er ward mit seinen Brüdern von Hercules umgebracht.

Budatsched (Ind. M.), ein Fürst aus dem Geschlecht der Sonnenkinder; sein Vater hiess Nirkunden, sein Grossvater Waiwassuden und ein Sohn, den er selbst von Mischka, der Tochter des Bikumalam hatte, hiess Wassu.

Buddha, Fig. 61, Lehrer oder Stifter eines indischen Religionssystems, das nach ihm Buddhaismus heisst, und im eigentlichen Indien, wo es grausam verfolgt wurde, nur wenige Anhänger mehr zählt, dagegen sich nach allen Seiten hin so staunenswerth verbreitet hat, dass sich 300 Millionen Menschen zu ihm bekennen. B. ist nach einer Sage 1029 vor Christus geboren, und wird in Indien für die neunte Awatara Wischnu's, und für eine Fortsetzung der Awarta des Krischna angesehen. Andere halten ihn für einen Ausfluss des Brama, gesendet, um den Bramaismus wieder zu seiner ursprünglichen Reinheit zu erheben, den Unterschied der Kasten zu vernichten, und den Frommen über den Reichen zu setzen, daher der wüthende Kampf der Braminen gegen den Buddhaismus. B.s Erzeugung ist in mystisches Dunkel gehüllt, wornach Schagkiamuni in der Gestalt des Elephantenkönigs Araschawardan die erhabene Götterstadt und seinen Thron Damba Togar verliess, um sich im Mittelpunkt Indiens, in Magada, niederzulassen; hier gewann er die Gemahlin des Königs Ssodadani, die schöne Maha Maja, lieb und zog als fünffarbiger Lichtstrahl durch ihre feurigen Augen in ihren Körper, aus welchem durch die rechte Armhöhle B. geboren wurde. Von seinem siebenten Jahre ward B. in allen Künsten, Wissenschaften und körperlichen Uebungen unterrichtet, dann vermählte er sich in seinem sechzehnten Jahre mit der jungfräulichen Bumiga, aus der Stadt Köbälik, welche ihm einen Sohn Raholi schenkte. Da B. 29 Jahre zählte, wollte er in den Stand der heiligen Büsser treten, und jetzt offenbarte sich seine göttliche Abstammung und seine Sendung, denn die Maharadscha Tägri, die vier grossen Geisterkönige, entführten ihn auf Befehl des Chormusda und trugen ihn vor den allerheiligsten Tempel, wo er sich dann selbst die Haare abschnitt und sich zum Priester weihete. Sechs Jahre wohnte er an den Ufern des Flusses Narandsara; darauf beschloss er, ein Heiliger zu werden, beschauete sein Inneres und blieb sieben Tage ohne Nahrung, im Garten seines Hauses, unbeweglich sitzen. In der letzten Nacht überfielen ihn viele Tausende feindlicher Geister, die er alle mit Götterkraft besiegte, worauf er am Mittag des achten Tages, 35 Jahre alt, unter dem Titel des Allermächtigsten unter den Mächtigen Schagkiamunis, und als ganz vollendeter Gott, die höchste Stufe der Heiligkeit erlangte. Er lebte nun noch 45 Jahre ununterbrochen wirksam für die Verbreitung seiner Lehre, und theilte, endlich im 80. Jahre die irdische Hülle verlassend, seinem Schüler und Begleiter Mahakaya im Königreich Magata, in Indien, das ganze Geheimniss seines Religionsgebäudes mit, und dieser Mahakaya ist

Fig. 61.

der erste Patriarch oder Heilige der B.-Religion; er hinterliess die Lehre einem zweiten, gewählten Nachfolger, dem Anauta, und so folgten einander 33 Heilige, welche die geheime Lehre alle besassen, deren Stifter später unter dem Namen B. als Gott angebetet wurde. (Er heisst eigentlich Gautamas.) Von den Patriarchen wanderten mehrere freiwillig aus, d. h. sie übergaben sich selbst dem Tode in den Flammen. Der Sohn des B. (aus dessen Munde geboren) gehört zu diesen 33 Patriarchen, wird aber nicht als Heiliger, sondern als Gott verehrt, weil er sowohl unmittelbar als Sohn des obersten Gottes (Buddha) unter die Götter gehört, als auch weil er dessen Lehre mystisch und philosophisch, metaphysisch und allegorisch ausgebildet hat. Mit dem 28. Patriarchen Bodhidhorma wanderte die Lehre aus Indien nach China, der 29. war ein Chinese, so wie die vier Folgenden, deren Letzter 713 n. Chr. starb. Er gründete 706 n. Chr. die in China und bei den Mongolen erbliche Grosspriesterwürde unter dem Titel: geistlicher Fürst des Gesetzes, welcher zugleich Beichtvater der Kaiser war, und daher eine unumschränkte Gewalt ausübte; dann entstand die erbliche Grosslamawürde, und aus ihr eine Menge anderer Abstufungen der Lamawürde. Noch jetzt findet man in Indien ungeheure Ruinen von Tempeln aus den Zeiten der Blüthe des B.dienstes. Auch auf Java ist ein Riesentempel, Boro, Budor, aus diesem Cultus übrig. Unser Bild stellt eine uralte indische Statue des B. dar.

Buddha awatara (Ind. M.), die neunte Verkörperung Wischnu's. Er war Stifter der chinesischen Fo-Religion, deren Grundzüge nicht neu erfunden sind, sondern schon in den Vedas liegen.

Buddha-Religion heisst die von Buddha (s. d.) gestiftete Religion, deren Fundamentalsätze er jedoch nur mündlich auf seine Schüler übertrug, welche sie längere oder kürzere Zeit nach seinem Tode aufzeichneten, daher viele Missverständnisse sich eingeschlichen, so dass man wiederholt 10 Jahre, 110 Jahre und 300 Jahre nach seinem Tode Sammlungen der Lehren anstellte, sichtete, beibehielt oder verdammte, und einen Geistlichen, den man für den verkörperten Maha-Dewa, den Feind des

Buddha, hielt, verbannte, seine Lehren unterdrückte u. s. w. Der Buddhadienst, jetzt aus dem westlichen Indien fast ganz verdrängt, war in früheren Zeiten daselbst in der höchsten Blüthe. Er ist sicher ursprünglich als Versuch einer Reformation des schon tief entarteten Bramaismus aufgetreten, darum heisst Buddha selbst eine Menschwerdung Wischnu's; aber die Folge war die grausame Verfolgung des erstern durch den letztern. Ein jetzt nicht mehr mit Bestimmtheit nachzuweisendes Reich im Mittelpunkt Indiens, Magda genannt, war die Wiege desselben; dort sind die drei Buddhas erschienen, dort werden alle anderen erscheinen bis zur Zahl 1000, nach welcher erst die Welt zur Reife gelangt. Jetzt ist der Buddhadienst rings um Indien stark verbreitet, in dem eigentlichen Indien aber nicht mehr. China, Japan, die Mongolei, Tübet, Birma, Ceylon, ein Theil des südlichen Persiens, Kaschmir, Afghanistan bekennen sich fast ausschliesslich zu demselben, und über die grossen Inseln des indischen Archipels scheint derselbe auch verbreitet gewesen zu sein. Der Buddhaismus kennt kein ewiges, unerschaffenes Wesen, keinen Schöpfer und keine Schöpfung. Unabänderliche Naturgesetze regieren das Weltall, und nach diesen ist die Welt aus dem Leeren hervorgegangen; sie führt den Namen Tod und Wiedergeburt (L o g a), oder Zerstörung und Wiederherstellung; von ihrer Entstehung schreibt sich alles Uebel her, und die höchste Seligkeit ist nur durch ein allmäliges Zurückgehen in das Nichts zu erlangen. Das Böse (Jirtündschü) bringt die beständige Wiedergeburt nach dem Tode, das Wandern aus einem materiellen Raume, aus einem Körper in den andern, hervor. Die Keime des Guten und Bösen, des Nichts und des Etwas sind in ewigem Streit; Belohnung und Bestrafung findet jedes lebende Wesen in dem Kreislauf von Verkörperungen und Wiedergeburten, welche in sechs Stufen eingetheilt sind, deren erste das Reich der reinen Geister (Essrun, Tegri), die zweite das der unreinen (Assurs), die dritte das der Menschen umfasst, während die vierte den Thieren, die fünfte den Ungeheuern (den Bewohnern der Vorhölle), und die sechste den eigentlichen Höllengeistern gehört. Alle diese Stufen durchwandelt der Sterbliche, bis einst seine Verdienste ihn zu der höchsten, unwandelbaren siebenten Stufe, zu der der Buddha's (Mongolisch: Burchanen), führen, in welcher kein Fehltritt mehr möglich ist. Um zu dieser höchsten Vollendung zu gelangen, ist es nöthig, dass man alle Gesetze des Buddha streng befolge und die Sünde verabscheue. Der Gebote sind fünf: nicht tödten, nicht stehlen, nicht des Andern Gattin oder Geliebte rauben oder gewaltsam berühren, nicht lügen, nicht starke Getränke geniessen. Der Sünden sind zehn: Tödten, Stehlen, Ehebrechen, Lügen, Zanken, zornig sein, unnütz schwatzen, nach des Nächsten Gut trachten, seinen Tod wünschen, an falsche Götter glauben. Eigentliche Kasteneintheilung soll zwar nicht herrschen, doch hat Reichthum und Priesterstolz sich deren drei gebildet, davon die Priesterkaste die oberste ist, und an Ansehen und Heiligkeit die königlichen Geschlechter überragt. Diese Kaste ist es auch allein, welche sich Entsagungen und Opfer auferlegt, dagegen sie das sicherste Mittel, zur Seligkeit zu gelangen, das Almosen-Geben, Anderen überlässt, selbst aber sehr geneigt ist, Spenden zu empfangen. Das höchste Almosen ist, das eigene Leben zur Erhaltung eines Andern hinzugeben, und Buddha ist hierin allen Nachfolgern als unerreichbares Muster vorangegangen. Er fand einst fern vom Flusse ein Crocodil, welches verschmachtete, und schon zu schwach war, das Ufer zu erreichen. Da erhob Buddha mit seiner Götterstärke das 25 Fuss lange Ungeheuer und trug es zwei Tagereisen durch die Wüste, bis zu dem Bramaputr, und da er sah, dass es nicht Kraft genug hatte, eine Beute zu erhaschen, hieb er sich den Arm ab, tränkte mit seinem Blute das dürstende Thier, gab ihm den Arm zu fressen und setzte sich nicht zur Wehre, als es ihn darauf, schnell ermuntert, zerriss, worauf er noch reiner und geläuterter, als zuvor, wieder vom Tod erstand.

Budea (Gr. M.), »die Stier-Anspannerin«, Beiname der Minerva, unter welchem sie zu Athen und in Thessalien verehrt wurde, weil sie den Menschen den Ackerbau mittelst der vor den Pflug gespannten Ochsen gelehrt.

Buden (Ind. M.), Sohn des Mondes (Tschandra) und Vater des Puru, des ersten Königs aus dem Geschlechte der Mondskinder. Unter seinen Nachkommen zählt er die Kurus und die Pandus, welche den verderblichen Krieg führten, der von ihnen den Namen hat, ferner Duschmanta, ein König, der uns aus Sakontala bekannt ist. B. ist der Beherrscher des Planeten Mercur, ein grosser Weiser und Gesetzgeber, hoch erfahren in allen Wissenschaften, als: Medicin, Gerechtigkeitspflege, Sternkunde, Moral und Religion. Seine Mutter war die Gemahlin des Brahaspati (s. d.).

Budjintaja (Slav. M.), eine Göttin der Polen und Kassuben, von welcher man glaubte, dass sie die schlafenden Menschen vor Unglück beschütze, und sie, wenn ein solches ihnen nahet, erwecke.

Budsdo (Jap. Rel.) heisst in Japan der Buddhaismus, der Cultus der fremden Götter. Nach den Traditionen der Japaner ist Buds (Buddha oder Sjaka) in Makatta Kokf, einer Provinz des Reiches Tencikf, geboren; diess ist das himmlische Reich, und man ist zweifelhaft, ob dasselbe Siam oder Ceylon sei. Er war ein Königssohn, ward aber schon im 19. Jahre Büsser, betrachtete 49 Jahre lang himmlische Dinge und erlangte dadurch vollkommene Kenntniss von dem Wege zum seligen Leben, von Lohn und Strafe nach dem Tode, von Himmel und Hölle, von der Seelenwanderung u. s. w. Eine grosse Menge Schüler verbreiteten nach seinem Tode seine Lehren, doch zwei derselben zeichneten diese schriftlich auf in ein Buch, welches das der himmlischen Blumen genannt und neben dem Gotte Buds verehrt wird. Die Religionssatzungen der B. haben viele Aehnlichkeit mit dem Lamaismus und andern Lehren in Indien; die Seelenwanderung waltet überall als Grundprincip der Belohnung und Bestrafung vor. Hierin weicht die Lehre von dem reinen Buddhaismus ab, dessen Lohn das Zurückgehen in's Nichts ist.

Bukeros (Gr. M.), »der Gehörnte«, Beiname des Bacchus, weil er manchmal mit einem Ansatz zu Hörnern abgebildet wird. (S. B a c c h u s).

Bunaea (Gr. M.). Unter diesem Namen hatte Juno in Corinth ein Heiligthum, welches ihr Bunus gestiftet (s. d.).

Bunicus (Gr. M.), Sohn des Paris von der Helena. Die ganze Nachkommenschaft aus dieser Ehe ist zweifelhaft; Manche der Alten geben dem Paare mehrere Kinder, Andere wissen nichts davon.

Bunus (Gr. M.), Sohn des Mercur und der Alcidamia. Als Aeetes von Corinth nach Colchis ging, übergab er diesem B. sein ganzes Reich. Er war es, welcher der Juno ein Heiligthum errichtete, die davon Bunäa (s. d.) hiess.

Buphagos (Gr. M.), »der Gefrässige«, 1) Sohn des Titanen Japetus von der Thornax, verfolgte die keusche Diana mit seiner Liebe, und diese, um sich des Zudringlichen zu entledigen, erschoss ihn. Er wurde zu Pheneus in Arcadien als Heros verehrt und der Fluss B. nach ihm benannt. — 2) B., Beiname des Hercules, weil er zu verschiedenen Malen einen ganzen Ochsen verzehrte, ein Unternehmen, das Milo von Croton nachzuahmen versuchte.

Buphonas (Gr. M.). Als Hercules mit seinen dem Geryon geraubten Rindern durch Sicilien zog, stellte sich demselben zuerst Eryx, der Venus und des Butes Sohn, entgegen, den er besiegte; dann wehrten ihm die Sicaner den Verfolg seines Weges, allein sie unterlagen in einer blutigen Schlacht. Unter den gefallenen Feldherren war auch B.; die Uebrigen sind: Pedicrates, Gaugates, Cygäus, Crytidas und Leucaspis.

Bura (Gr. M.), Tochter des Ion (Sohnes des Xuthus) und der Helice, nach welcher die achäische Stadt B. benannt wurde.

Buraicus (Gr. M.), Beiname des Hercules von der Stadt Bura in Achaja, in deren Nähe er in einer Höhle ein Orakel hatte, welches durch vier Würfel ertheilt wurde, die der Fragende, nachdem er geopfert und sich gereinigt, auf den Altar des Heros warf, und deren oben liegende Charactere durch die Priester nach einem in der Höhle befindlichen Gemälde ausgelegt wurden.

Burchanen (Lam. M.), Götzen der tübetanischen Religion, deren man 108 zählt; sie sind nicht uranfängliche, sondern e r s c h a f f e n e Wesen, doch durch eine vierzigmalige Wanderung über die Erde und grosse Reinheit und Heiligkeit bis zu dem Range der Götter emporgestiegen; sie regieren die Welt in ihrem jetzigen elenden

Zustande, und diese Welt ist von Geschöpfen bewohnt, welche ehemals Geister der Oberwelt waren, aber zu Menschen herabgesunken sind, und nun in einem Zustande der Prüfung ihres Werthes leben, nach welchem sie entweder eine höhere geistige, oder eine niedrigere thierische Stufe einnehmen und so fortwandeln, bis sie der Vollendung und des Eingehens in das Göttliche werth sind.

Buri (Nord. M.). Die Kuh Audhumla, welche gleich nach dem Urriesen Ymer aus dem Ginnungagap (Chaos) hervorging, leckte den salzigen bereiften Grund, und am ersten Tage erwuchsen daraus Menschenhaare, am zweiten drang ein Kopf hervor, und am dritten stieg ein Gott, B., herauf, schön von Gliedern, gross, stark und kräftig. Er zeugte Bör, dieser Odin, Wile und We.

Bursa (Kalm. M.), eine Gottheit, welcher man das Vermögen, die Schönheit zu bewahren, zuschreibt, auch soll sie von Liebesübeln heilen; gewöhnlich ist sie von Bernstein gemacht, in ein kleines, kupfernes Schächtelchen verschlossen und mit einem Ringe versehen, so dass man das Bild mittelst einer Schnur um den Hals hängen kann. Wenn ein vornehmer Kalmück krank wird (arme Leute vermögen nicht, sich dieses Mittels zu bedienen), so vermengt er ein wenig davon abgeriebenen Staub mit seinen Speisen, und ist von der Unfehlbarkeit dieses Mittels überzeugt. Die Lamas allein haben das Recht, diese Götzenbilder zu verkaufen; sie geben vor, den Bernstein von dem Berge zu holen, auf welchem der Dalai Lama wohnt, indem derselbe sonst nirgends diese Wirkung habe.

Burtonen, Wahrsager der alten heidnischen Preussen. Sie wahrsagten aus geworfenen Loosen, aus über's Kreuz geworfenen Stäben, aus in's Wasser gegossenem Blei oder Wachs etc.

Busiris (Gr. u. ägypt. M.), ein König von Aegypten, Sohn des Neptun und der Lysianassa, einer Tochter des Epaphus. Aegypten hatte unter seiner Herrschaft neun Jahre einer schrecklichen Hungersnoth durchgemacht, als Phrasius, ein Seher von der Insel Cyprus, dem Könige den Rath gab, alljährlich dem Jupiter einen Fremden zu opfern. In einem Act grausamer Gerechtigkeit liess der König diesen Rathgeber, der ein Fremder war, zuerst opfern, befolgte aber seinen Rath, und nicht nur jährlich einer, sondern alle Fremden wurden geopfert. Hercules kam nach Aegypten, wo er ergriffen wurde und, gleich den übrigen Fremden, hingerichtet werden sollte. Geduldig liess er sich binden, sein Haupt bekränzen und sich als Opfer geschmückt in der Stadt umherführen, bis er am Altare, vor welchem sein Blut fliessen sollte, seine Bande sprengte, B. ergriff und ihn, so wie dessen Sohn Iphidamas, dem Jupiter opferte, doch diess das letzte Menschenopfer sein liess, das den zürnenden Göttern gebracht wurde. Man vermuthet, dass es nie einen B. gegeben, und dass vielleicht die Sage nur den Umstand andeuten soll, dass in der Stadt B. in Unterägypten in den ältesten Zeiten Menschenopfer geschlachtet worden seien, oder auch, da Menschenopfer bei den alten Aegyptern sich nicht mit Sicherheit nachweisen lassen, vielleicht bloss die Thatsache, dass die Aegypter bis zu einer gewissen Zeit sich abschliessend und feindselig gegen alle Fremden verhalten haben.

Butes (Gr. M.) 1) Sohn des Boreas, gerieth mit seinem Halbbruder Lycurgus in Streit, und ward desshalb von seinem Vater genöthigt, sein Heimathland Thracien zu verlassen; er colonisirte die Insel Strongyle, welche damals Naxos hiess, und bildete einen Seeräuberstaat, dem es bei immer höher anwachsender Macht nur an Weibern fehlte. Sie wandten sich desshalb nach Thessalien; hier trafen sie in dem phthiotischen Achäa in der Gegend, welche Drios hiess, die Dienerinnen des Bacchus bei den Orgien des Gottes an. Alle warfen, da sie von B. und den Seinigen überfallen wurden, die heiligen Geräthe von sich und flohen, nur eine junge Thessalierin, Coronis, fiel in B.' Hände und ward gezwungen, seine Gattin zu werden. Voll Zorn rief sie den Bacchus zu Hülfe; dieser machte den B. rasend, und er stürzte sich in einen Brunnen. Die übrigen Bewohner von Strongyle raubten viele thessalische Weiber, doch nicht von den Orgien hinweg, und waren glücklicher, denn sie wurden nicht von dem Gotte gestraft. — 2) B., Sohn des Teleon und der Zeuxippe, oder des Pandion und der Zeuxippe, oder des Amycus, ein athenischer Stierhirt, Pflüger und Kriegsheld, der auch den Argonautenzug mitmachte. Als die Argonauten auf der Rückkehr durch die sicilische Meerenge bei den Sirenen vorbeischifften, stimmte Orpheus einen lieblichen Gesang an, so dass die übrigen Argonauten kein Verlangen nach den gefährlichen Schönen empfanden; B. jedoch konnte das seine nicht überwinden; er sprang in das Meer und wollte zu ihnen schwimmen, allein Venus rettete ihn, indem sie ihn nach Lilybäum versetzte. Hier erzeugte sie mit ihm den Eryx, welcher König von Trinacria (Sicilien) wurde. — 3) B., einer der 50 Pallantiden (Söhne des Pallas in Athen), welche nach der schändlichen Ermordung des Androgeos an Aeacus geschickt wurden, um diesen zur Hülfe gegen des Ermordeten Vater, Minos, aufzufordern. — 4) B., Freund des berühmten rhodischen Helden Tlepolemus (Sohnes des Hercules und der Astyoche oder Astydamia), welcher, durch den Todtschlag an seinem Oheim Licymnius genöthigt, Argos zu verlassen, sich in Rhodus berühmt und beliebt machte, so dass die Bewohner der Insel ihn zum Herrscher wählten. B. hatte ihn in seine freiwillige Verbannung begleitet, und ward desshalb von ihm so geehrt, dass er ihn mit dem Reiche belehnte, als er mit neun Schiffen Rhodus verliess, um vor Troja zu ziehen. — 5) B., dessen Gestalt Apollo annahm, als Ascanius in Italien den Numanus oder Remulus, den Gatten der jüngern Schwester des Turnus, mit einem Pfeile getödtet hatte. Dieser B. war einst Waffenträger des Anchises (s. d.) und sein Thorhüter gewesen; dann ward seiner Sorge Ascan vertraut, und mit des Greises Stimme und Gestalt, wie mit seinen tönenden Waffen, trat Apollo zu dem kühnen Knaben, gebietend, nicht ferner sich in den Kampf zu mischen, und den Göttern zu danken, dass er ungestraft dem schrecklichen Numanus genaht; erst als er mitten in der Rede verschwand, erkannten die Trojaner den Gott. — 6) B., ein Trojaner, von welchem es ungewiss bleibt, ob er mit dem Vorigen einerlei ist oder nicht; er blieb von der Hand der Heldin Camilla.

Buto (Aegypt. M.), eine Göttin, welche vorzüglich in der Stadt B. im Nildelta verehrt wurde, wo sie den prachtvollsten Tempel besass. Als Isis durch Typhon verfolgt wurde, übergab sie dieser B. ihre beiden Kinder Bubastis und Horus; da diese nun den Griechen für Diana und Apollo galten, so erschien ihnen auch ihre Pflegmutter B. als Leto oder Latona, und so beschreiben die alten Geographen und Historiographen Tempel und Dienst auch als den der Latona. Sie hatte Orakel in dem genannten Orte, und die Aegypter erzählen, ihre Stadt habe von einem Platze zum andern gehen können, damit Bubastis und Horus desto besser verborgen werden könnten. Jede ägyptische Gottheit hat ein ihr geheiligtes Thier: das der B. war die Spitzmaus.

Butta. S. Bhuta.

Byblis (Gr. M.), Tochter des Miletus und der Idothea (oder der Tragasia, oder der Area), Schwester des Caunus. Dieser verliebte sich in B., und um seine Leidenschaft zu bezwingen, verliess er seine Heimath; B., über des Bruders Flucht tief betrübt, suchte ihn lange vergebens, und erhängte sich endlich vor Kummer mit ihrem Gürtel. Aus ihren in Strömen fliessenden Thränen schufen die Nymphen den Quell B.

Bylgia (Nord. M.), »See-Sturm«, eines von den neun Wellenmädchen, den Töchtern des Meergottes Aeger und der Ran.

Byrgir (Nord. M.), ein Brunnen, zu welchem die Geschwister Bil und Hinke gegangen waren, um Wasser zu holen, als sie vom Monde geraubt und an den Himmel gesetzt wurden, wo sie noch immer des Gestirnes Begleiter und selbst von der Erde aus sichtbar sind.

Byrseus (Gr. M.), ein thracischer König, welcher sich von Jupiter, Neptun und Mercur, nachdem ihm diese Götter zum Danke für seine gastliche Bewirthung eine Bitte frei gestellt hatten, einen Sohn erbat, worauf die Götter eine Kuhhaut zu einem Schlauche machten, sie mit den Flüssigkeiten ihrer Körper füllten und sie dem B. schenkten, mit dem Bedeuten, nach zehn Monden werde er darin einen Knaben finden. Diess war der berühmte Orion (s. d.).

Bysnus (Gr. M.), König der Bysnäer, welche von ihm diesen Namen führten. Ilus, der Sohn des Tros und der Callirrhoë, der Erbauer von Ilium, tödtete ihn im Kriege.

Byssa (Gr. M.), Tochter des Eumelus, auf der Insel Cos. Sie verachtete die Götter, und besonders Minerva;

ihr **Bruder** Agron und ihre Schwester Meropis thaten dasselbe, wesshalb Mercur, Minerva und Diana sie alle sammt ihrem Vater in Vögel verwandelten.

Bystus (Gr. M.), einer der ältesten und berühmtesten Lapithen, Vater der Hippodamia, mit welcher sich Pirithous vermählte. Zur Hochzeit lud er den Theseus und die Centauren. Diese wollten der Braut Gewalt anthun, und wurden theils verjagt, theils erschlagen.

Byzas (Gr. M.), ein thracischer König, welcher in der Nähe des Pontus Euxinus wohnte, und von welchem, als ihrem Erbauer, die Stadt Byzanz den Namen haben soll. Er war ein Sohn des Neptun und der Ceroëssa, einer Tochter des Jupiter und der Io.

Byze (Gr. M.), Tochter des Argivers Erasinus. Sie und ihre Schwestern, Anchirrhoë, Mära und Melite, nahmen die vor dem Minos fliehende Britomartis freundlich auf, und wurden dafür durch Ertheilung reicher Geschenke belohnt.

Byzenus (Gr. M.), Sohn des Neptun von einer unbekannten Nymphe, der sich durch kühne und freie Reden ausgezeichnet haben soll.

Byzes (Gr. M.), König der Bebryker, vielleicht nur eine andere Lesart des Namens Bysnus (s. d.).

C.

Caanthus (Gr. M.), Sohn des Oceanus. Seine Schwester Melia war mit Apollo entflohen, mit welchem sie den Ismenius und den Tenerus erzeugte. Sie zu suchen, ward C. abgeschickt, und da er sie in der Gewalt Apollo's fand, zündete er den Hain des Gottes am Flusse Ismenus an, wofür ihn dieser mit dem Blitz erschlug.

Cabarnus (Gr. M.), ein Priester der Ceres, der ihr den Raub der Proserpina verrieth.

Cabira (Gr. M.), des wahrsagenden Meergottes Proteus Tochter, von Vulcan Mutter der Cabiren.

Cabiren (Gr. M.), Götter-Wesen eines uralten Glaubens eines einzelnen vorgriechischen Stammes, deren Verehrung nach der Ausbreitung der allgemeinen griechischen Religion sich an zerstreuten Punkten, vornehmlich auf den Inseln Samothrace und Lemnos, erhielt und durch die Unbekanntschaft der späteren Geschlechter mit den ursprünglich zu Grunde liegenden Begriffen in einen unverstandenen Geheim-Dienst überging, in welchem sie dann auch mit verschiedenen Gottheiten vermengt wurden. — In Böotien standen die C. in enger Verbindung mit Ceres und Proserpina, und desshalb sind sie wahrscheinlich als hülfreiche, segenbringende Dämonen der Fruchtbarkeit anzusehen. In Rom vereinigte sich ihr Dienst mit dem der Penaten, die man aus Troja gekommen glaubte; man ging daselbst zuletzt so weit, Personen des kaiserlichen Hofes als C. auf Münzen darzustellen. Abgebildet wurden sie gewöhnlich sehr klein, mit einem Hammer auf der Schulter, einer halben Eierschale auf dem Kopf, ungestaltet durch einen unförmlich dicken Bauch und eben so unförmliche Phalli. Man glaubt, dass die Römer ihren Dienst zu den Celten und Bretonen gebracht, aber den Titel der Priester mit den Gottheiten verwechselt hätten, weil sie selbst schon nicht mehr den Grund der ganzen Lehre gekannt.

Cabiria (Gr. M.), Beiname der Ceres, unter welchem sie in Böotien einen heiligen Hain hatte, welchem bei Todesstrafe kein Profaner nahen durfte; wer den rächenden Priestern entging, ward wahnsinnig und tödtete sich selbst, oder ward vom Blitz erschlagen.

Cabirus, eine Nationalgottheit der Macedonier, Schutzgott des Landes.

Caca (Röm. M.), Schwester des berüchtigten Räubers Cacus (s. d.), verliebte sich in Hercules und verrieth für den Preis seiner Gegenliebe ihren Bruder. Es ward ihr in Rom ein Sacellum, ein mit einer Mauer umzogener, heiliger Ort mit einem Altar, geweiht, ihr daselbst ein immerwährendes Feuer unterhalten, und auch Jungfrauen als Priesterinnen zugeordnet.

Caecias, Fig. 62 (Gr. M.), der Nordostwind, am Thurm der Winde zu Athen wegen seiner für Griechenland Gewitter und Hagel, Wolken und Schnee bringenden, nasskalten Natur dargestellt mit ernsten Zügen, aufgelöstem, feuchtem Bart und Haupthaar, und einem den kräftigen Gliederbau lose umflatternden Gewande; mit beiden Händen hält er eine Wanne, aus welcher er Schlossen und Hagel hernieder giesst.

Cacodaemon (Gr. M.), ein böser Geist, im Gegensatz zu Agathodämon (ein guter Geist).

Caeculus (Röm. M.). Ein junges Mädchen zu Präneste (nicht der Stadt dieses Namens, sondern einem schon früher so benannten unbedeutenden Orte in der Nähe

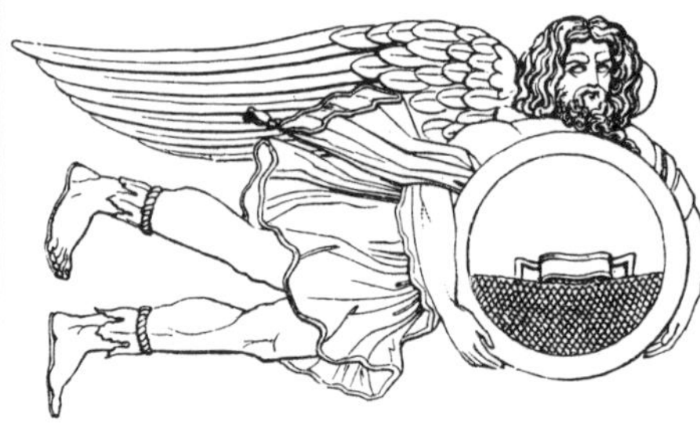

Fig. 62.

Roms) sass einst am Herde, als ein Funke von dem Feuer in ihren Schooss flog, und sie davon einen Knaben empfing, welchen sie unfern dem Tempel des Jupiter aussetzte. Vorübergehende Mädchen fanden dieses Kind nahe bei einem, auf freiem Felde brennenden Feuer, woraus sie schlossen, dass es ein Sohn des Vulcan sei; seine kleinen Augen machten, dass man den Namen C., »der ein wenig Blinde«, für ihn wählte. Erwachsen, ward der Knabe ein gefürchteter Räuber; er gründete die Stadt Präneste, lud die Nachbarn zur Feier öffentlicher Spiele ein, nannte sich dabei selbst einen Sohn des Vulcan, und forderte den Gott auf, seine Aussage durch ein Wunder zu bestätigen, welches auch geschah, indem die ganze Versammlung plötzlich von einer Flamme umgeben ward. Dadurch wurden alle Anwesenden bewogen, ihren Wohnsitz zu Präneste zu nehmen, und den C. als Regenten anzuerkennen.

Cacus (Röm. M.), Sohn des Vulkan, riesengross und feuerspeiend, wohnte in einer Höhle des aventinischen Hügels, welcher später in die Mauern Roms gezogen ward, lebte vom Raube und stahl auch dem Hercules einen Theil seiner Rinder. Caca (s. d.) verrieth den Dieb, und obwohl des C. Höhle mit einem Steine verschlossen war, welchen sie zehn Paar Ochsen nicht wegziehen konnten, drang doch der Göttersohn zu ihm ein, und nach einem furchtbaren Kampfe siegte endlich Hercules, wofür ihm Evander, der damalige Beherrscher der Stelle des nachmaligen Rom einen Opferdienst stiftete. In Rom galt die Ara maxima (grösster Altar) auf dem Ochsenmarkte für denselben Altar, an welchem zuerst dem Hercules geopfert worden sei.

Cad (Brit. M.), ein Götze, den die alten Britannen in der Gestalt eines Streitochsen verehrten. Man nannte ihn auch Tarw Cad. Er scheint ein Kriegsgott gewesen zu sein.

Caedicus (Röm. M.), 1) ein Etrurier, Krieger des Mezentius, der, als Aeneas nach Italien kam, den Alcathous erlegte, nachdem Juno den Turnus durch ein Trugbild aus der Schlacht entfernt und vom Tode gerettet hatte. — 2) C., der dem Tiburtiner Remulus ein prächtiges

Wehrgehänge zum Geschenk gab, um den Bund der Gastfreundschaft dadurch zu knüpfen, das nachher als Erbe an seinen Enkel und dann als Beute an den Rhamnes, und von diesem an den Euryalus kam, der es im Kriege zwischen Aeneas und Turnus trug.

Cadmeus (Gr. M.), Beiname des Bacchus, eines Enkels des Cadmus. Eine Bildsäule dieses Gottes soll von Polydorus aus einem Baume verfertigt worden sein, der die Semele erschlug, als Jupiter in seiner Glanzgestalt sich vor ihr zeigte.

Cadmus, Fig. 63 (Gr. M.), Sohn des Agenor und der Telphassa oder Antiope. Agenor, König von Phönicien, hatte ausser vier Söhnen eine überaus schöne Tochter, Europa, welche Jupiter in Gestalt eines Stieres entführte. Als der verzweifelnde Vater seine Gattin und Söhne ausschickte, um sie zu suchen, und ihnen den Befehl ertheilte, nicht ohne dieselbe wieder zu kommen, gelangte C. mit seiner Mutter nach Thracien, woselbst diese starb. Von den gastfreien Thraciern freundlich entlassen, ging er nach Delphi, um durch das Orakel zu erfahren, wo seine Schwester wohl zu suchen sei, erhielt aber statt aller Auskunft den Rath, sich keine Mühe zu geben, sondern einer Kuh zu folgen und sich dort niederzulassen, wo diese ermattet hinsinken würde. Es geschah; die Kuh durchlief ganz Böotien und fiel da nieder, wo die Stadt Theben erbaut wurde. Nun wollte C. die Kuh der Minerva opfern, und sandte einige seiner Begleiter, um aus der Quelle des Mars Wasser zu holen. Diese aber war von einem Sohne des Gottes, von einem Drachen bewacht, welcher mehrere der Abgeschickten zerriss, worauf C., von Minerva unterstützt, den Drachen erschlug, ihm die Zähne ausbrach und diese auf den Rath der Göttin säete. Aus dieser Saat wuchsen geharnischte Männer auf, welche einander gegenseitig tödteten; nur fünf von den gesäeten Männern (Sparten) blieben übrig: Echion, Udäus, Chthonius, Hyperenor und Pelor, und von ihnen leiteten die Thebaner ihre fünf Stämme ab. C. musste für seinen an dem Drachen des Mars verübten Mord dem Gotte acht Jahre dienen, dann aber hatte sich dieser mit dem Helden so vollkommen versöhnt, dass er ihm seine und der Venus Tochter, Harmonia, zur Gattin gab; Minerva übertrug ihm das Königreich. Die Götter alle aber kamen vom Olymp zur Hochzeitfeier, welche auf das Herrlichste begangen ward, indem jeder Gott dem Brautpaar Geschenke brachte. C.' Kinder waren: Polydorus, Autonoë, Ino, Semele (s. dd.) und Agave. C. zog nach einer Reihe von Jahren aus Theben weg und in hohem Alter starb er zugleich mit seiner Gattin

Fig. 63.

oder sie wurden, wie Ovid berichtet, in Schlangen verwandelt. Er ist einer der berühmtesten Stammhelden Griechenlands, lehrte die Griechen den Gebrauch des Erzes zu Waffen und Ackergeräthschaften, und führte auch die Buchstabenschrift bei ihnen ein. Unser Bild zeigt nach einem Vasengemälde, wie C. den erwähnten Drachen mit Steinwürfen tödtet; die beiden Frauen zu seinen Seiten wollen das Opfer besorgen, das er bringen soll.

Caducifer (Röm. M.), Beiname des Mercur, insofern er den Caduceus, den geflügelten Schlangenstab, führt, der eines Theils ihn als Herold der Götter bezeichnet, andern Theils das Symbol seiner zauberischen Macht ist, womit er die Seelen der Verstorbenen zur Unterwelt, und Todte von dort heraufführt. Er wurde ihm entweder von Vulcan oder von Apollo gegeben, dem er die Erfindung der Lyra abgetreten hatte. Doch hatte derselbe nicht schon von Haus aus die Form, unter welcher wir ihn kennen; diese bekam er erst durch Mercur, der ihn in Arcadien zwischen zwei kämpfende Schlangen warf, welche alsbald friedlich sich um denselben wanden, daher er denn auch Friedens- oder Herolds-Stab ist.

Caïcus (Gr. M.), 1) Sohn des Oceanus und der Tethys, Stromgott in Mysien. — 2) C., Sohn des Mercur und der Ocyrrhoë, der sich in den Strom Asträus stürzte, welcher nun von ihm C. genannt wurde. — 3) C., der Führer eines Schiffes des Aeneas; seiner wird im ersten Buche der Aeneis erwähnt, als der Held von einer Klippe im Meere sich nach den sturmverschlagenen Schiffen umschaut.

Cajeta (Röm. M.), eine der Frauen, welche die Römer als im Gefolge des Aeneas nach Italien gekommen angeben; sie war Amme im Hause des Anchises, doch weiss man nicht, ob die der Crëusa, des Aeneas oder des Ascan.

Calaïs (Gr. M.), Sohn des Boreas und der von ihm entführten Tochter des attischen Königs Erechtheus, Orithyia, Bruder des Zetes, und wie dieser geflügelt. Er war unter den Argonauten, soll schuld gewesen sein, dass man Hercules in Mysien zurückliess, und ward desshalb von ihm erschlagen, als er denselben bei den Leichenspielen des Pelias auf der Insel Tenos fand.

Calathus (Gr. M.), der heilige Korb der Demeter (Ceres), welcher am Abende des vierten Tages der Eleusinien auf dem Wagen der Göttin in Procession umhergefahren wurde. Es geschah diess zum Andenken an das Blumenpflücken der Proserpina und an ihre Entführung durch Pluto, daher er auch mit Blumen gefüllt war, und jede der Kanephoren (Korbträgerinnen) mit Blumen bekränzt erschien.

Calchas (Gr. M.), Sohn des Thestor aus Mycenä oder aus Megara und Enkel des Idmon, ein berühmter Wahrsager. Persönlich, wie es scheint, dem Agamemnon abgeneigt, veranlasste er die Opferung der Iphigenia (s. d.) in Aulis, und ging dann, nachdem er die Dauer des Krieges vorhergesagt, mit nach Troja, wo er den mächtigsten Einfluss auf den Gang der kriegerischen Angelegenheiten hatte, weil seine Weissager-Gabe ihm die Furcht und den Glauben der Menge erworben; Ulysses scheint der Einzige gewesen zu sein, der ihm das Gleichgewicht zu halten vermochte. C. ging nach Eroberung der Stadt mit Amphilochus (s. d.) nach Colophon, wo er mit dem Seher Mopsus (s. d.) zusammentraf. Da ihm prophezeit war dass er sterben müsse, wenn er einen bessern Seher treffe' als er selbst sei, so wollte er den Mopsus auf die Probe stellen, und gab die Zahl der Feigen auf einem wilden Feigenbaum zu zehntausend an, fragend, ob Mopsus es besser wisse. Eine fehlt dir noch, erwiderte dieser, und siehe, bei der angestellten Zählung ergab sich die Richtigkeit dieser Aussage, worauf C. aus Verdruss starb.

Calchinia (Gr. M.), Tochter des Leucippus, Königs von Sicyon. Neptun liebte sie, und sie gebar ihm den Peratus, der der Nachfolger seines Grossvaters Leucippus wurde.

Calchus (Gr. M.), König der Daunier. Circe (s. d.) hatte ihm ihre Liebe geschenkt und den Zutritt auf ihre Insel Aeäa verstattet. Als aber Ulysses sich bei Circe aufhielt, wollte diese den C. nicht mehr bei sich sehen, und da er sich dennoch zudrängte, verwandelte sie ihn in ein Schwein; erst auf die dringenden Bitten seines Volkes gab sie ihm die menschliche Gestalt zurück, doch musste er schwören, nie wieder ihre Insel zu betreten.

Calesius (Gr. M.), Wagenlenker des Axylus aus Arisbe, den der gewaltige Diomedes zugleich mit seinem Herrn tödtete.

Caletor (Gr. M.), des Clytius Sohn und Neffe des Priamus, von Ajax Telamonius vor Troja erlegt, als er gerade die Trojaner gegen die Schiffe der Achäer anführte und das Schiff des Protesilaus anzünden wollte.

Caligo (Röm. M.), dichter Dampf, die Finsterniss, der Ursprung aller Dinge, aus welchem das Chaos und alle anderen Dinge hervorgingen; vom Chaos ward C. Mutter der Nacht, des Tages, des Erebus und des Aethers.

Callianassa (Gr. M.), Tochter des Nereus und der Doris; eine der Nereïden, welche bei der Klage der Thetis um den nahen Tod des geliebten Sohnes Achilles sich um die Göttin versammelten.

Callias (Gr. M.), Sohn des Temenus, Königs von Argos; der Vater zog ihm und seinen Brüdern Agelaus und Eurypylus die Schwester Hyrnetho und deren Gatten Deïphontes vor, wesswegen C. und seine Brüder die Titanen bewogen, ihres Vaters Leben um einen bedungenen Lohn ein Ende zu machen. Dieses führte die Uebelthäter jedoch nicht zum Zwecke, indem das versammelte Heer ihnen das Reich entzog und es der Schwester und ihrem Gatten zuerkannte.

Callicarpus (Gr. M.), Sohn des Aristäus und der Autonoë, einer Tochter des Cadmus; seine Brüder waren Charmus und Actäon (s. d.).

Calligenia (Gr. M.), »die Schönes Erzeugende, Beiname der Ceres oder der Erde, oder Name einer Amme und Begleiterin der Ceres.

Callinicus (Gr. M.), Beiname des Hercules, den er bei der Eroberung von Troja erhielt. Telamon brach durch die Mauer und kam zuerst in die Stadt, nach ihm Hercules, welcher, wüthend, sich diesen Ruhm entrissen zu sehen, mit dem Schwerte auf Telamon losging, um ihn zu ermorden. Sobald dieser es bemerkte, sammelte er die zunächst liegenden Steine und häufte sie zu einem Viereck auf; Hercules fragte nach Telamons Beginnen, welcher ihm sagte, er baue einen Altar — für Hercules, den herrlichen Sieger (Callinicus); diess besänftigte ihn nicht nur, sondern machte ihm auch so viele Freude, dass er des Laomedon schöne Tochter, Hesione, dem Telamon als Siegerpreis, und ihr selbst einen Gefangenen schenkte. Da sie nun ihren Bruder Podarces, den einzigen noch Uebriggebliebenen, wählte, erklärte der Sieger, dieser müsse erst Sklave gewesen sein, dann möge sie ihn loskaufen, womit sie wolle. Hesione gab daher ihren Schleier als Preis, um welchen sie ihn erhielt, wovon er den Namen Priamus (der Losgekaufte) bekam.

Calliope, Fig. 64 (Gr. M.), eine der Musen, die älteste der Töchter des Zeus und der Mnemosyne, verlieh die Gabe der Beredtsamkeit, des Gesanges, der Staatskunst, und späterhin der ernsten Poesie, besonders der Heldendichtkunst. Von Apollo oder von Oeager ward sie Mutter des Linus und Orpheus. Von verschiedenen Vätern werden noch als ihre Kinder angegeben: Ialemus, Hymenäus und die Sirenen. Ihre Attribute sind bald die Lyra, bald eine Pergamentrolle oder eine Tuba.

Calliphaea (Gr. M.), eine Nymphe, welche mit ihren drei Schwestern an dem Flusse Cytherus in Elis einen Tempel hatte; alle vier stammten von Ion ab und hiessen daher gemeinschaftlich Ioniden. Wer in dem Flusse badete, sollte von allen Krankheiten geheilt werden.

Fig. 64.

Callipygos, auch **Calliglutos** (Gr. M.), mit schönen Hinterbacken, Beiname der Venus, mehr der Kunst, als der Götterlehre angehörig; doch war der Göttin aus Veranlassung eines besondern Vorfalls unter jener Bezeichnung in Syracus ein eigener Tempel geweihet. Zwei schöne Schwestern, Landmädchen bei Syracus, stritten, welche von ihnen den schönsten Hintern habe, und wählten einen Jüngling zum Schiedsrichter, dem sie sich mit über die Hüften emporgezogenem Kleide zeigten. Er gab der ältern den Preis und verliebte sich in sie. Als er die Sache seinem Bruder erzählte, verliebte sich dieser in die jüngere, und der Vater der Brüder willigte in die Vermählung, wofür die dankbaren Schönen der Venus C. zu Syracus einen Tempel gründeten.

Callirrhoë (Gr. M.), 1) Geliebte des Mars, von welchem sie den Biston empfing, der einer Völkerschaft in Thracien, den Bistonen, seinen Namen gab. — 2) C., Tochter des Königs Mäander; sie ward von einem Carier Mutter des Alabandus, der die Stadt Alabanda in Carien erbaute. — 3) C., Tochter des Oceanus, verband sich mit dem Sohne des Neptun, Chrysaor. Aus dieser Ehe ging die Schlange Echidna und der Riese Geryon hervor. — 4) C., zweite Gattin des Alcmäon (s. d.), welcher auf Befehl seines Vaters und auf den Rath des Orakels den Tod des Amphiaraus an seiner eigenen Mutter gerächt hatte. C. war eine Tochter des Achelous (s. d.), und mit Alcmäon vermählt, als der Unglückliche, von den Eumeniden verfolgt, zu ihrem Vater kam, welcher ihn reinigte und mit C. verband. Letztere bezeugte ein Verlangen, das Halsband und den Schleier zu besitzen, welche einst Harmonia gehabt, und womit Eriphyle bestochen wurde, ihren Gatten Amphiaraus an den Adrast zu verrathen. Beides war in den Händen der Arsinoë, Alcmäons erster Gattin; daher kehrte Alcmäon an den Hof seines ersten Schwiegervaters, des Königs Phegeus von Psophis, zurück, und bekam auch die Geschenke unter dem Vorwande, sie dem

Tempel des Apollo zu Delphi weihen zu ;:ussen, weil er sonst nicht die Erinnyen los würde. Sein Diener verrieth die Nichtigkeit dieser Angabe, und die Brüder der verlassenen Gattin ermordeten den Alcmäon; — da bat Callirrhoë den Jupiter, er möge ihre beiden Söhne erwachsen lassen, damit sie den Vater rächen könnten. Jupiter liess ihren Wunsch in Erfüllung gehen; Amphoterus und Acarnan erwuchsen plötzlich zu Männern und tödteten Phegeus mit seiner Gemahlin und deren beiden Söhnen, Pronous und Agenor. — 5) C., des Flussgottes Scamander Tochter. Erichthonius hatte von seiner Gattin Astyoche, des Simoïs Tochter, einen Sohn Tros; dieser gab dem Reiche, das sein Vater beherrschte, den Namen Troja, und verband sich mit der Tochter des Scamander, des Gottes des Hauptflusses seines Landes, von welcher er mit Cleopatra und drei Knaben, Ilus, Assaracus und Ganymedes, beschenkt wurde. — 6) C., verschmähte die Liebe des Coresus, eines Priesters des Bacchus; dieser klagte sein Leid dem Gotte, und dieser machte mehrere Frauen der Gegend von Calydon, wo das spröde Mädchen wohnte, rasend. Auf des Orakels Rath sollte C. geopfert werden und Coresus das Opfer verrichten, seine Liebe aber bewog ihn, sich selbst für C. zu opfern, welches diese so sehr rührte, dass sie sich in einen Fluss stürzte, dessen Quelle, zum Andenken an diese That, nach ihr benannt wurde. — 7) C., Tochter des Piranthus (Sohnes des Argus und der Evadne), Schwester des Argus, Arestorides und Triopas.

Callistea (Gr. Festbrauch), ein Fest, welches die Bewohner von Lesbos der Juno zu Ehren anstellten, wobei die Schönheit um den Preis warb. Ein ähnlicher Wettkampf war bei den Parrhasiern in Arcadien, am Feste der eleusinischen Ceres, von Cypselus gestiftet; das reizendste Mädchen erhielt einen Schmuck, und die Frauen hiessen davon Chrysophoren, Goldtragende. In Elis bestand der gleiche festliche Wettkampf für Männer.

Callisto (Gr. M.), die schönste der Jungfrauen in Arcadien, aus Nonacris, einer Stadt, welche ihrer Mutter Nonacris den Namen dankte, und des Lycaon. Sie verschmähete die Geschäfte der Weiber; gleich den Männern führte sie Wurfspiess und Pfeile, und zog an der Seite der kühnen Diana, deren Liebling sie war, zur Jagd. Einst hatte sie ermüdet im dunklen Walde den Bogen abgespannt und ihr schönes Haupt auf den bunt bemalten Köcher gelegt, als Jupiter in Diana's Gestalt sich ihr nahete, die Arme überraschte und seinen Wünschen unterwarf. Ovid erzählt, wie sie beschämt der wahren Diana kaum zu nahen wagte, wie dann Arcas ihr Sohn geboren ward, und Juno voll Zorn herabstieg vom Himmel, bei dem Lockenhaar die Arme ergriff, zur Erde warf und in eine Bärin verwandelte; wie nach fünfzehn Jahren ihr eigener Sohn, ein muthiger Jäger, sie zu erlegen im Begriff war, als Jupiter den Arcas, so wie seine Mutter, an den Himmel versetzte. Juno, ihre Rachsucht nicht vergessend, stieg nochmals zur Erde und bat den Oceanus und die Tethys, den Beiden zu wehren, dass sie die ermatteten Glieder in des Meeres Fluth badeten, daher diese Gestirne niemals untergehen. Dieselben stehen sehr kenntlich am nördlichen Himmel. Der grosse Bär, im Munde des gemeinen Mannes der Himmelswagen genannt, in welchen C. verwandelt wurde, ist besonders durch sieben Sterne zweiter und dritter Grösse ausgezeichnet, wovon Viere in einem unregelmässigen Viereck, und Dreie in einer leicht gekrümmten Linie nahe an dem Viereck stehen, und eben den Wagen mit der Deichsel bilden, während sie nach der andern Auffassung den Schweif und den Rücken des grossen Bären einnehmen. Der kleine Bär, das Gestirn, in welches Arcas verwandelt wurde, hat gleichfalls vier Sterne in einem mehr regelmässigen Rechteck, und drei Sterne im Schweif, von denen der letzte der Polarstern ist.

Calybe 1) (Gr. M.), eine Nymphe, mit welcher Laomedon den Bucolion erzeugte. Dieses Letztern Geliebte war die Nymphe Abarbarea, durch welche er Vater des Aesepus und Pedasus wurde. — 2) C. (Röm. M.), eine Priesterin der Juno in Ardea, deren Gestalt die Furie Alecto annahm, als sie den jungen Turnus zum Kriege gegen Aeneas antreiben wollte.

Calyce (Gr. M.), 1) Tochter des Aeolus, Königs der liparischen Inseln, und der Enarete; sie hatte vier Schwestern und sieben Brüder, denen allen der reiche König ganze Inseln schenkte, die jedoch bis zu seinem späten Alter sich täglich alle in seiner Halle versammeln mussten. Sie war die Mutter des Endymion von Aethlius, dem Sohne des Jupiter und der Protogenia. — 2) C., Tochter des Hecaton, Geliebte des Neptun, von welchem sie den Cycnus empfing, der später von Achilles vor Troja erschlagen und in einen Schwan verwandelt wurde.

Calydon (Gr. M.), Sohn des Aetolus, Königs von Elis, und der Pronoë (einer Tochter des Phorbas), Vater der Epicaste und der Protogenia, welche er mit der Tochter des messenischen Königs Amythaon, Aeolia, erzeugt hatte.

Calydonischer Eber (Gr. M.). Oeneus, König von Calydon, hatte allen Göttern ein feierliches Dankopfer gebracht, nur der Diana vergessen, welche ihm dafür ein Thier in Ebergestalt, doch von der Grösse des grössten Stieres, mit Borsten gleich Pfeilen, mit Hauern gleich Elephantenzähnen zuschickte; es spie Feuer, verwüstete die Weinberge, die Wälder, reutete die Kornfelder aus, tödtete das Vieh und zwang die Menschen, in die Stadt Calydon zu flüchten. Jetzt vereinigte der tapfere Meleager (s. d.) die heldenmüthigsten Jünglinge von ganz Griechenland zu einer grossen Jagd auf diess Unthier. Echion, Jason und Mopsus (s. dd.) warfen ihre Speere vergeblich nach dem Ungeheuer, Eupalamus und Pelagon wurden von demselben niedergestreckt, so auch Enäsimus, und Achilles' Vater entging dem Verderben nur, indem er sich auf einen Baum schwang, an welchem nun der Eber seine Zähne wetzte, um sie in die Seite desselben zu setzen und ihn mit den Wurzeln auszuheben, als Castor und Pollux sich naheten, vor deren Speeren das Thier sich in dem Dickicht des Waldes verbarg. Da schoss Atalanta (s. d.) einen gefiederten Pfeil auf dasselbe und traf es am Ohre. Meleager rühmte ihren Schuss, sagend, sie erringe sich den Preis der Männer; prahlend wollte nun Ancäus (s. d. 1) zeigen, was ein Mann für Thaten vollführe im Vergleich mit dem Weibe, und rief: »wenn Diana selbst den Eber schützte, sollte derselbe ihr zum Trotz doch erliegen;« so erhob er seine Streitaxt, aber noch ehe sie niederfiel, waren ihm die Weichen aufgeschlitzt; Peleus wollte das Wild tödten und traf seinen Schwiegervater Eurytion, und noch manches Unglück folgte, bevor Meleager zwei Speere nach dem Eber warf, worauf dieser todt niederstürzte. Die Gefährten eilten jubelnd herbei und tauchten ihre Waffen in das Blut des grimmigen Feindes, aber Meleager nahm die Siegesbeute, Haut und Kopf des Thieres, und schenkte beides der Atalanta, weil sie demselben die erste Wunde beigebracht hatte, worüber nun ein förmlicher Krieg mit Meleagers Oheimen entstand. Das Weitere s. unter A t a l a n t a 1).

Calypso (Gr. M.), eine Meernymphe, deren Eltern sehr verschieden angegeben werden, indem sie bald eine Nereïde, bald eine Atlantide, bald eine Oceanide genannt wird. Auf der Insel Ogygia hatte sie ihr Feenschloss, das von unbeschreiblicher Pracht war; in diesem sass sie, webend künstliche Bilder am goldenen Webstuhl, als Ulysses, durch Stürme getrieben, nachdem er, an einen Mast angeklammert, neun Tage auf offenem Meere gewesen, auf ihrer Insel anlangte. Was die Götter an Freude zu geben vermögen, bot ihm die schöne Meerfee, Unsterblichkeit und ewige Jugend, wenn er immer bei ihr bleiben wolle. Sieben Jahre hielt sie ihn fest, während er vor Heimweh sich immer den Tod wünschte, bis auf Andringen der Minerva Jupiter durch Mercur der C. den Befehl sandte, ihren Geliebten zu entlassen, und nun gab sie ihm selbst Holz und Werkzeug, um sich ein Schiff zu bauen, auf welchem er zu Alcinous, dem Könige der Phäaken, entkam. C. hatte nach späteren Sagen von Ulysses zwei Söhne, Nausithous und Nausinous; einem dritten, Auson, Stammvater des ausonischen Volkes in Italien, gibt man bald C., bald Circe zur Mutter. Die Dichtung Fénélons, wonach Telemachus, seinen Vater suchend, zu C. kommt, hat keinen Grund in der alten Mythologie.

Calva (Röm. M.), »die Kahle«, Beiname der Venus. Bei der Belagerung des Capitols durch die Gallier unter Brennus fehlte es zuletzt an Stricken zu Wurfmaschinen; nun gaben die Weiber ihre Haare dazu her, worauf nach beendigtem Kriege zum Andenken an diese Begebenheit der Venus unter obigem Beinamen eine Bildsäule geweiht wurde.

Camatatschi, Fig. 65 (Ind. M.). Unser Bild gibt das Portrait einer Bajadere aus Pondicheri, wie sie in ihrem 35. Jahre gewesen sein soll. Sie war in früherer Jugend berühmt als die grösste Schönheit von ganz Indien, und durch die Gunst der mächtigsten Fürsten zu einem unermesslichen Reichthume gelangt. (S. Bajadere und Dewedaschi.)

Fig. 65.

Cambedoxi (Jap. M.) wird von den Bewohnern von Niphon, Japan und dem ganzen Inselmeere der chinesische Gott Fo genannt.

Camelae (Röm. M.). Camelischer Jungfrauen erwähnt eine einzige Stelle eines alten Schriftstellers als solcher, zu denen die Bräute zu flehen pflegten. Das Wort stammt vom griechischen γαμέω, heirathen.

Camenen (Röm. M.), hiessen bei den altitalischen Völkern gewisse weissagende Quell-Nymphen; zu ihnen gehörten Carmenta und Egeria; ihr Dienst in einem Haine bei Rom war von Numa gestiftet. Bei späterer Bekanntschaft der Römer mit den Musen der Griechen wurde der Name auf diese übergetragen.

Camers (Röm. M.), Sohn des Fürsten von Amyclä, Volscens, des reichsten unter den Ausonen; er ward von Aeneas getödtet. — 2) C., ein alter angesehener Rutuler, dessen Gestalt die Nymphe Juturna, als sie den letzten entscheidenden Zweikampf zwischen Turnus und Aeneas hindern wollte, annahm, um die Herzen der kaum beruhigten Völker auf's Neue zu erregen.

Cameses (Röm. M.), Bruder des Janus, des alten Königs von Latium (s. d.).

Camilla oder **Casmilla** (Röm. M.), eine jungfräuliche Heldin der Aeneis, Liebling der Diana, ward von ihrem Vater Metabus, der sie als kleines Kind vor den andrängenden Volskern gerettet hatte, indem er sie, in Kork gewickelt, mit seinem Speer über die Wellen eines wilden Stromes schleuderte, zur wilden Jägerin erzogen. Noch klein, erlegte C. schon den Schwan und den Kranich, und erwachsen, obwohl von mancher Mutter zur Gattin für ihren Sohn begehrt, blieb sie doch treue Gefährtin der Göttin und bewahrte die heilige Jungfräulichkeit. Als nun die Trojaner Italien betraten, zog sie, zum grossen Kummer der Gespielen, dem Turnus zu Hülfe, that, durch ihre Schnelligkeit und ihre Kraft unterstützt, Wunder der Tapferkeit, bis endlich Arruns sie aus einem Hinterhalte mit der weithin geworfenen Lanze erlegte. Diana übergab ihrer Nymphe Opis das Rächeramt, worauf Arruns von dieser mit einem Pfeil der Diana erlegt ward.

Camillus, angeblicher Beiname des Mercur bei den Etruskern, doch wahrscheinlich nur eine irrthümliche Vermengung mit dem in den samothracischen Mysterien der Cabiren vorkommenden Hermes Cadmilus. — Camilli und Camillä hiessen ferner bei den Römern junge Knaben oder Mädchen, welche die Priester bei dem Altardienst unterstützten; ebenso diejenigen, welche am Hochzeittage der Braut in einem zugedeckten Gefässe die Schmucksachen, nebst schützenden und Glück bringenden Amuletten für die künftigen Sprösslinge, in des neuen Ehegatten Haus nachtrugen.

Camiro (Gr. M.), Tochter des Pandareus. Sie und ihre Schwester Clytia hatten, trotz des Vaters Bosheit, doch die Liebe der Göttinnen errungen, und so nahmen sich diese, als ihr Vater starb, ihrer an; Venus nährte sie mit Milch und Honig, Juno verlieh ihnen Schönheit und klugen Verstand, Diana Hoheit, Minerva die Kunst, herrliche Werke zu weben. Allein trotzdem konnten die Götter doch nicht hindern, dass sie von den Harpyien geraubt und den Erinnyen als Sklavinnen geschenkt wurden.

Camirus (Gr. M.), Sohn des Cercaphus und der Cydippe, beerbte, nebst seinen beiden Brüdern, Lindus und Ialysus, den Vater. Sie erbaueten drei Städte, welche ihren Namen trugen; eine grosse Wasserfluth überschwemmte während ihrer Regierung das Land.

Camma (Britt. M.), Göttin der Jagd bei den Bretonen.

Camos, eine Gottheit der Moabiten, über welche wir nur durch das Alte Testament, jedoch nur sehr dürftig, unterrichtet sind. Im vierten Buch Mose heisst es: Wehe dir Moab, du Volk C.; im Buch der Richter heisst C. ein Gott der Ammoniter; im ersten Buche der Könige wird von Salomo gesagt, er baute eine Höhe C., dem Gräuel der Moabiter, auf dem Berge, der vor Jerusalem liegt; auch der Prophet Jeremia nennt C. einen Gott Moabs. Der Kirchenvater Hieronymus behauptete C. sei ein anderer Name für Baal-Peor (s. d.).

Campe (Gr. M.), ein Ungeheuer, welches die von Uranus in den Tartarus gesperrten Centimanen und Cyclopen bewachen sollte. Als Jupiter, von seiner Mutter und der Metis unterrichtet, sich die Mittel zu verschaffen suchte, seinen Vater zu bekämpfen, ward ihm der Beistand der Cyclopen und der hundertarmigen Riesen verheissen, wenn er sie befreien wolle, daher tödtete er das Unthier und befreite die Gefangenen. — Als Bacchus durch Libyen zog, schlug er ein Lager bei Zabirna auf; hier erlegte er ein aus der Erde gebornes Ungeheuer, das denselben Namen trug, wie das obige (nach Anderen mit demselben identisch), und viele Einwohner bereits getödtet hatte, und erwarb sich durch diese tapfere That grossen Ruhm in jener Gegend. Ueber dem todten Thiere warf er einen mächtigen Hügel auf, um ein unvergängliches Denkmal seines kühnen Muthes zu hinterlassen.

Camulus (Ital. M.), nach Inschriften ein Kriegsgott der alten Sabiner.

Canace (Gr. M.), Tochter des Aeolus, Königs der liparischen Inseln, und der Enarete, Geliebte des Neptun, von welchem sie mehrere Söhne empfing. Da sie jedoch auch mit ihrem eigenen Bruder, Macareus, ein Liebesverständniss unterhielt, verliess sie Neptun, entzog ihr den Schutz, den er ihr bisher gewährt, und nun entdeckte der Vater die Verbrechen des Mädchens. Sie tödtete sich, um der Schande zu entgehen, mit einem Schwerte, das ihr Vater selbst zu diesem Behufe an sie geschickt hatte.

Candaon (Gr. M.), Böotischer Name des Orion.

Candarena (Gr. M.), ein Beiname, den Juno von der Stadt Candara in Paphlagonien erhielt, woselbst ihr ein Tempel erbaut war.

Candulus (Gr. M.), Sohn der jonischen Nymphe Memnonis. Er und sein Bruder Atlas theilen den Namen Cercopes und erscheinen als neckende Kobolde in der Sage des Hercules. Hercules, als sie ihre Künste an ihm versuchten, während er im Dienste der Omphale war, überlieferte sie gebunden der letzteren.

Candybus (Gr. M.), Sohn des Deucalion und der Pyrrha. Die Stadt Candyba in Lycien soll von ihm den Namen haben.

Canens (Röm. M.), eine Nymphe, Tochter des Janus und der Venilia, Gemahlin des alten latinischen Königs Picus, welchen Circe, weil er ihre Liebe verschmähte, in einen Specht verwandelte. C. härmte sich über den Verlust ihres Gatten so sehr, dass sie allmälig dahin schwand und sich in Luft auflöste.

Canephoren (Gr. Festbrauch), Jungfrauen, welche in Athen bei den Festen der Minerva, der Ceres und des Bacchus gewisse heilige, zum Opfer erforderliche Gegenstände in Körben auf dem Kopfe trugen. Sie wurden nur aus den edelsten Geschlechtern genommen und genossen hoher Ehre und Auszeichnung.

Canethus (Gr. M.) 1) Sohn des Lycaon, von Jupiter mit dem Blitz zerschmettert, als er den bösen Vater in einen Wolf verwandelte. — 2) C., aus Euböa, der Vater des Argonauten Canthus.

Caeneus (Gr. M.), Sohn des Lapithen Elatus, von Geburt ein Mädchen, Cänis genannt, aber von Neptun, dem sie ihre Liebe und Umarmung geschenkt, wofür er ihr eine Bitte erfüllen wollte, in einen unverwundbaren Mann verwandelt, soll die Jagd auf den calydonischen Eber mitgemacht haben, zeichnete sich aber besonders auf der Hochzeit des Pirithous, bei dem Kampfe der Lapithen und Centauren, aus, indem er nacheinander sechs dieser wilden Halbmenschen erlegte, bis Monychus ihn mit auf ihn geschleuderten Baumstämmen zu Boden warf. Die Mythe lässt es zweifelhaft, ob die ungeheure Last ihn in die Tiefen des Orcus gedrückt, oder ob er als Vogel in die Lüfte gelangt und zum Olympus geschwebt.

Canobeus (Gr. M.). Als Hercules einst das delphische Orakel befragte, wollte die Pythia ihm keinen Spruch geben, weil er von dem Morde des Iphitus noch nicht gereinigt war. Da machte er Miene, einen goldenen, dem Apollo heiligen Dreifuss aus dem Tempel hinwegzutragen, worauf die Priesterin erschrocken ausrief: Das ist ein anderer Hercules, der tirynthische, nicht der canobische! worauf, zufrieden mit diesem Ausspruch, der Halbgott seinen Raub wieder zurückgab. Vor Hercules wäre also nach dieser Sage ein ägyptischer Hercules, aus Canobus, nach Delphi gekommen. Ein Heiligthum des Hercules wird an der canobischen Mündung des Nil erwähnt.

Canobus, Fig. 66 (Aegypt. M.), ursprünglich Name einer Stadt, nahe an einer der Mündungen des Nil, welche davon die canobische heisst: dann wurde ein C. erdichtet, welcher als Steuermann mit Menelaus nach Aegypten gekommen, und zu dessen Ehren die Stadt C. von den Spartanern benannt worden sei. Ihm gesellte man ein Weib Menuthis zu (Name eines Fleckens in der Nähe der Stadt C.), und diese beiden sollen am Gestade, zehn Meilen von der Stadt, göttlich verehrt worden sein. Den Namen C. gab man dann auch einer Art von Krügen mit kurzen Füssen, weitem Bauch, engem Hals und einem Kopf darauf, welche zum Seihen des Nilwassers dienten und das Bild des angeblichen Gottes C. sein sollten. In später Zeit erzählte man, das Schiff des Osiris sei dasselbe gewesen, das die Griechen Argo genannt hätten, C. sei sein Steuermann gewesen, und beide, Schiff und Steuermann, seien als Sterne an den Himmel versetzt. Der grosse Stern dieses schönen Bildes heisst C. und steht am Steuerruder. Strabo sagt: »Es ist hier (zu Canobus) ein Tempel des Serapis, der mit so vieler Ehrfurcht besucht wird, dass auch die würdigsten Männer sich sehr ehrerbietig in seinem Dienst beweisen, und oft hier im Tempel schlafen, um für sich und Andere die Zukunft zu erfahren. Dieser Tempel des Serapis soll nun ein Tempel des C. gewesen sein, und dieser mit seiner dickbäuchigen Gestalt war, nach freilich sehr schwankenden Schlüssen, ein Symbol der Fruchtbarkeit, und sein Gebrauch zu Wassergefässen eine Heiligung sowohl, als eine Reinigung des Nilwassers.

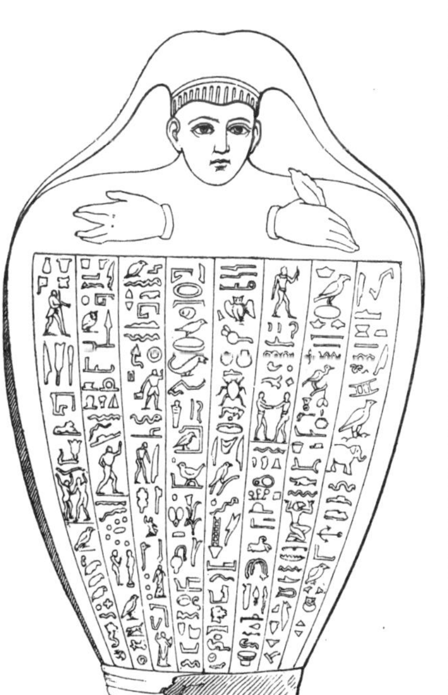

Fig. 66.

Cantharus (Gr. M.), ein attischer Heros, von welchem eine der drei Anfurten des Hafens Piräeus den Namen hatte.

Canthus (Gr. M.), Sohn des Canethus, schloss sich an die Argonauten an, und ward bei seiner Rückkehr von einem libyschen Heerdenbesitzer, Caphaurus, dessen Vieh er rauben wollte, erschlagen.

Capaneus (Gr. M.), einer der sieben Fürsten, welche mit Adrastus vor Theben zogen. Ihm ward der Angriff auf das ogygische Thor übertragen, und prahlend rief er vor dem allgemeinen Sturme aus, dass er die Stadt selbst gegen Jupiters Willen erobern wolle, worauf ihn ein Blitz aus heiterem Himmel zu Boden stürzte. Als sein Leichnam auf dem Scheiterhaufen lag, und dieser in Flammen stand, warf sich seine Gattin Evadne in dieselben, um mit dem geliebten Manne zugleich verzehrt zu werden. C. hatte von der Evadne nur einen Sohn, Sthenelus, welcher sich bei dem zweiten Kriege gegen Theben unter den Epigonen (s. d.) besonders auszeichnete.

Capeete (Finn. M.), Kobolde, Luftgeister, welche grosse Macht hatten und sogar mit dem Monde sich in Kampf einliessen (Finsternisse), aus welchem er nur mit Mühe als Sieger hervorging. Es gab deren vielerlei, welche ihre eigenen Verrichtungen und auch eine gewisse Rangordnung hatten. Zauberer und Hexen bedienten sich ihrer oft, um Personen, welche sie hassten, Schaden zu thun.

Capetus (Gr. M.), einer der vielen Freier der schönen Hippodamia, von deren Vater Oenomaus, der ihn im Wettfahren besiegte, getödtet.

Caphaurus (Gr. M.), Sohn des Amphithemis, eines Sohnes des Apollo, welcher sich in die Nymphe Tritonis verliebte und mit ihr den C. und den Nasamon erzeugte. Er wohnte am Ufer des Mittelmeeres in Libyen, und hatte, durch die Gunst seiner göttlichen Mutter und des Apollo, zahlreiche Heerden. Der Argonaute Canthus wollte auf seiner Rückkehr dieselben rauben, ward aber von dem muthigen C. zurückgewiesen und büsste selbst sein Leben dabei ein.

Caphira (Gr. M.), eine Oceanide; ihr und den Telchinen, den Söhnen der Thalassa, ward von seiner Mutter Rhea der neugeborne Neptun zur Erziehung gegeben. Da die Schwester der Telchinen, Halia, die Erste war, deren Liebe sich Neptun erfreute, so begünstigte er ihre Brüder mit seinem besondern Schutz.

Capita oder **Capta** (Röm. M.), Beiname der Minerva von ungewisser Ableitung und Bedeutung; nach der erstern Form von caput, das Haupt, entweder, weil sie ein erfinderisches Haupt habe, oder weil sie aus dem Haupte ihres Vaters entsprungen sei, oder, weil Diebstahl in ihrem Tempel mit dem Kopfe gebüsst werde; nach der zweiten Form, welche eine Gefangene bedeutet, weil ihr Bild mit gefangenen Faliskern nach Rom gekommen sei.

Capitolina (Röm. M.), Beiname der Venus von ihrem prächtigen Tempel auf dem Capitolium.

Capitolinische Spiele (Röm. M.), feierliche Spiele, welche zu Ehren des Jupiter und zum Andenken an die

Rettung Roms durch die Gänse des Capitols, als dieses von Brennus bestürmt war, begangen wurden. Den ersten Antrag dazu hatte Camillus gestellt, weil der grosse und gute Jupiter seinen Sitz und die Burg des römischen Volkes geschützt habe. Worin die Feier dieser Spiele bestand, wird nicht gemeldet; auch ist ungewiss, ob die aus der Kaiserzeit erwähnten capitolinischen Spiele, welche alle fünf Jahre mit gymnischen, scenischen und musicalischen Wettkämpfen begangen wurden, als dieselben mit den erstgedachten anzusehen sind oder nicht. In einer Anspielung auf die Eroberung von Veji, eine Stadt, deren Bewohner sammt ihrem Könige die Römer zu Sklaven machten und verkauften, stellte man an diesem Feste Vejenter auf dem Markte aus, jedoch ohne dieselben wirklich zu verkaufen.

Capitolinus (Röm. M.), Beiname des Jupiter, von dem grössten und prachtvollsten seiner Tempel zu Rom, welcher auf dem Capitol stand.

Cappotas (Gr. M.), »Ruhegeber«, nannten die Laconier einen Stein, auf welchem, wie man sagte, Orestes gesessen hatte, und darauf von seiner Raserei befreit worden war.

Capricornus. S. Steinbock.

Caprotina (Röm. M.), Beiname der Juno. Als die Gallier Rom verwüstet hatten, suchten sich die stets eifersüchtigen Nachbarn das Elend der Stadt zu Nutzen zu machen; die Latiner rückten unter Anführung des Postumius Livius aus Fidenä vor Rom und verlangten römische Jungfrauen zur Ehe. Tutela (wahrscheinlich ein ihr erst zum Andenken an diese Begebenheit verliehener Name, die Beschützerin, denn nach Andern heisst sie Philotis), eine Sclavin, gab den Rath, alle ihresgleichen in die Kleider der edlen Frauen und Mädchen zu stecken, und diese so hinaus zu senden; es geschah, und unter dem Vorwand eines Festes zu Ehren der Juno forderten sie von ihren Liebhabern Wein, welcher bald so im Ueberfluss genossen ward, dass Alles im tiefsten Schlafe berauscht da lag. Jetzt stieg die Retterin auf einen Ziegenfeigenbaum (caprificus) und gab den harrenden Römern ein Zeichen, hervorzubrechen und die Feinde zu vernichten. Hierauf ward den Mädchen allen die Freiheit geschenkt, der Juno zu Ehren aber ein Fest gestiftet, das am siebenten Juli gefeiert wurde, wobei der aus dem Ziegenfeigenbaum ausfliessende Milchsaft zum Opfer gebraucht und unter einem solchen Baume von Freien und Sclavinnen zugleich geopfert wurde.

Capys (Gr. M.), 1) Sohn des Assaracus und der Hieromneme, des Simoïs Tochter, Gemahl der Themis, der Tochter des Ilus, Vater des Anchises (s. d.). — 2) C., ein Trojaner, welcher mit anderen vernünftig Gesinnten bei der Berathung über das hölzerne Ross, das die Griechen vor Troja hatten stehen lassen, das verdächtige Geschenk in's Meer zu stürzen, oder wenigstens den Bauch des Thiers anzubohren und sich von dessen Inhalt zu überzeugen anrieth. Er ging mit Aeneas nach Italien, wo er den Turnus besiegen half, die Stadt Capua gründete und nach sich benannte.

Car (Gr. M.), ein fabelhafter König von Megara, Sohn des Phoroneus, soll zwölf Menschenalter früher regiert haben, als Lelex aus Aegypten kam. Auf dem Wege von Megara nach Corinth befand sich unfern von den Gräbern des samischen Flötenspielers Telephanes und der Cleopatra, des Philippus Tochter, das Grabmal des C., welches früher nur aus aufgeschütteter Erde bestand, dann aber nach einem Orakelspruch der Gottheit mit Muschelmarmor bekleidet wurde.

Caranus (Gr. M.), ein halb historischer Heros der Argiver, ein Heraclide, Sohn des Aristodemidas, soll 700 v. Chr. mit einer Colonie von Argos nach Macedonien gezogen sein, und dort, durch Unterjochung mehrerer kleiner Fürsten, ein Reich gestiftet haben, welches später Perdiccas vergrösserte.

Caraeus (Gr. M.), Beiname Jupiters in Böotien.

Carcini (Gr. M.), nach Einigen ein Beiname der lemnischen Cabiren; er soll Zangenführer bedeuten, wodurch diese Dämonen als Feuer-Geister, Diener Vulcans, bezeichnet würden.

Cardea oder **Carna,** auch Grana (Röm. M.), eine jagdliebende Nymphe, deren Schönheit eine Menge Anbeter um sie versammelte, welche sie jedoch alle hintergiug, indem sie jedem eine Zusammenkunft im Walde, den ihre Quelle schmückte, versprach, dann aber hinter ihnen in dieser Quelle verschwand, und die vergeblich Harrenden verlachte. Auch dem Janus dachte sie so mitzuspielen, doch dieser sah mit seinem Doppel-Gesicht hinter sich so gut als vorwärts, und so erhaschte er die Fliehende und sah seine Wünsche gekrönt, wofür er ihr die Würde verlieh, Schutzgöttin der Thürangeln (hievon die erste Form des Namens, cardo, die Thürangel) und Beschirmerin kleiner Kinder gegen verderbliche Nachtvögel, auch Hüterin der edleren Eingeweide des Menschen (davon der zweite Name, caro, carnis, das Fleisch) zu sein.

Carius (Gr. M.), Herodot erzählt, dass die Carier zu Mylassa von Jupiter C. ein altes Heiligthum aufgewiesen, woran die Mysier und Lydier Theil gehabt, als Stammverwandte der Carier.

Carmanor (Gr. M.), ein Fischer auf Creta, dessen Sohn Eubulus, dessen Enkelin von diesem Sohne, Carma (s. d.) war. C. entsündigte den Apollo, als dieser den Drachen Python getödtet hatte. Ein anderer Sohn des C. war Crysothemis, welcher zuerst den Preis des Gesanges bei den pythischen Spielen errang.

Carme (Gr. M.), Enkelin des Carmanor (s. d.), von seinem Sohne Eubulus. Jupiter liebte dieselbe und sie gebar von ihm die Britomartis; diese wird als Göttin nicht bloss in Creta und hier auch unter dem Namen Dictynna, sondern auch bei den Agineten als Aphäa verehrt; diess ist die Ursache, warum die Abstammung ihrer Mutter C. so verschieden angegeben wird, indem beide Völker sie sich zueigneten und irgend einen Landesheros zu ihrem Vater machten.

Carmelus (Phön. M.), ein Gott, der auf dem Berge Carmel, zwar ohne Tempel und Bild, aber doch mit einem Altar unter grosser Andacht verehrt wurde und daselbst ein berühmtes Orakel hatte, dessen Priester zuerst dem Vespasian aus den Eingeweiden der Opferthiere die Weltherrschaft weissagten.

Carmenae (Röm. M.), einerlei mit Camenä (s. d.).

Carmenta (Röm. M.), ursprünglich eins mit Camena (s. d.), und wenn C. als eine unter den übrigen hervorragende Camene erscheint, so soll dadurch nur der unbestimmte Begriff dieser Wesen in einer besondern Persönlichkeit schärfer gefasst werden. Sie hatte am Fusse des capitolinischen Hügels einen Tempel und am carmentalischen Thore Altäre. Das spätere Bestreben der Römer, ihre eigene Mythologie mit der griechischen zu vermengen, bewirkte, dass man C. für eine Nymphe aus Arcadien ausgab, welche mit ihrem Sohn Evander (s. d.) nach Italien gezogen sei.

Carmentalia (Röm. M.), das Fest, welches der Carmenta (s. d.) am eilften und fünfzehnten Januar gefeiert und wobei die Göttin als Antevorta und Postvorta angerufen wurde: Namen, die ihre Seherkraft in Beziehung auf Vergangenheit und Zukunft bezeichnen.

Carmon (Gr. M.), Sohn des Bacchus und der Nymphe Alexiräa.

Carn (Britt. Heidenthum), ein künstlicher Hügel, von Gräben und Dämmen eingeschlossen, auf welchem die alten Britten gerichtliche und gottesdienstliche Handlungen verrichteten. Hier wurden Verbrecher geopfert, und meist ein Feuer unterhalten. Aus heiliger Scheu näherte man sich ihnen nur in der Richtung von Osten nach Westen.

Carnabon (Gr. M.), König der Geten, zu welchem der Sohn des Celeus, Königs von Eleusis, Triptolemus, ein Liebling der Ceres, die Wohlthat des Getreidebaues brachte. Der König empfing ihn gut, gedachte aber, ihn an der Abreise zu hindern, wesshalb er eine der Schlangen vor seinem Wagen tödtete. Der Verlust ward von der Göttin sogleich ersetzt, C. aber ward wahnsinnig und entleibte sich selbst. Er ward als Schlangenträger an den Himmel versetzt (vergl. jedoch Ophiuchus).

Carneus (Gr. M.). Apollo wurde unter diesem Beinamen in Sparta schon vor der Rückkehr der Heracliden verehrt. Seit Carnus von Acarnanien, von Apollo begeistert, weissagte, war dieser Dienst bei den Doriern allgemein eingeführt, indem Carnus, ein Liebling des Apollo, von ihm und Diana gemeinschaftlich erzogen, durch den Heracliden Hippotes ermordet wurde, wofür Apollo das Heer der Heracliden mit einer Pest heimsuchte, worauf man den Hippotes verjagte und nun dem Carnus, bald aber auch dem Apollo C. Opfer anordnete. Das Fest des Gottes, Carnea, wurde jährlich begangen, am siebenten des Monats, der in unsern August fiel. Es war ein Kriegerfest: neun Zelte waren vor der Stadt aufgeschlagen, in deren jedem neun Tage lang neun Männer wie im Feldlager lebten; ein Priester, unterstützt von 15 Gehülfen, den Carneaten, leitete das Fest.

Carpo (Gr. M.), Name einer der Horen (s. d.).

Cartaphyllus (Christl. Legende), ein römischer Söldner, der zur Zeit der Kreuzigung Christi als Thürhüter vor den Pforten von Pilatus' Palast stand. Als Jesus dort herausgeführt wurde, und dem Römer zu langsam ging, stiess er ihn mit der Faust und rief spottend: geh schneller, Jesus, geh! was verweilst du? Jesus aber schaute mit strengem Blick zurück und sprach: »ich gehe, du aber wirst warten, bis ich wiederkomme!« Nach des Heilands Ausspruch wartet C. nun noch immer, lebt in Angst und Thränen und harret zitternd des jüngsten Gerichtes; nur Christi eigenes Gebet: »Vater! vergib ihnen, denn sie wissen nicht, was sie thun!« hält ihn aufrecht. Es ist diess wohl nichts, als eine Variation der Fabel vom ewigen Juden (s. d.).

Carthager (M. der). Die Carthager hatten, wie ihre Stammeltern, die Phönicier, eine sehr wenig ausgebildete Mythologie. Was Römer oder Griechen uns berichten, ist desshalb zweifelhaft, weil sie stets die Götter anderer Völker mit den ihrigen verglichen, oder sie einander gleichstellten; doch ist so viel gewiss, dass die Religion der Carthager ein Zweig des Feuer- und Sternen-Dienstes, welcher in Phönicien und dem ganzen Orient verbreitet war, gewesen ist. Im Allgemeinen hatten sie, wie jene, einen Polytheismus von roher, höchst barbarischer Form. Ihr oberster Gott scheint Moloch oder Baal (s. dd.) gewesen zu sein, die Sonne, welche alle Stämme von Canaan und den angrenzenden Ländern und Wüsten unter diesen Namen anbeteten. Astarte (s. d.), die zweite Hauptgottheit, war das empfangende Princip; ihr Dienst war noch wilder und ausschweifender, als der Venusdienst auf Cythere oder der Dienst der Anaitis (s. d.), und Carthago war desshalb von den Römern Regnum Veneris genannt. Dieser Cultus erstreckte sich bis weit in die christliche Zeit hinein; Kaiser Constantin und später Theodosius mussten noch Befehle gegen denselben erlassen. — Eine dritte Gottheit war Melcarth, der mit dem tyrischen Hercules die meiste Verwandtschaft gehabt zu haben scheint. Die Verehrung des Esmun wird mit der des Aesculap verglichen; die Verehrung der Ceres und der Proserpina ist aus Sicilien, und die des Iolaus aus Sardinien, der ältesten Colonie von Carthago, dahin gekommen. Einheimische Heroen aber sind: Dido, welche mitten in der Stadt einen grossen Tempel und einen heiligen Fichtenhain hatte; Hamilcar, welcher während einer Schlacht mit den Syrakusern sich selbst in den Scheiterhaufen eines Hecatombenopfers stürzte, als er sah, dass sich der Sieg auf Seite der Feinde lenke, um diesen wieder auf seine Seite zu ziehen. — Auch die Carthager hatten, wie die Römer, ihren Feldgottesdienst, ihr tabernaculum augurale, welches unter einem heiligen Gezelt, nebst einem Opferaltare, stand, der bei grösseren Opfern, bei Festhecatomben, einem Scheiterhaufen Platz machte. Dass sie Penaten und Laren, Hausgötter hatten, ist gewiss; so auch, dass sie dieselben auf Reisen mit sich umherführten, wie Hannibal deren so grosse bei sich hatte, dass er in dem hohlen Innern derselben seine Schätze verbergen konnte, als er aus Creta floh. Die Carthager hielten die hohen Berggipfel für Wohnungen der Götter, und gaben in dieser Beziehung neu entdeckten Bergen Namen, wie Götterwagen, Götterthron (auf der Küste Guinea, welche Hanno befuhr), nahmen auch keinen unterirdischen Tartarus, kein dort befindliches Elysium an, sondern versetzten die seligen Geister als gute Dämonen in die höheren Lüfte, die bösen in die niederen Regionen. Eine eigene Priesterkaste, wie die Aegypter und Indier, mögen sie nicht gehabt haben; Feldherren, Personen des Raths, Könige verrichteten die Opfer, und so war die geistliche Würde mit einer oder der andern weltlichen verknüpft; sie war daher auch nicht allzuhoch geachtet. Die Carthager, obgleich sie 700 Jahre hindurch mächtig und gross waren, blieben doch, bis zum letzten Augenblick ihrer Existenz, durch die barbarische, blutige Religion grausam und hart, keiner Verbesserung fähig, durch ihre Menschenopfer ein Gegenstand des Abscheues aller gesitteten Nationen. Der Aberglaube des Volkes war wilder, unmenschlicher Art, und verschonte nicht einmal die eigenen Landsleute, und der Handelsgeist, nicht durch milde, freundliche Götter beseelt, wirkte bei ihnen nachtheiliger auf die Sitten, als bei vielen andern Völkern. Mancher carthagische Feldherr musste am Kreuze sterben, weil er im Felde unglücklich gewesen; unterjochte Völker wurden auf das Schauderhafteste gemisshandelt, die sämmtlichen Bewohner grosser Städte schonungslos niedergemetzelt, die Leichname aus den Gräbern gerissen, die Tempel zerstört, die Götterstatuen zerstückelt, und wenn sie von edlem Metall waren, eingeschmolzen und hinweggeschleppt: lauter Gräuel, welche eine mildere Religion auf's strengste verboten hätte.

Carthago (Phön. M.) soll die dritte Tochter des tyrischen Hercules geheissen haben, und nach ihr die Stadt gleiches Namens genannt worden sein.

Caryatis (Gr. M.), Beiname der Diana, welche unfern der Hermensäulen bei Caryä in Laconien ein Heiligthum hatte. Der Ort war der Diana und den Nymphen heilig, und alljährlich führten dort um die Bildsäule der Göttin, welche unter freiem Himmel stand, die lacedämonischen Jungfrauen Reigentänze auf. Man will in den Caryatiden, diesen bekannten zierlichen Trägerinnen des Gebälks der antiken Architectur, eine Nachbildung jener spartaniscaen Tänzerinnen finden.

Carystus (Gr. M.), Sohn des berühmten Centauren Chiron, des Lehrers aller grossen Helden Griechenlands, und der Chariclo.

Caesia (Röm. M.), Beiname der Minerva, »die Helläugige«; sie heisst in demselben Sinne in Griechenland *Γλαυκῶπις*.

Casius (Gr. M.), Beiname Jupiters, als des Vernichters des Typhon bei dem Berge Casius in Aegypten, woselbst der furchtbare Dämon durch ihn in die Tiefe eines mephitischen Sumpfes getreten wurde. Die Verehrung des Gottes unter diesem Beinamen scheint sehr alt, denn seine Bildsäule, wie die aller Urgötter, war bloss ein kegelförmiger Stein, jedoch seines Alters wegen von der höchsten Heiligkeit.

Cassandra (Gr. M.), die unglücklichste unter den Töchtern des Priamus und der Hecuba. Apollo liebte sie und versprach, wenn sie ihm ihre Gegenliebe schenke, sie die Zukunft durchschauen zu lehren. C. willigte ein, hielt aber ihr Wort nicht, als sie von dem Gotte begabt worden war; dafür raubte er ihren Aussagen den Glauben der Menschen und machte sie zum Gespötte der Leute. Jetzt hielt man C. für wahnsinnig, und da sie nichts als Unglück prophezeite, ward man der Störerin aller Freuden bald überdrüssig und sperrte sie in einen Thurm. Später ward sie Priesterin der Minerva, aus deren Tempel auch Ajax, Oileus' Sohn (s. d.), sie bei den Haaren schleifte, da sie die Bildsäule der Göttin umklammert hatte, und so diese mit der Unglücklichen niederriss. Nach Eroberung der Stadt wurde sie Agamemnons Beute, der sie mit sich zu Schiffe nahm und mit ihr die Zwillingssöhne Teledamus und Pelops erzeugte. Als der König in sein Vaterland zurückkehrte, ward er entweder im Bade oder bei der Tafel ermordet, wobei auch C. ihren Tod fand. Auch ihre beiden Söhne wurden von der barbarischen Clytämnestra auf dem Grabe des Agamemnon geschlachtet. Pausanias erzählt, dass in den Trümmern von Mycenä das Grab des Agamemnon, der C. und der beiden Knäblein zu sehen sei, dass jedoch über das Grab der C. sich die Amycläer streiten. Auch hatte sie zu Leuctra einen Tempel und eine Bildsäule unter dem Namen Alexandra.

Cassiepea (Gr. M.), Tochter des Arabus, Gemahlin des Königs Phönix, von Jupiter Mutter des Atymnius, welcher der Liebling der drei Brüder Minos, Sarpedon und Rhadamantus war.

Cassiopea (Gr. M.), Mutter der Andromeda, der Gattin des Perseus. C. war vermählt mit Cepheus, und auf ihre oder ihrer Tochter Schönheit so eitel, dass sie dieselbe jener der Nereïden vorzog, und diese, sich bei Neptun über diese Schmach beklagend, bewirkten, dass ein Seeungeheuer die Ufer verwüstete und nicht weichen sollte, bevor nach des Orakels Ausspruch Andromeda (s. d.) demselben geopfert sein würde. — Ein Sternbild am nördlichen Himmel stellt diese Königin vor. Es befindet sich, von dem Polarstern als Mittelpunkt ausgegangen, dem grossen Bären gegenüber, neben dem

Cepheus und der Andromeda, in der Milchstrasse, ungefähr 30 Grad vom Nordpol abstehend.

Cassiphone (Gr. M.), soll eine Tochter des Ulysses von der Circe gewesen und von Telemach zur Gattin gewählt worden sein; diess ist jedoch zweifelhaft, denn Einige geben ihm die Tochter des Alcinous, Nausicaa, Andere gar Circe selbst zur Gattin, mit welch' Letzterer er den Latinus und die Rome erzeugt haben soll. Wenn C. seine Gemahlin war, so war sie auch seine Mörderin, indem Telemach ihre Mutter umgebracht, und sie dieselbe gerächt haben soll.

Cassotis (Gr. M.), Nymphe am Parnassus, nach welcher eine Quelle in Delphi benannt sein sollte, die im Heiligthum des Apollo die Priesterinnen zum Weissagen begeisterte.

Castalia (Gr. M.), eine Nymphe, Tochter des Flussgottes Achelous, welche bei Delphi wohnte, und von welcher der castalische Quell den Namen hat. Man erzählt, sie sei überaus schön und von Apollo geliebt gewesen, und habe, seinen Wünschen sich entziehend, sich in den Quell gestürzt; da habe der Gott diesen Ort zu seinem Lieblingsaufenthalt gewählt, einen Tempel zu bauen befohlen, und dem Quell begeisternde Kräfte ertheilt, so dass, wer daraus getrunken, zum Dichter geworden. Aus diesem, wie aus dem Quell Cassotis, trank die Pythia (s. d.), ehe sie den Dreifuss bestieg.

Castalides (Gr. M.), Beiname der Musen von dem castalischen Brunnen zu Delphi.

Castalius (Gr. M.), ein Sohn des Apollo, von welchem nach Einigen der bekannte castalische Quell den Namen hatte.

Castalius draco, Castalischer Drache, lateinischer Name des der griechischen Mythologie angehörigen Python, s. d.

Castianira (Gr. M.), ein Nebenweib des Priamus, aus Aesyme gebürtig, schön, an Gestalt den Göttinnen vergleichbar. Ihr Sohn war Gorgythion; er ward von Teucer mit einem Pfeile getödtet.

Castor. S. Dioscuren.

Cataebates (Gr. M.), ein sehr gewöhnlicher Beiname des Jupiter, welchen er an all' den Orten erhielt, wo der Blitz eingeschlagen hatte. Man glaubte, dort sei Jupiter im Feuer herabgestiegen, umzäunte diese Orte und hielt sie für sehr heilig.

Catagogia (Gr. Festbrauch), Fest der Wiederkehr, am Eryx in Sicilien gefeiert, wenn die Tauben der Venus, und mit ihnen, wie man glaubte, die Göttin selbst, nach neuntägiger Abwesenheit, aus Libyen wiederkehrten. Das vorausgehende Fest ihrer Abreise hiess Anagogia.

Cataon (Gr. M.), ein Name, unter welchem Apollo in Cataonien, mitten unter den Priestern und Hierodulen des üppigsten Venusdienstes, verehrt worden sein soll.

Catamitus (Röm. M.), lateinischer Name für Ganymedes, s. d.

Catana manoa, »das allgemeine Meer«, nennen die Achagnas, eine Völkerschaft im Norden von Südamerica, die allgemeine Ueberschwemmung, die Sündfluth, von welcher wir überall in der alten und neuen Welt Spuren finden.

Catanensis (Röm. M.), hiess Ceres in Sicilien von der Stadt Catana (jetzt Catania), wo sie einen prächtigen Tempel hatte, in welchen jedoch kein Mann treten, noch weniger ihre Bildsäule berühren durfte.

Catapaetaime (Per. M.), das grosse Neujahrsfest, welches zu Ehren der Sonne von den meisten Andesvölkern gefeiert wurde.

Catharsius (Gr. M.), »der Versöhner«, Beiname des olympischen Jupiter.

Catillus (Gr. u. Ital. M.), Sohn des Amphiaraus (s. d.). Ursprünglich gab man dem Letztern nur zwei Söhne, Alcmäon und Amphilochus; die späteren Mythographen aber geben ihm zu den obigen noch den C. oder Catilus, den Tiburtus und den Coras, welche alle drei auf des Orakels Befehl nach Italien gingen und die Stadt Tibur bauten. C. stritt gegen den Aeneas und erlegte den Jolas.

Catius (Röm. M.), soll der Gott geheissen haben, welcher unter den Verstandeskräften besonders den Witz verlieh.

Catreus (Gr. M.), Sohn des Minos und der Pasiphaë, König in Creta, welcher zufolge eines Orakels, das ihm von einem seiner Kinder den Tod drohte, sie alle in ferne Länder sandte, und doch zuletzt von seinem Sohne Althemenes unversehens getödtet wurde.

Catta (Nord. M.), eine von den weisen Frauen, Wahrsagerinnen der Deutschen; ist vielleicht eins mit der Jetta, einer Zauberin.

Caucon (Gr. M.), einer von Lycaons Söhnen, die durch Jupiters Blitz erschlagen wurden.

Caunus (Gr. M.), Sohn des Creters Miletus und Bruder der Byblis, welche sich in ihn verliebte und ihrer Neigung nicht zu widerstehen vermochte. C. floh das Unglück drohende Verhältniss, und Byblis weinte aus Verzweiflung sich todt und ward in eine Quelle verwandelt.

Causius (Gr. M.); so ward von der Stadt Caus in Arcadien, wo er einen Tempel hatte, Aesculap zubenannt.

Caystrius (Gr. M.), ein Heros, welcher, nebst dem Asius, ein Grabmal unfern des Flusses Cayster bei Itona hatte. Ihm wird von Anderen ein Heroon zugeschrieben, auch gibt man an, er sei ein Sohn des Achilles und der Penthesilea, und habe einen Sohn Ephesus gehabt, der mit dem Autochthonen Cresus das älteste Heiligthum der Diana im Lande der Leleger und Carier (das spätere Ephesus) erbaute.

Cebren (Gr. M.), ein Flussgott, welcher in die Geschichte und Genealogie des trojanischen Königshauses verwebt ist, indem Aesacus, der erste Sohn des Priamus von der Arisbe, sich mit Asterope (C.s Tochter), und Alexandros oder Paris (Priamus' Sohn von der Hecuba) sich mit Oenone (C.s anderer Tochter) vermählte, sie aber um der Helena willen verstiess.

Cebriones (Gr. M.), Hectors Halbbruder, Priamus' Sohn von einer Sklavin. Als Teucer den Archeptolemus auf Hectors Wagen getödtet, hiess dieser seinen Bruder der Rosse Zügel ergreifen. Heldenmüthig forderte er selbst den Hector auf, sich in das Getümmel zu begeben, drängte sich dann, den Wagen verlassend und der Rosse Zügel geringeren Männern gebend, mit Hector und Polydamas zu den Schiffen, um die fliehenden Achäer zu vernichten, ward aber von Patroclus erlegt. Um seinen Leichnam kämpften Griechen und Troer lange, bis er doch den Feinden blieb.

Cecrops (Gr. M.), 1) ein Autochthon (s. d.), der angebliche Gründer von Athen, dessen Burg lange noch Cecropia hiess. Er war aus der Erde hervorgewachsen, halb Mensch, halb Drache, doch hatte das feindliche Princip seinen Geist nicht verunziert; er war ein gerechter, ehr- und friedliebender Regent, und schenkte jedem Klagenden freundlich Gehör, darum wandten sich auch die Götter an ihn um Zeugniss. Unter seiner Regierung gefiel es den Bewohnern des Olymp, sich Städte auszusuchen, in denen sie vorzugsweise ihre Verehrung beobachtet zu sehen wünschten. So kam denn Neptun zuerst nach Attica, erschütterte mit seinem mächtigen Dreizack den Boden auf der Burg, und siehe, es entstand eine Quelle, die Meerwasser enthielt und welche man die erechtheïsche nannte. Somit glaubte er Besitz von der Stadt genommen zu haben; allein Minerva kam, und es sprosste unter ihrem Fusstritt der Oelbaum auf; sie nahm C. zum Zeugen, dass sie es gewesen, welche der Stadt zuerst eine Wohlthat erwiesen. Minerva und Neptun stritten also über den Besitz der Stadt, und auf C'. Zeugniss ward sie der Minerva zuerkannt, welche sie nunmehr nach sich, nach ihrem griechischen Namen Athene, benannte. — C. vermählte sich mit Agraulos, der Tochter des Actäus; ihre Kinder waren: Agraulos, Pandrosos und Herse, und ein Sohn Erysichthon. Auch verordnete er, dass man Jupiter als den höchsten Gott verehre, die Thieropfer abschaffe und nur Schaubrode auf den Altar lege; er milderte die Sitten des rohen Volkes, und führte manche fremde, zum Theil aus Aegypten stammende Gebräuche ein. — 2) C., der siebente König von Attica, Sohn des Erechtheus und der Praxithea, Vater des zweiten Pandion.

Cedalion (Gr. M.), ein Diener des Vulcan. Als Orion Merope, die Tochter des Oenopion, zur Gattin begehrte, und sie, da sie verweigert wurde, gewaltsam die Seine nennen wollte, blendete Oenopion den ungestümen Freier. Orion ging zu Vulcan, und dieser gab ihm den C. als Führer mit, welcher ihn zu Helios, dem Sonnengotte, geleitete, von dem er geheilt ward.

Ceglusa (Gr. M.), eine Nymphe, von Neptun Mutter des Asopus.

Celadon (Gr. M.), zwei Helden gleiches Namens, davon einer auf der Hochzeit des Perseus mit Andromeda erschlagen wurde (er gehörte zu der Partei des Phineus und war aus Mendes); der andere, ein Lapithe, bei des Pirithous Hochzeit dem Centauren Amycus unterlag, der ihn mit einem ungeheuren ehernen Leuchter zerschmetterte.

Celaeneus (Gr. M.), einer von den neun Söhnen des Königs Electryon und der Anaxo (des Alcäus Tochter), und folglich Bruder der Alcmene. Als des Pterelaus Söhne seines Vaters Heerden forttreiben wollten, blieb er mit allen seinen Brüdern, sowie auch die Angreifer alle, bis auf einen, erschlagen wurden.

Celaeno (Gr. M.), 1) eine der Harpyien, Tochter des Thaumas und der Oceanide Electra. — 2) C., eine der Plejaden (Tochter des Atlas und der Pleïone), von Neptun Mutter des Lycus. — 3) C., eine der Danaiden, Braut des Hyperbius, und eine Tochter des Hyamus (eines Sohnes des Lycorus), welche von Apollo Mutter des Delphus, Erbauers von Delphi, geworden sein soll.

Celeus (Gr. M.), 1) ein Eleusinier, der zuerst Feste zu Ehren der Ceres einführte. Diese war, ihre Tochter suchend, nach Attica gekommen; ermüdet setzte sie sich auf einen Stein unter einem Palmbaum nieder; dort fanden sie die Töchter des C., welche die unscheinbare alte Frau freundlich in das Haus ihres Vaters luden, um sie zu baden und mit Speise und Trank zu stärken. Sie erhob sich von dem Steine, und ging in das gastfreie Haus, wo sie ehrfurchtsvoll aufgenommen ward. Sie gedachte, solches zu lohnen, indem sie C.' Sohn, Demophoon, unsterblich machen wollte, was durch des Knaben Mutter Metanira gestört wurde. C., dem sich nun die Göttin offenbarte, ward beauftragt, ihr einen Tempel zu bauen, und ward auch der erste Priester in demselben, von ihr in allen heiligen Gebräuchen unterrichtet. Seine Töchter Diogenia, Pammerope und Säsara wurden Priesterinnen, Triptolemus erhielt die seinem Bruder zugedachte Unsterblichkeit und ward der Segen spendende Begründer des Ackerbaues. Nach seinem Tode genossen C. und seine Gattin, so wie Triptolemus, göttliche Ehre. — 2) C., ein Bauer von Creta, welcher mit dreien Anderen, Aegolius, Laius und Cerberus, in die Höhle kam, in welcher der neugeborne Jupiter durch die Ziege Amalthea ernährt wurde; er wollte sich des Honigs bemächtigen, den sie enthielt, ward aber in einen Vogel verwandelt.

Celeustanor (Gr. M.), Sohn des Hercules von der Iphis, einer der fünfzig Töchter des Thespius.

Celeutor (Gr. M.), Sohn des Agrius, Tyrannen von Calydon, und Bruder des hässlichsten der Griechen vor Troja, des Thersites. Nach seiner Rückfahrt von dort vertrieb Diomedes den Herrscher, zwang ihn, den Thron dem rechtmässigen Besitzer, Oeneus, zurückzugeben, und tödtete dessen Söhne, worunter auch C., alle, bis auf Thersites und Onchestus.

Fig. 67.

Fig. 68.

Celmis (Gr. M.), einer der Cureten, Hüter oder Gespiele des Kindes Jupiter, welcher jedoch nicht vermochte, das Geheimniss der Verborgenheit des jungen Gottes zu bewahren, und dafür in einen Stein (Diamant) verwandelt wurde.

Celtine (Gr. M.), Tochter des Königs Bretannus und Stamm-Mutter der Celten, welche ihr Geschlecht von Hercules ableiten, denn dieser war es, von welchem sie den Celtus gebar. Sie entwandte dem Helden einige der Rinder des Geryon, und gab sie nicht eher zurück, als bis er ihr seine Liebe geschenkt.

Cenaeus (Gr. M.), Beiname des Jupiter von einem Altar auf dem Vorgebirge Cenäum auf Euböa.

Cenchreïs (Gr. M.), nach Einigen Mutter des Adonis von Cinyras.

Cenchrias (Gr. M.), Sohn des Neptun und der Pirene, der Tochter des Asopus, welche noch einen zweiten Sohn von dem Gotte hatte, den Leches. Der Erstere ward von Diana erschossen, ohne dass sie es wollte; seine Mutter weinte so lange, bis sie zu dem Quell ihres Namens zerfloss.

Cenchris (Gr. M.), eine der neun Töchter des Pierus, eines Autochthon und Königs von Emathia. Sie waren treffliche Sängerinnen und wagten es, sich mit den Musen zu messen, welche als Siegerinnen die neun Pieriden in Elstern verwandelten.

Centauren Fig. 67—69 (Gr. M.). Die Centauren der ältesten Sage sind von der spätern Vorstellung von zweileibigen Ungeheuern zu unterscheiden. Jene waren ein wildes, wald- und bergbewohnendes Urvolk Thessaliens, rauh behaarte, zottige Bergriesen, roher als die Lapithen, mit denen sie häufig im Kampfe liegen, und von denen sie endlich aus ihren Sitzen verdrängt werden. Ihre Stierjägerei (der Name heisst: Stierstecher) zu Pferd mag Anlass zur Ausbildung der bekannten Mischgestalt von Mensch und Ross gegeben haben. Wie sich indess diese Vorstellung erst in der nachhomerischen Zeit ausbilden konnte, bleibt dunkel: denn es ist doch kaum glaublich, dass in den nachfolgenden Zeiten der Anblick eines Reiters auf die Griechen einen so überwältigenden Eindruck gemacht haben sollte, dass ihre Phantasie zur Ausbildung jener Gestalt sich gedrungen gesehen hätte. Man gab den Ross-Centauren einen Stammvater Centaurus, der, aus der Umarmung des Ixion und der Nephele, einer Wolkengestalt, die jenem Jupiter anstatt der Juno unterschob, entsprungen, als Ungethüm von Göttern und Menschen gemieden, auf dem Pelion sich mit magnesischen Stutten begattete, und so jene Wesen zeugte. Auch Chiron (s. d.), der bei Homer noch nicht in der Mischgestalt erscheint, musste bei den Späteren dieselbe annehmen. Bekannt sind besonders die Kämpfe der Centauren mit Hercules und Pirithous. Der Centaur Pholus hatte von Bacchus ein Fass köstlichen Weines erhalten, welches Hercules, als er auf seinem Zuge gegen den erymanthischen Eber bei Pholus einsprach, wider dessen Willen öffnete, worauf des Weines Duft die andern C. herbeilockte, die nunmehr nicht nur den Trank rauben, sondern auch den Fremdling tödten wollten. Hier bestand

Hercules einen furchtbaren Kampf, den ihm Nephele noch schwerer machte, indem sie Regen herniederströmen liess, wodurch der Boden so schlüpfrig wurde, dass Hercules kaum stehen konnte. Doch siegte er, indem die meisten der Wilden seinen Pfeilen erlagen; dabei blieben auch sein Gastfreund Pholus und Chiron. Der zweite Kampf war der auf der Hochzeit des Pirithous zwischen den Lapithen und C.; er endigte mit der Ausrottung der C., deren Wenige nur entweder auf die Insel der Sirenen entkamen, wo sie Hungers starben, oder nach Arcadien und Malea im Peloponnes flohen. — Die C. waren ein beliebter Gegenstand der bildenden Kunst der Griechen. Ist diess für unsere Einbildungskraft schon bei der gewöhnlichen Auffassung derselben überraschend, wo der menschliche Oberleib auf dem Rumpfe des Pferdes sitzt, so bleibt es vollends unbegreiflich, wie man zur Zeit einer schon weit vorgeschrittenen Kunstbildung noch C. nach einer ältern Vorstellung ausführen mochte, nach welcher an den vollständigen Menschenleib der Unterleib eines Rosses angefügt ist. Einen solchen sehen wir Fig. 67 im Kampfe mit Theseus. C. der gewöhnlichen Art stellen auf derselben Tafel dar die Figuren 68 und 69.

Centeotl (Mex. M.), die Göttin der fruchttragenden Erde, des Ackerbaues, mit dem Beinamen Tonakaiohua, »die Erhalterin«. Sie hatte zu Mexiko fünf Tempel, und ward daselbst durch die grausamsten Menschenopfer verehrt; weniger abschreckend war ihr Dienst unter den Totonakas, welche sie besonders desswegen liebten, weil sie glaubten, sie sei die einzige Göttin, welche keine Menschenopfer fordere, sondern zufrieden sei mit kleinen Thieren. Man glaubt, dass sie identisch mit der Göttin Tonantzin ist, welche nördlich von Mexiko auf einem hohen Berge einen weit berühmten Tempel hatte.

Centimanen (Hekatoncheires) (Gr. M.), die hunderthändigen Riesen Briareus, Gyges und Cottus, Söhne des Uranus und der Gäa, doch wegen ihrer übermächtigen Grösse und Stärke von ihrem Vater gefürchtet und in den Tartarus geschlossen, aus welchem Jupiter sie befreite, um mit ihnen die Titanen zu bekämpfen. Sie siegten und sperrten an ihrer Stelle die Titanen ein, welche sie seitdem bewachen.

Cenzontotochtin (Mex. M.), der Gott des Weines, welcher von den Wirkungen dieses Getränkes noch zwei Beinamen hatte, Tequechmekaniani, der Erwürger, und Teatlahuiani, der Erträuker. Er hatte einen Tempel mit 400 Priestern. Im 13. Monate des mexikanischen Jahres, das achtzehn Monate zählt, wurden ihm bei seinem Feste Menschenopfer dargebracht.

Fig. 69.

Fig. 70.

Cephalion (Gr. M.), anderer Name für Caphaurus (s. d.).

Cephallen (Gr. M.), Beiname des Bacchus von einem ehernen Kopfe, der, im Tempel zu Delphi aufbewahrt, nach einem hölzernen gemacht sein sollte, den die Methymnäer im Meere gefunden.

Cephalus Fig. 70 (Gr. M.). Es scheinen zwei Personen dieses Namens gewesen zu sein: ein Sohn des Mercur und der Herse, der Tochter des Cecrops, und ein Sohn des Deïon, Königs zu Phocis, und der Diomede. Beide wurden selbst in den ältesten Zeiten verwechselt und ihre Geschichte in einander verflochten. — C. war mit der schönen Procris, Tochter des Königs Erechtheus und der Praxithea, vermählt und liebte sie unendlich; da entführte ihn einst Aurora (s. Fig. 70); doch bald sehnte er sich selbst in den Armen der Göttin nach der verlassenen Gattin, und Aurora erhörte endlich sein Flehen, doch sagte sie ihm vorher, es werde der Wunsch ihn gereuen. Um der Gattin Treue zu prüfen, kam er zu ihr in veränderter Gestalt, flehte um ihre Liebe, lange umsonst, immer hörend, dass sie C. allein getreu sein wolle; endlich siegte seine Beharrlichkeit und ein kostbares Geschenk, und nachdem ihre Untreue nicht mehr zweifelhaft sein konnte, entdeckte er sich der Gattin, und sie floh beschämt. Nach einigen Nachrichten kam sie zu Minos, dessen Neigung sie gewann, und der sie mit einem nie fehlenden Wurfspiess und mit einem Hunde, Lälaps, dem nichts entgehen konnte, beschenkte. C. hat die Gattin, zu ihm zurückzukehren, und da er endlich erklärte, solchen Versuchungen, wie er ihr aufgelegt, hätte Niemand widerstehen können, kam sie wieder zu ihm und lange lebten sie überaus glücklich, und Procris schenkte dem Gatten Hund und Speer. Nun ging er stets ohne Begleiter auf die Jagd, denn nichts, worauf er sein Geschoss richtete, konnte ihm entgehen. Oft rief er, ruhend auf frischem Grase im duftigen Haine, mit schmeichelnden Worten Aura (Kühlung) herbei, dass sie ihm die Wangen fächle und ihn erfrische mit ihrem Athem; diese Worte, von falschen Freunden falsch gedeutet, wurden der Procris hinterbracht; sie, um sich von der vermeinten Untreue des Gatten und seiner noch dauernden Liebe zu Aurora zu überzeugen, ging ihm nach, und als er wieder so sprach, seufzte sie, glaubend, es sei Aurora, welche er rufe. C. meinte das Rauschen eines Wildes zu hören, ergriff den nie fehlenden Speer, und Procris sank durchbohrt nieder, noch im Tode ihn bittend, ihr Ehebette nicht mit der vermeinten Geliebten zu theilen. Der entsetzte Gatte löste ihr das Räthsel, doch Procris starb und liess C. in stets unbefriedigter Sehnsucht nach ihr. Später zeichnete sich der junge Held noch aus, indem er den teumessischen Fuchs mit seinem schnellen Hunde jagte. Er machte darauf mit Amphitryon (s. d.) einen Feldzug gegen die Teleboer, und erhielt von diesem die Insel Cephalonia zum Geschenk, welche er mit seinen Verwandten bezog. Einige zählen ihn zu den Argonauten und den Helden, welche auf der Jagd nach dem calydonischen Eber waren; Andere geben an, er habe bei den Leichenspielen des Acastus zu Ehren seines Vaters den Preis im Werfen mit der Schleuder erhalten.

Cepheus (Gr. M.), 1) Sohn des Belus (s. d.), Bruder

des Danaus und Aegyptus, ward, als die beiden Letzteren mit ihren fünfzig Töchtern und fünfzig Söhnen nach Griechenland wanderten, König von Aethiopien, vermählte sich mit Cassiopea, ward Vater der reizenden Andromeda, und durch diese Schwiegervater des Perseus. Er ward durch Phineus, welchem Andromeda versprochen war, bevor ihr nachmaliger Gatte sie rettete, in Kriege verwickelt, und auf der Hochzeit selbst durch Perseus mittelst des Medusenhauptes versteinert, da er sich widerrechtlich zur Partei des Phineus schlug. Er wurde mit seiner Gattin, seiner Tochter und dem Perseus an den Himmel versetzt. Dort steht er nahe am Nordpol, vom 290sten Grad bis zum 60sten Grad gerader Aufsteigung, und vom 55sten bis zum 80sten Gr. nördlicher Abweichung. Das Sternbild hat 34 mit blossen Augen erkennbare Sterne. — 2) C., Sohn des arcadischen Lycurgus, und Mitkämpfer auf der calydonischen Jagd. — 3) C., einer der Argonauten, Sohn des Aleus, Königs von Tegea und der Neära; er folgte nach glücklich beendeter Meerfahrt seinem Vater im Reich von Tegea, und baute, wie dieser, der Minerva einen Tempel, in welchem er als Weihgeschenk die Haare von dem Medusenhaupte niederlegte.

Cephissus (Gr. M.), 1) ein böotischer Flussgott, Sohn des Pontus und der Thalassa, Vater der Diogenia. Er überfiel gewaltsam eine der Oceaniden, die Liriope, welche von ihm Mutter des Narcissus wurde, wofür Neptun ihn unter die Erde schmetterte. — 2) C., ein Fluss und Flussgott in Argolis, der hier ein Heiligthum hatte, unter welchem man sein Wasser, das öfters von Neptun unsichtbar gemacht wurde, dahin rauschen hörte. — 3) C., der Gatte der Nymphe Scias, Herrscher von Tanagra. Das Reich kam auf seinen Sohn Elinus, welcher einen Sohn Eunostus hatte, der zu Tanagra als Heros verehrt wurde.

Ceramus (Gr. M.), Sohn des Bacchus und der Ariadne (s. d.), ein attischer Heros, nach welchem der Ceramicus, ein Stadttheil Athens, geheissen war.

Cerberus (Gr. M.), Sohn des Typhon und der Schlange Echidna, ein grässliches Ungeheuer, das bald mit fünfzig, bald mit hundert Köpfen gedacht, gewöhnlich aber mit dreien vorgestellt wird. (Abbildungen s. bei Pluto und Serapis.) Die Dichter beschreiben ihn schlangenhaarig, mit einem Drachenschweif versehen, von furchtbarer Wildheit, giftigem Athem und tödtlichem Geifer. Er bewachte die Schatten der Unterwelt, liess Jeden hinab, doch Niemand wieder hinauf, wesshalb bei Allen, welche lebend in die Unterwelt gingen, die Bekämpfung oder Besänftigung dieses Unthieres die schwierigste Aufgabe war. Mehrere Personen wagten und vermochten es: so Orpheus mit seiner Lyra; so, wer den Stab des Mercur hatte, der ihn einschläferte. Dem Hercules (s. d.) war unter seinen zwölf Arbeiten auch die aufgegeben, den C. aus der Unterwelt zu holen.

Cercaphus (Gr. M.), einer der sieben Heliaden, Sohn des Sonnengottes und der Rhodos. Der älteste dieser Brüder, Ochimus, hinterliess ihm die Herrschaft über die nach ihrer Mutter benannte Insel, indem er ihm seine Tochter Cydlppe verband. Camirus, Lindus und Ialysus, seine Söhne, theilten sich nach seinem Tode in das Reich.

Cercopen (Gr. M.), diebische neckende Kobolde; sie sollen nach Einigen Bewohner der pithecusischen Inseln bei Cumä in Italien gewesen, und Jupiter im Titanenkriege hierher gekommen sein, um Hülfe zu suchen. Die C. versprachen ihm auch gegen eine Summe Goldes Unterstützung; sobald sie aber den vorausgeforderten Lohn empfangen hatten, lachten sie ihn aus und wollten von keiner Dienstleistung mehr wissen, wofür er sie in Affen verwandelte, daher ihre Inseln pithecusische, d. h. Affeninseln, genannt wurden. Andere verstehen unter diesem Namen zwei Brüder, Atlas und Candulus, Söhne der Oceanide Thia, welche in Lydien wohnten und den Fremden betrügerische Streiche spielten; auch Hercules ward nicht verschont, als er im Dienste der Omphale war; dafür band er sie an seine Keule und übergab sie Omphale als Sclaven; oder er liess sie wieder laufen, oder er tödtete sie.

Cercyon (Gr. M.), einer der Räuber, durch deren Ausrottung sich Theseus die Unsterblichkeit errang. Er hauste bei Eleusis und nöthigte alle Vorüberreisenden, mit ihm zu ringen, worauf er, immer der Stärkere, sie hinrichtete, bis Theseus ihm ein Gleiches that. Er hatte eine Tochter Alope, welche von Neptun überwunden wurde, ihm ihre Gunst schenken musste, und den Hippothous gebar, der seinen Namen dadurch erhielt, dass er, von der Mutter ausgesetzt, durch eine Stute ernährt wurde. Der grausame Vater, der Tochter Fehltritt erfahrend, liess sie in's Meer werfen, doch Neptun rettete sie und verwandelte sie in eine Quelle.

Cercyra (Gr. M.), Tochter des böotischen Flussgottes Asopus und der Metope, Schwester der Aegina, von Neptun geliebt. Dieser entführte sie auf die nach ihr benannte Insel Corcyra, jetzt Korfu, und erzeugte daselbst mit ihr den Phäax, den Stammvater der Phäaken.

Cerdo (Gr. M.), Gemahlin des Phoroneus, Königs von Argos, durch ein Grabmal am Markte zu Argos geehrt.

Cerdous (Gr. M.), »der Gewinnverleiher«, Beiname des Hercules, des Mercur und des Apollo.

Cerealia, bei den Römern ein Fest zu Ehren der Ceres im Monat April. Man opferte Schweine und Kühe, feierte Ritterspiele im Circus, trug weisse Kleider und erfreute sich an festlichen Gelagen.

Cereatas (Gr. M.), Beiname des Apollo, unter welchem er zu Mantinea in Arcadien ein Heiligthum hatte.

Ceres, Fig. 71—73 bei den Griechen Demeter, (Gr. M.), Tochter des Saturnus und der Rhea. Wie seine übrigen Kinder, hatte auch sie Saturn verschlungen,

Fig. 71.

allein als ihm der durch die Mutter gerettete Jupiter das von der Metis, Tochter des Oceanus, erhaltene Brechmittel gegeben hatte, gab er sie mit den übrigen Geschwistern wieder von sich. Von Jupiter gebar sie die Proserpina (griechisch Persephone oder Kore), und nach Einigen den Bacchus; Neptuns Nachstellungen suchte sie sich dadurch zu entziehen, dass sie sich in ein Pferd verwandelte, doch der Gott that ein Gleiches, und so gebar sie von ihm das berühmte Ross Arion; von demselben Gotte sollte sie auch eine Tochter Despöna (Herrscherin) geboren haben, die aber von Vielen für Eins mit Proserpina gehalten wird. — Der wichtigste Theil der mythischen Geschichte der C. ist an die Sage vom Raub der Proserpina geknüpft. Jupiter hatte dem Pluto ohne Wissen der C. den Besitz der Proserpina zugesagt; daher erscheint er, als die Jungfrau mit ihren Gespielinnen auf einer Wiese bei Enna in Sicilien sorglos Blumen pflückt, plötzlich mit vier schwarzen Rossen, mit denen er aus einem Schlunde der Erde herauffährt, und führt die sich Sträubende und um Hülfe Rufende davon. Niemand hatte den Hülferuf vernommen, als Hecate und der Sonnengott. Nun sucht die Mutter neun Tage lang die verlorene Tochter mit Fackeln, die sie am Aetna entzündet, bis sie Hecate trifft und diese sie zum Sonnengott führt, von dem sie die volle Wahrheit erfährt. Zürnend meidet sie nun die Gesellschaft der Götter und weilt unerkannt unter den Menschen, und wird in Gestalt einer bejahrten Frau von Celeus (s. d.) gastlich aufgenommen. Indem aber ihr Zorn gegen Jupiter noch immer fortdauert, lässt sie Misswachs auf der Erde eintreten. Damals soll sie in einer Höhle bei Phigalia in Arcadien sich verborgen haben; allen Göttern war ihr Aufenthalt unbekannt, bis Pan, in Arcadien jagend, sie entdeckte, worauf Jupiter die Parcen absendet, denen es gelingt, sie zu besänftigen. Jetzt muss Mercur Proserpina aus der Unterwelt holen; Pluto gibt ihr aber zuvor die Frucht des Granatbaums zu essen, wodurch sie an sein Reich gebunden bleibt. Jupiter weiss daher kein anderes Abkommen zu treffen, als dass Proserpina zwei Dritttheile des Jahres bei ihrer Mutter im Himmel, ein Dritttheil bei ihrem Gemahl in der Unterwelt bleiben soll. Weitere Sagen erzählen von der Göttin, dass sie mit ihm den Plutus (Reichthum) gezeugt; dass sie, als Tantalus den Göttern, um sie zu versuchen, seinen Sohn Pelops gekocht vorsetzte, die Schulter des Knaben ass, und ihm, als Pelops von Jupiter wieder belebt war, eine elfenbeinerne Schulter einsetzte; dass sie den Scythen-König Lyncus, weil er den Triptolemus tödten wollte, in einen Luchs verwandelte; aus dem Leichnam der Melissa, einer Frau aus dem Isthmus, die von anderen Frauen zerrissen worden war, weil sie die Geheimnisse der C. nicht verrathen wollte, Bienen entstehen liess, und somit Geberin des Honigs war; den Erysichthon, Sohn des Triopas, weil er die Bäume ihres Haines fällte, mit entsetzlichem Heisshunger bestrafte, und dem Pandareus, Sohn des Merops aus Milet, die Gabe bescherte, dass ihm der Leib nie beschwert wurde, so viel er auch essen mochte. — C. ist die Göttin der fruchttragenden Erde, also des Ackerbaues, aber auch Göttin der Ehe und der Ehefrauen insbesondere, die daher manche Theile ihres Dienstes mit Ausschluss der Männer verrichteten; als Ackerbau-Göttin auch Göttin des durch Gesetze gesittig-

Fig. 72.

Fig. 73.

ten Lebens. Der Mythus von ihrer aus der Tiefe der Erde wiederkehrenden Tochter wurde häufig, besonders in den Mysterien, auch auf die Unsterblichkeit der Seele bezogen. — Der Dienst der C. war hochheilig und allgemein in Griechenland verbreitet, jedoch wichtiger in Athen, als in Sparta, wo Apollo und Diana höher standen. Ihre glänzendsten Feste feierten daher die Athener: die Thesmophorien und Eleusinien. Erstere fielen in den October, waren ein Fest der Gesetze, der Herbstsaat, und ein Klagefest, und dauerten drei, oder vielleicht fünf Tage, denen eine neuntägige Vorweihe voranging. Die Eleusinien (s. d.) waren zweifach, die kleinen im Februar, die grossen, neuntägigen, im September. Heilig waren ihr die Obstbäume, die Ulme, die Fichte, die Hyacinthe, der Mohn. In Italien wurde sie auch von den Etruskern unter den höchsten Gottheiten verehrt und mit dem Jahresgott Vertumnus zusammengestellt. Der Name C. sollte von den Sabinern genommen sein, und in ihrer Sprache Brod bedeuten. Ueber ihr Fest in Rom s. Cerealia. In der plastischen Darstellung gleicht sie der Juno, hat aber einen sanfteren Ausdruck; sie ist ganz bekleidet, und zuweilen sogar der Hinterkopf bedeckt. Als Attribute gab man ihr um den Kopf einen Aehrenkranz oder ein Band, in die Hand einen Scepter, Aehren mit Mohn, den Korb, der die bei den Mysterien gebrauchten heiligen Gegenstände verbirgt, Fackeln; überdiess einen Wagen, der zuweilen mit Pferden, öfter mit geflügelten Drachen bespannt ist. Von unsern Abbildungen sind Fig. 71 und 72 von pompejanischen Wandgemälden, und Fig. 73 (wo Ceres vom Drachenwagen herab eine Gesetzrolle zeigt, während Triptolemus Getreide säet), von einem Cameo genommen.

Ceridwen (Britt. M.) Die Naturgöttin, aber sowohl Göttin des Todes, als, nach der Seelenwanderungslehre der Druiden, der Lebenserneuerung. C. war dem Tegid Voel vermählt, einem Manne von edler Abkunft, dessen väterliches Land mitten im See von Tegid lag. Ein Sohn Morvran und eine Tochter Creirvym, das schönste Mädchen der Welt, waren ihre Kinder, aber ausser diesen hatten sie noch einen Sohn Avaggdu, das hässlichste aller Wesen. Zum Trost dafür bereitete seine Mutter für ihn einen Zauberkessel, in welchen man nur zu sehen brauchte, um die Zukunft zu erfahren. Das Kochen dieses Kessels musste Jahr und Tag ohne alle Unterbrechung fortgesetzt werden, bis man drei gesegnete Tropfen von den Gaben des darin waltenden Geistes erhalten konnte. C. stellte daher einen Mann, den kleinen Gwion auf, um auf die Bereitung des Kessels zu achten; aber gegen Ende des Jahres flogen durch seine Unvorsichtigkeit die drei Tropfen aus dem Kessel, und ihm auf den Finger; er leckte diesen ab, und fand, dass ihm die Ereignisse der Zukunft eröffnet waren; aber C., als sie entdeckte, dass die Mühe des Jahres für Avaggdu verloren sei, verfolgte Gwion; nach manchfaltigen anderen Verwandlungen des Flüchtlings und der Verfolgerin verwandelt sich Gwion in ein Weizenkorn, C. in eine schwarze Henne, und frisst das Weizenkorn auf. Sie wird davon schwanger und gebiert ein wunderschönes Kind, das sie in einem Schifflein dem Meere übergibt. Es wird gefunden von Elphins, dem Sohne Gwydnos, der es nach Hause trägt, wo man es Taliesin (strahlende Stirne) benennt, und mit Erstaunen entdeckt, dass es aller Weisheit voll ist, und die höchsten göttlichen Offenbarungen ausspricht. — Der Kessel der C. war Symbol eines besonderen Ordens unter dem Stande der Barden im alten Britannien, des Kesselordens, der seine Ordensgeheimnisse hatte und bei Festen seine mysteriösen Gesänge vortrug. Der Volksaberglaube hat ihn zum Kessel in der Hexenküche entwickelt.

Ceroëssa (Gr. M.), Tochter des Jupiter und der Io, von Neptun Mutter des Byzas, welcher Byzanz gründete.

Certhe (Gr. M.), Tochter des Thespius, welche dem Hercules den Iobes gebar.

Cerynthische Hirschkuh (Gr. M.), ein Thier von ausserordentlicher Schnelligkeit, mit goldenem Geweih und ehernen Füssen, von der Nymphe Taygete, einer Gespielin der Diana, dieser geweiht. Sie hielt sich auf dem Berge Cerynia in Arcadien auf, daher ihr Name. Hercules musste sie lebend dem Eurystheus bringen, jagte ihr ein ganzes Jahr nach und erreichte sie erst am Flusse Ladon.

Ceryx (Gr. M.), Sohn des Mercur und der Aglauros, einer Tochter des Cecrops, ersten Königs von Athen, gründete eine mächtige Priesterfamilie, welche den Eleusinien (s. d.) vorstand; einer aus derselben, der Hieroceryx, war immer Oberpriester.

Cestrinus (Gr. M.), Sohn des Helenus aus Troja und der Andromache; Beide waren Sklaven des rauhen Pyrrhus, welcher, da er sich der Hermione vermählte, die Sklaven königlichen Stammes (Helenus war Priams Sohn) mit einander verband. Der Theil von Epirus, welcher Cestrine heisst, soll von ihm benannt worden sein.

Ceteus (Gr. M.), Sohn des in einen Wolf verwandelten Königs Lycaon. Seine Tochter war die unglückliche Callisto (nach Anderen seine Schwester). Er ward an den Himmel versetzt und soll in dem Sternbild zu finden sein, welches man Ingeniculus nennt, welches jedoch noch sechs andere Namen führt. S. Hercules.

Ceto (Gr. M.), 1) Tochter des Pontus und der Gäa, war die Geliebte ihres Bruders, des Phorcus, und empfing von ihm die Phorciden, die Gräen und die Gorgonen. — 2) C., Tochter des Nereus und der Tethys.

Ceuthonymus (Gr. M.), Vater des Menötius (s. d.), auf welchen Hercules einen besondern Hass hatte, weil er dem Geryon den Raub seiner Rinder verrathen.

Ceyx (Gr. M.), Sohn des Hesperus und der Nymphe Philonis, war mit Alcyone, der Tochter des Aeolus und der Aegiale, vermählt und führte eine so glückliche Ehe, dass Juno sie beneidete und ihren Untergang beschloss. Zuerst verfolgte sie C'. beide Söhne, Hylas und Hippasus; dann nöthigte sie C. zu einer Seereise, auf welcher er ein Raub der Wellen ward. Alcyone brachte lange nach seinem Tode noch immer Opfer für die Rückkehr ihres Gatten, bis derselbe ihr im Traume erschien und ihr sein Schicksal verkündete, worauf sie sich so grämte, dass sie aus Mitleid von den Göttern in einen Eisvogel verwandelt wurde. Nach andern Sagen ward diess auch C. Der König hatte sich während seines Lebens des Hercules sehr freundlich angenommen, und seine Söhne genossen Freundschaft und Schutz in seinem Hause.

Chabar (Orient. M.), eine wenig bekannte Gottheit der alten Araber aus den Zeiten vor Mahomet; man ist zweifelhaft, ob sie den Mond oder die Aphrodite darstellt.

Chacabut, eine religiöse Secte der Tübetaner, so genannt von ihrem Stifter Chaca oder Xaca, welche Benennung dort den Buddha der Indier bezeichnet. Sie verehren diesen weniger als Religionslehrer; er ist ihnen ein Gott.

Chacaras, bei den Peruanern Name oder Titel der Sonnen-Priester.

Chachy (M. der Kamtschadalen), Gemahlin des Gottes Kutku, des Schöpfers der Welt. Sie war zwar nicht schön, aber ausserordentlich verständig. Von ihr stammen die Kamtschadalen, d. h. die Ureinwohner jener Halbinsel. Merkwürdig ist, dass jene stumpfsinnigen Nordländer in Kamtschatka, Grönland, auf den kurilischen, den Fuchsinseln und Aleuten etc. sich selbst für viel klüger als die Europäer, und ihre Urväter immer für sehr weise Götter halten.

Chailasaeka (Ind. M.), ein zahlreiches Geschlecht abscheulicher Dämonen, welche sich nur vom Ungeziefer nähren: die Schudras (die unterste von den vier Kasten, welche aus Brama's Leib entsprang, und welche zum Dienst der drei oberen bestimmt ist, da sie nur den Füssen des Gottes entnommen ist) werden in solche nach ihrem Tode verwandelt, falls sie ihren Beruf verabsäumt haben.

Chaitu (M. der Kamtschadalen), ein Götze in Wolfsgestalt, der aus Kräutern und Gras gemacht und bei den Wohnungen der Kamtschadalen aufgestellt wird. Sie schreiben demselben die Kraft zu, böse Thiere von ihren Wohnungen abzuhalten.

Chakra (Ind. M.), die mächtige, vernunftbegabte Waffe des Wischnu, welche mit ihrem Glanze das ganze Paradies des Gottes erhellte. Wischnu gebrauchte sie auch als Vollstreckerin seiner Befehle, die sie unter verschiedenen Gestalten sogleich vollzog, aber auch nach den Umständen abänderte, wie es ihre vollkommene Weisheit verlangte, und dann wieder zu dem Entsender, dem Gotte, zurückkehrte. Diese Waffe war ein steingeschmückter Ring, welchen man auf den ausgeschmückteren Bildern des Gottes immer bemerkt; er war aus den Strahlen gebildet, die man der zu hell glänzenden Sonne abgeschnitten hatte.

Chakschuscha (Ind. M.) Name eines Nachkommen Brama's; einer der sieben Menus, die von Suayambhura, dem Sohne des Brama, abstammten.

Chalbes (Gr. u. ägypt. M.), ein Herold des grausamen ägyptischen Königs Busiris (s. d.), welcher nach unzähligen Menschenopfern zur Vergeltung von Hercules selbst geopfert ward; ein gleiches Schicksal hatte Ch.

Chalcea (Gr. M.), ein Fest der Handwerker zu Athen, zu Ehren des Vulcan, dem man die Erfindung der Arbeiten in Erz zuschrieb; es ward am dreissigsten Tage des Monats Pyanepsion, nach unserer Rechnung um den 20. October, gefeiert.

Chalchihuitlicue (Mex. M.), Göttin des Wassers. Da das Wasser in verschiedenen Gestalten erscheint, so hatte sie auch verschiedene Namen, welche die Eigenschaften jenes Elementes bezeichneten. Es wurden den Göttern des Wassers und der Berge zu Ehren fünf Feste gefeiert, bei denen immer zahlreiche Menschenopfer vorkamen. Unbegreiflich wird dem Forscher der Blutdurst der mexikanischen Priester, welche oft den Königen Vorwürfe machten, dass sie nicht genug Kriege führten, und ihnen also nicht hinlänglich Opfer lieferten, da das Volk von Mexiko selbst überaus gutmüthig und nichts weniger als blutdürstig und grausam war.

Chalcioecia (Gr. Rel.), bei den Spartanern ein Fest der Minerva, welches obigen Namen trug. Es wurde in einem ehernen Tempel, worin ihr Bild von Erz war (daher der Name) begangen; bewaffnete Jünglinge brachten ihr Opfer.

Chalcioecus (Gr. M.), Beiname der Minerva in Sparta, »Minerva im ehernen Haus«, so genannt von dem ehernen Tempel, dessen Bau von Tyndareus angefangen war, und worin sich die eherne Bildsäule der Göttin befand.

Chalciope [Gr. M.), 1) Tochter des Königs Eurypylus auf der Insel Cos. Hercules überfiel, entweder um sich der Ch., die er liebte, zu bemächtigen, oder weil er, auf der Heimfahrt von Troja nach Cos verschlagen, Nachts für einen Seeräuber angesehen und angegriffen wurde, den König, erschlug ihn und führte seine Tochter als Sklavin fort. Ch. gebar von dem Helden den Thessalus. — 2) Ch., Gattin des Phrixus, welcher auf dem goldvliessigen Widder nach Colchis gekommen war, und dort von dem Könige Aeetes dessen Tochter Ch. erhielt. Sie gebar demselben vier Söhne: Argus, Cytisorus, Melas und Phronitis, welche Aeetes nach Griechenland sandte, um ihr väterliches Erbe zu holen, welche aber Schiffbruch litten und im schwarzen Meere auf der Insel Aretias von Jason gefunden, der Mutter zurückgebracht wurden, die dafür den Retter ihrer Kinder mit Medea bekannt machte. — 3) Ch., die zweite Gattin des Aegeus, Königs von Athen, Tochter des Rhexenor oder des Chalcodon.

Chalcis (Gr. M.), Tochter des Flussgottes Asopus und der Metope, Schwester der Aegina; Chalcis auf Euböa war nach ihr benannt.

Chalcodon (Gr. M.), 1) Sohn des Königs Abas von Euböa, blieb in einem Kriege seines Vaters gegen die Thebaner. — 2) Ch., ward von Oenomaus, dem Vater der schönen Hippodamia, erlegt, als er im Wettlauf um der Tochter Hand von diesem eingeholt wurde. — 3) Ch., ein Bewohner der Insel Cos; er verwundete den Hercules, als dieser, vom Sturme getrieben, auf der Heimkehr von Troja daselbst landete. Jupiter entrückte ihm jedoch den Hercules, so dass ihm die Wunde nicht schadete. — 4) Ch., ein Fürst der Abanten in Euböa, vermählt mit Imenarete, die ihm den Elephenor gebar, der nachmals unter den Freiern der Helena war, und später mit vierzig Schiffen nach Troja ging. — 5) Ch., eine zweifelhafte Persönlichkeit, indem bald er, bald Rhexenor für den Vater der Chalciope (s. d. 2) gilt.

Chalcomedusa (Gr. M.), Gattin des Acrisius, Mutter des Laërtes, des Vaters des Ulysses.

Chalcon (Gr. M.), 1) ein Cyparissier, dem Antilochus, Sohne des Nestor, als Führer und Schildträger beigegeben; ging aus Liebe zur Amazonenkönigin Penthesilea zu den Trojanern über, fiel aber neben der Heldin, von Achilles zugleich mit dieser erlegt; sein Leichnam ward an's Kreuz geschlagen. — 2) Ch., ein reicher Myrmidone, hatte einen Sohn Bathycles, welcher von Glaucus, dem Heeresfürsten der Lycier, getödtet wurde.

Chalinitis (Gr. M.), »die Bezäumerin«, Beiname der Minerva, weil sie den Bellerophon lehrte, den Pegasus zu zäumen.

Chalis (Gr. M.), »der Sorgenlöser«, so viel als Lyäus, Beiname des Bacchus in Athen.

Chaliza, eine jüdische Sitte, nach welcher die Wittwe ihrem Schwager, wenn er sie nach dem Tode seines Bruders nicht heirathen wollte, einen Schuh auszog, und ihm durch Ausspucken ihre Verachtung zu erkennen gab. Diess geschah öffentlich vor obrigkeitlichen Zeugen und nach gehöriger Untersuchung der Ansprüche, welche die Wittwe hatte. Nachher konnte sie nach Belieben heirathen. Den Schuh, welcher stets zu dieser Ceremonie diente, verwahrten die Rabbinen; seine Form ist die der ältesten sandalenartigen Fussbekleidung; er besteht nur aus einem Stück Leder mit mehreren Riemen, welche um den Fuss geknüpft wurden.

Chalybs (Gr. M.), Sohn des Mars von unbekannter Mutter, nach welchem die Chalyber, ein Volk in Pontus, benannt sein sollen.

Chama (Ind. M.), bei den Birmanen eine der drei Classen, worein sie alles Lebende theilen. Die Ch. sind durchgängig erzeugte und geborene Geschöpfe, und werden in elf Grade, sieben glückliche und vier unglückliche, getheilt. In einem der sieben glücklichen Grade lebt der Mensch, in den sechs andern höhere Wesen; die vier unglücklichen sind die Stufen der gefallenen Geister, welche in den finsteren Abgründen der Erde leben.

Chamyna (Gr. M.). Bei Pisa in Elis soll die Stelle gezeigt worden sein, an welcher die Erde sich geöffnet (*Χαίνειν*), um die von Pluto geraubte Proserpina aufzunehmen; dort hatte Ceres unter dem oben angeführten Beinamen einen Tempel. Nach Andern sollte dieser Beiname von einem gewissen Chamynus herstammen, welchen Pantaleon, Tyrann zu Pisa, hatte hinrichten lassen, und von dessen hinterlassenen Reichthümern jener Tempel erbaut wurde.

Chandrayana oder Tschiandrayana (Ind. M.). die Mondbusse, welche die als Braminen wiedergeborenen Menschen zur Sühne für Sünden, die sie in niederen Graden ihrer früheren Existenz begangen, thun. Sie besteht zum Theil darin, dass man die Körper kasteit und nur rohe Erzeugnisse des Waldes oder schlecht zubereitete Körner zu sich nimmt.

Chanuka, Jüdisches Tempelweihe- oder Reinigungs-Fest, dessen Feier acht Tage dauerte, während welcher Zeit Jedermann zur allgemeinen Beleuchtung Lichter, und zwar jeden Tag eines mehr als Tags vorher, anzündete, Gebete sprach und nichts arbeitete, so lange diese Lichter brannten. Es soll von Judas Maccabäus herrühren, und zum Andenken an die Wiederbesitznahme des durch fremde Götter entweihten Tempels gestiftet worden sein. Man hat viele Fabeln von den oft abschreckend grausamen Ceremonien erzählt, welche dabei ausgeübt worden sein sollten, und nicht selten die blutigsten Verfolgungen nach sich zogen.

Chaos (Gr. M.), das Uranfängliche, Formlose, woraus Alles, was Form hat, entstand, das allumfassende Urelement. — Aus diesem entstand Alles, was lebt und ist, die Götter sowohl, als Himmel, Luft, Erde, Meer und Alles, was diese bewohnt. Das Ch. verband sich mit der Finsterniss (Caligo) und erzeugte mit ihr den Aether, den Tag, den Erebus und die Nacht. Die Paare verbanden sich wieder unter einander, und so schufen Aether und Tag den Himmel, die Erde und das Meer; Erebus und Nacht aber hatten zu Kindern: das Schicksal, das Alter, den Tod, den Schlaf, die Träume (Phantasus, Morpheus, Momus), die Parcen, die Uneinigkeit, das Elend, den Zank, die Rache, aber auch die Heiterkeit, die Freundschaft, das Mitleid, endlich die Hesperiden (Aegle, Hesperia, Arethusa). — Von der Erde und dem Aether stammt eine nicht minder zahlreiche Nachkommenschaft: der Schmerz, das Verbrechen, die Furcht, die Lüge, der Meineid, die Unenthaltsamkeit, die Furien, der Hochmuth, die Blutschande; ferner der Ocean, der Pontus, der Tartarus, Themis, die Titanen. Man sieht, dass hier lauter personificirte Naturkräfte oder Eigenschaften zu finden sind, und dass diese im Verfolg der Erzeugungen immer mehr von einander getrennt wurden, bis die Titanen und die Götter sich um die junge Erde stritten, welche endlich durch Prometheus mit Menschen bepflanzt wurde, denen er das Feuer vom Olympus herab holte. So ist also das Ch. der formlose Ursitz aller Formen und Kräfte.

Charaxus (Gr. M,), einer der Lapithen, welche auf des Pirithous Hochzeit mit den Centauren in Streit geriethen. Rhötus schlug ihn mit einem Feuerbrande in's Gesicht; Ch. erhob die steinerne Schwelle, welche zu bewegen Lastwagen nöthig gewesen wären, doch vermochte er ihrer Schwere wegen nicht, sie nach dem Centauren zu schleudern, welcher ihn nun mit dem Feuerbrande tödtete.

Chardaniel (Jüd. M.), ein Engel, Herr des Firmaments, sechs Millionen Mal grösser als andere Engel; er strahlt immerfort von zwölf weissen Blitzen.

Chaeresilaus (Gr. M.), Sohn des Jasion und Enkel des Eleuther; sein Sohn Pömander soll die Stadt Tanagra in Böotien gegründet haben.

Chariclo (Gr. M.), 1) eine Nymphe, Geliebte des Everes, von welchem sie Mutter des Tiresias ward. Als dieser von der durch seinen Ausspruch über die Freuden der beiden Geschlechter erzürnten Juno mit Blindheit gestraft wurde, erbat sich Ch. von Minerva die Gabe der Weissagung für ihren Sohn. — 2) Ch., Tochter des Apollo oder des Titanen Perses, Gemahlin des berühmten Centauren Chiron, dem sie einen Sohn Carystus und eine Tochter Ocyrrhoë gebar.

Charidotes (Gr. M.), »der Freudengeber«, Beiname des Mercur auf Samos, wo man an seinem Fest einander aus Scherz bestahl, weil die Samier, von ihren Feinden gedrängt, sich zehn Jahre lang hatten vom Raube nähren müssen.

Charila (Gr. M.). Zu Delphi war eine schwere Hungersnoth ausgebrochen, während welcher Ch., eine arme Waise, zu dem Könige kam, um Brod flehend; da derselbe bereits alle seine Vorräthe vertheilt hatte, warf er zornig nach ihr mit seinem Schuh, worüber sich das Mädchen so sehr grämte, dass sie sich erhängte. Jetzt aber steigerte sich die Noth immer höher, denn es kamen noch ansteckende Krankheiten dazu. Es ward die Pythia befragt, und diese sagte, nur wenn man den Manen der Gemordeten Sühnopfer bringe, werde des Himmels Zorn aufhören; diess geschah, und das Elend wich. Seit jener Zeit wurden alle neun Jahre die Festlichkeiten wiederholt, bei denen der König den Vorsitz führte, an Einheimische wie an Fremde Lebensmittel vertheilte, endlich nach dem Bilde der Ch. mit einem Schuh warf und es darauf mit einem Stricke um den Hals begraben liess. Dieses Fest führte den Namen der Unglücklichen, welche die Veranlassung desselben war.

Charis (Gr. M.), nach Homer in der Ilias die Grazie, des Vulcan schöne Gattin; nach der Odyssee hatte er die Venus zur Gemahlin.

Charisia (Gr. M.), Feste, den Charitinnen (Grazien) zu Ehren mit nächtlichen Tänzen gefeiert.

Charisius (Gr. M.), Sohn des verbrecherischen Königs Lycaon, Gründer von Charisiä in Arcadien.

Charistia, ein Verwandten-Fest bei den Römern, am 22. Februar, gleich nach dem Todtenfest, gefeiert. Die Familie war hier ganz unter sich, legte entstandene Zwiste bei und knüpfte das Band der Eintracht und Liebe wieder fester.

Charites (Gr. M.), s. Grazien.

Charmon (Gr. M.), in Arcadien ein Beiname des Jupiter, und auch des Gottes der Unterwelt.

Charmus (Sard. M.), Sohn des pelasgischen Stammhelden Aristäus (s. d.), kam nach Sardinien mit einer Colonie und ward dort als Heros verehrt.

Charon, Fig 74 (Gr. u. röm. M.), der Fährmann in der Unterwelt: eine, wie es scheint, spätere Vorstellung, wahrscheinlich aus Aegypten gekommen, wo die Sitte herrschte, alle Todten, welche eines ehrenvollen Begräbnisses gewürdigt worden, auf einem Kahn von einem Fährmann nach den Inseln der Seligen, d. h. nach den allgemeinen Begräbnissstätten, bringen zu lassen. Nach der griechischen Sage hält Ch., ein alter Diener des Pluto, am Höllenflusse Wache, nimmt die Seelen, welche Mercur ihm zuführt, in seinen Kahn auf und setzt sie über die Styx oder den Acheron, wofür man ihm einen Obolus zahlen musste, der daher den Verstorbenen unter die Zunge gelegt wurde; diejenigen, welche kein Begräbniss empfangen hatten, mussten ein Jahrhundert lang um die Ufer der Styx schweben. — So auch ist es mit den Lebenden; er darf diese nicht übersetzen, wenn er nicht von den Unsterblichen dazu bevollmächtigt ist; dass er den Hercules übersetzte, ohne dass derselbe ihm den goldenen Ast zeigte, welcher zur Beglaubigung eines göttlichen Auftrags diente, kostete den Ch. auf ein Jahr seine Freiheit. — Homer hat diese Fabel noch nicht gekannt. Eine Darstellung davon nach einem antiken Basrelief,

Fig. 74.

zeigt uns Fig. 74. Zwei Gestalten steigen aus Ch.'s Kahn; die Parce reicht der ersten die Hand; ihre noch volle Spindel zeigt den frühzeitigen Tod dieses Schattens an. Der andere Schatten hat die Grösse eines Kindes. Rechts Lethe mit dem Trank der Vergessenheit.

Chaeron (Gr. M.), Sohn des Apollo und der Nymphe Thero, soll die Stadt Chäronea in Böotien gegründet haben.

Charonium (Gr. M.). Zwei vom Volke heilig gehaltene Höhlen dieses Namens werden in Klein-Asien genannt, die eine bei Thymbra, die andere bei Nysa, beide in der Landschaft Carien. Sie strömten giftige Dünste aus, wesswegen man wenigstens von der letztern glaubte, dass sie ein Sitz göttlicher Einwirkungen sei, insbesondere, dass man daselbst Träume empfange, durch welche die Heilmittel für gewisse Krankheiten angezeigt würden.

Charopus (Gr. M.), König der Insel Syme (unfern von Rhodos, an der Küste von Klein-Asien), Gemahl der Aglaja, Vater des Nireus, welcher nach Achilles der Schönste unter allen Griechen vor Troja war, jedoch dieses Helden Tapferkeit nicht besass; er fiel von der Hand des Eurypylus oder des Aeneas.

Charops (Gr. M.), 1) »der Frohblickende«, eine Benennung, unter welcher Hercules verehrt wurde; sein Bild stand am Berge Laphystium, an der Stelle, wo er den Cerberus aus der Unterwelt heraufgeholt hatte. — 2) Ch., Sohn des Trojaners Hippasus; er ward von Ulysses getödtet.

Charrubiun, nennen die Mahomedaner Engel, welche sie für die Herren der übrigen halten; der Name scheint mit dem hebräischen Cherubim verwandt, so auch die Bedeutung.

Charybdis (Gr. M.), Tochter des Neptun und der Erde. Der Mythus weist ihr in der sicilianischen Meerenge den Sitz an; dort muss ein verderblicher Strudel gewesen sein, oder der noch jetzt daselbst befindliche war den leicht gebauten Schiffen der Alten gefährlicher, als er uns erscheint, denn die Beschreibungen, welche man davon findet, sind fürchterlich. Ch. war ein gefrässiges Weib, das dem Hercules Rinder raubte, und desshalb von dem Blitzstrahle Jupiters in's Meer geschleudert wurde, wo sie ihre gefrässige Natur beibehielt. Unweit der bellenden Scylla (s. d.) wohnte sie auf einem Felsen unter einem überhangenden Feigenbaum, und drohte allen Vorüberfahrenden Tod und Verderben; um ihren Hunger zu stillen, frass sie ganze Schiffe mit Allem was darin war, auf; drei Mal des Tages schlürfte sie abwechselnd das Meerwasser ein und spie es wieder aus, was ein brüllendes Getöse verursachte, wobei während des Einschlürfens in den trichterförmig klaffenden Schlund Alles hinabfuhr, was in dessen Nähe kam, bei dem eben so oft wiederholten Ausspeien aber die Schiffe der Scylla zugeschleudert wurden, daher das lateinische Sprüchwort: »Incidit in Scyllam cupiens vitare Charybdin« (es geräth zur Scylla, wer die Ch. vermeiden will).

Chasae (Slav. M.), eine wendische Gottheit, vorzüglich in Böhmen verehrt.

Chaska (M. der Andesvölker), hiess in Peru der

Morgenstern. Er hatte eine eigene Capelle in der Umfangsmauer des grossen Sonnentempels, worin ihm Opfer aller Art gebracht wurden. Seinen Namen hatte er von seinem Bilde, welches mit langen, krausen Haaren (Symbol der Strahlen) von Gold dargestellt wurde. Als steter Begleiter der Sonne hiess er auch Page derselben.

Chason (Slav. M.). In Böhmen und Mähren ward die Sonne unter diesem Namen angebetet.

Chattun Erdeni (Lamaismus), »die weisse Jungfrau«; ein auf Gold gemaltes Bild, zu den sieben Dolon Erdeni, den Heiligthümern der lamaischen Tempel, gehörig; sie werden alle auf dem Altar vor dem eigentlichen Götterbilde aufgestellt.

Chautrun. S. Gudrun.

Chavarigten, eine muhamedanische Secte, welche nicht an Muhameds Unfehlbarkeit glaubt.

Chederles (Orient. M.), ein türkischer Held, ähnlich dem heiligen Georg der Christen, und, wie man nicht ohne Grund vermuthet, diesem nachgebildet und auf Art der Morgenländer ausgeschmückt.

Chelidonia (Gr. M.), ein Knabenfest auf Rhodus. Die Knaben gingen von Haus zu Haus und baten um eine Gabe, im Namen der Schwalbe (χελιδών), indem sie von ihrer den Frühling verkündigenden Wiederkehr ein Lied sangen.

Chelidonis (Gr. M.), Tochter des Pandareus, welche durch ihren Schwager Polytechnus entehrt und auf die grausamste Weise verstümmelt, nach erlangter Rache aber von den Göttern in eine Schwalbe verwandelt wurde. (S. Aëdon.)

Chelone (Gr. M.), eine Nymphe, welche Mercur in eine Schildkröte verwandelte, da sie die Einzige gewesen, welche nicht bei Jupiters Vermählung erschien und noch gar des Götterpaares spottete.

Chemiin (M. der südamerikanischen Völker), bei den Karaiben der grosse Geist, welcher Himmel und Erde erschaffen hat. Er ist erhaben über alles Zeitliche; die bösen Thaten der Menschen erzürnen ihn so wenig, als die guten ihn erfreuen; gleichgültig gegen alles Untergeordnete, geniesst er seiner eigenen Glückseligkeit. Die Karaiben verehren ihn nicht durch irgend einen Cultus, sie gedenken nur seiner im Herzen, weil er ihrer Opfer nicht bedarf. Denselben Namen führen die guten Geister, welche die Frauen nach dem Tode in den Himmel führen.

Chera (Gr. M.), »die Wittwe«, eine Benennung, welche Juno erhielt, weil sie sich einst im Zorne über Jupiters Untreue von diesem getrennt hatte, oder weil sie, eifersüchtig auf seine Schöpferkraft, durch welche er Minerva, ohne Zuthun des andern Geschlechts, aus sich selbst geboren hatte, dasselbe leisten wollte, sich von ihrem Gatten entfernte und dann nach zwölf Monden einen furchtbaren Riesen gebar, den Typhon, nach Anderen den Vulcan.

Cheromachus (Gr. M.), Sohn des Electryon, welcher nebst allen seinen Brüdern gegen die Söhne des Pterelaus blieb, als diese Letzteren die Rinder seines Vaters zu entführen kamen.

Chersibius (Gr. M.), Sohn des Hercules und der Megara, welchen sein Vater in der Raserei, die Juno über ihn geschickt, sammt Mutter und Geschwistern mit seinen Pfeilen erschoss.

Chersidamas (Gr. M.), 1) Sohn des Priamus, welchen Ulysses vor Troja erlegte, indem er ihm unter dem buckligen Schild den Speer in den Nabel rannte. — 2) Ch., Sohn des Pterelaus, welcher gegen die Electryoniden blieb, als er mit seinen Brüdern des Königs Electryon Heerden zu rauben kam.

Chersis (Gr. M.), eine der drei Schwestern, welche man Gräen nennt, Töchter des Phorcys und der Ceto. Sie hatten alle drei gemeinschaftlich nur einen Zahn und ein Auge.

Cherubim (Israelit. Rel.). Die Ch., die im Allerheiligsten zum Schmuck des Gnadenstuhls dienten, und auch ausserdem ein Hauptschmuck im Tempel waren, hatten ursprünglich eine sinnbildliche Bedeutung, welche jedoch für uns zweifelhaft geworden ist, weil das Grundwesen ihrer Gestalt nirgends angegeben wird. Im ersten Buche Mose heisst es zwar: »Gott lagerte vor dem Garten Eden den Cherub mit einem blossen hauenden Schwerte«, doch waren die Ch. (diess ist die hebräische Form der Mehrzahl) ursprünglich keine Engel, welche es als selbstständige persönliche Geister im Mosaismus gar nicht gab, sondern erst eine spätere Zeit, des Wesens der Ch. unkundig, fasste sie als solche auf. Sie hatten Flügel, welche bei den Orientalen ein Symbol des Schutzes waren. Ueber die Gestalt erfahren wir nur Weniges, und dieses zeigt uns eine Mischgestalt. In seiner eigentlichen Gestalt, mit einem Kopfe, scheint der Cherub kein menschliches Angesicht gehabt zu haben; denn Ezechiel sagt: »Ich sah vier Räder, voller Augen; ein jegliches hatte vier Angesichter; das erste war wie ein Cherub, das andere wie ein Mensch, das dritte ein Löwe und das vierte ein Adler.« Ein andermal sagt er: »Ihre Angesichter zur rechten Seite waren gleich einem Menschen und Löwen, aber zur linken Seite gleich einem Ochsen und Adler.« Uebrigens stammen von den vier zuletzt angeführten Angesichtern der Cherubs-Gestalt die bekannten vier Abzeichen der vier Evangelisten: der Engelskopf bei Matthäus, der Löwe bei Marcus, der Stier bei Lucas und der Adler bei Johannes.

Chesias (Gr. M.), 1) Beiname der Diana, von Chesium, einem Vorgebirge auf der Insel Samos. — 2) Ch., eine Nymphe, welche dem samischen Flussgott Imbrasus die Ocyrrhoë gebar.

Chiacin (M. der Lamaiten), einer von den Lahen oder himmlischen Geistern, der mit seinem Glanze den Leib der Mutter des Cio Conciao so durchstrahlte, dass er ganz rein und durchsichtig, aller irdischen Stoffe frei und ledig wurde, denn die Lahen sind so glänzend und rein, dass allein von denjenigen derselben, welche die Sonne bewohnen, dieser Himmelskörper strahlt und leuchtet.

Chia Nom Nangva (M. der Lamaiten), einer der sechzehn Räume, welche die Welt umschliessen, und zur Wohnung der Lahen oder reinen himmlichen Geister dienen. Hier erfreuen sie sich an Allem, was die Sinne ergötzt, an Speise und Trank, an Kleiderpracht u. s. w. In den vier höheren Regionen geniessen sie einer weniger materiellen Glückseligkeit.

Chichikue (oder Astaouen), die Klapper, das einzige musicalische Instrument der nordamerikanischen Wilden, besteht entweder aus einem hohlen Kürbiss, oder aus einer Schildkrötenschale, an einem Handgriff befestigt, mit Steinchen gefüllt, so dass sie beim Schütteln einen klappernden Ton gibt; sie wird bei religiösen und Freuden-Tänzen gebraucht.

Chicomatte (Mex. M.), eine Gottheit, deren Fest im zweiten Monat, Tlakaxipehualitztli, gefeiert wurde. Unbekannt ist, was sie regierte.

Chidr (M. der Orient.), nach arabischer Sage Feldherr eines altpersischen Herrschers Kheikhobad, und ein Prophet, der, da er aus der Lebensquelle getrunken, nun bis zum jüngsten Tage lebt. Alexander d. G. suchte diese Quelle der ewigen Jugend, welche im Caucasus liegen sollte, doch vergeblich. Dieses Ch. wird auf eine höchst anmuthige Art Erwähnung gethan von Rückert in dem Gedichte, das mit dem Namen desselben überschrieben ist.

Chilam Cambol (M. der westind. Völker.), soll ein grosser Prophet in Yukatan geheissen haben, der den Einwohnern befahl, die Lehre der bärtigen Männer, welche über das Meer kommen und das Kreuz bringen würden, als die ihre anzuerkennen und ihnen zu gehorchen.

Chimaera (Gr. M.), ein Ungeheuer, erzeugt von Typhon und der Echidna, wird gewöhnlich als ein Löwe abgebildet, der einen zweiten Kopf, den einer Ziege, hat; Bellerophon musste im Auftrag des Königs Jobates in Lycien das Ungeheuer bekämpfen, was nur durch Hülfe der Minerva möglich ward. Die Göttin gab dem kühnen Jüngling zu diesem Strauss den Pegasus (s. d.), und von diesem herab, aus der Luft, ward das Unthier besiegt: nach Anderen dadurch, dass Bellerophon ihr seinen Speer in den Rachen stiess, an dem Blei befestigt war, welches von dem Feuer, das die Ch. ausspie, in Fluss kam und sie tödtete.

Chimaereus (Gr. M.), Sohn des Prometheus und der Plejade Celäno, Bruder des Lycus. Beide Brüder lagen vor Troja begraben, und auf ihrem Grabe mussten einst die Lacedämonier opfern, um von einer Pest befreit zu werden.

Chimalli (Mex. M.), die heiligen, von Priestern geweihten Schilde, die ganz rund, von elastischem Rohre geflochten, und mit Federn bedeckt waren, welche der Adel, mit Gold- und andern Verzierungen beladen, besonders bei feierlichen Gelegenheiten trug. Man konnte sie zusammenbiegen und unter den Arm nehmen.

Chinesen (Religion der). Es ist kaum möglich, von einer Religion in diesem ungeheuer ausgedehnten Lande zu sprechen; deutlich unterscheidbar, wenn auch zum Theil nahe mit einander verwandt, sind vier Haupt-Religionen. Die reinste ist die des Kon-fu-tse (Confucius); sie wird von den Gelehrten bekennt, und ist mehr ein philosophisches Moralsystem, als eine Religion zu nennen. Die zweite ist die des Lao-tse oder Lao kyun, deren Priester durch Weissagungen und Gaukeleien viel Einfluss auf das Volk haben, daher sie auch die eigentliche Volksreligion ist. Die dritte pflegt man die des Fo zu nennen, obwohl sie besser die des Buddha hiesse, denn es ist eine auf chinesische Weise modificirte Buddha-Religon: beide sind jünger als Kon-fu-tse. Die eigentliche Hofreligion ist die des Lama, welche auch von den Mandschuren oder Tataren allgemein angenommen ist. Alle diese Secten haben eine äusserst zahlreiche Priesterschaft, welche sich in Summa auf mehr als eine Million beläuft; sie leben meistentheils in Klöstern vereint, erkennen in diesen obere und untere Beamte, Bischöfe, einen Papst, und bilden eine eigene Hierarchie, welche von der Staatsregierung ganz getrennt scheint; sie führen ein müssiges Leben, und sind desshalb dort, wo Arbeiten eine Schande ist, sehr geehrt; doch haben sie fast gar keine Funktionen, die in das Leben eingreifen, werden weder bei der Geburt, noch bei der Namengebung eines Kindes, weder bei Ehen, noch bei Begräbnissen gebraucht. (Vergl. Kon-fu-tse, Lao-Kyun, Fo und Lama.)

Chione (Gr. M.), 1) Tochter des Boreas und der Orithyia (einer Tochter des Erechtheus und der Diogenia), Geliebte des Neptun und von ihm Mutter des Eumolpus. Um der Schande zu entgehen, warf Ch. das Kind in's Meer, doch Neptun rettete dasselbe, brachte es nach Aethiopien und gab es seiner Tochter Benthesicyme zur Erziehung. — 2) Ch., Tochter des Dädalion, welche zweien Göttern, dem Apollo und dem Mercur, zugleich Gehör gab, und von dem Erstern den Philammon, von Mercur aber den Autolycus gebar, welcher letztere sich seines Vaters durch ausgezeichnete Klugheit würdig zeigte. Ch., sich rühmend, dass sie schöner sei, als Diana, ward von dieser Göttin durch einen Pfeil getödtet.

Chios (Gr. M.), Sohn des Neptun und einer Nymphe, erhielt diesen Namen, weil bei seiner Geburt gerade Schnee (χιών) fiel. Nach ihm soll die gleichnamige Insel benannt sein. Auch wird eine gleichnamige Tochter des Oceanus angeführt, von welcher ebenfalls die Insel benannt sein soll.

Chipana (Rel. der Andesvölker), bei den Peruanern ein goldenes Medaillon, das die Inka's mit einem Armbande an das Handgelenk befestigten, nach dem Stande der Person verschieden. Der Oberpriester trug es am grössten, minder gross der König, noch kleiner die Feldherren etc. Da es inwendig ausgehöhlt und hell polirt war, so entzündete es Zunder, und mit diesem Feuer wurden am Sonnenfeste die Opfer angezündet, daher es für ein unglückbedeutendes Zeichen angesehen ward, wenn man sich hierzu, oder um Feuer im Tempel der heiligen Sonnenjungfrauen zu entzünden, des zusammengeriebenen trockenen Holzes bedienen musste, weil der Himmel etwa bedeckt war, und der kleine Brennspiegel, nicht so gross, wie die Handhöhlung, keine Kraft hatte; gewöhnlich versöhnte man die Götter durch Blumen- und Früchte-Opfer, und beging das sonst heitere Sonnenfest ernst und traurig.

Chiromantie, »Wahrsagekunst«, nach welcher man den Lebenslauf eines Menschen aus seiner Hand voraussagen kann. Spuren von diesem Aberglauben findet man schon bei den Griechen.

Chiron Fig. 75 (Gr. M.), der berühmteste, nach Homer der gerechteste unter den Centauren, auch vorzugsweise der Centaur genannt, Sohn des Saturn und der Philyra, einer Tochter des Oceanus. Um seinen Umgang mit Philyra seiner Gemahlin Rhea zu verbergen, hatte Saturn sich in ein Pferd verwandelt, wesshalb der Spross dieser Umarmung zur Hälfte die Gestalt eines Pferdes hatte. Diess ist jedoch erst spätere Vorstellung und Sage, bei Homer ist von der Rossgestalt der Centauren noch keine Rede. Ch. war mit Chariclo, der Tochter des Apollo oder des Titaniden Perses, vermählt, und hatte von derselben einen Sohn Carystus und zwei Töchter, Ocyrrhoë (nach Anderen Melanippe) und Endeïs, welche Gattin des Königs Aeacus wurde; auch die Nereïde Thetis, Peleus' Gemahlin, wird von Einigen für seine Tochter gehalten. Er wohnte auf dem an Heilkräutern reichen Berge Pelion in Thessalien, und es stammte hier das heilkundige Geschlecht der Chironiden von ihm ab. Er ist, von Apollo und Diana selbst unterrichtet, kundig der Jagd, der Heilkunde, der Musik, der Gymnastik, der Weissagung. Hierin unterrichtet er den Heldenknaben Achilles, wie uns Fig. 75 zeigt, ebenso den Jason, Aesculap, Actäon, Telamon, Peleus, Theseus, Medeus, Cephalus, Milanion, Nestor, Amphiaraus, Meleager, Hippolytus, Palamedes, Ulysses, Menestheus, Diomedes, Castor, Pollux, Machaon, Podalirius, Antilochus, Aeneas. Ausgezeichnet ist seine Fürsorge für Peleus, seinen Enkel von seiner Tochter Endeïs und ihrem Gemahl Aeacus: er rettet ihn aus den Händen der übrigen Centauren, die ihn ermorden wollen, verschafft ihm sein Schwert wieder, das ihm Acastus verborgen hatte, verhilft ihm zum Besitze seiner Gemahlin Thetis, und schenkt ihm auf der Hochzeit eine gewaltige eschene Lanze, die später Achilles führte. Die Argonauten besuchen ihn auf ihrer Fahrt und er begleitet sie mit seinen Segenswünschen. — Nach einem so thatenreichen Leben unterlag er dem Schicksal, welches ihm, dem Unsterblichen, den Tod bereitete. Bei dem Streit des Hercules mit den Centauren in der Höhle des Pholus ward Ch., der herbei kam, um Frieden zu stiften, zufällig durch einen vergifteten Pfeil verwundet. Die Schmerzen, welche er litt, bewogen ihn, Jupiter zu bitten, dass er ihn von der Unsterblichkeit befreien möge, welches geschah, indem Jupiter dieselbe an Prometheus übertrug.

Fig. 75.

Chitna-Rath (Ind. M.), Haupt und Anführer der Gandharvas oder Dewetas, einer zahlreichen Schaar guter Genien des niederen Himmels.

Chitone oder **Chitonia** (Gr. M.), Beiname der Diana, die als Jägerin mit dem aufgeschürzten Unterkleide (griechisch χιτών) dargestellt wurde: oder war sie nach dem attischen Flecken Chiton so genannt. Chitoneas hiess ein Fest, das ihr die Syracuser mit Tanz und Flötenspiel feierten.

Chiun (Pers. M.), der älteste Gott der Bewohner von Iran, wahrscheinlich ein Zeitgott und desshalb mit Saturn verglichen. In seinen Tempeln war sein Bild von schwarzem Stein aufgestellt, einen Mann mit Affenkopf und Eberschwanz darstellend; er trug in der Rechten ein Sieb, in der Linken eine Schlange, welche Attribute man für Symbole der Zeit hält. Er war ein Wohlthäter der Menschen, Erfinder von Wage, Mass und Gewicht, der Astronomie, der Mechanik, des Ackerbaues, und beschützte alle diejenigen, welche sich der Vervollkommnung dieser Zweige befleissigten. Er scheint in hohem Ansehen gestanden zu haben, denn selbst die Könige nahten sich seinem Tempel nur mit den Zeichen der tiefsten Demuth, schwarz gekleidet, die Hände auf der Brust und schweigend.

Chizonim, nennen die Juden die Geister, welche draussen sind, d. h. böse Geister, ausserhalb des Paradieses.

Chloë (Gr. M.), »die Grünende«, Beiname der Ceres in Athen, als Beschützerin der jungen Saat. Um das Ende unsers April wurde ihr das Fest Chloea mit einem Widderopfer und heiteren Spielen gefeiert.

Chloris (Gr. M.), 1) griechischer Name für Flora (s. d.). — 2) Ch., Tochter des Amphion, Königs von Orchomenus in Böotien, Sohnes des Iasus, Gemahlin des Neleus, Königs von Pylus, Mutter des Nestor und seiner Geschwister. — 3) Ch., Tochter des Amphion und der Niobe, die früher Meliböa hiess, mit ihrem Bruder Amyclas wegen ihres Gebetes zu Latona allein verschont blieb, als ihre Geschwister von Apollo und Diana getödtet wurden, aber vom Schrecken so bleich wurde, dass sie davon den Namen Ch., die Grüne, bekam. Sie baute mit ihrem Bruder den Tempel der Latona zu Argos, worin auch ihre eigene Bildsäule stand. — 4) Ch., Gattin des Ampycus, Mutter des Sehers Mopsus, welcher jedoch bei Anderen für einen Sohn des Apollo und der Himantis gilt. — 5) Ch., eine der Pieriden, welche sich mit den Musen in einen Wettstreit einliessen und darob in Elstern verwandelt wurden.

Chomschim bodhissadoa (Tübet. M.), der erhabenste, älteste Burchan, die erste der erschaffenen Gottheiten in der lamaischen Religion. Er ist derjenige, dessen beständige, nie aufhörende Verkörperung der Dalai Lama ist.

Choricus (Gr. M.), König von Arcadien, dessen Söhne Plexippus und Enatus durch Erfindung der Ringekunst sich berühmt machten. Palästra, ihre Schwester, verrieth die Kunstgriffe derselben an Mercur, welcher sie verbesserte und ihr den Namen der Geliebten gab. Die Brüder, erzürnt, dass Jemand ihnen die Erfindung genommen, beschlossen, sich zu rächen, und hieben dem Mercur, als sie ihn auf dem Berge Cyllene schlafend fanden, die Hände ab. Jupiter heilte den Gott, liess den Ch., der seinen Söhnen den Rath zu jener That gegeben hatte, zerfleischen, und verwandelte ihn in einen Schlauch.

Chorsi, Fig. 76 (Slav. M.), ein Götze, welchen die heidnischen Moskowiter noch im Laufe des neunten Jahrhunderts angebetet haben sollen; man weiss nicht, was er bedeutet, denn Alles, was auf uns gekommen ist, beschränkt sich auf seine missgestaltete Statue und auf seinen Namen. Fig. 76 zeigt denselben, im Ganzen einem Satyr nicht unähnlich, mit zur Hälfte menschlichem Körper, an den sich Bocks- oder Pferde-Füsse anschliessen; das Uebrige weicht jedoch von dieser Bildung ganz ab, denn er hat einen Hundekopf mit mehreren Hörnern, Klauen statt der Nägel an den Händen und trägt einen Scepter. Auf dem Steinquadrat, welches das Götzenbild trägt und welches sein Altar zu sein scheint, brennt das Opferfeuer.

Chriemhild (Altd. M.), eine der beiden weiblichen Hauptfiguren im Sagenkreise des Nibelungen-Liedes, die Gattin Siegfrieds und seine Rächerin nach dem schmählichen Morde des Helden durch Hagen. Sie vermählte sich, den verlorenen Geliebten nie vergessend, mit König Etzel, um Macht und Gelegenheit zur Rache zu gewinnen, welche ihr auch im vollen Masse ward.

Christäpfel, dürre Holzäpfel, die in der Christnacht gefunden werden sollen; ein Gegenstand des Aberglaubens und der Zauberkünste früherer Zeiten, besonders des Mittelalters.

Chromia (Gr. M.), Tochter des Itonus und der Nymphe Melanippe, nach Einigen Gemahlin des Endymion, mit welchem sie den Aetolus, Epeus und den Päon zeugte.

Chromius (Gr. M.), 1) Sohn des Pterelaus, welcher im Kampf gegen die Electryoniden blieb. Ch. 2—4, Trojaner, einer davon ein Sohn des Priamus. Diomedes riss ihn und seinen Bruder Echemmon vom Wagen, raubte ihnen die glänzende Rüstung und sandte die Rosse zu den Schiffen; der andere ward, nebst acht anderen Helden, von Teucer zu Boden gestreckt; der dritte, unter

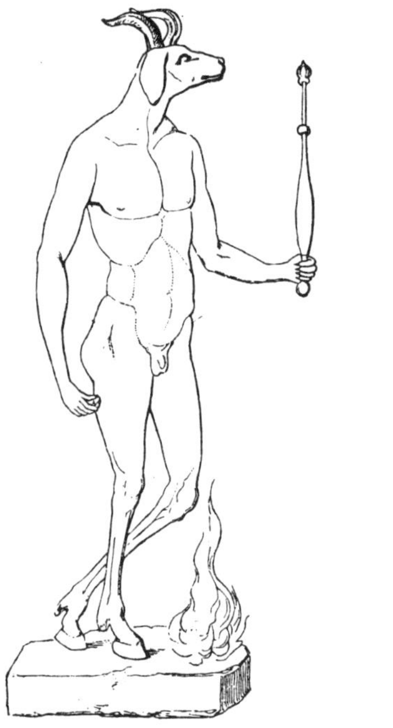

Fig. 76.

den Hülfsvölkern aus Lycien hergezogen, fiel nebst sechs Anderen von Ulysses' starkem Arm.

Chromis (Gr. M.). 1) Auf der Hochzeit des Perseus mit der Andromeda erregte der frühere Verlobte der Braut, Phineus, einen blutigen Streit, in welchem viele von seiner Partei, und auch Ch., das Leben verloren; dieser blieb, nachdem er dem Emathion den Kopf abgehauen, versteinert durch den Anblick des Medusenhauptes. — 2) Ch., ein Centaur, der auf des Pirithous Hochzeit von der Hand dieses Letztern blieb. — 3) Ch., ein junger Satyr, welcher den schlafenden Silen binden und zu Bacchus bringen half. — 4) Ch., ein Phrygier, der den Aeneas nach Italien begleitete und dort, nebst vielen Andern, vor der Heldenjungfrau Camilla erlag. — 5) Ch., Sohn des Midon, Königs von Mysien, welcher ihn als Befehlshaber eines Hülfsheeres nach Troja sandte, wo er sich bis zum Tode des Patroclus tapfer hielt: einer der schönsten Jünglinge; Homer nennt ihn oft »göttlicher Bildung«.

Chronophyle (Gr. M.), eine Nymphe, von Bacchus die Mutter des Philas, welcher unter den Argonauten sich als einen der rüstigsten Ruderer und Kämpfer bewährte.

Chrworsch (Slav. M.), ein Gott des verheerenden Sturmwindes, welchem die Slaven, besonders die Mähren, opferten, um sich vor seiner Macht zu schützen.

Chrysanthis (Gr. M.), eine Argiverin, die der Ceres auf ihrer Wanderung über den Raub der Proserpina Nachricht gab.

Chrysaor (Gr. M.) 1) Sohn des Neptun, von diesem, zugleich mit Pegasus (s. d.), aus dem Blute der Gorgone Medusa erweckt. Die Oceanide Callirrhoë ward seine Gattin und gebar ihm den Geryon, welcher von Hercules seiner schönen Rinderheerden beraubt wurde, und die Echidna, die zur Hälfte Jungfrau und zur Hälfte Schlange war. — 2) Ch., wegen der Bedeutung: »der mit Gold Bewaffnete«, Beiname verschiedener Gottheiten: der Ceres wegen ihrer goldenen Sichel; des Apollo und der Diana wegen ihrer goldenen Geschosse, wozu bei Apollo auch die goldene Leier und die goldenen Strahlen kommen.

Chrysaoreus (Gr. M.), Jupiters Beiname in Carien, unter welchem er in der Stadt Stratonicea verehrt wurde. Carien selbst soll Chrysaoris genannt worden sein.

Chryse (Gr. M.), Tochter des Halmus, Gründers des Fleckens Halmon in Böotien, und Schwester der Chrysogenia. Sie war eine Geliebte des Mars, und von diesem Mutter des Phlegyas, welcher den Tempel des Apollo anzündete, weil sich seine Tochter Coronis diesem Gotte ergeben hatte, wofür er in der Unterwelt gestraft wurde.

Chryseïs (Gr. M.). Astynome, Tochter des Chryses (s. d.), wurde so nach ihrem Vater genannt. Achilles hatte sie erbeutet und sie war dem Agamemnon als Beute-Antheil zugefallen. Der Vater kam, sie mit unendlicher Lösung heimzuholen, doch Agamemnon wies ihn ab; darauf entstand auf des Priesters Bitten eine Pest unter den Griechen, wodurch Agamemnon genöthigt ward, die Ch. mit reichen Geschenken zurückzusenden. Er nahm hierauf dem Achill die schöne Briseïs gewaltsam hinweg, worauf sich dieser von dem Kriege zurückzog.

Chryses (Gr. M.), Sohn des Ardys, zu Chryse in Mysien wohnend und dort auf einem Streifzuge von Achilles überfallen. — 2) Ch., Enkel des Vorigen, von dessen Tochter und Agamemnon, von ihr aber für einen Sohn des Apollo ausgegeben, der später Orest und Iphigenia, als sie von Tauris her zu ihm flüchteten, als seine Geschwister anerkannte und unterstützte. — 3) Ch., Sohn des Minos, Königs in Creta, und der Nymphe Paria, Bruder des Eurymedon, Nephalion und Philolaus. Sie wagten den Hercules auf der Insel Paros, wo sie wohnten, anzugreifen, mussten es jedoch alle mit dem Leben büssen. — 4) Ch., Sohn des Neptun und der Chrysogenia (einer Schwester der Chryse), hatte einen Sohn Minyas, welcher Orchomenus erbaute, und dem Volke der Minyer seinen Namen gab.

Chrysippus (Gr. M.), Sohn des Pelops, Königs von Elis und der Nymphe Axioche. Der aus Theben vertriebene Laius hielt sich bei seinem Vater auf, hatte ihm Unterricht im Wagenrennen zu geben, und verliebte sich dabei in ihn so, dass er ihn entführte. Ein Krieg verschaffte Pelops seinen Sohn wieder, doch die eifersüchtige Gattin des Königs, Hippodamia, veranlasste ihre beiden Söhne Atreus und Thyestes, ihn zu ermorden worauf sie die Flucht ergriffen.

Chrysogenia (Gr. M.), Tochter des Halmus, Erbauers von Halmon, welcher von Eteocles ein Stück Land zu Orchomenus erhalten hatte und dasselbe colonisirte. Ch. gebar von Neptun den Chrysus, den Vater des Minyas.

Chrysomallus (Gr. M.), Sohn des Neptun und der Theophane, der Tochter des Thraciers Bisaltis. Der Gott raubte sie, entführte sie nach der Insel Crinissa und verwandelte dort sie in ein Schaf und sich in einen Widder. So zeugte er mit ihr den Widder mit dem goldenen Vliesse, was der Name Ch. bedeutet. Nephele, des Königs Athamas erste Gattin, Mutter des Phrixus und der Helle, erhielt diesen goldenen Widder, um ihn ihren von der bösen Stiefmutter Ino verfolgten Kindern zu bringen, welche sich auch durch ihn retteten. S. Argonauten und Widder.

Chrysonoë (Gr. M.), Tochter des Clitus, Königs der Sithonier in Thracien, und der Pallene, ward mit Proteus, dem mächtigen Meergotte, vermählt, und eine Insel nach ihr benannt.

Chrysopelea (Gr. M.), eine schöne Dryade, welche Arcas, der Stammheld der Arcadier, Jupiters und der Callisto Sohn, weinend bei dem Baume traf, mit welchem ihr Leben zusammenhing. Dieser war dem Umstürzen nahe, indem ein wilder Waldbach an seinen Wurzeln nagte; Arcas leitete den Bach ab, befestigte den dem Fallen nahen Baum, und rettete so die Dryade, welche ihn dafür mit ihrer unverwelklichen Schönheit belohnte. Ihre Kinder hiessen: Azan, Aphidas und Elatus.

Chrysor (Phön. M.), ein Heros, welcher dem siebenten Geschlechte der phönicischen Gottheiten angehört. Er machte sich um die Bequemlichkeiten des menschlichen Lebens für ein rohes, ungebildetes Volk auf das Höchste verdient, indem er eine Menge wichtiger Erfindungen machte; man schreibt ihm den Kahn, den Köder, die Angel, die Steuerkunst, ja die Behandlung des Eisens durch das Feuer zu, — genug, um ihm göttliche Ehre zu erweisen, auch wenn er nicht zu alle dem noch Rede- und Wahrsage-Kunst gelehrt hätte. Als Gott legte man ihm den Namen Diamichios bei.

Chrysorrhapis (Gr. M.), »der Träger der goldenen Ruthe«; Beiname des Mercur von seinem Stabe.

Chrysorthe (Gr. M.), Tochter des sicyonischen Fürsten Orthopolis, Geliebte des Apollo, welche von ihm den Coronus empfing, der König von Sicyon wurde.

Chrysothemis (Gr. M.), 1) Geliebte des Apollo, welche von ihm eine Tochter empfing, die sehr früh starb, und desshalb von Apollo unter die Sterne versetzt ward, wo man sie in der Jungfrau zu sehen glaubt. — 2) Ch., Gattin des alten Königs Staphylus, und von ihm Mutter dreier Töchter: der Rhöo, einer Geliebten des Apollo, von dem sie den Anius gebar, der Molpadia und der Parthenos, welche Apollo zu Halbgöttinnen machte, und von denen Molpadia besonders im Chersonnes zu Castabus als Hemithea verehrt wurde. — 3) Ch., Schwester der Electra und des Orest; Agamemnon bot sie, oder eine andere seiner Töchter, Iphianassa oder Laodice, ohne Bräutigamsgabe dem Achilles an, wenn er sich mit ihm versöhnen wolle. — 4) Ch., Sohn des Carmanor (welcher den Apollo von dem Morde des Drachen Python reinigte). Ch. errang bei den pythischen Spielen zuerst den Preis wegen des Gesanges eines Hymnus auf Apollo.

Chthonia (Gr. M.), Tochter des argolischen Königs Colontas. Ihres Vaters ganzes Haus ging durch den Zorn der Ceres unter, welche ihn für die Verachtung, die er ihr bewies, als sie auf ihrer Wanderung bei ihm eintraf, durch Feuer strafte, worin er mit seinem Hause verbrannte; nur Ch., welche dem Vater gerathen, den Dienst der milden Göttin anzunehmen, blieb verschont, und ward von Ceres nach Hermione (am hermionischen Meerbusen, nahe bei Trözen) geführt, wo sie die erste Priesterin der Göttin ward. Hievon erhielt nun Ceres selbst den Beinamen Ch., (der ihr übrigens schon nach seiner Bedeutung, Erdgöttin, zukam), und das Fest, welches ihr zu Hermione gefeiert wurde, hiess ebenso. Ein sonderbarer Gebrauch bei demselben war, dass zuletzt eine Anzahl lebhafter, muthiger Rinder zum Opfern gebracht, und einzeln in den Tempel der Göttin, welchen Ch. ihr erbaut, geführt wurde; dort empfingen vier alte Weiber mit krummen Schlachtmessern das Thier und tödteten es, worauf ein zweites u. s. f. eingelassen und geschlachtet wurde. Das Bild der Göttin in diesem Tempel durfte von Niemand als von diesen vier Weibern gesehen werden. Man schreibt die Erbauung des Tempels auch einer andern Ch., der Tochter des Phoroneus, zu.

Chthonius (Gr. M.), »der Erdgeborne oder Einheimische«, oder »Unterirdische«. 1) einer der fünf Männer, die aus den Drachenzähnen erstanden, welche Cadmus gesäet, nachdem er das Ungeheuer, das den castalischen Quell bewachte, getödtet, und die desshalb Sparti, die Gesäeten, genannt wurden. Fünf von ihnen blieben übrig, als sie sich unter einander bekämpften, unter ihnen Ch. — 2) Ch., Sohn des Neptun und der Nymphe Syme, ging mit Triops und einer griechischen Colonie auf eine Insel, welcher er den Namen seiner Mutter gab. — 3) Ch., ein Centaur, von Nestor bei der Hochzeit des Pirithous erlegt. — 4) Ch., Beiname des Pluto und des Bacchus. Der Erstere hatte unter der Bezeichnung Jupiter Ch., d. h. unterirdischer Jupiter, einen Altar zu Athen; der Andere hiess so in gewissen Mysterien, wo man lehrte, dass der Gott von den Titanen zerstückelt und in Delphi begraben worden sei.

Chthonophyle (Gr. M.), 1) Tochter der Zeuxippe und des Sicyon, aus Athen gebürtig, königlichem Geblüt entsprossen, und Geliebte des Mercur, von ihm Mutter des Polybus — 2) Ch., Geliebte des Bacchus und von ihm Mutter des Argonauten Phlias.

Chubarag, in der lamaischen Religion Benennung der gesammten Geistlichkeit. Die lamaischen Priester der Mongolen heissen Gellongs.

Chubilgataë (Mong. Rel.), diejenigen Geister, welche vom Himmel kommen, um bei der Geburt eines Kindes von seinem Leibe Besitz zu nehmen, dasselbe also für dieses Erdenleben beseelen.

Chung-tien-cho (Chin. M.), das Geburtsland des Gottes Fo oder Fo-hi, wo die wahre Tugend und die reine Freude wohnt. Man glaubt, dass es das nördliche Indien oder Bengal sei.

Churmustu-Taëngri (Lam. M.), der grosse Schutzgeist der Erde, ein riesiger, himmlischer Geist, welcher auf dem mittelsten Kopfe des dreiköpfigen Elephanten, Gasar Sakikjin Kowen, reitet.

Chutriel (Hebräische M.). Name eines der Teufel, welcher dazu bestimmt ist, die zur Hölle Verdammten zu geisseln.

Chytra (Gr. Festbrauch), der dritte Tag der dem Bacchus heiligen Anthesterien bei den Athenern.

Cia-chy-sa-sgi (Lamaismus), eine von den 16 Regionen der Hölle, oder des Reiches der bösen Dämonen (das Reich heisst Gnielva). C. liegt in der Hälfte, in welcher die Verdammten durch Feuer gequält werden; hier ist der Fussboden mit glühendem Eisen getäfelt, und die Verdammten müssen mit blossen Füssen darauf stehen. Die andere Hälfte dieses Reiches ist eben so furchtbar durch ihre Kälte.

Cidaria (Gr. M.), Beiname der Ceres zu Pheneus in Arcadien, wahrscheinlich nach dem arcadischen Tanze Cidaris benannt.

Cihuacohuate, das Schlangenweib, die Mutter des Menschen-Geschlechtes, eine bei den Mexikanern hoch verehrte Gottheit.

Cilix (Gr. M.), Sohn des phönicischen Königs Agenor und der Telephassa. Jupiter raubte, in der Gestalt eines Stieres, seine Schwester Europa (s. d.), und brachte sie auf die Insel Creta. Der betrübte Vater sandte Gattin und Söhne aus, um sie zu suchen, und hiess dieselben nicht ohne Europa zurückkehren. Da alles Suchen vergeblich war, liess C. sich in Kleinasien nieder und nannte das Land nach sich Cilicien. Als des C. Kinder werden Thebe und Thasus genannt.

Cilla (Gr. M.), Schwester des Priamus, Tochter des Laomedon und der Placia oder der Leucippe, Geliebte des Thymötus, mit dem sie den Menippus zeugte. Mit diesem ihrem Sohne wurde sie auf Priamus' Befehl, in Folge einer unrichtigen Deutung eines Orakels, das den Paris, als künftigen Urheber des Untergangs Troja's zu tödten anrieth, getödtet.

Cillas (Gr. M.), Wagenführer des Pelops, Königs von Elis, Sohnes des Tantalus. Sein Grabmal wurde bei dem Tempel des cilläischen Apollo gezeigt.

Cillaeus (Gr. M.), Beiname des Apollo von der Stadt Cilla in Troas.

Cimoyok, Fig. 77 (Litth. M.), ein Feld- und Wald-Gott der ältesten Bewohner der Ostseeküsten. Man hielt ihn für

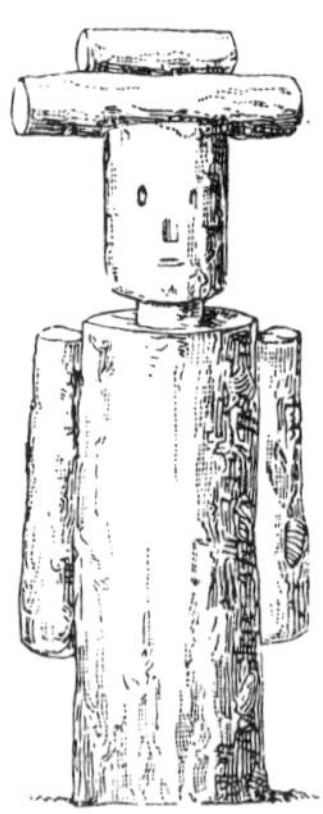

Fig. 77.

einen der weisen oder guten Götter und errichtete ihm Statuen, am häufigsten unter Hollunderbüschen, welche man für die Wohnung der guten Geister ansah. Die höchste Rohheit der Kunst, vielleicht eine Idee ihres Uranfangs, spricht sich in dem Bilde dieses Gottes aus; er ist ganz aus grösseren oder kleineren, an einander befestigten Stücken eines Baumstammes gemacht.

Cinxia (Röm. M.), »die Gürtel-Göttin«, römischer Beiname der Juno als Göttin der Ehe.

Cinyraden (Gr. M.), Priester der Venus auf der Insel Cyprus, Nachkommen des Cinyras (s. d.). Die Oberpriesterwürde war in diesem Stamme erblich.

Cinyras (Gr. M.), ein Heros der Insel Cypern, grosser Freund und Beförderer der Musik und daher ein Liebling, nach Andern gar ein Sohn des Apollo. Nach der gewöhnlichen Annahme ist sein Vater Sandacus, des Astynous Sohn, ein Einwanderer aus Syrien, und seine Mutter Pharnace, die Tochter des Megessares. C. war der erste Oberpriester der Venus zu Cyprus; er vereinigte diese Würde mit der königlichen. Hochgeehrt und von der Göttin selbst in allem begünstigt, war doch sein Loos ein sehr trauriges. Seine Tochter Myrrha hielt sich für schöner als Venus und zog besonders ihr reiches gelocktes Haar dem der Göttin vor, wofür diese sie in ihren eigenen Vater verliebt machte. Es erging ihr wie Loths Töchtern: der Vater machte die Entdeckung, verfolgte sie, die nach Arabien floh, bis die Götter sie aus Mitleid in einen Baum verwandelten, dessen Thränen das köstliche Myrrhenharz sind; der Rinde entsprang Adonis; der Vater aber stürzte sich in sein eigenes Schwert.

Cio Concioa (Lam. M.), die zweite Person der göttlichen Dreieinigkeit, welche die Lamaiten in aller Form anerkennen. Cio legte als Thier und Mensch ein volles Tausend verschiedener Wanderungen durch alle möglichen Körper zurück, bis er zu der höchsten Vollkommenheit gelangte; dieses geschah in dem fünften Zeitalter der sichtbaren Welt. Lhamoghiuprul (s. d.) hatte sich nach erhaltener Weihe und Durchsichtigkeit durch einen Lahen (seligen Geist) mit dem Könige Sazan vermählt. Den Leib dieser göttlichen Nymphe wählte C. C., um durch denselben geboren zu werden. Diess geschah durch ihre rechte Seite, ohne dass man eine Oeffnung bemerkte. Das neugeborne Kind machte sogleich sieben Sprünge gegen die vier verschiedenen Weltgegenden. Vier Sprünge waren gegen Westen gerichtet, daher es den Westen beglücken musste, welches auch sogleich von ihm ausgesprochen wurde. — Die Erde erbebte in freudigem Gefühl sechsmal und verneigte sich vor ihm, ein reines, glänzendes Licht umgab das Kind (das Xaka genannt wurde), erleuchtete den Aether, erleuchtete des Kindes Körper durch und durch, so dass derselbe strahlte wie die Sonne; die Lahen stiegen aus den Himmeln hernieder, beteten ihn an und brachten ihm wohlriechende Geschenke; ein lauwarmer Regen senkte sich aus den Wolken nieder und wusch den Knaben, worauf er dem Gotte Lhara geweiht wurde. Diess geschah in der Stadt Scherschiasgi, an den Ufern des Ganges, wo ein heiliger Einsiedler dem Knaben prophezeite, dass er ein frommes, die Welt beglückendes Leben führen werde. Xaka war durch die Engel des Himmels schon im Leibe seiner Gebärerin in Allem unterrichtet, Niemand war auf der Welt, der ihn noch hätte irgend etwas lehren können; er selbst aber unterrichtete viele Schüler in der göttlichen Weisheit, nahm zwei Frauen, Sazoma und Traziema, liess sich mit ihnen in einer Wüste nieder, versammelte dort viele Schüler um sich, theilte ihnen die Lehren der wahren Religion mit, besiegte durch seine ausserordentliche Frömmigkeit und seinen Verstand Tausende von Dämonen und deren Fürsten, so dass sie sich vom Bösen zum Guten kehrten, zeigte ihnen und den Menschen den Weg zum Himmel und bekehrte zahllose Völker zu seiner Lehre; auch die ganze Lama-Religion dankt ihm ihr Entstehen oder ihre jetzige Reinheit. — Nachdem er 800 Jahre gelebt, holten ihn die Lahen in den Himmel; auch seine beiden Frauen, so wie mehr als 500 seiner Sklavinnen hatten durch ihn Antheil an der Seligkeit; die anderen kamen in den um eine Stufe niedrigern Himmel. Als er die Erde verlassen hatte, erbebte dieselbe vor Angst, und eine schreckliche, drei Tage lang dauernde Sonnenfinsterniss verhüllte die ganze Welt in Nacht.

Circe Fig. 78 (Gr. M.), Tochter des Sonnengottes und der Perse, Schwester des colchischen Königs Aeetes, grosse Zauberin. Ihr Vater führte sie auf seinem Sonnenwagen aus Colchis nach Westen und setzte sie auf einer Insel in der Nähe von Italien aus, welche die Zauberin

Fig. 78.

bald in den entzückendsten Aufenthalt verwandelte. Dort in einem anmuthigen Thale wohnte sie, in einem von Gold und Juwelen schimmernden Palaste, Löwen und Wölfe hatte sie gezähmt und zu Wächtern ihrer Wohnung bestellt, goldlockige Nymphen, Göttinnen wie sie, waren ihre Dienerinnen. Als Ulysses auf seinen Irrfahrten zu ihr kam, sandte er einen Theil seiner Mannschaft ab, um das Innere der Insel zu erforschen. Eurylochus, der Anführer derselben, hielt sich fein in der Ferne; da seine Freunde von der Göttin in ihren Palast geladen wurden, so entging er der Gefahr, wie diese nach vollbrachtem Mahl in ein Schwein verwandelt und mit Eicheln gefüttert zu werden. Ulysses ging nun allein zu der gefährlichen Zauberin; Mercur aber hatte ihm ein Kraut gegeben, Moly genannt, welches ihn gegen Bezauberung fest machte. — Das Staunen, welches C. ergriff, da ihr Zaubertrank auf den Helden keine Wirkung äusserte, machte, dass sie sich ihm unterwarf; sie schwur, ihm und seinen Freunden kein Leid zuzufügen, die Verwandelten zu befreien, und theilte dann ihr Reich und ihre Liebe mit ihm; ein Jahr lang lebte er dort, und der Gattin Schooss ward von mehreren Kindern gesegnet; man nennt als solche: Agrius, Latinus, Telegonus und Cassiphone. Jetzt zog den Helden die Sehnsucht nach der Heimath, doch zuvor sandte C. ihn zum Hades, um den Schatten des Tiresias um Rath zu fragen. Ulysses reiste dahin, kehrte wieder zurück und erhielt nun von der Geliebten allen Vorschub zur Fortsetzung seiner Reise. Während Ulysses bei ihr war, kam der König der Daunier, Calchus, dem sie früher ihre Neigung geschenkt, auf die Insel der Zauberin, wurde nun aber abgewiesen und in ein Schwein verwandelt, und nur den flehentlichen Bitten der Daunier gelang es, seine Befreiung zu erwirken, doch musste er geloben nie wieder zu kehren. — Telemachus kam, den Vater suchend, zu ihr und soll sich mit ihrer Tochter Cassiphone vermählt, dann aber mit C. entzweit und sie getödtet haben, und desshalb durch seine über den Mord ihrer Mutter entsetzte Gattin umgebracht worden sein. — Diodor erzählt: Helios hatte zwei Söhne, Aeetes und Perses, Könige in Colchis und Taurica, beide sehr grausam. Hecate, die Tochter des Perses, übertraf den Vater noch an Frechheit und Bosheit. — Sie vermählte sich mit Aeetes und gebar ihm zwei Töchter, C. und Medea, und einen Sohn, Aegialeus. C. beschäftigte sich mit der Erfindung von mancherlei Giften; Manches lernte sie von ihrer Mutter Hecate, noch viel mehr aber verdankte sie ihrem eigenen Scharfsinn, ja sie brachte die Kunst, Gifte zu mischen, so weit, dass sie nicht ferner vervollkommnet werden konnte. Der König der Scythen oder Sarmaten erhielt sie zur Ehe, das Erste aber, was sie that, war, dass sie ihren Gemahl vergiftete, die Regierung an sich riss und ihre Unterthanen auf das Grausamste ihre Gewaltthätigkeit fühlen liess. Sie ward vom Thron gestossen und floh nach einigen Nachrichten über den Oceanus und liess sich mit den Weibern, welche sie auf ihrer Flucht begleiteten, auf einer unbewohnten Insel, die sie entdeckte, nieder; andere Geschichtschreiber erzählen, sie habe, nachdem sie den Pontus verlassen, ein Vorgebirge in Italien zu ihrem Wohnsitz erwählt, das noch jetzt von ihr den Namen Circeji führt. — Einen Theil des Mythus von C. und Ulysses sehen wir dargestellt in Fig. 78, nach einem antiken Basrelief. Unten sieht man Ulysses aus seinem Schiffe gestiegen, wie er von Mercur das Kraut Moly empfängt; in der zweiten Handlung bedroht Ulysses C. mit dem Tode, in der dritten entlässt C. die Verwandelten aus dem Stalle, um sie wieder zu Menschen zu machen.

Ciris (Gr. M.), ein Fisch (oder ein Vogel), in welchen Scylla, die Tochter des Königs Nisus von Megara, zur Strafe verwandelt wurde, weil sie ihren Vater verrathen hatte.

Cirrha (Gr. M.), eine Nymphe, welche mit ihrem Geliebten, der Diana entfliehend, nach Phocis ging und dort der neuerbauten Stadt C. ihren Namen gab.

Cirrhaeus (Gr. M.), Beiname des Apollo, den derselbe von der Stadt Cirrha erhielt.

Cisara, Cisa, auch **Ciris** (M. der Wenden und Slaven), eine Göttin der fruchtbaren Erde, welche man mit Ceres identisch glaubt, soll von den Rhätiern, Vindeliciern, Sorben, auch in der Lausitz und in Sachsen verehrt, und die Stadt Zeitz nach ihr benannt worden sein. In der Gegend von Augsburg soll sie einen heiligen Hain gehabt haben; dort auch wurden ihr Feste gefeiert und Opfer gebracht, welche in Getreide bestanden. Der Name dieser Mutter aller Wesen, dieser Ernährerin, kommt von dem slavischen Ziza, die Brust.

Cissa (Gr. M.), eine der Pieriden (s. d.), welche um eines Wettstreits willen von den Musen in Elstern verwandelt wurden.

Cissaea (Gr. M.), Beiname der Minerva zu Epidaurus.

Cisseïs (Gr. M.), eine von den Nymphen, denen Mercur den jungen Bacchus zur Erziehung brachte, und welche dann von dem Gotte unter die Sterne versetzt wurden, wo sie als Hyaden im Stier zu sehen sind.

Cisseus (Gr. M.), 1) ein thracischer König, Vater der Hecuba (s. d.) und Erzieher seines Enkels Iphidamas, eines Sohnes des Antenor, dem er seine jüngste Tochter Theano zur Gattin gegeben hatte, sandte bei dem Rufe der Griechen seinen Pflegling mit zwölf Schiffen den Trojern zu Hülfe. — 2) C., Sohn des Melampus, der den Hercules auf allen seinen Zügen begleitete, endlich aber von ihm in Italien zurückgelassen ward; dort befand er sich mit seinem Bruder Gyas unter dem Heere des Turnus, und erschlug mit eiserner Keule dem Aeneas viel Volk, bis dieser ihn selbst sammt dem Bruder durchbohrte.

Cisus (Gr. M.), Sohn des ersten Heraclidenkönigs von Argos, Temenus. Er und seine drei Brüder werden die Temeniden genannt; sie machten sich auf traurige Weise bekannt, indem sie ihren Vater, von welchem sie sich zurückgesetzt glaubten, umbrachten. Sie wurden vertrieben, später aber ward C. an seines Vaters Stelle König.

Cisthene (Gr. M.). Die Gefilde von C. sind bei Aeschylus Wohnsitze der Gräen und Gorgonen im äussersten Westen.

Cistophoren (Gr. M.), Personen, welche die heiligen Behältnisse oder Kisten trugen, welche während der Bacchus- und Ceresfeste eine wichtige Rolle spielten. Bei den Dionysien enthielten sie die durch Schlangen bewachten Geheimnisse des Gottes, bei den Eleusinien aber die verhängnissvollen Granatäpfel, von denen Proserpina gekostet.

Cithaeron (Gr. M.), einer der ältesten Könige in Böotien, dessen Andenken in dem Berge seines Namens verewigt ist. Er stiftete die beiden Feste, welche Dädala hiessen, und wovon die kleineren alle sieben, die grösseren alle sechzig Jahre wiederkehrten. Diese Bilderfeste dankten ihren Ursprung einer Fabel, nach welcher Juno, erzürnt über ihren Gatten, denselben floh und sich auf keine Weise gewinnen lassen wollte; da gab C. dem Jupiter den Rath, er möchte ein hölzernes Schnitzbild (Dädalon), mit Kleidern geschmückt, neben sich auf den Wagen stellen und sagen, diess sei Platäa, des Asopus Tochter, welche er sich zur Gemahlin erwählt. Die List glückte, denn die eifersüchtige Juno kam herbei und war im Begriff, die Nebenbuhlerin zu misshandeln, als sie lachend ihren Irrthum bemerkte und sich mit Jupiter versöhnte.

Cithaeronia (Gr. M.), Beiname der Juno, von dem Berge Cithäron, auf welchem ihr das Fest Dädala gefeiert wurde.

Cithaeronische Nymphen (Gr. M.). die Nymphen, welche auf dem Berge Cithäron in Böotien wohnten und weissagten.

Cithaeronischer Loewe (Gr. M.), ein ungeheurer Löwe, der am Berge Cithäron hauste und viele der ersten Helden Griechenlands, die ihn zu bekämpfen kamen, zerriss. Endlich setzte König Megareus die Hand seiner Tochter und die Hälfte des Reiches demjenigen als Preis aus, der den Löwen bezwingen würde. Alcathous war der Glückliche, dem es gelang, diesen Preis zu erringen. Er erbauete zum Dank dem Apollo und der Diana dort prächtige Tempel.

Cithaeronius (Gr. M.), Beiname Jupiters, von dem Berge Cithäron.

Citlalicue (Mex. M.), eine Göttin, der die Bewachung der Welt zugeschrieben wird; namentlich aber soll sie den Frauen sehr günstig gewesen sein, und alle ihre Wünsche erfüllt haben.

Citlallatonak (Mex. M.), ein alter, mächtiger Gott der Andesvölker, Gemahl der Citlalicue (s. d.). Eine prächtige Stadt des Himmels war Beider Residenz, in welcher sie höchst glückselig lebten, und zugleich ein wachsames Auge über die Menschen und die Welt hatten. Sie zeugten viele Kinder, und zuletzt ein steinernes Messer, das 1600 Helden hervorbrachte, die im vierten Weltalter eine Menge der grössten Heldenthaten verrichteten, Menschen und Sonne und Mond schufen, dann aber durch ihre eigene Kraft den Untergang fanden.

Citraga (Ind. Rel.), ein religiöses, hieroglyphisches Zeichen, mit rothem Sandelholz, oder Asche von Kuhmist, oder heiliger Erde auf Brust und Stirne gemalt, um dadurch die religiöse oder philosophische Secte anzudeuten, zu der man sich bekennt. An dem Stoff dieser Farbe erkennt man den Gott, den man verehrt. Das Malen selbst ist eine Ceremonie, welche jeden Tag nach den gewöhnlichen Abwaschungen unter Hersagung eigener Gebetformeln vorgenommen wird.

Citu (Rel. der Andesvölker), Fest der Reinigung bei den Peruanern. Man bereitete sich besonders auf dasselbe vor durch 24stündiges Fasten und durch ein Bad, in welchem man mit einem besondern Teige abgerieben wurde; mit dem nämlichen Teige wurden auch die Thürpfosten der Wohnung (von den Priestern die des Tempels) bestrichen. Bei diesem Feste wurden von dem Inka vier Diener der Sonne geheiligt, die dadurch besondere Heilkraft erlangen sollten.

Cius (Gr. M.), Freund des Hercules, und dessen Gefährte auf dem Argonautenzuge. Nachdem Hylas (s. d.) von den Nymphen geraubt worden, versuchte C., ihn über den Verlust des Geliebten zu trösten. Nach seiner Rückkehr von dem Zuge führte er eine Colonie nach Mysien und erbauete daselbst die Stadt, welche seinen Namen trug.

Claea (Gr. M.), eine in Laconien, auf dem Berge Calathion verehrte Bergnymphe.

Claametis (Gr. M.), Tochter des Königs Thespius, welche dem Hercules den Astybies gebar.

Clanis (Gr. M.), 1) Gefährte des Phineus, welcher mit diesem den Perseus bei seiner Vermählung mit Andromeda überfiel, und von Perseus erschlagen wurde. — 2) C., ein Centaur, der auf der Hochzeit des Pirithous von der Hand des Peleus starb.

Clarius (Gr. M.), »der Loosende«, Beiname des Jupiter und Apollo. Ersterer ward so genannt, weil unter seinem Schutz die Söhne des Lycaon um das väterliche Erbe geloost haben sollen; Apoll aber hiess so von der Stadt Clarus in Kleinasien, wo er einen prächtigen Tempel und ein berühmtes Orakel hatte. Eine nahe bei dem Tempel entspringende Quelle begeisterte die Priester so, dass sie die Orakel in Versen ertheilten, ja welche geben konnten, wenn ihnen nur der Name des Fragenden genannt wurde; ihre begeisternde Kraft kürzte jedoch immer das Leben dieser Priester ab. Manto (s. d.) stiftete dem Gotte zu Liebe den herrlichen Bau, wozu ihr Gatte Rhacius, ein reicher Bürger von Creta, das Geld hergab.

Clausura nigromantica, eine Art von Nigromantie, nach welcher sowohl etwas Widernatürliches in den menschlichen Körper, ohne äussere Verletzung, gebracht werden, als auch aus demselben geholt werden kann.

Clausus (Röm. M.), ein alter Heros der Sabiner, welcher ein Heer gegen Aeneas führte, und, wie Virgil sagt, selbst ein Heer zu nennen war. — Er führte auch an achtzehn kleine Völkerschaften zum Heere des Turnus.

Claviger (Gr. u. röm. M.), »der Keulenträger«, 1) Beiname des Hercules. Er soll seine Keule von einem wilden Oelbaum am saronischen Meerbusen, nach Anderen im nemeischen Walde, zum Kampf gegen den gewaltigen Löwen, welcher dort hauste, genommen haben. Nachdem er seine Thaten vollbracht, weihte er dieselbe dem Mercurius Polygius zu Trözen; er grub sie neben der Bildsäule desselben in die Erde; sie schlug dort Wurzeln und gab einen grossen, schatten- und fruchtreichen Baum, der noch zu Pausanias' Zeiten zu sehen war. — 2) C., in demselben Sinne Beiname des Räubers Polyphetes zu Epidaurus, Sohns des Vulcan und der Anticlea, den Theseus erlegte. — 3) C., »Schlüsselträger«, von Clavis, der Schlüssel; Beiname des Janus, als Gottes der Thüren.

Cleia (Gr. M.), eine Atlantide und Schwester des Hyas, über dessen Verlust, da er von einem wilden Eber zerrissen ward, sich alle seine Schwestern so grämten, dass sie die Götter aus Mitleid in Sterne (Hyaden) verwandelten; sie weinen noch immer um den geliebten Bruder, daher das Erscheinen dieses Gestirnes Regen bringen soll.

Cleïs (Gr. M.), eine der Nymphen, bei denen Bacchus seine Knabenzeit zubrachte; Mercur hatte auf des Vaters Befehl denselben nach Nysa zu den lieblichen Göttinnen gebracht, welche seine Erzieherinnen wurden, und welche er dann unter die Sterne versetzte.

Clementia (Röm. M.), »die Gnade«, eine allegorische Gottheit, welche besonders zu jener Zeit verehrt wurde, als Rom in die tiefste Knechtschaft unter seine Soldaten-Kaiser versank, wo man nicht selten Göttinnen der Gnade mit dem Namen des Kaisers creirte, wie Clementia Heliogabali etc.

Cleoboea (Gr. M.), Mutter der Eurythemis, welche, mit dem Aetolier Thestius vermählt, demselben die Althäa, die Leda und die Hypermnestra, den Iphiclus, den Euippus, den Eurypylus und den Plexippus gebar.

Cleobule (Gr. M.), 1) Tochter des Königs Aeolus und Geliebte des Mercur, von welchem sie Mutter des Myrtilus wurde, des Wagenlenkers des Königs Oenomaus, der dem Pelops zum Siege verhalf, unter der Bedingung, dass er zuerst sich der schönen Hippodamia erfreuen solle. — 2) C., Geliebte des Apollo, von welchem sie

Mutter des Euripides wurde. — 3) C., Gattin des Königs Aleus zu Tegea in Arcadien (diese wird von Anderen Neära, des Pereus Tochter, genannt), dem sie den Cepheus und den Amphidamas (beide Argonauten) gebar — 4) C., Gattin des Alector, dem sie einen Sohn, Leitus, schenkte, der zuerst die Argonautenfahrt und dann den trojanischen Krieg mitmachte, bei welchem er nebst dem Peneleus und dreien anderen Helden die Böotier anführte.

Cleocharia (Gr. M.), Gattin des lacedämonischen Heros und ersten Königs, Lelex, eine Nymphe, welche, durch seine Schönheit bewogen, ihren Wäldern Lebewohl sagte, um eines Menschen Frau zu werden. Man nennt drei Söhne dieses Paares: Eurotas, Polycaon und Myles.

Cleochus (Gr. M.), Vater der Area, und durch sie (von Apollo) Grossvater des berühmten Miletus, des Lieblings des Minos und Sarpedon.

Cleodaeus (Gr. M.), Sohn des Hyllus, eines Sohnes des Hercules; er fiel im Kampfe gegen die Pelopiden.

Cleodora (Gr. M.), eine Nymphe, welche von Neptun oder dem Cleopompus Mutter des alten Heros und Wahrsagers Parnassus geworden sein soll. Von ihm erhielt der bekannte Berg den Namen.

Cleodoxa (Gr. M.), Tochter der Niobe und des Amphion, ward mit ihren Schwestern von Diana erschossen.

Cleola (Gr. M.), Tochter des attischen Heros Dias, soll die Gemahlin des Atreus gewesen sein, und ihm den Plisthenes geboren haben.

Cleolaus (Gr. M.), Sohn des Hercules von der Thespiade Argela.

Cleomedes (Gr. M.), ein berühmter Ringkämpfer, aus Astypaläa gebürtig, hatte dem Apollo einen weissen Stier zu opfern versprochen, wenn er ihm den Sieg in den olympischen Spielen schenken würde; dieses geschah, allein er tödtete dabei einen andern Athleten, Iccus, wesshalb ihm der Siegerpreis entzogen wurde. C., darüber wahnsinnig, verliess den Kampfplatz und eilte heim; hier ergriff er in der Raserei die Säulen des Gymnasiums, in welchem er die Kunst zu ringen gelernt, stürzte sie zusammen, und begrub sechzig Jünglinge unter den Trümmern. Er suchte im Tempel der Minerva ein Asyl, doch als man ihn auch dort verfolgte und den Kasten, in welchem er sich verborgen, öffnete, war er verschwunden, und die Priester erklärten, er sei — der letzte Halbgott Griechenlands — lebendig in den Himmel aufgenommen.

Cleone (Gr. M.), Tochter des Asopus (s. d.) und der Metope (Tochter des Flusses Ladon), hatte neun Schwestern und zwei Brüder. Sie begab sich in den Peloponnes, wo ihr ein Hain geweihet und sie als Göttin verehrt ward; auch errichtete man ihr zu Ehren einen Tempel, an welchen sich bald die Stadt Cleonä schloss, welche ihren Namen trug.

Cleones (Gr. M.), Sohn des Pelops und der Hippodamia; Pausanias lässt es zweifelhaft, ob nach ihm oder Cleone (s. d.) die Stadt Cleonä genannt worden sei.

Cleopatra (Gr. M.), 1) Tochter des Tros, ältesten Königs von Troja, von seiner Gattin Callirrhoë, Tochter des phrygischen Flussgottes Scamander. — C., 2) u. 3) gehören als Töchter zweier verschiedener Frauen dem Danaus an: die eine war dem Hermus, die andere dem Agenor zugetheilt. Beide ermordeten ihre Verlobten in der Hochzeitnacht. — 4) C., Tochter des Boreas und der von ihm entführten Orithyia, war mit Phineus vermählt und gebar ihm zwei Söhne, Plexippus und Pandion. Als die Argonauten auf dem Gebiet des Phineus landeten, fanden sie zwei Jünglinge, welche zur Hälfte in die Erde eingegraben waren und beständig mit Geisseln geschlagen wurden: diess waren die Söhne der C.; durch freche Verläumdungen ihrer Stiefmutter betrogen, liess der Vater sie jene Strafe leiden, indem er glaubte, sie haben aus Rache für die Entfernung ihrer Mutter der Idäa, seiner zweiten Gattin, Gewalt anthun wollen. — 5) C., Tochter des Idas, der dem Apollo die Marpessa entführte, und mit dieser die genannte Tochter erzeugte, welche von der Mutter, die über den Verlust des Gottes stets in Bekümmerniss war, Alcione genannt wurde. C. ward die Gattin des Meleager und weinte sich über seinen Verlust zu Tode.

Cleophile (Gr. M.), eine arcadische Nymphe, Gattin des Lycurgus, der den Keulenschwinger Areïthous tödtete. Ihre Söhne waren: Amphidamas, Epochus, Ancäus, Iasus und nach Einigen auch Cepheus.

Cleopompus (Gr. M.), der Geliebte der Cleodora, welcher mit Neptun zugleich für den Vater des Heros und Wahrsagers Parnassus gehalten wird.

Cleostratus (Gr. M.), ein junger Thespier, welcher auf Befehl des Orakels durch das Loos erwählt worden war, einem Drachen, der die Gegend von Thespiä verwüstete, vorgeworfen zu werden. Menestratus, sein Gastfreund, suchte ihn zu retten, welches dadurch gelang, dass er ihn in einen Panzer kleidete, der ganz mit Widerhaken besetzt war. Als das Unthier den Geopferten verschlang, starb es daran.

Clepsydra (Gr. M.), der Quell, in welchem Jupiter Ithomatas von Neda und Ithome gebadet wurde; aus diesem ward auch täglich Wasser in des Gottes Tempel getragen.

Cleta (Gr. M.), eine der beiden älteren Grazien, welche die Griechen Anfangs allein kannten; die andere heisst Phaënna.

Fig. 79.

Cliduchus (Gr. M.), »der Schlüsselträger«, Beiname mehrerer Gottheiten: des Pluto, des Amor, der Io, in Rom des Janus (»Claviger«), welche besondere Macht und Erhabenheit hatten, da die Schlüssel das Symbol der Herrschaft sind.

Clinis (Gr. M.), ein reicher Babylonier, welcher, des Apollo Dienst zu lernen, zu den Hyperboreern ging, dort jedoch dem Opfer nicht mehr anwohnen wollte, als man demselben Esel schlachtete. Apollo nöthigte ihn dazu, ihm gestattend, dass er daheim auf seine gewohnte Weise ihm diene. C. war mit Harpe vermählt, und ihre Kinder waren Harpasus, Lycius, Ortygius und Artemiche. Die Ersteren von diesen Vier wollten daheim nun auch dem Apollo Esel opfern, worauf dieser sie rasend machte und sammt Latona, Diana und Neptun Alle in Vögel verwandelte.

Clio Fig. 79 (Gr. M.), 1) die Muse der Geschichte, Tochter des Jupiter und der Mnemosyne, von Pierus Mutter des Hyacinthus. Unser Bild zeigt sie nach einem alten Gemälde gezeichnet; sie sitzt auf einem antiken Sessel, das Haupt mit Lorbeeren gekrönt, im schönen faltenreichen Gewande; zu ihren Füssen steht eine geöffnete Büchse mit Bücherrollen, und eine solche in ihrer Linken führt die Aufschrift: *ΚΛΕΙΩ ΙΣΤΟΡΙΑΝ*. — 2) C., eine der Oceaniden, welche im grünen Palast um Cyrene beschäftigt waren, als Aristäus (dem Hunger die Bienen getödtet hatte) seine Mutter anrief.

Clite (Gr. M.), Tochter des Merops, vermählt mit Cyzicus, dem König der Dolionen in Propontis. Die Argonauten landeten dort, wurden für Feinde angesehen und der König durch Jason unvorsätzlich getödtet. Obschon nun alle Abenteurer, welche diesen Fall von sehr übler Vorbedeutung fanden, sich die Haare abschnitten und ihm prächtige Leichenspiele anstellten, konnte diess doch den Gram der treuen Gattin so wenig mildern, dass sie sich erhängte.

Clitor (Gr. M.), Sohn des bösen Königs Lycaon, welchen Jupiter mit seinen Blitzen erschlug, als er den Vater in einen Wolf verwandelte.

Clitumnus (Röm. M.), ein Flussgott in Umbrien, dessen Quelle und ganzes Gebiet für so heilig gehalten wurde, dass man vorzugsweise aus dieser Gegend die Opferthiere wählte, auch glaubte, wenn tragendes Vieh aus seinem Flusse getränkt werde, weisse Junge zu erzielen. — Er hatte einen uralten, hoch geheiligten Tempel bei Spoleto, doch scheint die darin befindliche Bildsäule neu gewesen zu sein, indem sie ein römisches, mit Purpur verbrämtes Gewand trug, welches nicht der ältesten Zeit angehört.

Clitus (Gr. M.), 1) Sohn des Mantius, war so schön, dass Aurora ihn raubte, um sich seiner Liebe zu freuen, — 2) C., ein Bewerber um die Hand der schönen Pallene, der Tochter des Sithon, Königs in Macedonien, und der Nymphe Mendeïs. Die Bewerber um seine Tochter mussten mit ihm um dieselbe ringen, wobei mehrere das Leben einbüssten, bis endlich nur noch zwei, C. und Dryas, übrig waren; diese sollten nun mit einander auf ihren Streitwagen kämpfen, und die junge Fürstin dem Sieger zu Theil werden. Pallene liebte den Clitus, und bestach daher den Wagenlenker des Dryas, dass er Nägel von schwarzem Wachs in die Achsen steckte, wodurch die Räder von denselben liefen, Dryas niederstürzte und von C. getödtet wurde. Der Vater, welcher die Ursache des Sieges erfuhr, wollte die Tochter und ihren Geliebten auf dem Scheiterhaufen des Dryas verbrennen lassen, doch Venus schickte einen heftigen Platzregen, welcher das schon angezündete Feuer löschte, und entführte dann die Liebenden. — 3) C., ein Trojaner, »der blühende Sohn Pisenors«, wie ihn Homer nennt. Bei dem Streitwagen seines Freundes Polydamas beschäftigt, ereilte ihn der Tod, indem Teucer ihn mit einem Pfeil erschoss.

Cloanthus (Gr. M.), Befehlshaber eines der Schiffe, welche mit Aeneas Troja verliessen; er zeichnete sich bei den in Sicilien angestellten Schiffsspielen so aus, dass er den Preis erhielt. Aeneas liess ihn als Sieger verkünden, und krönte ihm die Schläfe mit einem grünen Lorbeerkranz; auch seinem Schiffsvolk wurden drei Stiere und ein Silbertalent geschenkt.

Clodones (Gr. M.), Name der Bacchantinnen in Macedonien.

Clonia (Gr. M.), eine Nymphe, Geliebte des Hyrieus, Königs von Hyria, empfing von ihm ihre beiden in der Geschichte von Theben berüchtigten Söhne Nycteus und Lycus (der erstere ward des jungen verwaisten Königs von Theben, Labdacus, der andere des Sohnes desselben, Laius, Vormund).

Clonius (Gr. M.), Sohn des böotischen Königs Alegenor, ging als einer der fünf Heerführer der Böotier mit zwölf Meerschiffen vor Troja, und blieb kurz vor dem Kampf bei der Flotte der Achäer von der Hand des Trojaners Agenor.

Cloto, siehe Parcen.

Cluacina (Röm. M.), »die Reinigerin, Versöhnerin«, Beiname der Venus im alten Rom, unter welchem sie einen Tempel an der Stelle hatte, an welcher, nach dem Gefecht um die geraubten Sabinerinnen, die feindlichen Völkerschaften sich aussöhnten, indem die Weiber-Räuber sich mit Myrthenzweigen, der Venus heilig, reinigten.

Clusius (Röm. M.), »Schliesser«, ward Janus zubenannt als Wächter der Himmelspforten, wie auch der irdischen Thüren.

Clymene (Gr. M.), 1) die Oceanide, welche als Iapetus' Gemahlin Mutter des Prometheus, des Atlas und des Epimetheus wurde. — 2) C., Tochter des Königs Catreus von Creta, mit ihrer Schwester Aërope in Folge eines Orakelspruches aus dem Vaterhause verstossen und einem Seefahrer, Nauplius, übergeben, damit derselbe sie in ein fernes Land führe. Nauplius, statt sie zu verkaufen, behielt C. für sich, und erzeugte mit ihr den Palamedes, der vor Troja von Ulysses ermordet wurde, und den Oeax. — 3) C., Tochter des Minyas, vermählt mit dem arcadischen König Iasus, dem sie die Atalante (s. d.) gebar, welche an der Jagd auf den calydonischen Eber Theil nahm. — 4) C., Schwester der eben genannten, häufig mit dieser verwechselt; ihr Gatte war einer der Argonauten, der schnellfüssige Phylacus; ihr Sohn hiess Iphiclus. — 5) C., Gattin des Aethiopen-Königs Merops und Geliebte des Sonnengottes, dem sie den Phaëthon gebar, welcher sich, um seine göttliche Abkunft zu beweisen, von seinem Vater die Erlaubniss erbat, auf einen Tag den Sonnenwagen lenken zu dürfen. — 6) C., eine Dienerin der Helena, war die Unterhändlerin bei Paris' Liebesangelegenheit und begleitete auch ihre Herrin nach Troja, von wo sie erst nach Zerstörung der Stadt, als Sklavin des Sohnes von Theseus, des jungen Acamas, zurückkehrte; seinem Bruder Demophoon fiel die andere Begleiterin der Helena, Aethra, zu.

Clymenus (Gr. M.), 1) König von Orchomenus, Sohn des Presbon, Enkel des Phrixus; seine Mutter hiess Buzyge und war eine Tochter des Lycus. Der Wagenführer des Thebaners Menöceus, Perieres, verwundete ihn bei einem Wettrennen mit einem Stein, so dass er an der Verwundung starb, welchen Mord sein Sohn Erginus durch Krieg und einen Tribut von hundert Stieren jährlich, zu welchem er die Thebaner zwang, zu rächen wusste. — 2) C., Sohn des Sonnengottes, von einer Nymphe Merope; nach Andern war diese nicht des C. Mutter, sondern seine Gattin und Beider Sohn hiess Phaëthon. — 3) C., Sohn des Cäneus oder Schöneus, Königs von Arcadien, dem er in seinem Reiche folgte. Er vermählte sich mit Epicaste, welche ihm den Idas, den Theragrus und die Harpalice gebar. Der Sohn des Neleus und der Chloris, Alastor, bewarb sich um das schöne Mädchen, welches ihm auch zugesagt wurde; doch Clymenus, den sein Versprechen bald gereute, weil er sie höchst unerlaubter Weise liebte, verfolgte ihn nach der Abreise, ermordete ihn und nahm Harpalyce mit sich als zweite Gattin zurück. Sie, hierüber entsetzt, rächte sich auf die furchtbarste Weise, indem sie ihren eigenen Sohn, oder nach Anderen ihren Bruder Theragrus schlachtete und ihn dem Vater als Speise vorsetzte. Sie ward von den Göttern in einen Vogel verwandelt; C. erhängte sich. — 4) C., Sohn der Althäa, Bruder des Meleager, wiewohl nicht von demselben Vater, da Mars den Meleager erzeugte; C.s' Vater war Oeneus. — 5) C., Freund des Phineus, dem er beistand, als dieser die Hochzeit des Perseus mit der Andromeda unterbrach; der Erste der Aethiopier nach dem Könige, Odites, blieb von seinem Schwert. — 6) C., Sohn des Phoroneus, Königs in Argos. Er und seine Schwester baueten zu Harmonia unweit Trözen der Venus Chthonia einen Tempel, wesshalb er in Attica für einen Heros galt und selbst ein Heroon erhielt.

Clysonymus (Gr. M.), Sohn des Amphidamas; dieser und Patroclus' Vater wohnten zu Opus, und die beiden Knaben waren Gespielen. Einst beim Würfeln erregte ein Zwist den Jähzorn des Patroclus, und er schlug den C. todt. Sein Vater flüchtete ihn zu Peleus, woselbst sich die Freundschaft zwischen ihm und Achilles entspann.

Clytaemnestra Fig. 80 (Gr. M.), Tochter des spartanischen Königs Tyndareus und der Leda. Die Dioscuren (s. d.) waren ihre Brüder; Menelaus' Gattin, die schöne Helena, Timandra und Philonoë ihre Schwestern. Sie vermählte sich mit Agamemnon und empfing von ihm mehrere Kinder, unter denen Orest und Electra besonders hervorleuchten; Iphigenia soll nach Einigen ihre, nach Andern der Helena Tochter von Theseus, der sie vor ihrer Vermählung raubte, gewesen, und Agamemnon nur in einem Irrthum über sie verblieben sein. Als der König die Führer des Griechenheeres bewogen hatte, ihn zum Oberfeldherrn zu ernennen, und er mit zahllosen Schiffen nach Troja gezogen war, Aegisthus (s. d.) aber sich an seinem Hofe befand, bewarb dieser sich um die Gunst der Zurückgebliebenen, verleitete sie zum Treubruch und endlich zum Morde des Gatten (s. Agamemnon). Mit eigener Hand mordete sie dann die unglückliche Cassandra (s. d.), schlachtete deren Kinder auf dem Leichname der Mutter, wüthete gegen ihr eigenes Blut, indem auch ihre Kinder geopfert wurden, und nur Electra dem schrecklichen Blutbade durch Vermählung mit einem

Fig. 80.

gemeinen Handwerker, (der sich jedoch immer in ehrerbietiger Entfernung von ihr hielt) und Orest durch Hülfe seiner Amme Arsinoë dem Tode entging. Als dieser Letztere zu reifem Alter gelangt war, kehrte er zurück und tödtete, des Vaters und der Brüder Tod rächend, C., welche unterdessen mit Aegisthus ganz in den Pfuhl des Lasters versunken war, so wie diesen Bösewicht selbst. Die so Bestraften wurden ausserhalb der Stadtmauern von Mycenä begraben, weil man die Mörder nicht eines Grabes bei den von ihnen Gemordeten würdigte. Eine Darstellung der Ermordung der Clytämnestra durch Orest und des Aegisthus durch Pylades geben wir nebenstehend nach einem geschnittenen Stein.

Clytia (Gr. M.), 1) Tochter des Pandareus, mit ihrer Schwester Camiro durch Venus genährt, durch Juno mit Schönheit, durch Minerva mit Verstand begabt. Als die Göttinnen sich für diese ihre Lieblinge Männer von Jupiter ausbaten, wurden beide durch die Harpyien geraubt, und den Erinnyen als Sklavinnen gegeben. — 2) C., eine Meernymphe, Tochter des Oceanus und der Thetys, welche, durch Apollo's Liebe zu Leucothoë, der Tochter des Orchamus, eifersüchtig geworden, das Verhältniss dem Vater verrieth. Dieser liess Leucothoë lebendig begraben. Apoll suchte sie, jedoch vergeblich, zu retten, und verliess darauf die Verrätherin, welche nun, der Speise und des Trankes entbehrend, immerfort nach ihm schaute, bis sie in eine Sonnenblume verwandelt ward. — 3) C., Geliebte des Amyntor, Königs der Doloper, welche, um den Phönix, einen Sohn der rechtmässigen Gattin desselben, aus dem Wege zu schaffen, angab, dieser habe ihr seine Liebe angetragen, worauf der erzürnte Vater den Unglücklichen blenden liess.

Clytippe (Gr. M.), eine Thespiade, von Hercules Mutter des Eurycapys.

Clytius (Gr. M.), 1) einer der Giganten, des Tartarus und der Gäa Sohn, der im Giganten-Kriege von Hecate oder von Vulcan durch ein glühendes Eisen getödtet wurde. — 2) C., Sohn des Laomedon, zur Zeit des verderblichen Krieges schon sehr alt (nach Andern waren alle Söhne jenes Königs durch Hercules getödtet, und nur Priamus und Hesione übrig geblieben), hatte zwei Kinder, Caletor (der durch den jüngeren Ajax fiel), und Proclea, welche, eine Gattin des Cycnus, diesem zwei Kinder gebar, Tennes und Hemithea, welche beide er, kaum zum reifen Alter gelangt, in einen Kasten gepackt in's Meer werfen liess, weil eine zweite Gattin des Cycnus gesagt, der Sohn habe ihr mit Hülfe der Schwester Gewalt anthun wollen. — 3) C., Sohn des Eurytus, Königs von Oechalia und berühmten Bogenschützen, der selbst Apollo und Hercules herauszufordern wagte. Er hatte drei Brüder: Toxeus, Molion und Iphitus; sie alle blieben, als Hercules um ihre Schwester Iole den Krieg begann und Oechalia zerstörte. — 4) C., Sohn des Alcmäon, Enkel des Amphiaraus väterlicherseits, und von Seite der Mutter Arsinoë Enkel des Königs Phegeus, entfloh nach Elis, als sein Vater durch die erzürnten Brüder seiner verlassenen Mutter ermordet wurde.

Clytomedes (Gr. M.), berühmter Faustkämpfer, der bei den Leichen-Spielen, welche die Söhne des Königs der Epeer, Amarynceus, diesem zu Ehren anstellten, mit Nestor stritt, von diesem aber besiegt wurde.

Clytoneus (G. M.), Sohn des Alcinous, Königs der Phäaken, lief mit seinen beiden Brüdern Laodamas und Halius um die Wette, als man dem Ulysses zu Ehren Spiele anstellte, und besiegte seine Brüder weit.

Clytus (Gr. M.), 1) Sohn des Heracliden Temenus, Begleiter des Phineus, mit diesem des Perseus Braut, Andromeda, zu rauben; er ward von Letzterem durch das Medusenhaupt versteinert. — 2) C., war mit Cephalus unter der Gesandtschaft, welche von Aegeus, König von Athen, nach Aegina zu Aeacus kam, um ihn zur Hülfe gegen Minos aufzufordern.

Cnacalesia (Gr. M.), Beiname der Diana vom Berge Cnacalus in Arcadien, wo ihr die Einwohner von Caphyä jährlich ein Fest feierten.

Cnageus (Gr. M.), ein Krieger der Dioscuren (s. d.), mit denen er nach dem attischen Orte Aphidnä zog. Dort ward er gefangen, und als Sklave auf die Insel Creta verkauft, wo er im Heiligthum der Diana diente. Er gewann die Liebe einer jungen Priesterin, und diese entfloh mit ihm, indem sie die Bildsäule der Göttin mit sich entführte; diese erhielt nun in Lacedämon den Beinamen Cnagia von eben jenem ihrem Entführer.

Cneph oder **Cnuphis** Fig. 81 (Aegypt. M.), ursprünglich Neph, und blosser Beiname des Ammon; später in der Form Kneph (von den Griechen Knuphis geschrieben),

Fig. 81.

zum selbstständigen Gotte, Weltschöpfer und guten Geiste erhoben. Aus seinem Munde ging das Weltei hervor, aus welchem alle Dinge entstanden, daher ist dieses sein Symbol; eben so die Schlange, welche einen Ring bildet, weil er ewig ist, daher man ihn auf den ägyptischen Denkmalen in der Hieroglyphe einer gekrümmten Schlange, welche zwischen Kopf und Schweif ein Ei hält, vorgestellt findet. Eine andere sehr gewöhnliche Darstellung ist die, welche unser Bild gibt; hier charakterisirt ihn das ägyptische Henkelkreuz, das er in der Hand hält, und die Schlangen, welche seinen Kopfschmuck bilden. Die Aegypter von Thebaïs kannten nur diesen einen unsterblichen Gott, alle übrigen waren mehr oder minder dem Schiksal alles Vergänglichen unterworfen, doch in diesem zeigte sich der Begriff von der Gottheit in seiner höchsten Reinheit, bis die Priester und die verschiedenen Stämme auch hieran so lange modelten, dass der ursprünglich einfache Gedanke, mit Attributen überladen, unkenntlich ward.

Cnidia (Gr. M.), Beiname der Venus, insbesondere des ausgezeichneten Standbildes dieser Göttin, welches die Einwohner der Stadt Cnidus in Carien durch Praxiteles fertigen liessen.

Coatlantanna (Mex. M.), die Flora der Mexicaner, welcher jährlich grosse Blumenfeste gefeiert werden.

Coaxtitli Fig. 82 (Mex. M.). Unter den vielen merkwürdigen Alterthümern, welche der Fleiss aufmerksamer Reisenden aus America zu uns herübergebracht, befinden sich auch mannigfaltige Götzenbilder, deren Bedeutung theils nur errathen werden muss, theils aber gar nicht aufzufinden ist. Zu diesen letzteren möchte die hier abgebildete, mit C. bezeichnete Figur gehören, ein sitzender, bärtiger Mann mit geschlossenen Augen, in den plump gebildeten Händen einen Klumpen haltend, dessen Form so unbestimmt ist, dass man auf gar nichts mit Gewissheit schliessen kann. Der seltsame Hauptschmuck scheint ihn als Priester zu charakterisiren, wenigstens trugen diese, wie wir aus Zeichnungen und Büsten wissen, etwas Aehnliches. — Nach Anderer Meinung war C. der Gott der Nahrung gebenden Erde, und die von ihm derselben entlockte Speise, das Brod, ist es, welches er am Munde hält.

Fig. 82.

Cobali (Gr. M.), ähnlich nach Wort und Bedeutung unseren Kobolden: kleine neckende Geister, welche, im Gefolge des Weingottes, den Leuten alle erdenkliche Possen spielten.

Cocalus (Gr. M.), König von Inycum in Sicilien, zu welchem Dädalus (s. d.) kam, als er mit seinem Sohne auf den selbst verfertigten Flügeln durch die Luft entfloh, da ihm in Creta Minos den Tod drohte. Der König nahm ihn sehr wohl auf, doch scheint er nicht abgeneigt gewesen zu sein, ihn dem Minos auszuliefern, welcher dem Flüchtling nachsetzte. Dädalus kam indessen dem ihm drohenden Unglück zuvor, indem er die Töchter des C., deren Gunst er durch seine schönen Arbeiten gewonnen, bewog, die Badstube, welche dem Minos angewiesen wurde, zu überheizen, wodurch dieser erstickte. Dädalus beschenkte dafür die Mädchen mit vielen seiner köstlichen Arbeiten.

Coccoca (Gr. M.), Beiname der Diana in Elis, im Haine Altis zu Olympia. Der Name heisst vermuthlich: Göttin der Fichtenzapfen.

Cocytus (Gr. M.), das schlammige Gewässer, in welchem Charon seinen Kahn hin und her trieb, um die Seelen der Verstorbenen überzusetzen in das Schattenreich, wohin der Fluss selbst sich auch wendet, nachdem er sich mit der neunmal die Unterwelt umkreisenden Styx vereinigt.

Cohana Forseh Fig. 83 (Lamaismus), ein Götze der Tataren und Kalmücken; er scheint Aehnlichkeit mit dem Schiwa der Indier zu haben, wenigstens ist er der Zerstörer, der Verderber, weit weniger ein strafender Höllen-, als ein vernichtender Todes-Gott. Sein Hauptschmuck besteht aus Todtenköpfen; in der einen von seinen acht Händen hat er einen solchen; aus dem Feuerschein, der seinen Kopf umgibt, sieht ein Todtenkopf hervor; eine breite Korallenschnur von Todtenköpfen hängt ihm weit über Brust und Unterleib herab. Seine drei Augen sehen die Gegenwart, Zukunft und Vergangenheit; seine acht Hände sind mit allen Schrecknissen bewaffnet, welche die Phantasie zur Peinigung seiner Schlachtopfer erfinden konnte. Ihm zu Füssen liegt ein Weib, dessen Kopf abzuhauen er im Begriffe scheint. Er lebt nur in Flammen, und in diesen tödtet er auch Alle, denen er naht, daher Cohana Forseh der gefürchtetste Götze der ganzen tatarischen Götterlehre ist.

Colaenus (Gr. M.), Sohn des Mercur und einer attischen Nymphe, soll noch vor Cecrops Beherrscher von Attica gewesen sein und der Diana zu Myrrhinus einen Tempel erbaut haben, von welchem sie Colänis genannt wurde.

Fig. 83.

Colaxes (Gr. M.), Sohn Jupiters und einer Schlangen-Nymphe, König des macedonischen Volkes der Bisalter, welche zum Andenken der Abstammung ihres Königs den Donnerkeil Jupiters auf den Schilden führten.

Colchischer Drache (Gr. M.), Sohn des Typhon und der drachengeschwänzten Jungfrau Echidna. Mars schenkte ihn dem König Aeetes in Colchis, damit er, der nie schlief, das ihm gewidmete goldene Vliess bewache. Medea tödtete diess Ungeheuer durch Gift und bahnte so dem Jason, welchen sie liebte, den Weg zur Eroberung des Widderfelles.

Colias (Gr. M.), Beiname der Venus zu Athen, von dem Vorgebirge C., wo ihr ein Tempel erbaut war.

Colocasia (Gr. M.), Beiname der Minerva zu Sicyon.

Coloëne (Gr. M.), Beiname der Diana, von dem See Coloë bei Sardes.

Colonatas (Gr. M.), Beiname des Bacchus von dem Hügel Colona in Laconien.

Colonos (Gr. M.), ein reicher Mann aus Tanagra, Vater der Ochne. Diese war Ursache an dem Morde des Eunostus (s. d.) und der darauf folgenden Vertreibung ihrer Brüder.

Colontas (Gr. M.), einer der ältesten Könige von Argos, Vater der Chthonia, durch den Zorn der Ceres vom Feuer verzehrt.

Colophonia (Gr. M.), eine der Töchter des Erechtheus (s. d.). Derselbe war in einen Krieg mit den Eleusiniern verwickelt; als diesen noch Eumolpus, König von

Thracien, zu Hülfe kam, war er in grosser Noth, und fragte desshalb das Orakel, welches ihm rieth, eine seiner Töchter zu opfern. Nach Einigen entschied das Loos über C., nach Anderen opferten sich alle Töchter zugleich freiwilig auf.

Colotis (Gr. M.), Beiname der Venus.

Coelus (Röm. M.), römischer Name für Uranus.

Colymbas (Gr. M.), eine der Töchter des Königs Pierus, welche ihres Uebermuthes wegen von den Musen, mit denen sie sich zu messen wagten, in Vögel verwandelt wurden.

Colytus (Gr. M.), ein alter attischer Held, Vater des Diomus, eines Lieblings des Hercules, welcher, gleich diesem Letztern, unter die Götter versetzt worden ist.

Comastes (Gr. M.), »der Schmauser«, ein Beiname, den man dem Bacchus häufig beilegte.

Comaetho (Gr. M.). 1) Als die Söhne des Pterelaus gegen die Electryoniden geblieben waren, und Amphitryon, des Electryon Heerden wieder zu holen, den Pterelaus mit Krieg überzog, verhalf ihm C., des Letztern Tochter, dadurch zum Siege, dass sie, aus Liebe zu dem Helden, ihrem Vater das goldene Haar, an welchem sein Leben hing, raubte. Doch dieser, das Verbrechen verabscheuend, liess die Thäterin ermorden. — 2) C., eine Priesterin der Diana zu Paträ in Achaia. Sie war ausserordentlich schön und gewann die Liebe eines Jünglings, der ihrer Schönheit durch seine seltenen Vorzüge vollkommen würdig war. Da dort die Sitte herrschte, dass die Priesterin nicht für ihre Lebenszeit, sondern nur so lange der Diana diente, bis sie sich vermählen wollte, so warb der junge Mann, Melanippus, um die Geliebte; allein da weder seine Eltern, noch die der C. in die Verbindung willigen wollten, so wählten die Liebenden den Tempel zu ihrer Brautkammer. Allein die Göttin zürnte über diese Entweihung ihres Heiligthums, strafte beide mit plötzlichem Tode und brachte Verderben über das Land. Als man nun zu dem delphischen Orakel seine Zuflucht nahm, klagte die Pythia den Melanippus und die C. an, und es kam der Ausspruch, man solle alljährlich eine Jungfrau und einen Jüngling, welche man für die Schönsten erachte, der Diana Triclaria opfern. Weil die Göttin nicht mit dem Tode der Strafbaren allein zufrieden war, sondern noch mehr Opfer verlangte, ward der Fluss, welcher an dem Tempel vorbeifliesst, Amilichus, der Unversöhnliche, genannt.

Comaeus (Gr. u. röm. M.), Beiname des Apollo von ungewisser Bedeutung. Nach Ammianus hatte der Gott unter diesem Namen einen Tempel zu Seleucia. Nach der Einnahme dieser Stadt durch die Römer unter Kaiser Verus ward das Standbild des Gottes von seinem Postamente gerissen und nach Rom geschafft. Den Fussboden des Tempels durchwühlten die Soldaten, um Schätze aufzufinden. Von diesem Frevel gegen das Heiligthum des Gottes leitete der römische Aberglaube die schreckliche Seuche her, welche unter Marc-Aurels Regierung fast in allen Provinzen des Kaiserreiches wüthete.

Cometes (s. d.), 1) ein Lapithe, welcher in dem Kampfe der Lapithen und Centauren auf Pirithous' Hochzeit blieb. Er ward durch die Schuld seines Freundes Charaxus erschlagen, indem dieser ihn mit einer steinernen Thürschwelle, die er auf Rhötus werfen wollte, die ihm aber zu schwer war, erdrückte. — 2) C., Gatte der Antigone, einer Tochter des Königs Pheres; sie gebar ihm den Asterion, welcher den Argonautenzug mitmachte und eine Stadt in Thessalien baute, die seinen Namen trug.

Commotiae (Röm. M.), Nymphen des See's Cutilia, im Lande der Sabiner, in welchem sich eine schwimmende Insel befand. Man schrieb ihnen die Mittheilungsgabe der Begeisterung zu.

Compitalische Spiele (Röm. Rel.), ein den Laren zu Ehren mit Spielen und Schmausereien auf Kreuzwegen gefeiertes Fest. Zugleich wurden zur Versöhnung des bösen weiblichen Dämons, der Mania, Honigkuchen, Mohn- und Zwiebel-Köpfe dargebracht. Alle Familien Roms hängten an diesem Feste so viele wollene Knäuel, als sie Sklaven hatten, und so viele wollene Puppen, als freie Personen im Hause waren, vor die Hausthüre, damit diese, statt der Menschen, der Mania zum Spielzeuge ihres Muthwillens dienen möchten. Man erzählte sich in späteren Zeiten, dass ursprünglich bei diesem Feste der Mania Kinder geopfert worden seien, welchem Gräuel der Consul Brutus durch Einführung der erwähnten Surrogate ein Ende gemacht habe.

Concordia (Röm. M.), die personificirte Eintracht. Sie hatte zu Rom mehrere Tempel: einen am capitolinischen Hügel, den Camillus bei einem Volks-Aufstand gelobte und dann erbaute, Livia wiederherstellte und Tiberius von Neuem einweihte; auch nachdem er unter Constantinus und Maxentius abgebrannt war, wurde er nochmals neu erbaut. Noch jetzt zeigt man Ruinen desselben. Ein anderer Tempel der C. wurde gebaut in Folge eines Gelübdes, das der Prätor L. Manlius bei einem Soldaten-Aufstand in Gallien gethan hatte; einen dritten weihte Cn. Flavius, Aedil während des Samniter-Krieges. Abgebildet erscheint C. auf Münzen, als Matrone, bald stehend, bald sitzend, im linken Arme das Füllhorn, im rechten bald einen Oelzweig, bald eine Schale. Auch kommen als ihr Symbol verschlungene Hände vor.

Conditor (Röm. M.), ein Feldgott, welcher über das Aufbewahren der Früchte waltete. Er wurde ganz bekleidet abgebildet und hatte in einem Zipfel seines Gewandes mancherlei Früchte; in der Hand hielt er eine Sichel oder ein Gartenmesser.

Condyleatis, identisch mit A p a n c h o m e n e (s. d.).

Conius (Gr. M.), Beiname des Jupiter zu Megara; er bedeutet: »der Staubige«, weil sein Tempel an dem genannten Orte kein Dach hatte.

Conisalus (Gr. M.), ein Dämon im Gefolge des Priapus (s. d.).

Connidas (Gr. M.), Lehrer des Theseus. Die Athener verehrten ihn als Heros und opferten ihm jährlich am Tage vor dem Theseus-Fest einen tadellosen Widder.

Consentes (Röm. M.), die zwölf tuscischen Götter, welche Jupiters Rath bilden, sechs männliche, sechs weibliche, doch nicht alle bekannt. Es gehören dazu: Jupiter, Juno, Minerva, Summanus, Vulcanus, Saturnus, Mars: vielleicht noch Vertumnus, Janus, Neptunus, Nortia. Irriger Weise hat man sie später mit den zwölf grossen griechisch-römischen Gottheiten, Juno, Vesta, Minerva, Ceres, Diana, Venus, Mars, Mercurius, Jovi, Neptunus, Vulcanus, Apollo, verwechselt.

Conservator, Conservatrix (Röm. M.), »Erhalter, Erhalterin«, Beiname Jupiters, der Juno und der Fortuna.

Consevius, Consivius, Consivia (Röm. M.), »Fortpflanzer, Fortpflanzerin«, Beiname des Janus und der Ops, einer latinischen Göttin der Fruchtbarkeit, Gemahlin des Saturnus, welche von späteren Mythographen mit Rhea identificirt worden ist.

Consus (Röm. M.), ein altrömischer Gott von unsicherer Bedeutung, doch wahrscheinlich auf den Dienst der Unterirdischen zu beziehen, daher die Meisten den Namen als entstanden aus conditus, verborgen, ansehen. Andere leiten ihn ab von conso = consulo, rathen, und verstehen einen Gott der guten Rathschläge. Als der römische Staat, kaum entstanden, unterzugehen drohte, weil die Mitglieder desselben keine Frauen hatten, beschloss Romulus den Raub der Sabinerinnen; er gab vor, er habe einen Altar eines unbekannten Gottes unter der Erde verborgen gefunden, dem zu Ehren man nun unter dem Namen C. feierliche Spiele veranstalten wolle, welchen beizuwohnen die benachbarten Völker eingeladen wurden. Diese fanden sich in grosser Menge mit ihren Familien ein; urplötzlich, mitten in den Spielen, gab C., der Gott der guten Rathschläge, den Römern ein, die Mädchen und jungen Frauen der Sabiner zu rauben; es geschah, und zum Andenken an den glücklichen Ausgang dieses Unternehmens ward dem Gotte von da an jährlich ein Fest, C o n s u a l i a genannt, gefeiert, bei welchem man seinen stets in der Erde verborgenen Altar ausgrub und ihm Spiele hielt.

Coon (Gr. M.), Sohn des Trojaners Antenor und Bruder des Iphidamas, den er an Agamemnon, welcher ihn getödtet, rächen wollte; er verwundete den König mit der Lanze, wollte den Bruder am Fusse hinwegziehen, als Agamemnon ihn mit dem Speere durchbohrte und dem Fallenden über dem Körper des Bruders das Haupt abschlug.

Copia (Röm. M.), die Göttin des Reichthums, eine allegorische Figur, der personificirte Ueberfluss. Vergl. A b u n d a n t i a und A m a l t h e a.

Copreus (Gr. M.), Herold oder Gesandter des Eurystheus, welcher dem Hercules die Befehle des Königs überbringen musste, da er den mächtigen Helden nur ungern in seiner Nähe sah. Er wird für einen Sohn des Pelops und der Hippodamia gehalten, doch ist diess zweifelhaft. Sein Ruhm als Held ist nicht gross, und sein Sohn Periphetes wird von Homer »der bessere Sohn des schlechtern Vaters« genannt.

Coras (Gr. M.), einer der drei zweifelhaften Söhne des Amphiaraus, welche auf ihres Grossvaters Oïcles Befehl nach Italien gingen und dort die Stadt Tibur erbauten.

Corax (Gr. M.), Sohn des Coronus, welcher von Apollo mit der Chrysorthe erzeugt war. Coronus hatte zwei Kinder, den C. und Lamedon, von denen Ersterer ihm in der Herrschaft des kleinen Reiches Sicyon folgte.

Cordaca (Gr. M.), Beiname der Diana zu Pisa in Elis. Sie dankte diese Bezeichnung dem Pelops, dessen Begleiter der Diana dort ein Siegesfest feierten und einen Tanz dabei aufführten, welcher Cordax hiess. Unfern dem Tempel war ein Haus mit einem ehernen Kasten zu sehen, in welchem die Gebeine des Pelops aufbewahrt wurden.

Core (Gr. M.), »das Mädchen, die Tochter«. Vorzugsweise vor allen Andern so genannt ward in den Eleusinien Proserpina, als Tochter der Ceres.

Coresia (Gr. M.), Beiname der Minerva in Corion auf Creta.

Coresus (Gr. M.), ein Priester des Bacchus zu Calydon, welcher die schöne Callirrhoë (s. d.) liebte und sich für sie opferte, obwohl sie seine Neigung verschmähte.

Coretas (Gr. M.), soll der Hirt geheissen haben, welcher die begeisternde Kraft der Dünste, die aus einer Höhle am Parnassus stiegen, entdeckte. Seine Schafe näherten sich der Oeffnung und wurden von der Luft daselbst berauscht; auch C. empfand dasselbe, und bald ward die Höhle als eine von Apollo bewohnte bekannt und über ihr ein Tempel gebaut, der berühmte delphische, an welchen sich dann die Stadt Delphi anschloss.

Corethon (Gr. M.), Sohn des bösen Königs Lycaon. Jupiter tödtete ihn und seine Brüder mit seinen Blitzen, und verwandelte den Vater in einen Wolf.

Coria (Gr. M.), Beiname der Minerva zu Clitor in Arcadien.

Corinthus (Gr. M.), 1) Sohn des Marathon und Enkel des Königs Epopeus. Ihm soll Corinth (früher Ephyra) seinen Namen und seine Grösse verdanken. — 2) C., Sohn des Jupiter und einer arcadischen Nymphe; auch von diesem soll Corinth den Namen haben. — 3) C., Vater der Silea, welche mit dem Polypemon den berüchtigten Räuber Sinis, den Fichtenbeuger, erzeugte.

Cornu Amaltheae (Röm. M.), das Füllhorn, das Horn des Ueberflusses. Vergl. Amalthea; es ist identisch mit Cornu Copiae.

Cornus Romuli (Röm. M.), der berühmte, in der zehnten Region Roms stehende Cornelkirschenbaum, welcher aus einer Lanze erwachsen sein soll, die, von Romulus nach einem Eber geworfen, so fest in die Erde auf dem palatinischen Berge fuhr, dass Niemand im Stande war, sie herauszuziehen. Er wurde aus heiliger Achtung mit einer Mauer umgeben. Zur Zeit Caligula's wurde er an der Wurzel beschädigt, weil dieser Kaiser eine Treppe neben demselben anlegen liess, worauf er verdorrte.

Coroebus (Gr. M.), 1) ein Held aus Argolis, der sich um das Reich und den König verdient machte, indem er ein furchtbares Ungeheuer, Pöna, eine Schlange, welche die Kinder raubte und frass, erlegte; sie war dem König Crotopus zur Strafe von Apollo über das Land geschickt. — 2) C., Sohn des Königs Mygdon in Phrygien, welchem Priamus in seiner Jugend gegen die Amazonen beistand; dafür schickte dieser seinen Sohn C. dem alternden Helden zu Hülfe, als die Griechen ihn mit Krieg überzogen. Der junge Fürst warb um Cassandra, und fiel, da er sie vertheidigen wollte, trotz seiner Tapferkeit, von der Hand des Neoptolemus. Er wagte den letzten Kampf an Aeneas' Seite, welcher, als Troja schon brannte, noch die Wenigen zusammenraffte, welche dem Tode entronnen waren, und eilte, trotz der Warnung der geliebten Braut, dem dunkeln Verhängniss entgegen.

Coroneus (Gr. M.), Vater der Coronis (s. d. 1)

Coronidische Jungfrauen (Gr. M.), die Töchter des Orion, Metioche und Menippe, beide von Minerva mit Kunst und Wissen begabt und mit seltener Schönheit geschmückt. Als ihr Vater durch Diana getödtet war, kam noch eine Pest über das Land. Das Orakel des Apollo rieth, die unterirdischen Götter durch Opferung zweier Jungfrauen zu versöhnen; da weihten sich Metioche und Menippe dem Tode, allein Pluto und seine Gattin verwandelten sie in zwei Cometen. Die durch sie erretteten Unterthanen ihres Vaters, die Aeolier, erbauten ihnen unter dem Namen der c. J. einen Tempel.

Coronis (Gr. M.), 1) Tochter des Königs in Phocis, Coroneus, welche, am Ufer des Meeres wandelnd, von Neptun gesehen und verfolgt wurde. Sie bat Minerva um Hülfe, und diese verwandelte sie in eine Krähe und wählte sie zu ihrem Lieblingsvogel; als sie jedoch der Göttin verrieth, dass ihre Schwestern das ihnen anvertraute Kästchen mit dem jungen Erichthonius (s. d.), trotz des Verbotes, geöffnet hatten, bestrafte sie jene zwar, doch schien der Dienst selbst ihr so unangenehm, dass sie die C. von sich liess und die Eule zu ihrem Lieblingsvogel wählte. — 2) C., Mutter des Aesculap von Apollo. Ihr Vater, der thessalische König Phlegyas, welcher von diesem Verhältniss nichts wusste, verlobte sie mit dem Arcadier Ischis, und Apollo, eifersüchtig, tödtete sie mit seinen Pfeilen, rettete jedoch noch auf dem Scheiterhaufen das Kind, Aesculap, und brachte es dem Centauren Chiron, der dasselbe zu einem berühmten Arzte erzog. — 3) C., Tochter des Oceanus, eine der Erzieherinnen des jungen Bacchus.

Coronus (Gr. M.), 1) Sohn des Lapithenkönigs Cäneus, ward von Hercules getödtet, als dieser dem Aegimius gegen C. zu Hülfe eilte. Der König wollte den Helden belohnen, allein Hercules, damals nicht mehr jung, doch eigentlich heimathlos, überall fremd, bat den Aegimius um Freundschaft für seine Kinder, welche dieser auch getreulich hielt. — 2) C., der Vater des Argonauten Cäneus. — 3) C., Sohn des Apollo von der Chrysorthe, war König von Sicyon und hatte zwei Söhne, Corax und Lamedon; der Erstere ward sein Nachfolger. — 4) C., Sohn des Thersander, Sohnes des Sisyphus. Er und sein Bruder Haliarthus erbauten zwei Städte in Böotien, welche ihre beiden Namen führen.

Cortina, nannten die Römer den Dreifuss der Pythia; sonst auch der Name eines kesselförmigen Gefässes überhaupt.

Corus (Gr. M.), Beiname des Bacchus in den eleusinischen Mysterien; er bedeutet »Sohn«, und wird ihm, als dem Sohne der Ceres, vorzugsweise beigelegt, denn Bacchus oder Iacchus Chthonius war der mystische Gatte der Proserpina.

Corybanten (Gr. M.), Priester der Rhea oder Cybele, welche mit wüthendem Geschrei und unter krampfhaften Bewegungen Waffentänze aufführten, die ihre Trauer über den Tod des Attys, des Geliebten der Cybele, ausdrücken sollten. Sie werden häufig mit den Cureten, Cabiren und den idäischen Dactylen verwechselt oder identificirt.

Corybas (Gr. M.), Sohn des Jasion und der Cybele. — Nachdem Jasion zu den Göttern entrückt war, verpflanzten Dardanus, Cybele und deren Sohn C. die Verehrung der Mutter der Götter nach Asien, und wanderten selbst mit nach Phrygien aus. Cybele war zuerst mit Olympus vermählt und hatte die Alce geboren, und die Göttin Cybele hatte von ihr den Namen erhalten; C. aber gab den begeisterten Priestern der Göttermutter seinen Namen (Corybanten s. d.). Er vermählte sich mit Thebe, der Tochter des Cilix, ältesten Königs von Cilicien, Sohnes des Agenor und Bruders der Europa. — In diesem C. scheint eine halb historische, halb mythische Person verborgen, denn ausser dem Angegebenen hört man ihn auch einen Gott, einen König der Erde nennen, welcher als Befruchter und Erzeuger alles Lebenden in beide Geschlechter bezeichnender Gestalt aufgeführt wird; er selbst hatte in Asien einen eigenen Dienst, und ward in Waffen und durch Waffentänze geehrt.

Corycia (Gr. M.), eine Nymphe und Geliebte des Apollo, von welchem sie Mutter des Lycoreus wurde, der die Stadt Lycorea und einen Altar vor der corycischen Höhle am Parnass baute.

Corydon (Gr. M.), ein drachenfüssiger Gigant.

Corymbifer (Röm. M.), Beiname des Bacchus, »der Epheutrauben trägt«.

Corynaeus (Gr. M.), Freund des Aeneas, welcher bei dessen letztem Kampfe in Italien den Ebusus mit einem Flammenbrande in's Gesicht schlug, dass ihm der Bart in lodernden Flammen aufging, und dann ihm das Schwert durch die Seiten stiess. — 2) C., gleichfalls in Aeneas' Heer, blieb bei der Bestürmung des Lagers durch Turnus von der Hand des Asylus.

Corynetes (Gr. M.), Beiname eines berüchtigten Räubers, von der eisernen Keule, mit welcher er die Nahenden niederschlug. Theseus entriss ihm dieselbe und that an ihm, wie er sonst Anderen gethan. Er hiess Periphetes und war ein Sohn des Vulcan; seine Wohnung hatte er bei Epidaurus.

Coryphaea (Gr. M.), »Berggipfel-Bewohnerin«, Beiname der Diana in Epidaurus.

Coryphasia (Gr. M.), Beiname der Minerva, von einem Heiligthum auf dem Vorgebirge Coryphasium (h. z. T. Navarin).

Coryphaeus (Gr. M.), »der Oberste«, Beiname des Jupiter.

Coryphe (Gr. M.), eine Oceanide, Geliebte Jupiters, von welchem sie die Minerva Soria empfing. S. Coria.

Corythallia (Gr. M.), 1) Beiname der Diana bei den Spartanern, an deren Feste, den Tithenidien, einem Feste der Säuglinge, die jungen Knaben in ihr Heiligthum gebracht wurden. — 2) C., eine der Ammen des Apollo.

Corythus (Gr. M.), 1) Sohn des Paris und seiner ersten Gattin, der Nymphe Oenone, welche ihn zu Helena schickte, um den Paris, der sie um dieser Frau willen verstossen hatte, eifersüchtig zu machen, was jedoch andere Folgen hatte, als die von ihr erwarteten. Da Paris den überaus schönen Jüngling nämlich einst bei Helena fand, verstiess er nicht diese, sondern tödtete den C. — 2) C., König in Italien. Die Plejade Electra war von Jupiter gewaltsam zum Himmel entrückt; hier nahm sie ihre Zuflucht zu dem Palladium, das Minerva so eben vollendet. Diese, erzürnt darüber, dass eine Entehrte es berührte, stürzte dasselbe mit der Frevlerin vom Himmel, wodurch es nach Troja kam. Electra aber ward im Sturz von Zeus aufgehalten und in Italien niedergelassen. Dort vermählte sich C. mit ihr, und sie gebar von Jupiter den Dardanus, von ihrem Gatten aber den Iasius. Der König gründete nun die Stadt, welche seinen Namen trug und auch Cortona hiess, und ward dann auf einem so heissenden Berge begraben. — 3) C., durchbohrte die Hand des Pelates mit dem Speer, als dieser einen Baum niederreissen wollte, um sich gegen ihn zu wehren (Hochzeit des Perseus mit Andromeda). — 4) C., ein Lapithe, welcher auf der Hochzeit des Pirithous von des Centauren Rhöthus Hand fiel. — 5) C., Liebling des Hercules, ein Iberier, welcher die Sturmhauben erfunden haben soll.

Coscinomantia (Gr. Abergl.), das Wahrsagen aus dem Siebe. Wollte man z. B. den Thäter eines Diebstahls entdecken, so hielt man ein Sieb an einem Faden in die Höhe, und nannte unter Anrufung der Götter die Namen der etwa verdächtigen Personen. Bei wessen Namen das Sieb sich bewegte oder drehte, der war der Thäter.

Cosmetas (Gr. M.), »der Ordner«, Beiname Jupiters in Lacedämon.

Cothonea (Gr. M.), Gattin des Eleusinus, ältesten Königs von Eleusis, von welchem sie den nachherigen Liebling der Ceres, Triptolemus, empfing.

Cottus (Gr. M.), einer der Centimanen, Bruder des Briareus (s. d.).

Cotyleus (Gr. M.), Beiname des Aesculap zu Amyclä in Laconien. Hercules soll dem Gotte unter diesem Namen einen Tempel gegründet haben, weil er ihn von einer Wunde in der Hüfte geheilt, die er im ersten Kampfe mit den Söhnen des Hippocoon erhielt.

Cotys oder **Cotytto** (Gr. M.), eine thracische Göttin, deren Dienst, dem der phrygischen Cybele ähnlich, mit lärmenden Aufzügen auf Berghöhen begangen wurde, und später zu unzüchtigen Ausschweifungen Anlass gab. Er fand auch in Corinth, Athen, auf Sicilien und in Rom Eingang.

Cragaleus (Gr. M.), Sohn des Dryops, des Stammvaters der Dryoper, hütete seine Heerden, als Apollo, Diana und Hercules ihn, der als gerechter Mann gekannt war, aufsuchten, um von ihm entscheiden zu lassen, wem die corinthische Colonie in Thesprotien, Ambracia, zugehöre. Da C. sich für Hercules entschied, verwandelte der erzürnte Apollo ihn in einen Fels; doch ward er, wie sein Vater, durch Opfer als ein Halbgott geehrt.

Cragus (Gr. M.), Sohn des Lyciers Tremilus und der Nymphe Praxidice. Nach ihm ward ein Berg in Lycien benannt, der unfern des Städtchens Carmylessus lag, sich durch acht Spitzen auszeichnete und für den Ort galt, wo Chimära hauste.

Cranaea (Gr. M.), Beiname der Minerva bei Elatea in Phocis. Ungefähr 20 Stadien von der Stadt, auf einem mässig ansteigenden Hügel, befand sich ein Tempel dieser Göttin mit Hallen und Wohnungen für die Diener der Minerva und den Oberpriester; dieser war stets ein Knabe, musste fünf Jahre der Pallas dienen und ward in solchem Alter gewählt, dass er noch nicht zum Jüngling gereift war, wenn seine Dienstzeit zu Ende ging.

Cranaus (Gr. M.), ein vornehmer Athener, welcher nach des Cecrops Tode das Reich empfing, vermählte sich mit Pedias, der Tochter des Lacedämoniers Menys, und erhielt von dieser die Cranaë, Cranächme und Atthis. Eine der Ersteren war mit Amphictyon vermählt, Letztere starb als Jungfrau, und nach ihr soll Attica benannt worden sein. Nachdem C. das Reich kurz verwaltet hatte, ward er von seinem Schwiegersohn Amphictyon des Thrones beraubt und verjagt; er floh nach dem Demos Lampra und starb dort, wo man noch zu Pausanias' Zeiten sein Denkmal zeigte.

Crantor (Gr. M.), Sohn des Doloper-Königs Amyntor, Waffengefährte des Peleus. Ihn erschlug der Centaur Demoleon auf des Pirithous Hochzeit, indem er einen mächtigen Eichbaum nach Theseus warf, der ihm jedoch auswich, wodurch die Eiche dem C. die Brust und die linke Schulter hinwegriss. Ihn rächte sein Freund Peleus, indem er dem Centauren mit der Lanze die Seite durchbohrte.

Crastia oder **Crathia** (Gr. M.), Beiname der Minerva, von dem Flusse Crastis oder Crathis bei Sybaris; der heilige Bezirk und der Tempel, von welchem diese Göttin den Namen entlehnte, soll durch Dorieus, den Heracliden und spartanischen Königssohn, erbaut worden sein.

Crataeis (Gr. M.), Mutter der Scylla, welche anzurufen Circe dem Ulysses räth, wenn er durch die sicilianische Meerenge kommt; sie sollte die grausame Tochter zu bezähmen vermögen.

Crater, ein Sternbild, siehe Rabe.

Cratieus (Gr. M.), Vater der Anaxibia, zweiten Gattin des Nestor, welchem sie eine Reihe mächtiger Helden und die Polycaste und Pisidice gebar.

Cratos (Gr. M.) »Stärke«, Sohn des Titanen Pallas und der Styx. Bei dem Kampf der Götter gegen die Titanen befand er sich mit seinen Geschwistern Bia und Nice (Gewalt und Sieg) auf Seiten der Götter, wesshalb Jupiter diese besonders ehrte. Sie wohnten bei ihrer Mutter in einem grossen Felsenpalast in der Nähe des Tartarus.

Crenaeus (Gr. M.), ein Centaur, welcher bei dem Kampf mit den Lapithen vor dem schrecklichen Dryas floh, sich dabei umsah und von diesem, gerade zwischen die Augen getroffen, todt dahin gestreckt wurde.

Creon (Gr. M.), 1) ein Fürst, in der Geschichte des Oedipus zu trauriger Berühmtheit gelangt. Nachdem Letzterer, ohne ihn zu kennen, seinen Vater Laius ermordet und so des Orakels Spruch erfüllt hatte, bemächtigte C. sich des verödeten Thrones. Da jedoch zur selben Zeit die furchtbare Sphinx das Land verwüstete, versprach er den Herrschersitz und die Hand seiner Schwester, der hinterbliebenen Königswittwe, demjenigen, der die Räthsel der Sphinx lösen würde. So vereinigte er Oedipus und dessen Mutter Jocaste in unheilvoller Ehe, entdeckte jedoch später die schreckliche Verirrung und riss, als Oedipus, nachdem er sich selbst geblendet, entflohen war, die Herrschaft wieder an sich, indem der blutige Bruderzwist zwischen Eteocles und Polynices mit dem Tode Beider endete und er die Vormundschaft des Sohnes dieses Letztern, des Laodamas, übernahm. C. regierte grausam, verbot die vor Theben gefallenen Argiver zu begraben, und liess Antigone, welche heimlich dem Bruder den letzten Liebesdienst erweisen wollte, lebendig begraben. Seine Familie war sehr zahlreich und weit verbreitet, indem er seine Töchter und Schwestern mit lauter grossen Helden vermählte. — 2) C., König zu Corinth, dessen Tochter Crëusa Jason ehelichte, nachdem er Medea verstossen. Diese rächte sich furchtbar durch den Mord ihrer Kinder und den Brand des Schlosses, in welchem Alle, auch C., umkamen. — 3) C., König von Corinth; er war es, dem Alcmäon (s. d.) seine Kinder übergab, dessen Gattin aber aus Eifersucht über die Schönheit der Tisiphone, diese verkaufte, so dass sie später, nicht erkannt von ihrem

Vater, als Sklavin in dessen Hände kam. — 4) C., Sohn des Hercules von einer ungenannten Tochter des Thespius.

Creontiades (Gr. M.), Sohn des Hercules von der Megara, seiner ersten Gattin. Hercules erschoss ihn in der Raserei.

Cres (Gr. M.), Sohn des Jupiter und einer idäischen Nymphe; nach Andern ein Autochthon (s. d.), war der erste König von Creta, auch wohl einer der Cureten oder der idäischen Dactylen, welche Annahme besonders dadurch motivirt wird, dass er als Erfinder vieler nützlichen Werkzeuge genannt wird. Auch grosse Bauten soll er ausgeführt und so die Stadt Cnossus sowohl, als den dabei befindlichen Tempel der Cybele gegründet haben.

Cresius (Gr. M.), Beiname des Bacchus, von dem Grabe seiner geliebten Gattin Ariadne abgeleitet, neben welchem sein Tempel zu Argos stand.

Cresphontes (Gr. M.), Bruder des Temenus, und Sohn des Aristomachus, ein Heraclide, war vermählt mit Merope, der Tochter des arcadischen Königs Cypselus, welche ihn mit einer zahlreichen Nachkommenschaft beschenkte, von der jedoch nur der jüngste Sohn, Aepytus, am Leben blieb, indem bei einer Verschwörung, welche Polyphontes geleitet, der Vater sammt allen übrigen Söhnen um's Leben kam. Merope ward gezwungen, dem Thronräuber die Hand zu geben, hatte jedoch ihren Sohn in Sicherheit gebracht und rächte, als derselbe herangewachsen, mit seiner Hülfe die an den Ihrigen begangenen Verbrechen.

Cresus (Gr. M.), ein Autochthon (s. d.), der mit einem Freunde, Ephesus, dem Sohne des Stromgottes Cayster, zuerst den berühmten Tempel der Diana in Kleinasien erbaut haben soll, an welchen sich dann die Stadt, die des Zweiten Namen trägt, anschloss.

Crete (Gr. M.), 1) Tochter des Asterion, nach Einigen Gemahlin des Minos, Königs von Creta. — 2) C., Geliebte des ägyptischen Königs Ammon, mit welchem dieselbe aus Libyen nach der Insel Idäa ging, die nun von ihr Creta genannt wurde; Letzteres sagte man auch von einer dritten Crete, einer der Hesperiden, und von einer vierten, einer Tochter des Deucalion und Schwester des Idomeneus.

Creteus (Röm M.), Begleiter des Aeneas, den Virgil »den Kühnsten der Grajer« nennt; er fiel von Turnus' Hand.

Cretheus (Gr. M.) 1) Sohn des alten Königs Aeolus von Enarete, der Tochter des Deïmachus, Erbauer von Iolcus in Thessalien. Er vermählte sich mit Tyro, der Tochter seines Bruders Salmoneus; diese aber hatte sich in den Flussgott Enipeus verliebt, war immerfort an seinen Ufern umhergegangen und endlich von Neptun (der nicht so spröde war, als der Flussgott) in der Gestalt des Geliebten überrascht worden; worauf sie von ihm die Zwillinge Pelias und Neleus gebar, die, von ihr ausgesetzt und von Pferdehirten gefunden, später von ihrem Gatten angenommen und mit seinen drei Söhnen, Aeson, Amythaon und Pheres, erzogen wurden — 2) C., ein Sänger, der dem Aeneas nach Italien gefolgt war, von der Verfolgung der Camilla, die nach seiner prachtvollen Kleidung gelüstete, durch Arruns gerettet wurde, jedoch in einer spätern Schlacht von Turnus' Arme niedersank.

Crethon (Gr. M.), Sohn des Diocles, der ein Gastfreund des Ulysses war. S. stammte von dem Flussgott Alpheus ab, und war, so wie sein Zwillingsbruder Orsilochus, dieser Abstammung würdig, indem er, mit dem Griechenheer vor Troja stehend, sich durch Tapferkeit auszeichnete. Doch konnte er so wenig, als sein Bruder, dem Aeneas widerstehen; Beide fielen von dieses Helden Hand.

Cretischer Stier (Gr. M.), ist einerlei mit dem marathonischen. Dem Hercules ward aufgegeben, ihn lebendig zu fangen und zu Eurystheus zu bringen, welcher ihn dann wieder frei liess, worauf er nach Marathon kam und daselbst viel Schaden that, bis er von Theseus erlegt wurde. Er soll zu einem Opfer für Neptun bestimmt gewesen, doch von Minos, seiner Schönheit wegen, zurückbehalten worden sein, worauf der Gott ihn rasend gemacht.

Creusa (Gr. M.), 1) Tochter des Priamus und der unglücklichen Hecuba, welche alle ihre Kinder, von dem Schwerte der Feinde gemordet, hinsinken sah, vermählt mit Aeneas, dem sie den Ascanius gebar. Sie wollte, als die Stadt in Flammen stand und die eindringenden Feinde nicht mehr zurückgedrängt werden konnten, mit ihrem Gatten entfliehen, welcher den Anchises, seinen Vater, auf den Schultern und seinen Sohn Ascan an der Hand hatte, um sich zu Schiffe zu retten, doch im Gedränge verlor sie sich von dem Gatten. Aeneas kehrte zurück, um sie zu suchen, rief sie überall bei Namen, doch vergeblich, bis sie ihm endlich als luftiges Schattenbild erschien und ihm sagte, die Mutter der Götter habe nicht gewollt, dass sie die Laren und Penaten ihres Hauses verlasse und in ein fremdes Land ziehe, sie habe sie daher lebendig zu sich in den Olymp genommen; darauf erst entschloss sich Aeneas zur Abreise. — 2) C., Tochter des Königs von Athen, Erechtheus, welcher sich mit Praxithea, eines andern attischen Königs Tochter, vermählt hatte. C. war überaus schön, so dass Apollo sich in sie verliebte und, als sie einst zu seinem Tempel opfernd kam, auch ihre Gegenliebe gewann. Die Frucht dieses Verhältnisses war Ion, der Stammvater der Ionier. C. barg das Kind in ein Kästchen und setzte es aus; Apollo brachte es der Pythia zu Delphi, welche es erzog. Die Geliebte des Apollo vermählte sich mit Xuthus, dessen Ehe kinderlos blieb, obwohl ihm gesagt war, er würde zwei Söhne erhalten, welche ganzen Nationen ihre Namen geben würden. In der Absicht, das Orakel noch einmal zu fragen, ging er mit seiner Gattin nach Delphi, und ihm ward die Antwort, er habe bereits einen Sohn; der Erste, der ihm begegne, wenn er aus dem Tempel trete, sei es. Ion begegnete ihm, und da sich der König erinnerte, dass er einst mit einer Nymphe zu Delphi ein Verhältniss gehabt, so glaubte er, deren Sohn zu umarmen, und nahm ihn überaus freundlich auf. Hierüber entrüstet, bereitete C., nicht wissend, dass Ion ihr Kind sei, demselben Gift, indem sie den Mundschenken bestach, dem Jüngling bei dem Freudenmahle einen Todesbecher zu reichen. Ion spendete den Göttern Trankopfer; Apollo sandte eine Taube herzu, welche von dem Vergossenen trank und augenblicklich starb. Der ergriffene, hart bedrohete Mundschenk bekannte, dass C. es gewesen, die Jenem nach dem Leben getrachtet, und nun wollte Ion sie ermorden (welcher gleichfalls von seinem Verhältniss zu ihr nichts wusste). Sie floh, und da sie sich nirgends verbergen konnte, umklammerte sie endlich die Bildsäule des Gottes, im Heiligthum des Tempels Schutz suchend, doch auch dort wollte sie Ion noch durch einen Pfeil tödten, als die Priesterin herbeikam und durch das mitgebrachte Kästchen die verwirrenden Räthsel löste. Ion ward von Xuthus, der nicht so hart war, als C., an Sohnes Statt angenommen, und nun ward sein Ehebett noch durch den Achäus und den Dorus gesegnet (wiewohl der Letztere nach der verbreitetern Sage sein Bruder ist), und Apollo's Orakelspruch auf solche Weise erfüllt, indem die Dorier, Ionier und Achäer sich nach diesen Söhnen nannten. — Die Höhle, in welcher C. und Apollo zusammengekommen, ward im Umkreis des delphischen Tempels gezeigt, doch auch die Pans-Grotte unter der Burg zu Athen galt nach Anderen dafür. — 3) C., die zweite Gattin des treulosen Jason. Dieser, vergessend, welche Wohlthaten ihm Medea erwiesen, verstiess diese und vermählte sich mit C., worauf jene sich durch Aller Tod rächte. Vergl. Creon (2) und Medea. — 4) C., eine Najade, Geliebte des thessalischen Flussgottes Peneus, welcher sie am Pindus überraschte und zur Mutter des Hypseus und der Stilbe machte. Ersterer ward König der Lapithen; ihm entstammen Cyrene, Alcäa, Themisto, Astyagea. Stilbe soll von Apollo Mutter des Lapithus und Centaurus gewesen sein.

Criasus (Gr. M.), Sohn des Argus, Königs von Argolis, und der Evadne, Tochter des Strymon und der Neära, hatte noch vier Brüder: Epidaurus, Iasus, Piranthus und Tiryns.

Crimissus (Gr. M.), Flussgott in Sicilien; er liebte Segesta, die Tochter des Trojaners Hippotas, welche von ihrem Vater nach Sicilien gebracht worden, weil ihr das Schicksal drohete, einem See-Ungeheuer als Speise vorgeworfen zu werden. Hier sah C. das schöne Mädchen, und um sich ihr nahen zu dürfen, verwandelte er sich in einen Hund. Die Frucht dieser Liebe war Acestes, der Erbauer von Segesta.

Crinacus (Gr. M.), Sohn des Jupiter, und Vater des Macareus, welcher die Insel Lesbos colonisirte. Des Letztern Töchter waren Mitylene und Methymna.

Crino (Gr. M.), Tochter des alten Trojaners Antenor, soll, gefangen von den Griechen, hinweggeführt worden und ihr Bild auf des Polygnotus Gemälden vorgekommen sein.

Criophorus (Gr. M.), »der Widderträger«, Beiname des Mercur zu Tanagra; er erhielt denselben, weil er, um die Pest von der Stadt abzuwenden, einen Widder um dieselbe getragen und dann ihn den grossen Göttern geopfert hatte. Alljährlich ward diess von einem Jüngling wiederholt, der dann denselben Namen führte.

Crisus oder **Crissus** (Gr. M.), Gründer von Crissa, Sohn des Phocus und Vater des Strophius, welch Letzterer von Agamemnons Schwester, Anaxibia, Vater des Pylades und der Astydamia ward.

Crocale (Gr. M.), Tochter des Ismenus, eine Nymphe im Gefolge der Diana, welcher sie eben im Bade das Haar ordnete, als Actäon (s. d.) sie überraschte.

Crocon (Gr. M.), Gatte der Säsara, einer Tochter des Celeus von Eleusis, Vater der Meganira, welche des Arcas, Königs von Arcadien, Gattin ward.

Crocus (Gr. M.), ein schöner Jüngling, welcher ein Mädchen Smilax liebte; er ward von den Göttern in eine Safranstaude (Crocus), sie in eine Pflanze ihres Namens verwandelt.

Cromcruah, einer der ersten Götzen der Irländer, welcher ganz von Gold gemacht und von zwölf ehernen Götzenbildern umgeben war. Bei der Einführung des Christenthums bestand sein Dienst noch.

Crommyonisches Schwein. S. Phäa.

Cromus (Gr. M.), 1) Sohn des Neptun, von unbekannter Mutter; ihm soll der corinthische Ort Crommyon den Namen verdanken. — 2) C., gab seinen Namen der Stadt Cromi in Arcadien; er war ein Sohn des verruchten Lycaon.

Cronius (Gr. M.), 1) Freier der schönen Hippodamia, Tochter des Oenomaus, wagte den Wettlauf mit dem Vater, ward von dessen unbesiegbaren Pferden eingeholt und von seiner Lanze durchbohrt. — 2) C., Sohn einer Nymphe Himalia auf Cyprus und des Jupiter.

Crosmus (Gr. M.), ein trojanischer Krieger, welcher von der Hand des Meges, Sohnes des Phyleus, getödtet ward.

Crotalus (Gr. M,); ein Freier der Hippodamia, dem es erging wie allen übrigen, bis auf Pelops: er ward im Wettlauf von Oenomaus besiegt und getödtet.

Croton (Gr. M.), ein Held der Siculer, den Hercules unvorsätzlich tödtete, als er mit Geryons Rindern durch Italien zog. C. ward feierlich bestattet, von dem Halbgott ihm ein Grabmal errichtet, und den Siculern gesagt, dass eine grosse Stadt einst des Helden Namen tragen würde.

Crotopus (Gr. M.), Sohn des Agenor, König von Argos. Seine Tochter Psamathe ward von Apollo geliebt, und vermochte nicht, dem schönsten der Götter zu widerstehen; die Frucht dieser Liebe setzte sie aus. Hirten nahmen sich des hülflosen Knaben, den sie Linus nannten, an, allein die Hunde derselben frassen das Kind auf, und C. liess seine Tochter hinrichten. Voll Zorn sandte Apollo ein furchtbares Ungeheuer über das Land, welches den Müttern die Kinder hinwegfrass. Diese Landplage ward durch Coröbus gehoben, indem er das Scheusal tödtete; allein Apollo sandte nun eine Pest, welche den König für seine Verbrechen strafte, und so ward er genöthigt, das Land zu verlassen, und als ein heimathloser Fremdling umherzustreifen.

Crotus. Siehe Schütze.

Crytidas (Gr. M.), einer der sechs berühmten Feldherren der Siculer, welche gegen Hercules fielen, als er mit den Rindern des Geryon durch diese Insel zog.

Cteatus (Gr. M.), einer der Molioniden, d. h. ein Sohn der Nymphe Molione, von Neptun, oder ihrem Gatten Actor, dem Bruder des Augeas. Weiteres siehe unter Molioniden.

Ctesippus (Gr. M.), 1) ein Freier der Penelope, einer der übermüthigsten aus dem ganzen Schwarm, der nach dem verkleideten Ulysses mit einem Kuhfuss warf, ob welcher Schmach Telemachus ihm drohete, dass, wenn er getroffen hätte, er ihn mit der Lanze durchbohrt haben würde. — 2) C., Sohn des Hercules von Deïanira oder von Astydamia.

Ctesius (Gr. M.), 1) ein kleiner König auf der Insel Syros, welcher zwei Städte besass sein Vater war Ormenus, sein Sohn der in der Odyssee oft vorkommende Sauhirt Eumäus, welcher durch eine ungetreue Sklavin seines Vaters an phönicische Seefahrer übergeben, und von diesen an Laërtes auf Ithaca verkauft wurde. — 2) C., (»der das Eigenthum Schützende«) Beiname des Jupiter und Mercur.

Ctesylla (Gr. M.), Beiname der Venus zu Julis auf der Insel Ceos. Ein Mädchen desselben Namens wohnte auf der Insel, die Tochter des reichen Alcidamas, in welche sich Hermochares, ein armer Jüngling, verliebte; um nun zu ihrem Besitz zu gelangen, schrieb er auf einen Apfel den Schwur, dass C. ihn zum Gatten nehmen wolle, und rollte ihr denselben zu, als sie sich im Dianentempel befand, welcher so heilig war, dass die dort ausgesprochenen Schwüre für unverbrüchlich galten. C. erhob den Apfel, las die Schrift und verband sich somit zu dem, was sie ausgesprochen; der Vater sagte sie in Folge dessen auch dem um sie werbenden Hermochares zu, allein ein später erscheinender wohlhabender Freier bewog ihn, sein Wort zurückzunehmen. Nun flohen die Liebenden nach Athen, aber Diana zürnte der C., und sie starb im ersten Wochenbette. Aus ihrem Sarge erhob sich eine Taube, und C. war verschwunden. Das befragte Orakel gab zur Antwort, Venus habe des jungen Mannes Geliebte zu sich genommen, und er solle nun der Venus C. einen Tempel bauen.

Ctimene (Gr. M.), Schwester des Ulysses, Tochter des Laërtes und seiner Gattin Anticlea, welche zugleich mit Eumäus erzogen ward.

Cuba (Röm. M.), eine Göttin, welche das Liegen der Kinder beschützen sollte.

Cumaeus (Röm. M.), Beiname des Apollo, von der durch die cumäische Sibylle berühmten Stadt Cumä in Italien. Die Statue des Gottes war wegen eines Wunders berühmt, das sich während des Krieges der Römer mit den Achäern zutrug; damals weinte sie vier Tage nach einander.

Cundinomarca, die Liebesgöttin der Mexicaner, in deren Tempel die religiösen und Staats-Versammlungen gehalten wurden.

Cunina (Röm. M.), eine Göttin, welche die kleinen, neugeborenen Kinder in ihren besondern Schutz nahm, daher ihr Name, von Cuna, die Wiege.

Cupavo (Röm. M.), Führer eines kleinen Kriegertrupps, welcher mit der Macht der Ligurer sammt seinem Bruder Cinyras dem Aeneas zu Hülfe zog. Des C. Vater war Cycnus, ein naher Verwandter und Freund des Phaëthon, über dessen Tod er sich grämte, bis die Götter ihn in einen Schwan verwandelten, daher C. seinen Helm mit Schwanenfedern geschmückt trug.

Cupencus (Röm. M.), ein Rutuler, den Aeneas in der letzten Schlacht erlegte, indem er mit gewaltigem Speer ihm den ehernen Schild durchbohrte.

Cupido (Röm. M.), der Gott des liebenden Verlangens, Uebersetzung des griechischen πάϑος; mehr Dichtergedanke, als wirklich mythologische Figur; gewöhnlich gilt er für Einerlei mit Amor (s. d.).

Cupra (Röm. M.), Name der Juno bei den Etruriern; sie hatte einen Tempel bei Firmum Picenum in Mittel-Italien.

Cura (Röm. M.), die »Sorge«, eine allegorische Gottheit, von welcher eine anmuthige Fabel erzählt wird. Sinnend sass sie an den Ufern eines Stromes, dem Spiele seiner Wellen zuschauend; unbewusst ihrer selbst, bildeten ihre Finger aus dem Thon des Ufers eine Gestalt, und siehe — es war der Mensch. Sie bat den Jupiter, ihn zu beleben, welches dieser that, worauf er jedoch verlangte, dass der Mensch nun auch ihm gehören solle, wogegen die Sorge stritt, weil sie ihn gebildet habe, und was auch die Erde nicht zugeben wollte, da von ihr der Stoff genommen sei. Saturn, zum Schiedsrichter aufgerufen, entschied: Jupiter solle den Leib nach dem Tode erhalten, die Sorge ihr Geschöpf während seines Lebens besitzen, und sein Name, weil es aus humus (Erde) gebildet, homo (der Mensch) sein.

Curae (Röm. M.), »die Sorgen«, rächende Göttinnen, welche am Eingange in den Tartarus wohnen; sie haben ihr Lager bei den Seuchen, dem traurigen Alter, dem Gram, drückenden Hunger, der Angst, dem garstigen Mangel.

Cureten (Gr. M.), ursprünglich Priester des orgiastischen Jupiter-Cultus auf Creta; sie gingen bewaffnet, und ihr Dienst selbst bestand in feierlichen Waffentänzen. Letzteres war auch bei den Corybanten der Fall, eben so bei den idäischen Dactylen, daher diese dreierlei Wesen im Laufe der Zeit mit einander verschmolzen wurden. In der Folge machte man sie zu den Wächtern und Gespielen des neugebornen Jupiter, damit sie durch das Geräusch ihrer Waffentänze, durch das Zusammenschlagen ihrer Schilde den Götterknaben verbergen, sein Geschrei übertönen möchten, auf dass der blutdürstige Saturnus ihn nicht höre. Verschieden von ihnen sollten nach Strabo diejenigen C. sein, welche als die ältesten Bewohner Aetoliens genannt werden.

Curis, Pater (Röm. M.), Vorsteher der Curien, der Stammgenossenschaften im ältesten Rom; wahrscheinlich Beiname des Jupiter.

Curitis (Röm. M.), Name der Juno bei den Sabinern; er soll von dem Worte Curis, Speer, herkommen. Man findet unter den alt-italischen Kunstwerken häufig Juno-Gestalten mit einem Speer, wesshalb man glaubt, dass der Speer bei ihr Symbol der Herrschermacht sein solle. Andere bringen den Speer der Juno in Verbindung mit ihrer Bedeutung als Ehegöttin, indem sie auf einen alten Gebrauch hinweisen, wornach die Haare der Bräute mit einer gekrümmten Lanzenspitze gescheitelt wurden.

Custos (Röm. M.), »Beiname Jupiters, als Beschützers der Stadt Rom, der gewöhnlich in Verbindung mit Conservator, der Erhalter, vorkommt. Domitian errichtete dem Jupiter C. einen Tempel auf dem Capitol.

Cyamites (Gr. M.), ein alt-attischer Heros, welcher sich um den Ackerbau, und namentlich um die Pflanzung der Bohnen, (Cyamus heisst Bohne), verdient gemacht haben soll.

Cyane (Gr. M.), eine sicilische Quellnymphe, welche zugegen war, als Pluto Proserpina raubte. Mit ausgebreiteten Armen, den halben Leib aus ihrer Quelle erhoben, stellte sie sich dem Beherrscher der Unterwelt entgegen und rief, auf solche Weise dürfe er nicht um die Tochter der Ceres werben, auch ihr sei liebend Anapis genaht, aber mit Bitten, nicht sie zu Tode ängstigend. Pluto schlug mit dem Scepter die Erde, dass sie breit sich öffnete und der Wagen niedersank in die Tiefe; die Göttin aber verging vor Gram und ward zu dem bläulichen Wasser ihrer Quelle. Ceres kam zu derselben; da erhob sich der Gürtel ihrer Tochter auf dem Spiegel des See's, und daraus schloss die Mutter auf das Geschehene. — 2) C., Tochter des Königs Liparus, Beherrschers der liparischen Inseln, welche mit Aeolus, des Hippotes Sohn, vermählt ward, der durch sie die Inseln selbst bekam und nunmehr nach sich die äolischen nannte.

Cyaneë (Gr. M.), Tochter des Flussgottes Mäander, Geliebte oder Gattin des Creters Miletus, welcher der zu grossen Zärtlichkeit des Minos und Sarpedon durch die Flucht sich entziehen musste. C. gebar ihm den Caunus und die Byblis.

Cyanippus (Gr. M.), Sohn des Aegialeus, Sohnes des Adrast, Fürst von Argos aus dem Geschlechte der Biantiden.

Cyanische Felsen (Gr. M.), die Felsen, welche man auch Symplegaden oder Plancten nennt; eine Felsengruppe am Ausgange der Strasse von Constantinopel in das schwarze Meer. Sie waren beweglich und schlossen sich auf und zu, so dass sie Alles, was zwischen sie kam, zermalmten. Den Argonauten drohte dasselbe Schicksal; allein diese hatten den Orpheus bei sich, welcher sich auf das Vordertheil des Schiffes stellte und seine Lyra rührte; sobald dieses geschah, blieben die schwarzblauen Felsen (daher die erste Benennung) unbeweglich stehen und liessen das Schiff hindurch, und seit dieser Zeit bewegen sie sich nicht mehr.

Cyathus (Gr. M.), Mundschenk des Königs Oeneus, begoss bei einem Gastmahl den Hercules mit einem Becher Weins, welchen er dem Helden reichte; dieser drohte ihm lächelnd und schlug ihn mit dem Zeigefinger an den Kopf, von welcher Berührung der Arme auf der Stelle blieb. Die Phliasier, bei denen sich das Unglück zutrug, weihten dem Getödteten eine Kapelle, welche zu Phlius, neben dem Tempel des Apollo, stand; sie enthielt die Bildsäulen des Hercules und des C., wie Letzterer dem Erstern einen Becher reicht.

Cybele Fig. 84. 85. (Gr. M.), Tochter des phrygischen Königs Meon und der Dindyma. Der Vater liess das neugeborne Kind, weil es kein Knabe war, aussetzen, es ward aber von Panthern und Löwen ernährt, dann von Hirten am Berge Cybelus gefunden (daher der Name) und auferzogen, bis es durch seine Majestät und Schönheit bemerklich machte, dass es keinem niedern Stande angehöre. C. ward von den Eltern erkannt und aufgenommen, dadurch aber ein Liebesverhältniss mit Atys entdeckt, und nun dieser durch den grausamen Vater hingerichtet oder verstümmelt; Gleiches geschah auch der

Fig. 84.

Hirtenfamilie, welche C. erzogen hatte, worüber diese sich so innig betrübte, dass sie zuerst in düstere Schwermuth, endlich aber in völlige Raserei gerieth, und wild umherschweifte von Land zu Land, von Volk zu Volk. Eine Pest brach nun über Phrygien herein; da sagte Apollo, man solle die Körper der Ermordeten ehrenvoll begraben und die entflohene C. zurückrufen und als Göttin verehren. Da nun aber von des Atys Körper nichts mehr zu finden war, so erwies man seinem Bilde die Ehre, die dem Leichnam zugedacht war; daher kommt es, dass man ihn zugleich mit C. in den Tempeln und auf den

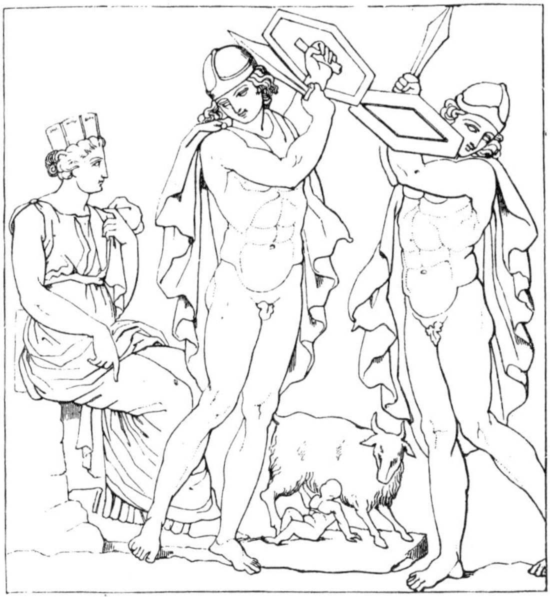

Fig. 85.

Altären findet. Der neuen Göttin ward nun ein prächtiger Tempel zu Pessinus erbaut und sie als Landesgöttin, bald als die oberste von allen, verehrt, daher denn auch von hier der Name der Göttermutter ausging. Ein Orakel, dass, wenn man die höchste der Göttinnen aus Kleinasien nach Rom bringen würde, jeder nahende Feind vertrieben werden könnte, veranlasste die Römer, 203 v. Chr., ihr Bild, das aber nur ein schwarzer, nicht besonders grosser Stein war, aus Pessinus nach Rom zu holen und ihr hier auf dem palatinischen Hügel einen Tempel zu bauen, wo fortwährend phrygische Priester, Gallen genannt, ihren orgiastischen Dienst verrichteten. Da sie schon in Phrygien die »grosse Mutter« geheissen hatte, so wurde sie nun mit der griechischen Rhea, der Mutter der Götter, und mit der latinischen Ops, der Gemahlin des Saturnus, verwechselt, auch mit der Göttin der Erde identificirt. Ueber die Liebe der C. zu Atys oder Attes, s. Attes. Auf unserer Abbildung 84 sehen wir sie nach einer antiken Statue sitzend dargestellt; am Fussgestell die Vestalin Claudia Quinta, die ihre bezweifelte Tugend dadurch beweist, dass sie das Schiff mit dem Bildnisse der C., das in der Tiber festsass und durch keine Gewalt wieder flott gemacht werden konnte, mit ihrem Gürtel weiter zieht. Das Bild 85 zeigt sie uns nach einem Basrelief, in Angst um ihren neugebornen Sohn Jupiter, den die Ziege Amalthea säugt, während zwei Corybanten den Waffentanz um ihn tanzen, damit Saturn sein Gewimmer nicht höre. Löwen und die Mauerkrone, so wie die Handtrommel, welche sie erfunden, sind stets ihre Attribute.

Cychreus oder **Cenchreus**, (Gr. M.), Sohn des Neptun und der Salamis, einer Tochter des Flussgottes Asopus, ging auf die Insel, welche seiner Mutter Namen führt, und befreite sie von einer ungeheuern Schlange, welche dieselbe unbewohnbar machte; darauf colonisirte er dieselbe; weil er jedoch kinderlos starb, hinterliess er das Reich dem Telamon, dem Bruder des Peleus.

Cyclopen (Gr. M.). Nach Homer ein riesenhaftes, übermüthiges, gesetzloses, menschenfresserisches Hirtenvolk auf der Insel Trinacria, das weder Acker- noch Weinbau, sondern nur Viehzucht trieb. Jeder lebte für sich in einer Höhle; sie kannten die Schifffahrt nicht, und bekümmerten sich nichts um Jupiter. Als der bedeutendste tritt unter ihnen Polyphem, der Sohn Neptuns, hervor (s. Ulysses). Bei Hesiod sind die C. Titanen, drei an der Zahl, Söhne des Uranus und der Gäa, die personificirten Wetterstrahle, worauf ihre Namen Arges (der Leuchtende), Steropes (oder Asteropes oder Asteropäus, der Blitz) und Brontes (der Donner), hindeuten. Sie wurden von Uranus in den Tartarus geworfen, und von Saturnus, als er sich gegen jenen empörte, wieder befreit. Dasselbe Schicksal der C. wiederholt sich dann: Jupiter befreit sie aus der zweiten Gefangenschaft, in welche Saturnus sie geworfen. Dem Jupiter dienen sie nun und schmieden ihm die Blitze: als sie aber auch den Blitz geschmiedet hatten, womit Jupiter den Aesculap erschlug, tödtete sie dessen Vater Apollo zur Rache mit seinen Geschossen. Später werden sie als Schmiede-Gesellen des Vulcan aufgefasst und haben im Schoosse des Aetna ihre Werkstätte; es sind ihrer nun mehrere, auch mit theilweise veränderten Namen, z. B. Pyracmon, Acmas. Endlich schrieben die Griechen auch die ältesten, ungeheuren Mauerwerke, deren Erbauer unbekannt waren, einem uralten, bauverständigen, thracischen Volke zu, das sie C. nannten. Ueberreste solcher Bauwerke, cyclopische genannt, aus unbehauenen, vieleckigen, dicht zusammengefügten Steinblöcken, oft 20 bis 30 Fuss breit, aufgeführt, sieht man noch heut zu Tage in Griechenland, besonders im ehemaligen Argolis, Arcadien und Epirus-auch im alten Latium.

Cycnus (Gr. M.), 1) Sohn des Apollo und der libyschen Nymphe Thyria oder Hyria, ein Jüngling von ungemeiner Schönheit. Als sein Freund Phylius ihn auf des Hercules Rath verliess, stürzte er sich in den See Conope, wohin ihm seine Mutter aus Gram über sein frühes Ende folgte. Apollo verwandelte Beide in Schwäne und nahm den Schwan zum Lieblingsvogel. — 2) C., Sohn des Mars und der Pelopia, bekannt wegen seiner Grausamkeit, seiner Stärke und seines Zweikampfs mit Hercules. Er wohnte in Thessalien und fiel alle Reisenden mörderisch an, bloss um ihnen die Köpfe abzuschneiden, denn er hatte seinem Vater gelobt, ihm einen Tempel von lauter Todtenschädeln zu bauen. Hercules ging durch Iton, ward auch von ihm angefallen, allein obgleich Mars seinem Sohne beistand, doch nicht besiegt, im Gegentheil unterlag C., und Mars selbst, verwundet, dankte nur der Schnelligkeit seiner Götterpferde das Entkommen. — 3) C., Sohn des Mars und der Pyrene. Hercules suchte ihn auf, rang mit ihm und tödtete ihn; bei dieser Gelegenheit kam er abermal mit Mars in einen Zweikampf, der so gefährlich und hartnäckig war, dass Jupiter die Streitenden durch einen zwischen sie geworfenen Blitz trennen musste. — 4) C., Sohn des Neptun und der Calyce, einer Tochter des Hecaton. Aus Furcht vor der ihr drohenden Schande setzte sie den Knaben aus, welchen Schwäne fanden und auffütterten. Neptun machte ihn unverwundbar, so dass er zu einem furchtlosen Helden erwuchs. Als Mann wurde er König von Colonä in Troas und Gemahl der Proclea, Tochter des Laomedon oder des Clytius, die ihm den Tennes und die Hemithea gebar. Seine zweite Gemahlin Philonome fasste Liebe zu Tennes, die dieser nicht erwiderte, wesshalb sie ihn bei ihrem Manne verläumdete, worauf dieser seinen Sohn in einem Kasten in's Meer warf, der bei Tenedos landete, wo Tennes König wurde. Später erfuhr C. die Wahrheit, tödtete Philonome und zog mit seinem Sohne den Trojanern zu Hülfe. Als er hier einst die Griechen überfiel, die eben beschäftigt waren, ihre Todten zu begraben, so stellte sich ihm Achilles entgegen, und da dieser vergebens versuchte, den eisenfesten Leib des C. zu verwunden, schlug er ihn mit dem Schwertgriff so heftig vor den Kopf, dass C. betäubt wurde, und der Pelide ihn nunmehr mit den Riemen seines eigenen Helmes erwürgte. — 5) C., Vater des Cupavo und des Cinyras; diese trugen Schwanenfedern als Helmschmuck, um an ihren Vater zu erinnern, welcher von Apollo in einen Schwan verwandelt wurde, weil er sich über des Phaëthon Tod selbst todtgrämte.

Cydippe (Gr. M.), 1) ein Mädchen, in welches ein junger Mensch von der Insel Ceos, Acontius genannt, sich verliebte, der zu ihrem Besitz auf dieselbe Weise gelangte, wie Hermochares zu dem der Ctesylla (s. d.). — 2) C., Tochter des Ochimus, eines Sohnes des Sonnengottes, vermählt mit ihres Vaters Bruder, Cercaphus, Beherrscher von Rhodus. — 3) C., eine Nymphe, Gespielin der Cyrene.

Cydon (Gr. M.), 1) Sohn des Mercur und der Acacallis, der Tochter des Minos und der Pasiphaë, welcher auf Creta eine Stadt Cydonia erbaute. Diess war cretische Sage. Nach tegeatischer Sage war er ein Sohn des Tegeates aus Tegea und von da naeh Creta gewandert. — 2) C., Vater der unglücklichen Eulimene, welche, mit dem Creter-König Apterus verlobt, einen Liebhaber, Lycastus, begünstigt hatte. Als C. bei einem Aufstand mehrerer Städte gegen ihn des Sieges wegen das Orakel befragte, befahl dieses, eine Jungfrau zu opfern; das Loos traf Eulimene; um sie zu retten, erklärte Lycastus, dass sie Mutter sei; als sie dennoch gemordet wurde und sich nun die Wahrheit des Vorgebens zeigte, tödtete der Verlobte den Liebhaber des Mädchens und verliess sein Vaterland.

Cydonia (Gr. M.), Beiname der Minerva, weil ihr von einem Cydonier, Clymenus, in Phrixa bei Pisa ein Tempel erbaut worden. Als Pelops das Wettrennen mit Oenomaus um seine schöne Tochter begann, opferte er dieser Göttin, und sie gab ihm den Rath, durch welchen er Sieger ward.

Cydragora (Gr. M.), Gemahlin des Strophius und Mutter der Astydamia und des Pylades. Ist diese Angabe richtig, so muss sie eine Schwester des Agamemnon, also Tochter des Atreus oder Plisthenes gewesen sein. Doch geben Andere der Gattin des Strophius den Namen Anaxibia oder Astyochia.

Cydrolaus (Gr. M.), ein Feldherr des Lesbus, welcher von diesem nach Samos gesendet wurde, um die Insel und die benachbarten kleinern Wohnplätze zu colonisiren. Man wählte ihn, nachdem Alles durch's Loos vertheilt worden, zum Könige der ganzen Inselgruppe.

Cygaeus (Gr. M.), einer der sechs Heerführer der Sicilier, welche im Kampfe gegen Hercules blieben, als dieser die Rinder des Geryon durch die Insel trieb.

Cyllabarus (Gr. M.), ein junger argivischer Held, welcher die Liebe der Aegialea, der Gattin des Diomedes, durch Gunst der Venus erlangte, die gegen Diomedes aufgebracht war, weil er sie selbst verwundet hatte. Aegialea ward von der Liebe zu C. so durchdrungen, dass sie ihren Gatten würde ermordet haben, wenn er sich nicht zum Altar der Juno geflüchtet hätte.

Cyllarus (Gr. M.), 1) der Schönste der Centauren, blond von Haar und Bart, schwarz, so weit der Rossleib ging, mit weissem Schweif und weissen Füssen, geliebt von Allen seiner Art, liebend nur seine, an Reiz ihm vergleichbare Hylonome. Er blieb bei der Hochzeit des Pirithous, doch ist unbekannt, von wessen Hand der Wurfspiess gesendet war, der ihn traf. Hylonome entzog diesen der blutenden Wunde und stürzte sich selbst hinein, ihr Leben auf des Geliebten Körper aushauchend. — 2) C., eines jener windschnellen Rosse, welche Zephyrus mit der Podarge, einer Harpyie, erzeugte, und welche Mercur den Dioscuren schenkte.

Cyllen (Gr. M.), Sohn des Elatus aus Arcadien und der Laodice, der Tochter des Cinyras, Bruder des Ischys und Stymphalus. Nach ihm hiess ein Berg in Arcadien Cyllene.

Cyllene (Gr. M.), eine Nymphe, Mutter des Lycaon von des Iasus Enkel Pelasgus.

Cyllenius (Gr. M.), Beiname des Mercur von dem Berge Cyllene, auf dem er geboren sein sollte und einen Tempel hatte.

Cymatolege (Gr. M.) »Wellenbesänftigerin«, eine Nereide.

Cyme (Gr. M.), eine Amazone von welcher die Stadt C. den Namen erhielt.

Cymelus (Gr. M.), ein Lapithe, der auf des Pirithous Hochzeit durch den Centaur Nessus getödtet wurde, indem dieser ihm einen Wurfspiess in den Schooss schleuderte.

Cymo und **Cymodoce** (Gr. M.), zwei Nereiden, Schwestern, Töchter des Nereus und der Doris.

Cymodocea (Gr. M.). Als Turnus die Schiffe des Aeneas zu verbrennen drohte, verwandelte Cybele sie alle in Meernymphen; eine derselben, C., schwamm zu Aeneas und gab ihm Nachricht von dem Vorgefallenen, so wie von der Lage, in welcher sein Sohn Ascan sich befand, und hiess ihn demselben zu Hülfe eilen.

Cymopolia (Gr. M.), Gattin des hundertarmigen Briareus, welche derselbe zum Lohne für seine Tapferkeit von ihrem Vater Neptun empfing; ihre Mutter war eine arcadische Nymphe.

Cymothoë (Gr. M.), eine Nereide.

Cynaethus (Gr. M.), Sohn des Lycaon, welchen Jupiter in einen Wolf verwandelte, während er alle seine Söhne mit dem Blitz erschlug.

Cynius (Gr. M.), Beiname des Apollo bei dem alten athenischen Geschlechte der Cyniden.

Cynna (Gr. M.), eine Amazone, Gründerin der Stadt C. bei Heraclea.

Cynortas (Gr. M.), Sohn des Amyclas, Königs von Lacedämon, und der Diomede, Tochter des Laconiers Lapithas; durch seinen Sohn Oebalus oder Perieres Grossvater des Tyndareus.

Cynosura (Gr. M.), Nymphe des Berges Ida, welche den Jupiter erzog, wofür derselbe sie unter die Sterne versetzte. Sie soll der kleine Bär sein, dessen oberster Stern, der Polarstern, bei den Griechen C. genannt wurde, d. h. wörtlich Hundeschwanz.

Cynosurus (Gr. M.), Sohn des Mercur von einer Dryas des Berges Cynosuras, der von C. benannt sein sollte.

Cynthia und **Cynthius** (Gr. M.), Beiname der Diana und des Apollo von ihrem Geburtsort, dem Berge Cynthus auf der neu entstandenen Insel Delos.

Cyparissia (Gr. M.), Beiname der Minerva von der Stadt Cyparissiä unweit Asopus in Laconien.

Cyparissus (Gr. M.), 1) Sohn des Telephus und Liebling des Apollo, welcher ihm einen zahmen Hirsch geschenkt. Zufällig erschoss er diesen und grämte sich darüber so sehr, dass er sich das Leben nehmen wollte, Apollo aber verwandelte ihn in einen Cypressenbaum. — 2) C., Erbauer einer Stadt seines Namens in Phocis, Sohn des Minias, Königs von Orchomenus.

Cyphus (Gr. M.), Sohn des Perrhäbus, Königs der Perrhäber; er stiess mit zwanzig Schiffen zu dem Heere der Griechen vor Troja; nach ihm soll die perrhäbische Stadt Cyphus benannt sein.

Cypria. S. Venus.

Cyrbia (Gr. M.). anderer Name der Cydippe, Tochter des Ochimus, Gemahlin des Cercaphus.

Cyrene (Gr. M.), 1) Geliebte des Apollo, Tochter

des Hypseus (Sohnes des Flussgottes Peneus), schon als Kind mit den Waffen vertrauter, als mit den weiblichen Arbeiten. Einst sah Apollo sie unbewehrt mit einem Löwen kämpfen, entbrannte in Liebe zu ihr und nahm sie mit sich nach einem reizenden und fruchtbaren Küstenstriche Libyens, gab dort der Stadt C. ihren Namen, weihte ihr einen eigenen Tempel, machte sie unsterblich, und erzeugte mit ihr den Aristäus, nach Einigen auch den Seher Idmon. — 2) C., eine Nymphe, Geliebte des Mars, Mutter des Diomedes, Königs der Bistonen, welcher seine Rosse mit dem Fleisch der bei ihm ankommenden Fremden fütterte.

Cyris (Gr. M.), Beiname des Adonis bei den Cypriern.

Cyrnus (Gr. M.), 1) Sohn des Hercules, nach welchem die Insel C. (Corsica) benannt sein sollte. — 2) C., ein Feldherr des Inachus, der ihn mit einer bedeutenden Flotte ausschickte, die durch Juno auf das Grausamste verfolgte Io zu suchen, wobei er ihm den Befehl ertheilte, nicht ohne sie heimzukehren. Diess bewog ihn, sich in Carien niederzulassen, wo er eine Stadt C. erbaute.

Cythera. S. Venus.

Cytissorus (Gr. M.), Sohn des Phrixus und der Chalciope, Tochter des Königs Aetes in Colchis, welche dieser dem Fremdling gab, als er ihm den goldvliessigen Widder brachte. Er soll die Stadt in Paphlagonien, welche seinen Namen trägt, erbaut haben.

Cytus (Gr. M.), Sohn des Jupiter und der Nymphe Himalia.

Cyzicus (Gr. M.), Sohn des Königs Aeneus und der Aenete, ging nach Propontis und colonisirte die Landschaft Dolionis, vermählte sich mit Clite, der Tochter des Merops, und befand sich in Glück und Ansehen, als die Argonauten zu ihm kamen, welche er sehr freundlich aufnahm, die jedoch bald nach ihrer Abreise, durch Sturm verschlagen, Nachts zum zweiten Male auf seiner Insel landeten. Man hielt sie für feindlich gesinnte Pelasger, rückte ihnen entgegen und Jason selbst erlegte den König. Weiteres s. unter Clite.

Czastawa (Slav. M.), eine der berühmtesten Heldinnen in dem böhmischen Mägdekrieg; sie focht sieben Jahre lang mit unverändertem Glück unter der Anführung der Herzogin Wlasda, bis diese mehr der List, als der Gewalt unterlag.

Czernebog auch **Tschernebog** Fig. 86. (Slav. M.), von dem slavischen Tscharni, schwarz, und Bog, Gott; ein böser Gott der nordischen Wenden und Slaven, für

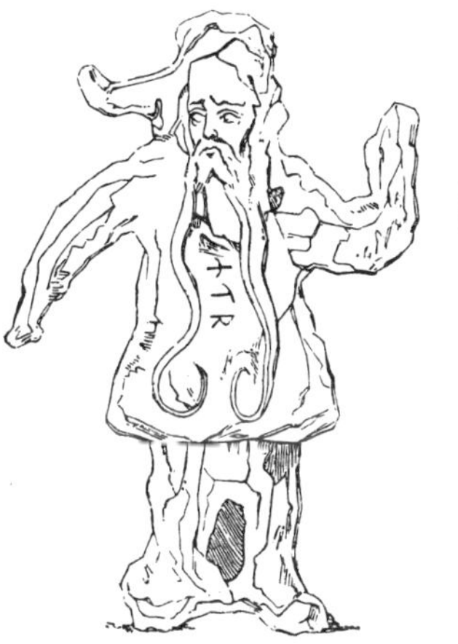

Fig. 86.

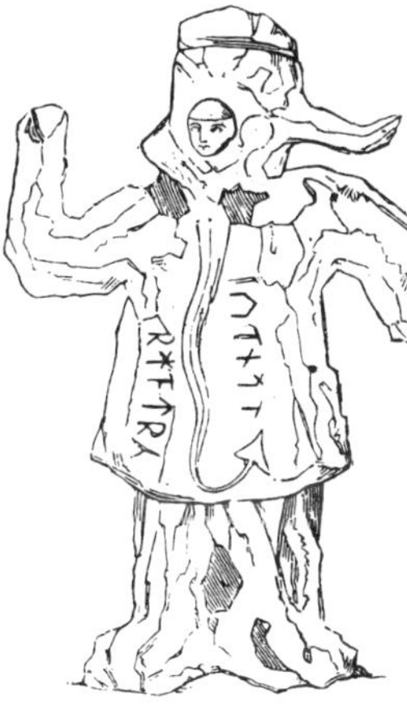

Fig. 86.

Fig. 87.

Fig. 88.

sich bestehend, als Oberster der finstern Götter, sonst aber auch Beiname mehrerer bösen Gottheiten. Er ist das böse Princip, dem Bielbog, dem Triglaw, dem Swantewit entgegengesetzt, und wirkt nur Böses, doch glaubte das Volk, er müsse gegen seinen Willen im grossen Ganzen zum Guten wirken, wenn anders diese Nachricht, welche den alten christlichen Chronisten entlehnt ist, Glauben verdient. Man deutet mehrere Bilder und Bildsäulen mit einer sogenannten Löwenhaut auf den C.; mit Sicherheit weiss man es nur von denjenigen, auf welchen sein Name ohne Beisatz vorkommt, d. h. als Name, nicht als Titel. Unser Doppelbild stellt ein solches Götzenbild von zwei verschiedenen Seiten dar; das an der Hinterseite in Runen eingegrabene Wort Rhetra bezeichnet den Fundort; die andern beiden Wörter, das eine auf der Rückseite über Rhetra, und das andere auf der Vorderseite, waren wir nicht im Stande zu entziffern. Die Arbeit ist höchst roh, kaum zeigen die beiden Gesichter etwas Menschenähnliches; das eine an der Vorderseite zeichnet sich durch einen langen, in zwei Zöpfen herniedergehenden Bart aus; das andere ist ganz jugendlich, fast kindlich, befindet sich auf der Rückseite des Kopfes über einem langen, mit einer Pfeilspitze endenden Zopf. Anders ist ein, auch zu Rhetra gefundenes Götzenbild, den C. darstellend, geformt; dieses hat Aehnlichkeit mit einem englischen Bulldog, ist aus Erz gegossen und vorzugsweise mit dem Nomen proprium C bezeichnet. Häufig wurden die bösen Götter als Thiere gezeichnet; eine abschreckende, entsetzliche Thiergestalt wollte man diesen Götzen geben; hierzu hatte die rohe Kunst alle Mittel, eine freundliche Aussenseite vermochten weder ihre Gedankenbilder, noch ihre Sculptur zu gewinnen.

Czudo morskoe (Slav. M.), der Beherrscher oder König des Meeres, ein mächtiger Gott, dem Tausende von Untergöttern (Czudi) dienten, welche Meergötter theils guter, theils böser Art waren, und nach ihrem Gefallen den Menschen nützten oder schadeten. Die Seefahrer und Fischer opferten ihnen bei ihrer Abreise aus den Häfen Landfrüchte, nach welchen sie besonders begierig gewesen sein sollen.

Czur Fig. 87. 88. (Slav. M.), der Gränzgott der Russen, ganz roh gebildet, mit nur entfernter Annäherung an menschliche Gestalt.

D.

Daboi, eine von den Widahs in Africa göttlich verehrte Schlange; sie wird von Jungfrauen gepflegt, welche, als ihre Priesterinnen, so wie die Göttin selbst, grossen Ansehens geniessen.

Dactyli Idaei (Gr. M.), Dämonen, denen in Vorderasien, besonders am trojanischen Berge Ida, die erste Erfindung der Metallarbeit und eben damit ein hohes Verdienst um die früheste Cultur der Menschheit zugeschrieben und göttliche Verehrung erwiesen wurde. Die Spuren des Glaubens an sie weisen in ein Alter zurück, das man die Dämmerung der griechischen Mythologie in ihrem Uebergang aus dem Morgen- in's Abendland nennen könnte. Schon zur Zeit der Blüthe der griechischen und römischen Wissenschaft und Kunst kannte man weder ihren Ursprung, noch ihre eigentliche Bedeutung; man vermuthete nur, dass sie von dem Berg Ida und von der Fingergeschicklichkeit (δάκτυλος heisst im Griechischen Finger) den Namen erhalten; man erzählte, dass sie am Ida gewohnt, durch einen Waldbrand Eisenminen entdeckt, und durch eben dieses Feuer das Erz bearbeiten gelernt hätten. Zahl und Namen der einzelnen variiren zwischen 10 und 100.

Daedae Taengri (Tübet. M.), ein erhabenes Geistergeschlecht, welches schon vor Schöpfung der sichtbaren Welt existirte, unsterblich war, doch durch die Schaffung der Welt ein Lebensziel erhielt, ohne eigentlich den Gesetzen des Todes unterworfen zu sein. Es waren nun unendlich viele, welche dieses Ziel in der sichtbaren Welt erreicht hatten, und doch nicht starben; unzufrieden mit ihrem zweifelhaften Geschick, erhoben sie sich von ihren Thronen und schwebten in den Himmeln umher, bis sie in das Reich der assurischen Geister kamen; diese waren unter sich stets in Uneinigkeit, und das Erscheinen der D. T. verstärkte eine der Parteien in dem Geisterreiche, worauf ein Krieg ausbrach, welcher mehrere Millionen Jahre dauerte.

Fig. 89.

Fig. 90.

Daedale (Gr. M.), Tochter der Metis, Amme oder Erzieherin der Minerva, welche Jupiter, nachdem er die Göttin aus seinem Haupte geboren, dieser Frau übergab, die wegen ihrer Klugheit und Kunstgeschicklichkeit allgemein geehrt war.

Daedalion (Gr. M.), Sohn des Lucifer, vermählt mit einer Nymphe des Parnass, welche ihm die Chione gebar, die in einem Liebesverhältniss mit Apollo und zugleich mit Mercur stand. D. endete sein Leben gewaltsam, indem er sich von einem Felsen des Parnass herabstürzte, weil Diana seine Tochter getödtet hatte, da diese, von zweien Göttern geliebt, sich rühmte, schöner zu sein, als die Göttin. Apollo aber verwandelte den D. im Sturze in einen Habicht.

Daedalus, Fig. 89. 90. (Gr. M.), ein Athener aus königlichem Stamm, Zeitgenosse des Theseus, Sohn des Eupalamus und der Alcippe, Vater des Icarus, der älteste Meister in Bildhauerei und Baukunst, überdiess Erfinder zahlreicher nützlicher Werkzeuge. Seine Bildsäulen waren aus Holz geschnitzt, und man sagte sogar, dass sie gehen konnten, was wohl nur darauf deutet, dass er sie mit frei entwickelten Gliedern bildete, während man früher nur hermenartige Bildsäulen hatte, deren Hände und Füsse eng an den Leib schlossen. Sein Schwestersohn, Talus, von ihm unterrichtet, zeigte noch mehr Erfindungs-Gabe als der Lehrer selbst, erfand die Töpferscheibe, das Drechseleisen, und erweckte damit den Neid des Oheims, welcher ihn ermordete und eben begraben wollte, wobei er jedoch überrascht, des Mordes angeklagt und vom Areopag dessen schuldig befunden wurde. Er entfloh zuerst in den attischen Flecken, welcher von ihm den Namen des dädalischen empfing, und dann nach Creta zu Minos, dessen Freund er bald wurde. Er verfertigte dort viele Kunstwerke, unter andern die berühmte hölzerne Kuh der Pasiphaë, durch welche diese letztere den Minotaurus empfing, für welchen D. nun das Labyrinth baute. Als Minos erfuhr, D. habe seiner Tochter Ariadne den Rath gegeben, den Theseus mit jenem Faden-Knäuel zu versehen, durch den er den Rückweg aus dem Labyrinth fand, setzte er ihn und seinen Sohn Icarus gefangen. Nun verfertigte D. für sich und seinen Sohn Flügel von Federn, die er mit Wachs in hölzerne Gerippe einsetzte, und entwich so durch die Luft, gewiss, dass ihm Niemand nachfolgen könne. Sein Sohn flog in jugendlichem

Uebermuth zu hoch, der Sonne zu nahe; diese schmolz das Wachs, und so stürzte er in das Meer, das von ihm den Namen des icarischen empfing. D. kam nach Sicilien zum König Cocalus, der ihn gleichfalls freundschaftlich empfing, und auch Ursache hatte, die Anwesenheit des Künstlers zu loben, denn die grössten Kunstwerke dankten seinem Geiste ihr Entstehen: so die unbezwingliche Feste bei Agrigent, in welcher der König seine Schätze aufbewahrte; dann die natürlichen Dampfbäder, in einer Höhle bei Selinus; der Tempel der Venus auf dem Gipfel des Berges Eryx etc. Er stand bis zu seinem Tode in grösstem Ansehen bei dem Könige, so dass dieser lieber den Minos umbrachte, als dass er den Künstler an diesen, der ihm nachgefolgt war, ausgeliefert hätte. Kunstdarstellungen des D. geben unsere beiden Abbildungen: Fig. 89, wo er sich und seinem Sohne Flügel macht, und 90, wo er sich mit Pasiphaë über die Vollendung der hölzernen Kuh bespricht.

Dadgah (Pers. M.), der Ort der Gerechtigkeit, ein kleiner Feuertempel der Guebern (der grosse heisst Derimher); in einem solchen befindet sich keine Feuerkapelle mit eigenem Altar für das Heiligthum, sondern das Feuer brennt auf der blossen Erde, auch bedarf es keines besonders geweihten oder ausgesuchten Platzes, um diesen Tempel anzulegen; er kann an jedem Orte stehen, was mit dem grösseren nicht der Fall ist.

Daduchos (Gr. M.), lateinisch Lucifera, »die Fackelträgerin«, Beiname der Diana, wenn sie als Mondgöttin erscheint; sie wird mit zwei Fackeln in den Händen abgebildet; s. Diana.

Dagon (Phön. M.). Eine Gottheit, welcher wir nur im alten Testamente erwähnt finden z. B. 1. Sam. 5, 1, fgg.; Richter 16, 23. Da das Wort Dag im Hebräischen Fisch heisst, so ist D. ohne Zweifel theilweise in Fischgestalt dargestellt gewesen, und gesellt sich so zu Atargatis oder Derketo (s. d.), und möchte neben jenem weiblichen ein männliches Princip des Lebens und der unendlichen Fortpflanzung gewesen sein, auch vielleicht mit dem fabelhaften Nannes (s. d.) zusammenhängen.

Dagum (Lam. Religionswesen.), nennen die Mongolen das Amtskleid ihrer Lamapriester (Gellongs); es ist ein grosser Mantel von gelber Seide, mit rothen Quadraten besetzt und einem eben solchen Kragen versehen.

Dagur oder **Dag**, nach der nordischen Mythologie Tag (physischer Begriff), Sohn des Dellingur (Dämmerung), des dritten Mannes der Not (Nacht), Tochter Niörfs (Finsterniss), eines Riesen, der seine Wohnung in Jotunheim hatte. D. und Not nahm Alfadur auf, gab ihnen zwei Hengste und zwei Wagen, um damit jeden Tag die Erde zu umfahren. Not fährt mit ihrem Rosse Rhimfaxi (Dunkelmähne) voran; von dem herabtriefenden Schaum seines Gebisses wird die Erde jeden Morgen bethaut. D.s Ross heisst Skinfaxi (Scheinmähne); von dessen strahlender Mähne wird Alles erleuchtet.

Dahak. S. Zohak.

Dahman (Pers. M.), ein reiner und heiliger Genius, welcher nicht durch Opfer, wohl aber durch Gebete und gute Thaten gewonnen werden kann. Die Perser brachten diesem Ized für ihre Verwandten dreissig Gebete dar, wodurch denselben sechzig Todsünden vergeben wurden. D. ist der edelste Beglücker der Himmelsbewohner und der dahin kommenden menschlichen Seelen, welche er aus den Händen des Serosch empfängt, vor den Thron des Höchsten und von da zur ewigen Seligkeit führt, deren erste Stufe schon das Beschauen Gottes ist, weil diesen kein Verdammter schauen kann, und weil keiner, der ihn geschauet, verdammt werden kann.

Daidias (Ind. M.), die beiden Söhne der Didy (der Nacht, Schwester von Adidy, der Helle, des Tags) und des Kasyapa (Sohn des Maritschi und Enkel Brama's), furchtbare, finstere Riesen-Dämonen; sie heissen Eruniakschen und Erunien. Der Erstere war der bösere; er zog die Erde in den Abgrund des Meeres und veranlasste Wischnu zu seiner Verkörperung als Eber, indem der Gott in dieser Gestalt die Erde aus dem Abgrund mit den Spitzen seiner Hauer erhob und dem Riesen, welcher ihm diess wehren wollte und mit einer Keule nach ihm schlug, mit den Zähnen den Leib aufschlitzte. Der Andere, nur wenig besser, schwur, seines Bruders Tod an Wischnu zu rächen, und ergab sich, um hierzu die Macht zu erlangen, einer ausserordentlichen Frömmigkeit in der Anbetung Brama's. Dieser Gott versprach ihm dafür, er solle weder bei Tag noch bei Nacht, weder von Menschen, noch Thieren, noch Göttern, weder in noch ausser seinem Hause getödtet werden können. Jetzt überliess er sich der angeborenen und lange nur mühsam unterdrückten Bosheit; Alles, selbst Wischnu, musste sich vor seiner durch die Frömmigkeit erlangten Macht verbergen; endlich errichtete er sich selbst Pagoden und liess sich als Gott verehren, woran indessen sein Sohn nicht Theil nahm, welcher gut war und Wischnu als Gott erkannte, auch durch Bitten so wenig wie durch Martern von dem rechten Wege abzubringen war. Als einst der Vater, voll Zorn über des Sohnes festen Glauben, dass Gott überall sei, auf eine eiserne Säule schlug und ausrief: Ist Wischnu denn auch hierin? da sprang aus der Säule Wischnu hervor, und eingedenk der Bedingungen, unter denen der Riese nicht getödtet werden konnte, war er weder Thier noch Mensch, sondern beides halb, Löwe und Mensch; er fasste den Riesen, der weder am Tage noch bei Nacht sterben konnte, in der Dämmerung, und schleppte ihn auf die Thürschwelle zwischen dem Innern und dem Aeussern des Hauses, woselbst er ihn erwürgte. — D. hiessen übrigens noch alle bösen Dämonen, die von Atri und Barhischads stammen.

Daikoku (Jap. M.), einer der vier Götter des Reichthums; er verleiht Glückseligkeit und Wohlleben, denn mit dem Hammer, den er führt, kann er Alles, was er berührt, verwandeln, Alles, was er begehrt, hervorbringen; er sitzt auf einem Fasse mit Reis, und hat neben sich einen Sack, in welchem er seine Schätze aufbewahrt, oder aus welchem er seinen Verehrern mittheilt, was sie brauchen.

Dai Nitz No Rai (Jap. M.), die grosse Sonnengestalt, ein Gott der Luft und des Lichtes, derjenige, von welchem alles Leuchten, selbst das der Sonne und der Gestirne, ausgeht; er wird auf einer Kuh sitzend abgebildet. (Vergl. Amano Watta.)

Dains-leif (Nord. M.), das Schwert des Königs Högni, Vaters der Zauberin Hildur. Das Schwert hatte von den Zwergen, die es geschmiedet, die böse Eigenschaft empfangen, dass es, einmal entblösst, Blut sehen musste, und dass die mit ihm geschlagenen Wunden unheilbar waren. Der Krieg, welcher durch den Raub der Hildur zwischen Högni und Hedin entstand, dauert durch dieses Schwertes Kraft und Hildurs Kunst bis zum Weltuntergange fort.

Daira (Gr. M.), »die Wissende«, ein göttliches Wesen aus der eleusinischen Geheimlehre, von Mercur Mutter des Eleusis, wird für Eins erklärt bald mit Venus, bald mit Ceres, bald mit Juno, bald mit Proserpina.

Dairi, das geistliche Oberhaupt der Japaner. Ehemals war die Kaiserwürde damit verknüpft; vor ungefähr sieben Jahrhunderten brachte eine grosse Staatsumwälzung die weltliche Herrschaft an einen Anführer der Kriegsmacht, Yori-Tomo; seit dieser Zeit ist der D. ein heiliger Gefangener, welcher in der Hauptstadt von Japan residirt, jedoch von einem Statthalter des Kaisers auf's Strengste bewacht wird. Er verlässt seinen Palast nie, wird darin geboren und stirbt darin, ohne mehr als jährlich einmal in's Freie, nämlich in seinen Garten zu kommen, welches allem Volke verkündet wird, nicht, damit dasselbe ihn sehe, sondern damit es sich verberge, um ihn nicht zu sehen. Er geniesst scheinbare Vorrechte in Menge, doch in der That nichts, was ihn für seine Einkerkerung entschädigen könnte. Zu seinem Unterhalt ist eine ganze Provinz bestimmt, doch leidet er und sein Hof oft drückenden Mangel, weil die Unterbeamten des Kaisers den grössten Theil des für ihn Bestimmten an sich ziehen, und keine seiner Klagen des Herrschers Ohr erreichen kann. Der Name D. bedeutet eigentlich den Hof des Kaisers; er selbst heisst Oo Dai Sin Oo. Sein ganzes Geschlecht ist überaus heilig und macht, obgleich es zum grössten Theile aus Bedienten des D. besteht, doch auf die höchste Achtung Anspruch. — Der D. hat zwölf Frauen, und eines seiner Kinder erbt den Thron, doch nicht das älteste, sondern dasjenige, welches die ihn umgebenden Priester wählen. Nach seiner Thronbesteigung ist er ein lebendiger Gott, und viele Götter sind seinen Befehlen unmittelbar unterworfen, ja sie alle müssen einen Monat im Jahre bei ihm bleiben, welcher daher Kame Natsuli heisst, der Monat ohne Götter, indem alsdann alle Tempel verlassen sind, weil ihre Bewohner dem D. ihre Aufwartung machen. Solche Heiligkeit kann nur dadurch behauptet werden, dass er nie geht (immer wird er getragen), dass ihn nie eines Menschen Blick trifft, dass er nur im Schlafe gewaschen, gereinigt, nur dann ihm Nägel, Bart und Haare geordnet werden, dass er jeden Morgen einige Stunden unbeweglich auf seinem Throne sitzt und weder einen Blick, noch eine Miene machen, noch irgend wohin sehen darf, (in neueren Zeiten sitzt, statt seiner, nur die Krone auf dem goldenen Stuhl), dass er seine Speisen auf Porzellangefässen bekommt, welche jedesmal, nachdem er sie gebraucht, zerbrochen werden, damit Niemand sie nach ihm entweihe u. s. f., denn er ist ein Sohn des Himmels, und folglich das erhabenste Wesen der Erde, welches die Götter, nachdem sie lange in eigener Person die Erde regiert, mit der ferneren Regierung derselben beauftragt haben.

Daische (Ind. Rel.), das Wasserfest, welches die Birmanen unter ausgelassenen Freudenbezeugungen feiern, indem sie sich an demselben auf den Strassen, öffentlichen Plätzen etc. mit Wasser bespritzen, eine Ceremonie, an welcher selbst der Kaiser Theil nimmt.

Daitsching (Lam. M.), der Kriegsgott der Mongolen, Tübetaner und Mandschuren, wird in voller Rüstung, mit Trophäen und von Trabanten umgeben, vorgestellt, gewöhnlich zur Verzierung der Heeresfahnen gebraucht, doch auch klein, von Messing oder Goldblech getrieben, als Talisman getragen; man schreibt ihm alles Glück im Kriege zu, und glaubt durch seine Nähe sich vor jedem Unfall und vor jeder Verwundung geschützt.

Dakpa-Tzamo (Lam. M.), eine der furchtbarsten Abtheilungen der Hölle, an welche die Tübetaner glauben; sie gehört zu den acht Regionen, in welche die Hölle (Gnielva) getheilt ist; an diesem Orte werden die Verdammten durch Feuer gequält, bis der Schmerz sie tödtet, doch sogleich erwachen sie wieder zu neuem Leben und neuen Qualen.

Dakscha (Ind. M.), ein mächtiger, urerschaffener Geist, aus Brama's grosser Zehe entsprungen, und daher einer der zehn Herren aller Wesen. Er hatte keinen Sohn, wohl aber fünfzig Töchter von seiner Gattin Prassudi, der Tochter des Suayambhu. Diese Töchter wurden vermählt, damit sie ihm Söhne gebären sollten. 27 derselben erhielt Tschiandra, der Gott des Mondes, 13 Kasyapa, Brama's Enkel und Sohn des Maritschi, 7 Darma, der Gott der Gerechtigkeit und Güte, ein sanfter Stier, Schiwa's Reitthier. Von den noch übrigen drei Töchtern erhielt eine Akni, eine zweite Werotren, und die letzte und schönste, Schakti, Schiwa selbst. Die zehn Altväter, zu denen D. gehört, brachten einst das grosse Opfer, zu welchem alle Götter geladen waren. Als D. hereintrat, standen die Götter sämmtlich auf, um ihn zu ehren, nur Schiwa unterliess es, worüber ihm von D. beleidigende Worte gesagt wurden. Der Gott schwieg, aber Nandi Gessuren, sein Günstling, gerieth in Zorn und verfluchte den Frevler. — Einige Zeit darauf gab D. wieder ein grosses Opfer, lud alle Götter, überging jedoch seine Tochter Schakti und deren Gatten Schiwa. Trotz des Letztern Warnung ging sie doch zu dem Feste, als Tochter des Hauses, ward aber verächtlich behandelt, und erklärte, dass sie den von D. empfangenen Leib ablegen und einen andern annehmen wolle. Diess geschah, sie ward als Parwadi geboren, aber Schiwa riss sich aus Verzweiflung über ihren Verlust als Schakti ein Haar aus, dem ein Riese entsprang, der das Opfer störte, indem er den Opfersaal betrat, D. den Kopf abschlug und das Haus anzündete, in welchem D.s Kopf mit verbrannte. Die Götter baten Schiwa um Verzeihung, welche auch gewährt ward. Der Gott belebte den Altvater, da jedoch sein Kopf nicht mehr existirte, setzte er ihm einen Ziegenkopf auf, wie Nandi Gessuren ihm geflucht hatte.

Dalai Lama (Lam. Rel.), eines der beiden Oberhäupter der Tübetanischen Hierarchie, welche sich in Gelbmützen und Rothmützen theilt, deren ersteren der D. L. als ein wahrer Papst vorsteht, während die andern ein gleich mächtiges (oder unmächtiges) Haupt im Bogdo Lama haben. Er ist eine Offenbarung, eine beständige, nie aufhörende Verkörperung Gottes, und zwar des ersten der geschaffenen Götter, des Chomschim Bodhissadoa. Sein Geist ist stets der nämliche nur seinen Körper wechselt er, wenn er altert, um einen andern zu beziehen, welcher an gewissen Zeichen seinen Priestern kenntlich ist. Er geniesst der höchsten Verehrung, denn selbst der Kaiser von China, unter dessen Hoheit Tübet steht, kniet vor ihm nieder. Ausser den Fürsten und Priestern sieht ihn Niemand, diesen aber erscheint er, auf einem Altar mit unterschlagenen Beinen sitzend, unbeweglich, ein sichtbarer Gott. Obwohl er der Anbetung Aller sich erfreut, obwohl selbst seine Excremente als Ausflüsse der Gottheit betrachtet, mit Gold aufgewogen, wie ein heiliger Talisman auf der Brust getragen, für die Kranken als sicher helfende Arzneien gebraucht werden (diess sind jedoch wahrscheinlich Fabeln, von den Missionären verbreitet), so ist er doch seiner frühern, Alles zerschmetternden Macht in irdischen Angelegenheiten völlig beraubt. In dem grossen Kloster, welches er auf dem Berge Puddala, nahe an der Gränze von China, bewohnt, sind, so wie in den beiden Schlössern bei Chassa, welche er abwechselnd zum Aufenthalte wählt, immer mehrere tausend chinesische Soldaten, die ihn bewachen, so dass er eigentlich nur ein vornehmer Staatsgefangener, mit etwas mehr Freiheit als der Dairi (s. d.) ist. Dennoch bleibt sein göttliches Ansehen unverändert, und der chinesische Kaiser hält mit ungeheuren Kosten einen Nuntius des D. C. an seinem Hofe zu Peking, dem er solche Ehrfurcht bezeugt, wie dem Grosslama selbst. Der Name dieses Fürsten der Kirche bedeutet »die sehr grosse Mutter der Seelen«.

Dalkiel (Hebr. M.), ein Gefallener, ein Höllenengel. Sein Amt ist, eine feurige Peitsche zu schwingen, mit welcher er die Verdammten nach der siebenten Abtheilung der Hölle treibt.

Damarchus (Gr. M.), ein zu Parrhasia in Arcadien geborner Athlet, welcher am Feste des Jupiter Lycäus sich in einen Wolf verwandelte, dessen Gestalt er zehn Jahre lang behielt.

Damasichthon (Gr. M.), einer der Söhne der Niobe (s. d.), welcher seiner Mutter Stolz mit dem Leben büssen musste, indem Apollo und Diana ihr alle Kinder, bis auf zwei, tödteten.

Damasippus (Gr. M.), Bruder der Penelope, der Gattin des Ulysses, Sohn des Icarius.

Damasistratus (Gr. M.), ein König, welcher über Platää herrschte, als Oedipus (s. d.) seinen Vater Laius erschlug, ohne ihn zu kennen. D. begrub den Laius und seinen gleichfalls von Oedipus erschlagenen Wagenlenker Polyphontes.

Damascus (Gr. M.), 1) Sohn des Mercur und der Nymphe Alimede, welchem die Stadt seines Namens in Syrien ihr Entstehen danken soll. — 2) D., ein Thebaner, der die von Bacchus gepflanzten Weinstöcke umhieb, wofür zur Strafe ihm der Gott bei lebendigem Leibe die Haut abzog.

Damastes (Gr. M.), ein Räuber, welcher am Cephissus bei Athen hauste, und die Fremden, die in seine Hände fielen, nach dem Masse seiner Bettstelle so lange ausreckte, bis sie starben, daher er den Beinamen Procrustes, der Ausrecker, bekam.

Damastor (Gr. M.), 1) einer der drachenfüssigen Giganten, welche sich gegen die Götter empörten und Berge auf Berge thürmten, um den Olymp zu erstürmen. Jupiter hatte ihm einen Felsblock aus den Händen geschlagen, da ergriff er seinen Bruder, den Pallas, welchen Minerva mit dem Medusenhaupte versteinert hatte, und warf ihn zum Olymp empor. — 2) D., Vater des Ageleus, eines Freiers der Penelope.

Damba Togar (Ind. M.), der erhabene Göttersitz des japanischen Gottes Schagkiamuni (Buddha), welcher denselben verliess, um in Gestalt des Elephantenkönigs Araschawardan die Welt zu erlösen.

Damia (Gr. M.), Gefährtin der Auxesia (s. d.). Dass Auxesia und D. mit Ceres und Proserpina verwandte Wesen sind, lehrt der Umstand, dass auch bei den Römern D. als Beiname der Bona Dea (s. d.) erwähnt, und dieser ein mystisches Opfer Damium und ein Priester Damias beigelegt wird.

Damno (Gr. M.), Tochter des ägyptischen Königs Belus, Schwester des Aegyptus und des Danaus, ward mit Agenor, dem König von Phönicien, vermählt, und soll die Mutter des Phönix gewesen sein; auch die Töchter Isäa und Melia schreibt man ihr zu.

Damodara (Ind. M.), Beiname des grossen Gottes Wischnu.

Daemogorgon, der Erdgeist, welcher alle materiellen Dinge geschaffen, Himmel, Erde und Meer und Alles, was darin ist, dessen Namen man aber nicht aussprechen durfte. Man stellte ihn als einen kothigen, mit Moos bedeckten, blassen Greis vor, der im Innern der Erde wohnt. Seine Kinder sind: Erebus, Eris und die Parcen.

Daemon (Gr. Glaube.), griechisches Wort für die allgemeine und unbestimmte Vorstellung eines einzelnen, entweder unbekannten, oder doch nicht mit der gewünschten Vollständigkeit der Eigenschaften erkannten göttlichen Wesens; zuweilen auch für die als Einheit gefasste, aber eben in ihrer Einheit unbegreifliche Gottheit. Der D. ist immer die Gottheit als solche, die für den Menschen etwas Unheimliches hat, ihm ein gewisses Grauen einflösst. Als daher das Christenthum unter den Griechen und Römern herrschende Religion wurde, eignete sich das Wort D. im Munde der christlichen Religionslehre vortrefflich dazu, die griechisch-römischen, wie alle anderen heidnischen Gottheiten, als Geister der Finsterniss und des Abgrunds, dem Lichtreiche des dreieinigen Gottes und seiner Engel und Heiligen gegenüber zu stellen, und in diesem Sinne ist es bis auf unsere Zeit aller Orten gebraucht worden.

Damtschuk (Mong. M.), ein grünes Pferd, das Reitthier des Gottes Maidari, des letzten Burchans, der zur Erde steigt, um die Menschen wieder zu ihrer vorigen Lebensdauer, ihrer Tugend und Schönheit zu erheben. Das grüne Pferd ist ein grosses Heiligthum (Dolon Erdeni), welches nebst sechs anderen Heiligthümern, der weissen Jungfrau, dem blauköpfigen Reiter etc. auf den Altären der mongolischen Tempel aufgestellt wird.

Damysus (Gr. M.), der schnellste der Giganten, dessen Körper der Centaur Chiron ausgrub, um seinen Knöchel dem Achilles einzusetzen.

Danaë (Gr. M.), Tochter des Acrisius, des vierten Königs aus dem Danaïden-Stamme zu Argos, und der Eurydice, Tochter des Königs Lacedämon. Dem Acrisius war geweissagt worden, dass ihm von seinen Nachkommen der Tod drohe; desshalb war er, als er endlich eine Tochter bekommen hatte, so sehr in Angst vor der Erfüllung des Orakelspruches, dass er sie, nachdem sie mannbar geworden, in einem ehernen Thurme verwahren liess. Trotz der Strenge des Königs fand Jupiter doch Mittel, D., deren Schönheit ihn reizte, zu besuchen; er verwandelte sich in einen goldenen Regen, und fiel so in ihren Schooss. Die Folgen der Liebe des Gottes blieben nicht aus: Perseus ward geboren, Mutter und Kind aber von dem zornigen Vater in einem offenen Kasten dem Meer übergeben, welches die dem Tode Bestimmten zu Seriphus an's Land trieb, dessen König Polydectes sie auffing, und den jungen Perseus zum Helden erzog. D. kam später nach Italien, und ward, nach der Mythologie der Latiner, Gattin des alten Gottes Pilumnus, und durch ihn Mutter des Daunus.

Danaïden (Gr. M.), die fünfzig Töchter des ägyptischen Königs Danaus, welcher vor seinem Zwillingsbruder Aegyptus aus dem Vaterlande floh und sich in Argolis niederliess. Aegyptus hatte fünfzig Söhne, welche mit den D. vermählt werden sollten; ein Orakel hatte den Danaus vor dieser Verbindung gewarnt, desshalb entwich er, allein die fünfzig Söhne reisten den jungen Bräuten nach und wurden nun mit denselben verlobt, in der Hochzeitnacht aber alle auf Befehl des grausamen Vaters ermordet; nur eine einzige, Hypermnestra, schonte ihres Verlobten, des Lynceus, und war ihm behülflich zur Flucht, wesshalb sie von ihrem Vater vor Gericht gestellt, hier aber freigesprochen wurde. — Die Grausamkeit der D. wurde nach ihrem Tode in der Unterwelt dadurch bestraft, dass sie Wasser in ein durchlöchertes Fass schöpfen mussten.

Danake (Gr. M.), eine kleine, ursprünglich persische Münze, einen Obolus an Werth; gewöhnliche Benennung für den Pfennig, welchen man dem Verstorbenen in den Mund steckte, um damit dem Charon das Fährgeld über den Acheron zu bezahlen.

Danaus (Gr. M.), Vater der Danaïden (s. d.), hatte von verschiedenen Frauen fünfzig Töchter, welche mit den Söhnen des Aegyptus auf folgende Art verbunden wurden: die Töchter der Elephantis, Hypermnestra und Gorgophone, bekamen den Lynceus und den Prötus. An Busiris, Enceladus, Lycus und Deïphron, kamen die Töchter der Europa, Automate, Amymone, Agave und Scäë. Ferner bekam Istrus die Hippodamia, Chalcodon die Rhodia, Agenor die Kleopatra, Chätus die Asteria, Diocorystes die Philodamia, Alcis die Glauce, Alcmenor die Hippomedusa, Hippothous die Gorge, Euchenor die Iphimedusa, Hippolytus diese Rhode. Diese zehn Söhne des Aegyptus hatten eine arabische Mutter, die ihnen zugefallenen Bräute waren Töchter der Baumnymphen Atlantia und Phöbe. Agaptolemus erhielt die Pirene, Cercestes die Dorion, Eurydamas die Pharte, Aegius die Mnestra, Argius die Evippe, Archelaus die Anexibia, Menachus die Nelo. Diese sieben Männer hatten eine phönicische Mutter, ihre Mädchen eine äthiopische. Wegen Namensgleichheit wurden verbunden: Clitus und Clite, Sthenelus und Sthenele, Chrysippus und Chrysippe, Söhne einer tyrischen Mutter und Töchter der Memphis. Die zwölf Söhne der Nymphe Caliande loosten um die Töchter der Najade Polyxo, und so bekam Eurylochus die Autonoë, Phantes die Theano, Imbrus die Evippe, Bromius die Euroto, Polyctor die Stygne und Chthonius die Bryce. Die Söhne, welche Aegyptus von den Gorgonen hatte, loosten um die Töchter der Pieria; so erhielt Periphas die Actäa, Oeneus die Podarce, Aegyptus die Dioxippe, Metalces die Adyte, Lampus die Ocypete, Idmon die Pylarge. Die Söhne der Hephästine erhielten die Töchter der Crino; Pandion bekam die Callidice, Arbelus die Oeme, Hyperbius die Celäno, Hippocorystes die Hyperippe. Die jüngsten Söhne des Aegyptus bekamen die Töchter der Herse: Idas die Hippodice und Daïphron die Adiante. Hier sind die Töchter alle sowohl, als die Gattinnen des Danaus angeführt; die verschiedenen Mythographen stimmen aber durchaus nicht mit einander überein. Nach dem Morde der neun und vierzig Jünglinge wurden denselben die Köpfe abgeschnitten und auf dem Wege nach dem Schlosse von Argos begraben, die Körper aber in den lernäischen Sumpf geworfen. Da sich für die Mörderinnen keine Freier fanden, so wurden sie bei angestellten Wettkämpfen als Preise für die Sieger ausgestellt und auf diese Weise nach und nach vermählt.

Danawandri (Ind. M.), der Gott der Heilkunst, eine besondere Incarnation des Wischnu; doch werden ihm nicht eigene Tempel (Pagoden) erbaut, sondern nur sein Bild, die Statue eines alten, bärtigen, in einem Buch aus Talipotblättern lesenden Mannes auf Wischnu's Altar aufgestellt. Er entstand, als die Götter den Berg Mandar im Milchmeere umdrehten, um Amrita zu bereiten; da stieg er mit einem Gefässe, das diese indische Ambrosia enthielt, aus dem Meere herauf.

Danawas (Ind. M.), ein zahlreiches Gefolge böser Geister, welche oft welterschütternde Kämpfe veranlassten, und namentlich mit dem Reiche des Indra stets in Zwistigkeit lebten. Zweimal befreite Wischnu den Herrscher von der Schmach, den Dämonen zu unterliegen: auch der König Dschumanta, aus Kalidasas Sakontala bekannt, kam einmal demselben zu Hülfe.

Dandam (Ind. M.), ein Stab mit sieben Astknoten, welchen die Sanjasi, die indischen Heiligen, tragen, und dessen Knoten sie täglich mit Gangeswasser benetzen müssen, wodurch sie gegen alle Einflüsse böser Dämonen geschützt sind.

Dandawatren (Ind. M.), eine Wiedergeburt, und zwar die dritte Verkörperung des Riesendämons Eruniakassiaben, des einen der beiden Daidyas. Er ward von Wischnu in der Avatora des Krischna nach gewaltigem Kampfe überwunden und getödtet.

Danden (Ind. M.), Fürst aus dem Geschlechte der Sonnenkinder; er hatte neunundneunzig Brüder; der Vater Aller hiess Ikschuwaku.

Dandesuren (Ind. M.), ein Heiliger, grosser Büsser und Günstling des Schiwa, welcher befahl, man solle diesen Heiligen gleich ihm, dem Gotte selbst, verehren; daher steht in den Tempeln des Schiwa D.s Bildsäule gewöhnlich neben der des Zerstörers.

Danu (Ind. M.), ein mächtiger, böser Dämon, welcher ein zahlreiches Dämonengeschlecht erzeugte, das in der indischen Mythologie eine grosse Rolle spielte.

Danukobi (Ind. M.), ein berühmter Teich, ein Badeort, den Wischnu selbst für sich und Schiwa gegraben und mit Granit ausgemauert hat. Er liegt unfern Pondicheri, auf der Halbinsel diesseits des Ganges, bei einem grossen Tempel des Schiwa. Die Stelle ist noch aus einer andern Ursache heilig: hier war es, wo der Affenkönig Hanuman mit Rama zusammenkam, als beide den Zug nach Ceylon unternahmen. Der Teich wird von zahllosen Pilgerschaaren besucht; wer sich in demselben badet, ist von allen Sünden gereinigt, doch muss er Wasser aus dem Ganges mitbringen, um den Lingam der Pagode damit zu waschen, muss auch während der ganzen Pilgerfahrt ohne Decke auf blosser Erde geschlafen haben.

Danuwas (Ind. M.), die Kinder des Danu (s. d.), mächtige Dämonen.

Dapalis (Röm. M.), »der Schmauser«, Beiname des Jupiter.

Daphnaea (Gr. M.), Beiname der Diana zu Las in Laconien, vielleicht daher, weil ihr dortiges Standbild aus Lorbeerbaum-Holz gefertigt war. Der Lorbeer heisst griechisch Daphne.

Daphnaeus (Gr. M.), Beiname des Apollo, dem der Lorbeer als Symbol der Weissagung heilig war. Ein Tempel des Gottes unter diesem Beinamen stand im heiligen Hain Daphne bei Antiochia.

Daphne Gr. M.), 1) eine Nymphe, Tochter des Flussgottes Peneus in Thessalien oder Ladon in Arcadien, und der Gäa. Leucippus, der Sohn des Oenomaus, verliebte sich in die schöne Jägerin, und nahm in den Kleidern einer Jagdnymphe Theil an ihren Spielen, hoffend, sie einst zu seinen Gunsten zu bewegen; allein Apollo, der D. gleichfalls liebte, gab dem Mädchen ein, sich zu baden, und durch des Jünglings Weigerung ward sein Geschlecht entdeckt, worauf die erzürnten Nymphen ihn mit ihren Jagdspeeren durchbohrten. Apollo vermochte nicht die Liebe der spröden Nymphe zu erringen; einst traf er sie allein und verfolgte sie, als sie Jupiter um Hülfe anflehte, und dieser sie in einen Lorbeerbaum verwandelte. Man zeigte bei Antiochia den Lorbeer, welcher einst ein blühendes Mädchen gewesen sein sollte; der Baum ward Apollo's Lieblingsbaum, und von ihm schreibt sich der Beiname Daphnäus (s. d.), her. — 2) D., Tochter des Tiresias, eine berühmte Wahrsagerin, durch Apollo gebildet.

Daphnephagos (Gr. M.), wurde die Pythia zubenannt, weil sie jedesmal vor der Besteigung des Dreifusses Blätter von dem heiligen Lorbeerbaum essen oder kauen musste; sie sollen die Kraft der Weissagung erhöht haben.

Daphnephorien (Gr. Festbrauch.), ein Fest des Apollo Ismenius, das man in Theben alle neun Jahre feierte. Das Volk wandelte in langen Zügen, angeführt von einem schönen Knaben, dem Daphnephorus, zum Apollo-Tempel. Der Führer musste von vornehmen Eltern abstammen, beide mussten noch leben; er trug fliegendes Haar, mit einer Krone geschmückt, ein prächtiges Gewand und eigens geformte Schuhe an den Füssen. Einer seiner nächsten Verwandten trug vor ihm her eine Stange mit grosser goldener Kugel und daran befestigten kleineren, welche Sonne, Mond und Planeten vorstellen sollten; 365 Lorbeer- und Blumen-Kränze schwebten von der Stange herab, die Tage des Jahres bezeichnend; diese ward vor dem Altar des Apollo in seinem Tempel aufgestellt und durch Hymnen das Fest beschlossen. Man erzählt, dessen Ursprung so, dass bei der Belagerung Thebens durch die Bewohner von Aenia in Aetolien dem Feldherrn der Thebaner im Traum ein wie oben geschmückter Jüngling erschien, welcher ihm eine prachtvolle Rüstung brachte, sagend, in diesen Waffen würde er siegen, doch solle er alle neun Jahre dem Apollo eine grosse Festlichkeit anordnen. Bald darauf wurden die Aeniaten durch einen Ausfall zum Abzug genöthigt, und darauf zum Andenken dieses Fest eingesetzt.

Daphnis (Gr. M.), ein junger, schöner Hirt, welcher seine Heerden stets unter dem lieblichsten Flötenspiel am Aetna weidete, Sohn des Mercur und einer Nymphe jener Gegend. Mit vorzüglicher Anlage für den Gesang begabt, erfand er das Hirtengedicht. Eine Nymphe, Echenais, gewann seine Liebe, ergab sich ihm unter der Bedingung unverbrüchlicher Treue, und drohte ihm mit Blindheit, wenn er nicht beständig wäre. Ihre Drohung auszuführen, gab ihr D. durch ein Liebesverständniss mit Chimära, einer schönen Königstochter, Veranlassung. Mercur entrückte ihn zu den Sternen und liess da, wo er geweilt, einen Brunnen entspringen.

Daphnomantia (Gr. M.), die Kunst, aus einem Lorbeerzweig wahrzusagen; hiezu warf man denselben in's Feuer und beobachtete dessen Knistern sowohl als seine Bewegungen, woraus man auf die Antwort schloss, welche Apollo ertheilte.

Dara (Lamaismus.), zwei Göttinnen gleichen Namens, welche aus zweien Thränen des Dschäschik, die er über das Ungeschick der Verdammten fallen liess, entstanden. Sie waren Personificationen der Menschenliebe und des Mitleids, welches den edeln Burchan, den Religionsstifter der Tübetaner, leitete, und kehrten, um demselben sein schweres Geschäft zu erleichtern, in seine Augen zurück, in denen sie seit dieser Zeit wohnen.

Dara Aekka (Mong. M.), ein weiblicher Chubilgatä, ein guter Genius, bestimmt, von dem Körper eines Menschen im Augenblicke seiner Geburt Besitz zu nehmen. Dieser Genius kam mit seiner Gespielin, Kullingtu Urultu, auf die Erde gestiegen, als Boddissaddo Chuktu über die Sünden und das Elend der Menschen weinte. Beide versprachen dem Chuktu (Boddissaddo ist ein Ehrentitel, er bedeutet: Erlöser der Menschen) ihren Beistand, wenn er das verdorbene, sündliche Geschlecht befreien wolle Sie wurden als Königinnen göttlich verehrt.

Dardanus (Gr. M.), Sohn des Jupiter und der Electra (einer Plejade, des Atlas Tochter). Sein Bruder Jasion liebte die Ceres, welche ihm freundlich gesinnt war, was Jupiters Eifersucht erweckte, so dass er Jasion mit dem Blitz erschlug, worauf D. aus Betrübniss sein Geburtsland Arcadien verliess, über Samothrace nach Kleinasien ging und sich dort ansässig machte. Teucer, der Sohn des Scamander und der Nymphe Idäa, herrschte dort, nahm den Fremdling gastfrei auf, und gab ihm seine Tochter Batea zur Gemahlin, nebst einem bedeutenden Landstrich, auf welchem er die Stadt D. baute, von der nach Teucers Tode die ganze Gegend Dardania genannt wurde. Batea ward Mutter des Ilus und Erichthonius; Ersterer starb kinderlos; Erichthonius übernahm die Herrschaft, vermählte sich mit Astyoche, des Simois Tochter, und erzeugte mit ihr den Tros, nach welchem dann die Gegend sich Troas nannte. Demnach ist D. der Stammvater der Trojaner oder Dardaner, welcher zuerst dem rohen Hirtenvolke feste Wohnplätze gab, Ackerbau, und mit diesem mildere Sitten, Künste und Wissenschaften brachte.

Dares (Gr. M.), 1) ein Priester des Hephästos unter den Troërn, dessen Söhne, Phegeus und Idäos, den Diomedes im Kampfe angriffen. Phegeus sendete eine Lanze auf den Griechenhelden, doch fehlte diese; des Diomedes Speer aber traf den Phegeus in die Mitte der Brust, und von Vulcan geschützt, entkam Idäos, damit D. nicht allzu betrübt werde, wenn beide Söhne fielen. — 2) D., ein Phrygier, der dem Hector als Führer beigegeben wurde, um ihn vom Kampfe mit Patroclus auf Geheiss des thymbräischen Apollo abzuhalten, der aber als Ueberläufer zu den Griechen überging und von Ulysses getödtet wurde. — 3) D., ein berühmter Cästuskämpfer, welcher bei den Spielen, die Aeneas in Sicilien gab, als sich kein Gegner ihm stellte, den zum Preise ausgesetzten Farren prahlend hinwegführen wollte. Doch, von Acestes aufgemuntert, erhob sich der greise Entellus, warf ein Paar ungeheure Cästus in den Sand und frug, ob D. gegen diese kämpfen wolle. Aeneas liess nun gleiche Riemen für Beide herbeibringen, und der Jüngling ward von dem Greise besiegt.

Darida (Ind. M.), ein übermächtiger, übermüthiger Dämon, welcher den Gott Schiwa selbst zum Kampfe forderte. Dieser musste Wischnu's Hülfe anrufen, welcher dann aus Schiwa's Auge, in Gestalt der achtköpfigen Riesin Bhadrakali, hervortrat, und den bösen Dämon besiegte.

Darma (Darmadewa) (Ind. M.), 1) ein weisser oder blauer Stier, das Reitthier des Schiwa. Er ist der Gott der Tugend und Gerechtigkeit, Vergelter des Guten, Bestrafer des Bösen, immer gegenwärtig auf der Erde, indem alle Braminen nur eine beständig sich wiederholende Verkörperung dieses Gottes sein sollen. Vor den Pagoden, welche dem Schiwa geweiht sind, hat der Stier D. immer eine besondere Kapelle, welche aus einem breiten Piedestal besteht, auf welchem er gesattelt ruht; vier Säulen tragen ein geschweiftes Dach, das die Statue vor den Unbilden der Witterung schützt. — 2) D., gehört der chinesischen und japanischen Buddha-Religion an. Er war ein Sohn des indischen Königs Kosdschuwo, ein Priester des Buddha, dessen Cultus er in China verbreitete. Stete Bussübungen machten ihn der Gottheit überaus angenehm, und ihn selbst endlich zum vollendeten Heiligen, als welcher er nun ein beschauliches Leben führte. Einst befiel ihn bei seinen Betrachtungen der Schlaf; erzürnt darüber, schnitt er sich die Augenlider ab und warf sie von sich. Diese Handlung war Buddha so wohlgefällig, dass er die Theestaude aus denselben erwachsen liess, welche die Munterkeit erhält, welche er denn auch als

Mittel für diese benützte, und von wo sich der Gebrauch des Thee's in China schreibt.

Darmamaden (Ind. M.), ein Fürst aus dem Geschlechte der Mondskinder, Sohn des Sandren und Enkel des Sibien: lauter Fürsten, durch ihre Tapferkeit hoch berühmt.

Darmaraten (Ind. M.), der Vorsänger der Sonne, ein himmlischer Genius, welcher den Wagen dieses Gestirns geleitet und vor demselben her singt.

Darmatuwassen (Ind. M.), ein Fürst aus dem berühmten Geschlechte der Kinder des Mondes. Sein Vater hiess Sanagen; er hatte einen Sohn, welcher Kandikaien genannt wurde.

Darmen (Ind. M.), ein mächtiger Raja aus dem Geschlechte der Mondskinder, der älteste von den fünf Söhnen des Pandu (s. d.) und der Kundi; seine Klugheit und Tapferkeit machten, dass man ihn zum Heerführer in dem Kriege zwischen den Pandus und den Kurus wählte; unter dem Beistand des Wischnu in der Avatara des Krischna siegte er auch, wodurch er einziger Beherrscher des bisher durch Kriege getheilten Reiches Kurukschetra ward. Er vermählte sich mit der Nymphe Gawaradi, welche ihm zwei Söhne, Dawagen und Wimen, schenkte.

Darpaga (Ind. M.), einer der vielen, oft wunderschön gewählten Beinamen des Liebesgottes, des Kamadewa; er bedeutet: der Grossherzige, oder der Gott mit den flammenden Blicken.

Darudjs (Pers. M.), eine Abtheilung der von Ahriman hervorgebrachten, den Lichtschöpfungen des Ormuzd entgegengestellten, bösen Dämonen.

Darun (Pers. Religionswesen), eine Feierlichkeit, welche im Genusse von kleinen runden Broden aus ungesäuertem Mehlteig, und aus dem Genusse des Saftes der Pflanze Hom besteht. Beides geschieht zum Andenken an den Propheten Hom, dessen Symbol der Baum gleiches Namens ist, dessen Saft das Blut des Propheten heisst (Hom brachte den Menschen die wahre Religion).

Daşapragawadi (Ind. M.), ein mächtiger indischer Raja, mit der schönen Anga vermählt, und von ihr Vater des Ganesa, dessen eine Mutter Anga war; die andere hiess Parwadi und war Schiwa's Gemahlin, hatte sich aber so sehr in Anga verliebt, dass sie mit ihr ein Wesen ausmachte, und dass mithin beide zugleich den Ganesa gebaren, welchen Schiwa eigentlich erzeugt hatte.

Dasaratha (Ind. M.), ein mächtiger König, Beherrscher von Ayadhya, war mit drei Frauen vermählt, hatte jedoch keine Söhne; auf seine Bitten bereitete ihm Schiwa eine Reisspeise, und diejenige Frau, mit der er dieselbe theilte (es war Kausali), gebar den Rama Tschandra, eine berühmte Incarnation des Wischnu.

Daschbog (Slav. M.), der Etymologie nach von Dasch, »du gibst«, und Bog, »Gott«, ein Gebender, also wahrscheinlich ein Gott des Reichthums.

Dascylus (Gr. M.), Vater des Königs Lycus von Mysien, von welchem Hercules freundlich aufgenommen wurde, wofür er demselben gegen die Bebryker beistand.

Dassaraden (Ind. M.), ein Fürst aus dem Geschlecht der Sonnenkinder, lebte im zweiten Weltalter und beherrschte das Reich Ayadhya. Sein Geschlecht ist hoch berühmt, weil in ihm mehrere Verkörperungen hoher Götter vorkommen. Seine erste Gattin Kunsillia oder Gosally ward Mutter des Wischnu in seiner siebenten Avatara als Schri-Rama; seine zweite Gattin gebar den Baraden, und seine dritte, Sumitra, die Schlange Adisseschen in der Verkörperung des Lakschumanen, welcher Rama's Begleiter auf seinen Kriegszügen wurde.

Dasyllius (Gr. M.), »der Belaubende«, Beiname des Bacchus zu Megara.

Datan (Slav. M.), ein Gott der Polen, welcher Segen, Gedeihen und Fülle, namentlich den Feldfrüchten, verleihen sollte.

Daulias (Gr. M.), Beiname der Procne und ihrer Schwester Philomele, Töchter des Pandion von Athen, weil sie beide mit König Tereus von Daulis in Phocis vermählt waren.

Daulis (Gr. M.), Tochter des böotischen Flussgottes Cephissus. Die von Tereus beherrschte Stadt Daulis erhielt ihren Namen.

Daunus (Gr. M.), 1) Sohn des Lycaon, Bruder des Iapyx und des Peucetius, mit welchen er nach Italien ging, verbunden mit Messapiern und Illyriern. Sie verdrängten an der Ostküste von Italien die Ausonier und theilten das Land in drei Theile: Daunia, Peucetia und Messapia. Gemeinsam nannten sich die so angesiedelten Stämme Iapyger. — 2) D., ein apulischer König, der aus seinem Vaterlande Illyrien als Flüchtling nach Apulien gekommen war und einem Theile dieses Landes seinen Namen gab. — Als Diomedes (s. d) von dem zerstörten Troja nach Hause zurückkehren wollte, ward er lange Zeit von den erzürnten Göttern umhergetrieben, und kam endlich nach Apulien zu D. Hier verrichtete er als dessen Bundesgenosse gewaltige Heldenthaten gegen die Messapier, und um seine Dienste zu belohnen, liess D. ihn zwischen der gesammten Kriegsbeute und seinem Lande wählen. Alänus, ein Halbbruder des Diomedes, wurde zur Entscheidung aufgerufen; dieser liebte die Tochter des D., Evippe, und entschied, um sich dieser gefällig zu zeigen, für die Beute, worauf der zürnende Diomedes das Land mit dem Fluch der Unfruchtbarkeit belegte, bis einer seines Stammes es bepflügen würde. — 3) D., Sohn der Danaë, welche, nach späterer Sage, nachdem sie von ihrem Vater in's Meer geworfen worden, nach Italien getrieben wurde. Hier vermählte sie sich mit dem, nachmals vergötterten, latinischen Könige Pilumnus, aus welcher Ehe D. entsprang, von dem Turnus und mehrere Heroën der Rutuler und Sabiner ihre Familien ableiteten.

Dawagen (Ind. M.), der älteste Sohn des Darmen (s. d.), aus dem Geschlechte der Mondskinder entsprossen.

Daytias oder **Daityas** (Ind. M.), böse Genien; alle diese Dämonen sind in immerwährendem Kampfe mit den guten.

Debadi (Ind. M.), ein Fürst aus dem berühmten Geschlechte der Mondskinder. Als sein jüngerer Bruder Sandanen die Regierung des Reiches ihres Vaters antrat, ward D. ein Büsser, und seine ausserordentliche Frömmigkeit verschaffte ihm die Kraft, Greise zu verjüngen. Hierüber ward der Gott des Himmels, Indra, eifersüchtig, und hielt zwölf Jahre lang den Regen in den Wolken zurück; die um die Ursache befragten Braminen sagten aus, diess sei eine Strafe dafür, dass Sandanen seines Bruders Reich usurpirt habe; alsbald bat dieser D., die Krone anzunehmen, was der Büsser jedoch ausschlug. Darauf erklärte Indra sich für versöhnt mit der Frömmigkeit des D., und alsbald trat Regenwetter ein.

Decatephoros (Gr. M.), »der den Zehnten bekommt«, Beiname des Apollo zu Megara, entweder, weil man ihm von jeder Beute den zehnten Theil widmete, oder, weil sein Bild, in ägyptischem steifem Styl gemacht, aus dem zehnten Theil einer solchen Kriegsbeute verfertigt war.

Deditschien (Ind. M.), ältester Sohn des Altvaters Adaruen und der Sandi.

Dee (Pers. M.), nannten die alten Feueranbeter drei Tage jedes Monats, an denen Ormuzd in eigener Person dem höchsten Gerichte vorsitzt; er ist also der lohnende und strafende Richter selbst. Die Tage, an denen er richtet, werden personificirt als seine Gehülfen, und heissen Hamkars.

Deïanira (Gr. M.), Tochter der Althäa und des Oeneus, oder des Bacchus, von ungemeiner Schönheit und grossem Heldenmuth. Hercules und der Flussgott Acheolous, so wie viele andere berühmte Helden, bewarben sich um sie. Um keinen zu erzürnen, trug der Vater auf einen Kampf zwischen den Freiern an, da dann vor Hercules und Achelous sogleich alle anderen zurücktraten. Hercules erhielt den Preis, vermählte sich mit D. und erzeugte mit ihr den Hyllus, Glenus, Ctesippus und Onites. Voll treuer Liebe an dem Helden hangend, folgte sie ihm in die Verbannung, welche er selbst sich eines Todtschlags wegen auferlegte; als sie nun von dem Centauren Nessus, der sie über den Fluss Evenus trug, gewaltsam angegriffen wurde, erschoss diesen Hercules mit einem seiner vergifteten Pfeile. Nessus hatte noch Zeit, der D. zu rathen, sie solle sein Blut auffangen und bewahren, es werde ihr als Liebeszauber die Treue ihres Gemahls sichern. D. befolgte den Rath, und als sie später auf Iole, Tochter des Königs Eurythus von Oechalia, eifersüchtig wurde, gab sie dem Hercules, der, um ein Opfer zu verrichten, ein Festgewand von ihr begehrte, ein mit dem Blute des Nessus bestrichenes Gewand, das dem Helden einen qualvollen Tod zuzog. D. erhängte sich verzweiflungsvoll, als sie das Unglück erfuhr. Nach einer andern Sage ist D. die Tochter des Dexamenus, Königs von Olenus, und Hercules muss sie als Freier dem Centauren Eurytion entreissen, den er erschlägt.

Deïcoon (Gr. M.), 1) einer von den Söhnen des Hercules und seiner ersten Gattin, der Megara, welchen er in der von Juno ihm zugesendeten Raserei erschoss. — 2) D., Freund des Aeneas, des Trojaners Pergasus Sohn, den Agamemnon mit der Lanze traf, ihm den Schild, den Gurt und den Leib durchbohrend.

Deïdamia (Gr. M.), 1) Tochter des Königs Lycomedes auf Scyrus. Zu diesem brachte Thetis den Achilles, um zu verhindern, dass er an dem trojanischen Kriege Theil nähme. Während er hier in Verborgenheit lebte, empfing D. von ihm den Pyrrhus oder Neoptolemus und den Onirus. — 2) D., Tochter des Bellerophon, vermählte sich mit Evander, dem Sohne des lycischen Königs Sarpedon, dem sie einen Sohn, Sarpedon, gebar, der als Bundesgenosse der Trojaner gegen die Griechen zog.

Deïleon (Gr. M.), Sohn des Thessaliers Deïmachus, Bruder des Phlogius und des Autolycus. Diese drei Brüder kamen mit Hercules im Amazonenkriege nach Asien, wo sie in einem Walde verirrt zurückblieben, dann nach Sinope gingen und sich dort ansiedelten, bis die Argonauten sie fanden und mit sich nahmen.

Deïmachus (Gr. M.), 1) Vater der Enarete, welche sich mit Aeolus vermählte. — 2) D., einer von den Söhnen des Neleus, Königs von Pylus, und der Chloris, Tochter des Amphion. Hercules tödtete ihn sammt allen seinen Brüdern, ausser Nestor, als er Pylus eroberte. — 3) D., Sohn des Eleon, aus Böotien, kam mit Hercules nach Troja, gewann die Liebe der Glaucia, Tochter des Scamander, und blieb bei der Erstürmung der Stadt, worauf Glaucia sich dem Göttersohne anvertraute, mit diesem nach Griechenland zum Vater ihres Geliebten ging, und dort einen Sohn gebar, welcher Scamander genannt wurde.

Deimos (Gr. M.), »das Grausen«, Sohn des Mars und der Venus, schirrt mit Phobos (Furcht), seinem Bruder, und mit Eris (Streit) den Wagen des Vaters an, wenn derselbe zur Schlacht fahren will.

Deïochus (Gr. M.), ein Grieche vor Troja, welcher, vor Paris fliehend, von diesem in den Rücken geschossen wurde, dass die Spitze des Pfeiles aus der Brust herausstach.

Deïon (Gr. M.), Sohn des Hercules von seiner ersten Gattin, der Megara, den er in der Raserei erschoss.

Deïone (Gr. M.), eine Tochter der Deo (Demeter); wahrscheinlich Proserpina.

Deïoneus oder **Deïon** (Gr. M.), 1) Sohn des Königs Aeolus von seiner Gattin Enarete, König in Phocis, hatte sich mit Diomede, der Tochter des Xuthus und der Crëusa, vermählt. Seine Kinder waren: Asteropea, Aenetus, Actor, Phylacus und Cephalus. — 2) D., Vater der Dia, der Gattin des Ixion. Als D. zu diesem kam, um das übliche Brautgeschenk zu holen, führte Ixion ihn zu einer Grube, worin sich Gold befinden sollte, in welcher jedoch glühende Kohlen aufgehäuft waren; da hinein stürzte der Verräther den Vater seiner Gattin.

Deionlok oder **Dschanlok** (Ind. M.), der fünfte Himmel, in welchem die gottbegeisterten Personen, die Rischis, Munis und die ersten Heiligen wohnen. Er wird von dem mächtigen Brahaspati, dem Planeten Jupiter, beherrscht.

Deïopea (Gr. M.), eine lydische Nymphe, von Juno dem Aeolus zur Genossin verheissen, wenn er die Winde nach ihrem Willen wehen lassen wollte.

Deïopites (Gr. M.), Sohn des Priamus, welchen Ulysses zugleich mit Thoon und Ennomus erlegte.

Deïphobe (Röm. M.), eine berühmte Sibylle, zu Cumä in Unteritalien in dem prachtvollen, doch einsamen Tempel wohnend, den Dädalus dem Apollo geweiht, als er nach glücklich zurückgelegter Bahn die Flügel, auf denen er daher gekommen, dem Sonnengotte geschenkt. Zu ihr kam Aeneas; sie unterrichtete ihn, was er auf seinem Wege zur Unterwelt zu thun habe, und geleitete ihn selbst dahin. Sie lebte, als Aeneas kam, schon 700 Jahre, und soll noch 300 Jahre gelebt haben, auch dieselbe gewesen sein, welche zu dem römischen Könige Tarquinius kam und ihm neun Bücher mit Orakelsprüchen zum Kaufe bot, doch einen so ungeheuren Preis dafür forderte, dass Tarquinius den Kauf nicht einging, worauf sie drei davon in's Feuer warf und für die sechs übrigen dasselbe verlangte, endlich noch drei vernichtete und für die übrig bleibenden wieder denselben Preis wollte, worauf Tarquinius sie mit Bewilligung des Senats kaufte, und sie von nun an in zweifelhaften Fällen als entscheidende Orakel gebraucht wurden. — Die Namen dieser Sibylle und die Ursache ihres hohen Alters werden verschieden angegeben; das letztere soll sie sich von Apollo für ihre Gunst erbeten, doch vergessen haben, auch um bleibende Jugend zu bitten, daher der verhoffte Lohn ihr zur Strafe wurde.

Deïphobus (Gr. M.), 1) einer der tapfersten Trojaner, Sohn des Priamus und der Hecuba. Die Ilias erzählt viele seiner Heldenthaten, selbst die Odyssee erwähnt seiner noch. Nachhomerische Dichter verunglimpfen seinen Charakter dadurch, dass sie sagen, er sei es gewesen, der mit scheinbarer Herzlichkeit den Achilles umarmte, bis Paris dessen Ferse sich zum Ziele des tödtlichen Pfeiles ersehen. Ihm ward nach Paris' Tode die schöne Helena zu Theil, doch sie verrieth ihn, um Verzeihung für ihre früheren Frevel zu erlangen, an Menelaus, welcher ihn lebendig auf das Grausamste verstümmelte, wogegen er sich nicht wehren konnte, weil Helena die Waffen aus seinem Schlafgemach entfernt und selbst den Degen unter seinem Haupte hervorgeholt hatte. — 2) D., ein Bewohner von Amyclä, Sohn des Hippolytus (doch nicht des Sohnes des Theseus). Hercules wurde durch ihn von dem Morde des Iphitus gereinigt.

Deïphontes (Gr. M.), Sohn des Antimachus, welcher sich mit der Tochter des heraclidischen Königs Temenus von Argos vermählte; seine Gattin hiess Hyrnetho; deren Brüder aber, glaubend, dass ihr Vater diese und ihren Gatten bei der Theilung bevorzugen wollte, ermordeten den Temenus, was D. dadurch rächte, dass er sie ganz aus dem Reiche vertrieb.

Deïpyle (Gr. M.), Tochter des Adrastus, Königs von Argos, und der Amphithea, war durch ein Orakel einem Eber, so wie ihre Schwester einem Löwen bestimmt; in Tydeus, der zur Erinnerung an die calydonische Jagd die Abzeichen eines Ebers trug, erkannte Adrastus den seiner Tochter bestimmten Gatten; sie ward diesem vermählt und gebar ihm den Diomedes.

Deïpylus (Gr. M.), 1) Jugendfreund des Sthenelus, Sohnes des Capaneus, dem Sthenelus die Rosse des Aeneas anvertraute, die er aufgefangen hatte, nachdem dieser Held von Diomedes verwundet worden war. — 2) D., Sohn des Jason, den er mit Hypsipyle, der Königin der nur von Frauen bewohnten Insel Lemnos, erzeugte, als er, mit den Argonauten dort anlangend, ein ganzes Jahr daselbst verweilte.

Deïpyrus (Gr. M.), ein Grieche, von Helenus mit gewaltigem Thracierschwert über die Gchläfe gehauen, dass ihm der Helm entstürzte und die Sinne ihm schwanden. Menelaus eilte zu Hülfe, verwundete den Helenus, konnte jedoch den D. nicht mehr retten.

Delgerengui Rujantu (Lamaismus), ein grosses Geschlecht erhabener Geister, die vornehmsten und mächtigsten unter allen Dewetas, wohnen daher auch im obersten Himmel, sind noch einmal so gross, noch einmal so stark, und leben noch einmal so lang, als die in dem nächsten Himmel unter ihnen wohnenden Geister.

Delia (Gr. M.), Beiname der Diana von ihrem Geburtsorte Delos.

Deliades (Gr. M.), Sohn des Glaucus, Bruder des Bellerophon, auch Piren und Alcimenes genannt.

Deliel (Hebr. M.), ein hoher Fürst der Engel, welcher noch dreien anderen Fürsten, Asiel, Pakniel und Pakuniel, so wie deren himmlischen Heerschaaren gebietet; sie alle sind über die Fische gesetzt und für deren Wohl verantwortlich.

Delium (Gr. M.), überhaupt ein Tempel des Apollo, nach dem Muster desjenigen, der zu Delos stand, erbaut. Es waren deren mehrere in Griechenland, besonders ausgezeichnet aber war der in Laconien, am Meerbusen von Argolis, wo ein Bild des Apollo stand, das von Delos aus dahin geschwommen sein sollte; dann ein zweiter in Böotien, an der Meeresküste, nahe bei Tanagra. Dieses letzte D. ward durch die Athener im peloponnesischen Kriege zur Festung umgeschaffen, dann siedelten sich Leute umher an, und so ward es zu einer kleinen Stadt.

Delius (Gr. M.), Apollo's Name von Delos, seinem Geburtsorte.

Dellingur (Nord. M.), »Dämmerung«, dritter Gemahl von Norfs Tochter Not (Nacht); der glänzende Sohn dieses Paares war Dagur oder Dag (der Tag).

Delodassen (Ind. M.), ein Fürst aus dem Geschlechte der Mondskinder, Sohn des Murkalen, der noch einen zweiten Sohn, Samandren, und eine Tochter, Agali, hatte. Er war Vater des Darpaden.

Delos (Gr. M.), die Insel, welche sich auf Jupiters Geheiss aus dem Meere erhob, um der Latona ausserhalb der von der Juno in Eid genommenen Erde einen Ort zu bieten, wo sie ihre Kinder gebären könne.

Delphicus (Gr. M.), Beiname des Apollo, von der Stadt Delphi, dem Hauptorte seiner Verehrung.

Delphinia (Gr. M), Beiname der Diana zu Athen, so wie des Apollo, denen beiden das Delphinium ein Tempel des Apollo zu Athen, gewidmet war.

Delphinius (Gr. M.), Beiname des Apollo zu Athen; ihm opferte Theseus den marathonischen Stier.

Delphus (Gr. M.), Sohn des Apollo und einer Nymphe, deren Name verschieden angegeben wird; nach Pausanias war er Erbauer der Stadt Delphi, welche von ihm den Namen erhielt. Dasselbe glaubt man von einem gleichnamigen Sohn des Neptun und der Melantho, Tochter des Deucalion und seiner Gattin Pyrrha, welche, im Meere badend, von dem Gotte in der Gestalt eines Delphins überrascht wurde.

Delphyne (Gr. M.), ein furchtbarer Drache mit dem Oberleibe einer Jungfrau, welchen Typhon (s. d.) brauchte, um den Jupiter, den er im Kampfe überwunden und dem er an beiden Fersen die Sehnen ausgeschnitten, zu bewachen, nachdem er ihn hülflos in die corycische Höhle gesperrt. Mercur und Aegipan befreiten und heilten den Jupiter.

Deltoton (Gr. M.), ein Sternbild, auch unter dem Namen des Triangels bekannt. Es stehen zwei solche nahe beisammen am Fusse der Andromeda, dicht bei dem Widder; sie enthalten sechzehn Sterne, von denen drei der vierten Grösse den grossen Triangel bilden.

Demaenetus (Gr. M.), Beiname des Aesculap.

Demaroon (Phön. M.). In der von Philo aus Byblus erdichteten und einem angeblichen phönicischen Weisen, Sanchuniathon, unterschobenen phönicischen Religionslehre, heisst es unter Anderem: Kronos besiegte den Uranos im Kriege und gab das gefangene liebste Kebsweib des Uranos in schwangerem Zustande dem Dagon, und sie gebar den D., welcher der Vater des Hercules wurde.

Demeter, Griechischer Name der Ceres.

De Mino Mikotto (Jap. M.), vierter König aus dem zweiten Geschlechte der langlebenden Herrscher. Diese waren Halbgötter, die frühesten Regenten von Japan, und regierten Millionen von Jahren; er lebte 637,392 Jahre; sein Vorgänger, der dritte König, hiess Ni Ni Ki No Mikotto, und ihm selbst folgte auf dem Throne von Japan Ava Sa Dsu No Mikotto als fünfter.

Demiphon (Gr. M.), König zu Phlagusa. Apollo zürnte ihm wegen eines unterlassenen Opfers, und tödtete durch seine Pfeile viele Tausende seiner Unterthanen. Das Orakel rieth, den Gott durch das Opfer einer Jungfrau zu versöhnen, welches ihm jährlich dargebracht werden sollte. Mastusius, ein Bürger der Hauptstadt, bemerkte, dass die Töchter des Königs verschont würden; dieses kostete ihn seine eigene Tochter, welche man alsbald opferte. Rache brütend, lud der gekränkte Vater des Königs Töchter zu sich, tödtete sie, und gab ihr Blut dem Fürsten zu trinken, wesshalb dieser ihn in's Meer stürzen liess.

Demo (Röm. M.), anderer Name der cumäischen Sibylle. Vergl. Deiphobe.

Democoon (Gr. M.), natürlicher Sohn des Priamus, der von dem »Gestüt leichtrennender Rosse« aus Abydus kam. Ihn traf des Ulysses Wurfspiess so, dass er durch beide Schläfe stürmte.

Demodice (Gr. M.), Gemahlin des Königs Cretheus, welche den Phrixus, den Sohn des Athamas, Bruders des Cretheus, geliebt, und da sie kein Gehör fand, dessen Tod von seinem Bruder forderte. S. auch Athamas und Ino.

Demodocus (Gr. M.), 1) der Sänger des Alcinous, Königs der Phäaken; er sang, während Ulysses sich bei Alcinous aufhielt, mehrere Scenen aus dem trojanischen Kriege, welche jenen Helden bis zu Thränen rührten, und ihn veranlassten, sich zu erkennen zu geben. — 2) D., ein Gefährte des Aeneas, ward von dem wilden Halesus zugleich mit Ladon und Pheres erlegt.

Demoleon (Gr. M.), 1) Sohn des Phrixus und der Chalcippe, Tochter des Aeetes, Königs von Colchis, welcher, mit seinen Brüdern von dem Grossvater nach Griechenland geschickt, auf dem Pontus Euxinus Schiffbruch litt, und von den Argonauten gefunden und zurückgebracht wurde. — 2) D., ein Trojaner, Sohn des Antenor und der Theano, welcher durch Achilles fiel.

Demoleos (Gr. M.), ein Held der Griechen, den Aeneas vor Troja erlegte. Er war so stark, dass er in einer geringelten Rüstung, dreidrähtig von Gold geflochten, welche Phegeus und Sagaris mit vereinten Kräften kaum zu schleppen vermochten, leicht daher sprang, und die Trojaner am Simois jagte. Sie ward als Kampfpreis bei den Spielen des Aeneas in Sicilien ausgesetzt.

Demonassa (Gr. M.), 1) Mutter des Argonauten Eurydamas, Gattin des Irus. — 2) D., Tochter des Amphiaraus und der Eriphyle, Gattin des Thersander (Sohnes des Polynices und der Argea), war unter den Epigonen und unter den Griechen vor Troja. Seine Gattin beschenkte ihn mit einem Sohn Tisamenus.

Demonice (Gr. M.), Tochter des Agenor und der Epicaste, ward von Mars geliebt und gebar dem Gotte vier Söhne, Pylus, Evenus, Thestius und Molus. Thestius ward Vater der Leda, welche, mit Tyndareus vermählt, Helena, die Dioscuren und Clytämnestra gebar.

Demophile (Röm. M.), ein anderer Name der cumäischen Sibylle. Vergl. Deïphobe.

Demophoon (Gr. M.), 1) Sohn des Theseus und der Phädra. Als Theseus die Helena geraubt hatte, kamen die Dioscuren (s. d.) nach Athen, da Theseus nicht daheim war, holten ihre Schwester zurück, und nahmen des Theseus Mutter Aethra als Sclavin mit sich fort, welche von dieser Zeit an bei Helena blieb, und auch mit ihr nach Troja kam. Dort befreite D., der mit dem Griechen-Heere vor Troja gezogen war, seine Grossmutter, brachte sie nach Athen, und erlangte die Herrschaft über diesen Staat dadurch, dass er früher wiederkehrte, als Mnestheus, welcher Theseus verdrängt hatte. D. liebte die Tochter des thracischen Königs Sithon, die liebliche Phyllis; als er sich von ihr trennte, um vor der Vermählung seine Angelegenheiten zu Hause zu ordnen, versprach er ihr, zu einer bestimmten Zeit wiederzukehren; allein er verweilte so lange, dass Phyllis sich vergessen glaubte und sich den Tod gab. Sie wurde in einen Baum ihres Namens verwandelt. Der zu spät zurückkehrende D. umarmte den Stamm des Baumes, der, die Nähe des Geliebten fühlend, Blätter trieb. — Noch viele andere Mythen nennen den Namen des D.: so soll er dadurch, dass Diomedes nach Athen verschlagen wurde, in Besitz des Palladiums gekommen sein; so soll er sich der Heracliden auf das Thätigste gegen Eurystheus angenommen, und in einer grossen Schlacht diesem Krone und Leben geraubt haben; auch Orest kam zu ihm, nachdem er seine Mutter ermordet. — 2) D., Sohn des Königs Celeus von Eleusis und der Metanira. Ceres wollte ihn unsterblich machen, nährte ihn daher mit Ambrosia, und brannte Nachts über dem Feuer das Irdische aus ihm heraus. Metanira, neugierig, zu sehen, was die alte Frau mit dem Knaben mache, störte die Göttin, welche sich ihr nun zu erkennen gab, und sie wegen ihres Unglaubens schalt. Das gestörte Werk konnte nicht vollendet werden, darum wandte Ceres ihre Sorgfalt auf Triptolemus. — 3) D., ein Gefährte des Aeneas; er fiel zugleich mit Tereus, Harpalycus, Chromis und Amastrus, von der Hand der kühnen Camilla.

Demoptolemus (Gr. M.), einer der Freier der Penelope, der mit den übrigen, welche die Pfeile des zurückgekehrten Ulysses noch nicht erlegt, beschloss, den Kampf um das Leben zu wagen; er gehörte zu denen, welche, sechs und sechs zugleich, ihre Lanzen nach Ulysses warfen, doch vergeblich, da Minerva alle ihre Bemühungen vereitelte; auch er unterlag.

Demuchus (Gr. M.), Sohn des Philetor, ein gewaltiger Kämpfer im Heere der Trojaner, den Achilles tödtete, als er, Hector verfehlend, in wilder Feldschlacht die Männer würgte.

Dendritis (Gr. M.). Helena kam nach dem Tode des Menelaus auf die Insel Rhodos, weil sie daselbst eine Freundin, Polyxo, von Geburt eine Argiverin, lebend wusste; diese war die Wittwe des Tlepolemus und Regentin der Insel, zürnte aber der Helena, da ihr Gatte um dieser willen vor Troja gefallen war; daher schickte sie, während Helena im Bade war, als Furien verkleidete Dienerinnen zu ihr, welche sie erdrosselten und an einen Baum hingen; die Rhodier errichteten der Ermordeten nun ein Heroon unter dem Namen D. (δένδρον, der Baum).

Dengel-Geist (Allem. Sage), eine Personification des Todes (Sensenmann), nach welcher dieser in Gestalt eines alten bärtigen Mannes auf den Kirchhöfen sitzen, und seine Sense dengeln soll, d. h. sie auf einem Ambos mit schmaler Bahn hämmern, um sie scharf zu erhalten. Einzelne Localsagen geben ihm einen silbernen Ambos und eine goldene Sense, und schmücken sein Bild auf mancherlei Art aus.

Deutschuk, ein Götzenbild der Mongolen, welches jedoch die ihnen verwandten und nachbarlichen Kalmücken nicht anerkennen. Es stellt den Beherrscher der Götterstadt vor, und wird auf ihren Gemälden gewöhnlich in einer solchen den Vorsitz führend abgebildet. Erscheint dieser Gott einzeln, so ist er blau, von einem weissen Gewand umgeben, trägt eine rothe Figur vor sich her, und hat unter seinen Füssen eine rothe und eine schwarze Leiche. Er wird theils als Altarbild dargestellt, theils als Amulet gebraucht.

Deo (Gr. M.), uralte Bezeichnung der Ceres oder der Erde, nach den samothracischen geheimen Religionslehren.

Depulsor (Röm. M.), Beiname des Jupiter: »der Abwender des Bösen«, identisch mit Alexicacus.

Dercennus (Alt-ital. M.), König der Laurenter, dessen Grabhügel Opis zum Sitz wählte, als sie von Diana gesendet war, um den Tod der Camilla an Arruns zu rächen.

Derceto (Phön. M.), Mutter der Semiramis, also eine Fürstin aus dem Geschlechte der ältesten Dynastie der Assyrier, welche durchgängig göttlich verehrt wurde. Man glaubt, in D. ein Symbol der empfangenden Kräfte der Natur zu sehen. Die Griechen sagen, dass sie die Aphrodite beleidigt, und diese desshalb sie zur Liebe gegen einen jungen Syrier entflammt habe, deren Frucht Semiramis war. D., sich ihrer Neigung und der Folgen schämend, habe den Geliebten ermorden und die Tochter aussetzen lassen, sich selbst aber in einen See gestürzt. Weil nun Niemand gewusst, woher Semiramis kam, ihre köstlichen Gewänder aber auf hohe Abkunft, und der Umstand, dass Tauben sie mehrere Monate genährt, auf besondere Gunst der Götter schliessen liessen, so nannten diejenigen, welche das Kind fanden, es die Tochter der Luft. — Dort, wo D. im See untergegangen, erbauten die Syrier ihr einen Tempel; ihr Bild war das einer Jungfrau, die in einen Fischleib endet. Vergl. Atergatis, mit welcher D. ohne Zweifel Eins ist.

Dercynus. S. Alebion.

Derdae (Ind. M.), ein fabelhaftes Volk, welches von römischen und griechischen Schriftstellern angeführt wird. Es soll im nördlichsten Theile von Indien wohnen, und besonders einen Ueberfluss an Gold und die goldgrabenden Ameisen von der Grösse eines Fuchses haben.

Derdwesch (Pers. M.), ein böses, von Ahriman geschaffenes Wesen, der Geist oder Dew der Armuth.

Derk Asfal, heisst bei den Türken die tiefste Abtheilung der Hölle, in welcher die Heuchler und hauptsächlich diejenigen, welche den Schein des Islam annehmen, ohne denselben im Herzen zu tragen, gestraft werden.

Derrhiatis (Gr. M.), Beiname der Diana von dem Flecken Derrhium auf der Strasse von Sparta nach Arcadien.

Dersintos (Slav. M.), soll bei den Polen der Friedensgott geheissen haben; dieser Name ist jedoch nicht polnisch und macht die Angabe verdächtig.

Desmontes (Gr. M.), Vater der Melanippe, einer Geliebten des Neptun; sie gebar den Böotus und den Aeolus. Beide Kinder wurden von D. ausgesetzt und die Mutter geblendet in ein Gefängniss geworfen. Als die beiden Söhne von Hirten gefunden wurden, säugte eine Kuh dieselben. Theano, Gattin des kinderlosen Königs Metapontus von Icaria, schob die Kinder als die ihrigen unter; da sie jedoch später selbst welche erhielt, trug sie diesen auf, den Böotus und den Aeolus auf der Jagd zu ermorden; diese aber waren in dem Kampfe durch Hülfe des Neptun Sieger, welcher ihnen auch ihre rechte Mutter nannte. Sie befreiten dieselbe nun aus dem Gefängniss, blendeten und ermordeten den D., und wurden dann von Metapontus förmlich als Söhne angenommen der sich auch mit Melanippe vermählte.

Despoena (Gr. M.), »Herrin«, Beiname mehrerer Göttinnen: der Venus, der Ceres, der Proserpina; besonders aber ist es der Name einer Tochter des Neptun und der Ceres.

Destur (Pers. Rel.), der oberste Priester in jedem von Parsen bewohnten Orte, der alle Gesetzesstellen erklärt, und überhaupt für seinen Distrikt in höchster Instanz entscheidet. Er ist auf das Einkommen der Gläubigen angewiesen, von denen er ein Zehntheil ihres Vermögens erhält.

Detinez (Slav. M.), »Kindesstadt, Grab des Kindes«, eine (wahrscheinlich fabelhafte) Stadt, welche dort, wo jetzt Nowgorod steht, auf den Trümmern des alten Slawensk erbaut worden sein soll. Sie war, wie die Umgegend, Sitz der ersten und mächtigsten Götter des alten Russland; Alles war dort heilig, selbst die Wälder waren Gottheiten; es durfte bei Todesstrafe kein Thier erlegt, kein Baum gefällt werden, und eine mächtige, zahlreiche Priesterschaft wachte über ihre grossen Vorrechte, durch welche sie nicht selten den Fürsten gefährlich wurde. — Der Zauberer Wolkow, ein Fürst über vieles Land, gründete die Stadt Slawensk (oder dessen Vater Slawèn, von dem sie in jedem Falle den Namen hat); dort wohnte er in einem prächtigen Schlosse als Mensch, oder in dem Flusse als Crocodil, und frass auf, was ihm begegnete. Er starb, ward als Gott verehrt, doch seine Stadt ging unter, durch böse Dämonen zerstört. Auf den Ruinen wollten die Bewohner eine neue Stadt gründen, und die Aeltesten hielten Rath, wie man die Grundlage fester machen und welchen Namen man der Stadt geben sollte. Nach einem alten Aberglauben musste etwas Lebendiges in den Grundstein eingemauert werden; so wurden Abgeordnete ausgesandt, welche das erste Lebende, was ihnen begegnete, heimbringen und einmauern sollten; darnach musste auch die Stadt benannt werden. Ein Kind war das Opfer; es ward lebendig in den Grundstein verschlossen und darüber die Stadt erbaut, welche D., Kindesstadt, hiess. Auch sie blieb nicht lange stehen, denn ein böser Geist, welcher späterhin gleichfalls D. genannt wurde, plagte, zur Strafe für ihren Frevel, die Einwohner durch pestartige Seuchen so, dass sie auswanderten und der Ort verfiel, bis nach Jahrhunderten Kji die Stadt Kiew erbaute, und nun sich auf den Ruinen der beiden untergegangenen Städte eine dritte erhob, welche ihrer Neuheit und um der Fruchtbarkeit der Gegend willen den Namen Nowgorod, neuer Garten (polnisch: nowi ogrod oder now'-ogrod), erhielt.

Deucalion (Gr. M.), 1) Sohn des Prometheus und der Clymene, der erste König, Städtebauer und Tempel-Gründer, herrschte in Phthia, vermählte sich mit Pyrrha, seines Vaterbruders Epimetheus und der Pandora Tochter. Als Jupiter beschlossen hatte, das frevelhafte Geschlecht der Menschen von der Erde zu vertilgen, zimmerte D. auf den Rath des Prometheus ein Schiff, belud es mit den nöthigen Lebensbedürfnissen und stieg mit Pyrrha hinein; nun goss Jupiter Regen in Menge vom Himmel herab und überschwemmte den grössten Theil von Griechenland, so dass alle Menschen zu Grunde gingen, bis auf wenige, die sich auf die höchsten Gebirge geflüchtet hatten. Damals trennten sich durch die Gewalt der Fluthen sogar die thessalischen Gebirge, und alle Gegenden ausserhalb des Isthmus und des Peloponnes waren überschwemmt. D. trieb neun Tage und Nächte auf dem Wasser umher, landete endlich auf dem Parnass, stieg hier, da der Regen vorüber war, aus, und opferte dem Jupiter Phyxius (dem Fluchtbegünstiger), worauf dieser den Mercur zu ihm sandte und ihm erlaubte, zu bitten was er wolle. Als er hierauf den Wunsch aussprach, es möchten ihm zur Gesellschaft wieder Menschen entstehen, ward ihm befohlen, die Gebeine der grossen Mutter hinter sich zu werfen. D. deutete diess auf die Erde und ihre Steine; diese nun warf er mit Pyrrha hinter sich, und aus allen, welche er geworfen hatte, erwuchsen Männer, aus denen der Pyrrha Frauen. Kinder des D. von der Pyrrha waren: Hellen, Amphictyon, Candybus, Protogenea und Melantho; diese bevölkerten nun die Erde von Neuem. — 2) D., Sohn des Hercules von einer der fünfzig Thespiaden. — 3) D., ein Trojaner, den Achilles tödtete, als er, nachdem Patroclus erlegen, unter den Trojanern wüthete. — 4) D., Sohn des Königs von Creta, Minos, und der Pasiphaë, ein tüchtiger Held, der sich bei der calidonischen Jagd und dem Argonautenzuge befand, und Vater des Idomeneus, des Molus und der Crete wurde.

Deusus (Gr. M.), Sohn des Cyclopen Arges und einer phrygischen Nymphe, hatte einen Bruder, Atron, und eine Schwester, Atrene.

Devaguel (Ind. M.), allgemeine Bezeichnung der Halbgötter und guten Genien.

Deverra (Röm. M.), »die Ausfegerin«, eine Göttin, welche die Wöchnerinnen vor dem bösen Silvan schützen sollte.

Dewa Dschanani, eine schöne Nymphe Indiens. — Dewa bezeichnet sie als Göttin.

Dewagbdi (Ind. M.), Brama's Enkelin von seinem Sohn Suayambhu und der Sadadrubai, seiner Zwillingsschwester. D. ward die Gattin eines der zehn grossen Altväter, welche Brama durch die Bewegung seines Angesichts erzeugt hatte; dieser hiess Kartamen und sie gebar ihm neun Töchter, welche an die übrigen neun Altväter vermählt wurden; ein zehntes Kind der D., ein Sohn, war der Gott Wischnu selbst, in der Awatara des Kabiler, als welcher er seine Mutter in der Frömmigkeit unterrichtete, ihr den Weg zur Seligkeit wies, und sie auch durch diese von der Wiedergeburt auf der Erde befreite.

Dewagi (Ind. M.), Fürstin aus dem Geschlechte der Mondskinder, Tochter des Dewagen, Schwester und Gattin des Wassudowa; aus ihrem Schoosse ging Wischnu in der Verkörperung des Krischna hervor.

Dewahdet (Lam. M.), ein gewaltiger Burchan, Bruder des Schaktschiamuni. Dieser Letztere war gelehrter, übertraf ihn in allen Künsten und im Glück bei den schönen Frauen der Genien, ja er ward sogar zum Gott, und stiftete die Religion der Lamas. Diess erzürnte D., und er ward nun in Allem seines Bruders Widersacher, stiftete auch eine neue Religion, welche viele Menschen und sogar Dews und Peris zum Abfall verleitete, und wählte zum Abzeichen die Farbe, welche seinem Bruder die verhassteste war, die rothe, nach der sich die Bekenner seiner Lehre noch jetzt nennen, nämlich Rothmützen, Ulan Machaitä, zum Unterschiede von den andern, welche Gelbmützen, Schara Malachai, heissen. Die Erstern erkennen den Bogdo Lama als ihr Oberhaupt und verwerfen den Dalai Lama. — Die neueren Zeiten haben die sonst feindlichen Parteien einander genähert, so dass sie jetzt friedlich untereinander wohnen, und die beiden geistlichen Fürsten einander wechselsweise besuchen; doch hegen die Anhänger des D. im Stillen die Hoffnung, dass die Rothmützen dereinst siegen, und der Bogdo Lama sie alle unumschränkt beherrschen werde.

Dewajani (Ind. M.), Tochter des Planeten Venus, oder vielmehr des Schutzgeistes und Beherrschers dieses Planeten. Ihr Vater war ein Bramine, die Tochter daher überaus heilig. Ihr Unglück wollte, dass der König Iajadi sie einst unabsichtlich im Bade überraschte; obwohl nun dabei nichts Ehrenverletzendes vorfiel, waren die Braminen hierüber doch so empört, dass sie die Arme mit Verachtung aus ihrer Kaste stiessen, und sie nöthigten, weit unter ihrer Würde einen Kschetri (d. h. Einen aus der Kriegerkaste) zu ehelichen. Sie wählte den Mann, der sie gesehen, und gebar ihm fünf Söhne, konnte jedoch ihre Entwürdigung nie vergessen, und starb endlich vor Gram darüber, obschon sie ihren Gatten sehr liebte.

Dewamuni (Ind. M.), allgemeine Bezeichnung der bösen, d. h. der gefallenen Dämonen.

Dewan Nagari (Ind. M.), die Sprache der Dews oder himmlischen Genien, derjenige Dialect des Sanskrit, in welchem die Vedas geschrieben sind; der Stolz der Braminen gibt nicht zu, dass sie eine andere Sprache als die der Götter reden.

Dawanahuscha (Ind. M.), ein mächtiger Eroberer, welcher, aus dem Herzen Indiens bis nach Europa vorgedrungen, am Ziele seiner Heereszüge die Stadt Siwanahischa-Nagari gründete, welche auf seinen Befehl Wiswakarma, der Baumeister der Götter, aufführte. Man glaubt in D. eine Verkörperung des Schiwa zu sehen. Die Grenzstadt soll da gelegen haben, wo später Alexander d. G. die Oxydraker geschlagen hat, und noch jetzt ein berühmter Wallfahrtsort sein.

Dewandren (Ind. M,), Dewa Indra, der Gott der Sonne; blosse Zusammenziehung des Namens.

Dewanei (Ind. M.), Tochter des Sonnengottes Indra, Gemahlin des berühmten Sohnes des Schiwa, des von dem Gestirn Kartiga erzogenen Kartikeya. Dieser ist als Besieger aller bösen Dämonen hochgeehrt, und seine Gattin nicht minder, weil sie alle Arten von Uebeln, sobald sie von dem Einfluss böser Geister herrühren, vertreibt. Die Vermählung dieser beiden Wohlthäter der Menschheit ward gefeiert, als sie den Riesen Tschuren überwunden hatten. In den Tempeln des Kartikeya steht ihre Bildsäule stets neben der ihres Gatten; sie wird nur mit zwei Händen (nicht, wie die mehrsten andern Götter, mit vielen) abgebildet, ist safrangelb gemalt und an Ohren, Nase, Hals, Armen, Händen und Füssen mit Schmuck überladen und mit einer prächtigen Krone geziert.

Dewanischi (Ind. M.), identisch mit Dewanahuscha (s. d.), soll ein Beiname des Schiwa, als Gott von Nischa (Stadt der Nacht) sein. Symboliker wollen aus diesem Namen den des Bacchus, D i o n y s o s, ableiten, und diesen so mit dem indischen Schiwa identificiren.

Dewedaschies (Ind. Rel.). S. B a j a d e r e n.

Dewerka (Ind. M.), die Wohnung des Krischna, eine fabelhafte Stadt, welche der grosse Baumeister der Götter, Wiswakarma, erbaute, indem er zuvor auf Krischna's Befehl eine Insel aus dem Meere steigen liess, auf der sie gegründet werden sollte. Sie ward, obschon über alle Massen prachtvoll, doch in einem Augenblick erbaut, und das Wunder der ganzen Welt. Krischna machte sie zur Freistadt für alle verfolgten Genien und Dews, sie ward daher sehr schnell bevölkert, doch waren die Bewohner weder solcher Stadt noch solches Schutzherrn würdig; er wusste auch, dass sie nach seinem Tode untergehen würde, und warnte desshalb, ehe er starb, seine Anhänger und Verehrer, sie ferner zu bewohnen. Wer diesem Befehl folgte, ward gerettet, die Andern aber fanden ihr Grab in den Fluthen: am siebenten Tage nach dem Tode des Gottes ward sie von dem Meere verschlungen.

Dewetas (Ind. M.), allgemeine Benennung aller Geister und höheren Wesen, seit dem Falle Einiger aber nur noch Bezeichnung der g u t e n Genien. Sie wurden von der obersten Gottheit hervorgebracht als Kinder der Helle und der Dunkelheit, und ihr Geschäft war, Gesänge des Lobes vor dem Throne der höchsten Gottheit zu singen, daher auch ihr Name Ghandharwas, d. h. Tonkünstler der Luft. Ihre Zahl ist unendlich gross gewesen, bis die D. Moisasur und Rhaum, mächtige Riesen, viele derselben vorführten zum Abfall von Gott, worauf sich grössere Schaaren unzufriedener D. ihnen anschlossen, die aber bald von Schiwa in den Abgrund der ewigen Verdammniss hinabgeschleudert wurden. Die guten D. haben ihre bestimmte Rangordnung; die Vorsteher der acht Regionen des Himmels sind die ersten eigentlichen Götter: Indra, Agni, Jama, Niruti, Paruna, Wagu, Kuwera und Isenja; ihnen folgen unmittelbar die neun Planetengötter: Suria, Tschiandra, Tschiowa, Vuddha, Brahaspadi, Schukra, Tschiani, Rahu und Kedu; hierauf folgen die Wasukels, dann Marutukels, die Ginerers (Dschinerers) Gimburudders etc. Eben so sind die bösen Dämonen, die Asurs, in Klassen getheilt, deren keine sich mit der andern vermischen darf. Die guten führen ein höchst glückliches Leben, befinden sich stets in der Anschauung Gottes, geniessen überschwengliche Freuden, welche zu denken der Mensch unvermögend ist, wie z. B. Schiwa in den Armen der schönen Uma 100 Götterjahre zubrachte, eine Zeit, welche mit unsern Zahlen schwer auszudrücken wäre, da eine einzige Götternacht 40,000 unserer Jahre umfasst. In ihren Gärten sind die Blätter und Früchte der Bäume von den köstlichsten Edelsteinen, und doch durchdrungen von einem Geschmack, dem nichts auf der Welt zu vergleichen ist. Das Nämliche findet mit den Tönen, mit den Düften, mit den Farben statt, so dass sie eigentlich immerfort in einem Meere von Wonne schwimmen und untergehen. Ihre Bestimmung in Beziehung auf die Menschen ist theils, das Geschlecht derselben zu veredeln (nur nicht die Braminen, welche viel edler als diese Götter sind), theils als Schutzgeister die ihnen Uebergebenen zu umschweben.

Dewoitsch (Slav. M.), einer der Untergötter der Polen, der Schutzgott einer Gemeinde. Jedes Dorf und jede Stadt hatte einen solchen besondern Schutzgeist.

Dews (Pers. M.). Direct entgegengesetzt dem, was sich die indische Mythologie unter diesen Wesen denkt, sind die D. der Lehre des Zoroaster nicht Personificationen des Guten, sondern des physisch und moralisch Bösen, aufgestellt, um die Lichtschöpfungen des Ormuzd zu bekämpfen, denen sie gegenüber, daher auch gleich im Range sind; so schuf Ahriman für die sieben Amschaspands des Ormuzd die sieben Erzdews, oder, wenn der Lichtgott selbst zu der Zahl Sieben gezählt wird, nur sechs, indem dann Ahriman der siebente ist, unerschaffen wie Ormuzd, oder unerschaffen, ein guter, später gefallener Genius. Von diesen obersten Schöpfungen des Reiches der Nacht abwärts gibt es eine so grosse Menge schädlicher Dämonen, wie es guter, freundlicher Genien gibt. Die obersten D. haben schöpferische Kräfte, sie heissen Ahriman, Aschmoph, Eghetasch, Boschasp, Astujad, Tarik, Tosius, oder statt Aschmoph: Akuman; ferner für die folgenden, mit Ausnahme des Tarik, welcher wie Ahriman in beiden Reihen sich findet: Ander, Savel, Tarmad und Zaredsch. Noch viele andere werden in den poetischen und moralischen Werken der Perser angeführt, welche alle den Zweck des Ahriman verfolgen; nur eine Klasse von D. scheint hievon eine Ausnahme zu machen, die Peris: leichte, luftige Wesen von ausserordentlicher Schönheit, in den obern Regionen der Luft, vom Hauche der Blumen lebend. Sie sind gefallene Geister; doch, wie selbst dem Ahriman der Weg zum Paradiese offen steht, wenn er sich bessern will, so auch diesen, die sich schon gebessert und gereinigt haben, und sich sogar bis in die Nähe des Paradieses erheben dürfen, doch ohne hinein zu gelangen, wenn sie nicht vorher völlig geläutert sind.

Dexamenus (Gr. M.), 1) ein Centaur, der in Bura in Achaja wohnte. — 2) D., König zu Olenus, nach Einigen Vater der Deïanira, Gattin des Hercules. Andere nennen diese seine Tochter, die Hercules dem Centauren Eurytion entriss, Mnesimache, noch Andere Hippolyte.

Fig. 91.

Fig. 92.

Dexicreon (Gr. M.), ein durch Venus begünstigter Kaufmann, dem die Göttin, als er auf die Insel Cypern kam, gerathen haben soll, statt aller Ladung nur Wasser einzunehmen, das ihm denn auch bei eintretender Windstille und daraus erfolgendem Wassermangel sehr theuer bezahlt wurde. Zum Danke errichtete er der Göttin eine Bildsäule, die nach seinem Namen benannt wurde.

Dexithea (Gr. M.), Geliebte des Königs Minos von Creta, dem sie den Euxanthius gebar.

Dhanagiya (Ind. M.), »der Glückbringende«, Beiname des Agni (Gott des Feuers).

Dharma Lama (Lamaismus), das geistliche und weltliche Oberhaupt des Staates Butan; unumschränkter, als der Bogdo- oder Dalai-Lama (s. d.), weil Butan nicht dem Kaiser von China gehört, wie Tübet.

Dhata (Ind. M.), einer der zwölf Adityas, der Söhne der Adidi und des Kasiapa.

Dhebr (Arab. M.), »das Schiff des Gebetes«, eine der fünf Haupttugenden, welche nach der bilderreichen Sprache der Orientalen auf dem Meere des Verlangens und der Leidenschaften umherschwimmen.

Dia (Gr. M.), 1) Tochter des Deïoneus und Mutter des Pirithous von Ixion; nach Andern von Jupiter Mutter des Pirithous. — 2) D., Beiname der Hebe, unter welchem sie zu Sicyon verehrt wurde. — 3) D., Tochter des Lycaon und Geliebte des Apollo, gebar von diesem den Dryops, Stammvater der Dryoper, welchem von diesem Volke göttliche Ehre erwiesen wurde.

Diactorus (Gr. M.), »der Bote, der Besteller«, Beiname des Mercur.

Diamastigosis (Gr. Religionsbrauch), die Geisselung, ein Fest der Diana Orthia zu Sparta. Dieser Göttin waren, bis zu der Zeit, da Lycurgus gesetzgebend auftrat, Menschen geopfert worden; er schaffte diese Gräuel

Fig. 93.

ab, doch musste er dem an Blutvergiessen gewöhnten Volke einen Ersatz dafür geben, darum ward das oben genannte Fest eingeführt; es bestand in der Geisselung junger edler Spartaner vor dem Bilde der Diana. Im Vorhofe ihres Tempels stand eine Priesterin, welche das leichte, hölzerne Schnitzbild der Göttin, das für dasselbe galt, welches Orest und Iphigenia aus Tauris gebracht hätten, in ihren Händen hielt; dort wurden die jungen Leute entkleidet und bis auf's Blut gegeisselt. Wenn die bestellten Knechte zu gelinde schlugen, so rief die Priesterin, dass sie das Bild der Göttin nicht mehr tragen könne, weil es ihr in den Händen zu schwer würde, wenn der Göttin nicht Blut genug fliesse.

Diamichios (Phön. M.), Beiname des Chrysor. (S. d.).

Diana, Artemis, Fig. 91—94 (Gr. u. röm. M.), Tochter des Jupiter und der Latona, Schwester des Apollo, auf der Insel Delos zugleich mit ihm geboren, stellt als

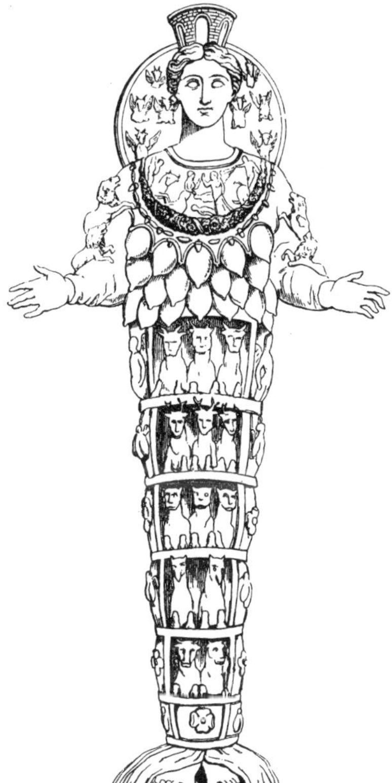

Fig. 94.

weibliches Wesen denselben Begriff dar, wie Apollo als männliche Persönlichkeit. Demnach ist sie Verderberin, Todesgöttin, die Pest und Tod unter Menschen und Thiere sendet, und mit ihren Pfeilen besonders Weiber plötzlich tödtet: so erschiesst sie die Töchter der Niobe, während Apollo deren Söhne erlegt; indess tödtet sie zuweilen auch Männer, wie die Aloïden, den Orion; sie heisst daher die »Pfeilfrohe«, die »Bogenträgerin«. Aber ebenso gehört sie, wie Apollo, zu den Unheil abwendenden, Segen spendenden Gottheiten. — Reicher Ertrag der Felder und der Heerden, Eintracht und langes Leben, werden als ihre Gabe gerühmt. Diese D. ist, wie Apollo, ursprünglich eine eigenthümliche Gottheit des dorischen Stammes der Griechen. Als aber die besonderen Religions-Vorstellungen der einzelnen Stämme mehr und mehr in eine Gesammtheit zusammenflossen, wurde auch die dorische D. mit Begriffen anderer Stämme und Völker vermengt, wenn sich bei ihnen der Glaube an ein Wesen fand, das mit jener irgend welche Aehnlichkeit hatte. So können wir eine arcadische (oder pelasgische), eine taurische, eine ephesische, eine römische Diana unterscheiden. Die arcadische ist die Nymphen- und Jagd-Göttin, eben so sehr Beschützerin des Wildes, die seine Vermehrung begünstigt, als Erlegerin desselben, eine Natur-Gottheit, in der sich ebensowohl die üppig frohe Kraft und Fülle der sich selbst überlassenen Natur, als die Idee, dass in der Natur immer ein Geschöpf oder ein Geschlecht auf Kosten des anderen sich erhält, personificirt hat. Ihr Symbol ist in Arcadien beständig die Bärin; ihre Nymphe Callisto, die in eine Bärin verwandelt wird, ist ursprünglich D. selbst. In der Verehrung der taurischen D. scheint ein wilder, orgiastischer, mit Menschen-Opfern verbundener Gottesdienst eines scythischen Volkes mit den Begriffen der benachbarten griechischen Ansiedler zusammengeflossen zu sein, welche den so gestalteten Dienst wieder dem Mutterlande mittheilten. Dieser Diana sollte Iphigenia (s. d.) zum Opfer fallen. Dass ihr Dienst überhaupt ein sinnverwirrend orgiastischer war, davon liegt eine Spur in der Sage, dass Astrabacus, als er ihr Bild in einem Busche fand, durch den Anblick desselben wahnsinnig wurde. Die ephesische D. scheint am meisten Ungriechisches, und zwar Vorderasiatisches, in sich aufgenommen, bei den Lydiern und Phrygiern die befruchtende und unermüdlich Alles ernährende Kraft der Natur bezeichnet zu haben, und nur, insofern sie von dieser Seite der arcadischen D. ähnlich war, von den griechischen Ansiedlern unter den Begriff dieser aufgenommen worden zu sein. In ihrem prachtvollen Tempel zu Ephesus, der bekanntlich unter die sieben Wunder der Welt gerechnet wurde, und von Amazonen gegründet sein sollte, stand ihr von allen andern Dianen-Darstellungen schroff abweichendes Bild: der Kopf mit einer Mauerkrone bedeckt, der obere Theil mit vielen Brüsten, der untere Theil keilförmig zulaufend, das Ganze mit symbolischen Thierbildern geschmückt. Nur Jungfrauen und verschnittene Priester durften den Tempel betreten. — Schon die Griechen haben nach einzelnen Spuren die D. später auch als Mondgöttin verehrt, während sie früher eine besondere Mondgöttin, Selene (der Mond), kannten, auf welche sich der Mythus von Endymion (s. d.) eigentlich bezieht: diese mit Diana zu identificiren, lag freilich sehr nahe, sobald man einmal den Sonnen-Gott mit Apollo indentificirt hatte; vielleicht trug auch die Wahrnehmung dazu bei, dass der Thau, den man vorzugsweise in mondhellen Nächten fallen sah, das Wachsthum der Pflanzen, somit die üppige Entwicklung des Natur-Lebens, begünstige. Völlig zur Monds-Göttin wurde aber D. erst bei den Römern. Schon der ächt italische Name D. wird von Einigen so gedeutet, dass er aus Dea oder Diva Iana entstanden sei; Ianus aber sei die Sonne, folglich Iana der Mond. Indessen weisen doch die ältesten Spuren des italischen Dianen-Dienstes nicht gerade auf den Mond. Wir erfahren nur, dass D. den Aufenthalt in Wäldern und an Quellen liebte (arcadische D.), Begeisterung und Wahnsinn einhauchte (taurische), die Blicke der Männer scheute und beständig Jungfrau blieb (dorische). Später wurde von den römischen Schriftstellern Alles, was über die griechische Artemis geglaubt und gelehrt worden war, auf die vom römischen Volke besonders seit August hochverehrte D. zusammengetragen. — Ueberdiess wurde sie von den Römern auch als eine die Geburt befördernde Göttin verehrt, und führte mit Juno, mit welcher sie diese Wirksamkeit theilte, auch den gemeinschaftlichen Beinamen Lucina. Geweiht waren ihr Hirsche, Eber, Hunde, die Meerbarbe, der Meerkrebs, der Beifuss, die Fichte. — Unsere Abbildungen zeigen Fig. 91: Statue der D. von Versailles im Louvre; die Göttin wandelt neben ihrer goldgehörnten Hirschkuh rasch dahin, während sie rückwärts blickt und zugleich einen Pfeil aus dem Köcher zieht, um einen feindseligen Angriff oder eine frevelhafte Verletzung ihres Heiligthums abzuwehren. Fig. 92: Statue im Vatican, Diana als Jägerin, mit hochgeschürztem Gewande und Jagdschuhen (Cothurnen), von einem Hunde begleitet. Fig. 93: Diana wird von Amor zu Endymion geführt, der in des bärtigen Morpheus Armen schläft; Basrelief. Fig. 94: Statue der Diana von Ephesus.

Diar (Nord. M.), heissen Odins Opferrichter; sie waren sein geheimer Rath und genossen göttlicher Ehre.

Dias (Gr. M.), ein alter attischer Heros, Vater der Cleola, welche mit dem König Atreus den Plisthenes erzeugt haben soll.

Diasia (Gr. M.), ein Fest, das zu Athen dem Jupiter gefeiert wurde, und so alt war, dass man dessen Ursprung nicht mehr genau kannte; angeblich wurde es zur Erinnerung an ein durch Jupiter abgewendetes Unglück (Ase) gehalten. Am Ende des Monats Anthesterion (Ende Februar und Anfang März, der griechische Blüthenmonat) versammelte sich das Volk ausserhalb der Stadt, und brachte dem Jupiter, dem Versöhner, grosse Opfer, ganz allein von Landeserzeugnissen; es sollen dabei Kuchen gebacken worden sein, welche die Gestalt von Stieren gehabt. Die Reichen pflegten ausserordentlichen Aufwand zu machen, und Tausende von Menschen auf ihre Kosten zu speisen. Ein weit berühmter, aus grosser Ferne besuchter Markt war mit diesem Feste verbunden.

Diblik (Slav. M.), eine Göttin des Feuers.

Dicäus (Gr. M.), Sohn des Neptun, Gründer von Dicäa, einer Stadt in Thracien, hatte einen gewaltthätigen Bruder Syleus, welchen Hercules tödtete, worauf ihn D. gastlich aufnahm und ihm die Tochter des Syleus zum Weibe gab. Beide Namen sind allegorisch: Dicäus, der Gerechte; Syleus, der Räuber.

Dicanus (Gr. M.), Sohn des hundertarmigen Riesen Briareus, ebenfalls ein Riese, wenn auch nicht so gestaltet wie sein Vater. D. ist ein Bruder der Nymphe Aetna.

Dictäus (Gr. M.), Beiname des Jupiter auf Creta, von dem Namen des auf der östlichen Seite der Insel befindlichen Gebirges Dicte abgeleitet. Sein Tempel stand zu Prasus.

Dicte (Gr. M.), eine Nymphe, welche von dem König Minos auf Creta geliebt wurde, doch ihn nicht wieder liebte, und darum, seinen Verfolgungen zu entgehen, sich in's Meer stürzte, aber in Fischernetzen aufgefangen und gerettet wurde. Minos stand nun von ihr ab, und gebot, nach ihr das Gebirge D. zu benennen.

Dictynna (Gr. M.), Beiname der Britomartis (welche wahrscheinlich mit Dicte (s. d.) identisch ist) von den Fischernetzen, in denen sie aufgefangen wurde, als sie sich in's Meer stürzte, um dem sie verfolgenden Minos zu entgehen. — Diana selbst wird mit Britomartis vermengt, und führt daher auch den Beinamen D.; sie verhängte eine Pest über Creta, die nicht eher aufhörte, als bis man auf des Orakels Rath der Diana D. einen Tempel bauete.

Dictynnäum (Gr. M.), ein Vorgebirge auf der nördlichen Seite von Creta, mit einem Heiligthum der Dictynna.

Dictys (Gr. M.), 1) Bruder des Polydectes, Königs der Insel Seriphus, fand den vom Meere an den Strand der Insel getriebenen Kasten, der Danaë und Perseus trug, und brachte diese zu seinem Bruder. — 2) D., einer der Schiffer, welche den jungen Bacchus raubten, und von diesem in Delphine verwandelt wurden. Er war es, der von der Herausgabe des Knaben, in welchem der Steuermann einen Gott sah, nichts wissen wollte. — 3) D., ein Centaur, der in dem Gefecht mit den Lapithen auf der Hochzeit des Pirithous umkam.

Did (Slav. M.). Man glaubt, in dieser Benennung, welche Aehnlichkeit mit dem Worte K i n d (Dschezko auf polnisch) hat, den Liebesgott, den Amor der Slaven, besonders der Russen, zu erkennen.

Didilia (Slav. M.), die Göttin der Ehe bei den Polen. Die unfruchtbaren Weiber opferten ihr und flehten um Fruchtbarkeit.

Dido, Fig. 95. (Röm. M.), Tochter des Belus und Schwester des Pygmalion, welcher nach seines Vaters Tode die Stadt Tyrus beherrschte, war mit Sichäus, ihrem Oheim, vermählt, den sie auf das Zärtlichste liebte; Pygmalion liess ihn tödten, um seine Schätze zu gewinnen, was ihm aber nicht gelang, da Sichäus diese wohl verborgen hatte. Der Erschlagene erschien seiner Gattin im Traume und kündigte ihr an, dass Pygmalion auch ihr nach dem Leben stehe, sagte ihr, wo seine Reichthümer zu finden seien, und rieth zur schleunigsten Flucht. Diese veranstaltete D., vereint mit mehreren Missvergnügten, indem sie heimlich einige Schiffe ausrüsten liess,

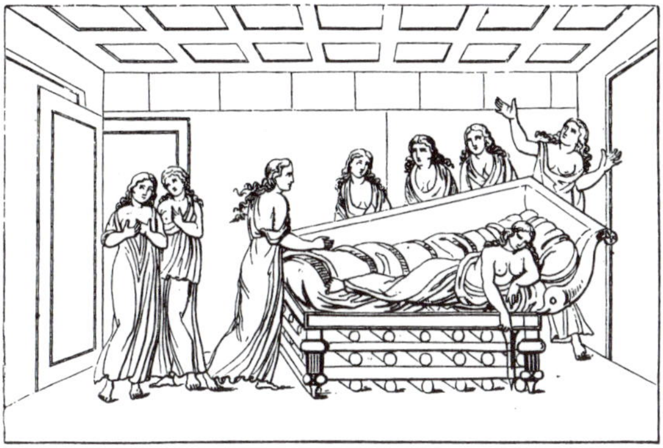

Fig. 95.

nach Cyprus segelte, daselbst 80 Jungfrauen raubte und mit diesen nach Africa fuhr, wo sie, an der Stelle des späteren Carthago landend, die unvergleichliche Lage sogleich erkannte und von den Anwohnern sich die Erlaubniss erbat, ein Stück Land, so weit man es mit einer Ochsenhaut umspannen könne, als ihr Eigenthum zu bebauen. Sie erhielt dieselbe, und nun liess sie durch einen tyrischen Künstler eine möglichst grosse und starke Haut in viele tausend feine Riemchen zerschneiden, diese an einander setzen und damit eine beträchtliche Strecke Landes umspannen. Dort gründete sie Carthago, das durch die Schätze ihres Gatten zu schneller Grösse emporwuchs. Virgil nimmt an, D. sei eine Zeitgenossin des Aeneas gewesen, und so entstand eine der schönsten Partien seines unsterblichen Gedichts. Venus und Juno, des langen Haders müde, schliessen Freundschaft: Venus, um ihren Sohn zu beglücken, Juno, um dem verhassten Trojaner die Ehre, Roms Gründer zu werden, zu entziehen. So kommt Aeneas nach Carthago, gewinnt der schönen D. Liebe, muss sie aber, nach wenigen glücklichen Monden, auf Jupiters Befehl verlassen, und sie gibt in der Verzweiflung sich selbst den Tod. Siehe auf unserm Bilde die von einem antiken Gemälde genommene Darstellung ihres Endes. — Der Tod der D. soll indess nach einigen Historikern eine andere Ursache haben: sie wollte einem lästigen Ehebündniss mit Jarbas, König von Mauritanien, das ihr aufgedrungen werden sollte, entgehen.

Dido, Dide (Slav. M.), der Gott, der das Feuer erhalten sollte, das sein Bruder Lela angezündet hatte. Seine Hauptverehrung war in Kiew.

Didymäisches Orakel (Gr. M.). Branchus, der Sohn des Delphiers Smicrus, war so schön, dass Apollo ihn liebte und ihm die Gabe der Weissagung verlieh. Als nach dem trojanischen Kriege durch die zurückkehrenden Griechen eine Reihe kleiner Völkerwanderungen hervorgerufen wurde, ging auch aus Delphi eine Colonie fort, und zwar nach Didyme bei Milet. An ihrer Spitze stand Branchus; er stiftete seinem Schutzgott Apollo einen Tempel und ein neues Orakel, welches bald das berühmteste nach dem zu Delphi ward: es lag in Carien, südlich von Milet, und hatte nur die Branchiden, die Nachkommen des Branchus, zu Priestern. Xerxes zerstörte Tempel und heiligen Hain, raubte den Tempelschatz und verjagte die Priester. Als diese später zurückkehrten, bauten die Milesier den Tempel prachtvoller wieder auf.

Didymäus (Gr. M.), Beiname des Apollo von dem, im vorigen Artikel genannten, Tempel und Orakel.

Dje (Pers. M.), ein Geschöpf des bösen Princips, des Ahriman, das die Unreinigkeit befördert.

Dies (Röm. M.), »der Tag«, eine der frühesten Urgottheiten (Urkräfte), Tochter des Chaos und der Caligo, ward mit dem Aether vermählt, und zeugte mit diesem den Himmel, die Erde und das Meer.

Diespiter (Röm. M.), »Himmelvater«, ältere Form des Namens Jupiter.

Dii aligeri, die beflügelten Gottheiten: Iris, Amor, Cupido, Victoria, Mercur.

Dii animales, Götter, welche aus Menschenseelen entstanden waren, wie die Privatgötter der einzelnen Häuser, die Laren und Penaten; auch diejenigen, welche die Wege beaufsichtigten.

Dii averrunci, die Unglück abwendenden Gottheiten.

Dii coelestes, Götter, welche den Himmel bewohnen, im Gegensatz zu denen, die im Meere, in der Unterwelt, auf der Erde gebieten.

Dii consentes. S. Consentes.

Dii genitales, Leben erzeugende Götter. In ihre Gemeinschaft ist Romulus im Himmel aufgenommen.

Dii indigetes, einheimische, altitalische Heroen, welche man als Schutzgötter des Landes verehrte, weil sie sich um Volk und Staat vorzüglich verdient gemacht hatten, wie: Janus, Picus, Faunus, Aeneas, Evander, Romulus.

Dii inferi, Götter und Genien der Unterwelt: Pluto, die Furien, die Manen.

Dii littorales, Götter der Ufer, des Meeres, welche ihre Tempel auf Vorgebirgen an Seeküsten hatten, wie: Glaucus, Leucothëa (Ino), Palämon.

Dii lucrii, Gottheiten des Gewinns: Mercur, Argentinus, Aesculanus, Pecunia.

Dii magici, diejenigen Götter, welche man bei Bezauberungen anrief, wie: Pluto, Hecate, Proserpina.

Dii majorum gentium, ein Ausdruck, den Cicero vergleichungsweise von den Patres majorum gentium, d. h. ältesten römischen Adelsgeschlechtern, auf die vornehmsten Götter überträgt.

Dii manes, die guten Geister der Verstorbenen, welche von den Römern als Götter geachtet wurden; man opferte an ihren Grabhügeln Schweine oder Schafe. Sie hiessen auch Lares; die Geister böser Verstorbenen hiessen Larven.

Dii marini, Meergötter: Neptun, Amphitrite, Nereus, Tethys, die Tritonen, Nereïden, Venus und einige der Laren.

Dii medii, Halbgötter in einem andern Sinne, als wir es verstehen: Mittelwesen zwischen den oberen und den unteren Göttern, z. B. die Erd- und Wasser-Götter, welche ihren Sitz weder im Olymp, noch in der Unterwelt hatten.

Dii municipales, diejenigen Götter, welche nicht allgemeine, sondern nur einzelnen Municipien eigen waren.

Dii natalitii, die Götter, welche den Gebärenden halfen, der Geburt des Menschen vorstanden; sie waren: Juno Lucina, Diana Lucina, Nascio, Numeria, Vitumnus, Sentinus und Sentina, Volumnius und Volumnia. Auch sind die Nixi Dii hieher zu zählen, drei Schutzgötter der Gebärenden, deren knieende Bildsäulen auf dem Capitol vor der Capelle der Minerva standen.

Dii nuptiales, die Ehegötter: Juno, Ceres, Venus Suada, Hymen, Amor.

Dii patellarii, Schüsselgötter, Name der Laren, weil man ihnen bei jeder Mahlzeit einen Teller (Patella) mit den Erstlingen der Früchte und ein Salzfässchen hinstellte.

Dii phaecasiani, Götter, die eine Art weisser Schuhe trugen, welche Phäcasia hiessen und in Athen Priestertracht waren.

Dii semitales, Götter, welche Fusssteige (semita) beschützten und auf denselben verehrt wurden.

Dii superi, die im Himmel wohnenden Götter, im Gegensatz zu den unterirdischen.

Dii viales, Laren, welche auf Wegen und Strassen verehrt wurden.

Diipolia (Gr. M.), ein Fest, das zu Athen alljährlich im Monat Scirophorion, der um den 20. Juni begann, dem Jupiter Polieus, d. h. dem Beschützer der Stadt, nach uraltem Brauch auf der Burg gefeiert wurde, wobei man dem Gott einen Stier schlachtete.

Dike (Gr. M.), die personificirte Gerechtigkeit, Tochter des Jupiter und der Themis, Schwester der Eunomia (Gesetzlichkeit) und der Irene (des Friedens). Sie nahet klagend Jupiters Throne, wenn ein Richter das Recht beugt, ist Feindin des Trugs und Schirmerin weiser Gerichte. Ihre Tochter ist Hesychia (die Ruhe). Mit dem Schwert, das ihr Aesa (das Schicksal) schärft, durchbohrt sie des Frevlers Brust, aber sie belohnt auch die Guten, als Dienerin der Nemesis.

Dikeros (Gr. M.), Beiname des Bacchus, »der Zweigehörnte«. Dieser Gott ward nicht selten mit Ansätzen von Hörnern gebildet, als Symbol der Fruchtbarkeit und Stärke, deren gewöhnliches Bild der Stier und seine Hörner waren.

Dimas (Gr. M.), Sohn des Dardanus, welchem er in Arcadien geboren wurde. Als Dardanus mit seinem Bruder Idäus nach Samothrace ging, ward D. in Arcadien zurückgelassen.

Dimetor (Gr. M.), lateinisch Bimatris (s. d.), »der zwei Mütter Habende«, Beiname des Bacchus, weil ihn zuerst Semele, dann die Hüfte Jupiters gebar.

Dindyme (Gr. M.), Gattin des Königs Meon und durch ihn Mutter der Cybele, welche der Vater aussetzen liess, weil er einen Sohn zu bekommen gewünscht hatte.

Dindymene (Gr. M.), Beiname des Cybele, von dem Berge Dindymus in Phrygien, nach Andern aber von ihrer Mutter Dindyme.

Dindymus (Gr. M.), ein Berg in Phrygien, welcher in zwei Spitzen auslief; in der Vertiefung zwischen diesen sollte Atys begraben sein, daher der Berg der Cybele heilig war, und ihr daselbst grosse Feste gefeiert wurden.

Dino (Gr. M.), eine der Töchter des Phorcys und der Ceto, der Gräen, welche die Waffen, mit denen die Medusa getödtet werden konnte, bewachen mussten.

Dinus (Gr. M.), »der Furchtbare«, eines der Rosse des Diomedes in Thracien, welche dieser mit dem Fleisch der bei ihm ankommenden Fremden nährte.

Dio (Slav. M.), Unglücksvogel, Harpyie der Slaven.

Dioclea (Gr. Religionsbrauch.), ein Fest in Megara, dem Diocles (s. d.) zu Ehren gefeiert; weil es ein Liebes- und Freundschafts-Fest war, wetteiferten die Jünglinge an seiner Gruft um das zärtlichste Küssen; wer dieses am liebsten that, ward mit Blumen geschmückt und als Sieger nach Hause geführt.

Diocles (Gr. M.), 1) Sohn des Orsilochus, Vater des Creton und Orsilochus, König in Pherä, Gastfreund des Ulysses. Seine beiden Söhne wurden von Aeneas vor Troja getödtet. — 2) D., ein tapferer Mann aus Megara, der einst in einer Schlacht einen Jüngling, den er liebte, mit seinem Schilde deckte, darüber aber selbst das Leben verlor. Dafür ehrten ihn die Megarer als Heros durch das Fest Dioclea (s. d.).

Diogenia (Gr. M.), 1) Tochter des Cephissus, vermählte sich mit Phrasimus und gebar demselben eine Tochter Praxithea, welche des attischen Königs Erechtheus Gattin wurde. — 2) D., eine der Töchter des Königs Celeus in Eleusis, welche die umherirrende Ceres freundlich aufnahmen.

Diomede (Gr. M.), 1) Tochter des altachäischen Heros Xuthus und der Creüsa, ward mit dem König von Phocis, Deïoneus, vermählt und gebar ihm vier Söhne: Aenetus, Actor, Cephalus und Phylacus, und eine Tochter Asteropea. — 2) D., Gattin des Atheners Pallas und von ihm Mutter des Eurychus. — 3) D., Tochter des Königs Phorbas von der Insel Lesbos, Geliebte des Achilles; sie ruhete neben dem Peliden, nachdem Agamemnon ihm die Brisëis entrissen. — 4) D., stammte durch ihren Vater Lapithes von Apollo ab, denn dieser war ein Sohn des Gottes und der Stilbe. D. vermählte sich mit Amyclas, dem Sohne des Lacedämon und der Sparta, und gebar demselben den Liebling des Apollo, Hyacinthus, und den Cynortas.

Diomedea (Gr. M.), nach Einigen Gemahlin des Iphiclus, Halbbruders des Hercules, ward von ihm Mutter des Iolaus, welcher den Hercules auf allen seinen Zügen begleitete und dessen erste Gattin Megara bekam, als der Halbgott um Deïanira warb.

Diomedes, Fig. 96. (Gr. M.), 1) Sohn des Mars und der Cyrene, nach Andern des Atlas und der Asteria, König der Bistonen in Thracien, welcher vier Menschenfleisch fressende Stutten hatte. Diese zu holen, wurde dem Hercules als eine der zwölf Arbeiten von Eurystheus aufgetragen. Der Held tödtete den D. und warf ihn selbst seinen Rossen vor. — 2) D., der Tapferste nach Achilles im Heere der Griechen, Sohn des Tydeus und der Deïpyle, einer Tochter des Adrast, von väterlicher Seite Enkel des Königs Oeneus von Calydon in Aetolien, Gemahl der Aegialea, einer Enkelin des Adrast, hochbegünstigter Schützling der Minerva. Die homerische Sage meldet, dass er als Knabe seinen Vater verlor, der auf dem Zuge der sieben Helden gegen Theben blieb, und dass er selbst im Zuge der Epigonen Theben mit erobern half, kennt ihn aber eigentlich genau nur als den vor Troja anwesenden Helden.

Fig. 96.

Er greift den Hector wiederholt an und wirft ihn auch einmal mit der Lanze zu Boden, aber Apollo rettet den Trojaner; dem Aeneas entreisst er seine Rosse, verwundet dessen Mutter, Venus, die sich in den Kampf wirft, an der Hand, und scheucht sie aus der Schlacht; gegen Apollo stürmt er viermal an, bis ihn die drohende Stimme des Gottes zurückschreckt; den Mars verwundet er unter dem Beistand der Minerva so, dass dieser brüllt wie zehntausend Männer. — Er selbst wird von Pandarus verwundet, aber von Minerva geheilt, tödtet er den Pandarus. An Glaucus, einem Enkel des Bellerophon, entdeckte er mitten im Kampfe einen Gastfreund von den Grossvätern her, schloss mit ihm Freundschaft und tauschte mit ihm zum Zeichen derselben die Rüstung; siehe hiezu die nebenstehende Darstellung nach einem geschnittenen Stein. — Die Thracier im troïschen Lager überfällt er, tödtet, ausser zwölf Anderen, ihren König Rhesus, und entführt mit Ulysses dessen Rosse.

Die späteren Dichter und Mythologen haben diese homerische Grundlage der Sage von D. weitläufiger ausgeführt, aber mit zahllosen Abweichungen. Er verschwört sich mit Ulysses gegen den Palamedes, den sie, unter dem Vorgeben, einen Sehatz gefunden zu haben, in einen Brunnen hinabliessen und mit Steinen tödteten, oder, als er fischte, ersäuften. Er wird mit Ulysses nach dem Tode des Paris in die Stadt gesandt, um wegen des Friedens zu unterhandeln, und steigt mit den übrigen Helden in das hölzerne Pferd. Endlich raubt er mit Ulysses das Palladium (Bild der Minerva), nachdem Helenus den Griechen verrathen hatte, dass Troja nicht erobert werden könne, so lange jenes Bild in dessen Mauern sei. Entweder vor oder nach dem troïschen Zug kommt D. seinem Grossvater Oeneus gegen Agrius zu Hülfe, der ihn entthront hat und gefangen hält. Er rächt den Greis und nimmt ihn mit sich nach Argos, wo er selbst nach Adrasts Tode König ist. Auf und nach der Rückkehr von Troja hat er die manchfaltigsten, zum Theil auf widersprechende Weise überlieferten Schicksale, wovon nur diese Umstände den Kern bilden, dass er sein Weib Aegialea untreu findet, desshalb Argos verlässt, nach Italien kommt, sich mit dem König Daunus befreundet, dessen Tochter Evippe heirathet, auf Daunus in der Regierung folgt, zahlreiche Städte auf der Ostseite Unter-Italiens gründet, und nach seinem Tode, vornehmlich auf den nach ihm benannten diomedeischen Inseln (h. z. T. Isole Tremiti) als Heros verehrt wird.

Diomeus (Gr. M.), Beiname des Jupiter.

Diomus (Gr. M.), Sohn des Colyttus, Liebling und Diener des Hercules. Nach ihm war eine Landgemeinde in Attica benannt.

Dionaea (Gr. M.), Beiname der Venus, als Tochter der Dione.

Dione (Gr. M.), 1) eine Oceanide oder Titanin, Tochter des Oceanus und der Tethys, oder des Uranus und der Gäa, oder des Aether und der Letztern, von Jupiter Mutter der Venus, nach Homer; nach Hesiod aber ist Venus aus dem Schaume des Meeres geboren. Spätere nennen Venus selbst D. — 2) D., Tochter des Atlas, Gemahlin des Tantalus, Mutter des Pelops und der Niobe.

Dionysia (Gr. Festbrauch.), die Bacchus-Feste der Griechen, vornehmlich in den Herbst, Winter und Frühling fallend, indem im Herbst die Gabe des Gottes dankbar genossen, im Winter der Schmerz um seine in Todesschlummer versunkene Kraft, im Frühling die Hoffnung auf ihre Wiederbelebung ausgesprochen wird. Die bekanntesten dieser Feste sind: 1) Die attischen, und unter diesen: a) die kleinen oder ländlichen D., im Monat Posideon, der um die Mitte unseres Decembers begann, auf dem Lande zur Zeit der Weinlese gefeiert. Hieher gehören die Ascolien (s. d.). Hiebei war vor alten Zeiten Thespis mit seinem Theater-Karren aufgetreten, daher dramatische Aufführungen immer zu diesem Feste gehörten. Den Schluss bildete das Fest der Haloën, wobei der Ceres und dem Bacchus gemeinschaftlich für den Segen des Jahres gedankt wurde. b) Die Lenäen im Monat Gamelion, der in der Mitte unseres Januar begann, ein der Stadt Athen eigenthümliches Fest (dem Namen nach das Kelter-Fest). c) Die Anthesterien (s. d.), im Monat Anthesterion, um die Zeit der wieder sprossenden ersten Blumen. d) Die grossen oder städtischen D., im Monat Elaphebolion, um den Anfang unseres April. Das ganze Land vereinigte sich bei diesem Feste in Athen, das zugleich von vielen Fremden besucht war; selbst Gefangenen gönnte man die Theilnahme. In einer Procession trug man ein Bild des Gottes durch die Stadt, unter Chören von Männern und Knaben, welche Festlieder, Dithyramben genannt, sangen. 2) Das trieterische Bacchus-Fest, die Feste der Mänaden, welche um die Zeit des kürzesten Tages alle zwei Jahre bei Nacht auf Bergen mit dem wildesten Orgiasmus begangen wurden, aus Thracien nach Griechenland übergetragen. Am ältesten war dieser Dienst in Theben; er verbreitete sich aber über ganz Griechenland, und einer seiner Hauptsitze war der Parnass bei Delphi. Nur Frauen und Mädchen nahmen daran Theil. In Hirschkalbfelle gekleidet, den Thyrsus schwingend, Handpauken schlagend, mit fliegenden Haaren, versammelten sie sich auf den Bergen und verweilten mehrere Tage, in verrenkten Stellungen tanzend und schwärmend, und bedeutungsvolle Opfer darbringend; sie zerrissen z. B. einen Bock oder Stier mit den Zähnen und verzehrten sein rohes Fleisch, gewiss eine Spur ehemaliger Menschen-Opfer. 3) Bacchanalien (s. d.) der Römer, noch plumpere, weil prosaischere Ausartungen der heiteren Verehrung des Freude spendenden Gottes.

Dionysodotus (Gr. M.), »der von Dionysos, d. i. Bacchus, Erzeugte«, Beiname des Apollo in der attischen Landgemeinde der Phlyeer.

Dionysos (Gr. M.), der bei den Griechen gewöhnlichere Name des Bacchus.

Diopatra (Gr. M.). Ein Hirte Terambus (s. d.) sagte den Nymphen am Berge Othrys in der Landschaft Melis unter anderen Schmähungen auch nach, Neptun habe aus Verlangen nach einer von ihnen, D., die übrigen auf so lange in Schwarzpappeln verwandelt, bis er sein Verlangen befriedigt hatte; dann habe er ihnen ihre vorige Gestalt wieder gegeben.

Diores (Gr. M.), 1) Sohn des Aeolus, Königs der liparischen oder äolischen Inseln; Polymela, welche während der Anwesenheit des Ulysses mit diesem ein Liebesverständniss unterhalten hatte, war seine Schwester und wurde dann seine Gattin. — 2) D., Sohn des Königs von Buprasion, Amarynceus, welcher als Heerführer der Epeer vor Troja erschien, aber von dem Sohne des Imbrasus, Pirous, der zugleich mit Acamas Anführer der Thracier war, erlegt wurde. — 3) D., Sohn des Priamus, zog von Troja mit Aeneas nach Italien. Er gewann durch Zufall einen Preis im Wettlauf bei den Spielen in Sicilien, indem der Erste ausglitt und den Zweiten mit sich riss, wodurch er, der Dritte, siegte; allein er wurde später in Italien zugleich mit seinem Bruder Amycus von Turnus getödtet.

Diorphus (Pers. M.), Sohn des Mithras. Dieser hasste alle Weiber; sein Verlangen nach einem Sohn machte aber, dass er sich einen solchen mit einem Felsen erzeugte, den er, allerdings nur nach einer Nachricht des sehr späten Plutarch, D. nannte.

Dioscurea (Gr. Festbrauch.), Feste der Dioscuren, (s. d), die man zu Sparta und Cyrene mit Kampfspielen feierte.

Fig. 97.

Fig. 98.

Dioscuren, Fig. 97. 98. (Gr. M.), »Jupiters Knaben«, die Brüder Castor und Pollux, auch Tyndariden genannt, weil Tyndareus, König von Sparta, Anfangs für ihren Vater galt. Ihre Mutter war Leda, Tochter des Thestius, Gemahlin des Tyndareus. In den Angaben über ihre Erzeugung von väterlicher Seite wechselt die Sage auf das Manchfaltigste und wunderlichste. Homer nennt sie einfach Söhne des Tyndareus; später jedoch tritt der Mythus dazwischen, wonach Jupiter in Gestalt eines Schwans sich zu Leda gesellt, welche in Folge davon ein Ei zur Welt bringt, aus welchem nach Einigen Castor, Pollux und Helena als Drillinge hervorgehen, nach Anderen nur die beiden Brüder als Zwillinge. Nach der verbreitetsten Annahme jedoch sind Pollux und Helena Kinder der

Leda von Jupiter, Castor und Clytämnestra dagegen Kinder derselben Mutter von Tyndareus, daher Pollux unsterblich, Castor aber sterblich. Die beiden Knaben wurden von Tyndareus in allen ritterlichen Kenntnissen oder Geschicklichkeiten geübt, doch zeichnete sich Pollux als Faustkämpfer, Castor aber als Wagenlenker aus. Beide werden von Mercur oder Juno mit zwei unübertrefflichen Rossen beschenkt. Sehr jung noch, ernteten sie schon hohen Ruhm ein, indem ihre Schwester Helena, zu wunderbarer Schönheit erblüht, von Theseus geraubt worden, und bei Athen auf der festen Burg Aphidnä verwahrt war. Sogleich machten die Jünglinge sich auf, erstiegen die Burg und führten triumphirend die Schwester zurück, als Sklavin Theseus' Mutter, Aethra, mit sich hinweg nehmend, welche nicht früher, als nach der Eroberung von Troja, durch ihren Enkel Demophoon befreit wurde. Die Jünglinge machten später die calydonische Jagd mit, zeichneten sich schon dabei, aber noch mehr auf dem Argonautenzuge aus. Phöbe und Hilaira, zwei schöne Mädchen, Töchter des Leucippus, wurden von den D. geliebt und entführt. Pollux verband sich mit Phöbe, und erhielt von ihr einen Sohn Mnesileus, Castor aber von Hilaira den Anogon. Der Raub blieb nicht ungerächt, beide Mädchen waren von ihren Eltern schon an die beiden Söhne des Aphareus, Indas und Lynceus, versprochen; diese überzogen nun die D. mit Krieg, in welchem der sterbliche Castor blieb. Pollux rächte seinen Tod, war aber über den Verlust des Bruders untröstlich. Jupiter bot ihm Ersatz, indem er ihm den Olymp öffnete, doch liebte er seinen Bruder so sehr, dass er ohne diesen keinen Gebrauch von des Vaters Güte machen wollte, und da Jupiter dem schon Gestorbenen die Unsterblichkeit nicht mehr ertheilen konnte, so erlaubte er dem Pollux, seine Unsterblichkeit zur Hälfte an seinen Bruder zu verschenken, und so bringen beide vereint die Hälfte der Tage neben einander im Grabe, die andere auflebend im Olymp zu; oder es ist jeder, getrennt vom andern, den einen Tag im Himmel, den andern in der Unterwelt. Immer findet man sie, in Folge dieser Liebe, vereint dargestellt. Siehe Fig. 97. (geschnittener Stein): Köpfe der Dioscuren mit Lorbeerkronen; Fig. 98 reiten sie in entgegengesetzter Richtung davon: Anspielung auf ihren nie gemeinschaftlichen, wechselnden Aufenthalt im Himmel und in der Unterwelt. Häufig bemerkt man über ihren Köpfen einen Stern oder ein Flämmchen, welches man ihnen, als Schutzgöttern der Seefahrer, beilegte, indem man glaubte, dass sie in den electrischen Funken oder Strahlenbüscheln, welche sich häufig bei Ungewittern an den Spitzen der Masten zeigen, gegenwärtig seien, und daher diese zu ihrem Attribut machte. Auch in dem Morgen- und Abendstern denkt man sie sich vereint auf- und absteigend zwischen Orcus und Olymp. In dem Gestirn, die Zwillinge, sind ihre Namen verewigt; s. Gemini.

Dioscureum (Gr. M.), ein Tempel der Dioscuren, (s. d.).

Dioxippe (Gr. M.), eine der sieben Heliaden, Töchter des Helios (Sonnengottes) und der Clymene oder Merope, Schwestern des Phaëthon, welche sich um ihren Bruder todt weinten, worauf ihre Thränen in Bernstein, und sie selbst in Bernstein ausschwitzende Bäume verwandelt wurden.

Dioxippus (Gr. M.), ein Gefährte des Aeneas, welcher in Italien von der Hand des Turnus blieb.

Diphyes (Gr. M.), »zweigestaltig«, Beiname des Cecrops, des Bacchus, des Amor, der Sphinx und der Centauren.

Dipoenus (Gr. M.), Sohn des Dädalus, von einer unbekannten Mutter. Er und sein Bruder Scyllis waren berühmte Baumeister, und Sicilien dankte ihnen viele seiner schönsten Tempel.

Dipsacus (Gr. M.), Sohn des Flussgottes Phyllis und einer Nymphe, der als Hirte an den väterlichen Ufern, zwischen den cyaneischen Felsen und der Insel Thynias, wohnte.

Dirae (Röm. M.), »die Grässlichen«, Beiname der Furien.

Diradiotes (Gr. M.), ward Apollo von Diras, einer heiligen Stelle auf der argivischen Burg Larissa, benannt, wo er einen prächtigen Tempel und ein Orakel hatte. Die Verkündigerin seiner Orakal in diesem Tempel musste eine reine Jungfrau sein; sie gab jeden Monat einmal Orakel, und ward dazu durch das Blut begeistert, welches sie von einem dem Apollo geopferten Lamme trank.

Dirce (Gr. M.), Gattin des Königs Lycus in Theben. Ihre Geschichte ist unter Amphion und Antiope (s. d. d.) zu finden.

Dirphya (Gr. M.), Beiname der Juno, von dem Berge Dirphys in Euböa.

Dis (Röm. M.), Beiname des Pluto zu Rom, der unterirdische Jupiter.

Discordia (Röm. M.), die Zwietracht, welche Aeneas in der Unterwelt in Gesellschaft der Furien und aller Scheusale sieht, eine Nachbildnng der griechischen Eris (s. d.).

Disenor (Gr. M.), einer der Helden, welche Hector, nachdem er den Patroclus getödtet, aufrief, ihm den Leichnam desselben gen Troja schleifen zu helfen.

Dithyrambus (Gr. M.), Beiname des Bacchus, dem die Gesänge, welche den obigen Namen trugen, geweiht waren.

Diti, Didi (Ind. M.), die Nacht, Gemahlin des Gottes Kasiapa, eine finstere, böse Göttin, gebar ihrem Manne lauter Riesen und Ungeheuer; eine zweite Gemahlin, Aditi, die zwölf Aditias oder Sonnen, Indra an der Spitze.

Dius fidius (Röm. M.), ein Gott der Treue, einerlei mit dem sabinischen Semo Sancus, der auch in Rom Tempeldienst hatte, und hier besonders unter ersterem Namen in der bekannten Schwurformel: »me dius fidius!« d. h. »mich soll der Treue-Gott —!« angerufen warde.

Diva Jana, (S. Diana.)

Divakar (Ind. M.), einer der zwölf Söhne der Aditi und des Kasiapa.

Diwaspati (Ind. M.), Herr des Himmels oder Luftkreises, Beiname des Sonnengottes Indra.

Diwiza-gora (Slav. M.), »der Jungfernberg«, ein Berg an der Wolga, unweit Kasan, aus terrassenförmig geschichtetem Sandstein gebildet, finster bewaldet; er wird von den Einwohnern als Tummelplatz von Feen, Elfen, Hexen, betrachtet, und Nachts auf das Sorgfältigste vermieden, indem der gemeine Mann sich eine Menge Fabeln von Leuten erzählt, welche dort, durh die schönen Jungfrauen verführt, verschwunden, und erst nach 30 Jahren wieder gekommen sind, worauf sie ihr übriges Leben im Wahnsinn, aber in steter Erinnerung an die dort genossenen Freuden zubringen.

Djedir Beid (Ind. Rel.), das zweite Buch der Vedas.

Fig. 99.

Djoguegeir, Fig. 99. (Ind. M.), der Hauptfeind des östlichen Buddha; er scheint mit Tewetat oder Dewadet einerlei zu sein, und wird als Kind, von einer zornigen Brillenschlange umwunden, dargestellt. Hiebei aber scheint das Kind Krischna, und nur die Schlange der böse Dämon zu sein, denn schon als Kind hat Krischna die ungeheure Schlange Kalinak getödtet, welche ihn auch, wie die Figur zeigt, umwunden, bis er sich ihrer erwehrt und ihr den Kopf zertrat.

Dniepr (Slav. M.), der Gott, welcher den Fluss gleiches Namens beherrschte. Er wird hoch verehrt, und zu den dreizehn Wasserfällen des genannten Flusses, als den Hauptsitzen der Gottheit D., werden häufige Wallfahrten angestellt. Alle Schiffer, welche den Fluss hinunter fuhren, brachten auf der grossen Insel, welche vier Tagreisen von der Mündung des Stromes liegt, unter einer grossen Eiche Opfer, um glückliche Rückkehr bittend. An den Ufern findet man oft Meilen lange Grabhöhlen, wahrscheinlich Ueberbleibsel aus der Heidenzeit, nach der Angabe der Anwohner des schwarzen Meeres aber Ruhestätten christlicher Heiligen, welche, von den Türken ermordet, dahin geschafft worden sind.

Dobrebog (Slav. M.), »guter Gott«, scheint nur eine andere Benennung des polnischen Hauptgottes Biali-Bog oder Bielbug gewesen zu sein.

Dobropan (Slav. M.), auch Scheloni, der Gelbe, soll der dienende Gott, der Bote aller andern Götter, gewesen sein; von seiner goldschimmernden Kleidung wird er der Gelbe genannt.

Dobruena (Slav. M.), ein in den russischen Heldensagen oft wiederkehrender Name, Oheim des noch berühmtern Wladimir, stürmte für diesen Polotzk, um demselben die schöne Rogneda, Tochter des Normannenfürsten Rochwold, zu erobern, gerieth aber später in die Gewalt einer bösen Zauberin Marina, deren Liebe er verschmähete, worüber erzürnt, sie ihn in einen Stier verwandelte. Obwohl ihr dieses späterhin sehr leid war, und sie den so Verwandelten noch, wie früher den Menschen, liebte, vermochte sie doch nicht ihm seine Gestalt wieder zu geben, bevor sie Christin wurde.

Dodona (Gr. M.), uralte Stadt in Epirus, mit dem ältesten griechischen Orakel, das auch in späterer Zeit immer noch an Rang das nächste nach dem delphischen war, dem Jupiter heilig. Ueber die Entstehung des Heiligthums hatten die Griechen selbst die widersprechendsten Nachrichten; nach Einigen war es eine Gründung der Pelasger; nach Anderen waren von Phöniciern zwei heilige Frauen aus Theben in Aegypten entführt worden, von denen die eine das Orakel in D., die andere das des Jupiter Ammon gegründet hatte; wieder Andere melden, eine schwarze Taube sei aus Theben in Aegypten geflogen gekommen, habe sich auf die Eiche zu D. gesetzt und zu weissagen angefangen. Auch über die Art, wie die Orakel gegeben wurden, sind wir nur mangelhaft unterrichtet. Das Rauschen des Windes in den Zweigen der heiligen Eiche, die man als Jupiters Wohnstätte ansah, scheint dabei die bedeutungsvollste Erscheinung gewesen zu sein: die Priester hatten dieses Rauschen zu deuten. In späterer Zeit wurde das Orakel von Priesterinnen verkündigt. Auch ist öfters die Rede von einem dodonäischen Erze, als Weissage-Mittel, worüber folgendes gemeldet wird: Es war ein Apparat, bestehend aus zwei Gestellen, auf deren einem ein Becken von Erz, auf dem andern ein Knabe mit einer Geissel in der Hand stand. Da es zu D. sehr windig war, pflegte die Peitsche häufig an das Becken anzuschlagen, wovon der Klang dann als göttliches Zeichen gedeutet wurde.

Dodonaeus (Gr. M.), Beiname des Jupiter von dem Orakel zu D o d o n a (s. d.).

Dodone (Gr. M.), eine Oceanide, nach welcher D. in Epirus benannt sein sollte.

Dodonides (Gr. M.), »Dodonische Nymphen«, nannte man die Hyaden, Töchter des Atlas, weil sie vor ihrer Versetzung unter die Gestirne den neugebornen Jupiter zu Dodona als Ammen gesäugt haben sollten.

Dogdo (Pers. M.), soll nach den Legenden der Parsen die Mutter des Zoroaster (Tochter des Frahemrewa), geheissen haben.

Dogoda (Slav. M.), der Westwind, oder der Gott der sanften schmeichelnden Winde.

Dolgtwari (Nord. M.), einer der Zwerge, welche, aus Erde gemacht, in der Erde wohnen; die Edda zählt deren namentlich zwölf.

Dolichaeus (Gr. M.), Beiname des Jupiter von der Stadt Doliche in Syrien.

Dolichius (Gr. M.), Sohn des Triptolemus, des Lieblings der Ceres, nach welchem die Insel Dulichion benannt sein sollte.

Dolius (Gr. M.), ein alter Sklave der Penelope, den ihr ihr Vater mitgegeben hatte, als sie sich mit Ulysses vermählte, und der ihr den Garten bestellte. Freundlich bewillkommte er den heimgekehrten Ulysses, und rüstete sich mit ihm gegen die Verwandten der erschlagenen Freier.

Dollon (Kalmück. Rel.), die feierlichen Trauergottesdienste, welche nach dem Ritus der Lamaiten für Verstorbene gehalten werden, und bei welchen sich die Menge und Grösse der Ceremonien nach dem Reichthum der Hinterbliebenen richtet, weil die Gellongs (Priester) nach dem Geschenke den Segen abmessen, den sie dem Todten spenden. Am Schlusse wird, in einem sehr günstigen Falle, des Verstorbenen Bild verbrannt, wodurch derselbe gereinigt, und seine Seele, der Schlacken entledigt, würdig gemacht wird in den Himmel einzugehen.

Dolon (Gr. M.), ein Trojaner, Sohn des reichen Herolds Eumedes, hatte sich erboten, als Kundschafter in das Lager der Griechen zu gehen, begegnete jedoch dem Ulysses und Diomedes; er suchte ihnen zu entlaufen, was ihm vielleicht gelungen wäre, da er als der schnellste Läufer bekannt war, doch Diomedes warf ihm seine Lanze nach, und er fürchtete, dass ein zweiter Wurf sicherer treffen möchte, blieb daher stehen, und ward nun, nachdem beide Griechen ihn gehörig ausgefragt, kaltblütig von ihnen ermordet.

Dolon Erdeni (Lamaismus.), die sieben Heiligthümer, welche in den Tempeln der Götter vor diesen auf dem Altar aufgestellt werden. Es sind buntgefärbte Bilder, entweder auf Goldplatten selbst, oder auf hölzernen, mit Gold überzogenen Scheiben gemalt; eines derselben ist die Trommel (Kürüdu, das heilige Rad), in welcher die Gebete aufgerollt sind, und welche man durch Drehen zur Anschauung Gottes bringt, die anderen sechs heissen: San Erdeni, Zirgan-Nojon Erdeni, Chattun-Tschimel-Dschindemani und Morin Erdeni.

Dolopion (Gr. M.), ein Priester des Flussgottes Scamander, ein geehrter Troër, dessen Stimme dem Volke viel galt, Vater des Hypsenor.

Dolops (Gr. M.), 1) Sohn des Mercur von unbekannter Mutter. — 2) D., ein Trojaner, Sohn des Lampus, Sohnes des Laomedon. Er kämpfte mit Meges, dem Sohne des Phyleus, bis diesem Menelaus zu Hülfe kam, und dem Dolops seitwärts einen Speer in die Schultern stiess. — 3) D., Sohn des Saturnus und der Philyra.

Dolor (Röm. M.), »der Schmerz«, Sohn des Aether und der Erde.

Dolus (Röm. M.), »der Betrug«, Sohn des Aether und der Erde.

Domiduca (Röm. M.), »Die heim begleitet«, Beiname der Juno, welche man anrief, um die junge Braut in die Wohnung des Gatten zu führen.

Domiducus (Röm. M.), Beiname des Jupiter, wie D o m i d u c a (s. d.) der Juno. Auch er ward von den Brautleuten angerufen, und sollte sie glücklich in ihre neue Wohnung führen.

Domina (Röm. M.), »die Herrin«, Beiname der Venus, Juno, Cybele, Diana, Isis. D. Almonis, Herrin des Almo, hiess Cybele besonders von einem Flüsschen Almo bei Rom, in welchem die Bildsäule dieser Göttin alljährlich mit grossen Ceremonien gebadet wurde.

Domitius (Röm. M.), »der Bezwinger«, ein Genius, der die Neigung der Braut an das neubetretene Haus des Gatten fesseln sollte.

Domowie duschi (Slav. M.), wörtlich: »Hausseelen«, die Schutzgeister der Häuser. Man dachte sie sich als Schlangen unschädlicher Art, glaubte, dass sie in kleinen Höhlungen der Häuser wohnten, und brachte ihnen mancherlei Opfer von Speisen, um die freundlich gesinnten zu belohnen, oder die bösen zu gewinnen. Die Stellen, wo sie ihre Wohnung hatten, bezeichnete man mit ihrem Bilde. Auch die Geister der Verstorbenen wurden auf ähnliche Weise verehrt.

Don (Slav. M.). Die alten Russen beteten ihn an, wie die andern grossen Flüsse; er war ihnen, gleich der Wolga und dem Dniepr, ein Gott, doch nur ein Localgott, denn die Umwohner des Ural erkannten ihn so wenig an, als die Bewohner der Düna-Ufer den Ural gleich einem Gott verehrten. Die Völkerschaften nannten sich nach den Flüssen (Kasak Donski, Kasak Uralski etc.), und nur dem Stamme, der ihn umwohnte, war der Fluss ein Gott, doch ein wohlthätiger, ernährender, denn von ihm hing grösstentheils ihr Bestehen ab.

Donihuda (Ind. M.), Name des ganzen Universums und seiner fünfzehn Regionen (Bobuns), deren mittelste die Erdfläche ist; sieben andere sind u n t e r derselben, in denen die gefallenen Geister gestraft, sieben andere sind über derselben, in denen sie geprüft, geläutert, des Paradieses werth gemacht werden.

Dopekham (Lamaismus.), das Reich der ewigen Freuden, ein Theil des Paradieses. Die dort Wohnenden, in sechs über der Sonne gelegenen Reichen, leben in nie aufhörender Wollust; sie pflanzen sich, nach den sechs Stufen ihrer Seligkeit, verschiedenartig fort: durch Blicke, Lächeln. Berühren, Küssen, Umarmen etc.

Dorceus (Gr. M.), einer der zwölf Söhne des Hippocoon, welcher sich der Herrschaft über Sparta bemächtigt und seinen Halbbruder Tyndareus vertrieben hatte. Hercules führte den Tyndareus zurück und erschlug den Hippocoon und seine Söhne.

Dori (Nord. M.), einer der zwölf Zwerge, welche in der Erde wohnen.

Dorides (Gr. M.), Meernymphen; gleichbedeutend mit Nereïden, weil Doris (s. d.) ihre Mutter war.

Doripe (Gr. M.), eine Nymphe auf Delos, welche den Anius, König von Delos, einen Sohn des Apollo und der Rhöo, heirathete; sie gebar ihm vier Töchter: Lavinia, Elais, Oeno und Spermo; den drei letzteren verlieh Apollo die Gunst, dass es ihnen niemals an Oel, Getreide und Wein fehlen sollte. Ihre Vorräthe waren so ungeheuer, dass die Griechen vor Troja neun Jahre lang allein von diesen sich erhielten.

Doris (Gr. M.), die Mutter aller Nereïden oder Doriden, selbst eine Oceanide (Tochter des Oceanus und der Tethys), vermählt mit ihrem Bruder Nereus, von welchem sie fünfzig Töchter bekam, unter denen Thetis, die Mutter des Achilles. Ebenso, wie die Mutter, heisst eine ihrer Töchter.

Doritis (Gr. M.), »die Dorische«, Beiname der Venus zu Cnidos.

Dorma (Ind. M.), Figuren indischer Götzen aus Mehlteig, mit allerlei Beschwörungsformeln bezeichnet. Sie werden von den Priestern der Lamaiten zur Vertreibung böser Dämonen gebraucht. Aehnliche Bilder aus Thon werden in England gemacht, und von Angehörigen derselben Nation, welche das Christenthum mit dem grössten Eifer in Indien zu verbreiten sucht, in ganzen Schiffsladungen nach Indien geschickt, weil sie einen guten Handelsartikel bilden.

Dorus (Gr. M.), Sohn des Stammvaters der Hellenen, des Hellen (Sohnes des Deucalion und der Pyrrha) und der Nymphe Orseis. Seine Brüder sollen Aeolus und Xuthus gewesen sein. Des D. Genealogie wird indess verschieden angegeben, denn er war nach Anderen ein Sohn des Apollo und der Phthia, oder ein Sohn des Neptun. Seinen Namen übertrug er auf das Volk der Dorier, das er am Parnass um sich gesammelt haben soll. Er fiel durch die Hand des ländersüchtigen Actolus, welcher herkam, um sein Reich zu nehmen, das er auch nach sich Aetolien benannte.

Doryclus (Gr. M.), Sohn des Priamus, welcher von Ajax Telamonius erlegt wurde, als dieser Held sich mit seinem Schilde vor den verwundeten Ulysses stellte, welchen Menelaus aus dem Getümmel führte.

Dorylas (Gr. M.), 1) ein Centaur, dem von Peleus auf der Hochzeit des Pirithous der Rossbauch aufgehauen wurde, nachdem ihm eine Lanze die Hand an die Stirne geheftet. — 2) D., ein Freund des Perseus, der auf der Hochzeit dieses Helden mit Andromeda ihm beistand und von Halcyoneus getödtet wurde.

Doscheru (Ind. Rel.), ein grosses Fest, welches zu Ehren der Gattin Schiwa's, der Dasein gebenden Bhawani, gefeiert wird: es fällt auf den zehnten September; die neun ersten Tage dieses Monats werden mit Fasten zugebracht.

Dotis (Gr. M.), Tochter des Lapithen-Fürsten Elatus in Thessalien, nach welcher das dotische Gefild in Thessalien benannt sein sollte; sie war die Geliebte des Mars, dem sie den Phlegyas gebar.

Drache (Draco), ein fabelhaftes Thier, in sofern man es sich denkt, als aus Bestandtheilen verschiedener anderer Thiere zusammengesetzt; so malt man die D.n gewöhnlich als ungeheure Schlangen mit Crocodilsrachen, zwei ungeheuern Löwen- oder auch Vogel-Füssen (Adlerklauen), mächtigen Fledermausflügeln und einem stachligen Kamm, ähnlich der Rückenflosse mancher grösserer Fische, welche zu einer förmlichen Schutzwaffe gegen Raubfische wird; entkleidet man das Unthier von diesem Schmuck der Einbildungskraft, so bleibt eine grosse Schlange, vielleicht ein Crocodil übrig, und da sind dann die Beschreibungen von der Grösse der Lindwürmer und der D.n überhaupt noch nicht so übertrieben, dass die Natur sie nicht erreichen sollte. Diese Umstände in Betracht gezogen, möchte es wohl D.n gegeben haben können, wie Virgil deren zwei beschreibt, die Laocoon und seine Söhne tödteten, und wie mehrere derselben in den alten Heldensagen vorkommen. Mythologisch merkwürdig sind besonders: der lernäische D., welchen Hercules tödtete, und der mehrere Köpfe hatte, deren einer unsterblich war. Ein zweiter, auch von Hercules getödtet, war der hesperische, welcher hundert Köpfe hatte und nie schlief, wesshalb er zum Wächter der Hesperiden-Gärten bestellt war. Ein dritter war der castalische D., Python, der aus dem Schlamme der deucalionischen Fluth erwuchs; er bewachte das Orakel der Themis am castalischen Quell (Parnassus-Gebirge), bis Apollo ihn tödtete; ein vierter war der colchische D., ein Sohn des Typhon und der Echidna; er ward dem Aeetes, König von Colchis, von Mars geschenkt, damit er das goldene Vliess bewache. Medea tödtete ihn und machte es so dem Iason möglich, die gewünschte Siegesbeute zu erlangen. — Biblisch hat das Wort eine etwas veränderte Bedeutung, es ist mehr symbolisch, bezeichnet überhaupt den Inbegriff aller Abscheulichkeit, wohl auch den Teufel selbst. Der D. zu Babel ist ein eigenes Gebild, von welchem der Prophet Daniel erzählt, doch ist schwer zu enträthseln, von welcher Art er gewesen sei.

Dracius (Gr. M.), Heerführer der Epeer vor Troja, welche er zugleich mit Meges, dem Sohne des Phyleus, und mit Amphion befehligte.

Drahomira (Slav. M.), eine mächtige Böhmenherzogin, welche die Christen, die damals sich auszubreiten begannen, auf alle Art verfolgte. Sie war an Wratislaw vermählt, und nur unter der Bedingung seine Gemahlin geworden, dass sie sich zum Christenthume bekenne, wusste jedoch von Tag zu Tag die Erfüllung dieses Versprechens hinauszuschieben, bis ihr Gemahl starb, sie nunmehr öffentlich gegen die Christen auftrat und selbst ihren ältesten Sohn nicht zu schonen beschloss, weil derselbe auch Christ war. Nach den entsetzlichsten Thaten liess sie diesen durch ihren zweiten Sohn der Krone und des Lebens berauben, und opferte den alten Götzen auf dem Grabe ihres Vaters, über dem sie einen Tempel erbauen liess. Einst fuhr sie auch dahin, bei einer Kirche vorbei, in welcher das Messglöcklein so eben läutete; sogleich sprang der Kutscher, der ein Christ war, von seinem Sitz, worob die Herzogin so entsetzliche Lästerungen ausstiess, dass die Erde sich unter ihr öffnete und sie mit Ross und Wagen verschlang, nur die Peitsche des Kutschers blieb als Wahrzeichen liegen; Flammen und erstickender Schwefeldampf brachen aus der Stelle, und dort hörte man noch Jahrhunderte nachher das Geheul der von den Teufeln gemarterten Herzogin.

Drances (Alt-Ital. M.), ein Feind des Turnus, Königs der Rutuler, gegen den er, auf Aeneas Seite tretend, mächtig prahlte.

Dratschitse (Slav. M.), die Rächerinnen des Bösen, die Eumeniden oder Furien, hässliche Weiber, welche mit knotigen Geisseln den Verbrecher zerfleischten.

Drauger (Nord. M.), Geister und Gespenster abgeschiedener Seelen, die sich bei ihren Körpern aufhalten sollen. Durch Runen konnte man sie herbeibannen. Odin war hierin Meister, daher hat er den Namen Draugedrot (Geisterherr); sie offenbarten dem Rufenden die Geheimnisse der Zukunft, konnten jedoch auch gebraucht werden, um Andere zu quälen, wozu man sich bannender Runen bediente.

Draupner (Nord. M.), ein Goldring, welchen Baldur seinem Vater Odin aus der Unterwelt schickte, nachdem Letzterer den Ring zuvor mit Baldurs Leiche verbrannt hatte. Dieser Ring war von dem Zwerge Sindri verfertigt und hatte die merkwürdige Eigenschaft, dass in jeder neunten Nacht acht gleich grosse Goldringe von ihm herabträufelten, daher sein Name, der Tröpfler.

Drimacus (Gr. M.), ein Heros der Bewohner von Chios. Er war ein Sklave, entlief seinem Herrn, sammelte um sich eine bedeutende Anzahl von Sklaven, die ihren Herren entlaufen waren, und organisirte einen Räuberstaat in den Gebirgen, gegen welchen die Chier vergeblich ihre Heere ausschickten; dabei hielt D. die beste

Mannszucht unter seinen Leuten, erlaubte ihnen keine willkürliche Erpressungen und bewirkte, dass man seinen Tod sogar bedauerte. Die Chier hatten nämlich einen Preis auf seinen Kopf gesetzt; da sprach D. zu einem Jüngling, der sein Liebling war: »Ich bin alt und lebenssatt; darum nimm meinen Kopf, trage ihn in die Stadt und lass dir den Preis bezahlen.« So geschah es. Nach seinem Tode aber brachen die Unruhen unter den Sklaven ärger aus als zuvor; daher setzten die Chier dem D. ein Heroon, zu welchem die Räuber wie die Beraubten beteten. Aus Dankbarkeit erschien D. von da an den Chiern im Traum, wenn ihnen Unheil drohete.

Drimo (Gr. M.), eine Alcyonide, Tochter des riesigen Räubers Alcyoneus, des Sohnes der Erde, den Hercules erschlug, den er jedoch aus Pallene, seinem Mutterlande, schleppen musste, um ihn zu tödten, weil er immer neue Kräfte bekam, sobald er den mütterlichen Boden berührte; seine Töchter stürzten sich vor Gram in das Meer, und wurden in Vögel verwandelt.

Dritaratschra (Ind. M.), ein Radscha aus dem Geschlechte der Mondskinder. Er besass eine überaus schöne Gemahlin, von welcher er schon zwei Kinder hatte, als Wischnu in der Incarnation des Krischna erschien; diesen, obwohl er immer von den lieblichsten Jungfrauen umgeben war, entzückte doch ihre Schönheit so sehr, dass er ihrer begehrte, und da es nach den Begriffen der Orientalen ein Todesverbrechen ist, das Weib eines Andern zu lieben, so wollte er sie wieder zu einem Mädchen machen, um sie sein nennen zu können. D. vertrieb den ungeladenen Gast durch das Opfer Hom.

Droma (Nord. M.), die zweite starke Fessel, welche die Asen hatten machen lassen, um den Wolf Fenris damit zu binden; er liess sich dieselbe anlegen, doch, wie stark sie auch war, als er sich schüttelte, zersprang sie, so dass die Stücke davon weit umher flogen.

Dronatscheri (Ind. M.), ein grosser Feldherr der Kurus, welcher sich im Kriege mit den Pandus auszeichnete. Er hatte einen Sohn Assuthama. Als in der entscheidenden Schlacht ein Elephant von ungeheurer Grösse, der denselben Namen führte, erlegt war, liess Krischna den Namen des Gefallenen zum Heer der Feinde hinüber rufen; D. glaubte, es sei sein Sohn, fiel ohnmächtig zu Boden, und diess entschied den Sieg der Pandus.

Drotte, Drotner (Nord. M.), Opferpriester, von Odin eingesetzt; man nannte sie auch Diar, sie waren seine Räthe und wurden göttlich verehrt.

Drowadei (Ind. M.), die bekannte Gattin der fünf Söhne des Pandu, Tochter des Königs von Tanassara, Dropud, von dem sie dem besten Schützen bestimmt wurde; das war Artschunen, welcher mit seinem Pfeil auf 200 Parasangen (100 Meilen) einen ungedreheten Seidenfaden durchschoss, so dass der Pfeil den Faden spaltete. Nach dem Willen des Schicksals musste er jedoch den Besitz der schönen D. mit seinen vier Brüdern theilen, denen allen sie fünf Söhne gebar.

Druasp (Pers. M.), nach Zoroasters Lehre der Geist oder Ized der Lebensthätigkeit im menschlichen Körper, d. h. der, durch welchen sie erhalten und angeregt wird.

Druden oder **Trutten** (Deutscher Aberglaube), In Niederdeutschland der Volksname für Hexenmeister und Hexen, oder auch für die bösen Geister, durch deren Kraft die ersteren wirken. Ihrer etliche, deren böse Einwirkungen man besonders zur Nachtzeit zu verspüren glaubt, heissen Nachttrutten; der Alp (s. d.) heisst daher in einigen Gegenden das Druddrücken. In Niedersachsen hat man auch den Namen Drus daraus gemacht, mit welchem auch der Teufel bezeichnet zu werden pflegt. Der Name kommt ohne Zweifel her vom althochdeutschen Truhtin, Herr, angelsächsisch Dryhten, altnordisch Drottin, worauf auch der noch in einigen Gegenden Norddeutschlands gebräuchliche Amts-Titel Droste hinweist. Ob der Name der gallischen Druiden (s. d.) damit zusammenhänge, was dem Sinne der beiden Worte nach wohl möglich wäre, muss wegen mangelnder Zeugnisse dahingestellt bleiben. Das Volk in Niedersachsen kennt D.bäume und D.steine, unter und bei welchen nächtliche Hexenzusammenkünfte Statt finden sollen. Ein Busch mit dichtverwachsenen Zweigen heisst D.busch, und mittelst desselben werden mancherlei abergläubische Künste ausgeübt. Das Bärlapp-Kraut (Lycopodium clavatum Linn.) heisst D.kraut und D.fuss; sein reichlicher gelber Blüthenstaub D.mehl.

Drudarakschaden (Ind. M.), ein mächtiger, riesiger Dämon, welcher die Sonne, während sie im Hause des Mathi (Februar) ist, nebst Sängern, Tänzern, Weisen und Schlangen, begleitet und unterhält.

Drudenfuss, ein Zeichen, welches aus fünf Dreiecken besteht, die so in einander verschlungen sind, dass sie mit einem Zuge und mit fünf Linien gemacht werden können; es ergibt sich dann in der Mitte ein gleichseitiges Fünfeck, und an jeder Seite desselben ein gleichschenkliges Dreieck. Man glaubte, dass die Hexen Füsse von solcher Form hätten, und dass also, wo man diese Figur erblicke, eine Hexe gewandelt habe, desshalb der Name. Es soll eine gegen Zaubereien schützende Kraft haben und wird daher als Amulet, auf Stein- oder Metallplättchen eingegraben, mit dem lateinischen Wort salus in den fünf Ecken, von abergläubischen Leuten getragen, oder von solchen auf die Schwelle der Ställe gezeichnet. Dieser Aberglaube scheint seine Wurzel in den ältesten Zeiten zu haben, und ursprünglich aus Aegypten zu stammen. Gewiss ist, dass ihm in Griechenland die Pythagoreer gehuldigt haben, bei welchen die Figur Pentagramm (das Fünf-Linien-Zeichen), Pentagon (Fünfeck) und Pentalpha (das fünffache Alpha) hiess. Alpha ist der griechische Name des Buchstaben A; man erblickte in den fünf äusseren Dreiecken fünf grosse A, und legte darauf wieder ein besonderes Gewicht, indem die A auf die Gottheit, als den Anfang aller Dinge, hindeuten sollte. Mit dieser Heilighaltung der Fünfzahl wich aber Pythagoras von dem Glauben der älteren Griechen entschieden ab, da diese nach Hesiod die Fünfzahl als den Erinnyen und Verstorbenen geweiht, somit als Unglückszahl betrachteten. Ohne Zweifel hat also Pythagoras selbst das Pentalpha aus Aegypten gebracht. Dass auch die Gallier ihm eine geheimnissvolle Bedeutung beilegten, beweist der Umstand, dass man in allen Abbildungen der Druiden das Pentalpha auf ihren Schuhen erblickt. In der neueren deutschen Literatur spielt es noch eine Rolle an der bekannten Stelle in Göthe's Faust.

Druiden und **Druidismus** (Rel. d. Gallier). Die D., die Männer der Eichenmistel, waren die Häupter der religiösen und gesellschaftlichen Hierarchie der Gallier. Verkündigung des göttlichen Willens, Priesterdienst, Gerechtigkeitspflege, öffentliche Erziehung, Gesetzgebung, Friedensschluss und Kriegserklärung gehörten zu ihrem Wirkungskreis. Sie waren zu der Zeit, wo die Theocratie ohne Nebenbuhler herrschte, die unumschränkten Gebieter der Nation; und auch später, als menschliche Einrichtungen auf das Ansehen der Orakel folgten, behielten sie noch grosse Vorrechte. Die Allmacht der Götter, die Seelenwanderung, die Ewigkeit des Weltalls und die Unsterblichkeit der Seele waren die Grundzüge dieser Lehre, an die sich auch die Vorstellung von einer andern Welt mit ihren Strafen und Belohnungen knüpfte. Aber die Wissenschaft der D. beschränkte sich nicht auf diese Begriffe; sie waren auch Metaphysiker, Naturforscher, Aerzte, Zauberer, und besonders Astronomen. Ihr Jahr bestand aus Mondswandelungen, was die Römer auf den Glauben brachte, dass die Gallier die Zeit nach Nächten und nicht nach Tagen mässen. Ihre Arzneikunst scheint ganz auf die Magie gegründet gewesen zu sein. Das allgemeine Heilmittel war die Eichenmistel, die man mit grosser Feierlichkeit in den Wäldern schnitt. Neben den seltsamen abergläubischen Meinungen, welche die Gewalt in den Händen der Priester erhielten, waren auch blutige Ceremonien im Gebrauch, selbst Menschenopfer wurden von den Galliern als nothwendig zur Besänftigung der Götter angesehen, und die D. unterstützten diesen schrecklichen Glauben. Jedoch waren diese Opfer zur Zeit der Ankunft der Römer in Gallien schon selten, und man ersetzte sie durch Opfergaben, bestehend aus Gold- und Silber-Barren, die man in die See warf oder in den Tempeln annagelte. Das Andenken an die grausamen Gebräuche des Druidismus hat sich nicht nur in den Zeugnissen, die uns die alten Schriftsteller überliefert haben, sondern auch in der Ueberlieferung verschiedener gälischer oder kimrischer Völker erhalten. Man wurde in den Stand der D., um den sich die Kinder selbst der mächtigsten Familien bewarben, erst nach einer mit strengen Prüfungen verbundenen Einweihung, die manchmal 20 Jahre dauerte, aufgenommen. Der Neueingeweihte musste die ganze Wissenschaft der Priester lernen und behalten. — Die neuesten Schriftsteller zählen in der druidischen Hierarchie drei verschiedene Classen: der unterste Rang war der der Barden, deren Obliegenheit es war, die nationalen Ueberlieferungen im Gedächtniss zu bewahren und die Helden zu besingen. Hierauf kamen die Ovaten, die Vermittler zwischen den D. und dem Volke; sie waren zur Verrichtung der Opfer und der Ausübung der äusseren Gottesverehrung bestimmt. Endlich über allen standen die D., mit ihrer Wissenschaft und ihrer höchsten Gewalt. Durch ihre Kenntnisse über die Masse des Volkes emporgehoben, wählten sie sich aus ihrer Mitte ein allgewaltiges Oberhaupt; diese Wahl geschah wahrscheinlich in ihrer feierlichen Versammlung, die einmal des Jahrs auf dem Gebiete der Carnuten zusammenberufen wurde an einem geheiligten Orte, der für den Mittelpunkt Galliens galt; und es war nicht selten, dass ein Bürgerkrieg daraus entstand. Selbst wenn der Druidismus nicht durch diese Spaltungen geschwächt worden wäre, so musste sein Wahlprinzip selbst ihn in Streit mit dem der Geburt bringen, für welches die Aristocratie kämpfte. Endlich musste noch das einsiedlerische Leben, das die meisten seiner Mitglieder gewählt zu haben scheinen, dazu beitragen, sie allmälig ihren Einfluss auf die Bevölkerung verlieren zu machen. Zur Zeit, als die gallischen Stämme vom Joche des fremden Eroberers bedroht waren, herrschte der Druidismus, obgleich im übrigen Lande geschwächt, noch in den beiden Bretagnen und in den Becken der Seine und Loire. Die Aeduer befanden sich an der Spitze der Partei, welche das Wahlprincip vertheidigte, d. h. die D. und die zeitweiligen Häupter des Volks. Aber die Arverner, die Sequaner und alle iberischen Völkerschaften Aquitaniens waren der Erblichkeit treu, d. h. dem System der Clanhäupter. Die Grausamkeiten des Siegers konnten allein die Anhänger dieses Systems mit den D. gegen ihn vereinigen. Das Zeichen zum Aufstand, den der Arverner Vercingetorix leitete, ging von dem druidischen Gebiete der Carnuten von Genabum aus. Als Gallien zur Ruhe gebracht war, liess der Druidismus, indem er seine Herrschaft auf die Volksmasse beschränkte, die Ehrgeizigen aus den höheren Classen die Religion der Römer annehmen; aber er wurde der Herd, wo sich die Hoffnungen der Vaterlandsfreunde wieder belebten. Er selbst bewahrte seine Thatkraft und seinen Fanatismus; er wusste beständig dem römischen Einflusse zu widerstehen, und dorthin flüchtete sich die gallische Nationalität. Augustus versuchte vergebens die blutigen Gebräuche dieses Cultus zu mildern. Unter Tiber war es ein Aeduer, Julius Sacrovir, der sich an die Spitze der Empörung der Gallier stellte. Auch wollte der Kaiser, nachdem er diese Empörung erstickt hatte, die ganze Secte der D. vertilgen: wirklich starben fast alle den Kreuzestod. Unter seiner Regierung und unter der von Claudius und Nero verfolgte der römische Feldherr Suetonius Paulinus die noch übrigen D. bis in ihre letzte Zufluchtsstätte, die Insel Mona (Anglesey). Dort war seit mehreren Jahrhunderten der geheimste Sitz des druidischen Cultus. Die Eroberung der Bretagne schien nur durch seine Ausrottung vollendet werden zu können. Als die Römer sich anschickten zu landen, sahen sie am Ufer einen Wald von Waffen und Kriegern. In den Reihen liefen Weiber mit aufgelösten Haaren, Fackeln in der Hand, rings herum standen die D., welche mit stolzer, unbeweglicher Haltung und zum Himmel erhobenen Armen mit Feierlichkeit schreckliche Verwünschungen aussprachen. Zuerst von Schrecken ergriffen, ermunterten sich die Römer wieder bei der Stimme ihrer Anführer und überwältigten die Bretonen. D., Priesterinnen, Krieger, Alles wurde niedergemacht oder verbrannt (61 n. Chr.). — Als Civilis gegen Vespasian die Waffen ergriff, gingen diese so lange verfolgten Priester noch einmal aus ihren Zufluchtsstätten hervor, um zu verkünden, dass das Reich der Gallier sich auf den Trümmern des Capitols erheben werde; aber die römische Civilisation hatte schon die gallischen Städte ergriffen. Nur ausserhalb der Städte, auf dem Lande, und besonders gegen Norden, hatte sich noch ein Rest von Nationalität mit dem Druidismus erhalten, der sich dorthin geflüchtet hatte. Auch Pescennius Niger glaubte nichts Besseres thun zu können, um sich volksthümlich zu machen, als, wie es heisst, alte Geheimnisse zu erwecken, welche ohne Zweifel die des Druidismus waren. Druidische Frauen sagten Marcus Aurelius, Diocletian und Alexander Severus die Zukunft voraus. Die volksthümliche Religion war noch nicht untergegangen, sie schlief unter der römischen Bildung, das Christenthum erwartend. Dieses, welches gegen das Ende des vierten Jahrhunderts in Armorica gepredigt wurde, erwarb sich zuerst nur wenige Anhänger: der Druidismus war geächtet, aber er bestand noch in den wenig oder gar nicht veränderten Denkmälern des alten Cultus, welche dem neuen als Symbol dienen sollten. Es war desshalb beinahe erfolglos, dass das im Jahr 658 gehaltene Concil von Nantes, indem es sich gegen die Anbetungen des Volks vor gewissen Eichen und gewissen in der Tiefe der Wälder verborgenen Steinen, vor denen man Feuerbrände anzündete und Opfergaben niederlegte, erhob, den armoricanischen Priestern befahl, diese heiligen Bäume herausreissen zu lassen, sie zu verbrennen, die Steine zu sammeln und sie an so verborgenen Orten zu vergraben, dass die Landleute sie nie wieder finden könnten. Diese Beschlüsse konnten nur sehr unvollkommen ausgeführt werden. Im neunten Jahrhundert sieht man Karl den Grossen gegen den Aberglauben und die Gebräuche des Druidismus zwei Capitularien schleudern, die ebenso wenig Erfolg hatten. Die langsame Wirkung einer vorgeschrittenen Civilisation, welche der Barbarei von Tag zu Tag mehr Boden abgewann, konnte allein wirksame Ergebnisse herbeiführen. Noch im siebenzehnten Jahrhundert war die Küste von Armorica und die Insel Ouessant u. s. w. in dem gröbsten Heidenthum befangen und erfüllte maschinenmässig abergläubische Gebräuche, deren Sinn damals beinahe verloren, aber mit dem innersten Leben der Gesellschaft zu eng verwachsen war, als dass seine Fortdauer sich nicht erklären liesse.

Druidinnen, dem gallischen Priesterstand angehörige Frauen. Ihre Hauptobliegenheiten beschränkten sich darauf, die Gestirne und die Eingeweide der Opferthiere zu befragen, gewissen Opfern vorzustehen, geheimnissvolle Gebräuche zu versehen und Orakel zu ertheilen. Ihre Gesetze waren übrigens seltsam und widersprachen sich oft. An einem Ort weihten sie sich einer fortwährenden Jungfräulichkeit; anderswo, obgleich verheirathet, verpflichteten sie sich zu langer Getrenntheit. Bei den Namneten wohnten auf einem der Inselchen, welche die Loire bei ihrer Mündung bildet, Priesterinnen, welche zu bestimmten Zeitpunkten selbst ihre Gatten auf dem festen Lande besuchten. Aber dieser Besuch geschah nur bei Nacht und musste vor der Morgendämmerung zu Ende sein. In ihren Festen, wo Blut floss, waren sie gezwungen, Mörderinnen oder Opfer zu sein. Manchmal wohnten sie nächtlichen Opfern bei, wo sie ganz nackt, eine Fackel in der Hand, mit schwarz gefärbtem Körper und verwirrten Haaren, sich in wahnsinnigem Taumel bewegten. Unter die berühmtesten D. zählte man die neun schrecklichen Jungfrauen der Insel Seyn an der Spitze von Armorica (auf der Küste Finisterre nicht weit von Sainte-Croix).

Druwen (Ind. M.), einer der berühmtesten Heiligen der indischen Legende, Sohn des Utanubaden und der Sunadi, und also einer der ältesten Menschen, denn sein Grossvater Suajambhu war der Stammvater des Menschengeschlechts. Utanubaden vermählte sich zum zweitenmal, und die Stiefmutter behandelte den Knaben so hart, dass er ihr entfloh und, damals erst fünf Jahre zählend, in einer Einöde ein beschauliches Leben führte. So ging er alle Stufen der Büsser durch, zu immer reinerer Anschauung der Gottheit gelangend, bis Wischnu selbst in eigener Person ihm erschien, ihm die vollkommene Kenntniss der Vedas, ihr richtiges Verständniss und seine höchste Gnade schenkte. Er verliess nun nach des Gottes Willen die Wüste und trat als vollkommener Heiliger das Reich seines Vaters an, welches er 26,000 Jahre tadellos mit höchster Milde und Weisheit regierte, dann holte ihn Wischnu selbst in seinem Feuerwagen zum Himmel ab, wo er im Polarstern wohnt, um welchen sich seit dieser Zeit alle übrigen Sterne drehen, um ihm ihre Ehrfurcht zu bezeigen.

Dryaden (Gr. M.), Gottheiten der Bäume, mit denen sie zugleich entstehen und vergehen, auch Hamadryaden genannt. Sie scheinen arcadischen Ursprungs zu sein, und begleiten nicht, wie andere Nymphen, Oreaden und Najaden, andere Gottheiten. Sie leben lange und altern nicht, geniessen ambrosische Speise, und tanzen mit den Göttern den Reigen, aber sie sterben mit ihren Bäumen.

Dryalus (Gr. M.), ein Centaur, welcher bei dem

Kampf der Lapithen und Centauren auf der Hochzeit des Pirithous erschlagen wurde; sein Vater hiess Peuceus, sein Bruder Perimedes.

Dryas (Gr. M.), 1) Vater des Amphilochus von Corinth', des Gatten der Alcinoë. — 2) D., Sohn des Mars, einer der calydonischen Jäger, welcher von seinem Bruder Tereus erschlagen wurde. — 3) D., Vater des alten thracischen Königs Lycurgus, welcher, durch Bacchus rasend gemacht, seinen eigenen Sohn ermordete, indem er gegen Bacchus zu wüthen und Rebstöcke niederzuhauen glaubte. — 4) D., ein Lapithe, welcher den wüthenden Centauren Rhötus bändigte, indem er ihm ein glühendes Eisen zwischen Hals und Schulter in das Fleisch bohrte.

Drymnius (Gr. M.), Beiname des Jupiter bei den Pamphyliern.

Dryope (Gr. M.), 1) Tochter des Königs Dryops, der am Berge Oeta wohnte, eine Geliebte des Apollo. Der Gott verwandelte sich, um ihr zu nahen, in eine Schildkröte, verscheuchte als Schlange ihre Gespielinnen und erzeugte dann, in seiner wahren Gestalt ihr erscheinend, mit ihr den Amphissus. D. ward Gattin des Andrämon, und ging als solche einst an das Meer, um den Nereïden zu opfern, wobei sie ihrem Sohne eine Lotosblüthe abbrach; dieser Lotos war aber die Nymphe Lotis, welche, von Priap verfolgt, um Rettung gebeten hatte und in den Baum verwandelt worden war. Obschon nun D., welche das Blut aus dem abgebrochenen Zweige hervorquellen sah, entsetzt in Apollo's Tempel flüchtete, ward sie doch selbst in einen ähnlichen Baum verwandelt. — 2) D., eine Nymphe, mit welcher der Waldgott Faunus den Tarquitus erzeugte.

Dryops (Gr. M.), Sohn des Apollo und der Dia, einer Tochter des Lycaon, oder des Flussgottes Sperchius und der Danaïde Polydora, ward der Stammvater des Volkes, welches sich nach ihm Dryoper nannte.

Dsambalaserbo (Tangul. M.), ein Gott, den nur die Tangulen, nicht die übrigen Lamaiten anerkennen, nach Einigen der Gott des Feuers; er wird gelb gemalt, mit rothem Gewande angethan, von einer grünen Schärpe umgürtet; seine rechte Hand hält einen Rubin als Symbol des Feuers, seine Linke eine Ratte, von welcher die Tangulen glauben, dass sie das Feuer lösche, wenn sie freiwillig hindurchläuft.

Dschaga (Ind. M.), eines der grössten, kostbarsten und heiligsten Opfer, welches die Braminen der Sonne und den Planeten bringen, und bei welchem eigentlich Niemand von einer andern Kaste zugegen sein darf. Am Anfange des Frühlings wird ein freier Platz geebnet, gesäubert, mit einer Hütte, in welcher mehrere hundert Braminen Platz haben, versehen, und in derselben die heilige Säule aufgerichtet, Mahadewa's Symbol; um diese (Dschubam) wird durch Zusammenreiben zweier Hölzer Feuer entzündet, und nun drängt sich zum Opfer, was die Hütte fasst; die andern Braminen aber umgeben den heiligen Raum in engem Kreise, damit nicht ein profanes Auge das Heiligthum entweihe. Nun wird ein völlig fehlerfreier Widder erdrosselt; — Blut darf nicht vergossen werden; — die Leber in Butter gebraten, in so viele Stückchen zertheilt, als Braminen anwesend sind, und diesen auf Brod gereicht, welches sie essen müssen. Wer diess gethan, wird nun für besonders heilig und entsündigt angesehen, derjenige aber, der das Opfer selbst verrichtet hat, darf etwas von dem heiligen Feuer (welches während des Opfers mit neun verschiedenen Holzarten genährt, und auf dem der ganze Widder mit allerlei Spezereien verbrannt worden ist) nach Hause nehmen, muss es sorgfältig unterhalten, und darf nach seinem Tode seinen Scheiterhaufen damit anzünden lassen, wodurch er unmittelbar, ohne fernere Seelenwanderung, in das Paradies kommt.

Dschagna (Ind. M.), Name der Opfer im allgemeinen; sie haben viele Unterabtheilungen, welche sich durch grössere Kosten und Umständlichkeit, grössere oder geringere Heiligkeit unterscheiden.

Dschagnaman (Ind. Rel.), der gewöhnliche Pagodenbramin, welcher nur Opfer verrichtet, nicht aber Lehrer der Religion ist; Letzterer heisst Guru, und steht in viel höherem Ansehen.

Dschagnepawadam (Ind. Rel.), die Braminenschnur, ein besonders heiliges Abzeichen der Braminenkaste, welches bei hoher Strafe kein Anderer tragen darf; es besteht aus neun Fäden von Baumwolle, welche so lang sind, dass sie hundert und acht mal um die Hand gewickelt werden können (wegen der 108 Geschichten des Brama). Nachdem hieraus neun Fäden gemacht worden, theilt man dieselben in drei Theile, wegen der drei Vedas, oder heiligen Bücher, und hängt sie über die rechte Schulter, so dass sie unter dem linken Arm die Hüften berühren. Diese Braminen-Schnur macht den, der sie trägt, unverletzlich, und erhebt ihn über das Gesetz.

Dschajanta, Sohn des indischen Sonnengottes Indra. Wird auch als Ehrentitel gebraucht — Sohn der Sonne.

Dschakscha (Ind. M.), Genien des Ueberflusses, dem Gotte der Reichthümer als Gehülfen dienend.

Dschakschiamuni (Lamaismus), der oberste Gott der Tübetaner, identisch mit dem Buddha der Indier, eine Verkörperung des Wischnu (die neunte), der in ihm zum viertenmal erscheint, um die Menschen zu erlösen; er ist der jetzige Regierer des Weltalls; nach ihm werden noch 996 Buddhas oder D.'s kommen, bevor die Welterlösung vollendet wird. Die Bewohner von Tübet, der Mongolei, Tatarei, China und Japan betrachten ihn, wenn auch unter verschiedenen Namen, doch allgemein als den alleinigen Schöpfer und Stifter ihrer Religion, deren Verkündiger Dschäschik (s. d.) war.

Dschal-boi-dym (Lamaismus), nennen die Mongolen ein zahlreiches, auf der Erde wohnendes und unter den Menschen verbreitetes Geschlecht böser Dämonen.

Dschalinder (Ind. M.), einer der mächtigsten Dämonen, welche, von Danu entsprossen, unter dem allgemeinen Namen Danuwas begriffen werden. D. ward allen Göttern furchtbar, weil er unüberwindlich war, und dieses nur desshalb, weil seine Gattin, von unbesiegter Keuschheit, Niemand auf Erden und im Himmel Gehör gab. Hierauf trotzend, forderte der Dämon Schiwas Gattin Parwati, kämpfte mit ihm in Mahadewas Gestalt, und würde, da er selbst nicht fallen konnte, gesiegt haben, hätte Wischnu dem Gotte nicht geholfen; dieser verwandelte sich nämlich in einen Dämon von ganz gleichem Aussehen mit D., ging zu dessen Gattin, erlangte von ihr was er wünschte, und augenblicklich verliessen den Dämon seine Kräfte, er ward besiegt und getödtet.

Dschama (Ind. M.), Beherrscher einer Abtheilung der Unterwelt (Nark), und oberster Richter derselben, welcher bestimmt, ob die abgeschiedenen Seelen in den Himmel oder in die Hölle kommen sollen, in welchem letztern Falle sie die Wanderung durch das Leben von neuem anzutreten haben. Ein Spiegel, aus reinem Feuer gebildet, zeigt ihm die Thaten aller Menschen; auf einer goldenen Wage, welche seine Untergebenen halten, wägt er dieselben, und weist die, welche zu leicht befunden werden, nach dem Nark, die andern nach Suerga (Himmel). Er ist ein Schutzgeist der Tugend und Gerechtigkeit, und der vornehmste Begleiter des Schiwa, ist eine der acht Schutzgottheiten der sichtbaren Welt und wird desshalb hoch verehrt; doch bildet man ihn, trotz dieser guten Eigenschaften, in schrecklicher Gestalt ab, mit furchtbar verzerrten Gesichtszügen, mehreren Armen, schwer bewaffnet, auf einem vierfach gehörnten schwarzen Büffel reitend. Er wohnt in Dschamapur (Stadt des Dschama), mit seinem Vater Surja und seiner Mutter Sayei. Ihm sind unmittelbar untergeben als höchste Diener die Dämonen Raktschu Kennares und Bhudas.

Dschamadagni (Ind. M.), ein sehr heiliger Bramine, welchem Wischnu ein grosses Geschenk mit seinem eigenen, nie fehlenden Bogen machte (nach Andern erbte er denselben von seinem Vater, der, ein Liebling des Wischnu, ihn von diesem erhalten). D. hatte sich, wider die Gewohnheit der Braminen, so weit vergessen, eines blossen Königs Tochter zu heirathen (ein König steht an Rang und Würde weit unter dem niedrigsten Pagoden-Bramin); doch war sie fromm und keusch, und dieses so sehr, dass sie täglich das Wasser aus dem Ganges ohne Gefäss zu schöpfen ging, indem es sich unter ihren Händen zu einer glänzenden Krystallkugel formte, welche sie vor sich her, oder auf dem Kopfe nach Hause trug, ohne dass ein Tropfen davon herab gefallen wäre. Sie und ihre Mutter baten Brama um Söhne, der Gott gab jeder ein Gericht Reis, mit dem Bedeuten, dass, wenn sie dieses verzehrt haben würden, ihr Wunsch in Erfüllung gehen solle. D.s Gattin vertauschte die beiden Schüsseln, und so bekam des Kriegers (Königs) Gattin einen milden und heiligen, die Braminenfrau aber einen kriegerischen Sohn, der eine

Verkörperung des Wischnu, der berühmte Parasu Rama, war. D. besass durch Indra's Gunst die berühmte Wunderkuh. (Vergl. Kamdewa). — Das Ende der Gattin D.s ist merkwürdig genug. Ihre Reinheit widerstand jeder Prüfung, und immer brachte sie, in Folge dessen, das Gangeswasser ohne Gefäss heim; einst aber erblickte sie einen himmlischen Genius in den Wolken; mit Wohlgefallen ruhte ihr Auge auf der schönen Gestalt, und augenblicklich zerfloss die Kugel in ihren Händen; sie hatte die Kraft, welche völlige Reinheit ihr lieh, verloren; der Bramin hieb ihr daher augenblicklich den Kopf ab, und liess sie am Ufer des Ganges liegen. Die Kinder fragten nach der Mutter, worauf der Vater sagte, was er an der Ungetreuen gethan, und erst nach vielen Bitten des Parasu Rama liess er sich bewegen, diesem die Erlaubniss zu ertheilen, den Körper der Mutter wieder zu holen, um ihn zu heilen. Unterdessen war eine Bajadere wegen Verletzung ihres Gelübdes, einer gewissen Pagode allein anzugehören, mit dem Tode bestraft worden, und lag mit abgehauenem Kopf neben der Mutter. Rama verwechselte den Körper, nahm den Kopf der Mutter und den Körper der Buhlerin, setzte beide zusammen, und neues Leben durchströmte die Adern, aber zu dem reinen, heiligen Geist war ein irdisch lüsternes Weib gekommen, und klagend über ihr Unglück, brachte sie ihr ganzes Leben zu, denn jeder gute Entschluss ward durch die Verwechselung zunichte, und jede neue Sünde quälte den reinen Geist.

Dschamadewta (Ind. M.), heissen alle Diener des Gottes Dschama; sie führen die Seelen derjenigen, welche schwer gesündigt haben, und nach Dschamas Richterspruch in die Hölle (Nark) kommen sollen, um von da aus wieder eine neue Wanderung durch die Welt anzutreten, hinab in die zu ihrer Strafe bereiteten Räume. Zu jedem Sterbenden kommen zwei D.'s in furchtbar schrecklicher Gestalt, und ihnen gegenüber erscheint ein Bote des Wischnu; war der Sterbende fromm, so kommt er, von Wischnu's Diener geleitet, in das Paradies; war diess nicht der Fall, so kommt er, durch die beiden Dews geführt, in die Hölle. Es versteht sich, dass die Braminen hievon ausgenommen sind, sie haben schon die höchste Läuterung empfangen, können keine Verbrechen mehr begehen, und kommen höchstens noch Einmal als Braminen auf die Erde, mehrentheils aber gleich in den Himmel.

Dschamaloga (Ind. M.), das Reich des Dschama, Nark oder die Hölle.

Dschaman (Ind. M.), die Ordensregel der Braminen, nach welcher sie verpflichtet sind, fünf Tugenden unaufhörlich zu üben: sie sollen stets die Wahrheit sagen, auf keine Weise etwas veruntreuen, nach dem Tode der Gattin nicht wieder heirathen, kein Geschöpf tödten und die strengste Keuschheit beobachten.

Dschamanduga (Tübet. M.), einer der acht schrecklichen Götter (Nadman-Dobschot), welche durch ihre Macht das Uebel verderben, die Welt beschützen, und somit von den Bekennern des Lamaismus eifrigst verehrt werden. D. ist ein Ausfluss des Gottes Monsuschari. Schagkiamuni, der oberste Gott, verwandelte ihn, indem er ihm die furchtbarste Gestalt gab, welche er erfinden konnte, damit er im Stande sei, den entsetzlichen Tschotschitschalba, den ungeheuersten aller bösen Dämonen, welcher die Welt immer verderben will, zu bekämpfen und zu besiegen. D. ist, nach dieser Bildung, blau von Farbe und ganz von Flammen umgeben, hat zehn Köpfe in drei Reihen, davon einer ein Stier-, einer ein Ziegenkopf, die übrigen verzerrte Menschengesichter, der letzte oberste aber ein schönes Jungfrauenhaupt ist, um seine göttliche Natur anzudeuten; zwanzig Arme tragen die schrecklichsten Marterwerkzeuge und unbekannte Waffen, mit zwanzig kralligen Füssen wühlt er in einem Haufen zermalmter Menschen.

Dschamapur (Ind. M.), die Stadt des Dschama, am Berge Meru gelegen, voll der prächtigsten Paläste für die Diener, die Eltern, die Freunde des Dschama, und mit einem über Alles schönen, ganz von Krystall gebauten Saal des Gottes, in welchem er vor einem aus reinem Feuer gemachten Spiegel sitzt, in dem er die Thaten der Menschen sieht.

Dschamabos (Jap. Rel.), Priester eines religiösen Ordens, welcher sich auferlegt hat, die steilsten Berge und Felsen zu erklimmen, um daselbst, Gott näher, diesen anzubeten, und welcher daher der Orden der Bergsoldaten (Dschamabos) heisst. Der Orden entstand im siebenten Jahrhundert n. Chr., ungefähr um die Zeit, da sich der Muhamedanismus erhob, mit welchem er indess gar keine Verwandtschaft hat. Der Stifter war ein heiliger Einsiedler, welcher zu seiner Erbauung alle hohen Berge von China und Japan erklettert hatte; er hiess Gjenno Giossa. Sein Andenken wird zwar hoch in Ehren gehalten, doch war er nicht im Stande, eine Spaltung dieses Ordens zu verhindern, denn bald nach seinem Tode theilte er sich in zwei Branchen, jede derselben jedoch wandert jährlich einmal zu seinem auf dem höchsten Gebirge liegenden Grabe. Wer dieses ohne die gehörige Reinigung thut, stürzt rettungslos hernieder in die Tiefe der Felsenklüfte. Nach glücklich vollendeten Wallfahrten, welche die hauptsächlichste ihrer Ordensregeln ausmachen und einen grossen Theil ihres Lebens erfüllen, kommen sie in einen höhern geistlichen Rang, und wohnen unter den Vorgesetzten des Ordens in Mikao.

Dschambuwan (Ind. M.), eine Avatara des Brama, eine Verkörperung des höchsten Gottes, in der Gestalt eines riesigen Bären. Rama war entstanden (eine Verkörperung des Wischnu), um Ravana, den Riesenkönig von Ceylon, zu bekämpfen; alle Götter unterstützten diesen mit Kriegsheeren von Affen, Bären und anderen Thieren. Brama gab den Bären einen König D., welcher aus des Gottes Munde hervorkam, und den Geist des Brama enthielt. Er wollte nun die grosse Expedition nach Ceylon selbstständig ausführen, allein Krischna kämpfte drei Tage mit ihm, bis er die Oberherrlichkeit des Wischnu (dessen Verkörperung Krischna war), anerkannte. Jetzt folgte er auch dem Rama mit seinem ganzen Bärenheer und half ihm Ceylon und seinen Herrscher besiegen.

Dschami (Pers. M.), der berühmte, aus einem einzigen Edelstein, einem ungeheuren Türkis, geschnittene Pokal des Königs Dschamschid (s. d.); er ward von diesem Herrscher bei der Gründung von Isthakar oder Persepolis gefunden, angefüllt mit flüssigem, trinkbarem Gold, dem Trank der Unsterblichkeit. In seiner äussern polirten Fläche spiegelt sich immerdar die ganze Welt ab, so dass sein Besitzer Gegenwart und Vergangenheit durchschaut, und daraus die Zukunft erkennen kann, was denn die ungeheure Macht und das nie wankende Glück der persischen Monarchen erklärt, welche ihn in ihrem Schatz besassen; es hörte auf, als er verloren ward.

Dschamschid (Pers. M.), ein fabelhafter alter König von Persien, der 800 Jahre v. Chr. gelebt haben soll; von ihm zählt das Volk der Parsis seine Grösse, denn er war der von den Göttern begünstigte mächtigste Monarch, gründete die Stadt Persepolis, welche in ihren Ruinen noch den Wanderer durch ihre Erhabenheit und Grösse entzückt, baute die ungeheuren Paläste, deren Wände mit mythologischen Figuren, mächtigen Intaglios, bedeckt sind, führte den Sonnendienst ein, gab seinem Volk treffliche Gesetze, lehrte es Künste und Wissenschaften, öffnete ihm die Schätze des Erdbodens, der Meerestiefen, und regierte so weise, wie nach ihm kein Monarch; er hatte den Becher mit dem Unsterblichkeitstrank (s. d.), welcher ihn so überaus weise machte.

Dschamty (Ind. M.), Tochter des Bärenkönigs Dschambuwan (s. d.), welche derselbe mit einer Braminentochter, die sich in den Bären verliebt hatte, erzeugte. D. war ausserordentlich schön, erregte die Wünsche des Gottes Krischna, und ward, nachdem er ihren Vater besiegt, seine Gattin.

Dschanlok (Ind. M.), der Himmel, welchen Brahaspati, der Planet Jupiter, beherrscht, also der fünfte Himmel; in diesen werden die heiligen, gottbegeisterten Personen aufgenommen, die zwar ehemals Menschen, doch göttlichen Ursprungs waren, die Pischi's, Muni's etc. welche durch ihre Frömmigkeit und dadurch erlangte Macht die Welt beglückten.

Dschaeschik, Fig. 100. (Lamaismus.), ein Buddha, der die Buddha-Religion, von welcher der Lamaismus eine Ausartung ist, nach Tübet brachte, was 407 Jahre n. Chr. geschehen sein soll. Dschakschiamuni, der fünfte göttliche Burchan, der oberste Gott der Lamaiten, liess ihn aus der prachtvollen Padmablume entspringen, wusste, welche Heiligkeit er erlangen würde, und übertrug ihm daher die Erlösung der Menschheit. D. übernahm es zwar nur, die im Norden der Schneeländer wohnenden Menschen

Fig. 100.

zu erlösen, doch dieses Werk auch mit aller möglichen Beharrlichkeit durchzuführen, widrigenfalls sein Kopf in zehn und sein Körper in tausend Stücke zerspringen solle. — Er stieg in die Höllenreiche hinab, besuchte zuerst das Reich der Ungeheuer (Birid), dann das der Thiere, der Menschen, der bösen Genien, Assuri und Tägri, und vernichtete dort alle Qualen und Schmerzen, so dass die ganze Hölle auf einmal aufhörte zu sein, bloss indem sein überaus heiliger Mund die Erlösungsworte, Om-mani-pad-mä-hum, aussprach. Nachdem er diess gethan, trat er seine Reise auf der Erde an und ging in die Länder jenseits der Schneeberge; auch dort liess er seine Zauberworte ertönen, vernichtete das Böse, brachte Gutes hervor und führte die Menschen zur wahren Religion. Nun erhob er sich durch die Lüfte und flog in das Götterland auf den rothen Berg. Dort sah er zu seinem Jammer wieder viele Millionen Wesen auf das Schrecklichste gepeinigt, indem sie in dem flammenden Otangmeer gebadet wurden. Die Qual dieser Unglücklichen entlockte jedem seiner Augen eine Thräne, aus denen zwei Göttinnen wurden, welche, gerührt von seinem liebevollen Herzen, ihm Beistand versprachen und sich in seine Augen versenkten, aus denen nun ihre Macht durch die Blicke des D. wirkte. Er sprach nunmehr auch hier die oben angeführten sechs Worte aus und erlöste damit alle Verdammten, bekehrte sie zum Glauben an den grossen Gott Dschakschiamuni, und hatte nun sein Werk beinahe vollbracht; allein noch waren nicht alle Erlösten fest im Glauben, und diess bekümmerte ihn; er sehnte sich von der bösen Welt zurück nach dem ewigen Freudenreiche, seiner Heimath; alsbald zersprang sein Kopf in zehn und sein Körper in tausend Stücke. — Burchan setzte seinen Körper wieder zusammen und tröstete ihn über das Unglück, indem er ihm sagte, sein Körper würde das grösste Heiligthum der Welt werden. Die tausend Theile sollten zu so vielen Händen, jede mit einem Auge, werden, als Monarchen regieren, und die tausend Buddhas eines vollkommenen Weltalters vorstellen. Man bildet den D., wie wir ihn hier sehen, als einen Mann mit eilf Köpfen und acht Händen, deren jede ein Auge trägt. Die zehn untern Köpfe sind die Theile des zersprungenen, der eilfte ist sein eigener, welcher über allen andern thront.

Dschauk (Arab. M.). Vor Muhamed bestand in Arabien Vielgötterei, wie im grössten Theile des Orients, ausser Persien; einer dieser Götter Arabiens hiess D. und ward von dem Stamme Morad vorzugsweise verehrt, man bildete ihn in Gestalt eines Pferdes ab.

Dschemma (Jap. M.), identisch mit Dschama (s. d.).

Dschetta (Jap. M.), die zwölf himmlischen Zeichen des Thierkreises, welche lauter vergötterte Wesen sind; sie heissen Maus, Ochse, Tiger, Hase, Drache, Schlange, Pferd, Schaf, Meerkatze, Hahn, Hund, Eber. In Verbindung mit den fünf Elementen, Erde, Feuer, Wasser, Holz und Metall, bilden sie einen heiligen 60jährigen Cyclus, welcher in der Zeitrechnung der Japaner einen Hauptabschnitt bildet, und mit ihm eine stets erneuerte Wiederkehr der Götter auf die Erde bringt.

Dschidschielia, Dschiewona (Slav. M.), eine jugendliche Jagdgöttin, in Manchem mit der Diana der Römer vergleichbar, doch ohne die feindseligen Eigenschaften der letztern. Sie ward als freundliche Begleiterin der Jäger, gerüstet mit Bogen und Köcher, hoch geschürzt und leicht gekleidet, gedacht, bringt dem Jäger Glück, bändigt die wilden Thiere, treibt den Ur und das Elenn zum Schuss, und schenkt dem Kühnsten und Würdigsten wohl ihre Gunst, so dass viele junge Leute, deren Herkunft man nicht genau kannte, falls sie schön, verwegen und wilde Jäger waren, ihre Söhne genannt wurden. Sie soll auch Göttin der Liebe sein, wenigstens wurde sie von den Slaven um zahlreiche Kinder angerufen, wenn diess nicht eine Verwechselung mit der namensähnlichen — Dschidschinla ist, die als Ehegöttin verehrt wurde.

Dschidsin-Dschombaja (Lamaismus.), ein junger, schöner Gott, ein Burchan und Gehülfe oder Freund des Dschakschiamuni, als derselbe seine Religion stiftete. Er steht in den Lamatempeln gewöhnlich neben der Statue des obersten Gottes, und wird als eine überaus zarte weibliche Gestalt mit vier Armen abgebildet, der Leib ist hochgelb, das Gewand blau. D. war Lehrer astrologischer und anderer geheimer Wissenschaften, und unterrichtete die weisesten Männer darin.

Dschilsbog, eine wendische und slavische Gottheit den Mond vorstellend, mit einem Halbmond vor der Brust, und die Arme erhoben in Form eines Halbmonds. Zugleich war er der Gott der Zeit, (auch ist sein Name von tschas, Zeit, abzuleiten) weil die Wenden in damaliger Zeit nach Monden rechneten.

Dschindemani Erdeni (Lamaismus.), eine auf dem Meeresboden wachsende Frucht, von grossen Zauberkräften; eines der sieben Heiligthümer, welche auf den Altären der Lamaiten vor ihren Götterbildern aufgestellt sind.

Dschoni (Ind. M.), das Zeichen der empfangenden Naturkraft, wie Lingam das der zeugenden; es wird mit Kuhmist auf die Stirne gemalt, und sieht aus wie ein umgekehrtes lateinisches V mit einem Punkt darin. Es ist das Zeichen der Bekenner des Wischnu, wie der Lingam das der Schiwaiten.

Dschuti (Pers. Rel.), Titel des Priesters in den Gueberntempeln, so lange derselbe im heiligen Dienst begriffen ist.

Dsjuto (Jap. Rel.). In Japan herrschen vornehmlich drei Culte: D., Budsdo und Jinto, von denen der erste die Moralphilosophie der Chinesen, die Lehren des Confu-tse zur Grundlage hat. Derselbe ward durch Moos, einen Schüler des chinesischen Weisen, über das Meer gebracht. Seine Hauptlehren sind: ein naturgemässes Leben: Dschin; Selbstbeherrschung: Dschi; vollkommene Erfüllung aller Pflichten der Geselligkeit: Re; Klugheit im Benehmen gegen Höhere: Tschi; und Reinheit des Herzens, Gewissenhaftigkeit: Sin. Zu dieser Religion bekennen sich die Sittenlehrer, Philosophen, die Gelehrten überhaupt, ihnen ist nicht Gott, sondern der Himmel das vollkommenste Wesen, welches die Welt regiert, doch nicht geschaffen hat, denn sie besteht, wie der Himmel, von Ewigkeit her und ist vollkommen gut, wie sie auch ist. Sie glauben kein Leben nach dem Tode, sondern ein Eingehen der Seele in die allgemeine Weltseele, welche, ohne Individualität zuzulassen, Alles in sich aufnimmt. Daher feiern ihre Bekenner auch die Leichenbegängnisse mit vielem Pomp, weil sie die letzte Ehre sind, welche man den Verstorbenen erweisen kann. Tempel dagegen bauen und besuchen sie nicht.

Dso Malóiba (M. der Mong.), ein Strom in der Mitte der Erde, an dessen Ufer der mächtige Baum Asambu Baraschu wächst. Die Früchte desselben fallen alle in den Strom, welcher sie zum Weltmeer führt, und damit den Drachen Luchan nährt.

Dubia (Röm. M.), »die Zweifelhafte«, Beiname der Fortuna, unter welchem sie auf dem aventinischen Hügel in Rom einen Tempel hatte.

Dubynja (Slav. M.), ein Heros der Moscowiter, der statt der Waffen nur einen Eichbaum führte, woher auch der Name (Deub, die Eiche, polnisch).

Dufa (Nord. M.), »die Tiefe«, eine von den neun Wellenmädchen, Töchter des Meergottes Aeger und der Ran.

Duffur (Nord. M.), einer der zwölf, die Erde bewohnenden und aus der Erde gebildeten Zwerge.

Dugnai (Slav. M.), eine der unteren Göttinnen, der Hausgeister; sie sollte das Verderben des Brodteiges hindern.

Dulma Gartschan und **Dulma Nyodschan.** (Lamaismus.) Als Dschäschik, gerührt über die Schmerzen, welche die Geister im Meere Otang ertragen mussten, zwei Thränen vergoss, fingen die beiden oben genannten Göttinnen sie auf und gebaren die beiden Dara, die weisse und die grüne Göttin; die oben zuerst genannte ist Mutter der weissen, die andere Mutter der grünen, daher auch ihre Namen, weisse und grüne Mutter. Beide Mütter sind höchst vollendete Wesen, in Gefahren schützende Göttinnen. D. G. wird weiss abgebildet, als schöne, reich geschmückte Jungfrau, mit einem dritten Auge auf der Stirne, und einem Auge in jeder Hand und auf jeder Fusssohle. D. N. dagegen erscheint ohne diese Vervielfältigung der Augen, ist grün von Farbe und trägt ein rothes Gewand mit blauer Schärpe. Sie ist darum besonders merkwürdig, weil sie, ohne zu altern, so lange leben wird, bis der letzte Burchan Maidari geboren werden wird, welcher die Menschen zu ihrer vorigen Grösse, Schönheit und Lebensdauer erheben soll.

Duma (Hebr. M.), ein ägyptischer Fürst, welcher zur Strafe für seine bösen Thaten zum Fürsten der Hölle gemacht worden ist; er muss nunmehr die Todten richten und bestrafen, welches ihm selbst die grässlichste Busse ist.

Dunair (Nord. M.), einer der vier Hirsche, welche auf der Esche Ygdrasil wohnen, und die Knospen derselben benagen.

Dupon (Gr. M), ein Centaur, welcher von Hercules getödtet ward, als diese Barbaren die Höhle des Pholus, von welchem der Halbgott freundlich aufgenommen war, stürmten.

Dura (Lamaismus.), ein heiliger Riemen, aus dem Felle des Pferdes Damtschuk geschnitten, und unter den Altären der Lamatempel bewahrt; er wird gebraucht, um die Uebertreter der Religionsgesetze und die Verächter der Gottheit zu strafen.

Duratror (Nord. M.), einer der vier Hirsche, welche auf der Esche Ygdrasil wohnen und von den Knospen ihrer Zweige leben.

Durga Poudjah. Fig. 101. (Ind. M.). Moisasur, einer der Beherrscher der bösen Geister, der Asors, hatte sich gegen die Hölle aufgelehnt, und durch früher erlangte Macht, welche er seinen Gebeten zu Brama dankte, es dahin gebracht, dass er Indra aus seinem Reiche vertrieb, und es nun an Stelle des Sonnengottes beherrschte. Der Sonnengott klagte diese Noth den beiden obersten Göttern Schiwa und Wischnu, welche darüber so aufgebracht wurden, dass eine hohe Feuersäule aus ihrem Munde stieg, aus welcher D., eine Avatara der Göttin Bhawani, eine Jungfrau von unaussprechlicher Schönheit, und eben so voll Kraft und Muth, hervorging. Sie hatte zehn Arme und in jeder Hand eine andere Waffe, tanzte nur zum Preise ihrer Schöpfer, bestieg dann einen zweiköpfigen Löwen, ging auf Moisasur los, der sich in einen lang gehörnten Büffel verwandelt hatte, kämpfte mit ihm, und besiegte ihn vollkommen, so dass Indra wieder in sein Reich eintrat. S. Fig. 101.

Durinn (Nord. M.), einer der berühmtesten und ältesten Zwerge, welche Odin mit Menschengestalt und Menschenverstand begabte; er und Mödsognir waren die trefflichsten Metallarbeiter.

Fig. 101.

Duriodun (Ind. M.), ein mächtiger Fürst, stark, listig und verwegen; im Kriege der Kuru's und Pandu's stand er auf Seite der Ersteren, hätte ohne Bhimas Kraft die Pandu's in ihrem Palaste verbrannt, unterlag jedoch eben diesem Bhima, der ihm späterhin das Leben nahm.

Durpaden (Ind. M.), ein Fürst aus dem Geschlecht der Mondskinder, Sohn des Delodassen und Enkel des Murkalen.

Duerssutu-Esserueni-Suelin (Lamaismus.), ein wohlthätiges, riesiges Geistergeschlecht, welches das Reich Dürssutu bewohnt, eine Höhe von ein und einer halben Meile erreicht, und bereits erwachsen mit allem Schmuck und allen Kleidern geboren wird.

Duerssu-Ugei Taenggri (Lamaismus.), gleich dem vorigen ein riesiges, den Menschen wohlthätiges Geistergeschlecht, welches zwar noch nicht unsterblich ist, wie die Götter, doch alle anderen Geister und Dämonen überlebt; sie erreichen ein Alter von 20—40 und 80tausend grossen Weltaltern, von denen jeder Tag 40,000 Jahre, und jede Nacht eben so viel beträgt. Ihr Wohnsitz ist das Reich Durssu Ugei.

Duruwassen (Ind. M.), ein Heiliger, besonders durch Kalidasas Sakontala bekannt, von einer rauhen Gemüthsart, die fast sprichwörtlich geworden ist, so dass es sogar ein Natak oder indisches Schauspiel gibt, »die Zähmung des D.«. D. bot einst dem Gotte Indra einen Kranz, den dieser, wie es dem Heiligen schien, nicht mit der gehörigen Achtung vor einem Braminen aufnahm; sogleich verfluchte er den erhabenen Gott, und dieser verlor seine Habe, seine Frauen, sein Reich, das Paradies, und musste sich vor dem Braminen demüthigen, um nur wieder unter die Götter aufgenommen zu werden.

Duryodun (Ind. M.), Sohn des Raja Dritaraschtra und der reizenden Kanderi, Bruder des Rundi. Die Mutter dieser beiden ist durch die Liebe des Gottes Krischna zu ihr berühmt.

Dusares, ein Gott in dem glücklichen Arabien, welchen man dem Dionysos der Griechen zu vergleichen pflegt; er hatte in Dusare, einer Bergfeste des glücklichen Arabien, einen Tempel; ihm gestiftete Spiele hiessen Dusaria.

Duschmanta (Ind. M.), einer der berühmtesten Könige Indiens, Stammvater der meisten Helden, von welchen unter andern auch die Geschlechter der Kuru's und der Pandu's (in deren Kriege die Götter selbst sich mischten), hergeleitet werden. Sein Ahnherr war Puru, der erste König aus dem Geschlechte der Kinder des Mondes, somit stammt D. von Buddha selbst. Er vermählte sich mit Sakontala, der Tochter eines Königs und einer Göttin, welche von Braminen erzogen wurde; wäre sie eines Braminen-Bettlers Tochter gewesen, so hätte er sie nicht zur Gattin erhalten, denn in diesem Falle wäre sie unerreichbar hoch über ihm gestanden. Ihr Sohn von D. war Baraden oder Bharat, der berühmteste König von ganz Indien, das er von einem Ende bis zum andern besiegte, und das von ihm den Namen Bharatkhant erhielt. Ein berühmtes Gedicht, Maha Bharat, verewigt seine Thaten, und gehört zu den Hauptquellen der indischen Mythologie.

Dusien (M. der Gallier.), sollen gespenstige dämonische Wesen geheissen haben, welche man mit dem Incubus oder Alp vergleicht.

Dussarah (Ind. M.), ein Fest, das im Mai (Waissi), am zehnten Tage nach dem ersten Neumond in diesem Monat, gefeiert wird, der Ganga zu Ehren, welche an diesem Tage auf die Erde kam; auch die Göttin der Schlangen, Munschi taguran, eine Tochter des Schiwa, hat einigen Antheil an demselben.

Duzak (Pers. M.), die tiefste Abtheilung der Hölle, der Wohnsitz Ahrimans, ganz so beschrieben, wie wir die Hölle zu malen gewohnt sind.

Dvalin (Nord. M.), ein Zwerg, mächtig in seinem Geschlechte; er besass die grösste Kunst, Schlachtschwerter zu verfertigen, und legte ihnen Zauberkraft bei.

Dwywan (Britt. M.), der Noah der Fabellehre der brittischen Inseln. Er und seine Frau Dwywach sind die Ureltern der neugebornen Menschheit. Der See Llyon schwoll durch die Gewässer des Himmels und der Erde, bis er aus seinen Ufern brach und die ganze Welt überschwemmte. Da retteten sich die beiden Gatten in ein segelloses, doch meisterhaft und von Gott selbst gebautes Schiff, welches sie beide, und von jeder Thiergattung ein Paar, aufnahm. Es landete in Britannien, bevölkerte das Land und von diesem aus die ganze übrige Welt.

Dymas (Gr. M.). 1) Vater der unglücklichen Hecuba, der Gattin des Priamus und Mutter des Hector, des Paris und vieler grossen Helden der Ilias, welche sie alle von Feindeshand fallen sah. — 2) D., ein segelkundiger Phäake, Freund des Alcinous, dessen Tochter Nausicaa von Minerva in Gestalt der Tochter des D., ihrer Gespielin, aufgefordert wurde, mit der Wäsche an's Meer zu fahren, wo sie den Ulysses traf. — 3) D., einer der letzten Trojaner, welcher noch beim Erstürmen der Stadt unter Aeneas' Anführung sich auf das Tapferste wehrte. — 4) D., Sohn des dorischen Königs Aegimius, dessen Reich Hercules von den Lapithen befreite, wofür Aegimius den Hyllus, den Sohn des Hercules, adoptirte. D. und sein Bruder Pamphylus zogen mit den Heracliden nach dem Peloponnes und fielen bei der Eroberung desselben.

Dyava (Ind. M.), die Göttin der Luft; jeder Bramin bringt derselben täglich ein Opfer aus Butter und etwas von den Stirnhaaren einer heiligen Kuh.

Dynaste (Gr. M.), Tochter des Thespius, von Hercules die Mutter des Eratus.

Dyrrhachius (Gr. M.), Sohn des Neptun und der Melissa, einer Tochter des Königs Epidamnus, welcher am adriatischen Meere ein Reich besass. Nach ihm wurde die Stadt, die früher nach seinem Grossvater Epidamnus hiess, Dyrrhachium genannt.

Dysaules (Gr. M.), Bruder des Celeus, nach Einigen der Vater des Triptolemus.

Dysen (Nord. M.), weibliche Schutzgeister im Allgemeinen; der Name erscheint in dreifacher Bedeutung: einmal identisch mit den Walküren, dann als Schicksalsgöttinnen, gute oder böse, welche zu rufen man sich die Briargrunen in die flache Hand ritzte; dies geschah besonders bei schweren Geburten, um der Mutter und dem Kinde Hülfe zu verschaffen; endlich bezeichnet der Titel D. besonders eine unter den Göttinnen, nämlich Freya, welche man dadurch, dass man sie vorzugsweise die Göttin nannte, zu ehren glaubte. Ein ihr in der Mitte des Winters gebrachtes Opfer, das Dyssablot, hatte davon den Namen.

Dysis (Gr. M.), Tochter des Jupiter und der Themis, eine der Horen oder Göttinnen der Jahreszeiten. Ihr Name bedeutet das Untergehen (der Gestirne).

Dysnomia (Gr. M.), Personification: »die Gesetzlosigkeit«, eine Tochter der Eris.

Dyspontius (Gr. M.), Sohn des Oenomaus oder des Pelops, Gründer der Stadt Dyspontion in der Landschaft Pisatis.

E.

Eanus (Röm. M.), anderer Name des Janus, nach einem Einfall Cicero's.

Ebdekschi Burchan (Lamaismus.), einer von den tausend Burchanen, welche in der Welt erschienen, unter den Menschen geboren sind, um diese zu bessern und ihnen den wahren Glauben zu predigen. E. ward von einer tamulischen Jungfrau geboren, welche geträumt, dass sie eine Feder verschluckt habe. Als er in die Welt trat (im ersten Zeitalter nach dem goldenen), waren die Menschen von ihrer ursprünglichen Tugend und Würde schon so weit herabgesunken, dass sie nur noch 40,000 Jahre lebten.

Ebdereku galap (Lamaismus.), der Weltuntergang, das jüngste Gericht, eine Zeitperiode, in welcher nichts mehr entsteht, nichts geboren wird, wohl aber Alles zerrüttet der völligen Zerstörung zureift.

Eberezi (Pers. M.), Sohn des Ki Kaus, welcher am Ende der Welt erscheinen wird, um dem Sosiasch, einem Sohne des Zoroaster, in dem Geschäfte der Erlösung der Welt von den Qualen des Ahriman zu helfen.

Ebusus (Röm. M.), ein gewaltiger Krieger im Gefolge des Turnus. Er griff den Corynäus an, doch dieser schlug ihn mit einem Feuerbrande in das Gesicht schlang die Haare des Feindes um seine Hand, kniete auf ihm nieder und durchbohrte ihm die Seite mit dem Schwerte.

Ecbasius (Gr. M.), Beiname des Apollo, unter welchem man ihn beim Aussteigen aus dem Schiffe verehrte, und ihm Dankopfer brachte für eine glücklich zurückgelegte Reise.

Echeeleus (Gr. M.), Sohn des Actor, Gemahl der Polymele, der Tochter des Phylas, die zuvor von Mercur den Eudorus geboren hatte.

Echeclus (Gr. M.), 1) Sohn des Agenor, ein Trojaner welchen Achilles tödtete. — 2) E., ein anderer Trojaner, welchen Patroclus tödtete.

Echemon (Gr. M.), Sohn des Priamus, welcher mit seinem Bruder Chromius auf einem Streitwagen fuhr, und sammt diesem von Diomedes zerschmettert wurde; Letzterer zog sodann Beiden die Rüstung ab und sandte ihren Wagen zu den Schiffen.

Echemus (Gr. M.), Sohn des Aëropus, Enkel des Cepheus, König zu Tegea in Arcadien. Die Heracliden fielen unter Anführung des Hyllus mit gesammter Macht in den Peloponnes ein, denn ihr Glück hatte Mitstreiter genug herbeigezogen. Atreus war nach Eurystheus' Tode Beherrscher von Mycenä geworden, verband sich mit den Bewohnern von Tegea und ging den Heracliden entgegen. Beide Heere standen am Isthmus versammelt, als Hyllus, der Sohn des Hercules, einen der Feinde zum Zweikampf herausforderte, unter der Bedingung, dass, wenn er siegte, er das Reich des Eurystheus einnehmen, wenn er besiegt würde, das Heer der Heracliden meiden und binnen fünfzig Jahren nicht mehr in den Peloponnes zurückkehren solle. E. nahm den Vorschlag an, besiegte im

Zweikampf den Hyllus, und so mussten die Heracliden sich zurückziehen.

Echenais. S. Daphnis,

Echeneus (Gr. M.), ein ehrwürdiger Greis unter den Phäaken, welcher in Alcinous' Haus, als Ulysses um freundliche Aufnahme bat, zuerst günstige Worte für den Fremdling sprach.

Echephron (Gr. M.), 1) Sohn des Nestor und der Anaxibia, der zweiten Gattin dieses alten Helden, von welcher er zwei Töchter und sieben Söhne hatte. — 2) E., Sohn des Hercules und der Psophis, einer Tochter des Xanthus und der Eris, Zwillingsbruder des Promachus. Beiden Brüdern sollen bei Tegea Heroen-Heiligthümer errichtet worden sein.

Echepolus (Gr. M.), 1) Sohn des Trojaners Thalysius; Antilochus traf ihm die Kuppel des Helmes, dass die Lanze in die Stirne drang: »er sank wie ein Thurm im Ungestüme der Feldschlacht«. Elephenor, Heerführer der Abanter, ergriff den Erschlagenen beim Fuss und wollte ihn dem Getümmel entziehen, um ihm die Rüstung abzunehmen; allein da er seine Seite vom Schilde entblösste, warf Agenor einen Speer nach ihm, dass er augenblicklich getödtet ward. — 2) E., Sohn des Anchises aus Sicyon, der dem Agamemnon die Stutte Aethe geschenkt hatte, damit er ihn nicht nöthige, nach Troja zu ziehen, sondern ihm gestatte, sich in Sicyons Thälern der Ruhe und seines Reichthums zu freuen.

Echetlaeus (Gr. M.), der Heros mit der Pflugschar, ein guter Dämon, welchen die Athener auf Befehl des Orakels verehrten; es war nämlich in der Schlacht bei Marathon ein Landmann mit einem Pflugeisen erschienen und hatte damit viele Feinde erlegt, nach der Schlacht aber konnte Niemand ihn finden, und das seinetwegen befragte Orakel that obigen Ausspruch.

Echetus (Gr. M.), Sohn des Euchenor und der Phlogea, König in Epirus, ein grausamer Tyrann, welcher seiner eigenen Tochter die Augen ausstach, und sie zu schmählicher und harter Arbeit im düstern Gefängnisse verdammte. Er wird von einem der Freier der Penelope als Schreckbild für den feigen Irus gebraucht, dem der Ithaker droht, wenn er sich nicht tapfer gegen den neu angekommenen Bettler (Ulysses) halte, ihn zu E. zu senden, damit er ihm die Mannheit raube, und die mit grausamem Erze entrissene Nase und Ohren zerfleischenden Hunden vorwerfe.

Echidna (Gr. M.), ein fabelhaftes Wesen, von oben eine schöne Jungfrau, unterhalb in eine ungeheure Schlange auslaufend. Ihre Eltern sind entweder Chrysaor und Callirrhoë, oder Tartarus und Gäa, oder Piras und Styx; ihr Gatte ist der Riese Typhon, mit welchem sie eine Menge Ungeheuer erzeugt: die Chimära, den zwei- oder dreiköpfigen Hund Orthus, den hundertköpfigen Drachen, der die Aepfel der Hesperiden bewacht, den colchischen Drachen, die Sphinx, den Cerberus, die Scylla, den Gorgon, die neunköpfige lernäische Schlange, den Adler, der die Leber des Prometheus frisst, den nemeïschen Löwen. Ihr Wohnland ist nach Herodot Scythien; dieser erzählt von einer Verbindung der E. mit Hercules. Als der Heros nämlich durch Scythien zog, habe ihn einst der Schlaf überfallen. Unterdessen seien seine Pferde auf der Weide durch göttliche Schickung abhanden gekommen, Hercules habe nach dem Erwachen sie gesucht und sei in das hyläische Land gekommen, da habe er in einer Höhle eine zweigestaltige Jungfrau, E., gefunden, die von den Hüften an den Oberleib eines Weibes, den Unterleib aber von einer Schlange hatte. Nachdem er diese mit Verwunderung erblickt, habe er gefragt, ob sie keine verlaufenen Pferde gesehen? worauf sie erklärte, sie besitze dieselben, werde sie aber nur um den Preis seiner Liebe wieder geben. Hercules habe sich dazu verstanden, sie aber die Zurückgabe der Rosse immer verschoben, weil sie den Helden gern noch länger bei sich behalten wollte; endlich habe sie gesagt: ich habe dir die Pferde, welche hierher kamen, erhalten, und du mir den Dank dafür bezahlt, denn ich habe von dir drei Söhne; sage nun, was geschehen soll, wenn diese gross sind? Darauf soll Hercules geantwortet haben: Wenn deine Söhne zu Männern erwachsen sind, wirst du es am besten also machen: welchen von ihnen du diesen Bogen so spannen und diesen Gürtel so umgürten siehst, den behalte im Lande; wer aber in diesen von mir vorgeschriebenen Stücken zurückbleibt, den schicke aus dem Lande fort, und wenn du so fortfährst, wirst du Freude haben. Darauf habe Hercules den einen seiner Bogen gespannt, und ihr seinen Gürtel gewiesen, der über seiner Schnalle eine goldene Schale gehabt, dann ihr Beides gegeben, und sei davon gezogen. Nun habe E. ihren Söhnen Namen gegeben, Agathyrsus den einen, den folgenden Gelonus und den jüngsten Scythes genannt; als sie herangewachsen, sei sie nach Hercules' Vorschrift verfahren, da seien denn die älteren, von ihrer Mutter verstossen, ausgewandert, der jüngste aber, der die Aufgabe habe lösen können, sei im Lande geblieben, und von ihm, also von Hercules, stammten die jedesmaligen Könige der Scythen, und von ihm her tragen auch noch diese Völker Schalen an ihren Gürteln.

Echinaden (Gr. M.), vier Nymphen, die am Flusse Achelous zum Opfer zehn untadelige Stiere geschlachtet und alle Götter des Feldes zum Opferschmause eingeladen, nur des Achelous vergessen hatten. Da schwoll dieser zornig empor, und riss vom Lande die Waldung und die ganze Uferstrecke sammt den opfernden Nymphen, trug sie hinaus in's Meer, und verwandelte sie in die echinadischen Inseln, die vor der Mündung des Achelous liegen. Zur fünften echinadischen Insel wurde Perimele, eine Geliebte des Flussgottes, die ihr Vater Hippodamas eben desshalb in's Meer gestürzt hatte. Achelous erbat sich von Neptun Errettung derselben; da verwandelte sie dieser in die Insel, welche ihren Namen trägt, und welche noch immer von den Wellen des Flussgottes umspült wird.

Echion (Gr. M.), 1) einer der fünf Helden, welche aus den Drachenzähnen, die Cadmus gesäet, entstanden waren, und nach dem Kampfe, welcher die übrigen alle aufrieb, übrig blieben; er half dem Cadmus Theben erbauen, und bekam von ihm seine Tochtes Agave zur Gattin. — 2) E., einer der himmelstürmenden Giganten, welcher von Minerva durch das Medusenhaupt versteinert wurde. — 3) E., einer der Argonauten, welcher, da er ein Sohn des schlauen Mercur war, besonders zum Kundschafter und Herold gebraucht wurde; seine Mutter war Antianira.

Echo (Gr. M.), eine Oreade, d. h. Berg-Nymphe, die anmuthigste Plauderin. und Jupiter, dem starken Gotte, sehr gewogen, was sie dadurch bekundete, dass sie Juno oft, wenn sie den Gatten bei den Nymphen belauschen wollte, durch ihr Geschwätz aufhielt, bis die Nymphen entronnen waren. Endlich merkte Juno die List und verbannte nicht nur das freundliche Wesen aus ihrer Nähe, sondern nahm ihr auch die Sprache, bis auf die letzten Worte, welche sie dem sie Anredenden wiederholen durfte. Nun floh die sonst so gesellige Nymphe alle früheren Gespielen, und verbarg sich im Schatten der Wälder, bis Narcissus ihre Liebe weckte; doch der schöne eitle Jüngling verschmähte sie, und sie verzehrte sich vor Gram, bis nichts von ihr übrig blieb, als die Stimme; so wandelt sie noch durch Felsgeklüfte und Wälder, doch meidet sie die Höhen und die freien Räume.

Edonus (Gr. M.), Stammheld der thracischen Völkerschaft, welche sich nach ihm Edoner nennt; Bruder des Mygdon, Königs in Phrygien. — Als Beiwort gilt edonisch für bacchantisch, da bei den Edonern in Thracien der Sitz der Bacchus-Verehrung war.

Edulia, Edulica oder **Edusa** (Röm. M.), »die Essgöttin«; sie wurde von den römischen Müttern um Segen angerufen, wenn sie den Kindern zum erstenmal andere Nahrung als Muttermilch reichten.

Eëriboea (Gr. M.), Stiefmutter der Riesenbrut des Aloëus, der Brüder Otus und Ephialtes. Dione, die Mutter der Venus, erzählte dieser, als sie von Diomedes verwundet worden, dass schon öfter Menschen den Göttern genaht, wie unter andern die beiden Aloïden, welche den Mars 13 Monden lang in Banden und im ehernen Kerker verwahrt, bis die reizende E. es dem Mercur gesagt, welcher dann den Kriegsgott hinweggestohlen, dem schon alle Kraft entschwunden war.

Eëtion (Gr. M.), Vater der Andromache, der Gattin des Hector, König zu Thebe in Kleinasien, am Berge Placius. Andromache erzählt in einer der schönsten Stellen der Ilias, (VI, 414—430) das Schicksal dieses ihres Vaters, indem sie den Hector bittet, sich nicht immer dem ganzen Schwarm der Feinde gegenüber zu stellen, dass sie, wenn er sie verlasse, ganz allein da stehe. — 2) E., ein Fürst der Insel Imbros, welcher von Euneus, Fürsten auf Lemnos, Sohne des Jason und der Hypsipyle, den

Sohn des Priamus, Lycaon, loskaufte, nachdem Achilles ihn als seinen Kriegsgefangenen an jenen verkauft hatte. Lycaon fiel dem Achilles abermals in die Hände, und wurde nun erbarmungslos, trotz aller Bitten, durch des Helden Schwert niedergemacht.

Egadschi (Ind. M.), ein Fest, welches der Gattin des Schiwa, der Göttin Bhawani, zu Ehren gefeiert wird. Nur Frauen begehen dasselbe: sie baden sich im Ganges, oder waschen sich, wenn sie zu fern wohnen, mit Gangeswasser, das einen Handelsartikel ausmacht und viele hundert Meilen weit gefahren wird; hierauf werden sie von einem Braminen mit einer Hieroglyphe auf der Stirne bezeichnet, welche auf den Mond Beziehung hat, und wozu der Stoff aus Kuhmist bereitet ist. Opfer, Gebete und Fasten während des ganzen Tages beschliessen die Feier.

Egeria (Röm. M.), eine italische Quellnymphe, eine Camene, Schutzgottheit der Stadt Rom, die vor der Porta Capena in dem Hain der Camenen wohnte, und den friedlichen, weisen Herrscher Numa durch ihre Liebe, und sein Reich durch ihre trefflichen Rathschläge, denen er seine weisen Einrichtungen entnahm, beglückte; sie soll sogar des Numa wirkliche Gattin gewesen sein. Als der König starb, wich sie von Rom und härmte sich so sehr ab, dass die Göttin Diana sie aus Mitleid in einen Quell verwandelte, der ihren Namen trug. In einem Thal bei Rom zeigt man noch jetzt einen Tempel, eine Grotte und eine Quelle, die man für die der E. hält. Der Hain darum her, von dem die alten Schriftsteller melden, ist verschwunden.

Egerlitag (Pers. M.), ein Berg in der Nähe von Erzerum; er soll das Riesengrab des Bileam sein.

Egestas (Röm. M.), die personificirte Dürftigkeit, welche Virgil, mit andern Schreckgestalten vergesellschaftet, unter die Dämonen am Eingange des Tartarus versetzt.

Eghetasch (Pers. M.), einer der sieben Erzdews, ein Geschöpf des bösen Princips, des Ahriman, der Genius der Verdorbenheit des Herzens und der Urheber des Winters. Unter den sieben Amschaspands ist ihm Ardibehescht, eine Lichtschöpfung des Ormuzd, entgegengesetzt; er siegt über diesen, bis er am Ende der Welt von Sosiasch, dem Sohne des Zoroaster, dem Welterlöser, unterdrückt wird.

Eghouere (Pers. M.), ein Geschöpf des Ahriman, ein böser Genius, der Zwietracht zu stiften sucht, und mit dem Genius des Friedens kämpft.

Egill, auch **Eigill** (Nord. M.), ein berühmter nordischer Held, Sohn eines Königs von Finnland, war mit der Walküre Aulraun vermählt, welche ihm einen Sohn gebar, ihn aber nach acht Jahren verliess. E. suchte sie überall, doch vergebens. Bei seiner Rückkehr gerieth er mit einem andern Könige in Streit über die Fertigkeit im Bogenschiessen, und um die seinige zu zeigen, that er, was Tell viele hundert Jahre später — er schoss einen Apfel von dem Haupte seines Sohnes.

Egres (M. d. Finnländer.), ein Frühlingsgott, welcher besonders das Wachsthum der Pflanzen befördert, und welchem man den Anbau der Gemüse, namentlich der Erbsen und des Kohles, ferner der für das Haus so nützlichen Hanfstaude und des Flachses zuschreibt.

Ehekatonatiuh, das Zeitalter der Luft. S. Mexikaner.

Ehestandsgoetzen, Fig. 102. 103. (Slav. M.), die beiden hier abgebildeten Figuren gehören der Mythologie der Slaven und Wenden an; man kennt wohl ihre Bedeutung, doch nicht ihre Namen. Die eine zeigt einen Knaben, auf dessen Kopf ein Taubenpaar sitzt, beinahe bei allen Völkern das Symbol ehelicher Liebe; die andere hat einen Ring, welcher wiederum fast überall ein Symbol des Verlöbnisses, des Versprechens ist. Bei dem gänzlichen Mangel an Kunstbildung unter den nordischen Völkern ist es zu verwundern, wie beide Figuren so gut gelungen sind, und man muss beinahe auf die Vermuthung kommen, dass sie einer späteren Zeit entstammen. Die Götzen wurden dem neuen Ehepaar in die Wohnung vorangetragen und diese so eingeweiht, hierauf aber durch ein Orakel, dem die beiden Götzen vorstanden, den Neuvermählten ihr künftiges Glück und die Zahl ihrer Kinder vorhergesagt.

Eikin (Nord. M.), einer der Flüsse, welche um das Götterland fliessen; er entspringt mit allen übrigen von den Thautropfen, welche den Geweihen des Hirsches Aeykthyrner enträufeln.

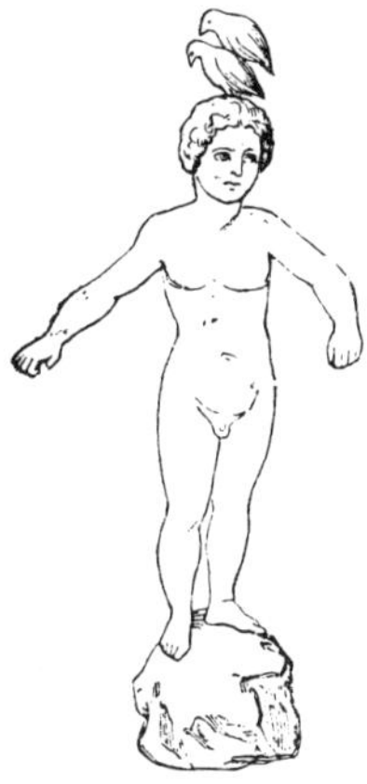

Fig. 102.

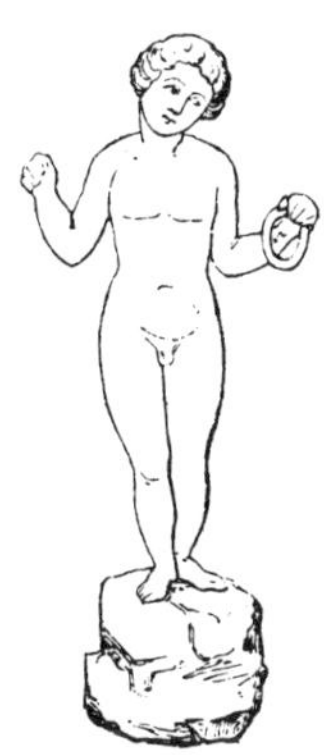

Fig. 103.

Eikinskiald (Nord. M.), einer der zehn Zwerge, welche von Swains Haugi nach Orwanga auf Jornwall kamen. Sie waren alle kunstreiche Schmiede und vorzügliche Waffenarbeiter.

Einheriar (Nord. M.), heissen alle die Helden, welche auf Erden tapfer gekämpft haben und in der Schlacht des ehrenvollen Todes sterben, den ihnen die Walküren bereiten, die auf dem Schlachtfelde umherreiten und die Muthigsten mit einem Kusse einladen, zu Odins Mahl in Walhalla zu kommen. Diese mächtigen Helden versammeln sich in der Götterburg zum Schutze der Asengötter; sie sollen dieselben gegen die Söhne des Landes Muspelheim vertheidigen, welche bei dem Untergange der Welt mit Feuer hereinbrechen werden. Da ihre Macht fast unwiderstehlich ist, so versammelt Odin Alles um sich, was je tapfer gekämpft hat, Freund und Feind. Die gegenseitige Abneigung der E. verläugnet sich auch dort in Walhalla nicht; jeden Tag ziehen sie aus, um mit einander bis auf den Tod zu kämpfen, jeden Tag liefern sie sich wilde, blutige Schlachten, doch sobald der Krieg geendet, stehen sie gesund, von der Todeswunde geheilt, wieder auf, setzen sich zu Odins Tafel, und nun werden ihnen von den ewig jungfräulichen Walküren die goldenen Becher mit köstlichem Meth credenzt, und in ihren Armen ruhen sie aus von ihren Kämpfen, um am nächsten Morgen sie wieder zu beginnen: eine Uebung der Kräfte, welche Odin sehr gerne sieht, da sie all' ihren Muth brauchen werden, wenn der verderbliche Weltbrand hereinbricht. Von den E. sind viele, nach Einigen gar die Hälfte, in Freya's Burg Volkwang, um diese zu bewachen; dort, am Hofe der Göttin der Liebe, leben sie noch herrlicher, als an Odins reich besetztem Tisch.

Einhorn, ein fabelhaftes Thier, das einem Pferde gleichen, auf der Stirn aber ein langes, gerades Horn von der feinsten Elfenbeinsubstanz tragen soll, überaus rasch, gewandt und wild; es soll in Africa und Asien existirt haben, jeden Menschen tödten, dem es begegnet, nur vor einer reinen Jungfrau sich beugen, von ihr sich wie ein zahmes Hausthier lenken lassen. Zähne des Narvals wurden sonst häufig für Hörner dieses Thieres ausgegeben, beinahe mit Gold aufgewogen, indem man glaubte, ein Becher, daraus gedreht, sei das sicherste Mittel gegen Vergiftung, weil hineingebrachte Gifte schäumen und aufbrausen sollten. Neuerdings wird von Einigen wieder die Möglichkeit der Existenz des E.s behauptet.

Eïoneus (Gr. M.), Beherrscher eines thracischen Volkes, Vater des Rhesus.

Eira (Nord. M.), die Göttin der Arzneikunst und Pflegerin der Götter, der Asen, für deren Gesundheit sie durch ihre Zauberkräuter sorgt.

Eiresione (Gr. Religionsbrauch.), ein Oelzweig, oder Kranz von Oelzweigen, mit Wolle umwunden, und mit allerlei Früchten beladen. Er ward am Feste Pyanepsia (ein dem Apollo zu Ehren von Theseus eingesetztes Opfer) und an den Thargelien (einem allen Griechen gemeinschaftlichen Reinigungstag) von Knaben in Procession umhergetragen, und zuletzt an den Hausthüren aufgehängt.

Eisriesen. S. Hrymtussen.

Ekecheiria (Gr. M.), eine allegorische Figur, die Göttin des Waffenstillstandes. Als der Sohn des Hämon, Iphitus, die olympischen Spiele wieder erneuert hatte, um die Pest aus Griechenland zu vertreiben, ward sein Bild im Tempel des Jupiter zu Olympia mit einer E. aufgestellt, wie sie ihm einen Kranz reicht. Denn während der olympischen Spiele herrschte auch in den unruhigsten Zeiten durch ganz Hellas Waffenruhe.

Ekerken (Deutsch. Abergl.), ein Lokalspukgeist, welcher sich in der Gegend von Cleve aufhalten sollte, und dem man die Gestalt eines Eichhörnchens zuschrieb (daher der obige plattdeutsche Name), in welcher er auf den Landstrassen umhersprang und drollige, mitunter jedoch auch gefährliche Possen trieb. Bei aller Kleinheit besass er eine ungeheure Kraft, wodurch es ihm ein Leichtes war, geladene Frachtwagen umzukehren, dass die Räder nach oben standen, oder mit sechs Pferden bespannte Postkutschen anzuhalten, dass sie in der Erde festgewurzelt schienen; hierzu bediente er sich seines Schweifes, welcher in eine Menschenhand endigte, die allein von dem ganzen Gespenst sichtbar war. Noch jetzt glauben die Bauern jener Gegend an diesen Spukgeist.

Ekhart (der getreue) (Deutscher Volksgl.), ein warnender, freundlich gesinnter Geist, der vor dem wüthenden Heere mit einem weissen Stabe vorauszieht und die Leute, die auf dem Wege desselben sind, warnt, so dass sie, wenn sie seine Warnung hören und bei Zeiten entfliehen, keinen Schaden nehmen. Die Sage macht ihn zu einem Knappen des wilden Jägers Hakelnberg, welcher seinen Herrn immer vor seinem frevelhaften Thun gewarnt, doch nie Gehör gefunden; nun setzt er nach seinem Tode das Amt des Warners fort. Er ist es auch, den die Liebesritter am Venusberge finden, und der sie vor dem Eintritt in die gefährliche, verlockende Höhle warnt, indem sie alle dort genossenen Freuden mit den Martern der Hölle nach dem Tode bezahlen müssen.

Elacateus (Gr. M.), Beiname des Jupiter vom Berge Elacatäon in Thessalien.

Elaïs (Gr. M.), eine der drei Töchter des Anius, Königs von Delos. Sie waren Lieblinge des Bacchus, welcher ihnen so reichen Segen verlieh, dass es ihnen nie an Getreide, Oel und Wein fehlte. Aus ihren unerschöpflichen Vorräthen versorgte der Vater das Griechenheer vor Troja neun Jahre lang mit allem Nöthigen.

Elaphebolos (Gr. M.), Beiname der Diana, »die Hirschtödterin«.

Elaphiaca (Gr. M.), Beiname der Diana, wahrscheinlich identisch mit dem vorigen; nach der Localsage von Elis jedoch sollte die Göttin so geheissen haben von Elaphios, einer Eleerin, ihrer Amme.

Elara (Gr. M.), Tochter des Königs Orchomenus und Geliebte des Jupiter. Dieser verbarg sie in die Erde, um sie der eifersüchtigen Juno zu entrücken; dort gebar E. den Riesen Tityus, der desshalb ein Erdensohn genannt wird.

Elasus (Gr. M.), ein Krieger der Trojaner, den Patroclus tödtete, als er in Achilles' Rüstung gegen die Feste von Troja zog.

Elatus (Gr. M.), 1) ein Lapithen-Fürst zu Larissa in Thessalien, vermählt mit Hippea, welche ihm zwei Söhne, Polyphemus und Cäneus, gebar, die beide zu den Argonauten gezählt werden. Nestor erwähnt ihrer, als er von der Kraft seiner Jugend und der des frühern Geschlechts, im Vergleich mit dem jetzigen, spricht. Dieser E. ist auch Vater der Dotis, der Mutter des Phlegyas. — 2) E., Stammheld der Arcadier, Sohn des Arcas, von dem jenes Volk benannt ist, erhielt als Eigenthum die Gegend um den Berg Cyllene, vermählte sich dann mit Laodice, des Königs Cinyras von Cypern Tochter, und erzeugte mit dieser fünf Söhne, den Stymphalus, Aegyptus, Ischys, Pereus und Cyllen, beschützte dann mit Hülfe derselben den delphischen Tempel des Apollo gegen die Phlegyer, welche unter den Befehlen des Phlegyas Räubereien trieben, und erbaute die Stadt Elatea in Phocis. — 3) E., ein Centaur, welcher von Hercules bei dem Gefecht vor der Höhle des Pholus durch den Arm geschossen und getödtet wurde. — 4) E., ein trojanischer Krieger, ward von Agamemnon erlegt. Er bewohnte das luftige Pedasos an den Ufern des Satniois. — 5) E., wird in der Odyssee als Freier der Penelope erwähnt; er ward getödtet, als Ulysses, Telemachus, der Oberhirte der Rinder und Eumäus zugleich ihre Lanzen gegen die Freier warfen, wodurch vier derselben fielen.

Elatreus (Gr. M.), einer von den vielen Phäaken, welche sich bei den Spielen, die Alcinous gab, zum Wettkampf stellten; er gewann den Preis beim Discus-Werfen, später aber übertraf Ulysses ihn bei weitem.

Elattonus (Gr. M.), wird von Einigen der Wagenführer des Sehers Amphiaraus genannt, welcher mit ihm zugleich in die durch Jupiters Blitz gespaltene Erde sank. Nach Andern heisst er Baton.

Elben (Deutsch. Volksgl.), die eigentliche deutsche Form des Namens jener Geister, die man neuerdings nach englischem Vorgang gewöhnlich Elfen (s. d.) nennt. Die deutschen E. waren im Fortgang der allgemeinen Bildung grösssten Theils vergessen, als ihrem Stamme im vorigen Jahrhundert durch moderne deutsche Schriftsteller die kräftiger treibenden und blühenden Zweige des englischen Elfen-Glaubens eingeimpft wurden. Man hat nur sparsame, den ältern Volksglauben von den E. beurkundende Quellen, wornach sie Plagegeister sind, welche durch Hexerei Menschen und Vieh überfallen und nur wieder durch Hexen fortgeschafft werden können. Sie sollen das Blut aussaugen (haben also Aehnlichkeit mit den Vampyrn der Ungarn und Griechen), jedoch dadurch nicht tödtlich werden, sondern anfänglich nur Uebelbefinden, dann Schwäche und Abmagerung hervorbringen. Besonders in den Hexen-Processen der früheren Jahrhunderte kamen die E. öfters zur Sprache; unglückliche Opfer jenes Wahnes gaben auf der Folter an, dass die E. kleine Teufel seien, welche als Würmer, Raupen, Fliegen, schwarz oder grau, oder bunt gestreift, sich auf die Thiere würfen und sie krank machten.

Elder (Nord. M.), (d. i. Feuer), Diener des Meergotts Aeger, welcher die Götter bei Aegers berühmtem Gastmahl so flink und gewandt bediente, dass er die grössten Lobsprüche einerntete.

Eldhrimner (Nord. M.), der Kessel, in welchem der Eber Sährimner in Walhalla gekocht wird, welcher jedesmal nach dem Gastmahl wieder lebendig wird, um sich am folgenden Tage durch den Koch Andhrimner noch einmal schlachten und kochen zu lassen.

Elea (Gr. M.), Beiname der Diana.

Electra (Gr. M.), »die Klare«, 1) Tochter Agamemnons und der Clytämnestra, erwuchs mit ihrem Bruder Orestes, den sie über Alles liebte, unter den Augen der Mutter und deren schändlichen Verführers, des Aegisthus, bis Agamemnon von Troja zurückkehrte und Clytämnestra ihn umbringen liess. Damals sollten auch seine Kinder sämmtlich getödtet werden, doch E. fand Mittel, ihren jüngern Bruder Orestes mit seiner Amme Arsinoë zu Anaxibia, Agamemnons Schwester und Gattin des Königs Strophius zu Phanote in Phocis, zu schaffen, wo er mit Pylades jene sprüchwörtlich gewordene Freundschaft schloss. Das Muttergefühl der Clytämnestra regte sich jedoch in so weit, dass sie, nachdem der Mord des Agamemnon, der Cassandra, und der Kinder dieser beiden vollbracht war, nicht auch noch Hand an ihre eigene Tochter legte; allein um nichts von ihr besorgen zu dürfen, ward sie durch Ägisth mit einem Arbeitsmann aus Argos, weit unter ihrem Stande, verheirathet. Dieser hatte so viel Ehrerbietigkeit gegen seines ehemaligen Königs Tochter, dass er die Ehe nicht vollzog. Endlich schlug die Stunde der Rache: Orestes, zum Manne erwachsen, kam mit seinem treuen Freunde zurück, und unter seiner Hand fielen die beiden Verbrecher; der Taglöhner, welchem E. zugefallen, ward reich beschenkt für seine freundliche Schonung, und die Königstochter mit Pylades vermählt, welcher Ehe Medon und Strophius entsprossten. — 2) E., eine der Oceaniden, mit dem Meergotte Thaumas vermählt und von ihm Mutter der Harpyien und der Iris, welche letztere daher auch Thaumantias heisst. — 3) E., eine der Plejaden, mit ihren sechs Schwestern (Kindern des Atlas und der Pleïone) an den Himmel gesetzt, wo sie im Sternbilde des Stieres stehen

E. war von Jupiter Mutter des Dardanus und des Jasion, oder sie war mit dem italischen König Corythus vermählt, von welchem sie den Jasion empfing, während sie zugleich von Jupiter den Dardanus gebar. Sie soll den Bewohnern von Ilion das Palladium gebracht haben. — 4) E., Schwester des Cadmus, des Gründers von Theben (nach welcher er ein Thor der Stadt das electrische benannte).

Electryon (Gr. M.), Sohn des Perseus und der Andromeda (s. d.), Vater der Alcmene. Diese ward dem Amphitryon zu Theil, dafür, dass er die Herausgabe der Rinderheerden bewirkte, welche die Söhne des Pterelaus dem Electryon geraubt hatten; dabei aber tödtete der junge Held seinen Schwiegervater, indem er seine Keule nach einem der Rinder warf, diese aber von dem Horn desselben abprallte und den E. traf, welcher ihm entgegengegangen war. Die Söhne des E., welche alle im Kampf gegen die des Pterelaus blieben, heissen Stratobates, Gorgophonus, Celäneus, Philonomus, Lysinomus, Amphimachus, Cheromachus, Anactor und Archelaus; aber auch von den Feinden blieb nur der einzige Pterelaïde übrig, welcher die Schiffe hütete.

Electryone (Gr. M.), Tochter des Sonnengottes (griechisch Helios) und der Nymphe Rhodos, also eine der Heliaden, starb als Jungfrau; es ward ihr ein Heroon von den Rhodiern erbaut.

Eleleus (Gr. M.), Beiname des Bacchus von dem an seinen Festen gebräuchlichen Jubelruf Eleleu.

Elementargeister. Die alten Philosophen der Aegypter, Chaldäer, Indier, ja der Griechen, und endlich nach ihnen die Transcendentalphilosophen des Mittelalters, bevölkerten die vier scholastischen oder aristotelischen Elemente mit Geistern aller Art; vier verschiedene Gattungen aber wurden vorzüglich E. genannt: die heiteren Bewohner der Luft, die Silphen; die noch zarteren, schöneren des Feuers, Salamander; die lieblichen Beherrscher der Quellen und Gewässer, die Undinen; endlich die finsteren, aber kunstfertigen und reichen Erdgeister, die Gnomen.

Eleos (Gr. M.), »das Mitleid«, eine Personification dieser Tugend, welche in Athen einen berühmten Altar hatte, der eine Freistätte war; zu ihm flüchtete Adrastus, als er hülflos, nach dem Untergang sechs edler Fürsten und des ganzen Heeres, von Theben kam; zu ihm begaben sich die Heracliden, bevor sie unter Hyllus ihren ersten Einfall in den Peloponnes machten, um Hülfe von den Athenern gegen Eurystheus zu erhalten.

Elephantis (Gr. M.), eine von den vielen Gattinnen des Danaus, welche von den fünfzig Danaïden ihm die älteste, die mitleidige Hypermnestra (s. d.) und die Gorgophone gebar.

Elephenor (Gr. M.), Sohn des Chalcodon, Fürst der Abanten auf Euböa, die er in 40 Schiffen vor Troja führte, wo er durch Agenor fiel. Antilochus hatte den Echepolus erlegt, E. wollte ihn vom Schlachtfelde schleppen, um ihm die Rüstung auszuziehen, und entblösste dabei seine Seite von dem schützenden Schilde, worauf Agenor ihm eine Lanze dahin warf und ihm die Glieder löste. E. war einer der Freier der Helena. Theseus hatte, während der Streitigkeiten in Athen mit der Medea und den Pallantiden sowohl, als mit ihren Nachfolgern, seine Söhne (unter ihnen Demophoon) zu E. geschickt, und diese waren mit ihrem Pfleger vor Troja gegangen.

Eleuchia (Gr. M.), eine von den Töchtern des Thespius, von Hercules Mutter des Buleus.

Eleus (Gr. M.), Sohn des Neptun von der Eurycyde, der Tochter des Endymion, König der Epeer, Vater des Augias, dessen Ställe Hercules reinigen musste.

Eleusina (Gr. M.), Beiname der Ceres, von ihrem Tempel bei der Stadt Eleusis.

Eleusinien (Gr. Relig.), grosse Feste der Ceres, ihrer Tochter Proserpina und des mit beiden in enger Verbindung gedachten Bacchus, wiewohl die Verehrung des letztern Gottes bei diesen Festen nicht gleich alt mit der der beiden erstgenannten Gottheiten war. Der Name ist genommen von der Stadt Eleusis in Attica, deren fruchtbare Ebenen frühzeitigen Betrieb des Ackerbaues veranlasst hatten, welcher dann zur Verehrung der in der Tiefe der Erde waltenden Gottheiten aufforderte. Als Eleusis mit Athen zu einem Staate vereinigt wurde, breitete sich dieser Gottesdienst nach Athen aus und wurde einer der glänzendsten Hauptbestandtheile des eigenthümlichen Festbrauchs der Athener. Was diesen Festen ihre besondere Anziehungskraft verlieh, und sie am berühmtesten machte, sind die damit verbundenen Mysterien, oder geheimnissvollen Einweihungen, durch welche die darein Aufgenommenen zu einer geschlossenen Verbrüderung wurden; aber gerade über das Innerste dieser Gebräuche haben wir nur die unzulänglichsten Nachrichten, da die Eingeweihten in der Regel das ihnen unter den heiligsten Verpflichtungen auferlegte Geheimniss auf das Strengste bewahrten. Der Ursprung der E. fällt in ein so hohes Alterthum zurück, dass darüber keinerlei geschichtliche Kunde zu erwarten ist. Als Stifterin wurde allgemein Ceres selbst verehrt, welche auf der Wanderung, die sie zu Aufsuchung ihrer von Pluto geraubten Tochter unternahm, nach Eleusis zu Celeus kam, hier gastfreundlich aufgenommen wurde und ausruhte, nach einiger Zeit sich als die mächtige Göttin offenbarte und nun selbst Befehl und Anweisung zur Einrichtung ihres Dienstes ertheilte. Daher liegt auch die Sage von den Schicksalen der Ceres und Proserpina allen Handlungen der eleusinischen Feier zu Grunde. Die beiden Hauptthatsachen derselben sind die zwischen Aufgang und Niedergang wechselnden Zustände der Proserpina, welche zugleich die wechselnden Zustände der fruchttragenden Erde sind. Darnach zerfielen auch die Feste in zwei Hauptabschnitte, den des Frühlings und den des Herbstes, oder in die kleinen und die grossen E. Die kleinen fielen in den Monat Anthesterion, welcher um den 16. Februar begann; sie hatten ihren Hauptsitz in der am Flüsschen Ilissus gelegenen athenischen Vorstadt Agrä, wo ein besonderes Heiligthum für die Feier bestimmt war. Die Feier war mysteriös; man verehrte Proserpina und Bacchus; über die einzelnen Gebräuche ist jedoch nichts Näheres bekannt. — Die grossen E. begannen am 15. Boëdromion, d. i. um den Anfang Octobers. Sie hatten eine beträchtliche Dauer, wiewohl weder die Zahl der Tage des Festes, noch die Verrichtungen an jedem einzelnen Tage sicher bekannt sind. Die sechs ersten Tage lassen sich noch ziemlich genau bestimmen. Der erste hiess Agyrmos und war der Versammlungstag der zu Weihenden, mit lärmenden Umzügen verbunden; auch fand ein öffentlicher Ausruf über die Ordnung des Festes statt, den der Hierophant (Deuter der Heiligthümer) und der Daduchos (Fackelträger), die zwei vornehmsten Priester für dieses Fest, deren Würde in gewissen Geschlechtern von uralter Zeit her erblich war, in der Stoa Pöcile, der gemalten Halle in Athen, vollzogen. Der zweite Tag hiess Halade Mystai; an diesem wurden die Einzuweihenden im Meere gebadet; durch Fasten und Gesänge heiliger Hymnen mussten sie sich auf den folgenden dritten Tag, Thya, vorbereiten, an welchem man den beiden Göttinnen opferte, vornehmlich Schweine, das gewöhnliche Opfer der Ceres. Am vierten Tage opferte man dem Bacchus und anderen Göttern, wobei aber Bacchus ausdrücklich zuerst genannt ward. Er hiess Hierea. Am fünften Tag, Epidauria, opferte man zuerst dem Aesculap, aber auch dem Hercules, den Dioscuren und dem Hippocrates. Am sechsten Tag, Iacchus genannt (welches nur ein anderer Name für Bacchus ist, genommen von den lärmenden Gesängen und Jubelrufen, womit man den Gott ehrte), folgte der grosse Festzug nach Eleusis, womit nun die Hauptfeier und die Weihungen in Eleusis erst begannen, von welchem an aber auch das einzelne Weitere nicht mehr in bestimmter Ordnung angegeben werden kann. Am Abende des achten Tages, scheint es, tranken die Feiernden den Kykeon, d. h. den Mischtrank aus Gerstengraupen, Wasser und dem Kraute Poley, welchen Metanira der trauernden Ceres zur Erquickung gereicht haben sollte. Der Genuss desselben, so wie das vorhergehende Fasten war Bedingung der Theilnahme an der das Ganze vollendenden Weise. Der Genuss des Kykeons bildete den Uebergang von der Trauer zur Freude, vom Suchen zum Finden, indem sich die Gläubigen in die Seele der Göttin versetzten, die nach peinlichem Suchen nunmehr die verlorene Tochter wieder gefunden hatte. Das Ganze schloss mit der sogenannten Plemochoë, einer Wasserspende, welche aus eigenthümlichen Gefässen dargebracht wurde, indem man aus dem einen gegen Aufgang, aus dem andern gegen Niedergang sprengte. — Ausserdem ist noch die Rede von einem Opfer, welches zehn vom athenischen Staate aufgestellte Männer alle vier Jahre in Eleusis darzubringen hatten, von einem kleinern jährlichen Feste daselbst, Haloën genannt (s. d.), und von den eleusinischen Kampfspielen, nach vollendeter Ernte, wahrscheinlich alle vier Jahre gehalten. Sie galten für die ältesten Spiele dieser Art; der Preis war eine gewisse Gabe von dem heiligen Korne des rharischen Felles. — Was die eigentlichen Mysterien betrifft, so lässst sich das Wenige, was man davon weiss, ungefähr in Folgendem zusammenfassen: Es gab kleine, grosse und epoptische Mysterien, in die man in einer Stufen-Folge nach einander eintrat. Die ersteren waren auf die kleinen oder Frühlings-E. beschränkt, und bestanden in vorbereitenden Reinigungen und Sühnungen, verbunden mit Tänzen, Liedern und Umzügen; die grossen Mysterien sowohl, als die epoptischen, waren mit dem Herbstfest verbunden und bestanden eben in dem, was man vom sechsten Tage des Festes an in Eleusis vornahm; der Unterschied zwischen beiden hinsichtlich der einzelnen Gebräuche lässt sich nicht angeben, nur so viel scheint sicher, dass man, wenn man im Frühling durch die kleinen Mysterien den ersten Grad der Weihe erhalten hatte, im folgenden Herbst in den grossen zum zweiten Grade zugelassen wurde, dann aber frühestens erst im nächstfolgenden Herbst den dritten Grad, den der Epopten, d. h. Schauenden, erlangen konnte. Die Weihungen für den zweiten und dritten Grad scheinen also zwar zu gleicher Zeit, aber mit verschiedenen Personen und in getrennten Räumen vorgenommen worden zu sein. Die Gebräuche selbst waren mimisch-symbolischer Art, eine Darstellung der heiligen Geschichte der eleusinischen Gottheiten durch Zeichen, Handlungen, Ausrufungen und Gesänge. Diese Aufführungen besorgten die priesterlichen Vorsteher der Feier, von denen der Hierophant und Daduchos schon genannt sind: dem Hierophanten stand eine Oberpriesterin, die Hierophantis, zur Seite; weitere, mit besonderen priesterlichen Geschäften beauftragte Personen waren: der Hierokeryx (d. h. Herold der Heiligthümer), und der Epibomios (Besorger der Altäre); überdiess gab es eleusinische Priesterinnen verschiedener Art, und alle diese Würden waren im erblichen Besitz bestimmter Familien. Bei der Frage nach dem Sinne aller dieser Gebräuche ist hauptsächlich im Auge zu behalten, dass es die Erdgottheiten waren, um deren Dienst die ganze Feier sich drehte. In den Vorstellungen von jenen Gottheiten aber kreuzten sich die Ideen von der segnenden Fruchtbarkeit des mütterlichen Erdbodens, und die von der Furchtbarkeit des Todes, dessen Stätte die Erdtiefe zu sein schien, auf wunderbare Weise. Wenn also Aufangs der ganze Gesichtspunkt ein überwiegend ernster und schreckerfüllter war, so gewann er allmälig eine mildere Gestalt durch den Eintritt des Glaubens, dass die Erdgötter, wie das Samenkorn, so auch die Todten mit der Aussicht auf Wiederbelebung in ihrem Schosse beherbergen. Die E. wurden in der blühendsten Zeit Griechenlands unter ungeheurem Zudrange der Fremden gefeiert; 30,000 Männer dabei versammelt zu sehen, war etwas Gewöhnliches. Bildende Kunst, Ton- und Dichtkunst trugen zu ihrer Verherrlichung ihr Höchstes bei. Noch ein Redner aus der christlichen Zeit beklagt (218 n. Chr.) mit Bitterkeit den Schaden, den die eleusinischen Heiligthümer durch ein von feindlicher Hand angelegtes Feuer erlitten hätten. Eine völlige Zerstörung aber traf die Gebäude erst durch die Mönche, welche gegen Ende des vierten Jahrhunderts mit den Westgothen unter Alarich Griechenland verheerten. Kaiser Theodosius d. Gr. (gestorben 395) scheint die E. gänzlich vernichtet zu haben.

Eleusinus (Gr. M.), Sohn des Mercur und der Daira, einer Tochter des Oceanus, oder Sohn des Ogygus. Als seine Gattin wird Cothonea und Cyntinia genannt, auch wird ihm Triptolemus zum Sohn gegeben, der sonst Sohn des Celeus ist, und dann von diesem dasselbe erzählt, was von Demophoon, dem Sohn des Celeus und der Metanira. Von diesem E. soll die Stadt Eleusis erbaut sein.

Eleuther (Gr. M.), angeblicher Erbauer von Eleutherä in Böotien, Sohn des Apollo und der Aethusa, einer Tochter des Neptun, Vater des Iasius und Grossvater des Pömander, Gründers von Tanagra. Er soll das erste Standbild des Bacchus aufgestellt, und die Verehrung dieses Gottes verbreitet haben.

Eleutherien (Gr. M.), Feste, welche zum Andenken an die Befreiung von den Persern dem Jupiter Eleutherius zu Platää gefeiert wurden. Der Sieg des Pausanias und Aristides wurde dabei durch Kampfspiele gefeiert, und fast alle griechische Staaten schickten Abgeordnete dazu. Auch die Bewohner von Samos hatten ein Fest desselben Namens bei sich eingeführt. Eben so ward das Privatfest genannt, das befreite Sklaven feierten.

Eleutherios (Gr. M.), Beiname des Jupiter sowohl, als des Bacchus, der Befreier; bei Ersterem die Befreiung aus Fesseln, bei dem Zweiten die Befreiung von Sorgen andeutend.

Elfen, Fig. 104 (Nord., Brit. und Deutsch. Volksglaube), Zwischenwesen zwischen Göttern und Menschen, deren Name sich bei den genannten Völkern, wenn auch mit einzelnen Abweichungen der Form, doch im Wesentlichen gleichlautend findet. Altnordisch heissen sie Alfar, angelsächsisch Aelf, dänisch Elve, deutsch eigentlich Elbe (s. d.); die jetzt im Hochdeutschen einzig übliche Form E. ist, nachdem die deutschen Elben aus der Kunde der gebildeten Welt verschwunden waren, durch Schriftsteller des vorigen Jahrhunderts aus England bei uns eingebürgert worden. Was die Wurzel des Worts ursprünglich bedeutet habe, ist nicht mehr mit Sicherheit zu ermitteln; indessen scheinen der Name der schneebedeckten Alpen, der klaren Elbe, das schwedische Wort Elf für Fluss, das mittelhochdeutsche Elbez für Schwan, endlich das lateinische albus, weiss, darauf zu deuten, dass die Grundvorstellung Licht und Klarheit war. Ist aber diese Ableitung richtig, so muss auch angenommen werden, dass der Name E. ursprünglich nur der einen, dem Lichte zugekehrten, Classe dieser Wesen angehörte, und auf die anderen, die wir sogleich kennen lernen werden, nur um gewisser gemeinsamer Merkmale willen übertragen wurde. Die Edda lehrt nämlich drei Classen von Alfen: Licht-Alfen, Dunkel-Alfen und Schwarz-Alfen: wovon die ersten Bewohner der reinen Lichtregion, die zweiten irdischer Bergklüfte und Höhlen, die dritten der Unterwelt sind. Allein die Annahme dieser dreifachen Gliederung scheint sich frühzeitig wieder verloren zu haben und in einen Dualismus übergegangen zu sein, daher Snorre Sturleson († 1241) sagt: »In Alfheim wohnt das Volk der Licht-Alfen, unten in der Erde die Dunkel-Alfen, beide einander unähnlich in Aussehen und Kräften, jene leuchtender als die Sonne, diese schwärzer als Pech.« Die nunmehr in Eins zusammengeworfenen Dunkel- und Schwarz-Alfen stellt er sodann auch den Zwergen vollkommen gleich, und gibt ihrem Wohnort den Namen Swart-Alfaheim (Schwarzalfheim). — Die Lichte. sind heitere, fröhliche Geschöpfe, bald sichtbar, bald unsichtbar; sie machen sich gern mit den Menschen und Göttern zu schaffen, erfreuen durch ihre schöne Gestalt und Gutmüthigkeit, während die Schwarze. das Licht fliehen, nur während der Nacht aus ihren finstern Wohnungen hervorkommen, und, falls sie die Sonne noch auf der Erde überrascht, versteinert werden durch den Strahl, der sie trifft. Diese sind gewöhnlich auf das Possierlichste missgestaltet, haben ungeheure Nasen und Bäuche, spindeldürre Beine, kahle oder gehörnte, struppige Köpfe; bei alledem sind sie gewandt, geschickt, nicht nur kundig aller Zauberkräfte, sondern vermögen auch mit einer seltenen Kunstfertigkeit Metall-Arbeiten zu machen, die der trefflichste Künstler vergeblich zu machen sich bemühen würde; allein immer ist irgend ein Fluch an dieselben gebunden. — Die Wohnung dieser E. ist immer in tiefer Finsterniss, doch wissen sie sie durch das Licht der Edelsteine und edeln Metalle auf das Glänzendste zu erhellen, ja wahre Prachtpaläste aus den unerschöpflichen Schätzen des Erdenschoosses zu erbauen. Einige wohnen in Steinen, Andere in der Erde, noch Andere im Meer; sie rauben gerne ungetaufte Christenkinder, erziehen dieselben nach ihrer Weise in ihren Erd- oder Fels-Häusern, und schieben an die Stelle der geraubten ihre eigenen hässlichen Wechselbälge unter, welcher man nur dadurch los werden kann, dass man ihre Fusssohlen mit Fett bestreicht und sie am Feuer bratet; auf ihr Geschrei kommen die E. herzu und bringen das geraubte Kind zurück, um das eigene von den Martern zu befreien. — Ganz anders ist es mit den Lichte.; Recht und Billigkeit sind diesen heilig, und sie schaden ungereizt den Menschen nie, ja, selbst beleidigt, rächen sie sich nur durch Neckerei. Sie finden vorzügliches Wohlgefallen an dem Umgange mit Christen; da sie selbst menschlich gestaltet und überaus schön sind, so findet es sich nicht selten, dass sie sich mit den Menschen liebend verbinden; folgen solchem Umgange Kinder, so müssen diese ganz im heiligen Taufwasser gebadet werden, was die Elliser (E.mädchen) aus-

Fig. 104.

drücklich von ihren Liebhabern verlangen, weil sie sonst keine unsterbliche Seele bekommen. Bei heiterer Luft kommen sie gerne hervor und baden sich im Sonnenschein, doch die eigentliche Zeit ihres Erscheinens ist nach Sonnenuntergang, besonders in heiteren, sommerlauen Mondnächten; dann tauchen sie oft in ganzen fröhlichen Schaaren auf, um ihren Freuden nachzuhängen und jede ausgelassene Lust sich zu erlauben. Ihre Lieblingsbeschäftigung ist der Tanz; mit diesem bringen sie ganze Nächte zu, und wo auf einer Wiese ein Kreis von E. sich gedreht hat, da wächst das Gras grüner, frischer und üppiger hervor. Wenn man zur Nachtzeit bei Vollmondschein in einen solchen Kreis tritt, so sieht man die E. um sich her tanzen, und wird dann gewöhnlich für den Frevel tüchtig geneckt; eben so, wenn man zufällig in einem solchen Kreise schläft, was Schnittern, Landleuten manchmal begegnet. Die E.männchen tragen leichte Kappen, welche sie unsichtbar machen; vermag man sich eine solche zu verschaffen, so sieht man auch ihre Tänze. Ein solcher Moment ist auf unserem Bilde dargestellt. Man denkt sich nun die E. zum Theil nur einen Zoll hoch und so leicht und zierlich, dass, wenn sie auf einen Thautropfen treten, dieser zwar leise erzittert, doch nicht auseinander fliesst; dagegen können sie jede beliebige Grösse und Gestalt annehmen, sind bald hässlich, bald schön, wie es ihrem Zwecke im Augenblick am angemessensten ist; nach anderen Sagen haben sie zwar menschliche Form und Grösse, doch sind sie so überirdisch schön, dass Nichts sich mit ihren blühenden Reizen vergleichen lässt; wieder Andere beschreiben sie als schöne Mädchen oder Jünglinge von den vollendetsten Formen, doch hohl und unkörperlich, wesswegen sie sich nur von vorne zeigen, indem ihr Rücken leer und vertieft ist. Die Schotten und Irländer stehen zum Theil noch in dem Glauben, dass ihr Land vorzüglich von den E. besucht und geliebt sei, wesshalb man dort die heitersten und anmuthigsten Sagen von ihnen findet, auch die Leute, wenn sie irgendwo auf einer Landstrasse einen Staubwirbel aufsteigen sehen, in der Meinung, dort zögen die E. einher, ihre Wohnungen verändernd, sich ehrerbietig vor ihnen neigen und sie grüssen. Gewöhnlich erscheinen sie von einem silberglänzenden Duft umhüllt, durch welchen ihre zarten Formen nur wie die Umrisse eines lieblichen Gemäldes durchschimmern; die Kopfbedeckung der Männer ist eine Blüthe des Fingerhutes (Digitalis), deren Farbe dann meistentheils eine gewisse Partei andeutet, zu welcher sie gehören. Sie unterrichten nicht selten die Menschen in ihren geheimen Zauberkünsten, und obwohl sie denselben nur einen höchst geringen Theil ihres Wissens geben, so werden die so Eingeweihten doch übermächtig und furchtbar, denn auch der geringste Theil ihrer unbegränzten Kunst wirkt schon ganz ausserordentliche Dinge. Die Musik wird von ihnen über Alles geliebt, und obwohl die E.musik einfach ist, übt sie doch auf den Menschen die überraschendsten Wirkungen aus: das E.königsstück zwingt jeden Zuhörer, selbst zuletzt Tische und Stühle, zu einem Tanze, der so lange dauert, als die Musik erklingt; aber der Spielende kann nicht aufhören zu spielen, denn der Arm, welcher geigt, ist gleichfalls bezaubert; er müsste denn ganz genau rückwärts dasselbe Stück spielen können, oder es müsste unaufgefordert Jemand kommen, der dem Spielmann von hinten über die Schulter die Saiten der Geige zerschneidet. In dem Gedanken, dass die E. vom Himmel verstossene Engel seien, die nicht bis zur Hölle gesunken sind, liegt die grösste Aehnlichkeit zwischen ihnen und den Peris der Perser; diese nämlich sind auch so anmuthige, überirdische Wesen, des Himmels verlustig, doch der Hölle noch nicht verfallen. Die E. drücken häufig durch einen lieblichen Gesang Hoffnung auf einstige Erlösung aus; dieser Gesang verwandelt sich sogleich in tiefes Weinen und Wehklagen, wenn Jemand so grausam ist, diese ihre Hoffnungen zu stören. — Ihrer viele wohnen in dem Lande der Jugend, unter dem Meere, in wahren Hesperidengärten, wo Niemand altert, Niemand stirbt; an manchen Tagen erheben sie sich über die Meeresfläche zu fröhlichen Gelagen, rauschenden Tänzen und Festlichkeiten; doch sieht man sie nicht, denn der Regenbogen in seiner höchsten Farbenpracht umzieht ihren Spielplatz; nur wenn ein Schiff diesen durchschneidet und in den Ring hineinfährt, kann die Mannschaft desselben sie erblicken, doch immer zu ihrem Unglück, denn nur einmal sieht man sie, und im Zorn ziehen sie das Schiff mit Mann und Maus in den Strudel des Meeres hinab. — Der E.-Glaube hat noch deutschen Dichtern der neuesten Zeit Anlass zu den lieblichsten oder heitersten Darstellungen gegeben. Man vergleiche das Mährchen: »die Elfen«, in Ludwig Tiecks Phantasus; desselben Novelle: »die Vogelscheuche«; dann besonders eine Stelle aus der Erzählung Cordelia von A. Treuburg (Friedrich Vischer), im Jahrbuch schwäbischer Dichter von Mörike und Zimmermann. — Manche Sagen von Zwergen, Trollen, Wichten oder Wichtelmännchen, lassen alle diese Wesen als die nächsten Verwandten der E. erscheinen; man vergleiche daher die genannten Artikel.

Elgia (Nord. M.), eine der neun Mütter Heimdalls. (S. d.).

Elicius (Röm. M.), Beiname des Jupiter, von Numa Pompilius eingeführt, der dem Gotte mit diesem Beinamen auf dem Gipfel des aventinischen Hügels einen geheimnissvollen Tempel errichtete. E. heisst »der Herabgelockte«, und der Name wird daher auf den Glauben zurückgeführt, dass Numa die Kunst verstanden habe, die Blitze herabzulocken und zu leiten.

Elidurus (Brit. M.), fabelhafter König von Britannien, dessen Bruder durch unruhige Unterthanen seines Thrones beraubt wurde, auf welchen sie dann den E. setzten. Bald darauf bewog ihn jedoch seine Frömmigkeit, den Thron wieder an seinen Bruder abzutreten; nach dessen Tode ergriff er die Zügel von Neuem und regierte zehn Jahre auf das Weiseste, bis ihn seine Brüder vertrieben, und er erst lange Zeit hernach, durch sein Volk aus schmählichem Kerker befreit, in sein angestammtes Reich wieder eintrat.

Elinus (Gr. M.), König von Tanagra, Sohn des Cephissus und der Nymphe Scias. Er hatte einen Sohn Eunostus, welcher als Heros verehrt, und dem ein Hain gewidmet wurde, den kein Weib betreten durfte.

Elisa oder **Elissa**, anderer Name der Dido (s. d.).

Eliun (Phön. M.). In der von Philo aus Byblus dem Sanchuniathon untergeschobenen phönicischen Cosmogonie heisst es: »E., der Höchste genannt, hatte ein Weib, Namens Beruth; beide wohnten bei Byblus und zeugten den Epigeus oder Autochthon, d. i. Erdsohn, der nachmals Uranus, d. i. Himmel, genannt wurde, und seine Schwester war Gea, d. i. Erde. Als E. durch wilde Thiere umgekommen war, ward er vergöttert, und seine Kinder brachten ihm Opfer und Spenden.«

Eliwager (Nord. M.), Gesammtname der Höllenflüsse, welche aus dem Born Hwergelmer in Niflheim in den Abgrund Ginungagap hinausströmen. Auf dem Wege dahin erstarren diese Flüsse zum Theil zu Eis, in welches das aus Niflheim mit ihnen strömende Gift eingeschlossen ist, so dass sie gereinigt weiter ziehen. Das Eis erfüllt den Abgrund bis zu dem Orte, da aus Muspelheim die Hitze hinüber auf denselben wirken kann, welche das Eis schmolz, worauf die Kuh Audumbla und der Riese Ymer entstanden, welchen die Kuh mit ihrer Milch ernährte, und darauf die ersten Menschen aus den Steinen herausleckte. Die Edda gibt der Höllenflüsse eilf an: Swöl, Guntraa, Fion, Fimbultul, Slidur, Hridur, Sylgir, Ylgir, Vid, Leiptr und Gjöl, und setzt diesen letztern zunächst an die Höllengrenze.

Elli (Nord. M.). Auf seiner Reise mit Thialfe und Loki kam Thor zu Utgardloke, wo er mit dem alten Weibe E. (das Greisenalter) ringen musste; dieses brachte es dahin, dass der mächtige Thor auf ein Knie niedersank; denn es ist Keiner, sagt die Edda, und wird Keiner sein, den E. nicht niederbeugt, wenn er alt wird.

Elliser (Dän. Volksgl.), die weiblichen Elfen, welche den Menschen freundlich gesinnt sind. (Vergl. Elfen.) Unter den Schwarzelfen werden keiner weiblichen Wesen erwähnt.

Ellops (Gr. M.), soll der Erbauer von Ellopia auf Euböa geheissen haben. Man ist über den Vater desselben nicht einig und nennt als solchen bald Ion, bald Tithonus.

Ellora (Ind. M.), ein Gebirgszug in Vorderindien auf der Küste Malabar hinter Bombay, welcher fast ganz durch Kunst und die ausdauerndste Anstrengung ausgehöhlt ist. Nicht mit Unrecht nennt Daniels ein Prachtwerk, welches diesen Höhlentempel darstellt, die Wunder von E.; nicht mit Unrecht schreiben die Indier selbst ihre Erbauung den Pandus zu; denn es sind so riesige Werke, dass man nicht glaubt, menschliche Kräfte und die Zeit, welche dem Menschen zu Gebote steht, wären es auch viele Jahrhunderte, reichten zu solchen Arbeiten hin. Es sind nicht Bauten; aus dem lebendigen, tausend Fuss mächtigen Granit hat man Plätze ausgehauen, welche manchen der grössten deutschen Marktplätze um das Doppelte übertreffen, und in deren Mitte ungeheure Blöcke stehen gelassen, aus welchen man von aussen her einen Tempel, eine Pagode, in den vollendetsten, wunderbarsten Umrissen gemeisselt und mit Sculpturschmuck überladen hat. Zweiundvierzig colossale Elephanten tragen einen solchen Tempel ganz frei schwebend auf ihren Rücken, und ihre Füsse sind stark genug, nicht nur die Last ihres eigenen Körpers, sondern auch die eines 400 Fuss langen, 300 Fuss breiten und 200 Fuss hohen Granitblockes, aus welchem der Tempel besteht, zu tragen. In seinem Innern sind mit gleicher Mühe, wie von aussen her erfordert wurde, fünf Gemächer ausgehöhlt, in deren grösstem noch ein zweiter, 60 Fuss breiter und 150 Fuss langer Tempel in Pyramidenform befindlich ist. Riesige Figuren umgeben diese Heiligthümer; viele tausend derselben stehen völlig frei, festgewachsen an dem Boden, auf welchem sie ruhen; Alles ist symmetrisch geordnet und zum Ganzen harmonisch gesellt, von den Löwenköpfen des Daches und den Platformen auf der Höhe des Tempels, bis zu den Rüsseln der Ungeheuer, die das Ganze stützen. — Andere Tempel stehen nicht frei, sondern sind regelmässige, künstliche Höhlen, oft vierzig bis fünfzig Fuss hoch, dreifach übereinander gethürmt. Die Balken-Construction ist im Innern nachgeahmt, die Decke scheint von Längen- und Querbalken, die einander wechselseitig unterstützen, getragen, und diese ruhen wieder da, wo sie sich kreuzen, auf mächtigen Pilastern, deren jeder auf das Zierlichste gemeisselt, canellirt, nach eigenthümlichen Ordnungen geschnitzt ist; alle Figuren sind mit wunderbarer Gleichmässigkeit und Sauberkeit ausgeführt, so dass dieses ganze Riesenwerk so sehr den Stempel des Erhabenen trägt, dass man gerne geneigt wird, es für Geisterwerk zu halten, und so sagt die Fabel auch davon: Die Söhne des Pandu, nachdem sie im Kriege gegen die Kurus unglücklich gewesen, hätten sich in die Gebirge von E. zurückgezogen und diese zu einem Tempel des Krischna auszuhöhlen beschlossen, den Gott aber gebeten, es ein ganzes Jahr Nacht sein zu lassen, damit die Welt um so mehr überrascht werde, wenn sie das neu erbaute Werk sähe. Es geschah, und am Morgen nach der langen Nacht strömten so viele Menschen herbei, dass die Pandus ein Heer von sieben Millionen zusammen bekamen, mit welchem sie nun unter Krischna's Anführung die Kurus besiegten. — Gewiss ist, dass nur ein ganzes Volk, in langen Reihen von Jahren, lebend unter ächt asiatischem Despotendruck, im Stande war, diese Höhlungen zu bilden.

Elpenor (Gr. M.), einer der Gefährten des Ulysses. Er war mit ihm auf der Insel der Circe und schlief, als man zum Aufbruche Alles zusammenrief, auf dem flachen Dache des Palastes; taumelnd beim Erwachen, kam er an den Rand des Daches, stürzte herab und blieb todt auf dem Platze. In der Unterwelt trifft sodann Ulysses seinen Schatten, der ihn dringend anfleht, seinen Leichnam zu verbrennen, was Ulysses auch nach seiner Rückkehr auf die Insel der Circe vollbringt.

Elvidver (Nord. M.), Name des Palastes der Hela, der Todesgöttin, in der Unterwelt, aus lauter seufzenden Steinen erbaut.

Elyces (Gr. M.), Gefährte des Phineus, welcher mit diesem Letztern zur Hochzeit des Perseus mit Andromeda kam, um sie zu unterbrechen, und sich wo möglich der Braut, welche früher mit Phineus verlobt gewesen, zu bemächtigen; er blieb von Perseus' schwerer Hand.

Elyma (Nord. M.), Vater der starken Hjördisur, welche mit Sigmund vermählt wurde, und von ihm Sigurd, den Fafnirstödter, gebar.

Elymaea (Gr. M.), Beiname der Venus, unter welchem sie in Elymaïs, einer persischen Landschaft, verehrt wurde.

Elymnius (Gr. M.), Beiname des Neptun auf Lesbos.

Elymus (Gr. M.), ein Trojaner, natürlicher Sohn des Anchises, welcher mit Aegestus schon vor Aeneas nach Sicilien gegangen war und sich am Flusse Crimissus niedergelassen hatte. Aeneas traf beide in Sicilien und baute ihnen die Städte Aegesta und Elyme.

Elysium (Gr. u. röm. M.), der Aufenthalt der Seligen, über den die Vorstellungen der Alten mit den Fortschritten der Geistes-Entwicklung, so wie der Erdkunde, sich manchfach abänderten. Bei Homer liegt das E. im heitern Sonnenlichte, diesseits des Oceanus; ob es Insel ist, oder nicht, bleibt unbestimmt. Hesiod spricht von Inseln der Seligen, wo am Oceanus-Strom die Helden in Freude leben und die Erde jährlich dreimal Früchte trägt. Nach Pindar ist auf den Inseln der Seligen die Burg des Kronos (Saturn). Kühle Seelüfte wehen, goldstrahlende Blumen schimmern an Bäumen, an den Quellen; mit ihnen schmücken sich die Helden bei den gerechten Sprüchen des Rhadamanthys, den sich Kronos zum Beisitzer erwählt hat. Nur die gelangen hieher, die dreimal, im Hades und auf Erden, die Prüfung bestanden, sich ganz von Frevel rein zu halten. Ausser Rhadamanthys nennt er daselbst noch Peleus, Cadmus und Achilles. — Anders beschreibt Virgil das Elysium: »Lachend erfüllt der Aether mit Purpurlicht die Gefilde; eine eigene Sonne und eigene Sterne bestrahlen sie« etc. — Aeneas findet dort diejenigen, welche für's Vaterland Wunden erkämpften; Priester, welche unbefleckt ihr Leben vollbrachten; heilige Dichter, die werth des Phöbus gesungen; Erfinder, welche durch Künste das Leben verherrlicht etc., in Glanz und Freude wallen.

Emadubak (Ind. M.), die Genien, welche nur zu Brama's Dienste bestimmt sind, und auf seine Befehle allein zwischen Himmel und Erde auf- und absteigen. Ihrer sind unendlich viele, welche in den acht Reichen des Himmels wohnen, und dort den Herrschern derselben im Allgemeinen unterworfen sind, wiewohl nur Brama ihrer Dienste sich erfreut. Er braucht die meisten derselben, um die Seelen der Menschen aus den erbleichenden Körpern in den Himmel zu holen.

Emathides (Gr. M.), die neun Töchter des Pierus, welche sich für geschickter als die Musen hielten, und darum sich auf einen Wettstreit mit diesen einliessen; der Name kommt daher, dass ihr Vater König von Emathia, war, sonst heissen sie richtiger Pieriden, wiewohl dieser Name auch den Musen selbst gegeben wird, weil sie im Streit die Siegerinnen waren. Alle diese Mädchen wurden in Elstern verwandelt.

Emathion (Gr. M.), 1) Sohn des Tithonus und der Aurora, König von Arabien, wurde von Hercules getödtet. — 2) E., ein frommer Greis, welcher bei Perseus' Hochzeit war; als das Gefecht begann, brauchte er, da er keine anderen Waffen zu führen vermochte, der Worte Gewalt, doch mähete ihm, obschon er den Altar umfasste, Chromis den Kopf herunter. — 3) E., begleitete den Aeneas nach Italien und ward dort von Liger getödtet.

Embasios (Gr. M.), »Beschirmer beim Einsteigen«, Beiname des Apollo, unter welchem man ihm opferte, wenn man zu Schiffe ging; als E k b a s i o s, »Beschirmer beim Aussteigen«, rief man ihn an, wenn man wiederkehrte.

Embla (Nord. M.), das erste Weib, das die Asen schufen, als sie, am Meere lustwandelnd, ein Paar Baumstämme daselbst liegen sahen (Embla die Erle, so wie Ask die Esche, welches der Name des ersten Mannes war). Sie erhielt Verstand, Beweglichkeit, Geist, Leben, Gehör, Gesicht und Sprache, und ward von dem mit ihr zugleich geschaffenen Manne Ask Mutter des Menschengeschlechts.

Empanda (Röm. M.), eine Land- oder Feld-Göttin, deren Bedeutung man nicht näher kennt, sie scheint mit Pomona und Ceres verwandt.

Empusa (Gr. M.), ein blutdürstiges Gespenst, in gewisser Art ähnlich den Gespenstern, welche man in Ungarn Vampyre nennt. Man dachte sich die Empusen in mehrfacher Zahl; sie sollten von Hecate ausgesandt sein, um die Wanderer zu schrecken, sollten in Gestalt schöner Frauen schöne Jünglinge verlocken, um ihnen das Blut auszusaugen und ihr Fleisch zu verzehren. Ein andermal erschienen sie mit e i n e m Bein von Erz und e i n e m von Esels-Koth.

Enada Mina (Lamaismus), »die Welt der seufzenden Menschen«; ein Land in Tübet, welches nördlich von dem fabelhaften Berge Summer Ola gelegen sein soll. Es ist überreich an edlen Metallen, besonders an Silber, wovon Alles glänzt; seine Einwohner sind 230 Fuss hoch, von sehr wunderbarem Bau, leben tausend Jahre, sind weiss von Farbe und ebenso gekleidet; ihr Wünschen gewährt ihnen Alles, was sie, bei ziemlich beschränkten Verstandeskräften, irgend bedürfen, indem sie fast seelenlos sind. Zwei seltene Pflanzen wachsen in ihrem Lande, der Baum Salbara und die Staude Amtatu Semis; des erstern Früchte und die Wurzel der letztern gewähren diesen nie krank werdenden Geschöpfen Alles, was sie brauchen. Wenn ihr Ende nahet, so erscheint ihnen sieben Tage vor dem Tode ein Engel, welcher sie dann erinnert, dass sie nun sterben müssen; daher ihre immerwährende Traurigkeit, weil sie jeden Tag das Erscheinen des Engels besorgen.

Enaraephorus (Gr. M.), einer der zwölf Söhne des Hippocoon, welche ihren Oheim Tyndareus vom Throne stiessen; er verliebte sich in Tyndareus' Tochter, die schöne Helena, und wollte sie entführen, als diese noch ein Kind war. Da übergab ihr Vater sie dem Theseus.

Enarete (Gr. M.), die Tochter des Deïmachus, vermählt mit Aeolus, dem König der liparischen Inseln, dem sie sieben Söhne (nach Andern 6 Söhne und 6 Töchter) gebar.

Enatus (Gr. M.), Sohn des Choricus, Königs von Arcadien, erfand mit seinem Bruder Plexippus die Ringekunst, deren Vortheile seine Schwester Palästra an ihren Geliebten, den Mercur, verrieth. Die Brüder, ergrimmt darüber, hieben dem Mercur die Hände ab, den jedoch Jupiter heilte.

Enceladus (Gr. M.), Sohn des Tartarus und der Gäa, einer der hundertarmigen, schlangenfüssigen Giganten; er liegt unter dem Aetna, und sein Umdrehen erschüttert ganz Sicilien. Er ward im Gigantenkriege von Minerva mit ihrem Kriegswagen überfahren.

Endeis (Gr. M.), Tochter des berühmtesten der Centauren, des unsterblichen Chiron, vermählt mit dem weisen und gerechten Aeacus, König von Aegina, dem Sohn des Jupiter und der Europa, dem sie die beiden Helden Peleus und Telamon gebar. Entweder durch eigenen Hass der beiden Jünglinge, oder auf Antrieb der E., geschah es, dass sie ihren Halbbruder Phocus, den Sohn des Aeacus und der Psamathe, mit dem Discus todt warfen, wesshalb dann Beide aus Aegina fliehen mussten.

Endovolicus (Celt. M.), ein unbekannter Gott, dessen in Spanien gefundene Inschriften erwähnen.

Endymion (Gr. M.), ein schöner Jüngling, bekannt als Geliebter der Mondgöttin, nach Einigen Sohn des Aëthlius, Königs von Elis, und Nachfolger seines Vaters in der Herrschaft; nach Andern ein Sohn des Jupiter. Nach e i n e r Sage war er aus Elis nach Carien auf den Berg Latmus gezogen; nach einer andern ist er von Anfang hier als Hirte oder Jäger zu Hause. Hier lässt sich zu ihm, dem in der latmischen Höhle Schlummernden, Selene, die Mondgöttin, herab; sie verlässt den silbernen Wagen, geführt von Amor, der mit seiner Fackel ihr leuchtet und auch die treuen Wächter der Heerde und ihres Herrn, die Hunde, in Schlummer versenkt. So weilt die Göttin ungestört bei dem Geliebten, und nur zum Abschied einen Kuss auf seine Lippen hauchend. So beseligend war diesem Liebling der Götter sein Schlummer, dass er Jupiter um ewige Jugend, ewiges Leben, aber auch um ewigen Schlaf bat, was der Herrscher im Olymp ihm gewährte. Nach Andern war die Liebe der Selene nicht so genügsam, sie soll ihn entführt und 50 Töchter mit ihm erzeugt haben. Vermählt war er mit Chromia, von welcher er drei Söhne und eine Tochter hatte. — E. ist Personification des Schlummers. Der Name heisst: »der sanft Beschleichende«. Der schlafende Jüngling ist das lieblichste Bild für den erquickenden, gesunden Schlaf. Der Berg Latmus, auf welchem er schläft, ist der Berg der Vergessenheit; und die Verbindung des Genius des Schlummers mit dem Monde erklärt sich von selbst.

Eneus (Gr. M.), Sohn des Cäneus oder der Cänis (ein und dieselbe Person, erst ein schönes Mädchen, von Neptun geliebt, dann auf ihre Bitten von ihm in einen Mann verwandelt), soll mit unter den Argonauten gewesen sein.

Engonasi (Gr. M.), ein Sternbild, welches man später auch Hercules nannte, einen knieenden Mann mit ausgestreckten Armen vorstellend, in der einen Hand eine Keule, über dem andern Arm eine Löwenhaut, zwischen der Krone, der Schlange, dem Ophiuchos, der Leier, dem Drachen.

Engonasi (Gr. M.), »die Knieende«. Auf dem Markte zu Tegea war ein Tempel mit dem knieenden Bilde der Ilithyia, weil dort und in dieser Stellung die von ihrem Vater verstossene Auge den Telephus geboren haben sollte. Lateinisch heisst sie: Ingenicula.

Engyeus (Gr. M.), ein Heerführer des Königs Rhadamanthus, welcher von diesem, wie alle seine Heeresfürsten, mit Land und Leuten belehnt wurde; E. erhielt die Insel Kyrnos (Corsica).

Eniopeus (Gr. M.), Sohn des Thebäus, Hectors Wagenlenker, von Diomedes mit dem Speere durch die Brust gestossen.

Enipeus (Gr. M.), ein Flussgott in Thessalien, zu welchem Tyro, die Tochter des Salmoneus, Liebe fasste. Neptun nahm seine Gestalt an und zeugte mit Tyro die Zwillinge Pelias und Neleus; nach Anderen nahm Neptun die Gestalt des E. bei Iphimedia, der Gemahlin des Aloëus, an, und zeugte mit ihr den Otus und Ephialtes.

Ennomus (Gr. M.), einer der beiden Feldherren der Mysier, ein Seher.

Ennosidas und **Ennosigaios** (Gr. M.), Beinamen des Erderschütterers Neptun.

Enodia (Gr. M.), »die auf den Wegen Verweilende«, Beiname der Diana, der Hecate und der Proserpina.

Enorches (Gr. M.), angeblich ein Sohn des Thyestes von seiner und des Atreus Schwester Däta, aus einem Ei geboren; er baute dem Bacchus einen Tempel, daher der Gott nach ihm benannt wurde. Daher auch Beiname des Bacchus, welcher auch nach der Wortbedeutung durch Tänzer erklärt wird.

Enosichthon, identisch mit Ennosigaios.

Entedide (Gr. M.), eine der Thespiaden, durch Hercules Mutter des Menippides.

Entellus (Alt Sicilisch), ein Heros und mächtiger Cästuskämpfer, welcher, obwohl schon altergrau und schwerfällig, doch noch siegte im Kampf über den jungen und übermüthig auf seine Kraft pochenden Dares; nur die Flucht entzog diesen dem gewissen Tode. Der Preis des Kampfes war ein Stier; um zu zeigen, welchem Geschick der Besiegte entgangen, tödtete E. den Stier mit einem Faustschlage.

Enthenis (Gr. M.), Tochter des Hyacinthus, eines Spartaners, der zu Athen wohnte; als diese Stadt durch eine Pest heimgesucht ward, während Minos sie belagerte, opferte man auf Befehl des Orakels eine Tochter des Fremdlings nach der andern auf dem Grabe des Cyclopen Gerästus.

Ento oder **Enyo** (Gr. M.), eine der Gräen, welche alle drei nur ein Auge und einen Zahn hatten; sonst auch die Kriegsgöttin; bei den Römern Bellona.

Entoria (Röm. M.), soll die Tochter eines altitalischen Landmanns und Geliebte des Saturn gewesen sein, welcher mit ihr vier Söhne, Janus, Hymnus, Felix und Faustus zeugte, und ihren Vater die Bereitung des Weines lehrte, mit dem Auftrag, auch seine Nachbarn darin zu unterrichten. Diese, von dem noch unbekannten Getränke berauscht, hielten es für giftig und steinigten den Landmann, worauf sich seine vier Enkel aus Betrübniss erhängten. Als späterhin die Römer von einer Pest heimgesucht wurden, gebot ihnen das delphische Orakel, den erzürnten Saturn und die Schatten der ungerecht Umgekommenen zu versöhnen. Lutatius Catulus liess darauf dem Gotte am tarpejischen Hügel einen Tempel bauen, und setzte einen Altar mit vier Gesichtern darein.

Enudus (Gr. M.), Sohn des Ancäus, Königs der Leleger, von dessen Gattin Samia, gehört nebst seinen drei Brüdern, Samus, Perilaus und Alitherses, zu den Stammhelden der Samier.

Enyalius (Gr. M.), s. Mars.

Eone (Gr. M.), eine der Thespiaden, Geliebte des Hercules, dem sie den Amestrius gebar.

Eorosch (Pers. M.), einer der vier mächtigen Himmelsvögel, ein Rabe mit goldenem Schnabel und ehernen Flügeln; er gibt den Frommen durch das Wehen derselben Gesundheit, zerschmettert aber durch den Schlag seiner Flügel die Bösewichter.

Eoroschap (Pers. M.), einer der vier Himmelsvögel, welche das Weltall überschauen und bewachen. Er hat, wie Eorosch, einen goldenen Schnabel und eherne Flügel, auch sechs Augen, mit denen er zugleich nach den vier Himmelsgegenden, und hinauf sowohl, als unter sich hernieder schaut, so dass seinen Blicken nichts auf der Welt entgehen kann. Seine Klauen sind mit langen Hanjars (dolchartig gekrümmten Messern) bewaffnet, mit denen er die Todten und Lebendigen des Ormuzdvolkes schützt.

Eos. S. Aurora.

Eostar, auch Ostera (Germ. M.), eine von den alten Sachsen und Angelsachsen verehrte Frühlingsgöttin, nach welcher noch viele deutsche Orte und Plätze benannt sind, wie: Osterhofen, Osterhagen, Osterholz u. a. m. Der Osterstein im Blankenburgischen hat behauene Löcher, welche anzeigen, dass dort vielleicht der befestigte Altar und das Bild der Göttin gestanden habe. Ihr Hauptfest wurde im April gefeiert, wovon derselbe Ostermonat hiess, welchen er auch behielt, als Karl d. G. den Monaten deutsche Namen gab. Bei diesem Feste wurden die Osterfeuer auf den Anhöhen angezündet. Der Name der Göttin bedeutet Licht, oder Aufgang des Lichtes: Ost = Eos.

Eous (Gr. M.), Name eines der Sonnenpferde.

Epachthes (Gr. Festbrauch), ein Fest, welches in Böotien der Achäa (Ceres mit dem Beinamen die Trauernde, weil sie ihre geliebte Tochter Proserpina verloren hatte) gefeiert wurde.

Epacrius (Gr. M.), »der auf Berggipfeln Verehrte«, Beiname des Jupiter.

Epactaeus oder **Epactius** (Gr. M.), »der an Meeres-Küsten Verehrte«, Beiname a) des Neptun auf Samos, b) des Apollo.

Epaphus. Nach Herodot nennen die Griechen den ägyptischen Apis (s. d.) so; es scheint diess aber eine Verwechselung des Apis, Sohns einer vom Himmel befruchteten Kuh, mit dem E., Sohn einer in eine Kuh verwandelten Jungfrau, der Io, zu sein, welche auch vom Himmel, d. h. von Jupiter befruchtet wurde. E. wurde König von Aegypten, vermählte sich mit Memphis, Tochter des Nil, und baute Memphis; nach seiner Tochter Libya wurde Libyen benannt.

Epeoscho (Pers. M.), einer der sieben Erzdews, der bösen Dämonen, welche von Ahriman geschaffen wurden, um die Lichtschöpfungen des Ormuzd zu bekämpfen. Er ist der Dämon der Dürre und steht dem Taschter gegenüber, welcher Wasser gibt. Die persischen Religionsbücher schildern den Krieg dieser beiden Naturkräfte als den furchtbarsten. Der böse Dämon wird von den guten überwunden.

Eperitus (Gr. M.), ein Name, welchen Ulysses sich beilegte, als er nach Ermordung der Freier, noch unerkannt, zu seinem Vater Laërtes kam; er nannte sich des Aphidas Sohn, gab vor, in Alybas ein stattliches Haus zu bewohnen, und nur durch Zufall nach Ithaca verschlagen worden zu sein.

Epeus (Gr. M.), 1) Sohn des Panopeus, ein Griechenheld, welcher vor Troja bei den von Achill zu Ehren des Patroclus veranstalteten Leichenspielen im Faustkampf über Euryalus siegte. Er rühmt sich, der stärkste Faustkämpfer zu sein, gesteht aber auch, dass er des Schlachtruhms ermangle, weil Niemand Alles zugleich sein könne. Er war es, der das trojanische Pferd bauete und selbst mit hineinstieg. — 2) E., Sohn Endymions, König über Elis, nach welchem die Bewohner dieses Landes sich Epeer nannten; seine Mutter hiess Chromia.

Ephesia (Gr. M.), Beiname der Diana von ihrem berühmten Tempel zu Ephesus. S. Diana.

Ephesische Buchstaben (Gr. M.), uralte Charaktere, heilige Worte ausdrückend, welche auf dem Gürtel, der Krone und an den Füssen der Diana zu Ephesus eingegraben gewesen sein sollen. Man trug sie auf Gemmen oder Goldplättchen, als sichere Schutzmittel gegen den Einfluss böser Dämonen, und bezahlte sie, im Glauben an ihre magische Kraft, oft mit ungeheuren Preisen.

Ephesus (Gr. M.), angeblich ein Abkömmling des Achilles, durch dessen Sohn von der Amazonenkönigin Penthesilea, Caystrius; er soll in der nach ihm benannten Stadt E. den Tempel der Diana erbaut haben. — Nachdem die Stätte, wo dieser berühmte Tempel, bekanntlich eines der sieben Wunder der alten Welt, erst in unsern Tagen mit Sicherheit festgestellt worden, hat der berühmte englische Archäologe Wood, welcher die Ausgrabungen für das brittische Museum leitet, im Laufe der letzten zwei Jahre einen grossen Theil dieses Tempels bis auf den Boden blosgelegt, und verschiedene, mehr oder weniger verstümmelte, architektonische Marmorblöcke aufgefunden, aus denen sich schliessen lässt, dass die Proportionen des Bauwerkes weit colossaler waren, als die irgend eines andern Ueberbleibsels altgriechischer Baukunst. Die Säulen nämlich, welche noch so dalagen, wie die barbarischen Zerstörer der byzantinischen Zeit sie hatten liegen lassen, haben nicht weniger als 6' im Durchmesser, und ihr ungeheueres Gewicht machte es nothwendig, das brittische Marineministerium um Hülfe anzugehen. Dieses stellte denn auch das grosse Panzerschiff Caledonia zur Verfügung, und seit Anfang Januar v. J. war dasselbe mit Einladen der für das brittische Museum bestimmten Säulen beschäftigt.

Ephialtes, s. Aloiden.

Ephydatia (Gr. M.), eine von den Nymphen, welche den Liebling des Hercules, Hylas, wegen seiner Schönheit raubten, als er, für die Argonauten in Mysien Wasser suchend, an ihrer Quelle vorbeikam.

Ephydriades (Gr. M.), allgemeine Benennung für Quell- und Fluss-Nymphen.

Ephyra (Gr. M.), der alte Name der Stadt Corinth, welchen dieselbe von einer Tochter des Oceanus empfing, indem dieselbe die Gegend der nachherigen mächtigen Stadt zu ihrem Aufenthalt gewählt hatte.

Ephyre (Gr. M.), eine der Meernymphen, welche Virgil nennt als Gesellschafterin der Cyrene, da diese den Aristäus, ihren und des Peneus Sohn, klagen hört.

Epibaterius (Gr. M.), eben so viel als Embasius, Beiname des Apollo, der ihm von Diomedes, dem Erbauer seines Tempels zu Trözen, gegeben wurde.

Epibemius (Gr. M.), Beiname des Jupiter auf Siphnus.

Epibomius (Gr. M.), der Priester, welcher bei den eleusinischen Mysterien hauptsächlich den Altar- (Bomos-) Dienst verrichtete.

Epicarpius (Gr. M.), »Vorsteher der Früchte«, Beiname des Jupiter auf der Insel Euböa.

Epicaste (Gr. M.), 1) Gattin des Clymenus, Königs von Arcadien; sie hatte von ihm eine Tochter, Harpalyce, in welche ihr eigener Vater sich verliebte und sie gewaltsam ihrem Bräutigam entriss. Harpalyce, von Rache getrieben, schlachtete ihren eigenen Sohn und setzte ihn dem unnatürlichen Vater vor. Auf ihre Bitten verwandelten die Götter sie in einen Vogel. — 2) E., Mutter des Oedipus (s. Jocaste). — 3) E., Tochter des Beherrschers von Aetolien, Calydon, und der Aeolia, Schwester der Protogenia, vermählte sich mit Agenor, dem Sohne des Pleuron und Enkel des Aetolus, und gebar ihm den Parthaon und die Demonice, welche eine Geliebte des Mars wurde. — 4) E., Tochter des Augeas, welche Hercules im Kriege gegen diesen König zur Sklavin machte und mit ihr den Testalus erzeugte.

Epicleus (Gr. M.), ein lycischer Bundesgenosse der Trojer, Freund des Sarpedon, ein hochbeherzter Held, welcher mit den Trojern das Lager der Griechen stürmte. Ajax, Telamons Sohn, zerschmetterte ihm mit einem Stein den Helm und den Schädel.

Epicoenius (Gr. M.), Beiname des Jupiter auf Salamis.

Epicurius (Gr. M.), »der Hülfreiche«, Beiname des Apollo zu Bassä in Arcadien, wo man ihn als den Abwender einer Seuche verehrte.

Epidamnius (Gr. M.), Vater der Helena, einer Dienerin der Venus, die von den Epidamniern (Bewohnern der Stadt Epidamnus, später Dyrrhachium, heut zu Tage Durazzo) unter der Gestalt der Venus verehrt wurde, als eine Göttin, die den Hungrigen Güter verleihe.

Epidamnus (Gr. M.), Beherrscher eines kleinen Königreiches am adriatischen Meere, hatte eine Tochter, Melissa, welche, von Neptun geliebt, den Dyrrhachius gebar, der der Stadt Dyrrhachium seinen Namen gab.

Epidaurius (Gr. M.), Beiname des Aesculap, von Epidaurus, wo er vorzugsweise verehrt wurde.

Epidaurus (Gr. M.), der Erbauer der Stadt seines Namens, Sohn des argolischen Königs Argus, von Evadne, der Tochter des Strymon. Er hatte vier Brüder, gleich ihm berühmt in den ältesten Mythen: Iasus, Piranthus, Criasus und Tiryns.

Epidaus (Gr. M.), einer der zwölf Söhne des Königs Neleus von Pylus und der Chloris, Bruder des Nestor.

Epidemia (Gr. Festbrauch), ein Privat-Fest, welches von Familien wegen glücklicher Heimkehr eines Verwandten gefeiert wurde, wobei man den Wege-Göttern Dankopfer brachte. Zu Delphi feierte man ein Fest gleiches Namens zur Erinnerung an Apollo's Rückkehr von den Hyperboreern.

Epidotes (Gr. M.), Beiname des Jupiter zu Mantinea und Sparta.

Epigeus, s. Eliun.

Epigeus (Gr. M.), Sohn des Agacles, von Homer »nicht der Feigste der myrmidonischen Männer« genannt, wohnte in Budeum, tödtete aber seinen Vetter und musste desshalb fliehen; so kam er zu Peleus und der silberfüssigen Thetis. Er ging mit Achilles vor Troja, und ward dort von Hector mit einem Steinwurf getödtet, indem er den erschlagenen Sarpedon der Rüstung berauben wollte.

Epigonen (Gr. M.), »die Nachgebornen«, die Söhne der Helden, welche bei dem Zuge der Sieben gegen Theben im Kampfe gefallen waren. Adrast hatte die Väter angeführt, und forderte die Söhne, nachdem sie erwachsen waren, auf, die Gefallenen zu rächen. Es sollen deren sieben sein, nämlich: Aegialeus des Adrast, Diomedes des Tydeus, Alcmäon des Amphiaraus. Promachus des Parthenopäus, Sthenelus des Capaneus, Thersander des Polynices und Euryalus des Melisseus Sohn; allein da des Amphiaraus zweiter Sohn, Amphilochus, mit dabei war, und andere Schriftsteller andere Namen angeben, so übersteigt die Zahl der Epigonen jene der älteren Helden. Vergl. Sieben Helden gegen Theben. Nach mehreren Sagen war der erste Anführer, Adrast, auch der des zweiten Zuges; in einem Treffen am Elisas wurden die Thebaner geschlagen (wobei des Adrast Sohn umkam). Nun verliessen die Flüchtlinge während der Nacht heimlich ihre Stadt, und die E. rückten in das völlig entvölkerte Theben ein, plünderten es und überliessen es dem Thersander, unter welchem sich viele der früheren Einwohner wieder einfanden; die Sieger aber kehrten beutebeladen in ihre Heimath zurück, nachdem man einen Theil des eroberten Gutes, und Manto, die schöne Tochter des Tiresias, dem delphischen Apollo als seinen Antheil gesandt hatte.

Epilais (Gr. M.), Tochter des Königs Thespius, Geliebte des Hercules, von welchem sie den Astyanax empfing.

Epimedes (Gr. M.), einer von den kunstfertigen Arbeitern, welche man Cureten oder Dactyli idäi nannte.

Epimelius (Gr. M.), Beiname des Mercur in Coronea in Böotien.

Epimenides (Gr. M.), Sohn eines reichen Heerdenbesitzers aus Phästus bei Gortyna auf der Insel Creta; der Name des Vaters lautet verschieden, als Mutter wird eine Nymphe angegeben. Er soll einst, bei seines Vaters Heerden weilend, ein Thier verloren haben, dann, ermüdet vom Suchen, in eine Höhle gerathen und dort eingeschlafen sein; nach kurzer Zeit wieder erwachend, habe er im Suchen fortgefahren und sich gewundert, in einer ganz unbekannten Gegend zu sein, bis er, in seines Vaters Haus kommend, bemerkte, dass er Niemand kenne und er auch von Niemand erkannt werde; da löste sich dann das Räthsel, er hatte nämlich 56 Jahre geschlafen, sein Vater war gestorben, seine Heerden hatten sich unterdessen fünfzehnmal erneuert, sein jüngerer Bruder war ein Greis geworden. Bald verbreitete sich das Wunderbare dieses Vorfalles, er galt für einen Liebling des Apollo, für einen heiligen Mann und Seher, und als solcher ward er denn auch in ganz Griechenland betrachtet, so dass ganze Städte sich von ihm wegen begangener Verbrechen reinigen liessen, wie diess Athen um des Mordes der Cylonier willen (612 v. Chr.) that, indem es den Wundermann zu sich berief (596 v. Chr.). Er erbat sich dafür einen Zweig von dem heiligen Oelbaum auf der Acropolis. Wann E. gestorben, ist ungewiss; man gab ihm ein Alter von 150, ja sogar von 300 Jahren.

Epimetheus (Gr. M.), Bruder des Prometheus, einen allegorischen Gegensatz zu diesem bildend. Prometheus war ernst und weise, Alles vorher bedenkend, E. ein Thor, der stets erst nach geschehener That dachte. Diess bedeuten die beiden Namen. Sie sind Titaniden, Söhne des Iapetus und der Clymene, Begründer des Menschengeschlechts, welches nach einer Sage durch Prometheus aus Thon geformt, nach einer anderen durch E. mit

Pandora erzeugt wurde. Dieses schönste aller weiblichen Wesen war dem Letztern von Jupiter geschickt worden; er hatte, trotz Prometheus' Warnung, es angenommen und so mit demselben die unheilschwangere Urne empfangen, welche, da sie geöffnet wurde, alle Krankheiten und Uebel auf der Welt verbreitete. Als Tochter des E. von der Pandora ist bekannt die Gattin Deucalions, Pyrrha, doch werden noch zwei Andere, Prophasis (Entschuldigung) und Metamelia (Reue), genannt.

Epione (Gr. M.), Gattin des Gottes der Heilkunde, des Aesculap. Sie ward häufig mit ihm zugleich verehrt: so befand sich zu Epidaurus des Gottes Statue, sitzend, von parischem Marmor, und neben derselben die seiner Gattin E. (Wenn es nicht Hygea ist, welche oft neben dem Gott eerscheint.) Sie hatte zwei Söhne von Aesculap, Machaon und Podalirius, welche beide als erfahrene Aerzte berühmt waren, doch auch als Krieger sich auszeichneten, wie sie denn z. B. die Epidaurier in 40 Schiffen nach Troja führten.

Epipole (Gr. M.), 1) Tochter des Trachion, eine junge Heldin, welche, von kriegerischem Muth durchdrungen, sich in Männerkleider hüllte, um an dem trojanischen Kriege Antheil zu nehmen. Ihr Geschlecht ward durch Palamedes entdeckt. Die Griechen, welche das Weib überhaupt nicht sehr hoch achteten, verachteten nun vollends die Virago, das Mannweib, und so ward E., trotz ihrer Jugend und Schönheit, gesteinigt. — 2) E., Beiname der Ceres in Lacedämon.

Epipyrgitis (Gr. M.), »Thurm-Beschirmerin«, Beiname der Minerva in Abdera.

Episcopus (Gr. M.), »die Trefferin«, Beiname der Diana in Elis.

Epistaterius (Gr. M.), »der Vorsteher«, Beiname des Jupiter in Creta.

Epistrophia (Gr. M.), »die Umlenkende«, Beiname der Venus in Megara.

Epistrophus (Gr. M.), 1) einer der beiden Heerführer der Phocier vor Troja; der andere war sein Bruder Schedius, beide Söhne des Argonauten Iphitus. — 2) E., einer der beiden Heerführer der Halizonen »fern von Alybe, daher, wo des Silbers Geburt ist«; der zweite hiess Odius; sie standen mit ihren Völkern dem Priamus bei. — 3) E., Sohn des Evenus, ein muthiger, lanzenkundiger Mann, blieb mit seinem Bruder Mynes von der Hand des Achilles, als dieser Lyrnessus und Thebe in Kleinasien zerstörte und die schöne Briseïs erbeutete.

Epitalaria (Röm. M.), »die Göttin mit dem Körbchen«, Beiname der Venus in Rom.

Epithalamites (Gr. M.), »Hüter des Schiffsraums«, Beiname des Mercur auf Euböa.

Epitropus (Gr. M.), »der Aufseher«, Beiname obwaltender Gottheiten, z. B. des Mercur.

Epkoakuiltzin (Mex. Rel.), nannten die Bewohner von Anahuak denjenigen unter den oberen Priestern, welcher zugleich mit seiner geistlichen Würde die eines Ceremonienmeisters mit ausserordentlich hohem Range verband.

Epona (Röm. M.), eine Pferdegöttin, in Viehställen verehrt, soll sehr zweideutiger Abkunft sein; man erzählt, dass dem Weiberhasser Fulvius Stellus seine Stute ein schönes Mädchen dieses Namens geboren, das, seiner wunderbaren Erzeugung wegen, so wie seine Mutter, für eine Göttin gehalten wurde.

Epopeus (Gr. M.), 1) Sohn Neptuns und der Canace, Bruder des Opleus, Nereus, Aloëus, Triops, Vater des Marathon, kam aus Thessalien nach Sicyon, raubte aus Theben Antiope, des Nycteus Tochter, und starb im Kriege gegen Letztern, nachdem er zuvor der Minerva einen Tempel geweiht hatte. — 2) E., einer der Tyrrhener, die von Bacchus in Delphine verwandelt wurden.

Epulones (Röm. Rel.) Ein Collegium von Priestern, welches die Göttermahle (Epulae) anzuordnen und zu beaufsichtigen hatte.

Epytides (Gr. M.), Sohn des Epytus, mit seinem eigenen Namen Periphas genannt, leitete die Erziehung von Aeneas' Sohn, Ascanius, und war zugleich ein Herold des Anchises, in dessen Diensten grau geworden. Apollo nahm des E. Gestalt an, um den Aeneas zum Kampf aufzumuntern.

Equestris (Röm. M.), »ritterlich«, oder »die Ritter betreffend«, Beiname der Fortuna in Rom. Ihr war unter demselben durch Quintus Fulvius Flaccus ein Tempel erbaut worden, weil sie ihm zu einem Siege über die Celtiberier verholfen. Auch Neptun und Venus hatten diesen Beinamen.

Erasia (Gr. M.), Tochter des Phineus, Königs von Salmydessus in Thracien.

Erasinus (Gr. M.), ein Argiver, Beschützer der Nymphe Britomartis, welche sich vor den Zumuthungen des Minos zu jenem flüchtete und bei dessen Töchtern verbarg.

Erasippus (Gr. M.), Sohn des Hercules und der Thespiade Lysippe.

Erato, Fig. 105 (Gr. M.), 1) eine der neun Musen; ihre Lieder waren so bezaubernd, dass sie das Herz der sprödesten Menschen rührten und zur Liebe bewegten, daher auch ihr Name (von Eros); sie soll die Elegie, die

Fig. 105.

zärtlichste Liebesklage, erfunden haben. Gewöhnlich stellt man sie mit der Lyra im Arm und einem Plectrum in der Hand vor (unser Bild ist nach einem Wandgemälde in Herculanum); da sie jedoch auch den Tanz erfunden haben soll, wird sie nicht selten tanzend, sich selbst mit der Lyra begleitend, abgebildet. — 2) E., eine Dryas, Gemahlin des Arcas und Mutter des Azan, Aphidas und Elatus.

Eratus (Gr. M.), Sohn des Hercules von der Thespiade Dynaste.

Erebus (Gr. M.), die Unterwelt, die unterirdische, chaotische Nacht, Sohn des Chaos und der Caligo. E. scheint mit dem Tartarus nicht identisch; ob man dem E. als einer Gottheit geopfert, ist aus der Stelle der Odyssee, wo Ulysses zwei Schafe zum E. wenden, sich selbst aber abwärts kehren soll, nicht zu ersehen. Seine Nachkommen sind folgende, mit der Nacht erzeugte Kinder: das Alter, der Tod, das Schicksal, die Enthaltsamkeit, die Träume, Epiphron; Clotho, Lachesis, Atropos, die drei Parcen; die Zwietracht, das Elend, der Muthwille, Nemesis, Euphrosyne, die Freundschaft, das Mitleid, die Styx, der Schlaf.

Erechtheum (Gr. M.), ein berühmter, länglich viereckiger Tempel auf der Burg von Athen, nördlich vom Parthenon (oder vielmehr zwei Tempel unter einem Dach, dessen östliche Hälfte der Minerva Polias, der Stadtbeschützerin, die westliche aber der Pandrosos, Tochter des Cecrops, geweihet war. Vor dem Tempel der Minerva Polias befand sich eine Vorhalle von sechs jonischen Säulen, die, so wie der Tempel selbst, auf einem 8 Fuss hohen Unterbau ruhten. Innerhalb der Säulen standen Altäre des Neptun und Vulcan, und auf der Mauer der Cella waren Gemälde der Priester-Familie der Butaden angebracht. In der Cella befand sich der Salzbrunnen des Erechtheus, der in Wallung gerieth, wenn die See schäumte, die älteste und heiligste Bildsäule der Minerva, aus Holz geschnitzt, mit einer von Callimachus verfertigten, goldenen Lampe und einem ehernen Palmbaum, dessen Zweige den von der Lampe aufsteigenden Rauch zerstreuten, ein Altar der Vergessenheit zum Andenken der gütlichen Beilegung des Streites zwischen Minerva und Neptun, eine heilige Schlange, ein hölzernes Bild des Mercur, der künstliche, zusammenlegbare Stuhl des Dädalus, nebst Waffenbeute aus dem Perserkriege. Der Tempel der Pandrosos hatte an beiden Seiten eine offene Halle, die nördliche von sechs jonischen Säulen gebildet, die südliche von sechs Caryatiden umgeben, lang gekleideten, weiblichen Gestalten, welche anstatt der Säulen das Gebälke trugen. In dieser, wahrscheinlich unbedeckten, Halle grünte der heilige Oelbaum der Minerva. Aus dem beide Hallen verbindenden, durch vier Fenster erleuchteten Gange gelangte man in das Cecropium, oder das Heiligthum, worin Cecrops begraben lag. Das Unregelmässige und Seltsame in dem Plane des E. mag daher rühren, dass man, etwa 400 v. Chr., auf dem alten heiligen Fundamente ein erneuertes Gebäude aufführte.

Erechtheus (Gr. M.), 1) s. E r i c h t h o n i u s. — 2) E., Beiname des Neptun oder des Jupiter.

Erelim (Hebr. M.), die erste Classe unter den zehn verschiedenen der guten Dämonen. Der Name heisst: »die Mächtigen«.

Eremesius (Gr. M.), Beiname des Jupiter auf Lesbos.

Eresione (Gr. M.), s. E i r e s i o n e.

Eresos (Gr. M.), Sohn des Macar, von welchem die Stadt Eresos auf Lesbos benannt sein soll.

Erethismius (Gr. M.), Beiname des Apollo bei den Lyciern.

Eretrieus (Gr. M.), soll ein Sohn des Phaëthon geheissen haben; er ging nach Euböa und gründete daselbst die Stadt Eretria.

Ereuthalion (Gr. M.), ein Held, dessen Nestor erwähnt, als er die Griechen schmähet, weil keiner sich in den Kampf mit Hector einlassen will. E. war ein Arcadier und Freund des arcadischen Lycurgus, welcher den berühmten Keulenschwinger Areïthous durch List getödtet, und ihn der trefflichen Rüstung beraubt hatte; diese vermachte Lycurgus seinem Freunde E., welcher, darauf trotzend, die ersten Helden zum Kampfe herausforderte; endlich erschlug ihn Nestor, damals einer der Jüngsten, im Zweikampf.

Ergane (Gr. M.), »die Werkmeisterin«, Beiname der Minerva zu Athen.

Ergastinae (Gr. M.), die beiden Jungfrauen, welche alljährlich der Minerva zu Athen das grosse Kleid (*πέπλος*, Teppich) weben mussten; zu diesem Geschäft gewählt zu werden, galt für eine grosse Ehre.

Ergatis (Gr. M.), Beiname der Minerva, so viel als E r g a n e (s. d.).

Ergeus (Gr. M.), Vater der Celäno, welche eine Geliebte des Neptun, und von diesem Mutter des Lycus war.

Erginus (Gr. M.), 1) Sohn des Clymenus und der Buzyge oder Budea, König in Orchomenus. Durch die Thebaner ward, um eines sehr geringen Anlasses willen, Clymenus erschlagen; sein Sohn, um ihn zu rächen, überzog Theben mit Krieg und nöthigte die Stadt zu einem Tribut, welchen sie zwanzig Jahre erlegte, bis Hercules sie davon befreite, indem er die Gesandten, welche ihn einzufordern kamen, verstümmelt heimschickte, und in dem darauf folgenden Kriege E. schlug und ihn zur Rückerstattung des Tributs nöthigte. Dadurch kam sein Volk in grosse Noth, und er that alles Mögliche, um diese zu mildern, an nichts als an das Wohl der Unterthanen denkend, so dass, als es ihm endlich gelungen, den früheren Wohlstand zurückzuführen, er alt und kinderlos war. Auf der Pythia Rath vermählte er sich mit einem jungen Mädchen, und erzeugte mit ihr den Agamedes und den Trophonius. Nach Anderen blieb E. in der Schlacht gegen Hercules. — 2) E., einer der Argonauten, erst Gehülfe des Steuermannes Tiphys, und nach dessen Tode selbst Steuermann. Er soll ein sehr tüchtiger Läufer gewesen sein, und darin selbst die schnellfüssigen Söhne des Boreas und der Orithyia übertroffen haben. Er wird ein Sohn des Neptum genannt, doch nicht selten mit dem vorigen verwechselt.

Eriboea (Gr. M.), 1) eine Amazone, welche sich rühmte, in dem Kampfe gegen Hercules keines Beistandes zu bedürfen; doch ward sie trotz ihrer Stärke von dem Helden überwunden. — 2) E., Tochter des Alcathous, Enkelin des Pelops, Gemahlin des Telamon; doch wird sie gewöhnlich P e r i b ö a (s. d.) genannt.

Ericapaeus (Gr. M.), Beiname des Phanes, oder des Bacchus, oder des Priapus.

Erichthonius (Gr. M.). In den ältesten Sagen gibt es nur einen E r e c h t h e u s, Sohn der Erde, König von Athen, dessen Name bei Manchen auch E r i c h t h o n i u s lautet. Als die Züge der mythischen Geschichte dieses Helden allmälig so manchfaltig wurden, dass man Widersprüche zwischen denselben wahrnahm, suchten Einige dadurch zu helfen, dass sie Erechtheus und E. als verschiedene Personen von einander trennten, Andere dadurch, das sie einen ersten und einen zweiten Erechtheus annahmen. Nach dieser späteren Gestaltung der Sagen ist 1) E. oder der erste Erechtheus ein Sohn des Vulcan, durch unvollkommene Zeugung entstanden. Vulcan hatte für Juno einen goldenen Stuhl gemacht, von welchem sie nicht aufstehen konnte, um sie für die Herzlosigkeit zu strafen, mit welcher sie ihn, seiner Hässlichkeit wegen, vom Himmel geworfen. Jupiter hatte sich des Schwankes so gefreut, dass er dem Vulcan erlaubte, sich eine Gnade zu erbitten, und er bat um die Hand der schönen und erhabenen Minerva. Die Bitte war zwar kühn, doch ward sie gewährt, weil der Gott selbst seinem Vater Jupiter beigestanden, als Minerva aus dessen Haupte geboren wurde. So sandte er die Tochter zu Vulcan, und nun entspann sich zwischen dem lüsternen Schmiedegott und der jungfräulichen Göttin ein Kampf, bei welchem jener die Erde befruchtete; erröthend schob Minerva mit dem Fusse Staub darüber, und entwand sich seinen Armen, doch nahm sie sich des auf diese sonderbare Art entstandenen Kindes an, barg dasselbe in einem Kästchen, und gab es den Töchtern des Cecrops in Verwahrung, jedoch mit dem ernsten Bedeuten, dasselbe nicht zu öffnen. Pandrosos kam dem Gebot nach, Herso und Aglauros aber konnten der Neugier nicht widerstehen, und siehe, es lag eine Schlange darin. Durch die treue Pandrosos erfuhr Minerva, was geschehen; sie machte die Mädchen wahnsinnig, so dass sie sich von der Höhe der Arcropolis zu Athen, wo ihr Vater König war, herabstürzten, und zerschmettert auf den Felsen ihren Tod fanden; indessen erzog Minerva den Knaben, der unter der Schlange (nur zu seinem Schutz vorhanden) verborgen gelegen, in ihrem Tempel; dankbar errichtete er seiner Pflegerin einen Tempel auf der Acropolis, und führte ihr zu Ehren die Panathenäen ein. Er ward dann Beherrscher von Athen, indem er den Amphictyon vertrieb, und vermählte sich mit der Najade Pasithea, welche ihm den Pandion gebar. Dieser zeugte nun mit Zeuxippe den zweiten Erechtheus, den Butes, die Procne und die Philomele. Erechtheus II. wurde nach seines Vaters Tode gleichfalls König von Athen, und zeugte mit Praxithea Cecrops II., Pandorus, Metion, Orneus, Procris, Creusa, Chthonia, Orithyia. Seine Töchter hatten sich das Wort gegeben, alle zusammen zu sterben, wenn eine von ihnen sterben müsse. Als nun Erechtheus auf Befehl eines Orakels, um im Kriege gegen die Eleusinier siegen zu können, eine seiner Töchter als Opfer schlachtete, entleibten sich die andern Schwestern. Erechtheus aber wurde auf Bitten Neptuns von Jupiter mit dem Blitze erschlagen. — 2) E., ein Stammheld der Trojaner, Sohn des Dardanus und der Batea (Tochter Teucers), durch welche Dardanus das Reich erhielt; als sein Bruder Ilus kinderlos starb, erbte er das Reich, vermählte sich mit Astyoche

Tochter des Simoïs, welche ihm den Tros (oder Assaracus) gebar, und ward berühmt durch seinen Reichthum.

Eridanatas (Gr. M.), Beiname des Hercules bei den Tarentinern.

Eridanus (Gr. M.), einer der Flüsse der Unterwelt; in ihm steht, bis an das Kinn hinein gesenkt, Tantalus (s. d.), über sich einen Baum mit reifen Aepfeln, von denen er nie einen erreichen kann. E., der Flusgott, hatte eine Tochter, Zeuxippe, von einer attischen Nymphe; sie ward von Teleon, einem jungen Athener, geliebt, dem sie den Butes gebar, welcher den Argonautenzug mitmachte, sich aber von dem Gesange der Sirenen so bethören liess, dass er in's Meer sprang. Venus rettete ihn, führte ihn nach Sicilien, schenkte ihm ihre Liebe und gebar ihm den Eryx. — 2) E., soll der eigentliche Name des Phaëthon gewesen und letzterer Name nur von dem Glanze hergekommen sein, mit dem sein Untergang bezeichnet war; er stürzte in den Fluss Oberitaliens, welcher jetzt Po heisst, und der damals den Namen des Unglücklichen erhielt. Der Fluss E. ist unter die Sterne versetzt, gehört zu den südlichen Sternbildern, und enthält einen Stern erster Grösse, acht Sterne dritter, und in dem uns sichtbaren Theile desselben 69 Sterne verschiedener Grösse, mit denen er mehrere Krümmungen macht, welche einen grossen Raum zwischen dem Orion, dem Hasen und dem Walfisch einnehmen.

Eridemius (Gr. M.), Beiname des Jupiter auf Rhodus.

Erigone (Gr. M.), 1) Tochter des Icarius, eines Atheners, von Bacchus durch eine trügerische Traube verführt, worauf sie einen Sohn gebar, den sie Staphylus nannte. (σταφύλη heisst Traube.) E. bekam auch den Beinamen Aletis, von ihrem langen Umherirren, um ihren Vater zu suchen. (S. Aletis). Aus Gram über ihres Vaters frühen Tod erhängte sie sich. Bacchus rächte ihr Unglück an den Athenern, indem er einen Wahnsinn über die jungen Mädchen schickte, welcher sie nöthigte, sich gleiches Leid anzuthun. — E. ward nun von dem Gotte unter die Sterne versetzt, wo sie in dem Thierkreis als Jungfrau glänzt und das sechste Zeichen einnimmt. — 2) E., Tochter der Clytämnestra von ihrem Mitschuldigen, dem Aegisth. Es sind die Nachrichten über sie sehr verschieden: nach Einigen soll sie von Orest mit ihrer Mutter ermordet worden sein, nach Andern sich erhängt haben, als sie vernahm, dass Orest von dem Areopagus frei gesprochen worden, endlich aber eine Sklavin des Orest und von ihm Mutter des Penthilus geworden sein.

Erike Bariksan (Lamaismus), ein Geschlecht mächtiger Geister, die Freien, wie ihr Name sagt; sie wohnen auf dem Sümmer-Ola und den sieben goldenen Bergen, welche ihn in zwei Reihen umgeben.

Erikiti Racha (Lamaismus), einer der vier Fürsten der bösen Geister (Assurs), welche in den Spalten und Höhlungen des Gebirges Sümmer-Ola hausen, und die guten Genien, die über ihnen wohnen, zu beunruhigen und aus ihrem Size zu vertreiben suchen; in einer ungeheuren Felsspalte dieses Gebirges steht seine Burg.

Erinnyen, der griechische Name für Furien (s. d.).

Erinnys (Gr. M.), »die Zürnende«, Beiname der Ceres; sie bekam ihn, weil sie in Raserei verfiel, da Neptun sie zu Erfüllung seiner Wünsche zwang, obwohl sie, um diesem zu entgehen, sich in ein Ross verwandelt hatte; das unsterbliche Ross Arion war die Frucht dieser Verbindung.

Eriopis (Gr. M.), 1) eines der beiden Kinder der Medea von Jason, welche sie in der Raserei ob seiner Untreue umbrachte. — 2) und 3) E., Gattinnen zweier berühmter Heroën, des Anchises und des Oileus; die Kinder der Erstern sind nicht bekannt; die Letztere gebar den mächtigen Ajax, den Kleinern, Oïleus von seinem Vater zubenannt, zum Unterschied von Ajax Telamonius.

Eripha (Gr. M.), eines der beiden Rosse, mit denen Marmar, der erste Freier um die schöne Hippodamia, den Wettlauf mit Oenomaus hielt; er ward überwunden, und E., so wie das zweite Ross Parthenia, auf dem Grabe des Ermordeten geschlachtet und mit ihm begraben.

Eriphos (Gr. M.), Beibenennung des Bacchus, »das Böcklein«. Jupiter hatte seinen Sohn der Ino, Gattin des Athamas, zur Erziehung gegeben, Juno diese dafür rasend gemacht; um Bacchus nun dem wüthenden Könige Athamas, seiner Gattin, der wahnsinnigen Ino, und der noch grimmigern Juno zu entrücken, verwandelte Jupiter den Knaben in ein Böcklein, welches Mercur den Hyaden zu Nysa überbrachte, worauf er dann in seine vorige Gestalt zurück versetzt und von den Nymphen genährt und erzogen ward.

Eriphyle (Gr. M.), Schwester des Adrastus und Gemahlin des Amphiaraus, bekannt durch ihre Treulosigkeit gegen Gatten und Kinder. Adrast, von Polynices und Tydeus aufgefordert, unternahm den Krieg gegen Theben, und wollte den Gatten seiner Schwester E. dabei haben, weil er ein Wahrsager und zugleich ein mächtiger Krieger war; die erste Ursache aber hielt Amphiaraus gerade zurück, er wusste nämlich, dass er, wenn er den Krieg mitmachte, bleiben würde; so verbarg er sich; E. ward durch das Halsband der Harmonia bestochen, ihren Gatten zu verrathen. Dafür befahl er seinem Sohne Alcmäon, Rache an der Mutter zu nehmen. Amphiaraus ward von der Erde verschlungen. Die herangewachsenen Söhne der gebliebenen Helden, die Epigonen, wurden zu einem zweiten Kriege berufen, und zum zweiten Male verrieth, bestochen durch den Mantel der Harmonia, E. die Ihrigen; ihre Söhne mussten den Krieg mitmachen. Alcmäon, der älteste derselben, wollte dennoch seines Vaters Befehl nicht erfüllen, weil es seine Mutter war, gegen die er gerichtet, und fragte das Orakel darum, dieses aber hiess ihn dem Willen des Erzeugers nachkommen, und so starb E. von des Sohnes Hand.

Eris (Gr. M.), die personificirte Zwietracht, Tochter der Nacht. Als alle Götter bei der Hochzeit des Peleus und der Thetis fröhlich versammelt sassen, warf sie einen goldenen Apfel unter die Gäste, welcher die Aufschrift: »der Schönsten«, trug. Juno, Venus und Minerva machten Ansprüche darauf; Jupiter hätte sich, wenn er denselben Einer von ihnen zugesprochen, die Anderen zu erbitterten Feindinnen gemacht, darum wies er die Entscheidung von sich; Paris ward damit beauftragt. Macht und Grösse, Weisheit und Ruhm, welche die ernsten Göttinnen boten, wenn er Einer von ihnen den Apfel gäbe, hatten keinen Einfluss auf ihn, da ihm Venus das schönste Weib Griechenlands zum dauernden Besitz versprach; Venus erhielt daher den Preis der Schönheit, Paris entführte die Helena, der trojanische Krieg entspann sich und alle Götter nahmen Theil daran: Juno und Minerva natürlich als Feindinnen der Trojaner, Venus, Apollo, Mars auf Seiten der Bekriegten.

Erithaseus (Gr. M.), Beiname des Apollo in Attica.

Erithius (Gr. M.), Beiname des Apollo zu Argos auf der Insel Cyprus.

Eriunius (Gr. M.), »der Glückbringer«, Beiname des Mercur.

Erkiglit (Grönl. M.), die Kriegsgeister, auf der Ostseite des Landes wohnend, grausame Menschenfeinde; sie werden als grosse Menschen mit Thierköpfen vorgestellt. Wahrscheinlich schreibt sich der Glaube an diese Geister von einer alten Tradition her, welche der Nordküste von Grönland sehr kriegerische Bewohner gibt, die manchmal nach allen Theilen der Insel in verheerenden Kriegs- und Raub-Zügen gedrungen sind, und Alles, was sie lebend fanden, vernichtet haben.

Erlkönig (Nord. M.), wahrscheinlich eins mit Elfkönig: der Beherrscher der zarten, luftigen Wesen, welche man Elfen (s. d.) nennt; er ist erwachsenen Menschen nicht leicht gefährlich, doch Christenkinder, bevor sie getauft sind, raubt er häufig, nicht in böser Absicht, sondern weil er Freude an ihnen hat, und weil die Elfen sich überhaupt gerne mit Menschen verbinden. Er wird abgebildet als ungewöhnlich grosser, bärtiger Mann, mit glänzender Krone und langem, schleppendem Gewand.

Erloersortok (Grönl. M.), der Beherrscher der Luft, das böse Princip; er ist grausam und tückisch, passt den Seelen auf, wann sie hinaufwärts (in den Himmel) fahren, und reisst ihnen die Eingeweide aus dem Leibe, von welchen er lebt.

Eros (Gr. M.), Griechischer Name des Amor (s. d.).

Erpr oder **Erpur** (Nord. M.), der dritte und geliebteste Sohn der Königin Gudrun und des Königs Jönakur. Als Swanhildur ermordet worden, (indem Jormunrekur, ergrimmt darüber, dass sie seinen Sohn Randver und nicht ihn geehlicht, sie unter den Hufen seines von der Jagd heimkehrenden Gefolges zermalmen liess), wollte Gudrun die Unglücklichen rächen, sie spornte ihre Söhne mit heftigen Worten dazu, und trieb sie alle, E., Hamdir und Saurli, hinaus, sagend, wenn sie zu Jormunrekur kämen, sollte Saurli ihm die Hände, Hamdir die Füsse und E. ihm den Kopf abhauen; darauf wurden ihnen so treffliche, starke Helme und Panzer gegeben, dass kein Schwert daran haftete. Die beiden älteren Söhne waren unwillig über der Mutter Zorn und darüber, dass sie mit so gar bösen Worten fortgetrieben wurden, daher beschlossen sie, zu thun, was diese am meisten kränke. Sie fragten später ihren Bruder E., was er ihnen helfen würde, wenn sie in Gefahr kämen; er sagte, ich werde euch so viel helfen, als die Hand dem Fusse. Das ist sehr wenig, meinten die Brüder. Nun beschlossen sie, da E. der Mutter Liebling sei und ihnen nichts helfen wollte, denselben zu tödten, was auch alsbald geschah. Sie kamen beide nun in der Nacht, wie ihre Mutter gerathen, zur Wohnung Jormunrekurs; da stolperte Saurli und wäre gefallen, wenn er sich nicht auf die Hand gestützt hätte. Nun bedürfen die Füsse der Hand, sprach er zu seinem Bruder: es wäre doch besser, wir hätten E. nicht gemordet. Als sie darauf in das Schlafgemach des Königs traten, hieben sie ihm Hände und Füsse ab; da schrie er, rief seine Leute herbei, und Hamdir sagte, ab müsste nun der Kopf, wenn E. lebte. Des Königs Heerschaaren überfielen sie; da nun aber kein Hieb in ihre Panzer eindrang, schrie der schwer Verwundete, man solle sie steinigen, und diess geschah. Sie wurden begraben unter einem Haufen von Felsstücken, und so endete das ganze Geschlecht der Gjurkungar oder Niflungar.

Error (Röm. M.), »der Irrthum«, eine Personification. Ovid weist ihm einen Wohnsitz im Palaste der Fama an, der nach ihm mitten im Weltall liegt.

Eryalus (Gr. M.), ein Trojaner, welchem Patroclus, als er in des Peliden Rüstung focht, das Haupt mit einem Steine zerschellte.

Erycina (Gr. u. alt-ital. M.), Beiname des Venus von einem Tempel, den ihr Sohn Eryx ihr erbaut hatte. Sein Vater Butes, als Argonaut bei den Sirenen vorbeischiffend, ward von deren Gesange so bezaubert, dass er in das Meer sprang, um zu ihnen zu gelangen; Venus rettete ihn, führte ihn nach Sicilien, dessen Beherrscher er ward, und erzeugte mit ihm den Eryx. Bei diesem Tempel der E. wurden die Anagogia und Catagogia gefeiert: unzählige Tauben wurden dort in und bei dem Tempel gehalten; sie alle pflegten zu einer gewissen Zeit fortzufliegen, nach Libyen, sagte man: diess galt für die Abreise der Venus; neun Tage darauf kehrten sie, an der Spitze eine fremde, wunderschön gezeichnete Taube, wieder: das war die Rückkunft der Göttin; beide wurden mit gleicher festlicher Freude gefeiert.

Erygdupus (Gr. M.), ein Centaur, welcher bei dem Kampfe der Lapithen und Centauren von Macareus mit einem Hebebaum ohne Spitze durch die Brust gestossen ward.

Erymanthe (Gr. M.), Gattin des Berosus und Mutter der babylonischen oder ägyptischen Sibylle Sabba.

Erymanthischer Eber. S. Hercules.

Erymanthus (Gr. M.), 1) Sohn des Arcas, des Stammhelden der Arcadier, welcher dem Berge E., auf dem später der wüthende erymanthische Eber hauste (s. Hercules), den Namen gab. Sein Sohn war Xanthus. — 2) E., Sohn des Apollo, welcher die reizende Venus im Bade belauschte; sie beraubte den Frevler der Augen, doch Apollo rächte seinen Sohn, indem er sich in einen Eber verwandelte und als solcher den Adonis tödtete.

Erymas (Gr. M.), 1) ein Trojaner, dem Idomeneus die Lanze durch den Mund und den Nacken stiess, dass »des Todes umnachtende Wolk' ihn bedeckte.« — 2) E., ward von Patroclus erlegt, als die Troer den Schiffen nahten und er in Achilles' Rüstung unter sie stürmte. — 3) E., aus der Aeneis bekannt; ihn tödtete, nebst vielen Anderen, der wilde Turnus.

Erysichthon (Gr. M.), »der Erdaufreisser«, 1) Sohn des Cecrops, Königs von Athen, und der Tochter des Königs Actäus, der ältern Agraulos, sollte seinem Vater in der Regierung folgen, doch da er von Delos zurückkehrte, wohin er die Heiligthümer des Apollo geleitet hatte, starb er im Schiffe. Man errichtete ihm an dem Orte der Landung, Prasiä, ein Heroon. — 2) E., Sohn des thessalischen Königs Triopas, hatte an einem heiligen, der Ceres gehörigen Hain gefrevelt, und während die Dryaden darum tanzten, eine der schönsten Eichen gefällt; die Nymphen baten die Göttin um Rache, und sie plagte ihn nun mit einem nicht zu stillenden Hunger: er verzehrte sein ganzes Vermögen, verkaufte seine Tochter Mestra als Sklavin, welche, eine Geliebte des Neptun, von diesem die Gabe erhielt, sich in verschiedene Gestalten verwandeln zu können, und so als Vogel, als Kuh, als Ross immer wieder zu ihm zurückkehrte, um sich von neuem verkaufen zu lassen; doch Alles dieses war dem entsetzlich Gestraften noch nicht genug, und er frass sich zuletzt Hände, Arme und Beine, so weit er dazu gelangen konnte, ab, und starb dann des elendesten Todes.

Erythraeische Sibylle (Gr. M.), eine gottbegeisterte Prophetin aus Erythrä, einer Stadt in Kleinasien; sie lebte zu den Zeiten des Hercules, und soll den Griechen die Zerstörurg von Troja vorausgesagt haben.

Erythras (Gr. M.), 1) Sohn des Hercules von der Thespiade Exole. — 2) E., ein König, der die Ufer des erythräischen Meeres bewohnt und demselben seinen Namen gegeben haben soll.

Erythrius (Gr. M.), Sohn des Königs Athamas, welchen er, nachdem Nephele und Ino verjagt worden, mit seiner dritten Gattin Themisto erzeugte.

Erythrus (Gr. M.), 1) Sohn des Rhadamanthus, welcher die Erythräer aus Creta nach dem jonischen Erythrä führte. — 2) E., Sohn des Leucon, Enkel des Athamas, nach welchem das böotische Erythrä benannt sein sollte. Auch von einem Sohne des Neptun und der Amphimedusa wird dasselbe gesagt.

Eryx (Gr. M.), 1) Sohn des Königs von Sicilien, Butes, und der Venus. Als Hercules durch Sicilien zog, forderte E., ein berühmter Faustkämpfer, ihn auf, mit ihm zu ringen; der Preis des Siegers sollte entweder die Insel, oder die Rinderheerde des Geryon sein. E. war unwillig über den geringen Gegenpreis, da doch Sicilien viel mehr werth war, als die Heerde; da Hercules ihm jedoch bedeutete, dass, wenn er die Rinder verlöre, es um seine Unsterblichkeit geschehen wäre, gab sich E. zufrieden und ging den Kampf ein; er unterlag darin, und so kam die Insel an Hercules, welcher dieselbe den Einwohnern überliess, bis einer seiner Nachkommen sie zurückfordern würde, was vier Menschenalter später durch Dorieus, der Heraclea auf Sicilien gründete, geschah. Des E. schöne Tochter Psophis ward des Siegers Beute und gebar ihm den Echephron und Promachus. — 2) E., ein Begleiter des Phineus, welcher durch Perseus, auf dessen Hochzeit mit Andromeda, in Stein verwandelt wurde.

Esaeen (Lamaismus), Engel, Luftgeister, welche von Dschagschiamuni, dem obersten Gott, dazu bestimmt sind, Länder, Völker, ihre Fürsten, selbst einzelne Menschen zu beschützen. Sie wohnen nur in Urwäldern, die noch nie ein Menschenfuss betrat, in unzugänglichen Klüften, sind gegen einander feindlich gesinnt, und führen unter einander Kriege, welche dann immer Veranlassung zu Kriegen unter den Menschen sind, indem diese die Gesinnungen der E. theilen müssen, da sie ihnen von denselben eingeflösst werden.

Eschetand (Pers. M.), einer der grossen Helden, welche dem Sosiosch, dem Sohne Zoroasters, bei der Auferstehung helfen werden; er ist ein Sohn des Porodakhschta.

Eskennanne nennen die Irokesen und Huronen das Land der Voraltern, d. h. der Seelen ihrer Vorfahren. Es liegt sehr weit gegen Osten, an einem grossen Wasser (am stillen Meer), ist reich bewaldet, voll Wild; ein jeder Irokese und Hurone kommt dahin, wenn er tapfer war und im Kriege verwundet worden ist.

Eskimo's, Fabellehre derselben etc. (S. Grönländer, Religion der etc.

Esmun (Phön. M.), die sieben phönicischen Patäken haben einen achten zum Führer, welcher E., d. h. der Achte, heisst, und den die Griechen mit Aesculap verglichen.

Eteocles, Fig. 106 (Gr. M.), 1) Sohn des unglücklichen Oedipus (s. d.). Als derselbe aus Theben vertrieben ward, und seine Söhne E. und Polynices ihm nicht beistanden, verfluchte er sie zu ewigem Hader. Dieser Fluch ging in Erfüllung; sie waren übereingekommen, abwechselnd jeder ein Jahr zu regieren; als E. aber das erste hindurch geherrscht hatte, weigerte er sich, das Reich seinem Bruder abzutreten und hieraus entstand

Fig. 106.

der Krieg der sieben Helden gegen Theben. Polynices traf in demselben mit seinem Bruder zusammen; sie tödteten sich gegenseitig (Gemälde auf einem etruskischen Aschengefäss; auf jeder Seite zeigt eine geflügelte, Fackel tragende Furie jedem der Brüder den anderen, den er tödten soll); so dauernd war ihre Feindschaft, dass selbst der Rauch des Scheiterhaufens, auf dem beide Leichen verbrannt wurden, sich theilte, selbst ihre Asche sich nicht vermischen wollte. Das erledigte Reich bekam des E. Sohn Laodamas, welcher im Kriege gegen die Epigonen (s. d.) blieb. — 2) E., ein Böotier, Sohn des Andreus und der Evippe, der zuerst den Grazien geopfert haben soll.

Eteoclus (Gr. M.), nach Einigen einer der sieben Helden, welche unter Adrast nach Theben zogen, woselbst er durch Leades, den Sohn des Astacus, einen tapfern Thebaner, getödtet wurde.

Eteoneus (Gr. M.), Sohn des Boëthus, Diener des Menelaus; er meldete dem König die Ankunft des Telemach.

Eteonus (Gr. M.), ein Nachkomme des Böotus, Vater des Eleon; nach ihm ist die Stadt E. in Böotien benannt.

Ethalides (Gr. M.), ein tyrrhenischer Schiffer, von Bacchus, den er gewaltsamer Weise entführen wollte, in einen Delphin verwandelt; derselbe mit Athalion.

Ethalion (Gr. M.), Sohn des Jupiter und der Protogenia, Tochter des Deucalion.

Ethemea (Gr. M.), eine Nymphe von der Insel Cos, mit welcher, ihrer Schönheit wegen, sich der König von Cos, Merops, vermählte; sie gebar ihm eine Tochter, nach welcher er die Insel benannte, das Volk aber erhielt seinen Namen, den der Meroper. E. war überaus stolz und setzte sich über Diana, wofür diese sich durch einen Pfeilschuss rächte, Proserpina aber nahm die Nymphe noch lebend zu sich in die Unterwelt. Merops grämte sich über den Verlust so sehr, dass er sich tödten wollte; Juno verwandelte ihn aus Mitleid in einen Adler und setzte ihn unter die Sterne.

Ethemon (Gr. M.), Freund des Phineus, welcher die Gäste auf der Hochzeit des Perseus mit Andromeda meuchelmörderisch überfiel, wofür Perseus ihn und seine Gefährten in Steine verwandelte.

Ethodaia (Gr. M.), Tochter des Amphion und der Niobe, ward von Diana erschossen, weil ihre Mutter, stolz auf ihre vielen Kinder, sich über Latona, die Mutter der Diana und des Apollo, erhoben.

Etias (Gr. M.), Tochter des Aeneas. Der Held wurde auf seiner Fahrt nach Italien in den böatischen Meerbusen in Laconia verschlagen und baute dort zwei Städte, deren eine er nach E. benannte; die andere hiess Aphrodisias.

Etzel (Deutsche M.), ein fabelhafter König eines östlich gelegenen fernen Landes, an dessen Hofe die Helden des Nibelungenliedes, des Heldenbuches u. a., durch Verrath und durch deutsche Krieger untergehen. Man glaubt, dass die Sage auf ihn die verdunkelte Erinnerung an den Hunnen-König Attila übertragen habe; wirklich heisst das Volk, das E. beherrscht, im Nibelungenlied das Volk der Heunen.

Etzolkualitztli (Mex.). Benennung des sechsten Monats im mexicanischen Jahre; es ward in demselben dem Gotte Tlalok zu Ehren ein Fest gefeiert, an welchem man einen aus Getreide gekochten Schleim, Etzali, verzehrte, daher der Monat seinen Namen hatte.

Evadne (Gr. M.), 1) Gattin des Argus, Königs von Argolis, Tochter des Strymon, eines thracischen Flussgottes, ward Mutter von fünf Söhnen: Iasus, Piranthus, Epidaurus, Tiryns und Criasus, welch' letzterer dem Könige in der Regierung des Peloponnes folgte. — 2) E., Tochter des Pelias, die mit ihren Schwestern auf Anstiften der Medea den Vater umbrachte, in der Hoffnung, die Zauberin würde ihn verjüngen. — 3) E., Geliebte des Nilus, Tochter des Flussgottes Asopus. — 4) E., Tochter des Iphis, Königs von Argos, berühmt durch ihre Liebe zu ihrem Gatten, dem Helden Capaneus, welcher mit den sieben Fürsten vor Theben rückte, und nach gewonnener Schlacht die Mauer auf Leitern übersteigen wollte, aber von Jupiter mit dem Blitze erschlagen wurde. Sie liess sich mit ihm lebend auf einem Scheiterhaufen verbrennen. — 5) E., Tochter des Neptun und der Pitane, Geliebte des Apollo, dem sie den Iamus gebar. Sie war am Hofe des Königs Aepytus zu Phäsana in Arcadien erzogen worden, woselbst Apollo sie sah und ihre Neigung gewann.

Evaechme (Gr. M.), 1) Tochter des Hyllus, welcher, um den Besitz des Peloponnes streitend, im Zweikampf mit Echemus blieb; ihr Gatte hiess Polycaon. — 2) E., Tochter des Megareus und der Iphinoë, ward dem Alcathous als Preis für die Erlegung des cithäronischen Löwen zu Theil; ihre Kinder waren: Periböa (Gemahlin des Königs Telamon) und Automedusa (Iphiclus' Gattin, Mutter des Iolaus).

Evagoras (Gr. M.), Sohn des Neleus und der Chloris, wurde nebst allen seinen Brüdern (ausser Nestor) von Hercules getödtet.

Evagrus (Gr. M.), ein Lapithe; er ward von dem Centauren Rhötus auf der Hochzeit des Pirithous getödtet, indem der Centaur ihm einen glühenden Feuerbrand in den Mund stiess.

Evamerion (Gr. M.), Beiname des Telesphorus, des Genius der Genesung.

Evaemon (Gr. M.), 1) Sohn des Lycaon, von Jupiter mit dem Blitz erschlagen. — 2) E., Vater des Eurypylus, der vierzig Schiffe gegen Troja führte.

Evan (Gr. M.), Beiname des Bacchus von dem bacchischen Ausrufe: »Evan!«

Evander (Gr. u. röm. M.), 1) Sohn des Mercur und der Nymphe Carmenta, Tochter des Flussgottes Ladon, ging mit einer Colonie von Arcadiern aus Pallantium nach Italien, und erbauete eine Stadt am Flusse Thymbris (Tiber), welche Pallantium genannt wurde, zur Erinnerung an den Ort, von welchem er ausgegangen. Später ward dort Rom erbaut, und in dem Mons Palatinus ist noch ein Anklang des alten Namens. Diesem E. schrieb man die Einführung der nützlichsten Erfindungen in Latium, der Buchstabenschrift, der Musik, der Baukunst, milderer Gesetze, Künste und Gewerbe, der Verehrung des Pan und der Ceres zu; seine Mutter sagte den Sieg des Hercules über die rohen Hirtenvölker voraus, darum schloss er sich dem Helden an, als dieser, nach Ermordung des Räubers Cacus, mit den Barbaren in Krieg gerieth; dafür liess ihm der Göttersohn mehrere seiner Begleiter zurück, welche ihn hinwiederum gegen die Wilden schützten. E. und seine Mutter wurden von den Römern als Halbgötter verehrt. — 2) E., Sohn des Sarpedon, Königs in Lycien, vermählt mit der Tochter des Bellerophon, Deïdamia, mit der er einen zweiten Sarpedon erzeugte, welcher den trojanischen Krieg als Verbündeter des Priamus mitmachte und von Patroclus' Hand blieb.

Evanemus (Gr. M.), Beiname des Jupiter in Sparta, »Spender günstigen Windes«.

Evanthes (Gr. M.), »der Süssblumige«, Sohn des Bacchus und der Ariadne.

Euboea (Gr. M.), 1) eine von den Nymphen, welche, nachdem Saturn auf das Brechmittel der Metis seine verschlungenen Kinder wieder von sich gegeben, die Juno nährte und erzog. — 2) E., Tochter des Larymus, Geliebte des Polybus, Sohnes des Mercur, und von ihm Mutter des Meergottes Glaucus. — 3) E., Tochter des achäischen Flussgottes Asopus, von welcher die Insel Euböa den Namen hat. — 4) E., eine der Töchter des Thespius, durch Hercules Mutter des Olympus.

Eubote (Gr. M.), Tochter des Thespius, durch Hercules Mutter des Eurypylus.

Eubule (Gr. M.), eine der Töchter des attischen Heros Leos, welche dieser, wie Erechtheus die seinigen, zum Wohl des Vaterlandes opferte; es ward ihnen auf dem Markte zu Athen das Leocorium, ein kleiner Tempel, gewidmet.

Eubuleus (Gr. M.), 1) angeblich einer der Tritopatoren (s. d.). — 2) E., wird für einen Bruder des Triptolemus, er und der obige aber für Söhne des Oberpriesters der Ceres, Trochilus, gehalten. — 3) E., Beiname des Bacchus und des Gemahls der Proserpina, des Hades oder Pluto.

Eubulus (Gr, M.), Sohn des Creters Carmanor, der Apollo vom Morde des Python reinigte, und Vater der Carme, welche eine Geliebte des Jupiter, die Britomartis, gebar.

Euchenor (Gr. M.), Sohn des corinthischen Wahrsagers Polyidus. Ihm war von seinem Vater der Tod prophezeit worden, wenn er vor Troja zöge, und an einer Krankheit sollte er sterben, wenn er zu Hause bliebe; er zog es vor, den Ruhm der Achäer zu theilen und blieb von Paris' Hand, welcher ihm einen Pfeil am Ohr durch den Backen schoss und ihn so tödtete.

Euclea (Gr. M.), »die Ruhmvolle«, Beiname der Diana zu Theben.

Eudorus (Gr. M.), Sohn des Mercur, der zweite unter den fünf Anführern der Heeresmacht, welche Achilles in fünfzig Schiffen, mit fünfzig Rudern besetzt, nach Troja führte.

Evenus (Gr. M.), 1) König in Aetolien, Sohn des Mars und der Demonice, hatte eine sehr schöne Tochter, Marpessa, welche von Apollo, doch auch von dem Sohne des Aphareus, Idas, geliebt ward; dieser entführte sie, und wurde von Apollo verfolgt und eingeholt; es kam zwischen ihnen zu einem Kampf, den Jupiter durch ein Machtgebot trennte, indem er der Jungfrau die Wahl zwischen ihren Liebhabern überliess. Aus Furcht, Apollo werde, wenn sie altere, sich von ihr wenden, übergab sie sich dem Idas, mit dem sie ein glückliches Leben führte. Ihre Tochter war Cleopatra, die Gemahlin des Meleager, welche diesen mit einer Tochter, Polydora, beschenkte. E. war, um die Flüchtlinge zu verfolgen, von Neptun mit einem geflügelten Zweigespann beschenkt worden, erreichte sie jedoch nicht, und stürzte sich aus Verzweiflung in den Fluss Lycormas, welcher davon den Namen E. bekam. — 2) E., Sohn des cilicischen Königs Selepius. Er hatte zwei Söhne, Mynes und Epistrophus, welche durch Achilles getödtet wurden, als er Lyrnessus und Thebe plünderte. Briseïs, klagend um den getödteten Patroclus, sagt, dass Mynes ihr Gatte gewesen.

Eventus (bonus) (Röm. M.). S. Bonus Eventus.

Everes (Gr. M.), 1) Sohn des Hercules von der Parthenope, einer Tochter des arcadischen Königs Stymphalus. — 2) E., der einzige von den Söhnen des Pterelaus, welcher bei dem Kampf um die Rinderheerden des Electryon mit dem Leben davon kam; er blieb bei den Schiffen, während die Electryoniden und die Pterelaiden sich gegenseitig ermordeten. — 3) E., der Geliebte der Nymphe Chariclo, welche durch ihn Mutter des Tiresias ward.

Eves ruthres (Pers. M.), ein weiblicher, wohlthätiger Genius, welcher der Tageszeit vorstand, die zwischen Sonnenuntergang und Mitternacht liegt. In den sieben Sommermonaten werden die Tage in fünf, während der Wintermonate in vier Theile oder Galls getheilt; jedem solchen standen freundliche Genien vor, von welchen die Tage und die Tagestheile ihre Namen haben, die während ihrer Zeit die Menschen vor Uebel behüten sollten. Man flehte in Demuth um ihre Liebe und Gunst, sie aber segneten dafür die Frommen mit Ueberfluss und Wohlsein.

Eveteria (Gr. M.), »die das Jahr fruchtbar macht«, Beiname der Ceres, unter welchem sie zu Corinth verehrt wurde; sie hatte mit ihrer Tochter Proserpina einen Tempel auf der Landenge, woselbst ihr, der E., feierliche Opfer gebracht und Spiele gehalten wurden.

Eugnotus (Gr. M.), Vater des Eumelus. Dieser Letztere erschlug seinen Sohn Botres, weil er von dem Gehirn eines den Göttern geopferten Thieres gegessen, mit einem Feuerbrande, den er vom Altar genommen.

Evippe (Gr. M.), 1) ward von Ulysses, der bei ihrem Vater eingekehrt, als er von Troja nach Epirus reiste, Mutter des Euryalus. — 2) E., s. Melanippe. — 3) E., Mutter der neun Töchter des Pierus, der Pieriden, welche wegen der Thorheit, sich den Musen gleich zu setzen, in Vögel verwandelt wurden. — 4) E., Tochter des Leucon, Enkelin des Athamas und der Themisto, gebar von Andreus den Eteocles (2).

Evippus (Gr. M.), Sohn des Thestius, Königs von Aetolien, Bruder der schönen Leda, welche an Tyndareus vermählt ward. — 2) E., einer der vielen Trojer, welche Patroclus in des Achilles Rüstung erlegte.

Evius (Gr. M.), Beiname des Bacchus, entstanden aus dem Jubelruf Evö und Evan, der bei den Bacchus-Festen gebräuchlich war.

Eumaeus (Gr. M.), der berühmte Sauhirt des Ulysses, Sohn eines Königs Ctesius auf der Insel Syria über Ortygia hin. Eine phönicische Sklavin entführte ihn seinen Eltern, indem sie sich einem Seefahrer ihrer Nation überliess. Sie starb und ward über Bord geworfen, der Knabe Eumäus aber an Laërtes, Ulysses' Vater, auf Ithaca verkauft. So kam er, zuerst mit dessen Tochter Clymene erzogen, auf des Alten Ländereien und war der oberste der Schweinehirten, als Ulysses entstellt auf der Insel ankam, den er wohl aufnahm und dem er, nachdem er sich entdeckt, auf das Thätigste gegen die übermüthigen Freier beistand.

Eumedes (Gr. M.), 1) der Herold des troischen Königs Priamus, dessen Sohn Dolon, ein berühmter

Läufer, auf Kundschaft in das Lager der Griechen ging, doch von Ulysses und Diomedes ermordet wurde. — 2) E., einer von den neun Söhnen des Melas, welche dem König Oeneus nachstellten; er wie alle Andern ward von Tydeus erschlagen.

Eumedon (Gr. M.), einer der Söhne des Bacchus, von seiner Gemahlin Ariadne; man zählt ihn zu den Argonauten.

Eumelus (Gr. M.), 1) ein Bewohner der Insel Cos, Vater dreier Kinder: des Agron, der Meropis und der Byssa, welche durch Mercur, Minerva und Diana in Vögel verwandelt wurden. — 2) E., Sohn des Admet und der Alceste, gehörte zu den griechischen Heerführern vor Troja und erregte besonderes Aufsehen durch seine herrlichen, von Apollo selbst erzogenen Rosse, welche nur denen des Achilles nachstanden. Bei den Leichenspielen, welche dieser dem Patroclus weihte, hätte er den ersten Preis gewonnen, wenn nicht sein Wagen umgeworfen worden wäre; für den verlorenen Siegesruhm entschädigte ihn der Göttersohn durch den dem Asteropäos geraubten Harnisch. — 3) E., König zu Paträ, Vater des Antheas, den Triptolemus den Gebrauch des Pfluges lehren wollte, der aber dabei von dem Drachenwagen des Lehrers fiel und starb. — 4) E., s. Eugnotus.

Eumenes (Gr. M.), »der Wohlgesinnte«, Heroënname des Räubers Drimacus. (S. d.)

Eumeniden (Gr. M.), »die Wohlgesinnten«, ein Name, den man zur Vermeidung eines furchtbaren Wortes, aus Euphemismus, den Erinnyen, Furien, beilegte. Aufgekommen soll derselbe sein, als sie dem Orestes, nach seiner Lossprechung auf dem Areopag zu Athen, ihre Gnade wieder zuwandten.

Eumetes (Gr. M.), Sohn des arcadischen Königs Lycaon, von Jupiter mit dem Blitz erschlagen.

Eumides (Gr. M.), Sohn des Hercules von der Thespiade Lyse.

Eumolpus (Gr. M.), 1) »der schön Singende«, Sohn des Neptun und der Chione, mächtiger thracischer König, welcher den Eleusiniern zu Hülfe kam, als diese einen Krieg mit Erechtheus hatten. Er neigte die Schale des Sieges so sehr auf Seite seiner Bundesgenossen, dass Erechtheus seine Töchter opferte, um die Götter sich geneigt zu machen. E. blieb in diesem Kriege, Neptun aber rächte seines Sohnes Tod an Erechtheus, indem er Jupiters Blitze auf ihn herablenkte. (Vergl. Chione.) Man glaubt, dass es dieser E. gewesen, welcher mit den Töchtern des Celeus die Eleusinien eingeführt und Hercules selbst in die Mysterien eingeweihet habe. — 2) E., Sohn des Ceryx, oder des Apollo und der Astycome. — 3) Sohn des Musäus und der Deïope, einer Tochter des Triptolemus.

Eumon (Gr. M.), einer von Lycaons Söhnen, von dem beleidigten Jupiter mit dem Blitz erschlagen.

Euneus (Gr. M.), 1) Sohn des Jason und der Königin des Frauenstaates auf der Insel Lemnos, Hysipyle, woselbst die Argonauten ein Jahr lang verweilten. Er erkaufte von Achilles den gefangenen Sohn des Priamus, Lycaon; dieser entfloh und ward zwölf Tage später von Achilles nochmals gefangen, der ihn nun erbarmungslos niedermachte. — 2) E., Sohn des Clytius, begleitete den Aeneas nach Italien, und fiel dort von der Hand der Camilla, welche ihm den langen Speer durch die offene Brust stiess.

Eunice (Gr. M.), eine der Nymphen, die den Hylas raubten, als er mit Hercules auf dem Argonautenzuge an's Land stieg; nach Andern ist sie eine Nereïde.

Eunomia. S. Horen.

Eunomus (Gr. M.), 1) identisch mit Cyathus (s. d.) 2) E., berühmter Sänger und Citharöde aus Locri in Unteritalien, sang bei den grossen pythischen Spielen, wo ihm das Unglück begegnete, dass eine Saite des Instrumentes sprang; da setzte sich eine Cicade an die Stelle der Saite, und gab den Ton, so oft er sie berührte, so richtig an, dass er den Preis davon trug. Die Heuschrecken von Rhegium sollen desswegen nicht singen, weil sie sagen, die von Locri (dem Geburtsort des E.) sängen doch besser.

Eunostus (Gr. M.), Sohn des Königs Elinus zu Tanagra, ward von der Nymphe Eunoste erzogen, mit ihrem Namen beschenkt und überaus schön, doch von rauhem und rohem Wesen, wesshalb er der Liebe der Ochne, der Tochter des Colonus aus Tanagra, kein Gehör gab. Nun sagte diese ihren Brüdern, E. habe ihr Gewalt anthun wollen, worauf die Brüder ihn ermordeten. Der Vater des Getödteten liess die Frevler fesseln, und Ochne, sehend, welche Folgen ihre Lügen gehabt, gestand ihren Fehler und stürzte sich von einem Felsen herab. Die Brüder wurden verbannt, E. als Heros verehrt und ihm ein heiliger Hain gewidmet, welchen kein Weib betreten durfte.

Evonyme (Gr. M.), nach einer alten Theogonie Geliebte des Saturn, welche von ihm die Venus empfing.

Evonymus (Gr. M.), einer der ältesten Heroen von Attica, welcher sich rühmte, ein Sohn des Uranus und der Gäa zu sein; von ihm leitet eine Gemeinde der Athener, genannt E. oder Evonymia, ihre Entstehung ab.

Evopis (Gr. M.), Tochter des Trözen, Beherrschers eines kleinen Staates im Peloponnes, welcher von ihm selbst seinen Namen erhalten hatte. Trözens Bruder wünschte E. zur Gattin; da sie sich weigerte, seine Hand anzunehmen, suchte er die Ursache zu ergründen, glaubte dieselbe in der Liebe des Mädchens zu ihrem eigenen Bruder, Euphemus, zu finden, und theilte die Entdeckung dem Vater mit. E. gab sich selbst den Tod, da ihr empörtes Schamgefühl ihr das Leben unerträglich machte, dem Verräther aber wünschte sie alle Qualen hoffnungsloser Liebe, und Venus brachte diesen Wunsch auf das Schrecklichste in Erfüllung.

Eupalamus (Gr. M.), Sohn des Atheners Metion und der Alcippe; sein Grossvater war der attische König Erechtheus. Metion soll noch einen Bruder, Sicyon, gehabt haben, von welchem die Sicyonier stammen; von E. aber stammen Dädalus und dessen Schwester Metiadusa.

Eupheme (Gr. M.), Gattin des Flurengottes Pan, dem sie den Crotus gebar. Jupiter wählte sie zur Amme der Musen, und als solche hatte sie auf dem Helicon unfern der Aganippe ein Denkmal, »ein auf Stein gearbeitetes Bild«, sagt Pausanias, also wahrscheinlich ein Relief.

Euphemus (Gr. M.), 1) Sohn des Neptun und der Europa, der Tochter des Riesen Tityus, oder der Nymphe Mecionice, oder der Tochter des Königs Eurotas, der Oris, Untersteuermann der Argonauten. Als diese ihr leicht gebautes Schiff aus dem Oceanus in den See Triton trugen, kam der Meergott Triton zu ihnen in Gestalt des libyschen Königs Eurypylus; er zeigte ihnen den Weg aus den Wüsten und lud sie ein, bei ihm zu bleiben; als sie dieses abschlugen, schenkte er dem E. eine Erdscholle, wobei sich Jupiters weihender Donner hören liess. Medea, mit Jason die Heimath verlassend, befand sich auf dem Schiffe, und weissagte dem E., dass an diesem Erdenkloss ein Königreich hänge, welchen Spruch sie später (als der Klumpen zerfloss) dahin modificirte, dass derselbe erst an einem fernen Nachkommen, in siebzehn Menschenaltern, in Erfüllung gehen werde. Nun hatte E. mit Malache, einer von den Lemnierinnen, einen Sohn erzeugt, und ein Abkömmling desselben, Battus, kam nach Africa und wurde König in dem von ihm gegründeten Cyrene. — 2) E., Sohn des Trözen, führte ciconische Lanzenschwinger in den Krieg von Troja gegen die Griechen. Er ist auch bekannt durch die Liebe seiner Schwester Evopis (s. d.).

Euphorbus (Gr. M.), einer der tapfersten Trojaner, Sohn des Panthous und der Phrontis, Bruder des Hyperenor und Polydamas. Alle drei waren berühmte Krieger, doch zeichnete sich E. besonders durch Wagenrennen, Speerwerfen und gutes Laufen aus. Als Patroclus in Achilles' Waffen kämpfte, brachte E. diesem die erste Wunde bei, wollte auch, da Hector ihn getödtet hatte, ihn zu plündern suchen, und warf nach Menelaus einen Speer, der Grieche aber erlegte den Troer.

Euphorion (Gr. M.). Nach einer Dichtung späterer Zeit wohnten die berühmtesten Heroen auf den Inseln der Glückseligen. Hier ward auch dem Achill und der Helena ein Wohnsitz angewiesen, und Beider Sohn soll E. gewesen sein. Die Schönheit desselben entzündete Jupiter zu verbotener Liebe gegen ihn, und da er kein Gehör fand, erschlug er den Jüngling und verwandelte die um ihn trauernden Nymphen in Frösche.

Euphrosyne. S. Grazien.

Eupinytus (Gr. M.), Sohn des Amphion und der Niobe, durch Apollo's Pfeile erlegt.

Eupithes (Gr. M.), ein Ithaker, Vater des Antinous, griff mit taphischen Seeräubern die Thresproter, die Verbündeten von Ithaca, an, und ward desshalb verfolgt, bis der mächtigste unter den Bewohnern der felsigen Insel, Ulysses, sich seiner annahm. Doch befand sich sein Sohn Antinous unter den Freiern der Penelope; Ulysses erschoss ihn, als er zurückkehrte; E., Rache suchend, forderte ganz Ithaca auf, den Wiederhersteller seines verletzten Hausrechts zu bekriegen, versuchte, da er keinen Beistand finden konnte, selbst ihn zu bestrafen, ward aber von dem mächtigen Helden erlegt.

Euploea (Gr. M.), »die glückliche Schifffahrt gibt«, Beiname der schaumgebornen Göttin Venus.

Eupolemia (Gr. M.), Tochter des Myrmidon, Geliebte des Mercur, und von ihm Mutter des Aethalïdes, welcher Herold der Argonauten war.

Euporia. S. Horen.

Euripides (Gr. M.), Sohn des Apollo von der Nymphe Cleobule.

Europa. Fig. 107 (Gr. M.), 1) die berühmte Geliebte des Jupiter, um deren willen er sich in einen Stier verwandelte, sie auf seinem Rücken nach Creta trug, und

Fig. 107.

dort mit ihr den Minos, Rhadamanthus und Sarpedon erzeugte. Unser Bild zeigt sie, nach einem geschnittenen Stein, blumenbekränzt; mit der einen Hand hält sie den Kranz, den sie dem Stiere aufgesetzt, mit der andern ihr langes Haar. E. war nach Homer eine Tochter des Phönix und der Perimede, nach Späteren des phönicischen Königs Agenor und der Telephassa; Agenor schickte, als er den Raub erfuhr, alle seine Söhne aus, um sie zu suchen, mit dem Befehl, nicht ohne sie wiederzukehren: Keiner fand sie; so liessen sich alle in fremden Landen nieder, und der Vater hatte die sämmtlichen Kinder verloren. E. vermählte sich mit Asterion, dem Könige von Creta, welcher ihre Kinder zu weisen, gerechten Männern erzog, so dass sie die Richter der Unterwelt wurden. Sie erhielt auf Creta göttliche Verehrung. — 2) E., Geliebte des Neptun, Tochter des Tityus, des ungeheuern Riesen, welcher, in der Unterwelt liegend, neun Hufen Landes einnahm; sie gebar dem Neptun den Euphemus.

Europs (Gr. M.), Sohn des Aegialeus, war, wie seine Vorfahren, König zu Argos, und hinterliess das Reich seinem Sohne Telchin, welcher dann auch über Sicyon herrschte.

Europus (Gr. M.), Sohn des Macedo und der Orithyia, der Tochter des Cecrops, nach welchem die Stadt Europus in Macedonien benannt sein sollte.

Eurotas (Gr. M.), Sohn des Myles, Enkel des Lelex, leitete die Sümpfe der lacedämonischen Ebene durch einen Kanal in das Meer ab, und nannte den dadurch entstandenen Strom E. Ihn beerbte seine Tochter Sparta, welche Lacedämon, der Sohn des Jupiter und der Taygete, zur Gattin erhielt, der dann das Land nach sich, die Hauptstadt aber nach seiner Gemahlin benannte.

Eurus, Fig. 108 (Gr. M.), der Ost-, oder vielmehr Südostwind, der den Griechen schwüle, drückende Regenluft und schwere Gewitter bringt; daher am Thurm der Winde mit zurückfliegendem Haar, verworrenem Bart und mürrischem Aussehen dargestellt.

Fig. 108.

Euryades (Gr. M.), ein Freier der Penelope, den Telemach umbrachte, als auf des Vaters Befehl er, Eumäus und der Oberhirte der Rinder mit Ulysses selbst ihre Lanzen zugleich auf die Freier warfen.

Euryale (Gr. M.), 1) s. Gorgonen. — 2) E., Königin der Amazonen. Aeëtes, König von Colchis, liess sie, eine benachbarte Fürstin, gegen die Argonauten zu Hülfe rufen. — 3) E., soll die Mutter des Orion gewesen sein, die diesen Sohn von Neptun empfangen hätte; nach anderer Sage aber entstand Orion auf ganz eigene Weise (s. Orion).

Euryalus (Gr. M.), 1) Sohn des Mecisteus, der beim Argonautenzug genannt wird, den Zug der Epigonen gegen Theben mitmachte, und vor Troja einer der tapfersten Helden war. Er ward nur einmal, bei den Leichenspielen für Oedipus, nach der Einnahme Thebens, von Epeus im Ringen besiegt. — 2) E., begleitete den Aeneas nach Italien. Als dieser von seinem Sohne getrennt, und der Letztere im Lager von den Rutulern ganz umschlossen war, erbot sich E. mit seinem Freunde Nisus, durch der Feinde Heerschaar, welche trunken und schlafend lag, zu wandeln, um dem Helden Nachricht von der Noth des Ascanius zu bringen, und bedung sich statt alles versprochenen Lohnes nur freundliche Pflege seiner Mutter, welche ihm bis hierher gefolgt war, aus. Glücklich ward der Rutuler Lager durchschritten, in welchem die beiden Freunde ein furchtbares Blutbad anrichteten; glücklich gelangten sie in das Freie, doch Volscens kam mit dreihundert beschildeten Reitern dem Turnus zu Hülfe; unter diese geriethen die Freunde und mussten nun der Uebermacht erliegen. — 3) E., Beiname des Apollo. — 4) E., ein Freier der Hippodamia, von dem Vater der schönen Jungfrau im Wettlauf besiegt und getödtet. — 5) E., ein Sohn des Ulysses, von Evippe (s. d.) geboren, und dann zu Ulysses nach Ithaca gesandt. Dort soll der Jüngling seinem Vater nach dem Leben getrachtet haben, und dafür von Telemach erschlagen worden sein.

Euryanassa (Gr. M.), Gattin des Tantalus, des Lieblings der Götter, deren Gunst er jedoch durch seinen Uebermuth verlor. Sie war die Tochter des Pactolus; ihre Kinder hiessen: Pelops (geschlachtet und von den Göttern wieder lebendig gemacht), Broteas und Niobe.

Eurybates (Gr. M.), Herold und Diener des Agamemnon, welchen er nebst Talthybios abschickte, um aus Achilles' Gezelt die Tochter des Brises hinwegzuholen.

Eurybia (Gr. M.), 1) eine der Töchter der Erde und des Pontus, welche sich grösstentheils mit den Titanen verbanden, Gemahlin des Titanen Crius, Mutter der Titaniden Pallas, Perses und Asträus. — 2) E., eine von den fünfzig Töchtern des Thespius, welche dieser mit Hercules verband; sie wurde von ihm Mutter des Polylaus. — 3) E., eine Amazone, welche von Hercules in seinem Kampfe um den goldenen Gürtel ihrer Königin erschlagen wurde.

Eurycapys (Gr. M.), Sohn des Hercules von der Thespiade Clytippe.

Euryce (Gr. M.), eine Thespiade, von Hercules Mutter des Teleutagoras.

Eurychus (Gr. M.), einer der Pallantiden (Söhne des Pallas in Athen), deren fünfzig waren; seine Mutter hiess Diomede.

Euryclea (Gr. M.), die sorgfältige Haushälterin des Ulysses, welche den Telemach pflegte und erzog, nachdem sie gealtert, da Laërtes sie, die Tochter des Ops, in ihrer Blüthezeit für zwanzig Rinder als Sklavin gekauft, doch aus Scheu vor seiner Gattin nie ihr genahet war. Sie genoss nun im Hause des Sohnes ihres ehemaligen Herrn viele Achtung, und zeigte auch die grösste Sorglichkeit für dessen Gut. Sie war es, die den zurückgekehrten Ulysses beim Fusswaschen an einer Narbe erkannte.

Eurycyde (Gr. M.), eine von den Töchtern des Endymion und der Selene, Geliebte des Neptun und durch ihn Mutter des Eleus, des nachmaligen Beherrschers von Elis.

Eurydamas (Gr. M.), 1) einer von den Begleitern des Jason auf dem Argonautenzuge, Sohn des Irus und der Demonessa. — 2) E., ein troïscher Traumausleger, Vater des Abas und Polyidus.

Eurydice (Gr. M.), 1) eine Nymphe, deren Liebe der thracische Sänger Orpheus gewonnen hatte. Beide liebten einander über Alles, doch trennte das Geschick sie noch in der Blüthe ihrer Jahre. Die Schönheit der Nymphe erregte die Leidenschaft des Aristäus, Sohnes des Apollo und der Cyrene; er verfolgte E., welche, vor ihm fliehend, von einer Schlange gestochen wurde und starb. Verzweifelnd versuchte Orpheus Alles, um sie zu retten, und wagte sich endlich sogar in die Unterwelt hinab, wo er durch seine Klaggesänge den ernsten Pluto bewog, ihm die Gattin wieder zu schenken; diess wurde ihm jedoch nur unter der Bedingung gewährt, dass er sich nicht nach ihr umsehen dürfe, bevor das Licht der Sonne Beide bescheine. Schon am Ausgang aus dem Orcus jedoch überwog die Sehnsucht nach der Geliebten die Klugheit, und in dem Augenblicke, da er dieselbe umfassen wollte, verschwand sie auf immer. — Ebenso hiessen: eine Danaïde, Braut des Dryas; eine Tochter des Sehers Amphiaraus; eine Gattin des Aeneas; die Gemahlin des trojanischen Königs Ilus, Mutter des Laomedon; die Gattin des Lycurgus und Mutter des von seiner Amme Hypsipyle vernachlässigten Opheltes, den die sieben Helden vor Theben Archemorus nannten; die Gemahlin des Acrisius, Mutter der Danaë, und endlich die Gemahlin des Nestor.

Eurygania (Gr. M.), wird von Einigen die Gattin des unglücklichen Oedipus genannt.

Eurygyes (Gr. M.), ein zweiter Name des Androgeos (s. d.).

Euryleon (Gr. M.), ein älterer Name des Ascanius, des Sohnes von Aeneas und Crëusa.

Eurylochus (Gr. M.), ein Gefährte des Ulysses, der zum Raube der Sonnenrinder rieth, um welches Frevels willen alle Gefährten des Ulysses im Sturme umkamen.

Eurymachus (Gr. M.), 1) Freier um die schöne Hippodamia, von deren Vater im Wettfahren besiegt und ermordet. — 2) E., ein Trojaner, Sohn des Antenor und einer der Freier der Penelope; er, wie alle anderen, wurde von dem als Bettler zurückkehrenden Ulysses getödtet.

Eurymede (Gr. M.), 1) Gemahlin des Glaucus, Mutter des Bellerophon (s. d.). — 2) E., eine von den Schwestern des berühmten calydonischen Jägers Meleager, welche alle sich zu Tode weinten, als der Held durch den Zorn seiner Mutter Althäa starb.

Eurymedon (Gr. M.), »der Weitherrschende«; 1) Beiname des Neptun, des Mercur und des Perseus. — 2) E., Sohn des Vulcan und der Tochter des Proteus, Cabira. — 3) E., Sohn des Minos und der Nymphe Paria, mit seinen Brüdern, Chryses, Nephalion, Philolaus von Hercules getödtet, weil sie, da der Held auf ihrer Insel, Paros, landete, zwei seiner Begleiter erschlugen. — 4) E., Wagenlenker des Agamemnon, durch den schändlichen Aegisthus zugleich mit seinem Herrn ermordet. — 5) E., König der drachenfüssigen Giganten auf Sicilien; bekannter als er ist seine Tochter Periböa, durch Neptun Mutter des Nausithous.

Eurymedusa (Gr. M.), eine von den Sklavinnen der Nausicaa, der Tochter des Alcinous, Königs der Phäaken, mit der sie zum Meere fuhr, um die Wäsche zu besorgen.

Eurymenes (Gr. M.), Sohn des Neleus, des berühmten Königs von Messenien, und der Chloris.

Eurynome (Gr. M.), 1) Tochter des Oceanus, nach einigen Theogonien die Mutter der Grazien (von Jupiter). Zu Phigalia, in Arcadien, unweit des Tempels des Apollo, dessen Kunstschätze erst vor wenig Jahrzehnten durch deutsche Künstler aufgefunden und der Zerstörung entrissen sind, hatte E. einen Tempel, in welchem ihre Bildsäule, halb Jungfrau, halb Fisch, gestanden hat; sie muss von Holz gewesen und, wie Pausanias sagt, durch goldene Bande zusammengehalten worden sein; — sie galt im Volks-Glauben als Eins mit der arcadischen Diana. — 2) E., Mutter des Königs von Argos, Adrast, des Anführers der sieben Helden vor Theben. — 3) E., eine Geliebte des Jupiter, mit welcher er den Flussgott Asopus erzeugte. — 4) E., Gemahlin des alten arcadischen Helden Lycurgus, welche jedoch andere Schriftsteller bald Antinoë, bald Cleophile nennen.

Eurynomus (Gr. M.), ein Dämon, welcher auf einem Gemälde des Polygnotus dargestellt war; er soll sich vom Fleisch der Todten nähren, das er ihnen von den Knochen frisst, nichts als diese übrig lassend.

Euryops (Gr. M.), Sohn des Hercules von der Terpsicrate, einer der fünfzig Töchter des Thespius.

Euryphaëssa (Gr. M.), Mutter des Helios (des Sonnen-Gottes), der Selene (Mondsgöttin), und der Eos (Aurora), von ihrem Bruder, dem Titanen Hyperion.

Eurypyle (Gr. M.), 1) eine der fünfzig Töchter der Selene von Endymion, durch Neptun, dessen Geliebte sie war, Mutter des Eleus. — 2) E., Tochter des Thespius, Geliebte des Hercules, und durch ihn Mutter des Archedicus.

Eurypylus (Gr. M.), 1) s. Chalciope. — 2) E., Sohn des Hercules, von der Thespiade Eubote. — 3) E., Sohn des Euämon und der Ops (oder des Dexamenus), führte in 40 Schiffen die Streiter aus Ormenium in Thessalien gegen Troja und kämpfte tapfer, erbot sich auch zum Zweikampfe mit Hector. Bei der Vertheilung der Beute in Troja erhielt er ein Kästchen mit dem von Vulcan gearbeiteten Bilde des Bacchus und Aesymnetes; als er dieses ansah, ward er wahnsinnig, und man sagt, dass es Cassandra aus den verborgenen Schätzen des Dardanus (dem es Jupiter geschenkt) zum Vorschein gebracht, zum Verderben desjenigen Griechen, der es finden würde. E. nun frug wegen dieses Wahnsinns das Orakel um Rath, und es sagte, er würde ihn verlieren, wenn er an einen Ort käme, an welchem man ihm unbekannte Opfer verrichtete. Mit der Abstellung derselben solle er den Dienst des neuen Gottes Aesymnetes einführen. Als er nun auf der Heimkehr bei Aroë in Achaja an's Land stieg, und eine Jungfrau nebst einem Jüngling zum Opfer auf den Altar der Diana Triclaria führen sah, dachte er, hier sei das Ziel seines Elends, und da den Einwohnern von Aroë ein Orakelspruch bekannt war, nach welchem ein fremder König kommen, ihre Opfer aufheben, und einen neuen Gott ihnen bringen würde, so liessen sie sich seine Anordnungen ohne Widerspruch gefallen, und so verliess jenen auch sein Wahnsinn. — 4) E., Sohn des Telephus und der Astyoche und Bundesgenosse des trojanischen Königs Priamus, herrschte über Mysien; nachdem er mehrere der tapfersten Griechen erlegt, fiel er, nach Achilles' Tode, durch des Letztern Sohn, Pyrrhus. — 5) E., Bruder der Althäa, Oheim des Meleager, den dieser, wegen einer Beleidigung der Atalante, auf der calydonischen Jagd erschlug. — 6) E., Sohn des Königs Temenus, eines Nachkommen des Hercules, dingte mit seinem Bruder Callias die Titanen, um Lohn seinen Vater zu erschlagen.

Eurysaces (Gr. M.), »Breitschild«, Sohn des Ajax Telamonius, nach seinem Vater Beherrscher der Insel Salamis, die er mit seinem Bruder Philäus den Athenern abtrat, die ihn als Heros verehrten.

Eurysternos (Gr. M.), »Breitbrust«, Beiname der Erde in Achaja, woselbst sie einen ihrer ältesten Tempel hatte.

Eurysthenes (Gr. M.), einer der Heracliden, Sohn des Aristodemus, von Argea, einer Tochter des Autesion, eroberte mit Hülfe seines Bruders Procles Lacedämon, und ward mit diesem Stammvater der beiden königlichen Geschlechter von Sparta.

Eurystheus (Gr. M.), s. Hercules.

Euryte (Gr. M.), 1) Tochter des Hippodamas, vermählt mit dem Aetolier Porthaon, dem sie fünf Söhne und eine Tochter gebar. — 2) E., eine Nymphe, welche, geliebt von Neptun, demselben den Halirrhotius gebar, der, durch Mars erschlagen, Veranlassung zu dessen Belangung vor dem Areopag zu Athen wurde.

Eurytele (Gr. M.), Tochter des Thespius, von Hercules Mutter des Leucippus.

Eurythemis (Gr. M.), Gemahlin oder Geliebte des ätolischen Königs Thestius, und von ihm Mutter der Althäa, welche sich an Oeneus vermählte, und von Mars den berühmten Helden Meleager, den Sieger auf der calydonischen Jagd, empfing.

Eurythoë (Gr. M.), Tochter des Danaus, soll nach der schrecklichen Mordnacht, in welcher die neunundvierzig Bräute ihre Verlobten umbrachten, mit Oenomaus (einem ihrer würdigen Gemahl) verbunden, und Mutter der Hippodamia geworden sein.

Eurytion (Gr. M.), 1) Sohn des Mars von der Erythia, von Hercules bei Hinwegtreibung der Rinder des Geryon erschlagen. — 2) E., ein Centaur, welcher zweimal mit Hercules zusammentraf, einmal des Weins wegen, den Bacchus für Hercules in der Höhle des Pholus bewahrte, und dann zu seinem Unglück bei dem Centauren und König von Olenus, Dexamenus, dessen Tochter er gewaltthätig nehmen wollte, da man sie ihm nicht gutwillig gab. Hercules liebte das Mädchen und litt keinen Nebenbuhler, er schlug ihn daher todt. — 3) E., ein Trojaner, Sohn des Lycaon, der mit Aeneas flüchtete, und mit ihm nach Sicilien kam; bei den dort angestellten Spielen gewann er den Preis im Bogenschiessen, indem er eine frei fliegende Taube, durch seinen Vorgänger der Fessel, die sie am Mastbaum hielt, entledigt, aus der Luft herabschoss.

Eurytius (Gr. M.), Sohn des Sparton aus Mycene, welcher das Reich Mycene entweder gegründet, oder doch erweitert hat. Er war Vater der Galatea, welche, von Neptun geliebt, eine Tochter gebar, die durch Latona in einen Mann verwandelt wurde.

Eurytus (Gr. M.), 1) der Vater der schönen Iole (s. Hercules). — 2) E., Sohn des Mercur und der Antianira, Bruder des Echion, mit welchem er den Iason auf dem Zuge nach Colchis begleitete. — 3) E., einer der zwölf Söhne des Hippocoon, welche den Tyndareus, ihres Vaters Bruder, vom Throne vertrieben, aber dafür von Hercules zu Sklaven gemacht wurden.

Eusebia (Gr. M.), eine allegorische Gottheit, die personificirte Frömmigkeit.

Eusorus (Gr. M.), 1) Vater des Acamas, welcher mit ous die thrPiracischen Völker vom Hellespontus dem Priamus zu Hülfe führte. — 2) E., Vater der Aenete, welche, mit Aeneus verbunden, diesen zum Vater des Cyzikus, Königs der Dolionen, machte.

Euterpe, Fig. 109 (Gr. M.), eine der Musen. S. diese und unsere Abbildung, wo sie nach einem Basrelief einer antiken Marmor-Vase dargestellt ist.

Euthymia (Gr. M.), die Göttin des Frohsinnes.

Euthymus (Gr. M.), »der Wohlwollende«, ein gewaltiger Ringer und Faustkämpfer, Sohn des Astycles oder des Flussgottes Cäcinus in Italien, an der Grenze von Locri und Rhegium. Berühmt ist er besonders wegen seines Sieges über den Heros Polites. Er verschwand in hohem Alter im väterlichen Flusse, und wurde von den Locrern als Heros verehrt.

Eutresites (Gr. M.), Beiname des Apollo von seiner Verehrung im böotischen Flecken Eutresis.

Euxanthius (Gr. M.), Sohn Minos II., Königs von Creta, und der zweiten Gattin desselben, der Dexithea.

Ewiger Jude. Ein Schuhmacher in Jerusalem, vor dessen Hause Christus ausruhete, als er, unter der Last des Kreuzes fast erliegend, nach der Schädelstätte ging. Der Jude trieb Christus von dannen; dieser sagte: »ich werde ruhen, du aber sollst gehen bis ich wiederkomme.« Seit dieser Zeit wandelt Ahasverus (so hiess der harte Mann) von Ort zu Ort, ohne Ruhe zu haben; er kann nicht sterben, er hat sich in die wildesten Schlachten gestürzt, doch die Pfeile und Speere weichen ihm aus; er springt in's Meer, die Wellen tragen ihn an's Ufer; er will einen Dolch in seine Brust bohren, es ist, als ob ein eherner Panzer sie deckte; das Feuer verliert an seinem Leibe die Kraft; um zu leben braucht er nicht der Speise, kann also auch nicht verhungern, sein Körper unterliegt alle Jahrhunderte einer Krankheit, in welcher er sich völlig erneuert, und dann mit dem Ansehen eines Mannes von einigen dreissig Jahren wieder seine Wanderung antritt. So wandelt er fast 2000 Jahre, so wird er wandeln bis zum jüngsten Tage, bis der Erlöser kommt und ihn mit allen übrigen Menschen erlöst. In den Evangelien ist keine Andeutung, auch nicht die entfernteste, welche auf diese Legende hinwiese, man kennt die Entstehung derselben nicht, sondern weiss nur, dass Matthäus Parisiensis, ein Mönch des dreizehnten Jahrhunderts, zuerst dieselbe schriftlich in einer Reihe von Legenden mitgetheilt hat; sie ist vorzugsweise in Deutschland bekannt und sowohl von Betrügern, welche sich für den ewigen Juden ausgaben, für ihre niedrigen Zwecke, als auch von Dichtern zum ästhetischen Gebrauche benützt worden.

Fig. 109.

Exadius (Gr. M.), ein Lapithe, der auf der Hochzeit des Pirithous dem Gryneus die Augen ausbohrte.

Exole (Gr. M.), Tochter des Thespius, von Hercules Mutter des Erythras.

Ezagulis (Altpreuss. M.), soll ein Gott der alten Preussen geheissen haben, welchen man einlud, an dem Wurstfeste, das zum Andenken an die Verstorbenen gehalten wurde, Theil zu nehmen.

Ezapan (Mex. M.), der Blutteich im Umfang des grossen Tempels zu Mexiko; er hatte seinen Namen davon, dass er immer von dem Blute der Opfer gefärbt war. Die Priester badeten sich nach ihren schauderhaften Verrichtungen in demselben, was sie auch thaten, wenn sie sich zu Ehren ihres Gottes verwundet hatten.

Ezernin (Slav. M.), Gott der Seen und fischreichen Gewässer der Polen. Man verehrte ihn besonders am See Orth, oder vielmehr den See selbst als eine Gottheit.

F.

Fabius (Röm. M.), Sohn des Hercules und einer Nymphe, oder einer Tochter des ältesten italischen Königs Evander. Das Geschlecht der Fabier in Rom behauptete, seine Ahnentafel bis auf ihn zurückführen zu können.

Fabulinus (Röm. M.), der Redegott, dem man opferte, wenn ein Kind zu sprechen anfing.

Fadhail (Arab. M.), die Tugenden, welche man sich als Gottheiten vorstellt, die in Schiffen auf dem Meere der Leidenschaften und Drangsale umherfahren; es sind deren hauptsächlich fünf: Tauuwakkul, das Schiff des Vertrauens zur göttlichen Vorsicht; Riddha, das Schiff der Uebereinstimmung mit dem göttlichen Willen; Knaat, das Schiff der Verleugnung eigner Wünsche und der weisen Entsagung; Dhebr, das Schiff des Gebetes; Tauhid, das Schiff der eifrigen Betrachtung der Einheit und Untheilbarkeit Gottes.

Fadus (Ital. M.), ein Rutuler, welcher von dem heldenmüthigen Euryalus (s. d.) im Lager erschlagen wurde, als dieser mit seinem Freunde Nisus auf Kundschaft durch dasselbe zog, und die Italer trunken im Schlafe lagen.

Fafnir oder **Fofner** (Nord. M.), Sohn des Bauern Hreidmar, der ein gewaltiger Zauberer war. Otter, F.s Bruder, ward von Odin und Loke getödtet, während er in Gestalt einer Otter an einem Wasserfall sass, wo jene Götter vorbeikamen, und einen Lachs verzehrte. Sie kehrten darauf bei Hreidmar ein und brachten den Balg der erlegten Otter mit. Als Hreidmar erkannte, dass sie seinen Sohn Otter getödtet hatten, legte er ihnen zum Lösegeld auf, dass sie den Otterbalg mit Gold füllen, und darauf den so aufgestellten mit Gold überdecken sollten, bis nichts mehr zu sehen wäre. Da schickte Odin den Loke in's Schwarz-Elfenland, wo er den Zwerg Andvari fing, der in Hechts-Gestalt im Wasser sass, und ihn nöthigte, all sein Gold herauszugeben; ja auch den letzten Ring presste er ihm noch ab, ungeachtet ihm Andvari verkündigte, dass dieser Ring jedem Besitzer Verderben bringe. Hreidmar empfing nun all diess Gold, sammt dem Ring, als Sühne; als er aber seinen Söhnen F. und Reigen nichts von dem Schatze geben wollte, so erschlugen ihn diese. Darauf vertrieb F. seinen Bruder Reigen und legte sich in Gestalt eines Drachens auf das Gold. Reigen ging zu König Hialprek, ward dessen Waffenschmid, erzog bei ihm Sigurd, Sigmunds Sohn, schmiedete ein treffliches Schwert, gab es dem Sigurd, und sagte ihm, wo F. auf dem Golde liege; er solle ihn tödten und das Gold nehmen. Sigurd ging mit Reigen auf den Weg, den der Drache zum Wasser zu nehmen pflegte, machte dort eine Grube, setzte sich hinein, und als der Drache über ihn hinweg schlich, stach er ihm sein Schwert durch den Bauch. Reigen trank F.s Blut, und legte Sigurd auf, ihm das Herz des Drachens zu braten; dieser that es, verzehrte aber das Herz selbst, während Reigen schlief, lernte dadurch die Sprache der Vögel verstehen, die ihn vor Reigens Tücke warnten, lud das Geld auf sein Ross Grani und ritt davon.

Fagutalis (Röm. M.), »der Buchen-Gott«, Beiname des Jupiter, von einem heiligen Buchenhain auf dem esqnilinischen Hügel in Rom.

Faikawa Katschihu (M. der Südsee-Insulaner), bei den Bewohnern der Freundschaftsinseln die Göttin der Meerpflanzen und Thiere, eine freundliche Frau, die Gattin des mächtigsten unter den Meergöttern, des Futtafahi.

Fakir (Ind. Rel.), Name der Büsser, die sich aus der Welt zurückziehen und durch grausame Kasteiungen und Verzichtung auf alle Freuden des Lebens die Sinnlichkeit zu ertödten suchen; sie verursachen sich geflissentlich die grössten Schmerzen, liegen auf Brettern, welche mit Nägeln beschlagen sind, heben immerfort den einen Arm in die Höhe, bis er verdorrt, sitzen auch wohl nur unbeweglich stille, mit auf den Nabel gerichtetem Blick, und geniessen dafür eine an Anbetung gränzende Verehrung. Das Volk bringt ihnen stets so viel zu essen, als sie irgend brauchen, und auch reichliche Geschenke fehlen nicht, wiewohl sie thun, als verschmäheten sie dieselben ganz. Aureng Zeib, der berühmte Grossmogul, hatte sich als Prinz selbst eine Zeitlang unter die F.s begeben; bei seinem Regierungsantritt berief er alle früheren Kameraden aus ganz Indien zusammen, bewirthete sie gut, bat für ihn zu beten, und schenkte jedem einen neuen Anzug; — als sie diesen angelegt, bemächtigte er sich, trotz ihres Widerstandes, ihrer Lumpen, liess sie auf einem Haufen verbrennen, und erhielt eine solche Menge Gold, dass er damit sein Heer einige Jahre lang besolden konnte. Vergl. Jogi.

Falhofner (Nord. M.), eines der zwölf raschen Asenpferde.

Fallandiforrad (Nord. M.), »fallende Brücke«, auch »falsche Vorspiegelung«, Name der Thürschwelle, welche in die Wohnung der Todesgöttin Hela führt.

Falur (Nord. M.), einer der zehn kunstreichen Zwerge, welche von Swains Haugi nach Orwanga auf Jornwal kamen.

Fama (Röm. M.), »das Gerücht«, eine allegorische Gottheit; sie hat Flügel und tausend Augen, mit denen sie Alles sieht, und tausend Stimmen, mit denen sie das Gesehene verkündet. Die Künstler stellen sie als ein schönes Weib mit der geraden Tuba am Munde vor, deren Schall sich über die Erde verbreitet. Sie hatte in Italien und in Griechenland Tempel. Die Griechen nannten sie Ossa oder Pheme.

Fames (Röm. M.), »der Hunger«, ein Sohn der Eris im Gefolge des Krieges. Dieses Scheusal sandte Ceres dem Erysichthon zu, welcher ihr Heiligthum entweiht; es plagte ihn, bis er sich Hände und Füsse abgefressen hatte und dann eines elendigen Todes starb.

Fanna (Jap. M.), ein Gott oder Heiliger, aus einem der ältesten Königsstämme, daher Schutzpatron der Regenten. Er hat eigene Tempel, in welchen er mit gelbem Gesicht und gelben Händen, das Haupt von einem goldenen Heiligenschein umgeben (wie bei allen Göttern des Lamaismus) abgebildet ist; er steht in einer Tatarablume aufrecht. Seiner Abkunft zufolge trägt er ein Scepter. Ihm wird die grösste Ehrerbietung bewiesen; das Volk nahet ihm wie seinen Königen nur mit vor das Gesicht gehaltenen Händen, um ihn nicht durch den Athem zu verunreinigen.

Farangerfall (Nord. M.). Als Loke Baldurs Tod veranlasst hatte, entfloh er, und verbarg sich auf einem Berg in einem Hause mit vier Thüren, um nach allen Richtungen sehen zu können, wenn die Asen etwa ankämen. Als er sie bemerkte, ging er in den Faranger, einen Fluss, der einen starken Wasserfall hatte; hier verbarg er sich, in Gestalt eines Lachses, mitten in dem Falle selbst, hoffend, die Asen würden nicht wissen, wie sie ihn fangen sollten; allein das Netz, welches er gesponnen, verrieth ihn, obwohl er dasselbe in's Feuer geworfen, da sich die Asen seiner Wohnung naheten. Quasir, der weiseste der Götter, hiess sie ein solches Ding machen, wie das verbrannte, welches man noch an der Asche erkennen konnte; damit ging man zu dem Wasserfall, und Loke entging dieses Mal nur dadurch dem Fang, dass er sich zwischen zwei Steinen verkroch; bei einem zweiten Zuge wurde aber das Netz beschwert, es nahm die Steine mit und auch ihn; jetzt sprang er über das Netz und verbarg sich abermals mitten im Wasserfall; als zum drittenmal die Asen das Netz zogen, und er wieder durch einen Sprung sich zu retten suchte, erfasste ihn Thor am Schwanz und hielt ihn so fest, dass er nicht ausschlüpfen konnte, daher die Lachse einen nach hinten zugespitzten Körper haben. Er ward nun auf drei hervorragende Felsklippen gelegt, mit den Schultern auf die eine, mit den Hüften auf die andere, und auf die dritte mit den Kniekehlen; seinen Sohn Vali verwandelten sie in einen Wolf, dieser zerriss sogleich seinen eigenen Bruder Narfi, und dessen Eingeweide nahmen sie, um den Vater, Loke, an den Felsenspitzen fest zu binden, und über sein Gesicht hängten sie eine Schlange, deren Gift auf ihn niederträufeln sollte; nun hielt zwar seine Frau, Sigin, eine Schale unter dasselbe, doch wenn sie diese ausleert, fällt ein Tropfen auf ihn, und dieser verursacht ihm so fürchterliche Schmerzen, dass er sich windet und krümmt, von seinen Banden zwar nicht loskommen kann, doch die Erde damit so erschüttert, dass die Menschen diess Erdbeben nennen.

Farbaute (Nord. M.), ein Iote, hatte zur Gemahlin Laufeja oder Nala, von welcher er Vater des Loke wurde.

Farmagott (Nord. M.), einer der Beinamen Odins, »der Lastengott«.

Farmatyr (Nord. M.), gleich dem vorigen ein Beiname Odins, welcher »Lastenherr« bedeuten soll.

Farvardians (Pers. Rel.), die letzte Hälfte der Gatahs (d. h. der zehn letzten Tage des Jahres); in der ersten Hälfte nähern sich die Seelen der Verstorbenen der Erde bis auf drei Bogenschüsse, und schweben in der Luft umher; in den letzten fünf Tagen (F.) besuchen sie aber die Erde selbst, und zwar nicht bloss die Geister der Seligen, sondern auch die der Verdammten; sie kommen zu ihren Angehörigen, und ihnen zu Ehren werden die Gatahs, oder Todtenfeste, während aller zehn Tage gehalten.

Farwardin (Pers. M.), der Genius oder Ized, welcher jedem neunzehnten Tage eines Monats vorsteht, und den ersten Frühlingsmonat beherrscht. Es werden ihm, wie jedem Genius bestimmter Tage, eigene Gebete gehalten; die Parsen glauben, dass er es sei, welcher das Licht des Tages verleiht.

Fascelis oder **Fascelitis** (Röm. M.), Beiname der taurischen Diana, deren Bild Orestes und Iphigenia, in ein Reisbündel gehüllt, von Aulis nach Aricia gebracht haben sollen. Reisbündel heisst Fascis.

Fascinus (Röm. M.), ein Schutzgott der Kinder und der Feldherren, eine sonderbare Zusammenstellung, welche darin ihren Grund hat, dass man glaubte, diese beiden Classen seien dem Neide am meisten ausgesetzt; diesem aber schrieb man zauberische, üble Wirkung zu, und F. war es, welcher alle Hexereien zerstören, oder ihre Wirkung aufheben sollte, daher die Amulete, welche man den Kindern um den Hals hing, um sie vor Zaubereien zu schützen, auch Fascini hiessen. Auch die Vestalinnen opferten diesem Gotte als Bewahrer des römischen Staates.

Fata Morgana, Fee Morgana, nennen die Italiener die wunderbare Lufterscheinung, welche man im Deutschen Luftspiegelung nennt. Sie zeigt sich vorzugsweise in der Meerenge von Messina sehr auffallend und deutlich, und hat dort unter dem völlig kenntnisslosen Volk zu einer Menge sonderbarer Sagen Veranlassung gegeben. Es soll am Aetna ein uralter Einsiedler gewohnt haben, welcher durch lange fortgesetzte Beobachtungen auf die künftigen Erscheinungen schliessen gelernt habe, und in Folge dessen Prophezeihungen gab; ihm hatte sich die Fee Morgana anvertraut, und ihre Schlösser, Paläste, Gärten und Schiffe, ihre Feste, Zaubereien und bildlichen Verkündigungen der Zukunft waren es, welche derjenige sich über dem Meere erheben sah, der den Einsiedler um sein Orakel befragte. F. M. wohnt in crystallenem Palaste, in der Tiefe des grünen Meeres, und erhebt sich um die Zeit des Sonnenunterganges mit ihren Gespielinnen aus demselben in hundert bunten Gestalten, stets wechselnd mit den Formen, doch stets sinnig und neu, und niemals auf gleiche Weise wiederkehrend. Bezaubernde Töne, begleitet von schwellenden Klängen entfernter Hörner, hört der Beglückte, dem solch ein Anblick wird; doch wer die Fee selbst in ihrer Schönheit geschaut hat, wird von unbezwinglicher Sehnsucht nach ihr fortgezogen, und endet sein Leben im Meere. Der Name Morgana ist bretonisch und heisst Meerfrau.

Fatua oder **Fauna** (Röm. M.), Tochter des alt-italischen Gottes oder Königs Picus, Gattin des Faunus, ward als Orakelspenderin verehrt, hatte an manchen Orten geweihete Höhlen, Haine, Tempel, ward als Bona Dea verehrt und auch mit Ops und Cybele verwechselt.

Fatuellus (Röm. M.), einerlei mit Fatuus oder Faunus (s. d.).

Fatum (Röm. M.), das Schicksal, eigentlich das Gesprochene, d. h. der göttliche Ausspruch und Beschluss.

Fatuus, identisch mit Faunus (s. d.).

Faunalien (Röm. Festbrauch), ein Fest des Faunus, am 5. Dezember im Freien begangen; man opferte dem Gotte Wein, Milch, junge Böcke, betete, dass er den Aeckern und Heerden, zumal den jungen Thieren gnädig sein möchte, und überliess sich der Fröhlichkeit beim Schmause. Alles Vieh liess man frei umschweifen, und gestattete dem Gesinde Tanz und Wohlleben auf Wiesen und Kreuzwegen.

Faune, Fig. 110–114 (Röm. M.), Waldgötter, Kinder des Faunus und der Fauna. Sie wurden später, als die

Fig. 110.

griechische Mythologie in Rom eingebürgert war, mit den Panen oder Panisken völlig vermengt, und wie diese dargestellt: bocksfüssig, mit Geisschwänzen, spitzigen Ohren, gehörnt, krummnasig, musikliebend, wollüstig. Auch die Satyrn verschmolzen endlich mit ihnen. Unsere Abbildungen zeigen einige Darstellungen dieser Waldgeister, in deren Veranschaulichung die alten Künstler der muthwilligsten Phantasie den freiesten Lauf liessen.

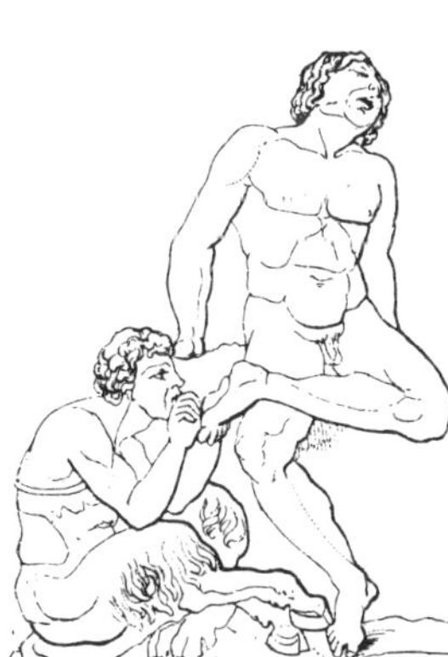

Fig. 111.

Faunus (Röm. M.), Sohn des Picus, Enkel des Saturn, uralter mythischer König von Latium, Vater des

Fig. 112.

Fig. 113.

Fig. 114.

Latinus von der Nymphe Marica. Er ward von Hercules erschlagen, weil er ihn, wie alle Fremdlinge, dem Mercur opfern wollte; im Widerspruch mit dieser späten Erdichtung lehrte er nach der ältesten Sage sein Volk Ackerbau und Gesittung, und wurde nach seinem Tode als Fatuus (d. h. Sprecher), als weissagender Wald- und Feld-Gott verehrt. Mit Fauna oder Fatua (s. d.) soll er die Faunen (s. d.) erzeugt haben. Die Römer verehrten ihn vorzugsweise als Schutzgott des Ackerbaus und der Viehzucht, und feierten ihm die Faunalien (s. d.) Nach der Einwanderung der griechischen Mythologie in Italien wurde er mit Pan vermengt, mit dem er auch dem Begriffe nach die grösste Aehnlichkeit hat. Im Haine der Albunea (s. d.) hatte F. ein Orakel.

Faustitas (Röm. M.), eine allegorische Gottheit, Viehzucht und Ackerbau befördernd.

Febris (Röm. M.), die das Fieber abwendende Gottheit; sie hatte in Rom drei Heiligthümer, worin man Amulete gegen das Fieber weihte.

Februus (Röm. M.), Etruscischer Gott der Unterwelt, mit Pluto identificirt; nach ihm ist der Monat Februar benannt, der ihm geweiht war, und in dessen zweiter Hälfte man alle freudigen Handlungen unterliess, keine Hochzeiten feierte, und nichts that, was man gern mit glücklichen Vorbedeutungen anfing, sondern durch allerlei Beschwörungsmittel die Larven austrieb, die Häuser, die Begräbnissplätze und die Stadt selbst von neuem weihete, sich mit den Göttern versöhnte, und dasselbe für den Staat vornahm. F. war es, der zu dieser Zeit die Macht hatte, die Gespenster und Plagegeister in ihre unterirdischen Höhlen einzuschliessen.

Fecunditas (Röm. M.), »die Fruchtbarkeit«, eine allegorische Gottheit; ihr wurde vom römischen Senat ein Tempel errichtet, als Nero's Gemahlin Poppäa eine Tochter geboren hatte.

Feen (M. der roman. Völker). Seit die Parcen (s. d.) aus der Einbildung des Volkes verschwunden waren, bildete die romanische Sprache aus dem sächlichen Wort Fatum, das Schicksal, ein neues persönliches, in Italien fata, spanisch hada, provençalisch fada, französisch fée (wie aus nata née, u. s. w.). Deutsche Schriftsteller des Mittel-Alters, wenn sie von diesem Glauben Gebrauch machten, sagten Fey, zuweilen auch Feim. In den ächten deutschen Volksglauben gehören somit die F. entschieden nicht; Alles, was wir von ihnen in Mährchen und Sagen besitzen, haben wir auf den Wegen einer sich verallgemeinernden Sagen-Poesie von den romanischen Völkern empfangen. Wie sehr frühe der Name der Faten, F., in Italien gangbar war, beweist der Dichter Ausonius, der drei Grazien und drei Faten neben einander aufführt, und der Geschichtschreiber Procop, der eines römischen Gehäuses am Forum gedenkt, welches die drei

Fata hiess, mit der Bemerkung: »So sind jetzt die Römer gewohnt, die Parcen zu benennen.« Die F. existirten also Anfangs bloss in der Dreizahl, bald aber dehnte man ihre Zahl auf sieben, später auf dreizehn aus. Seit sie auf sieben gestiegen waren, sind ihrer sechs gute und eine böse, ebenso nachher zwölf gute, die dreizehnte böse. Diess ist ohne Zweifel schon eine Einwirkung des Christenthums, welches die F., als heidnische Gottheiten, folglich Geister der Finsterniss, in Missachtung zu bringen bestrebt war, diess jedoch nur allmälig erreichen konnte. Um den Inhalt des in den verschiedenen Ländern vorkommenden Feenglaubens in Eines zusammenzufassen, so sind die F. übermenschliche, wenn auch nicht ewig, so doch überaus lange lebende, weibliche Wesen, bald gut bald böse, im ersten Falle ausgeschmückt mit allen Reizen des Körpers und des Geistes, über alle Begriffe schön und ewig jung, aller weiblichen Künste vollendete Meisterinnen, bereit, dem Unterdrückten zu helfen, den Irrenden auf den rechten Weg zu leiten, mittelst ihres Zauberstabes das Unmögliche möglich zu machen, und immer diese hohe Kraft so anzuwenden, wie es der geläuterte Wille eines höhern Wesens thun soll. Die bösen F. sind von allem diesem das Gegentheil, bis auf die Macht, welche sie besitzen, und welche nicht selten die der guten übertrifft, obwohl sie nicht im Stande sind, was eine von ihnen geschaffen, geradezu ungeschehen zu machen oder aufzuheben, doch stark genug, die beabsichtigte Wirkung zu hemmen. Die F. rüsten ihre Lieblinge oft mit Zauberkräften, mit glückbringenden Eigenschaften, Verstand, Schönheit, Muth, nicht selten aber auch mit sehr unangenehmen Geschenken aus, welche man nur unter gewissen Bedingungen los werden kann; sie treten einander oft auch entgegen und bekämpfen sich, und aus diesen Vorstellungen entwickelte sich die ganze Maschinerie der F.- und Zauberromane des Mittelalters, an denen Deutschland, Frankreich, England, Spanien, Italien so reich sind. Die F. Fanferlüche, Morgana, Estercelle, Melusine und andere kommen bei der Tafelrunde, dem Artushof, Amadis von Gallien, dem rasenden Roland häufig vor. — Hier noch einiges Einzelne aus dem Reiche des F.-Glaubens: In den französischen Pyrenäen glaubt man, dass, wenn man Flachs auf die Schwelle einer dortigen F--Grotte lege, die F. ihn in einem Augenblick in das feinste Gespinnst verwandeln. In der Neujahrs-Nacht besuchen die F. die Häuser, deren Bewohner an sie glauben, und bringen mit der rechten Hand Glück, mit der linken Unglück. Man rüstet in einem abgelegenen Zimmer, dessen Fenster und Thüren man öffnet, ein Mahl für sie zu, indem man den Tisch mit weissem Tuche deckt, und ein Brod und ein Messer, eine Schale voll Wasser oder Wein, und eine angezündete Kerze darauf setzt. Wer sie am Besten bewirthet, darf hoffen, dass er eine reiche Ernte haben und sein Liebchen zum Altare führen werde; wer aber diese seine Schuldigkeit nur ungern erfüllt, hat die schlimmsten Gefahren zu befürchten. Am Neujahrsmorgen versammelt sich die Familie um jenen Tisch, der Hausvater bricht und vertheilt das Brod, das man in die aufgestellte Schale taucht und dann als Frühstück zu sich nimmt; hierauf wünscht man sich Glück zum neuen Jahr. In Hochschottland glaubt man, dass es gefährlich sei, den Namen der F. auf den Bergen, die sie bewohnen, und wo sie besonders gerne die Jagd üben, auszusprechen; man kann dafür von ihnen entweder auf immer oder auf einige Zeit aus dem Lande der Lebendigen entrückt werden. Besonders sind die Kinder im freien Felde den Nachstellungen der Feen ausgesetzt. Die F. sind geschickte Geburtshelferinnen, Ammen und Kinderwärterinnen; sie erscheinen hülfreich bei den Gebärenden, legen sogar das Kind an ihre eigene Brust, kehren zu dessen Wiege zurück, und pflegen seiner während des Schlafes, oder in Abwesenheit der Mutter. Daher bittet man sie zu Pathen und bereitet ihnen einen Ehrensitz am Tische. Sie verkünden des Kindes Schicksal im Voraus, meist wohlwollend, doch eine von ihnen scheint gern Bitteres einzumischen. In der Franche-Comté kennt man eine Fee Arie, welche bei ländlichen Festen, namentlich in der Erntezeit, erscheint, und die fleissigen Schnitterinnen belohnt; guten Kindern lässt sie das Obst von den Bäumen fallen, und theilt ihnen zu Weihnachten Nüsse und Kuchen aus, wie die deutsche Frau Holda. Anderwärts erscheinen die F. als Riesen-Jungfrauen, die ungeheure Felsblöcke auf dem Kopf und in der Schürze tragen, während sie mit freier Hand ihre Spindel drehen. Als eine Fee, welche einen Bau ausführte, damit zu Ende war, rief sie ihren Schwestern zu, mit Herantragen aufzuhören; diese, obgleich zwei Meilen entfernt, hörten den Ruf und liessen die Steine fallen, die sich tief in die Erde senkten; spannen aber die F. nicht, so trugen sie vier Steine auf einmal. Täuschen lassen sie sich nicht; denn als einmal ein Mann die Kleider seiner Frau anzog und des Kindes pflegte, sagte die eintretende Fee sogleich: Nein, du bist nicht die schöne Frau von gestern Abend; du spinnst nicht, ich sehe keine Spindel bei dir. Um ihn zu strafen, verwandelte sie die auf dem Herde kochenden Aepfel in Erbsen. Am Samstag ist die Macht der F. aufgehoben, daher irren sie an diesem Tage in allerlei Gestalten umher und suchen sich Aller Augen zu entziehen; sie können in einem Pferd, einem Baum, einem Schwert, einem Mantel, verborgen stecken, und diess ist der Ursprung des Glaubens, dass dergleichen Dinge gefeyt, das heisst, von einer Fee besessen sein können.

Felicitas (Röm. M.), »die Glückseligkeit«, eine allegorische Göttin, hatte in Rom einen Tempel, den Lucullus angefangen und Lepidus vollendet hatte, und der unter Claudius niederbrannte. Sie ward dargestellt als Matrone, mit dem Füllhorn, dem Heroldstab, und einem Fruchtmass auf dem Kopfe.

Felix (Röm. M.), Sohn des Saturnus und der Entoria, Bruder des Janus.

Fenja (Nord. M.), eine von den beiden starken Mägden des Königs Frothi, welche allein im Stande waren, die ungeheure Wundermühle Grotta in Bewegung zu setzen; sie musste immerfort mahlen, und durfte nur so lange ruhen, als der Kukuk schwieg.

Fenrir oder **Fenris** (Nord. M.), ein Wolf, der schreckliche Sohn des bösen Loke und der Riesin Angerbode. Die Asen wussten, was ihnen von den Kindern dieses Paares drohe, darum zogen sie den Wolf F. bei sich auf, um wo möglich seine Wildheit zu mässigen, welche so furchtbar war, dass nur ein einziger Ase, der starke und weise Tyr, es wagte, dem Unthier Futter zu bringen. Die Götter wollten ihn zu binden versuchen, und legten ihm zwei mächtig starke Ketten, Leding und Droma, nach einander an, doch beidemale hatte er sich kaum ausgedehnt, als sie zersprangen; nun liessen die Asen durch Frei's Diener, Skirner, bei den Schwarzelfen ein Band bestellen, das aus Seide zu bestehen schien, aber aus dem Schall eines Katzentrittes, dem Bart eines Weibes, den Wurzeln eines Berges, dem Hauche eines Fisches, dem Speichel eines Vogels und den Sehnen eines Bären gemacht war: dieses hiess Gleipner. Es fühlte sich leicht an, doch wollte, als man es dem Wolf anzulegen gedachte, dieser den Versuch nicht gestatten, obwohl er wusste, dass er, seit er die beiden Bänder Leding und Droma gesprengt, viel stärker geworden. Die Asen sprachen ihm zu, und sagten, wenn er nicht einiger Gefahr sich unterziehen wolle, werde er schwerlich berühmt werden; das Band sei zwar stärker, als es scheine, doch würden sie ihn losbinden, wenn er zu schwach wäre, sich davon zu befreien. Wenn ich mich nicht selbst befreie, erwiderte F., so weiss ich wohl, was mir bevorsteht, darum komme es mir nicht an die Füsse, denn nachdem ich schon so starke Bande gesprengt, ist von diesem Bande wenig Ehre für mich zu erwarten, es muss also Zauber dabei im Spiele sein; wenn ihr es jedoch ehrlich meint, so lege mir, zum Pfande, dass ich nicht gefesselt bleiben soll, einer von euch die Hand in den Rachen. Nach langem Weigern that endlich Tyr, was F. begehrte, und nun liess dieser sich geduldig binden; sobald er sich aber zu strecken anfing, empfand er, dass das locker umgelegte Band sich fester ziehe und ihn um so mehr schnüre, je stärker er sich anstrenge; da lachten die Asen schadenfroh: nur Tyr lachte nicht, denn ihm war die Hand abgebissen. Seit dieser Zeit ist Tyr einhändig. Sie hätten nun das Unthier erlegen können, doch die Heiligkeit des Ortes hinderte sie daran, sie nahmen also das Ende des Bandes Gleipner, welches Gelgia hiess, zogen es durch einen Felsen, Gjol, hämmerten mittelst eines andern Felsens, Twite, jenen ersten noch tiefer in den Erdboden, und da F. immer nach allem sich Nahenden schnappte, steckten sie ein Schwert in seinen Rachen, so dass dessen Heft im oberen, die Klinge aber im untern Kiefer steckte, und er nun unschädlich ist, doch leider nur bis zum Ragnarokr, dann kann auch das mächtige Band Gleipner ihn nicht mehr halten; sein Körper ist so gewachsen, dass beim Aufsperren des Rachens er Himmel und Erde zugleich berührt; er macht sich los, evreinigt sich mit seiner Schwester, der Midgardsschlange, und den Söhnen Surturs zum Kriege wider die Asen, verschlingt die Sonne, verschlingt selbst den Gott Odin, aber nun reisst der Urgott Allvadur ihm den Rachen dergestalt von einander, dass er getödtet wird. Odin geht aus seinem Grabe hervor, und die Welt wird neu und anders gestaltet. F. hatte mit der Riesin Güge zwei Söhne, Skoll und Hate, erzeugt. Skoll verfolgt beim Ragnarokr die Sonne, Hate verschlingt den Mond.

Fensaler (Nord. M.), ein überaus schöner, von Gold und Edelsteinen glänzender Saal, welcher der Göttin Frigga gehört.

Feralia (Röm. Religionsbrauch), ein Familienfest, das Frieden und Liebe bezweckte. Es ward den 21. Februar den Manen zu Ehren gefeiert, welchen man Opfer brachte, um die denselben etwa zugefügten Beleidigungen zu sühnen. Ein allgemeines Liebesmahl beschloss dasselbe; bei diesem wurden alle Familienzwistigkeiten und jeder Streit geschlichtet.

Ferat (Muhamedanismus), die Absonderung von Gott, die grösste und schwerste Strafe für alle Verdammten.

Ferentina (Röm. M.), Göttin des latinischen Bundes; in ihrem am Fusse des Albanerberges gelegenen Haine mit der Quelle Ferentina hielt man die Bundesversammlungen.

Feretrius (Röm. M.), Beiname des Jupiter, dem die Feldherrn die den feindlichen Heerführern abgenommenen Rüstungen weihten. Er hatte einen von Romulus geweihten, von Augustus wieder hergestellten Tempel.

Fergus (Brit. M.), einer der ältesten mythischen Könige von Schottland, vielleicht sogar der erste. Er soll von den Albionschotten um seiner Klugheit und Tapferkeit willen zum Könige gewählt worden sein, und das Reich zum grossen Vortheile derselben über 25 Jahre regiert haben, bis er in einem heftigen Sturme, im Begriff, nach Irland überzuschiffen, auf dem Meere umkam. Ihm folgte sein Bruder

Feritharis (Brit. M.) als Vormund seiner Söhne. Fünfzehn Jahre führte er das Scepter, welches er in dieser Zeit schon widerrechtlich besass, indem sein Neffe Ferlegus unterdessen längst mündig geworden; dieser ermordete ihn, und setzte sich so in den Besitz des angestammten Reiches.

Feronia (Röm. M.), die von den Sabinern verehrte Göttin der Unterwelt, welche schon lange vor Roms Erbauung als mächtige Herrscherin verehrt wurde; sie hatte einen Sohn, Herilus, welchem sie drei Seelen mitgab, so dass Evander ihn drei Mal besiegen und tödten musste. Ihr Haupttheiligthum stand am Berge Soracte, unweit der sabinischen und latinischen Gränze, in Verbindung mit dem des Gottes Soranus. (S. d.) Bei Terracina hatte sie ein Heiligthum, in welchem Sklaven freigesprochen wurden.

Feruer (Ferver) (Pers. M.), Gedankenbilder, Idealbilder zu schaffender Wesen. Die persische Religion lehrt, Gott habe zu jedem Geschöpf ein Vorbild sich gedacht, nach welchem das dereinst auf der Erde zum Leben bestimmte geformt werden sollte. Diese Gedanken der Gottheit gingen in eine geistige Wirklichkeit über, und so entstand eine Classe von Genien, welche auf der dritten Rangstufe der guten Wesen steht, und eine geistige Welt bildet, die das Ideal der unter ihr existirenden wirklichen ist. Jeder Mensch, jedes Thier hat daher seinen F., der dessen reines Idealbild ist, welchem das irdische Geschöpf völlig gleich wäre, wenn nicht Leidenschaften, Laster, Untugenden, irdische Bedürfnisse demselben den Stempel der niedrigern Natur aufdrückten und die Aehnlichkeit zerstörten; diese letztere wird um so grösser, je edler und tugendhafter die Nachbilder sind: darum hat Zoroaster die allergrösste Aehnlichkeit mit seinem Feruer, darum sind die sieben Amschaspands mit Ormuzd an ihrer Spitze demselben völlig gleich; sie alle haben ihre F.s, nur Gott allein nicht, Zeruane Akherene hat keinen solchen, er war vom Uranfang da, und konnte also nicht nach einem Vorbild geschaffen sein. Die F.s wohnen in der reinen Lichtwelt der Seligen, im Himmel des Ormuzd; dort befinden sich die F.s des Urstiers, des Urmenschen, des Feuers, des Wassers, der Erde, der ganzen Thier- und Pflanzen-Welt, und jede neue Geburt eines Thieres, eines Menschen, ist nichts, als eine neue Offenbarung eines F.; da aber diese nicht sterben, so bevölkert sich der Himmel der Seligen immer mehr, denn alle Ideale aller seit der Schöpfung erstem Tage hervorgebrachten Wesen sind dort, und er würde bald übervölkert sein, wenn der Himmel sich nicht ausdehnte und erweiterte nach jedem Bedürfniss. Da die F.s schon vor der sichtbaren Schöpfung da waren, kämpften sie auch schon mit den Urbildern von Ahrimans grauenvollen Dews, und werden Ormuzd in allen Kriegen bis zu der letzten furchtbaren Entscheidungs-Schlacht beistehen; darum sind sie auch verehrte und angebetete Wesen, und man fleht zu ihnen um Schutz, Rath und Beistand, wie man zu Ormuzd betet. Man muss sie übrigens nicht mit der Seele verwechseln, diese ist etwas durchaus von ihnen Verschiedenes, denn die letztere wohnt im Menschen, sein F. aber schwebt nur zu seinem Schutz und seiner Hülfe herbei, wenn er seiner bedarf und zu den Gerechten gehört, kehrt aber auch alsbald nach seinem Wohnsitz zurück.

Fessonia (Röm. M.), »Göttin der Stärkung«; sie wurde von Ermatteten, Verschmachtenden, um Hülfe und Erquickung angerufen.

Fetisch, nicht, wie man fälschlich dieses, dem Portugiesischen entlehnte, Wort (Fetisso, ein Zauberblock, und Fetisseira, eine Hexe, Zauberin) zu deuten pflegt, eine angebetete Schlange, sondern überhaupt jeder, von den Heiden verehrte, als Gott betrachtete Gegenstand. Der Fetischismus ist die gröbste, roheste Art von Vielgötterei: er betet Berge, Affen, Steine, Pflanzen, Schlangen, Crocodile, Pfeile, kurz Alles, was die Natur oder der Mensch geschaffen hat, nach zufälligem Gutdünken an; dem Bewohner des Niger ist das Flusspferd ein F., wie dem Asshante sein Bogen, mit welchem er sich Beute erjagt; dem Aegypter war das furchtbare Crocodil und der wohlthätige Ichneumon, die giftige Schlange und der ihre Brut vertilgende Ibis, der Stier Apis und der Bock Mendes ein F., welcher Tempel und Altardienst hatte. Die Negerrassen von Africa und Australien pflegt man des allerrohesten Fetischismus zu zeihen, obschon er nicht eben roher ist, als der vieler amerikanischen, europäischen und asiatischen wilden Völkerschaften.

Feuer. Auf den rohen, ungebildeten Menschen machte schwerlich irgend eine Naturerscheinung grössern, gewaltsamern Eindruck, als der Blitz und der darauf folgende Donner. Was war natürlicher, als dass er den brennenden Baum, den der Blitz entzündete, als ein höheres Wesen anbetete, eine Verehrung, welche sich noch steigern musste, wenn er neben der Furchtbarkeit dieses Elements auch noch dessen Wohlthätigkeit kennen lernte. So ward es uncultivirten Völkern ein Gott, civilisirten dagegen das reinste Symbol der Gottheit. In dieser Art stellt es als F.dienst Zoroaster in der durch ihn gereinigten persischen Religion auf. Er lehrte seine Anhänger nicht nur beim Anlegen des Holzes an das Küchenfeuer ein Gebet, Atesch-Beram, sprechen, das heilige F. Atesch in dem Metallgefäss Ateschdan, innerhalb der F.capelle Ateschgah, unterhalten, und im F.tempel Ateschkaneh zu demselben beten; er lehrte sie auch den Unterschied in den Arten des F.s (vergl. A d a r), und dass sie nur einen Ausfluss der Gottheit, nicht die Gottheit selbst, darin zu suchen hätten. So auch betrachten die Indier und mehrere der asiatischen Völker das F.; so ward höchst wahrscheinlich bei dem Volke Israel Gott in Verbindung mit dem F. gedacht, wie wir in seiner Erscheinung im feurigen Busch, im Donner und Blitz auf dem Sinai, in der F.säule, welche vor dem Heere herging, bemerken können; so ward das heilige F. im Tempel der Vesta, so ward im Blitze Jupiter, in der Flammensäule, welche dem Aetna entstieg, Vulcan verehrt; so beteten die mexicanischen Völkerstämme das F. als wohlthätige Gottheit an; so sehen wir durch ganz Hochasien und Africa denselben F.dienst, wenn auch unter andern Modificationen, wandern; und der Ansicht, dass das F. alles Materielle verzehre, so wie der, dass ein mächtiger Weltenbrand einst die Welt zerstören werde, liegt wesentlich die gleiche Vorstellung zu Grunde. Die römische, griechische und ägyptische Mythologie ist untergegangen, die Religion der Parsen bis auf wenige Mitglieder, die der Mexikaner und Scandinavier ganz vertilgt; in Asien aber besteht, namentlich in Indien und am caspischen Meere, die Heiligkeit des F.s noch in ihrer ganzen frühern Höhe. Die Verbrennung der Todten, so wie die Opferung der Wittwen auf der Leiche des Verstorbenen, gehören ebenfalls hierher.

Feuermann (Slav. M.), ein Waldgeist, welcher zur Nachtzeit sich als Flamme auf den Gipfeln der Waldbäume, von einem zum andern schreitend, zeigen soll.

Fialar und **Galar** (Nord. M.), die Bereiter des köstlichen Dichtermeths, zwei Zwerge böser Art. Der weise Quaser kam einst auf seinen Reisen zu ihnen; sie schlachteten ihn und fingen sein Blut in zweien Fässern, Son und Bodn, und in einem Kessel, Odrärer, auf, thaten Honig dazu und liessen es in Gährung übergehen, woraus ein so köstlicher Meth entstand, dass, wer davon trinkt, ein Dichter und weiser Mann wird. Die Asen, welche den weisen Quaser ungern vermissten, wurden berichtet, dass derselbe an seiner eigenen Weisheit erstickt sei, weil Niemand dieselbe ihm habe abfragen können. Zwei andere Mordthaten machten, dass jene Zwerge des köstlichen Meths wieder verlustig gingen. Der Riese Gilling und dessen Frau kamen zu den Zwergen auf Besuch; sie fuhren mit Gilling in einem Nachen auf's Meer, und wo es tief genug war, kehrten sie den Nachen um, so dass der Riese, der nicht schwimmen konnte, ertrank. Da sie seiner Frau den Tod des Gatten berichteten, nahm diese es sich sehr zu Herzen und weinte immerfort; diess ärgerte F., und er beschloss auch den Tod der Frau, fragte sie, ob sie nicht auf die Stelle hinfahren wolle, wo ihr Mann umgekommen, und führte sie, da sie es bejahte, zum Hause hinaus, G. aber war bereits bestellt, um auf sie einen Mühlstein herab fallen zu lassen, wodurch sie erschlagen ward. Der Sohn dieses Riesen, Suttung, erfuhr diese abscheulichen Mordthaten, und kam, seine Eltern zu rächen; da boten die Zwerge als Lösegetd für ihr bedrohtes Leben ihm den köstlichen Dichtermeth, was auch angenommen ward, so dass derselbe in des Riesen Suttung Besitz kam, der ihn seiner Tochter, der schönen Riesin Gunlöde, zur Bewachung gab.

Fiaulswidr (Nord. M.), »der Alles Wissende«, Beiname des höchsten Gottes Odin.

Ficus Navia (Röm. M.). Unter Tarquinius Priscus lebte zu Rom ein berühmter Wahrsager, Navius, welcher einst in Gegenwart des Königs einen Stein mit einem Scheermesser zerschnitt; auf dem Comitium, wo diess geschehen, liess Tarquinius einen Feigenbaum pflanzen an dessen Dauer das Glück der Stadt gebunden sein sollte, und der, wann er abstarb, durch die Priester mit einem neuen ersetzt wurde.

Fides (Röm. M.), die personificirte Treue. Sie hatte als Göttin mehrere Tempel in Rom, und wurde dargestellt als Matrone mit einem Oliven- oder Lorbeerkranz, einem Fruchtkorb oder Aehren in den Händen; symbolisch wurde sie durch verschlungene Hände bezeichnet.

Fidius (Ital. M.), s. Dius Fidius.

Fimafengur (Nord. M.), Diener des Weltmeergottes Aeger; er ward von Loke erschlagen, nachdem er bei dem berühmten Gastmahle des Aeger sich durch seine Behendigkeit ausgezeichnet hatte.

Fimbulthul (Nord. M.), ein Fluss, dessen Urquelle in dem Geweih des Hirsches Aekthyrner zu suchen ist; von diesem fliessen so viele Tropfen in den Born Hwergelmer, dass daraus alle Flüsse (37 überhaupt), welche um das Götterland und in die Unterwelt strömen, entspringen.

Fimbulweter (Nord. M.), drei auf einander folgende, sehr strenge Winter; Vorboten des Ragnarokr oder des Weltunterganges.

Findsleif (Nord. M.), ein schön gearbeiteter, von kunstreichen Zwergen geschmiedeter Harnisch, welcher allem Eisen widerstand. Er gehörte zu den Kleinodien, welche die zwölf Berserker, die Rolf Kraki dem König Adils von Upsala zum Beistande gegen König Ali von Norwegen geschickt hatte, für ihren Herrn und König aussuchten, nachdem sie Ali besiegt hatten.

Fioelnir (Nord. M.), einer der zwölf Beinamen welche Odin in der Götterwohnung führte.

Fion (Nord. M.), einer der Flüsse, welche dem Urbrunnen Hwergelmer, oder vielmehr dem Geweih des Hirsches Aekthyrner, entspringen.

Fioergynia (Nord. M.), Beiname der Frigga, nach ihrem Vater Fiörgynur, gewissermassen ihr Familien-Name.

Fioergynur (Nord. M.), Vater der Gattin des obersten Gottes Odin, der erhabenen Frigg oder Frigga.

Flathinnis (Celt. M.), das Elysium, der Aufenthalt der Seligen, das heisst: der Tapfern, welche im Kriege an Wunden geblieben sind.

Flins (Flinz), Fig. 115 (Slav. M.), eine männliche, bärtige Gestalt, auf einem grossen Feuersteine (daher der Name Flint) stehend. Die Figur ist mager, so dass

Fig. 115.

man an manchen Orten sie für ein Todtengerippe hielt, und vielleicht ganz allein daraus, aber mit Unrecht, schloss, dass dieser F. der Todesgott der Slaven sei. Griechen und Römer kannten diess Zerrbild so wenig, als die Indier, die Asiaten und die denselben stammverwandten Slaven oder Sarmaten. Aus einigen Attributen der hier abgebildeten Figur hat man ferner schliessen wollen, dass der schwarz gebrannte Stab eine Fackel, also die Auferstehung, andeute; dasselbe gilt von dem Feuerstein, der, trotz des unscheinbaren Aeussern, doch den Funken in sich enthalte, eine an sich ganz unrichtige Vorstellungsart, da der Feuerstein wirklich keine Funken in sich enthält, sondern nur solche, durch die heftige Reibung beim Feuerschlagen glühend gemacht, von dem Stahle losreisst. Endlich musste der Hund oder Wolf, der bei dieser Figur steht, ein Löwe sein, weil derselbe durch sein Brüllen die Todten zur Auferstehung erwecken werde; allein ein Löwe hat sich wohl schwerlich jemals in die litthauischen oder polnischen Wälder verlaufen, konnte mithin von dem damit gänzlich unbekannten Volke auch nicht zum Symbol genommen werden. Der Name F. endlich selbst macht es zweifelhaft, ob dieser jemals ein slavischer Gott gewesen ist, denn Jeder, der auch nur eine slavische Sprache kennt, muss wissen, dass in derselben gar kein Anklang eines solchen Wortes vorkommt. So möchte wahrscheinlich diese ganze Fabel sich in Nichts auflösen, und unsere Figur ist irgend ein polnischer, russischer Gott oder Heros, dessen Name verloron ist.

Flora, Fig. 116 (Röm. M.), die Göttin der Blumen, deren heitere, oft ausgelassene Feste am 27. April gefeiert wurden. Das erste Heiligthum in Rom wurde ihr

Fig. 116.

schon von König Titus Tatius, dem Mitkönig des Romulus, geweiht. Ihr Fest, die Floralien, wurde im Jahr der Stadt 516 eingesetzt, da mehrmals hinter einander ungünstige Blüthezeit eingetreten war. Es wurde mit Spielen, Trinkgelagen, üppigen Tänzen, und vielfacher Ausgelassenheit begangen. Auf unserer Abbildung erscheint F. nach einer antiken Statue im K. Museum in Neapel.

Fluonia (Röm. M.), Beiname der Juno, als der Göttin, die das Blut der Wöchnerinnen einhielt.

Flussgott, Fig. 117. Flussgötter wurden von Römern und Griechen zu jeder Zeit verehrt, und jeder derselben selbst mit dem Namen des Flusses benannt, den

Fig. 117.

er beherrschte. Bemerkenswerth ist der geschnittene Stein, von welchem wir hier eine Abbildung geben: er stellt den Kopf eines Flussgottes mit Ohren und Hörnern eines Stiers dar, um anzudeuten, dass das Geräusch seiner Wellen dem Brüllen des Stiers gleichkommt.

Fo, auch **Foë** (Chin. M.), der in China gebräuchliche Name des Buddha, welchen man nicht mit Gott (Schagkiamuni) verwechseln muss, dessen Personification er zwar ist, ohne jedoch dieser Gott selbst zu sein. Confutse hatte gesagt, im Westen wohne der wahre Heilige; hundert Jahre nach Chr. erinnerte sich der Kaiser von China, Ming Ti, dieses Ausspruches, und sandte Botschafter nach Indien, welche von dorther die Lehre des Buddha brachten, sie jedoch, wie den Namen dieses göttlichen Menschen, auffallend und nach chinesischen Sitten veränderten. Auch der Dalai-, Bogdo-Lama und der Dairi sind Personificationen des Buddha. F. hatte nach dem, was man dort von ihm erzählt, die grösste Aehnlichkeit mit Christus in seinem Lebenswandel, nur ausgeschmückt nach Weise der Chinesen. Die Mutter des F. hiess Moya oder Maya; sie empfing ihren Sohn durch die Erscheinung eines Lichtes. Schon in seiner frühesten Jugend zeichnete er sich durch Weisheit vor allen andern Menschen aus; in seinem neunzehnten Jahre verschwand er; man hörte nichts weiter von ihm, er war in die Wüste zu den Weisen gegangen. In seinem dreissigsten Jahre trat er wieder auf, war begeistert, von der Gottheit erfüllt, ein Heiliger, lehrte, versammelte Schüler um sich in grosser Menge, unter denen jedoch nur wenig Auserwählte waren, denen er die geheime Lehre enthüllte, und bestätigte Alles, was er sagte, durch die auffallendsten Wunder, durch Verwandlungen, durch Todtenerweckungen, gab jedoch öffentlich immer nur in Bildern und Gleichnissen Unterricht, bis er kurz vor seinem Ende den Vertrauten den Schlüssel zu allen Räthseln gab. Die Lehren F.s trennen Gutes und Böses im Leben wie im Tode, und lassen die Seelen der Verstorbenen jenseits Lohn oder Strafe an abgesonderten Orten finden. F. selbst ist geboren, um die Menschheit zu retten, die Verirrten auf den rechten Weg zurückzuführen, um die Sünden der Menschen auf sich zu nehmen; er ist mit diesen Sünden des entsündigten Menschengeschlechts gestorben, für das Menschengeschlecht gestorben, und hat demselben somit eine Wiedergeburt für das ewige Leben errungen. Durch die übrigen Völker, zu denen die Lehre des F. gedrungen, ist diese sehr verunreinigt worden, und hat sich in viele Secten getheilt.

Fo ke kio (Chin. M.), »das Buch schöner Blumen«, dasjenige Werk, in welches die Schüler des Fo ihres Lehrers heilige Religionssätze niedergelegt haben.

Fofner, s. Fafnir.

Folkwang (Nord. M.), die Wohnung der allen Menschen hold gesinnten Göttin Freia, ein glänzend Schloss mit schönem Garten, es umschliesst den Saal Sesrumner, in welchem den Beglückten, der ihn betreten darf, alle Freuden der Welt überschütten.

Fonsafa (Jap. Rel.). Die Dschammabo's, Bergpriester, Glieder eines Ordens aus der alten einheimischen Religion von Japan, theilen sich in zwei Secten: deren eine heisst F., die andere Tosanfa. Sie beschäftigen sich, sehr in Verfall und Verachtung gerathen, mit Zauberei und Teufelsbeschwörungen. Die F. machen jährlich eine grosse Wallfahrt auf den Berg Omine, zu dem Grabe ihres Stifters Gjenno Gjossa, eine Reise, welche höchst beschwerlich und gefahrdrohend ist; wer sich nicht vor derselben von allen Sünden gereinigt hat, stürzt entweder von dem Berge hinab, oder büsst den Frevel durch eine tödtliche, schmerzhafte Krankheit.

Fontinalien (Röm. Religionsbr.). Den Quellen und Brunnen wurde zu Rom am 13. October ein Fest gefeiert, an welchem man Blumenkränze um die Brunnen wand und in die Quellen warf. Die Nymphe Juturna wurde dabei vorzugsweise verehrt.

Forculus (Röm. M.), Schutzgottheit der Thüren.

Forejotre (Nord. M.), der vorderste Jote, d. i. der älteste Riese, das Stammhaupt der alten forjontnischen Götter, welche früher, als die Asen, über Skandinavien herrschten, und von dem später ihnen nachfolgenden Odin verdrängt wurden. Ihre Bedeutung liegt so fern und tief im Schoosse der Vergangenheit begraben, dass man nichts als ihren Namen kennt, und nur aus diesem auf eine die Naturkräfte personificirende Mythologie schliesst. F. hatte drei Söhne: Aeger, das Meer, Kare, die Luft, Loge, das Feuer; und eine Tochter Ran, der Raub, ein Meerweib. (Hier ist eine Verbindung mit der spätern Asenlehre nicht zu verkennen, indem Ran dort eine Riesen- oder Joten-Tochter genannt, und mit den Asengöttern verehrt wird.) Diese Schwester ward Aegers Gattin, und erzeugte mit ihm die neun Wellenmädchen: Himingläfa, die Himmelandrohende; Dufa, die Tiefe; Blodughadda, die Blutbegierige; Heffring, die sich Erhebende; Udur, der Untergang; Raun, das Rauschen; Bylgia, der Sturm; Dröbna, die Drohende, das brausende Wasser; und Kolga, die Fluth. Kare, die Luft, erzeugte den Frosta, Frost; dieser erzeugte den Snio hingamble, den alten eisigen Schnee; den Mjoll, weichen Schnee; Faun, das Schneegestöber; Drifa, den Reif; und Thorre, das Glatteis. Loge, der dritte Sohn F.s, vermählte sich mit Glod, der Gluth, und erzeugte mit derselben Einmiria, die Kohle, und Eisa, die Asche. Durch diese Elementar- oder Urgottheiten sind die alten und die neuen Götter mit einander verbunden, oder sie gehen in einander über; die Namen aber, welche sich alle auf Naturereignisse beziehen, scheinen das oben Gesagte zu bestätigen, und so war denn, demzufolge, die ursprüngliche Götterlehre des Nordens ein reiner Naturdienst, wovon deutliche Anklänge auch in den spätern Asendienst übergegangen sind, wie die Weltgestaltung aus dem Blute und den Gebeinen des Riesen Ymer, wie sogar noch einzelne Gottheiten, Thor der Donner, und andere beweisen.

Fornax (Röm. M.), »Ofen«, soll eine Gottheit geheissen haben, die den Oefen vorstand, auf welchen das Getreide gedörrt wurde, und das Verbrennen desselben verhütete. Gewiss ist, dass im Monat Februar ein Fest, Fornacalia genannt, begangen wurde, welches aber Andere als ein Fest Vulcans, des Gottes der Oefen und Feueressen, ansehen.

Fors (Röm. M.), so viel als Fortuna.

Forsete (Nord. M.), ein Sohn Baldurs und der lieblichen Tochter des Nef, der Nanna; er ist der Gott des Friedens und der Eintracht, der Verträglichkeit und der Freundschaft; jeden Zwist vermag er zu schlichten, und wenn erzürnte Feinde ihm nahen, müssen sie versöhnten Herzens von ihm gehen. Er hat einen prächtigen, auf goldenen Säulen ruhenden Palast, der ganz mit silbernen Schindeln gedeckt ist (er heisst Glitner); darin steht sein Thron, der gerechteste Richterstuhl in der ganzen Welt.

Fortuna, Fig. 118 (Röm. u. gr. M.), »das Glück oder der Zufall«. Diese Göttin, welche bei den Griechen Tyche hiess, ward zu Aegira in Achaja in einem kleinen Tempel mit dem Horn der Amalthea, und einem geflügelten Amor neben sich vorgestellt, was andeuten soll, dass die Liebesangelegenheiten der Menschen durch Glück mehr, als durch Schönheit, gefördert werden, wesshalb sie auch Pindar zu einer der Parcen oder Schicksalsgöttinnen,

Fig. 118.

und zwar zu der mächtigsten derselben machte. Die Fortuna der Römer hatte als Fortuna equestris, plebeja, virilis etc. Tempel an verschiedenen Orten der Stadt, und in verschiedenen Städten des Reiches, von denen die zu Antium (vergl. Horaz Od. I, 35) und Präneste die berühmtesten waren.

Fosta (Nordgerm. M.), eine von den Friesen angebetete Göttin, welche in enger Beziehung zu Hertha steht; Hertha nämlich ist Göttin der Erde, F. aber Göttin des Feld- und Garten-Baues. Beide sind Friedensgöttinnen, daher auffallend, dass sie beide bewaffnet erscheinen. In ihrem Tempel auf Helgoland (zerstört durch St. Ludger, welcher auf seinem Fundament eine christliche Kirche erbaute), war sie mit Bogen und Köcher auf dem Rücken, mit einem Helm, mit fünf Pfeilen in der Linken, aber auch mit vier Kornähren in der rechten Hand abgebildet. Ihr Dienst war in Ostfriesland, Holstein und Dänemark weit verbreitet.

Fottei (Jap. M.). Die Bekenner der Sinto-Religion beten unter anderen vier Götter des Reichthums und der Glückseligkeit an, deren einer F. ist; er schenkt Gesundheit, Wohlleben, und den Frauen Fruchtbarkeit; die Japaner stellen ihn als einen dicken, freundlichen Mann, im langen Talar, auf einem Polster sitzend, vor; er hat einen so dicken Bauch (Glückseligkeit, welche sich dort und in China nur in der Beleibtheit ausspricht), dass er ihm weit über die kreuzweis untergeschlagenen Beine herabhängt.

Fo Tu Sching (Chin. M.), ein mächtiger Schaman (frommer Heiliger, von der Secte der Buddhaisten), bekam den Ruf eines Halbgottes dadurch, dass er den Sohn des chinesischen Kaisers. She La, nachdem derselbe bereits begraben war, wieder lebendig machte. Diess hatte zur Folge, dass die Religion des Fo, welche damals in China erst im Erwachen war, feste Wurzel fasste, weil der Kaiser, ein eifriger Anhänger und Verbreiter derselben, ihn sorgfältig unterstützte.

Fraus (Röm. M.), der personificirte Betrug, eine Gottheit im Dienste des Mercur, als des Gottes der Diebe.

Freda (Nordgerm. M.), ein Kriegsgott der Friesen, welcher stets mit einem ähnlichen Gebilde, Weda, zugleich verehrt wurde, und daher den Römern Veranlassung zu einem Vergleich mit Castor und Pollux gegeben hat; sie erscheinen gerüstet, mit Flügeln an den Schultern.

Freia (Nord. M.), die vorzüglichste der Asinnen nach Frigga, der Gemahlin Odins, Tochter des dunkeln Niord und der schattigen Skade, welche beide man für die zwei Tag- und Nacht-Gleichen des Jahres halten will. F. war in der alten nordischen Natur-Religion eigentlich Mondgöttin; im Fortschritt der ursprünglichen Lehre zu persönlicherer Entwicklung ihrer Gottheiten ward sie die Göttin der Liebe. Sie ist allen Liebenden günstig und findet besonderes Wohlgefallen an Liebes-Gesängen, die sie auch den Skalden eingibt. Sie liebt den Frühling und die Blumen, und ist besonders den Elfen hold. Zu grösserer Eile bedient sie sich eines Paares Falkenflügel, welches sie auch den andern Göttern willig zur Benützung überlässt. Brising heisst der blitzende Halsschmuck, den ihr einige Zwerge verehrt haben; doch sagt man ihr nach, sie habe, als sie diesen Schmuck schmieden sah, aus Begierde nach demselben den Arbeitern eine Nacht hindurch den Genuss ihrer Reize geschenkt, um ihn zu bekommen, wie auch beim Gastmahl Aegers Loke, der den ganzen Götterkreis mit Anzüglichkeiten überhäufte, ihr Schuld gab, dass sie jedem Asen oder Alfen ihre Gunst gesckenkt habe. F. war mit Odur vermählt, und hatte aus dieser Ehe zwei Töchter: Hnos (schön) und Gersemi (anmuthig, einnehmend). Nach einiger Zeit machte Odur eine Reise, und da er nicht zurückkehrte, wollte ihn F. aufsuchen, wesshalb sie durch viele Länder reiste, und überall einen andern Namen annahm: Mardöl, Horn, Gefion, Syr, Vanadys, doch überall vergebens ihn suchte, und desshalb die bittersten Thränen vergoss, welche sich aber in durchsichtiges Gold verwandelten (Bernstein). Ihre Reisen hatten zur Folge, dass man sie weit und breit als gute Göttin kennen lernte, ihr Verwechseln des Namens jedoch zugleich, dass man sie überall unter anderer Gestalt anbetete. In Norddeutschland, Dänemark, Friesland, Sachsen, behielt sie übrigens den Namen F. Man stellte sie mit Helm und Harnisch, Bogen und Schwert bewaffnet dar, oben herab in männlicher, unten in weiblicher Kleidung. — Während Odin die eine Hälfte der Menschen, die für die Geliebte oder für's Vaterland gefallenen Streiter in Walhalla aufnimmt, empfängt F. die andere Hälfte, nämlich alle edeln und schönen Frauen, in ihrer himmlischen Wohnung Folkvangur. Sie selbst weilt am liebsten in ihrem Saale Sesrumner, und gibt sich wehmüthigen Betrachtungen im Gedanken an ihren entflohenen Gatten Odur hin. — Die Schweden hatten ihr mehrere Tempel gebaut, unter denen der zu Upsala besonders berühmt war; zu Freienwalde in der Mark soll sie gleichfalls einen Tempel gehabt haben, auch die Sachsen beteten sie an, und Carl der Grosse zerstörte ihren Tempel zu Magdeburg. Ihr Name hängt zusammen mit dem deutschen Zeitwort: »freien«; auch ist der sechste Tag der Woche, der Freitag, nach ihr benannt.

Freier der Helena (Gr. M.). Leda ward von Jupiter in Gestalt eines Schwanes, und in derselben Nacht von Tyndareus besucht, und gebar vom Erstern Helena und Pollux, vom Zweiten aber Castor und Clytämnestra. Helena ward ausgezeichnet schön, und desshalb von Theseus geraubt, von ihren Brüdern aber, als Theseus im Hades war, zurückgebracht, und des Helden Mutter als Gefangene mit fortgeführt. Darauf versammelten sich zur Bewerbung um die weit gepriesene Schönheit in Sparta die meisten Fürsten Griechenlands: Ulysses von Ithaca; Diomedes, Sohn des Tydeus; Antilochus, Sohn des Nestor; Agapenor, Sohn des Ancäus; Sthenelus, Sohn des Capaneus; Amphimachus, Sohn des Cteatus; Thalpius, Sohn des Eurytus; Meges, Sohn des Phyleus; Amphilochus, Sohn des Amphiaraus; Menestheus, Sohn des Peteos; Schedius, Sohn des Epistrophus; Polyxenus, Sohn des Agasthenes; Peneleos, Sohn des Leïtus; Ajax, Sohn des Oileus; Ascalaphus und Ialmenus, Söhne des Mars; Elephenor, Sohn des Chalcodon; Eumelus, Sohn des Admetus; Polypötes, Sohn des Pirithous; Leonteus, Sohn des Coronus; Padalirius und Machaon, Söhne des Aesculap; Philoctetes, Sohn des Pöas; Eurypylus, Sohn des Evämon; Protesilaus, Sohn des Iphiclus; Menelaus, Sohn des Atreus; Ajax und Teucer, Söhne des Telamon, und endlich Patroclus, Sohn des Menötius. Tyndareus fürchtete, welchen dieser Helden er auch zum Eidam wählen möchte, die anderen sich zu erbitterten Feinden zu machen. Der listige Ulysses, um von seiner Verlegenheit Nutzen zu ziehen, sagte ihm, er wisse ein Mittel, das ihn dieser Sorgen enthöbe, und wolle es ihm mittheilen, wenn er ihm verspreche, um Penelope für ihn zu werben. Tyndareus gelobte diess; da gab Ulysses an, er solle die Freier schwören lassen, wem auch die Hand der reizenden Helena werde, denselben nicht anzufeinden, sondern den Erwählten im Besitz zu schützen. Dieses Mittel ergriff der Vater, und wählte dann den Menelaus. Als daher späterhin Helena von Paris geraubt wurde, zogen die genannten Helden alle vor Troja.

Freier der Penelope (Gr. M.). Ulysses war mit dem Heere der Griechen nach Troja gezogen, und hatte seine Gattin mit dem kaum geborenen Sohn Telemachus auf Ithaca zurückgelassen. Die lange Abwesenheit des Helden liess Viele glauben, er werde sein Ende in dem blutigen Kampfe gefunden haben, und so versammelte sich eine Schaar von jungen Leuten um die schöne vermeinte Wittwe, die sie durch manche Ungebühr nöthigen wollten, sich einem von ihnen als Gattin zu ergeben; es waren ihrer mehr als hundert, und namentlich werden in der Odysse angeführt: Antinous, Sohn des Eupithes; Eurymachus, Sohn des Polybus; Leocritus, Sohn des Evenor; Amphinomus, Sohn des Nisus; Ctesippus, Sohn des Polytherses aus Samos; Agelaus, Sohn des Damastor; Leodes, Sohn des Oenops; Amphimedon, Sohn des Melaneus; Demoptolemus; Pisander, Sohn des Polyctor; Euryades, Elatus, Eurydamas, Eurynomus, Sohn des Aegyptius. Penelope erklärte sich nämlich dahin, dass derjenige, welcher ihres Gatten Bogen spannen und, wie er, mit einem Pfeil durch zwölf hinter einander gestellte Axteisen schiessen würde, so dass der Pfeil durch alle Löcher derselben flöge, ihre Hand erhalten solle. Als diess nun die Freier vergeblich versucht, nahm auch Ulysses, der als Bettler in sein Haus zurückgekommen war, den Bogen, spannte ihn, und traf das vorgesteckte Ziel; darauf schüttete er die Pfeile aus dem Köcher und erschoss von der Höhe der Schwelle herab, mit Hülfe seines Sohnes Telemachus und einiger treuen Diener, einen der Freier nach dem andern.

Freir oder **Frey** (Nord. M.), Sohn des Niord; Niord ward unter die Asen aufgenommen, als er, von den Vanen ihnen als Geisel übergeben, seine Trefflichkeit durch Thaten bekundet hatte. F.s Mutter war Skade. Wie seine Schwester Freia der Mond, so ist F. ursprünglich die Sonne. Man nennt F. den vorzüglichsten der Asen; er herrscht über Regen und Sonnenschein und die Erdgewächse, und ihn muss man anrufen um gute Jahre und Frieden; er waltet auch über die güterreichen Menschen, gibt den verlobten Mädchen ihre Geliebten und den Frauen ihre Gatten wieder, wenn sie in der Schlacht gefangen worden sind. F. ging einst auf den Thron Hlidskialf, von welchem man die ganze Welt überschauen konnte, doch war dieser nur für Odin bestimmt, desshalb ward F. sogleich für seine Dreistigkeit dadurch bestraft, dass er in Liebessehnsucht zu einem Jotenmädchen versank. Er schauete nämlich dort die Tochter des Bergriesen Gymer und der Aurboda, die schöne Gerdur, welche so anmuthig und leuchtend war, dass, als sie die Hände erhob, um die Thüre von ihres Vaters Haus zu verschliessen, Luft und Wasser davon auf das Heiterste erglänzten. Als er nach Hause zurückkehrte, sprach, trank und speiste er nicht; ein verzehrender Unmuth ergriff ihn, und Niemand wagte mit ihm zu reden; selbst sein Vater Niord wandte sich nur an seinen Diener Skirner, welcher ihn auszuforschen versprach, doch wenig Hoffnung zeigte. F. liess sich williger finden, als Skirner gedacht, er sagte ihm, dass er das schöne Jotenmädchen liebe, und nicht ohne dasselbe leben wolle und könne. Zufrieden damit, dass nichts Aergeres ihn verstimme, unterzog sich Skirner dem Auftrage, für ihn um Gerdur zu werben, doch nur unter der Bedingung, dass F. ihm sein treffliches Schwert mitgäbe, welches von Zwergen mit tiefer Zauberkunst geschmiedet war, und die Eigenschaft hatte, dass es von selbst tödtete, wenn es einmal gezogen war. F. gab es unbesonnen hinweg, und gerieth dadurch in die Nothwendigkeit, den starken Beli, der ihn angriff, waffenlos zu bekämpfen, und ihn mit einem Hirschgeweih zu erschlagen, das er von der Wand des Saales herabnahm, worin sie sich begegneten. Noch schlimmer wird's ihm bei dem Weltuntergang Ragnarokr ergehen, denn die Söhne von Muspelheim sind nicht so leicht ohne Schwert zu bekämpfen, als der starke Beli. Skirner erhielt die günstige Antwort, dass F. die Hand der schönen Gerdur bekommen solle, und dass sie sich nach neun Nächten bei ihm einstellen werde, um die Vermählung zu feiern; da sprach Freir: »Das ertrage ich nicht, denn auch nur eine halbe Sehnsuchtsnacht ist länger, als sonst ein ganzer Monat.« — In Gerdur ist das Nordlicht personificirt. Mit ihr wohnt F. in Alfheim, das die Götter ihm geschenkt, als er den ersten Zahn bekam. Als dem Sonnengotte gehört ihm auch der goldhelle Eber Gullinbursti. Nebst diesem besitzt er das Ross Blodughofi, das er auch seinem Diener Skirner zu jener Botschaftsreise lieh. Auch hat er ein kunstvolles Wolkenschiff, Skidbladnir genannt, ein Werk von Zwergen, Söhnen Yvolds. Es ist so gross, dass die Asen in Waffenrüstung darin Raum haben, und sobald die Segel aufgezogen sind, hat es guten Wind, wohin nur immer sein Lauf gerichtet ist. Will man aber nicht damit fahren, so kann man es in die Tasche stecken, aus so vielen Stücken ist es künstlich zusammengesetzt. — Man pflegte die heiligsten Eide bei F.s Namen zu schwören, in welchem Falle ein Thier (meistens ein Eber), ihm zum Opfer gebracht, und ein Ring in das Blut des Thieres getaucht, von den Schwörenden emporgehalten, und dabei ausgerufen wurde: »So wahr als mir F., Niord, und die mächtigen Asen helfen mögen!« — Der Eber war F. besonders heilig, und noch in der christlichen Zeit pflegte an dem Juelfest ein Eberbild auf die Tafel, an der die Helden zechten, zu kommen, und ein jeder, die Hand auf das Idol legend, irgend ein Gelübde zu Ehren des Gottes zu thun.

Freki (Nord. M.), einer der beiden Wölfe, die Odin als Jagdhunde braucht; sie bekamen alles das, was ihm zu essen vorgesetzt wird, da der Götterkönig, ohne schwere Nahrung, bloss vom Trinken lebt.

Fricco (Nord. M.), mit Odin und Thor der dritte Gott, welcher in dem grossen Tempel zu Upsala (damals Hauptstadt von Schweden), verehrt wurde. Nach den neuesten Forschungen ist er völlig einerlei mit F r e i r (s. d.).

Fried-Ailek (M. der Lappländer), derjenige von den drei Hauptgöttern, welcher dem Freitag vorstand; er war ein Begleiter der Sonne, und gestattete nicht, dass man den ihm geheiligten Tag durch Arbeiten entweihe, indem er z. B. aus Bäumen, die an diessem Tage gefällt wurden, Blut fliessen liess. Opfer aber konnten ihn versöhnen.

Frigg oder **Frigga** (Nord. M.), Tochter des Joten Fiörgynur, und Odins Gattin; die meisten Asen sind ihre Kinder oder Enkel. In Asgard wohnt sie in einem prächtigen Palast, der Fensaler heisst, umgeben von vielen der vornehmsten Asinnen, deren eine jedoch ausschliesslich ihr Vertrauen hat, das ist die liebliche Fylla, welche ihr Schmuckkästchen in Verwahrung hat, ihres Anzuges wartet, und ihrem geheimen Rath vorsteht; ihre Botin ist Gna, welche sie zu Göttern und Menschen mit ihren Befehlen und Aufträgen sendet, und Hlyn wird von ihr gebraucht, um Unglückliche aus Gefahren zu erretten. F. ist die oberste der Asinnen, der alle andern Verehrung bezeigen, welche sie als Mutter des Thor, Balder, Braga, Hermode und Tyr mit doppeltem Rechte verdient, denn diese starken und mächtigen Götter allein können dereinst die Welt vor dem Untergange durch Muspelheims Bewohner eine Zeit lang wahren. — F. schaut in die fernsten Tiefen der fernen Zukunft, offenbart jedoch Niemand, was sie weiss. Als ihr Sohn Baldur einst von bösen Träumen geplagt wurde, sah sie seinen Tod voraus; deshalb nahm sie Allem, was auf der Welt ist, allen Steinen, Pflanzen, Thieren, den Krankheiten, den Giften, einen Eid ab, ihn nicht zu tödten; eine einzige Pflanze, Misteltein, schien ihr zu schwach, um zu schaden, und zu jung, um einen Eid zu leisten, und diese Pflanze war es, durch welche Hödur, mit Hülfe des bösen Loke, den Götterjüngling ermordete. Loke warf ihr bei Aegers Gastmahl verbotenen Umgang mit Wile und We, ihres Gatten Brüdern, vor, auch soll sie das Gold einer heiligen, Odin geweiheten Bildsäule genommen, und zu ihrem Schmuck verwendet haben. — F. fährt auf einem goldenen Wagen einher, der mit zwei weissen Katzen bespannt ist, worunter wahrscheinlich Luchse zu verstehen sind. Das Gestirn, das wir Orions Gürtel nennen, hiess im Norden F.s Rocken. Demnach ist F. auch Spinnerin und Weberin; der Flachs ist ein Geschenk von ihr, als der mütterlichen Erdgöttin, wozu sie natürlich wird, wenn ihr Gemahl Odin der höchste Himmelsgott ist.

Fro (Nord. M.), eine Gottheit zweiten Ranges, von den Gothen und Dänen als Beherrscher der Winde angebetet. Er erhielt blutige, sogar Menschenopfer, die er selbst angegeben und eingeführt haben soll. Die Verehrung theilte er mit Wagnof und Mithodin, welche beide man für Zauberer hielt, und dem F. zu beiden Seiten stellte, damit sie ihn bewegten, günstigen Wind und gutes Wetter für die Schiffenden zu erhalten. Nach andern Nachrichten wurden ihm durch den Dänenkönig Hadding, der von wüthenden Stürmen verfolgt wurde, weil er eine Gottheit in Gestalt eines Seeungeheuers getödtet hatte, zuerst schwarze Thiere geopfert, und diese Opferungen später in Menschenopfer verwandelt; sie werden Froablot genannt. Nach noch Anderen ist F. einerlei mit F r e i r (s. d.).

Froste (Nord. M.), Sohn des Kare (Luft), und Enkel des Forejotre, also einer der Naturgötter, welche vor den A s e n über Skandinavien herrschten; Fr. bedeutet Kälte, wie dessen Sohn Sniö Schnee.

Frosti (Nord. M.), einer der kunstreichen Zwerge, welche von Swains Haugi nach Orwanga auf Jornwall kamen.

Frothi (Nord. M.), ein mythischer König von Dänemark, der Sohn Frithleifs, des Sohnes Skjöldurs, des Sohnes Odins; er soll ungefähr um die Zeit von Christi Geburt gelebt, und der Welt einen allgemeinen Frieden geschenkt haben, doch von dem Seekönig Mysingr getödtet worden sein. F. besass die berühmte Mühle Grotta, auf welcher der Besitzer mahlen lassen konnte, was er wollte. Die beiden starken Mägde, Menja und Fenja, die einzigen, welche sie in Bewegung zu setzen vermochten, mussten sein ganzes Leben lang Frieden und Glück für ihn mahlen; damals konnte ungezähltes Gold lange auf der Haide liegen, ohne dass Jemand sich desselben bemächtigte.

Fructessa (Röm. M.), die Göttin der Reife der Feldfrüchte.

Frutis (Röm. M.), Etruskischer Name der Venus, aus dem griechischen Aphrodite verdorben.

Fulgora (Röm. M.), die dem Blitze vorstehende Göttin.

Furien, bei den Griechen E r i n n y e n, auch E u m e n i d e n (Röm. und Gr. M.), die furchtbaren, zürnenden Rachegöttinnen, die Bestraferinnen des Bösen, drei Schwestern, Alecto, Megära und Tisiphone, Kinder des Acheron und der Nacht. Das rohere Zeitalter hat sich Mühe gegeben, alles Entsetzliche auf diese schrecklichen Gestalten zu häufen: verzerrte Gesichtszüge, flammensprühende Augen, Schlangenhaare, krallige Hände mit Schlangengeisseln bewehrt, zeichnen diese Göttinnen der Unterwelt vor allen Anderen aus. Ihr Wohnsitz ist ein eiserner Palast in der Unterwelt, woselbst sie diejenigen, die, ohne mit den Göttern wegen ihrer Verbrechen versöhnt zu sein, zum Tartarus herniedersteigen, so schrecklich martern, dass ihr Klagegeschrei durch die ganze Unterwelt dringt. Mit der fortschreitenden Bildung der Hellenen erhielt auch der Mythus dieser Gottheiten vielfache Umwandlungen; die blutigen Bilder verschwanden; an ihre Stelle traten die ernsten E u m e n i d e n (s. d.).

Furina (Röm. M.), eine nicht näher bekannte Gottheit, die einen heiligen Hain hatte, und die Cicero mit den Furien in Verbindung setzt. Es wurde ihr am 25. Juli ein Fest, Furinalia, gefeiert.

Furor (Röm. M.), »die Wuth, die Raserei des Krieges«, eine allegorische Gottheit.

Fusi mi (Jap. M.), das Beschauen der Fusi-Blumen, ein Volksfest, wobei man sich unter Lauben aus der Fusi-Pflanze (Dolichos polystachios, Th. Flor.) unterhält; es fällt in den vierten Monat des japanesischen Kalenders.

Futtafahi (M. der Südsee-Insulaner), der mächtigste unter den Meergöttern, den die Bewohner der Freundschaftsinseln verehren; ihm und seiner Gattin Faikuwa Kadschiha werden häufig Opfer von Früchten und Blumen gebracht, welche man in ein Canot legt und dann auf dem Meere, wann der Wind vom Ufer bläst, den Wellen überlässt.

Fylgien (Nord. M.), Schutzgeister, die vom ersten Augenblick des Lebens an den Menschen als Geleiterinnen durch's Leben führen.

Fylla (Nord. M.), eine der Asinnen, welche mit Frigga in Wingolf, in dem Palast Fensaler, wohnen. Sie ist überaus schön, hat lange, fliegende Haare, und die zarteste Gesichtsfarbe, welche das Rosenroth der Morgenröthe beschämt. Eine goldene Stirnbinde zeichnet sie als Asengöttin aus, doch hat sie sich herbeigelassen, die Dienerin der Göttermutter, Frigga, zu sein, allein sie sorgt nur für ihren Haupt- und Fussschmuck, für die Juwelen, welche ihre Sandalen, ihre Krone und ihren Hals zieren; sonst ist sie mehr die Vertraute, als die Dienerin der Gattin Odins, und steht auch ihrem geheimen Rathe vor.

G.

Gaea oder **Ge** (Gr. M.), die Erde, die schon bei Homer als Gottheit personficirt, und als Mutter des Erechtheus und des Tityus erscheint. Nach Hesiod entstand sie nach dem Chaos, und gebar zuerst den Uranüs (Himmel), den Pontus (Meer) und die Berge, verband sich alsdann mit ihrem eigenen erstgenannten Sohne und gebar von ihm die Titanen: Cöus, Crius, Iapetus, Hyperion, Oceanus, Anytus, Andes, Saturnus; die Titaninnen: Tethys, Rhea, Themis, Mnemosyne, Phöbe, Thia; die Centimanen: Briareos, Gyges, Cottus; und die Cyclopen: Brontes, Arges, Steropes. Kaum geboren, wurden ihr alle diese Kinder entrissen, weil der Vater ihre Macht, und die Gefahr, welche ihm von ihnen drohete, wohl kannte, und sie daher in der Tiefe verbarg. Da gab G. dem Jüngsten derselben, Saturnus, eine Hippe, welche daher stets Saturnus' Attribut ist, mit der dieser den Uranus verstümmelte. Die den Wunden entströmenden Blutstropfen befruchteten die Erde, und sie gebar die Erinnyen, Giganten und melischen Nymphen; dann verband sie sich mit Pontus, aus welcher Verbindung Nereus, Thaumas, Phorcys, Ceto und Eurybia hervorgingen.

Gabal (Syr. M.), ein in dem alten Balbek (Heliopolis, die Sonnenstadt, deren Ruinen in Cölesyrien jetzt wieder Balbek heissen) und in Emesa hoch verehrter Gott, die Sonne. Der Sonnendienst ward durch Heliogabal in Rom eingeführt, der früher Sonnenpriester in Syrien gewesen war. — Das Bild, unter welchem G. verehrt wurde, war bloss ein Stein von eigenthümlicher, kegelförmiger Gestalt. Der Cultus des Gottes war orgiastisch, und um den Altar desselben wurden Tänze unter dem Klange von allerlei Instrumenten aufgeführt, wobei auch Weiber mittanzten, welche Cymbeln und Pauken in den Händen trugen. Man berichtet von Heliogabal, dass er sich als Priester seines Gottes beschnitten hatte und sich des Schweinefleisches enthielt. Auch Menschenopfer, und namentlich Opfer von Knaben, deren Eingeweide beschaut wurden, gehörten zu diesem barbarischen Gottesdienst.

Gabasti (Ind. M.), einer der zwölf Aditias, Sohn der Adidi und des Kasiapa, also identisch mit der Sonne in einem der zwölf Zeichen des Thierkreises.

Gabie (Liefländ. M.), ein Gott, den die Liefländer, wahrscheinlich dann mit ihnen auch Litthauer, Kur- und Esthländer gehabt haben sollen. Er war es, welchem man die Sorge für das Reifen des Getreides überliess, und der in kurzen oder nassen Sommern, in denen man dasselbe in der Scheuer trocknete, des Feuer anfachen musste. Es war ein Priester aufgestellt, der ihn an seine Pflichten erinnerte.

Gabina (Röm. M.), »die zu Gabii Verehrte«, Beiname der Juno.

Gabriel (Jüd. u. muham. M.), nach den Rabbinen einer der sieben Erzengel, welcher über das Feuer, den Donner und den Tod herrscht. Der Islam macht ihn zu einem der vier Engel, welche die Rathschlüsse Gottes aufzeichnen, und sagt, er sei es gewesen, der zur Erde herabgestiegen sei, um Mahomed bei der Abfassung des Koran zu begeistern.

Gadanija (Slav. M.), eine besondere Art, sich Orakel zu verschaffen; das Wort heisst: »sagen, sprechen«, und galt eigentlich für jedes Wahrsagen: den Flug der Vögel, das Schreien der Nachteulen u. dergl., doch besonders wichtig war den Slaven die Beantwortung mancher Fragen durch eine Art Würfelspiel. Eine gewisse Quantität kleiner Steinchen, von ungleicher Gestalt, wurde auf einer Seite weiss, auf der andern schwarz gefärbt. Nun ward gefragt: »Hat mir der Jaschek mein Pferd gestohlen?« oder: »wird mich mein Gutsherr wegen des Diebstahls todtprügeln lassen?« dann aber warf man die Steinchen auf den Erdboden; zeigten sich die meisten oben weiss, so war die Frage bejaht, wenn umgekehrt, verneint.

Gaedhuell (Mongol.), eine niedere Priesterstufe bei den Mongolen und Kalmücken, die sich zum Lamaismus bekennen. Der G. scheint mehr Gehülfe eines Priesters, als selbstständiger Geistlicher zu sein.

Gaditanus (Phön. M.), Beiname des Hercules, von der Stadt Gades (Cadix) in Spanien. Die Phönicier erbaueten ihm dort auf einer Insel einen der grössten Tempel; es scheint, dass hier der phönicische Hercules, Melkart (s. d.), zuletzt mit dem griechischen verchmolz, und so sein besonderer Cultus aufhörte.

Gaeeohos (Gr. M.), »der Erdumfasser«, Beiname des Neptun.

Gah (Pers. M.), Töchter des Ormuzd, liebliche feenartige Wesen, welche den fünf Tageszeiten, in die, statt der Stunden, die Perser ihre Tage theilen (während des Winters nur in vier) als schützende Genien vorstehen. Sie werden als Wohlthäterinnen der Menschheit durch Gebete und Gelübde verehrt, und als Engel an Schönheit und Güte gedacht.

Gahanbar (Pers. M.), Name der sechs heiligen Genien, welche den Festen vorstanden, die Dschemschid zur freudigen Erinnerung an die sechs Zeiträume einsetzte, in denen Ormuzd alle Wesen schuf.

Galanthis oder **Galinthias** (Gr. M.), die Freundin, durch deren List Alcmene von Hercules entbunden wurde, als Ilithyia auf der Juno Befehl die Geburt verhinderte. Sie ward von der zürnenden Ilithyia in ein Wiesel verwandelt, von Hecate aber aus Mitleid zu ihrer Dienerin angenommen, und von den Thebanern am Feste des Hercules mit Opfern verehrt.

Galar, S. Fialar.

Galatea (Gr. M.), 1) Tochter des Eurytius und Gemahlin des Lamprus zu Phästus auf Creta, hatte eine Tochter, welche sie als einen Knaben unter dem Namen Leucippus aufzog, weil ihr Gatte ihr geboten hatte, wenn sie ein Mädchen gebären würde, dieses zu tödten. Als sie den Betrug nicht länger fortsetzen konnte, bat sie die Göttin Latona, die Jungfrau in einen Jüngling zu verwandeln, was diese gewährte. — 2) G., s. Acis.

Galaxia (Gr. Festbrauch), ein Fest, dem Apollo zu Ehren in Böotien gefeiert, der davon Galaxius hiess. Man opferte ihm an demselben Gerstenbrei, der in Milch gekocht war.

Galbaras (Lamaismus), ein Baum, von welchem die Bewohner seiner Heimath Alles empfangen, was sie bedürfen. Er wächst in einem Welttheile, welcher nördlich des grossen Berges Sümmer Orla liegt, und Enada mima heisst, übrigens von lauter seufzenden, beinahe seelenlosen, nur vegetirenden Menschen bewohnt ist.

Galene (Gr. M.), »Meeresstille«; eine Nereïde, Tochter des Nereus und der Doris.

Galeus (Gr. M.), Sohn des Apollo, von Themisto, einer Tochter des Hyperboreer-Königs Zabius. Die Galeoten, sicilische Weissager und Traumdeuter, sollen nach ihm benannt sein.

Galgaliel (Talmud.), der Engel oder Fürst, welcher die Sonne regiert; er geht vor ihr her, damit sie die Welt nicht verbrenne, und vier ähnliche, doch nicht gleich mächtige Genien gehen hinter ihr her, damit sie die Welt nicht durch Kälte untergehen lasse.

Galgenmännchen (Mittelalt. Abergl.), ein kleiner, in einem Krystallfläschchen verschlossener Teufel, welcher dem Besitzer alle Wünsche gewährte, und welchen man nicht loswerden konnte, wenn man ihn nicht um weniger verkaufte, als er gekauft worden war. Der letzte Besitzer, der ihn um die kleinste Münze gekauft hatte, und ihn also nicht mehr um einen noch geringern Preis fortschaffen konnte (denn verschenken liess er sich nicht), war dafür des Teufels Eigenthum.

Galldrar (Nord. M.), Zaubergesänge, an deren Wirkung nicht nur das alte nordische Heidenthum, sondern noch das Mittelalter (wenn gleich unter anderen Namen) glaubte. Durch solche G. vermochten die Götter des Nordens ihre Gestalten zu verändern, durch die Luft zu schreiten, über die Elemente zu gebieten, sich unverletzlich zu machen, kurz, zu erlangen oder zu thun, was sie wollten.

Galldrar Smidir (Nord. M.), Gesangschmiede, Sänger, welche Galldrar (s. d.) zu singen wussten. Sie waren unter allen Zauberern die gefürchtetsten, denn sie konnten die Schiffe auf fernem Meere untergehen lassen, Stürme erregen, Schlachten durch ihre Gesänge leiten, im Kampfe die Schwerter stumpf, die Panzer weich und durchdringlich machen, und wurden desshalb oft von den Heerführern mit in die Schlacht genommen.

Galli (Röm. M.), die entmannten Priester der Cybele, welche unter wilden, begeisternden Gesängen durch die Strassen der Stadt zogen, und unter ärgerlichen Ausschweifungen das Fest ihrer Göttin begingen. Ihr Oberpriester wurde Archigallus genannt. Sie waren sämmtlich Phrygier und hatten den Namen G. nach Einigen von dem Flusse Gallus, dessen Wasser die Begeisterung hervorbringen sollte, in der sie daherstürmten; nach Andern ist das Wort asiatischen Ursprungs und bezeichnet ihre rasenden Tänze.

Galliar (Nord. M.), Odins Trinkhorn; es war aus dem linken Horn der Kuh Audumbla gemacht, und ganz mit Gold überzogen.

Gamelia und **Gamelius** (Gr. M.), Beinamen des Jupiter und der Juno, als Vorsteher der Ehen, auch der Venus und der Diana.

Gamla Upsala (Nord. M.), der ehemalige Sitz der mächtigen Könige von Schweden, Hauptsitz des Asendienstes; dort stand der berühmte Nationaltempel des Thor, Odin und der Freia. Es liegt unweit des jetzigen Upsala, und soll noch Ruinen, ähnlich denen der cyclopischen Bauten in Griechenland, aufzuweisen haben.

Gan und **Tyre** (M. der Lappen), Zauberknoten, welche die Zauberer jenes Volkes knüpfen zu können versichern, und mit denen sie jeden für sie günstigen, für Andere ungünstigen Wind verkaufen zu können vorgeben.

Gaenaegaemuni (Ind. M.), der Buddha, welcher zur Zeit des 30,000jährigen Alters der Menschen erschien, um die Völker zu beglücken und von der Sündenschuld zu erlösen. In der mongolischen Mythologie heisst dieser Buddha Tschidaktschi, der goldene Vermögende. Vergl. Buddha.

Gandalfur (Nord. M.), einer der aus Erde geschaffenen, in der Erde wohnenden Zwerge.

Gandharwa oder **Gandherp** (Ind. M.), eine Heiraths-Ceremonie, die darin besteht, dass zwei Liebende ihre Armspangen, Halsbänder und Blumenkränze austauschen, dass das Mädchen sagt: ich bin dein Weib geworden, und der Mann zum Himmel blickend antwortet: es ist wahr!

Gandharwas (Ind. M.), die himmlischen Heerschaaren, welche in grösseren und kleineren Gruppen Dews heissen, hier alle aber zusammen genommen unter Einem Namen vereinigt sind; sie wohnen auf dem Gebirge Hemakuta, dem indischen Paradies. Zu den G. gehören alle grossen und kleinen Gottheiten, Indra, Aditi, Diti und Kasyapa etc. nicht ausgenommen. Die indische Dreieinigkeit, Brama, Wischnu und Schiwa, steht allein als dreieiniger Gott unendlich erhaben über den andern.

Gandschur (Ind. M.), ein hochheiliges Buch, das der Gott Dschakschiamuni in Indien verfasste, und das aus 116 Bänden besteht, die durch die dazu gehörigen Erklärungen auf die doppelte Zahl anwuchsen. Der letzte chinesische Khan liess das ganze Werk in das Altmongolische übersetzen, in Holz schneiden und drucken; doch darf es nicht ohne kaiserliche Erlaubniss verkauft werden.

Ganesha, s. Pulear.

Ganga (Ind. M.), die liebste Gemahlin des Gottes Schiwa, aus deren Schweisstropfen der Ganges entstanden ist. Sie hatte, mit dem geliebten Gatten scherzend, einst ihre Hände einen Augenblick auf seine Augen gedrückt; dieser Moment dauerte mehrere Weltalter für die Erde, und in dieser schrecklichen Zeit, da Schiwa's Augen, bedeckt durch die Hände der G., der Erde nicht leuchteten, ging Alles in Finsterniss und grauser Zerstörung unter. Schiwa bemerkte sogleich (in eben dem Sinne zu nehmen, wie der obige Augenblick), was vorging, und da er die geliebte Gattin in ihrem Scherze nicht stören wollte, erschuf er sich ein drittes Auge auf der Stirne, und bald war Alles durch den wohlthätigen Einfluss des Lichtes wieder hergestellt. Parwati zog schnell ihre Hände zurück und schüttelte den Schweiss davon ab, — siehe! da entsprang von jedem Finger ein mächtiger Strom, der die Welt zu verschlingen drohte. Da mussten denn die allgewaltigen Götter helfen; sie bändigten die Gewässer und nahmen sie für sich in ihre Reiche, daher die Heiligkeit des Ganges, der aus demjenigen Antheil entspringt, welchen Brama erhielt. Schiwa bedrohte G. wegen des Unheils, das sie angerichtet, doch die Dews baten für sie, und so setzte er die Gattin, um sie zu heiligen, auf sein Haupt, wo sie nun schäckernd und spielend mit ihren Wellen in seinen Haarlocken umhereilt. — G. wird abgebildet als eine auf dem Wasser wandelnde Frau, oder als Sirene, halb Fisch, halb Mädchen; die Verehrung, welche man ihr widmet, besteht hauptsächlich in häufigem Baden im Ganges (s. d.).

Ganges (Ind. M.), der heilige Fluss in Indien; er entspringt unmittelbar aus den Füssen des Brama, und wird daher für durchaus heilig gehalten (doch sind einige Secten, welche den eben dort entspringenden Brahmaputer für noch heiliger ansehen), und es ist ein Religionsgesetz, sich mit dem Wasser des G. an gewissen Tagen zu waschen und Almosen auszutheilen. So ist denn das Wasser dieses Flusses ein wichtiger Handelsartikel, und zwar wird es, wie leicht auch Betrügerei wäre, doch überall rein verkauft, weil man es für eine Sünde hält, damit Verfälschung zu treiben; auch besitzen die Braminen chemische Reagentien, welche vollkommen sicher stellen. Wer in diesem Flusse stirbt, oder nur vor seinem Tode noch davon trinkt, kommt unmittelbar zu Brama und darf nicht wieder auf die Erde zurück. So besitzt denn Jedermann ein kupfernes, wohl verschlossenes Gefäss, in welchem für die Waschungen und für die Todesfälle das heilige Wasser bewahrt wird. Wer in der Nähe des G. wohnt, wird in der Todesstunde dahin getragen, es wird ihm Wasser eingeflösst, er wird in den Fluss getaucht, ja nicht selten darin ertränkt; viele Menschen sogar stürzen sich freiwillig hinein, um ihr Leben in seinen Wellen zu enden. Die Asche der verbrannten menschlichen Körper bewahren die Angehörigen sorgfältig, um dieselbe bei der nächsten Gelegenheit in den G. zu schütten, in welchem Falle auch der Gestorbene nicht zur Erde wiederzukehren braucht.

Ganges (Gr. M.), der personificirte Gangesfluss, Vater der Nymphe Limnate, deren Sohn Athis, erst sechszehn Jahre alt, auf Perseus' Hochzeit im Gefolge des Phineus erschien; er ward von Perseus mit einem Feuerbrande erschlagen.

Ganglate (Nord. M.), Diener der Hela. Der Name bedeutet: »gehe langsam«. Er ist scheusslich von Gestalt, hat eisernes Blut in den Adern, und sitzt auf einem schreienden Stuhle.

Gangler (Nord. M.), der Name, den sich der weise Gylfe aus Schweden beilegte, als er nach Asgard reiste, um das Wesen der Götter zu erforschen, wo er von König Har auch wirklich ausführliche Antwort auf alle seine Fragen erhielt.

Gangloet (Nord. M.), Dienerin der Hela. Der Name bedeutet: »Trägetritt«. Vergl. Ganglate.

Gangur (Nord. M.), Sohn des Riesen Oelwald, Bruder des Thiassi und Idi; alle drei waren gewaltige Riesen, wie ihr Vater; als derselbe starb, theilten sie seine Schätze unter sich, und da sie kein Gefäss hatten, womit sie messen konnten, nahm Jeder so viel, als er auf einmal in seinem Munde bergen konnte; davon heisst das Gold in den nordischen Gesängen häufig des Riesen Rede.

Ganna (Germ. M.), eine der vielen weisen Frauen, welche die alten Germanen hatten. Sie soll nach Weleda (s. d.) die Erste gewesen, und ihr Ruf so hoch gestiegen sein, dass Kaiser Domitian in Rom sie mit den grössten Ehrenbezeugungen empfing, als sie dorthin gebracht wurde. Sie soll dem grausamen Herrscher vorausgesagt haben, dass ihn seine Gattin tödten werde.

Ganymede (Gr. M.), identisch mit Hebe (s. d.).

Ganymedes, Fig. 119–121 (Gr. M.), Sohn des Tros, ältesten Königs von Troja, war von so ausserordentlicher Schönheit, dass Jupiter ihn durch seinen Adler entführen liess, oder sich selbst in einen Adler verwandelte, um ihn zu rauben. Er führte denselben zum Olymp hinauf, wo er der Lieblingsknabe und Mundschenk des Gottes ward. Der trostlose Vater ward von Jupiter auf mancherfache Weise ausgezeichnet; das berühmteste Geschenk aber, das ihm für seinen entrissenen Knaben ward, sind die unsterblichen Pferde, welche, später in Laomedons Besitz, den Anlass zum ersten trojanischen Kriege mit Hercules gaben. — Vielfach ist dieser Mythus zu Darstellungen der bildenden Künste gebraucht worden: Fig. 119 zeigt G., dem Adler in einer Schale Ambrosia reichend

Fig. 119.

Fig. 121.

Fig. 120.

Fig. 120 G., vom Adler davon getragen, nach einem geschnittenen Stein; endlich Fig. 121: G. von Jupiter liebevoll umarmt, nach einer antiken Statue. Er ist als Wassermann unter die Sterne versetzt.

Gaeraele Sakiktschi (Mong. M.), »der Lichtbewahrer«, der dritte Buddha, welcher in der Periode des 20,000jährigen Alters der Menschen erschien.

Garamantis (Gr. M.), eine libysche Nymphe, welche von Ammon Mutter des Iarbas ward, des mächtigen afrikanischen Königs, der um der Dido Hand vergeblich warb.

Garamas (Gr. M.), anderer Name des Amphithemis (s. d.).

Gardetis (Lett. M.), Schutzgott der Heerden bei den heidnischen Preussen.

Gardot (Slav. M.), ein Gott der Schifffahrt und der Gewässer überhaupt, welchen die Wenden in Preussen und Sachsen durch Altäre und Opfer auf Hügeln, in der Nähe der Flüsse, verehrten.

Gardrosa (Nord. M.), das Pferd, welches von dem Hengste Ham das windschnelle Füllen Hofwarpner empfing, auf dem Gna, die Botin der Göttin Frigga, reitet.

Gardunitis (Slav. M.), ein in Polen und Schlesien ehemals hoch verehrter Götze, welcher, ähnlich dem Pan der Griechen, die Heerden schützen, die Raubthiere von ihnen abhalten sollte.

Gargarus (Gr. M.), Sohn einer dardanischen Nymphe von Jupiter; er soll die Stadt Gargara in Troas gegründet haben.

Gargettus (Gr. M.), nach Einigen Vater des Ion; von ihm sollte die attische Gemeinde G. benannt sein.

Garmr (Nord. M.), ein Höllenhund, welcher bei der Höhle Gnipi gefesselt liegt, bis Ragnarokr hereinbricht; dann wird er von seinen Besitzern, den Muspelheimern, losgelassen und gegen die Asengötter gehetzt. Er ist so böse, dass die eigenen Herren sich nur dadurch gegen ihn schützen können, dass sie ihn auf das Stärkste binden; allein im Kampfe mit den Göttern leistet er ihnen auch treffliche Dienste, denn er ringt mit Tyr und überwindet diesen, fällt aber auch selbst dabei.

Garsiel (Talmud.), der Engel des Zornes und Entsetzens; Gott schickt ihn zur Bestrafung der Frevler auf die Welt.

Garuddha (Ind. M.), ein grosser, adlerähnlicher Vogel, oft mit Menschengesicht abgebildet, auf welchem Wischnu seine Reisen zu machen pflegt. Er ist selbst ein Gott, und hat neben Wischnu's Tempel immer seinen eigenen; auch vermochte er über den Gott Indra zu siegen und ihm den Unsterblichkeitstrank Amrita abzukämpfen, mit welchem er die Schlangen, Kinder der schwarzen Diti, fütterte, so dass diese ihm nicht ferner nachstellten. — Ein anderer Vogel desselben Namens gehört der tübetanischen Mythologie an; auch er ist Bisnae-Taengri's Reitthier; so lange dieser ihn jedoch nicht braucht, ruht er auf dem Baum Pausengi, auf welchen er auch ganze Heerden Elephanten, Tiger und Rhinoceros, zum Futter für seine Jungen, trägt. Ein Ei, das einst aus dem Neste fiel, überschwemmte die halbe Erde, und die Schale bildete eine Halbkugel über dieselbe, unter der alle Städte und Länder in ewiger Finsterniss begraben lagen.

Gasar Ese Barildak (Lamaismus), Geister, welche weder den Himmel, noch die Erde bewohnen, sondern 80,000 Meilen über den höchsten Luftregionen ein ausgedehntes Reich inne haben.

Gasar Sakikjin Kowen (Lamaismus), der ungeheure, dreiköpfige Elephant, auf dessen mittelstem Kopfe der grosse Schutzgeist der Erde, Churmustu Taengri, reitet. Er ist ganz weiss und glänzt von dem feurigen Scheine, welchen der Schutzgeist von sich gibt; seine Grösse ist so ungeheuer, dass, um einen seiner Rüssel auszumessen, alle Seide der Erde nicht hinreichend wäre, um ein hinreichend langes Seil daraus zu fertigen.

Gaschib (Ind. M.), der dritte der bis jetzt erschienenen Buddhas, der Lichtbewahrer, welcher auf die Welt kam, als die Menschen nur noch 20,000 Jahre alt wurden; es werden solcher Buddhas bis zu dem Zeitraume, da die Welt in Nichts aufgelöst wird, 1000 erscheinen. Er ist identisch mit dem Gäräle Sakiktschi der Mongolen.

Gasto (Slav. M.), ein bösartiger Kobold, der das sogenannte Alpdrücken verursacht; er soll Kopf und Rachen eines Wolfes haben, sonst aber bei menschenähnlicher Form mit Schuppen und Federn bedeckt sein.

Gatahs (Pers. M.), die zehn letzten Tage des Jahres, deren zweite Hälfte Farwardians heisst. In der ersten Hälfte nähern sich die Geister der Verstorbenen ihren Verwandten, um sie zu besuchen, doch können sie nicht weiter, als bis auf drei Bogenschüsse, zur Erde kommen; in der andern Hälfte besuchen sie ihre Freunde. Während dieser Zeit werden die Todtenfeste, welche auch G. heissen, gefeiert.

Gaudma (Ind. M.), Name des Buddha, welcher im Land der Birmanen (Halbinsel jenseits des Ganges) mehr verehrt wird, als in Vorderindien. Die Birmanen beten in ihm ihren höchsten Gott an, und bilden ihn auf einer Lotosblume mit unterschlagenen Beinen sitzend, fast ganz unbekleidet, ab; nur ein Tuch ist um die Hüften und die Braminenschnur um die Schultern geschlungen; an dem verzerrten Gesicht erscheinen die Ohren durchbohrt und auffallend lang gezogen.

Gaue (Frau) (Deutsche M.), eine Göttin der fruchttragenden Erde. Noch im vorigen Jahrhundert waren in einigen niederdeutschen Gegenden Spuren des Glaubens an sie zu finden. Wenn die Schnitter, heisst es, daselbst den Roggen mähen, lassen sie etliche Halme stehen und binden Blumen dazwischen, und nach vollendeter Arbeit sammeln sie sich um die stehen gebliebenen Büschel, fassen die Roggenähren an und haben dreimal zu rufen: »Frau Gaue, holt Euch Futter, diess Jahr auf dem Wagen, das andere Jahr auf dem Karren.« In der Umgegend von Hameln herrschte die Gewohnheit, dass, wenn ein Schnitter beim Binden eine Garbe überging, oder sonst auf dem Acker etwas stehen liess, ihm spottweise zugerufen wurde: »Soll das die F. G. haben?« — Manche zweifeln übrigens, ob der alte Ausdruck Fru oder Fro wirklich ein weibliches Wesen und nicht vielmehr einen Herrn anzeige, und ob Gaue nicht bloss eine mundartliche Abänderung von Wodan (s. d.) sei.

Gaugatas (Gr. M.), Heerführer der Sicaner; er fiel nebst fünf anderen Heroen gegen Hercules, als dieser mit den Rindern des Geryon durch Sicilien zog.

Gaule (Nord. M.), Name einer der Schlachtgöttinnen oder Walküren.

Gaumul (Nord. M.), einer der zweiunddreissig Höllenflüsse, welche aus dem Brunnen Hwergelmer entspringen.

Gaundler (Nord. M.), einer von den vielen Beinamen des obersten Gottes Odin.

Gaupul (Nord. M.), einer der zweiunddreissig Höllenflüsse, welche aus dem Brunnen Hwergelmer entspringen.

Gautiubobis, ein Gott der heidnischen Preussen, gewissermassen ihr Pan, ihr Feld- und Fluren-Gott.

Gawaradi (Ind. M.), Gattin des Darmen, des Heerführers der Pandus, war aus göttlichem Geschlecht entsprossen, und gebar ihrem Gatten zwei Söhne, Dawagen und Wimen.

Gayatri (Ind. M.), Gebete oder Sentenzen der Vedas, drei an der Zahl, von zauberischer Wirkung. Wer diese drei Sprüche drei Jahre lang unaufhörlich wiederholt, nähert sich dem Wesen der Gottheit, kann durch die Luft fliegen, erhält einen unkörperlichen Körper, einen reinen, aus Aether gebildeten Leib, Verzeihung aller begangenen Sünden, und wird durch diese Reinigung eben zu einem göttlichen Wesen.

Gazoria (Gr. M.), die zu Gazorus in Macedonien Verehrte, Beiname der Diana.

Gedje-muga-schurin (Ind. M.), die Ratte, welche das Reitthier des Ganesha, des indischen Gottes mit dem Elephantenrüssel, ist. G. etc. war ein Riese von ungeheurer Grösse, den der Sohn Schiwa's, der mächtige Ganesha, überwand. (S. Pulear.)

Geflon (Nord. M.), eine Asenjungfrau, Beschützerin der Jungfrauen und ihrer Tugend, allwissend, wie Odin selbst. Zu ihr wandeln die Mädchen, welche als Jungfrauen sterben, und sie nimmt dieselben in ihren Palast auf, dessen Schönheit Alles übertrifft, was ein Mensch sich denken kann. Ihre eigene Reinheit wird durch zwei Begebenheiten zweifelhaft gemacht: erstens musste sie bei Aegirsdrekka (Aegirs Trinkgelag), wo sie durch freundliche Worte Braga mit dem schmähenden Loke zu versöhnen suchte, sich von diesem nicht besonders ehrende Dinge nachsagen lassen; zweitens, als sie von Odin zu Gylfe, König in Schweden, gesandt ward, ihn um Land zu bitten, und der König ihr wegen ihres schönen Gesanges ungefordert so viel Land versprach, als sie in einem Tage und einer Nacht würde umpflügen können, nahm sie vier mächtig starke Stiere, ihre Söhne von einem Riesen, spannte sie vor einen Pflug, und schnitt ein grosses Stück ab, die Insel Seeland, welche weit in's Meer geschoben wurde. Sie ward dafür mit Skiold, dem Sohne Odins, vermählt, und so Stamm-Mutter der dänischen Könige.

Gegenu (Lamaismus), identisch mit Bogdo Lama (s. d.).

Gehennem (Muham.), sowohl die Hölle, in welche die Seele des Sünders nach dem Tage des grossen Gerichts kommen soll, als der Zustand der Verstorbenen bis zu diesem Tage hin, welcher entsetzlich geschildert wird, indem sich mit der Leiche, die volles Bewusstsein behält, ein böser Dämon in das Grab legt, um sie unaufhörlich zu quälen.

Gejrroed (Nord. M.), 1) ein mächtiger Riese, der einst den listigen Loke überlistete. Dieser hatte in Freia's Falkengewand eine kleine Vergnügungsreise gemacht, und kam dabei an ein hoch ummauertes Schloss Gejrrödsgard. Auf eine der mächtigen Zinnen setzte er sich, und sah neugierig in die Fenster. Der Riese befahl einem seiner Diener, ihm den seltenen grossen Vogel herabzubringen, und mit unsäglicher Mühe klomm dieser an der schroffen Mauer empor. Der schadenfrohe Loke lachte innerlich über des Burschen Dummheit, der einen Vogel mit blossen Händen greifen wollte, und liess ihn seine beschwerliche Arbeit ganz vollenden, dann erhob er seine gewaltigen Fittiche, um zu entfliehen, doch er war diessmal der Betrogene, denn er sass an der Mauer fest, und musste sich geduldig durch den Verhöhnten fesseln und in G.'s Palast bringen lassen. Dem sonderbaren Vogel in die Augen schauend, meinte der Riese, dass er wohl ein verwandelter Mensch sein könne, befahl ihm zu sprechen, und sperrte, da er diess nicht that, ihn drei Monate lange in einen Käfig, ohne ihm Futter zu geben. Nach dieser Hungerkur entschloss sich Loke, zu sagen wer er sei, und um sein Leben zu retten, versprach er dem Riesen, Thor ohne Mjölner und Kraftgürtel nach Gejrrödsgard zu bringen. Wirklich beredete er den mächtigsten Asen zu einem Spaziergange und zur Zurücklassung seiner einzigen Waffe, und sagte ihm dabei, dass es sehr verdienstlich sein würde, den Riesen so ungerüstet zu besuchen. Thor, in seiner Ehrlichkeit und auf seine Stärke vertrauend, machte sich dahin auf, kehrte aber unterwegs bei der Riesenfrau Gridr, der Mutter des stummen Vidar, ein; diese machte ihn darauf aufmerksam, dass G. ein schlauer und eben so mächtiger Mann sei, rieth ihm, sich vorzusehen, lieh ihm auch ein

Paar Eisenhandschuhe, einen starken Gürtel, und ihren eigenen, den Gridursstab. So ausgerüstet, zog er mit Loke zu dem Flusse Vimr, und wollte, nachdem er seinen Pelz aufgeschürzt, hindurchwaten; doch wie er mitten darin war, stieg der Fluss plötzlich und erhob sich ihm bis an den Hals. Thor bedrohte den Fluss vergeblich mit seiner Götterstärke, da bemerkte er, sich umschauend, dass oberhalb der Stelle, an der er hindurchwatete, eine Riesenjungfrau, G.s Tochter, an beiden Ufern stand und so das Wasser steigen machte; lachend wies Thor seinem Begleiter die Ursache des ungewöhnlichen Zuflusses, nahm einen Stein und warf ihn nach dem Jotenweibe, sagend: »bei der Quelle stockt der Fluss,« traf glücklich und alsbald kam er ungehindert hinüber. — Bei G. angelangt, wies man den Fremden ein Zimmer an, in welchem sich ein grosser Lehnstuhl befand, auf den Thor sich setzte. Sogleich bemerkte er, dass derselbe sich gegen die Decke hebe; da stützte er seinen Gridursstab dagegen und drückte nun mit aller Macht abwärts. Es entstand ein gewaltiges Krachen unter dem Stuhl, ein fürchterliches Geschrei erhob sich; siehe! G.s Töchter Gjalp und Greid hatten darunter gesessen, den Stuhl erhoben, und Thor hatte Beiden die mächtigen Riesenleiber zerbrochen. — Die Fremdlinge leitete man nun in einen Saal, wo sich der Riese befand; so wie Thor gerade vor ihn hintrat, nahm er einen glühenden Eisenklumpen aus dem Feuer des Herdes und warf ihn nach Thor. Dieser fing ihn mit den Eisenhandschuhen auf, schleuderte ihn nach G., der sich hinter einer eisernen Säule verborgen, doch der Wurf durchdrang die Schutzwehr, durchbohrte den Riesen und die hinter ihm befindliche Wand, und fuhr weit in den Erdboden hinein; so rettete sich Thor aus der Gefahr, in welche Loke ihn gestürzt. — 2) G., König des Gotnalandes, von Frigga gehasst und dem Untergange geweiht. Ihn wollte Odin besuchen, wovon ihn Frigga in Kenntniss setzen und vor dem Fremden als einem Zauberer warnen liess; als nun Odin kam, und aus einem damals allgemeinen Aberglauben seinen Namen nicht nennen wollte, hängte ihn G. acht Tage lang zwischen zweien Feuern auf, um ihn zum Geständniss zu zwingen. In dieser Zeit besang Odin unter dem Namen Grimner seine eigenen Thaten und andere mystische Sagen, endlich aber nannte er sich; jetzt wollte G. hinzulaufen, um den Gott zu entfesseln, stolperte jedoch und fiel in sein eigenes Schwert. Mit seinem Tode war der Zauber gelöst und der gefesselte Odin wieder frei.

Gejrwimal (Nord. N.), einer von den zweiunddreissig Höllenflüssen (s. d.).

Gelanor (Gr. M.), letzter König von Argos aus dem Stamme des Phoroneus, ward von Danaus vertrieben, welcher aus Aegypten kam und von dem Volke zum König erwählt ward, nachdem dieses in einem Wolfe, welcher den Stier der vor der Stadt weidenden Rinderheerde getödtet, ein Zeichen zu Gunsten des Fremdlings Danaus gesehen hatte. Dieser baute darauf dem Apollo Lycëus (Wolfs-Gott) einen Tempel, indem er behauptete, der Gott habe das Thier zu seinen Gunsten abgesandt.

Gelbmützen (Lamaismus), eine von den beiden Hauptsecten in Tübet; die andere heisst die der Rothmützen. Die Secte der G. (Scharra Malachai) ist diejenige, zu welcher sich der Kaiser von China bekennt, daher alle Anhänger derselben die kaiserliche Hof-Farbe, gelb, tragen.

Gelgia (Nord. M.), das Ende der unzerreissbaren Kette, mit welcher der Wolf Fenris gefesselt und an den Felsen Gjöll gebunden wurde.

Gellong (Lamaismus), die höheren, förmlich geweihten Priester der Mongolen, welche ihre Weihe durch den Lama selbst bekommen müssen; sie theilen sich in drei Grade, deren jeder seine besondere Weihung durch das geistliche Oberhaupt fordert. Diese Priester leben selten in Klöstern vereint, sie sind fast immer zerstreut bei den einzelnen Horden. Die Vornehmsten derselben halten sich bei den Fürsten, die Anderen unter dem Volke auf, von dessen Opfergaben sie leben. Wenn sie zuerst Mantschi (Schüler), dann Gaedsull (Gehülfen) und endlich G.s gewesen sind, können sie ohne fernere Vorbereitungen oder Einsegnungen zu den höchsten Würden gelangen; doch ist hiezu nöthig, dass sie sich im Aeussern streng an die bestehenden Gesetze halten, d. h. sie sollen unverehlicht sein und das Keuschheitsgelübde unverbrüchlich halten, keine Pferdemilch und keinen Branntwein trinken, keinen Tabak rauchen, des Pferdefleisches und des Fleisches heiliger Thiere entbehren, so wie sie auch das Fleisch unreiner Geschöpfe nicht essen. Die Kleidung der G.s nähert sich der der mongolischen Weiber; unterscheidendes Merkmal ist nur das geistliche Scepter und die Priesterglocke, welche bei der Messe gebraucht werden; in der Tracht aber eine Mütze, mit Fuchspelz verbrämt, und eine rothe Schärpe.

Gelonus (Gr. M.), Sohn des Hercules von der Königin des scythischen Reiches, Echidna (s. d.). Da er des Vaters Bogen nicht zu spannen vermochte, musste er ihr Land verlassen, und stiftete dann ein »eigenes Reich«, das der Gelonen.

Gemini, »die Zwillinge«, ein Sternbild des Thierkreises, in welchem Castor und Pollux, die Dioscuren, an den Himmel versetzt worden sind. Sie werden als zwei einander umfassende Knaben dargestellt, davon der eine einen Pfeil und eine Lyra, der andere aber eine Keule trägt. Das Sternbild erstreckt sich vom 28. Grad im Zeichen der Zwillinge bis zum 25. Grad im Zeichen des Krebses, ist nordwärts vom Luchs, südwärts vom Procyon und dem Monoceros begrenzt und macht sich besonders durch drei Sterne der zweiten Grösse kenntlich.

Genesius (Gr. M.), »der Erzeuger«, Beiname des Neptun, unter welchem er bei Lerna an der Meeresküste ein Heiligthum hatte.

Genetaeus (Gr. M.), Beiname des Jupiter von einem Tempel auf dem genetäischen Vorgebirge am schwarzen Meere.

Genethlius (Gr. M.), 1) Beiname des Neptun, unter welchem er in Sparta ein Heiligthum hatte. — 2) G., der Genius der Geburts-Stunde, der über dem angeborenen Geschick des Menschen waltete. Auch nannte man g e n e t h l i s c h e G ö t t e r die Stammes- und Familien-Götter.

Genetor (Gr. M.), Sohn des Königs Lycaon, von Jupiter mit dem Blitze erschlagen.

Genetrix (Röm. M.), Beiname der Venus in Rom, als Stamm-Mutter des julischen Geschlechts und Beschützerin des römischen Volkes. Sie hatte einen von Julius Cäsar erbauten Tempel.

Genetyllides oder **Gennaïden** (Gr. M.), Zeugungs-Göttinnen, welche der Venus Colias beigesellt und mit ihr auf dem Vorgebirge Colias bei Athen verehrt wurden. — G e n e t y l l i s war ferner Beiname der Diana-Hecate, welcher man Hunde opferte.

Gengei (Ind. M.), identisch mit G a n g a (s. d.).

Genius Fig. 122—125 (Röm. M.). Der Glaube an unsichtbare Schutzgeister, an Wesen, welche für Wohl und Wehe der einzelnen Menschen sorgen, findet sich bei sehr vielen Völkern; doch nirgends war die Lehre von den Genien so vollkommen ausgebildet und zum Cultus erhoben, wie in Rom; dort glaubte man bestimmt an Götter, welche jedem Menschen von dem Augenblicke seiner Geburt an beigegeben seien; man verehrte diese Götter theils an allgemeinen Festtagen, theils Jeder für sich an seinem Geburtstage; jeder Hausvater stellte das Bild seines G. in dem Lararium neben dem Lar seines Hauses auf, brachte ihm Trank-, Speise- und Rauchopfer, und hielt das, was er als Willens-Aeusserung des G. glaubte betrachten zu dürfen, für besonders wichtig und einflussreich auf sein Leben, mehr, als alles Wohl- oder Uebelwollen der anderen Götter, indem diese nur das grosse Ganze, die Genien aber das Einzelne im Auge hätten. Dem G. etwas einräumen, hiess bei den Römern so viel als sich gütlich thun; den G. verkürzen, sich ein Vergnügen am Munde abdarben. Man sieht also, dass der G. vorzugsweise in dem Sinne Schutzgeist des Menschen ist, dass er jede dem Menschen zu Theil werdende Freude wie seine eigene hinnimmt und geniesst. Uebrigens dehnte sich der Glaube an Genien allmälig auch viel weiter, als bloss auf diese Ueberwachung und Leitung des Individuums aus; jede bedeutendere Thätigkeit und Lebensbestimmung bekam ihren Genius oder ihre Genien; daher sehen wir auf unseren Abbildungen Genien des Ackerbaues nach einem Sarcophag-Basrelief; Genien der Jagd nach einem Basrelief; sodann ebenfalls nach einem Basrelief von der Basis der zerstörten Ehrensäule des Antoninus Pius zu Rom den G. der Welt oder der Ewigkeit, auf seinen Flügeln Antoninus Pius und seine Gemahlin Faustina emportragend. Unten rechts sitzt die Göttin

Fig. 122.

Fig. 125.

Roma, links der G. des Marsfelds, wo man die Scheiterhaufen der Kaiser und Kaiserinnen zu errichten pflegte. Besonders gern dachte man sich den G. in Schlangengestalt, daher wir **Fig.** 125 sogar einen G. des Theaters in dieser Gestalt sehen.

Genn, Dchen oder Dschin. (Orient. M.), Genien von grosser Macht, gewöhnlich überaus schön und ganz von menschlicher Gestalt, doch aus reinem Aether gebildet. Sie waren zu unendlicher Glückseligkeit, lange vor Adam schon, geschaffen, vermochten aber nicht, ihr Glück zu ertragen, und empörten sich mehrmals gegen Gott; dieser beschloss nunmehr, die Erde, welche früher ihr Wohnsitz war, durch Menschen zu bevölkern, und

Fig. 123.

Fig. 124.

Adam ging aus ihrem Schooss hervor; die Genien verehrten dieses Geschöpf des höchsten Herrn, doch Eblis, der stolzeste der G., und seine Freunde verweigerten die Anbetung, welche Gott für Adam haben wollte, desshalb wurden die Empörer in den Abgrund gestürzt, den Uebrigen aber ward das Reich Gennistan zum Aufenthalt angewiesen.

Gennah (Muhamed.), das Paradies, der Aufenthalt der seligen Geister nach dem Tode; jeder gute Muselmann findet dort alle Glückseligkeit, welche nur denkbar ist, vor Allem aber viele tausend ewig bräutliche Houri's.

Gephyrismus (Gr. Religionsbrauch), ein Theil der Feierlichkeiten am sechsten Tage der grossen Eleusinien (s. d.).

Gerana (Gr. M.), Königin des kleingestaltigen Pygmäenvolkes, welche, trotz ihrer unbedeutenden Figur, sich doch für erhabener hielt, als die Götter des Olymp; diese verwandelten sie daher in einen Kranich; als solcher umflog sie immerwährend die Wohnung ihres Kindes und wurde desswegen von den Pygmäen getödtet. Seit dieser Zeit war Krieg zwischen den Kranichen und Pygmäen.

Geraerae (Gr. M.), die heiligen Priesterinnen des Bacchus Limnäus zu Athen. In den Sümpfen (Limnä) nahe der Akropolis hatte Bacchus ein Theater und einen Tempel mit 14 Altären; jedem derselben stand eine der G. vor.

Geraestus (Gr. M.), Sohn des Jupiter von unbekannter Mutter; von ihm soll der Ort G. in Euböa benannt worden sein.

Gerda oder **Gerdur** (Nord. M.), die schönste von allen Jotenjungfrauen. S. Freir.

Gere (Nord. M.). Alle Götter und Helden in Walhalla vergnügen sich mit Speise und Trank, nur Odin isst nichts; die Speisen, welche ihm vorgesetzt werden, gibt er zweien Wölfen, G. und Freke (gierig und fressend) zu verzehren.

Gergithius (Gr. M.), Beiname des Apollo bei den Trojanern, von einem Orte Gergis am Ida, wo er einen Tempel hatte.

Gersemi (Nord. M.), eine der überaus schönen und anmuthigen Töchter der Göttin Freia und des Odur, so schön, dass alles Liebliche und Anmuthige nach ihnen genannt wird.

Geryon, s. Hercules.

Gheda (Ind. M.), eine der furchtbarsten Waffen des Schiwa, eine Keule, mit der er die Bösen zerschmettert.

Ghih (Ind. M.), das gewöhnliche Opfer, welches die Braminen den Göttern bringen; es wird dabei nur ein Stück Butter in die Flamme geworfen. Eine gute oder üble Vorbedeutung liegt darin, wie das Stück fällt: den Mittelpunkt der Flamme treffen, weissagt Glück, sie gar nicht treffen, das grösste Unglück.

Ghongor (Lamaismus), einer von den obersten Göttern der Tübetaner; er ist ein mächtiger Beschützer der Welt, der heiligen Lehren und der Sitten, wird jedoch seiner Grausamkeit wegen zu den acht schrecklichen Burchanen gezählt, und so furchtbar, als nur die wildeste Phantasie sich etwas erdenken kann, vorgestellt. Er hat ein grässliches Haupt mit aufgerissenem Rachen, drei grossen flammenden Augen, als Schärpe eine Menschenhaut, und als Schmuck Korallenschnüre von Todtenköpfen um sich herhängen, trägt in seinen sechs Armen lauter Mordinstrumente und reitet auf einem Elephanten.

Ghosl (Islam), die grösste religiöse Reinigung, bei welcher der zu Reinigende ganz gebadet wird; bei der anderen Entsündigung oder Reinigung findet dieses nur theilweise durch Händewaschen statt.

Gi (Jap. Rel.), »Selbstbeherrschung«, eine der fünf Hauptforderungen, welche die Secte der Philosophen, die sich in Japan zu den Lehren des Konfutse bekennt, an die Mitglieder derselben macht.

Giabbar (Arab. M.), die Genien oder Dews, an deren Dasein die Araber, wie alle orientalischen Völker, glauben; sie umschweben als gute oder böse Begleiter stets den Menschen.

Gjall (Nord. M.), einer der zweiunddreissig aus dem Quell Hwergelmer entspringenden Höllenflüsse, die Grenze der Ober- und Unter-Welt. Es führt eine Brücke, die Gjallerbrücke, ganz von Gold gebaut, über denselben; um in Hela's düstere Wohnungen zu gelangen, muss man sie passiren, und wird auf derselben von der Jungfrau Modgudur nach Namen und Geschlecht gefragt.

Gjallarhorn, 1) s. Heimdal. — 2) G., das Trinkhorn, welches sich Mimir jeden Morgen aus dem Brunnen der Weisheit füllt.

Gjalp, 1) s. Gejrröd. — 2) G., eine von den neun Riesenjungfrauen, welche durch Odin Mütter des Gottes Heimdal wurden.

Giamtschiang (Lamaismus), der Gott des Mondes und der Weisheit; der Erste wird von ihm bewohnt und beherrscht; die Weisheit vermag er den Verehrern zu verleihen. Er wird als Geistlicher abgebildet, der, nach der gewöhnlichen Art der Tübetaner, mit untergeschlagenen Beinen sitzt. Sein Polster ist der Mond, und dieser ist in eine grosse Lotosblume versenkt.

Gjel (Nord. M.), eines der berühmten zwölf Pferde, auf denen die Asen täglich zu Gericht reiten.

Gjenno Giossa (Jap. Rel.), der erste Einsiedler in Japan, der einen ganzen Orden von Eremiten gestiftet, welcher die Verpflichtung hat, seine Mitglieder Reisen durch das ganze Reich machen zu lassen, damit sie dadurch ihre Sünden abbüssen und fromm werden. Wurzeln und Waldkräuter waren seine Nahrungsmittel, das Erklimmen heiliger Berge seine Hauptbeschäftigung; dasselbe thun auch seine Anhänger, und das Ziel ihrer beschwerlichen Wanderungen ist ein mächtiges Felsgebirge, auf dessen Gipfel das Grab des Stifters ihrer Religionssecte ist.

Gleschu (Pers. M.), ein Freudenfest, mit welchem der persische Monat gleiches Namens anfängt.

Giganten, Fig. 126 (Gr. M.), Kinder der Gäa, die sie gebar, befruchtet durch die Blutstropfen, welche dem durch Saturn verstümmelten Uranus entfallen waren. Die G., ungeheure, unüberwindliche Riesen, hatten grässliche Gesichter, und von ihrem Haupte und Kinne wallte langes, dichtes Haar herab; statt der Füsse hatten sie geschuppte Drachenschwänze. Ihr Geburtsland war nach Einigen Phlegrä, nach Anderen Pallene. Sie schleuderten Felsen gegen den Himmel und zusammengebundene Baumstäme, und thürmten Berge auf einander, um den Olymp zu ersteigen, wobei sich vor allen Porphyrion und Alcyoneus auszeichneten. Die Götter wussten durch einen Orakelspruch, dass durch sie allein keiner derselben vernichtet werden könne, und dass ein Sterblicher Theil nehmen müsse an dem Kampf, daher liess Jupiter den Hercules durch Minerva dazu auffordern, und verbot den Gottheiten der Morgenröthe, der Sonne und des Mondes, am Himmel zu erscheinen, damit Gäa, die diesen Orakelspruch gleichfalls kannte, keine Arzneikräuter finden könne, um die verwundeten G. zu heilen. Nun erlegte auch Hercules sogleich den Alcyoneus durch einen Pfeilschuss; sobald dieser jedoch Pallene, sein Mutterland, berührte, erhob er sich mit neuer Kraft und Lebenswärme von seinem Falle, und Hercules musste ihn noch einmal tödten, zu diesem Ende aber ihn zuvor aus Pallene hinwegschleppen. — Jetzt griff Porphyrion den Halbgott und die Gemahlin Jupiters an, in welche er sich jedoch sogleich verliebte, so dass er nicht ferner an Kampf dachte; da betäubte ihn Jupiter mit einem Blitz, und Hercules durchschoss ihn mit einem Pfeil. Dem Ephialtes schoss Apollo das

Fig. 126.

linke, Hercules das rechte Auge aus, den Eurytus erschlug Bacchus mit dem Tyrsus, den Clytius aber Hecate und Vulcan mit glühenden Erzstufen; jetzt flohen die Andern. Auf den Enceladus warf Minerva die Insel Sicilien, dem Pallas zog sie die unverwundbare Haut ab und bedeckte sich selbst damit; auf den Polybotes warf Neptun einen Theil der Insel Cos, Mercur tödtete den Hippolytus, Diana den Gration, ebenso die Parcen den Agrius und den Thoon, welche mit eisernen Keulen kämpften; die Uebrigen schmetterte Jupiter mit Donnerkeulen nieder, und Alle durchbohrte Hercules mit Pfeilen. — Was die bildliche Darstellung bei den Alten betrifft, so sehen wir hier nach einem Basrelief Diana den G. Gration tödten, während auf der andern Seite Hecate zwei andere G. bekämpft.

Gigantophontis (Gr. M.), »Gigantentödterin«, Beiname der Minerva, welcher ihr aus dem Gigantenkriege blieb; als solche wird sie gewöhnlich, auf einem drachenfüssigen Giganten stehend, im Begriff, ihn mit der Lanze zu durchbohren, abgebildet.

Gigon (Gr. M.), einer von den vielen Königen, welche Bacchus auf seinem Zuge durch Aethiopien und Indien besiegt; auch Beiname des Bacchus selbst.

Gikten (Tübet. Geogr.), der Inbegriff der ganzen, von Geistern, Menschen, Thieren und Pflanzen bewohnten Welt; sie hat vier Welttheile, deren jeder aus zwei Inseln besteht, in denen sich acht grosse Berge und acht Meere befinden. Der südliche Welttheil ist eine grosse, auf der Spitze stehende Pyramide, er heisst Zambuling, und die ihn bildenden Inseln sind Nyajap und Nyajapscen; der westliche Welttheil ist eine Kugel, aus den Inseln Jonden und Lamciodro gebildet. Der nördliche heisst Tramignien, er ist viereckig, und der östliche Lupaling, aus zwei Inseln Lu und Lupa zusammengesetzt, ist halbrund oder halbkreisförmig.

Gilbog (Slav. M.), wahrscheinlich blosser Schreibfehler statt Bilbog, »guter Gott«; er kommt als Zuname der Götter Rugiwit und Karewit vor.

Gilling, s. Fialar.

Gilman (Islam), die wunderschönen Jünglinge des Paradieses, welche den gläubigen Seelen alle erdenkliche Freuden bereiten, und ganz allein zum Dienst der Frommen geschaffen sind.

Gilscha (Pers. M.), die erste oder fünfte Königsdynastie des südlichen Persiens, je nachdem man annimmt, dass ihr Stifter Kajumarat Adam selbst ist, oder erst zu den Nachkommen des Nuh (Noah) gehört, als Sohn oder Enkel des Sem. Die Dynastie G. regierte 6000 Jahre, bis auf Artaxerxes, den Stifter der Dynastie der Sassaniden.

Giltene (Lett. M.), die Todesgöttin, die grausame Hela der Letten.

Gimburaders (Ind. M.), liebliche Geister in den schönsten und zartesten Formen, nur von dem Dufte der Blumen lebend, und immerwährend melodisch singend.

Gimle (Nord. M.), der Himmel, oder der reizendste Aufenthalt im Himmel, die schönste aller Gegenden der Götterwelt. Nach Art der alten Nordländer, welche Waffenspiel und hinlängliches Trinken als die grössten Freuden kannten, ist auch dieser unvergängliche Himmel mit Waffen und goldenen Methhörnern ausgeschmückt. Er ist der ewige Aufenthalt Allfadurs, der Sitz aller Guten und Frommen, welche dort ununterbrochen Wonne geniessen. Der Weltuntergang wird Walhalla, den gewöhnlichen Sitz der Götter, Asgard und was dazu gehört, zerstören, eben so auch den darüber liegenden Himmel Aundlang, und den noch höher gelegenen Sitz der Lichtelfen Vidblain, aber der hoch ob all' diesen ausgebreitete G. wird nicht von dem furchtbaren Ragnarokr (Welt-Untergang) ergriffen, sondern bleibt mit dem höchsten ewigen Gott bestehen, zur Aufnahme der muthigen Krieger und der gebliebenen Asen.

Gingerers (Ind. M.), die Kriegerkaste unter den Asors, den bösen, unterirdischen Geistern, welche mit den guten und schönen Dews in stetem Kriege leben. Die G. führen die Schlachten der Asors.

Gingras (Gr. M.), Beiname des Adonis.

Gin Hoang (Chines. M.), eine der ersten fabelhaften Dynastien, welche von dem himmlischen Reiche China die ganze Welt beherrschten, wie denn noch bis jetzt die Chinesen glauben, ihr Kaiser sei der Herrscher und Gebieter aller lebenden Wesen.

Ginnar (Nord. M.), einer der Zwerge, welche von Swains-Haugi nach Orvanga auf Jornwall kamen.

Ginnerers (Ind. M.), Genien der musikalischen Instrumente.

Ginnungagap (Nord. M.), das Chaos, der leere Raum, doch begränzt auf einer Seite von Niflheim und auf der anderen von Muspelheim, von Eis und Sonnenwärme. Aus der Eiswelt ragten mächtige Eiszapfen nach G. hinein, aus Muspelheim flogen immer Feuerfunken herüber; diese befruchteten das Eis, und es entstand daraus Ymer, der erste und grösste aller Hrimtussen (Eisriesen). Aus seiner Hirnschale ward später der Himmel, aus seinem Fleische die Erde, aus den Knochen die Gebirge und aus seinem Blute das Meer geschaffen.

Gjoel (Nord. M.), einer der Höllenflüsse; ferner der Fels, an welchen der Wolf Fenris gebunden wurde.

Gjuki (Nord. M.), ein mächtiger König, Vater des berühmten Heldengeschlechts der Gjukingar, die auch Niflungar (Nibelungen) heissen. G.s Tochter, Gudrunur, erhielt den starken Sigurd zum Manne, und ihr Bruder Gunnar durch List des Sigurd die Schildjungfrau und Walküre Brynhildur. Dieser Anhang der prosaischen Edda ist der ganze Text des Nibelungenliedes. S. Hreidmar.

Giwoitis (Slav. M.), Götzen, besonders Hausgötzen der Slaven, welche sie in Gestalt der dort häufigen braunen Eidechsen zu sehen glaubten, mit Milch ernährten, und durch Opfer sich günstig zu machen suchten.

Giwon (Jap. M.), ein Gott, welcher, wie wir nach nur sehr oberflächlichen Nachrichten, welche wir über Japan haben, vermuthen dürfen, mehr ein Familien- als ein allgemeiner Gott ist; er soll besonders gegen die Blattern schützen, welche unter den Kindern sich zahllose Opfer wählen; Kämpfer übrigens beschreibt grosse und prächtige Tempel, welche dieser Gott in der Nähe der Theehäuser hat; er wird, gleich den meisten indischen und japanischen Götzen, auf einer grossen Blume sitzend abgebildet.

Gladr (Nord. M.), »munter«, eines der Asenpferde, man weiss jedoch nicht, welchem der Götter es gehörte.

Gladsheim (Nord. M.), der grösste und herrlichste Platz in Asgard, wo jeder der grossen Götter einen Sitz, Odin aber einen über alle anderen erhabenen Thron hat; von diesem aus sah Freir die schöne Gerdur, denn man kann von demselben die ganze Welt überschauen.

Glanur (Nord. M.), »Freude«, Gemahl der Sunna (Sonne), der Tochter der Mundilfare. Sunna wurde von den Asen ihrem Manne G. geraubt und an den Himmel versetzt, wo sie jetzt als Sonne allen Wesen leuchtet.

Glapswithr (Nord. M.), Beiname des Odin.

Glasor (Nord. M.), der lieblichste Hain im Aufenthalte der Helden und der reizenden Walküren, in Walhalla. G. hat Bäume mit goldenen Zweigen und Blättern.

Glauce (Gr. M.), 1) eine Nymphe, mit welcher Upis sich vermählte, aus welcher Verbindung, nach einer Angabe, Diana hervorgegangen sein sollte. — 2) G., Tochter des corinthischen Königs Creon, gewöhnlicher Creusa genannt, so schön, dass Jason um ihretwillen seine Retterin und die Mutter seiner Kinder, Medea, verstiess, wofür diese sich durch den Untergang des ganzen Hauses rächte. — 3) G., Tochter des Cycnus, Sohnes des Neptun, Königs von Colonä in Troas.

Glaucia, s. Deïmachus.

Glaucopis (Gr. M.), »die Helläugige,« Beiname der Minerva, unter welchem sie oft in der Ilias vorkommt.

Glaucus (Gr. M.), 1) ein Meergott, welcher den Argonauten wahrsagte, indem er während ihrer Fahrt dem Schiffe Argo nachschwamm. Er war früher ein Fischer, sass an dem, noch nie von fremdem Fuss betretenen, noch nie von Thieren abgeweideten Grasufer, und schüttete seine Fische darauf hin, um sie zu sichten; da erhoben sich diese alle, wie von unsichtbarer Macht beseelt, und sprangen in das Meer zurück. Voll Staunen betrachtete G. das Wunder, kostete von den Kräutern, hatte aber ihren Saft noch nicht zur Kehle gebracht, als schon seine Natur verwandelt war, und er sich unwillkürlich in's Meer stürzen musste; hier ward er von den Göttern desselben als Genosse begrüsst, von allem Sterblichen gereinigt, und ihm durch hundert Ströme Wassers die Brust entsündigt; so erzählt er selbst in Ovids Verwandlungen der schönen Scylla, die er liebt. Kein Gehör bei ihr findend, da sein struppiger Bart, sein grünes Haar, seine blauen Arme, und der in einen Fischschweif endende Leib die Liebe der Erdbewohnerin nicht erwecken konnte, eilte er zur Zauberin Circe, um sie zu bitten, dass sie die Scylla ihm geneigt mache. Circe fasste nun selbst Liebe zu ihm und trug sich ihm an; da er jedoch an dem Erdenkinde hing, mischte sie die Fluth, in welcher jene täglich zu baden pflegte, mit giftigen Kräutern, welche sie in ein Ungeheuer verwandelten, so weit sie sich in das Wasser begeben: so wurden ihre Beine bis zu den Hüften in lauter bellende, gefrässige Hunde verwandelt, während der Oberleib ein schönes Mädchen blieb. — 2) G., Sohn des Minos, Königs von Creta, fiel als Knabe in ein Fass mit Honig, in welchem ihn natürlich Niemand suchte. Polyïdus, ein Seher aus Argos, des Cöranus Sohn, errieth den Ort, wo er verborgen war; nun aber sperrte der König ihn mit dem Todten ein, und hiess ihn denselben wieder lebendig machen. In das Grabgewölbe kam eine Schlange, welche Polyïdus erschlug; alsbald kam eine zweite dazu, die ein Kraut in dem Rachen trug, bei dessen Berührung die erste erwachte; sogleich ergriff Polyïdus dieses und machte dadurch auch den G. wieder lebendig, den er nun auch noch, auf des strengen Minos Befehl, in der Wahrsagerkunst unterrichten musste. Als dieses geschehen war, reiste er ab, bat jedoch vorher noch seinen Zögling, ihm in den Mund zu spucken, wodurch G. Alles, was er gelernt, wieder vergass. Polyïdus aber entfloh der Rache des Königs. — 3) G., Sohn des Sisyphus, Königs in Corinth, den seine eigenen Pferde zerrissen, und dessen Geist es dann sein sollte, der während der Wettrennen bei den isthmischen Spielen die Pferde scheu machte. Er soll mit Eurymede vermählt, und durch sie Vater des Bellerophon gewesen sein. — 4) G., Urenkel des vorigen, Hippolochus' Sohn und Bellerophons Enkel, einer der tapfersten Heiden auf Seiten der Trojaner. Eine Episode in der Ilias lässt uns einen tiefen Blick in die Sitten jener Zeit thun, nach welchen die Gastfreundschaft die heiligste der Pflichten war. Mitten im wildesten Kampfe begegneten sich G. und Diomedes; sie erkennen einander, als durch die Väter, welche einander einmal vor vielen Jahren besucht, gastfreundlich verbunden, und Diomedes stösst seine Lanze in die Erde, sagt, dass Jupiter ihn bewahren solle, seinen Gastfreund zu tödten, wechselt mit ihm die Rüstung, und als Freunde gehen sie aus einander.

Gleipner, s. Fenrer.

Glenr (Nord. M.), eines der schönen und muthigen Rosse, deren sich die Asen bedienten.

Glitner (Nord. M.), Palast des Friedensgottes, des Forsete, eines Sohnes von Baldur und Nanna. Alle Wände desselben sind von Gold, die Säulen, auf denen er ruht, sind von Gold, eben so der Fussboden, von durchsichtigen Edelsteinen sind die Fenster, und das Dach ist mit Silber gedeckt.

Gloed (Nord. M.), Gattin des Loge (Feuer), des Sohnes jenes Urriesen Fornjotr, von dem die vor-odinischen Götter stammen. Seine Töchter hiessen Eisa und Einmyria (Kohle und Asche), die Gattin G. (Gluth); es sind also personificirte Naturbegriffe.

Gloinn (Nord. M.), einer der Steinzwerge, welche von Mothsognir beherrscht wurden.

Gna (Nord. M.), die Iris der nordischen Juno, die Botin der Götterkönigin Frigga, der Gemahlin Odins. Alle Befehle dieser Göttin führt sie auf's Schnellste aus, oder überbringt sie augenblicklich an den Ort der Bestimmuug, indem sie auf einem Ross, Hofwarpner, das mehr als windschnell ist, durch Feuer, Luft und Wasser reiten kann.

Gne Zedem (Lamaismus), der letzte Weltkaiser (Corlo Ghiurwe Ghielpo Gna, Beherrscher der ganzen sichtbaren Welt, deren fünf überhaupt waren). G. Z. bedeutet der Zweit-Schönste, ein Name, den er von seinem Vater, Zedem (der Schönste), erhielt; dieser gebar ihn aus einer Geschwulst am linken Arm, so wie hinwiederum des G. Z. Sohn ihm aus dem rechten Hüftbein geboren wurde. Die Kaiser lebten alle viele tausend Jahre und beglückten die Welt unendlich.

Gnia-thritz-thengo (Tübet. M.), die zweite Menschwerdung des Gottes Kenresi. Er hatte sich in den Schooss der Gemahlin des Königs von Indien, Mangkiabe, gesenkt, war von ihr ausgesetzt und von einem Bauern erzogen worden; kam erwachsen nach Tübet, ward König, regierte das Volk, dem er Ackerbau und Wissenschaften gebracht, einundneunzig Jahre lang, und hinterliess das Reich seinen Söhnen.

Gnielva (Lamaismus), die Gesammtheit der sechzehn Regionen des Feuers und der Kälte, welche zusammen eines der drei Reiche der Verdammten bilden. In den beiden andern Reichen werden sie durch Hunger und blutige Martern gequält.

Gnipi (Nord. M.), die Höhle, an deren Eingang der böse Hund Garmr gefesselt liegt, bis er am Ragnarokr mit Surturs Schaaren gegen die Asen anrückt und mit Tyr kämpft.

Gnomen, s. Kobolde und Dämonen.

Gnytaheide (Nord. M.), die Heide, auf welcher Fafnir sich in Schlangengestalt, als Hüter seines Schatzes, des Niflungarhorts, aufhielt; Reigen, Fafnirs Bruder, und Sigurd machten eine Grube, worin der Letztere sich verbarg; als nun Fafnir über dieselbe hinkroch, bohrte ihm Sigurd sein Schwert in den Bauch und tödtete ihn auf diese Art.

Godheim (Nord. M.), die Wohnung der Asen; von den neun Welten des Alls diejenige, in der die Asen wohnen.

Gogard (Pers. M.), ein göttlicher Baum, von Ormuzd erschaffen und mit den herrlichsten Gaben ausgerüstet; er vermag alle Wünsche zu erfüllen, alle Schätze zu verleihen, das Alter zu verjüngen u. s. w.

Go hei (Jap. M.), ein Symbol oder Bild der Gottheit, ein gottesdienstliches Geräthe aus Papierstreifen von verschiedenen Farben gemacht, das sich auf den Altären und in den Hauscapellen der Japaneser überall vorfindet.

Goinn (Nord. M.), eine der Schlangen, die in Helheim, im Quell Hwergelmer, wohnen und an den Wurzeln der Weltesche Ygdrasil nagen, um sie zu stürzen; die Nornen verhüten diess durch ihre Vorsicht.

Golawa (Ind. M.), der Bote des Gottes Kasyapa, welcher, wie Mercur, sich leicht durch die Luft schwingt.

Gondu (Slav. M.), ein Gott der Polen, der vorzugsweise von Jungfrauen verehrt und von ihnen in ihren Gebeten angerufen wurde.

Gopia, Fig. 127 (Ind. M.), die schönen Milchmädchen, neun an der Zahl, welche den jungen Krischna begleiten,

Fig. 127.

und mit ihm die Nächte durch auf den Ebenen von Agra tanzen und spielen. Krischna ist der Apoll und diese G. sind die Musen der Indier. Die Zahl neun würde zweifelhaft sein, allein ein Bild eines alten Basreliefs gibt uns den Krischna auf einem Elephanten reitend, welcher aus neun Mädchen, die sich künstlich ineinander verschlungen haben, zusammengesetzt ist.

Gordys (Gr. M.), Sohn des Triptolemus, welcher sich in Phrygien niederliess, und einer Landschaft den Namen nach sich gab. Er soll mit unter denen gewesen sein, welche für Juno die nach Aegypten entflohene Io suchten.

Gorgasus (Gr. M.), Sohn des Machaon, Sohnes des Aesculap; ihm und seinem Bruder Nicomachus ward von Isthmius ein Heiligthum in Pharä errichtet.

Gorge (Gr. M.), Schwester des Meleager; sie und Deïanira waren die einzigen seiner Schwestern, welche von den Göttern erhalten wurden, als sie die übrigen in Vögel verwandelten, weil sie nicht aufhörten, über den Tod ihres Bruders zu weinen. Ihr Vater, Oeneus, soll sich in sie verliebt und den Tydeus mit ihr erzeugt haben.

Gorgon (Gr. M.), ein Ungeheuer, Kind der Echidna.

Gorgonen, Fig. 128 (Gr. M.), Töchter des Phorcys und der Ceto, von ausserordentlicher Schönheit, doch wegen ihres Stolzes von den Göttern in schlangenhaarige Ungeheuer verwandelt; sie hatten Häupter mit Drachenschuppen besäet, Hauzähne gleich wilden Ebern, eherne Hände und Flügel an dem Haupt, mit denen sie sich in die Luft erheben konnten; ihr Anblick war so entsetzlich, dass sie Jeden, der sie ansah, in Stein verwandelten; es waren ihrer drei Schwestern: Stheno, Euryale und Medusa, welche Letztere vorzugsweise Gorgo oder Gorgone genannt wird; die beiden ersteren waren unsterblich, Medusa war es nicht; daher konnte, als dem Perseus aufgetragen wurde, das Haupt der Gorgone zu holen, nur diese gemeint sein. Der Held hieb ihr dasselbe ab, und aus ihrem Blute entsprangen augenblicklich das Flügelross Pegasus, und Chrysaor, der Heros, welcher des dreileibigen Geryon Vater ward. Beide waren Kinder des Neptun, welche er mit der Medusa erzeugte, als sie noch schön war; es soll dies im Tempel der Minerva geschehen sein, daher geben einige Mythographen an, die Verwandlung sei zur Strafe für diesen Frevel erfolgt. Unser Bild

Fig. 128.

stellt nach einem antiken Vasengemälde dar, wie die beiden G., Stheno und Euryale, den Neptun herbeigerufen haben, und ihm das Unglück ihrer Schwester Medusa erzählen. — Als Attribut gehört ihr Haupt dem Perseus und der Minerva, welche es auf ihren Schild oder ihren Brustpanzer setzte.

Gorgophone (Gr. M.), 1) Beiname der Minerva, entweder als Besiegerin der Gorgone, weil sie den Perseus bei seinem Abenteuer unterstützte, oder weil sie sich mit dem Gorgonenhaupt waffnete. — 2) G., Tochter des Perseus und der Andromeda, war die Gattin des Königs Perieres, und erhielt von ihm die Söhne Aphareus und Leucippus.

Gorgophonus (Gr. M.), einer der Electryoniden, welcher nebst seinen Brüdern im Kampf gegen die Pterelaïden blieb.

Gorgopis (Gr. M.), soll eine zweite Gattin des Athamas geheissen haben, welche sich in Phrixus, dessen Sohn von der Nephele, verliebte, und ihn, weil er mit Abscheu vor ihr floh, bei dem Vater verklagte; die gewöhnliche Sage erzählt dieses von Ino.

Gorgyieus (Gr. M.), der zu Gorgyia auf Samos Verehrte; Beiname des Bacchus.

Gorgyra (Gr. M.), Mutter des Ascalaphus (von Acheron), welcher verrieth, dass Proserpina in der Unterwelt bereits etwas genossen, was ihre Rückkehr auf die Oberwelt verhinderte. Ceres wälzte dafür dem Verräther einen mächtigen Felsblock auf den Leib.

Gorgythion (Gr. M.), Sohn des Priamus und der Castianira, blieb von einem Pfeilschuss des Teucer, den dieser auf Hector gesendet, der jedoch des Jünglings Brust traf.

Gorinia (Slav. M.), soll eine Berggöttin geheissen haben; doch vielleicht ist diese Idee nur aus dem Namen entstanden: Gor, auch Gora, heisst in den slavischen Sprachen der Berg, und G. ist sowohl das Femininum, als das Diminutivum davon; vergl. übrigens G o r i n k a.

Gorinka (Slav. M.), ein altes Zauberweib, das in den Wäldern von Kiew wohnte und unendlich viele Schätze (von den Bauern und Edelleuten, denen sie Verhexung des Viehes androhete, erpresst) aufgehäuft hatte. Vergeblich suchte man ihr zu nahen, sie wusste sich gegen jede Waffe durch ihre Zaubermittel zu schützen, endlich unternahm auch Dobruna, ein bekannter russischer Held, der Oheim Wladimirs, das Abenteuer; er rüstete sich mit seinem besten Helm und Schwert, doch ein junger Held, Ilja, sagte, die beste Waffe gegen ein Weib sei die blosse Hand. Den Wink, welcher auf der Verachtung der Slaven gegen die Frauen beruhete, verstehend, ging er unbewehrt zu ihr, und ward ohne Umstände in ihre Wohnung gelassen, da schlug er G. so heftig in's Gesicht, dass sie blutend niederstürzte, worauf er sie ihrer Zaubermittel und aller Schätze beraubte und sie ganz unschädlich machte.

Gorodmone (Pers.), das Elysium oder Paradies der Perser.

Gortynius (Gr. M.), Beiname des Aesculap.

Gortys (Gr. M.), 1) Sohn des Stymphelus, Erbauer der arcadischen Stadt Gortys. — 2) G., Sohn des Tegeates und der Mära, der nach der Sage der Arcadier von Tegea aus Gortyna auf Creta gegründet hatte.

Gorynia (Slav. M.), ein alter, gottentsprossener Held der Slaven; er soll, wie einst die Giganten, vermocht haben, ganze Berge zu erheben und fortzuschleudern.

Gosch (Pers. M.), das Grund- und Urwesen, die Urmaterie aller Thiere, das eigentliche männliche Lebensprincip, aus der linken Vorderseite des Ur-Stiers, Abudad, entstanden, welchen Ormuzd geschaffen, Ahrimann aber getödtet hatte.

Goschorun (Pers. M.), das weibliche Urprincip der Lebenskraft, aus der rechten Seite des Urstiers entstanden.

Gossally (Ind. M.), die erste von den drei Gattinnen des Königs Dassaraden; sie gebar den Wischnu in seiner siebenten Verkörperung als Schri Rama.

Goetzenbild der Gesellschaftsinseln, Fig.129-130. Unter diesem sehr allgemeinen Namen müssen wir unsere beiden Figuren aufführen, weil die Reisenden, welche jene Inseln im stillen Ocean besucht, keine specielleren dafür auffinden konnten. Man findet auf den grössten dieser friedlichen Inseln colossale Büsten, 15—20 und mehr

Fig. 129.

Fig. 130.

Fuss hoch, sechs bis sieben breit, welche von einem leicht zu bearbeitenden Stein verfertigt sind, theils einzeln, theils paarweise gruppirt stehen, und entweder Götter oder vergötterte Vorfahren vorstellen.

Graecus (Gr. M.), soll ein Sohn des Königs Thessalus, und derjenige gewesen sein, von welchem die Griechen ihren Namen bekommen haben.

Gradivus (Röm. M.), »der Schreitende«, Beiname des Mars.

Graeen (Gr. M.), Schwestern der Gorgonen, also Töchter des Phorcys (daher auch Phorciden genannt) und der Ceto. Sie waren von den Göttern zu Hütern des Weges, der zu den Gorgonen führte, sowohl, als zu den Waffen, mit denen allein diese getödtet werden konnten, eingesetzt. Als Perseus das Haupt der Medusa holen sollte, musste er erst die G. zwingen, ihm den Weg zu zeigen; er fand drei abschreckende hässliche Weiber, welche alle drei zusammen nur ein Auge und einen Zahn hatten, den sie sich wechselsweise liehen. Im Schlafe beraubte der Held sie dieser beiden Dinge, und gab ihnen dieselben nicht eher wieder, als bis sie ihm versprachen, Mittel und Wege zur Besiegung der Gorgonen zu zeigen.

Grafvoelludr (Nord. M.), eine von den Schlangen, welche in Helheim stets am Baum Ygdrasil nagen.

Grafwitnir (Nord. M.), die Mutter der beiden Schlangen, Goinn und Moinn, welche stets beschäftigt sind, die Wurzeln des Eschenbaumes Ygdrasil abzunagen; sie wohnt mit ihren Kindern im Brunnen Hwergelmer im Reich der Hela.

Grahastee (Ind. Rel.), der zweite Grad in der Braminen-Kaste; er beginnt mit dem zwölften Jahre, wobei der junge Bramin sich zu erklären hat, ob er Pagodenpriester oder Hauspriester werden, und also von den Geschenken der Laien, oder von seinen eigenen (Land-) Gütern leben will; bearbeiten darf er dieselben jedoch so wenig, als er mit seinem Gelde Handel treiben darf, dieses steht anderen Kasten ausschliesslich zu.

Gral, der heilige (Mittelalt.), eine grosse Schüssel, aus einem einzigen Smaragd geschliffen, in doppelter Hinsicht von unschätzbarem Werth, als heilige Reliquie, und als Stein der Weisen; dieser heilige G. soll die Schüssel gewesen sein, welche unter andern Schätzen die Königin von Saba dem Salomo gebracht; von diesem kam er als Erbstück an Nicodemus und dann an Joseph von Arimathia. Dort genoss Christus das Abendmahl daraus, und Joseph fing das den Wunden Jesu entströmte Blut darin auf. Hierdurch ward auch der Name bedingt, der eine Verstümmelung der Worte sanguis regalis oder saing réal ist. Die Dichter des Mittelalters bemächtigten sich dieses Stoffes; da ward aus dem Saint G. (so schrieb man statt des Obigen) der Stein der Weisen des Morgenlandes, welcher den Tisch, worauf man ihn setzt, mit den köstlichsten Gerichten füllt; da ward er die wahre Universalmedicin, die man gar nicht einzunehmen braucht, deren Anblick schon von allen Uebeln heilt, so dass, wer sie sieht, das ewige Leben gewinnt, d. h. gar nicht stirbt. Am Charfreitag kommen Engel hernieder, heben den heiligen G. empor und erhalten ihn schwebend in der Luft, bis ein Paar anderer Engel eine von Gott selbst geweihete Hostie bringen und sie hinein legen, eine Scene, welche man auf alten deutschen Gemälden häufig wiederholt findet. — Noch weiter gingen die Engländer; nach den Sagen alt-britannischer Sänger brachte Joseph von Arimathia den heiligen G. nach Britannien. Auf dem Mont-salvatsch (mons salvatoris), einem Berge aus einem einzigen Onyx, stiftete Titurel einen Tempel, der aus lauter Gold, Aloëholz und einem köstlichen ungenannten Gestein gebaut war, welches im Sommer Kühlung, im Winter liebliche Wärme verbreitete. Hier sollte der G. aufbewahrt werden, und diess war ihm so vollkommen genehm, dass er selbst auf einer ungeheuren, 100 Klafter breiten Steintafel den Plan dazu zeichnete und auch alle Materialien zum Bau anschaffte. Dieser Tempel lag in eines Waldes düsterer Mitte und war desswegen so wenig bekannt, weil er so viel gesucht wurde, denn gerade von den Suchenden konnte er nicht gefunden werden; nur der Zufall und gläubiges Vertrauen, ohne den Wunsch ihn zu sehen, leitete dahin, aber dann auch stets zum zeitlichen und ewigen Heil des glücklichen Finders. Das Gefäss, eine Antike von hohem Alter, existirt wirklich, kam 1100 nach Genua und von dort 1806 nach Paris; Untersuchungen bestätigten seinen archäologischen Werth, aber zeigten auch, dass es von grünem Glase sei.

Gramnar (Nord. M.), König in Schweden, Vater des riesigen Hodbrod, der mit der schönen Schildjungfrau Sigrun verlobt war, doch gegen Helgi, deren Geliebten, in der Schlacht am Frekasteine blieb.

Gramur (Nord. M.), das berühmte Schwert des nordischen Helden Sigurd Fafnirstödter, das trefflichste, das jemals von Zwergen geschmiedet wurde. Sigurd prüfte es auf zwei sehr auffallende Weisen: er zerhieb damit einen grossen gestählten Ambos, und siehe, das Schwert hatte nicht die leichteste Scharte davon; dann legte er es in den Fluss; dieser trieb eine leichte Wollflocke dagegen, und sie ward zerschnitten. Als Sigurd in Gunnars Gestalt auf seinem trefflichen Ross über den feurigen Fluss gesprengt war, der Brynhildurs Haus umgab, und er so für Gunnar das Brautbett mit der schönen Schildjungfrau beschritt, legte er das Schwert G. zwischen sich und des Freundes Braut.

Grane (Röm. M.), identisch mit Cardea (s. d.).

Grani (Nord. M.), das Ross Sigurds, des Fafnirstödters.

Grannawr (Celt. M.), der Sonnengott. Der Name bedeutet schön und langhaarig, Beinamen, die sehr wohl auf den Sonnengott passen.

Gras (Gr. M.), Sohn des Echelatus, Sohnes des Penthilus, Sohnes des Orest; ihm sowohl als seinem Grossvater wird die Begründung äolischer Colonien in Kleinasien zugeschrieben.

Grath (Nord. M.), einer von den zweiunddreissig Höllenflüssen.

Gration, s. Giganten.

Grawakr (Nord. M.), eine von den vielen Schlangen, welche an den Wurzeln des Welteschenbaumes Ygdrasil nagen.

Grazien oder Charitinnen, Fig. 131 (Gr. u. röm. M.), die Göttinnen der Anmuth. Sie versinnbildlichen die Anmuth des durch Sitte und Schönheits-Sinn geregelten, durch Schmuck und Freude gehobenen geselligen Beisammenseins. Homer nennt in der Ilias nur eine G. (Charis), die er zur Gattin des Vulcan macht. Später erscheinen sie in der Mehrzahl, zu zwei, wie zu Sparta, wo man sie Cleta und Phaënna, und zu Athen, wo man sie Auxo und Hegemone nannte; oder zu drei, welches die gewöhnliche Vorstellung geworden ist, nach der sie Euphrosyne, Aglaja und Thalia heissen. Sie werden für Töchter des Jupiter und der Oceanide Eurynome, oder des Sonnen-Gottes und der Aegle, oder des Bacchus und der Venus ausgegeben. Pausanias erzählt, dass in dem Tempel der Nemesis zu Smyrna, im Odeum, von Apelles gemalt, in Pergamus, im Tempel des Apollo Pythius, und am Eingange zur Burg in Athen (von Socrates gemeisselt) die G. bekleidet gewesen. Später aber pflegte man sie nackt darzustellen, und diess ohne Zweifel erst, als die vollendete Kunst den Versuch wagen durfte, Ideale weiblicher Schönheit aufzustellen. Die G. erst geben nach

Fig. 131.

griechischer Vorstellung dem Leben alle Annehmlichkeiten; ein Opfer, dem Bacchus gebracht, wird ohne sie ein Bacchanal, wie das der Venus eine Orgie; in ihrer Gesellschaft kehrt sanfte Freude, Scherz und Frohsinn ein; in diesem Sinne erscheinen sie im Gefolge der Venus, der Juno, des Bacchus, des Apollo, als diejenigen, durch welche erst die Geliebte dem liebenden Jüngling, die Gattin dem Gatten reizend wird, als diejenigen, welche der Freude den höchsten Schmuck verleihen. Wir sehen auf unserer Abbildung die G. nackt nach einem Glasgemälde, mit einer Umschrift aus halb griechischen, halb lateinischen Wörtern, aber ganz in lateinischen Buchstaben. Die G. sind auch Symbol der Dankbarkeit (gratia, Dank) eines Genesenen gegen seinen Arzt Aesculap.

Greife, Fig. 132 (Gr. M.), Fabelthiere des Alterthums, an Grösse einem Löwen gleich, mit vier Krallenfüssen, zwei Flügeln und dem krummen Schnabel eines Raubvogels, im Orient entstanden, von da in das Abendland übergegangen, und in den Kunstgebrauch eingeführt. Dieses Phantasie-Geschöpf ist der Mittelpunkt eines seltsamen Sagen-Kreises geworden, und man findet es schon von Hesiod und Herodot erwähnt, nämlich als Wächter des Goldes im tiefen Norden Europas, welches ihnen die

Fig. 132.

einäugigen Arimaspen zu entführen wussten. Das Mittelalter glaubte noch fest an die Existenz der G., wesshalb sie auch häufig als Wappenthiere gebraucht wurden. Unser Bild zeigt uns ein Greifen-Gespann am Wagen des Apollo.

Greip (Nord. M.), 1) S. Gejrröd. — 2) G., eines von den neun Wellenmädchen, welche Odin am Meeresstrande traf, und das von ihm Mutter des einen Gottes, Heimdal, wurde.

Gridur (Nord. M.), eine weise Jotenfrau, einst, als Riesenmädchen, so schön, dass sie von Odin geliebt ward, der mit ihr einen Sohn, Vidar, zeugte, welcher, nächst Thor, der stärkste unter den Asen ist, und dessen einer Schuh aus lauter Lederabfällen der von den Menschen verbrauchten Schuhe gemacht ist; er dient ihm zur Besiegung des Fenris. G. war es, welche den Thor mit den Eisenhandschuhen und mit dem Stabe versah, die ihn in der Wohnung des Gejrröd (s. d.) von dem Untergange retteten.

Grimhildur (Nord. M.), die Frau des Königs Gjuki, Mutter von Gunnar, Högni, Guttormur und Gudrun. Sie machte durch einen Zaubertrank, dass Sigurd sein Verlöbniss mit Brynhildur vergass, und sich mit Gudrun verband.

Grimner (Nord. M.), Beiname des Odin, unter welchem er zu König Geirröd zog, dort acht Tage zwischen zwei Feuern bratend, bis er seinen wahren Namen gestand.

Griotunagarder (Nord. M.), der Kampfplatz, auf welchem Thor mit dem ganz in Stein gewappneten Riesen Hrungner kämpfte.

Grischna (Ind. M.), die Jahreszeit der Hitze.

Griwaiten (Lettische M.), die höchsten Priester der Preussen, nach dem Griwe. Sie lebten beständig im heiligen Romowe, in der Nähe des Oberpriesters, genossen, weil sie täglich des vertrauten Umgangs mit den Göttern pflegten, des höchsten Ansehens, und bildeten den höchsten Rath des Griwe und des Landes überhaupt. Aus ihrer Mitte ward durch sie selbst der neue Griwe gewählt, so wie derselbe hinwiederum seine Verwandten, wenn sie Priester waren, in ihre Zahl aufnahm. Ohne ihren Rath ward nichts unternommen, und sie standen dem Oberpriester, streng genommen, zur Seite. Was das äussere Ansehen betraf, standen sie, wenn auch sehr hoch, doch vor der Heiligkeit des Griwe weit zurück. Wenn sie es waren, welche Befehle ertheilten oder die Gebote des Griwe verkündeten, so bedurfte es des Gebieterstabs, des Griwale (s. d.) nicht; das Volk gehorchte ihnen gerne auch ohne dieses Zeichen der höchsten Macht.

Griwale (Lettische M.), der heilige Stab der alten heidnischen Preussen, dessen sich die Oberpriester bedienten, um mit demselben seine Befehle verkünden zu lassen. Er ward dem in die Lande des Griwe gesandten Priester als Creditiv mitgegeben, und wo er erschien, wurde er beinahe selbst göttlich verehrt, wenn er gleich nur das Zeichen eines göttlich Verehrten war. Wie dieser Gebieterstab ausgesehen, weiss man nicht, doch hat sich aus jenen fernen Zeiten her der Gebrauch bis jetzt fortgepflanzt; indessen rührt der Krummstab der christlichen Bischöfe ohne Zweifel von dem Hirtenstabe her, welchen die Hirten der Kirche zu ihrem Symbol wählten. — Gewöhnliche Befehle lässt der Schultheiss in preussisch Litthauen durch einen Knecht ansagen; wenn er jedoch um einer wichtigen Sache willen die Gemeinden versammeln will, so schickt er den G. (so heisst er noch jetzt) zum ersten Nachbar, dieser schickt denselben sogleich weiter u. s. f., bis der Letzte ihn dem Schultheiss zurück gibt. Auf eine Vorladung mittelst dieses Amtszeichens bleibt Niemand aus. Wahrscheinlich ist der ganze Gebrauch noch aus den alten heidnischen Zeiten übrig geblieben.

Griwe oder Kriwe, auch Krew (Lettische M.). Vielleicht stammt der Name von dem letzten Worte her, welches in den slavischen Sprachen Blut heisst. Er war der blutvergiessende Oberpriester der alten heidnischen Preussen; der erste derselben hiess Bruteno und war der Bruder des ersten Königs Widewud. Bei einem heftigen Bürgerkriege, in welchem seine Landsleute, die Skandier, in Preussen eingewandert, das Urvolk, die Rugier, oder Ulmerugier, zur Dienstbarkeit zu zwingen suchten, beriefen er und sein Bruder alle Völker nach der festen Burg Noytto zwischen dem frischen Haff und dem Meere. Hier ward ihnen die Nothwendigkeit der Eintracht vorgestellt, wenn sie nicht alle über die Nachbarn errungenen Vortheile verlieren wollten; der Zorn der Götter ward den Frevlern verheissen, wie ihre Gnade den Gehorsamen, und es ward ein Vertrag festgestellt, nach welchem Keiner den Andern verachten, noch wider seinen Willen zur Arbeit zwingen solle. Edler würde nur der geachtet werden, der sich vor dem Andern auszeichne; Ruhe und Eintracht sollte unter ihnen herrschen, und der Unterschied der Skandier und Rugier nur noch im Namen bestehen. Auf diese Weise wurden durch eine zweckmässige Verordnung und die Furcht vor der Gewalt der Götter zwei feindliche, aber gleich kräftige Völker zu Einem vereint und dieser Vertrag zu Romowe (s. d.) noch enger geknüpft. — Der G. hatte auf das Volk den mächtigsten Einfluss, denn er, und nicht der sogenannte Fürst (Reiks) war der unumschränkte Gebieter, der Fürst war stets dem G. untergeben. In frühester Zeit gab es für das ganze Volk nur Ein Oberhaupt in der Person dieses Hohenpriesters. Jahrhunderte nachher, als das bevölkerte Land eine Vervielfältigung nöthig zu machen schien, oder als die Fürsten sich in das Reich, das bis dahin eins war, theilten, befand sich in jeder Provinz ein G., dessen Macht auf Alles ringsumher sich erstreckte; Priester und Laie, Fürst und Bauer, Freier und Knecht war ihm untergeben, unbegränzt war seine Verehrung; nirgends durfte ein Fremder, welcher des G. Rath suchte, seinen geheiligten Sitz betreten, ferne von ihm musste er im Walde verweilen und warten, bis der Priester ihm eine Antwort auf seine Fragen ertheilte. Seinem Volke zeigte sich der G. so selten, dass derjenige, welcher ihn gesehen, es für das höchste Glück seines Lebens hielt; er lebte stets im geheimnissvollen Dunkel eines heiligen, von Niemand, bei augenblicklicher Todesstrafe, betretenen Waldes; er ertheilte daher auch nie die Befehle selbst; was von ihm an Verordnungen ausging, wurde nur durch Boten verkündet, und diese bevollmächtigte er durch sein geheiligtes Zeichen, durch den Griwale (s. d.), vor welchem sich ein Jeder auf das Angesicht zur Erde warf. Solch einem von ihm verkündeten Gesetze musste nachgekommen werden; kein Widerspruch war erlaubt, der strengste Gehorsam galt als unerlässliche Pflicht bei dem ganzen Volke, wie bei den Priestern selbst. Die Griwen-Würde ward stets auf Lebenszeit verliehen, aber sie selbst, die Hohenpriester, gaben sie nicht selten, ja mehrentheils nach einem gewissen Zeitraum auf, indem sie sich opferten. Wenn ein G. ewige Verehrung und lange Dauer seines Namens wünschte, so bestieg er unter feierlichen Gesängen und im Beisein des ganzen Volkes, welches sich zu einem solchen hohen Feste von allen Enden des Landes versammelte, einen Scheiterhaufen, der aus geheiligtem Holze erbaut war, ermahnte die Priester und das Volk zum treuen Glauben an die Götter, sagte, dass er ihre Sünden mit sich nehmen wolle, und liess sich nun Angesichts Aller verbrennen. Auf diese Weise sollen die meisten gestorben sein, und ein solcher Tod war eine Heiligsprechung; der Geopferte ward in die Gemeinschaft der Götter aufgenommen und, wie diese, angebetet.

Groaperikie, Gott der Abiponer. (S. Achuraigischi.)

Grönländer (Rel. der). Die Völker dieser grossen, noch wenig durchforschten Insel glauben an eine Beseelung aller Gegenstände, welche sie umgeben. Die Geister überhaupt heissen Innuet, d. h. Beherrscher, und grösstentheils haben die der einzelnen wahrnehmbaren Gegenstände noch ihren eigenen Namen. Malina und Aniunga sind die Beherrscher von Sonne und Mond; sie waren vorher Menschen, wurden durch besondere Schicksale an den Himmel versetzt und führen dort jetzt in Gesellschaft der Sterne ein sehr angenehmes Leben. Ihre Nahrung bedingt ihre Farbe, so dass sie bald röther, bald gelber aussehen. Die Planeten sind Frauen, welche einander besuchen, daher man öfter welche bei einander sieht. Die Beherrscher der Luft heissen Innerterirsok und Erloersortok; die Meergeister Konguesetokit und der Eisbeherrscher Sillagigsartok. Die Geister des Feuers heissen Ingersoit. In den Bergen hausen grosse Geister und kleine Gnomen, Tannersoit und Innuarolit. Die Kriegsgötter Erkiglit, die Nahrungsgeister Nerrim Innuet etc. sind überall verbreitet, und diese, wie alle vorigen, lassen sich durch Hülfe der Zauberer und durch geheime, nur diesen bekannte Mittel dahin bringen, den Menschen Schutzgeister zu werden. Ein solcher Schutzgeist heisst dann Torngak, der grosse Geist aber, der Beherrscher aller Innuets und Torngaks, heisst Torngaseak, ihn fragen die Zauberer in Allem um Rath. Die Frau oder Mutter dieses grossen Geistes ist ein sehr gefürchtetes Wesen; sie ist die Tochter des Zauberers, welcher das Land Disko (Grönland) vom festen Lande abgerissen und hundert Meilen nach Norden geschoben hat; sie wohnt unter dem Meere und ist den Menschen dadurch sehr schädlich, dass sie die Seethiere an ihre Wohnung gefesselt hält. Dauert der Mangel zu lange Zeit, so muss ein Zauberer in ihren Palast und die Loslassung der Seethiere bewirken. Der unsichtbare Beherrscher des Weltalls — Silla oder Pirksoma — ist der unbegreifliche, allwissende, eigentliche Gott, doch ist ihm so wenig als einem andern Götzen eine Art Cultus geweiht. Die G. haben keine Religion, wenn man unter diesem Namen Gottesdienst, allgemeine, öffentliche, mit gewissen feierlichen Ceremonien verbundene Verehrung oder Anbetung eines höchsten Wesens versteht. Nur wenn ein junger Bursche den ersten Seehund gefangen, oder ein Rennthier geschossen hat, legen sie ein Stück Speck oder Fleisch, in einen Fetzen der Haut eingewickelt, unter einen Stein, als Opfer gewissermassen, um eine gute Jagd zu haben. Zur Zeit der Winter-Sonnenwende begehen sie ein lustiges Tanzfest, weil nun die Sonne bald wieder erscheint, und die Zeit der Jagd und des Fischfanges eintritt. Von den Traditionen sind einige merkwürdig, weil sie die Sitten des Volkes bezeichnen. Sonne und Mond sind Geschwister. Letzterer liebte seine Schwester, die überaus schön war, durfte aber diese verbotene Flamme nicht gestehen, daher kam er auf den Einfall, allemal im Winter bei ihren Spielen die Lampen zu verlöschen und seine Schwester zu liebkosen. Diese wollte wissen, wer ihr Liebhaber sei, machte sich daher die Hände russig, und bestrich ihm Gesicht und Kleider damit; nun kam sie mit Licht herein, erkannte ihren Bruder und entfloh; der Bruder zündete ein Büschel Moos an, um seinen Weg zu beleuchten und ihr zu folgen; das Moos aber erlosch, während sie mit ihrem Licht entkam und an den Himmel versetzt wurde. Der Mond verfolgt sie nun noch immer gleichfalls an dem Himmel, und die Flecken, welche er hat, sind die Russstreifen von ihrer Hand. Von seiner Jagd müde und hungrig, wird er immer magerer, bis er auf die Erde herabkommt (während des Neumonds) und sich so voll mit Speise pfropft, dass er so dick und fett wird, wie er zur Vollmondszeit ist. Sein Schein ist den Weibern, welchen er sehr nachstellt, höchst gefährlich, und nicht selten erscheinen bei jungen Mädchen sichtbare Zeichen seiner Neigung. Zur Zeit einer Mondsfinsterniss kommt er auf die Erde herab, um sich Hausgeräthe einzusammeln; dann verbirgt man Alles vor ihm, und die Männer tragen Kästen, Trommeln, Blechgefässe auf die Dächer und machen damit grossen Lärm, um ihn zu verscheuchen. Bei Sonnenfinsternissen gehen die Männer niemals aus, auch die Weiber nicht bei Mondsfinsternissen, weil dann das Nahen des Mondes am gefährlichsten ist. Die Sonnenfinsterniss bedeutet den Weltuntergang, daher die Frauen zur Zeit einer solchen die Hunde schlagen und in die Ohren kneifen, um zu hören, ob sie schreien; wenn das nicht der Fall ist, so waren sie aus Vorgefühl des Unterganges traurig, und achteten der kleinen Schmerzen nicht; schreien sie, so ist es eine gute Vorbedeutung: die Welt bleibt noch stehen, aber auf schwachen Füssen, denn die Stützen, welche sie tragen, sind sehr alt und schlecht, die Weisen, die Zauberer müssen immerfort daran flicken; sie bringen oft faules Holz von diesen Balken, auf denen die Erde ruht, mit an die Oberfläche derselben als Beweis für ihre Behauptung. Der Himmel ruht auf der Spitze eines Berges am Nordpol, um welchen er sich täglich dreht. Von der Sternkunde haben sie gar keinen Begriff, was um so auffallender ist, als die Gestirne während der langen, fast halbjährigen Nacht das einzige Mittel zur Zeitbestimmung bieten; vom Donner und Blitz sind sie dagegen sehr gut unterrichtet: diese entstehen nämlich daher, dass zwei alte Weiber, welche eine Holzhütte im Himmel bewohnen, sich um eine trockene, ausgespannte Robbenhaut zanken; so oft sie bei diesem Zank mit der Faust auf das Fell schlagen, gibt es einen Donnerschlag; wenn nun von dem Streit das Haus zusammenstürzt und die brennenden Scheiter niederfallen, so entsteht der Blitz. Auch der Regen findet seine genügende Erklärung: die Seelen wohnen im Himmel, am Rande eines mit Dämmen umgebenen See's. Wenn dieser See schwillt, dass sein Wasser über die Dämme tritt, so bildet das überlaufende den Regen. Auch in ihren Traditionen finden wir einen Adam, einen Noah und eine Sündfluth. Kollak hiess der erste Mensch, aus dessen Daumen die Frau entstand, von welcher alle Menschen abstammen. Als nach langen Jahren die Erde in's Meer sank, blieb nur ein Mann übrig, welcher die neue Generation schuf. Einen Begriff von Seele haben sie auch, allein sie glauben an zwei, die jeder Mensch besitzt: diese sind der Schatten und der Athem; beide sind vielen Beschädigungen ausgesetzt, können jedoch durch die Zauberer ausgebessert werden. Die Seelen wandern zum Theil in andere Körper, zum Theil werden sie in den Himmel versetzt, wo sie eines ewigen Wohllebens geniessen; doch ist dahin eine gefährliche Reise zu bestehen: fünf Tage lange müssen sie über einen steilen Felsen hinabrutschen, welcher davon ganz blutig ist; um diese Fahrt nicht zu beunruhigen, müssen die Hinterbliebenen sich während derselben jeder geräuschvollen Arbeit enthalten. — Die Eskimo's haben dieselben Religions-Vorstellungen, wie die G.

Grosse Geist (der), der höchste Gott aller nordamerikanischen Völkerschaften; er hat Gewalt über alle andern Götter und Geister, kann alles Böse verhindern, aber nichts Böses thun; er betrachtet das Thun der Menschen, und nur die Guten haben sich seiner Gnade zu erfreuen. Er hat von Anfang Alles geordnet und geschaffen; er hat den rothen Häuten (Amerikanern) Jagd und Fischfang, den Weissen aber Arbeit ihrer Hände zum Lebensunterhalt bestimmt.

Grotta (Nord. M.), eine Wundermühle des Königs Frothi; sie hatte zwei so grosse Mühlsteine, dass Niemand im Stande war, sie umzudrehen; Alles aber, was man wollte, konnte man darauf mahlen. Nun liess, um sie in Bewegung zu setzen, der König zwei Mägde, Menja und Fenja, aus Schweden kommen; diese waren stark genug, mussten daher fast ohne Aufhören mahlen, und durften nur so lange ruhen, als der Kukuk nicht schreit. Als der Seekönig Mysingr kam, mahlten sie dem Frothi ein Heer; dieses war aber nicht stark genug, ward überwunden, und das Land des fremden Königs Beute; er aber nahm nur die Schätze desselben und die Mühle mit sich auf sein Schiff und hiess die Mädchen Salz mahlen. Dieses thaten sie bis Mitternacht und frugen dann, ob er genug hätte; Mysingr hiess sie fortmahlen. Da mahlten sie noch einige Zeit, und siehe, von der Last sank das Schiff unter. An der Stelle aber fällt die See sprudelnd durch das ungeheure Mühlsteinloch, und dreht und bewegt sich noch, wie eine Mühle, aber von dem aufgelösten Salz ward die See salzig.

Gryne (Gr. M.), eine Amazone, Geliebte des Apollo. Von ihr stammt Gryneus, ein Beiname des Apollo, indem entweder durch sie, oder in der nach ihr benannten Stadt G. in Kleinasien ihm ein Tempel erbaut war.

Gryneus (Gr. M.), ein Centaur, der bei der Schlacht zwischen den Lapithen und Centauren einen Altar sammt dem Opferfeuer erhob, mitten in den Schwarm der Lapithen warf, und dadurch den Broteas und Oreus tödtete. Exadius bohrte ihm mit dem Geweih eines Hirsches, das er von der hölzernen Tragesäule des Hauses herabriss, die Augen aus.

Grynus (Gr. M.), Sohn des mysischen Eurypylus, Enkel des Telephus und der Astyoche. Sein Vater blieb, als Feind der Griechen gegen diese kämpfend; die Söhne der feindlichen Geschlechter waren Freunde, denn des Pyrrhus Sohn, Pergamus, stand ihm bei gegen seine Nachbarn, die ihn an der Thronbesteigung im väterlichen Reiche hindern wollten. Er erbaute eine Stadt Pergamus und einen Tempel des Apollo.

Guan (Ind. M.), der hohe Grad von Gelehrsamkeit, welchen die Braminen durch jahrelanges Studium aller ihrer Wissenschaften erlangen müssen, und wodurch sie eine sogenannte inspirirte Weisheit, ein Anschauen Gottes erhalten, bevor sie sich Pandits (s. d.) nennen dürfen.

Guboi (Slav. M.), Schutzgeist der Stadt Sarakowsk in Polen.

Gudi (Lettische M.), eine Wald- und Jagd-Gottheit der alten Pommern und Preussen; man glaubt, dass sie sich manchmal in Gestalt eines Hirsches zeige.

Gudr (Nord. M.), eine von den Walküren, welche die Schlachten und Kriege besonders lieben. Odin sendet ihrer Tapferkeit wegen sie stets in den Kampf, damit sie die muthigsten Krieger aussuchen und ihnen den Heldentod bringen, denn diese, die Kühnsten und Stärksten, braucht er im Ragnarokr, und wünscht alle Heroen um sich versammelt.

Gudrun (Nord. M.), Tochter des Königs Gjuki, welche mit Sigurd vermählt ward, und durch ihren Stolz seinen Tod veranlasste, ihn aber auch auf die furchtbarste Weise rächte. (S. Hreidmar.)

Guerschasp (Pers. M.), einer der grössten Helden des Orients, daher er auch den Beinamen Pahalovan, d. i. der tapferste Mann, erhielt. Er war ein gewaltiger Riese, und ging nur mit einer Keule bewaffnet in die Schlacht. Seine kühnste That war der Kampf mit einer ungeheuren dämonischen Schlange, welche ganze Schaaren von Menschen auffrass, und stromweise Gift aus ihrem weiten Rachen ergoss. G. brachte, als sie zusammengerollt schlief, ein Gefäss mit geschmolzenem Metall über ihren Kopf, der von der Hitze platzte; in die Wunde goss er das Metall, und so zerbarst sie ganz und gar, während der Dämon, der sie bewohnte, entfloh.

Guf (Talmud.), der Sammelplatz aller Seelen, welche Gott auf einmal schuf. Es sollen nur 600,000 sein, die nach und nach durch alle Körper wandeln.

Gufuel (Islam), Nächtliche religiöse Waschungen, welche jedesmal nach verschiedenen Verrichtungen vorgenommen werden müssen.

Guhjaja (Ind. M.), eine von den zehn Classen der bösen unterirdischen Dämonen.

Guldfaxi (Nord. M.), das herrliche Pferd, welches Thor von dem Riesen Hrugner erbeutete; er schenkte dasselbe zur grossen Unzufriedenheit der Asen, die es gerne selbst gehabt hätten, seinem und des Jotenmädchens Jarnsaxa starkem Sohne Magne.

Guldtoppr (Nord. M.), »Goldzopf«, das schöne Pferd des Gottes Heimdal, von seiner goldnen Mähne so benannt.

Gullinbursti (Nord. M.), der goldene Eber Freirs, welchen er von dem kunstreichen Zwerge Sindri geschenkt erhielt. Er konnte darauf durch Land und See so schnell wie auf den Flügeln des Windes reiten, und bediente sich desselben stets anstatt eines Rosses.

Gullintani (Nord. M.), Beiname des Heimdal, der Zähne von Gold hat.

Gullweig (Nord. M.), anderer Name der Vala (s. d.).

Gungner (Nord. M.), Odins berühmter, nie fehlender Speer. Seine Wunderkraft vermag ihn indessen bei der furchtbaren Götterdämmerung doch nicht zu schützen, er wird von dem Wolf Fenrir verschlungen.

Gunloede (Nord. M.), die schöne Tochter des Riesen Suttung, der sie zur Wächterin des Dichtermeths gemacht hatte. Odin kam zu ihr und bezauberte sie durch seine Schönheit und Stärke so ganz und gar, dass sie ihn drei Tage und drei Nächte bei sich behielt, und ihm dann erlaubte, drei Züge von dem Göttermeth zu trinken. Odin leerte mit diesen alle Gefässe aus und entfloh als Adler, ward zwar von Suttung in Adlergestalt verfolgt, kam aber doch mit einem kleinen Verlust desselben auf natürlichem Wege davon; wer diesen so verschütteten Meth geniesst, wird kein Dichter, sondern nur ein Poëtaster, ein Afterdichter.

Gunnar (Nord. M.), Sohn des Königs Gjuki, und Bruder der schönen Gudrun, welche Sigurds Gattin ward. Dieser Letztere war G.s Freund und Waffenbruder, und ritt für ihn durch den Feuerstrom, um die schöne Brynhildur zu gewinnen. G. war einer der kühnsten Niflungar, starb aber trotz seiner Tapferkeit eines schmachvollen Todes. Nach Sigurds Ermordung durch G.s Bruder war Gudrun Königs Atli (Attila vermuthet man) Gattin geworden; dieser lud G. und Högni, nach ihren Schätzen lüstern, zu sich, und liess sie durch ein mächtiges Heer überfallen; beide Helden wurden gefangen, Högni getödtet und G. gebunden in einen Schlangenhof geworfen, doch reichte diesem aus Mitleid Jemand eine Harfe, die er mit den Füssen spielte; alle Schlangen, bis auf die Natter, schliefen ein, diese aber biss ihn in die Brust und hing sich an seine Leber, bis er den Qualen unterlag.

Gunthorin (Nord. M.), einer von den Höllenflüssen, deren in Helheim zweiunddreissig aus dem Quell Hwergelmer entspringen.

Guntraa (Nord. M.), ein Fluss derselben Art, wie Gunthorin (s. d.).

Guru (Ind. M.), s. Pulear.

Gurzscher (Pers. M.), der Komet, der den Untergang der Welt herbeiführen wird; er ist gefesselt, von Sonne, Mond und dem ganzen Heere der Sterne bewacht, damit er nicht vor der Zeit Böses stifte; doch sobald das Ende der Welt naht, reisst er sich los und setzt das ganze All in einen ungeheuren Brand.

Guttormur (Nord. M.), Sohn des Königs Gjuki und der Grimhildur, war der Mörder des mit seiner Schwester vermählten edlen Sigurd. S. Hreidmar.

Guze (Lettische M.), ein Gott der alten heidnischen Preussen; ein freundliches Wesen, welches die verirrten Wanderer geleitete und auf den rechten Weg zurückbrachte.

Gyas (Gr. u. röm. M.), Gefährte des Aeneas; seiner gedenkt als eines Helden der Sohn der Venus, da er die durch einen Sturm an der africanischen Küste Verschlagenen nennt. — 2) G., ein Gegner des Aeneas, Sohn des Melampus im Heere des Turnus; ihn erschlug Aeneas zugleich mit dem Cisseus.

Gygaea (Gr. M.), eine Nymphe am Berge Tmolus, die Geliebte des Pylämenes, welchem sie die beiden Söhne Mesthles und Antiphus gebar; diese führten »Mäonische Stämme vom Fusse des Tmolus« gen Troja, dem Priamus zu Hülfe.

Gyge oder **Gygur** (Nord. M.), ein Riesenweib, im Walde Jarnwidr, das viele Riesensöhne gebar, und alle in Wolfsgestalt; am berühmtesten sind davon die beiden Wölfe Skoll und Hate, welche Sonne und Mond zu verschlingen sich bestreben; die Finsternisse sind Beweise ihrer beinahe gelungenen Versuche; beim Weltuntergange gelingt diess ganz, dann wird der Mond verschlungen, die Sonne schwarz vor Entsetzen, Wind und Wetter toben furchtbar, nnd der Götter hoher Sitz wird mit Blut besudelt.

Gyges, auch **Gyas** (Gr. M.), einer der hundertarmigen Riesen, welche Gäa dem Uranus gebar.

Gylfe (Nord. M.), ein Schwedenkönig, welcher von der Macht des Asenvolkes gehört hatte; er machte sich nach Asgard auf den Weg, um sich selbst von ihrer Erhabenheit zu überzeugen. Er ward vor einen Thron geführt, auf welchem drei der ersten Asen Platz genommen hatten; auf die Erkundigung, wer er sei, verläugnete er nach Art jenes Zeitalters, welches die Kundgebung des Namens aus abergläubischen Gründen für gefährlich hielt, seinen Namen, nannte sich Gangler, und fragte, ob es hier keinen gescheidten Mann gebe, der ihm auf seine Fragen antworten könnte. Da hiess ihn einer jener drei Männer, Har, sagen, was er wissen wolle, und sich wohl vorsehen, dass er gescheidter sei als der Antwortende, weil er sonst nicht unbeschädigt aus dem Palaste käme, hiess ihn ferner, als den Fragenden, stehen, während er selbst, als der Antwortende, sitze, und nun begann ein Zwiegespräch. Dieses Gespräch finden wir in der prosaischen Edda aufgezeichnet, es macht fast ihren ganzen Inhalt aus und ist Hauptquelle der nordischen Mythologie.

Gyller (Nord. M.), eines der trefflichen Rosse, deren sich die Asen bedienen.

Gyllo-opka (Lamaismus), »Gelbmützen«, die herrschende Secte der Verehrer des Dalailama, welche diesen (wie die Anderen, die Rothmützen, den Bogdolama) als ihr höchstes Oberhaupt und den sichtbaren Stellvertreter Gottes anerkennen. Zu dieser Secte bekennen sich auch die chinesischen Kaiser, daher die Kleidung der G. die chinesische Hoffarbe, die gelbe, hat.

Gymer (Nord. M.), Vater der schönen Gerdur, welche Freir aus Gladsheim, von dem Alles überschauenden Throne Odins, in solcher Schönheit erblickte, dass Alles leuchtete, als sie ihre Hände erhob. Sie ward nach neun Tagen seine Gattin.

Gynaecothoenas (Gr. M.), »der Frauen-Bewirther«, Beiname des Mars in Tegea von einem Opferschmause, an welchem ausschliesslich Frauen Antheil hatten, nachdem sie in einer Schlacht der Tegaten gegen die Lacedämonier, unter Anführung der Marpessa, den Sieg entschieden hatten.

Gyrton (Gr. M.), Sohn des Mars und Bruder des übel berüchtigten Phlegyas, Erbauer der Stadt Gyrtone am Peneus in Thessalien, wenn diess nicht von Gyrtone, der Tochter des Phlegyas, geschehen ist.

H.

Haar (Nord. M.), einer der aus Steinen gebildeten und in Steinen wohnenden Zwerge.

Haband, eine Feenkönigin, Herrscherin über alle Elfen und weisse Frauen, welche sich auf alten Schlössern, ehemaligen Fürstensitzen, sehen lassen. Ihre Dienerinnen sollen sich nicht selten bei edlen Rossen in der Stille der Nacht einfinden, sie säubern und füttern: daher kommen die röthlichen Wachstropfen, welche man auf den Krippen findet: diese sind von ihren rosigen Kerzen herabgeträufelt.

Habrok (Nord. M.), der stärkste und kühnste Habicht, dessen Name ausdrücklich in der Edda genannt wird.

Hadakiel (Arab. M.) soll der Engel, welcher die Welt während des Zeichens der Wage regiert, genannt werden.

Hadarniel (Talmud.), ein Engel des Fixsternhimmels, und Gebieter des Feuers, daher bei jedem Worte über zwölftausend Blitze aus seinem Munde fahren. Er war es, der Moses die Wanderung durch die Luftregion nicht gestatten wollte, als dieser auf Befehl Gottes kam, um die Gesetze zu empfangen. Gott verwies ihm seine Härte, da neigte er sich vor dem Propheten und erbot sich, vor ihm herzugehen und seine Worte zu verkündigen.

Hadding (Nord. M.), ein berühmter, zuletzt als Gott verehrter Held der Dänen, Sohn des Königs Gorm, der im Kriege gegen Swibhagar blieb. Um sich an diesem zu rächen, kündigte er demselben Krieg an und nahm ihm nicht nur alle Kriegsbeute, sondern auch seine eigene Residenz-Stadt Dymin ab. H.s Stärke war so gross, dass er einst mit einem furchtbaren Seeungeheuer, welches an's Land stieg, rang, und dasselbe besiegte. Er war ein Günstling der Götter; Wagnof stand ihm im Kriege bei, und Odin schenkte ihm ein Ross, mit welchem er über Land und Meer reiten konnte; doch ward ihm nicht die Ehre des Heldentodes, und da nach vielen Siegen und Eroberungen Niemand mehr mit ihm anbinden wollte, war er, um nicht zu Hel hinab zu fahren, sondern nach Walhalla zu kommen, genöthigt, sich selbst das Leben zu nehmen.

Hades, früherer Name des Pluto (s. d.).

Hadschar al Assowat (Islam), der schwarze Stein, welcher, vom Himmel gefallen, in einem Pfeiler der berühmten Moschee zu Mekka eingemauert ist, und von den Pilgern als das grösste Heiligthum verehrt wird; ein Theil desselben ist im Palastthore des Khalifen zu Bagdad eingemauert: alle Eintretenden müssen dasselbe küssen.

Hafedhah (Arab. M.), ein Götze, den besonders Wanderer um glückliche Vollendung ihrer Reise anflehten; sein Dienst, wie überhaupt der Götzendienst, ward durch den Islam aufgehoben, und namentlich sein Bild durch den Propheten Hud zerstört.

Haftorang (Pers. M.), der Gott und Beherrscher des Planeten Mars, Licht bringend, Gesundheit gebend, und somit hochgeehrt; da er übrigens der Beschützer der Nordgegend und der daselbst befindlichen Sterne ist, so kann es auch leicht ein anderes Gestirn sein: man muthmasst das Siebengestirn, weil der Name die Zahl Sieben (Haphti) ausdrückt.

Hafva, eine Gottheit, deren Namen nur aus einer auf Zeland gefundenen Inschrift bekannt ist. Dort erscheint sie in Gemeinschaft mit Hercules Magusanus, und scheint somit, wie dieser, den Celten anzugehören.

Hagall (Nord. M.), Erzieher des berühmten Helden Helgi, des Hundingstödters (des Zweiten mit Namen Helgi, der eine Wiedergeburt des Helgi Hattingaskada war). Helgi war, um seine Feinde zu erforschen, selbst an den Hof des Hunding gekommen, und H. gab bei dem misstrauischen Herrn ihn für eine gefangene Königstochter aus, welche jetzt mahlen müsste.

Hagbart (Nord. M.), ein junger kühner Seekönig, der mit einem Schiff und wenigen tapfern Männern nach Seeland kam, um die Helden zum Kampf zu fordern; er siegte, ward aber durch seine Liebe zu Signe bewogen, länger als nöthig, zu bleiben, ward dann gefangen und getödtet. S. Signe.

Hagno (Gr. M.). Auf dem Berge Lycäum in Arcadien ist eine Gegend, die Cretea heisst; diese, nicht die Insel Creta, so behaupten die Arcadier, ist es, wo Jupiter geboren und erzogen wurde; die Nymphen, die ihn nährten, hiessen: Thisoa, Neda und H.; letztere hatte einen heiligen Quell auf dem Berge, welcher stets gleichviel Wasser hatte. Bei lange anhaltender Dürre ging der Priester des Jupiter Lycäus zu diesem Quell, opferte dem Gotte und berührte mit einem Eichenzweige die Oberfläche des Wassers; sogleich stiegen leichte Dünste von demselben auf, welche andere Wolken an sich zogen, die sich dann in einem Regen über das Land ergossen.

Hagyrkur (Nord. M.), Beiname des Odin, davon entlehnt, dass er stets in Versen sprach.

Hajagriwa (Ind. M.), ein Dämon von ungeheurer Grösse und schrecklicher Verruchtheit, welcher die ganze Welt in Verderben stürzte. Als am Schlusse des sechsten Manwantara (der Regierungszeit eines Menu, 71 Götterzeitalter zu 12,000 Götterjahren umfassend) Brama zur Ruhe gegangen war, stahl dieser H. sämmtliche Veda's oder heilige Bücher und verschlang dieselben, damit man sie gewiss nicht finden möchte; diess machte, dass die ganze Menschheit in Sünden und Laster versank, was die Vertilgung derselben durch die Sündfluth zur Folge hatte, der nur die sieben Rischis und der König Satjawrata entrannen, weil sie fromm geblieben und durch Wischnu gerettet worden waren. H. hatte sich auf den Boden des Meeres begeben, um sich zu verbergen, doch Wischnu suchte ihn als gehörnter Fisch daselbst auf, schlitzte den Riesen auf und nahm die heiligen Bücher heraus; allein das vierte derselben war schon verdaut, daher fehlt dieses bis auf den heutigen Tag.

Haig (Orient. M.), ein König von Armenien, der 4050 Jahre v. Chr. gelebt haben soll, war zur Zeit der Erbauung des Thurmes von Babel Beherrscher von Babylon, verliess dasselbe, durch Belus bis nach Armenien gedrängt, lieferte jedoch hier dem Eroberer eine Schlacht und tödtete ihn in derselben.

Haine (Germ. u. slav. M.). Nirgends ging wohl die Verehrung heiliger Bäume und H. weiter, als unter den alten Deutschen und Wenden der Ostsee. Von Dänemark bis zum fernen Litthauen findet man noch jetzt in den Namen der Städte Spuren davon. Die H. waren, sobald sie einem Göttersitz angehörten, umfriedet, entweder mit rohen Mauern oder mit Gräben, auch wohl mit Holzwänden; sie zu betreten, war nur den Priestern erlaubt; der Fremdgläubige, der Christ, welcher dieses wagte, ward immer den entheiligten Göttern geopfert, und mit dem Blute der Geschlachteten ward dann des Gottes Bild bestrichen, der Hain bespritzt, der Erdboden der Eiche, unter welcher das Götterbild stand, getränkt. Aus Unkunde dieser strengen Gesetze, oder auch wohl, um dem Volke zu zeigen, dass die Götter sie nicht bestrafen wegen ihres vermeinten Frevels, wurden die meisten Apostel ein Opfer ihres Eifers. Sehr oft waren die fremden Völker geneigt, die neuen Glaubenslehren anzunehmen, doch solche Versuche, den alten Glauben zu erschüttern, endigten häufig mit dem Opfertode des Bekehrers. — Wunderbar ist, was man von dem Alter, der ungeheuren Grösse und der ewigen Grüne dieser mit Menschenblut gedüngten Bäume erzählt. Bei Heiligenbeil,

Natangen, Thorn, Welau u. a. Orten gab es Eichen von 20 bis 27 Ellen im Umfang und von mehrtausendjährigem Alter. Als die christliche Religion eingeführt wurde, hieb man diese Denkmale der Urzeit um, und baute oft aus einem einzigen Baum eine ganze grosse Kirche. Dem Blute schrieb man zu, dass solche Bäume selbst im Winter ihre Blätter und ihre Farbe nicht verloren.

Haingoetze, biblischer Name für Astarte und Astaroth (s. d.).

Halade Mystae (Gr. M.), »an's Meer, ihr Geweihten!«, der zweite Tag der grossen Eleusinien, an welchem sich die das Fest Feiernden im Meere badeten.

Halcyoneus (Gr. M.), Begleiter des Phineus, welcher mit diesem den blutigen Streit auf der Hochzeit des Perseus erregte; er tödtete den Dorylas, einen reichen Nasamonier.

Haldan (Nord. M.), König in Dänemark; sein Beiname war Berggrem; wegen seiner grossen Thaten hielt man ihn für einen Sohn Thors.

Halesus (Gr. M.), 1) ein Emathier, d. h. Macedonier, den der Centaur Latreus erschlagen hatte, der in jenes Rüstung auf der Hochzeit des Pirithous erschien. — 2) H., ein Nachkomme des Agamemnon, der nach Italien kam und Bundes-Genosse des Turnus wurde. Er blieb von der Hand des Pallas, des Sohnes Evanders.

Halia (Gr. Festbrauch), ein Sonnenfest auf der Insel Rhodus.

Halia (Gr. M.), Schwester der Telchinen, welche der Meergott Neptun liebte und mit ihr sieben Kinder zeugte, darunter eine Tochter, Rhodus; die anderen waren Söhne von rauher, wilder Gemüthsart. Venus kam auf einer Reise von Cythere nach Cypern auf die Insel Rhodus, und ward von diesen Söhnen des Neptun zurückgewiesen. Die erzürnte Göttin machte sie rasend, so dass sie ihrer Mutter Gewalt, den Einwohnern aber viel Böses anthaten. Als der Meergott erfuhr, was geschehen war, verbarg er seine Söhne, ihrer Schandthat wegen, unter die Erde, und von da an hiessen sie die östlichen Dämonen. H. stürzte sich aus Verzweifelung in's Meer, und ward von den Bewohnern der Insel, unter dem Namen Leucothea, göttlich verehrt. (Vergl. Ino.)

Haliacmon (Gr. M.), Sohn des Oceanus und der Tethys, Flussgott in Macedonien.

Haliartus (Gr. M.), Enkel des Sisyphus und Sohn des Thersander. Da Athamas, Bruder des Sisyphus, keine Söhne hatte (indem Phrixus entflohen), nahm er H. und dessen Bruder Coronus an Kindesstatt an, und wollte ihnen sein Reich hinterlassen; da aber ein Enkel von ihm, Sohn des Phrixus, ankam und darauf Ansprüche machte, überliess er es diesem, und gab den beiden Kindern des Thersander zur Entschädigung ein Stück Landes, auf welchem sie die beiden Städte H. und Coronea erbauten.

Halirrhotius (Gr. M.), Sohn des Neptun und der Nymphe Euryte, wollte der Alcippe, der Tochter des Mars und der Agraulos, Gewalt anthun, ward aber von Mars auf der That ertappt und getödtet. Neptun erhob desshalb auf dem Areopagus, wo die zwölf Götter zu Gericht sassen, Klage wider Mars, allein dieser ward freigesprochen.

Halitherses (Gr. M.), ein Greis auf Ithaca, der an Alter und Weisheit alle besiegte; er war ein Vogelschauer und verkündete aus dem Zeichen zweier Adler, welche vom Felsenhaupt des Gebirges herab über die Versammlung kamen, die Telemachus hielt, den Freiern Tod und Verderben durch Ulysses' nahe Zurückkunft.

Halius (Gr. M.), Sohn des Alcinous, Königs der Phäaken, und geübter Läufer, ward jedoch von seinem Bruder Clytoneus übertroffen; mit seinem andern Bruder Laodamas spielte er darauf mit einem purpurnen Ball, den Beide zur Bewunderung des Ulysses bis zu den Wolken trieben.

Halmus (Gr. M.), Sohn des Sisyphus und Bruder des Ornytion, Thersander und Glaucus. Er bewohnte ein kleines Stück Landes, von Eteocles ihm geschenkt, nahe bei Orchomenus, welches er nach sich Halmon benannte. Von einer unbekannten Nymphe hatte er zwei Töchter, Chryse (von Mars Mutter des Phlegyas) und Chrysogenia (von Neptun Mutter des Chryses).

Haloas (Gr. M.), »die Tennen-, Ernte-Beschützerin«, Beiname der Ceres.

Haloban Ferouer (Pers. M.), in der Pehlvi-Sprache der Name des Farvardin (s. d.).

Halocrates (Gr. M.), Sohn des Hercules von der Thespiade Olympusa.

Haloën (Gr. Festbrauch), ein dem Bacchus, der Ceres und der Proserpina gemeinschaftliches Ernte-Fest der Athener im Monat Posideon, welcher um die Mitte Decembers begann.

Halosydne (Gr. M.), »die Meerernährte«, Beiname der Amphitrite, auch der Thetis.

Hals (Gr. M.), nach späterer Dichtung eine Zauberin, welche in den Diensten der Circe stand, und Ulysses, als er zu ihr kam, in ein Ross verwandelte, das sie bei sich behielt, bis es vor Alter starb.

Ham und Gardrosa (Nord. M.), die Eltern des herrlichen fliegenden Rosses Hofwarpner, das der Asin Gna, der Götterbotin, gehört.

Hama, s. Hamoys.

Hamadryaden (Gr. M.), eben so viel als Dryaden (s. d.).

Hamadryas (Gr. M.), eine Nymphe, mit welcher Oxylus, ihr Bruder, die Hamadryaden erzeugte.

Hamah (Orient. M.). Die Araber vor Einführung des Islam glaubten, dass aus dem Blute jedes Ermordeten ein Vogel entstehe, welcher H. heisse und alle Jahrhunderte die Gräber der Unglücklichen besuche. Er soll unaufhörlich Oscani geschrieen haben, d. h. »gebt mir zu trinken!« womit er des Mörders Blut meinte; war dieses geflossen, so verschwand der Vogel. Der Muhamedanismus hob diesen Aberglauben auf.

Hamakuta (Ind. M.), das Gebirge, welches den goldenen Gürtel um die Erde bildet, und zwischen den Meeren des Aufgangs und des Niedergangs liegt; es ist ohne Zweifel das Himalaya-Gebirge, von welchem alle indischen Völker ihren Ursprung herleiten. Die Fabel macht es zum Wohnsitz der guten Genien.

Hamampascha nennen die nordamerikanischen Wilden den Ort der Belohnung nach dem Tode, wohin ihre Seelen kommen, um sich mit Jagd und Krieg zu erfreuen.

Hamdir, (Nord. M.), s. Hreidmar.

Hamespethmedem (Pers. M.), einer der sechs guten Dämonen oder Izeds, welche den sechs Schöpfungszeiträumen vorstehen, in denen Ormuzd die Welt schuf. Er verleiht Glück, Grösse und Erfüllung aller Wünsche; steht auch dem Feste vor, welches Dschemschid zum Andenken an Ormuzds Macht eingesetzt, und erhöhet dessen Freuden durch seine unsichtbare Gegenwart.

Hamestan (Pers. M.), ein Ort zwischen dem Paradiese und der Hölle, in welchem die Seelen derjenigen, deren gute Thaten den bösen genau das Gleichgewicht halten, bis zur Auferstehung bleiben, um dann gerichtet zu werden.

Hamilcar (Karth. M.), ein Suffete und Feldherr der Karthager, welcher auf Sicilien Krieg gegen Gelon führte. Während einer grossen Schlacht mit den Syracusern opferte er im Lager Hecatomben, um von den Göttern günstige Zeichen für sein Heer zu gewinnen; als sich jedoch der Sieg auf die Seite der Feinde zu neigen schien, stürzte er, um ihn zurückzulenken, sich selbst in die Flammen des Scheiterhaufens. Er ward dafür in Karthago und allen Colonien göttlich verehrt. Man muss übrigens diesen H. nicht mit dem Vater des Hannibal verwechseln.

Hamingior (Nord. M.), allgemeiner Name der Schutzgeister oder guten Genien, welche die Sterblichen begleiten.

Hamkar (Pers. M.), Gehilfe des Ized, der jedem Amschaspand oder höheren Genius beigegeben ist.

Haemon (Gr. M.), 1) Sohn des Creon, Königs von Theben, Bräutigam der Antigone (s. d.). — 2) H., Sohn des Lycaon, Gründer von Hämonia in Arcadien. — 3) H., ein Pelasger (Sohn des Autochthonen Pelasgus); er gab seinem Lande den Namen Hämonia, das später von seinem Sohne Thessalus Thessalien genannt ward. 4) H., Vater des Aetoliers Oxylus, mit dessen Beistand die Heracliden nach einer Reihe vergeblicher Versuche endlich in den Peloponnes gelangten.

Haemonides (Ital. M.), Priester des Apollo und der Diana, ein Rutuler, welcher im Heere des Turnus gegen Aeneas kämpfte; er ward von diesem erlegt, der Waffen beraubt und aus diesen dem Mars ein Siegesmal errichtet

Haemonius (Gr. M.), Vater der Amalthea, welche das Horn des Ueberflusses besass.

Hamoys (Nord. M.), wahrscheinlich identisch mit Hama, und ein Beiname des Gottes Thor. Man glaubt, dass von ihm Hamburg den Namen habe; er soll in jener Gegend in dem Bild eines Königs, mit Schwert und Zepter auf einem Drachen stehend, verehrt worden sein.

Hamred (Pers. M.), einer von den Dews, welche Ahriman erschuf, um sie den Lichtschöpfungen des Ormuzd entgegen zu setzen; er ist der Genius der Verwesung, und alles vollkommen Unreine trägt seinen Namen, so wie auch die höchsten Sünden, weil sie der Berührung mit ihm zugeschrieben werden, H. heissen.

Hamsa (Ind. M.), der Schwan, dessen sich Brama als Reitthier bedient, in dessen Hülle er sich kleidete, da er die Feuersäule des Schiwa zu ermessen suchte; der Schwan erscheint Vernunft-begabt, vermögend, das Böse vom Guten zu unterscheiden, und wird desshalb als Symbol des Geistes Brama's gebraucht.

Hamul (Pers. M.), derjenige unter den vielen guten Engeln, dessen Sorge die Obhut über den Himmel anvertraut ist.

Haemus (Gr. M.), ein Thracischer König, der mit seiner Gattin Rhodope so glücklich lebte, dass sie im Uebermuth sich selbst Jupiter und Juno nannten, wesshalb die Götter beide in Berge verwandelten, welche noch ihren Namen tragen.

Hamza (M. der Drusen), ein Prophet des aus Aegypten kommenden Gottes Hakem, welchen die Drusen als ihre höchste Gottheit anerkennen. H. ist ein hochverehrter Glaubensheld, er ist siebenmal vom Himmel zur Erde gestiegen, im Zeitalter des Adam unter dem Namen Chatnil, im Zeitalter des Noah als Pythagoras, zu Abrahams Zeit als David, zu Moses' Zeit als Chail, in Christi Zeitalter als Messias oder Eliazar, zu Mahomeds Zeit als Selman und als Fursi, und zu Saids Zeit als Salih. Die heiligen Bücher der Drusen nennen diesen H. den Richtpunkt des Compasses, den geraden Weg zum alleinigen Heil, den Begründer der Wahrheit, den Imam aller Zeiten, den heiligen Geist, den die Ewigkeit erreichenden, den grössten aller Propheten, die Grundursache aller Ursachen. Er war der oberste Vezir des Gottes Hakam, und von diesem so hoch geachtet, dass er von allen Engeln des Himmels forderte, dass sie ihn verehren sollten, was sie thaten bis auf Scheitun (Satan), wesshalb dieser verflucht wurde. Die vier andern Propheten, Ismael, Mahomed, Selami und Ali werden H.s Frauen genannt, weil er so weit über ihnen steht, dass sie eigentlich nur wie ganz untergeordnete Geschöpfe erscheinen, denn er ist der alleinige, wahre, grosse Prophet.

Han (M. der Tataren), einer der ältesten Fürsten der Tataren, Khan von Tanehüt, der weiseste, gerechteste und gütigste Monarch; er wird daher noch von den Lamaiten der Tatarei als Gott verehrt, indem man sein Bild auf die Altäre stellt und vor ihm, wie vor allen andern Göttern, das Küridu oder die Gebettrommel dreht.

Han (Jap. M.), einer der ältesten Mikados von Japan, unter den Rang der Kamis oder Götter aufgenommen, wie alle Fürsten aus dem ältesten Herrscherstamm.

Hanan Paka (Peruvian. M.), der Aufenthalt der guten Menschen nach ihrem Tode, wo sie den Lohn für ihre Thaten empfangen. Es dürfte dieses so ziemlich das einzige Beispiel einer heidnischen Lehre sein, welche die Freuden des Paradieses nicht in allen erdenklichen irdischen Sinnenfreuden sucht; in H. P. besteht der Lohn der Frommen in vollkommener Ruhe der Seele und des Leibes, welcher mit hinüberwandelt.

Hangagott (Nord. M.), ein Beiname Odins.

Haenir (Nord. M.). Als die Wanen und Asen nach langem Kriege sich entschlossen, die Waffen niederzulegen, tauschten sie Geisel gegen einander aus; zu den Asen kam der Wane Niord, und zu den Wanen der Ase H., der überaus schön, doch nicht mit Geistesgaben bedacht war, was zur Folge hatte, dass die Wanen ihn bald nicht mehr achteten, und er auch seine Verehrung bei den Menschen verlor. — Die beiden Geisel bleiben bis zum Weltuntergange in der Gewalt ihrer Feinde, dann aber trennen sie sich von diesen und treten zu ihren Parteien, und wenn die Erde neu verjüngt aus dem Schoosse des Meeres emporsteigt, wird auch H. seine vorige Schönheit und Macht, so wie die entschwundene Verehrung unter den Erdbewohnern erhalten.

Hannok (Ind. M.), ein mächtiger Bogen des Tyrannen Kansa, Raja's von Mathra und steten Feindes und Verfolgers des Krischna. Er war aus den Hörnern eines ungeheuren Büffels und Pferdedärmen zusammengesetzt, und so stark, dass Niemand ihn zu spannen vermochte. Nachdem Krischna allen Verfolgungen Kansa's entgangen war, suchte er ihn selbst in seiner Hauptstadt auf, versuchte, obgleich der Tod ihm drohete, den Bogen zu spannen, leistete das nie Erhörte, ja er zerbrach ihn zum grössten Schrecken des unnatürlichen Oheims, der daran den mächtigen, gottbeschützten Sohn seiner Schwester erkannte, und auch bald seine Furcht vor ihm in Erfüllung gehen sah.

Hansé (Ind. M.), der Flamingo der Indier (Phoenicopteres ruber), ein prächtiger rother Sumpfvogel, Begleiter Brama's, der auf ihm reitet, wenn er auf verliebte Abenteuer ausgeht. Der häufig neben den Statuen des Brama abgebildete Vogel ist H.

Hanumat oder **Hanuman** (Ind. M.). Um die indischen Pagoden halten sich Affen in grosser Menge auf; sie werden von den Braminen nicht nur geduldet, sondern selbst genährt und gepflegt. Ein alter starker Affe masst sich gewöhnlich die Herrschaft über eine solche Heerde an, er heisst H., und zwar kommt die Benennung von dem Feldherrn des Rama, welcher obigen Namen führte; er war ein Sohn des Pavan, des indischen Gottes der Winde, und seine Truppen waren grosse Affen und Satyrn. Der Historiker sieht in diesem Affengeneral nichts als den Anführer einer hässlichen, tatarischen, vielleicht in Pelz gehüllten Horde; die Indier aber erzählen als völlig gewiss das Folgende: Der Gott Hora ging einst mit seiner Gattin, Paramerseri, in einem mit Affen erfüllten Walde spazieren; zwei derselben wurden von der Göttin bemerkt, indem sie so zärtlich gegen einander waren, dass sie Lust bekam, ihnen nachzuahmen, sich in eine Aeffin verwandelte und ihren Gatten bat, dasselbe zu thun; als der Rausch verflogen war, schämte sie sich des Kindes, das sie unter dem Herzen trug, und bat den Gott der Winde, Pavan, dasselbe in den Schooss einer Andern zu tragen; diess geschah, und so hiess H. der Sohn des Pavan. Erwachsen, machte er sich durch seine Stärke, Kühnheit und Klugheit berühmt, und leistete dem Wischnu in der Verkörperung des Rama die wichtigsten Dienste, daher er auch stets in dem Umkreis der Pagoden dieses Gottes eine Capelle hat; zu Kalikut aber (auf der Küste Malabar) hat er selbst eine der prachtvollsten Pagoden, deren Porticus von 700 Marmorsäulen getragen ist.

Haptagot (Nord. M.), einer der vielen Namen, welche Odin unter den Göttern und Menschen führt.

Hapte heado (Pers. M.), ein Land des Segens, von Ormuzd selbst erschaffen, um die Frommen zu belohnen. Es soll den Umfang von sieben Reichen haben, doch nur von einem Herrscher beherrscht werden, welcher die Segnungen dieses glücklichen Landes nach Verdienst austheilt.

Har (Nord. M.), der König in Asgard, der mit König Gylfe von Schweden, welcher sich Gangler nannte, über die Götterlehre spricht; was dort gesagt wird, ist der Hauptinhalt der prosaischen Edda. Gangler thut die Fragen, und H. beantwortet jede so, dass wir daraus, möglichst vollständig, die Ansichten der alten Skandinavier über Götter und Welt gewinnen.

Hara (Ind. M.), Beiname Schiwa's, welcher nichts bezeichnet, als seine Haupteigenschaft: »Vernichter«.

Harander (Nord. M.), Beherrscher eines unbekannten, nordischen Reiches und Vater des Seekönigs Hedin, welcher die schöne Hildur, Högne's Tochter, entführte.

Harbarter (Nord. M.), einer von den Beinamen, welche Odin bei den Göttern (nicht unter den Menschen) hat.

Hardveor (Nord. M.), Sohn des Odin.

Hariel (Talmud.), der Beherrscher der Thiere, einer von den obersten Engeln, welcher die lebenden Wesen (ausser den Menschen) beschützen soll; drei andere Engel, niedrigerer Classen, sind ihm untergeben und theilen sich in die Bewachung, während er Alles überschaut.

Haritschund, s. Aritschandren.

Harmonia (Gr. M.), Tochter der Venus und des Mars, erzeugt, als Vulcan das Liebespaar in seinem unsichtbaren Netze fing. Sie war von ungemeiner Schönheit, und darum bei ihrer Vermählung nicht nur von allen

Göttern besucht, sondern auch reich beschenkt. Ceres gab ihr den Getreidebau, Mercur die Lyra, Minerva ein köstliches Gewand etc. Apollo und die Musen verherrlichten das Fest durch Flötenspiel und Gesang, Electra führte die geheimen Feierlichkeiten (Orgien) zu Ehren der Göttermutter ein, das wichtigste Geschenk aber machte ihr Venus mit dem verderblichen Halsband, welches Vulcan geschmiedet. Dieses machte den Fluch jedes späteren Besitzers; es war Schuld an dem Tode des Amphiaraus, des Alcmäon, der Eriphyle, der Arsinoë, der Callirrhoë, der Jocaste, und endlich, nachdem es schon im delphischen Tempel des Apollo als Weihgeschenk aufgehängt war, machte es noch die Gattin des Ariston unglücklich.

Harmonides (Gr. M.), ein Troïscher Künstler, welcher seine Kunst von Minerva selbst gelernt hatte. Er war es, der das Schiff bauete, auf welchem Paris die schöne Helena entführte.

Harpagus (Gr. M.), eines der beiden Rosse der Dioscuren (s. d.)

Harpallion (Gr. M.), Sohn des Paphlagoniers Pylämenes. Beide kamen miteinander nach Troja; sie waren Gastfreunde des Paris, der desshalb heftig erbittert ward, und gleichfalls nach jenem schoss, doch erfolglos.

Harpalyce (Gr. M.), 1) Tochter des Harpalycus, eines Königs der Amymnäer in Thracien. Seine Gattin starb früh, und er war genöthigt, sein Kind durch die Milch der Pferde und Kühe aufzuziehen; dann übte er sie in allen kriegerischen Tugenden, und sie lernte die Waffen so trefflich brauchen, dass keiner von den Thraciern sie darin übertraf, lernte so schnell laufen, dass sie sogar über Ströme setzen konnte, ohne mehr, als die Oberfläche des Wassers, zu bewegen. Später blieb ihr Vater in einem Aufstand der Hirten, und nun zog H. sich in die Wälder zurück, mit ihren Genossen ein wildes Räuberleben führend, welches die Hirten zuletzt nöthigte, sie mit Netzen und Garnen zu umstellen und zu tödten. Sie hatte so eben einen Bock geraubt, und da bei der Theilung der Beute es hierüber zum Streit kam, und eine Menge der früher vereinten Hirten sich gegenseitig ermordeten, wähnte man, die Götter wollten ihren Mord rächen, betrachtete sie als eine Göttin, stiftete ihr feierliche Leichenspiele, und suchte ihren Geist durch Todtenopfer und Wettkämpfe auf ihrem Grabe zu versöhnen. Die Aeneis erwähnt ihrer, wo von dem Erscheinen der Venus in Mädchentracht und Gesicht, bewaffnet wie Sparta's Jungfrauen, am Strande von Karthago die Rede ist. — 2) H., s. Clymenus.

Harpasus, Harpe, s. Clinis.

Harpinna (Gr. M.), Tochter des Flussgottes Asopus, Geliebte des Mars und von ihm Mutter des Oenomaus. Als Mutter des Letztern wird indessen auch Sterope angegeben.

Harpocrates, Fig. 133 (Aegypt. M.), Griechischer Name einer ägyptischen Gottheit, der entstanden sein soll aus den ägyptischen Worten: Har-pa-chrut, d. h. Har, das Kind. Diesen Har nannten die Griechen gewöhnlich Horus, und unterschieden ihn als Horus H. von einem älteren Horus; beide jedoch sind Söhne des Osiris und der Isis. Was von den Alten, ausser Plutarch, über H. mitgetheilt worden, ist höchst unvollständig, daher auch sehr dunkel, was er bedeutet; dass er nicht der Gott des Schweigens war, wie weniger Unterrichtete allgemein glaubten, ist jetzt unbezweifelt; in Rom ward er zwar als solcher verehrt, doch wohl nur, weil mehrere seiner Bilder den Finger auf dem Munde haben (s. unser Bild), was aber nur bildliche Bezeichnung des Saugens ist, und ihn also als Säugling bezeichnet. H. ist ein Sohn der Isis und des sterbenden Osiris, oder gar erst nach seinem Tode gezeugt, wesshalb er gebrechlich, schwach, unvollkommen gebildet wird, meistentheils als Kind, auf einer Lotosblume sitzend. Ihm wurden Bohnen und Pfirsiche geopfert, und er selbst ward an besonderen Festtagen von alten Männern mit Milch gefüttert, sein Bild aber von Priestern in Procession umhergetragen, welche die Schminke, mit der sie gefärbt, sich abschabten und als Medicin verkauften. Unter den Thieren waren ihm heilig: Scorpionen, Schlangen, Crocodile, Löwen und Hirsche.

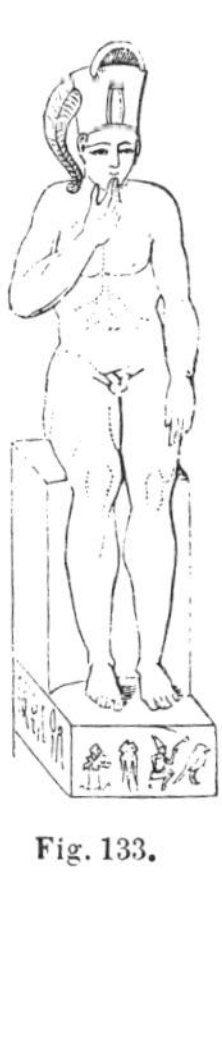

Fig. 133.

Harpyien, Fig. 134—135 (Gr. M.), Töchter des Thaumas und der Electra (einer Oceanide). Es wurden deren bald zwei, bald drei, ihre Namen aber höchst verschieden angegeben: Aëllo, Podarge, Ocypete, Celäno, Thyella, Acholoë, Aëllopos, Nicothoë u. dgl. Auch in ihrer Beschreibung finden eben so viele Abweichungen statt. Bei Homer sind sie bloss Sturmgöttinnen, schnell, aber schön; auch bei Hesiod sind sie schön gelockte Göttinnen, rasch mit der Fittige Schwung, allein schon bei Aeschylus erscheinen sie als hässliche geflügelte Unholdinnen, und nach dieser Seite wurde nun ihre Darstellung immer weiter ausgebildet. Sie wurden nun als Raubvögel mit Mädchengesichtern dargestellt; zuweilen sollten sie menschliche Arme und menschliche Schenkel haben, welche in Klauen und Hühnerfüssen endigen, oder ganz Mädchengestalten mit abschreckender Bildung der Extremitäten, und mit Flügeln versehen sein. Gewöhnlich wurden sie von den Göttern zur Strafe gegen Verbrecher ausgeschickt; so wäre Phineus verhungert, wenn die Söhne des Boreas ihn nicht von den Unholdinnen befreit hätten, welche ihm alle Speisen verzehrten oder mit Unrath besudelten. Boreas selbst fand eine derselben, Podarge, so reizend, dass er mit ihr die göttlichen Rosse des Achilles, Xanthus und Balius, zeugte.

Fig. 134.

Fig. 135.

Hartgrep (Nord. M.), Gattin des dänischen Königs Hadding, eines Lieblings der Götter und mächtigen Riesen, war eine gewaltige, durch ihre Höllenkünste sehr gefürchtete Zauberin, welche sich nicht nur von dem kleinsten Kinde bis zur ungeheuersten Riesin in jede Grösse fügen und alle Thiergestalten annehmen konnte, sondern auch Andern dieses anzuthun vermochte, daher sie mit abergläubiger Furcht verehrt wurde. Durch ihre Hülfe stieg auch ihr Gatte lebend in die Unterwelt, um Hela zu bekämpfen.

Haruspex (Röm. Rel.). Die Haruspicina, die Kunst und Wissenschaft der Haruspices, stammte aus Etrurien, verschmolz aber allmälig vollkommen mit dem Glauben und den Gebräuchen der Römer. Bei den Etruriern war der Hauptzweck der Religion die Weissagung, die sie für unerlässlich zu allen Verrichtungen des öffentlichen wie des Privat-Lebens hielten. Sie hatten daher schon sehr frühe eine reichhaltige Literatur über diese Gegenstände, und schrieben die Begründung derselben einem Gotte Tages zu, der einst plötzlich aus einem frisch gepflügten Ackerfeld emporgestiegen sein sollte, als Knabe an Gestalt, aber als Greis an Weisheit, und nun sogleich die Wissenschaft von den göttlichen Dingen lehrte, deren Inhaber nachmals Haruspices genannt wurden. Ihre Geschäfte theilten sich in drei Hauptarten ab: 1) Erklärung der Wunderzeichen, nebst Ergreifung der Massregeln, um den durch die letzteren geoffenbarten göttlichen Willen zu erfüllen; 2) Besorgung dessen, was man glaubte thun zu müssen, wenn irgend ein Punkt vom Blitze getroffen war (Fulguration), und 3) Eingeweideschau nebst Vogelschau. So sehr nun auch alle ihre Verrichtungen den Römern nothwendig schienen, so konnten doch die Haruspices zu keiner geachteten Stellung gelangen, vielmehr waren sie gedungene Leute aus Etrurien, und müssen daher von den römischen Augurn (s. d.) sorgfältig unterschieden werden.

Hase (Mytholog. Astron.), ein südliches Sternbild zu den Füssen des Orion; Mercur hat ihn wegen seiner Schnelligkeit an den Himmel versetzt.

Hasiel, nach dem Talmud einer der vier Engel, welche als Schutzgeister der Thiere von Gott eingesetzt sind.

Hassak (Jap. M.), das Besuchsfest, weniger religiös, als conventionell: die Beamten machten an demselben ihren Vorgesetzten ihre Aufwartung, etwa wie dieses bei uns zum neuen Jahr geschieht.

Hate (Nord. M.), Sohn der Riesin Gyge und Bruder des Skoll; beide sind furchtbare Wölfe und verfolgen den Mond und die Sonne. Beim Ragnarokr gelingt es den Ungeheuern, diese Himmelslichter zu verschlingen.

Haugbuer (Nord. M.), Gespenster, Geister der Verstorbenen; sie schweben um ihre ehemaligen Körper, bis diese ganz verwest sind. Die edlen Schildjungfrauen liessen sich oft in die Grabhügel der gefallenen Helden verschliessen, und diese kehrten allnächtlich zu ihnen zurück. Diese Geister konnten gebannt, heraufbeschworen oder verscheucht werden. Odin, der diess am besten verstand, hiess davon: Draugedrot, Geisterkönig.

Haul (Nord. M.), einer von den Höllenflüssen, welche von Aejkthyrners (des Hirsches) Geweihen entspringen, indem der Thau von ihnen in den Quell Hwergelmer strömt, aus dem alle jene Flüsse kommen.

Haur (Nord. M.), einer von den aus Erde geschaffenen Zwergen.

Haurgabrud (Nord. M.), Beiname der Thorgerdur (s. d.); er bedeutet Tempelbraut und ward ihr von Hakon Lade Jarl gegeben.

Hausgötter (Röm. u. Gr. M.), identisch mit Laren und Penaten (s. d.).

Havan (Pers. M.), ein Genius des Ormuzd, der den Tageszeiten, in welche von den Parsen der Tag getheilt wird (Sommers in fünf, Winters in vier Theile), vorsteht.

Hebawenahe (Pers. M.), ein Ort in dem schönsten der sieben Erdkreise (Keschwar Khunnerets), in welche nach Ormuzds Bestimmung die Welt getheilt wurde. Dieser Ort war derjenige, an welchem Ahriman, beim Anbeginn der Zeit, mit mächtigen Ketten an die Himmelsbrücke gefesselt wurde.

Hebe, Fig. 136 (Gr. M.), Tochter des Jupiter und der Juno, die Göttin der Jugend und Anmuth, die den Göttern Nectar einschenkte, wesshalb sie gewöhnlich mit einer Schale abgebildet wird; diese ist nun zwar auch ein Attribut der Hygea, allein die letztere ist leicht an der langen züchtigen Bekleidung zu erkennen, da H. immer leicht geschürzt und halb unbekleidet geht; nicht selten ist auch der Adler Jupiters an ihrer Seite: so auf unserer Abbildung nach einer antiken Gemme. Als Bild der ewigen Jugend ward sie, nach einer sehr schönen Dich-

Fig. 136.

tung der Alten, mit Hercules (nach seiner Vergötterung) vermählt und gebar ihm zwei Söhne: Alexiares und Anicetus. Obwohl eine Tochter der höchsten Gottheiten, erscheint sie doch stets in einem untergeordneten Verhältniss, denn nicht nur, dass sie alle Götter bei der Tafel bedient, sondern sie spannt sogar der Juno die Rosse an, wie diese mit Minerva gegen die Trojaner zieht.

Hecabe, s. Hecuba.

Hecaërge (Gr. M.), »die weithin Treffende«, 1) Beiname der Diana zu Melite in Phthia. — 2) H., eine der Jungfrauen, welche den Dienst der Diana von den Hyperboreern nach Delos gebracht haben sollten. — 3) H., Beiname der Venus Ctesylla zu Julis auf Ceos.

Hecale (Gr. M.), eine alte Frau in Attica, welche den Theseus in seiner Jugend freundlich aufnahm, und den Göttern Opfer für sein Glück gelobte, obwohl sie sehr arm war. Ihr zu Ehren nannte Theseus den Jupiter Hecalus, und verordnete, dass man bei seinem Feste zugleich dieser Frau opfern solle.

Hecamede (Gr. M.), eine schöne Sklavin, von Achilles auf der Insel Tenedos erbeutet und dem Nestor geschenkt; ihrer wird erwähnt, wie sie den Helden in einem grossen vierhenkeligen Goldbecher den Mischtrank bereitet.

Hecate, Fig. 137 (Gr. M.), eine mystische, in tiefes Dunkel gehüllte Figur, deren Hesiod zuerst erwähnt. Sie

Fig. 137.

wird als Tochter des Titanen Perses und der Asteria genannt, doch sind hierüber die Angaben sehr verschieden, denn bald ist Jupiter, bald Tartarus der Vater, und Juno, Ceres, Pheräa etc. die Mutter; sie war die einzige von den Titanen, welche dem Jupiter im Gigantenkriege beistand, desshalb ward sie nicht, wie die andern Titanen, in den Tartarus gestürzt, sondern von Jupiter mit grosser Macht im Himmel, auf der Erde und in der Unterwelt begabt, daher sie auch gewöhnlich dreigestaltig gebildet wird, und daher auch einige ihrer Beinamen kommen, wie Tricephalus, Triceps, die Dreiköpfige; Triformis, die Dreigestaltige; Trivia, Trioditis, die auf drei Wegen Wandelnde. Unser Bild zeigt eine solche H., aus drei Leibern zusammengesetzt, mit Fackel, Dolch und Schlüssel, ihren gewöhnlichen Attributen, zu denen sonst noch Hunde und Schlangen kommen. Von dieser Dreigestalt schreibt sich auch ihre Verehrung auf dreigetheilten Wegen her (nicht Kreuzwege, welche erst dem christlichen Aberglauben der Gestalt wegen heilig wurden); denn zu dreien Wegen hatte sie die Schlüssel: zu dem in den Hades, in den Himmel, und zu dem eines glücklichen Lebens auf der Erde, welches sie verleihen, welches sie entziehen konnte. Nächtlich war ihr Thun und Wirken immer, daher ihre Verwechselung mit der Mondgöttin Selene, welches ihr Name im Himmel ist, so wie Diana auf der Erde und H. im Tartarus. Als Ursache, wesshalb diese Titanin Göttin der Unterwelt wurde, wird von einem sehr späten Schriftsteller Folgendes angegeben: sie entwendete der Juno Schminke, um sie der Europa zu bringen, ward verfolgt, und barg sich unter einen Leichenzug, wodurch sie verunreinigt war und sich den andern Göttern nicht mehr nahen durfte, bis sie gereinigt worden; diess geschah durch die Cabiren auf Jupiters Befehl im Acheron, und dieses machte sie zur unterirdischen Gottheit. Drei Wege sollten ihr auch desshalb noch heilig sein, weil ihre Mutter sie auf einem solchen ausgesetzt und Hirten sie dort gefunden hatten. An dergleichen Orte stellte man auch die ihr bestimmten Opfer und Speisen, welche dann von armen Leuten geholt und verzehrt wurden.

Hecatesia (Gr. M.), ein Fest, der Hecate gefeiert in der Stadt Stratonicea in Carien.

Hecatombaeus (Gr. M.), »der durch Hecatomben Verehrte«, Beiname des Apollo sowohl, als des Jupiter.

Hecatombe (Gr. u. Röm. M.), ein grosses, öffentlich dargebrachtes Opfer von einer grössern Anzahl von Thieren; ursprünglich bezeichnet das Wort eine Anzahl von hundert Rindern, aber schon bei Homer kommt es immer in dem freiern, zuerst angegebenen Sinne vor: wie er denn z. B. von einer H. von 50 Schafböcken spricht. Aehnlich gebildet war das Wort Chiliombe, Opfer von 1000 Rindern.

Hecaton (Gr. M.), König der Insel Leucophrys, unfern Troja, dessen Tochter Calyce eine Geliebte des Neptun war, und ihm den Cycnus gebar, welcher, von Schwänen erzogen, von seinem Vater unverwundbar gemacht, doch dem Achilles unterlag, indem dieser ihn mit dem Riemen seines Helms erwürgte.

Hector, Fig. 138 (Gr. M.), Sohn des Priamus und der Hecuba (s. dd.), war mit Andromache (s. d.) vermählt, und hatte von ihr einen Sohn, Scamandrius oder

Fig. 138.

Astyanax genannt. Nichts Schöneres gibt es in alter und neuerer Dichtkunst, als die Stellen der Ilias, in denen H. und Andromache mit einander erscheinen; es spricht sich in ihnen die reinste Liebe zweier Gatten aus. H. war der einzige Schutz und Schirm von Troja, an seinem Leben hing das Geschick des Reiches, er war Oberbefehlshaber des ganzen Heeres, und that als solcher die herrlichsten Thaten; immer führte er, was unter seiner unmittelbaren Leitung stand, zum Siege, und wenn das Troërheer zurückgedrängt war, bedurfte es nur seiner Erscheinung, um die Schlachtreihen wieder herzustellen. Die Ilias ist voll von seinen Thaten. Wir vermögen nicht, ihn durch das ganze Gedicht zu begleiten, und müssen uns begnügen, sein Ende zu erzählen. — Patroclus war geblieben; der erzürnte Achilles beschloss Rache für den erschlagenen Freund. Er waffnet sich mit den Waffen, welche Thetis bei Vulcan bestellt, mordet schonungslos, und begegnet endlich auch dem H. In Deïphobus' Gestalt mahnt Minerva den H. zum Kampf mit Achilles, dem die Göttin beisteht, und von dessen Brust sie H.s Speere abprallen macht; dieser bietet dem Achilles ehrlichen Zweikampf, und fordert nur, dass man seinen Leichnam, nach entzogenem Waffenschmuck, gegen Auslösung seinen Eltern zur Bestattung ausliefere, so wie, wenn er Sieger bleibe, auch Achilles' Leichnam den Danaërn ausgeliefert werden solle. Der ergrimmte Held verwirft jeden Vertrag; eine Lanze durchbohrt H.s Hals, noch kann er sprechen und bittet den blutdürstigen Sieger abermals um Rückgabe des Leichnams an seine Eltern, doch auch dem Sterbenden entzieht er grausam den letzten Trost. Der Getödtete wird der Waffen beraubt, viele der Griechen verwunden noch den erschlagenen Helden, und Achilles schleift ihn dreimal um die Leiche des Patroclus und um den Grabhügel desselben, bis endlich die Götter ihm befahlen, den Leichnam, an dem er seine volle Rache gekühlt, auszuliefern, was er denn an den alten Priamus, der, im Staube vor ihm liegend, seine Knie umfasste, gegen reiche Geschenke that. Sein Leichnam ward verbrannt, die Asche beigesetzt, und er als Heros verehrt. Unser Bild zeigt, nach einer Gemme, H., wie er die Griechen zurückdrängt.

Hecuba, griechisch **Hecabe**, Fig. 139 (Gr. M.), Tochter des Königs Dymas, und zweite Gattin des Priamus, dem sie neunzehn Söhne, unter diesen den edlen Hector

Fig. 139.

gebar. Sie, die glücklichste Mutter bis zum Kriege, der Troja zerstörte, war bestimmt, die Unglücklichste unter allen Frauen zu werden. Als sie mit Paris in Hoffnung war, träumte sie, dass sie eine Fackel gebäre, welche ganz Troja verbrenne; Aesacus, der älteste Sohn des Priamus, legte diesen Traum dahin aus, dass jenes Kind, welches H. unter dem Herzen trage, den Untergang der Stadt herbeiführen würde. Obwohl nun ausgesetzt, ward Paris doch wunderbar erhalten, ward der Liebling seiner Mutter, und durch den Raub der Helena Ursache der Zerstörung der Stadt. H. sah ihre neunzehn Söhne vor den Mauern Troja's sterben, sah ihre Tochter Cassandra als Sclavin, ihre Tochter Polyxena am Grabe des Achilles dem Todten geopfert, sah ihres Gatten Haupt fallen und sich selbst als Sclavin des Ulysses fortgeführt; diesen schmähend, ward sie von den erzürnten Griechen gesteinigt, doch bei Hinwegräumung der Steine fand man ihren Leichnam nicht, sie war zu den Göttern entrückt, an ihrer Stelle lag ein todter Hund. Sie soll vorher noch Polymestor, König im thracischen Chersonnes, den Mörder ihres jüngsten Sohnes Polydorus (welchen sie zu jenem Könige geschickt hatte, damit von dem Königshause doch einer erhalten würde, der aber seiner Schätze wegen von Polymestor umgebracht worden war) bestraft haben, indem sie ihm die Augen ausriss und seine beiden Söhne tödtete. Auf unserer Abbildung sehen wir die trauernde H., ihren todten Enkel Astyanax auf dem Schoosse (Vasen-Gemälde).

Hedin (Nord. M.), 1) der Entführer der schönen Schildjungfrau Hildur (s. d.). — 2) H., s. Swawa.

Heffring (Nord. M.), »die sich Erhebende«, eine von den neun Wellenmädchen, eine Tochter des Meergottes Aeger und der Ran.

Hefti (Nord. M.), ein Wurm im Fleische des ungeheuren ersten Eisriesen Ymer, dann aus demselben hervorgehend der erste Zwerg, welcher allen in der Erde wohnenden Zwergen das Dasein gab.

Hegemone (Gr. M.), 1) Beiname der Diana in Sparta und Arcadien. — 2) H., eine Charis (Grazie), die man in Athen anrief, wann die waffenfähig gewordenen Jünglinge den Bürger-Eid schwuren.

Hegetoria (Gr. M.), eine Nymphe zu Rhodus, mit welcher Ochimus, Sohn des Sonnengottes, König von Rhodus, sich vermählte; sie gebar ihm die Cydippe, welche sein Bruder Cercaphus, der ihm im Reiche folgte, zur Gattin nahm.

Heidrun (Nord. M.), eine grosse Ziege, welche vor Walhalla steht, deren Euter jedoch nicht Milch, sondern Meth, und zwar in solcher Menge gibt, dass alle Helden an Odins Tafel davon schwelgen können, und trotz des starken Verbrauchs es doch niemals fehlt.

Heimarmene (Gr. M.), »der zugewiesene Antheil«, Personification des Verhängnisses.

Heimdal (Nord. M.), der Sohn, den Odin einst mit neun Joten-Mädchen, die er am Meere fand, erzeugte, so dass sie alle Mütter dieses einen Gottes wurden. Er erbte von seinen Müttern Schönheit und Grösse, so wie Weisheit und Stärke von seinem Vater, wesshalb ihm dieser ein hochwichtiges Amt, das des Wächters an der Bifröstbrücke, übertrug; dort wohnt er in einem freiliegenden Palast Himminbiörg (Himmelsburg), und schaut rings um sich, ob Bergriesen oder sonst Feinde der Brücke sich nahen. Während er wacht, können die Götter ruhig schlummern, denn ihn täuscht man nicht: er sieht selbst des Nachts auf eine Entfernung von hundert Meilen, und hört Gras und Haare wachsen, auch schläft er kaum so viel als ein Adler; wenn Feinde kommen, stösst er in sein Giallarhorn, dass die ganze Welt erbebt; dann versammeln sich die Asen und die Einheriar, die Helden in Walhalla, zum Kampfe. Diess geschieht besonders beim Weltuntergange, bei welchem er mit Loke kämpft, und beide einander wechselseitig tödten. Einen Beinamen, Gullintani (Goldzahn), führt er davon, dass seine Zähne von Gold sind.

Heimir (Nord. M.), der heldenhafte Lehrer der mächtigen Schildjungfrau Brynhildur.

Heimon, Heimonskinder, s. Aimon.

Heiti (Nord. M.), eine Zauberjungfrau von freundlichem Aeussern und bösem Sinn; sie verstand alles mögliche Unheil zu kochen, brachte durch ihre reichen Geschenke Habsucht unter die Menschen, machte die Mädchen lüstern und zu bösen Weibern, brachte Alles in's Unglück, indem ihr Gold entfloh, wie der Schatten einer Wolke, und nur die Bedürfnisse, nicht aber die Mittel, sie zu befriedigen, übrig blieben; brachte dann Raub und Krieg unter die Menschen, und obwohl die Asen sie schon dreimal getödtet haben, lebt sie doch noch immer.

Hel, Fig. 140 (Nord. M.), Tochter des Loke und der Riesin Angerbode, Schwester des Wolfes Fenrir und der Schlange Jormungand. Alle drei Geschwister gehörten

Fig. 140.

zu den entsetzlichsten Geburten der Unterwelt, und weil die Asen wussten, welche Schrecken ihrer von diesen Kindern warteten, so schleuderten sie die Schlange in das Meer, wo sie wuchs, bis sie die ganze Erde als Midgards-Schlange umgab, fesselten den Fenris mit einem unzerreissbaren Bande, und setzten endlich auch das dritte Kind des Loke, die grässliche H., in die Unterwelt. Dort ward sie Beherrscherin von den neun Welten, die zu dem Reiche Niflheim oder Helheim gehören, und regiert daselbst als Königin über alle diejenigen, die nicht auf dem Schlachtfeld, sondern an Alter oder Krankheit gestorben sind. H. wird grässlich gedacht, offenbar, weil die Skandinavier nichts Schrecklicheres kannten, als den Tod der Krankheit und Entkräftung; so wird sie denn als furchtbare Riesin dargestellt, welche halb fleischfarben, halb blau oder schwarz ist, Menschen frisst, oder nur von ihrem Marke und Gehirn lebt; ihre Umgebungen sind entsetzlich und Grauen erregend.

Hela (Slav. M.). Auch von den Wenden wurde diese ursprünglich skandinavische Gottheit verehrt, aber in anderer Bedeutung und mit dem Beinamen der bösen oder zornigen Gottheit. Sie wurde als grosses dürres Weib mit einem aufgerissenen Löwenrachen abgebildet. Man betete zu ihr, dass sie vor bösem Rath bewahren möchte.

Helblinde (Nord. M.), 1) Beiname des Odin, der die hellen Augen erblinden lässt, d. h. Herr über Leben und Tod ist. — 2) H., ein Bruder Loke's, Sohn des Farbaute und der Laufeya.

Helena, Fig. 141. 142 (Gr. M.), 1) Tyndareus' Gattin Leda ward von Jupiter in Gestalt eines Schwanes besucht, und gebar hierauf zwei Eier, in deren einem Castor und Clytämnestra (Kinder des Tyndareus), im

Fig. 141.

Fig. 142.

anderen aber Pollux und H. (Kinder des Jupiter) waren. Abweichend hievon ist eine zweite Fabel, nach welcher Nemesis, um den Wünschen des Jupiter zu entgehen, sich in eine Gans verwandelt habe, doch von Jupiter in Gestalt eines Schwanes überwunden worden sei; sie habe nun ein Ei geboren, welches ein Hirte auf einer Wiese gefunden und der Leda gebracht, die es in einem Kasten aufbewahrt und die zur gehörigen Zeit daraus hervorgegangene H. wie eine Tochter erzogen habe. Wessen Tochter sie nun auch gewesen sei, sie ward ausserordentlich schön, wurde desshalb von Theseus geraubt, und sollte von ihm die Iphigenia geboren haben, welche Clytämnestra, um der Schwester Schande zu verbergen, wie ihre Tochter erzogen hätte, was um so eher möglich gewesen wäre, als H. nicht lange in Theseus' Besitz war, indem ihre Brüder Castor und Pollux sie, während Theseus sich im Hades befand, zurückführten, und noch des Heros Mutter Aethra als Gefangene mit sich hinwegnahmen, welche von da an die stete Begleiterin der H. blieb. (Ueber ihre Vermählung siehe den Art. Freier der Helena). Sie ward Menelaus' Gattin. Der Ruf ihrer Schönheit durchdrang die Welt, und Paris ward für die der Venus günstige Entscheidung über den goldenen Apfel von dieser mit der schönsten Sterblichen belohnt, und das war H., welche der Sohn des Priamus raubte, woraus sich der verderbliche trojanische Krieg entspann. In Troja war H. sehr geehrt; obwohl man sie als die Ursache des Krieges kannte, scheint man doch gesehen zu haben, dass sie nicht aus Schlechtigkeit, sondern nur aus Schwäche gefehlt: so schildert sie Homer. Die Späteren scheinen dieses Urtheil zu verdächtigen, denn als Paris gestorben und sie durch Priamus seines besten Sohnes, des Deïphobus, Gattin geworden, soll sie zu diesem den Menelaus mit eigener Hand geführt haben, nachdem sie aus dem Gemach alle Waffen entfernt; worauf Deïphobus durch Menelaus auf die schändlichste Weise unter Martern getödtet wurde. H. reiste mit dem Gatten, welcher durch ihre noch immer nicht verringerte Schönheit von Neuem bezaubert wurde, nach Sparta zurück, wohin beide erst nach langer Zeit auf einem gewaltigen Umweg über Aegypten gelangten. Ihr Ende war sehr traurig: nach dem Tode ihres Gatten ward sie von ihren Stiefsöhnen Nicostratus und Megapenthes vertrieben, flüchtete zu einer ehemaligen Freundin, Polyxo, welche sie jedoch, da ihr H. als Ursache des Todes ihres Gatten, des Tlepolemus, der vor Troja geblieben war, erschien, im Bade überfallen und an einen Baum aufknüpfen liess. H. gebar dem Menelaus die Hermione. — Von unseren beiden Abbildungen zeigt die eine H., verschämt den Kopf auf die Hand stützend, Venus sie zur Liebe gegen Paris beredend, Amor diesen ihr zuführend; die andere H.s Entführung nach einem Basrelief. — 2) H., Vertraute der Venus, welche diese bei ihrem Liebeshandel mit dem schönen Adonis gebrauchte. — 3) H., Tochter des Tityrus, welche eine Amazone gewesen zu sein scheint, da von ihr erzählt wird, dass sie mit Achilles einen Zweikampf bestanden, und in demselben ihn verwundet habe, doch von ihm getödtet worden sei.

Helenus (Gr. M.), einer der neunzehn Söhne des Priamus und der Hecuba, einer der tapfersten Fürsten Troja's und zugleich berühmter Wahrsager; mit mehreren der Griechen kämpfte er glücklich, und mehrere seiner Rathschläge brachten, wenn man sie befolgte, Heil und Segen. Ueber die Zeit nach dem trojanischen Kriege sind, in Beziehung auf ihn, wie auf fast alle anderen Ueberlebenden, die Alten uneinig; er war entweder ein Begleiter und Freund, oder ein Sclave des Pyrrhus; ward, da dieser sich mit Hermione vermählen wollte, und also Andromache (s. d.), die ihm bei der Theilung der Beute zugefallen war, entlassen musste, mit dieser vermählt, und erzeugte mit ihr den Cestrinus. Er besass, als Aeneas nach Epirus kam, daselbst ein kleines Reich, hatte darauf eine Feste, ein Nachbild des alten Ilium, gegründet, und sich auch der Söhne seiner Gattin von Pyrrhus angenommen, wie denn ein solcher Stiefsohn, Molossus, nach seinem Tode das Reich erhielt.

Heleus (Gr. M.), Sohn des Perseus und der Andromeda.

Helgabrudur (Nord. M.), eine der Töchter des Königs von Helgoland in Norwegen, Holgi, dessen Grab mit Gold und Silber zugedeckt war; die andere hiess Thorgerdur; beide wurden nach ihrem Tode als Göttinnen verehrt.

Helgoland (Nord. M.), eine Insel der Nordsee, welche von dem dort verehrten Gott Fosete, auch Fosetesland hiess; sie enthielt nur Heerden, dem Gotte heilig, einen Opferaltar und einen Quell, aus welchem stillschweigend zu trinken für sehr heilsam galt; doch pflegte man diess nur in Gegenwart des dänischen Königs, der zugleich Oberpriester war, zu thun, denn die Heiligkeit der Insel war so gross, dass ein Frevler an dem Eigenthum des Gottes einem qualvollen Tode verfiel. Der König selbst musste die Verbrecher strafen, und entgingen sie seiner Hand auch zufällig, so starben sie doch bald in Raserei.

Helgi (Nord. M.), s. Swawa.

Helgrindum (Nord. M.), das grosse Gitter, welches, ausser dem Flusse Gjal, Helheim umschliesst.

Helheim (Nord. M.), das Reich der grausen Hel (s. d.), gross und ausgedehnt, von zweiunddreissig Flüssen durchströmt, die aus dem Quell Hwergelmer entspringen, und deren einer das ganze Land umfängt; über diesen (Gjal) führt die mit Gold belegte Gjalarbrücke; an derselben hält eine Riesenjungfrau (Modgudur) Wache, welche die Ankommenden nach Namen und Geschlecht fragt, und ihnen den Weg zum Palaste der Hel zeigt; dann umschliesst ein hohes eisernes Gitter das Reich, und erst, wenn man dieses durchschritten hat, befindet man sich in einer der neun Welten. Auch an Hels Palast finden sich Jungfrauen als Wache, doch haben sie eisernes Blut, welches, wenn es auf die Erde fällt, Zank und Krieg erregt, und sie sitzen auf immer schreienden Stühlen (ihr Name ist Bigvör und Listvör). Hels Palast enthält einen Saal Eliud (Elend), ihr Tisch heisst Hungur (Hunger), Sultur ihr Messer (Fresssucht), Ganglate und Ganglöt (gehe langsam und gehe träge) ihr Knecht und ihre Magd, Fallandi Forad (fallende Thüre) ihre Schwelle, Kor (Erschöpfung) ihr Bette, Blickandiböl (Lästerung) ihre Decke. In H. oder Niflheim wohnt auch die böse Schlange Nidhögr (Neidhard), welche die eine der drei Wurzeln des Weltbaumes, der Esche Ygdrasil, die sich bis in den Mittelpunkt von H., zum Brunnen Hwergelmer erstreckt, sammt allen ihren Kindern immerfort benagt; dort wohnt in einer eigenen Höhle auch der Hund Garmr, der beim Weltuntergang den Tod eines Asen herbeiführt. H. ist kein Strafort, sondern nur die Wohnung derjenigen, welche nicht an Wunden oder auf dem Schlachtfelde starben. Erst nach dem Weltuntergange werden die Bösen von den Guten gesondert, und die letzteren gehen zu ewiger Freude nach Gimle (Himmel), während die Bösen nach Nastrond (Leichenstrand) kommen.

Heliaden (Gr. M.), 1) sieben Söhne des Helios (Sonnengottes) und der Rhode oder Rhodos; sie hiessen nach Diodor: Ochimus, Cercaphus, Macar, Actis, Tenages, Triopas, Candalus. Auch eine Tochter des Helios gehört dazu, welche Electryone hiess, als Jungfrau auf Rhodos starb und als Göttin verehrt ward. Helios sagte seinen Söhnen, wo man der Minerva zuerst opfere, da werde der Göttin bleibender Wohnsitz sein; dasselbe erfuhren die Bewohner von Attica. Nun opferten zwar die H. zuerst, allein sie vergassen, die Opfer durch Feuer verzehren zu lassen, welches durch Cecrops später, doch vollständig bewerkstelligt wurde; so zog Pallas in Athen ein, die H. aber behielten ihre Sitten beim Opfern bei. Geschickt vor andern Sterblichen, verbesserten sie die Schifffahrt, erfanden die Stundeneintheilung, und viele Gesetze der Himmelsbewegungen. Der Vorzüglichste unter ihnen aber, Tenages, erregte den Neid seiner Brüder; sie brachten ihn um und entflohen, als ihr Verbrechen entdeckt ward: Actis nach Aegypten, Macar nach Lesbos, Triopas nach Carien und Candalus nach Cos. Ochimus und Cercaphus blieben in Rhodos; der erste ward Herrscher, vermählte sich mit Hegetoria, einer Nymphe, welche ihm eine Tochter, Cydippe, gebar, die sein Bruder Cercaphus zur Gattin nahm, und ihm im Reiche folgte. — 2) H., die Schwestern des Phaëthon, deren zwei bis sieben gezählt werden: Lampetia, Phöbe, Aegle, Aetheria, Dioxippe, Helia und Merope; auch Phaëthusa wird eine genannt, da dann eine andere hinweggelassen werden muss. Sie weinten über Phaëthons Fall sich todt; das Meer, welches ihre Thränen auffing, verwandelte diese in Bernstein (daher sie auch Electriden, von Electrum, Bernstein, genannt werden). Die Götter aber, welche ihren Schmerz bedauerten, verwandelten die Mädchen selbst in Bäume, die nun noch immer Thränen vergiessen, welche der Bernstein sind. Nach dem beweinten Bruder heissen sie auch Phaëthontiaden.

Helice (Gr. M.), 1) Tochter des Olenus, eines Sohns des Vulcan. — 2) H., Tochter des Königs Selinus von Aegialus. Ion überzog ihn mit Krieg, da er jedoch die Tochter des Königs, H., mit dem Versprechen der Thronfolge erhielt, machte er Frieden und erbaute dann eine Stadt, die er nach seiner jungen Gattin nannte.

Heliconiaden (Gr. M.), Beiname der Musen.

Heliconius (Gr. M.), Beiname des Neptun, von Helice in Achaja.

Heliconis (Gr. M.), eine Thespiade, von Hercules Mutter des Phalias.

Heliogabal (Röm. M.), der durch das vorgesetzte griechische Wort Helios verlängerte Name des syrischen Gottes Gabal (s. d.), den Bassianus sich selbst beilegte, als er Kaiser wurde.

Heliolatrie, s. Sonnendienst.

Helios, Fig. 143 (Gr. M.), bei den Römern Sol, der Sonnengott, einer der Titaniden, Bruder von Selene und Aurora, alle drei Kinder des Titanen Hyperion und der Titane Thia. H. fährt mit dem Sonnenwagen, von vier brausenden Rossen gezogen, von Meer zu Meer, und gibt der Welt den Tag. Aurora geht ihm voran, öffnet die Sonnenthore und streuet Rosen auf seinen Pfad;

Fig. 143.

glühende Strahlen umblitzen, goldene Locken umwallen sein Haupt, ein helles Gewand, vom Hauche des Zephyrus gewebt, umspielt seine Hüften, wenn er aus seinem Palaste heraustritt; dieser liegt im Westen der bekannten Welt, wo die Sonne untergeht. Um von hier nach Osten zu kommen, fährt er Nachts in einem goldenen Kahn zurück, am äussersten Rande der Erde auf dem Oceanus hinschiffend, bis er wieder im Osten am Kaukasus ankommt. Bei seinem Palast waren seine Heerden und seine Gärten, welche später ihren Hütern, dem Geryon und den Hesperiden, als Eigenthum zugeschrieben wurden. Wie jeder Gott einen Hauptsitz seiner Verehrung hatte, so war diess auch mit H. der Fall: ihm war Rhodos vorzüglich heilig; ausserdem gehörte ihm die Burg von Corinth, dem Neptun aber die Stadt. Nach Diodor war H. ein Sohn des Königs Hyperion und seiner Schwester Basilea. Die Brüder des Königs, welche fürchteten, er möchte sie einst an Macht übertreffen, ermordeten ihn, und ertränkten den H., worauf die ihren Bruder liebende Selene sich vom Dache stürzte; der Mutter verkündeten sie im Traum, dass sie an den Himmel versetzt seien, und dass man ihnen zu Ehren die Sonne H. und den Mond Selene nennen würde. Unser Bild zeigt H. mit dem Viergespann, mit Lucifer, Castor, dem Meere und dem Himmel.

Helix (Gr. M.), Sohn des arcadischen Königs Lycaon, von Jupiter mit dem Blitz erschlagen.

Helle, Fig. 144 (Gr. M.), Tochter der Nephele und des Athamas (s. d.). Auf unserer Abbildung sehen wir H. auf dem Widder, nach einer gemalten Schale.

Fig. 144.

Hellen (Gr. M.), 1) Ahnherr des griechischen Volkes, von welchem es sich das der Hellenen nennt, Sohn des Deucalion, vermählte sich mit Orseïs, einer schönen Nymphe, welche ihm die drei Stammväter der griechischen Stämme, nämlich den Dorus, Aeolus und Xuthus gebar, von diesem letzten stammt wieder Achäus und Ion. — 2) H., Sohn des Phthius und der Chrysippe, soll in Thessalien sich niedergelassen und die Stadt Hellas gebaut haben.

Hellotis (Gr. M.), Beiname der Europa und der Minerva: der erstern auf Creta, der andern in Corinth; Beiden wurden Feste gefeiert, welche Hellotia hiessen; den Ursprung des corinthischen Festes dieses Namens erzählt man folgendermassen: Als die Heracliden in ihrem letzten Kriege den Peloponnes eroberten, kam auch Corinth in ihren Besitz. Tausende flüchteten zu den heiligen Stätten, zu den Tempeln; Viele wurden gerettet, aber eine Jungfrau, H., mit ihrer Schwester Eurytione, verbrannte in dem Tempel der Minerva. Bald erfolgte eine Pest, um derentwillen das Orakel befragt wurde, welches den Schatten der H. versöhnen hiess. Ihr zu Ehren ward nun ein Tempel erbaut, worin sie, nebst Minerva, an dem Feste Hellotia verehrt wurde; der Name ging dann auf die Göttin selbst über.

Helops (Gr. M.), ein Centaur, der von Pirithous mit dem Speere erlegt ward, welcher auf einer Seite ihm in die Schläfe fuhr und auf der andern Seite hinausdrang.

Hemera (Gr. M.), Tochter des Erebus und der Nacht, die Tagesgöttin; sie wohnt in der Unterwelt, steigt aber jeden Morgen aus ihrem Palast empor auf die Oberwelt, um ihr das Licht zu spenden.

Hemeresia (Gr. M.), »die Besänftigerin«, Beiname der Diana. Die Töchter des Prötus waren durch Bacchus oder Juno rasend gemacht, so dass sie sich für Kühe hielten und brüllend in den Wäldern umherschweiften. Melampus heilte sie in dem Tempel der Diana, daher sie obigen Beinamen erhielt.

Hemithea (Gr. M.). 1) Zu Castabus im Chersones war ein Tempel dieser Göttin H. (Halbgöttin) geweiht. Sie hiess eigentlich Molpadia, war die Tochter des Staphylus und der Chrysothemis, und hatte noch zwei Schwestern, Parthenos und Rhöo. Molpadia und Parthenos hatten ihres Vaters Wein zu hüten und schliefen dabei ein, es kamen Schweine, die sie im Stalle hatten, herein, zerbrachen das Gefäss und verderbten den Wein; darüber entsetzt, flohen die Mädchen vor dem Zorn ihres Vaters und stürzten sich von hohen Felsen herab in das Meer. Apollo aber rettete sie: Parthenos nach Bubastus im Chersones, Molpadia aber nach Castabus, wo sie unter dem Namen H. von allen Bewohnern des Chersones verehrt wurde. Später kam der Tempel der H. so sehr in

Aufnahme, dass auch entfernte Nationen ihn eifrig besuchten und durch grosse Opfer und werthvolle Geschenke ihre Verehrung an den Tag legten; ja die Perser, welche alle griechischen Tempel beraubten, verschonten doch diesen, obwohl er leicht und gefahrlos geplündert werden konnte. Als Ursache dieser Achtung gab man die Wohlthaten an, welche die Göttin Jedermann erweise. — 2) H., Tochter des Cycnus und der Proclea, welche mit ihrem Bruder Tenes in einen Kasten gesperrt und in's Meer geworfen wurde.

Hengikjoptr (Nord. M.), der erste Besitzer der berühmten Wundermühle Grotta, auf welcher die beiden starken Mädchen Menja und Fenja Alles mahlen konnten, was man ihnen befahl: Frieden oder Kriegsheere, Gold, Salz, Glück etc. König Frothi erhielt diese Mühle von ihrem frühern Besitzer.

Henil (M. der Vandalen), ein Schutzgott, welcher in jeder Horde unter dem Sinnbild eines Stabes mit einer Hand, die einen eisernen Ring trug, verehrt wurde. Wenn der Stamm sich in Gefahr befand, so ward der Fetisch in Prozession umhergetragen, und das Volk rief: »erwache H.! erwache!«

Henioche (Gr. M.), 1) Tochter des Königs Creon von Theben, des Bruders der Jocaste. — 2) H., Beiname der Juno (Lenkerin), welcher diejenigen opfern mussten, die von Trophonius ein Orakel haben wollten.

Heniochus (Gr. M.), »der Zaumhalter«; der Fuhrmann am Himmel, eigentlich Erichthonius. (S. Auriga.)

Hephaestia (Gr. Religionsbr.), Spiele, welche dem Vulcan zu Ehren in Athen gehalten wurden; vom Altare des Prometheus in der Akademie begann unter den Jünglingen ein Wettrennen mit brennenden Fackeln, in welchem derjenige Sieger war, welcher, am schnellsten laufend, seine Fackel brennend nach der Stadt brachte; derjenige, welchem sie erlosch, trat aus der Reihe; und brachte keiner sie brennend an's Ziel, so war der Kampf unentschieden.

Hephaestine, (Gr. M.), Geliebte des Königs Aegyptus, welche ihm vier von seinen fünfzig Söhnen gebar: den Pandion, Arbelus, Hyperbius und Hippocorystes.

Hephaestos, s. Vulcan.

Heptaporos (Gr. M.), ein Fluss am Gebirge Ida bei Troja, dessen Beherrscher (der Flussgott), ein Sohn des Oceanus und der Tethys ist.

Hera, s. Juno.

Heracleen (Gr. Festbr.), Feste, dem Hercules an vielen Orten von Griechenland gefeiert. Zu Sicyon brachte man ihm anfänglich Todtenopfer, wie einem Heros, bis Phästus die Einwohner daran erinnerte, dass er ein Gott sei, seit welcher Zeit man ihm göttliche Ehren erwies; dieses Fest dauerte zwei Tage, deren erster Onomatas, der zweite aber Heraclea hiess. Im Tempel des Hercules Melon oder Melius waren einst, da es an Schafen fehlte, nur Aepfel dargebracht worden, welche Schafe vorstellen sollten, indem man vier Holzspäne hinein steckte, und sie darauf, wie auf ihre Beine stellte. Uebrigens wurde Hercules bei seinen Festen natürlich auch durch Kampfspiele verherrlicht.

Heracliden (Gr. M.), Nachkommen des Hercules (s. d.).

Herakles, s. Hercules.

Herannhi aksana oder **Hyrany akasha** (Ind. M.), ein gewaltiger Riese, in stetem Kampfe mit den guten Göttern; er droht der Erde öfters den Untergang; Wischnu bekämpft ihn in mancherlei Verkörperungen.

Heraeum (Gr. M.), Tempel der Juno (Hera), deren es beinahe in jeder Stadt Griechenlands gab; auch ihre Feste hiessen Heräa.

Herceus (Gr. M.), Beiname des Jupiter, der als Beschützer des Hauses im Vorhofe (Hercos) seinen Altar hatte.

Hercules, griech. **Herakles,** Fig. 145—155, (Gr. M.). Amphitruo (Amphitryon), mit Alcmene vermählt, hatte sich zur Busse auferlegt, seine schöne junge Frau nicht früher sein zu nennen, als bis er die Teleboër besiegt, welche an dem Unglück Schuld gewesen, das ihn betroffen, da er seinen Schwiegervater Electryon unfreiwillig tödtete. Unterdessen hatte Jupiter das jungfräuliche Weib liebgewonnen, und war in Amphitruo's Gestalt bei ihr gewesen; als nun Amphitruo zurückkam, wunderte er sich, dass seine Frau von seinem Erscheinen nicht überrascht war, und Tiresias, der Seher, gab ihm Aufschluss über das Räthselhafte des Vorfalles. — Alcmene gebar zwei Knaben, von Jupiter den H. und von

Fig. 145.

Amphitruo den Iphicles; den erstern setzte Alcmene in grosser Furcht vor Juno aus, Minerva aber führte diese in die Gegend, wo das Kind lag, zeigte es ihr und beredete die Göttin, dasselbe an die Brust zu legen; sie that es, und der Knabe sog so heftig, dass es ihr Schmerzen verursachte, und sie ihn losriss: die dabei verspritzende Milch vertheilte sich am Himmel und bildete die Milchstrasse; mit dem einen Zuge aber, den H. gethan, hatte er Götterstärke und Unsterblichkeit gewonnen. Acht Monate alt, begannen schon seine Prüfungen und Verfolgungen: Juno schickte ein Paar gewaltige Schlangen ab, um ihn in der Wiege zu tödten; der mächtige Knabe ergriff aber mit jeder Hand eine, und erwürgte sie. Schon früher hatte Juno ihren Einfluss auf sein Schicksal geübt. An dem Tage, an welchem Alcmene den H. gebären sollte, lockte sie dem Jupiter den Eid ab, dass derjenige Nachkömmling des Perseus, der an diesem Tage geboren werde, Herrscher über alle seine Verwandten werden solle, eilte nach Argos und liess nun den Eurystheus bereits im siebenten Monat geboren werden, während sie des H. Geburt um zehn Tage verzögerte, so dass jener der Persiden König, H. aber sein Untergebener ward. An jener Probe der Stärke und des Muthes hatte aber Amphitruo den Sohn eines Gottes erkannt, und wendete nun allen Fleiss auf seine Erziehung zum Helden; er sah, dass eine zarte Beschäftigung für dessen starke Hände nicht taugte, und sandte ihn desshalb zu seinen Rinderheerden; dort erwuchs H. zu riesiger Grösse, und bekundete durch den Glanz seiner Augen, durch übermenschliche Stärke und einen Alles besiegenden Muth seine göttliche Abkunft. Achtzehn Jahre war er alt, als der furchtbare cithäronische Löwe unter des Amphitruo und des Thestius oder Thespius Heerden schreckliche Verwüstungen anrichtete; er suchte das Ungeheuer auf, tödtete es, nahm dessen undurchdringliche Haut als Panzer, dessen Kopfhaut als Helm, und führte beides von da an beständig. Thespius, erfreut über die Heldenhaftigkeit des Jünglings, wünschte seinen Töchtern Nachkommen von ihm, und führte ihm selbst, während zweier Monate, die dieser bei ihm zubrachte, alle fünfzig Töchter zu, die dann 52 Söhne gebaren, indem zwei derselben mit Zwillingen niederkamen. Jetzt ging H. nach Theben zurück und begegnete den Herolden des Erginus, Königs von Orchomenus, welche den Tribut von hundert Rindern zu holen kamen, den die Thebaner diesem Könige für den Mord seines Vaters zahlen mussten. H. schnitt den Herolden Nasen und Ohren ab, band ihnen die Hände mit Stricken an den Hals, und schickte sie mit diesem Tribut heim. Hieraus entstand ein neuer Krieg, in welchem H., durch Minerva mit Waffen versehen, den Oberbefehl über das Thebanerheer führte, den Erginus tödtete, das feindliche Heer der Minyer in die Flucht schlug und ihnen doppelt so viel an Tribut auflegte, als sie bisher von Theben erhalten hatten. Nun vermählte sich H. mit Megara, der Tochter des Creon, von welcher er drei Söhne bekam: Therimachus, Creontiades and Deïcoon, die er jedoch in einem Anfall von Wahnsinn, den Juno über ihn verhängte, mit seinen Pfeilen erschoss. Zur Besinnung gekommen, verbannte er sich desshalb selbst aus Theben, ward von Thestius gereinigt, und ging dann nach Delphi, um den Gott zu fragen, wohin er sich wenden solle. Die Pythia sagte ihm, er solle jetzt zum Könige Eurystheus gehen, dem er zu dienen, und für den er zehn Arbeiten zu verrichten habe, worauf ihm die Aufnahme unter die Götter zu Theil werden würde. Darauf schenkte Mercur ihm ein Schwert, Apollo die fehlende Pfeile, Vulcan einen goldenen Köcher, Minerva aber einen Panzer; seine Keule schnitt er sich von einem Oelbaum bei Nemea (Andere nennen Trözen, und man zeigte noch zu Cäsars Zeiten dort den Oelbaum). So ausgerüstet trat er seine Reise an, kam zu Eurystheus und unterzog sich willig allen Mühen, die dieser ihm auflegte. Zuerst sollte er den nemeïschen Löwen tödten; diess war ein Ungeheuer, von Typhon erzeugt und unverwundbar. Zu Cleonä fand H. einen Tagelöhner, Namens Molorchus, im Begriff, dem Jupiter ein Opfer zu schlachten; der Held ward gastfrei aufgenommen, und bat seinen Wirth, das Thier noch dreissig Tage zu bewahren, käme er bis dahin zurück, so wollten Beide es Jupiter dem Retter opfern; käme er nicht zurück, so solle er es ihm, dem H., als einem zu den Göttern Eingegangenen, zum Opfer bringen. Nun unternahm H. seine Jagd: den Pfeilen widerstand das Fell, und der Keule die Stirne des Löwen; doch flüchtete

Fig. 146.

dieser in seine Höhle, die durch den Berg von Nemea ging, und zwei Ausgänge hatte. Sogleich verrammelte

H. den einen, drang von der andern Seite in die Höhle, umschlang mit den Armen den Hals des Thieres und er-

Fig. 147.

würgte es, während er mit den Knieen ihm die Weichen eindrückte. Jetzt trug er den Löwen nach Mycene, kam jedoch noch vorher zu Molorchus, der so eben im Begriff war, ihm als einem Gestorbenen das Opferthier zu schlachten, denn es war der dreissigste Tag; jetzt ward das Opfer dem rettenden Jupiter gebracht, und dann setzte H. die Reise fort. — Die Stärke des Helden hatte auf Eurystheus einen solchen Eindruck gemacht, dass er ihm befahl, künftig nicht mehr unmittelbar vor ihm zu erscheinen, sondern die Beweise der Ausführung seiner Arbeiten vor den Thoren zu zeigen. So kam denn H. gar nicht zu ihm, sondern empfing den zweiten Auftrag, die lernäische Hydra zu tödten, durch einen Herold. Hiezu nahm er seinen Neffen Jolaus als Wagenlenker mit, ging auf das neunköpfige Unthier, welches aus dem Sumpfe von Lerna hervorkam, um die Heerden zu würgen, los, zwang es durch brennende Pfeile, seinen Schlupfwinkel zu verlassen, und fing an, ihm mit der Keule die Köpfe abzuschlagen; doch so wie einer herunter war, wuchsen zwei wieder an dessen Stelle, zudem kam ein ungeheurer Krebs aus dem Sumpfe hervor, welcher den Heros empfindlich kniff; diesen schlug er nun zwar todt, doch der Hydra konnte er nicht Meister werden, bis Jolaus den nahe gelegenen Wald anzündete, und mit den glühenden Baumstämmen die Stelle ausbrannte, von welcher H. einen Kopf gehauen, so dass kein neuer aus dem Blut erwachsen konnte. Nun fiel ein Haupt nach dem andern, und das letzte, unsterbliche, begrub er unter einem mächtigen Felsen. Den Rumpf spaltete er in zwei Theile, und in die Galle tauchte er seine Pfeile, wodurch die von ihnen verursachten Wunden unheilbar wurden. Die dritte Arbeit war, die cerynitische Hirschkuh, mit goldenem Geweih und ehernen Füssen, zu fangen, und lebendig nach Mycenä zu bringen. H. verfolgte sie ein ganzes Jahr lange, bis er sie am Flusse Ladon einholte, durch einen Pfeilschuss unfähig machte weiter zu fliehen, fing, und dem Eurystheus überbrachte. Als vierte Arbeit sollte er den erymanthischen Eber fangen, welcher bei Psophis Alles verwüstete. Auf der Reise dahin kam H. zu dem Centauren Pholus, welcher ihn freundlich bewirthete; zu der Mahlzeit wünschte Hercules nun auch Wein, und da der Centaur von Bacchus ein Fass erhalten hatte, mit dem Bedeuten, es zu bewahren, bis H. zu ihm kommen werde, so öffnete er dasselbe; der Duft aber zog die andern Centauren herbei, die den Wein für sich behalten wollten. Hier hatte H. einen gefährlichen Kampf zu bestehen, denn nicht nur waren es ihrer Viele, von ungeheurer Stärke, sondern es kam auch Nephele, ihre Mutter, um ihren Kindern zu helfen, senkte sich als Regen zu Boden und machte diesen schlüpfrig, so dass H. alle Augenblicke ausglitt, während die vierfüssigen Centauren festen Fuss fassen konnten; dennoch verjagte er die Feinde, nur hatte er das Unglück, seinen eigenen Wirth und den Centauren Chiron zu verwunden, ohne es zu wollen. Nun ging es auf die Jagd des Ebers, H. trieb ihn aus dem Dickicht in ein tief beschneites Feld, erschöpfte ihn hier durch Herumhetzen, und lud ihn endlich auf seine Schultern. Als er mit dem Ungeheuer nach Mycenä kam, konnte er sich nicht enthalten, es selbst seinem Herrn zu zeigen, welcher über die Grösse und Furchtbarkeit desselben so entsetzt war, dass er sich in ein Fass verkroch. Schon hatte des Herrschers erfindungsreicher Geist eine fünfte Arbeit für H. in Bereitschaft; diese war: in einem Tage den Mist aus den Ställen des Augeas zu schaffen. Dorthin begab sich nun der Held, kam mit Augeas um den zehnten Theil der Rinder wegen dieser Arbeit überein, und nahm dessen Sohn Phyleus zum Zeugen; darauf trieb er die 3000 Rinder aus dem ummauerten Raum, leitete die Flüsse Alpheus und Peneus hindurch und schwemmte den Unrath in weniger als einem Tage hinweg. Als sechste Arbeit sollte H. die Stymphaliden verjagen; diess waren furchtbare Raubvögel (Kinder des Stymphalus und der Ornis) mit ehernen Federn, welche sie gleich Pfeilen abschiessen konnten, und gegen welche der stärkste Panzer nicht schützte; sie waren gefährlich, weil sie nicht nur Thiere, sondern auch Menschen anfielen. H. ward hier von Minerva unterstützt, welche ihm eine gewaltige Klapper gab, deren Geräusch die Thiere auftrieb, da er sie dann aus der Luft herunterschoss. Die siebente Arbeit war der Fang des wüthenden Stieres auf Creta, welchen Neptun aus dem Meere herauf geschickt, den aber Minos, statt ihn zu opfern, seiner Schönheit wegen unter seinen Heerden gelassen;

voll Zorn darüber machte der Meerumstürmer ihn wüthend. Diesen also sollte H. fangen. Seiner gewaltigen Stärke gelang es, er setzte den Stier vor Eurystheus ab, liess ihn aber sodann frei, worauf er in den einzelnen Theilen von Griechenland umher stürmte, und viel Schaden that, bis ihn zu Marathon Theseus tödtete. Nun musste als achte Aufgabe H. die Menschenfleisch-fressenden Stuten des Diomedes nach Mycenä bringen. Der Held schiffte nach Thracien zu den Bistonen, deren Herrscher Diomedes war, erschlug die Wächter der Rosse, und brachte sie glücklich bis an's Meer; da eilte ihm Diomedes mit einem Heere nach, und nun übergab er seine Beute dem Abderus, welcher jedoch, während H. mit den Feinden kämpfte, von den Thieren gefressen ward. H. siegte, erschlug den Diomedes, erbaute dem Abderus zu Ehren eine Stadt, welche seinen Namen trug, und brachte die Rosse zu Eurystheus. Dieser sandte ihn jetzt zur neunten Arbeit zu den Amazonen, deren Königin Hippolyte er das von Mars ihr geschenkte Wehrgehenk abnehmen und ihm bringen sollte. Zu dem Ende nahm H. Kampfgenossen mit sich auf ein Schiff und landete auf der Insel Paros; dort wohnten vier Söhne des Königs Minos, welche die Fremdlinge nicht gastfrei aufnahmen, sondern zwei derselben tödteten. Auf der Stelle wurden die Thäter durch den Helden erschlagen, und die übrigen Bewohner schwer bedroht, bis sie ihn baten, als Ersatz für die umgekommenen Begleiter zwei aus ihrer Mitte zu wählen, was denn H. auch that; er nahm Alcäus und Sthenelus, Enkel des Minos, mit sich, begab sich dann nach Mysien zu Lycus, dem Sohne des Dascylus, der ihn freundlich aufnahm, und dem er dafür beistand, als der König der Bebryker, Amycus, ihn überfiel. Die Hauptstadt der Bebryker und ein bedeutender Theil ihres Landes ward erobert, welches H. dem Lycus überliess, der es dann Heraclea benannte. Jetzt kam H. nach Themiscyra in Scythien, dem Reiche der Amazonen. Hippolyte kam ihm selbst entgegen, fragte nach seinem Begehr, und versprach ihm dann friedlich den Gürtel; doch Juno, erzürnt, dass er so leichten Kaufes aus dieser schwierigen Angelegenheit kommen sollte, verwandelte sich in eine Amazone und reizte als solche die übrigen Heldinnen auf; sie warfen sich auf ihre Rosse und kamen in grossen Schaaren wohl bewaffnet auf den Landungsplatz. H. musste nun einen furchtbaren Kampf bestehen, in welchem er jedoch siegte: Hippolyte und die ersten, kräftigsten Amazonen blieben von des Helden Hand, er nahm den Gürtel der Königin und kehrte zurück. Jetzt kam der Held nach Troja, welches damals eben durch Apollo und Neptun schwer bedrängt war. Beide nämlich hatten für Laomedon um bedungenen Lohn die Mauern von Troja erbaut, der König aber ihnen denselben vorenthalten, und dafür sandte Apollo den Trojanern eine Pest, Neptun aber ein Seeungeheuer, welches Menschen und Thiere hinwegraubte. Das Orakel sagte, wenn Laomedon seine Tochter opfere, werde das Unheil des Landes aufhören. Die unglückliche Hesione ward nun an einen Felsen gefesselt, und stand dort, als H. mit seinem Schiffe von den Amazonen zurückkehrte. Der Held versprach Hesione zu retten, wenn Laomedon ihm die Stuten versprechen wollte, die Zeus dem Tros für den geraubten Ganymedes gegeben; der bedrängte König ging die Bedingung ein; H. sah das Ungeheuer heranschwimmen, fuhr mit einem Kahn in dessen Rachen, kam in den Bauch desselben und tödtete es, von innen, wo er drei Tage gewesen, sich heraus arbeitend; nun wollte aber der betrügerische König wieder nicht Wort halten, und H. musste abziehen; jedoch drohete er ihm, zurückzukommen und Rache zu nehmen. Von dort ging H. nach der Stadt Aenos, wo er von Poltys gastfrei empfangen wurde; er tödtete den Sarpedon, Sohn des Neptun und Bruder des Poltys, einen übermüthigen Frevler an Göttern und Menschen, unterjochte die Bewohner der Insel Thasos, und liess sie seinen Begleitern Alcäus und Sthenelus, tödtete dann im Ringkampfe den Polygonus und Telegonus, welche ihn herausgefordert hatten, und kam endlich nach Mycenä, dem Eurystheus den Gürtel der Hippolyte überbringend. Als zehnte Arbeit sollte er die Rinder des Geryon von der Insel Erythia holen. Geryon hatte einen aus drei Männern zusammengesetzten Körper, derselbe theilte sich nämlich von der Gegend des Magens nach oben und nach unten in drei Theile, so dass er sechs Füsse, sechs Hände und drei Köpfe hatte; seine wunderschönen braunrothen Rinderheerden wurden von dem mächtig starken Eurytion

Fig. 148.

und von einem zweiköpfigen Hunde, Orthrus, einem Sprössling der Echidna und des Typhon, gehütet. H. kam durch Libyen, errichtete an der Grenze zwischen Europa und Afrika die beiden Säulen, welche noch jetzt die Säulen des H. heissen, bahnte dem Ocean einen Weg in das mittelländische Meer, und diesem rückwärts einen in den Ocean, so dass sie sich nun wechselseitig ergänzen; erhielt von Apollo einen goldenen Kahn, weil er den Muth gehabt, seinen Bogen selbst gegen ihn zu spannen, und schiffte nun nach der Insel. Er kam nach Erythia und wählte das Gebirge Abas zu seinem Wohnsitze. Der Hund des Geryon merkte nicht sobald eines Fremden Anwesenheit, als er auch auf ihn zufuhr, doch vor dergleichen Thieren fürchtete sich der Held nicht: er schlug den Orthrus mit der Keule todt, und besiegte noch den Eurytion, welcher dem Hund zu Hülfe kam. Menötius weidete zu dieser Zeit die Rinder des Hades in der Nähe, und benachrichtigte den Geryon von dem was vorgefallen; dieser ging dem H. nach, der so eben die Heerde hinwegtrieb, und begann am Flusse Anthemus einen Kampf mit dem Helden, unterlag jedoch seiner Götterkraft. Jetzt trieb er die Rinder durch das Land der Celten oder Gallier, bestand hier einen furchtbaren Kampf mit den Söhnen des Neptun, Alebion und Dercynus, welche bei Massilia wohnten, ihn mit ihren Völkern überfielen, und ihm die Heerden raubten. Verzweifelnd wehrte er sich, doch gingen ihm bald die Pfeile aus, da liess Jupiter eine grosse Menge gewaltiger Felsblöcke vom Himmel fallen, diese raffte H. auf und schlug damit seine Feinde todt, gewann die Heerde wieder und trieb sie nach Italien. Damals versammelten sich die Giganten, und Hercules stand nun den Göttern im Kampfe gegen diese bei; dann zog er weiter durch Italien, erlegte den Cacus, machte dessen Schwester Caca zur Sklavin, und gelangte nach Rhegium; hier riss ihm ein Stier aus und schwamm nach Sicilien; H. schwamm ihm mit der ganzen Heerde nach, sich an den Hörnern eines dieser Thiere festhaltend, und kam so zu dem König Eryx. Dieser war ein Sohn der Venus und des Argonauten Butes, ein mächtig starker Mann und der berühmteste Faustkämpfer; von ihm verlangte Hercules den Stier, den er unter seine Heerde gebracht hatte, doch wollte er nur einem Cästuskampfe nachgeben. Am Ende kamen sie überein, dass, wenn H. siege, er die Insel bekomme, wenn aber Eryx Sieger bleibe, die Rinder des Geryon alle ihm zufallen sollten, ein zwar geringer Gegenpreis, doch angenommen, weil an ihm die Unsterblichkeit des H. hing. Dreimal ward Eryx besiegt, und endlich getödtet. Ein Krieg, der darauf folgte, hatte die Niederlage des ganzen sicilischen Heeres und den Tod von sechs Feldherren zur Folge, worauf Sicilien ihm gehörte; er gab es jedoch den Einwohnern frei, mit der Bedingung: es dereinst einem seiner Nachkommen, wenn er darauf Ansprüche mache, zu überlassen. Jetzt setzte H. mit seiner Heerde über das Meer, kam aber, durch ungünstigen Wind verschlagen, nicht bei Mycenä, sondern in Thracien an's Land; dort machte Juno die Rinder wüthend, so dass sie sich in den Gebirgen zerstreuten, und erst am Hellespont der grössere Theil derselben wieder gefangen wurde, während die übrigen in Thracien wild blieben. Nun kam H. zum Flusse Strymon, der bis dorthin schiffbar war, jedoch durch H. mit Felsstücken ausgefüllt wurde, damit er eine Furth für seine Heerde hätte, und desshalb von da an für Schiffe unbrauchbar ward. Endlich, nach so vielen Umwegen, gelangte er zu Eurystheus, übergab diesem die Rinder, und hatte somit

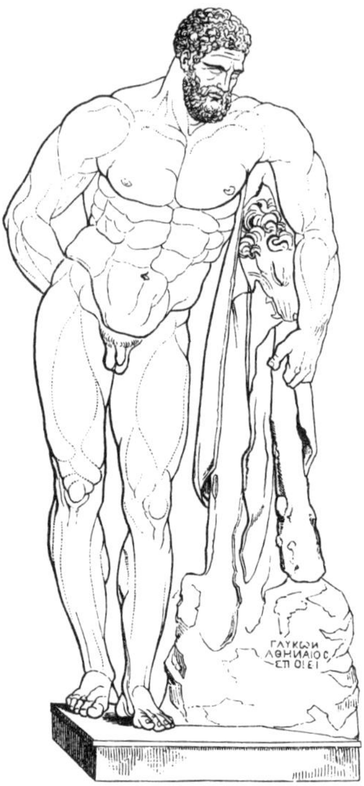

Fig. 149.

Fig. 150.

sich die Unsterblichkeit errungen. Die kleinliche Seele des grossen Herrschers fand aber ein besonderes Vergnügen daran, der Herr dieses Halbgottes zu heissen; darum liess er zwei dieser zehn Arbeiten nicht gelten: den Kampf mit der lernäischen Hydra, weil er ihn nicht allein vollbracht, und die Reinigung der Augeasställe, weil sie um Lohn vollbracht war. So musste sich H. noch zu zwei andern bequemen, und diese waren: die Aepfel der Hesperiden dem König zu bringen, und den Höllenhund Cerberus aus der Unterwelt heraufzuholen; daher kam es, dass er zwölf Arbeiten statt zehn verrichtete. — Ein hundertköpfiger Drache hütete am Atlas die Gärten der Hesperiden (s. d.). Dorthin zog nunmehr H.; am Flusse Echedorus forderte Cycnus (s. d.) ihn zum Zweikampf heraus, er ward erschlagen, und nun nahm Mars selbst für seinen Sohn den Streit auf, bis Jupiter einen Blitz zwischen die Ringenden warf und sie trennte. H. kam nun durch Illyrien; dort erfuhr er von Nymphen, Töchtern des Jupiter und der Themis, auf welche Weise er sich des Nereus bemächtigen könne, der ihm dann sagen werde, wo die Hesperiden seien. Im Schlafe ward nämlich der hundertgestaltige Meeresgott gefesselt, und er musste nun dem Helden über Alles, was er wissen wollte, Aufschluss geben. H. zog durch Libyen; dort wohnte und herrschte ein Sohn des Neptun, Antäus, der die Fremden alle zum Ringen zwang, und sie stets überwand und tödtete, da er, ein Sohn der Erde, immer neue Kräfte von dieser bekam. Auch H. ward zum Kampfe gezwungen, und musste, obwohl er den fünfzig Ellen langen Riesen stets überwand, doch immer von Neuem mit dem kaum Niedergeworfenen ringen, bis er ihn in die Luft hob und zusammendrückte, bis er erstickt war. Von Libyen zum Atlas ging nun H. über Aegypten, durch ganz Asien, von da nach Arabien, von da nach dem Kaukasus, und nun zu den Hyperboreern am Atlas, an der westlichen Grenze des Oceanus. Ueber Aegypten herrschte damals Neptuns Sohn Busiris; dieser opferte, einem Orakelspruch zu Folge, alle Fremden dem Jupiter, und so sollte es H. auch gehen; er aber zerriss am Altare seine Bande, erschlug Busiris, dessen Sohn Amphidamus, den Herold Chalbes, opferte den Erstern dem Zeus, und schaffte hiemit die Menschenopfer ab. Hierauf durchzog er Asien, und kam dann nach Arabien, tödtete den Emathion, Sohn des Tithonus, gelangte zum Kaukasus, tödtete den Adler, der täglich die Leber des Prometheus zu verzehren kam, befreite den Titanen, stellte für ihn einen andern Unsterblichen, den Chiron, welcher, durch die vergiftete Pfeilwunde gequält, sich

Fig. 151.

den Tod wünschte, und kam endlich zum Atlas, zu den Hyperboreern. Dort gab ihm der befreite Prometheus den Rath, die Aepfel nicht selbst zu holen, sondern diess dem Atlas zu übertragen, welcher, auf dem Gipfel des Gebirges stehend, den Himmel trug. Der Greis fand sich dazu willig, wenn H., bis er zurückkomme, an seine Stelle treten wolle, was auch geschah, worauf Atlas drei der goldenen Aepfel holte. Allein nun wollte er selbst sie zu Eurystheus bringen, und H. stehen lassen; dieser schien sich in sein Schicksal zu ergeben, und sprach, wenn er denn einmal bestimmt dazu sei, wolle er sich's wenigstens bequem machen, und sich ein Polster unter das Knie legen, auf welchem er ruhete. Atlas unterstützte nun den Himmel, bis H. diess gethan hätte; dieser aber nahm, sobald der Greis wieder an seinem Posten stand, die Aepfel, und ging mit ihnen davon. Eurystheus überliess sie dem tapfern Sohne Jupiters, dieser schenkte sie der Minerva, welche sie an den vorigen Ort zurückbrachte. Um den Cerberus aus der Unterwelt heraufzuholen, liess sich H. zuerst vom Morde der Centauren entsündigen, dann in die eleusinischen Geheimnisse aufnehmen, und ging nun zur Unterwelt, die er in Laconien, bei der Stadt Tänarus, durch eine Höhle betrat. Alle Schatten, ausser dem des muthigen Meleager und der Gorgone Medusa, entflohen; gegen Letztere zog H. das Schwert, bis Mercur ihm sagte, dass es ein blosses Phantom sei. An den Pforten des Hades fand er Theseus und Pirithous, welche Proserpina hatten rauben wollen, und desshalb an einen Felsen mit dem Hintertheil angewachsen waren. Sie streckten nach H. die Hände aus. Den Theseus erhob der Halbgott mit Zurücklassung eines Theiles von seinem Gesässe, aber als er die Hand auch nach Pirithous ausstreckte, erbebte die Erde. Den Stein, den Ceres auf den Ascalaphus gewälzt, als dieser verrathen, dass Proserpina bereits mit Pluto einen Granatapfel gegessen, wälzte H. von dem Frevler ab, doch verwandelte Ceres ihn in eine Nachteule; eines der Rinder des Pluto schlachtete er auch, um die Seelen mit Blut zu tränken, und brach dem Menötius, der diess ihm wehren wollte, die Rippen entzwei, worauf ihn Proserpina losbat. Nun sagte er dem Pluto seinen Auftrag, und dieser erlaubte ihm, denselben zu vollziehen, wenn er es ohne Waffen thun könne. Nur mit der Löwenhaut bedeckt, umschlang der Held das dreiköpfige Ungeheuer, und trotz der Bisse des Drachens, in den sein Schwanz endigte, brachte er es doch an's Tageslicht, was dem Cerberus so entsetzlich war, dass er aus allen drei Rachen spie, wovon die Giftpflanze Aconitum erwuchs; dann zeigte er ihn dem Eurystheus und brachte ihn zum Hades zurück. — Jetzt war H. frei; er ging nun nach Theben zurück, verband seine ehemalige Gattin Megara mit Jolaus, und warb bei Eurytus, dem Herrscher von Oechalia, um die Hand der schönen Iole. Dem Rechte nach wäre sie ihm geworden, er hatte den König im Bogenschiessen übertroffen, und als Kampfpreis war Iole dem Sieger bestimmt, doch weigerte der Vater ihm dieselbe, weil er einst seine Kinder getödtet, und diess ihm wieder begegnen könnte. Erzürnt und Rache schwörend, ging H. fort. Bald darauf verging der König sich noch mehr gegen den Helden. In Euböa hatte der Räuber Autolycus Rinder gestohlen, und Iphitus, der sie suchte, erhielt von Eurytus, seinem Vater, die Nachricht, H. habe sie genommen. Iphitus wollte das nicht glauben, begab sich jedoch zu ihm, um ihn zur Mitwirkung aufzufordern, da er sie suchen wollte. Eben hatte H. einen neuen Gang nach der Unterwelt vollendet, um dem Admet seine geliebte Alcestis zu holen; diess nun mochte seine Sinne halb verwirrt haben, denn obwohl er den Iphitus gastfreundlich aufnahm, so stürzte er ihn doch bald darauf über die Mauern von Tiryns herab. Um sich von diesem Morde reinigen zu lassen, begab er sich zu dem König der Pylier, Neleus; doch dieser, ein Freund des Eurytus, wies ihn von sich, und erst zu Amyclä entsündigte ihn Deïphobus, des Hippolytus Sohn; doch ward er von einer schweren Krankheit befallen, und wandte sich desshalb um Rath nach Delphi. Die Pythia verweigerte ihm den Spruch, da wollte er den Tempel plündern, raubte den Dreifuss, und errichtete ein eigenes Orakel, wesshalb Apollo mit ihm kämpfte, welcher Streit abermals durch Jupiters Blitze getrennt wurde. Nunmehr sagte ihm die Pythia, er solle, um die Götter wegen des Mordes zu versöhnen, sich verkaufen lassen, drei Jahre als Sklave dienen, und das Geld dem Eurytus als Ersatz geben. In Lydien herrschte damals Omphale, Tochter des Königs Jardanes; an diese verkaufte Mercur den Helden, und in ihrem Dienst bekämpfte er viele asiatische Völker, ging auch nach Aulis und besiegte den Syleus, welcher die Fremden zwang, in seinem Weinberge

Fig. 152.

zu arbeiten, tödtete ihn und seine Tochter Xenodice, ging auf die Jagd des calydonischen Ebers, machte die Argonautenfahrt mit, begrub des Dädalus Sohn Icarus, gewann endlich die Liebe der schönen Omphale, und ward so ganz ihr eigen, dass sie mit seiner Löwenhaut und seiner Keule tändelte, während er Fäden an der Spindel drehte. Nachdem seine freiwillige Knechtschaft vorüber war, dachte er auf Rache an seinen Beleidigern und überzog zuerst Troja mit Krieg, indem er achtzehn starke Fünfzigruderer bemannte, auserlesene Helden in seinen Schiffen dahin führte, und leicht die Landung bewerkstelligte; schwerer ward die Eroberung, doch endlich gelang sie: Laomedon und alle seine Söhne wurden niedergemacht, nur der einzige Podarces blieb übrig. Hesione, Laomedons Tochter, nahm H. für sich als Sklavin, und schenkte sie dann dem Telamon für seine Dienste bei der Eroberung, erlaubte auch dieser, sich einen der Gefangenen zu wählen; sie nahm ihren Bruder, Podarces, doch musste sie ihn um einen ihr selbst beliebigen Preis kaufen: sie gab nun ihren Schleier für ihn hin, und davon ward er seitdem Priamus, d. h. der Losgekaufte, genannt. Nun kam H. nach der Insel Cos, ward, weil seine Landung in der Nacht geschah, für einen Seeräuber angesehen, und daher mit bewaffneter Hand empfangen, jedoch nur zum Unheil der Bewohner; denn H. erschlug den König Eurypylus, den Sohn des Neptun und der Astypaläa, ward zwar von Chalcodon verwundet, doch durch Jupiter vor weiterem Schaden bewahrt, und plünderte dann die Insel. Von hier soll er durch Minerva zum Gigantenkriege geholt worden sein. Andere setzen diesen Zeitpunkt schon früher an. Bald darauf zog er gegen Augeas zu Felde; versammelte ein Heer in Arcadien, zog viele Helden aus Griechenland dazu, erschlug die Molioniden Eurytus und Cteatus bei Cleonä, besiegte dann den Augeas, tödtete ihn und seine Söhne, und setzte den vertriebenen Phyleus wieder in sein Reich ein, errichtete den zwölf grossen Göttern Altäre, sowie dem Pelops, und stiftete die olympischen Spiele. Jetzt zog H. gegen Neleus zu Felde, besiegte ihn und alle seine Söhne, welche blieben, bis auf Nestor (s. d.); nun zog H. nach Lacedämon, um den Hippocoon und seine zwölf Söhne, welche den Tyndareus aus dem Reiche vertrieben hatten, zu bestrafen. Zu seinem Beistand hatte er Cepheus mit seinen zwanzig Söhnen aufgefordert; sie alle blieben in der Schlacht, nebst des H. Halbbruder Iphicles, doch Hippocoon und seine Söhne unterlagen, und der Sieger setzte Tyndareus wieder in sein angestammtes Reich. Jetzt bewarb er sich um die schöne Deïanira, die Tochter des Oeneus, Königs von Calydon. Er hatte an dem Flussgott Achelous einen mächtigen Nebenbuhler; der Vater, um keinen zu erzürnen, schlug einen Kampf zwischen Beiden vor, in welchem, obwohl der Gott in allerlei Gestalten mit ihm stritt, doch H. Sieger blieb. So ward Deïanira seine Gattin und lebte glücklich an der Seite des Helden. Doch diesen liess sein unruhiges Blut nicht lange zu Hause. Er zog mit den Calydoniern gegen die Thesproter, eroberte Ephyra, den Königssitz des Phylas, mit dessen Tochter Astyoche er den Tlepolemus erzeugte, und sandte von hier aus einen Boten an König Thespius, mit dem Auftrage, 40 von seinen Söhnen nach Sardo (Sardinien) zu schicken, um dort eine Colonie zu begründen: sieben sollte Thespius bei sich behalten, und drei nach Theben senden. Auf der Rückkehr von dem Feldzuge ward er bei seinem Schwiegervater Oeneus sehr wohl aufgenommen, doch bei dem Gastmahl, das dieser anstellte, gab H. dem Eunomus, der ihm Wasser über die Hände goss, einen kleinen Stoss, so dass er augenblicklich davon starb. Dieser, ein Sohn des Architeles, war mit Oeneus verwandt, welcher, da das Unglück nicht vorsätzlich geschehen, dem H. verzieh;

Fig. 153.

der Held aber verbannte sich selbst aus dem Reich, und ging zu Ceyx nach Trachin, wohin er seine geliebte Deïanira mitnahm. Am Flusse Evenus sass der Centaur Nessus, der die Reisenden übersetzte; er that diess auch mit Deïanira, wollte ihr jedoch Gewalt anthun, und H., der es sah, schoss ihm einen Pfeil durch die Brust. Sterbend sagte er ihr voll Arglist, sein der Wunde entfliessendes Blut sei ein sicheres Mittel, ihr des Helden Liebe zu erhalten. Schweigend barg die Unglückliche den vermeinten Schatz auf das Sorgfältigste, und folgte ihrem Gatten zu Ceyx. Für diesen, ihm freundlich gesinnten König unterjochte H. die Dryoper, leistete dann dem König der Dorier, Aegimius, Beistand gegen die Lapithen unter Coronus; der Letztere blieb; das Land, dem H. versprochen, ward erobert, doch von dem Helden an Aegimius gegeben; darauf der König der Dryoper mit seinen Kindern erschlagen, auch Amyntor, König der Ormenier, getödtet, weil er ihm die Durchreise verweigerte, dann aber ein Heer gesammelt, um den Eurytus für seine Wortbrüchigkeit zu strafen; diess geschah, die Stadt Oechalia ward erobert, geplündert, der König getödtet, und Iole als Sklavin des H. hinweggeführt. Bei Cenäum, einem Vorgebirge von Euböa, landete er, und errichtete dem Jupiter einen Altar; im Begriff zu opfern, schickte er einen Herold, Lichas, nach Trachin zu seiner Gattin, um ihm ein Fest-Gewand zu holen; von diesem erfuhr Deïanira, was mit Iole vorgegangen war; fürchtend, sie werde ihr des Helden Liebe entziehen, bestrich sie das Gewand mit dem Blute des Nessus; da aber des Centauren Blut von dem vergifteten Pfeile des H., der ihn getödtet hatte, selbst vergiftet war, so vergiftete nun das Gewand auch den H. Der Schmerz machte ihn rasend, er wollte das Gewand von seinen Schultern ziehen, und riss schon ganze Stücke Fleisch, welche daran wie angewachsen hafteten, mit fort, ergriff in der Raserei den Lichas an beiden Füssen, und schleuderte ihn weit in's Meer hinein, dann kehrte seine Besinnung zurück, und er liess sich nach Trachin zu seiner Gattin bringen, die nun erst sah, wie thöricht sie gewesen war, auf des Bösewichts Rath zu hören. H. liess das Orakel seiner Krankheit wegen befragen; dieses befahl ihm, auf dem Gipfel des Oeta einen Scheiterhaufen zu errichten, und das Uebrige den Olympiern anheimzustellen; diess geschah, und H. glaubte darin einen Wink des Himmels zu sehen, dass seine irdische Laufbahn nun beschlossen sei. Er befahl dem Hyllus, seinem ältesten Sohn von der Deïanira, die Iole zu heirathen, wenn er das Mannesalter erreicht habe, bestieg den Scheiterhaufen und befahl ihn anzuzünden, doch verweigerte Jeder ihm diesen letzten Dienst, bis Pöas oder dessen Sohn Philoctetes, ein Lamm suchend, herzukam, und ihn in Brand setzte, wofür ihm H. seine Pfeile schenkte. Als der Scheiter-

Fig. 154.

haufen brannte, nahm ihn eine Wolke auf, und trug ihn unter Donnerschlägen gen Himmel, er wurde mit Juno versöhnt, mit Hebe vermählt, und von ihr Vater des Aloxiares und des Anicetus. — Seine Kinder, die **Heracliden**, sind folgende: von den 51 Thespiaden 52 Söhne, und zwar von Procris Zwillinge: Antileon und Hippeus, von Panope Threpsippas, von Lyse Eumides, von einer ungenannten Creon, von Epilaïs Astyanax, von Certhe Iobes, von Eurybia Polylaus, von Patro Archemachus, von Meline Laomedon, von Clytippe Eurycapys, von Eubote Eurypylus, von Aglaja Antiades, von Chryseis Onesippus, von Oria Laomenes, von Lysidice Teles, von Entedide Menippides, von Anthippe Hippodromus, von Euryce Teleutagoras, von Hippos Pylus, von Euböa Olympus, von Nice Nicodromus, von Argele Cleolaus, von Exole Erythras, von Xanthis Homolippus, von Stratonice Atromus, von Iphis Celeustanor, von Antis Laothoës, von Antilope Alopius, von Claametis Astybias, von Phyleïs Tigasis, von Aeschreïs Leucones, von Anthia ein Sohn unbekannten Namens, von Eurypyle Archedicus, von Dynaste Eratus, von Asopis Mentor, von Eone Ametrius, von Tiphyse Lynceus, von Olympusa Halocrates, von Heliconis Phalias, von Hesychia Oestrebles, von

Terpsicrate Euryops, von Eleuchia Buleus, von Nicippe Antimachus, von Pyrippe Patroclus, von Praxithea Nephus, von Lysippe Erasippus, von unbekannter Mutter Lycurgus, von Toxicrate Lycius, von Marse Bucolus, von Eurytele Leucippus, von Hippocrate Hippozygus. — Die schöne Autonoë, die Tochter des Pireus, gebar ihm den Palämon, Megara den Therimachus, Deïcoon, Creontiades, Deion; Omphale den Agelaus; Chalciope den Thessalus; Epicaste den Thestalus; Parthenope den Eueres; Auge den Telephus; Astyoche den Tlepolemus; Astydamia den Ctesippus; Deïanira den Hyllus, Ctesippus, Glenus, Onites. — Unter die Sterne versetzt ward H. in der Stellung eines knieenden Mannes, und als solcher heisst er Engonasin oder Ingeniculus. Er steht mit dem Kopfe südwärts nach dem Schlangenträger zu und umfasst 112 Sterne. Unsere Abbildungen zum Hercules-Mythus zeigen zuförderst die zwölf Arbeiten: Fig. 145: a) der nemeische Löwe; b) Cerberus; c) die Rosse des Diomedes; Fig. 146: d) die Hyder; e) die goldgehörnte Hirschkuh; Fig. 147: f) die stymphalischen Vögel; g) der erymanthische Eber; h) der cretische Stier; i) der Stall des Augias; Fig. 148: k) Geryon; l) die Aepfel der Hesperiden; m) der Kampf mit den Centauren (wofür in der gewöhnlichen Anordnung als zwölfte, beziehungsweise sechste Arbeit der Gürtel der Amazone vorkommt). Sämmtliche Arbeiten nach einem Vasengemälde. Fig. 149: der farnesische Hercules, Colossalstatue, nach Lysippus von Glycon, stehende Norm der H.bildung; Fig. 150: H. mit dem kleinen Ajax, dem Sohn seines Freundes Telamon; Fig. 151: H. bekämpft Hippolyte (Vasengemälde); Fig. 152: er spinnt bei Omphale (Mosaik); Fig. 153: er trägt Jupiter, der, wie es scheint, trunken ist und ein grosses Trinkhorn hält, auf der Schulter fort (Bild von einer Trinkschale genommen); Fig. 154: er gesellt sich zu Iole (geschnittener Stein); Fig. 155: er wird von Iris und Mercur in den Himmel eingeführt (Vasengemälde). — Nachdem H. unter die Götter versetzt war, flohen seine Söhne vor Eurystheus und begaben sich zu Ceyx, dem Freunde ihres Vaters; als aber der feindlich gesinnte König unter Kriegsandrohung ihre Auslieferung verlangte, hielten sie sich dort nicht mehr sicher, und flohen nach Athen, am Altare des Eleos (Mitleid) um Beistand flehend. Die Athener unternahmen auch einen Krieg gegen Eurystheus, in welchem dieser völlig besiegt und nebst seinen Söhnen Alexander, Iphimedon, Eurybius, Mentor und Perimedes erlegt wurde; er selbst floh auf einem Wagen und hatte schon den scironischen Felsen im Rücken, als ihn Hyllus, der Söhne des H. mäch-

Fig. 155.

tigster, einholte und tödtete. Von Alcmene, von welcher bis dahin nichts verlautete, hört man jetzt wieder etwas: Hyllus nämlich hieb dem beständigen Widersacher seines Vaters den Kopf ab, und sandte ihn der Alcmene, die ihren Sohn überlebt hatte. Sie stach ihm mit spitzigen Hölzern die Augen aus. — Nach dem Tode des Eurystheus zogen die Heracliden nach dem Peloponnes, und nahmen im Laufe eines Jahres alle Städte weg, doch entstand eine fürchterliche Pest, welche nach einem Orakel durch ihre Schuld ausgebrochen war, indem sie sich früher, als sie dazu ein Recht hatten, wieder in den Besitz des Peloponnes gesetzt; desshalb verliessen sie den Peloponnes und zogen alle nach Marathon, bis auf Tlepolemus, der wegen eines Todtschlages geflohen war und sich auf Rhodus niedergelassen hatte. Hyllus hatte nun die Iole geehlicht, und wünschte für sich und seine Brüder die Rückkehr in den Peloponnes, den sie als ihr Erbe von Eurystheus ansahen, zu bewerkstelligen; er frug daher bei dem Orakel an, und diess sagte, wenn er die dritte Frucht abwarte, werde den Heracliden die Rückkehr gelingen. Nach drei Jahren also machte er sich an der Spitze eines zahlreichen Heeres auf. Ihm traten auf dem Isthmus die Feinde, unterstützt von König Echemus von Tegea, entgegen; auf seine Stärke bauend, erbot Hyllus sich zu einem Zweikampfe mit irgend einem aus dem Heere der Gegner, unter der Bedingung, dass, wenn er falle, die Heracliden 90 Jahre lang nichts mehr gegen den Peloponnes unternehmen sollten; wenn er aber siege, der Peloponnes ihm und seinen Brüdern gehöre; lange währte es, bis sich Jemand zu einem Kampf mit ihm verstehen wollte, endlich that das Echemus selbst, und Hyllus blieb, die Heracliden zogen sich also zurück. Nach 50 Jahren dachte Cleodäus, Hyllus' Sohn, an den Vertrag, welcher nun abgelaufen, allein auch ihm misslang das Unternehmen. Ein Enkel des Hyllus, Aristomachus, frug das Orakel, welches ihm sagte, der Sieg werde in seinen Händen sein, wenn er den Weg über den leitenden Engpass nehme; er ging daher mit einem Heer über den Isthmus, ward aber auch geschlagen und blieb selbst. Endlich kamen die Urenkel des Hyllus, die Söhne des Aristomachus, Temenus, Cresphontes und Aristodemus, abermals nach Delphi, um sich Raths zu erholen. Da nun der Gott den frühern Orakelspruch wiederholte, beklagte sich Temenus darüber und sagte: sein Vater sei diesem Ausspruch in sein Verderben gefolgt. Der Gott aber erklärte, an allen diesen Unglücksfällen seien sie selbst schuld, weil sie das Orakel nicht recht gedeutet; er habe unter der dritten Frucht nicht die der Erde, und bei dem andern Orakel unter dem leitenden Engpass nicht den Isthmus verstanden, sondern die dritte Frucht des Heraclidengeschlechts, und unter dem Engpass das dem Isthmus zur Rechten liegende Meer. Jetzt rüstete Temenus sich zu einem Land- und Seekriege, allein da ein Seher sich bei dem Heere einfand, der begeistert Orakelsprüche ertheilte, hielten die Heracliden diesen für einen Zauberer, der zum Verderben des Heeres aus dem Peloponnes abgesandt sei, und so warf Hippotes, Urenkel des H., mit einem Speere nach ihm und durchbohrte ihn. Apollo rächte den Fall des Sehers dadurch, dass die Schiffe zu Grunde gingen und eine Hungersnoth das Heer auflöste. Temenus fragte das Orakel nochmals, und die Pythia sagte, das Unglück habe sie getroffen, weil sie einen Schützling des Apollo ermordet, der Mörder müsse auf zehn Jahre verbannt werden, und sie müssten einen Dreiäugigen zu ihrem Feldherrn wählen. Das Erste geschah sogleich; den Feldherrn fanden sie in Oxylus, welcher einäugig war, aber ihnen auf einem Pferde, das wohl sah, reitend begegnete. Er war der Sohn des Andrämon, war wegen eines Mordes nach Elis geflohen, und kehrte jetzt nach Aetolien zurück; sie fanden hierin die Bestimmung des Orakels erfüllt, griffen die Feinde an, gewannen den Sieg und tödteten den Sohn des Orestes, Tisamenus; auch von ihrer Seite fielen zwei Helden, die Söhne des Aegimius, Dymas und Pamphilus, welche mit ihnen in den Krieg gezogen waren. Jetzt, nachdem der Peloponnes erobert

Fig. 156.

worden, errichteten sie ihrem väterlichen Ahnherrn Jupiter drei Altäre, und schritten sodann zur Vertheilung des Landes durch's Loos: Argos, Lacedämon und Messene sollten so ihre Herrscher bekommen; Temenus, Aristodemus, oder für ihn (der Anfangs dieses letzten Krieges geblieben war) seine beiden Söhne, Procles und Eurysthenes, und endlich der dritte, Cresphontes, sollten die Loose dazu geben; die Ersteren warfen bezeichnete Steine in die Urne mit Wasser, der Dritte, der das letzte Loos gern haben wollte, warf statt eines Steines ein Stück Erde hinein, welches sich auflöste; so bekamen die andern Argos und Lacedämon, ihm aber blieb das Dritte, was er gewünscht. Die Altäre, welche sie erbaut, gaben ihnen treffende Zeichen: für Argos eine Kröte (die Wahrsager sagten: die Argiver sollten zu Hause bleiben, denn das Thier habe keine Waffen); für Lacedämon einen Drachen (gewaltige Angreifer); für Messene einen Fuchs (durch List Alles gewinnend). — Hiemit endigt die allgemeine Geschichte der Heracliden; was jedem Einzelnen begegnet, findet man unter den betreffenden Namen.

Hercyna (Gr. M.), eine Gespielin der Kore (Proserpina). Sie war mit dieser in der Gegend von Lebadea in Böotien, in der Nähe einer Höhle, als eine Gans, mit der sie spielte, ihr plötzlich entfloh, in die Höhle kam und sich unter einen Stein verkroch. Proserpina kam herzu, erhob den Stein und fand das Thier, aber auch einen mächtigen Quell, welcher sogleich hervorsprudelte und einen Fluss bildete, den Proserpina ihrer Freundin zulieb H. nannte. In demselben mussten alle diejenigen, welche ein Orakel des Trophonius (bei dessen Wohnung und Tempel er vorbeifliesst) haben wollten, sich baden. An dem Ufer dieses Flusses war auch ein Tempel der H. erbaut. Ihre Bildsäule war die Figur einer schönen Jungfrau, welche eine Gans in den Händen hält.

Here Martea (Röm. M.), eine Göttin, welcher man nach gethanen glücklichen Erbschaften geopfert haben soll.

Herfadur (Nord. M.), Beiname des Odin.

Herfloetr (Nord. M.), eine der schönen muthigen Schlachtgöttinnen, der Walküren.

Herian (Nord. M.), Beiname des Odin.

Herli Kan, Fig. 156 (Kalm. M.), der Fürst der Hölle; ein fürchterlicher, grausamer und boshafter Gott, welcher Richter der Menschen ist, indem die Kalmücken glauben, dass die andern Götter zu viel Güte haben, um die Schuldigen zu verurtheilen. Um seine Gnade zu erflehen, werden ihm häufig grosse Opfer gebracht; sechzehn Richter stehen ihm zur Seite, davon die Hälfte dem männlichen, die andere dem weiblichen Geschlechte angehört. Unser Bild gibt eine Vorstellung dieses Götzen nach einem kalmückischen Originalgemälde; die mittelste Figur ist dieser Fürst der Hölle, er ist in ein tiefes Blau gekleidet und hat die grellsten Formen; der Kopf, wenn er nicht gehörnt wäre, würde einer Katze im wildesten Zorne ähnlich sein; die Augen sind roth, ebenso die Nasenspitze, die Augenbrauen scheinen kleine Flammen zu sein, ein drittes Auge befindet sich auf der Stirn des Götzen, welche mit fünf Todtenköpfen gekrönt ist; ein Gürtel, ein Halsband, Ohrringe, Arm- und Beinspangen schmücken den feisten Körper; in seiner Rechten trägt er eine Keule, welche in einen Todtenkopf ausgeht, die Linke schwingt ein paar Stricke. An Händen und Füssen hat der Götze lange Krallen, er steht auf einem Thiere, das die grösste Aehnlichkeit mit einem Schweine hat; auf demselben ihm zur linken Seite steht eine zweite Figur, aussehend, wie bei uns der Volksglaube den Teufel darstellt; dieser Teufel, gleichfalls blau wie die Mittelfigur, scheint der letzteren ein Gefäss mit einer rothen Flüssigkeit zu bieten; man glaubt, in dem Gefäss einen Hirnschädel mit Blut gefüllt zu sehen. Auch dieser Götze hat drei Augen und ist mit Todtenköpfen gekrönt; in der linken Hand hält er eine Fahne, mit einem Todtenkopf an der Spitze des Schaftes und einer dreizackigen Gabel. Der obere Theil des Körpers ist durch eine flatternde Thierhaut verhüllt. Das Thier, auf welchem beide Figuren stehen, ist zweifelhaft; es schreitet über eine liegende menschliche Figur hin, die den einen Fuss dieses Thieres in der Hand hält.

Hermantschel (Ind. M.), ein heiliger Berg in der Nähe des Paradieses. Judisther und die Pandus begaben sich nach der gewonnenen Schlacht über die Kurus dahin; der erste gelangte sogleich, die andern bald, lebend in das Paradies, doch einer dieser fünf Brüder, Bhima, stürzte in einen Abgrund, weil er nicht auf Gott, sondern allein auf seine riesige Stärke vertraut hatte.

Hermanubis, Fig 157. Römer und Griechen bemüheten sich, ihren Cultus mit dem der Aegypter, von welchen sie einen grossen Theil ihres Wissens entlehnt, in Uebereinstimmung zu bringen; so kam es, dass auch der Anubis der Aegypter mit dem Mercur der Römer oder dem Hermes der Griechen verwechselt oder vermischt wurde, und daraus entstand die Zwitterbildung, welche man unter dem Namen H. kennt. Mercur mit dem Schlangenstab, in menschlicher Bildung, doch mit einem Hundekopfe, und um noch näher das Land seiner Verehrung zu bezeichnen, mit dem Krokodil zu seinen Füssen. — Die Verwandtschaft liegt sehr nahe, wenn auch die Identität zu bestreiten sein möchte. Anubis ist, wie Mercur, der Bote des höchsten Gottes, er ist der Wächter der Unterwelt, er führt die Seelen der Verstorbenen in die Todtenstadt, nach dem Hades etc. Die Identität lässt sich bezweifeln, weil die Mythologie der Aegypter eine ganz andere Richtung hat, als die der Griechen, und weil in der ganzen Figur des Anubis oder H. keine Spur jener Leichtfertigkeit zu finden ist, welche den griechischen Hermes oder den römischen Mercur bezeichnet.

Hermaphroditus, Fig. 158 (Gr. M.), ein Kind des Mercur und der Venus, welches von beiden Eltern (Mercur = Hermes, Venus = Aphrodite) den Namen bekommen hat. Es soll ein göttliches Wesen sein, das zu gewissen Zeiten unter den Menschen erscheint, halb Mann, halb Weib; die Schönheit und Zartheit des weiblichen Körpers soll sich in einem solchen mit männlicher Würde und Thatkraft verbinden. Die Nymphe Salmacis liebte den H., der damals noch ein Jüngling, nicht ein zwitterhaftes Geschöpf war, fand jedoch keine Erwiderung, und bat nun die Götter, sie für immer mit ihm zu vereinen. Es geschah, und so ward H. halb Mann, halb Weib. Es sind viele antike Statuen von dieser seltsamen Vermischung männlicher und weiblicher Gestalt vorhanden; eine derselben stellt unser Bild dar.

Fig. 157.

Fig. 158.

Hermen (Gr. M.), Statuen des Mercur (Hermes), welche aus einem viereckigen Stein mit grob behauenem Kopf bestanden, und an den Strassen standen. Hatte die Säule auch einen andern Kopf, als den des Mercur mit dem runden, kleinen Hut, so hiess sie dennoch Herme, nur mit Beifügung des Namens des andern Gottes, dem der Kopf entlehnt war, wie Hermares, Hermapollon.

Hermes, s. Mercur.

Hermes (Orient. M.), 1) jener Edris oder Henoch, welcher bei den Chaldäern den Beinamen Uriai oder Duwanai, d. h. »grosser Weiser«, führt, 1000 Jahre nach Adam, also im zweiten Sonnenjahrtausend der Welt, gelebt haben, und der grösste Weise der Erde gewesen sein soll. — 2) H., erschien Anfangs des dritten Sonnenjahrtausends; die Araber nennen ihn den zweiten Uriai oder H. al Mothaleth; er ist derjenige, welcher bei den Alchemisten unter dem Namen Trismegistus, »der dreimal Grösste«, bekannt ist. Er lebte zur Zeit des Moses, trug die geheimnissvollen Lehren des ersten H. in die Sprache des gewöhnlichen Lebens über, und fügte in unendlicher Weisheit das Erhabenste hinzu, was je eines Menschen Griffel auf Pergament gezeichnet. Diese Werke, an deren Existenz selbst grosse Gelehrte der Gegenwart glauben, gaben zu einer Masse Schriften Anlass, welche von den Mystikern als heilige Reliquien einer fernen Urzeit verschlungen und der Born der Weisheit genannt wurden; besonders lebten sie in den Köpfen der Adepten, der Leute, welche den Stein der Weisen finden wollten, — 3) H., soll mit dem Horus der Aegypter identisch sein; er oder der vorige hat seine Weisheit von Gott selbst erhalten, der ihm ein aus sich geborenes Buch übergab, in welchem Alles stand, was gelernt werden kann. — 4) H., s. Tautes.

Hermion (Gr. M.), Sohn des Europs, Enkel des Phoroneus, Gründer der Stadt Hermione im Peloponnes.

Hermione (Gr. M.), Tochter der Helena von Menelaus, zu Sparta geboren, noch ehe Paris die Mutter entführte. Als der König mit seinem Bruder dieses Raubes wegen nach Troja zog, blieb H. bei ihrem Grossvater Tyndareus, der sie dem Orestes vermählte; solches nicht wissend, versprach Menelaus sie dem Sohne des Achilles, Pyrrhus, welcher desshalb die Andromache (Hectors Gattin, ihm bei Theilung der Beute zugefallen) entliess, dem Helenus vermählte und ihm auch seinen Sohn von Andromache, Molossus, anvertraute. Pyrrhus entführte mit Tyndareus' Erlaubniss H., weil diese des Muttermordes wegen den Orestes verabscheute; Letzterer aber eilte dem Entführer nach, raubte ihm vor dem Altar seines Vaters, des Heros Achilles, das Leben, und führte die schöne Beute wieder mit sich hinweg.

Hermippe (Gr. M.), Tochter des Böotus, vermählt mit Orchomenus, einem Sohne des Jupiter und der Danaïde Hesione. Ihr Sohn hiess Minyas.

Hermochares (Gr. M.), Erbauer des Tempels der Ctesylla zu Julis auf der Insel Ceos.

Hermod, Fig. 159 (Nord. M.), Sohn des Odin, welcher in der Asenlehre ungefähr die Rolle des Mercur

Fig. 159.

spielt; er ist, wie dieser, ein Bote der Götter, durch seine Schnelligkeit und Gewandtheit ausgezeichnet, führt auch die Todten in die andere Welt, nur, wie begreiflich, mit einigen Modificationen; so begleitet er von den Gestorbenen nur die Helden nach Walhalla u. dgl. Auf der Reise zur Hel, von welcher er Baldurs Befreiung auswirken wollte, reitet er Odins achtfüssiges Ross und setzt über das Gitter um Helheim; die Todesgöttin will Balder loslassen, wenn Alles in der Welt um ihn weine. Diess that nun allerdings Alles, selbst Pflanzen und Steine vergossen Thränen; nur ein altes Weib (man glaubt, Loke war es, der diese Gestalt angenommen hatte) verweigerte diesen Tribut, und Baldur musste in Niflheim bleiben.

Hermotimus (Gr. M.), ein Liebling der Götter aus Clazomenä in Jonien, welcher im Stande war, seine Seele willkürlich von seinem Körper zu trennen: halb lebend, in schweren Schlaf versenkt, blieb dieser letztere zurück, während die Seele ferne Regionen durchstreifte. Sie kehrte gewöhnlich bald zurück, um den Körper wieder zu beleben; dann erzählte H. die wunderbarsten Dinge, welche er gesehen zu haben vorgab, und oft Begebenheiten, an fremden Orten vorgefallen, so eben erst geschehen, welche er nicht wissen konnte, ohne dabei gewesen zu sein. Diess machte sein Ansehen immer höher steigen, bis zur göttlichen Verehrung; als endlich seine Feinde den von der Seele verlassenen Körper verbrannt, und dadurch der Seele die Rückkehr abgeschnitten hatten, baute ihm seine Vaterstadt einen Tempel, doch durfte kein Weib denselben betreten.

Hero (Gr. M.), s. Leander.

Herophile (Gr. M.), eine der Sibyllen, Tochter des Jupiter und der Lamia, einer Tochter des Neptun, lebte noch vor dem trojanischen Kriege. Sie soll vorher verkündet haben, dass zum Verderben von Asien und Europa Helena in Sparta erzogen werde, und dass Ilium um ihretwillen durch die Hellenen untergehen würde. Die Delphier zeigten einen Felsen, auf dessen Gipfel stehend sie ihre Sprüche gesungen haben sollte. Ueber ihre Abkunft ist man zweifelhaft; nach Einigen gilt ein Hirte Theodorus für ihren Vater; Andere geben sie für Apollo's Gattin, für seine Schwester, ja für seine Tochter aus, Sie muss grosse Wanderungen gemacht haben, denn an vielen Orten findet man Erinnerungen an sie, in Troas aber lag sie begraben; im Haine des Apollo Smintheus hatte ein Denkmal.

Heros, griechische Benennung für das, was wir unter Halbgott verstehen: Sohn eines Gottes und einer Sterblichen, oder eines Sterblichen und einer Göttin, oder auch ein vergötterter Mensch, ein Held, durch grosse Thaten ausgezeichnet, nach seinem Tode unter die Zahl der Götter aufgenommen, und durch einen Altar oder einen Tempel geehrt.

Herse (Gr. M.), Geliebte des Mercur und von ihm Mutter des Cephalus. (Das Uebrige, sie Betreffende, s. unter Erichthonius.)

Hersilia (Röm. M.), eine schöne Sabinerin, Tochter des Hostus Hostilius aus Medullia, erbeutet, als Romulus im Circus die anwesenden Gäste überfallen und alle Mädchen und Frauen rauben liess; sie war die schönste und edelste und fiel dem Beherrscher des Raubstaates zu. Nach ihrem Tode ward sie als Göttin Horta verehrt, und mit dem vergötterten Romulus (Quirinus) in seinem Tempel angebetet.

Herteiter (Nord. M.), Beiname des Gottes Odin.

Hertha, falsche, obwohl früher allgemein angenommene Lesart bei Tacitus, statt Nerthus (s. d.).

Hesione (Gr. M.), war mit Telamon vermählt und gebar ihm den Teucer, nach anderen Nachrichten auch einen Sohn Trambelus, doch erst, als sie, mit ihrem Manne unzufrieden, nach Milet geflohen war. Dort wurde der König Arion ihr Gatte und des Sohnes Pflegevater, den er jedoch nicht vor der Hand des Achilles schützen konnte, welcher ihn erschlug. Da er hörte, dass es Telamons tapferer Sohn sei, betrauerte er ihn und weihte ihm ein Denkmal. Ihre weitere Geschichte s. unter Hercules.

Hesperiden (Gr. M.), Töchter des Atlas und der Hesperis, deren drei bis sieben genannt werden. Als Juno sich mit Jupiter vermählte, brachten alle Götter Geschenke dar; die Erde liess zu diesem Behuf einen Baum aus ihrem Schooss emporsprossen, der goldene Aepfel trug. Diesen zu bewachen, befahl sie den Schwestern, welche nach ihrer Mutter H. hiessen; bald aber fand sie diesen Schutz um so weniger hinreichend, als die Mädchen selbst dem schönen Apfelbaum fleissig zusprachen; sie sandte daher einen Sohn des Typhon und der Echidna, den furchtbaren, nie schlafenden, hundertköpfigen Drachen Ladon zu dem Baume, welcher durch sein furchtbares Gebrüll und seine scheussliche Gestalt Alles hinwegscheuchte, was sich den kostbaren Aepfeln nahen wollte. Zu ihnen ward Hercules geschickt, um für Eurystheus drei der Aepfel aus ihrem Garten zu holen (s. Hercules). Nach Diodor waren die H. Töchter des Atlas, von Busiris geraubt, von Hercules befreit, wofür derselbe freiwillig von dem Vater die gewünschten Mela (d. h. Aepfel) erhielt, die jedoch Diodor zu goldgelben, oder wenigstens sehr vorzüglichen, schönen Schafen macht, welche die Mädchen, nach damaliger Sitte, hüten mussten.

Hesperis (Gr. M.), Tochter des Hesperus, Gemahlin des Atlas, Mutter der Hesperiden.

Hesperus (Gr. M.), Bruder und Schwiegervater des Atlas, der seine Tochter Hesperis ehelichte, und durch sie Vater der Hesperiden ward, soll, wie Atlas, ein grosser Astronom gewesen und einst bei Ersteigung des Atlas (des Berges) vom Sturme hinweggerissen, nicht mehr gefunden, und daher göttlich verehrt worden sein. Um ihn zu ehren, nannte man den schönsten Stern des Himmels, den Abendstern, nach ihm.

Hestia, der griechische Name der Vesta (s. d.).

Hesus (Gall. u. germ. M.), der Kriesgott der Gallier. Sein Bild hatte die Gestalt eines Hundes. Mit beginnender Schlacht wurde der erste Gefangene ihm als Opfer gelobt. Wenn bei den Germanen ein Hain geweiht wurde, suchte der Druide in demselben den stärksten Eichbaum aus, in welchen ein Zeichen des Hammers Thors und der Name H. geschnitten wurde. Von seiner Verehrung sollen die Hessen benannt, und ihm die heilige Eiche geweiht gewesen sein, welche Bonifacius (Winfried) im J. 724 umhieb.

Hesychia (Gr. M.), 1) eine der fünfzig Töchter des Thespius, von Hercules Mutter des Oestrebles. — 2) H., Personification der Ruhe, eine Tochter der Hore Dice.

Hetaera (Gr. M.), »die Freundin«, Beiname der Venus in Athen und Ephesus.

Heurippe (Gr. M.), »Pferdefinderin«, Beiname der Diana, unter welchem Ulysses ihr zu Pheneus einen Tempel erbaute, weil hier erst der Held seine im ganzen Lande gesuchten Pferde wieder fand. Auch war bei dem Tempel eine eherne Statue des Neptun, welche gleichfalls von Ulysses herrühren sollte; auf dem Fussgestell derselben war ein Vertrag des Königs mit den Hirten der Gegend eingegraben über das Hüten seiner Pferde, welche er, wie auch seine Rinder, auf dem festen Lande weiden lassen musste, da ihm Ithaca keine Nahrung für sie gab.

Hiadi (Ind. M.), heissen zusammengenommen die drei oberen Kasten der Indier, die Braminen, Kschetrias und Banians, Priester, Krieger und Kaufleute, welche sich zwar auf das Schärfste unterscheiden, indem die nächstobere immer viel höher ist als die folgende, jedoch alle zusammen sich unendlich erhaben dünken über die vierte Kaste, die Sudars oder Schudars. Die Gesetze des Menu verlangen, dass die drei oberen Kasten nur in dem Lande diesseits des Ganges, und zwar nur bis an die in der Mitte der Halbinsel laufenden Gebirge, wohnen sollen. Das ist das Land der Auserwählten.

Hiadninger (Nord. M.), die Streiter, welche, in einer Schlacht auf den Orkneys gefallen, durch die Zaubereien der schönen Schildjungfrau Hildur geweckt, allnächtlich wieder aufstehen, um den Krieg von Neuem zu beginnen; so sollen sie bis zum Weltuntergange kämpfen. Die Bewohner von Haey wissen viel von diesem schauerlichen Kriege zwischen Gespenstern zu erzählen, und keiner würde sich bei Nacht auf das Schlachtfeld wagen, das am Tage nur mit unförmlichen Steinen besäet ist.

Hiaelmberi (Nord. M.), Beiname des obersten der Götter, des Odin.

Hialprek (Nord. M.), ein König von Dänemark, Vater des Königs Alf und Gatte der schönen Walküre Hiördisur, welche als Gefangene (damals vermählt mit dem tapferen Sigmund) in seine Hände kam und den Sigurd Sigmundson gebar. H. verband sich dann mit ihr und ward Erzieher ihres Sohnes.

Hialti (Nord. M.), einer der elf Berserker, welche der König Rolf Kraki seinem Bundesgenossen und Pflege- oder Stief-Vater Adils, König von Schweden, zusandte, da er ihm selbst, wegen seines Krieges mit den Sachsen, nicht beistehen konnte.

Hicetaon (Gr. M.), Sohn des Laomedon, Bruder des Priamus, bei welchem er zur Zeit des trojanischen Krieges noch lebte; ein Mythus, welcher damit, dass Hercules alle Söhne des Laomedon, ausser Podarces (eben jenem Priamus), tödtete, schwer zu einen ist.

Hiems (Röm. M.), Personification des Winters, welchen Ovid als eisgrauen Greis, auf dem Wege zum Tartarus wohnend, beschreibt.

Hierax (Gr. M.), 1) ein angesehener und frommer Mann bei den Mariandynern in Asien, welcher sich um Ceres verdient machte, indem er ihr aus eigenen Mitteln einen Tempel erbaute, wodurch er selbst arm ward; Ceres aber belohnte ihn, indem sie ihm einen solchen Ueberfluss an Getreide schenkte, dass bald sein früherer Wohlstand zurückkehrte. Als nun einst die Teucrer von Neptun mit Misswachs gestraft wurden, unterstützte H. seine Nachbarn reichlich. Neptun, erzürnt, dass er sich den Menschen wohlthätiger erzeigen wollte, als ein Gott, verwandelte ihn in einen Habicht. (Der Habicht heisst griechisch ἱέραξ). — 2) H., verrieth den Mercur, als dieser dem Argus die in eine Kuh verwandelte Io entführen wollte, wesshalb Mercur zum Morde des Argus seine Zuflucht nehmen musste; er schläferte denselben ein und hieb ihm den Kopf ab; nach Anderen warf er ihn mit einem Steine todt.

Hierea (Gr. M.), Geliebte des Mercur, welche von ihm Mutter eines Riesen wurde.

Hierodulen (Gr. M.), im Allgemeinen alle zum Dienste eines Tempels bestimmte Personen; insbesondere aber in Syrien, Phönicien, Kleinasien weibliche Personen, welche sich in der Nähe eines Tempels aufhielten und den Fremden preisgaben; sie hatten für die Ausschmückung des Tempels, die Bekränzung der Altäre, das Sticken und Reinigen der Schleier, welche man über die Götterbilder hing, zu sorgen. Die Asiaten hatten in frühester Zeit einen Naturgottesdienst, in welchem man das männliche Princip in der Sonne, das weibliche im Monde verehrte. Die Priester hatten kein anderes Einkommen, als die Geschenke, welche die zum Heiligthum wallfahrenden Pilger ihnen brachten, und um derselben so viele als möglich herbeizuziehen, füllte man die Umgebungen der Tempel mit Schaaren reizender Priesterinnen, welche die Geschenke, die sie erhielten, gleichfalls dem Tempel zu übergeben hatten, wie diess noch jetzt in Indien mit den Dewadaschies (Bajaderen) der Fall ist; so entstanden männliche und weibliche H., deren unter Andern Strabo in Cappadocien im Tempelhaine der comanischen Göttin über sechstausend traf. Diese Sitte ging nach Griechenland und Sicilien, vornehmlich auf den Dienst der Venus, über, und mancher prächtige Tempel wurde aus dem so erworbenen Golde erbaut. Merkwürdig ist, dass beim grossen Diana-Tempel in Ephesus derselbe Gebrauch stattfand, zum Beweis der wesentlichen Verschiedenheit der ephesischen von der rein griechischen Diana. (S. Diana).

Hieroglyphen, die heilige Bildersprache der Aegypter, deren Entstehung man dem Nilkalender zuschreibt, welcher die mit dem Steigen und Fallen dieses Flusses in Verbindung stehenden Himmelszeichen und Erscheinungen in eine Bilderschrift brachte, die damals wohl Jedem verständlich sein mochte, indem sie im entgegengesetzten Falle ganz unbrauchbar gewesen wäre. Sie sollten den gemeinen Mann von der Zeit unterrichten, in welcher der Nil steigen oder fallen würde. Aus den Bildern entstand ein Bilderdienst, und in Verbindung mit diesem eine geheime Bilderschrift, welche, weil nur die Priester den Schlüssel dazu hatten, für heilig gehalten wurde. Champollion glaubt, den Schlüssel in der Trennung der vermischten Zeichen gefunden zu haben, und theilt daher die H. in solche, die Töne bezeichnen (Silben, Buchstaben), und in solche, die Begriffe andeuten. Zoëga theilt sie in vollständige Bilder der Natur und Kunst, in Umrisse und allgemein ausgedrückte Bilder sinnlicher Gegenstände: in umschreibende, welche den Gegenstand andeuten, wie die Schlange Gesundheit, der Hund Wachsamkeit; in räthselhafte und in Wort-H. So heisst der Habicht in der Sprache der Aegypter Baieth, soll aber die im Herzen wohnende Seele andeuten, denn Bai heisst Seele, und Eth heisst Herz. Ausser diesen classificirten H. finden sich noch über tausend verschiedene Charaktere, welche Champollion Buchstaben, Schriftzeichen nennt; darunter finden sich mancherlei Bilder von Thieren, Pflanzen, Kunsterzeugnissen, Waffen, Werkzeugen, Schiffen, Gliedern menschlicher und thierischer Körper, Mumien, wunderlich zusammengesetzte

Thier- und Menschen-Gestalten etc. Die Epochen der Bilderschrift sind aus dem Gange der Geschichte ziemlich klar; die Uranfänge sind da zu suchen, wo man noch keine Buchstabenschrift hatte; ihre geheime Anwendung zu den Zeiten, in welchen die Priester sich als heilig von dem Volke sonderten; die Vermischung der griechischen Religionslehren mit den ägyptischen brachte die eigentliche Bedeutung in Vergessenheit; und als man im Anfange des Christenthums sich derselben Zeichen für magische, gnostische, chemische, theurgische und astrologische Phantasien bediente, verschwand der alte Sinn derselben so ganz, dass man schwerlich mehr die vollständige Entzifferung zu finden vermag.

Hieromneme (Gr. M.), Tochter des trojanischen Flussgottes Simoïs. (S. Assaracus.)

Hierophant (Gr. M.), der Vorsteher der Eleusinien (s. d.). Eumolpus erhielt die Geheimnisse des Dienstes der Ceres von ihr selbst, daher musste der oberste Priester der eleusinischen Geheimnisse immer aus diesem Geschlechte sein, in welchem sie von dem Vater auf den Sohn fortgeflanzt wurden. Seine Würde war sehr hoch, und sein Schmuck derselben entsprechend: ihn zierte eine königliche Binde, das Diadem. Er durfte nach Einigen gar nicht, nach Anderen nur nicht zum zweiten Male heirathen; die Letzteren geben den Frauen Antheil am Tempeldienst. Er führte in die kleinen und weihte in die grossen Geheimnisse ein, bewahrte im Gedächtnisse die nicht niedergeschriebenen Gesetze und legte sie aus; er stellte in den kleinen Geheimnissen den Demiurgus, den Weltschöpfer, vor, in den grossen gab er den geheimen Unterricht, welcher der Hauptzweck des Ganzen war. Er schmückte die Bildsäule der Göttin, und trug sie selbst bei feierlichen Gelegenheiten.

Hierophantiden (Gr. M.), die obersten Priesterinnen im Dienste der eleusinischen Mysterien, dem Hierophanten (s. d.) zur Seite stehend, von hohem Ansehen, durch reine Sitten, so wie durch königliche Abkunft ausgezeichnet.

Hieropoeus (Gr. M.), die Oberpriester, welche die Reinheit und Gesundheit des Opferthieres zu untersuchen, und wenn die Stadt selbst, der sie angehörten, einem fremdem Gotte Opfer senden wollte, diese Opfer zu besorgen hatten. Bei den Athenern hatten zehn aus den zehn Stämmen des Volkes gewählte Männer diesen Titel.

Hiisi (Nord. M.), ein böser Gott der Ureinwohner von Finnland, noch vor der Herrschaft der Asen, Sohn des Riesen Kalewa, ein gewaltiger Jäger, besonders auf Raubthiere, aber voll Tücke und Bosheit gegen die Menschen, daher von diesen mehr gefürchtet als geliebt.

Hilaira, s. Dioscuren.

Hilaria (Röm. Gottesdienst), hiess in Rom der 25. März, oder der dritte Tag des grossen Festes der Göttermutter, Cybele. Er sollte den Anfang der heitern Jahreszeit, des Frühlings, sinnbildlich darstellen, und wurde daher unter Scherz und geselligen Freuden gefeiert. Diess bezeichnet auch sein Name

Hildalfur (Nord. M.), Sohn des obersten Asengottes, Odin.

Hildegoeltur (Nord. M.), ein kostbarer, jedem Schwert widerstehender Helm, den die Berserker für Rolf Kraki, ihren Herrn, aussuchten, nachdem sie dem König Adils von Schweden ihre Dienste für diesen Lohn gewidmet.

Hildeswin (Nord. M.), ein trefflicher Helm, den König Adils von Schweden, nach der Schlacht gegen den König Ali von Norwegen, dem Letztern, der bei dem Kampfe geblieben, sammt seinem Rosse abnahm.

Hildur (Nord. M.), 1) Tochter des Königs Högni, schön und heldenhaft, und desshalb von Hedin, dem eben so schönen und tapfern Sohn des Königs Harandis, in ihres Vaters Abwesenheit geraubt. Der König eilte dem Räuber nach, welcher gegen Norden, an Norwegens Küste hinauf, und von da nach den Orkneys gezogen war. Als er dort ankam, fand er des Räubers Heer gelagert; H. trat ihm entgegen und bot ihm in Hedins Namen Frieden an, setzte aber hinzu, dass Hedin zum Kampf bereit sei und ihm nichts weiter geben werde, wenn er die Bedingung ausschlage. Sie begab sich darauf wieder zu Hedin und sagte, dass Högni den Frieden gänzlich verwerfe, wesswegen sie ihn ermahnte, sich zur Schlacht zu rüsten. Beide thaten es, stiegen an's Land und ordneten ihre Heere. — Hedin selbst schien friedfertiger, denn er rief seinem Schwiegervatrr zu, dass er ihm viel Geld geben wolle, um nicht mit ihm kämpfen zu dürfen; doch Högni antwortete, dass es nun zu spät sei, dass er bereits sein Schwert Dainsleif aus der Scheide gezogen, und dass dieses, wenn es einmal entblösst sei, Menschen tödten müsse, auch dass die Wunden, die es schlage, unheilbar seien. Hedin antwortete, jener lobe zwar sein Schwert, doch darum noch nicht den Sieg; ihm sei das das beste Schwert, das seinem Herrn hold sei. Jetzt begann ein Kampf zwischen beiden Heeren, der Hjadningawig genannt wird, und welcher den ganzen Tag währte. Am Abend begaben sich die beiden Heerführer auf ihre Schiffe, allein H. erweckte durch Zauberkunst während der Nacht beide Heere, und als am Morgen die Könige das Schlachtfeld besuchten, standen die getödteten Krieder wieder auf und schlugen abermals von früh bis zum Abend, und so ging es Tag für Tag. Alle, die fielen und auf dem Felde lagen, wurden sammt ihren Kleidern und Waffen zu Stein; doch sobald das Frühroth tagte, standen alle wieder auf, die Waffen waren neu, und bis zum Untergang der Welt dauert so der Krieg, und weil H. ihn entzündet, wird den Krieg überhaupt H. genannt. — 2) H., der Name, den sich die schöne Schildjungfrau Brynhildur gibt, nachdem Sigurd Fafnirstödter sie aus ihrem Zauberschlaf geweckt.

Himalia (Gr. M.), eine Nymphe, mit welcher Jupiter einen Sohn Cronius erzeugte.

Himanl (Ind. M.), bei den Indiern die Jahreszeit der Kälte.

Himeros (Gr. M.), der Gott der liebenden Sehnsucht, ähnlich wie Pothos; er ist mit Amor ein Begleiter der Venus.

Heminbiorg (Nord. M.), »Himmelsburg«, die Wohnung des weisen und starken Gottes Heimdal, welcher der Wächter der Himmelsbrücke Bifröst ist, an deren einem Ende auch die Wohnung liegt.

Himinglaeffa (Nord. M.), »die Himmelanklaffende, Drohende«, eine von den neun Wellenmädchen, den Töchtern des Meergottes Aeger und der zornigen Ran.

Himmel (Nord. M.). Es gab der Himmel drei, von denen der nächste, durch Bifröst mit der Erde verbundene, derjenige, in welchem Asgard und Walhalla liegen, ein herrlicher und heiliger Aufenthalt der Asen war. Er, in der Zeit und im begränzten Raume erschaffen, ist dem Untergange geweiht, der ihm durch die Flammen aus Muspelheim droht, wenn Ragnarokr, der schreckliche Weltuntergang, hereinbricht, der weder Odins Palast, Valaskialf, noch das herrliche Hlidskialf verschont, von welchem Odin die ganze Welt überschauen kann. Eines zweiten H.s, Aundlung, erwähnt die Edda, ohne ihn zu beschreiben; er liegt über dem ersten, und über diesem zweiten liegt ein dritter, in welchem allein die Lichtelfen wohnen, und in welchem auch der Palast Gimle, schöner als die Sonne, mit Gold bedeckt, steht; ihn sollen nach Ragnarokr rechtschaffene Menschen bewohnen, er ist mithin der unzerstörbare ewige Himmel. — Andere Urkunden zählen neun: Windblain, Aundlung, Widblainn, Widfemi, Hjodr, Hlyrni, Gimir, Wetmimir und Skaturnir.

Himmelswohnungen (Nord. M.). In den verschiedenen Himmeln, besonders aber in denen zunächst der Erde liegenden, befinden sich Paläste, Gärten, Lusthaine der verschiedenen Götter des Nordens; dahin gehören: Walaskjalf, die mit Silber gedeckte Wohnung Odins; Ydalir, Freirs Palast; Thrudwanger, das Land der Stärke, Thors Aufenthalt; Folkwaag, der erhabenen Freia Lusthain; Sökwabaek, der Sitz der zweiten unter den Asinnen, der weisen Saga, welche dort oft den grossen Odin mit köstlichem Meth bewirthet; Gladsheim, der Tummelplatz der irdischen Helden, der in der Schlacht gefallenen Einheriar; Thrymheimr, des Riesen Thiassi und der schönen Skade erhabene Burg, welche sie mit ihrem Gatten Niord theilt, der neun Tage bei ihr in den Gebirgen zubringt, worauf sie wieder drei Tage zu ihm an die See hinabgeht; Breidablick, Baldurs und der schönen Nanna Palast; Himinbiorg, Heimdals weitschauende Warte an der Bifröst- (Regenbogen-) Brücke; Glitnir mit seinen Sälen von Gold und seinem silbernen Dache, Forset's Prachtbau, und endlich das nie vergehende Gimle, welches im Weltuntergange bestehen bleibt, während alle anderen Himmelswohnungen ein Raub der Flammen im Ragnarokr werden.

Hindaralpen (Nord. M.), ein Gebirge, auf welchem die schöne Brynhildur wohnte, welche Sigurd Fafnirstödter aus ihrem Zauberschlaf weckte, da er zu König Gjuki zog.

Hingnoh (M. der Hottentotten), nennen diese Völker ihre Eva, das erste Weib, welches nicht geboren, sondern geschaffen ist. Sie wird als ihre oberste Schutzgöttin verehrt.

Hjoerdisur (Nord. M.), Tochter des Königs Elyma; sie war sehr schön und ward desshalb von zwei mächtigen Freiern, dem heldenhaften König Sigmund und dem jungen und schönen Lingwa, einem Seekönig, zur Gattin begehrt. Sie wählte den Erstern, obgleich er älter war, seines hohen Heldenruhmes wegen; desshalb aber ward ihr Vater von Lingwa bekriegt, und er sowohl als Sigmund blieben in der Schlacht. Noch war ihr traurig Schicksal nicht erfüllt: sie sollte Sklavin werden. Der kühne Seekönig Alf, des dänischen Königs Hialprek Sohn, nahm sie gefangen, und, um nicht die Schmach zu erleben, als Königstochter in Fesseln prangend am Wagen des Siegers nach Kiöbenhawn geführt zu werden, tauschte sie mit einer Dienstmagd Kleidung und Namen, verrieth sich aber bald selbst durch ihre edlen Sitten, so wie durch den Adel der Gestalt. Nicht, wie sie befürchtet, mit Schimpf bedeckt, sondern hoch geehrt war sie nun am Hofe des Königs; und als sie Sigmunds Sohn, den schönen Sigurd, geboren, an dessen glänzenden Augen Hialprek seine künftige Grösse erkannte, reichte ihr der König selbst die Hand und ward des jungen Helden liebevoller Vater.

Hippa (Gr. M.), eine von den vielen Nymphen, welche den jungen Bacchus erzogen haben sollen. Sie wohnte am Berge Tmolus, in Phrygien.

Hippea (Gr. M.), Tochter des Antippus, welche mit Elatus vermählt war und ihm den Polyphem (nicht den Cyclopen, sondern den Argonauten) und den Cäneus, gleichfalls einen Argonauten, gebar.

Hippalcimus (Gr. M.), Sohn des Itonus, Enkel des Böotus, Vater des Peneleos, eines Argonauten.

Hippalcmus (Gr. M.), Sohn des Pelops und der Hippodamia, Bruders des Atreus und Thyestes, ein Argonaut.

Hippasus (Gr. M.), 1) Bundesgenosse des Hercules, kämpfte mit ihm gegen Eurytus, blieb mit Argeus und Melas, und ward von dem Helden selbst begraben. — 2) H., ein Centaur, welcher bei dem berühmten Kampf gegen die Lapithen von Theseus mit der Keule erschlagen wurde. — 3) H., Sohn der Leucippe, welche denselben mit ihren beiden Schwestern, Alcathoë und Arsippe, im Wahnsinn wie ein Opferthier schlachtete.

Hippeus (Gr. M.), Sohn des Hercules, von Procris, einer der fünfzig Töchter des Thespius.

Hippia (Gr. M.), »die Rosseliebende, Reisige«, ein Beiname, den Minerva führte, und unter welchem sie an verschiedenen Orten Griechenlands Tempel hatte; die zu Tegea befindliche Bildsäule derselben ward aus dem tegeatischen Flecken der Manthureer dahin gebracht; nach der Sage dieser Gemeinde soll der Beiname davon stammen, dass Minerva im Gigantenkriege zu Ross war, oder in einem mit Rossen bespannten Streitwagen fuhr.

Hippius (Gr. M.), Beiname des Neptun, weil er das erste Pferd erschuf.

Hippo (Gr. M.), identisch mit E p o n a (s. d.).

Hippocampus (Gr. M.), ein Seepferd, gewöhnlich im Gefolge oder vor dem Wagen des Neptun. Es hat ein stolz gehobenes Rosshaupt, einen diesem entsprechenden Vorderkörper, der jedoch in einen geschuppten Fischleib endet; oft sind auch die Vorderfüsse wie Schwimmfüsse gespalten, zuweilen der ganze Leib geschuppt.

Hippocentauren, identisch mit C e n t a u r e n (s. d.).

Hippocoon (Gr. M.), 1) Sohn des Oebalus von der Najade Batia, Bruder des Tyndareus, Königs von Sparta, und des Icarius. H. hatte zwölf Söhne (nach Anderen weniger, bis auf sechs), deren Namen verschieden angegeben werden. Mächtig durch diese jungen Helden, von denen mehrere sich schon bei der Jagd des calydonischen Ebers ausgezeichnet hatten, überzog H. seine Brüder mit Krieg und verjagte sie aus Sparta. Bald darauf stand Oeonus, ein Freund des Hercules, vor dem Palaste des neuen Herrschers; da stürzte ein grosser molossischer Hund aus dem Hause auf ihn zu; er suchte sich desselben durch einen Steinwurf zu erwehren, als die Hippocoontiden heraus kamen und den Fremdling erschlugen; hierüber ergrimmt, kam Hercules mit einem Heere nach Sparta, besiegte den widerrechtlichen Inhaber des Thrones, tödtete zehn seiner Söhne oder alle, nahm Sparta mit Sturm ein und übergab das Reich dem vertriebenen König, behielt es sich jedoch für die Heracliden vor. — 2) H., Freund des Königs Rhesus, welcher mit diesem und einem Hülfsheer vor Troja gezogen war, doch schon in der ersten Nacht den König und viele seiner Freunde durch Diomedes und Ulysses, welche auf Kundschaft in der Troër Lager gekommen waren, erschlagen, und sich der Pferde beraubt sehen musste. — 3) H., Sohn des Hyrtacus, welcher Aeneas begleitete; bei den Kampfspielen in Sicilien versuchte er mit dem Pfeil die aufgehängten Tauben zu treffen, traf jedoch nur den Mast, und musste sich mit dem dritten Preise begnügen.

Hippocoontiden, s. H i p p o c o o n.

Hippocrate (Gr. M.), eine von den fünfzig Töchtern des Thespius, durch Hercules Mutter des Hippozygus.

Hippocrene (Gr. M.), »Rossquelle«, eine berühmte Quelle auf dem Berge Helicon in Böotien; sie hatte ihren Namen von der Entstehung durch ein Ross; Pegasus soll sie nämlich durch einen Hufschlag eröffnet haben, als er sich zum Himmel aufschwang, oder als er, durstig, Wasser zu haben wünschte. Dieser Quell war der Lieblingsaufenthalt der Musen, und sollte jeden, der so glücklich war, daraus zu trinken, zum Dichter begeistern.

Hippodamas (Gr. M.), 1) Vater der schönen Perimele, welche der Flussgott Achelous liebte; über die Folgen davon ergrimmte der Vater so, dass er Perimele, noch ehe sie geboren hatte, von einem Felsen in's Meer stürzte. Der Gott nahm sie auf und bat für sie um Schutz bei Neptun, welcher sie in eine Insel verwandelte, in eine von den Echinaden, welche etwas abgesondert von der übrigen Gruppe liegt. — 2) H., ein Sohn des Priamus, welchen Achilles, da seine Rachsucht um Patroclus erwachte, erbarmungslos niederschmetterte.

Hippodamia (Gr. M.), 1) Tochter des Oenomaus, Königs von Elis, und der Plejade Asterope, war von höchster Schönheit und lockte reiche Freier an den Hof ihres Vaters; doch diesem war prophezeihet worden, dass sein Schwiegersohn ihn umbringen würde, und so wollte er denn seine Tochter nicht vermählen. Um nun die Bewerber abzuschrecken, machte er ihnen die Bedingung, dass jeder mit ihm einen Wettlauf halten müsse, welcher dem Sieger die schöne H., dem Besiegten aber den Tod von der Hand des Königs eintragen solle. Diess konnte Oenomaus um so eher thun, weil er Pferde von Pfeilschnelligkeit hatte; er liess darum in der Rennbahn den Freiern jedesmal so viel Vorsprung, als Zeit nöthig war, damit er dem Neptun, der ihm die Rosse geschenkt, ein Opfer bringen konnte, dann stellte er sich mit erhobener Lanze in seinen Wagen, und sein Wagenlenker Myrtilus fuhr so rasch und zügelte die Rosse so geschickt, dass er den voraneilenden Freier noch im Laufe mit der Lanze durchbohren konnte. Auf diese Weise fielen als Freier der Hippodamia neunzehn ausgezeichnete Helden. Diess schreckte endlich die Freier zurück, und es wollte sich Keiner mehr melden; endlich erschien Pelops; dieser sah bald, dass mit List allein zu siegen sei, versprach daher dem Myrtilus, welcher selbst die schöne H. liebte, wenn er ihm zum Siege verhelfen wolle, wolle er ihm gestatten, eine Nacht bei jener zuzubringen; und so steckte dieser statt der e i s e r n e n Nägel vor die Axen Stücke von s c h w a r z e m W a c h s, und siehe, auf der Hälfte der Bahn rollten die Räder davon; Pelops kam glücklich zum Ziele, aber die Prophezeiung ging an Oenomaus sogleich in Erfüllung: er ward nämlich durch die wilden Rosse zu Tode geschleift. Myrtilus, der nun seine Ansprüche geltend machen wollte, ward von Pelops in's Meer gestürzt, wofür jedoch Mercur, dessen Sohn der Ermordete war, ihn und seine Familie immerwährend verfolgte, obwohl er ihm ein Heroon baute und Todtenopfer weihete, was er übrigens auch für alle die Gebliebenen jährlich mit grosser Feierlichkeit hielt. H. war in ihrer Ehe höchst glücklich und dankte dafür der Juno als Beschützerin der Ehen dadurch, dass sie einen Wettlauf von Mädchen anordnete; später aber zeigte sie sich als böse Stiefmutter und veranlasste den Tod des Chrysippus (eines Sohnes ihres Gatten von der schönen Danaïs), durch ihre beiden Söhne, Atreus und Thyestes, wesshalb Pelops sie verstiess; sie floh nach Midea in Argolis, woselbst sie auch starb (nach Einigen durch eigene Hand). Ihre Gebeine wurden nach Elis zurückgebracht, und sie dort durch ein Heroon geehrt. — 2) H., vermählte sich mit Pirithous; auf ihrer Hochzeit fiel der Streit der Lapithen und Centauren vor, in welchem die Letztern fast ausgerottet wurden. — 3) H., hies eigentlich die berühmte Briseis, welche von ihrem Vater Birses diesen letztern Namen hatte. — 4) H., die Gattin des Königs Amyntor. Dieser hatte eine Geliebte, Clytia, von ausserordentlicher Schönheit. Eifersüchtig, beredete H. ihren Sohn Phönix, zu versuchen, ob er des Mädchens Liebe nicht gewinnen könne, und diess gelang dem jungen Manne. Als sein Vater es erfuhr, verfluchte er seinen Sohn, und bat Jupiter, ihm Nachkommen zu versagen; Phönix floh zu Peleus nach Phthia, und erzählte dann vor Troja dem Achilles, dass der Fluch seines Vaters an ihm in Erfüllung gegangen. — 5) H., Gattin des Autonous und von ihm Mutter von fünf Kindern, darunter ein Sohn, Acanthus, von den wilden Rossen seines Vaters zerrissen wurde. Acanthis, ihre Tochter, härmte sich darüber so ab, dass Apollo aus Mitleid alle in Vögel verwandelte.

Hippodetes (Gr. M.), »der Pferdebinder«, Beiname, unter welchem Hercules unfern von Theben ein grosses Heiligthum hatte. Dorthin sollen nämlich die Orchomenier mit einem Heere gekommen sein, und da habe ihnen Hercules bei Nacht die Pferde genommen und zusammengebunden.

Hippodromus (Gr. M.), Sohn des Hercules von Anthippe, einer der fünfzig Töchter des Thespius.

Hippogryph (M. des Mittelalters), »Rossgreif«, ein fabelhaftes Thier, halb Pferd, halb Greif, das mit reissender Schnelle die Lüfte spaltet. Der italienische Dichter Bojardo scheint es erfunden zu haben. Die neueren deutschen Dichter brauchen den Namen häufig für das griechische Musenross Pegasus (s. d.).

Hippolaïtis (Gr. M.), Beiname der Minerva von der Stadt Hippola unfern des Vorgebirges Thyrides in Laconien. Die Stadt lag schon zu Pausanias' Zeiten in Ruinen, aber der Tempel stand noch.

Hippolochus (Gr. M.), ein Fürst der Lycier, Sohn des Bellerophon und der Philonoë, der Tochter des Königs Iobates; er sandte seinen Sohn Glaucus nach Troja, der bedrängten Stadt zu Hülfe, und dort ward dieser von Diomedes als Gastfreund erkannt.

Hippolyte (Gr. M.), Königin der Amazonen, von welcher Hercules (s. d.) den berühmten Gürtel holen sollte.

Hippolytus (Gr. M.), 1) Sohn des Theseus von der Amazone Hippolyte. Nach dem Tode dieser Letztern liess Theseus seinen Sohn zu Trözen erziehen, woselbst seine Mutter Aethra sich befand, und vermählte sich dann mit Phädra, der zweiten Tochter des Königs Minos von Creta. Als nach einiger Zeit H. nach Athen kam, um den Mysterien beizuwohnen, verliebte sich Phädra in den schönen Jüngling, und erklärte ihm ihre Wünsche; dieser wies sie jedoch mit Abscheu von sich; erzürnt hierüber, klagte sie dem Theseus, dass H. das von ihr begehrt, was in der That sie von ihm verlangt. Der König soll entweder die Aussage bezweifelt und seinen Sohn gefragt, oder gleich im Zorne den Neptun um Rache gebeten haben. H., das Entsetzliche hörend, als er mit einem Zweigespann am Meeresufer fuhr, sei entweder über die Anklage, oder über ein Ungeheuer, welches Neptun schickte, so erschrocken, dass seine Bewegungen die Rosse scheu gemacht, und diese, nicht mehr zu zügeln, ihn zu Tode geschleift haben. Aesculap erweckte ihn vom Tode und Diana versetzte den um seiner Keuschheit willen Ermordeten unter dem Namen Virbius in den Hain bei Aricia in Latium, in die Gesellschaft der Nymphe Egeria; zu Trözen aber ward ihm seiner Tugend wegen göttliche Ehre erwiesen. Phädra erhing sich bei der Nachricht von seinem Tode. — 2) H., der Vater des Deïphobus zu Amyclä, welcher den Hercules wegen des an Iphitus im Wahnsinn begangenen Mordes reinigte, nachdem Neleus den hierum Bittenden mit Abscheu von sich gewiesen.

Hippomachus (Gr. M.), ein Trojaner, Sohn des Antimachus; ihn traf Leonteus, ein Sprössling des Mars, mit dem Wurfspiess unten am Leibgurt, als Hector mit dem Heere der Griechen Verschanzungen stürmte.

Hippomedon (Gr. M.), Sohn des Aristomachus oder des Talaus, und in diesem Falle Bruder des Königs Adrast, zog mit diesem Letztern vor Theben (s. »Sieben Helden vor Theben«), hielt sich sehr tapfer, ward jedoch nach dem Zweikampf des Polynices und Eteocles, in welchem beide blieben, als die Schlacht am Ismenus zum zweiten Male entbrannte, durch Ismarus, den Sohn des Astacus, getödtet.

Hippomenes (Gr. M.), soll nach Einigen der Vater des Megareus gewesen sein, wofür jedoch nach Anderen Neptun gilt, der ihn mit Oenope erzeugte.

Hippona, identisch mit Epona (s. d.).

Hipponome (Gr. M.), Tochter des Menöceus, vermählt mit Alcäus, dem sie einen Sohn Amphitryon und eine Tochter Anaxo gebar.

Hipponous (Gr. M.), 1) Vater der Periböa, mit welcher sich Oeneus nach dem Tode der Althäa vermählte. Er soll sie als Ehrenpreis erhalten haben, nachdem die Stadt Olenus in Aetolien durch ihn gefallen war. Nach Hesiod dagegen wäre Periböa durch ihren Vater H. von der achäischen Stadt Olenus aus zu Oeneus gesandt worden, aber mit dem Auftrage, sie zu tödten, weil sie von Hippostratus, dem Sohne des Amarynceus, entehrt worden war. Andere endlich behaupten, H. habe sie auf die Nachricht, dass sie von Oeneus verführt worden sei, diesem schwanger zugeschickt; wie dem sei, Oeneus erhielt von ihr einen Sohn Tydeus. — 2) H., Sohn des Triballus, vermählte sich mit einer Nymphe der Diana, der schönen Thrassa, und wurde durch sie Vater der Polyphonte. — 3) H., ursprünglicher Name des Bellerophon (s. d.).

Hippotes (Gr. M.), 1) Sohn des Mimas, Königs von Aeolis, und Enkel des Aeolus, des ersten dieses Namens. H. vermählte sich mit Melanippe, und sie empfing von ihm den zweiten Aeolus; dessen Tochter Arne gebar dem Neptun den Böotus und den Aeolus, den dritten dieses Namens, welcher nach seinem Grossvater Hippotades genannt ward, und König der liparischen Inseln war. — 2) H., Sohn des Creon von Corinth und Bruder der Glauce, welche durch die eifersüchtige Medea ermordet worden war, ein Schicksal, das auch den Vater Creon traf. H. forderte die Verbrecherin zur Rechenschaft, ward aber von den Richtern abgewiesen. — 3) H., s. Hercules.

Hippothoë (Gr. M.), Name einer Tochter des Königs Pelias, welche von der mit Jason zurückkehrenden Medea beredet wurde, ihren Vater zu schlachten, damit sie denselben wieder verjüngen könne. Alle Töchter des Pelias nahmen an diesem Morde Antheil, nur die zärtliche Alcestis, die nachmalige Gattin Admets, vermochte es nicht über sich, Hand an des Vaters Leben zu legen. — 2) H., Tochter des Mestor und der Lysidice, der Tochter des Pelops; Neptun raubte sie, brachte sie auf eine der Echinaden und erzeugte dort einen Sohn mit ihr, welcher Taphius hiess, die Stadt Taphos erbauete und die Leute daselbst Teleboer (Fernschreier) nannte, weil er fern weggezogen war von seinem Vaterlande. Taphius bekam einen Sohn Pterelaus, welchen Neptun durch Einsetzung eines goldenen Haares unsterblich machte.

Hippothoon (Gr. M.), Neffe des Hippothous 2), Sohn der Alope, der Tochter des Cercyon. Diese war von Neptun gezwungen worden, ihm ihre Gunst zu schenken, und gebar darauf den H., welchen sie aussetzte. Die kostbaren Stoffe, in welche das Knäblein gehüllt war, verriethen die Mutter, und Hirten, die es von einer Stute gesäugt fanden, brachten es zu Cercyon: dieser liess die unglückliche Mutter sogleich tödten, und das Kind zum zweiten Male aussetzen; da nun abermals ein Pferd sich dessen annahm, nannten die Hirten das Knäblein H. Erwachsen erhielt er seines Grossvaters kleines Reich. Pausanias sah auf dem Wege von Eleusis nach Megara das Denkmal der Alope, und nahe dabei auch den Ringplatz des Cercyon, wo dieser alle Fremden durch seine Stärke überwand und tödtete, bis ihm Theseus ein Gleiches that.

Hippothous (Gr. M.), 1) Sohn des Lethus, zog mit seinem Bruder Pyläus, mit den speergewohnten Pelasgern, den Trojanern zu Hülfe. Er zeichnete sich in der Schlacht bei den Schiffen der Achäer aus, indem er den Patroclus mit einem um seine Knöchel geschlungenen Riemen in das Gewühl der Troer ziehen wollte; doch Ajax, der herbeigeeilt war, des Freundes Leiche zu retten, warf mit dem Speere nach ihm und traf des Helmes Kuppel so, dass er zerbarst, und der Speer vom Gehirne befleckt ward; er sank auf die Leiche des Patroclus. —

2) H., Sohn des Cercyon, Enkel des Agamedes, soll nach Agapenors Tode König in Arkadien geworden sein; dem Pausanias wusste man von ihm nichts Merkwürdiges zu berichten, als dass er die Residenz des Königs von Tegea nach Trapezus verlegt habe.

Hippozygus (Gr. M.), Sohn des Hercules von der Hippocrate, einer der fünfzig Töchter des Königs Thespius.

Hiraniareda (Ind. Myth.), Beiname des Gottes des Feuers, Agni; er bedeutet: »der vom Himmel Herabkommende, oder der Same des Himmels«.

Hirowit (Wend. M.), ein Untergott der Wenden, dessen Bild man unter den Rhetraischen Alterthümern (s. Karenz und Rhetra) gefunden hat; es hat vier Hörner und in einander verschlungene Beine, und führt noch den Zusatz Belbog, woraus hervorgeht, dass H. zu den guten Göttern gehörte.

Histaea (Gr. M.), Tochter des Hyrieus, also Enkelin des Neptun und der Alcyone. Die Stadt Histiäa auf Euböa soll von ihr benannt worden sein.

Historis (Gr. M.), Tochter des Tiresias, von welcher man dasselbe erzählt, was von Galanthis gesagt wird, dass sie nämlich die unglückliche Alcmene (s. d.) durch List von ihren Geburtsschmerzen befreite.

Hitopadesa (Ind. M.), das Evangelium der Indier; es enthält die Sittenlehre der Indier, welche ihre Weisen in die Gestalt von Fabeln eingekleidet. Das Werk ist im Sanskrit geschrieben, und dann von Busertschumihr, dem Leibarzt und Wesir des Königs Anuschirwan, aus dem Pelwhi übersetzt; der zweite Kalife der Abassiden liess es in's Arabische übertragen, Machmud Gazi brachte es in Verse, dann ward es in's Persische und endlich in's Türkische übersetzt. Aus den letzten beiden Sprachen ward es auf englischen und französischen Boden verpflanzt. Der Verfasser ist der Bramine Wischnu Sarman.

Hlade (Nord. M.), der berühmte heilige Tempelort Norwegens, für diesen Staat von derselben Bedeutung, wie Upsala für Schweden, Arkona für Rügen. Harald Schönhaar erbaute dort, wo jetzt Trontjem (Drontheim) steht, nur auf der anderen Seite derselben Bucht, eine Stadt, von welcher der Glanz und die besondere Heiligkeit auf Drontheim überging, so dass dieses noch jetzt der Krönungsort der norwegischen Könige ist. Zu H., hoch im Norden, errichtete der königliche Oberpriester einen hölzernen Tempel, welcher durch ihn und seine Nachfolger der reichste im ganzen Skandinavien wurde. Dort versammelte sich ein grosser Theil der Bevölkerung, um Opfer zu bringen, dort wurden jährlich allgemeine Opferfeste gehalten, zu denen Alles kam, was den Tempel irgend auf langem Wege erreichen konnte; zu dieser Zeit war das ganze Land auf einer Wallfahrt begriffen. Für die zahllose Menschenmasse hatte der karge Boden nicht Nahrung genug, daher jeder Wallfahrer sich seine Lebensmittel selbst mitbringen musste. Opfer wurden in Menge geschlachtet, in den frühesten Zeiten auch wohl Menschen, später Pferde (das heiligste Opfer), Rinder, Schafe, Böcke und Ziegen; mit dem Blute wurden die Pfosten der Tempelwände und die Fussgestelle der Statuen jener alten skandinavischen Götter bestrichen, die Thiere aber im Tempelhofe selbst zum Opferschmause gekocht und gebraten, auch der Meth und das Bier mit dem Opferblut vermischt. Die Priester segneten dann die Speisen ein, und jeder überliess sich, nach den ersten Libationen für die Götter, ungezügelter Trinklust.

Hladolet (Slav. M.), ein unbekannter Gott der heidnischen Böhmen, den man, weil Hlad Hunger heisst, mit dem Saturn vergleichen will, da dieser seine eigenen Kinder frass.

Hlassa (Lamaismus), das Götterland, der Wohnsitz aller Götter, Burchanen und Heiligen, dessen höchste Spitze der rothe Berg ist, auf welchem Dschakschiamuni thront. Einen Theil desselben bildet das Meer Otang, in welchem die gefallenen Geister gequält werden.

Hlawaradze (Slav. M.), Beiname des wendischen Gottes der Stärke und des Kriegs, Roswodig oder Radegast.

Hleidolfur (Nord. M.), einer von den aus Steinen gebildeten, in Steinen wohnenden Zwergen.

Hler (Nord. M.), ein Name des Meergottes Aeger (s. d.).

Hlidskialf (Nord. M.), der Thron des Odin in seinem Palaste Walaskialf; er konnte von demselben die ganze Welt überschauen; alle zwölf Götter hatten in dem Thronsaale ihre erhöheten Sitze, doch keiner hatte die Eigenschaft des dreizehnten, der für den ersten der Götter erbaut war.

Hlorridi (Nord. M.), einer der verschiedenen Beinamen des Donnergottes Thor.

Hlutir (Nord. M.), Amulette, um sich vor feindlichem Zauber zu schützen, und Mittel, um zu bezaubern; sie bestanden aus Runenmünzen, Goldblechen, welche mit Runen bezeichnet waren.

Hlyn (Nord. M.), die hülfe- und trostreiche Botin der erhabenen Frigga. Sie ward von der Göttin an diejenigen gesandt, denen sie Linderung des Kummers schicken wollte, und kaum hatte H. die Thränen von den Augen des Betrübten geküsst, als auch schon milde Ruhe und Freude sich einstellte.

Hnikar (Nord. M.), Beiname des Odin: »der Sieger«, wahrscheinlich einerlei mit Hnikuthr; obwohl Odin selbst, da er zu König Geirod kam, diese beiden Namen unterschied und dadurch als verschieden zu bezeichnen scheint.

Hnitberg (Nord. M.), der Felsberg, in dessen Innerem der Riese Suttung den aus Quasers Blut bereiteten Dichtermeth unter Aufsicht seiner schönen Tochter Gunlöde (s. d.) bewahren liess; diese ward durch Odins Liebe bewogen, ihm davon zu trinken zu geben, und kam so um den ganzen Vorrath.

Hnoss (Nord. M.), die überaus schöne Tochter Odins und der Liebesgöttin Freia. Sie und ihre Schwester Gersemi waren so lieblich und anmuthig, dass Alles, was schön und erfreulich ist, nach ihnen genannt wird.

Hobal (Orient. M.), der Sonnengott bei den Arabern, dessen Bild zu Mekka in einem weit berühmten Tempel stand; es war von 360 kleineren Götzenbildern umgeben, deren jedes den Gott vorstellen sollte, welcher einen bestimmten Tag des Jahres regierte, und an diesem besonders verehrt wurde, wie H. das ganze Jahr regierte, also immer gleicher Verehrung genoss. Der Islam verdrängte diesen Dienst, und die wilden Eroberer zerstörten in Arabien und Persien alle Tempel fremder Götter, Allah mit Feuer und Schwert den Unterjochten aufdringend.

Hodbrod (Nord. M.), Sohn des Schwedenkönigs Gramnar, war mit der schönen Schildjungfrau Sigrun wider ihren Willen verlobt; sie, die den hässlichen Riesen nicht leiden mochte, forderte den tapferen Helgi, dem sie Sprache und Namen gegeben, zu ihrer Hülfe auf; in der Schlacht am Frekasteine besiegte er den Schweden, und ward Sigurs Gatte.

Hoddmimis holt (Nord. M.), ein Hügel oder Gehölz, in welchem sich zwei Menschen, Lif und Lifthrasir, während des Alles zerstörenden Weltbrandes verbergen; von ihnen geht die neue Bevölkerung der Erde aus.

Hoeder (Nord. M.), ein überaus starker Asengott, doch blind, Sohn Odins und der Frigga, also Balders Bruder. Als dieser von allen Seiten auf sich stechen, werfen und schlagen liess, weil seine Mutter Pflanzen und Steinen und Thieren einen Eid abgenommen, ihm nicht zu schaden, den allein die kleine Pflanze Misteltein nicht geleistet, da reichte Loke dem blinden H. diese schnell erwachsene Pflanze, zeigte ihm den Ort, wo Balder stand, und als nun der unglückliche Bruder die Pflanze warf, fiel Balder todt nieder und musste zur Hel in die Unterwelt. Ein dritter Sohn Odins, Wale, rächte Balders Tod an H., indem er, in einer Nacht zum stärksten Asen erwachsen, diesen überwand und ihn gleichfalls zu Hel schickte. Dort bleibt er, bis am Weltuntergange alle Götter sterben, und später im Himmel wieder auferstehen. Da H. den Mord unfreiwillig beging, blieben er und Balder gute Freunde.

Hofraschmodad (Pers. M.), die Bücher des Zendvolkes erzählen von vier heiligen, himmlischen Vögeln, welche die Erde und die auf ihr wohnenden Wesen beschützen sollen; einer dieser Vögel, der himmlische Hahn, ist der H.

Hofwarpner (Nord. M.), ein windschnelles Ross, erzeugt durch Ham, einen trefflichen Hengst, und die muthige Stute Gardrosa. Das Thier gehört der Götterbotin Gna, und ist so geschickt, dass es durch Luft, Wasser und Feuer so schnell und unversehrt, wie über die Erde, fliegt.

Hogni (Nord. M.), Vater der schönen Hildur, welche durch Hedin entführt wurde, wesshalb der König von dem südlichen Schweden, das er beherrschte, dem Räuber folgte, an Norwegens Küsten vorbei, bis nach den Orkneys. (S. das Weitere unter Hildur.)

Holda, auch Holla, Fig. 160 (Germ. M.), ursprünglich eine freundliche, milde Göttin der alten heidnischen Deutschen, ohne Zweifel diejenige, welche Tacitus Nerthus nennt und mit der Isis vergleicht, nach mehreren Spuren auch Eins mit der nordischen Frigga (s. d.). Der Name ist gewiss abzuleiten von dem Worte hold, Huld. Nach Einführung des Christenthums ward die Göttin zum unheimlichen Spukgeist, der indessen, der alten Idee getreu, doch weit mehr freundliche als bedrohliche Eigenschaften hat. Die dahin einschlagenden Sagen sind nirgends so verbreitet, als in Hessen und Thüringen; indessen kommt der Volksglaube an Holda (Frau Holle) vor bis in's Voigtland, über die Rhön hinaus in's nördliche Franken, in der Wetterau bis zum Westerwald, und in dem an Thüringen angrenzenden Niedersachsen. Frau Holle wird als ein himmlisches, die Erde umspannendes Wesen vorgestellt: wenn es schneit, so macht sie ihr Bett, dass die Federn fliegen. Sie liebt den Aufenthalt in Seen und Brunnen; zur Mittagszeit sieht man sie, als schöne weisse Frau, in der Fluth baden und verschwinden; Sterbliche gelangen durch einen Brunnen in ihre Wohnung. Ihr jährlicher Umzug in der Weihnachtszeit bringt dem Lande Fruchtbarkeit, aber sie fährt auch mit dem wüthenden Heer, oder führt es an; so ist sie auf unserm Bilde dargestellt. Hieran knüpft sich, dass sie statt der schönen göttlichen Gestalt das Aussehen einer hässlichen, langnasigen, grosszahnigen Alten, mit struppigen, engverworrenen Haaren, annimmt. Hingegen ist sie auch wieder Schutzgeist des Flachsbaus und der Spinnerei; fleissigen Dirnen schenkt sie Spindeln und spinnt sie bei Nacht voll, faulen zündet sie den Rocken an oder besudelt ihn. — Manche Spuren weisen den Zusammenhang dieser deutschen Gottheit mit nordischem Glauben nach. Snorri Sturleson gedenkt einer Zauberin Namens Huldr, und eine im 14. Jahrh. abgefasste isländische Sage erzählt umständlich von dem Zauberweib Hulda, einer Geliebten Odins. Norwegische und dänische Volkssagen

Fig. 160.

roden von einer Berg- oder Waldfrau Hulla, die sie bald jung und schön, bald alt und finster darstellen. In blauem Kleid und weissem Schleier naht sie sich den Weideplätzen der Hirten und dem Tanz der Menschen, an dem sie Theil nimmt; ihre Gestalt wird aber durch einen Schwanz entstellt, den sie sorgsam zu verbergen sucht. Sie liebt Musik und Gesang, ihr Lied hat aber eine traurige Weise. Dieser letztere Umstand erinnert an die Elfen (s. d.).

Holden (Germ. M.), Dämonen guter und böser Art bei den alten Deutschen, wenn nicht vielleicht die Benennung »gute« H. bösen Geistern bloss aus Euphemismus beigelegt wurde; denn man findet, dass noch heut zu Tage im Göttingischen die fliegende Gicht »die gute Holde« heisst. Auch Hollenzopf, welches in einigen Gegenden statt Weichselzopf gebraucht wird, scheint auf die H. als Urheber davon hinzuweisen. Diese H. sollten aus leiblicher Vermischung der Hexen mit dem Teufel entspringen.

Holgi (Nord. M.), ein König in Norwegen, von dem Helgoland benannt sein soll; Sohn des Riesen oder Jotenkönigs, der Forejotre hiess, Bruder des Aeger oder Hler. Er hatte zwei Töchter, Thorgard und Yrpa, welche als Göttinnen verehrt wurden; die letztere hiess auch Helgabrudur. H.s Grab war mit Gold und Silber bedeckt, worauf dann erst Erde kam, daher heisst Gold und Silber bei den Dichtern »H.s Hügeldach«.

Hoellenflüsse (Nord. M.). Inmitten von Helheim oder Niflheim befindet sich ein Brunnen, Hwergelmer, welcher seine Nahrung von den Geweihen des in Walhalla wohnenden Hirsches Aeikthyrner erhält, der von den Blättern des Baumes Lerad lebt; von seinem Geweih nämlich fallen beständig Tropfen herab, die sich in dem Quell, der den Mittelpunkt der Hölle einnimmt, sammeln. Aus diesem Born entspringen nun die H., welche von zweiunddreissig bis auf siebenunddreissig angegeben werden; sie heissen: Sith, With, Säkin, Eikin, Swaul, Guntraa, Fiorm, Fimbultul, Rin, Rennandi, Gipul, Gaupul, Gaumul, Geyrwimul, Thyn, Vin, Thaull, Haull, Grath, Gunthorin, Vinu, Wegswin, Thiodnuma, Nyt, Naut, Naunn, Hraunn, Slith, Hrith, Sylgr, Ilgr, Wit, Wan, Waund Straund, Leiptr und Giöll; der letztere umströmt begrenzend ganz Helheim. Ein Theil dieser Flüsse wird auch unter dem Namen Elliwager begriffen.

Hoellenjungfrauen (Nord. M.), zwei schreckliche Geschöpfe der Abgrundsnacht, Wächterinnen an dem unterirdischen Palast der grausamen Hel. Sie heissen Bigwör und Listwör, haben eisernes Blut in ihren Adern, das Zank und Krieg erregt, wo es hinkommt, und sitzen vor Hels Thüre auf immer schreienden Stühlen.

Holzweibchen (Germ. M.). Im heidnischen Glauben der alten Deutschen spielten weise Waldfrauen eine grosse Rolle, die dann in den Zeiten des Christenthums bald in schreckliche wilde Weiber, bald in neckende, zum Theil auch selbst geneckte H. verkehrt wurden. Im Frankenwalde lässt man noch heute bei der Flachsernte drei Hände voll Flachs für die H. auf dem Felde liegen: ein Ueberrest älterer, höherer Verehrung. Die H. sind klein von Gestalt, grau, ältlich, haarig, in Moos gekleidet, daher sie auch Moosweibchen heissen. Sie nahen sich den Holzhauern und bitten um etwas Essen, holen es auch wohl aus den Töpfen weg, doch ersetzen sie es auf andere Art, nicht selten durch gute Rathschläge; immer aber äussern sie grosse Angst vor dem wilden Jäger, der sie verfolge. Daher hauen die Holzhauer im Voigtlande drei Kreuze in den Stamm, den sie gefällt haben; in diese setzen sich die H. und haben hier Ruhe vor dem wilden Jäger, der auf allen seinen Wegen dem Kreuz ausweicht.

Holzy, Holtschy, Fig. 161 (Slav. M.), durch die alten Chronisten verwandelt in Alcis, Alces und Altschis, Götzen der Wenden und Slaven, in der Gestalt zweier Brüder dargestellt. Es scheint besonders das Riesengebirge der Sitz ihrer Verehrung gewesen zu sein; der Priester, welcher sie bediente, wohnte in einem heiligen Haine, der auch zugleich die Wohnung der Götter selbst war. Von den Römern stammt die Nachricht her, dass diese Alces Castor und Pollux waren, so wie die andere, dass deren Priester in Weiberkleidern gingen, welches wohl nur dem Römer so vorkommen konnte, der das lange, ganz bedeckende Gewand allein bei den Frauen kannte.

Fig. 161.

Hom (Pers. M.), das Schöpfungs- und Gesetzeswort, das Urwort, Honover, symbolisirt sich in drei Momenten: im ersten wird es Substanz, ein Geist; im zweiten verkörpert es sich als der Gnadenbaum H., der wunderbare Belebungskraft hatte, Krone des Pflanzenreichs und Bild des ewigen Segens und Gedeihens war; im dritten Moment wird das Lebenswort Mensch, der Prophet H., der erste Verkündiger dieses Wortes, auch Homanes genannt, der unter Dschemschid lebte und den Magismus stiftete.

Homa (Ind. M.), das Opfer, mit welchem jede religiöse Feierlichkeit begonnen wird; es ist dem Gotte des Feuers, Agni, geweiht, und muss darum vor allen anderen verrichtet werden, weil das Feuer der Lebensbedürfnisse wichtigstes ist, wie denn auch von jedem Braminen täglich dem Agni ein kleines Opfer gebracht wird. H. (eigentlich Hamom, weil alle dabei gebrauchten Gebete mit der Sylbe Ham beginnen und mit Om aufhören) gehört auch nicht zu den grossen, wohl aber zu den wichtigen und nothwendigen Opfern; es wird durch Anzünden von Holz und Verbrennen von Cocosöl, Butter und allerlei Wohlgerüchen, unter Absingung gewisser Gebete begangen.

Homadus (Gr. M.), einer von den Centauren, die aus dem Gefecht vor der Höhle des Pholus gegen Hercules mit dem Leben davon kamen; doch auch diesen ereilte sein Schicksal. Er wollte die Schwester des Eurystheus entführen, da begegnete ihm Hercules in Arkadien, tödtete den H. und sandte das Mädchen zu ihrem Bruder zurück: eine Handlungsweise, welche man um so viel achtungswerther fand, als jener Eurystheus Hercules' Todfeind war.

Homagyrius (Gr. M.), »Bundes-Gott«, Beiname des Jupiter zu Aegium in Achaja. Er hatte dort eine Bildsäule und einen von Agamemnon gestifteten Tempel. Hier versammelte dieser König die mächtigsten Helden Griechenlands, um sich mit ihnen über die Unternehmung gegen Troja zu berathen.

Homai (Pers. M.), 1) ein fabelhafter Vogel, welcher bloss von der Luft leben, und immer in der Luft umherschwärmen soll, ohne jemals zu sitzen oder zu ruhen. Wenn er über eines Menschen Haupt hinfliegt, wird derselbe mit jedem erdenklichen Glück überschüttet. — 2) H., Tochter des Ardschir Bahaman, des sechsten Königs aus der Familie der Kaianiden, von diesem selbst Mutter des Darab, den sie jedoch in einem Kästchen mit Edelsteinen reich beladen aussetzte, um das Reich, dessen Erbin sie war, zu behalten, da es sonst sogleich an diesen Sohn gefallen wäre. Ihr wird die Erbauung des Palastes der tausend Säulen (Tschil Minar) zu Persepolis zugeschrieben, auch soll sie die Stadt Semrem (Semiramis) gegründet haben, daher man sie für identisch mit dieser Königin hält.

Homiloppus (Gr. M.), Sohn des Hercules von der Xanthis, einer der fünfzig Töchter des Königs Thespius.

Homonoea (Gr. M.), »die Eintracht«, identisch mit der römischen Concordia. Sie besass einen Tempel zu Olympia.

Honor (Röm. M.), »die Ehre«, eine vergötterte Tugend, welche mit Virtus, der Mannhaftigkeit, zwei an einander stossende Tempel hatte, so dass man aus dem der Tugend in jenen des H. gelangte. Es wurdem dem w. nach und nach drei Tempel gebaut. Dargestellt Hurde er als männliche bewaffnete Figur, auf eine Kugel tretend, oder mit dem Füllhorn in der Linken, dem Speer in der Rechten.

Honorinus (Röm. M.), scheint mit Honor (s. d.) identisch; man rief diese Gottheit an, wenn man um Ehre und Ruhm im Kriege oder Frieden bat.

Honover (Pers. M.), das Schöpfungswort, wodurch Ormuzd Alles, was da ist, hervorbrachte. Eine Nachbildung des biblischen »Gott sprach: es werde Licht, und es ward Licht;« das Aussprechen dieses Wortes genügte, um alles Existirende zu schaffen.

Honuet (Pers. M.), ein Genius oder Ized, welcher dem ersten der fünf Einschaltungstage zur Vollendung des Jahres vorsteht. Es ist ein weiblicher Genius von unendlicher Schönheit.

Hopladamus (Gr. M.). Da Saturn alle seine Kinder frass, Rhea aber doch eines retten wollte, zog sie sich bei der herannahenden Geburt des Jupiter auf den Berg Thaumasius bei Methydrion in Arkadien zurück, und nahm zu ihrem Schutz einige der drachenfüssigen Giganten mit sich: unter diesen war H.

Hoples (Gr. M.), Vater der Meta, Schwiegervater des Königs Aegeus von Athen.

Hopleus Gr. M.), 1) einer der fünfzig Söhne des ruchlosen Königs Lycaon von Arkadien, den Jupiter in einen Wolf verwandelte, während er seine Söhne mit dem Blitz erschlug. — 2) H., einer der Centauren, welche den ihrem ganzen Volke verderblichen Krieg bei des Pirithous Hochzeit herbeiführten.

Horcius (Gr. M.),) Beiname des Jupiter, »Beschützer der Eide«.

Horcus (Gr. M.), nach Hesiod Sohn der Eris (Zwietracht); der Eid, betrachtet als Meineid.

Horen, Fig. 162 (Gr. M.), Töchter des Jupiter und der Themis, Göttinnen der Jahreszeiten. Anfangs gab es nur zwei H., als die Göttinnen, welche gedeihliche Blüthe und Zeitigung geben: Thallo (die Grünende), die Frühlings-H., und Carpo (die Fruchtbringende), die Herbst-H. Wie sie der Erde Reiz geben, so schmücken sie auch alles Andere, was liebenswürdig sein soll, neugeborene Kinder sowohl der Götter als der Menschen. Sie sind Dienerinnen des Jupiter und der Juno, bereiten dem Jupiter und der Europa das hochzeitliche Lager, und stehen in engster Beziehung zu den Grazien (s. d.). Frühzeitig aber entwickelte sich neben dem physischen auch ein sittlicher Begriff der H.: wie sie regelmässigen Zeitwechsel und gedeihliches Wachsthum geben, so verleihen sie den Staaten Gesetzlichkeit, Recht und Frieden. Jetzt werden ihrer drei genannt: Eunomia, Dice und Irene, welche Namen eben Gesetzlichkeit, Recht und Friede bedeuten. Bei dieser Dreizahl blieb es übrigens nicht; der späteste römische Mythograph, Hygin, bringt, indem er die älteren Namen der H., spätere Beiwörter und Benennungen einzelner Zeiten unter einander mengt, zwei verschiedene Verzeichnisse, eines von zehn und eines von eilf H. zu Stande. Die Kunst hat sie dargestellt als reizende Jungfrauen, die als Attribute die Erzeugnisse der Jahreszeiten tragen. Unsere Abbildung zeigt sie nach einem Hautrelief im französischen Museum in Paris.

Horey (M. der Neger in Ostafrika), ein Dämon, der Aehnlichkeit mit dem Teufel hat, dessen Bild wahrscheinlich durch die Christen in Habesch (Abyssinien) dorthin gedrungen ist. Jene Völker haben die Beschneidung und zwar erst im 13. bis 14. Jahre. Bevor die Jünglinge so eingeweiht sind, sollen sie vorzüglich der Verfolgung dieses bösen Geistes ausgesetzt sein, der seine Nähe durch ein dumpfes Brüllen und Brummen zu erkennen gibt. Sobald man dieses hört, wird Speise und Trank in Menge zusammengebracht, und unter einen Baum gesetzt; man findet die Geschirre immer ausgeleert; war der Speise aber nicht genug, so raubt der H. einen Knaben und frisst ihn auf, ihn in seinem Magen bewahrend, bis er hinlänglich Speise erhält, worauf er ihn wieder von sich gibt. Viele Neger versichern, als Kinder in dem Magen dieses Ungeheuers zehn bis zwölf Tage lange gewesen, nachher aber noch eben so lange stumm geblieben zu sein, als sie sich in dem Innern dieses Teufels befunden.

Horius (Gr. M.), »der Begrenzer«, Beiname, unter welchem Apollo zu Hermione in Argolis einen Tempel hatte.

Horme (Gr. M.), eine der Tugenden, welche zu Athen

Fig. 162.

auf dem Markt Altäre hatten; diese sollte die heitere Regsamkeit vorstellen.

Horn (Nord. Antiq.), das Opfer- und Trinkgefäss, welches bei allen Feierlichkeiten, mit Meth, Bier, und in späteren Zeiten mit Wein gefüllt, häufig kreiste, nachdem den Göttern daraus eine Libation dargebracht worden. Das H., ursprünglich von dem Stier und Auerochsen genommen, einfach und schlicht, machte nach und nach dem durch Schnitzwerk und dann durch Goldbeschlag verzierten, endlich aber dem ganz goldenen Platz, an welchem nichts als die Form des H.es übrig war. Es gibt noch jetzt mehrere kostbare Alterthümer dieser Art.

Horn (Nord. M.), einer der Beinamen, unter denen Freia in vielen Ländern umherreiste, um ihren Gatten Odr zu suchen, wobei sie stets ihren Namen veränderte.

Horta (Röm. M.), eine Göttin, welche des Menschen Sinn zu guten Unternehmungen lenken sollte. Ihr Tempel musste beständig offen stehen. Es ist die unter die Unsterblichen versetzte Gattin des Quirinus (Romulus), die schöne Hersilia, mit diesem in einem Tempel verehrt.

Horus, Fig. 163 (Aegypt. M.), nach Diodor der letzte Gott, der über Aegypten als König herrschte, Sohn der Isis und des Osiris, von den Griechen als identisch mit Apollo angesehen, denn er soll von seiner Mutter die Arznei- und Wahrsagerkunst erlernt, und sich durch weise Orakelsprüche, so wie durch Krankenheilungen um die Menschen verdient gemacht haben. Osiris war von dem bösen Typhon getödtet worden; damit nun H. den Mord nicht räche, wenn er auf den Thron steige, ward

Fig. 163.

auch sein Untergang beschlossen, und H., obwohl er zur Latona geflohen war, überall aufgesucht und endlich dort gefunden und in den Nil geworfen. Die bekümmerte Mutter fand ihn wieder, gab ihm durch ihre Kenntnisse das Leben und gar die Unsterblichkeit, unterrichtete ihn in den oben angeführten Künsten und forderte ihn dann auf, seines Vaters Tod zu rächen; dieser selbst stieg aus dem Grabe herauf, um ihn die Kriegskunst zu lehren. Nun zog er gegen den Verräther und Mörder des Osiris, überwand ihn und brachte ihn gefangen seiner Mutter; diese, aus Edelmuth und angeborner Grossherzigkeit, schenkte ihm die Freiheit, worüber H. so erzürnt war, dass er der Isis die Krone abriss. Was er befürchtet, geschah; gegen den Schlechten hilft Grossmuth nicht; Typhon erschien mit einem neuen Heer, um dem H. die Herrschaft streitig zu machen, unter dem Vorwande, dass er ein von Isis unterschobenes, nicht Osiris' ächtes Kind sei. Ein gewaltiger Krieg und zwei mächtige Schlachten waren hievon die Folge; in der letzten bei Antäum verlor Typhon Krone und Leben. So Diodor. Nach der ursprünglich ägyptischen Idee, nach welcher Isis die grosse Mutter Natur, Osiris die diese befruchtende Kraft der Sonne und des Nils ist, kann H., beider Sohn, nichts anderes sein, als der Frucht-Segen, der alle Jahre dem Lande von Neuem geboren wird.

Hosios (Gr. Rel.), »der Heilige oder Fromme«, hiessen in Delphi die lebenslänglich gewählten Apollopriester, deren fünfe waren, welche mit den Propheten die gottesdienstlichen Verrichtungen theilten, und für Nachkommen des Deukalion galten.

Hospita, s. Xene.

Hospitales Dii (Röm. M.), Götter der gastlichen Verbindungen, welche so heilig waren, dass, wie wir aus Homer erfahren, der wilde Diomedes mit dem nie gesehenen Sohne eines Gastfreundes seines Vaters nicht kämpfen will.

Hospitales, s. Xenios.

Hostilina (Röm. M.), eine ländliche Gottheit, welche man anrief, damit sie den Aehren des Getreides gleiche Schwere schenke.

Hostin (Slav. M.), ein Berg in Mähren, auf welchem Tempel und Altar eines ganz unbekannten Götzen, H., gestanden haben soll, der dem Berge den Namen gab. Es ist wahrscheinlich diess ein Irrthum, aus Unkunde der slavischen Sprache entstanden: Radhost ist der mährische Name des Radegast, und die Ableitung von diesem weit einfacher, als die von einem Gotte, den sonst Niemand kennt. Eine Sage erzählt, dass dieser Gott den Bewohnern des Landes in einer grossen Tatarenschlacht beigestanden: die Mähren flüchteten auf den Berg H. und wurden von den Tataren ganz eingeschlossen; furchtbarer Durst quälte die halb Verschmachteten; da brach plötzlich eine Quelle aus dem Boden hervor, zugleich richtete ein wunderbares Gewitter unter den feindlichen Horden eine schreckliche Verwirrung an; diese benützend, stürzten sich die Mähren unter jene, und in wenig Stunden waren die Tataren völlig geschlagen, ihr Heer vernichtet. Noch jetzt nicht selten aufgefundene Waffen bestätigen das Historische an der Sache, dem Gotte Radhorst aber schrieben die Mähren diesen wunderbaren Beistand zu, und dankten ihm durch häufige Gastmähler auf dem Gipfel jenes Berges. (Radhorst heisst: Gäste liebend.)

Hother (Nord. M.), ein schwedischer König aus der Urzeit dieses Landes, dem die Nornen einen Zaubergürtel schenkten, welchen er nur anzulegen brauchte, um seine Feinde in jedem Kampfe zu besiegen.

Houjou, der Sonnengott der Karaiben.

Hrafnagud (Nord. M.), Beiname des Odin, von seinen beiden Raben — Rabengott.

Hraeswelgur (Nord. M.), ein riesiger Adler, welcher am Rande der Erde sitzt und durch das Schwingen seiner Flügel den Wind hervorbringt; er lebt von Leichen (daher sein Name Leichenschwelger) und freut sich auf den Weltuntergang, welcher ihm deren genug bringen wird.

Hraun (Nord. M.), einer von den 37 Höllenflüssen.

Hreidmar (Nord. M.), eine wunderbare, der Edda entlehnte Sage, der Schlüssel zu vielen andern, welche ganz hier Platz finden soll, weil in vielen andern Artikeln, um Wiederholungen zu vermeiden, auf sie zurückgewiesen werden muss. — »Als die Asen durch die Welt reisten, um dieselbe näher kennen zu lernen, kamen Odin, Häner und Loke zu einem Flusse mit einem Wasserfall; dort fanden sie eine Otter, welche einen Lachs gefangen hatte, und mit geschlossenen Augen denselben zu verzehren begann. Loke nahm einen Stein, verwundete die Otter damit am Kopf und rühmte sich seiner guten Jagd, indem er zwei Thiere mit einem Wurf erlegt. Die Beute ward von den Asen nach einem Dorfe gebracht, in welchem sie einen Bauern H., der ein gewaltiger Zauberer war, um Nachtlager baten, dasselbe auch erhielten, und nun ihren Mundvorrath hervorholten, um ihn zum Abendessen zu bereiten. Kaum sah H. die Otter, als er seine beiden Söhne, Fofner und Reigen, herbeirief und ihnen sagte, dass die Fremden Otter, ihren Bruder, getödtet hätten; er war ein grosser Jäger, glücklicher als andere Menschen, und ging gewöhnlich in Gestalt einer Fischotter an den Fluss, um für seinen Vater Fische zu fangen. H. ging nun mit seinen anderen Söhnen zu den Asen, fasste sie bei den Händen und erklärte, dass sie ihnen durch Blutschuld zur Rache verfallen seien, indem Otter H.s Sohn und ihr Bruder gewesen, und dass sie sich aus dieser Schuld lösen müssten. Die Asen versicherten die Absichtslosigkeit der That, und boten Lösegeld, so viel H. verlangen würde; diess Versprechen ward mit Eiden bestätigt, und nun zog der Zauberer dem getödteten Sohne die Haut ab und sagte, diese Haut sollten sie mit rothem Golde ausfüllen, und ihn auch ganz damit bedecken, dann solle Friede zwischen ihnen sein. Loke, der die That vollbracht, musste nun auch Rath schaffen. Odin schickte ihn in das Land der Schwarzelfen, um Gold zu suchen; dort fand er den Zwerg Andwari, der in Gestalt eines Fisches im Wasser spielte; Loke ergriff ihn und hiess ihn zum Lösegeld seiner Freiheit alles Gold hergeben, das er in seinem Felsen habe. Hiezu verstand sich der Zwerg; er brachte alles Gold aus seiner Wohnung hervor; allein Loke bemerkte, dass der Alfe einen kleinen Ring in der Hand verberge, hiess ihn daher denselben noch zu dem Golde legen. Der Zwerg bat, ihn behalten zu dürfen, weil er in diesem Falle so viel Gold erhalten könne als er wolle; allein Loke sagte, er solle keinen Pfennig behalten, nahm den Ring und entfernte sich, worauf Andwari rief: »»Der Ring soll desjenigen Mörder sein, der ihn besitzt!«« Dem schadenfrohen Loke war diess ganz recht, und er nahm ihn nur desto sicherer mit, weil Unglück zu stiften seine liebste Beschäftigung war, erwiderte jedoch auf den angehängten Fluch, er werde es dem künftigen Eigner sagen. Als nun Loke zu H. kam, fand Odin den Ring ausserordentlich schön und nahm ihn von dem Haufen, H. aber füllte den Otternbalg recht voll, stellte ihn dann aufrecht, und Odin bedeckte ihn mit Gold, fragte auch H., ob er nichts mehr von dem Balg sähe; da fand sich ein einziges Haar an der Schnauze noch unbedeckt, und um dieses zu bedecken, musste sich Odin bequemen, den zurückbehaltenen Ring herzugeben. — Jetzt waren die Asen frei, bekamen auch die als Pfand ihnen abgenommenen Schuhe und Waffen zurück, und nun sagte Odin, der Fluch, welchen Andwari auf diesen Ring gelegt, solle in Erfüllung gehen. Dieser trat alsbald in Wirkung, denn vom Golde, das H. zur Sühne für seinen erschlagenen Sohn nahm, wollten die beiden Brüder auch ihr Theil, welches ihnen der Vater verweigerte; darauf beredeten sie sich, dass sie ihn erschlagen wollten, und diess geschah alsbald. Nun gedachte Reigen, die Hälfte des Goldes zu nehmen; allein Fofner sprach, er könne ihm unmöglich Gold geben, da er des Goldes wegen seinen Vater getödtet; darauf setzte er sich des Vaters furchtbaren Helm, der Aegirs-Helm hiess, und den Besitzer aller Menschen entsetzlich machte, auf, ergriff des Vaters Schwert, Hrotte, und hiess Reigen sich sogleich von dannen machen, oder es solle ihm ergehen wie seinem Vater. Reigen flüchtete mit seinem Schwert Reffel, kam zu König Hialfrek und ward sein Schmied, Fofner aber zog mit seinen Schätzen nach der Heide, welche Gnytaheide heisst, verwandelte sich in eine mächtige Schlange und legte sich dort auf das Gold, um es zu bewachen. — Der Schmied erzog sich in Sigurd, dem Sohne Sigmunds (des Sohnes Volsungs) und der Hjordisur (einer Tochter Elyma's) einen Rächer; Sigurd Sigmundsohn war mit seiner Mutter an Hialfreks Hof gekommen, der König hatte die Mutter geehlicht und liebte den Knaben wie seinen Sohn, und er ward der wackerste aller Heerkönige an Geschlecht, Kraft und Sinn. Reigen sagte diesem, wo Fofner liege, und ermunterte ihn, das Gold zu suchen, machte auch aus den Stücken des Schwertes Volsungs ein neues Schwert, das so scharf war, dass Sigurd Reigens Ambos damit spaltete, wodurch es so wenig von seiner Schärfe verlor, dass es, in den Fluss gesteckt, eine Wollflocke zerschnitt, die dieser dagegen trieb. Nunmehr ging Reigen mit Sigurd nach Gnytaheide, dort machte Sigurd auf dem Wege, den Fofner zum Wasser nahm, eine Grube, setzte sich hinein, und als die Schlange darüber hinkroch, durchstach Sigurd dieselbe: diess war Fofners Tod. Reigen aber kam und sagte, Sigurd habe seinen Bruder getödtet und sei ihm dadurch in Blutschuld verfallen, er müsse also zur Sühne ihm Fofners Herz braten; darauf trank er von des Drachen Blut und legte sich schlafen. Nun sass Sigurd am Feuer und briet das Herz; als er glaubte, es möchte genug sein, und das Fett von dem Herzen ihm über die Finger lief, da leckte er daran; als aber das Herzfett auf seine Zunge kam, verstand er die Vogelsprache und wusste was die Schwalben sagten, und die eine sang:

»Dort sitzt Sigurd
»Mit Schweiss genässt,
»Hofners Herz
»Am Feuer bratend,
»Weise schien' er mir
»Wenn er das Schwert,
»Den Ringvergeuder,
»Das scharfe, hätte.«

Da sang die andere:

»Dort liegt Reigen
»Redet mit sich,
»Will täuschen den Mann,
»Der trauet ihm,
»Fügt aus Zorn
»Falsche Worte zusammen,
»Will, ein Trugschmied,
»Den Bruder rächen!«

Da ging Sigurd zu Reigen und tödtete ihn, und dann zu seinem Ross, das Grani hiess, ritt zu Fofners Wohnung und nahm das Gold in Säcke, lud es auf Grani's Rücken, und wollte sein Ross heimführen, allein diess ging nicht von der Stelle; Sigurd wusste wohl wesshalb; er setzte sich dem Thiere auf den Rücken, und sogleich trabte es lustig davon, obgleich des Goldes, das es trug, so viel war, dass Sigurd geglaubt, drei Pferde würden es nicht fortschaffen. Von dieser Begebenheit nennen die Dichter das Gold Fofners Lager und Grani's Bürde.« — Die Geschichte von H. wäre hier längst geschlossen; allein da das Folgende nicht nur die Idee des an den Ring gehängten Fluches weiter ausführt, sondern auch nach dem Hauptinhalt die Grundlage des ganzen Nibelungenliedes ausmacht und für die nordische Mythologie von Wichtigkeit ist, mag es gleichfalls hier stehen. »Sigurd ritt nun seine Strasse, bis er zu den Hindaralpen kam. Dort fand er ein Haus, darin schlief eine schöne Frau, die war gepanzert mit Helm und Harnisch; Sigurd ergriff sein Schwert und hieb ihr den Panzer ab, da erwachte sie und nannte sich Hildur, sie war aber Brynhildur genannt, und war eine Walküre. Des Mädchens Schönheit erweckte Sigurds Liebe, und er verlobte sich mit der Holdenjungfrau, ritt darauf von dannen und kam zu einem König, der Giuki hiess; der hatte eine Frau Grimhildur, drei Söhne, Gunnar, Högni und Guttormur, und eine Tochter, Gudrunur. Dort verweilte Sigurd einige Zeit, da gab ihm Grimhildur einen Trank, so dass er Brynhildur gänzlich vergass und sich mit Gudrun vermählte, worauf deren Brüder, Gunnar und Högni, mit ihm Waffenbrüderschaft schlossen, dann aber auf Abenteuer auszogen. Nun kamen Sigurd und Gjukinger (Kinder des Giuki) zu Atli, Budla's Sohn, und verlangten seine Schwester Brynhildur für Gunnar zur Gattin; sie aber sass auf den Hindaralpen und hatte um ihr Haus den Feuerstrom Waffurlogi (Flackerlohe) geleitet und eidlich gelobt, Niemand zu nehmen, der nicht durch diesen Feuerstrom zu reiten wagte. Da ritten Sigurd und die Gjukingar, die auch Niflungar (Nibelungen) heissen, auf die Alpe und wollten hindurch. Gunnar hatte damals ein Pferd, das Göte hiess, aber er wagte nicht, über das Feuer zu sprengen. Da wechselten Sigurd und Gunnar ihre Gestalten und Namen (weil Grani, dass Ross Sigurds, mit welchem er über Waffurlogi setzen wollte, Niemand trug als ihn), und Sigurd that an Gunnars Stelle den gefährlichen Sprung und kam glücklich hinüber. Den Abend ging er mit Brynhildur zur Hochzeit, und als sie an's Bette kamen, zog er sein Schwert Gram aus der Scheide und legte es zwischen Beide; aber am Morgen, als er aufstand, gab er zur Verlobungsgabe ihr den Goldring, den Loke von Andwari genommen hatte; von ihr empfing er einen anderen Ring zum Pfande. Sigurd nahm darauf sein Ross, ritt heim zu den Seinigen und vertauschte das Aussehen wieder mit Gunnar. Dieser und Brynhildur kamen dann auch zu König Giuki. — Sigurd hatte zwei Kinder mit Gudrun, Sigmund und Swanhildur. Einstmals gingen Brynhildur und Gudrun an den Fluss, um ihr Haar zu waschen, und als sie nun zum Wasser kamen, ging Brynhildur mitten in den Strom, und sprach, dass sie auf ihrem Haupte nicht das Wasser tragen wolle, das aus Gudruns Haar flösse, weil sie einen viel bessern Mann habe. Da ging Gudrun ihr nach in den Fluss und sagte, desswegen könne Brynhildur ihr Haar wohl in dem nämlichen Wasser waschen, weil sie einen Gatten habe, der nicht schlechter sei als Gunnar, und Keiner in der Welt käme ihm an Stärke gleich, weil er Fofner und Reigen erschlagen und beerbt habe. Darauf antwortete Brynhildur: mehr war es werth, dass Gunnar über Waffurlogi ritt, aber Sigurd hat das nicht gewagt. Da lachte Gudrun und sprach: denkst du, dass Gunnar über Waffurlogi ritt? ich meine, dass bei dir im Zimmer schlief, der mir diesen Ring gab (und sie zeigte Brynhildur ihren eigenen, an Sigurd gegebenen Ring), aber der Ring, den du an der Hand hast und zum Brautgeschenk erhieltst, heisst Andwari Nautur, und ich glaube nicht, dass Gunnar ihn auf Gnytaheide suchte. Brynhildur schwieg und ging nach Hause, aber sie reizte Gunnar und Högni, den Sigurd zu ermorden; da diese aber sich durch einen Eid mit demselben verbunden hatten, thaten sie es nicht, wohl aber der durch sie dazu bestimmte dritte Bruder, Guttorm, welcher Sigurd im Schlafe mit einem Schwert durchbohrte, doch auch selbst den Tod fand, denn Sigurd hatte noch Kraft, sein Schwert Gram nach dem Mörder zu werfen, das diesen ganz von einander spaltete. So fiel Sigurd und auch sein Sohn Sigmundur, welchen die Niflungar tödteten. Hierauf erstach sich Brynhildur und ward mit Sigurd verbrannt, aber Gunnar und Högni nahmen Fofnirs Erbe und den verhängnissvollen Ring und herrschten über ihre Lande. — König Atli, Brynhildurs Bruder und Budla's Sohn, vermählte sich darauf mit Gudrun, Sigurds Wittwe, und nach einigen Jahren lud er seine Schwäger, Gunnar und Högni, zu sich (denn er war nach ihrem Golde lüstern) und sie leisteten der Einladung Folge, doch bevor sie abreisten, versenkten sie all' ihre Schätze in den Rheinstrom. Atli liess die beiden Helden mit einem mächtigen Heere überfallen und sie gefangen nehmen. Dem Högni ward lebendig das Herz ausgeschnitten, Gunnar aber ward gebunden in den Schlangenhof geworfen; mitleidig hatte ihm Jemand eine Harfe gereicht, und diese schlug er mit den Zehen, da die Hände gefesselt waren; die Schlangen schlummerten nun alle ein, ausgenommen eine Natter, welche durch seine Brust ein Loch nagte, und sich mit dem Kopfe an seine Leber hing, bis er todt war. Von diesen Sagen heisst bei den Dichtern das Gold Rheinerz, oder Niflungenhort, oder Niflungenzwist. — Kurz hernach ermordete Gudrun, um ihre Brüder zu rächen, zwei von Atli's Kindern, liess aus ihren Hirnschalen Trinkgeschirre machen, und bei dem Todtenmahle, das den Niflungen gefeiert wurde, dem Könige in diesen köstlich mit Gold und Silber verzierten Bechern Meth, mit dem Blute seiner Kinder gemischt, zu trinken reichen, und deren Herzen gebraten ihm zum Essen vorsetzen; als es aber geschehen, sagte sie es ihm mit harten unlieblichen Worten, und da Alles schlief, ermordete sie den König mit Hülfe von Högni's Sohn, verbrannte den Palast mit allem was darin war, und entfloh zur See, um sich hineinzustürzen und ihren Tod darin zu finden; allein sie ward gerettet und zu König Jonakur gebracht, der um ihrer Schönheit willen sie zur Gattin nahm und drei Kinder von ihr erhielt, die Saurli, Hamdir und Erpur hiessen. Neben diesen ward auch Gudruns und Sigurds Tochter, Swanhildur, erzogen, die war von allen Frauen die schönste, und desshalb liess König Jormunrekur durch seinen Sohn Randwer um sie werben; er erhielt sie und wollte sie nun zu seinem Vater geleiten; allein Biki, des Königs Rathgeber, Randwers Begleiter, sagte, es passe sich besser, dass Randwer das schöne Mädchen für sich behalte, denn er und sie seien jung, der Vater aber für sie zu alt; dann aber hinterbrachte der boshafte Biki diess dem Könige, und dieser befahl seinen Sohn aufzuknüpfen. Bevor diess jedoch geschah, rupfte Randwer einem Falken die Federn aus und sandte diess Sinnbild dem Vater, der daran erkannte, dass er nun hülflos sei wie der Falke, und dass bei seinem Alter, ohne Erben, das Reich zerstört sei; aber auch Swanhildur musste sterben, denn als Jormunrekur von der Jagd heim kam und Swanhildur beim Haarwaschen sass, liess er sein Gefolge über sie hinreiten und sie unter den Hufen der Rosse zertreten. Als Gudrun diess mit Entsetzen vernahm, trieb sie ihre Söhne, die Schwester zu rächen, und da sie zur Fahrt bereit waren, erhielten sie so starke Panzer und Helme, dass kein Eisen daran haftete. Nun gab Gudrun ihnen den Rath, Nachts, wenn der König schliefe, ihm Hände und Füsse abzuhauen, was Saurli und Hamdir thun sollten, dann aber ihm den Kopf abzuschneiden, was Erpur thun sollte. Da sie auf der Reise waren, fragten die beiden Brüder den dritten, Erpur, was er thun würde, wenn sie König Jormunrekur fänden; Erpur antwortete: er würde ihnen so viel helfen als die Hand dem Fuss. Diess, meinten Saurli und Hamdir, sei sehr wenig; desswegen, und weil sie auf Gudrun erzürnt waren, die mit bösen Worten sie hinausgetrieben in Kampf, Noth und Gefahr, gedachten sie etwas zu thun, das ihr am meisten Schmerzen verursachte, und so tödteten sie Erpur, weil Gudrun diesen am meisten liebte. Bald darauf stolperte Saurli und wäre gefallen, wenn er sich nicht mit den Händen gestützt hätte; er sprach: jetzt bedürfen die Füsse der Hände! es wäre doch besser, wenn Erpur nicht erschlagen wäre! In der Nacht gelangten sie zu König Jormunrekurs Schlafzimmer und hieben ihm Hände und Füsse ab, worauf er entsetzlich schrie. Da sagte Hamdir, ab müsste nun der Kopf, wenn Erpur noch lebte! Die herbeieilenden Diener suchten die Mörder zu tödten, doch an ihren Panzern haftete kein Eisen; da rief Jormunrekur, man solle sie steinigen, und nun fielen Saurli und Hamdir, und davon nennen die Dichter die Steine Hamdirs und Saurli's Verderben. So ging das ganze Geschlecht der Niflungar unter.◂

Hridur (Nord. M.), einer von den Höllenflüssen.

Hrimfaxi (Nord. M.), das schwarze Ross der Nacht (Not), auf welchem sie alltäglich um die Erde zieht; der Name bedeutet Reifmähne, denn von seinen Haaren fällt der Reif auf die Erde, und mit dem Schaum seines Gebisses bethaut es die Welt.

Hringhorne (Nord. M.), Baldurs schönes grosses Schiff, auf welchem, nach seinem schmählichen Tode, der Gott verbrannt wurde. Als es in die See gestossen werden sollte, um es mit dem Scheiterhaufen entfliegen zu lassen, versuchten alle Götter, selbst Thor, dieses vergebens, und man musste die Hexe Hyrokian desshalb herbeiholen, welche es mit einem Druck flott machte.

Hrist (Nord. M.), eine von den Walküren.

Hrith (Nord. M.), einer der aus dem Quell Hwergelmer entspringenden Höllenflüsse.

Hrugner (Nord. M.). Thor, der mächtigste der Asen, war ausgezogen, um Zauberer und Riesen zu tödten; Odin aber war auf seinem trefflichen Ross Sleipner nach Jotunheim gezogen, und kam so auch zu dem grössten und schrecklichsten der Riesen, zu H. Dieser sah den Götterkönig in dem weithin glänzenden Goldhelm über das Meer und durch die Luft reiten, und sprach: das müsse ein unvergleichliches Ross sein, das dieses vermöchte. Odin erwiderte, er setze seinen Kopf zum Pfande, es fände sich dergleichen nicht im ganzen Jotunheim; H. aber ward zornig, sprach: sein Ross Guldfaxi sei wohl ganz ein anderes, bestieg dasselbe, und setzte Odin nach, um ihn für seine Prahlerei zu strafen. Odin entfloh, denn bevor der halbsteinerne Riese auf sein Pferd kam, hatte er einen solchen Vorsprung, dass der Riese ihn nicht einholte, obwohl er in seiner blinden Wuth bis vor die Mauern von Asgard gekommen war. Da er nun zur Pforte gelangte, durch welche Odin längst eingegangen, luden ihn die Asen ein, zu ihrem Trinkgelag zu kommen, welches der Riese annahm, und wobei er sich so rüstig zeigte, dass er alle Schaalen leerte, die nur Thor auszutrinken pflegte; sie wirkten jedoch auch nicht wenig, denn er ward völlig trunken und begann nun mächtig zu prahlen: er wolle Walhalla einnehmen, nach Jotunheim versetzen, Asgard verwüsten, alle Asen tödten, und bloss die schöne Freia und Sif verschonen, welche er mit sich nach seinem Lande zu nehmen gedächte; in dieser Laune durfte sich ihm auch Niemand nahen, als Freia, welche ihm immerfort Bier und Meth einschenken musste. Die Asen waren nun der Prahlereien satt, nannten Thors Namen, und augenblicklich stand der mächtige Held in dem Saale, erhob auch sogleich seinen furchtbaren Miölner und fragte, wer den naseweisen Riesen hieher geladen, und wesshalb ihm, wie bei den Trinkgelagen der Asen, die liebliche Freia einschenke. H. antwortete unfreundlich, dass ihn Odin zu Gast geladen, und dass er sich unter dessen Schutz befände. Thor versicherte, die Einladung solle ihm leid werden, bevor er noch davonkäme; aber der Riese, dem die Gefahr den Rausch benommen, meinte ganz vernünftig, es würde Thor wenig Ehre machen, wenn er ihn unbewaffnet tödten wolle; doch wenn er Herz habe, solle er an die Grenzen von Griotunagarder kommen und dort einen ehrlichen Zweikampf mit ihm bestehen, denn hier habe er weder seinen Schild noch seine Keule. Thor, der noch niemals herausgefordert worden, wollte den Zweikampf auf keine Weise ablehnen, und nun kehrte H. unbeschädigt heim. In Jotunheim ward viel von seiner Reise und Herausforderung gesprochen, denn die Riesen hielten es für eine Ehrensache, den Sieg zu gewinnen; da sie von Thor nichts Gutes zu erwarten hatten, falls H., der stärkste von ihnen allen, in dem Kampfe bleiben sollte, machten sie zum Beistand desselben einen Mann aus Thon von ungeheurer Grösse, und da sie kein Herz für ihn finden konnten, das stark genug gewesen wäre, nahmen sie das eines Rosses, und setzten es dem Thonriesen ein, der Mokkurkalfi hiess. Nun wappnete sich auch H.; er hatte einen Kopf ganz von Stein, also bedurfte er keines Helmes, auch sein Herz war von Stein, darum fürchtete er sich nicht; sein Schild von ungeheurer Grösse und seine mächtige Keule waren gleichfalls von Stein. So gerüstet, an seiner Seite den Thonriesen, erwartete er den Thor. Dieser kam, doch Thialfi, Thors Dienstmann und beständiger Begleiter, lief voraus und sprach: du stehst sehr unvorsichtig Riese! dich hat der mächtige Ase gesehen, und ist nun in die Erde gedrungen, um dich von unten her, wo du nicht gedeckt bist, zu treffen. Alsbald legte der dumme Riese die ungeheure Felsplatte, die ihm zum Schilde diente, an den Boden und stellte sich darauf, da kam Thor an unter Blitz und Donner, und warf seinen Hammer nach dem Riesen; dieser schleuderte demselben seine Steinkeule entgegen, so dass die beiden furchtbaren Waffen sich in der Luft begegneten. Die Steinkeule zerbarst, ein Theil kam zur Erde (die Grösse der Keule ist daran zu ermessen, dass von diesem Stück alle Schleifsteine der Erde herkommen), der andere Theil aber flog Thor an den Kopf und betäubte ihn, so dass er niederstürzte; Besseres aber leistete der Hammer, denn dieser zerschmetterte des Riesen Kopf, und er fiel zu Boden, so dass einer seiner Füsse auf Thors Hals zu liegen kam. Mokkurkalfi, dem das Herz schon in den Bauch gefallen war, als er nur Thors Asenstärke von Ferne vernommen, stritt zaghaft mit Thialfi und fiel mit wenig Ehre. Nun kamen die Asen herzu, und wollten den Fuss des Riesen von Thors Halse hinwegnehmen, damit dieser sich aufrichten könne, allein das gelang keinem derselben, bis der kleine Magni, ein Sohn des Gottes Thor, und die schöne Jotentochter Jarnsaxa herbeigerannt kamen, und obwohl Magni damals erst drei Jahre zählte, hob er doch ohne Mühe den schweren Fuss des Riesen hinweg. Thor erhob sich, freute sich über seinen starken Sohn, und schenkte ihm Guldfaxi, des Riesen Pferd, die Beute, welche er in diesem Kampf gemacht hatte.

Hrymer (Nord. M.), ein Riese, welcher bei dem Weltuntergange (Ragnarokr) das schnell segelnde Schiff Naglfari lenkt, auf welchem die Bewohner von Muspelheim nach Asgard kommen.

Hrymthussen (Nord. M.), die mächtigen Riesen, deren ganzes Geschlecht von dem Ersterschaffenen, dem Urriesen Ymer, abstammt, welcher aus dem Eise von Ginnungagap, das durch Feuerfunken aus Muspelheim befruchtet wurde, geboren ward. Die H. sind Feinde der Asen und kämpfen unter Loke's Anführung gegen dieselben; diese Feindschaft kann jedoch nicht immer bestanden haben, denn bei Balders Leichenbegängniss waren mehrere der Riesen zugegen, auch machten die Asen öfter Reisen in das Land dieser Erdensöhne, und umgekehrt kamen dieselben häufig nach Asgard.

Hu (M. der Celten), der oberste Gott bei den Celten in Britannien; er scheint nach den wenigen Nachrichten, welche wir aus der dunkeln Zeit der vorrömischen Herrschaft haben, sehr edel gedacht gewesen zu sein, denn die ihm beigelegten Eigenschaften deuten auf ein höchstes Wesen, wie nur eine gereinigte Religion es aufstellen kann. Fabelhaft ist an ihm, dass er bei der Ueberschwemmung der Erde das Ungeheuer, durch welches dieselbe entstanden war, aus dem Meere zog, und die Erde auf diese Weise trocknete; dass er Buckelochsen hatte, mit denen er die Menschen den Ackerbau lehrte, und dergl. Erniedrigungen eines Urwesens, dessen Allgemeinheit und Geistigkeit das Volk nicht fassen kann, dem es daher Eigenschaften andichtet, die es näher zu ihm herabziehen.

Hueiteoquixqui (Mex. M.), der oberste Priester der Mexikaner; ihm kam in allen Beschlüssen nicht nur eine berathende, sondern die allein entscheidende Stimme zu, weil er gewusst hatte, sein Wort als das der höchsten Gottheit geltend zu machen. Er ertheilte dem Könige seine Würde, indem er ihn salbte; er war es auch, welcher dem Schlachtopfer die Brust öffnete und das Herz ausriss.

Hueipaethli (Mex. M.), der dreizehnte Monat des mexikanischen Jahres, von dem Fest der Berge so genannt, bei welchem ein feindlicher Gefangener und vier gefangene Weiber geopfert wurden.

Hueitequilhuitl (Mex. Rel.), eines der drei grossen Feste, welche mit blutigen Menschenopfern der grossen Mutter der Erde, Centeotl, begangen wurden; es fiel auf den letzten Tag des achten Monats, und ist besonders desswegen merkwürdig, weil eine gefangene Frau, in dem Schmuck der Göttin, an dem Feste Antheil nahm und dieselbe repräsentirte, dann aber, wie alle anderen Gefangenen, geopfert wurde.

Hueitozoztli (Mex. M.), Name des vierten Monats mexikanischer Zeitrechnung, in welchem sich, der Göttin Centeotl zu Ehren, Jedermann aus Nase, Zunge, Ohren, Augenbrauen, den Schenkeln und den Armen Blut liess.

Hugi (Nord. M.), ein Phantom, das Utgartsloki dem Thialfi zum Wettrennen stellte; es war dieses Zauberers Gedanke und konnte natürlich schneller laufen, als der schnellste Mensch.

Hugin (Nord. M.), einer der beiden Raben (der andere heisst Munin, Wissen oder Gedächtniss), welche auf Odins Schultern sitzen (von ihnen hat er den Namen Hrafnagud, Rabengott) und ihm erzählen, was auf der Welt geschieht, wesshalb er sie jeden Morgen aussendet und Abends wiederkehren lässt. H. soll Vernunft oder Seele bedeuten.

Hugprudi (Nord. M.), einer der elf Berserker des Königs Rolf Kraki.

Hugstari (Nord. M.), einer der aus Stein geschaffenen und in Steinen wohnenden Zwerge.

Huitzilopochtli, auch Mexitli, und verdorben Vitzliputzli (Mex. M.), der oberste Gott der Mexikaner, der blutdürstige Kriegsgott, welcher seine Geburt schon mit dem Mord der nächsten Verwandten bezeichnete. Eine schöne, zu Coatepek unfern der Stadt Tula lebende Wittwe, Coatlicue, Mutter mehrerer Söhne und einer Tochter, ging eines Tages in den Tempel, als sie einen federgeschmückten Ball vom Himmel herabkommen sah; sie fing denselben auf und barg ihn in ihrem Busen; doch als sie ihn im Tempel dem Gotte darbringen wollte, war er verschwunden. Ueber diess staunte sie, doch bald über ein anderes Ereigniss noch weit mehr; sie fand sich in gesegneten Umständen und war sich doch keines männlichen Umgangs bewusst. Bald auch bemerkten ihre Söhne, die Ceutzonhuitznahuis, dasselbe, und obwohl sie die Tugend ihrer Mutter nicht bezweifelten, war ihnen die Furcht vor der Schande doch so wenig erträglich, dass sie beschlossen, dieselbe umzubringen. Die unglückliche Mutter erfuhr diesen Entschluss und war sehr betrübt darüber, doch eine Stimme in ihrem Innern rief ihr zu: »fürchte dich nicht, Mutter, ich will dich erretten, dir zur Ehre und mir zum Ruhm.« Als nun die Kinder die arme Frau ermorden wollten, sprang aus ihrem Leibe H., der Gott des Krieges, ganz gerüstet hervor; er trug in der linken Hand einen Schild, in der rechten einen Speer, und hatte auf dem Kopf und am linken Knie einen Federbusch, sein Leib war blau gestreift. Kaum geboren, hatte H. auch schon Gefolge; einem Krieger aus demselben befahl er, die Tochter der Coatlicue, mit Namen Cojolxauhqui, welche am meisten auf Ermordung der Mutter gedrungen und die Brüder dazu aufgefordert hatte, mit einem von ihm selbst im Augenblick erschaffenen Baume zu erschlagen; er aber griff die Ceutzonhuitznahuis mit solcher Wuth an, dass sie bald unterlagen, und er als vollkommener Sieger die Häuser der Ermordeten plünderte und die Beute seiner Mutter heimbrachte. Von dieser Begebenheit nannte man ihn »das Schrecken« oder »den schrecklichen Gott«, Tetzahuitl oder Tetzauhteotl, nahm ihn aber zum Schutzgott an und überliess sich seiner Führung gänzlich. So auch geschah es, als das Volk der Azteken nebst sechs anderen benachbarten Stämmen der Nahuatlaken die Wohnsitze, welche es bisher inne gehabt, verliess und nach den südlicheren Gegenden zog, um sich ein neues Vaterland aufzusuchen. Das hölzerne Bild ihres Schutzgottes wurde auf einen aus Rohr gemachten Stuhl gesetzt, und in einem aus Schilf geflochtenen Kasten vor dem wandernden Volke hergetragen. Der Oberpriester, der Führer derjenigen, welche abwechselnd zu vier und vier den Kasten trugen, verkündete des Gottes Willen, und so zog unter seiner Leitung das Volk der Azteken, erst mit den anderen sechs Stämmen, dann allein umher, bald da, bald dort einige Jahre wohnend, bis sie hundertundfünfundsechzig Jahre nach ihrer Auswanderung in dem grossen Thal von Mexiko das Zeichen fanden, welches ihnen nach einer Prophezeihung des Gottes den Ort bezeichnen sollte, an dem sie eine bleibende Stätte finden würden. Dort erbauete man einen hölzernen Tempel, der später einem höchst prachtvollen aus Stein Platz machte, und der Stadt den Namen Mexico (dem Mexitli zu Ehren) gab. Sein in diesem Tempel aufgestelltes Bild war von kolossaler Grösse; es hatte eine blaue Stirne, sonst aber Kopf und Gesicht von Gold, oder unter einer goldenen Maske versteckt. Um den Hals trug die Figur einen Kragen, aus zehn Menschenherzen zusammengesetzt, eine grosse blaue Keule bewehrte die rechte, ein mächtiger Schild die linke Hand; den letztern schmückten, um des Gottes Erzeugung anzudeuten, fünf Federbälle, aus dem Schilde aber ragte ein goldenes Fähnlein mit vier Pfeilspitzen hervor, welches vom Himmel gefallen sein sollte. Der Leib war mit goldenen Schlangen umgürtet, reich mit Gold und edlen Steinen verziert, und die ganze Figur sass auf einer blauen Bank, aus deren Ecken grässliche Schlangen hervorstarrten. — Die schrecklichsten Opfer fielen diesem Gotte; zu vielen Hunderten wurden ihm Gefangene oder Sklaven geschlachtet; bei der Einweihung seines grossen Tempels sollen über siebenzigtausend geopfert, ihnen bei lebendigem Leibe die Brust geöffnet, das Herz herausgerissen und noch rauchend dem Götzen auf einem goldenen Löffel in den Mund gesteckt worden sein. (Vergl. mexikanische Religion.) Das bekannteste Opfer war das der Fechter auf dem Temalakatl (s. d.), welches jedoch nur mit einem tapfern berühmten Krieger vorgenommen wurde. H. hatte eine Gemahlin Teoyamiqui, welche die Seelen derjenigen, die im Kriege bei Vertheidigung der Götter gefallen waren, in das Haus der Sonne führte, und sie daselbst in Colibris verwandelte.

Huitzompan (Mex. Rel.), ein Gebäude zur Aufbewahrung der Hirnschädel geopferter Gefangenen. Jede grössere Stadt des mächtigen Reiches hatte dergleichen aufzuweisen; das bei dem grossen Tempel zu Tenochtitlan hiess H. Es bestand aus einer hundert und fünfzig Fuss langen und fast eben so breiten Erhöhung, nach Art einer Pyramide schräg aufwärts gehend, doch bei zwanzig Fuss Höhe schon in eine grosse Plattform endend. Diese war rundum mit schlanken, thurmhohen Baumstämmen bepflanzt, welche durch eine grosse Menge dünner Stäbe verbunden waren, welche alle Todtenköpfe aufgespiesst trugen. An den vier Ecken standen mächtige Thürme, mit Kalk aufgemauert, aus lauter Todtenköpfen zusammengesetzt, so dass das Ganze eine schauerliche Veste des Todes bildete. Den Schädeln gemeiner Krieger wurde die Haut abgezogen, die der Vornehmern aber wurden mit Haut und Haaren getrocknet. Die Ordnung der Schädel und ihre Menge ward von den Priestern immer sorgfältig gleich erhalten, zu welchem Behuf stets hinlänglich viele frische Köpfe in Bereitschaft gehalten wurden, um die alten, verwitterten, zu ersetzen.

Huju (M. der Karaiben), Name der Sonne; sie wohnt fern von der Erde, viel näher einer zweiten himmlischen Erde, auf welche die Karaiben kommen, wenn sie sterben. Sie ist der Regent der Sterne, ihr zu grosses Licht hindert, dass man diese am Tage sieht, daher begeben sie sich zu dieser Zeit zur Ruhe; während der Nacht kommt einer nach dem andern wieder zum Vorschein.

Hujukhu (M. der Karaiben), der Himmel, welcher über dem sichtbaren Himmel ist; dort sind alle Freuden, deren sich die Menschen auf der Erde erfreuen, in zehnfach erhöhetem Masse zu finden. Die Bäume tragen schönere Früchte, die Fluren prächtigere Blumen, die Häuser sind wohnlicher und gewähren mehr Schutz gegen die Witterung; der Fischfang ist leichter und gefahrloser; in den Bächen strömt statt des Wassers Quiku, ein liebliches, berauschendes Getränk; die Männer haben viele Frauen, welche für sie sorgen; ohne Pflege wachsen alle Nahrungsmittel, immerwährend lebt man in Lustbarkeiten, Krankheiten und Tod gibt es nicht.

Huixtocihuatl (Mex. M.), eine Göttin des Salzes, welche wegen des in der Nähe der Hauptstadt Tenochtitlan gelegenen Salzwerkes hoch verehrt wurde. Man feierte ihr ein allgemeines Fest, welches in den siebenten Monat des achtzehntheiligen mexikanischen Jahres fiel.

Hulasana (Ind. M.), ein Name des Schiwa, unter welchem er die Welt vor der Entvölkerung bewahrte, die ihr durch den Fluch seiner unfruchtbaren Gattin Uma drohete. Brama bestimmte ihn, Gatte der Ganga zu werden, worauf diese, mit ihrer Schwester Uma zugleich, den Sohn des H., den Skanda oder Kartigua, gebar.

Huldrer (Nord. M.), die holden weiblichen Elfen und Waldfrauen, welche sich in den Schneegebirgen von Norwegen sehen lassen. Sie hüten dort ihre Heerden, und sind in so helle Gewänder gekleidet, dass nur ein glücklich Begabter sie von dem Schnee unterscheiden kann. Sie sind mild und gut, und überraschen den einsamen Wanderer oft durch ihren lieblichen, schwermüthigen Gesang, der Huldraslät heisst. Vergl. Holda.

Hunangsfall (Nord. M.), der liebliche, süsse Thau, welcher an jedem Morgen aus den Blättern der Esche Ygdrasil quillt, und die Blumen mit Nectar füllt, aus welchen die Bienen ihren Honig saugen.

Hund (Mytholog. Astronomie). a) Der grosse Hund, ein südliches Sternbild, östlich unter dem Orion, einen sitzenden Hund darstellend. Es ist Lälaps, der Hund, den Minos oder Diana der Procris schenkte, von der ihn Cephalus bekam, und den Jupiter unter die Sterne versetzte, als er den teumessischen Fuchs jagte. (S. Amphitryon.) Oder es ist der Hund des Orion, oder der des Icarius, Mära genannt. b) Der kleine Hund, ein südliches Sternbild, einen laufenden Hund vorstellend, südlich unter den Zwillingen, östlich bei der Milchstrasse. Auf ihn werden die obigen Sagen übertragen, oder er heisst der Hund der Helena, den diese auf der Flucht mit Paris verlor, und den Jupiter auf ihr Bitten unter die Sterne versetzte.

Huenen (Nord. M.), Riesen, ungeheure Menschen der Vorwelt. H.betten sind Denkmale der Vorzeit, aus zwei aufgerichteten Steinen bestehend, über denen ein dritter liegt; die Grösse dieser Steine setzt in Erstaunen, oft sind sie von 25 bis 34 Fuss im Umfang; sie dienten wahrscheinlich zu Altären. H.gräber sind wirkliche Grabhügel, inwendig ausgemauert, mit Ueberbleibseln von Waffen, Aschenkrügen, sogar ganze Gerippe in sitzender Stellung enthaltend. Im Norden Deutschlands, wo die grösste Kraft des Volkes stets zu Hause war, werden sie vorzüglich oft gefunden.

Hungr (Nord. M.), der Tisch der Todesgöttin Hel.

Huris (Islam), die wunderschönen, ewig jungfräulichen Wesen, welche zum Lohn der frommen Muselmänner im Paradiese ihrer harren. Ein Engel von himmlischer Schönheit wird sich den Gläubigen nahen und ihnen die köstlichsten Früchte zur Erquickung bieten; so wie sie dieselben öffnen, wird aus jeder ein Mädchen sich erheben, das mit allen Reizen so verschwenderisch geschmückt ist, dass kein Dichter mit der lebendigsten Phantasie im Stande ist, sie zu beschreiben. Nach dem Koran sind im Paradies viererlei Huris: weisse, gelbe, grüne und rothe; sie sind aus Moschus, Ambra und Myrrhenduft zusammengesetzt; auf ihrer Stirne strahlt in goldenen Lettern eine Einladung zur Freude an die Gläubigen; sie ruhen unter Zelten mit Perlendächern, in deren jedem siebenzig Ruhestätten sind; auf einer jeden liegen siebenzig Matratzen, und jede Matratze ist von siebenzig Sklavinnen umringt, deren jede noch eine Gehülfin hat; diese alle sind bestimmt, die reizenden H. zu kleiden und zu schmücken, welche, züchtig verhüllt in siebenzig Musselin-Gewänder, doch so duftig und durchsichtig sind, dass man sie bis in das Mark ihrer Gebeine durchschauen kann. Tausend Jahre ruhen die Muselmänner in den Armen dieser holden Kinder, und nach dieser Zeit werden sie eben so frisch und reizend sein, wie vor dem ersten Kuss.

Hutr Aschmodad (Pers. M.), der wachsame himmlische Hahn, ein grosser, gewaltiger Vogel, der Tag und Nacht gegen den bösen Geist, den Erzdew Eschem, kämpft, welcher der grausamste unter allen Dews ist und der Urheber des Neides und alles Unglücks genannt wird. H. beschützt durch seine nie besiegte Munterkeit den Schlaf.

Hvati (Nord. M.), einer von Rolf Kraki's elf Berserkern.

Hvitserkur (Nord. M.), einer der gewaltigen Berserker des dänischen Königs Rolf Kraki.

Hwergelmer (Nord. M.), der Quell im Mittelpunkte von Helheim und Niflheim, in welchem sich die Tropfen sammeln, die vom Geweih des Hirsches Aeikthyrner (welcher in Walhalla steht und vom Baum Lerad frisst) abfliessen. Es sind deren so viele, dass der Quell siebenunddreissig Höllenflüssen das Leben gibt. Der Quell ist von vielen Schlangen bewohnt, welche an der einen Wurzel der Weltesche Ygdrasil, die sich bis dorthin erstreckt, nagen und sie zum Fall zu bringen suchen; nach dem Weltuntergange wird H. der schrecklichste Marterort im ganzen Strafreiche Nastrond (Strand der Leichen) sein, indem die grimmigste aller Schlangen, Nidhöggur, an den Verdammten nahen wird.

Hyacinthus (Gr. M.), 1) Sohn des Amyclas und der Diomede, war überaus schön, so dass sich Apollo in ihn verliebte; doch auch Zephyrus theilte des Gottes Neigung, und aus Eifersucht trieb er, da einst Apollo mit dem H. den Discus warf, die Scheibe auf des Jünglings Kopf, so dass dieser auf der Stelle todt blieb. Apollo verfolgte seitdem den Zephyrus immer mit seinen Pfeilen, den Geliebten aber verwandelte er in eine Blume, auf deren Kelch er seinen Trauerruf: »Ai!« eingrub. Wirklich zeigen der Gartenrittersporn und die blaue Schwertlilie, nicht aber unsere Hyacinthe, die Züge AI mehr oder minder deutlich. — 2) H., ein Lacedämonier, der aus Sparta nach Athen gezogen war. Aegeus hatte in schändlicher Verletzung der Gastfreundschaft den jungen Androgeos, Minos' Sohn, ermorden lassen; dafür überzog dieser Athen mit Krieg, und als das Reich in Gefahr schien, schlachtete man, einem Orakelspruch zu Folge, um die Götter zu versöhnen, auf dem Grabe des Cyclopen Gerästus die Töchter des Fremdlings, die schönen Hyacinthiden Antheïs, Aegleïs, Enthenis, Lytäa und Orthäa. Der Erfolg rechtfertigte Athens Hoffnungen nicht: die Götter waren nicht versöhnt, und Minos zwang die Athener zu dem neunjährigen Tribut von sieben Jünglingen und sieben Jungfrauen für den Minotaurus (s. d.).

Hyaden (Gr. M.), Nymphen, welche zu den Atlantiden oder Oceaniden gehören. Ihre Anzahl weicht von zwei bis auf sieben ab, eben so verschieden werden ihre Namen angegeben, als: Arsinoë, Ambrosia, Baccho, Bromia, Erato, Eriphia, Eudora, Cisseïs, Coronis, Cardia, Nysa, Phäsyla, Polyhymno, Polyxo, Phäo, Pytho, Synecho. Ihr Schicksal wird sehr verschieden erzählt; sie waren entweder die Erzieherinnen des jungen Bachus, wesshalb Jupiter, um sie zu belohnen, ihnen einen Platz am Himmel anwies; oder sie waren die Schwestern des Hyas, welcher, von einem wilden Eber zerrissen, von ihnen so schmerzlich betrauert wurde, dass die Götter sie aus Mitleid unter die Sterne aufnahmen. So stehen sie im Sternbilde des Stiers am Kopf desselben, und erscheinen dem blossen Auge als Stern erster Grösse, umgeben von vier anderen, doch bei der geringsten Vergrösserung als ein Sternhaufen von mehr als vierzig kleineren, die von dem hellsten, dem Aldebaran, südwärts sich ausbreiten. Man glaubte, dass ihr kosmischer Aufgang Regen bedeute; daher scheint eigentlich ihr Name zu stammen, denn ὕω heisst griechisch regnen.

Hyagnis (Gr. M.), soll der Name des Vaters des unglücklichen Marsyas gewesen sein, welcher von Apollo geschunden wurde.

Hyale (Gr. M.), eine Jagdnymphe, welche Diana bediente, als sie von Actäon im Bade überrascht wurde.

Hyamus (Gr. M.), ein alter Heros aus Phocis, Sohn des Lycorus. Die eine Spitze des Parnassus soll nach ihm Hyampea benannt worden sein. Er hatte eine Tochter Celäno, welche, eine Geliebte des Apollo, von diesem Mutter des Delphus wurde.

Hyas (Gr. M.), nach einigen Angaben der Vater der Hyaden, welche sonst entweder von Atlas oder von Oceanus abstammen.

Hybris (Röm. M.), Mutter des Pan, von Jupiter, sonst Thymbris genannt.

Hydissus (Gr. M.), Sohn des Bellerophon und der Asteria, nach welchem die Stadt Hydissus in Carien benannt sein sollte.

Hydra lernaea (Gr. M.), die furchtbare Schlange, welche Hercules im Auftrage des Eurystheus tödten musste. Sie soll einen Schlangen- oder einen Thierleib mit mehreren (zwei bis hundert) Köpfen gehabt haben, und gilt, wie die meisten Ungeheuer, für eine Frucht des Typhon und der Echidna. Vergl. Hercules.

Hydrochous (Gr. M.), der Aquarius oder der Wassermann am Himmel, unter den Sternen des Thierkreises, s. Wassermann.

Hyes (Gr. M.), Beiname des Bacchus.

Hyetius (Gr. M.), Beiname Jupiters als Regen-Gottes, unter welchem er in Griechenland, wie unter dem Namen Pluvius in Rom, verehrt wurde.

Hygea, Fig. 164 (Gr. M.), die Göttin der Gesundheit, Tochter und stete Begleiterin des Aesculap, ward gewöhnlich mit diesem in demselben Tempel verehrt, steht auch nicht selten dem Apollo zur Seite, der dann von ihr einen Beinamen erhält, wie auch auf der Burg zu Athen ihre Bildsäule neben der der Minerva stand, welche davon H. hiess. Wir geben eine Nachbildung einer Denkmünze der Einwohner von Nicäa, unter dem Kaiser L. Verus geprägt, welche Aesculap, H. und Telesphorus darstellt.

Hylas, Fig. 165 (Gr. M.), Sohn des Thiodamas, wegen seiner Schönheit von Hercules geliebt und zum Argonautenzuge mitgenommen. Dem Helden war sein Ruder zerbrochen, er ging in Mysien an's Land, um einen Baum zu fällen, aus welchem er sich ein neues schneiden könnte, und nahm den Polyphem und seinen geliebten H. mit. Dieser wollte Wasser schöpfen und ward von den Nymphen der Quelle, die er fand, Nychea, Malis und Eunice, geraubt. Polyphem hatte ihn schreien gehört, sein Schwert gezogen und war der Stimme nachgegangen, vermuthend, dass Räuber ihn entführten, stiess dann auf Hercules, dem er das Vorgefallene erzählte, und Beide

Fig. 164.

suchten nun den Knaben; unterdessen fuhren aber die Argonauten ab und liessen die Suchenden zurück. Polyphemus liess sich dann in Mysien nieder, und ward endlich Beherrscher des ganzen Volkes, Hercules aber ging nach Griechenland zurück. Wir geben hier eine Nachbildung eines verstümmelten Wandgemäldes aus Herculanum, das den Raub des H. darstellte.

Hylatus (Gr. M.), Beiname des Apollo, nach einer Stadt Hyle auf Cyprus, die ihm heilig war.

Hylaeus (Gr. M.), ein Centaur, welcher mit einem andern, Rhötus, die schöne und muthige Atalanta überfiel und zwingen wollte, sich ihm und dem Freunde zu ergeben. Sie schoss die wilden Freier mit ihren scharfen Pfeilen nieder.

Hyle (Gr. M.), eine der Thespiaden; unbekannt ist, welchen Sohn sie von Hercules hatte. Ein Ort in Böotien soll nach ihr benannt worden sein.

Hyleus (Gr. M.), einer von den Helden, welche Oeneus an seinem Hofe versammelt hatte, damit sie Jagd auf den calydonischen Eber machten; er ward von dem Ungeheuer zerrissen.

Hyllus (Gr. M.), 1) Sohn des Hercules und der Deïanira. Ueber seine Schicksale und Thaten s. Hercules; bemerkt aber muss hier werden, dass, nachdem H. und die Dorier von den Achäern besiegt worden waren, die Amme des H., Abia, nach Ira ging, dem Hercules dort einen Tempel erbauete, damit er seinen Söhnen beistehe, und in Folge dessen viel Ehre genoss; sie

Fig. 165.

erzog auch des H. beide Kinder, die Evächme und den Cleodäus, der nach seines Vaters Tode abermals die Eroberung des Peloponnes versuchte. — 2) und 3) H., zwei andere Söhne des Hercules; der eine soll geboren sein von Omphale, der andere von Melite, welche eine Tochter des Flussgottes Aegäus im Lande der Phäaken war. Letzterer hatte seines Vaters hohen Sinn geerbt, es war ihm unerträglich, eines Andern Untergebener zu sein, darum verliess er die glückliche Insel, fuhr über das jonische Meer, und wurde von Seeräubern erschlagen. — 4) H., Sohn der Gäa, dessen riesenhafte Knochenreste man in Lydien bei den Pforten des Temenus entdeckte; von ihm ward ein Fluss eines Landes benannt, und nach diesem der Sohn des Hercules und der Omphale, der Beherrscherin von Lydien.

Hylonome (Gr. M.), eine Centaurin, deren Liebe zu Cyllarus dem Ovid Gelegenheit zu einer der schönsten Episoden seines Gedichts von dem Kampfe der Lapithen und Centauren gab. Sie war mit diesem ihrem Gatten zu der Hochzeit des Pirithous gekommen, kämpfte an seiner Seite, und da er, durch einen Speer in's Herz getroffen, todt niedersank, stürzte sie sich selbst in den nämlichen Speer, der des Geliebten Blut getrunken.

Hymen oder **Hymenaeus**, Fig. 166 (Gr. M.), ein armer, aber schöner Jüngling zu Athen; er liebte ein reiches Mädchen und ward von derselben wieder geliebt, doch ohne Hoffnung, ihre Hand zu erhalten, weil ihr Vater weit über ihm stand. Einst hatte er sich in Mädchenkleidern, an der Seite seiner Geliebten, in Eleusis zur Feier der Mysterien eingefunden, als ein Schwarm Seeräuber ihn und alle anderen jungen Athenerinnen hinwegführte. Auf einer Insel des Archipels angelangt, übernahmen sich die Räuber so im Trunk, dass sie bewusstlos von H. erschlagen wurden. Nun kehrte er allein zurück und erbot sich, wenn man ihm seine Geliebte zur Gattin geben wollte, all' die entführten Mädchen den bekümmerten Eltern wieder zu bringen. Mit Freude ward sein Vorschlag angenommen, und im Triumph holte man die durch ihn erretteten Jungfrauen heim. Dieser Vorfall und die glückliche Ehe, deren er sich erfreute, gab Gelegenheit, seiner in allen Hochzeitgedichten zu gedenken, bis man der Veranlassung vergass, und H. nun ein Gott ward, welcher mit Amor Hand in Hand gehen und die Liebenden zur Ehe führen sollte. Er ward dann zum Sohne des Apollo und der Calliope, oder des Bacchus und der Venus, und erhielt einen Cultus, Bildsäulen, Altäre und Tempel, in denen die Ehen geschlossen wurden. — Unser Bild ist Nachbildung eines Cameo des Künstlers Tryphon unter Alexander, wo Amor und Psyche von H. als Brautführer zum Ehebett geführt werden.

Hymettius (Gr. M.), Beiname des Jupiter und des

Fig. 166.

Apollo vom Berge Hymettus bei Athen, auf dem sie verehrt wurden.

Hymir, s. Ymer.

Hymnia (Gr. M.), Beiname der Diana, unter welchem sie zu Orchomenus in Arcadien einen Tempel hatte, dessen Priesterin, wie in allen Dianentempeln, eine Jungfrau war. Der König von Orchomenus, Aristocrates, machte Versuche auf die Jungfrau und entehrte sie endlich im Tempel; als aber diese Schandthat bekannt wurde, steinigten ihn die Arcadier, und gaben von der Zeit an die Priesterwürde in diesem Tempel keiner Jungfrau, sondern einer Frau, welche nicht mehr zu solcher Ungebühr Veranlassung geben konnte. Im Tempel war ausserdem ein Priester und eine Priesterin, welche streng von einander und von der übrigen Welt gesondert leben mussten.

Hymnus (Röm. M.), Sohn des Saturnus und der Entoria; er hatte den Janus, Faustus und Felix zu Brüdern.

Hyndla (Nord. M.), eine Jotenfrau und mächtige Zauberin. Ottar und Angantyr hatten Zwist über eine Erbschaft und kamen überein, dass sie demjenigen zufallen solle, dessen Ahnen berühmter wären und sich weiter zurückführen liessen. Ottar suchte nun den Beistand der Götter, und durch ein Opfer, das er der Freia brachte, gewann er die Gunst der Göttin, welche ihn in einen Eber verwandelte und auf ihm zu der Zauberin H. ritt, die, vertraut mit allen Geschlechtern, auf der Göttin Befragen erzählte und sang, was Ottar zur Erreichung seines Zweckes irgend brauchte. Als diess geschehen, befahl Freia der Zauberin, dem Eber einen Gedächtnisstrank zu reichen, damit er das Gehörte nicht vergässe, und obwohl diese sich sträubte, auch den Trank mit einem Fluch belegte, ward sie doch durch die Göttin gezwungen, ihr zu willfahren, und durch ihre Macht auch der Fluch vernichtet, so dass Ottar den Sieg über Angantyr davontrug.

Hyona (Gr. M.), soll die Gattin des Eleusinus, Königs von Eleusis, die Mutter des Triptolemus, geheissen haben; sie wird indessen gewöhnlich Metanira genannt.

Hyperboreer (Gr. M.), ein fabelhaftes Volk, welches nördlich der ripäischen Bergkette wohnen, überaus weise und höchst glücklich sein sollte. Es musste sich gefallen lassen, je weiter man die Erde kennen lernte, desto weiter hinausgeschoben zu werden; doch sollte die immer nördlicher werdende Lage das Land nicht kälter machen, im Gegentheil war es mit allen Lebensbedürfnissen reich versehen, und freute sich unter Anderem eines ewigen Sonnenscheines ohne alle Nacht. Die H. sollten viele hundert, ja tausend Jahre alt werden, sollten mit der Muttermilch schon jede Tugend und alle Weisheit einsaugen, und dergleichen mehr. Doch bereits Herodot, Strabo, Plinius widerlegten entweder die Fabel geradezu, oder erklärten, dass unter H. nichts weiter, als die nördlich wohnenden Völker zu verstehen, und dass diese Menschen seien, wie alle anderen.

Hyperchiria (Gr. M.), ein Beiname, unter welchem Juno einen Tempel in Laconien, nahe bei Scias und bei dem Tempel der Juno Argiva hatte. Der Tempel der H., »welche die Hand über hält«, wurde nach einem Gotterspruche gebaut, als der Eurotas weit über das Land getreten war.

Hyperenor (Gr. M.), 1) einer der Sparten, die aus den Drachenzähnen entstanden, welche Cadmus säete; sie ermordeten sich alle gegenseitig bis auf fünf, welche die Stammhelden der Thebaner wurden. — 2) H., Sohn des Neptun und der Alcyone, Bruder des Hyrinus und der Aëthusa. — 3) H., Sohn des Trojaners Panthous (eines der ältesten Priester dieser Stadt); sein Bruder hiess Euphorbus.

Hyperes (Gr. M.), einer von den fünfzig gottlosen Söhnen des noch gottlosern Lycaon; er soll die Stadt Hyperesia erbaut haben. Jupiter erschlug ihn mit dem Blitze.

Hyperion (Gr. M.), einer der Titanen, Sohn des Uranus und der Gäa, vermählte sich, wie fast alle Titanen, mit seiner Schwester, der Titane Thia, und erzeugte mit ihr die Titaniden Eos, Helios und Selene (Morgenröthe, Sonne und Mond).

Hyperippe, s. Alcander.

Hyperlaus (Gr. M.), einer der acht Söhne des Melas, welche sich gegen den König Oeneus auflehnten, und dafür alle von Tydeus erschlagen wurden, der ob dieser Mordthaten flüchtig werden musste.

Hypermnestra (Gr. M.), 1) des Danaus älteste Tochter, aus königlichem Geblüte auch von Mutterseite entsprossen, und daher, während die andern neun und vierzig Töchter an die Söhne des Aegyptus verlobt wurden, von ihrem Vater für den Lynceus bestimmt, welcher eines gleichen Vorzugs genoss. Sie war die einzige, welche in der grässlichen Mordnacht, die allen anderen Söhnen des Aegyptus das Leben kostete, ihres Verlobten schonte, weil er ihrer jungfräulichen Ehre geschont. Sie half ihm zur Flucht, ward dafür von ihrem Vater öffentlich vor Gericht gestellt, jedoch freigesprochen, und später mit Lynceus vermählt. Ihr Sohn, der Nachfolger des Danaus, hiess Abas. Sie sowohl, als ihr Gatte, wurden später unter die Heroën gezählt. — 2) H., Tochter des Thestius und der Leucippe, Schwester der Althäa, der Mutter des Meleager. Vermählt mit Oïcles, dem König von Argos, gebar sie demselben den berühmten Seher Amphiaraus (s. d.).

Hyperochus (Gr. M.), einer der drei Heroën, welche unter Donner und Blitz im Heere der Griechen erschienen, als die Gallier in Griechenland einfielen, und, bei Thermopylä Sieger, auf Delphi zu rückten, um den Tempel des Apollo zu plündern. Die beiden andern hiessen Laodicus und Pyrrhus, der Sohn des Achilles. Letzterer, bis dahin nicht als Freund geehrt, erhielt ein Heroon; die beiden andern sollen Hyperboreer gewesen sein. Das Heer der Gallier wich entsetzt vor diesen Phantomen.

Hyperphas (Gr. M.), Vater der Euryganía, welche Einige (an der Stelle der Jocaste) zur Gattin des Oedipus und zur Mutter von Polynices, Eteocles, Antigone und Ismene machen.

Hypnos (Gr. M.), »der Schlaf«, lateinisch Somnus, Sohn der Nyx (Nacht), Bruder des Thanatos oder Mors, des Todes. Die Wohnung beider Brüder ist in der Unterwelt. H. ist einer der mächtigsten Beherrscher des Weltalls, denn ihm unterliegen Götter und Menschen, kein Auge bleibt offen, wenn er seine Lethetropfen darauf sprüht oder mit seinen Fittichen einen sanften, schlummerkräftigen Hauch darüber hinweht. Er hat vier Kinder, die Traumgötter Phantasus, Morpheus, Icelus und Phobetor, welche aus seinem Palast bald durch die dunklen bald durch die hellen Pforten zu den Menschen gehen und ihnen entweder düstere oder freudige Träume bringen. Ueber seine Darstellung sind Dichter und Bildner stets uneinig gewesen; man hat ihn bald als schlafenden Knaben oder Jüngling, mit Mohn bekränzt, bald als plumpen trägen Gott, dessen Wohnsitz düster, von keinem Strahl der Sonne erreicht wird, bald leicht und anmuthig, beflügelt, bald allein, bald in Gesellschaft seines Bruders, des Todes, dargestellt.

Hypsenor (Gr. M.), 1) Sohn des Dolopion, eines Priesters des Scamander, der im Volke wie ein Gott geehrt war. Der Sohn des Evämon, Eurypylus, hieb ihm den Arm ab und tödtete ihn. — 2) H., ein Kämpfer im Kriege vor Troja, Sohn des Hippasus. Der tapfere Bruder Hectors, Deïphobus, hatte eine Lanze auf den Mörder des Asius, auf Idomeneus, geworfen, dieser aber sich hinter seinem Schilde verborgen, und so traf sie den H. in die Leber.

Hypsipyle (Gr. M.). Die Argonauten kamen unter Jasons Anführung auf die Insel Lemnos, die damals gerade ohne Männer war und von einer Königin, H., des Thoas Tochter, beherrscht wurde. Diess war so zugegangen: die Weiber auf Lemnos hatten Venus mit Geringschätzung behandelt und wurden dafür von dieser mit einem üblen Geruche bestraft. Die Ehemänner der Lemnierinnen fanden sich dadurch veranlasst, Mädchen aus dem benachbarten Thracien gefangen hinwegzuführen und die eigenen Frauen zu vernachlässigen, worauf diese den Entschluss fassten, alle Männer in einer Nacht zu ermorden. Das geschah auch, nur die einzige H. schonte ihres alten Vaters, und rettete ihn durch die Flucht. Während dieses Weiberregiments landeten die Argonauten dort und hielten sich so lange auf, dass Hercules erst nach mehr als einem Jahre, besorgt, jene würden durch Schwelgerei allen männlichen Muth verlieren, sie davon trieb; aber H. war unterdessen durch Jason Mutter von zwei Knaben, Euneus und Nebrophonus, geworden: soweit Apollodor. Andere Schriftsteller verfolgen die Sage weiter. H. ward verrathen, und, weil sie ihres Vaters geschont, vertrieben; sie soll nun zu dem arcadischen König Lycurgus gekommen und die Amme von dessen Sohn, Opheltes, geworden sein. Als Adrast mit den sieben Helden nach Theben zog, zeigte sie ihnen eine Quelle; doch während diess geschah, ward das zurückgelassene Kind, Opheltes, durch eine Schlange getödtet. Die Helden nahmen diess für ein sehr übles Zeichen, hielten dem Knaben unter dem Namen Archemorus, der Erstgestorbene (d. h. in diesem Kriege), Leichenspiele, des Opheltes Mutter aber war durch diese Ehre über den Verlust ihres Sohnes nicht getröstet; sie liess die unglückliche Königin in einen Kerker werfen, und gedachte sie grausam zu bestrafen, als deren Söhne kamen, die Mutter zu befreien.

Hypsistos (Gr. M.), Beiname des Jupiter zu Theben, »der Höchste«.

Hypsuranios (Phön. M.), soll einer der ersten Menschen aus dem fünften Geschlechte geheissen haben. Er stammte von den Riesen, welche sich mit den schönen Erdentöchtern vermischten, und soll die Kunst, Hütten zu bauen, erfunden haben. Ihm wurden nach seinem Tode Bildsäulen geweiht, und er als Gott verehrt.

Hyria (Gr. M.), Geliebte des Apollo, welcher mit ihr den Cycnus erzeugte. Beide wurden in Schwäne verwandelt, nach Andern aber nur Cycnus, die Mutter dagegen in einen See.

Hyrieus (Gr. M.); Sohn des Neptun von Alcyone, einer der Plejaden, Bruder des Hyperenor und der Aëthusa. H. verband sich mit der Nymphe Clonia, und erhielt von ihr zwei Söhne, Nycteus und Lycus; ferner durch die Götter, welche Wasser in eine Kuhhaut liessen, sie zunäheten und vergruben, nach der gewöhnlichen Zeit einen Sohn, den er, von seiner Entstehung aus dieser Flüssigkeit, Orion nannte.

Hyrmina (Gr. M.), Tochter des Epeus und der Anaxiroë, durch welche sie von Coronus abstammte; Gemahlin des Phorbas, Mutter des Augeas und Actor.

Hyrnetho (Gr. M.), Tochter des argolischen Königs Temenus, aus dem Stamme der Heracliden, welcher endlich mit seinen Brüdern in den Besitz des Peloponnes gekommen war. Er vermählte seine Tochter mit dem Deïphontes, und schien diesen, mit Hintansetzung seiner eigenen Söhne, zu begünstigen, wesshalb diese ihren Vater ermordeten. Nachdem sie darauf flüchtig geworden, kam das Reich an ihre Schwester H. und an deren Gatten.

Hyrokian oder **Hirrokin** (Nord. M.), ein Jotenweib, eine mächtige, riesenstarke Zaubrerin. Sie ward von den

Asen geholt, um das Schiff Hringhorne, auf welchem Baldur verbrannt werden sollte, flott zu machen; es sass mit dem Schnabel auf dem Strande, und konnte nicht fortgeschoben werden, obwohl selbst der starke Thor sein Möglichstes versucht hatte. H. kam nun auf einem Wolfe angeritten, den sie statt des Zaumes mit Schlangen zügelte; er war so stark, dass vier Berserker ihn nicht zu halten vermochten, bevor er niedergeworfen war; nun stemmte die Alte sich an das Vordertheil des Schiffes, und machte es mit Einem Druck flott, so dass von der heftigen Reibung die unter dem Kiele liegenden Rollen und Hebel in Feuer aufgingen. Thor war über diese Zaubrerin, da sie seine Götterstärke übertroffen, so ergrimmt, dass er dieselbe mit dem schon geschwungenen Miölner zerschmettert haben würde, wenn die Asen nicht für sie gebeten hätten; da sein erregter Zorn jedoch ein Opfer verlangte, warf er den Zwerg Litur, welcher ihm zwischen die Beine kam, in's Feuer.

Hyrtacus (Gr. M.), der Trojaner, an welchen Priamus seine erste Gattin Arisbe abtrat, und dafür die Hecuba nahm. Einer seiner Söhne hiess Asius, der andere war der in der Aeneïs durch seine Freundschaft für Euryalus und seine Aufopferung für Aeneas verherrlichte Nisus.

Hysmine (Gr. M.), Tochter der Eris, die personificirte Schlacht.

Hyttawanes (Finn. M.), ein Gott der Finnen und Lappen, welcher der Hasen- und Kaninchen-Jagd vorgestanden haben soll.

J.

Jabme Acco (Lappische M.), eine von den Lappländern verehrte Göttin, die Mutter des Todes. Ihre Wohnung war tief im Schooss der Erde, und zu ihr stiegen die Verstorbenen hinab, bis vor den Richtern der Unterwelt ihr Schicksal entschieden war.

Jacchus (Gr. M.), Beiname des Bacchus, von den jauchzenden Hymnen auf den Gott hergeleitet. Diesen Namen führte er vorzugsweise in den Mysterien.

Jactus Veneris, bei den Römern der glücklichste Wurf im Würfelspiel, den man der Gunst der Venus zu danken glaubte. Man warf dabei mit 4 Würfeln, deren jeder bloss 4 mit Zahlen bezeichnete, und zwei leere Seiten hatte; der beste Wurf war nun, wenn jeder Würfel oben eine andere, der schlechteste, Jactus Canis (Wurf des Hundes) genannt, wenn alle die gleiche Zahl zeigten.

Jadu (Ind. M.), Sohn des Königs Jajadu und der Tochter des Schukra, eines Braminen und Beherrschers des Planeten Venus. Die Ursache dieser Missheirath siehe unter Jajadi. Der junge Fürst zeichnete sich in den Kriegen der Dews mit den Riesen als mächtiger Bogenschütze aus.

Jafnhar (Nord. M.), einer der Beinamen, welche Odin bei den Göttern führte.

Jaga Baba, oder auch umgekehrt, Baba Jaga, der slavische Name der Kriegsgöttin, besonders der russischen Volkspoësie angehörig. Sie wird, lächerlich genug, als altes Weib, von hagerem, hohem, knochigem Wuchse, in einem Mörser fahrend, beschrieben, zu welchem das Gespann in der Keule, in dem Stössel dieses Mörsers, besteht, mit dem sie sich langsam fortschiebt. Die Lieder fügen hinzu, dass ein Ofenbesen ihre Spur verwischt, was doch sonst mit den Spuren des Krieges nicht so zu sein pflegt, am wenigsten aber bei den slavischen Völkern, welche ihre wilden Raub- und Verheerungs-Züge mit unerhörter Grausamkeit führten.

Jäger, der wilde, s. Wüthendes Heer.

Jagrenat, auch Dschagernat, Jugurnaut und Dschaganatha (Ind. M.), »das Land des Königs der Welt«. Der Name bezeichnet zuerst eine Stadt in der vorderindischen Provinz Orissa, nahe den Ausflüssen des Ganges, sodann den Gott, der vorzugsweise hier verehrt wird, über dessen Bedeutung aber die wünschenswerthe Klarheit noch nicht erreicht ist. Die Braminen geben ihn für eine Awatar des Wischnu aus, indem die noch nicht ganz vollendete Awatar des Krischna hier als Buddha fortgesetzt werde. Es scheint wirklich mit dem hier Statt findenden, übrigens dem Bramaismus angehörigen Gottesdienst viel Buddhistisches verschmolzen zu sein, wohin das Aufhören des Kastenunterschieds und das Unbegrabenbleiben der Leichname gehört. Die Pagode von J. hat drei Tempel und einen mächtigen Obelisk zum Eingangsthor; im innersten Gürtel der Mauer ist der Tempel des Götzen; derselbe ist aus Holz geschnitzt und hatte zwei ungeheure Diamanten als Augen, doch eines derselben gefiel einem Pilgrim so sehr, dass er sich in den Tempel einschliessen liess, während der Nacht den Stein aus seiner Höhlung nahm, und am Morgen glücklich damit entwischte. Der Götze ist schwarz, hat einen weit aufgesperrten, blutrothen Rachen und ist überhaupt grässlich bemalt. Das Merkwürdigste ist sein grosses Fest, bei welchem noch jetzt das Blut von tausend Opfern (Menschen) fliesst. Der Götze wird auf einen ungeheuern, von zwei und dreissig sehr starken Rädern getragenen Wagen gesetzt, welcher wie der Thurm einer Pagode gestaltet ist. Dieser ist siebenzig Fuss hoch und enthält neun Stockwerke über einander, in deren jedem viele schöne Mädchen üppige Tänze aufführen. Er ist von seinem Bruder Balaram und seiner Schwester Schubudra, welche beide auf besonderen Thronen sitzen, begleitet. Aus dem Wagen gehen von verschiedenen Stellen der vordern Seite sechs sehr lange und starke Schiffstaue heraus. Die Pilgrime, welche sich zu Hunderttausenden hier versammeln, spannen sich nun vor den Wagen und ziehen ihn unter dem lauten Gesange von Lobeshymnen, unter dem Schalle der lärmendsten Instrumente, und begleitet von den Tänzen der Mädchen, um die Pagode herum. Hier nun werfen sich die alten Leute, welche gerne selig werden wollen und nicht von Neuem auf die Erde zurückkehren mögen, unter die Räder des ungeheuern Wagens und lassen sich zermalmen. Man nimmt dieser Schwärmer alljährlich auf mehr als eine Million und zweimalhunderttausend an, von denen wenigstens drei Fünftel unterwegs auf der Reise vor Mangel sterben, oder, schon krank, durch die Anstrengung aufgerieben werden. Die Zuschauer nehmen solche Handlungen, als höchst gottgefällig, mit lautem Beifall auf; die Priester, wenn ihrem blutdürstigen Sinn nicht genug Blut fliesst, sagen, der Gott zürne über die zu wenigen Opfer, der Wagen könne nicht vorwärts kommen; alsdann stürzt sich gleich wieder ein Haufe betrogener Thoren unter die zermalmenden Räder und haucht unter dem Brüllen der Menge ihren letzten Seufzer aus. Der Haupttempel soll der älteste von ganz Indien, und 4000 Jahre vor unserer Zeitrechnung durch Parikschitu, den ersten König von Orissa, erbaut worden sein. Die Steinbrüche, aus denen die Steine zum Bau der Pagode genommen sind, liegen 30 Meilen von dem Tempel entfernt; dennoch findet man in den Thürmen der Pyramiden Steine von 50 Fuss Länge, 25 Fuss Breite und 10 Fuss Dicke, welche in eine Höhe von 150 bis 180 Fuss über den Erdboden gebracht worden sind: kein Wunder, wenn man glaubt, nur durch ein Wunder könnten diese Gebäude aufgeführt worden sein. Da jeder Indier verpflichtet ist, die Pagode von J. wenigstens ein Mal in seinem Leben zu besuchen, und die Opfer, welche sie bringen, ausserordentlich gross sind, ist natürlich die Pagode die reichste; sie speist täglich über 20,000 Pilger umsonst, und ernährt eine zahllose Priesterschaft; allein sie hat auch schon die Aufmerksamkeit der englischen Regierung in Ostindien auf sich gezogen, so dass diese den Pilgern eine Abgabe auferlegt hat, welche ihre Casse bedeutend füllt. — Merkwürdig ist, dass bei dieser Zusammenkunft der Pilger der Kasten-Unterschied ganz aufhört, und Alle, ausser den Parias, freien Zutritt zur Pagode haben. Das Blachfeld rings umher soll ein ungeheures Leichenfeld sein, auf welchem alle diejenigen, die dort sterben, unbegraben liegen bleiben und ein Raub der vielen Schakals und Hyänen werden, die dort heerdenweise wohnen, und, da sie genug halb verweste Menschen finden, die Lebenden nie anfallen, was natürlich dem Einfluss des Gottes zugeschrieben wird.

Jajadi (Ind. M.), ein mächtiger König, welcher zu der unerhörten Ehre kam, eines Braminen Tochter zu heirathen. Er überraschte zufällig die reizende Dewajani, des Schukra Tochter, im Bade; obwohl er mit der grössten Ehrfurcht und mit geschlossenen Augen sich zurückzog, verstiessen die Braminen doch das unschuldige Mädchen aus ihrer Kaste, und zwangen sie, weit unter ihrer Würde zu heirathen. Sie wählte den Mann, der sie schon gesehen, den König J., gebar ihm fünf Söhne, unter denen sich besonders Jadu und Purá auszeichneten, starb jedoch, obwohl sie ihren edeln Gatten sehr liebte, aus Gram über ihre schmähliche Erniedriguag.

Jalemus (Gr. M.), Sohn des Apollo und einer der Musen, der Calliope (Tochter des Jupiter und der Mnemosyne). Er soll Vorsteher der Klage- und Trauer-Gesänge gewesen sein, wie sein Bruder Hymenäus der Hochzeitgesänge.

Jalkr (Nord. M.), Beiname des Odin.

Jalmenus (Gr. M.). Mars liebte die schöne Astyoche, und besuchte dieselbe im Palaste ihres Vaters Actor verstohlener Weise. J. war die Frucht dieser Zusammen

Fig. 167.

kunft. Er machte sich in Gesellschaft seines Bruders Ascalaphus sowohl auf dem Argonautenzuge, als vor Troja berühmt; zu dem letztern Kriege führten sie, da sie sich unter den Freiern der Helena befunden hatten, auf dreissig Schiffen die Bewohner von Aspledon und Orchomenus. Man vertraute ihnen und fünf anderen Helden die Wache vor den Verschanzungen an.

Jalysus (Gr. M.), Sohn des Heliaden und Stammhelden von Rhodos, Cercaphus, welcher mit Cydippe (einer Tochter seines Bruders Ochimus) den J., Lindus und Camirus zeugte. Alle drei theilten sich nach des Vaters Tode in die Regierung; durch eine grosse Wasserfluth wurde zu ihrer Zeit die Insel überschwemmt und Cyrbia, ihr Wohnsitz, völlig verödet; nach diesem Unglücksfall trennten sich die Brüder, und jeder baute auf seinem Antheil eine Stadt, welche seinen Namen trug, so auch J. (S. auch Heliaden.)

Jamandaga (oder Macha Alla). Fig. 167. Eine der höchsten Gottheiten der Kalmücken. Er wird dem Herli-Kan ähnlich vorgestellt, doch unterscheidet er sich von diesem ersten Gott dadurch, dass er sechs Arme hat. Er ist, wie jener, blau, und die Handflächen wie die Fusssohlen sind roth, wie bei jenem; Blumen und Todtenköpfe bilden seine Krone, und Schlangen seine Arm- und Fuss-Spangen, auch geht eine Schlange von seinem Halse über beide Schultern bis unter den Bauch herab; über derselben hängt eine Schnur von menschlichen Köpfen. In einer Hand hält er einen Scepter, in der zweiten ein Paar Seile, schlingenähnlich; in zweien hält er Trinkgefässe, und in der fünften und sechsten die Haut eines

Thieres, welche über seine Schultern geschlungen ist. Der furchtbare Gott zermalmt mit seinen Füssen eine Figur, welche zwar menschenähnliche Arme und Beine, aber einen Kopf hat, der eher einem Elephanten entnommen scheint, wenigstens ist der Rüssel vorhanden. Auch dieser Götze ist, wie Herli-Kan, von guten und bösen Dämonen umgeben.

Jamato take (Japan. M.), der Held von Jamato, welcher eigentlich Amano Mura Kumo heisst, Sohn des Kei Ko Ten Wo (71 Jahre v. Chr.), und durch die Errettung des Landes von einem furchtbaren, achtköpfigen, schlangenleibigen Drachen berühmt. Dieses Ungeheuer kam jährlich in das unglückliche Reich, verwüstete Alles, und war in seinem Wüthen nur dadurch zu bändigen, dass man ihm eine junge und schöne Fürstentochter zum Schmause gab. Endlich kam der Held des Berglandes J. t.; dieser bekämpfte das flammensprühende Scheusal, und seiner Kraft unterlag dasselbe. Einige Aehnlichkeit hat diese Fabel mit der von Hercules, und um so mehr, als ein Freund desselben, Koo Kano Samuroo, ihm beistand, indem er mit einer Fackel in die Höhle stieg, in welche die Schlange sich verkrochen, und dem Helden zu seinem Kampfe leuchtete. Des heldenhaften Siegers flammendes Schwert befindet sich noch jetzt unter den Reichskleinodien des japanischen Kaisers.

Jambe (Gr. M.), eine Magd, welche der Metanira (des Celeus oder des Hippothoon Gemahlin) diente, als Ceres, ihre Tochter Proserpina suchend, bei ihr einkehrte. Sie war des Pan und der Echo Tochter, und hatte von ihren Eltern so viel heitere Laune geerbt, dass die Göttin über den Scherzen des Mädchens der eigenen Trauer vergass. Ceres belohnte sie reich und machte sie zur Priesterin, als welche sie den Gebrauch, sich bei den Festen der Göttin mit satyrischen oder lustigen Einfällen zu unterhalten, einführte. Von ihr soll auch der Jambus, die Versart, deren sich die ältesten Satyriker, die sogenannten Jambographen der Griechen, wie Archilochus aus Paros, bedienten, den Namen haben.

Jamus (Gr. M.), Stammvater des Geschlechtes der Jamiden, in welchem die Oberpriesterstelle am Tempel des Jupiter zu Olympia erblich war. Er war ein Sohn des Apollo und der Evadne, und hatte von seinem Vater die Gabe, aus dem Opferfeuer zu wahrsagen und Orakel zu ertheilen, empfangen.

Jana (Röm. M.), die altitalische Monds-Göttin, wovon Diana abgeleitet ist, Diva Jana.

Janthe (Gr. M.), Tochter des Telestes, welche mit der Iphis vermählt werden sollte, die als Knabe erzogen worden war. Auf der Mutter Bitten ward Iphis wirklich ein Mann, indem Isis dieselbe verwandelte.

Janus. Fig. 168. (Röm. M.), ein Gott, über dessen ursprüngliche Bedeutung, so wie über die Herkunft seines

Fig. 168.

Dienstes, schon im Alterthum die verschiedensten Ueberlieferungen herrschten. Nach Einigen sollte er der ächte altitalische Sonnen-Gott sein, mit einer Gemahlin Jana (woraus Diana), als Monds-Göttin, nach Andern der etruskische Gott des Himmels, dessen Name bei den Etruskern eigentlich Than geheissen habe; Andere betrachteten ihn bloss als Schutzgott der Thüren und Thore, wegen der Uebereinstimmung seines Namens mit dem Worte janua, Thüre; Andere sahen ihn für den ursprünglichen römischen Gott des Krieges an, der später durch den sabinischen Mars verdunkelt worden sei; Ovid erklärte ihn für gleichbedeutend mit dem Chaos; die gewöhnlichste Meinung wurde endlich die, dass man ihn für einen vergötterten König des alten Italiens hielt, und in diesem Sinne in die engste Verbindung mit Saturnus setzte. Man erzählte, er sei vor Saturn in Italien gewesen, habe diesen bei sich aufgenommen, sämmtlichen Göttern ihre Tempel geweiht und die Opfergebräuche eingeführt, sei aber selbst auch aus Perrhäbien in Griechenland eingewandert, habe sich auf dem von ihm benannten Berge Janiculum niedergelassen, und von da griechische Bildung verbreitet. Man nannte ihn einen Sohn des Uranus und der Hecate, oder des Apollo und der Creusa, Tochter des Erechtheus, oder (im Widerspruch mit dem so eben angedeuteten Verhältniss zwischen ihm und Saturn) des Saturn und der Entoria. Man sagte, mit Venilia habe er die Canens, mit seiner Schwester und Gattin Camese oder Camise den Aether und die Olistene, mit Juturna den Fontus gezeugt. Auch mit Carna, der Thürangel-Göttin, setzte ihn Ovid in ein Liebes-Verhältniss. — Dass die Kunde von dem ursprünglichen Wesen des J. sich so sehr verflüchtigt hat, daran ist der Umstand Schuld, dass die Römer von dem Entstehen ihrer Literatur an, erfüllt von Wetteifer gegen die in Kunst und Wissenschaft so weit vorausgeeilten Griechen, ihr eigenes Alterthum durchaus vernachlässigten und sich geflissentlich einzureden suchten, dass die griechische Götter- und Helden-Lehre bei ihnen eben so national sei, wie in Griechenland selbst. — Was die Verehrung des J. in Rom betrifft, so sind die wichtigsten Bestandtheile derselben folgende: Numa hatte ihm ein Heiligthum geweiht, das geschlossen wurde, wenn Friede, und geöffnet, wenn Krieg war, und somit ein Anzeiger des Kriegs und Friedens sein sollte. Man weiss, dass die Thüren dieses J., der den Beinamen »Quirinus« führte, was ohne Zweifel einen Kriegsgott bedeutet, in der Zeit zwischen Numa und Augustus nur einmal geschlossen wurden, ein Beweis von der furchtbaren Kriegslust der Römer. Man ehrte ferner den J. als Gott alles Anfangs und rief ihn zu jeder Unternehmung um seinen Segen an; daher war der erste Monat des Jahres, der Januar, nach ihm benannt, und der erste Januar sein Hauptfest, an welchem die Obrigkeiten den Purpur ihrer Amtskleidung anlegten; ebenso war ihm der Beginn des Tages geheiligt, wesswegen man ihn als pater matutinus begrüsste; ferner der erste Tag jedes Monats, die Calenden, wesswegen er Junonius hiess, da die Calenden zugleich auch der Juno heilig waren; er schützt die Thüren und den Ein- und Ausgang des Menschen gegen feindselige Dämonen. — Man bildete ihn ab mit einem Doppelgesicht, zuweilen auch mit vier Köpfen, was darauf bezogen wird, dass er hiedurch als ein den Augurien vorstehender Himmelsgott bezeichnet werden soll. Der Augur zog nämlich mit seinem Stabe zuerst den cardo, die Mittagslinie, von Nord nach Süd, hierauf den diese Linie senkrecht schneidenden limes decumanus von Ost nach West, und das nothwendige Hinblicken des Augurs nach diesen Enden des Himmels scheinen also die vier Gesichter des J. anzudeuten. In der Rechten trug er einen Stab (den Augurstab oder einen Lanzenschaft), in der Linken einen Schlüssel (als Thüren- oder als Himmelsgott, der das Jahr und den Tag erschliesst), auf seinen Fingern wurde oft an der einen Hand die Zahl 300, an der andern 65 angebracht, um ihn als Jahresgott zu bezeichnen. — Unser Bild stellt einen Januskopf nach einer römischen Münze dar.

Japan (M. der Bewohner von). Drei verschiedene Glaubenslehren sind hier zu unterscheiden. — 1) Ein eigener Religions-Cultus ist mit den Mythen von der Schöpfung der Welt und der Urgeschichte von Japan innigst verwebt. Dieser früheste Cultus lebte seit undenklichen Zeiten in dem Glauben der Völker jener Inseln des östlichen Asiens, welche sich für Nachkommen göttlicher Voreltern, ja für Nachkommen der Götter selbst hielten, fort, äusserte sich im Glauben an die Kamis, Gott entstammten Ahnen, selbst, und blieb, wiewohl eigentlich wenig geschätzt, doch durch alle Volksclassen verbreitet, vom Kaiser selbst bis zum niedrigsten Ackerbauer herab als allgemeine Landesreligion im Gange; sie heisst eigentlich Kami No Mitsi, d. h. Lehre der Kamis, erhielt jedoch später die mehr verbreitete chinesische Benennung Sin-Too (d. h. alter Gottesdienst), im Gegensatz zu Buttoo oder Tu Tao (neuer Gottesdienst, welcher

Name für den aus Indien herüber getragenen Buddha-Dienst gilt). Der Kami-Dienst blieb rein, bis der Buddhaismus eingeführt wurde; er erhielt sich rein sogar unter Bedingungen, welche ihm nicht günstig schienen, denn aus den Helden und Königen des Landes gingen wieder neue Götter hervor. — 2) Der Buddha-Dienst, die aus Indien stammende Verehrung des Schikia Muni oder Buddha (geb. 1027 v. Chr., am achten Tage des vierten Monats) ging nach China (65 n. Chr.), nach Korea (372 n. Chr.), und kam von da nach Japan (552 n. Chr.), im 13ten Jahre der Regierung des Mikaddo, Kin Mjoo, zu welcher Zeit zuerst Buddhabilder und Bücher, seine Lehre enthaltend, in Japan eingeführt wurden, und zwar war es der König von Korea, Sching Ming, welcher das erste Götzenbild den Japanern schenkte; dieses wird noch jetzt in dem Tempel Zen Kwoo Zi zu Mijako, als Bild des Nyorai (Sja-ka), in hohen Ehren gehalten. Unter den folgenden Regenten, Bi-tats (572—585), ward der Cultus des Buddha völlig begründet durch Priester, welche von Korea hinüber kamen. Anfangs schien diess nicht ohne Schwierigkeiten zu gehen; da schlugen die Priester einen besondern Weg ein: sie erklärten den Thronerben des Kaisers von Japan (den Mikaddo Bi-tats) für einen wiedergebornen Quan Won, einen Schutzgott des Reiches und Verbreiter der religiösen Erleuchtung desselben. Der Knabe hätte eigentlich als Erstgeborner Kaiser werden müssen; doch diese Entdeckung, welche dem Herrn nicht wenig schmeichelte, bewirkte, dass man ihn dem Priesterstande widmete, und ihm denjenigen koraischen Bonzen, der ihn für einen Gott erklärt hatte, zum Lehrer gab, was die natürliche Folge hatte, dass er dem neuen Cultus anhing, die Wunder, die man ihm vormachte, gläubig annahm, und endlich selbst Oberpriester wurde; er war so weise, dass er acht Sprecher auf einmal hörte (davon sein Name Hats Mi, der Achtohrige), so weise, dass er neue Buddhatempel in Japan erbaute, und so den Buddha-Dienst recht eigentlich begründete. Die wirklich bewundernswürdige Schmiegsamkeit der Priester dieses Cultus hatte einen vollständigen Sieg davon getragen. Es war in der Reihe der eigentlich alten Götter des Landes, in der Reihe der Kamis, nun schon ein Oberpriester der neuen Lehre; da kam im 21sten Jahre des Mikaddo Suiko der grosse Lehrer selbst, Boddhi Darma, der dreizehnte buddhistische Patriarch. Er war der dritte Sohn eines indischen Fürsten, kam im J. 520 nach China, wo er der erste buddhistische Patriarch wurde; dort hielt er sich in einem Tempel der Provinz Cho-Nan, auf dem Gebirge Sung Schan in Schao Lin, auf, wo er neun Jahre sitzend, das Gesicht gegen die Wand gekehrt, zubrachte, dann starb, begraben ward und drei Jahre später von den chinesischen Gesandten in Hindostan wieder angetroffen wurde, wo er auf einer Pilgerfahrt nach dem westlichen Indien begriffen war. Eben dieser Darma erschien auch später in Japan; dort zeigt man noch heutigen Tages seinen Grabeshügel, das Darma Touka auf dem Berge Kuta Oka. — Jetzt und in der folgenden Zeit kamen aus Korea eine Menge Priester des neuen Glaubens, welche alle Tempel bauten, die bald so überhand nahmen, dass die späteren Mikaddos Gesetze gegen deren Aufführung erliessen; doch nisteten sich die Buddha-Bonzen immer mehr ein, drangen sich dem Hofe selbst auf und beredeten den Kaiser, seine Kinder zu Vorstehern einzelner grosser Klöster zu machen und den Titel: »Fürst des Gesetzes« (Howoo) zu führen; dabei verfolgten diese fremden Priester ihre einmal angenommene Politik auf's Eifrigste: Wunder, Götter- und Geister-Erscheinungen, göttliche Eingebungen und Traumgesichte waren an der Tagesordnung; die in der Sintoo-Religion so hoch geschätzten kaiserlichen Ahnen kamen bald hier, bald dort in den Tempeln der Buddhaisten zum Vorschein unter der Hülle indischer Gottheiten, während wiederum andere indische Götter in Japan wiedergeboren wurden in den Personen lebender Regenten, Helden und anderer wichtiger Personen. Der Betrug der Priesterschaft ging so weit, dass sie vorgaben, die japanische Sonnengottheit, die höchste im Kami-Dienste, unter der Maske eines indischen Gottes in China angetroffen zu haben, wo sie erschienen sei, um feindliche Anschläge von Japan abzuwenden; sie suchten sogar um Erlaubniss an, dieser Gottheit einen Tempel bauen zu dürfen; so fügten sie sich den vorgefassten Meinungen der Japaner, aber sie steckten auch wiederholt des Kaisers Palast in Brand, wenn er ihrem unbegrenzten Ehrgeiz nicht hinlängliche Befriedigung bot. Vom siebenten bis zum neunten Jahrhundert war in Japan die Periode der höchsten Blüthe des Buddhaismus eingetreten, und es kam eine grosse Menge eifriger Beförderer desselben in Japan an, oder ging von da nach China und Indien zurück, um den Sieg des neuen Glaubens zu verkünden; unter diesen zeichnete sich besonders der Priester Ko-bo-dai-si aus, welcher die Secte Singon-Zju stiftete, und die chinesische, so wie japanische Literatur auf eine bedeutend höhere Stufe hob. Noch mehrere andere Secten machten sich geltend, unter denen die Secte Sjoo Too die beliebteste war. Dieses dauerte bis in das sechszehnte Jahrhundert, bis zur Einführung des Christenthums, wodurch der Buddhaismus einen harten Stoss erlitt, indem sich bald der grösste Theil der Bevölkerung zum Christenthum bekannte; allein die Väter der Gesellschaft Jesu aus Portugal und Spanien verfolgten nun ihrerseits die Andersdenkenden, und so wurden sie zuletzt ganz aus dem Reiche verbannt; mit der allergewaltthätigsten Strenge ward gegen alle Christen verfahren, und bald die ganze Masse der Bekenner dieses Glaubens vertilgt, der Name selbst ausgerottet, und so erhob sich der Buddhaismus wieder auf das Glänzendste. — 3) Neben der Sintoo-Religion und dem aus Indien stammenden Cultus befindet sich noch ein dritter auf Japan im vollen Genuss der Freiheit, der Sjutoo-Dienst, dessen Namen eine Buddhasecte usurpirte. Dieser echte Sjutoo beruht auf der Moralphilosophie des Khung-fe-dsü (Konfucius). Die Werke dieses chinesischen Weltweisen kamen zwischen den Jahren 39 und 285 in verschiedenen Perioden von China nach Japan, und standen schon vor Einführung des Buddhadienstes in hoher Achtung; dem Begründer dieser Sittenlehre wurden Tempel gebaut, sein Andenken ward durch jährliche Feste gefeiert, und in der Nähe ihm geweihete Tempelschulen gestiftet, welche noch jetzt als die besten Academien des Reiches betrachtet werden. — So wie das gemeine Volk dem einfachen Kami-Dienste von Geburt an geneigt, dann aber durch des Buddhaismus blendende Aussenseite zu diesem hingerissen wurde, so hing der gebidetere Japaner der reinen Moralphilosophie an; wenn dort verblendende, auf die Einfalt berechnete Aeusserungsmittel die Hörer gewannen, so war es hier der wohlthätige Einfluss wissenschaftlicher Ausbilduug, welcher die Bekenner an die Sjutoo-Religion fesselte. Der Kami-Dienst steht gegenwärtig bei Staat und Volk hoch in Ehren, blinde Ehrfurcht hegt der gemeine Mann für den Buddhaismus, während er mit Achtung auf die philosophische Secte hinsieht, da diese die ausgezeichnetsten Männer im Staate zu Anhängern hat; Ehrerbietung beweist der gebildete Japaner dem Kami-Dienst, aber mit Verachtung blickt er auf den Buttoo, weil es ihn herabwürdigt, gleich dem gemeinen Haufen ein Gegenstand des Pfaffenbetruges zu werden, in den der Gottesdienst dieser Glaubenspartei so häufig ausgeartet ist. Bei alle dem wurde, nachdem die blutigen Bürger- und Religionskriege im siebenzehnten Jahrhundert beendigt, und alle Christen, jung und alt, ausgerottet waren, die Buddha-Religion als erprobte Schutzwehr gegen das Christenthum aufgestellt, und als herrschende Staatsreligion öffentlich ausgesprochen.

Japetus (Gr. M.), ein Titan, Sohn des Uranus und der Gäa, vermählte sich mit Asia, des Oceanus Tochter, welche ihm den Atlas, Prometheus, Epimetheus und den Menötius gebar. Im Titanenkriege ward J. von Jupiter mit dem Donnerkeil getroffen und dann in den Tartarus eingekerkert.

Japis (Gr. M.), Sohn des Jasius, ein Seher und berühmter Arzt; er war es, der dem Aeneas nahete, als dieser in dem letzten entscheidenden Kampfe gegen Turnus durch einen Pfeil schwer verwundet wurde; allein obschon ihn Apollo die Heilkunst gelehrt, vermochte er doch nichts, bis Venus, des Helden Mutter, auf dem cretischen Ida das herrliche Kraut Dictamnum pflückte und dessen Saft der Arznei beimischte; da ging der Pfeil von selbst aus der Wunde, und der ehrliche Arzt erklärte, nicht er, die Himmlischen selbst hätten hier geholfen.

Japyx (Gr. M.), Sohn des Dädalus und einer Creterin, Stammvater der Japygier, welche aus Creta in Unter-Italien einwanderten. Andere nennen ihn einen Sohn des Arcadiers Lycaon, und Bruder des Daunus und Peucetius, mit denen er aus Arcadien nach Italien gekommen sei.

Jarbas (Gr. M.), Sohn der Nymphe Garamantis und des Jupiter Ammon, hatte seinem Vater 100 Tempel und

100 Altäre errichtet, ihm ein ewiges Feuer und stets seiner wartende Priester geweiht. Er wollte Dido (s. D.) zur Gattin, sie aber wies ihn zurück, mit der Trauer um den früheren Gatten sich entschuldigend, bis Aeneas erschien, dem sie sich willig ergab. Fama trug die Nachricht davon auch zu J.s Ohren; er warf sich vor Jupiters Altären nieder, und bat um Rache; da befahl der Gott seinem Boten Mercur, den Aeneas an sein künftiges Reich in Italien zu mahnen und ihm schleunige Abreise dahin zu befehlen.

Jardanus (Gr. M.), Vater der Omphale; nach Andern Herr einer Sclavin, welche dem Hercules einen Sohn Alcäus gebar.

Jarnsaxa (Nord. M.), 1) eine Riesenjungfrau, welche so überaus schön war, dass der mächtige Thor sie liebte und sich mit ihr verband. Ihr Sohn hiess Magne, er war schon nach drei Wintern stärker als alle Asen, und vermochte des Riesen Hrugner Fuss von dem Halse seines Vaters Thor zu heben, was Niemand sonst im Stande war. — 2) J., eine der neun Jungfrauen, welche alle zugleich von Odin Mütter des Gottes Heimdal wurden.

Jarvidur (Nord. M.), ein Wald, unfern Asgard, von lauter Jotenmädchen und Zaubrerinnen bewohnt; unter ihnen ist besonders bemerkenswerth Gygur, das Riesenweib, welches Mutter der beiden Wölfe Skol und Hate ward, die sich stets bemühen, Sonne und Mond zu verschlingen.

Jasion (Gr. M.), Sohn des Jupiter und der Atlantide Electra, und nach Diodor Bruder des Dardanus und der Harmonia. Ceres liebte den schönen Jüngling, und wir hören von Calypso, als ihr Mercur den Befehl bringt, Ulysses nicht ferner aufzuhalten, die Klage, dass die Götter neidisch sind auf die Gunst, welche Göttinnen aus eigener Wahl Sterblichen gewähren, dass Orion von Diana getödtet wird, weil Aurora ihn liebte, und dass, als auf dreimal geackertem Saatfeld J. die holde Ceres umarmte, Jupiter ihn mit dem Blitze erschlug. Plutus war die Frucht dieser Liebe, was Diodor dahin deutet, dass Liebe zum Ackerbau Reichthum gewähre.

Jasius (Gr. M.), ein Arcadier, Sieger mit dem Rennpferde in den ersten, von Hercules gegründeten olympischen Spielen.

Jasiro, s. Kamihöfe.

Jason. Fig. 169. (Gr. M.), Sohn des Aeson und der Alcimede. (Vergl. den Art. Argonauten, welcher einen

Fig. 169.

Theil der Geschichte des J. enthält; an den Schluss jenes Artikels reihet sich dieser.) J., mit Medea entflohen, kam, verfolgt von deren Bruder Absyrtus, auf die Insel der Phäaken; dort holte ihn Absyrtus ein; Alcinous wollte das Gastrecht gegen den früher Angekommenen nicht verletzen, doch verständigte man sich dahin, wenn J. mit Medea noch nicht vermählt sei, solle er gehalten sein, sie zurückzugeben. Diesen Beschluss hinterbrachte Arete, des Königs Gemahlin, dem Liebespaare, und so ward denn noch in derselben Nacht die Vermählung vollzogen. Als alte Frau kommt später die Zaubrerin zu J.s Feind Pelias, der J.s Vater vom Thron gestossen, nach Einigen sogar ermordet hatte. Sie verjüngte sich vor den Augen des Pelias und versprach, auch ihn zu verjüngen, liess ihn aber durch seine eigenen Töchter ermorden, und gab dann dem J. durch eine Fackel das Zeichen von der Vollendung der That, worauf dieser die überraschte, wehrlose Stadt einnahm, doch bald wieder von dem Sohne des Ermordeten, Acastus, vertrieben ward, worauf er sich nach Corinth wendete und dort zehn Jahre lang mit Medea lebte, bis deren Reize verblichen waren und er sie verstossen wollte, obwohl sie ihm den Thessalus, den Tisander und den Alcimenes geboren hatte. Medea stellte sich beruhigt, schenkte der neuen Braut des J., der Glauce, Tochter des Creon, ein Brautkleid, doch kaum hatte diese es angelegt, als es in Feuer aufging, und der ganze Palast verbrannte. Medea ermordete ihre und J.s Kinder und entfloh. (S. Medea.) J. aber nahm endlich aus Verzweiflung sich selbst das Leben. Auf unserm Bilde sehen wir, nach einem geschnittenen Steine, J. das goldene Vliess betrachten, das an einer Eiche hängt, um die sich der hütende Drache windet.

Jasus (Gr. M.), 1) Sohn des Argus und der Evadne, einer Tochter des Strymon, oder der Oceanide Pitho, aus Argos, Bruder des Piras oder Piranthus, Epidaurus und Criasus, Vater des Agenor und Grossvater des Argus Panoptes, des Wächters der Io. — 2) J., Sohn des Triopas, Enkel des Phorbas, Urenkel des Argus, Bruder des Agenor, König in Argos. — 3) J., Sohn des Lycurgus und der Cleophile oder Eurynome, Gemahl der Clymene, Vater der Atalante.

Jauloherra (Lappische M.), Götter, deren Bedeutung man nicht kennt; der Name soll Weihnachtsherren heissen; obwohl aber Jaul oder Juel ein Fest der Hertha und des Freir ist, das in den December, ungefähr um die Weihnachtszeit fällt, so ist die Uebersetzung des Wortes Juelfest in Weihnacht doch sehr gewagt. Von den J. weiss man nur, dass ihnen kleine, mit Blut bemalte Kähne zum Opfer gebracht wurden, wodurch man ihre Gunst zu erhalten hoffte.

Jawas, die Aerzte, Priester und Räthe der kleinen Könige bei den Völkern, welche Florida bewohnten. Sie gaben vor, mit den Geistern in naher Verbindung zu stehen, und erhalten, wenn man sich davon überzeugt glaubt, den Namen der Geister selbst, Agotkon. Ihre Künste erinnern auffallend an die der indischen Gaukler. Wenn sie einen Kranken curiren wollen, pflegen sie ihn zu reiben, zu drücken, zu beissen, aufzublasen, und endlich durch heftiges Saugen an irgend einem Theile seines Körpers eine Fischgräte, einen Dorn, einen Knochen herauszubringen, was sie dann für die Ursache der Krankheit angeben. Andere machen mit sich selbst an der Stelle des Kranken sehr gefährliche Operationen, indem sie, um den bösen Geist zu versöhnen, Messer, Steine, Bajonette, Flintenläufe verschlucken, was sie mit solcher Wahrheit zu machen scheinen, dass Europäer, welche sich nicht täuschen lassen wollten und nahe bei ihnen standen, dennoch nicht begreifen konnten, wie sie die Täuschung hervorbrachten, um so weniger, als diese Gaukler ganz unbekleidet gehen. — Ueberdiess sind diese Aerzte gewöhnlich sehr schlau und kriegserfahren, daher als Räthe ihrer Oberhäupter geschätzt. Ferner sind ihnen die Traditionen und Gebräuche ihres einfachen Götterdienstes bekannt, daher ihre Befähigung zum Priesterstande.

Jawinna (Lettische M.), eine freundliche Göttin der alten heidnischen Preussen; sie segnete die Saatfelder mit Glück und Gedeihen.

Ibis (Aegypt. M.), ein göttlich verehrter Vogel, aus der Gattung des Storchs, welcher, in den Tempeln gepflegt, schaarenweise das flache Nilland durchzog, bei Lebensstrafe von Niemand getödtet werden durfte, und wenn er starb, von den Priestern balsamirt und in den heiligen Todtenstädten beigesetzt wurde. Man glaubte, er tödte geflügelte Schlangen, welche alle Jahre von Arabien her Aegypten überfallen wollten, und habe die Menschen in einem Zweige der Arzneikunde, in dem Gebrauch des Clystiers, unterrichtet, da er sich selbst mit seinem langen Schnabel bei Verstopfungen ein solches beibringen soll. Der I. war dem Thot, dem ägyptischen Mercur, geheiligt und soll als Attribut desselben bei seinem Kopfe stehen, auch wird er als Symbol der Nilfluth angesehen.

Icaria (Gr. M.), Beiname der Diana, von einem Tempel, den sie auf der Insel Icarus im persischen Meerbusen, gegenüber der Mündung des Euphrat, hatte; die Insel war mit Wild übervölkert, welches jedoch durch Diana so beschützt war, dass Niemand ohne Erlaubniss der Priester ein Thier erlegen durfte.

Icarius (Gr. M.), 1) Sohn des Oebalus und der Najade Batia, Bruder des Tyndareus und des Hippocoon. Letzterer vertrieb mit seinen Söhnen, den Hippocoontiden, seine beiden Brüder, welche zu König Thestius entflohen, jedoch späterhin durch Hercules beide wieder nach Sparta zurückgeführt wurden. I. hatte sich mit der Najade Periböa vermählt und diese ihm fünf Söhne: Thoas, Damasippus, Imeusimus, Aletes, Perileos, und eine Tochter Penelope, die Gemahlin des Ulysses, geboren. — Auf dem Wege von Sparta nach Arcadien stand eine Bildsäule der Scham, die ein Weihgeschenk des I. gewesen sein soll. Als nämlich I. dem Ulysses die Penelope zur Frau gegeben, suchte er zuerst denselben in Lacedämon zu halten, da er aber nichts ausrichtete, bat er die Tochter, bei ihm zu bleiben, und wie sie schon nach Ithaca abzog, folgte er ihr auf einem Wagen und wiederholte seine Bitten. Länger aber ertrug es Ulysses nicht; er liess der Penelope die Wahl, entweder ihm willig zu folgen, oder mit ihrem Vater nach Lacedämon zurückzukehren. Da soll sie nicht geantwortet, sondern ihr Antlitz in ihren Schleier verhüllt haben. I. entliess sie nun und weihete an der Stelle, wo sie sich verhüllte, der Scham die Bildsäule. — 2) I., lebte unter der Regierung des Königs Pandion in Attica; zu ihm kam Bacchus, ward gastfrei aufgenommen und I. von dem Gott durch eine Weinranke belohnt, welche er pflanzte und weiter verbreitete. I. wollte, nachdem er die Bereitung des Weines gelernt, die anderen Menschen an diesem Geschenke des Gottes Theil nehmen lassen, allein die Hirten, welche den ungemischten Wein voll Lust in langen Zügen tranken, glaubten sich, als sie berauscht wurden, vergiftet, und ermordeten ihn, begruben ihn jedoch den Tag darauf voll Reue über ihre

Fig. 170.

Unthat. Seine Tochter Erigone suchte ihn überall vergeblich, bis ein getreuer Hund Namens Mära das Grab entdeckte. Da erhängte sich Erigone aus Verzweiflung, ward aber von den Göttern sammt dem Hunde unter die Sterne versetzt. Sie ist die Jungfrau im Thierkreise, ihr Hund der kleinere Procyon unfern des Orion.

Icarus, Fig. 170, s. Dädalus, und über einen Zweiten desselben Namens s. Thestor. Den Sturz des I. sehen wir nebenstehend einem Wandgemälde von Herculanum nachgezeichnet.

Icelus (Gr. M.), ein Name, den die Unsterblichen dem Sohne des Schlafs geben, welchen die Menschen Phobetor nennen. Wie Morpheus die Gestalten der Menschen nachahmt, weiss er die der Thiere nachzuahmen.

Icheri (M. der Karaiben), die guten Schutzgeister der Männer, welche sie begleiten, ihren Fischfang und ihre Jagd segnen.

Icmäus (Gr. M.), »der Befeuchtende«, Beiname Jupiters, des Regensenders.

Ida (Gr. M.), 1) eine der Erzieherinnen des Jupiter; die andere hiess Adrastea, beide waren Töchter des cretischen Königs Melisseus und der Amalthea. — 2) I., Tochter des Corybas, mit welcher sich Lycastus, Minos des Ersten Sohn und Nachfolger auf Creta, vermählte, und Minos, den Zweiten dieses Namens, erzeugte, welcher der Vater der Ariadne ist. — 3) I., ein heiliger Berg auf Creta, in dessen Höhlen Jupiter erzogen wurde. — 4) I., ein Berg bei Troja, gleichfalls heilig als Aufenthalt des Jupiter, der Göttermutter Cybele, der Venus und anderer Gottheiten, welche daselbst theils Tempel, theils Haine hatten.

Idaea (Gr. M.), 1) Beiname der Cybele von ihrem Aufenthalt auf dem troïschen Ida. — 2) I., eine phrygische Nymphe, mit welcher der Flussgott Scamander den

Teucer erzeugte, zu welchem Dardanus, nach seines Bruders Jasion Tode, zog.

Idalia (Gr. M.), Beiname der Venus, von einem Vorgebirge und Stadt Idalium auf Cyprus.

Idaplan oder **Idafeld** (Nord. M.), der Aufenthalt der zwölf grossen Richter in Asgard, welche Odin eingesetzt hatte, damit sie über Alles Recht sprechen sollten. In dem Saale Gladsheim waren für sie zwölf Sitze bereitet, nebst einem dreizehnten, einem Thron für Odin, von welchem er die ganze Welt überschauen konnte. — Der I. ist der Versammlungsort für die Asen, welche nach dem Weltuntergange (Ragnarokr), denselben mit der neu verjüngten Erde überleben.

Idas (Gr. M.), 1) Sohn des Aphareus und der Arene, aus Arene in Messenien, und Bruder des Lynceus und des Pisus, war so glücklich, den Apollo bei der Tochter des Evenus, Marpessa, zu verdrängen, indem diese, als Jupiter ihr die Wahl zwischen den beiden um ihren Besitz kämpfenden Liebhabern, Apollo und I., übertrug, den Sterblichen wählte, weil sie fürchtete, zu bald von dem wankelmüthigen Gotte verlassen zu werden. Zeitgenossen der Dioscuren, machten I. und Lynceus einst einen Raubzug mit diesen Halbgöttern in Arcadien, der allen Vieren das Leben kostete. Die Beute sollte I. theilen; dieser zerstückelte einen Stier in vier Theile und bestimmte, wer seinen Theil zuerst aufgezehrt habe, solle die Hälfte, der zweite aber das Uebrige von der Beute haben. Als diese Bedingung angenommen war, verschlang I. nicht nur seinen, sondern auch seines Bruders Antheil, und so nahm er mit diesem die ganze Beute und brachte sie in Messene in Sicherheit. Nun lauerten die Dioscuren den Brüdern auf, allein Lynceus bemerkte den Castor, zeigte ihn seinem Bruder, und I. erschlug ihn. Pollux streckte nun zwar den Lynceus mit seinem Speer zu Boden, allein I. warf ihm dafür einen Stein an den Kopf, dass er betäubt niederstürzte und Jupiter ihn schleunig in den Olymp entführte; I. aber ward von Jupiter mit dem Blitz erschlagen. Seine und der Marpessa Tochter hiess Cleopatra und ward Meleagers Gemahlin. — 2) I., war auf Perseus Hochzeit mit Andromeda. Er hatte sich des Gefechtes enthalten, doch Phineus, nicht wagend, mit Perseus in der Nähe zu kämpfen, warf einen Speer, welcher den armen Zuschauer traf.

Idavoellur, identisch mit **Idaplan,** s. d.

Idaeus (Gr. M.), ein Herold der Trojaner, welcher den königlichen Greis Priamus aufrief, dem Wunsche der Heeresfürsten gemäss im Gefilde von Troja zu erscheinen, um den beschlossenen Bund zu beschwören, nach welchem Paris und Menelaus allein sich bekämpfen wollten um die schöne Helena.

Ide (Nord. M.), Sohn des Riesen Oelwald, Bruder des Gangr und des Thiasse.

Idmon (Gr. M.), Sohn des Apollo und der Asteria oder Cyrene, ein Seher, der die Argonauten auf ihrem Zuge begleitete; er kam bei den Mariandynern, einem Volke Bithyniens, das der König Lycus beherrschte, um's Leben, indem ihn daselbst ein Eber verwundete.

Idomene (Gr. M.), Tochter des Pheres, vermählt mit Amythaon, welchem sie die Aeolia, den Bias und den Melampus gebar. Letzterer war ein Seher, welcher durch seine Weisheit und seine glücklichen Curen viel Aufsehen machte: so heilte er die Prötiden von ihrem Wahnsinn, und Andere.

Idomeneus (Gr. M.), Sohn des Deucalion, Königs von Creta, und Enkel des Minos, von grosser Schönheit und edlem, rechtlichem Sinn, so dass er, der ein Freier der Helena war, auch, nachdem sie dem Menelaus zu Theil geworden, dessen treuester Freund blieb, und sich oft bei ihm aufhielt. Nach dem Raube der Helena führte er 80 Schiffe vor Troja, und zeichnete sich dort in vielen einzelnen Thaten aus. Von Troja kehrte er mit dem weisen Nestor zurück, gelobte bei einem Sturme dem Neptun für die Rettung das zu opfern, was ihm bei seiner Rückkehr zuerst begegnen würde, und hielt sein Gelübde, selbst da es sein eigener Sohn war, der ihm zuerst entgegen kam. Eine Pest vertrieb ihn nach Italien, wo er sich auf dem salentinischen Vorgebirge niederliess, daselbst starb, zur Auszeichnung ein feierliches Begräbniss, und die Ehre der Unsterblichen erhielt.

Idothea (Gr. M.), 1) Tochter des weissagenden Meergreises Proteus, der sich in alle Gestalten verwandeln konnte. Als Menelaus, auf die Insel Pharus verschlagen, von dieser nicht mehr loszukommen wusste, stieg sie aus Mitleid aus dem Meere empor und rieth ihm, sich mit seinen drei stärksten Gefährten ihres Vaters zu bemächtigen, wozu sie ihm vier frisch abgezogene Robbenfelle gab, worein er sich mit jenen hüllen und, mitten unter die Robben gelagert, den Proteus erwarten sollte, auf welchem Wege er wirklich dazu gelangte, den Proteus zur Mittheilung der Schicksalssprüche zu zwingen, durch die er seine Rettung fand. Den widrigen Geruch der Robben bannte I. von Menelaus und seinen Freunden, indem sie ihnen Ambrosia unter die Nase rieb. — 2) I., Tochter des carischen Königs Eurytus, vermählte sich mit dem schönen Jüngling Miletus, dem Liebling der drei Söhne Jupiters und der Europa, welche um seinen Besitz in Feindschaft geriethen. Sie hatte zwei Kinder, Byblis und Caunus, welche einander mehr liebten als die Gesetze gestatteten. Byblis härmte sich darüber zu Tode, und ihre Thränen bildeten den Quell ihres Namens.

Iduna (Nord. M.), die lieblichste unter den Asinnen, Göttin der ewigen Jugend, der Unsterblichkeit, nicht erzeugt noch geboren, sondern von Anfang da. Sie ist die Gattin des weisen Braga, des Gottes der Dichtkunst; in ihrer Verwahrung befinden sich die Aepfel der Verjüngung, ohne welche selbst die Götter altern würden, daher sie täglich davon speisen. Ein Zufall und Loke's Bosheit hätte sie beinahe um diesen Schatz gebracht. Odin, Loke und Hänir machten eine Reise in Menschengestalt durch das Land der Riesen und Zauberer. Nach langem Wandern empfanden sie grossen Hunger, und da sie in einem schönen Thale eine Heerde fetter Ochsen fanden, schlachteten sie einen derselben zum Mahl, allein das Fleisch blieb roh, — wiederholte Versuche scheiterten an einer Zauberei, welche sie nicht lösen konnten. — Da ertönte aus dem Gipfel des Baumes, unter welchem sie sassen, die Stimme des Zauberers Thiassi in Adlergestalt, welcher sagte, dass er das Fleisch weich zu werden hindere, bis sie ihm auch einen Theil davon zusicherten. Die Götter versprachen diess, da liess sich der Adler auf den Rand des Kessels nieder und frass beide Vorderviertel auf, worüber ergrimmt Loke ihn mit einer Stange schlug; diese aber blieb an dem Adler, und an der Stange blieb Loke hängen, der nun von dem Riesen durch die Lüfte mit solcher Schnelligkeit hinweggeführt wurde, dass er glaubte, sein Arm reisse aus, und daher dem Zauberer Alles für seine Erlösung versprach; jener forderte I.s verjüngende Aepfel, und Loke machte sich verbindlich, sie ihm zu schaffen. Um diess zu bewerkstelligen, sagte er zu der Göttin, er habe in einem nahen Haine Aepfel gefunden, welche den ihrigen an Schönheit gleich wären, wenn sie nicht dieselben noch überträfen; sie möchte ihn, um sich selbst zu überzeugen, dahin begleiten. I. nahm ihre köstlichen Früchte mit, um sie zu vergleichen, da erschien der Adler und raubte I. Die Asen wurden alt, grau, matt und schwerfällig, keiner wusste sich diess zu enträthseln, bis ihnen beifiel, dass sie schon seit lange nicht mehr von den Aepfeln der Verjüngung gegessen; I. ward gesucht, doch nirgends gefunden; man forschte nun nach, wer die Göttin zuletzt gesehen; da ergab sich, dass man Loke bemerkt, wie er mit ihr nach einem ausserhalb des Göttersitzes gelegenen Wäldchen gegangen, und I. von dort nicht zurückgekehrt sei. Auf sein beharrliches Läugnen drohete man ihm mit harter Strafe, und nun gestand er seine That, versprach jedoch auch, die Aepfel zurückzuschaffen, wenn die Götter ihm behülflich sein wollten. Hiezu verlangte er von Frigga die Kunst, sich und Andere beliebig verwandeln zu können, welche er erhielt, worauf er als Falke nach der Burg des Riesen flog. I.s Gemach war durch sieben eiserne Thüren verwahrt, allein durch ein kleines Fenster drang Loke zu der lange Vermissten ein, verwandelte sie in eine Schwalbe und eilte, sie in seinen Fängen haltend, auf Asgard zu. Der Riese kam in demselben Augenblick, als sie wegflogen, nach Hause, erkannte den listigen Betrüger in seiner Verkleidung, warf seine Gewänder von sich und stürmte ihm in Adlergestalt mit der grössten Wuth nach. Die Götter sahen die Jagd auf ihre Hofburg zukommen, trugen einen grossen Haufen dürres Reisig, leicht geschürt, hinzu, und als Loke mit I. darüber weg war, zündeten sie das Reisig an. Der Riese Thiassi war in einem so reissenden Fluge begriffen, dass er sich nicht schnell genug aufhalten konnte; er stürzte in das Feuer, verbrannte sich die Schwungfedern, und ward von den

Asen gefangen und getödtet. I. aber beglückte die frohen Götter wieder mit ihren Früchten, worauf sie bald von Neuem in glänzender Jugend und Schönheit strahlten.

Idyia (Gr. M.), »die Wissende«, Tochter des Oceanus und der Tethys, mit König Äetes von Colchis vermählt, und durch ihn Mutter der Zaubrerin Medea.

Jebis oder **Jebisu**, Fig. 171 (Jap. M.), jüngerer Bruder der Sonnengottheit, wegen seiner Missgestalt von seinen Eltern verstossen, lebte vom Fischfang und erwarb sich durch seine Emsigkeit grosse Reichthümer. Nach seinem Tode ward er als Seegott und als einer der sieben Götter des Reichthums verehrt. Man feiert ihm mehrere

Fig. 171.

Feste, worunter das am zwanzigsten des eilften Monats besonders merkwürdig ist. Er ist auch Schutzpatron der Kaufleute, und diese loken an den Jahrmärkten, die während seiner Festtage gehalten werden, ihm zu Ehren die Volksmenge durch billiger als gewöhnlich gestellte Preise an. — Der Gott der Gewässer, der Schutzpatron der Schifffahrt und der Fischer, auf einer Lotosblume, oder auf einem Felsen sitzend, mit einer Angel und einem daran hängenden Fisch in der Hand, ist auf unserem Bilde nach einem japanischen Gemälde dargestellt.

Jechiel (Talmud.), der oberste der Genien guter Art, welche das Thierreich beherrschen; ihm sind zunächst unterthan: Pasiel, Gaviel und Chawiel, dann eine Anzahl minder mächtiger Geister.

Jehul, nach dem Talmud der oberste der Genien, welche das Feuer beherrschen; ihm waren als mächtige Geister unterthan: Seraphiel, Gabriel, Nuriel, Tamaël, Schimschiel, Hadarniel und Sarniel, nebst einer grossen Menge ungenannter Engel.

Jemao (M. der Antillenvölker), die Mutter des grossen Geistes Jokahuna, welchen Tonatiks (die Sonne) an seiner Stelle auf die Erde gesendet. Diese Göttin ward auf der Insel Quisqueja (Haiti) verehrt. Sie hatte in der grossen Tempelhöhle dieser Insel ein Idol, dem zur Seite zwei vornehme Bediente standen, stets in Bereitschaft, ihre Befehle auszuführen; der eine derselben hiess der Herold, er sollte die übrigen Geister (Zemes) zusammenrufen, wann die Göttin sie ausschicken wollte, um den hülfsbedürftigen Menschen das zu verleihen, um was sie gebeten hatten; der andere war bestimmt, diejenigen, welche der Göttin die ihr schuldige Ehrfurcht verweigern würden, zu bestrafen.

Jeouinnon (Nordameric. M.), gottgeweihete Jungfrauen. In früheren Zeiten herrschte unter den wilden Völkerschaften von Nordamerica die Sitte, einige Mädchen dem Dienste der Götter zu weihen; sie legten das Gelübde des reinen, ehelosen Lebens ab, waren für sehr heilig gehalten, verliessen wenig ihre Hütten, in welchen sie durch junge Knaben bedient wurden, deren Alter jeden Verdacht entfernt hielt; man weiss jedoch nicht mehr, worin ihre Verrichtungen bestanden. Man glaubte, dass völlige Reinheit zu gewissen feierlichen gottesdienstlichen Handlungen gehörte, dass Kräuter, welche von solchen Unbescholtenen gepflückt worden, eine heilsamere Wirkung hätten. Näheres jedoch kennt man nicht von jenen Jungfrauen.

Jernwidur (Nord. M.), gemeinschaftlicher Name der Zaubrerinnen und Jotenmädchen, welche mit Gyge in dem Walde Jarnwidr wohnen.

Jess (Slav. M.), höchster Gott der Polen; er gibt Segen und Heil, wesshalb man ihm vorzugsweise vor den andern Gottheiten opferte. Die alten Schriftsteller, welche immer Vergleiche mit griechischen oder römischen Gottheiten suchten, gaben ihm den Namen des Jupiter der Slaven.

Jettha (Altdeutsche Sage). Ein gewisser Hubertus Thomas Leodius meldet um 1530 in einer Abhandlung über die Alterthümer Heidelbergs, er habe in einem Buche, das mit uralten Schriftzügen geschrieben war, gefunden, dass zur Zeit der Weleda (s. d.) auf dem Berge, wo jetzt das Heidelberger Schloss steht, eine alte Wahrsagerin gelebt habe, Namens J., die den Anfragenden zum Fenster heraus, aber ohne ihr Gesicht zu zeigen, Antworten ertheilt und besonders die zukünftige Herrlichkeit und Grösse des hier zu gründenden Herrschersitzes und der Stadt an dessen Fusse verkündigt habe. Sie sei aber endlich an einem Brunnen von Wölfen zerrissen worden, der davon noch heute der Wolfsbrunnen heisse.

Iggeres (Jüd. M.), eines von den vier Weibern, welche bestimmt sind lauter Teufel zu gebären, welches auch mit Adams erster Frau, Lilith, der Fall gewesen zu sein scheint, die nach ihrer Verstossung aus dem Paradiese mit Adam wider dessen Willen 130 Jahre lang lauter Riesen und Dämonen erzeugte. I. schweift mit 180,000 Teufeln umher, und ist besonders in den Nächten des Donnerstags und des Sonnabends thätig.

Ikschuwaku (Ind. M.), ein mächtiger Fürst aus dem Geschlechte der Sonnenkinder; er war mit Desiwatren vermählt, und hatte von dieser und anderen Frauen hundert Söhne.

Ilia (Röm. M.), die Mutter des Romulus und des Remus, auch Rhea Silvia genannt, s. d. Von diesem Namen kommt auch Iliades, Beiname der Zwillinge Romulus und Remus.

Ilja (Slav. M.), ein berühmter Held der Russen, der fabelhaften Zeit angehörig; er blieb, verspottet ob seiner Feigheit, bis in sein dreissigstes Jahr daheim, und zog dann, plötzlich heldenkühn und kräftig sich erhebend, zu König Wladimir, einem so gewaltigen Herrn unter den Slaven, als je König Artus mit seiner Tafelrunde es unter den Angeln und Normannen war. Auf dem Wege zu dem Hofe dieses Fürsten verrichtete I. die erste herculische Waffenthat: seit dreissig Jahren hatte ein Räuber, welcher von seiner Kunst, den Schlag des Frühlingssängers nachzuahmen, den Beinamen Nachtigall erhalten alle Wege jener Gegend unsicher gemacht; da er auch noch andere Thiere, Schlangen, Wölfe, Bären etc. nachzuahmen wusste, fürchtete man ihn sehr, weil man glaubte, er stehe mit diesen Raubthieren im Bunde, auch sah man ihn selbst nur selten oder nie, weil er aus grosser Ferne traf. I.s scharfes Gesicht entdeckte das Auge des Räubers durch neun hinter einander stehende Bäume, durch deren Aeste er schauete, und so schoss er dem Bösewicht das Auge aus, und führte ihn, obgleich seine Gattin all' ihr Gold als Lösegeld anbot, und seine Söhne in ihren schwarzen Rüstungen ihm den Sieg schwer machten, nach Kiew zu Wladimir, sich durch diese That in die Reihen der Helden einzukaufen.

Ilinka, die Ceres der nordamericanischen Völkerschaften; die Spenderin mehlreicher Feldfrüchte. Man erzählt, die Urbewohner des Landes hätten nur von der Jagd gelebt, und daher sehr oft grosse Noth gelitten. Zwei junge Jäger sahen einst bei einer, von dem geschossenen Wild bereiteten Mahlzeit, ein schönes Mädchen aus den Wolken herabsteigen und sich nahe bei ihnen auf einem Hügel niederlassen. Die Jäger sprachen zu einander, das sei ein Geist, der wahrscheinlich ihr Gast sein wolle; so brachten sie dem Mädchen das beste Stück des Wildes, die Zunge. Der Geist nahm dieselbe und sagte, sie sollten für diese Gastlichkeit reich belohnt werden, und siehe! wo des Mädchens rechte Hand auf dem Boden geruhet, wuchs Mais, und wo die Linke gelegen, grosse Bohnen (Faseolus), rings umher aber stand Tabak. Diese Pflanzen haben die Nachkommen der Jäger vor fernerer Noth bewahrt.

Iliona, s. Polydorus.

Ilioneus (Gr. M.), 1) Sohn des Amphion und der Niobe (s. d.). Da er seine Brüder von den herben Geschossen Apollo's sinken sah, flehete er zu allen Himmlischen um Erbarmen, und Apollo, gerührt, hätte ihm das Leben geschenkt, wenn der unaufhaltbare Pfeil nicht schon abgeschnellt gewesen wäre; doch er lenkte ihn in das Herz, so dass er an der kleinsten Verwundung starb. — 2) I., einziger Sohn des Phorbas, kämpfte auf Seite der Trojaner und ward von Peneleus enthauptet, nachdem derselbe ihm eine Lanze durch das Auge in das Haupt gestossen, auf welche gespiesst er den Kopf triumphirend den Trojern zeigte. — 3) I., einer der Gefährten des Aeneas.

Ilissiades (Gr. M.), Beiname der Musen, die am Ufer des Flusses Ilissus einen Altar hatten.

Ilithyia (Gr. u. röm. M.), die Geburtsgöttin, Tochter des Jupiter und der Juno, auf Creta in der amnisischen Höhle geboren, Schwester der Hebe, des Mars, des Vulkan. Homer spricht von mehreren Ilithyien, Töchtern der Juno, die zwar den herben Pfeil des Schmerzens senden, aber doch den schwer Gebärenden helfen. Diese doppelte Thätigkeit der I. geht durch die ganze weitere Ausbildung des Begriffes und des Mythus von dieser Gottheit hindurch. Sie sitzt nach dem Willen der Juno, während Latona auf Delos neun Tage und Nächte mit Geburtswehen ringt, auf dem Gipfel des Olymp, um die Geburt zu verhindern, bis die um Latona versammelten Göttinnen die Iris zu ihr senden und ihr zum Lohn einen Halsschmuck versprechen; da erscheint sie auf Delos und sogleich gebiert Latona. Wie Alcmene den Hercules gebären soll, sind Anfangs die hülfreichen Ilithyien anwesend, aber ihre Mutter, die eifersüchtige Juno, vertreibt sie, um die Geburt zu hindern. Nach Späteren dagegen erscheint I., von Juno zuvor gewonnen, bloss, um die Geburt aufzuhalten, und wird dann durch Galanthis oder Galinthias, eine Freundin oder Dienerin der Alcmene, überlistet. Vielfältig wird I. mit Juno selbst, die sonst ihre Mutter heisst, identificirt, was nicht befremden kann, da Juno die Göttin der Ehe ist. Juno entband zu Argos das Weib des Sthenelus von dem Eurystheus, und führte bei ihrer Verehrung zu Argos den Beinamen I. In demselben Sinne gaben die Römer der Juno den Beinamen Lucina. Auffallender aber ist, dass die griechische I., die römische Lucina, auch mit Diana vereinigt wird. Dazu trug vielleicht das Jungfräuliche bei, was in dem Wesen beider liegt, da der I., mit einziger Ausnahme eines Hymnus des uralten Sängers Olen, wo sie die Mutter Amors heisst, weder Gemahl, noch Geliebter, noch Kinder beigelegt werden. Auch als Monds-Göttin konnte der Diana ein Einfluss auf die Geburt zugeschrieben werden. Vielleicht ist auch erst im Verlauf der Zeit eine Vermischung der cretischen I., welche mit Juno, und einer delischen, welche mit Diana eins oder verbunden war, eingetreten.

Illinos (Chald. Mystik.), das Zweite der drei Uroder Grund-Principien der Chaldäer, nebst Anos und Aos gezeugt von dem Unerschaffenen, von den beiden Naturkräften, dem zeugenden und dem empfangenden Princip, von Asoron und Kisara.

Illyrius (Gr. M.), Sohn des Cadmus und der Harmonia, den sie nach ihrer Entfernung aus Theben, und nachdem sie den Encheleern zum Sieg über Illyrien verholfen, zeugten. Bald darauf wurden beide Eltern in Schlangen verwandelt.

Ilmarainen, s. Wäinämöinn.

Ilmur, eine skandinavische Göttin, von welcher man jedoch bis jetzt nichts als den Namen kennt. Ihr Amt, ihre Würde, ihre Abkunft lässt sich aus einer blossen Andeutung nicht herleiten.

Ilus (Gr. M.) 1) Sohn des Dardanus von Batia, der Tochter des Teucer. — 2) I., Sohn des Tros von der Tochter des Scamander, Callirrhoë, Bruder des Assaracus, des Ganymedes und der Cleopatra, begab sich nach Phrygien, wo er gerade zu einem von dem Könige angeordneten Kampfspiele kam, in welchem er beim Ringkampfe den Sieg davon trug. Er erhielt als Preis fünfzig Jünglinge und eben so viele Mädchen, wozu ihm der König, einem Orakelspruche zufolge, noch eine scheckige Kuh gab, mit der Bestimmung, dass er da, wo dieselbe sich niederlegen würde, eine Stadt gründen solle. I. folgte der Kuh, und da diese bei dem sogenannten Hügel der phrygischen Ate sich legte, gründete er daselbst eine Stadt, welche er Ilium nannte. Er bat nun den Jupiter, ihm irgend ein Zeichen erscheinen zu lassen, und fand am folgenden Tage das vom Himmel gefallene Bild der Pallas (das Palladium), vor seinem Zelte liegen. I. baute zu dessen Verehrung einen Tempel. Er vermählte sich dann mit Eurydice, der Tochter des Adrastus, und zeugte den Laomedon. — 3) I., Sohn des Mermerus, der in Ephyra herrschte, welches seiner Gifte wegen berühmt war, daher einer der Freier der Penelope besorgte, Telemachus könne dahin gezogen sein, um Gift zu holen und ihren Wein damit zu mischen. Ulysses wollte wirklich von I. Gift für seine Pfeile, doch weigerte diess der Herrscher, aus Furcht vor dem Zorn der Götter.

Ilumatcuitli (Mex. M.), die Göttin des Alters.

Imbramus (Gr. M.), Beiname des Mercur in Carien.

Imbrasia (Gr. M.), Beiname der Juno auf Samos; ebenso der Diana.

Imbreus (Gr. M.), ein Centaur, auf der Hochzeit des Pirithous mit Eurynomus, Lycidas und Areos durch den mordenden Dryas niedergeschmettert.

Imbrius (Gr. M.), Mentors Sohn, in Pedäus wohnend und, bevor die Achäer gekommen, mit Medesicaste, Priamus' Tochter, vermählt. Als der Krieg ausbrach, kam er nach Troja, wohnte bei Priamus, und ward von diesem gleich dessen eigenen Söhnen geehrt. Teucer, der Sohn Telamons, traf ihn mit der Lanze unter dem Ohr. Die beiden Ajax trugen seinen Körper fort, um ihn der Rüstung zu berauben.

Imperator (Röm. M.), Beiname des Jupiter (s. d.).

Inachis, Beiname der Io, Tochter des Inachus.

Inachus (Gr. M.), ältester König von Argos, wie man vermuthet, aus Aegypten dahin gekommen, ein hochgefeierter Landesheros, und zwar, nach Pausanias' Bericht, nicht ein Mensch, sondern ein Flussgott (Sohn des Oceanus und der Tethys). Er hatte wegen des Besitzes von Argolis einen Streit zwischen Juno und Neptun zu entscheiden, und sprach das Land der Erstern zu, welchen Ausspruch die Flussgötter Cephisus und Asterion bestätigten; da entzog voll Zorn Neptun ihnen allen das Wasser, so dass sie im Sommer ganz trocken sind, sonst aber auch nur fliessen, wenn es regnet. I. war vermählt mit einer melischen Nymphe, Tochter des Oceanus, oder mit seiner Schwester Argea, und Vater des Phoroneus, des Aegialeus, der Io, des hundertäugigen Argus, und des Phegeus oder Pegeus.

Ina Kaki (Japan. M.), ein berühmtes mythisches Heldengeschlecht, dessen Stammvater Amano ta tsikaru o, in dem Kamihofe zu Ise (im Bezirk Wataraje) eine Capelle hat.

Inanda hime (Japan. M.), die Sonnengöttin. Vergl. Sosano wono mikoto und Mikosi arai.

Inari (Japan. M.), der Reisähren tragende Greis, eine Umwandlung des Nebengottes Sju-go-zin, welcher von dem Sintoodienst oder Kami-Cultus aus einem gefürchteten Begleiter des Mondgottes, der in Fuchsgestalt neben ihm herlief, in einen wohlthätigen Schutzgott der freiliegenden Ackerfelder gegen Diebstahl verwandelt wurde; auch Feuerschaden soll er abwenden. Merkwürdig ist, dass mit dieser Umwandlung der Fuchs nicht aufhörte zu existiren, sondern noch immer ein dienstbarer Geist, jetzt so seiner eigenen Verkörperung in den Inari, wie früher des Mondgottes blieb.

Index (Gr. M.), »der Anzeiger«, Beiname des Hercules, welcher dem Sophocles durch Träume offenbarte, dass aus seinem Tempel eine goldene Schale gestohlen sei.

Indigetes (Röm. M.), wurden alle vergötterte Vorfahren, welche Eingeborene Italiens waren, genannt: Romulus, Faunus, Picus und Andere.

Indip Raymi (Peruan. M.), das vornehmste Fest von den vier uns bekannten, welche jährlich der Sonne, der höchsten Gottheit des südamericanischen Hochlandes, gefeiert wurden. Es begann, wann die Sonne am höchsten stand und ihren Rückweg nach den Aequatorial-Regionen nahm. Cuzko war der Hauptsitz dieses Festes, zu welchem aus allen Gegenden des Reichs zahllose Pilgerschaaren herbeiströmten. Drei Tage vor Beginn desselben brachte man schweigsam in heiligen Betrachtungen, unter Reinigungen und Fasten zu, dann versammelte sich in der Nacht die ganze Bevölkerung auf der Höhe, welche die weite Ebene von Cuzko beherrschte, und mit dem ersten Strahle, den die Sonne über den Horizont sandte, warf sich Alles auf die Kniee und betete den wohlthätigen Gott an; in goldenen Schalen wurden ihm Trankopfer

Fig. 172.

gebracht, und dann mit entblössten Füssen nach dem grossen Sonnentempel gezogen, wo feierliche Opfer von Schaafen auf Scheiterhaufen von wohlriechendem Holze verbrannt wurden, während welcher die Priester aus den Eingeweiden Glück oder Unglück des nächsten Jahres prophezeiheten. Nach diesem Feste wurden noch acht Tage in ununterbrochener Lust und Freude zugebraeht.

Indische Büsser. Fig. 172. Hiezu die Abbildung, s. die Artikel Jogi und Indische Mythologie.

Indische Mythologie. Im grauesten Alterthum, in das nur unsichere Schlüsse und Vermuthungen uns einen Blick werfen lassen, haben wir uns auf jenen Hochflächen Asiens, wo die zwei grossen Hochländer, das westliche und das östliche, zusammenhängen, an den Quellen des Indus und seiner Zuflüsse ein Urvolk zu denken, von welchem die wichtigsten der gebildeten Völker, Inder und Perser, Griechen und Römer, Germanen und Slaven abstammen. Für diese gemeinschaftliche Abstammung zeugt am Entschiedensten die ausserordentliche Verwandtschaft ihrer Sprachen, die sich nicht nur in den gleichen Wurzeln der Wörter, sondern auch in den ähnlichen Formen ihrer Bildung und Abwandlung kundgibt. — Die älteste von diesen Sprachen ist die heilige Sprache der Indier, Sanskrit genannt. Da in dieser der Name für Gott der Wurzel nach derselbe ist, wie in den Sprachen der verwandten Völker, so schliessen wir daraus, dass das Urvolk selbst, ehe noch irgend eine Trennung und Auswanderung stattfand, bereits auf den Gedanken eines höhern Wesens gekommen war, von welchem der Mensch abhänge und das er ebendesshalb zu verehren habe. In öden einförmigen Gegenden, weiten Steppen, Wäldern, Wüsten, fühlte das noch auf dem tiefsten Punkte der Natürlichkeit stehende Volk auch die über ihm waltende Macht als ein einziges Wesen, und zwar wurde ohne Zweifel der glänzende Himmel über ihm (dju) zuerst als diese herrschende Gewalt angeschaut. Je mehr sich aber das geistige Leben des Volkes entfaltete, desto sicherer musste es in seinem Glauben einen Schritt weiter gehen, und nicht mehr den sichtbaren Himmel, sondern etwas hinter und über demselben Gedachtes, ein unsichtbares Wesen, zu seinem Gott machen. Die Juden kamen auf diesem Wege zu dem Glauben an den Einen, geistigen Gott, die indo-germanischen Völker dagegen liessen sich, sobald sie in reicher organisirte Gegenden kamen, dazu verleiten, eine Menge natürlicher Kräfte und Erscheinungen zu Göttern zu erheben, d. h. ihre Religion wurde polytheistisch. — Bevor aber diese Veränderung eintrat, war bereits die Trennung des Urvolks vor sich gegangen, d. h. die Vorfahren derjenigen Völker, welche Europa bewohnen, waren gegen Westen gewandert, und hatten einen Stamm zurückgelassen, der sich noch eine Zeit lang in Gemeinschaft fortentwickelte, dann aber auch in zwei Völker auseinander trat, das sogenannte Zend-Volk, welches sich vom Hindukuh westlich über Iran und Turan ausbreitete, und das Volk der Hindu, welches in östlicher Richtung zuerst das Ganges-Thal, später aber das ganze heutige Vorderindien in Besitz nahm, indem es die Ur-Einwohner theils vertrieb, theils unterjochte. — Da wir von jenem erstern, dem Zend-Volke, eine heilige Urkunde ihrer Religionslehren, den Zend-Avesta, und ebenso von den Hindus noch ältere Quellen an ihren heiligsten Büchern, den vier Veda's, haben, so können wir durch die Vergleichung beider sehen, welche Lehren ihnen gemeinschaftlich sind, und also schon vor ihrer Trennung ausgebildet wurden. Der höchste Gott war damals Indra, welches sowohl den Mond, als auch den Geist bedeutet, zum Beweis, dass man zuerst von dem ganzen Himmel auf den Mond, gleichsam seinen bebenden und erleuchtenden Geist, als auf den höchsten Gott überging. Ausserdem finden wir noch 33 verschiedene Götter, nämlich 8 Va-sus. d. h. die Guten, wozu Feuer, Erde, Wind, Sonne, Himmel gehören, ein neuer Beweis, wie auch die ganze indische Mythologie ursprünglich nichts Anderes als Naturreligion war; ferner 11 Rudras, die 10 verschiedenen Hauche des Menschen sammt seiner Seele; sodann die zwölf Aditjas, vielleicht die 12 Monate, und endlich die beiden Asvinan, d. h. göttliche Reiter, welche mit den griechischen Dioscuren Aehnlichkeit haben und ohne Zweifel gleich diesen Morgen- und Abendstern vorstellen. — Wir gehen nun zur Darstellung der eigentlichen indischen Religion über, wie sie geworden ist, seitdem sich der indische Volksstamm in seinem jetzigen Wohnplatze, in Vorderindien, niedergelassen hat. Es mögen aber von dieser Einwanderung an bis jetzt wohl 4000 Jahre verflossen sein, und es ist daher sehr natürlich, dass in dieser langen Zeit, obgleich der Orientale mehr zur Beharrlichkeit im Alten geneigt ist, dennoch die Religion verschiedene Veränderungen erlitten hat. So können wir hauptsächlich vier Perioden der indischen Religionsgeschichte unterscheiden: die älteste geht bis ungefähr 900 v. Chr., und ist in den älteren Theilen der Veda's dargestellt; die zweite ist die eigentliche Brahma-Verehrung mit den zwei Haupt-Göttern Wischnu und Schiwa; die dritte beginnt mit einer Art Reformation oder Revolution, durch welche der Buddhaismus etwa 250 v. Chr. zur Staatsreligion erhoben wurde. Er blieb diess bis 800 n. Chr., worauf er durch eine gewaltsame Reaction und blutige Verfolgung aus ganz Indien vertrieben wurde. Von da an bis jetzt, in der vierten Periode, ist der Bramanismus wieder herrschend, aber das Volk ist in viele religiöse Secten getheilt. — Von der ältesten Periode ist uns wenig bekannt. Wischnu und Schiwa gehörten noch nicht zu den vorzugsweise verehrten Gottheiten, wohl aber fand sich das religiöse Bewusstsein gedrungen, die vielen allmälig angenommenen Gottheiten wieder mehr monotheistisch unter Einem Haupte zu vereinigen. Anfänglich galt die Sonne, und als ihr Abbild auf Erden das Feuer als diese Eine früheste Macht der Welt. Bald aber erhob sich das von Natur tiefsinnige und mit philosophischem Geist begabte indische Volk zu einem über die sichtbare Natur erhabenen, geistigen Urgrund aller Dinge, es stellte sich die lebendige Kraft und die gesetzliche Ordnung, welche es in der ganzen Welt erblickte, selbst als das göttliche Wesen vor, und seine Religion wurde dadurch pantheistisch. Diese zur göttlichen Person erhobene Weltordnung ist der Brama, welcher Name eigentlich Wachsthum, d. h. eine sich aus sich selbst entfaltende Kraft bedeutet. Zu diesem philosophischen Glauben konnten sich aber nur Diejenigen erheben, welche sich durch besondere Denkkraft und einen tiefern Geistesblick vor den Andern auszeichneten, und dadurch wird es sehr wahrscheinlich, dass mit dem Glauben an Brama auch die höchste und angesehenste Kaste der Indier, die der Braminen, entstanden ist. — Das Kastenwesen selber ist nämlich die uralte Einrichtung dieses Volkes gewesen, und besteht in einer solchen Eintheilung nach den verschiedenen Berufsarten und Lebensweisen, dass jeder Einzelne durch seine Geburt einer bestimmten Kaste angehört, und gezwungen ist, die Lebensart von dieser auch anzunehmen. Die zahlreichste Kaste war die der Sudras, das gemeine Volk, bestimmt zum Dienste der höheren Kasten. Ueber ihnen stehen die beiden Kasten der Kschatrija (Krieger), von denen die Könige genommen wurden, und der Waisja's, der grossen Landbesitzer und Kaufleute. Aus diesen oberen Kasten nun hat sich wahrscheinlich die höchste, die der Braminen, heraus entwickelt, durch ausgezeichnete religiöse Kenntnisse, die sie zum Theil als Geheimlehre in ihren Kreisen zurückbehielten, und durch besondere Heiligkeit im Wandel. Diese Kaste besteht allein bis auf den heutigen Tag unangefochten und zahlreich fort, während die anderen sich allmälig vermischt und in etwa vierzig neue verloren haben. Ganz abgeschieden von den Hindu und auf's Tiefste verachtet leben dagegen die Parias, die Nachkömmlinge jener Ur-Einwohner, welche von den Hindu bei ihrer Einwanderung unterdrückt wurden. Sie sind Sclaven, die als Sache behandelt werden; sie anzurühren oder in die Wohnung kommen zu lassen gilt iür Sünde, und welcher Hindu unter sie heirathet, wird selbst Paria. — Die Verehrung des Brama hat sich von den Braminen aus unter allen Indiern ausgebreitet, obwohl das Volk ihn mehr persönlich, als Schöpfer und Regenten der Welt, und obersten Beherrscher aller Götter betrachtet. Uebrigens steht Brama, nach der Lehre der Veda's, nicht als wirklicher Schöpfer und Herr der Welt gegenüber, sondern sie ist aus ihm selbst hervorgegangen. Man nennt diess die Emanationslehre, und die Veda's stellen die Sache so dar: da Brama sich selbst anschaute, entstand die Puruscha, d. h. die Urseele; diese fiel aber von dem Gott ab, und zur Strafe dafür schuf er die körperliche Welt, in welcher die Geister nun wohnen müssen. Sie haben jedoch die Bestimmung und Kraft, sich allmälig durch Ankämpfen gegen die sinnlichen Triebe und durch eine Menge Bussübungen zu läutern, um am Ende wieder mit ihrem Urquell, dem Brama, sich zu vereinigen. Uebrigens hat jeder Geist dazu verschiedene Stufen zu durchlaufen, er wird zuerst in den Leib einer niedern Thierklasse, dann in den einer höhern, endlich in einen menschlichen eingeschlossen, und schreitet so immer vorwärts; so oft sein Leib stirbt, kommt er in einen höhern, vorausgesetzt, dass er sich der Erhöhung würdig gemacht hat. Diess ist die bekannte Lehre von der Seelenwanderung, welche den Indiern verbietet, Thiere umzubringen, weil sie in den Seelen verwandte Wesen achten, die noch Menschen werden können. — Die ganze gegenwärtig bestehende Welt ist aber der Vernichtung bestimmt. Brama schafft jedesmal aus einem Urstoff eine Welt auf bestimmte Zeit, nach deren Ablauf sie zu Grunde gehen muss, um durch eine neue ersetzt zu werden. Zuletzt aber wird er die materielle Welt für immer zerstören, und ein geistiges Reich von reinen Seelen dafür einführen. So lang noch eine Welt besteht, sieht Brama ruhig zu, wie sich Alles aus den einmal in sie gelegten Kräften von selbst entfaltet, er ist so lange im Zustand des Schlafens. Dann aber ist er wieder der Wachende, um die geschaffene Welt zu zerstören und eine neue zu schaffen. — Am Ende dieser ersten Periode scheint eine politische Trennung und Verfeindung der verschiedenen indischen Völker stattgefunden zu haben, und diess muss der Grund gewesen sein, dass sich in den getrennten Theilen verschiedene, einander feindselige Glaubenslehren und Culte bildeten. Die Lehre vom Brama war überhaupt dem gemeinen Volk zu hoch und zu speculativ, und so fing der eine Theil an, den Wischnu, der andere, den Schiwa als seinen höchsten Gott anzubeten. — Nach dem J. 900 v. Chr. vereinigten sich alsdann die getrennten Theile wieder zu Einem Reich, und die Braminen fanden es in ihrem Interesse, die inzwischen gebildeten Culte dadurch mit einander zu versöhnen, dass sie lehrten, Brama, Wischnu und Schiwa seien eigentlich Eins, und bilden eine Art Dreieinigkeit. Diess ist der hauptsächlichste Glaubenspunkt in der zweiten Periode gewesen, welche bis zur Einführung des Buddhaismus 250 v. Chr. zu rechnen ist. — Die Hauptlehren über jene drei in sich geeinten Hauptgötter der Indier sind folgende: 1) Brama ist Urvater des Weltalls, Prayapatis, Herr der Schöpfung, Lokakarta, Weltenbildner u. s. w. Als seine Gemahlin gilt Sarasvati, die aus dem Wasser Geborne; ihr, wie ihm, ist der Flamingo heilig. 2) Wischnu ist bei seinen Verehrern der höchste Gott, ja selbst Brama ist nach ihrer Lehre erst aus Wischnu hervorgegangen. Wischnu wird als die milde und wohlwollende Gottheit angebetet, welche die Welt erhält, und aus Liebe zu den Menschen in zehn verschiedenen Zeitabschnitten Menschengestalt angenommen und das menschliche Leben mitgemacht hat. Man nennt diess die Incarnationen Wischnu's (indisch: Avataram = Herabsteigung). Die wichtigste ist die achte, in welcher er als Krischna mit göttlicher Macht erschien; er wurde als Hirte erzogen, versenkte sich in viele Liebesspiele, offenbarte sich aber endlich als göttlicher Held durch Ueberwindung des bösen und ungerechten Königs Kansa, dessen Tyrannei Menschen und Götter nicht mehr ertragen konnten, so dass Brama und Schiwa selbst ihn zur Hülfe auf riefen. 3) Schiwa, eigentlich »der Wachsende«, ist auch eine göttliche Macht, aber mehr nach ihrer verneinenden und zerstörenden Kraft. Er heisst Mahadeva. der grosse Gott, Paramesuara, der höchste Herr. Sein Hauptsinnbild ist der Lingam, (s. d.), welchem hohe Verehrung gezollt wird. — Die verschiedenen Bedeutungen, die sich allmälig an diese drei Gottheiten anknüpften und sie einander entgegenstellten, zeigt folgendes Schema:

Brama ist Sonne — Schöpfer — Macht — Vergangenheit — Materie.

Wischnu ist Wasser — Erhalter — Weisheit — Gegenwart — Raum.

Schiwa ist Feuer — Zerstörer — Gerechtigkeit — Zukunft — Zeit.

Ausser diesen drei Hauptgöttern hat sich aber der indische Volksglaube noch eine zahlreiche Menge anderer, sowohl männlicher als weiblicher Gottheiten geschaffen. So wurden für die acht Haupthimmelsgegenden, für menschliche Gedanken, für Jahr, Monat, Tag, Krieg und Frieden besondere göttliche Geister angenommen, so wurden Thiere, Pflanzen, Berge, Flüsse göttlich verehrt, namentlich ist der Ganges und der Berg, wo er entspringt, Gangotei, Gegenstand der Anbetung und hoch gefeierter Wallfahrtsort; sein Wasser dient nicht nur zur Heilung von Krankheit, sondern auch dem, der darin badet, zur Vergebung der Sünden. So wurde ferner Naradas verehrt als Bote der Götter, Ganêsas als Gott der Klugheit; sodann ist Kamas, Sohn des Krischna, Gott der Liebe, und erscheint auf Bildern von tanzenden Nymphen umgeben und vom Frühling begleitet. Die Apsarasas sind weiblichen Geschlechts, wunderschöne Jungfrauen, bestimmt, mit ihren Reizen im Himmel die Götter und abgeschiedenen Menschen zu erfreuen, ihre Zahl beträgt 600 Millionen. — Dagegen schrecken aber auch den Indier eine Menge böser und furchtbarer Geister, die auf sein Verderben ausgehen. So sind die Rakschasas ein teuflisches Geschlecht, riesengross und grauengestaltig, Phantasiebilder, entstanden durch die Schrecknisse, welche in des Menschen Kampf mit der Natur ihm entgegentreten; einige von ihnen helfen dem Kuvêra, dem Gott der Geizigen, die unterirdischen Schätze gegen die Habsucht der Menschen bewachen. — Endlich werden von den Thieren hauptsächlich Pferd und Stier wegen ihres Nutzens, die Schlangen wegen ihrer Gefährlichkeit angebetet, von den Pflanzen vorzugsweise die Bananen, wegen ihres Nutzens und ihrer schnellen Verbreitung. Einen Stier zu tödten, ist ein Verbrechen, das keine Busse sühnen kann, und noch heiliger ist die Kuh, welche dem Indier so wichtig und nützlich erscheint, dass er sie sogar zum Sinnbild aller Fruchtbarkeit und aller Gaben der Erde gemacht, und die Erde selbst als die grosse, alle Wünsche erfüllende Wunderkuh dargestellt hat. Aus der Verbindung der Schlangen mit Halbgöttern entstand das ebenfalls heilige Geschlecht der Affen, und es ist bekannt, welche wichtige Rolle in den Legenden des Volks der freundliche und weise Affenkönig Hanuman spielt. — Neben dieser Götterlehre der zweiten Periode kommt aber auch weiter in Betracht, welche Theorien sich über das religiöse L e b e n der Menschen ausbildeten. Ganz bestimmt wird in den Vedas unterschieden zwischen der religiösen Handlung und der religiösen Erkenntniss; jedes der vier Vedas zerfällt in die Karmakanda, Abtheilung der Handlungen, und die Gnanakanda, Abtheilung der Erkenntniss. Hiernach ist auch die Denkweise der philosophischen Denker ganz und gar verschieden von der des Volks: dem letztern sind die Werke die Hauptsache, die periodischen Genüsse das Ziel; der Weise dagegen achtet die Werke gering, glaubt an jene Genüsse nicht, und hält für das höchste Gut das reine, selbstsuchtlose Denken; durch die Wissenschaft geht er in Gott selbst auf, und diess ist seine Erlösung, seine Seligkeit. — Die Werke, welche dem Volke zu seiner Seligkeit vorgeschrieben werden, sind theils empfohlene, wie Tempel bauen, Brunnen graben, Almosen geben, theils befohlene, deren Unterlassung also Sünde ist. Jede Kaste hat ihre eigenen guten Werke, und wenn Einer die der fremden Kaste besorgen will, begeht er Sünde. Die allgemeinen frommen Werke sind aber: 1) Gebete, welche an einem Rosenkranz vor- oder rückwärts in dumpfem Tone hergesagt werden; 2) körperliche Reinigungen, besonders mit dem Wasser des Ganges. Auch von diesem zu trinken ist ein frommes Werk, und die Braminen verschicken es in Flaschen an die Fürsten von ganz Indien; 3) Opfer, sowohl aus geschlachteten Thieren, als aus unblutigen Gaben, Früchten, Honig u. dgl. bestehend. Auch Menschenopfer sind nicht ganz selten, namentlich wurden solche der schrecklichen Kali, Gemahlin Schiwa's, dargebracht. — Der Hindu glaubt fest, dass jedes Werk seine bestimmte Folge habe, die unausbleiblich sei; für böse Handlungen ist ein bestimmtes Mass von Unglück zu erwarten, daher die bekannte Gewohnheit der Indier, sich selbst Qualen aufzuerlegen, um desto eher von der Strafe frei zu werden. Umgekehrt glauben sie aber auch, dass diese Selbstpeinigungen länger als die Strafe fortgesetzt werden können, und dann aus ihnen zuletzt ein Activ-Capital erwachse, ein Guthaben an den Gott, wodurch man ihn zwingen könne, so und so viel Glück verabfolgen zu lassen. — Zu den frommen Werken der indischen Religion gehört endlich auch noch die Feier gewisser zahlreicher Feste, welche das Jahr hindurch begangen werden. An achtzehn derselben m u s s jeder Jndier Theil nehmen. Die Feier besteht in Opfern, Illuminationen, festlichen Aufzügen mit Herumtragen der Götterbilder, Spielen, Tänzen, Musik u. s. f. Bei ihnen wirken gottgeweihte Jungfrauen mit: Deva dasis (Gott gegebene), nâtakeas, Tänzerinnen, jetzt Bajaderen genannt von dem portugiesischen Balladeiras (Ballet). Sie gehören zu bestimmten Tempeln, besonders des Schiwa, und müssen zum Behuf der Festfreude ihre Reize preisgeben. Ueberhaupt sind die Braminen, da die Feste ihren Tempeln Einkünfte bringen, sehr bemüht, sie sowohl durch geräuschvolle Vergnügungen, als durch Erdichtungen über die Wunderkraft ihres Götzenbildes recht besucht zu machen. — Die andere Seite des religiösen Lebens, die Erkenntniss der Gottheit, ist Sache der auserwählten Weisen, welche namentlich unter den Braminen sich finden. Ihnen sind die Werke etwas Gemeines; durch stete Betrachtung des eigenen Wesens und Versenkung in die Tiefen des Geistes glauben sie die wahre Erlösung, die Vereinigung mit Gott (jôga, jungere) zu erreichen, und wer auf diesem Wege danach strebt, ist ein Jôgi. Auch er nimmt Bussübungen an sich selbst vor, aber nicht als ein gutes Werk, sondern um damit die Sinnlichkeit zu ertödten. — Hat der Jogi alle Sinnlichkeit abgetödtet, so fängt er nicht etwa an, zu studieren oder in verständiger Weise nachzudenken, um zur göttlichen Erkenntniss zu gelangen, sondern er kommt zur unmittelbaren Anschauung der eigenen Seele, und zugleich zur Erkenntniss, dass Alles in Gott und Gott in Allem ist, und dass es eine beklagenswerthe Täuschung wäre, zu meinen, es könne irgend etwas ausser Gott existiren. Durch die Erkenntniss Gottes geht er selbst in das göttliche Wesen über, und hat davon ein dreifaches Heil: 1) schon im Leben Antheil an dem Wissen und der Macht Gottes, 2) nach dem Leben zuerst den Eintritt in den Himmel Brama's, 3) später aber das vollständige Aufgehen in Gott, das nir-vânam, die Verwehung. — Gegen diese ganze bramanische Religionsform nun erhob sich seit ungefähr 500 v. Chr. eine sehr bedeutende Opposition, die sich an die Person des Gautama knüpft. Dieser, gestorben 543, trat als Reformator auf und bekämpfte sowohl die bramanische Lehre, als die Macht ihrer Hauptrepräsentanten, der Braminen. Seine Verehrer nannten ihn Buddha, d. h. der Weise, und von jedem seiner Anhänger wurde verlangt, dass er ebenfalls ein Buddha werde, ja, die Gottheit selbst wurde jetzt der Adhi-Buddha (Ober-Buddha), und desswegen heisst diese Religion der Buddhaismus. Er gewann immer mehr Anhang, am meisten auf der Insel Ceylon, und so konnte ihn der indische Kaiser Asokas 250 v. Chr. zur Staatsreligion des indischen Volkes erheben. Damit beginnt also die dritte Periode der indischen Religionsgeschichte. — Die Veränderung der Glaubenslehre bestand hauptsächlich darin, dass der persönliche Gott ganz geläugnet und die Weltordnung wirklich für die einzige Gottheit erklärt wurde, daher die Buddhisten auch als Atheisten verdammt wurden. Allem Anschein nach haben sie aber damit nur öffentlich ausgesprochen, was längst die Geheimlehre der Braminen selbst war. Alle Dinge sind nach ihrer Lehre vollendet und beherrscht durch Swabhâva (eigenes Sein, inneres Gesetz), welcher regiert in dem Akasas, d. h. im leeren Raum; dadurch ist dieser unendlich und intellectuell, und aus ihm gehen alle Dinge hervor, welche wiederum den Swabhâva als ihre eigene Kraft und Natur in sich haben. Alles wechselt zwischen Entstehen und Vergehen, nur dem Menschen ist möglich, aus dieser Welt ewiger Veränderungen in die selige Ruhe des Nichtseins sich zu versenken. Die Mittel dazu sind: tapas, d. h. Büssung, und dhjanam, d. h. Nachdenken; aber die Büssung besteht hier durchaus in keinen positiven Leiden, die der Buddha übernehmen müsste, sondern nur in der Enthaltung von allem Ueberflüssigen. Sobald indessen diese neue Religion wirklich populär wurde, konnte es nicht ausbleiben, dass auch mit ihr sich sinnliche Vorstellungen vermischten, und wieder viele zum Theil sichtbare und körperliche, theilweise auch aus der frühern Lehre herübergenommene Götter verehrt wurden. So kennt die Buddhalehre in Nepal 44 verschiedene Welten, die oberste ist die Feuerwelt, worin Adhi-Buddha thront, dann kommen 13 Welten der vollendeten Buddha's, dann 18 des Brahma, 6 des Wischnu u. s. f. Die Buddhisten in Siam dagegen lehren 22 Welten, in den 6 niedrigsten findet Fortpflanzung der himmlischen Geister statt: in zwei nach Art der Menschen, in einer durch Umarmung, in der nächsten durch blosse Berührung mit der Hand, in der nächsten durch das Gespräch, endlich gar durch den Blick. Auch eine Art Dreieinigkeit hat dieser Buddha-Glaube dem brahmanischen nachgebildet, obwohl sie mehr philosophischer als religiöser Natur ist. Es soll nämlich Buddha die Weltordnung, erfasst im denkenden Geiste des Menschen, Dharma die Weltordnung an sich, und Sangha (Haufen) die durch die Weltordnung in Eins zusammengefasste Vielheit unauflöslich miteinander verbunden und die dreieinige Gottheit sein. — Weit wichtiger aber, als diese Veränderungen in der Glaubenslehre, waren diejenigen, welche der Buddhaismus im practischen Leben eintreten liess. Vor Allem erwies er sich dadurch als durchgreifende Reformation, dass er allen Unterschied der Kasten aufgehoben wissen wollte. Diess war auch der Hauptgrund, dass die grosse Menge des Volks der neuen Lehre zufiel, während umgekehrt die Braminen mit aller Zähigkeit und Hartnäckigkeit diesem Umsturz ihrer Macht und ihres Ansehens widerstanden. Für's Zweite aber stellte Buddha eine neue, allem Volk verständliche und zugängliche Sittenlehre auf. Derselbe Dharma, welcher die ganze Natur regelt und in Schranken hält, sollte als Richtschnur des Handelns für das sittliche Leben des Menschen gelten. Weiter ausgeführt finden wir diese Grundsätze in den zehn Geboten der Buddhisten. — I. Auf das Handeln beziehen sich drei Gebote: 1) nicht die geringste Creatur zu tödten; 2) sich keines fremden Eigenthums zu bemächtigen; 3) die Pflichten der Keuschheit nicht zu verletzen. — II. Dem Reden gelten vier Gebote: 4) nicht lügen; 5) nicht verläumden; 6) nicht beleidigen; 7) durch Klatschereien nicht zu Zank und Streit Gelegenheit geben. — III. Für das Denken sind wieder drei Gebote vorgeschrieben: 8) nicht hassen; 9) nicht an den heiligen Schriften zweifeln; 10) an die Unsterblichkeit glauben. — Dass jeder Handlung ihre bestimmte Vergeltung nachfolge, ist buddhistische wie bramanische Lehre, ebenso, dass nach dem Tode das Gericht komme, welches mit Gerechtigkeit Lohn und Strafe verhänge. Auch in glänzenden Festen mit Musik und Processionen stand die neue Religion hinter der alten nicht zurück. Endlich wurde Fasten und überhaupt ascetische Lebensweise auch hier für heilig gehalten, und als neue Einrichtung kam das Zusammenleben frommer Buddhisten in Manns- und Frauen-Klöstern hinzu. — Der Buddhaismus herrschte ungefähr 1000 Jahre in Indien; aber neben ihm erhielten sich die Braminen in ihrem Ansehen, und hörten nicht auf, ihm unter dem Volk entgegenzuwirken und die Verehrung des Brama in den Gemüthern zu erhalten. Erst im 9. Jahrhundert n. Chr. gelang es ihnen, ihren Feinden den Sieg zu entreissen und zuletzt durch blutige Verfolgungen alle Buddhisten aus Indien zu vertreiben. Damit beginnt denn die vierte und letzte Periode, welche noch fortdauert und den Brahmanismus wieder zur herrschenden Religion hat. Der Unterschied der Kasten war in das Volk von Uralters her zu tief eingedrungen, als dass seine Aufhebung hätte durchgeführt werden können. Die Läugnung des persönlichen Gottes widerstrebte ohnehin dem Verstand des gemeinen Volkes, und so konnten die Braminen dasselbe am Ende wohl überzeugen, dass das Ganze nur Täuschung und Sünde gewesen, und das einzige Heil die Rückkehr zum alten Glauben sei. Dieser wurde auf's Neue ausgeschmückt, z. B. für die göttliche Dreieinigkeit des Brama, Wischnu und Schiwa der neue Name Trimurti geschaffen, neue Feste und Gebräuche eingeführt, und wenn auch nicht die alten vier Kasten wiederhergestellt, doch die der Braminen durch heiligen Wandel als Gegenstand hoher Verehrung hingestellt. In Hamiltons »Beschreibung von Indien« sind von der einzigen Landschaft Burdwan mit 26 Ortschaften 46 Kasten aufgezählt, und von diesen zählt die der Braminen 7000, die der Kschatrias 27, die der Schreiber 2000, die der Aerzte 124 Individuen u. s. f. Der Buddhaismus aber, aus Hindostan verbannt, hat sich über einen grossen Theil von Asien ausgebreitet, und ist jetzt in Hinter-Indien, China, Tübet, bei den Mongolen die herrschende Religion, obwohl er überall sich den Eigenthümlichkeiten der verschiedenen Völker accommodirt und daher auch allerlei Formen angenommen hat. Der einzige Theil von Vorder-Indien, in welchem er herrschend geblieben ist, ist das Fürstenthum Nepal am Fusse des Himalaya. Dagegen ist noch eine Secte, die der Dschaina's, geduldet, welche die buddhistische Religion mit der bramanischen zu verschmelzen wusste. — Eine ganz eigenthümliche Religion haben endlich die Sikhs im Pendjab, welche aus bramanischem und muhamedanischem Glauben gemischt ist. Sie sind reine Deisten, erkennen nur Einen unsichtbaren Gott als Weltregenten an, verdammen alle Bilder-Verehrung und fordern allgemeine Menschenliebe, haben also auch allen Kasten-Unterschied aufgehoben. Der Stifter dieser Religion war Nannek im J. 1540, und später hat Guru Gowind einen kriegerischen Staat bei ihnen gegründet, so dass das Volk allmälig sehr streitlustig wurde, und früher mit den Muhamedanern, später mit den Engländern viele blutige Kriege führte, bis es in der letzten Zeit diesen unterlag und ihre Herrschaft anerkennen musste.

Indra Fig. 173. (Ind. M.), der Sonnengott, einer der zwölf (der erste) Adityas, Sohn des Gottes Kasyapa und der Aditi; ein Gott der zweiten Classe, doch sehr hoch verehrt. Er beherrscht den Luftkreis, ist König aller Genien, welche im Luftkreise oder im überirdischen Paradiese wohnen. Der Donnerkeil, Wadschra, ist sein Erkennungszeichen. Täglich umkreist im goldenen Wagen I. die Erde, welche er unmerklich berührt; doch sieht und weiss er Alles, denn er beobachtet mit tausend Augen. Seine Verehrer haben unter sich die Heirath nach den einfachen Ceremonien der Gandharwa eingeführt. Satschi heisst seine Gemahlin, von welcher er einen Sohn, Dschayanta, hat. Der Berg Meru, der Nordpol, ist sein Wohn-

Fig. 173.

sitz. Amarawati heisst seine himmlische Stadt, Wardschayanta sein Palast, Nandana sein Garten. Airawat ist sein erster Elephant und Mattala sein Wagenführer. Er gebietet über Wind und Regen. Unser Bild stellt ihn, auf seinem Elephanten reitend (wie er oft abgebildet wird), vor. Dieser aber brachte ihn einst in ein schreckliches Unglück, denn da der heilige Duruwassen, ein Braminenbettler, ihm begegnete und ihm einen Blumenkranz überreichte, welchen der Elephant, da sein Herr etwas zu achtlos mit dem Geschenk des Bettlers umging, zerriss, so verfluchte ihn der Bramine, und diess hatte zur Folge, dass der Gott seine ganze Macht verlor, durch die Riesen besiegt und aus seinem Reich vertrieben wurde, welches er nur auf wiederholte Demüthigung vor dem Bettler und auf Fürbitte des Wischnu wieder erhielt.

Indra Dewas (Ind. M.), Göttinnen oder Nymphen, welche ausschliesslich in des Sonnengottes Indra Reich gehören; sie bewohnen Bäume und Blumen, wie die Dryaden der Griechen. Die blühende Phantasie der Indier hat unter dem glücklichsten Himmelsstrich Alles mit heiteren oder finsteren Genien bevölkert. Die jungen Mädchen wagen es nicht, ein Blättchen von den Blumen zu pflücken, von denen sie glauben, dass sie von einer Nymphe bewohnt sind.

Infernus (Röm. M.), Eigenschaftswort für Alles, was zur Unterwelt gehört.

Ingenicula, s. Engonasi.

Ingeniculus, s. Hercules.

Ingi (Nord. M.), einer von den zehn Zwergen, welche von Swains-Haugi nach Orwanga auf Jornwal kamen.

Ingiald Ilraeda (Nord. M.), König von Schweden, welcher seine Regierung damit begann, dass er alle zwölf Könige, von denen das Reich beherrscht ward, zu sich lud und sie sämmtlich ermorden liess; er erhielt davon den Beinamen Ilräda (der Mörder). Er ward von dem mächtigen Ivar Widfadme bekriegt und so weit gebracht, dass er in der letzten Nacht seines Lebens alle Helden und alles Volk von Upsal um sich versammelte, berauschte, Feuer in die Burg und Stadt legte, und sich mit seiner Tochter und der ganzen Bevölkerung verbrannte. Noch viele Jahrhunderte später zeigte man in jener Gegend zwei concentrische Ringmauern, welche zur Beschützung der Burg gedient haben sollen.

Ingnersoit, die Feuergeister der Grönländer; sie bewohnen den Strand und erscheinen dort häufig als Irrlichter, waren früher Menschen, wurden aber, als die grosse Fluth kam, in welcher die Erde unterging, in Feuergeister verwandelt. Es ist merkwürdig, dass selbst dort, wie bei fast allen rohen und civilisirten Völkern, sich Sagen von einer Sündfluth erhalten haben.

Ingo (Nord. M.), Sohn des Odin und König von Schweden, doch nicht selbst ein Gott, sondern ein Sterblicher, wie Niord, sein Sohn und Nachfolger, unter welchem die goldene Zeit des Reiches angenommen wird.

Innerterirsok, »der Verbieter«, ein Beherrscher der Luft bei den Grönländern, welcher durch die weisen Männer den Menschen sagen lässt, was sie thun und lassen sollen, um glücklich zu werden.

Innuarolit, Berggeister (Gnomen) der Grönländer, von ausserordentlicher Kleinheit, doch überaus geschickt; von ihnen haben die fremden Einwanderer alle Künste gelernt.

Innuet, die Geister überhaupt, welche nach der Grönländer Meinung Alles, das ganze Naturreich und jeden Körper in der Natur beherrschen.

Ino (Gr. M.), Tochter des Cadmus und der Harmonia, zweite Gattin des Athamas, bekannt durch ihre Grausamkeit gegen Phrixus und Helle (s. d.). Um sich dieser zu entledigen, veranlasste sie Misswachs und Hungersnoth im Lande dadurch, dass sie die Saatfrüchte dörrte und zum Keimen untauglich machte; dann bestach sie die das Orakel fragenden Gesandten, damit sie die Antwort zurückbrächten, die Götter würden nicht eher versöhnt werden, als bis man Helle und Phrixus ihnen opfere. Ihr Anschlag misslang, indem Nephele, die erste Gattin des Athamas, ihre Kinder entführte. Sie schien zur Strafe reif, denn den verderblichsten Auftrag, der einer Sterblichen werden konnte, brachte ihr Mercur, indem er ihr den jungen Bacchus zur Erziehung übergab. Die eifersüchtige Juno gerieth in heftigen Zorn, machte Athamas rasend, so dass er seinen und der I. Sohn, Learchus, erschoss, und seine Gattin, welche sich mit dem jüngsten, Melicertes, zu retten suchte, verfolgte, bis sie sich von einem Felsen des Isthmus in's Meer stürzte. Jetzt nahm Neptun sie unter die Meeresgötter auf als Leucothea, und ihren Sohn als Palämon (römisch Albunea, auch Mater matuta, und Portumnus). So kommt sie bei Homer vor: sie beschützt den Ulysses im Sturme, gibt ihm einen Gürtel, durch den er schwimmend sich an's Land rettet, und wird überhaupt von den Seefahrern als Retterin in der Gefahr angerufen. Viele Tempel waren ihr geweiht.

Ino hi no motsi (Japan. M.), ein Volksfest, am ersten Schweinstage (mehrere stets wiederkehrende Tage der einzelnen Monate werden nach Thieren benannt) des zehnten Monats gefeiert; man beschenkt einander dabei gegenseitig mit Kleinigkeiten, vorzüglich mit Kuchen.

Insitor (Röm. M.), eine Feld- und Garten-Gottheit; das Veredeln der Bäume sollte des I.s Geschäft sein.

Insulae beatorum (Röm. M.), die Inseln der Seligen, so viel wie Elysium.

Inte Nattenties, »einer, der nicht fortgeht«, heisst bei den Urnationen in Nordamerica der Polarstern von seiner Unbeweglichkeit. Sie brauchen denselben als Leitstern, und wissen sich in der bahnlosen Wildniss genau nach demselben zu richten.

Intercidona (Röm. M.), eine von den drei Gottheiten, welche eine Gebärende vor der Einwirkung des Silvan beschützen sollten; die beiden andern hiessen Pilumnus und Deverra.

Intonsus (Röm. M.), »mit unbeschnittenem Haare«, Beiname des Apollo.

Invidia (Röm. M.), Tochter des Giganten Pallas und der Styx, der personificirte Neid, im untersten Thale des Orcus tief versteckt, in nie besonnter, nie gelüfteter Wohnung hausend, vom Froste starrend, stets der Flamme beraubt und vom Dunkel umnachtet, an Natternfleisch nagend, und leckend mit von Gift umflossener Zunge. Minerva fordert sie auf, die Agraulos, eine von den Töchtern des Cecrops, zu beseelen, was veranlasste, dass Mercur diese versteinerte.

Io Fig. 174. (Gr. M.). Ueber diese Geliebte Jupiters berichtet Apollodor Folgendes: »Von Argus und Ismene, des Asopus Tochter, stammt Iasus, dessen Tochter I. gewesen sein soll. Sie war eine Priesterin der Juno; Jupiter liebte sie, in eine Wolke verhüllt; da jedoch Juno Beide überraschte, verwandelte Jupiter das Mädchen in eine weisse Kuh und läugnete mit einem Schwur seine Verbindung mit ihr. Juno aber erbat sich von Jupiter die Kuh, und stellte bei ihr den allsehenden Argus auf; dieser band sie an einen Oelbaum, der im Haine von Mycene stand. Von Jupiter beauftragt, suchte Mercur die Kuh wegzustehlen, wurde aber von Hierax verrathen; jetzt schläferte er, als Hirt verkleidet, durch sein trefflich Spiel auf der Panflöte den Argus ein und tödtete ihn. Drauf führte er die Kuh fort; allein Juno schickte der

Fig. 174.

Armen eine Bremse nach, welche sie rasend machte. In diesem Zustande kam sie zuerst zu dem nach ihr benannten jonischen Meerbusen, setzte sodann ihren Weg durch Illyrien fort, lief über den Hämus und setzte über die thracische Meerenge, die nun von ihr den Namen Bosporus (Rindsfurt) erhielt. Angekommen in Scythien, streifte sie weit und breit in der Wüste umher, durchschwamm sodann einen grossen Theil des Meeres von Europa und Asien, und kam zuletzt nach Aegypten, wo sie ihre frühere Gestalt wieder bekam, und an dem Flusse Nil den Knaben Epaphus gebar. Diesen verbargen auf Bitten der Juno die Cureten, allein Jupiter bemerkte es und tödtete die Räuber, I. aber, um ihren Sohn zu suchen, durchirrte ganz Syrien, wo Epaphus durch die Gemahlin des Königs der Byblier erzogen werden sollte; so war es auch, und nachdem I. ihn gefunden, kam sie nach Aegypten zurück, vermählte sich dort mit dem Telegonus, welcher die Aegypter beherrschte, und ward später als Isis verehrt, nachdem sie der Ceres, welche die Aegypter Isis nannten, ein Standbild errichtet.« — Unser Bild zeigt nach einem geschnittenen Steine I. unter der Obhut des Argus.

Joalteuctli (Mex. M.), »Gott der Nacht«, wahrscheinlich eins mit dem Monde der Mexikaner.

Joalticitl (Mex. M.), die Gattin des Gottes der Nacht, welcher man die Kinder besonders empfahl.

Jobates (Gr. M.), König von Lycien, für die Geschichte des Bellerophon wichtig. Dieser wurde von der Gattin seines Gastfreundes Prötus, der schönen Antea, geliebt, erwiderte jedoch ihre Neigung nicht, daher diese ihn bei ihrem Gatten verleumdete. Prötus sandte Bellerophon zu seinem Schwiegervater J. mit einem Brief, in welchem er diesem auftrug, den Fremdling zu tödten. Die Gastlichkeit liess nicht zu, dass man den Angekommenen sogleich nach Stand und Namen, nach Geschäften und Aufträgen frug; so blieb Bellerophon zehn Tage in dem Hause, bevor J. die ihm mitgegebene Schrift kennen lernte; allein er hatte während dieser Zeit den edlen Jüngling lieben gelernt, und vermochte nicht den Auftrag zu vollziehen, doch wollte er, da er seines Schwiegersohnes Angabe nicht geradezu bezweifeln konnte, den gefährlichen Fremdling fortschaffen, und befahl ihm daher, die Chimära zu tödten: ein Kampf, bei welchem Bellerophon gewiss unterlegen wäre, hätten die Götter sich nicht seiner angenommen: Mercur gab ihm seinen Flügelhut, Minerva zäumte ihm selbst den geflügelten Pegasus, und er besiegte die Chimära, war auch glücklich gegen die Solymer, gegen die Amazonen, so dass J. in ihm einen Liebling der Götter erkannte, und ihm seine eigene Tochter zur Gemahlin gab.

Jobes (Gr. M.), Sohn des Hercules von der Certhe, einer Tochter des Königs Thespius.

Jocaste (Gr. M.), die unglückliche Mutter und Gattin des Oedipus. Laius, ihr Gemahl, hatte durch das Orakel erfahren, dass sein Sohn ihn umbringen und seine Mutter heirathen würde, desshalb liess er ihn aussetzen und mit den Füssen an einen Baum binden. Hirten nahmen sich seiner an, erzogen ihn und gaben ihm den Namen Oedipus (d. h. Schwellfuss, von den durch das Anbinden geschwollenen Füssen). Erwachsen traf er seinen Vater, ohne ihn zu kennen, gerieth mit ihm in Streit und tödtete ihn. Um dieselbe Zeit setzte die furchtbare Sphinx (s. d.), Theben in Schrecken. Creon, Bruder der J., bot der Schwester Hand und des Reiches Krone als Preis für Denjenigen, der das Land von dieser Plage befreien würde; Oedipus löste das Räthsel der Sphinx, diese stürzte sich vom Felsen, Oedipus ward König und vermählte sich mit seiner Mutter. Aus dieser Ehe gingen Eteocles, Polynices, Antigone und Ismene hervor, ehe Beide das Verbrechen erkannten, welches sie unwissend begangen. J. erhängte sich, Oedipus, um seine Schande nicht zu sehen, stach sich die Augen aus und entfloh. Der Streit zwischen Eteocles und Polynices ward Ursache des Krieges der Sieben gegen Theben.

Jocastus (Gr. M.), einer der sechs Söhne des Königs Aeolus, ging nach Italien und ward König der Küstenländer in der Gegend von Rhegium.

Jocus (Röm. M.), der Gott des Scherzes, auch des erotischen Muthwillens, nicht selten als Begleiter des Amor gedacht.

Jodamia (Gr. M.), eine Priesterin im Tempel der Minerva Itonia; ihr erschien Nachts im Heiligthum Minerva, sie hatte aber auf ihrem Unterkleid das Haupt der Gorgone Medusa, und so versteinerte das Mädchen. Darum legte jeden Tag eine Frau Feuer auf den Altar der J. und rief dazu dreimal in böotischer Mundart: »Jodame lebt und verlangt Feuer!«

Joduta (Nord. M.), mehr ein historisches Denkmal, als eine mythologische Figur. Es soll J. ein Siegesdenkmal des Herzogs Lothar über den Kaiser Heinrich gewesen, später aber, als man die Bedeutung des ehernen geharnischten Mannes vergass, für ein Götzenbild angesehen worden sein.

Jogi (Ind. Rel.), büssende Menschen, welche entweder für Geld oder aus missverstandener Frömmigkeit sich die schrecklichsten Martern auferlegen. Was menschliche Thorheit nur ersinnen kann, um sich zu peinigen und dadurch die Bewunderung Anderer zu erringen, wird von diesen religiösen Schwärmern durchgeführt.

Johannavi (Ind. M.), ein Büsser aus der frühesten Zeit, welcher den Gangesfluss aus Durst verschlang, doch auf demüthiges Bitten eben dieses Bagiraden wieder von sich gab, indem er am Halse und an der Hüfte Einschnitte machte, aus denen der Ganges hervorsprudelte.

Jokahuna (M. der Antillenvölker), der Zemes oder grosse Geist, welcher von Tonatiks (der Sonne) an ihrer Stelle auf die Insel Quisqueja (Haiti) geschickt wurde, um dieselbe zu regieren; er und seine Mutter Jemao, eine mächtige Frau, beherrschen seit dieser Zeit die Erde.

Jolaus (Gr. M.), Sohn des Iphicles, Stiefbruder des Hercules und der Automedusa oder der Diomedea, ein tapferer, rüstiger Streiter unter den calydonischen Jägern, wie unter den Argonauten, und von dort an der beständige Gefährte und Wagenlenker des Hercules, welcher ihm auch seine ehemalige Gattin, Megära, zur Frau gab. Mit des Hercules Pferden erhielt er den Preis im Wettrennen bei den Spielen, welche der Erstere in Olympia einsetzte; die Köpfe der lernäischen Schlange brannte er aus, so dass nicht mehr nach jedem abgehauenen zwei neue wuchsen, half dem Alciden bei der Entführung von Geryons Rindern, ging dann auf des Orakels Befehl mit zwei und vierzig Söhnen der fünfzig Thespiaden nach Sardinien, welches er grossentheils entwilderte, kehrte zu Hercules zurück und erbaute dem kranken Helden den Scheiterhaufen, welchen anzuzünden er sich jedoch weigerte. Nach der Verbrennung die Knochen suchend, fand er keine, und nun opferte er ihm als einem Halbgott. Die Sarden nannten sich, nach dem J., Jolaer, und die Thespiaden ehrten ihn als Vater. — Schon alt geworden, wünschte er an dem Kampf, den die Heracliden zu bestehen hatten, Theil zu nehmen, und bat seinen verstorbenen Freund, ihn zu verjüngen; da erschienen über seinem Wagen zwei Sterne, Hercules und Hebe; eine Wolke hüllte ihn ein, und rüstig und jung stürmte er dahin, auf des Eurystheus Wagen zu, den er gefangen nahm und so das Treffen entschied. — Er ward zu Theben als Heros verehrt.

Iole (Gr. M.), Tochter des Königs Eurytus zu Oechalia. Dieser hatte die Hand der reizenden I. demjenigen versprochen, welcher ihn und seine Söhne im Bogenschiessen übertreffen würde: Hercules gewann den Sieg, allein der Vater weigerte sich, Wort zu halten, wesshalb H. diesen mit Krieg überzog und tödtete, und I. als Gefangene fortführte. Deïanira, Hercules' Gattin, sandte an I. das vom Centaur Nessus empfangene vergiftete Gewand, unter dem Vorgeben, dass es ihr des Geliebten Treue bewahren würde, in der That aber unter der Voraussetzung, dass dadurch Hercules' Neigung zu ihr selbst wieder erwachen werde, eine Versicherung, welche ihr der von Hercules tödtlich verwundete Nessus sterbend gegeben, um sich für seinen Tod an Hercules zu rächen. Kaum hatte I. das Gewand dem neuen Gatten gereicht, als dieser von dem Gifte durchdrungen ward und vor Schmerz in Raserei gerieth, worauf er sich durch Selbstverbrennung tödtete. I., die unschuldige Ursache an dem Tode des Heros, ward von ihm dem Hyllus übergeben, welcher sie auf seines Vaters Befehl heirathete. Er zeugte mit ihr den Cleodäus.

Ion (Gr. M.), 1) s. Creusa. — 2) I., Sohn des Gargettus, welcher, aus Kleinasien kommend, sich in Attica niedergelassen und dem Flecken Gargettus seinen Namen gegeben hatte. I. ging von Athen nach Elis und baute sich bei dem Flusse Cytherus an, mit dessen Nymphe oder Tochter er vier Kinder erzeugte, welche den gemeinschaftlichen Namen Ioniden erhielten; sie hiessen: Calliphaea, Synaleaxis, Pegäa und Jasis.

Jonakur (Nord. M.), s. Hreidmar, am Ende.

Jophossa (Gr. M.), Tochter des Äetes, einerlei mit Chalciope.

Joerd (Nord. M.), Gemahlin des Odin und durch diesen Mutter des Thor; eigentlich die sommerliche, fruchtbare Erde.

Jormungand (Nord. M.), die Midgardsschlange, Tochter des Loke und der Riesin Angerbode, von welcher der böse Ase noch den Wolf Fenris uud die blaue Hela zu Kindern hatte. Die Götter wussten, was ihnen von dieser Brut bevorstand, liessen daher den Fenriswolf bei den Asen erziehen, schleuderten die Hela in den Abgrund und die J. in das Weltmeer; hier wuchs aber die letztere so ungeheuer, dass sie die ganze Erde umschlingt, indem sie sich in den Schwanz beisst. Wenn sie trinkt, entsteht Ebbe, und wenn sie das Wasser wieder von sich gibt, Fluth. So wird sie liegen bis Ragnarokr (Weltuntergang), dann aber schiesst sie aus dem Abgrund empor, treibt das Meer aus seinen Ufern, und löst so das verhängnissvolle Schiff Nagelfar von seiner Kette. Luft und Meer verpestet ihre Ausdünstung, sie greift Thor an, welcher sie zwar mit seinem Miölner erschlägt, aber auch neun Schritte zurückprallt und dennoch in den Giftströmen, die das Unthier ausspeit, ertrinken muss.

Jormunrekur, s. Hreidmar.

Jornwall (Nord. M.), ein Land, welches nur dadurch bekannt ist, dass zehn Zwerge von Swains-Haugi nach Orwanga in dem Lande J. zogen.

Jorots hata Nime (Japan. M.), eine Gottheit, welcher in dem ältesten Kamitempel zu Ise eine Capelle geweiht ist; man kennt ihre Funktionen nicht.

Jorun (Nord. M.), eine berühmte Seherin und Zauberin aus Odins Zeit.

Josimit (Japan. M.), ein berühmter, göttlicher Held des zwölften Jahrhunderts, in der Sintoo-Religion hoch verehrt, wiewohl nicht als Kami, zu welcher Würde nur die Kaiser selbst gelangten. In der alterthümlichen, prachtvollen und sonderbar geformten Rüstung, welche die Sjogun, d. h. die Feldherren und unmittelbaren Beschützer des Mikado, noch heutiges Tages tragen, erscheint er auf mehreren japanischen Gemälden, und wird hoch verehrt.

Joten (Nord. M.). Es scheint, als seien diese Gestaltungen der Götterlehre des skandinavischen Alterthums nicht blosse Phantasiegebilde gewesen, sondern als haben die Erzählungen von ihnen einen historischen Grund gehabt. Nach dieser Voraussetzung muss man sie für die Urbewohner des höchsten Nordens von Europa halten, welche durch die Begleiter Odins aus ihren Sitzen vertrieben wurden, daher die ununterbrochene Feindschaft zwischen J. und Asen. — Die Fabel macht die J. zu ungeheuern Riesen und Zauberern, denen die meisten Kräfte der Natur untergeben waren, zu Bewohnern finsterer Felsschluchten und Höhlen, macht reissende Bergströme zu ihren Söhnen, klare, sanft fortrieselnde Bäche zu ihren Töchtern, welche so schön waren, dass nicht selten die erhabenen Asen um ihre Gunst warben, und sich mit ihnen vermählten, doch blieb die angestammte Feindschaft darum gleich gross, wenn auch Einzelne sich mit einander verschwägerten. Sie und die Thussen oder Thursen scheinen Eines Geschlechtes gewesen zu sein, und der ehemals weit verbreiteten zahlreichen und mächtigen Nation der Finnen angehört zu haben.

Jotunheim (Nord. M.), das Reich der Joten (s. d.). Aus des Weltriesen Ymer Augenbrauen baueten die Letzteren Verschanzungen gegen die mächtigen Erdensöhne.

Joulouka (M. der Antillenvölker), der ungeheure Geist, dessen federngeschmücktes Haupt man allein im Regenbogen sieht, bei den Karaiben verehrt, welche glauben, dass der ganze übrige Körper vom Meere bedeckt sei, und man denselben nur dann und wann neugierig aus den Wellen schauen sehe. Auf dem Meere schadet er ihnen nicht, sind sie jedoch auf dem Lande, so verbergen sie sich furchtsam.

Joxus (Gr. M.), Sohn des Melanippus, Enkel des Theseus und der Perigune, einer Tochter des Räubers Sinnis, den der Held getödtet hatte. Perigune verbarg sich, ward jedoch von Theseus gefunden und leichter besiegt, als ihr Vater. Sie ward später von ihm dem Deïoneus, einem Sohne des Eurytus von Oechalia, zur Gemahlin gegeben. J. führte mit Ornytus eine Colonie nach Carien.

Ipabog (Slav. M.), ein Götzenbild der Wenden, durch die obotritischen Alterthümer von Rhetra bekannt geworden, wahrscheinlich auf Rügen als Jagdgott verehrt. Das Bild hat ein unverhältnissmässig grosses, abscheuliches Gesicht, mit starkem Knebelbart uud darunter hervorquellendem langem, ungekräuseltem Bart, die starken Augenknochen, die hervortretenden Backen sind beschattet durch eine runde Sturmhaube, welche an ihrem Rande rundum Zacken, auf einer Seite aber ein starkes Horn hat; ein Ansatz auf der andern Seite lässt vermuthen, dass dort ein ähnliches gesessen habe. Das unförmliche Gewand reicht etwa bis an die Kniee der Figur, die höchstens drei ihrer Köpfe hoch ist. Am Rande des Kleides angebrachte Jagdgeräthe lassen schliessen, dass dieser Götze der Jagd vorgestanden habe.

Iphianassa (Gr. M.), 1) ein anderer Name der Iphigenia, Tochter des Agamemnon. — 2) I. (Andere nennen sie Neïs), eine Nymphe, Geliebte des Endymion und von ihm Mutter des Aetolus.

Iphicles (Gr. M.), 1) Halbbruder des Hercules, einen Tag jünger als dieser. Da seine Mutter, Alcmene, zwei Knaben geboren hatte, Amphitruo aber gern wissen wollte, wer sein und wer Jupiters Sohn sei, so warf er zwei Schlangen in die Wiege der Kinder, welche Hercules erdrückte, während I. schreiend entfloh; nach Anderen sandte Juno diese Thiere, um den jungen Halbgott zu verderben. I. ward des Bruders steter Begleiter, vermählte sich mit der jüngsten Tochter des Creon, und blieb endlich gegen die Molioniden oder gegen Augeas, s. Hercules. — 2) I., Sohn des Thestius und der Eurythemis; seine Brüder, Evippus, Plexippus und Eurypylus, zugleich Brüder der Althäa, Leda und Hypermnestra, blieben auf der calydonischen Jagd durch Meleagers Hand; er zog später mit den Argonauten nach Colchis.

Iphidamas (Gr. M.), 1) Sohn des grausamen Busiris, Königs von Aegypten, welchen Hercules zugleich mit seinem Vater und dem Herold Chalbes tödtete; er wird auch Amphidamas genannt. — 2) I., Sohn des Antenor; er ward in Thracien bei seinem Grossvater Cisseus erzogen und erhielt eine seiner Töchter zur Gattin. Zwölf Schiffe führte er nach Troja, um dem Priamus beizustehen, blieb aber im Kampfe mit Agamemnon, nachdem er diesem seinen Speer durch den Gurt zu rennen versucht, von der Hand des Helden, der ihm mit dem Schwert in den Nacken hieb und ihn der Rüstung beraubte.

Iphigenia, Fig. 175 (Gr. M.), nach der allgemeinsten Annahme Tochter des Agamemnon und der Clytämnestra; nach Anderen Tochter des Theseus und der Helena, welche Clytämnestra zu sich nahm, um ihrer Schwester Schande zu verbergen. Ueber ihre Opferung s. Agamemnon. Nachdem I. in Tauris angekommen, ward sie Priesterin der Diana, ihrer Retterin. Dorthin kam der Muttermörder Orestes, ihr Bruder, welcher an Clytämnestra und deren Verführer seinen von diesen Beiden ermordeten Vater gerächt hatte, aber von den Eumeniden verfolgt wurde. Das delphische Orakel hatte gesagt, er würde geheilt werden, wenn er die Schwester aus Tauris nach Griechenland bringe; des delphischen Gottes Apollo Schwester war Diana, darum glaubten Orest und Pylades, die Bildsäule der taurischen Göttin solle er holen; es war aber die Schwester des Orest gemeint, welche mit ihm, nachdem er im Tempel zum letztenmal von seinem Wahnsinn befallen worden, nach der Heimath zurückkehrte. Beinahe wäre sie hier noch ein Opfer ihrer Schwesterliebe geworden, denn Electra, Orest's andere Schwester, wollte sie ermorden, da sie hörte, dass sie, wie alle Fremden in Tauris, so auch den Bruder ermordet habe, bis dieses Letztern Erscheinung alle Zweifel löste. I. soll zu Megara gestorben sein und daselbst ein Heroon erhalten haben. Zu Aegira sah Pausanias im Tempel der Diana ihre Bildsäule, und er behauptet, dass eben dieser Tempel der I. geweiht gewesen sei: ein Beweis, dass I. (die herrlich Geborene) ursprünglich nur ein Beiname der Diana selbst war. Das beigegebene Bild zeigt I.s Opferung nach einem Basrelief der mediceïschen Marmor-Vase.

Iphimede (Gr. M.), Tochter des Triops und vermählt mit Aloeus, liebte den Neptun mehr als ihren Gatten, streifte häufig am Meere umher, schöpfte mit den Händen die Wogen herauf und füllte damit ihren Schooss; endlich empfing sie von Neptun zwei Söhne: die Aloiden (nach I.s Gatten so benannt), Otus und Ephialtes. Sie soll auch noch eine Tochter, Pancratis, gehabt haben, und nebst dieser durch thracische Räuber entführt und auf die Insel Strongyle gebracht worden sein, wo der Anführer, Agassamenus, sich mit Pancratis vermählt, I. aber einem seiner Freunde zur Gattin gegeben habe.

Iphimedon (Gr. M.), Sohn des Eurystheus, des beständigen Widersachers des Hercules. Als der Halbgott todt war, bekriegte Jener die Heracliden, allein I., Eurybius, Alexander, Mentor und Perimedes, sämmtlich Söhne des Eurystheus, wurden in der Schlacht erschlagen, Eurystheus selbst fiel auf der Flucht dem Hyllus in die Hände, der ihm den Kopf abhieb.

Iphinoë (Gr. M.), 1) eine Oceanide, Gemahlin des Riesen Antäus; Hercules zeugte mit ihr den Palämon. — 2) und 3) I., eine der Prötiden und eine der Frauen von Lemnos, welche ihre Männer ermordet hatten und dann einige Jahre mit den Argonauten zubrachten. — 4) I., Tochter des Alcathous, welcher die Mädchen von Megara (da sie als Jungfrau gestorben war) vor ihrer Hochzeit ein Todtenopfer brachten, indem sie an ihrem Denkmal sich eine Locke abschnitten. — 5) I., Tochter des Nisus, Königs von Megara, ward mit dem Sohne des Neptun, Megareus, vermählt, und brachte diesem des Vaters Reich als Brautgabe zu.

Iphinous (Gr. M.), 1) einer der Lapithen, welche von dem Centauren Demoleon auf des Pirithous Hochzeit erschlagen wurden. — 2) I., ein griechischer Krieger vor Troja, der von Glaucus, des Hippolochus Sohn, durch einen Wurfspiess getödtet ward.

Iphis (Gr. M.), 1) eine der fünfzig Thespiaden, von Hercules Mutter des Celeustanor. — 2) I., Tochter des

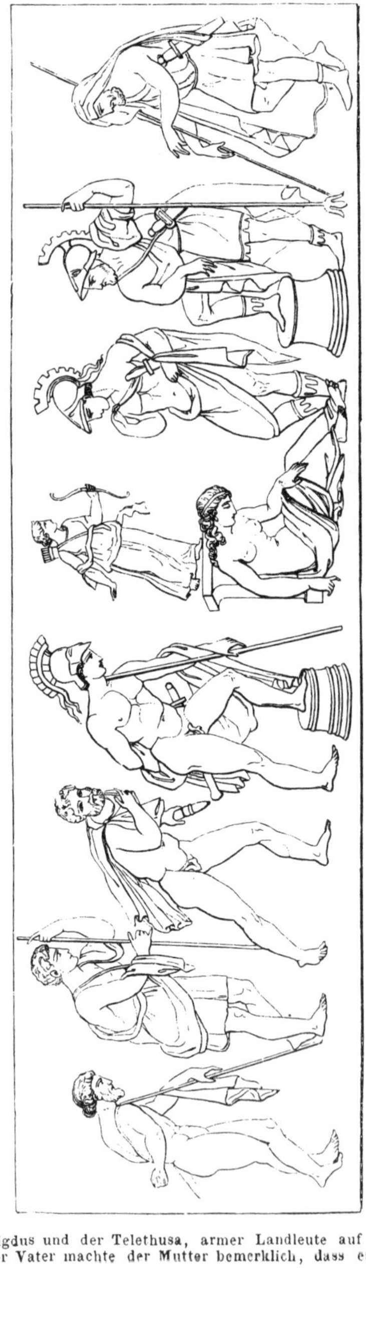

Fig. 175.

Ligdus und der Telethusa, armer Landleute auf Creta Der Vater machte der Mutter bemerklich, dass es ihm an Mitteln fehle, Töchter auszusteuern, dass er mithin, wenn sie ihm eine Tochter gebäre, dieselbe aussetzen müsse. Isis gab ihr ein, das neugeborene Mädchen, I., als Knaben zu erziehen: es geschah, und als dasselbe späterhin mit einem Mädchen, Janthe, vermählt werden sollte, verwandelte die mitleidige Göttin den scheinbaren Jüngling wirklich in einen Mann. — 3) I., Sohn des Alector, Enkel des Anaxagoras, König in Argos, ein Seher, welcher den Rath gab; durch das Halsband der Harmonia des Amphiaraus Gattin, Eriphyle, zu bestechen, damit sie den König bewege, den Zug der sieben Helden nach Theben mitzumachen. I. hatte zwei Kinder, einen Sohn, Eteocles, der mit den Helden zog und vor Theben blieb, und eine Tochter, Evadne, welche mit Capaneus vermählt war und sich mit ihm auf seinem Scheiterhaufen verbrannte. — 4) I., Sohn des Sthenelus, Königs von Mycene, welcher den Amphitruo aus Tiryns vertrieb; dieser I. stammt von Perseus und Andromeda ab, welche die Eltern des Sthenelus waren; sein Bruder, Eurystheus, ist aus der Geschichte des Hercules bekannt. — 5) I., s. Anaxarete.

Iphition (Gr. M.), einer der Kämpfer für Troja, der erste, den Achilles, nachdem die Rache für Patroclus ihn wieder in das Gewühl der Feldschlacht geführt, tödtete. I. war ein Sohn des Otrynteus und einer Najade, in Hyda's fetten Gefilden, am Fuss des schneeigen Tmolus, geboren.

Iphitus (Gr. M.), 1) Sohn des Naubolus, ein Argonaute aus Phocis, Vater des Schedius und Epistrophus und der Eurynome. — 2) I., Bruder der schönen Iole, Sohn des Eurytus, Herrschers zu Oechalia. Als Hercules im Wettkampf mit Bogenschiessen die Iole errungen, war I. der Einzige, der sie dem Helden zusprach, während der Vater und die übrigen Brüder derselben sie ihm verweigerten. Autolycus stahl in Euböa eine Rinderheerde, und Eurytus nannte den Hercules als Thäter, was jedoch I. nicht glauben wollte, ihn auch desshalb aufsuchte und traf, wie er gerade aus der Unterwelt zurück kam, wo er Admets Gemahlin, die schöne Alcestis, geholt. Hercules versprach dem Freunde die Rinder suchen zu helfen, nahm ihn zu Tiryns gastfreundlich auf, doch es erfasste ihn abermals ein Anfall von Wahnsinn, durch Juno ihm zugeschickt, und in diesem stürzte er den Gastfreund von den Mauern von Tiryns herab. — 3) I., König von Elis, welcher gleichzeitig mit Lycurgus (dem Lacedämonier) herrschte. Er soll bei einer Pest, auf Befehl des Orakels, die längstvergessenen olympischen Spiele erneuert, und auch dem Hercules dabei Opfer angeordnet haben.

Iphitime (Gr. M.), 1) eine Nereïde, welche mit Mercur die Satyrn gezeugt haben soll. — 2) I., Tochter des spartanischen Königs Icarius, mithin Schwester der Penelope, der Gattin des Ulysses. Sie war an Eumelus, der ein Haus in Pherä bewohnte, vermählt. Minerva erschuf eine Gestalt, ihr gleich an Wuchs und Zügen, und sandte dieses Traumbild in die Kammer der schlummernden Penelope, um sie zu trösten.

Ira (Röm. M.), der Zorn, Tochter des Aether und der Erde.

Irawaddi (Ind. M.), Indra's, des Sonnengottes, Elephant. Auf ihm überstieg Ganga (der Fluss Ganges) die ihr in dem Weg liegenden Gebirge, worauf I. Ansprüche auf Belohnung durch die Gunst der Göttin machte. Sie versprach, seine Liebe durch Gegenliebe zu krönen, wenn er stark genug wäre, ihrer Kraft zu widerstehen. Der Elephant, auf das Gewicht seiner Masse bauend, nahm die Herausforderung an, jetzt stürzte sich Ganga mit ihrer ganzen Kraft auf ihn und riss ihn Hunderte von Meilen mit sich fort, worauf er sie gerne ihres Versprechens entliess.

Irene, s. Horen.

Iris (Gr. M.). Tochter des Meergottes Thaumas (daher ihr Beiname Thaumantias) und der Oceanide Electra, die freundliche, schnelle Botin der Götter; ihr Symbol ist der Regenbogen, der auch selbst I. genannt wird, und den man sich wenigstens immer in ihrem Gefolge dachte. Sie wird von Juno zur sterbenden Dido gesendet, welcher Proserpina noch nicht das goldene Haar abgeschnitten hatte, die also noch nicht dem Tode geweiht war, um die Arme von ihren Qualen zu lösen; sie schnitt der Unglücklichen das Haar ab und augenblicklich entfloh Wärme und Leben. Von Jupiter, doch noch viel öfter von Juno, wird sie als Ueberbringerin ihrer Botschaften gebraucht.

Irmin, Irmensäule, Irminsul etc. (Germ. M.). Es scheint, dass I. ein Hauptgott der alten Sachsen gewesen. Zu Eresburg, jetzt Stadtbergen an der Dimel, soll die berühmte Säule, welche von ihm den Namen trägt, gestanden haben, und von Karl dem Grossen 772, Anfangs der Sachsenkriege, zerstört worden sein. Es ist schwer zu entscheiden, ob das Denkmal eine Bildsäule, ein Götzenbild gewesen oder nicht; nach Einigen war es ein Ort, ein Hain, Irminsul genannt, nach Anderen ein freier, gewaltiger, hochstrebender Baum; die wahrscheinlichste Meinung scheint übrigens die, dass es wirklich eine Säule mit dem Bilde des Landesgottes, und dass ihre Zerstörung eben desshalb nöthig gewesen, weil die Völker gar lange an ihrer alten angeerbten Liebe zu den heimischen Göttern hängen. — Kraft, Muth, Krieg und Sieg ging den germanischen Völkern über Alles, weil ihre Existenz davon abhing; daher kann es wohl sein, dass I. der Kriegsgott war. Witekind nennt ihn den Mars der Sachsen, und seinen Sitz auch wohl Marsburg; v. d. Hagen zeigt, dass zwischen I. und Wodan, Mars und Thuiskon, schwerlich ein anderer Unterschied gewesen, als etwa die Form, in der sich jedes Volk seinen Gott der Schlachten vorgestellt hat. Auch andere Spuren der Verehrung eines Gottes oder Halbgottes I. bei den alten Sachsen finden sich noch; von der Säule aber ist gewiss nirgends eine Spur vorhanden, und jene sogenannte Irmensäule, welche man den Fremden in dem Dome zu Hildesheim zeigt, ist nichts mehr und nichts weniger, als ein Leuchter.

Irus, 1) ein Bettler auf Ithaca, von mächtiger, grosser Bildung, doch eben so feig, als gross. I. (der Gänger) war er erst von den Freiern der Penelope genannt worden, weil sie ihn gewöhnlich als Boten brauchten, er hiess sonst Arnäus. Als Ulysses von seinen Wanderungen selbst in Gestalt eines Bettlers zurückkehrte, wollte I. ihn vertreiben, weil er nicht gesonnen war, die Wohlthaten des Hauses mit dem neuen Ankömmling zu theilen, und forderte ihn zum Faustkampf; die Freier machten aus dem Vorschlag Ernst, und Beide sollten mit einander um die Ehre kämpfen, im Hause bleiben zu dürfen, wozu Ulysses sogleich bereit war, wobei aber I. so heftig zitterte, dass die Freier ihn einen feigherzigen Prahler schalten, weil er, der Jüngere, nicht einmal einen Greis zu bestehen wage; indessen begann der Zweikampf. I. schlug den Ulysses auf die Schulter, dieser ihn aber dermassen an die Backe, dass ihm die Zähne aus dem Munde fielen, und er Blut spie; hierauf schleppte Ulysses den Bettler bis an die äusserste Umzäunung des Hofes, hing ihm eine Tasche um, gab ihm einen Stock, sich der Hunde und Schweine zu erwehren, und nahm die verlassene Stelle ein. — 2) I., Sohn des Actor, Gemahl der Demonassa und Vater des Eurytion und Eurydamas, zweier Argonauten. Peleus hatte seinen Bruder Phocus erschlagen, und I. ihn mit den Eumeniden ausgesöhnt; als aber auf der calydonischen Jagd Peleus auch des I. Sohn Eurytion tödtete, wollte jener von Versöhnung nichts wissen, und nahm die gebotenen Rinder und Schafheerden nicht an. Auf des Orakels Ausspruch liess Peleus dieselben frei laufen, worauf sie grösstentheils ein Wolf zerriss, der jedoch dafür in Stein verwandelt wurde, und so lange Zeit zwischen Locris und Phocis stand.

Isaea (Gr. M.), Tochter des Agenor und der Damno, somit Schwester der Europa (s. d.) und des Phönix.

Isanja (Ind. M.), einer von den acht mächtigen, von Brama eingesetzten Göttern, welche die Welt gegen die Asurs und bösen Dämonen schützen sollen.

Isarnkoll (Nord. M.), »das Morgenlüftchen«. Die nordische Mythologie lehrt, dass die Asen unter ihren Pferden einen Windschlauch anbrachten, um sie abzukühlen; der Hauch, der daraus hervordringt, und besonders Morgens, wenn sie heim reiten, so frisch wehet, ist I.

Ischani (Ind. M.), Beiname der Gemahlin des obersten Gottes Siva, wenn sie unter der Form der wohlthätigen Bhawani erscheint.

Ischenus, s. Taraxippus.

Ischys (Gr. M.), Sohn des Elatus aus Arcadien, von wo er nach Thessalien auswanderte; die Tochter des Phlegyas, Coronis, liebte ihn, als sie schon von Apollo mit Aesculap schwanger war. Apollo, durch den Raben, den er zum Wächter gesetzt, hievon unterrichtet, sendet seine Schwester Diana, Coronis zu tödten, oder er selbst tödtet sie und den I., rettet aber sein und der Coronis Kind aus der sterbenden Mutter Leibe.

Ischwambrat (Lettische M.), ein Götze der alten Preussen, welcher nebst Curcho und Wurskaitis die Dreieinigkeit zweiten Ranges bildete (die erste war Perkunos, Pikollos und Potrimpos). I. war Herr alles Geflügels, und man vermuthet in ihm den ersten Oberpriester oder Kriwe, welcher, nachdem er ein Alter von hundert Jahren erreicht, sich zur Ehre der Götter verbrennen liess.

Ise (Japan. M.), der berühmteste Wallfahrtsort des Kami-Dienstes, das Mekka der Sintoo-Religion, im Bezirke Wataraje. Den ersten Tempel der Sonnengottheit hatte Zin mu in seinem Dairi zu Kasibara errichtet, und er blieb ihr als irdischer Thron geweiht, bis unter der Regierung des Sui Sin, fünf Jahre v. Chr., die Halle in I. gestiftet und der Thron der Sonnengottheit dahin verlegt wurde. Imatohime und Tojonuki, zwei Edelfrauen des Hofes, feierten nämlich aus Auftrag dieses Mikado der Sonnengottheit Reinigungsfeste; an dem Flüsschen Isezu wusch Jamato ihr Kleid und bauete an diesem Orte die Halle, welche jetzt Nai gu (die mittlere Halle) genannt wird. Im zehnten Monat des folgenden Jahres (4 Jahre v. Chr.) wurde der Sitz der Sonnengottheit förmlich dahin verlegt, und ein hoher Staatsbeamter, Oho Kasima, als Aufseher der Festlichkeiten dahin versetzt. In dieser berühmten Tempelhalle befanden sich mehrere kleine Capellen, welche alle einzelnen Heiligen oder Göttern geweiht sind, und mehr oder minder Antheil an den zahlreichen Wallfahrten haben, die dorthin gemacht werden. Aus allen Orten im Reiche Japan ziehen zahlreiche Schaaren von Pilgern dahin, und es ist eigentlich Pflicht jedes Japaners, wenigstens Einmal in seinem Leben dahin zu wandeln. Zuerst muss er zu diesem Behuf gewisse Reinigungsgebräuche beobachten, dann in dem Tempel seines Schutzpatrons sich Hülfe von ihm erflehen. In einem einfachen Pilgergewande, das Haupt mit einem Strohhut bedeckt, den Wanderstab in der Hand, im Gürtel aber einen Löffel zum Wasserschöpfen tragend, tritt er, von Freunden und Verwandten mit Reisebedürfnissen versehen, seine Reise an, nachdem er vorher seine Wohnung mit dem Unreines abwendenden Seile verwahrt hat. Ueber seine Reinheit sorgfältig wachend, findet er überall Herbergen, die ihm durch besondere Aufschriften willkommene Aufnahme verkünden. Am Wallfahrtsorte angelangt, besucht er meistens unter dem Geleite eines Kamipriesters die Hallen, verrichtet seine religiöse Pflicht, und erhält vom Oberpriester einen Ablassbrief, welcher heilig gehalten wird, und ein alles Glück bescherender Talisman ist.

Isis, Fig. 176 (Aegypt. M.), die wichtigste, mit Osiris, der bald ihr Bruder, bald ihr Vater, bald ihr Gemahl,

Fig. 176.

bald ihr Sohn heisst, unzertrennlich verbundene, und mit ihm am Allgemeinsten verehrte Göttin der alten Aegypter. In diesem Götterpaare tritt das eigenthümliche Wesen der ägyptischen Volksreligion am ausgeprägtesten hervor. Nach den jetzt entzifferten Schriften auf altägyptischen Denkmalen fällt die bestimmte Ausbildung der diese beiden Wesen betreffenden Mythen etwa in's zwölfte bis dreizehnte Jahrhundert v. Chr., folglich, da die Cultur Aegyptens sicher über das Jahr 4000 v. Chr. zurückreicht, in eine verhältnissmässig späte Zeit. Ursprünglich war I. nichts Anderes, als die Personification der fruchtbaren Erde, Osiris die der Erde durch Vermittelung des Nil einverleibte Zeugungskraft der Sonne. Daran knüpfte sich nun, da die alten ägyptischen Quellen, wie es scheint, sehr beschränkt waren, die willkürliche, bald mehr historisch, bald mehr philosophisch umdeutende Behandlung der Griechen an. So erzählt Diodor: »Zuerst herrschten Saturn und Rhea in Aegypten; ihre Kinder waren Osiris, I., Typhon, Apollon und Venus. Osiris bedeutet so viel als Bacchus, und I. beinahe dasselbe, was Ceres. Osiris vermählte sich mit I., er wurde Thronfolger und machte viele wohlthätige Einrichtungen für das gesellschaftliche Leben. — Er schaffte zuerst die Sitte, Menschenfleisch zu essen, ab, nachdem I. die Gerste und den Weizen entdeckt, welche im Lande wild wuchsen, ohne dass man sich derselben bediente; und da Osiris die Behandlungsart dieser Früchte erfand, so gewöhnten sich alle gern an eine andere Nahrung, weil sie die neuen Speisen angenehm fanden. Für die Entdeckung jener Früchte soll ein Gebrauch zeugen, der sich in Aegypten aus der alten Zeit herübergetragen hat; noch jetzt nämlich rufen die Bewohner des Landes in der Ernte die I. an, indem sie die ersten geschnittenen Aehren niederlegen, und, neben der Garbe stehend, sich an die Brust schlagen. In einigen Städten trägt man bei dem Aufzug am I.-Fest unter andern auch Stengel von Weizen und Gerste umher, zum Andenken an die erste Entdeckung der Früchte durch die kunstreiche Göttin. Auch Gesetze hat I. gegeben, damit die Menschen einander Recht widerfahren liessen, und der gesetzlosen Willkür und Gewalt durch die Furcht vor der Strafe gesteuert würde; darum heisst auch bei den alten Griechen Ceres die Gesetzgeberin.« — Derselbe erzählt ferner, dass Osiris mit einem Heere nach Asien gezogen, seiner Gattin I. die oberste Gewalt übertragen, und ihr in Mercur einen Rathgeber an die Seite gestellt; da er nun nicht zurückkehrte, weil er von Typhon ermordet worden, suchte sie seinen Mord mit Hülfe ihres Sohnes Horus (s. d.) zu rächen: sie tödtete Typhon und seine Genossen, und wurde Königin von Aegypten. »Die Schlacht fiel am Ufer des Flusses vor, in der Nähe eines Dorfes, welches jetzt Antäum heisst. I. fand nun alle Theile des Leichnams auf, ausser dem Phallus. Die Begräbnissstätte ihres Gemahls wollte sie geheim halten, und doch unter allen Einwohnern von Aegypten verehrt wissen; diesen Zweck erreichte sie auf folgende Weise: Um jeden der gefundenen Theile liess sie einen ganzen Menschenkörper aus Wachs bilden, an Grösse dem Osiris gleich; dann berief sie die Priester, je nach ihren Zünften, und liess sie alle schwören, Niemand zu offenbaren, was ihnen anvertraut würde; jeder einzelnen Zunft aber sagte sie insbesondere, ihr allein werde die Bestattung des Leichnams übergeben; sie erinnerte sie an die Wohlthaten des Osiris, und forderte sie auf, seinen Leichnam in ihrer Heimath zu begraben, und ihn als Gott zu verehren, auch sollten sie ein bei ihnen einheimisches Thier, welches sie wollten, heiligen, und das, so lange es lebte, ehren, wie sie zuvor den Osiris geehrt, nach seinem Tode aber es ebenso feierlich wie ihn bestatten. — Damit die Priester schon um ihres Vortheils willen die verlangte Gottesverehrung besorgten, gab ihnen I. den dritten Theil des Landes zum Dienste der Götter und zu den heiligen Gebräuchen. Die Priester thaten wie I. gewollt, und daher auch kommt es, dass sie alle noch glauben, dass bei ihnen allein der wahre Osiris begraben sei. — I. schwur, keine Ehe mehr einzugehen; sie blieb Königin ihre ganze Lebenszeit, und ihre Regierung war höchst gerecht und für die Unterthanen wohlthätig. Auch der I. wurde, nachdem sie dem Kreise der Menschen entrückt war, göttliche Verehrung zu Theil; begraben wurde sie zu Memphis, wo man noch gegenwärtig (ungefähr 50 Jahre v. Chr.) ihr Grabmal im heiligen Hain des Vulcan zeigt.« — Plutarch fügt zu diesen Angaben Diodors hinzu: »Rhea ward mit dem Sonnengotte vermählt, und gebar, von ihm und Andern erzeugt, Saturn und Mercur, worüber erzürnt, ihr Gatte sie verfluchte, dass sie weder in einem Jahr noch in einem Monat gebären sollte. Diesen Fluch löste

Mercurs List: er spielte mit dem Monde im Brett, und gewann demselben von jedem Erscheinen über der Erdfläche den siebenzigsten Theil ab, diess macht in 360 Tagen grade 5 ganze Tage und $^{10}/_{70}$. Diese 5 Tage schaltete Mercur nun je am Ende eines Jahres ein, und so konnte Rhea gebären, und zwar gebar sie am ersten Tage Osiris, am zweiten Arueris, Söhne des Sonnen-Gottes, am dritten Typhon, Sohn des Saturn, am vierten I., Tochter des Mercur, am fünften Nephthys, auch von Saturn.« Nun folgt die Vermählung des Osiris mit I., der Heereszug des Erstern, die Herrschaft des Letztern, der Mord des Typhon an ihrem Gatten u. s. w. Osiris ward von Typhon in einen Kasten gepackt und in den Nil geworfen; dieser trug die Bürde in das Meer, bis nach Byblus in Phönicien, wo der Kasten auf einem jungen Baum sich niederliess, in den er so einwuchs, dass man ihn nicht mehr sah, worauf zufällig aus demselben eine Säule für den Palast des Königs gemacht wurde, die Osiris' Leiche umschloss. I. schiffte nun in Trauerkleidern umher, den Gatten suchend, und erfuhr dabei, dass derselbe vor seinem Zuge sich zu seiner andern Schwester Nephthys gesellt, wovon sie durch den Lotuskranz überzeugt ward, den Osiris bei der Geliebten zurückgelassen. Nephthys hatte aus Furcht vor Typhon, ihrem Gatten, das Kind ausgesetzt, I. nahm sich desselben an, und erzog es unter dem Namen Anubis, sich in demselben einen getreuen Freund erwerbend. Sie hatte unterdessen gehört, wohin der Kasten mit dem Leichnam des Gatten gekommen sei, eilte dahin, erwarb sich die Gunst der Königin, ward ihres Kindes Amme, und wollte es unsterblich machen, indem sie es Nachts in's Feuer legte, um das Irdische von demselben hinwegzubrennen, wobei die Mutter sie störte, dem Kinde die Unsterblichkeit raubte, aber auch die Entdeckung der Göttin veranlasste, die nun um die Säule bat, welche ihres Geliebten Hülle umschloss, die sie dann herausholte, das Holz der Königsfamilie zurücklassend, die es in einem Tempel verwahrte, woselbst es hoch verehrt wurde. — I. begab sich nun mit dem Sarge nach Buto in Aegypten zu ihrem Sohne Horus, doch Typhon fand den Sarg auf, erkannte den balsamirten Körper und raubte denselben der Unglücklichen; nun sollte sie ihn nicht wieder finden, darum zerriss er ihn in viele Stücke und streute dieselben in den Nilsümpfen umher; allein I. befuhr dieselben in einem Nachen aus Papyrus, und fand alle Theile bis auf den Phallus, an dessen Stelle sie ein anderes Glied aus Feigenholz machen liess, welches nun als Symbol der zeugenden Naturkraft Gegenstand der höchsten Verehrung ward. Die Liebe der Gattin bewog Osiris, aus jener Welt zurückzukehren; er unterrichtete Horus in der Kriegskunst, vermöge deren es ihm gelang, den Typhon zu besiegen, er zeugte als Verstorbener mit seiner Gattin den Harpocrates, und wirkte durch seinen Rath überall wohlthätig ein; doch vermochte er nicht zu hindern, dass Horus sich gegen die Mutter gröblich verging, indem er ihr voll Zorn die Krone vom Haupte riss, weil sie dem durch Horus gefangenen Typhon das Leben schenkte. Mercur aber setzte ihr an deren Stelle einen Kuhschädel auf, mit welchem wir sie hier abgebildet sehen. — Die Begriffe der I., als rein göttliches Wesen gedacht, haben sich zu einer fast unendlichen Mannigfaltigkeit gegliedert. Durch den Einfluss des syrischen Gestirn-Dienstes wurde sie zur Mondsgöttin; die Kuhhörner, die ihr zum Kopfschmuck gedient hatten, weil das fruchtbare Rind Symbol des fruchtbaren Nil-Landes war, deutete man nun als Hörner des Mondes. Als Erdgöttin wurde sie Göttin der Unterwelt, theils heilbringende, theils verderbliche. Nach der Gründung von Alexandria wird sie Beherrscherln des Meeres und der Schifffahrt: dann aber auch Beherrscherin des sittlichen Lebens, Gründerin des Staates und der Religion, Gesetzgeberin, Göttin der Ehe, aber auch der ungeregelten Geschlechtslust, daher ihre Tempel später oft Stätten der Unzucht waren; endlich bei den neupythagoreischen Philosophen die ganze unter der Sonne liegende Welt, die absolute Ursächlichkeit, die Alles gebärende Urnacht. In Aegypten war ihr berühmtester Tempel in Sais, wo ihre mächtige colossale Figur ganz verschleiert, inmitten einer grossen Rotunda, stand; der Schleier war, gleich der Figur, von Stein, und weit ausgebreitet um dieselbe hergelegt; das Bild trug die Inschrift: »ich bin, was da war, was ist und was sein wird; meinen Schleier hat noch kein Sterblicher gehoben.« Durch die Ptolemäer, die griechischen Könige Aegyptens nach Alexander, verbreitete sich ihr Dienst über die ganze griechische Welt, nach dem Entstehen des römischen Weitreichs über alle Provinzen des letztern, wie man denn auch in Rottenburg am Neckar Reste eines I.-Tempels ausgegraben hat. Ihre Statuen trugen häufig das Sistrum, eine metallene Klapper, mit welcher sie einst den Typhon vertrieben hatte, und dieser Begebenheit wegen ward ihr grosses Fest sehr lärmend begangen. — In Rom artete ihr Dienst wiederholt in grobe Unordnungen aus; doch stand derselbe zu andern Zeiten wieder so hoch in Ehren, dass Kaiser, wie Domitian, Caracalla, Commodus, I.-Priester wurden, ihre Tempel sich mit Weihgeschenken füllten, und für hundert von ihrem Dienst Zurückgescheuchte sich tausend neue Diener derselben wieder fanden.

Isis. Die alten Sueven sollen nach Angabe des Tacitus diese ägyptische Gottheit verehrt haben, allein nichts ist gewisser, als dass hier der Römer nur einen, seinem Volke bekannten Namen wählte, um einen ähnlichen Begriff damit zu bezeichnen. Die Natur, in Cybele, Diana, I., personificirt, wurde auch in Deutschland als Frigga oder Jörd verehrt, und die von Tacitus gemeinte I. ist ohne Zweifel Eins mit der Göttin, die er später die Mutter Erde, nach gewöhnlicher Lesart Hertha (richtiger Nerthus) nennt.

Isi Tataki (Japan. M.), ein Vogel, welcher die Ursache der Fortpflanzung des Menschengeschlechts ward, indem das älteste Götterpaar durch ihn die Ehe kennen lernte.

Ismarus (Gr. M.), 1) einer der vier Söhne des Astacus, welche sich während des Kriegcs der Sieben gegen Theben als tapfere Leute auszeichneten. Von I.' Hand fiel Hippomedon. — 2) I., Sohn des Eumolpus, und einer der Töchter der Benthesicyme. Da Eumolpus einer andern Tochter derselben Gewalt anthun wollte, musste er entfliehen, nahm seinen Sohn mit sich und ging mit demselben zu dem thracischen Könige Tegyrius, welcher dem I. eine seiner Töchter zur Gattin gab.

Ismene (Gr. M.), 1) Tochter des Asopus, und vermählt mit Argus. Der Sohn dieses Paares hiess Iasus, und war der Vater der berühmten Io (s. d.). — 2) I., Tochter des Oedipus und seiner Mutter Jocaste; indess wird als ihre Mutter von Andern Eurygania (des Hyperphas Tochter) genannt.

Ismenius (Gr. M.), Sohn des Apollo und der Nymphe Melia, mit welcher der Gott, ausser diesem, noch einen Sohn Tenerus erzeugte. Von dem erstern erhielt der Fluss Ladon den Namen Ismenus, und dann wieder Apollo den Beinamen I.; sein Tempel lag bei Thebä in Böotien, auf einem Berge, vom Flusse umkreist; — man pflegte ihm jährlich den schönsten und stärksten Knaben als Oberpriester zu weihen, welcher, so lange er dieses war, den Titel Daphnephorus hatte, indem er stets einen Lorbeerkranz trug.

Ismenus (Gr. M.), der im vor. Art. angeführte Fluss, welcher früher Ladon hiess, Sohn des Asopus und der Metope; mit einer unbekannten Nymphe erzeugte er die Crocale, welche eine Nymphe im Gefolge der Diana ward.

Isparetta (Ind. M.), der höchste Gott der Bewohner der Küste Malabar. Als die Erde geschaffen werden sollte, verwandelte er sich in ein Ei, aus welchem der Himmel, die Erde und Alles, was dieselbe trägt, hervorging. Wie Alles aus ihm entsprang, so umfasst er auch Alles, und wird desshalb mit acht Händen und drei Augen vorgestellt.

Issa (Ind. M.), Beiname des Schiwa, unter welchem die Indier sich die ewigen Kräfte der Natur vorstellen, durch welche Alles aufgelöst und in andere Gestalt gebracht wird; in gewisser Beziehung auch das Schicksal. Die Gottheit wird dem Menschen in acht Gestalten offenbar: in Wasser, Feuer, Luft, Erde, Sonne, Mond, im Aether und im reinen Opfer. Natürlich scheint es, die Urkräfte des Weltalls in den Elementen und in den grössten sichtbaren Himmelskörpern zu suchen. I. und Iswara (Issi und Issuarai) sind beides Beinamen Schiwa's, und man meint darin Isis und Osiris der Aegypter wieder zu erkennen.

Isse (Gr. M.), Tochter des Macareus, welcher Jonier aus Achaja nach der Insel Lesbos führte und diese colonisirte. Sie soll eine Geliebte des Apollo gewesen und nach ihr die Stadt Issa auf Lesbos benannt worden sein.

Issora (Gr. M.), Beiname der Diana von dem laconischen Berge Issorium, wo sie ein Heiligthum hatte.

Isthmius (Gr. M.), Beiname des Neptun, dem der Isthmus, d. h. die Landenge von Corinth, heilig war.

Iswara (Ind. M.), Beiname des Gottes Schiwa, unter welchem sein Cultus sich bis nach Persien verbreitete.

Italus (Röm. M.), alter König der Siculer, der Italien den Namen gegeben haben soll. Seine Tochter Roma, die er mit der Lucania zeugte, soll Rom erbaut haben, nach Andern war es sein Sohn Remus, der dieses that, in welchem Falle des I. Gemahlin Electra geheissen war.

Iterduca (Röm. M.), Beiname der Juno.

Ithacus (Gr. M.), ein Heros der Insel Ithaca, welche von ihm den Namen haben soll. Ein Denkmal von ihm wies die Insel auf: einen Brunnen, den er mit Neritus und Polyctor gegraben, und mit einem Haine von Pappeln umpflanzt.

Ithomatas (Gr. M.). Nach Pausanias entspringt auf der Höhe des Berges Ithome der Quell Clepsydra; dort soll, von den Cureten verborgen, Jupiter durch die Nymphen Ithome und Neda erzogen worden sein. Von dem Berge nun und der einen Nymphe erhielt Jupiter bei den Messeniern den Beinamen I.

Ithun (Nord. M.). Eine I. ist gefangen bei Hel unter der Esche Ygdrasil; sie ist der Zukunft kundig und scheint daher zu den Nornen gezählt werden zu müssen; möglich, dass diese I. Eins ist mit Iduna, welche die verjüngenden Aepfel den Göttern bewahrt.

Itone (Gr. M.), Tochter des Lyctius auf Creta, mit welcher König Minos den Lycastus, seinen Nachfolger, zeugte.

Itonia (Gr. M.), Beiname der Minerva. In ihrem Tempel, zwischen Larissa und Pherä, hängte Pyrrhus die celtischen Waffen auf, welche er dem Beherrscher des obern Theiles von Macedonien und Thessalien abnahm.

Itonus (Gr. M.), Sohn des Amphictyon. Er verband sich mit der Nymphe Melanippe, und zeugte den Böotus.

Itylus (Gr. M.), Sohn des Zethus, Königs von Theben; seiner gedenkt Penelope, als sie dem unerkannten Gatten ihr Leid klagt, und sich mit der Mutter des I. vergleicht, welche, in eine Nachtigall verwandelt (weil sie ihr Kind umgebracht), bei des Frühlings Erneuerung mit ihren Trauertönen die Nächte füllt. Die Fabel sagt, sie habe aus Neid über der Niobe Glück eines von deren Kindern ermorden wollen, habe aber ihr eigenes getödtet, und sei von den Göttern, aus Mitleid mit ihrem Gram, in die nächtliche Sängerin verwandelt worden.

Itys (Gr. M.), ein unglückliches Schlachtopfer grässlicher Rache für eine, von seinem Vater begangene grässliche That. Tereus, Gemahl der Procne, hatte deren Schwester Philomele entehrt, verstümmelt und eingekerkert. Die ausgeschnittene Zunge hinderte die Arme zu klagen, allein sie webte ihre traurige Geschichte in ein Tuch, welches sie der Procne schickte. Die beiden Schwestern vereinten sich nun zur Rache, schlachteten I., den Sohn des Tereus und der Procne, setzten ihn gekocht dem Vater vor und entflohen, nachdem sie ihn selbst von ihrer That unterrichtet (s. Procne).

Jude, der ewige, eine gespenstige Erscheinung, welche sich von Zeit zu Zeit sehen lassen soll, und deren Existenz auf einem uralten Volksglauben beruht. Als Christus zur Kreuzigung geführt wurde, wollte er vor dem Hause des Juden Ahasverus ruhen; dieser aber stiess ihn weg und verwünschte ihn. Darauf sprach Jesus: »ich will hier stehen und ruhen, du aber sollst wandeln bis an den jüngsten Tag!« Entsetzt blieb Ahasverus, bis die Menschenmenge sich verlaufen hatte, dann wandelte er, von einem innern Drange getrieben, fort durch alle Länder, unstät und flüchtig, nirgends Ruhe findend; alle Elemente stiessen ihn aus: ohne Schaden zu leiden, stürzte er sich in das Meer, wie in des Ofens Glut; unverletzt liess ihn das Getümmel der Schlachten und das heftigste Gift. Vor einigen Jahrhunderten hörte man an verschiedenen Orten von der Erscheinung des e. J., an welchen das Volk fest, auch jetzt noch, glaubt. Viele ältere und neuere Dichter haben sich an diesem Stoff versucht; unter den letzteren Schubart, Schlegel, Goethe, Franz Horn, Wilhelm Hauff; auch die Franzosen unterlassen es nicht, ihn zu bearbeiten, doch nach ihrer Art, ohne Auffassung des tiefen Sinnes, der darin liegt. — Eine ähnliche Erzählung hat man von einem römischen Soldaten Cartaphyllus (s. d.).

Juelfest, das höchste Fest des skandinavischen Cultus, welches zur Zeit der längsten Nacht als Neujahrsfest gefeiert wurde. Man brachte an demselben den Göttern Opfer und Gelübde für die Fruchtbarkeit des kommenden Jahres. Dem Gotte Freir wurde ein grosser Eber, das Jula-Schwein, geschlachtet, und das Opfer, welches J.-Opfer oder Jolarblot hiess, in Gegenwart des Königs verrichtet. Ein goldener Eber ward bei der Tafel in den Saal gebracht, die Lehensmänner legten ihre Hände auf dessen Borsten und schwuren dem Herrn unverbrüchliche Treue; dann überliess man sich der J.-Freude, dem Essen, Trinken, Tanzen, Spielen, was vier Wochen lang dauerte. Es ist leicht möglich, dass einige weit durch den Norden verbreitete Gebräuche von jenem Feste herrühren. Das Einschlachten, namentlich der Schweine, für alle grösseren Haushaltungen zur Weihnachtszeit, das Backen von Kuchen in mancherlei Formen, mag sich leicht darauf zurückführen lassen, so wie auch die scherzhafte Versicherung, dass derjenige, der sich vom heiligen Abend vor dem Christfest bis zum Abendessen am folgenden Tage aller Speise enthielte, in der Nacht das goldene Ferkel zu sehen bekäme. Das deutsche Wort Juelen, Jolen, stammt sicherlich von jenem Feste und der J.-Freude her.

Juelmonat, Name des December bei den Skandinaviern und alten Deutschen, von dem an demselben gehaltenen Juelfest (s. d.).

Jug oder Dschug (Ind. M.), die Weltalter, nach denen die ganze indische Chronologie eingerichtet ist. Die Erde besteht nach indischem Glauben sehr lange, und soll bestehen 12,000 göttliche Jahre, wovon jedes 360 unserer gewöhnlichen Jahre umfasst, zusammen also 4,320,000 gewöhnlicher Jahre. Diese vier Millionen Jahre sind in vier J.s getheilt, welche ihre besonderen Namen haben: das erste heisst Krita-J. und dauert 4000 Götterjahre, nebst einer Dämmerung von 800 solchen, die den Uebergang bilden zum zweiten J., welches Treta-J. heisst, 3000 Götterjahre und eine Dämmerung von 600 hat, durch die es auf das dritte, Dwapar-J., übergeht, welches 2000 Götterjahre und die Dämmerung von 400 umfasst, das letzte ist das Kali-J.; in diesem leben wir, es hat 1000 Götterjahre und eine Dämmerung von 200; dieser ganze Zeitraum heisst Maha-J., das grosse Weltalter, oder Sadir-J., die Zeit von vier Altern. 1000 Maha-J., also 4,320,000,000 unserer Jahre, bilden einen Tag des Brama, eben so viel gehören zu einer Nacht, während welcher er schläft, zusammen 8,640,000,000. In dieser Nacht vergehen alle Dinge und lösen sich in ihre Urstoffe auf, in ein grosses Meer versinkend, bis Brama erwacht und durch das Oeffnen seiner Augen sich Alles von Neuem belebt; solch ein Sadir-J. zusammt der Nacht, dreihundert sechszig Mal genommen, bildet dann das Jahr des Brama, nämlich 3 Billionen, einmalhundert und zehntausend und vierhundert Millionen Jahre. Hundert solcher Jahre lebt Brama, also 311,040,000,000,000. Mit dem Tode des Brama tritt eine allgemeine Zerstörung ein, welche eben so lange dauert, als das Leben des Brama. Nach dem Zeitraum von 622,080,000,000,000 wird Brama wieder geboren, und der Kreislauf von Tagen und Nächten, Jahren und Jahrhunderten des Brama beginnt von Neuem. Die hier zuletzt angeführte Zahl bildet nur einen Tag des Wischnu, aus Tag und Nacht bestehend; deren 360 bilden ein Jahr des Wischnu, und hundert solcher Jahre seine Lebensdauer, die runde Summe von 22,394,880,000,000,000,000. Wahrscheinlich würden wir eine noch grössere Reihe von J.s für Schiwa's Lebensdauer finden, wenn die Schiwaiten nicht vorgezogen hätten, ihren Hauptgott unsterblich zu machen. Unsere jetzige Zeitberechnung, das Kali-J., hat 30 Jahre nach dem Tode Wischnu's in seiner höchsten Verkörperung als Krischna begonnen, 3101 Jahre v. Chr., mithin sind bis zum Jahr 1872 erst 4973 verflossen, und wir haben von den 432,000, die es dauert, noch 427,027 Jahre vor uns.

Juga (Röm. M.), Beiname der Juno als Ehegöttin.

Jugatinus (Röm. M.), der Ehegott.

Jukateuctli, der Mercur der Mexikaner, welchem die Kaufleute jährlich zwei grosse Feste gaben; ihm zu Ehren führten sie stets einen schwarzen Stab in der Hand (der Caduceus des Hermes). Der Gott war der Geleitsmann der Reisenden; wenn Kaufleute nach einer Reise zusammenkamen, so banden sie alle ihre Stäbe in ein Bündel an einander und beteten zu ihm; auch liessen sie sich Nachts etwas Blut aus, um es dem Gotte zu opfern. Die Frauen und Kinder der Verreisten wuschen sich nur alle achtzig Tage einmal den Kopf: bei den höchst reinlichen Menschen eine schwere Pönitenz, durch welche sie sich den Gott geneigt machen wollten.

Julafolk, nannten die Lappländer das wüthende Heer und brachten ihm Opfer; es scheint, dass der Glaube an diese gespenstige Lufterscheinung zu ihnen aus Schweden gekommen sei, zu den Schweden aber aus Deutschland dem eigentlichen Sitz dieses alten Aberglaubens.

Julin (Nordgerm. M.), eine uralte Götterstadt des dänischen und preussischen Heidenthums, bis auf den Namen verschwunden. Man glaubt indess, in Wollin das alte Julin wieder zu finden, doch sind Mehrere der Meinung, dass es eigentlich nie existirt habe.

Julo (Gr. M.), »die Garben-Göttin«, Beiname der Ceres.

Juluka (M. der Karaiben.), ein mächtiger Geist, lebend von Fischen, Eidechsen, Tauben und Colibris. Er ist riesig gross, schreitet über Länder und Meere und ragt mit seinem Kopfe weit über die Wolken. Seine Stirne ziert ein prächtiger Hauptschmuck, eine breite Binde, aus den Federn des Colibri zusammengesetzt, welche in allen möglichen Farben spielt. Nur diesen Schmuck zeigt er den Menschen Morgens oder Abends — es ist der Regenbogen; der übrige Körper bleibt in den Wolken verborgen. Sein Erscheinen, während man sich auf dem Meere befindet, ist eine glückliche Vorbedeutung, nicht so, wenn man am Lande ist: dann verbergen die Karaiben sich in ihren Hütten, fürchtend, er möchte ihnen Schaden thun; denn, findet er nicht genug Eidechsen und Tauben, um seinen Hunger zu stillen, so macht er die armen Menschen in ihren Hütten krank.

Julus, s. Ascanius.

Jumala, nennen die Lappen und Finnen Gott überhaupt. Es scheint sich auch dort eine Spur von Dreizahl der Götterkräfte vorzufinden, welche unter besonderen Namen personificirt wurden. Tiermes, Stor-Junkare und Baiwe hiessen diese drei Hauptmächte. Tiermes war ihr Donnergott und dem skandinavischen Thor ganz ähnlich, er führte auch einen Hammer, wie dieser; Stor-Junkare war der Jagdgott, also wahrscheinlich die nährende Erde, wie Baiwe die befruchtende Sonnenwärme.

Jungfrau, s. Erigone.

Jungfrauen (Gr. M.). Unter diesem Namen wurden in Athen bald die Töchter des Erechtheus, bald die des Hyacinthus, welche beide für das Wohl der Stadt geopfert worden waren, göttlich verehrt, s. Erichthonius und Hyacinthus. 2.

Juno, bei den Griechen **Here**, Fig. 177—179. (Gr. u. röm. M.), Tochter der Rhea und des Saturn, welcher sie, wie alle seine anderen Kinder, verschlang, aber auch, sammt den übrigen, auf das von der Metis erhaltene Brechmittel wieder von sich gab. Der Ort ihrer Geburt, so wie ihre erste Pflegerin sind zweifelhaft. Sie war Jupiters Schwester, und ward auch seine Gattin, durch ihn überlistet, indem er sich, als sie auf Samos bei dem Berge Thornax lustwandelte, als Kukuk in ihren Schooss niederliess. Es giebt mehrere Sagen hierüber, welche alle darauf zurückkommen, dass J. mit Jupiter lange vor der Vermählung schon verbunden war. Bei der feierlichen Vereinigung beschenkte die Erde (Gäa) J. mit dem Baume, welcher die goldenen Früchte trug, der darauf den Hesperiden zur Bewachung übergeben wurde. — Im Begriffe der J., welche die Griechen wie die Römer als oberste weibliche Gottheit verehrten, offenbart sich, wie auch im Begriffe des Jupiter, der ganze Unterschied in der Denkweise dieser beiden Völker. Bei den Griechen ist ein erhabener, im höchsten Sinne poëtischer Aufschwung zum Idealen mit einer naiven Behauptung der Rechte der Sinnlichkeit so unzertrennlich vereinigt, dass die letztere durch den erstern ebenso sehr veredelt, als jener durch diese gemildert wird. Bei den Römern sind beide Gebiete streng geschieden; alles Oeffentliche, Staat wie Religion, ist ernst und feierlich; die niedrigeren Seiten des Lebens haben kein Anrecht daran, werden nicht dadurch geweiht, nicht durch heitern Scherz verklärt, und konnten daher nicht anders, als im Verlauf der Zeit einer um so rohern Ausartung zur Beute werden. — Hieraus aber erklärt sich, warum die griechische Juno ebenso wohl die Repräsentation des Ideals erhabener Weiblichkeit, der Ehefrau und Mutter, als auch die Trägerin der allgemeinsten weiblichen Schwächen und Leidenschaften, der Eifersucht, Eitelkeit und starrsinniger Streitsucht ist, und dass die von ihr geglaubten Sagen oft niedrig komische Züge enthalten. Alle diese Züge sind nur auf dem Wege der Literatur zu den Römern übergegangen, deren ursprüngliche J. eine einfach erhabene Mutter des römischen Staates und das Ideal einer römischen Hausmutter war. — Nach den griechisehen Mythen haderte J. sehr häufig mit ihrem Gemahl Jupiter, und verfolgte mit unerbittlicher Strenge seine Geliebten (s. Latona, Alcmene, Semele, Io, Callisto, etc.). — J.s Kinder waren: Hebe, Ilithyia,

Fig. 177.

Mars und Vulcan; voll Neid, dass Jupiter, der ohne Zuthun einer Frau Minerva erzeugte, mächtiger sein sollte, als sie, beschwor sie die Götter, ihr gleiche Gunst zu gewähren. Die Erde bewegte sich, und diess als ein Zeichen der Erhörung ansehend, enthielt sie sich jeder Gemeinschaft mit ihrem Gatten, und gebar wirklich den ungeheuern Riesen Typhoeus oder Typhaon, was Einige auch von Vulkan sagten, daher dieser von römischen Dichtern Junonigena genannt wird. — Ihr Dienst war sehr alt,

Fig. 178.

Fig. 179.

und ihr berühmtester Tempel stand zwischen Argos und Mycene; er gehörte beiden Städten gemeinschaftlich, und war derjenige, für welchen Polyclet seine berühmte J. Argiva aus Gold und Elfenbein verfertigte. — So hoch ward sie und ihr Dienst in Argos geehrt, dass man dort die Jahre nach den Priesterinnen zählte, welche dem Tempel vorgestanden. Der Beinamen hatte sie, wie alle grossen Götter, unzählige, sowohl von den Orten, an welchen sie verehrt wurde, als von zufälligen oder ihr zugeschriebenen Eigenschaften. Von unseren drei Abbildungen zeigt die erste (Fig. 177) die Statue der Juno aus der vaticanischen Sammlung; die zweite (Fig. 178) die colossale Juno-Büste aus der Villa Ludovisi zu Rom; die dritte (Fig. 179) Juno, den Mars säugend, Statue des vaticanischen Museums. Geheiligt waren ihr: der Granatapfel, die Krähe, der Pfau, der Kukuk, die Gans, und in Syrien, sowie zu Samos, unterhielt man in den Vorhöfen ihrer Tempel gezählmte Löwen, Büffel, Adler.

Junonigena (Röm. M.), Beiname des Vulcan, aus dem im Art. Juno angeführten Grunde, weil er aus ihr allein erzeugt und geboren sein sollte.

Jupiter oder **Zeus** Fig. 180—183. (Röm. u. gr. M.), der Oberste der Götter, Beherrscher des Himmels, Sohn der Rhea und des Saturn. Ueber den Unterschied des griechischen Zeus vom römischen Jupiter vergl. die Einl. zu Juno. Der Vater war von den Titanen vor seinen Kindern gewarnt worden, und um dem angedrohten Unglück zu entgehen, dass er durch sie seines Thrones und seiner männlichen Kräfte sollte beraubt werden, verschlang er seine Kinder gleich nach der Geburt. Rhea, mit J. schwanger, frug Gäa und Uranus um Rath, den sie auch befolgte: sie gab ihrem Gatten einen Stein zu verschlingen, vorgebend, sie sei von diesem entbunden worden. Der junge Gott ward in einer Höhle des Ida von der Nymphe Amalthea erzogen, oder von einer Ziege gleiches Namens genährt, wesshalb J. ihr Horn zum segenbringenden

Fig. 182.

Fig. 183.

Füllhorn machte. Nach einem Jahre schon war J. stark genug, um es mit Saturn aufzunehmen, gab dem Vater ein von der Metis erhaltenes Brechmittel, worauf dieser seine Kinder sowohl als den verschlungenen Stein wieder von sich gab (den letztern legte J. bei Pytho, am Fusse des Parnassus nieder, wo er als grosses Heiligthum bewahrt wurde). Darauf entfesselte er die Centimanen und Cyclopen aus dem Tartarus, ward von den letzteren mit dem Blitze beschenkt, und begann nun den Krieg gegen die Titanen, welche sich auf dem Othrys versammelt hatten, während die Götter vom Olymp herab kämpften; der Sieg blieb auf Seiten der Letzteren. Mit demselben Messer, mit welchem Saturnus seinen Vater verstümmelt hatte, ward ihm ein Gleiches gethan; die Titanen mussten in den Tartarus hinab, und die drei Brüder, J., Neptun und Pluto, theilten sich in die Herrschaft der Welt, so dass J. den Himmel, Neptun das Meer, Pluto die Unterwelt erhielt. Immer neue Kämpfe hatte aber der junge Gott zu bestehen, denn die Erde, unzufrieden mit der Art, wie er seinen Sieg benutzt, erweckte erst die Giganten,

Fig. 180.

welche nur durch die vereinte Kraft aller Götter und durch Hülfe des Hercules gebändigt werden konnten, und dann den furchtbaren Typhoeus, vor welchem sich alle Götter so entsetzten, dass sie sich in Thiergestalten verwandelten und nach Aegypten flohen. Nur J. nahm es mit dem Ungeheuer auf, errang einigen Vortheil über dasselbe, liess sich aber dann in ein Handgemenge mit dem Riesen ein, worauf dieser ihn überwand, ihm die Sehnen an Händen und Füssen ausschnitt und ihn in die corycische Höhle verschloss, seine Sehnen aber, in eine Bärenhaut gehüllt, dem Drachen Delphyne zu bewachen gab. Mercur und Aegipan befreiten den Gott, heilten ihn, und nun bekämpfte er von einem geflügelten Wagen herab den Typhoeus, besiegte ihn und warf den Aetna auf ihn. — J. war jetzt Meister der Riesen und Unsterblichen; nun wendete er sich den menschlichen Angelegenheiten zu. Prometheus hatte das Lebensfeuer vom Himmel geraubt und Menschen geformt; dafür ward er an den Caucasus geschmiedet. Das verdorbene Menschengeschlecht vertilgte J. durch eine grosse Fluth und begründete durch

Deaculion ein neues. Aesculap, welcher die Todten erweckte, ward von ihm durch den Blitz erschlagen, und da Apollo die Verfertiger desselben, die Cyclopen, erschoss, wollte ihn J. in den Tartarus stürzen, veränderte jedoch die Strafe in Verbannung auf die Erde, wo Apollo dem Admetus (s. d.) um Lohn diente. Den grausamen König Lycaon verwandelte er in einen Wolf, und zerschmetterte dessen fünfzig Söhne mit dem Blitz; dasselbe widerfuhr dem König Salmoneus, welcher J.s Blitz nachahmte, und den Cureten, welche den Sohn der Io, Epaphus, entführt hatten. Die Kämpfe des Hercules mit Mars und Apollo trennte er durch diese seine mächtige Waffe, zog überall auf Erden umher, strafte die bösen und belohnte die guten Menschen, verwandelte den attischen König Periphas, weil er von seinen Unterthanen gleich dem J. verehrt wurde, in einen Adler, und beglückte die gutherzigen Eheleute Philemon und Baucis mit einem gleichzeitigen Tode. — J.s erste Gattin war Metis (die Klugheit); diese weissagte ihm, ihr Kind werde ihn vom Himmel vertreiben, darum verschlang er, wie einst sein Vater ihn, so jetzt sein Weib und sein Kind, und gebar dann aus dem Haupte die Minerva (s. d.). Seine zweite Gemahlin, Themis, gebar ihm die Horen und die Mören oder Parcen; von der dritten, seiner Schwester Juno, wurde ihm Hebe, Ilithyia, Mars und Vulcan geboren; unter den Unsterblichen gebar Dione von ihm die Venus; Mnemosyne die Musen; Ceres, seine Schwester, die Proserpina; die Oceanide Eurynome die Grazien; Latona den Apoll und die Diana. Die sterblichen Schönen beehrte er oft, und meistens zu ihrem Verderben, mit seiner Gunst. Niobe, Tochter des Phoroneus, gebar den Argus; J.s und der Maja Sohn war Mercurius; deren Schwester Taygete

Fig. 181.

gebar den Lacedämon; eine andere Schwester, Electra, den Dardanus; Semele den Bacchus. Oft verwandelte sich Jupiter: Europa entführte er als Stier, und sie gebar von ihm Minos, Sarpedon und Rhadamanthus; Io besuchte er als Wolke, und ihr Sohn war Epaphus; Danaë sah ihn als goldenen Regen in ihren Schooss fallen, und sie gebar den Perseus; Leda umfing der Gott als Schwan, ihre Kinder von Jupiter waren Pollux und Helena. — J.s berühmtester Tempel stand zu Olympia, wo auch das Wunderwerk plastischer Kunst, die colossale Bildsäule von Phidias, welche, aus Gold und Elfenbein, den Gott auf einem Throne sitzend, 40 Fuss hoch, darstellte, befindlich war. Diess Kunstwerk soll unter Justinian oder Theodosius nach Constantinopel gebracht worden, und dort unter Leo I. im J. 476 im Palaste des Lausus verbrannt sein. — In der ganzen griechischen und römischen Welt war J.s Dienst verbreitet, daher die unzähligen Beinamen, welche er hatte, theils von Orten, wie: Jupiter Capitolinus, Tarentinus, Idäus, Olympius etc., theils von Farbe und Bekleidung, wie: Aethiops von der schwarzen Farbe, Aegiochus von der Aegis, die er trug, endlich auch von Eigenschaften, welche man ihm beilegte, so: Hospitalis, der Gastfreundliche; Pluvius, der Regenbringer; Tonans, der Donnerer; Prädator, der Beutegeber etc. In Aegypten verehrte man ihn unter dem Namen Ammon, (s. d.) — J. gibt sich als mächtigsten der Götter gerne durch hohe Worte zu erkennen. — Allein trotz all' der Macht waltet dennoch das dunkle Fatum über ihm, und der Gewaltigste unter den Beherrschern der Welt vermag nicht, in das ewig unaufhaltsame Rad des Geschickes zu greifen; die finsteren Parcen spinnen den Faden des Lebens nach unveränderlich festen Beschlüssen, und selbst die Götter sind ihnen verfallen. — Die Attribute, an denen man den J. erkennt, sind: der Scepter, der Donnerkeil, die Blitze, oder beides vereint, und der Adler, der neben ihm steht, oder auf der Spitze seines Herrscherstabes ruht. Der Charakter, den ihm die Dichtungen späterer Zeit beilegen, wo man nicht mehr in den Göttern die Menschen malte, sondern sie nach geläuterten Begriffen idealisirte, war Grösse und Güte, durch reifes Alter, durch Erfahrung gelenkt; Herrschaft über die Leidenschaften; wahres Gefühl der Billigkeit; väterliche Gesinnung gegen die Menschen, denn seine segnende Hand beschützt den Geringsten. So bildeten die griechischen Künstler seine Züge herrlich und gross, die Stirne erhaben und völlig frei, stark hervortretend, das Auge ganz offen, ungetrübt; der Kopf, die Haltung zeigen die höchste Majestät; der starke, nicht gekräuselte, sondern wellenförmig herabfliessende Bart, der mächtige Haarwuchs, der ausserordentlich breite Hals, Nacken, Schultern, sprechen höchste männliche Kraft aus; so gebildet sass der Gott der Götter im olympischen Tempel. Unsere Abbildungen zeigen: Fig. 180, Statue des thronenden J. aus dem Vatican, mit dem blitztragenden Adler zu seinen Füssen; Fig. 181 J. von den huldigenden Göttern umgeben; Basrelief eines Altars; Fig. 182, J. Pluvius; Fig. 183 Jupiter als Ueberwinder der Giganten, nach einem Cameo.

Jupiter. Unter diesem Namen führen die alten Römer, wenn sie von den Germanen sprechen, einen von deren mächtigsten Göttern an, ungewiss, ob Wodan oder Donar = Thor.

Jura (Ind. M.), Sohn des Bali. Angud ward als Jäger J. wiedergeboren, und übte an dem Rama, welcher als Krischna wiedergeboren war, Vergeltung für einen Mord, den Wischnu in einer frühern Verkörperung an seinem Vater begangen hatte, s. Angud.

Ju suzumi (Japan. M.), »Abkühlungen«, ein Volksfest, das in Lustfahrten auf den Flüssen und Seen besteht; es wird im sechsten Monat, in der heissesten Jahreszeit, gefeiert (Juli).

Jutrbog (Slav. M.), von Juto, Morgen, der Morgengott der Wenden. Man weiss nichts Näheres von ihm, weil keine Bildsäulen und keine Inschriften mehr vorhanden sind; nur eine Opferschale mit dem Namen und einem bärtigen Haupte ist übrig. Ihm dankt die preussische Stadt Jüterbog den Namen.

Juturna (Röm. M.), Schwester des Turnus, des jungen, wilden Königs der Rutuler. Sie opferte dem Jupiter die Erstlinge ihrer Schönheit, und ward dafür von dem Gotte mit Unsterblichkeit belohnt, eine Göttin der Quellen, Teiche und Flüsse. Unter allen Jungfrauen und Frauen, welche von Jupiter geliebt worden, war sie vielleicht die Einzige, welche Juno nicht verfolgte. — J. liebte ihren Bruder Turnus zärtlich, und stand ihm in dem letzten Kampfe mit Aeneas auf das Thätigste bei; zuerst erweckte sie nach schon geschlossenem Friedensbündniss Streit unter den Völkern, dass statt des Zweikampfs die Schlacht wild entbrennt; dann entführte sie in Gestalt seines Wagenlenkers ihn aus der gefährlichen Nähe des Aeneas, und endlich erst, nachdem Jupiter selbst ihr durch die Diren Grauen eingejagt, verlässt sie, ihre Unsterblichkeit verwünschend, den Bruder, und übergibt ihn dem unentfliehbaren Schicksal. — J. ward in Rom als Göttin eines Baches und Teiches verehrt, dessen Wasser, wie man glaubte, Heilkräfte besass und zu den meisten Opfern gebraucht wurde. Man opferte ihr am 11. Januar.

Fig. 184.

Juventa (Röm. M.), der lateinische Name für Hebe, welche als Göttin der Jugend und Gattin des Hercules in Rom verehrt wurde.

Iwaldr (Nord. M.), der Vater von Braga's schöner, ewig junger Gattin Iduna; auch soll er Vater der kunstreichen Zwerge Sindri und Brok gewesen sein, was jedoch unwahrscheinlich ist, da die Zwerge immer als aus der Erde und aus den Steinen entstanden gedacht werden.

Iwidien (Nord. M.), Wald- und Baum-Elfen, ähnlich den Dryaden der Griechen, mit ihren Bäumen lebend und sterbend.

Ixcuina, Göttin der Wollust und aller Freuden, die Venus der Mexikaner.

Ixion Fig. 184. (Gr. M.), Sohn des Antion und der Perimela, König in Thessalien, vermählte sich mit Dia, der Tochter des Deïoneus, weigerte sich aber, die versprochenen Brautgeschenke an den Vater seiner Gattin auszuzahlen, wofür dieser einiger Pferde des I. sich bemächtigte und sie zum Pfande nahm. I. versprach nun dem Deïoneus, zu geben, was er verlange, lud ihn zu sich, und unter dem Vorgeben, ihm eine Goldgrube zu zeigen, stürzte er ihn in eine Grube mit glühenden Kohlen: ein so schweres Verbrechen, dass kein Mensch es wagte, ihn zu entsündigen. Jupiter that dieses endlich selbst, und fand an I. so viel Gefallen, dass er ihn an der Tafel der Götter speisen liess. Ein neues Verbrechen war aber schon in dem Hirn des Frevlers ausgebrütet: er begehrte die Liebe der Juno. Diese klagte über ihn bei Jupiter, doch freundlich verzieh er auch diese Unbill, ja schuf, um seinen Liebling zu befriedigen, ein Nebelbild, Nephele, welches der Juno ähnlich war, und mit welchem I. die Centauren erzeugte. Da er jedoch mit der Gunst der grossen Göttin prahlte, hatte Jupiters Milde ein Ende erreicht; er stürzte den Treulosen in den Tartarus hinab, und dort ward er, auf ein ewig rollendes Rad geheftet, von den Furien gequält. Auf unserem Bilde sehen wir nach einem Basrelief eines Sarkophages I. mit Sisyphus und Tantalus in der Unterwelt gequält.

Ixius (Gr. M.), Beiname des Apollo auf Rhodus.

Ixora Fig. 185. (Ind. M.), einer der vielen Namen des Mahadeu oder Mahadewa, d. h. des höchsten Gottes Schiwa. Er ist hier als Feuersäule vorgestellt, wie er den beiden andern höchsten Göttern Wischnu und Brama erschien, welche sich über ihre eigene Grösse stritten.

Ixtitlon, der Aesculap der Mexikaner, der Schutzgott der Heilkunst.

Iynx (Gr. M.), der Vogel Wendehals. I. soll einst ein schönes Mädchen und Dienerin der Io gewesen sein, doch den Zorn der Juno dadurch auf sich geladen haben, dass sie Jupiter durch Zauberei zur Io lockte. Als ihre Eltern gelten Pan und Echo. Der Aberglaube übte mit diesem Vogel Liebeszauber.

Fig. 185.

Ized (Pers. M.), die durch die ganze sichtbare und unsichtbare Welt verbreiteten achtundzwanzig guten Genien zweiter Ordnung, welche nur Ormuzd und seine sieben Urwesen, die Amschaspands, als Gebieter anerkennen. Die I.s sind männliche oder weibliche Wesen von höchster Reinheit und Zartheit, von Ormuzd, dem Repräsentanten des höchsten, unsichtbaren Gottes, geschaffen, bewachen die Welt, stehen dem Jahr, den Monaten, den Tagen und Stunden schützend und beglückend vor, geleiten die Menschen auf ihrem Lebenswege, gebieten über die ganze Thier- und Pflanzenwelt, über die Urkräfte und Elemente, und sind, zum Schutz der ihnen Untergebenen, in stetem Kampf mit Ahriman und seinen bösen Geistern begriffen.

K.

Kabiler (Ind. M.), Enkel des Brama und einer der grössten Heiligen Indiens. Sein Vater war Kartamen, einer der erhabenen Altväter, Urväter des Braminen-Geschlechts; er ward durch eine Bewegung des Angesichts von Brama erzeugt, und vermählte sich bald nach seiner Erschaffung mit Deiwagdi, Tochter des Suajambhu, welche ihm, ausser neun Töchtern, den K. gebar. — Bei dieses Letztern Erscheinung durchdrang die Himmel alle und ihre Bewohner unendliche Freude; ihre Gesänge erschallten und sie selbst kamen zur Erde herab, dem Kinde ihre Ehrfurcht zu bezeugen, denn es war eine Verkörperung des Wischnu. Bald hatte dieser alle Weisheit erlangt, welche ein unerschaffenes, ewiges Wesen nur besitzen kann, und in dieser unterrichtete er nun seine eigene Mutter und den Gott des Meeres, welcher ihm dafür eine heilige Fahne mit dem Bilde eines Sperbers schenkte. — Die Gestalt des K. gefiel dem Wischnu so sehr, dass er vier und zwanzig Mal in derselben erschien. Seine Weisheit, seine tiefen Betrachtungen und Bussübungen hatten ihm solche Gewalt verliehen, dass ein einziger Zornesblick genug war, um 60,000 Söhne des Sagaren (vergl. d.) in Staub und Asche zu verwandeln.

Kadroma (Tübet. M.), eine Göttin, welche, in eine Aeffin verwandelt, sich mit dem Gotte Cenresi, gleichfalls einem Affen, vermählte, und durch ihn die Stamm-Mutter der ganzen Bevölkerung von Tübet wurde.

Kaftarinn (Orient. M.), soll ein Enkel des Mizraim, des Erbauers von Memphis, gewesen sein, und ein neues Königsgeschlecht begründet haben. Er war ein mächtiger Magier und Astrolog, und der Erste, welcher den Götzendienst einführte.

Kagbossum (Ind. M.), ein Weiser, oder gar Brama in der Gestalt einer Krähe, also eine Verkörperung des höchsten Gottes. Rama's Gemahlin Sito hatte demselben ein Mahl bereitet, und wollte die nicht gebrauchten Fleischstücke trocknen, wobei sich viele Krähen um dieselben versammelten. Sie scheuchte sie zwar fort, aber eine derselben, K., wollte sich durchaus nicht verscheuchen lassen, und so war Rama selbst genöthigt, mit einem Pfeile nach ihr zu schiessen. Der Vogel flog fort durch alle drei Welten, doch immer von Rama's Pfeil verfolgt, bis er sich vor dem Gotte demüthigte und um Gnade bat, doch nach des Schicksals Willen an irgend einem Theile seines Körpers von dem Pfeile getroffen werden musste; dazu wählte er das eine Auge. K. lebte schon im ersten Weltalter und durchlebte alle drei, konnte also auch die Frage des Ardschunen über die Wichtigkeit des Krieges zwischen den Söhnen des Kuru und des Pandu beantworten, indem er sagte, derselbe sei höchst unbedeutend im Vergleich mit Rama's (Wischnu's in seiner siebenten und grössten, erhabensten Verkörperung) Krieg gegen den Riesenkönig von Ceylon, Rawana, und dessen furchtbaren Bruder Kumbakarna. Dieser Weise oder diese Krähe hat das Gedicht Markanda Purana, den Krieg der Gattin Schiwa's, Bhawani, gegen den grässlichen Moisasur, beschreibend verfasst.

Kagura (Japan. M.), ein Volksfest mit Pantomimen und Musik, am siebenten Tage des zehnten Monats (November).

Kahanbarha (Pers. Rel.), der Zeitraum von sechs Tagen, in welchem Gott die Welt erschaffen hat. Er wird nach den Lehren der Perser in sechs Monate ausgedehnt, so dass auf jeden Monat ein Tag kommt.

Kaigessi (Ind. M.), Gattin des Dassaraden, eines Fürsten aus dem Geschlechte der Sonnenkinder, dessen erste Gattin, Gossali, Wischnu in seiner siebenten Avatera als Rama geboren hatte. K. war schöner als die andern Gemahlinnen, und daher von Dassaraden vorzüglich geliebt; als sie ihm aber das Leben gerettet, zeigte sich diese Neigung noch besonders dadurch, dass er ihr eine Bitte freistellte, und deren unbedingte Erfüllung versprach. Da sie nun Mutter des Baraden geworden war, bat sie ihren Gatten, dass dieser, und nicht Rama, Erbe des Thrones werde. Einige Gedichte nennen die K. auch Kaikai.

Kaimughasura, auch **Gedjemugaschurin** (Ind. M.), ein mächtiger Riese, welchen Ganesa (der Gott der Weisheit und des Schicksals, Sohn des Schiwa und zweier Mütter, der Parwadi und der Anga) in einem mächtigen, erderschütternden Kampfe besiegte, in eine Ratte verwandelte und als Reitthier brauchte.

Kajomorts (Pers. M.), der Urmensch, welcher aus der rechten Vorderhüfte des Urstiers Abudad entstand, nachdem Ahriman denselben hatte tödten lassen. Er war Mann und Weib zugleich, überaus heilig und Gegenstand der Anbetung der Engel. Der Zweck Ahrimans, das Geschlecht, welches die Welt bevölkern sollte, zu vernichten, war mithin nicht erreicht; darum schickte er einen Dew, Astudschad, nebst tausend andern Genien des Abgrunds gegen ihn zum Kampfe aus, allein dreissig Jahre lange widerstand K. der Uebermacht, bevor er unterlag. Die seinem Körper entfliessenden edeln Säfte befruchteten nunmehr die Erde; über den ungestörten Fortgang des einen Theils wachte der Ized Neritscheni, über den andern Sapandomad. Der Sonnenschein reinigte den Samen, aus welchem nach vierzig Jahren eine Pflanze emporwuchs, welche ein mächtiger Baum ward, wie ein vereintes Menschenpaar gestaltet. Derselbe trug statt der Früchte zehn Menschenpaare, deren eines, Meschia und Meschiane, das Stammelternpaar des Menschengeschlechts wurde. Auch sie jedoch wurden von Ahriman verführt, des ewigen Lebens, das ihr Theil war, beraubt und, sündhaft, verurtheilt, die Strafe der Sündigen bis zur Auferstehung zu leiden.

Kalasutra (Ind. M.), derjenige Theil der Hölle der brachmanischen Religionslehre, in welchen Uebertreter der heiligen Gesetze kommen, namentlich diejenigen, welche ein Sraddha, ein grosses Opfer für die Vorfahren, angestellt und genossen haben, und den Ueberrest desselben, statt ihn zu verbrennen, einem Menschen aus den niederen, dienenden Kasten geben.

Kaldeir (Ind. M.). Als Wischnu und Brama sich über die Grösse ihrer Macht stritten, und plötzlich Schiwa als unendliche Feuersäule vor ihnen stand und sagte, der solle der Grösste sein, der ihr Ende erreiche, grub Wischnu 1000 Jahre sich in die Erde ein, und Brama erhob sich 10,000 Jahre in die Lüfte, doch keiner erreichte das Ende der Säule; allein Brama, welcher stolz war, bewog eine Blüthe vom Baume K., ihm zu bezeugen, dass er den Gipfel erreicht, worauf plötzlich Schiwa, ihn Lügen strafend, aus der Säule hervortrat. Dieser Baum spielt in den indischen Mythen eine grosse Rolle, weil er aus seinem Stamme Wurzeln entlässt, welche die grösste Aehnlichkeit mit einem Phallus haben; denn Alles, was an die zeugenden und empfangenden Naturkräfte erinnert, verehren die Indier als göttlich und heilig.

Kalastri linga, Fig. 186. (Ind. M.), eines der berühmtesten Bilder des Schiwa. Ein frommer Indier hatte bemerkt, dass das rechte Auge des Gottes thräne; sogleich nahm er sich sein rechtes Auge aus und setzte es der Bildsäule ein; da nach einiger Zeit auch das linke sich als schadhaft erwies, wollte der Freund des Gottes auch das zweite Auge opfern, und um, da er nun blind war die Stelle zu finden, in die es einzusetzen, bediente er sich seines Fusses. Diese fromme Handlung versinnlich das beigegebene Bild.

Fig. 186.

Kalegajors (Ind. M.), ungeheure Dämonen der Hölle; sie sind, wie die Dows des Ahriman den Lichtschöpfungen des Ormuzd, so den heitern Kindern des Kasyapa und der Adidi, den zwölf Adityas oder Sonnen, entgegengesetzt, diese wohnen im Himmel des Indra, die riesigen Genien der Unterwelt aber im finstern Abgrund.

Kalegejews (Ind. M.), Söhne des Kasyapa und der Kale, einer der fünfzig Töchter des Dakscha (also Enkelin des Brama), deren dreizehn an Kasyapa vermählt waren. Diese K. sind die fürchterlichsten und mächtigsten Dämonen der Unterwelt Podalam, welche den Söhnen des Lichts beim Kampfe während des Unterganges der Welt den Sieg sehr schwer machen werden.

Kalenda (Ind. M.), Tochter der Sonne und Gemahlin des Wischnu in seiner achten Avatera als Krischna, gehörte zu den acht vornehmsten Frauen des Gottes, welchen sie liebte, lange bevor er sie und sie ihn gesehen um ihn zu erlangen, opferte sie der Bhawani das grosse Opfer Jumna. Einer von den fünf Söhnen des Pandu, Artschunen, Krischna's getreuester Freund, war durch die über das Geschenk erfreute Göttin von dem Wunsch der K. unterrichtet, sprach über dieselbe mit Krischna, und dieser, gerührt von der Schönheit und Liebe derselben, war sogleich bereit, ihre Wünsche zu erfüllen.

Kalewa (Nord. M.), einer der Urgötter des höchsten Nordens, lange vor Ankunft der Asen herrschend, ein gewaltiger Riese und Vater des Jägers Hiisi, eines bösen Gottes, dessen schreckensvolle Behausung ein Ort der Verdammniss ist.

Kali (Ind. M.), die eine Hälfte der Bhawani oder Parwati, der Gemahlin des Schiwa, welche andere Mythen zu einer zweiten Gemahlin dieses Gottes machen, obwohl sie Eins mit derselben ist, und sich nur als das böse Princip der Parwati offenbart, während Bhawani das gute Princip der Parwati ist. Sie ist die Rächerin, Bestraferin des Bösen, daher auch auf das Schrecklichste mit allen Attributen der Vernichtung ausgerüstet, schwarz von Farbe, mit Flammen umgeben, mit drei Armen, vier mächtigen Hauern, weit aus dem Munde hervorstehenden Zähnen, mit sechszehn Armen, welche das Symbol ihres Rächeramtes tragen, dargestellt. Sie stirbt nach jedem Götterjahre einmal, dann nimmt Schiwa einen von ihren Knochen, reihet denselben auf eine Schnur und trägt sie um den Hals, auf welche Weise er schon ein Halsband von 21 Knochen hat. Ihr werden viele Tausende von Thieren (Ziegen und Büffelkälber) jährlich geopfert, auch Menschen schlachtet man ihr, doch sind die Umstände, unter denen dieses geschieht, in den heiligen Religionsbüchern der Indier sehr erschwerend angegeben, so dass man nicht undeutlich die Absicht erkennt, der Grausamkeit Einhalt zu thun, wiewohl bei dem Fest des Jagrenat noch immer Tausende von frommen Schwärmern sich unter die bluttriefenden Räder des Wagens dieses Götzen werfen, um sich von denselben zermalmen zu lassen, und die Opferungen der Wittwen, von den heiligen Büchern geboten, doch eigentlich auch zu den Menschenopfern gezählt werden müssen.

Kali (Ind. M.), gemeinschaftlicher Name der Schutzgötter der Städte insgesammt; jede Stadt hat ihren eigenen Schutzgott, dem sie ausserhalb ihrer Mauern einen Tempel errichtet, in welchem noch jetzt viele blutige Opfer fallen, und wo man früher auch Menschen schlachtete. In der Regel führen sie den Namen der Stadt, welche sie schützen, werden als Riesen abgebildet und hoch geehrt, doch nicht für unsterblich gehalten.

Kalidas (Ind. M.), nach der Angabe der Braminen eine Verkörperung des Brama, welche er annahm, um mehrere der heiligen Schriften, welche verloren oder zerstört waren, wieder herzustellen. So ward er ein Bramin und grosser Dichter, geboren im ersten Jahrhundert v. Chr. Von ihm hat man unter Andern für Indien höchst vorzügliche Schauspiele, auch die Sakontala. Er sammelte und ergänzte die heiligen Gedichte des Valmik, und ward besonders dadurch berühmt, dass er, den man in seiner Jugend für kenntniss- und geistlos hielt, die Stelle, auf der das alte und berühmte Ayodhya gestanden, auf's Genaueste nachweisen konnte, so dass der König Vikramaditya die Stadt wieder herstellen liess.

Kalighi (Ind. M.), die zehnte Verkörperung des Wischnu, diejenige, welche n o c h e r w a r t e t wird, denn die neunte, in welcher er als Krischna erschien, war seine letzte. Sobald die jetzige Zeitperiode Kali Dschug so weit vorüber ist, dass nur noch 780 Jahre von derselben bleiben, wird Wischnu erscheinen; bis dahin haben wir jedoch noch einige Zeit zu warten, denn diese vierte oder letzte Periode (Kali Dschug) dauert, nebst der ihr zugehörigen Götterdämmerung, noch 1200 Götterjahre, oder 438,000 unserer gewöhnlichen Jahre. In diesem letzten Zeitraume wird ein König aus der niedern Kaste der Schudras herrschen, welcher alle Gräuel der Anarchie heraufführen wird, indem er die niedere Kaste der höheren gleich machen will, was nun einmal, da sie aus verschiedenen Gliedmassen Brama's entsprungen, gar nicht möglich ist. Dann wird ein frommer Bramin, der diese Herabwürdigung seiner Kaste und die Erhebung der andern nicht dulden will, von ihm zum Tode verurtheilt werden, welches das grösste Verbrechen ist, das ein Tyrann begehen kann: in diesem Augenblick wird die Erde sich öffnen, der Gott Wischnu wird in seiner zehnten Verkörperung aus derselben emporsteigen, als K., auf einem weissen Ross, welches geflügelt ist, und in unbegreiflicher Schnelligkeit ihn von Ort zu Ort trägt. Mit einem flammenden Schwert vernichtet er zuerst den König, dann auch alle anderen bösen Menschen; nun regiert er als König achtzig Jahre, während welcher er überall Tugend und Unschuld wieder einführt. Mehrere seiner Nachfolger machen, wie er, die Erhebung der Religion und der Braminerkaste zu ihrem Hauptzweck, und sind desshalb vortreffliche Regenten, bis am Ende des grossen Weltalters die vollkommen gereinigte Welt in den Himmel aufgenommen wird. Ein anderer Mythus nennt Wischnu als K. selbst ein Pferd, welches schon seit Anbeginn dieses Weltalters im Himmel steht, und zwar auf d r e i e n Füssen, weil d r e i Weltalter vorüber sind; sobald sich das vierte, Dschug, seinem Ende nahet, senkt das Ross seinen vierten Fuss und tritt mit demselben die Erde in den Abgrund. Untergang der Welt und des Bösen darauf ist die Folge dieses Niedertretens. Wenn die Welt sich wieder erhebt, kommen Sonne, Mond und alle Planeten zusammen in dasselbe Zeichen des Thierkreises, und das Räderwerk der Welt beginnt von vorne zu treiben. Man glaubte übrigens in diesen und den vorigen Jahren die zehnte Avatera des Wischnu bereits erfolgt, indem sich ein Cretin, ein fast stummer, völlig blödsinniger, aber äusserst starker Mensch, mit einem Kopfe, in dem man Aehnlichkeit mit dem eines Pferdes finden wollte, an mehreren Orten Indiens sehen liess. Alle Wahnsinnige werden im Morgenlande für Heilige gehalten, und so widerfuhr auch diesem das merkwürdige Glück, als Wischnu angebetet zu werden, bis sich die Braminen darein mischten und erklärten, dass noch keine Zeit zur Verkörperung des Wischnu als K. sei.

Kalinak (Ind. M.), eine ungeheure, tausendköpfige Schlange. Wischnu wollte sie fangen, und ritt desswegen auf seinem Riesenvogel Garndha zu ihr hin. Da sie diesen ankommen sah, verbarg sie sich in den Fluthen des Flusses Iumna, woselbst sie eine ungeheure Nachkommenschaft erzeugte, welche das Wasser des heiligen Stromes vergiftete. Als Wischnu in der neunten Avatera noch ein Knabe war, beschloss er (damals Krischna), die Welt von dieser Brut zu befreien. Die Schlange umwand ihn mit unzähligen Schlingen, er entzog sich denselben jedoch leicht, schritt auf ihren Köpfen einher und zertrat einen nach dem anderen; noch ehe der letzte zermalmt war, baten Frau und Kinder der Schlange, welche den Gott erkannt hatten, um Gnade für Gatten und Vater, und so ist denn die ganze Familie mit dem e i n k ö p f i g e n Ungeheuer in die Unterwelt verwiesen worden, wo ihr Gift gebraucht wird, die Verdammten zu quälen.

Kalinib hedana (Ind. M.), »der über den heiligen Fluss Kommende«, Beiname des Rama (Wischnu in seiner achten Avatera), welcher über den Ciamuna ging, der in der Prakrit-Sprache Kalini heisst.

Kalmuecken (M. der), ist der von Tübet nahe verwandt, indem diese sich von Indien durch China, Tübet, Kaschmir, die Tatarei etc., hoch gegen Norden hinauf erstreckt; doch sind überall nur die Hauptzüge geblieben, alle Nebenbestimmungen sind verwischt oder haben ein eigenthümliches Gewand erhalten, welches sich durch klimatische, sociale und andere Verhältnisse modificirt. — Nach der Sage der zongarischen Kalmücken und Tataren war die Erde Anfangs ganz mit Wasser bedeckt; ein Sturmwind, von allen vier Weltgegenden herkommend, setzte die Wasser so gewaltsam in Bewegung, dass sie bis auf den Grund niederwühlten und aus dem Chaos sich achtzig Berge emporrangen, davon die Hälfte über der Wasserfläche eine zusammenhängende Masse bildete; sieben Götter stiegen vom Himmel herab, um die neue Erde zu besuchen, und Einige derselben entledigten sich eines natürlichen Bedürfnisses: ihre Excremente bestanden aus Honig; unwissend, welchen Ursprung derselbe habe, genossen zwei jener Götter davon, wodurch sie sich der Ehre, wieder mit den Andern zum Himmel zu steigen, beraubten, auf der Erde blieben und so dieselbe bevölkerten. — Der Götter sind überhaupt tausend, und sie regieren nach einander abwechselnd; sechs derselben: Sandgi Namzic (der gute Hüter), Zugdor Tamtgetgob (der Mitleidige), Korwa Dschigedan (der die Welt entvölkert, indem er die Seelen in's Paradies führt), Sertub (der Goldspender) und Ostrum (der Welthüter), haben bereits ausregiert; der siebente, Schak Dschumeni, regiert gegenwärtig, ihm würde Maidiri (der Prophet) folgen; allein ehe dieser zur Regierung kommt, wird die Welt untergehen, und er sagt das Schreckensereigniss nur der Welt an, dann wird der Verderber erscheinen, umgeben von sieben Sonnen, durch welche die Welt ausgebrannt wird; ein darauf folgender Regen löscht das Feuer, und Maidiri erhebt sich zum Himmel, um von seinem Throne Besitz zu nehmen. — Die Erde ist alsdann entvölkert, alle Menschen sind im Paradiese, und die Bewohner der Hölle kommen herauf, um sie zu bewohnen; ihre Geister fahren in alle möglichen Thiere, sie haben die Seelenwanderung in höchster Potenz zu bestehen: von dem niedrigsten Insect durchgeht der Geist jede Stufe zur Vervollkommnung, bis der böse Höllengeist, gebessert, Mensch geworden sein wird und des Paradieses theilhaftig werden kann. — Die Bewohner des Paradieses sind körperlos; doch geniessen sie jeder Freude, deren sie als Menschen fähig gewesen, nur in einem so viel höhern Grade, dass Alles, was sie früher empfanden, keinen Vergleich mit der Seligkeit des Paradieses aushält. In das Paradies zu gelangen, ist übrigens nur am Ende jedes Weltabschnittes, oder bei dem jedesmaligen Untergange der Welt möglich; allein die Menschen, welche ein heiliges Leben geführt haben, gelangen nach ihrem Tode an die Pforten des Paradieses, vor welchen, harrend auf das Weltende, sie des Anblickes der Götter theilhaftig sind. Die Hölle der tatarischen Völker ist ein Ort der grässlichsten Qualen; die Teufel leiden dieselben bis zum Untergange der Welt; der jetzt erwartete Bote des Unterganges wird empfangen und geboren durch eine Jungfrau, Tochter eines japanischen Königs, welche von dem Fürsten der Teufel beschattet worden ist.

Kalpaurkscham (Ind. M.), der Baum, dessen Früchte die Speise, dessen Saft das Getränk des Dews ist, wodurch sie ihre Jugend und Unsterblichkeit sich erhalten.

Kalumet. Das Tabakrauchen scheint bei den Wilden Nordamerica's eine heilige Bedeutung zu haben, denn es ist das erste Opfer, welches sie der Gottheit, oder ihrem Schutzgeist, täglich bringen. Es ist das Zeichen der Gastfreundschaft, der Sicherheit; es ist Unterschrift und Siegel für den zu schliessenden Contract. Bei jeder wichtigen Handlung wird der grosse Geist zum Zeugen aufgerufen, und ihm zu Ehren von allen Theilnehmern an derselben aus einer Pfeife geraucht. Die hiezu bestimmte Friedens-Pfeife, K. genannt, besteht aus hölzernem Rohr und Kopf, durch mancherlei Schnitzwerk, Perlen und Goldblech, Schnüre und Federn auf jede Art geschmückt. In Ermangelung einer solchen dient jedoch jede andere, und auch die Pfeife, welche gewöhnlich in dem Tomahawk oder bei der Streitaxt angebracht ist, um ein Bündniss, einen Vertrag unverbrüchlich heilig zu machen, und der Rauch aus dem K. macht die Handlung nur zeremoniöser, feierlicher, doch nicht fester.

Kama oder **Kamadewa**, Fig. 187 (Ind. M.), der indische Liebesgott; wörtlich heisst sein Name »Gott der Begierde«. Er ist der Sohn des Himmels und der Täuschung, und wird auch der dem Herzen entsprungene, unkörperliche, rastlose Gott genannt, lauter sehr bezeichnende Beinamen. Die Zärtlichkeit, Retti, ist seine Gattin, und Wassant (die Blüthenzeit) sein Begleiter, welcher seinen Köcher stets mit Blüthen zu Pfeilspitzen füllt. Sein Lieblingsaufenthalt ist die Gegend um Agra, dort ist das weibliche Geschlecht unter allen Gegenden Indiens am schönsten. K. hatte eine sichtbare Gestalt; da er jedoch den Herrn der Schöpfung, Hara, in seinen Ausübungen störte, so verbrannte ihn dieser durch einen Blick zu Asche; die Götter erweckten ihn, indem sie Nectar darauf tropften, doch seit dieser Zeit heisst er der körperlose. Er wird auf einem Papagei reitend abgebildet; sein Bogen ist von Zuckerrohr, die Bogensehne ist von Bienen gebildet, seine Pfeilspitzen sind die rosenrothen Blüthenknospen des Amrabaumes. — Die Götter wünschten Schiwa zu einer neuen Vermählung zu bereden, und wendeten sich desshalb an den Gott der Liebe; dieser opferte sich nebst seiner Gemahlin freiwillig auf, um in einer andern Form verdachtlos Schiwa nahen zu können; er liess sich demnach verbrennen, um in der Familie des Krischna unter dem Namen Prodymna aufzuerstehen. Ein böser Genius, ein Asur, bemächtigte sich des neugeborenen Kindes, legte es in einen Kasten und warf denselben in's Meer, um den Zweck der Avatera zu vernichten, da Schiwa ohne Liebe viel grausamer war als sonst, was eben den Wünschen des Bösen entsprach. Ein Fisch verschluckte den Kasten, dieser ward gefangen und von einer Magd, welche die wiedergeborne Gattin des Liebesgottes war, getödtet, das Kind gefunden und heimlich auferzogen, bis es gross genug war, um den Riesendämon zu überwinden. Jetzt erkannten Retti und K. einander, erinnerten sich ihres vorigen Zustandes und des Zwecks

Fig. 187.

ihrer Verkörperung, welchen sie sogleich verfolgten, indem sie sich an Schiwa's Hof begaben; dort einheimisch, vermählte sich Schiwa von Neuem, und nun gingen Beide wieder als Dewtas in ihr Paradies.

Kamala (Ind. M.), »die Liebevolle«, Beiname der indischen Göttin der Schönheit, Lakschmi, weil ihre Reize Liebe einflössen und sie voll Liebe ist.

Kamalasana (Ind. M.), der in einer Liebesblume (Lotos) Sitzende, Beiname des Brama, weil er in einer Lotosblume ruhend abgebildet wird.

Kambalaswen (Ind. M.), eine grosse heilige Schlange, welche, nebst noch anderen wunderbaren Gesellschaftern, während des Monats Massi (Februar) die Sonne geleitet.

Kamdewa (Ind. M.), die göttliche Kuh, welche alle Wünsche zu erfüllen vermag, und bei Bereitung der Amrita durch Umdrehung des Berges Mandar im Milchmeere aus diesem hervorging. Sie ward von Indra dem Braminen Dschamadagai geschenkt, welcher dadurch übermenschlich mächtig, reich und angesehen ward. Zu ihm kam ein böser König, Schawkawser, Beherrscher von Ayadhya, mit seinem ganzen zahlreichen Gefolge, und verlangte Bewirthung, welche ihm durch Hülfe der segensreichen Kuh sogleich auf's Herrlichste ward; nun verlangte er auch die Kuh, und da der gute Priester sie dem bösen König nicht geben will, überzieht ihn dieser mit Krieg, allein die Kuh schlägt alle Heere zu Boden und schwingt sich wieder zum Himmel auf. Der Tyrann rächt sich dadurch, dass er den weisen Braminen tödtet. Nun eilt die Kuh, welche ihren Herrn sehr geliebt und ihre göttliche Würde seiner Braminen-Würde mit Freudigkeit unterworfen hat, zu Parasu Rama, dem Sohn des Ermordeten, nach Kaylasa, fordert ihn zur Rache auf, die er auch zu vollziehen sich beeilt, und unterstützt denselben dabei so, dass der Feind sein Leben verliert. — Noch anders wird derselbe Mythus erzählt, indem, statt des erstgenannten Braminen, Wasischta, und statt des bösen Königs der fromme Wiswamitra die Hauptpersonen sind; Letzterer will, nur aus guter Absicht, für sein darbendes Volk die Kuh haben, indem sie Jedermann, der ein Kalb mitbringt, um sie zu melken, Samen, Lebensmittel, Geld, ja alle erdenklichen Dinge ertheilt; doch Wasischta will die Kuh nicht lassen; alle Geschenke können ihn nicht bewegen, sie dem frommen König abzutreten. Dieser sucht nun durch Gewalt sie zu bekommen, allein die Kuh gibt dem Büsser stets neue Heere, welche die des Königs zurückschlagen; endlich sieht er, was für ein unbedeutendes Ding seine Majestät gegenüber einem Braminen ist, und er entschliesst sich, durch alle erdenklichen Bussübungen auch zu der Würde eines solchen zu gelangen, was nun freilich nicht möglich ist, da er als Kschetry höchstens ein Gott, doch nie ein Bramin werden kann.

Kame oder **Kami** (Japan. Rel.), die allgemein und öffentlich verehrten Götter, Beherrscher aller Dinge der unterhimmlischen Welt. Allgemeine Bezeichnung der Götter derjenigen Japaner, welche sich zur Sinto bekennen. K. bedeutet Seele, und die Religion heisst: K. Mitsch, Religion der Seele, nach Andern Religion der einheimischen Götter.

Kamephis (Aegypt. M.), nach späteren, höchst willkürlichen Erdichtungen ein oder mehrere Urwesen der ägyptischen Götterwelt.

Kami Ama terassu oho (Japan. M.), der höchste Gott der Sinto-Religion auf Japan. Ihm wurden schon unter den frühesten Mikaddo's Tempel errichtet und Feste angeordnet, aber Zin mu weihete ihm einen irdischen Sitz im Dairi und brachte ihm nach der Begründung seiner Herrschaft ein Dankfest.

Kamihoefe (Japan. M.), die von Gärten umgebenen Tempelhallen der Japaner. Sie sind in- oder ausserhalb der Städte, immer in der anmuthigsten Gegend angelegt. Es sind Lustplätze, dabei aber von so treffendem Eindruck, dass man, auch unbekannt mit dem Cultus des Volkes, doch ihre Bestimmung errathen muss. Die K. (japanisch Jasiro) sind oft sehr ausgebreitete Räume, wiewohl man auch kleine findet, welche eher Capellen genannt werden dürften, und auch nicht denselben Namen führen, sondern Mija heissen. Diese sind dann nur einem oder dem andern Kami geweiht, und nicht selten so im Gebüsche versteckt, dass man sie kaum findet, dagegen die grösseren weit ausgebreitet liegen. Sie umfassen immer mehrere Capellen oder andere gottesdienstliche Einrichtungen; von ferne erkennt man diese schon an dem sogenannten Toriwi: diess ist ein aus zwei Säulen und zwei darüber liegenden Balken bestehendes Thor, welches wohl auch den Namen Kamihof trägt, und dem zur Seite immer hohe steinerne Laternen stehen. Liegen die K. auf Anhöhen, so führen breite steinerne Treppen zu ihnen empor, und man staunt, bei dem Ueberschreiten derselben, sich auf der Höhe in den schönsten Park, mit wechselvollen Gartenanlagen, versetzt zu sehen. Bonzen sorgen für die Unterhaltung des grossen Gartens, schmücken denselben mit immer neuen Anlagen, füllen ihn mit seltenen Blumen und Gewächsen, und scheinen wenig eigentlichen Gottesdienst zu verrichten; doch sind sie für die Pilger stets Gegenstände höchster Verehrung, und empfangen von denselben reiche Opfer. — Die Götzenbilder stehen theils in sehr prachtvoll (obgleich immer grotesk) gebauten Tempeln, theils in kleinen Capellen, welche von den K.n umgeben sind.

Kanaat (Arab. M.), das Schiff der Verläugnung der eigenen Wünsche und der weisen Entsagung, eine der fünf Haupttugenden, welche auf dem Meere des Verlangens umherschwimmen.

Kanagakschen (Ind. M.), einer von den vielen Namen, welche der böse Div, der riesige Dämon, trug, der die Wedas stahl, während Brama schlummerte, damit die nunmehr gesetzlose Welt untergehe. Gewalt und List kämpften Jahrtausende lange, bevor es Wischnu gelang, die Wedas wieder zu erhalten.

Kandarpaketu, s. Kamadewa. Es ist ein Beiname dieses Gottes und heisst der »Herzgeborene«.

Kandekumaraio (Ind. M.), Sohn des Schiwa, welchen die Bewohner der Halbinsel diesseits des Ganges unter dem Namen Kartikeia, Sadanana, Skanda u. s. w. verehren, und welcher, obwohl er ein Sohn des Schiwa ist, doch bei den Buddhaisten auf Ceylon unter obigem Namen angebetet, hoch verehrt und durch grosse Prozessionen gefeiert wird. Er ist der Riesentödter und Erlöser der Menschengeschlechter von dem Fluch der Urna, welche (eine Gattin des Schiwa), da sie keine Kinder bekam, alle Götter zur Kinderlosigkeit verfluchte, bis Brama durch Hulasana (Schiwa in anderer Gestalt) ihren Schooss mit dem ihrer Schwester Ganga zugleich erfüllte und Beide den oben genannten Gott gebaren.

Kandele (M. der Finnen), ein musikalisches Instrument, das, citherähnlich, mit Sehnen von Rennthieren bezogen, wie die Cither gespielt wird; die Zauberer bedienen sich desselben bei all ihren Beschwörungen, Zaubercuren u. s. w. Es ist von dem alten Wäinämäin, dem obersten Gott der Finnen und Lappen, erfunden und aus einem Seehundskopfe gemacht; Niemand verstand dasselbe zu spielen, da kam der Gott selbst zur Erde herab und lehrte es die Menschen; als er darauf spielte, kamen die Fische aus dem Meere herauf, die Vögel, die vierfüssigen Thiere sammelten sich um ihn und vergossen Thränen vor Rührung, welche, wie sie auf des Gottes Gewand fielen, zu Perlen wurden.

Kanderi (Ind. M.), die schöne Gattin des Radscha Dritaraschtra, in welche sich Wischnu, in der Awatera des Krischna, verliebte, und sie aus einer Frau wieder in ein Mädchen verwandeln wollte. Sie gebar dem Fürsten zwei Kinder, den Duryodun und die Rundi, eine Wiedergeburt der Maritschi.

Kanderschasti (Ind. M.), ein Siegesfest, das am Neumond des achten Monats, Kartidsche (Ende Novembers) gefeiert wird; an diesem Tage errang Supramanja, ein König aus dem Stamme des Duschmanta (Mondskinder), einen Sieg über den bösen Dämon, Sura Parpma, nachdem der Kampf unausgesetzt sechs Tage gedauert hatte. Demnach währt das Fest eben so lange, und am siebenten Tage stellt man den Kampf der beiden mächtigen Streiter pantomimisch dar, oder trägt wenigstens das Bild des Gottes in Prozession umher.

Kanon, Fig. 188 (Jap. M.), Sohn des Amida (s. d.). Nach Picard Cérémonies et coutumes religieuses Tom. VII, aus welchem unsere Abbildung entlehnt ist, besteht dieser Gott halb aus einem Fisch-, halb aus einem Menschenleib, oder er schlüpft aus dem Rachen eines ihm an Grösse proportionalen Fisches hervor. Die fast ganz weibliche Figur ist in ein sehr leichtes Gewand gekleidet, zeigt den Hals mit Perlen, den Kopf mit einer Blume geschmückt, und hat vier Hände, davon zwei aufgerichtet und zwei niedergehend sind; letztere tragen einen Scepter und eine Blume, eine der erhobenen Hände ist zur Faust geschlossen, die andere trägt einen Reif auf der Spitze des Zeigefingers. Vor der Figur liegt eine offene colossale Seemuschel, aus deren Schale ein Mensch in der Stellung eines Anbetenden sich erhebt. — Dieses Bild steht in dem Haupttempel des Gottes zu Osaka, wo es als Fisch- und Meer-Gottheit verehrt, auch als Schöpfer von Sonne und Mond angebetet wird.

Kansa (Ind. M.), einer der bösesten Fürsten Indiens, Sohn des Ogursain, Königs von Matra, und Bruder der Dewagi (der Mutter des Krischna); er begann seine Laufbahn damit, dass er seinen Vater für geistesschwach erklären und einsperren liess, sich des Thrones bemächtigend. Ihm ward geweissagt, dass seine Schwester Dewagi einen Knaben gebären würde, welcher ihm thun werde, wie er seinem Vater; daher liess er Dewagi und ihren Gatten Wassudowa einkerkern und jedes ihrer Kinder, so wie es geboren war, ermorden. Schon waren sechs derselben ein Opfer seiner Tyrannei geworden, als die Mutter Bhawani bat, die übrigen zu retten; diess that die Göttin, indem sie das nächste Kind in den Schooss der Rodni, der ersten Frau des Wassudowa, trug, welche es als Bala Rama gebar. Das achte Kind, Krischna, trug die Göttin zu dem Landmann Nanda in Gokol; dessen Frau Ysodha hatte so eben ein Mädchen geboren, mit diesem vertauschte sie den Knaben, und als der Tyrann das Mädchen selbst, als ein Kind seiner Schwester, tödten wollte, durchdrang dasselbe der Geist der Göttin Bhawani, es erhob sich als Awatera derselben in die Luft und verkündete dem Mörder sein Schicksal nochmals. Nun liess er alle Kinder unter zwei Jahren tödten, doch unter den Milchmädchen erwachsend, mit Blumen spielend, entgeht Krischna allem ihm Drohenden durch höheren Schutz, übt als Knabe alle mögliche Possen, beglückt als Jüngling die Mädchen durch seine Liebe, verrichtet die auffallendsten Wunder und lässt so erkennen, dass er etwas Höheres sei als ein blosser Hirtenknabe. K., sehend, dass durch die Götter der ihm angedrohete Rächer, trotz aller Verbrechen, die er begangen, um ihn hinwegzuschaffen, doch erhalten sei, will noch einen letzten Versuch machen ihn zu vernichten; er ladet ihn daher in seine Residenz ein, und Krischna geht ahnungslos in die offene Falle; doch sein Muth, seine Götterstärke lassen ihn jede Gefahr

Fig. 188.

besiegen; K. wird getödtet, sein Vater, seine Schwester aus dem Kerker befreit, und das Orakel zur Erfüllung gebracht.

Kan Sjoo Sjoo (Japan. M.), einer der ersten Hofmänner unter der Regierung des Mikado Sei Wa, aus altem fürstlichem Geschlechte, stammend von Suga Hara. Er war seiner Tugend und Gerechtigkeit wegen allgemein hoch geachtet, durch eine Hofintrigue aber nach Tsukusi verbannt worden, wo er starb; sein Geist suchte durch wunderbare Erscheinungen zu Mijako sich fortwährend zu rächen, bis der Mikado Itsi Teo die Verbannung widerrief, ihm den Ehrentitel Dai Zeo Dai Zin beilegte, und ihm eine Tempelhalle errichtete. Dort verehrte man ihn zugleich mit seiner Gemahlin und seinem Sohne, welche auf dem Altare ihm zur Seite standen; auch seinen Dienern und einem Schiffer, welcher ihn in der Verbannung freundlich aufgenommen, sind dort Altäre errichtet.

Kanthai und **Bajusschiak**, Fig. 189 (M. der Kamtsch.). Unser Bild stellt die beiden Götzen der nordasiatischen Völker, besonders der Bewohner von Kamtschatka. vor, wie dieselben, grob geschnitzt, in dem heiligsten Winkel der einfachen Hütte stehen, wo der Mann seine Waffen bewahrt. Sie sollen gute Jagd und guten Fischfang verleihen, wesshalb das letzte Bild (Bajusschiak) auch halb als Fisch dargestellt wird. Einen eigenen Cultus scheinen sie so wenig, als Tempel und Priester gehabt zu haben; Jeder stellt die beiden Figuren in seiner Jurte auf, doch findet eine ausdrückliche Verehrung derselben mit Opfern von Speisen und Getränken, die man ihnen vorsetzt, statt.

Karaiben (M. der). Wie alle rohen Völker, hatte auch dieses nur höchst oberflächliche Vorstellungen von einer Welterschaffung, Bevölkerung der Erde, und einem Leben jenseits. Nach dem Glauben der K. war der Himmel von Ewigkeit her vorhanden; er umschloss eine Erde, schöner und besser als die, welche später erst von einem Bewohner jener bessern Erde gemacht wurde. Diese letztere war Anfangs weich und in Ruhe, jener Fremdling, Longuo mit Namen, gab ihr Gestalt, Einrichtung und

Fig. 189.

Bewegung und bevölkerte das Meer mit Fischen, indem er grosse und kleine Maniokwurzelstücke hineinwarf, die sich in Meeresbewohner verwandelten; woher die Landthiere kamen, weiss man nicht anzugeben, die Menschen aber entstanden aus dem Nabel jenes Louguo, welcher die Erde als erster Mensch bewohnte, nach seinem Tode wieder auferstand und sich in jene bessere himmlische Welt zurückzog. — Die Menschen verschlimmerten sich nach und nach, so dass sie endlich von den Göttern gehasst wurden, und weil diese keine Opfer mehr bekamen, schickten sie eine gewaltige Wasserfluth über die Welt, wodurch der grösste Theil der K. umkam, und nur wenige sich in Kähnen retten konnten. Die ersten Menschen lebten sehr lange, ja, einige derselben, welche sich verdient gemacht hatten, ewig, indem sie in Sterne verwandelt wurden; allein nach der Sündfluth lebten Alle sehr elend, bis auf die Klagen eines alten Mannes ein Gott sich vom Himmel herabliess und ihn lehrte, mit den spitzen Steinen, welche am Meeresufer liegen, Holz zu fällen, sich Wohnungen zu bauen, die Maniokwurzel auszuziehen und, obgleich sie giftig ist, sie zu wohlschmeckenden, unschädlichen und nahrhaften Speisen zu bereiten, seit welcher Zeit die K. ein glückliches Leben führen, indem ihnen nichts mehr fehlt. Doch hoffen sie, dass es ihnen in dem obern Himmel, auf der dort befindlichen Erde, noch besser gehen wird, dass sie dort bessere Häuser, mehr Nahrung, mehr Frauen, keine Arbeit, keine Krankheiten, wohl aber ein ununterbrochenes Wohlleben haben werden. — Die K. verehrten Sonne und Mond, und das Erdbeben ist ihnen stets Veranlassung zu mehrtägigen Festen, denn diese furchtbarste aller Naturerscheinungen für den Bewohner fester Städte hat wenig Schreckliches für den, dessen Haus aus fünf dünnen Stecken, mit Baumblättern überdeckt, besteht; ihm stürzt kein Thurm, keine Kirche, kein Palast ein; so betrachten auch die K. das Erdbeben bloss als eine Mahnung an's Tanzen; die Erde nämlich hat sich bewegt, um sie zu erinnern, dass Bewegung der Gesundheit nöthig sei, und so folgen sie dann diesem Wink. — Sie bringen den Göttern nur selten Opfer, indem sie sagen, dass diese ihrer nicht bedürften; nur dem bösen Gott, welcher die Europäer geschaffen hat, schenken sie die Erstlinge der Früchte eines selbst gepflanzten Baumes. Unsittlichkeit und Goldgier machen ihnen die weissen fremden Menschen verächtlich; sie halten dieselben für Kinder eines bösen Meergeistes, welche mit ihrem Lande, d. h. den Schiffen, auf denen sie wohnen, aus der Tiefe des Meeres heraufsteigen, um sie zu quälen, zu berauben, und aus ihrem Lande zu verjagen.

Kare (Nord. M.), zu den fornjotischen Göttern gehörig: die Luft, ein Sohn des Fornjoter. Kare's Sohn war Jökul (Eis), dessen Sohn Snär (Schnee).

Karenz (Slav. M.), die uralte, längst untergegangene heilige Stadt auf der Insel Rügen, dort, wo jetzt die Stadt Garz liegt. Die mächtigsten Gottheiten der alten Wenden, Rugiwit, Porewit und Porenut hatten daselbst einen grossen, überaus heilig gehaltenen Tempel, welcher in einer weiten Umzäunung stand, die nur die Priester betreten durften. Die Tempelwände waren von Purpur, das Dach von Schindeln, der gewöhnlichen nordischen Bedachung. Rugiwits Bildniss soll so ungeheuer gewesen sein, dass die Schwalben, ohne es zu entstellen, in seinem Angesichte Nester baueten. Das Heldengedicht Arkona von Furchau beschreibt Stadt und Tempel im eilften Gesange.

Kare-Patrepandaron (Ind. M.), Indische Büsser, Bettler vom Braminen-Orden, welche sich ewiges Stillschweigen auferlegt haben. Ganz unbekleidet, nur mit der Braminenschnur, welche bei ihnen gewöhnlich aus einer Schlangenhaut besteht, über der Schulter, sitzen sie unter den Lianenbäumen, und gehen nur, wann das Bedürfniss sie treibt, in ein Haus, wo sie durch Zusammenschlagen der Hände ihre Anwesenheit kund thun; alsbald wird ihnen das Beste gegeben, was der Besitzer des Hauses hat, denn ein solcher bettelnder Bramine ist mehr als ein Gott, das Haus also durch seinen Besuch hoch geehrt. Der Bettler empfängt die Speisen auf dem Handteller, und muss von diesem, ohne irgend ein anderes Werkzeug, sie verzehren: davon der Name, welcher aus Hand und Teller zusammengesetzt ist.

Karewit, ein Gott der Wenden, mit Rugiwit zu einem Bilde vereinigt, in Rhetra angebetet. Er ward mit vier männlichen und zwei weiblichen Gesichtern dargestellt und soll einen Löwenhopf auf der Brust gehabt haben. Man stellte diesen K. auch gesondert von den ihn begleitenden Gottheiten vor; dann erschien er ganz unbekleidet und trug einen Kopf mit zwei Gesichtern, von Strahlen umgeben; die Brust trug ein Ochsenhaupt, der Bauch einen Hahnenkopf.

Kartamen (Ind. M.), einer von den zehn grossen Göttern oder Altvätern, welche Brama zeugte, dadurch, dass er sein Angesicht verzog. Er ward vermählt mit Dewagdi, einer Tochter des Suajambhu und der Sadadrubai. Sie gebar ihm neun Töchter zugleich, welche an die neun übrigen Altväter vermählt wurden; ein zehntes Kind derselben und des K. war ein Sohn, Kabiler; dieser war Wischnu selbst in einer Verkörperung. Er ward überaus fromm, ein wahrer Heiliger, und unterwies seine Mutter in der Frömmigkeit, wesshalb diese sich in tiefe Einsamkeit zurückzog, und durch ihn den Grad von Seligkeit erlangte, welcher sie von der Nothwendigkeit der Wiedergeburt auf dieser Welt befreite.

Kartiawertschunen (Ind. M.), ein mächtiger König der Riesen oder Rakschasa, welcher in die Geschichte der alle Wünsche erfüllenden Wunderkuh Kamdewa tief verflochten ist. Er kam zu Dschamadagai, dem Besitzer dieser trefflichen Kuh, und ward von diesem auf das Köstlichste bewirthet. K. (nach anderen Mythen heisst er Schawkawser und ist König von Ayadhya) verlangt die Kuh, und da er dieselbe nicht empfängt, entwendet er sie, oder überzieht mit einem mächtigen Heere den armen Einsiedler, der jedoch durch seine Wunderkuh Alles, folglich auch noch grössere Heere erhält, als K. hat. Nun sendet er seinen Sohn Parasu Rama, welcher bei Schiwa erzogen worden, in die Residenz des bösen Riesenkönigs, um den Ueberfall zu rächen. Jener geht mit einer mächtigen Keule dahin, erschlägt den Riesen, trotz seiner tausend Arme, und zerpflügt ihn mit einer Pflugschar, so dass aus den Knochen ganze Berge entstehen, und kehrt, befriedigt durch das gelungene Werk, heim. Die Söhne des Riesen wollen ihren Vater rächen, und erschlagen den Braminen Dschamadagai, worauf der grosse Held, der ihren Vater besiegt, sie alle 16,000 tödtete, ihr Reich aber (die Küste Malabar) unter seine Familie vertheilte.

Kartikeya (Ind. M.), Sohn des Gottes Schiwa und seiner Gattin Parwati, welcher von dem Stern Kartiga erzogen und desshalb wie oben genannt wurde. Die Geschichte der Geburt dieses mächtigen Helden füllt einen bedeutenden Theil des Heldengedichts Ramayana, und bietet, kurz zusammengefasst, Folgendes: Ganga und Uma waren zwei Töchter des Himawai (des Königs aller Berge) und der Mera (Tochter des Meru); die ältere war die Gemahlin aller Götter, Uma aber hatte den einen mächtigen Gott Rudra (Schiwa in der Gestalt des blutigen Rächers, des Zerstörers) zum Gatten. Obwohl sie so schön war, dass Rudra hundert Götterjahre oder 36,000 gewöhnliche Jahre in ihrer Umarmung zubrachte, so erfreute sie den Gott doch nicht mit Nachkommen, und die übrigen Götter fürchteten, dass die Erde entvölkert werden würde; da durchströmte auf ihr Bitten Schiwa's (Rudra's) Kraft das ganze Weltall. Es entstand das grosse, weisse (Schnee-) Gebirge, ganz von Zucker (die Indier kennen kein Eis), mit einem Walde, von demselben Stoffe glänzend; in diesem ward K. von Ganga oder Parwati geboren, und sogleich erhoben sich von Millionen Wesen Gebete zu Schiwa und Ganga. Die Sterne, welche die Constellationen des Mondes bildeten, die Kartiga's, nahmen sich des Kindes an und erzogen und nährten dasselbe; weil es von diesen in seinen Geburtshüllen aufgenommen wurde, hiess es auch Skanda. Da es gewaschen war, glänzte es wie die Sonne, und ward alsbald von den Göttern insgesammt zum Anführer des Götterheeres ernannt. Die sechs Kartiga's (Nymphen, welche man für die sechs mit blossen Augen sichtbaren Sterne des Hyadenheeres, oder für die Jahreszeiten des Aequatorialjahres hält) säugten das Kind, welches sechs Köpfe erhielt und bald so stark wurde, dass es den Riesen Sura Parpma mitten von einander spaltete, aus dessen einer Hälfte ein Pfau, aus der andern aber ein Hahn entstand. K. wird überaus hoch geehrt, und hat von seinen Eigenschaften verschiedene Beinamen, als: der sich schnell Bewegende, der grosse Feldherr, der sechsfach sehende Gott u. a.; auch hat er viele Tempel, welche jederzeit neben seinem Bilde noch die seiner Gattinnen aufstellen. Er ist der Kriegsgott der Indier.

Kartyayani (Ind. M.), »die Schöpferin«, Beiname der Gemahlin des Schiwa, der Parwati oder Bhawani.

Kascha oder Brela (Slav. M.), die jüngste Tochter des Böhmenherzogs Krok (die älteste war die berühmte Libussa). Man glaubte, dass Erstere in Kräuterkenntniss und Zauberkünsten von Niemand, als ihrer Schwester, übertroffen würde, und selbst von dieser nicht in der Kunst, Verlorenes wieder zu erhalten oder zu entdecken, so dass ein Sprüchwort von Dingen, welche gänzlich verschwunden sind, sagt: »diess würde K. selbst nicht wieder finden«. Ihr Gatte ward der Jäger Bibri, welchem sie wegen seiner ausserordentlichen Stärke Herz und Hand gab. Ein wilder Eber war ihr Gefahr bringend genaht; Bibri fasste denselben bei den Ohren, lud ihn auf seine Schultern und trug ihn lebendig an Libussa's Hof, wofür diese ihm einen goldenen Gürtel, die Schwester aber ihre Liebe schenkte.

Kaschab (Ind. M.), der heilige Alte, welcher den Berg Baramule durchstochen und so den See abgeleitet hat, welcher einst das ganze Thal von Kaschmir füllte. Dass diess Letztere der Fall gewesen, unterliegt keinem Zweifel; der Durchbruch aber, welcher dem See Abfluss verschaffte und dadurch das Thal bewohnbar machte, muss wohl einem Naturereigniss zugeschrieben werden, da das Werk für Menschenhände zu riesig wäre; daran jedoch stösst sich die indische Fabellehre nicht: sie glaubt grosse Werke der Baukunst von Dämonen, und mächtige Naturumwälzungen von Menschen hervorgebracht. K. soll, nach der Meinung der Bewohner von Kaschmir, Eins sein mit Soliman oder Salomo.

Kaschi Kaori (Ind. M.), Schiwaiten, welche Jogi's oder fromme Büsser sind. Sie haben sich als einziges Geschäft für ihr ganzes Leben auferlegt, nach Kaschi am Ganges zu gehen, dort das heilige Wasser aus dem Flusse zu schöpfen, zu dem berühmtesten Schiwa-Tempel in ganz Indien, zu dem am Kap Komorin, zu wandern, das Wasser dort über den Lingam des Gottes auszugiessen, und es dann an die Gläubigen auszutheilen. Diess Wasser wird, als unendlich heilig und wirkungsreich, bewahrt, und dem Sterbenden, welcher unmittelbar in das Paradies will, tröpfelt man ein wenig davon in den Mund und auf das Haupt. Nach vollendeter Wanderung beginnen die K. K. ihr Geschäft von Neuem.

Kasczej, Kaschtschey (M. der Slaven), ein Unhold, russisch Bessmertnoj, der wie ein Skelet aussah. Er stellte gerne jungen Mädchen nach und entführte sie; sogar Bräute holte er aus ihren Brautbetten und führte sie auf sein Schloss. Er ist unverwundbar, stark, schadenfroh, ein Zauberer; durch List kann man ihn fangen, aber nicht tödten. Einst raubte er am Dniepr den Fischer des Wladimir, den er über dreimal neun Gebiete in das dreimal zehnte Reich brachte, wo er ihm Gold- und Silber-Fische fangen musste. Wladimir liess ihn durch den Kasarin suchen. Dieser schoss im Dniepr einen Hecht, der hierauf anfing zu reden und ihm den Aufenthalt des Fischers verrieth. Durch eine übergeworfene Schlinge ward er gezwungen, den Fischer frei zu geben. Er entführte unter Andern auch die schöne Milolika; die Hexe Jaga Baba entdeckte es dem Tschurilo, dem Geliebten der Milolika, gab demselben einen Knäuel, den er von sich warf, das eine Ende in der Hand behaltend, und der, fortlaufend, ihm den Weg in des Unholds Burg zeigte. Tschurilo sprengt mit dem Rosse Tugarins, während der Riese schläft, über die Mauer, entführt Milolika, allein bei der Rückkehr streift sein langes Schwert die Mauer, in welcher ein Draht verborgen ist, der eine Glocke hell tönen macht, so dass K. erwacht und dem Helden nacheilt; allein das Ross wirft mit seinen weit ausgreifenden Hufen einen ganzen Berg von Erde auf ihn, worunter er sieben Tage zu arbeiten hat, um sich heraus zu graben. — K. soll nach den Symbolikern den Winter bedeuten, der durch die Frühlingsnachtgleiche begraben wird, und erst sieben Monate nach derselben wieder erwacht.

Kasja (Ind. M.), der Freund des Annan, mit welchem er die Lehren des Buddha, dessen Schüler Beide waren, sammelte. Sein Bild steht in den Buddha-Tempeln immer neben denen des Religionsstifters.

Kasiel (Talmud.), einer der vier Engel, welche als Schutzgeister über die Thiere gesetzt sind.

Kassrala (Orient. M.). Die Bekenner des Islam schmücken sich das Paradies auf alle erdenkliche Weise aus, doch überall leuchtet die Liebe zu dem andern Geschlechte hervor; so erhalten die Khalifen im Paradiese die wundervollsten Lustsitze, Gärten, Haine, Paläste, Pavillons; der letzteren einer (und jeder Khalif bekommt siebenzig solche) heisst K.; er schimmert von Gold und edeln Steinen; in ihm, wie in jedem andern der siebenzig Pavillons, befinden sich 700 entzückende Diwans, und um einen jeden Diwan stehen 700 der lieblichsten Houri's.

Kasyapa (Ind. M.), der personificirte Raum des Himmels (Uranus der Griechen); seine Gattin war der ursprüngliche Tag, Aditi, oder seine eigene Kraft; er zeugte mit ihr den Gott der Sonne, Indra, und die übrigen eilf Adityas, die Sonne in ihren zwölf Hauptstandpunkten im Thierkreise. Eine andere Gattin war Diti, die Nacht; eine dritte Maja, die Täuschung, welche von ihm Mutter der Liebe ward (daher Kamadewa, der Liebesgott, Sohn des Himmels und der Täuschung, genannt wird). Diti gebar ihm die Sura's und Asura's, die bösen Dämonen.

Katapatana (Ind. M.), böse Dämonen; eine Bestrafungsstufe pflichtvergessener Krieger (Kschetri's); nach ihrem Tode werden sie in solche Asurs oder böse Geister verwandelt.

Katayawen (Ind. M.), ein mächtiger Beherrscher von Khorassan, welcher, dem Krischna (Wischnu's achte Avatera) feindlich gesinnt, sich mit dem König Dscheraschind gegen ihn verband. Krischna zog sich vor der Uebermacht zurück, liess durch Wiswakarma sich eine prachtvolle und feste Stadt auf einer erst zu diesem Behufe geschaffenen Insel erbauen, gab dort allen Verfolgten Zuflucht, und hielt die Angriffe der Feinde nicht nur aus, sondern schlug sie zuletzt so völlig, dass der Krieg ein Ende hatte.

Katze. Dieses Thier war bei den Aegyptern heilig, indem es der Bubastis (s. d.) geweiht und ihr Symbol war.

Kaukie (Preuss. M.), zwergartige, gespenstige Wesen, welche die alten Preussen sich von Spannenlänge mit sehr grossem Bart dachten, aber nicht für Jedermann, sondern nur für Sonntags Geborene sichtbar glaubten. Man vermuthet, dass es dieselben Geister sind, die man in Altpreussen unter dem Namen der Hausschlangen verehrte

Kausali (Ind. M.), Gattin des Königs Dasaratha, welcher, obwohl er noch zwei andere Gemahlinnen hatte, doch keine Söhne bekam. Er betete zu Schiwa, und dieser bereitete ihm eine süsse Reisspeise, von welcher er sowohl, als K., einen grossen Theil genoss; alsbald fühlte die Letztere sich gesegneten Leibes und gebar den Rama Tschandra, eine Verkörperung des Wischnu.

Kauta (M. der Antillenvölker), ein höhlenreicher Berg auf Hayti, welches sonst Quisqueja hiess; zwei dieser Höhlen sind besonders desshalb merkwürdig, weil sie die Wiegen der Menschheit sind. In der grösseren, Kazibaxagua, und in der ihr nächstfolgenden, Amajauna, waren die Urmenschen eingeschlossen und von einem gewaltigen Riesen bewacht, bis derselbe sich dem Sonnenlichte aussetzte und versteinert ward.

Kawa watari (Japan. M.), das Durchwaten des Flusses, symbolischer Ausdruck für den Uebergang aus dem alten in das neue Jahr, am 15ten des eilften Monats gefeiert (unserem December entsprechend).

Kawe (Finn. M.), Vater des Ilmarainen und des Wainamöinen (s. d. Letztern).

Kaweri (Ind. M.), eine der acht Gespielinnen, welche die Göttin Ganga (der Gangesfluss) hat. K. ist ein Fluss, gleich der Göttin selbst; er durchströmt Maissur (Mysore), und fällt, nachdem er die Ghauts durchbrochen, in das bengalische Meer.

Kaylasa (Ind. M.), der erhabene, von tausend furchtbaren Schlangen umkreiste, nur Göttern zugängliche Sitz des Gottes Schiwa, im Mittelpunkt der Erdfläche, auf der Insel Schamban liegend. Es glänzt dieser Thron des Gottes, dieses Gebirge von Silber, so hell in den Strahlen der Sonne, dass es die ganze Erde erleuchtet; klare Bäche durchströmen seine Wälder aus goldenen Bäumen; vier Seen von süsser, von geronnener Milch, von Butter und Zuckersaft sind die Hauptnahrungsquellen dieses Reiches; um den Gipfel des Gebirges, der Wohnung Schiwa's, stehen die acht Paläste der grossen Welthüter. Sechs Monate lange bescheint die Sonne dieses Reich, sechs Monate hat es Nacht. Es scheint in dieser letzten Bestimmung eine Ahnung von der Polargegend und von der Kugelgestalt der Erde zu liegen.

Kazibaxagua, s. Kauta.

Keblors (Parsisch), eine Religionssecte unter den alten Parsen, welche noch bestehen soll (wiewohl die

Zahl der Individuen, welche sich in Khorassan, Kaschmir und Indien zum reinen Parsismus bekennen, höchstens auf 100,000 angegeben werden kann). Sie haben weder Tempel noch Priester, glauben an ein höchstes Wesen, an eine Fortdauer nach dem Tode ohne Seelenwanderung, opfern der Sonne und dem Feuer, und sind dadurch besonders von den übrigen Orientalen verschieden, dass ihre Frauen unverschleiert gehen.

Kedu (Ind. M.), Sohn des Königs von Schamban, Aknidrawen. Da dieser keine Kinder hatte, gab Brama ihm eine der reizendsten Jungfrauen seines Paradieses, und von dieser erhielt er neun Söhne, unter denen K.

Keebet, Gott der Abiponer in Südamerica.

Kei Ko Ten Woo (Japan. M.), ein Mikaddo oder göttlicher Kaiser von Japan, welcher einige siebenzig Jahre v. Chr. lebte. Sein Sohn war der berühmteste Held von Jama, Amano Mura Kumo, welcher den furchtbaren achtköpfigen Drachen besiegte. (S. Jamato Take.)

Kejusset (M. der Finnen), luftige Wesen, Elfen, welche sich häufig bei Sterbenden einfinden und dort einen übeln Geruch zurücklassen. Sie folgen auch seinem Leichenzuge in Gestalt von Schneeflocken oder Feuerstreifen, oder auch wohl als kleine Figürchen in menschenähnlichen Formen. Es gibt deren gute und böse, welche sich durch die Farben, Schwarz und Weiss, von einander unterscheiden; die ersteren suchen den Todten zu bewahren, die bösen graben ihn nicht selten aus, um von seinem Körper zu leben.

Kekki (Nord. M.), ein Feldgott, den die Finnen — man weiss nicht, ob schon vor Ankunft der Asen in Schweden — verehrten, und welchem sie den Schutz ihrer Rennthierheerden übertrugen.

Kelpie, ein Wassergeist, der, nach dem in Schweden unter dem Volke ziemlich allgemein verbreiteten Aberglauben, den Tod derjenigen Menschen, die ertrinken, durch kleine, hüpfende Flämmchen, auch wohl durch übernatürliches Geräusch zu erkennen gibt. Man denkt sich diesen Geist in verschiedenen Gestalten, als furchtbaren Riesen, Wolf, Pferd, badenden Mann, der Vorübergehende zum Baden einladet und sie dann in den Abgrund zieht etc.

Kemous (M. der Negervölker), das einzige religiöse Fest, welches die abyssinischen Neger im Lande Darbanja ihrem Gotte Mussa Guzza durch Opferung einer Kuh feiern.

Kenresi (Tübet. M.), der mächtige Ordner und Entwirrer des Chaos, welches seine Verkörperung erst erwärmte und bevölkerte. Nicht von Menschen geboren, sondern von der höchsten Gottheit zum Heile der Welt erschaffen, entsprang er aus dem Kern der Padma-Blume als vollendeter, schöner Knabe, nahm jedoch gleich, seines hohen Zweckes eingedenk, die Gestalt eines Affen an, nannte sich Prasrinpo, nahm die Göttin Kadroma als weiblichen Affen, unter dem Namen Prasrinmo, zur Gattin und bevölkerte mit ihr Tübet, von wo nun die Bevölkerung der ganzen Erde ausging, und wodurch die beiden Affen Prasrinpo und Prasrinmo zu den Ureltern der Tübetaner und des ganzen Menschengeschlechts wurden. Sein Ende als Affe ist unbekannt, doch finden wir ihn in einer zweiten Verkörperung wieder, in welcher er nun auch die durch ihn bevölkerte Welt beherrscht. Er senkte sich nämlich in den Schooss einer Königin, Mangkiabe, der Gemahlin des Beherrschers von Indien; die Mutter setzte das neugeborne Kind, dessen erhabenen Ursprung sie nicht kannte, aus; ein Bauer erzog dasselbe, und so kam K., zum Jüngling erwachsen, unter dem Namen Gnia-thritz-thengo nach Tübet, ward Lehrer des Volkes, Gesetzgeber, König, führte den Ackerbau ein, civilisirte das rohe Volk, und hinterliess das Reich, das er 91 Jahre regierte, seinen Söhnen, deren zweiundzwanzig waren, welche zusammen 1102 Jahre herrschten.

Ker (Gr. M.), das Todes-Verhängniss, bei Homer oft in diesem eigentlichen, abstracten Sinne, z. B.: »Welche K. hat dich in das Haus des Hades geführt? Krankheit oder Schiffbruch oder Pfeilschuss?« Oft aber auch personificirt, und dann häufig in Mehrzahl gedacht. — Bei Späteren tritt die Personification immer anschaulicher hervor. Bei Hesiod ist die K. eine Tochter der Nacht. Er nennt die K.en dunkelfarbige Todesgöttinnen der Schlacht, mit den Zähnen knirschend, furchtbaren Blickes, bluttriefend, mit gewaltigen Krallen, sich am Blute der Erschlagenen weidend. Aehnlich war eine K. am Kasten des Cypselus zu Olympia gebildet.

Kerkaessandi (Ind. M.), der erste Buddha, welcher zur Zeit, da die Menschen noch 40,000 Jahre alt wurden, erschien, um ihre Sünden auf sich zu nehmen, sie zu erlösen und ihnen ihr früheres hohes Alter wieder zu geben. Er ist nicht der jetzt regierende Gott, dieser ist der vierte Buddha und heisst Schagkiamuni.

Kernunos (Gall. M.), ein gallischer Gott, den ein im Jahr 1702 zu Notre-Dame gefundenes Basrelief mit Hörnern und Hirschohren darstellt.

Kertschi (Ind. M.), eine der beiden Führerinnen der sechshundert Millionen himmlischer Mädchen, welche aus dem Milchmeere geboren wurden, doch unvermählt blieben, da sie die gesetzliche Reinigung nicht erhalten hatten.

Kesosch (Pers. M.), eine der vielen verderblichen Schöpfungen des Ahriman, ein feindseliger Dämon, welcher das Wachsthum der Thiere und Pflanzen hindern soll.

Khiweh (Pers. M.), ein böser Dew, ein Geschöpf Ahrimans, den Lichtbildungen des Ormuzd entgegengesetzt; er ist besonders bestimmt, die Fruchtbarkeit des thierischen und Pflanzen-Lebens zu zerstören.

Khordad (Pers. M.), einer von den sieben höchsten Geistern der reinen Welt, den Amschaspands, und zwar der Sechste derselben, welcher auch den sechsten Tag jedes Monats regiert. Er ist Beherrscher der Jahreszeiten und Erhalter des allgemeinen Lebens.

Khunerets (Ind. M.), das Vaterland aller fabelhaften Helden Indiens, der schönste der sieben Erdkreise.

Khurdeh (Pers. Rel.), Werk eines weisen Schülers des Zoroaster, enthaltend die Auslegung jedes einzelnen Kapitels von dem Gesetzbuche dieses grossen Religionslehrers.

Kjalar (Nord. M.), Beiname des obersten Gottes Odin.

Kierpitsch und **Silinitsch** (Slav. M.), zwei Waldgötzen, in Polen besonders verehrt; ihnen war das Moos der Wälder heilig und wurde ihnen feierlich geopfert.

Kiew, die Götterstadt, die heilige Stadt der Russen, am Bug, einem Flusse, der, wie der Ganges in Indien, göttlich verehrt wurde. Alle slavischen Götter hatten Tempel oder Altäre in jener Stadt, und während der Regierung des unter den Russen hochberühmten Königs Wladimir, erhielt K. die Bedeutung für die Slaven, welche Bennares für die Indier, oder Rhetra und Karenz für die Dänen und Rugen hatte. Perun, Walas, Daschebog, Led, Koliada, Korscha, Kupalo, Lado, Polel, Did, Dedilia, Makosch, Uslad, Smargl, Strschibo etc., hatten dort einen förmlich eingerichteten, durch zahlreiche Priester versehenen Dienst. Die oben angeführte Aehnlichkeit mit dem indischen Bennares ist hier nicht zu übersehen, und führt auf den asiatischen Ursprung der slavischen Völker zurück.

Ki Kaus (Pers. M.), ein mächtiger alter Held, Vater des Eberezi, welcher am Ende der Welt erscheinen wird, um bei der Todtenauferstehung dem Erlöser Sosiasch, dem Sohne des Zoroaster, zu helfen.

Kikimora (Slav. M.), ein Nachtgespenst, das man mit dem Morpheus der Griechen verglichen hat, das die Russen jedoch als einen bösen, ängstigenden Geist betrachten, dessen Kinder besonders die schweren Träume verursachen sollen.

Kik-no-sits (Japan. M.), das Goldblumen-Fest, am neunten Tage des neunten Monats in Japan gefeiert.

Kili (Nord. M.), einer der Zwerge, welche, aus Erde geschaffen, in der Erde wohnen.

Kinder des Mondes (Ind. M.), ein berühmtes Herrschergeschlecht Indiens. Sie stammen recht eigentlich aus der Mitte Indiens, und beherrschten dasselbe von einem Meere bis zum andern, vom Indus bis zum Ganges. Die berühmtesten derselben sind: Kundi, die Gattin des Pandu; ihr Sohn Karnon, welchen diese als Jungfrau geboren hat; Adiraden, des Letztern Pflegevater, und Sandarangen, der Gossvater des Adiraden.

Kjok sui no je (Japan. M.), ein allgemein gefeiertes Volksfest, bei welchem man sich mit Versemachen und Trinken im Freien unterhält; es fällt auf den dritten Tag des dritten Monats.

Kirin, Fig. 190. 191 (Chin. u. Jap. M.), eigenthümlich gebildete Thiergestalten, denen die Chinesen und Japaner grosse Heiligkeit zuschreiben, und welche sie, wenn gleich nicht zum Schönsten aussehend, für ausserordentlich gut halten. Es ist der K. ein von Gott beseeltes, vernunftbegabtes Thier, das als drachenähnlicher Hund, oder als hirschähnliches Thier mit dem Geweih an den Schultern

Fig. 190.

Fig. 191.

(s. unsere beiden Abbildungen) erscheint, jedoch nur selten, um ausserordentliche Begebenheiten anzukündigen, oder um die Geburt eines von den Göttern ausgezeichneten Mannes zu begleiten, welcher ein Wohlthäter der Menschheit und geweiheter Bewahrer aller Religionsgeheimnisse werden soll.

Kirkowaeki (Finn. M.), diejenigen Kobolde und Luftgeister, welche sich in den Tempeln anderer Gottheiten aufhielten und von den Opfern lebten, welche man jenen gebracht.

Kirnis (Slav. M.), ein Gott, welcher das Gedeihen der Kirschen begünstigt, und dem man häufig auf die Kirschbäume Wachslichter setzt und als Opfer anzündet; s. Krschischtos.

Kiu-gwats-sju san ja tsuki wo sjoosu (Japan. M.), das Beschauen des Vollmonds, ein Fest, das, gleich dem Tsuki mi, dem Volke und dessen Vergnügen gewidmet ist, es fällt auf den 13. des 9ten Monats, und wird mit Schmausereien begangen.

Kiw (Pers. M.), ein Geschlecht vornehmer Perser, vor Zoroasters Zeit, aus welchem der erste Begründer des Feuerdienstes, Persin, entsprossen sein soll.

Klimba (Slav. M.), eine Hausgöttin der Slaven. Sie soll besonders im Hause des Priesters, Zauberers, Anführers und Richters der Böhmen, des nachmaligen Herzogs Krok, und zwar vorzugsweise von einer seiner Töchter, Totka, angebetet worden sein.

Kobolde, Hausgeister. Der Name stammt aus dem Griechischen, wo im Kreis der Gefährten Bacchus' gewisse Schälke und Possenreisser unter dem Namen *Κόβαλοι* aufgeführt werden. Seit dem dreizehnten Jahrhundert findet sich das Wort K. in deutschen Schriften, und bezeichnet seitdem jene Classe von Hausgeistern, an die genau genommen alle europäischen Völker in ihrer Kindheit geglaubt haben. Sie werden in zwerghafter Missgestalt gedacht, jedoch in der Regel nicht für böse genommen. Sie können nach Belieben verschiedene Körper annehmen, sich unsichtbar oder sichtbar machen. Gewöhnlich thun sie aus angeborener Gutmüthigkeit den Menschen keinen Schaden, sondern suchen das Haus, zu dem sie gehören, vor Schaden zu schützen, wohlthätig für dasselbe zu wirken; das Höchste, was man von ihnen zu fürchten hat, sind kleine Neckereien, weil sie meistens spasshafter Natur sind; jedoch gereizt, suchen sie sich auf die empfindlichste Art zu rächen. Insbesondere sind die K. auch Berggeister, d. h. Geister der Bergwerke, und Niemand ist von ihrem Dasein gewisser überzeugt, als die Bergleute. Jedes Land übrigens macht sich seine eigenen Vorstellungen von diesen Geistern. So heissen sie in Norwegen unter andern Nisse god Dreng (Nisse, Nils, Nicolaus, der gute Knecht); eben so werden sie in Schweden (auch Tromte gubbe, Hausalter) genannt, und man denkt sie sich als kleine Burschen, welche sich vorzüglich in Ställen aufhalten und zum Gedeihen des Viehs viel beitragen, aber auch mancherlei häusliche Dienste verrichten, wesshalb man sie auch gerne hat und ihnen täglich ein Schüsselchen Milch an einen bestimmten Ort hinsetzt, um sie an das Haus zu fesseln. Auf den Faröern heissen sie Niägrujsar, und man stellt sie sich als glückbringende Dämonen, in Zwerggestalt, mit rothen Lappen auf dem Kopfe vor; auf Seeland in Dänemark hingegen erscheinen sie ganz in der Tracht des Landvolkes, während des Sommers mit einem Hut, im Winter mit einer Pelzmütze sich bedeckend; sie halten sich ebenfalls in den Ställen auf, putzen das Vieh und füttern dasselbe stark auf Kosten der Nachbarn, wofür man ihnen an Festtagen Essen vorsetzt. Schottland kennt sie unter dem Namen Browni, von der braunen Farbe ihrer Kleidung und ihres Körpers. Dort ist ihre Wohnung unter der Thürschwelle des Hauses, mit dessen Herrn sie in gutem Vernehmen stehen. In England nennt man sie Robin good Fellow. Ihr Ansehen ist zottig und wild, sie sind scheu und wohnen gern in entfernten Winkeln, doch suchen sie Nachts den Feuerheerd zur Schlafstelle zu gewinnen, und sind desshalb böse, wenn die Hausfrau sich nach ihrer Meinung zu spät in der Küche beschäftigt. Manche glauben auch, dass sie die Seelen in dem Hause ermordeter Kinder seien, daher sie dieselben häufig in Gestalt weiss oder bunt gekleideter Kinder gesehen zu haben vorgeben, mit einem Messer im Rücken oder der Brust steckend, oder auf sonst eine Weise verstümmelt. Von Mägden, welche sehr begierig waren, ihren dienenden K. (Heinzchen, Kurtchen, Knechtchen etc.) zu sehen, erzählt man, dass sie durch diesen an einen möglichst abgeschiedenen Ort (versteht sich Nachts) bestellt worden sind, mit dem Bedeuten, einen Zuber voll Wasser mitzubringen; auf Befehl des Geistes muss so eine Person in den Spiegel des Wassers hinein sehen, dann erblickt sie auf dem Boden ein nacktes Kind, dem ein Schwert oder ein Messer im Rücken steckt. Wenn die Neugierige erschrickt, springt der K. auf, begiesst sie mit dem Wasser, das sie selbst mitgebracht, und sucht sie auf solche Weise zu erwecken.

Kolada, Koliada (Slav. M.), ein Gott des Friedens und der Feste. Man feierte sein Fest am 24. December mit Tanz und Gesang. Sein Bildniss soll in Kiew gestanden haben. Noch jetzt findet man in Russland, Polen und Litthauen Ueberbleibsel dieses Festes, indem sich um die Weihnachtszeit das Landvolk häufig mit Tanz und Spiel belustigt, und auch wohl den Namen dieses alten Gottes wiederholt. In Böhmen und Mähren, so wie in den genannten Ländern, findet der Gebrauch statt, dass junge Landmädchen in einem besondern theatralisch-komischen Aufzuge von Haus zu Haus gehen und »K.«

singen, was die Deutschen, welche mit der Ursache dieses Gebrauches nicht vertraut sind, »Kalende« nennen. Manche Forscher glauben, dass diese Sitte von der Feier des Gottes K. herkomme; da sich jedoch das Umherwandeln der verkleideten singenden Leute bis über das Dreikönigsfest hinauszieht, sind Andere nicht abgeneigt, es mit diesem in Verbindung zu bringen, was denn auch wohl durch den gemeinen Mann geschieht, der christliche Lieder zu Ehren der Könige aus dem Morgenlande singt, indem für ihn natürlich die ursprüngliche Bedeutung verloren ist.

Kohlox (Ind. M.), ein Fest, welches die Birmanen in Peyn zu Ehren der Götter der Erde feiern. Die als höchst wichtig und die Götter sehr erfreuend anerkannte Ceremonie, welche den Hauptinhalt des Festes ausmacht, besteht in Tänzen, die gewisse Priester ausführen, welche man alle für Hermaphroditen hält, und die nach der Angabe der Birmanen in ihrem Lande sehr häufig sein sollen. Sie tanzen, bis sie athemlos sind, oder wohl gar, bis sie ohne Besinnung niederstürzen. Aus diesem Zustande erwacht, versichern sie, dass die Götter selbst mit ihnen gesprochen hätten, und was sie nunmehr aussagen, gilt als ein heiliges Orakel.

Kolga (Nord. M.), die Fluth, eine von den neun Wellenmädchen, den Töchtern des Meergottes Aeger und der Ran.

Kolpia, nach der Lehre des Sanchuniaton der göttliche, Alles befruchtende, Leben erweckende Geist, der auch das Chaos entwirrte und ihm den Keim der Dinge einpflanzte.

Koltki (Slav. M.), in Russland und Polen Kobolde oder Nachtgeister, welche unter der Erde wohnen; sie scheinen den Gnomen und Berggeistern der Deutschen ähnlich, werden aber besonders von Bergleuten gefürchtet.

Komri Hendi (Arab. M.), eine Taube, welche ein indischer König dem Sultan Mahmud zum Geschenk machte. Sie hatte die treffliche Eigenschaft, dass sie weinen musste, wenn sie Gift sah, und die ihren Augen entfallenden Thränen sich sogleich versteinerten. Wenn man diese Steine auf vergiftete Wunden legte, so zogen sie alles Gift aus denselben.

Konfutse, ein berühmter Weiser und Lehrer der chinesischen Nation, welcher sich durch seine Religions- und Moral-Gesetze die Liebe und Verehrung seines Volkes errang und in Asien und Europa mit hoher Achtung genannt wird. Er lebte und lehrte ein halbes Jahrtausend v. Chr. und änderte die niedrige Abgötterei der Chinesen in eine allgemeine Gottesverehrung um, doch ohne irgend einen gewaltsamen Schritt, lediglich durch moralische Lehren, welche so rein und schön sind, dass man sie fast allgemein anwenden kann, mit Ausnahme einiger weniger, in denen er zu weit geht, wie er unter anderen den Eltern eine zu unumschränkte Gewalt über die Kinder gibt, welche von den Ersteren verkauft und gar getödtet werden können, ohne dass sie einer Strafe ausgesetzt wären, daher man denn auch noch bis auf den heutigen Tag findet, dass solches geschieht, ja die Aermeren schlachten ihre Kinder und bringen ihr Fleisch öffentlich, als theuer verkäuflichen Leckerbissen, auf den Markt. K. ist nun gewiss nicht der Urheber dieses grässlichen Gebrauches, allein er hat ihn wohl nur aus Verehrung für das Alte und Herkömmliche, welche jedem Chinesen mit der Muttermilch eingepflanzt ist, nicht abgeändert.

Kongeusetokit (M. der Grönländer), die Geister des Meeres; sie sind wohlthätig, denn sie fangen die Füchse weg, die zum Meere kommen, um den Menschen ihre Nahrung zu verkümmern. Auch die Quellen heiligen solche Geister, und wird eine neue Quelle entdeckt, so muss ein Weiser davon zuerst trinken, um etwaige böse Wirkungen derselben zu verscheuchen.

Koo Kano Sumuroo (Japan. M.), ein Freund des japanischen Hercules, des Helden von Jamato (s. d.), welcher ihm den achtköpfigen Drachen bekämpfen half.

Kor (Nord. M.), »Erschöpfung, Kummer,« das Bett, in welchem die Göttin der Unterwelt, Hel, Loke's und der Riesin Angerbode Tochter, schläft, oder welches die zu ihr Kommenden erwartet.

Kormt und **Ormt** (Nord. M.). Thor begibt sich zu dem Göttergerichte stets zu Fuss (die andern Asen reiten), und auf diesem Wege muss er die beiden Flüsse K. und O. durchwaten.

Korscha (Slav. M.), bei den Russen ein Gott der Aerzte und der Arzneikunde; Andere halten ihn für Bacchus. Er wird nackt, mit einem Hopfenkranz um den Kopf, abgebildet; man opferte ihm Bier und Meth. Sein Bildniss stand in Kiew auf einem grossen, umgestürzten Fasse. Es scheint, als ob die Wurzel des Wortes K. in Kortschak (Krug) zu finden sei; die Branntwein- und Bier-Schenken in Polen heissen so, Krug oder Kortschak, und der Krugwirth (Schenkwirth) Kortschemnik, so wie Branntwein (Gorschalka) heisst.

Korumon, der Meergott der Karaiben.

Kosjuwo (Ind. M.), ein König aus dem an China grenzenden Theile Indiens, weniger durch eigene Thaten, als durch die seines Sohnes Darma bekannt, welcher der Verbreiter der Buddha-Religion in China und Japan, zugleich auch der Erste war, welcher Thee zu bereiten wusste. Die Thee-Staude erwuchs aus seinen abgeschnittenen Augenlidern.

Koslareiza (Slav. M.), Name der Hexen bei den Wenden, welche am liebsten in Gestalt von schwarzen Katzen erscheinen, daher am Abend eine solche selten ihres Lebens sicher ist, während des Tages hingegen hält man sie für wirkliche Katzen und fügt ihnen kein Leids zu.

Kostbera (Nord, M.), Gattin des Högni (in der Niflungarsage, s. Hreidmar). Sie entwirrte die Runen, welche die Einladung an König Atli's Hof enthielten, die durch den Ueberbringer Vigni verfälscht worden, und rieth ihrem Gatten und Schwäher, doch vergeblich, von der Reise ab.

Kostrolob (Ind. M.), der kostbare glänzende Edelstein, welcher entstand, als die Götter das Milchmeer durch Umdrehung des Berges Mandar in Bewegung setzten, um die Amritta zu bereiten. Der Stein dient als Agraffe zum Brustschmuck des Wischnu.

Kotautsch, ein Berg in Mähren, östlich von Neutitschein, nahe bei dem Schlosse Stramberg; er hatte einen nicht unbedeutenden Ruf zur Zeit des Heidenthums. Es finden sich auf demselben nahe am Gipfel zwei, wie es scheint, von Menschenhand gemachte Höhlen, deren jede bequem fünfzig Menschen fassen mag; sie sind kreisförmig, und eine derselben wird zuckerhutartig schmäler, je höher sie aufsteigt. Auf der Kuppe des Berges findet man mehrere Mauerstücke, und bei der Grundlegung einer Kirche 1660 fand man daselbst Opfergeräth, Kessel, Beile, Hacken, Opfermesser etc., welche, mit dem Gemäuer in Verbindung, darauf hindeuten, dass dort ehemals ein heidnischer Tempel gestanden. Das Volk der Umgegend erzählt, es hätten daselbst Geister gehaust und böse Dämonen die Höhlen bewohnt, welche oft zur Plage der armen Leute die Feldfrüchte vernichtet, die Heerden zerstreut oder erschlagen, in die Häuser gedrungen, die Speisen theils verzehrt, theils auf die eckelhafteste Art verdorben hätten, so dass endlich aus diesem Unfug eine Theuerung und Hungersnoth entstand. Die Schreckenswesen hätten nicht eher gebannt werden können, als bis ein Kreuz auf dem Berge errichtet worden sei. — Die Bauern feiern dort noch jährlich, wie auf dem Berge Nahorst, das Fest der Sommersonnenwende mit Tanz, Spiel und Schmausereien, worin man Reste des alten Götzendienstes entdecken will.

Kouotina (M. der Karaiben), Oberhaupt der Götzen, vor dessen Erscheinen alle Andern fliehen; ihr Fallen auf der Flucht verursacht den Donner.

Kouwwonpæælisit (Finn. M.), ein heiteres Fest bei den hoch im Norden wohnenden Völkern, das mit einer Bärenjagd eröffnet wurde; dann ward aus den anwesenden jungen Leuten ein Brautpaar ausgewählt, hierauf der Bär gebraten, an einen Baum gehängt und verzehrt; man glaubt, dass dieses Fest im Winter gefeiert wurde, weiss jedoch nicht, welcher Gottheit zu Ehren es geschah.

Koxkox, der Noah der Mexikaner, welcher nach der Sündfluth allein übrig blieb; er hatte eine Frau, Kikequetzl, mit welcher er sich auf einem Kahne rettete, als die Wasser Alles überschwemmten; von ihm und seiner Gattin stammt das ganze spätere Menschengeschlecht. Auf den genealogischen und historischen Malereien der Mexikaner findet man dieses Paar häufig abgebildet.

Krasopanj (Slav. M.), »schöne Frau«, die Liebesgöttin der alten Bewohner von Mähren, zugleich die vornehmste Gottheit des Landes, welche in den Hauptstädten Brünn und Olmütz prächtige Tempel hatte. Zu Brünn stand derselbe auf dem Berge, wo jetzt der Dom ist: er war aus zierlich behauenen Steinen aufgeführt, im Innern mit Gold und edlen Steinen auf das Köstlichste verziert. In diesem Tempel stand die Göttin auf einem von zwei weissen Tauben und zwei Schwänen gezogenen Wagen. Tkani's Mythologie der Deutschen und Slaven gibt folgende Beschreibung von dieser Göttin: »Sie war ganz nackt und in der reizendsten Körperform gebildet, die Augen voll süsser, lockender Liebe, aus den zauberisch lächelnden, halb geöffneten Lippen ragte eine Rosenknospe, die Haare flossen nachlässig den Rücken entlang bis an die Kniee, und das Haupt zierte ein mit Purpurrosen durchflochtener Myrthenkranz; weisser als Schnee glänzte im Jugendschimmer ihr Leib. Aus einer Oeffnung in der linken Brust, durch die man bis zum Herzen sehen konnte, schoss ein Feuerstrahl hervor; in der rechten Hand hielt sie drei goldene Aepfel, in der linken eine Weltkugel, auf welcher Sonne, Mond, Sterne, Meer u. s. w. abgebildet waren. Gleich hinter der Göttin standen drei nackte Jungfrauen, ebenfalls mit frei herabhängenden Haaren, einander mit dem Rücken zugewendet; Eine gab der Andern mit der Linken einen goldenen Apfel, den diese mit der Rechten nahm, so dass dadurch alle drei in einander verschlungen waren; dass diese drei Mädchengestalten die mährischen Charitinnen oder Grazien vorstellten, bedarf kaum einer Erinnerung.« — Auffallend unter sämmtlichen slavischen Völkern ist hiebei nur, dass bis jetzt noch kein Künstler erstanden ist, der etwas dem Aehnliches hätte bilden können, was hier als vorhanden angeführt worden ist. Nackte Göttergestalten können nur unter einem so glücklichen Himmel entstehen, als der ist, welcher das schöne Griechenland überwölbt; nur dort, wo Kleidung eine Last, wo mithin der Körper nicht durch engende Binden und Gürtel entstellt ist, wo der Künstler jeden Augenblick Gelegenheit findet, die reinsten, edelsten Gestalten zu sehen, mag er zu solchen Schöpfungen begeistert werden, wie sie Tkani uns aufstellt; waren je solche Bilder zu Brünn, so müssen sie nothwendig durch die Römer dahin gekommen sein. — Bei dem Brünner, wie bei dem Olmützer Tempel soll ein Erziehungshaus gewesen sein, in denen zusammen 150 Töchter der vornehmsten Adeligen des Landes erzogen wurden.

Kraschina (Slav. M.), eine böhmische Göttin, nur aus dem besondern Hausgottesdienst, welcher ihr durch Herzog Netschamischl gewidmet wurde, bekannt.

Kratu (Ind. M.), einer von den zehn grossen Bramen oder Altvätern und Herren der erschaffenen Wesen; er, wie die neun übrigen, dürfen jedoch nicht mit Brama verwechselt werden, indem sie, obgleich selbst Ordner und Schöpfer ganzer Welten, doch wieder Brama's Geschöpfe, ihm also weit untergeordnet sind.

Kremara (Slav. M.), ein Gott der Polen, nicht zu den höheren ihrer Götter gehörig, unter dessen Schutze die Hausthiere, vorzüglich die Schweine standen; ihm wurden Trankopfer von Bier und Meth gebracht, welche man in das Feuer des Herdes goss.

Kricco (Slav. M.), ein Beschützer der Feld- und anderen Früchte; er wurde besonders bei den Wenden und Pommern verehrt.

Krischna, Fig. 192 (Ind. M.), Wischnu in seiner berühmtesten, erhabensten Verkörperung, in seiner eigentlichen Menschwerdung. Er ward als Sohn des Wasadewa und der Dewagni (jener war aus dem Stamme des Yadawen, diese aus dem Stamme des Königs Ugra von Mathra) geboren. Von ihm war dem König Kamsa (s. d.) geweissagt worden, dass er (der König) durch jenen besiegt und des Lebens beraubt werden würde, daher ward schon vor seiner Geburt das unglückliche Kind verfolgt; Kamsa sperrte Schwester und Schwager ein, und jedes neue Wesen, das dem Schoosse der Dewagni entspross, ward durch den König ermordet, bis das siebente, Bala Rama, und das achte, K., durch göttliche Hülfe gerettet wurde. Bhawani selbst, Schiwa's erhabene Gattin, trug den Bala Rama in den Schooss der Rodni, der ersten Gattin des Vaters des K., und liess es durch dieselbe geboren werden. Diess geschah auch mit K., welcher der Ysodha, der Gattin des Schäfers Nanda, übergeben wurde. Schon als Dewagni mit K. in Hoffnung war, erschienen wunderbare himmlische Zeichen, welche den Kamsa immer besorgter machten und ihn immer grausamere Massregeln zu seiner Sicherheit ergreifen liessen; als aber K. geboren wurde, befahl die Stimme eines unsichtbaren, das Bett der Wöchnerin umschwebenden Wesens, das Kind zur Ysodha zu tragen, dagegen das eben zur Welt gekommene jener Frau zurückzubringen. — Obschon nun Kamsa die unglückliche Mutter des K. auf's Sorgfältigste mit Wachen umgeben hatte, so geschah diess Alles doch, ohne dass man es bemerkte, und K. war schon geborgen, als Kamsa, dem man die Geburt eines Mädchens verkündete, herbeikam und auch dieses Kindes Tod befahl; doch der Wuth des Tyrannen entschwand das Mädchen, welches eine Verkörperung der Bhawani war, und noch aus der Luft herab drohete sie dem ohnmächtig ihr Nachstarrenden die baldige Erfüllung des Schicksalsspruches durch den schon geborenen und in Sicherheit gebrachten K. Obgleich nun Kamsa in Verbindung mit allen bösen Dämonen dem Schützling der Götter immerfort nach dem Leben trachtete, so war doch K. den Nachstellungen glücklich entzogen; er wuchs unter den blühenden Milchmädchen, auf den Ländereien seines Pflegevaters, empor, spielte ihnen tausend lose Streiche, von denen die Gemälde, die Sculpturen in den Tempeln und die indischen Gedichte wimmeln. — Als Jüngling bezauberte er durch sein wunderbares Flötenspiel Menschen und Thiere, — als Flötenspieler stellt ihn unser Bild dar — und bekundete dann durch seltene grosse Thaten und Wunder seine erhabene Sendung. Er tödtete die Schlange Kalinak, ein Unge-

Fig. 192.

heuer, welches ihn tausendfach umwand, dem er aber doch den Kopf zertrat; seine Milde indessen gestattete nicht, dass er das Unthier tödte, er liess es entschlüpfen, ja er verlieh ihm, weil es mit einem Gotte gekämpft, doppelte Stärke. — Durch diese That und hundert andere war Kamsa überzeugt worden, dass der gefürchtete K. in keinem anderen, als in dem so wunderbar erhaltenen Jüngling zu finden sei; desshalb lud er ihn selbst in seine Residenz ein, um ihn dort zu verderben, allein jede Gefahr ward von dem kühnen Gottjüngling überwunden, und endlich von seiner Hand der schreckliche Kamsa getödtet, Vater und Mutter aus dem Gefängniss, in welchem sie noch immer schmachteten, befreit, und der Bruder aufgesucht. — K. vermählte sich nun mit acht Prinzessinnen, besiegte einen falschen K., der sich für eine Verkörperung des Wischnu ausgegeben, stand den Pandu's gegen die Kuru's bei, besiegte dann den Riesenkönig Bhumasser und erlöste aus dessen Gefangenschaft 16,000 Prinzessinnen, welche er für sich zu Gemahlinnen nahm, mit jeder so liebevoll und zärtlich lebend, dass jede glaubte, er gehöre ihr ganz allein! — Jetzt setzte K. sich zur Ruhe, liess von Wiswakarma, dem himmlischen Baumeister, sich eine Insel im Meere und auf dieser die Stadt Dwarka bauen, in welcher jede seiner 16,008 Gemahlinnen einen abgesonderten, überaus prächtigen Palast hatte, welcher von Gold und edlen Steinen strahlte. Alles diess war zwischen Abend und Morgen geschehen, so dass er, nachdem der Befehl zur Erbauung von ihm ausgegangen, schon am nächsten Tage die Stadt der Wunder mit seinem zahlreichen Serail beziehen konnte. 160,080 Söhne waren die Früchte dieser Verbindungen, indem jede Gemahlin ihm zehn Söhne gebar. Leider ahmten sie die Tugenden ihres Vaters nicht nach, und er war zuletzt genöthigt, zu gestatten, dass der heilige Durkassa sie verfluchte. Darauf bereitete er sich vor, die Welt zu verlassen, weil der Zweck seiner Menschwerdung, die Beglückung Indiens unter der Regierung der Pandu's und die Besiegung der bösen Herrscher und Dämonen, erfüllt war. Zuerst ging sein Bruder Bala Rama, eine Verkörperung der Weltschlange Adisseschen, zu den Göttern; dann im 125sten Jahre seines Lebens übergab auch K. sich seinem Geschicke: mit unbeschuheten Füssen legte er sich unter einen Baum schlafen; der Glanz des göttlichen Zeichens unter seinen Sohlen lockte entweder eine Schlange oder den Jäger Jura herbei, welcher eine Gazelle zu treffen wähnte, und den Gott tödtlich verwundete, wie diess geschehen musste, da Wischnu in einer frühern Verkörperung den Vater des Jura getödtet. — Was K. in Hinsicht auf seine Söhne geweissagt, ging in Erfüllung: ihr böses Leben und der Fluch des weisen Durkassa zog ihren Untergang nach sich; sieben Tage nach K.s Tode war die Stadt Dwarka mit Allem, was sie enthielt, vom Meere verschlungen; 36 Jahre später aber hörte das Weltalter auf, in welchem der Gott gelebt, und es begann ein neues, das jetzige. — Des Gottes früheste Gemahlin, noch in seinem Schäferstande gewählt, war Radha, eine Verkörperung der Göttin der Schönheit, Lakschmi; sie geniesst fast gleicher Verehrung mit ihm, und die Indier, welche K. als höchsten Gott verehren, theilen sich in drei Secten: in solche, die ihn allein, in solche, die K. und Radha, und in solche, die Radha allein anbeten; als Krischnaiten unterscheiden sich alle drei von den übrigen indischen Religionen dadurch, dass sie zwei weisse Striche, über die Stirn senkrecht von den Augbrauen aufwärts gezogen, haben, zwischen denen ein rother Fleck befindlich ist (weil K. selbst eine Sonne an der Stirne trug).

Krodo (German. M.). Bothe's Sassenchronik meldet zum Jahr 780: auf der Hartesburg habe Karl d. Gr. einen Abgott, dem Saturn ähnlich, vom gemeinen Volke aber K. genannt, bei Besiegung der Ostsachsen niedergeworfen. Wäre dieses Ereigniss wirklich vorgefallen, so hätten seiner doch wahrscheinlich die gleichzeitig lebenden Chronikschreiber, wie des Sturzes der Irmensäule, gedacht. Es ist indessen ein Bild von diesem K. überliefert, das ihn als Mann darstellt, der auf einem grossen Fische steht und in der Rechten ein Gefäss mit Blumen, in der Linken ein emporgerichtetes Rad hält. Worin die Aehnlichkeit mit Saturn bestehen soll, sieht man sonach nicht ein.

Krok (Slav. M.), der zweite Herzog von Böhmen, nach den Sagen dieses Volkes ein weiser, gerechter Herrscher, doch auch ein Zauberer und Priester, welcher den Göttern der Berge, der Wälder, der Gewässer opferte, mit einem die Zukunft durchdringenden Wahrsagerblicke begabt war, und seine drei Töchter, Kascha, Totka und Libussa, in seiner Zauberkunst unterrichtete. Von allen diesen finden sich in Prag noch viele Reliquien.

Krone, nördliche (Gr. M.), die Krone, welche Vulcan der Venus zum Geschenk machte, und welche diese der Ariadne als Hochzeitgabe darbrachte, da sie sich mit Bacchus vermählte. Sie ward durch die Götter an den Himmel versetzt, steht ostwärts neben dem Bootes, und zählt 21 Sterne; einer derselben ist zweiter Grösse und heisst die Gemma (Edelstein); vier sind vierter und drei fünfter Grösse.

Kronos, s. Saturnus.

Kroschina (Slav. M.), eine böhmische Göttin, besonders von der Herzogin Ludmilla verehrt; man vermuthet, dass sie identisch mit der mährischen Hauptgöttin Krasopanj sei.

Krschischtos (Slav. M.), ein Gott, welcher nach dem Aberglauben der Polen die Kreuze auf den Gräbern bewachen soll. Man sieht aus dieser Bestimmung, dass er erst nach Einführung des Christenthums sich im Volksglauben festgesetzt hat.

Krudu (Ind. M.), nach der Bhagwat Puranc einer von den zwölf Adityas, Sohn des Kasiapa und der Adidi.

Krukis (Slav. M.), ein mit Kremara nahe verwandter Hausgott, welcher, wie dieser, die Hausthiere und besonders die Schweine zu beschützen hatte; es ist unbekannt, in welcher Verbindung er mit den Schmieden stand, die ihn als Schutzpatron anriefen.

Krutzmann (German. M.), d. i. Grossmann; nach vereinzelten Nachrichten ein Gott des Krieges und der Körperstärke.

Kschetria, die Krieger-Kaste in Indien, zwar nicht die erste (diese ist die Braminenkaste), aber gewiss die edelste, zu welcher die Krieger und die Fürsten gehören. Der Priesterstolz hat diesen Stamm von der Vermischung mit dem seinigen ausgeschlossen; kein Fürst (des ersten Ranges selbst) darf es wagen, sich mit einer braminischen Bettlerstochter zu vermählen, sie wäre dadurch mit ihrem ganzen Stamm entehrt. Es sind den niederen Kasten immer weniger strenge Vorschriften gegeben; so dürfen die Braminen gar kein Fleisch, die K.s dagegen dürfen das verschiedener Thiere essen. Die Priesterkaste hat sich auch das Lesen der heiligen Bücher vorbehalten; die K.s dürfen nur gewisse Kapitel aus denselben durch Braminen vorlesen hören.

Kualina (M. der Karaiben), das Oberhaupt der himmlischen Geister. Er ist es, welcher den Donner dadurch verursacht, dass er die ihm untergebenen Geister, welche sich eines Fehlers schuldig gemacht haben, verfolgt; wenn sie fallen, wird das Getöse, welches wir Donner nennen, hervorgebracht; wenn sie auf die Erde herabstürzen, wird diese erschüttert, die Geister aber, die solch ein Unglück trifft, werden in Thiere verwandelt.

Kuberen (Ind. M.), ein junger Fürst aus dem Geschlechte der Sonnenkinder; sein Vater war Wassirwassu, und seine Mutter die schöne Aillei, Tochter des Bonden und der Kudrassi. K. that sich besonders in dem Kriege zwischen den Kurus und Pandus durch geschickte Führung des Bogens und besonnene Tapferkeit hervor.

Kudi (Wend. M.), ein Götze, den die Obotriten und Wenden angebetet haben sollen. Er wurde in Gestalt eines Hirsches mit einem Geweih mit drei Enden abgebildet.

Kudrassi (Ind. M.), eine Fürstin aus dem Geschlechte der Sonnenkinder, mit Bonden vermählt, der gleichfalls ein Fürst ihres Stammes war; — sie gebar demselben die liebliche Aillei (welche sich mit Wassirwassu vermählte), und den Trunawendu, welcher den Ruhm des Geschlechtes, dem er entsprossen, über den Erdball fortpflanzte.

Kuellingtu Urultu (Mongol. M.), ein weiblicher Engel, welcher mit einer geliebten Schwester, einem Engel von gleicher Macht und Vollkommenheit, dem Boddissado Chutuktu in der Erlösung des Menschengeschlechtes half.

Kumara (Ind. M.), Sohn des Schiwa; der Name bedeutet: »der Jüngling«, und wird demjenigen Helden der indischen Göttergeschichte beigelegt, welcher von den beiden Schwestern Ganga und Uma zugleich geboren, und von den Sternen als Erretter der Erde von dem Untergange durch Entvölkerung erzogen wurde. Er war noch unter andern Namen, hauptsächlich als Skanda und Kartikeya, bekannt, und genoss grosse Verehrung, theils in den Tempeln seines Vaters, theils in eigenen Pagoden.

Kumbakarnetu (Ind. M.), ein ungeheurer Riese und böser Dämon, welcher nebst seinem Bruder Rawana eine dreimalige Wanderung über die Erde machen, und sich dreimal von Wischnu, in verschiedenen Gestalten, besiegen und tödten lassen musste. Beide Brüder waren einst in Wischnu's Paradies Thürsteher gewesen, und hatten fromme Büsser, welche um Einlass baten, hart abgewiesen; dafür wurden sie von diesen verflucht, und mussten nun Strafe erdulden, um wieder in Wischnu's Paradies eingehen zu können.

Kundikaijen (Ind. M.), ein Fürst aus dem Geschlechte der Kinder des Mondes, Sohn des Warmatuwassen und Enkel des Sanayen, welche beide gleichfalls Fürsten desselben mythischen Geschlechts waren.

Kuni soko Tatsino mikoto (Japan. M.), der erste Herrscher rein göttlichen Ursprungs, ein Erz-Kami, ein Urgott, denn er entstand ohne Zeugung aus der Sprosse einer Asipflanze, gleich nachdem sich die Urelemente des Chaos getrennt hatten. Ein japanisches Werk sagt: »In der Zeit, da Himmel und Erde noch nicht geschaffen waren, hatte die Welt das Aussehen, wie wenn schwebende Wolken über dem Felde des Meeres liegen. Nirgends war fester Grund, da entstand in Mitte dieses Chaos ein Ding, dessen Gestalt einer Asi-Knospe glich. Es wuchs aus dem Schlamme auf. Aus seiner Entwickelung und

Umgestaltung ging ein menschenähnliches Wesen hervor, K. s. T. m. genannt.«

Kunti (Ind. M.), Tochter des Dritaraschtra, und Gattin des Pandu, seines Bruders, also eine der Mütter der berühmten fünf Götterkinder, welche die Pandu's genannt werden und den berühmten Krieg gegen die Kuru's führten. K. war sehr fromm, eine eifrige Büsserin und grosse Verehrerin der Bhawani gewesen; diese hatte sie dafür mit der Kunst vertraut gemacht, die Götter selbst zu sich herabzurufen, und sich ihrer zu freuen. Sie wünschte nun eine Zusammenkunft mit dem Sonnengotte, und siehe, er erschien und zeugte mit ihr einen Knaben, Karnon, welchen sie zwar aussetzte, welcher jedoch von Bischmen, dem Oheim Pandu's, aufgenommen und erzogen wurde. Einer der grossen Rischis verfluchte ihn, in den Armen einer seiner Frauen zu sterben. Sogleich zog er sich von dem Umgang mit diesen allen zurück; allein tiefer Schmerz erfüllte ihn, weil er keine Kinder hatte; da vertraute K., welcher er seine Leiden klagte, ihm an, dass sie Götter zu sich herabzuziehen vermöge, und that diess mit seiner Bewilligung, worauf sie von dem Gott Dschama den Judischtir, von Wayn den Bhima, von Indra den Artschunen gebar, drei der sogenannten Pandus; die beiden übrigen, Nagulon und Sahadenon, gebar eine zweite Gattin des Pandu, welche sie in ihrer Kunst unterrichtete. Diese fünf Göttersöhne errangen später durch Krischna's Hülfe einen vollständigen Sieg über die Kurus. Vergl. d. u. Krischna.

Kuowo Manno (M. der Lappländer), ein Gott, dessen nähere Bedeutung der Berichterstatter Skioeldenbrand nicht kennt. Es ward ihm Heu geopfert, und die Lappen luden ihn ein, dasselbe zu verzehren, indem sie mit Holzstücken auf ihre mit Seehundsfell überzogenen und daher trommelartig lärmenden Schlitten schlugen.

Kupalo (M. der Slaven), ein Götze, den die Russen als Gott der Früchte verehrten; man opferte ihm zu Anfang der Ernte, indem man auf freiem Felde mehrere grosse Holzhaufen anzündete, und Jünglinge und Mädchen bekränzt um sie herumtanzten; hierauf trieben die Bauern ihr Vieh durch diese Feuer, in der Hoffnung, die Waldgeister könnten ihnen alsdann nicht schaden. Das Fest hiess Kupalnitza, und scheint in den Johannisfeuern noch Ueberbleibsel zurückgelassen zu haben.

Kupay (M. der Andesvölker), ein böser Geist, an welchen die Peruaner zwar glaubten, den sie jedoch nicht, wie man oft angeführt findet, verehrten, sondern bei dessen Nennung sie, zum Zeichen der Verachtung, ausspieen.

Kurko, ein Gott der Litthauer oder der heidnischen Preussen, verehrt als Spender der Nahrungsmittel. Sein Sitz war nicht in Romowe (s. d.), wo die Götter-Trias der alten Preussen wohnte; doch überall im Lande stand unter einzelnen mächtigen Eichen sein Bild, unter andern auch dort, wo jetzt die Stadt Heiligenbeil liegt, wo ein frommer Bischof, ein Apostel der Preussen, eine Gotteseiche niederhieb; das Beil gab dem Orte seinen jetzigen Namen. Uebrigens lagen die Opfersteine dieses Gottes, auf welchen man die Erstlinge aller Früchte, ferner Milch, Meth, Honig, Bier, Fische, Fleisch, Mehl etc. zum Opfer brachte, im ganzen Lande zerstreut; noch am Ende des fünfzehnten Jahrhunderts nennen Urkunden mehrere solche Steine, die mit der Verbreitung der christlichen Religion nach und nach verschwanden, oder nur noch als Grenzsteine betrachtet wurden; viele Orte aber führen noch jetzt den Namen des verschollenen Gottes. Sein Bild wurde an den ihm geweihten Plätzen jährlich neu verfertigt, aus Holz, mit einem Ziegenfelle bekleidet, mit Kräutern und Kornähren bekränzt; man trug ihn auf einer hohen Stange umher, das Volk jubelte, tanzte, brachte reichlich Opfer dar, und überliess sich der ausgelassensten Freude. Die Priester vertheilten alsdann grossmüthig die Kräuter und Aehren, welche der Gott geschenkt hatte, als heilbringende Gaben, und trugen ihn selbst und die ihm dargebrachten Opfer in ihre Wohnungen.

Kurma awatara, Fig. 193 (Ind. M.), die Verkörperung des Gottes Wischnu in einer Schildkröte. Die Götter kämpften mit den Riesen, der Unsterblichkeitstrank sollte bereitet werden, und sie riefen den Luftgott, den Affen Baali, herbei, um den Weltberg Mandar zu bewegen, wozu auch die Ewigkeitsschlange Addisseschen gebraucht wurde, indem man sie als Seil um den Berg schlang. Der Berg drohte in das Milchmeer, in welchem er stand, zu versinken, da unterstützte ihn Wischnu in seiner

Fig. 193.

zweiten Verkörperung als Schildkröte, auf welcher nun der Berg und die Welt ruht.

Kurokusi (Japan. M.), der Gott, welcher Reichthümer zu verleihen vermag; einer der geehrtesten, dessen Bilder in den Tempeln am häufigsten zu finden sind.

Kurudu (Lamaismus), eines der sieben Heiligthümer, welche in den Tempeln der Lamaiten den Altar der Gottheit zieren. Dieses K. ist eine Trommel, in welcher die sämmtlichen Gebete, auf einen langen Streifen Pergament geschrieben, über zwei von aussen bewegliche Rollen gewickelt sind. Wenn man eine derselben mittelst einer Kurbel dreht, so rollen die Gebete auf diese auf und von der andern ab, kommen also bei dem jedesmaligen Abwinden alle oben unter dem Deckel des K. zum Vorschein. Beten heisst nunmehr bei den Kalmücken, Tamulen, Mongolen etc., dieses K. drehen und es Gott überlassen, dass er die Gebete lese. Die Betenden unterhalten sich bei dieser Handlung von ihren Wirthschaftsoder sonstigen Angelegenheiten, ohne der Heiligkeit des Gebetes oder ihrem durch das Beten erworbenen Verdienst zu schaden.

Kurumon (M. der Karaiben), der Stern, welcher die Stürme hervorbringt, die grossen Wellen verursachen und Kanots umwerfen.

Kurus (Ind. M.), eine mächtige, zahlreiche Herrscherfamilie, von einem ihrer Glieder, Kuru, dem jüngsten Sohne des Dschudschad, so genannt, dessen Nachkommen die K. alle sind. Sie regierten in dem glücklichsten Theile Indiens, in dem gemässigten Striche der Ebenen von Agra und Delhi, welches letztere wahrscheinlich die Hauptstadt des Reiches war. Einer von den Kindern oder Enkeln des Kuru, mit Namen Dritaraschtra, hatte einhundert und zwei Kinder, unter denen nur eine Tochter war. Diese jungen Krieger sahen scheel dazu, als wegen der Blindheit ihres Vaters die Regierung des Reiches (Bramarschi) dem Pandu, seinem jüngern Bruder, übertragen wurde. Als er starb, trat Dritaraschtra's ältester Sohn Duriadun die Regierung an, und die Gattinnen des Pandu begaben sich mit ihren fünf Söhnen (den sogenannten Pandu's) zu dem blinden Dritaraschtra, dessen freundliche Aufnahme wieder den Neid der K. erregte. Um nun offenen Zwist zu vermeiden, liess der alte Herrscher den Pandu's ausserhalb der Stadt einen prächtigen Palast erbauen; doch kaum war derselbe bezogen, als der älteste Sohn des Dritaraschtra denselben in Brand stecken liess, und nun seine Feinde auf einmal vernichtet zu haben glaubte. Ein unterirdischer Gang aber hatte sie in's Freie gerettet, und es entspann sich aus diesem schändlichen Streich der Krieg zwischen den Pandu's und K., in welchem Krischna den Sieg auf die Seite der Gerechten, der Pandu's, lenkte, welche nach Ausrottung ihrer Feinde Indien beherrschten.

Kurwaitschin (Slav. M.), ein Gott der Polen, unter dessen besonderem Schutz die Lämmer standen.

Kuskui Rami (Peruan. Rel.), das Fest, welches die Bewohner des Hochplateau von Quito feierten, wenn die

Zeit der Aussaat vorüber war; bei demselben bat man die Götter um Segen und Gedeihen des der Erde anvertrauten Samens.

Kusuri Kari (Japan. M.), ein Volksfest, welches in einem abergläubischen Kräuterlesen gegen ansteckende Krankheiten besteht; es wird am 5. des fünften Monats gehalten.

Kussa-Gras (Ind. Cultus), eine duftende Grasart in Indien, die man, immer frisch abgeschnitten, auf die Opferstätten streut, ähnlich dem in vielen katholischen Ländern üblichen Gebrauche, am Pfingst-, oder auch schon am Oster-Feste die Kirchen, ja die Zimmer selbst mit Kalmusblättern zu schmücken, und die Böden derselben mit kleingeschnittenem Kalmus zu bestreuen.

Kuwera (Ind. M.), s. Wittesa.

Kwaser, s. Quaser.

Kyhala (Slav. M.), eine böhmische Hausgottheit deren sonstiges Wesen und Wirken unbekannt ist.

L.

Labdacus (Gr. M.), Enkel des Cadmus, des berühmten Stammhelden der Thebaner, Sohn des Polydorus und der Nycteis, Tochter des Nycteus, kam, da er noch sehr jung war, als sein Vater starb, unter die Vormundschaft des Nycteus, und dieses Letztern Bruder, Lycus, riss die Herrschaft ganz an sich, bis nach zwanzig Jahren L. in sein angestammtes Recht trat, da Amphion und Zethus den Lycus ermordeten. Nicht lange lebte L., und Laius, sein Sohn (der unglückliche Vater des Oedipus), war erst ein Jahr alt, als jener die Welt verliess.

Lacedaemon (Gr. M.), Sohn des Jupiter und der Plejade Taygete, König von Lacedämon, das nach ihm benannt wurde, vermählte sich mit Sparta, der Tochter des Flussgottes Eurotas, und erhielt von ihr einen Sohn Amyclas und zwei Töchter, Eurydice und Asine.

Lachesis, s. Parcen.

Lacinia (Altital. M.), Beiname der Juno, von einem Tempel in Unteritalien, unweit der Charybdis (s. d.); dort vorbei, an Tarent und Lacinia und Caulons Burg, fuhr Aeneas, als an dem Brüllen der Brandung Anchises die nahe Gefahr errieth. Auf dem Vorgebirge Capo delle colonne, welches noch Ruinen und Säulen trägt (daher der Name), glaubt man die Reste dieses einst sehr heiligen Junotempels zu sehen, der ganz mit Marmorplatten gedeckt war, und von welchem man viele Wunder erzählte.

Lacinius (Altital. M.), ein Räuber bei Tarent, von Hercules erschlagen, weil er diesem einige von Geryons Rindern gestohlen; auf der Stelle, wo er den L. getödtet hatte, baute Hercules den Tempel der Juno Lacinia.

Lacius (Gr. M.), ein Heros in Attica, von dem die Gemeinde der Laciaden den Namen hatte. Er hatte unfern des Grabmals des Cephisodorus einen heiligen Platz.

Lactans, Lacturnus, Lacturcia (Röm. M.), ländliche Gottheiten Italiens, von denen man glaubte, dass sie den Milchsaft in die Körner des Getreides führten, und dasselbe zur Mehlbildung vorbereiteten.

Lada oder **Lado** (Slav. M.), die Göttin der Schönheit und der Liebe bei den Russen, welche vorzüglich in Kiew verehrt wurde. Lel (die Liebe), Did (die Gegenliebe), und Polel (die Ehe) waren ihre Söhne; die sich Vermählenden brachten ihr Opfer, um sich ihre Gunst und dadurch einen glücklichen Ehestand zu erbitten. Noch jetzt findet man Spuren dieses Götterdienstes in dem alljährlich begangenen Fest der L. und des Did, welches stets auf den Donnerstag vor Pfingsten fällt. Es sammeln sich die jungen Mädchen am Fluss oder See (jedes Dorf ist an einem solchen erbaut), binden Sträusschen aus jungen Birken, knüpfen ein Band daran und werfen es in's Wasser; daraus, wie es dem Bande ergeht, schliessen sie auf ihr künftiges Schicksal als Hausfrauen.

Ladha (Orient. M.), diejenige Abtheilung der Hölle, in welche nach den Lehren des Islam die Christen insgesammt kommen.

Ladon (Slav. M.). Die Böhmen und Mähren beteten diesen Götzen als Beförderer des Krieges an; einige Schriftsteller sind daher geneigt, ihn für identisch mit dem Mars der Römer zu erklären.

Ladon (Gr. M.), 1) Sohn des Oceanus und der Tethys. Metope, seine Tochter, ward die Gattin des Asopus und gebar ihm zwei Söhne und zwölf Töchter. Nach Einigen war auch die in einen Lorbeerbaum verwandelte Daphne, Apollo's Geliebte, L.s Tochter. — 2) L. Nach Einigen soll der hesperische Drache gleichfalls den Namen L. gehabt haben.

Laërtes (Gr. M.), Sohn des Arcisius und der Chalcomedusa, Gemahl der Anticlea, Vater des Ulysses und der Ctimene, ein reicher Landmann auf der Insel Ithaca, welche späterhin Ulysses beherrschte. Einsam wohnte er nach des Sohnes Abreise nach Troja, und war sehr bekümmert, als nach zwanzig Jahren die schrecklichen Scenen im Hause der Penelope vorfielen, bis Ulysses sich ihm zu erkennen gab. Minerva, welche stets dem Helden günstig gewesen, verjüngte nun ihm zu Gefallen den alten Vater, so dass er sich selbst in die Reihen der bewaffneten Kämpfer stellte, da die Bewohner von Ithaca, Rache suchend, gegen Ulysses' Wohnung anrückten.

Laga (Nord. M.), Göttin der kühlenden Gewässer und Quellen. Sie wohnt in Söquabekr, einem silbernen Palast, über welchen die sämmtlichen Gewässer der Erde hinrauschen. Odin besucht sie täglich, um sich zu baden und an ihrer Quelle zu erquicken.

Lahen (Lamaismus), himmlische Geister, welche lange vor Erschaffung der Erde in immerwährender unaussprechlicher Wonne schwebten, welche übrigens sehr irdisch war, und in Genuss aller Art bestand. Es befanden sich über der Erde 20 Welten, von solchen L. bewohnt; die vier obersten allein hatten so vollkommen reine Geister, dass sie ohne Speise lebten. Als nun die Erde geschaffen war, stiegen viele derselben auf diesen Raum herab, und erleuchteten sie durch den Glanz ihrer Gegenwart, lebten unendliche Reihen von Jahrhunderten, und pflanzten sich durch Blicke, durch Anlächeln, durch Händedruck, durch Kuss fort, bis sie, zu irdisch geworden, allen Gesetzen der Erde unterlagen; aber als sie von den Früchten dieser Welt gekostet, wurden sie schwarz, ihre Schönheit verlor sich, und Sonne und Mond mussten geschaffen werden, um die verfinsterte Welt (welche sonst in ihren Strahlen sich gewärmt) zu erleuchten. Ihnen dankt das Menschengeschlecht und die noch tiefer gesunkene Thierwelt ihre Entstehung.

Laima oder **Laimela** (Lettische M.), die Geburtshelferin der heidnischen Preussen, die Beschützerin treuer Liebender, die Bewahrerin des Ehegelübdes, welches übrigens dort, wo man viele Frauen nehmen durfte, nicht gar zu fest war, indem es dem Manne zustand, seine Gattin, ohne vorhergegangene Untersuchung seines Rechts oder Unrechts, zu verstossen. L. bestimmte auch das Schicksal der neugeborenen Kinder.

Laius (Gr. M.), Sohn des Labdacus, Königs von Theben. Vermählt mit Jocaste oder Epicaste, der Schwester des Creon, ward ihm ein Sohn geboren, von welchem das Orakel sagte, er werde seinen Vater tödten und seine Mutter heirathen, wesshalb L. den Knaben aussetzen liess, wobei ihn die Beauftragten mit den Füssen an einen Baum banden. Hirten fanden ihn und brachten ihn zu der Gattin des Königs von Corinth, welche sich des hülflosen, gemisshandelten Knaben annahm, und ihn wegen seiner geschwollenen Füsse Oedipus nannte. Den weitern Verlauf s. unter Oedipus.

Lakschmana (Ind. M.), eine Verkörperung der Schlange Addisseschen (nach Andern des Wischnu, welches jedoch desshalb nicht sein kann, weil Lakschmana ein beständiger Gefährte des Wischnu, in seiner Verkörperung als Rama, war). Er begleitete den Letztgenannten auf seinem Zuge gegen den Riesenkönig Rawana. Geboren war er als Sohn des Königs Dasaratha und der Keikei.

Lakschmi, Fig. 194 (Ind. M.), die Göttin der Schönheit und Anmuth, Wischnu's Gattin, aus dem Meeresschaume entsprossen, gleich der Anadyomene der Griechen. Sie ist zugleich Göttin des Ueberflusses, und heisst als solche Sri oder Schiri; ferner: Göttin der Glückseligkeit im Allgemeinen, und somit identisch mit Mangola Dewta; dann als Verkörperung der Gattin Wischnu's in irdischen Gestalten ist sie als Sita, Rukmani, Radha etc. immer wieder die Geliebte und Gattin des Wischnu, wie derselbe sich bald in dieser, bald in jener Awatera als Rama, Krischna u. s. w. auf der Erde zeigte. Sie ist auf nebenstehendem Bilde dargestellt. Der Meissel der grössten indischen Künstler hat sich an diesem Gegenstande versucht, und so ist sie in einer etwas gezierten, nach den Begriffen der Indier aber unendlich anmuthigen Stellung, mit Schmuck überladen, im leichtesten Gewande, von oben herab bis auf den Gürtel fast ganz entblösst, wie zum Theil sich die Mädchen dort noch tragen, abgebildet.

Fig. 194.

Als Ideal weiblicher Schönheit dient sie den Dichtern häufig zum Vergleich für Jungfrauen, denen man schmeicheln will; keine Fürstentochter gibt es, die nicht wenigstens eben so schön wäre, als L.

Laelaps, s. Cephalus.

Lama, Fig. 195, heissen bei den Mongolen alle Geistlichen überhaupt; bei den Kalmücken nur die vornehmsten, und in Tübet allein der höchste Priester, der jedoch zum Unterschied von zwei andern, an Würde ihm nahen Geistlichen, Dalai-L. heisst; die beiden andern werden Tischu-L. und Taranant-L. genannt. Der Erstere ist das Oberhaupt aller Bekenner der L.-Religion, ihr sichtbarer, auf Erden weilender Gott; er ist der geistliche und weltliche Herrscher, der unumschränkte Gebieter von ganz Tübet, wo er seine Residenz in einem von zwei grossen Klöstern hat, welche nahe bei der Hauptstadt Lassa oder Lhassa liegen, und die er, nach Sommer und Winter abwechselnd, bewohnt. Das Volk glaubt, er sei unsterblich, nur sein Körper altere, er aber verlasse denselben, um sogleich in den Körper eines Kindes einzugehen, welches nun die L.-Würde bekleidet, natürlich schon lange vorher dazu bestimmt und erzogen. Früher war seine Macht weit unumschränkter: er setzte nach eigenem Gefallen Könige ab und Könige ein; jetzt steht er in gewisser Hinsicht unter dem Kaiser von China, welcher in seinem Palast eine Wache von 2000 Mann hält, und bei dem der L. selbst durch einen Nuntius repräsentirt wird. Dieser, wie der Dalai-L., sind eigentlich nur Gefangene des Kaisers; der Ober-L. führt ein trauriges, aller menschlichen Freude beraubtes Kerkerleben, lebt im Cölibat und hat zum Ersatz für alle Opfer nichts, als eine unbegrenzte stumme Verehrung, welche, wie man sagt, so weit geht, dass seine Excremente angebetet, ja wohl gar in Speisen genossen werden, was jedoch eine Erdichtung zu sein scheint. Wenn der neue Dalai-L. zur Regierung gelangt und noch nicht reif dazu ist, versieht der zweite, der Tischu-L., die Regentschaft; er steht überhaupt dem Dalai-L. an Macht und Ansehen, so wie in der Verehrung, welche er geniesst, am nächsten. Der Name Dalai-L. bedeutet die sehr grosse Mutter der Seele, und L. (Mutter) nennen sich die Priester der Mongolen, um damit anzudeuten, dass sie alle lebenden Geschöpfe durch Gebete und Segnungen glücklich zu machen streben, und sie so lieben, wie eine zärtliche Mutter ihre Kinder. — Die beiden Schlösser oder Klöster, welche das Oberhaupt von Tübet bewohnt, heissen Brepun und Ssera; wenn er von dem erstern zum zweiten zieht, so geht er mit dem Laufe der Sonne um die Stadt und bringt den ganzen Tag auf

Fig. 195.

diesem Wege zu; wenn er Ssera verlässt, zieht er durch die Stadt, in einem solchen Gefolge von Geistlichen, dass er selbst gar nicht sichtbar ist; dennoch müssen von seinem Wege alle Weiber fortgeschafft werden. — Das Ansehen des Dalai-L. beruht auf der dem Buddhaismus eigenthümlichen Lehre von der Seelenwanderung, nach welcher man glaubt, die Seele des vorigen L. trete unmittelbar in den Körper des neuen über, und alle L.s sind von der nämlichen Seele (von der des Chomschim Bodhissadoa) bewohnt gewesen, daher sie auch als der verkörperte Gott betrachtet werden, welcher in ihnen allen nur verschiedene Hüllen angenommen hat. Der Dalai-L. ist der Mittler zwischen den Menschen und Gott, ist selbst allwissend, allgegenwärtig, höchst heilig und unbefleckt, liegt immerdar seinen religiösen Pflichten ob und befasst sich nur selten mit den Menschen; er ist eine reine Offenbarung der Gottheit, und in seiner Person hat die ganze Religion ihren Grund. Unsere Abbildung ist nach einer aus Messing getriebenen Statuette des Dalai-L. angefertigt.

Lama Erembutsche, der tangulische Name des höchsten Repräsentanten Gottes, des Dalai Lama.

Lamaismus, nicht, wie man fälschlich glaubt, bloss die Religion der Tübetaner, sondern eine viel weiter, über Butan, China, Japan, nördlich über die Mongolei, die Tatarei, über das ganze südliche Sibirien, und südlich über die Halbinsel jenseits des Ganges verbreitete Religion, welche ganz entschieden zu der indischen Buddhareligion gehört. Die Mongolen behaupten, der L. sei die ältere Religion, indem Buddha 2214 Jahre v. Chr. auf die Welt gekommen sei, Christus seine milde Moral gekannt, und seine Lehren auf das Christenthum übergetragen habe; wogegen Andere meinen, 700 Jahre n. Chr. seien die Nestorianer, zu der Zeit, da die Kaiser zu Constantinopel sich in rein theologische Streitigkeiten mischten, nach Aegypten, nach Indien, nach China gezogen, und haben in diesen Landen eine neue christliche

Kirche gegründet, welche sich zum L. umgestaltet. Im Uebrigen s. Buddha, Dalai- und Bogdo-Lama.

Lamciodro (Tübetan. M.), eine der beiden Inseln (Jonden heisst die andere), welche den vierten sphärischen Welttheil bildete; die übrigen drei sind halbkreis-, kreis- und pyramidenförmig.

Lamedon (Gr. M.), Sohn des Coronus, Gemahl der Pheno, Vater der Zeuxippe, König von Sicyon, Nachfolger des Epopeus.

Lamia (Gr. M.), 1) Tochter des Neptun und Geliebte des Jupiter, welchem sie die früheste Sibylle, die der Delphier, Herophile, gebar. — 2) L., eine sehr schöne Königin in Libyen, gleichfalls eine Geliebte Jupiters, wurde durch die eifersüchtige Juno ihrer Kinder beraubt, welches die Unglückliche hässlich und wahnsinnig machte, so dass sie nun Kinder raubte, wo sie deren habhaft werden konnte, und sie erwürgte.

Lamien (Gr. M.), Gespenster, die nach dem Blute junger Leute begierig waren, und unter der Gestalt schöner Weiber durch wollüstiges Blendwerk die Jünglinge verlockten. Ein bildlich gebrauchter Ausdruck, mit welchem Apollonius von Tyana eine Buhlerin Lamia nannte, weil dieselbe einem jungen Manne das Geld aus dem Beutel und das Blut aus den Adern gesogen hatte, verführte den Damis, der des weisen Mannes Geschichte schrieb, zu der Erzählung, Apollonius habe in dieser Buhlerin eine gespenstige Lamia entdeckt, welche auf sein Schelten zuerst gestanden habe, dass sie ein solches höllisches Wesen sei, und darauf sammt allen ihren infernalischen Bedienten und ihrem im Tartarus geschmiedeten Silbergeschirr verschwunden sei.

Lamisi, bei den Karaiben die Seelen, welche im menschlichen Körper da sitzen, wo die Pulsadern schlagen.

Lamius (Gr. M.), Sohn des Hercules von der Omphale, soll die Stadt Lamia in Thessalien gebaut haben.

Lampetia (Gr. M.), Tochter des Sonnengottes und der Neära, welche mit ihrer Schwester Phaëthusa auf der Insel Trinacria (Sicilien) die vierzehn Rinder- und Schafheerden ihres Vaters hütete. Circe warnte den Ulysses vor Verletzung der heiligen Thiere, aber während er schlief, schlachteten seine Gefährten einige der Kühe, und sogleich klagte L. dem erhabenen Vater, was geschehen, und Jupiter rächte den Sohn, indem er das Schiff, auf welchem Ulysses entfloh, mit dem Blitz zerschmetterte, so dass er allein dem Verderben entrann.

Lampter (Gr. M.), »der Leuchter«, Beiname des Bacchus in Pellene, wo ihm ein Fest, Lampteria, gefeiert wurde, wobei man Nachts Fackeln in des Gottes Tempel trug, und Gefässe mit Wein in der Stadt umher stellte.

Lamus (Gr. M.), Sohn des Neptun, König der Lästrygonen (s. d.), ein ungeheurer Riese.

Lancelot (Britt. Sage), ein berühmter Held, letzter Ritter des Artushofes und der Tafelrunde; von der Fee Viviana geraubt und in einem See erzogen, bekam er den Beinamen L. vom See, den er so berühmt machte, als König Artus' Gemahlin, Ginevra, seine Geliebte es durch ihn und seine Treue wurde.

Lanomenes (Gr. M.), Sohn des Hercules, von Oria, einer der fünfzig Thespiaden.

Laocoon, Fig. 196 (Gr. M.), 1) Priester des Apollo in Troja. Er musste, als die Griechen zum Scheine Troja verlassen hatten und der Priester des Neptun umgekommen

Fig. 196.

war, dem Gotte des Meeres opfern. Er war es, der hauptsächlich rieth, das von den Griechen zurückgelassene hölzerne Pferd zu verbrennen, ja er warf sogar seinen Speer gegen dasselbe. Als nun L. mit seinen beiden Söhnen das Opfer verrichtete, schickte Minerva von der Insel Tenedos her zwei ungeheure Schlangen, die ihn nebst seinen beiden Söhnen erwürgten. Die Schlangen krochen alsdann nach dem Tempel der Minerva zurück und verbargen sich unter dem Schilde der Göttin, welche sie in Schutz nahm, theils weil sie wegen des Paris die Trojaner überhaupt hasste, theils weil sie dem L. feind war, da derselbe den Plan der Griechen, Troja durch das Pferd zu erobern, beinahe zu nichte gemacht hätte. Der wahrhaft tragische Gegenstand hat eines der Meisterwerke der griechischen Kunst, die berühmte Gruppe des L. (s. unsere Abbildung), veranlasst. Sie ist von den drei Künstlern Agesander, Athenodorus und Polydorus (beide Letztere waren Söhne des Erstern) gearbeitet, ging mit Roms Grösse unter, und ward im Weinberge des Bürgers Felix de Fredis am esquilinischen Hügel 1506 gefunden. Jetzt steht sie im vaticanischen Palaste, in einem, der dem costile di Belvedere benachbarten Gemächer. — 2) L., Sohn des Aetoliers Parthaon und Enkel des Agenor, wird unter den Argonauten genannt.

Laocoosa (Gr. M.), nach Einigen die Mutter der Söhne des Aphareus, Idas und Lynceus, welche auch Arne, Arene, Polydora, genannt wird.

Laodamas (Gr. M.), Sohn des Eteocles, und Enkel des unglücklichen, aus Theben vertriebenen Oedipus. Im Kriege der Sieben gegen Theben tödteten sein Vater und sein Oheim Polynices einander gegenseitig, und L. kam unter Creons Vormundschaft, und wurde später König von Theben; als aber die Epigonen (s. d.) Theben bekriegten, blieb er im Kampfe gegen Alcmäon, Amphiaraus' Sohn. — 2) L., der Lieblingssohn des Alcinous, Königs der Phäaken, war als der geschickteste Faustkämpfer, Tänzer und Ballspieler, und als der schönste Jüngling bekannt.

Laodamia (Gr. M.), 1) Tochter des Bellerophon und Schwester des Isander und Hippolochus. Jupiter gewann ihre Liebe, und die Frucht derselben war der jüngere Sarpedon. — 2) L., des Protesilaus Gattin, welcher der Erste war, der von den nach Troja ziehenden Griechen fiel; wegen ihres Schicksals vergl. Protesilaus. — 3) L., die Amme des Orestes (nach Andern Arsinoë), welche ihn, mit Hülfe der Electra, den Mörderhänden seiner Mutter entzog. — 4) L., Gemahlin des Peleus, Tochter des unglücklichen Alcmäon, des Sohnes von Amphiaraus, der seinen Gehorsam gegen des Vaters Rachebefehl so grausam büssen musste.

Laodice (Gr. M.), 1) eine Nymphe, von Phoroneus, dem Beherrscher des Peloponnes, Mutter der Niobe und des Apis, welcher Letztere, da er zum Throne gelangte, durch Telchin und Telxion ermordet wurde. — 2) L., die schönste der Töchter des Priamus und der Hecuba, berühmt durch ihre Liebe zu Theseus' herrlichem Sohne, Acamas (s. d.); der Tod ihres Sohnes von Acamas, des Munitus, welchen eine Schlange verwundete, zog den ihrigen nach sich. — 3) L., eine Bewohnerin von Paphos, Tochter des Agapenor, der die Arcader vor Troja führte, hatte der Venus Paphia eine Bildsäule zu Tegea gesetzt. — 4) L., eine Tochter des Agamemnon, die indess von Andern Electra genannt wird.

Laodicus (Gr. M.), ein hyperboreïscher Heros, der mit Hyperochus und Pyrrhus den Delphiern gegen die Gallier zu Hülfe kam.

Laodocus (Gr. M.), 1) der tapfere Sohn des Antenor, berühmt im Gefecht, wie sein Vater im Rath. Seine Gestalt nahm Minerva an, um den Pandarus zu verleiten, dass er einen Pfeil auf Menelaus abschiesse, wodurch der eben beschworene Bund zwischen Griechen und Troern gebrochen ward. — 2) L., Sohn des Apollo und der Phthia, Bruder des Dorus und Polypötes. Als Aetolus den Apis ermordet hatte, floh er in das Land Curetis, wo er von den drei Brüdern freundschaftlich aufgenommen wurde, sie jedoch umbrachte, ihr Land für sich nahm und es Aetolien nannte. — L., Sohn des Bias und der Pero, Bruder des Talaus, kommt bei dem Zug der sieben Helden gegen Theben vor; als man die Leichenspiele für den Archemorus hielt, gewann er den Preis im Wurfspiesswerfen.

Laogonus (Gr. M.), Sohn des Onetor, Priesters des Jupiter, aus Troja. Meriones tödtete ihn, indem er eine Lanze auf ihn warf, welche ihm das Haupt zwischen Backen und Ohr durchbohrte.

Laogoras (Gr. M.), ein Genosse der Lapithen, den Hercules tödtete, als er dem König der Dorier beistand, der die Lapithen bekriegte. L. war König der Dryoper und ward mit allen seinen Kindern im Haine des Apollo angefallen, als er daselbst einen Schmaus hielt.

Lao Kyun (Chines. M.), Stifter einer Religionssecte, deren Bekenner den Namen »Kinder der Unsterblichkeit« führen. Es ist seine Lehre die neueste, welche in China Eingang gefunden hat, denn er kam 200 Jahre nach Konfutse aus Tübet dahin. Seine Priester trieben Zauberei, Beschwörungen und Wahrsagereien, wodurch sie sich einen grossen Einfluss auf das Volk verschafften.

Laomedon (Gr. M.), 1) der vorletzte König von Troja, unter welchem die erste Eroberung der Stadt vorfiel, stammte von Jupiter und der Electra ab: der Sohn dieser Eltern war Dardanus, dessen Sohn Erichthonius, dessen Sohn Tros, der Erbauer von Troja, dessen Sohn Ilus, und dieser endlich war L.s Vater. Letzterer vermählte sich mit Strymo, des Scamander Tochter, und hatte von ihr die Söhne Tithonus, Lampus, Clytius, Hicetaon, Priamus, und die Töchter Hesione, Cilla, Aethylla, Astyoche; von der Nymphe Calybe aber den Bucolion. Nachdem er alle seine Kinder hatte sterben sehen, bis auf Priamus und Hesione, fiel auch er im Kampfe gegen den beleidigten Hercules, und zwar aus folgender Ursache: Apollo und Neptun hatten ihm die Mauern um Troja erbaut, aber den bedungenen Lohn nicht erhalten; dafür sandte Apollo eine Pest und Neptun ein Seeungeheuer, welches die Menschen vom Felde wegraubte, bis auf einen Orakelspruch Hesione, L.s Tochter, ihm zum Opfer dargeboten wurde. Hesione stand, an den Felsen gefesselt, das Unthier erwartend, als Hercules, aus dem Lande der Amazonen kommend, sich erbot, des Königs Tochter zu befreien, wenn er ihm die Rosse geben wollte, welche Tros zum Ersatz für den geraubten Ganymed von Jupiter erhalten hatte. Der gewissenlose König versprach, was der Held verlangte, hielt jedoch dem Menschen so wenig als den Göttern sein Wort, und Hercules überzog ihn desshalb mit Krieg; die Stadt ward erobert, verheert, alle Söhne des Königs, ausser Priamus, und zuletst L. selbst erschlagen. Vor dem scäischen Thore von Troja war sein Grabmal. — 2) L., Sohn des Hercules von Meline, einer der fünfzig Töchter des Königs Thespius.

Laonome (Gr. M.), 1) Gattin des Phocäers Hodöducus, dem sie zwei Söhne, den Oïleus und den Calliarus, gebar; von Letzterem erhielt eine Stadt in Locris den Namen. — 2) L., Tochter des Guneos, soll von Alcäus Mutter des Amphitryon geworden sein; Andere nennen des Letzteren Mutter Hipponome.

Laophonte (Gr. M.), Tochter des Pleuron und der Xanthippe (einer Tochter des Dorus) und Schwester der Sterope, Stratonice und des Agenor. Sie vermählte sich mit König Thestius.

Laothoë (Gr. M.), eine der Gattinnen des Priamus, Mutter des Lycaon, welcher dem Achilles zum zweitenmal in die Hände fiel, da er, Patroclus zu rächen, unter den Troern wüthete. Lycaon nennt L. eine Tochter des Althes, und den Polydorus seinen Bruder.

Laothoës (Gr. M.), Sohn des Hercules von der Thespiade Antis.

Laphria (Gr. M.), Beiname der Diana auf der Burg zu Paträ, wo sie eine Bildsäule, in jagender Stellung, von Gold und Elfenbein hatte. Dort wurde an dem Feste der Göttin eine grosse Menge lebender Thiere auf einem ungeheuren hölzernen Altar mit diesem Altare selbst verbrannt.

Laphrius (Gr. M.), Sohn des Castalius und Enkel des Delphus, welcher das alte Bild der Diana zu Calydon, verfertigt von Menächmus und Soidas, geweiht hatte, das Augustus den Einwohnern von Paträ schenkte. Von ihm stammt der Beiname Laphria (s. d.).

Laphystius (Gr. M.), 1) Beiname des Jupiter, als Beschützers der Fliehenden; nach Andern bedeutet der Name: »der Gefrässige«, und deutet auf alte Menschenopfer hin. — 2) L., Beiname des Bacchus vom böotischen Berge Laphystion.

Lapithen (Gr. M.), ein wildes, rohes Volk in Thessalien, von Lapithes, dem Sohne des Apollo und der Stilbe, stammend. Sie führten mit ihren nächsten Stammverwandten, den Centauren, immerwährende Kriege; ein solcher brach auch bei der Hochzeit des Pirithous, Königs der L., aus, und in demselben wurde die Macht der Centauren völlig vernichtet. Durch Hercules wurden später die L. vertilgt.

Lapithes (Gr. M.), ein uralter thessalischer Landesheros, väterlicher und mütterlicher Seits von den Göttern stammend. Der Sohn des Oceanus und der Tethys, Peneus, erzeugte mit der Nymphe Creusa den Hypseus und die Stilbe; Letztere war eine Geliebte des Apollo, welchem sie den Centaurus und den L. gabar. L. ward König, und von ihm nahm das Volk den Namen an; seine Stammverwandten und Nachkommen führten denselben aber vorzugsweise, so seine Söhne von der Orsinome (Tochter des Eurynomus), Phorbas und Periphas.

Lapplaendische Mythologie. Nur sehr dürftig sind die Nachrichten hierüber, weil die Lappländer wohl schwerlich jemals eine öffentliche Gottesverehrung gehabt, sondern ihre Andacht nur still, in ihrer Hütte verrichtet haben. Begriffe, welche verallgemeinert gewesen wären, sind sehr selten, indem nicht nur Jeder seinen Götzendienst daheim übte, sondern auch seinen besondern Götzen anbetete, wie diess bei vielen nordamerikanischen Völkerschaften noch jetzt der Fall ist. Doch haben diese, wie jene, wenigstens die Ahnung eines höchsten Wesens, welches die Nordamerikaner den grossen Geist, die Lappen aber den Jamula nennen. Die Letzteren sehen in ihrem höchsten Gott drei Naturkräfte vereinigt: eine Idee, welche offenbar nicht ihnen ursprünglich angehörig, sondern von ihren gebildeten Nachbarn, den Asen in Skandinavien, entlehnt ist; sie haben den Gott Tiermes, den Donner (Thor der Asen, welcher auch bei den Lappen mit dem Hammer erscheint), den Gott Storjunkare (den Herrn der Erde, Beschützer der Wälder, Beförderer der Jagd, den sie in besonders thier- oder menschenähnlich estalteten Felsen verehrten), und die Göttin Baiwe, die Sonne. Diese drei werden zugleich in Jumala angebetet. Ausser den höchsten Gottheiten haben sie noch mehrere andere, welche als untergeordnete erscheinen, wiewohl sie desshalb nicht die Diener oder die Untergebenen der höchsten Gottheiten sind, sondern ihren eigenen, nur kleinern Wirkungskreis haben, wie die Luftgötter, Wassergötter, Berggötter, und die gefürchteten bösen Todesgötter, welche die Seele von dem Körper trennen, den letztern der Verwesung übergeben, die erstere aber in ferne Regionen zu guter Jagd, reichlichem Fischfang, zahlreichen Rennthierheerden bringen. An eine Einwirkung der Zurückgebliebenen auf den künftigen Zustand der Seelen jenseits des Grabes glaubten die Lappländer, ja glauben sie noch, obwohl das Christenthum jetzt fast überall eingeführt ist, und diesen Glaubenssatz ganz verwirft. Sie brachten desshalb Opfer von dem, was sie als Kostbarstes kannten, junge männliche und weibliche Rennthiere, um die niedern Götter, bei welchen sich die Verstorbenen befanden, für diese zu gewinnen, brachten auch den obern Göttern solche, damit sie bei den niedern sich für diese verwenden möchten; diesen höchsten wurden übrigens im Herbste allgemeine Opfer für das ganze Volk gebracht: die einzige Sitte, welche auf eine Gottesverehrung unter dem Volke hindeutet; sonst hatten sie keinen Gebrauch, der sie zu gemeinschaftlichem Gottesdienst vereinigt hätte, darum gab es bei ihnen auch keine Priester und Tempel; Alles, was dem ähnlich gewesen wäre, reducirte sich auf eine Umzäunung von Dornen oder Tannenzweigen um einen besonders geformten Stein (Storjunkare); daher war auch jeder Hausvater Priester oder Zauberer für seine Familie, und theilte sein Wissen dem Sohne mit, es solchergestalt in seiner Familie fortvererbend, welches um so nöthiger war, als jedes Haus einen eigenen, allein ihm angehörigen Geist hatte, der in allen Angelegenheiten zu Rath gezogen und um Hülfe gebeten wurde. Nur wenige Auserwählte waren von den Geistern mit geheimen Kräften begabt, sonst musste Alles gelehrt werden; diess ging bei den phantastischen Leuten so weit, dass sie selbst alles Ernstes glaubten, durch alle Länder der Welt reisen, in einem Zauberschlaf die fernsten, geheimsten Dinge sehen, ihre Götter heraufbeschwören zu können u. dergl.; hierbei und beim Wettermachen leisteten ihnen die Zaubertrommel und die Sturm- oder Wind-Knoten die wichtigsten Dienste, und so waren sie eigentlich nie in Verlegenheit, sie konnten immer sich selbst helfen; nur wenn im Herbst bei dem allgemeinen Opfer keiner der drei Götter, die der Reihe nach besonders gefragt wurden, die dargebrachten Geschenke annehmen wollte, waren sie traurig, weil die Götter zürnten. Obwohl jetzt die meisten Lappen sich zum Christenthume, und zwar zur evangelischen Lehre, bekennen, gibt es doch noch einzelne Heiden, und Alle haben einzelne ihrer alten Gebräuche neben den christlichen beibehalten.

Lara (Röm. M.), Geliebte des Mercur, welchem sie Zwillinge gebar, die nach ihrer Mutter den Namen Laren, und zwar vorstehende Laren, lares praestites, führten. L., Tochter des Flussgottes Almo, hatte den Jupiter durch ihre Plauderei erzürnt, dieser sie durch Mercur nach der Unterwelt bringen lassen, der Gott sich aber auf dem Wege dahin ihrer bemächtigt.

Laren (Ital. M.), häusliche Gottheiten der Römer, eigentlich die Seelen der Verstorbenen, aber nur derjenigen, die gut gelebt hatten, und nun als segenbringende Götter das Haus ihrer Nachkommen beschützten. Man glaubt, das Stammwort für diese Benennung in dem Worte Lar, Herr, zu finden, welches die Etrusker ihren Königen beilegten. Indessen gab es nicht bloss häusliche, sondern auch öffentliche L., selige Geister, die die Stadt Rom und die Macht des römischen Volkes erhielten, und auf den Kreuzwegen in der Stadt, je zwei an der Zahl, verehrt wurden. Ferner glaubte man auch an den Segen und Schutz der L. auf Reisen zu Land und zur See, und im Fruchtfeld, und nannte sie in dieser Beziehung See-L., Weg-L., Feld-L. Man stellte, der Fabel von der Lara (s. d.) zufolge, die L. häufig als Zwillinge dar. Ihre Bilder verfertigte man aus Stein, Metall, Holz etc., bald roh, bald mehr oder weniger vollendet. Im Hause war ihr Heiligthum der Herd, in seltenen Fällen finden wir sie auch in den Schlafzimmern, oder bei Vornehmeren in eigenen Lararien, deren man wohl mitunter mehr als eines in einem Hause fand, für die höheren und die niederen L.; so z. B. hatte Alexander Severus solcher zwei, in deren erstem auch Abraham und Christus als L. erster Ordnung standen, während Plato, Cicero, Virgil das zweite zierten. — Den L. wurde, wie andern Göttern, geopfert; bei jeder Mahlzeit setzte man ihnen überdiess Speisen vor, welche dann verbrannt wurden; bei festlichen Gelegenheiten bekränzte man sie mit Blumen. Bei Erreichung reiferer Jahre opferten Jünglinge ihnen die Zeichen des Knabenalters, die Kugeln, welche sie als Zierrath an einer Schnur auf der Brust getragen hatten; Sklaven, bei erlangter Freiheit, hängten ihnen die Ketten über, Mädchen ihre Schleier, wenn sie sich verheiratheten. — An den Kreuzwegen wurden ihnen von den Landleuten in Gemeinschaft mit ihren Sklaven am 22. December die Compitalia gefeiert, auf dass sie die am Kreuzwege von mehreren Seiten zusammenstossenden Gefahren abwenden möchten. Dort waren desshalb häufig kleine, nach vier Seiten völlig offene Capellen erbaut, welche, wie die Kreuzwege selbst, Compita hiessen; in der frühesten Zeit wurden in solchen der Mania (Proserpina) schreckliche Opfer von Kindern gebracht, indem man, einem Orakelspruch zufolge, Köpfe um Köpfe opfern sollte. Der halb vergessene Gebrauch ward durch den grausamen Tarquinius Superbus wieder aus seinem Schlummer geweckt, doch mit dem Sturze dieses Tyrannen auch wieder abgeschafft. Zum Ersatz dieser Menschenopfer hängte man kleine, mit Baumwolle ausgestopfte Puppen, nach der Zahl der im Hause befindlichen Kinder, vor der Thüre auf, damit Mania, an diesen ihre Raublust kühlend, nicht bis in das Haus selbst verderblich eindringe. In Verbindung mit den L. stand dieses dadurch, dass in Rom auch Mania für die Mutter der L. galt. Unter den verschiedenen Arten von L. verdienen noch angemerkt zu werden die Lares Grundules, welche nach Einigen die Manen der vor dem 40sten Tage verstorbenen Kinder waren, die man nicht in den gewöhnlichen Grabstätten, sondern unter der Grunda, dem Vordache des Hauses, zu begraben pflegte.

Larentia, s. Acca.

Larissa (Gr. M.), Tochter des Pelasgus, von welcher die Burg zu Argos, und zwei gleichnamige Städte in Thessalien, die eine am Meere, die andere am Peneus, benannt worden.

Larissæa (Gr. M.), Beiname der Minerva von dem Fluss Larissus zwischen Elis und Achaja, an welchem ihr Tempel lag.

Larissæus (Gr. M.), Beiname des Jupiter auf der Burg Larissa; ferner Beiname des Apollo.

Larva (Röm. M.), Gattungsname unheilbringender Gespenster. S. L e m u r e n.

Larymus (Gr. M.),. Vater der Eubœa, welche von Polybus, einem Sohne Mercurs, den Glaucus gebar.

Laschmene (Ind. M.), eine Königstochter von Marwa, eine der acht berühmten Jungfrauen, .welche Wischnu in der Verkörperung des Krischna heirathete, und welche unter dem Gesammtnamen der Nayagas hoch verehrt werden.

Lasdona (Slav. M.), eine Schutzgöttin der jungen Gesträuche; besonders glaubte man in ihr eine Hüterin der Haselnüsse zu sehen.

Laestrygonen (Gr. M.), ein ungeheures Riesenvolk, an der Nordwestküste Siciliens wohnend, zu welchem, ohne zu wissen, was seiner warte, Ulysses mit 12 Schiffen kam. Er schickte seine Kundschafter in's Land, und diese wurden von der Tochter des Königs in den Riesenpalast gewiesen; dort empfing sie das bergehohe Weib desselben, rief ihren Gatten, der sogleich einen der Kundschafter zur Nachtkost schlachtete, und nun die anderen L. zum Hafen führte, wo eilf Schiffe mit allen darin befindlichen Griechen durch Felsstücke zerschmettert, die Ruderer aber aufgefangen, gespiesst und zum schrecklichen Mahle fortgeschleppt wurden; nur mit Mühe entkam Ulysses mit e i n e m Schiffe, indem er das Haltseil mit dem Schwerte abhieb und die Ruderer ermahnte, ihre Kräfte anzustrengen.

Lateranus (Röm. M.), soll ein Gott der Feuerherde gewesen sein.

Laternenfest (Chines. Rel.), eines der heitersten und anmuthigsten Feste, welche das Reich der himmlischen Mitte kennt. Die Entstehung desselben wird verschieden angegeben. Ziemlich allgemein verbreitet ist die Sage, ein Mandarin habe seine liebliche Tochter vermisst, geglaubt, sie sei von Räubern entführt, und habe sie, begleitet von seiner Dienerschaft und bald auch von der Einwohnerschaft benachbarter Dörfer, welche alle mit Laternen versehen gewesen, gesucht; zum Andenken an diese Nacht und das Wiederfinden habe er dann dieses Fest eingeführt, welches sich bald über ganz China verbreitete. Sobald es dunkel wird, hängen alle Häuser grosse, sechsseitige, bunte Laternen aus, deren Pracht sich nach dem Reichthum des Besitzers richtet; das Innere der Häuser ist mit Hunderten von Laternen versehen; selbst die öffentlichen Häuser, die Gerichtssäle, die Tempel theilen diese Sitte und vermehren den Glanz und die Pracht des Festes; lange Züge von Personen beiderlei Geschlechts, welche alle Laternen tragen, durchziehen die Strassen; die ausgelassenste Freude schliesst das Fest.

Latialis (Röm. M.), Beiname des Jupiter, dem die sämmtlichen latinischen Völkerschaften einen Tempel auf dem Berge bei Alba erbaut hatten. Wie bei den Griechen die olympischen, isthmischen und sonstigen Spiele ein Band für all' die kleinen Völkerschaften waren, so war für die italischen das Fest bei dem Tempel des Jupiter L. ein ähnliches; dort versammelten sie sich jährlich bei den latinischen Ferien zu einem grossen Opferschmause, zu dem Alle beisteuerten.

Fig. 197.

Latinus, Fig. 197 (Altital. M.), Sohn des Faunus und der Flussnymphe Marica; nach Anderen Sohn des Hercules, von diesem mit einer hyperboreïschen Jungfrau erzeugt. Er ist derjenige König der Latiner, unter dem Aeneas nach Italien kam, um später sein Nachfolger zu werden. In der Aeneïs spielt er als Beherrscher Unteritaliens und Vater der Lavinia (Aeneas' Gemahlin) eine wichtige Rolle. Seine gewaltthätige Gemahlin hiess Amata; sie machte dem Trojer-Helden fast mehr zu schaffen, als alle andern Feinde. Unser Bild zeigt nach einem alten Gemälde die Ankunft der Gesandten des Aeneas bei Latinus.

Latona, Fig. 198. 199 (Gr. M.), Tochter des Cölus und der Phöbe, also eine Titanide. Von Jupiter geliebt, musste sie diese Liebe durch den grimmigsten Hass der Juno bezahlen, welche, da jene sich in Hoffnung fühlte, der Erde den Schwur abnahm, sie nirgends gebären zu lassen, und sie durch den Python, einen furchtbaren Drachen, verfolgen liess; auch nach erfolgter Geburt ihrer Kinder scheint diese Verfolgung sich wiederholt zu haben, wie wir auf nebenstehender ersten Abbildung nach einem alten Vasengemälde sehen. — Umherirrend auf der überall ihr den Aufenthalt verweigernden Erde, ward sie durch Bauern selbst von einem Quell verjagt, an dem sie trinken wollte, und verwandelte daher die Hartherzigen in Frösche. Endlich stieg die Insel Delos aus dem Meere empor, und da diese noch nicht existirt hatte, als die Erde der Juno den verderblichen Schwur geleistet, so konnte L. dort gebären, und Diana, kaum dem Mutterschoosse entsprungen, half der Armen bei der Geburt ihres Zwillingsbruders Apollo. — Eine der ältesten Gottheiten, ward sie in Griechenland sowohl als Titanide und Geliebte Jupiters hoch geehrt, wie sie auch als Mutter von Apollo und Diana in grossem Ansehen stand, die auch die kleinste Beleidigung der Mutter nicht verziehen, wie das Schicksal der unglücklichen Niobe beweist, mit der sie noch dazu zuvor in genauer Freundschaft gestanden hatte, wie unser zweites Bild nach einem herculanischen Gemälde (von Alexander, einem Athener) zeigt. — Herodot erzählt, dass auch in Aegypten L. als Göttin verehrt wurde.

Fig. 198.

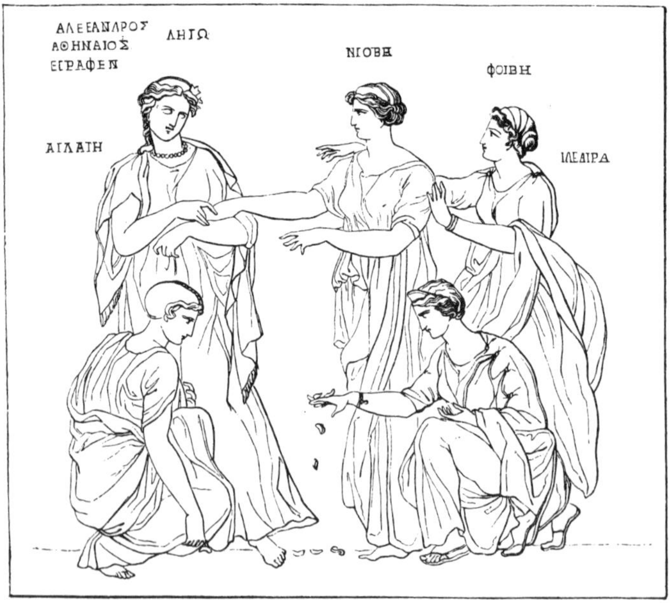

Fig. 199.

Latramys (Gr. M.), soll ein Sohn des Bacchus und der Ariadne geheissen haben.

Latreus (Gr. M.), Name eines Centauren, der bei dem Kampf der Lapithen mit diesen Halbmenschen umkam.

Laufeia (Nord. M.), ein Jotenweib, Gattin des Riesen Farbaute, mit dem sie den Loke, den Bösen unter den Asen, erzeugte.

Launawater (M. der Finnen), eine böse Göttin, welche durch den Wind befruchtet, aber durch die guten Götter 30 Jahre lang am Gebären gehindert wurde; endlich entband ein Wunder sie ihrer Last. Ihre Kinder waren lauter Plagen und Krankheiten der Menschen.

Laurentia, s. Acca.

Lausus (Röm. M.), s. Mezentius.

Laverna (Röm. M.), eine Schutzgöttin der Diebe und Betrüger zu Rom, die an der salarischen Strasse einen Hain und am lavernalischen Thore einen Altar hatte.

Lavinia (Röm. M.), Tochter des Königs Latinus (s. d.) und der Amata, war mit Turnus, dem jungen König der Rutuler, verlobt, als nach einem Götterspruche Aeneas, in Italien landend, sie für sich in Anspruch nahm. Die Aeneïs beschreibt die Kämpfe, welche um ihrer und des Reiches der Latiner willen zwischen Aeneas und Turnus geführt wurden, bis der Letztere unterlag. L. ward Aeneas' Gattin, und ihr Sohn Aeneas Silvius folgte seinem Halbbruder, dem Ascan, in der Regierung. — Andere machen sie zu einer Tochter des Königs Anius auf Delos; sie soll darnach eine Schwester der Oeno, Elaïs und Spermo, ihre Mutter die Nymphe Dorippe sein. So wie Bacchus den drei anderen Schwestern, so schenkte Apollo dieser L. seine Gunst und die Gabe der Weissagung, so dass sie als Prophetin hoch geehrt ward. Als Aeneas auf Delos landete, soll er ihre Liebe gewonnen und sie bewogen haben, mit ihm nach Italien zu gehen; sie gebar ihm einen Sohn, Anius genannt, starb aber bald, während der Erbauung der ersten Stadt in Latium, und ward auch daselbst begraben.

Lawa Ailek (M. der Lappländer), eine der drei Gottheiten, welche beständige Begleiter der Sonne sind. Dieser ist der Sonnabend heilig; wer an demselben oder am Freitag und Sonntag Holz fällt, sieht Blut dem Stamme entfliessen.

Lawkapatim (Slav. M.), scheint bei den Polen als Feld- und Ackergott verehrt, und besonders vor dem Pflügen angerufen worden zu sein.

Leades (Gr. M.), Sohn des Astacus, welcher, nachdem Polynices und Eteocles bei dem Kriege der Sieben gegen Theben einander getödtet hatten und die Schlacht auf's Neue entbrannte, den Eteocles tödtete.

Leander (Gr. M.), ein junger Dardaner aus Abydus, berühmt durch die Kühnheit, die ihm seine Liebe zu Hero, einer schönen Priesterin der Venus, am europäischen Ufer des Hellespont wohnend, eingab. Bei einem Fest der Göttin hatten sie einander gesehen, und seit dieser Zeit war L. allnächtlich zu der Geliebten nach Sestus über das Meer geschwommen; eine Fackel, auf dem Thurme ausgesteckt, war sein Leitstern, und in den Armen der schönen Hero ruhete er von den überstandenen Mühen, bis Aurora ihn verscheuchte, und er wieder zurück schwamm. Einst hatte, da er schon auf der so oft zurückgelegten Bahn war, der Sturm die Fackel verlöscht, und am Morgen spülten die Wellen den Leichnam des Jünglings, der auch im Tode seinen Schwur hielt, an den Fuss des Thurmes. Verzweifelnd schwang sich Hero von dem Thurme herab, und fiel entseelt auf den Geliebten nieder. Von dem griechischen Dichter Musäus, der im sechsten Jahrhundert n. Chr. lebte, und von Schiller ist dieser Stoff zu den rührendsten Gedichten benutzt worden.

Leanira (Gr. M.), Tochter des Amyclas und Gattin des Arcas (Sohnes des Jupiter und der Callisto), dem sie den Elatus und den Aphidas gebar.

Lecheates (Gr. M.), »der Kindbetter«, Beiname Jupiters zu Aliphera, wo der Gott die Minerva aus seinem Haupte geboren haben sollte.

Leches (Gr. M.), Sohn des Neptun und der Pirene, Bruder des Cenchrias. Die beiden Häfen zu Corinth, Lechäon und Cenchreä, haben ihre Namen von diesen beiden Heroen.

Led, Leda (Slav. M.), der Gott des Kriegs bei den Russen; er erscheint ganz bewaffnet, mit Harnisch, Schwert und Schild, einen Helm auf dem Haupte, einen Speer in der Hand. Weil L. auf deutsch Eis heisst, und der Gegensatz von dem slavischen Kriegsgott Koleda, der Gott des Friedens, ist, des Letztern Fest aber zur Zeit der Wintersonnenwende gefeiert wird, so halten die Symboliker beide Götter für Jahreszeiten; den Koleda für die Zeit vom Winter bis zum höchsten Sonnenstande, den L. aber für den absteigenden Theil des Jahres.

Leda, Fig. 200 (Gr. M.), die berühmte Mutter der Dioscuren (Castor und Pollux) und der Helena, Tochter des Königs Thespius (nach Andern des Glaucus), wurde mit Tyndareus, König von Sparta, vermählt, dem sie Timandra, Clytämnestra und Philonoë schenkte. So gross war ihre Schönheit, dass Jupiter sich ihr zu Liebe in einen Schwan verwandelte und sie im Bade überraschte, worauf sie zwei Eier zur Welt brachte, in deren einem Pollux und Helena, in deren anderem Castor war. Die Fabel wird indess mit manchfachen Abweichungen er-

Fig. 200.

zählt; so z. B. soll Nemesis die Mutter und L. nur die Pflegerin des Eies gewesen sein; Andere glauben in dieser L. die Leto (Latona) zu erkennen. Den bildenden Künsten hat dieser Mythus oft zum Gegenstande gedient; bald ist L. im Bade, bald auf einem Ruhebette liegend, bald stehend abgebildet.

Leding (Nord. M.), die Kette, mit welcher der Fenriswolf gefesselt werden sollte; wie stark sie auch war, so zerriss er sie doch. Vergl. Fenris.

Leib Olmai (M. der Lappen), eine Gottheit der Luft, welche das Wetter zur Renthier- und Fuchsjagd günstig machen sollte, so dass die Thiere nicht Witterung von dem Jäger bekämen.

Leifthus (Nord. M.), einer von den Höllenflüssen, die aus dem Quell Hwergelmer entspringen.

Leiptr (Nord. M.), einer der Höllenflüsse, welche aus dem Quell Hwergelmer entspringen.

Leïs (Gr. M.), Tochter des Orus, Königs von Trözen, Geliebte des Neptun, dem sie den Althepus gebar, welcher von seinem Grossvater das Reich erhielt und Althepia benannte.

Leïtus (Gr. M.), Sohn des Alectryon, Argonaut und Kämpfer vor Troja, wo Hector ihm einen Speer durch die Hand warf, so dass er nie mehr eine Lanze zu schwingen hoffte; den Verfolgten rettete vor dem gewaltigen Helden nur Idomeneus, der sich diesem entgegenstellte.

Lekkio (Finn. M.), ein böser Waldgeist, der in verschiedenen Gestalten, als Mensch, Hund, Krähe, oder ein anderes Thier, den Menschen Schrecken einjagt.

Lel (Slav. M.), nach dem Altrussischen der Gott der Liebe, Sohn der Lada, der Göttin der Schönheit, und Bruder des Did und des Polel.

Lelanta (Gr. M.), s. Alcander.

Lelas (Gr. M.), König in Arcadien, dessen Gattin, die Nymphe Peribœa, ihn mit einer schönen Tochter Aura beschenkte. Letztere ward mit der Zeit eine ausserordentliche Freundin der Jagd und Gefährtin der Diana.

Lelex (Gr. M.), 1) Sohn des Neptun und der Libya, einer Tochter des Epaphus. Aus Aegypten kommend, ward er König von Megara. Pausanias berichtet, er sei im zwölften Menschenalter nach Car, dem Sohne des Phoroneus, nach Griechenland gekommen, und habe den Bewohnern den Namen der Leleger gegeben. — 2) L., ein Ureinwohner von Laconien und König der Lacedämonier, welche er nach sich Leleger benannte. Von L. stammt Myles und ein jüngerer Sohn, Polycaon. Myles erbte des Vaters Reich, und von ihm ging es auf seinen Sohn Eurotas über, der sich dem Lande sehr wohlthätig erwies, indem er die Sumpfgewässer in ein breites Bette, dem er seinen Namen gab, zusammenfasste und zum Meere leitete. — 3) L., ein Locrier, einer der calydonischen Jäger.

Lemniaden (Gr. M.), die Frauen der Insel Lemnos. Sie hatten lange Zeit unterlassen, der Venus Opfer zu bringen, wesshalb die Göttin sie dadurch strafte, dass sie einen übeln Geruch bekamen, was Veranlassung ward, dass ihre Gatten sich von ihnen trennten, und Mädchen aus Thracien holten. Eifersucht trieb die Frauen an, die Männer alle zu ermorden; hierauf wählten sie Hypsipyle, die Tochter des Thoas, zur Königin, unter deren Regierung sie eine Art von Amazonenstaat bildeten. In dieser Verfassung fanden die Argonauten jene Insel, verweilten ein Jahr lang, verbanden sich mit diesen Weibern, und hinterliessen ihnen Kinder. Hypsipyle ward kurze Zeit darauf einer Uebertretung des Gebots, alle Männer des Landes zu tödten, überwiesen: sie hatte ihren Vater Thoas zu retten gesucht; dieser ward nun ermordet, und die Tochter für ihr Mitleid an Seeräuber verkauft, wodurch sie als Amme in den Dienst des arcadischen Königs Lycurgus kam, zu der Zeit, da die sieben Helden gegen Theben zogen. So ward sie, indem sie ihnen eine Quelle zeigte, Veranlassung zu dem Tode ihres Pfleglings Archemorus, den in ihrer Abwesenheit eine Schlange stach.

Lemnius (Gr. M.), Beiname des Vulcan, von seinem Sturz auf diese Insel, nachdem Jupiter ihn vom Olymp geschleudert hatte. Auch war ihm die Insel heilig, weil sie vulcanischen Ursprungs ist.

Lemuren (Röm. M.), bei den Latinern die Seelen der Abgeschiedenen, deren Wiederkehr man fürchtete. Sie heissen auch Larven und Laren oder Manen; die letzteren sollten die Familie beschützen, und friedliche, wohlthätige Geister sein, die ersteren aber zur Strafe auf der Erde herumwandeln, und diess waren die eigentlichen L., Poltergeister. Man hielt ihnen jährlich ein Fest, welches Lemuria hiess, welchen Namen man auch von Remus (s. d.) ableiten wollte. Das Fest währte vom 9. bis zum 13. Mai, und ward in drei Nächten gefeiert, so dass zwischen der ersten und zweiten, wie zwischen dieser und der dritten, immer eine freie Nacht lag, an welcher man die Geister nicht beunruhigte, der 9te, 11te und 13te aber selbst war zur Austreibung der Geister bestimmt, welches auf folgende Art geschah: Stillschweigend nahm der Hausvater schwarze Bohnen in den Mund, so viel derselbe fassen konnte, ging um Mitternacht, barfuss, schweigend und allein, auch ohne Licht, zu einem Brunnen, machte mit den Händen gewisse Zeichen, um die Gespenster von sich abzuwehren, und wusch sich dann dreimal; hierauf warf er die mitgenommenen schwarzen Bohnen hinter sich, ohne sich umzusehen und sprach dabei: »damit erkaufe ich mich und die Meinigen von euch!« dann wusch er sich nochmals und rief: »weicht, ihr Geister des Hauses!« An den Reinigungstagen waren alle Tempel geschlossen, damit die ausgetriebenen Gespenster sich nicht in denselben einnisteten.

Lenæen (Gr. M.), ein Fest zu Athen, im Monat Lenæon oder Gamelion (der um die Mitte unsers Januar begann), dem Bacchus zu Ehren gefeiert, daher auch Lenæus, »der Kelterer«, ein Beiname des Bacchus.

Leocritus (Gr. M.), ein Freier der Penelope, von Telemach bei dem schrecklichen Blutbad, das Ulysses unter ihnen anrichtete, erlegt.

Leodacus (Gr. M.), Gemahl der Agrianome, Tochter des Perseus und der Andromeda; er war der Vater des Oileus, Vaters des Ajax.

Leon (Gr. M.), einer von den fünfzig Söhnen des ruchlosen Königs Lycaon, von Jupiter mit dem Blitz erschlagen.

Leonteus (Gr. M.), einer der Gefährten des Jason, Bruder des Andrämon, welcher sich mit Amphinome, der Tochter des Königs Pelias, vermählte.

Leos (Gr. M.), einer der attischen Eponymen (Heroën), der nach einem Orakelspruch zum Wohl des Vaterlandes seine eigenen Töchter hatte opfern lassen.

Lepreus (Gr. M.), Sohn des Caucon, ein berühmter Fresser, welcher es wagte, Hercules selbst herauszufordern. Beide assen einen ganzen Ochsen auf, doch L. war später fertig; hieraus entstand ein ernsthafter Kampf, in welchem L. erschlagen wurde. So Pausanias, der unentschieden lässt, ob die Stadt Lepreon nach ihm, oder nach Leprea, des Pyrgeus Tochter, benannt worden.

Leptynis (Gr. M.), »die Zerstörerin«, Beiname der Proserpina, der Gattin des Pluto.

Lerad (Nord. M.), ein mächtiger, in Walhalla stehender Baum, in dessen Aesten der Hirsch Eikthyrnir und die Ziege Hejdrun leben und Nahrung finden. Von den Tropfen, die dem Geweih des Erstern entquellen, kommen alle Flüsse der Welt.

Lernæen (Gr. M.), geheime Feste, welche zu Lerna der Ceres gefeiert wurden, weil dort, in der Nähe des Baches Chimarrhus, bei einer Ringmauer, die den Platz bezeichnete, Pluto die Proserpina geraubt und in die Unterwelt geführt haben sollte.

Lesbus (Gr. M.), Anführer einer griechischen Colonie, welche er auf die Insel Issa brachte, wo er sich mit Methymna, der Tochter des Macareus, verband, und mit ihr die Hälfte der Insel zur Aussteuer erhielt. Er gab der ganzen Insel seinen Namen, und seine Gattin den ihrigen der Hauptstadt.

Leschenorius (Gr. M.), Beiname des Apollo, dem die Leschen, die öffentlichen, gewöhnlich ausgemalten, Säulengänge geweiht waren.

Leschie (Slav. M.), böse Waldgeister, an deren Existenz die Russen und Litthauer zum Theil noch glauben; sie waren den Panen oder Faunen der Griechen und Römer ähnlich, und sind wahrscheinlich von diesen durch die Scythen zu den nördlichen Völkern gekommen; man glaubte, dass diese ziegenfüssigen gehörnten Menschen ihre Grösse willkürlich von einigen Zollen bis auf Hunderte von Fussen verändern konnten, zwar in der Regel den Menschen kein Leid zufügten, doch, wenn sie beleidigt würden, sich auf die bösartigste Weise rächten.

Letfete (Nord. M.), eins der zwölf berühmten Asenpferde, die in der Edda, bis auf Baldurs Ross, namentlich angeführt werden.

Lethe (Gr. M.), der Strom der Vergessenheit, aus welchem die Seelen tranken, wenn sie in das Elysium eintraten; er verwischte die Erinnerung an alles Ueberstandene.

Lethra (Nord. M.), die uralte, längst verschwundene Götterstadt der Dänen, das Königsgrab ihres Landes, deren Denkmale noch zum Theil sichtbar sein sollen. In frühern Zeiten, als der heidnische Götterdienst noch allgemein verbreitet war, hatten alle Götter dort Tempel. Das grosse Juelfest wurde daselbst mit den blutigsten Opfern gefeiert, nicht nur hundert (nach Adam von Bremen 99) Hähne, Pferde, Hunde, sondern eben so viele Greise, Männer, Frauen, Jungfrauen, Knaben und Mädchen mussten an diesem Feste erwürgt, oder im heiligen Quell ertränkt und im Haine als Opfer aufgehängt werden.

Lethus (Gr. M.), ein Pelasger, Sprössling des Mars, Sohn des Teutamus und Vater zweier Helden, Hippothous und Pyläus, welche den Trojanern mit den Bewohnern von Larissa zu Hülfe kamen.

Leto, der griechische Name für Latona (s. d.).

Letreus (Gr. M.), Sohn des Pelops, Gründer von Letrini in Elis, einer kleinen Stadt, von welcher Pausanias nur noch wenige Häuser und einen Tempel der Diana Alphesea sah.

Letum (Röm. M.), der Tod, welcher am Eingange zum Tartaros wohnt.

Leucadius (Gr. M.), Beiname des Apollo von seinem Heiligthum auf Leucas in Acarnanien.

Leucaspis (Gr. M.), einer der sechs Heerführer der Sicaner, welche in einer blutigen Schlacht von Hercules besiegt wurden, als dieser mit den Rindern des Geryon Sicilien durchwanderte.

Leucippe (Gr. M.), 1) Tochter des Königs Minyas zu Orchomenus. Sie ward mit ihren Schwestern Arsippe und Alcathoë von Bacchus, dessen Fest sie nicht feiern wollte, in eine Fledermaus verwandelt, nachdem er sie rasend gemacht, so dass sie, statt ein Opferthier zu tödten, ihren eigenen Sohn zerriss. — 2) L., soll die Gattin des Thestius, und Mutter der Althaea gewesen sein; man nennt jene jedoch gewöhnlicher Deïdamia.

Leucippiden (Gr. M.). Die Töchter des Leucippus, Phöbe und Hilaira, welche von den Dioscuren entführt wurden.

Leucippus (Gr. M.), 1) Vater der sogenannten Leucippiden, der Phöbe und Hilaira, welche von den Dioscuren entführt wurden, und der Arsinoë, die von Apollo Mutter des Aesculap wurde. L. selbst war ein Sohn des messenischen Königs Perieres und der Gorgophone, also ein Enkel des Perseus. — 2) L., wird von Diodor als Sohn des Naxus und Beherrscher der Insel Dia (Naxos) aufgeführt; unter seines Sohnes Smerdius Regierung soll Theseus mit Ariadne dort gelandet haben. — 3) L., Sohn des Lamprus, als Mädchen geboren, aber durch Latona's Gunst in einen Knaben verwandelt. — 4) L., König von Sicyon; er hatte eine Tochter, Calchinia, welche von Neptun drei Söhne und ein Mädchen empfing. Da er keine männlichen Erben hatte, hinterliess er dem ältesten seiner Enkel, dem Peratus, das Reich.

Leucon (Gr. M.), 1) Sohn des aus dem Mythus von Bacchus bekannten Königs Athamas von dessen dritter Gemahlin Themisto; er hatte eine Tochter Evippe, welche mit dem Böotier Andrenus vermählt wurde. — 2) L., einer der sieben Heroën, denen die Platäer auf Befehl des Orakels vor der Schlacht von Platää opferten.

Leucones (Gr. M.), Sohn des Hercules von Aeschreis, einer der Töchter des Thespius.

Leucophryne (Gr. M.), Beiname der Diana, unter dem sie zu Leucophrys in Phrygien, wie zu Magnesia in Lydien einen Tempel hatte; der letztere gab dem zu Ephesus wenig an Schönheit nach, war von Hermogenes erbaut und eine berühmte Freistätte, deren Rechte die Römer noch unter Tiberius bestätigten. Von den Söhnen des Themistocles ward dieser Diana eine eherne Bildsäule in Athen aufgestellt, weil, wie Pausanias berichtet, ihr Vater von dem Perserkönige die Herrschaft über die Magneten empfangen hatte.

Leucosia (Gr. M.), eine der Sirenen.

Leucothea, Fig. 201, s. I n o u. H a l i a und dazu unser Bild, Statue der L. mit dem kleinen Bacchus auf dem linken Arm, aus dem königlichen Museum in Neapel.

Leucothoë (Gr. M.), Tochter des Orchamus, Königs der Achämenier, und der Eurynome, überaus schön, so dass Apollo aller seiner früheren Geliebten vergass und nur ihr huldigte, nachdem er ihre Sprödigkeit in Gestalt ihrer Mutter besiegt. Clytia, ihre Nebenbuhlerin, rächte sich, indem sie Apollo's Besuche kundig machte. Orchamus ergrimmte über die Nachricht und liess die Tochter lebendig begraben. Obwohl nun der Sonnengott, als er das Schreckliche erfuhr, mit seinen Strahlen den Sand zerstreute, war sie doch nicht mehr zu beleben, und so verwandelte er sie in eine Balsamstaude, deren Duft noch immer zu ihm emporsteigt.

Levana (Röm. M.), die Aufhebungs-Göttin, deren freundlicher Einwirkung man es zuschrieb, wenn der Vater eines Hauses sein Kind aufnahm. Nach römischem Herkommen ward nämlich das neugeborne Kind vor den Vater auf den Boden gelegt; liess er dasselbe liegen, so war es ein Zeichen, dass er es nicht behalten, sondern aussetzen lassen wollte; nahm er es dagegen auf, so erkannte er es mit dieser Handlung für das seine, und nun ward es im Hause erzogen.

Lha Ma In (Lamaismus), eine der fünf oberen Welten, durch welche die Seele des Verstorbenen wandeln muss; in dieser befinden sich die Halbgötter.

Fig. 201.

Lhamoghiuprul (Lamaische M.), Gattin des tübetanischen Königs Sazan, eine der heiligsten, reinsten und schönsten Nymphen des untersten (mit der Erde verbundenen) Himmels. Einer der erhabensten Lahen (der reinsten Geister) stieg aus dem obersten der vier äusseren, die sechszehn inneren umschliessenden Himmel auf die Erde, als L. daselbst sich erging, und vereinigte sich mit ihr, indem er ihren Leib mit unvergänglichem Lichte und ewigem Glanze durchstrahlte, so dass derselbe ganz durchsichtig ward; nun wählte Cio Concioa den Leib dieser Nymphe, um durch denselben geboren zu werden; sie vermählte sich mit dem Könige Sazan, darauf kam Cio, die zweite Person der lamaischen Dreieinigkeit, durch ihre rechte Seite zur Welt, und zwar so glücklich, dass man gar keine Oeffnung bemerkte. S. C i o C o n c i o a.

Ljada (Slav. M.), ein Kriegsgott der Polen, dem man vor beginnender Schlacht einige Krieger, und nach derselben die Gefangenen opferte.

Libentina oder **Lubentina** (Röm. M.) Beiname der Venus, als der Göttin sinnlicher Lust.

Liber (Röm. M.), der alte italische Name des Bacchus, welchen man wieder hervorsuchte, als die zügellosen Bacchanalien verboten wurden; nach ihm nannte man das eine e r l a u b t e Fest des Bacchus L i b e r a l i a. Es wurde am 17. März gefeiert, und bekam eine politische Bedeutung durch den Gebrauch, an diesem Feste den Jünglingen die männliche Toga zu ertheilen.

Libera (Röm. M.), Beiname theils der Proserpina in Sicilien, theils der Ariadne, als Gattin des Liber (s. d.).

Liberator (Röm. M.), »der Befreier«, Beiname Jupiters.

Libertas (Röm M.), ein personificirter Begriff, »die Freiheit«, eine Göttin, welche zu Rom mehrere, überaus prächtige Tempel hatte; ihr stetes Attribut ist der ihr Haupt bedeckende, oder von ihr in der Hand gehaltene Hut, das Zeichen der Freiheit, weil der Sclave stets unbedeckten Hauptes ging.

Libethrides (Gr. M.), Beiname der Musen, von dem Quell Libethrius auf dem Helicon.

Libitina (Röm. M.), eine altitalische Göttin. In die in ihrem Haine errichtete Schatzkammer mussten nach der Anordnung des Königs Servius Tullius Abgaben bei Todesfällen bezahlt werden. So ward sie die Leichengöttin der Römer, und in ihrem Tempel und Hain war Alles zu haben, was zur Bestattung eines Verstorbenen gehörte, und zwar nicht nur die Sachen, sondern auch die Personen, Leichenwärter, Wäscher und Wächter, Todtengräber, Klagemänner und Klagefrauen. Später ward

Fig. 202.

sie von Einigen mit Proserpina, von Anderen mit Venus vermengt.

Libs, Fig. 202 (Gr. M.), der Südwestwind. Er war in Athen an dem Thurme der Winde als Jüngling, leicht mit einem Mantel bekleidet, abgebildet; in den Händen hält er einen Schiffszierrath oder Schiffstrümmer, man glaubt desshalb, weil nach der Schlacht bei Salamis alle Trümmer als Siegeszeichen durch ihn an die attische Küste geworfen wurden.

Libussa (Slav. M.), die berühmte Königin von Böhmen, deren Ruf sich weit verbreitete, weil sie eine eben so gerechte Herrscherin als mächtige Zaubrerin war. Als Tochter des Herzogs Krok fiel ihr bei dem Loosen um die Herrschaft das Reich zu; genöthigt, sich einen Gatten zu wählen, hiess sie Abgeordnete durch das Land ziehen, und den Mann, den sie am eisernen Tische speisen sehen würden, mit dem Königsmantel schmücken. Der L. Lieblingsross, auf welchem sie täglich auszureiten pflegte, sollte sie führen. Das edle Thier lief hinaus aufs Feld, und liess sich vor einem Landmann, der am umgestürzten Pfluge auf der eisernen Pflugschar sein Mittagsmahl verzehrte, auf die Kniee nieder. Die erstaunten Abgesandten ahmten des Rosses Beispiel nach und verkündeten dem Landmann, welcher Prschemischl hiess, sein Glück. Man will dieses Wunder so erklären, dass Prschemischl ein Geliebter der L. gewesen, und dass sie ihn von dem Bevorstehenden benachrichtigt habe, dass ihr Ross aber, welches sie schon oft zu demselben getragen, gewohnt, auf die Kniee sich zu senken, um ihr das Auf- und Absteigen zu erleichtern, das Gewohnte auch diessmal vor demselben Mann gethan habe. Die Böhmen sind hiemit jedoch nicht zufrieden, und sehen die Wahl ihres ältesten Königs als rein durch ein Wunder bewirkt an. L. regierte an der Seite ihres Gatten lange mit grossem Glück, entdeckte alle Bergwerke des Landes, liess goldene Götzenbilder giessen, und statt der Menschenopfer solche von den Abschnitzeln der Nägel und der Haare einführen; sie galt ferner für die grösste, mächtigste Zaubrerin, soll durch Zauberkunst Städte gegründet, und des Reiches Glück und Frieden erhalten, endlich aber, da sie ihr Ende nahe fühlte, ihre goldene, reich mit Edelsteinen besetzte Krone in die Moldau (nach Andern in den Zackenfall im Riesengebirge, oder in die Elbe) versenkt haben, mit dem Orakelspruch begleitet, dass, wenn ihr Geschlecht ausgestorben sei, derjenige, der die Krone finde, König von Böhmen, und seine Kinder dessen Nachfolger für ewige Zeiten sein sollten; sie starb an einer Krankheit (induratio telae cellulosae), welche sie noch wunderbarer machte: der Kranke wird bei lebendigem Leibe zu Wachs, das Zellengewebe verhärtet sich, bis es nicht mehr ernährungsfähig ist, und der Mensch stirbt, eine unverwesliche Mumie zurücklassend; so, glaubt man, sitze L. noch auf dem Wischerad zu Prag.

Libya (Gr. M.), 1) Tochter des Epaphus, Königs von Aegypten, und der Nymphe Memphis (des Nilus Tochter). Von ihr erhielt das Land L. den Namen. Geliebte des Neptun, gebar sie diesem den Agenor und den Belus, und ward so die Stammmutter zweier mächtiger Königshäuser in Aegypten und Griechenland. — 2) L., Tochter des Palamedes, welche, von Mercur geliebt, demselben den Libys gebar.

Libys (Gr. M.), ein tyrrhenischer Schiffer, von Bacchus mit allen seinen Genossen in Delphine verwandelt.

Libystinus (Gr. M.), Beiname des Apollo in Sicilien, weil er eine feindliche libysche Flotte durch die Pest zu Grunde richtete.

Lichtelfen, s. Elfen.

Licymnius (Gr. M.), Sohn des Electryon und der Midea, einen phrygischen Sclavin. Amphitryon (s. d.) hatte seinen Schwiegervater Electryon unversehens erschlagen, begab sich daher in Begleitung seiner Schwester Perimede, seiner Gattin Alcmene, Halbschwester des L., und des letztern selbst, nach Theben, wo Creon ihn von seiner Blutschuld reinigte, und L. dann mit Perimede vermählt ward. Als Verwandter des Hercules begleitete er diesen häufig auf seinen Zügen, was auch seine Söhne thaten. Nach des Helden Tode ward er unvorsätzlich von Tlepolemus, einem Sohne des Hercules, getödtet, indem er ihm unter den Stock lief, mit welchem er einen Sclaven züchtigen wollte; Tlepolemus musste desshalb fliehen und begab sich nach Rhodus.

Lif und **Lifthrasser** (Nord. M.), zwei Menschen, die sich beim Ragnarokr (während des Weltbrandes) an dem Ort Homimersholt verbergen, und sich lediglich vom Thau erhalten; von ihnen stammen die Menschen alle ab, welche nach dem Sutursbrand die verjüngte Erde bewohnen werden.

Lifur (Nord. M.), ein aus Erde gebildeter, in der Erde wohnender Zwerg. Er ward bei Baldurs Leichenfeier von Thor, dem er zwischen die Beine lief, erschlagen, und in das brennende Schiff geworfen.

Ligdus (Gr. M.), ein armer Mann auf Creta, Vater der Iphis; er sah sich aus Armuth genöthigt, seiner schwangern Gattin zu sagen, dass sie ihr Kind, wenn es eine Tochter sei, tödten müsse. Iphis ward daher als Knabe erzogen, und dann von der Göttin Isis wirklich in einen Jüngling verwandelt.

Ligitsch (Slav. M.), der Gott der Versöhnung, der Ruhe; zu ihm beten, nach Zwistigkeiten mit ihren Gatten, die Weiber um Vermittelung bei den Zürnenden.

Liguschoni (Lettische M.), Priester niedern Ranges bei den Litthauern und Preussen; ihr Geschäft war die Besorgung des Scheiterhaufens für die Gestorbenen oder die den Göttern Geopferten, auch gaben sie Orakel.

Ligyron (Gr. M.), Name des Achilles, bevor er diesen letztern Namen von seinem Erzieher Chiron erhielt. L. heisst »der Wimmernde« und es ward der Knabe so genannt, weil er nie der Mutter Brust getrunken.

Lilaea (Gr. M.), Tochter des Flussgottes Cephissus, von welcher eine Stadt in Phocis, die Pausanias beschreibt, den Namen hat.

Lil Eswara (Ind. M.), Beiname des Schiwa, unter welchem er in Lilastan (vermuthlich Ninive) geherrscht haben soll; man glaubt in ihm und seiner Gattin Samirami Ninus und Semiramis zu sehen.

Lilith (Rabbinisch), die erste Frau des Adam, welche derselbe lange vor Eva gehabt. Unmittelbar von Gott geschaffen, wollte sie dem ihr Gleichstehenden nicht gehorchen, sprach eine geheimnissvolle Zauberformel, das berühmte Schem Hammeforasch, aus, und entfloh durch die Luft. Drei Engel, welche der Herr auf Adams Klage aussandte, vermochten nicht, sie zur Rückkehr zu bewegen, da ward, ihr zur Strafe, vom Herrn beschlossen, dass täglich 100 ihrer Kinder sterben sollten. Jetzt erst schuf Gott aus Adams Rippe die liebliche Eva, welche dem Gatten und Vater gern diente, weil sie ein Theil von ihm war. Als aber Adam aus dem Paradiese verstossen wurde, musste er sich von Neuem mit L. verbinden und wider seinen Willen, hundertunddreissig Jahre lang, lauter Riesen und böse Dämonen erzeugen.

Limenitis (Gr. M.), Beiname der Diana, als Aufseherin der Häfen.

Limentinus (Röm. M.), der Gott der Thürschwellen.

Limnades (Gr. M.), Nymphen der Seen.

Limnaea (Gr. M.), Beiname der Diana an verschiedenen Orten Griechenlands, wo sie in sumpfiger Gegend Tempel hatte.

Limnate (Gr. M.), Tochter des Flussgottes Ganges, und Mutter des überaus schönen Athis, welcher mit Phineus die Hochzeit des Perseus zu stören kam.

Limnaeus (Gr. M.), Beiname des Bacchus, von einer Sumpfgegend bei Athen, wo er einen Tempel hatte.

Limon (Gr. M.), Sohn des Tegeates und der Maera, welcher seinen Bruder Scephrus vor dem Tempel des Apollo erschlug, weil er glaubte, dieser habe ihn bei dem Gotte verklagt; er ward dafür von Diana selbst verfolgt und erschossen.

Limoniaden (Gr. M.), Wiesennymphen, welche den von ihnen bewohnten Grasfluren Gedeihen schenkten.

Lindia (Gr. M.), Beiname der Minerva auf Rhodus, wo sie zu Lindus einen berühmten Tempel hatte; er soll von den Danaïden gebaut worden sein, als sie aus Aegypten flohen; später zu grossem Ruhme gelangt, ward er mit den seltensten und kostbarsten Weihgeschenken gefüllt.

Lindus (Gr. M.), Sohn des Cercaphus und der Cydippe, Bruder des Jalysus und Camirus, ist als Erbauer von L. auf Rhodus bekannt.

Lindwurm, in der deutschen Mythologie dasselbe, was die Griechen und Römer unter Draco verstanden. S. Drache.

Lingam (Ind. M.), das Symbol der zeugenden und befruchtenden Naturkraft, das Bild, unter welchem Schiwa angebetet wird. Es bedeutet die Vermählung des Feuers mit dem Wasser, des Schiwa mit der Ganga (oder Parwati), zur Erzeugung der Welt. Wie der L. ein Bild des Schiwa wurde, erzählen die Indier selbst auf höchst verschiedene Weise, nahe aber vereinigen sich alle diese Erzählungen dahin, dass Schiwa heiligen Büssern durch seine Liebe zu Parwati Aergerniss gegeben, und dass sie ihn verwünscht, das zu werden, was ihn so sehr beschäftigte, oder dasjenige zu verlieren, was sie ärgerte. Als sie später die Strafe nicht im Verhältniss zur Schuld fanden, beschlossen sie zu diesem Zeichen zu beten. Das Wahrscheinlichere ist, dass bei den Naturvölkern das Symbol der Zeugung verehrt ward, wie es mit dem Phallus und dem Priap in Aegypten und Griechenland der Fall war.

Linigera (Röm. M.), Beiname der Isis und ihrer Priester, von ihrer Leinenkleidung hergenommen.

Linus (Gr. M.), Sohn des Apollo und der argolischen Königstochter Psamathe. Die Mutter setzte das Knäblein aus, ein Hirt fand und erzog es, doch seine Hunde zerrissen den herangewachsenen Knaben und frassen ihn auf; der Psamathe Vater aber, Crotopus, liess seine Tochter ermorden. — Dieser L. wird bald für einerlei erklärt mit dem Sänger L., bald von ihm unterschieden. Man nennt ihn einen Sohn des Apollo und der Urania, doch soll ihn Apollo getödtet haben, weil er sich mit ihm in einen Wettkampf eingelassen. Wiederum ist unklar, ob derselbe auch der Lehrer des Hercules im Gesang und Saitenspiel ist, den Hercules wegen seiner Strenge im Unterricht erschlug. Nach allen diesen Sagen erscheint L. als ein eines bejammernswerthen Todes Gestorbener; daher ist es wahrscheinlich, dass das Wort ursprünglich nur der Name von Klagegesängen war, die auch später noch wirklich so genannt wurden, aus asiatischer Natur-Religion hergestammt und mit dem Ideenkreis der Adonis-Sage nahe verwandt gewesen zu sein scheinen.

Liodes (Gr. M.), Sohn des Oenops, ein Freier der Penelope, der sich meist von den übrigen absonderte, weil ihm ihre Unverschämtheit zuwider war. Als Ulysses wiedergekehrt war und man versuchte, seinen alten Bogen zu spannen, war er es, der denselben zuerst nahm und dann versicherte, es werde ihn jeder ungespannt lassen. Im Verfolg, da Ulysses die Freier tödtete, bat L. knieend um sein Leben, doch Ulysses erstach ihn mit dem Schwerte des Agelaus.

Liparus (Gr. M.), Sohn des Königs Auson, welcher sich, durch einen Aufstand seiner Brüder gezwungen, mit Schiffen und Soldaten auf die Insel Lipara flüchtete. Seine Tochter, Cyane, ward des Königs Aeolus Gemahlin.

Lipephile (Gr. M.), nach einem Gedicht, das Pausanias citirt: die schöne Tochter des Jolaus, welche sich mit Phylas vermählte, und ihm den Hippotes und die Thero gebar.

Listvoer (Nord. M.), eine von den Höllenjungfrauen, welche vor dem Palast der Hela auf schreienden Stühlen sitzen.

Litae (Gr. M.), »die reuigen Bitten, Abbitten«, Töchter Jupiters, lahm und runzelig; sie wandern mit Anstrengung hinter der Schuld her; wer sie aufnimmt, den heilen sie von allem Uebel, das ihm diese zugefügt; wer sie verschmäht, den übergeben sie rettungslos den Wirkungen der Schuld.

Llywy (Nord. M.), Tochter der brittischen Göttin des Lebens, Ceridwen oder Ked. Sie und ihre Mutter hatten einen, von den Druiden unterhaltenen, feierlichen Dienst, einen Tempel und Mysterien, welche an die Eleusinien erinnert haben sollen.

Locrus (Gr. M.), 1) Sohn des Physcius, Stammherr der ozolischen Locrer. — 2) L., Jupiters Sohn von Maera, Tochter des Prötus, Gehilfe des Zethus und Amphion bei Erbauung von Troja.

Lodur (Nord. M.), anderer Name für We, Sohn Börs, Bruder Odins. Mit seinen Brüdern am Strande wandelnd, schuf er mit ihnen das erste Menschenpaar.

Loffur (Nord. M.), einer der Zwerge, welche von Swainshaugi nach Orwanga auf Jornwal kamen.

Lofn [Loeffna] (Nord. M.), die Göttin ehelicher Liebe und Eintracht, durch deren Hülfe Liebende verbunden, zürnende Gatten versöhnt werden.

Logi (Nord. M.), das verzehrende Feuer, mit dem Loke in Utgartlokis Wohnung um die Wette essen musste. S. Thor.

Loguo (M. der Karaiben), der erste Mensch, welcher von seiner himmlischen Wohnung herabstieg auf die formlose Masse, aus der die Erde durch seine schöpferische Kraft gebildet wurde. Er gab derselben Gestalt und Bewegung, die Sonne machte sie trocken und hart; nun schuf er Fische für das Meer, und aus seinem Nabel gingen die Menschen hervor, welche die Erde bevölkerten. Woher die Landthiere gekommen sind, wissen die Bewohner jener Inseln, die nur Fische kennen, nicht. L. stieg nach seinem Tode wieder in den Himmel zurück.

Lohengrin (Britt. Sage), der berühmte Wächter und Beschützer des heiligen Gral. Elsa, die brabantische Königstochter, von einem Zauberer in Banden gehalten, ward durch ihn gerettet, indem er auf einem Schwan ihr zu Hülfe kam; sie vermählte sich mit dem schönen und heldenkühnen Ritter, doch machte er die Bedingung, dass sie nie nach seiner Abkunft frage. Diess beunruhigte sie so sehr, dass sie sich von dem Gram, er wäre etwa niedern Standes, verzehren liess; sie fragte zuletzt doch, und L. entfloh auf seinem Schwan zurück zum heiligen Gral.

Loke, auch **Loki** (Nord. M.), der boshafte, arglistige Gott, das böse Princip der Odinsreligion, ein Ase, wie Odin selbst, doch ein verruchter, schadenfroher Uebelthäter, Schöpfer aller Laster und Verbrechen, Vater der gräulichsten Ungeheuer, des Wolfes Fenris, der Midgardsschlange und der Todesgöttin, der blauen Hel. Er ist vermählt mit der Riesin Angerbode; als Elementargott Loge aber bedeutet er das Feuer, und ist dann mit der Elementargöttin Gloed (Glut) vermählt, und hat Eisa und Einmyria (Kohle und Asche) zu Kindern; es ist in diesem Sinne auch seine Abstammung verschieden, indem er als Loge ein Sohn des ältesten Gottes, Fornjotur, als Loke aber ein Sohn des bösen Riesen Farbaute ist. — Die Asen haben von L. nichts als Böses zu befürchten, wie er denn auch Veranlassung zu Thor's Kampfe mit Gejrroed (s. d.), zu dem Raub der Iduna (s. d.), zu dem Tode Baldur's (s. d.) war, wofür er auf das Härteste (s. Farangerfall), doch nicht mit dem Tode gestraft wurde, welches die Asen beim Weltuntergange schwer zu bereuen haben werden, indem er Ursache ihres Unterganges ist. Sonderbar erscheint seine Vereinigung mit den Asen, unter denen sogar Odin Todesbrüderschaft mit ihm hat. Die Asen sind die edlen guten Götter, und sollten wohl solche Verräther nicht in ihrer Nähe dulden. Beim Ragnarokr bleiben er und Heimdal gleichzeitig, Einer von der Hand des Andern.

Loll oder **Lull** (Germ. M.). Ein Fruchtgott der Franken, welcher in der Gegend von Schweinfurt einen heiligen Hain und in demselben ein ehernes Bild gehabt haben soll, welches, einen krauslockigen Jüngling vorstellend, in einer Hand einen Becher, mit der andern aber die vorgestreckte Zunge hielt.

Loemius (Gr. M.), »Erretter von der Pest«, Beiname des Apollo zu Lindus.

Lomus (Ind. M.), das erstgeschaffene Wesen, das Brama bildete, als er zu sein begann. Er war sogleich entschlossen, sich nur der Betrachtung göttlicher Dinge zu weihen, und vergrub sich desshalb in die Erde, um nicht gestört zu werden; dieses erfreute die Götter so sehr, dass sie ihn mit ihrer Gunst überhäuften, seine Macht und seine Frömmigkeit mehrten, und ihm eine längere Lebensdauer zusicherten, als Brama selbst hat. Diese ist so festgesetzt, dass sie sich nach Lebensaltern des Brama richtet. Ein göttliches Jahr hat 860 menschliche; 12,000 Götterjahre bilden ein Mahajug (2,320,000 Jahre), 1000 Mahajug bilden einen Tag des Brama (2,320,000,000), eben so viel kommt auf die Nacht (4,620,000,000) 360 solche Tage und Nächte bilden ein Jahr (1,663,200,000,000) und hundert solche Jahre (166,320,000,000,000) bilden die Lebensdauer des Brama, eben so lange währt sein Tod, worauf er wieder erwacht. Diess ist den Indiern aber für die Lebensdauer des L. bei weitem nicht genug; um sie nun zu begreifen, muss man wissen, dass L. 20 Meilen lang und ganz mit Haaren bedeckt ist; sobald nun eine Lebensdauer des Brama vorüber, zieht er sich ein Haar aus, und erst, wenn alle Haare ihm genommen sind, stirbt er selbst.

Lotis (Gr. M.), eine Nymphe, welche von Priap mit seiner Liebe verfolgt, und desshalb, um sie zu retten, von den Göttern in den Baum L. verwandelt wurde.

Lotos, eine heilige Blume in Indien. Sie gehört zu den Wasserlilien, und es sind besonders zwei Arten davon bemerkenswerth: Nymphea L. und Nymphea Nelumbo. In Aegypten war die erstere die heilige Blume, die zweite ist es in Indien; die Blume der Nelumbo ist grösser, prachtvoller, überaus schön, die Blumenkrone glüht im feurigsten bläulichen Purpur, der Staub, wie klarer Goldsand glänzend, färbt alle Bäche; zu den zartesten Vergleichen und Bildern gibt sie der sinnigen Poesie des Indiers Anlass; ihr Kelch ist der Kerker einer Biene, die weichen blauen und purpurnen Blätter werden Fächer, aus den Fasern des Stengels flicht man die zierlichsten Armspangen; trockene Büschel dieser Fasern nehmen den Duft köstlicher Oele auf und ruhen an dem Busen schöner Mädchen. Auf einem L.blatt schwimmt der neugeborne Brama über den Abgrund; die Tochter des Oceans und der Nacht, Lakschmi, Göttin des Ueberflusses, segelt in einer L.blume daher. Das Saamenkorn der Pflanze enthält im Innern die Pflanze selbst ganz deutlich abgebildet, lauter Gründe zu ihrer Verehrung, welche so weit geht, dass gläubige Indier sich vor ihr niederwerfen und sie anbeten. Sie ist die Blume der Nacht, welche sich ängstet, wenn der Tag anbricht, die sich nur dem Monde öffnet, nur ihm duftet und ihr Haupt vor den Strahlen der Sonne senkt. Eben so verehrten die Aegypter diese Pflanze, in welcher sie den Phallus des Osiris wieder zu finden glaubten, als Symbol der zeugenden und empfangenden Naturkräfte, und noch jetzt ist den Bewohnern des Nilthales die L.blume ein Zeichen des Segens.

Loewe (Mytholog. Astronomie). Zum Andenken an die Erwürgung des nemeïschen Löwen durch Hercules setzte Jupiter diesen unter die Sterne; dort steht er im Thierkreis gegen Westen gerichtet, zunächst vor der Jungfrau, und hat unter 95 Sternen mehrere auffallend helle, unter denen besonders zwei erster Grösse, das Herz des L.n (Regulus) und der Schweif, sich auszeichnen.

Loxias (Gr. M.), Beiname des Apollo, von seinen dunkeln Orakelsprüchen hergenommen.

Lu (Tübet. M.), eine Insel, welche mit Lupa, einer andern Insel, den östlichen, halbzirkelförmigen Welttheil Lupaling bildet.

Lua (Röm. M.), eine Göttin, welcher erbeutete feindliche Waffen von den römischen Feldherrn geweiht und als Opfer verbrannt wurden, um Unheil abzuwenden.

Luasarici (Slav. M.), offenbar der latinisirte Name eines sonst unbekannten Gottes, der von den Wenden verehrt worden sein soll. Micraelius in seiner Kirchengeschichte meint, es sei der Name Radegast darin enthalten; weit wahrscheinlicher ist jedoch, dass es der Plural, und nur ein Bezeichnungswort für die Dii L., Götter der Lausitz, sei.

Luchan (M. der Mongolen), ein mächtiger Drache, welcher das grosse Meer bewohnt, immerfort wächst, und bestimmt ist, dereinst das ganze Weltall zu verschlingen; bis dahin nährt er sich von den Früchten des ungeheuren Baumes Asambu Baraschu, welcher an dem Fluss Dso Moloiba steht.

Lucifera (Röm. M.), der lateinische Ausdruck für Daduchos (s. d.).

Lucina (Röm. M.), Beiname der Juno und der Diana als Geburtsgöttin. S. Ilithyia.

Luctus (Röm. M.), Sohn des Aether und der Erde, die Traurigkeit.

Ludki (Slav. M.), »Leutchen«, polnisch Ludschi. Die Wenden dachten sich hierunter Erdgeister, Erdmännchen. Nachts halten sie Schmausereien, kommen durch unterirdische Gänge in Häuser und Gemächer, lassen sich nicht gerne in ihrem Wesen, Thun und Treiben stören, und rächen jede Neckerei durch irgend einen Schelmenstreich; doch so, wie sie empfindlich gegen üble, so sind sie auch dankbar gegen freundliche Behandlung, erzeigen gerne Wohlthaten und helfen in schwierigen Lagen durch Rath und That. Auch der Aberglaube der Deutschen theilt diese gespenstigen Wesen mit den Polen.

Luibegeld (Slav. M.), soll die Göttin geheissen haben, welche den Polen Spelz oder Dinkel in einer Eichelschale brachte; es scheint diese Göttin sowohl ihres Namens wegen, der gar nicht slavisch ist, als auch desshalb zweifelhaft, weil es in Polen, wo man fast nur Weizen baut, keinen Spelz gibt.

Luna, s. Selene.

Lunus, Fig. 203, eine nach römischer Tradition nur den Phrygiern eigene Vorstellung des Mondes, männlich gedacht; unser Bild zeigt ihn auf einer galatischen Münze

Fig. 203.

aus der Zeit Trajans, einen wachsenden Mond hinter seinen Schultern.

Lupa, s. Lu.

Lupaling, s. Lu.

Lupercus (Röm. M.), wahrscheinlich identisch mit dem griechischen Pan. Der Name dieses römischen Hirtengottes bedeutet entweder: »der Wolfsabwehrer«, oder: »der Reiniger, Versöhner«. Seit Romulus, welcher denselben durch Spiele geehrt, wurden ihm die Lupercalien gefeiert, bei welchen Jünglinge unbekleidet, nur durch Felle frisch geschlachteter Opferthiere ein wenig verhüllt, einen Wettlauf hielten, und die Vorübergehenden mit Riemen von Ziegenfellen schlugen. Ihnen gingen Frauen entgegen, welche unfruchtbar waren, in der Meinung, durch solche Hiebe des auf ihnen lastenden Fluches entladen zu werden.

Lusia (Gr. M.), Beiname der Ceres in Arcadien.

Lusiaden (Gr. M.), Nymphen des Flusses Lusias bei Thurii in Unter-Italien.

Lyaeus (Gr. M.), »der Sorgenlöser«, Beiname des Bacchus.

Lybas, ein Plagegeist, welcher bei Tempsa oder Temesa auf Cyprus oder in Unteritalien hauste, furchtbar durch die Gräuel, welche er in verschiedenen Gestalten verübte. Er war eigentlich die Seele des hier erschlagenen Polites (s. d.), und von Euthymus, dem berühmten Athleten aus Locri in Italien, besiegt und vertrieben worden.

Lycabas (Gr. M.), 1) einer jener tyrrhenischen Schiffer, welche Bacchus in Delphine verwandelte. — 2) L., ein Gefährte des Phineus, welcher auf der Hochzeit des Perseus den Tod seines Geliebten Athis zu rächen suchte, doch von Perseus Hand fiel. — 3) L., ein Centaur, welcher nach dem unglücklichen Kampfe gegen die Lapithen entfloh.

Lycaon (Gr. M.), 1) Sohn des Pelasgus und der Oceanide Meliboea, König der Arcadier und einer ihrer Stammhelden, bekannt durch seine Grausamkeit und seine fünfzig Söhne, welche den ruchlosen Vater wo möglich noch übertrafen. Jupiter ward einst von L. mit dem Fleisch eines geschlachteten Kindes bewirthet, wofür der Olympier ihn in einen Wolf verwandelte und alle seine Söhne bis auf den jüngsten mit dem Blitz erschlug. — 2) L., Vater des Pandarus, der die Bewohner von Zelea als Bundesgenosse der Trojaner anführte. — 3) L., Sohn des Priamus und der Laothoë, folglich ein Halbbruder Hectors, welchen Umstand er vergeblich gegen den wüthenden Achilles geltend zu machen suchte, der ihn, den um Erbarmen Flehenden, erbarmungslos ermordete.

Lycastus (Gr. M.), ein junger Creter, geliebt von Eulimene, der Tochter des Cydon (s. d. 2).

Lycaeus (Gr. M.), Beiname des Jupiter und des Pan, von dem arcadischen Berge L., auf welchem beide verehrt wurden.

Lycegenes (Gr. M.), »der aus Lycien Stammende oder Lichtgeborne«, Beiname des Apollo.

Lycetus (Gr. M.), Gefährte des Phineus, mit welchem er Perseus bei seiner Hochzeit mit Andromeda überfiel, aber dafür erschlagen wurde.

Lyceus (Gr. M.), entweder: »der Wolfsgott«, oder: »der Lichtgott«, Beiname Apollo's an mehreren Orten.

Lycia (Gr. M.), Beiname der Diana zu Trözen.

Lycidas (Gr. M.), ein Centaur, auf der Hochzeit des Pirithous durch Dryas erlegt.

Lycius (Gr. M.), »der Lycier«, 1) Beiname des Apollo, der vielleicht auch mit dem Wolf (griech. λύκος), Apollo's heiligem Thier, zusammenhängt. — 2) L., Sohn des Hercules und der Thespiade Toxicrate.

Lycoatis (Gr. M.), Beiname der Diana zu Lycoa in Arcadien.

Lycomedes (Gr. M.), 1) König der Insel Scyrus, bei dessen Töchtern und deren Gespielinnen Thetis ihren Sohn Achilles verbarg. Es entspann sich dabei zwischen ihm und der Deïdamia eine Liebe, als deren Frucht der wilde Pyrrhus bekannt ist. L. soll dem auf die Insel verschlagenen Theseus nach dem Leben getrachtet haben, indem er ihn von einem Felsen hinabstiess. Die Athener verwüsteten die Insel, als sie die angeblichen Gebeine des Theseus von da abholten. — 2) L., Sohn des Creon, einer der Helden der Ilias; er bewachte nebst noch sechs andern und einer Schaar von 700 Jünglingen die Verschanzungen der Griechen, und vertheidigte später die Leiche des Patroclus.

Lycopeus (Gr. M.), Sohn des Agrius, von Tydeus erschlagen.

Lycophontes (Gr. M.), Anführer der fünfzig Thebaner, welche verrätherisch den Tydeus überfielen, der als Gesandter der sieben Helden aus Theben zurückkehrte; er blieb nebst allen seinen Gehülfen, mit Ausnahme des Mäon.

Lycophron (Gr. M.), Sohn des Mastor, Genosse des Ajax Telamonius, aus Cythere gebürtig, welches er um eines Mordes willen verlassen musste. Hector, als er die Schiffe der Griechen bedrängte, traf auch L. mit dem Speere über dem Ohre; der Wurf galt dem Ajax.

Lycoreus (Gr. M.), Sohn des Apollo und der Nymphe Corycia, nach welcher die corycische Höhle benannt wurde, während die Stadt Lycorea (Wolfsberg) nach ihrem Sohne hiess. — Auch war L. ein Beiname des Apollo.

Lycormas (Gr. M.), ein Freund des Perseus, der bei der Hochzeit des Helden den Pettalus mit einem Riegel der Thüre, den er sich losgebrochen, wie einen Stier erschlug.

Lycorus (Gr. M.), Vater des Hyamus, ein alter Heros von Phocis; nach seinem Sohne soll eine Spitze des Parnassus Hyampea benannt worden sein.

Lycotas (Gr. M.), ein lanzenkundiger Centaur, welcher auf des Pirithous Hochzeit dem mächtigen Theseus erlag.

Lycotherses, s. Agave.

Lyctius, s. Itone.

Lyctus (Gr. M.), Sohn des Lycaon, Gründer der gleichnamigen Stadt auf Creta.

Lycurgus (Gr. M.), 1) Sohn des Hercules von einer der Thespiaden, deren Namen uns Apollodor nicht aufbehalten hat. — 2) L., Sohn des Aleus und der Neära, König in Arcadien, bekannt durch seinen Sieg über den Keulenschwinger Areithous, den er in einen Hohlweg lockte, wo er seine furchtbare Waffe nicht brauchen konnte, und dem viel schwächeren Feinde erlag. — 3) L., Sohn des Pronax, gehörte zu den Begleitern der sieben Helden vor Theben, und zu den Menschen, welche Aesculap von den Todten auferweckte. — 4) L., Sohn des Dryas, wurde nach Apollodor für seine frevelhafte Widersetzlichkeit gegen Bacchus auf das Grausamste bestraft. Früher ein Freund des Gottes, verfolgte er diesen, nachdem er die verderblichen Folgen des Weines kennen gelernt, und liess alle Reben auf seinem Gebiete niederhauen. Als nun Bacchus auf seinen Zügen durch Thracien kam, ward er von L. angegriffen, sein Gefolge zerstreut, theils gefangen, theils getödtet, er selbst aber genöthigt, nach dem Meere zu entfliehen. Da bestrafte Bacchus den feindlichen König durch Wahnsinn; in diesem hieb er seinen Sohn Dryas nieder und sich selbst die Beine ab, in der Meinung, Reben umzuhauen. Pest und Unfruchtbarkeit verödeten sein Reich; das Orakel sagte, diese Uebel würden nicht nachlassen, so lange L. noch lebe; kaum erfuhr das Volk diesen Spruch, als in einem Aufstand der König ergriffen, auf den pangäischen Berg geführt und dort von Pferden zerrissen wurde. Die Fabel, häufig von Dichtern benutzt, hat manchfaltige Veränderungen erlitten. — 5) L., Bewerber um die schöne Hippodamia, ward im Wettlauf von ihrem Vater besiegt und getödtet.

Lycus (Gr. M.), 1) Sohn des Neptun und der Plejade Celäno. Sein Vater wies ihm die Insel der Seligen zum Wohnsitz an. — 2) L., Bruder des Nycteus, Sohn des Hyrieus und der Clonia. Beide Brüder waren in Folge eines Mordes, den sie an Phlegyas, dem Sohne des Mars und der Chryse, begangen, flüchtig geworden und hatten sich in Hyria niedergelassen, wo sie wegen ihrer Verwandtschaft mit Pentheus das Bürgerrecht erhielten. Nun war L. von den Thebanern zum Feldherrn erwählt worden, und als solcher bemächtigte er sich der Herrschaft; nachdem er zwanzig Jahre die Regierung gehabt, ward er von Amphion und Zethus ermordet. — 3) L., gleichfalls Sohn des Neptun, hatte ebenfalls die Herrschaft von Theben an sich gerissen, ward aber von Hercules, dessen Gattin Megara er beleidigt, umgebracht. — 4) L., einer der Telchinen oder frühesten Bewohner von Rhodus, kam nach Lycien und erbaute dort den Tempel des lycischen Apollo, am Flusse Xanthus, noch vor der deucalionischen Fluth. — 5) L., Sohn des Pandion, welcher die Mysterien der Ceres und Proserpina nach einem bestimmten Ritus ordnete. Er bemächtigte sich mit seinen Brüdern der Herrschaft von Athen, ward aber bald von einem derselben, Aegeus, vertrieben und ging nach Asien, wo er der Landschaft Lycien ihren Namen gab. — 6) L., Sohn des Mars, König in Lycien. Er wollte den Diomedes, der auf der Heimfahrt von Troja in sein Land verschlagen wurde, dem Mars opfern, aber Callirrhoë, des Königs Tochter, befreite ihn aus Liebe. — 7) L., Sohn des Dascylus, Beherrscher von Mysien. In seinem Kriege mit den Bebrykern stand Hercules ihm bei, wofür er das eroberte Land aus Dankbarkeit Heraclea nannte.

Lydus (Gr. M.), ein Heraclide, Sohn des Atys, von welchem das Land Lydien den Namen erhielt.

Lygodesma (Gr. M.), »die Weidenumschlungene«, Beiname der Diana zu Sparta, wo Astrabacus in einem Weidenbusche ihr Bild gefunden haben sollte, das ihn wahnsinnig machte.

Lyna, identisch mit Hlyn (s. d.).

Lynceus (Gr. M.), 1) der einzige von allen Söhnen des Aegyptus, welcher der blutigen Hochzeitnacht seiner 49 Brüder entrann. Die zärtliche Hypermnestra (s. d.) war seine Braut; sie sollte auf des Vaters Befehl ihn ermorden, wie die übrigen Schwestern mit ihren Männern thaten; doch da er selbst ihrer in der ersten Nacht schonte, liess sie ihn nicht nur am Leben, sondern half ihm auch zur Flucht. Nach über sie gehaltenem Gericht, worin sie gegen des Danaus Klage frei gesprochen wurde, vermählte sie sich mit L., der von ihr den Abas erhielt. — 2) L., wegen seines scharfen Gesichtes berühmt, und desshalb auch Steuermann der Argonauten, s. Idas. — 3) L., Oheim des Meleager, von diesem bei der calydonischen Jagd erschlagen, weil er der Atalante den Siegespreis entziehen wollte.

Lyncus (Gr. M.), König von Sicilien, nach Anderen von Scythien, zu welchem Triptolemus mit der Erfindung des Ackerbaues kam, die L. gerne sich selbst zugeeignet hätte, und um derenwillen er den von Ceres beschützten Jüngling ermorden wollte. Die Göttin aber verwandelte ihn in einen Luchs.

Lyngwe (Nord. M.), eine Insel im See Amtswartner, wo der Fenriswolf von den Asen durch das unzerreissbare Band Gleipner gefesselt wurde.

Lyra (Mytholog. Astronomie), die, von den Göttern an den Himmel versetzte Leier des Orpheus; sie steht ostwärts beim Hercules, südwärts unter dem Drachen, ist aber weniger an diesen beiden undeutlichen Sternbildern, als an der Nachbarschaft des Schwans und an einem hellen Stern Vega kenntlich, welcher ein verstärktes Licht durch zwei kleine Nachbarn, die ihre Strahlen mit den seinigen verbinden, erhält. Es gehören zu der L. noch ein Stern dritter, einer der vierten, mehrere fünfter und sechster Grösse und viele teleskopische.

Lyrcus (Gr. M.), 1) Sohn des Phoroneus, soll mit Hemithea, der Tochter des Staphylus, den Basileus gezeugt haben. — 2) L., Sohn des Abas; nach ihm soll Lyrcea in Argolis benannt sein.

Lyrus (Gr. M.), ein zweiter Sohn des Anchises und der Venus (der erste war Aeneas).

Lyse (Gr. M.), eine Thespiade, von Hercules Mutter des Eumides.

Lysianassa (Gr. M.), Tochter des Epaphus, Geliebte des Neptun, von welchem sie den Busiris empfing, welcher, später König von Aegypten, sich durch seine Grausamkeiten berüchtigt machte.

Lysidice (Gr. M.), 1) eine der fünfzig Thespiaden, durch Hercules Mutter des Teles. — 2) L., Tochter des Pelops und der Hippodamia, vermählt mit Mestor, dem Sohne des Perseus und der Andromeda, von welchem sie die Hippothoë gebar.

Lysimache (Gr. M.), Tochter des Abas, vermählte sich mit dem Argonauten Talaus.

Lysinomus (Gr. M.), Sohn des Königs Electryon. Er blieb im Kampf gegen die Pterelaïden, welche seines Vaters Heerden entführt hatten.

Lysippe (Gr. M.), 1) eine der fünfzig Thespiaden; sie gebar dem Hercules den Erasippus. — 2) L., eine der wahnsinnigen Töchter des Königs Proetus, welche Melampus heilte.

Lysius (Gr. M.), Beiname des Bacchus, »der Sorgenbrecher«.

Lysizona (Gr. M.), »die Gürtel-Löserin«, Beiname der Diana und der Ilithyia.

Lyssa (Gr. M.), die personifizirte Raserei oder Tollheit.

Lytaea (Gr. M.), eine der Töchter des Hyacinthus (s. d.).

Lyterius (Gr. M.), »der Befreier«, Beiname des Pan, der unter diesem zu Trözen verehrt wurde, weil er zur Zeit der Pest durch Träume Heilmittel angegeben hatte.

Lytierses (Gr. M.), ein Phrygier, einer jener vielen Unholde, von denen Hercules die Erde reinigte.

M.

Ma (Ind. M.), Beiname der Göttin der Schönheit, Lakschmi, der Gattin Wischnu's; er gehört ihr als der allgemeinen Welt- und Göttermutter, und kam auf diese Weise in Phrygien auch der Cybele zu.

Ma (Gr. M.), eine Dienerin der Cybele, welcher der neugeborene Bacchus zur Erziehung übergeben ward; als Jupiter's zürnende Gattin nach dem Kinde frug, gab sie es für das des Mars aus, daher Bacchus in Carien den Namen Masaris führt.

Maeander (Gr. M.), 1) ein phrygischer Flussgott, Sohn des Oceanus und der Tethys; er hatte eine Tochter, welche Cyanee hiess. — 2) M., ein König, Vater der Callirrhoë, welche von einem Carier Mutter des Alabandus wurde, der dann die Stadt Alabanda in Carien erbaute.

Maane (Nord. M.), Bruder des Son (Sonne), und Sohn des Mundilfare. Er lenkt den Gang des Mondes, oder ist der Mond selbst. Wie alle Götter des nordischen Heidenthums, hat auch er stets mit dem bösen Princip zu ringen; ihn verfolgt ein Wolf, Hate, welcher ihn immerdar zu verschlingen strebt; Angst vor diesem Unglück macht ihn häufig schwinden (abnehmen); ist der Wolf entfernt genug, so nimmt er wieder zu. Bei dem Weltuntergang kann er jedoch seinem Schicksal nicht entgehen, das Ungeheuer fasst ihn in seinen Rachen. der Himmel wird roth von dem vergossenen Blut, die Sonne erbleicht vor Entsetzen und verliert ihren Schein, denn auch ihr steht dasselbe bevor, und M. geht ohne Wiederkehr unter.

Mab (Dichtkunst), Königin der Feen.

Maboja (M. der Karaiben), ein böser Dämon, welcher sich bemüht, Sonne und Mond aus Schadenfreude um's Leben zu bringen. Er ist nämlich den Menschen feind, weiss, dass sie ohne diese beiden Gestirne ein elendes Dasein hätten, und sucht ihnen desshalb ihre Schutzgeister zu entziehen; er schneidet denselben listiger Weise die Haare (Strahlen) ab, gibt ihnen das Blut kleiner Kinder zu trinken und macht sie krank, so dass sie abmagern, ja manchmal ganz verschwinden; dann sind sie sehr unwohl, und dann werden es auch die Menschen; doch bald verschwindet der böse Einfluss des Dämons wieder, Sonne und Mond erholen sich, und nun sind auch die gefährdeten Menschen wieder von ihrer Angst befreit.

Macar (Gr. M.), einer der Heliaden, Söhne des Sonnengottes und der Rhode, welcher mit den meisten seiner Brüder wegen des Mordes an Tenages flüchtig werden musste.

Macareus (Gr. M.), 1) ein Phocier, mit einer Tochter des Königs Aeolus vermählt, welche ihm die Amphissa, eine Geliebte des Apollo, gebar. — 2) M., einer von den ruchlosen Söhnen des arcadischen Königs Lycaon. — 3) M., einer der Lapithen auf der Hochzeit des Pirithous. — 4) M., s. Crinacus. — 5) M., Sohn des Aeolus und der Enarete. Er liebte seine Schwester Canace und unterhielt mit ihr ein geheimes Verständniss, dessen Frucht ein Knabe war. Die Verführte musste sich selbst ein Schwert in die Brust stossen, das ihr ihr Vater zuschickte.

Macaria (Gr. M.), Tochter des Hercules von der Deïanira. Um den Heracliden nach des Vaters Tode den Sieg über Eurystheus zu verschaffen, opferte sie sich freiwillig dem Tode, wie das Orakel von einem Kinde des Hercules verlangte. Ein Quell bei Marathon erhielt ihren Namen.

Macedon (Gr. M.), Sohn des Jupiter und der Thyia, von dem der Name Macedoniens abgeleitet wird.

Machae (Gr. M.), »die Schlachten«, Töchter der Unheil bringenden Eris.

Machaon (Gr. M.), Sohn des Aesculap, der sich mit des Diocles, Königs von Pherae, Tochter Anticlea vermählte, und von ihr zwei Söhne bekam. Nach Pausanias war er ein grosser Arzt und Wunderthäter, den die Messenier göttlich verehrten.

Machchamae (Ind. M.), die Mutter des obersten irdischen Gottes der Tübetaner, des Schagkiamuni. Er hatte sich entschlossen, die Welt zu erlösen, und desshalb das Geisterreich, in welchem er in ewiger Wonne lebte, zu verlassen; hiezu wählte er das Mittelreich der Welt, Magada in Indien. Die Gemahlin des Königs Ssosodani, die schöne M., nahm ihn als fünffarbigen Lichtstrahl in ihren Schooss auf und gebar ihn darauf in ihrem Lusthain Lompa durch die rechte Armhöhle.

Machokaël (M. der Antillenvölker), ein gewaltiger Riese, welcher die Urmenschen bewachte. Diese waren auf der Insel Quisqueja (Haiti), in zweien Höhlen des Berges eingeschlossen, und des Riesen Aufgabe war, zu verhindern, dass sie das Licht der Sonne erblickten. Er selbst hatte sich jedoch einst zu weit von den Höhlen entfernt, um sie noch vor Aufgang der Sonne zu erreichen, und versteinerte, als diese sich aus dem Meere erhob. Jetzt verliessen die Menschen von Zeit zu Zeit ihre Höhlen, doch sobald sie sich den Sonnenstrahlen aussetzten, wurden sie in Pflanzen, Thiere oder Steine verwandelt. Ein Freund und Verwandter des Oberhauptes Guagugiona ward in einen Vogel verwandelt, und rief nun seit dieser Zeit immer bei Sonnenaufgang dem Fürsten, doch vergeblich, bis dieser, voll Betrübniss über den Verlust des Freundes, denselben zu suchen beschloss, die Männer in einer der Höhlen einsperrte, mit Weibern und Kindern aber fortzog. Nach einiger Zeit verliess er auch jene, und nahm nur die Kinder mit sich; die Frauen sassen an den Ufern eines Flusses, und riefen immer Toa, Toa (Mutter)! weil sie hofften, ihre grosse Götter-Mutter würde ihnen helfen, allein die aufgehende Sonne verwandelte sie in Frösche, welche seit dieser Zeit immer Toa Toa schreien. Wohin der Kazique gekommen, weiss man nicht, die Männer aber suchten sich aus der Höhle zu befreien; es gelang ihnen, durch vorsichtige Gewöhnung an immer helleres Licht, den verderblichen Sonnenstrahlen zu entgehen; sie verbreiteten sich dann über die Insel; aus den Bäumen, in welche früher Frauen verwandelt worden, wuchsen junge liebliche Mädchen hervor: mit diesen vermählten sie sich, und so ward das Land bevölkert.

Macistus (Gr. M.), Beiname des Hercules von der Stadt M. in Elis Triphylia, wo er einen Tempel hatte.

Macris (Gr. M.), eine der vielen Erzieherinnen, welche Bacchus gehabt haben soll; sie gilt für eine Tochter des Aristaeus.

Maderakko (M. der Lappländer), eine Schutzgöttin der Frauen, welche man in Gesellschaft ihrer drei Töchter auf Bergen verehrte; wahrscheinlich eine Familien- oder Stammes-Gottheit, da die Lappländer wenig allgemeine Götter hatten.

Madhawa (Ind. M.), Beiname des Wischnu, in seiner Verkörperung als Krischna.

Madhuribu (Ind. M.), Beiname des Wischnu, als des Besiegers des Madhu, eines dämonischen Riesen.

Madri (Ind. M.), die Mutter zweier der berühmten Pandu's, welche als Göttersöhne in ihrem Kriege gegen die Kuru's sich des Beistandes des Wischnu in der Gestalt des Krischna erfreuten. Pandu hatte die Herrschaft des Reiches niedergelegt, und sich mit seinen Frauen M. und Kunti in eine Einöde zurückgezogen, um ein beschauliches Leben zu führen. Dort empfingen die beiden überaus schönen Frauen von fünf Göttern fünf Kinder, und zwar M. von den Kindern des Sonnen-Gottes zwei Söhne, Nabula und Sahadewa. Die Mutter liess sich mit ihrem Gatten verbrennen, als derselbe gestorben war. Kunti erzog nun mit ihren Kindern auch die der M.

Magada (Ind. M.), das fabelhafte Reich in Mittelindien, der Mittelpunkt der Welt, in welchem Schagkiamuni, nachdem er zur Erlösung der Welt den Göttersitz Damba Togar verlassen hatte, wieder geboren wurde, indem er sich als fünffarbiger Lichtstrahl in den Schooss der Maha Majah, der Gattin des Ssosodani, Königs von M., niederliess. Von diesem Mittelreiche M. gehen fast alle grossen Religions- und Welt-Ereignisse aus.

Magarsis, Beiname der Minerva, von Magarsus, einer cilicischen Stadt, an der Mündung des Pyramus, wo sie ein Heiligthum hatte.

Magier (Pers. Rel.), ein medischer Stamm, der schon in frühester Zeit dem Priesterthum vorstand. Er war im ausschliesslichen Besitz aller Wissenschaften, und hatte dadurch grosse Macht über das Volk, weil dasselbe in Allem, was ein M. that, ein Wunder erblickte, worin es denn auch auf jede Weise bestärkt wurde, indem die ganze Kaste sich bestrebte, das Volk in der tiefsten Abhängigkeit zu erhalten. Zoroaster, welcher den Unfug sah, suchte durch eine Religionsreform zugleich eine Reform der Priesterkaste herbeizuführen, welches er dadurch bewerkstelligte, dass er sie in drei Grade, der Herbeds (Lehrlinge), Mobeds (Meister) und Destur Mobeds (vollendete Meister) theilte, ihren Wirkungskreis feststellte, und dem Volke sagte, bis wie weit derselbe sich erstrecke. So wurden sie denn die Verkündiger der religiösen Gesetze, die Opferdiener, die Mittler zwischen Ormuzd und den Menschen, schwangen sich indessen nach Zoroaster's Tod bald wieder zu einem übermässig hohen Grad von Ansehen empor, indem sie ausser dem theologischen Wissen, welches der grosse Reformator ihnen als ihr Bereich angewiesen, sich einer Stellung bemächtigten, in welcher sie Lehrer der Prinzen, Rathgeber der Herrscher, oberste Richter, ja unumschränkte Lenker der ganzen Staatsmaschine wurden. In der Folge, als die griechische Mythologie sich mehr über Asien verbreitete, ward die persische Religion immer weiter zurückgedrängt; mit ihrer Macht sank das Ansehen der M., und jetzt versteht man darunter eigentlich nur einen Gaukler, Taschenspieler höherer Art.

Magna Mater, römischer Name der Cybele (s. d.).

Magnes (Gr. M.), 1) Sohn des Aeolus und der Enarete, einer Tochter des Deïmachus. Er zeugte mit einer Najade die beiden Söhne Polydectes und Dictys, welche die Insel Seriphus anbauten. — 2) M., Sohn des Argus und der Perimele, einer Tochter des Admet. Ihm verdankte die Landschaft Magnesia in Thessalien ihren Namen.

Magni (Nord. M.), Thor's Sohn, s. Hrugner.

Mah (Pars. M.), der Mond, der Planet, welcher dem Bahman, einem der sieben Amschaspands, in dem Vernichtungskriege zwischen den guten und den bösen Göttern beisteht.

Mahabad (Ind. M.), der älteste Herrscher und Stammvater der ganzen Bevölkerung Indiens. Er hatte die letzte furchtbare Zerstörung der Erde überlebt, ward von den Göttern gesegnet, mit seiner Gattin vereint, und pflanzte das vernichtete Menschengeschlecht wieder fort; auch gaben ihm die Götter das heilige Gesetzbuch Dusatir, nach welchem er die Religionsgebräuche des neu erschaffenen Volkes feststellte, dasselbe an einen Gott glauben lehrte, und die Gestirne, besonders die Planeten, für die obersten Diener dieses Gottes erklärte.

Mahabeli, identisch mit Mahabad (s. d.).

Mahadewa (Ind. M.), »grosser Gott«, gewöhnliche Benennung des Schiwa.

Maha-Jug, s. Jug.

Maha Mai (Ind. M.), »die grosse Mutter«, die höchste Göttin der Verehrer des Buddha in Nepaul (Nordindien); sie ist das weibliche, das empfangende Urprincip, wie Wischnu das zeugende.

Maha Majah (Ind. M.), s. Machchamae.

Mahamaru (Ind. M.), der grosse Meru, der Götterberg, in der Mitte der Erde gelegen. S. Meru.

Maha Patschon (Ind. Rel.), das Versöhnungsfest, welches schweigsam im Innern der Häuser, nur durch Gebete und reiche Spenden an die Braminen, begangen wird, und wodurch man für die Verstorbenen Vergebung ihrer Sünden zu erlangen hofft.

Mahaparlo (Ind. M.), die ungeheure Weltzerstörung, die Rückkehr alles Vorhandenen in das ursprüngliche Chaos, nach welcher nichts mehr existirt, als das Urwesen.

Maharadscha Taegri (Ind. M.), die vier grossen Geisterkönige, welche auf Befehl des Chormusda den weisen und frommen Buddha entführten, ihn vor den allerheiligsten Tempel brachten, und ihn, nachdem er sich selbst die Haare abgeschoren, in den Stand heiliger Büsser einweiheten.

Maharawaisagi (Ind. Rel.), ein Fest, ähnlich dem Maha Patschon, doch wird es nur von den Braminen für deren Voreltern gefeiert.

Mahar Naomi (Ind. M.), ein grosses neuntägiges Fest, in den acht ersten Tagen dem Schiwa und Wischnu geheiligt, am neunten der Saraswati und Lakschmi, den Frauen derselben. Waffen und Hausgeräthe eines Jeden, der das Fest begeht, werden dabei von den Braminen geweihet.

Maha Sudassana (Ind. M.), die Hauptstadt der Tavateinza, die Residenz des Königs derselben, Sakreia, das heisst Buddha's in der Verkörperung dieses Namens. Alles, was die ausschweifendste Phantasie hat erfinden können, ist aufgeboten, um die Pracht zu beschreiben, welche diese berühmte Stadt erfüllt; gediegenes Gold ist das Geringste daran, denn es dient zum Strassenpflaster, zu den siebenfachen Stadtmauern und Thürmen, zur Ausfütterung der breiten Gräben, in denen geschmolzene Edelsteine statt des Wassers fliessen; goldene Palmen tragen alle erdenkliche Juwelen statt der Früchte; auf den Seen vom reinsten Crystall schwimmen Gondeln, ganz aus einem Rubin oder Smaragd gemacht; Gesang ertönt aus den Quellen und Bächen, aus den Bäumen, aus Luft und Erde; die reizendsten Tänzerinnen sind da, um die heiligen Nats und ihre Fürsten zu ergötzen, welche von ihren Thronen herab auf die Bewegungen der anmuthigen Himmelskinder schauen. Uebertroffen aber wird alle diese Pracht noch von dem Palast des Königs Sakreia, in dessen Garten der Wunderbaum steht, welcher alle Lebensbedürfnisse und Lebensfreuden trägt, die köstlichsten Speisen und Getränke, die herrlichsten Kleider und Schmucksachen, die lieblichsten Jungfrauen u. s. w. In diesem Reich sieht der Indier nur erst einen Schatten dessen, was der darüber liegende Himmel enthält, denn die Stadt liegt noch irdisch auf dem Berge Meru, während der nächste Himmel über ihr wirklich himmlisch liegt, und so jeder folgende an Glanz, Herrlichkeit und wunderbarer Grösse den vorigen übertrifft.

Mahasundera (Ind. M.). Nach der dem Buddhaismus entnommenen Religion der Birmanen in Hinterindien wird das Weltall während seiner Dauer von M. beschützt und erhalten; sie ist der Schutzgeist der Erde, aber auch die Zerstörerin derselben; denn sobald das Ende der für ihr Bestehen bestimmten Zeit herangekommen ist, vernichtet sie dieselbe. Der goldene Pyramiden-Tempel der Hauptstadt Pegu enthält ihr Bild.

Mahischasur (Ind. M.), der Fürst der Hölle und der gefallenen Geister, war, gleich dem Satan, einst ein guter Engel, und zwar ein Fürst der Engel, wie er später einen ähnlichen Rang unter den gefallenen bekleidete. Diese sind nun ganz seinen Befehlen unterworfen, besonders aber diejenigen, welche, um sich zu bessern, den langen Prüfungsweg durch die Reihe irdischer Körper begonnen haben; seine Verführung macht, dass so viele Menschen wieder zurück zum Abgrund fahren, statt sich aufzuraffen und zum Himmel zu schwingen. M., obgleich ein böser Dämon, kann doch durch Kraft des Gebetes die erhabensten guten Götter besiegen: so überwand er selbst Indra und vertrieb ihn von seinem Thron; Wischnu, um Hülfe angefleht, gab einer Verkörperung der Bhawani das Leben, und durch diese ward M. besiegt.

Mahisete (M. der Finnen), gute oder böse Erdgeister, welche theils in den Häusern als freundliche Gehülfen, theils in den Bergen und Steinen als Kobolde wohnen.

Mahomi (Ind. M.), eine der vielen Verkörperungen des Wischnu; in dieser erschien er den Riesen und bösen Dämonen, welche sich der, eben aus dem Milchmeer durch Umdrehung des Berges Mandar bereiteten, Amrita bemächtigen wollten, als Weib von bezaubernder Schönheit, und machte, dass sie ihres Zweckes vergassen, so dass die Götter in den Besitz dieser Götterspeise kamen.

Maidari (Lamaismus), der letzte Burchan, welcher am Ende der Welt geboren werden wird, um die Menschen zu ihrer frühern Grösse, Schönheit und Lebensdauer zu erheben. Seine Mutter Dulma Ngodscha lebt schon jetzt, wird bis zu seiner Geburt leben und dann die Freuden der Seligen mit ihm theilen. Ihn erwarten die Lamaiten seit vielen Jahren, und für ihn steht auf ihren Altären immer ein grünes Pferd (zu Ehren seiner Mutter, welche auch grün ist) gesattelt bereit, so dass er dasselbe nur besteigen darf, um durch alle Welttheile zu reiten; es heisst Damtschuk und gehört zu den sieben Dolon Erdeni, welche als Heiligthümer auf den Altären vor den Götterbildern der Lamatempel stehen. Er ist wahrscheinlich identisch mit dem folgenden.

Maidiri (Kalmück. M.), eine Gottheit ersten Ranges, welche, nach dem Ausdruck des bekannten Reisenden Chappe d'Auteroche, den Antichrist bedeutet. (Es ist allerdings schwer, dieses zu fassen, da die Kalmücken nichts von Christ oder Antichrist wissen.) Er wird einst in dem Schoosse einer Jungfrau, Tochter des Königs von Japan, erweckt werden. Sein Reich wird Jerusalem sein; er wird allen Königen den Krieg erklären und den Schrecken überall hintragen; sein Reich wird jedoch nur kurz sein, denn die Stadt geht während desselben in Feuer unter. Das Bild dieser Gottheit wird von Bernstein gemacht und als Amulet getragen.

Maja (Ind. M.), die zweite Hälfte des Urwesens, welches sich selbst ausser sich selbst setzte, um, getrennt in männliches und weibliches Princip, die Welt zu erzeugen; so ist Gott also Vater und Mutter Alles dessen, was da ist; M. aber, die weibliche Hälfte der Gottheit, die Mutter des schaffenden, erhaltenden und zerstörenden Princips (Brama, Wischnu und Schiwa), der Liebe (Kamadewa) u. s. w. Von der bilderreichen Poesie der Indier wird sie als webende Spinne dargestellt, als Weberin des Weltalls, oder als schönes Weib, welches, verschleiert, in den Falten und Schatten dieses Schleiers alle Bilder erschaffener Wesen zeigt. Diese grosse Weltmutter ging von ihrem Ursitz, dem Mittelpunkte Indiens, nach allen vier Weltgegenden aus: im Norden finden wir sie als Mutter der Schakschiamuni, unter den Mongolen im Osten als Mutter des Fo, im Süden als Mutter des Buddha (welche drei übrigens identisch sind), und im Westen scheint sie von den Persern zu den Phöniciern und Griechen als Mutter der Götter, Cybele, welche auch Ma heisst, übergegangen zu sein.

Maja (Gr. M.), die älteste der sieben Töchter des Atlas und der Pleïone, Geliebte des Jupiter, welche ihm in einer Höhle des Berges Cyllene den Mercur gebar. Sie ward mit ihren Geschwistern in das Sternbild der Plejaden versetzt. Ihr vertraute Jupiter seinen Knaben Arcas zur Erziehung an, den er der sterbenden Callisto entrissen.

Majesta, auch **Maja** (Röm. M.), »die Hehre, Erhabene,« Gemahlin Vulcan's, Tochter des Faunus, und Göttin der fruchtbaren Erde.

Majus (Alt-ital. M.), »der Erhabene«, Beiname des Jupiter.

Makaraketu (Ind. M.), »der Rastlose und Unkörperliche«, Beiname des Liebesgottes Kamadewa (s. d.).

Makosch (Slav. M.), ein Gott der kleinern Hausthiere, Schafe, Ziegen, Hunde. Zu Kiew, der allgemeinen Götterstadt der Russen, wurden auch diesem Gotte Opfer gebracht.

Makosla (Slav. M.), eine Göttin, welche Regen verleihen sollte, und desshalb in Böhmen und Mähren verehrt wurde.

Malachbelos (Assyr. M.), ein Gott, von dem man muthmasst, dass er den Mond vorstelle, weil er den Halbmond als Attribut hat.

Malache (Gr. M.), eine Frau von der Insel Lemnos, wo ein völliges Weiber-Regiment herrschte, indem die Lemnierinnen (s. d.) alle Männer umgebracht hatten. Die Argonauten kamen dorthin, Jason verband sich mit der Königin Hypsipyle, und die Anderen nach ihrer Wahl mit andern Frauen oder Mädchen. M. ward dem Euphemus zu Theil und gebar ihm einen Sohn Leucophanes.

Malachmowes (Talmud.), der Todesengel, welcher bei den Sterbenden Körper und Seele trennt.

Maleates (Gr. M.), Beiname des Apollo von dem laconischen Vorgebirge Malea.

Maleaeus (Gr. M.), Beiname des Jupiter, von dem laconischen Vorgebirge Malea.

Malis (Gr. M.), 1) eine Sclavin der Omphale; sie gebar von Hercules einen Sohn, Acelles, welcher die Stadt Acele in Lydien baute. — 2) M., eine der drei Nymphen, welche den schönen Hylas raubten; die beiden andern hiessen Nychea und Eunice.

Malus (Gr. M.), Sohn des Amphictyon, nach welchem die Stadt Malieus benannt sein sollte.

Maemactes (Gr. M.), »der Stürmische«, Beiname des Jupiter bei den Athenern. Ihm wurde im Monat Mämacterion (vom 21. October bis 20. November) zur Zeit der Herbst-Stürme in Athen das Mämacterienfest gefeiert.

Mama Kocha (Peruan. M.), die grosse, die geliebte Mutter, mächtigste Gottheit der Anwohner des Südmeeres, welcher zahlreiche Opfer gebracht wurden, bis die Inca's den Sonnendienst einführten und die alte Barbarei ab schafften.

Mamers (Alt-ital. M.), der Name, welchen die Sabiner dem Mars gaben.

Maenaden, identisch mit Bacchantinnen (s. d.)

Maenalius (Gr. M.), Beiname des Pan, dem der Berg Maenalus in Arcadien heilig war.

Maenalus (Gr. M.), Vater der berühmten Atalante welche auf der calydonischen Jagd sich auszeichnete.

Manassa (Ind. M.), Beiname der Bhawani, der Gattin des Schiwa; der Name bedeutet: »Wille des Herrn«.

Manassuami (Ind. M.), ein Hauptgott der jetzigen Indier. Nach der Angabe seiner Priester, der Putschari, wird er für eine Verwandlung des Supramanja gehalten, jedoch läugnen dieses die Braminen und verwerfen überhaupt seinen Gottesdienst.

Mandar (Ind. M.), der grosse Berg, welchen die Götter in das Milchmeer trugen, die Schlange Adisseschen darum wanden und ihn nunmehr, gleich einem Kreisel, darin umdrehten, und so die Götternahrung Amrita bereiteten.

Mandodri (Ind. M.), Gemahlin des Riesenkönigs von Ceylon, nicht ein böser Dämon, wie ihr Gatte Ravana, und desshalb auch nicht von Rama (Wischnu's achte Avatara) ermordet, als er die Insel eroberte und ihren Gatten besiegte, sondern mit dessen Bruder Babitschandra vermählt.

Mandragoras (Gr. M.), 1) Beiname Jupiters. — 2) M., eine Pflanze, mit welcher viel Aberglauben getrieben wurde, und welcher Plinius in der Naturgeschichte eine schlafbringende Kraft beilegt. Sie hat eine starke, spindelförmige, doch häufig mehrfach gespaltene Wurzel, welche, faserig, behaart und ziemlich gross, von den Zigeunern gesucht und so zubereitet wird, dass ihre Fasern glatt an der Wurzel liegen, und dass sie, am Kopfe und den Extremitäten etwas zugestutzt, ein menschenähnliches Ansehen bekommt.

Manen (Röm. M.), die abgeschiedenen Seelen der Verstorbenen, welche einzeln von den Familien, denen sie angehörten, im Allgemeinen aber von dem ganzen Volke mit scheuer Furcht verehrt, sogar als Götter betrachtet wurden, indem man ihnen Opfer brachte und Altäre in Form von Grabmälern weihte. In vielen Fällen hatten die M. Aehnlichkeit mit den Heroën der Griechen.

Maneros (Aegypt. M.), der einzige Sohn des ersten Königs von Aegypten, welcher, da er frühzeitig starb, durch Klaggesänge geehrt wurde, die man nach ihm M. nannte, und in welchen Herodot ganz dieselben wieder erkannte, welche man in Griechenland Linos nannte.

Manfrespand (Pers. M.), einer der obersten unter den Izeds; er gehört zu den Wächtern des Himmels, und in ihm ist das göttliche Schöpfungswort Honover personificirt.

Mania (Röm. M.), s. Laren.

Manittu, bei den Irokesen gewissermassen die Einzahl des Wortes Agotkon, welches die Geister bezeichnet, die nach ihrer Meinung Alles, Bäume, Pflanzen, Erde, Gewässer, Luft, Feuer etc. beseelen. Ein solcher Geist, gleichviel welcher Art, heisst M.

Mannagarmur (Nord. M.), ein Riese in Wolfsgestalt, Sohn der Riesin Gyge. Er sättigt sich mit dem Leben aller sterbenden Menschen, verschlingt am Ende der Welt den Mond und bespritzt Himmel und Luft mit Blut, wodurch die Sonne verfinstert wird und Stürme entstehen. Er ist vermuthlich eins mit Hate (s. d.).

Mannus (Germ. M.), soll nach Tacitus ein Sohn des ältesten erdgeborenen Gottes, Tuisco, geheissen haben. M. hatte drei Söhne, welche die Stammväter der drei Hauptvölkerschaften der Germanen wurden.

Manneri (Ind. M.), eine der acht Gespielinnen der Göttin Ganga, der Fluss dieses Namens.

Mannheim (Nord. M.), eine der neun Welten der nordischen Fabellehre, und zwar die mittelste, welche zum Wohnplatz der Menschen bestimmt ist, wie Asaheim für die Götter, Helheim für Hel etc.

Manticlus (Gr. M.), ein bei den Messeniern üblicher Beiname des Hercules.

Mantineus (Gr. M.), Vater der Ocalia, welche sich mit Abas, dem Sohne des Lynceus und der Hypermnestra, vermählte und ihm den Acrisius und den Prötus gebar.

Mantius (Gr. M.), Sohn des Melampus von Iphianassa, einer der Prötiden, Bruder des Antiphates. M. war ein Seher, obwohl nicht von so ausgezeichneten Gaben, wie sein Vater. Seine Gattin beschenkte ihn mit einem Sohne, Clitus, von so grosser Schönheit, dass Aurora ihn raubte, und einem zweiten, Polyphides, welcher von Apollo zum Seher gemacht wurde.

Manto (Gr. M.), Tochter des thebanischen Sehers Tiresias und Mutter des Mopsus. Nach dem Kriege der Epigonen (s. d.) gegen Theben fiel sie dem Alcmäon als Beute zu, dem sie den Amphilochus und die Tisiphone gebar, worauf er sie dem Apollo zu Delphi als Weihgeschenk darbrachte. Dieser Gott sandte sie mit den übrigen Gefangenen nach Kleinasien, wo sie nahe bei Colophon das Heiligthum des clarischen Apollo gründeten. Hier vermählte sich M. mit Rhacius.

Mantschi (Mongol. M.), der niedrigste Grad des Priesterthums, bei welchem der Lama erst die Weihe eines Schülers empfangen hat.

Mantus (Alt-ital. M.), der Unterweltsgott der Etrusker. Er kommt nicht selten auf etruskischen Todtenkisten vor, beschäftigt, einen Todten abzuholen, der gewöhnlich verhüllt ist und zu Pferde sitzt. M. selbst erscheint als vierschrötiger Mann mit wilden Gesichtszügen und Satyr-Ohren, gewöhnlich geflügelt, in hochgeschürzter Tunica, bisweilen mit einem Schwerte, fast immer mit einem Hammer bewaffnet. Nach ihm sollte Mantua benannt sein.

Manugeher (Pers. M.), einer der berühmtesten, mächtigsten Könige von Iran (dem Lande der Guten, Persien, im Gegensatz zu Turan, dem Lande der Bösen, gewöhnlich Turkestan). Sein Vater Iradsch war von seinen Brüdern Salm und Tur ermordet worden; M.s erste Heldenthat war die Besiegung und Ermordung dieser Feinde, worauf er das angestammte Reich in Besitz nahm. Nachdem er sechzig Jahre regiert hatte, drang Afrasiab, der König von Turan, in Iran ein, doch M. wehrte sich so tapfer, dass der verwegene Feind um Frieden bitten musste. Er regierte in Allem 120 Jahre.

Manwantara (Ind. M.), die Regierungszeit eines Menu, 71 Zeitalter der Götter, jedes zu 12,000 göttlichen Jahren, in sich begreifend.

Maeon (Gr. M.), ein Thebaner, Sohn des Haemon, überfiel verrätherischer Weise mit Lycophontes und fünfzig Kriegern den Tydeus, welcher von einer Gesandtschaft aus Theben zurückkehrte; alle seine Gefährten fielen vor Tydeus, nur ihn liess der Held, einem Orakel folgend, leben.

Mapoya, s. Maboja.

Mar (German. Volksglaube), Nachtmar, dasselbe unholde Wesen, welches man gewöhnlich Alp nennt (s. d.).

Maera (Gr. M.), 1) der Hund des Icarius, welcher dessen Tochter Erigone zu dem Leichnam des erschlagenen Vaters führte. Für seine Treue ward er unter die Sterne versetzt; dort steht er, als kleinerer Hund, unter dem Bilde der Zwillinge und des Krebses, östlich bei der Milchstrasse, unfern des Orion. Kenntlich macht ihn ein heller Stern erster Grösse, Procyon, und noch dreizehn andere Sterne sind mit blossem Auge daran zu unterscheiden. — 2) M., eine Gefährtin der Diana, Tochter des argivischen Königs Prötus und der Antea, welche von Jupiter den Locrus gebar, dafür aber von Diana getödtet wurde. — 3) M., Tochter des Atlas und Gattin des Tegeates. Ihr Grabmal wurde zu Tegea und zu Mantinea in Arcadien gezeigt.

Marabuts (Islam), Name der Priester des Islam unter den Negern auf der Küste von Guinea.

Marathon (Gr. M.), Sohn des Epopeus, eines Sohnes des Neptun, wanderte, die Gewaltthätigkeiten seines Vaters fliehend, aus dem Peloponnes in Attica ein. Nach seines Vaters Tode ging er mit seinen Söhnen in den Peloponnes zurück, theilte die Herrschaft unter sie, kehrte dann nach Attica zurück, und wurde nach seinem Tode als Heros der Gemeinde M. verehrt.

Marathonischer Stier (Gr. M.), der Stier, welchen Hercules lebendig von Creta bringen musste, worauf er ihn dem König Eurystheus zeigte und dann laufen liess; das wilde Thier that vielen Schaden, bis es von Theseus bei Marathon erlegt wurde und davon seinen zweiten Namen bekam.

Mardoel (Nord. M.), einer der vielen verschiedenen Namen, unter denen Freia auf der Erde umherreiste, um ihren Gatten zu suchen.

Mariandynus (Gr. M.), Sohn des von Perseus besiegten Phineus; er soll den Mariandynern in Bithynien seinen Namen gegeben haben.

Mariatale (Ind. Rel.), bei den Bhadrakalis, den niedrigsten und verachtetsten Stämmen auf der Küste von Koromandel, die Gattin des Büssers Schamadagini und Mutter des Parassurama. Sie besass die Kunst, das Wasser ohne Gefäss, in eine Kugel geballt, aus einem Teiche zu holen. Bei diesem Geschäfte erblickte sie einst die himmlischen Gandharvas, und weil sie sich dadurch zur Begierde verleiten liess, verlor sie sogleich jene Kraft. Ihr Gemahl befahl seinen Söhnen, sie zu tödten. Nur Parassurama gehorchte und hieb ihr den Kopf ab, erbat sich dafür aber zur Belohnung, die Mutter wieder zum Leben bringen zu können, setzte jedoch in der Eile ihren Kopf auf den Rumpf einer hingerichteten Verbrecherin, wodurch nun M. die Tugenden einer Göttin und die Laster einer Bajadere besass. Nun wurde sie als eine Unreine aus dem Hause entfernt und verübte alle Grausamkeiten. Von den Parias wird sie als die grösste Göttin um Hülfe gegen die Pockenkrankheit angerufen, wozu sie — um ihren Zorn zu stillen — von den Göttern Macht erhielt. Man legt Blätter und Zweige eines ihr geheiligten

Baums in die Zimmer und Betten solcher Kranken. In allen Orten hat sie Tempel, in deren innerem Heiligthum sich bloss ihr Haupt befindet, das auch die höheren Stämme verehren. Der Körper steht an der Thüre des Tempels und wird von den Parias angebetet.

Marica (Röm. M.), eine Nationalgöttin der Latiner; Andere nennen sie eine Nymphe und geben an, dass sie, eine Geliebte des Faunus, mit diesem den ältesten König der Latiner, den Latinus, erzeugt haben soll. Bei Minturnae, am Flusse Liris, wurde sie in einem heiligen Hain verehrt.

Marina (Slav. M.), bei den heidnischen Polen hochgeehrter Name einer mächtigen, überaus schönen Zaubrerin, welche nach der Fabel viel Aehnlichkeit mit der griechischen Circe hat. Ein berühmter russischer Held, Dobrüna, fiel in ihre Gewalt; sie liebte den kräftigen Mann, doch alter Nationalhass zwischen Russen und Polen hinderte ihn, die Liebe der Zaubrerin zu erwidern, worauf sie ihn in einem Anfall von Jähzorn in einen Stier verwandelte. Das Unheil war geschehen, und sie vermochte nicht, es wieder gut zu machen; ihre Liebe war jedoch nicht erloschen; sie flog in der Gestalt eines Raben oft zu ihm, setzte sich auf sein Haupt, klagte ihm ihre Leiden; endlich ward sie von ihrer Leidenschaft überwältigt, dass sie das einzige Mittel, das ihr blieb, um ihn zu befreien, ergriff: sie ward Christin, verbrannte ihr Zaubergeräth, und alsbald war der Einfluss desselben gelöst, Dobrüna stand als Mensch vor ihr, und belohnte nun ihre Liebe durch Gegenliebe.

Marina (Röm. M.), Beiname der Venus als Seegöttin.

Maris (Japan. M.), der Kriegsgott, der gewaltige, beharrliche und vielarmige Träger der Waffen, der streit- und kampfsüchtige Dewanagari, denn dieser indische Gott scheint es zu sein, welcher nach Niphon hinüber wanderte, als die Priester des Buddha von Korea ihre Religion dorthin brachten. Den indischen Ursprung verräth die ganze Art seiner Darstellung, welche von der japanischen auffallend abweicht, und die Anfangssilbe seines Namens, welche auf dem Schilde steht. Die alten japanischen Schriften stellen ihn als Symbol der Macht auf, nennen ihn ein reinglänzend Feuer, das vom Himmel herniedersteigt; er wird getragen von dem ihm geheiligten starken kampflustigen Eber, und bekämpft, auf diesem stehend, die bösen Dämonen.

Maris (Gr. M.), Sohn des Amisodarus, Königs in Lycien. Sein Vater war berühmt durch die Erziehung der furchtbaren Chimära, er aber zog mit seinem Bruder Atymnius den Trojanern zu Hülfe, und wurde, da er diesen, der von Antilochus getödtet ward, rächen wollte, von Thrasymedes erschlagen.

Maritschi (Ind. M.), der grosse Rischi, ein erhabener Genius, Brama's Sohn und Vater von Kasyapa, Didi und Adidi, also Grossvater des Indra und überhaupt aller zwölf Adityas.

Mariyammai, Fig. 204, eine Göttin, nur von den niedern Kasten der Indier verehrt. Sie ist besonders durch ein Fest ausgezeichnet, welches in ihrem Cultus gefeiert wird, und das zu den grässlichsten gehört, welche die Braminenkaste erfand, um die armen Sklaven für ihre Sünden büssen zu lassen, oder die Sünden reicher Leute für Geld zu übernehmen. Diejenigen, welche an ihrem Ehrentag der Göttin opfern wollen, unterwerfen sich einige Zeit vorher einem strengen Fasten; nackt, nur mit Blumenguirlanden geschmückt, begeben sie sich auf den Schauplatz ihrer Marter, auf welchem man mehrere, vierzig Fuss hohe, starke Bambusstangen errichtet sieht, die nahe an ihrem Gipfel Querbalken tragen, welche im Kreise um die aufrecht stehenden beweglich sind. Am Ende eines solchen Querbalkens hängt ein Paar starker, eiserner Haken, der Büsser stellt sich darunter — mit der hohlen Hand schlägt ihm sein Gehülfe sehr stark in die Mitte des Rückens, so dass wie mittelst eines Schröpfkopfes das Fleisch aufschwillt, welches nun zusammengefasst wird, und durch das die Haken mit Gewalt getrieben werden; eine um den Leib gelegte Binde, die man an den Haken befestigt, sichert den Büssenden vor dem Ausreissen des Fleisches und dem Niederstürzen. Nun wird das andere Ende der Querstange herabgezogen, wodurch jener in die Höhe steigt, dreissig bis vierzig Fuss über den Häuptern schwebt, und sich weit im Kreise herumschwingen lässt; er hält dabei häufig Schild und Schwert in Händen, um den fechtenden Gama vorzustellen, gewöhnlich aber wirft er Blumen hernieder, welche von den Umstehenden begierig aufgenommen und als Talismane gegen böse Genien aufbewahrt werden. Braminen, welche die Göttin M. verachten, sind nie bei diesem Feste zugegen, wohl aber sonst alles Volk, selbst die reichsten Leute, welche für ihr Geld durch solche Unglückliche ihre Sünden abbüssen lassen. Nach einer Viertelstunde wird der Märtyrer herabgenommen, das glückliche Klima heilt ihn bald, und nur selten lässt die Marter böse Folgen nach.

Fig. 204.

Markopete (Lettische M.), dämonische Wesen, der Dämmerung angehörig, und zwischen den Menschen und Göttern stehend; sie scheinen den Erdgeistern und Gnomen am nächsten verwandt.

Marmax (Gr. M.), der erste Freier der schönen Hippodamia (s. d.), den ihr Vater Oenomaus im Wettlauf besiegte und tödtete.

Maron (Gr. M), 1) ein Priester des Apollo, zu Ismarus in dem heiligen Haine wohnend; seiner erwähnt Ulysses, als eines Freundes. Ulysses hatte ihn voll Ehrfurcht beschützt und Gattin und Sohn ihm erhalten, wofür der Priester ihn reich mit Silber und Gold und mit dem trefflichen Wein beschenkte, mit welchem Ulysses den Cyclopen Polyphem trunken machte. — 2) M., einer der dreihundert Spartaner unter Leonidas; er ward seiner grossen Tapferkeit wegen als Heros verehrt..

Marowit (Slav. M.), ein dämonisches Wesen, dessen eigentliche Bedeutung man nicht mehr genau genug kennt, daher man auch nur muthmasst, dass es dem Mar oder Alp ähnlich gewesen. Er soll mit einem Löwenkopf, mit kurzen Armen und Krallen daran, halb mit Schuppen und halb mit Federn bedeckt, vorgestellt worden sein.

Marpessa (Gr. M.), 1) s. Evenus. — 2) M., Wittwe eines Tegeaten. Ihr Volk war von den Lacedämoniern hart bedrängt, da bewaffnete sie alle Frauen und Mädchen, welche Waffen zu tragen vermochten, zog den Männern zu Hülfe, und errang einen vollständigen Sieg über die Feinde. Es ward nun ein Fest gestiftet und dem Mars allein von Frauen geopfert, wovon er den Beinamen: »Gast der Frauen«, bekam. M. erhielt nach ihrem Tode ein Heroon.

Mars, Fig. 205—208 (Röm. u. gr. M.), der Kriegsgott der Römer (bei den Griechen Ares), Sohn des Jupiter

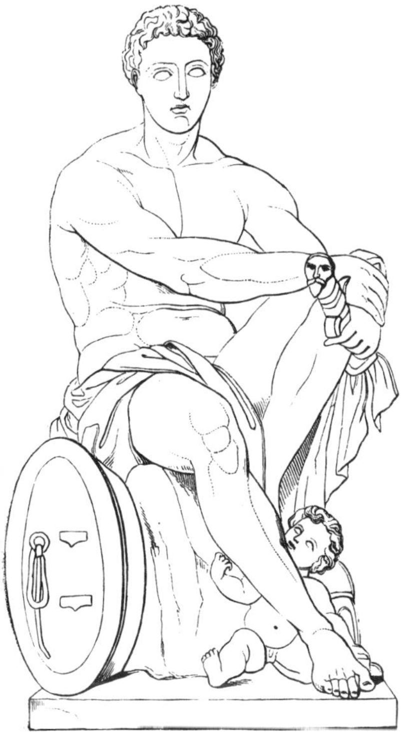

Fig. 205.

Fig. 206.

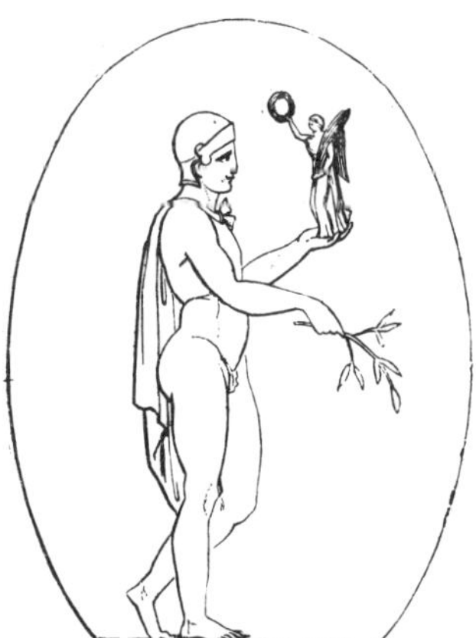

Fig. 207.

Fig. 208.

und der Juno. Die rohen thracischen Völker, von welchen seine Verehrung ausging, brachten ihm blutige Menschenopfer, und kannten ihn nur als einen blutdürstig mordenden Gott; er war ihnen ein so grässlicher Krieger, wie sie selbst, und nur wenig besser war er bei den Griechen, da er auch schon bei Homer am lauten Toben der Schlacht und am wilden Männermord sich erfreut, die Eris (Zwietracht) zur Schwester hat, und wegen seines wilden Trotzes selbst dem Jupiter verhasst ist. Dimus und Phobus (Furcht und Grauen) sind seine Söhne und Begleiter im Kampfe. Er mischt sich selbst unter die Streiter im trojanischen Kriege, wird von Diomedes, dem Minerva beisteht, verwundet, und brüllt vor Schmerz, wie wenn zehntausend Männer schrieen. Wie innig aber dem griechischen Volksgeiste das Bedürfniss einwohnte, auch dem Furchtbarsten wieder eine anmuthige Seite abzugewinnen, beweist das Liebesverständniss des Mars mit Venus, in welchem ihn Homer von Vulcan, dem Gatten der Letztern, in einer von allen Göttern beneideten Lage ertappt werden lässt. Mit Venus zeugte M. zwar die schrecklichen Brüder Dimus und Phobus, aber dagegen auch nach Einigen den Amor, den Anteros (die Gegenliebe) und die Harmonia. — Während bei den Griechen M. einfach der Gott des wilden Kriegsgetümmels ist, ist er bei den Römern ursprünglich ein sehr vielseitiges Wesen, wiewohl in der späteren verfeinerten Zeit die manchfaltigen anderen Merkmale seines Begriffes neben dem kriegerischen, in Folge der gleichsam zum Gesetz erhobenen Vermengung der römischen Religion mit der griechischen, immer mehr zurücktreten mussten. Der älteste italische M., in voller Form Mavors, Mamers, Marmar, scheint bei den Sabinern zu Hause und bei ihnen, mit dem Grundbegriff der alle Lebensverrichtungen durchdringenden und beherrschenden männlichen Kraft und Stärke, oberster Gott gewesen zu sein. Insbesondere war er Gott des Ackerbaues, den man um Segen für die Feldfrüchte anrief; Lichtgott mit dem Symbol des Wolfes, daher auch Gott der Sonnenglut, der den Brand in das Getreide bringt, so wie andererseits Gott des Frühlings, daher der Monat März seinen Namen trägt und ihm geheiligt ist; ferner Weissage-Gott, der durch seinen heiligen Vogel, den Specht, Orakel ertheilt; dann aber natürlich auch der durch kriegerische Tüchtigkeit den Staat erhaltende Gott; darum ist er der Vater des Romulus, des Gründers der Stadt, und sein Speer wird im Tempel der Vesta aufbewahrt. Als Speer-Gott führt er den Beinamen Quirinus, welcher erst später auch auf den vergötterten Romulus überging; als der zum Kampfe schreitende heisst er Gradivus. — In den bildlichen Darstellungen erscheint er in kraftvoller Haltung, muskulös und gedrungen, theils unbärtig, die Stirne breit, der Mund klein, die Augen tiefliegend, das Haar dicht und kurz, die Miene drohend und verwegen; Schultern und Brust breit, die Schenkel leicht; öfters auf einem Zwiegespann stehend. Geopfert wurden ihm in Rom in älterer Zeit Menschen, und noch unter Julius Cäsar zwei Soldaten, die sich gegen diesen Feldherrn empört hatten; dem ländlichen M. Schafe, Schweine und Stiere; dem ritterlichen an seinem Fest im October ein Pferd; sein Märzfest feierte man durch den Aufzug der salischen Priester (s. d. und Ancile). Heilig waren ihm, ausser Wolf und Specht, auch der Hahn, das Gras, der Planet M. — Kunstdarstellungen des Mars sind u. a.: der ruhende Kriegsgott, ein Amor zwischen seinen Füssen, Statue aus der Villa Ludovisi, vielleicht nach dem sitzenden Mars des Scopas; Mars Enyalius, kämpfend gegen Vulcan, um ihn zu zwingen, ihre Mutter Juno loszubinden, die Vulcan mit unsichtbaren Banden gefesselt hat; der Friede bringende Mars, das Bild der Victoria auf der einen, den Oelzweig in der andern Hand, geschnittener Stein; Mars und Venus, Gruppe im capitolinischen Museum.

Marse (Gr. M.), eine der fünfzig Töchter des Thespius, von Hercules Mutter des Bucolus.

Marsus (Ital. M.), Sohn der Zaubrerin Circe, der für den Stammvater der Marser gehalten wird.

Marsyas, Fig. 209 (Gr. M.), Sohn des Oeager, oder des Olympus, oder des Hyagnis, ein Phrygier; wird auch ein Satyr oder Silen genannt. Er hatte die Flöte gefunden, welche Minerva weggeworfen, da sie ihr die Lippen entstellte, und lernte das Instrument so trefflich behandeln, dass er den Apollo zum Wettstreit forderte, welchen selbst die Musen zu M.' Gunsten entschieden; da fügte

Fig. 209.

Apollo zu dem Zitherspiel noch den Gesang, und so ungerecht diess war, so sehr sich M. widersetzte, so behauptete der Gott doch Recht zu haben, und da nun sein Gesang schöner war, als M.' Flötenspiel, hatte er die Wette gewonnen, und zog dem Unglücklichen die Haut vom Leibe. Auf unserm Bilde lehrt M. den jungen Olympus die Flöte blasen; Gemälde aus Herculanum.

Martakend (Pers. M.), ein uralter fabelhafter König von Iran, Grossvater des berühmten Dschamschid, des Erbauers von Tschilminar (Persepolis).

Martea (Röm. M.), eine Göttin, welcher man bei zu hoffenden oder gemachten Erbschaften opferte. S. Here Martea.

Marticheras (Pers. M.), das fabelhafte Ungeheuer, dessen Abbildung, dem Greifen ähnlich, auf den grossen Mauern der Ruinen von Persepolis vorkommt. Man stellte es, dem Löwen am nächsten kommend, doch grösser, stärker, mit einem Menschen-Antlitz, einem Scorpionstachel und roth von Farbe dar; gewöhnlich war es im Kampf mit dem Könige begriffen, dessen Pflicht es sein sollte, alles Böse (und dieses war in M., einem Geschöpf des Ahriman, personificirt) zu bekriegen. Auch das Einhorn, das Sinnbild aller guten Geschöpfe, aller Diener des Ormuzd, wird von demselben angegriffen.

Maru, identisch mit Meru (s. d.).

Marut (Pers. M.), einer der beiden Genien, welche die reizende Sühre, bevor sie ihrer Tugend wegen als Planet Venus an den Himmel versetzt wurde, verführen wollten (s. Anahid).

Marzanna (Slav. M.), eine Göttin der Schlesier und Polen. Da sie das Gedeihen der Feldfrüchte beförderte, so hält man sie für identisch mit Ceres. Sie ist mit der Morana der Böhmen, der Göttin des Herbstes und Winters, somit auch des Todes, nahe verwandt. Es scheinen ihr in früherer Zeit Menschenopfer gebracht worden zu sein, und der Gebrauch, an ihrem Feste eine Strohfigur in das nächste Wasser zu werfen, hat sich lange erhalten.

Mastusius (Gr. M.), s. Demiphon.

Matali (Ind. M.), der Wagenführer des Indra, welcher unter Andern in der Sakontala erscheint, um den König Duschmanta in Indra's Himmel zu führen.

Matatron (Talmud.), einer der erhabensten Engel, wo nicht selbst ihr Herrscher. Er findet Gnade vor den Augen des Herrn, so dass er täglich sein Antlitz schaut, und täglich aus seinem Munde erfährt, welche Menschen sterben sollen, worauf er zwei Engel, Samuel und Gabriel, aussendet, um die Seelen derselben zu holen, wobei

Letzterer die der Israëliten, Ersterer die Seelen aller derer, die es nicht sind, vor den Thron des Herrn bringt.

Matergabia (Slav. M.), eine Göttin der Schlesier und Polen, welche dem Haushalt vorstand; ihr war in jeder Wirthschaft das Taswjirtschis (das erste Brod, welches beim jedesmaligen Backen aus dem Backtrog genommen wird) geweihet, und es war für jeden Andern als den Hausvater ein Verbrechen, von diesem Brode zu essen.

Matiri (Ind. M.), die zweite Gemahlin des Pandu, Mutter des Naghalen und Sahadewa.

Matrya (M. der Antillenvölker), der Geist des Bösen bei den Karaiben. Ihm schrieben diese die Wirkungen der Feuergewehre zu. Uebrigens wahrscheinlich identisch mit Maboja (s. d.).

Matsurinusi (Japan. M.), der Vorsteher der Feste der Sonnengottheit, welche in dem durch Jamatohime gestifteten Kamihofe zu Ise gehalten werden. Er ist ein vornehmer Staatsbeamter.

Matsyawatara, Fig. 210, die Verwandlung (Verkörperung) des Wischnu in einen Fisch, den Maja-Fisch, welchen die Banianen Cexis nennen. Da den Indiern das Wasser das Princip des Durchganges aus dem Tod in das Leben, und aus dem Leben in den Tod ist, so lag ihnen diess sehr nahe. Die Fabel sagt: Brama war entschlafen; der empörte abtrünnige Menschengeist in der

Fig. 210.

Form des Riesen Hajagriwa raubte dem Entschlafenen die vier Vedas, die Weltgesetze, von Brama gegeben, und die gesetzlose Welt musste nun in das Reich des Bösen versinken; da rettete Wischnu die Welt, indem er dem Riesen, welcher sich unter das Meer verborgen hatte, in der Gestalt eines Fisches nachsetzte und ihn zwang, die Bücher wiederzugeben.

Matuta (Röm. M.), gewöhnlich Mutter M., ursprünglich altitalische Gottheit der Frühe, Morgenhelle, später von den Römern, wahrscheinlich des Namens wegen, mit Leucothea (s. d.) und auch mit der gleichfalls ächtitalischen Albunea (s. d.) vermengt. Ihr Fest, Matralia, wurde am 11. Juni gefeiert, wobei die Mütter ihre Schwesterkinder statt der eigenen auf den Arm nahmen, weil Ino (Leucothea) ihren Schwestersohn Bacchus erzogen hatte.

Matutinus (Röm. M.), Vater M., »der Frühe«, Beiname des Janus (s. d.).

Matzuri nuzi (Japan. M.), der Oberpriester der Kami-Religion in Japan.

Mavors (Röm. M.), identisch mit Mars.

Mechaneus (Gr. M.), »der kluge Erfinder«, Beiname des Jupiter zu Argos.

Mecionice (Gr. M.), eine böotische Flussnymphe vom Cephissus, welche durch Neptun Mutter des Argonauten Euphemus wurde.

Mechanitis (Gr. M.), »die kluge Erfinderin«, bei den Arcadiern Beiname der Minerva und der Venus, denen Beiden man, wie dem Jupiter, das Eingeben glücklicher Rathschläge zuschrieb.

Mecisteus (Gr. M.), nach Einigen einer der sieben Helden, welche sich gegen Theben verbanden, Sohn des Talaus, Bruder des Adrast, vor Theben von Melanippus erschlagen.

Meda (German. M.), eine friesische und sächsische Göttin, welche abgebildet wurde wie Foseta, einer Bäuerin ähnlich, in der einen Hand ein Bündel Pfeile haltend, in der andern Kornähren; sie ist nicht näher bekannt.

Medea, Fig. 211 (Gr. M.), eine berühmte Zaubrerin, Tochter des Äetes, Königs von Colchis, und der Hecate, Schwester der Circe. Von Beiden in der Kunst der Zauberei unterrichtet, erlangte sie bald einen seltenen Grad von Geschicklichkeit; doch nicht bösen Sinnes, wandte sie ihre Kunst nur dazu an, das Unheil, welches Jene angestiftet, zu verhüten, und die Fremdlinge, welche in Colchis ankamen, von der Gefahr, geopfert zu werden, zu retten, bis ihr Vater, fürchtend, sie wolle durch ihre Handlungsweise nach seiner Krone streben, sie in ein Gefängniss setzen liess, aus welchem sie sich nur durch ihre Zaubermittel zu befreien vermochte. M. floh zu

Fig. 211.

einem Tempel des Sonnengottes, der eine Freistatt war und in der Nähe des Meeres lag; dort war sie zu der Zeit, als die Argonauten in Colchis anlangten; sie erzählte diesen, dass man die Fremden hier zu opfern pflege, verband sich dann mit den Abenteurern zu gemeinschaftlicher Sache, und nachdem sie sich mit Jason, den sie so lieb gewann, wie er die schöne Königstochter, verlobt, machten sie sich auf den Weg nach dem goldenen Vliess, welches in dem Tempel des Mars, siebenzig Stadien von der Stadt Aea, dem Sitz des Königs von Colchis, bewahrt wurde. M. trat bei Nacht vor die verschlossenen Thore, und rief den Wächtern in der Landessprache zu, dass man ihr öffnen möge, was ohne Bedenken geschah, da sie als die Tochter des Königs wohl bekannt war; alsbald drangen die Argonauten ein und hieben die meisten Wächter nieder; M. tödtete den Drachen, der das Vliess hütete, und Alle entkamen glücklich dem sie verfolgenden König. Jason gelangte nun mit M. nach Thessalien, wo man nichts von dem Ausgang der Sache wusste; dort machte die Zaubrerin, da sie sah, dass fünfzig Abenteurer schwerlich eine verschlossene, wohl bewahrte Feste erobern würden, dem Geliebten den Vorschlag, dass sie allein in die Hauptstadt gehen und ihm die Eroberung möglich machen wolle. Sie eröffnete ihm, dass sie mancherlei wunderbar wirkende Mittel bei sich trage; sie habe dieselben bisher nie zum Unheil eines Menschen angewendet, nun aber werde sie damit gegen die Strafbaren leicht sich helfen können (Pelias hatte Jason's Vater vom Throne gestossen und dann ihn, so wie seine Gattin, umgebracht). Sie gab den Helden darauf Alles an, was sie beim Angriff zu thun hätten, und versprach ihnen, von der Burg aus durch Rauch während des Tages, durch Feuer bei der Nacht Zeichen zu geben. — Nun verfertigte sie ein hohles Bild der Diana, in welchem sie allerlei Zaubermittel verbarg, gab sich das Ansehen einer alten Frau, schmückte das Bild mit Allem, was Eindruck auf die Sinne machen konnte, und ging dann in die Stadt, das Volk auffordernd, die Göttin zu ehren. Die Stadt ward von wilder Begeisterung ergriffen, und geleitete die Zaubrerin zur Königsburg; sie bethörte den alten König und seine Töchter so, dass sie glaubten, die Göttin selbst sei von den Hyperboreern gekommen, um das Land zu beglücken, und sich ihr völlig überliessen; sie bot dem Könige an, ihn zu verjüngen, und da er hierüber, als über Unmögliches, in Zweifel gerieth, liess sie sich Wasser bringen, verschloss sich damit in ein Zimmer, tilgte das künstliche Alter, und erschien in Jugendfülle und entzückender Schönheit vor dem Könige, welcher nun Alles für wahr hielt, von hoher Achtung für sie erfüllt ward, und seinen Töchtern befahl, mit ihm zu thun, was M. ihnen sagen würde. Nachts, als Pelias schlief, liess Jene die Mädchen ihren Vater tödten, damit sie seinen Körper kochen könne, was zur Verjüngung nöthig sei; den misstrauisch Gewordenen Muth einzuflössen, schlachtete sie einen alten Widder und liess das Bild eines Lammes aus dem Kessel, in dem er gekocht worden, emporsteigen, worauf die Mädchen über ihren Vater herfielen und ihn tödteten; nur die zärtliche Alcestis legte nicht Hand an das greise Haupt des Vaters. Nach vollbrachter That führte sie die Jungfrauen mit lodernden Fackeln auf den Thurm der Burg, und verzögerte durch Beten ihr Herabsteigen, bis die Argonauten herbeikamen. Nunmehr sahen sich die Mädchen auf das Schrecklichste enttäuscht, doch schon war die Mauer überstiegen, das Schloss besetzt, die Wache niedergemacht, und Jason Sieger; er vermählte darauf Pelias' Töchter, und zog mit M. nach Corinth, wo er zehn Jahre wohnte und von ihr drei Söhne empfing: Thessalus, Alcimenes und Tisander. Da verliebte sich Jason in Glauce, die aufblühende Tochter Creons, des Königs von Corinth, und beschloss, diese zu ehelichen und seine Gattin zu verstossen. Nachdem der Vater eingewilligt und den Tag zur Hochzeit bestimmt hatte, suchte Jason M. zuerst zu bewegen, dass sie freiwillig auf die Ehe verzichte; er wolle die neue Ehe nicht schliessen, als wäre er der frühern Verbindung überdrüssig, sondern nur, um für seine Kinder eine Verwandtschaft mit dem Königshause zu knüpfen. M. aber rief zürnend die Götter zu Zeugen seiner Schwüre, Jason achtete ihrer Vorwürfe nicht und vermählte sich mit des Königs Tochter, worauf M. aus Corinth verbannt wurde, doch noch einen Tag zur Ordnung ihrer Abreise erhielt. Während dieser Zeit setzte sie alle ihre Zauberkünste in Bewegung: sie legte Feuer an das Königshaus, in dem Creon unterging und welchem Jason nur mit Noth entkam; darauf mordete sie ihre und Jason's Söhne, und entfloh auf einem Drachenwagen durch die Luft, kam zu Hercules, der ihr Hülfe versprochen, wenn einmal Jason verrätherisch gegen sie handeln sollte, fand den Helden jedoch wahnsinnig, und nachdem sie ihn geheilt, ward er von Eurystheus so sehr gedrängt, dass er nicht im Stande war, ihre Wünsche zu erfüllen; daher ging sie zu König Aegeus nach Athen, den sie zu vielen Ausschweifungen verleitete. Von Creon's Sohne verklagt, ward sie freigesprochen, doch von dem aus Trözen nach Athen kommenden Theseus vertrieben, worauf sie sich nach Phönicien wandte, und Gemahlin eines angesehenen Königs wurde, welchem sie den Medus gebar, der nach dem Tode des Vaters das Reich erlangte; seine Tapferkeit und seine glänzenden Eigenschaften bewogen das Volk, von ihm den Namen der Meder anzunehmen; M. selbst verschwindet hier aus der mythischen Geschichte. Unser Bild zeigt M., im Begriff, ihre Kinder zu tödten: Gruppe, in Arles gefunden.

Medeon (Gr. M.), Sohn von Orest's Freund, Pylades, der nach seiner Zurückkunft von Tauris mit Electra, Orest's Schwester, vermählt worden war.

Medesicaste (Gr. M.), Tochter des Priamus, Königs von Troja, ausser der Ehe erzeugt, war mit Imbrius, Mentor's Sohn, dem Beherrscher von Pedäum, vermählt, und ward durch Teucer zur Wittwe gemacht.

Mediarem (Pers. M.), einer der Izeds, welche den sechs Zeiträumen vorstehen, in denen Ormuzd die Welt schuf. Er ist zugleich Beherrscher des zum Andenken an diese Schöpfung eingesetzten fünftägigen Festes, das seinen Namen führt, und noch immer durch seine Götterkraft der Quell aller Segnungen und Güter.

Medica (Röm. M.), »Heilgöttin«, Beiname der Minerva.

Medioschem (Pers. M.), ein guter Dämon oder Ized des Ormuzd, Vorsteher des zweiten Zeitraumes von den sechs, in denen die Welt erschaffen wurde. Er gibt der Natur das liebliche Grün, und ist zugleich Beherrscher des fünftägigen Freudenfestes, das von Dschemschid der Schöpfung wegen eingesetzt wurde.

Mediozerem (Pers. M.), ein Ized oder guter Genius, Vorsteher des ersten Zeitraumes von den sechs, in denen Ormuzd alles Lebende schuf. M. ist der Geber des Nahrungssaftes, und steht als Fürst dem Feste vor, das Dschemschid, zum Andenken an Ormuzd's Thaten, einsetzte.

Meditrina (Röm. M.), eine Heilgöttin, der man am 11. October das Fest Meditrinalia feierte.

Medon (Gr. M.), 1) ein Held der Ilias, Halbbruder des kleinern Ajax, Sohn des Oïleus; er wohnte nicht im Vaterlande, weil er im Jähzorn einen Verwandten seiner Stiefmutter Eriopis erschlagen, sondern in Phylace; er führte Phthier an; ihn tödtete und plünderte Aeneas. — 2) M., ein Herold, der im Hause des Ulysses nur auf Telemach's Bitten dem Tode entging, nachdem er sich vor dem zurückgekehrten Helden, in eine frische Kuhhaut verhüllt, unter dem Throne verborgen. Seiner und eines Sängers schonte der mächtige König.

Medus (Gr. M.), Sohn der Medea, entweder von dem Könige von Athen, Aegeus (Theseus' Vater), oder von einem asiatischen König, dem Namen nach unbekannt; nach ihm nannte sich das Volk der Meder.

Medusa, Fig. 212, 1) s. Gorgonen und unser Bild, wo ein Medusenhaupt auf einer Münze eines Römers Plautius erscheint. — 2) M., Tochter des Sthenelus und der Nicippe, Schwester des berüchtigten Eurystheus.

Fig. 212.

Meergoetter (Röm. u. gr. M.), wurden alle diejenigen Götter genannt, welche das Meer beherrschten, demselben entstammten oder darin wohnten (lateinisch dii marini). Diese waren: Neptun und Amphitrite, als oberste Beherrscher; Oceanus, Pontus und Thalassa; Venus, als Schaum-geborne Göttin; Nereus, Tethys, Proteus, Glaucus, die beiden letzten als wahrsagende Meergreise; Leucothea und ihr Sohn Palämon oder Melicertes, vergötterte Menschen; Charybdis und Scylla, so wie die Sirenen, Ungeheuer; endlich die Schaar der Nereïden, Oceaniden, Tritonen, Meer-Centauren.

Megalartus (Gr. M.), »Göttin der grossen Brode«, Beiname der Ceres.

Megaletor, s. Alcander.

Megamede (Gr. M.), Gattin des Königs Thespius, welche ihm die bekannten fünfzig Thespiaden gebar, welche von Hercules Knaben gebaren.

Meganira (Gr. M.), 1) nach Apollodor die Gattin des Arcas, Tochter des Crocon und der Säsara. — 2) M., Gattin des Diomus aus Delphi, und von diesem Mutter des Alcyoneus.

Megapenthes (Gr. M.), 1) Sohn des Prötus, Königs von Argos, welches Reich er an Perseus gegen das diesem gehörige Tiryns vertauschte. — 2) M., Sohn des Menelaus und einer ätolischen Sclavin Pieris oder Teridaë, also ein Halbbruder der Hermione und des Nicostratus. Beide Jünglinge zwangen nach Menelaus' Tode Helena zur Flucht aus ihres verstorbenen Gatten Hause.

Megara (Gr. M.), die erste Gattin des Hercules (s. d.).

Megaera, s. Furien.

Megareus (Gr. M.), Vater der schönen Evächme, Beherrscher von Megara, welches er mit der Hand seiner Tochter demjenigen versprach, der ihn von dem furchtbaren cithäronischen Löwen befreien würde, was durch Alcathous geschah, nachdem ein Sohn des M., Evippus, durch das Ungeheuer zerrissen worden.

Meges (Gr. M.), Augeas' Enkel, Sohn des dem Hercules freundlich gesinnten und desshalb von seinem Vater vertriebenen Phyleus. M. wird unter die Freier der Helena gezählt, und gehörte daher zu den Helden, welche mit dem Griechenheere vor Troja zogen; von seiner Hand fiel unter Andern auch Pedäus, Sohn des Antenor.

Megessâres, s. Sandacus.

Megingiarder (Nord. M.), Thor's Gürtel, der ihm, wenn er ihn anlegte, doppelt so viel Götterkraft verlieh, als er schon an sich besass.

Megisto, s. Callisto.

Meinwaëttir (Nord. M.), Geister, Kobolde, Elfen, welche allerlei Possen, auch wohl wirklichen Schaden stiften, wie man auf Island ihnen die vulcanischen Ausbrüche zuschrieb; man sammelte in der Mittsommernacht, in welcher sie besonders thätig sein sollten, d. h. in der Nacht von Johannis, das sogenannte Johanniskraut (Baldersbra, Balders Augenbraue), welches gegen diese neckenden, halb guten halb bösen Wesen schützen sollte.

Melampus (Gr. M.), Sohn des Amythaon und der Idomene, Tochter des Pheres, welche zwei Söhne gebar, Bias und M. Letzterer lebte auf dem Lande; vor seiner Wohnung stand ein alter Eichbaum, in dem ein Schlangennest war. Während nun Diener die alten Schlangen tödteten, sammelte er Holz und verbrannte diese, die jungen aber zog er auf. Als diese herangewachsen waren, umstanden sie einst, während er schlief, aufgerichtet seine Schultern von beiden Seiten, und reinigten seine Gehörorgane mit ihren Zungen; als er erschrocken sich aufrichtete, bemerkte er, dass er die Sprache der Vögel verstehe. Von ihnen unterrichtet, sagte er den Menschen zukünftige Dinge voraus, lernte auch noch die Kunst, aus Opfern zu weissagen, und hielt endlich am Flusse Alpheus eine Unterredung mit Apollo, wodurch er der ausgezeichnetste Wahrsager wurde. — Ein auffallendes Beispiel hievon kommt in der Geschichte seines Bruders Bias vor. Dieser warb um Pero, des Neleus Tochter, welcher sie demjenigen unter ihren vielen Freiern versprach, der ihm die Rinderheerden des Iphiclus bringen würde, um welche sich nun Bias vergeblich bemühete, bis er seinen Bruder M. um Hülfe bat. Dieser wollte sie holen, sagte aber voraus, dass er gefangen, jedoch nach einem Jahre befreit werden und in Besitz der Heerden kommen würde. Es geschah so: nach dem Ende des Jahres hörte er die Holzwürmer im Gebälk nagen, und da er von diesen erfuhr, dass der grösste Theil des Holzes schon durchgefressen sei, verlangte er sogleich in ein anderes Gefängniss gebracht zu werden, und kaum hatte er das erste verlassen, als dasselbe auch schon zusammenstürzte. Phylacus, der Vater des Iphiclus, Beherrscher von Phylace, war verwundert über des Mannes Wahrsagerkunst, liess ihn vor sich kommen und fragte ihn über die Ursache der Kinderlosigkeit seines Sohnes. M. versprach darüber Auskunft unter der Bedingung, dass man ihm die Rinderheerden zum Lohn gebe, welches eingegangen ward. Darauf opferte er den Göttern zwei Stiere, und warf die Stücke davon umher, den weissagenden Vögeln rufend. Ein Geier kam herbei, und von diesem erfuhr M., dass Phylacus einst auf dem Felde einen Widder zum Opfer geschlachtet und das blutige Messer neben Iphiclus hingelegt habe, welcher voll Furcht entflohen sei. Phylacus habe nun das Messer in eine heilige Eiche hineingestossen (oder, nach Anderen, damit nach dem Knaben geworfen, ihn gefährlich verwundet, und das Messer, das in einen Baum gefahren, darin stecken lassen), dort sei es bereits ganz von der Rinde überwachsen. Wenn diess Messer wieder gefunden werde — sagte der Vogel — solle man den Rost davon abschaben, Iphiclus solle diesen, mit Wasser vermengt, zehn Tage lange trinken, dann werde er geheilt sein. Der Baum und das Messer wurden gefunden, Iphiclus nahm die Arznei, und bald fühlte seine Gattin sich in Hoffnung (ihr Sohn ward Podarces geheissen). M. erhielt die Heerden, und sein Bruder, durch Lösung der gestellten Aufgabe, die schöne Pero. Später heilte er auch die wahnsinnigen Prötiden, was ihm den dritten Theil von Prötus' Königreich eintrug, worauf er mit einer von Jenen, mit Iphianassa, sich vermählte. Mantius und Antiphates waren seine Söhne.

Melampygus (Gr. M.), »Schwarzsteiss«, Beiname des Hercules, von einer komischen Sage, welche man über ihn erzählt. Thia, des Oceanus Tochter, hatte zwei Söhne, Atlas und Candulus, die Cercopen genannt, welche sich alle muthwilligen Streiche erlaubten und ihrer Mutter viel Sorge machten, die sie desshalb auch stets warnte, sich nur wenigstens nicht an den M. zu machen. Einst fanden sie den Hercules schlafend, neckten ihn, wurden aber erhascht, mit den Beinen zusammengebunden und über seine Keule gehängt, worauf er mit ihnen nach der Stadt wanderte; da sahen sie sein stark und schwarz behaartes Rücktheil und riefen: »wehe uns, das ist M.!« Hercules fragte, was diess bedeute; sie erzählten ihm, wie ihre Mutter sie gewarnt, und der Held liess lachend die bösen Spassvögel laufen, wesshalb sie ihm aus Dankbarkeit eine Bildsäule unter obigem Namen widmeten.

Melanaegis (Gr. M.), Beiname 1) des Bacchus, 2) der Erinnys, »die mit schwarzer Aegis Erscheinende, in schwarze Wolken Verhüllte«.

Melaene (Gr. M.), »die Schwarze«, Beiname der Ceres, unter welchem sie, nach Pausanias, mit einem Pferdekopf und schwarzem Unterkleide in einer Höhle bei Phigalia abgebildet war; schwarzes Gewand hatte sie theils aus Zorn über Neptun, der sie als Pferd überfallen, theils aus Trauer um ihre verlorene Tochter angelegt.

Melaneus (Gr. M.), 1) Vater des Autonous, welcher mit Hippodamia den Anthus, Acanthus, Erodius, Schöneus, und die Acanthis zeugte. Acanthus ward von seines Vaters Pferden zerrissen, und aus Mitleid verwandelten die Götter die trauernde Familie in Vögel. — 2) M., Sohn des Apollo, König der Dryoper und tüchtiger Bogenschütze, kam zu dem Sohn des Aeolus, König Perieres, der ihm einen Strich des messenischen Landes gab, auf welchem er eine Stadt bauete, die er nach seiner Gattin Oechalia nannte. — 3) M., ein Centaur, der auf des Pirithous Hochzeit kämpfte, und mit den Wenigen, die das mordende Schwert der Lapithen übrig liess, entfloh.

Melaeneus (Gr. M.), Sohn des ruchlosen Königs Lycaon, von Jupiter mit dem Blitz erschlagen.

Melanippe (Gr. M.), 1) Tochter des Centauren Chiron, welche von Neptun verführt wurde, sich desshalb vor ihrem Vater verbarg und die Götter um Errettung bat, welche sie dann in ein Pferd verwandelten, als welches sie unter die Sterne versetzt wurde. Sie wird auch Evippe genannt. — 2) M., nach Diodor die Königin der Amazonen, deren Wehrgehänge Hercules holen sollte. — 3) M., Schwester des Meleager, die sich um ihres Bruders Schicksal todt weinte. — 4) M., eine Nymphe, von Itonus Mutter des Böotus.

Melanippus (Gr. M.), 1) einer der Söhne des Agrius, welche dem König Oeneus von Calydon die Herrschaft entrissen, und ihren Vater als König einsetzten, später aber von Diomedes, Enkel des Oeneus, erschlagen wurden. — 2) M., Sohn des Theseus, von der Tochter des Räubers Sinis, Perigune; er siegte im Wettlauf, als durch die Epigonen die nemeischen Spiele wieder erneuert wurden. — 3) M., Sohn des Mars, von Tritäa, einer Tochter des Triton und Priesterin der Minerva; Letzterer erbauete eine Stadt in Achaja, welche seiner Mutter Namen führte.

Melaenis (Gr. M.), »die Dunkle«, Beiname der Venus in Corinth.

Melanthius (Gr. M.), ein Hirte des Ulysses, Sohn des Dolius, welcher von dem zurückkehrenden Gebieter, den er als Bettler schlecht behandelte, in Ketten an einen Balken gebunden, der Nase, der Ohren und seiner Mannheit beraubt, und dann mit zerschmetterten Armen und Beinen dem qualvollsten Tode übergeben wurde.

Melantho (Gr. M.), 1) Tochter des Deucalion, und Geliebte des Neptun, von welchem sie Mutter des Delphus ward. — 2) M., Schwester des Melanthius (s. d.), Tochter des Dolius, eine der Mägde des Ulysses, welche nach seiner Rückkehr aufgehängt wurden.

Melanthus (Gr. M.), 1) Sohn des Andropompus, Vater des Codrus, König von Messenien, zog nach Attica, liess sich in Eleusis nieder, übernahm für den feigen König Thymötes von Athen, den letzten aus dem Geschlechte des Theseus, den Zweikampf gegen den eingefallenen Böoter-König Xanthus, besiegte ihn mit Hülfe des Bacchus, der hinter Xanthus als Jüngling in einem schwarzen Ziegenfell (daher Melanägis) erschien, und wurde dann König von Athen. — 2) M., einer der tyrrhenischen Schiffer, welche Bacchus in Delphine verwandelte.

Melas (Gr. M.), 1) Sohn des Porthaon und der Tochter des Hippodamas, Euryte, Bruder des Oeneus, Königs von Calydon; er hatte acht Söhne, welche dem Oeneus das Reich entrissen; sie wurden von Tydeus, dem Sohne des Oeneus, alle ermordet. — 2) M., Sohn des Licymnius, welcher dem Hercules bei seinem Kriege gegen Eurytus, um der schönen Iole willen, beistand; er blieb bei der Eroberung von Oechalia, und ward von Hercules begraben.

Meleager, Fig. 213. 214 (Gr. M.), Sohn der Althaea (s. d.) und des Mars, dem der König sie abgetreten, wie schon früher dem Bacchus. aus welcher letztern Verbindung die schöne Deïanira, Hercules' zweite Gattin, entsprang. Als M. acht Tage alt war, traten die Parcen an das Bett seiner Mutter und verkündeten, so lange der Feuerbrand, der jetzt in der Gluth des Kamins liege, noch nicht verzehrt sei, werde das Knäblein leben; augenblicklich sprang die Mutter auf, löschte das Holz und bewahrte dasselbe sorgfältig. Der Sohn des Mars wuchs zu übermenschlicher Schönheit und Kraft auf; er ward auch so tapfer, dass alle seine Zeitgenossen ihm nachstehen mussten; seine berühmtesten Thaten geschahen im Verfolge der Jagd auf den calydonischen Eber (s. d. und Althaea). — Von unsern beiden Bildern zeigt das erste eine Statue Meleager's, Hund und Eberkopf neben sich, aus dem Pio-Clementinischen Museum; das zweite, Mosaik in Lyon: M. bringt der Atalante den erlegten Eber.

Meleagriden (Gr. M.), die Schwestern des Meleager, Gorge, Deïanira, Eurymede und Melanippe, welche sich über den Tod ihres Bruders zärtlich grämten; Diana verwandelte die beiden letzteren aus Mitleid in Vögel.

Melek (Islam), allgemeiner Name der Engel überhaupt.

Melek al newth (Islam), der Todesengel.

Melete (Gr. M.), eine der Musen nach älterer Vorstellung.

Fig. 213.

Fig. 214.

Melia (Gr. M.), 1) Tochter des Agenor, Königs von Phönicien und der Damno, einer Tochter des ägyptischen Königs Belus. — 2) M., Tochter des Oceanus, gebar von ihrem Bruder Inachus den Phoroneus und den Aegialeus. — 3) M., Schwester der vorigen, Geliebte des Apollo, von welchem sie den Tenerus und Ismenius empfing. Ihr Bruder Canthus wollte sie dem Apollo wieder entreissen, und steckte seinen heiligen Hain in Brand, wofür der Gott ihn erschoss.

Meliae (Gr. M.), Töchter der Gäa, durch das Blut, welches dem verstümmelten Uranus entfloss, erzeugt.

Meliboea (Gr. M.), 1) Tochter des Oceanus, mit dem Autochthon Pelasgus vermählt, dem sie den Lycaon gebar. — 2) M., Tochter der Niobe; sie und ihre Schwester Amycla blieben sammt dem Bruder Amphion von der grausamen Diana allein verschont.

Melicertes, Fig. 215 (Gr. M.), Sohn des Athamas und der Ino, mit welchem Letztere entfloh, als Athamas sie, wegen des beabsichtigten Mordes seiner Kinder von seiner ersten Gattin Nephele, des Phrixus und der Helle, verfolgte. Sie stürzte sich mit dem Knaben in's Meer und ward als Leucothea (s. d.), M. aber als Palämon göttlich verehrt; ihm schrieben die Schiffer Rettung aus Meeresgefahren zu. — Unsere Abbildung zeigt M., um den Hals eine Fischhaut, um den Kopf ein Diadem, nach einem plastischen Bilde des Pio-Clementinischen Museums.

Melina, bei den Grönländern Beherrscher der Sonne.

Melinaea (Gr. M.), Beiname der Venus, zu Melina in Argolis verehrt.

Meline (Gr. M.), Tochter des Königs Thespius, von Hercules Mutter des Laomedon.

Melinoë (Gr. M.), Tochter des Jupiter und der Proserpina, welche er in Gestalt des Pluto besuchte. Sie ist die Königin der Gespenster, und gebietet als solche über alle Luftgebilde oder Phantome, welche sie oft in grässlicher Gestalt den Menschen zuschickt, um sie zu ängstigen.

Melische Nymphen (Gr. M.), 1) die Nymphen der Heerden, 2) die Nymphen der Obstbäume. (Melon heisst im Griechischen sowohl Apfel als Schaf.)

Melissa (Gr. M.), »die Biene«, aber auch »die Besänftigerin«. 1) Priesterin der Ceres auf Creta, von welcher der ganze Priesterinnen-Orden den Namen der Melissen erhielt. Sie war eine Tochter des Königs Melisseus auf Creta, und soll den jungen Jupiter ernährt haben. — 2) M., Tochter des Königs Epidamnus, war überaus schön,

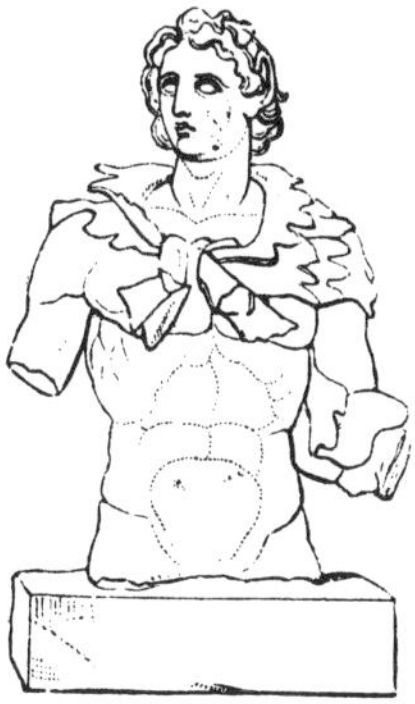

Fig. 215.

so dass Neptun sie entführte und mit ihr einen Sohn zeugte, welcher Dyrrhachius hiess, und ein Königreich in Illyrien stiftete.

Melite (Gr. M.), 1) Tochter des Argivers Erasinus, bei welchem Britomartis Schutz vor dem sie mit seiner Liebe verfolgenden Minos suchte, ward von der zur Göttin erhobenen Britomartis zur Nymphe gemacht. — 2) M., Tochter des phäacischen Flussgottes Aegäus, Geliebte des Hercules; sie gebar ihm den Hyllus, der auf einer Insel des cronischen Meeres sich niederliess, und dort von Seeräubern erschlagen wurde.

Meliteus (Gr. M.), Sohn des Jupiter von der Nymphe Othreïs, welche denselben aus Furcht vor Juno aussetzte, worauf er von Bienen ernährt und endlich von seinem Halbbruder Phagrus, Sohn des Apollo und der Othreïs, gefunden und erzogen wurde.

Melkarth (Phönic. M.), ein mächtiger Gott, dessen Dienst sich unmittelbar an den des Baal (s. d.) anschliesst; es ist mehr als wahrscheinlich, dass dieser der tyrische Hercules gewesen, und dass sein Dienst sich, wie der des thebanischen über ganz Griechenland und Rom, so über ganz Phönicien, Carthago und die andern phönicischen Colonien in Sicilien und Spanien erstreckt habe. Seiner wird im zweiten Buch der Makkabäer IV, 19. 20 gedacht, und noch zur Zeit der römischen Kaiser war er in hohem Ansehen. Man verehrte ihn durch Küssen auf den Mund und den Fuss, was übrigens nicht bloss ihm, sondern auch noch vielen andern Göttern zu Theil ward. Dem M. wurden überall, wo Phönicier hinkamen, Altäre und Tempel errichtet, so zu Amathunt (Malika), zu Theben (Melicertes), in Tharsus, auf Malta, auf Minorca, in Spanien etc., denn er war der König des Himmels und scheint Handels- und Kriegs-Gott zugleich gewesen zu sein. — Ungeheuer waren die Bauten, welche für den Dienst dieses Gottes aufgeführt wurden; sie sind so gross, dass man sie für cyclopische Bauten gehalten hat, obwohl die Steine nicht unregelmässige Polygone sein sollen. Auch der Tempel zu Gades nahm die ganze Oberfläche einer Insel, nahe bei der Stadt, ein: ein Beweis, wie hoch man diesen Gott ehrte. Merkwürdig ist, dass man selten seine Statue fand, und dass er in der Regel nur durch ein heiliges, immer brennendes Feuer, nicht durch ein Bild repräsentirt wurde; in Gades aber glaubte man ihn selbst wirklich zu haben: in einer mächtigen Urne wurden seine riesigen Gebeine aufbewahrt. — Ob nun wohl M. in vielen Tempeln ohne Bildsäule verehrt wurde, so war doch an andern Orten seine Statue zu sehen, und zwar in sehr verschiedener Art, theils stehend, theils im Kampfe begriffen, oder mit Pfeil und Bogen auf einem Kniee liegend, theils in Ruhe sitzend, oder auf einem Schiffe befindlich, wie mehrere ägyptische Götter. Zu Tyrus war der Dienst des M. am glänzendsten; dort, wie in Carthago, wurden ihm zahlreiche Menschenopfer gebracht, und nach Tyrus wanderten oder schifften aus allen Colonien der Phönicier alljährlich zahlreiche Gesandtschaften an ihn, ihre Ehrfurcht und Unterwürfigkeit unter seine Oberherrschaft zu bezeugen; dorthin brachten sie reiche Geschenke, ja nicht selten den Zehenten der ganzen Einkünfte ihres Landes, so wie den Zehenten der Kriegsbeute, und Carthago beobachtete dieses noch, als es schon bei weitem mächtiger war als der Mutterstaat. Dieses machte nicht nur die Tempel des tyrischen M. sehr reich, sondern auch alle andern Tempel desselben waren überfüllt mit Schätzen, und desshalb stets das Ziel raubsüchtiger Feinde, besonders in spätern Zeiten der römischen Kaiser, welche unter andern die Tempel zu Gades wiederholt plünderten, was selbst Cäsar that; der Aberglaube des Volkes ersetzte indessen bald das Verlorene.

Melletele (Lettische M.), eine Göttin der heidnischen Preussen, ihre Flora. Sie lockte Gräser und Kräuter aus dem erstarrten Boden, und malte die Blumen mit prangenden Farben.

Mellona (Röm. M.), die Göttin des Honigbaues.

Melobosis (Gr. M.), Tochter des Oceanus, Gespielin der Proserpina, als sie beim Blumenpflücken von Pluto entführt ward.

Melophoros (Gr. M.), nach Pausanias Beiname der Ceres in Megara, »die Schafe Tragende«.

Melpomene, Fig. 216 (Gr. M.), die Muse des Trauerspiels, s. Musen, und hiezu unsere Abbildung nach einem herculanischen Gemälde.

Fig. 216.

Melpomenus (Gr. M.), der Singende, Beiname des Bacchus.

Memnon, Fig. 217 (Gr. M.), ein Heros, den Homer in der Odyssee nur einmal mit Namen nennt, als den schönsten der Männer, und einmal wahrscheinlich andeutet, wo er sagt, der leuchtende Sohn der Aurora habe Nestor's Sohn, Antilochus, getödtet; Spätere aber stellten ihn mit immer grösserer Bestimmtheit als Theilnehmer

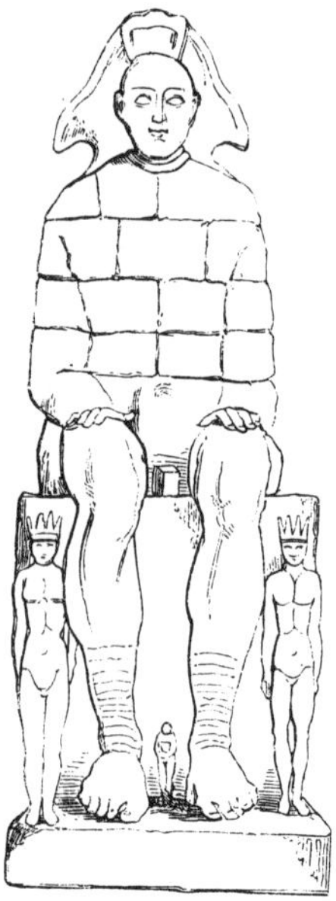

Fig. 217.

des trojanischen Krieges und wirklich historische Person dar. Man nannte ihn einen Sohn des Tithonus und der Aurora, und erzählte, dass er entweder von dem südlich von Aegypten gelegenen Aethiopien, oder von Susa in Persien aus, wo sein Vater Tithonus Statthalter und Günstling des assyrischen Königs Teutamus gewesen sein sollte, seinem Oheim Priamus mit 20,000 Mann zu Hülfe gezogen sei, den Antilochus im Kampfe erlegt habe, selbst aber von Achilles besiegt und getödtet worden sei. Susa nannten wirklich glaubwürdige Geschichtschreiber die memnonische Stadt, und die Burg daselbst das Memnonium: welchen persischen Heros sie dabei mit dem griechischen vermengt haben, ist unbekannt. Ueber seinen Leichnam und sein Grab gab es die manchfaltigsten Sagen. Jenen sollten seine Freunde an den Fluss Aesepus in Mysien, in einen Hain der Nymphen gebracht haben, welche ihm einen mächtigen Grabhügel aufwarfen; oder die Aethiopier bestatteten ihn unter grossem Wehklagen und wurden dafür in Vögel, Memnoniden genannt, verwandelt; oder Aurora entführte ihn durch die Lüfte nach Susa und bestattete ihn dort nach Würden. Ausserdem wurden an manchen andern Orten, z. B. am Flusse Belus bei Ptolemaïs, Gräber des M. gezeigt, und besonders in Aegypten mehrere Memnonien als seine Grabstätten bezeichnet. In Aegypten ist aber sicher eine Verwechselung des griechischen M. mit dem ägyptischen König Amenophis III., mit dem Beinamen Meiamoun, d. h. der von Ammon Geliebte, vorgegangen, und diess ist der Grund, warum das colossale sitzende Steinbild dieses Königs in der Nähe des ägyptischen Thebens, noch jetzt am linken Ufer des Nil zu sehen, bei Griechen und Römern den Namen der M.s-Säule bekam. So lange die obere Hälfte desselben, durch ein Erdbeben abgeworfen, am Boden lag, gab das Bild Morgens bei Sonnen-Aufgang einen klingenden Ton von sich, der sich durch einen Luftzug, welcher im Augenblick des grössten Temperatur-Unterschieds zwischen der äussern und der in den Poren des Steins eingeschlossenen Luft durch die letzteren hindurchstrich, natürlich erklärt, von den Alten aber in's Gebiet des Wunderbaren gezogen und namentlich als ein wehmüthiger Gruss, den der gefallene Sohn seiner Mutter Aurora darbringe, gedeutet wurde. Nachdem der Kaiser Septimius Severus das Bild wieder zusammengefügt hatte, verstummte der Ton, wiewohl noch Reisende der neuesten Zeit eine Spur davon vernommen haben wollen. Erst die Verwechselung M.s mit Amenophis gab die Veranlassung, dass man jenen in das oberhalb Aegyptens gelegene Aethiopien versetzte und folgerichtig theilweise zum Neger machte, während bei den älteren Griechen Aethiopien bloss ein Land am äussersten Ostrand der Erde bedeutete. Eine Abbildung des M.-Colosses s. nebenstehend.

Memphis (Gr. M.), Tochter des Nilus und Gattin des ägyptischen Königs Epaphus. Die Tochter Beider hiess Libya, nach ihr ward das Land, nach der Mutter eine Stadt benannt.

Mena (Gr. M.), die Mondgöttin.

Menaka (Ind. M.), eine junge Göttin des niedern Himmels, den Braminen an Heiligkeit nicht nachstehend; sie ist die einzige, von welcher bekannt ist, dass sie sich in Liebe vergessen und Jemandem unter ihrem Stande ihre Gunst geschenkt hat. Der M. Tochter, Sakontala, lebte auf der Erde und war des Kaisers Duschmanta Gattin, dieses auch keine Missheirath, da Jene ja nur die Tochter einer Göttin und eines Kriegers war; mit der Tochter eines Braminen hätte die Vermählung unter keinen Umständen stattfinden dürfen.

Mendes (Aegypt. M.), eine der acht grossen Gottheiten, das Symbol der zeugenden Naturkraft, häufig mit dem Pan der Griechen verglichen, und selbst von den Griechen dafür genommen. Herodot sagt: »Warum jene Aegypter ihre Ziegen und Böcke nicht opfern, das ist, weil die Mendesier den Pan unter die acht Götter rechnen; ihn zeichnen und bilden die Künstler bocksfüssig und ziegenköpfig, wie die Hellenen den Pan. Es halten die Mendesier die Ziegen überhaupt heilig, noch mehr als die weiblichen aber die männlichen, worunter besonders ein Bock ist, dessen Tod den ganzen Kreis von M. in grosse Trauer setzt. »Der Bock heisst auf Aegyptisch M.«

Menelaus, Fig. 218 (Gr. M.), einer der berühmtesten Helden der Ilias, derjenige, um dessenwillen der ganze trojanische Krieg geführt wurde. Er war ein Sohn des Plisthenes und der Aërope, ein Enkel des Atreus; doch, da Plisthenes frühe starb, und Atreus beide Knaben, ihn und seinen Bruder Agamemnon, bei sich erziehen liess, wird er immer der Atride, oder der Sohn des Atreus genannt. Mit Helena, des Tyndareus Tochter, vermählt, erzeugte er eine Tochter, Hermione, welche mit Orest verlobt und dann mit Pyrrhus vermählt wurde, wofür Ersterer den Letztern ermordete und Hermione hinwegführte. Helena, welche durch Paris dem M. geraubt wurde, war die Ursache des langen Haders, der auf M.' Anstiften zwischen den Griechen und Trojanern ausbrach. Er zog als Heerführer der Lacedämonier mit 60 Schiffen nach Ilium, nahm einen Zweikampf mit Paris an, besiegte denselben, konnte jedoch, da Minerva Streit haben wollte und den Pandarus zum Bundbruch verleitete, seine Gattin nicht wieder bekommen. Ausserordentlich tapfer, befleckte er seinen Ruhm doch durch seine Grausamkeit gegen Priamus' heldenhaften Sohn Deïphobus, den er auf das Schändlichste verstümmelte und langsam zu Tode marterte. Er nahm seine Gattin Helena wieder mit nach Sparta, wo ihn später Telemachos besuchte, mit dessen Vater Ulysses er stets in gutem Vernehmen stand. Ueber seinen Tod ist nichts bekannt, auch seine Nachkommen sind, ausser Hermione, ungewiss: man gibt bald einen, bald mehrere Söhne an; diese sollen Helena vertrieben haben, worauf sie nach Rhodos entfloh und dort ermordet wurde. — M., Helena verfolgend, aber durch ihre Schönheit entwaffnet, ist auf unserm Bilde nach einem alten Vasengemälde dargestellt.

Menestheus (Gr. M.), Usurpator des attischen Reichs zur Zeit des Theseus, welchen er vom Throne verdrängte. Homer nennt ihn einen Sohn des Peteos, hoch erfahren in der Kunst, Rosse und Männer zur Schlacht zu ordnen, worin nur Nestor ihn übertraf. Er führte die Athener in 50 Schiffen nach Troja.

Menesthius (Gr. M.), 1) Sohn des Keulenschwingers Areïthous und der Philomedusa, zu Arne geboren, von Paris vor Troja erlegt. — 2) M., Sohn der Polydora, der Gattin des Borus. Sie hatte den M. vom Flussgott Sperchius empfangen; er war nach Homer einer der fünf Feldherren der Myrmidonen.

Fig. 218.

Menetus (Gr. M.), ein fabelhafter König in Thessalien, Vater der Antianira, welche ein geheimes Liebesverständniss mit Mercur hatte. Als der Vater die Folgen desselben entdeckte, verstiess er sein Kind. Antianira gebar dem Mercur den Echion und Eurytus, Beide Theilnehmer an dem Argonautenzuge.

Meni (Jüd. M.), ein Götzenbild der Israëliten; man vermuthet, dass es irgend eine Schicksalsgottheit vorgestellt habe.

Menja, s. Grotta.

Menippides (Gr. M.), Sohn des Hercules, von Entedide, einer der fünfzig Töchter des Thespius.

Menoeceus (Gr. M.), 1) Vater der unglücklichen Jocaste (Mutter des Oedipus), und des Creon. — 2) M., Sohn des Creon, welcher, durch die Prophezeihung des Sehers Tiresias bewogen, sich selbst den Tod gab, um den Thebanern den Sieg zu verschaffen, welcher bei dem Kriege gegen die sieben Helden sehr zweifelhaft war.

Menoetes (Gr. M.), der Steuermann des Schiffes, das Gyas befehligte, als Aeneas in Sicilien feierliche Spiele anstellte, bei denen auch vier Schiffe um die Wette ruderten. M. steuerte furchtsam auf das Meer hinaus, statt die nähere, doch gefahrvollere Bahn am Strande zu verfolgen, wesshalb ihn Gyas in's Meer stürzte; er rettete sich auf eine Klippe.

Menoetius (Gr. M.), 1) Sohn des Iapetus und der Oceanide Asia; Jupiter tödtete ihn mit einem Donnerkeil, weil er mit den Titanen gegen die Olympier focht. — 2) M., hütete die Rinder des Hades, als Hercules kam, um die des Geryon hinwegzutreiben; er meldete es dem Geryon, wesshalb der Heros ihn hasste, und da er ihn später im Orcus traf, als er den Cerberus auf die Oberwelt holte, rang er mit ihm, brach ihm einige Rippen entzwei, und würde ihn getödtet haben, hätte nicht Proserpina für ihn gebeten. — 3) M., Argonaut und Vater des Patroclus, Halbbruder des Aeacus, mit dem er dieselbe Mutter, Aegina, hatte, während des Aeacus Vater Jupiter, der seine aber Actor war. Er war ein vertrauter Freund des Hercules, und soll ihm zuerst als einem Heros geopfert haben.

Mens (Röm. M.), der personificirte Verstand.

Mentes (Gr. M.), Gastfreund des Laërtes, in dessen Gestalt Minerva erschien, um dem Telemach Nachricht von seines Vaters Ulysses Leben zu bringen. In derselben Gestalt beredete Minerva den Jüngling zur Reise nach Sparta.

Menthe oder **Minthe** (Griech. M.), eine cocytische Nymphe, Geliebte des Pluto, ward von der eifersüchtigen Gattin des Gottes in eine Krausmünzpflanze verwandelt.

Mentor (Gr. M.), Sohn des Alcimus, und Freund des Ulysses; seine Gestalt nahm Minerva an, um Telemach auf seiner Fahrt zu dem sandigen Pylos zu geleiten. Fenelon in seinem Telemaque hat diesen Charakter auf jede Weise ausgeschmückt, und von ihm erst schreibt sich der Gebrauch der sprüchwörtlichen Redensart, »ein weiser M.«, für einen klugen Führer und Rathgeber her.

Menu, der Gesetzgeber Indiens, Sohn der Sonne, ein Waiwaswata, mit dem Zunamen Satyawrata, und zu seiner Zeit ereignete sich die grosse Ueberschwemmung. Das erste Purana, welches Bhagawat genannt wird, erzählt dieses Ereigniss, jedoch sehr poëtisch ausgeschmückt. Die Engländer halten Nuh und M. für denselben Namen, und in Folge dessen M. für Noah. Ein uraltes Buch, älter als Bhagawat — es führt den Namen Suayambhuwa Menu — ist nicht von M. selbst geschrieben, sondern von Bhrighu, einem heiligen Manne oder Halbgott, welcher in demselben den Menschen offenbarte, was M. ihm und andern Heiligen auf seine Bitte erzählt hatte. — M. ist übrigens auch eine grosse Zeitepoche der Indier, welche in ihre mystischen Rechnungen auf das Innigste verwebt ist; die Menschwerdungen oder Awatara's nehmen nach den vier Zeitaltern ab: vier davon fallen in die erste, drei in die zweite, zwei in die dritte, und eine in die vierte Epoche. Diese letzte wird jetzt noch erwartet, in ihr wird Wischnu seine zehnte Sichtbarwerdung feiern, als weisses Himmelsross erscheinen, die Erde durch einander treten, und sie zur Wiedergeburt vorbereiten. Die vier Epochen werden auch in der Zahl der Jahre, in der geometrischen Progression von 4, 3, 2, 1, kleiner, wie die Menschwerdungen in derselben Art abnehmen, und alle vier fassen die Zahl von 4,320,000 Jahren in sich; diese Zahl 72mal genommen, also 311,040,000 ist die Regierungszeit eines M., und 14 solcher Regierungen machen einen Tag des Brama, wovon seit der Erschaffung der Welt erst 50 verflossen sind: 217,730,000,000 — Zweimalhunderttausend Millionen Jahre. — Bhagwat Geeta gibt eine andere Berechnung: nach diesem Buch besteht ein Tag des Brama aus tausend Umwälzungen aller Jugs, also 4320 Millionen Jahre; ihm folgt eine eben so lange Nacht. In beiden Berechnungen nimmt man die Bemühung wahr, Zeit und Ewigkeit in eine Annäherung zu bringen, wiewohl es sich doch gleich als unstatthaft zeigen sollte. Ein solcher Tag des Brama nach unserem Massstabe zu Jahren aufgehäuft, und dann über alle Lebensdauer, zu vielen Millionen, Billionen und Centillionen vermehrt, gibt uns doch nur eine endliche Zahl, welche sich zur Ewigkeit verhält wie 0 zu 1.

Menuthis (Gr.-ägypt. M.), eine Wassergöttin, und, wie die Griechen sagen, Gattin des Steuermanns des Menelaus, Canobus, welcher in Aegypten gestorben und von den Einwohnern des Landes göttlich verehrt worden sein soll. Auch M. erhielt in Alexandrien einen Tempel.

Menys (Gr. M.), Vater der Pedias, der Gemahlin des Cranaus, in Attica herrschend; während seiner Regierung soll die deucalionische Fluth hereingebrochen sein.

Meon (Gr. M.), König in Phrygien, vermählt mit Dindyme, welche ihm Cybele geboren haben soll. Man erzählt, dass Letztere, den Atys liebend, sich ihm ergeben habe, und dass M., da er die Folgen ihres Fehltritts wahrnahm, den Verführer ermorden und seinen Leichnam den wilden Thieren vorwerfen liess.

Mephitis (Alt-ital. M.), eine Göttin, welche zu Cremona und am Fluss Amsanctus im Hirpiner-Lande einen

Tempel hatte, und vor dem Einfluss der mephistischen Dünste schützen sollte.

Mercur, Fig. 219. 220 (Gr. u. röm. M.), bei den Griechen Hermes. Seine ursprüngliche Bedeutung ist die des fügenden und bindenden Wirkens der Gottheit; daher der Name Hermes, vom griechischen εἴρω, fügen, wohlgeordnete Zusammenfügung. Im populären Glauben gehörte er ganz der Sphäre der practischen Bewegung an; er ist der Geist göttlicher Betriebsamkeit, daher der Ausrichter und Durchführer der Weltordnungen Jupiters. In diesem Sinne führte er auch im frühesten Alterthum

Fig- 219.

die Prädicate des Segenspenders und Unheil-Abwenders. Er ist ein Urgott des ältesten griechischen Stammes, der Pelasger; da diese vorzugsweise ein Hirtenvolk waren, so hat auch ihr Gott eine besondere Vorliebe für das Hirtenleben, und ist daher im Hirtenlande Arcadien auf dem Berge Cyllene geboren. Als der absolut handelnde Gott gewinnt er aber im Verfolg der weitern Ausbildung der griechischen Religions-Begriffe eine unendlich vielgestaltige Bedeutung, und dem zufolge gestalten sich auch die mythologischen Erzählungen über ihn auf das Manchfaltigste. Apollodor erzählt: »Maja, Tochter des Atlas, gebar in einer Höhle des Berges Cyllene den M.; dieser war kaum in die Wiege gelegt, als er sich sogleich aus derselben herausschlich, sich nach Pierien auf den Weg machte und daselbst die Rinder stahl, welche Apollo hütete; hiebei band er sich, um nicht durch seine Fusstritte verrathen zu werden, Sohlen verkehrt unter die Füsse, und trieb so die ganze Heerde nach Pylos, wo er sie, mit Ausnahme zweier, die er schlachtete, in eine Höhle verbarg; er verzehrte den grössten Theil, verbrannte das Uebrige und nagelte die Felle an den Felsen fest. Dabei machte er sich ein Spielwerk: über die hohle Schale einer von ihm gefundenen Schildkröte spannte er die Därme der geschlachteten Rinder und erfand so die Lyra, welche er mit einem Stäbchen, dem Plectrum, schlug. Apollo, mit dem Suchen der Rinder beschäftigt, kam nach Pylos, woselbst er die Einwohner zur Rede stellte wegen des Raubes, doch zur Antwort erhielt, sie hätten zwar einen Knaben sie forttreiben gesehen, wüssten jedoch, da sie keine Spur von ihm fänden, nicht, wo derselbe geblieben. Durch seine Wahrsagekunst entdeckte Apollo endlich den Dieb, kam nach Cyllene zu Maja und klagte den M. des Diebstahls an. Erstaunt über diese Beschuldigung, zeigte die Mutter ihm das Kind, doch der Gott liess sich nicht ferner täuschen, sondern brachte den Knaben zum Olymp, und klagte ihn vor Jupiter an. Da nun dieser ihm befahl, die Rinder auszuliefern, läugnete er die That geradezu, vermochte jedoch nicht, Jupiter zu überzeugen, und bequemte sich endlich, mit Apollo nach Pylos zu wandern und ihm das geraubte Gut zurückzugeben; dabei zeigte er ihm das neu erfundene Instrument, über dessen Töne Apollo so entzückt war, dass er dasselbe gegen die Heerden eintauschte, die nun M.s rechtmässiges Eigenthum blieben. Bald darauf machte der junge Gott eine neue Entdeckung: er erfand die Flöte, und für diese trat ihm Apollo den goldenen Zauberstab (Caduceus) ab, und ertheilte ihm noch die Wahrsagekunst. Jupiter aber machte jetzt den M. zu seinem und der unterirdischen Götter Boten.« — Später

Fig. 220.

erhielt M. eine Menge der verschiedenartigsten Attribute und Eigenschaften, und ward der Träger aller Intriguen in den Götterromanen: er hält dem Jupiter die Leiter, als er zu Alcmene in das Fenster steigt; er führt die Seelen in den Orcus, er leiht dem Bellerophon und dem Perseus die geflügelten Schuhe und den Flügelhelm, welcher ihn durch die Luft trägt; als Führer der Seelen hat er den Namen Psychopompus. Er tödtet den Argus, um Jupiters geliebte Io zu befreien; er verleiht dem Autolycus List und Verschlagenheit und schärft sein Diebsorgan; er trägt den neugeborenen Bacchus in den Schooss der Ino und später zu den Nymphen von Nysa zur Erziehung, und macht, ausserdem, dass er hülfreich oder schädlich gegen Andere auftritt, für sich selbst viele, mehr oder minder bedeutende Unternehmungen und Erfindungen. — Von M. leitet man die Friedensunterhandlungen, Vergleichsvorschläge und Verträge her, die im Kriege vorkommen; auch das Zeichen derselben, den Heroldsstab, den die Ueberbringer solcher Botschaften zu tragen pflegen, und der ihnen Sicherheit bei dem Feinde verschafft. Er dachte ferner Mass und Gewicht aus und den Gewinn beim Handel, und die Kunst, heimlich Anderen das Ihre zu entwenden; er war der trefflichste Bote, weil er Alles, was man ihm auftrug, genau ausrichtete. — M. hat zahlreiche Liebschaften, vorzüglich mit den Nymphen; daher ist er auch Vater des Pan und des schönen Daphnis in Sicilien. Aber ganz besonders muss noch seine Eigenschaft als Redner, Erfinder der Redekunst und Schutzgott der Redner sowohl als der Dichter hervorgehoben werden, die in dem ursprünglichen Begriff seiner durchdringenden Wirksamkeit wesentlich mit eingeschlossen war, da keine Wirkung gewaltiger ist, als die des Wortes. Die Römer fassten ihren M. vorzugsweise als den Gott des äusserlichen Handels und Wandels, und sein römischer Name ist sicher von Merx, Handelswaare, abzuleiten. — Seine Attribute sind vor allen der Caducëus, ein Stab, gewöhnlich mit zwei Schlangen umwunden; der geflügelte Helm oder besser Hut (Petasus); die Flügel an den Knöcheln (Talaria), als Symbole der Schnelligkeit, so wie der Stab den Herold anzeigt; ferner der Geldbeutel (Handel), die Schildkröte (Cither), der Hahn (Wachsamkeit und Kampflust; er gilt für den Erfinder der Gymnastik, vergl. Palästra); ferner die Harpe, das Sichelschwert, mit welchem er den Argus tödtete; Widder und Opferschale (Opferdienst); die Flöte (Musik); der Kranich (aus den Formen, welche sie beim Fliegen annehmen, soll er die Buchstaben gebildet haben); der Hund (Wachsamkeit) u. dergl. mehr. Dargestellt wird er als Ideal jugendlicher Schönheit, mit feinem Körperbau und feinen Zügen, fast immer bartlos; alte Statuen gibt es von ihm wenige, doch schöne antike Gemmen und Reliefs. Wir sehen ihn auf unseren beiden Abbildungen als Gott des Ringens und als Seelenführer. Die neuere Kunst hat sich wiederholt zur Aufgabe gemacht, ihn darzustellen; so ist ein M. zu Bologna, aus Erz gegossen, von Giovanni da Bologna. Ein anderer M., noch schöner und bei weitem edler, ist der Argustödter von Thorwaldsen. — Von philosophirenden Griechen und Römern wurde M. vielfach mit ausländischen Gottheiten verglichen und vermengt, mit dem Thooth der Aegypter, der bei den dortigen Priestern die absolut sinnreiche und erfinderische Gotteskraft bedeutete; mit dem Wodan der Germanen, der ebenfalls die durch Alles hindurchgehende göttliche Kraft vorstellt.

Meriones (Gr. M.), Sohn des Molus, bekannt durch den Helm des Amyntor, welcher in seinem Besitz war, und den er dem Ulysses lieh, als dieser mit Diomedes in das Lager der Trojaner ging, um Kundschaft einzuziehen. Obschon er sehr tapfer und auch ein berühmter Bogenschütze war, so erwähnt Diodor, der viel unbedeutendere Namen aufnimmt, seiner doch nur ganz oberflächlich als nach Sicilien verschlagen.

Merlin (Britt. M.), ein hoch berühmter Zauberer, welcher in den Erzählungen von König Artus und der Tafelrunde eine wichtige Rolle spielt, die wunderbarsten Abenteuer bereitet oder löst, Felsen und Berge versetzt und verwandelt u. s. w. Man weist sein Grab auf der englischen Insel Bardsey nach und glaubt in ihm eine halb historische, halb fabelhafte Person, vielleicht einen der letzten Druiden, zu sehen.

Mermerus (Gr. M.), ein Centaur, gewaltiger Läufer, auf der Hochzeit des Pirithous verwundet, so dass ihm kaum noch die Flucht gelang. — 2) und 3) M., ein Sohn und ein Enkel des Jason; Ersterer ward von seiner Mutter Medea getödtet; der Andere, ein Sohn des Pheres, ward nach seines Vaters Tode König der Thesproten.

Mernt (Slav. M.), einer der bösen, schwarzen Götter (Tschernebog, Schljebog) der Böhmen; er soll dem Pluto ähnlich gewesen sein und die Unterwelt beherrscht haben.

Merope (Gr. M.), 1) Tochter des Atlas und der Pleïone, Gattin des Sisyphus, dem sie den Glaucus, den Vater des Bellerophon, gebar. — 2) M., eine der Heliaden, Schwester des Phaëthon, welche sich über des Jünglings Unglück todtweinte; ihre Thränen wurden in Bernstein verwandelt. — 3) M., Tochter des Oenopion, verlobt mit Orion, der jedoch, weil er den stets wieder hinausgeschobenen Hochzeitstag nicht erwarten wollte, für seine Dreistigkeit durch den Vater der Geliebten der Augen beraubt wurde. — 4) M., s. Cresphontes.

Meropis (Gr. M.), Tochter des Eumelus und besondere Verehrerin der Erde, so dass sie von keiner andern Gottheit etwas wissen wollte, wesshalb sie in einen Vogel verwandelt wurde.

Merops (Gr. M.), 1) s. Ethemea. — 2) M., Gatte der Clymene, welche von Apollo Mutter des unglücklichen Phaëthon wurde. — 3) M., von seinem Geburtsorte Percote, Percosius genannt. Die Ilias stellt ihn als einen Seher dar, welcher unter Anderem seinen Söhnen Adrastus und Amphius nicht gestatten wollte, in den Krieg nach Troja zu ziehen, weil er ihr unglückliches Ende voraussah. Dieser M. war König zu Rhyndacus in Kleinasien, und auch Vater der Clite, welche sich mit Cyzicus, einem König in Propontis, vermählte und, als dieser durch die Argonauten getödtet ward, sich erhängte.

Meru (Ind. M.), der Mittelpunkt der Welt, der grosse Urberg von lauter Gold und Diamanten, auf dessen unermesslicher Fläche alle Paradiese, Reiche, Städte und Paläste der einzelnen Götter und Heiligen sind. Seine runde Gipfelfläche ist das Paradies des Schiwa; zahllose Bergspitzen stehen rings umher, und bilden die Grundpfeiler zu den Wohnungen der übrigen Götter. Der Berg M. selbst ist so tief im Schooss der Erde begründet, als er über derselben emporragt, und sein Fuss steht auf lauter metallenen Säulen. Aus seinem Schooss ergiessen sich die heiligen Ströme über die Erde; der Ganges entspringt aus dem Maule einer Kuh und fliesst nach Süden; nach Westen fliesst der Oxus aus einem Pferdekopf; nach Norden der Jenisei (Bhadra) aus einem Tigerkopf, und nach Osten der Hoangho aus einem Elephantenkopf. Man sieht aus diesen Flüssen, dass das Himalaja-Gebirge darunter verstanden ist.

Mesateus (Gr. M.), Beiname des Bacchus, nach der Stadt Mesatis, wo er erzogen sein sollte.

Mesch (Pers. M.), der König der Sterne, oder wenigstens der Hüter derselben, welcher immer unter ihren Schaaren umherwandelt und sie zählt, ordnet, beschützt und vertheidigt; man glaubt denselben in dem Planeten Venus wieder zu finden.

Meschia und **Meschiane** (Pers. M.), das erste Menschenpaar, welches durch Kajomorts nach seinem Tode gewissermassen erzeugt wurde, indem die dem Todten entfliessende Feuchtigkeit, von der Sonne gereinigt, nach vierzig Jahren einen Baum emportrieb, dessen Stamm gestaltet war wie Mann und Weib in ihrer innigsten Vereinigung. Seine Früchte waren zehn Menschenpaare, von denen M. und M. die Ureltern der Menschen wurden. Die weitere Sage von ihnen ist der Erzählung von Adam und Eva ganz gleich.

Messapeus (Gr. M.), Beiname des Jupiter, unter welchem er zwischen Amyclä und dem Berge Taygetus ein Heiligthum hatte.

Messene (Gr. M.), Tochter des Triopas, Nationalheldin der Messenier, von welcher das Land den Namen hat, vermählte sich mit Polycaon und veranlasste diesen zur Eroberung des Reiches Messenien. Später brachte man ihr förmlich Opfer, wie einem Heroën.

Mesthles, s. Gygaea.

Mestor (Gr. M.), zwei Nachkommen des Perseus und der Andromeda, der Erstere des Ehepaares Sohn, der Zweite des Sohnes Urenkel (Pterelaus war sein Vater). Perseus' Sohn vermählte sich mit Lysidice.

Mestra, s. Erysichthon 2).

Meta (Gr. M.), Tochter des Hoples, erste Gattin des Königs Aegeus von Athen.

Metabus (Alt-ital. M.), 1) König der Volsker vor den Zeiten des Aeneas, ward von seinem aufrüherischen Volke vertrieben und entging dem Tode nur dadurch, dass er durch den mächtig angeschwollenen Amasenus schwamm. Seine Tochter Camilla band er an den knotigen Speer, weihte sie der Diana und warf sie so über den Strom. — 2) M., Sohn des Sisyphus, soll die Stadt Metapontum gegründet haben.

Metamelia (Gr. M.), die Reue, Tochter des Epimetheus (des zu spät Denkenden), Schwester der Prophasis (Entschuldigung, Ausrede).

Metanira, s. Celeus.

Metapontus (Gr. M.), König von Icaria, Pflegevater des Böotus und Aeolus. Als Melanippe, Desmontes Tochter, eine Geliebte des Neptun, dieselben geboren, liess dieser die Kinder aussetzen, die Mutter blenden und in ein Gefängniss werfen. M.' Gattin Theano hatte keine Kinder, und gab diese von Hirten gefundenen Zwillinge für die ihrigen aus; später bekam sie selbst welche, und diesen trug sie auf, ihre Brüder auf der Jagd zu tödten; doch Neptun stand seinen Söhnen bei, die Andern unterlagen, und Theano gab sich aus Kummer den Tod. Böotus und Aeolus hatten von Neptun ihre Abkunft erfahren, straften den grausamen Desmontes, und Neptun heilte die geblendete Mutter. M., welcher inzwischen von dem Verbrechen seiner Gattin in Kenntniss gesetzt worden war, verzieh nicht nur den beiden Jünglingen, sondern nahm sie förmlich an Kindesstatt an und heirathete ihre Mutter.

Metempsychose, Seelenwanderung, die Grundlage der alten Religionslehre mehrerer Völker, namentlich der orientalischen, der Indier und Aegypter. Von dort aus verallgemeinerte sich der Glaube an ein Uebergehen der Seele aus einem verstorbenen menschlichen Körper in einen andern menschlichen oder thierischen; meistens jedoch als eine Strafe gedacht. Die Seele, ein unmittelbarer Ausfluss des höchsten Gottes, wird, als zur Reinigung von anhängenden Schlacken, zur Büssung für begangene Vergehen, durch mehrere Vervollkommnungsstufen gehend gedacht. — Die Indier haben hauptsächlich diese Lehre ausgebildet, sie ist bei ihnen Schicksalssache, meist Strafe für nicht erfüllte Religions- und Kasten-Pflichten, und ein Mittel zur Läuterung. Nach Massgabe der abzubüssenden Verbrechen findet die Wanderung durch die Körper bösartiger oder gutartiger Thiere statt, dauert längere oder kürzere Zeit, wiederholt sich bei demselben Individuum öfter oder minder oft. Von diesem Glauben hängt auch das Verbot des Fleischessens ab. — Bei den Griechen ward diese Lehre durch Pythagoras vorgetragen. Er nahm sie in seine Philosophie als Zeugniss für die ewige Fortdauer der Seele auf. Der Geist des Menschen, von seinen Fesseln befreit, geht in einen Zwischen-Zustand zwischen Himmel und Erde über, von wo er früher oder später zur Erde zurückkehrt, um irgend eine sterbliche Hülle zu beseelen, bis nach seiner vollkommenen Läuterung die Wanderung zur Urquelle des Lichts und Lebens möglich wird. Es unterscheiden sich hier Neulingsseelen, welche, aus ihrem himmlischen, ätherischen Leben zum ersten Male austretend, in die Hülle sterblicher Wesen eingeben, und büssende, welche nach einmaligem Leben als Menschen zum zweiten und dritten Male in solcher Verkörperung erscheinen, oder solche, die aus Neigung zum Irdischen zum Leben in der Sinnenwelt herabkommen. Am seltsamsten verfuhren die Juden mit der Seelenwanderung, indem sie behaupteten, Gott habe nur eine gewisse Anzahl Judenseelen geschaffen, welche, so lange es Bekenner des Mosaismus gebe, immer wieder kämen, und von denen viele zur Strafe in Thierkörper verpflanzt würden; sie alle jedoch werden am Auferstehungstage sich in den Leibern der Gerechten in Palästina befinden, und dort in dieser Gestalt auferstehen. — Unter den Christen waren besonders die Manichäer diejenigen, welche die Seelenwanderung annahmen und sie als Bussmittel betrachteten, indem sie behaupteten, dass ein blutdürstiger Mensch nach seinem Tode in einen Wolf, ein eitler in einen Pfau, ein Wollüstling in einen Hahn übergehe.

Metharme (Gr. M.), Tochter des Pygmalion, Königs von Cyprus. Cinyras, der auf die Insel kam und die Stadt Paphos gründete, warb um ihre Hand, und erzeugte mit ihr nach Einigen den Adonis und die Töchter Orsadice, Laogora und Bräsia.

Methone (Gr. M.), Tochter des Giganten Alcyoneus, welche sich aus Kummer über ihres Vaters Tod in das Meer stürzte; die Götter verwandelten sie und ihre Schwestern in Eisvögel.

Metiadusa (Gr. M.), Tochter des Eupalamus und Schwester des berühmten Dädalus. Cecrops vermählte sich mit ihr, und sie empfing von ihm den Pandion.

Metion (Gr. M.), Grossvater der Metiadusa (s. d.), Vater des Eupalamus, der, nebst seinen übrigen, namentlich nicht bekannten, Brüdern, zu den Metioniden gehört. Apollodor erzählt, dass diese Söhne des M. den Pandion vom Throne Athens vertrieben, jedoch dessen Söhnen wieder weichen mussten.

Metis (Gr. M.), eine Oceanide, welche durch ihre Klugheit Jupiter's Brüder und Schwestern rettete, indem sie auf des Erstern Bitte dem Saturn das Brechmittel gab, auf welches er alle seine verschlungenen Kinder wieder von sich geben musste. Jupiter vermählte sich mit ihr; da aber ein Orakel sagte, der M. Sohn werde ihn vom Throne stossen, so verschlang er sie, und Minerva, das Kind, das sie empfangen, ward aus seinem Haupte geboren.

Metiscus (Alt-ital. M.), der Wagenlenker des Turnus. Juturna, des Helden Schwester, erregte, nach schon beschworenen Verträgen, zwischen den streitenden Völkern neuen Krieg, um dem Bruder den Zweikampf mit Aeneas zu ersparen, warf dann den M. vom Wagen und bestieg denselben in seiner Gestalt, den Bruder der Schlacht entführend.

Metope (Gr. M.), 1) Mutter der Hecuba und Gemahlin des Flussgottes Sangarius (Andere nennen den Dymas oder den Cisseus als Vater der Hecuba). — 2) M., des Ladon Tochter, vermählte sich mit dem Flussgott Asopus und gebar den Ismenus, Pelasgus, die Aegina, die Chalcis, und noch achtzehn Töchter.

Mexicaner, Fig. 221 (Religionsansichten und Fabellehre der). Das Wunderland, welches zwischen Nord- und Südamerica liegt, war uns lange unzugänglich, und Alles, was wir von dorther vernahmen, war fabelhaft, bis A. v. Humboldt und einige neuere Reisende das Dunkel, welches über dem Lande schwebte, in etwas aufhellten. Die mexicanischen Völkerschaften nehmen in merkwürdiger Uebereinstimmung mit den Sagen der Griechen und Römer vier Weltalter an, welche sie nur in etwas anders, nämlich nicht nach Gold und Silber, sondern nach den uns bekannten vier Elementen benennen: das erste heisst Atonatiuh, das Zeitalter des Wassers; es begann mit der Erschaffung der Welt, und dauerte bis zum Untergang der Erde und der dazu gehörigen Sonne durch eine un-

Fig. 221.

geheure Wasserfluth; das zweite Tlaltonatiuh, das Zeitalter der Erde, schloss mit einem Erdbeben, welches dem menschlichen Geschlechte und der zu diesem Zeitraum gehörigen Sonne ein Ende machte; das dritte heisst Ehekatonatiuh, das Zeitalter der Luft, bei welchem die Menschen und die Sonne durch einen fürchterlichem Sturm umkamen; das vierte heisst Tletonatiuh, Zeitalter des Feuers, dasjenige, in welchem wir uns jetzt befinden, und welches durch den Ausbruch des Feuers aus allen Schlünden der Erde enden wird. Die M. glaubten, das Ende würde an den Schluss einer der zwei und fünfzigjährigen Perioden fallen, welche das grosse Sonnenjahr bilden; sie stellen daher immer nach Ablauf einer solchen ihrem Feuergott grosse Opfer an aus Dank, dass er wieder seine Begierde, die Erde zu verschlingen, gezähmt habe. Die Menschen übrigens gingen zwar bis auf ein Paar jedesmal verloren, allein sie starben nicht, sondern wurden verwandelt, zuerst in Fische, dann in Affen, dann in Vögel. Der Noah der M. hiess Coxcox und seine Frau Xokiquetzal; sie retteten sich auf einem kleinen Schiffe, und auf dem Berge Colhuäan liessen sie sich nieder; ihre Kinder lernten von weissen Vögeln so verschiedene Sprachen, dass sie einander nicht verstehen konnten. — Die Schutzgöttin des Menschengeschlechtes,

Omecihuatl, wohnte in einer prächtigen Stadt des Himmels; sie gebar viele Kinder, aber auch einmal ein steinernes Messer, welches die Kinder auf die Erde hinabwarfen, worauf dann aus diesem Messer 1600 Helden (Halbgötter) entstanden; diese hatten nun keine Menschen um sich, denn letztere waren mit der Katastrophe des dritten Zeitalters verschwunden; sie sandten daher einen Boten in den Himmel an ihre Mutter mit der Bitte, dass sie ihnen Kraft verleihen möchte, Menschen hervorzubringen. Die Mutter antwortete, sie habe gehofft, ihre Kinder würden sich durch eine edle Denkungsart des Himmels würdig machen, weil sie jedoch auf der Erde bleiben möchten, so sollten sie von dem Gott der Unterwelt sich einen Knochen eines verstorbenen Menschen geben lassen, und wenn sie denselben mit ihrem Blute besprengen wollten, würden daraus Menschen entstehen, doch sollten sie sich vor dem Gotte hüten. — Xolotl, einer der Halbgötter, erhielt von Mietlanteuetli einen solchen Knochen, und eingedenk der Warnung entfloh er in grosser Schnelle; auch hatte er Ursache hiezu, denn Jener verfolgte ihn so schnell wie möglich, doch ohne Erfolg; sie besprengten nun den Knochen mit Blut, und es entstand daraus ein Knabe und ein Mädchen, welche das erloschene Menschengeschlecht wieder fortpflanzten; allein es entstand auch daraus die grässliche Sitte der Menschenopfer. Da nämlich die Sonne des vierten Weltalters noch fehlte, setzten sich die Helden in ein grosses Feuer und sagten zu den Menschen, der Erste, welcher in den brennenden Scheiterhaufen springe, würde zur Sonne werden. Nanahuatzin opferte sich und erschien bald darauf als Sonne, doch stand er am Horizont still und sagte, er würde nicht weiter gehen, bevor alle Helden getödtet wären. Der Held Cibli schoss einen Pfeil nach der Sonne, aber diese schoss ihm denselben zurück in den Kopf und tödtete ihn. Die Uebrigen beschlossen nun freiwillig zu sterben; Xolotl gab ihnen allen und zuletzt sich selbst den Tod; ihre Kleider blieben den ehemaligen Dienern, den Menschen, und die Spanier, nach America kommend, fanden in Mexiko in mehreren Tempeln noch Kleider, welche man göttlich verehrte, und für Kleider dieser Helden ausgab. Das Opfer der Helden, so wie das erste des sonnegewordenen Mannes gab nun Veranlassung zu den grässlichen Menschenopfern. Auf die gleiche Weise, wie die Sonne, entstand der Mond; weil jedoch das Feuer nicht so heftig war, erhielt er nicht eben denselben Glanz. Die M. halten die Seelen der Menschen für unsterblich, gefallene Krieger und in der Geburt sterbende Mütter kommen in das Haus der Sonne, und leben dort herrlich und in Freuden fort; sie dürfen in der Gestalt von Wolken, von glänzenden Vögeln etc. auf die Erde zurückkehren und ihre Lieben besuchen. Diejenigen, welche durch den Blitz oder im Wasser sterben, kommen in das Haus des Wassergottes und führen gleichfalls ein freudiges Leben, jedoch ist ihnen die Wiederkehr nicht gestattet; nur die an langen Krankheiten Gestorbenen kommen in die finstere Unterwelt. Aus den vergötterten Helden, Vorfahren und Königen entstanden bald wirkliche Götter, deren Zahl sich auf über 3000 erstreckte, doch hatten sie einige Vorstellung von einem höchsten Wesen, welches unabhängig von Anderen, aus sich selbst entstanden, der Urheber aller Dinge war; dieses Urwesen hatte den Namen Teotl (Gott), seine besonderen Eigenschaften suchten sie durch Beinamen auszudrücken. Ein diesem entgegengesetztes Wesen war Tläatewlolotl, d. h. die vernünftige Eule. Die M. glaubten, dieser böse Dämon erschiene den Menschen zuweilen, um sie zu quälen und in Furcht zu setzen. — Neben diesem guten und bösen Princip gab es drei Classen von Göttern: zu den ersten gehörten die Mütter aller Götter, der Gott der Vorsehung, die Götter der Gestirne, der Elemente, des Krieges, der Jagd, der Fischerei, des Handels, der Strafe, des Schutzes u. s. w.; zu der zweiten Classe gehörten die Jahres-, Monats-, Tages-, überhaupt die Zeit-Götter; in der dritten standen nur die Familien-Götter. Diese aber waren Bildsäulen von Stein, von Holz, von Thon, aus Gold und andern Metallen, denn Allen wurden Tempel errichtet, Priester und Priesterinnen gesetzt (s. hiezu unser Bild, eine mexikanische Priesterin mit ihrem sonderbaren Kopfschmuck vorstellend, wie eine aufgefundene Büste sie zeigt) und Opfer dargebracht, welche in allen Landeserzeugnissen, aber auch in blutigen Menschenopfern bestanden. Der oberste oder wenigstens der verehrteste ihrer Götter war der blutdürstige Huitzilopochtli (s. d.) und die Art. Temalakatl, Teokalli.

Mexicotes huatzin, der zweite Oberpriester der Mexikaner, welcher die Aufsicht über alle Ceremonien hatte und über deren genauere Vollziehung wachte. In den Tempeln befanden sich Schulen für die künftigen Priester, denen jener ebenfalls vorstand; die Lehren, welche die jungen Leute hier empfingen, waren vortrefflich, und hatten die Priester auch nicht vergessen, sich als die Höchsten in Allem, was verehrt werden sollte, voran zu stellen, so wurde im Uebrigen doch wirklich Gutes dort gelehrt.

Mexitli, s. Huitzilopochtli.

Mezentius (Alt-ital. M.), einer der grausamsten und wildesten Charaktere, die Virgil in der Aeneïs geschildert. König in Etrurien, ward er durch seine unerhörte Barbarei verhasst und endlich vertrieben; hierauf kam er zu Turnus, als dieser mit Aeneas kriegte, stand ihm bei, ward aus Lebensgefahr von seinem Sohne Lausus gerettet, musste aber diesen für sich sterben sehen. Aeneas ehrte die kindliche Liebe des jungen Helden so, dass er dessen Leiche, um sie vor Raub und Verstümmelung zu schützen, vom Schlachtfelde hinwegtragen liess. Auch M. blieb von der Hand des Trojaner-Königs, nachdem er mehrere Speere vergeblich auf diesen geworfen; er bat nicht um Gnade, sondern nur um Begräbniss, damit die grollenden Völker sich nicht an ihm rächten, und empfing dann das drohende Schwert in die Kehle.

Mezli (Mexik. M.), der Mond, welcher von den Völkern von Anahuak so verehrt wurde, wie die Sonne; zu den Göttern ersten Ranges gezählt, hatte er fast in jeder grössern Stadt Tempel, welche denen der Sonne wenig nachstanden.

Michabu, bei den Völkern des nördlichen America der Schöpfer der Erde und der Menschen.

Miche (Slav. M.), der oberste Priester des Gottes Prowe oder Perun, welcher die heiligen Opferhandlungen verrichten musste.

Midas (Gr. M.), König von Phrygien, von Bacchus, den er freundlich aufgenommen, damit belohnt, dass auf seine Bitte Alles, was er berührte, in Gold verwandelt wurde; hiedurch erlangte er nun zwar einen überschwenglichen Reichthum, aber da sich auch seine Speisen in Gold verwandelten, kam er in Gefahr, zu verhungern, bis Bacchus ihm befahl, sich im Pactolus zu baden, welcher Fluss diese Krankheit von ihm nahm, aber selbst seit dieser Zeit Gold führte. Den Wettstreit zwischen Apollo und Pan entschied M. zu Gunsten des Letztern, wofür ihm Apollo ein Paar lange Eselsohren ansetzte. Diese verbarg er unter seine phrygische Mütze, so dass Niemand davon wusste, als sein Barbier. Um sich von der Last des Geheimnisses zu befreien, flüsterte dieser die Worte: »M. hat Eselsohren« in eine sumpfige Grube in der Nähe eines Sees; da erwuchs im nächsten Jahre Schilf aus derselben, und dieser wiederholte flüsternd stets die nämlichen Worte, wodurch das Geheimniss an den Tag kam.

Midea (Gr. M.), 1) s. Licymnius. — 2) M., Tochter des Königs der Dryoper, Phylas, den Hercules tödtete, als er den Tempel zu Delphi plündern wollte, M. ward durch Hercules Mutter des Antiochus. — 3) M., eine Nymphe, welche durch Neptun Mutter des Aspledon wurde.

Midgard (Nord. M.), die durch die Augenbrauen des Riesen Ymer verschanzte Erde, der eigentliche Wohnsitz der Menschen, und in dem Allerheiligsten, in Asgard, auch der Wohnsitz der Asen, welchen diese, um sich vor den Einfällen der Jotnen zu schützen, auf jede Weise befestigt haben.

Midgardsschlange, s. Jormungand.

Midon (Gr. M.), König von Mysien, mit Priamus befreundet, dem er ein Hülfsheer sandte, das von seinem Sohne Chromis und seinem Unterfeldherrn Eunomus befehligt wurde; er verlor dieses sowohl als sein Reich durch das Heer der Achäer.

Midsuno kami (Japan. M.), der Wassergott; ihm wird vom Anfange der Regenzeit bis zum Ende derselben durch das ganze Land ein Ehrendienst gehalten. An Brunnquellen, häufig auch an Ufern der Flüsse, werden Bambuswedel und Flaggen angesteckt, von denen Fahnen, mit heiligen Zeichen bemalt, und mit der Inschrift:

»Verehrung, Feier und Opfer dem Wassergotte!« wehen. Es werden dem wohlthätigen Ka dabei Fische, Kuchen, auch Goldgeschenke zum Opfer gebracht.

Miechutele (Slav. M.), der Gott der Farben bei den Litthauern. Er ward von ihnen angerufen, wo sie die Waldkräuter zum Färben ihrer Zeuge suchten.

Migonitis (Gr. M.), Beiname der Venus, von einem Tempel, den ihr Paris in Laconien erbaute, wo Helena zuerst seine Wünsche erhörte.

Mija (Japan. M.), die von Holz verfertigte kleine Hauscapelle, welche sich in der Wohnung selbst des ärmsten Japaners findet: in ihr Inneres setzt man das Gohei, das Sinnbild der Gottheit; Blumengefässe, Opfergeräthe und Laternen sind rings umher angebracht. Opferwein, gereinigter Reis, Thee wird stets bereit für die Götter gehalten.

Mikaddo (Japan. M.), der weltliche Fürst und sterbliche Nachfolger der grossen vergötterten Vorfahren der ehemaligen Kaiser von Japan, welche Mikotto's hiessen; jeder M. kann durch Gunst der Götter schon bei Lebzeiten göttlich verehrt, d. h. Mikotto werden.

Mike, die untere Priesterclasse bei den Wenden und Rugiern.

Mikosi arai (Japan. M.), ein Fest, das an dem Flusse Josi jo den Göttern der Sonne und des Mondes gegeben wird. Ausserordentliche Pracht zeichnet dasselbe aus; längs des Flusses sind Zelte erbaut, unter denen allerlei Ess- und Trinkwaaren und sonstige Vergnügungen zu finden sind. Ganz Mijako läuft zu diesem Feste und verjubelt unter Tanz, historischen Erzählungen, Heldengesängen, Schauspielen mancher Art, die Nacht.

Mikotto (Japan. M.), der Titel der frühesten Könige von Japan, aus göttlichem Geschlechte entsprossen; sie lebten alle Millionen Jahre lang. Die folgenden menschlichen Könige hiessen Mikaddo (s. d.).

Miktlan (Mexik. M.), das Land der Verdammniss, des Elends, in welches diejenigen kamen, die nicht im Wasser, durch den Blitz oder an Krankheiten starben.

Miktlanteuktli (Mexik. M.), der Beherrscher von Miktlan (s. d.); dort lebt er mit Miktlancihuatl, seiner Gattin. Eine entfernte Aehnlichkeit findet zwischen diesem Paare und Pluto mit Proserpina statt.

Milanion (Gr. M.), Sohn des Amphidamas, vermählte sich mit der arcadischen Atalante, Tochter des Iasus, nachdem sie den Meleager beglückt, die calydonische Jagd und den Argonautenzug mitgemacht. Sein Sohn war Parthenopäus.

Milesia (Gr. M.), Beiname der Ceres nach ihrem Tempel zu Milet.

Miletus (Gr. M.), Sohn des Apollo und der Area, einer Tochter des Cleochus, nach Anderen der Acacallis. Minos und Sarpedon liebten den schönen Jüngling; der Vorzug, den dieser dem Sarpedon gab, bewog den Minos zum Krieg gegen seinen Bruder, welcher nun mit M. nach Carien floh, wo dieser die Stadt M. gründete; dort soll er Idothea, des Königs Eurytus Tochter, nach Anderen Cyanee, Tochter des Mäander, zur Gattin genommen haben, welche von ihm den Caunus und die Byblis empfing.

Milichius (Gr. M.), »der Besänftiger«, Beiname des Jupiter zu Argos und des Bacchus auf Naxos.

Mimallones oder **Mimallonides** (Gr. M.), Beiname der Bacchantinnen (s. d.).

Mimameithr (Nord. M.), der Baum, an welchem neben der Quelle der Weisheit Mimer sitzt; er breitet seine Aeste über alle Gegenden der Erde aus, und wird weder vom Wasser, noch vom Feuer beschädigt.

Mimas (Gr. M.), 1) Sohn der Erde, ein Gigant. — 2) M., Sohn des Amycus, eines vornehmen Trojaners, der Theano, der Hecuba Schwester, zur Gattin hatte. M. begleitete den Aeneas nach Italien und blieb dort von der Hand des Mezentius.

Mimer (Nord. M.), ein überaus weiser Ase, der von den Göttern zu den Vanen gesandt wurde, um den Asen Häner, der als Geissel bei ihnen war, mit seinem Rath zu unterstützen; M. aber ward von den Vanen getödtet und sein Haupt an Odin zurückgeschickt, welcher durch Zauberei es wieder belebte, so dass es ihm alles Verborgene weissagte. Er hatte früher die Wache an einer der drei unterweltlichen Quellen, die nach ihm Mimersbrunnen heisst. Odin, der die Kraft dieses Wassers, Weisheit zu verleihen, kannte, wollte daraus trinken, erhielt jedoch nur gegen Einsatz seines Auges Erlaubniss hiezu, und büsste es auf diese Art ein.

Mimring (Nord. M.), ein in Dänemark verehrter Waldgott.

Mimsoinr (Nord. M.), »Freund des Mimer«, ein Beiname, den Odin davon erhielt, dass Mimer ihn aus seinem Weisheitsborn trinken liess, wiewohl er diess mit einem Auge bezahlen musste.

Minde (Slav. M.) heissen die Geister der Abgeschiedenen bei den Pommern und Wenden.

Minerva, Fig. 222—226 (Gr. u. röm. M.), bei den Griechen A t h e n e, P a l l a s A t h e n e, auch P a l l a s allein. Pallas bedeutet nichts weniger, als Jungfrau, und Athene hängt jedenfalls mit dem Namen der Stadt Athen auf's Engste zusammen, so dass man vermuthen darf, die Göttin war ursprünglich nur athenische Local-Gottheit. Dabei ist aber nicht an das berühmte, sondern an ein weit älteres, frühe untergegangenes, von Pelasgern am

Fig. 222.

copaïschen See in Böotien gegründetes Athen zu denken, das an der Mündung des Flüsschens Triton in den See gelegen haben soll, und eben darum heisst M. auch häufig T r i t o n i a oder Tritogenia, und wenn man diesen Triton als Fluss oder See später in Libyen suchte, und Minerva dort geboren werden liess, so erklärt sich diess dadurch, dass Minyer aus Böotien nach Cyrene in Libyen gewandert waren und dort ihre uralten Stammsagen wieder einheimisch gemacht hatten. Schon bei Homer aber erscheint M. als allgemein verehrte griechische Gottheit mit einem so vollendeten Begriff, dass später keine wesentliche Veränderung desselben mehr eintreten konnte. Ihr Begriff ist Besonnenheit und Thatkraft, die sich in Handlungen voll Mass und Würde, reich an edlen Früchten, entfaltet. Daher wirkt sie in Allem, was die wahrhaft edle Gestaltung des menschlichen Lebens begründet: sie ist vor Allem Staatenschirmerin und Staatenerhalterin; Alles, was die Kraft und das Gedeihen des Staates fördert, Ackerbau, nützliche Erfindungen und Kunstfleiss, Beschirmung und Vertheidigung der Mauern, Burgen und Häfen, steht unter ihrer Obhut. Sie ist daher auch kriegerische Gottheit, aber in ganz anderem Sinne als Mars; während dieser sich nur des wilden Getümmels freut, ist M. die weise Kriegsgöttin, die den Krieg nur um des Vortheils willen führt. Als besonnene Kriegerin heisst sie die Hell- und Scharfblickende, Glaukopis, d. h. die Eulenäugige, mit Beziehung auf den Lichtblick der Eule in der Dämmerung. Eben darum ist dieser Vogel ihr besonders geheiligt. Sie erhält den Staat, aber weit mehr auf friedlichem, als kriegerischem Wege; sie schirmt den Ackerbau, hat den Pflug und den Rechen erfunden die Spindel und den Webestuhl; der Oelbaum ist ihr Geschenk; sie lehrt Stiere anjochen und Rosse zügeln; erfindet die Flöte und die Trompete; ist die Schutzgöttin der den Staat bildenden Geschlechter (s. Apaturia) und der Gerichtshöfe; sie hat den Areopag zu Athen gegründet. — Gewiss gereicht es dem griechischen Volksgeist zu hoher Ehre, zum äusseren Gefäss dieses so kräftigen und edel wirkenden göttlichen Geistes gerade die Person einer Jungfrau gewählt zu haben. Diese Jungfräulichkeit bildet denn auch den Grundzug aller der

Fig. 223.

Sagen, die von ihr erzählen. Sie ist die Tochter des höchsten Jupiter, aus seinem Haupte geboren. Nach Späteren hatte Jupiter zuvor seine mit M. schwangere Gemahlin Metis in seinem eigenen Leibe eingekerkert, und musste nun ihr Kind aus seinem Haupte gebären. M. beschirmte alle Helden, die mit kühnem Muthe auch kluge Besinnung verbanden, den Hercules, Perseus, Bellerophon, Achilles, Diomedes, und vor Allen den Ulysses. Im Gigantenkampfe steht sie dem Jupiter und dem Hercules mit klugem Rathe bei, und nimmt selbst Theil daran. Als Jungfrau blendet sie den Tiresias, der sie nackt im Bade gesehen, flieht den Vulcan, der ihr Gewalt anthun will (s. Erichthonius), und kommt nur bekleidet zu Paris im Streite der drei Göttinnen. — M. war in ganz Griechenland hoch verehrt, aber ganz vorzüglich zu Athen, wo sie die allerälteste Stadtgottheit war. Hier wurden ihr die schönsten Feste gefeiert, die

Fig. 224.

Fig. 225.

Arrhephorien (s. d.), die Scirophorien (von Sciron, Sonnenschirm, weil ein weisser Sonnenschirm von ihren Priesterinnen von der Burg herab in ihren Tempel im Stadtviertel Sciron in feierlichem Aufzug getragen wurde, im Monat Scirophorion, der Mitte Juni's begann); und das glänzendste von allen, das eigenthümlichste attische Nationalfest, die Panathenäen. Es gab grosse und kleine Panathenäen. Die grossen wurden alle vier Jahre, jedesmal im dritten Jahr einer Olympiade, begangen, und währten vier Tage, vom 25.—28. Hecatombäon, um die Mitte Augusts. Auf die Wettkämpfe des Wettrennens, der körperlichen Uebungen und der Musik und Poësie, wofür die Kampfpreise in Oelbaumkränzen und schönen Gefässen bestanden, folgte am letzten der feierliche Aufzug und das Festopfer mit gemeinsamem Schmause. Die Hauptsache bei jenem Aufzuge war der Peplos, ein mit der kunstvollsten Stickerei reich geschmücktes Obergewand, welches attische Jungfrauen der Göttin gewoben hatten. Die Vorstellungen darauf bezogen sich auf die Thaten der Göttin, namentlich im Gigantenkampfe. Die kleinen Panathenäen wurden jährlich begangen, waren ein kürzeres und einfacheres Fest, ohne den Peplos, im

Fig. 226.

Uebrigen gleichartig mit den grossen. — Die Römer bekamen den Dienst der M. von den Etruskern, und zwar aus Falerii; die Etrusker mögen über Lydien, von wo ein Theil dieser Nation eingewandert war, die griechische Athene kennen gelernt und mit einem gleichartigen einheimischen Wesen vermengt haben. Ihre M. stand in einer Dreiheit vereinigt mit Jupiter und Juno, und so wurde sie auch in den capitolinischen Tempel zu Rom übertragen. Die Römer feierten ihr die grossen Quinquatrus im März, das kleinere Fest desselben Namens im Juni. — Von antiken Kunstdarstellungen der M. haben wir noch zahlreiche Ueberreste, aber werthvoller und ihrem Ideale entsprechender, als alles Erhaltene, waren ihre verschwundenen Bildnisse von Phidias, auf der Burg zu Athen. Unsere Abbildungen zeigen: M. als Büste mit kriegerischem Ausdruck; M. in voller Rüstung mit alterthümlich zierlicher Anordnung des dorischen Gewandes; M. mit dem kleinen Erichthonius; M.'s Geburt; M. Polias, von einem Candelaberfusse.

Minos (Gr. M.), 1) der Erste dieses Namens, Sohn des Jupiter und der Europa, König von Creta, welches er gemeinschaftlich mit seinen Brüdern, Sarpedon und Rhadamantus, bewohnte, bis Sarpedon um des Miletus willen, den er und M. liebten, die Insel verliess. Seine Gerechtigkeit machte ihn bei den Göttern so beliebt, dass er Richter der Seelen in der Unterwelt wurde, und sie ihn schon bei seinem Leben ihres Vertrauens und ihres Umgangs würdigten, wie denn alle Gesetze, welche er seinem Volke gab, durch Jupiter selbst ihm dictirt sein sollen. — 2) M. der Zweite, Sohn des Lycastus und Enkel des ersten M. Seine Gemahlin war Pasiphaë, die Tochter des Helios und der Perseïs; sie gebar ihm den Deucalion, Catreus, Glaucus, Androgeos, die Acalle, Ariadne, Xenodice und Phädra, ausser welchen M. von Nebenfrauen noch mehrere andere Kinder hatte. Androgeos ward in Athen hinterlistig von Aegeus ermordet, desshalb überzog der König die Stadt mit Krieg, und Jupiter strafte sie mit Hungersnoth und Pest, welche nicht aufhörte, bevor die Athener sich bequemten, dem M. diejenige Genugthuung zu leisten, die er verlangte, und diese bestand darin, dass sie alle neun Jahre sieben Jünglinge und sieben Jungfrauen zu geben hatten, so lange der Minotaurus lebte, welchem sie zur Nahrung bestimmt waren; dieses geschah, bis Theseus (s. d.) erwachsen war und mit nach Creta ging. M. zog sich den Zorn des Neptun zu, welcher ihm früher sehr günstig gewesen. Als nämlich der Beherrscher von Creta, Asterion, gestorben war, suchte M. die Herrschaft an sich zu reissen, und um das Volk für sich zu gewinnen, sagte er, die Götter würden ihm jeden Wunsch gewähren; er bat den Neptun, einen Stier aus den Fluthen steigen zu lassen, damit er ihm ein würdiges Opfer bringen könne, und seine Bitte ward erfüllt; das Wunder bewog die Creter, ihn zum Könige zu wählen; da er jedoch den Stier nicht opferte, sondern ihn zu seinen Rinderheerden brachte, bewirkte der erzürnte Gott, dass sich Pasiphaë (s. d.) in ihn verliebte, er darauf wüthend ward und Alles zerriss, bis Hercules ihn lebendig fing und nach Griechenland brachte. Derjenige, durch dessen Hülfe M.' Gattin ihre Wünsche befriedigte, war Dädalus, an welchem daher M. Rache zu nehmen beschloss, doch entfloh derselbe und zwar, da M., diess zu verhindern, die ganze Insel rings besetzt hatte, durch die Luft, indem er sich Flügel machte und auf diesen davon flog. M. verfolgte ihn bis zum König Cocalus in Sicilien, hier aber ward er auf des Dädalus Veranstaltung im Bade erstickt.

Minotaurus, s. Pasiphaë.

Minucia, s. Vestalin.

Minyas (Gr. M.), König von Orchomenus in Böotien, Sohn des Chryses, eines Sohnes des Neptun; nach ihm nannte sich das Volk der Minyer. Er hatte so grosse Reichthümer, dass er Alle vor ihm an Reichthum übertraf, und der Erste war, welcher ein Behältniss zu seinen Schätzen erbauen liess; diese Schatzkammer muss gewaltig gross gewesen sein, da Pausanias sie den Pyramiden an die Seite stellt. Man sieht noch heute Trümmer davon. Des M. Sohn war Orchomenus. M. war Vater der Leucippe, Alcathoë und Arsippe, denen ihre Emsigkeit das Leben kostete, indem sie versäumten an dem Feste des Bacchus Theil zu nehmen (s. Alcathoë). Auch wird als Tochter des M. noch Clymene genannt, welche, mit Iasus vermählt, die calydonische Jägerin Atalante gebar.

Minyer (Gr. M.), Beiname der Argonauten, weil sie grösstentheils diesem Volke angehörten; eben so werden zuweilen die Söhne der Argonauten, welche die Lemnierinnen gebaren, genannt.

Minytus (Gr. M.), Sohn des Amphion und der Niobe.

Mioedvitnir (Nord. M.), einer der vielen Zwerge der nordischen Mährchen.

Mioelner (Nord. M.), der Hammer des Donnergottes Thor (s. Brok).

Mirkhinda (Ind. M.), eine berühmte Königstochter von Udschen, eine der acht Najagas, der auserwählten Gemahlinnen Krischna's, welche bei den Indiern in hohem Ansehen stehen.

Mise (Gr. M.), ein geheimnissvolles Wesen der orphischen Mysterien, Mutter des Bacchus; man muthmasst in ihr die Cybele.

Misenus (Röm. M.), ein berühmter Held, dessen Virgil erwähnt, als hoch erfahren in der Kunst, Männer zu ordnen durch klingendes Erz. Hector's Kampfgenosse, verschmähete er nach dem Tode des Helden, einem Geringern zu folgen, als dem Aeneas. Ein Triton tödtete ihn aus Eifersucht über seine Kunst; den aufgefundenen Leichnam liess Aeneas verbrennen. Von ihm hatte das Vorgebirge Misenum den Namen.

Misericordia (Röm. M.), das personificirte Mitleid (griech. ἔλεος).

Misogi (Japan. M.), ein Reinigungsfest, welches zweimal im Jahre, am 29. und 30. des sechsten und zwölften Monats (Juli und Januar) stattfindet; es werden dabei Zaubereien gegen epidemische Krankheiten angewendet, und menschliche Figuren in die Flüsse geworfen.

Misogynes (Gr. M.), Beiname des Hercules: »der Weiberfeind«, von einem Gesetz, welches dem Priester dieses Heroën in Phocis verbot, während der ein Jahr langen Dauer seines Priesterthums ein Weib zu berühren.

Mist (Nord. M.), eine der mächtigen schlachtenlenkenden Walküren.

Mistel (Druid. M.), eine Pflanze, welche auf mehreren Bäumen, auf der Buche, der Weide, der Birke wächst, doch vorzugsweise hoch geehrt wurde, wenn sie auf einer Eiche sich zeigte; in diesem Falle schrieb man ihr besondere Heilkräfte zu, ja es war nach der Lehre der Druiden nicht nur die heilsamste Pflanze, welche gegen alle Krankheiten wirkte, es war auch die heiligste, von Gott selbst erkorene, ohne welche kein Gottesdienst gehalten werden konnte. Sobald ein Druide eine auf einer Eiche wachsende M. entdeckt hatte, versammelte er alle in der Nähe wohnenden Brüder seines Ordens; sie legten ihre vielfarbigen Gewänder ab und kleideten sich weiss, als Zeichen der Demuth gegen die göttliche Pflanze; der Oberdruide ging mit einer goldenen Sichel bewaffnet zu dem Baume, beugte seine Kniee vor demselben und liess sich nun von Anderen so hoch emporheben, bis er die Pflanze erreichen konnte, diese ward mit der goldenen Sichel abgeschnitten und zu heiligen Gebräuchen bewahrt. Konnte man sie sechs Tage nach dem Neumond schneiden, so hatte sie die grösste Heilkraft, ward sogleich gekocht, mit dem Opferblut unter der Eiche geschlachteter, noch nicht zur Arbeit gebrauchter Stiere geweiht und in einen Trank verwandelt, welcher Fruchtbarkeit und Gedeihen Allen verschaffte, die sich seiner bedienen konnten.

Mita (Slav. M.), ein böser schwarzer Gott, der unter der Gestalt eines Hundes verehrt wurde. Man vermuthet, dass er mit dem nordischen Höllenhunde Garm identisch sei.

Mithodin (Nord. M.), ein Zauberer, welcher eine Zeitlang sich für Odin ausgegeben haben soll, desshalb von den Gothen und Cimbern verfolgt und erschlagen, dann aber doch als ein Gott angebetet wurde.

Mithras, Fig. 227 (Pers. M.), ein Lichtgott, der Erste unter den 28 Izeds, den guten Geistern zweiten Ranges, über welchen als höhere Wesen Ormuzd und die ihn umgebenden sechs Amschaspands stehen. M. war ursprünglich nicht die Sonne selbst, sondern ein ihr zur Seite stehender Genius des Aethers oder heiteren Himmels, wurde aber später allerdings mit der Sonne vermengt.

Fig. 227.

Unser Bild zeigt nach einem antiken Basrelief ein dem M. dargebrachtes Opfer. Ein Diener des Gottes mit der phrygischen Mütze opfert ihm einen Stier in einer Höhle, die mit den Bildern der Sonne und des Mondes geschmückt ist; ein Hund, eine Schlange, ein Scorpion und eine Ameise verwunden den Stier. Der Dienst dieses Gottes verbreitete sich von Persien über Italien, Gallien und das römische Germanien, und ward so allgemein, dass zahlreiche Priesterschaften und vielleicht die Hälfte der Einwohner Roms in seine Mysterien eingeweiht waren.

Mitschislaw (Slav. M.), ein Landesheros der Mähren, welcher göttliche Verehrung genoss; man glaubt zum Theil, er sei ein berühmter Herrscher, zum Theil, er sei ein gefürchteter Zauberer gewesen.

Mitylene (Gr. M.), Tochter des Macareus, Beherrschers von Lesbos, und Schwester der Methymna; nach Beiden wurden die ersten Städte der Insel benannt.

Mixcoatl (Mexik. M.), die Göttin der Jagd, welche prächtige Tempel hatte und besonders von einigen mexikanischen Völkerschaften, den Otomies, Mathazinkas u. a. m. hoch verehrt wurde, wo nicht gar ihre oberste Gottheit war.

Mlechhas (Ind. M.), die niedern Kasten der Indier, die Unreinen. Sie dürfen mit einem aus höheren Kasten nur mit vor den Mund gehaltener Hand reden, damit ihr Athem den Erhabenen nicht verunreinige.

Mneme (Gr. M.), Tochter des Jupiter, von Einigen zu den Musen gerechnet, nach Andern identisch mit Mnemosyne (s. d.).

Mnemonides (Gr. M.), Beiname der Musen.

Mnemosyne, s. Musen.

Mnesileos (Gr. M.), Sohn des Pollux und der von diesem entführten Tochter des Leucippus, der Phöbe.

Mnesimache, s. Dexamenus.

Mnestheus (Gr. u. röm. M.), der Ahnherr des Geschlechts der Memmier in Rom; er war dem Aeneas aus Troja gefolgt, und bei den Spielen, welche dieser in Sicilien gab, führte er das Schiff: der Wallfisch, beim Wettfahren.

Mnevis (Aegypt. M.), ein zweiter Apis, der zu Heliopolis als Symbol der Sonne verehrt wurde; er musste ganz schwarz von Farbe sein. Der Dienst des M., welcher älter als der des Apis gewesen sein soll, trat hinter dem letztern zurück, seit Cambyses den Tempel des Mnevis zerstört hatte.

Modeina (Slav. M.), ein polnischer Waldgott.

Modgudr (Nord. M.), eine der Höllenjungfrauen, welche an der Gjallar-Brücke Niflheim Wache hielt.

Modi (Nord. M.), Sohn des Thor und Bruder des starken Magni.

Modir (Nord. M.), die Gattin Fadirs (Mutter und Vater); Heimdal machte sie zur Mutter der Edeln unter den Menschen, wie Amma Mutter der Bauern ward.

Moedsognir (Nord. M.), der Oberste und Beherrscher der in Steinen wohnenden, aus Steinen geschaffenen Zwerge.

Mogthrasir (Nord. M.), Vater dreier schönen Töchter, welche Schutzgeister der Erdbewohner sind und besonders über die Dörfer und Städte im Allgemeinen wachen.

Moisâsur (Ind. M.), s. Mahischasur.

Mokosch (Slav. M.), ein Götze, welcher, in gräulicher Ungestalt aus verschiedenen Thierkörpern zusammengesetzt, als zornige Gottheit verehrt wurde, und in dem allen Göttern geweiheten Kiew im Bilde aufgestellt war.

Mokkurkalfi, s. Hrugner.

Molae (Röm. M.), Begleiterinnen oder Töchter des Mars, welche die Zurüstungen zum Kriege treffen.

Molion (Gr. M.), Sohn des Eurytus, eines Centauren, den Hercules erschlug; M. und seine Brüder vereinigten sich gegen den Halbgott, mussten aber auch ihr Leben lassen.

Molione (Gr. M.), Gattin des Actor, und, wie man glaubt, wegen ihrer Schönheit von Neptun geliebt, dem sie zwei Söhne, die Molioniden (s. d.), gebar. Nach dem Tode ihrer Söhne gab sich M. alle mögliche Mühe, den Mörder derselben aufzufinden, und als ihr diess gelungen, forderten die Eleer von den Argivern Genugthuung für den Mord, denn Hercules wohnte damals gerade in Tiryns; da aber die Argiver diess verweigerten, forderten jene von den Corinthern, dass sie ganz Argolis von dem Rechte, an den isthmischen Spielen Antheil zu nehmen, ausschliessen sollten, was wiederum nicht geschah; da legte M. einen Fluch auf ihre Mitbürger, wenn sie ferner jenen Spielen selbstthätig beiwohnen würden. Noch zu Pausanias' Zeiten scheute man diesen Fluch so sehr, dass kein Eleer an jenen Kampfspielen Theil nahm.

Molioniden (Gr. M.), Eurytus und Cteatus, Söhne der Molione (s. d.) und des Actor, oder der Sage nach Söhne des Neptun. Sie waren aus einem Ei geboren, und hatten beide nur einen Körper, welches entweder heissen soll: sie waren zusammengewachsen, oder sie waren zum Verwechseln einander ähnlich. Actor war ein Bruder des Augeas, daher standen sie diesem im Kriege gegen Hercules bei, und waren seine Feldherren. Nun hatte Hercules während dieses Krieges das Unglück krank zu werden, und schloss desshalb mit ihnen Frieden; als sie aber die Ursache erfuhren, überfielen sie das Heer und tödteten eine Menge seiner Leute; Hercules musste sich auch für diessmal zurückziehen; drei Isthmiaden später jedoch, da die M. von den Eleern abgesandt wurden, um im Namen der Stadt ein Opfer zu bringen, lauerte Hercules ihnen bei Cleonä auf und tödtete sie, führte ein Heer gegen Elis, nahm die Stadt ein und brachte den Augeas um's Leben. Cteatus war mit Theronice vermählt; sein Sohn Amphimachus zog mit vor Troja und fiel dort von Hectors Hand; Eurytus hatte die Zwillingsschwester der Gattin seines Bruders, Theraphone, zur Gattin, und zeugte mit ihr den Thalpius.

Moloch (Biblisch), ein Götze, welcher im dritten Buch Mosis unter den Gesetzen, welche der Herr den Juden gab, erwähnt wird. Es müssen ihm eigenthümliche Zeugungsopfer gebracht worden sein, denn an zweien Stellen wird ausdrücklich gesagt, sie ferner zu vergiessen sei ein Gräuel und solle mit dem Tode bestraft werden, das Volk solle einen Solchen steinigen. Im zweiten Buch der Könige (23, 10) wird ferner gesagt, dass König Josia das Thophet im Thal der Kinder Hinnom verunreinigte, dass Niemand seinen Sohn oder seine Tochter dem M. durch's Feuer gehen lasse. Der Götze wurde besonders von den Ammonitern angebetet, jedoch auch die Juden verfielen oft in seinen Dienst, obgleich ihnen Moses denselben auf das Strengste verboten hatte. Er scheint mit dem Baal oder Bel der Phönicier identisch gewesen zu sein, auch die Namen sind gleichbedeutend; Baal = Herr, M. = König. M. ward, wie Baal, als ein stierköpfiges Ungeheuer vorgestellt, das, von Erz gegossen, glühend gemacht, die in seinen Arm gelegten Opfer (Kinder) verzehrte.

Molorchus, s. Hercules.

Molossus, s. Helenus.

Molpadia (Gr. M.), Tochter des Staphylus und der Chrysothemis. Ihre Schwestern waren Rhöo (die Geliebte des Apollo) und Parthenos. M. ward im Chersones als Halbgöttin verehrt. Sie und Parthenos hatten einst ihres Vaters Wein zu hüten, schliefen ein, und Schweine zerstörten die Gefässe; dem Zorne des Staphylus zu entfliehen, stürzten sie sich in's Meer, wurden aber von Apollo aus Liebe zu Rhöo aufgefangen und nach dem Chersones, nach Castabus getragen (s. Hemithea).

Molpeus (Gr. M.), Begleiter des Phineus, als dieser des Perseus Hochzeit mit der Andromeda unterbrach.

Molus (Gr. M.), Sohn des Deucalion, Bruder des Idomeneus und Vater des Meriones. Man nannte auch M. einen Sohn des Minos und Bruder des Deucalion.

Momisi ha wo mi (Japan. M.), ein Volksfest, das Beschauen der bunten Blätter, im Herbst gefeiert, wo die Blätter vom Ahorn sich auf die manchfaltigste Art färben; es fällt in den eilften Monat (December).

Momo-no-sits (Japan. M.), das Pfirsichblüthefest, oder das Puppenfest; es wird am dritten Tage des dritten Monats gefeiert, doch nur von der weiblichen Jugend.

Momus (Gr. M.), ein Sohn der Nacht, welchem von den Alten die Rolle zugeschrieben ward; alle Einrichtungen der Götter mit beissendem Spotte zu tadeln.

Moneta (Röm. M.), Beiname der Juno, bei deren Tempel die Münzwerkstatt stand. Auch Mnemosyne wird bisweilen so genannt.

Monoecus (Gr. M.), »der Alleinwohnende«, Beiname des Hercules, unter welchem er einen Tempel in Ligurien hatte, der dem jetzigen Monaco den Namen gegeben.

Monychus (Gr. M.), der Centaur, der auf der Hochzeit des Pirithous des Cäneus Tod veranlasste, indem er seine Genossen antrieb, Felsen und ganze Berge dem jungen Helden auf den Leib zu werfen, und ihn, der unverwundbar war, so zu zermalmen.

Mopsus (Gr. M.). Zwei berühmte Wahrsager führen diesen Namen: 1) M., Sohn des Ampycus oder Ampyx und der Chloris; er ging mit den Argonauten nach Colchis, fiel jedoch, von Schlangen gebissen und vergiftet, in Africa. — 2) M., Sohn des Apollo und der Manto, einer Tochter des Tiresias, war ein Nebenbuhler des Calchas, welcher aus Verdruss, sich übertroffen zu sehen, zu Colophon nach einer Begegnung mit M. starb. S. Calchas, auch Amphilochus.

Moera (Gr. M.), Tochter des Cinyras, Mutter des Adonis, sonst Smyrna genannt.

Moeragetes (Gr. M.), »der Schicksalslenker«, Beiname des Jupiter und des Apollo zu Delphi.

Moeren, s. Parcen.

Morai, der Begräbnissplatz der Bewohner von Otaheite, auf welchem sie für ihre Lieben Denkmäler aller Art errichteten.

Morana (Slav. M.), die Göttin des Todes bei den Böhmen. Mit sanfter, wehmüthiger Stimme singt sie die Menschen in den ewigen Schlaf; die Seele entweicht als Vogel, setzt sich auf den nächsten Baum und ist daran zu erkennen, dass kein anderer Vogel diesem Baume naht. Das Bild der M., eine Strohpuppe, ward sonst bei erwachendem Frühling aus den Dörfern oder Städten unter komischen Verwünschungen in den nächsten Fluss getragen.

Morgana, s. Fata Morgana.

Morin Erdeni (Lamaische M.), dasselbe was Damtschuk: ein grünes, auf Gold gemaltes Pferd, in den Tempeln der Lamaiten unter den sieben Dolon Erdeni auf dem Altar der Gottheit aufgestellt.

Morpheus, Fig. 228 (Gr. M.), Sohn des Schlafes, Gott der Träume, welche er verursacht, indem er den Träumenden in tausend Gestalten erscheint, da er jede Form annehmen kann. Der Schlaf rief ihn auf Befehl der Juno, um in der Bildung des Ceyx die hoffende Alcyone von dem Unglück zu benachrichtigen, das sie getroffen. Nach einem geschnittenen Stein sehen wir ihn nebenstehend abgebildet.

Morpho (Gr. M.), Beiname der Venus, als der Göttin, welche der Vollendung der Gestalten vorsteht.

Mors (Röm. u. gr. M.), griechisch Thanatos, der Tod, Sohn der Nacht, Bruder des Schlafes. Die Alten stellten sich denselben theils als einen Jüngling mit umgestürzter Fackel vor, theils als schlafenden Knaben;

Fig. 228.

seine Attribute sind eben die umgekehrte, verlöschte Fackel, welche häufig auf Antiken, Grabmäiern oder Gemmen auf die Brust eines Leichnams gestützt ist, dann Mohnköpfe, die Eidechse, das Kaninchen, das Horn. Schlaf und Tod wandeln ruhelos über die Erde, Beide, um die Menschen zur Ruhe zu bringen, der Eine für kurze, der Andere für ewige Zeit. Das hässliche Bild des grauenvollen Gerippes kannte die alte Poësie nicht.

Morskoi Tschar (Slav. M.), der oberste Wassergott, der Meeresfürst der Russen.

Mothone (Gr. M.), Tochter des Oeneus, von einer unbekannten Geliebten desselben, soll der Stadt Pedasos den Namen M. gegeben haben; Pausanias aber vermuthet, dass dieser von dem Felsen Mothon, zunächst jenes Ortes, herkomme.

Mubben Aimo, s. Aimo.

Mudewi (Ind. M.), Göttin der Zwietracht und des Elends.

Mukti, die Aufnahme in das Reich der ewigen Seligkeit, in welches die Indier zu gelangen glauben. Wenn sie nach oftmaliger Wiedergeburt genug gebüsst und sich des Himmels würdig gemacht haben, werden sie in das Wesen der Gottheit selbst aufgenommen, und haben Theil an dem Wesen Brama's.

Mulciber (Röm. M.), »der Schmied«, Beiname des Vulcan.

Muliebris (Röm. M.), »das weibliche Glück«, Beiname der Fortuna, so wie Virilis das männliche Glück.

Multimammia, römischer Beiname der grossen Diana von Ephesus, von den vielen Brüsten, mit denen sie vorgestellt wird.

Mulius (Gr. M.), von unbekannten Eltern erzeugt, Feldherr des Augeas, und vermählt mit seiner ältesten Tochter Agamede; er ward von Nestor erschlagen, als dieser noch ganz jung war.

Mundilfare (Nord. M.), Vater von Son und Mani (Sonne und Mond), welche er ihrer Schönheit wegen so genannt hatte. Die Asen raubten ihm dieselben, um seinen Hochmuth zu bestrafen, setzten sie jedoch als Sonne und Mond an den Himmel.

Munichus (Gr. M.), ein Wahrsager, s. Alcander.

Munin (Nord. M.), einer der beiden Raben, welche auf Odin's Schultern sitzen und ihm zuraunen, was auf der Erde, die sie täglich umkreisen, geschieht.

Munitus (Gr. M.), Sohn der Laodice, der Tochter des Priamus und der Hecuba, von Acamas, dem Sohne des Theseus, ward bei Olynth von einer Schlange gestochen, dass er starb.

Munschi Taguran (Ind. M.), Tochter des Schiwa, die Göttin der Schlangen.

Munychia (Gr. M.), nach Pausanias Beiname der Diana, von dem Hafen M. bei Athen.

Munzing (Ind. M.), das höchste, ewige Wesen der Kain, der Bewohner von Arrakan in Hinterindien (Birma). M. wohnt auf dem Berge Guowa und nimmt die Seelen der Verstorbenen in sein Reich auf, wenn dieselben verbrannt worden sind; sonst müssen sie zur Plage ihrer Angehörigen auf der Erde bleiben.

Murcia (Alt-ital. M.), die Venus der alten Latiner, welche auf dem Hügel Aventinus in Rom einen Tempel hatte.

Murimo (M. der Beetjuanen). Dieses Volk, ein Kaffernstamm im Innern von Südafrica, verehrt als Königin eine Gottheit M., welche für ihre Bedürfnisse sorgt, ihnen gutes Wetter, glückliche Jagd, und hinlänglich viel Weisse zu Sklaven gibt; ihr König wird Murima genannt nach der Göttin, deren Mann er ist, und die ihn tödtet, so oft sie mit dem Gatten wechseln will.

Murkalen (Ind. M.), ein uralter Fürst aus dem Geschlechte der Mondskinder, Stammvater einer zahlreichen Herrscherfamilie: er hatte zwei Söhne, Delodassen und Samandren, deren jeder eine grosse Nachkommenschaft hinterliess.

Musagetes (Gr. M.), Beiname des Apollo als Führer der Musen.

Musen (Gr. u. röm. M.), Töchter des Jupiter und der Mnemosyne (einer Tochter des Uranus und der Gäa), welche in Pierien neun Nächte in den Armen des Gottes zubrachte, und ihm neun Töchter gebar, die von jenem Lande nicht selten Pieriden heissen, wiewohl auch die neun Töchter des Königs Pierus diesen Namen führen. Mnemosyne, die Göttin des Gedächtnisses, musste mit dem Gott der Götter wohl Kinder von seltenen Gaben erzeugen; solche waren denn auch die M., welche sich den Künsten und dem heitern Wissen widmeten, und die Vorsteherinnen einzelner Zweige desselben wurden. Clio, die Muse der Geschichte, wird gewöhnlich sitzend mit geöffneter Bücherrolle in der Hand abgebildet. Melpomene, die Muse des Trauerspiels, hält in der einen Hand einen Dolch oder eine tragische Maske, und stützt sich mit der andern auf eine Keule. Thalia, die Muse des Schau- und Lustspiels, hält eine komische Maske. Calliope, die Muse des Epos (Heldengedichts), hält mit beiden Händen ein zusammengerolltes Pergament. Terpsichore, die Muse der Tanzkunst, spielt auf einer siebensaitigen Lyra. Euterpe, Muse der lyrischen Dichtkunst, besonders dem Flötenspiel gewogen, wird theils mit, theils ohne dieses Instrument abgebildet. Erato singt das Glück der Liebenden und ist die Muse der zärtlichen Gesänge; sie wird mit einer neunsaitigen Lyra dargestellt. Urania, die Muse der Astronomie, hält eine Weltkugel und einen Zirkel in der Hand, nicht selten ist auch ihr Haupt mit einem Sternenkranze umgeben. Polyhymnia endlich, Muse der Hymnen-Poesie, wird sinnend und ernst, auch mit bedeutsam erhobener Rechten abgebildet. — Die M. sind die steten Begleiterinnen des Apollo; auf dem Pindus, dem Parnass, dem Helicon, an den Quellen Aganippe, Hippocrene, Castalia, sind sie um ihn versammelt; beinahe alle waren auch seine Geliebten und haben mehrere Kinder von ihm empfangen; aber auch andere Götter oder Sterbliche erfreuten sich ihrer Gunst: so gebar Clio dem Pierus den schönen Hyacinthus, den Liebling des Apoll; Melpomene empfing von dem Flussgott Achelous die Sirenen; von Calliope und Apollo stammen Linus und Orpheus (zwei berühmte Sänger), auch Hymenäus; Euterpe liebte den Flussgott Strymon, und gebar ihm den Rhesus; der Polyhymnia gibt man auch den Triptolemus zum Sohne. — Verschiedene Male sangen die M. in die Wette, einmal mit den neun Töchtern des Königs Pierus, welche sie in Vögel verwandelten; ein ander Mal mit dem Thamyris, dem sie die Augen und den Gesang nahmen; auch die Sirenen büssten bei einem ähnlichen Versuch ihre Federn ein. Sonst aber sind sie unter den Göttern Griechenlands und Roms die edelsten Gebilde, sie erwecken den Edelmuth, lenken die Herzen zum Guten, belehren und begeistern die Sterblichen, und stehen ihnen mit Rath und That bei, wenn sie sich dessen irgend werth zeigen, daher die alten Dichter häufig die M. um ihren Beistand anrufen, wenn sie etwas Schwieriges unternehmen wollen, eine Sitte, welche sich auch auf die neuere Zeit übertragen hat.

Musica (Röm. M.), Beiname der Minerva, weil sie die Flöte erfunden haben sollte.

Muspelheim (Nord. M.), die Licht- und Feuerwelt, welche der alten Nebelwelt (Niflheim) gegenüber besteht, und die Asen immerdar mit dem Hereintragen ihrer verderblichen Glut bedroht; sie liegt südlich vom Reiche der Asen, ist hell und heiss und so flammend, dass Niemand, der dort nicht seine Wohnung hat, daselbst aushalten kann. Surtur herrscht darüber und sitzt an der Grenze, bewacht das Land und schützt es mit seinem flammenden Schwerte. Am Ragnarokr wird er hervorkommen, die Götter bekriegen, über sie triumphiren, und das ganze All wird in Feuer aufgehen.

Muspelleute oder **Muspelsoehne** (Nord. M.), die Bewohner von Muspelheim, welche bei bem Weltbrand unter Sutur's Anführung die Asen bekriegen werden.

Mussa Guzza, Gottheit der Darbandscha, eines Negervolkes in Südafrica. Das Volk scheint keine anderen Götter zu kennen, hat auch keine Priester, und ihre einzige religiöse Handlung besteht in Opferung einer Kuh.

Muta Dea (Röm. M.), »stumme Göttin«, Beiname der Lara, der Tochter des Almon, welcher Jupiter den Gebrauch der Zunge nahm, da sie seine Verbindung mit der Juturna an Juno verrieth.

Muth (Syr. M.), Sohn der Astarte und des Kronos, der Todesgott, der Beherrscher der Unterwelt, mit dem Hades der Griechen verwandt.

Mutunus (Röm. M.), ein die eheliche Fruchtbarkeit verleihender Gott, ähnlich dem Priap abgebildet.

Mututu, Opfertische der Karaiben, welche in einem Winkel der Hütte aufgestellt werden, und worauf sie den Göttern ihre Gaben bringen.

Mutzuri (Japan. M.), ein hochberühmtes Fest, das in dem Kamihofe zu Ise dem Gotte Ama-Teru-Oon-Gami gefeiert wird.

Mycalesides (Gr. M.), Nymphen des Vorgebirges Mycale in Kleinasien, gegenüber der Insel Samos.

Mycalessia (Gr. M.), Beiname der Ceres in der Stadt Mycalessus in Böotien. Ihren Tempel sollte Hercules jede Nacht verschliessen, und Opfer an Feldfrüchten, zu den Füssen der Bildsäule niedergelegt, sollten das ganze Jahr bis zur neuen Ernte frisch bleiben.

Mycene (Gr. M.), Tochter des Inachus, angeblich Gründerin der Stadt M.

Myceneus (Gr. M.), Sohn des Sparton und Enkel des Phoroneus.

Mycerinus (Aegypt. M.), ein berühmter, sehr weiser und gerechter König von Aegypten, welcher jedoch, von Liebe zu seiner Tochter entbrannt, derselben Gewalt anthat. Sie starb vor Gram, ward von dem Vater auf's Tiefste betrauert, und in einen goldenen Sarg gelegt, welcher die Gestalt einer liegenden Kuh hatte. Dieses in Sais aufgestellte Bild ward, so wie zwanzig dasselbe umgebende Statuen, die Frauen des Königs vorstellend, ein Gegenstand der Anbetung, welchem man Tag und Nacht Lampen brannte und zahlreiche Opfer brachte.

Mygdon (Gr. M.), 1) König der Bebryker, Bruder des Faustkämpfers Amycus, ward von Hercules besiegt, als dieser dem König Lycus gegen seine Feinde beistand. 2) M., dessen Priamus gedenkt, als er sich durch Helena die Helden der Griechen nennen lässt; diesem war er selbst in seiner Jugend zu Hülfe gekommen, da er sich mit Otreus den einfallenden Amazonen entgegenstellte; doch war das versammelte Bundesheer, wie er sagt, nicht so gross, als das der Achäer, das allein dem Agamemnon folgte.

Myiagrus (Gr. M.), »der Fliegenfänger«, ein Heros, der zu Aliphera am Feste der Minerva als Beschützer gegen die Fliegen beim Opfer angerufen wurde.

Mygdonia (Phryg. M.), Beiname der Cybele in Kleinasien.

Myles (Gr. M.), Sohn des Lelex, König von Lacedämon, soll die Mühlen erfunden und unter allen Menschen zuerst zu Alesiä, unfern des Gebirges Taygetus, gemahlen haben.

Mylinus (Gr. M.), König in Creta, den Jupiter getödtet haben soll, als er die Erde von Giganten, Räubern und bösen Tyrannen reinigte und die Volksherrschaft einführte.

Mylitta, die weibliche Hauptgottheit der Babylonier; vergl. Alitta, Anaïtis, Astarte.

Mynes (Gr. M), Sohn des Evenus aus Lyrnesus, Gatte der schönen Briseïs, von Achilles erlegt, als dieser Lyrnesus eroberte und die Briseïs gefangen hinwegführte.

Myrkheim (Nord. M.), eine der neun Welten, welche zum Wohnort für die Zwerge bestimmt ist.

Myrmex (Gr. M.), eine Jungfrau in Attica, Günstlingin der Minerva, dann aber, weil sie sich übermüthig gegen die Göttin benahm, von ihr in eine Ameise verwandelt.

Myrmidon (Gr. M.), Sohn des Jupiter und der Nymphe Eurymedusa, vermählte sich mit Pisidice, einer Tochter des Königs Aeolus, welche ihm den Antiphus und den Actor gebar. Er gilt für den Stammvater der Myrmidonen auf Aegina.

Myrrha (Gr. M.), andere Form des Namens Smyrna, die Mutter des Adonis (s. d.).

Myrtilus, s. Hippodamia.

Myrtoëssa (Gr. M.), eine arcadische Wassernymphe, welche Pausanias im Heiligthum der Ceres zu Megalopolis an einem Tische in erhabener Arbeit abgebildet fand.

Myscelus oder **Myscellus** (Gr. M.), Sohn des Alemon aus Argos, soll der Erbauer von Croton sein, und auf Hercules' Befehl sein Vaterland Argos verlassen haben, welches bei Todesstrafe verboten war. Hercules rettete ihn durch ein Wunder, indem er, als die Richter abgestimmt hatten, die schwarzen Steine, welche ihn verdammten, weiss machte.

Mysia (Gr. M.), Beiname der Ceres zu Mysia zwischen Argos und Mycenä, und der Diana zu Sparta.

Mysius (Gr. M.), ein Argiver, der die Ceres auf ihrer Wanderung freundlich aufnahm und ihr ein Heiligthum errichtete.

Mysterien, geheime gottesdienstliche Feierlichkeiten bei den Aegyptern, Griechen und Römern (s. Eleusinien.)

Mythidice (Gr. M.), Schwester des Adrast, des Führers der Sieben gegen Theben. Beide waren Kinder des Talaus und der Lysimache oder Lysianassa. M. vermählte sich mit Nesimachus und gebar ihm den Hippomedon.

Mytilene, andere Schreibart für Mitylene (s. d.).

Myton (Gr. M.), Sohn des Neptun und der Mytilene; er gab seiner Mutter zu Ehren der von ihm erbauten Stadt auf Lesbos ihren Namen.

N.

Naal (Nord. M.), die Gattin des Riesen Farbaute und Mutter des bösen Loke; sie wird auch Laufeia genannt.

Nabi (Ind. M.), Sohn des Aknydrawen, des Raja von Schamban, welchem Brama auf seine Klage über Kinderlosigkeit die schönste Jungfrau seines Himmels zuschickte, die dem Könige dann neun Söhne gebar, von denen N. der älteste war.

Naga, im Sanskrit eine Schlange (Ind. M.), die Kinder der Diti in der Fabel, wo Garuda den Göttern die Amrita raubt und seiner Mutter bringt. Die Götter bemächtigten sich zwar des Trankes wieder; einige Tropfen waren aber auf Stroh gefallen, die N. leckten sie auf, zerschnitten aber ihre Zungen an dem scharfen Stroh, daher die Zungen der Schlangen gespalten sind. Die Schlangen sind eigentlich eins mit den Daidyas (bösen Dämonen).

Nagakesar (Ind. M.), eine wunderschöne, reich blühende Frühlingsblume, deren in Menge aus ihrem Kelche quellenden, höchst aromatischen Blumenstaub man als Räucherpulver einsammelt. Sie ist dem Liebesgotte Kamadewa geheiligt.

Naglfar (Nord. M.), das grösste Schiff der Welt, aus den Nägeln der Verstorbenen gebaut, und bestimmt, die Bewohner von Muspelheim zum Kampf gegen die Asen herbeizuführen, wenn Ragnarokr, der Weltuntergang anbricht.

Nagrind (Nord. M.), das Gitter, welches in dem Reiche der Hela Nastrond von Helheim schied; Hermode setzte mit seinem achtfüssigen Ross darüber hinweg.

Naglfari, s. Not.

Nagusana (Kalmück. Rel.), ein Gott des zweiten Ranges; er wird mit gekreuzten Beinen sitzend und ganz nackt dargestellt, bis auf einen leichten Schleier, der ihm um die Schultern und um den Arm hängt; in der linken Hand hält er ein Buch. Er ist ein wohlthätiger Gott, welcher keinen Kummer sehen kann; in seinem Leben musste er dessen so viel und so tief empfinden, und verstand ihn mit so vieler Kraft zu ertragen, dass er dadurch verdiente, unter die Götter versetzt zu werden. Vor seinem Ende zog er sich in das Dunkel der Wälder zurück, in denen er als Einsiedler lebte. Des Trostes Bedürftige rufen ihn um Beistand an.

Najaden (Gr. M.), Nymphen der Flüsse und Quellen, wie Nereïden Meernymphen sind; gewöhnlich werden sie als junge, schöne Mädchen, oft auch in Gesellsehaft von Flussgöttern, dargestellt.

Nain (Nord. M.), einer von den vielen Zwergen der Odinreligion; er gehörte zu den aus Erde geschaffenen, in der Erde wohnenden Zwergen.

Nair (Nord. M.), nächtliche Gespenster, Seelen Verstorbener, welche die ihnen Angehörigen besuchten; der Ruf des Verkündigers des Morgens scheuchte sie zurück in ihr Schattenreich.

Nal, s. Naal.

Nal und **Nil** (Ind. M.), zwei Heerführer in den Schaaren, welche mit Rama (Wischnu in der achten Verkörperung) nach Ceylon zogen. Sie waren Beide mit einer besondern Kraft begabt; nicht nur konnten sie auf dem Wasser schwimmen, ohne unterzugehen, sondern sie vermochten dieselbe Eigenschaft auch Allem mitzutheilen, was sie berührten; so warfen sie mächtige Felsblöcke auf das Meer zwischen Indien und Ceylon, und bildeten die berühmte Ramabrücke (von den Portugiesen Adamsbrücke genannt), auf welcher Rama mit seinem Affenheer hinüberzog.

Nalu (Ind. M.), fabelhafter Beherrscher von Bischadha, beglückt durch die Liebe eines edeln, engelschönen Mädchens, Damajanti, der Tochter des Königs Bima, welche selbst Götter, die sich um ihre Hand bewarben, ausschlug, um sich mit dem Geliebten vereinen zu können Die böse Göttin Kali störte das Glück der Liebenden, indem sie N. zum Würfelspiel verführte, worin er Alles verlor, was er besass, worauf er in eine Wildniss flüchten musste, wohin ihm seine Gattin folgte; nach langer Prüfungszeit schenkten die Götter Beiden alle frühere Grösse und Herrlichkeit wieder.

Nam ca taje chiece und **Nam sce taje chiece** (Lamaismus), zwei Welten der körperlosen Geister (Lahen), in denen dieselben in stetem Glück leben, die Menschen bemitleidend, welche zum Leben auf der Erde verurtheilt sind.

Nana (Phryg. M.), Tochter des phrygischen Königs Sangarius. Durch einen Granatapfel, den sie in ihren Schooss genommen, befruchtet, ward sie Mutter des Atys, des Geliebten der Cybele.

Nanda (Ind. M.), Krischna's Pflegevater, ein Heerdenbesitzer unfern Agra, bei welchem Rodni, die erste Gattin von Krischna's Vater, wohnte. Seine Gattin, Ysodha, vertauschte ihre neugeborne Tochter gegen den neugebornen, allen Verfolgungen ausgesetzten Krischna, und erzog ihn glücklich.

Nandana (Ind. M.), der prächtige Garten des indischen Sonnengottes, der Ort aller Freuden, wahrscheinlich mit einem andern N., dem Garten des Buddha Sa Kreia, identisch. Eine Blume von der Grösse eines Wagenrades, vom lieblichsten Dufte, von der üppigsten Farbenpracht, dient den reizenden Jungfrauen dieses Gartens, den schönen, blühenden Nats, zum Hauptschmuck.

Nandi (Ind. M.), der Stier, auf welchem Schiwa reitet; er soll ein Sinnbild der göttlichen Gerechtigkeit sein. Wesshalb es gerade ein Stier sein muss (von welchem uns weder edle noch unedle Eigenschaften bekannt sind, die solchen Namen rechtfertigen), wissen wir nicht, allein er ist in Indien so heilig, dass nur die verächtlichen, niedern Kasten Rindfleisch essen dürfen, die höheren würden sich eines gräulichen Vergehens schuldig wähnen.

Nandigessuren (Ind. M.), ein Günstling des Gottes Schiwa, welcher den Dakscha (s. d.) verfluchte, weil er Schiwa beleidigt hatte.

Naenia oder **Nenia** (Röm. M.), die Göttin der Trauer. Bei Begräbnissen wurden ihr Opfer gebracht, und sie gab den Trauerliedern ihren Namen.

Nanna (Nord. M.), des schönen Baldur schöne Gattin, welche sich bei seinem Leichenbegängniss mit ihm verbrennen liess, und nun in Helheim den Thron mit ihm theilt.

Nant-e-na, bei den nordamericanischen Völkerschaften überhaupt die geistigen (göttlichen) Bewohner aller Naturgegenstände und Erscheinungen; der Regenbogen und die Steine, der Sturm und die Wälder, die dieser niederbricht, das Meer und das Feuer haben solche Geister zu Beherrschern, welche im Singular Okki, im Plural aber N. heissen.

Napaeae (Gr. M.), Nymphen der Wald-Thäler.

Narada (Ind. M.), eines der höchsten Wesen, welche je geschaffen wurden; einer der zehn berühmten göttlichen Altväter oder Rischi's; er ist stets mit dem Wohl der Welt beschäftigt, und will, wenn er auch Uebles zu thun oder zu unterstützen scheint, doch immer nur das Gute.

Narajana, Fig. 229 (Ind. M.), theils Beiname des höchsten Gottes überhaupt, theils eine der vielen Verkörperungen Wischnu's, in welcher er als heiliger Büsser, in der Gestalt zweier Brüder, Nar und Narrein, in der Wüste ein beschauliches Leben führt, welches ihm die höchsten Vollkommenheiten erwirbt. Dorthin kam ein

Fig. 229.

mächtiger indischer Fürst, ward mit seinem Gefolge, vermöge des Gebetes, von N. köstlich bewirthet, glaubte aber nicht, dass dieses durch die Heiligkeit der Gastgeber, sondern dadurch, dass sie das Wunderkleinod Paru's besitzen, möglich gewesen, und wollte sie zwingen, ihm dasselbe herauszugeben; ein Heer ward gegen sie gesandt, ihr Zorn vernichtete dasselbe bis auf achtzehn Schaaren; um auch diese zu vertilgen, schwang sich N. (d. h. die beiden Brüder) in die Luft, und ward in der Gestalt des Krischna und des Artschunen wiedergeboren; der Krieg der Kuru's und Pandu's beginnt, und die verdammten achtzehn Schaaren werden getödtet. Eine Abbildung des N. siehe vorstehend.

Narcaea (Gr. M.), Beiname der Minerva in Elis.

Narcaeus, s. Physcoa.

Narcissus (Gr. M.), Sohn des Cephissus und der Liriope, also göttlichem Stamme entsprossen, Abkömmling eines Flussgottes und einer Nymphe, war so schön als kaltsinnig, was seine Mutter um seine Zukunft besorgt machte; sie frug Tiresias, und dieser sagte, er würde lange leben, wenn er sich nicht selbst kennen lernte. Diess räthselhafte Orakel wusste Niemand zu lösen; endlich entwickelte sich die verborgene Deutung. Durstig von der Jagd heimkehrend, beugte er sich über einen klaren Quell, sah darin sein Bild und entbrannte auf's Heftigste in Liebe zu demselben, es nicht für ein Phantom, sondern für einen wirklichen Gegenstand haltend, bis er an seinen Waffen und seiner Kleidung sich selbst erkannte, und sich nun in unfruchtbarem Gram und thörichter Liebe verzehrte, wie einst aus Liebe zu ihm sich die holdeste der Nymphen, Echo, verzehrt hatte, so dass von ihr nichts als die Stimme übrig war. N. ward von den Göttern in die Blume seines Namens verwandelt, deren geneigtes Haupt sich noch gerne im klaren Quell bespiegelt.

Nared oder **Nareda** (Ind. M.), ein über Alles grosser Held der Indier, auf dessen Rechnung sie unzählige grosse Thaten schreiben. Er ist Brama's Sohn, ein weiser Gesetzgeber, ausserordentlicher Krieger, beredter Bote der Götter, edler Regent, seltener Künstler, besonders was die Tonkunst betrifft von unvergleichlicher Geschicklichkeit, Erfinder der Wina, einer Laute, welche schon von der leisen Berührung des Windes tönt. N. wohnt und wandert noch immer auf Erden. Seine Name bedeutet: Nara, Vorschrift, Da, geben, also Gesetzgeber.

Narfi (Nord. M.), Sohn des bösen Loke und seiner, ihn zärtlich liebenden Gattin Sigyn. Die Götter liessen ihn zerreissen durch seinen Bruder Wali, den sie in einen Wolf verwandelten, und nahmen seine Gedärme, um Loke, der Balder's Tod veranlasst hatte, damit auf dreien Felsen zu befestigen.

Nark, Nareka, Narek (Ind. M.), ein Theil des Abgrundes (um nicht Hölle zu sagen); die Seelen derer, die Kinder hinterliessen, kommen in das Heiligthum, welches Petrelog genannt wird. Wenn die Kinder das tägliche und monatliche Opfer unterlassen, so stürzen sie aus diesem Himmel herab in das N., und von dort gehen sie, in unreine Thiere verwandelt, wieder auf die Erde hervor, bis ihre Sünden durch wiederholte Wiedergeburt gebüsst sind.

Nasamon (Gr. M.), Sohn des Amphithemis, eines Sohnes des Apollo und der cretischen Acacallis. Amphithemis verband sich mit der Nymphe Tritonis und erzeugte mit ihr den N. und den Cephalion oder Caphaurus.

Nascio (Röm. M.), eine der vielen Geburtsgöttinnen der Römer.

Nastes (Gr. M.), Sohn des Nomion, einer der Anführer der Völkerschaften vom Mäander, von Mycale und Miletus (der zweite Führer war sein Bruder Amphimachus). Beide zogen den Trojern zu Hülfe, und Letzterer verlor im Xanthus sein Leben durch Achill.

Nastrond (Nord. M.), »Leichenstrand«, der Ort der Verdammniss für Verbrecher, welche in einem Hause, das ganz mit Schlangen gedeckt ist, die immerfort Gift speien, im Gifte waten und sich von demselben beträufeln lassen müssen, was ihnen grässliche Qualen verursacht.

Nat (Ind. M.), die über Alles erhabenen Geister, körperliche oder unkörperliche Wesen, vollendete Geschöpfe, zu ewiger Glückseligkeit geboren, von riesiger, doch überaus schöner Gestalt, mit einem, alle Begriffe übersteigenden Lebensalter begabt, doch nicht unsterblich. Durch Frömmigkeit gelangen die Menschen zur Seligkeit der N., doch diese selbst müssen wieder Menschen werden, um höhere Stufen des Glücks zu erreichen.

Natagai (M. der Tataren), Name des höchsten Wesens, welches, über alle andern herrschend, dem Schakschiamuni der Lamaiten entspricht.

Naubolus (Gr. M.), König von Tanagra, dessen Sohn Iphitus daher bei Homer der Naubolide heisst.

Naupidame (Gr. M.), Tochter des Amphidamas, Geliebte des Sonnengottes, mit welchem sie nach Einigen den König Augeas erzeugte.

Nauplius (Gr. M.), 1) Sohn des Neptun und der Danaïde Amymone, welche beim Wasserholen von einem Satyr überfallen und von Neptun gerettet wurde, dem sie dann zum Dank ihre Liebe schenkte. Die Frucht dieser Begegnung war N. Aleus, ein arcadischer König, war dieses N. Freund, und als seine Tochter Auge durch Hercules Mutter geworden, übergab er sie dem N., damit er sie in's Meer werfen möchte; er brachte sie jedoch nach Mysien, wo sie sich mit König Theutras vermählte. — 2) N., König von Euböa; von ihm erzählt Apollodor, dass Catreus ihm seine beiden Töchter übergeben habe, mit dem Auftrage, sie in fremde Länder zu verkaufen; Aërope nunmehr heirathete Atreus' Sohn, Plisthenes, und sie gebar ihm den Agamemnon und Menelaus; die Clymene aber behielt N. für sich, und sie gebar ihm den Oeax und Palamedes. Dieser kam vor Troja durch den Hass und die Hinterlist des Ulysses um's Leben; da reiste N. selbst in das Lager der Griechen, suchte jedoch vergeblich Recht und Genugthuung, und beschloss nun, an den Heerführern die grausamste Rache zu nehmen. So verbreitete er mit Hülfe seines andern Sohnes die Nachricht, dass die meisten Feldherren und Könige sich Frauen mitbrächten und gesonnen wären, die Zurückgelassenen zu verstossen, was theils viele Untreue, theils Mordthaten an den Zurückkehrenden zur Folge hatte; von Andern sprengte er den Tod aus, und die Gattinnen vermählten sich zum zweiten Male, und endlich, als die Griechen Troja erobert hatten, und sich den heimathlichen Küsten näherten, zündete er an den gefährlichsten Stellen Leuchtfeuer an, liess die Schiffe scheitern und ermordete erbarmungslos, was den Wellen entrann.

Nausicaa, s. Alcinous.

Nausimedon (Gr. M.), soll ein Sohn des Nauplius 2), und Hesione seine Mutter gewesen sein.

Nausithous (Gr. M.), Sohn des Neptun von Periböa, welche Homer »der Frauen holdseligste Fürstin« nennt. Sie war eine Tochter des Eurymedon, des Beherrschers der Giganten. N. beherrschte die Phäaken; seine Söhne waren Alcinous und Rhexenor. Letzterer hatte eine Tochter, welche der Erstere zur Gattin nahm, die edle Arete, die ihm eine Schaar blühender Söhne gebar.

Naut (Nord. M.), einer von den 37 aus dem Quell Hwergelmer entspringenden Höllenflüssen.

Navislavia (Röm. M.), eine in Begleitung der pessinuntischen Göttermutter in Inschriften vorkommende Göttin, welche man für die vergötterte Vestalin Claudia Quinta erklärt, durch welche das jenes asiatische Idol tragende Schiff glücklich nach Rom gebracht ward.

Naevius (Röm. M.), Attus Nävius, auch Attius oder Accius Navius genannt, soll ein berühmter Augur zur Zeit des Königs Tarquinius Priscus gewesen sein. Schon als Knabe zeigte er Anlage zur Seherkunst, indem er einst, da er darauf ausging, die grösste Traube in seinem Weinberg zu finden, um sie nach Wiederfindung eines verlorenen Schweins seinem Gelübde gemäss den Göttern zu schenken, durch Beobachtung der Vögel eine Traube von ganz ungewöhnlicher Grösse aufstand. Sein Vater übergab ihn daher den Lehrern der Seherkunst, vornehmlich Etruskern, und bald übertraf er alle andern Vogelschauer seiner Zeit. Als nun Tarquinius die Absicht aussprach, zu den von Romulus errichteten Rittercenturien neue hinzuzufügen, untersagte ihm diess N. im Namen der Götter, bevor die Vögel zugestimmt hätten. Tarquinius erwiderte: »Befrage einmal deine Vögel, du Prophet, ob das geschehen kann, was ich denke?« N. befragte die Vögel und meldete dem König ihre Zustimmung. Da sagte dieser: »Nun denn, so zerschneide diesen Wetzstein mit diesem Scheermesser! denn das ist's, was ich mir dachte.« Augenblicklich zerschnitt N. den Stein, und der König stand von seinem Vorhaben ab. Eine Bildsäule des Augur's, den zerschnittenen Stein zum ewigen Gedächtniss darneben, wurde an dem Orte aufgestellt, wo das Wunder geschehen war. Später wurde N. plötzlich nicht mehr gesehen, und Feinde des Königs sagten diesem nach, er habe ihn heimlich ermorden lassen.

Naxus (Gr. M.), Sohn des Polemo, ein edler und berühmter Mann, welcher die Insel Dia beherrschte und nach sich N. benannte. Er hinterliess einen Sohn, Leucippus, und während sein Enkel Smerdius daselbst regierte, kam Theseus mit Ariadne an.

Nayaga's (Ind. M.), gemeinschaftlicher Titel der acht ersten und erhabensten Frauen des Krischna, lauter Prinzessinnen aus den berühmtesten Königshäusern. Sie genossen bei den Indiern der höchsten Verehrung.

Neaera (Gr. M.), 1) eine Nymphe, vom Sonnengotte Mutter der beiden schönen Nymphen Lampetia und Phaëthusa, welche auf der Insel Trinacria (Sicilien) die Heerden des Sonnengottes hüteten. — 2) N., Gattin des Flussgottes Strymon, dem sie die Evadne gebar, welche sich mit Argus vermählte. — 3) N., Tochter des Pereus, vermählt mit Aleus, welcher mit ihr die Auge, den Cepheus und Lycurgus erzeugte. Auge ward Priesterin der Minerva, verbarg in deren Tempel ein von Hercules empfangenes Kind, und brachte so durch Entheiligung des Tempels Unglück über das Land.

Nebelkappe (Nord. M.), eine Kappe, mittelst deren man sich unsichtbar machen kann; die Zwerge und Elfen haben stets dergleichen, und werden daher nur sichtbar, wenn sie diese Kappen verlieren.

Nebrophonus (Gr. M.), »Hirschkalbtödter«, Sohn der Hypsipyle, Königin von Lemnos, von Jason während des Aufenthaltes der Argonauten auf jener Insel empfangen.

Necessitas (Röm. M.), »die Nothwendigkeit«; lateinisches Wort für das griechische Ananke (s. d.).

Nectar (Gr. M.), der Göttertrank, neunmal süsser als Honig; seiner bedienten sich die Götter statt des Weins, und er war es, der ihnen ewige Jugend und Unsterblichkeit erhielt.

Neda, s. Hagno.

Nedusia (Gr. M.), Beiname der Minerva, von einem Tempel am Fluss Neda.

Nedymnus (Gr. M.), ein Centaur, den Theseus auf der Hochzeit des Pirithous mit seiner Keule zerschmetterte.

Nehalennia (Celt. M.), eine Göttin der Celten und Belgier, wahrscheinlich Handel und Schifffahrt beschützend, welches man aus Schiffszeichen, die sich an ihren Statuen oder Altären finden sollen, zu erkennen glaubt. Lange ganz unbekannt, wurden 1647, fast zu gleicher Zeit, 16 Altäre mit ihrem Namen oder Bilde, vornehmlich an den Mündungen des Rheins, entdeckt.

Nehoda — sprich Niechoda — (Slav. M.), eine in Böhmen und Mähren verehrte Göttin, welche das Wetter dem Bittenden zu Gefallen günstig verändern sollte.

Neïs (Gr. M.), Tochter des Zethus, welcher mit seinem Bruder Amphion Theben in Böotien gründete, Gemahlin des Endymion oder des Amphion. Auch eine Tochter des Amphion und der Niobe. Oder auch ein Sohn des Zethus. Von einer Person dieses Namens war das neïtische Thor in Theben benannt.

Neïth (Aegypt. M.), Name der zu Saïs in Unterägypten hochverehrten Göttin, deren Priesterschaft in so hohem Ruf der Weisheit stand, dass die ersten Männer Griechenlands in früherer Zeit, ehe die Wissenschaften hier selbst einheimisch waren, zu ihrer Ausbildung dahin reisten. Auf ihrem verschleierten Tempelbilde stand die Inschrift: »Ich bin Alles, was war, ist, und sein wird, und meinen Schleier hat Niemand aufgedeckt.« Manche glauben, dass sie das früheste Urbild zu der griechischen Athene sei, und dass die männlichen Eigenschaften der Letztern davon abzuleiten seien, dass N. mann-weiblicher Natur gewesen.

Nekkus (Nord. M.), ein Wassergott, ein böser Nix, welcher diejenigen, die in's Wasser fielen, in sein Reich herniederzog (s. Nixen).

Nekir (Islam), einer der beiden Engel, welche jeden Todten aufheben, erwecken und um sein Glaubensbekenntniss befragen. Ist er ein Rechtgläubiger, so wird er mit Paradiesesthau erfrischt und wieder zur Ruhe gelegt; ist er jedoch nicht dem Islam ergeben, so wird er von den beiden Engeln mit Eisenstäben so fürchterlich zerschlagen, dass er laut brüllt, und wird in ein Schlangenbehältniss geworfen, in welchem giftige Thiere unaufhörlich bis zur allgemeinen Auferstehung an ihm nagen.

Neleus (Gr. M.). Tyro, die Tochter des Salmoneus in Thessalien, liebte den Flussgott Enipeus; doch Neptun, von ihren Reizen angezogen, verwandelte sich und kam in Gestalt des Enipeus zu ihr, worauf sie Zwillinge, N. und Pelias, gebar. Sidero, des Salmoneus zweite Gemahlin, misshandelte ihre Stieftochter auf das Grausamste, so dass sie, aus Furcht vor noch härterer Behandlung, die Knaben aussetzte, welche dann von Hirten gefunden, der erstere von einer Hündin, die ihn säugte, N., der andere, von einem blauen Fleck, den ihm ein Pferd getreten, Pelias genannt wurde. Beide Knaben erwuchsen zu Männern, und ihre erste That war, dass sie ihre Mutter an ihrer Quälerin Sidero rächten, welche sie vor dem Altar der Juno, zu dem sie geflüchtet war, tödteten. Ihre Mutter vermählte sich darauf mit Cretheus, König von Jolcus. Andere nennen auch Cretheus den Vater des N. und des Pelias. Nach Cretheus' Tode geriethen die Brüder in Streit über die Herrschaft. N. wurde aus Thessalien vertrieben, und vermählte sich mit Chloris, einer Tochter des Amphion, nachdem er sich in Messenien niedergelassen und Pylos erbaut hatte. Seine Kinder waren Pero und zwölf Söhne: Taurus, Asterius, Pylaon, Deïmachus, Eurybius, Epidaus, Rhadius, Eurymenes, Evagoras, Alastor, Nestor und Periclymenus. Dem Letztern hatte Neptun die Gabe verliehen, verschiedene Gestalten anzunehmen, so dass er mit Hercules als Schlange, als Biene, als Löwe kämpfte. Der Halbgott hatte nämlich dessen Reich überzogen, weil N. ihn nicht von dem Morde des Iphitus reinigen wollte. Trotz der tapfersten Gegenwehr blieben doch alle Söhne des N., bis auf Nestor. Er soll auf dem Isthmus begraben sein, doch Pausanius sagt, schwerlich würde man jemals sein Grab auffinden können, da selbst Nestor es nicht gekannt.

Nemeïscher Löwe, s. Hercules.

Nemesis, Fig. 230. 231 (Gr. u. röm. M.). Das Wort heisst ursprünglich nichts weiter als: die Austheilung; es liegt daher am Tage, dass es schon in den frühesten Zeiten geistiges Bedürfniss des griechischen Volkes war, an eine die Schicksale der Menschen billig vertheilende Macht zu glauben. Diese Vertheilung dachte man sich Anfangs bloss als eine solche, die alles über das gemeinsame Loos hinausschreitende Glück des Einzelnen in's Gleichgewicht zurückbrächte, womit sich die Vorstellung

Fig. 230.

Fig. 231.

von einem Neide der Gottheit über allzugrosses Glück der Sterblichen verband. Mit der Zeit gestaltete sich dann der Begriff der N. anders, indem er durch die Erstarkung des sittlichen Gefühls veredelt wurde, und damit fiel die N. mit der Erinnys in Eins zusammen. Sie ist nun die rächende und strafende Schicksals-Gottheit, die den übermüthigen Frevler früh oder spät im Wechsel des Geschickes ereilt. Sie wird eine Tochter des Erebus und der Nacht genannt und hat die Beinamen: Adrastea, die Unentrinnbare, und Rhamnusia, von ihrer besonderen Verehrung in dem attischen Flecken Rhamnus. Man bildete sie als jungfräuliche Göttin, beflügelt, die rechte Hand nach dem Munde gewandt, den Blick nach dem Busen gerichtet, mit dem Zügel, dem Rade oder andern Attributen, welche sich auf das Einhalten, Zügeln beziehen. Auf der einen unserer Abbildungen sehen wir, nach einer Schaumünze des Antonius, zwei N. sich anblickend; die eine trägt einen Massstock; neben ihnen steht der nackte Apollo auf seinen Bogen gestützt; die andere zeigt nach einem alten Medaillon N. Panthea (Allgottheit) mit den Flügeln der Victoria, neben sich das Glücksrad, die Schale und Schlange der Hygea haltend, um anzudeuten, dass sie dem, der es verdient, Sieg, Reichthum und Gesundheit bringe.

Nemisa (Slav. M.), einer der wendischen Götter, böser Art, man vermuthet in ihm, wiewohl ohne haltbare Gründe, einen Rachegott.

Nemoteni (Mexik. M.), die fünf Tage, welche nach den achtzehn Monaten oder 360 Tagen des bürgerlichen Jahres kamen, und unnütze Tage genannt wurden, weil man an denselben nichts that, als Besuche machen (Neujahrs-Gratulationen waren also auch schon dort Mode).

Neocori (Gr. M.), Priester, welche bei den Mysterien die Tempelhallen auszuschmücken hatten und die Opfer vorbereiteten. — Auch bei den Aegyptern hiess eine niedere Priesterklasse so.

Neoptolemus, s. Pyrrhus.

Nepenthes (Gr. M.), ein erheiterndes, beglückendes Mittel, das, in den Wein gemischt, alle Schmerzen vergessen machte. Helena hatte dasselbe durch Polydamna, Thon's Gemahlin, in Aegypten kennen gelernt und gab davon den Gästen, als Telemachus sie in Sparta besuchte.

Nephele, s. Athamas und Centauren.

Nephes Ogli (Islam), Kinder, welche Jungfrauen ohne männliches Zuthun, durch überirdische Kraft, von Geistern empfangen, und denen besondere Zauberkräfte zugeschrieben werden.

Nephilim (Hebr. M.), die ältesten Halbgötter oder Heroën, Menschen von ungeheurer Grösse und übernatürlichen physischen und geistigen Kräften.

Nephthys (Aegypt. M.), Schwester und Gemahlin des bösen Typhon. Sie ward durch Osiris Mutter des Anubis und setzte denselben aus; Isis aber, Osiris' Gattin, nahm sich des verlassenen Knaben an und erzog sich in ihm einen steten Begleiter und Freund. Wie Isis das vom Nil (Osiris) regelmässig befruchtete ägyptische Ackerland ist, so scheint N., zu der Osiris nur in der Dunkelheit und aus Irrthum hinabsteigt, und die sonst das unfruchtbare Weib des Typhon, des Gottes der Verderbniss und Zerstörung genannt wird, die an der Gränze des fruchtbaren Bodens liegende Wüste zu sein, die von der Nilfluth nur in Fällen ausserordentlicher Anschwellung erreicht und spärlich befruchtet wird. Verehrt wurde N., wie es scheint, unter dem Bilde einer Kuh.

Nephus (Gr. M.), Sohn des Hercules, von einer der fünfzig Thespiaden, der Praxithea.

Neptun, Fig. 232—234 (Gr. u. röm. M.), der Gott des Meeres, den die Griechen Poseidon nennen, Sohn des Saturnus und der Rhea, von seinem Vater verschlungen, jedoch durch das Brechmittel, das demselben Jupiter beibrachte, wieder an's Licht gebracht. Er bekämpfte siegreich die Titanen und ward von den Cyclopen mit dem erderschütternden Dreizack beschenkt; als er sich jedoch später mit Apollo gegen Jupiter empörte, ward er auf

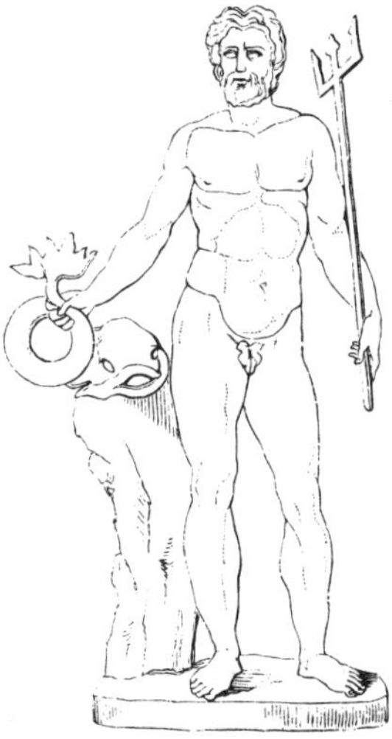

Fig. 232.

Fig. 233.

Fig. 234.

ein Jahr zur Erde verbannt. S. Laomedon, Perseus, Minos, Amphitrite. Als einer der zwölf grossen Götter ist er in die meisten wichtigen Begebenheiten der mythischen Geschichte Griechenlands verwickelt, so wie auch eben desshalb seine Verehrung sehr verbreitet war, und viele der mächtigsten Helden von ihm ihr Geschlecht ableiten. Obgleich übrigens bei den Dichtern und Künstlern die Vorstellung von N. als dem Meergotte vorherrscht, so wird er doch im weitern Sinne als Gott der Gewässer überhaupt, der Flüsse und Quellen gedacht, und ihm daher das Pferd als Attribut zugesellt, welches bei den Griechen seit den ältesten Zeiten in enger Beziehung zu den Quellen stand. — Von unsern Abbildungen zeigt die eine die Statue des N. mit Dreizack und Delphin; die andere die Büste des N. im Vatican; die dritte, nach einem pompejanischen Wandgemälde, Amymone, von einem Satyr erschreckt, flüchtet in die Arme des am Gestade sitzenden N.

Nereïden, Fig. 235 (Gr. M.), die fünfzig schönen, schwarzäugigen Töchter des Nereus und der Doris, in prächtigem Palaste auf dem Meeresgrunde wohnend, und ausgelassen scherzend, wenn sie mit Tritonen und Delphinen auf den Wellen des Oceanus sich schaukeln. — Unser Bild zeigt nach einem antiken Basrelief N. auf Tritonen und Meerungeheuern sitzend; sie scheinen abgeschiedene Seelen durch den Ocean nach dem Sitze der Glückseligen zu bringen.

Nereus (Gr. M.), Sohn des Pontus und der Gäa, ein Meergreis, gleich dem Proteus fähig, sich in jede Gestalt zu verwandeln, vermählte sich mit seiner Schwester Doris, der Tochter des Oceanus, und erzeugte mit ihr fünfzig Töchter, die Nereïden (s. d.). Ein grosser Wahrsager, verkündete er, nachdem es dem Hercules gelungen, ihn zu fesseln, demselben die Mittel, zu den Hesperiden zu gelangen, weissagte auch dem Paris sein Schicksal.

Neria oder **Neriene** (Alt-ital. M.), Gemahlin des Mars, oder eine bloss allegorische Göttin der Tapferkeit.

Nerim Innuet, Geister bei den Grönländern, von welchen diese glauben, dass sie in den Speisen wohnen. Sie sind böse und reizen die Menschen oft zum Genusse schädlicher Dinge.

Nerthus (German. M.). Tacitus in seiner Germania sagt von einer Gottheit, deren Name nach den jetzt verbesserten Texten N., nicht, wie man sonst gemeinhin annahm, Hertha hiess, Folgendes: »Von den Angeln und einigen andern Stämmen ist nichts Denkwürdiges zu melden, als dass sie insgemein die N., d. i. die Mutter Erde, verehren, und von ihr glauben, dass sie in die menschlichen Dinge eingreife und die Völker besuche. Es steht auf einer Insel im Ocean ein heiliger Hain, und in ihm befindet sich ein geweihter Wagen, mit einem Teppich bedeckt, den nur Ein Priester berühren darf. Dieser nimmt wahr, wenn die Göttin in's Heiligthum eintritt, und begleitet sie andachtsvoll, wenn sie von Kühen gezogen ausfährt. Freudevoll sind dann die Tage, und festlich schmückt sich jeder Ort, den sie ihrer Ankunft und ihres gastlichen Besuches würdigt. Niemand beginnt Krieg oder ergreift die Waffen, bis derselbe Priester die vom Umgang mit den Sterblichen gesättigte Göttin in ihren Tempel zurückführt. Alsdann wird der Wagen und die Gewänder, und (das glaube, wer's vermag!) die Gottheit selbst, in einem verborgenen See gewaschen. Sklaven verrichten dabei den Dienst, die sogleich derselbe See verschlingt. Daher ein geheimes Grauen und eine heilige Unwissenheit, was es sei, das nur die erblicken, die dem Tode geweiht sind.« Man glaubt allgemein, dass diese Göttin Eins sei mit der nordischen Jörd (s. d.).

Nerupu tirunal, Fig. 236 (Ind. M.), das Feuerfest; ein bei den Indiern während der drei ersten Monate ihres Jahres (das um drei Monate später anfängt als das unsere), also während April, Mai oder Juni, gehaltenes Bussfest. Draopadi heirathete die fünf Söhne des Pandu, welche unter dem Namen der Helden Indiens bekannt waren, und durch die Pandawas, ein grosses Heldengedicht, berühmt geworden sind. Es ist ganz ungewöhnlich, dass eine indische Wittwe sich zum zweiten Male vermählt; sie erfand daher das Mittel, sich vor ihrer zweiten Verheirathung von Allem, was ihr aus erster Ehe anhing, zu reinigen, und wieder in den Stand der Unschuld zurückzukehren, indem sie über einen Haufen glühender Kohlen langsam hinwegging. Zu Ehren dieser Gottestochter feiert man das Fest noch jetzt: diejenigen, welche sich demselben unterwerfen wollen, fasten achtzehn Tage lang und schlafen während dieser Zeit auf blosser Erde

Fig. 235.

ohne Matte, dann bemalen sie sich den Leib mit Safran und gehen, festlich geschmückt, unter klingendem Spiel nach dem Orte der Feierlichkeit, einem Platz, auf welchem eine 12 bis 15 Fuss breite, 40 Fuss lange Bahn mit glühenden Kohlen hoch bestreut ist; in Procession umkreist man dreimal den Haufen, kehrt ihn um, damit sich die Glut vermehre, und nun gehen, mehr oder minder langsam, darnach ihre Traurigkeit gross ist, die Büssenden darüber hin, Mütter tragen auch wohl ihre Kinder, und schwingen dabei Guirlanden, von denen das Volk sich einige Blumen erbittet, und sie als Glück bringend sorgfältig bewahrt etc. Nicht eine Kaste oder Secte ausschliesslich bedient sich dieses Reinigungsmittels; es scheint den Verehrern des Schiwa wie des Buddha und des Wischnu gemeinschaftlich zu sein. Das nebenstehende Bild soll eine Idee dieser Busse geben.

Nerwsengh (Pers. M.), der Urgenius und Beherrscher des Feuers, welcher gegen den Erzdew der Kälte von Ahriman's Partei zu kämpfen hat. Als der Urmensch Kajomorts durch den Abgrundsengel getödtet war, bewachte er und Sapandomad dessen zeugende Kraft.

Nesimachus (Gr. M.), Vater des Hippomedon von der Mythidice, der Schwester des Adrast. Hippomedon zog mit den sieben Helden nach Theben.

Fig. 236.

Fig. 237.

Fig. 238.

Neso (Gr. M.), eine Nereïde, und nach Einigen Mutter der cumäischen Sibylle.

Nesosch (Pers. M.), ein Geschöpf des Ahriman, der Erzdew des Todes, — dem Serosch, dem guten Genius des Lebens, einer Schöpfung des Ormuzd, entgegengesetzt.

Nessus, Fig. 237 (Gr. M.), ein Centaur, s. Hercules. — N., wie er Deïanira entführt, ist auf unserem Bilde dargestellt.

Nestor, Fig. 238 (Gr. M.), König im triphylischen Pylus, der weiseste der Griechen, welcher mit dem grossen Heere nach Troja zog. Er war ein Sohn des Neleus und der Chloris und blieb bei dem Blutbade, welches Hercules unter den zwölf Söhnen des Königs anstiftete, verschont, weil er sich zu Gerene in Messenien befand. Die Ilias, welche seiner sehr häufig erwähnt, nennt ihn daher auch oft den gerenischen Helden. Immer tritt er als der erfahrene Rathgeber auf. Er war zweimal vermählt: mit Eurydice (des Clymenus Tochter) und mit Anaxibia; aus diesen Ehen hatte er mehrere Kinder, unter denen besonders Antilochus berühmt ist (s. d.); bekannt sind sonst noch: Echephron, Stratius, Perseus, Aretus, Thrasymedes, Pisistratus und die Töchter Pisidice und Polycaste. Er selbst brachte sein Leben auf drei Menschenalter (99 Jahre), nach Andern auf 300. — Nebenstehende Figur zeigt N., wie er seinen von Memnon getödteten Sohn Antilochus auf seinen Wagen legt.

Nicaea (Gr. M.), eine spröde Nymphe, des Flussgottes Sangarius Tochter, von Bacchus mit Liebe verfolgt, bis derselbe sich ihrer bemächtigte, als sie aus einem Flusse getrunken, den er in Wein verwandelt. Die züchtige Jungfrau gab sich selbst den Tod, der Gott aber rettete die Frucht seiner Liebe, Telete.

Nicandra (Gr. M.), eine junge Weberin von grosser Geschicklichkeit, s. Alcinoë.

Nice, griechischer Name der Victoria, der Siegesgöttin (s. d.).

Nicephorus (Gr. M.), »Sieg spendend«, Beiname mehrerer Gottheiten, z. B. der Venus.

Nicippe (Gr. M.), 1) Tochter des Thespius, Geliebte des Hercules und von ihm Mutter des Antimachus. — 2) N., Tochter des Königs Pelops, welche, mit Sthenelus vermählt, Mutter von Alcinoë, Medusa und Eurystheus wurde.

Nicodamas (Gr. M.), ein schöner Jüngling, unter den Pygmäen wohnend, vermählt mit Oenoë, der schönsten von den Töchtern derselben. Diese unterliess einst, der Juno ein Opfer zu bringen, und ward dafür in einen Kranich verwandelt; das Geschlecht dieser Vögel lebte in stetem Kriege mit den Pygmäen; wenn daher auch die Liebe zu ihren Kindern Oenoë zu denselben führte, so ward sie doch stets von N. und den anderen Pygmäen hinweggetrieben, und musste somit ihre Unterlassungssünde schwer büssen.

Nicodromus (Gr. M.), Sohn des Hercules und der Thespiade Nice.

Nicomachus (Gr. M.), Enkel des Diocles, von dessen Tochter Anticlea und von Machaon, des Aesculap Sohn. Es ward ihm und seinem Bruder Gorgasus, als zweien berühmten Aerzten, von Isthmius ein Tempel errichtet, den Pausanias zu Pherä gesehen.

Nicostratus (Gr. M.), Sohn des Menelaus und der Helena.

Nida (Nord. M.), der bekannte Hauptsitz der Asen, s. Idaplan.

Nidhoegr (Nord. M.), »Neidhard«, die Schlange, welche an der Wurzel der Esche Ygdrasil nagt und sie niederzustürzen sucht.

Nidi (Nord. M.), einer der in der Erde wohnenden, aus Erde geschaffenen Zwerge.

Nidubaer Usaektschi (Lamaismus), mongolischer Name des grössten Heiligen, des Dschäschik (s. d.), welcher der Nächste nach Dschak Schiamuni ist.

Nidudr oder **Nidung** (Nord. M.), ein mächtiger König in Schweden, böse und grausam. Er fing den berühmten Völundr, einen geschickten Goldschmied, lähmte ihn, und liess ihn für sich arbeiten; aus Rache tödtete dieser seine Kinder und machte aus ihren Augen einen Schmuck für die Königin.

Nidur (Nord. M.), einer der Flüsse, welche in dem Reiche der Todesgöttin Hela strömten; man trank aus

Fig. 239.

demselben, wie aus Lethe, Vergessenheit alles Geschehenen.

Niflheim, s. Helheim. Ersteres ist das Allgemeinere, das Reich des Todes, der Nacht und des Elends; Helheim ist in demselben gelegen: das Reich der Hel.

Nijam (Slav. M.), der Todesgott der Polen und Schlesier, dessen Hauptort bei den Erstern Gnesen, bei den Letztern Njemtschi war; er führte die Seelen der Verstorbenen an den Ort ihres künftigen Lebens.

Nilus, Fig. 239 (Aegypt. u. gr. M.), Stromgott in Aegypten, Sohn des Oceanus und der Tethys, Vater der Memphis und der Chione. Seine das Land Aegypten befruchtende und somit Segen spendende Wirksamkeit wurde von den Aegyptern selbst im Bilde des Osiris verehrt. — Unser Bild zeigt eine colossale Statue des Nil-Gottes; die 16 Genien umher deuten auf die 16 Ellen, die er steigen muss, um Aegypten fruchtbar zu machen.

Ninxit (Japan. M.), der oberste Priester des ganzen Reiches Japan, zunächst dem Repräsentanten Gottes, dem Dairi, stehend.

Niobe, Fig. 240—244 (Gr. M.), Tochter des Phoroneus, Königs von Argos, und der Nymphe Laodice; die erste Sterbliche, welcher Jupiter seine Gunst schenkte: sie gebar dem Gotte den Argus und den Pelasgus. — 2) N., s. Amphion. Ihr tragisches Schicksal hat dem Alterthum zu den edelsten Kunstdarstellungen Anlass gegeben, insbesondere die, wenn gleich mit vielen Beschädigungen, noch erhaltene und in Florenz befindliche Gruppe der Niobe und der Niobiden hervorgerufen, ein Werk aus der besten Periode der attischen Bildhauerkunst, aus der Schule des Scopas oder Praxiteles, wovon wir eine Nachbildung geben, auf vier Tafeln, während der Kopf der unglücklichen Mutter selbst in vergrössertem Massstabe besonders abgebildet ist.

Niord (Nord. M.), ein schöner Jüngling aus dem Geschlechte der Vanen, welchen diese Letztern den Asen als Geissel für ihre friedliche Gesinnung gaben, während die Asen dasselbe in der Person des Häner thaten. Er vermählte sich mit der schönen Jotentochter Skade, und sie gebar ihm Freir und Freia, die edelsten und schönsten der Asen, unter welche sie, obwohl nicht ihrem Stamme angehörig, aufgenommen wurden; doch war die Ehe nicht glücklich, weil N. und Skade verschiedenen Völkern angehörten, deren verschiedene Gewohnheiten ihnen gegenseitig nicht zusagten; so konnte Skade nicht das Geschrei der Möven ertragen, wenn sie bei ihrem Gatten am Meere, in Noatun, wohnte, während N. das Geheul der Wölfe

Fig. 240.

Fig. 241.

Fig. 242.

Fig. 243.

Fig. 244.

unerträglich fand, wenn er bei seiner Gattin im Gebirge war. So trennten sie sich endlich, Skade, um ungestört auf ihren leichten Schneeschuhen umherzufahren und Wild zu jagen, N., um im leichten Nachen den Fischen nachzusetzen.

Njordr (Nord. M.), eine der jüngeren Asinnen, der Gespielinnen der Freia.

Njotr (Nord. M.), Beiname Odin's, »der Geniesser«.

Njotun (Nord. M.), die Göttin der Jugend, nicht mit Iduna zu verwechseln.

Nipen (Nord. M.), nach einem neben dem Christenthume fortbestehenden Aberglauben der Norweger ein Geist, der sehr allgemeinen Einfluss auf das Gedeihen jeder Unternehmung hat. Bald ist er ein freundlicher, bald ein neckender Hausgeist, den man zu Weihnachten durch Geschenke an Kuchen und Branntwein für das kommende Jahr sich geneigt zu machen nicht versäumt.

Nipingr (Nord. M.), einer der aus Erde geschaffenen, in der Erde wohnenden Zwerge.

Nirbun (Ind. M.), der höchste Grad von Seligkeit, zu welchem ein Sterblicher durch alle erdenkliche Bussübungen und göttliche Frömmigkeit gelangen kann; ist er so weit, so freut er sich immerdar der Anschauung Gottes und darf nicht wieder zur Erde zurück.

Nireus (Gr. M.), Sohn des Charopus und der Aglaja, ein ausgezeichnet schöner Mann, König der Insel Syme; er zog mit Agamemnon nach Troja.

Nirgoni Pudscha (Ind. M.), die innere Religion, welche keiner äusseren Zeichen bedarf und nur in dem Denken an Gott und in Wohlthaten, in seinem Namen verübt, besteht.

Niria (Ind. M.), die Hölle der Buddhaisten, im heissen Erdkern gelegen und nach den vier Weltgegenden in vier grosse Reiche getheilt, deren jedes den Verurtheilten seine eigenen Martern und Qualen bringt.

Nirkunden (Ind. M.), ein Fürst aus dem Geschlechte der Kinder der Sonne, Sohn des Waiwassuden und Vater des Radscha Budatschedi.

Nirumadei (Ind. M.), eine der acht Gespielinnen der Ganga.

Niruti (Ind. M.), die Schutzgöttin des südwestlichen Theiles der Erde, Tochter des Brama, aus ihm selbst, und zwar aus seinem Phallus, geboren.

Nische Puk (Nord. M.), Kobolde, Gnomen, Hausgeister, an welche Skandinavien, England, Schottland und zum Theil auch Holland, bis zum Holsteinischen hin, glaubten; sie waren nicht eigentlich böser Art, durften jedoch nicht geneckt werden.

Nisus (Gr. M.), 1) Sohn des Pandion, König von Megara. Er hatte ein goldenes Haar auf seinem Kopfe, an welchem sein Leben hing. Als Minos Attica bekriegte, kam er auch vor Megara; da erblickte ihn des N. Tochter Scylla von der Mauer her, verliebte sich in ihn und beschloss, ihm die Stadt zu übergeben; desshalb riss sie ihrem Vater im Schlafe das goldene Haar aus, worauf er augenblicklich starb. Minos verabscheuete die Vatermörderin und liess sie mit den Füssen an das Hintertheil seines Schiffes binden und so ersäufen. Die Götter verwandelten sie in eine Ciris (man weiss nicht, ob einen Fisch oder einen Vogel), den Vater aber in einen Geier, welcher das erstgenannte Thier immer verfolgt. — 2) N., Freund des Euryalus (s. d.), der mit diesem durch des Turnus Lager schlich und bei diesem Versuch ermordet wurde.

Nixen (German. M.). Aus neueren Dichtern kennen wir die N. gewöhnlich nur als weibliche Wesen, gleich den Nymphen der Griechen, nur mit stärkerem Hervortreten der Vorstellung, dass ihre Nähe für den Menschen verderblich sei, was bei den Nymphen nur selten erscheint. Allein zu der Zeit, als dieser Name entstand, wurde er vom Volksglauben vielmehr überwiegend für männlich gedachte Wassergeister gebraucht, und zwar hiess die älteste Form des Namens Nihhus oder Nichus, wurde aber dann auf die manchfaltigste Weise, z. B. in Nicker, Nickel, Neck, Necker (wozu zu vergleichen der Name des Flusses Neckar) abgewandelt; frühzeitig jedoch wurden allerdings auch weibliche N. hinzugedichtet. Das Uebereinstimmende in allen Zügen des N.-Glaubens ist, dass sie Wesen gleicher Classe mit den Elfen (s. d.), nur auf das Wasser, als ihr Element, beschränkt sind. Der Nix ist gewöhnlich ältlich und langbärtig; er trägt einen grünen Hut, und wenn er den Mund bleckt, sieht man seine grünen Zähne. Zuweilen hat er die Gestalt eines rauhhaarigen wilden Knaben, zuweilen die eines gelblockigen, mit rother Mütze auf dem Haupt. Dem finnischen Näcki werden eiserne Zähne beigelegt. N. erscheinen, gleich den Feen, in der Sonne sitzend, ihre langen Haare kämmend, oder auch mit dem Obertheil des Leibs, der von hoher Schönheit ist, aus Wellen tauchend. Den Untertheil soll, wie bei Sirenen, ein fischartiger Schwanz bilden; doch diese Vorstellung ist unwesentlich, und wohl nicht ächt deutsch, denn die N., wenn sie an's Land unter Menschen gehen, sind gleich menschlichen Jungfrauen gestaltet und gekleidet, nur an dem nassen Kleidersaum, dem nassen Zipfel der Schürze erkennbar. Tanz, Gesang und Musik sind die Freude der N., wie der Elfen. Durch Gesang zieht die Nixe zuhorchende Jünglinge an sich und hinab in die Tiefe. Die Nixen sind unselige Wesen, die aber dereinst der Erlösung theilhaftig werden können. Zwei Knaben spielten am Strom; der Nix sass und schlug seine Harfe; die Kinder riefen ihm zu: »Was sitzest du Nix hier und spielst? Du wirst doch nicht selig.« Da fing der Nix bitterlich zu weinen an, warf die Harfe weg und versank in die Tiefe. Als die Knaben nach Hause kamen, erzählten sie ihrem Vater, der ein Priester war, was sich zugetragen hatte. Der Vater sagte: »Ihr habt euch an dem Nix versündigt; geht zu ihm, tröstet ihn und sagt ihm die Erlösung zu.« Da sie zum Strom zurückkehrten, sass der Nix am Ufer, trauerte und weinte. Die Kinder sagten: »Weine nicht so, du Nix! Unser Vater hat gesagt, dass auch dein Erlöser lebt.« Da nahm der Nix froh seine Harfe und spielte lieblich bis lange nach Sonnen-Untergang. Aber andrer Seits geht durch die N.-Sagen ein Zug von Grausamkeit und Blutdurst, der bei den Geistern der Berge, Wälder und Häuser nicht leicht vorkommt. Nicht allein Menschen, deren der Nix gewaltig wird, tödtet er, sondern er übt auch blutige Rache an seinen Leuten, die an's Land gestiegen sind, mit den Menschen umgehen und dann wieder zurückkehren. Von Ertrunkenen sagt man: »Der Nix hat sie an sich gezogen«.

Nixi dii (Röm. M.), die knieenden drei Gestalten vor der Statue der Minerva auf dem Capitol zu Rom; man hält sie für Geburtsgöttinnen, ähnlich der Ilithyia.

Noatun (Nord. M.), s. Niord.

Noctulius (Röm. M.), ein Gott, dessen Bild, dem des Telesphorus ähnlich, man zu Brescia aufgefunden hat; die an das Ohr gelegte Hand und die zu seinen Füssen sitzende Eule, wie auch der Name (von nox, die Nacht) scheinen ihn als einen Beschützer der Nacht und des Schlafes anzukündigen.

Nodotus (Röm. M.), eine ländliche Gottheit, das Wachsthum des Getreides befördernd. Der Name kommt von nodus, Knoten (an den Halmen des Getreides).

Nogan daraëke (Lamaismus), eine wohlthätige, von den Mongolen verehrte Göttin; ihr Hauptsitz ist der Berg Budala in Tübet, wo sie mit dem Gotte Dschäschik und noch sechs anderen für die Seelen der Verstorbenen sorgt, die Guten zum Himmel leitet, und die Verdammten von ihren Qualen zu befreien sucht.

Nomia (Gr. M.), eine arcadische Nymphe, nach welcher ein Berg benannt wurde.

Nomion (Gr. M.), Vater des Amphimachus und Nastes, Beherrscher der Carier, welche am Mäander, um Miletus und Mycale, wohnten. Beide Söhne führten die dortigen barbarischen Völker den Trojern zu Hülfe und blieben im Kampfe.

Nomius (Gr. M.), »Hirtenbeschützer«, Beiname des Apollo, des Pan, des Mercur und des Aristäus.

Nomos (Gr. M.), das Gesetz; Personification des Gesetzes und der Ordnung.

Nonu (Nord. M.), einer der Flüsse, welche in das Reich der Todesgöttin Hela hinabströmen.

Nonun (M. der Karaiben), ein Geschöpf des Louguo, des ersten Menschen, und desjenigen, der auch die Erde gebildet und bewohnbar gemacht hat. Es war in der Nacht, als er aus den Händen des Louguo hervorging, da glaubte er, es gebe nichts Schöneres auf der Welt, als er sei; wie er jedoch die Sonne erblickte, verbarg er sich aus Scham und zeigt sich seitdem nur, wenn diese nicht mehr scheint, in allem seinem Glanz. Die Karaiben schätzen ihn höher als diess leuchtende Gestirn, und zählen darum ihm zu Ehren die Zeit nach Nächten, ihre Jahre nach Neumonden. So oft dieser eintritt (d. h. nach ihren Begriffen, also am Anfang des ersten Viertels, wo er sich als feiner, sichelförmiger Streif am Abendhimmel zeigt), eilen sie aus ihren Hütten, betrachten ihn durch ein zusammengerolltes Pisangblatt und saugen damit einige Thautropfen auf, um sie in's Auge dringen zu lassen, welches sie für sehr stärkend halten.

Norax (Gr. M.), Sohn des Mercur von Erythea, der Tochter des Geryon, dem Hercules seine berühmten Heerden raubte.

Nord-America (Religiöse Ideen und Gebräuche der verschiedenen Völker in etc.). Es ist nicht wohl thunlich, alle die einzelnen kleinen Völkerschaften dieses ungeheuren Festlandes nach ihren Religionsgebräuchen zu trennen, weil sie zu viel Gemeinschaftliches mit einander haben, daher wir dieselben unter Eine Ueberschrift zusammenfassen. Sie theilen alle dieselben Ideen von einer Belebtheit der Sinnenwelt; sie glauben nicht, wie die Griechen, dass jeden Baum eine Dryas bewohne, allein sie glauben an Schutzgeister der Bäume und Wälder; nicht an jeder Quelle wohnt eine Nymphe, allein die Quellen, Bäche, Flüsse, Seen und Meere haben ihre verschiedenen, sie schirmenden Gottheiten: in Allem, was sich regt und bewegt, ist ein verborgenes Wesen, wirkt eine geheime Ursache, und nach der mehr oder minder auffallenden Veränderung oder Wirkung jeder Naturkraft in jeder Substanz sind die Inwohner derselben mehr oder minder mächtig, und insofern sie eben den Menschen zuträglich oder nachtheilig sind, gelten die Geister für gut oder böse. Alle diese Geister heissen bei den nördlich wohnenden Völkern Nant-e-na, die einzelnen Okki. Bei den Irokesen heisst die Gesammtheit der Geister Ayotkon oder Hondatkonsana, die einzelnen werden Manittu genannt. Als Herrscher über alle guten Geister verehren sie den Tharonhiaonagou, welcher der Enkel der Beherrscherin alles Bösen, der Atahentsik ist; beide wohnen im Lande der Seelen. Erhaben über diese beiden, wie über alle anderen Geister, steht der grosse Geist, der das königliche Vorrecht der Gnade ausübt, der so viel Gutes thun und gewähren kann, als er will, in dessen Macht jedoch nichts Böses steht, obwohl er alles Böse zu hindern im Stande ist; doch seiner Gnade freut sich nur der, welcher selbst das Gute thut und das Böse unterlässt. Sonne, Mond, Gestirne und die Naturkräfte sind auch Gegenstände der Anbetung; die scheinbar zürnenden Naturkräfte, Blitz, Sturm, Feuer, Hagel oder ihre Geister werden verehrt, Opfer werden ihnen gebracht, damit sie nicht zürnen; den guten Geistern geschieht das Gleiche aus Dankbarkeit. Man stellt sie sich unter den schönsten Menschengestalten vor, und die Gebildeteren unter diesen Söhnen der Natur glauben, man verehre in ihnen den grossen Geist, welcher keiner unmittelbaren Verehrung bedürfe, keine verlange. Im Traume sendet dieser grosse Geist den Menschen Schutzgeister, welche sie ihr ganzes Leben hindurch begleiten. Das Zeichen, unter welchem der Schutzgeist sich geoffenbart hat: ein Messer, ein Baum, eine Pfeife, ein Thier etc. wird dem Beschützten eingeätzt, und er bezeugt diesem stets eine hohe Verehrung, schreibt seine Unglücksfälle auch nicht dem mangelnden Schutz, sondern nur seiner Unwürdigkeit zu, daher die strenge Redlichkeit der meisten dieser Urvölker; doch, wie sie selbst den Tod und die Schmerzen verachten, so wollen sie diess auch an den Feinden, und glauben ihnen durch die ausgesuchtesten Qualen eine Ehre zu erzeigen. — Nur in Virginien findet man eine bildliche Darstellung höherer Wesen: eine nach Landessitte nur mit einem Schurz bekleidete menschliche Figur in sitzender Stellung, bunt bemalt; mehrere solche sind unter Dächern auf ihren Kirchhöfen aufgestellt, sie heissen Kiwasa und werden für die Beschützer der Todten gehalten. Im Süden von Nord-America hat der Cultus eine andere Gestalt angenommen: dort ist ein wirklicher Götzendienst eingeführt, dort sind Tempel und Priester, dort sind prachtvolle Aufzüge und blutige Opfer zu finden gewesen; im Norden hat man hievon keine Spur gefunden, einzelne Erhöhungen von Erde, gross, weit ausgedehnt, pyramidal aufgeführt, scheinen nach Allem, was man erkundet hat, die Basen gewesen zu sein, auf denen die Urvölker jener Gegenden ihre Dörfer und Städte anlegten, um sie zu befestigen. Opfer, Gebete, Bussübungen sind jedoch überall gebräuchlich; im Süden, in Florida, brachte man der Sonne jede männliche Erstgeburt zum Opfer, und diess zeigt schon den deutlichen Uebergang zu dem mexikanischen Cultus. — Bei allen gottesdienstlichen, politischen und freundschaftlichen Handlungen dieser Völker spielt die Tabakspfeife eine wichtige Rolle. Was für ein Vertrag auch geschlossen worden: — ist zum Zeichen seiner Gültigkeit die Friedenspfeife geraucht, so ist der Pact, auch ohne Schrift und Siegel, unverbrüchlich fest. Den Göttern wird an jedem Morgen der erste Zug aus der Pfeife dargebracht. Der Gastfreund wird zuerst mit der Pfeife bewirthet; der Gesandte des Feindes, der Feind selbst, sobald er die Pfeife bekommen hat, ist unverletzbar: ein Jeder erkennt die Heiligkeit des Pfandes. — Von einem Leben jenseits des Grabes sind sie überzeugt, daher zum grossen Theil ihre Moral; doch sind den Ideen dieser Völker natürlich auch die Ansichten angemessen, welche sie von dem Jenseits haben: sie glauben nämlich an eine Fortdauer des Lebens, wie sie es geführt haben, nur mit erhöheter Freude, mit allem möglichen Glück auf der Jagd, beim Fischfang und im Kriege; desshalb wird der Todte auch zur Jagd und zum Kriege mit Kleidern und Waffen, so wie mit Mundvorrath für die Reise, mit Pfeife und Tabak begraben, und nur wenige Abweichungen finden sich in den Gebräuchen, welche fast alle darauf hinauslaufen, dass die Freunde des Verstorbenen sich um ihn versammeln, eine Pfeife mit ihm rauchen, ihn auffordern, seine Thaten zu erzählen, und da er diess nicht thut, abwechselnd sein Lob singen, anführen, wie viel Feinde er erschlagen, wie viele Kopfhäute er abgezogen etc. Nun besuchen alle Freunde und Verwandte den Todten. Bei jedem neuen Besuch beginnt der Lobredner wieder seine Erzählung, rühmt des Todten Tapferkeit, die Anzahl der Feinde, deutet auf die Waffen, welche er erbeutet und welche neben ihm liegen, auf die Kopfhäute, welche an seinem Gürtel hängen und welche alle, so wie viele andere Geräthschaften, man ihm mit in das Grab gibt, und nöthigt dann die Besuchenden zum Niedersitzen und zur Theilnahme am Mahl, wovon dem Todten, der aufrecht in der Hütte sitzt, immer zuerst angeboten wird. Nach solcher Feierlichkeit verlassen die wandernden Americaner ihr Dorf und ziehen, ohne den Todten zu begraben, fort, wo er dann den wilden Thieren zum Raube bleibt, oder sie verbrennen ihn und nehmen, gleichfalls fortziehend, seine Asche mit; Andere dagegen, welche feste Wohnsitze haben, begraben ihre Todten auf verschiedene Weise: entweder sie höhlen ein rundes Loch aus, füllen die Seitenwände mit Binsen, mit Matten oder Moos aus und setzen den Todten aufrecht hinein, oder sie hüllen ihn in Palmblätter; auch legen sie ihn in lange, aus Blättern geflochtene Körbe und stellen ihn so aufrecht in eine Höhlung, welche in eine Seite ihres Begräbnissberges gemacht worden, oder sie vergraben ihn in die trockene Erde und lassen ihn drei, auch vier Jahre darin liegen, bis sie glauben, dass er ganz verwest und nur noch die Knochen übrig seien; dann wird der Todte ausgegraben, das Skelet gereinigt, gewaschen und nun in einem Blätterkorb auf den Friedhof zu den schon vorhandenen Gebeinen der früher Verstorbenen gesetzt. — Eine eigene Erscheinung, welche man nur bei den nordamericanischen Wilden findet, ist der freiwillige Tod, dem sich die alten Leute übergeben. Wenn sie krank werden, erwarten sie ihre letzte Stunde mit der grössten Fassung; ihre Aerzte sagen ihnen stets vorher, dass sie nicht im Stande seien, sie wieder herzustellen; dann macht der Sterbende, ohne im Mindesten erschüttert zu sein, die nöthigen Verordnungen, sagt, welche Speise man seinen Freunden vorsetzen soll, lässt sie vor seinen Augen bereiten, lehnt sich endlich an die Wand und stirbt lächelnd in Heiterkeit und ohne Furcht. Das ist der natürliche Tod. Alten Leuten aber, welche nicht mehr rüstig genug sind für Fischfang, Jagd und Krieg, wird das Leben zur Last und sie wünschen zu sterben. Gewöhnlich überträgt der Vater seinem liebsten Sohn das Amt, ihn mit der Keule zu erschlagen. Dann geht Vater und Sohn hinaus in den Wald, die Freunde und Verwandten folgen, einige Hunde werden getödtet, damit deren Seelen in das Land der Väter vorauseilen und die baldige Ankunft eines tapfern Kriegers anzeigen. Nun raucht der alte Mann die heilige Pfeife, unterhält sich mit seinen Freunden, sagt, wen von den Freunden seiner Jugend er jenseits zu treffen hoffe, isst und trinkt ein wenig, singt darauf seinen Todesgesang, und gibt dann dem Sohn ein Zeichen, worauf dieser ihm mit seiner Keule den Kopf zerschmettert der Leichnam wird nun begraben, und, um die wilden Thiere abzuhalten, errichtet man über demselben eine kleine Hütte. In der Nähe der Hudsons-Bai geschieht diese freiwillige Opferung fast auf gleiche Weise, nur mit dem Unterschied, dass der Lebensmüde in sein Grab hinabsteigt und sich dort von Zweien seiner Söhne mittelst eines Riemens erwürgen lässt. — Andere Völker, welche von den Christen gelernt haben, dass es eine Sünde ist, die Väter zu tödten, lassen dieselben, so bald sie ihnen beschwerlich werden, allein in der Wildniss zurück, ein Opfer des fürchterlichen Hungertodes. — Die Zurückgebliebenen zeigen ihre Liebe zu dem Todten dadurch, dass sie alle seine Geräthschaften, selbst das Kostbarste für sie, Flinte, Beil, Messer, Biberröcke etc. verschenken. Ihre Trauer ist rührend: sie durchstechen sich die fleischigen Theile ihres Körpers mit spitzigen Steinen oder Pfeilen, und lassen so viel Blut ab, dass sie selbst manchmal sterben. Die Weiber betrauern ihre Männer, indem sie täglich auf ihr Grab gehen, eine Locke von ihrem Haar schneiden und sie in die Winde flattern lassen. In traurigen, melancholischen Tönen besingen sie ihr Leid. Oft, wenn ein Kind stirbt, tödtet sich die Mutter in der Hoffnung, demselben jenseits Beistand leisten, es pflegen und ernähren zu können, da sie fürchtet, dass ohne solche Hülfe das Kind eines zweiten Todes sterben müsste, was sie nicht mehr besorgt macht, wenn der Sterbende das Jünglingsalter erreicht hat und seine Waffen führen kann. — Die Cosmogonie der nordamericanischen Völker weicht darin von der der meisten andern ab, dass die Menschen zuerst, und dann die Erde geschaffen wurde. Sechs Männer, die zuerst geschaffen, schwebten in der Luft umher, während, wie sie erfuhren, im Himmel ein anderes Wesen ihrer Art, eine Frau wohnte. Mit Hülfe der Vögel gelangte endlich Einer der Menschen, Hogouaha (der Wolf), dorthin, und gewann die Liebe und höchste Gunst jenes weiblichen Geschöpfes, das jedoch eben desshalb von dem Gott des Himmels herabgestürzt wurde in das Meer; hier nahm eine Schildkröte sie auf ihren Rücken, der Eisbär, die Fischotter und andere Thiere holten Thon herbei und klebten auf den Rücken der Schildkröte ihren Vorrath zusammen, so dass eine kleine Insel daraus entstand, welche durch die fortwährende Arbeit dieser Thiere immer grösser und unsere Erde wurde, welche auch stets wächst, wie das Menschengeschlecht zunimmt. Von der Frau stammen alle Menschen ab, und um das Andenken der Begebenheit zu verewigen, nennen sich die Hauptstämme der Irokesen und Huronen nach jenen Thieren, vom Wolf, vom Bären, der Schildkröte, der Fischotter etc. Der Stamm der Schildkröte, als im Mittelpunkt der Welt wohnend, ist der edelste und erste.

Nordische Mythologie. Nach den Ideen der skandinavischen Urvölker liegt die Erde in der Mitte der Welt, oder der Welten, denn sie nahmen mehrere über einander liegende Welten an, welche durch Luft, Nebel, Reifschichten etc. von einander abgesondert waren. Die Erde überhaupt, wie sie vom Ocean umschlossen, von Gebirgen durchzogen, von Flüssen durchschnitten ist, heisst Manhem oder Mannheim. Der mittelste Theil der Erde heisst Midgard, und wurde, wie die Völker jener Gegenden glaubten, von ihnen selbst bewohnt. — Midgard ist das Eigenthum der Menschen, welche dasselbe bewohnen. Im Innern der Erdmasse wohnen die Zwerge oder Elfen, die Schöpfer der Steine und Metalle, die trefflichsten Arbeiter in diesen Stoffen; sie hiessen Swartalfen, ihr Reich Swartalfaheim, aus welchem sie nur selten, und dann nur, um den Menschen zu schaden, hervorkamen. Diess ist die Erde, wie sie besteht; wie sie entstanden, sangen die alten Skalden, die Dichter der Isländer, Norweger, Dänen und Schweden. Sie sagen, von Anfang und unerschaffen war nur Muspelheim und Niflheim, die Nebelwelt, worin der Alles verschlingende Brunnen Hwergelmer sich befindet, aus welchem zwölf Flüsse entsprangen, die jedoch nur so weit gingen, bis die Flüssigkeit, welche sie füllte, durch den Frost erstarrte; so thürmte sich durch das immer nachströmende und über das erste hinüberfliessende Wasser das Eis zu solcher Menge auf, dass es den Abgrund von Niflheim, in welchen es stürzte, ganz ausfüllte. — Alles, was aus Niflheim ausging, war kalt, starr und finster, dagegen alles aus dem gleichzeitig vorhandenen Muspelheim Kommende (die Licht- oder Feuerwelt, welche südlich von Niflheim lag) warm und leuchtend. Da nun die Sonnenstrahlen aus Muspelheim dem Reif aus Niflheim begegneten, so schmolz der letztere, und es entstand aus herabgefallenen Tropfen der Riese Ymmer, der Eis-Riese, dessen beide Füsse miteinander seine Nachkommen, die Eis-Riesen, erzeugten, während ihm selbst noch unter den Armen ein Mann und ein Weib erwuchs. — Zugleich mit dem Ymmer entstand aus der Vermischung von Wärme und Kälte die Kuh Andumbla, aus deren Eutern vier Milchströme flossen, von denen sich der Riese nährte. Die Kuh aber erhielt sich durch das Belecken der salzigen Reifsteine, aus denen, durch eben dieses Belecken befeuchtet, Haare, dann ein Haupt, dann ein Mann erwuchs, welcher Bure hiess; er erhielt, auf welche Weise ist unbekannt, einen Sohn, Bör; dieser nahm Bestla, eine der Töchter des Riesen Baulthorn, zum Weibe, von welcher er drei Söhne, Odin, Wile und We erhielt, welche späterhin Beherrscher des Himmels und der damals noch nicht geschaffenen Erde wurden. Die Söhne des Bör waren edel und gut, die Nachfolger Ymmer's aber verrucht, daher stets Kampf und Streit zwischen ihnen, welcher damit endete, dass der Eis-Riese erschlagen und sein Leichnam in den Abgrund geschleppt wurde; nun bildeten die Söhne des Bör die Erde aus dem Körper des Riesen. Seine Hirnschale ward als Gewölbe ausgespannt und auf vier Stützen gesetzt, zu welchen sie die Zwerge Austri, Westri, Sudri, Nordri (Osten, Westen, Süden, Norden), als Wächter setzten. Des Riesen Blut bildete das Meer und die Flüsse, seine Knochen die Berge, das Fleisch die Erde, Zähne und Kiefern die Felsen und Klippen, sein Haar wurde zu Bäumen, das Hirn zur Wolke. — Noch war Alles finster. Nun aber nahmen die Söhne Bör's die Funken, welche aus dem glänzenden Muspelheim herüberflogen, und befestigten sie am Innern der Hirnschale, damit sie die neugeschaffene Erde erleuchteten. Der Riese Narsi (finster) hatte die Nat (Nacht) zur Tochter. Diese zeugte mit Nagelfari (Luft, Aether) einen Sohn, welcher Andur hiess (Stoff); ferner mit einem zweiten Gatten Anar (Bildungstrieb) eine Tochter Jörd (Erde), endlich mit einem dritten, welcher Delingur hiess (Dämmerung), den Dagur (den Tag); dieser war so schön und heiter wie seines Vaters Geschlecht, daher ihn Allfadur mit seiner Mutter zu sich nahm; Jedes von Beiden erhielt einen mit einem Rosse bespannten Wagen. Die Rosse hiessen Skinfaxi und Hrimfaxi (Glanzmähne und Dunkelmähne); das Ross der Nacht bethauet jeden Morgen die Erde mit dem Schaum seines Gebisses, dann folgt der Tag mit dem glänzenden Rosse. Sool und Maan, zwei Kinder des Mundilfari (Sonne und Mond) waren die Lieblinge ihres Vaters, der, stolz auf der Tochter Schönheit, sie an den Gott der Freude vermählte, worüber erzürnt Alfadur beide Kinder den Eltern nahm und an den Himmel versetzte. Sool lenkte den Wagen des Tages, Maan den der Nacht. Auch die Menschen wurden von den Söhnen Bör's geschaffen. Sie wandelten einst am Meeresstrande und fanden zwei hohe Steinblöcke: aus diesen bildeten sie das erste Menschenpaar, der Mann ward Ask (Esche), die Frau Embla (Erle) genannt. Die Steinbilder wurden von den Söhnen Bör's mit Leben und Seele, mit Vernunft, Sprache und den fünf Sinnen begabt. — Im grossen Ganzen ist hier, wie beinahe unter allen Theogonien, eine gewisse Uebereinstimmung nicht zu verkennen: beinahe überall, bei den Mexicanern und bei den Griechen, bei den Römern wie im hohen Norden von Europa, sind Riesen, Giganten, Titanen, Cyclopen, die Urbewohner des Chaos; sie sind die Schöpfer und Erzeuger der milderen Götter: Zeus bei den Griechen, Odin bei den Nordländern, ist der Vermittler zwischen dem alten und dem neuen Göttergeschlecht. Die drei Söhne Bör's, Odin, Wile und We, schufen nun die Zwerge aus dem Staube der Erde, dann stiegen sie auf zum Himmel und liessen sich von ihren neuen Geschöpfen eine herrliche Stadt und prachtvolle Gärten anlegen, auch die Windhjalmsbrücke (die Himmelsbrücke) war nicht vergessen, welche Erde und Himmel verbindet, das ist der Regenbogen, strahlend in drei schönen Farben, stark genug, die guten Geister zu tragen, doch schwach unter der Last der bösen. Der rothe Streif ist das Feuer, welches den nahenden Sterblichen zur Asche verzehrt. Dort wohnen nun die Söhne Bör's: Odin liebt die Göttin des Meeres und steigt täglich hinab in deren Schooss, um in ihrer Schönheit zu schwelgen und mit ihr aus goldenen Pokalen zu trinken; seine Strahlen vermählen sich mit den Dünsten der Erde und erzeugen den Gott des Donners. Nun aber fangen arge Verwirrungen an, weil die Sage eine Verwechselung zwischen dem ersten und dem zweiten Odin eintreten lässt. Alte Bücher, Chroniken und Sagen melden, dass etwa im ersten Jahrhundert unserer Zeitrechnung vom Caucasus her ein Volk, welches sich Asen (Asiaten) nannte, gezogen sei; der Führer desselben hiess Sigge, und als er durch Russland zog, gab er diesem Lande einen seiner Söhne zum Herrscher; dasselbe geschah auf der Fortsetzung seiner Wanderung bei den Cimbriern, Sachsen, Dänen und Franken; von Dänemark, dem er Skioll, seinen fünften Sohn, gab, ging er nach Schweden, wo der König Gylf regierte, der, um nicht Krone und Leben zu verlieren, dem Fremdlinge und dessen Lehre huldigte; er begründete eine neue Gesetzgebung und einen neuen Gottesdienst, nahm den Namen Odin an, und setzte eine Priesterkaste ein, welche Rechtspflege, Gottesdienst und Orakel unter sich hatte. Der neue Odin erfand (oder brachte mit) die Buchstabenschrift, die Kunst des Gesanges, des geregelten Krieges, der Zauberei; seine Lehre setzte andere Götter ein, als diejenigen, welche bis daher das Land regierten. Es war erstlich Odin, der Gott der Götter, der nie sterbende, und Frigga, seine Gemahlin, welche mit ihm auf dem Throne Lidskialf sitzt, von welchem man in alle Lande sehen kann. Von ihnen Beiden stammt das ganze Göttergeschlecht, wesshalb er Alfadur (Vater Aller), auch Walfadur (Vater der in der Schlacht Gefallenen) heisst, welch letzterer Name ihm als dem in Walhalla Vorsitzenden zukommt. — Des Gottespaares Kinder sind: Thor, der Stärkste und Gewaltigste unter Göttern und Menschen, der Donnergott; Baldur, der schönste, reinste, jugendliche Gott; Braga, der Gott des Gesanges und der Beredtsamkeit; Tyr, der Gott des Krieges, der Führer der Schlachten, und Hödur, der blinde, starke Gott, das Sinnbild der vom Verstande nicht gezügelten Gewalt. Nach Andern ist Thor (wie oben angeführt) der Sohn Odin's und der warmen Erde; aber auch die winterliche harte Erde gebar ihm einen Sohn Wali, den Frühlingsgott, das Symbol des wachsenden Tages. — Von diesen Söhnen Odin's geht nun das ganze Göttergeschlecht aus, er ist also unmittelbar der Stammvater desselben. In Asgard, der festen Götterburg, ist der Aufenthalt aller Götter, einer mächtigen Burg, von welcher allein die Windhjalmsbrücke, Bifrost (der Regenbogen), herab zur Erde führt. Dort stand Baldur's Palast Glittner, welcher auf goldenen Säulen ruhte, und Odin's Palast Walaskialf, welcher ganz von Silber erbaut war. Dort war inmitten von Asgard, im Thale Ida, der Versammlungsplatz der Götter, wo sie zum Rath, zum Mahle niedersassen, dort war Gladsheim, der Saal der Freude, Wingolf, der Palast der Freundschaft und Liebe, und Glasor, der Hain mit goldenen Bäumen; ferner Walhalla, ein Palast von hoher Pracht, im schönsten Walde gelegen, voll immer blühender und Früchte tragender Bäume, wo die in der Schlacht gefallenen Helden wohnten. Wie Schlacht und Sieg, wie die Freuden des Mahles und der Liebe sie auf der Erde zumeist entzückt hatten, so war auch dort die Zeit in stets sich erneuernden Krieg und in Genuss aller andern Freuden getheilt. Sie lieferten Schlachten, schlugen sich schwere Wunden, allein sobald das Horn zur Tafel rief, waren die Wunden von selbst geheilt, sie schwelgten in dem köstlichen Meth, im Einheriar-Oel, im Trank der Unsterblichkeit, womit die Walküren ihnen die Becher füllten, und in den Armen der schönen Heldenmädchen ruheten sie von ihren Kämpfen aus und fanden bei den ewig jungfräulichen Wesen ewig neue unvergängliche Freuden. Odin versammelte diese Helden um sich, damit sie ihm dereinst bei dem Weltuntergang beistehen im Kampfe gegen das böse Princip, gegen die Götter der Unterwelt. Loke ist der Sohn des Riesen Farbaute und der Riesin Laufeia; er ist kein Gott, doch ein höheres Wesen, so arglistig und böse, als schön von Körper. Die Riesin Angerbode (Angstbotin — Botschaft des Unglücks) ward von ihm Mutter der Hel oder Hela, der Göttin der Unterwelt, des Wolfes Fenris, und der Schlange Jormungandur, (gewöhnlich die Midgardschlange genannt. Hel ist halb blau, halb fleischfarben, von der scheusslichsten Gestalt. Ihre Wohnung liegt in Niflheim, Elidnir (Schmerz) heisst ihr Saal, Köer (Krankheit) ihr Bette, Hungur (Hunger oder Hungersnoth) ihr Tisch, Ganglati und Ganglöt (Säumniss und Langsamkeit) sind ihre Diener; zu ihr wanderten alle die Unglücklichen hinab, welche an einer Krankheit natürlichen Todes starben, während die durch Waffen Getödteten in Walhalla versammelt wurden. Fenris ist ein Ungeheuer, das, wenn es den Rachen aufsperrt, mit dem Oberkiefer den Himmel, mit dem untern den Abgrund der Unterwelt berührt. Die grosse Midgardsschlange umgibt die ganze Erde; sie ruht auf dem Boden des Meeres und erhebt nur dann und wann ihr Haupt, um ganze Fluthen zu verschlingen. — Diese vier dämonischen Gewalten sind als die bösen Principien den guten entgegengesetzt; sie werden den Untergang der Welt veranlassen, der in der nordischen Mythensprache die Götterdämmerung heisst; sechs fürchterliche Winter werden aufeinander folgen, als erstes Zeichen der Weltvernichtung. Von allen Seiten wird Schnee herabstürzen, die Kälte wird unerträglich, die Sterne werden verlöschen, die Sonne wird verborgen sein, ein wilder Krieg entzündet die ganze Erde. Nun machen die Bewohner von Muspelheim einen Angriff auf Asgard; sie stürmen die Himmelsbrücke, welche zwar unter ihnen zusammenstürzt, doch den gewaltigen Odin so wenig beschützen kann, als alle seine Helden, die, wie muthig sie mit ihm und für ihn fechten, doch fallen; der Wolf Fenris sperrt seinen Rachen auf und verschlingt das Weltall. — Aus der schrecklichen Zerstörung geht eine neue Sonne, eine neue Erde hervor. Mode und Magne (Geist und Kraft) erhalten Thor's gewaltige Waffe, den zermalmenden Hammer; Widar, der Sieger, reisst dem Wolfe den Rachen entzwei, die Flammen aus Muspelheim verlöschen; eine neue Sonne leuchtet der wiedergeborenen Erde; ein einziges gerettetes Menschenpaar, Lift und Liftrasor, von Morgenthau genährt, erneuert das Menschengeschlecht, neue Gottheiten bewohnen den Himmel, und Glück und Freude sind nun unvergänglich.

Nordri (Nord. M.), einer der vier starken Zwerge, welche das Himmelsgewölbe tragen.

Norna Gest (Nord. M.), Sohn eines dänischen Fürsten Thort Bengbit, dem, als er noch ein Kind war, drei Zaubernornen eine glückliche Zukunft prophezeiten und ihn mit Segnungen überhäuften; nur die jüngste derselben, theils dadurch beleidigt, dass die anderen ihr alle Wünsche hinweggenommen, theils entrüstet über eine Menge Menschen, welche sich herzudrängten und sie von ihrem Sitze schoben, fügte zu jenen Segnungen den Fluch, dass er nur so lange leben sollte, als die so eben für ihn angezündete Kerze noch nicht verzehrt sei. Eine andere Norne löschte die Schicksalskerze sogleich aus und gab sie der Mutter des Knaben, dem diese sie, mit der Erzählung der Begebenheit, überreichte, als er zu einem rüstigen Helden erwachsen war. Sorgfältig bewahrt, begleitete sie ihn von Ort zu Ort, von Land zu Land. Die grössten Heldenthaten vollbrachte der kühne Jüngling, der erfahrne Mann, der kräftige Greis; die glänzendsten Höfe sahen ihn bewundernd während dreier Jahrhunderte, bis Olaf Trygvason ihn zur Annahme des Christenthums bewog. 300 Jahre alt, zündete er nun auf Olaf's Befehl, nachdem er die Taufe erhalten hatte, die Kerze an, doch war die Macht des Zaubers nicht gebrochen: er starb, sobald die Kerze verbrannt war.

Nornen (Nord. M.), Schicksalsgöttinnen: drei weise Jungfrauen von nie alternder Schönheit und nie wechselndem Ernst, Urd, Naranda und Skuld geheissen. Sie wohnen in einem Palast unter der Esche Ygdrasil, dem Lebensbaum, dessen Dauer sie dadurch erhalten, dass sie seine Wurzeln täglich mit dem Wasser aus den Udarquellen benetzen, damit er nicht verdorre, und mit dem in der Nähe liegenden weissen Lehm bestreuen, damit sie nicht faulen. Nach ewigen Gesetzen weben sie den Lauf der Dinge, die Schicksale der Könige, die Thaten der Helden, und wurden daher von den Bewohnern des Nordens hoch verehrt.

Norr (Nord. M.), Sohn des finnischen Riesengottes Thorri. Er hatte eine schöne Schwester, welche geraubt wurde; da sandte sein Vater ihn und einen Bruder Gorr aus, um die Verlorne zu suchen, welche sie denn auch, doch schon vermählt mit Hrolf vom Berge, fanden. N. hatte einen Sohn Raumus.

Nortia (Alt-ital. M.), eine Göttin der Etrusker, eine Schicksalsgottheit, welche die Zeitperioden herbeiführte.

Norve (Nord. M.), ein Jote oder Riese, Vater der Not und durch sie Grossvater des Dagur.

Not (Nord. M.), die Nacht, eine Jotenjungfrau, Tochter des Norve, schwarz und düster wie ihr Name. Sie vermählte sich dreimal, zuerst mit Naglfari, welchem sie einen Sohn, Audr, gebar; dann mit Anar, der Jörd (die Erde) erzeugte, und endlich mit einem Asen, Dellingur (Dämmerung), welchen sie mit dem Dag oder Dagur (Tag) beschenkte. Letzterer ward wegen seiner Schönheit ganz zum Geschlechte des Vaters gezählt, und Odin gab ihm ein Ross, Skinfaxi, mit welchem er immerfort um die Erde reitet; ihm voran geht aber N. auf dem Ross Hrimfaxi; so folgen N. und Dagur (Nacht und Tag) einander stets abwechselnd nach.

Notus, Fig. 245 (Gr. M.), der Südwind; am Thurm der Winde zu Athen dargestellt als unbärtiger Jüngling, eine Urne mit beiden Händen haltend.

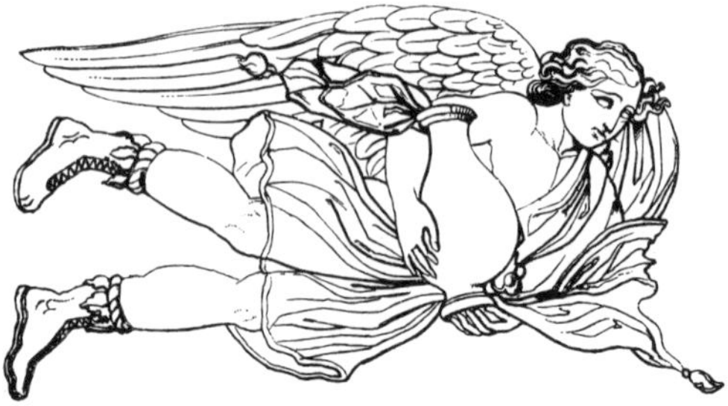

Fig. 245.

Nox, griechisch Νύξ (Röm. u. gr. M.), die Nacht, die nie alternde Erzeugerin aller Dinge, Tochter des Chaos, und des Erebus (s. d.) Gemahlin, welchem sie eine zahlreiche Nachkommenschaft gebar. Sie ist eine mächtige Göttin, Beherrscherin des Weltalls, denn sie bringt Alles zur Ruhe, bändigt alle Leidenschaften, und ist die Ursache des Entstehens aller Dinge.

Numanus, s. Remulus.

Numeias (Slav. M.), Gesammtname der Hausgötter der Polen, welche die manchfaltigsten Verrichtungen hatten: Bewachen des Heerdes, Löschen der Lichter, Schliessen der Hausthüren u. s. w., uns jedoch nur ihren Namen nach bekannt sind.

Numeria (Röm. M.), die Göttin, welche zählen lehrt (von numerus, Zahl). Nach Andern eine Geburtsgöttin, welche die Geburt mit der richtigen Zahl der Tage eintreten lässt.

.Nychea (Gr. M.), eine von den drei Nymphen (die andern hiessen Malis und Eunice), welche den schönen Hylas, den Liebling des Hercules, raubten.

Nycteis (Gr. M.), Tochter des Nycteus, mit Polydorus, König von Theben, vermählt, dem sie den Labdacus gebar.

Nycteus, s. Antiope und Lycus.

Nyctimene (Gr. M.), Tochter der Epopeus, Königs der Insel Lesbos; sie verliebte sich in ihren eigenen Vater und entweihte sein Lager, wofür sie in eine Nachteule verwandelt wurde.

Nyctimus (Gr. M.), der einzige von den 58 Söhnen des grausamen arcadischen Königs Lycaon, welchen Jupiter verschonte, als er alle übrigen mit dem Blitz erschlug.

Nydi, zwei Zwerge, welche das Abnehmen und Wachsen des Mondes unter Leitung ihres Herrschers Mani bewirken.

Nymphen, Fig. 246. 247 (Gr. u. röm. M.), der allgemeine Name für alle halbgöttlichen Wesen weiblichen Geschlechts; sie sind untergeordnete Glieder im Götterstaate und werden in der Ilias mit in die Versammlung der Götter auf dem Olymp berufen. Sie theilen sich in zwei Hauptclassen, entweder personificiren sie die einzelnen Kräfte der Natur, oder sie gehören der mythischen

Fig. 246.

Geschichte an und repräsentiren griechische Stämme und Staaten, wie z. B. die Nymphe Cyrene. Die erstere Classe theilt sich wieder in zwei Unterarten: 1) N. des Feuchten, der Quellen, Bäche, Flüsse, Seen, Najaden; 2) N. des Trockenen, der Gebirge und Wälder, Oreaden, Dryaden. Sie sind immer jung und schön, aber nicht unsterblich, sondern theils von dem Quell, dem Baum u. s. w., den sie bewohnen, so abhängig, dass sie mit ihm entstehen und vergehen, theils vom Schicksal auf ein, wiewohl sehr entferntes, doch bestimmtes Lebensziel angewiesen. Hesiod sagt: neun Menschenalter überlebt die Krähe, vier Krähenalter der Hirsch, drei Hirschalter der Rabe, neun Rabenalter der Phönix, und zehn Phönixalter die N. Es wurden ihnen an verschiedenen Orten Tempel gebaut, und viele Sterbliche rühmten sich des Glückes ihrer Liebe. Es ist sehr begreiflich, dass die N. als Personificationen jeder Naturschönheit zu den anmuthigsten Kunstdarstellungen Veranlassung gaben. Wir geben zwei derselben in Nachbildungen wieder: die erste zeigt die Statue einer Nymphe, gefunden in Präneste; die andere, nach einem Basrelief, drei halbnackte Nymphen, welche Muscheln halten, an den Seiten die Dioscuren; unten ruht ein Flussgott mit einem Ruder.

Nyradus (Nord. M.), einer der aus Erde gebildeten in der Erde wohnenden Zwerge.

Nyrke (Finn. M.), eine Jagdgöttin, welche besonders der Eichhörnchen-Jagd vorstand, die für den Norden, der dieses zarten Pelzes bedarf, von Wichtigkeit ist.

Nysa (Gr. M.), eine der Erzieherinnen des Bacchus.

Nysaeus (Gr. M.), Beiname des Bacchus, von Nysa, einem Berg oder einer Stadt in Thracien oder Indien oder Arabien, wo er von den Nymphen sollte erzogen worden sein.

Nyseïdes (Gr. M.), die Nymphen, welche den Bacchus zu Nysa erzogen. S. Hyaden.

Nysus (Gr. M.). Auch von ihm wird gesagt, dass er ein Erzieher des Bacchus gewesen sei, von dem Gotte das Königreich Theben zur Verwaltung erhalten, es

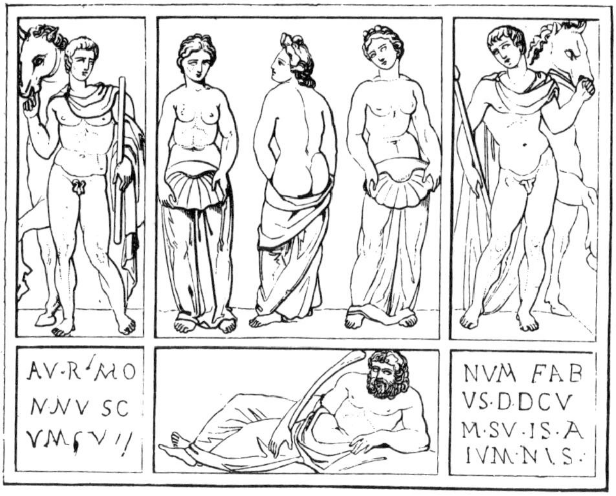

Fig. 247.

jedoch nicht wieder habe abtreten wollen, wesswegen Bacchus ihn bei seiner Zurückkunft aus Indien gefangen nehmen liess.

Nyt (Nord. M.), einer der vielen Flüsse, welche von der Erde hinab in das Reich der Hel strömen.

O.

Oeager (Gr. M.), ein thracischer König, welcher nach Einigen mit der Muse Calliope die beiden berühmten Sänger Orpheus und Linus gezeugt haben sollte.

Oannes (Chald. M.), ein halbgöttliches Wesen, das nach gewissen, jedoch sehr unzuverlässigen Nachrichten, die Babylonier angebetet haben sollen. Obwohl ein Ungeheuer, mit mächtigem Fischleib, unter dem Fischkopf einen Menschenkopf mit Menschenstimme, und an dem Fischschweif Menschenfüsse, war O. doch gut und weise. Sein Wohnsitz soll das rothe Meer gewesen sein, aus welchem er an jedem Morgen auftauchte, nach Babylon wanderte und den Bewohnern dieser Stadt Weisheit predigte; er brachte ihnen Gesetze, Religion (lehrte sie besonders die alten Götter Belus und Omorka [s. d.] kennen), Sitten, Ordnung, bürgerliches Zusammenleben, Künste und Wissenschaften, und kehrte jeden Abend in das Meer zurück, um am nächsten Morgen mit neuen Schätzen der Weisheit wieder zu erscheinen.

Oeax, s. Nauplius.

Oaxes (Gr. M.), Sohn des Apollo und der Nymphe Anchiale, soll die Stadt Oaxus auf der Insel Creta erbaut haben. Dasselbe gilt von Oaxus, dem Sohne der Acacallis, einer Tochter des Minos.

Oebalus (Gr. M.), 1) Stammheld der Messenier und Spartaner, Sohn des Cynortas, Vater des Tyndareus, Hippocoon, Icarius und der Arne. — 2) Oeb., einer der vielen kleinen Könige, welche gegen Aeneas zu Felde zogen; er beherrschte einen Theil von Campanien, das er sich erobert. Seine Mutter war die Nymphe des Flusses Sebethus, sein Vater Telon, ein Grieche.

Obarator (Röm. M.), eine Feldgottheit, welche man bei dem Pflügen und Umbrechen der Felder anzurufen pflegte.

Ocalia (Gr. M.), Tochter des Mantineus, vermählt mit Abas, dem Sohne des Lynceus, dem sie die Zwillingssöhne Acrisius und Prötus gebar, welche schon in Streit mit einander lebten, da sie noch im Schoosse der Mutter ruheten.

Occasio (Röm. M.), die Gelegenheit, griechisch *Καιρός*. Beim Eingang in die Rennbahn zu Olympia stand eine Bildsäule des Kairos. Lysippus hatte ihn zu Sicyon dargestellt als Jüngling mit langem Haar an der Stirne, kahlem Hinterkopfe, in der Rechten einen Dolch, in der Linken eine Wage, Flügel an den Füssen, mit den Zehen auf einer Kugel stehend.

Occator (Röm. M.), einer der vielen italischen Feldgötter; unter seiner Obhut stand das Geschäft des Eggens.

Oceaniden (Gr. M.), die dreitausend Töchter des Oceanus und der Tethys; sie waren die schönsten, reizendsten Jungfrauen, und beglückten oft Sterbliche wie Unsterbliche mit ihrer Liebe. Sie werden abgebildet wie die Nereïden, jedoch auch manchmal als Jungfrauen, welche in Fische endigen.

Oceanus (Gr. M.), Personification des alle Welttheile umströmenden, grossen Meeres, unterschieden von den Binnenmeeren, Pontus, Thalassa und Pelagus. O. war der älteste Sohn des Uranus und der Gäa, also ein Titan; er vermählte sich mit seiner Schwester Tethys, aus welcher Ehe alle Meere, Flüsse, Ströme, Bäche und Quellen oder deren Götter und Göttinnen entsprangen, so wie vornehmlich die 3000 Oceaniden (s. d.). — Seine Nachkommenschaft ist sehr zahlreich und weit in die mythische Geschichte Griechenlands verzweigt.

Ochimus (Gr. M.), einer der Heliaden, Söhne des Sonnengotts auf Rhodus, vermählt mit der Nymphe Hegetoria, Vater der Cydippe.

Ochne, s. Eunostus.

Ocnus (Alt-ital. M.), Sohn des Flussgottes Tiberis und der schicksalkundigen Manto, erbauete Mantua und nannte dasselbe nach seiner Mutter. Als Aeneas nach Italien kam, zog er, wie so viele andere kleine Fürsten, mit einem Heere in den Krieg.

Ocyalus (Gr. M.), ein Jüngling unter den Phäaken, welcher bei Anwesenheit des Ulysses mit Anderen einen Wettlauf hielt.

Odainsakur (Nord. M.), eine Landschaft im Reiche des Königs Gudmund, in Jotunheim gelegen. Wer dorthin kam, genas von jeder Krankheit und unterlag dem allgemeinen Naturgesetz, dem Sterben, nicht.

Oddrun (Nord. M.), Schwester des Königs Atli, Gunnar's Geliebte, eine mächtige Schildjungfrau und Zaubrerin.

Ode (Pers. M.), ein böser Genius, von dem Dew Eschem geschaffen, um die Menschen zu verführen, Speisen von unreinen Thieren zu sich zu nehmen.

Odenpah (M. der Esthländer), »Bärenkopf«; ein heiliger Berg mit einer heidnischen Burg, von den Esthen hoch geehrt; doch weiss man nicht, welche Gottheit daselbst vorzugsweise angebetet wurde.

Odjeseh (Pers. M.), ein böser Dämon, ein Geschöpf des Eschem, bestimmt, um die Seelen schon vor den Thoren der Unterwelt mit Furcht und Entsetzen zu peinigen.

Odin (Nord. M.), der höchste Gott des Göttergeschlechtes, das den Norden nach dem Unterliegen des Fornjotnischen beherrschte. Er ist nicht mit Alfadur zu verwechseln (wiewohl er diesen Titel als Beiname führt), denn Alfadur ist der ewige, unerschaffene Gott, O. aber ein erdgeborner König. Die Edda erzählt: Aus den salzbereiften Steinen leckte die Kuh Audumbla den Riesen Bure; dieser bekam einen Sohn, Bör, welcher sich mit der Riesentochter Bestla vermählte und mit ihr den O., den Wile und den We erzeugte. Die letzteren beiden verlieren sich aus der Asengeschichte, werden selten erwähnt und haben nicht viel gethan; O. aber waltet mächtig, schöpferisch, durch alle Zeiten hindurch, bis zum Weltuntergang. Die erste That der drei vereinten Brüder war, dass sie gegen den Joten Ymer (s. d.) auszogen, ihn erschlugen und aus seinem Leichnam die Welt bildeten. Die Welt war durch Ymer's Blut überschwemmt, und es rettete sich nur ein Paar, der Riese Bergelmer und dessen Weib. Nachdem die Erde gebildet war, bevölkerte O. dieselbe, indem er ein Menschenpaar, Ask und Embla, erschuf; allein das Riesengeschlecht pflanzte sich gleichfalls fort, und so war von Anfang der Streit zwischen dem Guten und dem Bösen bedingt, in welchem auch O. selbst untergeht, da er doch nur ein endlicher Gott ist. O. ist überaus weise, und dankt sein Wissen zweien Raben, Hugin und Munin, welche auf seinen Schultern sitzen und ihm Alles erzählen, was auf der Welt geschieht, daher er auch der Rabengott heisst; ferner einem Trunk aus Mimir's Brunnen, wofür er ein Auge verlor, daher er der Einäugige heisst. Den köstlichen Dichtermeth wusste er sich durch seine List und männliche Schönheit von Gunlöda zu verschaffen, ist daher auch Dichterkönig und führt den Beinamen Liodasmieder (Liedermacher, Verseschmieder). — O.s Gattinnen und Geliebten sind: Jörd (ihr Sohn Thor), Rinda (Mutter des Vali), Frigga, die Asenkönigin (Mutter des Baldur, Braga, Hermode und Tyr), Grydur (Mutter des Vidar), neun reine Riesenjungfrauen von unendlicher Schönheit, welche alle neun, am Meeresstrande schlafend, zugleich Mütter des Heimdal wurden; Skade, früher Niord's Gattin (von O. Mutter des Semming und vieler andern Söhne), Gritha (Mutter Skiold's); ferner erfreuten ihn mit ihrer Gunst die Riesentochter Gunlöda, von welcher er für seine Liebe den Dichtermeth erhielt, und Laga, die Göttin der Gewässer. — O. wohnt in Asgard, wo er drei Paläste hat, welche Gladsheim, Walaskialf und Walhalla heissen: der erste ist zu den Versammlungen des Götterraths bestimmt; von dem zweiten vermag er die ganze Welt zu überschauen; in dem dritten sammeln sich um ihn alle Helden der Erde, um mit ihm gegen die den Weltuntergang herbeiführenden bösen Mächte zu kämpfen. Diese Helden heissen Einheriar, werden auf dem Schlachtfelde durch die Walküren mit einem Kusse zum Mahle O.s eingeladen, und erwarten dort, unter stetem Schmausen und Kämpfen, den Ragnarokr. Selbst ein Freund des Zechens und der Schlachten, lässt O. sich stets von zwei Walküren, Rista und Mista, mit goldenen Pocalen bedienen, und kämpft mit den Einheriar's auf einem achtfüssigen Ross, mit einem nie fehlenden Speer; doch helfen ihm weder seine Helden, noch seine Waffen: der Weltuntergang bringt auch ihm den Tod. Man glaubt nicht ohne Grund, dass vieles, O. Betreffende, theilweise historisch sei.

Odinsfall (Nord. M.), der erste volle Becher, der bei Opferschmäusen von den Priestern gesegnet und dem Odin als Opfer gebracht wurde.

Oedipus, Fig. 248 (Gr. M.), Sohn des Laius und der Jocaste, von seinem Vater, eines Orakels wegen, ausgesetzt und von Periböa, der Gattin des Königs Polybus von Corinth, erzogen (vergl. Laius). Zum Jüngling erwachsen, zeigte Oed. Eigenschaften, welche seine Pflegemutter doppelt begierig machten, das Geheimniss seiner Geburt zu durchdringen, wesshalb er nach Delphi geschickt ward, doch daselbst nur die Antwort erhielt, er möge sich hüten, in sein Vaterland zurückzukehren, weil er sonst in Gefahr komme, seinen Vater zu ermorden und seine Mutter zu heirathen. Oed., in Corinth erzogen, hielt dieses für seinen Geburtsort und wagte sich nicht mehr dorthin. Er kam jetzt nach Phocis, begegnete in einem Hohlwege dem Laius, dessen Herold Polyphontes

Fig. 248.

ihm auszuweichen befahl, Oed. folgte dem Befehl nicht, und so erstach der Herold eines seiner Pferde, worüber ergrimmt, Oed. sowohl ihn als den König Laius (also seinen Vater) tödtete und sich dann nach Theben begab; die Leichen begrub der König von Platäa, Damasistratus. — Das erledigte Reich von Theben trat nun Creon, der Bruder von Laius' Gattin, an; doch während seiner Regierung traf ein schreckliches Unglück das Land: die furchtbare Sphinx (s. d.) war von Juno in das Land geschickt worden, verheerte die Gegend, frass viele Menschen auf, und das befragte Orakel versprach keine Erlösung von dieser Plage, wenn nicht Jemand sich fände, der das Räthsel löse, welches die Sphinx aufgab. Diess lautete: »Es ist ein Thier, welches eine Stimme hat, am Morgen vierfüssig, am Mittag zwei- und am Abend dreifüssig ist.« Jeder, der herzukam, um das Räthsel zu lösen und diess nicht vermochte, ward von den Löwenklauen zerrissen. Da verhiess Creon mit der Hand seiner Schwester, der verwittweten Königin, demjenigen das Reich, der vermögend sein würde, das Räthsel zu lösen. Oed. trat vor das Ungeheuer, hörte die geheimnissvollen Worte und sprach: »Der Mensch ist dieses Thier, welches am Morgen seines Lebens vierfüssig ist, sich dann aufrichtet, um auf zweien zu gehen, und endlich am Abend einen Stab als dritten Fuss gebraucht.« Alsbald stürzte sich die Sphinx von der Höhe des phicischen Berges herab in einen Abgrund, und das befreite Theben dankte seinem Erretter durch des Vaters Thron und der Mutter Hand. Aus dieser Ehe entsprangen Eteocles, Polynices, Antigone und Ismene, und zwanzig Jahre dauerte die schreckliche Verblendung, bis alle die Gräuel an's Tageslicht kamen, indem der Diener des Laius, der den Oed. ausgesetzt, das Geschehene offenbarte, und sich ein Zweifel nach dem andern löste. Jocaste gab sich selbst den Tod, Oed., um seine Schande nicht zu sehen, stach sich die Augen aus, doch seine Söhne, damit nicht zufrieden, nöthigten ihn, Theben zu verlassen, so dass er an der Hand seiner Tochter Antigone floh, seine Söhne zu ewigem Hader verfluchend. Ihr Streit brachte dann den Krieg der sieben Helden gegen Theben hervor. — Der blinde Oed. wandelte nach Colonus, einem Flecken bei Athen, setzte sich als Hülfesuchender auf die Stufen des Altars der Eumeniden, und ward von Theseus wohlwollend aufgenommen, starb jedoch, bevor die erbetene Hülfe ihm werden konnte. Der spätere Sprachgebrauch hat den Namen des Oed. zum Symbol alles Scharfsinnes gemacht, so dass man von einer schwierigen Aufgabe zu sagen pflegt: diess Räthsel kann selbst ein Oed. nicht lösen. — Das Schicksal des Oed. gab der bildenden Kunst vielfachen Anlass zu den schönsten Darstellungen. Wir geben auf unserem Bilde, nach einem geschnittenen Stein, Oed., die Sphinx tödtend.

Odites (Gr. M.), 1) der erste Begleiter des Phineus auf der Hochzeit des Perseus; er fiel von der Hand des Clymenus. — 2) O., ein Centaur, der von Mopsus, dem Sohne des Ampycus, getödtet wurde, indem der Wurfspiess ihm durch Kinn und Zunge und Kehle fuhr.

Odius (Gr. M.), einer der beiden Heerführer der Halizonen aus Alybe; der Andere hiess Epistrophus.

Odoedocus (Gr. M.), Sohn des Cynus und Enkel des Opus. Laonome, seine Geliebte, gebar ihm den bekannten Oïleus (den Vater des einen Ajax) und den Calliarus.

Odr, s. F r e i a.

Odrarer (Nord. M.), ein Kessel, den Zwergen Fialar und Galar gehörig, in welchem diese aus des ermordeten Quaser Blut den Dichtermeth bereiteten.

Odur, identisch mit Odr (s. F r e i a).

Odysseus, s. U l y s s e s.

Ofnir (Nord. M.), eine Schlange, deren Gestalt Odin annahm, um durch ein enges Bohrloch in einen Felsen zu kommen, hinter welchem der Quasersmeth von der schönen Gunlöde bewacht wurde.

Ogoa oder **Osogo** (Gr. M.), Beiname des Jupiter in Mylasa in Carien.

Ogursain (Ind. M.), Vater des bösen Königs Kansa; der Sohn liess den Vater für geistesschwach erklären, um sich seines Thrones bemächtigen zu können; O. ward durch seinen Enkel Krischna an diesem seinem verruchten Sohne gerächt.

Ogygus (Gr. M.), ein Autochthon, Ureinwohner Griechenlands und ältester Heros der Hectener, welche zuerst das Reich von Theben bewohnten. Von ihm heisst das Land auch Ogygia.

Oho Harahl (Japan. M.), ein grosses Reinigungsfest, das am 30. des sechsten Monats gefeiert wird.

Oïcles (Gr. M.), Freund des Hercules, mit welchem er nach Troja gegangen, doch auch dort geblieben sein soll. Andere Mythographen lassen ihn zurückkehren und um Vieles länger leben, als seinen Sohn Amphiaraus, dessen Sohn Alcmäon sich nach dem von dem Orakel gut geheissenen Muttermorde zu ihm flüchtete.

Oïleus (Gr. M.), Sohn des Odödocus, König der Locrer, Gemahl der Eriopis, Vater des bekannten Helden Ajax, der, zum Unterschiede von dem Telamonier Ajax, sich nach seinem Vater nannte. Auch Medon, Anführer der Phthier, war des O. Sohn von seiner Geliebten, der Rhene. In seiner Jugend machte O. den Argonautenzug mit.

Okki, ein Geist der nordamericanischen Völkerschaften (s. N a n t - e - n a).

Okolne (Nord. M.), ein Theil des Himmels, Gimle, in welchem der Saal Brimmer ist, der allen guten Seelen Getränke in Fülle bietet.

Okopirn (Lettische M.), ein Gott der alten Preussen und Litthauer; er wirkte am Himmel, wie auf der Erde, jagte die Wolken zusammen, erzeugte die Stürme, sendete Regen und Schnee; er gehörte zu den untern Gottheiten (s. P r e u s s e n, Mythologie der etc.).

Okuari, bei den nordamericanischen Wilden der Name des einen Theiles des grossen Bären, welcher aus vier Sternen ein unregelmässiges Quadrat bildet; der Name bedeutet Bärin, eine sonderbare Uebereinstimmung zwischen America und Europa. Die drei Sterne, welche den Schweif des Bären bilden, wurden für drei Jäger gehalten, welche die Bären verfolgen. Den scharfen Augen dieser Natursöhne ist das Reiterlein, der Stern Alkor (das kleine Sternchen, welches neben dem mittelsten der drei, den Schweif bildenden, steht), nicht entgangen: sie nennen ihn den Kessel; der mittelste der drei Jäger nämlich trägt diess, den wandernden Waldmenschen unentbehrliche Geschirr, so wie den Mundvorrath der übrigen.

Olbia (Gr. M.), eine trinacrische Nymphe, Geliebte des Neptun, von welchem sie den Astacus gebar, der nach Bithynien ging und daselbst eine Stadt seines Namens gründete.

Olen (Gr. M.), einer der ältesten Barden und Propheten der Griechen, welcher der erste Orakelpriester des Apollo auf Delos ward und urälteste Sagen in Gesänge fügte.

Olenias (Gr. M.), Sohn des Oeneus und Bruder des Tydeus, welch Letzterer nach Einigen desshalb flüchtig werden musste, weil er diesen O. ermordet hatte.

Olenus (Gr. M.), 1) Sohn des Vulcan, der mit sonderbarem Widerspruch Vater der Erzieherinnen des Jupiter, der Nymphen Aege und Helice, gewesen sein soll. — 2) O., der Lethäa Gatte, welche sich für schöner hielt als die Göttinnen alle. O. bat die Zürnenden, ihn die Strafe dieses Uebermuths seiner Gattin erleiden zu lassen. Beide wurden in Stein verwandelt. — 3) O., Sohn der Danaïde Anarithea von Jupiter.

Olohan (Buddhaismus), der Grad von Seligkeit, den man, nach der Lehre der Buddhaisten in China, durch Fasten, Beten, Entsagung auf alle irdische Freuden und andere Büssübungen erlangen kann. Er macht diejenigen, welche seiner theilhaftig geworden, gottähnlich, so weit ein Mensch es werden kann, ist daher die höchste erreichbare Stufe von Glück. Der so Begabte kann daher das Leben der Menschen beliebig verlängern, Geister verkörpern und seinen Körper ablegen, kann fliegen, die Erde, den Himmel bewegen etc.

Oelwald (Nord. M.), einer der reichsten Riesen oder Joten, Vater des Thiasse. Sein Gold theilten seine Kinder so unter sich, dass Jeder auf einmal so viel nahm, als er in dem Munde bergen konnte.

Olympia (Gr. M.), Beiname mehrerer Göttinnen, z. B. der Juno, der Ilithya zu Olympia, der Gäa zu Athen.

Olympiades (Gr. M.), Beiname der Musen von ihrem Lieblingsaufenthalt auf dem Berge Olympus.

Olympius (Gr. M.), Beiname des Jupiter.

Olympus (Gr. M.), 1) Vater des von Apollo besiegten und geschundenen Marsyas. — 2) O., ein Schüler des unglücklichen Schlachtopfers; ihm übergab Apollo den seiner Haut Entkleideten. — 3) O., nach Diodor derjenige, welchen Bacchus, da er nach Aegypten kam und den jungen Jupiter in das Reich des Saturn einsetzte, demselben zum Lehrer und Führer gab; nach ihm soll sich später der junge Herrscher Jupiter Olympius genannt haben. — 4) O., Sohn des Hercules von Euböa, der Tochter des Königs Thespius.

Olympusa (Gr. M.), Tochter des Königs Thespius und Geliebte des Hercules, dem sie den Halocrates gebar.

Olynthus (Gr. M.), 1) Sohn des Flussgottes und Königs in Thracien, Strymon. Des O. Bruder war Brangas; Beide liebten sich so sehr, dass, als O. auf der Jagd durch einen Löwen zerrissen ward, Brangas ihm zu Ehren eine Stadt seines Namens baute. — 2) O., Sohn des Hercules und der Bolbe, nach welchem die gleichnamige thracische Stadt benannt sein sollte.

Omacatl (Mexik. M.), der Gott der Freude, dessen Bild bei allen Festen und öffentlichen Freudenbezeugungen aus dem Tempel geholt und am Orte des Festes aufgestellt wurde, der Bacchus der Mexikaner.

Omadius (Gr. M.), »der Fleischesser«, Beiname des Bacchus auf Chios und Tenedos, weil ihm hier Menschen geopfert wurden.

Omanus (Syr. M.), ein Genius, den man in Cappadocien, wie auch den Anandatos, zusammt der Anaïtis (s. d.) verehrte, und den Einige für Eins mit dem persischen Hom (s. d.) halten.

Ombrius (Gr. M.), Beiname des Jupiter, der Regensendende, gleich P l u v i u s.

Ometeuctli (Mexik. M.) und dessen Gattin Omecihoatl, Schutzgötter des Menschengeschlechts, wohnen in einer prächtigen Stadt des Himmels, an welchem sie sich zuweilen als glänzende Sterne zeigen; sie erfüllen die Wünsche der Menschen.

Omi (Nord. M.), Beiname des Odin, welcher »der Rauschende« bedeutet.

O-mi-to, s. Amida.

Om ma ni pad mae hum (Lamaismus), die sechs heiligen Worte, welche Buddha in seiner Incarnation als Religionsstifter der Tübetaner, Dschäschik, brauchte, die Welt vom Uebel zu befreien, das Böse zu zerstören, die Hölle zu vernichten, und die Menschen zu Gott zu führen.

Omorka (Chald. M.), die Herrscherin des Weltalls, eine Göttin, welche nach dem Glauben der Babylonier und der benachbarten Völker unerschaffen, von Anfang der Welt da war. Um diese selbst zu bilden, liess sie sich in zwei Theile trennen, aus deren einem Bel oder Baal die Erde, aus dem anderen den Himmel machte; sie personificirt also das Chaos und die Finsterniss, aus welcher durch die ordnende Gewalt des höchsten Gottes endlich die Welt entsteht.

Omphale, s. Hercules.

Onar (Nord. M.), der zweite Gatte der Jotentochter Not (Nacht); ferner hiess eben so einer der Zwerge, welche aus Erde gebildet sind und in der Erde wohnen.

Onarus (Gr. M.), soll der Priester des Bacchus auf Naxos geheissen haben, welcher sich mit Ariadne vermählte, und dann aussagte, der Gott selbst habe die schöne Königstochter heimgeführt.

Onca (Phön. M.), Name einer Göttin, welche die Griechen mit der Pallas verglichen, welche Cadmus nach Theben gebracht, und die dort Pallas O. geheissen haben soll. Nach ihr ward ein Thor von Theben genannt.

Oncaeus (Gr. M.), Beiname des Apollo von Onceum in Arcadien, wo er einen Tempel hatte.

Onchestus (Gr. M.), 1) Erbauer der Stadt seines Namens in Böotien, wo er dem Neptun, der sein Vater sein sollte, einen prächtigen Tempel errichtete. — 2) O., Sohn des Agrius, der den Oeneus seines Thrones beraubt hatte; als Diomedes von Troja zurückkehrte, setzte er den Vertriebenen wieder ein.

Oncus (Gr. M.), Sohn des Apollo, welcher in Arcadien über den Ort Onceum herrschte. Als Ceres umherwanderte, um ihre Tochter zu suchen, nahete Neptun der Göttin; um seinen Nachstellungen sich zu entziehen, verwandelte sie sich in ein Pferd und mischte sich unter die Heerden des O.: allein Neptun that dasselbe und so gebar Ceres von ihm eine Tochter, deren Namen Niemand erfuhr, als wer in die Geheimnisse zu Eleusis eingeweiht war; ausser dieser Tochter genas sie auch noch eines Rosses, Arion, das zuerst O., dann Hercules und zuletzt Adrastus erhielt.

Ondera (Ind. M.), der Strafort gefallener Geister, eine Abtheilung der Nark oder Hölle.

Oendurdys (Nord. M.), Beiname der schönen Skade, welche Niord verlassen hatte, um in ihren heimathlichen Bergen auf den Schlittschuhen umherzuschweifen, welches Letztere den Namen ausdrücken soll.

Onesippus (Gr. M.), Sohn des Hercules von Chryseïs, der Tochter des Königs Thespius.

Onetor (Gr. M.), »Priester des Idäischen Zeus (zu Troja), wie ein Gott im Volke geehrt.« Sein Sohn hiess Laogonus (s. d.).

Oeneus (Gr. M.), König von Pleuron und Calydon in Aetolien, Sohn des Portheus oder Porthaon und der Euryte, Vater des Meleager, des Olenias und des Tydeus, Gastfreund des Bellerophon. Ihm ward von der eines unterlassenen Opfers wegen erzürnten Diana ein furchtbarer Eber zugeschickt, der unter dem Namen des calydonischen bekannt ist (vergl. Meleager und calydonischer Eber).

Oeno, s. Oenotropae.

Oenoatis (Gr. M.), Beiname der Diana, die zu Oenoë verehrt wurde.

Oenoë (Gr. M.), 1) das schönste Mädchen unter den Pygmäen, mit Nicodamas vermählt, doch von Juno in einen Kranich verwandelt. — 2) Oe., eine arcadische Nymphe, angeblich eine Erzieherin des jungen Jupiter.

Oenomaus, s. Hippodamia.

Oenone (Gr. M.), eine Nymphe des Ida, des Paris erste Gattin, welche ihm seine Schicksale voraussagte und ihn vor Untreue warnte. Als Paris späterhin, durch einen vergifteten Pfeil des Hercules von Philoctetes verwundet, sich zu ihr bringen liess, weigerte sie sich, ihn zu heilen, stürzte sich aber, da sie seinen Tod erfuhr, aus Gram in seinen Scheiterhaufen. Ihr Sohn hiess Corythus (s. d.).

Ononhouarori (M. der nordamericanischen Völker), das Fest der Thorheit, das ganz unserm Carneval, oder den Saturnalien (s. d.) gleicht, mit dem Unterschiede, welchen die Culturstufe der Völker mit sich bringt. Im letzten Dritttheil des Monats Februar wird mit grosser Feierlichkeit der Beginn dieses Festes verkündet; kaum ist diess geschehen, so beginnt ein tolles Treiben in jedem Dorf: die meisten Bewohner laufen aus ihren Häusern, auf jede mögliche Weise unkenntlich gemacht, durch Färbung des Körpers, durch bunte Lappen und Federn, hauptsächlich aber durch ordentliche Masken von Baumrinde, oder durch ein Stück Fell, in welches Löcher für Mund, Nase und Augen eingeschnitten sind. Die so Verlarvten gehen nun von Haus zu Haus, zu Freund und Feind, machen die närrischsten, oft sich und Andern sehr schädlichen Streiche und treiben dieses Wesen drei bis vier Tage lang. Oft lassen sie rathen, was ihnen geträumt hat, und dieses muss bildlich oder im Ernst ausgeführt werden; oft lassen sie sich eine Menge ihnen nützlicher, dem Andern unentbehrlicher Dinge schenken; oft zerschlagen und verderben sie Alles, was ihnen in den Wurf kommt; eigentliche Possen treiben sie in Menge, sie begiessen einander mit Wasser, mit Farben, bestreuen oder bewerfen einander mit glühender Asche, mit heissem Sand, und da sie in alle Hütten dringen, ist es beinahe unmöglich, ihnen zu entgehen. Wenn das Fest vorüber ist, wird jedoch alles Geschenkte oder Abgedrungene wieder im besten Zustande zurückgegeben, und man bemüht sich, den Schaden, welchen man verursacht, auf alle mögliche Weise wieder gut zu machen.

Oenopion, s. Orion.

Onoscelis (Gr. M.), ein fabelhaftes weibliches Ungeheuer, entweder nur mit einem Bein, oder mit einem ehernen und einem Eselsfuss, einerlei mit Empusa. (Man erzählt, dass ein Geistlicher zu Mailand durch den h. Ambrosius seines Amts entsetzt wurde, weil er gesagt, dass er eine O. gesehen.)

Oenotropae (Gr. M.), Beiname der drei Töchter des Königs Anius von Delos, Oeno, Spermo und Elaïs. Sie waren Lieblinge des Bacchus, und er verlieh ihnen die Gabe des Ueberflusses an Oel, Wein und Getreide, oder, nach der Dichtersprache, die Gabe, Alles, was sie wollten, in Wein zu verwandeln. Hiervon ist der Zusatz Tropä zu dem Namen Oeno herzuleiten. Sie hatten von jenen Gütern stets solche Vorräthe, dass ihr Vater die Griechen vor Troja während der neun ersten Jahre des Krieges ganz aus denselben mit allem Nöthigen versehen konnte.

Oenotrus (Gr. M.), der jüngste Sohn des bösen Königs Lycaon, nach Einigen derjenige, welchen Jupiter, da er alle seine Brüder durch den Blitz zerschmetterte, verschont haben soll. Er colonisirte einen Theil von Unteritalien.

Onuphis (Aegypt. M.), ein heiliger Stier von besonderer Grösse, ganz schwarz von Farbe, und mit der Eigenthümlichkeit, dass der Haarwuchs rückwärts gekehrt, also sein Haar gesträubt war, gegen den Strich lief. Er war dem Osiris geweiht und ward gleich dem Apis angebetet; er ist wahrscheinlich identisch mit dem Bacis.

Oeoclus, s. Ascra.

Oo dai (Japan. M.), die frühesten Nachfolger der wahrhaft göttlichen Kaiser in Japan; diese waren menschlichen Ursprungs und nahmen statt des Titels Mikotto, der nur göttlichen Herrschern zukommt, den Namen Mikaddo an, welcher noch jetzt dort üblich ist.

Oeonus, s. Hippocoon.

Opheltes (Gr. M.), einer der Seefahrer, welche den jungen Bacchus entführen wollten, und die er daher alle (ausser ihrem Steuermann) in Delphine verwandelte. — Ueber einen andern O. s. Archemorus.

Ophion (Gr. M.), 1) ein Titan, vermählt mit der Oceanide Eurynome. Er soll vor Saturn die Welt beherrscht haben, ward jedoch von diesem, so wie seine Gattin von Rhea, besiegt und in den Tartarus gestürzt. — 2) O., ein Gigant, Vater des Centauren Amycus.

Ophiuchos (Gr. M.), »Schlangenträger«, ein grosses Sternbild, welches nördlich über dem Thierkreis, über dem Scorpion und dem Schützen steht; es grenzt nordwärts an den Hercules, ostwärts an den Schützen, den Antinous, den Adler und den Schild des Sobieski, westwärts aber an die Wage. Die lang ausgestreckte Schlange geht vom Antinous, woselbst sich ihr Schwanzende befindet, bis zur nördlichen Krone, und beide Gestirne zusammen, Schlange und Schlangenträger, haben 136 Sterne, wobei sie durch 2 Sterne zweiter, 12 Sterne dritter Grösse besonders kenntlich sind. Die Mythologie sieht in diesem O. den König Carnabon, der dem Triptolemus einen seiner Drachen von dem Gespann raubte, mit welchem er auf einem von Ceres empfangenen Wagen von Land zu Land fuhr. Auch für den Aesculap, ferner für den König Triopas wird dieses Sternbild angesehen (der Letzte hatte den Tempel der Ceres beraubt, und ward dafür von Schlangen verfolgt); endlich soll es noch der Schlangentödter Phorbas von Rhodus sein.

Ophthalmitis (Gr. M.), Beiname der Minerva, der Lycurgus einen Tempel erbaute, nachdem ihm Alcander das eine Auge ausgeschlagen hatte. Lycurgus floh nach Alpium, wo ihm die Lacedämonier beistanden, dass er nicht auch das zweite Auge verlor, wesshalb er der Minerva dort jenen Tempel weihete.

Opigena (Röm. M.), Beiname der Juno, unter welchem sie von den römischen Frauen als Geburtshelferin angerufen ward.

Opitulator (Röm. M.), »der Helfer«, Beiname d. Jupiter.

Opleus, s. Canace.

Opochtli (Mexik. M.), derjenige von den Göttern jenes Wunderlandes, welcher der Fischerei vorstand.

Opojem (M. der Karaiben), die guten Geister, welche den Frauen gewogen sind.

Ops (Gr. M.), 1) Sohn des Pisenor, Vater der Euryclea, welche an Laërtes auf Ithaca um zwanzig Rinder verkauft wurde und Haushälterin im Palast des Ulysses war. — 2) O., Vater des Melas, in dessen Gestalt Minerva dem Teuthis erschien, um ihn im Streite mit Agamemnon zu besänftigen. — 3) O., Name der Göttin der fruchtbaren Erde bei einigen der ältern italischen Völker, später mit Rhea identificirt.

Optimus maximus (Röm. M.), »der Beste und Grösste«, Beiname des Jupiter.

Opus (Gr. M.), Sohn des Jupiter und der Protogenia, der Tochter des Deucalion, König der Epeer, Vater der Cambyse, mit welcher Jupiter einen zweiten Opus zeugte.

Orbona (Röm. M.), eine Göttin, welche von Eltern angerufen wurde, die ihre Kinder verloren hatten, und wieder andere zu erhalten wünschten.

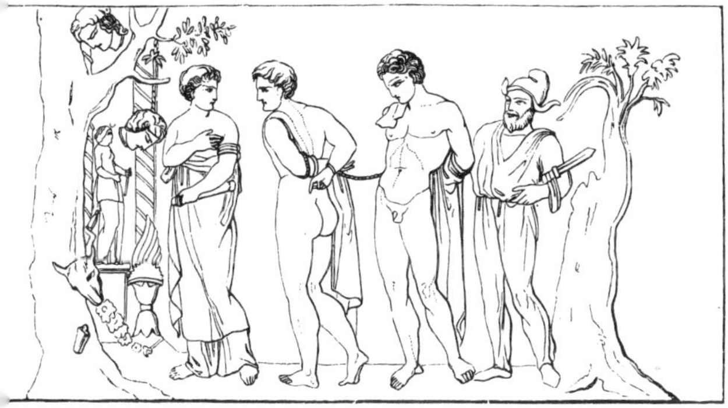

Fig. 249.

Fig. 250.

Orchamus, s. Leucothoë.

Orchomenus (Gr. M.), 1) einer von den 50 Söhnen des arcadischen Königs Lycaon, Gründer der arcadischen Stadt Orchomenus. — 2) O., Sohn des Jupiter von einer Tochter des Danaus, Hesione. Er verband sich mit Hermippe, der Tochter des Königs Böotus, und ward Vater des Minyas. Dieser O. war Erbauer der böotischen Stadt, die seinen Namen trug.

Orcus (Gr. u. röm. M.), der Aufenthalt der zu einer Strafe verdammten Seelen in der Unterwelt, das Reich des Pluto; dort wohnten die Furien oder Eumeniden und der Tod; dort führte Charon die Seelen der Verstorbenen über den Acheron.

Oreaden (Gr. M.), Nymphen, welche die Berge bewohnten.

Oreos (Gr. M.), 1) Sohn der Polyphonte (s. d.). — 2) O., ein Centaur, dessen Kampf mit Hercules auf dem Throne des Apollo zu Amyclä abgebildet war.

Oresbius (Gr. M.), ein Grieche, »rüstig im Leibgurt, der einst Hyle bewohnt, des Reichthums sorgsamer Hüter, wo am See Cephisis er baute«; er war mit vor Troja gezogen und ward von Hector erlegt.

Orestea (Gr. M.), Beiname der Diana, deren Bild Orest aus Tauris mitgebracht.

Orestes, Fig 249. 250 (Gr. M.), Sohn des Agamemnon. S. das Ende des Artikels Clytämnestra; ferner Pylades. Auf dem ersten unserer beiden Bilder sehen wir nach einem Basrelief eines Sarcophags die Geschichte des O. in drei Handlungen: zuerst Orestes von einer Furie gequält; dann O. und Pylades vor dem Altar der taurischen Diana, der sie von Iphigenia geopfert werden sollen; dann O. als Sieger über Thoas, im Begriffe, das Schiff zur Heimreise zu besteigen. Das andere zeigt uns O. und Electra, wie sie sich nach ihrer Wiedererkennung umarmen.

Orestheus (Gr. M.), 1) Sohn des Lycaon, nach Pausanias Erbauer der Stadt Oresthasium. — 2) O., Sohn des Deucalion, König der ozolischen Locrer. Pausanias erzählt, dass der Hund dieses O. statt eines Jungen ein Stück Holz zur Welt gebracht; es wurde vergraben, da erwuchs ein Weinstock aus demselben, und von den Schösslingen (ὄζος) erhielten die ozolischen Locrer ihren Beinamen.

Oergelmir (Nord. M.), einerlei mit Aurgelmer (s. d.).

Ori (Nord. M.), ein Zwerg, gewöhnlicher Gesellschafter des Modsognir.

Orion (Gr. M.), Sohn des Neptun und der Euryale; nach Andern auf wunderbare Weise von Jupiter, Neptun und Mercur erzeugt. Die drei Götter waren bei Hyrieus zu Tanagra in Böotien, welcher, kinderlos, die Olympier um einen Sohn bat; die Bitte ward ihm gewährt, indem jene eine gewisse Flüssigkeit in eine zusammengenähete Kuhhaut liessen, aus welcher, nach der gewöhnlichen Zeit zur Reifung eines Kindes, ein Knabe entstand, der zum Andenken an diese Begebenheit nach jener Flüssigkeit O. genannt wurde. Apollodor sagt, er sei ein Riese und gewaltiger Jäger gewesen und habe von Neptun die Eigenschaft erhalten, über das Meer hinzuschreiten. Er vermählte sich mit der schönen Side, und da er diese bald wieder verlor, bewarb er sich um Aero oder Merope, die Tochter des Oenopion, Beherrschers von Chios, eines Sohnes des Bacchus und der Ariadne; dieser sagte halb zu, verzögerte aber die Erfüllung seines Versprechens so sehr, dass O. die Geduld verlor und sich seiner Braut gewaltsam bemächtigte; da Oenopion diess erfuhr, machte er O. trunken und blendete ihn. Der blinde Jägersmann suchte sich nach Lemnos zu finden, wo Vulcan ihm den Rath gab, zum Sonnengotte zu wandern, welcher ihn heilen könne. Zu dieser Reise gab er ihm den Cedalion als Führer mit, den O. auf seine Schultern nahm, und, den Weg verfolgend, welchen jener angab, gelangte er zu dem Sonnengotte, von dem er auch glücklich geheilt ward. Nun kehrte er nach Chios zurück, um sich an Oenopion zu rächen, allein dieser hatte sich in eine sehr künstliche unterirdische Wohnung verborgen, und O. suchte vergeblich nach ihm; da sah ihn Aurora, verliebte sich in den herrlichen Jüngling und entführte ihn nach Delos. Seine Jagdlust verleitete ihn zu dem thörichten Ausspruch, er wolle kein wildes Thier mehr auf der Erde leben lassen, darum sandte die Erde einen ungeheuren Scorpion ab, welcher ihn tödten musste. Nach Andern erschoss ihn Diana, weil er der Upis, einer von ihren Nymphen, nachgestellt. Er ward unter die Sterne versetzt; dort bildet er das prachtvollste Sternbild am ganzen Himmel, in welchem durch Fernröhren über zweitausend Sterne sichtbar sind. Er ist in den meisten Sternkarten als ein gegen den Stier im Thierkreise ansteigender Mann gezeichnet, welcher in der einen Hand eine Keule, in der andern eine Löwenhaut (bei Andern einen Schild) trägt. Die Schultern und Füsse sind durch sehr helle Sterne erster und zweiter Grösse bezeichnet, seinen Gürtel bilden drei glänzende Sterne in fast gerader Linie, und den Schild eine Reihe kleiner Sterne in einen Viertelskreis gestellt; um das Schwert des O. wimmelt es von Sternen, und dort ist auch der Nebelfleck, welcher der merkwürdigste des ganzen Himmels ist, weil man ihn für den grössten dunklen Körper des Weltalls hält.

Orius (Gr. M.), 1) Vater des Oxylus und der Hamadryas, welche, mit einander vermählt, die Hamadryaden erzeugten. — 2) O., Sohn der Zaubrerin Mycale, ein Lapithe, bei der Hochzeit des Pirithous von Gryneus getödtet.

Orithyia (Gr. M.), Tochter des Königs Erechtheus von Athen, von Boreas entführt, Mutter des Zethes und des Calaïs. Ebenso hiess eine Tochter des Nereus und der Doris.

Ormenus (Gr. M.), 1) Sohn des Cercaphus, Erbauer von Ormenium in Thessalien. — 2) O., ein Trojaner, welcher bei Erstürmung der griechischen Verschanzungen von Polypötes, dem Sohne des Pirithous, getödtet und der Rüstung beraubt ward. — 3) O., Vater des Königs Ctesius auf der Insel Syria, und Grossvater des in der Odyssee oft genannten göttlichen Sauhirten Eumäus.

Ormseinbani (Nord. M.), Beiname des Thor: derjenige, welcher die Schlange Jormungand, die Midgardsschlange, allein erschlägt.

Ormt (Nord. M.), einer derjenigen Flüsse, welche Thor zu durchwaten hat, wenn er mit den Asen zu Gericht geht.

Ormuzd (Pers. M.), das höchste Licht, der Inbegriff alles Guten, Reinen, Edlen, hervorgegangen aus dem leuchtenden Urgrund, Zarvana Akarana, zugleich mit seinem Gegensatz, Ahriman, der tiefsten Finsterniss, dem Inbegriff alles Bösen und Unreinen. Von O.s Schöpfung an tritt Zarvana Akarana zurück und überlässt jenem die Erschaffung und die Regierung der Erde. O., im höchsten Lichte wohnend, gibt nun der Welt die Feruers, die geistigen Vorbilder, und dann der Welt selbst ihr Dasein, welcher Zarvana eine zwölftausendjährige Dauer setzt; während dieser befindet sich O. in stetem Kampf mit Ahriman, welcher alle seine Kräfte anstrengt, um die Welt zu vernichten. Nachdem das zwölftausendjährige Reich und der eben so lange dauernde Kampf zwischen dem Guten und Bösen beendet ist, ersteht die Erde aus ihrer Vernichtung, und O., auf dem Urberg Albordji thronend, ist alleiniger Regierer dieser reinen Lichtschöpfung, doch immer nur als Diener des unendlichen Urwesens, nicht Selbstherrscher, verantwortlich dem grossen Geist Zarvana Akarana, dessen Ausfluss er ist. In Zoroaster hat er seinen Verkündiger gesandt, und in dem Sesiosch, einem künftig zu erwartenden Enkel des Zoroaster, der von einer Jungfrau geboren werden wird, sendet O. den Erlöser der Erde, welcher sie nach dem Kampf aus ihrer Vernichtung erheben und zum Lichte tragen wird.

Orneus (Gr. M.), Sohn des Erechtheus, Erbauer der Stadt Orneä, Vater des Peteus und Grossvater des Menestheus, welcher Letztere mit Agamemnon nach Troja zog.

Orneus (Gr. M.), ein Centaur, der sich auf der Hochzeit des Pirithous durch die Flucht rettete.

Ornytion (Gr. M.), Sohn des Sisyphus und Vater des Phocus, welcher die Antiope heirathete, nachdem ihre Söhne sie an der Dirce gerächt.

Ornytus (Gr. M.), 1) Gefährte des Joxus, mit welchem er eine Colonie von Griechen in Carien gründete, die sich nach dem Hauptanführer die der Joxiden nannte. Es scheint, als habe sie einen eigenen Cultus gehabt, denn das Schilf und das Kraut der Spargel war ihnen heilig, sie reuteten es daher nicht aus und verbrannten es nicht; doch sind die Nachrichten hierüber sehr dürftig. — 2) O., von Anderen T e u t h i s genannt, war mit den Griechen gegen Troja ausgezogen und wollte, da sie in Aulis durch widrige Winde aufgehalten wurden, zurückkehren, woran ihn Minerva in der Gestalt eines Gefährten, Melas, zu hindern suchte. Im Zorn verwundete O. die Göttin, worauf er in eine Abzehrung verfiel, welche ihm den Tod drohete, bis er der Göttin einen Tempel, mit ihrer Bildsäule geschmückt, errichtete.

Orpheotelestae (Gr. M.), ein priesterlicher Orden, welcher in Grichenland und Italien umherzog, die orphischen Geheimnisse zu besitzen und in dieselben einweihen zu können vorgab, mittelst deren die Entsündigung von allen Verbrechen möglich sei.

Orpheus, Fig. 251 (Gr. M.), Sohn der Muse Calliope und des Apollo oder des Oeager, berühmter thracischer Sänger und Bruder des gleich berühmten Linus. Die Kunst des Gesanges brachte dem O. ewigen Nachruhm, denn er vermochte Steine und Bäume durch seine Lieder in Bewegung zu setzen und durch deren Melodie die wildesten, reissendsten Thiere des Waldes zu zähmen. Diess ist auf nebenstehendem Bilde dargestellt nach einer Mosaik, 17 Fuss lang und eben so breit, die bei Grandson in der Schweiz gefunden wurde. Er war vermählt mit Eurydice, doch nicht lange währte sein Glück: die geliebte Gattin ward von einer Schlange gestochen und starb, worauf Mercur sie in die Unterwelt abholte. Voll Verzweiflung beschloss O., in die Unterwelt hinabzusteigen und Pluto zu bitten, ihm die Gattin zurückzugeben. Seine zauberischen Töne bewegten auch wirklich den Beherrscher des Schattenreiches, ihm zu gestatten, dass er Eurydice mit sich nehme, doch fügte er die Bedingung hinzu, dass O. sich nicht umsehen solle, bevor er auf die Oberwelt gelangt. Diess ward zwar dem liebenden Gatten schwer, doch hielt er aus, bis des Tages Schimmer in die Grotte fiel, durch welche er zur Erde hinaufstieg; da sah er sich um, erblickte Eurydice, aber in diesem Augenblick verschwand sie ihm für immer. — In seinen älteren Jahren nahm O. noch Theil an dem Argonautenzuge und war durch seinen Rath, so wie durch sein Citherspiel den Abenteurern von grossem Nutzen; doch konnte ihn seine seltene Kunst nicht vor dem schrecklichsten Tode schützen, indem er nach Apollodor in der Gegend von Pieria durch rasende Mänaden (Bachantinnen) zerrissen wurde. — O. wird der Stifter der Mysterien in Griechenland genannt; als Sänger weit umherziehend, Asien und Africa durchwandernd, hatte er Kunst und Wissenschaft in das noch rohe Vaterland zurückgebracht und durch dieses die Menschen entwildert. Er gab den Thraciern Gesetze, Religion, Poesie und Musik, schaffte die Menschenopfer, die Selbst- oder Blutrache

Fig. 251.

ab, führte die Entsündigungen reuiger Missethäter ein, verband die Edleren unter den Griechen zu einem Bunde, dessen Geheimnisse die erste Grundlage zu allen folgenden Mysterien und religiösen Verbindungen wurden, und die jedes folgende Jahrhundert immer mehr veredelte und verfeinerte, und so wird sein Name als der eines der edelsten Menschen und der höchsten Wohlthäter der Menschheit gepriesen.

Orsadice (Gr. M.), Tochter des Cinyras, Königs auf der Insel Cyprus, welche er mit Metharme, der Tochter des Königs Pygmalion, erzeugt hatte. Sie war eine Schwester der Laogora und der Bräsia.

Orseïs (Gr. M.), Stamm-Mutter der Griechenhelden Dorus, Aeolus und Xuthus, welche sie ihrem Gatten Hellen gebar.

Orsilochus (Gr. M.), 1) Vater des Diocles, König zu Pherä in Messenien. — 2) O., des Vorigen Enkel, Sohn des Diocles, einer der Anführer der Messenier vor Troja. — 3) O., ein Trojaner, welcher den Aeneas nach Italien begleitete und dort von der Hand der Camilla blieb.

Orsinome (Gr. M.), Tochter des Eurynomus, vermählt mit Lapithes, welcher sich am Flusse Peneus niederliess und König der dortigen Gegend wurde. Sie gebar zwei Söhne: Phorbas und Periphas.

Orthanes (Gr. M.), ein Dämon im Gefolge des Priapus, wie Conisalus und Tychon.

Orthia (Gr. M.), Beiname der taurischen Diana.

Orthopolis (Gr. M.), ein sicyonischer König, Vater der Chrysorthe, die sich dem Apollo verband, und von ihm den Coronus gebar.

Orthosia, identisch mit Orthia (s. d.).

Orthus (Gr. M.), Beiname des Bacchus, unter welchem demselben von Amphictyon ein Altar errichtet wurde, weil er ihn gelehrt, den Wein mit Wasser zu mischen.

Ortschilang (Mongol. M.), »der den Geburtswechsel Verrichtende«, einer der Buddha's, welcher in Tübet erschienen ist, als die Menschen schon so weit gesunken waren, dass sie nur noch 40,000 Jahre lebten.

Ortygia (Gr. M.), Beiname der Diana, von ihrem Geburtsort, der Insel Delos, welche früher O. hiess.

Oryithus (Gr. M.), Sohn des thracischen Königs Phineus von seiner Gemahlin Cleopatra, Bruder des Crambis.

Oschophoria (Gr. M.), ein athenisches Fest, von Theseus gestiftet, zum Andenken an seine glückliche Rückkehr aus Creta; es ward im Herbst der Minerva Sciras zu Ehren gefeiert, und bestand in einem Wettlauf von Knaben, welche Rebenzweige mit Trauben trugen; wer zuerst, vom Tempel des Bacchus nach dem der Minerva laufend, das Ziel erreichte, erhielt einen Becher voll eines in jenen Zeiten üblichen Getränks aus Wein, Honig, Oel, geriebenem Käse und Mehl zum Preise.

Oschtued (Pers. M.), ein weiblicher guter Genius, der Beschützer des zweiten Schalttages in jedem Jahr (deren man fünfe annahm).

Osi Mo Nino Mikotto (Japan. M.), Sohn und Nachfolger des ersten göttlichen Kaisers von Japan, Ama Teru Oon Gami (s. d.).

Osiris, Fig. 252. 253 (Aegypt. M.). Alles Wesentliche über diesen obersten und am Allgemeinsten verehrten Gott Aegyptens ist schon unter Isis (s. d.) gesagt. O. ist die der Erde einverleibte Zeugungskraft der Sonne. Alles Befruchtende ist ein Ausfluss seiner Macht, daher ist er Sonnen- und Nil-Gott zugleich, und als solcher auch Begründer des Ackerbaues, des Staates und aller guten Einrichtungen. Dass er aber ursprünglich Natur-Gott war, stellte sich für immer darin dar, dass sein Mythus sich an den Lauf der Sonne und den Verlauf ihrer Einwirkung auf die Natur des Nilthals anschliesst. O. stirbt, wird aber ewig wieder geboren und wieder gefunden.

Sein ganzer Cultus dreht sich um diesen Untergang und Wiederaufgang der zeugenden Naturkraft, wodurch er die grösste Aehnlichkeit mit dem syrisch-phönicischen Adonis-

Fig. 252.

Fig. 253.

Dienste hat. Die **in** religiöser Hinsicht wichtigste Seite **des** O.-**Dienstes ist** die **Vorstellung** von **seiner** Herrschaft **in der** Unterwelt. Er ist Herr des Todtenreiches, wo alles Böse überwunden ist; dort richtet er nach Recht und Gerechtigkeit die unsterblichen Seelen. In dieser Anschauung kam der ägyptische Geist erst zu sich selbst, und feierte so im Tode seine Versöhnung mit dem Leben. Auge und Scepter sind Symbole des O. Apis (s. d.) ist das Bild seiner Seele und stellt ihn als lebend vor. Das Auge deutet auf die Sonne, der Scepter auf Herrschaft, und die schwarze Farbe seines Stieres auf die Erde und Unterwelt, die ihn zu sich hinabzieht. Abbildungen des O. s. nebenstehend.

Oski (Nord. M.), einer der vielen Beinamen Odins.

Oslad (Slav. M.), ein Gott der süssen Ruhe und Schwelgerei, den die Russen, besonders in Kiew, dem Pantheon aller slavischen Götter, verehrt haben sollen.

Osogo (Gr. M.), Beiname des Jupiter in Mylasa in Carien.

Ossilago (Röm. M.), eine Göttin der zartesten Kinderjahre; sie sollte die weichen, biegsamen Knöchelchen erstarken und verhärten. Sie heisst auch Ossipago oder Ossipanga.

Ostar (Nord. M.), wahrscheinlich ein Mondgott, dem zu Ehren alle Jahre ein Fest gefeiert und ein Stier geschlachtet wurde; Einige glaubten, das deutsche Wort Ostern komme von diesem Gotte her.

Ostera, einerlei mit Eostar (s. d.).

Ostre, identisch mit Austri (s. d.).

Oestrebles (Gr. M.), Sohn des Hercules von Hesychia, einer Tochter des Königs Thespius.

Otang (Lamaismus), ein Meer von geschmolzenem Blei und brennendem Schwefel, welches im Götterreiche Hlassa befindlich ist. Dort wurden viele Millionen gefallener Engel gequält, bis Buddha sie erlöste.

Oetaeus (Gr. M.), Beiname des Hercules, weil er auf dem Berge Oeta gestorben.

Othreïs (Gr. M.), eine Nymphe, welche dem Apollo den Phagrus und, als dieser schon erwachsen war, dem Jupiter den Meliteus gebar, den sie aus Furcht vor Juno aussetzte; der ältere Bruder fand den jüngern und nahm sich seiner an.

Othryoneus (Gr. M.), ein Thracier aus Cabesus, der den Troërn zu Hülfe gekommen war und versprochen hatte, die Griechen zu vertreiben, wenn man ihm Cassandra (s. d.) zur Gattin geben wollte; ihn erschlug Idomeneus.

Oetosyrus (Scyth. M.), der Name, den die Scythen dem Apollo geben, wie Herodot in seiner Aufzählung der griechischen Götter, welche von den Scythen angebetet werden, erwähnt.

Otrera (Gr. M.), Tochter oder Geliebte des Mars; nach letzterer Annahme von ihm Mutter der Hippolyte, der Königin der Amazonen, Erbauerin des Dianatempels zu Ephesus.

Otreus (Gr. M.), König der Phrygier, welcher in Verbindung mit dem damals noch jungen König Priamus die Amazonen bekriegt hatte.

Otrynteus (Gr. M.), ein mächtiger König in Hyde in Lydien, am schneeigen Tmolus wohnend. Eine Najade gebar ihm den Iphition, welcher vor Troja von Achilles erlegt ward.

Otschirbani, Fig. 254 (Kalmück. Rel.), ein Gott dritten Ranges, unter der sonderbarsten Form vorgestellt. S. die Abbildung von ihm in zwei Stellungen. Er erscheint nur mit einem kleinen Stücke Zeug bekleidet, welches die Hüften bedeckt. Die Figur hat weit geschlitzte Augen, einen fürchterlich aufgesperrten Rachen, ist ganz zusammengezogen, nur mit zurückgebogenem Kopf abgebildet, als wäre sie in Convulsionen schreiend begriffen. Dieser Götze ward von den Göttern ersten Ranges zum Himmel geschickt, um die bösen Dämonen zu bekämpfen, welche Sonne und Mond gefesselt hatten; er siegte und schnitt den Geistern die Köpfe ab, aus welchen er sich eine Krone, Ohrgehänge und ein langes Halsband machte, welches bis unter den Bauch hinab ging. Von dem Munde zum After dieser Figur läuft ein gerader Kanal hindurch, dessen die Lama's sich bedienen, um den Kranken Medicin einzugeben; man setzt die Figur auf den Mund des Leidenden und legt in die obere Oeffnung eine kleine Pille, welche nun durch den Leib des Götzen hinab in den Mund des Kranken fällt.

Otsistok, »Feuer im Wasser«, heissen bei den wilden Völkern, welche Nordamerica bewohnen, die Sterne, weil sie glänzen und im Blau des Himmels wie im Wasser

Fig. 254.

zu schwimmen scheinen. Man glaubt, sie seien die Wohnsitze der abgeschiedenen Seelen.

Otsistoku annentagon, »angeheftete Feuer«, nennen die nordamericanischen Wilden die Milchstrasse, von welcher sie glauben, dass sie der Weg sei, auf welchem die Seelen zum Himmel wandern.

Ottar (Nord. M.), Sohn des Königs Innstein und der schönen Hledis, berühmt durch seine Verehrung und unwandelbare Liebe zu den Asen, welche so weit ging, dass er der Freia einen Tempel bauete von geschliffenen Steinen und so schön glänzend wie polirtes Glas. O. und Angantyr hatten eine Erbschaft gemacht, die demjenigen zufallen sollte, der die Geschichte seines Hauses am höchsten hinaufführen würde; da flehete O. zur schönen Freia, welche ihm zum Siege verhalf; siehe das Fernere unter Hyndla.

Otter, s. Hreidmar.

Otus (Gr. M.), einer der beiden Aloaden, Bruder des Ephialtes (s. d.).

Oxiderces (Gr. M.), »die Scharfsichtige«, Beiname der Minerva.

Oxylus (Gr. M.), 1) Sohn des Mars und der Protogenia. — 2) O., der dreiäugige Feldherr der Heracliden, s. Hercules. — 3) O., Sohn des Orius und Bruder der Hamadryas, mit welcher er acht Töchter, die Hamadryaden, erzeugte, welche alle die Namen von Bäumen haben.

Oxynius (Gr. M.), soll ein Sohn des Hector geheissen haben, der mit seinem Bruder, dem Scamander, von dem verderblichen Kriege fortgeschickt, also am Leben erhalten wurde. Nach der Zerstörung von Troja soll er zurückgekehrt sein, und das Reich seines Grossvaters Priamus regiert haben.

Oxyporus (Gr. M.), Sohn des Cinyras und der Metharme, Bruder des Adonis, der Orsadice etc.

Ozomene (Gr. M.), soll nach Einigen das Weib des Thaumas, die Mutter der Harpyien, geheissen haben; gewöhnlich nennt man als solche Electra.

P.

Paean (Gr. M.), »der Heilende«, Beiname der Götter, denen man heilende Kräfte zuschrieb, vorzüglich des Aesculap, dann auch des Apollo.

Pachakamak (M. der Andesvölker), bei den alten Peruanern der Gott, welcher die Welt schuf und dem All Leben einhauchte, aber weder je sichtbar, noch hörbar ward. Ihm entgegengesetzt ist Rimak »der Gott, welcher spricht,« der sich den Urbewohnern einst persönlich offenbarte.

Pactolus (Gr. M.), Vater der Euryanassa, der Gattin des Tantalus.

Pagasaeus (Gr. M.), Beiname des Apollo und des Jason, von Pagasä in Thessalien.

Pagoden, die Tempel der indischen Götter, meistens nach riesigen Ideen erbaut. Das, was man in der Regel für das Hauptgebäude ansieht, ist nur die 200 bis 300 Fuss hohe Pyramide, welche das äusserste Eingangsthor überragt. Von demselben zieht sich rechts und links in gleicher Weite eine starke Mauer, welche eine Seite des Quadrats bildet, das den ganzen geheiligten Raum einschliesst. Meistentheils sind sieben solche concentrische Mauern in einander eingeschachtelt, sie umschliessen Gebäude, Wohnungen der Braminen, der Dewedaschies (s. d.), Badeteiche; endlich im innersten Raum sind die Tempel des Gottes, pyramidal wie das Eingangsthor, doch kleiner; in diesen sitzt oder steht der zu Verehrende, von Holz oder Stein, mehr oder minder kostbar verziert; die Pyramide ist stets mehr obeliskenartig, langsam verjüngt und erweitert sich ganz oben etwas, läuft dann halbmondförmig in zwei Spitzen aus, und besteht aus vielen über einander liegenden Stockwerken; das Eingangsthor ist stets nach Osten gerichtet. In jeder Umgürtung ist ein heiliger Gegenstand angebracht, eine liegende Kuh, ein Lingam etc. Die P. sind gewöhnlich ausserordentlich reich, indem sie durch die Pilger ungeheure Einkünfte haben.

Pagodi (Ind. M.), der unter dem Volke übliche Name der Göttin Bhawani.

Painujanen (M. der Finnen), das Nachts umherschleichende Gespenst, welches in Gestalt eines weissen Seeweibes die Wohnungen besucht und sich zu den Menschen in die warmen Betten legt, sie drückend und quälend wie der Alp.

Painalton, »der Eilfertige«, ein unterer Kriegsgott der Mexikaner, welcher besonders bei plötzlichen Ueberfällen um Hülfe angefleht wurde; dann liefen die Priester mit seinem Bilde durch die Stadt, riefen ihn mit lauter Stimme zur Erde herab, opferten ihm, und nun waren alle waffenfähigen Bewohner des Landes verpflichtet, zu den Waffen zu greifen.

Pakniel und **Pakparniel** oder **Pakuniel** (Talmud.), zwei Engelsfürsten, welche über die Fische gesetzt sind und für ihr Wohl sorgen sollen.

Palamedes (Gr. M.), Sohn des Nauplius und der Clymene, Tochter des Königs Catreus von Creta, Bruder des Oeax, zog mit Agamemnon gegen Troja, wo er durch den Hass des Ulysses, nach Anderen auch des Agamemnon und des Diomedes, schmählich umkam. Als Ursache des Hasses des Ulysses wird angegeben, entweder weil dieser von P. wider seinen Willen genöthigt worden sei den Zug mitzumachen, oder, weil P. einst während des Krieges vor Troja, mit reicher Beute aus einer benachbarten Gegend zurückgekehrt, den zu gleicher Zeit mit leeren Händen zurückgekommenen Ulysses verspottet habe. Darum bereitete ihm Ulysses, oder mit ihm auch die beiden anderen genannten Helden, von Eifersucht über den Kriegsruhm des P. entflammt, auf hinterlistige Weise das Verderben. Man liess einen Brief, wie von Priamus an P. gerichtet, schreiben, verbarg diesen mit einer Summe Goldes im Zelte des Helden, klagte ihn nun der Verrätherei an, überführte ihn mittelst einer Durchsuchung seines Zeltes und verurtheilte ihn zum Tode. Bei der Hinführung sprach er: »Ich beklage dich, Wahrheit, denn du starbst schon vor mir!« Die ganze Sage ist nachhomerisch, Homer kennt den Namen P. nicht. An der äolischen Küste Kleinasiens, gegenüber von

Methymna auf Lesbos, stand ein Heiligthum und Standbild des P.

Palaemon (Gr. M.), 1) ein Meergott, zuvor ein Sohn des Königs Athamas und dessen zweiter Gattin, der Ino, Melicertes genannt. Mit diesem entfloh Ino dem sie verfolgenden Gatten und stürzte sich mit ihm in's Meer (s. Ino). — 2) P., Sohn des Hercules und der Autonoë, der Tochter des Pireus, oder der Iphinoë, der Tochter des Antäus.

Palaemonius (Gr. M.), Sohn des Lernus, unter den Argonauten aufgezählt, und, weil er an beiden Füssen hinkte, ein Sohn des Vulcan genannt.

Palaestes (Gr. M.), Beiname des Jupiter, »der Ringer«. Als Hercules bei den olympischen Spielen sich zum Faustkampfe gestellt hatte, und Niemand sich fand, der sein Gegner sein wollte, stieg Jupiter selbst vom Olymp herab, kämpfte mit seinem Sohn und liess sich von ihm überwinden, um seinen Ruhm zu erhöhen.

Palaestinus (Gr. M.), Sohn des Neptun. Aus Betrübniss über den Tod seines Sohnes Haliacmon stürzte er sich in den Strom, der nach ihm P. und später Strymon genannt wurde.

Palaestra (Gr. M.), Geliebte des Mercur, welche ihm die von ihren Brüdern erfundene Ringekunst verrieth, die nun der Gott für die seine ausgab und, nachdem er sie vervollkommnet, nach der Geliebten benannte (s. Choricus).

Palatinus (Röm. M.), Beiname des Apollo, von seinem Tempel auf dem palatinischen Hügel in Rom.

Pales (Röm. M.), eine Feldgöttin, vorzugsweise der Fütterung des Heerdenviehes vorstehend.

Paliken (Gr. M.), Sicilische Dämonen, Zwillingssöhne des Jupiter und der Nymphe Thalia, einer Tochter des Vulcan, in der Gegend des Aetna, bei Palice, verehrt. Ihr Heiligthum war eine Zufluchtsstätte für geflüchtete Sclaven. Unweit desselben waren zwei stark sprudelnde Schwefelquellen, die man personificirte, für Brüder der P. erklärte und Dilli nannte. Mittelst dieser Quellen wurde eine Art Gottesgericht über Reinigungseide angestellt. Man schrieb den Eid auf ein Täfelchen und warf es in die Quelle. Sank es unter, so wurde daraus der Meineid erkannt, schwamm es oben, so war der Eid der Wahrheit gemäss. Der Meineidige fand entweder durch Erblinden, oder durch augenblicklichen Tod seine Strafe.

Palilia (Röm. M.), ein Fest, welches der Pales zu Ehren gefeiert wurde; es fiel auf den 21. April, den Stiftungstag der Stadt Rom, ward mit Opfern von Milch und Hirsekuchen begangen, und die Hirten räucherten dabei ihr Vieh, besprengten sich selbst mit Weihwasser und sprangen durch lodernde Strohfeuer, um sich von ihren Sünden zu reinigen.

Palinurus (Gr. M.), Steuermann auf Aeneas' Schiff, welcher durch den Schlaf in Gestalt des Phorbas in's Meer gestürzt wurde, als das Schiff nahe der Sireneninsel war. Aeneas traf ihn in der Unterwelt und beklagte die Trüglichkeit der Orakel, da Apollo ihm versprochen, dass P. Italien sehen sollte, worauf der Schatten ihm eröffnete, dass er wirklich dahin gekommen und erst an der Küste von den Einwohnern getödtet worden sei.

Palladium (Gr. u. röm. M.), das berühmte Bild der Pallas, von Jupiter vom Himmel auf die Erde geworfen, von Ilus, der gerade ein günstiges Zeichen für die Gründung Iliums (Troja's) von dem Gotte begehrt hatte, gefunden und zum National-Heiligthum der Trojaner gemacht. Man glaubte, dass es der Stadt, so lange es sich in derselben befand, Unüberwindlichkeit verleihe, daher die Griechen sich auch bemüheten, es in ihre Gewalt zu bekommen. Es soll das hölzerne Bild einer bewaffneten Jungfrau gewesen sein, drei Ellen hoch, stehend, die Beine an einander geschlossen, in der Rechten den Speer, in der Linken Spindel und Rocken. Da sich über das weitere Schicksal dieses Bildes zwei widersprechende Sagen gebildet hatten, indem es nach der einen von Diomedes und Ulysses vor der Zerstörung der Stadt entwendet, nach der andern bei der Zerstörung von Aeneas gerettet und nach Italien gebracht worden sein sollte, so behaupteten später verschiedene Städte, es zu besitzen, wie Argos, Athen, ganz besonders aber rühmte sich Rom, das ächte P. zu besitzen, und bewahrte dasselbe im Tempel der Vesta so heilig, dass selbst der Oberpriester (Pontifex maximus) es nicht sehen durfte; als daher einst der Vestatempel brannte, und die Vestalinnen verzweifelnd die Hände rangen, stürzte sich der Oberpriester Metellus in das Sanctuarium, wohin sonst jedem Manne der Zutritt untersagt war, und rettete das P., aber er flehete zu den Göttern, den Frevel, den er durch Entweihung des Heiligthums begangen, nur ihn, nicht die Stadt büssen zu lassen, weil er fühlte, dass er ein unverzeihliches Verbrechen begangen habe, und doch Rom nicht dem Untergange anheimfallen lassen wollte. Aufseher dieses Bildes waren die Nachkommen des Nautius, welcher es von Diomedes bekommen und dann auf Befehl des Bildes selbst an Aeneas übergeben haben sollte, der es nun nach Italien gebracht hätte. Bis zur Zeit des Kaisers Heliogabalus befand sich dasselbe in Rom, dann ward es in den von diesem erbauten Sonnentempel gebracht, und von da an verliert sich die Kunde von demselben.

Pallantia (Alt-ital. M.), Geliebte des Hercules, Tochter des alt-italischen Heros Evander, sollte dem Hercules einen Sohn geboren haben, der den palatinischen Hügel nach seiner Mutter benannt hätte.

Pallantiden (Gr. M.), die 50 Söhne des Pallas zu Athen, die den schwachen, durch Medea bethörten Greis Aegeus gänzlich beherrschten, sich der Regierung bemächtigten und Athen schon unter sich getheilt hatten, als Theseus, der Sohn des Aegeus, kam, den Vater von dem schmählichen Joch befreite und die P. nebst ihrem Vater verjagte oder tödtete.

Pallas (Gr. M.), Tochter des Triton, des Erziehers der Minerva, war eine Gespielin dieser Göttin und ward mit ihr in allen kriegerischen Künsten geübt; einst riss bei einer solchen Uebung der Eifer sie so hin, dass sie ernstlich mit einander kämpften, und P. im Begriff war, der Minerva eine Verwundung beizubringen; da hielt Jupiter zum Schutze seiner Tochter jener die furchtbare Aegis vor, worüber sie erschrak, zurückwich und nun von Minerva getödtet wurde. Diess betrübte nachher die Göttin so tief, dass sie sich ein Bild ihrer Freundin schnitzte, welches jedoch von Electra, einer gezwungenen Geliebten Jupiters, entweiht wurde, indem dieselbe zu diesem Bilde floh, Schutz vor dem Gewaltigen suchend. Minerva, zürnend über diesen Frevel, warf das Bild vom Olymp herab, worauf es vor dem Zelt des Ilus niederfiel und, von ihm Palladium (s. d.) genannt, das wichtigste Heiligthum der Stadt Troja wurde. — P. ist sonst auch Name der Minerva (s. d.).

Pallas (Gr. M.), 1) Sohn des Crius und der Eurybia, ein Titan, verband sich mit Styx, der Tochter des Oceanus, und ward Vater der Nice, der Bia, des Cratos und des Zelos (Sieg, Stärke, Gewalt und Eifer). — 2) P., einer der Giganten, welche in dem Gigantenkriege blieben. Minerva tödtete ihn, zog ihm die Haut ab und bedeckte damit, während der Dauer der Schlacht, ihren eigenen Körper. — 3) P., nach Einigen Vater der Minerva, in welche er sich verliebte; die Tochter aber tödtete ihn, da er sich gewaltsam ihr nahen wollte, zog ihm die Haut ab, welche sie über ihren Schild spannte, und heftete auch dessen Flügel an ihre Sohlen, wie Mercur dergleichen hatte. — 4) P., Sohn des Lycaon, von welchem die Stadt Pallantium in Arcadien den Namen hat. Er war König in Arcadien und Grossvater des Evander, welcher sich in der Gegend des nachmaligen Rom niederliess und den nachmals in den Bezirk der Stadt Rom gezogenen Berg Palatinus nach seinem Grossvater benannte. — 5) P., Sohn des Pandion und Bruder des Aegeus; er suchte diesen durch seine fünfzig Söhne, die Pallantiden (s. d.), aus der Herrschaft über Athen zu verdrängen, und ward von Theseus vertrieben. — 6) P., Sohn des Evander, lebte zur Zeit des Aeneas, und kam diesem gegen den Turnus zu Hülfe, blieb jedoch, als er selbst den Kampf mit dem gewaltigen Krieger wagte. Aeneas rächte seinen Tod an dem grausamen Turnus. Auch von ihm leitet man die Benennung des palatinischen Hügels ab. — 7) P., Sohn des Hercules und der Dyna, einer Tochter des Evander, soll schon in seiner Jugend gestorben und auf dem palatinischen Berge begraben sein, dessen Name auch von ihm abgeleitet wird.

Pallene (Gr. M.), 1) s. Clitus 2). — 2) P., Tochter des Giganten Alcyoneus, welche sich mit ihren Schwestern, aus Gram über den Tod ihres Vaters, in das Meer stürzte.

Pallenis (Gr. M.), Beiname der Minerva, unter welchem sie zwischen Athen und Marathon einen Tempel hatte.

Pallor (Röm. M.), »die Todtenblässe«, eine von Tullus Hostilius geschaffene Gottheit; ihr gelobte er einen Tempel, als seine Römer in der Schlacht gegen die Bewohner von Fidenä zu weichen begannen, worauf ermuthigt, sie die Schlacht begannen.

Pallu, böse Dämonen, und Natt, Luftgeister der Birmanen; diese sollen 7 Hauptgötter, von denen 5 als Lehrer der Tugend bereits auf der Erde wandelten, haben; die 2 letzteren werden einst das goldene Weltalter mitbringen. Godma, der zuletzt da gewesen ist, wird allein verehrt.

Pammerope (Gr. M.), Tochter des Eleusiniers Celeus, welche, zum Lohne für die Freundlichkeit, mit der die verlassene Ceres von ihr aufgenommen worden, mit ihren Schwestern zu Priesterinnen der Göttin gemacht wurde; sie waren die ersten, welche ihr zu Eleusis dienten.

Pamphagus (Gr. M.), »der Gefrässige«, Beiname des Hercules; er hatte einst zwei Stiere von dem Pfluge eines Bauern hinweggefressen.

Pampholyge (Gr. M.), eine von den Geliebten des Oceanus, welche von ihm Mutter der Asia und der Libya ward.

Pamphyle (Gr. M.), Tochter des Rhacius und der Manto, einer Nymphe aus Kleinasien; die Landschaft Pamphylia erhielt nach ihr den Namen.

Pamphylus (Gr. M.), Sohn des dorischen Königs Aegimius, der ein treuer Freund des Hercules war, dessen Söhne daher auch mit den Heracliden auszogen, um den Peloponnes für dieselben zu erobern. P. blieb nebst seinem Bruder Dymas. Zwei Stämme in Sparta führten deren Namen.

Pamyles (Aegypt. M.), ein Aegypter, der, als er Wasser aus dem Heiligthum des Ammon zu Theben holte, eine Stimme vernahm, welche ihm befahl, zu rufen: Der grosse König, der Wohlthäter Osiris, ist geboren. Desshalb empfing er dann den Osiris zur Auferziehung, und es wurde zu seinem Andenken das Fest Pamylia gefeiert.

Pan, Fig. 255 (Gr. M.), ein alter arcadischer Hirtengott, nach gewöhnlicher Annahme Sohn des Mercur und

Fig. 255.

einer Tochter des Dryops, obwohl ihm noch viele andere Eltern gegeben werden. Er kam gleich zu der ihm eigenthümlichen Gestalt vollständig ausgebildet zur Welt, gehörnt, bärtig, krummnasig, rauhbehaart, geschwänzt, geissfüssig, so dass seine Mutter vor Schrecken entfloh. Sein Vater aber trug ihn auf den Olymp, wo alle Götter, besonders Bacchus, sich seiner freuten. Er war in Arcadien einheimisch, von wo sich sein Dienst erst später weiter verbreitete. Von ihm findet sich folgende Erzählung: Als die Athener beim ersten Einfall der Perser einen Schnellläufer nach Sparta sandten, um die Spartaner um Hülfe zu bitten, sei diesem unterwegs P. erschienen und habe ihm zugerufen, er solle den Athenern sagen, warum sie denn ihn nicht verehren, da er ihnen doch schon oft genützt habe nnd noch nützen werde. Nach gewonnener Schlacht haben ihm sodann die Athener unter der Burg ein Heiligthum errichtet, und ihn mit jährlichen Festen geehrt. In Arcadien wohnt P. in Grotten, schweift in Wald und Gebirg umher, führt mit den Nymphen Reigentänze auf, mehrt die Fruchtbarkeit der Heerden, gewährt oder versagt den Jägern Beute, ist auch Gott der Bienenzucht und des Fischfangs. Als Hirtengott ist er musikalisch, erfindet und bläst die Hirtenpfeife (Syrinx), zu welcher er auf folgende Weise gelangte: Er liebte die Nymphe Syrinx und verfolgte sie bis zum Flusse Laodon, wo sie auf ihre Bitte in Schilfrohr verwandelt wurde, aus welchem nun der Gott sich jene Flöte schnitt und nach dem Namen der Nymphe benannte. Als Waldgott ist er auch ein Schreckensgott, der den Wanderern Grauen einjagt; man schreibt ihm eine furchtbare Stimme zu, mit welcher er auch Kriegsheeren Entsetzen einjagt, daher man einen unerklärlichen Schrecken, der zuweilen ein Heer plötzlich überfällt, einen panischen nennt. Heilig war ihm die Fichte und die Steineiche; er erscheint mit Fichtenzweigen bekränzt und mit dem Luchsfell bekleidet. Geopfert wurden ihm Kühe, Böcke, Lämmer, Milch, Honig, Most. Die Römer haben ihn mit ihrem Faunus (s. d.) völlig vermengt, und wie bei ihnen die Faunen, so erscheinen auch bei den Griechen später die P.e, dann auch Panisken genannt, in der Mehrzahl. Diese waren ursprünglich von den Satyrn (s. d.) wesentlich verschieden, wurden aber endlich auch mit diesen vermengt. Die Darstellung des P. ist in der Regel der der Faunen völlig gleich; eine besondere gibt unser Bild nach einem Basrelief.

Panacea (Gr. M.), Tochter des Aesculap, eine Göttin, welche von allen Krankheiten befreien sollte; ihr war zu Oropus ein eigener Altar errichtet.

Panachaea (Gr. M.), Beiname der Ceres, in Achaja zu Aege; bedeutet »die Ceres aller Achäer«.

Panachaeis (Gr. M.), in der Bedeutung gleich dem vorigen, nur für Minerva als Beiname bestimmt, unter welchem sie zu Laphiria in Achaja einen Tempel hatte.

Panathenæen, s. Minerva.

Panciadewjam (Ind. M.), ein abscheuliches Gebräu aus Kuhharn, in Wasser aufgelöstem Kuhmist, süsser Milch, saurer Milch und geschmolzener Butter; es heisst der göttliche Trank, ist das kräftigste Reinigungsmittel von eingewurzelten Sünden, und wird von denjenigen Braminen getrunken, welche aus dem Jünglingsalter in das männliche treten und Priester werden wollen.

Panciashara (Ind. M.), »der Gott mit dem blumigen Bogen«, Beiname des Kamadewa, dessen Pfeilspitzen Blüthenknospen sind, dessen Bogen mit Blumen umwunden ist.

Pancratis oder **Pancrato** (Gr. M.), Tochter des Aloeus und der Iphimede, ward von Seeräubern unter Anführung des Butes geraubt. Sicelus und Hecetorus tödteten sich gegenseitig um des Besitzes dieser Schönen willen, worauf sie dem Agassamenus zufiel, aber von ihren Brüdern, Otus und Ephialtes, befreit wurde.

Panda (Röm. M.), eine Göttin von ungewisser Bedeutung, die ein Heiligthum an dem von ihr benannten pandanischen Thore hatte, von wo man auf das Capitol gelangte. Dieser Tempel galt als ein Asyl und stand immer offen, daher scheint der Name auf pando, ich öffne, zu deuten. P. soll dem König Tatius den Weg zur Einnahme des Capitols gebahnt haben.

Pandareus (Gr. M.), ein Milesier, Sohn des Merops, Vater der unglücklichen Aedon (s. d.), hatte die Gabe von Ceres erhalten, sich nie im Essen übernehmen zu können. Er war ein Freund und Gehülfe des Tantalus, leistete diesem bei allen seinen Räubereien Gesellschaft, und war auch nicht gewissenhaft, wenn es darauf ankam, für ihn falsch zu schwören. Einst hatte er aus Creta den goldenen Hund gestohlen, welcher den Tempel des Jupiter bewachen sollte; er gab ihn dem Tantalus, dieser aber schwur ihn späterhin geradezu ab, wesshalb Jupiter den Berg Sipylus auf ihn warf; P. floh nach Athen und von da nach Sicilien, wo er mit seinem Weibe Harmothoë umkam. Seiner Töchter Camiro und Clytia nahmen sich die Göttinnen an: Juno gab ihnen Schönheit und Verstand, Diana Grösse und Erhabenheit, Minerva alle Künste, Venus ging zum Olymp, um sich Männer für sie zu erbitten; unterdessen aber wurden sie von den Harpyien geraubt und den Furien übergeben.

Pandarus (Gr. M.), 1) s. Bitias. — 2) P., Sohn des Lycaon aus Lycien, ein trefflicher Bogenschütze. Als zwischen Trojern und Griechen ein Bündniss geschlossen war, wornach der Streit durch einen Zweikampf zwischen Paris und Menelaus geendigt werden sollte, ermunterte

Minerva (der dieser Friede höchst zuwider war, indem sie Troja's Untergang verlangte) den P., durch einen Schuss auf Menelaus den Bund zu brechen. P. wurde von Diomedes erlegt.

Pandemos (Gr. M.), Beiname der Venus, ursprünglich: »die allen attischen Stämmen (Demos) Gemeinsame«, unter welchem Namen ihr von Theseus in Athen ein Tempel erbaut ward. In der Folge verband sich mit diesem Namen der Begriff einer feilen Buhlerin.

Pandion (Gr. M.), 1) ein attischer Fürst, Sohn des Cecrops und der Metiadusa, Tochter des Eupalamus, folgte seinem Vater in der Regierung; die Söhne des Metion aber verjagten ihn in einem Aufstande, und er floh nach Megara zu Pylas, mit dessen Tochter Pylia er sich verband. Mittelst dieser Verbindung ward er später abermals König; Pylas nämlich tödtete seinen Oheim und musste desshalb das Land verlassen, welches er seinem Schwiegersohn übergab. Dem P. wurden während seines Aufenthaltes in Megara Aegeus, Pallas, Nisus und Lycus geboren. — 2) P., s. Procne.

Pandioniden (Gr. M.), die Söhne des ersten Pandion; sie beherrschten nach ihres Vaters Tode Athen gemeinschaftlich, doch so, dass Aegeus, Theseus' Vater, als Aeltester die Oberherrschaft behielt.

Pandit (Ind. M.), Ehrenname der gelehrten Braminen, welchen sie erst anzusprechen haben, wenn sie inspirirte Weise sind und eine anschauliche Kenntniss von der Natur Gottes haben.

Pandora (Gr. M.), »die von allen Beschenkte«, 1) ein wunderschönes, von Vulcan geformtes, von allen Göttern mit den reichsten Gaben ausgerüstetes Weib, das Jupiter zum Verderben des Menschengeschlechtes, zur Strafe für den Frevel des Feuerräubers Prometheus, auf die Erde sandte. Er hatte ihr eine Urne mitgegeben, in welcher alle Uebel verborgen waren, und sie dem Epimetheus (s. d.) geschickt. Obwohl Prometheus ihn gewarnt, nahm er doch die Schöne an, und bei Oeffnung der Urne flogen alle Krankheiten und Sorgen heraus, nur die Hoffnung blieb dem verzweifelnden Menschen. — 2) P., soll eine Gefährtin der Hecate sein; ihr Leib ist von Eisen, sie ist ein Plagegeist, schrecklicher, als die wildeste der Furien.

Pandorus (Gr. M.), Sohn des attischen Königs Erechtheus und der Praxithea, Bruder des Cecrops, Metion, der Procris, Orithyia, Crëusa und Chthonia, soll die Insel Euböa beherrscht haben.

Pandrosos, s. Erichthonius.

Pandu, s. Kurus und Kunti.

Panga (M. der Negervölker in Africa), ein Götze, welcher als Kriegszeichen in der Feldschlacht vorangetragen wird; er besteht aus dem Schaft einer Lanze, mit grob geschnitztem, roth bemaltem menschlichen Kopf statt der Spitze.

Pangami utron (Ind. M.), ein Fest, welches im Monat Pangami (dem zwölften des Jahres, unserem März entsprechend) der Göttin Parwadi zu Ehren mit grossem Aufwand gefeiert wird.

Panhellenios (Gr. M.), Beiname des Jupiter: »der Gott aller Hellenen«.

Pan-ko-si (Japan. M.), der erste Mensch, der Urmensch, geschaffen, als Himmel und Erde bereits aus dem Chaos getreten waren.

Panomphaeus (Gr. M.), Beiname Jupiters, des Urhebers aller Vorbedeutungen.

Panope (Gr. M.), eine Thespiade, Geliebte des Hercules, dem sie den Threpsippes gebar.

Panopeus (Gr. M.), Sohn des Phocus und der Asteropea, der in Gesellschaft des Cephalus dem Amphitryon Beistand leistete, als dieser gegen die Teleboër zog. Er hatte geschworen, nichts von der Beute sich anzueignen, und zur Strafe dafür, dass er diesen Schwur brach, wurde sein Sohn Epeus unkriegerisch.

Panoptes, s. Argus.

Panthous (Gr. M.), einer der Aeltesten, und nach der Aeneis Priester in Troja, dessen Söhne Euphorbus, Hyperenor und Polydamas in der Ilias oft als Helden genannt werden.

Paeon (Gr. M.), 1) Sohn des Endymion, welcher Macedonien colonisirte und das kleine Königreich Päonien stiftete. — 2) P., Sohn des Antilochus, von welchem ein in Athen blühendes Geschlecht, die Päoniden, abstammt. — 3) P., Sohn des Neptun und der Helle, der Schwester des Phrixus, welche in das Meer gefallen, von den Göttern aber gerettet worden war.

Paeonaeus (Gr. M.), einer der Dactylen der eleïschen Localsage, welche die Bewohner von Elis die Erzieher des Jupiter nennen. Die andern heissen: Epimedes, Jasius und Idas.

Paeonia (Gr. M.), »die Heilende«, Beiname der Minerva.

Papas (Gr. M.), Beiname oder mystische Bezeichnung des Geliebten der Cybele, des Atys.

Papaeus (Gr. M.), Name des Jupiter bei den Scythen.

Paphia (Gr. M.), Beiname der Venus.

Paphus (Gr. M.), Sohn des Pygmalion und der von ihm selbst verfertigten, doch von Venus belebten Bildsäule, Vater des Cinyras und Namengeber der Stadt P. auf Cypern.

Para — Bjaera — (Nord. M.), ein Kobold, welcher, nach dem Glauben der alten Schweden und Finnen, Milch fremder Kühe stiehlt und sie in das Butterfass des Hauses, welchem er dient, zu tragen pflegt.

Parabrama, identisch mit Brahm (s. d.).

Parama (Ind. M.), »der Wohlthätige«, Beiname des Brahm, des höchsten Gottes (nicht des Brama).

Parameshwara (Ind. M.), »der Allerhöchste«, Beiname des Brahm, so wie Parameshwari, »die Allerhöchste«, Beiname der Bhawani ist.

Parammon (Gr. M.), Beiname des Mercur in Olympia.

Parasati und **Paraschiwa** (Ind. M.), Beiname des Schiwa, wenn derselbe beide Geschlechter in sich vereinigend dargestellt wird.

Paraschakti (Ind. M.), Beiname der Bhawani; er bedeutet: die höchste wirksame Kraft.

Parashuramah, Fig. 256 (Ind. M.), Wischnu in seiner achten Avatara oder Verkörperung. S. die Abbildung.

Fig. 256.

Parausti, die Oberhäupter der Bewohner von Florida, welche zugleich ein hohes priesterliches Ansehen geniessen und sowohl in weltlichen, als geistlichen Angelegenheiten zu Rath gezogen werden.

Paraxati (Ind. M.), die aus Brahm geschaffene, mit Brahm vermählte Göttin, welche den Brama, Wischnu und Schiwa gebar.

Parbadi, identisch mit Parwati (s. d.).

Parcen, griechisch **Moeren** (Gr. u. röm. M.), Schicksalsgöttinnen, entweder Töchter der Nacht, oder Jupiters und der Themis. Die älteren Mythographen geben ihre Zahl nicht an; später werden deren drei genannt: Clotho, Lachesis, Atropos. Sie sind die ernsten Schicksalsgöttinnen, welche von der Geburt an das Leben des Sterblichen leiten, seine Dauer und seine Wechsel bestimmen, gegen deren Bestimmung sogar Jupiter nicht wirken kann, der selbst ihnen unterworfen ist.

Parea (Gr. M.), eine Nymphe, Geliebte des Minos, Königs von Creta, Mutter des Chryses, Eurymedon

Nephalion und Philolaus. — P. war zugleich ein Beiname der Minerva in Laconien.

Paregoros (Gr. M.), »die Zuredende«, Name einer Göttin, deren Bild neben dem der Pitho (Ueberredung) im Venustempel zu Megara stand.

Pargutee (Ind. M.), nach der Lehre der Banians so die erste Frau, die Eva der Indier; ihr Gatte war Purus.

Paria's (Ind. Rel.), die niedrigsten, verachtetsten Personen, keiner Kaste angehörig, auch keine eigene bildend, sondern der Auswurf aller Kasten unter den Hindu. Sie werden mit dem grössten Abscheu betrachtet, sind höchst unrein, dürfen keine Pagode und kein Haus betreten, sind jeden Augenblick dem Mord ausgesetzt, da ein Bramine oder Kschetri, von einem P. nur gestreift, straflos ausgehen würde, wenn er den Verbrecher augenblicklich niederstiesse. Solch ein Unglücksfall, d. h. von einem P. berührt zu werden, muss auf die sorgfältigste Weise, durch religiöse Ceremonien von grosser Wichtigkeit, wieder gut gemacht werden, und die Europäer leben in Indien fast in gleicher Verachtung mit den P., weil sie sich der Verworfenen als Boten, Arbeiter, Hausknechte, Köche etc. bedienen, und die Verunreinigung nicht scheuen. Die P. wohnen nicht in Dörfern oder Städten, ihre elenden Hütten müssen weit entfernt von den Häusern anderer Menschen, in Wüsten und Wäldern gelegen sein, und sie müssen diese sowohl, als die Brunnen, aus denen sie ihr Wasser holen, sorgfältig mit Thierschädeln und andern Knochen umgeben, damit schon von fern Jeder wisse, dass dort nur die verabscheuete Rasse sich aufhält. Man glaubt in dem eigentlichen Stamme der P. die Urbewohner zu finden, welche, durch Eroberer aus ihren Sitzen vertrieben, in die Wälder geflüchtet, und von dort zur schmählichen Knechtschaft hervorgeholt, so herabgesunken sind, wie wir sie jetzt finden. Die gebornen P. sind schwarzbraun von Farbe, von zartem, doch überaus kräftigem Körperbau, allein durch den Druck, unter welchem sie sich befinden, so muthlos, dass sie sich jede Beschimpfung und Beeinträchtigung ihrer Menschenrechte gefallen lassen, ohne zu zürnen, aber auch wahrscheinlich ohne zu fühlen.

Parikschita (Ind. M.), ein Enkel des Königs Dschudischter, Beherrscher der Pandu's, nachdem der eben Genannte gestorben war. Unter seiner Regierung begann das jetzige Zeitalter, das vierte, Kali Dschug.

Paris, Fig. 257 (Gr. M.), Sohn des Priamus und der Hecuba, der durch Entführung der Helena die Zerstörung von Troja herbeiführte. S. Priamus, Hecuba, Helena. Die Ilias schildert seinen Muth als ziemlich zweideutig; er wird auch durch die von ihm entführte Helena weidlich ausgespottet, macht sich aber nicht viel daraus und gewinnt die Zuneigung der leicht bewegten Schönen bald wieder. Er ging einen Kampf mit Menelaus um Helena ein und ward besiegt, wollte jedoch nunmehr sein Wort in Hinsicht auf die Herausgabe der Gattin nicht halten, und so loderte seinetwegen der verderbliche Krieg fort. Als Achilles späterhin sich von der Sache der vereinigten Griechen losgemacht und den Trojern Schutz versprochen, wenn man ihm die schöne Polyxena gäbe, war er es, der den treulosen Helden am Altar, vor welchem die Vermählung geschehen sollte, durch die Ferse schoss. Sein Bruder Deïphobus soll dabei den Achilles umarmt und festgehalten, Apollo selbst aber den Pfeil in die Ferse gelenkt haben. Ueber P.' Tod vergleiche Oenone, welche seine erste Gattin war. Eine treffliche antike Darstellung des P. in phrygischer Tracht, den verhängnissvollen Apfel in der Hand, gibt unser Bild.

Paristschadas (Ind. M.), böse Genien, welche in Schiwa's Diensten sind, Rächer und Zerstörer; daher ihr Name, welcher die Thränenerregenden bedeutet.

Parlaja (Ind. M.), die Sündfluth, welche nach jedem Weltalter die Erde überschwemmt und nur die Berge frei lässt, so dass darauf sich rettende Menschen und Thiere aus einem Zeitalter in das andere übergehen.

Parnassides (Gr. M.), »Bewohnerinnen des Parnassus«, Beiname der Musen.

Parnassus (Gr. M.), ein alter Heros, Gründer von Delphi, von welchem der Berg P. seinen Namen erhielt. Er war ein Sohn des Neptun und der Nymphe Cleodora.

Parnethius (Gr. M.), Beiname Jupiters, vom Berge Parnes in Attica.

Parnopius (Gr. M.), »Vertreiber der Heuschrecken«, Beiname des Apollo in Athen.

Fig. 257.

Parrhasius (Gr. M.), 1) Beiname des Apollo auf dem lycäischen Gebirge in Arcadien. — 2) P., Erbauer der Stadt Parrhasia in Arcadien, ein Sohn des Lycaon. — 3) P., Sohn des Mars und der Philonome, von seiner Mutter ausgesetzt und durch eine säugende Wölfin im Walde erhalten.

Parsische Religion, s. Persische Rel.

Parswa (Ind. M.), Sohn des Königs Aswasena, einer der vielen Buddhas oder Religionslehrer, welche die Indier anbeten. Er wird gewöhnlich als ein sitzender Bramin, doch blau von Farbe, dargestellt.

Parthaon oder **Porthaon** (Gr. M.), Sohn des Agenor und der Epicaste, König zu Pleuron und Calydon in Aetolien, vermählt mit Euryte, welche ihm mehrere Söhne, Oeneus, Agrius, Melas, Alcathous, Leucopeus, und eine Tochter Sterope gebar.

Parthenia (Gr. M.), »die Jungfräuliche«, Beiname der Diana.

Parthenopaeus (Gr. M.), einer der sieben Helden vor Theben, Sohn der Atalanta, welche den calydonischen Eber erlegen half. Man gibt ihm den Mars, oder dessen Sohn Meleager zum Vater. Sein und der Nymphe Clymene Sohn heisst bald Thesimenes, bald Tlesimenes, bald Promachus, bald Stratolaus. Er soll den Zug der Epigonen und den trojanischen Krieg mitgemacht haben.

Parthenope (Gr. M.), 1) Geliebte des Hercules, Tochter des Stymphalus; sie war die Mutter des Everes. — 2) P., Tochter des Königs der Leleger, Ancäus, und der Samia, einer Tochter des Stromgottes Mäander. Nach Einigen war sie es, die der Quelle bei dem nachherigen Neapolis und der Stadt selbst den Namen P. gab (nach Andern war es die Sirene gleiches Namens). Apollo verliebte sich in sie und sie gebar ihm den Lycomedes. — 3) P., Gemahlin des Oceanus, von diesem Mutter der Thrace und der Europa.

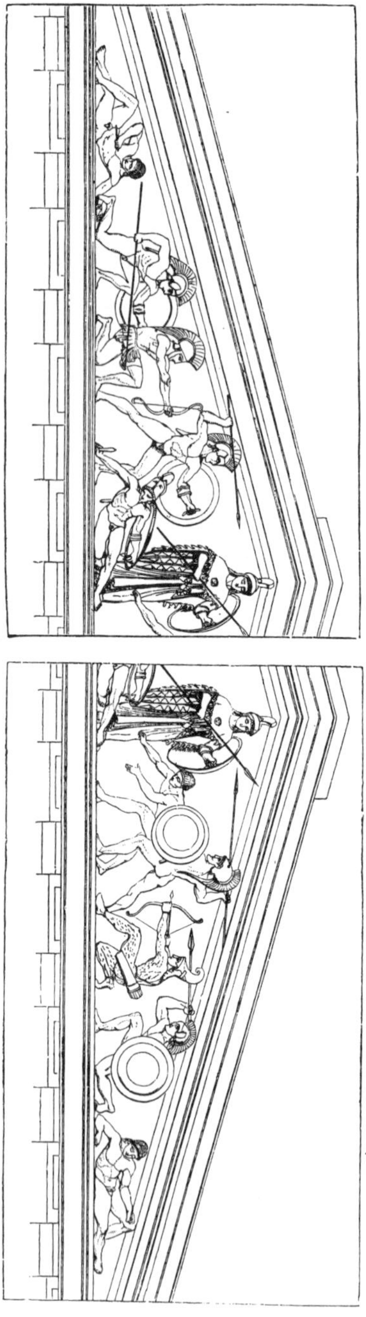

Fig. 258. a. b.

Parthenos (Gr. M.), Tochter des Staphylus und der Chrysothemis. Rhöo und Molpadia waren ihre Schwestern; Rhöo ward von Apollo Mutter des Anius, nachherigen Königs von Delos. P. und Molpadia suchten, um dem Jähzorn ihres Vaters zu entfliehen, den Tod in den Wellen, wurden jedoch von Apollo, aus Liebe zu ihrer Schwester, gerettet und wohlbehalten nach Castabus getragen, wo man ihnen einen Tempel bauete. S. Hemithea, unter welchem Namen Molpadia besonders verehrt wurde. — P. (Jungfrau) war auch der Name der Minerva auf der Acropolis zu Athen.

Parviel (Talmud.), einer der vier Engel, welche als Schutzgeister über die Thiere gesetzt sind.

Parwati (Ind. M.), die Gattin des Schiwa und seine stete Begleiterin; gewöhnlich ist Schiwa's Sohn, Kartikeya, auf einem Pfau reitend, an ihrer Seite; sie selbst wird nicht selten mit einem Gewande von Pfauenaugen übersäet dargestellt. Wie hoch sie übrigens auch geehrt wird, so hat sie doch keinen eigenen Tempel, sondern nur Capellen in den Tempeln des Schiwa. Als der Gott sie zur Gattin erwählte, erfüllte Stolz ihre Brust, und sie fand sich herrlich geschmückt im Saale der Götter ein; da kamen die Himmlischen alle in ihrer überirdischen Schönheit, in ihrem unendlichen Glanz, und in jedem Neuerscheinenden glaubte P. den erhabenen Gatten zu sehen; dieser aber, um ihren Stolz zu bestrafen, erschien in eine Staubwolke gehüllt, mit fünf Köpfen versehen, in so fürchterlicher Gestalt, dass P. ohnmächtig niedersank. Schiwa, welcher die schöne Gattin liebte, erweckte sie, zeigte sich in seiner Herrlichkeit und wies ihr die eine Hälfte seines Körpers zur Wohnung an, so dass sie unzertrennbar von ihm ist; als ihr oder der Uma Sohn gilt Kartikeya, von ihr selbst geschaffen ward Ganesha (s. Pulear).

Paschubadi (Ind. M.), Beiname des Schiwa, als des Herrn oder Gemahls der segensreichen, alle Wünsche erfüllenden Kuh.

Pasiphaë (Gr. M.), 1) Gattin des Minos, Königs von Creta, Tochter des Sonnengottes und der Perseïs, ward Mutter mehrerer Kinder, unter denen Minotaurus und Ariadne die bekanntesten sind (vgl. Dädalus). — 2) P., eine Göttin, welche bei Sparta einen Tempel und ein Orakel hatte.

Pasithea (Gr. M.). Diesen Namen führte eine der Grazien, eine Nereïde und eine Najade, welche Letztere die Gattin des athenischen Königs Erichthonius, und Mutter des ersten Pandion war.

Pataeken (Phönic. M.), Götter, welche in zwerghafter Gestalt an den Vordertheilen der phönicischen Schiffe angebracht waren.

Patala (Ind. M.), die Hölle, die Gesammtheit der Straforte für Uebelthäter.

Patareus (Gr. M.), Beiname des Apollo, zu Patara in Lycien verehrt.

Patel (M. der Preussen), Gott der Luft, welchen die Liefländer gemeinschaftlich mit den Preussen verehren.

Patelana (Röm. M.), Gottheit des Getreides, die den Balg öffnet, so dass die Aehren hervorspriessen können.

Patrakali, identisch mit Kali (s. d.).

Patrii, griechisch *Πατρῷοι* (Röm. u. gr. M.), Götter, die von den Vätern her in einem Volke oder einer Familie verehrt wurden, Stamm- oder Familien-Götter; ferner örtliche Schutzgötter, Penaten; endlich in weiblicher Form, Patriä, Beiname der Furien, als Rachegöttinnen verletzter Eltern.

Patro (Gr. M.), eine der Thespiaden, Geliebte des Hercules und von ihm Mutter des Archemachus.

Patroclus, Fig. 258. a. b. (Gr. M.), der bekannte Liebling des Achilles, Sohn des Menötius, aus Opus. Da er aus Unvorsichtigkeit beim Würfelspiel einen Knaben tödtete, brachte sein Vater ihn zu Peleus, wo er mit Achilles erzogen und bald dessen treuer Freund wurde. Als Achilles nach Troja zog, begleitete er ihn, und entfernte sich auch mit seinem beleidigten Freunde von aller Theilnahme an den Unternehmungen der Griechen. Nach manchem Sieg der Trojaner erlaubte ihm endlich Achilles, in seiner eigenen Rüstung Antheil an dem Gefechte zu nehmen; da fiel er von der Hand des Hector, der ihm des Achilles prangende Wehr entzog. Ueber seinen Leichnam entstand ein blutiges Gefecht, die Griechen retteten jedoch denselben. Trostlos war Achill über den Verlust, und racheschnaubend stürzte er wieder in den Kampf, nachdem Thetis ihm neue Waffen gebracht; er erlegte Hector und schleifte ihn zwölf Tage lang täglich um des Lieblings Grab, bis Priamus ihn mit unendlichen Geschenken auslöste. Des P. Charakter wird als sanft und liebevoll, doch zugleich als sehr tapfer geschildert. Der Kampf um den Leichnam des P. ist der Gegenstand der hochberühmten, unter dem Namen der Agineten bekannten Gruppe am Giebelfelde des Minerva-Tempels zu Aegina, die 1811 unter den Ruinen daselbst gefunden wurde, und jetzt in München steht. S. das Doppelbild.

Patulcius (Röm. M.), Beiname des Janus, des Oeffnenden, der im Frühling den Schooss der Erde, und mit seinem Schlüssel alle Thüren aufschliesst.

Paupertas (Röm. M.), die personificirte Armuth.

Pausengi (Ind. M.), der ungeheure Baum, welcher im Westmeere wächst, und auf welchem der Vogel Garuddha nistet.

Paventia (Röm. M.), eine Göttin, welche das Erschrecken der Kinder hindern sollte.

Pavor (Röm. M.), »die Furcht«; ihr und der Todtenblässe ward von Tullus Hostilius ein Tempel gelobt, als in der Schlacht gegen die Sabiner aus Fidenä die Römer zu weichen begannen.

Pawaka (Ind. M.), »der Reiniger«, Beiname des Gottes Agni (das Feuer).

Pawan (Ind. M.), der Gott des Windes, Vater des Affenkönigs Hanumat.

Pax (Röm. M.), der Friede, griechisch *Εἰρήνη*, eine Göttin, welche in Rom einen prachtvollen Tempel hatte; sie ward mit einem Speer ohne Spitze, einem Oel- oder Palmzweige in der Hand und dem jungen Plutus auf dem Arm, abgebildet.

Pedasis (Gr. M.), eine Nymphe, Geliebte des Emathion, Sohnes des Tithonus und der Aurora, Mutter des Atymnius.

Pedasus (Gr. M.), Sohn des Bucolion und der Nymphe Abarbarea; ein Trojaner, der von Euryalus' Hand, zugleich mit seinem Zwillingsbruder Aesepus, fiel.

Pedaeus, s. Meges.

Pedias (Gr. M.), eine Spartanerin, mit Cranaus, dem König von Athen, vermählt, und durch ihn Mutter der Cranaë und Cranächme.

Pediacrates (Gr. M.), ein sicilischer Heerführer, den Hercules nebst sechs Andern tödtete, als er mit den Rindern des Geryon durch die Insel zog.

Peetiarch engre Menisch (Pers. M.), der Name, welchen Ahriman, das böse Princip des Parsismus, im Zend-Awesta führt.

Pegaea, s. Ion.

Pegasides (Gr. M.), Beiname der Musen, vom Musenrosse Pegasus.

Pegasus (Gr. M.), Sohn des Neptun und der Medusa, durch Perseus zur Welt gefördert, denn er sprang aus dem Leibe seiner Mutter hervor, als Perseus dieser den Kopf abhieb. Es war ein schlankes, schönes Ross mit prächtigen Flügeln an den Schultern. P. ist ein Ross Jupiters, der Aurora und der Musen, und ist auch unter die Sterne versetzt, wo er zwischen der Andromeda und dem Wassermann steht. Das Sternbild umfasst 37 Sterne, unter denen 3 zweiter und 3 der dritten Grösse; die drei ersten heissen: Algenib, Schehat und Markab, sie bilden mit dem Stern am Kopf der Andromeda ein grosses Viereck. Ein Stern am Munde des Pegasus heisst Enif. Hinter dem Sternbild sieht der Kopf eines Pferdes hervor, dieses heisst das Füllen. Abgebildet sieht man den P. häufig mit Bellerophon (s. d.).

Peirum (Japan. M.), ein Gott, welcher den Untergang der Welt anzeigen soll, und dem daher die Japaner mit Angst und Schrecken entgegen sehen.

Pelagon (Gr. M.), 1) Sohn des Stromgottes Asopus und der Metope. — 2) P., Besitzer der Heerde, welcher die Kuh angehörte, der Cadmus nachfolgte, um Theben dort zu gründen, wo sie sich niederlegen würde. — 3) P., einer der unglücklichen Freier der Hippodamia.

Pelagos (Gr. M.), »das Meer«, ein Kind der Nacht.

Pelarge (Gr. M.), Tochter des Potneus und Gemahlin des Isthmiades. Beide führten den Dienst der Cabiren, welcher durch die Epigonen und die Argiver zerstört worden, von Neuem ein. Der P. zu Ehren wurde ein Opfer eines trächtigen Thieres festgesetzt.

Pelasga (Gr. M.), »die Pelasgische«, Beiname der Juno und der Ceres.

Pelasgus (Gr. M.), 1) Sohn des Jupiter und der ältern Niobe (der ersten Sterblichen, welche der Gott umarmte), der berühmteste Landesheros der Arcadier. — 2) P., Stammheld der Thessalier, Vater des Hämon und Grossvater des Thessalus. — 3) P. wird als Sohn des Triopas, Gründer des peloponnesischen Argos, und Lehrer des Ackerbaues angeführt.

Pelegon (Gr. M.), Vater des Asteropäus, den Achill vor Troja erlegte. Er war ein Sohn des Flussgottes Axius und der Periböa, des Acessamenus Tochter.

Pelethronius (Gr. M.), Erfinder des Zaumes und des Sattels für Pferde; gewöhnlich gilt Minerva dafür, welche dem Bellerophon diese Kunst lehrte, durch welche er den Pegasus bezwang.

Peleus (Gr. M.), Sohn des Aeacus und der Endeïs, der Tochter des Chiron. Er verabredete sich mit seinem Bruder Telamon, einen Halbbruder, Phocus, zu tödten; diess that Telamon, indem er ihm einen Discus an den Kopf warf. Der Leichnam ward verborgen, aber die That doch entdeckt, worauf Beide aus ihrer Heimath Aegina fliehen mussten. P. ging nach Phthia zu Eurytion, der ihn entsündigte und ihm seine Tochter Antigone nebst dem dritten Theil seines Landes gab; dieser Ehe entsprosste die schöne Polydora; doch dauerte das Bündniss nicht lange, denn auf der calydonischen Jagd tödtete er den Eurytion und musste abermals fliehen, erreichte Jolcus, ward von Acastus entsündigt, gerieth aber dort in ein neues Unheil, indem Astydamia, Acastus' Gemahlin, sich in ihn verliebte und ihn, da er ihren Willen nicht that, bei ihrem Manne verläumdete, als habe er ihrer Tugend nachgestellt, auch seiner Gattin die Nachricht hinterbringen liess, dass P. sich mit Sterope, der Tochter des Acastus, vermählen würde. Antigone erhängte sich aus Gram, Acastus aber wollte sich an dem, den er selbst entsündigt, nicht vergreifen, beschloss jedoch, ihn auf andere Weise dem Tode zu weihen, nahm ihn daher auf den Pelion zur Jagd und liess den Ermüdeten hülflos liegen, nachdem er ihn seiner Waffen beraubt; da ward er von den Centauren gefunden und wäre ermordet worden, hätte Chiron sich nicht seiner angenommen. — Des P. zweite Gattin war Tethis; Zeus selbst wollte dieser Göttin nahen, doch Prometheus warnte ihn, indem er ihm verkündete, dass der Tethis Sohn grösser werden würde, als sein Vater; so ward sie einem Sterblichen bestimmt, und die Götter selbst waren alle bei dieser Hochzeit versammelt (s. Eris). Das Kind, das dieser Ehe entsprang, war Achilles, welcher dem Chiron zur Erziehung übergeben wurde. P. rächte sich an Astydamia, indem er Jolcus eroberte, sie tödtete, ihre zerstückelten Glieder umherstreuen und das Heer über dieselben hinweg in die Stadt einrücken liess.

Pelias (Gr. M.), Sohn des Neptun und der Tyro, Zwillingsbruder des Neleus (s. d.), vertrieb seinen Bruder aus Jolcus, vermählte sich mit Anaxibia und zeugte mit ihr den Acastus, die Pisidice, Pelopea, Hippothoë, Alcestis Er sandte den Jason, den Sohn seines Halbbruders Aeson, nach dem goldenen Vliess, und tödtete dann den Aeson und dessen Sohn Promachus. Nach Jason's Rückkehr wurde P. von seinen eigenen Töchtern (den Peliaden), mit Ausnahme der Alcestis, zerstückt und gekocht, weil Medea (s. d.) ihnen vorgespiegelt hatte, dass diess das Mittel sei, ihren Vater zauberhaft zu verjüngen.

Pellen (Gr. M.), Gründer von Pellene in Achaja, Sohn des Phorbas.

Pellenaea (Gr. M.), Beiname der Diana zu Pellene.

Pellonia (Röm. M.), eine Kriegsgöttin, welche man um Vertreibung der Feinde bat.

Pelops (Gr. M.), Sohn des Tantalus, welcher, um die Allwissenheit der Götter zu prüfen, diesen Sohn schlachtete und ihn den Olympiern als Speise vorsetzte. Ceres verzehrte ein Schulterblatt, die andern Götter aber merkten, was geschehen, straften Tantalus und setzten den Leichnam wieder zusammen, indem sie ihm für die fehlende Schulter eine von Elfenbein gaben. Er ward der Gemahl der Hippodamia (s. d.), und von ihr und andern Frauen Vater des Atreus, Thyestes, Copreus, Hippalcimus, Chrysippus (der Letztere von der Nymphe Axioche), Alcathous, Pittheus und der Nicippe, doch sind die Angaben hierüber sehr verschieden. — 2) P., Sohn des Agamemnon und der unglücklichen Cassandra, ward von Clytämnestra ermordet.

Pelorus (Gr. M.), einer der drachenfüssigen Giganten.

Pelor (Gr. M.), einer der Helden, die aus den von Cadmus gesäeten Drachenzähnen aufgingen; von ihm schrieb sich einer der fünf Stämme in Theben her.

Pelwitte, ein Gott der alten heidnischen Preussen; er spendete Reichthum. S. Preussen, Mythologie der etc.

Penaten (Röm. M.), Hauptschutzgottheiten der Familien, wie des aus dem Familienverbande erwachsenen Staates. Mit den Laren werden sie vielfach verwechselt, sind aber ursprünglich von ihnen wesentlich dadurch verschieden, dass die Laren (s. d.) die engste Beziehung zu der Unterwelt haben, wovon sich bei den P. keine Spur findet; auch sind die Laren Gottheiten von weit ausgedehnterem Wirkungskreis, als die P., da jene auch über das Ackerfeld und über die Wege, diese nur über Haus und Staat Gewalt hatten. Der Name der P. ist ursprünglich nur ein Beiwort, »die Innerlichen, im Innern Wohnenden«, und wird daher auch einzelnen Gottheiten, der Vesta, dem Jupiter, der Juno, der Minerva, dem Mercur beigelegt. Man nannte die P. auch grosse Götter, und verwechselte sie dann mit den Cabiren, den grossen Göttern von Samothrace. Dargestellt wurden die alten P. als zwei sitzende Jünglinge, mit Lanzen bewaffnet. Die Salier werden auch Priester der P. genannt.

Peneleus (Gr. M.), Sohn des Hippalcimus, Begleiter des Jason auf dem Argonautenzuge; auch vor Troja soll er sich als einer der Heerführer der Böotier hervorgethan haben.

Penelope, Fig. 259 (Gr. M.), Tochter des Icarius, Nichte des Tyndareus, welcher sie dem Ulysses verschaffte,

Fig. 259.

nachdem ihm dieser über die Vermählung seiner Tochter Helena einen guten Rath gegeben hatte (s. Freier der Helena). Ulysses musste, da Telemachus, ihr Sohn, kaum geboren war, die Gattin verlassen; zehn Jahre dauerte die Anwesenheit desselben vor Troja, zehn Jahre seine Irrfahrten; während dieser letzteren ward sie von Werbern belagert (s. Freier der P.), die sie durch List vier Jahre lange hinhielt, in welcher Zeit die ganze Schaar derselben mit Knechten und Rossen ihr Gut verprassten; sie drangen auf Entscheidung, P. versprach solche, wenn das Gewebe, das sie begonnen, fertig sein würde, trennte aber immer während der Nacht ihre Arbeit wieder auf. Endlich kam Ulysses als Bettler wieder, sie erhielt von ihm die Nachricht, dass ihr Gatte noch lebe; nun versprach sie dem ihre Hand, der des Helden Bogen spannen und durch zwölf hinter einander stehende Eisen werde schiessen können, wie Ulysses oft gethan; Keiner vermochte es, der Bettler aber löste die Aufgabe. P. erkannte den Gatten, welcher sie und sein verletztes Hausrecht furchtbar rächte. Eine Statue der trauernden P. aus dem Museo Pio-Clementino im Vatican zeigt unser Bild.

Peneus (Gr. M.), ein thessalischer Flussgott, von der Nymphe Crëusa Vater der Daphne, Cyrene, Stilbe und des Hypseus.

Penia, griechischer Name der Paupertas, der personificirten Armuth.

Penninus (Gallische M.), nach Livius der oberste Gott der alten Gallier, der bei diesen selbst Taran hiess und Gott des Donners war (s. Taranis).

Pentalpha, Pentagramm, Pentagon, s. Drudenfuss.

Penthesilea (Gr. M.), Königin der Amazonen, tritt in nachhomerischer Dichtung, als dem Priamus zu Hülfe kommend, auf. Sie war äusserst tapfer, erlag jedoch dem mächtigen Achill.

Pentheus, s. Agave.

Penthilus (Gr. M.), Sohn des Orest und der Erigone, einer Tochter des Aegisthus. Lesbos ward von ihm colonisirt.

Pepenut (M. der Germanen), angeblich ein Kriegsgott der alten Sachsen, in dessen Tempel ein weisses Pferd gehalten wurde, das man bei beginnendem Kriege sattelte, glaubend, der Gott besteige es, um seinen Verehrern in der Schlacht beizustehen.

Pephredo (Gr. M.), Tochter des Phorcys und der Ceto, eine der Gräen.

Pepromene (Gr. M.), »die Bestimmung«, das personificirte Schicksal.

Perahom (Pars. Rel.), das bei der Gedächtnissfeier des Propheten Hom übliche Getränk. Es war aus dem Safte des heiligen Baumes Hom bereitet und stellte das Blut des Propheten vor. Der Priester, welcher die Gedächtnissfeier vollzog, trank davon und speiste kleine ungesäuerte Brode (Darun) dazu.

Peraethus (Gr. M.), Sohn des Königs Lycaon, Gründer von Perätheïs in Arcadien.

Peratus (Gr. M.), Sohn des Neptun und der Calchinia, einer Tochter des Leucippus; Letzterer setzte ihn zum Erben seines Reiches Sicyon ein.

Perchtha (Germ. M.), ursprüngliche, althochdeutsche Form des Namens Bertha. Die eigentliche Bedeutung war: »die Leuchtende, Glänzende, Hehre.« Dieses Wesen, ähnlich oder auch ganz einerlei mit Frau Holda (s. d.), erscheint gerade in den oberdeutschen Gegenden, wo diese aufhört, in Schwaben, Elsass, Schweiz, Baiern und Oestreich; ein Theil von Franken und Thüringen kennt P. und Holda neben einander, wenigstens ist hier die Gränze zwischen beiden. Schon dem Sinne des Wortes nach war P. ursprünglich eine gütige, Freude bringende Göttin; aber selten wird sie noch so vorgestellt, gewöhnlich ist die grauenhafte Seite hervorgehoben; sie tritt als ein fürchterliches, Kinder schreckendes Scheusal auf. In den Erzählungen von P. herrscht die böse Bedeutung vor, wie in denen von Holda die gute. Ihre Identität ergibt sich unter Anderem auch daraus, dass beide zu gleicher Zeit, in den Zwölften zwischen Weihnachten und Erscheinungsfest, ihren Umgang halten, doch ist für P. ein eigenthümlicher Tag am Schluss dieser Periode, der Perchtag, Perchtabend, bestimmt. P. führt, wie Holda, Aufsicht über die Spinnerinnen; was sie am letzten Tag des Jahres unabgesponnen findet, verderbt sie. Ihr Fest muss durch eine althergebrachte Speise, Brei und Fische, begangen werden. Wer an ihrem Tage andere Speise zu sich genommen hat, dem schneidet sie den Bauch auf, füllt ihn mit Häckerling, und näht mit einer Pflugschar statt der Nadel, mit einer Eisenkette statt des Zwirns, den Schnitt am Leibe wieder zu. Eine alte Sage meldet: in dem fruchtbaren Saalthal zwischen Bucha und Wilhelmsdorf hatte P. ihren alten Sitz; auf ihr Gebot mussten die Heimchen (provincieller Name für Elfen) die Fluren der Menschen bewässern, während sie unter der Erde mit ihrem Pfluge ackerte; zuletzt aber verunreinigten sich die Leute mit ihr und sie beschloss, das Land zu verlassen; auf Perchthen-Abend wurde der Fährmann im Dorfe Alkar für spät in der Nacht bestellt, und als er zum Ufer der Saale kam, erblickte er eine hehre Frau, umgeben von weinenden Kindern, die von ihm Ueberfahrt forderte. Sie betrat das Fahrzeug, die Kleinen schleppten einen Pflug und eine Menge andern Geräthes hinein, unter lautem Wehklagen, dass sie aus der schönen Gegend weichen müssten. Am andern Ufer angelangt, hiess P. den Schiffer nochmals fahren und die zurückgebliebenen Heimchen holen. Unterdessen hatte sie an ihrem Pfluge gezimmert, deutete auf die Späne, und sagte zum Fährmann: »Da nimm, das sei der Lohn für deine Mühe!« Mürrisch steckte er drei von den Spänen ein, warf sie zu Hause auf das Fensterbrett, und sich geängstigt in's Bette. Am Morgen lagen drei Goldstücke da, wohin er die Späne gelegt hatte. In Baiern heisst P. die wilde oder eiserne Bertha, Frau Bertha mit der langen Nase oder mit der eisernen Nase. Im Salzburgischen wird noch bis auf den heutigen Tag ihr zu Ehren das Perchten-Laufen, Perchten-Springen zur Zeit der »Rauhnächte« gehalten. Im Pinzgau ziehen dann 100—300 Bursche (sie heissen die Berchten) bei hellem Tag in seltsamster Vermummung mit Kuhglocken und knallenden Peitschen umher. — Als ein gutes, günstiges Wesen erscheint sie noch in manchen andern, gewiss uralten Vorstellungen. Die weisse Frau ist ihr schon dem Namen nach völlig gleichbedeutend. Diese weisse Frau pflegt zwar an bestimmte Geschlechter geknüpft zu werden, aber den Namen Bertha fortzuführen, z. B. Bertha von Rosenberg. Schneeweiss gekleidet, zeigt sie sich Nachts in fürstlichen Häusern, wiegt und trägt die Kinder, wenn die Ammen schlafen: sie tritt auf als alte Ahnmutter des Geschlechtes, und kündigt daher auch in manchen hohen Häusern durch ihr Erscheinen den nahe bevorstehenden Tod einer fürstlichen Person an. — Es hat Vieles für sich, dass einige in den deutschen Ueberlieferungen berühmte Frauen dieses Namens, wie Bertha, die Mutter, Bertha, die Tochter Karls des Grossen, mit der geisterhaften Bertha zusammenhängen: sie sind aus der Göttersage in die Heldensage aufgenommen worden.

Perdix (Gr. M.), zweifelhaft, ob die Schwester des Dädalus, oder der Sohn dieser Schwester. Im letztern Falle ist er identisch mit Talus (s. d.).

Perdoitos (Lettische M.), der Schutzgott des Handels, der Fischer und der Seefahrer bei den alten Preussen.

Pereus (Gr. M.), Sohn des Elatus von Laodice, der Tochter des Cinyras, Bruder des Stymphalus. Seine Tochter Neära war eine Geliebte des Aleus und durch ihn Mutter des Cepheus, des Lycurgus und der Auge.

Perfica (Röm. M.), »die Vollzieherin«, eine Hochzeit-Göttin.

Pergamus (Gr. M.), Sohn des Pyrrhus (also Enkel des Achill) und der als Sclavin von Troja fortgeführten Andromache. Helenus, der dritte Gatte dieser Fürstin, erzog ihn zu einem tüchtigen Helden. Er erbauete zwei Städte in Asien, P. und Andromache.

Pergubrius (Lettische M.), ein Gott der alten heidnischen Preussen und Litthauer; ihm ward geopfert, damit er den Feldfrüchten Wachsthum verleihe; man hielt ihm ein Bittfest im Frühling (22. März) und zwei Dankfeste zu Anfang und zu Ende der Ernte.

Peri (Pers. M.), s. Dews.

Periboea (Gr. M.), 1) eine Quellnymphe in Arcadien, sie wurde von dem arcadischen Könige Lelas geliebt, und liebte selbst den überaus schönen, mannhaften Helden so sehr, dass sie ihm ihre Unsterblichkeit opferte und seine Gattin ward. Aus dieser Verbindung ging die schnelle Aura hervor. — 2) P., Tochter des Hipponous; da Hippostratus sie verführt, schickte ihr Vater sie fort zu Oeneus, welcher sie als Sclavin verkaufen sollte, er behielt sie jedoch für sich, und sie ward Mutter des Tydeus. — 3) P., Erzieherin des Oedipus, Gemahlin des Polybus, Königs von Corinth. — 4) P., Mutter des Nausithous (Vaters des Königs der Phäaken, Alcinous); sie war eine Tochter des Gigantenkönigs Eurymedon, und Neptun ihr Geliebter. — 5) P., auch Eriböa genannt, Tochter des Alcathous, Enkelin des Pelops. Mit ihr vermählte sich Telamon, durch den sie Mutter der Ajax wurde.

Periclymene (Gr. M.), 1) Tochter des Minos, mit welcher Pheres den König von Thessalien, Admetus, erzeugte. — 2) P., Tochter des Minyas, gebar von Phylacus den Iphiclus. Beide werden auch Clymene genannt.

Periclymenus (Gr. M.), 1) s. Neleus. — 2) P., Sohn des Neptun und der Chloris, einer Tochter des berühmten Sehers Tiresias, zeichnete sich unter den Thebanern bei dem Kriege der sieben Helden sehr aus.

Perieres (Gr. M.), 1) Sohn des Aeolus und der Enarete, Gemahl der Gorgophone, der Tochter des Perseus. Ihre Söhne waren Aphareus und Leucippus. — 2) P., ein Thebaner; er verwundete den Clymenus und verursachte so den Tribut, den Erginus seiner Vaterstadt auflegte und wovon erst Hercules diese befreite.

Perigune, s. Joxus.

Perilaus (Gr. M.), 1) ein Stammheld der Bewohner von Samos, welche Insel den Namen von seinem Bruder Samos erhielt, ausser welchem er noch zwei, den Enudus und Alitherses, so wie eine Schwester, Parthenope, hatte; sie alle waren Kinder des Ancäus, Königs der Leleger, und der Samia, einer Tochter des Stromgottes Mäander. — 2) P., Sohn des Icarius und der Periböa; er war es, der den Orest vor dem Areopagus des Muttermordes anklagte.

Perimal (Ind. M.), ein Gott, welcher in Gestalt einer hohen Stange verehrt wird. Die Ursache dieser sonderbaren Form wird folgendermassen erzählt: Ein heiliger Büsser hatte sich einen Pfriem oder eine Ahle auf den Fuss fallen lassen, und die Spitze war im Knochen stecken geblieben und abgebrochen. Der Büsser schwur, den Stahl nicht aus der Wunde zu ziehen, bevor er den Gott P. tanzen gesehen habe. Dieser, voll Ehrfurcht gegen den Heiligen, erfüllte sogleich seine Wünsche, indem er die Sonne zu einem Tanz aufforderte und mit ihr und den Sternen einen Reigen aufführte. Dabei fiel eine von den goldenen Ketten, die den Gott schmückten, auf die Erde, und an diesem Platz ward ihm die erste Pagode erbaut, die von Dschidambaran.

Perimede (Gr. M.), 1) Tochter des Oeneus und Gattin des Phönix, von dem sie Mutter der Europa und der Astypaläa wurde. — 2) P., Schwester des Amphitryon, welche, mit Licymnius vermählt, Mutter des Oeonus wurde. — 3) P., Geliebte des Flussgottes Achelous, welche von diesem den Hippodamas empfing; sie war die Tochter des Aeolus und ward von Neptun, da der Vater sie verstiess, in eine Insel, eine der Echinaden, verwandelt.

Perimedes (Gr. M.), 1) einer der Centauren, welcher auf der Hochzeit des Pirithous zugegen war und den Kampf mit den Lapithen bestand. — 2) P., ein Freund des Ulysses, den er auf seinem Gange in die Unterwelt begleitete.

Perimele (Gr. M.), Tochter des Königs Admet und der Alcestis, Geliebte des Argus, dem sie den Magnes gebar, welcher nach Kleinasien ging und die Landschaft Magnesia colonisirte.

Periphas (Gr. M.), 1) Sohn des Lapithes, Bruder des Phorbas. Phorbas kam nach Olenus, von dort rief ihn Alector, König von Elis, zu Hülfe, weil er sich vor der Macht des Pelops fürchtete; dann ging er nach Rhodus, welche Insel er colonisirte und von Schlangen reinigte, wesshalb er in dem Bilde des Ophiuchos (s. d.) unter die Sterne versetzt sein soll. Er vermählte sich mit Hyrmine, einer Schwester des Alector, und sie gebar ihm den Augeas und Actor, welche ihrem Grossvater in der Regierung von Elis folgten. Phorbas gilt auch als übermüthiger Faustkämpfer, der mit den Phlegyern den Tempel zu Delphi plünderte, bis ihn Apollo tödtete. Der Bruder, P., nahm Astyagea, die Tochter der Hypseus, zur Ehe; sie gebar ihm acht Söhne, unter denen Antion der älteste war, welcher durch Perimele Vater des Ixion ward. — 2) P., der griechische Krieger, der mit den Jünglingen von Scyrus die Burg vor Troja erstürmte. — 3) P., ein Autochthon, den Jupiter in einen Adler verwandelte, weil die Menschen ihn, der in Attica noch vor Cecrops fromm und mildthätig herrschte, noch bei Lebzeiten als einen Gott verehrten. Er wollte ihn zuerst durch den Blitz zerschmettern, ward aber von Apollo, dem P. mehrere Tempel, erbaut, gebeten, die Strafe zu mildern, daher er ihn verwandelte; dieses Periphas Gemahlin, Phene, bat Jupiter, auch sie in einen Vogel zu verwandeln, der mit dem Adler friedlich leben könne, welche Bitte dahin gewährt ward, dass sie sich in einen Steinbrecher oder Fischadler verwandelt sah; der Adler ward Jupiters Zepterträger, Phene aber wurde allen Menschen, welche sie sahen, zur glücklichen Vorbedeutung.

Periphetes (Gr. M.), Sohn des Vulcan und der Anticlia. Weil er den hinkenden Gott zum Vater hatte, nannte man ihn schwach auf den Beinen, doch war er ein berüchtigter Räuber, den seine Lahmheit nicht hinderte, sich durch eine mächtige eiserne Keule furchtbar genug zu machen, wovon er den Beinamen Corynetes, Keulenträger, bekam. Theseus erlegte ihn bei Epidaurus und bediente sich von da an seiner Keule als Waffe.

Perkel (Finn. M.), das böse Princip, der Höllengott der Lappen und Finnen.

Perkuna tete (Lettische M.), eine Göttin der alten Preussen, Mutter des Blitzes. Sie nimmt den müden, durch seinen Tageslauf staubig gewordenen Perkunos in ihren Schooss auf und badet ihn im Meere, damit er des andern Tages wieder hell und klar erscheine.

Perkunos, ein Gott der alten Preussen, und zwar das Haupt der göttlichen Trias, welche wir so häufig bei den Völkern der alten Welt angedeutet finden. Ihm zur Seite standen Potrimpos und Pikollos; er war der oberste Gott, der Donnerer, der Götterkönig; seine Bildsäulen, roh aus Stein oder Holz gemeisselt, trugen die Züge eines zornentbrannten Mannes, sein Gesicht war feuerfarb angestrichen, sein Haupt mit Feuergarben gekrönt; bei den Slaven, Böhmen, Mähren und Russen war er, so wie bei den Preussen und Litthauern, hoch verehrt; noch jetzt findet man seinen Namen in den litthauischen Volksgesängen. Nicht leicht gab es in ganz Litthauen oder Preussen (was für die Zeit des Heidenthums immer gleichbedeutend ist und erst von der Herrschaft des deutschen Ordens sich zu trennen beginnt) einen heiligen Wald, einen heiligen Ort, an welchem Opfer dargebracht wurden, wo nicht sein Bild verehrt, sein Dienst gefeiert worden wäre, und einzelne Namen von Orten, an denen dieses geschehen sein mag, haben sich noch bis jetzt erhalten, wie Perkunken, ein Dorf zwischen Königsberg und Tilsit, Perkunischken und Perkunlanken, das letztere unfern Gumbinnen etc. Vor allen aber wurden ihm grosse Opfer zu Romowe (s. d.) gebracht. Vor der grossen Eiche daselbst ward ihm zu Ehren ein ewiges Feuer aus geheiligtem Buchenholz erhalten: der Priester, welcher es verlöschen liess, musste, gleich den Vestalinnen in Rom, mit dem Tode büssen. In solchem Unglücksfall war es schwer, heiliges Feuer zu erhalten, es musste harten Kieseln entlockt werden; hatte man dasselbe, so krochen die Priester, auf dem Bauche liegend, zur heiligen Eiche, entzündeten das Holz auf dem Altar, und der fahrlässige Priester war das erste Opfer, welches in die Flammen geworfen wurde. Der Donner war seine Sprache, bei einem Gewitter fiel alles Volk auf die Kniee, schlug mit der Stirne den Boden und rief: »Gott P., erbarme dich unser!« Hatte der Gott mit dem Griwe geredet, hatte dieser Glück verkündet, so erfolgten fröhliche Gastgelage, und reiche Opfer fielen ihm dann an dem heiligen Feuer, Rosse, Rinder und gefangene Krieger. Durch den Blitzstrahl erschlagen werden, heiligte; ein so Getödteter war in die Gemeinschaft der Götter aufgenommen; daher hatten die Oberpriester keinen höhern Wunsch als den, durch des Gottes Blitzstrahl zu sterben; doch nicht bloss dieser, sondern jede Erscheinung am Himmel überhaupt ging von ihm aus: Regen und Schnee, Sonne und Sturmwind dankten ihm ihre Entstehung. Er scheint dem skandinavischen Gotte Thor zunächst zu stehen, doch ist die völlige Uebereinstimmung beider Gottheiten nicht nachzuweisen. Als Spender der Gesundheit, als Hülfsgott in Krankheiten ward P. angerufen. Gelübde und Dankopfer brachte man dem P. für sich und Andere bei gefährlichen Fällen. Heilig, wie die Asche von seinem heiligen Feuer, waren auch die Gewässer mehrerer ihm geweiheten und seinen Namen tragenden Seen, deren man noch jetzt vier kennt.

Pero (Gr. M.), Tochter des Neleus und der Chloris, ein Wunder von Schönheit. Um ihretwillen raubte der Seher Melampus für seinen Bruder Bias die Rinder des Iphiclus, weil Bias, der die schöne P. liebte, sie unter keiner andern Bedingung erhalten konnte; sie gebar den Talaus und Areius, welche nach Colchis zogen.

Perrhaebus (Gr. M.), König des Landes Perrhäbia; sein Sohn Cyphus baute die Stadt Cyphus und führte von dort zwanzig Schiffe zu dem Griechenheere vor Troja.

Perse oder **Perseïs** (Gr. M.), Tochter des Oceanus und der Tethys, Gattin des Sonnengottes, dem sie den Aeëtes und Perses gebar. Des Letztern Tochter war, nach Diodor, Hecate; diese, vermählt mit Aeëtes, gebar Circe und Medea.

Persephone, der griechische Name für Proserpina (s. d.).

Perseptolis (Gr. M.), Sohn des Telemachus von der schönen Tochter des Alcinous, Königs der Phäaken.

Perses (Gr. M.), 1) Sohn des Sonnengottes, Vater der Hecate, welche zuerst ihn vergiftete, dann sich mit seinem Bruder Aeëtes vermählte. — 2) P., Sohn des Perseus und der Andromeda; von ihm soll das Volk der Perser den Namen haben.

Perseus, Fig. 260 (Gr. M.), 1) einer der berühmtesten Heroën des Alterthumes, dessen Stamme Hercules entsprosste; er war von Jupiter erzeugt, der in der Gestalt eines goldenen Regens durch die Decke des Thurmes kam, in welchem Acrisius seine Tochter Danaë (s. d.), aus Furcht vor einem Orakelspruche, verborgen hatte. Die Wärterin der Danaë ward ermordet, sie selbst aber, nebst ihrem Kinde, in einem Kasten dem Meere preisgegeben. Wind und Wellen trieben die Verstossene nach der Insel Seriphus, wo Dictys (s. d.) sich ihrer annahm, dessen Bruder Polydectes aber verrätherisch an dem zum Jünglinge erwachsenen P. handelte, indem er ihn zu dem gefährlichen Zuge gegen die Gorgonen aufmunterte. P. bestand das Abenteuer, indem er mit abgewendetem Blicke nur im Spiegel des glänzend hell polirten Schildes nach der Medusa sah und so ihr den Kopf abhieb, durch welchen er versteinert worden wäre, wenn er ihn selbst angesehen hätte. Jetzt barg er diesen entsetzlichen Kopf in einer ledernen Tasche und gebrauchte ihn als seine furchtbarste Waffe, denn wo ihm der Feinde Zahl zu mächtig wurde,

Fig. 260.

da hielt er ihnen das Medusenhaupt vor und versteinerte sie. Andromeda (s. d.) ward des Helden Gattin; mit ihr kehrte er nach Griechenland zurück und erfüllte den Orakelspruch, welcher dem Acrisius den Tod von dem Kinde seiner Tochter gedroht, indem er bei den Leichenspielen des Königs von Larissa, in Thessalien, durch einen Discus getödtet wurde, den P. emporgeworfen. Ihm fiel nun Argos zu; dieses Reich vertauschte er jedoch gegen Tiryns, und gründete die Städte Mycenä und Midea. Ihm wurden später ganze Städte und Tempel gewidmet: zu Chemmis in Aegypten hatte er einen der bedeutendsten; dieser Ort rühmte sich sogar, sein Stammort zu sein; zu Tarsus in Cilicien ward er als Gott verehrt, auch in Athen hatte er einen Altar und eine Bildsäule von Erz. Nach einem Relief aus gebrannter Erde sehen wir auf unserem Bilde P., wie er der Medusa den Kopf abgehauen hat, aus deren Halse Chrysaor hervorgeht. Ein Liebling der Minerva und des Mercur (die Erste hatte ihm den hell polirten Schild, der Andere Pluto's unsichtbar machenden Helm und seine eigenen Flügelschuhe gegeben), ward er nach seinem Tode als Heros verehrt und unter die Sterne versetzt. So bildet er eines der nördlichen Sternbilder, nahe der Andromeda; dort erscheint er als Krieger mit geschwungenem Schwert in der einen, und mit dem Medusenhaupt in der andern Hand. Er steht mitten in der Milchstrasse, ist östlich von der

Andromeda, westlich von dem Fuhrmann, unterhalb oder südlich vom Stier, nordwärts von der Cassiopea begrenzt; 45 deutlich sichtbare Sterne gehören zu ihm. — 2) P., Beherrscher von Dardanus zur Zeit des trojanischen Krieges; durch die Gunst seiner Gattin kam die schöne Laodice mit Acamas, dem Sohne des Theseus, zusammen.

Persische Mythologie. Der von Zoroaster oder Zerdust geläuterte Feuerdienst scheint die ursprüngliche Gottesverehrung gewesen zu sein, worüber uns Herodot I, 131 ziemlich genaue Nachrichten mittheilt. Er sagt daselbst: »Götterbilder, Tempel und Altäre zu errichten, haben die Perser so gar nicht im Brauch, dass sie vielmehr denen, die solches thun, Thorheit vorwerfen, weil sie nicht, wie die Hellenen, glauben, dass die Götter menschenähnlich seien; dagegen opfern sie dem Zeus auf hohen Bergen und rufen dabei das ganze Himmelsgewölbe als Zeus an. Auch opfern sie der Sonne und dem Mond, der Erde, dem Feuer, dem Wasser und den Winden; ausserdem haben sie von den Assyriern angenommen, der (Venus) Urania zu opfern. Der Name der Aphrodite ist aber bei den Assyriern Mylitta, bei den Arabern Alitta und bei den Persern Mitra. Die Perser haben keine Feuer-, keine Trank- und Speise-Opfer, auch keine Flöten, Kränze oder heilige Gerste, sondern wer einem jener Götter opfern will, windet meistens einen Myrtenkranz um den Kopfbund, führt das Thier an eine reine Stätte, fleht zu dem Gotte, dem er opfern will, doch nie für sich allein, sondern vielmehr flehet er, dass es allen Persern und dem König wohl gehen möge; dann wird das Thier getödtet, zerlegt, gekocht, und nun werden die Stücke auf frisches, duftiges Gras niedergelegt, worauf ein Magier (einer ihrer Priester) dem Opfernden zur Seite ein Weihelied singt, und nunmehr der Opfernde das Fleisch nach Hause nimmt, um es nach Belieben zu verbrauchen. — Die Perser glauben, dass die Götter nur die Seele des Thiers als Opfer wollen und das Fleisch desselben verschmähen; darum verbrennen sie dasselbe nicht, denn es würde das Feuer, das den Göttern geweihet ist, nur verunreinigen. Wie vor dem Feuer, wird auch vor dem Wasser geopfert, indem man sich zu einem See, einem Flusse, einer Quelle begibt, in deren Nähe ein Graben gezogen wird, damit kein Blut das Wasser verunreinige; darauf aber schlachtet man das Thier und breitet die Stücke auf Lorbeer- oder Myrtenreisern aus; die Magier, welche dabei gegenwärtig sind, bringen Libationen von Oel, Milch oder Honig, stimmen einen Weihgesang an; der Opfernde nimmt das zerlegte Thier mit sich. — Diesen Cultus, vermischt mit dem der Nachbarvölker, besonders mit dem Astarte- oder Mylitta-Dienst der Phönicier und Assyrier, fand Zoroaster vor, als er, nicht mit einer neuen, sondern mit der Reinigung der alten Religion auftrat, welche man, wie die ganze Parsenreligion, fälschlich Feuerdienst nennt, da das Feuer nicht angebetet wird, sondern nur die Stelle bezeichnet, wohin man sich beim Gebete richten soll. Alles, was wir über die Parsenreligion wissen, ist erst durch Zoroaster festgestellt. Zarvana Akharana heisst das ewige Urwesen, das anfang- und endlose, allmächtige Princip des Guten, dessen Repräsentant auf Erden Ormuzd ist. Mächtig wäre dieser Letztere, gleich dem allgewaltigen Gott, wenn nicht von demselben ein böses Princip hervorgerufen wäre, in dessen Bekämpfung das Gute sich üben und stärken soll. Nun stehen diese beiden Gegensätze, das gute und das böse Princip, einander gegenüber: das eine Reich ist das ewige Licht, das andere die ewige Finsterniss. Beide Mächte beginnen ihrer grossen Bestimmung nach zu wirken. Zarvana Akharana sprach durch den Mund des Ormuzd das Schöpfungswort Honover, und es entstand Alles, was da ist; das schaffende allmächtige Urwort gab Leben und Dasein den Thieren, Pflanzen, den Naturkräften und den guten Geistern, den Amschaspands, welche das Reich des Lichts bevölkerten; aber gleich thätig war Ahriman, der die Unterwelt mit übermächtigen bösen Dämonen füllte. Nun bildete Ormuzd die Erde, den Schauplatz des Kampfes zwischen Böse und Gut, welcher 12,000 Jahre dauern wird. Im ersten Viertel dieser Zeit vermag Ahriman keinen Vortheil über Ormuzd zu gewinnen, die Welt bleibt rein, nur vom Guten beherrscht; erst im zweiten Viertheil fühlt er sich stark genug, ihm die Spitze zu bieten, und seine Macht wächst so, dass er im dritten Zeitalter die Herrschaft mit Ormuzd theilt, und in Folge dessen in den letzten dreitausend Jahren ihn ganz besiegt; dann aber geht die Welt unter. Im Läuterungsfeuer werden selbst die bösen Dämonen, Ahriman an ihrer Spitze, gereinigt, und im neuen Glanze steht die untergegangene Schöpfung wieder auf zu ewigem Leben, in reiner Freude, in reinem Licht; der Gegensatz hat aufgehört, Ahriman, nun ein so vollkommener Geist wie Ormuzd, bringt mit diesem gemeinschaftlich dem Herrn seine Dankopfer; bis dahin aber (denn wir stehen jetzt erst im dritten Zeitalter) dauert der Kampf zwischen Licht und Finsterniss, und Zarvana Akharana braucht den bösen Ahriman so gut zur Vollziehung seiner Befehle, zur Erreichung seiner Zwecke, wie den erhabenen Ormuzd. — Um sich gegenseitig zu bekämpfen, haben beide Mächte sich Diener geschaffen, von denen die des Ormuzd sich als die reinsten Lichtwesen auszeichnen, während die des Ahriman die furchtbarsten Schöpfungen des Abgrunds sind; die Letztern heissen Erzdews, es sind ihrer sieben, und sie sind den sieben Amschaspands entgegengesetzt; auf Seiten der Finsterniss stehen die Dews (böse Genien); beide Schaaren sind zahllos, beide wirken frei auf die Erde und ihre Bevölkerung ein; Ahriman tödtet den Urstier Abudad, den Urkeim alles Lebens, doch nur zu seinem eigenen Schaden, denn aus seinem Blut entsteht der weit mächtigere Urmensch, und die ganze Thier- und Pflanzenwelt. Abermal will Ahriman das Böse und vollzieht das Gute, indem er nach dreissigjährigem unaufhörlichem Ringen den gewaltigen Kajomorts, den Urmenschen, tödtet; aber aus seiner zeugenden Kraft entspringen Meschia und Meschiane, das erste Menschenpaar, und obgleich er überall scheinbar Sieger bleibt, ist er doch wirklich überall besiegt, denn was er thut, greift unmittelbar in die grossen Weltzwecke des Zarvana Akharana ein; er verführt das erste Menschenpaar zum Genusse der verbotenen unreinen Frucht, das Böse wird heimisch unter dem Menschengeschlecht, allein der Kampf mit dem Bösen soll ja erst die Guten, Ungeprüften, auf die höchste Stufe der Reinheit und der Glückseligkeit erheben; unendliche Wonne und Freude harret des Geprüften, der Alles überstand, und der Gefallene büsst im Abgrund seine Schwäche und sieht des Paradieses ewige Seligkeit als Ziel seiner Wanderung vor sich. Endlich stürzt Ahriman den Cometen Gurzscher auf die Erde; diese verbrennt mit allem, was auf ihr ist, aber auch dieser Weltenbrand dient zur Erfüllung des grössten aller Zwecke: in ihm nämlich brennt auch der Höllenabgrund aus, und die bösen Genien, durch tausendjährige Qual von tausendjährigen Lastern und Verbrechen geläutert, werden zu reinen Geistern, und selbst Ahriman wird umgeschaffen. — Viele von diesen Lehren fand der persische Weltweise schon vor, Vieles aber musste er neu schaffen; so scheint es auch mit seiner Lehre von der Entstehung des Alls gewesen zu sein. — Zuerst war Alles rein und gut, auch Ahriman war ein Geist des Lichts: Selbstsucht, Neid gegen Ormuzd, der Wunsch, alle Macht ungetheilt zu besitzen, bringt ihn zum Abfall von Gott, und nun entsteht erst das Reich der Finsterniss, da das Reich des Lichts von Anbeginn vorhanden war; beide Reiche sind unendlich, unbegrenzt, und zwischen beiden, an beide grenzend, liegt die Erdscheibe. Die lebhafte Phantasie des Persers führt Zoroaster nun auf einen andern Weg, bis er wieder zu den ersten Menschen einlenkt. Er erzählt: in der Mitte der Erdscheibe erhebt sich der Berg Albordji, der, wie hoch er auch war, sich doch stets höher und höher erhob, bis sein Gipfel durch das feste Himmelsgewölbe brach und eine Oeffnung verursachte, durch die das reine Licht des Aethers dringt, in dessen Glanz das Bergeshaupt sich ewig badet; dort thront Ormuzd, von dort überschaut er den Erdkreis, und von dort führt eine feste Brücke, Tschinewad, bis zum Firmament, zum eigentlichen ewigen Himmelsgewölbe. Des Berges Spitze ist das Centrum aller Himmelsbewegungen, denn um ihn drehen sich Sonne, Mond und Sterne in drei Sphären; zuerst kommen die Sterne haufenweise zu Heerschaaren geordnet (denn sie sind die Krieger des Ormuzd), denen immer einzelne Anführer vorstanden; auf diese Sphäre folgte die des Mondes, welche bis zur Sonne reichte, dann die der Sonne, welche an den Himmel selbst stiess. Die Planeten waren die Inspectoren des Heeres, die durch alle Reihen des Fixsternhimmels reisten und die Ordnung erhielten, daher sie auch vorzugsweise in den persischen Werken dargestellt werden. Die Cometen waren dem Reiche des Lichts feindselig gesinnte Genien, welche nur Zerstörung und Verwirrung in das Reich des Lebens, des Lichtes und der Ordnung tragen, darum ist es auch ein Comet, der zuletzt den Erdbrand verursacht. — Um die Weltbeschreibung weiter zu vervollständigen, muss noch bemerkt werden, dass unter dem Urberg die eigentliche Hölle (Duzakh) liegt; um den Berg aber ruhen die sieben Theile oder Kaschwars der Erde; je näher man dem Berg Albordji wohnt, desto glücklicher und reiner ist man von Natur aus schon, weil des Berges höchste Nähe keine Unreinheit der Seele duldet. Wo dieser Berg zu sehen sei, ist vielfach gefragt worden: der Caucasus scheint zu nahe und zu niedrig; mehr Wahrscheinlichkeit hat die Annahme für sich, nach welcher man im Himalaja das Vorbild zu der grossen Dichtung sieht, er ist selbst in Indien, in Kaschmir und in Tübet, wo man ganz nahe bei ihm ist, ein Wunderberg und das Punctum saliens aller Mährchen und Sagen. — Die Gegenstände, Geschöpfe, Wesen betreffend, welche im Parsismus verehrt werden, so sind diese zunächst: die Erde selbst, die Berge, Albordji vorzugsweise, das Wasser, das Feuer, der Wind, die reine Thier- und Pflanzenwelt, und in dieser besonders der Hase und der Baum Hom, das Himmelsgewölbe, die Planeten, die Sterne; ferner göttliche Wesen: Mitra, Taschter, Serosch, Behram Oruazescht, Raschnerascht, der Urstier, der Urmensch oder deren Feruers; dann vorzugsweise Ormuzd, und endlich als höchstes Wesen Zarvana Akharana. — Die Geisterwelt ist in Licht und Finsterniss getrennt, eben so die Körperwelt. Wie dort Ahriman zu schaden strebt, so auch hier; davon kommt alles Unreine, alles Böse auf der Erde; in der Körperwelt ebenfalls von Ahriman schädliche, giftige, reissende Thiere, Krankheiten, schädliche, schreckende Naturerscheinungen, der Samum, der Harmattan, die alles vernichtende Dürre kommen eben so von ihm, wie Laster und Verbrechen; selbst Wasser und Feuer hat er verunreinigt, dem erstern seine Klarheit, seine nährende Kraft genommen, das letztere brennend, rauchend gemacht. Allein diess ist ihm nicht genug, sein Hauptaugenmerk ist immer auf den Menschen gerichtet, der, von Ormuzd rein und vollkommen gut geschaffen, zum Hauptkämpfer im Heere des Lichtreiches bestimmt, immerdar von Ahriman verfolgt wird. So begann er mit dem ersten Menschenpaare, das von der verbotenen Frucht genoss und die Dews anbetete; so verfolgt er noch jetzt jeden Menschen; doch mehr poëtische Gerechtigkeit, als in der mosaischen Urkunde, liegt in Zoroasters Gesetz, nach welchem die Sünde der ersten Eltern keine Erbsünde ist, indem ja die Kinder nichts dafür können, dass ihre Eltern gefehlt, noch ehe sie auf der Welt waren; jeder Mensch hat von Anbeginn der Schöpfung seinen Feruer, sein geistiges, vollkommenes Vorbild, das ihn, so wie er geboren wird, beseelt; diese Seele verlässt ihn auch wieder nach dem Tode, aber so lange sie den Körper bewohnt, ist sie als freies Wesen im Stande, nach Belieben zu wählen, das Gute oder Böse zu thun. Zu dem ersten leiten sie unwandelbare ewige Gesetze, davon die Zendbücher uns die Hauptregeln aufbehalten haben; zum Bösen verleitet Ahriman selbst, verführen seine Gehülfen in tausend lockenden Gestalten. Der Tod scheidet nun wieder Körper und Seele, und die letztere wird belohnt oder bestraft, im Verhältniss zu ihrem irdischen Leben. Die Bösen kommen in die Hölle (Duzakh), dort müssen sie verweilen, bis sie die ihrem Verbrechen angemessene Strafe überstanden, woran jedoch Opfer und Gebete und gute Thaten der Verwandten viel mindern können. In den letzten 10 Tagen jedes Jahres ist die Hölle offen und alle Seelen dürfen sie verlassen, in den ersten fünf Tagen sich bis auf drei Bogenschüsse der Erde nahen, in den letzten fünf Tagen ihre Verwandten selbst besuchen. Die erlösten Geister kehren nicht mehr in die Hölle zurück, die andern setzen jedoch dort ihre Strafzeit fort; solche, welche bis an's Ende der Welt bleiben müssen, richtet beim Weltuntergange Ormuzd. — Diese Lehre stellte Zoroaster zur Zeit des Darius Hystaspis auf; die Magier, denen er hohes Ansehen verlieh, scheinen sie zuerst angenommen zu haben; doch bald ging sie auf das Volk über und verbreitete sich sogar auf die Nachbarvölker, so dass zur Zeit Alexanders d. Gr. die Religion des Zoroaster bereits ganz allgemein war. Sie besteht zwar noch, allein in manchen Stücken modificirt und der Zeit angepasst, ferner so sehr durch den Islam bedrängt und beschränkt, dass sie nur ganz im Stillen von sehr vereinzelt lebenden, dem alten Glauben treu gebliebenen Familien bewahrt wird; im eigentlichen Persien ist diess noch dazu am wenigsten der Fall; häufiger sind die Parsen in Indien, doch auch da sollen unter 200 Millionen Bewohnern kaum 80,000 Parsen gefunden werden. Ein hochheiliger Wallfahrtsort der indischen Parsen, Guebern genannt, zu dem sie den ungeheuern Weg unter unbeschreiblichen Mühseligkeiten vollenden, ist das Vorgebirge Baku an der Westküste des caspischen Meeres, wo sie das aus Naphtaquellen immerwährend brennende Erdfeuer besuchen, um an demselben ihre Andacht zu verrichten.

Pertunda (Röm. M.), die Göttin, welche dem neu vermählten jungen Manne den Sieg über die Braut verschaffen sollte.

Peruanische Religion. In frühesten Zeiten scheinen die Bewohner des Reiches Peru, welches Manko Kapak, der erste Inka, als sein Reich antrat, dem gröbsten Fetischismus ergeben gewesen zu sein. Sie hatten nur Eine höchste Gottheit, die Mutter Aller, Mama Kocha, welcher man wilde Thiere, Pflanzen, aber nach Kriegen auch die Kriegsgefangenen opferte; den Peruanern war das Verzehren der Leichname gefallener oder geopferter Feinde eine heilige Sitte. — Eine grosse Wasserfluth hatte ihr Land überschwemmt, und eben nach derselben kamen Manko Kapak und seine Gemahlin, Mama Oëllo, die Kinder der Sonne, aus einem fernen Lande an die Ufer des See's Titikaka, baueten dort die Stadt Kuzko, baueten hundert Dörfer, versammelten das übrig gebliebene Volk in denselben, und gaben diesem Gesetze und heilige Lehren, welche bis zur Ankunft der Spanier auf das Treueste bewahrt wurden. — Das höchste Wesen der späteren Peruaner hiess Pachakamak (s. d.); es war der Schöpfer alles Vorhandenen, auch Schöpfer der Sonne, und diese war nur sein sichtbarer Stellvertreter auf Erden, ihr ward daher auch göttliche Verehrung erwiesen, der Gott selbst aber war über die Opfer der Sterblichen erhaben. Auch der Mond und die Gestirne erschienen als heilige Wesen und hatten Tempel, gleich der Sonne, nur von minderer Pracht, indem in ihnen alles von Silber war, was an Verzierungen im Sonnentempel von Gold gemacht war. Auf die Himmeslichter und die durch sie geordneten Jahreszeiten bezog sich der ganze Gottesdienst der Peruaner; alle religiösen Feste waren der Sonne in ihren verschiedenen Standpunkten gewidmet. Es gab männliche und weibliche Priester; von den letztern, den Sonnenjungfrauen, zweierlei: die höhern, allein aus dem Inkastamme, mussten ihr ganzes Leben der Sonne widmen, und es waren ihrer in mehreren Klöstern bis zu 1500 versammelt; überaus heilig gehalten, mussten sie Ehre und üppigen Reichthum mit völliger Verzichtung auf irdische Liebe bezahlen; wenn eine verführt würde — hiess das harte Gesetz — sollte sie lebendig begraben, ihr Geliebter gehangen, die ganze Familie desselben und die sämmtlichen Einwohner der Stadt, welcher er angehörte, hingerichtet, und diese selbst völlig zerstört werden; doch ist in der ganzen Geschichte von Peru kein solcher Fall bekannt. Die zweite Art der Dienerinnen der Sonne lebte nicht, wie diese, in oder zunächst der Hauptstadt Kuzko, sondern in den Provinzen des Reiches, gehörte nicht dem Inkastamme an, sondern wurde aus allen Ständen gewählt; die einzigen Bedingungen ihrer Aufnahme waren: ausgezeichnete Schönheit und völlige Reinheit; aus dem Kreise dieser Jungfrauen wählten die Inka's ihre Gesellschafterinnen, denn ihnen war die Bewahrung der Keuschheit nicht zur Pflicht gemacht. — Die Pracht und der Reichthum der Tempel war unglaublich, es strotzte alles von massiven Goldmassen; der dritte Theil aller Kriegsbeute floss in den Tempelschatz und diente zur Erhaltung und Vermehrung der Pracht, so wie zur Ernährung der Priester, welche alle vom Inkastamme waren (der Oberpriester musste stets der nächste Verwandte des Königs sein). Die Opfer, welche man brachte, bestanden aus allerlei Thieren, aus deren Eingeweiden die Priester weissagten und deren Leib den Priestern gehörte, ferner in kostbaren Metallen, in Feld- und Gartenfrüchten, und endlich nach jedem Kriege in den Gefangenen. Als der grausame Pizarro nach Peru kam, wurden die unermesslichen Schätze durch die Spanier fortgeschafft, und die schönen Töchter der Inka's, die keuschen Sonnenjungfrauen, wurden eine Beute der frechen, zügellosen Krieger.

Peskal (M. der Lappländer), der oberste Höllengott, mitten in der Erde, wo die Hölle ist, wohnend; wahrscheinlich identisch mit Perkel.

Pesseias (Slav. M.), ein Hausgötze, welchen man besonders in Polen verehrte; unter seinem Schutz standen die jungen Hausthiere.

Pessinuntia (Gr. M.), Beiname der Cybele, deren Bildniss bei Pessinus in Phrygien zur Erde gefallen sein sollte, wovon sie so geheissen ward.

Peta (Röm. M.), Göttin des Strebens.

Peteschem (Pers. M.), einer von den sechs Izeds, welche den Zeiträumen, in denen Ormuzd die Welt schuf, als Herrscher vorstehen und die zugleich Könige der Freudenfeste sind, welche Dschemschid zu Ehren dieser Schöpfung einsetzte. P. verleiht der Welt die erquickende, belebende Wärme.

Peteus (Gr. M.), Sohn des Orneus, Enkel des Erechtheus. Des P. Sohn, Menestheus, führte die Hülfsvölker der Athener nach Troja.

Petraeus (Gr. M.), Beiname des Neptun in Thessalien, weil er die Felsen getheilt, durch die sich der Peneus in's Meer ergiesst.

Petruis (Ind. M.), Kinder des Brama, luftige, leichte Wesen, zwar körperlich, doch unsichtbar, in den Gegenden des Himmels umherschwebend, welche zunächst an die Erde grenzen; sie leben von den Opfern, welche den grossen Göttern dargebracht werden.

Pettalus (Gr. M.), ein Krieger im Gefolge des Phineus, welcher auf Perseus' Hochzeit mit der Andromeda den Sänger und Priester der Ceres, Ampycus, ermordete.

Pez und **Pischars** (Ind. M.), zwei Classen von Genien riesiger Grösse, welche stets in der Nähe des Schiwa sind, wenn er als Ixora erscheint. Während der Nacht umgeben sie sein Lager mit angezündeten Fackeln.

Pferd (Mythol. Astronomie), das Pferd, in dessen Gestalt die Tochter des Centauren Chiron, Melanippe, verwandelt wurde, oder das Ross Cyllarus, welches Mercur dem Castor schenkte; es steht das Sternbild zunächst dem Pegasus, ist jedoch fast ganz hinter diesem versteckt, so dass nur der Kopf und ein Theil des Halses zu sehen ist. Dieses Sternbild, welches auch den Namen Füllen führt, hat besonders vier helle Sterne dritter Grösse, welche es leicht kenntlich machen. Es grenzt, ausser dem Pegasus, an den Delphin und an den Wassermann.

Phaea (Gr. M.), ein ungeheures Wildschwein, welches in der Nähe von Corinth, bei Crommyon hauste, Menschen und Thiere anfiel und ausserordentlich vielen Schaden that; Theseus erlegte es.

Phaeax (Gr. M.), Sohn des Neptun und der Corcyra, mythischer Stammherr der Phäaken.

Phaedimus (Gr. M.), Sohn der unglücklichen Niobe und des Amphion.

Phaedra (Gr. M.), eine Frau, welche durch ihre Liebe zu dem schönen Hippolyt, dem Sohne ihres Gatten, des Helden Theseus, eine unglückliche Berühmtheit erlangt hat. Sie war eine Tochter des Minos und der Pasiphaë, ward zugleich mit Ariadne von Theseus entführt, und, nachdem er die Schwester verlassen, geheirathet; sie gebar ihm den Acamas und Demophoon, verliebte sich dann in Hippolytus, den sie zuerst zu Eleusis sah, und büsste ihre Liebe mit dem Leben (s. Hippolytus).

Phaënna (Gr. M.), hiess eine der Grazien nach der ältesten Annahme.

Phaëthon (Gr. M.), 1) Sohn des Sonnengottes und der Clymene. Epaphus, Sohn des Jupiter und der Io, zweifelte an Ph.s Abkunft und gab diesem seinen Zweifel auf nicht sehr feine Weise zu erkennen. Auf diess beschwur Ph. seine Mutter, ihm zu sagen, ob wirklich der Sonnengott sein Vater sei, und Clymene beschwur es; nun ging er zu diesem und schmeichelte ihm so lange, bis er ihm eine Bitte unbedingt zu gewähren versprach; die Bitte war, ihm einen Tag lange die Regierung des Sonnenwagens anzuvertrauen. Der Vater versuchte ihm sein Verlangen auf alle Art auszureden, da er jedoch bei der Styx geschworen, musste er endlich nachgeben. Nun belehrte er den Ph. auf's Sorgfältigste über die Behandlung der Rosse, über den Weg, den er zu nehmen habe, über die Gefahren, welche auf demselben seiner harrten, und übergab zagend die Zügel den unerfahrnen Händen. Nur zu bald ward seine Besorgniss gerechtfertigt: die Rosse, nicht des Meisters Kraft fühlend, wichen aus der Bahn und kamen zu den Hyperboreern, denen sie so heiss machten, dass diese sich im Meere verbargen; die ungeheure Höhe machte Ph. schwindeln, er suchte die Pferde zur Erde herabzulenken, um so mehr, als die Ungeheuer des Thierkreises, Krebs und Scorpion, ihm Entsetzen einflössten, allein die zu grosse Nähe hatte die schrecklichsten Folgen: die Quellen versiegten, die Wälder ganzer Länder entzündeten sich, die Erde barst und die Sonne schien in den Tartarus; endlich schleuderte Jupiter, das Unglück sehend, den kühnen Jüngling mit einem Blitz vom Wagen, worauf die Rosse sich zerstreuten; aber Libyen war schon zur Wüste geworden, die Aethiopier waren schwarz gebrannt, Athos, Taurus, Tmolus, Oeta, Ida, Helicon, Hämus, Aetna, Caucasus standen in Flammen und erleuchteten die Welt, da der Sonnengott vor Gram über des Sohnes Verlust und vor Zorn über Jupiters Mord es nicht thun wollte; der Ganges, Tanais, Xanthus, der Rhodanus, Rhenus und Tiberis, der Tagus und der Nil waren ausgetrocknet, nur die Wellen des Eridanus schäumten noch, und in ihnen fand der halbverbrannte Ph. sein Grab. Des Unglücklichen Schwestern, die Phaëthontiaden, grämten sich zu Tod und wurden in Erlen verwandelt; ein Freund desselben, Cycnus, starb aus Sehnsucht nach ihm und ward zu einem Schwan; Clymene, Ph.s Mutter, ward wahnsinnig vor Schmerz. — 2) Ph., Sohn der Aurora und des Cephalus, oder des Tithonus, ein Liebling der Venus.

Phaëthontiaden (Gr. M.), die am Schluss des vorigen Artikels erwähnten Schwestern des Phaëthon, welche auch Heliaden (s. d.) heissen.

Phagrus (Gr. M.), Sohn des Apollo und der Nymphe Othreïs; seine Mutter hatte von Jupiter einen Sohn empfangen, den sie aus Furcht vor Juno aussetzte; Ph. fand denselben im Walde, von Bienen durch Honig genährt; er nahm ihn auf und nannte ihn nach diesem Umstande Meliteus.

Phalaecus (Gr. M.), Tyrann von Ambracia. Um die Stadt von ihm zu befreien, sandte Diana ihm einen jungen Löwen, und da er diesen bezwang, auch dessen Mutter in den Weg, die den Tyrannen zerriss. Hierdurch erhielt Diana das Uebergewicht über Hercules und Apollo, welche sich mit ihr um das Patronat der Stadt bewarben.

Phalas (Gr. M.), soll der Führer der Flotte geheissen haben, welche Memnon dem Priamus zu Hülfe sandte, während er selbst zu Lande dahin zog. Er ward durch die auf seinen Schiffen befindlichen Phönicier gesteinigt, wozu die Bewohner von Rhodus dieselben gereizt hatten.

Phalces (Gr. M.), Sohn des Heracliden Temenus, Königs von Argos. Er tödtete seinen Vater und seine Schwester Hyrnetho, und bemächtigte sich der Herrschaft über Sicyon.

Phalerus (Gr. M.), einer der Argonauten; noch als Kind kam er in Gefahr, von einer Schlange, die ihn umwunden hatte, getödtet zu werden; sein Vater Alcon erschoss sie, ohne den Knaben zu verletzen.

Phalias (Gr. M.), Sohn des Hercules von Heliconis, des Thespius Tochter.

Phamarus (Rabbin.), einer der gefallenen Engel, welche ihrer Liebe zu den irdischen Jungfrauen den Fall verdanken.

Phanes (Gr. M.), in der orphischen Geheimlehre das urweltliche Lichtwesen, das aus dem Weltei mit strahlendem Glanze hervorbricht, auch Metis und Ericapäus genannt, eins mit dem welterzeugenden Amor, Vater aller Götter.

Phaeno (Gr. M.), eine der Nymphen, welche mit Proserpina Blumen pflückten, als diese von Pluto entführt ward.

Phaenops (Gr. M.), Sohn des Asius aus Abydus, Gastfreund des Hector.

Phanosyra (Gr. M.), Tochter des Päon, Gattin des Minyas und Mutter des Orchomenus und Athamas.

Phantasus (Gr. M.), Sohn des Schlafs, der sich für die Träumenden in allerlei Gestalten und bunte Bilder verzaubert.

Phaeocomes (Gr. M.), einer der Centauren auf des Pirithous Hochzeit; er hatte sechs Löwenhäute zusammengeheftet, um sich zu bedecken, und warf einen Block, den zwei Stiere kaum von der Stelle bringen konnten, auf den Sohn des Phonolenus, dem er damit das Haupt zerschmetterte. Nestor tödtete den Centauren.

Phaon (Gr. M.), ein Bewohner von Lesbos, welcher die Leute über die Meerenge zu schiffen, von Armen aber kein Fährgeld dafür zu nehmen pflegte. Venus hatte diess gehört und wollte sich selbst von der Wahrheit der Sache überzeugen, daher nahm sie die Gestalt einer armen alten Frau an, und Ph. führte sie unentgeltlich nach dem Festlande; dafür verjüngte ihn Venus und gab ihm solche Schönheit, dass er aller Frauen Herzen gewann; auch Sappho liebte ihn und gab sich seinetwillen den Tod.

Pharis (Gr. M.), Sohn des Mercur und der Danaïde Philodamia. Er hatte eine Tochter, Telegone, welche von Alpheus den Ortilochus gebar. Ph. soll die Stadt Pharä in Messenien gegründet haben.

Pharnace (Gr. M.), Tochter des Megessares, mit Sandacus, dem Sohne des Astynous, vermählt und von ihm Mutter des Cinyras.

Phasis (Gr. M.), Stromgott in Colchis, Sohn des Oceanus und der Tethys.

Phaestus (Gr. M.), Sohn des Rhopalus, Enkel des Hercules, König zu Sicyon, welcher verordnete, dass man dem Hercules, der bisher nur als Heros geehrt war, göttliche Ehre erweisen solle. Er ging nach Creta und überliess sein Reich dem Zeuxippus.

Phegea (Gr. M.), eine der Töchter des Priamus, von einer Nebenfrau.

Phegeus (Gr. M.), 1) Bruder des Phoroneus; er gab der Stadt Erymanthus nach sich den Namen Phegea, welche später durch Echephron und Promachus nach ihrer Mutter Psophis genannt wurde. Seine Söhne waren Temenus und Axion; Alphesiböa, Alcmäons Gemahlin, seine Tochter. Er wurde von den Söhnen Alcmäons getödtet. 2) Ph., ein Trojaner, Sohn des Dares, eines Priesters des Vulcan, ward in einem Zweikampf von Diomedes erlegt, sein Bruder und Wagenführer Idäus entkam durch die Flucht. — 3) Ph., ebenfalls ein Trojaner; er begleitete den Aeneas nach Italien, war ein tapferer Krieger, ward jedoch durch Turnus vom Wagen geworfen und getödtet.

Phegor, s. Baal.

Phelo (Chines. M.), der Erfinder des Salzes oder des Gebrauchs desselben; seine Erfindung ward nicht gewürdigt, er zog daher aus seinem undankbaren Vaterlande; nun erkannten die Chinesen ihr Unrecht, erklärten ihn für einen Gott und feierten ihm jeden Sommer ein Fest, an welchem er überall, auf den Flüssen, auf dem Lande, in der Luft, eifrig gesucht wird, doch findet man ihn erst, wenn er den Untergang der Welt zu verkündigen kommt.

Phemius (Gr. M.), ein Sänger im Palaste des Ulysses, dessen die Odyssee erwähnt; er entging dem Tode, indem er sich bei der Rückkehr des Ulysses diesem zu Füssen warf und Telemachus für ihn sprach.

Phemonoë (Gr. M.), Tochter des Apollo und seine erste Priesterin zu Delphi, Erfinderin des Hexameters.

Pheneus (Gr. M.), ein Autochthon, Heros der Arcadier und Erbauer der Stadt gl. N.

Pher (Gr. M.), heissen bei Homer die Centauren als Halbthiere (das Wort ist nur mundartlich verschieden von dem griechischen ϑήρ = Thier); später auch die Satyrn.

Pheraea (Gr. M.), 1) Beiname der Diana, von ihrer Verehrung zu Pherä in Thessalien. — 2) Ph., Tochter des Aeolus, von Jupiter Mutter der Hecate. — 3) Ph., Beiname der letztern, entweder von dieser ihrer Mutter, oder weil die Hirten des Pheres sie aufzogen.

Pheraemon (Gr. M.), Sohn des Aeolus, welcher nebst seinem Bruder Androcles einen Theil von Unteritalien beherrschte.

Phereclus (Gr. M.), Sohn des Harmon, hatte dem Paris die Schiffe gezimmert, mit denen er zum Raube der Helena ausfuhr. — Ihn traf Meriones mit der Lanze durch den Unterleib, dass er heulend auf's Knie sank, und Todesschatten ihn umfing.

Pheres (Gr. M.), 1) Sohn des Cretheus und der Tyro (Tochter seines Brudes Salmoneus); dieses Ph. Tochter von Periclymene war Idomene; durch sie und Amythaon ward er Grossvater des Bias und des Melampus, des grossen Wahrsagers. — 2) Ph., Sohn der Medea und des Jason, welchen seine Mutter aus Rachsucht gegen ihren treulosen Gatten umbrachte.

Pherusa (Gr. M.), 1) Tochter des Nereus und der Doris. — 2) Ph., eine der Horen.

Phialus (Gr. M.), Sohn des Bucolion, der den Namen der arcadischen Stadt Phigalia in Phialia verwandelte; er folgte seinem Vater in der Herrschaft über das kleine Königreich, und sein Sohn Simus folgte hinwiederum ihm.

Phidippus (Gr. M.), Sohn des Thessalus, eines Sohnes des Hercules und der Chalciope, welcher mit seinem Bruder Antiphus 30 Schiffe nach Troja führte.

Phigalia (Gr. M.), eine Dryade; von ihr soll die Stadt Phigalia in Arcadien den Namen erhalten haben.

Phigalus (Gr. M.), Sohn des verruchten Königs Lycaon, von Jupiter mit dem Blitz erschlagen; nach Andern aber Erbauer der Stadt Phigalia.

Philammon (Gr. M.), Sohn des Apollo und der Chione (nach Andern des Mercur und der Philonis), war so schön, dass sich die Nymphe Argiope in ihn verliebte und ihm den berühmten Barden Thamyris gebar, für dessen Mutter wieder Andere die Muse Erato ausgeben. Er soll zuerst den Tanz zwischen beiden Geschlechtern eingeführt haben.

Philaeus, s. Alcander und Eurysaces.

Philemon, s. Baucis.

Philesius (Gr. M.), Beiname des Apollo in Didyma.

Philetor (Gr. M.), ein edler Trojaner, dessen Sohn, Demuches, von Achilles ermordet wurde, indem er ihm das Knie mit der Lanze durchbohrte, und ihm darauf mit dem Schwerte den Tod gab.

Philia (Gr. M.), eine der Nymphen, denen Jupiter den jungen Bacchus zur Erziehung übergab.

Philippis (Gr. M.), eine der Amazonen, welche Hercules tödtete, als er den Gürtel ihrer Königin holte.

Philius (Gr. M.), Beiname des Jupiter von einem Tempel der Freundschaft, ihm geweiht zu Megalopolis in Arcadien.

Phillo (Gr. M.), Tochter des Alcimedon und Geliebte des Hercules, dem sie einen Knaben, den Aechmagoras, gebar; der erzürnte Vater liess die Unglückliche, mit dem Kinde, gebunden im Walde den wilden Thieren aussetzen. Dort fand sie Hercules, durch das Geschrei eines Hähers dahin geführt, und befreite sie.

Philoctetes, Fig. 261 (Gr. M.), Sohn des Pöas und der Demonassa, ein berühmter Bogenschütze, den Ulysses selbst nicht übertraf. Er war im Besitz der Pfeile des

Fig. 261.

Hercules, die dieser ihm geschenkt, weil er es gewesen, der ihm den letzten schmerzlichen Dienst erweisen, und seinen Scheiterhaufen angezündet. Ph. war ein Freier der Helena und musste daher, um ihren Raub zu rächen, mit dem Griechenheere nach Troja ziehen; diess konnte nicht ohne Hercules' Waffen erobert werden, daher frug man Ph., wo derselbe begraben sei? Da dieser jedoch dem Heros durch einen Eid gelobt hatte, seine Grabstätte geheim zu halten, so weigerte er sich, die Zumuthung zu erfüllen, und zeigte endlich, um doch sein Versprechen, wenigstens dem Worte nach, zu halten, die Gegend mit dem Fusse an; da fiel einer der Pfeile, die Hercules mit dem Blute der Hydra vergiftet, auf seinen Fuss, und er bekam davon eine unheilbare Wunde (nach Andern durch einen Schlangenbiss), welche einen so üblen Geruch verbreitete, dass man in seiner Nähe nicht bleiben konnte; Ph. ward daher auf eine wüste Insel ausgesetzt und blieb dort in der Einsamkeit neun Jahre lang, von dem wenigen Wilde lebend, das die Insel hegte, bis Agamemnon, der wusste, dass an seinen Pfeilen Troja's Schicksal hing, ihn dort holen liess. Machaon heilte ihn zuerst, indem er ihn in tiefen Schlaf versenkte, dann die Wunde ausschnitt und mit balsamischen Kräutern verband. Von seiner Hand blieb Paris in einem Zweikampf. Bei seiner Rückkehr fand er sein Volk im Aufstand gegen sich, begab sich nach Italien, gründete dort eine Colonie, besiegte von dieser aus die Anwohner, die Campanier, und blieb zuletzt, nachdem er des Hercules Pfeile dem Apollo geweiht, im Kriege der Pallenier und der Lindier aus Rhodos. — Auf unserem Bilde sehen wir nach einem geschnittenen Stein Ph., wie er mit Mühe am Stabe einhergeht.

Philodamia (Gr. M.), eine von den fünfzig Töchtern des Königs Danaus, mit welcher Mercur den Pharis, den Erbauer von Pharä, erzeugte.

Philodice (Gr. M.), Tochter des Inachus und Gattin des Leucippus; das schöne Zwillingspaar Phöbe und Hilaira, von Castor und Pollux entführt, dankte ihr das Leben.

Philolaus (Gr. M.), Sohn des Minos und der Nymphe Parea; er regierte Paros, als Hercules dort landete; dieser, erzürnt über die unfreundliche Aufnahme, welche er fand, tödtete den König und seine Brüder. — Ph. war auch ein Beiname des Aesculap.

Philomache (Gr. M.), Tochter des Amphion, Königs von Theben, mit Pelias vermählt und durch diesen Mutter des Acastus, der Alcestis u. A.

Philomedusa (Gr. M.), von unbekannter Abkunft, Gattin des Areïthous, des Keulenschwingers aus Arne, und Mutter des Menesthius.

Philomele (Gr. M.), 1) die Gattin des Menötius und Mutter des Patroclus. — 2) Ph., s. Procne.

Philomelus (Gr. M.), Sohn des Jasion und der Ceres. Er spannte zuerst Stiere an den Wagen und soll desshalb als Bootes unter die Sterne versetzt worden sein.

Philonis (Gr. M.), 1) Gemahlin des Hesperus, dem sie den Ceyx gebar. — 2) Ph., Tochter des Dädalion und Geliebte des Apollo und des Mercur, welche Beide sich in derselben Nacht bei ihr einfanden: von dem Erstern gebar sie den Philammon, von Mercur aber den Autolycus, den Grossvater des Ulysses. Andere nennen diese zweite Ph. auch Chione.

Philonoë (Gr. M.), 1) Tochter des Tyndareus und der Leda, Schwester der Clytämnestra und der Helena; sie war eine Günstlingin der Diana, welche ihr die Unsterblichkeit schenkte. — 2) Ph., Gemahlin des Bellerophon, dem sie drei Kinder: Isander, Hippolochus und Laodamia, gebar.

Philonome (Gr. M.), Tochter des Nyctimus und der Nymphe Arcadia. Sie war im Gefolge der Diana. Mars liebte sie und gewann in Gestalt eines Hirten ihre Gegenliebe; Zwillinge, welche sie gabar, setzte sie aus, doch ein Hirt, Tyliphus, der sie auf dem erymanthischen Berge fand, erzog sie und nannte sie Lycastus und Parrhasius, sie waren die ersten Beherrscher von Arcadien.

Philonomus (Gr. M.), Sohn des Electryon, Bruder der Alcmene, blieb im Kampfe gegen die Pterelaïden.

Philotis, s. Caprotina.

Philoetius (Gr. M.), der Oberhirte der Rinder, den Homer »den Männergebieter« nennt. Er stand seinem Herrn, Ulysses, getreulich bei, als dieser die Freier mordete, und tödtete mehrere derselben mit dem Speere, nachdem er die Pforte mit einem Seil zugebunden, so dass Keiner entfliehen konnte.

Philottus (Gr. M.), wird von Einigen der Gatte der unglücklichen Niobe genannt; gewöhnlich heisst er Amphion.

Philyra (Gr. M.), 1) Mutter des berühmten Centauren Chiron; selbst göttlichen Ursprungs (sie war eine Tochter des Oceanus), gebar sie von Saturn (der sich, um die Untreue der Ops zu verbergen, in ein Pferd verwandelt hatte) einen unsterblichen Sohn, betrübte sich jedoch über die Missgeburt so sehr, dass sie Jupiter bat, sie zu verwandeln, welchen Wunsch der Gott gewährte, und so ward sie zur Ph. (Linde). — 2) Ph., Gemahlin des Nauplius, dem sie 3 Söhne, den Palamedes, Oeax und Nausmedon, gebar.

Phimachus (Gr. M.), Sohn des Dolophion, ein Hirte des Königs Actor auf der Insel Lemnos; dort war es nach Einigen, wo Philoctetes verwundet zurückgelassen und durch diesen Hirten erhalten worden war.

Phineus (Gr. M.), 1) Sohn des ägyptischen Königs Belus und der Anchinoë, der Tochter des Nilus; sein Bruder Cepheus hatte ihm seine Tochter Andromeda zur Ehe versprochen, doch nahm Perseus (s. d.) ihm dieselbe, wiewohl nicht widerrechtlich, weg. — 2) Ph., König von Salmydessus in Thracien; sein Vater war Agenor, des Belus Bruder, König von Phönicien. Um die geraubte Europa zu suchen, war Ph. ausgeschickt worden, und hatte sich dann in Thracien niedergelassen, wo er Cleopatra, des Boreas Tochter, ehelichte. Von dieser hatte er zwei Söhne, Plexippus und Pandion, die er nach dem Tode ihrer Mutter, auf die Verleumdungen seiner zweiten Gattin Idäa hin so furchtbar misshandelte, dass ihm die Götter die Harpyien als Peinigerinnen zusandten. Er besass die Gabe der Weissagung von Apollo und erklärte sich gegen die Argonauten bereit, ihnen mittelst derselben den besten Rath zu ertheilen, wenn sie ihn von den Harpyien befreien würden, was dann auch die Söhne des Boreas, Zetes und Calaïs, vollbrachten. Dann unterwies Ph. die Argonauten über ihren fernern Weg.

Phisadie (Gr. M.), Schwester des Pirithous; dieser war mit Theseus in die Unterwelt gestiegen, um Proserpina zu rauben, während welcher Zeit Castor und Pollux ihre von Theseus entführte Schwester Helena aus Aphidnä holten, bei welcher Gelegenheit sie Ph. und Theseus' Mutter Aethra als Sclavinnen mit sich nahmen.

Phlegethon (Gr. M.), der furchtbare Höllenfluss, welcher statt des Wassers Feuerwellen mit sich fortwälzt und glühende Felsen in seinem Bette treibt.

Phlegias (Gr. M.), Begleiter des Phineus, auf der Hochzeit der Andromeda mit dem Perseus von diesem Letztern erschlagen.

Phlegon (Gr. M.), eines der Sonnenrosse, »das brennende«.

Phlegyas (Gr. M.), Vater der Coronis, welche durch Apollo Mutter des Aesculap wurde. Ph. war hierüber so ergrimmt, dass er den Tempel des Gottes anzündete, wofür Apollo ihn erschoss, und er als Verächter der Götter im Tartarus durch ewige Angst gestraft wurde. Er war ein Sohn des Mars und der Chryse oder der Dotis, und Nachfolger des kinderlosen Eteocles in der Herrschaft der Gegend von Orchomenus. Er fiel von den Händen des Nycteus und des Lycus.

Phlias (Gr. M.), Sohn des Bacchus und der Nymphe Chthonophyle, war unter den Argonauten und gründete später eine Stadt, die er nach sich Phlius benannte.

Phlogius (Gr. M.), Sohn des Deïmachus und Bruder des Autolycus und Deïleon; sie alle gingen mit den Argonauten nach Colchis, nachdem sie unter Hercules gegen die Amazonen gekämpft und dabei in den Wäldern am Ufer des schwarzen Meeres sich verirrt hatten.

Phlox (Phön. M.), »Flamme«, Sohn des Genos und der Geneia, welche Beide die ersten Menschen waren, indem sie von dem Protogonos (der beide Geschlechter in sich vereinigte) erzeugt wurden. Ph. hatte zwei Brüder, Pyr und Phos, Feuer und Licht.

Phlyus (Gr. M.), ein Autochthon oder Erdgeborner, Vater des Celänus und Grossvater des Caucon.

Phoebe (Gr. M.), 1) ein Name der Diana, wie Phöbus des Apollo. — 2) Ph., eine der Titaninnen, Tochter des Uranus und der Gäa, und von ihrem Bruder Cöus Mutter der Latona. — 3) Ph., Tochter des Sonnengottes und der Clymene, welche in einen Pappelbaum verwandelt wurde. — 4) Ph., s. Dioscuron.

Phobetor (Gr. M.), ein Sohn des Schlafes; bei den Göttern ist sein Name Icelus.

Phobos (Gr. M.), Sohn des Mars und der Venus, die personificirte Furcht, ein steter Begleiter des Mars.

Phoebus (Gr. M.), »der Reine, Glänzende«, Beiname des Apollo bei den Griechen; früher auf die glänzende Schönheit des Gottes, später, nachdem Apollo zum Sonnengott gedeutet war, auf den Glanz der Sonne bezogen.

Phocus (Gr. M.), 1) Sohn des Aeacus und der Nereïde Psamathe, durch seine Gemahlin Asteropea Vater des Panopeus und des Crissus, und durch letztern Grossvater des Strophius, bei welchem Orest erzogen wurde. Ph. wurde von seinen Halbbrüdern Peleus und Telamon auf Anstiften ihrer Mutter Endeïs erschlagen. — 2) Ph., Sohn des Ornytion oder des Neptun, und Gemahl der Antiope, gab der Gegend um den Parnass den Namen Phocis.

Pholegander (Gr. M.), Sohn des Königs Minos von Creta, welcher eine Insel im Archipel colonisirte, die von ihm den Namen erhielt, und heut zu Tag Polycandro heisst.

Pholus (Gr. M.), der Centaur, in oder bei dessen Höhle das Gefecht vorfiel, in welchem Hercules die meisten Centauren und auch den weisen Chiron verwundete (s. Hercules). Ph. war der Sohn einer malischen Nymphe von Silenus.

Phoenicische Mythologie, im Allgemeinen der der Carthager gleich; die Phönicier verehrten, wie die Griechen melden, den tyrischen Hercules, welcher bei ihnen selbst allen Spuren nach Melkart (s. d.) hiess; ferner vorzüglich Baal und Astarte, und mit dieser Letztern in Verbindung den Thamuz. Der Dienst der Astarte war so üppig, wie der des Baal grausam und blutig. Vergl. diese und Carthager.

Phoenix (Gr. M.), 1) Sohn des Agenor und Bruder der Europa (nach Andern Vater derselben); mit Perimede, Tochter des Oeneus, soll er die Astypaläa und Europa, mit Telephe den Pirus, die Astypale, Europa und Phönice, mit Alphesiböa den Adonis erzeugt haben. Er ward von seinem Vater der geraubten Europa nachgesandt, und liess sich, da er sie nicht fand, in Africa nieder, wo er einem Volke nach sich den Namen Phönicier gab. — 2) Ph., Sohn des Amyntor, soll seines Vaters Kebsweib, Phthia oder Clytia, auf Anstiften seiner Mutter, der Cleobule, verführt haben, wesshalb der Vater ihn zur Kinderlosigkeit verfluchte und noch dazu blenden liess. Er kam zu Peleus, welcher ihn dem Centauren Chiron zuführte, der ihn wieder herstellte, worauf er ein Freund und Gefährte des Peleus wurde, der ihn zum Aufseher des dolopischen Landes und zum Erzieher seines Sohnes Achilles machte, welchen Ph. auch nach Troja begleitete.

Phoenix (Aegypt. M.). Von diesem Wunderthier erzählt uns Herodot Folgendes: »Auch ist ein anderer Vogel mit Namen Ph. heilig, den ich indessen nicht sah, als nur im Bilde, wie er denn auch sehr selten (nach Aussage der Bewohner von Heliopolis nur alle 500 Jahre) einmal kommt, und zwar immer nur, wenn sein Vater gestorben ist. Er ist, wenn er dem Bilde gleicht, das man von ihm hat, von Gefieder theils goldfarbig, theils roth; am meisten ist er wohl dem Adler an Grösse und Form gleich. Wenn sein Vater gestorben sei, sagt man, mache er aus Weihrauch ein Ei, so gross er es zu tragen vermöge; dessen Gewicht erprobe er, dann höhle er es aus, bis sein Vater hinein gehe, dann stopfe er die Oeffnung wieder mit so viel Weihrauch zu, dass es das frühere Gewicht habe, und dann trage er dasselbe nach Heliopolis in Aegypten, wo es denn begraben wird; so sagen sie, was sie mich aber nicht glauben machen werden!« Andere gaben an, dass er alle 500 Jahre aus Indien nach Aegypten komme, sich dort einen Scheiterhaufen aus lauter Zimmt und wohlriechendem Holz errichte, sich darauf verbrenne und dann wieder aus seiner Asche erstehe, entweder, indem er sich aus einem Wurm entwickele, oder, indem sein Nest, dem er Zeugungskraft mitgetheilt, ihn wieder gebäre. Es scheint dieser fabelhafte Vogel ein Symbol der Aegypter für einen grossen astronomischen Zeitumlauf gewesen zu sein; von dort ist er als Symbol der Ewigkeit in's Abendland gekommen, so dass selbst alte christliche Schriftsteller sich dieses Bildes oft ohne Anstoss bedient haben

Phoenodamas (Gr. M.), ein Trojaner zur Zeit des Laomedon; er hatte drei Töchter: eine derselben wollte der König dem See-Ungeheuer, welches das Land verwüstete, vorwerfen lassen; diess erbitterte Ph. so sehr, dass er das Volk gegen den Tyrannen aufwiegelte und dieser gezwungen wurde, seine eigene Tochter Hesione dem Unthiere Preis zu geben. Hercules rettete diese, Laomedon aber liess des Ph. drei Töchter entführen, nach Africa oder Sicilien bringen und dort in der Wüste aussetzen. Der Flussgott Crimissus rettete sie und zeugte mit einer von ihnen, Segesta, den Acestes.

Phonolenides (Gr. M.), Sohn des Phonolenus, ein Lapith, dem auf des Pirithous Hochzeit der Centaur Phäocomes den Kopf mit einem Block einschlug, den kaum zwei Joch Ochsen von der Stelle bewegt hätten.

Phorbas (Gr. M.), 1) Vater des Steuermannes Tiphys, der das Schiff Argo regierte, seine Mutter war Hyrmine; man nennt als Vater, statt des Obigen, auch den Hagnius. — Ueber einen zweiten Ph. s. Periphas. — 3) Ph., Vater des von Peneleos getödteten Trojaners Ilioneus; vielleicht ist eben dieser der Ph., der mit Aeneas auswanderte; seine Gestalt nahm der Schlaf an, als er auf der Juno Befehl den Steuermann Palinurus in's Meer stürzte. — 4) Ph., Sohn des Triopas, Vater des Pellen von welchem die Stadt Pellene in Achaja gebaut worden.

Phorbus (Gr. M.), Vater der Pronoë, welche dem Aetolus den Calydon und den Pleuron gebar.

Phorcydes oder **Phorcides,** s. Gräen.

Phorcys, auch **Phorcus, Phorcyn** (Gr. M.), 1) Sohn des Pontus und der Gäa, Vater vieler Meer-Ungeheuer, und selbst einer der bekanntesten Meergötter; er war vermählt mit seiner Schwester Ceto, welche ihm die Gräen (nach ihm Phorcyden genannt), die Gorgonen und den hesperischen Drachen gebar. Mit der Hecate zeugte er die Scylla. Ueberdiess ist er der Vater der Nymphe Thoosa, der Mutter des Polyphem. — 2) Ph., Sohn des Phänops, Bundesgenosse der Trojaner während des zehnjährigen Krieges, befehligte die Phrygier aus Ascania, erlag jedoch vor Ajax Lanze.

Phoroneus (Gr. M.), Sohn des Inachus von Melia, einer Tochter des Oceanus, folgte seinem Bruder Aegialeus in der Regierung von Argos, und erzeugte mit der Nymphe Laodice oder der Cerdo die Niobe und den Apis, ferner den Clymenus und die Chthonia, welche gemeinschaftlich einen Tempel der chthonischen Venus erbaueten, wofür sie später Heroëndienst genossen. Eine andere Gemahlin des Ph. hiess Europa. Ph. gab den Griechen so gute Gesetze, dass sie von ihm ihre Zeitrechnung anfingen, weil sie erst durch ihn entwildert und gesittet worden waren.

Phoronis (Röm. M.), Beiname der Io, als Nachkömmlingin oder Schwester des Phoroneus.

Phosphorus, identisch mit Lucifer, s. Hesperus.

Phrasimus (Gr. M.), Vater der Praxithea von seiner Gattin Diogenia, des Cephisus Tochter.

Phrasius (Gr. M.), ein cyprischer Weissager, der dem grausamen Busiris in Aegypten den Rath gab, alle Fremden, die in sein Land kommen würden, zu opfern, um dadurch die Unfruchtbarkeit seines Landes abzuwenden. Es ging ihm wie dem Perillus mit seinem ehernen Ochsen: er war der Erste, an welchem der Tyrann seinen Rath vollzog.

Phratrius (Gr. M.), Beiname des Jupiter in Athen, unter welchem ihm der zweite Tag der Apaturien gewidmet war; der Beschützer der attischen Zünfte.

Phrixus (Gr. M.), s. Athamas und Demodice. Er kam nach Colchis und vermählte sich dort mit Chalciope, einer Tochter des Königs Aeëtes, welche ihm mehrere Kinder gebar, die später, als sie nach Griechenland wollten, um ihres Vaters Erbe zu holen, auf dem schwarzen Meere Schiffbruch litten, und von den Argonauten auf einer wüsten Insel gefunden wurden.

Phronia (Gr. M.), eine Nymphe, nach Einigen von Minos Mutter des Jasion, des Geliebten der Ceres, die von ihm den Plutus gebar. Gewöhnlich gelten als Jasions Eltern Jupiter und Electra.

Phrontis (Gr. M.), Sohn des Onetor und Steuermann des Menelaus, den Apollo auf der Rückkehr von Troja erschoss, damit der König nicht heim gelange.

Phrygia (Gr. M.), Beiname der Cybele, weil sie in Phrygien geboren worden und ihr Dienst daher stammte.

Phthas (Aegypt. M.), ein Gott, dessen Dienst vorzugsweise in Memphis zu Hause war, wo er einen prachtvollen Tempel hatte, und den die Griechen und Römer den ägyptischen Vulcan nennen. Wahrscheinlich war seine Verehrung aus Phönicien gekommen, wohin auch der Name weist, der, aus den semitischen Sprachen erklärt, den Eröffner bedeutet. Demnach wäre er ein astronomischer Gott, Vorsteher der sieben Planeten, wie ihm denn auch sieben Cabiren zugesellt werden. Als der Dienst des Osiris sich mehr ausbreitete, trat Ph. hinter diesen zurück und verschmolz theilweise mit ihm. Unter seiner besondern Obhut stehen die Könige und Priester, und somit erscheint er auch als Offenbarer höherer Weisheit. Auf den Denkmälern zeigt sich keine Spur, dass er als Feuerwesen gedacht worden wäre; um so oberflächlicher erweist sich die Vergleichung mit Vulcan. Er wird abgebildet als Zwerg, mit Krummstab, Osirispeitsche, zuweilen Falkenkopf, mit einem Käfer statt des Kopfes, in einem Boote fahrend; seine Farbe ist gewöhnlich grün; er steht mit geschlossenen oder verschränkten Füssen. Heilig waren ihm Käfer, Geier, Löwe und Schaf.

Phthia, von Andern **Clytia** genannt (Gr. M.), 1) Gattin des Amyntor; sie liebte dessen Sohn aus erster Ehe, Phönix, und klagte, da er ihren Wünschen nicht willfahrte, ihn böser Zumuthungen an, wesshalb der Vater denselben verstiess. — 2) Ph., eine Aetolierin, eine Geliebte des Apollo, welche von ihm drei Söhne empfing, den Dorus, Laodocus und Polypötes.

Phthius (Gr. M.), Sohn des Neptun und der Larissa, von welchem die Landschaft Phthia den Namen hat.

Phthonia (Gr. M.), Tochter des Alcyoneus, welche sich mit ihren Schwestern über ihres Vaters Tod so sehr härmte, dass die Götter sie alle in Vögel verwandelten.

Phylacus (Gr. M.), s. Melampus. — 2) Ph., ein alter Landesheros der Delphier, dessen Geist den bedrängten Griechen Beistand gegen die Gallier leistete; er hatte eine Capelle neben dem Tempel der Venus Pronöa.

Phylander (Gr. M.), Sohn des Apollo und der Acacallis. Zu Delphi war ein Standbild einer Ziege, welche Ph. und seine Zwillingsschwester Phylacis säugte.

Phylas (Gr. M.), 1) König der Dryoper, welchen Hercules tödtete, als derselbe den Tempel zu Delphi plündern wollte. Seine Tochter Midea empfing von Hercules den Antiochus. — 2) Ph., Enkel des Vorigen von seiner Tochter und dem Halbgott, welcher ihn getödtet, Vater des Hippotas und der Thero. — 3) Ph., König von Ephyra in Epirus; seine Tochter Astyoche gebar von Hercules den Tlepolemus.

Phyleus (Gr. M.), Sohn des Augeas, s. Hercules.

Phylius (Gr. M.), Liebhaber des Cycnus, des Sohnes von Apollo und der Nymphe Thyria. Lange hielt er, trotz den Launen des geliebten Jünglings, in seiner Liebe aus, aber auf Hercules' Geheiss weigerte er sich, ihm einen Stier zu geben, den er nach des Cycnus Verlangen mit blossen Händen bezwungen hatte. Aus Verdruss darüber stürzte sich Cycnus in den See Conope, wohin ihm seine Mutter folgte.

Phyllis (Gr. M.), s. Demophoon.

Physcoa (Gr. M.), ein Mädchen aus Orthia in Elis, das Bacchus lieb gewann und das von ihm den Narcäus gebar; dieser ward tapfer und mächtig, und erbaute von seinen eroberten Reichthümern der Minerva einen Tempel, worin sie Narcäa genannt wurde. Bacchus ward von ihm zuerst als Gott verehrt. Seine Mutter Ph. erhielt unter mehreren Ehrenbezeugungen auch die, dass ein der Juno geheiligter Tanz von 16 Frauen nach ihr benannt wurde.

Physcus (Gr. M.), Enkel des Amphiction und Sohn des Aetolus; eine Stadt in Locris hatte von ihm den Namen.

Phytalmius (Gr. M.), Beiname des Neptun zu Trözen, als Beförderer des Pflanzenwuchses durch Feuchtigkeit.

Phytalus (Gr. M.), ein eleusinischer Heros; zu ihm kam Ceres, als sie Proserpina suchte, und freundlich aufgenommen, beschenkte sie ihn mit dem Feigenbaum. Pausanias sah sein Grabmal.

Phytia (Gr. M.), »die Zeugende, Schaffende«, Beiname der Latona.

Phyxius (Gr. M.), Beiname des Jupiter: »der Retter der Fliehenden«.

Piai, s. Boies.

Picumnus (Röm. M.), ein Feldgott, der die Düngung des tragbaren Erdbodens erfunden haben, aber auch den Kindern Gedeihen geben sollte. Sein Bruder war Pilumnus.

Picus (Röm. M.), Sohn des Saturnus, Vater des Faunus, altlatinischer Weissagegottt, auch ältester König Italiens genannt. Virgil gedenkt seiner bei Anführung der Stammtafel des Latinus. — Er ward von Circe in einen Specht verwandelt, weil er seiner Gemahlin Canens, der Venilia und des Janus Tochter, treu bleiben wollte. P. ward unter die Götter versetzt und neben Janus und Faunus verehrt.

Pidur Dewadegals (Ind. M.), der neunte Stamm der Dewetas, der guten Geister, der einzige, der einer religiösen Verehrung geniesst.

Pielus (Gr. M.), Sohn des Pyrrhus von der Andromache, welche nach der Eroberung von Troja seine Sclavin geworden war.

Pieriden (Gr. M.), die Töchter des Königs Pierus (s. d.). Auch Beiname der Musen, von ihrem Sieg über jene, wiewohl man diesen Beinamen auch von Pieria am Olympus herleitet, wo ihr Dienst begonnen haben soll.

Pieris (Gr. M.), Geliebte des Königs Menelaus, welche von ihm den Megapenthes gebar.

Pierus (Gr. M.), 1) Sohn des Magnes aus Thracien, soll von der Muse Clio geliebt und durch sie Vater des Hyacinthus geworden sein. — 2) P., ein Autochthon, König von Emathia. Er hatte neun Töchter, welche sich auf ihren Gesang so viel einbildeten, dass sie die Musen zum Wettkampf aufforderten; Nymphen waren Richterinnen, sie entschieden gegen die sterblichen Jungfrauen, und so wurden die Pieriden (s. d.), zur Strafe für ihren Hochmuth, in Vögel verwandelt, die Musen aber erhielten den Namen Pieriden. — 3) P. (wahrscheinlich Eins mit dem Vorigen), soll den Musendienst in Macedonien gegründet haben.

Pietas (Röm. M.), Personification der frommen Liebe zu Göttern und Menschen, welcher im Jahr 181 v. Chr. Manius Acilius Glabrio einen Tempel auf dem Forum olitorium errichtete, wo eine Tochter ihre Mutter durch ihre Brust ernährte, weil sie sonst Hungers hätte sterben müssen, da sie gefangen war. Beiden ward die Freiheit und lebenslänglicher Unterhalt gegeben.

Pij (M. der Siamesen), der unterirdische Strafort der Seelen, aus neun unter einander gelegenen Regionen bestehend, in deren jeder der Schuldige wieder geboren werden und gebüsst haben muss, bevor er der Seligkeit theilhaft wird.

Pikullos, Pikollos, Potollos, das zerstörende Princip, die dritte Person der göttlichen Trias bei den Litthauern oder alten heidnischen Preussen. Wie Potrimpos (s. d.) das erhaltende, so war er das vernichtende Wesen, denn wie in der indischen Mythologie, scheint auch hier Erschaffen, Erhalten und Zerstören durch die drei Gottheiten Perkunos, Potrimpos und Pikollos (auch Perkullus), personificirt zu sein. Es stand ein Bild dieses Gottes zu Romowe in einer Nische des Stammes der heiligen Eiche, welche die Bilder aller drei Götter trug. Er war abgebildet als ein alter bärtiger Mann mit bleichem Gesicht, das Haupt mit einem weissen Tuche verbunden; drei Todtenköpfe, eines Menschen, eines Pferdes und eines Stiers, waren seine Sinnbilder. Ihm wurden Menschen, Schafe, Pferde, Rinder, Böcke geopfert und ihr Blut am Fusse der heiligen Eiche ausgegossen, wodurch, wie man behauptete, ihr immerwährendes Grünen bewirkt wurde. Vor seinem Bilde brannte ein Topf mit Talg. Potrimpos war geliebt, P. aber gefürchtet; er verlangte von seinen Verehrern immer das Theuerste, quälte die Menschen, und ihre Angst war seine Freude. War bei einem Edeln ein Hausgenosse gestorben, so musste ihm alsbald geopfert werden; war Jemand nachlässig, so ward er durch Schrecken oder fühlbare Qualen an seine Schuld erinnert, unterliess er es dennoch bis zum dritten Tage, so war des Gottes Zorn nur durch Blut zu versöhnen. Auch an denen übte er seine grosse Macht, die überhaupt im Opfern karg gewesen, die des Griwe Gebote nicht befolgt, oder des Gottes Willen verachtet hatten. Das ganze Land war durchsäet mit ihm geheiligten Orten, überall brannten unaufhörlich Opfer zur Versöhnung seines Zornes, zur Abwehr seiner Strafen; noch jetzt findet man eine grosse Menge Orte, welche seinen Namen tragen: Pokellen, Pachollen, Patullen, Potollen, Pachullen etc. Bei andern Völkern scheint er nicht angebetet worden zu sein, obwohl es weder an scharfsinnigen, noch unsinnigen Zusammenstellungen und Vergleichen mit dem Pluto, dem Monde, dem Loke, der Hel und dem Odin der Skandinavier gefehlt hat.

Pilia Tschutschi (M. der Kamtschadalen), der erste Gott dieses Volkes; er thront hoch über den Wolken, der Regenbogen ist der Saum seines Kleides, die Sonne sein rechtes, der Mond sein linkes Auge. Die Wallfische verbergen sich vor Furcht, wenn im Donner seine Stimme hallt.

Pilla, heisst bei einigen wilden Völkerschaften in Brasilien der Gott der Luft.

Pilumnus (Röm. M.), Bruder des Picumnus, als Erfinder des Stössels zum Zerkleinern des Getreides verehrt; zugleich galten beide Brüder als Ehestandsgötter; P. sollte mit eben der Keule, womit er das Getreide zermalmte, die Uebel der Kindheit abwehren.

Pimpleae oder **Pimpleides** (Gr. M.), Beiname der Musen, den sie nach dem ihnen heiligen Quell Pimplea in Pierien erhielten.

Pinaka, des indischen Gottes Mohesa starker Bogen. Die Orientalen geben ihren Waffen Namen, wie auch die alten nordischen Helden es thaten; jeder Pfeil eines indischen, wie persischen Kriegers hat von seiner Eigenschaft einen besondern Namen.

Pinda, ein Kuchen, welchen die Indier jeden Neumond den Seelen der Verstorbenen bis in das vierte Glied als Opfer bringen.

Pionis (Gr. M.), ein Heraclide, Gründer der Stadt Pionia in Mysien.

Pippala, der in Indien heilige Feigenbaum (Ficus religiosa); er hat schöne, lichte, an feinen Stielen hängende Blätter, welche bei dem leisesten Lüftchen zittern. Die Braminen sagen, er bebe vor Ehrfurcht bei der Götter Nahen.

Piranthus (Gr. M.), Sohn des Königs Argus und der Evadne (der Tochter des Strymon und der Neära). Als seine Kinder werden angegeben: Argus, Arestorides, Triopas und Callirrhoë.

Piras (Gr. M.), nach Einigen der Gatte der Styx (nach Andern war es der Gigant Pallas), von welchem sie die Echidna empfing.

Piraeus (Gr. M.), ein Freund des Telemachus, welchen er auf seiner Reise nach Pylus zu Menelaus begleitete.

Pire (Ind. M.), einer der ältesten Könige von Kaschmir, ein weiser, gottentsprossener Regent, welcher den grossen See, der einst das Thal von Kaschmir deckte, zum Abfluss brachte, indem er die denselben rings umgebenden Gebirge durchstach.

Piren (Gr. M.), Bruder des Hipponous, allgemeiner bekannt unter dem Namen Bellerophontes, den er erhielt, weil er den Belleros erschlug. Nach Einigen ist P. auch Vater der Io.

Pirene (Gr. M.), Tochter des Achelous, von Neptun Mutter des Leches und Cenchrias. Letzterer ward unvorsätzlich durch Diana erschossen, und da P. denselben unaufhörlich beweinte, verwandelte die Göttin sie in eine Quelle. —

Pireus (Gr. M.), Vater der Autonoë, einer Geliebten des Hercules, dem sie den Palämon gebar.

Pirithous, S. Theseus.

Pirksoma (M. der Grönländer), der Gott, welchem alle andern Götter untergeben sind, und der die Strafen oder Belohnungen nach dem zeitlichen Tode austheilt.

Pirous (Gr. M.), Sohn des Imbrasus, führte als Bundesgenosse der Trojaner die thracischen Völker und zeichnete sich durch Tapferkeit aus; mit einem Feldstein traf er den Diores am Fuss und bohrte ihm dann die Lanze in den Leib, dass alles Gedärm entstürzte; doch auch ihm selbst brachte Thoas mit dem Speere den Tod.

Pir Panjal (M. der Tataren), der heilige Berg (Altai oder Caucasus), den die Tataren als Wohnsitz der Götter hoch ehren; sie bringen demselben Opfer und glauben, dass ein alter weiser Mann der Hüter des Berges ist und die Opfer, welche man in gewisser Entfernung von dem Gipfel des Berges hinlegt, den Göttern selbst zuträgt.

Pisander (Gr. M.), 1) einer der Führer der Myrmidonen unter Achilles. — 2) P., Sohn des Trojaners Antimachus, welcher die Rückgabe der Helena verhinderte. Er und sein Bruder Hippolochus wurden von Agamemnon getödtet. — 3) P., einer der Freier der Penelope, von dem Oberhirten der Rinder des Ulysses getödtet.

Pisenor (Gr. M.), 1) Heerdenbesitzer auf einer der kleinen Inseln des Archipel, Vater des Ops und durch ihn Grossvater der Haushälterin in Ulysses' Hause, der gutmüthigen und sorgfältigen Euryclea. — 2) P., ein Centaur, auf der Hochzeit des Pirithous zugegen; er rettete sich von dem drohenden Tode durch die Flucht. — 3) P., ein edler Trojaner, Vater des schönen Clitus, der von Teucer erschossen ward, als er des Freundes Polydamas Wagen in die Reihen der Feinde lenkte.

Pishasa (Ind. M.), das mächtige feurige Ross, auf welchem die Göttin Bhawani reitet.

Pisidice (Gr. M.), 1) Tochter des Aeolus, ward mit Myrmidon, Beherrscher der Insel Aegina, vermählt und gebar demselben zwei Söhne, Antiphus und Actor. — 2) P., eine der Töchter des Königs Pelias; sie half ihren Vater ermorden, zerstückeln und in einem grossen Kessel sieden, weil sie hoffte, dass er durch Medea verjüngt werden würde. — 3) P., eine spätere Fabel meldet von ihr, dass sie die Tochter eines Königs zu Methymna in Lesbos gewesen, sich in Achilles, als dieser ihre Vaterstadt bekriegt, verliebt und ihm die Thore geöffnet habe; er verschmähete nicht, von dieser That Vortheil zu ziehen, liess aber das Mädchen, welches aus Liebe zu ihm gefehlt, steinigen.

Pistius (Gr. M.), Beiname des Jupiter, als Beschützers der Treue.

Pistor (Röm. M.), »der Bäcker,« Beiname, unter welchem Jupiter in Rom verehrt wurde, weil er das von den Galliern bedrängte Capitol als solcher gerettet; er hatte nämlich den Belagerten eingegeben, von dem letzten Vorrath an Mehl, den die Römer besassen, Brod zu backen und dieses unter die Gallier zu werfen. Die Feinde, welche das Capitol aushungern wollten und bemerkten, welchen Ueberfluss an Lebensmitteln die Römer noch hatten, gaben ihre Absicht auf, und das dankbare Volk nannte seinen Retter P.

Pisus (Gr. M.), Sohn des Perieres. Pausanias führt ihn bei Beschreibung des Kastens des Cypselus an.

Pitane (Gr. M.), Tochter des Flussgottes Eurotas, Geliebte des Neptun, von dem sie die Evadne gebar.

Pitho (Gr. M.), »die Ueberredung,« lateinisch Suada. S. d.

Pitrolog, das Heiligthum der Väter; eine Abtheilung des Himmels der Indier, in welche die Eltern hinkommen, welche bei ihrem Absterben Kinder hinterliessen.

Pitris (Ind. M.), die ersten Nachkommen der zehn Rischis oder grossen Altväter; sie wohnen im Monde und werden überaus alt, denn einer ihrer Tage ist gleich einem unserer Monate, weil es im Monde vierzehn Tage Nacht, und eben so lange Tag ist. Es sollen von P. die vier obern Kasten der Hindu abstammen, und zwar durch die berühmten Heiligen und Helden: Bhrighu, Angiras, Pulastya und Wasischta. — Nach andern Erzählungen sind die Altväter der Kasten jedoch von Brama selbst erschaffen, aus seinem Körper unmittelbar entsprungen.

Pittheus (Gr. M.), König von Trözen, das er durch Zusammenziehung der Städte Hyperea und Anthea bedeutend vergrössert hatte; er war Grossvater des Theseus, den er, wie dessen Sohn Hippolytus, erzog. S. Aegeus.

Pityocamptes (Gr. M.), »der Fichtenbeuger;« so war der Räuber Sinis zubenannt, weil er Fichten zusammenbog, an diese die Vorübergehenden band, und sie so zerreissen liess.

Pizzi (Slav. M.), ein Ehegott der alten Polen, den besonders die Brautführer während der Ceremonie der Verbindung von Braut und Bräutigam anriefen.

Placia (Gr. M.), Tochter des Atreus, oder nach Andern des Leucippus, und nach Einigen Gemahlin des Laomedon, Königs von Troja, dem sie Tithonus, Lampus, Clytius, Hicetaon, Priamus, Hesione, Aethylla, Cilla und Astyoche gebar.

Plancten, S. Cyaneïsche Felsen.

Plataea (Gr. M.), Tochter des Asopus, nach welcher die Stadt Platää benannt worden.

Platanistius (Gr. M.), Beiname des Apollo, unter welchem er einen Tempel auf der Strasse von Trözen nach Hermione hatte.

Plejaden (Gr. M.), die Töchter des Atlas und der Pleïone (daher ihr Name); es sind ihrer sieben: Maja, Alcyone, Merope, Electra, Celäno, Sterope und Taygete. Sie wurden von der ungestümen Liebe des Orion sieben Jahre lange verfolgt. Hederich sagt, »dass sich Jupiter endlich solcher sieben armen Dinger erbarmt und sie für dem Orione in Sicherheit gebracht, an den Himmel versetzte, woselbst sie nunmehr das bekannte Siebengestirn auf dem Rücken des Stiers im Thierkreise sind. Indessen aber sind ihrer daselbst auch nur sechs zu sehen, weil ihrer so viel ihre Liebeshändel mit Göttern gehabt, nämlich: Maja, Electra und Taygete mit dem Jove; Alcyone und Celäno mit dem Neptuno, und Sterope mit dem Marte, wogegen sich Merope schämet und nicht will sehen lassen, weil sie allein den Sisiphum, einen sterblichen Menschen, geheirathet.« Der gute Mann hat aber Unrecht: es sind wirklich sieben Sterne 5ter und 6ter Grösse (nur einer ist 3ter Grösse, Alcyone) mit blossem Auge zu unterscheiden, nur gehört ein gutes Auge dazu; Fernröhre geben vierzig einzelne Sterne in diesem Sternhaufen. Die Römer nannten das Ganze Vergiliae, Frühlingsgestirn.

Pleïone (Gr. M.), die Oceanide, welche durch Atlas Mutter der Plejaden (s. d.) wurde.

Plemnaeus (Gr. M.), Sohn des Peratus in Aegialea, welchem das Unglück begegnete, alle seine Söhne gleich nach ihrer Geburt zu verlieren. Aus Mitleid nahm Ceres seinen jüngsten, Orthopolis, in ihren Schutz und erzog ihn selbst.

Pleuron (Gr. M.), Sohn des Aetolus und der Pronoë, Vater des Agenor, der Laophonte, Stratonice und Sterope.

Plexippus (Gr. M.). 1) Sohn des Choricus, Königs von Arcadien, erfand mit seinem Bruder Enatus die Ringekunst; doch Palästra, ihre Schwester, verrieth deren Vortheile an Mercur, welcher sie nun für seine Erfindung ausgab und nach seiner Geliebten Palästra nannte. Die Brüder hieben ihm dafür, als sie ihn schlafend fanden, die Hände ab. — 2) P., Sohn des Thestius, ward bei der calydonischen Jagd von Meleager erlegt, weil er der Atalante die Siegeszeichen nicht gönnen wollte. —

Plinajoinen (Nord. M.), nannten die Finnen den Alp; er wird als ein Seelöwe gedacht, welcher sich unsichtbar in die Häuser schleicht und Nachts auf die Schlafenden wirft, auch die Kinder schielend macht, oder sie auf andere Weise beschädigt. Man konnte diesen Kobold vertreiben, wenn man einen Stahl unter das Kopfpolster legte.

Plisthenes (Gr. M.), 1) Sohn des Atreus, vermählt mit Aërope und Vater des Agamemnon und Menelaus, welche oft die Söhne des Atreus heissen, weil ihr Vater sehr jung starb, und sie bei ihrem Grossvater erzogen wurden. — 2) P., Sohn des Thyestes (Atreus' Bruders), den der Letztere schlachtete und als Speise seinem Bruder vorsetzen liess.

Plistorus, ein Landesgott der Absinthier in Thracien, welchem man Menschenopfer brachte.

Plistus (Gr. M.), Vater der Corycia, welche von Apollo Mutter des Lycoreus, des Erbauers von Lycorea, wurde.

Plusius (Gr. M.), »der Reiche,« Beiname des Jupiter, unter welchem er einen Tempel in Lacedämon hatte.

Plusso (Slav. M.), ein berühmter, halb mythologischer Held der Wenden und Slaven, gewaltiger Vorfechter der heidnischen Heerschaaren; er hat eine grosse Berühmtheit unter diesen Völkern erworben, weil er eigenhändig den Bischof Johannes von Mecklenburg dem heidnischen Gotte Radegast zu Rhetra geopfert hat. Es sind zwei Basreliefs vorhanden, auf denen diese That verewigt wurde: eines davon ist ganz unzweifelhaft, es stellt den Fürsten in der gewöhnlichen wendischen Tracht vor, den Bischof unter seinen Füssen; die rechte Hand hält ein Schwert, die linke das abgehauene Haupt.

Pluto, Fig. 263 (Gr. M.), 1) »der Reichthumgeber,« zuerst Beiname, dann eigentlicher Name des Gottes der Unterwelt. Er ist Jupiters und Neptuns Bruder; ihm fiel

Fig. 263.

bei der Theilung der Welt die Region unter der Erde zu, und er ist demnach der Beherrscher des Hades, des Schatten- und Todtenreiches. P. stand dem Jupiter in seinen Kriegen wider die Titanen, Cyclopen und Giganten bei, da er sich aber in die Kriege der Menschen mischte, erging es ihm übel, denn Hercules verwundete ihn, als er den Pyliern gegen den Helden zu Hülfe kam; auch ein zweites Mal verfolgte der Halbgott ihn bis an die Pforten der Unterwelt, und schoss ihm einen Pfeil in die Schultern, von welchem ihn Päon befreite. Er hatte Proserpina (s. d.) zur Gattin; mit ihr sehen wir ihn auf unserem Bilde thronen, nach einem Basrelief von einem Grabmal. Mercur führt vor sie den Schatten eines jungen Mädchens, welcher Nänia, die Klagegöttin, folgt. Eine Geliebte des Gottes war Menthe, welche von Proserpina in eine Krausmünzpflanze verwandelt wurde. — P.s unterirdisches Reich war von den Seelen der Verstorbenen bevölkert, diese erschienen vor seinem Throne und wurden von den drei Höllenrichtern, Minos, Rhadamanthus und Aeacus gerichtet, und kamen entweder nach dem Elysium oder dem daran stossenden Strafort; nur wenige Beispiele sind da, dass er Seelen, die in sein Reich kamen, wieder zur Erde zurück schickte, wie z. B. Alcestis und Theseus auf des Hercules, Eurydice auf ihres Gatten Orpheus Betreiben; sonst war er unerbittlich, obwohl den Menschen im Allgemeinen gewogen, ja ihr wahrer Wohlthäter, indem er die Fruchtbarkeit der Felder, das Wachsen und Gedeihen beförderte, daher er auch an vielen Orten prächtige Tempel hatte. — 2) P., Name einer Oceanide, welche Gespielin der Proserpina war. — 3) P., Tochter des Saturn oder des Himantes, welche von Jupiter oder Tmolus Mutter des Tantalus wurde.

Plutus (Gr. M.), der Gott des Reichthums, Sohn der Ceres und des Jasion; er war sehend geboren, ward aber von Jupiter blind gemacht, weil er sich vorgenommen, nur die guten, edlen Menschen zu beglücken. Lucian gibt ihm eine üble Gesellschaft, die Dummheit, den Stolz, den Betrug, die Krankheit, die Verweichlichung, die Schmach. Er scheint gewöhnlich als Knabe mit dem Füllhorn dargestellt worden zu sein.

Pluvius (Röm. M.), Beiname des Jupiter in Rom (griechisch Ombrios): »der Regenspender;« als solchen findet man ihn auf antiken Reliefs abgebildet.

Poeas (Gr. M.), Sohn des Thaumacus oder des Phylacus. Apollodor führt ihn unter den Argonauten auf; er war Vater des Philoctetes und soll den Scheiterhaufen des Hercules angezündet haben, wofür er des Helden Pfeil und Bogen bekam, deren Erbe sein Sohn ward.

Pochwist (Slav. M.), Gott der Stürme, vielleicht allgemeiner ein Gott der Luft überhaupt; er soll in dem grossen slavischen Pantheon zu Kiew einen besondern Tempel gehabt haben.

Podaga (Slav. M.), ein wendischer Gott, Beherrscher der Jagd, Fischerei, Viehzucht, des Feldes, und in Folge Alles dessen auch des Wetters. Er wird als ein alter Mann in kurzer Bauern- oder Jägertracht vorgestellt. Man will nach den Zeichnungen, welche Woge von den Rhetra-Erzbildern hat, bei diesen, wie bei vielen andern Gottheiten, Löwenhäupter finden; wir möchten wohl wissen, wie die alten Slaven zu einem Löwen gekommen sein sollten; wir sehen nichts daran, als ein plumpes, etwas viereckigtes Menschengesicht, so gut als die damaligen Bildhauer es zu Stande bringen konnten; was Jeder, der ein Paar Rolandsbilder, etwa in Bremen etc. gesehen hat, bestätigen wird, und diese sind doch noch aus einer viel spätern Kunstepoche. Die Inschrift der Statue deutet auf die oben angeführten Beschäftigungen und auf das zu Allem nöthige gute Wetter und zeigt auch den Namen Rhetra.

Podalirius (Gr. M.), Sohn des Aesculap und Bruder des Machaon. Beide, erfahrene Aerzte, leisteten den Griechen vor Troja mehr Dienste durch ihre Kenntnisse, als durch ihre Tapferkeit, daher sie des Gefechts gewöhnlich überhoben wurden. Machaon oder P. heilte den Philoctetes von seinen giftigen Wunden. Auf seiner Rückkehr ward P. nach Carien verschlagen, wo er sich niederliess.

Podarces (Gr. M.), 1) der erste Name des Königs Priamus (s. d.). — 2) P., Sohn des Iphiclus und Enkel des Phylacus, vor Troja Führer der Thessalier aus Phylace, Bruder des Protesilaus.

Podarge (Gr. M.), eine der Harpyien, mit welcher Boreas Achilles' berühmte Pferde, Xanthus und Balius, erzeugte, von denen das erstere sprechen konnte und weissagend war.

Podargos (Gr. M.), »Schnellfuss oder Weissfuss,« hiess ein Ross des Menelaus und eines des Hector.

Pogoda (Slav. M.), ein Gott des Frühlings, des guten Wetters. P., ein rein slavisches Wort, heisst Wetter; hieraus schliesst man, sein Wesen sei freundlich, und er überhaupt ein Gott des heitern Wetters, Himmels, des heitern Frühlings gewesen; doch gehörte dafür zu seiner Benennung wenigstens das Beiwort dobra, gutes (Wetter). Noch zweifelhafter, als seine Funktion, dürfte die Beschreibung seines Aussehens sein: jung und schön, bekränzt mit blauen Blumen, geschmückt mit blauen Flügeln, angethan mit einem blauen, silberdurchwirkten Gewand, auf Blumen hingestreckt, in stiller heiterer Luft ruhend: so haben die Slaven vor 1000 Jahren nicht malen können.

Poklum (Lett. M.), der Höllengott, unter dem Meeresboden wohnend.

Polel (Slav. M.), Gott des Verlangens, der sehnsüchtigen Liebe, ein Begleiter des Lel, zu welchem (dem Liebesgott) er in dem Verhältniss gestanden haben soll, wie Pothos zu Eros; wahrscheinlich später gesuchte Deutung.

Polen (M. der alten —). Die Polen, ein slavisches Volk, hatten eine mit den andern slavischen Mythologien durchaus übereinstimmende Götterlehre, und falsch ist, was frühere und spätere Schriftsteller über die P. anführen, dass sie Feueranbeter gewesen wären, oder, wie Andere behaupten, römische Götter gehabt und angebetet hätten. Gnesen, der Sitz des Erzbischofs, das Grab des heiligsten Märtyrers, den P. kennt, des edlen Adalbertus, dessen prachtvolles, ganz von Silber gearbeitetes Monument mit den Reliquien des Apostels den Dom ziert, war schon in frühesten Zeiten der Sitz der Gottesverehrung, und wie jetzt das kleine Oertchen von kaum 5000 Seelen sechszehn Kirchen hat, so zählte das ehemalige prachtvolle Gnesen, die Hauptstadt P.s, der Sitz des Fürsten Primas, eine Reihe grosser Tempel, von denen man nur noch in den Fundamenten des isolirt auf einem Berge liegenden Domes einige Spuren findet. Dort stand der Tempel des Nija, des Seelengottes, des Perun, des Donnergottes etc. etc.; dort, und später in Kiew, wurden die Hauptgötter des slavischen Heidenthums durch blutige Opfer verehrt. Das kriegerische Volk hatte viele kriegerische Götter, doch viele waren auch den einfachsten häuslichen Verrichtungen vorgesetzt; nicht nur der Jagd, dem Walde, dem Felde, dem Ackerbau, der Viehzucht, standen Götter schützend vor, sondern sogar das Auslöschen der Lichter, das Backen des Brodes, das Brauen von Meth und Bier, das Füllen der Säcke mit Moos (zum Lager, zur Schlafstelle der gemeinen Leute dienend) hatte Götter, denen allen grössere oder geringere Opfer gebracht wurden. (Das Uebrige siehe unter Slavische M.)

Polengabia (Slav. M.), Hausgöttin der Polen, welche für das Feuer des Heerds sorgen sollte.

Polenor (Gr. M.), einer der Centauren, mit denen Hercules bei der Höhle des Pholus kämpfte; von einem giftigen Pfeil verwundet, wusch er seine Wunde in dem Fluss Anigrus, dieser ward aber davon so verunreinigt, dass er seit der Zeit stinkend blieb.

Polias (Gr. M.), »Stadtgöttin,« Beiname der Minerva, unter welchem sie besonders zu Athen auf der Burg verehrt wurde; in ihrem Tempel befand sich eine von Callimachus verfertigte goldene Lampe mit einem Dochte aus spanischem Flachse, welcher nebst dem Oel, das die Lampe füllte, nur alle Jahr erneuert werden durfte. Ueber der Lampe war ein eherner Palmbaum, der bis zur Decke reichte und den Rauch ableitete. Auch Erythrä in Jonien verehrte eine Minerva P., deren hölzerne Statue in der Hand einen Spinnrocken, auf dem Haupt aber eine Himmelskugel trug.

Polichus (Gr. M.), Sohn des ruchlosen Lycaon, durch Jupiters Blitz getödtet.

Polieus (Gr. M.), »Stadtbeschützer,« Beiname Jupiters zu Athen. Bei dem Opfer, das man ihm brachte, floh der Priester, nachdem er dem Opferstier einen Schlag mit der Axt gegeben; die Axt ward nun vor Gericht gebracht und des Todtschlags angeklagt, doch freigesprochen.

Polites (Gr. M), 1) Sohn des Priamus und der Hecuba, ward bei Eroberung der Stadt verwundet, floh vor dem grausamen Pyrrhus bis zu seinem Vater, doch vor den Augen des Greises tödtete der Unbarmherzige den Jüngling, und als der König mit harten Worten ihn anredete und seinen Speer auf ihn warf, ergriff er den unglücklichen, aller seiner Kinder beraubten Herrscher bei den Silberhaaren, schleifte ihn zu den Stufen eines Altars, und stiess ihm dort sein Schwert in das Herz. Ein Sohn dieses P., Priamus, ging mit Aeneas nach Italien. — 2) P., einer der Gefährten des Ulysses, welche Circe in Schweine verwandelte und nachher wieder in ihre vorige Gestalt zurückversetzte. Nach späterer Sage schändete er in der Trunkenheit auf der Küste von Bruttium bei Temesa eine Jungfrau, wofür die Landesbewohner ihn steinigten. Sein Geist peinigte dagegen die Einwohner so lange, bis sie ihm einen Tempel erbauten, worin ihm jährlich eine Jngfrau geopfert wurde. Euthymus (s. d.) befreite sie endlich von diesem Opfer, indem er den Dämon im Zweikampfe besiegte. — 3) P., Beiname des Bacchus, unter welchem er zu Heräa in Arcadien verehrt wurde.

Poliuchos (Gr. M.), »Stadtbeschirmerin,« Beiname der Minerva, unter welchem sie in Sparta einen Tempel hatte.

Polius (Gr. M.), Beiname des Apollo in Theben; ihm ward ein ungezähmter Stier geopfert. Da einst beim Opfer das Thier zu lange ausblieb, nahm man einem Bauern, der mit zweien Stieren an seinem Wagen vorbeifuhr, einen derselben fort, und seit dieser Zeit blieb der Gebrauch, dem Gotte einen Arbeitsstier darzubringen.

Polkan (Slav. M.), ein halbmenschlicher Weltgeist, unterhalb in einen Hund- oder Pferdekörper ausgehend; er ward, als besonders den jungen Mädchen gefährlich, sehr gefürchtet.

Pollux (Gr. M.), S. Dioscuren.

Poltys (Gr. M.), Sohn des Neptun und König von Aenus, ein Freund des Hercules, den er gastlich aufnahm, als derselbe von seinem Kriege gegen Laomedon zurück kam. Er hatte einen Bruder, Sarpedon, welchen Hercules mit seinen Pfeilen erschoss.

Polyboea (Gr. M.), Schwester des Hyacinthus (s. d.), welche an dem Throne des Apollo zu Amyclä dargestellt war, wie Minerva, Diana und Venus sie sammt ihrem Bruder zum Himmel geleiteten.

Polybotes (Gr. M.), ein Gigant, den Neptun in dem Gigantenkriege besiegte, indem er von der Insel Cos ein Stück abriss und dasselbe auf den Riesen warf; dieses Stück ist die Insel Nisyron.

Polybus (Gr. M.), 1) König zu Thebe in Aegypten, zu welchem Menelaus bei seiner Rückkehr von Troja verschlagen, und von dem er freundlich aufgenommen wurde. Als Telemachus zu dem König nach Sparta kam, sah er ein silbernes Körbchen mit goldener Spindel, welches zu den Geschenken gehörte, die Helena von dem Aegypter erhalten. — 2) P., ein König in Corinth, vermählt mit Periböa, welcher den ausgesetzten Oedipus erzog. — 3) P., Sohn des Mercur und der Chthonophyle; seine Tochter Lysianassa ward des Talaus Gattin. Adrast, der, aus Argos vertrieben, zu P. floh, wurde freundlich von ihm aufgenommen, und endlich sein Nachfolger im Reich von Sicyon. — 4) P., Sohn des Mercur, welcher mit Euböa, Tochter des Larymnus, den Glaucus zeugte.

Polycaon (Gr. M.), 1) Sohn des Lelex und der Cleocharia. Laconia, das Reich seines Vaters, fiel an P.s Bruder, Myles; P. wanderte daher mit seiner Gattin Messene, Tochter des Triopas, Königs von Argos, nach dem Lande aus, dem er nach Lezterer den Namen Messenien gab. — 2) P., des Butes Sohn, vermählte sich mit Evächme, Tochter des Hyllus und Enkelin des Hercules.

Polycaste (Gr. M.), 1) Tochter des Nestor und der Anaxibia, soll eine Geliebte des Telemach und von ihm Mutter des Perseptolis gewesen sein. — 2) P., Gattin des Icarius, Mutter der Penelope; Andere nennen sie Periböa.

Polydamas (Gr. M.), Sohn des Panthus und der Phrontis, ein Busenfreund des Hector, mit dem er in derselben Nacht geboren war. Einer der tapfersten Trojaner, erlegte er den Prothoënor, den Otus und mehrere Andere, führte mit Hector die erste Schaar zum Sturm auf die Verschanzungen, der auf seinen Rath unternommen war, deckte den Hector gegen den Ajax, brachte das Hülfsheer der Aegypter, durch Memnons Tod in Unordnung gerathen, wieder zum Kampfe, blieb aber zuletzt durch Ajax.

Polydamna (Gr. M.), Gattin des Königs Thon in Aegypten, von welcher Helena das köstliche, alle Schmerzen vergessen machende Nepenthes erhielt.

Polydaemon (Gr. M.), ein Nachkomme der Semiramis, welcher sich auf der Hochzeit des Perseus und der Andromeda bei der Partei des Phineus befand, und von Perseus getödtet wurde.

Polydectes, S. Dictys.

Polydora (Gr. M.), 1) Tochter des Meleager und der Cleopatra; sie war an Protesilaus vermählt, und erhängte sich aus Verzweiflung, als dieser starb. — 2) P., Tochter des Peleus und der Polymela; sie ward die Gattin des Borus, Sohnes des Perieres, gebar aber vom Stromgott Sperchius den Menesthius. — 3) P., eine der Danaiden, und vom Stromgott Peneus Mutter des Dryops.

Polydorus (Gr. M.), 1) der jüngste Sohn des Priamus von Laothoë oder von Hecuba. Iliona, seine älteste Schwester, war an Polymestor, einen thracischen König, vermählt, welchem Priamus den P. zur Erziehung sandte. Polymestor aber, den siegreichen Waffen Agamemnons huldigend, ermordete den ihm anvertrauten Jüngling und bemächtigte sich der von demselben mitgebrachten Schätze. Aeneas kam zu der Stelle, wo dies geschehen war, wollte von den Myrten eines Hugels Aeste nehmen, um einen Altar zu schmücken; doch wie er sie abreisst, ertönt ein jammervolles Geächze und eine Stimme rief ihm zu: »schone doch meiner im Grabe, ich bin P.; hier deckte mich Durchbohrten die Speersaat, hier wuchs aus den Schäften der Wald auf.« (Virgil.) — Die Tragiker erzählen, dass später sich Hecuba fürchterlich rächte, indem sie dem verrätherischen Polymestor die Augen ausgekratzt habe. Anders wird die Sache von Hygin erzählt: Iliona soll, da sie ihren Bruder auf das Zärtlichste liebte, denselben mit ihrem eigenen Sohne gleichen Alters verwechselt haben, wovon selbst ihr Gatte nichts wusste; er lieferte nun den vermeinten P. den Griechen aus, welche denselben im Lager, Angesichts des Priamus, steinigten; Iliona rächte mit P. diese Schandthat, indem sie dem Bruder seine wahre Abkunft enthüllte, und beide den Polymestor ermordeten. — 2) P., Sohn des Cadmus und der Harmonia, Vater des Labdacus, den er mit Nycteïs erzeugte. — 3) P., Sohn des Hippomedon, half den Epigonen das mächtige Theben erobern.

Polygonus, S. Proteus.

Polyhymnia, Fig. 263, S. Musen und das nebenstehende Bild.

Fig. 263.

Polyidus, S. Glaucus.

Polylaus (Gr. M.), Sohn des Hercules von der Thespiade Eurybia.

Polymede oder **Alcimede** (Gr. M.), Tochter des Autolycus, mit Aeson vermählt, und durch ihn Mutter des Jason.

Polymela (Gr. M.), 1) Tochter des Phylas, Geliebte des Mercur, dem sie den Eudorus gebar, welcher das zweite Geschwader des Heeres, das Achilles folgte, anführte. P. ward dann Echecles' Gattin. — 2) P., Tochter des Königs Aeolus, war eine Geliebte des Ulysses; später vermählte sie sich mit ihrem eigenen Bruder Diores. — 3) P., Tochter des Peleus, Gattin des Menötius und Mutter des Patroclus.

Polymestor, S. Polydorus.

Polyneus (Gr. M.), ein edler Phäake, Sohn des Tecton, Vater des Amphialus, welcher bei den Spielen, die von Alcinous dem Ulysses zu Ehren angestellt wurden, den Preis im Springen errang.

Polynices, S. Oedipus und Sieben gegen Theben.

Polypemon (Gr. M.), der Gatte der Sylea, mit welcher er den berüchtigten Räuber Sinis, den man den Fichtenbeuger nannte, erzeugte.

Polyphemus (Gr. M.), 1) ein Cyclop, s. Ulysses. — 2) P., Sohn des Neptun oder des Elatus und der Hippea, Bruder des Cäneus, ein Lapithe aus Larissa, Argonaut und Freund des Hercules. Da Hylas, des Hercules Liebling, von den Nymphen geraubt wurde, suchte P. denselben, und erzählte dem Hercules, dass er den Hylas habe schreien hören, als würde er von Räubern entführt. Beide vereinten sich nun zum Suchen, doch unterdessen entfernte sich die Argo. P. liess sich später in Mysien nieder, wo er die Stadt Cius gründete.

Polyphides (Gr. M.), Sohn des Mantius, ein berühmter Wahrsager, welcher nach dem Tode des Amphiaraus vor Theben diesen ersetzte.

Polyphonte (Gr. M.), Tochter des Hipponous und der Thrassa, durch Venus in einen Bären verliebt gemacht, mit dem sie den Agrius und den Oreus erzeugte.

Polyphontes, 1) s. Cresphontes. — 2) P., des Laius Herold, welcher den Oedipus nöthigen wollte, seinem Herrn, der ihm in einem Hohlwege begegnete, auszuweichen, und welcher dafür, gleich dem Laius, mit dem Tode büssen musste.

Polypoetes (Gr. M.), Sohn des Apollo und der Phthia, Bruder des Dorus und Laodocus; alle drei wurden von Aetolus, den sie gastfreundlich aufgenommen, ermordet.

Polytechnus, S. Aëdon.

Polytherses (Gr. M.), ein Bewohner der Insel Same, dessen Sohn Ctesippus einer der übermüthigsten unter den Freiern der Penelope war.

Polyxena (Gr. M.), jüngste Tochter des Priamus, von so ausserordentlicher Schönheit, dass Achilles dem Priamus versprach, den Frieden mit den Griechen zu vermitteln, wenn er sie ihm zur Gattin geben wolle. (S. Achilles.) Nach der Eroberung von Troja verlangte Achills Schatten Antheil an der Beute, und an seinem Grabe ward die arme P. geopfert.

Polyxenus (Gr. M.), 1) Sohn des Agasthenes; führte zehn Schiffe der Epeer gegen Troja, kehrte glücklich zurück, und ward Vater der Amphimachus. — 2) P., König der Eleer; ihm übergaben die Taphier die weggetriebenen Rinder des Electryon, und Amphitryon löste sie wieder bei ihm aus. — 3) P., Sohn des Jason und der Medea.

Polyxo (Gr. M.), die Amme der Hypsipyle, Königin von Lemnos, welcher sie anrieth, die Argonauten gastlich zu empfangen, was auch geschah und zur Folge hatte, dass die Lemnierinnen, die ihre Männer ermordet hatten, die Insel bald wieder reich bevölkert sahen.

Poemander (Gr. M.), Sohn des Chäresilaus und Gemahl der Tanagra, nach deren Namen er die Stadt Tanagra in Böotien benannte.

Pomona (Röm. M.), die Göttin der fruchttragenden Bäume, der Gärten überhaupt. Man erzählt, dass die Satyrn, Faunen und Waldgötter, ja, dass Priap selbst der schönen Jungfrau nachgestellt, dass sie jedoch jede Annäherung sorgfältig vermieden, bis Vertumnus sie in der Gestalt einer Frau überlistet, nachdem er als Pflanzer, Schnitter und Winzer vergeblich gesucht, zum Ziel zu gelangen. Jetzt, nachdem sie sich der Freundin ergeben, verwandelte er sich in einen schönen Jüngling, und sie verschmähte den Freund nicht. Diess soll unter der Regierung des Königs Procas in Latium geschehen sein.

Pompaeus (Gr. M.), Beiname des Mercur, als Führers der Abgeschiedenen in die Unterwelt.

Poena (Gr. M.), »Die Rachegöttin,« Personification der strafenden Vergeltung; im Gefolge der Erinnyen (Furien); bald eine, bald mehrere.

Pontia (Gr. M.), »Meeresgöttin,« Beiname der Venus.

Pontus (Gr. M.), Sohn des Aether und der Erde, mit welcher er selbst den Phorcys, Thaumas, Nereus, die Ceto und Eurybia zeugte.

Popogano (M. nordamericanischer Völker), die Hölle der Urbewohner von Virginien; sie glaubten dieselbe zwischen Himmel und Erde in der Luft schwebend.

Populonia (Röm. M.), »Abwenderin der Verheerung,« Beiname der Juno.

Porenut (Slav. M.), ein Gott oder Halbgott, oder vergötterter König, welcher vorzüglich zu Karenz, auf der Insel Rügen, verehrt worden sein soll. Man stellte ihn mit fünf Gesichtern vor, wovon vier auf einem Halse standen, ein fünftes aber auf der Brust sass. Es ist zweifelhaft, ob er ein Gott der Schifffahrt oder des Krieges gewesen.

Porewit (Slav. M.), vielleicht identisch mit Porenut (s. d.), ein Herrscher von Rügen, später als Gott des Raubes verehrt. Ein bedeutender Gott bei denen, die vom Raube leben.

Porodakhschta (Pers. M.), Vater des berühmten Helden Eschevand, der einer von denjenigen sein wird, welche dem Sohne des Zoroaster, Sosiasch, bei seinem grossen Werke, der Auferweckung der Todten, helfen.

Poroschasp (Pers. M.), ein Nachkomme der Könige von Eeriene, und nach den Berichten des Zend Avesta Vater des bekannten Reformators Zoroaster.

Porphyrion (Gr. M.), 1) einer der Giganten, welche im Kriege gegen die Götter unterlagen, indem er, Juno sehend und ihre Schönheit bewundernd, sich zu vertheidigen vergass. — 2) P., König in Attica, noch vor Actäus, soll der Venus den ersten Tempel gebaut haben.

Porrima, einerlei mit Anteverta (s. d.).

Porsch (Ind. M.), der Alles durchdringende göttliche Hauch, der Urkeim alles Göttlichen, Geistigen und Irdischen, das Princip der Zeugung, der Bildungstrieb, welcher durch Haranguerbeha, den Inbegriff aller Urkeime des Materiellen und Geistigen, geschaffen wurde.

Porthaon, identisch mit Parthaon. (S. d.)

Portheus (Gr. M), identisch mit Parthaon. (S. d.)

Portumnus (Röm. M.), der Gott der Seehäfen; identisch mit dem Palämon der Griechen.

Porus (Gr. M.), der Gott des Ueberflusses. Als er einst im Olymp bei der Feier des Geburtstages der Venus sich des Nectars erfreut hatte, fand er, in den Lusthainen des Olymp sich ergehend, die schöne aber verlassene Penia (Armuth); er nahete sich ihr, und die Frucht ihrer Verbindung war Amor.

Poseidon, griechischer Name des Neptun.

Postica, hiess der nördliche Theil des Himmels bei den Augurn Roms, wenn sie, mit dem Gesichte nach Süden gewendet, das Templum absteckten, um Beobachtungen zu machen. Der östliche und westliche Theil dieser Hälfte hiess Ponedextra und Ponesinistra. (Der Süden Antica. S. d.)

Postverta, Schwester der Porrima oder Anteverta. S. Anteverta.

Potamides (Gr. M.), allgemeiner Name der Nymphen, welche Flüsse bewohnen.

Potestas (Röm. M.), Tochter des Pallas und der Styx, griechisch heisst sie *Κράτος*, die personificirte Macht.

Potina (Röm. M.), eine Göttin, welche die Kinder das Trinken lehren sollte.

Potneus (Gr. M.), Vater der Pelarge, welche die Feier der Cabiren-Geheimnisse, nach ihrer Unterbrechung durch die Epigonen, wieder einführte.

Potniae (Gr. M.), »die ehrwürdigen Göttinnen,« Beiname der Ceres und Proserpina, auch der Erinnyen (Furien).

Potrimpos (Lettische M.), eine hohe Gottheit der Litthauer und alten Preussen vor der Eroberung des Landes durch den deutschen Orden; die zweite Person in der nordischen Trias: Perkunos, Potrimpos und Pikollos. Er war der Glückbringende im Kriege, wie im Frieden der Spender der Fruchtbarkeit, des Segens der Felder und des häuslichen Glücks. Sein Bild war in einer Nische des heiligen Eichbaums zu Romowe aufgestellt; dem Perkunos zugewendet und ihn lächelnd anschauend, schien es die Gestalt eines freundlichen Jünglings vorzustellen, so weit die damals in ihrer ersten Kindheit stehende Kunst es vermochte. Wie Perkunos ein Gott des erwärmenden und vernichtenden Feuers, so war P. ein Gott des befruchtenden und zerstörenden Wassers; ihm wurden Aehren, Getreidegarben und Weihrauch geopfert, sein Haupt war mit Aehren geschmückt; doch nicht immer war er mit so unblutigem Dienst zufrieden, und viele Kinder wurden dem Blutliebenden geschlachtet und in brennendem Wachs zu Asche verbrannt. In einer grossen irdenen Urne ward eine Schlange zu seiner Ehre genährt und immer unter Aehren verborgen gehalten, daher war die Schlange überhaupt bei den Preussen ein geheiligtes Thier; Krieger, welche zum Kampfe auszogen, erblickten in einer ihnen begegnenden Schlange den Gott P. selbst, hofften auf seinen Beistand und waren nun unbesiegbar. Wenn ihm ein grosses feierliches Opfer gebracht werden sollte, mussten die Priester drei Tage lange auf der blossen Erde liegen, fasten und häufig Wachs und Weihrauch in die Flammen streuen. Besondere Oerter, Seen und Wälder scheinen ihm nicht geweihet gewesen zu sein, auch findet sich keine deutliche Spur von der Verbreitung seines Dienstes in andere Länder; man müsste denn mit Mone annehmen, dass er mit dem in Upsala angebeteten priapischen Feldgott Friggo Eine Person sei, wofür jedoch gar zu wenig Wahrscheinlichkeit vorhanden ist. Möglich scheint übrigens, dass P. eine weibliche Gottheit und des Donnerers Gattin war, wenigstens wollen einige neuere Geschichtsforscher dieses behaupten; sie suchen in ihm die Mutter der Götter, deren Tacitus, als bei den Aesthyern hoch verehrt, gedenkt.

Praariasseria (Siames. M.), ein berühmter Heiliger, in Siam lebend, zu der Zeit, da Sommonacodom erschien; durch seine Heiligkeit wuchs seine Macht, und mit dieser seine körperliche Grösse, so dass er 40 Klafter hoch ward; dabei hatten seine Augen die sonderbare Eigenschaft, im Durchmesser grösser zu sein, als im Umfang, sie hatten nämlich einen Durchmesser von 3½ und eine Peripherie von 2½ Klaftern.

Prachetas (Ind. M.), Name des Dakscha, in einem der indischen Dialecte; er war einer von den 10 Altvätern oder Herren aller erschaffenen Wesen.

Praedator (Röm. M.), »der Beutegeber,« Beiname Jupiters, der in Rom einen prächtigen Tempel hatte, welchem stets ein Theil der Kriegsbeute zufiel.

Pradjapat (Ind. M.), das personificirte Schöpfungsverlangen des Urwesens, und zwar der Manifestation desselben, welche die irdischen Elemente in sich enthält.

Pradiben (Ind. M.), 1) ein Fürst aus dem Geschlechte der Mondskinder; seine Söhne waren Debadi, der Aeltere, ein berühmter Büsser, und Sandanen, der Jüngere, ein eben so berühmter und trefflicher Herrscher. — 2) P., ein anderer Fürst aus dem Geschlechte der Mondskinder, Sohn des Bimaseenen und Enkel des Rugen.

Pragaladen (Ind. M.), ein Heiliger und besonderer Verehrer des Wischnu, welcher von dem Dämon Ironya lange Zeit gequält wurde, bis Wischnu denselben in seiner vierten Incarnation als Menschlöwe erlöste, indem er den Riesen tödtete.

Prakrat (Ind. M.), eine der Offenbarungen der Gottheit, des höchsten Urwesens, in welcher dieses die Ursache aller Erscheinungen des Wechsels in der sichtbaren Welt wird. P. ist das Wesen der drei Götter Brama, Wischnu und Schiwa, und daher dreifarbig, weil es schaffend ist wie Brama (roth), erhaltend wie Wischnu (weiss), und zerstörend wie Schiwa (schwarz). P. ist daher auch das verbindende und trennende Wesen dieser drei Götter, weil durch dasselbe immer Leben und Tod, Vergehen und Entstehen wechselt.

Prakriti (Ind. M.), Beiname der Parwati, der Gattin des Schiwa; er bedeutet die Natur. Die Indier machen sie zur Gattin des Zerstörers, weil sie sagen, dass alles Leben aus dem Tode hervorgehe, und dass es keine Zerstörung, keine Vernichtung im eigentlichen Sinne des Wortes gebe, indem die Materie im unaufhörlichen Kreislauf nur die Form verändere, nur Verwandlung, nicht Auflösung erleide.

Pra Mogla (M. der Siamesen), ein berühmter Schüler des Sommonacodom, dessen Statue häufig neben der des grossen Schutzheiligen selbst steht, weil er so überaus wohlthätig war, dass er das Feuer der Hölle auszulöschen suchte, wesshalb er die Erde umkehrte und alles Brennende in seiner Hand versammelte. Vergeblich bemühte er sich jedoch damit; das Feuer, bestimmt, die Verstorbenen für ihre Sünden zu strafen, war so heftig, dass es Alles entzündete, was in seine Nähe kam, und Flüsse und Meere austrocknete; wesshalb sich P. M. an seinen Lehrer selbst wandte, der wohl im Stande gewesen wäre, des Schülers Wunsch zu erfüllen, jedoch besorgte, wenn das Feuer der Hölle verlöscht wäre, so würden die Menschen ohne Furcht vor der Strafe sündigen, und es daher brennen liess. Man verehrte des Gottes Weisheit, doch des Schülers Liebe ward durch unzählige Heiligenbilder verewigt.

Pran (Ind. M.), der Hauch, das Lebensprincip, welches in jedem Menschen wohnt, und seinen Sitz im Herzen hat; es ist das göttliche Princip der Bewegung, das überall Leben und Thätigkeit verbreitet, durch welches allein das gesammte Naturleben bestehen kann, und welches sich in der animalischen Welt im Athemholen manifestirt.

Praenestina (Röm. M.), Beiname der Fortuna, von der Stadt Präneste, in welcher sie einen Tempel und ein Orakel hatte.

Pra Rasi (M. der Siamiesen), Einsiedler, welche in gänzlicher Abgeschiedenheit, durchaus entfernt von den Menschen, wohnen, und durch langjähriges, beschauliches Leben zur Kenntniss der verborgensten Naturgeheimnisse gekommen sind. Diese befinden sich auf der Mauer, welche die Welt umgibt, verzeichnet, und dorther haben die P. R. auch ihre Kenntnisse; daher die Kunst zu fliegen, beliebig alle Gestalten anzunehmen, edle Metalle zu machen u. s. w. Obwohl sie durch die Kunst, die Dauer ihres Körpers zu verlängern, ewig leben würden, so opfern sie sich doch selbst von tausend zu tausend Jahren, indem sie alle (mit Ausnahme eines Einzigen) einen Scheiterhaufen besteigen und sich freiwillig verbrennen. Der Uebrigbleibende erweckt die Heiligen wieder zu neuem Leben. Die Religionsschriften der Tala Poinen geben zwar die Mittel an, zu diesen Einsiedlern zu gelangen, doch soll es sehr gefährlich sein, sie zu suchen.

Prasrinmo und **Prasrinpo**, S. Kenresi.

Praxidice (Gr. M.), »die Vollstreckerin des Rechtes.« Unter diesem Namen weihete Menelaus der Minerva ein Bild, nachdem er an Troja Rache genommen. Bei Haliartus hatten Göttinnen, welche P. hiessen, einen Tempel; bei ihnen wurden Eide geschworen. —

Praxithea (Gr. M.), 1) eine Thespiade, Geliebte des Hercules, dem sie den Nephus gebar. — 2) P., Tochter des Phrasimus und der Diogenia. Erechtheus nahm sie zur Gattin, und sie gebar ihm den Cecrops, Pandorus, Metion, die Procris und die Creusa. — 3) P., Tochter des attischen Heros Leos, welche dieser für sein Vaterland opferte: eine Handlung, welche durch ein Heroon geehrt wurde.

Prema (Röm M.), eine Göttin, welche den jungen Frauen bei den Geheimnissen des Ehebettes die Ruhe empfehlen sollte.

Presbon (Gr. M.), Sohn des Phrixus, vermählt mit Buzyge, einer Tochter des Lycus, welche ihm den Clymenus gebar, der seines Ahnherrn angestammtes Reich, oder Orchomenus erhielt.

Preussen (M. der). Das alte P. oder Litthauen, weit hinauf in das jetzige Russland sich erstreckend, von Pommern bis Riga, und hoch an der Weichsel und der Düna hinauf gen Süden ausgebreitet, war ein mächtiges Land, mit einer zwar sparsamen, doch kräftigen Bevölkerung, welche sich oft durch kühne Eroberungszüge den Nachbarn furchtbar gemacht, bis aus Schweden und Norwegen das Geschlecht der Helden und Seekönige kam, und endlich die südlichen Küsten des baltischen Meers von Starkodders und Ragnar Lodbrogs Thaten widerhallten. — In ältester Zeit beteten jene Urbewohner, die P., Ulmarugier, Litthauer, Letten, Kuren, Lieven, ohne Zweifel Sonne, Mond, Gestirne, die Naturkräfte überhaupt an; als aber die Skandier, ein schon viel vorgeschritteneres, gebildeteres Volk, herüberkamen, brachten sie den Ureinwohnern neue Götter mit, denn von ihnen stammen ohne Zweifel die drei obersten Gottheiten der P., Perkunos, Potrimpos und Pikollos, und wahrscheinlich auch alle übrigen. Es ist viel darüber geschrieben und gestritten worden, ob die angeführten Namen, oder die Gottheiten, denen sie beigelegt wurden, existirt haben, oder ob sie bloss Erfindungen müssiger Chronisten waren, endlich gar, ob in diesen drei Personen nicht die heilige Dreieinigkeit zu finden sei. So schwankte, von einem Extreme zum andern, die Sucht, in Alles, auch in das Einfachste, einen geheimen, tief verborgenen Sinn zu legen, er mag mit den Sitten, den Culturstufen des Volkes übereinstimmen oder nicht. — Was man gewiss weiss, und was durch Voigts Geschichte von P. bis zur höchsten Evidenz gebracht, und durch zahlreiche Belege bestätigt worden, wollen wir in gedrängter Kürze hier aufstellen. Ausser den drei oben genannten Gottheiten und einer vierten, Curcho, gab es auch noch eine Menge Untergottheiten, welche man später, wohl nicht ganz passend, in Götter des Himmels, der Erde, des Wassers, der Menschen, des Viehes, der Unterwelt, in Arbeits-, in Handels, in gute und böse Götter, verwandelt hat. Es war wohl nichts Anderes, als ein Naturdienst, wie er sich bei allen halb rohen Völkern findet; wo eine grosse Bewegung, eine gewaltige Wirkung in der Natur wahrgenommen wurde, erhob man die geahnte Ursache in die Reihe göttlicher Wesen, und eine herrschsüchtige Priesterkaste erklärte Alles, was sie selbst gerne als ausschliessliches Eigenthum besitzen wollte, für ein Heiligthum dieser Götter. Der heiligste Sitz im ganzen Lande war Romowe; er durfte von keinem Menschen, der nicht Priester war, betreten werden; nur die höchsten Regenten durften sich, obwohl auch nur höchst selten und als besondere Gnade gewährt, des Glückes erfreuen, mit dem Griwe, dem obersten Priester, zu sprechen und dem heiligen Raum zu nahen, doch das eigentliche Heiligthum, die immergrüne Eiche und die darunter wohnenden Götter, bekam auch der Landesfürst nie zu sehen, denn die Eiche war ringsum mit einem Gehege von langen, weissen Tüchern umhangen; auf grosse Entfernung war der Hain und der denselben stets von allen Seiten umschliessende Wald dem Gotte, dessen Wohnsitz er umgab, geheiligt; in den oft viele Quadratmeilen einnehmenden Wald durfte kein Ungeweihter treten; wer es dennoch that, ward dem Gotte geopfert, um den Zürnenden zu versöhnen. Kein Baum durfte dort gefällt, kein Thier geschossen werden, und so hatten die Priester ihre Wohnsitze gesichert. Ausser dem berühmten Romowe gab es, im ganzen Lande verbreitet, noch viele andere Orte derselben Art, welche alle Heiligthümer in ihrem Umkreis einschlossen, und gewiss ist, dass es nicht nur einen, sondern sehr viele Haine und Wälder gab, welche nicht bebaut, nicht zu Acker- oder Gartenland benutzt, in welchen kein Baum gefällt, ja nicht einmal abgestorbenes Holz hinweggetragen, in welchen kein Thier getödtet werden durfte, weil jeder Strauch, jeder Zweig für Gott geweihet geachtet wurde. So lebte auch in P., von einem Ende des baltischen Meeres bis zu dem andern, der Glaube an die Heiligkeit der Wälder, wie ihn die alten Germanen, die Angeln und Angelsachsen, die Rugier, Holsteiner und viele andere Nationen hegten. Doch nicht allein Wälder, auch einzelne Eichen und Linden waren einer Gottheit geweihet, weil man in ihnen ein höheres Wesen ahnete, weil sie für Wohnsitze eines Gottes gehalten wurden; man nahete ihnen nur mit heiliger Scheue. Unter solchen einzelnen Eichen war besonders die zu Heiligenbeil ausgezeichnet; sie hatte einen Umfang von 40 Fuss und soll, wie jene zu Romowe, immer gegrünt haben. Eben so gab es heilige Berge, auf denen man der Götter Gegenwart ahnete, und ihnen Opfer brachte; ein solcher lag nahe am frischen Haff. Heilige Felder lagen fast immer unfern der heiligen Wälder und einzelner Eichen, und durften eben so wenig benutzt werden. Ferner gab es heilige Quellen, aus denen Niemand schöpfen durfte, ohne sich die Gegenwart eines Priesters durch Opfer zu erkaufen; sie wurden als in vielen Krankheiten heilsam angesehen. Eben so lagen viele geweihete Seen theils im Bereiche der göttlichen Haine und Wälder, theils auch abgesondert von ihnen, in welchen Niemand fischen durfte; ja späterhin, als Christen schon im Lande wohnten, durften sich diese alle den heiligen Orten selbst auf grosse Entfernungen nicht nahen, ohne sogleich mit dem Leben zu büssen. — Die Götter, welche hier verehrt wurden, waren, ausser den vier grossen, noch Okopirn, der Gott der Luft, der Stürme Erweckende; Swaixtix, der Sterngott, welcher Sonnen- und Sternenschein verlieh; Letzterer ist in den nordischen Gegenden von ausserordentlicher Schönheit, und für die langen Winternächte wichtig, indem er das schneebedeckte Land erhellt; Bankputtis, der Gott des Meeres; Antrimpos, der zornige Wellenbeweger; Wurskeite und Szwambxaite, die Schutzgötter der Heerden und des Geflügels, im ganzen Lande weit verehrt; ihnen wurden die meisten Opfer gebracht; Gardebis und Jantiubobis, Schutzgötter der Rind- und Schafheerden. Perdoitos, Schutzgott des Handels, der das Meer günstig für die Seefahrer bewegte, war besonders an den Meeresküsten sehr verehrt. Puskaitis, der Wald- und Baumgott, im ganzen Lande hoch gefeiert und verehrt, wohnte unter Hollunderbäumen, welche dort zu seltener Grösse und Stärke anwachsen; sie waren ihm besonders heilig, und ihr Holz hiess vor allem andern das heilige Holz; Niemand durfte sie abhauen oder ausrotten, im ganzen Lande waren ihm heilige Haine gewidmet, wo er von einer Menge seltsamer Zwergwesen bedient wurde, welche die spielende Phantasie auf das Abenteuerlichste ausschmückte. Pergubrius verlieh Segen und Gedeihen für die Feldfrüchte; Zemberis bestreuete die Erde mit Samen und bekleidete sie mit Blumen und Kräutern; Pelwitte spendete den Reichthum in Haus und Scheune; Ausweikis war der Gott der Gesundheit, welchen Kranke und Gebrechliche anriefen. — Auch weibliche Wesen in Göttergestalt erheiterten das Leben mit ihren Gaben; so wie auch weibliche Unholde zur Mythologie dieser Völker gehörten. Jawinna verlieh dem Saatgetreide Aufkeimen und Gedeihen; Melletele lockte auf Auen und in den Gärten Gras und Kräuter hervor; Strutis malte die Blumen mit heitern Farben; Gabjauja brachte Reichthum; Guze geleitete die Wanderer freundlich durch die Wildniss und durch die Nacht der Wälder; Swaigsdunoka, die Braut des Sterngottes, führte die Sterne ihre Bahn; Laima half den Gebärenden in ihren Schmerzen, und bestimmte das Schicksal der Neugeborenen. — Die bösen Göttinnen waren: die gefürchtete Würgerin Gittine: sie brachte qualvollen Tod; Magila, die Zorngöttin, verhängte über die, welchen sie übel wollte, grausame Strafen; Laune neckte die Menschen mit allerlei, theils muthwilligen, theils bösen Plagen, verführte die Wanderer durch Irrlichter, bemächtigte sich hülfloser Kinder etc. — Neben diesen Göttern und Göttinnen bestanden noch Schutzgeister, Wald-, Wasser- und Erdgeister, unter denen die zahlreichsten, als Diener des Gottes, Puskattis genannt wurden; Waldmenschen, Zwerge, Elfen: sie hiessen Barstuken oder Perstiken; ihnen ähnlich waren die Nachtgeister, Markopeten, welche zur Zeit der Abenddämmerung ihre Heimath verliessen und sich Speise suchten; man warb um ihre Gunst, indem man an einsame Orte Opferspeisen setzte; sie waren Schutzgeister des Hauses und der Scheune; die Phantasie gefiel sich in der wunderbarsten Ausbildung dieser zwischen den Menschen und den Göttern stehenden Mittelwesen. — Auch in das Thierreich trägt der rohe Sohn der Natur eine Ahnung des Heiligen über, und so galt den alten Bewohnern P.s Alles für heilig, was in irgend einer näheren Beziehung zu einem ihrer Götter stand. Vor Allem war die Schlange verehrt, der Liebling des Potrimpos, die Segenspenderin für Haus und Hof; man glaubte, sie sei unsterblich und gewinne mit jedem Wechsel ihrer Haut eine verjüngende Kraft, daher ward sie in alten ausgehöhlten Eichbäumen mit grosser Sorgfalt gepflegt, in Stuben und Wohngebäuden gerne aufgenommen; unfruchtbare Frauen brachten ihr Milch zur Nahrung und fleheten dabei um Segen zu der Göttin Laima; vernachlässigte man sie, so folgte im Hause Schaden und Unheil aller Art, ja, in allen benachbarten Ländern, wie in P., erhielt sich dieser Glaube an die Heiligkeit der Schlange noch, nachdem geraume Zeit hindurch das Christenthum bereits alle Götzendienerei verdrängt hatte. — Das Ross ward, und zwar besonders das weisse, bei allen Völkern des Nordens, seines wahrsagenden Geistes wegen, geehrt; die weissen alle waren den Göttern geweiht, und es wagte Niemand, ein Thier von solcher Farbe zu besteigen; wer es gar schlug oder verletzte, war des Lebens verlustig. — Unter den Vogelgeschlechtern erwies man besonders der Eule Verehrung, weil man glaubte, dass sie ihre Freunde vor Unglück warne. — Bei so zahlreichen Göttern gab es natürlich eine noch weit zahlreichere Priesterschaft. An ihrer Spitze befand sich der Griwe, fast eine Gottheit zu nennen, so hoch war das Ansehen, in welchem er bei allen Völkern des Nordens stand; die Waidloten, Griwaiten, Siggonen, Wurskaiti, Pustonen, Saitonen, Burtonen und Swakonen, bildeten alle Glieder einer mächtigen Hierarchie, und übten eine unbeschreibliche Gewalt über das rohe, leicht durch Furcht vor den Göttern zu lenkende Volk. Auch an Priesterinnen fehlte es nicht, und es scheint, als seien die weiblichen Gottheiten nur von Frauen oder von weiblichen Priestern bedient worden; dass sie übrigens in dem heiligen Romowe gewesen wären, ist nicht wahrscheinlich, weil der Griwe, so wie alle Priester, im ehelosen Stande lebten und das Uebertreten dieses Gebotes mit dem Tode bestraft wurde, indem der Schuldige, fern von dem geheiligten Sitze der Götter, dem Feuertode übergeben wurde; in seltsamem Widerspruch damit steht die Art, wie Frauen in der Regel Waidlotinnen wurden: wenn nämlich eine Frau in der Ehe unfruchtbar geblieben war, und sie bekam später, nach dem Tode ihres Gatten, einen Sohn oder eine Tochter von einem unverheiratheten Manne, so ward sie für heilig gehalten und in die Zahl der Priesterinnen aufgenommen; diese lebten mehrentheils zerstreut, gleich den untersten Waidloten, erlangten jedoch nicht selten hohen Ruhm und grossen Einfluss auf das Volk, welches an ihre Heiligkeit glaubte. — So weit die Institutionen der alten P. bekannt sind, verlangten dieselben von ihren Priestern ein sittenreines, frommes Leben; in die Zahl der Griwaiten wurden nur solche aufgenommen, welche durch eine Reihe von Jahren schon ihren sittlichen Wandel erprobt hatten, und selbst die Verwandten, welche der Griwe in ihre Zahl aufgenommen zu sehen wünschte, waren hievon nicht befreit, sondern mussten sich gleicher Prüfung unterwerfen. Der Unterhalt dieser vielen Priester wurde ganz allein vom Volke bestritten, denn nirgends findet sich, dass sie Ackerbau, oder Künste und Gewerbe getrieben haben. — Auch ihre Feste waren alle darauf berechnet, dass die Versammelten Spenden bringen, welche, so wie die Opfer, die Haupteinkünfte der Priester ausmachten; in jenen Zeiten gab es noch kein Geld, Alles ward in Naturalien geliefert. Man brachte den Göttern Libationen, die Priester tranken für sie und manchmal unter seltsamen Gebräuchen. So wurde an dem grossen Frühlingsfeste durch den Priester, welcher dasselbe beging, eine Schale mit Bier gefüllt, er nahm sie zwischen die Zähne und trank sie leer, ohne sie mit den Händen zu berühren, dann schleuderte er sie über den Kopf, worauf sie von dem hinter ihm Stehenden aufgefangen, mit Bier gefüllt und zum zweiten- und drittenmal ihm gereicht wurde. Diess dreimalige Trinken galt den drei grossen Göttern, und das Emporwerfen der Schale war das ihnen geweihte Opfer. Nach dieser Ceremonie ging die Schale von Mund zu Mund, Jeder nahm sie zwischen die Zähne, trank sie aus, und der Nachbar nahm sie eben so mit dem Munde ihm ab. Nach diesem ward auf dem Platz, auf welchem das Opfer gebracht war, dem Volke der Segen ertheilt, und nun eilte es zu einem fröhlichen Gelage, bei welchem die berauschenden Getränke in solcher Menge flossen, dass die Feierlichkeit nicht leicht ohne Blutvergiessen beendigt wurde.

Priamus (Gr. M.), der bekannte König von Troja, Sohn des Laomedon, Bruder der Hesione (s. d.) und Gemahl der Hecuba (s. d.), einer der unglücklichsten Helden des Alterthums. Er sah seine herrlichen Söhne Hector und Deïphobus, sah seine sämmtlichen 50 Söhne von Feindeshand gemordet, und einen derselben, Polites, vom grausamen Pyrrhus durchbohrt, zu seinen Füssen sterben. Er sah sein Troja einen Raub der Flammen, seine Unterthanen alle einen Raub des Todes oder des noch grausameren Feindes werden, der, was das Schwert verschonte, in Elend und Sklaverei hinwegführte; er selbst ward von Pyrrhus an den Haaren in den Vorhof zum Altare Jupiters geschleift, und dann, mit abgehauenem Kopf, unbeerdigt, auf freiem Felde, den Hunden zur Beute gelassen.

Priapaeus (Gr. M.), Beiname des Apollo von der Stadt Priapus in Mysien.

Priapus, Fig. 264 (Gr. M.), Sohn des Bacchus und der Venus, nach der Sage der Einwohner von Lampsacus

Fig. 264.

in Mysien. Die zürnende Juno berührte den Leib der schwangern Venus mit zauberischer Hand, so dass sie ein hässliches, mit unnatürlich grossen Zeugungstheilen versehenes Kind, den P., gebar. Die älteren Dichter kennen ihn nicht; Strabo (der um die Zeit Augusts lebte) sagt, erst die Neueren hätten ihn göttlicher Ehre gewürdigt. Er ist daher wahrscheinlich ursprünglich nur eine zu Lampsacus mit eigenthümlichen Zügen ausgestattete Gestalt des Bacchus, wurde aber als Gott ländlicher Fruchtbarkeit, besonders als Gartengott, verehrt, und seine Bilder trugen als Symbol der Fruchtbarkeit ein ungewöhnlich grosses Zeugungsglied. Eine Statue des P. im Museo Pio-Clementino im Vatican sehen wir hier nachgebildet. Er trägt Attribute des Pan, Weinlaub und alle Gattungen von Früchten.

Priasus (Gr. M.), Sohn des Cäneus und Bruder des Phocus, wird zu den Argonauten gezählt.

Pridywandagen (Ind. M.), einer der fünf Söhne der fünf Pandu's, welche diesen berühmten indischen Fürsten von ihrer gemeinschaftlichen Gattin, der Tochter des Dropad, Radscha von Tanassara, der schönen Drowadei, geboren wurden.

Prigirstitis (Slav. M.), ein Hausgötze der Polen; man glaubte, dass er ein sehr feines Gehör habe und selbst das leiseste Murmeln vernehme.

Primigenia (Röm. M.), Beiname, unter welchem Fortuna zu Rom einen Tempel auf dem quirinalischen Hügel und zu Präneste hatte.

Priolaus (Gr. M.), Feldherr der Mariandyner und Sohn des Dascylus. Er und sein Bruder Lycus standen dem Hercules gegen die Bebryker bei, in welchem Kampfe er sein Leben verlor.

Pripartschis (Slav. M.), ein Gott der Polen, welcher die Obhut über die Hausthiere hatte, doch hauptsächlich das Abgewöhnen junger Ferkel von dem Mutterschwein bewirken sollte.

Pripegala (Slav. M.). Die heidnischen Bewohner der Elbgegenden verehrten diesen Gott, dessen Eigenschaften man nicht näher kennt, durch Menschenopfer, welche mit durchdachter Grausamkeit vollzogen wurden. Man findet dieses Gottes erst im zwölften Jahrhundert erwähnt; er war es, dem die gefangenen Christen geschlachtet wurden.

Pritu (Ind. M.), Sohn des Wena (s. d.), eine Verkörperung des Wischnu, bei dessen Geburt aus der Hand seines Vaters, die himmlischen Heerschaaren, die Gandharwas, die Apsaras, ihn singend und tanzend priesen. Seine Erscheinung rettete die Erde aus der grössten Noth, denn des Vaters Grausamkeit hatte den Himmel bewogen, der Erde Regen zu versagen, und diese verbarg nun ihre Schätze in ihrem Schooss, bis P. dieselbe in Gestalt einer Kuh vor seinen Thron rief und ihr befahl, Jedem, der mit einer Bitte zu ihr käme und ein Kalb mitbrächte, um sie zu melken, zu gewähren, was er verlange. Das war die berühmte Wunderkuh Kamdewa, um welche zwischen den Braminen und den Kschetrias so gewaltige Kriege entstanden, dass die Götter sich genöthigt sahen, sich darein zu mischen. Jetzt war die Erde wieder freigebig; die Noth war gehoben, und reich beschenkt von Wischnu und Schiwa mit nie fehlenden Waffen, von dem Sonnengotte mit einer Alles erleuchtenden Krone, von dem Meergotte mit einem perlengeschmückten Sonnenschirm, vermochte P., über den Erdball ziehend, in jedem Kampfe zu siegen, und Regen oder Sonnenschein auszutheilen, wie es ihm gefiel. Er wollte nun Indra's Reich erobern und beging dazu 99 grosse Rossopfer; doch bei dem hundertsten, welches ihm den Sieg verschafft haben würde, stahl Indra ihm das Ross; sein Sohn eilte dem Gotte nach, und dieser wusste dem Verfolger nicht anders zu entgehen, als dass er sich in einen mit Asche bestreueten, mit Todtenknochen behängten Büsser verwandelte; dann jedoch das heilige Ross zum zweiten Male stahl, und hier des P. unfehlbaren Waffen nur durch Brama's Vermittelung entging. P. entsagte darauf dem Reiche zu Gunsten seines Sohnes, zog sich in die Einsamkeit zurück, und ward hier von der Gottheit verschlungen.

Privata (Röm. M.), Beiname der Fortuna, unter welchem sie zu Rom einen Tempel hatte.

Probar Missur (Ind. M.), der Schöpfer des Himmels und der Erde, welchen die Bewohner von Camboya als ihren obersten Gott verehren; doch hat er seine schöpferische Kraft nicht aus sich selbst, sondern von einem andern geheimnissvollen Wesen, Pra Lokussar, welches wieder die Erlaubniss, seine Weisheit und seine hohen Fähigkeiten mitzutheilen, von einem Dritten, dem Pra Issur, empfing.

Proclea (Gr. M.), Tochter des trojanischen Königs Laomedon. Als Hercules Troja besiegte, war sie schon an Cycnus vermählt, und Mutter des Tennes und der Hemithea; der Erstere, von seinem Vater vertrieben, gründete auf Tenedos eine Colonie.

Procles (Gr. M.), ein Heraclide, Sohn des Aristodemus und der Argia. Da der Vater in dem Kampfe um den Peloponnes blieb, erbte er nebst seinem Bruder Eurysthenes die Ansprüche des Verstorbenen; so bekam er Sparta und ward Ahnherr eines der beiden königlichen Geschlechter.

Procne (Gr. M.), Tochter des attischen Königs Pandion, vermählt mit Tereus, einem Thracier in Daulis im Lande Phocis, dem sie den Itys gebar. Später verbarg Tereus sie auf dem Lande, um sich mit ihrer Schwester Philomele zu verbinden, die er der Zunge beraubte und durch das Vorgeben täuschte, P. sei todt. Philomele erfuhr jedoch die Wahrheit, wob ihre Geschichte in ein Gewand und sandte diess der P. Diese kam zu ihrer Schwester, schlachtete mit ihr ihren Sohn Itys, setzte ihn dem Tereus zum Mahle vor und entfloh mit ihrer Schwester. Tereus verfolgte sie mit dem Beil; als er sie eben eingeholt hatte, verwandelten die Götter sie alle in Vögel: Philomele in eine Schwalbe, P. in eine Nachtigall (nach Anderen umgekehrt, wenigstens ist Philomele Benennung der Nachtigall geworden), und den Tereus in einen Wiedehopf oder Habicht. Vergl. Aedon.

Procris (Gr. M.), 1) Tochter der Praxithea und des Königs Erechtheus zu Athen (s. Cephalus). — 2) P., Tochter des Königs Thespius und Geliebte des Hercules, dem sie Zwillinge, Antileon und Hippeus, gebar.

Procrustes (Gr. M.), »der Folterer«, Beiname des Polypemon, eines Sohnes des Neptun, den er von seinem barbarischen Verfahren mit Fremden erhielt. Er legte Jeden, der in seine Hände fiel, in ein Bett, welches ihm nicht passte: war es zu lang, so hing er dem Unglücklichen Ambosse an die Füsse, um ihn zu strecken; war es zu kurz, so hieb er ihm so viel von den Beinen ab, bis es ihm gerade recht war. Theseus that dem Buben, wie er schon so Vielen gethan hatte.

Prodymna oder **Prodymea** (Ind. M.), eine Avatara des Liebesgottes Kamadewa, in welcher derselbe in Krischna's Familie geboren wurde, um verdachtlos an Schiwa's Hof gelangen und diesen zur Liebe und zu einer neuen Verehelichung bewegen zu können. Ein böser Asur warf ihn in's Meer, ein Fisch verschluckte ihn; doch von seiner Gattin Retti (in Gestalt einer Magd) im Magen des Fisches gefunden, ward er erzogen, besiegte den Dämon und flösste dem Gotte wieder Liebe ein; worauf die der Zerrüttung nahe Welt durch Schiwa's Macht von Neuem beglückt wurde.

Promachorma (Gr. M.), »Buchtbeschirmerin«, Beiname der Minerva, unter welchem sie einen Tempel auf dem Felsen Buporthmus im Peloponnes hatte.

Promachus (Gr. M.), 1) Sohn des Hercules, den derselbe mit einer sicilianischen Nymphe, Psophis, erzeugte, als er mit Geryons Rindern durch Sicilien zog. P. hatte einen Bruder Echephron; Beide gingen mit ihrer Mutter in den Peloponnes und erbaueten eine Stadt, welche der Mutter Namen trug; auch hatte jeder dieser Helden daselbst ein Heroon. — 2) P., Sohn des Parthenopäus; er machte den Zug der Epigonen gegen Theben mit. — 3) P., jüngerer Bruder des Jason, soll von seinem Oheim, Pelias, der seinen Vater des Reiches beraubt, hingerichtet worden sein. — 4) P., Beiname des Hercules, unter welchem er zu Theben, und des Mercur, unter welchem er zu Tanagra verehrt wurde; es bedeutet derselbe: »der Vorkämpfer«.

Prometheus, Fig. 265 (Gr. M.), Sohn des Titanen Japetus und der Oceanide Clymene, voll Weisheit, Kunst und Stärke, Freund und Gefährte der Götter, welche ihn wegen seiner hohen Geistesgaben sehr liebten, denen er sich jedoch (und besonders dem Jupiter) verhasst machte, indem er an ihrer Allwissenheit zweifelte. Um diese zu prüfen, hatte er einst bei einem Opfermahl einen jungen Stier zerlegt, und eine Menge Knochen und Sehnen, mit Fett und Fleisch umhüllt, unter den andern gewöhnlichen Stücken dem Jupiter zur Wahl geboten; dieser hatte, wie der schlaue Erdensohn vermuthete, sich durch den Schein blenden lassen, und, zum Gelächter der Andern, die Knochen statt des Fleisches gewählt. Dieses vergass ihm Jupiter nicht; und als nun P. Menschen bildete, Minerva selbst ihm eine Nectarschale brachte, welche ihn und seine Geschöpfe begeistern sollte, und P. das Feuer vom Himmel entwandte, um seine Geschöpfe zu beseelen, da beschloss Jupiter seinen Untergang. Er ward durch Vulcan an den Caucasus geschmiedet, und musste es

Fig. 265.

dulden, dass der Adler Jupiters täglich zu ihm herniederschwebte und ihm die Leber abfrass, welche ihm während der Nacht stets wieder wuchs. Lange ertrug er diese Marter, denn er wusste, es würde ein Sterblicher ihn dereinst befreien; diess geschah durch Hercules, der den Adler erschoss. Nach Andern befreite ihn Chiron, der, von dem Pfeilschuss des Hercules gequält, sich den Tod wünschte, welcher ihn, den Unsterblichen, nicht erreichen konnte, wodurch sich ein Orakelspruch erfüllte, nach dem P. frei sein sollte, sobald ein Unsterblicher sein Leben für ihn dahin geben wolle. Ein dritte Sage lässt Jupiter selbst den grössten der Titanen befreien; dieser weissagte nämlich, dass dem Schoosse der Thetis sich ein Sohn entwinden würde, der grösser sein würde, als sein Vater, und für diese Weissagung entledigte Jupiter, der im Begriff stand, zu Thetis zu gehen, ihn nach dreissigjähriger Qual seiner Strafe. P. war mit Asia vermählt, und ward Vater des Deucalion. — P., wie er einen Menschen bildet, zeigt unser Bild. Minerva setzt seinem Geschöpf einen Schmetterling, das Symbol der Seele, auf den Kopf, hinter ihr eine Schlange, als Symbol der Klugheit.

Promitor (Röm. M.), ein Gott, welcher den häuslichen Geschäften, besonders den Wirthschaftsausgaben vorstand.

Pronaus (Gr. M.), »der vor dem Tempel Stehende,« Beiname des Mercur, unter welchem ihm vor dem Tempel des Apollo Ismenius bei Theben eine Statue errichtet war.

Pronax (Gr. M.), Sohn des Talaus und der Lysimache, Vater des Lycurgus und der Amphithea.

Prons (Slav. M.), Gott der Wenden in der Nähe der Ostsee; er ward mit einem Spiess und einer Pflugschar vorgestellt und hatte eine Krone auf dem Haupt. Man glaubt in ihm einen Gott der Vorsicht und der Gerechtigkeit zu sehen.

Pronoë (Gr. M.), Tochter des Phorbas, Gemahlin des Aetolus und von diesem Mutter des Pleuron und Calydon.

Pronoea (Gr. M.), Beiname der Minerva (die Vordenkende), unter welchem sie einen Tempel zu Delphi hatte.

Pronous (Gr. M.), Sohn des Phegeus und Bruder des Agenor; beide tödteten den Alcmäon wegen des Halsbandes der Harmonia.

Pronuba (Gr. M.), Beiname der Juno, als Vorsteherin der ehelichen Verbindung.

Prophasis (Gr. M.), »der Vorwand,« die entschuldigende Ausrede, sammt ihrer Schwester Metamelia (der Reue), eine Tochter des zu spät denkenden Epimetheus.

Propoetides (Gr. M.), Jungfrauen aus Amathus auf der Insel Cyprus. Sie läugneten, dass Venus eine Göttin sei, und diese erregte zur Strafe in ihnen so sehr die Gefühle, deren Herrscherin sie war, dass die Mädchen auf die tiefste Stufe der Erniedrigung sanken; sie verwandelte dieselben dann aus Mitleid in Stein.

Propylaeus (Gr. M.), »der in Vorhallen Stehende,« Beiname des Mercur, der, von Sokrates gemeisselt, in den Propyläen auf der Burg zu Athen aufgestellt war.

Prorowit (Slav. M.), ein Gott, welcher mit vier Köpfen auf dem gemeinschaftlichen Rumpf vorgestellt wurde; er trug noch einen fünften Kopf auf der Brust, vor welchem er die Hand hielt, so dass seine Augen durch die Spalten der Finger sahen. Man hat vielfache Deutungen dieser Figur, doch keine, welche dem Sinne der slavischen Religionen entspräche; alle Schlüsse sind auf die Aehnlichkeit des Bildes mit dem Janus quadrifrons gebaut.

Prosa oder **Prorsa**, identisch mit Porrima oder Anteverta (s. d.).

Prosclystius (Gr. M.), »der Anspüler,« Beiname des Neptun. Der Gott erhielt denselben, weil er, zürnend, dass nicht ihm, sondern der Juno die Oberherrschaft von Argos zugesprochen worden, die Meereswellen erhob und das Land verwüstete.

Proseleniten (Gr. M.). Die Arcadier, um sich als den ältesten aller griechischen Stämme zu bezeichnen, behaupteten, ihre Stammväter hätten schon existirt, ehe noch der Mond geschaffen gewesen, und nannten sich daher P., d. h. Vormondliche.

Proserpina, Fig. 266 (Gr. M.), griechisch *Περσεφόνη*, in den Mysterien auch Core genannt, Tochter der Ceres und des Jupiter, ward Pluto's Gemahlin, der sie vom Spiele mit ihren Freundinnen hinweg raubte. Amor hatte nämlich auf der Venus Befehl den Gott verwundet, und seine Wünsche auf Proserpina gerichtet, damit sowohl diese gestraft würde, weil sie gleich Diana Jungfrau bleiben wollte, als auch, damit die Macht des Liebesgottes sich auf die Unterwelt ausdehne. Unterdessen suchte Ceres jammernd ihre Tochter, erfährt endlich, dass Pluto der Räuber ist, und sogleich eilt sie zu Jupiter, durch ihn die Rückgabe der Tochter verlangend. Jupiter wünscht, dass P. dem Bruder verbleibe; indess wird ihr, auf der Mutter dringende Bitte, die Rückkehr zum Himmel gestattet, jedoch nur unter der strengen Bedingung, wenn P. dort noch keinerlei Speise mit dem Munde berührt habe. Nun hatte sie aber »einen punischen Apfel vom hängenden Baume gepflücket, und aus gelblicher Rinde die sieben genommenen Körner über die Lippen gebracht.« Diess hatte Acalaphus gesehen und ausgeplaudert, was der P. die Heimkehr raubte, und wofür zur Strafe die »Fürstin des Erebus« ihn in einen Uhu verwandelte, oder, nach Andern, Ceres einen Felsen auf ihn stürzte. — Es ward nun die gutwillige Uebereinkunft getroffen, dass P. einen Theil des Jahres bei Pluto in der Unterwelt, den andern aber bei ihrer Mutter auf der Oberwelt zubringen solle. — P. hatte keine Nachkommen, obwohl man ihr nicht Unempfindlichkeit gegen die Liebe vorwerfen konnte, da sie selbst mit Venus über Adonis in Streit kam, welchen Jupiter eben so schlichtete, wie den zwischen ihrer Mutter und Pluto. Homer weiss noch nichts von dieser Entführung; bei ihm ist P. die rechtmässige Gemahlin des Hades (Pluto), die schreckliche, erhabene, heilige Herrscherin der Schatten. In der später ausgeschmückten Sage wird sie Symbol des Pflanzenlebens, das im Frühling aus der Erde hervorsprosst, im Herbste erstirbt; sie tritt daher in den Kreis des Adonis ein, und soll mit Jupiter den Bacchus Zagreus gezeugt haben, den die Titanen zerreissen. Als Tochter der Ceres ward sie in den eleusinischen Mysterien, besonders in den kleinen, hoch gefeiert, hatte in allen Tempeln der Ceres Altäre und Statuen, ward aber meistentheils neben Pluto auf dem Throne sitzend dargestellt. Eine Darstellung des Raubes der Proserpina nach einem Basrelief zeigt nebenstehendes Bild.

Prostasia (Gr. M.), »die Vorsteherin,« Beiname der Ceres, unter welchem sie einen Tempel und Hain bei Sicyon mit ihrer Tochter Proserpina theilte.

Prostaterius (Gr. M.), »der Beschützer,« Beiname des Apollo, unter welchem er einen kleinen Tempel in Attica hatte.

Prosymna (Gr. M.), des Flusses Asterion Tochter, welche, nebst ihren Schwestern Euböa nnd Acräa, die Juno auferzog. — Ferner ein Beiname der Ceres.

Protesilaus (Gr. M.), Sohn des Iphiclus und der Astyoche, und mit der Tochter des Acastus, Laodamia, kaum vermählt, als er abreisen musste. Die junge Gattin liebte ihn über Alles, wesshalb sie, als er gleich bei der Landung an der troïschen Küste als erstes Opfer des Krieges gefallen war, sich von den Göttern die Gnade erbat, ihn noch einmal auf wenige Stunden sehen zu dürfen; es geschah, und bald darauf gab sie sich selbst den Tod. P. ward als Heros verehrt und hatte zu Eläus auf dem thracischen Chersonnes einen Tempel. Artayctes, Feldherr des Xerxes, bat diesen, ihm das Haus des Griechen, welcher wider den grossen König Krieg geführt, zu schenken; diess geschah: es war der Tempel, dessen

Fig. 266.

reiche Schätze Artayctes nun in die Festung Sestus bringen liess, welche er dann auch mit aller Macht gegen die anrückenden Griechen vertheidigte; doch musste er fliehen, da zuletzt die Stadt so ausgehungert war, dass seine Leute keine Nahrungsmittel mehr hatten, als die ledernen Gurten ihrer Bettgestelle. Man holte ihn auf der Flucht ein, da gab P's. Geist ein schreckliches Zeichen: die gedörrten Fische, welche die Hellenen sich zum Nachtmahl braten wollten, bewegten und krümmten sich, als ob sie lebten; die erschreckten Griechen wurden durch Artayctes beruhigt, indem er sagte, nicht ihnen, sondern ihm gelte das Zeichen: P., dessen Grabmal und Tempel er entweiht, wolle ihm zeigen, dass er auch todt und dürr von den Göttern Macht habe, seine Beleidiger zu bestrafen. Nun bot er als Lösegeld für sich hundert, für seinen Sohn aber zweihundert Talente, doch umsonst: der Feldherr der Athener, Xanthippus, nahm das Anerbieten nicht an, er liess den Schänder des Heiligthums lebendig an das Kreuz nageln, und seinen Sohn vor dessen Augen steinigen.

Proteus (Gr. M.), Diener des Neptun, ein weissagerischer Meergreis, war vermählt mit Psamathe, welche ihm mehrere Kinder gebar: Theoclymenus, Polygonus, Telegonus (Alle von Hercules erlegt, den sie zum Ringen herausforderten, von dem sie aber überwunden wurden), Theonoë u. A. Als seine zweite Gattin gilt Torone, so wie auch noch mehrere Kinder, Cabira, Idothea, genannt werden. Berühmt ist P. durch die Kunst, sich in tausend Gestalten zu verwandeln. Menelaus, auf dem Strande von Pharos, der Insel vor Aegypten, festsitzend, weder des Weges, noch der Entfernung seiner Heimath kundig, wird von Idothea angeleitet, den Meergreis zu fesseln, und, wie er sich auch verwandelt, zuletzt selbst in Wasser und Feuer, ihn zu drängen und zu halten, bis er seine erste Greisengestalt wieder annimmt, und ihn dann um Rath zu befragen, was Menelaus auch zu seinem Heile thut. Vielen der alten Griechen galt P. für einen König in Aegypten.

Prothoënor (Gr. M.), Sohn des Areïlicus und der Theobule, Bruder des Arcesilaus, führte seine Mannschaft in sieben Schiffen aus Böotien nach Troja, und blieb dort von der Hand des Polydamas.

Prothous (Gr. M.), 1) Sohn des Tenthredon, führte aus Magnesia seine Leute in vierzig Schiffen nach Troja, doch sind seine Thaten unbekannt. — 2) P., einer der Söhne des Agrius, welche den König Oeneus seines Reiches beraubten und es ihrem Vater übertrugen.

Proetiden (Gr. M.), die Töchter des Königs Prötus. Sie wurden von Juno, weil sie sich für schöner hielten, als diese, oder von Bacchus, weil sie seinen Dienst verachteten, mit Wahnsinn gestraft, welcher machte, dass sie sich für Kühe hielten, in den Wäldern umher schweiften, und Geberden und Gebrüll des Heerdenviehes nachahmten. Melampus, ein berühmter Seher, heilte sie, indem er mit einer Schaar rüstiger Jünglinge ihnen nachfolgte, sie durch ähnliches Thun vertraut machte, und endlich ihnen Reinigungsmittel gab. Eine der P., Iphianassa, erhielt nebst dem dritten Theil des Reiches Melampus zum Lohne. Die andern hiessen Iphinoë und Lysippe.

Proetus (Gr. M.), Vater der Prötiden, Gemahl der Stheneböa, der Tochter des Königs Jobates in Lycien, ward von seinem Zwillingsbruder Acrisius aus Argolis vertrieben, gewann jedoch mit seines Schwiegervaters Hülfe einen Theil desselben, Tiryns, wieder, welche Stadt ihm die Cyclopen mit Mauern umgaben. Seine Gattin verliebte sich in den edlen Bellerophon, und verklagte ihn, da er ihr nicht Gehör gab, bei dem Gatten wegen böser Zumuthungen. S. Bellerophon.

Protogenia (Gr. M.), die erstgeborne Tochter Deucalions und der Pyrrha, mit welcher Jupiter auf dem Berge Mänalus in Arcadien den Opus zeugte, nachdem er sie ihrem Gatten Locrus, von dem sie kinderlos geblieben, entführt hatte. — 2) P., Geliebte des Mars, welchem sie den Oxylus schenkte. Sie war eine Tochter des Calydon und der Aeolia.

Protogone (Gr. M.), Beiname der Proserpina in einem Tempel zu Athen, als Erstgeborne der Ceres. Sie ward als beglückende Göttin verehrt.

Protogonus (Gr. M.), »Erstgeborner;« in den orphischen Mysterien Vater der Rhea.

Providentia (Röm. M.), die personificirte Vorsehung.

Prowe (Slav. M.), ein Gott der Wenden und nordischen Slaven, als ein kluger, aber strenger und furchtbarer Richter verehrt. Er war Gott der Gerechtigkeit, trug, als Symbol der Klugheit, Schlangen auf der Brust, und in der Hand den eisernen Schild, welcher in zweifelhaften Fällen als Gottesurtheil entscheiden sollte, indem er glühend gemacht und zur Feuerprobe gebraucht wurde. Sein ehernes Bild stellte einen alten Mann mit langem, faltigem Gewande vor; er trägt Ketten um den Hals und in einer Hand ein Opfermesser. Zu Stargard war seine Verehrung besonders allgemein, er hatte dort einen Tempel und ihm wurden zahlreiche Opfer gebracht; er hatte einen umhegten heiligen Hain und Wald, in dessen Nähe sich an jedem Montag das Volk versammelte; ihn selbst zu betreten war bei Todesstrafe verboten. Die Preussen tranken von dem Opferblut, um sich Kraft zu erwerben, und frugen dann im Beisein des Königs und des ganzen Volks den Götzen um Rath. Aus seinem Munde gingen sowohl die Richtersprüche hervor, als auch Anschläge, welche durchgeführt werden sollten, und denen zu widersprechen Niemand wagte; Thiere und auch Gefangene, in spätern Zeiten gefangene Christen, wurden ihm geopfert, und die Letztern besonders, weil sie sich durch ihre fanatische Unduldsamkeit überall auszeichneten. Der Chronist Helmold kam mit dem Bischof Geroldus nach Stargard, und fing das Bekehrungswerk damit an, dass er das Gehege zerstörte und den heiligen Wald niederbrannte; doch ward er von dem an sich guten Volk nicht getödtet: es bekehrte sich nach und nach zu seinem Glauben. Dass auch hier die Priester sich selbst nicht vergessen haben, geht aus den Berichten der alten Chronisten hervor, welche sagen: obwohl es bei Todesstrafe verboten war, den heiligen Hain zu betreten, so war doch am Freitag den Weibern, Kindern und dem Gesinde, welche Opfer brachten, der Eintritt erlaubt; dann ward in dem Umkreis desselben ein fröhliches Mahl gehalten, und getanzt bis tief in die Nacht hinein. — P. soll auch noch unter anderer Gestalt verehrt worden sein: er stand nackt auf einer Säule; als einziges Bekleidungsstück dienten ihm ein Paar Stiefeln, unten am Fusse lag eine Schelle. Ob man jedoch diese von der andern so sehr verschiedene Gottheit für dasselbe Individuum annehmen darf, steht zu fragen, besonders, da nur der Name Prono es ist, welcher, als ähnlich dem P., darauf leitet; es können ja zu Stargard wohl mehrere Götter verehrt worden sein.

Prschemischl (Slav. M.), erster fabelhafter Herzog der Böhmen, Gemahl der bekannten Libussa (s. d.). Der Name ist der Bedeutung nach ganz dem des Prometheus gleich: »der Vorausdenkende«; wahrscheinlich dessbalb, weil P. ein Seher, ein grosser Prophet war.

Prschipartschis (Slav. M.), ein Hausgötze der Polen, welcher die von der Mutter abgewöhnten jungen Ferkel nähren sollte.

Prschipegala (Slav. M.), ein Kriegsgott, blutdürstig, wie seine Priester und wie alle Götter der Slaven. Die gefangenen Christen wurden vor dem Bilde desselben enthauptet und ihr Blut ihm zu trinken gegeben.

Prschipolnitz (Slav. M.), ein Spuckgeist nach Art des Alp oder Mahr, besonders den Schlafenden beschwerlich. Verstopfen der Schlüssellöcher sollte ihn abhalten.

Prudadd (Celt. M.), von den Barden vorzugsweise diejenigen, welche ihren Dienst ausschliesslich hohen Helden, Seekönigen und andern Fürsten gewidmet hatten.

Prymno (Gr. M.), Tochter des Oceanus und der Tethys.

Psamathe (Gr. M.), 1) eine Nereïde, von Aeacus Mutter des Phocus; seine Stiefbrüder, Peleus und Telamon, brachten ihn um, die Mutter aber sandte einen Wolf über das Land, welcher das ihr angethane Leid rächte. — 2) P., Geliebte des Apollo, dem sie den Linus gebar. S. Crotopus.

Psilas (Gr. M.), »der Beflügelnde,« oder »der Glattwangige,« Beiname des Bacchus, unter welchem er zu Amyclä verehrt wurde.

Psophis (Gr. M.), 1) eine sicilianische Nymphe, Tochter des Eryx, Geliebte des Hercules, und von ihm Mutter des Promachus und des Echephron. Sie floh vor ihrem Vater nach Phegia, zu Lycortas, der sie freundlich aufnahm. Ihre Söhne nannten die Stadt Phegia, nach ihrer Mutter. — 2) P., des Xanthus Tochter und Enkelin des Erymanthus; auch sie macht Ansprüche auf die Ehre, die Stadt P. nach sich benannt zu sehen.

Psyche, Fig. 267 (Gr. M.), ein liebliches Mädchen, dessen Schönheit so bewundert wurde, dass man dasselbe die zweite Venus nannte, worüber erzürnt Venus beschloss, sie zu verderben, und ihrem Sohne Amor befahl, sie mit dem Pfeil der Schmerzen zu rühren, und in den verworfensten Menschen verliebt zu machen. Amor flog, der Mutter Wünsche zu vollziehen, zur Erde, sah aber kaum das liebreizende Wesen, als er sich selbst in Psyche verliebte. Er entführte sie in einen Palast, umgeben von ewig blühenden Gärten, wo sie an seiner Seite des höchsten Glückes genoss, doch den Geliebten selbst niemals sah, weil er sie nur in dunkler Nacht besuchte, und ihr untersagte, nach ihm zu forschen. Sie wünschte ihre Schwestern zu sehen, und diese, als Amor ihren Wunsch erfüllte, brachten Unheil über sie, denn voll Neid über das Glück der Schwester, beredeten sie dieselbe, dass ein Ungeheuer allnächtlich an ihrer Seite ruhe, und dass es ihre Pflicht sei, dasselbe zu ermorden. In Todesangst, eines Unthiers Beute zu sein, erhob sich in der folgenden Nacht P. vom Lager, nahm eine verborgen gehaltene Lampe und einen Dolch und wollte den Todesstreich führen; da sah sie den Götterjüngling, durch den Schlaf verschönt, auf dem Lager ruhen; sie konnte nicht müde werden, in diesem Betrachten zu schwelgen; plötzlich

Fig. 267.

aber fiel ein Tropfen Oel auf seine entblösste Schulter; er erwachte, und zürnend, sein Gebot nicht befolgt zu sehen, entfloh er, P. in Verzweiflung zurücklassend. Die Unglückliche suchte den Geliebten nun überall, und kam zuletzt selbst in den Palast der Venus, welche unedel genug war, die Arme als Dienerin auf das Härteste zu behandeln, und ihr Aufträge zu geben, welche offenbar auf ihren Untergang abzweckten. Sie vermochte Alles zu erfüllen, was Venus verlangte, doch nur, indem Amor, seine Liebe noch im Herzen tragend, ihr unsichtbar auf jede Weise beistand und sie aus jeder Gefahr rettete. Amor bat nun bei Jupiter um Erlösung der Geliebten, und so ward sie in den Olymp unter die Unsterblichen aufgenommen und mit Amor auf das Feierlichste und Glänzendste verbunden. Seit dieser Zeit soll sich der Gott der Liebe von der Erde zurückgezogen haben, und nur noch sein Bruder Pothos (das Verlangen) die Herrschaft über die Menschen führen. — Das Wort P. bedeutet im Griechischen Seele. Die Geschichte Amors und der P. ist daher nichts anderes, als eine Allegorie in neuplatonisch-orphischem Geschmacke: das Bild der menschlichen Seele, die durch Leiden geläutert, und so auf den Genuss reiner und ächter Freude vorbereitet und für denselben empfänglich gemacht wird. Uebrigens ist der Mythus von sehr später Entstehung und findet sich zuerst bei Apulejus, der 130 n. Chr. geboren war. — P. wird gewöhnlich mit Schmetterlingsflügeln dargestellt, auch hält sie häufig einen Schmetterling auf der offenen Hand. (Auch der Schmetterling heisst auf griechisch Psyche. S. Amor.) — Unser Bild zeigt uns eine Statue der P. in schreckensvoller Haltung, wie sie den Schlägen der Venus auszuweichen sucht.

Pteleon (Gr. M.), Liebhaber der Procris, oder nach Andern der Name, unter welchem Cephalus unerkannt bei seiner Gattin erschien und sie bewog, ihm ihre Gunst zu schenken.

Pterelaus (Gr. M.), Sohn des Taphius, Anführer oder König der Teleboër, Enkel des Perseus und des Neptun, von welchem er ein goldenes Haar geschenkt erhalten hatte, das, seinem Haupte eingepflanzt, ihm das Leben zusicherte, so lange es nicht entfernt wurde. Des P. Tochter Comätho riss aus Liebe zu Amphitryon, der ihren Vater bekriegte, ihm dasselbe aus, ward aber dafür von Amphitryon hingerichtet.

Ptoliporthe (Gr. M.), Tochter des Ulysses und der Penelope, welche dieses Ehepaar nach des Königs von Ithaca Zurückkunft erzeugte.

Ptoliporthus (Gr. M.), »der Städtezerstörer,« Beiname des Mars, des Achill und des Ulysses.

Ptous (Gr. M.), 1) Sohn des Athamas und der Themisto, von welchem der Berg Ptoon seinen Namen hatte. — 2) P., Beiname des Apollo, von eben diesem Berge, auf welchem ein Tempel desselben stand.

Publica (Röm. M.), Beiname der Fortuna: »das Glück des Staates.«

Pudari (Ind. M.), riesengrosse, flammenhaarige, vielarmige Genien, welche als Beschützer der Städte verehrt wurden, und denen man ausserhalb der Orte ihrer Anbetung Tempel bauete, und viele, oft blutige, Menschenopfer brachte.

Pudas (Ind. M.), ein Gott, welcher häufig mit Ixora (einer Incarnation des Schiwa) vergesellschaftet erscheint; seine Bedeutung kennt man nicht, sein Aussehen aber ist grotesk und bizarr, wie das der meisten indischen Götterbilder. P. erscheint mit unförmlich dickem Bauch bei kleiner Figur, und hat den Kopf ganz von Schlangen umgeben; eine solche windet sich auch in mehrfachen Ringen um Beine, Brust und Arme; die rechte Hand trägt einen Stab.

Pudicitia (Röm. M.), die Keuschheit, welche zu Rom zwei Tempel hatte; der erste war von patricischen Frauen geweiht; als diese aber Virginia, welche einen Plebejer geheirathet, nicht mehr in den Tempel lassen wollten, pründete Letztere einen neuen, der P. Plebeja, lud die plebejischen Matronen zu demselben ein, und forderte sie auf, zu wachen, dass keuschere Frauen, als die patricischen, der neuen Göttin dienten. Es durften auch nur Frauen dem Altar nahen, deren Ehrbarkeit anerkannt war; sogar solche, die zum zweiten Male geheirathet hatten, waren von dem Dienst ausgeschlossen.

Pulaha (Ind. M.). Aus Brama's Körper wurden von diesem Gotte neun Bramen erschaffen, welche den verschiedenen Theilen desselben entsprangen. Zugleich schuf Sunyambhu, Brama's Sohn, die zehn berühmten Rischis oder Altväter aller vorhandenen Wesen. Diese sind mit den neun oben angeführten Bramen identisch, und einer derselben ist P. Er war so fromm, dass er durch sein Gebet Menschen, Thiere und Götter zu schaffen vermochte.

Pulchs, ein von den Tschuwaschen verehrter Gott niedern Ranges.

Pulear oder **Ganesha**, Fig. 268 (Ind. M.), Sohn der Gemahlin des Schiwa, Parwati, welche denselben ohne ihren Gatten bildete, indem sie beim Baden die Abgänge von ihrem Körper zu einem Jüngling formte. Schiwa, eifersüchtig, glaubte sich von Parwati hintergangen, und schlug dem Jüngling den Kopf ab, welcher im Ganges fortschwamm. Als er seinen Irrthum erkannte, wollte er denselben wieder heilen, doch fehlte der Kopf, der schon von Fischen verzehrt war, daher liess Schiwa den Sohn seiner Gattin demjenigen Geschöpf, das ihm zuerst begegnete, den Kopf abschlagen und sich aufsetzen; das war ein Elephant, und so wird er (s. die Abbildung), stets mit einem Elephantenrüssel abgebildet. P. reitet auf einer Maus, welche der verwandelte Riese Gedjemugaschurin ist, den P. besiegte, als er sich gegen die Götter erhob. P. ist unglaublich stark, daher ein trefflicher Beistand der Götter in ihrem ewigen Kampf gegen die bösen Dämonen; aber so stark er ist, so stark isst er auch, und er würde die ganze Welt essen, wenn er sie bekäme; nur in dem Zuckermeere, worin seine Wohnung schwimmt, findet er für seinen Hunger einige Befriedigung. Als

Fig. 268.

liebster Sohn des Schiwa wird er wie dieser verehrt und vor jedem Opfer zuerst angerufen; denn die Indier glaubten, es stehe in seiner Macht, Hindernisse zu häufen oder zu beseitigen; sogar alle indischen Bücher beginnen mit dem Gebet an ihn. Sein Bild ist häufig an die Hausthüren gemalt, und beinahe alle Familien besitzen seine Statue in Bronze, Marmor oder Thon, vor welcher sie ihre Hausandacht verrichten. P. ist sein Name als Gott der Ehe; er soll von des Vaters Frage nach dessen Entstehung, Pulei-ar? (wessen Sohn?) herkommen.

Puliahs, eine indische Kaste, die niedrigste unter allen, oder vielmehr der Auswurf der niedrigsten; sie sind noch viel verachteter als die Paria's, dürfen nicht auf gebahnten Strassen gehen, müssen auf hundert Schritte jeden Wanderer vor ihrer Nähe warnen, indem sie einen besonders kenntlichen Schrei ausstossen; dürfen nicht einmal Hütten haben, und wohnen desshalb gewöhnlich einzeln in der grössten Entfernung von bewohnten Orten, in dichten Wäldern, wo sie sich auf Bäumen, den Affen ähnlich, Nester bauen.

Pulolah (Lamaismus), der Tempel des Gross-Lama zu Deschescho. Der Name bedeutet »Tempel mit dem goldenen Dach.« In diesem Gebäude wohnen, wenn der Dalai Lama anwesend ist, über 800 Priester, ganz allein zu seinem Dienst bestimmt. Den Tempel selbst sollen eine grosse Menge Statuen von einer Frau schmücken, welche ein Kind auf dem Arme trägt. Wahrscheinlich sind diese geheiligten Frauen die Mütter all' der Dalai Lamas, welche nach einander regierten.

Punchao (M. der Peruaner), der grösste ihrer Götter, der Herr des Tages, der Schöpfer des Lichts.

Punu (Ind. M.), einer der ältesten und berühmtesten indischen Könige. Seine Epoche verliert sich in die frühesten fabelhaften Zeiten kurz nach der Sündfluth. Krischna (Wischnu in seiner achten Verkörperung) verlieh einem spätern Nachkommen dieses Königs, dem Ardschun, die Herrschaft von Indien, nachdem die Kinder des Kuru und des Pandu sich lange darum bekriegt hatten; später wurden um derselben Ursache willen Kriege mit den Persern geführt, und in deren letztem ward der indische König gefangen, nach Persien geschleppt und zinsbar gemacht. Hiedurch kommen wir auf eine Verbindung mit der Geschichte Griechenlands. Ein Nachkomme dieses zinsbaren Königs (Phuru oder Phur) nämlich verweigerte den Tribut, und veranlasste so den Zug Alexanders nach Indien; mehrere historische Werke haben die Siege des grossen Helden aufbewahrt, ja, sogar das wissen sie, woraus sich für die Wahrheit dieser Angaben etwas schliessen lässt, dass ein Aufruhr im Lager ihn zwang, Indien wider seinen Willen zu verlassen.

Purandanes (Ind. M.), Sohn des Artschunen (einer der fünf Söhne des Pandu und der Kundi) von dessen zweiter Gattin, der Prinzessin Arangadei.

Purasa (Ind. M.), der erste Mann, der Urvater des Menschengeschlechts, welcher mit seiner Gattin, der ersten Frau, Prakriti, die Stammeltern der indischen Kasten erzeugte.

Purdman (Ind. M.), eine Verkörperung des Kamadewa, in welcher er als Sohn des Krischna und der Rukmani geboren wurde. Der Riesendämon Samber liess ihn in das Meer werfen; er ward von einem Fisch verschlungen, der Fisch jedoch gefangen, und so das Kind gerettet und den betrübten Eltern wieder zugestellt.

Puru (Ind. M.), 1) Sohn des Jajadu und der Braminen-Tochter Dewajani (s. d.), der kühnste Krieger im Heere der Dews, als diese mit den bösen Dämonen und Riesen kämpften, zeichnete sich besonders durch die gewaltige Führung seines Teber, seines Schlachtbeiles, aus. — 2) ., der erste König Indiens aus dem Geschlecht der Kinder des Mondes, dessen Enkel er war, indem sein Vater, Buddha, ein Sohn desselben gewesen. Es stammt von ihm die ganze Dynastie der Kinder des Mondes her, welche alle hoch berühmt waren und ihre Herrschaft am obern Ganges für die Ewigkeit gegründet zu haben schienen. Die Könige Duschmanta, Kuru, Dritaratschtra, Pandu etc. gehörten zu dieser Familie, in welcher Krischna zu verschiedenen Malen wiedergeboren wurde.

Puskatis (Lettische M.), der Waldgott der alten heidnischen Preussen; ihm war der Hollunderstrauch heilig, und wer einen solchen beschädigte, musste es mit dem Tode büssen.

Puspadanta (Ind. M.), einer von den berühmten zwölf Buddhas, welche vorzugsweise von den Dschainas verehrt wurden, Sohn des Sugriga und der Roma aus dem Geschlecht der Ikswaku. Man stellt ihn als einen Menschen vor, welcher in einen Fischleib endet.

Pussa (M. der Chinesen), der Vorsteher aller Porcellanarbeiten. Ein Kaiser des Reiches der himmlischen Mitte verlangte Gefässe von ausserordentlicher Grösse und Schönheit, die aber den Arbeitern im Feuer jederzeit zersprangen. Voll Verzweiflung stürzte sich einer derselben in den glühenden Ofen, und siehe, die Gefässe blieben ganz; von da an ward er als Gott und Schutzpatron der Porzellanfabrication verehrt.

Pustonen (Lettische M.), Priester der heidnischen Preussen, deren besonderes Geschäft die Wundarzneikunde war; sie gaben vor, die Wunden durch den Hauch ihres Mundes heilen zu können.

Püstrich (Slav. M.), ein Gott der Sorben und Wenden in Thüringen. Sein missgestaltetes Götzenbild von Erz war hohl gegossen und hatte das Ansehen eines kleinen dickbackigen Knaben, der eine Hand über den Kopf hält. Dieser hatte zwei Oeffnungen, die eine auf dem Scheitel, die andere an der Stelle des Mundes. Man glaubt, dass er als furchtbarer Zornesgott von den Priestern gebraucht worden sei, welche ihn mit Wasser füllten, nachdem die Löcher verstopft waren, über Feuer setzten, und so durch die Dampfentwicklung das Heraustreiben der Pflöcke unter heftigem Knall und Aussprudeln von Dampf und siedendem Wasser veranlassten.

Puta (Röm. M.), eine Göttin, welche die Aufsicht über das Beschneiden der Weinstöcke und Bäume hatte.

Putscha (Ind. M.), die kleinen, nicht blutigen Opfer, welche, aus Früchten und Blumen bestehend, den Genien sowohl, als den drei grossen Göttern dargebracht werden.

Putschiari (Ind. M.), heissen die Braminen, welche nach zwölfjährigen Studien sich entschliessen, ihr Leben ganz den Göttern zu widmen, und desshalb in irgend eine Pagode gehen.

Puttonen (Lettische M.), Wahrsager der alten heidnischen Preussen, welche aus dem Schaum des Wassers die Zukunft prophezeiheten.

Puzza (Chines. M.), eine Göttin, welche Aehnlichkeit mit der Cybele der Griechen oder der Isis der Aegypter hat. Die Bonzen erzählen, drei himmlische Genien weiblichen Geschlechts seien einst aus ihren Paradieses-Wohnungen herabgestiegen, um sich in einem Flusse zu baden. Kaum hatte das Wasser ihre Körper berührt, als die Schönste derselben auf ihrem Gewand eine Lotospflanze mit Blüthen und Früchten erblickte, ohne zu wissen, woher dieselbe gekommen. Sie konnte dem Wunsch, von dieser Frucht zu kosten, nicht widerstehen; der Versuch aber hatte üble Folgen: ein Söhnlein entwand sich ihrem Schooss. Bis zu den männlichen Jahren desselben erzog sie ihn, dann kehrte sie jedoch von der Erde zurück in ihr himmlisches Reich. Diese Nymphe war P., und da ihr Sohn ein mächtiger Gebieter des himmlischen Reiches von China wurde, ehrte man die Mutter als Beherrscherin der Welt, als Gebärerin alles Heils, als Ernährerin alles Lebenden; worin dann nun allerdings eine entfernte Aehnlichkeit mit Isis, der Mutter des Horus, und

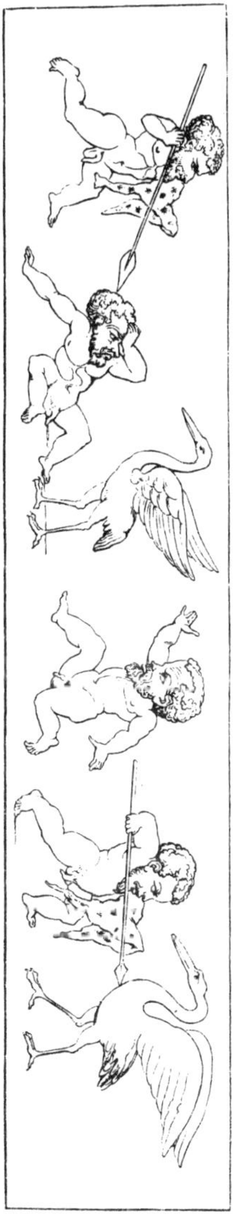

Fig. 269.

Cybele, der grossen Göttermutter, liegt. Sie wird auf einer Blume sitzend, mit 18 Armen, oder auch ganz verhüllt, das Gesicht von einem Heiligenschein umgeben, dargestellt.

Pya (Slav. M.), der oberste der schwarzen Götter (Tschernebog) bei den Wenden, der als stehender Löwe gebildet worden sein soll.

Pygmaeen, Fig. 269 (Gr. M.), »Fäustlinge«, eine fabelhafte Völkerschaft von ausserordentlicher Kleinheit, welche in Mittelafrica, in der Gegend der Nilquellen', wohnt und stets mit den Kranichen im Krieg leben sollte, denen sie an Grösse kaum gleich kam. Die P. sind zu ihrer Kleinheit noch so missgestaltet, dass den dritten Theil des ganzen Körpers der Kopf einnimmt. Plinius sagt, dass sie Häuser von Eierschalen hätten. Den Hercules sollen sie einst mit einem grossen Heer überzogen haben, als er schlief; der Heros lächelte, wickelte die Armen in seine Löwenhaut und brachte sie dem Eurystheus. — Den Kampf der P. mit den Kranichen sehen wir nach einem Vasengemälde auf unserm Bilde.

Pygmalion (Gr. M.), 1) König von Tyrus, Bruder der Dido, Königin von Carthago, und der Anna. Dido war mit Sichäus vermählt; als dieser starb, gelüstete den Bruder nach dessen unermesslichen Schätzen, und er wünschte Dido in seine Gewalt zu bekommen, welche sich ihm jedoch, seine Absicht ahnend, durch List entzog, sich nach Africa wandte und dort ein neues Reich stiftete, welches bald zu ungewöhnlichem Glanze und grosser Kraft heranwuchs. Als Aeneas die unglückliche Königin verlassen hatte, gab sie sich selbst den Tod, Anna floh nach Melita (Malta) zu König Battus; da trat ihr Bruder P., welcher seinen Grimm wegen des ihm entzogenen Schatzes noch nicht vergessen hatte, von Neuem auf, drohete den Battus mit Krieg zu überziehen, und die arme Anna musste von Neuem aus dem kaum gewonnenen Asyl nach Italien fliehen, woselbst sie den Tod fand. — 2) P., ein cyprischer König und berühmter Bildner in Elfenbein. Einst hatte er ein so wunderschönes Mädchen geformt, dass er in der heissesten Liebe zu seiner eigenen Schöpfung entbrannte, an seiner Brust das kalte Bild erwärmen liess, die schönen Lippen küsste, hoffend, sie würden seine Glut zurückgeben, bis Venus aus Mitleid mit dem Schwärmer die reizenden Formen belebte.

Pylades (Gr. M.), Sohn des Königs Strophius und der Anaxibia, einer Schwester des Agamemnon, zu welcher der junge Orestes geflüchtet ward, als Klytämnestra ihren Gatten ermordet hatte. Dort entspann sich zwischen Orest und P. die sprüchwörtlich gewordene Freundschaft, welche durch keinen Unfall erschüttert werden konnte. Als Orest zu dem Hofe seines ermordeten Vaters zurückkehrte, um die Mörder zu bestrafen, half ihm P. bei seinem Rachegeschäft, begleitete ihn, als er, von den Furien verfolgt, trostlos umherirrte, selbst bis nach Taurien, auf die Gefahr hin, von Thoas, gleich allen übrigen Fremden, geopfert zu werden; brachte Iphigenia zurück sammt der taurischen Diana, und ward zuletzt durch die Hand der edlen Electra, der Schwester des Orestes, belohnt. Seine Söhne waren Medon und Strophius.

Pylaemenes (Gr. M.), 1) König der Paphlagonier und Bundesgenosse des Priamus; er fiel von Menelaus' oder Achilles' Hand; sein Sohn Harpalion, gleich ihm den Krieg vor Troja theilend, ward vom Meriones getödtet. — 2) P., der Geliebte der Nymphe Gygäa, welche ihm den Mesthles und den Antiphus gebar.

Pylaon (Gr. M.), Sohn des Neleus und Vater der Antiope, welche mit Eurytus, dem Könige von Oechalia, vermählt, Mutter der Iole, des Iphitus und des Clytius wurde.

Pylas (Gr. M.), Sohn des Cleson, König zu Megara, Vater der Pylia, welche Pandions, des Königs von Athen, Gattin wurde. P. entfloh, weil er seines Vaters Bruder getödtet, aus seinem Reich und überliess es seinem Schwiegersohn, selbst ein neues, nämlich Pylus in Messenien, stiftend, indem er sich mit einem Theil seines Volkes nach dem Peloponnes begab.

Pylaetis (Gr. M.), »Thorbeschirmerin«, Beiname der Minerva.

Pylaeus (Gr. M.), ein Aeolier, Sohn des Lethus, des Teuthamiden. Er war der Anführer der Pelasger vor Troja.

Pyleus (Gr. M.), Sohn des orchomenischen Königs Clymenus (also ein Nachkomme des Phrixus), ward unter den Mauern von Orchomenus begraben, als Hercules dieselben durch Zudämmung des Cephissus niederstürzte.

Pylus (Gr. M.), 1) Sohn des Mars von Demonice, der Tochter des Agenor und der Epicaste; seine Brüder waren Evenus, Molus und Thestius. — 2) P., ein Sohn des Hercules von einer der fünfzig Thespiaden.

Pyr (Phönic. M.), Sohn des Genos und seiner Schwester Genea (Kinder des Protogonos). Das genannte Paar hatte noch zwei andere Kinder; Phos und Phlox, Licht und Flamme, wie P. Feuer. Sie erfanden den Gottesdienst.

Pyraechmes (Gr. M.), ein Heerführer der Päonier, welcher seine Völker dem bedrängten Priamus zuführte; er ward won Patroclus erlegt, als dieser in Achilles' Rüstung unter den Feinden erschien.

Pyramus (Gr. M.), ein junger Babylonier, der Geliebte der Thisbe. (S. d.)

Pyremus (Gr. M.), Vater des Asterion, welcher jedoch nach Andern Cometes heissen soll.

Pyrene (Gr. M.), Geliebte des Mars und von ihm Mutter des Cycnus.

Pyretus (Gr. M.), einer der Centauren auf Pirithous' Hochzeit; er ward von Periphas getödtet.

Pyriphlegeton, identisch mit Phlegethon. (S. d.)

Pyrissous (Gr. M.), Beiname des Achilles, von dem Umstande, dass er im Feuer (durch welches seine Mutter ihn unsterblich machen wollte) leben blieb.

Pyronia (Gr. M.), eines der vier feurigen Sonnenrosse.

Pyrrha (Gr. M.), 1) S. Deucalion. — 2) P., Tochter des Königs Creon zu Theben (Bruders der Jocaste). — 3) P., der Name, unter welchem Achilles am Hofe des Lycomedes in Mädchenkleidern verborgen war.

Pyrrhus (Gr. M.), Sohn des Achilles und der schönen Deïdamia, der Tochter des Königs Lycomedes. Er ward so genannt nach Pyrrha (s. d.), unter welchem Namen sein Vater als Mädchen bei Lycomedes verborgen war. Sonst hiess er auch Neoptolemus. Da die Seher gesagt hatten, man könne ohne des Achilles Sohn Troja nicht erobern, ward er von der Insel Scyrus geholt und verrichtete nun vor Troja die kühnsten Thaten; er war indessen eben so grausam, als tapfer und schön; er mordete den Polites vor den Augen seines Vaters Priamus, schleifte diesen selbst an den Haaren durch die Burg und tödtete ihn, opferte die liebreizende Polyxena am Grabe seines Vaters u. a. m. Als Kriegsbeute bekam er Andromache, Hectors Wittwe, und Helenus, einen Sohn des Priamus, die er als Sclaven fortführte. Er zeugte mit Andromache den Molossus, Pergamus und Piëlus, und gab jene dann, als er sich mit Hermione vermählte, dem Helenus zur Gattin; er selbst starb, noch bevor er die neue Ehe vollzogen, von der Hand des Orestes, welcher die ihm einst zugesagte Braut mit dem Schwerte in der Hand sich wieder eroberte.

Pythius (Gr. M.), Beiname des Apollo, welchen er von Python erhielt, den er erlegte.

Pythoctonus (Gr. M.), Beiname des Apollo, der den Python tödtete.

Python (Gr. M.), auch Delphine, Delphyne oder Delphynes genannt, ein Kind der Erde, eine Schlange, die das Erdorakel am castalischen Quell bewachte, oder selbst am Parnass Orakel ertheilte. Sie wusste, dass sie ihren Tod von der Hand eines Sohnes der Latona finden würde, und verfolgte daher diese auf das Heftigste, musste sie aber durch den Boreas sich entrückt sehen, worauf sie wieder nach dem Parnass zurückkehrte. Als Apollo die Waffen zu führen vermochte, erlegte er das Ungeheuer, um seine Mutter zu rächen; da es indessen göttlichen Ursprungs war, musste er sich durch die freiwillige Knechtschaft bei Admet in Thessalien von dem Morde reinigen lassen, bevor er Besitz von der Stelle und dem Orakel nahm, das späterhin das delphische hiess; hierauf stiftete er zum Gedächtniss der Schlange die pythischen Spiele.

Q.

Quadrifrons (Röm. M.), Beiname des Janus, von seiner bildlichen Darstellung mit vier Gesichtern; er hatte auf dem Forum transitorium eine Kapelle.

Quanwon (Japan. M.), eine Verkörperung der Göttin Amida, eine neue wunderbare Erscheinung derselben. Sie wird abgebildet mit einer grossen Anzahl Hände, deren jede einen der vielen nützlichen Gegenstände trägt, die sie für die Menschen erfunden hat, wiewohl es schwer sein dürfte, allen diesen uns zum Theil unbekannten Dingen Namen und Bedeutung zu geben. Die Tempel dieser Göttin sind überaus prächtig, gross, mit vielen Götzenbildern angefüllt; der in Miaco ihr geweihete soll der Götzenbilder 33333 enthalten, daher auch sein Name San man San Ssin: »der Tempel der 33333 Idole.« Die vielen Kindergestalten, welche sie umringen, deuten auf die ihr selbst von Göttern dargebrachte Verehrung.

Quaser (Nord. M.). Die Asen führten mit den Vanen seit langen Jahren Krieg; überdrüssig der nicht aufhörenden Streitigkeiten, beschlossen sie ein Wesen zu schaffen, dessen Weisheit sie sich anvertrauen, und das sie zum Schiedsrichter nehmen könnten. Asen und Vanen spieen in ein Gefäss und bildeten den Q. Er war so weise, dass Niemand ihm eine Frage vorlegen konnte, die er nicht zu beantworten gewusst hätte, desshalb reiste er, nach vollzogenem Schiedsrichteramt, in der Welt umher, um die Menschen Weisheit zu lehren; allein als er zu den Zwergen Fialar und Galar gelangte, fanden diese an seinem Rath nicht genug, sie wollten ihn ganz haben, schlachteten ihn daher, und mischten sein Blut mit Honig, einen köstlichen Meth daraus bereitend, so dass Jeder, der davon trank, zum Dichter wurde. Die Götter, welche nach dem Weisen sich erkundigten, erhielten zur Antwort, »Q. sei in seiner eigenen Weisheit erstickt,« weil Niemand ihm dieselbe habe abfragen können. Nicht lange nach dieser That erschlugen die Zwerge auch den Riesen Gilling und dessen Gattin im Schlafe mit einem Mühlstein, ohne dass uns die Tradition die Ursache dieser Grausamkeit aufbewahrt hätte, wohl aber weiss man, dass Gillings Sohn, der Riese Suttung, Rache suchte, die Zwerge ergriff und sie mitten im Meere auf einem Felsen dem Hungertode preisgegeben aussetzte. In dieser Noth boten sie demselben für ihre Freiheit den kostbaren Dichtermeth, der aus dem Blut Q.s gemacht war. Suttung nahm den Antrag wohl auf, gab den Zwergen die Freiheit und liess den Meth durch seine Tochter, die schöne Gunlöda, im Hnitberge sorgfältig bewahren. Odin verschaffte sich durch List den Eingang in den Berg, und durch die Gunst der jungen Riesin den ganzen Vorrath von Meth. Von dem ganzen Vorgange her kommen alle die Namen, welche der Dichtermeth in der Edda führt: Q.s-Blut, Zwerge-Trank, Hnitbergsmeth, Zwerglösegeld etc.; von den Fässern, Son und Boden, in welche das Blut gezapft, so wie von dem Kessel, Odrarir, in dem der Meth bereitet wurde, heisst er auch Sonsnass, Bodennass oder Odrarirs Meth.

Quaxicalco, s. Huitzompan.

Quedara Wardon (Ind. M.), ein Fest, welches der Parwati gefeiert wird; es legt demjenigen, welcher es Einmal mitgemacht hat, die Verpflichtung auf, es jährlich zu wiederholen. Diejenigen, welche es begehen, zeichnen sich durch eine gelbe Schnur, um den Arm geschlungen, aus, und fasten den Göttern zu Ehren den ganzen Tag.

Quedil (Ind. M.), ein Fest, der Mariatale geweiht; es wird ganz auf dieselbe Weise begangen, wie das unter Mariyammai beschriebene. Mariatale ist wahrscheinlich mit der vorgenannten Göttin identisch.

Quedu (Ind. M.), Sohn des Kasyapa und der Singiede, war, wie sein Bruder Rahu, ein furchtbarer Riese, ein böser Dämon; Beide wollten die Götter an Bereitung der Amrita (s. d.), hindern; als es jedoch durch Umdrehung des Berges Mandar im Milchmeere den Göttern gelungen war, sie dennoch zu bereiten, raubten sie das Gefäss und gedachten die Amrita für sich zu behalten. Sonne und Mond sahen diess, und riefen den Gott Wischnu herbei, der Beiden die Köpfe abhieb, da sie eben das Gefäss an den Lippen hatten; doch war schon etwas von dem Göttertrank in sie übergegangen, daher die Köpfe unsterblich waren und an den Himmel flogen, als Wischnu's Waffe sie von den Körpern trennte. Hier umkreisen sie als Planeten, die nur zur Zeit von Sonnenverfinsterungen sichtbar werden, das Weltall, und sind die grimmigsten Feinde von Sonne und Mond, welche sie als mächtige Drachen angreifen und zu verschlingen streben.

Querquetulanae (Röm. M.), Nymphen der Eichenwälder.

Quetraquel (Ind. M.), s. Birapatren.

Quetzalcoatl (Mex. M.), die grün gefiederte Schlange, der Gott der Luft, war ein Oberpriester der Mexikaner in Tuta, und soll so ungeheure Reichthümer gehabt haben, dass seine Häuser nur aus Gold und kostbaren Steinen zusammengesetzt waren. Er war zugleich der weiseste Gesetzgeber; seine Befehle wurden von dem Gipfel eines Berges durch einen Ausrufer, dessen Stimme 300 Meilen weit tönte, verkündet. Ihm dankt das Reich alle Erfindungen; er war auch ein Liebling der Götter, welche durch ihn das Land segneten; allein da er dieses zu sehr beglückte, und die Götter sahen, dass ewiges Glück den Menschen nicht wohl thue, so riethen sie ihm auszuwandern, was er auch that; er kam nach Cholula und ward dort zum Regenten erhoben; unter seiner Regierung war immer Friede, der Wohlstand mehrte sich, er gab Anleitung zu allen Erfindungen, und ward, nachdem er gestorben war, als Gott der Luft verehrt; fast alle, selbst feindliche Völker, nahmen diesen Gott an und bauten ihm Tempel.

Quiatri (Ind. M.), die in Brama ruhende (also unfruchtbare, unwirksame) empfangende Kraft; sie wird als seine Gemahlin gedacht und ist als solche der fruchtbaren Gemahlin Saraswati entgegengesetzt. Diese nämlich ist das weibliche Princip des Brama, ausser sich gesetzt, Q. das in ihm ruhende.

Quies (Röm. M.), die Ruhe; eine Göttin, welche vor dem pränestinischen Thore, auf der lavicanischen Strasse, einen Tempel hatte.

Quietalis (Röm. M.), Beiname des Pluto, weil er den Todten Ruhe gibt.

Quiokkosan, Begräbnissplatz der nordamericanischen Völkerschaften, meistentheils mit Pfählen umgeben, deren obere Enden zu Menschengesichtern geschnitzt sind.

Quirinus (Röm. M.), der Name, unter welchem Romulus vergöttert und als Roms Schutzgott verehrt ward; er hatte unter diesem in der sechsten Region seinen Tempel, sowie bestellte Priester. Q. war zuweilen auch Beiname des Mars und des Janus.

Quiritis (Röm. M.), so viel als Curitis, Beiname der Juno auf römischen Inschriften.

Quisqueja (M. der Bewohner von —). Diese Insel, eine der grossen Antillen, sonst St. Domingo, jetzt Haiti, war in der Vorzeit bewohnt von einem harmlosen, friedfertigen Volke, welches die grausamen, blutdürstigen Spanier ganz ausgerottet haben. Es betete die Sonne (Tonatiks) und den Mond (Tona) an. Diese wohnten sonst auf der Erde, und zwar auf Q., in einer schönen Höhle, bis sie nach Turëi (dem Himmel) gingen, um von dort herab die Welt zu erleuchten. Die Höhle ist noch jetzt zu sehen: sie hat beinahe 200 Fuss im Durchmesser, und eine Wölbung von 130 Fuss Höhe, von einer solchen Reinheit der Form, dass man nicht zweifeln kann, sie sei durch Kunst erst ausgebildet worden. Die Wände sicht man mit Intaglios bedeckt, Schutzgeister, Genien und Götter darstellend; eine grosse Anzahl gut erhaltener Blenden lässt vermuthen, dass in denselben Götzenstatuen oder andere Heiligthümer gestanden haben. Im Innern sollen deren mehr als tausend, und am Eingange die beiden grössten gestanden haben, welche Sonne und Mond vorstellten. Es scheint diess der einzige Tempel von Q. gewesen zu sein, denn von allen Gegenden der Insel strömten täglich Schaaren der Einwohner hinzu, um daselbst zu beten und ihre Andacht zu verrichten. Sie glaubten, dass die ganze Erde von ihnen aus bevölkert worden sei, und nach ihren Traditionen waren die ersten Menschen in zweien Höhlen des Berges Kauta eingeschlossen, wo ein Riese sie bewachte; dieser jedoch ward, als er sich einst hervorwagte, um die Gegend zu beschauen, in Stein verwandelt, da er den Glanz der Sonne nicht ertragen konnte. Eben so ging es vielen der Menschen: sie wurden zu Thieren, Steinen oder Pflanzen, bis die übrigen sich nach und nach an die Tageshelle gewöhnten. Ihre Seelen wandern in das Gebirge, welches die Mitte der Insel einnimmt, und leben dort in den kühleren, quellenreichen Gegenden nur von der äusserst wohlschmeckenden Frucht des Memmeybaumes, welche die Spanier »Aprikosen von Domingo« nannten. Die einfachen frommen Menschen genossen nie etwas von diesen Früchten, um den Seelen ihren Unterhalt nicht zu rauben. Ihr Land war einst viel grösser und keine Insel; eine schreckliche Fluth aber überschwemmte Alles, so dass nur die Gipfel der Berge noch aus dem Wasser hervorstanden, und diess geschah folgender Gestalt: Ein reicher Mann, Namens Joja, verlor durch plötzlichen Tod seinen jüngsten Sohn, nachdem dessen Mutter gestorben war, als sie ihm kaum das Leben gegeben. Um sich von den geliebten Ueberresten nicht zu trennen, legte er dieselben in einen grossen Kürbis; als er aber nach einiger Zeit den Deckel abnahm, bemerkte er zu seinem Schrecken, dass derselbe voll grünlichen Wassers sei, in welchem eine Menge Fische und Seeungeheuer herumschwammen; er lief voll Angst davon, um mit seinen Freunden zu rathschlagen, was zu beginnen sei; unterdessen nahmen seine anderen Söhne den Kürbis auf, um das Meer, welches darin verborgen war, zu sehen, setzten ihn, als der Vater zurückkam, voll Angst, sie möchten Unrecht gethan haben, schnell hin, davon aber bekam er einen Riss, und nun floss das Meer unaufhaltsam hinaus, erfüllte alle niedrig gelegenen Theile der Erde, und liess zuletzt nichts mehr davon übrig, als die Gipfel der Berge, welche nunmehr Inseln von mehr oder weniger Umfang ausmachten, auf denen die der Fluth entronnenen Menschen wohnten. Für die beiden Götter, Sonne und Mond, denen es auf ihrer Insel sehr wohl gefallen, schickten diese selbst dem Joja zwei andere als Repräsentanten: Jokahuna und Jemno, die obersten Herrscher; zu diesen gesellten sich nun noch viele andere Geister, welche alle einer grössern oder geringern Verehrung genossen; sie erhielten Bilder von Thon oder Steinen, wurden in den Hütten sowohl, als in dem grossen Höhlentempel aufgestellt und dort angebetet; dafür bewiesen sie sich dankbar, verliehen guten Fischfang, gute Jagd, verliehen Sieg in der Schlacht, beförderten das Wachsthum des Getreides, verschafften den Feldern Regen oder Sonnenschein, schenkten den Frauen eine leichte Niederkunft und den Mädchen freundliche Männer. Ihnen allen ward jährlich ein grosses Fest gegeben, wobei der Kazike eine Trommel aus einem gehöhlten Baumstamme trug und immerfort rührte; ihm folgte die ganze Dorfschaft bis zum Tempel, in welchem die Priester mit grossem Geschrei jede neu ankommende Schaar empfingen, und die dargebrachten Opfer nahmen. Diese bestanden in dünnen Mehlkuchen, welche in Gegenwart der Götter zerbrochen und darauf zum kleinsten Theil als Weihegeschenk den Familienhäuptern wieder gegeben wurden. Die zurückempfangenen kleinen Stücke bewahrte man sorgfältig bis zum nächsten Jahre. Grosser Tanz beschloss die Feierlichkeit, bei welcher zugleich die meisten ehelichen Verbindungen geknüpft wurden. Alle Bildsäulen dieser Götter wurden von den Spaniern zerstört und das ganze Volk vernichtet.

Quitaztli (Mex. M.), das berühmte Schlangenweib, das am Anfange des vierten Weltalters die Erde bevölkerte, indem es jedesmal Zwillinge gebar.

Quobdas (Rel. der Lappen), die Zaubertrommel, deren die Aerzte und Zauberer der Lappländer sich bedienen, um böse Geister, welche die Krankheiten hervorbringen, zu vertreiben. Sie ist mit allerlei Thieren und sonderbaren Charakteren bemalt und mit Zierathen behängt.

R.

Raba (Slav. Rel.), Diener der Priester bei den Wenden Rugiern und norddeutschen Slaven; das, was Fratres in den Klöstern der Christen waren, dienende Brüder.

Rabe (Gr. M.). Dem Apollo brachte ein Rabe die Nachricht, dass seine Geliebte, Coronis, sich mit Ischis verbunden habe, was Apollo mit solchem Schmerz erfüllte, dass er Coronis erschoss und den R.n, der zuvor weiss gewesen, schwärzte. Darauf sandte er den Vogel mit einem Mischkruge (Crater) aus, um von einer Quelle Wasser zu einem Opfer zu holen. Da aber der R. an der Quelle einen Feigenbaum mit unreifen Früchten fand, so wartete er hier, bis die Früchte reif waren, um von ihnen zu naschen. Dann brachte er dem Gotte mit dem Wasser eine Schlange, und gab vor, diese habe ihm bisher den Zugang zur Quelle verwehrt. Apollo bestrafte den Lügner mit dem Tode, setzte aber Schlange, R. und Becher an den Himmel unter die Gestirne. Die Schlange steht unter den Bildern des Thierkreises am südlichen Himmel, beginnt mit dem Kopfe (einem hellen Stern zweiter Grösse, Alphard), nahe unter dem Krebs, zieht sich bei dem Löwen und der Jungfrau vorbei, und endet bei der Wage, in ihren Krümmungen eine grosse Zahl kleiner Sterne bergend. Auf ihr steht der R., unterhalb des Sternbildes der Jungfrau, an vier hellen Sternen kenntlich; gleichfalls unter der Jungfrau, auf dem Rücken der Schlange stehend, befindet sich der Crater, dessen Rand sechs Sterne vierter Grösse bilden, die beinahe in einem Kreise stehen. Die drei Sternbilder enthalten zusammen mehrere hundert kleinere Sterne.

Radamas (Slav. M.), einer der unterirdischen Götter, welche die Mähren angebetet haben sollen.

Radegast (Slav. M.), der Gott der Ehre und Stärke bei den Wenden war Roswodiz, oder, wie er gewöhnlich genannt wird, R. Er wurde vornehmlich zu Rhetra (am Tollenser-See in Mecklenburg-Strelitz) verehrt, und als jugendlicher Krieger, einen Stierkopf vor der Brust, einen Schwan mit ausgebreiteten Schwingen auf dem lockigen Haupt, und eine Kriegslanze in der Hand abgebildet. Der Name Roswodiz bedeutet Anführer im Kriege, R. bedeutet Rathgeber, weil er von seinen Priestern um Rath gefragt wurde; Hlawaradze, wie er auch noch heisst, bezeichnet ihn als höchsten Rathgeber; auch führt er den Beinamen Zirnitra (zauberkräftig). Auch in Arcona auf Rügen ward er angebetet.

Radgrid (Nord. M.), eine der schönen Walküren oder Schlachtjungfrauen.

Radha (Ind. M.), Verkörperung der Göttin Lakschmi, der Gattin des Wischnu. R. war eines von den schönen Milchmädchen, in deren Gesellschaft Krischna (Verkörperung des Wischnu) seine Jugendjahre verlebte. Einst zeigte sich Krischna auch gegen andere Mädchen liebreich, worauf R. sich weinend entfernte, und nur mit Mühe zu bewegen war, sich dem Gotte wieder zu ergeben, worauf sie die Geheimnisse der Liebe feierten, und Krischna das nächtliche Dunkel sechs Monate währen liess. Nur durch Vermittelung der Götter wurde der entbehrenden Erde das Glück des Sonnenscheins wieder gegeben.

Radomischl (Slav. M.), soll eine Göttin lieblicher Gedanken gewesen sein: wahrscheinlich ist diese Deutung nur aus den Endsilben ihres Namens entlehnt: »ja mischlie« heisst: ich denke.

Radweig (Nord. M.), eine von den neun Töchtern des Niord.

Raediau (M. der Lappen), derjenige ihrer Götter, welcher die Seelen der Verstorbenen zu sich nimmt, wenn sie fromm gewesen; mit den Bösen hat er nichts zu thun.

Rafn (Nord. M.), berühmtes Ross Ali's, des Königs von Norwegen, welches durch den König Adils von Schweden erbeutet wurde, als dieser mit einem Heere in Norwegen einfiel.

Ragaina (M. der Esthen), gemeinschaftlicher Name für alle Waldgeister oder Götter, zu denen die Beschützer der Jagd, der Bienen und der Waldfrüchte gehörten.

Raggenna (M. der Finnen), Untergötter, welche über die Hausthiere wachen sollen.

Ragnarokr (Nord. M.), »Götterdämmerung«; der schreckliche Weltuntergang, der den nordischen Göttern, den Asen, ihren Reichen, ihren Schöpfungen, und mithin auch der Erde und den Menschen ein Ende droht. Die Edda macht folgende Beschreibung davon: »Es kommt ein Winter, Fimbulweter genannt, da stöbert Schnee von allen Seiten, ein starker Frost herrscht, und rauhe Winde toben, wodurch die Wärme der Sonne vernichtet wird; solcher Winter folgen drei aufeinander, ohne einen Sommer dazwischen, aber vor diesen werden drei Jahre kommen, in denen die ganze Welt mit Krieg und Blutvergiessen heimgesucht wird; Brüder tödten einander aus Geiz, und keine Schonung findet statt, auch nicht zwischen Eltern und Kindern. Dann geschieht, was von der grössten Wichtigkeit ist, dass der Wolf Skoll zum grossen Verderben der Menschen die Sonne verschlingt, ein anderer Wolf Hati nimmt den Mond, die Sterne verschwinden vom Himmel, die ganze Erde bebt, die Bäume werden mit den Wurzeln ausgerissen, die Berge stürzen zusammen und alle Ketten und Bande brechen und zerreissen. Der Fenrirs-Wolf kommt los, das Meer tritt über seine Ufer, weil die Midgardsschlange wie wüthend wird und das Land sucht. Da geschieht auch folgendes: das Schiff Naglfar wird los; es ist aus Menschennägeln gemacht, weswegen bemerkt zu werden verdient, dass, wenn Jemand stirbt und ihm die Nägel nicht abgeschnitten werden, er dadurch den Bau des Schiffes befördert. Götter und Menschen müssen wünschen, dass es spät fertig wird. Der Riese Hrymer steuert Naglfar; der Fenrirs-Wolf fährt hervor mit aufgesperrtem Rachen, so dass der Unterkiefer die Erde, der Oberkiefer den Himmel berührt. Die Midgardsschlange speit Gift aus, welches die ganze Luft und das Meer ansteckt; sie ist erschrecklich und kämpft an der Seite des Fenrirs-Wolfs. In diesem Lärm birst der Himmel, und Muspels Söhne kommen reitend unter Surturs Anführung, der von Feuer umgeben ist, und dessen vortreffliches Schwert heller leuchtet, als die Sonne. Während sie über Bifröst (Regenbogen-Brücke) reiten, geht sie in Stücke. Muspels Söhne ziehen hinaus auf die nach allen Seiten 100 Meilen messende Ebene Vigrid, wo sie zu Fenrir und der Midgardsschlange stossen. Es vereinigt sich auch mit ihnen Loke, Hrymer und alle Hrymtussen. Muspels Söhne haben ihre eigene, sehr glänzende Schlachtordnung. Wenn diese Begebenheiten eintreffen, erhebt sich Heimdal, stösst aus aller Kraft in's Giallarhorn, und weckt alle Götter, die Rath halten. Odin reitet zu Mimers Brunnen, um dort für sich und die Seinigen Rath zu holen. Die Esche Ygdrasil bebt, und Alles fürchtet sich, im Himmel und auf Erden. Die Asen rüsten sich mit den Einheriar und ziehen auf die Ebene; voran reitet Odin mit einem Goldhelm, einem trefflichen Harnisch und dem nie fehlenden Speer, Gunguar, bewaffnet; er kämpft gegen Fenrir. Thor streitet an seiner Seite, ohne Odin beistehen zu können, da er genug mit der Midgardsschlange zu thun hat; Freir kämpft mit Surtur, und es beginnt ein harter Kampf, der mit Freirs Fall endigt. Die Ursache seines Todes ist der Mangel eines guten Schwertes, das er Skirner gab. Auch der Hund Gramr, der in dem Loche Gnipi gebunden war, reisst sich los. Er verursacht ausserordentlich viel Unglück; er streitet nämlich gegen Tyr, und sie tödten einander. Thor erwirbt sich zwar die Ehre, die Midgardsschlange zu tödten, aber nachdem er neun Schritte davon gegangen ist, fällt auch er todt zur Erde von dem Gift, das die Schlange ausgespieen hat. Der Wolf verschlingt Odin, alsbald wendet sich Vidar gegen ihn, setzt ihm einen Fuss in den untern Kiefer und reisst ihm mit der Hand den Schlund heraus. Der Schuh dieses einen Fusses ist von den Lederstücken gemacht, welche man von den Schuhen um die Zehen und den Absatz abschneidet; daher darf Niemand, der den Asen zu Hülfe kommen will, versäumen, diese Stücke wegzuschneiden. Nach diesem Allem wirft Surtur Feuer und verbrennt die ganze Erde. Aber nun hebt sich aus dem Meere eine schöne grüne Erde, worauf Korn wächst; Vidar und Vali, denen Surturs Lohe nichts geschadet hat, leben, sie wohnen auf der Ida-Ebene, wo Asgard ehemals lag; dort finden sich auch Thors Söhne, Magni und Modi, ein, und haben Thors Hammer, Miölner, mit; ferner erscheinen auch Hödur, Balder und Hel. Sie setzen sich neben einander und gedenken ehemaliger Begebenheiten. Auch haben sich zwei Menschen, Lif und Lifthrasir, im Homimersholt verborgen; diese haben sich vom Morgenthau genährt und kommen jetzt hervor. Von ihnen stammt das neue Geschlecht, das die Erde bevölkert; auch die Tochter der Sonne wandelt an der Mutter Stelle die alte Bahn und erleuchtet die Erde.«

Raien Aimo, S. Aimo.

Rak Beid oder **Raki Veda**, das erste Buch der Vedas, des ältesten indischen Religionsbuches.

Rak schasas (Ind. M.), Könige der Erde, welche ihre Befugniss überschritten, die Menschen tyrannisirt haben, und desshalb von Wischnu dadurch bestraft worden sind, dass er sie in böse Dämonen verwandelte; diese sind nun meistens Riesenkönige, mit denen Wischnu in seinen verschiedenen Verkörperungen kämpft.

Rakumon (M. der Karaiben), einer der ersten Karaiben, durch den grossen Lougno unmittelbar aus seinem Nabel hervorgebracht; er ward zuerst in eine grosse Schlange und dann in einen Stern verwandelt, als welcher er jetzt günstigen Einfluss auf die Witterung ausübt, die mässigen Winde und die starken Regen veranlasst.

Rama awatara, Fig. 270. S. Wischnu und nebenstehende Abbildung.

Fig. 270.

Rama tschandra, S. Wischnu.

Ramayan, ein berühmtes indisches Heldengedicht, von den Zügen des Rama handelnd. Der Verfasser hiess Walmiki.

Rambha (Ind. M.), eine überaus reizende Nymphe, die von Indra bewogen wurde, den Büsserkönig Wiswamitra, welcher durch seine Frömmigkeit Indra's Reich erobern wollte, und nahe daran war, es zu vollbringen, zu verführen. Sie entfaltete vor ihm allen ihren Liebreiz, dazu kam Indra selbst in Gestalt eines Vogels, Kokila, dessen Gesang zur Liebe unwiderstehlich hinreisst, und auch der Liebesgott Kamadewa selbst, welche mit vereinter Gewalt auf den Weisen stürmten, so, dass er im Begriff war, sich seiner Neigung zu überlassen, als er noch zur rechten Zeit Indra, und somit die List erkannte, welche ihn um den Sieg bringen sollte. Sein Fluch verwandelte alsbald die schöne Nymphe in einen Stein, was sie zehntausend Jahre lange bleiben muss.

Ran (Nord. M.), das personificirte Meer, die Gattin des Meergottes Aeger; sie gebar demselben die neun Wellenmädchen (s. d.). Alle diejenigen Menschen, welche auf dem Meere starben, kamen in das Reich der R.

Rana Neida (M. der Lappen), »die grüne Jungfrau,« Göttin der Fruchtbarkeit und Schönheit.

Randgrith (Nord. M.), eine der schönen Wallküren.

Randwer, S. Hreidmar.

Rapitan (Pers. Rel.), der Ized oder gute Genius, welcher die ersten Nachmittagsstunden jedes Tages beherrscht.

Raschnerast (Pers. M.), Gehülfe des Amerdad, eines der sieben guten Genien oder Amschaspands, welche Ormuzd zur Bekämpfung des Ahriman erschaffen. R. beschützt alle Gebirge der Erde, auch das vornehmste derselben, den Urberg Albordji.

Raspi (Pers. Rel.), Titel des Gehülfen, den der Priester der Parsis in den Gueberntempeln während des Feuerdienstes braucht; der Priester selbst heisst in der Function Dschuti.

Rassawarten (Ind. M.), ein bekannter Fürst aus dem Geschlechte der Sonnenkinder, Vater des Bonden und Grossvater des Trunawendu und der Aillei.

Ratainitza (Slav. M.), ein Hausgott der Polen, welcher besonders in den Pferdeställen sich aufhalten und diese schützen sollte.

Ratatoeskur (Nord. M.), ein Eichhörnchen, das auf der Esche Ygdrasil auf- und abspringt, und der Schlange Nidhögr am Fuss des Baumes erzählt, was der die Wipfel der Esche bewohnende Adler gesprochen, und umgekehrt, wodurch beide gegen einander aufgebracht werden.

Rathgrith (Nord. M.), eine Walküre, eine der schönen Schildjungfrauen, welche die Helden der Erde zu Odins Mahl laden.

Rauguzenapat (Slav. M.), ein Gott der Polen, welcher dem ganzen Hauswesen vorstand; ihm ward durch den Hausvater von jedem frisch angezapften Fasse Bier oder Meth der erste Becher geopfert.

Raumus (Nord. M.), ein Nachkomme des Gottes Thor, Sohn des Norr und Enkel des Thorri. Bei einem Feste, das der Jote Bergfinn gab, verliebte er sich in dessen Schwester, welche ihm drei Söhne gebar: Böre, Brand und Alf.

Raun (Nord. M.), das Rauschen der See; eine von den neun Wellenmädchen, den Töchtern des Meergottes Aeger und der bösen Ran.

Rauni (M. der Finnen), Göttin des Unwetters, welches sie, mit Donner und Blitz begleitet, auf die Erde schickt, wenn sie zornig ist. Ihr Gemahl ist Ukko, der allmächtige Herrscher des Himmels.

Rawana (Ind. M.), Beherrscher von Lanka (Ceylon), furchtbarer Riesenkönig, von Wischnu in der Gestalt des Rama besiegt. S. Wischnu.

Rawsqua (Nord. M.), einer der beständigen Begleiter Odins.

Raymi (Peruan. Rel.), das grosse Sonnenfest, welches die Incas begingen; es ward auf dem Platze vor dem Palast des Königs in Cuzco gefeiert.

Razi (Slav. M.) Die Götter der Polen zerfielen in gute und böse, und jede dieser beiden Classen wieder in Rathgeber und Zauberer; die Rathgeber hiessen R., die Zauberer Zirnitra.

Raziwia (Slav. M.), eine Untergöttin der Wenden, der Bewohner Schlesiens und der Lausitz; man weiss nicht, ob Göttin der Liebe oder des Mondes.

Reasseden (Ind. M.), ein Altvater und einer der Begleiter der Sonne, welcher während des Monats Massi (Februar) immer neben derselben ist.

Reckur (Nord. M.), einer der Zwerge, welche aus Erde geschaffen sind und in der Erde wohnen.

Rediculus (Röm. M.), eine Gottheit, deren Tempel an der appischen Strasse, vor dem capenischen Thore, an dem Punkte stand, wo Hannibal nach seinem Marsch auf Rom wieder umgekehrt hatte. Der Name kommt von redire, umkehren, und steht in Uebereinstimmung mit der Gewohnheit der Römer, nach ausserordentlichen Begebenheiten ein besonderes, aber nicht näher bestimmtes, göttliches Wesen als Urheber derselben anzunehmen, und für dasselbe eine Benennung aus der Sache selbst zu schöpfen.

Redux (Röm. M.), Beiname der Fortuna, den sie von glücklich aus dem Kriege Heimkehrenden erhielt; ihr wurden von den Imperatoren Altäre errichtet und Tempel gebaut.

Regin (Nord. M.), Gemein Name aller grossen (regierenden) Götter.

Regina (Röm. M.), Beiname der Juno. Camillus baute ihr auf dem aventinischen Hügel einen Tempel; ihre Statue hatte er von Veji, woselbst sie auf der Burg stand, dahin gebracht; auch M. Aemilius baute ihr in der neunten Region einen Tempel. Sie hiess so als Himmelskönigin. Auch führte Isis diesen Beinamen.

Reginsleif (Nord. M.), eine der Walküren.

Reibi (Japan. Rel.), die regelmässig monatlich oder jährlich wiederkehrenden Feiertage der Bekenner der Sintoo-Religion. Sie dienten zu Hochzeiten, Gastmählern etc., und wurden auch zu Gratulationen der Niedern gegen die Höhern gebraucht.

Reidityr (Nord. M.), Beiname des Thor.

Reigen, S. Hreidmar.

Rëiwas (Pers. M.), der Baum, aus der verschütteten zeugenden Kraft des ermordeten Kajomorts entstanden, dessen Stamm ähnlich war zweien Menschen in ihrer innigsten Vereinigung. Der Baum trug zehn Paar Früchte, welche lauter Menschen waren und die Welt bevölkerten.

Remulus, auch **Numanus** (Röm. M.), ein mächtiger Held der Rutuler, befreundet mit ihrem Könige Turnus, dessen jüngere Schwester er kürzlich erst geheirathet hatte, als Aeneas mit seinen Trojanern in Italien ankam. Von der neuen Königsverwandtschaft die Brust geschwellt, prahlte er gewaltig gegen die Phrygier, und sagte ihnen, wie tief unter den Rutulern sie stünden, deren Kinder, kaum geboren, im Flusse gebadet, im Froste gehärtet, in Waffen erzogen würden, und, auch ergraut, diese für den schönsten Schmuck hielten. Er schmähete Aeneas' Getreue als weichlich, mehr von der Flöte und dem Gesange ergötzt, als vom Geräusch der Schilde und Speere, und nannte sie »Phrygierinnen, nicht Phrygier!« sie ermahnend, vom Eisen zu scheiden und Männern die Wehr zu überlassen. Diess konnte Ascanius nicht ertragen; er flehte zu Jupiter, ihm beizustehen, gelobte ihm einen jungen weissen Stier mit vergoldeten Hörnern, spannte seinen Bogen und schoss R., erhört vom Vater der Götter, durch beide Schläfe.

Remus (Röm. M.), des Romulus (s. d.) Bruder, und von diesem ermordet, als er über die Niedrigkeit der Stadtmauer spottete. Seinen Pflege-Eltern erschien sein Geist und verlangte ein Todtenfest zu seiner Sühne; da ward ihm am 9. Mai ein Fest, Remuria (später Lemuria genannt), gestiftet, das drei Nächte hindurch währte.

Rennandi (Nord. M.), einer von den 37 Höllenflüssen.

Retti (Ind. M.), »die Zärtlichkeit,« die junge blühende Gattin des Kamadewa, des indischen Liebesgottes; sie wird oft mit ihm auf einem Papagei reitend abgebildet.

Rhaanu (Ind. M.), einer von den Riesen und bösen Dämonen, welche von Atri stammen und zu den Nachkommen des Barhischand gehören.

Rhabur (Ind. M.), der Hauptstifter der Empörung der bösen Geister gegen die Götter. Er und Moisasur waren die Anführer aller Dämonen.

Rhacius (Gr. M.), Sohn des Lebes, ein Creter, der aus Creta eine Colonie nach Kleinasien führte, und sich dort mit Manto, der Mutter des Sehers Mopsus und Tochter des Sehers Tiresias, vermählte.

Rhadamanthys oder **Rhadamanthus** (Gr. M.), Sohn des Jupiter und der Europa, Bruder des Sarpedon und Minos. Alle drei wohnten auf Creta, welches jedoch Sarpedon und Rh. verlassen mussten, da Minos sich den Besitz der Insel anmasste. Rh. ging nach Ocalea in Böotien und vermählte sich nach Amphitryons Tode mit dessen Wittwe Alcmene. Sein Sohn Erythrus führte die Erythräer aus Creta nach Jonien, wo sie Erythrä gründeten. Nach seinem Tode wurde Rh. wegen seiner Gerechtigkeit einer der Richter der Unterwelt und lebte in den elysischen Gefilden.

Rhadius (Gr. M.), Sohn des Königs Neleus, von Pylos; ihn und seine Brüder, ausser Nestor, erschlug Hercules.

Rhamnusia (Gr. M.), Beiname der Nemesis, von dem attischen Flecken Rhamnus, wo sie besonders verehrt wurde. Ihre Statue war von Phidias aus einem Marmorblock gemeisselt, den die Perser mitgebracht, um daraus ein Siegeszeichen zu bilden, wenn die Griechen besiegt sein würden.

Rharias (Gr. M.), Beiname der Ceres von dem rharischen Felde in Attica, wo zuerst Getreide gesäet worden sein sollte.

Rhaum (Ind. M.), ehemals ein guter Genius; doch weil er mit Moisasur gemeinschaftliche Sache machte und die Dewetas zum Abfall von Gott zu verlocken suchte, durch Schiwa in den Abgrund der Verdammniss gestürzt, wo er mit Moisasur gemeinschaftlich herrscht.

Rhea (Gr. M.), Gemahlin des Saturn, Mutter des Pluto, Neptun, der Ceres und Juno, welche alle sie von ihrem Gatten verschlungen sehen musste, bis sie Jupiter gebar. Rh. verschwindet nun aus der Götterdynastie, bis sie, vermischt mit Cybele, als Phrygierin, als grosse Göttermutter wieder erscheint. Sie wird als Matrone, als vollendet schöne, doch nicht mehr jugendliche Frau, gewöhnlich auf einem Thron sitzend, abgebildet, ist in lange, faltenreiche Gewänder gehüllt, hat auch wohl, wie Cybele, eine Mauerkrone auf dem Haupt und reitet auf einem Löwen, die Handtrommel haltend, wie diese.

Rhea Silvia, auch **Ilia** genannt (Röm. M.), Numitors Tochter, durch ihres Vaters Bruder, Amulius, welcher jenen vom Thron gestürzt, zur Vestalin gemacht, damit nicht ihre Erben ihm und den Seinigen im Wege stünden. Mars nahete ihr im Schlaf und sie gebar Romulus und Remus. Die Kinder wurden von Amulius ausgesetzt, und Rh. in ein Gefängniss gesperrt, bis ihre herangewachsenen Söhne sie wieder befreiten.

Rhesus (Gr. M.), 1) Sohn des Oceanus und der Tethys, ein Flussgott in Bithynien. — 2) Rh., Sohn des Flussgottes Strymon und einer der Musen (Euterpe, Calliope oder Terpsichore), nach Homer aber Sohn des Eïoneus, kam auf seinem prächtigen Wagen, mit den herrlichsten Rossen bespannt, so dass er mehr das Aussehen eines Gottes, als eines sterblichen Menschen hatte, dem Priamus zu Hülfe. An den Besitz dieser Rosse war das Schicksal Troja's geknüpft. Rh. ward daher von Diomedes im Schlafe getödtet, und nachdem derselbe noch zwölf seines Gefolges im Lager ermordet, führte er und Ulysses die Rosse hinweg, und sie kehrten beutebeladen zu den Genossen heim.

Rhetra (Wend. M.). Wo eigentlich Rh. gelegen habe, das man als eine Hauptstätte des wendischen, besonders obotritischen, Gottesdienstes aus mangelhaften Ueberlieferungen kannte, darüber war man lange ungewiss, bis zu Anfang des siebenzehnten Jahrhunderts der Pastor Sponholz zu Prilwitz am Tollenser See in Mecklenburg eine merkwürdige Sammlung wendischer Götterbilder auffand, die durch die daran befindlichen Inschriften sich als Abbildungen der wendischen Hauptgötter auswiesen, daher man nun allgemein annimmt, dass diess die Stätte des alten Rh., der Hauptstadt der Rhedarier, sei, zumal, da noch jetzt in der Nähe ein Hügel gefunden wird, welcher der Rh.-Berg heisst. Das älteste Rh. war eine beträchtliche Stadt mit neun Thoren, und auf neun Inseln erbaut. Von der Stadt führte eine Holzbrücke zu dem Tempel hin, welcher zunächst dem Radegast geheiligt war und ganz allein auf der nördlichsten Insel stand. Diese Stadt wurde unter Kaiser Otto 953 zerstört, später wieder aufgebaut und 1150 von Heinrich dem Löwen abermals in Schutt gelegt.

Rhexenor (Gr. M.), Bruder des Alcinous, Königs der Phäaken, Sohn des Nausithous; seine Tochter ward mit Alcinous vermählt.

Rhinocolustes (Gr. M.), »der Nasenabschneider,« Beiname des Hercules.

Rhoecus (Gr. M.), einer der Centauren, welcher der muthigen Atalanta Gewalt anthun wollte, aber von ihr erschossen wurde.

Rhode (Gr. M.), einerlei mit Rhodos (s. d.).

Rhodope (Gr. M.), eine thracische Quellnymphe, unter den Gespielinnen der Proserpina genannt, Gemahlin des thracischen Königs Hämus, und Mutter des Hebrus. Dass sie und ihr Gemahl sich Jupiter und Juno nannten, konnten die Götter nicht ertragen, daher verwandelten sie Beide in Berge.

Rhodopis (Gr.-ägypt. M.), eine der ägyptischen Pyramiden, kleinre als die beiden grössten, doch bei weitem kostbarer durch den von den fernen äthiopischen Gebirgen gebrachteu Stein von ausserordentlicher Härte, aus welchem sie erbaut ist. Sie verdankt, der Fabel nach, ihr Entstehen dem Andenken an die schöne Rh. Diese liebliche Jungfrau badete mit ihrer Sklavin im Nil, als ein Adler sich auf ihre Kleider niederstürzte und einen der Sandalen der Schönen raubte. Er flog damit davon und liess ihn zu Memphis dem Beherrscher von Aegypten, Mycerinus, welcher damals unter freiem Himmel Gericht hielt, in den Schooss fallen. Das Wunderbare in dem Vorfall, verbunden mit der Neugier, welche die Kleinheit der Sandale erweckte, veranlasste den König, im ganzen Lande nach der Besitzerin zu forschen, und da man sie endlich in der Stadt Naucratis fand, entzückte ihre Schönheit den König so sehr, dass er sie zur Gemahlin nahm. Als sie nach einer Reihe glücklicher Jahre starb, setzte der König ihr diess kostbare Denkmal.

Rhodos (Gr. M.), Geliebte des Sonnengottes, welche ihm die Heliaden gebar, Tochter des Neptun und der Halia oder Amphitrite. Der Sonnengott wies ihr und ihren Nachkommen eine Insel an, welche er erhöhete, trocknete und nach der Geliebten benannte.

Rhoeo (Gr. M.), Tochter des Staphylus und der Chrysothemis, Schwester der Molpadia und der Hemithea, eine Geliebte des Apollo. Sie ward für diese Neigung durch ihren Vater hart bestraft, indem derselbe sie in einen

Kasten stecken und in's Meer werfen liess. So kam sie nach Delos, setzte ihr Kind, Anius, auf den Altar des Apollo und bat ihn, dasselbe zu erziehen, wenn es sein Sohn sei. Der Gott gewährte ihr Verlangen.

Rhopalus (Gr. M.), einer von den vielen Söhnen des Hercules; sein Sohn hiess Phästus und erbauete die Stadt seines Namens in Creta.

Rhoetus (Gr. M.), 1) König der Marrubier, Sohn des Phorcys; er selbst hatte einen Sohn, Anchemolus, von welchem Virgil sagt: »dass er das Bette der Aftermutter Casparia geschändet habe. — 2) Rh., ein Centaur, der auf des Pirithous Hochzeit, von Dryas verwundet, entfloh. — 3) Rh., ein Gigant, den Bacchus tödtete.

Rhythia (Gr. M.), eine Nymphe, Geliebte des Apollo, dem sie die Corybanten gebar; eine alte Stadt auf der Nordostküste von Creta, Rhytion, hat von ihr den Namen.

Riddha (Arab. M.), das Schiff der Uebereinstimmung mit dem göttlichen Willen; eine der fünf Haupttugenden, welche auf dem Meere der Leidenschaften und Drangsale umherschwimmen.

Riesen (Nord. M.), S. Joten.

Riesenjungfrauen (Nord. M.). Obwohl jedes Joten Tochter eine Riesenjungfrau war, so führten doch vorzugsweise die neun Töchter des Riesen Geirröd diesen Namen; sie hiessen: Gialp, Greip, Elgia, Angeia, Auergiafa, Ulfrun, Sindur, Atla und Jarnsaxa. Als sie einst am Meere schliefen, besuchte Odin die schönen R., und alle neun wurden Mütter des einen Sohnes Heimdal.

Righiel Lambo (M. der Mongolen), der heilige Berg, welcher im Allgemeinen mit dem Meru der Indier identisch ist, und nur in einzelnen Kleinigkeiten, nach der Phantasie der Bekenner des Lamaismus, von jenem indischen Ur- und Götterberge abweicht.

Rigr (Nord. M.), Name des Gottes Heimdal, unter welchem derselbe Stammvater der vier Stände: Knechte, Bauern, Edle und Fürsten ward. Zwei seiner Nachkommen heissen ebenso.

Rimak, S. Pachakamak.

Rimfax, S. Hrimfax.

Rimthussen, S. Hrymthussen.

Rin (Nord. M.), einer von den Höllenflüssen.

Rinda (Nord. M.), eine von Odins Frauen, welche ihm den Wali gebar, der in einer Nacht so stark wurde, dass er Höder, den Mörder Balders, erschlagen konnte.

Ripheus (Gr. M.), der grösste der Centauren, dessen riesiges Haupt weit über die höchsten Bäume der Wälder hinausragte; er fiel auf des Pirithous Hochzeit von Theseus' Hand.

Ripundschaya (Ind. M.), ein mythischer König, unter dessen Regierung grosse Religionsveränderungen eingetreten sein sollen; es scheint, damals habe der Buddhaismus Wurzel gefasst, und sich unter seinem Schutz über ganz Indien verbreitet.

Risabha (Ind. M.), der älteste von den 23 bis jetzt in Indien erschienenen Buddhas, aus dem Geschlechte des Königs Ikswara. Er wird häufig als Stier, gewöhnlich aber als Mann mit einem Stierkopfe, oder auch bloss mit Hörnern abgebildet; der Stier, das Symbol der Weisheit, ist sein Attribut, und begleitet ihn überall; wenn er auch nur als blosser Kopf bunt gemalt auf dem ihm heiligen Altar steht, so ruht der weise Stier immer neben ihm.

Rischi's (Ind. M.), zehn Söhne des Brama, unendlich weise, fromm, und dadurch den Göttern ähnlich, so dass sie, gleich diesen, Menschen und Götter erschaffen können, und alles Existirende unmittelbar ihnen seine Entstehung verdankt; daher sie auch die zehn Altväter oder Herren aller erschaffenen Wesen genannt werden. Sie heissen: Dakscha, Pulastya, Agni, Wasischta, Atri, Maritschi, Brigu, Narada, Pulagen und Kratu. Zu ihnen werden manchmal auch die sieben Menus gezählt: Suagarabhara, Swaroschischa, Anttami, Tamasa, Raiwatta, Chakschuscha und Waiwaswata.

Rist (Nord. M.), eine Walküre.

Ristubgrad (Nord. M.), das verschränkte Fünfeck, welches man sonst auch Drudenfuss (s. d.), Pentagramm nennt. Es war den alten Celten und Deutschen ein heiliges Zeichen

Risus (Röm. M.), »das Lachen«; soll von einigen Völkern Italiens als eine Gottheit verehrt worden sein.

Ritu, die Jahreszeiten der Indier, welche deren nicht vier, sondern sechs haben: zwei Sommer, zwei Frühlinge und zwei Winter: Sisar, die Jahreszeit des Thaues, Himant, die der Kälte, Wassant der Blüthe, Grischna der Hitze, Warsa des Regens, Sarat des Aufbruchs.

Rixa (Röm. M.), identisch mit Eris, der Göttin der Zwietracht.

Robigus (Röm. M.), eine Feldgottheit, welche das Landvolk anrief, damit dieselbe den Brand vom Getreide abhalte.

Rogda (Slav. M.), ein Held der Russen, berühmt dadurch, dass er, nicht geboren vom Weibe, einen Riesen tödtete, den Schlangensohn Tugarin aus Bulgarien, der sich nur vor Einem, den kein Weib geboren, zu fürchten hatte. Tugarin wollte den Fürsten Wladimir, der des Bulgarenkönigs Tochter, Lepa, wider des Vaters Willen geheirathet hatte, zum Zweikampf fordern; Lepa entdeckte dem Gatten das Geheimniss des schwer zu vernichtenden Lebens von Tugarin; da ging R., der nach seiner Mutter Tod durch einen Schnitt an's Licht befördert war, dem Riesen entgegen und besiegte denselben.

Rohini (Ind. M.), Tochter des Dakscha und Gemahlin des Tschandra (des Mondes), welche so sehr von diesem geliebt wurde, dass er (der Gatte) sich von den Göttern, wegen der Vernachlässigung alles Andern, zum Tode verurtheilt sah.

Rok (Pers. M.), ein ungeheurer Vogel, welcher so gross ist, dass er seinen Jungen Elephanten in das Nest trägt. Ein Ei dieses Ungeheuers fiel einst aus seiner auf dem Albordschi erbauten Wohnung und überschwemmte mit seiner Flüssigkeit 36 Städte und Dörfer. Anklänge von dieser Fabel findet man überall; merkwürdig aber ist, dass die Grönländer sich sehr starker Bogen bedienen sollen, welche aus zwei zusammengesetzten Klauen eines riesigen Vogels gemacht sind, die sie häufig im Eise finden. Es scheint demnach nicht Alles Fabel, was man von diesem Vogel R. sagt, und wie es Säugethiere und Amphibien gab, welche weit über das Mass der jetzigen hinausreichten, so kann es ja auch wohl Vögel gegeben haben, die ein Kameel so gut forttrugen, wie der Condor ein junges Lama.

Rokumon, die grosse Schlange, ein Götze der Karaiben.

Roland (Fränkische Sage), ein berühmter Held aus dem Kreise der Paladine Karls des Grossen, von ungeheurer Grösse und solcher Stärke, dass er die grösste Fichte mit den Wurzeln ausriss und sie als Spazierstock und Keule gebrauchte; sein Schwert spaltete einen Marmorblock, ohne eine Scharte davon zu bekommen. Die vielen R.s-säulen, welche in Norddeutschland in Städten und Dörfern zu finden sind, sollen durch Karl den Grossen diesem Helden zu Ehren errichtet worden sein; wahrscheinlich sind sie jedoch viel spätern Ursprungs, auch anderer Bedeutung, indem sie wohl nur den Ort der hohen Gerichtsbarkeit bezeichneten und, so zu sagen, des Kaisers Stellvertreter waren.

Rolf (Nord. M.), einer der berühmtesten Könige Dänemarks; er hatte den Beinamen Kraki angenommen, wozu folgender Vorfall ihn bewog. Ein armer Jüngling Vöggur kam in des Königs Palast, sah ihn lange an und sagte endlich auf des Königs Frage, warum er ihn so betrachte, er habe gehört, dass R. der grösste Mann in ganz Nordland sei, und nun sässe ein Kraki (Knäblein, winziger Wicht) auf dem Thron R. sagte darauf: du hast mir einen Namen gegeben, so gib mir nun auch das Geschenk (welches einen gegebenen Namen stets begleitete). Vöggur erwiderte, dass er nichts habe; gut, sagte der Herrscher, so will ich, der ich habe, ein Geschenk geben, und er reichte ihm einen Goldring, worüber Vöggur freudig ausrief: Herr, ich will dich einst rächen, so dir Jemand freveInd naht! Des Königs Antwort hierauf: »über eine Kleinigkeit wird Vöggur froh,« ward sprüchwörtlich. Berühmt waren R. Kraki's Heere, und unter diesen besonders seine zwölf Berserker (nach Andern eilf, indem er selbst der zwölfte gewesen). Diese sandte er einst seinem Stiefvater, dem König Adils von Schweden, zu Hülfe gegen Ali, König von Norwegen, und verschaffte dem Erstern den Sieg gegen diesen; doch wollte Adils nun weder den Berserkern, noch dem König R. die versprochene Belohnung für den Beistand geben. Da zog R. selbst mit seinen Berserkern an Adils Hof, und erinnerte den König an sein Wort. Dieser lud die Gäste zu einem freundschaftlichen Mahle in der grössten Halle des Schlosses, in deren Mitte er ein ungeheures Feuer anzünden liess, wobei er den König und die Berserker daran erinnerte, dass sie geschworen, nie vor Feuer und Wasser zu fliehen. Das Feuer ward so vergrössert, dass es endlich R.s Kleider ergriff; da erhob er sich, warf seinen Schild hinein, schritt mit den Begleitern durch die Flammen und sprach: »wahrlich, der fürchtet nicht das Feuer, der selbst hineinrennt.« Darauf warf er die Knechte, welche dasselbe angeschürt hatten, hinein, und forderte nun alles Ernstes seinen Lohn, erhielt auch den Ring Swiagris und ein mächtiges Horn voll Gold, worauf er sich entfernte; aber der König sammelte schnell seine Mannen und eilte dem Sieger nach; dieser streute nun auf der Fyriswallsheide Goldstücke aus, wodurch, indem sie sie sammelten, die Verfolger aufgehalten wurden, und als Adils sich R. nahete, warf Letzterer ihm auch den kostbaren Goldring hin. Adils stieg vom Pferde, um den Ring aufzuheben, da gab R. ihm eine schimpfliche Wunde über das Hintertheil und rief: »gebogen wie ein Schwein habe ich den reichsten Mann in Schweden«; dann nahm er selbst den Ring auf, und während der König von den Seinen verbunden ward, erreichte R. mit seinen Schätzen und seiner Mutter die Schiffe, auf denen er nach Dänemark zurückkehrte. Davon hiess das Gold Fyriswalls Saat oder Krakis Saat.

Roma, Fig. 271 (Röm. M.), die vergötterte Stadt selbst, Tochter des Mars, welcher in Rom, wie anderwärts, Tempel errichtet wurden. Sie wurde dargestellt mit langem Gewande, bewaffnet, mit anliegendem Helm, nach dem

Fig. 271.

Ideal der Minerva, sitzend; oder auch nach Art der Amazonen, die eine Brust entblösst. — Eine Abbildung von ihr s. nebenanstehend; sie sitzt auf ihren sieben Hügeln, auf ihr Schwert gestützt; neben ihr die Wölfin, welche Romulus und Remus (s. d.) säugt; vor ihr der Stromgott Tibris, auf seine Urne gelehnt.

Romowe (M. der Preussen), die heilige Stätte der alten Preussen. Ein Bürgerkrieg hatte die Ureinwohner Preussens und die eingewanderten Skandier entzweit; Waidewut und Griwe (s. d.), der erste König und der erste Oberpriester, hatten die Ruhe wieder hergestellt; nun beschied der Griwe das Volk auf eine schöne Ebene, auf welcher ein mächtiger, seine Zweige weit ausbreitender Eichbaum stand. Vor diesem hatte der Griwe drei Götzenbilder aufgestellt, welche er Potrimpos, Perkunos und Pikullos nannte, und für die obersten Götter erklärte. In ihrem Namen wurden Strafen angedroht und Belohnungen versprochen. In den zur Wohnung der Götter bestimmten Eichbaum wurden drei Nischen eingehauen und mit grossen Feierlichkeiten die Bilder dort hinein gesetzt. Vor dem Baume ward ein Scheiterhaufen errichtet, von welchem herab der Griwe dem Volke Ermahnungen gab, und auf welchem dann Opfer angezündet und einige widerspenstige Menschen verbrannt wurden. Ein furchtbares Gewitter, welches der Oberpriester als die Stimme Gottes deutete, machte das Volk beben, welches von da an Jahrhunderte hindurch nur in Todesangst dem Griwe nahete. R. ward der Platz genannt, auf welchem dieses geschah und auf welchem die Priester wohnten und Opfer darbrachten, bis bei vermehrter Bevölkerung und grösserer Ausdehnung des Landes die heiligen Eichen sich vermehrten, und endlich das Christenthum alle verdrängte, so dass man jetzt durchaus nicht mehr mit Bestimmtheit weiss, wo das eigentliche R. lag.

Romulus, Fig. 272 (Röm. M.). Was bei den Römern als ächte Sage über diesen angeblichen Gründer und ersten König der Stadt Rom gegolten habe, ist durchaus unsicher, da wir nur durch verhältnissmässig sehr späte Quellen darüber unterrichtet sind. Zur Zeit der Blüthe der römischen Literatur hatte sich indessen folgende Legende in ziemlich allgemeiner Annahme festgesetzt: Zwei Brüder aus der von Aeneas abstammenden Königsfamilie zu Alba, Numitor und Amulius, theilten ihre Erbschaft so, dass Numitor den Thron, Amulius die Schätze erhielt. Bald jedoch raubte Amulius seinem Bruder die Herrschaft und machte dessen Tochter Ilia, auch Rhea Silvia genannt, zur Vestalin, damit sie keine Nachkommen bekommen sollte. Allein der Gott Mars nahete ihr, und sie gebar von ihm Zwillinge, R. und Remus, die Amulius durch einen Diener am Ufer der ausgetretenen Tiber aussetzen liess. Eine Wölfin und ein Specht ernährten die Kinder, bis der Hirte Faustulus sie fand, nach Hause trug und mit seinem Weibe, Acca Larentia (s. d.) auferzog. Herangewachsen, stiessen die Brüder den Amulius vom Throne, erschlugen ihn und setzten ihren Grossvater Numitor wieder ein. Darauf gründetea sie eine neue Stadt, Rom;

Fig. 272.

hiebei entstand Streit zwischen ihnen, und Remus fiel von seines Bruders Hand, der nun alleiniger Herrscher des neuen Staates war, und nach seinem Tode, auf die Versicherung des Julius Proculus, dass ihm R. in übermenschlicher Gestalt erschienen sei, unter dem Namen Quirinus vergöttert wurde. — Ein Erzbild der die Zwillinge säugenden Wölfin, wovon wir eine Nachbildung geben, gehört zu den vorzüglichsten Kunstwerken des alten Rom, und befindet sich noch jetzt im capitolinischen Palast.

Romus (Gr. M.), Sohn des Ulysses und der Circe.

Rongala (M. der Südseeinsulaner). Die Bewohner der Karolinen im stillen Weltmeere verehren unter diesem Namen das höchste Wesen, den obersten Gott.

Rocska (Nord. M.), Thialfe's Schwester und Thor's Dienerin. S. Thor.

Roswodiz (Slav. M.), S. Radegast.

Rota (Nord. M.), eine der Todeswählerinnen, der Walküren.

Rota (M. der Lappen), ein böser Höllengott, der Beherrscher des Strafortes für die Seelen der Uebelthäter.

Ruebezahl (Schles. Sagen), ein Spukgeist des Riesengebirges, gutartiger Natur, hülfreich dem Guten, dem Dürftigen, dem Verirrten, doch den Bösen neckend und strafend. Er kann sich in alle mögliche Gestalten verwandeln, läuft den Wanderern als Hase zwischen die Füsse, springt als Kröte davon, trägt als Habicht den Hut des Schlafenden fort, blendet die Sinne des Einen so, dass er seines Hauses Dachsparren für Gold ansieht, und sein Haus abträgt; die des Andern so, dass er sich selbst doppelt zu sehen glaubt u. s. w. Doch niemals treibt er seine Neckereien bis zur wirklichen Gefahr des Bedroheten. Der Name R. ist ein Spottname und erzürnt ihn am meisten; den Herrn des Gebirgs lässt er sich gerne nennen.

Rubigo, einerlei mit Robigus.

Rudra (Ind. M.), Beiname des Schiwa, »der Blutige«.

Rugen (Ind. M.), ein Fürst aus dem Geschlechte der Kinder des Mondes, Vater der Bimaseenen und Grossvater der Pradiben.

Rugiwit, Fig. 273 (Wend. M.), der Kriegsgott der alten Rugier, wahrscheinlich mit Karewit eine Person, welcher letztere auch als Kriegsgott der Rugier (in der Stadt Karenz auf Rügen) auftritt. Er stand häufig in den Städten als colossales Stein- oder Holzbild, hatte sieben Angesichter in einem Kopf und auf einem Halse vereint, trug an einem Wehrgehänge sieben Schwerter, und ein achtes entblösst in der einen Hand. Es scheint, als wäre ihm die Schwalbe heilig gewesen, denn obwohl man ihn sonst mit einem Gehege von rothen Tüchern umgab und Niemand zu ihm liess, war doch diesen Thieren erlaubt, sich in den Falten seines Gewandes und in den Vertiefungen der Gesichter, den Augen, dem Munde, ihre Nester zu bauen. Zu Rhetra fand man ein Bild dieses Gottes mit sechs Köpfen, vier männlichen und zwei weiblichen, beinahe ganz nackt, mit einem sogenannten Löwenkopf auf der Brust. Man glaubt, dieses sei eine doppelte Gottheit, R. und Karewit zugleich. Beide jedoch sind ein und derselbe Kriegsgott.

Rukmani (Ind. M.), die erste Gemahlin des Gottes Wischnu in der Verkörperung des Krischna.

Rumilia, Rumia, oder **Rumina** (Röm. M.), Göttin der Mütter, welche ihre Kinder stillten; sie sollte bewirken, dass die Säuglinge leicht die Nahrung annähmen; sie soll auch die Zwillinge Romulus und Remus gepflegt haben.

Ruminus (Röm. M.), Beiname Jupiters: »der Ernährer.«

Runcina (Röm. M.), eine Göttin, die dem Mähen des Getreides vorstand.

Rundi (Ind. M.), Tochter des Fürsten Dritaraschtra und der Kanderi; eine Gestalt, welche die Göttin Maritschi wählte, um unter den Menschen zu erscheinen. Ihre Mutter war durch die Liebe, die sie dem Gotte Krischna eingeflösst, berühmt geworden; doch ist sie nicht des Gottes Tochter; sie war schon geboren, als Wischnu in dieser Gestalt erschien.

Rusor (Röm. M.), Beiname des Pluto: »der Gott, zu dem Alles zurückkehrt.«

Russalki Slav. M.), Wassernymphen, in Bächen, Flüssen und Seen wohnend, von überirdischer Schönheit. Oft belauscht man sie, wenn sie den zarten Leib im frischen Quell baden, schäckernd mit einander auf sonnigen Wiesen sitzen, ihr langes grünes Haar kämmen, oder auf Bäumen sich schaukeln; doch unglücklich ist, wer sie so gesehen, denn nur selten schenken sie ihre Liebe einem Auserwählten, und wer sie sah, findet kein irdisch Weib mehr schön.

Fig. 273.

Rykajoth (M. der alten Preussen), der Platz unter Eichen, Linden und Hollunderbäumen, auf welchem die Götter niedern Ranges verehrt werden, so wie zu Romowe (s. d.) den höheren Gottheiten geweihete Plätze waren.

S.

Sabaswakscha (Ind M.), Beiname des indischen Sonnengottes, von seinen tausend Augen.

Sabazios (Gr. M.), ein Gott des phrygisch-lydischen Religionszweigs, welcher häufig mit dem griechischen Cultus verschmolz. So wurde auch dieses Gottes orgiastischer Dienst später mit dem des orphisch-thracischen Bacchus vereinigt, und S. ein Beiname des Bacchus, jedoch mit gesonderten Mythen. Bacchus S., auch Zagreus genannt, war ein Sohn des Jupiter und der Proserpina; seine Amme heisst Nyssa; die Titanen zerrissen ihn in sieben Stücke; sein Herz brachte Minerva dem Jupiter. Seine Feste wurden unter nächtlichen Waschungen und Reinigungen und mit Ausschweifungen gefeiert. Später wurde S. auch Beiname Jupiters.

Sabbe. Bei den Hebräern, oberhalb Palästina, war ein weissagendes Weib, Namens S.; ihr Vater soll Berosus, die Mutter Erymanthe geheissen haben; Einige nannten sie die babylonische, Andere die ägyptische Sibylle.

Sabot (Slav. M.), Name einer von den Schlesiern verehrten Gottheit, welcher auf dem Zobtenberge Feste gefeiert wurden.

Sabus (alt-ital. M.), einerlei mit Sancus und Fidius (s. d.).

Sackamieli (M. der Finnen), eine der höheren Gottheiten, welche den Hochzeitgebräuchen vorstand, und Beschützerin der Liebe und der Ehe war; sie scheint demnach die Eigenschaften der Venus und der Juno vereinigt zu haben.

Sacrator (Ital. M.), ein Gefährte des Turnus, welcher den Hydaspes, einen Begleiter des Aeneas, erlegte.

Sadanana (Ind. M.), der Gott mit sechs Gesichtern ein Beiname des zwölfhändigen Skanda, des Sohnes der beiden Schwestern Ganga und Ulma, von Schiwa, dem Zerstörer. S. tödtete den Riesen Torake, indem er ihn mitten durchhieb, und die eine Hälfte desselben, welche ein Pfau ward, als Reitthier gebrauchte. Er ist hoch verehrt in Indien und hat viele Pagoden.

Sadhyas (Ind. M.), Halbgötter, deren ganze Schaar von dem ersten Menu abstammt.

Sadir Jug (Ind. M.), der grosse Zeitraum von vier Weltaltern, welcher 12,000 Götterjahre (jedes von 360 unserer Jahre) umfasst. S. Jug.

Sadr (Nord. M.), Beiname des Odin, des obersten der Götter.

Saga (Nord. M.), vielleicht identisch mit Laga (s. d.), mit welcher sie wenigstens den Wohnsitz in den kühlenden Gewässern von Söquabekr und die Liebe Odins theilt, der sie täglich besucht. S. ist eine der Asinnen, eine Göttin der Geschichte; sie bewahrt in ihren Liedern die Thaten der Helden auf.

Sagaren (Sangaren) (Ind. M.), der berühmte König aus dem Geschlechte der Sonnenkinder, dessen 60,000 Söhne durch einen Zornesblick des weisen Büssers Kabiler in Asche verwandelt wurden.

Sagaris (Gr. M.), einer der Trojaner, welche mit Aeneas nach Italien zogen; er ward von Turnus erlegt.

Sagaritis (Phönic. M.), eine Dryade, welche den Atys verleitete, die der Cybele gelobte Treue zu brechen, wofür sie mit dem Tode gestraft wurde, indem Cybele ihren Baum umhieb.

Sagatrakawaxen (Ind. M.), ein ungeheurer Riese, aus dem Blute Brama's entstanden, da ihm von dem zornigen Schiwa der Kopf abgehauen wurde. Er hatte fünfhundert Köpfe und tausend Arme.

Sagui (Ind. M.), die zweite Stufe der Seligkeit im Paradiese des Wischnu.

Saehrimner, s. Andhrimner.

Saimo Aimo, s. Aimo.

Sajotkatta, bei den nordamerikanischen Völkerschaften (mit Ausnahme der Irokesen, bei denen sie Agottsinnachen, d. h. Seher genannt werden) diejenigen, von ihren Schutzgeistern hoch begünstigten Menschen, welche durch die Kräfte derselben verborgene Dinge entdecken, die Zukunft vorher wissen, zaubern, ihre Seele ohne den Körper grosse Reisen machen lassen können, kurz, die Betrüger, welche klüger sind als die Andern.

Saitis (Gr. M.), Beiname der Minerva, unter welchem sie auf dem Berge Pontinus bei Lerna in Argolis einen Tempel hatte; ohne Zweifel stammte dieser Dienst aus Saïs in Aegypten, wo man die Göttin Neïth verehrte, die die Griechen mit Minerva vermengten.

Saitonen (M. der Preussen), diejenigen, welche sich selbst Wunden in den heiligen Hainen beibrachten und ihr Blut dort vergossen, um die Götter für die Sünden Anderer zu versöhnen.

Saiwas (Ind. Religion), die Verehrer des Schiwa, die Schiwaiten.

Saiwo Olniak (M. der Lappen), eine Berggottheit, welche in den Bildern eigen gestalteter Steine oder Berge angebetet wurde.

Sakar (Islam), diejenige von den sieben Höllen, in welcher die Anhänger des Parsismus dafür, dass sie Parsen sind, gestraft werden.

Sakhter (Parsismus), der Himmel, welcher den Fixsternhimmel umgibt, unbeweglich und allein von Ormuzd bewohnt ist.

Sakia (Arab. M.), der Gott eines uralten, im felsigen Arabien einheimischen Riesen- und Dämonen-Geschlechts, durch welches der Regen auf die Erde gezogen wurde.

Saekin (Nord. M.), einer der 37 Höllenflüsse.

Salacia (Röm. M.), eine Göttin der Salzfluth, von Neptun Mutter des Triton.

Salagramma (Ind. M.), ein Stein, in welchen Wischnu durch den Fluch einer tugendhaften Frau verwandelt wurde, nachdem er diese in Gestalt ihres Gatten verführt hatte.

Salamander, mehr den alten physicalisch-philosophischen Systemen der Cabbalisten, als der Mythologie eines bestimmten Volkes angehörig. Sie sollten die Bewohner des Feuers, wie Undinen die des Wassers sein; von ihrer Eigenschaft, im Feuer, als ihrem eigentlichen Element, zu leben, kommt vielleicht die Fabel her, dass die Amphibien, welche unter dem Namen der S. bekannt sind (schwarze, gelb oder roth gefleckte Eidexen-Arten), im Feuer sollten leben können.

Salaminius (Gr. M.), Beiname des Jupiter von Salamin auf Cyprus, wo ihm von Teucer ein Tempel erbaut wurde.

Salamis (Gr. M.), Tochter des Flussgottes Asopus, von welcher die Insel S. den Namen bekommen haben soll, von Neptun Mutter des Cychreus.

Salema (Arab. M.), ein Gott der Gesundheit, Gottheit eines Riesengeschlechts, das Arabien bewohnt haben soll.

Salganeus (Gr. M.), Beiname des Apollo von der Stadt S. in Böotien.

Salische Priester (Röm. M.), Priester des Mars, welche die Ancilien (s. d.) zu bewachen hatten; es waren ihrer je zwölf in zwei Classen, palatinische und collinische. Vom 1. bis 14. März mussten sie in Waffen tanzend durch die Strassen ziehen und alterthümliche Lieder auf die Götter singen. Sie mussten von edlem Geschlechte sein; P. Scipio und Antonius Philosophus gehörten dem Collegium an. Ihr Anzug war eine bunte Tunica, über welche um die Brust ein breiter eherner Gurt gelegt wurde, eine verbrämte Toga, eine eherne Spitzhaube und ein Schwert. Jeden Abend ihrer Aufzüge wurden sie durch eine Mahlzeit erquickt, die wegen ihrer Reichlichkeit sprüchwörtlich war.

Salius (Gr. M.), ein Gefährte des Aeneas, welcher bei seinen Spielen einen Preis im Wettrennen erhielt, der in einer Löwenhaut bestand.

Salmacis (Gr. M.), die Nymphe der Quelle gleiches Namens, in Carien. Hermaphroditus, Sohn des Mercur und der Venus, war von ausserordentlicher Schönheit, wie seine Eltern; S. liebte ihn, doch er floh sie und verhöhnte ihre Bitten; als er sich nun einst in ihrer Quelle badete, umschlang sie ihn, und beschwor die Götter, wenn er ihre Liebe nicht erhöre, sie nimmer von ihm zu trennen, sie mit ihm vereint zu lassen. Ihr Flehen wurde erhört, und Hermaphroditus, vorhin Mann, vereinigte jetzt beide Geschlechter in sich.

Salmoneus (Gr. M.), Sohn des Aeolus und der Enarete, Bruder des Sisyphus, vermählt zuerst mit Alcidice und von ihr Vater der Tyro, dann mit Sidero, König in Elis, wo er Salmone baute. Er war so hochmüthig, dass er für Jupiter gehalten und wie dieser angebetet sein wollte. Um das Volk zu bethören, versuchte er Jupiters Blitze nachzuahmen, indem er hoch lodernde Fackeln um sich her werfen liess; dessen Donner, indem er mit schweren Streitwagen über tönende, eherne Brücken fuhr, oder mit Luft gefüllte Schläuche seinem Wagen nachschleppen liess; ja, er soll Menschen ermordet und vorgegeben haben, sie seien durch seine Donnerkeile niedergeschmettert; endlich des Unfugs müde, schlug ihn Jupiter mit dem Donnerkeil zu Boden, und vertilgte die ganze Stadt Salmone.

Salpinx (Gr. M.), »die Trompete,« Beiname der Minerva, weil ihr Hegeleos, der Sohn des Tyrsenus, einen Tempel unter obigem Namen weihete, nachdem sein Vater die Trompete erfunden hatte.

Salus (Röm. M.), »Gesundheit, Heil, Wohlfahrt,« zum Theil identisch mit der Hygea der Griechen, der Göttin der körperlichen Gesundheit, dann aber auch Göttin des öffentlichen Heils, der Staatswohlfahrt; ihr wurde von C. Junius Bubulcus nach dem samnitischen Kriege ein Tempel erbaut.

Samanaeer (Chines. M.), die sich selbst betrachtenden Heiligen unter den Chinesen. Fo oder Fohi lehrt, dass in dem Nichts und in dem Leeren das Wesen aller Dinge bestehe, dass die Menschen in das Nichts zurückkehrten und dann erst selig sein könnten. Die letzte Stufe zu dieser nichtigen Seligkeit ist diejenige, in welcher die S. stehen; diese sind schon vollkommene Heilige, und reif, in das Nichts einzugehen. Der so weit Vorgeschrittene braucht keine Götter zu verehren; er ist frei von Leidenschaften, lebt nur in Betrachtung seiner selbst, und stirbt nur, um sich mit der grossen Weltseele zu vereinigen.

Samawarti (Ind. M.), Beiname des Dhama, des Gottes der Unterwelt, welcher die Todten richtet und die Guten von den Bösen sondert.

Samba (Ind. M.), Sohn des Wischnu in der Awatara des Krischna, erzeugt mit Dschamty, der schönen Tochter des Bärenkönigs. Er war es, welcher auf seines Vaters Rath, um einen Fluch abzuwenden, den er durch seine Unbesonnenheit sich zugezogen, eine Stadt bauete (welche er nach sich benannte), und darin den Sonnendienst einführte, wozu er auf seines Vaters Wischnu Reitthier, Garudha, die Priester zusammenholte.

Sam Beid oder **Saman Veda** (Ind. Rel.), der dritte Abschnitt der Vedas.

Samber (Ind. M.), ein böser Dämon und Riesenkönig, welcher die schöne Reti, die Gattin des Liebesgottes, in seine Gewalt bekam, und sie für sich zu gewinnen suchte, doch dem Kamadewa, der als Krischna's Sohn geboren wurde, unterlag.

Sambhara, identisch mit Samber (s. d.).

Sambhawa (Ind. M.), von den acht und zwanzig Buddha's, welche bereits erschienen sind, um die Welt zu erlösen, der dritte; sein Symbol ist das Pferd, daher er stets in Begleitung eines solchen abgebildet wird.

Sametti, S. Boies.

Sami, eine harte Holzgattung, welche die Indier zum Anzünden des heiligen Opferfeuers brauchen; sie glauben, dass es eine geheime innere Glut verborgen enthalte, welche ihm durch Reiben entlockt werden müsse, und so machen sie es auch. Zum Opfer darf das Feuer durchaus nicht auf andere Weise angezündet werden.

Samia (Gr. M.), 1) Tochter des Stromgottes Mäander, vermählt mit Ancäus, dem Sohne des Neptun und der Astypaläa, dem Könige der Leleger, welchem sie den Perilaus, Enudus, Samus, Alitherses, Stammhelden der Samier, und die Parthenope gebar. — 2) S., Beiname der Juno, von Samos, wo ihr eine uralte Bildsäule in äginetischem Stil, ein Werk des Smilis, errichtet war.

Saemingr (Nord. M.), Sohn des Odin und der schönen Riesentochter Skade, König von Norwegen.

Samius (Gr. M.), Beiname des Neptun von seinem Tempel auf Samos.

Sammaël (Orient. M.), der Genius, welcher den Adam verführte; ein mächtiger, früher guter, doch durch seinen Hochmuth gefallener Engel.

Samojedische Mythologie. Trotz aller Bemühungen, die Samojeden zum Christenthum zu bekehren, sind doch die meisten von ihnen noch immer Heiden. Ihr oberstes Wesen, Schöpfer und Lenker des Weltalls, heisst Num; die Geister oder Untergötter, Tatebi genannt, sind unzählig, und vereinigen gute und böse Eigenschaften in sich. Die Dämonenpriester gebieten den Elementen und beherrschen die Gesundheit der Menschen. Geburt, Hochzeit und Begräbnisse sind mit Ceremonien verknüpft. Die S. bauen auch Tempel, haben jedoch nur Bilder der Untergötter darin; den Num bilden sie nicht ab, denn er ist ein unsichtbares Wesen.

Samus (Gr. M.), Stammheld der Samier, welchen er, so wie der Insel Samos, die sie bewohnten, den Namen gab. Er war ein Sohn der Samia (Tochter des Mäander) und des Königs der Leleger, Ancäus. Seine Brüder heissen Alitherses, Perilaus und Enulus, Parthenope hiess eine Schwester desselben.

Sanagen (Ind. M.), ein Raja aus dem Geschlechte der Mondskinder, Vater des Darmatuwassen und Grossvater des Kandikaijen.

Sanarkumaren (Ind. M.), eines der vier göttlichen vollkommenen Wesen, welche Brama erschuf, um das untergegangene Menschengeschlecht wieder zu erzeugen; die frommen Sprösslinge thaten das jedoch nicht, und so gewann das böse Princip Oberhand bei der Zeugung.

Sanat (Finn. M.), zauberkräftige Lieder, welche die Priester der heidnischen Finnen singen, um damit Sturm zu erregen, Kranke zu heilen, freundlich Wetter zu machen, Vieh zu behexen etc.

Sancus (Alt-Ital. M.), vollständig: Semo Sancus, auch einerlei mit Fidius. Ein von den Sabinern in Rom eingewanderter Gott, der auf dem quirinalischen Hügel ein Heiligthum hatte. Später ward er mit Hercules verglichen und Hercules Sabinus genannt.

Sandacus (Gr. M.), Sohn des Astynous, Enkel des Phaëton, kam aus Syrien nach Cilicien, gründete dort eine Stadt Celenderis und vermählte sich mit Pharnace, der Tochter des Megessares, welche ihm den Cinyras gebar.

Sandalfon, s. Achtariel.

Sandanam (Ind. M.), einer der fünf Bäume, welche sich bei Umdrehung des Berges Mandar im Milchmeere (zur Bereitung der Amrita) aus dem Schoosse desselben erhoben und die Früchte des Segens und des Ueberflusses trugen.

Sandanen (Ind. M.), ein berühmter König des Mittelreichs, Freund des Schiwa und Stammvater der Kurus und Pandus. Er verliebte sich in Schiwa's Gattin, Ganga, und ward desshalb in einen Affen verwandelt.

Sandanigen (Ind. M.), einer der fünf Söhne, welche Drowadei, die Gattin der fünf Pandus, diesen ihren Männern gebar.

Sandelbaum (Santalum album), liefert ein angenehm duftendes Holz, das zum Räuchern in den Pagoden gebraucht wird, ist daher ein bedeutender Handelsartikel; die Indier brauchen es jedoch nicht allein zum Verbrennen, sondern auch, fein zu Pulver gemahlen und mit dem Wasser des Ganges zu einem dünnen Teig gemischt, um sich Stirne und Brust jeden Tag nach dem Baden mit den Zeichen des Cultus, zu dem sie sich bekennen, zu bemalen.

Sandes (Pers. M.), ein fabelhafter Held der Perser, den man für identisch mit Dschemschid hält und seinen Thaten nach dem Hercules vergleicht.

Sandiadewi (Ind. M.), Tochter des Brama, welche er aus sich selbst gebar, da er, um die Welt mit Göttern zu bevölkern, einen überaus reizenden menschlichen Körper angenommen hatte.

San Erdeni (Lamaismus), eines der sieben Heiligthümer, welche vor den Göttern in den Tempeln der Mongolen, Kalmücken, Tübetaner etc. stehen; es stellt einen weissen Elephanten vor, welcher eines der heiligsten Thiere ist und fast göttlicher Verehrung geniesst, so dass der höchste Titel der Kaiser von Birma, China und von Indien (der ehemalige Grossmogul), »Herr des weissen Elephanten« ist, welchen sie einander gegenseitig streitig machen, und worüber schon blutige Kriege geführt worden sind.

Sangarius (Gr. M.), Sohn des Oceanus und der Tethys, ein Flussgott, Gemahl der Metope, Vater der Hecuba.

Sangia (Ind. M.), Tochter des Wiswakarma und Gemahlin des Sonnengottes, der sich seine langen glänzenden Haare abschneiden liess, damit sie, die den hellen Glanz nicht ertragen konnte, bei ihm bleibe.

Sangrid (Nord. M.), eine der Walküren oder Schlachtwählerinnen.

Sankrandanna (Ind. M.), »der Veränderliche,« Beiname des Indra, des Gottes des Himmels und des Luftkreises.

Sankuman (Ind. M.), ein frommer, weiser König, welcher, nachdem er sein Land beglückt, Büsser wurde; ihm versprach Wischnu, in seiner Familie als Awatara zu erscheinen, und so ward er als Rama geboren.

Sanngetal (Nord. M.), Beiname des Odin.

Sannuwadi (Ind. M.), eine der acht Gespielinnen der Ganga.

Sanyassi (Ind. M.), die höchste Stufe der Heiligkeit, welche ein Bramin im spätesten Lebensalter durch Bussübungen und Abgeschiedenheit von der Welt erlangen kann. S. Jogi.

Saon (Gr. M.), Sohn des Jupiter und einer Nymphe, oder des Mercur und der Rhene, soll die Einwohner von Samothrace in Dörfer und Städte gesammelt, sie in fünf, nach seinen Söhnen benannte Stämme getheilt, und ihnen Gesetze gegeben haben.

Saotes (Gr. M.), »der Erhalter,« 1) Beiname Jupiters in Thespiä. Dort verwüstete ein ungeheurer Drache das Land, und das Orakel sagte, man solle ihm jährlich einen Knaben opfern. Als das Loos nun auch den Cleostratus traf, liess ein Freund desselben, Menestratus, seinem Liebling einen ehernen Panzer mit lauter Widerhaken und Stacheln machen, in welchem er dem Ungeheuer entgegenging. Dieses verschlang ihn zwar, und er büsste sein Leben dabei ein, aber der Drache gleichfalls, und so errichtete Thespiä seinem Retter Jupiter eine eherne Bildsäule. — 2) S., Beiname des Bacchus, unter welchem man ihn zu Trözen und bei Lerna verehrte.

Sapandomad (Pers. M.), der Genius der Erde, ein weiblicher Engel von der höchsten Vollkommenheit, einer der Amschaspands, von Ormuzd geschaffen, in stetem Kampf gegen Astudschad, einen Dämon des Ahriman, begriffen.

Saequin (Nord. M.), einer von den Strömen, welche aus dem Quell Hwergelmer entspringen und durch das Land der Götter fliessen.

Saragads (M. der Lappen), soll einer ihrer obersten Götzen, wo nicht der Schöpfer selbst, geheissen haben.

Sarakka Aimo, s. Aimo.

Saran (Ind. M.), ein vortrefflicher Bogen, den Wischnu führt; die mit demselben abgeschossenen Pfeile verfehlen nie ihr Ziel, und kehren, nachdem sie getroffen, von selbst zu Wischnu zurück.

Saraswati (Ind. M.), Gattin des Brama, sonst auch ein Fluss, welcher sich zu Hugli mit dem Ganges vereinigt. Die Sage meldet, die Göttin habe sich, verfolgt, unter die Erde verborgen, und so als Fluss sich bis zum

Ganges, ihrem Geliebten, fortgearbeitet, mit welchem sie sich endlich vereint. Nach einer andern Tradition ist S. die Tochter Brama's und von so grosser Schönheit, dass der Gott selbst sich in sie verliebte, und um sie, die sich hinter ihm verbarg, zu suchen, fünf Köpfe annahm, deren einen, hierüber zornig, ihm Schiwa abhieb. Sie wird häufig neben Brama sitzend abgebildet.

Sarat, bei den Indiern die Jahreszeit des Aufbruchs.

Sardessius (Gr. M.), Beiname Jupiters von der Stadt Sardessus in Lycien.

Sardo (Gr. M.), Tochter des Sthenelus, von welcher die Stadt Sardes den Namen hatte.

Sardus (Gr. M.), Sohn des Maceris, welcher bei den Libyern, wie bei den Aegyptern, den Beinamen Hercules hatte. Er führte eine Colonie von Libyern nach der Insel Ichnusa, welche dieselbe zum Theil bevölkerte, ohne den Stamm der Ureinwohner zu vertreiben. Die Libyer sandten späterhin ein ehernes Bildniss des S. nach Delphi als Weihgeschenk, und die Insel ward nach ihrem Anführer Sardo (jetzt Sardinien) genannt.

Sareseok (Pers. M.), ein durch Ormuzd aus der Zeugungskraft des Urstiers, der von Ahriman getödtet wurde, gebildeter Stier, der die Welt mit Thieren bevölkerte und einer der grössten Wohlthäter der Menschheit war.

Saron (Gr. M.), König von Trözen. Er war ein grosser Freund der Jagd und baute daher auch der Diana einen Tempel. Bei Verfolgung eines Hirsches stürzte er in den Meerbusen, welcher nach ihm der saronische genannt wurde. Man begrub ihn in dem Haine der Diana.

Saronis (Gr. M.), Beiname der Diana von dem im vorigen Artikel erwähnten Tempel zu Trözen.

Sarpedon (Gr. M.), 1) Jupiters und der Europa Sohn, welcher über einen schönen Knaben Streit mit seinem Bruder Minos bekam und Creta verlassen musste, von wo er sich nach Lycien wandte und diese Landschaft in Besitz nahm. Jupiter gestattete ihm, drei Menschenalter zu leben. — 2) S., Sohn des Jupiter und der Laodamia. Sein Grossvater von mütterlicher Seite war Bellerophon. Die Söhne des Letztgenannten stritten sich in Lycien um den Besitz der Krone; nach langen Zwistigkeiten ward die Frage dahin entschieden, dass derjenige, welcher einen Ring von der Brust eines Kindes hinwegschiessen würde, ohne dasselbe zu verletzen, das Reich erhalten solle, zu welcher Probe Laodamia ihren Sohn S. hergab, der nun um dieser Grossmuth der Mutter willen zum Könige ernannt wurde. Zu Anfang des trojanischen Krieges bewarben sich beide Parteien um seine Hülfe; er entschied sich für Priamus, that den Griechen bei ihrer Landung grossen Schaden, erlegte den Tlepolemus (wobei er selbst schwer verwundet wurde), führte bei dem Sturme auf die Verschanzungen den fünften Heerestheil an, erstieg die Mauer, tödtete den Alcmäon und bahnte den Trojanern den Weg, deckte den von Ajax niedergeworfenen Hector, fiel aber endlich gegen den Patroclus. Seine Rosse und seine Rüstung erbeuteten die Griechen, den Leichnam des Helden aber trugen auf Jupiters Befehl der Schlaf und der Tod nach Lycien zu ehrenvoller Bestattung. — 3) S., Sohn Neptuns, ein gewaltthätiger Mensch in Thracien, Bruder des Poltys, von Hercules erlegt.

Sarpedonia (Gr. M.), Beiname der Diana von dem sarpedonischen Vorgebirge in Cilicien, wo sie einen Tempel und ein Orakel hatte.

Sarritor (Röm. M.), ein Feldgott, welcher dem Hacken und Häufeln der Feldfrüchte vorstehen sollte.

Sarwagna (Ind. M.), »der Alles Sehende,« Beiname des Schiwa.

Saesara (Gr. M.), Tochter des Celeus von Eleusis, bei welchem Ceres einkehrte; sie ward mit Crocon vermählt, dem sie die Meganira gebar.

Satewis (Pers. M.), einer der Fürsten der Sterne, ein guter Genius, der die Westgegend beschützt und gegen Ahriman im Kampfe anführt. Er hebt das Wasser aus dem Meere und verbreitet es als Regen über das Land.

Satnius (Gr. M.), Sohn des Enops und der Najade oder Nymphe des Flusses Satnioïs erhielt von dem Orte seiner Erzeugung den Namen. Er fiel durch Ajax, des Oileus Sohn.

Satrapes (Gr. M.), ein Name, unter welchem Neptun anfangs zu Samicum, dann in Elis ein ehernes Standbild hatte, welches stets mit einem Kleide von Wolle, einem von Leinen und einem von Byssus bekleidet war.

Satschi, Gemahlin des indischen Sonnengottes Indra.

Satterpai (Pers. M.), der Himmel der Fixsterne, unter dem Mondhimmel befindlich, und von zwölf Genien der zwölf Bilder des Thierkreises gelenkt.

Sattiawodi (Ind. M.), Tochter des Königs Dassarayen, zuerst mit dem Altvater Parassen, dann mit Sandanen vermählt.

Saturnia und **Saturnius** (Gr. M.), Beiname der Juno und des Jupiter, von ihrem Vater Saturnus abgeleitet.

Saturnus oder **Kronos**, Fig. 274 (Gr. u. röm. M.). Der altitalische S., seinem Namen nach ein Saatengott, und der altgriechische Kronos, ein völlig symbolisches Wesen, das, wie seine Brüder, die übrigen Titanen, auf die urweltlichen und geordneten Naturkräfte hindeutet, auch wohl theilweise mit dem phönicischen Moloch (s. d.) zusammenhängt, sind diejenigen zwei Gottheiten der in Manchem von einander so weit abweichenden zwei Religionen, deren Vereinigung zu einem Wesen der spätern, alles Griechische und Römische vermengenden, gelehrten Mythologie am schlechtesten gelungen ist. Kronos, der Sohn des Uranus und der Gäa, war unter den Titanen der Listigste. Seine Mutter hatte die Centimanen und Cyclopen geboren, welche ihrer furchtbaren Gestalt und Stärke wegen von Uranus in die Unterwelt gesperrt worden waren; dieses hatte die Mutter sehr erzürnt, und sie that den Jüngsten ihrer Kinder den Vorschlag, ihre Brüder an dem Vater zu rächen, wovor sie alle zurückschauderten; nur S. that, was sie gewünscht: mit einem scharfen Messer versehen, verbarg er sich bei seiner Mutter, und als Uranus in der Nacht zu der Gattin kam, entmannte ihn S. und warf nach vollbrachter That die Werkzeuge auf die Erde herab, wodurch dieselbe befruchtet wurde. Der Uranide vermählte sich dann mit seiner Schwester, der Titanide Rhea, und aus dieser Ehe entspross das ganze, die Welt beherrschende Göttergeschlecht: Pluto, Vesta, Ceres, Neptun, Juno und Jupiter. Kronos wusste aus einer Prophezeiung seiner Eltern, dass er durch eines seiner Kinder vom Throne gestossen werden würde; um dieses zu verhüten, frass er alle seine Kinder gleich nach der Geburt, bis auf Jupiter, an dessen Stelle Rhea ihm einen in Windeln eingehüllten Stein gab. Der jüngste Sohn, auf diese Weise gerettet, wuchs schnell, schon in einem Jahre, zu ausserordentlicher Grösse und Stärke heran, und erhielt von der Metis (Klugheit) ein Brechmittel, welches er dem Kronos gab, worauf dieser alle die verschlungenen Kinder sammt dem Steine wieder auswarf. Den Stein legte Jupiter zum Andenken an seine wunderbare Errettung am Fuss des Parnassus nieder, verband sich mit seinen Brüdern und Schwestern zum Sturz des Kronos, that ihm, wie dieser seinem Vater gethan hatte, und strebte nach der Herrschaft; die Titanen widersetzten sich jedoch dieser Anmassung, worauf ein zehnjähriger Krieg entstand, der damit endete, dass Jupiter die Centimanen und Cyclopen aus dem Tartarus befreiete, mit ihrer Hülfe die Titanen besiegte und dieselben in den Kerker der befreiten Cyclopen sperrte, vor welchem die Letztern Wache hielten; worauf dann die Verloosung der Herrschaft zwischen den drei Kroniden: Pluto, Neptun und Jupiter, vor sich ging, in welcher der Erstere die Erde, der Zweite das Meer, der Dritte aber den Himmel und sie alle beherrschte. Nun soll der vom Throne gestossene Kronos = S. nach Italien geflohen sein, und unter seiner Herrschaft sich hier das goldene Zeitalter eingestellt haben: die Menschen alterten nicht, lebten, gleich den Göttern, ohne Sorgen, in steter Glückseligkeit, in Gesundheit und Stärke; wenn sie starben, war es ein Schlummer, welcher sie ihres Daseins überhob, indem er sie zu Dämonen machte; ungepflegt trug die Erde alle Früchte, ohne Arbeit gab sie ihnen ihre Schätze; es war das Leben des Paradieses, was die Menschen unter seiner Regierung führten. Zur Erinnerung an dieses ursprüngliche Leben in Unschuld, Freiheit und Gleichheit wurde zu Rom das Fest der Saturnalien jährlich vom siebenzehnten December an, mit gänzlichem Aufhören aller Geschäfte, gefeiert. Die Herren erlaubten dabei den Sklaven alle möglichen Freiheiten, ja es fand kein Unterschied mehr zwischen Herren und Dienern statt; denn die Letzteren sassen am reich besetzten Tisch

Fig. 274.

und die Ersteren warteten auf. Diese heiteren Feste, in denen jede Kurzweil erlaubt war, dauerten anfangs nur einen Tag, wuchsen dann aber immer mehr, bis sie sich unter den Kaisern zu einer ganzen Woche ausgedehnt hatten. Uralte Tempel waren dem S. oder Kronos in Griechenland geweihet; in Rom stand sein Tempel am Fusse des Capitols, und war zugleich Staatsarchiv und Schatzkammer. Der Gott wird gewöhnlich mit einer Sichel abgebildet; die Sense, die Flügel und das Stundenglas, das man ihm auch häufig gibt, sind Attribute, durch die Neueren und durch Ummodelung der Begriffe hinzugekommen. S. unser Bild, wo S. nach einem geschnittenen Steine abgebildet ist. Die Perser stellen den Planeten S. oder den Genius, der ihn beherrscht, fast ganz thierisch dar; der Untertheil des Körpers nähert sich dem des Schweines, an diesen schliesst sich ein Menschenleib mit Menschenarmen an, der gekrönte Kopf ist aber wieder thierisch.

Satyrn (Gr. M.), Bacchische Dämonen, Repräsentanten des ausgelassenen und üppigen Naturlebens im Kreise des Bacchus. Homer kennt sie noch nicht, wohl aber Hesiod, welcher sie ein unnützes und zur Arbeit unanstelliges Geschlecht nennt, ohne jedoch ihre Gestalt zu beschreiben. Diese wird später im Allgemeinen so angegeben: das Haar struppig, die Nase stumpf und aufgeworfen, die Ohren oben zugespitzt, am Halse oft längliche, kleinen Hörnern ähnliche Knoten, über dem Steissbein ein Pferdeschweif, oft auch ein Ziegenschwänzchen. Ihnen Hörner und Bocksfüsse zu geben, war Missverstand der spätesten Zeit, die sie mit den Panen, Panisken, Faunen verwechselte. Die S. werden Söhne des Mercur und der Iphthime, oder der Najaden, genannt. Der älteste und hervorragendste unter ihnen ist Silenus; auch Marsyas war ein S. Die älteren S. heissen auch in Mehrzahl Silene. Die S. sind wesentlich Gefährten des Bacchus; ihrem Charakter nach lieben sie den Wein übermässig, und werden daher theils trinkend, theils mit dem Thyrsus taumelnd, theils dem Schlaf ergeben, theils als Kelterer, theils als musicirend mit Flöte und Cymbel dargestellt. Ihre Attribute sind: Flöte, Thyrsus-Stäbe, Hirtenpfeife, Hirtenstab, Trinkgefässe, Schläuche. Bekleidet sind sie mit Thierfellen, bekränzt mit Weinranken, Epheu, Fichtenzweigen. Die Kunst hat sie sehr häufig dargestellt, und zwar natürlich immer im Kreise des Bacchus; sie erscheinen daher häufig auch auf unsern Abbildungen zu Bacchus (s. d.). — Man hüte sich, das lateinische Wort Satire, ursprünglich Satura (von Vielen immer noch fälschlich Satyre geschrieben), mit den S. in Verbindung zu bringen, mit welchen es nicht das Mindeste zu schaffen hat.

Saukwimir (Nord. M.), einer der stärksten Joten oder Riesen. Odin erschlug seinen Sohn, begab sich dann zu den Joten und erzählte ihnen, dass er eines Riesen Sohn getödtet und sich dann zu dessen Vater begeben, ohne dass derselbe gewusst oder geahnt, wen er beherberge.

Sauqua Bekkr (Soequabekr) (Nord. M.), »Todesbach,« derjenige Ort, an welchem Saga wohnte, zu der Odin täglich kam, um sich in dem köstlichen Meth, den sie hatte, zu berauschen, und sich ihrer Liebe zu erfreuen.

Saurus (Gr. M.), ein berüchtigter Strassenräuber an der Gränze von Elis, welchen Hercules tödtete.

Sawa (M. der Araber), eine weibliche Gottheit, welche von den Arabern schon vor der Sündfluth angebetet worden sein soll. Da diese jedoch von Ismaël, Sohn Abrahams und der Hagar, abstammen, so ist Beides schwer zu vereinen.

Sawaku (M. der Karaiben), der Mensch, welcher zuerst Blitz und Platzregen veranlasste; er war sehr mächtig, und verwandelte sich, um nicht verfolgt zu werden, in einen Vogel und dann in einen Stern. Noch jetzt verursacht er die Blitze, indem er das himmlische Feuer durch ein Rohr anbläst, so dass es weit umherfliegt.

Sawamangala (Ind. M.), »die höchste Glückseligkeit.« Beiname der Gattin des Schiwa, der Parwati.

Sawati (Ind. M.), die Gattin des ersten Menschensohnes, von Gott im Ostlande geschaffen, und von Brami, dem Sohne des ersten Menschen, Puru, zur Frau genommen.

Saxnot (German. M.), ein Gott, der in der Abschwörungsformel vorkommt, mit welcher die von Karl dem Grossen gewaltsamer Weise bekehrten Sachsen dem heidnischen Götterglauben entsagten, indem sie zugleich dem Thunar (Thor), Wodan und Saxnot absagten. Man hält diesen S. für den Gott des Krieges, da das Wort Sachs, wovon sich die Sachsen benannten, ein Schwert bedeutet haben soll. Angelsächsische Genealogien weisen auf einen Saxneat, Wodans Sohn, hin.

Sayei (Ind. M.), Tochter des Wiswakarma; wahrscheinlich identisch mit Sangia. Sie war mit dem Sonnengotte vermählt und gebar demselben den Dschama, den Gott der Unterwelt.

Sayutschiam (Ind. M.), derjenige Grad von Seligkeit oder Gottseligkeit, welcher den Menschen von der Nothwendigkeit der Wiedergeburt auf der Erde befreit. Er wird durch Einsamkeit, Tugend, Selbstbetrachtung gewonnen, und ist denjenigen Braminen, welche Jogis werden, jederzeit gewiss, denn sie sind viel zu erhaben, übergöttlich, als dass sie nicht jeder Prüfung ledig wären.

Sazoma (Lamaische M.), eine der beiden gesetzmässigen Frauen des Cio Concioa oder Xaka, der zweiten Person der lamaischen Dreieinigkeit.

Scamander (Gr. M.), 1) Sohn des Oceanus und der Tethys, ein Flussgott in Troas, mit seinem ältern Namen Xanthus; seine Gattin war die Nymphe Idäa, mit welcher er den Teucer und die Glaucia erzeugte. Scamandrius hiess nach ihm der Sohn des Hector, den man gewöhnlich Astyanax nannte. — 2) S., Enkel des vorigen, Sohn der Glaucia und des D e ï m a c h u s (s. d.).

Scamandrodice (Gr. M.), heisst bei Einigen die Mutter des Cycnus, welche sonst Calyce heisst.

Scaeus (Gr. M.), einer der zwölf Söhne des Hippocoon, welche den Icarius und Tyndareus von Lacedämon vertrieben, aber dann von Hercules besiegt und getödtet wurden.

Scephrus (Gr. M.), Sohn des Tegeates, Königs von Tegea. Er hatte eine Unterredung mit Apollo in dessen Tempel zu Tegea; sein Bruder Limon glaubte, Jener habe ihn bei dem Gotte angeklagt, und tödtete ihn desshalb, wofür nun zwar Limon durch Diana erschossen ward, doch trat eine grosse Unfruchtbarkeit ein, wegen der das Orakel rieth, den S. zu betrauern. Es wurden nun dem Apollo und der Diana Spiele gestiftet, bei denen irgend Jemand von einer Priesterin der Letztern, die mit Bogen und Pfeil bewaffnet war, verfolgt wurde, als ob es Limon sei, den Diana verfolge.

Schadanana (Ind. M.), Beiname des Gottes Kartikeya; er bedeutet den Kopf mit sechs Gesichtern.

Schadhabigna (Ind. M.), Beiname des Buddha: »der Besitzer der sechs Wissenschaften.«

Schagkiamuni, s. D s c h a k s c h i a m u n i.

Schakli (Ind. M.), Gemahlin des Schiwa, welche derselbe so sehr liebte, dass er sich bei ihrem Tode vor Verzweiflung ein Haar ausriss. Sch. hatte die Beleidigung, welche ihr Vater dem Schiwa angethan, so sehr empfunden, dass sie den Körper, den sie von ihm erhalten hatte, ablegte, und als Parwati wieder geboren wurde.

Schakra (Ind. M.), die berühmte Waffe des Wischnu: ein Ring, eine Scheibe mit Vernunft begabt, tödtlich wirkend, wenn sie trifft, und zu ihm nach vollbrachter Strafe zurückkehrend. Die Bewohner des nördlichen gebirgigen Theiles von Indien führen noch jetzt eine ähnliche, in ihren Händen höchst furchtbare Waffe, eine in der Mitte zwei Linien dicke, am äussern Rande sehr scharfe, gezähnte Scheibe von gehärtetem Stahl. Sie werfen dieselbe auf 200 Fuss, und sie durchschneidet den stärksten Harnisch.

Schamana (Ind. M.), Beiname des Gottes der Unterwelt: »der Höllenstrom.«

Schamanen (Ind. Rel.), Name der Frommen unter den Anhängern des Buddha, eine, von diesen zu den Tataren und den Bewohnern von Sibirien übergegangene Benennung der Priester, Zauberer und Aerzte jener Völker; daher schamanische Religion die Religion der meisten Nordasiaten von der Tatarei bis nach Kamtschatka heisst.

Schammar (Lama-Rel.), drei Oberhäupter der Secte der Rothmützen unter den Lamaiten (s. d.), dem Dalai Lama fast gleich an hoher Würde; der erste derselben wohnt in der Hauptstadt von Butan, in Tassisudor, in einem grossen Kloster. Zahlreiche Geistliche, alle im ehelosen Stande und in Klöstern lebend, sind diesen Fürsten der Kirche untergeben; sie haben verschiedenen Rang, stehen in grossem Ansehen, besorgen allen Unterricht der Jugend allein, und haben sich unglaublich verbreitet und vermehrt; so sind in der Hauptstadt von Tübet, Lhassa, allein 3000 Mönchsklöster.

Schamhusai (Ind. M.), ein Engel, welcher sich der Schöpfung des Menschen widersetzte und dafür vom Herrn verstossen ward.

Schamel (Ind. M.), der Engel, welcher die Gebete der Menschen zu Gott trägt.

Schamir (Ind. M.), der Wurm, dessen sich Moses bediente, um die Namen der zwölf Stämme auf die Edelsteine des Brustschildes ihres Hohenpriesters zu graben, wozu kein Werkzeug taugte. Salomo bediente sich desselben Wurms, um die Steine zu dem Tempel zu bearbeiten; der Sch. hat, wenn er auch nur so gross ist wie ein Gerstenkorn, doch die Kraft, die Felsen zu zersprengen.

Schara Malachai (Lama-Rel.), »Gelbmützen,« diejenige Partei der Lamaiten, welche den Bogdo-Lama (Haupt der Rothmützen) verwirft, und nur den Dalai-Lama als unfehlbares geistliches Oberhaupt erkennt.

Scharasandha (Ind. M.), ein mächtiger König, über den ganzen südlichen Theil von Indien herrschend, der gefährlichste Widersacher des Krischna, mit dem er in siebzehn Schlachten und im Zweikampf um die Herrschaft über Indien stritt.

Schariwer (Pers. M.), einer der sieben guten, von Ormuzd zum Kampfe gegen Ahriman geschaffenen Geister, Beherrscher der Metalle.

Schastamuni (Ind. M.), Beiname des Buddha: »der Lehrer der Munis.«

Schastawa (Ind. M.), Beiname des Schiwa: »der Rächer.«

Schatrani (Ind. M.), die Frau des Schutri oder Kschetri, desjenigen Menschen, den Brama aus seinem rechten Arme geschaffen, und der Stammvater der Kriegerkaste (Kschetria) ist. Sch. war von Brama aus seinem linken Arm geschaffen.

Schawkawser, s. K a m d e w a.

Schedius (Gr. M.), 1) Sohn des Iphitus, Sohnes des Naubolus, Bruder des Epistrophus, mit welchem er die Phoceer gegen Troja führte. Hector traf ihn, als er nach Ajax zielte. — 2) Sch., Sohn des Perimedes, gleichfalls Heerführer der Phoceer, ward vor Troja auch von Hector erlegt.

Scheiri, die Schutzgeister der Männer bei den Karaiben.

Scheschunogunde (Ind. M.), die Frau des Waischia, des zweiten Sohnes des ersten Menschen (Puru), von dem die Kaste der Kaufleute abstammt. Sch. ward von Brama in den Südländern erschaffen.

Schidders (Ind. M.), eine Klasse guter Genien oder Dewetas, nicht mit den Dews der Perser, welche böse Genien sind, zu verwechseln.

Schigmu (Chines. M.), Mutter des Fo, den sie als Jungfrau gebar, nachdem sie, beim Baden eine Lotosblume findend, diese gegessen hatte, wodurch sie von einem Gotte befruchtet wurde.

Schiwa, Fig. 275 (Ind. M.), der furchtbare Zerstörer, das dritte Glied der indischen Dreieinigkeit; nach der Lehre der Schiwaiten der höchste Gott (ausser Brahm), derjenige, welchem Brama und Wischnu untergeordnet sind, nach den Lehren der Bekenner des Wischnuismus und des Bramaismus aber niederer als Wischnu oder Brama. Er wird gewöhnlich, wie unser Bild ihn zeigt, auf einem Stiere, Nundi, dem Symbol der Weisheit, reitend, seine Gattin, die schöne Parwati, auf seinem Schooss haltend, dargestellt. Was die Maler und Bildner nur Abschreckendes in sein Antlitz legen konnten, haben sie gethan; doch, wie grausam er ist, wie blutdürstig er die schrecklichsten Opfer fordert, so ist er doch voll zärtlicher Liebe zu seiner Gattin, und hat ihr selbst die Hälfte

Fig. 275.

seines Körpers eingeräumt, damit sie nie von ihm getrennt sei. So ist er denn auch der Gott der Erzeugung alles Lebenden; und sich der Freuden der Liebe enthalten, heisst seinen Geboten zuwider handeln, denn er selbst brachte hundert Götterjahre in den Armen der reizenden Uma zu (welche eine frühere Gestalt der Parwati ist), und ist so der Erwecker alles Lebens, wie er der Zerstörer, der Vernichter ist: ein Widerspruch, der sich dadurch auflöst, dass nach der Natur- und Religions-Lehre der Indier eigentlich keine Vernichtung stattfindet, sondern Alles nur Verwandlung, Veränderung der Form, Uebergehen aus einer Gestalt in die andere ist. Sch. erscheint als unendliche Feuersäule, welche Brama und Wischnu nicht ermessen können, und als Mahadewa (grosser Gott); ferner in einer grossen Zahl anderer Awataras, in denen er immer durch Zerstörung für das Wohl der Welt wirkt. Sein Dienst ist daher auch so grausam und blutig, wie er wollüstig ist, und hauptsächlich ihm zu Ehren werden die vielen Dewedaschies in den Pagoden der Indier gehalten.

Schiwararti (Ind. M.), ein Fest, welches im März dem Schiwa (s. d.) zu Ehren gefeiert wird, voll der unzüchtigsten Handlungen, welche, begleitet von eben so unzüchtigen Liedern, öffentlich verübt werden, ohne übrigens Jemandem Anstoss zu geben, indem Alles, was so geschieht, als dem Schiwa höchst wohlgefällig betrachtet wird. Des Gottes vorzüglichstes Symbol, der Lingam, wird hauptsächlich bei diesem Feste geweihet und verkauft.

Schlaf, s. Hypnos.

Scho Dagung (Ind. Rel.), der prachtvolle, fast ganz vergoldete Pyramiden-Tempel zu Ranguhn, dem höchsten Gotte der Birmanen geweiht.

Schodeleth (Ind. M.), der Platz bei jeder Stadt, auf welchem die Todten verbrannt werden. Ein Stein, stets daselbst aufgerichtet, stellt den König Aritschandra vor, der einmal Aufseher eines solchen Platzes war, und seinem eigenen Sohne die Ehre, verbrannt zu werden, weigerte, da seine Mutter nicht im Stande war, die kleine Abgabe, welche für die Erlaubniss gefordert wurde, zu zahlen; diese Frömmigkeit rührte die Götter so, dass sie den König, der, um geprüft zu werden, so weit hinunter gestossen war, wieder zu seinen vorigen Würden erhoben.

Schoeneus (Gr. M.), 1) Sohn des Athamas und der Themisto, Vater der Atalante, nach der einen Sage (s. Atalante). — 2) Sch., Sohn des Melaneus und der Hippodamia; sein Bruder Anthus ward von seines Vaters hungrigen Pferden zerrissen.

Schoenis (Gr. M.), Beiname der Venus.

Schri rama, s. Wischnu.

Schudra (Ind. Rel.) die unterste der vier Kasten der Indier, aus Brama's Füssen entsprungen und zum Dienst der drei oberen bestimmt; sie umfasst alle niederen Arbeiter und Dienstboten.

Schukra (Ind. M.), Genius des Planeten Venus, Vater der schönen Dewajani; ein mächtiger Bramin.

Schüler des Sommonacodom, s. Pra Mogla.

Schuriasawarnen (Ind. M.), der jetzt schon als Büsser lebende, dereinstige Beherrscher des grossen Zeitalters, welches auf das jetzige, dem Waiwassaden vorsteht, folgen wird. In demselben erscheint Wischnu in seiner zehnten Awatara.

Schuetze (Mytholog. Astronomie). Unter den Bildern des Thierkreises ist eines, welches der Sch. heisst, das neunte in der Reihe, vom Widder angefangen; durch den vordern Theil dieses, als ein mit Bogen und Pfeil bewaffneter Centaur vorgestellten Sch.n, geht ein Theil der Milchstrasse, und zwischen ihm und dem Sternbilde Scorpion steht der Ophiuchus, nordwärts über ihm Antinous und der Schild des Sobieski; das Sternbild selbst gehört nur mit seinem obern Theile zum Thierkreise, der untere steht mit der südlichen Krone ganz auf der südlichen Hälfte der Sternkugel, und zeigt sich in der Mitte von Deutschland nur wenig oder gar nicht. Kenntlich sind nur einige helle Sterne am Bogen und der Spitze des Pfeils. — Der Sohn des Pan und der Eupheme, Crotus, soll in diesem Bilde zu sehen sein; seine Mutter, die Amme der Musen, erzog ihn zugleich mit diesen, denen er viele Dienste erwies, daher sie den Jupiter baten, ihm eine Stelle am Himmel zu schenken. Nach Andern soll es jedoch Chiron, der berühmte Centaur, der Erzieher des Achill, sein, dessen Andenken hier verewigt wurde.

Schwaixtix, s. Swaixtix.

Schwan (Mytholog. Astronomie), ein schönes, an fünf hellen Sternen, die ein regelmässiges Kreuz bilden, leicht kenntliches Sternbild in der Milchstrasse, zwischen Cepheus und dem Fuchs, ostwärts von der Leier. Man zählt mit scharfem Auge bei heller Winternacht in diesem grossen Sternbild an hundert und fünfzig Sterne. Es ist der Schwan, in welchen sich Jupiter verwandelte, um Nemesis oder um Leda zu berücken, oder auch der dem Apollo heilige Singschwan, in welchen Orpheus bei seinem Tode verwandelt wurde.

Schwarzelfen, s. Elfen.

Schweibrat, identisch mit Ischwambrat (s. d.).

Schwerttanz (Ind. M.), ein religiöser Tanz, welchen die indischen Bajaderen, die sich irgend einem Gott gewidmet haben, mit grosser Kunst ausführen: an zwei lange Stangen werden Säbel mit der Schneide aufwärts befestigt, und in schräger Richtung an eine Mauer gestellt, so dass sie zwei halbe Leitern bilden; auf diese steigen die Bajaderen, und tanzen darauf unter den anmuthigsten Stellungen und Bewegungen, unnachahmliche Geschicklichkeit und einen hohen Reiz der Körperformen entwickelnd. So schwer die Kunst sein mag, auf solchen schwankenden Klingen zu tanzen, so ist auch der Tänzerinnen Gewinn dabei so gross, dass sie nicht selten durch eine einzige Ausführung desselben schon reich werden.

Sciaditis (Gr. M.), Beiname der Diana, welche zu Scia in Arcadien einen Tempel hatte, der von Aristodemus erbaut war.

Sciallius (Gr. M.), Beiname des Apollo.

Sciapodes (Gr. M.). Nach einem Mährchen der alten Griechen wohnte in Indien ein Volk mit so ungeheuren Füssen, dass dieselben als Sonnenschirme dienten, zu welchem Behuf die Sc. (Schattenfüssler) sich setzten und einen ihrer Füsse der Sonne entgegenstreckten.

Scias (Gr. M.), eine Nymphe aus den Wäldern von Tanagra, vermählt mit Cephissus, dem sie einen Sohn, Elinus, gebar: dessen Sohn Eunostus machte sich durch seine Gleichgültigkeit gegen Ochne, Tochter des Colonus, bekannt.

Scillus (Gr. M.), Vater des Alesius, eines Freiers der schönen Hippodamia. Sein Sohn soll der Stadt Alesia in Elis den Namen gegeben haben.

Sciras (Gr. M.)', Beiname der Minerva, unter welchem sie sowohl in dem Hafen von Athen, Phaleron, als auch auf Salamis einen Tempel hatte.

Sciron (Gr. M.), 1) ein berüchtigter Räuber, der auf den Felsen zwischen Athen und Megara hauste und sich von den Vorüberziehenden die Füsse waschen liess, sie dann aber mit einem Fusstritt in's Meer stürzte, worauf aus einer Höhlung eine grosse Schildkröte hervorkam, welche die so Hinabgestürzten auffrass. Theseus that ihm, wie er früher Andern gethan. — 2) S., Sohn des Pylas. Verheirathet mit einer Tochter des Pandion, machte er dem Sohne des Letztern, Nisus, die Herrschaft über Megara streitig. Aeacus als Schiedsrichter erkannte dem Nisus die Regierung, dem S. die Anführung im Kriege zu. Andere nennen ihn Gemahl der Chariclo, Vater der Endeïs, Schwiegersohn des Cychreus und Schwiegervater des Aeacus.

Scirophorien, s. Minerva.

Scolitas (Gr. M.), Beiname des Pan, dessen eherne Bildsäule zu Megalopolis stand.

Scorpius (Mytholog. Astronomie), der Scorpion im Thierkreis, ein Unthier, welches Diana dem Orion zuschickte, als dieser ihr nachstellte.

Scotitas (Gr. M.), Beiname des Jupiter in Laconia.

Scylla (Gr. M.), Tochter des Typhon und der Echidna, nach Anderen des Neptun und der Nymphe Crataïs. Die Beschreibungen von diesem Meerungeheuer sind grell genug, obwohl die bildenden Künste denselben niemals gefolgt sind; nach Homer wohnt sie an einem den Himmel berührenden Felsen, dessen Scheitel stets mit Wolken gekrönt ist. Wegen seines glatten Aeussern kann der Berg nicht erstiegen werden, und so haust denn dieses Unthier in der Aushöhlung, welche das Meer in den Fuss desselben gewaschen hat, ungestört, und bringt Verderben jedem Nahenden. Zwölf Füsse hat dasselbe, doch sind sie weniger schädlich, als man von der Gewalt der Riesin erwarten sollte, weil sie mit allen Füssen an den Felsen gefesselt ist; dagegen hat der furchtbare Körper auf sechs langen Hälsen sechs entsetzliche Köpfe, welche aus Hunger und Wildheit immerfort brüllen; drei Reihen Zähne füllen den Rachen, und alle Nahenden werden ein willkommener Frass derselben; gibt es sonst Nichts, so fängt sie Delphine und Seehunde, nahet jedoch ein Schiff, so muss ihr dieses Einige von seiner Mannschaft zurücklassen. Auf den Kampf gefasst, kam Ulysses heran, und Alles ward versucht, um das Unthier mit Spiessen und Stangen abzuwehren; doch musste Ulysses die Kühnheit, durch die sicilianische Meerenge gefahren zu sein, mit dem Verlust von sechs seiner treuesten Gefährten bezahlen. Berüchtigt waren damals diese Gewässer (zwischen Italien und Sicilien) durch die S. und die Charybdis (incidit in Scyllam cupiens vitare Charybdin), da man für unmöglich hielt, beiden zugleich auszuweichen. Jetzt sind die Schrecken alle verschwunden, und kein Fischerkahn scheuet die Ungeheuer. Die S. wird gewöhnlich als ein riesiges Weib mit aufgehobenem Ruder, als wollte sie Jemand erschlagen, vorgestellt; ihr Leib endet in zwei Delphinenschwänze.

Scyllis (Gr. M.), ein berühmter Baumeister, welchen man für einen Sohn des Dädalus von einer Geliebten hielt, deren Name unbekannt ist, deren Vater jedoch in Gortys auf Creta lebte. Es sollten viele der Bauwerke in Sicilien von ihm und seinem Bruder Dipönus sein.

Scyllius (Gr. M.), Beiname des Jupiter auf Creta.

Scythes (Gr. M.), Sohn des Hercules und der Echidna (s. d.).

Scython (Gr. M.), ein Mann, welcher nach Ovid sein Geschlecht nach Belieben wechseln konnte.

Sebbun (Japan. M.), ein Reinigungsfest, und ein Austreiben des bösen Geistes, welches kurz vor dem neuen Jahre geschieht. Es ist dieses Fest zugleich der Termin für alle halbjährigen Zahlungen.

Sebrus (Gr. M.), andere Form des Namens Tebrus. (S. Hippocoon).

Securitas (Röm. M.), »die Sicherheit;« Personification. Auf Münzen wird sie dargestellt als Matrone, mit übereinander geschlagenen Beinen, den linken Ellenbogen auf eine Säule gestützt, die rechte Hand über den Kopf gelegt, ruhig vor sich hinblickend, mit einem Speer, Füllhorn, Oel- oder Palmzweig.

Segetia (Röm. M.), eine Feldgottheit, die der keimenden Saat Gedeihen verschafft.

Segestes, identisch mit Acestes (s. d.).

Seja (Röm. M.), 1) Beiname der Fortuna, welcher der König Servius Tullius einen Tempel geweiht hatte. 2) S., eine römische Saatgöttin.

Seja (Ind. M.), identisch mit Ananden, der berühmten Schlange, welche um den Berg Mandar geschlungen wurde, um diesen im Milchmeere umzudrehen.

Seid (Nord. M.), eine bei den Vanen allgemein verbreitete Zauberkunst, welche Freia, die von den Vanen abstammte, vorzüglich kannte, und in der sie Odin unterrichtete. Ueber die Kunst selbst hat man nur Vermuthungen; es scheint derselben eine gewisse Kenntniss der Chemie zum Grunde gelegen zu haben, welche allerlei Mittel kennen lehrte; doch hielt man sie eines Mannes unwerth, und Odin war der Einzige, der sich damit befasste.

Seïte (M. der Lappen), Gottheiten, welche die Fruchtbarkeit der Felder und der Heerden befördern sollten; ihre Vorstellungsart ist sehr dunkel; sie werden als vogelfüssig angegeben, doch weiss man sonst nichts von ihnen.

Seitonji (M. der Preussen), die unterste Klasse der Priester, deren es eine oder mehrere in jedem Dorfe gab; sie standen zwar in grosser Furcht, doch nicht, wie die anderen Priester, in Achtung bei dem Volke.

Selemnus (Gr. M.), ein Hirtenknabe in Achaja. Schlafend bei seinen Heerden, fand ihn die Nymphe Argyra, und seine Jugend und Schönheit bewog sie, ihm ihre Gunst zu schenken; aber des Mannes Vorzüge waren nicht dauernd, wie die einer Nymphe, welche ewig jung und schön bleibt, daher verliess Argyra den Geliebten, als seine Reize ihr nicht mehr frisch und blühend genug schienen. Venus selbst versuchte das harte Herz der Göttin zu bekehren, doch vergeblich, und S. verzehrte sich in schmerzlichem Liebesgram: mitleidig verwandelte ihn die freundliche Venus in einen Fluss, welchem sie die Eigenschaft verlieh, dass alle unglücklich Liebenden, welche darin badeten, ihren Kummer vergessend, von ihrer Leidenschaft befreit wurden.

Selene (Gr. M.), die Mondgöttin, später häufig mit Diana verwechselt, so auch in der Fabel von Endymion (s. d.); Tochter des Hyperion und der Thia, seiner Schwester, welche dem genannten Titanen auch den Helios (Sonnengott) gebar (die römischen Namen sind Luna und Sol).

Selinuntius (Gr. M.), Beiname des Apollo von einem Tempel und Orakel zu Selinus.

Selinus (Gr. M.), Sohn des Neptun, Flussgott und Beherrscher von Aegialus, Vater der Helice, welche mit Ion vermählt ward.

Semargla (Slav. M.), eine, von den Russen in dem grossen Pantheon Kiew hoch verehrte Göttin, die kalte Jahreszeit, den Winter personificirend.

Semele (Gr. M.), Mutter des Bacchus, Tochter des Cadmus und der Harmonia, s. Bacchus.

Semo, s. Sancus.

Semphucrates (Gr.-ägypt. M.), ein Wesen, welches den Hercules mit dem ägyptischen Harpokrates verbunden darstellte; man glaubt darin ein Symbol der gesetzlichen Zeit zu finden, in welcher und durch welche die Keime zur Erscheinung kommen, oder der Verbindung von Zeit und Leben.

Senagen (Ind. M.), ein König aus dem Geschlechte der Sonnenkinder, in die Sagen von dem Tyrannen von Ceylon (Lanka), dem berüchtigten Rawana, und mithin auch in die Geschichte des Rama verwickelt. Ein Gefäss mit Blut, das Rawana von heiligen Büssern als Tribut verlangte, ward, da es dem riesigen Dämon Unheil brachte, von demselben in dem Reiche des S. vergraben; dieser fand es, und in demselben ein schönes Kind, in welchem er eine Verkörperung der Göttin Lakschmi erkannte; sie ward später an Rama, eine Verkörperung ihres Gatten, des Wischnu, vermählt.

Senectus (Röm. M.), »das Alter;« Personification, wohnt am Eingang der Unterwelt.

Sengumara Brama (Ind. M.), einer der ältesten Weisen und Fürsten des Menschengeschlechts; er lebte zur Zeit eines Enkels des Urvaters aller Gebornen, des Königs Druwen, dem er seine einzige Tochter Brawibamey zur Gattin gab.

Seng-Wan-Mau (Chines. M.), die höchste Gottheit der Chinesen, welche aus Nichts besteht, aus Nichts geschaffen ist, Nichts thut noch denkt, doch nicht ohne grosse göttliche Eigenschaften gedacht wird, als da sind: Unbegreiflichkeit, Allwissenheit, Gerechtigkeit etc. Er sitzt im obersten Himmel und schaut in unveränderlicher Ruhe herab auf das Treiben der Menschen. S.-W.-M.

erscheint nirgends abgebildet, weil man sich keine Vorstellung von ihm machen kann; eine Anzahl von Göttern aber, für jeden Stand, jede Stadt, jedes Gewerbe, sind vorhanden; alle diese sind seine Untergebenen, und Befehlshaber über die Menschen, deren Schicksal, deren Wohl und Wehe sie in Händen tragen; sie werden manchfaltig, in Thon, Stein, Holz etc. abgebildet und angebetet, aber auch zertrümmert, wenn sie ihren Besitzern ihre Wünsche nicht gewähren.

Sennara (Ind. Rel.), die geheiligte, die Braminen-Schnur. Den drei obern Kasten der Indier als Auszeichnung eigen, besteht dieselbe aus einer gewissen Anzahl Fäden aus der Baumwolle einer besondern Staude. Ihre Länge ist nabebei drei Ellen; so hängt sie über der linken Schulter um den Leib. Die Braminen tragen die stärkste, die Kschetrias eine dünnere, die Waisyas eine ganz dünne Schnur, woran man die verschiedenen Kasten erkennt. Büssende oder heilige Braminen tragen statt derselben häufig eine Schlangenhaut.

Sentia (Röm. M.), die Göttin der Meinung, d. h. diejenige, welche Meinungen, Ansichten, Urtheile eingibt.

Sentinus (Röm. M.), der Gott, der die Sinne der Neugebornen weckte und behütete.

Seraphim (Biblisch), Engel, welche den Thron Gottes umgeben; sie haben sechs Flügel, mit deren zweien sie durch den Aether schweben, während die andern Kopf und Füsse verbergen; man glaubt darin ein Symbol der Ewigkeit zu sehen, deren Anfang und Ende uns verschleiert ist.

Serapis, Fig. 276 (Aegypt. M.), ein zu Alexandria hoch verehrter Gott, jedoch nicht ägyptischen, sondern griechischen Ursprungs, denn er war der griechische

Fig. 276.

Unterwelts-Gott, der Segenspender Pluto, mit dem Scheffel auf dem Haupte, welcher anzeigt, dass der Herrscher der Unterwelt die Nahrung aus der Erde sprossen lässt. Durch die Herrschaft der Ptolemäer ward er in Aegypten eingeführt, wo ihn die Eingebornen nur nothgedrungen annahmen; doch zählte man zuletzt in Aegypten 42 S.-Tempel. Man hatte über seine Einführung das Märchen: Ptolemäus dem Ersten erschien im Traume ein schöner Jüngling, welcher ihm befahl, seine Bildsäule von Sinope nach Alexandrien zu holen, und ihm dabei eröffnete, er sei S., der Segen und Fluch bringende Gott. Diess gelang nach Ueberwindung vieler Schwierigkeiten, insbesondere dadurch, dass der Gott in Sinope selbst aus seinem Tempel in das Schiff ging, und nun wurde ihm vor der Stadt Alexandria an dem Orte Rhacotis ein Tempel erbaut. Die Verpflanzung aus Asien nach Aegypten war vielleicht aus politischen Gründen geschehen, um die neue Hauptstadt des Reiches (Alexandria) zum Hauptsitz der Religion zu machen, und dieser Zweck war vollkommen gelungen, denn S. trat ganz an die Stelle des Osiris, nur dass er nie als leidend und sterbend betrachtet wurde; aber er galt als Gatte der Isis, als Sonnengott, Nilgott, oberster Gott, und ward auch von den Kranken um Hülfe angefleht, so dass er zuletzt sogar mit Aesculap verschmolz. — Er ist nach einer Marmorbüste im Vatican auf unserm Bilde dargestellt als bärtiger, ernster Mann, mit Strahlen um das Haupt, ein Getreidemass auf demselben.

Serestus (Gr. M.), ein Begleiter des Aeneas, welcher die Rüstung des von Aeneas erschlagenen Hämonides, des Apollopriesters, sammelte und dem Mars Gradivus ein Siegesmal errichtete.

Sergestus (Gr. M.), ein Begleiter des Aeneas; seiner wird bei dem Wettrennen der Schiffe erwähnt, das Aeneas veranstaltete. Er blieb zwar auf einem Felsen sitzen, ward aber doch von dem Helden mit einer Sclavin beschenkt.

Serosch (Pers. M.), einer der mächtigsten Genien des Ormuzd, König der Erde und Ordner aller Dinge auf derselben. Er ist jedoch keiner der sieben Amschaspands, sondern nur Gehülfe des einen, des Ardibehescht.

Servator (Röm. M.), Beiname Jupiters: »der Erhalter.«

Sesrumner (Nord. M.), der schöne Saal in Freia's Wohnung Folkwang, in welchem sie die Hälfte der Helden der Erde zum Dienst der Liebe und zu allen Lebensfreuden um sich versammelt; hier oder in Walhalla ist sämmtlicher Einheriar Aufenthalt.

Sewafioll (Nord. M.), der Wohnsitz der schönen und starken Sigrun; man glaubt, es sei der Berg Säwa in Wäster Götland in Schweden.

Shoschiskescha (Ind. M.), Beiname des Agni (Gottes des Feuers), welcher bedeutet: der Herr des Glanzes.

Shukra (Ind. M.), der Planet Venus oder der ihn beherrschende und bewohnende Genius; ein Enkel des Brahaspadi, des Planeten Jupiter.

Sibien (Ind. M.), ein Fürst aus dem Geschlechte der Mondskinder. Sein Sohn war Sandren oder Tschandra; sein Enkel der Raja Darmamaden.

Sibyllen, begeisterte Frauen, welche nach der Meinung der Griechen und Römer den Rathschluss der Götter offenbarten. Man hielt sie für gottgeweihete Jungfrauen, und nicht selten errichtete man ihnen Altäre. Die erste griechische S. war durch die Musen selbst erzogen, und ihre Sprüche waren in Hexametern verfasst, was vielleicht von den Priestern geschah, welche auch später Sammlungen solcher Sprüche verkauften. (Sibyllinische Bücher.) Von solchen ward eine hochberühmte Sammlung, neun Bücher an der Zahl, wie man sagt durch die cumäische S., dem römischen Könige Tarquinius Priscus zum Kauf angetragen. Der König fand die geforderte Summe viel zu hoch, da warf sie drei der Bücher in das Feuer und forderte für die sechs übrigen denselben Preis; auf abermalige Weigerung warf sie wieder drei Bücher in das Feuer, und verlangte für das letzte Drittel noch immer den ersten hohen Preis. Verwundert über das seltsame Beginnen, berieth sich Tarquinius mit den Grossen seines Reiches, und darauf wurden die drei übrigen Bücher gekauft; eine eigene Priesterschaft, die Quindecimviri sacris faciundis, erhielt die Aufsicht darüber, und sie wurden ein bleibendes Orakel für den Staat, indem sie bei jeder wichtigen politischen Gelegenheit zu Rathe gezogen wurden, und so die Mächtigeren, die Senatoren und Priester, zu alleinigen Lenkern der Begebenheiten machten, weil ihnen die Deutung der für jeden gegebenen Fall aufgeschlagenen Sprüche überlassen blieb. Die als ächt anerkannten sibyllinischen Bücher befanden sich auf dem Capitol, im Tempel des Jupiter, verschlossen in einen steinernen Kasten, und der Erde anvertraut, um sie vor Feuer zu schützen; aber sie gingen dennoch im marsischen Kriege beim Brande des Tempels zu Grunde, und wurden nur mit vieler Mühe aus einzelnen Sprüchen, welche sich im Munde des Volks befanden, und aus Privatsammlungen wieder so weit zusammengesetzt, dass man tausend Verse erhielt, die als ächt betrachtet und in Staatsangelegenheiten so behandelt wurden, wie die früheren. Kaiser Augustus veranstaltete eine genauere Durchsicht derselben, und liess nach der

Prüfung durch die Quindecimviri eine Abschrift machen, welche in einer goldenen Kapsel unter dem Fussgestell des palatinischen Apollo vergraben wurde. Noch im fünften Jahrhundert christlicher Zeitrechnung waren sie vorhanden und in hohem Ansehen, bis Stilicho aus Hass gegen das Römerreich, für deren Palladium er sie ansah, dieselben vernichtete. — Was die Personen betrifft, welche man S. nannte, so gaben die alten Schriftsteller bald vier, bald zehn an; die ersteren sind: die ägyptische, die eryträische, die samische und die sardische; die andere Reihe ist folgende: die chaldäische, Sabba oder Sambethe genannt, aus Babylon, schon zu Noahs Zeiten lebend und vermählt mit einem von dessen Söhnen; sie prophezeihete den babylonischen Thurmbau, den Eroberungszug Alexanders nach Indien, Christi Erscheinung etc.; die libysche, Jupiters und der Lamia Tochter, die eigentlich älteste S., von welcher die anderen alle den Namen entlehnten; die delphische, im Tempel des Apollo geboren, lebte lange vor dem trojanischen Kriege und prophezeite diesen; die italische, auch cimmerische, aus Cimmerium bei Cumä, kurz nach der Eroberung von Troja lebend; die erythräische, vor Troja's Fall; die samische, zu Numa's Zeiten; die cumäische aus Cumä, häufig mit der cimmerischen verwechselt; sie schrieb ihre Weissagungen auf Blätter, welche sie am Morgen ordnete, aber dann den Winden übergab; sie soll tausend Jahre alt geworden sein; bei ihr erholte sich Aeneas Rathes, als er in Italien landete; die hellespontische, in der Mitte des sechsten Jahrhunderts vor Chr. blühend, und in einem Tempel des Apollo zu Gergithium begraben; die phrygische, und endlich die tiburtinische, Albunea genannt. Sie alle werden mehr oder weniger durch einander geworfen, und ihre Aussprüche sind vollends nicht zu entwirren.

Sicanus (Gr. M.), Sohn des Neptun und einer Nymphe; von ihm soll die Insel Trinacria Sicania (später Sicilien) heisssn; man schreibt ihm auch die Proserpina als Tochter zu, welche er mit der Ceres erzeugt haben soll.

Sichaeus (Phönic. M.), Gatte der berühmten Dido, (s. d.). Der Bruder des letztern, Pygmalion, liess ihn, um sich seiner Schätze zu bemächtigen, ermorden; der entseelte Geist gab der Gattin Nachricht, wo dieselben verborgen seien, und hiess sie fliehen; so kam Dido nach Africa und gründete Carthago.

Sicinus (Gr. M.), Sohn des Königs Thoas von Lemnos und einer Nymphe, welche er auf der Insel Oenoë lieb gewann. Er colonisirte eine Insel unweit von Euböa, und diese erhielt seinen Namen.

Sicksa (Slav. M.), ein Waldgeist neckender Art, welcher alle Gestalten anzunehmen im Stande war, sich jedoch vorzüglich in den abenteuerlichsten gefiel.

Sicyon (Gr. M.), Sohn des Marathon, oder des Metion, oder des Erechtheus, oder des Pelops, Gemahl der Zeuxippe, Tochter des Königs Lamedon von S. Von ihm soll die Stadt erst so benannt worden sein.

Sicyonia (Gr. M.), 1) Beiname der Venus von einem Tempel zu Sicyon, in welchem ihre Bildsäule von Gold und Elfenbein stand; es scheint die berühmte Venus Victrix gewesen zu sein, wenigstens hielt sie, nach Pausanias' Beschreibung, einen Apfel in der Hand. — 2) S., Beiname der Minerva, welcher Epopeus einen Tempel erbauete, nachdem er über die Thebaner gesiegt.

Sida (Gr. M.), Gattin des Orion, wurde von Juno in die Unterwelt verbannt, weil sie den Vorrang in der Schönheit behaupten wollte.

Siddha (Ind. M.), eine zahlreiche Classe von guten, blühend schönen Genien, welches Letztere der Name ausdrückt.

Sidero, s. Neleus.

Sidgrani (Nord. M.), Beiname des Odin.

Sidhoete (Nord. M.), Beiname des Odin, von einem tiefgehenden Hut, womit er sein Gesicht zu verdecken pflegt, wenn er unter Menschen geht.

Sieben Helden vor Theben (Gr. M.). Polynices und Eteocles waren Zwillingssöhne des Oedipus von Jocaste (seiner Mutter), nach Anderen von Eurygania. Oedipus ward nach Entdeckung seiner Blutschande vertrieben, seine Söhne blieben zurück, mit der Verabredung, Theben abwechselnd, Jeder ein Jahr lang, zu regieren, allein Oedipus, den sie in's Elend verstossen hatten, warf seinen väterlichen Fluch auf sie, der auch in reichem Masse in Erfüllung ging. Eteocles herrschte ein Jahr, dann liess er seinen Bruder nicht mehr zum Thron; dieser musste entfliehen und nahm das Halsband und den Mantel der Harmonia mit, Beides überaus köstliche Geschenke, von Vulcan verfertigt, mit Edelsteinen übersäet, doch Unheil bringend der jedesmaligen Besitzerin. Polynices kam zu Adrast, König von Argos, und traf in der Nacht mit einem andern neuen Ankömmling zusammen, mit dem aus Aetolien entflohenen Tydeus. Sie geriethen, einander nicht kennend, in Streit, und Adrast trennte sie. In dem Umstand, dass Polynices, dem Hercules zu Ehren, auf seinem Schilde einen Löwenkopf, Tydeus aber, wegen der calydonischen Jagd, einen Eberkopf als Helmzier trug, glaubte der König die Erfüllung eines alten Orakels zu sehen, welches ihm befohlen, seine Töchter an einen Löwen und einen Eber zu vermählen; so erhielt Polynices Argea, Tydeus Deïpyle zur Gemahlin, und Adrast, nunmehriger Schwiegervater der Helden, versprach ihnen, sie in ihre Erbstaaten wieder einzusetzen. — Polynices sollte zuerst auf seines Vaters Thron geleitet werden, und der Krieg, durch welchen dieses geschehen sollte, ist eben jener der Sieben vor Theben. — Alle ersten Helden der Argiver wurden dazu aufgefordert, und es schlossen sich dem Adrast, als Oberbefehlshaber, und den beiden Schwiegersöhnen desselben, noch Amphiaraus, Capaneus, Hippomedon und Parthenopäus an. — Amphiaraus, ein Liebling des Apollo und des Jupiter, ein Seher, wollte dem Zuge nicht folgen, weil er dessen unglücklichen Ausgang vorher wusste, und verbarg sich vor den an ihn Abgesandten; doch Polynices bestach des Königs Gattin Eriphyle (die Schwester des Adrast) durch das kostbare Halsband der Harmonia; sie verrieth nunmehr den Aufenthalt des Gatten, und dieser ward durch seine Ehrliebe gezwungen, mitzugehen, allein, wie er vorausgesehen, zu seinem Unglück. Die erste üble Vorbedeutung begegnete ihnen schon auf dem Zuge im Walde von Nemea: sie litten sehr an Wassermangel, begegneten einer Frau von Lemnos, Hypsipyle, welche den Sohn des Lycurgus, den jungen Opheltes, zu warten hatte, und baten dieselbe, ihnen eine Quelle zu zeigen, welches sie gerne that: bei der Rückkehr auf den verlassenen Weg fand man das Kind durch eine Schlange getödtet! Bestürzt über dieses Unglück, suchten die Helden den zürnenden Schatten zu versöhnen, indem sie ihm unter dem Namen Archemorus Leichenspiele hielten, doch war bei den Göttern schon ihr Untergang beschlossen. — Tydeus ward als Gesandter nach Theben vorangeschickt, um Unterhandlungen einzuleiten, doch blieb auch dieser Versuch fruchtlos, wohl aber überfielen fünfzig Mann den Helden bei seiner Rückkehr aus den Mauern der Stadt; sie fanden den verdienten Lohn, indem sie alle, bis auf den Mäon, von seinem starken Arme fielen. — Da man sah, dass mit Güte nichts auszurichten sei, besetzten die sieben Helden alle Zugänge zur Stadt, so dass Jeder sich vor einem der Thore lagerte, und dieselbe völlig eingeschlossen war. Die Thebaner fragten den Seher Tiresias um Rath, und dieser prophezeihete der Stadt den Untergang, wenn nicht Jemand sich freiwillig für das Heil derselben aufopfere; darauf stürzte Menöceus sich, trotz den Bitten seines Vaters Creon, von der Stadtmauer herab, und jetzt begann der Krieg. Die Thebaner waren hart bedrängt, und Capaneus erstieg schon die Stadtmauer, da schmetterte ihn Jupiters Blitz zu Boden. Nun wandte sich das Glück. Eteocles und Polynices tödteten sich gegenseitig im Zweikampf; von den sieben Helden waren fünf geblieben; den fliehenden Amphiaraus nahm Jupiter in den Schooss der Erde auf, Adrast verdankte allein der Schnelligkeit seines gottentflammten Rosses, des von Neptun erzeugten Arion, seine Rettung. Die siegenden Thebaner verboten die Beerdigung der feindlichen Leichen bei Todesstrafe, und Creon liess die unglückliche Antigone, welche ihrem Bruder Polynices den letzten Dienst der Liebe erwiesen hatte, lebendig begraben. Erst des menschlich gesinnten Theseus, Königs von Athen, Vermittelung vermochte die Thebaner, ihr grausames Verbot zurückzunehmen. — Später ergriff Adrast noch einmal das Schwert, und führte die Söhne jener Helden, die sogenannten Epigonen (s. d.), nunmehr siegreich, gegen Theben.

Siewa (Slav. M.), die Göttin der Liebe, vermählt mit Siebog, dem Beschützer der Ehen, von allen Liebenden hoch verehrt. Was Einige von wunderschönen Bildern melden, in welchen wendische Künstler sie dargestellt hätten, ist Märchen; vergl. Krasopanj.

Sif (Nord. M.), Thors schöne zweite Gattin, berühmt durch ihr wundervolles, blondes Haar, welches der böse Loke ihr einst abschnitt, da sie schlief. Thor zwang ihn, ihr goldenes Haar zu schaffen, welches er, um sein Leben zu retten, bei den Zwergen bestellte. S. war früher schon vermählt und hatte einen Sohn Ullar, von Thor aber hatte sie zwei Kinder: Thrudr und Lorride. Sie scheint von den Asinnen die reinste gewesen zu sein, denn bei Aegers Gastmahl, als Loke allen Frauen und Mädchen ihre vielen Liebschaften vorwarf, und S. dem Loke einen Becher reichte, ihm dankend, dass er ihrer allein unter allen geschont, sagte er, dass er ihr den Vorzug vor den Uebrigen lassen müsse, da sie nur einen Geliebten gehabt, und diess sei er gewesen.

Siga (Phönic. M.), Name einer angeblichen phönicischen Göttin, die man mit Minerva vergleichen wollte.

Sigarsholmr (Nord. M.), eine Insel im Norden von Schottland, auf welcher eine Schlacht vorfiel, in der 46 berühmte Helden blieben, deren Schwerter dort vergraben sind. Die Walküre Swawa brachte das berühmteste derselben ihrem Geliebten und Schützling Helgi.

Sigarsvoellur (Nord. M.), der Ort, an welchem die Schlacht zwischen Helgi und Hrodmar vorfiel; Helgi Hattingaskade blieb dort todeswund in den Armen seiner Geliebten, der Walküre Swawa; S. aber kam später durch Sigmund Wolsungssohn an dessen Sohn Helgi Hundingstödter, dem sein Vater es als Namensgeschenk gab.

Siggautr (Nord. M.), Beiname des Odin, des Siegesgottes (oder Sieggothen).

Sigfaudur (Nord. M.), »der Vater des Sieges,« Beiname des Odin.

Siggonen, Priester der alten heidnischen Preussen, die zweite Classe derselben (die erste war die der Griwaiten). Wahrscheinlich waren sie im Lande weiter verbreitet, als die Griwaiten, welche ausschliesslich in dem hochheiligen Romowe lebten; doch müssen auch dort sich welche aufgehalten haben, denn ein Siggo war es, welcher unweit Romowe, am heiligen Walde von Samland, den Bischof Adalbertus erschlug. Der Name Siggo deutet auf Ertheilung des Segens an das Volk, welches vielleicht ihr Hauptgeschäft gewesen sein mag; wie es scheint, hatten sie auch zunächst die Aufsicht über die heiligen Haine, Wälder, Quellen, Berge etc. geführt, vielleicht dort gewohnt, und die Opfergaben gegen Ertheilung ihres Segens in Empfang genommen.

Sigi (Nord. M.), Sohn des Odin; er musste das Reich verlassen, nachdem er im Jähzorn den Sclaven Bredi erschlagen hatte, weil derselbe auf der Jagd mehr geschossen, als er. Odin gab ihm Schiffe, und er ward ein mächtiger Seekönig, welcher sich grosse Reiche eroberte. Sehr alt schon, fiel er in einer Schlacht gegen den Bruder seiner Gattin, die sich gegen ihn empört hatte.

Sigmund Wolsungssohn (Nord. M.), ein berühmter, unverwundbarer und unvergiftbarer Held, welcher den für seinen Bruder bestimmten Giftbecher leerte, ohne dass er ihm schadete. Er war Vater des Helgi Hundingstödter und des Sigurd Fafnirstödter, von der schönen Königin von Dänemark Borghild.

Signe (Nord. M.), Tochter der Königin Bera auf Seeland. Der kühne Hagbart, Hake's Sohn, von Drontheim, ein berühmter Seekönig, kam nach Seeland, um die Söhne der Königin, Alf und Alger, zum Zweikampf zu fordern, und zu sehen, wer von ihnen der stärkere sei. Hagbart und S. sahen einander und liebten sich; doch trennte sie der grausamen Mutter Hass, der noch gesteigert ward, als der älteste ihrer Söhne, Alf, in dem Kampfe blieb. Hagbart gab sich unbesonnen gefangen, seiner Stärke vertrauend, doch eine Haarlocke von S.'s Haupt fesselte ihn. Der Tod war ihm bestimmt und die Bogenschützen waren bereit, der Königin Urtheilsspruch zu vollziehen, als er sich selbst den Tod gab. S. ward aus ihrem flammenden Hause durch den Bruder Alger gerettet, doch nur, um an des Geliebten Seite ihr Leben auszuhauchen, denn sie hatte Gift genommen. In einem der rührendsten Trauerspiele, Hagbart und S., hat Oehlenschläger diesen Stoff behandelt.

Signy (Nord. M.), Tochter des Königs Wolsung, wider ihren Willen mit Siggnir von Gothland vermählt, der, wie sie gefürchtet, ihrem Hause Unglück brachte, indem ihr Vater und acht ihrer Brüder durch ihn ermordet wurden; den neunten, Sigmund, rettete sie. Mit diesem in einer Waldhütte verborgen, und in veränderter Gestalt sich ihm darstellend, erzeugte sie den Sinfiötli, der von Vater und Mutter dem Wolsungen-Geschlecht angehörte, und daher, gleich Sigmund, ungeheuer stark war. Nachdem Beide an S.s Gatten die Blutrache für den Mord des Vaters vollzogen, liess S. sich mit diesem verbrennen; denn sie hatten nur so lange zu leben gewünscht, bis die Rache vollzogen war.

Sigrdrif, identisch mit Brynhildur. S. Hreidmar.

Sigrhoeffundr (Nord. M.), »der Urheber des Sieges,« Beiname des Odin.

Sigrlin oder **Sigurlin** (Nord. M.), Tochter des Königs Swafnir von Swawaland, die schönste aller Frauen, ward mit König Hiorward vermählt, welcher sich nebst Hrodmar um sie beworben, und durch die List seines Lehenmannes, des Jarl Idmund, den Sieg davon getragen hatte, indem dieser den Jarl Franmarr, welcher S. verborgen in der Gestalt eines Adlers bewachte, erschoss, als er vor Müdigkeit eingeschlafen war.

Sigrun (Nord. M.), ein berühmtes Heldenmädchen der nordischen Vorzeit. S. Swawa.

Sigrunnur (Nord. M.), Beiname des Odin: »der glückliche Sieger.«

Sigthrorr (Nord. M.), »der mächtige Sieger,« gleichfalls ein Beiname des Odin.

Sigtifar (Nord. M.), »die glücklichen, sieghaften Götter,« Beiname der Asen insgesammt.

Sigtopir (Nord. M.), die Häuser der Glückseligen; der Aufenthalt, den nach dem Weltuntergang die übrig gebliebenen Asen bewohnen werden.

Sigtun (Nord. M.), der Aufenthalt Odins am Mälarsee, den Odin sich im Reiche des Königs Gylfe gewählt hatte: ein Tempel und Opferplatz.

Sigtyr (Nord. M.), Beiname des Odin: »der Gott des Sieges.«

Sigurd, s. Hreidmar.

Sigurlami (Nord. M.), Sohn des Odin, den dieser zum König von Garderike (Russland) machte. Er vermählte sich mit Heida, der Tochter eines schwedischen Königs, und ward durch dieselbe Stammvater eines berühmten Heldengeschlechts.

Sigyn (Nord. M.), die Gattin des bösen Asen Loke (s. d.), dem sie zwei Söhne, Narwe und Wale, gebar.

Silenus, Fig. 277 und 278 (Gr. M.), ursprünglich gleichbedeutend mit Satyr; da sich der letztere Name für diese Begleiter des Bacchus im Gebrauche feststellte, trat aus ihrer Mitte ein einzelner S. als Hauptperson hervor, welcher ein Sohn des Mercur oder des Pan, Erzieher, Lehrer und unzertrennlicher Gefährte des Bacchus sein sollte. Er ist ein jovialer Alter, glatzköpfig, stumpfnasig, fett und rund, wie der Weinschlauch, den er beständig bei sich führt, und gewöhnlich betrunken. Desshalb verlässt er sich nicht auf seine Füsse, sondern reitet auf seinem Esel. Besondere Freude hat er an Tanz und Gesang. Im Gegensatze aber gegen seine würdelose äussere Erscheinung zeigt er sich auch als bacchisch begeisterter Seher, der mit Vergangenheit und Zukunft gleich gut bekannt ist, und als Verächter der Glücksgüter und des irdischen Lebens. S. wird auch mit Marsyas und Olympus Erfinder der Flöte genannt. Eine Art des Tanzes hiess nach ihm S. Als Begleiter des Bacchus nimmt er auch am Kampfe gegen die Giganten Theil, und jagt sie zum Theil durch das Geschrei seines Esels in die Flucht. Den Namen will man ableiten von einer Wortwurzel, welche fliessen, rinnen, bedeuten soll, so dass er der Erzieher des Bacchus wäre, entweder darum, weil Bewässerung zum Gedeihen des Weinstocks unentbehrlich ist, oder, weil man im ganzen Alterthum den Wein nur mit Wasser gemischt trank. Abbildungen des S. nach Antiken s. nebenstehend; letztere, besonders hoch geschätzte Marmorgruppe zeigt ihn mit dem jungen Bacchus auf dem Arm.

Silfintopr (Nord. M.), eines der berühmten Asenpferde, auf denen die Götter täglich zu Gericht reiten.

Siliniez (Slav. M.), Waldgott der Polen, dem das Moos heilig war, und auf dessen Altar nur Feuer von Moos brannte.

Silla (M. der Grönländer), der eigentliche, höchste Gott dieses Volkes (heisst auch Pirksoma); er erweckt die Todten zum ewigen Leben und ist von den Menschen als das höchst unbegreifliche Wesen verehrt. Der Name bedeutet: »Der dort oben.« Er ist gnädig oder zornig gegen die Menschen gestimmt, je nachdem sie gut oder böse sind. Die Eltern wissen nicht viel von Erziehung,

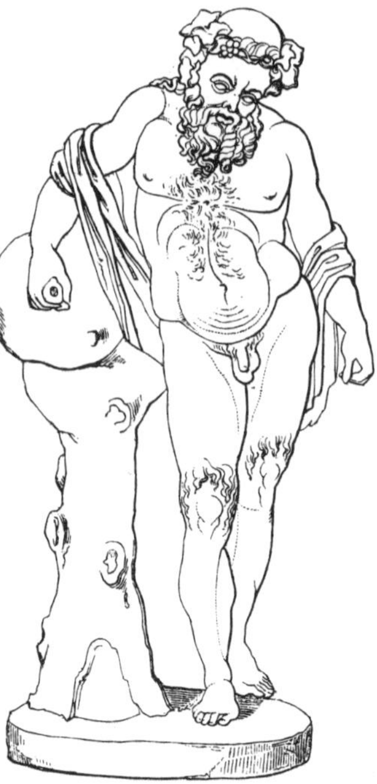

Fig. 277.

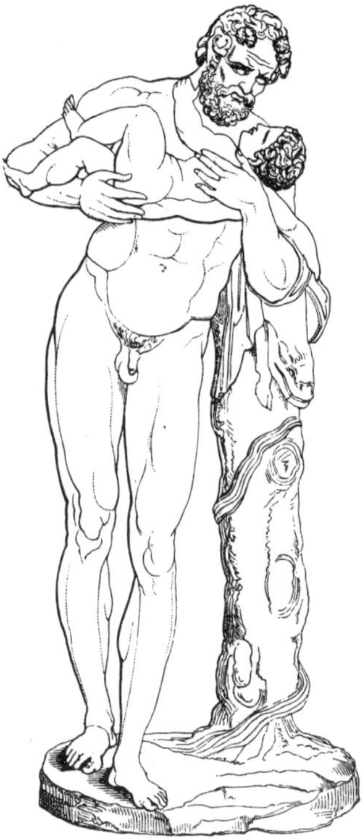

Fig. 278.

die Kinder sehen dieselben stets ernsthaft, ruhig, gesittet, — und so werden sie nach und nach auch; nur hier und dort untersagt die Mutter ihrem Kinde etwas mit den Worten: »S. tekoa« (der dort oben sieht es).

Sillagik sartok, ein mächtiger Götze der Grönländer; er wohnt auf den Eisfeldern und veranlasst die Stürme.

Silnoy Bog (Slav. M.), ein Götze, in welchem man den Kriegsgott der Russen und Polen zu sehen glaubt; er ward als schwer bewaffneter Krieger abgebildet, der zu seinen Füssen Köpfe von Menschen und Thieren liegen hatte.

Silvanus (Alt-ital. M.). Der Name bezeichnet einen Waldgott; die Beschreibung aber, die wir von den Eigenschaften und der Thätigkeit dieses Gottes erhalten, beschränkt ihn durchaus nicht auf den Wald, sondern lässt ihn vielmehr als allgemeines Symbol der frischen, säftestrotzenden Natur-Kraft erscheinen; er ist auch Gott des fruchtbaren Feldes; da aber diess nur unter der Voraussetzung wahrhaft nutzbar ist, dass das Eigenthum sicher begränzt sei, so wird S. auch wirklicher Gränzgott; ja, das Gesetz der Agrimensoren (eine Sammlung von Lehren der verschiedensten Art über das Geschäft des Feldmessens) sagt, jeder Besitz müsse drei S. haben. Indessen scheint doch der Wald immer das eigentliche Gebiet des S. geblieben zu sein; aus dem Walde ertönte seine laut rufende Stimme, wie die des Pan, mit dem er viel verwechselt wurde; im Walde opferte man ihm Speltmehl, Speck, Fleisch und Wein, um das Gedeihen der Rinderheerden von ihm zu erflehen; auch opferte man ihm das die bestellten Felder verwüstende Schwein.

Simoïs (Gr. M.), Sohn des Oceanus und der Tethys; Erichthonius heirathete dessen Tochter Astyoche, und erzeugte mit ihr den Tros. Eine andere Tochter des S. war Hieromneme.

Simon (Gr. M.), einer der tyrrhenischen Schiffer, welche den jungen Bacchus entführen wollten, und von ihm in Delphine verwandelt wurden.

Simsterla (Slav. M.), eine Göttin der Russen, doch auch den Polen nicht unbekannt. Sie ward als die Erweckerin des Frühlings verehrt, und war die Gemahlin des Pogoda (Wetter). Die Beschreibungen ihrer Schönheit und der wundervollen Darstellung derselben gehören in das Kapitel der Siewa und Krasopanj.

Sind (Oriental. M.), ein fabelhafter Heros, welcher nebst seinem Bruder Hind nach Indien gezogen sein und dort mehrere Reiche gestiftet haben soll.

Sindhu (Ind. M.), eine der Gespielinnen der Ganga; ein Fluss, wie diese selbst.

Sindri, 1) S. Brok. — 2) S., eine Wohnung in dem Himmel der Skandinavier, Gimle, welche ganz von Gold gebaut ist.

Sindur (Nord. M.), eine von den neun Riesenjungfrauen, welche alle zusammen durch Odin Mütter des Heimdal wurden.

Siner (Nord. M.), eines der berühmten zwölf Asenpferde, deren sich die Götter bedienen, um zur Gerichtsstätte am Urdarbrunnen zu reiten.

Sinfioetli (Nord. M.), Sohn Sigmunds und seiner Schwester Signy, welche sich, nicht erkannt von dem Bruder, ihm hingegeben, um einen Sohn zum Bluträcher zu erziehen, in dessen Adern von Vater und Mutter Wolsungs Blut fliesse; er rechtfertigte ihre Voraussetzung durch die grösste Kühnheit und Furchtlosigkeit.

Sinir (Nord. M.), eines der Asenpferde.

Sinis (Gr. M.), 1) Sohn des Polypemon und der Sylea, ein berüchtigter Strassenräuber auf dem Isthmus; er hatte den Beinamen Pityocamptes (Fichtenbeuger), weil er die Beraubten an zwei zusammengebogene Fichten band und diese dann aus einanderschnellen liess, wodurch die Unglücklichen zerrissen wurden. Theseus vergalt seine Unthaten mit gleicher Münze. — 2) S., Sohn der Anaxo und des Neptun, Bruder des Cercyon. Die Mutter war in Trözen ansässig. Theseus ermordete ihre Söhne und übte sein Siegerrecht nach damaliger Sitte an ihren schönen Töchtern.

Sinoë (Gr. M.), eine arcadische Nymphe, Erzieherin des Pan, welcher nach ihr den Beinamen Sinois erhielt.

Sinon (Gr. M.), ein junger Grieche, der sich nach dem Abzug des Heeres von Troja ertappen liess, und die Trojaner überredete, das ungeheure Ross in die Stadt zu bringen, weil es ein Palladium sei, das an die Stelle des geraubten, doch absichtlich so gross gemacht worden, damit die Troër es durch kein Thor bringen könnten. Er war es, der dann die Pforte an diesem Ross öffnete, dass es sich seines verderbenschwangern Inhalts entladen konnte.

Sinope (Gr. M.), Tochter des Asopus und der Metope, so schön, dass Apollo sie entführte. Er brachte sie nach Paphlagonien, wo sie den Syrus gebar und die Stadt S. nach ihr genannt wurde.

Sinriod (Nord. M.), eine der vier Frauen des Königs Hioward, welche für die schönsten Frauen der Erde galten; sie war die Mutter Hylmings.

Sinto, eine der Glaubenslehren der Japaner. S. Japan.

Sjobu no sit (Japan. M.), das Kalmusfest; ein von der männlichen Jugend begangenes kriegerisches Fest.

Siofn oder **Siofna** (Nord. M.), die Göttin der Jugend, Anmuth und der ersten Liebesgefühle, welche sie in den Herzen der jungen Mädchen und Jünglinge weckt, und welche sie zu gegenseitiger Neigung stimmt. Sie darf nicht mit Freia, der eigentlichen Liebesgöttin, verwechselt werden.

Siproetes (Gr. M.), ein cretischer Jüngling, welcher Diana zufällig im Bade erblickte, und desshalb von ihr in ein Mädchen verwandelt wurde.

Sipylus (Gr. M.), einer der Söhne der unglücklichen Niobe, der vergeblich den tödtlichen Pfeilen des Apollo zu entfliehen suchte.

Sirath (Islam.), eine Brücke, feiner als ein Haar, schärfer als ein Schwert, über den Höllenabgrund geschlagen; alle Menschen müssen nach ihrem Tode über dieselbe wandeln. Die Moslems werden durch Engel gehalten; Christen aber und Juden etc. stürzen in die Hölle.

Sireda (Ind M.), Oberpriester der Birmanen, von dem Volke und den andern Priestern hoch geehrt. Ihre Leichname werden balsamirt und im Kloster der Unsterblichkeit beigesetzt.

Sirenen, Fig. 279 (Gr. M.), mythische Wesen, die zuerst in der Odyssee vorkommen, wo sie auf einer Insel

Fig. 279.

des Westmeers hausen; hier singen sie so bezaubernd, dass die Vorüberfahrenden, Weib, Kind, Freunde und Heimath vergessend, sich von ihnen anlocken lassen und durch Schiffbruch umkommen, wesshalb die Ufer der Insel mit gebleichten Gebeinen bedeckt sind. Ulysses verstopfte daher vor der Annäherung seinen Leuten die Ohren mit Wachs, sich selbst aber liess er an den Mast festbinden, und so kam sein Schiff unbeschädigt vorüber. Auch die Argonauten kamen glücklich vorbei, weil ihnen Orpheus ein noch schöneres Lied, als das der S., sang. Nach Homer vermanchfaltigen sich die Angaben über die S.; man nannte sie Kinder des Phorcys oder des Achelous, und der Sterope oder einer Muse, oder der Erde, gab ihnen Flügel, oder eine Mischgestalt aus Mensch und Fisch, oder aus Mensch und Vogel, wesshalb sie auch mit den Harpyien (s. d.) verwechselt wurden. Homer kennt ihrer zwei, ohne sie zu nennen; sein Erklärer Eusthatius nennt sie Aglaopheme (Glanzstimme) und Thelxiepea (Zaubergesang); später nahm man drei an, Pisinoë, Aglaopheme und Thelxiepea, oder Parthenope, Ligea und Leucosia. Als man ihren Wohnsitz geographisch bestimmen wollte, setzte man sie bald auf das sicilische Vorgebirge Pelorum, bald auf die Insel Capreä, die sirenusischen Inseln, die Insel Anthemusa; bald an die Küste von Parthenope (das spätere Neapel), welche Stadt von der S. Parthenope benannt sein sollte und ihr Grabmal zeigte. Auf unserm Bilde sehen wir nach einem geschnittenen Stein eine geflügelte Sirene, mit Krallen an den Füssen, ein zweihenkliges Gefäss haltend.

Sirius (Mytholog. Astronomie), der Hund, welcher in der Nähe des Orion am Himmel steht, und entweder dem genannten Helden, oder dem Cephalus, oder der Isis, oder der Erigone gehörte. Vergl. Hund.

Sirona (Röm. M.). Auf mehreren Inschriften wird eine Göttin S. in Verbindung mit Apollo Grannus erwähnt. Einige halten den Namen für einen örtlichen Beinamen der Diana, Andere für den einer gallischen Heilgöttin. Die neueste Inschrift wurde bei Nierstein am Rhein neben einer Mineralquelle gefunden, die daher jetzt das S.-Bad heisst. Auch in Württemberg bei Grossbottwar grub man eine Steininschrift mit Apollo und S., vom Jahr 201 nach Chr., aus.

Sisyphus (Gr. M.), Sohn des Aeolus (wiewohl hierüber verschiedene Angaben existiren), bauete Ephira, später Corinth genannt, vermählte sich mit des Atlas Tochter, Merope, und bekam einen Sohn, Glaucus. Da Autolycus, ein Räuber des Parnass, ihm seine Heerden entführt hatte, und er dieselben durch bestimmte Kennzeichen entdeckte, so soll er, jedoch nur nach einer erst sehr spät erdichteten Sage, zur Rache Anticlea, des Autolycus Tochter, verführt und mit ihr den Ulysses gezeugt haben. Durch seine Schlauheit war er berühmt geworden; darum kam auch der Flussgott Asopus zu ihm, um zu fragen, wer der Räuber seiner Tochter Aegina sei. S. gab Jupiter an, wie diess der Wahrheit gemäss war; doch dieser zürnte ihm desshalb so sehr, dass er ihm im Tartarus eine ganz besondere Strafe aussann, die nämlich, einen Felsblock immer auf die Höhe eines steilen Berges zu wälzen; wenn der Stein aber beinahe oben ist, rollt er hinab, und S. muss seine Arbeit ewig von Neuem beginnen. Indess worden für diese Strafe unzählige verschiedene Ursachen angeführt, z. B.: er habe Pläne der Götter verrathen, habe Reisende räuberisch überfallen, habe vor seinem Tode seinem Weibe geboten, ihn nicht zu bestatten, und als sie diess gethan, in der Unterwelt Pluto gebeten, ihn auf die Erde zu entlassen, um sein Weib für die Vernachlässigung seines Leichnams zu bestrafen, und als ihm diess gestattet worden, nicht wieder in die Unterwelt zurückgewollt.

Sita (Ind. M.), eine Awatara der Göttin Lakschmi, entstanden aus dem Blut, welches der Tyrann von Lanka heiligen Büssern, die sonst Nichts hatten, als Tribut abgefordert. S. ward mit Rama (Wischnu) vermählt.

Sitalcas (Gr. M.), Beiname des Apollo zu Delphi.

Si Tenno (Japan. M.), die vier obersten Götter des dreiunddreissigsten Himmels der Sintoo-Religion.

Sith (Nord. M.), einer der Flüsse, welche von dem Geweih des Hirsches Aejkthyrner herabfliessen.

Sithnides (Gr. M.), Nymphen, welche zu Megara in hohem Ansehen standen, so dass Theagenes ihrer Quelle eine prachtvolle, säulenreiche Einfassung bauete. Eine von ihnen ward von Jupiter Mutter des Megarus, des Stammhelden der Megarer.

Sithon, S. Clitus.

Sithsekur (Nord. M.), »der Langbärtige,« Beiname Odins.

Sito (Gr. M.), Beiname der Ceres, besonders in Syracus.

Sitrangaden (Ind. M.), Sohn des Santanen und der Satiawedi; er hatte seine Mutter im Verdacht eines sträflichen Umgangs mit ihrem Stiefsohn; als sich jedoch ihre Tugend auswies, liess S. sich, um zu büssen, in einem hohlen Baum lebendig verbrennen.

Sitsi seki (Japan. M.), das Abendfest, am siebenten Tage des siebenten Monats gefeiert.

Sjugö nitsi adsugi kaju kurahi (Japan. M.), ein Volksfest, welches am fünfzehnten Tage des ersten Monats gefeiert wird, und wobei man sich mit einem beliebten Gericht, dem Bohnenmuss, bewirthet.

Sju-go-zin (Japan. M.), ein Neben- oder Untergott, welcher in der Gestalt eines Fuchses den Mondgott auf seinen Reisen begleitet. Dieser wird zwar verehrt, doch noch weit mehr gefürchtet. Er ging jedoch bald in eine andere Gestalt über (s. Inari), in welcher er nun als Schutzgott grosses Ansehen geniesst, obwohl er jetzt gewissermassen zweigestaltig erscheint, nämlich als Inari und zugleich als dessen dienender Geist. Als solcher wird er in Gestalt eines Fuchses verehrt, und bei den Jahrmärkten, die auf das Fest des Inari fallen, verkauft man Bilder eines Fuchses aus Thon, welche als Schutzpatrone in jedem Hause und in den kleinen Götzentempeln der Landleute überall zu finden sind. Man glaubt noch allgemein, dass die Füchse sich jährlich einmal an einem gewissen unbekannten Orte versammeln, wo eine aus dem Boden steigende Flamme die Fruchtbarkeit des Jahres vorher verkündet.

Siwebramnals (Ind. M.), die Braminen derjenigen Secte, welche den Schiwa als höchsten Gott erkennt, der Schiwaiten.

Skade, S. Niord.

Skalden (Nord. M.), die Dichter des nordischen Alterthums, die Sänger, welche, gleich den Barden der Celten, mit begeisterndem Schlachtruf den Helden voran in die Schlacht gingen, ihre Thaten beobachteten, ihnen Lieder brachten und ihre Namen so der Nachwelt aufbewahrten. Sie waren an den Höfen der Fürsten hochgeehrt als die Organe des Nachruhms, als von Gott begabte Weise und Seher. Norwegen, Schweden, Island, Dänemark und der ganze Norden von Deutschland kannten sie; die Sagen der Edda sind Werke der S., welche Snorre Sturleson uns aufbewahrte.

Skanda (Ind. M.), das in seinen Geburtshüllen aufgenommene Kind des Rudra (Schiwa) und der beiden Schwestern Ganga und Uma, von denen die Erstere die Gattin aller Götter, die Zweite aber die des Rudra allein war. S. ward von den Sternen Kartigas, sechs Nymphen, aufgenommen, gewaschen und genährt (daher sein zweiter Name Kartikeya), ward so glänzend, dass er die Sonne überstrahlte, erhielt sechs Köpfe und zwölf Arme, und wurde zum Anführer der himmlischen Heerschaaren bestimmt, wenn diese in den Krieg wider die bösen Dämonen und Geister der Unterwelt ziehen würden. Er hatte in Indien viele Pagoden, und ward immer mit seinen beiden Gattinnen Dewanei und Welliamen zugleich dargestellt. Der Name S. bedeutet: »der Schnellbesiegende.«

Skandinavische Mythologie, s. nordische Mythologie.

Skapidur (Nord. M.), einer der berühmten kunstreichen Zwerge, welche von Swains Haugi nach Orwanga auf Jornwall kamen.

Skatalundr (Nord. M.), der Hain, in welchem Odin die schöne Brynhildur in einen Zauberschlaf versenkte und mit Schilden umpanzerte, welche erst Sigurd löste.

Skaugul (Nord. M.), eine der Schlachtjungfrauen, der schönen Walküren.

Skeggoeld (Nord. M.), eine Walküre. Der Name bedeutet: »Zeit der Beile.«

Skeidbrimer (Nord. M.), eines der Asenpferde, auf denen die Asen (ausser Thor, der zu Fuss geht) täglich zu Gericht reiten.

Skialgr (Nord. M.), »der Gekrümmte«, Beiname des Mondes.

Skidbladner (Nord. M.), ein vortreffliches Schiff, dem Gotte Freir gehörig. Es war von kunstreichen Zwergen, den Söhnen Iwalds, verfertigt, und ist so gross, dass es alle Asen sammt ihren Rüstungen aufzunehmen vermag, dennoch aber kann man es in einen so kleinen Raum zusammenfügen, um es in einer Tasche forttragen zu können; dazu hat es immer günstigen Wind, wohin man auch mag fahren wollen.

Skierstuwes (Lett. M.), ein bei den alten Preussen dem Andenken der Verstorbenen gefeiertes Wurstfest.

Skilfinger (Nord. M.), Beiname des Odin.

Skinfaxi (Nord. M.), das Ross des Dagur (Tag), mit welchem er täglich um die Erde fährt; der Schein seiner Mähne (sein Name bedeutet Glanzhaar) erleuchtet die Erde.

Skjoeldr (Nord. M.), ein berühmter dänischer König, der nach vielen Eroberungen und grossen Thaten sich mit seinen Schätzen auf ein Schiff bringen und den Winden preisgeben liess.

Skiold (Nord. M.), ein Sohn Odins, welcher die schöne Geflon zur Gattin bekam, als diese, mit den Riesensöhnen in Stiergestalt, Seeland von Schweden abgepflügt hatte. Er war Stammvater der dänischen Könige, von deren Grabhügeln und Denkmalen auf jener Insel zum Theil noch Spuren bei Leire vorhanden sind. Leire ist das ehemalige Hleidra oder Lethra, der Hauptopferplatz der heidnischen Dänen.

Skirner (Nord. M.), ein vertrauter Freund und Genosse des Gottes Freir. (S. d.)

Skoll oder **Skoell** (Nord. M.), der schreckliche Sohn des Fenris und der Gyge, ein ungeheurer Riese in Wolfsgestalt, welcher immerfort der Sonne nachläuft und sie zu verschlingen sucht, was ihm zuletzt auch gelingt; sein Bruder Hate verschlingt den Mond bei hereinbrechendem Weltuntergang.

Skuld (Nord. M.), 1) die jüngste der drei Schicksalsnornen, welche das Leben der Menschen lenken; von ihnen holen sich die Götter häufig Rath, und ihre Schlüsse kann selbst Odin nicht ändern. — 2) S., eine Walküre, welche mit zwei anderen auf das Schlachtfeld reitet, um die Helden zu Odins Mahl in Walhalla einzuladen.

Skyndir (Nord. M.), Zubenennung des Mondes: »der Eilende.«

Slagfidr oder **Finnr** (Nord. M.), ein Königssohn finnischer Abkunft, grosser Held oder Sänger, den die Walküre Swanwit zum Gatten wählte, ihn jedoch nach acht Jahren verliess, seit welcher Zeit er sie ohne Unterlass suchte.

Slavische Mythologie. Man kann unter diesem Namen die Religionen der heidnischen Polen, Russen, Wenden, Böhmen, Mähren, Sorben, Masuren, Schlesier zusammenfassen. Die Lehre geht von einem doppelten Princip aus, einem guten und einem bösen Göttergeschlecht, an welches sich zahlreiche Untergottheiten reihen. Die Hauptfiguren lassen sich auf folgenden Stammbaum bringen, dessen Wurzel Gott selbst, Bog oder Swantewit ist, während alle anderen sich doppelt theilen, nämlich in Belbog und Czernebog (gut und böse), und in Razi und Zirnitra (Rathgeber und Zauberer).

Swantewit (Triglaf oder Bog, Gott)

- Belbog
  - Radegast (Zirnitra)
    - Prowe
      - Hierowit
      - Slebog
        - Gilbog
          - Perkun
        - Jutrbog
  - Raziwia (Razi)
    - Podaga
      - Siewa
        - Rugiewit
          - Swaixtix
        - Karewit
      - Zilsbog
- Czernebog.
  - Flins (Zirnitra)
  - Hela
    - Mita (Razi)
      - Berstuk (Razi)
        - Siska
        - Gudji
      - Gasto (Razi)
        - Marowit
  - Nemisa (Zirnitra)

Hiebei geht man freilich von der Ansicht aus, dass Arkona der Hauptsitz der slavischen Religionen gewesen, denn nur dort wurde Swantewit als oberster Gott verehrt; in Kiew war diess der Blitze schleudernde Perun oder Perkun; eben so in Romowe; in Rhetra war es Radegast; allein dennoch kann man Swantewit als Hauptgott ansehen, weil er es in jedem Falle für alle westlich wohnenden Slaven war, und auch die östlichen ihn als einen der höchsten Götter verehrten. — Die Russen, und die zunächst Kiew oder Nowogrod wohnenden Polen, unterschieden vier Classen von Göttern, welche alle unter sich im Gegensatz waren, und auch einzeln einander gegenüber standen. So die Götter der Menschen und die der Thiere; hier unterschieden sich, bei den Ersteren: Götter der Liebe und des Schmerzes; bei den Thieren: Götter des Wachsthums und des Verderbens; dann standen im Gegensatz die beiden andern Classen der Götter: des Volkes und der leblosen Natur, davon die Ersteren sich in Kriegs- und Friedens-, die Andern aber in Land- und Wasser-, Haus- und Feld-Götter schieden; hiezu kamen nun noch bei den einzelnen Völkerschaften, und besonders bei den Polen, unzählige Stadt-, Dorf-, Stamm- und Privat-Götter, eine Neigung, etwas für sich zu haben, so dass der Eine einen bestimmten Heiligen dieser Stadt oder Kirche zu seinem Schutzpatron wählt, der Andere einen aus einer andern Stadt, jeder aber den seinen für den bessern hält. Dann hatten die kleinlichsten häuslichen Verrichtungen, das Moosholen, das Lichtanzünden, das Feuerauslöschen, das Zumachen der Laden, das Verschliessen der Thüre, das Anschneiden des Brodes, das Anzapfen des frischen Fasses u. s. w. ihre leitende Götter; eine zahlreiche Priesterschaft besorgte ihren Dienst, der vor den kunstlosen, aus Baumstämmen aufgeführten, mit Tüchern umhangenen Tempeln auf freiem Felde gehalten wurde, und lebte von der Leichtgläubigkeit der Menge, welche an Opfern alles Erdenkliche brachte, wozu denn die Fürsten nach jedem Kriege auch noch die Gefangenen fügten, welche (wenn es Christen waren, alle) grösstentheils geopfert, sonst aber zu Dienern der Priester gemacht wurden. Erst lange nach Heinrich des Löwen verbeerenden Zügen, durch welche die Tempel der westlich wohnenden Slavenstämme zerstört wurden, hörte das Heidenthum in jenen Gegenden auf; einzelne abergläubische Gebräuche haben sich jedoch bis jetzt noch erhalten.

Sleipner (Nord. M.). Odins berühmtes achtfüssiges Ross. S. Swadilfar.

Sleipnisfraendi (Nord. M.), Beiname des Loke, welcher in Gestalt einer Stute den Hengst Swadilfar seinem Herrn entführte und das achtfüssige Ross Sleipner gebar.

Slidrugtanni (Nord. M.), »der Schleuderzähnige«, Beiname des goldenen Ebers Gullin Bursti, welchen die Zwerge gemacht hatten.

Slidur (Nord. M.), einer von den Eliwagerflüssen.

Slith (Nord. M.), einer der siebenunddreissig Höllenflüsse, welche aus dem Quell Hwergelmer entspringen und um Niflheim fliessen.

Smara (Ind. M,), »der Feurige«, Beiname des indischen Liebesgottes Kamadewa. (S. d.)

Smertnitza (Slav. M.), ein Gespenst, dessen Erscheinung den Kranken immer unmittelbaren Tod brachte; der Sterbende sah es nicht, wohl aber bemerkten oft Nachbarn dieses Phantom herumschleichen und endlich im Hause des Kranken verschwinden, dessen Tod dann gewiss war. Die Zuckungen und das Röcheln der Sterbenden waren die Zeichen der Gewalt, welche S. anwendete, um die Seele von dem Körper zu trennen.

Smik (Lettische M.), ein Gott der Litthauer, dem sie von ihren Aeckern die erste durch den Pflug gemachte Furche, und Alles was darauf wuchs, weiheten; sie zu überschreiten galt für eine Beleidigung des Gottes.

Smilax (Gr. M.), ein junges Mädchen, das den Crocus zärtlich liebte; da beider Liebe hoffnungslos war, verwandelten die Götter sie in Blumen, Crocus in eine Safranstaude, S. in eine Winde.

Smintheus (Gr. M.), Beiname des Apollo in Troas.

Smyrna, 1) S. Adonis. — 2) S., eine der Amazonen, von welcher die Stadt S. in Kleinasien den Namen hat.

Snio (Schnee) (Nord. M.), einer der fornjotnischen Naturgötter, Sohn des Froste (Kälte, Frost), Enkel des Kare (Luft) und Urenkel des Aeltesten der Götter, Fornjoter. Er heisst auch Snär.

Snotr (Nord. M.), die Göttin der Tugend und Sittsamkeit; Beschützerin der tugendhaften Menschen.

Socordia (Röm. M.), Tochter des Aether und der Erde, Personification der Thorheit.

Sol (Röm. M.), der lateinische Name für Helios (s. d.).

Solotaja Baba (Slava M.), »die goldene Frau«; eine Göttin, welche in der grössten Ferne des europäischen Russlands angebetet wurde, und ihren Namen davon hatte, dass ihr Bild ganz vergoldet war. Die Nomaden und Jagdvölker brachten ihr die Thiere ihrer Heerden, oder die Felle der Zobel und Marder, welche sie schosssen, zum Opfer. Die hohle Statue nahm denjenigen Priester auf, welcher bestimmt war, die Orakel der Göttin zu geben; sie forderten auch wohl die versammelten Hirten zu neuen Opfern auf, mit deren Blut der goldnen Mutter Augen und Mund bestrichen wurden, während den Dienern der Göttin das Uebrige davon zu Gute kam.

Soma (Ind. M.), der Mond, s. Tschandra; eine ganze Dynastie indischer Könige führt den Titel: Kinder des Mondes.

Sommonacodom (M. der Siamesen), ein höchst weiser Gesetzgeber, von einer Jungfrau, welche durch die Sonne befruchtet worden, geboren. Er wandert, die Welt beglückend durch seine Lehren, in 550 Körper, immer wiedergeboren werdend, bis seine Sendung vollendet ist, und die Welt der Sünden frei sein wird. Er bildete viele Schüler (s. Pra Mogla), und starb am Genusse des Fleisches von einem Schweine, das die Seele eines einst von ihm besiegten bösen Genius empfangen hatte. Ihm zu Ehren wurden Tempel gebauet, und seine Statue zu Tausenden durch ganz Siam errichtet.

Somnia (Röm. M.), »die Träume«, Kinder des Erebus und der Nacht, deren Palast im Tartarus zwei Pforten, die eine von Elfenbein, die andere von Horn, hatte; aus dieser kamen die wahrhaftigen, aus jener die täuschenden Träume.

Somnus (der Schlaf), s. Hypnos.

Somoda (Ind. M.), eine von den lieblichsten weiblichen Genien, aus dem Geschlecht der Gantharwas; Dienerinnen des heiligen Tschuli. (S. d.)

Somowanscham (Ind. M.), »Kinder des Mondes«; die berühmte Herrscherfamilie, welche unmittelbar von dem Monde (Tschandra oder Soma) abzustammen behauptet.

Son (Nord. M.), eines der Fässer, in denen Fialar und Galar das Blut des weisen Quaser auffingen, um daraus den Dichtermeth zu bereiten.

Sonargaultr (Nord. M.), der grosse goldene Eber, der am Juelabend auf die Tafel der Helden gesetzt wurde, und die Gelübde eines Jeden für das nächste Jahr empfing, indem man schwörend die Hand auf seinen Rücken legte.

Sonnendienst (Heliolatrie). Die Verehrung des grossen Gestirnes, das uns Wärme, Licht und Leben bringt, ist so alt, als die Geschichte: schon in den frühesten Zeiten findet man die Anbetung der Sonne bei den Phöniciern, Aegyptern, Persern, Aethiopiern und Indiern, und dann näher zu uns, in der Zeit der Griechen und Römer, im Helios und im Sol, wie im Baal, Osiris und Mithras. Die verschiedenen Nationen verehrten die Sonne auf verschiedene Weise durch Opfer und Gebete, doch alle kamen darin überein, sie für ein mächtiges, die Welt mehr oder minder selbständig regierendes, höchstes Götterwesen zu halten; nur die Griechen verehrten den Helios nicht mehr als die anderen oberen Götter. Sonst galt die Sonne den übrigen Völkern für den eigentlich erhabensten Gott. Auch die Römer blieben von diesem Dienste nicht frei, nachdem einmal Heliogabalus den S. förmlich in Rom eingeführt und dieser Gottheit Tempel gebaut hatte.

Sool, s. Sunna.

Sor (Pers. M.), die Personification der tödtlichen Dürre und Hitze; ein böser Dew, Geschöpf des Ahriman, denen des Ormuzd entgegengesetzt, um das Wachsen der Pflanzen zu verhindern, und so Hunger und Elend herbeizuführen.

Soranus (Alt-Ital.), Name des Pluto bei den Sabinern.

Sororia (Röm. M.), Beiname der Juno. Der nach dem berühmten Kampfe der Horatier und Curiatier einzig Uebriggebliebene der sechs Kämpfer errichtete der Juno unter diesem Namen einen Altar, nachdem man ihn von der Strafe für seinen Schwestermord freigesprochen.

Sosano wono mikoto (Japan. M.), der Mondgott, welcher mit der Sonnengöttin Inadahime acht Kinder erzeugte, die unter dem Symbol des achtköpfigen Drachen vorgestellt werden. Im heiligen Garten von Myako sind beiden Gottheiten Tempel erbaut, in denen man ihnen jährlich mehrere Feste gibt.

Sosianus (Gr. M.), Beiname des Apollo zu Seleucia.

Sosipolis (Gr. M.), ein Schutzgott des Staats bei den Eleern. Als diese mit den Arcadern kriegten, kam eine Frau mit einem Säugling, und sagte aus, dieser solle nach einem Traume, den sie gehabt, ihnen zu Hülfe kommen. Die Eleer trugen ihn vor ihren Heereszeichen einher, und da es zur Schlacht kam, verwandelte er sich in eine Schlange, vor der die Arcader so erschracken, dass sie in die Flucht geschlagen wurden. Man baute diesem Dämon da, wo er sich in die Erde verborgen, einen Tempel, dessen Priesterin eine alte Frau war.

Sospita (Röm. M.), Beiname der Juno, vornehmlich zu Lanuvium.

Sotamtambu (Lamaismus), eine Region der Hölle, in welcher die Verdammten durch furchtbare Kälte gestraft werden.

Soteira (Gr. M.), »Retterin, Heilgöttin«, Beiname der Diana zu Pegä in Megaris, zu Trözen, zu Böä in Laconien, bei Pellene; der Proserpina in Laconien und Arcadien; der Minerva und der Eunomia.

Soter (Gr. M.), »Retter«, Beiname des Jupiter, des Bacchus und des Helios.

Sothis (Aegypt. M.), nannte man den Hundsstern oder Sirius bei den Aegyptern; von seinem Aufgang ward das Jahr begonnen, und sein Zusammentreffen mit dem Neumond bezeichnete das grosse siderische oder Weltjahr von 1461 bürgerlichen Jahren. Da S. zugleich die astronomische Bezeichnung der Isis war, so erschien der Sirius als dieser Göttin heilig.

Spaadisir (Nord. M.), Name der Nornen, unter dem in den Gesängen der Skalden diejenigen guten und weisen Göttinnen verstanden werden, welche die Helden und erhabenen Männer für ihre Lebenszeit geleiten und durch weisen Rath zum Glücke führen.

Spariantis (Gr. M.), eine der Töchter des Spartaners Hyacinthus, welche zu Athen am Grabe des Cyclopen Gerästus geopfert wurden.

Sparshana (Ind. M.). Beiname des Gottes der Winde, der sonst Paruna heisst. S. bedeutet die Luft, welche auf den Körper einwirkt.

Sparte (Gr. M.), Tochter des Eurotas, mit Lacedämon vermählt. Letzterer benannte sein Reich nach sich, dessen Hauptstadt aber nach seiner Gattin.

Sparti (Gr. M.), die Krieger, welche aus den Drachenzähnen entstanden, die Cadmus auf der Minerva Geheiss ausgesäet hatte; sie tödteten sich gegenseitig, bis auf fünf: Echion, Udäus, Pelor, Chthonius und Hyperenor. Von ihnen ward Theben erbaut, und die fünf Stämme der Bewohner leiteten ihre Namen von ihnen ab.

Sparton (Gr. M.), Sohn des Phoroneus und Vater des Myceneus, von welchem das Reich Mycene gegründet sein sollte.

Spenescht, s. Adar.

Sperchius (Gr. M.), Sohn des Oceanus und der Erde; ein Flussgott, welcher die Tochter des Peleus, Polydora, liebte und mit ihr den Menesthius erzeugte.

Spermo, s. Anius.

Spes (Röm. M.), die personificirte Hoffnung, ursprünglich als die Hoffnung des Jahres gedacht, daher mit einem Blumenkranz in den Haaren, Aehren oder einem Fruchthorn in den Händen dargestellt; dann als Göttin des zu hoffenden Ehesegens, erst spät als Hoffnung im abstracten Sinne. Sie hatte zu Rom mehrere Tempel ausserhalb der alten Stadtmauer; einer derselben ward vom Consul Atilius Calatinus um 460 der Stadt erbaut.

Sphaltes (Gr. M.), Beiname des Bacchus (der Fäller), weil er den Telephus im Kampfe durch eine Rebe zum Falle brachte.

Sphingius (Gr. M.), Sohn des Athamas, von dessen dritter Gattin Themisto; wahrscheinlich identisch mit Schöneus.

Sphinx (Aegypt. u. gr. M.), ursprünglich colossale Steinbilder in Aegypten, von unbekannter Bedeutung; man hält sie im Allgemeinen für mystische Hüter und Schutzgeister der Tempel und Todtenwohnungen. Die Figur ist ein (ungeflügelter) liegender Löwe, entweder mit dem Gesicht und der Brust eines Weibes, manchmal mit einem Bärtchen am Kinn, oder auch mit Widder- oder Sperberköpfen. Unter den unzähligen ägyptischen S.en ist die grösste, die auch am meisten Kunststil verräth, jene S. bei Memphis, von der nur noch Hals und Kopf aus dem Sande hervorragen; der Umfang des Kopfes beträgt 102 Fuss, die Länge des Leibes 113 Fuss. Kleinere dergleichen Gebilde fanden und finden sich noch in Aegypten vor den Tempeln in eigentlichen, oft halbe Stunden langen Alleen zu vielen Hunderten an einander gereiht, in colossaler Grösse, und gehören zu den höchsten Zierden jener Wunderbauten. Die Griechen, welche sich alles Fremde aneigneten, sobald es ihnen der Mühe werth schien, thaten es auch mit der S., welche sie eine Tochter der Echidna und ihres eigenen Sohnes, des Hundes Orthrus, nannten. Juno hatte sie nach Theben geschickt, und zwar aus dem fernsten Aethiopien (hierin scheint der Zusammenhang mit Aegypten verborgen zu liegen), um die Thebaner zu strafen, weil sie die Frevel des Laius ungestraft hingehen liessen. Das Weitere des Mythus siehe unter Oedipus. Die griechische Kunstdarstellung der S. ist von der ägyptischen verschieden; ursprünglich ist es ein geflügelter Löwenkörper, mit Kopf und Brust einer Jungfrau; später eine Jungfrau mit Brust, Füssen und Krallen eines Löwen, Schlangenschweif, Vogelflügeln, oder vorn Löwe, hinten Mensch, mit Geierkrallen und Adlerflügeln, und zwar nicht immer liegend, sondern auch in andern Stellungen. Die thebanische S. hat zuweilen auch einen Hundeleib.

Sphragitides (Gr. M.), Nymphen des Cithäron, wo sie in einer Höhle ein Orakel hatten.

Sphyrus (Gr. M.), Enkel des Aesculap, und Sohn des Machaon, von Anticlea, der Tochter des Königs Diocles zu Pherä.

Spiniensis Deus (Röm. M.), eine Feldgottheit, welche man bat, dass sie die Dornen nicht überhand nehmen lasse.

Spodius (Gr. M.), Beiname des Apollo zu Theben.

Sponde (Gr. M.), eine der Horen (s. d.).

Spunkie (Britt. M.), nannten die Scoten und Picten die neckenden Geister, welche in Gestalt der Irrlichter erschienen und Wanderer in Sümpfe führten.

Sreiansa (Ind. M.), der Herr des Rhinoceros (das sein Symbol ist); einer der vierundzwanzig Buddha's, welche die Dschaina's verehren. Er ist ein Sohn des Wischnu und der Wischna (wie sie die Lakschmi, Wischnu's Gattin nennen).

Srudasanen, Sruddaggirti, Srudawarmen (Ind. M.), drei von den fünf Söhnen, welche die Gattin der fünf Pandu's, Drowadei, diesen ihren Ehemännern gebar; die beiden andern hiessen Pridywandagen und Sandanigen.

Ssafarino Kagami (Japan. M.), der Spiegel der Erkenntniss, welcher vor dem Fürsten der Hölle steht, und in welchem er alle Verbrechen der vor denselben Hintretenden in ihrem wahren Lichte erkennt.

Ssangdschai (Ind. M.), Name des Buddha bei den Tübetanern, wo er, als der oberste Regierer der jetzigen Weltperiode, die grösste Verehrung geniesst, obgleich schon drei andere Buddha's vor ihm da waren, und noch 996 kommen werden.

Ssodadani (Ind. M.), König von Magada, dem Mittelreich Indiens, dem Hauptsitz aller Mythen jenes Landes. S. war vermählt mit Maha Maja, welche Schagkiamuni, der höchste Gott, wählte, um, als fünffarbiger Lichtstrahl in sie eingehend, als Buddha durch ihre rechte Armhöhle geboren zu werden.

Staphylus (Gr. M.), 1) Sohn des Bacchus und der Ariadne; einer der Argonauten; vergl. Hemithea. — 2) S., ein Hirte des Königs Oeneus, den er die Weinbereitung lehrte, nachdem er selbst zuerst die Weintrauben aufgefunden. — 3) S., Sohn des Bacchus und der Erigone, deren Keuschheit der Gott in Gestalt einer Weintraube überlistete; als Erigone dieselbe verzehrt, fühlte sie sich Mutter, und gebar einen Knaben, welchen sie zum Andenken an seine Entstehung S. (Traube) benannte. Bald darauf starb sie freiwillig, aus Kummer über den an ihrem Vater begangenen Mord. Vgl. Icarius.

Starkodder (Nord. M.), ein ungeheurer Riese, dänischer Abstammung, von dem man sogar sagt, dass er 8 Hände gehabt: seine Titanenthaten machten ihn durch die ganze Welt berühmt; er soll 250 Jahre alt geworden sein.

Stata Mater (Röm. M.), eine Göttin, welcher auf dem Forum in Rom ein Bild errichtet war, das allnächtlich durch angezündete Feuer verehrt wurde. Sie soll um Verhütung von Feuerschäden angerufen worden sein. Einige halten sie für eine Gattin des Vulcan, Andere für Eins mit der Vesta.

Statanus oder **Statilinus** (Röm. M.), ein Gott, welcher die Kinder, die noch nicht gehen konnten, beschützen, und ihnen das Stehen beibringen sollte.

Stator (Röm. M.), Beiname des Jupiter, welcher die vor den Sabinern fliehenden Römer wieder zum Stehen brachte. Romulus gelobte ihm einen Tempel, wies jedoch nur den Platz dazu an; später, 458 n. E. R. gelobte M. Attilius dasselbe, worauf der Senat einen Tempel in der zehnten Region erbauen liess.

Steinbock (Capricornus) (Mytholog. Astronomie), Sohn des Aegipan, der im Streite der Titanen gegen die Götter den Letzteren dadurch den Sieg verschaffte, dass er ihnen grosse Meerhörner gab, auf welchen sie bei Annäherung der Ungeheuer einen so grossen Lärm machten, dass diese erschreckt entflohen. Jupiter setzte den S. zum Lohn für seine That unter die Sterne; dort steht er zwischen dem Schützen und dem Wassermann als eins der Bilder des Thierkreises; er zählt ausser 4 Sternen dritter Grösse nach Flamsteed noch 47, ein gutes Auge aber erkennt in klarer Nacht über hundert.

Stellio (Gr, M.), ein Knabe, von Ceres in eine Eidechse verwandelt. Vgl. Ascalabus und Abas.

Stentor (Gr. M.), ein Grieche vor Troja, dessen Gestalt Juno annahm, um die Weichenden zu ermuthigen.

Sterculius oder **Stercutus** und **Sterquilinus** (Röm. M.), ein Feldgott, welcher der Düngung der Aecker vorstand.

Sterope (Gr. M.), 1) eine der Plejaden, Gattin oder Mutter des Oenomaus. — 2) S., Tochter des Pleuron und der Xanthippe, und Schwester des Agenor und des Leophontes. — 3) S., Tochter des Cepheus, welcher nebst seinen zwanzig Söhnen von Hercules aufgefordert wurde, mit ihm gegen die Hippocoontiden zu ziehen. Der König schlug diess Begehren ab, weil er fürchtete, die Argiver würden ihm in sein Land fallen; da gab Hercules seiner Tochter S. eine Urne mit einer ehernen Locke der Gorgone Medusa, welche er selbst von Minerva erhalten hatte; diese Locke sollte sie, wenn Feinde naheten, mit abgewendetem Gesicht über die Stadtmauer halten, wodurch die Anrückenden versteinert werden würden. Dieses bewog den Cepheus zur Theilnahme an dem Kriege, doch er und alle Brüder der S. liessen ihr Leben dabei. — 4) S., Tochter des Königs Acastus; sie ist in die Geschichte des Peleus verflochten; s. Astydamia.

Sthenelaus (Gr. M.), Sohn des Ithämenes, einer der dardanischen Krieger vor Troja; er ward von Patroclus getödtet.

Sthenele (Gr. M.), Gattin des Menötius, und durch ihn Mutter des heldenhaften Patroclus.

Sthenelus (Gr. M.), Sohn des Capaneus und der Evadne; er war einer der Epigonen (s. d.), und wird zu den grössten Helden des Alterthums gezählt, auch den trojanischen Krieg machte er bis zum Ende mit. — 2) S., Vater des Cometes, Liebhabers der schönen Aegialia, der Gattin des Diomedes, welchen Venus selbst zu der sonst tugendhaften Frau geführt, um sich an Diomedes zu rächen, der die Göttin verwundet und geschmäht. Er vertrieb den Helden aus seinem Reich. — 3) S., des Perseus und der Andromeda Sohn, Vater des Eurystheus, Todfeindes des Hercules. — 4) S., Sohn des Actor und Freund des Hercules, den er gegen die Amazonen begleitete. — 5) S., Sohn des Androgeus, Enkel des Minos, den Hercules mit seinem Bruder Alcäus von Paros hinwegnahm, als Sühne für den Ueberfall, den seine Leute von des Minos Söhnen erlitten hatten.

Sthenias (Gr. M.), Beiname der Minerva zu Trözen.

Sthenius (Gr. M.), Beiname des Jupiter, dessen Altar der Stein war, unter welchem Aegeus das Schwert verborgen hatte, an welchem er seinen Sohn Theseus erkennen wollte.

Stheno (Gr. M.), eine der Phorciden oder Gorgonen, Schwester der Medusa.

Sthenoboea (Gr. M.), auch Antea genannt, Tochter des Jobates und Gemahlin des Prötus.

Stichius (Gr. M.), Heerführer der Athener in dem Kriege gegen Troja; er fiel von Hectors Hand.

Stilbe (Gr. M.), Tochter des Peneus und der Nymphe Crëusa; sie war eine Geliebte des Apollo, und soll von ihm den Lapithes und Centaurus geboren haben.

Stimula (Röm. M.), Name der Semele (s. d.) nach römischer Aussprache. Nach Andern eine Göttin, von welcher man glaubte, dass sie die Menschen zu allen gewagten kühnen Unternehmungen aufrege.

Stiphelus (Gr. M.), ein Centaur, welcher von dem schönen Cäneus auf der Hochzeit des Pirithous getödtet wurde.

Stiritis (Gr. M.), Beiname der Ceres vom Orte Stiris in Phocis.

Storr Junkare (M. der Lappen), Gott der Jagd und der Fischerei, der Haupt-Nahrungszweige der Völker im höchsten Norden, wesshalb er in grossem Ansehen stand. Er ist wahrscheinlich der Einzige, dem man eine etwas allgemeinere Verehrung widmete, da die meisten Gottheiten der Samolatschen Familien-Gottheiten waren. Aus rohen Steinen, denen die rohe Kunst der im Eise halb erstarrten Völker etwas Form abzugewinnen wusste, wurden dem S. J. Bilder errichtet. Brachte man ihm ein Opfer, so wurde mit dem Blute desselben das Bild bestrichen.

Stratius (Gr. M.), Sohn des Clymenus. Als Clymenus von einem Thebaner erschlagen war, legte sein ältester Sohn, Erginus, den Thebanern einen Tribut von hundert Stieren auf. Nachdem dieser zwanzig Jahre lange gezahlt worden, schickte Hercules die Gesandten, die ihn wieder einforderten, mit abgehauenen Händen und Nasen heim: unter ihnen befand sich auch S., der an seinen Wunden starb.

Stratobates (Gr. M.), einer der Söhne des Electryon, welche gegen die Pterelaiden im Kampfe um ihres Vaters Heerden erlagen.

Stratonice (Gr. M.), 1) Tochter des Pleuron und der Xanthippe (Dorus' Tochter), Schwester der Sterope und des Leophontes. — 2) S., Tochter des Königs Thespius, Hercules' Geliebte, und von ihm Mutter des Atromus.

Straund (Nord. M.), einer von den Höllenflüssen.

Strongdsan Gambo (Mongol. und Tübet. M.), ein uralter, berühmter König von Tübet, der zwei Gemahlinnen, Dara Aekkä und Küllingtu Urultu besass, welche beide Verkörperungen guter Genien waren. Diese namentlich hatten sich um das Menschengeschlecht sehr verdient gemacht, indem sie dem weisen Chutuktu dasselbe entsündigen und erlösen halfen; sie wurden desshalb göttlich verehrt.

Strophaeus (Gr. M.), Beiname des Mercur als Thürsteher.

Strophius (Gr. M.), 1) S. Crisus. — 2) S., Enkel des vorigen und Sohn des Pylades und der Electra.

Strymo (Gr. M.), Tochter des Scamander, vermählt mit Laomedon, König von Troja, dessen Gattin jedoch nach Anderen Placia hiess.

Strymon (Gr. M.), 1) Sohn des Mars und der Helice, hatte eine Tochter Terina, welche gleichfalls Mars' Geliebte war und ihm die Thrassa gebar. — 2) S., Sohn des Oceanus und der Tethys, oder des Pontus und der Thalassa. Der schiffbare Fluss, dessen Beherrscher S. war, ist durch Hercules unschiffbar gemacht, da derselbe die Heerden des Geryon hindurch trieb. S. Hercules.

Studenz (Slav. M.), der heilige See inmittten des mächtigen düsteren Buchenwaldes auf der Insel Rügen, in dessen Gewässern der Wagen der Göttin Nerthus gewaschen wurde, nachdem er mit dieser die Insel durchzogen. Die Sklaven, welche die Arbeit verrichteten, wurden sogleich ersäuft. Der See wimmelte von Fischen, doch durften keine davon gefangen werden, weil sie der Göttin gehorten; ja, dem See zu nahen, war schon ein Todesverbrechen.

Stuffo (German. M.), ein unbekannter Gott der alten Sachsen, von dem man nur vermuthet, dass er dem Trinken vorgestanden und ein Schutzpatron der Zecher gewesen sei.

Stygius (Gr. M.), Beiname des Pluto.

Stymphalia (Gr. M.), Beiname der Diana in Arcadien von dem Orte Stymphalus, wo ihr Tempel stand. Sie hatte in demselben eine Statue von Holz, stark übergoldet. Einer der Stymphaliden hing in diesem Heiligthum.

Stymphaliden, s. Hercules.

Stymphalus (Gr. M.), ein arcadischer König, von welchem der Sumpf und die unfern desselben gelegene Stadt St. ihren Namen bekommen. Er war ein Sohn des Elatus und der Laodice. Sein trauriges Ende (Pelops liess ihm die Eingeweide aus dem noch lebenden Körper reissen und zerstückelt umherstreuen) brachte eine Pest über Griechenland (nach Andern eine grosse Theuerung), welche Aeacus durch Gebet abwandte.

Styx (Gr. M.), der dunkle Höllenfluss, bei dessen Namen die Götter ihre unverbrüchlichen Eide ablegten. S. war eine Tochter des Oceanus und der Tethys, und vermählt mit dem Sohne des Crius, dem Titanen Pallas (nach

Andern mit dem Piras), aus welcher Verbindung mehrere Kinder entsprossen: Zelus, Nice, Cratos, Bia u. A. mehr. Sie wohnte mit ihren Kindern in einem prächtigen Palast im Tartarus, welcher auf silbernen Säulen ruhete, die sein hochragendes Steindach bis in die Nähe des Himmels erhoben. S. scheint, obgleich eine Göttin, doch von der Gemeinschaft der Götter ausgeschlossen gewesen zu sein.

Suada (Gr. M.), lateinische Uebersetzung des griechischen Namens Pitho. (S. d.)

Suadela, identisch mit Suada (s. d.).

Suayambhu (Ind. M.), Sohn des Brama und Stammvater des Menschengeschlechts, indem seine Tochter Dewaghdi, vermählt mit Kartamen, einem der grossen Altväter, demselben neun Töchter geboren, welche den neun übrigen Altvätern zu Gattinnen gegeben wurden; auch S.'s übrige fünf Kinder, von seiner Gattin Satarupa, der Tochter des Brama geboren, vermehrten das Menschengeschlecht.

Subigus (Röm. M.), ein Ehegott, welcher die neuvermählten Jungfrauen ihren Gatten geneigt machen sollte.

Subramanya Mahasena (Ind. M.), der grosse Heerführer, ein Beiname des Kartikeya, eines Sohnes des Schiwa und der beiden Schwestern Gonya und Uma.

Subruncinator (Röm. M.), ein Feldgott, welcher dem Reinigen und Jäten in den Gärten vorstand.

Sudice (Slav. M.), Schicksalsgöttinnen der Böhmen und Mähren, welche den Parcen der Römer ähnlich gewesen sein sollen.

Sudri (Nord. M.), einer der vier starken Zwerge (die anderen sind: Nordri, Westri, Austri), welche das Himmelsgewölbe in den vier Weltgegenden, wovon sie den Namen haben, unterstützten.

Suehre (Pers. M.), der Name des Planeten Venus, bevor derselbe an den Himmel gesetzt wurde, identisch mit der arabischen Anahid. S. war ein überaus reizendes Mädchen, in welches sich zwei Engel verliebten, doch widerstand sie denselben und ward, während jene in den Abgrund wandern mussten, an den Himmel versetzt; dort nun dienen ihr Tausende von himmlischen Geistern und beten sie in ihrer Schönheit und Tugend an.

Sulevien, weibliche Feldgottheiten der alten Gallier, bloss bekannt durch eine Inschrift, die man bei Lausanne auf einem Basrelief gefunden hat, das drei weibliche Figuren mit Früchten in den Händen darstellt.

Sulter (Nord. M.), das Messer der bösen Hela; die Benennung bedeutet: »verzehrender Hunger«.

Sumeru oder **Meru,** der Nordpol, ein Berg von Gold und Edelsteinen, welchen die Genien und Götter bewohnen.

Summanus (Röm. M.), ein etruskischer und römischer Gott, der Gott des nächtlichen Himmels, der blitzwerfende Nachtgott, während Jupiter der Gott des Taghimmels ist. Sein Tempel stand am Circus Maximus; ein Thonbild von ihm fand sich im Giebelfelde des capitolinischen Tempels. Wenn ein Baum Nachts vom Blitze getroffen war, so opferten ihm die Arval-Brüder einen schwarzen Hammel.

Suemmer Oala (Lamaismus), ein mächtig hoher Berg, welcher von drei andern umkreist ist, auf welchen Kreis ein zweiter von vier Bergen kommt; alle sieben sind von Gold, der mittelste besteht aus einem einzigen grünen Edelstein. Er ist mit seiner goldenen Umgebung der Wohnsitz der freien Geister, Erike Bariksan. In den Höhlen des Gebirges wohnen die bösen Geister, deren Oberhaupt dort eine mächtige Burg hat.

Sunadi (Ind. M.), Gattin des Utanubaden und Mutter des berühmten Druwen, eines Heiligen, welcher 26,000 Jahre das Reich seines Vaters regierte, und von Wischnu in den Polarstern versetzt wurde.

Sunias (Gr. M.), Beiname der Minerva von einem Tempel auf dem Vorgebirge Sunium in Attica.

Sunna (Nord. M.), eine der Asinnen, Tochter des Mundilfare, des Sternengottes. Weil sie und ihr Bruder von ausserordentlicher Schönheit waren, gaben die Eltern ihnen die Namen von Sonne und Mond (Sol oder S. und Maani); doch die Götter, denen diess frevelhaft erschien, raubten dieselben und übergaben ihnen die Leitung des Sonnen- und des Mondes-Wagens, welche aus den Feuerfunken, die aus Muspelheim nach dem Reiche der Asen herüberflogen, geformt waren. Die Rosse, welche diese Wagen zogen, hiessen Alswidur und Arwakur (das Alles versengende und das frühewache); sie fahren so schnell, weil ihnen Skoll und Hate, zwei mächtige Riesen in Wolfsgestalt, immer auf den Fersen sind und sie zu verschlingen drohen. Unter dem Namen S. scheint die Sonne auch von den alten Deutschen als leuchtendes, strahlendes Wesen angebetet worden zu sein.

Superbia (Röm. M.), der personificirte Stolz, Tochter des Aethers und der Erde.

Supramanja (Ind. M.), Sohn des Schiwa, aus dessen Stirnauge entsprungen; er bekämpfte den Riesen Sura Parpma und spaltete ihn nach siebentägigem Kampf mit des Vaters mächtigster Waffe mitten von einander. Ihm zu Ehren wird das Fest Kanderschasta gefeiert.

Sura Dewa (Ind. M.), die Göttin des Weines, welche aus dem Milchmeer entsprang, da dasselbe mittelst des Berges Mandar umgerührt ward, um die Amrita zu bereiten.

Sura Parpma (Ind. M.), der Riese, mit welchem Supramanja (s. d.) kämpfte; nachdem er von demselben gespalten war, verwandelte sich die eine Hälfte in einen Pfau, die andere in einen Hahn, welch erstern Schiwa als Reitthier gebrauchte, während der andere als Wächter für das Haus diente, in dem der Wagen des Schiwa stand.

Surtur (Nord. M.), der mächtige Beherrscher von Muspelheim, der unversöhnliche Feind der Asen, welcher bei dem Weltbrand die Heere der Muspelsöhne anführt, sich mit der Midgardsschlange und dem Fenriswolfe verbindet, die Götterwohnungen stürmt, in einer mächtigen Schlacht alle Asen besiegt, und endlich den Weltuntergang herbeiführt.

Surya (Ind. M.). Die Sonne (nicht der Sonnengott, welcher Indra heisst) wird in Indien als himmlischer Genius angebetet; sie fährt in einem mit sieben grünen Rossen bespannten Wagen, dessen Führer Arun heisst. Tausend Genien sind in ihrem Gefolge, welche sie anbeten und ihr Loblieder singen. S. ist oft von seinem Wagen herabgestiegen und hat die Erde mit einem zahlreichen, seiner Kraft entsprossenen Heldengeschlechte beschenkt. Er hat viele Namen, unter denen jedoch zwölf, seine Eigenschaften in seinen verschiedenen Standpunkten, also gewissermassen die Monate bezeichnend, die hauptsächlichsten sind; sie heissen: Waruna, Surya, Wedang, Bhanu, Indra, Rawi, Gobasti, Yama, Swarna reta, Diwakar, Mitra und Wischnu (in dem Sinne des Wortes der Durchdringende). Bei allen Völkern finden wir im Anfange Naturkräfte, und vorzüglich Himmelskörper angebetet als mächtige Gottheiten.

Suttung, s. Quaser.

Suwa (Japan. M.), Gott der Jagd und Schutzpatron aller Jäger, dem zu Ehren jährlich grosse Processionen angestellt werden.

Swadilfur (Nord. M.), ein berühmtes Ross des Riesen, der die Götterburg erbaut. Den Asen lag an einer tüchtigen Feste, die sie vertheidige gegen die Eisriesen; solche zu erbauen, erbot sich ein Baumeister, wenn man ihm drei Winter Zeit lasse, und ihm die schöne Freia zur Gattin, Sonne und Mond aber zu Dienern geben wolle. Auf Loke's Rath nahmen die Asen das Erbieten unter der Bedingung an, dass Alles in einem Winter und ohne fremde Hülfe, als die des Pferdes S., vollbracht werde. Der Riese ging diess ein, und sein Ross entwickelte eine so ungeheuere Kraft, dass es die grossen Lasten Steine, zu denen man viele hundert Pferde gebraucht hätte, spielend bewegte und schon der Bau vollendet war, bis auf ein Thor, bevor die Asen sich noch die Möglichkeit dachten. Da droheten sie Loke mit dem Tode, wenn er den eingegangenen Vertrag nicht rückgängig machte; Loke verwandelte sich darauf in eine schöne Stute und begegnete so dem Hengst S., welcher die Seile, mit denen er angespannt war, zerriss und Loke folgte, der ihn weit genug fortführte: aus dieser Begegnung entsprang das berühmte achtfüssige Ross Odins, Sleipner, welches schneller war als der Wind und nie ermüdete. Der Baumeister sah sich von seinem Gehülfen verlassen und wollte, um mit all seiner Riesenstärke das Werk vollenden zu können, auch seine Riesengestalt annehmen, die Götter aber hielten sich entweder in diesem Falle nicht mehr verpflichtet ihr Wort zu halten, oder der Riese konnte allein, wie er war, sein Versprechen nicht in Vollzug bringen; kurz, Thor erschien mit seinem Hammer und erschlug den Riesen.

Swaha (Ind. M.), die Gattin des Agni, des Feuergottes.

Swainshaugi (Nord. M.), Swains Hügel, ein Ort, der früher von Zwergen bewohnt gewesen sein muss, weil die Edda viele der Letztern namentlich anführt, welche von dort her nach Orwanga (Pfeilfelder) auf Jornwall (Eisen- oder Schlachtfeld) gekommen sind. Wo diess gewesen, scheint nicht zu enträthseln.

Swaixdunoka (Slav. M.), die leuchtende Braut des Sternengottes; sie wurde bei den heidnischen Preussen als eine freundliche, milde Göttin angebetet; sie führte die Sterne in ihren Bahnen, wenn der Geliebte ihren Zügel fallen liess und auf der Jagd im Wagen des Mondes durch Stürme und fliehende Wolken das Wild verfolgte.

Swaixtix (Slav. M.), der Gott der Sterne und des Sonnenlichtes, welchen die alten Preussen mit den Wenden und Slaven in Pommern, Rügen, Holstein etc. gemein hatten. Er ward in möglichst reicher Kleidung vorgestellt, hatte Flammen und Strahlen um das Haupt und einen Haarbusch auf der Mitte des Scheitels, welcher flammenähnlich aufstieg. Aus alten rhetraischen Kunstwerken will man, trotz der Inschrift, welche ihn Belbog (Biali bog, eine gute Gottheit, im Gegensatz zu Czernebog, dem bösen Gott) nennt, doch eine böse Gottheit herausfinden, weil er böse und fürchterlich aussieht; man bedenkt dabei nicht, dass die Sculptur schon auf einen hohen Grad gestiegen sein müsse, wenn man edle, freundliche Gesichter nachbilden will. Diese Kunst war aber in jener Zeit noch so sehr in ihrer Kindheit, dass zu verwundern ist, wie die Bildner nur Gestalten so vollendeter Art zuwege brachten; an schöne Gesichter darf man dabei gar nicht denken. S. war der gütigste Gott, er leuchtete die Nacht durch mit dem Sternenschimmer, durch Nord- und Schneelicht, und schenkte als Sonnengott den Saaten Gedeihen, dem Lande Wärme und Fruchtbarkeit.

Swakonen (Lettische M.), Wahrsager, welche aus der Flamme und dem Rauche des Lichtes die Zukunft enthüllten.

Swalgoni (Lett. M.), Priester, welche den Hochzeitgebräuchen vorstanden, Bräutigam und Braut, welche die Ehe eingehen wollten, prüften, ihr Band knüpften und Segen oder Fluch über sie sprachen, je nachdem es ihnen die Gottheit eingab.

Swantewit, Fig. 280 (Slav. M.), der am meisten verehrte, sichtbare Gott der Wenden. Zu Arkona auf der Insel Rügen stand sein riesiges Bild und war weit und breit für die ganze südliche Küste des baltischen Meeres der Centralpunkt der Gottesverehrung. S. war ein gewaltiger Coloss, welcher auf vier Hälsen vier Köpfe mit rund geschorenem Haar und kurzem Bart trug; seine Kleidung war die der Wenden im Allgemeinen, ein bis über die Kniee herabreichender Rock von Tuch oder Filz, mit langen weiten Aermeln; ein Gürtel hielt denselben zusammen; die Beine waren nackt; an den Füssen trug er plumpe Bastschuhe; ein mächtiges Schwert hing an seiner Seite, und in der linken, auf die Hüfte gestützten Hand trug er einen grossen Bogen; seine Rechte hielt ein Füllhorn, welches jährlich mit Wein gefüllt wurde. Zu diesen Attributen hatte sein Bild, welches in Rhetra stand, noch ein langbärtiges Menschenhaupt auf der Brust. S. war ein guter und böser Gott zugleich; Füllhorn und Bogen schien dieses schon anzudeuten: die Waffen für den Krieg, das Segenshorn des Friedens. Er überschauete mit seinen vier Häuptern die ganze Erde, darum wurde sein Rath so hoch geachtet, darum waren seine Orakel die angesehensten, seine Anbetung verlieh irdische Macht und Reichthümer; darum ward er im Rausche taumelnder Freude verehrt und ihm wurden grosse, ja nicht selten Menschenopfer gebracht, doch, wie es scheint, nur, wenn er erzürnt war. Ein Hoherpriester stand seinem Dienste vor. Am Tage des grossen Erntefestes musste dieser selbst den Tempel fegen, und zwar mit angehaltenem Athem, um durch seinen Hauch nicht den Gott zu beleidigen. In das grosse Füllhorn ward nun Wein gegossen, und aus der vom vorigen Jahre zurückgebliebenen Quantität ward auf den Segen oder das Missrathen der nächsten Jahresernte geschlossen. Der Tempel und die Bildsäule des Gottes wurden durch Waldemar I. zerstört und das Volk getauft. Der Götzendienst hörte öffentlich auf, obschon er heimlich fortbestand, so dass noch jetzt viele alte Bauern von Rügen den Wald der Nerthus und ihren See und ihren Altar nur mit heiliger Scheue betreten. Dass der Name heiliger Veit, Sanctus Vitus bedeute, ist wohl nichts weiter, als eine wunderliche Phantasie eines wunderlichen Sprachforschers oder Sprachverwirrers.

Fig. 280.

Swartalfheim (Nord. M.), die Heimath aller bösen Genien oder Schwarzelfen.

Swarthoefde (Nord. M.), der Urältervater aller Zauberer, welcher seine Kunst von den Göttern selbst erlernt und sie auf seine Nachkommen vererbt hat.

Swasudes (Slav. M.), der Sommergott, der erwärmende Strahl des Frühlings, welcher den Sommer heraufführt; er soll von den Wenden und Slaven als Gottheit zweiten Ranges angebetet worden sein.

Swawa (Nord. M.), Tochter des Königs Eylimi, eine schöne Schildjungfrau und Walküre, ward durch Helgi Haddinga skati, den Sohn Hiorwards, Königs von Norwegen, berühmt. Der König hatte das Gelübde gethan, die schönste Frau der Erde sein zu nennen, und so hatte er schon drei Frauen: Alfhild, Hedins Mutter, Säreid, Humlungs Mutter, und Sinriod, Hilmings Mutter, als der König hörte, Sigurlin sei die allerschönste der Frauen. Sogleich warb er durch den Jarl Atli um dieselbe, ward aus Furcht vor andern Freiern abgewiesen, überzog jedoch den Vater mit Krieg und erhielt endlich Sigurlin, welche nun Mutter eines Sohnes, des berühmten Helgi ward, der jedoch stumm und unthätig blieb, bis die holde S. ihn berührte, erweckte, ihm den Namen Helgi und sich selbst als Namens- oder Pathen-Geschenk übergab. Von der reizenden kühnen Walküre beschützt, mit einem nie fehlenden Schwert beschenkt, in alle Schlachten begleitet, zeichnete sich Helgi bald als den grössten Helden aus; doch, nachdem er die grössten Thaten gethan, seinen Vater an Hrodmar gerächt, ward er von dessen Sohn Atli erschlagen, bald aber als Helgi der Hundingstödter und als Sohn des Königs Sigmund und der schönen Borghili wieder geboren. S. dagegen erstand in einer zweiten Verkörperung als Schildjungfrau Sigrun. Helgi war erst einen Tag alt, da er schon im Panzer stand und nach Schlacht und Sieg verlangte. In das Haus des mächtigen bösen Königs Hundingur trat er kundschaftend, als Mädchen verkleidet, ein, entging als Mahlmagd seinen Nachforschungen, überzog ihn dann mit Krieg und tödtete ihn in einer grossen Schlacht, wovon sein Beiname herkommt. Helgi warb nun um die schöne ehemals geliebte S., jetzt Sigrun, musste jedoch vorher manchen harten Strauss bestehen, da sie bereits dem Hodbrod zugesagt war, welcher, ein Sohn des schwedischen Königs Gramnar, mit ihr verlobt, doch von ihr nicht geliebt war. Helgi zog auch gegen ihn aus, überwand und tödtete ihn in der Schlacht am Frekasteine und schien jetzt dem Ziele seiner Wünsche nahe; doch Hedin, sein Bruder, legte ihm ein Hinderniss in den Weg; dieser war am Julaabend heimkehrend aus dem Forst einem hässlichen alten Zauberweibe begegnet, das auf einem Wolfe ritt, den sie mit zusammengeknüpften Schlangen statt der Zügel lenkte: sie trug sich dem schönen Jüngling als Walküre, als Beschützerin an, da er sie jedoch verschmähete, rief sie zornig: »das sollst du bei Braga's Becher büssen«. Als Hedin nun daheim ankam, und Jeder bei Freirs Eber, den Bragabecher leerend, ein Gelübde that, schwur Hedin betäubt, seines Bruders schöne Braut Sigrun sein zu nennen (nach Anderen des früher geborenen Helgi, seines eigentlichen Bruders, Braut S.); bald aber reuete ihn das Gelübde, und er ging, seinen Bruder aufzusuchen und sich ihm zur Bestrafung zu übergeben, der ihn jedoch nicht nur freundlich behandelte, sondern sogar, als er in einer Schlacht tödtlich verwundet ward, der Geliebten den Bruder zum Gatten empfahl. Helgi kam in Walhalla an, doch konnten ihm alle Freuden des Himmels nicht die Reize der schönen Sigrun ersetzen, darum kehrte er allnächtlich in seinen Grabhügel zurück und ruhete dort an der Seite der lieblichen Sigrun, bis das nahende Morgenroth den Tag und damit das Ende seiner Freuden verkündete, und er sich auf sein Ross schwang, wieder nach Walhalla zu reiten. Zum dritten Male ward Helgi als zweiter Haddinga skati wiedergeboren, und auch S. erschien zum dritten Mal als Kara, Halfdans Tochter, welcher König von Dänemark war und mit dem Gatten seiner Tochter die Herrschaft über Land und See theilte.

Swerga Diwi (Ind. M.), eine Abtheilung der Genien, welche unter Indra's, des indischen Sonnengottes, unmittelbaren Befehlen stehen. Sie scheinen nicht grosse Gewalt zu haben, denn sie bedürfen oft menschlicher Hülfe, um sich gegen die Assurs, die bösen Genien, zu vertheidigen.

Swidor (Nord. M.), Beiname des Odin.

Swipall (Nord. M.), Beiname des Odin.

Swipul (Nord. M.), eine der schönen Schlachtenlenkerinnen, der Walküren.

Sybaris (Gr. M.), ein Ungeheuer, in einer Höhle am Parnass hausend und das Land umher verwüstend. Ihm sollte auf des Orakels Befehl ein Knabe, und zwar durch das Loos Alcyoneus, der Sohn des Diomus, geopfert werden: mit einem Kranze geschmückt, ward er der Höhle des Unthiers zugeführt, doch, durch die Schönheit und Jugend des Opfers gerührt, nahm Eurybatus den das Opfer bezeichnenden Kranz, ging in die Höhle, bekämpfte das Unthier und stürzte es vom Felsen herab. Dort ward ein neu entstandener Quell S. genannt.

Syceas (Gr. M.), einer der Titanen, welchen, als Jupiter ihn verfolgte, seine Mutter Erde in ihren Schooss aufnahm.

Sycites (Gr. M.), Beiname des Bacchus in Lacedämon, weil er die Feigen (Syke) zuerst gepflanzt haben sollte.

Sygn (Nord. M.), eine der Asinnen, Göttin der Gerechtigkeit, welche bei Gerichten die Aufsicht führt und hindert, dass Jemand etwas läugne. An dem Palaste Wingolf die Thore hütend, wehrt sie unwahren Fremdlingen den Eingang.

Sylea (Gr. M.), Tochter des Königs Corinthus und Gattin des Polypemon, dem sie den Sinis gebar, welcher, erwachsen, ein weit berüchtigter Räuber, der Fichtenbeuger, wurde.

Syleus (Gr. M.), Tyrann von Aulis, welcher alle Fremden, die durch sein Gebiet kamen, zwang, in seinen Gärten zu arbeiten. Hercules tödtete ihn sammt seiner Tochter Xenodice. Eine andere Tochter desselben ward bei seinem Bruder, Dicäus, erzogen; sie liebte den Hercules und starb aus Gram, nicht die Seine werden zu können; auch Hercules liebte sie über Alles, so dass, als er zu ihrem Begräbniss kam, er nur mit der grössten Mühe abgehalten werden konnte, sich in ihren Scheiterhaufen zu stürzen.

Syllis (Gr. M.), eine Nymphe, Geliebte des Apollo, und von ihm Mutter des Zeuxippus.

Sylphen, Elementargeister, mehr der phantastischen Naturphilosophie der Cabbalisten, als der Mythologie angehörig. S. sollten die Geister der Luft, wie Gnomen die der Erde, Undinen des Wassers, Salamander des Feuers, sein: sie haben überaus zarte ätherische Formen, ihre Körper sind aus den reinsten unkörperlichen Stoffen gewebt, sie können auf den Sonnenstrahlen dahinschweben, und sind fähig, alle Gestalten, von der kleinsten Mücke bis zum vollkommensten menschlichen Wesen, anzunehmen; in dieser letzten Form, als überaus schöne Jünglinge oder Jungfrauen, gefallen sie sich am besten: ihre unwiderstehlichen Zauberkräfte vermögen das unmöglich Scheinende mit Leichtigkeit zu vollbringen.

Symaethis (Gr. M.), eine trinacrische Nymphe, Göttin des gleichnamigen Flusses, Geliebte des Faunus, von welchem sie den Acis empfing.

Syme (Gr. M.), eine Nymphe, Tochter des Jalymus und der Dotis, Geliebte des Meergottes Glaucus, der sie nach einer Insel bei Rhodus entführte, die nach ihr genannt wurde. Von Neptun gebar sie den Chthonius, der S. von Lindus aus colonisirte.

Symmachia (Gr. M.), Beiname der Venus zu Mantinea in Arcadien.

Symplegaden, s. Cyanische Felsen.

Synallaxis (Gr. M.), eine der Ioniden, heilkundige Nymphe am Cytherus (Fluss in Elis) wohnend. S Ion.

Syria dea (Gr. M.), Syrische Göttin. S. Astarte.

Syrinx (Gr. M.), Tochter des Flussgottes Ladon, welche, ihrer Schönheit wegen von Pan verfolgt, den Vater um Rettung bat, und darauf in Schilfrohr verwandelt wurde. Pan schnitt sich Röhren davon ab, fügte sie mit Wachs zusammen und nannte das, uns mehr unter dem Namen Panflöte bekannte Instrument, zum Andenken an die Geliebte, S.

Syrna (Gr. M.), Tochter des carischen Königs Damäthus. Sie fiel vom Dache ihres Hauses herab und ward durch die Kunst des Podalirius gerettet; dieser erhielt dafür ihre Hand und erbauete seiner Gattin zu Ehren die Stadt S. in Carien.

Syrus (Gr. M.), Sohn des Apollo und der Sinope; die Syrier leiteten ihren Namen von demselben ab.

Taautes (Gr. M.). Nach der samothracischen Geheimlehre kamen ursprünglich nur zwei Cabiren aus Phönicien nach Samothracien, die zwei phönicischen Kraft- und Macht-Götter, nämlich Sonne und Mond, Moloch und Astarte, neben ihnen aber ein kleines dienendes Mittelwesen, T.; diese Trinität stellte sich in den phönicisch-epidaurischen Mysterien dar als Aesculap, Hygea, Telesphorus.

T.

Taautus (Phönic. M.). Nach den dem Sanchuniathon zugeschriebenen Ueberlieferungen in Phöniciens Urzeit ein göttlicher Gesetzgeber und Geschichtschreiber; er ist derselbe, den die Aegypter Thot nennen. Dieser steht dem phönicischen Kronos (Moloch) eben so zur Seite, wie in Aegypten Thot dem Osiris, als eine verkörperte Intelligenz, neben dem in's Fleisch gekommenen grossen Volksgott. T., der Erfinder aller Schrift und Wissenschaft, liess das Gesetz von den sieben Cabiren auf heiligen Tafeln niederschreiben. Er bildete auch die Bildnisse des Uranus, des Kronos, des Dagon, der übrigen Gottheiten, und zugleich die heiligen Charaktere der Elemente.

Tabunisorton (M. der Kalmücken), eine Gottheit zweiten Ranges, welche 52 mal auferstanden, auch auf den Bildern, welche sie darstellen sollen, in 52 verschiedenen Gestalten abgebildet ist. Ihr Hauptbild ist das einer Frau, welche dem ganzen Aeussern nach den kalmückischen Weibern völlig ähnlich ist: sie sitzt mit gekreuzten Beinen auf einer Erhöhung, ist zum Theil unbekleidet, und an allen Stellen, welche Fleisch sein sollen, roth bemalt. Kopfputz und Bekleidung sind bei den meisten kalmückischen Götzen einander gleich, der untere Theil des Leibes ist in ein leichtes Gewand verhüllt, der Kopf zeigt kronenartig aufgebauten Haarputz mit Blumen geschmückt. Die T. hält in den Händen ein Gefäss mit Früchten und ward daher für die Göttin ländlicher Fruchtbarkeit gehalten, womit auch ihr öfteres Wiederaufleben übereinstimmt.

Tacita (Röm. M.), die Göttin des Schweigens, deren Verehrung Numa Pompilius schon eingeführt haben soll; nach Einigen eine Muse, nach Anderen Mutter der Laren.

Tages (Altital. M.), Enkel des Jupiter und Sohn des Genius, trat, als ein Bauer in Etrurien den Boden etwas tiefer als gewöhnlich aufwühlte, als schöner, schon völlig ausgebildeter Knabe hervor. Der erschrockene Landmann floh und machte einen gewaltigen Lärm, welcher viele Leute herbeilockte, denen T. sogleich weissagte, sie auch die Kunst der Agurn lehrte, daher Etrurien der Sitz dieses geheimen Wissens war, und häufig junge Römer dahin gingen, um sie zu erlernen.

Tagus (Altital. M.), ein Rutuler, der im Kriege des Turnus gegen Aeneas durch Nisus erlegt wurde.

Taikoku (Japan. M.), der Gott des Reichthums. Er wird als auf einem Reisballen sitzend vorgestellt, hält mit beiden Händen einen Hammer hoch erhoben, und wohin er damit schlägt, breitet sich Reichthum und glänzender Ueberfluss aus. Man kann von ihm erlangen, was man irgend wünscht: Schätze, Kleider, Lebensmittel, was es auch sei. Der Reis ist bei den Asiaten das Symbol des Ueberflusses.

Take mina katano mikoto (Japan. M.), Sohn des Oho ana mutsino mikoto. Er ist der Abgott von Suwa und regierte in der Landschaft Sinano dieses Reiches, wo er als mächtiger Kami oder göttlicher Herrscher verehrt wird; die Lehre des Rjoobu Sintoo erhebt ihn zum Dai mjoo zin. In Sinano und an andern Orten sind ihm grosse Tempelhallen erbaut, und am neunten Tage des neunten Monats werden ihm daselbst grosse Feste gefeiert, welche Suwa dai mjoo zin no matsuri heissen. Dieser grosse Kami ist der Schutzherr mehrerer bedeutender Städte von Japan, unter andern auch von Nangasaki, und da diese Stadt unter seinem Schutze dem Handel ihren Flor zu verdanken hat, wird dort sein Fest mit ausserordentlicher Pracht gefeiert. Niederländer und Chinesen tragen durch ihre Gegenwart zur Verherrlichung desselben bei.

Talafula (Chines. M.). Die Bewohner der Insel Formosa beten unter diesem Namen eine Gottheit des Krieges an, der sie Opfer bringen, bevor sie sich in ein Gefecht einlassen.

Talapoins (M. von Siam), die Mönche der Siamesen, welche, entweder in Klöstern vereint, oder einzeln auf Dörfern und in Wäldern, von der Wohlthätigkeit des Volkes leben; sie sind dem strengsten Cölibat unterworfen.

Talaus (Gr. M), einer der Argonauten, dessen Grabmal Pausanias zu Argos sah; seine Gattin war Lysimache, Tochter des Abas.

Talos (Gr. M.), Sohn des Cres, Vater des Vulcan, nach einer vereinzelten Angabe.

Talus (Gr. M.), 1) ein Mann von Erz, den Vulcan dem Minos schenkte, damit er ihm sein Königreich Creta beschütze. Er lief dreimal täglich um die Insel und verhinderte das Landen der Fremden; sobald er die Ankömmlinge sah, sprang er in ein grosses Feuer, machte sich glühend und schloss so die Anlandenden in seine Arme, dass sie den Geist aufgeben mussten. Auch den Argonauten wäre es so gegangen, hätte nicht Medea sie gerettet. Diese wusste nämlich, dass er nur e i n e Ader habe, welche vom Kopf bis zu den Fersen ging, und dort mit einem Pflocke verschlossen war: diesen Stöpsel zog sie ihm aus, und so verblutete der eherne Mann. — 2) T., ein Begleiter des Aeneas, den Turnus tödtete. — 3) T., Neffe des Dädalus. S. d.

Talthybius (Gr. M.), der Herold des Agamemnon, welcher zu Argos und Sparta Denkmale hatte, bei denen man ihm jährlich Todtenopfer brachte.

Tamerani (Ind. M.), heisst bei einigen Völkern Indiens der oberste Gott, welcher, erhaben über alle kleinlichen Sorgen der Erde, in unerschütterlicher Ruhe hoch über dem Weltall thront.

Tammonden (Japan. M.), einer der vier grossen Götter des dreiunddreissigsten Himmels.

Tanagra (Gr. M.). Tochter des Asopus und der Metope, welche ihres hohen Alters wegen berühmt war; von dieser oder der Tochter des Aeolus, welche die Gemahlin des Pömander war, stammt der Name der Stadt T. in Böotien.

Tanaïs (Gr. M.), der Gott des Flusses Don, Sohn des Pontns und der Thalassa.

Taenarius (Gr. M.), Beiname des Neptun von dem Vorgebirge Tänarus in Laconien.

Taenarus (Gr. M.), Sohn des Elatus und der Erimeda (einer Tochter des Damasiclus, oder des Jupiter, oder des Icarius); das Vorgebirge T. und die dabei liegende Stadt erhielten von ihm den Namen.

Tanasim, der böse Geist, das böse Princip, welches die Achaguas, eine Völkerschaft in Carracas (nördlicher Theil von Südamerika), verehren.

Tane te medooa, auf Otaheite Name des höchsten Wesens, von welchem man alle anderen abhängig glaubt, und welches man nur in den wichtigsten Angelegenheiten anruft, meinend, dass man es nicht mit Kleinigkeiten behelligen dürfe.

Tanfana (German. M.), eine unbekannte Gottheit der Friesen und Westphalen, nach Tacitus ein T e m p e l von hoher Berühmtheit. Er soll zwischen der Ems und Lippe gestanden haben, und zur Zeit des Kaisers Augustus, als die Druiden aus Gallien vertrieben wurden, abgebrannt sein. Wenn man T. als Gottheit betrachtet, ist man über das Geschlecht zweifelhaft und glaubt nur etwa, dass die Marsen eine G ö t t i n (des Feuers?) dieses Namens verehrten.

Tangniostr und **Tangrisnr** (Nord. M.), die beiden Steinböcke, mit denen Thor im Donnerwagen fährt.

Tangra. Unter diesem Namen beten die Jakut's, eine sibirische Völkerschaft, das höchste Wesen an.

Tannersoit, Berggeister der Grönländer, von riesiger Grösse.

Tantalus (Gr. M.), 1) ein überaus reicher Fürst von Lydien oder Phrygien, desshalb ein Günstling der Götter, auch wohl ein Sohn der Götter genannt, und desshalb wieder von nicht zu bestimmender Abkunft, indem man bald Jupiter als seinen Vater, bald Tmolus (Name des goldhaltigen Berges in Lydien) und Pluto (Göttin des Reichthums) als seine Eltern nennt. Die Gunst der Götter verwandelte sich in Verachtung, als er durch einen falschen Eid Tempelgut abläugnete, und in Zorn und Rache, als er, um die Allwissenheit der Olympier zu prüfen, seinen eigenen Sohn Pelops schlachtete und ihn den Göttern vorsetzte. Er ward in den Tartarus verstossen und musste dort im Wasser bis an das Kinn stehen, umschattet von einem Baum mit den köstlichsten Früchten, doch immerfort Hunger und Durst leidend, weil Speise und Trank vor seinen Lippen floh, so wie er einen Versuch machte sie zu erlangen. — 2) T., Sohn der Niobe und des Amphion, von Apollo erschossen. — 3) T., Sohn des Thyestes, den Atreus schlachten und dem Vater als Speise vorsetzen liess. Doch wird er wieder als Gemahl der Clytämnestra genannt.

Tapakau (Rel. der Siamesen), die dienenden Brüder in den Klöstern oder Einsiedeleien der Talapoins, deren jeder zwei, auch mehrere hat, die für ihn betteln.

Tapaliape, auf Formosa einer der beiden Kriegsgötter, welche man vor der Schlacht anruft.

Taphius, s. H i p p o t h o ë.

Tapio (M. der Finnen). Man glaubt in ihm den Gott der Jagd zu sehen, doch ist er zugleich Beschützer der Heerden, Hüter gegen die wilden Waldthiere und Arzt, zu wechem die Zauberer Bienen sandten, damit sie sich Balsam für die Kranken von ihm erbitten sollten. Er war häufig übeler Laune, dann konnte kein Jäger gute Jagd von ihm erhalten, doch wenn man Aninka, seine Gattin, durch einen Zaubergesang beschwur, so gab diese, trotz des Gottes Unwilllen, reiche Jagd und günstigen Vogelfang.

Tapiolan Emendae oder **Aninka** (M. der Finnen), die Schwester des Gottes Tapio (nach Andern dessen Frau); sie ward um günstige Jagd noch häufiger angerufen, als der Gott selbst.

Taranis, Taranucnus, der Donnergott der alten Gallier, und in sofern mit Jupiter identisch.

Tarapyha (M. der Kuren und Esthländer), ein Donnergott, welcher seinen Wohnsitz in mächtigen Eichen ihm geheiligter Wälder hatte, wo ihm Menschenopfer gebracht wurden. Er war zugleich ein Wohlthäter der Menschen, indem er nicht nur durch den Donner Zeichen seiner Macht, sondern dem Boden Fruchtbarkeit, den Thieren Gedeihen gab. Man dachte sich ihn unter der Gestalt eines ungeheuren Drachen.

Taras (Gr. M.), Sohn des Neptun und einer Nymphe, welcher für den Erbauer von Tarent gilt; er soll diese Stadt auch mit einem mächtigen Coloss geziert haben. T. soll auf einem Delphin von Tänarum nach Tarent geschwommen sein.

Taraxippus (Gr. M.). In Elis war eine berühmte Rennbahn für Pferde und Wagen, die von Hippodamia, oder doch ihretwegen, durch ihren Vater Oenomaus gestiftet worden sein soll; an einer Seite derselben befand sich ein Altar, T. geheissen, der die Stelle bezeichnete, an welcher die Rosse immer scheu wurden, so dass sie oft die Bahn verliessen, die Wagen zertrümmerten und die Führer schwer verwundeten, wesshalb auch die Wagenlenker dem T. Opfer brachten, damit er sie in Ruhe lasse. Man glaubte, es sei dieser böse Dämon entweder Myrtilus, der Wagenlenker des Oenomaus, oder der Letztere selbst, welcher an jener Stelle begraben liege, und die vorübereilenden Rosse durch eine schreckhafte Erscheinung scheu mache. Auch auf dem Isthmus war ein solcher T., nämlich Glaucus, Sisyphus' Sohn, welcher bei dem Wettrennen während der Leichenspiele, die Acastus seinem Vater anstellte, umgekommen sein soll. — Ischenus, der Enkel des Mercur und der Hierea, Sohn eines Riesen, soll sich, um Griechenland von einer Pest zu befreien, freiwillig geopfert haben, wofür ihm die Ehre ward, neben der olympischen Rennbahn begraben zu werden und Opfer gleich einem Heroën zu erhalten; dieser Ischenus soll es nach Einigen gewesen sein, der als T. den Wettfahrern so furchtbar war.

Tarchon (Tuskische M.), 1) Sohn des Telephus, welcher mit seinem Bruder Tyrrhenus nach Italien ging und dort die berühmten zwölf Städte der Tyrrhener gründen half. — 2) T., kam nach der Vertreibung des grausamen Mezentius als Gesandter zu Evander, um ihm das verwaiste Reich anzubieten, welches der König jedoch nicht annahm.

Tarci (Ind. M.), Gemahlin des Vyasha, des Beherrschers eines Planeten (Jupiter), ward von Tschandesma, dem Genius des Mondes, geliebt, und erhörte seine Wünsche. Die Frucht dieser Neigung war Buddha, welchen ihr Gatte, in der Voraussetzung, dass er sein Kind sei, erziehen und unterrichten liess.

Tarik (Pers. M.), einer der sieben Erzdews, welche Ahriman geschaffen, um die Amschaspands zu bekämpfen; dieser streitet gegen Khordad.

Tarmad (Pers. M.), einer der Erzdews des Ahriman, Gegner der Sapandomad, des weiblichen Amschaspand.

Tarni negonizan Burchan (M. der Kalmücken), ein Gott ersten Ranges, welchen jene Völker als Beschützer ihrer Kinder betrachten. Man glaubt, er habe tausend Augen und tausend Arme; gewöhnlich wird er mit 3 Köpfen und 10 Armen abgebildet, wovon die beiden mittelsten über der Brust gekreuzt sind und verschiedene, für uns schwer zu nennende Gegenstände halten. Um seine Allwissenheit auszudrücken, wird er mit drei Gesichtern und sitzend, wie alle kalmückische Gottheiten, gezeichnet.

Taroatachetoomoo, einer der oberen Götter auf Otaheite; er soll der Erderschütterer, derjenige sein, welcher die Erdbeben hervorbringt.

Tarpan (Ind. Rel.), »die Besänftigung«, eine Libation, welche die Indier täglich den Verstorbenen darbringen, bis in's vierte Glied der Ascendenz oder Descendenz, so dass ein Urenkel es noch dem Aeltervater und ein Greis noch seinem Urenkel darbringt.

Tarpejus (Röm. M.), Beiname des capitolinischen Jupiter.

Tarquitus (Röm. M.), Sohn des Waldgottes Faunus und der Nymphe Dryope; er war ein Führer im Heere des Turnus, und ward ungeachtet seiner schönen Waffen von Aeneas getödtet.

Tarsius (Röm. M.), Beiname des Jupiter, welchem man zuschrieb, dass er den furchtbaren Schlund geöffnet, der eine Pest über Rom brachte und die Stadt zu verschlingen drohete, bis Curtius sich hineinstürzte.

Tartarus (der Hades, Orcus) (Gr. M.), das Reich des Pluto und der Proserpina, in welchem die Paläste des Schlafs, der Träume, der Nacht, der Eumeniden, der Gorgonen waren. Eine eherne Mauer umschloss denselben, eherne Thore waren von den furchtbarsten Gestalten einer wilden Einbildungskraft bewacht, von Styx und Acheron und Cocytus durch- und umströmt. Der T. war so weit von der Erde nach unten zu entfernt, wie die Erde vom Himmel, nämlich so weit, dass ein Amboss zehn Tage fallen würde, bevor er ihn erreichte; das wäre nach den Gesetzen des freien Falles nahe bei 27 Millionen Meilen. Die Alten haben sich ohne Zweifel die Entfernung vom Himmel, wie von der Hölle, nicht so gross vorgestellt, da Theseus, Hercules und Orpheus hinab und herauf wandelten. Es war ein Strafort für die Seelen der Verstorbenen, welche dort büssen sollten, was sie hier verbrochen: so trugen die Danaïden fort und fort Wasser in ein durchlöchertes Fass; so waren Theseus und Pirithous an einen Felsen angewachsen, weil sie Proserpina rauben wollten; so wurden Sisyphus, Ixion, Tantalus dort auf ausgesuchte Weise gequält, Andere von den Furien mit Schlangengeisseln geschlagen etc. Nacht herrschte ewig in diesen Räumen, denn die Nacht liegt in dreifachem Kreise um dieselben her, so dass kein Sonnenstrahl hineindringen kann. Unfern desselben ist das Elysium (s. d.), welches zwar bei Späteren auch unterirdisch ist, aber doch Helle, eine eigene Sonne und einen ewigen Tag hat. — Personificirt ist T. ein Sohn des Aether und der Erde, oder ein Sohn des Chaos, und die Erde seine Schwester und Gattin, mit welcher er die Giganten, und die Ungeheuer Typhon und Echidna erzeugte.

Taschter (Pers. M.), einer der erhabenen Genien, welche Ormuzd schuf, um die Welt zu beglücken, und denen Ahriman seine finstern nächtlichen Schöpfungen entgegenstellte. Dieser Genius ist der fruchtbringenden Feuchtigkeit, des Wassers; er hat einen entsetzlichen Kampf mit dem Genius der Dürre, Epeoscho, zu bestehen, geht indessen als Sieger daraus hervor.

Tassanji (Slav. M.), Rachegöttinnen der Mähren und Böhmen, welche die nicht vom Gericht ereilten Verbrecher mit knotigen Geisseln verfolgten, so dass man diese an ihren schreckenbleichen Gesichtern erkennen konnte.

Taswirtschis (Slav. M.), das erste Brod, welches beim Backen aus dem Backtrog geformt war. Die Slaven weiheten es der Göttin Matergabia, und es durfte Niemand, als der Hausvater, davon essen.

Tat (M. der Japaner u. Chinesen), der Drache, der im Meere wohnt, manchmal auch Landsee'n zu seinem Aufenthalt wählt; ein solcher T. tödtete den ungeheuren Tausendfuss, die meilenlange Scolopendra, welche gleichfalls in einem Landsee hauste und die ganze Umgegend durch ihre giftigen Ausdünstungen verpestete. Dafür ward dieser Drache später göttlich verehrt. Wenn er das Meer verlässt, um in der Luft einen Spaziergang zu machen, verursacht er eine Wasserhose.

Tauhid (Arab. M.), das Schiff der eifrigen Betrachtung der Einheit Gottes, eine der fünf Haupttugenden, welche auf dem Meere des Verlangens und der Leidenschaften umherschwimmen.

Taulai, nennen die Bewohner der Molukken den höchsten Gott.

Taurica (Gr. M.), Beiname der Diana in Taurien welcher Iphigenia geopfert werden sollte, die dann durch die Göttin nach Taurien entführt wurde. Es wurden ihr blutige Menschenopfer gebracht, und ihr Dienst in Griechenland und Italien an mehreren Orten eingeführt. (S. Diana.)

Taurione (Gr. M.), Beiname der Diana, welche theils auf einem Stier reitend, oder mit Stieren fahrend, als Vorsteherin der Heerden verehrt wurde, auch waren Stierhörner ein Sinnbild des wechselnden Mondes.

Taurocephalus (Gr. M.), Beiname des Bacchus, so wie Tauroceros; das Erstere heisst »der Stierköpfige«, das Andere »der Stierhörnige«; mit Ansätzen zu Hörnern ward er oft dargestellt.

Taurocranus, wie die beiden vorigen, Beiname des Bacchus.

Taurophonus (Gr. M.), Beiname des Hercules, weil er einem Bauern einen Stier todtschlug, da derselbe ihm etwas zu essen für den schmachtenden Hyllus verweigert hatte. Diess geschah zu Lindus, und davon schreibt sich der Gebrauch der Lindier, beim Opfer für Hercules auf diesen zu schimpfen.

Tauropolis (Gr. M.), Sohn des Bacchus und der Ariadne.

Tauropolos (Gr. M.), Beiname der Minerva zu Perga, und der Diana, s. v. a. Taurica (s. d.).

Taurus (Gr. M.), Sohn des Neleus und der Chloris, der Tochter des Amphion, ward mit allen seinen Brüdern, ausser dem Nestor, erschlagen, als Hercules Pylus eroberte.

Tanuwakkul (Arab. M.), das Schiff des Vertrauens zur göttlichen Vorsehung: eine der fünf Haupttugenden, welche auf dem Meere der Leidenschaften und des unziemlichen Verlangens umherschwimmen.

Tawals (Slav. M.), ein segenspendender Flurengott der Polen.

Taygete (Gr. M.), Tochter des Atlas und der Pleïone, eine der Plejaden, von Jupiter Mutter des Lacedämon und des Eurotas. Nach Andern ward sie, um vor den Verfolgungen Jupiters gesichert zu sein, von Diana in eine Hirschkuh verwandelt. Der Berg Taygetus ward nach ihr benannt.

Tazi (Mex. M.), »die allgemeine Mutter«, der Name, welchen die Mexikaner der Göttin der Erde geben.

Tchiyeu (Chines. M.), ein furchtbarer Riese, König von neun schwarzen Völkern und Herr mächtiger böser Geister. Er hat bei einem ganz thierischen Körper einen Kopf von Erz und eine Stirne von Eisen, hat die schrecklichsten Waffen erfunden und ist selbst durch keine Waffe verwundbar; auch der Hunger thut ihm nichts, denn er kann von Sand leben. Er ward von dem Kaiser Hoangti durch ein Heer wohlabgerichteter Leoparden und Tiger bekämpft.

Tebrus (Gr. M.), einer von den zwölf Hippocoontiden. (S. d.)

Tecmessa (Gr. M.), Geliebte des Ajax Telamonius, der sie ihrem Vater Teuthras in Phrygien raubte.

Tecpatl, das Opfermesser der Mexikaner aus Holz, mit auf der Kante eingesetzten Splittern von Feuerstein, welche die Schneide oder Schärfe desselben bilden.

Tectamus (Gr. M.), Sohn des Dorus, Enkel des Hellen; er colonisirte Creta mit Aeoliern und Pelasgern, und wurde daselbst König. Mit der Tochter des Cretheus vermählt, zeugte er den Asterion.

Tee, werden auf Otaheite die Seelen der Verstorbenen genannt, welche man als Schutzgeister verehrt, und denen man auf den Morais (Begräbnissplätzen) Monumente erbaut, welche sie bewohnen.

Tegeates (Gr. M.), Sohn des Lycaon, Erbauer von Tegea. Er war mit Mära, der Tochter des Atlas, vermählt, welche ihm Scephrus, Limon, Gortys und Cydon gebar. Die zwei Letztern colonisirten Creta und baueten Städte, nach ihnen benannt. T. brachte den Dienst der Diana und des Apollo nach Tegea und stiftete diesen Göttern feierliche Spiele.

Tegid (Britt. M.), Vater der Göttin Ceridwen oder Ked, welche mit der Ceres und Isis der Alten verglichen wird.

Tegyreïus (Gr. M.), Beiname des Apollo von einer Stadt in Böotien, wo er geboren worden sein sollte; unfern der Stadt war ein Berg, der Delos hiess, und diesen gab man statt der Insel Delos für die heilige Stätte aus, wo Latona geboren hatte. Das Orakel des Gottes ward in den Perserkriegen zerstört.

Te Jeunonniakua (die Tänzer und Tänzerinnen), das Siebengestirn bei den nordamericanischen Wilden. Es ist das auffallendste Gestirn, und heisst wahrscheinlich desshalb so, weil es sich, ihnen sichtbar, täglich um den Pol dreht.

Telamon (Gr. M.), Sohn des Aeacus, Königs von Aegina, und der Endeïs, Tochter des Chiron. Letztere bewog ihn und seinen Bruder Peleus, dem Phocus, einem Sohn des Aeacus von einer Geliebten, nach dem Leben zu trachten, welches dadurch zur Ausführung kam, dass sie beim Discuswerfen ihm einen Discus an den Kopf trieben und ihn so erschlugen. Beide entflohen, T. zu Cychreus, der ihn entsündigte und ihm seine Tochter Glauce zur Gattin gab. Er begleitete den Hercules auf seinen Zügen und erhielt von ihm Laomedons schöne Tochter Hesione, die ihm den Teucer und den Trambelus gebar. Durch Hercules' Fürbitte bei Jupiter hatte Glauce, welche ihn früher nicht mit Kindern beschenkte, den Ajax geboren; diesen hüllte der Heros in seine Löwenhaut und flehte Jupiter an, ihn so unverwundbar sein zu lassen, wie dieses Thieres Kleid. Die Insel Salamis, welche T. von Cychreus erhalten, war sein Reich, das jedoch nicht auf seine Söhne kam. Ajax ermordete sich selbst, und den Teucer verstiess der Vater, weil er seinen Bruder nicht gehörig vertheidigt hatte.

Telchin (Gr. M.), Sohn des Europs, König von Sicyon, Vater des Apis; nach einer Nachricht Verschwörer gegen einen Tyrannen Apis von Sicyon, den er mit Thelxion tödtete.

Telchinen (Gr. M.), die ältesten Bewohner der Insel Rhodus, Söhne der Thalassa. Sie haben mit Caphira, der Tochter des Oceanus, den Neptun erzogen, der als Kind von Rhea, seiner Mutter, ihnen übergeben wurde. Sie waren die Erfinder der meisten technischen Künste, auch die ersten Verfertiger von Bildsäulen, deren mehrere nach ihnen benannt worden sind, wie denn ein Apollo zu Lindus, und Nymphen nebst einer Junostatue zu Jalysus die telchinischen hiessen. Sie waren auch Weise, welche Wetter machen und vertreiben, fremde Gestalten annehmen, überhaupt zaubern konnten. Eine Schwester der T., Halia, war eine Geliebte des Neptun, von dem sie sechs Söhne und eine Tochter empfing, nach welcher letztern, Rhodos, die Insel benannt wurde. Die T. verliessen später die Insel, weil sie ihre Ueberschwemmung vorhersahen. Sicyon hiess nach ihnen telchinisch, und sie sollen sich auch zu Teumessus in Böotien niedergelassen haben.

Telchinia (Gr. M.), 1) Beiname der Juno. S. Telchinen. — 2) T., Beiname der Minerva von einem Tempel zu Teumessus, welchen die Telchinen erbaut haben sollten.

Telchinius (Gr. M.), Beiname des Apollo zu Lindus; seine Statue war von den Telchinen (s. d.) gegossen.

Telea (Gr. M.), Beiname der Juno als Vorsteherin der Ehe zu Platäa, Stymphalus und an andern Orten.

Teleboas (Gr M.), ein Centaur, welcher auf des Pirithous Hochzeit durch Nestor erlegt wurde.

Teledamus (Gr. M.), Sohn des Agamemnon von seiner aus Troja mitgebrachten Sklavin Cassandra.

Telegonus (Gr. M.), 1) Sohn des Proteus, welcher den Hercules zum Ringekampf herausforderte und dabei blieb. — 2) T., ein König in Aegypten, welcher der Io Gatte geworden sein soll. — 3) T., soll ein Sohn des Ulysses und der Circe gewesen, und dann der Mörder seines eigenen Vaters geworden sein. Von seiner Mutter ausgeschickt, um seinen Vater zu suchen, ward er vom Sturm nach Ithaca getrieben. Vom Hunger genöthigt, raubte er von den Feldern, ward von Ulysses und Telemachus desshalb angegriffen, und erstach den Ulysses mit einer Lanze, die er von seiner Mutter empfangen hatte, und deren Spitze der giftige Stachel eines Rochen war. Darauf brachte er den Leichnam seines Vaters nach Aeäa zu Circe, bestattete ihn dort, vermählte sich mit Penelope und zeugte mit ihr den Italus.

Telemachus, s. Ulysses.

Telemus (Gr. M.), 1) Sohn des Proteus, ein berühmter Wahrsager. — 2) T., Sohn des Eurymus, ein Wahrsager bei den Cyclopen.

Teleon (Gr. M.), 1) einer der Freier der Helena aus Athen und später Gemahl der Zeuxippe, Vater des Argonauten Butes. — 2) T., Sohn des Ion, von welchem ein Stamm der Athener Teleonten hiess.

Telephassa (Gr. M.), Mutter der schönen, von Jupiter entführten Europa, welche zu suchen ihr Vater Agenor seine Gattin und Kinder alle fortschickte, mit dem Befehl, nicht ohne sie wiederzukehren.

Telephus, s. Auge.

Teles (Gr. M), Sohn des Hercules von einer der fünfzig Thespiaden, Lysidice.

Telesilla (Gr. M.), eine berühmte Heldin des Alterthums, Retterin von Argos. Die Stadt war von Männern entblösst, indem dieselben in einer Schlacht gegen die Lacedämonier fast alle geblieben waren. Die Letzteren rückten nun gegen Argos, 510 v. Chr.; da erhob sich ein schönes muthiges Weib, die Dichterin T., welche an poëtischem Schwung der Sappho den Rang streitig gemacht haben soll: sie rief Knaben und Greise, welche zurückgeblieben waren, weil die Einen zu jung, die Andern zu schwach zur Führung der Waffen waren; sie rief die rüstigsten Frauen zur Rettung der Vaterstadt auf, brachte aus Tempeln und Gymnasien Waffen zusammen, und schaarte diess neue Heer auf den Zinnen der Mauern.

Die Lacedämonier griffen sie an, da sie aber herzhaft zurückgeschlagen wurden, versuchten sie um ihrer eigenen Ehre willen keinen zweiten Sturm, sondern zogen ab. Nahe dem Theater, bei dem Tempel der Venus, ward von dem dankbaren Volke der edlen T. ein Heroon gebaut; ihre Statue hielt in der Hand einen Helm, den sie, im Begriff ihn aufzusetzen, betrachtete. Bücherrollen, welche ihre Gesänge andeuteten, lagen zu ihren Füssen.

Telesphorus (Gr. M.), »der Vollendende«, ein Heildämon, Sohn des Aesculap; manchmal erscheint der Name auch bloss als Beiname des Letztern. T. selbst aber hat wieder den Beinamen Evamerion (s. d.). Er hatte zu Pergamus und zu Smyrna einen Tempel. Mit Hygea und Aesculap verbunden kommt er auf Münzen vor. Er wird als Knabe mit langem Mantel und phrygischer Mütze dargestellt; auch dem Vulcan erscheint er so beigeordnet.

Telestes (Gr. M.), Vater der Ianthe, welche mit der als Knabe erzogenen Iphis vermählt werden sollte. Die Ehe ward vollzogen, indem Iphis auf der Mutter Bitten von Isis in einen Mann verwandelt wurde.

Telestho (Gr. M.), Tochter des Oceanus und der Tethys.

Telete (Gr. M.), Tochter des Bacchus und der Nicäa, einer Flussnymphe, der Tochter des Sangarius in Phrygien. Letztere war überaus schön, aber eine solche Männerfeindin, dass sie den Hymnus, einen Hirten, der sie liebte, erschoss. Amor führte ihr dafür den Bacchus zu, dem sie zwar auch den Tod drohete, der aber sie berauschte, und dann seinen Willen durchsetzte. Voll Zorn suchte Nicäa nun lange den Verführer, doch vergeblich; zuletzt, nachdem sie T. geboren, erhängte sie sich. Bacchus nahm sich seines Kindes an, und baute der Mutter zu Ehren die Stadt Nicäa. T. heisst Weihe, und diese mythische Person ist daher bloss eine Personification der Einweihung in die Mysterien des Bacchus.

Telethusa (Gr. M.), Gattin des armen Ligdus in Creta. S. d.

Teleus (Gr. M.), Beiname des Jupiter zu Tegea. Sein Heiligthum war ein viereckiger, kaum behauener Stein, wie dergleichen in den ältesten Tempeln öfter vorkamen.

Teleutagoras (Gr. M.), Sohn des Hercules von Euryce, einer der fünfzig Thespiaden.

Teleutas oder **Teuthras** (Gr. M.), König in Phrygien, Vater der Tecmessa, welche Ajax Telamonius als Gefangene und als seine Geliebte fortschleppte, nachdem er ihren Vater im Zweikampf getödtet hatte.

Tellus, lateinischer Name der Gäa. (S. d.)

Telmissus (Gr. M.), Sohn des Apollo und der Themisto, der Tochter des Zabins, Königs der Hyperboreer. Er liess sich in Carien nieder, und erbauete seinem Vater einen Tempel und die Stadt T., wovon Apollo den Beinamen Telmissius erhielt. Es bestand in T. ein hochberühmtes Orakel des Apollo.

Telphusa (Gr. M.), Tochter des Ladon, eine Nymphe, von welcher die Stadt T. in Arcadien ihren Namen hatte.

Telyn (Nord. M.), die heilige Harfe des Gottes Braga, ganz von Gold. Die Harfe der Skalden wurde nach ihr benannt.

Temalakatl (Mex. Rel.), der Fechter-Opferstein zu Tenochtitlan, oder jeder andern mexikanischen Stadt von einiger Grösse. Ein solcher befand sich jedesmal im Mittelpunkt einer Terrasse auf einem freien, viele Zuschauer fassenden Platze in der Nähe der Haupttempel. Der zu Mexiko, welchen wir besonders genau kennen, da er nach mehrhundertjähriger Verborgenheit unter dem Erdboden wieder gefunden und sorgfältig beschrieben wurde, hatte $1\frac{1}{10}$ Metre (etwas mehr als 3 Fuss) in der Höhe, war vollkommen cylindrisch gestaltet, hatte einen Durchmesser von 3 Metre oder $9\frac{1}{4}$ Fuss und war ringsumher mit zwanzig Paaren Figuren in erhabener Arbeit geziert, welche einen mexikanischen Krieger darstellten, wie er einem andern, wahrscheinlich überwundenen, feindlichen Krieger die Hand auf das Haupt legt, und dieser ihm zum Zeichen der Unterwürfigkeit Blumen überreicht. Auf der obern geraden Fläche des Steines befand sich ein Ring, in welchen der zu Opfernde mit einem Fuss gefesselt wurde. War in einem Kriege ein Feldherr, ein König, ein überaus tapferer Befehlshaber gefangen worden, so ward er bestimmt, auf diesem Steine sich die Freiheit oder den Tod zu erkämpfen. Mit einem hölzernen Helm, Schilde und Schwert versehen, das jedoch an seiner Schärfe mit lauter dünnen Chalcedonblättchen ausgelegt war und so zu einer furchtbaren schneidenden Waffe wurde, ward er mit dem rechten Fusse an dem Ringe befestigt, doch so, dass er denselben etwas vor- und zurückbewegen konnte. Ein, gleich ihm bewaffneter, mexikanischer Krieger erhob sich nun auf den Fechterstein und begann mit jenem einen Kampf auf Leben und Tod, in welchem nicht selten der Gefesselte als Sieger über mehrere seiner Feinde hervorging; wenn ihn aber das Glück über sechs Gegner triumphiren liess, erhielt er seine Freiheit und ward, mit Ruhm und reichen Geschenken überhäuft, in sein Vaterland entlassen. Der grosse Stein, welcher in Mexiko nahe der Domkirche gefunden ward, scheint zu dem ehemals dort befindlichen grossen Tempel gehört zu haben, und wahrscheinlich verblutete auf ihm der berühmte Tlahuicol, der Heerführer der Tlaskalaner; er ward von den Azteken gefangen: der zweite, Montezuma, wollte ihm aus Achtung und Freundschaft die Freiheit schenken, Tlahuicol sagte jedoch, dass er die Schande, Gefangener gewesen zu sein, nicht tragen wollte, und bat daher, auf dem Opferstein als Fechter sterben zu dürfen. Nach wiederholten Versuchen, ihn von diesem Entschluss abzubringen, gab der König nach; prächtige Feste wurden nun veranstaltet, und als diese acht Tage gedauert, er auf dem T. befestigt; hier verwundete er zwanzig und tödtete acht der mächtigsten Krieger und Feldherren der Azteken, bis er von dem Neunundzwanzigsten durch einen mächtigen Schlag auf den Kopf niedergeschmettert wurde. Es wird erzählt, dass er diesen Opfertod für sein Volk gestorben sei, und, bevor man ihm die Brust aufriss, um, wie üblich, sein Herz dem Kriegsgotte darzubieten, gerufen habe: »jetzt solle Tlaskala sich erheben, denn die Azteken hätten keine Feldherren mehr.« Es geschah, und sein Volk erfocht den vollständigsten Sieg. Die Sache an sich ist keineswegs unmöglich, allein bei dem gänzlichen Mangel an genauen Nachrichten aus der frühern Geschichte von Mexiko doch immer zweifelhaft; dass Tlahuicol aber auf die angegebene Weise gestorben, scheint so gewiss, als dass in Mexiko überhaupt jährlich wenigstens zwanzigtausend feindliche Krieger geschlachtet wurden, und dass man in der Regel nur Kriege führte, um Gefangene zu machen, die man opfern konnte.

Tembrius (Gr. M.), Beiname des Apollo von der Stadt Tembrus auf Cyprus.

Temenites (Gr. M.), Beiname des Apollo von der Stadt Temenus bei Syracus. Er verkündete dem Tiberius in Rom im Traume seinen Tod.

Temenus, 1) s. Hercules: die letzte mythologische Person, indem wir die griechische Mythen-Geschichte höchstens bis auf den Krieg der Heracliden gegen den Peloponnes ausdehnen können. — 2) T., Sohn des Pelasgus; er hatte die Juno von ihrer Kindheit auferzogen, und weihete ihr drei Tempel: als Kind, als Jungfrau und als Gattin.

Tempestas (Röm. M.), eine Göttin, welcher L. Cornelius Scipio einen Tempel gelobte, da er im J. 259 v. Chr. bei Corsica einen schweren Sturm zu bestehen hatte; derselbe stand vor der Porta Capena Roms, auf der appischen Strasse. Es wurden der T. schwarze Lämmer geopfert.

Teneates (Gr. M.), Beiname des Apolle von Tenea bei Corinth, wo er ein Heiligthum hatte.

Tenes oder **Tennes** (Gr. M.), Sohn des Cycnus und der Proclea, einer Tochter des Laomedon. Philonome ward des Cycnus zweite Gattin, und der schöne junge Sohn gefiel ihr besser, als der gealterte Vater, daher sie jenem nachstellte, jedoch mit Verachtung zurückgewiesen wurde; sie klagte desshalb dem Gatten, dass T. ihr Unziemliches zugemuthet. Voll Zorn liess der Vater ihn und seine Schwester Hemithea, welche des Antheils an dem Verbrechen beschuldigt wurde, in einen Kasten stecken und in's Meer werfen, das Beide indessen wohlbehalten nach der Insel Leucophrys brachte, welche T. nun colonisirte und Tenedos benannte. Der Vater, seine Vorschnelligkeit bereuend, zog dem Sohn nach, wurde aber mit ihm von Achilles erschlagen. T. wurde als Stammheld auf Tenedos göttlich verehrt; der Name des Achilles durfte in seinem Tempel nicht ausgesprochen werden, und kein Flötenspieler durfte ihn betreten, weil ein solcher, Namens Molpus, falsches Zeugniss gegen T. abgelegt hatte. Seine schöne Marmorstatue brachte Verres nach Rom.

Ten tsi ten Wo (Japan. M.), der neununddreissigste Mikado in der ununterbrochenen Reihe einander erblich folgender Kaiser auf Nipon. Er ward unter den Göttern des Landes besonders hoch geehrt, weil er die Schriftsprache allgemein über Japan verbreitete, zuerst öffentliche Schulen anlegte, dem Weltweisen Konfutse Tempel bauete, dessen Moralsystem als Glaubenssache bekannt machte und die Dichtkunst beschützte. Er selbst war ein grosser Dichter, und wird an die Spitze der hundert heiligen Dichter der Jamato-Sprache gestellt.

Tenzin (Japan. M.), »himmlischer Geist«; unter diesem Namen wird zu Kitano bei Mijako ein alter Staatsdiener Misi sane, aus dem fürstlichen Hause Suga hara, verehrt. Er hatte am Hofe die Ehre, den Rang eines Sa dai Zin zu bekleiden; ihm ward aber während seines Lebens grosses Unrecht angethan, desshalb sucht man durch Verehrung des Mannes nach seinem Tode ihm jenes Leid zu vergüten. An seinem Todestage wird das grosse Laternenfest gehalten.

Teocatli (Mexikanisch), »Gotteshaus, Gottesplatz«: die Tempel der früheren Bewohner von Mexiko; ihrer waren unzählige, in der Hauptstadt des Reiches aber über zweitausend, worunter viele von ausserordentlichem Umfang; in jeder kleinen Ortschaft, auf den Spitzen der Berge, an den Heerstrassen u. s. w. fand man deren in Menge. Fast alle waren mehr oder minder steil aufsteigende Pyramiden von bedeutender Grösse, an der Basis 300 bis 600, in senkrechter Höhe 180 bis 200 Fuss messend; ihre vier Ecken waren nach den vier Weltgegenden gerichtet; fünf, sechs und mehr Absätze von dreissig, vierzig Fuss Höhe bildeten die Pyramide; von Absatz zu Absatz stieg man auf einer Treppe, welche so breit war, als der Absatz selbst, und meistentheils so angebracht, dass man, um von dem einen auf den andern zu gelangen, alle vier Seiten der Pyramide umgehen musste. Der grösste und merkwürdigste Tempel in Mexiko, der des Huitzilopochtli (s. d.), hatte fünf gleich hohe Absätze, welche oben etwa sechs Fuss breit waren; die Treppen führten auf die angegebene Weise von Absatz zu Absatz, und endlich zu der Plateform, welche 258 Fuss Länge und 204 Fuss Breite hatte; auf der östlichen Seite standen zwei Thürme, die eigentlichen Tempel, in denen die Götzenbilder auf hohen Altären zur Verehrung aufgestellt waren. Der Zweck dieser Bauart war offenbar, ein hohes Gerüste zu haben, auf welchem man, einer zahlreichen Menschenmenge gleichzeitig sichtbar, die Opfer verrichten konnte. Hiezu fand sich, den Thürmen entgegengesetzt, ein grosser viereckiger, oben gewölbter Opferstein, und auf diesen ward der zu opfernde Mensch gelegt, Arme und Beine von vier Priestern an den vier Ecken, der Kopf von dem fünften mit einem zangenähnlichen Instrument gehalten, und ihm von einem sechsten mit einem Kieselsteinmesser die Brust aufgeschnitten, das Herz herausgerissen, der Sonne dargeboten und dann dem Gotte, dessen Tempel es war, auf dem man opferte, zu Füssen gelegt, oder auf einem goldenen Löffel in den Mund gesteckt; die Lippen des Bildes bestrich man mit dem Blute des Opfers, schnitt demselben den Kopf ab und warf den Körper in den Hof des Tempels, von wo er dann durch den frühern Besitzer abgeholt und von seinen Gästen verspeist wurde. Die Tempel waren zugleich Festungen; eine hohe, sehr starke Mauer umgab einen weiten Hof, in welchem die Gebäude für die Priester, Waffenmagazine, Vorrathskammern, Badeteiche, Lustgärten etc. angebracht waren. Die gemauerten Pyramiden dienten den Königen als Begräbnissstätte.

Teojamiqui (Mex. M.), die Gemahlin des Kriegsgottes, welche die Seelen der in der Schlacht Gefallenen in das Haus der Sonne führte.

Teoicpatli (Mex. M.), der Stuhl Gottes. Der Kriegsgott Mexitli der Mexikaner, welcher sie führte, sass im Bilde auf einem Rohrstuhl, der diesen Namen führte, in einem Kasten, welcher von vier Priestern getragen wurde; durch den Mund der Träger befahl der Gott, was sie zu thun oder zu lassen hatten. Dieser Stuhl war das höchste Heiligthum der Mexikaner.

Teoomoxtli (Mex. Rel.), »das grosse oder göttliche Buch«. Unter der Regierung des zweiten Königs der Pulteken wurde durch Huematzin unter dem Beistand aller in der Stadt Tula versammelten Gelehrten des Reiches ein Buch gemalt, dessen wunderbare Hieroglyphen alle Ereignisse der Geschichte, eine Beschreibung des Himmels, der Planeten und ihrer Constellation, die Bestimmung der Zeitperiode, des Kalenders, ihrer Mythologie, die Geheimnisse und Gebräuche ihrer Religion, und die Grundsätze ihrer Sittenlehre enthielten. Es ward als grosses Heligthum verehrt, und war die Grundlage der mexikanischen Götterlehre.

Teopixqui (Mex. Rel.), die Priester der Mexikaner, deren eine ausserordentliche Anzahl gewesen ist; der grosse Tempel allein zählte deren fünftausend, und man sagt, jedoch wahrscheinlich übertrieben, die Priester in allen mexikanischen Reichen sollen sich über vier Millionen belaufen haben. Sie waren im Besitz aller Wissenschaften und leiteten fast die ganze Regierung, denn obwohl die Azteken ein kriegerisches Volk waren, so ging doch Alles von den Orakeln aus, und wer diese in der alten wie in der neuen Welt gab, ist bekannt genug.

Teotl (Mex. M.), Gott, ganz im Allgemeinen, welchem dann, um ihn näher zu bezeichnen, ein Beiwort angehängt wird, wie z. B. bei uns Liebesgott, Kriegsgott etc. etc.

Terambus (Gr. M.), Sohn des Eusirus und der Nymphe Idothea, tonkundiger Hirte am Berge Othrys in der Landschaft Melis; er ward für seine Lästerungen gegen die Nymphen dadurch bestraft, dass Kälte seine Heerden tödtete und er selbst in einen Hirschkäfer verwandelt wurde, dessen Hörner leierförmig gestellt sind.

Terensis (Röm. M.), eine Göttin, welche dem Dreschen des Getreides vorstand.

Tereus, S Procne.

Teridaë (Gr. M.), Geliebte des Menelaus und durch ihn Mutter des Megapenthes.

Terina (Gr M.), Tochter des Strymon und Geliebte des Mars, von welchem sie die Thrassa gebar.

Termerus (Gr. M.), ein Räuber in Thessalien, der die sonderbare Gewohnheit hatte, gleich einem Bock zu stossen und jedem Begegnenden die Härte seiner Stirne fühlen zu lassen, bis er ihm das Gehirn zerschmettert. Hercules, der einen noch härtern Kopf hatte, stiess ihn so zu Tode.

Terminus (Röm. M.), der Grenzgott, welcher durch Numa Pompilius zum Schutze des Eigenthums eingeführt wurde. Er war entweder gestaltet wie eine Herme, oder nur wie der untere Theil derselben, d. h. wie ein viereckiger Stein. Dieses Gottes Bild ward für so unverletzlich gehalten, dass, als Tarquinius dem Jupiter einen prächtigen Tempel auf dem capitolinischen Hügel erbauen wollte, die Priester durchaus nicht zugaben, dass der T. versetzt würde; so kam der Stein in den Tempel selbst hinein; da aber der T. unter freiem Himmel stehen musste, war man genöthigt, zum zweitenmal sich der Priesterlaune zu bequemen und die Stelle über dem T. unbedacht zu lassen. Es wurden dem Gotte Kuchen, Brei und Feldfrüchte, später auch Thiere geopfert, und am 23. Februar das Fest Terminalia gefeiert.

Terpsichore Fig. 281, s. Musen und die nebenstehende Abbildung.

Terpsicrate (Gr. M.), eine der fünfzig Thespiaden, von Hercules Mutter des Euryops.

Terra, identisch mit Tellus oder Gäa. S. d.

Terror (Röm. M.), der personificirte Schrecken, Begleiter der Furien; er wohnt mit diesen im Tartarus.

Teskatilpuza (Mex. M.), der Gott der Strafen, welcher für alle Fehler und Sünden der Menschen harte Züchtigungen auferlegte, die durch die Priester verkündet wurden; ihm ward jährlich ein allgemeines Bussfest gehalten, bei welchem alle Bewohner der Stadt im Tempel erschienen und durch Schläge, die sie sich ertheilten, ihre Sünden abzubüssen suchten.

Tetevinan (Mex. M.), die Mutter der Götter; sie wurde von den Mexikanern auch Tocitzin (unsere Grossmutter) genannt, weil diese glaubten, von den Göttern abzustammen.

Tethys (Gr. M.), Tochter des Himmels und der Erde, oder des Uranus und der Gäa. Sie ward mit ihrem Bruder, dem Oceanus, vermählt, und ist daher die älteste Meeresgöttin. Sie ward von ihm Mutter der Flüsse Nilus, Alpheus, Eridanus und anderer in grosser Menge, dann der Oceaniden: Pitho, Doris, Electra, Callirrhoë etc. bis auf 3000, alle von göttlicher Schönheit; ihre Enkelin, von der Doris, war Thetis (s. d.).

Tetzahuitl, s. Huitzilopochtli.

Tetzcatlipoca (Mex. M.), der glänzende Spiegel, der Gott der Vorsehung, welcher die Menschen richtet und

Fig. 281.

Fig. 282.

bestraft, die bösen mit Krankheiten züchtigt, die guten mit Wohlthaten überhäuft. Er liess sich an einem Spinnfaden vom Himmel herab, um den Oberpriester von Tula, welcher sich vergöttern liess, zu verfolgen. Sein jugendliches Bild, Zeichen der Unvergänglichkeit, war ein schwarzer Marmor, überreich mit Gold und edlem Gestein beladen; er trug einen grossen Metallspiegel in der Linken, in welchem er Alles erblickte, was auf der Welt geschah. Die Ruhesteine an den Ecken der Strassen waren ihm bestimmt, und der Tod drohete dem Menschen, welcher Gebrauch davon machte.

Teucer (Gr. M.), 1) Sohn des Scamander und der Idäa, ältester König in Troas; seine Tochter, Batea, ward Dardanus' Gattin. – 2) T., des Ajax Telamonius Halbbruder, von Hesione geboren, kämpfte mit Ajax vor Troja, wo von seinen Pfeilen über 30 Helden fielen. Als Ajax entweder von Ulysses aus dem Wege geräumt war, oder sich selbst entleibt hatte, kehrte er nach Hause zurück, ward aber von seinem Vater verstossen, weil er den Bruder nicht gerächt hatte, worauf er nach Cyprus auswanderte und Salamis daselbst gründete.

Te Uentra Siauitha, »die Tagesbringerin«, nennen die Bewohner von Nordamerika fast allgemein die Venus als Morgenstern; ihre Identität mit dem Abendstern scheint ihnen unbekannt.

Teutamias oder **Teutamidas** (Gr. M.), König in Larissa, zu welchem Acrisius sich flüchtete, aus Furcht vor dem Orakel, das ihm den Tod durch seines Enkels Hand geweissagt hatte. Allein bei den Leichenspielen, die T. seinem Vater zu Ehren anstellte, fand sich Perseus ein, und erschlug dabei von ungefähr seinen Grossvater Acrisius mit einem Discus.

Teutamus (Gr. M.), König von Assyrien, der zwanzigste in der Reihe nach Ninyas, dem Sohne der Semiramis; während seiner Regierung entspann sich der trojanische Krieg, und er sandte dem Priamus den Memnon mit 10,000 Aethiopiern, 10,000 Susianern und 200 Streitwagen zu Hülfe.

Teutates (Celt. M.), ein Gott der alten Gallier und Germanen, dem Mercur ähnlich, dem man blutige Opfer, sogar Menschen, darbrachte. Er wurde mit bärtigem, gekröntem Kopfe und zwei Flügeln abgebildet.

Teuthis (Gr. M.), s. Ornytus.

Teuthras (Gr. M.), 1) ein Grieche, welcher vor Troja von Hectors Hand fiel. — 2) T., s. Auge. — 3) T., ein Steiter im Heere des Aeneas gegen Turnus.

Teuthredon (Gr. M.), Vater des Prothous, der mit vierzig Schiffen aus Magnesia nach Troja zog.

Tewakayohua (Mex. M.), der Gott der Erde.

Thalassa (Gr. M.), das Meer, Tochter des Aether und der Hemera (des Tages).

Thalassius, auch **Talassius** (Röm. M.), ein junger Römer, dem bei dem Raube der Sabinerinnen die schönste der fremden Jungfrauen zugeführt wurde. Ein geringer Bürger hatte sie geraubt, und seine Beute durch das Vorgeben sich zu sichern geglaubt, dass sie dem T. bestimmt sei; diess bestätigte das Volk mit dem Ausruf: »Ja, ja, zum T.!« So ward die Jungfrau wirklich dem Letztern zu Theil, und damit die Sitte begründet, dass von den Begleitern bei Hochzeiten der obige Ruf erschallen musste, indem man den T. als Ehegott verehrte.

Thalia Fig. 282, (Gr. M.), 1) eine sicilische Nymphe am Aetna, Tochter des Vulcan, von Jupiter Mutter der Paliken. — 2) T., eine der Musen, s. unser Bild und vergl. den Art. Musen. — 3) T., eine der Grazien — 4) T., Tochter des Nereus und der Doris, sicilische Nymphe am Flusse Symäthus.

Thallo, eine der Horen. S. d.

Thalpius (Gr. M.), einer der Freier der Helena. Er stellte zu der Heeresmacht, die nach Troja zog, zehn Schiffe aus Elis.

Thalysius (Gr. M.), ein Trojaner, dessen Sohn Echepolus der Erste war, der in der ersten Schlacht, welche die Ilias beschreibt, getödtet wurde; ihn erschlug Antilochus, und Elephenor wollte ihm die Waffen rauben.

Thamuz (Phön. M.), ein Gott, nur aus dem Propheten Ezechiel bekannt, welcher Cap. 8 erzählt, wie eine Vision ihn aus der babylonischen Gefangenschaft nach Jerusalem geführt habe, wo er das dort eingedrungene Heidenthum erblickte, und indem er dieses schildert, sagt er: »Daselbst sassen Weiber, die weineten über den T.« Der Name bezeichnet einen Verborgenen, darf folglich auf Adonis, den aus dem Leben und himmlischen Lichte geschiedenen, der Finsterniss des Todes anheimgefallenen Gott, gedeutet werden.

Thamyris (Gr. M.), Sohn des Philammon und der Argiope, ein berühmter Sänger; er war so schön als verwegen, und forderte die Musen zu einem Wettkampf heraus, sich ausbedingend, dass ihre höchste Gunst im Fall seines Sieges ihn lohne, er dagegen ihrer Willkür preisgegeben sei, falls er verlöre. Zu Dorion in Messenien geschah der Wettstreit: T. verlor, und die Musen raubten ihm die Augen und die Gabe des Gesanges. Er war auch Dichter und hat bei den pythischen Spielen mehrmals den Preis davongetragen.

Thanatos, der Tod. S. Mors.

Tharikat, der Weg. So nennen die Bekenner des Islam das innere, geistige, beschauliche Leben, welches darin besteht, dass man das Herz von seinen sinnlichen Begierden reinige.

Tharonhiaonagon, der erste aller guten Götter und Gnomen, an welche, als Bewohner aller Körper, die nordamerikanischen Völker glauben. Er ist ein Enkel der Beherrscherin alles Bösen, der alten übelwollenden Atahentsik.

Tharops (Gr. M.), ein Thracier, Freund des Bacchus, den er vor Lycurgus' Nachstellungen warnte. Bacchus siegte später über den Verfolger und schenkte dem freundlichen Rathgeber dessen Heerden, weihete ihn auch in seine Mysterien ein.

Thasiami, Mahasandera (Ind. M.), ein Gott, der in dem grossen Tempel zu Pegu, im Lande der Birmanen, als ein Mann mit einem Buch und einem Schreibestift in der Hand, vorgestellt ist; er soll die Sünden der Menschen in das Buch des Gerichts eintragen.

Thasius (Gr. M.), Beiname des Hercules von der Insel Thasos; seine zehn Ellen hohe eherne Statue stand zu Olympia.

Thasus (Gr. M.), 1) Sohn des Agenor, welcher die Europa zu suchen ausgeschickt ward. — 2) T., wird als Sohn des Neptun und Erbauer von Thasos angegeben.

Thaumacus (Gr. M.), Erbauer von Thaumacia in Thessalien, Vater des Poas.

Thaumas (Gr. M.), 1) einer der Centauren auf des Pirithous Hochzeit; er entkam dem Blutbade durch die Flucht. — 2) T., Sohn des Pontus und der Gäa, Gatte der Oceanide Electra, und Vater der Harpyien und der Iris.

Theagenes (Gr. M.), Sohn des Hercules und der Gattin des Hercules-Priesters Timosthenes auf Thasos. Er war so stark, dass er schon im neunten Jahre eine eherne Götterstatue vom Markte nach Hause trug, und später in allen feierlichen Spielen siegte, so dass man ihm an vielen Orten Standbilder setzte. Als nach seinem Tode einer seiner Feinde allnächtlich sein Standbild auf Thasos geisselte, fiel dasselbe herab und erschlug den Thäter, worauf es die Thasier in's Meer warfen. Nun befiel Unfruchtbarkeit ihr Land, die nicht eher aufhörte, als bis sie das von Fischern aufgefangene Bild des T. wieder aufrichteten und ihm göttliche Ehre erwiesen.

Theano (Gr. M.), 1) Gemahlin des Königs von Icarien, Metapontus. Da sie keine Kinder bekam, nahm sie sich zweier Findlinge, des Aeolus und Böotus, welche von ihrem Grossvater ausgesetzt, aber von einer Kuh genährt worden waren, an, und gab sie für ihre Kinder aus; später selbst Mutter, wollte sie ihre Söhne veranlassen, die beiden fremden Kinder zu tödten, jene wurden jedoch selbst Opfer des Versuches. T. erhenkte sich. — 2) T., Schwester der Hecuba, vermählte sich mit dem Amycus, einem reichen Trojaner, dem sie den Mimas an demselben Tage gebar, an welchem Hecuba von Paris entbunden ward; ihr Sohn kam mit Aeneas nach Italien. Ihr sagt man nach, dass sie das Palladium dem Antenor überlieferte, wodurch Troja seines Schutzes beraubt ward.

Thearius (Gr. M.), Beiname des Apollo zu Trözen.

Thebe (Gr. M.), 1) Tochter Jupiters und der böotischen Nymphe Jodame. Sie ward mit Ogyges, dem ältesten Könige, den die mythische Geschichte Griechenlands nennt, vermählt, und Aulis ihre Tochter; die Letztere gehörte zu den praxidicischen, d. h. Eides-Göttinnen, welche man in Böotien verehrte. — 2) T., eine der tapfersten Amazonen, welche von Hercules erlegt wurde; nach ihr sollte der Ort Thebaïs am Pontus benannt sein. — 3) T., nach Pindars Dichtung eine Tochter des Asopus und der Metope, Geliebte des Jupiter und Gattin des Zethus.

Thelxinoea (Gr. M.), Mutter des Ogyges, eine der Praxidiken oder Eidgöttinnen in Böotien. Auch Beiname der Juno in Athen.

Thelxinoë, nach Andern **Thelxiope** (Gr. M.), Tochter des Jupiter, und eine der vier älteren Musen.

Thelxion (Gr. M.), Sohn des Apis, Königs von Sicyon, und Vater des Agyrus, soll mit Telchin seinen Vater ermordet haben.

Themis (Gr. M.), 1) eine Titanin, Tochter des Uranus und der Gäa, oder des Helios, erste Gemahlin des Jupiter und von ihm Mutter der Horen und Parcen. Als Personification der ewigen Ordnung und der Gerechtigkeit beruft sie die Versammlungen der Götter und der Menschen. Verehrt wurde sie zu Theben, Athen und Olympia, und an vielen geringeren Orten. Sie ist auch Eides- und Geburts-Göttin. Dargestellt wurde sie, nach dem Ideal der Minerva, als kraftvolle Jungfrau, mit Helm und Schild, Füllhorn und Wage. — 2) T., Tochter des Ilus Gemahlin des Capys, Mutter des Anchises.

Themisto (Gr. M.), 1) des Hypsäus Tochter und dritte Gattin des Athamas, welche er nahm, als er Ino verstossen hatte. Sie brachte, in der Absicht, ein Kind der Letztern zu tödten, ihr eigenes um, und erhängte sich aus Verzweiflung. — 2) T., Tochter des Hyperboreer-Königs Zabius, von Apollo Mutter des Galeus, dem die Galeoten, sicilische Wahrsager und Traumdeuter, entstammten. — 3) T., S. Callisto.

Themistonoë (Gr. M.), Tochter des Königs Ceyx von Trachin in Thessalien, Gattin des Königs Cycnus.

Theoclymenus (Gr. M.), ein Seher aus Hyperesia in Argolis, Sohn des Polyphides; wegen Mordes flüchtig, kam er in Lacedämon zu Telemachus und ward von diesem nach Ithaca mitgenommen. Er verkündigte der Penelope des Ulysses Anwesenheit auf der Insel, und den Freiern ihren Untergang, ward aber von diesen verspottet.

Theodamas oder **Thiodamas** (Gr. M.), ein Dryoper, Vater des Hylas, von Hercules nach hartem Kampfe getödtet.

Theodorus (Gr. M.), Vater der Hierophile s. d.

Theonoë (Gr. M.), Tochter des Bisaltes, Geliebte des Neptun, der sie, um sie den Nachstellungen ihrer Freier zu entziehen, in ein Schaf verwandelte; er zeugte als Widder mit ihr den Chrysomallus, den bekannten goldvliessigen Widder.

Theoxenius (Gr. M.), Beiname des Apollo zu Pellene in Achaja. Die Dioscuren hatten ihm Kampfspiele gestiftet.

Thera (Gr. M.), eine von den Töchtern des Amphion und der Niobe; es war nach ihr eines der Thore von Theben benannt.

Theragrus, s. Clymenus.

Theraphone (Gr. M.), Tochter des Dexamenus, Königs von Olenus, vermählt mit Eurytus, einem der Molioniden, dem sie den Thalpius gebar. Sie war eine Zwillingsschwester der Theronice.

Therapnaei Fratres, bei römischen Dichtern Benennung der Dioscuren, von dem Orte Therapne in Laconia, wo sie geboren worden sein sollen und verehrt wurden.

Therapne (Gr. M.), Tochter des Lelex, welcher einen Ort in Laconien nach ihr benannte.

Theras (Gr. M.), Sohn des Autesion, Enkel des Tisamenus; er führte Minyer aus Lacedämon und aus Lemnos nach der Insel Thera, die früher Calliste hiess, nach ihm aber umgenannt wurde.

Therimachus (Gr. M.), Sohn des Hercules, von seiner ersten Gattin Megara. Der Held verbrannte denselben in der Raserei.

Theritas (Gr. M.), Beiname des Mars von seiner Amme Thero.

Thermesia (Gr. M.) »die Erwärmende«, Beiname der Ceres, welche einen Tempel zu Trözen, an der Gränze des Gebietes von Hermione, hatte.

Thermius (Gr. M.), Beiname des Apollo zu Elis.

Thermuthis (Aegypt. M.), Beiname der Neïth, welche Todesstrafen über den Menschen verhängt; man schrieb ihr, wie der Diana in Griechenland, plötzliche Todesfälle zu.

Thero (Gr. M.), 1) eine Amme des Mars. — 2) T., Tochter des Phylas und Geliebte des Apollo, mit welchem sie den Chäron erzeugte.

Theronice (Gr. M.), Tochter des Dexamenus, Königs von Olenus, vermählt mit Cteatus, einem der Molioniden, mit welchem sie den Amphimachus erzeugte.

Thersander (Gr. M.), 1) einer der Epigonen, Sohn des Polynices und der Argia. Er erhielt Theben, blieb aber in einem Gefecht mit Telephus. Diomedes trug seinen Leichnam aus dem Gewühl und bestattete ihn. Nach Anderen dagegen war er mit bei der Eroberung von Troja und stieg mit in das hölzerne Pferd. — 2) T., Sohn des Sisyphus und der Merope, Bruder des Halmus, Glaucus und Ornytion; dieses T. Söhne waren Coronus und Haliartus, welche König Athamas, da T. frühe starb, als Söhne annahm.

Thersites (Gr. M.), Sohn des Agrius, der hässlichste und bösartigste unter allen Griechen, die vor Troja waren, dessen Schmähsucht Keinen verschonte; er soll durch Achilles getödtet worden sein, weil er der schönen Penthesilea, der Amazonenkönigin, welche Achilles besiegt hatte, die Augen ausstach; nach Anderen, weil er sagte, Achill habe mit dem Leichnam der Königin unziemliche Dinge vorgenommen. Er war auf einem Gemälde der delphischen Lesche von Polygnotus im Würfelspiel mit Palamedes (dem Erfinder dieses Spieles) abgebildet.

Thescelus (Gr. M.), einer der Begleiter des Phineus; er ward durch das Medusenhaupt in Stein verwandelt, in dem Augenblick, als er auf Perseus eine Lanze werfen wollte.

Theseus, Fig. 283 (Gr. M.), Sohn des Königs Aegeus zu Athen (s. d.), ward bei seinem Grossvater Pittheus,

Fig. 283.

König von Trözen, erzogen und kam erst im sechszehnten Jahre nach Athen, wo er jedoch schon so viel Kraft erlangt hatte, dass er den Fels, unter welchem als Erkennungszeichen seines Vaters Schwert verborgen war, aufheben konnte. Der Isthmus von Corinth, den er zu überschreiten hatte, war von Räubern belagert, die er alle tödtete. S. die Artikel Procrustes, Cercyon, Periphetes, Sinnis und Sciron; wie er auch den marathonischen Stier und die crommyonische wilde Sau erlegte. Er befreite die Athener von dem schimpflichen Tribut, den man dem Minotaurus geben musste, wozu ihm jedoch Ariadne (s. d.) verhalf. Er entführte sie dann, und verliess sie auf der wüsten Felseninsel Naxos. Nach seiner Rückkehr ordnete er die Angelegenheiten in Athen, und vereinigte die sämmtlichen ländlichen Gemeinden (Demen) von Attica zu dem Einen grossen Gemeinwesen von Athen; dann begab er sich mit Hercules auf den Argonautenzug und auf den Zug gegen die Amazonen, von welchem er sich die schöne Königin Hippolyta mitbrachte, die ihm den Hippolytus gebar. Dann schloss er Freundschaft mit Pirithous (s. d.), und raubte mit ihm die Helena, in welche Beide verliebt waren, und die durch's Loos dem T. zufiel, worauf er sich nochmals mit Pirithous verband, um auch diesem eine gleiche Schönheit zu verschaffen: das war Proserpina, welche zu holen die Helden in die Unterwelt hinabstiegen; doch da sie sich ermüdet niedersetzten, blieben sie an dem Felsen haften. Hercules befreite sie, und Pirithous vermählte sich mit Hippodamia; auf seiner Hochzeit fiel das berüchtigte Gefecht der Lapithen und Centauren vor, in welchem die Letzteren fast ganz vernichtet wurden. T. vermählte sich mit Phädra (s. d.), welche ihm den Demophoon und Acamas gebar; auch aus seinen früheren Jahren werden mehrere Kinder von ihm genannt: so ward Ariadne Mutter des Oenopion und Staphylus, welcher Letztere jedoch auch Bacchus' Sohn genannt wird; ferner gebar ihm Perigune, die Tochter des Räubers Sinnis, den Melanippus; auch von Helena schreibt man ihm die Iphigenia zu, welche Clytämnestra, um ihrer Schwester Schande zu verbergen, für ihr Kind ausgegeben haben soll. Von Menestheus aus seinem Reiche Attica vertrieben, flüchtete er nach der Insel Scyrus zu Lycomedes, ward aber durch diesen von einem Felsen herabgestürzt. Lange nachher ward, und zwar erst auf Befehl des Orakels, sein Leichnam aufgesucht und nach Athen gebracht; hier aber verehrte man ihn als Gott, und bauete ihm einen prachtvollen Tempel von weissem Marmor, der noch jetzt fast ganz erhalten ist. Auf unserem Bilde sehen wir, nach einem geschnittenen Stein, T. abgebildet im Kampfe mit Sinnis.

Thesimenes (Gr. M.), Sohn des Parthenopäus und einer Nymphe Clymene; er war unter den Epigonen.

Thesmia und **Thesmophoros** (Gr. M.), Beiname der Ceres, als Gesetzgeberin, wie auch ihrer Tochter Proserpina. Ihnen zu Ehren wurden zu Athen die Thesmophorien gefeiert. S. Ceres.

Thespia (Gr. M.), Tochter des Flussgottes Asopus und der Metope; von ihr erhielt die Stadt Thespiä in Böotien den Namen.

Thespiaden (Gr. M.), 1) Beiname der Musen, von ihrer Verehrung in der Stadt Thespiä. — 2) T., die fünfzig Töchter des Königs Thespius oder Thestius. S. Hercules.

Thespius, s. Hercules.

Thesprotus (Gr. M.), Sohn des Pelasgus, König in Epirus. S. Atreus.

Thessalus (Gr. M.), 1) einer der Söhne des Jason, welcher seiner grausamen Mutter Medea entkam; er ward König von Thessalien, welches er nach sich benannte. — 2) T., Sohn des Hämon, Beherrscher von Hämonia (Thessalien). — 3) T., Sohn des Hercules und der Chalciope, Vater des Phidippus und des Antiphus. Von jedem derselben sagt man, dass Thessalien nach ihm benannt worden sei.

Thestalus (Gr. M.), Sohn des Hercules von der Epicaste, einer Tochter des Königs Augias.

Thestius (Gr. M.), Sohn des Mars oder des Agenor, König in Aetolien; seine Gattinnen werden sehr verschieden angegeben: Deïdamia, Leucippe, Laophonte etc.; auch über seine Kinder ist man nicht einig, und nennt Iphicles, Hypermnestra, Plexippus, Toxeus und Andere. Die beiden Letzteren wurden von Meleager, dem Sohne des Mars und der Althäa, getödtet.

Thestor (Gr. M.), 1) Sohn des Enops, ein Trojaner, der durch das Erscheinen des Patroclus in Achilles' Waffen so entsatzt wurde, dass er sich widerstandlos niedermachen liess. — 2) T., Sohn des Idmon und der Laothoë, Vater des Calchas, der Leucippe und der Theonoë. Letztere, von ausserordentlicher Schönheit, wurde desshalb schon sehr jung geraubt und verkauft, Niemand wusste wohin. T., sie suchend, ward nach langem Umherirren gleichfalls von Seeräubern gefangen, und durch Zufall an denselben Herrn, Icarus in Carien, verkauft. Theonoë hatte die Liebe desselben gewonnen und befand sich in grossem Glück, als auch Leucippe, ihre Schwester, in der Tracht eines Priesters nach Carien an den Hof des Königs Icarus kam, wo sich ihre Schwester und ihr Vater aufhielten, ohne sich noch zu kennen. Leucippe hatte auf Befehl des Orakels die Reise unternommen, doch schien sie nicht zum Heile sich zu wenden, indem Theonoë, von Liebe zu dem jungen schönen Priester durchdrungen, und, wie natürlich, kein Gehör findend, im Zorn ihrem Sclaven T. befahl, jenen zu ermorden; klagend über sein Schicksal, das ihn zur Sclaverei, zum Verlust seiner Kinder, und nun noch zu einem schändlichen Mord verdamme, wollte er sich selbst den Tod geben, als er von seiner Tochter erkannt wurde. Der König, gerührt über dieses merkwürdige Zusammentreffen von Umständen, schickte die von den Göttern Begünstigten reich beschenkt nach Hause.

Thetis, Fig. 284 (Gr. M.), Tochter des Nereus und der Doris. Da der Sohn dieser Nereïde, nach einem Schicksalsspruche, grösser werden sollte, als sein Vater, so

Fig. 284.

musste die Unsterbliche sich mit einem Sterblichen, Peleus (s. d.), vermählen. Sie ward des Achilles Mutter, und wurde daher besonders in Thessalien verehrt. Auf nebenstehendem Bilde sehen wir nach einem antiken Medaglion T., von einem Seepferd getragen, ihrem Sohne Achilles den von Vulcan für ihn geschmiedeten Schild überbringen.

Theuda (M. der Siamesen), die Bewohner der oberen Welten, deren neun über der Erde sind; mit jeder höhern Himmelsstufe steigt die Seligkeit der Inwohner.

Thia (Gr. M.), 1) eine Oceanide, Mutter des Atlas und des Candulus, der Cercopen. S. Melampygus. — 2) T., eine Titanin, Tochter des Uranus und der Gäa, von Hyperion Mutter des Helios, der Aurora und der Selene.

Thialfi (Nord. M.), Thors Dienstmann. S. Hrugner und Utgardloki.

Thias (Gr. M.), Sohn des Belus und der Orithyia, Vater der Myrrha und des Adonis, König der Assyrier.

Thiasse (Nord M.), Vater der schönen Skade (Niords Gattin); er war ein mächtiger Riese, und entführte mit Loke's Hülfe die schöne Iduna sammt ihren verjüngenden Aepfeln. Er ward von Thor besiegt, welcher seine Augen an den Himmel warf, wo sie als Sterne flammen.

Thiermes oder **Tiermes** (M. der Lappen), Sohn des Teufels und eines Lappenmädchens. Letztere sass unter einem Baume, als Perkel (der Teufel) in Gestalt eines fremden Mannes zu ihr trat und sie bat, ihren Pelz um ein Holzbündel zu hängen; diess that sie, aber darauf entzündete sich das Holz, und sie, sich vergeblich bemühend, dem Fremdling zu entkommen, ward seine Beute. Das Kind T. ward von dem höchsten Gott in den Himmel genommen, und gefragt, zu wem es sich halten wolle: zum Vater, oder zur Mutter? Da es sich für Letztere entschied, machte der Herrscher es zum Gott des Donners, als welcher es, unaufhörlich von seinem Vater verfolgt, donnernd und blitzend am Himmel umherfährt, bald Bäume, bald Felsen zerspaltend, Gutes und Böses stiftend. Die Lappen haben einen nur sehr wenig ausgebildeten Götterdienst; so scheint auch diesem T. nur bedingungsweise allgemeine Verehrung zugestanden werden zu können.

Thisbe (Gr. M.), 1) eine Nymphe, Tochter des Flussgottes Asopus; nach ihr sollte die Stadt T. in Böotien benannt sein. — 2) T., ein schönes Mädchen in Babylon, das den Pyramus, den Sohn ihres Nachbars, liebte; die Eltern der beiden Liebenden waren Feinde, daher diese sich nur heimlich sehen konnten: eine Spalte in der Mauer beider Häuser gab hierzu dürftige Gelegenheit; doch verabredeten sie, in einer Nacht bei dem Grabe des Ninus zusammen zu kommen. Th. kam zuerst, floh aber vor einem Löwen, der hier ein Rind frass, und den der T. entfallenen Schleier zerriss und mit Blute besudelte. Als nun Pyramus kam und den Schleier so fand, glaubte er, T. sei erwürgt, und erstach sich; da kam T. herzu, und entsetzt über des Freundes blutiges Ende, gab sie sich mit demselben Schwert den Tod.

Thisoa (Gr. M.), eine arcadische Nymphe; eine von den vielen, welche für die Erzieherinnen des Jupiter galten.

Thoantea (Gr. M.), Beiname der taurischen Diana, von Thoas, dem Könige von Taurien.

Thoas (Gr. M.), 1) König von Taurien, bei welchem Iphigenia war, nachdem sie von Diana aus Aulis entführt worden. — 2) T., Feldherr des Rhadamanthus, welchem dieser Lemnos schenkte, wo er Vater der Hypsipyle wurde. — 3) T., Sohn des Andrämon und der Gorge, ein Freier der Helena, zog als solcher mit 40 Schiffen aus Aetolien nach Troja. — 4) T., Sohn des Icarius und der Periböa, Bruder der Penelope. — 5) T., Sohn des Bacchus und der Ariadne. — 6) T., Sohn des Ornition, jüngerer Bruder des Phocus, wohnte zu Corinth.

Thocnus (Gr. M.), Sohn des Lycaon, welcher die Stadt Thocnia in Arcadien bauete.

Thon (Gr. M.), ein ägyptischer Fürst, zu welchem der auf seiner Rückfahrt von Troja verschlagene Menelaus mit Helena kam. Seine Gattin, Polydamna, schenkte der Letztern das kummertilgende Mittel Nepenthes.

Thonnonkouisetsi, d. h. Langhaar. (M. der nordamericanischen Völker), ein sehr berühmter Einsiedler bei den Irokesen, fast so hoch verehrt, wie ihre guten Götter selbst, berühmt wegen der vielen trefflichen Rathschläge, welche er in der Zeit seines langen Lebens dem Volke gegeben hat, dem er angehörte.

Thoon (Gr. M.), 1) einer der Giganten, welcher in dem Kriege gegen die Götter von den Parcen mit ehernen Keulen erschlagen wurde. — 2) T., ein Trojaner, ward von Ulysses getödtet und der Waffen beraubt. — 3) T., einer der Phäaken, welcher die Ritterspiele, die König Alcinous dem Ulysses zu Ehren gab, mitmachte.

Thoosa (Gr. M.), Tochter des Meergottes Phorcys, Geliebte des Neptun, dem sie den Polyphem gebar.

Thor (Nord. M.), nach Odin der oberste und gefürchtetste der Götter. Seine Eltern sind Odin und Frigga, seine Gattinnen waren: die schöne goldhaarige Sif, von der er die Söhne Loride und Mode hatte, und die Jotenjungfrau Jarnsaxa, eine Riesin von solcher Schönheit, dass T., obwohl ein geschworner Feind der Joten, sich nicht enthalten konnte, dieselbe sein zu nennen; sie gebar ihm Magni, seinen Liebling, den Sohn, der unter allen an Muth und Stärke ihm am ähnlichsten war. Furchtbar fährt T. daher, rollend, donnernd, über den Wolken; doch schrecklicher noch ist er, wenn er seinen Kraftgürtel Megingjarder umschnallt, der ihm doppelte Kraft verleiht, mit seinen Eisenhandschuhen den Hammer Mjölner fasst, und zermalmend unter die Feinde der Götter tritt. T.'s Reich heisst Thrudwangr, und der Palast darin, Bilskirner, ist der grösste, der je erbaut worden ist, und hat 540 Säle. Niemand ist so klug, T.'s Thaten alle zu berichten, und der Tag würde nicht hinreichen, um Alles zu sagen; doch sind die vorzüglichsten folgende: Er machte mit seinen Steinböcken, in Gesellschaft des bösen Loke, eine Reise; Abends kamen sie zu einem Manne, den sie um Nachtlager baten; dort schlachtete T. seine Böcke, liess sie zur Mahlzeit braten, und lud seine Wirthsleute ein, mit zu essen, sagte ihnen aber, dass sie die Knochen nicht verzehren, sondern auf die ausgebreiteten Felle der Böcke legen sollten. Als am folgenden Morgen T. weiter wollte, bezauberte er mit dem mächtigen Hammer die Felle, und die Böcke erhoben sich kräftig und jung zu neuem Leben, aber der Eine hinkte, denn Thialfe, des Wirths Sohn, hatte ihm ein Bein zerschlagen, um das Mark daraus zu bekommen. Da wollte T. Alle zerschmettern, doch liess er sich beschwichtigen und dadurch versöhnen, dass der Vater ihm seine beiden Kinder, Thialfe und Röska, als Diener überliess, welches T. annahm und mit ihnen weiter reiste. — Sie übernachteten darauf in dem Handschuh des Riesen Utgartsloki, welcher selbst sich bei ihm unter dem Namen Skirner einfand, und T. die Reise nach seiner (Utgartloki's-) Burg auszureden suchte; doch war diess vergeblich, und die kleinen Hindernisse, welche er ihm in den Weg legte, wie das feste Zuschnüren des Mantelsackes, in welchem der Speisevorrath sich befand, ereiferten T. nur noch mehr, ja er versuchte zu dreien Malen, dem Riesen die Stirne mit dem Hammer einzuschlagen; endlich trennten sie sich, und T. ging mit den Seinen weiter. Um Mittag bemerkte er auf einer Ebene eine so hohe Burg, dass er sie kaum überschauen konnte. Die Reisenden kamen zu einer Gartenthüre, und da T. dieselbe verschlossen fand und nicht öffnen konnte, kroch er mit seinem Gefolge durch die Zwischenräume des Gitters hindurch. Sie fanden nun eine grosse Halle, und in ihr eine Menge sehr grosser Menschen, die auf zwei Bänken sassen, in der Mitte den König Utgartloki, von beträchtlicher Länge und noch mehr Hochmuth, denn er würdigte die ihn grüssenden Fremdlinge kaum eines Blickes und sagte nur lächelnd: »Der kleine Kerl ist, glaube ich, Aukathor — bist du vielleicht grösser, als du scheinst? Was für Geschicklichkeiten könnt ihr Leute denn verrichten? — hier wird Niemand gelitten, der sich nicht durch eine Kunst oder Wissenschaft auszeichnet.« — Loke antwortete, dass er sich für einen grossen Esser halte, und nicht glaube, dass Jemand mehr leisten könne, als er. »Das wollen wir gleich versuchen,« antwortete der König, hiess einen mit Namen Logi von der Bank aufstehen und sich zum Wettkampf bereit machen; es ward ein mächtiger Trog mit Fleisch auf die Erde gesetzt, an dem einen Ende nahm Loke Platz, an dem anderen Logi, und weil der Erste lange nichts gegessen, so that er sehr viel; die beiden Kämpfer begegneten sich in der Mitte ihrer Bahn, allein, obwohl Loke alles Fleisch verzehrt hatte, so liess doch Logi selbst die Knochen nicht übrig, und auch seine Hälfte des Trogs war aufgefressen. — Alle kamen daher überein, dass Loke das Spiel verloren habe. — »Was kann der junge Mann dort?« frug der König weiter. Thialfi antwortete, er könne in die Wette laufen, und sei erbötig, dieses zu versuchen, mit wem Utgartloki wolle. Der König ging hinaus, rief einen jungen Mann Namens Hugi zum Wettrennen, zeigte eine Bahn nach der Ebene hin und bestimmte ein Ziel. Hugi kam in drei verschiedenen Wiederholungen dem Thialfi stets voran, obwohl der König zugestand, von allen den bisher zur Burg Gekommenen habe noch Keiner besser laufen können, als Thialfi. — Nun wurde T. gefragt, was er könne, da er eines bedeutenden Ruhmes unter den Asen genösse. T. sagte, er wolle sich im Trinken versuchen; der König brachte ein Horn und sprach: es heisst gut getrunken, dieses Horn mit einem Zuge zu leeren, Viele können es erst in zwei Zügen, doch Keiner ist ein solcher Stümper, dass er es nicht beim dritten Male austrinken sollte. T. setzte dasselbe dreimal an und trank aus allen Kräften, doch da er hinein sah, hatte es kaum etwas abgenommen. T. gab es fort und wollte nicht mehr trinken, da sagte der König: »Nun ist es klar, dass deine Macht nicht so gross ist, als wir gewähnt, und du wirst, wenn du noch mehr Kämpfe wagen willst, schwerlich grossen Ruhm einernten.« T. erwiderte, er wolle doch noch mehr versuchen, und er würde sich gewaltig wundern, wenn man das, was er hier geleistet, klein nennen sollte. Utgartloki schlug ihm nun vor, eine Katze von der Erde zu heben, eine Kleinigkeit, die hier jeder Junge könne, und die er dem mächtigen T. nie vorgeschlagen haben würde, wenn er nicht gesehen, dass dieser bei weitem nicht der grosse Mann sei, für den man ihn gehalten. Hierauf kam eine sehr grosse graue Katze zum Vorschein, welche T. um den Leib fasste und zu erheben versuchte; doch die Katze krümmte den Rücken immer höher, und als T. sich nach Möglichkeit ausgestreckt hatte, konnte er es doch nicht so weit bringen, dass sie mehr als einen Vorderfuss vom Boden erhob. »Es ging, wie ich dachte,« sprach der König, »die Katze ist gross, und T. ist kurz und sehr klein im Vergleich mit denen, die dieses Spiel hier treiben«. — »So klein ich bin,« rief T. ergrimmt, »so fordere ich doch Jeden von euch heraus, mit mir zu kämpfen, denn jetzt bin ich zornig, und fühle meine ganze Götterstärke.« Da sprach Utgartloki: »Hier ist Keiner, der es nicht für ein Kinderspiel halten würde, es mit dir aufzunehmen; doch, ruft mir meine alte Amme herein, die hat wohl mehr Männer niedergeworfen, wie T. ist, mit ihr möge er sich messen.« Es kam Frau Elle, und wie sich T. auch anstrengte, vermochte er doch nicht, sie zum Wanken zu bringen; als aber auch sie ihre Kräfte in Bewegung setzte; vermochte T. nicht lange Widerstand zu leisten, und musste zuletzt auf ein Knie niedersinken, worauf der König die Kämpfenden trennte. — Nach guter Bewirthung und einem warmen Nachtlager zogen die Abenteurer beschämt von dannen; doch da sie zum Thor hinaus waren, sagte der König: »Jetzt seid ihr aus der Burg, wohin ihr, so lange ich Macht habe, nicht wieder kommen sollt, und wohin ihr gar nicht gekommen wäret, wenn ich T.'s Stärke gekannt hätte; wisst, es ist Alles mit Zauberei zugegangen. Zuerst begegnete ich euch im Walde, dort nannte ich mich Skirner, und hatte als solcher den Reisesack mit Eisenstangen zusammengeschnürt, daher du ihn nicht auflösen konntest; darauf schlugst du, T., dreimal mit dem Hammer nach mir; die drei tiefen Felsthäler von viereckiger Form in jenen Klippen mögen dir zeigen, wie du geschlagen, denn ich schob diese Klippen unter den Schlag, doch unsichtbar, daher du sie nicht wahrnehmen konntest. Als ihr nun zu mir kamt und eure Proben machtet, stellte ich dem Loke einen Mann entgegen, der freilich mehr essen konnte, als jener, denn Logi war ein verzehrendes Feuer, das frass natürlich Holz und Knochen mit auf. Thialfi lief mit keinem Andern, als mit meinem Gedanken, in die Wette, und dass dieser früher an's Ziel kommen konnte, als er, ist begreiflich; aber du hast etwas Uebernatürliches geleistet, denn das Horn, das du auszuleeren dich mühetest, stand mit einem Ende im Weltmeere, und du hast so ungeheuer gezogen, dass das Weltmeer auf eine weite Strecke hinein trocken ist, man nennt es jetzt Ebbe. Die Katze, welche du aufhobst, war die Midgardsschlange, und du warst stark genug, sie so hoch zu heben, dass kaum noch Kopf und Schweif die Erde berührte, da sie doch sonst alle Länder umschlingt; du hobst ihr den Rücken so hoch, dass er den Himmel berührte. Endlich, die Alte betreffend, mit der du gerungen hast, so war diese das Alter selbst, und Ehre dem Manne, der dem Alles besiegenden Alter so wenig weicht, als du. Jetzt lebe wohl; obschon ich noch manches Mittel habe, meine Burg zu schützen, so meine ich, es ist für uns Beide das Beste, wenn wir uns nicht wieder begegnen.« T., wüthend, sich so gefoppt zu sehen, griff nach seinem Hammer, allein in dem Augenblick war Utgartloki und die Burg verschwunden, und sie sahen sich auf einer weiten Ebene. — Um sich nun wenigstens an der Midgardsschlange zu rächen, fuhr T. bald darauf mit dem Riesen Ymer auf das Meer hinaus, und so weit, dass dem Riesen Angst und bange wurde; dann warf er an einer mächtigen Angelschnur einen Ochsenkopf in das Wasser, wonach die Midgardsschlange schnappte; doch da sie sich verwundet fühlte, fuhr sie mit solcher Gewalt zurück, dass T.'s Hände, welche die Angelschnur hielten, gegen das Boot fuhren, worauf er seine Götterstärke annahm und sich so gegen den Boden des Schiffleins stemmte, dass seine Füsse hindurch fuhren und er auf dem Meeresgrunde stand. Der Riese zitterte vor Angst, als T. an der Schnur die Schlange in die Höhe zog, sie mit glühenden Blicken anstarrte, und diese ihr Gift gegen ihn strömte; da erhob T. seinen Hammer, doch Ymer schnitt die Schnur ab, und die Schlange fuhr zurück. T. aber stürzte den Riesen mit dem Kopfe zu unterst in's Meer, so dass die Beine emporstanden, und watete auf's Trockene. — Eine andere von des mächtigen Asen Thaten siehe unter Gejrröd und Hrugner, sein Ende aber unter Jormungand. — Auch bei den Wenden ward T. als einer der höchsten Götter verehrt; sie errichteten ihm häufig Bildsäulen, aus einem Weidenbaum geschnitzt, dessen unförmliches Ende das Gesicht des Gottes vorstellte; ein Gerüst um denselben bildete eine Art Altar, auf welchem die Opfer niedergelegt wurden.

Thorgerdur (Nord. M.), Tochter des Königs Holgi unter dem Namen Haurgabrud (Tempelbraut), und von den Bewohnern von Holgaland als Göttin verehrt, welches besonders durch den berühmten Hagen Lade Jarl veranlasst wurde, der ihr und ihrer gleichfalls angebeteten Schwester Irpa seinen eigenen Sohn Erling geopfert hatte. Lade Jarl und Dale Gudbrand hatten nach ihrem Tode gleichfalls einen Cultus, in Folge dessen ihnen ein Tempel geweiht wurde; in diesem, so wie in einem eigens der Königstochter geweiheten, stand das lebensgrosse Bild der T., mit Gold und Silber reich geschmückt.

Thornax (Gr. M.), Gattin des Japetus, mit welchem sie den Buphagus erzeugte.

Thoth (Aegypt. M.), ein ägyptischer Gott, den die Griechen mit ihrem Hermes verglichen, das verkörperte geistige Leben, das Selbstschauen und Denken, das Lehren und das Schreiben; er scheint auch Eins zu sein mit Anubis. Seinen Namen will man ableiten von dem ägyptischen Worte Thoyth, Säule; denn die Säule war in Aegypten Träger aller Wissenschaft gewesen, die die Priester darauf niedergeschrieben hatten. T. ist insonderheit Erfinder der Hieroglyphen-Schrift. Als Hermes

Trismegistus, wie er in den angeblichen Ueberresten des Sanchuniathon heisst, ist er in die mystischen Schriften der Cabbalisten eingeführt worden.

Thrace (Gr. M.), 1) eine Titanin, Geliebte des Jupiter, und Mutter des Bithynus. — 2) T., gleichfalls Titanin, und von Saturnus Mutter des Doloneus. — 3) T., eine Nymphe; sie gab der Landschaft Thracien den Namen.

Thrasius (Gr. M.), ein Seher, sonst Phrasius genannt.

Thrassa (Gr. M.), Tochter des Mars und der Terina, vermählte sich mit Hipponous, und ward Mutter der Polyphonte.

Thrasymedes (Gr. M.), Sohn des greisen Nestor, zog mit 15 Schiffen von Pylus nach Troja, machte den ganzen Krieg mit und kehrte glücklich in die Heimath zurück; er starb zu Pylus, wo Pausanias vor der Stadt sein Grabmal sah.

Thrasymelus (Gr. M.), Sarpedons Wagenführer, von Patroclus vor Troja getödtet.

Threpsippas (Gr. M.), Sohn des Hercules von Panope, einer Tochter des Königs Thespius.

Thriambus (Gr. M.), Beiname des Bacchus von θρῖον Feigenlaub; später ein Lied, das man bei Bacchus-Zügen sang; dann ein solcher Umzug selbst, und davon das lateinische Wort Triumph.

Thrudgelmer (Nord. M.), Vater des Riesen Bergelmer, welcher allein mit seiner Gattin sich auf einem Boote rettete, als die Welt durch des Riesen Imer Blut überschwemmt ward. T. stammte unmittelbar von diesem Imer oder Aurgelmer (Beide sind identisch) ab.

Thrudr (Nord. M.), Tochter der schönen goldhaarigen Sif, aus ihrer Ehe mit Thor; T. war also Schwester des Loride, und Halbschwester des Uller, eines Sohnes der Sif aus einer früheren Verbindung.

Thrudwangr (Nord. M.), das Reich des mächtigen Thor, in welchem er den grössten, jemals gebauten Palast, Bilskirner, welcher 540 Säle enthält, bewohnt.

Thrym (Nord. M.), ein Riesenkönig von grosser Macht und Stärke, welcher, ein geborner Feind des Thor, darnach strebte, diesen seiner Waffen zu berauben, um ihn für das Riesengeschlecht minder fürchterlich zu machen, was ihm gelang, indem er den schlafenden Thor beschlich, und ihm den furchtbaren Mjölner stahl. Loke erkundete den Thäter und wollte mit diesem unterhandeln, doch versicherte er, sich zur Herausgabe des unschätzbaren Hammers nicht eher verstehen zu wollen, als bis man ihm die schöne Freia zur Gattin gebe. Diess ward der Liebesgöttin hinterbracht, sie gerieth jedoch über den Vorschlag so heftig in Zorn, dass Alles erbebte, und sogar ihr schönes, goldenes Halsband zersprang; da war denn an keine Hülfe zu denken. Loke aber, der überall Rath wusste, sagte, Thor selbst solle sich als Braut verkleiden. Wiewohl dieses Unternehmen dem kühnen Gotte sehr weibisch vorkam, so entschloss er sich doch endlich dazu, und ging verschleiert, mit Schmuck und weiblichen Gewändern beladen, von Loke als Kammermädchen begleitet, zu Th. Dort machte der ungeheure Appetit, den die schöne Braut beim Mahle entwickelte, zwar grosses Aufsehen; allein Loke wusste die zarte Göttin mit einem achttägigen Hunger, den sie aus Sehnsucht nach T. geduldet, zu entschuldigen; eben so kamen ihre flammenden Augen auf Rechnung eines achttägigen Wachens; nur T.'s Schwester, schlauer als der dicke Riese, schien der Sache nicht zu trauen, und hätte wahrscheinlich zur Entdeckung Veranlassung gegeben, denn sie verlangte die Ringe der schönen Freia zu sehen; allein in diesem Augenblicke liess T. den Hammer Thors kommen, um damit die Braut zu weihen, und das Eheband zu segnen; kaum sah Thor seinen Möljner, als er ihn ergriff und das ganze Riesengeschlecht zerschmetterte.

Thrymheim (Nord. M.), Thrym's (s. d.) Land; das Vaterland der schönen Riesentochter Skade, zwischen dessen Felsen sie lieber hausen wollte, als bei Niord, ihrem Gatten, am möwenumflatterten Meeresstrand.

Thudr (Nord. M.), Beinnme des Odin.

Thueris (Aegypt. M.), ein Kebsweib des Typhon neben seiner Gattin Nephthys. Als der Kampf zwischen Horus und Typhon ausgebrochen, gingen Viele zu Horus über, und auch T. kam zu ihm, zwar von einer Schlange verfolgt, die aber von den Leuten des Horus zerhauen wurde. Zum Gedächtniss dieser That feierten die Priester des Horus eine Ceremonie, bei welcher sie einen Strick in die Mitte des Tempels warfen, dessen Windungen die Krümmungen einer Schlange vorstellen sollten; am Ende der Feierlichkeit stürzten sich die Priester auf das Bild und zerstückelten es mit ihren Schwertern.

Thursen (Thussen, Nord., M.), identisch mit Joten oder Riesen: die bösen Widersacher der Asen.

Thyestes, S. Atreus.

Thyia (Gr. M.), 1) Tochter des Castalius und Priesterin des Bacchus, welche zuerst ihm Orgien feierte, daher auch von ihr die Bacchantinnen den Namen Thyiaden haben. — 2) T., Tochter des Deucalion und Geliebte des Jupiter, welchem sie den Macedon gebar.

Thyiaden, s. Thyia.

Thymbraeus (Gr. M.), 1) Beiname des Apollo, von Thymbra in Troas, wo er einen berühmten Tempel hatte. — 2) T., einer der Söhne des Laocoon, durch die Schlangen, welche von Tenedos kamen, erdrückt.

Thymoetes (Gr. M.), einer der Aeltesten Troja's. Ein Seher hatte geweissagt, dass an einem gewissen Tage ein Knabe werde geboren werden, der Troja das Verderben bringen werde. Nun wurden gleichzeitig an dem bezeichneten Tage dem Priamus Paris, und dem T. Munippus geboren, da liess Priamus den Munippus und dessen Mutter Cylla tödten. Daher sagt Aeneas bei Virgil, man wisse nicht, ob nicht T. aus Rache gerathen habe, das hölzerne Pferd nach Troja hineinzuziehen.

Thyn (Nord. M.), einer der Hela's Reich umströmenden Höllenflüsse.

Thynus (Gr. M.), Sohn des Phineus und der Idäa, Bruder des Mariandynus.

Thyone (Gr. M.), 1) Name der Semele, den diese unter den Unsterblichen führte, nachdem sie in den Olymp aufgenommen worden. — 2) T., Name einer Amme des Bacchus.

Thyoneus (Gr. M.), Sohn des Bacchus, und Vater des Thoas, Königs von Lesbos, dessen Enkelin die bekannte Hypsipyle war. — T. ist zugleich ein bekannter Beiname des Bacchus von seiner Mutter. S. Thyone.

Thyreus (Gr. M.), Enkel des Thestius, durch seine Tochter Althäa, des Oeneus Gattin.

Thyria (Gr. M.), Tochter des Amphinomus und Geliebte des Apollo, von welchem sie Mutter des Cycnus wurde.

Thyrxeus (Gr. M.), Beiname des Apollo, unter welchem er ein Orakel bei Cyaneä in Lycien hatte.

Tiasa (Gr. M.), ein Fluss, der den Weg von Amyclä nach Sparta durchkreuzt; die Nymphe desselben soll eine Tochter des Eurotas gewesen sein.

Tibalang, nennen die Bewohner der Philippinen die Geister der Verstorbenen, von denen sie glauben, dass sie häufig sich auf die Spitzen der höchsten Bäume setzen, vor welchen sie eine abergläubische Furcht äussern. Die T. sollen von ungeheurer Grösse und mit mächtigen Flügeln versehen sein, doch da sie unsichtbar sind, ihre Anwesenheit nur durch den Geruch kund geben.

Tiberinides (Röm. M.), die Nymphen des Tiberflusses.

Tiberinus (Röm. M.), der vergötterte Tiberstrom.

Tibris (Röm. M.), der Flussgott des Tiberstromes. Er wird als ernster Mann, ruhend, an ein Füllhorn gelehnt, das den Segen seiner Ufer bezeichnet, mit einem Ruder in der Hand abgebildet; neben ihm liegt als charakteristisches Merkmal eine Wölfin, die beiden Knaben Romulus und Remus säugend.

Tiburtus (Röm. M.), Sohn des Amphiaraus, eine spätere Erfindung, den Griechen nicht bekannt. Er soll auf seines Grossvaters Oïcles Befehl nach Italien gegangen sein und dort die Stadt Tibur erbaut haben.

Tiedebaik (Chines. und Japan. M.), eine Hauptgottheit, welche in dem Tempel von Osakka stehen soll. Es ist unbeknnnt, was sie eigentlich vorstellte, wenn nicht etwa die Beschreibung des Götzenbildes auf eine Muthmassung führt. T., ein gewaltiger, vierarmiger Riese mit einem Eberkopfe, welcher eine Krone trägt, steht, in glänzend geschmücktem Kleide, auf einer Figur, deren gehörntes Haupt und Drachenschweif sie als ein böses Wesen charakterisirt. Sonach könnte S. das gute Princip sein, welches über das böse siegt. Wir wollen indess diese Andeutung für nichts weiter, als für eine Vermuthung ausgeben.

Tiermes, s. Thiermes.

Tigasis (Gr. M.), Sohn des Hercules, von der Phyleïs, einer der fünfzig Thespiaden.

Tikqua (M. der Hottentotten), die höchste Gottheit dieses Volkes.

Tilotamei (Ind. M.), eine heilige Dewedaschi, eine Tänzerin der Götter, welche, während die Sonne im Hause Massi (Februar) ist, dieselbe nebst mehreren andern Personen begleitet, und durch schöne Tänze für deren Unterhaltung zu sorgen hat.

Tilphusa, Tilphosa (Gr. M.), eine Quelle in Böotien, die dem Apollo heilig war, unweit Haliartus, wo das Grab des Tiresias sein sollte. Ebenso hiess die Nymphe dieser Quelle.

Tilphusius (Gr. M.), Beiname des Apollo von der Quelle Tilphusa (s. d.).

Timalcus (Gr. M.), Sohn des Megareus, Freund und Gefährte der Dioscuren auf ihren Zügen, bis er vor Aphidna blieb, da sie ihre Schwester Helena holten; man sagt, er sei von Theseus' eigener Hand gefallen.

Timandra (Gr. M.), 1) Tochter des Tyndareus, und Gemahlin des Königs Echemus, der die Heracliden aus dem Peloponnes vertrieb, indem er den Hyllus im Zweikampfe tödtete. T. war eine Geliebte des Phyleus, Sohnes des Augeas. Beider Sohn soll Evander gewesen sein. — 2) T., Mutter des Neophron. S. Aegypius.

Timarete (Gr. M.), eine Wahrsagerin zu Dodona, der Reihe nach die zweitälteste; sie soll aus Aegypten gekommen und desshalb eine schwarze Taube genannt worden sein.

Timeas (Gr. M.), Sohn des Polynices und der Tochter des Adrast, war unter den Epigonen und half Theben erobern.

Tiphys (Gr. M.), Sohn des Agnius, Steuermann der Argonauten, ward, als diese bei den Maryandinern waren, von einer Krankheit hinweggerafft.

Tiphyse (Gr. M.), eine der fünfzig Thespiaden, Geliebte des Hercules, dem sie den Lynceus gebar.

Tiresias (Gr. M.). Diesen Seher lernen wir am besten aus Apollodor kennen, der die verschiedenen Sagen über ihn folgendermassen vereint:

Bei den Thebanern war ein Seher T., der Sohn des Everes und der Nymphe Chariclo, von dem Geschlechte des Udäus, des Sparten. Er war blind geworden: über dieses Gebrechen und seine Wahrsagekunst haben sich verschiedene Sagen erhalten. Einige nämlich behaupten, er sei von den Göttern geblendet worden, weil er ihre Geheimnisse an die Menschen verrieth; nach Pherecydes aber hatte ihn Athene geblendet, weil er sie, mit seiner Mutter badend, unbekleidet gesehen. Chariclo, der Athene geliebteste Freundin, bat dieselbe, sein Augenlicht wieder herzustellen; da sie diess jedoch nicht vermochte, so reinigte sie sein Gehör, so dass er die Stimmen der Vögel verstand; auch schenkte sie ihm einen schwärzlichen Stab, mit dessen Hülfe er, gleich Sehenden, wandeln konnte. Hesiodus aber erzählt, T. habe bei Cyllene Schlangen einander umwinden gesehen, habe sie durch einen Schlag verwundet, und sei dadurch aus einem Manne plötzlich zum Weibe geworden. Als er diese Schlangen nach einigen Jahren abermals zusammen traf, und wieder nach ihnen schlug, ging eine neue Verwandlung mit ihm vor, er ward wieder Mann. Nun stritt einst Zeus mit Hera, ob Mann oder Weib mehr zur Freude geschaffen sei; diesen Streit konnte Niemand entscheiden, als T., der Beides gewesen war: er sagte, das Weib empfände, bei der Vereinigung mit dem Gatten, neunmal mehr. Erzürnt hierüber, blendete ihn Hera, doch Zeus schenkte ihm die Wahrsagekunst.« — T. rieth den Thebanern, sich gegen die sieben Helden tapfer zu vertheidigen, und versprach ihnen den Sieg, wenn einer der Nachkommen der Sparten sich freiwillig opfern wolle; diess that Menöceus. Als später die Epigonen anrückten, befahl T., die Stadt zu verlassen, in der nur seine Tochter Manto zurück blieb, die gefangen des Alcmäon Geliebte wurde, ihm zwei Kinder gebar, und dann dem Apollo als Antheil an der Beute geschenkt wurde. T., der von Jupiter drei bis sieben Menschenalter bekommen hatte, starb sehr alt, da er auf der Flucht aus dem Quell Tilphusa trank. Zu Theben stand sein Denkmal. Man sagte dort, Proserpina sei ihm so gewogen gewesen, dass er der Einzige unter den Schatten des Tartarus war, der seinen Verstand behalten.

Tirupakodel (Ind. M.), das Milchmeer, aus welchem die Götter durch Umdrehung des Berges Mandar die Amrita bereiteten.

Tiryns (Gr. M.), 1) Sohn des Argus, Enkel des Jupiter, und Erbauer von Tirynth, dessen Mauern von den Cyclopen aufgeführt sein sollten, weil sie aus ungeheuren Steinen bestanden. — 2) T., soll auch eine Tochter der Halos, einer Schwester des Amphitryon, geheissen haben, von welcher man gleichfalls den Namen der Stadt Tirynth ableitet.

Tirynthius (Gr. M.), Beiname des Hercules, der zu Tirynth erzogen worden ist.

Tisamenus (Gr. M.), 1) Sohn des Orest und der Hermione, der Tochter des Menelaus, welche Orest dem Pyrrhus abgenommen hatte; er fiel gegen die Heracliden. — 2) T., Sohn des Thersander und der Demonassa, war König von Theben, und der einzige Nachkomme des Polynices, den des Oedipus Fluch nicht traf.

Tisander (Gr. M.), Sohn des Jason und der Medea, von seiner Rache dürstenden Mutter umgebracht.

Tischu Lama, die zweite geistliche Würde bei den Lamaiten; seine Residenz ist Tischulumbo, zehn Tagereisen von Lhassa, der Hauptstadt des Dalailama, welchem er zunächst untergeben ist.

Tisiphone (Gr. M.), 1) Tochter der Manto, von ihrem Geliebten und Herrn Alcmäon, ward nebst ihrem Bruder Amphilochus bei König Creon in Corinth erzogen, doch von dessen Gattin aus Eifersucht verkauft, weil sie sehr schön war; ihr eigener Vater kaufte sie als Sklavin. — 2) T., eine von den Furien.

Titaea (Gr. M.), so viel als Gäa, Gattin des Uranus und Mutter der Titanen.

Titanen (Gr. M.), Kinder des Uranus und der Gäa; ihrer sind 22: Oceanus, Adanus, Ophion, Anytus, Coeus, Andes, Hyperion, Ostasus, Crius, Olymbrus, Japetus, Aegäon und Kronos (Saturn); Tethys, Rhea, Themis, Mnemosyne, Phoebe, Dione, Thia, Thrace, Euryphaëssa; sie repräsentiren die noch in wildem Ringen befindlichen riesigen Naturgewalten der Urzeit. Uranus hatte seine ersten Söhne, die Hecatonchiren (Fünfzigarmigen) Briareus, Cottus und Gyas (auch Gyges) und die Cyclopen Arges, Steropes und Brontes in den Tartarus geworfen. Gäa, hierüber erzürnt, beredete die T., sich gegen den Vater aufzulehnen, und gab dem Kronos (Saturn) die Hippe, womit er den Vater verstümmelte. Nur Oceanus nahm nicht Theil an der Empörung. Uranus wurde entsetzt, die im Tartarus Liegenden befreit und Kronos in die Herrschaft eingesetzt, der aber die eben erst befreiten Brüder sogleich wieder in die alten Bande schlug, worin sie blieben, bis Jupiter sie befreite und mit ihrer Hülfe Saturn und die T. insgesammt stürzte. Nun liegen diese im Tartarus, und die Hecatonchiren sind ihre Wächter. T. heissen aber auch die von den T. abstammenden Götterwesen, die auch Titaniden heissen, z. B. Prometheus, Hecate, Latona, Pyrrha, Helios und Selene. Besonders für den Sonnengott ist der Name Titan sehr gewöhnlich geworden. Ganz eigenthümlich ist die Sage, dass Bacchus von den T. zerrissen worden sei; hier ist Bacchus die Kraft der Vegetation, welche von den Mächten der Unterwelt gebrochen wird.

Titaniden (Gr. M.), s. Titanen.

Titaresius (Gr. M.), Beiname des Sehers Mopsus, entweder von dem gleichnamigen thessalischen Flusse, oder von seinem Grossvater Titaron.

Tithonia (Gr. M.), häufig gebraucht für Aurora, welche des Tithonus Geliebte war.

Tithonus (Gr. M.), 1) Sohn des Ilus und Bruder des Laomedon, doch nach gewöhnlicher Angabe Laomedons Sohn und Bruder des Priamus, Geliebter der Aurora, die ihn wegen seiner grossen Schönheit jeden Abend besuchte, und sich jeden Morgen von seinem Lager erhob, um der Welt des Tages Nahen zu verkünden. Sie gebar ihm den Memnon und den Emathion, und liebte ihn so sehr, dass sie Jupiter bat, ihm Unsterblichkeit zu schenken. Der Gott erhörte sie; da sie indessen nicht ewige Jugend für ihren Geliebten mit bedungen, ward er alt und kindisch, so dass man ihn zuletzt in einer Wiege bewahren musste. Die immer blühende Göttin ward des Schwächlings und seiner Pflege überdrüssig, und da ihm Jupiter die Unsterblichkeit nicht nehmen konnte, verwandelte sie ihn in eine Heuschrecke. — 2) T., Sohn des Cephalus und der Aurora, welchen sie zur Erinnerung an den frühern Geliebten so nannte.

Tithrambo (Aegypt. M.), Beiname der Isis, unter welchem sie, der unterirdischen Hecate ähnlich, als

Göttin des Grauens und Entsetzens, als Krankheit, Raserei und Tod bringende Göttin mit Furcht und Zittern verehrt wurde. Eigentlich ist sie der Mond mit seinem geglaubten furchtbaren Einfluss auf Pflanzen, Thiere und Menschen. Auch mit Bubastis und Thermutis wird sie identificirt.

Tithorea (Gr. M.), eine Baumnymphe oder Dryade, von welcher die gleichnamige Stadt in Phocis den Namen erhalten haben soll.

Titias (Gr. M.), 1) Sohn des Jupiter, einer der idäischen Dactylen. — 2) T., Sohn des Mariandynus, ein berühmter Faustkämpfer, der es mit Hercules selbst (bei den Leichenspielen des Priolaus) aufnahm, aber von ihm so übel zugerichtet wurde, dass ihm alle Zähne aus dem Mund flogen.

Tityrus (Gr. M.), Vater einer jungen muthigen Heldin, welche selbst mit Achilles zu kämpfen wagte; sie hiess Helena; und war stark genug, den unüberwindlichen Sohn der Thetis zu verwunden, doch unterlag sie der Schwere seiner Hand.

Tityus (Gr. M.), Sohn der Erde, oder des Jupiter und der Elara, ein Riese auf Euböa.

Tlakahuepankuexcotzin (Mex. M.), der jüngere Bruder des Kriegsgottes, dessen Bildsäule in den Tempeln stets neben dem colossalen Bild des obern Gottes verehrt wurde. Eine höchst merkwürdige Bildsäule dieses, oder des eigentlichen Kriegsgottes, ward in Mexiko unter dem Pflaster des grossen Platzes entdeckt. Mit einem bewundernswürdigen Fleiss in der Ausführung der kleinsten Theile aus dem härtesten Felsen gemeisselt, lässt sie die Grösse der mechanischen Geschicklichkeit jenes untergegangenen Volkes sehen, während sie dessen gänzlichen Mangel an natürlichem Schönheitsgefühl mehr noch, als alle andern mexikanischen Bilder, bekundet. Während der ersten Nacht ihrer Aufdeckung bekränzte man die Bildsäule mit Blumen, und diess bewog die Geistlichen, sie wieder dem Schooss der Erde anzuvertrauen.

Tlakatecslolotl, »vernünftige Eule,« das böse Princip der Mexikaner; ein mächtiges, den guten Göttern entgegenwirkendes Wesen.

Tlaloc, der Gott des Wassers der Mexikaner; der Befruchter der Erde, der Beschützer aller Güter der Menschen. Man glaubte, er wohne in den Wolken, da, wo sie entstehen, auf den höchsten Spitzen der Berge. Sein Bild, das älteste im ganzen Lande, stand auf einem Berge, welcher seinen Namen trug.

Tlazolteotl, der Gott der Strafe in Mexiko; er wurde um Vergebung begangener Sünden angerufen und gebeten, die darauf folgenden Strafen abzuwenden.

Tlepolemus (Gr. M.), 1) Sohn des Hercules und der Astyoche, und fast so stark als sein Vater; er schlug in Argos nach seinem Diener mit einem Stecken, traf aber seinen Oheim Licymnius, so dass dieser todt auf dem Platze blieb. Er entfloh und colonisirte Rhodos, freiete um die schöne Helena, und ging in Folge dessen mit neun Schiffen nach Troja, blieb aber dort von Sarpedons Hand. — 2) T., Sohn des Damastor, fiel im trojanischen Kriege von Patroclus' Hand.

Tloque Nahuaque (Mex. M.), der, welcher Alles in sich selbst ist: der Schöpfer des Himmels. Der König von Acolhuacan, Nozahualiojotl, ein weiser, gelehrter, sternkundiger Mann, sagte seinen Söhnen, sie sollten diesen Gott allein anbeten, nicht die verächtlichen, leblosen, von Menschenhänden gemachten Götzen; er bauete demselben einen neun Stockwerke hohen Thurm, in welchem die Priester dieses höchsten Wesens wohnten, welche zu gewissen Tageszeiten durch Schläge auf grosse Metallplatten Zeichen zum Gebete geben mussten; er schaffte auch die Menschenopfer ab, ausser denen der Kriegsgefangenen, welche sich die Mexikaner durchaus nicht entziehen lassen wollten.

Tmolus (Gr. M.), der Gott des lydischen Berges T., Gemahl der Pluto, nach Einigen Vater des Tantalus, nach Anderen Gemahl der Omphale, Schiedsrichter bei dem musikalischen Wettstreit zwischen Apollo und Pan.

Togotes, eine altspanische Gottheit auf einer römischen Inschrift von Talavera.

Toja, nannten die Bewohner von Florida den Urheber alles Bösen, den Teufel, welcher durch öffentliche Feste geehrt und um Schonung gebeten ward.

Tojo ke kwo daï zin (Japan. M.), die Schöpfungsgottheit, welche sonst unter dem Namen Kuni toko tatsino mikoto verehrt wird; ihr ist in dem grossen Tempel oder Kamihof von Ise eine Kapelle geweiht.

Tolumnius (Alt-ital. M.), ein Wahrsager im Heere des Turnus, welcher diesen hinderte, einen Vergleich mit Aeneas einzugehen. Sein übler Rath kostete ihm in der nächsten Schlacht das Leben.

Tona (M. der Antillenvölker). Die Bewohner von Quisqueja (Haiti) nannten so die Mondgöttin, welche mit ihrem Gatten Tonatiks (Sonne) zuerst auf der Insel gewohnt haben soll. Sie hatten eine prächtige Höhle eingerichtet zum bequemen Hause, und erfreueten die Insel mit ihren wärmenden und leuchtenden Strahlen, während die ganze übrige Welt finster war; endlich erhoben sich Beide in den Himmel und leuchten seit dieser Zeit wechselsweise von dort herab. An ihrer Stelle schickten sie die guten Geister, Zemes, auf die Insel, um sie zu regieren; Jokahuna an die Stelle der Sonne, Jemao an die Stelle des Mondes.

Tonatiks (M. der Antillenvölker), »die Sonne,« der erste Bewohner der Insel Quisqueja (Haiti), welcher eine Höhle sich zum Hause eingerichtet und dort an der Seite seiner Gattin Tona (Mond) gelebt, bis er sich mit ihr zum Himmel erhob, um die Welt mit seinen Strahlen zu beglücken, worauf er an seiner Statt den Jokahuna herabschickte, um die Erde zu regieren.

Tonatiuh (Mex. M.), die Sonne; sie hatte den prächtigsten Tempel in der Ebene von Teotihuacan.

Too zi no ka (Japan. M.), ein Volksfest, mit Glückwünschungen zum Wintersolstitium verbunden, wobei der Mikaddo, der japanische Kaiser, dem Himmel Opfer bringt.

Topan (Japan. M.), der Gott des Donners, dessen wildes Umherspringen in der Luft den erschreckenden Schall verursacht.

Topiltzin (Mex. Rel.), Name des obersten unter allen Priestern, der stets ein Verwandter des Königs war, und nach ihm die höchste Würde bekleidete. Er war es, der bei den Opfern den Gefangenen die Brust aufriss und das Herz herausnahm.

Tora, das höchste Wesen der Tschuwaschen, eines sibirischen Volkes.

Toranga (Japan. M.), ein mächtiger Krieger aus dem Stamme der Mikaddos von Japan, also ein vergötterter Held oder Kami, woraus alle Hauptfiguren der Sintoreligion gewählt sind. T. kam in der ersten Zeit des Entstehens dieses Reiches zur Regierung desselben; damals bedrohete ein gewaltiger, achthändiger Riese Japan, und von seiner furchtbaren Stärke, so wie von seiner Bosheit fürchtete man den Untergang des Landes. T. liess sich, nur mit einer Axt bewaffnet, auf den ungleichen Kampf mit ihm ein, zertrat eine Schlange, welche dem Riesen Beistand leistete, hieb ihm einen Arm nach dem andern ab, und besiegte ihn endlich ganz, worauf er sogleich in den Rang der angebeteten Kami's aufgenommen wurde.

Torngak, bei den Grönländern ein Schutzgeist, welchen jeder Mensch durch Hülfe eines Zauberers sich verschafft.

Torngarseak, das Oberhaupt aller Schutzgeister bei den Grönländern: der grosse Geist, der Urheber alles Erschaffenen. Die Angokoks sind seine Vertrauten und begeben sich in seine Wohnung, um sich über Krankheit, Fischfang, Witterung etc. mit ihm zu besprechen. Er lebt selbst im grössten Ueberflusse, hat immer Seehundsthran zu trinken und genug Seehunds-Speck zu essen, daher wünscht man auch, nach dem Tode zu ihm zu kommen. Es scheint, als seien die Frauen dort nicht gut angeschrieben, denn die meisten bösen Geister sind weiblichen Geschlechts; so ist auch der grosse böse Geist ein namenloses Wesen, die Frau oder die Mutter des T., das gefürchtetste Gespenst der Grönländer; sie wohnt unter dem Meer in einer grossen Wohnung, hat über alle Seethiere zu gebieten und kann daher die Bewohner des Landes in die grösste Noth bringen, indem sie dieselben bei sich behält. Die Seevögel schwimmen in dem Thrangefässe, welches unter ihrer Lampe steht. Grosse bissige Seehunde halten aufrechtstehend vor ihrer Herrin Wache.

Torone (Gr. M.), Gemahlin des Proteus, von welcher eine Stadt in Thracien benannt wurde. Nach Anderen ist letztere benannt von Torone, einer Tochter des Proteus und der Phönice.

Torrhebia (Gr. M.), eine Nymphe, welche von Jupiter zwei Knaben, Carius und Arcesilaus, gebar.

Tossitoku (Japan. M.), ein Glücksgott, den die Japaner vorzüglich am Anfange jedes Jahres um seine Gunst anrufen, in der Hoffnung, dass er sich ihren Unternehmungen günstig zeige. Man bildet ihn, nach Art der Japaner abscheulich gezeichnet, mitten im Meere auf einem Felsen stehend ab, mit einem Fächer in der Hand, dessen Winken dem Bittenden die Erhörung seiner Wünsche verbürgt.

Toxeus (Gr. M.), 1) Sohn des Oeneus und der Althäa. Er wurde von seinem jähzornigen Vater getödtet, weil er einen Graben übersprungen hatte, welcher zum Schutze der ersten Weinreben gezogen worden war, die Bacchus dem Oeneus gegeben. — 2) T., Sohn des Eurytus, welcher von Hercules' Hand fiel, als dieser Oechalia eroberte. — 3) T., Bruder der Althäa, der von Meleager erschlagen wurde.

Toxicrate (Gr. M.), eine von den 50 Töchtern des Thespius, Geliebte des Hercules, dem sie den Lycius gebar.

Tozi (Mex. M.), die grosse Mutter, eine vergötterte Königin, welche von den Priestern an die Seite des Huitzilopochtli gesetzt wird, der selbst ihre Aufnahme unter die Götter befahl.

Trachion (Gr. M.), Vater der jungen Epipole, welche, von kriegerischem Geiste getrieben, sich in Männerkleider hüllte, mit vor Troja ging, aber dort, als Weib durch Palamedes entdeckt, gesteinigt wurde.

Tragius (Gr. M., Beiname des Apollo von der Stadt Tragäa auf Naxos.

Trambelus (Gr. M.), Sohn des Telamon und der Hesione; er wohnte auf Lesbos und veranlasste den Tod der schönen Apriate, welche entweder sich selbst in's Meer stürzte, um seinen Nachstellungen zu entgehen, oder die er von einem Felsen warf, weil sie seinen Bitten kein Gehör schenkte. Als Achilles auf Lesbos landete, stand er den Einwohnern gegen den Helden bei, blieb jedoch im Kampf; er wurde von dem Halbgott ehrenvoll begraben.

Trapezeus (Gr. M.), Sohn des Lycaon, Gründer der Stadt Trapezus in Arcadien.

Tratias Kirbixtu (Slav. M.), ein Gott, welcher das Haus der polnischen Bauern vor Feuer bewahren sollte, indem er die Lichter, die man aus Versehen brennen gelassen, auslöschte.

Traziemo (Lamaische M.), eine der beiden Frauen des Xaka, der letzten Menschwerdung des Cio Concioa (zweite Person der tübetanischen Dreieinigkeit); sie ward, als die Geliebtere, von ihm lebend mit in den Himmel genommen und theilte seine Seligkeit daselbst.

Tremilus (Gr. M.), ein junger Lycier, in der Gegend des Berges Cragus wohnend. Er gewann die Liebe der schönen Nymphe Praxidice, und diese beschenkte ihn mit einem Sohne, der Cragus geheissen wurde, und dem oben genannten Berge seinen Namen gab.

Treverae Matres, Localgöttinnen der alten Treverer (bei Trier).

Triballus (Gr. M.), Vater des Hipponous, welcher sich mit der Nymphe Thrassa vermählte, und von ihr eine Tochter, Polyphonte, bekam, die durch Venus in einen Bären verliebt gemacht wurde.

Tricca (Gr. M.), Tochter des Peneus und Gemahlin des Hypseus. Nach ihr soll eine Stadt in Thessalien benannt worden sein.

Triccaeus (Gr. M.), Beiname des Aesculap in Thessalien.

Triclaria (Gr. M.), Name der Diana in Achaja. S. Comätho.

Tricolonus (Gr. M.), 1) Sohn des Lycaon in Arcadien. — 2) T., Enkel des Vorigen, welcher als Freier der schönen Hippodamia von ihrem Vater getödtet wurde.

Triesperus (Gr. M.), Beiname des Hercules von der dreifachen Nacht, welche seine Erzeugung begünstigte.

Triglaw (Slav. M.), der höchste unsichtbare Gott der Sorben, Wenden, Polen, zum Theil auch der Rugen, Pommern, Preussen und Litthauer; er war, wie sein Name sagt, dreiköpfig; also die slavische Dreieinigkeit. Die Priester erklärten den T. für den unsichtbaren, höchsten Gebieter über Himmel, Erde und Unterwelt; unsichtbar sichtbar, ward er in dem einzigen Tempel, den er überhaupt hatte, in dem grössten Tempel zu Stettin, als verhüllter, erhabener Mann mit drei Köpfen, doch ganz durch einen Schleier bedeckt, dargestellt. Ein zahlreiches Heer von Priestern besorgte seinen Dienst, lehrte, dass er, langmüthig und gut, sein Gesicht verschleiere, um die bösen Thaten der Menschen nicht zu sehen, dass er nur selten auf der Erde erscheine, dagegen seine Priester mit seinen Befehlen beauftrage, und durch sein heiliges schwarzes Ross seine Orakel ertheilen lasse etc. Dieses Ross regierte durch sein Hufscharren das ganze Volk, und Keiner hätte ein Unternehmen gewagt, zu welchem es nicht günstige Zeichen gegeben. Sein Tempel, aus mächtigen hölzernen Pfosten mit Tüchern umspannt bestehend, umfasste den grössten Theil aller Kriegesbeute, unermessliche Schätze waren darin aufgehäuft, und die abergläubische Furcht des Volkes vor diesem Heiligthum war eine so sichere Schutzmauer, wie Marmor und Granit vielleicht nicht gewesen wären. Die verheerenden Kriegszüge Heinrichs des Löwen zerstörten jedoch alle diese Tempel und haben die Götterbilder der Beschauung der Nachwelt entzogen.

Trimurti, Fig. 285 (Ind. M.). Durch die ganze indische Religionslehre waltet das Princip der Dreieinigkeit in den drei grossen Naturkräften: Schaffen, Erhalten und Zerstören; jede derselben hat ihren Repräsentanten: der

Fig. 285.

Erzeuger ist Brama, der Erhalter Wischnu, und Schiwa ist der Zerstörer. Alle drei vereint heissen T., und so findet man sie auf unserm Bilde dargestellt nach einem antiken Bilde in einem der grossen Tempel zu Elephantine vor Bombay; sie misst von einem äussern Augenwinkel zum andern 22 Fuss und ist zu drei Viertheilen erhaben aus den Felsen gemeisselt.

Trinacria, auch **Thrinacia** (Gr. M.), der alte Name der Insel Sicilien, welche dem Helios geweiht war, und obigen Namen von ihrer dreieckigen Gestalt hatte. Dort weideten die Heerden des Sonnengottes, 350 Rinder und 350 Schafe, von seinen Töchtern Lampetia und Phaëtusa gehütet. Diese 350 sollen das trinakrische Mondsjahr von 12 Mondsmonaten bedeuten, welche Zahl jedoch nur durch Brüche in die Zahl der Tage im Mondsmonat herauszubringen ist.

Triopas (Gr. M.), 1) Sohn des Helios, welcher die, seinem Geschlechte angewiesene, Insel Rhodos eines Brudermordes wegen verliess und nach Carien ging, woselbst das Vorgebirge Triopion nach ihm benannt wurde. — 2) T., König in Thessalien, der einen Hain der Ceres niederhauen liess, um sich einen Palast auf dem Platze desselben zu erbauen, wofür die Göttin ihn mit einem nicht zu stillenden Hunger strafte. Ein Drache tödtete ihn, und er soll in der Gestalt des Ophiuchos (Schlangenträger) unter die Sterne versetzt worden sein. — 3) T., Sohn des Phorbas und der Euböa, zeugte den Agenor, Anthus, Pelasgus, Xanthus, Jasus, und die Messene, Polycaons Gattin, die diesen aus Hochmuth anreizte, dem Privatstande zu entsagen und sich ein Reich zu erobern, welches dann nach ihr benannt wurde.

Triopius (Gr. M.), Beiname des Apollo von einem Vorgebirge in Carien. Dort wurden von sechs Städten der Dorier feierliche Spiele gehalten, bei denen der Sieger einen ehernen Dreifuss bekam, den er jedoch dem Apollo lassen musste. Als einst Agasicles von Halicarnassus seinen Dreifuss mit sich nahm, ward seine Vaterstadt von dem Antheil an den Spielen sogleich ausgeschlossen.

Triops (Gr. M.), Sohn des Neptun und der Canaë; seine Tochter Iphimedia ward von Neptun Mutter des Riesenpaares Otus und Ephialtes.

Triphylius (Gr. M.), Beiname des Jupiter in Messenien; dort hatte er in seinem Tempel sich eine goldene Säule setzen und seine eigenen Thaten darauf eingraben lassen.

Triptolemus (Gr. M.), Sohn des Eleusiniers Celeus, ein Günstling der Ceres (vergl. d.), den sie in ihren Mysterien unterrichtete, den Ackerbau lehrte, mit einem Drachenwagen beschenkte und so ausgerüstet durch die ganze Welt schickte, um sie mit den Segnungen des Ackerbaues bekannt zu machen. Unter steten Gefahren vollzog er seine Sendung, ward aber auch dafür von Ceres in Allem auf das Thätigste unterstützt und aus den drohendsten Gefahren gerettet, und gründete auch die eleusinischen Mysterien. An mehreren Orten hatte er Altäre, in Eleusis selbst einen Tempel. Abgebildet wird er meistens in Gesellschaft der Ceres.

Trischna (Slav. M.), eine Leichengöttin, von den Polen als Hüterin der Gräber verehrt.

Tritaea (Gr. M.), Tochter des Triton, mit welcher Mars den Melanippus erzeugte, der seiner Mutter zu Ehren eine Stadt benannte.

Tritogenia (Gr. M.), Beiname der Minerva, weil sie, nach einer Sage, an dem See Triton geboren war.

Triton, Fig. 286 (Gr. M.), 1) Sohn des Neptun und der Amphitrite; er wohnt mit seinem Vater und seiner Mutter auf dem Grunde des Meeres in einem goldenen Palaste. — 2) T., der Gott des tritonischen Sees in Libyen, ein Meergott der Argonautensage, von oben her menschlich gestaltet, vom Leibe an aber mit zweigabligem Fischschwanz. — 3) T., ein Dämon des Mittelmeers, der bald selbst mit Rossen oder Meerungeheuern daherfährt, bald in der Mehrzahl erscheint, anderen Seegottheiten beim Reiten und Fahren dienend. Solche T.en werden verschieden beschrieben, doch liegt ihrer Gestalt die Vorstellung von der Doppelnatur, oben Mensch, unten Fisch, zu Grunde. Sie haben grünes Haupthaar, feine Schuppen, Kiemen unter den Ohren, menschliche Nase, breiten Mund mit Thierzähnen, meergrüne Augen, Hände, Finger und Nägel, rauh, wie die Oberfläche der Muscheln, statt der Füsse einen Delphinschweif. Sie blasen auf einer schneckenförmig gewundenen Muscheltrompete. Auf nebenstehendem Bilde sehen wir eine T.enfamilie nach einem geschnittenen Amethyst, einem der schönsten geschnittenen Steine des Alterthums.

Tritonis (Gr. M.), eine Nymphe auf Creta, in welche sich Amphithemis, der Sohn des Apollo und der Acacallis, verliebte; sie gebar ihm den Nasamon und den Caphaurus.

Fig. 286.

Tritopatores (Gr. M.), gewisse uralte Gottheiten, die zu Athen verehrt und auf die verschiedenste Weise näher beschrieben wurden: als Winde, als erstgeschaffene Wesen, als Ehe- und Geburtsgottheiten. Ihre Namen sind: Amalcides, Protocles, Protocleon, Cottus, Briareos, Gyges, Tmolus, Zagreus.

Trivia (Röm. M.), Beiname der Hecate, welche besonders auf dreigetheilten Wegen verehrt wurde, Tempel und Capellen hatte; s. Hecate.

Trochilus (Gr. M.), 1) Wagenlenker des Pelops, Erfinder des Wagens und der Kunst zu fahren, wesshalb er in der Gestalt des Fuhrmanns unter die Sterne versetzt worden. — 2) T., ein Oberpriester der Ceres zu Argos; er gerieth in Feindschaft mit dem Könige Agenor, floh das Reich, kam nach Attica und vermählte sich dort mit einer Nymphe, Eleusine (d. h. aus Eleusis); sein Sohn war Eubuleus, nach Einigen auch Triptolemus (Sohn des Celeus zu Eleusis); sie wurden durch Ceres im Getreidebau unterrichtet.

Troilus (Gr. M.), Sohn der Hecuba und des Priamus oder des Apollo, der die schöne Königin in früherer Zeit geliebt. Ueberaus tapfer, soll er sich, trotz grosser Jugend, in den Kampf, und selbst an Achill gewagt haben, den er so schwer verwundete, dass derselbe mehrere Tage unfähig war, sich in das Gefecht zu mischen. T. soll geblieben sein, indem sein Pferd, unter ihm getödtet, ihn in seinen Fall riss, und Achilles ihm den Kopf abhieb; der Pelide hatte den schönen Knaben geliebt und liess, da er kein Gehör fand, nun auf unedle Weise seiner Rachsucht gegen ihn freien Lauf. Die Fabel von ihm und Cressida, welche Shakespeare in seinem Drama T. und Cressida bearbeitet hat, ist neuer Erfindung.

Trollen (Nord. M.), die Bergriesen, Joten, Thursen Thussen, ein mächtiges, Skandinavien bewohnendes Heldenvolk, welches von den Asen aus seinem Stammsitz erst nach langen Kämpfen vertrieben werden konnte, und stets feindlich gesinnt blieb, obwohl einzelne Verbindungen nicht selten sind, und viele der Asengötter selbst sich jotnischer Abkunft nennen. Es ist nicht unwahrscheinlich, dass sehr kräftige Menschen, durch die Kälte des Nordens gestählt, den kleineren, nur durch Kunst und Wissen ihnen überlegenen Asen als Riesen erschienen, wenigstens sind die Gegensätze von überwiegender Grösse und roher Kraft auf der einen, und geringerer körperlicher Ausdehnung, aber siegendem Verstande, geheimem Wissen auf der andern Seite, nicht zu verkennen.

Tropaea und **Tropaeus** (Gr. M.), »Unheilabwender,« Beiname mehrerer Gottheiten, des Jupiter, des Neptun, der Juno.

Trophonius, s. Agamedes.

Tros (Gr. M.), 1) Stamm- und Landes-Heros der Troër, Sohn des Erichthonius und der Astyoche, der Tochter des Flussgottes Simoïs. Er vermählte sich mit Callirrhoë, der Tochter des Flusses Scamander, und nannte das Land nach sich Troja. — 2) T., Alastors Sohn; gefangen und waffenlos nahete er dem Achill und umfasste seine Kniee, »doch jener durchhieb mit dem Schwert ihm die Leber.«

Troezen (Gr. M), Sohn des Pelops, Beherrscher des kleinen Staates T. im Peloponnes; er hatte eine schöne Tochter, welche sein Bruder zur Ehe begehrte; sie liebte jedoch ihren eigenen Bruder Euphemus, und weigerte sich in die Verbindung einzugehen; der Oheim Dimötus entdeckte diess Verhältniss, und das Mädchen gab sich selbst den Tod. Euphemus führte die ciconischen Völker, geübte Lanzenschwinger, vor Troja.

Trschibek (Slav. M.), eine Göttin der Böhmen, welche diese baten, die verheerende Pest von ihren Grenzen abzuhalten.

Trunawenda (Ind. M.), ein Fürst aus dem Geschlechte der Sonnenkinder; sein Vater war der mächtige Bonden (Sohn des Rassawarten), seine Mutter hiess Kudrassi. Er verrichtete grosse Heldenthaten gegen die Dämonen, welche seinen Namen weit berühmt machten.

Trygon (Gr. M.), Amme des Aesculap, deren Grab bei dem Tempel des Gottes in Arcadien gezeigt wurde.

Tschakara (Ind. M.), Wischnu's mächtiges Schwert, welches er als Narayan führt.

Tschamara (Ind. M.), die tübetanische Kuh mit einem Pferdeschweif, dem Brama heilig. Aus den langen Schweifhaaren werden die kostbaren Luftwedel (die Benennung Fächer ist der Form nicht angemessen) gemacht.

Tschanderma (Ind. M.), der Genius des Mondes (auch der Mond selbst) und der Beherrscher desselben, so wie des ganzen Luftraumes, in dem er sich befindet. Er liebte Tarci, die junge und schöne Gemahlin des Vyasha, und dieser Liebe soll der berühmte Buddha entsprungen sein, welchen Vyasha für seinen Sohn hielt und in allen Wissenschaften unterrichtete.

Tschandra (Ind. M.), der Mond, oder der denselben bewohnende Genius; er vermählte sich mit 27 Töchtern des Dakscha; da er jedoch von diesen nur die Rohini liebte, die anderen aber vernachlässigte, verfluchte ihn der Vater, wovon er augenblicklich starb, indessen, weil er seinen Irrthum bereuete, wieder erwachte. Die von ihm Abstammenden heissen Kinder des Mondes, und bilden eine eigene, in dem Mythengeschlechte Indiens hochberühmte Herrscherfamilie.

Tschart (Slav. M.), der Teufel, den einige wendische Stämme, wenn auch nicht anbeteten, doch wenigstens, wie alle slavischen Stämme das böse Princip, den Czernebog, fürchtend verehrten. T. kommt unzweifelhaft von Tscharni, schwarz; er ist also, gleich Czernebog, der schwarze, böse Gott.

Tschenewai (Muham. M.), die Brücke über den Abgrund, welcher nach der Lehre Zoroasters die Reiche des Lichts und der Finsterniss scheidet. Die Seelen der Verstorbenen müssen, auf dieser Brücke stehend, ihre Sünden bekennen, und werden, je nachdem diese verzeihlich sind oder nicht, in das Reich des Lichts aufgenommen, oder in den Abgrund gestürzt. Es soll sich ein Nachbild dieser Fabel wirklich in Tübet, unfern der Quelle des Bramaputra, befinden. Die Pilger zu diesem heiligen Orte gelangen nur auf einer Schnellwage über einen furchtbaren Abgrund; in der Mitte des Weges schwebend, müssen sie den Bonzen ihre Sünden bekennen; ein leises Stocken in der Rede, als zögerten sie Alles zu sagen, macht, dass diese das Gegengewicht hinwegnehmen: die Schnellwage schlägt auf, und der Unglückliche stürzt in die Tiefe.

Tschereltu (Lamaismus), die feste, unersteigliche Burg, welche sich der Genius Erkiti-Racku, einer der vier Beherrscher der bösen Dämonen (Assurs), in eine Felskluft des goldenen Gebirges Sümmer Alu gebaut hat. Unerreichbar in seiner Tiefe für die Genien des Lichts, leitet er von dort aus seine Angriffe auf das edle Geistergeschlecht.

Tschernebog, s. Czernebog.

Tschibatsch (Slav. M.), einer der bösen oder schwarzen Götter der Sorben und Wenden, welcher in thierischer, hundeähnlicher Gestalt, mit Schlangen umwunden, abgebildet wurde.

Tschidaktschi Altan (Mongol. M.), »der Goldene, Vermögende,« Name des Buddha bei den nordasiatischen Völkern, die sich zu seiner Lehre bekennen.

Tschoetschitschalba (Tübet. M.), ein böser Gott, dessen Macht der Welt den Untergang droht, wesshalb ein anderer Dschamadaga geschaffen wurde, (um ihn immerwährend zu bekämpfen.

Tschudo Morskoe, s. Czudo etc.

Tschuli (Ind. M.), ein überaus frommer Büsser, der zur Dienerin einen schönen weiblichen Genius, eine Gandharva, hatte. Da sie sich seine Zufriedenheit erworben, versprach er, ihr eine Bitte zu gewähren; sie bat um einen frommen Sohn und gebar den Bramadatta, welcher wieder auf Bitten seiner Mutter Somada, Beherrscher des Reiches seiner Ahnen ward.

Tschur, s. Czur.

Tschuren (Ind. M.), ein Riese und König der bösen Asurs. Er ward durch Kartikeya, den zwölfhändigen und sechsköpfigen Sohn des Schiwa und der beiden Schwestern Uma und Ganga, besiegt, nach welcher grossen That er sich mit Indra's Tochter Dewanei vermählte.

Tschurillo, s. Kasczej.

Tsju-gen (Japan. M.), Feier der Jahresmitte, welche auf den fünfzehnten Tag des siebenten Monats (unserm August entsprechend) fällt. Dieses Fest ist nicht sehr beliebt, weil bei demselben alle halbjährigen Zahlungen entrichtet werden müssen.

Tsuki mi (Japan. M.), ein Volksfest, die Beschauung des Vollmonds, welches mit Tanzen und Schmausereien endet. Es fällt auf den fünfzehnten Tag des sechsten Monats.

Tuiscon (German. M.), erdgeborner Stammgott der Germanen, von welchem alle Deutsche Nachkommen sein sollen; er ward mit seinem Sohne Man hoch verehrt, ihm wurden von den Druiden Menschenopfer geschlachtet, was nach Cäsar nicht nur in Deutschland, sondern auch durch ganz Gallien geschah. Von Einigen wird er für eine historische Person, von Anderen nur für eine personificirte Idee gehalten.

Tulisso (Preuss. M.), Priester niedern Ranges, zu keiner der drei hohen Classen, Grivaiten, Siggonen und Wurrkaiten, gehörend; ihnen lag die Sorge für die Kranken ob, sie beteten bei denselben und bereiteten sie entweder zu dem Tode vor, oder suchten, so weit es ihre Kenntnisse zuliessen, zu ihrer Heilung zu wirken; sie wohnten nicht an heiligen Oertern, sondern in den Dörfern unter dem Volke, und standen daher in nicht gar hohem Ansehen.

Tumanurong (M. der Makassen), eine Göttin, welche vom Himmel herabstieg, und von dem durch ihre Schönheit entzückten Volke sogleich zur Königin gewählt wurde. Sie vermählte sich mit dem bisherigen König und gebar ihm einen Sohn, der gleich nach der Geburt reden konnte.

Tuquoa (M. der Hottentotten), das böse Princip, der Schaden und Uebel stiftende Gott, welchem man zahlreiche Opfer bringt, um ihn zu versöhnen, weil man glaubt, dass er die Hottentotten verfolge.

Turnus (Alt-ital. M.), König der Rutuler, Sohn des Daunus und der Venilia, Neffe der Königin Amata, der Gattin des Latinus, und verlobt mit deren Tochter Lavinia. Letztere, dem Aeneas vom Schicksal bestimmt, war der Gegenstand des Streites zwischen den Trojanern und den Latinern, in welchem die Ersteren siegten. T. blieb nach vielen wilden Schlachten endlich in einem Zweikampfe mit Aeneas.

Turri (M. der Finnen), ein Kriegs- und Jagd-Gott, welcher in tiefen Felsenschluchten wohnte, und als Stammgott verehrt wurde. Ts. Gattin war eine Tochter der Sonne, ward in dem Sternbilde des grossen Bären angebetet und um Schutz gegen nächtliche Ueberfälle angefleht.

Turrigera oder **Turrita** (Röm. M.), Beiname der Cybele (s. d.).

Tueschimel Erdeni (Lamaismus), eines der sieben Heiligthümer, welche auf den Altären vor den Götzen aufgestellt werden; es ist ein auf Goldgrund gemaltes Bild, das einen Abgesandten des himmlischen Reiches und den Gott des Tempels vorstellt.

Tutanus (Röm. M.), eine Gottheit, welche in Gefahren um Schutz und Hülfe angerufen wurde.

Tutela (Röm.), s. Caprotina.

Tutilina (Röm. M.), eine Göttin, welche die Getreidefluren hüten sollte. Sie hatte einen Altar und eine Säule im Circus, doch keinen Tempel, weil sie nur im Freien angerufen werden durfte.

Tyche (Gr. M.), identisch mit der Fortuna der Römer. Pindar nennt sie eine Tochter des Jupiter. Sie hatte zu Theben und an mehreren andern Orten Tempel und Bildsäulen.

Tyches (Aegyp. M.), einer der vier häuslichen Schutzgeister, welche jedem Menschen für die Zeit seines Lebens zugesellt sind.

Tycho (Gr. M.), ein dem Conisalus ähnlicher Dämon, welcher gewöhnlich mit Priapus vergesellschaftet gefunden wird.

Tydeus, s. Sieben Helden vor Theben.

Tyndareus (Gr. M.), Gatte der berühmten Leda, König in Sparta, von wo er nebst Icarius, seinem Bruder, vertrieben ward. Hercules setzte die Flüchtlinge wieder in ihr angestammtes Reich ein. S. Helena, Leda, und Freier der Helena. Pausanias sah sein Grab zu Lacedämon, vor dem Tempel des Jupiter Cosmetes.

Tyndarides (Gr. M.), Beiname der Dioscuren (s. d.).

Tyndaris (Gr. M.), Beiname der Helena; »von Tynpareus stammend.«

Typhon, Typhos, Typhoeus und **Typhaon** (Gr. M.), ein Ungeheuer der Urzeit, bald als verderblicher Sturmwind, bald als vulcanischer, Flammen speiender Erdriese aufgefasst. Bei Homer liegt er im Arimer-Lande in der Erde, die von Jupiter mit Blitzen gepeitscht wird. Bei Hesiod sind Typhaon und Typhoeus zwei verschiedene Wesen. Typhaon ist Sohn des Typhoeus, ein furchtbarer Wind, der mit der Echidna den Hund Orthrus, den Cerberus, die lernäische Hyder und die Chimära zeugt. Typhoeus aber ist der jüngste Sohn des Tartarus und der Gäa, hat hundert Drachenköpfe mit furchtbar funkelnden Blicken und entsetzlichen Stimmen. Er zeugt alle schädlichen Winde. Er wollte die Herrschaft über Götter und Menschen gewinnen, aber Jupiter bändigte ihn mit dem Wetterstrahl, und er liegt nun unter dem Aetna.

Typhon (Aegypt. M.), nannten die Griechen denjenigen ägyptischen Gott, welcher als das böse Wesen angesehen ward, und welchem man die Zerstörung des Lebens der Natur zuschrieb, indem sie denselben mit ihrem T. verglichen. Dieser Gott war der Gott des Hundssterns, welcher Aegypten den Segen der Nil-Ueberschwemmung bringt, ohne welche das Land nicht bestehen kann; insofern war er ein segensreicher und hochverehrter Gott, und blieb diess auch unter einigen seiner Namen. Als aber der Dienst der Isis und des Osiris Ausbildung fand, ward der Hundsstern dazu bestimmt, der Tödter der Natur durch trockene Hitze zu sein, und nun wurde T. zu einem bösen Gott, dessen Andenken man auf den Denkmälern verfolgte und ausmeisselte, da er als Feind und Verfolger des Osiris (s. d.) galt. T. hat zum Weibe die Nephthys und zeugt mit ihr den Anubis. Sein ächt ägyptischer Name wird verschieden angegeben, z. B. Seth, Bebon, Smy.

Typhrestus (Gr. M.), Sohn des Sperchius, nach welchem eine Stadt im trachinischen Gebiete benannt wurde.

Tyr (Nord. M.), einer der obersten Götter des nordischen Alterthums, Sohn des Odin und der Frigga, und Bruder des Thor. Als Gott der Kühnheit, Weisheit und Stärke, ward er sowohl von den Helden als den Skalden um seine Gunst gebeten, und zugleich mit Thor und Odin verehrt. Von seiner Unerschrockenheit gibt der Artikel Fenrir eine Probe; beim Weltuntergange kämpft er mit dem Höllenhunde Garm, und Beide tödten einander gegenseitig. Mehrere Alterthumsforscher sind geneigt, ihn mit Tuiscon zu identificiren.

Tyrannus (Gr. M.), einer der Pterelaïden, welche im Kampfe gegen die Söhne des Electryon blieben.

Tyrbenus (Gr. M.), Beiname des Apollo.

Tyrimmas (Gr. M.), Gastfreund des Ulysses, bei welchem der Letztere wohnte, als er von Troja nach Epirus reiste, um das dortige Orakel des Krieges wegen zu befragen. T. hatte eine schöne Tochter, Evippe, deren Neigung der griechische Held gewann, und welche von ihm einen Sohn Euryalus gebar.

Tyrius (Gr. M.), »der Tyrier«; Hercules, wie er in Cyrus verehrt wurde. S. Melkart.

Tyrrhenus (Gr. M.), Sohn des Hercules und der Omphale, oder Sohn des Telephus und der Hiera, Bruder des Tarchon; oder Sohn des Atys und der Callithea, Bruder des Lydus, soll den Gebrauch der grossen Seeschnecke als Trompete erfunden haben. Er colonisirte den Theil Italiens, der noch nach ihm heisst, indem er, durch eine Hungersnoth gezwungen, aus Mäonien in Asien entfloh.

Tyrrhus (Alt-ital. M.), ein Oberhirt des Königs Latinus in Italien. Er besass einen schönen zahmen Hirsch, den Silvia pflegte, badete, mit Blumen bekränzte; diesen jagte die Furie Alecto, dem Tartarus entsendet, dem Ascanius in den Weg; er schoss nach ihm: das Thier, schwer verwundet, floh der Heimat zu; der erzürnte Hirt und seine Söhne, und unsichtbar auch die Furien, riefen die Nachbarn und die Bewohner der ferneren Ortschaften zusammen, und diess war der erste Grund zu dem Kriege, welchen Aeneas mit den Latinern in Italien zu bestehen hatte.

Tzapotlatenan, eine mexikanische Göttin, Gemahlin ihres Aesculap, des Ixtilton. Sie ist die Erfinderin der Balsame und heilsamen Spezereien; auch ihr, wie beinahe allen andern Gottheiten, wurden Menschenopfer gebracht.

U.

Ublanitzn (Slav. M.), ein Hausgott der Polen, den die etwas nachlässigen Leute zu grösserer Bequemlichkeit mit Bewachung alles Hausrathes beauftragten.

Uboze (Ubosche) (Slav. M.), die Seelen der Verstorbenen, welche in der Gestalt von Zwergen sich gern in den Häusern ihrer Verwandten zu thun machten, und daher von diesen geehrt, und, um sie unschädlich zu machen, mit Speise und Trank versehen wurden.

Ucalegon (Gr. M.), ein Bewohner von Troja, ein Aeltester, im Rathe geehrt. Sein Haus stiess an das des Deïphobus und brannte mit demselben gänzlich ab.

Udainsakr (Nord. M.), derjenige Theil des Landes der Seligen, in welchem mit allen irdischen Bedürfnissen auch alle Uebel aufhören, indem Niemand dort krank wird oder stirbt. Es ist im Besitz des Königs Gudmund, welcher der Beherrscher von Jotunheim war. Aus diesem Letztern scheint hervorzugehen, dass U. nicht ein Paradies der Asen, sondern der früheren Bewohner Skandinaviens, der Joten, gewesen ist.

Udaeus (Gr. M.), einer der von Cadmus Gesäeten, welche sich bis auf fünf gegenseitig ermordeten; er war des Tiresias Ahnherr.

Udschen (Ind. M.), ein berühmter König aus der Dynastie der Mondskinder. Er war vermählt mit Marwa, welche ihm zwei Töchter, Mirkinda und Laschmene, gebar, die Beide zu den acht Prinzessinnen gehörten, welche Krischna's erste Gemahlinnen wurden.

Udur (Nord. M.), »der Untergang«, eine von den Töchtern des Aeger und der Ran, ein Wellenmädchen. S. d.

Uginda, ein Bittfest bei den Tscheremissen, welches sie zur Zeit des kräftigsten Wachsthums der Getreidefelder dem Gotte Ageberen halten, seinen Segen erflehend.

Ukko (M. der Finnen), der Beherrscher des Himmels und der Erde; ein allgewaltiger Gott, dessen Gattin Rauni mit Ungewitter zur Erde fährt, wenn diese getroffen werden soll.

Ukkuma, der grosse Geist der Eskimos, ein Wesen von unendlicher Güte, welches sie um alle ihre Bedürfnisse bitten.

Ulfruna (Nord. M.), eine von den neun schönen Riesenjungfrauen, welche zugleich durch Odin, der sie im Schlafe beschlich, Mutter des Gottes Heimdal, des Himmelswächters, wurde.

Ulius (Gr. M.), Beiname des Apollo, man weiss nicht, ob als verderblicher, oder als Heil-Gott; ihm that Theseus ein Gelübde, damit er ihn gesund aus Creta zurückbringe.

Ullan Machaitae (Lam-Rel.), die Secte der Lamaiten, welche sich Rothmützen nennt; sie erkennen den Dalai-Lama nicht als ihr Oberhaupt, sondern haben ein eigenes, mit gleichem Ansehen in Tübet herrschendes: den Bogdo-Lama; die weltliche Macht gehört dem Kaiser von China.

Ulldra, der Flussgeist im Aberglauben der Norweger, von welchem der Segen des Fischfanges abhängt. Man suchte seine Gunst auf dieselbe Weise zu gewinnen, wie die des Nipen (s. d.).

Uller (Nord. M.), Sohn der zweiten Gattin des Thor, der schönen goldhaarigen Sif, doch nicht von Thor, sondern in einer frühern Verbindung erzeugt. U. ist berühmt als guter Schütze und tüchtiger Jäger, läuft, was in Norwegen von der Jagd unzertrennlich ist, vortrefflich auf Schlittschuhen, so dass ihm Niemand nachkommen kann, und heisst darum auch Weida As, der jagende Ase. In der Sage von U., dass er, nach Odin's Vertreibung aus Asgard zum Könige gewählt, als solcher Mit-Odin genannt, endlich aber von dem siegreich zurückkehrenden Odin vertrieben und in Fühnen ermordet worden sei, ist der neuere Zusatz unverkennbar.

Ultor (Röm. M.), Beiname des Mars, dem Augustus zu Rom auf dem Forum für die Rache an den Mördern Cäsars einen Tempel erbaute.

Ulysses, Fig. 287, griechisch Odysseus (Gr. M.), König von Ithaca, Sohn des Laërtes und der Anticlea,

Fig. 287.

Tochter des Autolycus. Nach späterer Sage war seine Mutter von Sisyphus schwanger, als sie an Laërtes verheirathet wurde. Er ist vermählt mit Penelope (s. d.) und Vater des Telemachus, und verlässt, während sein Sohn noch ein zartes Kind ist, sein Haus, um mit 12 Schiffen gegen Troja zu ziehen. Homer schildert ihn durchaus nur als bewunderungswürdigen Helden, als vielgewandten, erfindungsreichen Mann, an Verstand und Beredtsamkeit vor allen Sterblichen ausgezeichnet und den Göttern vergleichbar, besonders aber als kühn ausharrenden Dulder. Erst die spätere Sage machte ihn zum ränkevollen Bösewicht, vornehmlich dem Palamedes (s. d.) gegenüber. Nachdem er Troja mit zerstört, ward er durch den Zorn des Neptun auf allen Meeren umhergeschleudert. Neptun zürnte ihm darum so schwer, weil U. dieses Gottes Sohn, den Cyclopen Polyphemus, geblendet hatte. Das Zusammentreffen des U. mit Polyphem bildet eine halb komische, halb grauenhafte Episode in Homers Odyssee. Vgl. Cyclopen. Polyphem war der Sohn Neptuns und der Nymphe Thoosa. U. kam mit 12 Gefährten in seine Höhle, die der Riese durch einen ungeheuren Felsblock verrammelte, so dass die Fremden nicht mehr entrinnen konnten. So verzehrte Polyphem nach und nach 6 Gefährten des U., indem er den Helden wiederholt versicherte, dass er ihn, als den leckersten Bissen, bis zuletzt aufspare. Um sich zu retten, machte U. das Ungeheuer mit dem Weine trunken, den er mit sich gebracht, brannte ihm dann mit einem glühenden Baumstamm, dem Stabe des Riesen, sein Auge aus, band sich und seine noch lebenden Gefährten unter die Bäuche der Schafe fest, die Polyphem in der Höhle hatte, und entkam so, als dieser die Schafe aus der Höhle auf die Weide entliess. Die übrigen Thaten und Schicksale des Helden sind schon in den Artikeln Ajax, Aeolus, Calypso, Circe, Dolon, Lästrygonen, Palamedes, Penelope, Freier der Penelope, Telegonus enthalten. Nach 10jährigen unermesslichen Mühsalen gelangte U. endlich nach Scheria, der Insel des Phäakenkönigs Alcinous, der ihn, hochgeehrt und mit köstlichen Kleinodien reich beschenkt, nach Ithaca entsendet, wo er nach 20jähriger Abwesenheit wieder anlangt, und mit Hülfe seines Sohnes Telemachus und weniger treu gebliebenen Diener sein Haus von den Freiern säubert. Die bildende Kunst hat ihn meist als Schiffer aufgefasst, und mit halbeiförmiger Schiffermütze dargestellt. So sehen wir ihn nach einer antiken Marmorbüste hier abgebildet.

Uma (Ind. M.), die Tochter des Himawai und der Mera (Götter des höchsten Ranges). Sie war die jüngere von zwei Schwestern (Ganga die ältere), und von so ausserordentlicher Schönheit, dass Schiwa, ihr Gatte, 36,000 Jahre in ihrer Umarmung zubrachte; dennoch war sie unfruchtbar und belegte desshalb alle Götter mit dem Fluche, kinderlos zu bleiben; auch verfluchte sie die Erde, dass sie stets ihre Gestalt wechseln, und das Weib unzählig vieler Männer sein solle. In der grössten Angst wandten sich alle Götter an Brama, und dieser versprach, dass der Himmel nicht entvölkert werden solle, dass Uma's ältere Schwester Ganga durch Schiwa Mutter eines Sohnes werden werde, der in dem grossen Dämonenkriege die himmlischen Heerschaaren befehligen würde. So geschah es: Ganga ward von Schiwa befruchtet und mit ihr zugleich Uma, wodurch diese versöhnt den Fluch zurücknahm.

Undinen. Die Geister, welche das Wasser bewohnen, in der alten Naturgeschichte der Scholastiker; Elementargeister, gleich den Kobolden, Salamandern, Sylphen. Mit unnachahmlichem Zauber bekleidete die blühende Phantasie eines Fouqué, in dem wunderbar lieblichen Gedicht Undine, ein solches Wesen. Wir verweisen die Leser auf diese treffliche Dichtung.

Unxia (Röm. M.), Göttin des Salbens, Beiname der Juno. Die jungen Frauen sollen in Rom die Thürpfosten ihrer künftigen Wohnhäuser, bevor sie dieselben betraten, gesalbt haben, damit nichts Böses dieselben überschreite. Daher erhielt Juno, die Vorsteherin der Ehen, obigen Namen.

Upis (Gr. M.), Beiname der Diana; eben so hiess eine Erzieherin, ferner eine Nymphe dieser Göttin; ferner eine hyperboreïsche Jungfrau, welche mit Arge einen Tribut zur Lösung eines Gelübdes für die Geburt des Apollo und der Diana der Ilithyia nach Delos überbrachte; ferner ein angeblicher Vater der Diana, Gemahl der Glauce. Endlich war Upis auch ein Beiname der Nemesis.

Urania, Fig. 288 (Gr. M.), 1) s. Musen, und hiezu unser Bild, nach einem Herculanischen Gemälde. — 2) U., Beiname der Venus: »die Himmlische, die Reine, Unkörperliche.«

Uranus (Gr. M.), Lateinisch Cölus, der Himmel, Urvater des ganzen griechischen Göttergeschlechts. Seine ersten Kinder waren die Hecatonchiren (Centimanen), dann gebar ihm Gäa die Cyclopen; diese wurden wegen ihrer ungeheuren Gewalt in den Tartarus gesperrt, welches deren Mutter so sehr erzürnte, dass sie ihre nachher gebornen Kinder, die Titanen (s. d.), gegen den Vater aufreizte und diese denselben vom Throne der Welt verstiessen, ja, Kronos (Saturnus), sein jüngster Sohn, ihn sogar mit einer diamantenen Sichel unfähig zu ferneren Zeugungen machte. Das Meer nahm die verstümmelten Glieder auf, die der Venus das Leben gaben; aus dem vergossenen Blut aber entstanden die Giganten, die Erinnyen und die melischen Nymphen.

Urd (Nord. M.), die Norne der Vergangenheit, welche mit ihren beiden Schwestern, Waranda und Skuld, unter der Weltesche Ygdrasil sitzt, und bei welcher sich die Götter täglich Raths erholen.

Fig. 288.

Urdaborn (Nord. M.), der Quell der Vergangenheit, an welchem die drei Nornen sitzen, aus dessen klaren Fluthen sie sich täglich neue Weisheit schöpfen, mit dessen Wasser sie die Wurzeln des Weltbaumes Ygdrasil tränken.

Urghier (Tübetan. M.), eine der höchsten Gottheiten der Lamaiten, aus einer Blume entsprossen.

Urglaffa (Nord. M.), eine der neun Riesenjungfrauen, welche Mütter des Heimdal waren.

Urii (Slav. M.), eine Gottheit der Wenden, welche besonders von den Zauberern, die immer zugleich Aerzte waren, als ihr Schutzpatron verehrt wurde.

Urius (Gr. M.), Beiname des Jupiter, sofern er den Schiffenden guten Fahrwind sendet.

Urstier (Chines. u. pers. M.). Ein Bild eines Stieres soll in China, zu Miako, in einer grossen Pagode ganz von massivem Golde gebildet, stehen. Ist, was aus den Berichten der holländischen Gesandtschaften entlehnt ist, wahr, so muss man erstaunen über die wunderbare Uebereinstimmung der Fabel von diesem U. mit der von dem persischen und ägyptischen. Er ist im Sprunge abgebildet, im Begriff, mit den Hörnern ein Ei zu zerstossen, welches vor ihm halb im Wasser an einen Felsen gelehnt liegt. Chinesen, Aegypter und Perser, sagen: In dem Weltei lag das Weltall verborgen; es schwamm auf dem Meere, bis ein Fels sich aus demselben erhob, an welchem es sich lagerte; nun kam der U. und zersprengte mit seinem Gehörn die Schale, und aus dem Ei ging hervor die Welt mit Allem, was darauf ist, und des Stieres Athem beseelte den Menschen.

Usous (Phönic. M.), nach der angeblich von Sanchuniathon stammenden Ueberlieferung ein Bruder des Hypsuranius, der sich zuerst mit Fellen der von ihm bewältigten Thiere den Leib schirmte, und, als Regengüsse und Winde ausgebrochen waren, und Feuer die Bäume bei Tyrus durch Aneinanderreiben ergriffen hatte, sich auf einem Baum, dem er die Aeste abgehauen, auf das Meer wagte. Er weihte zwei Säulen dem Feuer und dem Wind, betete sie an, und spendete ihnen das Blut der Thiere, die er erjagte.

Utanubaden (Ind. M.), der älteste Sohn des Stammvaters des ganzen Menschengeschlechts, des Königs Suayambhu. Er war vermählt mit Sunadi, welche ihm den Druwen gebar, der schon in seinem fünften Jahre ein Heiliger ward, von Wischnu mit Weisheit beschenkt, das Reich seines Vaters durch 26,000 Jahre regierte, und endlich in den Polarstern versetzt wurde.

Utgard (Nord. M.), das Reich des Utgartsloki, am Ende der Welt gelegen, das Land der Riesen und Zauberer, zunächst der eisigen Zone. Es ist bekannt durch Thors Reise dahin.

Utgartsloki, s. Thor.

Uvaettir (Nord. M.). Das ganze zahlreiche Geschlecht der Trollen, Thussen, gespenstigen Zwerge und Riesen, der Joten, Schwarzelfen und Dockelfen führte gemeinschaftlich diesen Namen.

Uza (Oriental. M.), Götterbild der alten Araber, welches Mahomet zerstörte, worauf er die Priesterin desselben erdrosseln liess.

V.

Vacuna (Alt-ital. M.), eine Göttin des Landbaues, der man nach vollbrachter Ernte in Ruhe opferte, und durch Ruhe sie ehrte.

Valens (Röm. M.), nach Cicero der Name des zweiten Mercur; Einige erklärten ihn für den Vater des Trophonius.

Valentia (Röm. M.), eine Göttin der Gesundheit, ähnlich der Hygea, von der Stadt Ocriculum in Umbrien als Schutzgöttin verehrt.

Vallonia (Röm. M.), eine Nymphe der Thäler.

Vaticanus, nach Andern **Vagitanus** (Röm. M.). ein Gott, welcher den ersten Lauten der kleinen Kinder vorstehen sollte.

Vedius oder **Vejovis** (Röm. M.), ein von den Tuskern angenommener Gott von gefährlicher Wirksamkeit. Seine furchtbaren Blitze kündigten sich denen, die sie reffen sollten, schon vorher durch Taubheit an. Sein Tempel lag zu Rom zwischen dem Capitol und der tarpejischen Burg; sein Standbild stellte einen jugendlichen, mit Pfeilen bewaffneten Gott dar. Sein Fest war vor dem 7. März; man opferte ihm Ziegen.

Venilia (Alt-ital. M.), Schwester der Amata (der Königin der Latiner und Mutter der Lavinia), Mutter des Turnus. Man hält sie für die Gemahlin des Faunus.

Venulus (Alt-ital. M.), ein Latiner, den Latinus vergeblich nach Arpi zu Diomedes sandte, um Hülfe gegen Aeneas zu erlangen.

Venus, Fig. 289—294 griechisch Ἀφροδίτη (Gr. u. röm. M.). Der Name Aphrodite ist ungriechischen Ursprungs und gehört vielleicht der phönicischen Sprache an; denn nach Herodot kam der Dienst dieser Göttin aus Ascalon in Syrien, wo sie als grosse Göttin verehrt ward, nach Cyprus, Cythera und Sicilien. Diess sind insgesammt Inseln, auf welchen in uralter Zeit die Phönicier bei ihren Handelsreisen Niederlassungen gegründet hatten, und somit ist die ursprüngliche Aphrodite nichts Anderes, als die grosse weibliche Natur-Gottheit aller vorderasiatischen Völker, die uns unter so vielen Namen bekannt ist (Astarte, Mylitta, Alitta, Anaïtis, Cybele, Isis). Da diese Völker aber alle im Wesentlichen nur Ein oberstes männliches und Ein weibliches Wesen verehrten, so war natürlich ihre vielarmige Allmutter immer auch Königin des Himmels, und diess ist daher der Ursprung des Beinamens Urania (die Himmlische), den Aphrodite schon aus Asien nach Griechenland mitbrachte, und den erst später Philosophen, wie Plato, mit willkürlicher Umdeutung als Bezeichnung einer Göttin der himmlischen, reinen, unsinnlichen Liebe, zum Unterschiede von einer Göttin niedriger Geschlechtslust, gebrauchten. Den Völkern selbst, bei welchen sich der Aphrodite-Dienst zuerst entwickelte, war natürlich eine solche Unterscheidung vollkommen fremd; die himmlische Göttin von Ascalon war eine Göttin der Fortpflanzung und Zeugung, welcher Tauben und Fische als besonders fruchtbare Thiere geweiht waren, und, weil

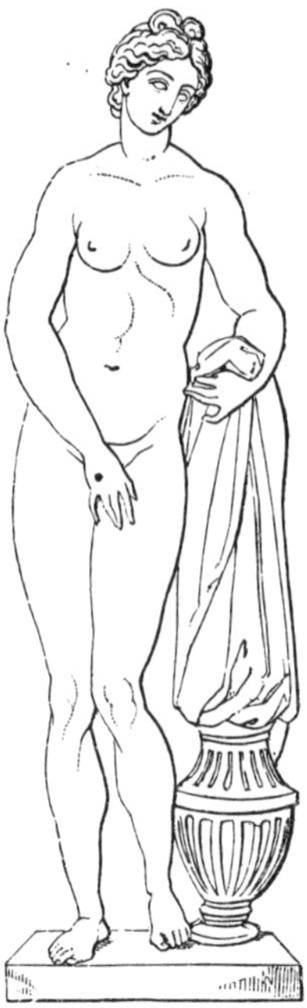

Fig. 289.

Fig. 290.

Fig. 291.

Fig. 292.

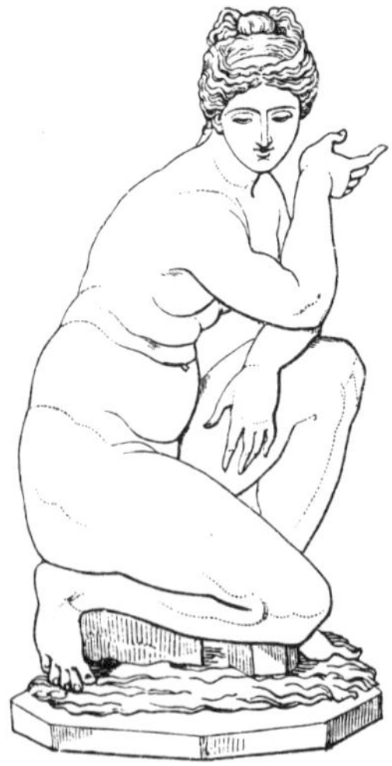

Fig. 294.

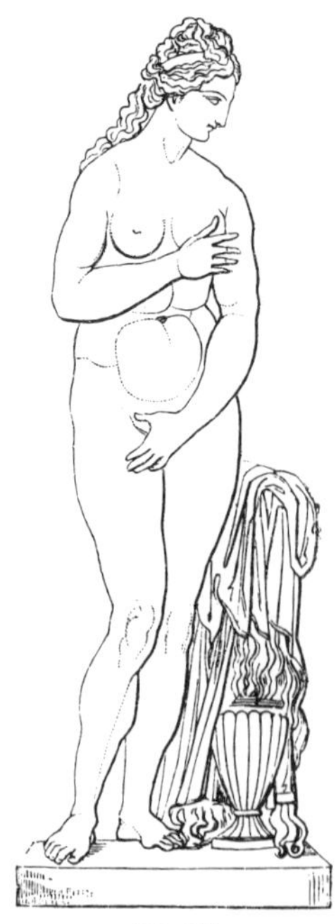

Fig. 293.

das Wasser Bedingung alles Wachsthums ist, Beziehung zu diesem gegeben wurde. Theils darum, theils weil der Aphrodite-Dienst über das Meer zu ihnen gekommen war, nannten die Griechen Aphrodite die aus dem Meeresschaum Geborene (ἄφρος, Schaum, und δύω, tauchen) Davon spricht Hesiod und ein homerischer Hymnus; Homer in der Ilias und Odyssee weiss hievon nichts, sondern ihm ist Aphrodite eine Tochter des Zeus und der Dione. Dione aber ist von Einer Wurzel mit Zeus (Genitiv Dios) und Jupiter (Diupiter), und daher wieder die Himmelsgöttin, wie auch Aphrodite selbst zuweilen Dione genannt wird. Noch Cicero nennt sie eine Tochter des Cölus und der Hemera, d. h. des Himmels und des Tages. — In der griechischen Volksreligion ist Aphrodite die Göttin der Liebe, der Schönheit, der Anmuth. Als solche ist sie selbst die schönste der Göttinnen, der desshalb auch Paris den Preis der Schönheit mit Recht ertheilte. — In der Ilias ist sie noch nicht Gemahlin des Vulcan, sondern erst in der Odyssee, wo sie, ihrem Gatten untreu, mit Mars buhlt, vom Sonnen-Gott verrathen, von Vulcan mit Zaubernetzen in der Umarmung mit Mars umstrickt, und so allen Göttern vorgezeigt wird. Im trojanischen Krieg steht sie auf der Seite der Troër und schützt besonders den Aeneas, Paris und Hector. Ersterer ist ihr Sohn von Anchises, zu welchem ihr Jupiter selbst liebendes Verlangen eingeflösst hat. Als sie einst dem Aeneas im Gefechte beistehen wollte, wurde sie von Diomedes an der Hand verwundet; weinend flieht sie nach dem Olymp, aber Jupiter erwidert lächelnd auf ihre Klagen, dass Schlachten nicht der Schauplatz ihres Wirkens seien. — Dem Anchises gebar sie ausser Aeneas den Lyrus oder Lyreus; dem Adonis (s. d.) den Golgus und die Beroë; aus der Doppelehe mit Mars und Adonis den Priapus, oder diesen auch von Jupiter oder von Bacchus; von Mercur den Hermaphroditus; von Butes, Teleons Sohn, den Eryx; von Neptun die Rhodos. — Geheiligt sind ihr die Myrte, die Rose, der Apfel, der Mohn, die Linde, der Sperling, die Taube, der Schwan, die Schwalbe, der Wendehals, der Delphin, die Schildkröte, der Bock; der Planet V. und mit ihm der Freitag; der Monat April; die Zahl sechs. Als Siegerin über alle Herzen erscheint sie mit den Attributen des Mars: Helm, Schild, Lanze, Schwert, und trägt die Victoria, wie Jupiter, auf der Hand. — Als ihre wichtigsten Beinamen vergleiche man die Artikel Callipygos, Apaturia (unter Apaturien), Anadyomene, Pandemos. — Der italische Name V. kommt von demselben Wortstamm her, wovon venire, kommen, hervorkommen, wachsen, und bezeichnete zuerst eine Göttin der Gartengewächse, denn man hat noch eine Stelle, worin Neptunus, V., Ceres für Fische, Gemüsse und Brod gebraucht werden. Wann diese alt-italische Göttin in Rom öffentlich verehrt zu werden angefangen habe, ist gänzlich unbekannt, während wir die Nachricht haben, für V. habe es zu Rom unter der Herrschaft der Könige weder einen lateinischen, noch einen griechischen Namen gegeben. Ebenso unbekannt sind die Gründe, welche die Römer bewogen haben, in der griechischen Aphrodite ihre V. wieder zu erkennen, und diejenige Vermengung der beiden Göttinnen vorzunehmen, von welcher die römische Literatur und die Kunstdenkmäler Zeugniss geben, und die so stark war, dass in der That die italische V. vor der griechischen Aphrodite gänzlich verschwunden ist. Besonders beliebt wurde in Rom der Mythus von V. als Mutter des Aeneas, und von Aeneas als Gründer einer troïschen Colonie in Italien, welche Bedingung des Entstehens von Rom gewesen sei, so dass Aeneas als Stammherr, V. als Stammutter des römischen Volks überhaupt, und (da dem Aeneas ein Sohn Julus zugeschrieben wurde) des julischen Geschlechts insbesondere galt, wesshalb dann Julius Cäsar, der auch eine bewaffnete V. als Siegel gebrauchte, der V. Genitrix (Ahnfrau) einen besondern Tempel erbaute. — Mit welcher Liebe die bildende Kunst sich der Darstellung der V. hingab, ist bekannt genug; es bildeten sich gewisse Grundzüge dafür aus, ein eigener Venus-Typus. — Von den berühmtesten V.-Bildern des Alterthums, wie von Praxiteles, Scopas, Apelles, ist uns zwar nichts erhalten; demungeachtet besitzen wir noch köstliche Ueberreste, in denen man mehr oder weniger gelungene Nachbildungen jener höchst vollkommenen Originale erkennen darf. Unsere Abbildungen zeigen: Fig. 289 Venus-Statue von der Art derer, welche mehrere Alterthumsforscher als die wahren eigentlichen Copien der cnidischen Venus des Praxiteles ansehen, und zwar aus dem Grunde, weil eine ähnliche Figur auf zwei Medaglions der Cnidier sich findet. Diese Statue hat kaum halbe Lebensgrösse und stand vormals in der Villa Borghese. Die Nacktheit der Göttin ist hier noch motivirt durch die Ablegung des Gewandes zum Bade, was man später nicht mehr nöthig fand, da die Darstellung des vollendeten sinnlichen Liebreizes mehr und mehr die Hauptaufgabe der vom alten Tempeldienst sich emancipirenden Kunst wurde. Dahin gehört also sogleich die berühmte mediceische Venus, Fig. 290, ein Werk des Cleomenes aus Athen, im Allgemeinen auch noch Nachbildung der cnidischen; Fig. 291 gibt eine Ansicht von einer Venus-Statue in Florenz, die als Venus Urania und als Nachbildung der coïschen Venus des Praxiteles galt; Fig. 292 Venus Callipygos, Statue des Museo Borbonico in Neapel; Fig. 293 Capitolinische Venus; Nachbildung der cnidischen mit einem gewissen individuellen Charakter, im Musée français; Fig. 294 die sich im Bade schmiegende Venus; Museo Pio-Clementino.

Venus (Frau) (Nord. Sage). In Thüringen soll eine Feenkönigin mit Namen Frau V. gewohnt und den Horselberg zu ihrem Revier erkoren haben; um sie war ein wonnevoller Liebes- und Freudenhof, und diejenigen, welche sich ihr ergaben, wurden mit allen Genüssen, welche die ausschweifendsten Gelüste nur begehren mögen, überschüttet, jedoch dadurch um ihr ewiges Heil betrogen. Unter den also dahingefahrenen Personen nennt die Sage insbesondere einen Ritter Tannhäuser, der, nachdem er mehrere Jahre im V.-Berge zugebracht, plötzlich, von schwerer Reue ergriffen, nach Rom zum Papste kam, um zu beichten und Gnade zu erflehen. Der Papst wies ihm seinen Krummstab vor, und sagte, wenn dieser Stab wieder grüne und blühe, dann werde er Vergebung erlangen. Tannhäuser ging verzweiflungsvoll von dannen, nach etlichen Tagen aber fing der Stab an zu grünen und zu blühen. Der Papst liess den Tannhäuser überall suchen, aber der war nirgends mehr zu finden, denn er war in den V.-Berg zurückgegangen, wo er nun bleibt in Ewigkeit. Vergl. Eckhardt. Erst seit dem 14ten Jahrhundert kommen die ersten Spuren der Sage vom V.-Berg zum Vorschein: um diese Zeit scheint also die deutsche Holda = Frigga, in die römische Venus umgewandelt worden zu sein.

Verbrennen der Wittwen, eine sonderbare und schreckliche Sitte der Indier, erst seit dem Jahre 1827 von den Engländern gesetzlich verboten, doch noch immer nicht ganz unterdrückt. Man gibt vor, der Gebrauch sei erst später herrschend geworden, als die Frau eines Braminen ihren Gatten vergiftet habe, wesshalb festgesetzt wurde, dass jede Frau ihrem Manne in das Grab folgen müsse; allein es ist nicht wahrscheinlich, dass eine solche Ursache der schrecklichen Unsitte zum Grunde liege, vielmehr scheint im Cultus selbst schon die Bedingung dazu vorhanden zu sein. Sich selbst freiwillig opfern, ist bei den Indiern fast das höchste Verdienst, das ein dem menschlichen Geschlecht nicht mehr nützliches Mitglied sich erwerben kann. Die Wittwe ist aber ein solches unnützes Glied: zur Verheirathung ist Jungfräulichkeit der Braut wesentliche Bedingung; da die Wittwe sich also nicht mehr verehelichen kann, wird sie zur Vermehrung des menschlichen Geschlechts unnütz, den Ihrigen eine Last; sie ist diesen schuldig, sich zu opfern, was man jedoch nicht von ihr verlangt, wenn sich Jemand findet, der sie heirathen möchte. Das Alter hat diese Sitte geheiligt, so dass eine Frau, welche sich weigert, dem Gatten zu folgen, verachtet, aus ihrer Gesellschaft gestossen, in die Wälder vertrieben wird, wo sie ihr Verbrechen dadurch büssen kann, dass sie stets aus dem Schädel des Verstorbenen trinkt, und Alles, selbst das Scheusslichste, was man ihr hineinwirft, isst.

Veritas (Röm. M.), die Göttin der Wahrheit, welche die Griechen Ἀλήθεια nannten, Tochter des Jupiter oder des Saturn; sie gilt für die Mutter der Tugend und der Gerechtigkeit. Man bildete sie in weisser Kleidung ab.

Verticordia (Röm. M.), Beiname der Venus, »die Lenkerin der Herzen«; ihr ward ein Tempel erbaut, als drei Vestalinnen zugleich gefallen waren, damit sie die Herzen der Frauen von der Unkeuschheit abwenden möchte. Um diesen Tempel zu weihen und das Bild der Göttin aufzustellen, wurden aus hundert der anerkannt keuschesten Frauen zehn durch's Loos erwählt, die dann aus ihrer Mitte Eine ernannten, und zwar Sulpicia, Gemahlin des Fulvius Flaccus.

Vertumnus (Röm. M.), ein Gott von sehr zweifelhafter Bedeutung, von dem man nichts gewiss weiss, als dass in Rom da, wo die tuscische Strasse an das Forum stiess, sein Bild aufgestellt war, dass ihm am 27. August ein Fest, Vertumnalia, gefeiert wurde, dass er einen gemeinsamen Altar mit Ceres hatte, und dass man Pomona, die Göttin des Obstes, als seine Gattin betrachtete. Einige nahmen an, er sei ein Gott der Jahreszeiten; Andere, des Handels; Einige, er stamme von den Tuskern, Andere, von den Sabinern.

Vervactor (Röm. M.), ein Feldgott, der den Brachfeldern die erschöpfte Fruchtbarkeit wieder geben sollte.

Vesta, griechisch Ἑστία Fig. 295 (Röm. u. gr. M.) Das Wort ἑστία heisst eigentlich Herd, und die ganze Anbetung dieser Gottheit ist also nur aus der Vergötterung des häuslichen Feuerherdes entsprungen; diese selbst aber gibt den Beweis dafür, dass in die Gemüther der

Fig. 295.

alten pelasgischen Volksstämme (der gemeinsamen Ahnen der Griechen und Römer) die tiefste Erkenntniss der Wahrheit eingedrungen war, dass mit der Bereitung gekochter Speisen, statt des zuvor genossenen rohen Fleisches, ein wesentlicher Umschwung mit der ganzen menschlichen Natur eingetreten, und damit eines der höchsten Güter von den Göttern den Menschen geschenkt worden sei. Da sich aber jenen Urvölkern sehr frühe die Betrachtung aufdrängte, dass die Begründung einer häuslichen Feuerstätte das Familienleben, dieses aber das bürgerliche Zusammenleben, die Gründung des Staates bedinge, so ist Hestia eben so sehr Göttin des Staates, als des Hauses. Sie ist als mythologische Person eine der zwölf grossen Gottheiten (s. Consentes), erstgeborene Tochter des Kronos und der Rhea, zuerst von ihrem Vater verschlungen; eine jungfräuliche Göttin, die, als Apollo und Neptun um sie warben, bei dem Haupte Jupiters den Eid ewiger Jungfrauschaft schwur. Als einst Cybele die Götter zu ihrem Feste geladen hatte, erschien auch V., und ruhte nach dem Feste im Grase. Da schlich Priapus heran, um sie zu berücken, weil er die jungfräuliche Göttin nicht erkannte. Schon war er nahe daran, seinen Zweck zu erreichen, als Silen's in der Nähe weidender Esel so laut schrie, dass die erschreckte Göttin aufsprang und Priapus entfloh. Diess galt als Veranlassung des in Rom bestehenden Gebrauchs, dass am Feste der V. die Müller-Esel Rasttag hatten, und bekränzt und mit Halsbändern erschienen, die aus kleinen Broden, auf Schnüre gereiht, bestanden. — V. war also in Griechenland Göttin der Häuslichkeit und alles häuslichen Segens, Erfinderin des Häuserbaues, Vorsteherin der Opfer, Göttin des heiligen Altarfeuers, Theilhaberin an allen Ehren in sämmtlichen Tempeln, Schutzgottheit der Schutzflehenden, die sich auf den Herd setzen, Inhaberin des gemeinsamen heiligen Stadt-Herdes in den sogenannten Prytaneen (Stadthäusern), wo sie ebenfalls Schirmherrin der Schutzflehenden war, und die städtische Obrigkeit beim Amtsantritt ihr opferte. Besondere Tempel hatte sie wenige, Standbilder noch seltener, da der Altar und sein Feuer ihr eigentliches Bild war, und ihrer bei allen Brandopfern in allen Tempeln zuerst gedacht wurde. Auf dem heiligen Stadtherde wurde ein immer brennendes Feuer erhalten, von Wittwen bedient, von welchem ausziehende Colonien sich Feuer mitnahmen; erlosch es, so durfte es nicht anders, als entweder durch Brennspiegel oder Reibung zweier Hölzer wieder entzündet werden. — Die Römer haben ihre V. nicht erst in der geschichtlich beglaubigten Zeit von den Griechen angenommen; dem ungeachtet ist sie in allen Stücken dasselbe Wesen, wie Hestia, nur mit der Ausnahme, dass ihre Bedeutung für den Staat viel weiter ausgebildet wurde; auch waren ihre Priesterinnen nicht Wittwen, sondern Jungfrauen (s. Vestalinnen). Auch in Rom aber hatte die Göttin keinen eigentlichen Tempel, sondern ihr Heiligthum war ein heiliges, rundes Haus zwischen dem palatinischen und capitolinischen Hügel, womit das sogenannte Königshaus, angeblich die alte Wohnung des Numa, des angeblichen Gründers des V.-Dienstes, zusammenhing, in welchem der Pontifex Maximus wohnte, der auch über die Vestalinnen wachte. Das Haus des Königs, oder vielmehr der Herd in demselben, eignete sich natürlich in der Urzeit Roms sehr gut dazu, den heiligen Mittelpunkt des ganzen Staates zu bilden. Eben desshalb übertrug auch Augustus, als er sich der Alleinherrschaft bemächtigt hatte, das heilige Feuer der V. in sein Haus auf dem palatinischen Hügel, und machte dadurch den Imperatoren-Palast wiederum zum geheiligten Mittelpunkt des ganzen römischen Staates. Manches bleibt am römischen V.-Dienst aus Mangel an Nachrichten dunkel für uns; so z. B. wissen wir nicht, worin die Heiligthümer bestanden, welche die Vestalinnen bei der Einnahme Roms durch die Gallier nach Cäre flüchteten; wir wissen nicht, ob im V.-Heiligthum ein Standbild der Göttin war; Cicero spricht von einem solchen, Ovid aber sagt, er habe lange geglaubt, dass ein solches Bild sich im heiligen Raume vorfinde, habe sich aber nun von seinem Irrthum überzeugt; ferner sprechen viele Stellen von einem Palladium, das am Altar der V. gestanden habe, und Viele wollen sich darunter ein uraltes heiliges Schnitzbild der Pallas vorstellen, von Aeneas nach Italien gebracht; diese Annahme ist aber durchaus nicht sicher. Das alte Fest der Göttin war am 8ten Junius, und die Matronen gingen an diesem Tage barfuss im Festzuge. Augustus stiftete ein neues Fest der palatinischen V. am 28ten April. — Wenn V. auch kein Tempelbild hatte, so wurde sie demungeachtet öfters abgebildet; nebenstehend haben wir eine Nachbildung einer noch erhaltenen, der sogenannten giustinianischen, Statue der Göttin.

Vestalinnen. (Röm. Religion.) Diese jungfräulichen Priesterinnen der Vesta (s. d.) standen im höchsten Ansehen, und genossen grosse Vorrechte, z. B. das Recht, ein Testament zu machen, sobald sie in den Dienst der Göttin getreten waren (sie durften aber beim Eintritt nicht mehr als zehn Jahre alt sein); einen Lictor vor sich hergehen zu lassen; einem zum Tode Verurtheilten, wenn sie ihm begegneten, das Leben zu schenken; im Theater auf Ehrenplätzen zu sitzen. Dagegen waren sie auch sehr strengen Vorschriften, und bei Fehltritten furchtbaren Strafen unterworfen. Bedingungen ihrer Aufnahme waren: sie und ihre Eltern mussten frei geboren, beide Eltern mussten noch am Leben, in Italien ansässig und von ehrlicher Handtierung sein. War eine Wahl nöthig, so wurden zwanzig Mädchen gewählt, und unter diesen entschied das Loos in der Volksversammlung; dies war jedoch überflüssig, wenn ein dazu gesetzlich berechtigter Vater freiwillig seine auch von jedem körperlichen Gebrechen freie Tochter dazu anbot. Die Zahl der Vestalinnen war Anfangs zwei, dann vier und seit Servius Tullius sechs. Zehn Jahre mussten sie den Dienst lernen, zehn Jahre ihn ausüben und zehn Jahre die Novizen unterweisen. Nach Verfluss dieser Zeit durften sie heirathen, doch hielt man diess nicht für löblich. Ihre Pflichten bestanden in der Verrichtung der Opfer, Bewahrung der Heiligthümer, Erhaltung des ewigen Feuers, und der strengsten Sittenreinheit und Keuschheit. Erlosch das heilige Feuer, so wurde die Schuldige mit Ruthenhieben gezüchtigt; machte sich eine Vestalin der Unkeuschheit schuldig, so wurde sie lebendig begraben. Ein solcher Fall galt als furchtbares Zeichen des Zornes der Götter, und die ganze Stadt war in der tiefsten Trauer. Die Kleidung der Vestalinnen bestand in einem langen weissen Gewande, einer priesterlichen Stirnbinde und einem Schleier; doch scheint ihnen der Putz nicht untersagt gewesen zu sein.

Victor (Röm. M.), »der Sieger«, Beiname des Jupiter, der oft auf Inschriften vorkommt.

Victoria, Fig. 296 (Röm. M.), Tochter des Pallas und der Styx; der personificirte Sieg (die Griechen nannten sie *Νίκη*). Sie wurde am häufigsten in Verbindung mit anderen Göttern dargestellt, welche sie dann gewöhnlich auf der Hand tragen, z. B. Jupiter, Minerva, Venus.

Fig. 296.

Auch mit Siegern in den Kampfspielen, deren Rosse sie lenkt, kommt sie vor. Man bildet sie als Jungfrau, der Minerva ähnlich, gewöhnlich geflügelt, mit Palmzweig und Kranz. Auf unserm Bilde sehen wir sie nach einem geschnittenen Stein, der Minerva ein Opfer bringend.

Victrix (Röm. M.), »die Siegerin,« Beiname der Venus (s. d.).

Vidua, die Wittwe, lateinischer Beiname der Juno, s. C h e r a.

Viduus (Röm. M.), ein Gott, von welchem man glaubte, dass er dem sterbenden Menschen die Seele raube. Er hatte ausserhalb der Stadt eine Capelle.

Vindima (Röm. M.), die angebliche Stammutter des Geschlechts der Fabier in Rom; sie soll eine Tochter des Evander, ältesten Königs von Italien, gewesen, von Hercules geliebt und durch ihn Mutter des F a b i u s geworden sein, von dem der Name jenes Geschlechts hergeleitet wird.

Virbius (Röm. M.), der Name, unter welchem Hippolytus lebte, als Diana ihn vom Tode auferweckt hatte (s. Hippolytus); sie vermählte ihn mit der Nymphe Egeria im heiligen Hain bei Aricia, und er bekam einen Sohn, welcher gleichfalls V. hiess; dieser kämpfte in dem Heere des Turnus gegen Aeneas.

Virginiensis Dea (Röm. M.), scheint identisch mit der griechischen Lysizona, der Gürtellöserin; sie sollte den jungen Mädchen, wenn sie als Bräute das Hochzeitgemach betraten, den Gürtel lösen.

Virilis (Röm. M.), Beiname der Fortuna, Göttin des männlichen Glücks, wie sie als Muliebris Göttin des weiblichen Glückes ist. Der Fortuna V. ward schon in den Zeiten des Königthums von Ancus Martius oder von Servius Tullius ein Tempel erbaut; zu ihr beteten die Frauen um Erhaltung ihrer Reize.

Viriplaca (Röm. M.), »die Mann-Versöhnerin», eine Göttin, in deren auf dem Palatinus stehendem Tempel missvergnügte Eheleute ihre Klagen vorbrachten; sie war berühmt, weil sie in der Regel die Unzufriedenen versöhnt heimsendete.

Virtus (Röm. M.), die vergötterte Mannhaftigkeit. Ihr und dem Honor wurden von M. Marcellus zwei Tempel gebaut. S. H o n o r.

Vis, lateinisch für B i a. S. d.

Viscata, Viscosa (Röm. M.), »die Klebrige,« Beiname der Fortuna, unter welchem sie einen Tempel hatte.

Visucius und **Visucia**, gallisch-germanische Götter, von welchen der Erstere, mit Mercur identificirt, auf einer merkwürdigen, unlängst am Neckar gefundenen Inschrift erscheint.

Vitek (Chines. M.), ein berühmter Götze, da er die Erde und das Reich der himmlischen Mitte von den Ungeheuern, welche dieselbe verwüsteten, gereinigt hat. Er wird gewöhnlich in riesiger Grösse, unförmlich dick, auf einem Thron sitzend, dargestellt, wie zwei Dämonen ihm zur Seite auf seine Befehle horchen. Ihm werden täglich Opfer von vielerlei Spezereien gebracht; seine Priester verkünden dabei, auf den Knieen liegend, die grössten Thaten des Gottes.

Vitisator (Röm. M.), Beiname des Bacchus, welcher zuerst die Rebe pflanzen lehrte.

Vitula (Röm. M.), Göttin des Siegesjubels und überhaupt munterer Fröhlichkeit.

Vitumnus (Röm. M.), »der Spender des Lebens«; er sollte die Neugebornen beseelen.

Volk (stilles) (Irische M.). Die Elfen werden von den Irländern das stille Volk genannt und für Engel gehalten, welche um ihrer Vergehen willen auf die Erde verbannt seien, während andere noch grössere Sünder bis zu Teufeln gesunken sind.

Volscens (Alt-ital. M.) ein Befehlshaber im Heere des Turnus; er kämpfte gegen Aeneas' Heer, tödtete den Euryalus, ward aber von Nisus erlegt.

Voltumna (Alt-ital. M.), Göttin der Etrurier, deren Tempel, gelegen zwischen Amoria, Volsinii und Falerii, nahe an der Tiber, ein Hauptversammlungsort dieses Volkes gewesen sein soll.

Volumnus und **Volumna** (Röm. M.), Götter, die bewirkten, dass man Gutes wollte.

Volupia (Röm. M.), die Göttin des Wohlseins oder der Lust; sie hatte ein Heiligthum in Rom.

Volutina (Röm. M.), eine ländliche Göttin, welche das in Aehren Schiessen des Getreides bewirkte.

Vulcanus, griechisch *Ἥφαιστος*, Fig. 297. 298 (Gr. u. röm. M.), Sohn Jupiters und der Juno, somit der vollbürtige Bruder des Mars, zu welchem er auch dadurch in einer sehr nahen Beziehung steht, dass er ihm die Waffen für den Krieg schmiedet. Eine spätere Sage berichtet indessen, Juno habe, aus Eifersucht über die Geburt der Minerva bloss aus dem Haupte Jupiters, den V. ohne Zuthun eines Mannes geboren, indem sie ein Kraut genoss, das sie befruchtete. V. ist der Gott des Feuers, und zwar besonders in zwei Richtungen, einmal, wie es als unterirdische Naturkraft in Feuer speienden Bergen erscheint, und dann, insoferne es ein unentbehrliches Mittel für die Gewerbe und Künste der Menschen ist. Der Gott war schwächlich geboren und desshalb seiner Mutter so verhasst, dass sie ihn auf die Seite schaffen wollte, wobei er vom Olymp herunterfiel. Thetis und Eurynome, die Meergöttinnen, fingen ihn in ihrem Schoosse auf; bei ihnen weilte er neun Jahre lang in verborgener Grotte, und verfertigte ihnen allerlei köstlichen Schmuck. Auch fertigte er in dieser Zeit einen zauberkräftigen Sessel, von dem Niemand ohne seine Einwilligung wieder aufstehen konnte, und sandte ihn seiner Mutter zum Geschenk, um sie für ihre Lieblosigkeit zu bestrafen. Als sie nun davon gefesselt war, liess er sich durch keinen Gott bewegen, sie wieder frei zu lassen, als durch Bacchus, der ihn betrunken machte V. kam aus der oceanischen Grotte in den Himmel zurück, und war im Uebrigen seiner Mutter unterthan, ausser dass er ihr zürnte, wenn er sich erinnerte, dass sie ihn hatte aussetzen wollen. Ja, als einst Jupiter mit ihr haderte, nahm er sich ihrer thätlich an, wofür ihn sein Vater am Fusse packte und vom Himmel herunterschleuderte. — Von diesem Fall nach Einigen, nach Anderen von Geburt an, ist er lahm und hinkt. — Bei Homer hat er seine von ihm selbst gebaute Werkstätte auf dem Olymp, wo er auch aller übrigen Götter Wohnungen gebaut hat, und fertigt darin die wunderwürdigsten Arbeiten. Später sind seine Werkstätten im Schoosse feuerspeiender Berge, wie im Aetna, oder auf Lemnos, und seine Gehülfen sind die Cyclopen (s. d.) Brontes, Steropes, Pyracmon. Seine Gemahlin ist nach der Ilias Charis (die Grazie), nach der Odyssee Venus, die ihm aber untreu ward (s. Mars und Venus). Als kunstreicher Gott, der, wie Minerva, die Menschen die erfreuenden und fördernden Künste lehrt, tritt er mit Letzterer in nähere Verbindung im Gottesdienst der Athener, welche beiden Gottheiten gemeinsame Feste mit Fackellauf hielten, und ihre Standbilder zusammen in den Tempeln aufstellten. Vergl. Erichthonius. Bei Homer hat V. keine Nachkommenschaft; Andere geben ihm von verschiedenen Müttern verschiedene Kinder: Cupido, Erichthonius, Periphetes, Palämon, Rhadamanthys, Olenus, Cacus, Cäculus, Servius Tullius, die Nymphe Thalia, den Casmilus, die drei Cabiren. Die Römer nannten den Gott auch Mulciber, d. h. Schmelzer. In Rom hatte er mehrere Tempel, darunter einen uralten am Comitium, dem Volksversammlungs-Platz, dessen Gründung man bald dem Romulus, bald dem Titus Tatius zuschrieb. Sein Fest, die Vulcanalien, wurde am 22. August mit Spielen im flaminischen Circus gefeiert, wo sich auch ein Tempel des Gottes befand, und an diesem Feste fing man an bei Licht zu arbeiten, um gleichsam das Arbeiten bei Licht, der Gabe des Vulcan, für den Winter einzuweihen. – Von unsern beiden Abbildungeu zeigt die erstere einen Kopf des

Fig. 297.

Fig. 298.

V. mit halbeiförmigem Handwerker-Hute und alterthümlich geordnetem Haupthaar; die andere, nach einem geschnittenen Stein, V. in der Tunica der Handwerker, die den einen Arm bloss lässt, Exomis genannt.

Vulgivaga (Röm. M.), Beiname der Venus, als der Niedrigen, im Gegensatz zu Urania, der Himmlischen. Sie begünstigte die Neigungen und Begierden der Menschen, welche nur mit Unrecht durch den edlen Namen Liebe bezeichnet werden.

Vulturius, griechisch Γυπαῖος (Gr. M.), ein Beiname, unter welchem dem Apollo von einem Hirten ein Tempel erbaut wurde, weil derselbe ihn durch Geier aus einem Abgrunde hatte retten lassen, was die beiden obigen Namen andeuten.

W.

Wadrakali (Patragali, Bhatragali, Pagodon) (Ind. M.), eine mächtige Göttin, Tochter des Schiwa, aus dessen mittlerem Stirnauge geboren durch Wischnu's Kraft, welche derselbe in Schiwa überströmen liess. Sie bekämpfte den Riesen Darida, der durch keinen Mann getödtet werden konnte, ward aber auch ihrem eigenen Vater höchst gefährlich, so dass er sich vor ihr im Wasser verbarg, als sie zornglühend von ihrem Kampfe gegen den bösen Dämon zurückkam.

Wafthrudner (Nord. M.), ein Riese, Bewohner des Jotenlandes. Odin hielt mit ihm einen Wettstreit im mythologischen Wissen.

Wagnoff (Nord. M.), Kriegsgott der Dänen, welcher häufig mit Fro oder mit Odin verwechselt, und wie diese bewaffnet, mit Helm, Schild und Schwert, dargestellt worden sein soll.

Waehrwolf, ein gespenstiges Wesen, das noch in den Köpfen vieler Leute spukt. Der Aberglaube lehrt, ein W. sei ein Mensch (Mann oder Weib), welcher im Stande ist, sich in die Gestalt eines Wolfes zu verwandeln; ein solcher Wolf hat eine ungewöhnliche Grösse und Wildheit, und ist besonders an dem sogenannten Schmachtriemen zu erkennen, einem Riemen, der ihm zur Verwandlung dient, dessen er nicht entbehren kann, den er jedoch so gut als möglich unter den Haaren zu verbergen sucht; sobald er ihn auflöst, ist er wieder Mensch, schiesst man daher auf einen solchen Wolf und trifft an den Riemen, so liegt anstatt des Thieres ein nackter Mann oder eine solche Frau da. Auf diese Weise will man schon oft Hexen, die als W. auf Beute ausgingen, und besonders Kinder raubten, gefangen haben.

Waidschayanta, der Palast des indischen Sonnengottes Indra.

Waeinaemoeinen (M. der Finnen), einer der obersten Götter, welchen man in den sieben Hauptsternen des grossen Bären zu sehen glaubt. Er nimmt die Seelen der Verstorbenen auf, und ist es einer solchen gelungen, auf den grossen Bären zu kommen, so ist sie der Seligkeit theilhaftig. W. ist mit dem Luft- und Wassergott Ilmarainen verwandt, oder gar dessen Bruder; Beider Vater heisst Kawe, und ist der Einzige, welcher aus sich selbst geboren ist. Die Söhne erfanden die Künste und die Wissenschaften: Ilmarainen die Kunst, das Eisen zu behandeln, W. aber die Kandele (ein geigenartiges Instrument) und mit ihr Dichtkunst und Gesang — Jagd, Fischfang und Krieg, daher er als allgemeiner Gott hoch verehrt wurde.

Waeipaes, ein Erdgeist der Finnen, welcher einst mit seinem Gespielen Jautas eine lange Wanderung gemacht hatte, und nun auf Felsen sich ausruhte; aus dem Schweisse dieser Beiden sollen die Schlangen entstanden sein.

Wairewert (Ind. M.), Schiwa's Sohn, aus dessen Athem geboren, um den Hochmuth der zu grosser Macht gelangten Büsser zu bestrafen, und Brama, den diese zu sehr erhoben, zu demüthigen.

Waischwanara (Ind. M.), Beiname des Agni (Gottes des Feuers); er bedeutet: »das Alles erfüllende Feuer.«

Waitana, eine Ceremonie, mit welcher man Wasser heiligt.

Waiwassaden (Ind. M.), Vater des Nirkunden und Grossvater des Budatschedi, ein gewaltiger Herrscher Indiens, aus dem Geschlechte der Kinder der Sonne entsprossen.

Waiwaswata (Ind. M.), Sohn des Sonnengottes, den Wischnu als Fisch vor der grossen Sündfluth nebst den sieben Rischis rettete. Er, ein Sohn der Sonne, vermählte seine Tochter an Buddha, den Sohn des Mondes; so ist er der Stammvater zweier mächtiger Dynastien, der Mondskinder und der Sonnenkinder.

Walzganthos (Slav. M.), Gott der Fruchtbarkeit und des Ackerbaues, von den Litthauern vorzüglich verehrt.

Waku nawo sonaja (Japan. M.), ein Fest in Dairi, am ersten Rattentage des zweiten Monats gefeiert, und unter Darbringung frischer Gemüse begangen.

Wake ikatsu tsino kami (Japan. M.), der Gott der spaltenden Blitze; ein erhabener Gott, der in dem Haupttempel zu Kamo bei Mijako seinen Sitz hat und über das Fatum des Mikado wacht. In seiner Halle werden jährlich mehrere Feste gehalten, unter denen eines, Obimatsuri, besonders merkwürdig ist, weil die Priester dabei in der kostbarsten Kleidung erscheinen, welcher die des Musik-Chores wenig nachgibt. Ausser festlichen Processionen findet dabei auch ein Pferderennen statt, dem nur Kamipriester und Hofbediente des Mikado beiwohnen dürfen.

Wala (Nord. M.), eine weise Frau, Zaubernorne, oder nach dem gemeinen Sprachgebrauch Hexe, doch nicht mit eingebildeten, sondern wirklich mit höheren Kräften begabt, im Stande, das Schicksal der Menschen zu bestimmen.

Walaskialf (Nord. M.), einer der Paläste, welche Odin in Asgard hatte. Er war ganz mit Silber gedeckt und hatte in seinem Hauptsaal Throne für alle höheren Gottheiten, einen jedoch vorzugsweise erhaben für Odin; er hiess Hlidskialf, und Odin konnte von ihm die ganze Welt überschauen.

Walfadur (Nord. M.), Beiname Odins, des Vaters (Herrn) aller auf der Wahlstatt Erschlagenen, weil sich bei ihm die im Kampfe gebliebenen Helden versammelten.

Walgino (Slav. M.), Schutzgott der Hausthiere, welcher von den Polen und Schlesiern verehrt wurde.

Walhalla (Nord. M.), der goldene Palast im Reiche Odins, in welchem sich alle Helden versammeln, welche an einer Wunde, oder überhaupt im Kampfe geblieben sind. Alles, was die nordischen Helden als Glück und Seligkeit auf der Erde gekannt, fanden sie in Walhalla. Hermode und Braga empfingen sie in dem goldblättrigen Haine Glasor, welcher an den bis zu den Wolken reichenden Palast stiess; in diesem selbst warteten ihrer die reizendsten, blühendsten Jungfrauen, die Walküren, wartete ihrer eine reich besetzte Tafel und Meth in schwelgerischer Fülle, aber auch Kampf und Sieg und Tod und wieder Kampf; denn Odin braucht die Helden, um an dem Tage des Weltunterganges sich gegen Surturs Heerschaaren und die Bewohner von Muspelheim zu wehren.

Wali (Nord. M.), Sohn des bösen Loke. Als dieser Baldurs Tod veranlasst, und man ihn darauf in Gestalt eines Luchses im Farangerfall gefangen hatte, ward W. in einen Wolf verwandelt, in welcher Gestalt er seinen Bruder Narwi zerriss, mit dessen Eingeweiden dann Loke gebunden wurde. Ein anderer W. heisst auch Ali. S. d.

Walkueren (Nord. M.), liebliche Jungfrauen von unvergänglicher Schönheit und Jugend, die in Walhalla den Helden, welche Odin um sich versammelt, die Freuden der Erde ersetzen. Im Sinne des nordischen Ritterthumes lag es jedoch, im Weibe nicht bloss die Haus-, sondern auch die Kampf-Genossin des Mannes zu sehen, daher sind die W. Schlacht- und Schild-Jungfrauen, und Krieg ihr Element; stets reiten sie in das Getümmel des Kampfes voran, Odin sendet sie zu jeder Feldschlacht, sie bestimmen, wer fallen soll (daher auch ihr Name, von Wal: Schlachtfeld oder Todtenfeld, und küren: wählen, Todtenwählerinnen) und geleiten die Gefallenen zu Odins Mahl.

Wama (Ind. M.), Gattin des Königs Aswarena, der aus dem heiligen Geschlechte der Ikswaka's stammt. Sie gebar demselben den Parswa, welcher sich durch seine Frömmigkeit so sehr auszeichnete, dass er einer der 23 ältesten Buddhas wurde.

Wamen (Wumana awatara (Ind. M.), fünfte Incarnation des Wischnu als Lingamzwerg. S. Wischnu.

Wan (Nord. M.), einer der in Hel's Reich strömenden Höllenflüsse.

Wanadis (Nord. M.), Beiname der Freia, die Wanen-Göttin, weil sie diesem Volke entstammte.

Wanagaren oder **Banatscheren** (Ind. M.), Sohn des Riesenkönigs Bali, herrschte in Mavalipuram. Weil Krischna's Sohn Anuvedh seine Tochter entführte und er denselben gefangen nahm, führte Krischna mit ihm Krieg, eroberte sein Reich, seine Hauptstadt (obgleich Schiwa dieselbe vertheidigte), und hieb dem Riesen seine tausend Hände bis auf zwei ab, mit denen er noch huldigen musste. Es scheint, als solle diese Mythe die Verdrängung des Schiwa-Dienstes durch Wischnu ausdrücken.

Wanaheim (Nord. M.), das Land der Wanen, hoch im Norden von Europa gedacht; geschichtlich und geographisch schwer zu bestimmen.

Wanen (Nord. M.), eine Völkerschaft, deren Wohnsitz Wanaheim (s. d.) gänzlich unbestimmt ist, und welche man bald an den Don (Tanais), bald an das Nordkap (Finnen, Vanen, W.) versetzt), die nur dadurch merkwürdig wird, dass sie mit den Asen in eine lange dauernde, entsetzliche Fehde verwickelt war, die zu beider Vernichtung führen zu sollen schien, bis man endlich Frieden schloss, und zur Bestätigung desselben Geisel austauschte, so dass die Asen Niord, Freia und Freir, die W. aber Häner und Mimer erhielten; auch spieen beide Parteien in ein Gefäss, aus dessen Inhalt die Asen den weisen Quaser erschufen. Die W. scheinen ein im Götterdienste wohl erfahrenes Volk gewesen zu sein, denn ihre Geisel führten die Verehrung der Götter bei den Asen ein; dagegen schienen sie der Staats- und Regierungs-Kunst unkundig, denn die Asen setzten ihnen Häner zum Könige, und gaben demselben den weisen Mimer als Rath zur Seite; woraus auch eine Art von Unterwürfigkeit der W. unter das Joch der erobernden Asen hervorgeht.

War oder **Woer** (Nord. M.), Göttin der ehelichen Liebe und Treue, Rächerin des Treuebruchs.

Wara Awatar, s. Wischnu.

Waranda (Nord. M.), eine der drei Nornen, welche an dem Urdarbrunnen sitzen und das Schicksal der Welt lenken.

Warpulis (Slav. M.), der Gott der Winde, im Gefolge des Donnergottes Perun; er veranlasste das Brausen des Sturmes.

Warsa, bei den Indiern die Jahreszeit des Regens.

Waruma, nach der indischen M. Herr (Beherrscher) des Wassers; einer der acht obersten Götter unter den guten Dews oder Genien.

Wasawa, Beiname des indischen Gottes der Sonne, Indra; »der Gott der hundertfältigen Opfer, »der Beherrscher dreier Welten.«

Wasischta (Ind. M.), einer der zehn Rischis der grossen Altväter, Lehrer des Wiswamitra (s. d.).

Wassermann (Mytholog. Astronomie), lateinisch Aquarius, griechisch Ὑδρόχοος, das Sternbild, in welchem man Ganymedes zu sehen glaubt, weil er zunächst unter dem Adler steht, dem Vogel des Jupiter, der Ganymed zu diesem Gotte entführte, und weil er ein Trinkgefäss trägt. Nach Anderer Meinung ist es Deucalion oder Cecrops: der Erste wegen der Wasserfluth, die sich zu seiner Zeit ereignete, der Andere, weil zu seiner Zeit noch kein Wein, sondern bloss Wasser bei den Opfern angewendet wurde. Der W. wird knieend vorgestellt, eine Urne umstürzend, aus welcher ein Strom fliesst; er gränzt östlich an den Steinbock und westlich an die Fische, zählt nach Flamsteed 108 Sterne, unter denen der Fomahand sich besonders auszeichnet.

Wassirwaku (Ind. M.), ein Radscha aus dem Geschlechte der Sonnenkinder, welcher die zarte und liebreizende Aillei, Tochter des Radscha Bonden und der Kudrassi, zur Gattin nahm. Sie beschenkte ihn mit einem Sohn, dem Kuberen, welcher sich im Kriege zwischen den Kurus und Pandus sehr hervorthat.

Wassodowa (Ind. M.), einer der Könige aus dem Geschlechte der Mondskinder, Bruder und Gatte der schönen Dewagi, welche den Krischna (eine Incarnation des Wischnu) gebar.

Wassukels (Ind. M.), ein Geschlecht guter Genien, deren die indische Mythologie Tausende zählt.

Wasuda, die Erde der Indier (Gäa), eine hohe Göttin, welche sie anbeten, wie den Erhalter Wischnu; sie führt auch den Beinamen Surabbi: Kuh des Ueberflusses, welches kein so unedles Gleichniss ist, wie es dem Europäer scheint, da Kuh und Stier den Göttern geheiligte, ja angebetete Thiere sind. In der Poësie bekommt sie noch andere Beiwörter: »des Oceans dunkle Gränze,« oder »die Meer-umkränzte Erde« etc. etc.

Wasuthr (Nord. M.), Personification eines Witterungszustandes; der Name bedeutet böses Wetter. Sein Sohn war Windloni (Eiswind); er erzeugte mit Swasuthr (warmer Wind) den Sommer. Zu diesem Geschlechte gehört noch in unbekanntem Verwandtschaftsgrade (Grimmer (grimmige Kälte) und Swalbriostatur (Kälte athmend).

Watipa (M. der südameric. Völkerschaften), der höchste Geist und Gott der Aricores; ein unsichtbares, mächtiges Wesen, gebietend über die beiden sichtbaren Götter, Sonne und Mond. Die Zauberer dieses Volkes geben vor, mit diesem grossen Geiste in besonderer Verbindung zu stehen.

Wato (Pers. M.), ein Geschöpf des Ahriman: der Dew, welcher die Stürme erregt, den guten Lichtbildungen des Ormuzd entgegengesetzt.

Waunt (Nord. M.), einer der Höllenflüsse, welche Niflheim und Helheim durchströmen.

Wawitschandsa. Das indische Gedicht Ramajan nennt so den Bruder des Riesenkönigs Rawana von Ceylon (Lanka im Gedicht). W. war der Einzige am Hofe des Königs, der Wischnu verehrte, und half auch dem Affenkönig Hanuman das Schicksal der schönen Sita erforschen, welche, Rama's (eine Verkörperung oder Awatara des Wischnu) Gattin, von Rawana, des Obigen Bruder, gefangen war. Nachdem er dem Gotte Nachricht von seiner Geliebten verschafft, ging er selbst zu ihm über und ward nach Ceylons Eroberung von demselben zum Könige der Insel gemacht.

Wayu (Ind. M.), einer der drei Götter, welche Kunti, des Pandu Gattin, zu sich vom Himmel herabberief, um durch dieselben Mutter der Pandus zu werden; sie gebar von W. den Bhima.

Wayusaccha (Ind. M.), Beiname des Gottes Agni (das Feuer); er bedeutet: »der Freund der Luft.«

Wazescht, s. Adar.

We (Nord. M.), Bruder des Wile und des Odin, welche drei das erste Menschenpaar, Ask und Embla, erschufen.

Wechselbalg (German. M.). Die Elfen oder Zwerge entwenden zuweilen wohlgestaltete Kinder aus der Wiege, und legen ihre eigenen hässlichen Kinder, oder gar sich selbst an deren Stelle. Diese untergeschobenen Geschöpfe heissen Wechselbälge. Als Zweck des Wechsels erscheint, dass die Elfen bemüht sind, ihre Art durch das entwendete Menschenkind grösser zu ziehen, welches sie nun bei sich zu behalten meinen, und wofür sie ihr eigenes Kind hingeben. Gegen die Austauschung sichert, dass man einen Schlüssel, oder ein Kleid des Vaters, oder Stahl und Nähnadeln in die Wiege lege. Am wichtigsten ist aber die Art, wie man sich einen W. wieder vom Halse schafft. Man muss ihn nämlich durch irgend ein höchst seltsames Vornehmen zum Selbstgeständniss seines Alters, und folglich der geschehenen Vertauschung, bringen, worauf er sich augenblicklich entfernt und das geraubte Kind wieder erscheint, denn die Elfen wollen nichts umsonst haben. Z. B. wenn der W. Wasser in Eierschalen über Feuer kochen sieht, so ruft er aus: »Nun bin ich so alt wie der Westerwald, und habe doch noch nie in Eierschalen kochen sehen.» Nach einem bretagnischen Volksliede sieht ein W. die Hausmutter Speise für zehn Hausknechte in einer Eierschale kochen, und spricht: »Ich habe das Ei vor der weissen Henne gesehen, und die Eichel vor der Eiche, und nimmer ein solches.«

Weda (German. M.), einer der beiden Kriegsgötter der Friesen; er ward mit dem andern, Freda, stets zugleich abgebildet und verehrt; der Kopf war mit einem befiederten Helm, die Brust durch einen Schild gedeckt, die Schultern trugen Flügel. Weil sie als Zwillingspaar erschienen, glaubte man in ihnen Castor und Pollux wieder zu finden.

Wedastanunapal (Ind. M.), die Milch des Gesetzes, die Wesenheit des Gesetzes und Opfers, ein Beiname des Agni (Gottes des Feuers).

Wedurhoelner (Nord. M.), ein Habicht, welcher zwischen den Augen des Adlers sitzt, der auf dem Gipfel der Esche Ygrasil thront.

Wegswin (Nord. M.), einer der Höllenflüsse, welche Niflheim durchströmen.

Weichselzopf (German. M.). Diesen Namen einer bekannten Haar-Krankheit wollte man sonst vom Flusse Weichsel ableiten, von der Annahme ausgehend, dass sich diese Krankheit in Polen besonders häufig finde: es ist aber jetzt nachgewiesen, dass der Name eigentlich heissen sollte Wichtelzopf, indem er nirgends anders herstammt, als aus dem Glauben an die Wichtel (s. d.), kleine elfische Hausgeister, welche zwar in vielen Fällen den Menschen dienstbar und förderlich, dagegen, wenn man sie reizt und neckt, auch eben so böswillig sind, und dann unter Anderem den Menschen wie den Thieren nächtlicher Weile die Haare in unentwirrbare Zöpfe und Knänel verflechten und verfilzen.

Weidelbot, ein Priester der Wenden in Pommern und Rügen, der Erste nach dem Griwe.

Weise Frau (German. M.), s. Perchtha.

Wejonen, Wahrsager der heidnischen Preussen, welche aus der Gewalt der Winde, aus dem Zuge der Wolken die Zukunft verkündeten. — Ihre Existenz ist zweifelhaft.

Welapotren (Ind. M.), der Riese, welcher entstand, als Schiwa sich aus Verzweifelung über seiner Gattin Tod ein Haar ausriss. Der Riese hieb dem Vater dieser geliebten Gattin des Schiwa, der Schakti, den Kopf ab, weil derselbe an ihrem Tode Schuld war.

Weleda (German. M.), eine der berühmtesten Wahrsagerinnen der Deutschen, im ersten Jahrhundert unserer Zeitrechnung, soll eine edle Jungfrau aus einem Fürstenhause gewesen sein, und den wichtigsten politischen Einfluss auf ihr Volk ausgeübt haben. Nach Rom als Gefangene gebracht, ward sie dort im Triumph aufgeführt, doch sonst von Kaiser Vespasian mit vieler Auszeichnung behandelt. Als sie gestorben war, verehrten die Deutschen sie wie eine Göttin.

Weles (Slav. M.), der erste der Götter nach Perun, dem Hauptgotte der Polen; er ward auch in Russland, und dort als Schutzgott aller Thiere, vorzugsweise der Pferde und Rinder verehrt.

Wellenmaedchen (Nord. M.), Töchter des Aeger und der Ran. Sie schwimmen auf der stürmischen See um die Mutter her, und tauchen, mit weissen Schleiern geschmückt, aus den Wellen auf, den Verunglückten die Hand bietend und sie freundlich aus dem tobenden Elemente geleitend, oder die unrettbar Verlorenen in den Schooss ihrer Mutter Ran niederlegend. Ihre Namen sind: Himingläffa, Dufa, Blödughadda, Heffring, Udur, Raun, Bylgia, Dröbna und Kolga.

Welliamen (Ind. M.), die eine der beiden Gattinnen des Kartiawertschunen (die Andere heisst Dewanei und ist die Tochter des Indra). Beide stehen in den diesem Gotte geweiheten Tempeln stets ihm zur Seite.

Wena (Ind. M.), ein berühmter, doch sehr böser König des alten Mittelreichs von Indien; er war so grausam, dass die Braminen, welche vergeblich ihn zu bessern versuchten, sich endlich genöthigt sahen, ihn durch Flüche zu tödten. Aus seiner rechten Hand schufen sie nun den Prithu, seinen Sohn und Nachfolger, eine Awatara des Wischnu, in welcher dieser die fast aufgehobene Religion wieder herstellte.

Wendilkraka (Nord. M.), König der Schweden, Nachfolger des Königs Egils, berühmt durch seine vielen Kriege mit Dänemark, vor deren Beendigung er auch in Jütland bei Wendelskogen erschlagen ward.

Werin (Pers. M.), ein böser Dew, von Ahriman dem Ormuzd entgegengesetzt und bestimmt, den Regen, die Befruchtung und Befeuchtung der Erde zu verhindern.

Wesna (Slav. M.), Schwester der Morana: Frühling und Winter, oder Leben und Tod, in deren Schutz das menschliche Dasein steht. W. bewacht dessen Beginnen, Morana den Ausgang aus demselben; sie schläfert die Menschen mit sanften Liedern und freundlichen Bildern ein.

Westri (Nord. M.), einer der vier gewaltig starken Zwerge, welche den Wind hervorbringen, und mit ihren Schultern das Himmelsgewölbe unterstützen; sie wohnen an den vier Himmelsgegenden Osten, Süden, Westen, Norden, und haben davon ihre Namen.

Wiasa (Ind. M.), Sohn des Parassen, einer der zehn Altväter oder Rischis von Sattiawedi, der Tochter des Dassarayen. W. war Verfasser der achtzehn Paranas und Sammler aller heiligen Schriften der Indier.

Wiasser (Ind. M.), eine der vielen Verkörperungen des Wischnu, in denen er, ausser den zehn berühmten Awataras, erschien. Man stellt ihn als Büsser dar, baut ihm jedoch keine Tempel.

Wichtel, Wichtelmaennchen (Deutsche M.). Das Wort Wicht hiess im Alt-Deutschen so viel als Geschöpf überhaupt. Hat es nun im Neu-Hochdeutschen immer eine gewisse geringschätzige Nebenbedeutung erhalten, wie man sagt: ärmlicher Wicht, Bösewicht, so hat insbesondere die Verkleinerungsform W., Wichtlein, bloss noch die Bedeutung einer Art von halbgöttlichen Geistern, wie Elfen oder Zwerge, mit deren Charakterzügen oder Verrichtungen der Volksglaube die W. völlig zusammenstellt, was einzelne in demselben lebende Märchen beweisen, z. B. folgende hessische Sage: An der Schwalm bei Uttershausen liegt der Dosenberg; dicht am Ufer gehen zwei Löcher hervor, die waren vor Alters Aus- und Eingänge der W. Zu einem Bauern kam öfter ein W. freundlich auf den Acker. Eines Tages, als der Bauer Korn schnitt, fragte es, ob er in der folgenden Nacht für reichen Geldlohn Fuhren durch den Fluss übernehmen wolle? Der Bauer sagte zu. Abends brachte der W. einen Sack voll Weizen als Handgeld in des Bauern Haus; nun wurden vier Pferde angeschirrt, und der Bauer fuhr zum Dosenberg. Aus den Löchern lud der W. schwere unsichtbare Lasten auf den Wagen, die der Bauer durch's Wasser an das andere Ufer brachte; so fuhr er hin und wieder von Abends zehn bis Morgens vier Uhr, dass die Pferde endlich ermüdeten. Da sprach der W.: »Es ist genug; nun sollst du auch sehen, was du gefahren hast!« Er hiess den Bauer über die rechte Schulter blicken, da sah er, wie das weite Feld voll von W. war. Darauf sagte das W.: »Seit tausend Jahren haben wir im Dosenberge gehaust; jetzt ist unsere Zeit um, wir müssen in ein ander Land; im Berge aber bleibt so viel Geld zurück, dass die ganze Gegend genug daran hätte.« Darauf lud er dem Bauer seinen Wagen voll Geld und schied. Dieser blieb mit Kind und Kindeskindern reich, die W. aber waren für immer aus dem Lande verschwunden. Vgl. Perchtha.

Wid (Nord. M.), einer der Flüsse, welche durch das Reich der Hela strömen.

Widar (Nord. M.), einer der wenigen Asen, welche den Surtursbrand, den Weltuntergang, überleben. Um mit Fenris zu kämpfen, macht er sich einen dicken Schuh aus Lederabgängen der Fussbedeckung der Menschen. Bei dem Streit mit dem Wolfe setzt er dem Ungeheuer den so geschützten Fuss in den Unterkiefer und reisst mit den Händen ihm den Rachen auseinander. W. ist ein Sohn des Odin und der Riesin Gridar, wegen seiner Stärke hoch geehrt. Er bewohnt mit Baldur, Wali, Häner, Hödur und den beiden Söhnen des Thor die neuverjüngte Erde.

Widblain (Nord. M.), von den sieben übereinanderliegenden Himmeln derjenige, in welchem nach dem Weltuntergang die Elfen wohnen.

Widder (Mytholog. Astronomie), eines unter den Sternbildern des Thierkreises. Es stösst an den Stier und die Fische, und wird nördlich vom Triangel, südlich aber vom Walfisch begränzt. Das Sternbild ist merkwürdig, weil es das erste im Thierkreise ist, und weil zu der Zeit, als Bilder und Zeichen zusammenfielen, der Stern Mesarthim, der kleinste am Ohr des W.s, der erste in der ganzen Reihe war, wie derselbe von Ptolemäus bezeichnet worden ist. Von Flamsteed werden 66 Sterne, von Neueren viel mehr darin gezählt. Man glaubt in diesem Bilde den Crysomallus, den goldhaarigen Widder zu sehen, welcher entweder dem Bacchus, als er sich mit seinem Heere in der libyschen Wüste befand, einen Brunnen zeigte, oder der den Phrixus und die Helle über den Hellespont trug. Chrysomallus war ein Sohn des Neptun und der Theophane, und von Nephele ihren Kindern zu Hülfe geschickt, als die böse Ino dieselben verfolgte; Helle fiel auf der Reise in das Meer, Phrixus kam in Colchis an; dort befahl der fliegende und redende W., ihn zu schlachten und sein Fell dem Mars zu opfern; diess geschah, und so kam das goldene Vliess, das Ziel der Argonautenfahrt, nach Colchis.

Widihotra (Ind. M.), Beiname des Gottes Agni (das Feuer); er bedeutet: »das zum Opfer Nothwendige.«

Widolf (Nord. M.), die älteste der Zaubernornen oder Hexen (mit den eigentlichen Schicksalsnornen nicht zu verwechseln), von welcher alle übrigen Hexen abstammen.

Widr (Nord. M.), Beiname des Odin.

Widuren, auch **Bider** (Ind. M.), einer der Kurus, aus dem Herrscherstamme in Hastinapur. Sein Vater war Wissitrawerien und seine Brüder Pandu und Dritarashtra. Er gab sich alle Mühe, die Kurus mit den Pandus zu versöhnen, aber vergeblich; worauf er sich später in die Stille zurückzog und ein andächtiges, frommes Leben führte.

Wielona (Slav. M.), Seelenhirt der Polen, dem man opferte, damit er die seiner Führung anvertrauten Seelen an einen freundlichen Ort führe.

Wig (Nord. M.), ein Götze, den man in Jütland, unbekannt auf welche Art und in welcher Absicht, verehrte.

Wigdnalin (Nord. M.), eine von den Töchtern des Niord, welche aus einem Grabhügel ein grosses Trinkhorn holte, auf welches Radweig, ihre Schwester, Zauberrunen schrieb.

Wigridr (Nord. M.), die grosse Ebene, welche den Asen in Begleitung der Einheriar, und den Muspelheimern in Begleitung von Hel, Loke, Fenrir und Jormungand zum Schlachtfelde dient; sie hat eine Fläche von 10,000 Quadratmeilen.

Wike (M. der Finnen und Lappen), ein Kind, welches der Mond mit der Asentochter Bil zu sich an den Himmel hob, damit Beide seine beständigen Begleiter seien. Man will darin eine Andeutung der Mondsphasen sehen.

Wikramaditya (Ind. M.), »der siegreiche Fürst,« einer der berühmtesten Beherrscher Indiens; er lebte etwa 100 Jahre v. Chr. Sein Reich hiess Malwa, und Udschein war die Hauptstadt desselben. Er kriegte gegen den Herrscher von Delhi-Saka, welcher wahrscheinlich sein Oberlehensherr war, besiegte und tödtete denselben und regierte dann mit vielem Glück die grössten und schönsten Theile Indiens. Später soll er mit einem

Könige der südlichen Provinzen in Krieg verwickelt worden und in einer Schlacht geblieben sein: wann, ist ungewiss. Trotz des unglücklichen Ausgangs seines Lebens, schwebt er doch den Indiern als einer ihrer grössten Helden der fabelhaften Zeit stets vor, ihre Lieder sind voll von seinen Thaten, ja, eine noch dort übliche Zeitrechnung führt seinen Namen, doch weiss man nicht, ob sie mit seiner Geburt, mit seiner Thronbesteigung, oder mit seinem Tode beginnt; ihr Anfang fällt mit dem Jahre 56 v. Chr. zusammen. Er war der weiseste und prachtliebendste Herrscher, versammelte viele Gelehrte um sich, und nannte die neun Dichter seines Hofes, unter denen Kalidas glänzte, die neun Kleinodien seiner Krone.

Wila (Slav. M.), eine von den Böhmen und Mähren verehrte Gottheit der Unterwelt, Beherrscherin der Nacht und des Todes.

Wildes Heer, s. Wüthendes Heer.

Wile, s. We.

Wilmeid (Nord. M.), der Stammvater aller Zauberer; von ihm rührt die Wissenschaft der Aerzte, der Zauberer und der Wahrsager her.

Wilmund (Nord. M.), ein Fürst des höchsten Nordens, dessen Heldenhaftigkeit ihm die Liebe der schönen Königstochter Borgni (ihr Vater war Heithrek) erwarb, so dass sie sich gegen ihres Vaters Willen auch ohne Vermählung ihm ergab. Sie konnte nach einem Fluch nicht gebären, bis Oddrun, König Atlis Schwester, Zaubersprüche über sie sprach und des Vaters Fluch löste.

Wima oder **Bhimen** (Ind. M.), 1) Beiname des Schiwa. — 2) W., einer der drei Söhne des Pandu und der Kundi, welcher durch seine ungeheuern Kräfte die ausserordentlichsten Thaten verrichtete, den Elephanten Assuthama tödtete u. s. w. — 3) W., Schüler des Schiwa, gleich dem Vater durch ausserordentliche Kräfte ausgezeichnet, doch auch eben so gefrässig, als stark.

Wimen (Ind. M.), der jüngste Sohn des Heerführers der Pandu's, Darmen, und der Nymphe Gawaradi, dem Geschlechte der Mondskinder entsprossen.

Wimr (Nord. M.), der Fluss, den Thor durchwatete, als er nach Geirrodsgard ging; damals machte des Riesen Tochter ihn so schwellen, dass er dem Thor bis an den Hals ging.

Win und **Wina** (Nord. M.), zwei von den Höllenflüssen, die durch das Reich der Hel strömen.

Winajaguien (Ind. M.), Sohn der Parwati, der Gattin des Schiwa, in der Verkörperung des Ixora; von ihr selbst beim Baden aus dem Abgang ihres Körpers gebildet.

Fig. 299.

Windalf (Nord. M.), der Beherrscher der Zwerge, welcher die vier starken Zwerge, die das Himmelsgewölbe tragen, beaufsichtigt, und auf dessen Befehl sie blasen, Wind machen müssen, daher sein Name W.

Windheim (Nord. M.), eine von den Welten, welche von den Seelen abgeschiedener Menschen bewohnt werden.

Wingadassan, ein indischer Bettler, welcher den Ruf der grössten, ja einer göttlichen Heiligkeit erworben hat, indem er sich vornahm, ganz Indien zu durchwandern, in der Absicht, so viel zusammen zu betteln, um dem Wischnu eine grosse Pagode errichten zu können. Sein Gesicht ist zum grössten Theil mit weissem Thon angestrichen, auf welchen er grossen Werth legt, da er ihm einen guten Theil seines Ansehens dankt, und sich einbildet, dass hierin hauptsächlich seine Frömmigkeit bestehe; er bettelt und singt von Dorf zu Dorf, überall sein Bestreben verkündend, und sich rühmend, wie viel ihm die Milde des Volks schon gegeben; so lebt er seit vielen Jahren in Indien in hohem Ansehen, und es gelang dem Zeichner Geringer in Pondicheri nur durch vieles Geld, ihn zu bewegen, sich zeichnen zu lassen.

Wingolf (Nord. M.), der Palast der Asinnen, Aufenthalt der Liebe und Freundschaft.

Winneta (Ind. M.), einer der vier Töchter des Dakscha, welche mit dem Kasyapa vermählt waren; die andern hiessen Aditi, Diti und Kadhruwa. W. beklagte sich, dass sie keine Kinder bekomme; da gab ihr Kasyapa zwei Eier zum Ausbrüten: nach 5000 Jahren ward sie ungeduldig, zerbrach das eine, und siehe, es war, erst halb gebildet, darin Arun, die Dämmerung, der Wagenführer der Sonne; nach neuen 5000 Jahren ging aus dem zweiten Ei der Reitvogel des Wischnu, Garudha, hervor. W. ward die Sklavin ihrer Schwester Kadhruwa, weil sie eine Wette an sie verloren hatte, die nämlich, dass die Sonnenrosse weiss seien, da sie, durch die Schlange der Schwester bedeckt, schwarz aussahen.

Wischnu, auch **Wasu** oder **Beschu**, nach der ind. M. Namen der acht Beschützer der Weltgegenden, die höchsten nach den drei grossen Gottheiten. Sie wohnen am Nordpol und heissen: Indra, Gott des Aethers; Jama, Gott der Nacht und der Unterwelt; Surya, Gott der Sonne; Soma, Gott des Mondes; Pawana, Gott des Windes; Agni, Gott des Feuers; Varuna, Gott des Wassers; Kuwera, Gott der Schätze der Unterwelt. Vier derselben gehören dem Lichte, vier der Nacht an; ihre Wohnungen liegen nach den acht Weltgegenden: Norden, Nordosten, Osten, Südosten etc.; neben einander.

Wischnu, Fig. 299 (Ind. M.), einer der höchsten indischen Götter, die zweite Person der indischen Dreieinigkeit: der Erhalter. Sein Cultus ist in Indien sehr allgemein verbreitet; er ist das Alles durchdringende Wesen, die allgemeine Weltseele im Glauben seiner Verehrer. Unser Bild stellt diesen Gott, auf der Schlange Schecha liegend, vor. Sie hat sich in drei mächtige Ringe zusammen gerollt, einen Polsterthron bildend, und ihr fünffacher Kopf erhebt sich als Baldachin über dem Haupte des Gottes. Des Gottes Hauptschmuck ist pyramidal, und gleicht dem des Brama und anderer erhabener Götter; auf der Stirn trägt er drei weisse Striche, welche sich auf der Nasenwurzel zu einem Dreieck vereinigen, ein Symbol, das alle Bekenner seines Cultus tragen und täglich erneuern. Mit einer seiner Hände macht er das Zeichen der Beruhigung; in zweien andern Händen trägt er glänzende Edelsteine, wie er denn überhaupt sehr reich geschmückt ist. Ein langer Rosenkranz fällt ihm bis auf die Kniee herab. Seines Daseins höchster Zweck war die Beglückung der Welt, und zu dessen Erreichung hat er sich zehn Hauptverwandlungen unterworfen. — Die erste dieser Awataras (Verkörperungen) heisst Matsy awatara, d. i. W.'s Verkörperung als Fisch. Die Geschichte dieser Verwandlung ist unter Matsy awatara gegeben. — Ueber die zweite Verkörperung W.'s, als Schildkröte, s. man den Art. Kurma awatara. — In der dritten Incarnation, Wara awatara, rettete W., als Eber gestaltet, die Erde aus den sieben unterirdischen Welten (Patukas), wohin sie, in ein Blatt zusammengerollt, der furchtbare Riese Heraunhi Aksana geborgen hatte. Es ist diess wahrscheinlich ein Symbol der Urbarmachung der Erde nach einer Sündfluth; dem Eber werden Feuerzeichen beigelegt, weil Wasser und Feuer, oder Feuchtigkeit und Wärme, in Kampf und Verbindung mit einander das Feste hervorbringen. — W.'s vierte Verkörperung, Narasinha awatara (als Mensch-Löwe), geschah zur Bekämpfung eines Frevlers, der ihn und seine Macht geläugnet. Nachdem nämlich zwei Genien, die den Götterpalast hüteten, sieben heilige büssende Braminen (Maharschi) beleidigt, hatte einer der beiden bösen Genien sich zur Sühne allen möglichen Selbstpeinigungen unterworfen, war büssend von Stufe zu Stufe, und endlich, während 50 Millionen Jahren, zum Obersten aller bösen Geister gestiegen. Darauf, von Brama zum Herrscher des Weltalls gemacht, ward er übermüthig, denn ihm war Unverwundbarkeit vor Menschen und Thieren, selbst vor Götterhänden, Sicherheit im Himmel und auf Erden, bei Tag und Nacht, verliehen worden. Desshalb geschah auch weder von Gott, noch von Menschen, noch von einem Thiere, sondern von W. als Mensch-Löwe, als Halbthier, des Riesen Bezwingung; auch erfolgte sie weder bei Tag, noch bei Nacht, sondern in der Dämmerung, auch nicht in und nicht ausser dem Hause, sondern auf der Schwelle; des bösen Genius Sohn hatte, ein eifriger Verehrer W.'s, den Vater von dessen Allgegenwart zu überzeugen gesucht, dieser, ihn verspottend und dieselbe läugnend, hatte zum Beweise mit dem Schlachtbeil eine Granitsäule gespalten, fragend, ob W. auch dort sei. Da sprang nun W. in der schrecklichen Gestalt des Löwenmannes heraus und riss dem Frevler die Eingeweide aus dem Leibe, ihn damit erwürgend. — Wumana awatara ist die fünfte Verkörperung des W., in der Gestalt des Bramen oder Lingamzwerges. Der Riese Bali, ein Feind der Götter, lebt im Kampf mit diesen. Als bramanischer Zwerg erscheint W. vor ihm und bittet ihn um drei Fuss breit Landes, um daselbst den Göttern opfern zu dürfen; der Riese verspricht, die Bitte zu erfüllen, da nimmt der Gott seine Göttergestalt an, bedeckt mit einem Fuss die ganze Erde, mit dem andern den ganzen Raum zwischen Himmel und Erde, und wieder mit dem ersten tritt er des Riesen Kopf in die Patalas (Unterwelt). — Es folgt nun die sechste Verwandlung, Parashurama. In dem zweiten der vier Weltalter der Indier lebte ein heiliger Bramine, Dschamadagni, welchem Indra, der Sonnengott, die himmlische Kuh Kamdewa zur Obhut übergeben hatte. Eines Tages hatte sich Kartawirya (oder Schawkawser), ein mächtiger König, auf der Jagd verirrt und kam zu des Einsiedlers Wohnung, welcher ihm, mit Hülfe der heiligen Kuh, ein glänzendes Fest veranstalten konnte. Verwundert über dessen Pracht, ward dem König der gewünschte Aufschluss, indem der Einsiedler ihm die Kuh zeigte, deren sich Kartawirya mit Bitten, und endlich mit Gewalt zu bemächtigen suchte. Parashurama, der Sohn des Dschamadagni, eilte hinzu, um dem Vater beizustehen, und es begann ein Kampf, welchen die übernatürliche Kraft des Königs lange zweifelhaft machte, bis er doch endlich besiegt und getödtet wurde, worauf Parashurama ihm den Kopf abschnitt. Jetzt begann ein langer Krieg zwischen der Kriegerkaste, welcher der König angehörte, und der zahlreichen Braminenfamilie des Einsiedlers, welcher dadurch beendigt ward, dass Parashurama in einundzwanzig Schlachten die ganze Kaste, vom jüngsten Kinde bis zum ältesten Greise, ausrottete, und die Besitzungen derselben den Braminen überwies; allein diese selbst verstiessen den durch so viel Blutvergiessen seiner Heiligkeit Beraubten aus der Braminenkaste; er zog sich auf den Berg Gotarna Malai, oder Hi-Malai zurück, welcher, hoch im Innern von Indien gelegen, vom Meere bespült ward. Parashurama bat den Gott des Meeres, ihm ein Stück Landes abzutreten, so weit, als ein Pfeil von seinem Bogen fliegen würde; zu spät ward er durch den heiligen Büsser Narada in Kenntniss davon gesetzt, dass Parashurama eine Verkörperung, eine Menschwerdung des W. sei, und dass sein Pfeil über die Grenzen des Oceans hinwegfliegen würde, ihn durch sein unbesonnenes Versprechen des Reiches beraubend. Der Gott der Wellen sandte eine weisse Ameise, einen Termiten, ab, um die Bogensehne W.'s zu zernagen, damit sie reisse, wenn derselbe den Bogen spannen wolle; es geschah, allein die abgeschnittene Bogensehne hatte noch so viel Kraft, um den Pfeil bis zum Cap Comorin zu schnellen, bis auf welches der Ocean sogleich den Boden verliess. Die vom Wasser geräumte Küste wurde Malaiam oder Malabar genannt, d. h. Fuss des Malai, weil sie zu Füssen des Gebirges Malai (Hi-Malai oder Himalaya) liegt. — Rama awatara war die siebente Verkörperung des W., welche dem Wechselreich der Priester und der Krieger ein Ende macht. Rama, oder Ramatschandra, oder Schri-Rama, war ein gewaltiger Held, berühmt durch die Eroberung von Ceylon und eine Menge grosser Thaten. Er befestigte die Herrschaft der Krieger und rettete die Welt aus ihrem Zwiespalt. Er ward in der uralten Stadt Ayodhya geboren; mit einem Heer von Pavianen oder Waldmenschen, deren Anführer Hanumat war, durchzog er Indien; die Affen bauten ihm aus mächtigen Felsstücken eine Brücke von der Spitze der Halbinsel nach Ceylon; die Trümmer davon sind noch zu sehen, sie heissen Rama's Brücke, woraus die Portugiesen Adamsbrücke gemacht haben. Das Gedicht Ramayana von Walmiki erzählt des Gottes Thaten; sie sollen eine so auffallende Aehnlichkeit mit den Zügen des Bacchus nach Indien haben, dass man glaubt, die Dionysien des Nonnus seien nur eine Copie des Ramayana. — Ueber die achte Awatara siehe Krischna. — Die neunte war diejenige, in welcher er als Buddha erscheint (s. d.). — Die zehnte Verkörperung des Gottes ist diejenige, welche jetzt erwartet wird: Kalenki awatara: ein edles Gottross, von einem himmlischen Führer geleitet; es hilft sich durch seine Flügel fort, denn es steht nur auf drei Füssen und hat den vierten stets erhoben; es erscheint auf der Erde nur, um diesen vierten Fuss niederzusetzen und damit die ganze Erde zu zermalmen, worauf sie untergeht und einer neuen, schöneren Schöpfung Platz macht. Bis dahin schläft W., auf dem Milchmeer schwimmend, auf dem zusammengerollten Ringe der fünfköpfigen Schlange. — Vor mehreren Jahren machte ein ungestalteter Cretin mit schrecklich grossem Kopfe, dem eines Rosses sehr ähnlich, viel Aufsehen in Indien, weil er für diese letzte Verkörperung W.'s gehalten wurde; dazu war er wahnsinnig, was die Achtung vor ihm noch sehr vermehrte, denn in Asien, von der Türkei angefangen, gelten Verrückte für gottbegeisterte Heilige. Die brittische Regierung hob den Menschen auf und verwahrte ihn in einem Hospital, und seit dieser Zeit hat man die gefürchtete zehnte Erstehung W.'s wieder vergessen.

Wischugarma (M. der Kalmücken), ein fast unbekannter Gott dieser Völkerschaft, dessen Name allein auf eine, wohl durch Tübet bedingte Verwandtschaft desselben mit dem indischen Wiswakarma deutet.

Wissitrawerien (Ind. M.), Sohn des Sandanen, von dessen zweiter Gattin Sattiawedi, einer Tochter des Königs Dassarayen; sie gebar demselben noch einen Sohn Sitrangaden.

Wiswakarmen, Viseakarma, auch **Biskarma** (Ind. M.), Baumeister der Götter und Schwiegervater des Sonnengottes Surya. Er baute Krischna's prächtige Residenz Dwarka durch ein Wort, indem er eine Insel sammt der Stadt aus dem Meere steigen liess, und so noch mehrere Wohnungen der Götter. Seine Tochter konnte den Glanz ihres Gemahls nicht ertragen, wesswegen er sich das Strahlenhaar verschneiden liess, woraus dann Wischnu's Hauptwaffe Ciakra oder der Ring Sudarsun gebildet wurde.

Wiswamitra (Ind. M.), ein berühmter Heiliger des ersten Weltalters, Sohn eines Rajah, der aber freiwillig das beschauliche Leben wählte. Inniges Vertrauen auf Gott und ein gänzliches Hingeben an ihn, den Heiligen, hatte ihm eine ausserordentliche Macht verliehen; durch noch grössere Frömmigkeit und die strengsten Büssungen wollte er Wasischta's Wunderkuh zu erlangen suchen. S. Kamdewa.

Wit (Nord. M.), einer der aus dem Brunnen Hwergelmer strömenden Höllenflüsse.

Wit (Slav. M.), der Rache-Gott, und, was bei den Slaven, welche in der Rache Recht zu thun glaubten, natürlich war, zugleich der Gott der Gerechtigkeit.

Wittesa (Ind. M.), der Gott des Reichthums, einer von den acht Beschützern der Welt, oder von den zehn Altvätern, Rischi's, Herren erschaffener Wesen. Er erscheint stets auf einem prächtigen Wagen, mit Edelsteinen überdeckt, oder auf einem weissen, mit Federn gezierten Pferde.

Witzliputzli, verderbter Name des mexikanischen Kriegsgottes Huitzilopochtli (s. d.).

Wodan (German. M.). Diess ist jetzt die bekannteste Form des Namens des höchsten Gottes des deutschen Heidenthums, der aber ursprünglich Wuotan hiess. Deutsche Alterthumsforscher setzen diesen Namen in Verbindung mit dem Zeitwort waten, und nehmen als Urbedeutung den Begriff des raschen Vorwärtsstrebens an, woraus sich allmälig die Vorstellung einer geistig wie körperlich Alles durchdringenden Kraft eines allmächtigen Gottes entwickelt habe. Unmittelbar daran knüpfen sie aber das Hauptwort Wuth, welches ursprünglich nur eine heftige stürmische Bewegung, erst später ungemässigte und bösartige Leidenschaft bezeichnet habe. Auf diese Art ist schon von vornherein auch das wüthende Heer (s. d.) mit W. verknüpft. Ueber die näheren Bestimmungen des Begriffes und der Verehrungsweise W.s haben wir, da das deutsche Heidenthum ausgetilgt wurde, ehe es Zeit gewinnen konnte, schriftliche Denkmale zu hinterlassen, nur sehr kärgliche Spuren, aus welchen sich nur ergibt, dass W. die alldurchdringende, schaffende und bildende Kraft war, die den Menschen und allen Dingen Gestalt wie Schönheit verleiht, von der sowohl die Dichtkunst ausgeht, als auch die Lenkung des Krieges und Sieges, von der aber auch die Fruchtbarkeit des Feldes, ja alle höchsten Güter und Gaben abhangen. Somit erkennen wir an W., wie an Zeus und Jupiter, dass alle Heiden darauf ausgingen, einen obersten Gott anzuerkennen, der schon die Eigenschaften aller übrigen in sich trägt, so dass diese nur als seine Ausflüsse und Verjüngungen zu betrachten sind. Die Römer verglichen ihn mit ihrem Mercur, was freilich zunächst überrascht, da Mercur jugendlich und dem Jupiter untergeordnet, W. aber väterlich herrschend gedacht wird, aber dadurch bewiesen ist, dass der vierte Tag der Woche, den die Römer Mercurs-Tag nannten, noch jetzt im Englischen Wednesday (W.-Tag) heisst. Die Aehnlichkeit zwischen W. und Mercur wurde also ohne Zweifel in der geistigen Natur beider Götter gefunden. Als dem Kriegsgotte, gelobten dem W. die zur Schlacht ziehenden Deutschen, ihm nach der Schlacht alle Gefangenen zu opfern, welches nicht selten auf die grausamste Art durch Verstümmelung und langsames Dahinmorden geschah. Dass W. Eins ist mit dem nordischen Odin, erhellt schon aus der Namensähnlichkeit; es zeigt sich aber noch besonders darin, dass W., wie Odin, die im Kampfe gefallenen Helden in seine Gesellschaft und Wohnung aufnimmt. Das Sternbild des grossen Bären hiess bei den alten Deutschen W.s-Wagen, die Milchstrasse W.s-Strasse. In Niedersachsen pflegte man noch spät bei der Kornernte einen Büschel Getreide für W.s Pferd stehen zu lassen. — Noch jetzt sind viele Oertlichkeiten in ganz Deutschland zu finden, deren Namen an W. erinnern; man denke nur an den Odenwald und an Godesberg bei Bonn.

Wodhu (Nord. M.), ein Kriegsgott der Völker des baltischen Meeres, wahrscheinlich mit Wodan einerlei.

Wodnik (Slav. M.), ein Wassergeist, ein Nix, den sich die Böhmen und Mähren als einen, in Flüssen und Seen wohnenden, Mann mit grünen Haaren und grünem Hute, den badenden Mädchen sehr gefährlich, dachten.

Wodni musch (Slav. M.), ein weiblicher Wassergeist, den die Wenden in der Lausitz verehrt haben sollen, eine Nixe, welche man häufig an Flüssen ihr Hemde waschen gesehen haben will.

Wofreian, s. Adar.

Wolen (Nord. M.), böse Nornen, Zaubernornen, denen der Titel Nornen eigentlich gar nicht zukommt, weil diese göttlichen, die W. aber unterweltlichen Ursprungs sind. Die W. waren gefürchtete Zauberweiber, Hexen, welche die Kräfte der Natur sich unterthan gemacht hatten, und sie nur brauchten, um Böses zu stiften.

Wolkow (Slav. M.), ein uralter Fürst der Russen, zu Slawensk (dem spätern Nowogrod) wohnend; er soll ein mächtiger Zauberer gewesen sein, sich in ein Crocodil haben verwandeln können, und als solches die vorüberziehenden Wanderer gefressen haben, bis er von seinen eigenen Dienern, bösen Dämonen, erwürgt wurde.

Wolotki (Slav. M.), Riesen, Giganten von ungeheurer Stärke, und eben so grosser Bosheit, welche die Polen und Russen glaubten.

Wolsung (Nord. M.), ein berühmter, nordischer König; er vermählte seine Tochter Signy wider ihren Willen an König Siggnir von Gothland, welcher ihn, nebst acht von seinen Söhnen, grausam ermorden liess; nur Sigmund rettete sich, und erzeugte mit seiner Schwester, ohne dieselbe zu kennen, einen Sohn Sinfiotli, mit dessen Hülfe er den Mord an Siggnir rächte. Alle Nachkommen dieses Geschlechtes führen den Namen der W.en, auch der Sigurd der Niflungasaga gehört dazu, und in Folge dessen auch der Sigfrid des Nibelungenliedes. S. Hreidmar.

Wolterken (Slav. M.), Hausgeister der Wenden und Sorben.

Woelundr (Völundr), s. Baudwildur.

Won (Nord. M.), der Schaum und Geifer, welcher, gleich einem Strom, aus dem aufgesperrten Rachen des Wolfes Fenris fliesst.

Woer, s. War.

Wotter oder **Woetter** (Nord. M.), gute und böse Genien (Bjarg- und Mein-vötter), von denen das Volk glaubte, dass sie sich in die häuslichen Angelegenheiten, wohlthuend oder Schaden bringend, mischten. Die Donnerkeile (Belemniten) schrieb man ihnen zu und nannte sie Wöttelis, von ihrer Kraft besonderes Glück erwartend.

Wo Zin (Japan. M.), Sohn der berühmten Heldin, Göttin und Besiegerin von Korea. Als er geboren ward, zeigten sich acht Kriegsfahnen am Himmel, daher man ihn als einen von den Göttern begünstigten Helden und Schutzgott ansah, als welcher er in ganz Japan hoch verehrt wird. Ueberall im Lande sind ihm Tempel errichtet, unter denen der zu Usa in der Landschaft Buzen (wo er einst seinen Sitz gehabt) der berühmteste ist. Merkwürdig ist hiebei ein Gebrauch, der bei dem Feste dieses vergötterten Vorfahren eingeführt ward, der nämlich, Geschöpfe, die bestimmt waren, getödtet zu werden, feierlich frei zu lassen. Der Gebrauch stammt aus der Regierung des Mikaddo Ken sin her, und ist eigentlich ein Todtenfest für die Manen der im Kriege Erschlagenen; es endet mit einem Leichenzuge, wie dasselbe in den alten Zeiten des Kamidienstes gehalten wurde.

Wruturachuram (Ind. M.), ein gewaltiger Erdriese; er verleitete die Menschheit zur Sünde und zum Abfall von Gott; sein ungeheurer Körper, auf der Erde ausgestreckt, diente, ohne dass sie es wussten, zum Wohnplatz der Menschen, bis Balupatren (Wischnu in seiner Verkörperung als Büssender) ihn durch einen Pflug von einander schnitt, und so seinem verderblichen Einfluss auf die Erdgeborenen ein Ende machte.

Wuotan, s. Wodan.

Wurskaiti, Priester der dritten Ordnung unter den heidnischen Preussen. Allen ging der Griwe als höchstes Oberhaupt voran, dann folgten im Range die Griwaiten, dann die Siggonen, ihnen standen die W. nach. Sie sollen die Leitung der gottesdienstlichen Geschäfte gehabt haben. Wahrscheinlich ist die Einweihung, Heiligung und Opferung der Opferthiere ihr Hauptgeschäft gewesen.

Wuethendes Heer (German. M.). Die durch ganz Deutschland verbreitete Sage von einem nächtlichen Geisterzug, der mit furchtbarem Getöse, besonders Jagdlärm, durch die Lüfte fährt, und aus männlichen und weiblichen

Gestalten, auch Kindern, sammt Rossen und Hunden, besteht, ist uralt und hängt mit dem deutschen Heidenthum auf's Engste zusammen, wie denn gleich der Name w. H., süddeutsch Muotes-Heer, ursprünglich nichts anderes besagt, als Wodans-Heer. (S. Wodan.) Die eigentliche Grundlage der Sache liegt also in den Erinnerungen der Deutschen an ihren vorchristlichen höchsten Gott, der unter anderen Aeusserungen seiner Alles durchdringenden Kraft auch der himmlische Schlachtenlenker war, und desshalb sehr natürlich auch als Führer himmlischer Heerschaaren erschien, wozu sich als nächstliegende Thätigkeit die Jagd, die zweite Hauptbeschäftigung der alten Helden, gesellte. Natürlich verlor der alte Gott durch die Einwirkungen des Christenthums sein zutrauliches Wesen, und ging in den Begriff einer finsteren schreckenden Gewalt über. Den Menschen und ihrem Dienste gleichsam abgestorben, irrte und schwebte er in den Lüften, teuflisch und gespenstig, und so wurden denn auch alle ungetauften Kinder in seinen Heeres- oder Jagdzug versetzt. Unglaublich beinahe wäre es, wenn es nicht durch die zahlreichsten Beispiele bewiesen wäre, mit welcher Zähigkeit der Volksglaube an dieser uralten Vorstellung gehangen, und unter dem manchfaltigsten Wechsel der an die Spitze des Zuges gestellten Personen die wesentlichen Grundzüge des ältesten Bildes festgehalten hat. Während der gemeine Mann am Namen Wodans festhielt, stellten Gebildetere theils den Teufel als Führer des w. H. auf, theils bezogen sie »den wilden Jäger« auf die bestimmte, halbhistorische Person eines gewissen Jägermeisters. Diess geschah indessen nur in Nord-, und höchstens noch in Mitteldeutschland; in Süddeutschland kennt man nur den namenlosen wilden Jäger mit dem Muotes-Heer, aber gerade im letztern Namen ist ja der Name Wodans erhalten. Die angeblich historische Person des wilden Jägers aber wird auf die verschiedenste Weise benannt, am verbreitetsten indessen scheint die Erzählung vom Jägermeister Hackelnberg zu sein, von welcher auch Fouqué im Zauberring Gebrauch macht. Grimm jedoch findet auch in diesem Namen, dessen Urform ihm Hackelberend ist, nur einen Beinamen Wodans, den Mantelträger. Indessen sagt die niedersächsische Sage: Hans von Hackelnberg war Oberjäger des Herzogs von Braunschweig, und ein gewaltiger Waidmann; er soll 1521 gestorben sein. Drei Stunden von Goslar, im Garten eines Wirthshauses, genannt der Klapperkrug, liegt sein Grabstein. Eines Nachts in schwerem Traume däuchte ihm, er kämpfe mit einem furchtbaren Eber und unterliege ihm zuletzt. Wirklich traf er am Tage darauf ein solches Thier und erlegte es nach hartem Kampf. In der Siegesfreude stiess er mit dem Fusse nach dem todten Eber und rief: »Hau' nun, wenn du kannst!« Er hatte aber so heftig gestossen, dass des Ebers scharfer Zahn durch den Stiefel drang und ihm den Fuss verletzte. An dieser Wunde musste er sterben. Auf dem Todtenbette wollte er nichts vom Himmel wissen, und auf des Predigers Ermahnungen versetzte er: »Unserm Herrgott möge der Himmel bleiben, wenn nur mir meine Jagd bleibt;« worauf der Prediger sprach: »Nun so jage bis zum jüngsten Tag!« was nun bis heute in Erfüllung geht. — Wie schon gesagt, sind an verschiedenen Orten eine grosse Menge verschiedener anderer Personen an die Spitze des w. H. gestellt worden, und zwar sind diese theils rein göttlicher Art, wie Frau Holda (s. d.), Frau Perchta (s. d.), Frau Gaude, theils Helden der reinen Sage, Dietrich von Bern, der getreue Eckhardt (s. d.), König Artus, theils geschichtlich bekannte Könige, Karl d. G., sogar Karl V., und die Könige Waldmar und Christian II. von Dänemark; endlich ein gewisser Junker von Rodenstein, von welchem nichts Weiteres bekannt ist.

X.

Xaca, Japanischer Name des sonst Buddha genannten Gottes und Religionsstifters.

Xanthai (Japan. M.), ein Name, den der Kaiser Nobu Nan Ga annahm, da er sich selbst lebend unter die Götter versetzte. Er liess sich auf einem Berge einen überaus prachtvollen Tempel bauen, in dem er alle berühmten Götterbilder des Landes versammelte, um die grösstmögliche Menge von Pilgern dorthin zu ziehen. Mitten unter diesen auf einem hohen Fussgestell sitzend, liess er sich anbeten und ertheilte den Befehl, keinen Gott ausser ihm zu verehren; er nannte sich den Herrn des Weltalls, den Schöpfer der Natur, den einzigen Gott, welchen zu kennen nöthig sei.

Xanthe (Gr. M.), »die Blonde,« Beiname mehrerer Göttinnen, z. B. der Ceres. Ferner eine Oceanide, Nymphe des Flusses Xanthus.

Xanthippe (Gr. M.), Tochter des Dorus, Gattin des Pleuron und durch ihn Mutter der Laophonte, des Agenor, der Stratonice und der Sterope.

Xanthippus Gr. M.), Sohn des Melas, von Tydeus ermordet, da er mit seinen Brüdern dem Oeneus nachstellte.

Xanthis (Gr. M.), eine der 50 Thespiaden, durch Hercules Mutter des Homolippus.

Xanthus (Gr. M.), 1) X. oder Scamander, ein Fluss in Troas, welcher sich gegen den zornigen Achill empörte und ihm befahl, sein Bette zu verschonen, bis Vulcan seine Fluthen mit Feuer bezwang. — 2) X., Sohn des Triopas von Argos, welcher mit Pelasgern nach der Insel Isa, nachmals Lesbos, wanderte. — 3) X., Geliebter der Alcinoë, der Gattin des Amphilochus. Sie, aus Corinth gebürtig, des Polybus Tochter, hatte sich, auf der Minerva Veranstalten, in X., einen jungen Samier, verliebt, der sie zur Untreue gegen ihren Gatten und endlich zur Flucht verleitete; die That reuete sie jedoch so sehr, dass sie sich selbst den Tod gab. Vergl. Alcinous. — 4) X., ein Ross des Achill, mit menschlicher Stimme, mit Gefühl und der Kunst der Weissagung begabt; es prophezeite dem Achill seinen baldigen Tod.

Xene (Gr. M.). Unter diesem Namen soll Venus einen Tempel in Aegypten gehabt haben. Man erzählt die Veranlassung dazu so: Paris, mit Helena nach dem Nil verschlagen, kam vor Proteus, den König von Aegypten, wurde von diesem seiner Schlechtigkeit überwiesen und aus dem Reiche verjagt, während er Helena und ihre Schätze behielt, um sie dem Menelaus zurückzugeben; darum ward von diesem der Aphrodite X. oder, wie die Römer sie nennen, Venus Hospita, ein Tempel erbaut.

Xenius (Gr. M.), Beiname des Jupiter, identisch mit dem römischen Hospitalis. Die Gäste standen unter seinem Schutz; Gastfreundschaft brechen hiess: sich an Jupiter selbst vergehen. In demselben Sinne führte Minerva den Beinamen Xenia.

Xenoclea (Gr. M.), Priesterin des Apollo zu Delphi, welche dem Hercules das verlangte Orakel verweigerte, weil er nicht von dem Morde des Iphicles gereinigt war. Hercules raubte den Dreifuss und wollte ein eigenes Orakel stiften, wodurch er die Priesterin bewog, den gewünschten Spruch ihm zu ertheilen.

Xenodice (Gr. M.), 1) eine der Trojanerinnen, die mit Clymene, Crëusa und Anderen bei der Zerstörung von Ilium gefangen, und von den Griechen in Sclaverei geführt wurden. — 2) X., Tochter des Syleus, welcher sammt allen seinen Kindern von Hercules hingerichtet wurde. — 3) X., Schwester der Phädra und Ariadne, Tochter des Königs Minos von Creta.

Xipe, der Vulcan der Mexikaner, der kunstreiche Führer des Hammers; der feine, sinnbegabte, könnte man dort mit so vielem Recht sagen, als vom Verfertiger der Waffen des Achill, indem die mexikanischen Goldarbeiter eine an das Wunderbare gränzende Geschicklichkeit besassen.

Xiquani (Japan. M.), Göttin der Seelen kleiner Kinder.

Xitragupten (Ind. M.), der Genius der Unterwelt, welcher das Schuldbuch führt.

Xiuhmolpilli, die grosse, zweiundfünfzigjährige Periode der Mexikaner, an deren Ende sie immer alle ihre

Mobilien und Kleidungsstücke zertrümmerten, meinend, es werde die Welt untergehen. Wenn dieses nun nicht geschehen war, so brauchten sie die dreizehn Tage, welche zwischen zwei solchen Perioden lagen, und zu keiner derselben gerechnet wurden, um sich neue Sachen anzuschaffen.

Xiuteuctli (Mex. M.), der Gott des Feuers, welcher die allgemeinste Verehrung unter den mexikanischen Völkern genoss; ihm ward jeden Tag geopfert, und bei jeder Mahlzeit der erste Bissen und der erste Trunk in's Feuer geworfen.

Xoarkam (Ind. M.), eines der fünf Paradiese, von den Seelen frommer Menschen bewohnt, wo alle 33 Millionen Götter, welche Indien zählt, mit ihren schönen Frauen ihre Paläste haben.

Xuthus (Gr. M.), Sohn des Hellen und der Orseïs, König im Peloponnes. S. Crëusa.

Y.

Yagute (Arab. M.), eine in alter Zeit von den Arabern verehrte Gottheit in Gestalt eines Löwen, deren Dienst Mahomet aufhob.

Yama (Ind. M.), Sohn der Sonne, König der Gerechtigkeit, Dherma Radscha, oder Fürst der Patriarchen, Pitripeti genannt. Er ist der Richter der Unterwelt. Die Abgeschiedenen begeben sich gleich nach dem Tode nach Yamapur, der Stadt des Y., um von ihm ein Urtheil zu empfangen, in Folge dessen sie entweder nach Swerga (dem ersten Himmel), oder nach Narak (der Region der Schlangen) kommen. Der dritte ist der gewöhnlichste Fall, nämlich, dass sie weder den Himmel, noch die Hölle, sondern nur das Fegfeuer verdient haben und zur Busse und Läuterung in irgend ein Thier verwandelt auf die Erde zurückkehren.

Yamadar Maraja (Ind. M.), allgemeiner Name der Götter und Genien der Unterwelt.

Yamulla (M. der Esthen und Liven), ein Feldgott, dessen Bild, aus Holz gemacht, an vielen Orten der Ostseeküste gestanden und die Opfer der gläubigen Seelen in einer dazu bestimmten Schale empfangen haben soll.

Yamunia, eine Göttin und ein Fluss in Indien. Sie vereinigt sich mit der Saraswati und dem Ganges bei Prajugii (die drei Haarflechten) zu einem starken Strom.

Ydalir (Nord. M.), der Palast, oder überhaupt der Wohnsitz des Sohnes der goldhaarigen Sif, des Uller, eines Stiefsohns des Thor.

Ygdrasil (Nord. M.), der Weltbaum, eine ungeheure Esche, welche ihre Aeste bis zum Himmel erhebt, und über die ganze Erde ausstreckt. Drei Wurzeln nähren dieselbe: die eine geht nach dem Aufenthalt der Götter Asgard, die andere in das Riesenland Jotunheim und die dritte nach Niflheim (Unterwelt). An dem Quell Urdarborn wohnen die drei heiligen Schicksalsnornen, welche diese Wurzeln täglich mit dem Wasser des Brunnens begiessen; dieser Born ist im Asenlande; bei der andern Wurzel in Jotunheim ist der Mimirsbrunnen, und in dem Reiche der Hel der Quell Hwergelmer, aus welchem die Höllenflüsse entspringen. Der Baum ist bewohnt von verschiedenen Thieren, so von den Hirschen Dunair und Duratror, welche seine Blätterknospen abfressen; im Gipfel hauset ein Adler, der zwischen seinen Augen den Habicht Wedurfölner trägt; ganz unten an der Wurzel wohnt die Schlange Nidhögr, welche an des Baumes Wurzeln nagt; zwischen beiden läuft ein Eichhörnchen, Ratatösker, auf und ab, welches zwischen dem Adler und der Schlange Zwietracht zu stiften sucht. Letztere benagt ewig die Wurzeln des Baumes, um ihn zu fällen, wie die Hirsche seine Zweige benagen, doch wird er durch das Begiessen erhalten, und selbst beim Weltuntergange, bis zu welchem die Götter sich täglich in seinem Schatten versammeln, um Rath zu halten, wird er nicht untergehen, sondern nur heftig erschüttert werden.

Ymer (Nord. M.), der Riese, aus dessen einzelnen Körpertheilen die Welt erschaffen ist. Die Hitze von Muspelheim schmolz das Eis in Niflheim, und es entstand der furchtbare Eisriese Y. und die Kuh Audumbla, von deren Milch er lebte, während die Kuh sich von dem Belecken bereifter Salzsteine nährte, wodurch dann aus den so beleckten Steinen der erste Mensch, Bure, entstand. Y. erzeugte aber aus sich selbst das furchtbare Geschlecht der Hrymthussen; doch lebte er nicht lange, denn Bures Enkel, Börs Söhne: Odin, Wile und We, erschlugen den Y., machten aus seinem Blut (in welchem seine ganze Nachkommenschaft ertrank) das Meer, aus seinem Fleisch die Erde, aus seinen Knochen die Felsen und Berge, aus seiner Hirnschale das Firmament, aus dem Gehirn die Wolken, und aus seinen Augenbrauen die Verschanzungen um Asgard.

Youanni, die Hauptseele des Menschen bei den Karaiben, im Kopfe ruhend.

Ysodha (Ind. M.), die Gattin des Landmannes Nanda in Gokol, bei welcher die erste Gattin des Wassudowa, die schöne Rodni, wohnte. Krischna's Mutter Dewagi bat die Göttin Bhawani, ihre Kinder vor dem blutdürstigen Bruder Kansa zu schützen, welcher schon sechs derselben hatte ermorden lassen, um einem ihm gedrohten Orakel zu entgehen. Bhawani trug das siebente Kind zur Rodni, und das achte, Krischna, zur Y., es gegen eine eben geborne Tochter derselben vertauschend. Diese Tochter ward eine Verkörperung der Göttin Bhawani, so wie Krischna eine Verkörperung des Wischnu, und Y. ist also die Mutter der Bhawani und die Pflegemutter des Krischna.

Ysum (Japan. M.), ein Gott, welcher die Seelen der Verstorbenen empfängt, sie in das Läuterungsfeuer taucht und dann, gereinigt von den Sünden, der Göttin Amida übergibt, welche ihnen das Paradies anweist.

Yuanni (M. der Karaiben), eine der vielen Seelen, welche den menschlichen Körper bewohnen; diese hat ihren Sitz im Herzen; sie steigt nach dem Tode in den Himmel, erhält dort einen neuen, ganz jungen Körper, mit welchem vereint sie fortlebt; die andern Seelen aber, welche überall dasitzen, wo man den Puls schlagen fühlt, kommen nicht in den Himmel, sie werden in verschiedene Thiere gebracht, oder in böse Geister verwandelt. So wie die Menschen, sind auch die Seelen verschiedenen Geschlechts, und können sich unter einander vermehren.

Yumna (Ind. M.), eine berühmte Schönheit unter den göttlichen Nymphen, und desshalb von dem Sonnengotte zur Gattin gewählt, welchem sie eine Tochter, Kalenda, gebar, die unter den ersten acht Prinzessinnen war, welche Krischna's Gattinnen wurden.

Z.

Zabius (Gr. M.), König der Hyperboreer, Vater der Themisto, welche von Apollo Mutter des Galeus wurde.

Zabme Aimo, s. Aimo.

Zacynthus (Gr. M.), Sohn des Dardanus aus Psophis, welcher eine Colonie nach der von ihm benannten Insel führte.

Zadumacharit (Ind. M.), nach der Lehre der Buddhaisten eine Classe von Nats oder guten Genien, welche theils körperlich, theils körperlos, über die Menschen weit erhaben sind, als fünfzehnjährige Kinder geboren werden und ein Alter von neun Millionen Jahren erreichen. Zu ihnen gehören auch die Zian, welche die drei ersten Himmel bewohnen, worauf in den folgenden die unkörperlichen Arupas leben.

Zadus (Ind. M.), eine berühmte Herrscherfamilie des Mittelreichs, welche mit einer gleich berühmten, den Pandus, gemeinschaftlich gegen die übermüthigen Kurus auftrat, so dass ein mächtiger Krieg zwischen den Kurus und Pandus entstand, wobei Krischna (Wischnu) sich auf das Höchste auszeichnete.

Zagreus (Gr. M.), Name des mystischen Bacchus, welchen Jupiter mit Proserpina erzeugte, den die Titanen zerrissen, und aus dessen Herzen Jupiter die Kraft zog, um ihn zum zweiten Male in Gestalt des Dionysus mit Semele zu erzeugen.

Zanclus (Gr. M.), Sohn des Gegenus, soll nach Diodor König in Sicilien gewesen sein und Orion ihm die Stadt Zancle gebaut haben, die nachmals Messina genannt worden.

Zaredsch (Pers. M.), einer der sieben Erzdews, welche Ahriman den Lichtschöpfungen des Ormuzd, den Amschaspands, entgegenstellte.

Zareh Ferakhkand (Pers. M.), der Urgarten, welchen Ormuzd erschuf, um dahinein die Keime aller Gewächse zu setzen. Neben dem Urkeim aller Pflanzen steht auch der Baum Gogard, dessen Früchte jedes Gut (selbst die Verjüngung und Unsterblichkeit) zu verleihen vermögen.

Zaretis oder **Zarietis** (Pers. M.) Unter diesem Namen soll in Kleinasien Diana verehrt worden sein.

Zarex (Gr. M.), einer der ältesten Sänger und Rhapsoden, der seine Kunst von Apollo selbst gelernt hatte. Pausanias sah dessen Grab in Attica.

Zazaraguan, nennen die Bewohner der Marianen-Inseln die Hölle, den Strafort für die Todten, besonders für diejenigen, welche gewaltsamerweise gestorben waren.

Zeden (Tübet. M.), der vierte und schönste unter den fünf Corlo Ghiurwe Ghielpo Gna, d. i. unter den grossen, die ganze Welt beherrschenden Kaisern. Sein Sohn, der fünfte dieser Weltkaiser, hiess der zweitschönste, Gne Z.; er war aus seines Vaters linkem Arm, aus einer daran sich bildenden Geschwulst, entsprungen.

Zeeremienghe (Pers. M.), ein böser Genius (Dew), dem Genius der Kraft und Stärke entgegengesetzt; wie dieser ein Geschöpf des Ormuzd, so ist er eine finstere Schöpfung des Ahriman, bestimmt, die Menschen ohnmächtig, muth- und kraftlos zu machen.

Zelu (Spr. Dscheljù) (Slav. M.), soll das goldene Götzenbild geheissen haben, welches Libussa, die berühmte Böhmenherzogin, giessen liess, und welchem sie, statt der durch sie abgeschafften Menschenopfer, die Abschnitzel von Nägeln und Haaren darbrachte.

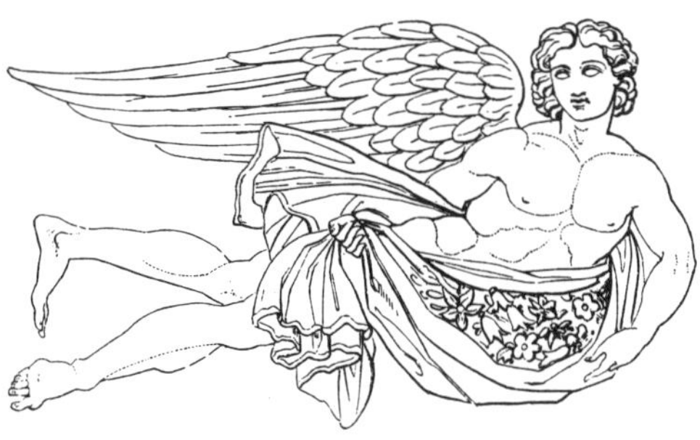

Fig. 300.

Zelus (Gr. M.), »der Eifer,« Sohn des Pallas und der Styx.

Zemargla (Slav. M.), der Winter, eine von den Russen verehrte Göttin. Man bildete sie ab mit einem Mantel von Schnee, einer Krone von Hagelkörnern, ihr Athem war der Reif, und wenn sie blies, entstand Frost.

Zemina (Slav. M.), die Erde, als Göttin von den Polen und Schlesiern verehrt.

Zemberis, der Frühlingsbote der alten Preussen; er bestreuete die Erde mit Samen und bekleidete sie mit Blumen und Kräutern.

Zemes (M. der Antillenvölker). Auf der Insel Quisqueja (Domingo) verehrte man vor Ankunft der Spanier, ausser Sonne und Mond, oder deren Repräsentanten in Jokahuna und Jemao, eine grosse Menge Untergottheiten oder Z.; diese hatten verschiedene Eigenschaften und Geschäfte, sie waren zum Theil Vorsteher der Himmelslichter und der Sterne, ferner der Jahreszeiten, der Jagd, der Fischerei, des Krieges, zum Theil aber Schutzgeister der Menschen, oder auch schadenfrohe, böse Dämonen.

Zephyritis (Gr. M.), Beiname der Venus, von dem Vorgebirge Zephyrium in Aegypten, wo sie einen Tempel hatte.

Zephyrus, Fig. 300 (Gr. M.), Sohn des Asträus und der Aurora, der Westwind. Er war an dem Thurme der Winde in Athen nebst den sieben andern Hauptwinden abgebildet, unterschied sich jedoch auffallend von ihnen dadurch, dass er ganz unbekleidet, nur mit einem Mantel leicht drapirt, erschien, weil er der wärmste Wind war. In dem Schoosse des Mantels trug er eine Menge Blumen. Auf seinen Hauch belebte sich die ganze Natur. Es scheint übrigens, als müsse die Lage des Landes seine Beschaffenheit modificirt haben, da er bei Homer rauh und unfreundlich genannt wird. Z. liebte den schönen Hyacinthus, ward aber von Apollo verdrängt, daher er, als beide Freunde sich im Discuswerfen übten, dem Erstern die Scheibe an den Kopf trieb, wovon derselbe starb. Seine Geliebte war Chloris (Flora), die Göttin der Blumen, welche er, wie Boreas die Orithyia, entführt hatte.

Zerynthia (Gr. M.), Beiname der Venus, die in Zerynthus in Thracien ein angeblich von Phädra gegründetes Heiligthum hatte.

Zernebog, s. Czernebog.

Zetes (Gr. M.), Sohn des Boreas und der Orithyia, Bruder des Calaïs; berühmt durch ihre Schnelligkeit, vertrieben beide die Harpyien von dem Tische des Phineus.

Zethus, s. Amphion.

Zeus, griechischer Name des Jupiter. S. d.

Zeuxidia (Gr. M.), Beiname der Juno in Argos, unter welchem Apis ihr einen Tempel errichtet haben soll.

Zeuxippe (Gr. M.), 1) Gemahlin des attischen Königs Pandion und Mutter des Erechtheus, Butes, der Philomele und der Procne. — 2) Z., Tochter des Flusses Eridanus und Gattin des Teleon, von welchem sie Mutter des Argonauten Butes wurde. — 3) Z., Tochter des Laomedon, welche er dem Sicyon für den Beistand, den er ihm geleistet, zur Gattin gab.

Zeuxippus (Gr. M.), Sohn des Apollo und der Nymphe Syllis, Nachfolger des Phästus im Königreiche Sicyon.

Zewana (Slav. M.), die Göttin der Jagd bei den Polen, Böhmen und Russen.

Zhiab Aimo, s. Aimo.

Zibog (Slav. M.), ein Götze, in welchem, wie man vermuthet, die Wenden und Sorben den Gemahl der

Liebesgöttin, und also die zeugende Lebenskraft verehrt haben.

Zilsbog (Slav. M.), eine von den Wenden verehrte Göttin des Mondes (vielleicht auch der Jagd) und der Fruchtbarkeit der Felder. Z. ward mit Krikko oder Kurcho gemeinschaftlich verehrt.

Zinkoo (Jap. M.), eine mächtige Heldin, die Unterwerferin der alten drei Reiche der Halbinsel Korea. Ihr Grabmal befindet sich in der Gokoo no mija zu Fusimi in der Landschaft Jamasiro.

Zjoo-gwats, Zjoo-gen (Japan. M.), das Neujahrsfest, welches am ersten Tage des ersten Monats (Februar) eintritt.

Zirgan Nojon Erdeni (Lamaismus), eines der sieben Kleinode (Dolon Erdeni), welche in den Tempeln der Lamaiten vor den Götzenbildern aufgestellt sind. Dieses ist der blaue Feldherr, ein auf Gold gemalter, geharnischter Mann mit blauem Gesicht.

Zirnitra (Slav. M.), eigentlich Zauberer, zugleich aber ein Beiname, welcher vielen Göttern zukam, und uch Name des heiligen Feldzeichens der Wenden. Insofern alle Götter entweder Rathgeber (Razi) oder Zauberer waren, gehörte er als Beiname sämmtlichen unter die letzte Classe gezählten.

Ziwie (Slav. M.), der Gott des Lebens, oder das personificirte Leben selbst; (ziwo heisst: lebendig).

Ziwiena (Slav. M.), Göttin des Getreidebaues in Böhmen und Mähren.

Zlebog (Spr. Schliebog) (Slav. M.), der oberste der bösen Götter, zugleich Beibenennung aller bösen, schwarzen Götter, als Gegensatz zu Dobribog. S. Czernebog, welches identisch mit Z. ist.

Zlota baba (Slav. M.), eine von den Polen verehrte Göttin, deren goldene Bildsäule (daher ihr Name goldene Frau) in einem Tempel am Obifluss gestanden haben soll. Ihr wurden viele Opfer gebracht, wofür sie den Fragenden Orakel ertheilte.

Znicz (Slav. M.), eine Gottheit der Russen, welche zu Kiew durch ein ewiges Feuer verehrt wurde. Man glaubt, dass Z. das Feuer selbst bedeute. Die Priester des Gottes ertheilten gegen reichliche Opfer Kranken und Leidenden ihren Rath.

Zohak (Pers. M.), ein fabelhafter König der Araber oder Assyrier, zur Zeit des Dschemschid und seines Sohnes Feridun lebend, dessen Reich er, ein Ungeheuer von Bosheit und List und stärker als die Dämonen der Finsterniss, besiegte. Der Erzdew Ahriman küsste diesen seinen würdigen Freund einst auf beide Schultern: sogleich erwuchsen aus denselben Schlangenköpfe, welche mit Menschenhirn gefüttert werden mussten. Der gute König von Persien, Dschemschid, unterlag ihm, aber Feridun, sein Sohn, besiegte ihn 1000 Jahre später und fesselte ihn, da er ihn nicht zu tödten vermochte, an das Gebirge Darnawand, an welchem angeschmiedet er bis zum Weltende harren muss.

Zongarische Liebesgoettin oder **Nahon Duraki**, die Göttin der Sanftmuth und Liebe bei den zongarischen Kalmücken; sie hat in Gliederbau und Physiognomie durchaus keine Aehnlichkeit mit dem Volk; reiches Haar von glänzend schwarzer Farbe wallt von ihren Schultern und bildet sich mit prächtigen Goldzierrathen zu einem pyramidalen Kopfputz. In jeder Hand hält sie einen Zweig mit offenen Blumen; die Figur ist im lebhaftesten Grün gemalt, das Innere der Hände und Füsse aber roth, und im Mittelpunkt findet sich das Zeichen der Gottheit: eine Sonne, das leuchtende Zeichen, durch welches der indische Gott Krischna das Leben verlor, indem er schlafend von Ferne durch einen Jäger bemerkt wurde, welcher den Schimmer für ein weisses Reh hielt, darauf schoss und den Gott durch die Fusssohle verwundete. Die jungen Mädchen und Frauen der Songaren bitten diese Göttin um Beistand in Liebesangelegenheiten.

Zosim (Slav. M.), wurde von den Russen der Schutzgott der Bienen genannt.

Zosterius (Gr. M.), Beiname des Apollo, von der Landspitze Zoster in Attica, wo Latona ihren Gürtel (Zoster) gelöst und sich gebadet hatte. Dort ward dieser Göttin und ihrem Kinderpaar von den Fischern geopfert.

Zunkarba (Kalmück. M.), ein Gott der Diebe, dem dritten Range unter den Göttern angehörig. Er lebte mit Skamoyni in demselben Zeitalter. Dieser sah das Stehlen für ein grosses Verbrechen an, während jener nichts lieber that, als Diebereien verüben. Ueber ihre moralischen Ansichten stritten sie lange erfolglos, bis Skamoyni vorschlug, die Götter zu Schiedsrichtern zu wählen und sie zu bitten, vor demjenigen, der Recht habe, eine Blume erwachsen zu lassen. Diese erwuchs zu Skamoyni's Füssen, allein die meisten Kalmücken behaupten, sie sei vor Z. emporgeschossen, und der Andere habe sich dieselbe zugeeignet, während Z.s Blick auf den Himmel gerichtet gewesen sei. Nach dieser Ansicht glauben sie, der Gott der Diebe habe Recht, und stehlen vorzugsweise gern.

Zuttibur (Slav. M.), ein Waldgott, der von den Wenden und Sorben in der Gegend von Merseburg verehrt worden sein soll.

Zwerge (Nord. M.), nicht gerade immer kleine, sondern nur unverhältnissmässig gebaute, menschenähnliche Wesen, oft von gewaltiger Stärke, wie die vier Z., welche den Himmel tragen, zwar immer im Vergleich mit den Asen klein, wie diese wieder im Vergleich mit den Riesen klein waren, doch keineswegs desshalb Z. genannt: ein Wort, dessen die Riesen und Joten nie gegen die Asen sich bedienten. Die Edda lehrt uns dreierlei Z. kennen: erstens solche, die aus Erde gemacht, in der Erde wohnen, dann solche, die aus Steinen gemacht, in Steinen wohnen, endlich solche, die aus einem andern Lande, von Swains Haugi kommen, und deren Reiseziel Orwanga auf Jornwall war. Sie sind bei ihrer Missgestalt überaus geschickt, bereiten die trefflichsten Waffen, verstehen sich auf Schmieden des Goldes und der edeln Metalle, machen daher die schönsten Schmucksachen, sind zugleich Zauberer und vermögen ihren Geschenken Eigenschaften beizulegen, welche zum Heil oder Verderben der Beschenkten dienen, wie, dass ein Ring den Tod seines Besitzers nach sich ziehen sollte, oder dass ein Schwert, einmal gezogen, nicht wieder in die Scheide kommen kann, ohne Menschenblut zu trinken und dergl. Auch den köstlichen Dichtermeth haben sie aus Quasers Blut bereitet. Sie suchten immer die Finsterniss, weil sie, sobald die Sonne sie beschien, zu Stein wurden; so sind die zackigen, verworrenen Felsen an den Küsten von Norwegen lauter Zwerge.

Zygia (Gr. M.), Beiname der Juno, identisch mit der römischen Juga: »die Verbindende, die Ehestifterin«.